EDITION
KINDLERS
LITERATUR
LEXIKON

Hauptwerke der antiken Literaturen

Hauptwerke der antiken Literaturen

Einzeldarstellungen und Interpretationen zur griechischen, lateinischen und biblisch-patristischen Literatur

Mit einführenden Essays von Walter Jens, Wolfgang Schmid und Franz Dölger

Herausgegeben von Egidius Schmalzriedt

verlegt bei Kindler

Die Essays von Walter Jens, Wolfgang Schmid und Franz Dölger
erschienen zuerst in dem von Wolfgang von Einsiedel herausgegebenen
Band *Die Literaturen der Welt in ihrer mündlichen und schriftlichen Überlieferung*,
Zürich: Kindler Verlag 1964.

© Copyright 1976 by Kindler Verlag GmbH, München
Alle Rechte vorbehalten, auch die des teilweisen Nachdrucks,
des öffentlichen Vortrags und der Übertragung durch Rundfunk und Fernsehen.
Redaktion: R. Radler
Umschlaggestaltung: H. Numberger
Gesamtherstellung: May & Co, Darmstadt
ISBN: 3 463 00659 6
Printed in Germany

INHALTSÜBERSICHT

Vorwort des Herausgebers VII

Die griechische Literatur
von Walter Jens IX

Die Literatur Roms und des Imperium Romanum
von Wolfgang Schmid XXI

Die griechische Patrologie
von Franz Dölger XLIII

LEXIKALISCHER TEIL

    I. Die griechische Literatur
       bis zum Zeitalter des Hellenismus 3

    II. Die hellenistisch-griechische und die lateinische Literatur
       bis zum Ende des Altertums 219

    III. Die biblisch-patristische Literatur
        bis zum Ende des Altertums 491

Die Verfasser der Beiträge 675

Abkürzungsverzeichnis 677

Register der Autoren und Werke 683

Vorwort

Der vorliegende Band der Reihe EDITION KINDLERS LITERATUR LEXIKON faßt die nahezu 500 Werkmonographien aus dem Bereich der europäischen Antike zusammen, die zwischen 1964 und 1974 in *Kindlers Literatur Lexikon* erschienen sind. Dabei wurde bewußt darauf verzichtet, die Grenzen in der Auswahl der Beiträge allzu eng zu ziehen. So sind neben der »klassischen« griechischen und römischen Literatur auch die Werke der griechischen und lateinischen Kirchenväter – also die beiden Bezirke der christlichen Patristik – berücksichtigt, und um sie wiederum nicht isoliert dastehen zu lassen, ist die biblische Literatur hebräisch-aramäischer und griechischer Provenienz mit aufgenommen worden. Auf der anderen Seite sind auch die Grenzen zum Mittelalter hin fließend gehalten worden: byzantinische Sammelwerke und Lexika, die – wie die *Anthologia Planudea* und die *Anthologia Palatina* oder die *Suda* – Entscheidendes zur Überlieferung antiker Literatur beigetragen haben, sind ebenso zu finden wie die Sammelartikel *Alexanderroman* und *Trojaroman*, die bekunden, in welcher Weise einzelne antike Literaturmotive in der europäischen Literatur des Mittelalters, und zum Teil darüber hinaus, in einer Art eigener Gattungstradition weiterlebten.

Ist die Auswahl dieses Bandes möglichst offen gehalten, so ist ihr doch im ganzen von der Konzeption von *Kindlers Literatur Lexikon* her eine gewisse Beschränkung auferlegt, die der Benutzer des Nachschlagewerks kennen muß, will er nicht im einen oder andern Fall vergeblich suchen. Daß von den mehreren tausend Autoren, die aus der Zeit zwischen dem 8. Jahrhundert v. Chr. und dem 6. Jahrhundert n. Chr. namentlich bekannt sind, aus räumlichen Gründen nur ein sehr geringer Teil Erwähnung finden kann, dürfte einleuchten. Wesentlich ist daneben die Konzentration, die aus dem besonderen Charakter eines *Werk*lexikons resultiert: sie schloß – insbesondere im Bereich von Lyrik, Essayistik und Epistolographie – all jene Werke aus, die nicht von ihrem Autor oder einem Redaktor als thematisch oder kompositorisch in sich abgerundete Einheit konzipiert worden sind. So fehlen etwa die von den alexandrinischen Philologen zusammengestellten »Gesammelten Werke« der Sappho und des Alkaios, während die von ihren Autoren selbst nachweislich als Bücher komponierten und edierten *Carmina* eines Catull und Horaz vertreten sind.

Im Gegensatz zur Originalausgabe von *Kindlers Literatur Lexikon* ist im vorliegenden Band aus methodischen und didaktischen Gründen auf das Prinzip der alphabetischen Anordnung der Werktitel zugunsten eines kombiniert chronologisch-biographischen und thematischen Aufbaus verzichtet worden. Der Gesamtkomplex der antiken Literaturen ist in drei Abschnitte gegliedert. Teil I enthält die Beiträge zur griechischen Literatur bis an die Schwelle des Hellenismus. Teil II bringt die profan-griechische und -lateinische Literatur vom Hellenismus bis zum Ausgang des Altertums; die Artikel zur vorhellenistischen Literatur Roms stehen am Beginn dieser Gruppe, die erwähnten mittelalterlichen Titel an ihrem Ende. Eine Trennung dieses Abschnitts in »griechische« und »römische« Literatur erschien aus sachlichen Gründen ungerechtfertigt: das Aufblühen der römischen Literatur ist eine Folge des allgemeinen Hellenisierungsprozesses des Mittelmeerraums, und die griechische Sprache und Literatur blieb – bei aller spezifisch-römischen Individualität – eine der tragenden Säulen der Kultur des römischen Imperiums (Kaiser Mark Aurel schrieb Griechisch, Kaiser Konstantin verlegte die Hauptstadt des Reiches aus dem Westen in den griechisch sprechenden Osten).

Es wäre durchaus sinnvoll gewesen, auch Teil III, der die Beiträge zur biblischen und patristischen Literatur zusammenfaßt, unter der vorangehenden Rubrik zu subsumieren; denn die für den Hellenismus charakteristische Kulturverschmelzung hat ja die christliche Literatur von Anfang an entscheidend geprägt, und die allmähliche

Verschmelzung der griechisch-römischen Bildungswelt mit der biblisch-christlichen Tradition ist lediglich das letzte Stadium dieses im dritten und zweiten Jahrhundert v. Chr. einsetzenden Amalgamierungsprozesses. Von einem Ineinanderarbeiten der Teile II und III wurde jedoch aus praktischen Gründen Abstand genommen: ein solches Vorgehen hätte nicht nur den zweiten Teil gegenüber dem ersten unverhältnismäßig anschwellen lassen, sondern es hätten sich auch die aus ihrem chronologisch-thematischen Zusammenhang gerissenen Einzeltitel der hebräisch-aramäischen Bibelliteratur innerhalb der griechischen und lateinischen Profanliteratur befremdlich ausgenommen. Die biblische Literatur steht daher jetzt als geschlossener Block am Anfang des der christlichen Literatur gewidmeten dritten Abschnitts. Einen die drei Teile in je verschiedener Weise umgreifenden und resümierenden Überblick bieten die einführenden Essays von Walter Jens, Wolfgang Schmid und Franz Dölger: in ihnen wird der lexikalisch zwangsläufig differenzierte und dissoziierte Stoff unter den für die literarische Entwicklung maßgebenden Gesichtspunkten zusammengefaßt.

Innerhalb der drei Teile sind die Beiträge chronologisch nach Autoren geordnet; anonym überlieferte Werke sind entsprechend ihrer – nachgewiesenen oder mutmaßlichen – Entstehungszeit in diese Reihenfolge eingegliedert. Sind von einem Autor mehrere Titel überliefert, so sind sie alphabetisch (nicht chronologisch!) geordnet. Bei zusammengehörigen Komplexen – zum Beispiel *Epikos kyklos (Epischer Zyklus)* oder *Bibel* – folgt die Besprechung der zu dem jeweiligen Komplex gehörenden Einzeltitel unmittelbar nach dem zusammenfassenden Überblick. Bei der besonderen Überlieferungslage der antiken Literaturen ist die Festlegung dieser Anordnung nicht selten mit Schwierigkeiten verbunden: die Lebensdaten der Autoren sind oft ganz oder teilweise unbekannt oder nur aus relativen chronologischen Angaben erschließbar, oder wir kennen lediglich das Todesjahr eines Schriftstellers. In all diesen Fällen spiegelt die Reihenfolge der Beiträge nur ein wahrscheinliches Bild der literarischen Entwicklung. Um dem Leser die Benutzung des Lexikons zu erleichtern, ist am Schluß des Bandes ein alphabetisches Register der Autoren und Werke sowie der Anonyma aufgenommen worden.

Das Ziel, mit dieser Sonderausgabe vor allem Studenten und Dozenten, Lehrern und Schülern der entsprechenden Fachrichtungen ein preiswertes Arbeitsinstrument an die Hand zu geben, ließ aus drucktechnischen und kalkulatorischen Gründen keinerlei Überarbeitung und Aktualisierung im Text und in den Bibliographien der Beiträge zu. Um dieses unumgängliche Zugeständnis auszugleichen, sind die Bibliographien zu den einführenden Essays (deren ohnehin sehr knapp bemessene Textsubstanz aus den genannten Gründen ebenfalls unverändert bleiben mußte) durch Nachträge erweitert, so daß der Benutzer mit Hilfe der dort angegebenen Literatur ohne Mühe neuere Textausgaben und Spezialinterpretationen auffinden kann. Sinnentstellende Druckfehler und Errata in den Einzelbeiträgen und den Essays sind am Ende des Bandes ebenfalls in einem Verzeichnis zusammengefaßt.

Es ist zu hoffen, daß der Band trotz dieser notwendigen Bescheidung seinen Zweck erfüllen wird: als ausführliches und doch kompaktes Handbuch ein unentbehrliches Nachschlagewerk nicht nur für Klassische Philologen und Theologen zu werden, sondern darüber hinaus – in einer Zeit, in der die antiken Sprachen weithin nicht mehr unmittelbar zugänglich sind – auch Germanisten, Romanisten, Anglisten sowie allen literarisch Interessierten den Zugang zu den für die europäischen Literaturen der Neuzeit grundlegenden Traditionen zu ermöglichen.

Tübingen, Januar 1976   Egidius Schmalzriedt

WALTER JENS

DIE GRIECHISCHE LITERATUR

Wer die griechische Literatur überblickt, muß, aus vier Gründen, besonders vorsichtig sein. Zuerst: da die Griechen in den Wissenschaften und Künsten jene Modelle erdachten, an deren Perfektion wir noch heute arbeiten, ergibt sich leicht eine fatale Vertraulichkeit, ein Identifizieren und spielerisches Vergleichen; sind »Damals« und »Heute« nicht ähnlich, war in Griechenland nicht schon alles vorhanden, fragt der Betrachter, von der poetischen Chiffre bis zur Fachterminologie? Schien nicht selbst die christliche Religion vorgebildet zu sein – Paulus auf dem Areopag, Ödipus als präfigurierter christlicher Märtyrer, der »katholische Charakter der griechischen Tragödie« (W. von Schütz)?
Auf der anderen Seite sucht man, nicht minder extrem, Nietzsches Warnung vor der impertinenten Familiarität beherzigend, zwischen »Hellas« und »Hesperien« gewaltsam zu trennen, griechische Denkweisen als fremd, widerchristlich und ganz und gar eigen zu zeigen: Wie könnte man glauben, heißt es, das Hellenische recht zu erfassen, wenn man mit Vokabeln wie »Das Böse« oder »Die Sünde« operiere, während die Griechen doch nur »Das Schlechte« oder »Den Fehler«, Worte ohne moralische Fixierung, kannten?
Die zweite Schwierigkeit: Auch der Kenner entgeht nicht leicht der Gefahr, das Überlieferte mit der griechischen Literatur zu verwechseln. In Wahrheit ist die Auswahl willkürlich: Von pädagogischen Gesichtspunkten geleitet, dem Aristotelischen Zielbestimmungsgedanken folgend, wollte man schon zur Zeit der Spätantike vor allem jene Werke erhalten, in denen, wie man meinte, eine Gattung »ihre eigene Natur fand«. Darüber hinaus war der Gesichtskreis der Zensoren nicht gerade weit: Allen Kompilationsinteressen, aller sammelnden Gelehrsamkeit zum Trotz suchte man gerade in einer Zeit, da die *koinē*, das Allerweltsgriechisch, Straßen und Foren beherrschte, die attische Prosa mit dem Signum der Klassizität zu versehen (»Attizismus«). Vom ersten vorchristlichen Jahrhundert über die Hadrian-Ära und die Epoche der zweiten Sophistik (zur Zeit der Antonine) bis zum Ausgang der Antike, bis zur Schließung der Platonischen Akademie (529 n. Chr.) und, im gleichen Jahr, der Eröffnung des Benediktinerklosters auf dem Monte Cassino, entschied der Attizismus, rigoros und pathetisch, über Gedeih und Verderb der griechischen Literatur.
Wer bedenkt, wie manches bedeutsame Zeugnis der klassizistische Purismus nicht des Tradierens für wert befand, wird die von »romantischen« Gesichtspunkten bestimmten Auswahlprinzipien beklagen – doch zugleich bedenken müssen, daß agonale Sichtungen und gnadenlose Siebungen sich eh und je dem griechischen Wesen entsprachen: Wettkampf allüberall, und nur einer kann siegen; nur einer, der Finder, stößt auf das Geheimnis der Form, er-findet nicht, sondern entdeckt ein Prä-Existentes, befreit es aus der Hüllung des Steins, hebt die Gestalt aus dem Gefängnis des Marmors, löst das Hexametermaß aus dem Sprachfleisch heraus ... und diesem Mann gilt es zu folgen, seine Errungenschaften muß man kunstreich verwandeln – auf keinen Fall eine zweite Schöpfung, mit der ersten rivalisierend! War einmal der Grundstein gelegt, dann hielt man in Griechenland zäh und entschlossen am Gegebenen fest, sprach von kanonischer Geltung und vergaß das tastende Versuchen des Beginns ... SOPHOKLES, nicht Thespis; HOMER, nicht die Kykliker; THUKYDIDES, nicht Hekataios: der Klassiker, nicht der Schöpfer ist der Finder.
Nachdem das Verborgene ans Licht gekommen war, konnte man nur noch im Detail variieren, die großen Linien waren, bis in den Dialekt hinein, fixiert: Das Epos blieb ionisch, das Chorlied dorisch, die Liedkunst äolisch, Drama und Geschichtsschreibung attisch. Wie winzig erscheint uns Heutigen die Spanne zwischen AISCHYLOS und EURIPIDES! Doch ist das ein Wunder? Die Norm war nun einmal bestimmt, der Bezirk umgrenzt, den die Nachfolger im Zeichen des Agons immer vollkommener einzufassen suchten. *»In Zeiten, da es gut um die Künste steht«*, heißt es bei VALÉRY, *»kann man sehen, wie sie sich Schwierigkeiten schaffen, die nur Geschöpfe ihrer Einbildung sind ... und sich den Gebrauch der Fähigkeit untersagen, mit sicherem Griff im Augenblick alles machen zu können, was in ihrem Wollen liegt.«*
»Selbstbeherrschung« heißt das Zentralgebot der griechischen Klassizität – deshalb die Anerkennung der Normen, die Repetition auf vorher bezeichnetem Feld, deshalb Agon und Polemik, Invektiven, die von jedermann zu beurteilen waren, da Stoff und Regel, Mythos und Grundstruktur als bekannt gelten konnten. Noch die grotesteste Variation (Antigone als Schäfermädchen von Haimon versteckt, Orest und Ägisth als Verbündete), noch die verzerrende Paratragödie weist auf das Urbild zurück.
»Originalität« war, sieht man von den Erfindungen der Komödie ab, durchaus verpönt – AGATHONS Fabel-Erfindung scheint eine Ausnahme gewesen zu sein –; und eben deshalb

konnte man immer vergleichen und mochte es, als Freund des Agon, nicht für ungebührlich halten, wenn ein Autor auf seine Vorgänger einhieb, um das Eigene desto sichtbarer zu demonstrieren: So kämpfte, im *Theogonie*-Prooimion, HESIOD gegen HOMER (spätere Zeiten ließen die Dichter im Agon einander begegnen), so ARISTOPHANES gegen EUPOLIS, so, noch viele Jahrhunderte später, POLYBIOS gegen TIMAIOS. Einer gegen alle – deshalb die *sphrēgis*, das »Siegel« in der Lyrik, deshalb die Parabase der Komödie.

Kurzum, wenn der Agon, der Wettstreit, als konstitutives Prinzip des Kosmos erscheint (»monologische« Formen gab es erst im Hellenismus), wenn Götter gegen Götter und – nach ANAXIMANDER – Elemente gegen Elemente kämpfen, wenn sich, bei KORINNA aus Tanagra (um 500 v. Chr.), der Kithairon und der Helikon, bei KALLIMACHOS (ca. 305-240 v. Chr.), im vierten Iambos, Lorbeer und Ölbaum befehden, dann wird der Betrachter, um ein Prinzip der griechischen Dichtung wissend, auch den streitlustigsten Attizisten Abbitte tun, zugleich freilich bedenken, daß antike Kanonisierung die Perspektive denn doch gehörig verzeichnet: HOMER und SAPPHO begannen nicht jenseits des Nichts; ein AMEIPSIAS, dessen *Komasten* die Preisrichter – sicherlich nicht durchweg dumme Leute – über die *Vögel* des ARISTOPHANES stellten, mag so wenig wie der Tragiker AGATHON von den klassischen Dramatikern durch einen Abgrund getrennt sein. Kurzum, die Überlieferung trügt; Aristotelische Entelechie-Erwägungen haben das Bild nicht anders als attizistische Dogmen und didaktische Spekulationen – die Erfordernisse der Schule – verzerrt.

Die dritte Schwierigkeit: Nachdem man jahrhundertelang die griechische Autochthonie, das Eigenständige hellenischer Praktik verklärte, droht das Pendel heute nach der anderen Seite hin auszuschlagen. Ist man nicht allzusehr geneigt, wie einst zu Zeiten NOVALIS' und CREUZERS, das Hellenische »vom großen Orient aus« zu betrachten, den Raum zu erweitern und, wie der späte HÖLDERLIN oder der Autor der *Ägyptischen Helena*, hinter dem Griechischen Bezirke des Kaukasus heraufdämmern zu lassen? Östliche Kosmogonien überschatten das vorsokratische Denken, HESIOD (um 700 v. Chr.) erscheint als kunstreicher Verwerter hethitischer Mythen, und der Mathematiker THALES (um 600 v. Chr.) greift auf ägyptische Archetypen zurück. Rückt eine solche Betrachtungsweise nicht die Eigenart des Griechischen: lernend zu verwandeln, aus praktikablen Modellen wissenschaftliche Systeme, aus Geschichten stringente Gleichnisse zu machen, nur allzu langsam in den Blick?

Die vierte Schwierigkeit: Wir sprechen von der hellenischen Literatur als von einer sehr hohen Kunst (von der Volkskunst wissen wir so wenig wie von den fabulösen Vorstufen der Gattungen), und dabei identifizieren wir einmal »Literatur« mit »Poesie« und bedenken zum anderen nicht, daß unser Begriff »Kunst« im Griechischen kein Äquivalent hat – *technē* heißt Handwerk, der homerische Sänger steht neben dem Zimmermann und dem Arzt, der Poet gehört einer Zunft an, ist Gildengenosse, sein Können vererbt sich – Aischylos' Sippe – vom Vater auf den Sohn, seine Praktiken können, als Technik, durch Preis und Richterspruch gebilligt oder verworfen werden: Als ein »Macher« stellt sich der griechische Dichter im Agon der Kritik; nur ein Scharlatan wie der Rhapsode Ion sucht, bei Platon, mangelndes Können durch den Hinweis auf göttliche Gaben zu tarnen.

Mag sich der Poet auch, aus Gründen der Legitimation, auf die Musen berufen, seine Dichtung ist niemals reine Selbstaussprache, sondern immer auch Anruf und Lehre; die Grenzen zwischen reiner Poesie und Didaktik, Vision und Analyse sind fließend: Privates wird, im Mund des Chors, objektiviert; lyrische »Stimmung« verflüchtigt sich im starr-responsischen Rhythmus; Persönliches gewinnt im dialogischen Akt den Charakter der *gnōmē*; SAPPHO trägt persönliche Erfahrungen – »*Schöner als Reiter und Schiffe ist das in Liebe Ersehnte*« – objektiviert als Maximen und Sentenzen vor.

Wo also endet die Poesie und wo beginnt die Lehre, wo ist der Trennungsstrich zwischen Bild und Gedanke? Wird die griechische Antike nicht gerade durch die Verschränkung von Wissenschaft und Kunst geprägt? Von dem Philosophen PARMENIDES (um 500 v. Chr.) bis zu dem Astronomen ARAT von Soloi (315-239 v. Chr.) analysiert man die schwierigsten Fragen im Hexametermaß; die Baumeister und Bildhauer, POLYKLET und IKTINIOS, nehmen zu Fachfragen Stellung; SOLON (um 600 v. Chr.) legt Rechenschaft in Distichen ab; THUKYDIDES (ca. 460-400 v. Chr.) ist, ungeachtet der strengen Methodik, auch ein Meister der Szene: Welcher Autor, von BOCCACCIO und DEFOE bis CAMUS, erreichte, bei der Beschreibung der Pest, die farbenreiche Sprache des attischen Historiographen? PLATON (427-347 v. Chr.), die Beispiele ließen sich häufen, war Systematiker und Mythenbildner, Zeichner des Tugendsystems und Schöpfer des Höhlengleichnisses zugleich; SOPHOKLES (497/96-406 v. Chr.) auf der anderen Seite führte, im Chorlied, eine »philosophische« Auseinandersetzung mit der Sophistik (das Stasimon »*Ungeheuer ist viel*« als Protagoras-Replik); EURIPIDES (ca. 485-406 v. Chr.) ein erster *poeta doctus*, wurde zum Lehrer der Zeit; durch MENANDERS (ca. 342-292 v. Chr.), Masken tönten die Maximen des *Peripatos*, der aristotelischen Schule.

Vom Epos zur Tragödie

Epik – Lyrik – Drama: HOMER und HESIOD (um 700); Iambos, Elegie, Melik und Chorlyrik (7. bis 5. Jahrhundert); Tragödie und Komödie (5. Jahrhundert), der Dreischritt der frühgriechischen Literatur, die Entwicklung von der *Ilias* bis zum Schwanengesang der Tragödie, dem *Ödipus auf Kolonos (Oidipus epi Kolōnō)*, liegt offen zutage. Doch wie zögernd öffnet sich der Vorhang, wie spät setzt unser Wissen ein: tausend Jahre Licht zwischen HOMER und PLOTIN, und davor mehr als tausend Jahre Dunkel, von der indogermanischen Einwanderung bis zur Niederschrift des Verses: »*Vom Zorn des Achilleus künde mir, Göttin...*« Alles, was vor Homer, vor der Zeit geschah, da man jene griechische Buchstabenschrift erfand, die uns zuerst das 8. Jahrhundert bezeugt, verliert sich in der Dämmerung. Düstere, mit der dorischen Wanderung (um 1200 v. Chr.) verbundene Zeitläufe, tote Jahrhunderte, machen es unmöglich, die Brücke zwischen der kretisch-mykenischen und der griechischen Kultur, zwischen einer Epoche, in der man nach Troia aufbrach, und jener anderen, in der man den Aufbruch anachronistisch und archaisierend beschrieb, mit Zuversicht und Evidenz zu schlagen. HOMER: das ist, ungeachtet künftiger Neufunde in der Linear B (der heute wahrscheinlich entzifferten griechisch-minoischen Silbenschrift des 2. Jahrtausends) für uns immer noch ein Gipfel jenseits des Nichts, eine Summe, deren Teile niemand kennt. *Ilias* und *Odyssee* sind die Zeugen früher Klassizität: Während die Epiker, Verfasser von Zyklen, gemeinhin Historien schilderten, Chroniken verfaßten und Handlungsabläufe beschrieben, ordnete Homer, ein erster genialer »Finder«, die Geschehnisse – leitmotivisch, raffend und verkürzend – mit Hilfe eines gliedernd-strukturierenden »Problems« und führte so das Epos »zu einer eigenen Form«. Hier der Zorn und dort die Irrwege, hier der tragische Groll und dort die unselige Heimfahrt: Zum erstenmal in der europäischen Literatur werden vielschichtige Zusammenhänge aus der Perspektive eines isolierten Helden betrachtet.
Das Generalthema der griechischen Dichtung klingt schon im frühesten Kunstwerk, der *Ilias*, an: Vereinzelung und Schuld. Im gleichen Augenblick, da die Hellenen die Züge des Individuums zeichneten, beschrieben sie seine Ambivalenz, seine Größe, die es so tief fallen, seine Isolation, die ihm Profil gibt und ihn so schuldig sein läßt: von HOMER bis SOPHOKLES, von ANAXIMANDER bis EURIPIDES die Darstellung des *principium individuationis*, die Analyse des tragischen Gegensatzes von Selbst- und Weltverwirklichung, das Interpretieren einer Ungeheuerlichkeit, die, nach griechischer Auffassung, das Wesen des Menschen bestimmt.
HOMER freilich beschreibt Individuen, ohne als einzelner selbst in Erscheinung zu treten. Die Berufung auf die Muse genügt, um ihn zu legitimieren; nur sehr allmählich kommt das Subjekt des Schreibenden ins Spiel. Bei Homer ist die Göttin sehr groß, der Dichter, als Spiegel und Medium, klein; aber schon HESIOD läßt die Mädchen vom Helikon Wahres, doch auch Falsches verkünden; Schein und Sein sind zu trennen; die Deutung ist Sache des Menschen; SOLON fordert, Homer umkehrend, die Göttinnen auf, ihn zu hören; PARMENIDES macht sich selbst auf den Weg, der Wahrheitsschwelle entgegen: die Muse wird zum literarischen Emblem.
Dennoch, so sehr sich *Ilias* und *Odyssee*, so sehr sich die homerisch-ionische Adelswelt und der böotische Bauernkosmos eines HESIOD voneinander unterscheiden: der Dichter bleibt in einer festen Gesellschaftsordnung geborgen; der Raum ist in der Vertikalen und Horizontalen, theologisch und soziologisch, in gleicher Weise gegliedert. Erst auf dem Scheitel des siebenten Jahrhunderts tritt ein Mann, ARCHILOCHOS von Paros, als ein einzelner den anderen gegenüber, fordert die Welt in die Schranken und nennt seinen Namen.
Während die Zeit sich rapid verwandelt, der Äon der Kolonisation, von Sizilien bis Ägypten, beginnt, und die Geldwirtschaft den Handel mit Naturalien ersetzt, während die Tyrannen eine präfigurierte Demokratie schaffen, zerfallen die überindividuellen Gesetze der alten Standesgesellschaft: Recht, *dikē*, nicht Ansehen, *timē*, erscheint von nun an als Leitwort. Anders als für Achilleus, der, dem Adelskodex entsprechend, seinem Gegner Agamemnon vorwirft, er habe ihm die Ehre und die Geltung geraubt, gibt es für den Vertreter des lyrischen Zeitalters, für ARCHILOCHOS, nichts Schändlicheres als die Verletzung der Gerechtigkeit.
Der Raum erweitert sich: *timē* ist der Zentralwert einer Klasse, das unbezweifelte Ideal der *Ilias*-Anakten, *dikē* hingegen gilt allüberall, verpflichtet den König nicht anders als den Proleten, den Herrscher so gut wie den Sauhirten, den Mächtigen wie den Geschlagenen.
Schon in der *Odyssee*, wo Odysseus im Namen der Gerechtigkeit die Freier ermordet, macht sich der Wandel bemerkbar – erscheint der Zyklopen-Staat nicht wie eine Parodie der *Ilias*-Welt, Polyphem als Zerrbild eines reisigen Fürsten? –; aber erst HESIOD gibt der *dikē* die Würde eines Prinzips: Die Herrschaft der Gerechtigkeit ist von nun an identisch mit dem Walten des Zeus.
Auch der Vertreter des lyrischen Zeitalters, das um 700 beginnt und sich bis zur Klassik erstreckt ... auch der isolierte, im Zustand der Ohnmacht sich selbst findende Dichter, SAPPHO, ARCHILOCHOS, ALKAIOS, entdeckt am Ende die verlorenen Gesetze aufs neue. Mag

auch der einzelne seine Eigenwelt errichten und, wie Sappho, die Liebe schöner finden als Reiter und Fußvolk, mag die Homerische Identität von Gutsein, Schönsein, Rittertum und Erfolg zerbrechen, mag Archilochos dem gestriegelten Feigling den krummbeinigen Haudegen gegenüberstellen und damit die revolutionäre These verkünden: ein Häßlicher kann tapfer und ein Schöner feige sein; mag der gleiche Archilochos die Clan-Normen mit Füßen treten, die da lauten: kehre mit deinem Schilde oder, wenn du gefallen bist, auf deinem Schilde zurück; mag er seinen Schild, der nicht länger mehr ein mythisches Symbol, sondern ein Gebrauchsgegenstand ist, von sich schleudern – an der Weltordnung rütteln die Lyriker, die, liebend und leidend, ihre Individualität verkünden, darum noch nicht: Das Verlorene wird wiedergefunden, die Gerechtigkeit eines ewigen Wechsels als Lebensgesetz analysiert.
Lyriker und Denker, Poeten und ionische Wissenschaftler, die Zeugen des 7. und 6. Jahrhunderts, stellen die gleiche Frage: Was erhält die Welt? (Dem »Was bin ich?« der Lyriker entspricht das »Was war im Anfang?« der milesischen Philosophie.) Die Antwort lautet: Das Recht allein gewährleistet Stabilität, nur es verbürgt den Ausgleich der Extreme in einer ordnenden Mitte. ANAXIMANDER, SOLON, ARCHILOCHOS, ALKMAION bedenken, so betrachtet, das gleiche Problem. Dikē, das Recht, ist an keinen Raum, aber – und dies ist die neue Entdeckung – auch an keine Zeit gebunden. Zeus straft nicht im Jähzorn; oftmals fällt das Recht erst die Kinder und Kindeskinder der Schuldigen an.
Raumerweiterung und Zeitvertiefung, Loslösung von einer Klasse, Entfernung vom Augenblick, Verabsolutierung: das sind die geistigen Errungenschaften der Jahrhunderte zwischen HOMER und Klassik. Erkennt man die Pendelbewegung? Das Zentrum liegt zunächst im kleinasiatischen Kolonisationsraum: hier ist Homers Reich, hier liegt Milet, die Heimat der Philosophie und Wissenschaft, hier waltet ionischer Erfindungsgeist, ionische Seefahrerfreude an Expeditionsresultaten, hier, im Inselreich der Kykladen, erwächst die eigentliche Lyrik: melische Poesie, Inkarnation äolischer Kunst. Dann, im 6. Jahrhundert, der Umschwung zum Westen: Elea und Kroton, PYTHAGORAS' Spekulationen und PARMENIDES' Beschwörung eines unveränderlichen Seins auf italischem Boden, Mystik und Kalkulation, Reinkorporationsgedanken, doch auch Meditationen über Zahl und Gestalt, dazu die Chorlyrik des Westens, STESICHOROS und IBYKOS, endlich, schon im 5. Jahrhundert, von Tyrannen gefördert, die Inthronisation der sizilianischen Dichtung: Mimos und Beredsamkeit, PINDAR, BAKCHYLIDES und AISCHYLOS an Hierons Hof.
Vom Osten zum Westen, vom Westen ins attische Zentrum, von dort an die Peripherie, nach Alexandria, Pergamon und endlich nach Rom ... das ist der »Rhythmus«, dem die griechische Poesie folgt. Jahrhundertelang bleibt das Mutterland im Schatten der Kolonialkunst; die Zeugnisse sind spärlich: HESIOD aus Böotien, der Athener SOLON, TYRTAIOS in Sparta, PINDAR, der Thebaner, ... das sind einzelne Namen, Spätlinge, ja – Pindar! – Reaktionäre, gemessen am ionischen Geist, und doch Vorboten der großen mutterländischen Kunst, die, auf Attika konzentriert, um 500 mit der Inauguration des Dramas beginnt. Der Philosoph ANAXAGORAS verläßt seine ionische Heimat und wird zum Bürger Athens ... das erscheint wie ein Symbol.
Von AISCHYLOS bis DEMOSTHENES, von THEMISTOKLES bis Philipp VON Makedonien, von HERODOT bis THEOPOMP, von SOPHOKLES bis ISOKRATES, von ANAXAGORAS bis ARISTOTELES beherrscht Athen, das Zentrum Griechenlands, jenes Zeitalter, das mit Marathon (490 v. Chr.) begann und mit dem Siegeszug des jungen Alexander (334–323 v. Chr.) endete.
Lyriker und Philosophen hatten die Welt in der Weite des Raums und der Tiefe der Zeit bewohnbar gemacht; der Wechselschlag von *atē* bis *tisis*, Verblendung und Vergeltung, war im naturwissenschaftlichen und humanen Bereich analysiert worden; die Milesier hatten, denkend und experimentierend, thesenreich und chronikalisch zugleich, die Vielfalt der Erscheinungen auf Grundprinzipien reduziert; Individuum und Kosmos, Ich und Es, Mensch und Gott waren in gleicher Weise charakterisiert. Jetzt, um 500, kam es auf die Synthese an, auf die demonstrierte Begegnung der Pole, auf sichtbaren Austausch und auf Objektivierung der Individualitäten; das Persönliche wollte typisiert, das Überindividuelle anschaulich gestaltet sein. Auf dem Scheitel der griechischen Geschichte, im Augenblick einer letzten großen Zusammenfassung, eine Sekunde vor dem Zerfall der politischen Ordnung, zog die Tragödie, generalisierend und in Spiel und Gegenspiel veranschaulichend, die Summe der Vergangenheit.

Von der Polis zum Weltreich

Klassik: das ist der Moment des Gelingens, die Bezeichnung einer Vollkommenheit, die nicht aus sich selbst, sondern nur durch eine Konturierung von außen, durch die Beschreibung des »Davor« und »Danach« erklärbar ist. ARISTOPHANES wußte darum, als er in den *Fröschen (Batrachoi)* Aischylos und Euripides zu Protagonisten bestimmte und die Mitte, das Sophokleische Werk, gleichsam ausklammerte. Nur sehr zögernd wollen sich die Elemente zusammenfügen, die den Geist dieses Jahrhunderts ausmachen, das die Geschichte Europas wie kein

anderes bestimmt hat; nur höchst vage läßt sich eine Zeit bezeichnen, deren Profil am deutlichsten in den Thukydideischen *Perikles-Reden* erscheint. Konzentration, Sammlung der Kräfte an einem winzigen Punkt, heißt das erste Gebot griechischer Klassizität: nicht Milet und Tarent, Klazomenai und Syrakus, sondern athenische Polis, Theater, Agora, Akropolis. Ist es ein Zufall, daß sich die milesischen Kosmogonien, kühne ionische Spekulationen, zupackende Gedanken, die in gleicher Weise den Schiffermärchen wie den ethnographischen Exkursen eines HERODOT Plastizität und Farbe verliehen, in die Sokratischen Marktgespräche verwandeln?
Während die Ionier die Geheimnisse der Welt betrachteten, Sternenflug und Nilschwellen, verläßt Sokrates die Vaterstadt nur im Krieg oder, wie der *Phaidros* lehrt, für die Dauer eines Spaziergangs. Die Zeit steht still, die Gegensätze werden in einer ordnenden Mitte gebannt: Nicht umsonst verlangt Sokrates, am Ende des *Gastmahls*, daß ein und derselbe Mann Tragödien und Komödien schreiben müsse ... die Wächterszene aus der *Antigone*, der Auftritt der Amme in den *Choephoren*, Herakles' Gehabe in der *Alkestis*: all das ist Komik, Witz und Burleske inmitten des tragischen Spiels. ARISTOPHANES andererseits, an den sich Sokrates wendet, war – wie die *Lysistrate* beweist – zugleich ein großer Tragödienschreiber.
Damit aber das Getrennte zusammenkommen, die Gegensätze sich aufheben können, bedarf es einer glücklichen Stunde, bedarf es der Hauptstadt und vor allem überragender Politiker vom Range jenes Perikles (ca. 500–429 v. Chr.), der nicht nur – wie Periander von Korinth oder Peisistratos (beide etwa 100 Jahre früher) – ein Mäzen war, sondern ein Staatsmann, der es verstand, das Gesetz des Jahrhunderts: »Beschränke dich, spanne nicht allzusehr an«, zur Maxime seiner Politik zu machen und ein Regiment auszuüben, das die Demokratie nicht aufhob, sondern sie integrierte: Spiegelt die epische Frühzeit die Adelsherrschaft (und ließ zugleich noch eine ferne Ahnung des mykenischen Königtums durchscheinen), repräsentierte die lyrische Epoche, Zeugin der Kolonisationsjahrhunderte, Zeitgenossin der ionischen Wissenschaften, die Tyrannis, so ist das Drama, als Protagonist des klassischen Jahrhunderts, getragen und erfüllt vom Geist der Demokratie ... mag auch die Formung durch die großen Adelsgeschlechter nicht zu unterschätzen sein.
Nur die freiheitliche Ordnung eines vernünftigen Volksregiments gab dem Theatriker die Möglichkeit, seine eigenen Thesen ungestraft, mit rigoroser Deutlichkeit zu entwickeln. Nie war der Einfluß der Kunst so groß wie im 5. Jahrhundert, als ARISTOPHANES es wagen durfte, im Angesicht der Bundesgenossen die athenische Politik – und vor allem die Bündnispolitik – erbarmungslos zu zerfetzen. Wo, in der Literaturgeschichte, gibt es sonst noch ein Beispiel dafür, daß ein Komödienschreiber es sich erlaubte, den führenden Staatsmann – und dies im Krieg – als einen Wurstverkäufer und Hansnarren verächtlich zu machen?
Das Drama als soziale Form und eigentliche Schöpfung der Demokratie: Literatur war eine »öffentliche Affäre«, Priester, Staatsbeamte, und – man hat das lange verkannt – Sklaven saßen im Theater; von PHRYNICHOS, dem Tragiker, bis zu ARISTOPHANES tönte die Orchestra von Zeitanspielungen wider; nicht Anytos und Meletos, die öffentlichen Ankläger, sondern die Komödienschreiber bereiten jenen Prozeß gegen Sokrates vor, der die Wende der Zeiten markiert: 399, der Einschnitt ist deutlich – das Ende des Peloponnesischen Krieges bezeichnet auch das Ende der Tragödie; Euripides und Sophokles waren tot, der Platonische Dialog trat an die Stelle der Stichomythie; auch dem komischen Spiel wurde der Boden entzogen: Die politischen Verweise und persönlichen Polemiken setzen nun einmal deutliche Konstellationen, mächtige Freunde und Feinde und ein allgemeines Interesse an den Grundfragen der Polis voraus. Das 4. Jahrhundert aber steht im Zeichen des politischen Chaos, der Hinneigung zum Privaten und Intimen, das zu den Zeitparolen panhellenistischer oder attisch-reaktionärer Herkunft in einem zeichnenden Gegensatz steht.
Die Entwicklung der Komödie von ARISTOPHANES (ca. 445–385 v. Chr.) bis MENANDER (ca. 342–292 v. Chr.) symbolisiert den Prozeß: Das alte Kernstück, die Parabase, verschwindet, Märchenmotive, Szenen, erfüllt von Lyrismus und Irrealität, dominieren. Die Züge eines Jahrhunderts zeichnen sich ab, in dem man aus der Wirklichkeit flieht, den Idealstaat (der freilich immer noch das Antlitz der alten Polis trägt) beschwört und sich selbst als historisch, die Geschichte Athens als vergangen betrachtet. Schon im 5. Jahrhundert hatten sich die musealen Tendenzen gemehrt: Aristophanes erscheint – nicht nur in den *Fröschen* – als *laudator temporis acti*; EUPOLIS' *Demen* rufen, inmitten einer führungslosen Zeit, die großen Gestalten der Marathon-Ära aus dem Hades herbei; später ging man dazu über, die alten Tragödien regelmäßig zu wiederholen, jedes dritte Jahr ein Drama des EURIPIDES; und wenn man auch noch häufig mit demosthenischem Pathos von athenischer Größe sprach oder, wie ISOKRATES, die Ideale des Panhellenismus verklärte und Philipp von Makedonien als Vorkämpfer griechischer Freiheit verherrlichte ... es war die Größe von gestern. Die Polis zerbrach: Dem einzelnen, nicht der Gemeinschaft, galt seit den Tagen der Sophistik das Augenmerk. Die Welt des letzten bedeutenden attischen Dichters, Menanders Bezirke, in denen es urban und bürgerlich zugeht, leuchtet auf – Tragödie und Komödie vereinen sich im Schauspiel.

XIII

Die Rhetorik trat an die Stelle der Philosophie; System und Abstraktion, auf der anderen Seite, ersetzten Mythos und Bild. Man ordnete, sammelte, schrieb Gedichte und fragte, pragmatisch gesonnen, nach Nutzen und Verwertbarkeit. Hier die Atthis, die athenische Lokalgeschichte, Rückschau und historische Glorifizierung, dort die emanzipierten Fachwissenschaften ... die alten Fronten zerfielen, nur hundert Jahre noch, und auch der von ARISTOTELES beibehaltene Gegensatz zwischen Griechen und Barbaren, Sklaven und Freien löst sich im Zeichen der *Diatribe*, der »Moralpredigt«, der kynischen Popularphilosophie und der stoischen Lehre endgültig auf; erst im Hellenismus und der Kaiserzeit gibt es »proletarische« Dichter.

Die *oikumenē* der Stoa vor allem repräsentiert die hellenistischen Jahrhunderte, in denen man sich von Pergamon bis zum Atlantik in einer einzigen Sprache, der *koinē*, zu verständigen wußte. Die Zeit der einzelnen war, so konnte man denken, für immer vorbei: Uniformität herrschte, nicht nur im Sprachlichen, vor. In den Riesenbibliotheken arbeiteten Forscherstäbe; Denkmäler, kolossal und exorbitant, künden vom Fleiß anonymer Handwerkerheere mehr als von der Ingeniösität überragender Architekten; das gewaltige Reich zwang zur Synopse: Philosophenschulen, Epikureer, Akademiker, Stoiker und Peripatetiker setzten das Erbe ihrer Gründer fort; aber die Grenzlinien verwischten, und der Eklektizismus feierte wahre Triumphe. Auf der anderen Seite entsprach den unabsehbaren Dimensionen des Weltreichs, in augenfälligem Kontrast, ein Zug zur Idylle, zur Beschaulichkeit, zum Feinen und Besonderen. Die Dichter vor allem, *poetae docti* aus Alexandrien, vom Schlage des Bibliothekars KALLIMACHOS (ca. 305–240 v. Chr.), verkündeten – seltsam modern – die Lehre, daß nicht der Zyklus, nicht ein monströses Epos wie die *Argonautika*, sondern nur noch das Aparte und Kleine, Ziselierte und kunstreich Erdachte, Epyllion und Epigramm, Rang und Bedeutung beanspruchen dürften.

Unter solchen Zeichen entstand ein neuer Gegensatz: Nicht mehr Grieche und Barbar, sondern Gebildeter und Ungebildeter trennten sich, und ein Prozeß kam ans Ziel, der zu ISOKRATES' Zeit, im 4. Jahrhundert, begann. Man spielte nun mit der Tradition, suchte immer reizvollere Variationen, immer raffiniertere Veränderungen der Vorlagen zu ersinnen, erging sich in dunklen, nur einem kleinen Kreis von Gebildeten verständlichen Anspielungen, löste die poetische Diktion von der Umgangssprache, probierte, höchst artistisch, die alten Dialekte durch, erforschte in der Maske des Wissenden, parodistisch und ironisch, die Zeit und den Raum: ionische Novellen und – Kunst der späten Epochen – Reiseromane, Universalgeschichte und, ein Erbe Siziliens, der Mimos als Domäne der Charakterzeichnung, die, durch LYSIAS bestimmt, von THEOKRIT und HERONDAS perfektioniert worden war: schwatzende Frauen, Prozessionsteilnehmer und Hirten. Der Hellenismus scheint uns heute die hohe Zeit der Gegensätze zu sein: hier der Leuchtturm von Rhodos, dort die Idylle THEOKRITS; hier die Säulen des Herakles, dort, minuskelgleich, das Epigramm; hier Mammutkompendium und episches Konvolut, dort die Preziosität des Details; hier Eingeweihtenkunst, dort heitere Belehrung der Massen; hier die Spezialwissenschaft, vor allem die Astronomie, dort das *studium generale* der Alexandrinischen Bibliothek, deren Vernichtung den letzten Abschnitt der griechischen Poesie, die Kunst der Kaiserzeit, einleitet.

Doch während hellenische und attische, attische und hellenistische Epoche sich, bei aller Verzahnung, deutlich voneinander abheben lassen, ist der Einschnitt zwischen Hellenismus und Kaiserzeit gering, die Trennung willkürlich. Die Tendenzen änderten sich nicht, eklektische und parodistische Strömungen, Polyhistoren und Pragmatiker, Sammler und Kritiker bestimmten, von PLUTARCH bis LUKIAN, weiterhin das Bild der Zeit – und was die Wendung zum Westen betraf, so hatte sich das Schwergewicht schon mehr und mehr nach Rom verlagert: griechische Bildung fand, über die großen Lehrer, den Historiker POLYBIOS und den Philosophen PANAITIOS, über den Scipionenkreis Einlaß in Rom. Auf italischem Boden wurde das griechische Erbe – oftmals kümmerlich genug – in Florilegien bewahrt; hier wurde die Auswahl mit attizistischer Emphase getroffen. Griechenland selbst war zur Provinz geworden: Der hellenische Geist, mit orientalischen und jüdischen, bald auch mit christlichen Elementen vermischt, fand in Rom eine Herberge. Zweite Sophistik, Neuplatonismus – die Namen bezeichnen den Repetitionscharakter der Spätantike, den ein Anekdotenschreiber vom Schlage ATHENAIOS' in gleicher Weise wie der parodistisch gesonnene, mit alten Vorstellungen spielende LUKIAN, HELIODORS romaneske Kompilation des Endlichen nicht anders als PLOTINS universaler Synkretismus bezeichnet.

Griechisches Vermächtnis

Griechische Idealität, Typus, Zeitlosigkeit und Exempel, konkretisierte sich, dem *hic et nunc* des Augenblicks anheimgegeben, in der politischen Realität der Kaiserzeit. Die Römer, Meister des Praktischen, Realisten *kat' exochēn*: Biographen und Porträtisten, Straßenbauer, Juristen und Verwaltungsbeamte, gaben dem Griechischen im Raum des Imperium Romanum jene

Form, in der es sich mit dem christlichen Glauben vereinigen konnte. Eine kühne Synthese, zu der das Griechische in besonderer Weise prädestiniert war, weil Synthese, Zusammenschau des Disparaten, zu seinem Wesen gehörte: Innen und Außen sind, in hellenischer Sicht, nicht voneinander zu trennen, menschliche Schuld und göttliche Ahndung, *atē* und *tisis*, entsprechen einander; Gegensätze heben sich auf: Alles ist von Zeus, sagt der Tragiker, und dennoch bleibt der Mensch verantwortlich.

Niemand hat sich so sehr an Spekulationen verloren wie gerade die Griechen; niemand aber war auch so exakt. Aberglaube und Wissenschaft, Orphik und Apollonkult gehören ebenso zusammen wie Bild und Abstraktion, Mythos und Logos, deren Ungeschiedenheit noch das Platonische Werk demonstriert. Synthese – das heißt nicht: Überspielen der Kontraste, sondern Synopse des Disparaten, Zusammenschau, die sich sehr wohl mit jener aitiologischen Betrachtungsweise vereinen läßt, in der wir das zweite Charakteristikum der griechischen Literatur sehen dürfen.

Von HOMER bis zur Spätantike, von den *Kyprien*, die den Troianischen Krieg auf die Übervölkerung zurückführen, über KALLIMACHOS' *Aitia* bis hin zu dem *Einen* PLOTINS bleibt die Frage nach der *prima causa* die wichtigste Frage der hellenischen Dichtung. Der Zorn des Achilleus (HOMER), die Gerechtigkeit des Zeus (HESIOD, SOLON), der Gegensatz zwischen Griechen und Barbaren (HERODOT), das Unendliche, das Wasser, die Luft (ANAXIMANDER, THALES, ANAXIMENES), der Streit (HERAKLIT), der Machtzuwachs (THUKYDIDES), der Nus (ANAXAGORAS), die Hybris (AISCHYLOS und SOPHOKLES) ... immer wurde die Fülle der Erscheinungen, die es am Ende mit einem Blick zu überschauen gilt, zu einem Urprinzip zurückgeleitet. Das Reich des Scheins in seiner Vielfalt und die Einheit zu erkennen, das Komplexe zu reduzieren und vom Sichtbaren auf das Unsichtbare, von der Erscheinung auf die Idee zu schließen und hinter dem Trug die Wahrheit zu zeigen, ist hellenisch. *Opsis adēlōn ta phainomena,* Sicht des Undeutlichen: das Erscheinende – dies mag vielleicht das Schlüsselwort der griechischen Literatur sein.

Literaturhinweise

A. Bibliographien und Forschungsberichte

Bibliographie zur antiken Bildersprache, Hg. V. Pöschl u. a., Heidelberg 1964.
Bibliotheca classica orientalis. Dokumentation der altertumswissenschaftlichen Literatur der Sowjetunion und der Länder der Volksdemokratie, hg. vom Inst. f. griech.-röm. Altertumskunde bei der Deutschen Akad. d. Wiss. zu Berlin, Jg. 1ff., Berlin 1956ff.
Bibliotheca philologica classica, 65 Bde., 1874–1938, Berlin/Leipzig 1875–1941.
W. Engelmann und E. Preuss (Hg.), *Bibliotheca scriptorum classicorum, umfassend die Literatur von 1700–1878,* Leipzig ⁸1880; Hildesheim ⁹1959 [Neudr. der 8. Aufl.].
Gnomon. Kritische Zeitschrift für die gesamte klassische Altertumswissenschaft, Jg. 1ff., Berlin/München 1925ff.
S. F. G. Hoffmann, *Lexicon bibliographicum, sive Index editionum et interpretationum scriptorum Graecorum,* 3 Bde., Leipzig 1832–1836; Nachdr. Amsterdam 1961.
Jahresbericht über die Fortschritte der klassischen Altertumswissenschaft, begr. von C. Bursian, 285 Bde., 1873–1944/45, Berlin/Leipzig/Göttingen 1875–1956.
R. Klussmann (Hg.), *Bibliotheca scriptorum classicorum. Die Literatur von 1878–1896 einschließlich umfassend,* Bd. 1, 2 Tle., Leipzig 1909–1911; Nachdr. Hildesheim 1961.
S. Lambrino, *Bibliographie de l'antiquité classique, 1896–1914,* Paris 1951.
Lustrum. Internationale Forschungsberichte aus dem Bereich des klassischen Altertums, hg. von H. J. Mette und A. Thierfelder, Bd. 1ff., Göttingen 1957ff.
J. Marouzeau, *Dix années de bibliographie classique, pour la période 1914–1924,* Paris 1927.
Ders., *L'année philologique. Bibliographie critique et analytique de l'antiquité gréco-latine,* Paris 1928ff. [Forschung ab 1924].
J. A. Nairn, *Classical Hand-List,* hg. von B. H. Blackwell, Oxford ³1953.
R. A. Pack, *The Greek and Latin Literary Texts from Greco-Roman Egypt* [Papyrosbibliographie], Ann Arbor/Mich. ²1965.
H. und B. Riesenfeld, *Repertorium lexicographicum Graecum,* Stockholm 1954.
D. Rounds, *Articles on Antiquity in Festschriften. An Index,* Cambridge/Mass. 1962.
F. L. A. Schweiger, *Handbuch der classischen Bibliographie,* Bd. 1, Leipzig 1830; Nachdr. Amsterdam 1962.
W. Totok, *Handbuch der Geschichte der Philosophie,* Bd. 1, Frankfurt a. M. 1964.

B. Allgemeine Nachschlagewerke

C. Daremberg und E. Saglio (Hg.), *Dictionnaire des antiquités grecques et romaines,* 5 Bde., Paris 1877–1919.
H. Hunger, *Lexikon der griechischen und römischen Mythologie,* Wien ⁶1969.
J. Irmscher und H. Reusch, *Lexikon der Antike,* Leipzig 1971.
H. Lausberg, *Handbuch der literarischen Rhetorik,* 2 Bde., München ²1973.

Lexikon der Alten Welt, Zürich/Stuttgart 1965.
F. Lübker, *Reallexikon des klassischen Altertums*, hg. von J. Geffcken und E. Ziebarth, Leipzig/Berlin ⁸1914.
The Oxford Classical Dictionary, Oxford ²1970 (mehrere Nachdrucke).
W. Pauly, G. Wissowa u. a. (Hg.), *Realenzyclopädie der classischen Altertumswissenschaft*, Stuttgart 1893ff.
Der Kleine Pauly. Lexikon der Antike, Hg. K. Ziegler, W. Sontheimer und H. Gärtner, 5 Bde., Stuttgart 1964–1975.
W. H. Roscher (Hg.), *Ausführliches Lexikon der griechischen und römischen Mythologie*, 6 Bde., Leipzig/Berlin 1884–1937.

C. Literaturgeschichte

1. Allgemeine Darstellungen

E. Bethe, *Die griechische Dichtung*, Potsdam 1928 (in *Handbuch der Literaturwissenschaft*, Hg. O. Walzel).
E. Bignone, *Il libro della letteratura greca*, Florenz ⁵1945.
A. und M. Croiset, *Histoire de la littérature grecque*, 5 Bde., Paris ⁴1938.
C. del Grande, *Storia della letteratura greca*, Neapel ⁸1950.
H. Fränkel, *Dichtung und Philosophie des frühen Griechentums*, München ²1962 [bis zur Mitte des 5. Jh.s].
Ders., *Wege und Formen frühgriechischen Denkens*, München ²1960 [Aufsätze].
J. Geffcken, *Griechische Literaturgeschichte*, 2 Bde., Heidelberg 1926–1934 [bis Aristoteles].
M. Hadas, *A History of Greek Literature*, New York 1950.
W. Jaeger, *Paideia. Die Formung des griechischen Menschen*, Bd. 1, Berlin ⁴1959; Bd. 2 und 3 Berlin ²1959 [bis Demosthenes].
Ders., *Die Theologie der frühen griechischen Denker*, Stuttgart 1953.
A. Körte und P. Händel, *Die hellenistische Dichtung*, Stuttgart ²1960.
W. Kranz, *Geschichte der griechischen Literatur*, Bremen ³1958 (Sammlung Dieterich, 42).
A. Lesky, *Geschichte der griechischen Literatur*, Bern/München ³1971.
G. Murray, *The Literature of Ancient Greece*, Chicago ³1956.
W. Nestle, *Geschichte der griechischen Literatur*, Bd. 1, Berlin ³1961, Hg. W. Liebrich; Bd. 2, Berlin ²1950 (Sammlung Göschen, 70 und 557).
Ders., *Vom Mythos zum Logos. Die Selbstentfaltung des griechischen Denkens von Homer bis auf die Sophistik und Sokrates*, Stuttgart ²1942.
E. Norden, *Die antike Kunstprosa*, 2 Bde., Leipzig ³1915; Darmstadt ⁷1974 [Neudr. der 3. Aufl.].
G. Pascucci, *Storia della letteratura greca*, Florenz 1950.
K. Praechter, *Die Philosophie des Altertums* (in F. Überweg, *Grundriß der Geschichte der Philosophie*, Bd. 1, Darmstadt 1967 [Neudr. der 12. Aufl., Berlin 1926].
H. J. Rose, *A Handbook of Greek Literature from Homer to the Age of Lucian*, London ⁵1961.
W. Schmid und O. Stählin, *Geschichte der griechischen Literatur*, 2 Bde. in 7 Tln., München 1920 bis 1948 (Bd. 1, Tl. 1–5, 1929–1948; Bd. 2, Tl. 1 und 2, ⁶1920–1924 ist Neubearbeitung von W. v. Christ, *Geschichte der griechischen Literatur*, 2 Bde., München 1888; in *Handbuch der Altertumswissenschaft*, Hg. I. v. Müller und W. Otto, Bd. 7; Neudr. 1959–1961).
T. Sinko, *Literatura grecka*, 3 Bde., Krakau 1931–1954.
B. Snell, *Die Entdeckung des Geistes. Studien zur Entstehung des europäischen Denkens bei den Griechen*, Göttingen ⁴1975 [Aufsätze].
S. J. Sobolevskij, B. V. Gornung u. a., *Istorija grečeskoj literatury*, Bd. 1, Moskau 1946.
F. Susemihl, *Geschichte der griechischen Literatur in der Alexandrinerzeit*, 2 Bde., Leipzig 1891/92.
U. von Wilamowitz-Moellendorff, *Die griechische Literatur des Altertums*, Berlin/Leipzig ³1912 (in *Die Kultur der Gegenwart*, Bd. 1, 8).
Ders., *Hellenistische Dichtung in der Zeit des Kallimachos*, 2 Bde., Berlin 1924.

2. Gattungen und Epochen

E. Auerbach, *Mimesis*, Bern/München ³1964.
J. W. H. Atkins, *Literary Criticism in Antiquity*, 2 Bde., London ²1952.
G. Bernagozzi, *La storiografia greca dai logografi ad Erodoto*, Bologna 1960.
F. Blass, *Die attische Beredsamkeit*, 3 Bde., Leipzig ²1887–1898; Nachdr. Hildesheim 1962.
C. M. Bowra, *Early Greek Elegists*, Cambridge ²1959.
Ders., *Greek Lyric Poetry. From Alcman to Simonides*, Oxford ²1961.
Ders., *Heroic Poetry*, London 1952 (dt. *Heldendichtung*, Stuttgart 1964).
Ders., *Höhepunkte griechischer Literatur*, Stuttgart 1968.
M. Braun, *Griechischer Roman und hellenistische Geschichtsschreibung*, Frankfurt/M. 1934 (*Frankfurter Studien zur Religion und Kultur der Antike*, 6).
Ders., *History and Romance in Graeco-Oriental Literature*, Oxford 1938.
E. H. Bunbury, *A History of Ancient Geography among the Greeks and Romans*, 2 Bde., New York ²1959.
J. B. Bury, *The Ancient Greek Historians*, New York ²1958.
K. v. Fritz, *Antike und moderne Tragödie*, Berlin 1962 [Aufsätze].
Ders., *Die griechische Geschichtsschreibung*, Berlin 1967ff.

A. E. Haigh, *The Tragic Drama of the Greeks*, Oxford 1896.
R. Helm, *Der antike Roman*, Göttingen ²1956.
K. Kerényi, *Die griechisch-orientalische Romanliteratur in religionsgeschichtlicher Beleuchtung*, Tübingen 1927; Darmstadt ³1973.
F. Leo, *Die griechisch-römische Biographie nach ihrer literarischen Form*, Leipzig 1901.
A. Lesky, *Die griechische Tragödie*, Stuttgart ⁴1968.
G. Misch, *Geschichte der Autobiographie*, Bd. 1: *Das Altertum*, 2 Tle., Frankfurt/M. ³1949/50.
G. Norwood, *Greek Comedy*, Boston 1932.
Ders., *Greek Tragedy*, Boston 1920.
H. Patzer, *Die Anfänge der griechischen Tragödie*, Wiesbaden 1962.
A. W. Pickard-Cambridge, *Dithyramb, Tragedy and Comedy*, Oxford ²1962 [Neudr. 1966].
M. Pohlenz, *Die griechische Tragödie*, 2 Bde., Göttingen ²1954.
Ders., *Die Stoa*, Bd. 1, Göttingen ³1964; Bd. 2 ebd. ⁴1972.
R. Reitzenstein, *Hellenistische Wundererzählungen*, Leipzig 1906 [Nachdr. zul. Darmstadt 1974].
E. Rohde, *Der griechische Roman und seine Vorläufer*, Leipzig ³1914; Darmstadt ⁵1975.
W. Schmid, *Der Atticismus in seinen Hauptvertretern*, 6 Bde., Stuttgart 1887–1897.
E. Schwartz, *Griechische Geschichtschreiber*, Leipzig 1957.
F. Susemihl, *Geschichte der griechischen Literatur in der Alexandrinerzeit*, 2 Bde., Leipzig 1891–1892.
M. Treu, *Von Homer zur Lyrik*, München 1955; ²1968 (*Zetemata*, 12).
T. B. L. Webster, *Hellenistic Poetry and Art*, London 1964.
Ders., *Von Mykene bis Homer. Anfänge griechischer Literatur und Kunst im Lichte von Linear B*, München/Wien 1960.

D. Kultur- und Geistesgeschichte

S. Angus, *The Mystery Religions and Christianity*, New York ²1928.
Ders., *The Religious Quest of the Graeco-Roman World*, New York 1929.
F. Baumgarten, F. Poland und R. Wagner, *Die hellenistisch-römische Kultur*, Leipzig/Berlin 1913.
J. D. Beazley, *Attic Red-figure Vase-painters*, Oxford ²1963.
Ders., *Attic Black-figure Vase-painters*, Oxford 1956.
J. D. Beazley und B. Ashmole, *Greek Sculpture and Painting*, Cambridge ²1966.
O. Becker, *Das mathematische Denken der Antike*, Göttingen 1957.
E. R. Bevan, *Later Greek Religion*, London/Toronto 1927.
M. Bieber, *The History of the Greek and Roman Theater*, Princeton ²1961.
Dies., *The Sculpture of the Hellenistic Age*, New York ²1961.
Dies., *Alexander the Great in the Greek and Roman Art*, Chicago 1964.
C. M. Bowra, *The Greek Experience*, London 1957 (dt. *Griechenland*, München ²1974; Kindlers Kulturgeschichte).
J. Burckhardt, *Griechische Kulturgeschichte*, Hg. F. Stähelin und S. Merian, 4 Bde., Berlin 1930 bis 1931.
E. Buschor, *Bildnisstufen*, München 1947.
Ders., *Das hellenistische Bildnis*, München 1949.
Ders., *Die Plastik der Griechen*, München ²1958.
Ders., *Das Porträt*, München 1960.
J. Carcopino, *De Pythagore aux apôtres*, Paris ²1968.
M. Cary und E. H. Warmington, *Die Entdeckungen der Antike*, München 1966 (engl. *The Ancient Explorers*, 1963).
E. R. Curtius, *Europäische Literatur und lateinisches Mittelalter*, Bern/München ⁸1973.
L. Curtius, *Die Wandmalerei Pompejis*, Darmstadt 1972 (= Köln 1929).
P. Demargne, *Die Geburt der griechischen Kunst*, München 1965.
W. B. Dinsmoor, *The Architecture of Ancient Greece*, London ³1950.
E. R. Dodds, *The Greeks and the Irrational*, Berkeley 1951 (dt. *Die Griechen und das Irrationale*, Darmstadt 1970).
W. Dörpfeld und E. Reisch, *Das griechische Theater*, Athen 1896.
D. R. Dudley, *A History of Cynicism*, London 1937.
K. v. Fritz, *Grundprobleme der Geschichte der antiken Wissenschaft*, Berlin/New York 1971.
Th. Georgiades, *Musik und Rhythmus bei den Griechen*, Hamburg ⁵1958.
A. v. Gerkan, *Griechische Städteanlagen*, Berlin/Leipzig 1924.
F. C. Grant (Hg.), *Hellenistic Religions: The Age of Syncretism*, New York 1953.
W. K. C. Guthrie, *The Greeks and Their Gods*, Boston 1950.
Ders., *Orpheus and Greek Religion*, London ²1952.
M. Hadas, *Die Kultur des Hellenismus*, München ²1975.
T. L. Heath, *A History of Greek Mathematics*, Oxford 1921.
Ders., *A Manual of Greek Mathematics*, New York ²1963.
J. L. Heiberg, *Geschichte der Mathematik und Naturwissenschaften im Altertum*, München 1925 (in: *Handbuch der Altertumswissenschaften*, Bd. 5/1/2; Neudr. 1960).
F. Heinimann, *Nomos und Physis*, Basel 1945 (Neudr. Darmstadt 1972).
M. Hengel, *Judentum und Hellenismus*, Tübingen ²1973.
H. Hunger u. a., *Geschichte der Textüberlieferung der antiken und mittelalterlichen Literatur*, Bd. 1, Zürich 1961.
A. H. M. Jones, *The Greek City from Alexander to Justinian*, Oxford 1940.

W. Kraiker, *Die Malerei der Griechen*, Stuttgart 1958.
A. Lesky, *Griechischer Mythos und Vorderer Orient*, in: »Saeculum« 6, 1955, S. 35-52.
H. Licht (d. i. P. Brandt), *Sittengeschichte Griechenlands*, 3 Bde., Dresden/Zürich 1925-1928.
E. A. Lippmann, *Musical Thought in Ancient Greece*, New York/London 1964.
G. Lippold, *Die griechische Plastik*, München 1950.
H.-I. Marrou, *Geschichte der Erziehung im klassischen Altertum*, Hg. R. Harder, Freiburg i. Br./München 1957.
M. Mühl, *Die antike Menschheitsidee in ihrer geschichtlichen Entwicklung*, Leipzig 1928.
M. P. Nilsson, *Cults, Myths, Oracles, and Politics in Ancient Greece*, Lund 1951.
Ders., *Geschichte der griechischen Religion*, Bd. 1 München ³1967; Bd. 2 München ³1974 (in: *Handbuch der Altertumswissenschaft*, Bd. 5,2).
Ders., *Die hellenistische Schule*, München 1955.
W. Otto, R. Herbig und U. Hausmann (Hg.), *Handbuch der Archäologie*, München 1939ff. (in: *Handbuch der Altertumswissenschaft*, Bd. 6; noch unvollst.).
W. F. Otto, *Die Götter Griechenlands*, Frankfurt/M. ⁴1956.
H. W. Parke und D. E. W. Wormell, *The Delphic Oracle*, 2 Bde., Oxford 1956.
R. Pfeiffer, *History of Classical Scholarship*, Oxford 1968ff. (dt. *Geschichte der klassischen Philologie*, Reinbek 1970).
H. Plommer, *Ancient and Classical Architecture*, London 1956.
R. v. Pöhlmann, *Geschichte der sozialen Frage und des Sozialismus in der antiken Welt*, 2 Bde., München ³1925.
L. Radermacher, *Weinen und Lachen. Studien über antikes Lebensgefühl*, Wien 1947.
R. Reitzenstein, *Die hellenistischen Mysterienreligionen*, Leipzig ³1927 (Nachdr. zul. Darmstadt 1973).
G. M. A. Richter, *The Portraits of the Greeks*, 3 Bde., London 1965.
Dies., *Handbuch der griechischen Kunst*, Köln ⁴1966.
G. Rodenwaldt, *Die Kunst der Antike*, Berlin ³1938.
Ders., *Griechische Tempel*, München ²1951.
E. Rohde, *Psyche*, Darmstadt 1974 (= Freiburg i. Br./Leipzig/Tübingen ²1898).
H. J. Rose, *Griechische Mythologie*, München ³1969.
M. Rostovtzeff, *Die hellenistische Welt. Gesellschaft und Wirtschaft*, 3 Bde., Stuttgart 1955/56.
A. v. Salis, *Die Kunst der Griechen*, Zürich ⁴1953.
S. Sambursky, *Das physikalische Weltbild der Griechen*, Zürich/Stuttgart 1965.
G. de Santillana, *The Origins of Scientific Thought*, London 1961 (ern. New York 1964).
G. Sarton, *A History of Science*, 2 Bde., Cambridge (Mass.) 1959.
C. Schneider, *Kulturgeschichte des Hellenismus*, 2 Bde., München 1967-1969.
W. W. Tarn und G. T. Griffith, *Hellenistic Civilisation*, London ³1952 (dt. *Die Kultur der hellenistischen Welt*, zul. Darmstadt 1972).
J. O. Thomson, *History of Ancient Geography*, Cambridge 1948.
B. L. van der Waerden, *Erwachende Wissenschaft*, Basel/Stuttgart ²1966.
T. B. L. Webster, *Greek Theatre Production*, London ²1970.
F. Weege, *Der Tanz in der Antike*, Halle/S. 1926.
P. Wendland, *Die hellenistisch-römische Kultur in ihren Beziehungen zu Judentum und Christentum*, Tübingen ⁴1972.
E. Wolf, *Griechisches Rechtsdenken*, 4 Bde., Frankfurt/M. 1950-1970.
H. J. Wolff, *Beiträge zur Rechtsgeschichte Altgriechenlands und des hellenistisch-römischen Ägypten*, Weimar 1961.

E. Politische Geschichte

E. Barker (Hg.), *From Alexander to Constantine*, Oxford 1956.
K. J. Beloch, *Griechische Geschichte*, 4 Bde., Straßburg ²1912-1927.
H. Bengtson, *Griechische Geschichte*, München ⁴1969 (in: *Handbuch der Altertumswissenschaft*, Bd. 3/4).
H. Berve, *Griechische Geschichte*, 2 Bde., Freiburg i. Br. ²/³1951-1953.
E. R. Bevan, *A History of Egypt under the Ptolemaic Dynasty*, London 1927.
G. Busolt, *Griechische Staatskunde*, 2 Bde., München 1920-1926 (Nachdr. 1972; in: *Handbuch der Altertumswissenschaft*, Bd. 4/1).
The Cambridge Ancient History, Bd. 3-9, London ²1925-1932.
M. Cary, *A History of the Greek World from 323 to 146 B. C.*, London ²1972.
R. Cohen, *La Grèce et l'hellénisation du monde antique*, Paris ²1948.
J. G. Droysen, *Geschichte des Hellenismus*, 3 Bde., Hg. E. Bayer, Basel 1952-1954.
V. Ehrenberg, *Der Staat der Griechen*, Zürich/Stuttgart ²1965.
G. Glotz, *Histoire grecque*, Bd. 1-2 Paris ⁴1948; Bd. 3 ebd. 1936; Bd. 4/1 ebd. ²1945.
N. G. L. Hammond, *A History of Greece to 322 B. C.*, Oxford ²1967.
J. Kaerst, *Geschichte des Hellenismus*, Bd. 1 Leipzig/Berlin ³1927; Bd. 2 ebd. ²1926.
R. Laqueur, *Hellenismus*, Gießen 1925.
E. Meyer, *Geschichte des Altertums*, Bd. 1-5, Stuttgart/Berlin ²1907-1937; zul. Hg. H. E. Stier, Darmstadt ⁴⁻⁸1965-1969.
R. H. Pfeiffer, *History of New Testament Times with an Introduction to the Apocrypha*, New York 1949.
Propyläen Weltgeschichte, Bd. 3, Berlin 1962.

F. Schachermeyr, *Griechische Geschichte*, Stuttgart ²1969.
E. Schürer, *Geschichte des jüdischen Volkes im Zeitalter Jesu Christi*, 4 Bde., Leipzig ³/⁴1901–1911.
W. W. Tarn, *Alexander the Great*, 2 Bde., Cambridge 1948–1950 (dt. *Alexander der Große*, Darmstadt 1968).
E. C. Welskopf, *Hellenische Poleis. Krise – Wandlung – Wirkung*, 4 Bde., Darmstadt 1974.
E. Will, *Histoire politique du monde hellénistique (323–30 av. J.-C.)*, Nancy 1966–1967.

WOLFGANG SCHMID

DIE LITERATUR ROMS UND DES IMPERIUM ROMANUM

Eine so große Expansion der römischen Geisteswelt erreicht zu haben, zählt mehr als die Erweiterung des Imperiums.

(Caesar über Cicero)

Am Anfang der literarischen Entwicklung der griechischen und lateinischen Welt steht je ein großes Literaturdenkmal: dort die Gesänge Homers, hier – sehen wir von Fragmentarischem ab – über ein halbes Jahrtausend später die Komödien des PLAUTUS. Beide Schöpfungen begründen für uns die literarische Epoche ihres Volkstums, und nur in diesem Sinn stellen wir sie hier nebeneinander: denn im übrigen sind sie, auch abgesehen von der aus ihrer gattungsmäßigen Verschiedenheit folgenden Inkommensurabilität, durch Welten voneinander geschieden. Das Homerische Epos ist »autochthon«, es ist, um es in der Sprache der Romantik zu sagen, ein Produkt des griechischen Volksgeists, das als solches ein organisches Wachstum aus den überindividuellen Elementen des Volks- und Heldengesangs voraussetzt und wie alle Schöpfungen des frühen Griechentums von einem Hauch des Geheimnisvollen umwittert ist, wie er jedem Naturwerk eignet. Wie anders die Komödien des Plautus! Sie sind bar des genetischen Hintergrunds, weil durchaus abhängig von griechischen Vorbildern: Im Jahre 240 v. Chr. hatte ein aus Unteritalien stammender Freigelassener griechischer Herkunft, LIVIUS ANDRONICUS, die damals wohl komplizierteste Literaturgattung, das attische Kunstdrama, fast unvermittelt nach Rom gebracht. Es mag sein, daß man für die rund 125 Jahre, die zwischen dem ersten Auftreten etruskischer Tänzer in Rom – sie waren im Jahre 364 v. Chr. aus Anlaß einer Pest nach Rom geholt worden – und dem Wirken des Livius Andronicus liegen, bereits gewisse Spiele leichteren Gehalts anzusetzen hat; das würde die Bedeutung des »Epochenjahrs« der lateinischen Literatur (240 v. Chr.), in dem die erste griechische Tragödie und Komödie in lateinischer Nachgestaltung in Rom aufgeführt wurden, durchaus nicht mindern.

Ausgangssituation und Formprinzipien

In einem allgemeineren, über das angeführte Beispiel hinausgehenden Sinn dürfen wir sagen: Die römische Literatur stellt keine stufenweise erfolgende organische Entfaltung einheimischer Traditionen dar, die es in Latium wie allerorts zur Begehung religiöser, staatlicher wie privater Anlässe gab; sie ist zunächst nichts anderes als der sich ganz unbefangen und selbstverständlich gebende Versuch, bestimmten, im gemein-hellenistischen Bereich längst bedeutsamen literarischen Gattungen in Rom entsprechende Literaturwerke gegenüberzustellen. (Wenn im sakralen Bereich der lateinischen Prosa bestimmte Ausdrucksformen der gehobenen Rede vor dem Wirksamwerden der griechischen Literatur längst ausgebildet waren – die sich in ihnen zeigende Kunst ist italische Volkskunst –, so ist doch von hier aus die spätere Entwicklung der kunstmäßigen lateinischen Eloquenz nicht zu erklären, mag auch die eine oder andere Eigentümlichkeit des »italischen« Prosarhythmus in die lateinische pathetische Rede hineinwirken.)

Die denkwürdigen *ludi Romani* von 240 v. Chr. sind nur eines von vielen Symptomen einer Hellenisierungswelle, die die vorangehenden hellenistischen Kultureinflüsse an Bedeutung übertrifft; daß man an sich auch schon mit ganz frühen griechischen Einwirkungen in Latium zu rechnen hat, haben jüngste Ausgrabungen besonders sinnfällig gemacht. Schon vorher wußten wir, daß die Römer aus dem griechischen Cumae (Poseidonia) die *Oracula Sibyllina*, das offizielle Staatsorakel, und – wohl über Etrurien – auch das Alphabet erhalten haben; das Zwölftafelgesetz *(Duodecim tabulae)* weist bis in manche Formulierungen hinein unverkennbare Einwirkungen des griechischen Rechts auf, und das den Römern als autochthon geltende saturnische Versmaß dürfte, wie neuere Forschungen wahrscheinlich gemacht haben, auf die metrische Formgebung griechischer Kultlieder zurückgehen. Jedoch erst um die Mitte des 3. Jahrhunderts v. Chr. setzt eben jene umfassende und schon von den Zeitgenossen nicht selten als wahrhaft revolutionierend empfundene Phase der Hellenisierung ein, die die in dem Bauern- und Kriegervolk schlummernden geistigen Kräfte entband und Rom zur

XXI

zweiten Kulturmacht des damaligen und späteren Europa machte. Die Fähigkeit zur Rezeption und umgestaltenden Anverwandlung des Fremden, in der der griechische Denker POSEIDONIOS (1. Jahrhundert v. Chr.) eine der wesentlichen Ursachen der Größe Roms erkannte, darf als Lebensgesetz der römischen Kultur gelten, das bereits während der Auseinandersetzung mit den Etruskern seine schöpferische Kraft im religiös-staatlichen Bereich erwiesen hatte und sich nun erneut bestätigen sollte.

Die Römer haben später nie geleugnet, daß ihre Anfänge roh waren und ihnen die höhere Geistesbildung von außen gekommen ist. HORAZ hat in dem Bild vom unterworfenen Griechenland, das den römischen Sieger überwindet und dem bäurischen Latium die Künste schenkt, das für das Werden der lateinischen Literatur entscheidende Ereignis festgehalten. Die Ausbildung einer lateinischen hexametrischen Dichtersprache nach griechischem Vorbild und die stufenweise vollzogene Einbürgerung der philosophischen Gehalte – die *Sententiae* des APPIUS CLAUDIUS CAECUS (um 300 v. Chr.), eine Nachahmung der *Goldenen Sprüche* des PYTHAGORAS, könnte man vielleicht als ersten philosophischen Versuch in Rom bezeichnen – sind Beispiele eines deutlichen Willens zur Aneignung der als verbindlich empfundenen griechischen Kultur, die das politisch genialste und militärisch begabteste Volk der alten Welt mit ihm eigenen zähen Willenskraft und dynamischen Energie einzuholen bemüht war; selbst die – noch so anfechtbare – Überführung eroberter griechischer Kunstschätze nach Rom (z. B. nach der Eroberung Korinths durch Mummius im Jahre 146 v. Chr.) darf man bis zu einem gewissen Grad in diesem Licht sehen. Wie das römische Volk ein Land des Mittelmeerraums nach dem anderen unterwarf, um es dem Imperium als neue Provinz einzugliedern, so sind die lateinischen Dichter und Schriftsteller bemüht, eine Gattung der griechischen Literatur nach der anderen für Rom zu erobern und gleichsam im geistigen Bereich das Werk der großen Feldherrngestalten der Nation fortzusetzen. Als erster die äolische Lyrik nach Italien verpflanzt zu haben – darin wird noch HORAZ in der Augusteischen Blütezeit die rühmlichste Leistung seines dichterischen Werks erblicken.

Indessen war es nicht nur der Ehrgeiz, mit den Griechen auf literarischem Gebiet zu konkurrieren, der zur Schaffung lateinischer Literaturwerke führte. Ihrer Entstehung liegt nicht weniger ein tieferes Bedürfnis nach Selbstverständnis und Selbstdarstellung zugrunde. Die Besten dieses wesentlich praktisch ausgerichteten und zum Handeln bestimmten Volks hatten, nach einem bekannten Ausspruch des SALLUST, den Worten die Taten vorgezogen. Als jedoch die bisher unreflektiert hingenommene Lebensordnung brüchig zu werden begann, mußte sich den vorzüglichsten Geistern der Nation die Frage nach dem Sinn ihres eigenen Wesens und ihrer eigenen Geschichte stellen. Den Römern den Weg zu sich selbst gewiesen zu haben ist wohl die bedeutendste Leistung des ausgehenden Griechentums; die spätere Darstellung wird dies deutlich zu machen versuchen. Roms humanistische Begegnung mit Hellas erscheint eben ganz und gar nicht als passive Widerstandslosigkeit gegenüber einer überlegenen Fremdkultur, sondern als aktives In-sich-Hineinnehmen und Umschmelzen. Man hat mit Recht vom dynamischen Charakter des römischen Humanismus gesprochen: Was das Griechentum ans Licht gebracht hat, ist nicht ohne weiteres der geistige Besitz auch des Römers; der Römer macht es dazu, und der damit gesetzte Akt, gerade für die Besten zumeist ein Vorgang heller Bewußtheit, ist ein Akt eigentümlicher Intensität, die die *differentia specifica* des römischen Philhellenismus darstellt. Jacob Burckhardt hat von einer »deutlichen Scheu« des römischen Philhellenismus vor dem »auflösenden fremden Geiste« gesprochen; darin kommt gut zum Ausdruck, daß das Römertum bei noch so weitgehender Rezeption des anderen sich diesem nicht in willenloser Schwäche und Untätigkeit öffnet, sondern sich im Übernommenen zur Geltung zu bringen weiß.

Steht am Anfang des literarischen Schaffens in Rom die Übersetzung attischer Dramen und der *Odyssee* durch den schon erwähnten LIVIUS ANDRONICUS, so wird auch im weiteren Verlauf der republikanischen Zeit, in der die lateinische Literatur ihre allmähliche Ausbildung erfuhr, der Beginn neuer Entwicklungsphasen durch namhafte Übersetzungswerke eingeleitet. So hebt mit den Nachbildungen Menandrischer Lustspiele durch TERENZ, den zweiten großen Komödiendichter Roms, die enger, als es bei PLAUTUS der Fall ist, an den Vorlagen orientiert sind, in der Mitte des zweiten vorchristlichen Jahrhunderts eine verfeinerte Art des Dichtens an, und der unmittelbar zur Augusteischen Klassik führende Neueinsatz durch die neoterische (»moderne«) Richtung in Caesarischer Zeit steht im Zeichen der Kallimachos-Übersetzung des CATULL.

Die Übersetzung griechischer Werke bildet somit die Ur- und Ausgangssituation der lateinischen Literatur, und in der dadurch vorgezeichneten Richtung ist ihre Entwicklung von wörtlicher Nachbildung über mehr oder weniger freie Imitation bis zur wetteifernden Neu- und Umgestaltung mit großer Folgerichtigkeit verlaufen. Es ist bezeichnend, daß sich der soeben beschriebene Vorgang auch im Leben des einzelnen wiederholen kann. So hat Eduard Fraenkel am Beispiel des HORAZ gezeigt, daß dieser zunächst von seinen griechischen Vorbildern nahezu überwältigt wird und in engem, zuweilen bis zur Selbstentäußerung gehendem

Anschluß an sie dichtet, später jedoch, auf einer weiteren Stufe seiner Auseinandersetzung mit den griechischen Lyrikern, nur das ihm Gemäße beibehält und dem Eigenen amalgamiert. Die durch dieses Verfahren bedingte Differenziertheit der lateinischen Literatur wird noch durch die Tatsache erhöht, daß die Römer die griechische Literatur als ein Ganzes vorfanden und daß sich deshalb in dem Werk eines lateinischen Dichters Elemente archaischer Epik und Lyrik, des attischen Dramas und der alexandrinischen Dichtung verbinden und gegenseitig durchdringen, also sich die verschiedensten Epochen griechischen Schaffens allseitig ergreifen können. So sind in der *Aeneis* VERGILS nicht nur die Homerischen Dichtungen, sondern auch die Euripideische Tragödie und nicht zuletzt das *Argonautenepos* des hellenistischen Dichters APOLLONIOS RHODIOS (ca. 295-215 v. Chr.) gegenwärtig.

Diese komplizierte Struktur der lateinischen Literatur gibt dem Kritiker die Frage nach dem Eigenen und dem Fremden und nach der gelungenen oder mißlungenen Verschmelzung der römisch-italischen und der hellenistischen Komponente immer wieder erneut auf. Gerade die reifsten Hervorbringungen stellen sich unter diesem Doppelaspekt einer untrennbaren lateinisch-griechischen Zwienatur, einer innigen Fusion dar. Die *Aeneis* ist einerseits, wie ein spätantiker Gelehrter zu Recht bemerkt hat, gleichsam ein Spiegel der Werke HOMERS was nur der voll zu würdigen vermag, der mit der griechischen Sprache und Literatur vertraut ist. Andrerseits ist dieses Epos jedoch durchaus kein »Homer-Cento«, keine »Klitterung« Homerischer Einzelelemente, sondern ein im kleinen mit dem Blick auf *Ilias* und *Odyssee* planvoll entworfenes Werk, in dem Homerische und wie schon bemerkt, nachhomerische Verselemente und Junkturen, Motive und Episoden neugestaltet und umgeprägt werden; bekanntlich konnte VERGIL auf den Vorwurf seiner Kritiker, er habe doch das meiste von Homer übernommen, antworten: »*Warum versuchen meine Kritiker nicht dieselben Plagiate? Dann würden sie bald genug einsehen, daß es leichter ist, dem Herkules die Keule als dem Homer einen Vers zu entreißen.*«

Dies nur ein Beispiel. Die lateinischen Nachbildungen – wirklich meist weniger »Bearbeitungen« als »Neuschöpfungen« – erfolgen nun sehr oft so, daß die an das Vorhandensein der »Vorlage« gemahnenden Bezüge eher gesucht als gemieden werden und sich dem Leser der Vergleich zwischen Vorbild und Nachbildung, zwischen dem von dem lateinischen Dichter bei den Griechen Vorgefundenen und dem aus den übernommenen Elementen Gemachten geradezu aufdrängt. Schon dieser Tatbestand reicht hin, um die Behauptung zu widerlegen, die lateinische Literatur ermangele der Originalität; ist doch ein solches Verfahren nicht denkbar ohne eine hinreichend hohe Meinung von dem eigenen *ingenium* und der Möglichkeit, es zur Geltung zu bringen und »originell« zu sein. Freilich ist diese Originalität nicht die von Originalgenies, die auf ihr Eigenrecht pochen und sich für berechtigt und fähig zur *creatio ex nihilo* halten, sondern das Schöpfertum derer, die sich den großen Vorbildern immer wieder zum prüfenden Vergleich zu stellen bereit sind – eine Haltung, die schöpferisch ist, indem sie besser als andere »nachahmt«, die in der Selbstlosigkeit einer aus der Tradition lernenden Pflege der Form gerade zum Selbstsein hinzufinden weiß. In dieser Sphäre entzündet sich die eigene künstlerische Spontaneität an der immer wieder vollzogenen agonalen Auseinandersetzung mit den Griechen, sie bewährt sich im *certamen* und dem wetteifernden Streben der *aemulatio*.

Es ist begreiflich, daß ein solches Verfahren der *imitatio* und *aemulatio* nicht auf das Verhältnis der lateinischen Dichter zu den Griechen beschränkt blieb, sondern auch auf die Werke der eigenen Literatur angewendet wurde. Galt es jedoch hinsichtlich der griechischen Literatur an Werke von absolutem Rang approximativ heranzukommen, wie eine solche Annäherung an Homer dem VERGIL (70-19 v. Chr.) nach einem bekannten Dictum des Redners Domitius Afer gelungen ist, so ging es im Hinblick auf die einheimische Literatur, solange diese noch in einer aufsteigenden Entwicklung begriffen war, darum, das Bemühen des Vorgängers weiterzuführen und zu vervollkommnen. Dies geschah, indem man gelungene Stellen mit mehr oder weniger leichten Veränderungen in das eigene Werk übernahm, dem beinahe Geglückten den letzten Schliff gab, weniger Geratenes verbessernd neuformte und vorhandene Ansätze weiter ausbaute. Dieses für den Gesamtbereich der Literatur gültige Prinzip hat für den partiellen Zweig der Rhetorik seine klassische Formulierung durch QUINTILIAN (ca. 35-96 n. Chr.) gefunden: »*Wer zu diesem* [dem von den Vorgängern Übernommenen] *noch vortreffliche eigene Dinge hinzufügt, so daß er ergänzt, was noch fehlt, und beschneidet, was zuviel ist, der wird gewiß der vollendete Redner sein, nach dem wir Ausschau halten.*« Dieser Satz rhetorischer Stillehre gilt für die lateinische Literatur überhaupt: Ihr Gang erscheint als ein Vervollkommnungsprozeß, indem jeweils die Werke des Vorgängers in den vollendeteren Werken des Nachfolgers überholt und bewahrt, gleichsam dialektisch »aufgehoben« werden – so die Satirendichtung des LUCILIUS (ca. 180-102 v Chr.) in den Sermonen und Episteln des HORAZ (65-8 v. Chr.) oder die Epik des ENNIUS (239-169 v. Chr.) in der *Aeneis* VERGILS (70-19 v. Chr.). Immer wieder gewinnt die Frage Bedeutung, welche schon vorhandene Linie bestimmte Literaturwerke fortsetzen: So ist zum Beispiel der Brief Arethusas an den im

Felde stehenden Gatten (PROPERZ IV, 3) das Modell für OVIDS (43 v. Chr. – 18 n. Chr.) Heroinenbriefe *(Heroides)*, und die neben den erotischen Elegien stehenden ätiologischen Romgedichte des PROPERZ (ca. 50–15 v. Chr.) sind als Konzeption eine Vorstufe zu den Ovidischen *Fasti*.

Der geschilderte Prozeß der *aemulatio* fand mit der Augusteischen Epoche, in der die lateinische Poesie ihre unübertroffene Vollendung erreichte, zunächst einen gewissen Abschluß, aber nun stellte sich für die nachfolgenden Generationen das gleiche Problem weitgehender Annäherung an die Augusteer, das diesen in Hinsicht auf die Griechen aufgegeben war. Die Mahnung, die STATIUS (ca. 45–96 n. Chr.) in Domitianischer Zeit an sein *Thebais*-Epos richtet: »*Miß dich nicht mit der göttlichen Aeneis, sondern folge ihr in weitem Abstand nach und verehre immer ihre Spuren*«, ist für die Situation des Epigonen bezeichnend. Waren jedoch die Augusteischen Dichter, wenngleich durch ihre griechischen Vorbilder in gewisser Weise festgelegt und gebunden, insofern frei, als die lateinische Literatur noch nicht zu ihrer Vollendung gereift und ein den großen Werken der Griechen annähernd Vergleichbares erst noch zu schaffen war, so waren die Nachfahren durch die normativen Leistungen der Griechen nicht weniger als durch die der Augusteer in doppelter Weise gebunden. Der Versuch, das in der eigenen Sprachwelt schlechthin gültig Gesagte und Gestaltete individuell und originell abzuwandeln, neue Seiten daran ausfindig zu machen und es womöglich noch zu überbieten, erweist sich als das Movens in der weiteren Entwicklung der römischen Poesie – auch, ja gerade da, wo er sie in einen deformierenden Manierismus hineinführt.

Nicht minder zeigt die nachklassische Entwicklung der lateinischen Kunstprosa – diese hatte in der Ciceronischen und Augusteischen Zeit einen besonderen Höhepunkt erreicht – eine stete Beziehung auf die klassischen Muster selbst da, wo das eigene Stilideal zu ihnen in Gegensatz steht. Zumal in der lateinischen Spätantike stellt sich »Originalität« weitgehend als eine »Originalität der Synthese von Traditionselementen« dar, aber gerade die großen Geister ergreifen dies Schicksal durchaus nicht als Last, sondern als Chance, wie zum Beispiel die Trostschrift des BOETHIUS (470–524 n. Chr.), des »letzten Römers«, *De consolatione philosophiae*, lehren kann, deren hohe literarische Kunst, mit Überkommenem meisterlich zu schalten und zu walten, niemand verkennen wird. Den »musivischen«, kunstvoll-synthetischen Charakter so mancher spätantiker lateinischer Literaturwerke – jedenfalls der bedeutenderen – kann in der rechten Weise nur würdigen, wer den Beziehungsreichtum literarischer Anspielungen und rezipierter Formelemente als das Medium zu fassen vermag, in dem die Individualität des Autors zu sich selbst kommt und ihr Eigenstes aussagt.

Die drei Zentralbereiche

Haben diese Bemerkungen zum Problem »Tradition und Selbstsein«, dem eine zentrale Bedeutung für die lateinische Literatur und ihr Werden zukommt, uns bereits zu einem Blick auf die Gesamtentwicklung genötigt, so kehren wir zu der Fragestellung zurück, von der unsere Überlegungen ihren Ausgang nahmen. Wir sahen, daß jede Betrachtung der lateinischen Literatur vor der Aufgabe steht, in der Würdigung der lateinischen Metamorphose der hellenischen und hellenistischen Gehalte und Formen das spezifisch Römische zu erfassen, ohne doch die weitgehende Beziehung auf die griechische Literatur zu unterschätzen. Dabei ist das Maß der Vollkommenheit und Harmonie in der Durchdringung und Vermählung des griechischen und römischen Elements in den verschiedenen literarischen Gattungen, auf den verschiedenen Entwicklungsstufen und bei den verschiedenen literarischen Individualitäten ein durchaus ungleiches. In den drei Bereichen der Historie (1), der Philosophie (2) und der Dichtung (3) soll im folgenden deutlich gemacht werden, daß die literarischen Möglichkeiten Roms weit mehr sind als nur Spezialfälle der gemeinhellenistischen Entwicklung. Daß auch die römische Eloquenz und ihre theoretische Grundlegung in der Rhetorik sowie die umfangreiche Fachliteratur, deren Besonderheit im Verhältnis zu der der Griechen aus der eminent praktischen Veranlagung des Römertums zu erklären ist, im Zusammenhang unserer Überlegungen lehrreich sein könnten, mag hier nur eben angemerkt werden. Gerade die juristische Literatur, von der umfassende Exzerpte aus den bedeutendsten Werken verschiedener Jahrhunderte in den auf Befehl des oströmischen Kaisers Iustinian (reg. 527–565) zusammengestellten *Digesta* vorliegen, darf als besonders originelle und typische Leistung des römischen Geistes gelten; sie stellt eines der bedeutendsten und folgenreichsten Vermächtnisse des Römertums an die europäische Kultur dar.

Historiographie

Schon früh nahm die Geschichtsschreibung in Rom eine hervorragende Stellung ein, anders als etwa die Dichtung, die erst in Augusteischer Zeit volle und unbestrittene Anerkennung im römischen Leben zu erringen vermochte. Wenn CICERO die Abfassung von Geschichtswerken als die einem Konsular gemäße Form literarischer Betätigung bezeichnete, so sprach er damit die römische Auffassung von der besonderen Würde der Historiographie aus. In der Tat waren denn auch bis auf den einen LIVIUS (59 v. Chr. – 17 n. Chr.) die namhaften Historiker der Republik und der frühen Kaiserzeit durchweg Männer des politischen Lebens, die tätig an der Gestaltung der römischen Geschichte mitgewirkt haben. Daß man in der Historiographie eine altehrwürdige Tradition der Geschichtsüberlieferung fortzusetzen glaubte, zeigt nichts besser als der so vielen römischen Geschichtswerken vorangesetzte Titel *Annales*, der zunächst die von den Staatspriestern geführten, die wichtigsten Ereignisse vermerkenden Jahrbücher bezeichnet, also ursprünglich dem sakralen Bereich zugeordnet ist.

Die Relevanz des annalistischen Rahmens noch für LIVIUS und TACITUS – ja noch für AMMIANUS MARCELLINUS im 4. Jahrhundert n. Chr. – besagt natürlich nicht, daß diese Historiker noch in jenem Sinne »Annalistik« repräsentieren, der gemeint ist, wenn das dem Jahresschema folgende bloße Aneinanderreihen von Fakten sich als Antithese zur pragmatischen, um Aufzeigen der kausalen Zusammenhänge bemühten Forschung darstellt. (Dieser Gegensatz hängt mit der den römischen Antiquaren geläufigen, uns vor allem aus Tacitus bekannten Unterscheidung von *annales* – »Geschichte der Vergangenheit« – und *historiae* – »Zeitgeschichte« – insofern zusammen, als das Prinzip der pragmatischen Historie in Rom wohl zuerst an der Darstellung von Selbsterlebtem – man denke an den ursprünglichen Wortsinn von *historie* und *historein* – aufgekommen ist; selbstverständlich sind die Taciteischen *Annalen* nicht weniger »pragmatisch« als seine *Historien*.) Wie immer man die von den *Annales maximi* des Priesterkollegiums zu den großen Schöpfungen römischer Geschichtsschreibung führende Linie beurteilen mag: ihr Vorhandensein ist nicht zu leugnen.

Gleichwohl wäre die Formulierung, die römischen Geschichtsschreiber hätten in einer entwickelteren Form eigentlich nichts anderes getan als die alten *pontifices*, alles andere als ratsam. Die historiographische Darstellungskunst, wie sie sich zum Beispiel in der Einführung frei gestalteter Reden und Redenpaare, geographischer und sonstiger Exkurse sowie allgemeiner, der Erhellung des Geschehensablaufs dienender Reflexionen abzeichnet, haben die Römer von den Griechen übernommen. Ein SALLUST (86 – 35 v. Chr.) etwa kann von antiken Beurteilern in der unbefangensten Weise als *aemulus Thucydidis* begriffen werden. Ohne Stilmittel und Formelemente der griechischen oder auch hellenistischen Historiographie ist die römische einfach nicht zu denken. Wenn sich trotzdem eine unverwechselbare Art römischer Geschichtsschreibung ausgeprägt hat, so ist dies in der eigentümlichen Art römischen Selbst- und Geschichtsverständnisses begründet: Jenes Haben der Vergangenheit als Gegenwart, das in dem in seiner Art grandiosen römischen Ahnenkult steckt, wiederholt sich gleichsam im Verhältnis des *populus Romanus* zu seinen *res gestae*. Moralische Kategorien als Sinngebung der Historie sind auch der hellenistischen Geschichtsschreibung nicht fremd, aber im römischen Bereich erhalten sie durch die angedeuteten Zusammenhänge eine spezifische Akzentuierung. Das läßt sich besonders gut an der Vorrede des Livianischen Geschichtswerks *(Ab urbe condita)* beobachten, das aus dem Geist der Augusteischen Restauration heraus eine patriotische Verklärung des alten Römertums gibt.

Die Geschichte – so etwa wird hier ausgeführt – bietet wie auf einem weithin sichtbaren Monument paradigmatische Verhaltensweisen dar, an denen jeder ablesen kann, was er für sich und den Staat nachzuahmen oder umgekehrt zu vermeiden habe. *Exempla* – *imitari*: damit ist eine der entscheidenden Verhaltenskategorien römischen Wesens zur Vergangenheit bezeichnet; man erinnere sich in diesem Zusammenhang an die Zweifel und Ängste des jungen Scipio Ämilianus (185–129 v. Chr.), ob er imstande sein werde, sich der Taten der Vorfahren würdig zu erweisen. Es ist begreiflich, daß ein solches Verhältnis zur Vergangenheit, die, gleich den Ahnenbildern in den Häusern der römischen Adelsfamilien, stets fordernde und mahnende Gegenwart war und den einzelnen immer wieder unerbittlich vor die Alternative des Gelingens oder Versagens stellte, die historische Betrachtungsweise zutiefst beeinflussen mußte. Noch ein TACITUS (55–125 n. Chr.) sieht die vornehmste Aufgabe des Geschichtsschreibers darin, die vorbildhaften Taten der Vergangenheit nicht in Vergessenheit geraten zu lassen und schlechtes Handeln auf abschreckende Weise vor der Nachwelt bloßzustellen. Der Gedanke, daß der Handelnde sich vor dem Forum der Geschichte verantworten muß und seine Taten im Anblick der Jahrhunderte vollbringt, ist in Rom mit ungewöhnlicher Eindringlichkeit erfaßt worden.

Es versteht sich, daß ein solchermaßen an den *exempla* der großen Vergangenheit orientiertes und durch sie zu gleichwertigen Leistungen aufgerufenes Denken in besonderem Maße den Blick nicht nur für die Präsenz des Vergangenen im Gegenwärtigen, sondern auch für die Distanz zwischen beiden schärfen mußte. Bereits der ältere CATO (234–149 v. Chr.) hatte einer sich griechischen Einflüssen und individualistischen Tendenzen mehr und mehr öffnenden Generation die sittenstrengen Männer der Vorzeit als positive Vorbilder hingestellt. Seitdem die römische Historiographie in der Krisenzeit der ausgehenden Republik mit SALLUST (86 – 35 v. Chr.) auf ihre Höhe geführt wurde, sammelt sie aus dem Erleben einer zerrütteten Gegenwart alles Licht auf die mehr oder weniger idealisierte Zeit der frühen

Republik, um den Ursachen des Zerfalls der *libera res publica* in bohrenden Analysen nachzugehen. Sallust hat in seinen Monographien über die Wirren des letzten Jahrhunderts der Republik die Selbstzersetzung römischer *virtus* gleichsam an Modellfällen dargestellt. Von seiner »*Pathologie des römischen Volkes*« (Klingner), deren paradigmatische Bedeutung besonders gut in ihrer Benutzung durch Augustin faßbar wird, hebt sich das harmonischere Geschichtsbild des LIVIUS (59 v. Chr. – 17 n. Chr.) ab, und doch tritt auch in ihm eine charakteristische Tendenz zutage, die Probleme der unmittelbaren Vergangenheit in die Frühzeit der Republik zurückzuprojizieren und zu zeigen, daß damals noch bewältigt wurde, was später nicht mehr bewältigt zu werden vermochte. So ergibt sich, wie es Livius in der schon herangezogenen Vorrede zu seinem Werk angesehen hat, das Bild einer absteigenden Linie, absteigend von einer idealen Höhe über einen immer mehr und mehr um sich greifenden Sittenverfall bis zu der Problematik der eigenen Zeit, »*in der wir weder unsere Laster noch ihre Heilmittel ertragen können*«. Mag dieses Dekadenzschema durch den Griechen POSEIDONIOS (ca. 135–51 v. Chr.), der den Beginn des Zerfalls der römischen Staatsordnung an die Eroberung Karthagos (146 v. Chr.) geknüpft sein ließ, vorgegeben sein: es wird doch erst von den römischen Historikern mit dem moralischen Pathos des Versagens und der Schuld erfüllt. Auch die Lebenswirklichkeit des entarteten Prinzipats bietet unter moralischen Kategorien stehenden »politischen Pathologie« reichen Stoff, wie das Beispiel des TACITUS (55–125 n. Chr.) zeigt, dem »*das lastende Bewußtsein der Minderwertigkeit des Zeitalters*« (Klingner), der Abscheu vor dem *ruere in servitium* den Griffel geführt hat.

Neben dem moralischen Geschichtsverständnis ist die besondere Rolle hervorzuheben, die das religiöse Moment in der römischen Historiographie spielt. Wenn die römischen Geschichtsschreiber die als Anrede der Götter an die Menschen verstandenen *praesagia* und *omina* sorgfältig verzeichnen, einem Blitzschlag ihre besondere Aufmerksamkeit zuwenden und in einem Tempelbrand ein geradezu katastrophales Ereignis erblicken, so erscheint dies Verhalten nicht als traditionsgebundene, im Grunde obsolet gewordene Weiterführung eines integrierenden, inzwischen aber sinnentleerten Elements der Priesterannalen; es ist vielmehr Ausdruck des Romglaubens, nach dem die Götter die römische Macht begründet haben und ihren Fortbestand garantieren. »*Alles ist zum Glück geraten, wenn man den Göttern gefolgt ist, alles zu Unglück mißraten, wenn man sie verachtet hat*«, heißt es in der berühmten, das fünfte Livius-Buch beschließenden *Camillusrede*. Daher werden Erfolge und Mißerfolge auf die Gunst oder den Zorn der Götter zurückgeführt; daher auch die mehrfach anzutreffende Bemerkung, daß die Götter versöhnt werden müssen oder noch immer nicht versöhnt seien. Mit dem Thema des Götterzorns klingt das Proömium zu den *Historiae* des TACITUS machtvoll aus: »*Niemals wurde durch grauenvollere Katastrophen oder durch evidentere Vorzeichen erhärtet, daß die Götter nicht um unsere Sicherheit, sondern um unsere Bestrafung Sorge tragen.*« Wenn in manchen Fällen Rückschläge und Niederlagen sowohl auf den Zorn der Götter wie auf innerstaatliche Zwistigkeiten und eine Demoralisierung römischer *virtus* zurückgeführt werden, so kann dieses Nebeneinander der Motivierung nur auf den ersten Blick überraschen. Sind doch diese Götter, so unbestimmt und schemenhaft-numinos sie im einzelnen bleiben mögen, nicht nur religiöse Umschreibung für die hinter dem Geschehensablauf stehenden Schicksalsmächte, sondern oft genug die als wirkende Wesenheiten erfahrenen Hypostasen jener urtümlichen römischen Kollektivmoral, deren fortschreitende Zersetzung durch einen mehr und mehr um sich greifenden Individualismus unter dem Doppelaspekt der moralischen und religiösen Schuld erlebt wurde.

Die Wahrheit, die römische Geschichtsschreibung vermittelt, ist demnach weder eine objektivierend »wissenschaftliche« Dokumentierung des Tatsächlichen noch eine abstrakte Wahrheit von zeitloser Allgemeingültigkeit. Der Wahrheitsgehalt ihrer Aussagen gilt nur für den geistigen Raum des römischen Volkes, in dem dieses sich in unauflösbarem Bezug auf die von den *maiores* tradierten und von ihm selbst als absolut gültig empfundenen Werte selbst versteht und selbst richtet. Hier allerdings ist dieser Wahrheitsgehalt von radikaler Gültigkeit. Aus solcher Sicht begreift es sich auch, daß der römische Historiker nicht nur Berichterstatter von Geschehenem, sondern zugleich auch Erzieher, Mahner und Richter ist, und daß sein Geschichtschreiben selbst wiederum zur geschichtlichen, Geschichte wirkenden Tat werden kann. Bei alledem steht sein Werk, wie schon betont wurde, unter den Gesetzen der künstlerischen Formgebung. Dieser Kunstcharakter der römischen Geschichtsschreibung impliziert zugleich ihre Grenze und ihre hohe Möglichkeit: Ein RACINE konnte TACITUS »*le plus grand peintre de l'antiquité*« nennen.

Weniger stark als in den soeben charakterisierten Geschichtswerken ist in zwei weiteren Gattungen der geschichtlichen Literatur die Prägekraft eines spezifischen Kunstwollens am Werk: in der historischen Biographie – besonders SUETON, aber auch die gegen Ende des vierten nachchristlichen Jahrhunderts verfaßte, ebenso problematische wie unentbehrliche Kompilation der *Historia Augusta* ist hier zu nennen – und in der historisch-politischen »Memoirenliteratur«. SUETON (ca. 70–140 n. Chr.), der auch Autor eines nur zu einem kleinen

Teil erhaltenen Werks über Größen der Literatur ist, hat das Schema der literarischen Biographie auf den eigentlich historischen Stoff übertragen und stellt in seinen von Caesar (100 bis 44 v. Chr.) bis Domitian (Kaiser 81-96 n. Chr.) reichenden Kaiserbiographien, *De vita Caesarum*, mancherlei episodenhaftes und anekdotisches Material zusammen. Wenn diese die Regenten nach Tugenden und Lastern schildernden *vitae* nicht den schönen Stil der Historie haben – sie wollen ihn auch gar nicht haben –, so steckt doch gerade im Unverarbeiteten ihrer Mitteilungen neben kuriosen Klatschgeschichten manch wertvolle und glaubwürdige Information.

Für die hier entwickelte Fragestellung besitzt die geschichtliche Biographie geringere Bedeutung als die Memoirenliteratur der *commentarii* (Berichte und autobiographische Darstellungen). Diese entsprechen etwa den *hypomnemata* der Griechen, die ursprünglich die skizzenhaften Unterlagen für eine erst zu formende literarische Historie – also eine vorläufige, noch ganz materialnahe Form der Darstellung – bezeichnen. Der Aufstieg des *commentarius* zum selbständigen, publikationsfähigen Genos hat sich aber, was gewiß bezeichnend ist, im wesentlichen im römischen Bereich vollzogen – in recht charakteristischer Weise zum Beispiel bereits bei SULLA (138-78 v. Chr.) –, mögen auch griechische Vorläufer nicht fehlen. Man wird dies mit einem individuellen Zug des römischen Wesens erklären dürfen: mit dem ausgeprägten Persönlichkeitsgefühl des Römers, das sich als solches im eigenen Namen auszusprechen sucht (F. Jacoby). Dabei hat es eine eigene Bewandtnis mit CAESARS *Commentarii* über den Gallischen Krieg und den Bürgerkrieg, die natürlich nicht mit Amtsberichten und Kriegsbulletins zu identifizieren sind, so sicher sie auf ihnen fußen. Hier ist der »hypomnematische« Charakter durchaus literarische Fiktion, ihre schon von CICERO hervorgehobene Schlichtheit und Schmucklosigkeit in Wahrheit das Raffinement einer überlegenen Stilkunst. Indem Caesar (100-44 v. Chr.) für sein Werk die Literaturform des *commentarius*, also – scheinbar – das »Genos der Vorläufigkeit« wählt, meldet er den Anspruch auf Objektivität an, läßt er weniger leicht im Leser den Eindruck aufkommen, es mit anderem als der lauteren Wahrheit der *nuda facta* zu tun zu haben (auf deren wenigstens teilweise Deformierung in einer veritablen, nach den rhetorischen Kunstregeln geformten Historie die zeitgenössische Leserschaft von vornherein mit ziemlicher Wahrscheinlichkeit gefaßt sein zu müssen). In Wirklichkeit ist in Caesars Darstellung natürlich eine gewisse Regie geübt: Der Berichterstatter gibt nicht die volle Wahrheit, sondern eine geschickte Selektion, und die mitgeteilten Tatsachen weiß er meisterlich in die ihm genehme Beleuchtung zu rücken, ohne doch stärker zu verschleiern oder zu »fälschen«. Was römische Disziplin im lateinischen Sprachraum vermag, lehrt nichts besser als jene Verbindung von knapper Sachlichkeit und klarer Bestimmtheit mit anmutvoller Leichtigkeit – *elegantia Caesaris* –, die dem »*Logos des soldatischen Mannes*« (Plutarch) das Gepräge gibt. Eine solche Vollendung hat kein Tätigkeitsbericht, kein Amtsjournal der hellenistischen Welt je zu erreichen vermocht, auch dann nicht, wenn es mit literarischem Anspruch auftrat.

Philosophie

Dem Satz, den ENNIUS (239-169 v. Chr.) in einem seiner Stücke Neoptolemus in den Mund legt: »*Philosophie ist mir Bedürfnis – freilich mit Maßen betrieben –, denn als Beruf möchte ich sie nicht*«, ist von den Römern später nicht selten eine geradezu programmatische Bedeutung zugeschrieben worden, und gewiß spricht sich in ihm die Meinung aus, die viele Nobiles zumal der älteren Zeit von der Philosophie hatten. Spiegelt er doch gut die zwiespältige Haltung des noch ungebrochen dem tätigen Leben im Staat zugewandten Römers einem geistigen Bereich gegenüber wider, dessen partielle Überlegenheit er nicht umhin konnte anzuerkennen, wenngleich ihn daran manches eher abstoßen als anziehen mochte. Noch der in der zweiten Hälfte des ersten nachchristlichen Jahrhunderts lebende Feldherr Gnaeus Iulius Agricola (40-93 n. Chr.), der Eroberer Britanniens, pflegte, wie TACITUS *(De vita Julii Agricolae liber)* berichtet, von sich zu erzählen, er habe sich als junger Mann leidenschaftlicher mit philosophischen Studien beschäftigt, als es einem Römer und Senator verstattet sei.

Das zwiespältige Verhältnis der Römer zur Philosophie wird am besten durch die Tatsache dokumentiert, daß sich einerseits seit der Mitte des zweiten vorchristlichen Jahrhunderts griechische Denker als Lehrer und Berater, zuweilen geradezu in der Stellung eines philosophischen Seelsorgers, in der Umgebung vieler römischer Nobiles befanden – so gehörte der für die »Einbürgerung« der Philosophie in Rom so bedeutsam gewordene Stoiker Panaitios (ca. 180-110 v. Chr.) zum Kreis des jüngeren Scipio – und daß es andererseits von der überstürzten Heimsendung der denkwürdigen Philosophengesandtschaft der Athener im Jahre 155 v. Chr. bis in die Domitianische Zeit hinein mehrfach zur Ausweisung griechischer Philosophen aus Rom und Italien kam, da man von ihren Lehren eine Unterhöhlung des staatlichen Lebens befürchtete. Wenn Cicero es für notwendig hält, seine philosophische Schriftstellerei mit dem Hinweis auf seine Ausschaltung aus der Politik und mit dem Wunsch, seinen Mitbürgern auch in der erzwungenen Mußezeit nützlich zu sein, zu rechtfertigen, so spricht sich in dieser bemerkenswerten Äußerung der für römisches Denken so typische Primat der politischen vor der philosophischen Existenz – der *vita activa* vor der *vita contemplativa* – und zugleich eine bis dahin nicht nachweisbare Hochschätzung der Philosophie aus. Sieht man von der Epikur-Verehrung des LUKREZ (ca. 95–55 v. Chr.), des Verfassers eines Lehrgedichts *De rerum natura*, als einem Sonderfall ab, so dürfen wir sagen, daß uns in der universalen Persönlichkeit CICEROS (106–43 v. Chr.) der erste von der Philosophie ergriffene Römer entgegentritt, der ihr in einem enthusiastischen, an einen Hymnus gemahnenden Bekenntnis gehuldigt hat: »*Zu dir nehmen wir unsere Zuflucht, von dir erbitten wir uns Hilfe, und dir vertrauen wir uns, wie großenteils schon früher, so jetzt ganz und gar an.*« – *Ad philosophiam confugere*: diese Worte wird SENECA (4 v. Chr. – 65 n. Chr.) nach ihm mit der gleichen Inbrunst und in immer erneuten Abwandlungen wiederholen. Freilich trägt diese Adaptation der Philosophie ein typisch römisches Gepräge, und ihr mag, wenn man den Vorgang von den Griechen her betrachtet, etwas Simplifizierendes und gewaltsam Einseitiges anhaften; bemüht man sich jedoch, ihn vom römischen Standpunkt aus zu verstehen, so zeigt sich eine bemerkenswerte Folgerichtigkeit und Geschlossenheit. Die gleiche zwiespältige Haltung zur Philosophie, wie sie oben umrissen wurde, kehrt auf höherer Ebene in der Metamorphose des griechischen Denkens wieder, wie sie uns in den Schriften Ciceros und Senecas vorliegt; sie bekundet sich zumal bei dem letzteren in der Akzentverlagerung vom Erkennen auf das Handeln, in der Ablehnung dialektischer Subtilitäten, dem Bevorzugen des der Lebensmeisterung Förderlichen.

Gewiß ist bei CICERO auf weite Strecken seiner die Lehrgehalte der hellenistischen Philosophie für das Latein erobernden Schriften ein geradezu artistischer Ehrgeiz am Werk, sein sprachliches Mittlertum allen Disziplinen und Systemen der Philosophie zugute kommen zu lassen, und so hält die Lust an diesem Mittlertum ihn auch da noch am Werk, wo nicht eigentlich sachliches Erfaßtsein vorliegen kann. Indes, mag eine so eindeutige Prägung wie die des *Somnium Scipionis*, das die Eschatologie des Späthellenismus mit dem Ruhmesgedanken des Römertums zu verbinden weiß, in den Ciceronischen Schriften zu den Ausnahmen gehören – auch bei ihm treffen wir immer wieder die Vorstellung, daß Philosophie in Lebensaktivität umsetzbar sein muß. Aufschlußreich, übrigens nicht immer genügend beachtet, ist unter diesem Aspekt die Rolle, die die Philosophie in Ciceros Briefen spielt, deren Inhalt, anders als der von SENECAS *Epistulae morales*, bekanntlich nicht vorwiegend philosophisch ist. Vermag die stoische Lehre vom *kathēkon* als dem der menschlichen Natur Gemäßen der Erhellung römischer Lebenspraxis zu dienen, so ist sie willkommen *(De officiis)*; aber etwaige Spitzfindigkeiten der »*Dornen rupfenden Stoiker*«, wie sie in anderen Sinnzusammenhängen auftauchen können, müssen sich eine Zurückdrängung zugunsten der angeblich den praktischen Anforderungen besser entsprechenden Lehren der Akademiker und Peripatetiker gefallen lassen. Noch charakteristischer ist, daß sich Seneca mehrfach abschätzig über die *acuta deliratio* der Dialektiker äußert und nur ein Denken gelten lassen will, das sich in und vor dem Leben bewährt. Er erwartet von der Philosophie »*heilsame Worte und große und ermutigende Sprüche, die sich bald in die Tat umsetzen lassen*«, ähnlich wie Cicero in dem schon genannten, tiefempfundenen Prosahymnus auf die Philosophie diese als »*Führerin des Lebens, Aufspürerin der Tugenden und Austilgerin der Laster*« feiert: sie habe die Staaten gegründet und die Menschen in der bürgerlichen Gemeinschaft geordnet, sie habe für das Leben die Ruhe gegeben und die Angst vor dem Tode genommen. Die Philosophie wird hier eindeutig als Mittel der Daseinsbewältigung begriffen, und es ist bezeichnend, daß in dieser enthusiastischen Lobpreisung jeder Hinweis auf die Metaphysik fehlt. Römisches Denken steht allen hinter das Leben selbst zurückgehenden Spekulationen mit einer gewissen Skepsis und Gelassenheit gegenüber. Vielfach trifft man auf einen metaphysischen Indifferentismus, der seine klassische Formulierung in dem Satz Senecas gefunden hat, man müsse, gleichgültig, ob nun die Vorsehung, das Fatum oder der Zufall die Welt regiere, sich in den Schutz der Philosophie begeben, wobei unter Philosophie eine von allen Hypothesen über die Hintergründe des Lebens unabhängige Anweisung zur rechten Selbstverwirklichung und Lebensgestaltung verstanden ist.

Aus dieser wesentlich auf die Aktualisierung ausgerichteten Einstellung erklärt sich auch der so oft mißverstandene Eklektizismus der römischen Denker, der nicht den Zufälligkeiten einer bald hierhin, bald dorthin greifenden Wahl entspringt, sondern aus ihrer Lebensmitte heraus sich als sinnvoll begreifen läßt. So kann der Stoiker Seneca seine zustimmende Anführung eines Epikur-Satzes mit der Bemerkung rechtfertigen, daß es nicht darauf ankomme, *in verba iurare*, sondern das Gute, woher es auch immer komme, zu ergreifen; denn »*quod verum est, meum est*«. Entscheidend ist letztlich nicht so sehr die Zugehörigkeit zu dieser oder jener philosophischen Richtung, sondern die Aktivierung der durch die Philosophie gewonnenen Einstellung zum Leben.

Es wird aus dem Gesagten verständlich, daß Denker wie Cicero und Seneca keine der kanonischen Disziplinen der Philosophie wesentlich gefördert haben. Vielmehr bleiben sie in dieser Hinsicht durchaus die Schüler der Griechen, deren Doktrinen sie bei ihrer Gleichgültigkeit gegenüber feineren philosophischen Gedankengängen an sich oft ungenau, mitunter gar entstellt wiedergeben. (Grad und Umfang solcher Entstellung hat freilich im Falle Ciceros die einseitig quellenkritisch orientierte Betrachtungsweise des 19. Jahrhunderts oft maßlos übertrieben.)
Ihre Bedeutung liegt in einem anderen Bereich: dem der gedanklichen Durchdringung der Lebenserfahrung. Dieser Wesenszug mag in Ciceros philosophischer Anthropologie infolge der Erfordernisse seiner mehr systematischen Lehrschriften oft verdeckt werden – bei Seneca ist er geradezu mit Händen zu greifen in der suggestiven Aufdeckung und Bewußtmachung der mannigfachen Lebens- und Stimmungsbezüge, in denen sich der Mensch sich selbst und der Welt gegenübergestellt sieht und die unter Aspekten wie Fatum und Fortuna, Lebenshingabe und Lebensüberdruß, Todesangst und todesmutige Herausforderung des Schicksals, Sich-Verlieren an die Dinge und Sich-Zurückholen in die einheitliche Ganzheit der in sich geschlossenen Persönlichkeit perspektivisch hervortreten. Wenn Cicero in seinen philosophischen Schriften den Lehrvortrag der hellenistischen Philosophenschulen in die römische Welt hineinholt, wobei er das Air lebensfremder Schuldebatten zu vermeiden und in der dialogischen Einkleidung den Konversationsstil gebildeter römischer Granden nachzubilden weiß, so zeigen die Schriften Senecas eine andere, seiner zuvor umschriebenen Art des Philosophierens angemessenere Formgebung. Sie lassen sich am besten als Essays in der Manier MONTAIGNES (1533–1592), der Seneca so sehr bewundert hat, charakterisieren; eindrucksvolle Analysen menschlicher Grenzsituationen und bohrende Reflexionen, introspektive Selbstdarstellungen und Mitteilungen eigenen Erlebens, bedeutungsvolle Exempla aus der Geschichte und der Natur, prägnante Aphorismen und pointiert formulierte Maximen: all das schließt sich zu einem formal zwar locker gefügten, aber von einem dynamischen Ethos getragenen und von einem leidenschaftlichen moralischen Appell durchglühten Ganzen zusammen. Diese »offene« Form entspricht dem allseitig den Lebensphänomenen geöffneten und an ihnen sich orientierenden Denken Senecas.
Schier unübersehbar ist das von CICERO und SENECA in ihren philosophischen Schriften im sprachlichen Raum Geleistete. Durch sie wurde die von LUKREZ, ja noch von Seneca selbst, als arm und als zum Ausdruck komplizierter philosophischer Gedankengänge unzulänglich empfundene lateinische Sprache zu einem differenzierten und vielfächerigen Instrument ausgebildet, mit dem AUGUSTINUS (354–430 n. Chr.) später, auf der Grenzscheide zwischen Altertum und Mittelalter, die schwierigsten theologischen Probleme und die subtilsten psychologischen Analysen zu bewältigen vermochte. Augustinus, der durch die Lektüre Ciceros zur Philosophie Bekehrte, führt – wie wir noch sehen werden – die in der römischen Moralphilosophie angelegten Möglichkeiten der Introspektion vertiefend weiter; zugleich ist er der erste lateinische Denker höchsten Ranges, der die großen Themen der griechischen Philosophie aufnimmt und original weiterdenkt. Indem man das sagt, tritt man Ciceros Leistung nicht zu nahe. Für seine Zeitgenossen war und für die Nachwelt bleibt die im wesentlichen ihm zu verdankende Schaffung der lateinischen Philosophensprache eines seiner bedeutendsten Verdienste; sie ist die Voraussetzung einer Entwicklung, die das Latein zu einem noch für über ein Jahrtausend nach Augustinus höchst brauchbaren Gefäß tiefster Gedanken der europäischen Philosophie werden ließ.
Die im Mittelpunkt unserer Skizze stehende Frage nach typischen Merkmalen und Besonderheiten der lateinischen Literatur läßt noch den Hinweis ratsam erscheinen, daß – nach Groethuysens treffender Feststellung – in der römischen Welt ein eigentümlicher »*Zwischenbereich zwischen Philosophie und Leben*« hat entstehen können, in dem eine an Lebensbedeutung reiche philosophische Ausdrucksweise eine große Expansivkraft entwickelt, ohne zu fader und substanzloser Popularphilosophie abzusinken. Hiermit hängt zusammen, daß die dichterische Verwendung philosophischer Ausdrücke sich in ungewöhnlich starkem Maße als kennzeichnend für ihre Lebensbedeutung erweisen kann (Groethuysen, *Philosophische Anthropologie*).

Dichtung

Noch problematischer als in anderen Bezirken der Literatur ist es im Falle der lateinischen Poesie, in allgemeinerer Weise charakteristische Merkmale für die römischen Metamorphosen der ererbten griechischen Formenwelt herauszuarbeiten, denn die Dichtung lebt doch nur in ihren Gattungen, die ganz und gar ihrem eigenen Gesetz folgen. Nun ist es zwar richtig, daß im römischen Bereich das Verhältnis des Dichters zu den Dichtungsformen ein elastischeres ist und gleichzeitige Handhabung der Gattungen, anders als im Griechischen, relativ häufig vorkommt (weshalb die gelegentlich, zuletzt von E. Bickel, versuchte »eidographische«

– gattungsgebundene – Literaturbetrachtung in Rom schwerer durchzuführen ist, wo sie zur Zerreißung gerade der bedeutendsten Dichterpersönlichkeiten und ihres Werks führen muß). Indes auch da, wo sich derselbe Dichter in mehreren Gattungen versucht, geht es nicht an, eine generalisierende Aussage über sein Verhältnis zur griechischen Literatur zu wagen; die Art der Bindung an die vorgefundene Formkonvention ist eben jeweils durchaus verschieden: Was NIETZSCHE an HORAZ – dem Horaz der in manchem doch gräzisierenden Oden – »*vornehm und römisch par excellence*« fand, läßt sich naturgemäß mit den Wesenszügen seiner durch und durch aus römisch-italischem Geist geschaffenen Satiren und Episteln auf keinen gemeinsamen Nenner bringen.

Beschränken wir uns zunächst auf die Feststellung, daß die Notwendigkeit, die verschiedenen Dichtungsformen in die Lebenswirklichkeit der italischen Welt hineinzunehmen und der römischen Art zu assimilieren, ihnen nicht selten ein Element des Ursprünglich-Kräftigen zugeführt hat, das ein Anderes, Eigenständigeres selbst da entstehen ließ, wo die Gattungsstrukturen nicht mit grundsätzlich neuen Inhalten auszufüllen waren. In diesem Sinn sind jedenfalls die Großen unter den lateinischen Dichtern den gleichzeitigen Griechen nicht selten überlegen – sie sind nach Erlebnisintensität und oft auch Sprachgewalt die stärkeren, ausgeprägteren Individualitäten. So hat lateinische Dichtung im Verhältnis zur griechischen ihr Eigenrecht errungen und ist mithin »*nicht bloße Nachahmerin, sondern Fortsetzerin der Griechen*« (Leo). Das Gesagte gilt es nun an konkreten Fällen zu bewähren.

In der *Palliata* zum Beispiel des PLAUTUS (benannt nach dem Pallium, dem griechischen Gewand, im Unterschied zur Toga der nationalrömischen *Togata*) stehen die Plautinischen Zutaten noch unvermittelt neben dem attischen Haupt- und Grundgewebe: So erscheint die Plautinische Komödie gewissermaßen als die extreme Antithese zu jener Möglichkeit, die wir früher die »harmonische Fusion« des hellenisch-hellenistischen und des italisch-römischen Elements genannt haben und die im Vollsinn erst nach etwa zwei Jahrhunderten in den ganz anderen literarischen Formen der Augusteischen Zeit erreicht werden sollte. Auf der die *Palliata* kennzeichnenden Stufe der Verwendung griechischer Vorbilder, die sich mit der treuherzigen Autorenangabe der Plautinischen Dreigroschenkomödie charakterisieren läßt (*Trinummus* 19): »*Philemo scripsit, Plautus vortit barbare*« (ähnlich *Asinaria* 11) – auf dieser Stufe gibt es wiederum eine große Variationsbreite der Möglichkeiten: PLAUTUS (ca. 250–184 v. Chr.) »übersetzt« zumeist weit freier als TERENZ (ca. 190–159 v. Chr.), aber auch dessen Wiedergaben sind durchaus kein »Abklatsch«. An Plautus nun läßt sich besonders gut zeigen, daß selbst eine Schöpfung des *barbare vortere* (des Übersetzens in die Fremdsprache – eine hier keineswegs abschätzig gemeinte Formulierung) zu den originalsten Leistungen der lateinischen Literatur zählen kann ; in welchem Sinn dies zutrifft, mag mit wenigen Strichen angedeutet werden. Die Vorzüge, die der Kenner an den geistvollen Lustspielen der überreifen attischen Gesellschaft des 4. Jahrhunderts zu schätzen pflegt, schlichte Anmut und eine erlesene, aber diskret verhaltene Eleganz, gehen in den Plautinischen Bearbeitungen zugunsten einer explosiven Burleskerie und possenhaften Bouffonerie verloren. Die unbekümmerte Respektlosigkeit des Plautus gegenüber seinen Vorbildern, die sich nicht scheut, den durchweg in Sprechversen von transparenter Diktion gehaltenen Text seiner Vorlagen auf weite Strecken frei in lebhaft bewegte, facettenhaft sprühende polymetrische Arien und Duette aufzulösen oder wirkungsvolle Szenen aus anderen Stücken »kontaminierend« in seine Nachgestaltungen hineinzunehmen, ermöglicht ein ungehemmtes Sichausleben seiner urkräftigen *vis comica*. In ihr steckt genuin Italisches, nicht zuletzt was die witzigen Einfälle des genialen Sprachkünstlers betrifft, die in sprudelnder Lebendigkeit Bilder, Gleichnisse und oft Gleichsetzungen produzieren.

Jüngerer Zeitgenosse des Plautus ist ENNIUS (239–169 v. Chr.), aus dessen vielseitiger dichterischer Tätigkeit die *Annales* betitelte Dichtung deshalb herausragt, weil hier erstmalig im lateinischen Epos der Hexameter verwendet und so der Grund für den epischen Stil der Römer gelegt ist – einen Stil, der sich homerisierend bis zu einer Wendung wie *dia dearum (dia theaōn)* versteigen kann und doch in manchem, nicht nur in den häufigen Alliterationen, an die alten einheimischen *carmina* anklingt. Der sich als reinkarnierten Homer vorstellende Dichter verkündet die Größe Roms und seiner Geschichte, die er von den legendären Ursprüngen bis zur eigenen Zeit schildert. So konnte diese Dichtung das Nationalepos der Römer werden, eine Rolle, in der es erst von der Vergilischen *Aeneis* abgelöst werden sollte.

Durch sein archaisierendes Sprachkolorit steht in der Nachfolge des Ennius der schon genannte Epikureer LUKREZ (ca. 95–55 v. Chr.), der in seinem Werk *De rerum natura* über den *L'art-pour-l'art*-Standpunkt der alexandrinischen Repräsentanten didaktischer Poesie hinauswächst, die philosophischen Gehalte des von ihm herangezogenen attischen Denkers mit einer einzigartigen inneren Dynamik ergreift und dabei die Subtilitäten der Epikureischen »Physiologia« durch ein in seiner Art grandioses Weltgefühl adelt. Das Lehrgedicht wahrt den Zusammenhang mit der Poesie nicht nur durch die Elemente einer ganz individuellen Naturanschauung, sondern empfängt seine künstlerische Wirkung auch durch die Leidenschaft der »*anima e forse disperatamente amorosa e disgustata e amara, e pur pietosa*« (Croce).

Wie die vorgegebene Form des hellenistischen Lehrgedichts Lukrez nicht gehindert hat, sein Eigenstes auszusagen, so zeigt das Liederbuch des CATULL (ca. 84–54 v. Chr.) – sehen wir von den bloßen Übersetzungen ab – eine Spontaneität des Empfindens, die kein Alexandriner erreicht hat. Bei den Hellenisten jedenfalls sucht man Bekenntnisse selbsterlebter Liebe, wie sie die Lesbia-Lieder durchziehen, vergebens, und denkt man an SAPPHO (ca. 600 v. Chr.), deren *Hochzeitslied auf Agallis* Catull in seiner Nachbildung zu einer Schöpfung neuen Wesens macht, so wird man gewahr, daß es die Entdeckung der »unseligen Leidenschaft« mit all ihren Marterungen ist, die dem lateinischen Dichter seinen besonderen Ort in der Geschichte der Lyrik anweist (W. Schadewaldt).

Zu höchster objektiver Ausdruckskraft und eben damit vollends zu sich selbst gelangt die römische Poesie im Werk der Augusteer. Sie gewinnt nun eine neue, zugleich erweiterte und vertiefte Art geistiger Aktualität. Die vorzüglichsten Hirtengedichte VERGILS (70–19 v. Chr.), *Bucolica*, deuten nicht mehr wie ihre hellenistischen Vorbilder auf eine zeit- und geschichtslose Idyllik, sondern vergegenwärtigen die Wirren und Sehnsüchte der Epoche. Der »arkadische« Rahmen schließt nicht aus, daß da, wo die bukolische Landschaft klare Konturen annimmt, die Gegend um Mantua erscheinen kann. In der neunten Ekloge, die eindringlich die Notlage der von der Ackerverteilung Betroffenen schildert, erklingt inmitten der allgemeinen Unsicherheit der Preis auf den Aufgang des *sidus Iulium*. Das Lehrgedicht über den Landbau *(Georgica)*, schon durch sein Genos deutlich in der Nachfolge des Lukrez stehend, gilt nicht der Natur als dem Gegenstand philosophischer Physik, sondern der beseelten Natur und ihren alten Ordnungen, eine Thematik, die zwar in den Dienst der Augusteischen Erneuerung treten konnte, aber deshalb noch keine »Propaganda« ist; Vergil huldigt seinem Vorgänger Lukrez und grenzt sich zugleich von ihm ab: nicht Ursachenforschung im Sinne Epikurs *(rerum cognoscere causas)* will er treiben, sondern um die ländlichen Götter wissen *(deos novisse agrestes)*. Die wohl gültigste dichterische Selbstaussage des Römertums liegt in der *Aeneis* vor: Indem ihr Dichter von dem Auszug des Aeneas aus dem eroberten Troia, seiner durch mannigfache Irrfahrten erschwerten Suche nach der gottverheißenen zukünftigen Heimat und der Begründung eines *imperium sine fine* – des römischen Imperiums – berichtet, seinen durch *pietas* gekennzeichneten Helden zum beispielhaften Repräsentanten der besten Römertugend macht und vermöge perspektivisch weit in die Zukunft hinein geöffneter Durchblicke die Geschichte und künftige Größe Roms in die mühsamen Anfänge der Grundlegung hineinnimmt, verleiht er seinem zwischen Mythos und Historie stehenden Werk einen höheren Grad von »Geschichtlichkeit«, als er den Epen HOMERS eignet.

Die künstlerisch reifste Leistung der Augusteischen Poesie, ja vielleicht der lateinischen Poesie überhaupt, ist die Odendichtung des HORAZ (65–8 v. Chr.), deren Mangel an unmittelbarem Erlebnisgehalt – der Anteil des Fiktiven wird hier übrigens bisweilen übertrieben – nur beklagt, wer sie mit falschen Maßstäben, etwa solchen der Goetheschen Bekenntnislyrik, mißt und für die Meisterschaft ihrer Gestaltung unempfänglich ist – für jenes »*Mosaik von Worten, wo jedes Wort als Klang, als Ort, als Begriff, nach rechts und links und über das Ganze hin seine Kraft ausströmt*« (Nietzsche). Der stolzen Gewißheit des Dichters, er habe »*ein Monument, dauernder als Erz*« (»*exegi monumentum aere perennius*«) aufgeführt, hat die Wirkungsgeschichte der Odendichtung recht gegeben.

Längst hat man gelernt, im Horaz der Oden nicht nur den individualistischen Lebenskünstler den gedämpftem Epikureismus zu sehen; erst wenn man den politischen Einschlag im Gewebe seiner Lyrik ernst nimmt, nicht als einen oberflächlichen Tribut an die Forderungen Augusteischer Kulturpolitik, sondern als integrierenden Bestandteil Horazischen Menschen- und Römertums, hat man den Dichter ganz. Dem näher Zuschauenden zeigt sich dann, daß ein angst- und hoffnungsvoller Weg persönlichen Erfahrens und Erlebens in diesen der äolischen Lyrik gattungs- und vielfach auch themenmäßig verpflichteten Gedichten Ausdruck gefunden hat: von den frühen, angesichts eines neuen Bürgerkriegs in Verzweiflung und Resignation geschriebenen *Epoden* über das machtvoll mit dem Bild des in Hagelschloßen und Blitzschlägen offenbaren Götterzorns anhebenden, gleicherweise vom Schrecken des Vergangenen durchbebten wie von neuer Zuversicht getragenen Sühnegedicht des ersten Buchs der *Carmina* und die Mahn- und Rügelieder der sogenannten *Römeroden* bis zu dem Säkulargesang des *poeta laureatus*, in dem die Rückkehr von Treue, Frieden und alter Zucht, also die Wiederherstellung staatlicher Eintracht und Heraufführung eines neuen Goldenen Zeitalters in Versen von diaphaner Klarheit gefeiert wird.

Der Augusteischen Epoche, die die Modulation der Verse denkbar höchster Verfeinerung zuführt, gehören auch die bedeutendsten Elegiker an (TIBULL, PROPERZ, OVID). Die römische Elegie ist in der Hauptsache Liebesdichtung, und zwar, im Gegensatz zu der erzählenden »objektiven« Liebeselegie des Hellenismus, Selbstdarstellung des liebenden Ich. Soweit das uns erhaltene Material zu urteilen erlaubt, war die persönliche Aussage des Liebenden in der hellenistischen Dichtung in der Hauptsache auf die poetischen Kleinformen, vor allem das Epigramm, beschränkt. Erst in Rom sind, wie es scheint, die aus der erotischen Epigrammatik

XXXI

des Hellenismus bekannten Motive zu größeren Elegien »subjektiv« erotischen Inhalts verbunden worden. Darüber hinaus ist diese neue Spielform der elegischen Dichtung durch Themen aus den Bereichen des bürgerlichen Lustspiels, der Mythologie und der Bukolik angereichert worden. (Ob und in welchem Umfang den Gedichten reale Ereignisse zugrunde liegen, ist nicht immer einfach, zuweilen sogar unmöglich zu entscheiden. Andrerseits ist festzuhalten, daß ein antiker Dichter gern persönliche Erfahrungen in vorgefundene »thematische Modelle« einkleidet, um ihnen so den Eindruck allgemeiner Gültigkeit zu verleihen.) Die mannigfachen Motive werden teils durch gleitende Übergänge, teils assoziativ oder durch unerwartete Umschläge zusammengefügt; häufig wird ein Motiv, das im Verlauf des Gedichts bereits angeklungen ist, wiederaufgenommen, und vielfach kehrt das eingangs behandelte Thema am Ende der Elegie wieder. So ist für die römische Elegie eine ebenso subtile wie raffinierte Kunst der Komposition charakteristisch, die vor allem bei TIBULL (ca. 54–19 v. Chr.) in der Verarbeitung vorgegebener Themen an musikalische Techniken gemahnt. Inhaltlich gesehen ist es nun sehr bezeichnend, daß in der Elegie mit ihren das *otium* und den Lebensgenuß verabsolutierenden Wertsetzungen die altrömische Lebensordnung gleichwohl als das andersartige, zumeist negativ empfundene Gegenbild gegenwärtig bleibt. Wenn Tibull sein ganz der Liebe zu Delia gewidmetes Dasein von der Lebensform eines römischen Offiziers abhebt, so steht hinter dieser Abgrenzung das für frühere Generationen verpflichtende Gebot der selbstlosen Hingabe an die gemeinsame Sache der *res publica*. Ein Grieche hätte in der berühmten Elegie Ovids *Militat omnis amans* nicht mehr als eine parodierende Gegenüberstellung von Kriegs- und Liebesdienst zu sehen vermocht; nur in Rom, das durch seine Feldherrn und Legionen zur Herrin der Welt geworden war, vermochte man das Gedicht so zu verstehen, wie es gemeint ist: als subversive Relativierung der althergebrachten *mores maiorum* (typisch in dieser Beziehung auch Properz 2, 7).
Das vielseitige Werk OVIDS (43 v. Chr. bis 18 n. Chr.) läßt deutlich erkennen, daß die lateinische Dichtung ihren Höhepunkt überschritten hat. Sind seine *Amores* ein Abschluß, in dem noch einmal die Themen der römischen Elegie durch- und zugleich zu Ende gespielt werden, so trägt das die Verwandlungssagen der griechischen Mythologie aufreihende Gedicht *Metamorphosen*, ein episches Werk von labyrinthischer Struktur, mit seiner ausgeprägten Neigung zum Pointiert-Pikanten, zum Empfindsamen und – mitunter – gesucht Grausamen, die unverkennbaren Züge eines nachklassischen Werks. Mit Ovid, dem erfindungsreichen Experimentator, beginnt die uneingeschränkte Herrschaft der *maniera* in der lateinischen Dichtung. Dieses neue, antiklassische Kunstwollen erreicht in Neronischer Epoche in den orkanartig entfesselten Leidenschaften und Exzentrizitäten der Seneca-Tragödien und den Disharmonien und grellen Farben von LUCANS (39–65 n. Chr.) Epos über den Bürgerkrieg *(Pharsalia)* seinen Höhepunkt. Eine Entwicklung darüber hinaus war nur noch in einzelnen Bereichen möglich (so im mythologischen Epos, das seine letzte Übersteigerung in der schön berührten *Thebais* des der flavischen Epoche angehörenden STATIUS erfährt), nicht jedoch mehr im ganzen. Für die Folgezeit bis hin zu den zeitgeschichtlichen Epen des CLAUDIAN (gest. ca. 474) und den Gelegenheitsgedichten des SIDONIUS APOLLINARIS (ca. 430–480 n. Chr.) stellen sich Augusteische Klassik und Neronische Antiklassik, bisweilen auch archaische Dichtung, als unterschiedliche Möglichkeiten der *imitatio* dar, wobei es dann bezeichnenderweise in der dichterischen Ausdruckswelt der Spätantike zu den gewagtesten Kunststücken des Kombinierens und Kontaminierens kommen kann, zum Beispiel in der Verknüpfung von Motiven, die verschiedenen Dichtern entstammen. Eine eingehendere Darstellung der kaiserzeitlichen Dichtung ist indes für unsere Zwecke nicht erforderlich, da sie nur Akzentverschiebungen des bisher Ausgeführten, jedoch keine grundsätzlich neuen Aspekte für das Originalitätsproblem bietet. Wohl muß dagegen noch zweier Gattungen gedacht werden, in denen die Römer Bedeutendes geleistet haben, der *Satura* und des *Romans*.
Die *Satura* ist das einzige literarische Genos, das gleicherweise von Griechen und Lateinern als original römisch empfunden wurde (daher QUINTILIANS berühmter Satz: »*Satura tota nostra est*«). Ihre Anfänge sind dunkel. Vielleicht hängt *satura* mit dem etruskischen *satir (orare)* zusammen (so erstmalig Snell); dann wäre schon für ihre frühe Phase die Bedeutung *sermones* anzusetzen, als welche Lucilius und Horaz ihre satirischen Dichtungen mit unbefangener Selbstverständlichkeit bezeichnen. Zum *carmen maledicum* wird die Satire, soweit wir sehen können, wohl erst bei LUCILIUS (ca. 180–102 v. Chr.), der sie zum Instrument der Gesellschafts- und Literaturkritik sowie einer allseitig offenen Diskussion über die Probleme der Lebensführung ausbildet. Diese Kunstform hat HORAZ (65–8 v. Chr.) in Augusteischer Zeit durch die Integration von Elementen der popularphilosophischen Mahnrede – *Diatribe* – des Bion von Borysthenes (3. Jahrhundert v. Chr.) verfeinert; von den kaiserzeitlichen Dichtern PERSIUS (34–62 n. Chr.) und IUVENAL (ca. 60–140 n. Chr.) wurde sie dann in der Weise ausgestaltet, die man seither als satirisch schlechthin zu bezeichnen pflegt. Derber Realismus und eine illusionslose, vorwiegend naturalistische Darstellung des Menschen sind bezeichnende Merkmale der Gattung, denen in der sprachlichen Gestaltung ein, namentlich in sexuellen Dingen,

recht freier Ton entspricht. Wenngleich sie in gebundener Sprache abgefaßt ist (die ursprüngliche Buntheit metrischer Ausdrucksmöglichkeiten tritt schon bei Lucilius zugunsten des Hexameters zurück), steht ihre den gebildeten Umgangston wiedergebende Diktion der Prosa näher als der hohen Dichtung. Als typisch römisch wird die moralistische Zwecksetzung dieser Gattung gelten dürfen, die dem Leser einen Zerrspiegel menschlicher Torheiten vorhält und durch Kritik bessern will. Eine eigene Stellung nimmt die dem Kaiser Claudius (41-54 n. Chr.) geltende satirische Spottschrift des SENECA, *Apocolocynthosis*, ein. In der aus Vers und Prosa gemischten Formgebung und in den Motiven der Himmel- und Höllenfahrt ist sie der von MENIPPOS aus Gadara (um 280 v. Chr.) in die griechische Literatur eingeführten und von TERENZ (116-27 v. Chr.), *Saturae Menippeae*, in Caesarischer Zeit nach Rom verpflanzten prosimetrischen (zwischen Vers und Prosa wechselnden) Diatribe verpflichtet. Hatte jedoch Menipp die verschiedenen Philosophenschulen durchgehechelt, so entstand das erbarmungslos boshafte Pamphlet des Römers aus der konkreten zeitgeschichtlichen Situation, wie sie mit dem Tod und der vom Senat beschlossenen Konsekration des Claudius gegeben war. In unverkennbarer Affinität zum Satirischen stehen auch zahlreiche Spottgedichte des Epigrammatikers MARTIAL (ca. 40-104 n. Chr.), der die Thematik bestimmter *nugae* des CATULL aufnimmt und in diesem Bereich weitere Möglichkeiten erschließt.

Die satirische Ader des italischen Wesens zeigt sich auch in dem uns leider nur in Resten erhaltenen Zeit- und Sittenroman des von Justus Lipsius geistreich als »*auctor purissimae impuritatis*« charakterisierten PETRON (gest. 66 n. Chr.). Das legt bereits der Titel *Satyricon* nahe (eine hybride Bildung, aus der neben *satura* auch das griechische *satyrikon*, spottendes Dichtwerk, herausgehört werden kann), aber auch der heiter-ironische Grundton sowie die Stilisierung der Personen und Ereignisse ins Burleske und Grotesk-Komische weisen in diese Richtung. Das Werk, das sich der äußeren Gestalt nach als ein Prosimetrum in der Manier des Menipp darstellt, erweitert die Menippeische Form zum Roman, indem es Elemente der ionischen Novelle und der hellenistischen Wundererzählung, des Reise-, Abenteuer- und Liebesromans, des Mimus und der Diatribe in eins bindet. Ebenso sicher wie die herkunftsmäßige Bindung an die griechische Literatur ist die Originalität des Verfassers, der zwar das eine oder andere Motiv des pathetischen hellenistischen Romans übernimmt und parodierend abwandelt, aufs Ganze gesehen jedoch seinen eigenen genialen Weg geht (Mommsen). Die gattungsmäßige Verwandtschaft seines Werks mit dem Metamorphosenroman *(Metamorphoses)* des APULEIUS (2. Jahrhundert n. Chr.) hat schon der spätantike Kritiker MACROBIUS (um 360-425 n. Chr.) empfunden, der beide Schöpfungen im Hinblick auf die für sie so bezeichnende zentrale Rolle des Erotischen zusammenstellt. Beide Werke, sosehr sie sich im einzelnen voneinander unterscheiden, haben auch gemeinsam, daß sie Ich-Erzählungen sind und daß die Haupthandlung durch eingelegte Novellen aufgelockert und unterbrochen wird. Beide sind, trotz der religiösen Schlußwendung bei Apuleius, dem Genre des komischen Romans zuzuordnen, wie das leitende Motiv, bei Petron der vom Zorn des Sexualgotts Priapus verfolgte Erzähler, bei Apuleius die Verwandlung des Berichterstatters in einen Esel, jeweils erkennen läßt. Während sich der Roman des Petron in der biotisch realistischen und zugleich übersteigernd karikierenden Darstellung einer lebensnah gezeichneten Demimonde erfüllt, das ästhetische Spiel des Komischen also seinen Sinn in sich selbst trägt, ist das Werk des Apuleius Zeuge einer gewandelten Geistigkeit: Seine Erzählung wird auf den letzten Seiten als Allegorie der Irrfahrten der Seele gedeutet, die schließlich, von der tierischen Hülle befreit und dem Herrschaftsbereich der Fortuna entrückt, durch die Weihen der Isis-Mysterien mit dem Göttlichen verbunden wird – ein Zug, der der griechischen Vorlage, dem *Eselsroman* des LUKIOS VON PATRAI, abging.

Unser Versuch, die Grundzüge lateinischer Dichtung nachzuzeichnen, erfordert noch einen Hinweis darauf, wie stark Rom in den Werken seiner Dichter gegenwärtig ist, nicht nur – wie vor allem im Epos von ENNIUS bis zum spätantiken CLAUDIAN – Rom als das Zentrum eines weltweiten Geschichtsraums, sondern auch bei Dichtern wie HORAZ, PROPERZ, OVID und MARTIAL als das anschaubare Bild der Stadt – nicht der alten Ziegelstadt, die man nun ebenso wie die sittenstrengen Frauen und Männer der Vorzeit zu ironisieren beliebt, vielmehr der prunkvoll mondänen Marmorstadt, in die Rom von Augustus umgeschaffen wurde. Vor unserem Blick erstehen etwa die Capitolia aurea, mit dem Forum einer der Herzpunkte der Stadt, die Hallen und Wandelgänge der *porticus*, die nach Ovid die günstigste Gelegenheit zum Anbändeln von Liebschaften boten (Ovid, *Ars amatoria* 1, 67ff.), die weiträumigen Thermen und Theater, deren Atmosphäre Martial in seinen Epigrammen lebendig festgehalten hat, der anrüchige *vicus Tuscus* mit seinem bunten Geschäftstreiben und die Subura, das »Soho« der *urbs*, wo die Hostia des Properz wohnte.

Vor allem die Gedichte des OVID und MARTIAL sind von dem Atem der Stadt, der schönsten der ganzen Welt, wie alle lateinischen Dichter einstimmig versichern, durchweht. Gerade im Exil beschwört Ovid, der am Schwarzen Meer nach seinen eigenen Worten »*lebendig Begrabene*«, die unvergeßlichen Bilder des einzigartigen Rom, um, in seinen Phantasien durch die »*tristissima* noctis imago« seiner Abschiedsstunden aufgestört, in um so tiefere und ausweglosere Verzweiflung zurückzuversinken. Noch im fünften nachchristlichen Jahrhundert, zu einem Zeitpunkt, als die westgotischen Barbarenhorden die seit Jahrhunderten als unbesiegbar angesehene Kapitale bereits erstürmt und geplündert haben und AUGUSTINUS (354–430 n. Chr.) sich gegen die Übersteigerungen der paganen Romideologie wendet, erhebt der gallische Provinziale RUTILIUS NAMATIANUS (römischer Stadtpräfekt 414 n. Chr.) mit der enthusiastischen Inbrunst eines Gläubigen seine Stimme zum Lobpreis auf die »*regina pulcherrima mundi*«.

Lateinische Ekklesiastik

Eine Skizze der antiken lateinischen Literatur wäre unvollständig, wollte sie nicht auch unter literarischen Aspekten die lateinischen Väter einbeziehen, denen zudem für die Stellung der europäischen Literatur zu den Gehalten der klassischen Tradition große Bedeutung zukommt, wie etwa der Philosoph Dilthey und der Philologe Zieliński am Beispiel CICEROS und der ekklesiastischen Cicero-Rezeption haben zeigen können. Dabei rechnen wir hier zur »Patristik« auch die christliche Dichtung im weitesten Sinn, freilich nicht jenen Typus, der gänzlich der klassischen Tradition verhaftet bleibt und nur gelegentlich im Sinne einer Konzession an die Staatsreligion (seit ca. 380 n. Chr.) ein leichteres Hinüberschillern ins Christliche zeigt, wie das zum Beispiel auf AUSONIUS, den bekanntesten Epigrammatiker der lateinischen Spätantike (ca. 310–393/94), mehr noch auf den schon genannten Epiker CLAUDIAN (gest. ca. 474) zutrifft. Das Werk dieses letzten bedeutenden Repräsentanten römischer mythologischer Poesie, dessen eminentes Formtalent sich in einer Zeit des Niedergangs »*strahlend im Farbenglanz fast ovidischer Phantasie und Ausführung*« darstellt (J. Burckhardt), ist ein einziger Triumph des Paganismus, mag der Dichter auch christlichen Gönnern zuliebe einen *Christushymnus* verfaßt haben, worin er Christus gerade deshalb in den Olymp aufzunehmen bereit ist, weil er die Arkana der Christologie kaum anders beurteilt als so manche Ungereimtheit der traditionellen Mythologie. Die differenzierte Problematik dieser für eine Übergangsepoche bezeichnenden, die grundsätzliche Struktur mitunter etwas verwischenden Synkretismus muß hier beiseite bleiben, wo es darum geht, die wesentlichen Grundzüge der sich allmählich herausbildenden, genuin christlichen Literatur nachzuzeichnen.

Das Eingreifen des Christentums in die lateinische Literatur beginnt mit dem Aufkommen eines lateinischen apologetischen Schrifttums an der Wende vom 2. zum 3. Jahrhundert. (Die Entstehung einer christlichen lateinischen Umgangssprache pflegt man mit guten Gründen in die Mitte des 2. Jahrhunderts zu setzen; auch die Anfänge der lateinischen Bibelübersetzung – *Vetus Latina* – reichen ins 2. Jahrhundert, während die offizielle Sprache der römischen Kirche bis ins 3. Jahrhundert hinein das Griechische bleibt, das sich in der Liturgie bis zum Ausgang des 4. Jahrhunderts behauptet.) Im Lauf des 3. und, in steigendem Maße, im 4. Jahrhundert wird das Christentum der lateinischen Literaturentwicklung dann zum Schicksal, sofern es zur Herausbildung neuer und zur Umgestaltung alter Gattungen führt.

Die für die Zeit des Kampfes zwischen dem römischen Staat und dem Christentum so charakteristische apologetische Schriftstellerei, in der sich Selbstrechtfertigung und Polemik zu einer in dieser Weise bisher unbekannten Literaturform verbinden, wird durch das *Apologeticum* des Afrikaners TERTULLIAN machtvoll repräsentiert (i. J. 197), das in der Nachfolge der frühen griechischen Apologeten des 2. Jahrhunderts steht, zum Beispiel eines Iustinus Martyr (gest. ca. 165). Ergreifende Dokumente standhafter Selbstbehauptung gegen eine feindliche Umwelt sind die – ebenfalls nicht im lateinischen Bereich neugeschaffenen – Literaturgattungen der *passio* und der *acta martyrum*, die erstere durch die *Passio Perpetuae et Felicitatis* (202/03), die zweite durch die *Akten der Scilitanischen Märtyrer* (180) und die auf protokollarischen Aufnahmen basierenden *Acta proconsularia* von dem Prozeß und der Enthauptung des Cyprian von Karthago (258) eindrucksvoll eröffnet. Die wahrscheinlich von Tertullian niedergeschriebene *Passio Perpetuae et Felicitatis* hat stark autobiographischen Gehalt: sie verarbeitet die Aufzeichnungen der Perpetua über ihre Visionen und Erlebnisse. Beide (sichtlich miteinander verwandte) Genera sind zur Zeit ihres Ursprungs von überzeugender Schlichtheit, noch frei von dem fabulösen Bombast der späteren, oft mit freien Erfindungen ausgeschmückten Märtyrerlegende.

Aus den innerkirchlichen Streitigkeiten und der Auseinandersetzung mit mannigfachen Häresien erwächst allmählich auch im lateinischen Bereich eine umfangreiche theologische Kontroversliteratur; was den Kampf gegen die sich mehr oder weniger christlich gebende Gnosis betrifft, so hat in ihm allerdings der griechische Osten die Hauptlast getragen. Ist dessen besondere Leistung die Entfaltung der christologischen Spekulation, so beschäftigt sich die lateinische Ekklesiastik, von Geistern wie HILARIUS aus Poitiers (ca. 315–367) und AUGUSTINUS (354–430) abgesehen, nicht in gleicher Intensität mit Fragen der spekulativen Dogmatik; sie legt vielmehr den Hauptakzent auf die Fragen der Disziplin, und die Dogmen interessieren sie oft nur, insofern sie die Gemeindediszipin berühren. Man wird diese – zum Beispiel bei dem obenerwähnten Cyprian von Karthago gut ausgeprägte – Eigenart okzidentaler Theologie mit der Besonderheit des lateinischen Geistes in Verbindung bringen dürfen, seinem Ordnungssinn und seiner spezifischen Begabung für juristisches Denken und Kasuistik.

Die Entwicklung der Predigt besitzt auch für eine sich auf den literarischen und sprachlich-stilistischen Aspekt beschränkende Betrachtungsweise ein nicht geringes Interesse. Indem die gottesdienstliche Verkündigung des Evangeliums immer weitere Kreise zu erreichen suchte, wandelte sie sich zu einer oratorischen Kunstform, die sich in jeweils unterschiedlichem Maße den Möglichkeiten der Profanrhetorik – aber auch volkstümlichen Stilmitteln – öffnete: wie im griechischen Osten der Prediger IOANNES CHRYSOSTOMOS (»Goldmund«) aus der Schule des Rhetors Libanios kam, so war AUGUSTINUS zunächst ein heidnischer Rhetorikprofessor. Die oratorische Spielart der Predigt hat auch bei den Lateinern einige bedeutende Meister aufzuweisen: außer Augustinus vor allem AMBROSIUS (339–397), LEO DEN GROSSEN (440–461 Papst) und den sprachgewaltigen CAESARIUS aus Arles (gest. 542).

Als Buchreligion brachte das Christentum eine unübersehbare Fülle von Kommentaren zu den heiligen Schriften hervor, ein Literaturzweig, der im Westen seinen bedeutendsten Vertreter in HIERONYMUS (ca. 348–420), dem Philologen unter den Kirchenvätern, gefunden hat, der zugleich dem lateinischen Bibeltext für die Folgezeit seine endgültige Gestalt gab (*Vulgata*: bei ihr zumindest für die *Evangelien* Revision des *Vetus Latina* durch Hieronymus gesichert, dagegen der größte Teil des *Alten Testaments* Neuübersetzung). Aus dem griechisch-orientalischen Raum führte Hieronymus die hagiographische Legende in die lateinische Literatur ein: Mit seinen drei Mönchsbiographien erweist er sich als Erzähler von hohem künstlerischem Rang. Berühmtheit erlangt er auch als Briefschreiber – sein sich zur Abhandlung auswachsender Brief *Ad Eustochium de virginitate*, in dem sich asketischer Enthusiasmus, Empfehlung einer sinnlich-übersinnlichen Christusminne und beißende Kritik an der moralischen Laxheit vieler Christen zu einem wirkungsvollen Ganzen zusammenschließen, ist eines der unsterblichen Meisterwerke der lateinischen Literatur –, wie denn überhaupt die literarische Epistolographie im christlichen Bereich durchaus nicht an Bedeutung verliert.

Eine einzigartige Stellung behaupten im Gesamtbereich der lateinischen Literatur die *Confessiones* des AUGUSTINUS, in denen die Durchführung der autobiographischen Form zum realen Akt des religiösen Lebens wird (*invocatio*, nach Art der Psalmen); ihr Verfasser berichtet in einer bis dahin unerreichten, differenzierten und die letzten Tiefen des Herzens auslotenden psychologischen Selbstanalyse von der Odyssee seines inneren Lebens. Wohl mag es bei der stetig fortschreitenden Ausbreitung der orientalischen Erlösungsreligionen im griechisch-römischen Kulturraum auch sonst Berichte von den Verirrungen, der Bekehrung und endlichen Erlösung eines suchenden Menschen gegeben haben – erinnert sei hier an die religiöse Schlußwendung der *Metamorphosen* des APULEIUS –, aber Augustinus' aus eigenem Erleben erwachsenem Zeugnis von der Qual und Beseligung der ihren Gott suchenden, vor ihm fliehenden und endlich in ihm zur Ruhe gelangenden Seele vermögen die vorauffliegenden Jahrhunderte nichts an die Seite zu stellen, noch auch ist es von den in etwa vergleichbaren Versuchen späterer Zeiten erreicht worden.

Die Auseinandersetzung und schließliche Verschmelzung des Christentums mit der römisch-griechischen Kultur bildet das großartige Schlußkapitel der antiken Geistes- und Literaturgeschichte. Die Christen standen zunächst dieser Kultur meist ablehnend, ja feindlich gegenüber: TERTULLIAN (160?– nach 220) hat nur Worte des Abscheus und der Verurteilung für die pagane Bildung, der er doch so vieles verdankt, und der afrikanische Apologet ARNOBIUS (um 300) geht so weit, an den Fundamenten der offiziellen Staatsideologie zu rütteln (*Adversus gentes*): Für ihn ist Rom, das nach der herrschenden Ansicht mit Hilfe der Götter groß geworden war, um den Weltkreis gerecht zu befrieden, die Stadt »*in perniciem humani generis nata*«. Andererseits treffen wir doch auch schon relativ früh auf christliche Versuche, die von der Umwelt als gültig anerkannte klassische Tradition und den neuen Glauben soweit möglich in ein harmonischeres Verhältnis zu setzen. So versucht MINUCIUS FELIX (um 200), ein jüngerer Zeitgenosse Tertullians, in seinem stilistisch wie sprachlich an Cicero sowie an Seneca geschulten Dialog *Octavius* nachzuweisen, daß das Christentum in voller und deutlicher Wahrheit lehre, was in den heidnischen Mythologemen und Philosophemen dunkel erahnt und, wenn auch vielfach irreführend und mißverständlich, angedeutet sei. Und auch LAKTANZ, (gest. 325/330) der »christliche Cicero«, erweist sich als ein Mann des Ausgleichs, wenn er in seinen *Divinae institutiones* die brauchbaren Elemente der paganen philosophischen Ethik übernimmt und der systematischen Darstellung der christlichen Lebensführung eine Form zu geben sucht, die auch den gebildeten Heiden anzusprechen vermag.

Der Absolutheitsanspruch der neuen Religion und die humanistische Liebe des Gebildeten zur nationalen Literatur führen freilich nicht selten zu dramatischen Konflikten, und zwar um so stärker, je mehr das Christentum auch solche Geister erfaßt, die auf der Höhe der Bildung ihrer Zeit stehen, wie das im 4. Jahrhundert immer häufiger der Fall ist. So bekommt HIERONY-

MUS in seiner berühmten Traumvision als ein ins Jenseits Entrückter von seinem Richter zu hören, er sei kein »Christianus«, sondern ein »Ciceronianus«, und später macht sich IOHANNES CASSIANUS (gest. ca. 435) die schärfsten Vorwürfe darüber, daß selbst während des Gebets die Bilder der Heldenkämpfe des römischen Epos seine Phantasie beschäftigen. Eine Lösung solcher Konflikte zeichnet sich ab, als Hieronymus die Deuteronomiums-Vorschrift, daß ein Jude, der eine heidnische Sklavin ehelicht, dieser Haupthaar und Nägel zu beschneiden habe, allegorisch auslegt und dementsprechend die Beschäftigung mit einer von allen Irrtümern sorgsam purgierten Wissenschaft für erlaubt und Gott wohlgefällig erklärt (epist. 70,2; eine andere biblische Allegorie hierfür bei AUGUSTIN, De doctrina christiana 2, 60ff.). Damit war eine breite Bresche geschlagen, und es ist kaum erstaunlich, daß christliche Dichter nun in steigendem Maße dazu übergehen, in den Gattungen und Formen der heidnischen Dichtung christliche Themen zu behandeln. Besonders deutlich ist dies im Falle der Bibelpoesie, die bewußt als christliches Gegenstück zur mythologischen Epik auftritt. Es vollzieht sich jetzt ein ähnlicher Vorgang wie zur Zeit der Hellenisierung Roms: Wie einst lateinische Dichter die griechischen Literaturformen in Rom einbürgerten, um sie mit nationalen Gehalten zu erfüllen, so übernehmen jetzt die Christen die von den Römern ausgebildeten Literaturformen, um ihnen einen christlichen Gehalt zu geben und sie so der Verkündigung der neuen Lehre dienstbar zu machen. Freilich, so geglückt wie das Unternehmen der lateinischen Dichter in der Zeit der Punischen Kriege und späterhin sind die Versuche der Christen, neuenWein in alte Schläuche zu füllen, durchaus nicht immer und können es nach Lage der Dinge auch gar nicht sein. Hierfür nur ein leicht überschaubares, weil in sich begrenztes Beispiel: Der von christlicher Seite unternommene Versuch, den Vergilischen Hirten zum christlichen Prädikanten zu machen, führt notwendig in eine Sackgasse; eine stärkere Christianisierung der bukolischen Gattung sprengt notwendig ihre innere Form; nur PAULINUS aus Nola (353/54 bis 431) vermag dem bukolischen Element eine neue Chance zu geben, indem er von vornherein die Gattung als solche preisgibt und die Welt der Hirten und Bauern in die Heiligenpoesie hineinnimmt.
Ohne Zweifel ist sein Zeitgenosse PRUDENTIUS (348 – nach 405) die geistig und künstlerisch bedeutendste Persönlichkeit unter den christlichen Dichtern des Altertums. Aus intensiver Kenntnis der lateinischen Klassiker verfaßt er christliche Hymnen und Märtyrerlegenden in Horazischen Versmaßen, theologische Probleme behandelnde Lehrgedichte, wie das vorzügliche Werk über den Ursprung der Sünde (Harmartigenia); ein die Kampfschilderungen der heroischen Poesie adaptierendes allegorisches Epos über den Kampf der Tugenden und der Laster in der Seele des Menschen (Psychomachia). Prudentius wäre wohl kaum der große Dichter, der er ist, hätte ihm nicht bei der Niederschrift seiner Werke die Aussöhnung von christlichem und römischem Geist vorgeschwebt, wie sie in der gegen das Haupt der heidnischen Oppositionspartei im römischen Senat gerichteten, teilweise Argumente der AMBROSIUS verwertenden Dichtung Contra Symmachum und im Laurentius-Hymnus (vgl. Peristephanon) zum Ausdruck kommt. Hier wird die Augusteische Ideologie des imperium sine fine in den christlichen Bereich übernommen: Die Errichtung der gerechtesten Herrschaft, die die Welt je gesehen hat, ist nach dem Vorsehungsplan Gottes notwendige Voraussetzung, um der Ausbreitung der wahren Religion den Weg zu bereiten, ein Prozeß, der dann seine Vollendung erreicht, wenn sich das caput mundi unter das Zeichen des Kreuzes stellt. Christianisierung Roms, aber auch Romanisierung des Christentums: für den spanischen Provinzialen, der die Inbrunst von Claudians Romglauben ins Christliche zu wenden weiß, verwandelt sich das himmlische Jerusalem des Apokalyptikers in die Roma caelestis, in der Laurentius, der vom Dichter gefeierte Blutzeuge, als consul perennis herrscht und die corona civica trägt. Prudentius' harmonisierende, von der nüchternen Anschauungsweise eines Augustin sich abhebende Geschichtskonzeption wurde freilich nur zu bald durch den Barbarensturm widerlegt; der ihm vorschwebende Gedanke einer Vereinigung von Christentum und Römertum, wie sie auchTheodosius I., dem von Prudentius gefeierten großen Kaiser, am Herzen lag, hat sich erfolgreich durchgesetzt. Um die Bedeutung dieser Tatsache zu ermessen, braucht man nur die eine maßvolle und gesetzte senatorische gravitas und dignitas atmenden Formulare und Riten der römischen Liturgie aus dem 5. und 6. Jahrhundert mit den ekstatisch-überschwenglichen Kultformen der griechischen und orientalischen Kirchen zu vergleichen.
Am folgenreichsten für die Entstehung einer genuin christlichen Dichtung war indessen im lateinischen Sprachraum die Ausbildung des christlichen Hymnus unter Rückgriff auf die volkstümlichen Versmaße der jambischen Kurz- und trochäischen Langzeile. Das entscheidende Verdienst kommt hier AMBROSIUS (339-397) zu, dessen Hymnen keine Buchdichtungen wie die des Prudentius sein wollen, die sich an ein gebildetes Publikum wenden, sondern für den Gemeindegesang bestimmt sind und aus konkreten Anlässen entstanden sind. (Schon HILARIUS aus Poitiers, ca. 315-367, dessen Hymnenbuch Hymni nur fragmentarisch erhalten ist, hatte einige Jahrzehnte zuvor den freilich nicht erfolgreichen Versuch gemacht, den Hymnengesang im kirchlichen Leben Galliens einzuführen.) Als Ambrosius in seiner

Mailänder Bischofskirche von den Söldnern der arianisch gesinnten Kaiserin Justina belagert wurde, ließ er das mit ihm eingeschlossene Volk den Belagerten zum Trotz seine Hymnen singen, in denen er die großkirchliche Lehre von der Gottheit Christi ebenso leicht faßlich wie künstlerisch überzeugend formuliert hatte. Diese denkwürdigen Vorgänge des Jahres 386, die AUGUSTINUS in seinen *Confessiones* festgehalten hat, bedeuten die eigentliche Geburtsstunde der christlichen Hymnendichtung des Abendlandes, von der ein lebenskräftiger Strom auf das kommende Jahrtausend ausgegangen ist.

Diese für den Kultus bestimmte Hymnendichtung stellt, wie E. R. Curtius mit Recht sagt, insofern einen »Neuanfang« dar, als sie außerhalb der antiken Gattungen steht. Neben solchen Fällen der Entstehung eines grundsätzlich Neuen trifft man häufiger auf jene andere Möglichkeit, daß die überkommene Formkonvention beibehalten wird, aber sich »*die Würze des Glaubens und der Religion*« gefallen lassen muß (so die christliche Literaturtheorie eines PAULINUS aus Nola). Auf zweierlei kommt es den Christen dabei vornehmlich an. Erstens suchen sie die noch vorhandenen Restbestände des Mythischen, soweit es die lautere Wahrheit zu verdunkeln droht, zu eliminieren; das heißt nicht, daß nicht das eine oder andere mythologische Flitterwerk, etwa einige unverbindliche Ausdruckselemente der epischen Formsprache, auch in christlicher Umwelt weiterleben kann – nicht alle Repräsentanten der christlichen Poesie sind in dieser Hinsicht so vorsichtig wie etwa PRUDENTIUS. Und ferner: die Christen fordern ein neues Kunstwollen, geeignet, sich in den Dienst religiöser Zwecke zu stellen, ohne doch aufzuhören, auch der *voluptas* (dem »Vergnügen«) des Lesers oder Hörers zu dienen. Das alte Postulat, daß die Dichter zugleich »nützen«, das heißt belehren, und unterhalten sollen – man denke an HORAZENS »*aut prodesse volunt aut delectare poetae*«–, wird also nunmehr ins Christliche gewendet und der Nutzen dem *delectare* entschieden vorgeordnet. Die Problematik der damit ins Bewußtsein tretenden Spannung zwischen dem Eigenrecht der ästhetischen Sphäre und der Forderung des christlichen Lehrgehalts wird offenkundig, wenn beispielsweise AUGUSTIN seinem jungen Freund Licentius Weisungen darüber erteilt, wie bei einer dichterischen Neufassung der Ovidischen Geschichte von *Pyramus und Thisbe* die durchaus notwendige religiöse Wendung zu erreichen sei (*De ordine* 1, 8, 24). Das *Medea*-Epyllion (Kurzepos) des Afrikaners DRACONTIUS (5. Jahrhundert) schließt bezeichnenderweise mit einer deklamatorischen Invektive gegen die alten olympischen Götter. Manche Gattungen vertragen eine Christianisierung leichter, andere schwerer; es genügt, an die angeführten Fälle des Bibelepos und der christlichen Bukolik zu erinnern. Das im christlichen Bereich zu beobachtende starke Umsichgreifen der *Centonenpoesie* (jener freilich schon längst im paganen Raum geübten kombinatorischen Künstelei, die in der synthetischen Verbindung von Versen und Versteilen aus den Werken klassischer Dichter zu einem neuen Gedicht besteht) entspringt dem Bestreben, gültig Geprägtem einen neuen Sinn unterzuschieben; man denke zum Beispiel an den *Maro* (Vergilius) *mutatus in melius* der christlichen Dichterin PROBA (ca. 350). Besonders wirkungsvoll kann die christliche Verwendung kleinerer, den Autoren des klassischen Römertums entnommener Sinneinheiten dann sein, wenn die pagane Prägung innerhalb des christlichen Zusammenhangs zum kunstreich und überlegen angewandten Mittel wird, den neuen Sinngehalt als wirklichen Kontrapunkt zu einem entsprechenden, inhaltlich besonders relevanten Vorgang der klassischen Konzeption erscheinen zu lassen. Zu solcher Meisterschaft bringen es Centonen im allgemeinen nicht, wohl aber ein so großer Könner wie zum Beispiel VENANTIUS FORTUNATUS, »*das größte Formtalent der untergehenden westlichen Kultur des 6. Jahrhunderts*« (E. Norden), der in der Schule von Ravenna seine literarische Bildung empfangen hat. Ein Beispiel gibt seine Schilderung der Christusminne einer Nonne (im Festgedicht auf die Weihe der Agnes zur Äbtissin des Klosters von Poitiers), die als christliches Pendant zu Motiven der Ovidischen Heroidenbriefe erscheinen soll. Darüber hinaus sind zahlreiche Entlehnungen christlicher Dichter aus paganen Autoren in weitestem Umfang unter den Gesichtspunkt der religiösen oder ethischen *interpretatio christiana* zu stellen, wie das zum Beispiel O. Weinreich mit Recht gefordert hat.

Daß in der christlichen Spätantike die Gattungen der Komödie und Tragödie den neuen Zielsetzungen kaum dienstbar gemacht werden, braucht nicht wunder zu nehmen; wir dürfen damals noch mit einem intensiven Empfinden dafür rechnen, daß ihr ursprünglicher Wesensgehalt eine Adaptierung christlicher Stoffe schwer zuläßt. Bei der Komödie ist das leicht einzusehen; auch die im Gallien des 4. Jahrhunderts entstandene, stark moralisierende Komödie *Querolus*, in der man wohl zu Unrecht Spuren von christlichen Einflüssen hat wahrnehmen wollen, enthält nichts spezifisch Christliches – man vermag den Gedanken einer Christianisierung solcher Stoffe nicht einmal zu vollziehen (die parodierende Ausformung eines biblischen Stoffes in der pseudocyprianischen *Cena* ist durchaus ein Einzelfall). Eher könnte man sich eine Dramatisierung bestimmter »tragischer« Sujets der biblischen Geschichte oder der Märtyrerlegende vorstellen, die indessen bei den antiken Christen – sehen wir von wenigen, leider nicht erhaltenen Versuchen im griechischen Bereich des 4. Jahrhunderts ab –

nicht einmal ein Buchdrama hervorgebracht haben; einen gewissen Ersatz mag man mit C. Marchesi darin sehen, daß einige Stücke in PRUDENTIUS' Buch *Von den Siegeskronen*, vornehmlich die Romanusdichtung (*Peristephanon* 10), in der breit ausgesponnenen Dialogführung und in dem an dramatischen Effekten reichen Aufbau einen Punkt zu erreichen scheinen, von dem aus der Weg zur rhetorischen christlichen Tragödie späterer Epochen nicht allzu weit ist.

Daß endlich die Christen zwar die Invektive – diese recht kräftig –, nicht aber die Satire im eigentlichen Sinne pflegen, ist wohl damit zu begründen, daß die erstere sich für die Niederringung des Paganismus als geeigneter erwies. Einen »Iuvenalis christianus« jedenfalls, wie ihn das lateinische Mittelalter in der kraftvollen Gestalt des AMARCIUS (11. Jahrhundert) hervorgebracht hat, scheint es in der christlichen Spätantike nicht gegeben zu haben, und das pseudocyprianische Rügegedicht *Ad quendam senatorem ex christiana religione ad idolorum servitutem conversum* und PRUDENTIUS' *Contra Symmachum* stehen der Invektive zweifellos näher als der Satire. (Immerhin ist ein so wirkungsvoller Polemiker wie HIERONYMUS, von dem Erasmus sagen konnte »*haud alibi dicit melius quam ubi male dicit haereticis aut calumniatoribus*«, offensichtlich bei der klassischen Satire und bei Martial in die Schule gegangen.) Die didaktische Poesie ließ sich besonders leicht in den Dienst der neuen christlichen Bestrebungen stellen: Außer dem schon genannten Prudentius sind besonders bezeichnende Fälle das ihm zeitlich vorausliegende, pseudo-tertullianische Lehrgedicht *Gegen Marcion (Adversus Marcionem)* und im 5. Jahrhundert die gegen die Leugner der Augustinischen Gnadenlehre gerichtete Dichtung des PROSPER VON AQUITANIEN, *De ingratis*, ein Titel, der mit dem Doppelsinn von *ingratus* – »undankbar« und »Verächter der Gnade« – spielt. Mehr »paränetischen«, ermahnenden, als »didaktischen« Charakter tragen Dichtungen wie die *Instructiones* des COMMODIAN (3. Jahrhundert?) oder das Ovidische Diktion und Verstechnik nachahmende *Commonitorium* des ORIENTIUS (erste Hälfte des 5. Jahrhunderts).

Innerhalb der Prosaliteratur ist vor allem noch das Aufkommen einer christlichen Form der Profangeschichtsschreibung hervorzuheben, wie sie besonders wirkungsvoll bei OROSIUS (*Historiae adversus paganos*, ca. 418) vorliegt, der im Geiste der Geschichtsmetaphysik seines Lehrers AUGUSTINUS die historische Darstellung unter den heilsgeschichtlichen Aspekt stellt, ohne die übliche – historiographisch – hier universalgeschichtlich orientierte – Form zu sprengen. Er interpretiert den gesamten Geschichtsverlauf unter dem Gesichtspunkt des Gottesgerichts und glaubt zum Beispiel, die Invasion der Barbaren als »*Strafe für die römischen Frevel*« – gemeint sind die Christenverfolgungen Diokletians – hinstellen zu sollen.

Rückblick und Ausblick

Löfstedt hat in seinem bedeutenden, postum erschienenen Werk *Late Latin* (Oslo 1959) mit Recht darauf aufmerksam gemacht, wie ungewöhnlich groß die Niveauunterschiede sind, die die Produkte des spätlateinischen Schrifttums aufweisen: dieses bestehe aus wertvollsten, überzeitlichen Literaturschöpfungen einerseits und elenden Kompilationen andererseits; es umfasse die *Confessiones* AUGUSTINS wie die *Mulomedicina Chironis*, das *Corpus iuris civilis* (529–565) wie die Chroniken des JORDANES (ca. 550), die sublimsten Hymnen des PRUDENTIUS wie die kunstlosen, oft ungeschickten Verse von Arbeitern und Soldaten, wie wir sie in allen Regionen des Imperium Romanum finden. So ist es durchaus nicht ratsam, die Begriffe »Spätlatein« und »Vulgärlatein« einander anzunähern – auch abgesehen von der Tatsache, daß das Vulgärlatein als »Unterstrom« seit den Anfängen der lateinischen Literatur vorhanden ist. Als die Grenze der spätlateinischen Sprache und Literatur pflegt man etwa die Zeit um 600 n. Chr. anzusetzen, was natürlich nur mit dem Vorbehalt möglich ist, der bei allen Grenzziehungen in der Historie angebracht erscheint. Das Bindeglied in der Entwicklung vom Latein zu den italienischen, gallischen, hispanischen und anderen Dialektgruppen ist ein *sermo vulgaris*, den man vor 600 auf alle Fälle noch als Latein, nach 800 als romanische Vulgärsprache bezeichnen sollte. Das »Vulgärlatein«, dessen erhaltene Dokumente den Bereichen zum Beispiel der Klosterbrüder, Flurmesser und Veterinäre zugeordnet dem (Axelson), interessiert – von Ausnahmen abgesehen – mehr den Sprachforscher als den Literarhistoriker. Neben dieser vom Latein als der *koiné* eines Weltreichs zu den romanischen Sprachen führenden Entwicklung steht als eine relativ feste Größe die als Ausdrucksmittel einer religiösen Glaubensgemeinschaft weiterlebende okzidentale Kirchensprache – die Sprache der Liturgie und die aus der Verwaltungssprache des paganen Römertums erwachsene Kuriensprache. Die Kulturfunktion der Kirche brachte es mit sich, daß darüber hinaus das Latein zur Schulsprache und damit zur Weltsprache der Gebildeten wurde, die für die geistliche und akademische Schicht jener Glaubensgemeinschaft das adäquate übernationale Ausdrucks- und Verständigungsmittel abgab und eine mannigfache, reiche Literatur hervorbrachte. Dieses sogenannte »Mittellatein« ist durch und durch Traditionssprache, dabei einer lebendigen – zeitweilig sehr beachtlichen – Weiterbildung sehr wohl fähig; es konnte zur Lehrmeisterin für die jüngeren Völker des Abendlandes werden und blieb es tatsächlich so lange, bis die Humanisten durch ihren Rückgriff auf das als normativ empfundene »klassische Latein« ihm die Möglichkeit zu schöpferischer Weiterentwicklung nahmen. Doch die Skizzierung der mittelalterlichen und nachmittelalterlichen Latinität muß weiteren Beiträgen vorbehalten bleiben: Unser Versuch, die Ekklesiastik unter literarhistorischem Aspekt zu betrachten und die Kontinuität ihrer Entwicklung im Verhältnis zur paganen Literatur zu erfassen, kann nicht über das sechste nachchristliche Jahrhundert hinausführen; mit den versuchten Ausblicken auf den spannungsreichen Prozeß der Verschmelzung von Antike und Christentum, und eben damit auch auf jenen literarischen Formenwandel, der die Rolle der christlichen Spätantike als des Bindeglieds zwischen Antike und Mittelalter deutlicher wahrnehmen läßt, findet unsere Schilderung ihr natürliches Ende. Gerade die Forschung der letzten Jahrzehnte hat in steigendem Maße das weite Feld der Patristik für literarhistorische Fragestellungen fruchtbar gemacht und immer wieder den antik-römischen Geistesgehalt der Ekklesiastik aufzuweisen vermocht. Blicken wir auf unsere Gesamtdarstellung zurück, so erweisen sich in der Vielfalt einer vom Ende des Ersten Punischen Kriegs bis zur Völkerwanderung, ja darüber hinaus reichenden Entwicklung jene beiden Aspekte als entscheidend bedeutsam, durch die wir unsere literarhistorische Betrachtung des Römertums mit dem weltgeschichtlichen Ablauf verknüpfen: die Romanisierung des Hellenismus, die doch – in einer im einzelnen unterschiedlichen Weise – auch eine Hellenisierung des Römisch-Italischen bedeutet, sowie die Christianisierung des Okzidents, die doch auch eine Okzidentalisierung des Christentums ist.

Literaturhinweise

»*Bahnbrechender Neugestalter fast aller die römische Literatur betreffenden Probleme*« ist nach einem Wort R. Borchardts Friedrich Leo (1851–1914) gewesen, der stark den durchgehend hellenisierenden Charakter der römischen Literatur betont hat: vgl. F. Leo, *Geschichte der römischen Literatur*, Bd. 1, Berlin 1913 (Die archaische Literatur). Leider hinterließ der Schöpfer der römischen Literaturgeschichte im heutigen Sinn sein Hauptwerk unvollendet; das an den Bd. 1 anschließende Kapitel über die Poesie der Sullanischen Zeit – Hermes 49, 1914 – ist abgedruckt in F. Leo, *Ausgewählte kleine Schriften*, Bd. 1, Rom 1960 (Storia e letteratura, 82). Eine knappe Skizze der Gesamtentwicklung, wie sie Leo sah, liegt vor in Hinnebergs *Kultur der Gegenwart* I, Abt. VIII: *Die griechische und lateinische Literatur und Sprache*, Berlin ³1912, darin: F. Leo, *Die römische Literatur des Altertums*. Wichtig daneben E. Norden, *Die römische Literatur*, mit Anhang: *Die lateinische Literatur im Übergang vom Altertum zum Mittelalter*, Leipzig ⁵1954. Weniger originell als die genannten Werke ist die Darstellung von A. Kappelmacher und M. Schuster, *Die Literatur der Römer bis zur Karolingerzeit*, Potsdam 1934 (in *Handbuch der Literaturwissenschaft*). Eine Kulturmorphologie des Römertums unter dem Aspekt des Literarischen sucht zu entwerfen E. Bickel, *Lehrbuch der Geschichte der Römischen Literatur*, Heidelberg ²1961; das Verdienst dieses Werks liegt in dem Versuch, die Geschichte der Literatur mit der Geschichte der stilistischen Formung der Literatursprache zu verbinden. Eine Sammlung von Essays über die großen Gestalten der römischen Literatur: F. Klingner, *Römische Geisteswelt*, München ⁵1965. Knappe Darstellungen: K. Büchner, *Römische Literaturgeschichte*, Stuttgart 1957; ern. 1968 (Kröners Taschenausg., Bd. 247); L. Bieler, *Geschichte der römischen Literatur*, 2 Bde., Berlin 1961 (Slg. Göschen, Bd. 52 u. 866). Fremdsprachige Werke: J. Bayet, *Littérature latine*, Paris ²1960 (anregend durch seine Beigabe passend ausgewählter und gut kommentierter Literaturproben); E. Bignone, *Storia della letteratura latina*, 3 Bde., Florenz 1945/50 (von den Anfängen bis Cicero); I. Cazzaniga, *Storia della letteratura latina*, Mailand 1962 (Nuova Accademia Editrice); M. Grant, *Roman Literature*, London 1958; C. Marchesi, *Storia della letteratura latina*, Florenz ⁸1959; E. Paratore, *Storia della letteratura latina*, Florenz ²1961; A. Ronconi, *Letteratura latina pagana, profilo storico*, Florenz 1957 (Le piccole storie illustrate, 12); A. Rostagni, *Storia della letteratura latina*, 2 Bde., Turin ²1954/55; H. J. Rose, *A Handbook of Latin Literature*, London 1961. Den Wandel der Auffassungen, Interessen und Forschungsziele zeigt ein Vergleich von R. Heinze, *Die gegenwärtigen Aufgaben der römischen Literaturgeschichte* (Neue Jahrbücher für das Klassische Altertum, Bd. 19, 1907), mit H. Fuchs, *Rückschau und Ausblick im Arbeitsbereich der lateinischen Philologie* (in »Museum Helveticum«, 4, 1947). Vgl. ferner den Forschungsbericht von K. Büchner und J. B. Hofmann, *Lateinische Literatur und Sprache in der Forschung seit 1937*, Bern 1951 (Wissenschaftl. Forschungsberichte, 6, Geisteswissenschaftl. Reihe); C. O. Brink, *Latin Studies and the Humanities*, Cambridge 1957.
Zu der von uns in den Mittelpunkt gestellten Problematik, die die Originalität der lateinischen Literatur und ihr Verhältnis zur griechischen betrifft, vgl. F. Leo, *Die Originalität der römischen Literatur*, Göttingen 1904; G. Jachmann, *Die Originalität der römischen Literatur*, Leipzig 1926 (mit charakteristischem Wandel der Anschauungsweise gegenüber Leo); E. Fraenkel, *Rome and Greek Culture*, Oxford 1935; ders., *Il fillellenismo dei Romani* (in »Studi Urbinati«, Serie B, 31, 1957). Zur Bedeutung der Übersetzung als einer Ausgangssituation der lateinischen Literatur vgl. W. Schadewaldt, *Hellas und Hesperien*, 1960, S. 533ff. Über Begriff und Vorstellung literarischer Abhängigkeit bei den Römern handelt A. Reiff, *Interpretatio, imitatio, aemulatio*, Phil. Diss. Köln 1959 (dazu M. Fuhrmann in »Gnomon«, 33, 1961); W. Kroll, *Studien zum Verständnis der römischen*

Literatur, Stuttgart ²1936. Zur Bedeutung der Rhetorik und Stillehre für die römische Literatur vgl. außer dem klassischen Werk von E. Norden, *Die antike Kunstprosa*, Darmstadt ⁵1958, noch W. Kroll a.a.O. und M. L. Clarke, *Rhetoric at Rome*, London 1953; ferner J. W. H. Atkins, *Literary Criticism in Antiquity*, London 1952; H. Lausberg, *Handbuch der literarischen Rhetorik*, München 1960. – Wesenszüge römischer Wissenschaft sucht herauszuarbeiten H. Dahlmann, *Der römische Gelehrte* (in »Gymnasium«, 42, 1931). Für die Würdigung der römischen Fachschriftsteller aufschlußreich ist M. Fuhrmann, *Das systematische Lehrbuch*, Göttingen 1960; dazu F. Wieacker (in »Jura«, 12, 1961). Die lateinische Literatur in ihrer Beziehung zur Kunst behandelt G. Becatti, *Arte e gusto negli scrittori latini*, Florenz 1951.
Für die Historiographie wichtig sind E. Howald, *Vom Geist antiker Geschichtsschreibung*, München 1944, und V. Pöschl, *Die römische Auffassung der Geschichte* (in »Gymnasium«, 63, 1956); zur antiken – auch für die römischen Historiker relevanten – Theorie der Geschichtsschreibung vgl. G. Avenarius, *Lukians Schrift zur Geschichtsschreibung*, Meisenheim 1956. Für die Einbürgerung der Philosophie in Rom ist heranzuziehen R. Harder, *Kleine Schriften*, München 1960, S. 330ff. (aus »Antike«, 5, 1929). Aufschlußreich für die bei Cicero vorliegende Personalunion von Eloquenz bzw. Rhetorik und Philosophie: E. Gilson, *Éloquence et sagesse chez Cicéron* (in »Phoenix«, 7, 1953), sowie das umfassende Werk von A. Michel, *Rhétorique et philosophie chez Cicéron*, Paris 1960. Generell anregend sind die der hellenistisch-römischen Philosophie gewidmeten Abschnitte bei B. Groethuysen, *Philosophische Anthropologie*, München 1928 (in *Handbuch der Philosophie*, Abt. 3, A), sowie G. Funaioli, *La conquista dell'individuo nel mondo antico* (in »Miscellanea Academica Berolinensia«, 1950); die Phasen des lateinischen Philosophierens stellt gut heraus A. Levi, *Storia della filosofia romana*, Florenz 1949.
Für die Dichtung besonders ertragreich im Sinne der hier behandelten Fragestellung: *L'influence grecque sur la poésie latine de Catulle à Ovide*, Genf 1953 (Fondation Hardt, Entretiens II); ferner E. Fraenkel, *Die klassische Dichtung der Römer* (in *Das Problem des Klassischen und die Antike* Hg. W. Jaeger, Leipzig 1931); U. Knoche, *Erlebnis und dichterischer Ausdruck in der lateinischen Poesie* (in »Gymnasium«, 65, 1958). Die Universalität der römischen Poesie betont E. Zinn, *Die Dichter des alten Rom und die Anfänge des Weltgedichts* (in »Antike und Abendland«, 5, 1956). Originelle Aspekte bietet E. Howald, *Das Wesen der lateinischen Dichtung*, Erlenbach/Zürich 1948 (mit dem sich E. Burck in »Gnomon« 1953 in fruchtbarer Weise auseinandersetzt). Zur Wirkung der lateinischen Dichtung auf die Weltliteratur vgl. H. Cysarz, *Der Humanismus und das lateinische Wort* (in H. Cysarz, *Welträtsel im Wort*, Wien 1948); R. Newald, *Nachleben des antiken Geistes im Abendland bis zum Beginn des Humanismus*, Tübingen 1960; G. A. Highet, *The Classical Tradition. Greek and Roman Influences on Western Literature*, Oxford 1959.
Neben den Handbüchern zur Patrologie, aus denen hier nur B. Altaner, *Patrologie*, Freiburg i. B. ⁷1966, herausgehoben werden mag, sind speziell für die literarhistorische Seite der altchristlichen lateinischen Literatur zu nennen: H. Lietzmann, *Christliche Literatur* (*Einleitung in die Altertumswissenschaft* I, 5, Hg. Gercke und Norden, Leipzig 1923); A. G. Amatucci, *Storia della letteratura latina christiana*, Bari ²1955; M. Pellegrino, *Letteratura latina christiana*, Rom 1963 (»Studium Universale«, 48; ein die Grundlinien knapp skizzierender Abriß); H. v. Campenhausen, *Lateinische Kirchenväter*, Stuttgart 1960. Darüber hinaus ist für die literarhistorische Auflockerung des üblichen Gewebes patristischer Wissenschaft viel zu lernen aus Büchern wie: E. K. Rand, *Founders of the Middle Ages*, New York 1957; E. R. Curtius, *Europäische Literatur und lateinisches Mittelalter*, Bern ⁶1967; P. Courcelle, *Les lettres grecques en occident*, Paris ²1948. Zur christlich-lateinischen Dichtung vgl. vor allem F. J. E. Raby, *A History of Christian-Latin Poetry*, Oxford ²1953; Ch. Mohrmann, *La langue et le style de la poésie chrétienne* (in *Études sur le latin des chrétiens* I², Rom 1961, S. 151 ff.; aus »Revue des Études Latines«, 25, 1947). Zur christlichen Literaturtheorie vgl. Q. Cataudella, *Estetica cristiana* (in *Momenti e problemi di storia dell' estetica*, 1 Mailand 1959); J. Rodríguez-Herrera, *Poeta Christianus*, Phil. Diss. München 1936. Anregend für das zentrale Problem des Verhältnisses der christlich-lateinischen Autoren zur lateinischen Klassik ist L. Alfonsi, *Problematica generale sui rapporti tra scrittori cristiani e cultura classica* (in »Annali dell'Istituto Superiore di Scienze e Lettere ›S. Chiara‹ di Napoli« 9). Für die Abgrenzung des christlichen und des antiken Elements der jeweiligen Erscheinungen sind von Bedeutung die literarhistorischen Artikel in den Entstehen begriffenen *Reallexikons für Antike und Christentum*, Hg. Th. Klauser, Stuttgart 1950 ff., z. B. W. Schmid, *Bukolik*, RAC II; C. Becker, *Cicero*, RAC III; L. Alfonsi und W. Schmid, *Elegie*, RAC IV; K. Thraede, *Epos*, RAC V. Beispielhaft für die Frage der Rezeption der klassischen lateinischen Poesie durch die Kirchenväter sind verschiedene Arbeiten von P. Courcelle, z. B. *Les pères de l'église devant les enfers virgiliens* (in »Archives d'Histoire Doctrinale et Littéraire du Moyen-Âge«, 1955). Umfassende Darstellung der Bedeutung Ciceros für den größten Autor des antiken lateinischen Christentums: M. Testard, *Saint-Augustin et Cicéron* 2 Bde., Paris 1958.

Nachträge (1976)

Die Literaturhinweise des Abrisses sind jetzt für die einzelnen lateinischen Autoren und Werke unschwer zu ergänzen durch die vollständigeren Angaben bei M. Fuhrmann (Hg.), *Römische Literatur*, *Neues Handbuch der Literaturwissenschaft*, Bd. 3, Frankfurt/M. 1974: hierin verschiedene Beiträge verschiedener Verfasser; dazu noch F. Klingner, *Studien zur griechischen und römischen Literatur*, Zürich/Stuttgart 1964; ferner auch A. D. Leeman, *Orationis Ratio*, 2 Bde., Amsterdam

1963. Da unsere Darstellung das Originalitätsproblem der römischen Literatur stark betont (hierzu jetzt noch C. Zintzen, *Abhängigkeit und Emanzipation der römischen Literatur*, in: »Gymnasium« 82, 1975), dabei freilich für die beiden so interessanten Gattungen »Satire« und »Roman« sich leider sehr kurz fassen muß, seien hier noch genannt: C. A. van Rooy, *Studies in Classical Satire and Related Literary Theory*, Leiden 1965, sowie P. G. Walsh, *The Roman Novel. The »Satyricon« of Petronius and the »Metamorphoses« of Apuleius*, Cambridge 1970. Als besonders beispielhaft für den Ausweis der europäischen Kulturbedeutung großer römischer Poesie ist anzuführen: A. La Penna, *Orazio e la morale mondana Europea*, Florenz 1969. – Da der an der Spitze der vorliegenden Nachträge angegebene Bd. 3 des *Neuen Handbuchs der Literaturwissenschaft* nur bis ca. 250 n. Chr. führt, sind für pagane und christliche Spätantike bzw. den Übergang zum Mittelalter noch weitere zusätzliche Angaben unerläßlich, etwa die folgenden: P. Courcelle, *Histoire Littéraire des grandes invasions germaniques*, [3]Paris 1964 (befaßt sich nicht so sehr mit den geschichtlichen Quellen der behandelten Epoche als mit den literarischen Stimmen, die den Gang der Ereignisse begleiten); J. Fontaine, *La Littérature Littéraire Latine Chrétienne*, Paris 1970 (Sammlung *Que sais-je?*, 1379); M. Fuhrmann, *Die lateinische Literatur der Spätantike*, in: »Antike und Abendland« 13, 1967, S. 56–79, unter anderem beachtenswert als literaturhistorischer Beitrag zum Kontinuitätsproblem; Ch. Witke, *Numen litterarum. The old and the new in latin poetry from Constantine to Gregorius the Great*, Leiden/Köln 1971; R. Herzog, *Die Bibelepik der lateinischen Spätantike*, München 1975.

FRANZ DÖLGER

DIE GRIECHISCHE PATROLOGIE

Die Patristik (oder Patrologie) leitet ihren Namen von den »Vätern« *(patres)* her, die Urheber und Träger dieser Sonder- und Randgruppe der spätantik-mittelalterlichen Literatur sind. Die Vorstellung von geistiger »Vaterschaft« und ihre Einstufung in die Geistesgeschichte wurzeln in uralten orientalischen, vor allem ägyptischen und babylonischen Ideen, nach denen unersetzliches Erfahrungs- und Wissensgut von einem geistigen »Vater« an einen geistigen »Sohn« weitergegeben wird, werden muß. In diesem Sinne wurde die mit dem *Clemens-Brief* abgeschlossene, unmittelbar an die Apostel anknüpfende Offenbarung von den griechischen Vätern (denen in ihren Anfängen auch die lateinischen ihre Weisheit zu verdanken hatten) der Nachwelt, wurde sie von einem Vater dem andern Vater, das heißt von einem als Autorität anerkannten, mit dem Ansehen der Heiligkeit umkleideten Lehrer dem anderen übermittelt, bis um die Mitte des 8. Jahrhunderts IOANNES DAMASKENOS (ca. 675–749?) die reine Lehre, das heißt die in ständiger Auseinandersetzung mit Juden, Heiden und Häretikern geklärte und unverfälscht bewahrte Lehre Christi, systematisch zusammenfaßte.
Während nun im Westen der Ökumene mit der Scholastik die eigentliche Entwicklung des christlichen Glaubensgehalts erst beginnt und die Diskussion über die einzelnen dogmatischen, exegetischen, ethischen Fragen erst einsetzt, ist im Osten die Tradition für alle Zukunft mit absoluter Unabänderlichkeit festgelegt: »*Ich habe etwas Eigenes nicht hinzuzufügen*«, erklärt IOANNES DAMASKENOS in seiner *Quelle der Erkenntnis*, der Zusammenfassung der Ergebnisse von sieben Jahrhunderte währender ostchristlicher Geistesarbeit. Von da an tritt die selbständige, auf freier Exegese der Schrift und auf logischen Schlußfolgerungen beruhende Diskussion religiöser Themen weit in den Hintergrund, und die Berufung auf »Väter«-Autoritäten dient mehr und mehr zu unwiderleglicher Beweisführung; man sammelt die Väter-Aussprüche *(chreseis)* und mißt die Stärke ihrer Beweiskraft an der Anzahl der Zitate und dem Autoritätsrang ihrer Urheber.

Literarische Waffen

In den geistigen Raum des kirchlichen Lebens gebannt, hat die Gruppe der griechischen Väter doch auch ein ausgeprägtes literarisches Profil. Je nach dem aktuellen Zweck ist jedes einzelne ihrer Stücke in getreulicher Kontinuität den Formengesetzen der entsprechenden Literaturgattung des Hellenismus nachgebildet: die Predigt der Diatribe, die Exegese dem Scholion, die geistliche Erzählung dem Roman, die polemische Schrift dem philosophischen Pamphlet. Männer, die durch die Hohen Schulen in Konstantinopel, Athen, Alexandreia und Berytos hindurchgegangen waren und zu den Füßen der berühmtesten heidnischen Lehrer, wie BASILEIOS, GREGOR aus Nazianz, IOANNES CHRYSOSTOMOS, gesessen hatten, zählen zu den literarischen Größen ihrer Zeit.
Sieht man ab von der oft leicht erbaulichen oder asketischen Tönung der Gedankenführung und der durch die biblische Gräzität beeinflußten Wortwahl, so ist die Väterliteratur im allgemeinen in einer eingängigen, gepflegten, der sorgsamen rhetorischen Ausschmückung keineswegs entbehrenden *koinē* geschrieben, die auf literarische Würdigung Anspruch erhebt und gegen konkurrierendes profanes Schrifttum selbstbewußt in die Schranken tritt. War das, was am Anfang der Periode noch den ältesten Vätern die Feder führte (IGNATIOS unter dem Kaiser Trajan, POLYKARP in der Mitte des 2. Jahrhunderts), die praktische Notwendigkeit einer Abwehr gefährlicher Angriffe gewesen, so beginnen ihre Schriften zu dieser Zeit schon, zumeist in apologetischer Absicht, ein wissenschaftliches Gepräge anzunehmen; hatte man sich doch geistig bedeutender Gegner zu erwehren, die, wie die Verkünder des Gnostizismus (Bardesanes, Basilides u. a.), über eine umfassende philosophische Bildung verfügten.
Den Feinden des Christentums traten vor allem EIRENAIOS aus Lyon (gest. ca. 202) mit seiner Widerlegung des Dualismus als des Prinzips der Weltordnung, THEOPHILOS aus Antiocheia (2. Jahrhundert) mit seiner philosophisch durchdachten Logos-Theorie und ORIGENES (185 bis 254), der größte Gelehrte des christlichen Altertums, entgegen; der Schatten seiner Riesengestalt liegt, trotz Origenes' Verurteilung durch die offizielle Kirche, noch immer über allen wesentlichen theologischen Gedankengängen. Ein Schüler des letzten Neuplatonikers, Ammonios Sakkas, verkündete er die ewige Ausstrahlung Gottes, die Präexistenz der Menschenseele und die *Apokatastasis*, das heißt die Wiederkehr des Individuums im Kreislauf der Zeit. Als Fürsprecher der Askese war er ein Wegbereiter für das Mönchtum, das im 4. Jahrhundert in dem vom heiligen ATHANASIOS (ca. 295–373) verfaßten *Leben des heiligen Antonius (Ho bios*

XLIII

kai hē politeia tu hosiu patros hēmōn Antōniu) und später, im 6. Jahrhundert, in den Mönchsbiographien des KYRILL aus Skythopolis (um 523 – um 558) und des SOPHRONIOS (gest. 638) ein ideales Bild asketischen Wüstenlebens vorgezeichnet erhielt. Ein Hauptwerk des Origenes ist seine Schrift gegen den Neuplatoniker Kelsos *(Kata Kelsu)*.
Auch die Geschichtsschreibung fand zu Beginn des 4. Jahrhunderts, nach den Christenverfolgungen vom Ende des 3. und Anfang des 4. Jahrhunderts, in der Kirche einen würdigen Gegenstand und in EUSEBIOS aus Kaisareia (geb. ca. 263) einen hervorragenden Vertreter: Er war der eigentliche Begründer der Kirchengeschichtsschreibung, die zunächst von SOKRATES SCHOLASTIKUS (um 380 – nach 439), SOZOMENOS (5. Jahrhundert) und THEODORETOS aus Kyrrhos (um 393–457/58) fortgeführt wurde. So wurde die literarische Repräsentation des Christentums bereits zu einer Zeit, in der Konstantin der Große es eben erst aus den Katakomben hervorholte, zu einem einflußreichen Faktor des griechischen Geisteslebens.
Das Konzil von Nikaia (325) bedeutet in der Geschichte der Väterliteratur einen Einschnitt. Das Christentum rückte, gestützt auf die Religionspolitik des Kaisers Konstantin des Großen (gest. 336), zur bevorzugten Religion des Weltreichs auf, und den christlichen Bischöfen wurden wichtige staatliche Machtbefugnisse verliehen. Zahlreiche hohe Beamte schlossen sich dem christlichen Glauben an, die Gebildeten folgten mehr und mehr ihrem Beispiel, und so gewann auch die christliche Literatur immer stärkeres Gewicht. Damals begannen auch die dogmatischen Kämpfe um die Grundlehren des Trinitätsdogmas und der Christologie, kam es zu einer philosophischen Durchdringung und spekulativen Verarbeitung der Bibelwahrheit und gleichzeitig damit zur Bildung eines spezifisch patristischen Stils, des rhetorisch wirksamsten Ausdrucks für religiöse Gedankengänge, und der Schöpfung einer sprachlich exakten Terminologie, kurz, zu einer Umformung der am Anfang schlichten, in erster Linie um die Vermittlung ethischer Lebensweisheit bemühten Alltagssprache zu einem logisch durchdachten, auch von der gebildeten Schicht als »standesgemäß« anerkannten Idiom. Nur in dieser Form konnte die Sprache der Väter den christlichen Kaiserhof und die hohen Beamtenkreise erobern.
Es war also nicht zuletzt der sprachlichen Leistung der ältesten Väter zu danken, daß die christliche Lehre hoffähig und damit in den Stand gesetzt wurde, die sozial maßgebenden Kreise und die wohlhabenderen Schichten für sich zu gewinnen. Erst durch diese Wendung wurde der endgültige Sieg über den noch immer mächtigen Hellenismus entschieden: Im besonderen waren es die Vertreter der heidnischen, vorwiegend neuplatonischen Literatur, die für die geistige Atmosphäre der Zeit bestimmend gewesen waren und in einem klugen, die Existenz des Christentums noch einmal bedrohenden Kaiser, Iulian dem Abtrünnigen (reg. 361-363), einen militanten Verbündeten gefunden hatten.

Die drei großen Kappadokier

In diesem Stadium der Entwicklung traten nun die drei »großen Kappadokier« auf den Plan, wie die Griechen – die ihnen an den Stätten der Bildung noch heute eine besondere Feier widmen – sie bezeichnen: BASILEIOS, GREGOR aus Nazianz und GREGOR aus Nyssa.
BASILEIOS, Erzbischof von Kaisarea in Kappadokien (330–379), hatte seine Ausbildung an den Hohen Schulen im kappadokischen Kaisareia, in Konstantinopel und in Athen genossen und wurde nach Jahren asketischen Lebens, das er mit seinem Studiengenossen Gregor aus Nazianz gemeinsam verbrachte, Erzbischof der kappadokischen Metropole. Er war ein Hauptvorkämpfer gegen die Irrlehre des Arianismus und seiner Spielarten; im Mittelpunkt seiner patristischen Arbeit stand die praktische Auswertung der Glaubenswahrheiten. Er war es auch, der durch sein gewichtiges Wort die Eiferer zum Schweigen brachte, die in der klassischen Bildung einen Feind des Christentums sehen wollten, und man darf ihn wegen seines Eintretens für die Vereinbarkeit von klassischer Bildung und Christentum als den Vater jener *humanitas christiana* bezeichnen, die zum Lebensgesetz des Mittelalters und damit zur Grundlage auch unserer heutigen Kultur werden sollte. Schließlich hat Basileios die bis dahin »asozial« in der Wüste lebenden Mönche durch Aufstellung bestimmter Klosterregeln in eine geschlossene Gemeinschaft und damit in die menschliche Gesellschaft zurückgeführt. Seinen Bemühungen war es zu danken, daß – wenigstens im Abendland – die Mönchsorden zu Trägern hoher geistiger Kultur werden konnten.
Auch GREGOR aus Nazianz (329/330–390) hatte, wie Basileios zu Kaisareia (Kappadokien) und Athen erzogen, daneben die christlichen Schulen von Kaisareia in Palästina und in Alexandreia besucht. Er wurde von seinem Freund Basileios zum Bischof von Sasima berufen. Als ihn aber der Kaiser Theodosius II. 379 zum Patriarchen von Konstantinopel erhob, zeigte sich, daß er kein kirchenpolitischer Praktiker, sondern eine nach innen gewandte, mehr kontemplative Natur war; er dankte alsbald ab, um sich in seiner Heimat schriftstellerischer Arbeit zuzuwenden. Hierbei erwies er sich als ein Meister der Rhetorik, der auch die Sprache

der Dichtkunst zu handhaben wußte: Er verfaßte eine umfangreiche Selbstbiographie in Versen. Bedeutender ist die große Zahl seiner Predigten und Briefe, die für die späteren Väter zur vielfach ausgebeuteten Fundgrube besinnlicher Weisheit und zum Vorbild für geschliffene kirchliche Rhetorik wurden.
Diesen beiden großen Vätern gesellte sich als dritter GREGOR aus Nyssa zu, der Bruder des heiligen Basileios (gest. 394), der auf Grund einer gewissenhaften theologisch-philosophischen Durchbildung und seiner Erfahrung bei Bekämpfung von Häretikern (Eunomios) ebenfalls eine hohe spekulative Begabung an den Tag legte.
Neben diesem Dreigestirn glänzte während des 4. Jahrhunderts am patristischen Himmel eine ganze Plejade hervorragender kirchlicher Schriftsteller, darunter EUSTATHIOS aus Antiocheia (gest. vor 337); KYRILLOS aus Jerusalem (gest. 386); APOLLINARIOS aus Laodikeia (ca. 310 bis ca. 390) und EPIPHANIOS aus Salamis (gest. 413).

Rivalen und Gegner

Das Ende des 4. und der Beginn des 5. Jahrhunderts, die Blütezeit der patristischen Literatur, bedeutete zugleich den Höhepunkt der Häretikerbekämpfung, der Auseinandersetzung mit dem Arianismus und seinen Ablegern, mit dem Makedonianismus, dem Nestorianismus und mit dem Monophysitismus, dem bedrohlichsten Gegner der Orthodoxie. Es handelte sich hier um Lehren, welche die gottmenschliche Einheit der Person Christi in Frage zu stellen drohten – sei es, daß sie, wie der Arianismus, der menschlichen Natur Christi oder, wie der Monophysitismus, seiner göttlichen Natur den Vorrang zusprachen, oder aber, wie der Nestorianismus, eine unvermischte menschliche neben einer unvermischt göttlichen Natur bestehen ließen. Der Makedonianismus wiederum leugnete die wahre Gottheit des Heiligen Geistes.
Dabei muß freilich hervorgehoben werden, daß die von der offiziellen Kirche verurteilten Häretiker zum größten Teil ihren orthodoxen Gegenspielern an Gedankenreichtum, Scharfsinn und sprachkünstlerischer Gewandtheit keineswegs nachstanden.
Die dogmatischen Gegensätze entwickelten sich insbesondere in der Kontroverse zwischen zwei verschiedenen theologischen Schulen. Die eine, in Alexandreia, war um 180 von Pantainos gegründet und von seinem Schüler KLEMENS (ca. 150 – ca. 215), einem universalen Geist und Verfasser mehrerer für die Entwicklung der christlichen Bildung richtungweisender Werke, kraftvoll weitergeführt worden. An dieser fruchtbaren Pflanzschule östlicher Theologie wirkten später für kurze Zeit ORIGENES und im 4. Jahrhundert ATHANASIOS (gest. 373), einer der Hauptgegner des Areios, endlich KYRILLOS, Patriarch von Alexandreia (gest. 444). Das Prinzip ihrer Schriftanalyse war eine allegorische, spekulativ-philosophische Interpretationsmethode.
Die zweite große Schule der Zeit war diejenige von Antiocheia; ihr Prinzip war die grammatisch-wortgetreue, sachlich-nüchterne Auslegung des geoffenbarten Glaubensinhalts. Aus diesen anscheinend nur methodischen, in Wirklichkeit vielfach den Kern der christlichen Lehre berührenden Divergenzen erklären sich die Unterschiede zwischen den Lehrmeinungen der Väter; zwischen ihnen wurde auf den Reichskonzilien autoritativ entschieden, wobei der literarische Wert der abgelehnten Schriften zumeist geringer einzuschätzen ist als derjenige der offiziell gebilligten und anerkannten; die literarische Rivalität war in jener bewegten Epoche ein dauernder Ansporn zur Steigerung aller geistigen Kräfte, war also ein belebendes förderndes Element.
So sind auch aus der zuletzt unterlegenen antiochenischen Schule bedeutende, weithin wirkende Lehrer hervorgegangen: unter anderen DIODOR aus Tarsos (gest. vor 394) und THEODORETOS aus Kyrrhos (gest. 457/58), besonders aber NESTORIOS, Patriarch von Konstantinopel (gest. nach 451), der bei der dogmatischen Auseinandersetzung um die zwei Naturen in Christus auf dem Konzil von Ephesos (431) seinem hauptsächlich von kirchenpolitischen Erwägungen geleiteten, in seinen Kampfmitteln so massiven Gegner KYRILLOS aus Alexandreia unterlag und, vermutlich ohne hinreichenden Grund, als der »Erzketzer« in die mittelalterliche Kirchengeschichte einging: Er hatte die beiden Naturen in Christus stärker voneinander gesondert als Kyrillos, der dann seinerseits mit seiner Formel zum Wegbereiter des Monophysitismus wurde. Sein Erfolg ist nicht zuletzt seiner rhetorischen Überlegenheit zuzuschreiben. Der auf rationale Weise nicht lösbare Konflikt zwischen »Person« und »Natur« in Christus zwang beide Seiten zu immer schärferen Definitionen und führte schließlich zur Aufstellung des neuen (und unklaren) Begriffs der *hypostasis* (Erscheinungsweise).
Die monophysitische Tendenz, wie sie in den Schriften des KYRILLOS sichtbar wird, griff sodann der Archimandrit EUTYCHEOS aus Konstantinopel auf, der auf dem Konzil von Chalkedon (451) verurteilt wurde. Aber trotz der Stellungnahme der offiziellen Kirche bestand der Monophysitismus in Ägypten und Syrien (Palästina) fort und entfaltete sich unter der Leitung von geistig hervorragenden Lehrern, wie SEVERUS aus Antiochien (gest. 538), zur Blüte, um schließlich zu Beginn des 7. Jahrhunderts den Übergang der beiden Provinzen an die Araber in gedanklicher Hinsicht nicht unwesentlich zu erleichtern. Dagegen schwelte die

»Irrlehre« des Nestorios im Osten Kleinasiens weiter und bildete hier mit ihrem dualistischen Prinzip eine der Grundlagen des Paulikianismus, der dann als Bogomilismus und weiterhin als Katharerlehre in Bulgarien, Bosnien, Oberitalien und Südfrankreich eindrang und bis zum 13. Jahrhundert sich zu einer fast tödlichen Bedrohung auch der abendländischen Rechtgläubigkeit entwickelte: denn in diesen Lehren wurde, unter dem Einfluß der gnostischen Bewegung des Manichäismus, die radikale Abkehr von der leiblichen, von einem »bösen« Gott geschaffenen Welt gefordert.

Den Versuch eines Kompromisses stellt der Monotheletismus dar, die Lehre, daß in Christus ungeachtet der zwei Naturen nur ein Wille gewirkt habe. Demgegenüber verfocht die orthodoxe Meinung insbesondere Maximus Confessor (ca. 580–662), ein scharfsinniger Dogmatiker und zugleich tiefsinniger Mystiker, dessen Schreibweise freilich mit ihrer schwülstigen Dunkelheit das Verständnis des Lesers auf eine harte Probe stellt. Bewundert man bei ihm noch die vollkommene Ausprägung eines terminologisch gefestigten Stils, so hat doch die Kunst klarer und ungekünstelter Gedankenführung den Höhepunkt ihrer Entwicklung bereits überschritten.

Zitate anstelle von Argumenten

Das Konzil von Chalkedon (451) bezeichnet in der Geschichte der Patristik einen entscheidenden Wendepunkt. Nicht länger konzentrieren sich nun in ihren Schriften die Väter auf trinitarische und christologische Fragen. Auch in der Form dieser Schriften beginnt sich ein grundlegender Wandel abzuzeichnen. Waren bisher die theologischen Erörterungen mehr im literarischen Gewande logischer und dialektischer Argumentation und Gegenargumentation geführt worden, so pflegt man sich nun in wachsendem Maße auf die älteren Väterschriften zu berufen, die Väter selbst als Kronzeugen einer unverfälschten kirchlichen Tradition zu zitieren, ja dogmatische Streitfälle nicht mit Hilfe von Argumenten, sondern eben von Zitaten zu schlichten.

Nur noch selten ragen aus der wachsenden Zahl der unselbständigen Nachschreiber älterer Exegesen und theologischer Kommentare einzelne Väterpersönlichkeiten hervor. Zu nennen sind: der Kaiser Iustinianos I. (reg. 527–565), der mit umfangreichen Traktaten in den Kampf um die Rechtgläubigkeit gewisser Schriften aus der antiochenischen Schule eingriff, auch wenn seine höchst gelehrten Abhandlungen wahrscheinlich nicht von ihm selbst, sondern von einem seiner Bischöfe (Theodoros Askidas) verfaßt wurden. Beachtenswerter sind die Schriften des Leontios aus Byzanz (475–543), die in ihrer mit aristotelischer Logik argumentierenden Nüchternheit auf eine Weise scholastisch anmuten, daß man sich unwillkürlich fragt, ob die Entwicklung der theologischen Literatur in Byzanz nicht einen ähnlichen Fortgang hätte nehmen können wie im Abendland, wenn Leontios mit seinem Stil Schule gemacht hätte. Hervorzuheben ist endlich jener unbekannte geniale Theologe, der unter dem Namen Dionysios Areopagites – Name eines Begleiters des Apostels Paulus – Traktate geschrieben hat, welche die Grundlage der Mystik nicht nur des östlichen, sondern, nach dem 9. Jahrhundert, auch des westlichen Christentums bilden sollten.

Die griechische Patristik im engeren Sinn schließt ab mit Ioannes Damaskenos (ca. 675–749?), dem letzten universalen Theologen des östlichen Christentums. Er hat in seiner *Pēgē gnōseōs (Quelle der Erkenntnis)* unter Heranziehung der platonisierenden Aristoteles-Kommentierung die ganze Heilslehre und, unter Verwertung reichen historischen Materials, mit bewundernswerter konstruktiver Kraft die Glaubenslehre in ein geschlossenes System gebracht, das über Petrus Lombardus und Thomas von Aquin auch auf die westliche Scholastik eingewirkt hat. Seine Sprache ist eine an Gregor aus Nazianz geschulte, edle, schlichte, kirchliche *koinē*.

Nachwirkungen

Aber auch in der Folgezeit dauerte die Wirkung der Väterschriften noch fort. So entnahm man etwa bei der Kontroverse über die Zulässigkeit der Verehrung der Bilder Christi und der Heiligen, dem sogenannten Bilderstreit (726–843), auf beiden Seiten die Waffen dem Arsenal der dyophysitisch-monophysitischen Auseinandersetzung; denn auch hier ging es zuletzt wieder um die Grundfrage, ob Christus nur eine Natur besitze, die göttliche, in welchem Falle er natürlich nicht darstellbar war. Aber abgesehen davon, daß Ioannes Damaskenos sich mit seinen berühmten Bilderreden eindeutig zugunsten der Bilderverehrung aussprach, trug in dem erwähnten Streit der von den antiken Vorfahren ererbte Sinn der Griechen für die künstlerische Darstellung edler Menschengestalt über asketische Bedenken zuletzt den Sieg davon. Allerdings hatte im Falle Christi und der Heiligen – und auch hier machte sich wieder der Zwang der Tradition geltend – solche Darstellung sich um einen denkbar hohen Grad von Formähnlichkeit mit dem vermeintlichen Urbild zu bemühen – eine Forderung, aus der heraus es sich auch erklärt, warum die byzantinische Ikonographie verhältnismäßig eintönig wirkt.

Auch später stellt sich die dogmatische Kontroverse über den Ausgang des Heiligen Geistes, die sich vom 13. bis 15. Jahrhundert hinziehen sollte, als eine Weiterführung der trinitarischen Auseinandersetzung des 4. Jahrhunderts dar, ohne daß aber der literarische Wert der entsprechenden, zumeist mit *chrēsmoi* (Väter-Aussprüchen) operierenden Streitschriften eine ausführlichere Würdigung heute noch rechtfertigen würde.
Nur eine für die Literatur erhebliche religiöse Bewegung hat Byzanz noch zu verzeichnen: den Palamismus des 14. Jahrhunderts. Es handelt sich dabei um die Frage, ob das Licht, welches Christus auf dem Tabor verklärt haben soll, »geschaffen« oder »ungeschaffen« war. Bei den Mönchen auf dem Athos, der Hochburg orthodoxer Askese und Mystik, hatte sich im Lauf des 14. Jahrhunderts eine mit mancherlei absonderlichen Praktiken (Nabelschau) verbundene yogiartige Gebetstechnik eingebürgert, mit deren Hilfe man die Wahrnehmung der gleichen Lichterscheinung ermöglichen zu können glaubte, wie sie Christus und seinen Jüngern auf dem Berg Tabor zuteil geworden sein sollte. Man versuchte gewissermaßen schon im Diesseits ein Sichtbarwerden der geheimen Strahlungskraft göttlichen Wesens zu erzwingen (Hesychasmus). Diese Gebetstheorie war von GREGORIOS PALAMAS (gest. 1359) mit einer mystisch-philosophischen Lehre unterbaut worden, nach der Gott zwar als absolute Einheit zu gelten hatte – als Einheit jedoch, deren »Wirkungskraft« auch in den verschiedenen Ausstrahlungen seines Wesens faßbar wurde; und eine dieser »Ausstrahlungen« war das Taborlicht. Das auf den ersten Blick nicht ganz einsichtige, vielleicht sogar pedantisch anmutende Problem führt in der Tat auf die sublimsten Fragen der Theologie (Wesen und Offenbarungsform der wirkenden Gottheit) und ist infolgedessen auch im 14. Jahrhundert vielfach behandelt worden. Der literarische Wert freilich auch dieser umfangreichen Streitschriften, die immer dieselben Argumente wiederholen, ist nicht sehr erheblich, und so schlummern viele dieser Traktate noch im Staube der Handschriftenbibliotheken. Vergleicht man sie mit den so frischen und lebendigen Väterschriften etwa des 4. Jahrhunderts, so erkennt man, daß die alte produktive Kraft der patristischen Literatur erlahmt und ihre Originalität und Unmittelbarkeit der narkotisierenden Wirkung einer bedingungslos verpflichtenden Tradition erlegen ist.
Was die Fernwirkung der östlichen Patristik betrifft, so mag eine kurze Andeutung hier genügen. Die große Missionstat des Patriarchen PHOTIOS (9. Jahrhundert) hatte die slavischen Völker, vor allem die Bulgaren und Russen, in den Bannkreis der östlichen Kirche gezogen. Zu den Väterschriften, die sie als Inkunabeln ihrer Literatur von Byzanz übernahmen, gehören in erster Linie der sogenannte *Zlatust (Goldmund)*, jene Sammlung von Predigten des IOANNES CHRYSOSTOMOS, und der *Paterik*, eine Sammlung von Heiligenlegenden. Wie stark auch die literarische Form der byzantinischen Väter nach außen gewirkt haben muß, ersehen wir beispielsweise aus den Schriften des bulgarischen Patriarchen EVTIMIJ in Turnovo (ca. 1320 bis 1393), die, wenngleich in der schwülstigen Ausdrucksweise jener Zeit abgefaßt, als legitime Kinder der späten byzantinischen Patristik gelten dürfen. Viele Übersetzungen griechischer Väterschriften sind über Bulgarien zu den Russen gelangt, vieles andere ist nach ihrer Bekehrung zum Christentum (Ende des 10. Jahrhunderts) direkt aus Byzanz übernommen und im Geiste byzantinischer Traditionstreue weitergepflegt worden. Doch diese Entwicklung gehört bereits in einen anderen Zusammenhang.

Literaturhinweise

A. Allgemeine Nachschlagewerke und Bibliographien

Dictionnaire d'histoire et de géographie ecclésiastique, Bd. 1ff., Paris 1912ff.
Dictionnaire d'archéologie chrétienne et de liturgie, Bd. 1ff., Paris 1924ff.
A. Hauck (Hg.), *Realenzyklopädie der protestantischen Theologie und Kirche*, 24 Bde., Leipzig [3]1896–1913.
T. Klauser (Hg.), *Reallexikon für Antike und Christentum*, Bd. 1ff., Stuttgart 1950ff.
U. Mannucci und A. Casamassa, *Istituzioni di patrologia*, 2 Bde., Rom [6]1948–1950.
M. Pellegrino, *Letteratura greca cristiana*, Rom 1956.
A. Puech, *Histoire de la littérature grecque chrétienne jusqu'à la fin du 4e siècle*, 3 Bde., Paris 1928 bis 1930.
J. Quasten, *Patrology*, 3 Bde., Utrecht [2]1962/63.
Die Religion in Geschichte und Gegenwart, 6 Bde. und Registerbd., Tübingen [3]1957–1965.
W. Schneemelcher (Hg.), *Bibliographia Patristica. Internationale Patristische Bibliographie*, Bd. 1ff., Berlin 1959ff. [Literatur ab 1956].
Dictionnaire de théologie catholique, 3 Bde., Paris 1903–1972.

B. Allgemeine Literaturgeschichte und Patrologie

B. Altaner und A. Stuiber, *Patrologie. Leben, Schriften und Lehre der Kirchenväter*, Freiburg i. Br./ Basel/Wien [7]1966.

J. Barbel, *Geschichte der frühchristlichen griechischen und lateinischen Literatur*, 2 Bde., Aschaffenburg 1969.
O. Bardenhewer, *Geschichte der altkirchlichen Literatur*, 5 Bde., Freiburg i. Br. 1913–1932; Nachdr. Darmstadt 1962.
L. M. Barnard, *Studies in the Apostolic Fathers and Their Background*, Oxford 1966.
J. M. Campbell, *The Greek Fathers*, London 1929.
H. v. Campenhausen, *Die griechischen Kirchenväter*, Stuttgart ³1961.
F. Cayré, *Patrologie et histoire de la théologie*, 3 Bde., Paris ³1945–1955.
A. Ehrhard, *Überlieferung und Bestand der hagiographischen und homiletischen Literatur der griechischen Kirche. Von den Anfängen bis zum Ende des 16. Jahrhunderts*, Leipzig 1937 ff.
B. Geyer, *Die patristische und scholastische Philosophie* (in Ueberweg-Heinze, *Grundriß der Geschichte der Philosophie*, Bd. 2, Berlin ¹¹1927; Neudr. Basel/Darmstadt 1967).
E. J. Goodspeed, *A History of Early Christian Literature*, Chicago ²1966.
R. M. Grant, *After the New Testament*, Philadelphia 1967.
A. v. Harnack, *Geschichte der altchristlichen Literatur bis Eusebius*, 2 Tle., Leipzig 1893–1904; ²1958, Hg. K. Aland.
H. Kraft, *Kirchenväter-Lexikon*, München 1966.
P. Vielhauer, *Geschichte der urchristlichen Literatur*, Berlin 1975.

C. Dogmengeschichte

J. Daniélou, *Histoire des doctrines chrétiennes avant Nicée*, 2 Bde., Tournai 1957–1961 (engl. *A History of Early Christian Doctrine*, London 1973).
A. v. Harnack, *Lehrbuch der Dogmengeschichte*, 3 Bde., Tübingen ⁴1909/10.
F. Loofs, *Leitfaden zum Studium der Dogmengeschichte*, Hg. K. Aland, 2 Bde., Tübingen ⁷1968.
M. Schmaus, J. Geiselmann und H. Rahner (Hg.), *Handbuch der Dogmengeschichte*, Bd. 1ff., Freiburg i. Br./Basel/Wien 1951 ff.

D. Kirchengeschichte

K. Baus, *Von der Urgemeinde zur frühchristlichen Großkirche* (in *Handbuch der Kirchengeschichte*, Hg. H. Jedin, Bd. 1, Freiburg i. Br./Basel/Wien 1962).
K. Baus und E. Ewig, *Die Reichskirche nach Konstantin dem Großen* (ebenda 1973).
K. Bihlmeyer und H. Tüchle, *Kirchengeschichte*, Bd. 1, Paderborn ¹⁸1966.
E. Buonaiuti, *Geschichte des Christentums*, 2 Bde., Bern 1948–1957 [Altertum und Mittelalter].
P. Carrington, *The Early Christian Church*, 2 Bde., Cambridge 1957 [1. und 2. Jahrhundert].
A. Ehrhard, *Die Kirche der Märtyrer*, München 1932.
Ders., *Die katholische Kirche im Wandel der Zeiten und Völker*, 2 Bde., Bonn 1935–1937.
A. Fliche und V. Martin, *Histoire de l'église*, Bd. 1–5, Paris 1934–1938.
H. Jedin, *Einleitung in die Kirchengeschichte* (in *Handbuch der Kirchengeschichte*, Hg. H. Jedin, Bd. 1, Freiburg i. Br./Basel/Wien 1962).
H. Lietzmann, *Geschichte der alten Kirche*, Berlin/New York ⁴/⁵1975.
K. D. Schmidt und E. Wolf (Hg.), *Die Kirche in ihrer Geschichte*, Göttingen 1961 ff.
C. Schneider, *Geistesgeschichte des antiken Christentums*, 2 Bde., München 1954; ern. 1970 [gekürzt].
A. Siegmund, *Die Überlieferung der griechisch-christlichen Literatur in der lateinischen Kirche*, München 1939.

Erster Teil
Die griechische Literatur bis zum Zeitalter des Hellenismus

HOMEROS
(8. Jh. v. Chr.?)

ILIAS (griech.; *Ilias*). Epos des HOMEROS in rund 15000 Versen, frühestes Zeugnis der griechischen Dichtung, entstanden etwa in der zweiten Hälfte des 8. Jh.s v. Chr. – Der Titel *Ilias* ist von »Ilion« abgeleitet, dem zweiten Namen der in Kleinasien gelegenen Stadt Troia, mit deren um 1200 v. Chr. erfolgter Zerstörung der auf 24 Bücher verteilte Stoff der *Ilias* in enger Beziehung steht: Das Epos schildert Kämpfe zwischen griechischen Belagerern und troischen Verteidigern und berichtet von Zerwürfnissen innerhalb des Griechenheers, nach deren Beilegung das Ende der Stadt nur noch eine Frage der Zeit ist.

Seit Heinrich SCHLIEMANN im Jahr 1870 auf dem türkischen Hügel Hissarlik nahe den Dardanellen die Trümmer Troias ausgegraben hat, ist die Stadt endgültig aus der Sphäre vorzeitlicher Sagenwelt in den Bereich geschichtlicher Wirklichkeit gerückt. Das hat mittelbar auch dazu geführt, daß der Dichter Homer, der im Verlauf einer jahrhundertelangen Diskussion über die »Homerischen« Epen seine Personalität weitgehend eingebüßt hatte, endlich wieder zu einer realen historischen Gestalt werden konnte. Diese vieldiskutierte »homerische Frage« hatte verschiedene Gründe: das Nebeneinander verschiedener Kulturschichten (Formen der Bewaffnung, Kultgebräuche usw.); unerklärliche Widersprüche; unmotiviert erscheinende Verse oder Versgruppen; ungeschickt und schablonenhaft wirkende Wiederholungen von Versen oder auch ganzen Episoden; das schroffe Nebeneinander von archaisch anmutendem, katalogartigem Reihungsstil und »zuspitzenden« Kompositionsformen, wie etwa dramatischen Szenen mit Rede und Gegenrede nach Art des späteren Dramas; dazu der Eindruck, manche Abschnitte seien so in sich geschlossen, daß sie sich mühelos als selbständige Einheiten aus dem Gesamtverband des Epos herauslösen ließen – all das und manches andere schien der Annahme einer einheitlichen Konzeption dieses Epos entschieden zu widersprechen. Solcherlei Beobachtungen wirkten von den alexandrinischen Philologen über das Mittelalter hinweg fort, verstärkten sich unter dem Einfluß des im Spätmittelalter und in der frühen Neuzeit so beliebten Wertvergleichs zwischen Homer und VERGIL und führten schließlich über die *Conjectures académiques ou Dissertations sur l'Iliade*, 1715 (*Gelehrte Mutmaßungen oder Erörterungen über die Ilias*), des Abbé Hédelin d'AUBIGNAC zu Friedrich August WOLFS berühmten und folgenreichen *Prolegomena ad Homerum* (*Vorwort zu Homer*) von 1795. Wolf vertrat mit Nachdruck die These, die *Ilias* stamme gar nicht von dem Dichter Homer – einen solchen habe es nie gegeben –, sondern sei eine unvollkommene Verknüpfung von Einzelstücken aus der epischen Tradition der Rhapsoden, die, den fahrenden Sängern des Mittelalters vergleichbar, an den Höfen die griechischen Heldenlieder vortrugen. Unsere »Homerischen Epen« seien im 6. Jh. v. Chr. entstanden, anläßlich der in der Spätantike bezeugten, nach dem athenischen Tyrannen Peisistratos (reg. ca. 560–527) benannten »Peisistratischen Redaktion«; damals seien die frühgriechischen Heldenlieder, aus einer schriftlosen Zeit stammend und bislang mündlich tradiert, erstmals schriftlich fixiert worden. Die mündliche Tradition und die künstliche Verbindung einzelner, getrennt entstandener Teile seien für die Unstimmigkeiten im großen und in den Einzelheiten verantwortlich.

Im Verlauf der nun auf breiter Ebene einsetzenden wissenschaftlichen Diskussion zwischen denen, die Wolfs Ansätze weiterentwickelten – den »Analytikern« –, und denen, die trotz allem die Einheitlichkeit der Homerischen Epen zu erweisen suchten – den »Unitariern« –, wurden auf analytischer Seite die Theorien Wolfs vielfach ergänzt oder modifiziert. Nach der »Erweiterungstheorie« hätte man ein Kerngedicht anzunehmen, eine »Ur-Ilias«, die durch spätere Einschübe zum Umfang der heutigen *Ilias* »*aufgeschwellt*« worden ist. Die »Liedertheorie« führte unter dem Eindruck der Thesen, die der Germanist Karl LACHMANN über die Entstehung des *Nibelungenliedes* aufgestellt hatte, zu der Annahme, auch die *Ilias* könne in eine Anzahl einzelner Heldenlieder zerlegt werden, die aufgrund ihrer gemeinsamen Abstammung aus einer bestimmten epischen Tradition eine spätere Zusammenfügung ermöglichten. Andreas HEUSLERS Nachweis, daß zwischen der knappen Ausdrucksweise des Liedes und dem weiter ausladenden Epos eine grundsätzliche stilistische Typenverschiedenheit besteht, machte es indes unwahrscheinlich, daß Lieder sich ohne weiteres in Epen überführen ließen. Die »analytische« Konsequenz war die »Kompilationstheorie«, die besagte, es seien einige wenige Kleinepen zum Großepos *Ilias* kompiliert worden.

Mochten die Vertreter der Analyse auch zu verschiedenen Thesen kommen, gemeinsamer Ausgangspunkt all ihrer Überlegungen blieben die vermeintlichen oder tatsächlichen Ungereimtheiten des Homer-Textes. Gemeinsam war den »Analytikern« auch die Bewertung der verschiedenen Schichten: Was alt war, galt als »gut«, was jung war, als »schlecht«, als Werk eines späteren Bearbeiters, der eben nicht der große Homer war, sondern anonym bleiben mußte. Während dieser Redaktor im frühen Stadium der Homer-Analyse teilweise als unfähiger Stümper galt, wurde ihm im weiteren Verlauf der Forschung, etwa von U. v. WILAMOWITZ-MOELLENDORFF in *Die Ilias und Homer* (1917), der Rang eines beachtlichen Könners zuerkannt, dem nur der eine Mangel anhaftete, daß er den alten Homerischen Urtext durch seine Einschübe entstellt und verfälscht habe.

Dieses Ansteigen der Wertschätzung der Homer-Textes in seiner vorliegenden Form deutet schon die Wende an, die dann die Forschungen Wolfgang SCHADEWALDTS für die Homer-Diskussion bringen sollten. Ergebnisse aus den verschiedensten Bereichen der Altertumswissenschaft bereiteten diesen Umschwung vor. Spuren einer Einwirkung der *Ilias* auf Malerei und Literatur legten uns die Datierung des Epos auf die zweite Hälfte des 8. Jh.s v. Chr. nahe; für diese Zeit ist aber durch epigraphische und historische Forschungen die Existenz einer griechischen Schrift erwiesen. Damit entfällt die Notwendigkeit, eine mündliche Abfassung des überlieferten *Ilias*-Textes anzunehmen. Ferner rückten Forschungen der Sprachwissenschaft, der Archäologie, der Kulturgeschichte usw. die Zeit zwischen der griechischen Einwanderung und der Entstehung der *Ilias*, also das gesamte zweite und die Anfänge des ersten vorchristlichen Jahrtausends, ins Licht historischer Betrachtung. Es zeigte sich, daß die in der *Ilias* besungenen Ereignisse in die sogenannte kretisch-mykenische Periode gehören und der Entstehung der *Ilias* mehrere Jahrhunderte vorausgingen. Die nun tatsächlich mündlich tradierten

Beschreibungen jener Vorgänge müssen eine umfangreiche epische Tradition gebildet haben, die die stoffliche Voraussetzung für die *Ilias* war. Träger dieser Tradition waren die Rhapsoden, die, in festem Zunftzusammenhang stehend, ihr Rüstzeug weitervererbten, das neben der Kenntnis der Stoffe in der Beherrschung eines umfangreichen Arsenals von festen Formeln, vorgeprägten Versteilen, Versen, Versgruppen und typischen Szenen bestand. Im Besitz dieses Könnens konnte der Rhapsode nach Wunsch jede beliebige Geschichte in jeweils spontaner Neuschöpfung vortragen, wie es ja noch Gestalt und Rolle des Sängers in der *Odyssee* zeigen. Durch Untersuchung von – mündlich tradierten – Beispielen der slavischen Heldenepik, also von Beispielen einer gewissermaßen vorliterarischen Volkspoesie aus anderer Zeit und außergriechischem Bereich, haben MURKO, PARRY und BOWRA die gleichartigen Grundstrukturen und Entstehungsbedingungen solcher »*oral composition*« (Parry) aufgedeckt und eine illustrative Parallele für die vorhomerische epische Tradition enthüllt.

Das alles bedeutet für die Homer-Diskussion geradezu eine Umkehrung der bisherigen Aspekte. Die tatsächlich aufweisbaren Schichten verschiedenen Alters in den Homerischen Epen nötigen nicht mehr zu der Vorstellung einer erhabenen Urform, die durch spätere Bearbeitung verdorben worden wäre, sondern die uns überkommene *Ilias* ist die abschließende Neugestaltung, für die eine lange historische und epische Tradition das Baumaterial und viele Bauformen bereitgestellt hat. Die Rhapsodentradition, in der Verfasser der *Ilias* steht und der er wohl auch seinen aus ionischen und äolischen Bestandteilen gemischten Kunstdialekt verdankt, gibt eine plausible Erklärung für weitaus die meisten der in Antike und Neuzeit so beanstandeten formelhaften Verse und Szenen. Ja, viele der von den Analytikern so oft beanstandeten Merkwürdigkeiten bekommen sogar einen tiefen Sinn, betrachtet man nur erst einmal den kompositorischen Gesamtplan, der, wie Schadewaldt gezeigt hat, dem Geschehen der *Ilias* zugrunde liegt.

Wie schon die erste Zeile des Werks (»*Singe mir, Muse, den Zorn des Peleussohnes Achilleus*«) zeigt, ist das Zentralmotiv der *Ilias* der Zorn, die *mēnis*, des Achilleus, und die ganze Handlung der *Ilias* erzählt nichts anderes als die Geschichte vom Entstehen, den Folgen und dem Vergehen dieses Zornes. Er entsteht (Buch 1) bei einem Streit zwischen Achilleus und dem obersten griechischen Heerführer Agamemnon. Dieser hat sich geweigert, dem troischen Apollonpriester Chryses die gefangengenommene Tochter Chryseis zurückzugeben, worauf das griechische Heer von Apollon mit einer Seuche gestraft wurde. Achilleus, der hervorragendste Kämpfer der Griechen, hat sich zum Sprecher derer gemacht, die auf die Herausgabe der Gefangenen drängen. Um sich zu rächen, fordert Agamemnon als Ersatz und Genugtuung Achills Gefangene, die schöne Briseis, und Achill muß dem Heerführer gehorchen. Aber er fühlt sich gekränkt und beschließt, am Kampf nicht mehr teilzunehmen. Seine Mutter, die Meergöttin Thetis, erfleht von Zeus die Wiederherstellung der Ehre ihres gekränkten Sohnes, und Zeus beschließt, den Troern so lang die Oberhand über die Griechen zu geben, bis diese die Beleidigung des Achilleus eingesehen haben. So werden die Kämpfe um die Stadt Troia in einen höheren Zusammenhang gestellt, erhalten eine Funktion als Erfüllung eines göttlichen Plans. Wenn nach der exponierenden Vorstellung der Heere und der Hauptkämpfer (Buch 2 und 3) die Troer langsam vordringen, so tragen diese Erfolge deutlich den Charakter von etwas Vorläufigem: Parallel dazu läuft eine ganze Reihe von Weissagungen über das Ende der Stadt, die zeigen, daß der Sieg der Troer befristet ist. Auf griechischer Seite kommen solche Weissagungen beispielsweise von Agamemnon (Buch 4), bei den Troern ist der Seher Pulydamas der Warner (Buch 12; 13; 17), der sich gerade dann an Hektor wendet, als diesem der Sieg greifbar nahe erscheint. Hektor selbst wiederum sagt in der berühmten Begegnung mit seiner Gattin Andromache (Buch 6) – einem der Höhepunkte des Werks – sein und seiner Vaterstadt Ende deutlich voraus, zum Teil gleichlautend mit den Worten des Agamemnon (gerade das ist alles andere eher als eine schablonenhafte Verswiederholung im Sinne der Analyse).

Parallel zu dieser Kette menschlicher Vorausdeutungen eröffnet Zeus nach der Zusicherung an Thetis (Buch 1) seine Pläne seiner Gattin Hera, zunächst in Andeutungen (Buch 2 und 4), sodann in großer Ausführlichkeit im Rahmen einer Götterversammlung (Buch 15). Diese Götter, die in lockerer, familienähnlicher Gemeinschaft – man hat ihren Kreis mit der indogermanischen Großfamilie oder der Hierarchie des mykenischen Fürstenhofs verglichen – in ihren Palästen auf dem Olymp wohnen, sehen von dort oder vom Idagebirge aus nicht nur den Kämpfen zu, sondern greifen auch – oft in einander keineswegs wohlgesinnter Tendenz – unmittelbar in das Geschehen ein. Das zeigt sich etwa, wenn Athena, die Lieblingstochter des Zeus, Achill daran hindert, sich im Streit mit Agamemnon gewaltsam Genugtuung zu verschaffen, oder wenn sie nach dem Zweikampf zwischen dem Spartanerkönig Menelaos, dem Gemahl Helenas, und dem troischen Prinzen und Helena-Entführer Paris den Troer Pandaros anstiftet, Menelaos durch einen Pfeilschuß zu verwunden und so den für die Zeit des Zweikampfs vereinbarten Waffenstillstand zu brechen, so daß die Troer mit neuer Schuld beladen werden und der Kampf erneut entbrennt. Das Eingreifen der Götter zeigt sich auch, wenn Athena dem Griechen Diomedes in seinem großen Siegeslauf, seiner »*Aristie*« (Buch 5), immer neue Kräfte verleiht und ihm sogar hilft, die Göttin Aphrodite und den Kriegsgott Ares, die den Troern Hilfe bringen wollen, zu verwunden. Das wird weiter deutlich, wenn Zeus schließlich, um seinen Plan zu verwirklichen, den Göttern, vor allem den griechenfreundlichen, die Teilnahme am Kampf ganz verbietet (Buch 8) und die griechenfreundlichen Götter Hera und Poseidon, Gattin und Bruder des Zeus, versuchen, heimlich wieder in den Kampf einzugreifen (Buch 13 und 14), und von den troerfreundlichen Göttern Apollon und Iris im Auftrag des Zeus wieder zurückgerufen werden müssen (Buch 15). Hektor wiederum ist inzwischen mit Hilfe des Apollon gegen den Widerstand der ohne Achilleus weiterkämpfenden Griechenhelden allmählich bis ins Griechenlager vorgedrungen und droht die Schiffe in Brand zu stecken (Buch 15). Auch dieses siegreiche Vordringen entspricht einer Voraussage des Zeus, die Hektor durch die Götterbotin befohlen hat (11), mit dem Hauptangriff bis zur Verwundung des Agamemnon zu warten; und Agamemnon, der nach einer ersten Reihe Rückschläge der Griechen (Buch 8) veranlaßten vergeblichen Bittgesandtschaft an Achilleus (Buch 9) zusammen mit Diomedes und Odysseus zunächst die Troer weit zurückgeworfen hat, muß schließlich tatsächlich verwundet den Kampfplatz verlassen (Buch 11), so daß die Troer ins Griechenlager einfallen können (Buch 12), wo nur noch Aias ihrem Ansturm standhält (Buch 15).

An dieser Stelle tritt in der Durchführung des Zornmotivs eine Wende ein. Achilleus hat der Bittgesandtschaft gegenüber (Buch 9) einen Sinneswandel für den Fall in Aussicht gestellt, daß die Troer die Schiffe bedrohen würden. Jetzt läßt er seinen Freund Patroklos auf dessen Bitten in seiner eigenen Rüstung in den Kampf ziehen. Dieser verjagt die Troer, greift gegen das Verbot Achills die Stadt an und erobert sie beinahe; doch er wird von Hektor mit Hilfe Apollons getötet, den Zeus geschickt hat, um nicht seinen Plan durch Patroklos scheitern zu sehen (Buch 16). In diesem Augenblick des Geschehens wandelt sich Achills Zorn über die Kränkung in Zorn auf den Mörder seines Freundes (Buch 18): Er bietet den Griechen Versöhnung an, Agamemnon ist bereit, die Beleidigung durch Geschenke und die Herausgabe der Briseis zu sühnen. Damit hat sich zwar die Motivation der *mēnis* gewandelt, aber da der Tod des Patroklos eine Folge der ursprünglichen und zugleich die Ursache des neuen Zorns des Achilleus ist, gehören beide Zornmotive unlösbar zusammen. Mit der Versöhnung im Griechenlager finden auch die Voraussagen des Zeus aus dem ersten Buch ihre Erfüllung – das Vordringen der Troer ist nach dem Tod des Patroklos und mit Achills Bereitschaft, wieder zu kämpfen, beendet. Denn das Versprechen des Zeus an Hektor (in Buch 11) setzte als Zielpunkt das Erreichen der Schiffe, nicht aber ihre Zerstörung, und war bis zum Abend befristet; es stimmte so zugleich durchaus zu den Voraussagen des Göttervaters. Am klarsten tritt dieser – von Hektor nicht beachtete – Sinn des Versprechens zutage, wenn Zeus vom Olymp aus zusieht, wie Hektor die dem Patroklos geraubte Rüstung die Achill anlegt, wenn er dabei an den so nahen Tod dieses stolzen und siegessicheren Mannes denkt und ihm, beinahe als Entschädigung für sein nahes Ende, noch einmal Kraft gibt, die Griechen wieder an den Rand des Lagers zurückzudrängen (Buch 17/18): Dort aber wandeln allein schon der Anblick und der Wutschrei des unbewaffnet am Graben sich zeigenden Achilleus den Ansturm der Troer in Flucht.

Auch im Schlußteil des Werks greifen die Götter in das irdische Geschehen ein. Die Götterbotin Iris, von Hera gesandt, weist Achilleus an, die Troer zu verjagen; der Gang der Thetis zu Hephaistos, dem Gott des Feuers und der Schmiedekunst, verschafft Achilleus eine neue, herrliche Rüstung (Buch 18). Ferner erlaubt Zeus wieder das Eingreifen der Götter in die Schlacht. Sie schützen den Aineias und zunächst auch Hektor vor dem Wüten des Achill (Buch 20/21); diesem wiederum kommt das Feuer im Kampf gegen den Flußgott Skamandros zu Hilfe, der, vom Blut der vielen Opfer Achills verunreinigt, diesen zu ertränken droht. Der Kampf der Elemente greift sogar auf den Olymp über – Athena besiegt Ares und Aphrodite, Apoll weicht vor Poseidon zurück, Hera schlägt Artemis –, es ist ein Ringen, das den Kosmos erschüttert und zu zerspalten droht. Dieses Ineinandergreifen von menschlichem und göttlichem Handeln tritt noch einmal in den Vorgängen hervor, die zum Tod Hektors führen. Er wird zunächst von Apollon entrückt, will dann dem Gegner Achill standhalten, wendet sich vor dessen furchterregendem Anblick doch zur Flucht, rast, von Apollon gestärkt, dreimal um die Stadt, dicht gefolgt von Achilleus, bis schließlich Athena sich in die Gestalt des Hektor-Bruders Deiphobos hüllt und Hektor zum entscheidenden Kampf überredet – Zeus hat die Todeslose gewogen, Hektor wird seinem Schicksal nicht entfliehen, und Apollon kann nicht mehr verhindern, daß Athena ihren Liebling Achill auch während des Zweikampfs unterstützt (Buch 22). Die Aktivität der Götter beweist sich ein letztes Mal, wenn sie auf Drängen Apolls den Sieger zur Herausgabe des toten Hektor veranlassen, den der Grieche nach der Bestattung des Patroklos (Buch 23) in unersättlichem Rachedurst noch über den Tod hinaus zu strafen sucht, indem er ihn immer wieder, an den Streitwagen gebunden, um das Grabmal des Freundes schleift – Apollon aber bewahrt den Leichnam seines toten Schützlings vor Zerstörung und Verwesung (Buch 24). Am Schluß kommt der alte troische König Priamos auf Befehl und unter dem Schutz der Götter heimlich zu Achilleus, um die Freigabe seines toten Sohnes zu erbitten, und angesichts der ehrwürdigen Erscheinung des Greises legt sich der Zorn des Griechen; mit der Rückkehr des Leichenzugs in die Stadt endet das Epos. So zeigt sich am Ende noch einmal in aller Deutlichkeit, daß das Ganze eine Geschichte vom Entstehen, Wirken und Verlöschen des Achilleus-Zorns ist: Das Ende der Stadt – uns aus andern Zusammenhängen bekannt (vgl. *Epikos kyklos – Epischer Zyklus*) – wird in der *Ilias* überhaupt nicht mehr beschrieben, man kann es nur erahnen aus der Tatsache des Todes von Hektor.

Die Konsequenz, mit der die gesamte Handlung von Anfang bis Ende auf ein einziges Thema (den Zorn) bezogen ist, die Konzentration aller kompositorischen, sprachlichen und stilistischen Mittel auf ein einziges Ziel hin, die überzeugende und stringente Entfaltung dieses Zentralmotivs – all das zeigt den planenden Geist und die gestaltende Arbeit eines Mannes, der zwar aus dem Fundus der epischen Überlieferung schöpft, der aber nicht einfach fertig vorliegende Traditionselemente zusammensetzt, sondern das Vorgefundene, nach einem einheitlichen Plan vorgehend, in einen völlig neuen Zusammenhang stellt und selbst die der rhapsodischen Zunfttradition entnommenen Wendungen, Verse und Szenen dazu benutzt, die Masse des Stoffs durch Anspielungen, vor- und rückwärtsweisende Verbindungen, durch Motiv- und Gedankenketten zu gliedern und zu ordnen, um schließlich nicht einfach eine Kompilation von katalogartig reihenden – »alten« – und dramatisch ausgefeilten – »jungen« – Teilen vornimmt, sondern den Wechsel zwischen diesen verschiedenen Stilschichten dem Zusammenwirken von vorbereitenden und höhepunktartig gesteigerten Szenen dienstbar macht. Dieser Mann – eine Dichterindividualität von höchstem Rang, in der man nach allem nur Homer selbst sehen kann – repräsentiert nicht den Anfang, sondern den Abschluß einer langen epischen Tradition.

Aus dieser Tradition mag manches in den von der *Ilias* gestalteten Stoff eingeflossen sein. So werden etwa gelegentlich Spuren der Argonautensage (vgl. *Argonautika*) oder des Sagenkreises vom Kampf der »Sieben gegen Theben« (vgl. AISCHYLOS' *Hepta epi Thēbas*) sichtbar. Besonders aber öffnet der alte Nestor, der Hauptratgeber der Griechen, in seinen zur Tat anfeuernden Reden mit vielen Hinweisen auf die eigene ruhmreiche Vergangenheit gleichsam den Raum der *Ilias* zur mythischen Gesamttradition. Auch die in der *Ilias* formelhafte Bezeichnung des Odysseus als eines »vielduldenden« Mannes, die uns erst durch die etwas jüngere *Odyssee* verständlich wird, deutet auf eine alte Odysseus-Geschichte, die dem *Ilias*-Dichter bekannt gewesen sein muß. Eine besonders wichtige dieser Vorstufen zur *Ilias* scheint die *Memnonis* gewesen zu sein, das Epos vom Kampf der Griechen gegen den Aithiopenfürsten Memnon, der als Helfer der Troer Achills liebsten Freund Antilochos erschlägt und an dem Achilleus sich rächt, obwohl ihm für diesen Fall ein baldiger eigener Tod vorausgesagt ist. Auch in der *Ilias* erschlägt ein Feind (Hektor) den Freund Achills (Patroklos), auch hier wird Achill für den Fall, daß er den Feind tötet, ein früher Tod prophezeit; der Dichter Homer scheint diese Grundkonstellation, zusammen mit vielen einzelnen Handlungselementen, als Vorlage gewählt zu haben.

Die Bedeutung dieses Homer und seiner Werke für die Folgezeit läßt sich schon daran erkennen, daß alle anderen Heldenepen jener Jahrhunderte (vgl. *Epikos kyklos*) durch die gewaltige Wirkung von *Ilias* und *Odyssee* schließlich verdrängt wurden und nahezu in Vergessenheit gerieten. Seit dem 6. Jh. v. Chr. zu Schulbüchern geworden, durch Rhapsodenvorträge überall im griechischen Sprachraum verbreitet, von vielen Gebildeten auswendig gelernt, sind *Ilias* und *Odyssee* von unabsehbarem Einfluß auf die griechische Sprache, Literatur und bildende Kunst gewesen, sie wurden prägendes Beispiel der griechischen Vergangenheit und Bildner des griechischen Selbstbewußtseins und galten in der ganzen Antike als die ersten und bedeutendsten griechischen Dichtungen. Freilich wurde schon früh Kritik verschiedener Art an ihnen geübt: Die Philosophen XENOPHANES und HERAKLIT kritisieren die große Menschenähnlichkeit der Homerischen Götter; die aufkommende Geschichtswissenschaft – so THUKYDIDES – bezweifelt die Zuverlässigkeit mancher Einzelangaben; PLATON will die Dichtung Homers als zur Jugenderziehung ungeeignete Poesie aus seinem Idealstaat verbannen; die alexandrinischen Philologen versuchen Ärgernisse logischer oder ästhetischer Art durch kritische Reinigung des Homer-Textes von vermeintlich eingedrungenen Versen, ja sogar ganzen Abschnitten, zu beseitigen. Andererseits bezeichnet Aischylos seine Tragödien als »*Schnitten vom Mahle Homers*« (Achills Tod als Folge der Maßlosigkeit seines Zorns nimmt in der Tat die Grundkonzeption der Tragödie des 5. Jh.s vorweg); ARISTOTELES in der *Poetik* und HORAZ in der *Ars poetica* loben den Epiker Homer; VERGIL konzipiert seine *Aeneis* als eine Synthese aus *Odyssee* (*Aeneis*, Buch 1–6) und *Ilias* (*Aeneis*, Buch 7–12).

Während des Mittelalters tritt im westlichen Europa – anders im oströmischen Bereich – das Interesse an Homer zurück, nur die *Ilias Latina* (auch *Homerus Latinus* genannt), eine lateinische Kurzfassung in etwa 1100 Hexametern, wird gelesen und häufiger zitiert. Erst die Renaissance bringt mit der Hinwendung zur Antike wieder neue Bemühungen um Homer – vor allem PETRARCA und BOCCACCIO sind zu nennen –, aber nach dem Vorgang des MACROBIUS und unter dem Eindruck der Vergil-Gestalt DANTES stellt man die *Aeneis* weit über die Homerischen Epen. Die italienischen und, unter dem Einfluß der *Poetik* SCALIGERS (1561), auch die französischen Humanisten suchen sogar durch Vergleiche mit der *Aeneis* die logische und ästhetische Minderwertigkeit der *Ilias* und der *Odyssee* zu beweisen. Diese Kritik mündet direkt in die Diskussion der »homerischen Frage« der letzten 150 Jahre. Für die Literaturtheorie des Sturm und Drang dagegen, die in der »Natur« anstatt in der »Kunst« den Ursprung aller großen Dichtung sieht, wird Homer neben SHAKESPEARE zum Ahnherrn wahrer, weil »natürlicher«, d. h. unmittelbar aus der Anschauung der Wirklichkeit entsprungener, Poesie. Zu den Bewunderern Homers in dieser Zeit gehören insbesondere LESSING, HERDER und GOETHE: Goethe läßt seinen Werther sich in die Zeit der Homerischen Helden versetzen und stellt sich selbst in seinen hexametrischen Epen *Hermann und Dorothea* und *Reineke Fuchs* formal, mit seinem Fragment *Achilleis* auch stofflich, in die Nachfolge Homers.

Mag sich die im 18. Jh. geborene Vorstellung von der »Ursprünglichkeit« Homers auch inzwischen durch die Erforschung der vorhomerischen epischen Tradition oder durch die Aufdeckung der kunstvollen, keineswegs »spontanen« Komposition der *Ilias* als revisionsbedürftig erwiesen haben: dem Eindruck der Naturnähe, der Realistik und Wirklichkeitsfülle der Homerischen Epik kann man sich auch heute nicht entziehen. Vor allem die überaus zahlreichen und charakteristischen Gleichnisse geben dafür anschaulich Zeugnis. Hier werden Gestalten und Ereignisse der epischen Handlung mit scharfer Beobachtungsgabe zu Vorgängen und Erfahrungen aus dem »täglichen Leben« der Zeit des Dichters, zu Erscheinungen des Klimas (Sturm, Regen, Erdbeben), zu Tieren der Wildnis oder des Hauses, zu Pflanzen und Bäumen oder zu allen möglichen Verrichtungen des Menschen in Beziehung gesetzt. Diese Gleichnisse scheinen sich häufig bis zu einem gewissen Grad zu verselbständigen; dann wird das zum Vergleich herangezogene Objekt in seiner Eigenart genau beschrieben, gelegentlich sogar in Form einer kleinen Geschichte, und erst nach längerer Erzählung wird mit einem »*So auch* . . .« zu dem Gegenstand zurückgeleitet, an den das Gleichnis anknüpfte. (»*Sie dort* [die Troer], *mutig und stolz, in des Kriegs Abteilung gelagert,* / *Saßen die ganze Nacht, und es loderten häufige Feuer.* / *Wie wenn hoch am Himmel die Stern' um den leuchtenden Mond her* / *Scheinen in herrlichem Glanz, wann windlos ruhet der Äther;* / *Hell sind rings die Warten der Berg' und die zackigen Gipfel,* / *Täler auch, aber am Himmel eröffnet sich unendlos der Äther;* / *Alle nun schaut man die Stern', und herzlich freut sich der Hirte:* / *So viel' zwischen des Xanthos Gestad' und den Schiffen Achaias* / *Loderten, weit erscheinend vor Ilios, Feuer der Troer.*« 8, 553–561; Ü: Voß) Doch haben diese Gleichnisse nicht nur die Funktion, Entferntes durch Näherliegendes, Unbekanntes durch Bekanntes zu veranschaulichen; sie dienen zugleich mit der Absicht, den Hörer ausführlich bei dem durch das Gleichnis erhellten Gegenstand verharren zu lassen, schaffen also durch eine Retardierung des Erzählens eine entsprechende Betonung des augenblicklichen Ereignisses, – was besonders an solchen Stellen deutlich wird, wo mehrere Gleichnisse an einen einzigen Menschen oder Vorgang angeschlossen sind (16, 482ff. und 486ff.).

Noch ein Letztes schließlich bewirken diese Gleichnisse. Die große Zahl und die reiche Vielfalt der in ihnen zitierten, meist friedlichen Lebensbereiche lassen – in verbindendem Kontrast zu der kriegerischen Welt der *Ilias*-Handlung – jenen Eindruck einer Totalität der Weltdarstellung entstehen, die man seit jeher an Homers Werk bewundert hat. Gleichsam in einem Punkt versammelt wird dieses Streben nach einer umfassenden Darstellung der Welt in der berühmten Beschreibung des Schildes, den Hephaistos für Achilleus schmiedet (18, 478ff.). Der Bildschmuck dieses Schildes zeigt zwei Städte. In einer fließt das Leben unter Hochzeitsfeierlichkeiten und Gerichtsverhandlungen friedlich dahin, die andere, wie Troia von Belagerung und Ausfällen in Atem gehalten, macht das Schicksal der Menschen im Kriege sichtbar; Szenen aus dem Leben der Bauern, Winzer und Hirten sowie ein Reigentanz, den Homer mit dem Kreisen einer Töpferscheibe vergleicht, ergänzen das Bild, die Vielfalt menschlicher Tätigkeiten versinnbildlichend. Alles aber wird von dem gestirnten Himmel überwölbt und vom Weltstrom Okeanos umflossen. Das in dieser Schildbeschreibung exemplarisch ausgeprägte Bemühen des Dichters, in seinem Epos über die Grenzen der eigentlichen *Ilias*-Handlung hinaus das gesamte menschliche Leben einzufangen, kann kaum treffender illustriert werden als durch einen Vergleich mit Vergils *Aeneis*. Auch dort wird in ähnlichem Zusammenhang ein Schild beschrieben – der Schild des legendären Romgründers Aeneas –, aber sein Schmuck entwirft nicht ein Bild des menschlichen Kosmos, sondern stellt die künftige römische Geschichte in ihren Höhepunkten bis hin zur Schlacht bei Actium dar (*Aeneis*, 8, 626ff.). An die Stelle der Homerischen Betrachtung des Menschenlebens und des Weltganzen ist die Frage nach der Geschichte eines einzelnen Volkes getreten – dem griechischen Weltgedicht tritt das politische Epos Roms gegenüber. K.J.

AUSGABEN: Florenz 1488, Hg. Demetrios Chalkondylas. – Ldn. ²1900–1902 (*The Iliad*, Hg. W. Leaf, 2 Bde.; m. Komm.; Nachdr. Amsterdam 1960). – Lpzg./Bln. ⁴⁻⁸1905–1932, Hg. F. K. Ameis u. C. Hentze, 2 Bde.; Nachdr. Amsterdam 1965 [m. Komm.]. – Oxford ³1920 (in *Opera*, Hg. D. B. Monro u. T. W. Allen, Bd. 1–2; Nachdr. zul. 1962/63). – Ldn./Cambridge (Mass.) 1924/25 (*The Iliad*, Hg. A. T. Murray, 2 Bde.; m. engl. Übers.; Loeb; Nachdr. zul. 1954–1957). – Oxford 1931, Hg. T. W. Allen, 3 Bde. [m. Komm.]. – Paris 1947–1949 (*Iliade*, Hg. P. Mazon, P. Chantraine, P. Collart u. R. Langumier, 5 Bde.; m. Einl. u. frz. Übers.; Bd. 2–4: ³1956). – Mchn. ²1960, Hg. V. Stegemann, 2 Bde. [m. Übers. v. H. Rupé].

ÜBERSETZUNGEN: *Der Zweikampf des Paris u. Menelaus*, J. Reuchlin, o. O. 1495 [Ausz. aus Buch 3]. – *Ilias Homeri. Die Bücher von dem Khrig so zwischen den Grichen und Troianern vor der stat Troja beschehen*, J. B. Rexius [1584], Hg. R. Newald, Bln. 1929 [Buch 1/2; 18; 24]. – *Ilias Homeri. Das ist Homeri, deß vralten Griechischen Poeten, XXIIII Bücher. Von dem gewaltigen Krieg der Griechen, wider die Troianer, auch langwirigen Belägerung, vnnd Zerstörung der Königlichen Statt Troia*, J. Spreng, Augsburg 1610. – *Ilias*, J. J. Bodmer in *Werke*, Bd. 1, Zürich 1778). – Dass., F. L. Graf zu Stolberg, Flensburg/Lpzg. 1778; zul. Ffm./Hbg. 1961 (RC, 43). – Dass., J. H. Voß (in *Werke*, Bd. 1–2, Altona 1793; zul. Stg. o. J.; RUB, 249–253a). – Dass., J. J. C. Donner (in *Werke*, Bd. 1–2, Stg. 1855–1857 u. ö.). – *Iliade*, F. Hölderlin, Hg. L. v. Pigenot, Bln. 1922 [Buch 1 u. 2]. – *Ilias*, R. A. Schröder, Bln. 1943; ern. in R. A. S., *GW*, Bd. 4, Bln./Ffm. 1952.

LITERATUR: F. A. Wolf, *Prolegomena ad Homerum*, Lpzg. 1795; Halle ³1884; Nachdr. Hildesheim 1963. – G. L. Prendergast, *A Complete Concordance to the »Iliad« of H.*, Ldn. 1875; Nachdr. Darmstadt 1962. – A. Heusler, *Lied u. Epos in der germ. Sagendichtung*, Dortmund 1905. – G. Finsler, *H. in der Neuzeit von Dante bis Goethe*, Lpzg./Bln. 1912. – U. v. Wilamowitz-Moellendorff, *Die »Ilias« u. H.*, Bln. 1916. – H. Fränkel, *Die Homerischen Gleichnisse*, Göttingen 1921. – P. Cauer, *Grundfragen der H.-kritik*, Lpzg. ³1921–1923. – A. Heusler, *Nibelungensage u. Nibelungenlied*, Dortmund ³1929. – M. P. Nilsson, *H. and Mycenae*, Ldn. 1933. – W. Schadewaldt, *Iliasstudien*, Lpzg. 1938 (ASAW, 43/6; Nachdr. Darmstadt 1966). – Ders., *Legende von H. dem fahrenden Sänger*, Lpzg. 1942; ern. Zürich/Stg. 1959. – H. Pestalozzi, *Die »Achilleis« als Quelle der »Ilias«*, Zürich 1945. – J. T. Kakridis, *Homeric Researches*, Lund 1949. – C. M. Bowra, *Heroic Poetry*, Ldn. 1952; ern. 1961 (dt.: *Heldendichtung*, Stg. 1964). – P. Von der Mühll, *Kritisches Hypomnema zur »Ilias«*, Basel 1952 (Schweizerische Beitr. z. Altertumswiss., 4). – M. Parry u. A. B. Lord, *Serbocroatian Heroic Songs*, 2 Bde., Cambridge/Belgrad 1953/54. – C. M. Bowra, *H. and His Forerunners*, Edinburgh 1955. – R. Sühnel, *H. u. die englische Humanität*, Tübingen 1958. – T. B. L. Webster, *From Mycenae to H.*, Ldn. 1958 (dt.: *Von Mykene bis H.*, Mchn./Wien 1960). – W. Kullmann, *Die Quellen der »Ilias«*, Wiesbaden 1960 (HermE, 14). – K. Reinhardt, *Die »Ilias« u. ihr Dichter*, Hg. U. Hölscher, Göttingen 1960. – Lesky, S. 29–98. – G. N. Knauer, *Die »Aeneis« u. H.*, Göttingen 1964 (Hypomnemata, 7). – W. Schadewaldt, *Von H.s Welt u. Werk*, Stg. ⁴1965.

ODYSSEIA (griech.; *Odyssee*). Epos des HOMEROS (8. Jh. v. Chr.?) in 12200 Hexameterversen, entstanden spätestens um 700 v. Chr. – Das nach der *Ilias* zweitälteste Werk der griechischen und abendländischen Literatur besingt in 24 Büchern die abenteuerlichen Irrfahrten und die glückliche Heimkehr des Königs Odysseus und der zwanzig Jahre zuvor von seiner Insel Ithaka an der Seite der griechischen Könige und Heroen nach Troia gezogen war. Ähnlich wie in dem vorangegangenen Epos, das die entscheidenden Episoden dieses Kriegs selbst behandelt, werden die rund ein Jahrzehnt umspannenden Ereignisse der *Odyssee* nicht fortlaufend berichtet, sondern mittels eines erzähltechnischen Kunstgriffs auf einen sehr kurzen Zeitraum zusammengedrängt: Die Berichtszeit der *Odyssee* – vom Abschied des Helden von der reizenden Nymphe Kalypso, die ihn jahrelang in ihrer Grotte auf der Insel Ogygia festhielt, bis zur Wiedererkennung durch die treue Gemahlin Penelope und zum Wiederantritt seines angestammten Königsamtes – umfaßt nicht mehr als vierzig Tage; was dieser letzten, entscheidenden Phase vorausgeht, von Troias Fall durch die geniale List des Helden bis zu seiner Landung als Schiffbrüchiger auf Ogygia, wird indirekt – durch eine ausgedehnte Erzählung des Helden und in Liedern eines fahrenden Sängers – dargestellt.

Nach einem gattungstypischen, als Titelersatz fungierenden Prooimion (»Singe mir, Muse, die Taten des weitgereisten Mannes, / Welcher auf langer Irrfahrt, nach Trojas, der hehren, Zerstörung, / Vieler Menschen Städte gesehen und Sinn erfahren / Und auf dem Meere soviel unnennbare Leiden erduldet...«) setzt die in ersten Teil zweisträngig vorgeführte Handlung gewissermaßen an ihrem äußersten Punkt ein: Odysseus weilt bereits im achten Jahr in einem durch den Gedanken an die ferne Heimat und die Gattin zunehmend getrübten Glück der Selbstvergessenheit auf der Insel der »göttlichen« Kalypso. Athene, die Schutzgöttin des Helden, dringt auf einer Götterversammlung, an der Odysseus' schlimmster Feind, der Meergott Poseidon, nicht teilnimmt, auf die Heimkehr ihres Schützlings. In Mannesgestalt begibt sie sich hierauf nach Ithaka zu Odysseus' herangewachsenem Sohn Telemachos und weckt in ihm den Wunsch, die Suche nach dem verschollenen Vater aufzunehmen. Trotz der Ablehnung dieses Unternehmens durch die – von den Freiern Penelopes beherrschte – Volksversammlung fährt Telemachos aus, um Gewißheit über das Schicksal des Vaters zu erlangen: bei Nestor in Pylos und bei König Menelaos in Sparta, der sich längst mit seiner Gattin Helena ausgesöhnt hat und gerade die Hochzeit seiner Kinder feiert. Als die Freier, die seit Jahren in Odysseus' Palast hausen und sein Gut verprassen, aber vergeblich die standhafte Penelope umwerben, vom heimlichen Aufbruch des Prinzen hören, beschließen sie, ihn bei der Rückkehr zu töten (Buch 1–4). Erst jetzt wendet sich der Blick des Dichters wieder Odysseus zu. Auf Beschluß einer weiteren Götterversammlung wird Hermes zu Kalypso gesandt, die sich hierauf zum Verzicht auf den Geliebten durchringt und ihn ein Floß bauen läßt. Schon nach fünf Tagen kann Odysseus die Segel setzen. Aber am achtzehnten Tag seiner Fahrt, kurz vor dem nächsten Ziel, der Insel Scheria, geht das Gefährt in einem schrecklichen, von Poseidon geschickten Unwetter zu Bruch. Schwimmend und mit letzter Kraft erreicht der Held das Ufer, wo er sogleich in einen tiefen Schlaf fällt (Buch 5).

Nackt und verwildert wird er hier von der Königstochter Nausikaa, die mit ihren Mädchen am Strand Wäsche wäscht und Ball spielt, entdeckt und zu ihrem Vater Alkinoos gebracht (Buch 6). Im Palast des Königs der Phaiaken – eines friedfertigen und glücklichen Volkes, das durch den Willen der Götter und die Weisheit seiner Könige vor Krieg und Elend verschont geblieben ist –, findet der Gast freundliche Aufnahme und Bewirtung. Bei einem festlichen Gastmahl ihm zu Ehren trägt der Rhapsode (Sänger) Demodokos zwei Lieder von Achilleus und Odysseus vor, die Ilions (Troias) Untergang zum Inhalt haben (Buch 7–8). Als Odysseus, von der Erinnerung überwältigt, in Tränen ausbricht, muß er sich zu erkennen geben und erzählt die Geschichte seiner Irrfahrten: von seinen Erlebnissen bei den Kikonen, den Lotophagen und den Kyklopen; von der Blendung des Polyphemos, durch die er sich den Zorn Poseidons zuzog; von Aiolos und der verhängnisvollen Öffnung der Windschläuche; vom Kampf mit den Laistrygonen, dem Aufenthalt bei der Zauberin Kirke, die die Gefährten in Schweine verwandelte, von den verführerischen Sirenen, den grauenvollen Seeungeheuern Skylla und Charybdis; vom frevelhaften Diebstahl der heiligen Rinderherden des Sonnengottes Helios auf Trinakia (Sizilien) und dem damit verschuldeten Verlust der Gefährten und des Schiffes; und schließlich von der glücklichen Landung des neun Tage im Meer treibenden Schiffbrüchigen auf Ogygia (Buch 9–12). Einen eigenen Gesang füllt der Bericht vom Aufenthalt im Hades, wohin ihn Kirke versetzt hatte; dort prophezeit ihm ein Orakel die Heimkehr, und es begegnen ihm die Schatten der troianischen Helden (Buch 11).

Der zweite Teil des Epos erzählt die Rückfahrt und Heimkehr des Helden. Reich beschenkt verläßt Odysseus das freundliche Phaiakenland und gelangt in wunderbarer, nächtlicher Fahrt nach Ithaka. Als er am Strand erwacht, tritt Athene in Gestalt eines Hirten aus dem Nebel und belehrt ihn darüber, daß er sich auf heimatlichem Boden befindet. Sie verleiht ihm das Aussehen eines Bettlers und rät ihm, wie er die überheblichen 88 Freier täuschen und überwinden könne (Buch 13). Er sucht den »göttlichen Sauhirten« Eumaios auf, der ihn, ohne ihn zu erkennen, treuherzig bewirtet (Buch 14). – Mit Beginn von Buch 15 vereinigen sich die bisher getrennten Erzählstränge. Athene treibt den noch in Sparta weilenden Telemachos zum Aufbruch und bewahrt sein Schiff vor einem Hinterhalt der Freier (Buch 15). Auch Telemachos begibt sich zu Eumaios und trifft dort auf den Vater, der mit jenem bei Wein und Braten die Nacht verplaudert hat. Als beide allein sind, gibt sich der Vater dem Sohn zu erkennen. Während sie ihr weiteres Vorgehen miteinander absprechen, sinnen die Freier nach dem mißglückten Anschlag weiter auf die Beseitigung des Prinzen, unbeeindruckt von Penelopes Vorhaltungen (Buch 16). Am nächsten Tag gehen Vater und Sohn getrennt in die Stadt. Nur sein Hund Argos erkennt in dem »Bettler« den ehemaligen Gebieter; vom Ziegenhirten Melanthios dagegen muß Odysseus Schmähungen und Schläge über sich ergehen lassen; Antinoos, der frechste der Freier, beschimpft ihn und wirft mit einem Schemel nach ihm; der Bettler Iros fordert ihn sogar höhnisch zum Faustkampf; und ebenso muß er den verächtlichen Spott der Magd Melantho und des Freiers Eurymachos über sich ergehen lassen (Buch 17 bis 18).

Als die Schar der alles verprassenden Freier über Nacht den Palast verläßt, entfernt Telemachos heimlich sämtliche Waffen aus dem Saal. Der »Bettler« hat Gelegenheit zu einem langen Gespräch mit der Gattin Penelope, in dem er sie auf die Rückkehr des Odysseus vorbereitet. Von der Amme Eurykleia allerdings wird er an einer Beinnarbe sofort erkannt, als sie ihm die Füße wäscht; in der ersten Freude der Überraschung läßt sie sogar sein Bein los, so daß die Wanne dröhnend umfällt (Buch 19). In der Nacht liegt Odysseus schlaflos und in verzagter Zwiesprache mit seiner Schutzgöttin auf seinem Lager, Penelope »sitzt und weint« im einsamen Bett und sieht bekümmert der auf den nächsten Tag endgültig festgesetzten Auswahl eines Bewerbers entgegen. Auf dem Festmahl tags darauf kommt es zu neuerlicher Beleidigung des »Bettlers« und zu einer düsteren Weissagung des Sehers Theoklymenos, über die die verblendeten Freier in wüstes Gelächter ausbrechen (Buch 20). Nun bringt Penelope den großen Bogen des Odysseus: wer unter den Freiern ihn spannen kann und den Pfeil durch die Schlaufenlöcher von zwölf in einer Reihe aufgestellten Äxten trifft, soll ihr Gemahl werden. Nachdem es Odysseus glückt, ergreift Odysseus den Bogen, spannt ihn und schießt durch die Äxte (Buch 21). Mit einem zweiten Pfeil tötet er Antinoos; dann gibt er sich zu erkennen. In einem furchtbaren Rachegericht tötet er mit seinen wenigen Verbündeten – Telemachos, Eumaios und dem Rinderhirten Philoitios – nacheinander in dem versperrten Saal einen wehrlos ausgelieferten Freier. Nur der Sänger Phemios und der Herold Medon finden Schonung. Die liederlichen und ungetreuen Mägde werden – nebeneinander in einer Reihe – gehängt, Melanthios grausam verstümmelt. Nach der Reinigung des Saales wird Odysseus von den treuen Knechten und Mägden als König begrüßt (Buch 22). Doch Penelope zögert noch immer, an die Rückkehr des Gatten zu glauben. Ihre Zweifel lösen sich erst, als Odysseus von dem Konstruktionsgeheimnis ihres ehelichen Betts spricht. Der

Bann der Fremdheit ist gebrochen, das wiedervereinte Paar begibt sich zur Ruhe. Doch der Morgen erfüllt Odysseus mit neuer Sorge: Das Volk wird die Hinmetzelung seiner Besten nicht hinnehmen (Buch 23). Während Hermes die Seelen der Freier in den Hades geleitet und Agamemnon dort die Untat seiner Gattin Klytaimestra mit der Treue Penelopes vergleicht, begibt sich Odysseus mit seinen Getreuen zu seinem alten Vater Laertes auf dessen Landgut. Dort stoßen die aufständischen Bewohner der Insel auf sie, um den Mörder fast ihres gesamten jungen Adels zur Rechenschaft zu ziehen. Aber Athene greift ein und stiftet einen dauerhaften Frieden zwischen Volk und Herrscher (Buch 24).

Die kunstvoll »verschlungene« Komposition (so ARISTOTELES in seiner *Poetik*) sowie die Einteilung des Werks in zwei gleich lange Hälften – Irrfahrt und Heimkehr – zu je zwölf Gesängen lassen den Schluß zu, daß die *Odyssee* kaum ausschließlich als Produkt und Niederschlag einer langen mündlichen epischen Tradition zu betrachten ist: sei es nun Homer selbst oder ein jüngerer Dichter aus seiner Schule – *ein* Autor hat sehr wahrscheinlich das Gedicht in der Form, wie es in die Überlieferung einging, verfaßt oder wenigstens aus vorhandenem Traditionsgut zusammengestellt. In der Hauptsache lassen sich drei – verschieden alte – Stoffkreise und -schichten herausschälen: ein sehr alter *nostos* (Heimkehrgeschichte in Form eines Schiffermärchens, vgl. *Nostoi*) vom herumirrenden Seefahrer; die Geschichte vom totgeglaubten, heimkehrenden König; schließlich das Märchen vom Sohn, der auszog, den verschollenen Vater zu suchen (»Telemachie«). Hinzu kommt die Legende vom Kriegshelden, der die toten Kameraden in der Unterwelt besucht (»Nekyia«). Aller Wahrscheinlichkeit nach steht das dichterische Genie, das diese Elemente – noch getrennt oder schon vereinigt – in das von ihm schriftlich fixierte Epos eingehen ließ und in der vorliegenden Form ausgestaltete, nicht am Anfang, sondern am Ende eines langen genetischen Prozesses. Bei den bescheidenen textkritischen Handhaben ist es müßig, dabei reinlich zwischen dem, was dem Dichter selbst angehört, älteren Tradierungen und jüngeren Redaktionen scheiden oder den Nachweis für die volle und alleinige Urheberschaft eines einzigen Dichters erbringen zu wollen, wie es die gegnerischen Lager versuchen, die sich in der Diskussion um die »Homerische Frage« seit F. A. WOLFS *Prolegomena ad Homerum* (1795) herausgebildet haben. Die mit den Theorien zur *Ilias* vergleichbaren Anschauungen der »Analytiker« haben immer etwas Spekulatives an sich, angefangen mit Gottfried HERMANN (»Erweiterungshypothese«, 1831), der die »Telemachie« als späteren Zusatz erklärt, über Adolf KIRCHHOFF (»Kompilationstheorie«, 1859), der in der *Odyssee* nur eine lose Verknüpfung von drei selbständigen älteren Epen sieht, bis hin zu Wolfgang SCHADEWALDT (1944), der gar einen Dichter A und einen Bearbeiter B unterscheidet und nicht nur ganze Gesänge (1–4; 15–16; 24), sondern auch eine große Anzahl von kleineren Abschnitten und Einzelversen dem weniger genialen Dichter B zuweist. Sie alle gehen von der hypothetischen Vorstellung eines »echten« Ur-Homer aus, den es aus einem nachträglich verfälschten und entwerteten Text wieder herauszulesen gelte: »*Die Struktur der Odyssee als Doppelhandlung, die ja nicht nur eine äußere Form ist, sondern das innere Wesen der Handlung: einander Suchen und Wiederfinden darstellt, würde damit das Resultat künstlicher Kompilation oder nachträglichen Weiterdichtens*« (Uvo. Hölscher). Die Untersuchungen von »Unitariern«, wie Karl REINHARDT und Friedrich KLINGNER (1944), haben gezeigt, daß sich der überlieferte Text – mitsamt seinen Wiederholungen und Ungereimtheiten und seiner Vermischung verschiedener Kulturepochen – durchaus vom Gedanken der künstlerisch geschlossenen Konzeption und Komposition her betrachten und würdigen läßt.

Der Abstand des Epos zur *Ilias* – und mit ihm die Unmöglichkeit, daß es vom selben Dichter wie jenes Werk stammt – zeigt sich vor allem in einem stark veränderten Menschenbild und einem neuen Verhältnis zu den Göttern. Noch sind es »homerische«, d. h. anthropomorphe Götter, die sich den Menschen gegenüber in völliger Autonomie und nach Belieben aus der Nähe oder Ferne huldvoll oder grausam, willkürlich oder gerecht verhalten. Doch ist die Erfahrung des Göttlichen als etwas nur Ehrfurchtgebietendem einem eng mit dem Religiösen verbundenen Moralismus gewichen: Das Strafgericht der Götter trifft den, der Unrecht tut, und er selbst trägt dafür die Verantwortung. Dies wird auch von Zeus am Beginn des Werks hervorgehoben: »*Welche Klagen erheben die Sterblichen wider die Götter! / Nur von uns, so schrei'n sie, käm alles Unglück; und dennoch / Schaffen die Toren sich selbst, dem Schicksal entgegen, ihr Elend.*« Dem jedoch, der den Willen der Götter achtet, d. h. für den Autor vor allem: dem, der weder das Gastrecht noch fremdes Eigentum verletzt, der seinen Herrn ehrt und die Unglücklichen nicht von sich stößt, gehört ihre Huld. Wie ein roter Faden zieht sich ein Motiv durch das Epos: Das Verhalten gegenüber dem unglücklichen, unerkannten Odysseus wird zum Prüfstein für die, denen er begegnet: »*Weh mir! zu welchem Volke bin ich nun wieder gekommen? / Sind's unmenschliche Räuber und sittenlose Barbaren / Oder gastliche Menschen, und gottesfürchtigen Sinnes?*«, lautet eine stereotype Wendung des Helden, sooft ein neues Abenteuer auf ihn zukommt. Durch die Verhöhnung und Mißhandlung des »Bettlers« bringen die übermütigen Freier selbst das gräßliche Blutgericht über sich, und in dem Odysseus nur ausführendes Werkzeug der Götter ist, der sich letzten Endes die Rechtes annehmen. In dieser Vorstellung, einer Leitidee des ganzen Werks, liegt die Gewähr für den guten – untragischen – Ausgang des an Widrigkeiten, Unglück und Mühsal reichen Geschehens.

Dies bedingt zugleich eine neue Art von Helden. Im Vergleich zu den düster strahlenden, im Genießen und Kämpfen lediglich von seiner Vitalität geprägten Helden der *Ilias*, Achilleus, ist Odysseus ein fast »menschlicher« und sozialer Charakter. Nicht rohe Kraft und schrankenlose Genußfähigkeit machen sein Heldentum aus, sondern Klugheit und Phantasie, Verantwortungsgefühl und Humor, Umsicht und Rechtlichkeit, Festigkeit und Geduld, Friedfertigkeit und risikobedachter Mut, Mäßigkeit und Selbstbeherrschung, handwerkliche Fertigkeit und Verstellungskunst, dazu selbstverständlich männliche Schönheit und Stärke. Der »*Erfindungsreiche*« (»*polymētis*«) und »*göttliche Dulder*« (»*polytlas dios*«) verkörpert ein Mannesideal, das schon weit abliegt von dem Haudegentum der archaisch-mykenischen Helden. Der Liebling der verstandesklaren Athene, die ihrerseits »*das Walten einer weisen und gerechten Vorsehung*« (Schmid-Stählin) repräsentiert, ist frei von Haß, falscher Ehrsucht und Eitelkeit. Odysseus erträgt beherrscht die Schmähungen der Freier, trägt mit Haltung das geringe Bettlerkleid und verwehrt der Amme, über den Tod der Feinde zu jauchzen. So wird die Gestalt des Odysseus zum Träger einer neuen Humanität, die mit der spezifischen Religiosität dieses Epos korrespondiert und deutlich vorausweist auf die Philosophie späterer Epochen.

Auch in anderer Hinsicht erscheint Odysseus vorbildlich: als Herrscher und König. Das Heroische der mythischen Zeit ist kaum mehr als ein ferner Hintergrund, vor dem sich ganz reale gesellschaftliche Verhältnisse darstellen: »*Der König ist der Erste unter Gleichen einer städtisch aristokratischen Gutsbesitzergesellschaft, aus den Freiern des Märchens ist der jugendliche Adel der Nachbarhöfe geworden, der über die Stränge schlägt, andere gesellschaftliche Schichten treten ins Licht, da gibt es Dienerschaft, Kaufmanns- und Piratenwesen, und mit den gesellschaftlichen Gegensätzen von Sturz aus Reichtum in Elend und den waghalsigen Aufstieg aus Elend zum Glück ...*« (Uvo Hölscher). Der politische Standpunkt ist nicht mehr ausschließlich feudalaristokratisch, sondern auch von den Interessen anderer Bevölkerungsgruppen geprägt: »*Während sich in der Ilias die Auffassung einer adeligen Schicht in großer Geschlossenheit abspiegelt, ist der soziale Bereich, den die Odyssee umspannt, ein sehr viel breiterer. Das Epos hat sich in dem jüngeren Gedicht stärker den Wünschen und dem Glauben von Schichten geöffnet, denen sich die Ilias mit größerer Konsequenz verschloß*« (Albin Lesky). Möglicherweise enthält das Charisma dieses Königs, dessen erste Aufgabe in der Verpflichtung zu Rechtlichkeit und wirtschaftlicher Prosperität liegt, eine politische Tendenz, die einem zeitgemäßen Herrscherideal das Wort redet.

Sprache und Stil des Werks sind gekennzeichnet durch die Merkmale des »epischen« Stils: eine durchgehend »hohe« Stillage mit stereotypen Phrasen und Epitheta. Bemerkenswert sind die differenzierte Zeichnung einer großen Zahl lebensvoller Gestalten und die »*Virtuosität der Sachbehandlung*« (Schmid-Stählin). Die aus der Ilias bekannten epischen Gleichnisse treten zugunsten einer bewußteren und schärfer zupackenden Gnomik zurück. Die Einschmelzung verschiedener Dialektelemente hängt nicht mit dem genetischen Ursprung des Werks zusammen, sondern ist Bestandteil einer eigenen Kunstsprache, die auch sonst dem Odyssee, in der sich Formelhaftes und Starres neben frischer Unmittelbarkeit und Wirklichkeitsfülle findet, ihren besonderen Stempel aufdrückt.

Die Wirkung der Odyssee auf die europäische Literatur ist unabsehbar. Schon in der Antike als Darstellung und Ausdruck griechischen Wesens zur Schullektüre erhoben, lieferte sie mehreren philosophischen Schulen einprägsames Anschauungsmaterial. ARISTOTELES und nach ihm die klassizistische Poetik nahmen an ihr Begriff und Gestalt des Epos überhaupt ab, so daß sie zum Ausgangspunkt der Gattung schlechthin wurde: VERGILS Aeneis ist in formaler und inhaltlicher Hinsicht ohne das überall durchscheinende Vorbild undenkbar. Ihre strukturbildenden Momente der Abenteuerreihung und Sensationsmalerei leben noch weiter in der höfischen und nichthöfischen Epik des Mittelalters und fanden später Eingang in den populären Abenteuerroman. – In der deutschen Literatur spielte das Werk in der Epoche des Klassizismus eine entscheidende Rolle in der Diskussion um den Hexameter und die Erneuerung des Heldenepos; in diesem Zusammenhang entstanden zwei Versübersetzungen, von Johann Heinrich VOSS (1781) und Johann Jacob BODMER (1788), deren erste auch durch die modernen Versionen von Thassilo von SCHEFFER und Rudolf Alexander SCHRÖDER nicht überholt ist. R. M.

AUSGABEN: Florenz 1488 (in der GA des Demetrios Chalkondylas). – Lpzg./Bln. [9–13]1908–1920 (Odyssee, Hg. K. F. Ameis, C. Hentze u. C. Cauer; m. Komm.; Nachdr. Amsterdam 1964). – Leiden 1917 (Odyssea, Hg. J. van Leeuwen; m. Komm.). – Oxford [2]1917–1919 (in Opera, Hg. T. W. Allen, Bd. 3/4; Nachdr. zul. 1963–1965). – Ldn./Cambridge (Mass.) 1919 (The Odyssey, Hg. A. T. Murray, 2 Bde.; m. engl. Übers.; Loeb; mehrere Nachdr.). – Paris [5/6]1955–1959 (L'Odyssée, Hg. V. Bérard, 3 Bde.; m. frz. Übers.). – Ldn. [2]1958–1961, Hg. W. B. Stanford, 2 Bde. [m. Komm.]. – Basel [3]1962 (Odyssea, Hg. P. Von der Mühll).

ÜBERSETZUNGEN: Odyssea. Das seind die aller zierlichsten vnd lustigsten vier vnd zwaintzig Bücher des eltisten Kunstreichesten Vatters aller Poeten Homeri, von der zehen järigen irrfart des weltweisen Kriechischen fürstens Vlyssis, S. Schaidenreisser, Augsburg 1537. – Odüssee, J. H. Voß, Hbg. 1781 [zahlr. Nachdr.]. – J. J. Bodmer (in Homers Werke, 2 Bde., Zürich 1778). – Odyssee, J. J. C. Donner, 2 Bde., Stg. [2]1865/66. – Die Odyssee, A. Schröder, 2 Bde., Lpzg. 1907–1910 u. ö. (ern. in R. A. S., GW, Bd. 4, Ffm. 1952). – Odyssee, Th. v. Scheffer, Bln. [2]1922. – Die Odyssee, W. Schadewaldt, Hbg. 1958 (RKl, 2); ern. Zürich/Stg. 1966; Prosa).

LITERATUR: G. Finsler, Homer in der Neuzeit von Dante bis Goethe, Lpzg./Bln. 1912. – U. v. Wilamowitz-Moellendorff, Die Heimkehr des Odysseus, Bln. 1927. – Schmid-Stählin, I/1, S. 74–195. – U. Hölscher, Untersuchungen zur Form der »Odyssee«. Szenenwechsel u. gleichzeitige Handlungen, Bln. 1939 (HermE, 6). – P. Von der Mühll, Art.»Odyssee« (in RE, Suppl. 7, 1940, Sp. 696–768). – F. Klingner, Über die vier ersten Bücher der »Odyssee«, Lpzg. 1944 (Ber. über die Verhandlungen d. Sächs. Akad. d. Wiss. zu Lpzg., phil.-hist. Kl., 96, 1944, H. 1; ern. in F. K., Studien zur Griech. u. röm. Lit., Zürich/Stg. 1964, S. 39–79). – K. Reinhardt, Homer u. die Telemachie/Die Abenteuer der »Odyssee« (in K. R., Von Werken u. Formen, Godesberg 1948, S. 37–51; 52–162). – R. Merkelbach, Untersuchungen zur »Odyssee«, Mchn. 1951 (Zetemata, 2). – W. B. Stanford, The Ulysses Theme. A Study in the Adaptability of a Traditional Hero, Oxford [2]1963. – Lesky, S. 29–98 [m. Bibliogr.]. – M. I. Finley, The World of Odysseus, Ldn. [3]1964 (dt.: Die Welt des Odysseus, Darmstadt 1968). – W. Schadewaldt, Die Heimkehr des Odysseus (in W. S., Von Homers Welt u. Werk, Stg. [4]1965, S. 375–412; 486–488). – A. Lesky, Homer (Forschungsberichte, in Anzeiger f. die Altertumswissenschaft; zul. 18, 1965, Sp. 1–30).

EPIKOS KYKLOS

ANONYM

EPIKOS KYKLOS (griech.; *Epischer Zyklus*). – Schon in antiker Zeit übliche Bezeichnung für den Kreis jener altgriechischen Epen, die sich im Laufe von etwas mehr als einem halben Jahrhunderten rund um das Werk HOMERS anlagerten. Daß die »zyklischen« Gedichte, nicht anders als Ilias und Odyssee, durchweg auf fest überliefertem, im Volk seit langem verwurzeltem Mythengut gründen, steht außer Frage. Problematisch dagegen ist bei diesem ganzen »Sammelbecken« (von einem solchen muß man korrekterweise sprechen), ob die einzelnen Werke, die sich hinter den uns bekannten Titeln verbergen, bereits auf dichterische Bearbeitungen ihrer Sagenstoffe zurückgehen. Das ist einerseits deshalb schwer zu entscheiden, weil die absolute wie die relative Chronologie ihrer Entstehungszeit völlig im dunkeln liegt: wenn die → *Thēbais* wirklich schon Homer in ihrer endgültigen hexametrischen Gestalt vorlag und wenn in der Tat der um 565 v. Chr. lebende Kyrenaiker EUGAMMON zu den Dichtern des Zyklus zählt, umfaßt die mögliche Zeitspanne, innerhalb der man die Werke lokalisieren kann, immerhin fast zweihundert Jahre, so daß die frühesten Stücke mit demselben Grad von Wahrscheinlichkeit wie Homers Epik für ursprüngliche Sagendichtung gehalten werden dürfen. Andererseits ersieht man noch heute aus den geringen Resten der Überlieferung und, beim troischen Mythenkreis, aus der Inhaltsangabe des PROKLOS (2. oder 5. Jh. n. Chr.), daß die Einzelepen ihre Entstehung weithin einem zyklischen Zweck verdanken, d. h. der Absicht, alle mythischen Geschehnisse von der Vereinigung des Uranos und der Gaia bis zum Tode des Odysseus poetisch überschaubar zu machen; diese Herkunft ist – besonders in der akkuraten Rücksicht auf die Erzählung von *Ilias* und *Odyssee* – so aufdringlich spürbar, daß man annehmen muß, die Stücke seien, wie sie im Rahmen des Zyklus auftreten, stofflich und kompositorisch original gewesen. Selbstverständlich gilt das nicht für jene ganz alten Teile (wie etwa die genannte *Thebais*), die zusammen mit den Gedichten Homers überhaupt erst den Kristallisationskern bildeten, an den sich die späteren Poeme anschlossen. Damit ist auch nicht bestritten, daß diese zyklischen Epen – für *Ilias* und *Odyssee* darf man das gleichfalls vermuten – manches ältere Werk in sich aufgesogen haben können: beweisbar aber sind dergleichen Bezüge nicht mehr.

Was die Epen des Zyklus von den Homerischen grundsätzlich unterscheidet – auch hierfür liegt die Ursache zum größten Teil in ihrer Zweckgebundenheit –, ist die inhaltlich-technische Anlage: sie wollen Geschichten erzählen, Ereignisse darlegen, Fakten der mythischen »Historie« verknüpfen. Homer dagegen geht es – zumal in der *Ilias,* doch auch in der *Odyssee* – darum, ein Geschehen vorzuführen, das Geschehen eines besonderen mythischen Augenblicks darzustellen: der Zorn Achills, das leidensvolle Irren des Odysseus manifestieren die Entwicklung einer zutiefst entscheidenden, *daimōn*-erfüllten Phase im Leben dieser Helden (nicht umsonst wurde immer wieder auf die Nähe Homers zur attischen, speziell der Sophokleischen Tragödie hingewiesen). Selbst dort, wo ein »kyklisches« Epos eine einzige Zentralgestalt zu schildern hatte, war dieser »unhomerische« Charakter dominant: der Stoff prägte das Werk, nicht die künstlerische Formung. So ist es leicht zu begreifen, daß, je mehr sich die Fähigkeit zu ästhetischer Literaturkritik festigte, desto rapider das Interesse an diesen alten Epen schwand. Der stofflichen Einzelheiten bemächtigten sich die mythographischen Handbücher, in den Rang der Klassiker epischer Dichtkunst aber stiegen Homer und HESIOD auf: bereits ARISTOTELES (*Poetik,* Kap. 23, 1459 a 17 ff.) fällte das Urteil, das die Alexandriner dann aufnahmen (die Bibliothek zu Alexandria dürfte der Zyklus zum einzigen und letzten Mal in der antiken Zeit geschlossen vorhanden gewesen sein). KALLIMACHOS dichtet: »*Widerlich ist mir ein kyklisch Gedicht; ich mag nicht den Heerweg, drauf ein Menschengewühl hierhin und dorthin marschiert*« (*Anthologia Palatina* 12, 43), und schon für den Philologen ARISTARCH ist »kyklisch« synonym mit »banal«.

Überblickt man den Komplex des *Epischen Zyklus,* so scheiden sich thematisch vier Gruppen voneinander: 1. die theogonischen Epen, von denen allein die → *Titanomachia* noch etwas deutlichere Konturen zeigt; 2. die Sagen um Theben, um deren Zentrum, die → *Thēbais,* sich zum einen die → *Oidipodeia,* zum andern die → *Epigonoi* gruppierten (der Führer des Epigonenzugs erhielt in der → *Alkmaiōnis* noch ein eigenes Denkmal); 3. die Haupthelden der *Epigonen* tauchen wieder auf in den Mythen um Ilion, sie bilden also das Bindeglied zwischen dem thebanischen und dem troischen Kreis: die → *Kypria* handelten von der Vorgeschichte der *Ilias,* die → *Aithiopis* setzte diese fort bis zum Tod des Achilleus, die → *Iliupersis* bis zur Einnahme der Stadt – die *Kleine Ilias* (→ *Mikra Ilias*) war anscheinend eine komprimierte Fassung der beiden letztgenannten Gedichte; daran fügten sich die → *Nostoi* an, als Fortsetzung und zugleich ergänzende Vorbereitung der *Odyssee,* die ihrerseits wiederum durch die → *Tēlegonia* zu Ende erzählt wurde. In mehr oder minder locker supplementierender Anlehnung treten schließlich (4.) noch Poetisierungen anderer Mythen hinzu, so der Heraklessage durch eine → *Hērakleïs,* eine → *Phōkais,* der Danaidensage durch eine → *Danais,* der Theseussage durch eine → *Thēsēis* u. a.; auch der Argonauten-Stoff wurde in jener Zeit zum erstenmal bearbeitet.

Angesichts der reichen Produktion dieser Epoche – die (trotz aller schwankenden Chronologie) zweifellos mit ihrer Hauptmasse den Raum des ganzen 7. Jh.s erfüllt haben dürfte – wurde immer wieder die Frage nach den Dichtern der Werke des *Epenzyklus* aufgeworfen. Zu lösen dürfte dieses Problem kaum sein, da man den antiken Angaben von vornherein skeptisch begegnen muß: sie werden nämlich um so detaillierter, je später ihre Gewährsmänner leben. Nicht ohne Grund hat wohl Aristoteles in einsichtsvoller Bescheidung stets von »*denen, die ... geschrieben haben*« gesprochen und sich auch, wie schon HERODOT, mehrmals gegen die billige Manier gewehrt, alles dem Homer zuzuschreiben. Freilich ist es nicht von der Hand zu weisen, daß mancher der erwähnten Dichter vielleicht tatsächlich das eine oder andere Werk verfaßt hat: sei es nun Homer selbst (*Thēbais, Epigonen, Kyprien, Kleine Ilias, Die Einnahme von Oichalia* und *Phōkais* schrieb man ihm zu), seien es ARKTINOS aus Milet (*Titanomachie, Aithiopis, Iliupersis*), LESCHES (*Iliupersis, Kleine Ilias*), KINAITHON (*Oidipodeia, Kleine Ilias, Telegonie*), EUMELOS aus Korinth (*Titanomachie*), AGIAS aus Troizen (*Nostoi*), EUGAMMON aus Kyrene (*Telegonie*), THESTORIDES aus Phokaia (*Phōkais, Kleine Ilias*), STASINOS (*Kyprien*), HEGESIAS der HEGESINOS (*Kyprien*), DIODOROS aus Erythrai (*Kleine Ilias*), KREOPHYLOS aus Samos (*Kleine Ilias, Einnahme von Oichalia*) oder andere mehr.

Im Grunde jedoch nützen uns diese Namen so gut wie nichts. Selbst wenn sie verbürgt wären, könnten sie – wenigstens die älteren darunter – nur das lehren, was wir bereits aus den wenigen Fragmenten der diesen Männern des Zyklus zugehörigen Werke wissen: daß diese unglaublich reiche Blüte epischer Dichtung – wie die *Ilias* und die *Odyssee* – ein Gewächs des kleinasiatisch-ionischen

Griechentums ist; erst allmählich, unter dem vermittelnden Einfluß der Wanderrhapsoden, griff der schöpferische Impuls auf das Mutterland und die Kolonien über, und im Zug dieser Ausbreitung geschah es dann, daß die katalogisierende Eigenart des Hesiodeischen Werks auf das erzählende Epos ausstrahlte. E. Sch.

AUSGABEN: Lpzg. 1877 (in *Epicorum Graecorum fragmenta*, Hg. G. Kinkel, Bd. 1). – Oxford ²1946 (in *Homeri opera*, Hg. T. W. Allen, Bd. 5; Nachdr. 1961).

LITERATUR: F. G. Welcker, *Der epische Cyclus oder die Homerischen Dichter*, 2 Bde., Bonn ²1865 bis 1882. – U. v. Wilamowitz-Moellendorff, *Homerische Untersuchungen*, Bln. 1884, S. 328–380 (Philolog. Untersuchungen, 7). – G. Murray, *The Rise of the Greek Epic*, Oxford ³1924, S. 339–345. – A. Rzach, Art.»*Kyklos*«(in RE, 11/2, 1922, Sp. 2347–2435). – E. Bethe, *Homer. Dichtg. u. Sage*, Bd. 2, Lpzg./Bln. 1922, S. 149–293 [m. Text]; Bd. 3, Lpzg./Bln. 1927. – Schmid-Stählin, 1/1, S. 195–224. – Lesky, S. 98–103.

AITHIOPIS (griech.; *Aithiopis*). Die Geschichte vom Tod des Achilleus; sie nahm im *Epischen Zyklus (Epikos kyklos)* den Platz nach der *Ilias* HOMERS ein, an die sie durch eine Umänderung des letzten Verses der *Ilias* rhapsodisch angehängt wurde. – Zwei neue Bundesgenossen der Troer hat Achilleus nach dem Sturz Hektors zu besiegen: die Amazonen und ihre Königin Penthesilea (da er den Thersites erschlägt, der Penthesileas Leiche schändete, muß er sich zunächst durch Apollon auf Lesbos von der Blutschuld entsühnen lassen), darauf die dunkelhäutigen Aithiopen unter ihrem König Memnon, dem Bezwinger des Antilochos (hierin wiederholt sich die Patroklos-Hektor-Geschichte aus der *Ilias*). Dann findet er selbst durch Paris' und Apolls Pfeilschuß den Tod. Mit den Kämpfen um Achills Leiche, der Bestattung des Antilochos, der Aufbahrung Achills – Thetis und die Musen singen die Totenklage – und seiner Entrückung vom Scheiterhaufen durch die göttliche Mutter endeten die fünf (?) Bücher der *Aithiopis*. Die literarische Stellung des Werks im Rahmen des altgriechischen Epos ist – nicht anders als bei den *Kyprien* und der *Iliupersis* (der Fortsetzung der *Aithiopis*, beide wurden im Altertum dem ARKTINOS aus Milet zugesprochen) – durch die Abhängigkeit von der *Ilias* bestimmt, und zwar in Motivik und Komposition ebenso wie im Stil: als persönliches Eigentum des Adepten pflegt man lediglich eine gewisse phantasievoll ausgestaltende Motivübersteigerung anzuerkennen. Wenn auch angenommen werden darf, daß der jüngere Dichter sich auf alte epische Bearbeitungen des Mythos stützt (SCHADEWALDT glaubt in der *Aithiopis* noch eine *Memnonis* ausgrenzen zu können, die bereits Homer Anregungen verdankt), so ist die »*Romantisierung der Sagengeschichte*« (Schmid-Stählin) doch im ganzen sein Werk: ein Beweis für die schon im 7. Jh. v. Chr. stark absinkende Macht der homerischen Rhapsodenkunst. E. Sch.

AUSGABEN: Lpzg. ²1929 (in E. Bethe, *Homer. Dichtung und Sage*, Bd. 2). – Oxford ²1946 (in *Homeri Opera*, Bd. 5, Hg. T. W. Allen; zuletzt 1961).

LITERATUR: F. G. Welcker, *Der epische Cyclus*, Bd. 2, Bonn ² 1882, S. 169ff. – H. Pestalozzi, *D.»Achilleis« als Quelle d. »Ilias«*, Zürich 1945. – J. T. Kakridis, *Homeric Researches*, Lund 1949. – W. Schade-

waldt, *Von Homers Welt und Werk*, Stg. ³1959, S. 155ff. – W. Kullmann, *D. Quellen d.»Ilias«*, Wiesbaden 1960 (HermE, 14).

ALKMAIŌNIS (griech.; *Alkmaionis*). Ein durch die *Epigonoi* mit dem altgriechischen *Epikos kyklos (Epischen Zyklus)* verbundenes Epos, das Leben und Taten des Alkmaion besang. Dieser ist ein Sohn des Amphiaraos und der Eriphyle (vgl. *Thēbais*) und leitet als Anführer der Nachkommen jener berühmten Sieben, die gegen Theben gezogen waren, den siegreichen Rachefeldzug; er tötet später auf Befehl seines Vaters (oder Apollons) die Mutter, wird von den Erinnyen durch Hellas gehetzt, schließlich aber von den Göttern entsühnt (ähnlich wie Orest). Die Einzelheiten des Geschehens und die Art der Darstellung sind nicht mehr erkennbar; aus den höchst dürftigen Bruchstücken der *Alkmaiōnis* wird nicht deutlich, ob sich die Handlung mit den *Epigonoi* oder der *Thēbais* überschnitten hat oder ob die Erzählung fugenlos – dem zyklischen Plan folgend – den Bericht der *Epigonoi* weiterführte. Ganz ohne Wert sind die Fragmente freilich nicht: einer Anspielung auf eine neugegründete Kolonie kann das Datum für die ungefähre Entstehungszeit des Epos (um 600 v. Chr.) entnommen werden – einer der seltenen Glücksfälle, daß sich Teile des *Epischen Zyklus* zeitlich etwas genauer fixieren lassen. E. Sch.

AUSGABE: Lpzg. 1877 (in *Epicorum Graecorum Fragmenta*, Hg. G. Kinkel, Bd. 1).

LITERATUR: E. Bethe, *Theb. Heldenlieder*, Lpzg. 1891. – Ders., »*Alkmaionis*« (in RE, 1/2, 1894, Sp. 1562 ff.). – Schmid-Stählin, 1/1, S. 222 f. – W. Kullmann, *D. Quellen d.»Ilias«*, Wiesbaden 1960 (HermE, 14).

DANAIS (griech.; *Danaiden-Epos*). Ein Zweiggedicht des *Epikos kyklos (Epischer Zyklus)*, das zwar inhaltlich diesem Kreis nicht zugehörte, sich aber formal und stilistisch zweifellos eng an die zyklischen Werke anschloß: der Sagenstoff verdankt seine Poetisierung jenem gewaltigen epischen Strom des 8. bis 6. Jh.s v. Chr., dessen großartigstes Zeugnis das Werk HOMERS darstellt. 6500 Verse soll die anonym umlaufende *Danais* enthalten haben; allerdings läßt sich diese antike Angabe nicht nachprüfen, es ist doch heute nicht einmal mehr möglich, den vermutlichen Inhalt des Epos genau abzugrenzen. Man muß sich vielmehr, unter Vorbehalten, an die hergegen, was aus späteren Bearbeitungen des Mythos kenntlich wird (von der *Danaiden*-Trilogie des AISCHYLOS sind die *Hiketiden*, vermutlich im Jahre 463 aufgeführt, erhalten): die fünfzig Töchter des Danaos weigern sich, die fünfzig Söhne des Aigyptos zu heiraten, und bringen ihre Freier auf den Rat ihres Vaters in der Hochzeitsnacht um; einzig Hypermestra verhilft ihrem Gatten Lynkeus zur Flucht. Das weitere Schicksal der Helden wird verschieden erzählt: nach einer Version gehören sie (wie Tantalos, Sisyphos, Ixion) zu den ewigen Büßern im Hades. An welcher Stelle der Geschichte die in einem Fragment erwähnte Kampf zwischen Aigyptiaden und Danaiden seinen Platz hatte, bleibt ungewiß. E. Sch.

AUSGABE: Lpzg. 1877 (in *Epicorum Graecorum fragmenta*, Bd. 1, Hg. G. Kinkel).

LITERATUR: E. Bethe, Art. *Danais* (4) (in RE, 4/2, 1901, Sp. 2091 f.). – U. v. Wilamowitz-Moellendorff, *Aischylos*, Bln. 1914, S. 16ff. – Schmid-Stählin, 1/1, S. 222. – H. Hunger, *Lexikon d. griech. u. röm. Mythologie*, Wien [5]1959, s. v. »*Danaiden*«.

EPIGONOI (griech.; *Die Nachkommen*). Abschluß der Theben-Trilogie des *Epikos kyklos (Epischer Zyklus)*; bildete innerhalb des zyklischen Gesamtkomplexes den Übergang vom thebanischen zum troischen Mythenkreis. – Manche der »Nachkommen« jener Sieben, die gegen Theben gezogen und dort zugrunde gegangen waren *(Thebais)*, tauchen in der *Ilias* HOMERS wieder auf, so etwa der strahlende Held Diomedes, Sohn des Tydeus und Enkel des Adrastos. Wie der siegreiche Rachefeldzug der Epigonen gegen die von den Vätern vergeblich bestürmte Stadt in den 7000 Versen des Epos im einzelnen gestaltet wurde, entzieht sich unserer Kenntnis; denn das Gedicht hat, wie seine Geschwisterwerke, die Unbilden der Überlieferung nicht überstanden. So läßt sich auch nicht mehr beurteilen, wieweit die Darstellung der Schicksale des Alkmaion, der den Zug anführte, sich mit dem in der *Alkmaiōnis* geschilderten Geschehen deckte. Den Tragikern, darunter AISCHYLOS und SOPHOKLES, diente der Stoff als Thema zu *Epigonoi*-Dramen.
Da die epische Vorlage als Fortsetzung der *Thebais* galt, die man dem Homer zuschrieb, liefen die *Epigonen* noch im 5. Jh. – HERODOT gibt, wenngleich mit gebührender Skepsis, das Zeugnis – ebenfalls unter dem Namen des großen Dichters. (Die *Ilias* spielt übrigens auf die Epigonengeschichte gelegentlich an.) Das erhabene Etikett vermochte jedoch ihren Rang kaum zu heben: die Handlung war mit Wahrscheinlichkeit nicht im religiösen Mythos verankert, sondern rein literarische Fiktion. So ist das Werk ein eklatantes Beispiel für die ausschließlich unter dem Gesichtspunkt der zyklischen Reihung geschriebenen Epen – ganz im Gegensatz zu der genannten *Thebais*. E. Sch.

AUSGABEN (Fragmente u. Testimonien): Lpzg. 1877 (in *Epicorum Graecorum fragmenta*, Hg. G. Kinkel, Bd. 1). – Oxford [2]1946 (in *Homeri opera*, Hg. T. W. Allen, Bd. 5; Nachdr. 1961).

LITERATUR: E. Bethe, Art. »*Epigonoi*« (in RE, 6/1, 1907, Sp. 67f.). – A. Rzach, Art. »*Kyklos*« (in RE, 11/2, 1922, Sp. 2374–2377). – Schmid-Stählin, 1/1, S. 204. – Lesky, S. 100.

HĒRAKLĒIS, auch: *Herakleia* (griech.; *Herakles-Epos*). Eines der am schwersten zu greifenden Stücke der in die Umgebung des *Epikos kyklos (Epischer Zyklus)* gehörigen Werke. – Keinesfalls kann in dem Epos bereits der Kanon der zwölf Heldentaten erzählt worden sein (nemeischer Löwe, lernäische Hydra, kerynitische Hindin, erymanthischer Eber, stymphalische Vögel, Augiasstall, kretischer Stier, Rosse des Diomedes, Gürtel der Amazonenkönigin, Rinder des Geryoneus, Hesperidenäpfel, Kerberos); denn dieser hat sich erst in späterer Zeit herausgebildet: PEISANDROS aus Rhodos (6. Jh. v. Chr.) und PANYASSIS aus Halikarnassos (ein Onkel oder Vetter HERODOTS; gestorben um 460 v. Chr.), die als die großen Erben der alten *Hēraklēis*, dem Stoff die gültige Gestalt gaben, in der ihr Held zum ethischen Vorbild der Jahrhunderte werden sollte, sie beide fanden wahrscheinlich von der Kanonisierung noch keine Spur vor. Allenfalls könnte Panyassis sie geschaffen haben, falls ihr Ursprung nicht überhaupt in der Peloponnes zu suchen ist.
Und wie steht es mit den beiden anderen, von den Alten zum *Epenzyklus* gestellten Titeln, mit der *Minyas* (gleich → *Phōkais*?) und der *Einnahme von Oichalia*? Sind sie Teilgesänge der einen *Hēraklēis*, oder ist der Obertitel mit einem dieser Werke identisch? Wenn das letztere der Fall ist – und in der Tat wird die *Einnahme von Oichalia* vielfach mit der *Hērakleia* gleichgesetzt –, dann hat das Epos die Sage der Söhne des Königs Eurytos von Oichalia behandelt: Diese hatten, von Herakles im Bogenschießen besiegt, ihm den Kampfpreis – ihre Schwester Iole – verweigert und waren deshalb von dem Heros erschossen worden; später kam Herakles mit Verstärkung zurück, um die Stadt Oichalia zu zerstören und Iole mit sich zu führen. Die weiteren Geschehnisse, die zum Tod und zur Vergöttlichung des Helden führen, hat SOPHOKLES in seinen *Trachiniai (Die Trachinierinnen)* dramatisch ausgeformt, einem Werk, das möglicherweise auf der *Hēraklēis* basiert. – Ihr Verfasser bleibt unbekannt – in der Homerlegende widmet HOMER die *Oichalias halōsis (Die Einnahme von Oichalia)* dem KREOPHYLOS aus Samos, KALLIMACHOS sprach sie dem Kreophylos selbst zu (*Epigramm* 6, Pfeiffer), andere nannten den auch sonst im *Zyklus* spukenden KINAITHON als Autor. E. Sch.

AUSGABEN: Lpzg. 1877 (in *Epicorum Graecorum fragmenta*, Hg. G. Kinkel, Bd. 1; hier auch d. Peisander- und Panyassis-Fragmente). – Oxford 1946 (in *Homeri opera*, Hg. T. W. Allen, Bd. 5; zul. 1961).

LITERATUR: U. v. Wilamowitz-Moellendorff, *Der Herakles der Sage* (in U. v. W.-M., *Euripides Herakles*, Bd. 1, Bln. [2]1895; Nachdr. Darmstadt 1959, Bd. 2, S. 1–107). – P. Friedländer, *Herakles*, Bln. 1907 (Philol. Untersuchungen, 19). – Ders., *Kritische Untersuchungen zur Geschichte der Heldensage* (in RhMus, 69, 1914, S. 335–341). – Schmid-Stählin, 1/1, S. 221/222. – K. Schefold, *Drei archaische Dichtungen von Herakles* (in MH, 19, 1962, S. 130–132).

ILIUPERSIS (griech.; *Zerstörung Ilions*). Epos in zwei Büchern, das innerhalb des *Epikos kyklos (Epischer Zyklus)* – sofern die *communis opinio* über die *Mikra Ilias (Kleine Ilias)* recht hat – das Geschehen der *Aithiopis* weiterführte. – Der Streit zwischen Aias und Odysseus um Achills göttliche Rüstung, der Bau des hölzernen Pferdes, Laokoons Ende, Aineias' Auswanderung, die listige Einnahme Trojas, das Blutbad in der Stadt und deren Brand: dies dürfte, der Inhaltsangabe des PROKLOS zufolge, die dramatische Handlung dieser zwei Bücher gewesen sein. Die effektvoll schauerliche Krönung bildete die Beuteteilung (Odysseus erhält Hekabe, Agamemnon Kassandra, Neoptolemos Andromache) und die anschließende Opferung der Priamos-Tochter Polyxena auf dem Grabe Achills.
Über den Charakter dieses Epos als eines Kunstwerks wird ähnlich zu urteilen sein wie über die anderen troischen Zyklus-Teile: Auch die *Iliupersis* steht und fällt mit ihrem Bezug zu HOMERS *Ilias* und ihrer Einordnung in den rhapsodischen Ring. Als Einzelpoem blieb sie, nachdem Homer immer mehr zur alles überstrahlenden Sonne der archaischen Dichtung geworden war, höchstens noch eine willkommene Stoffquelle für spätere Bearbeiter des Mythos, wie etwa den Tanzlyriker STESICHOROS oder die Tragödiendichter (SOPHOKLES' *Aias* und

EURIPIDES' *Hekabe* und *Troades* – *Die Troerinnen* seien als erhaltene Stücke erwähnt. Zum Teil mag die *Iliupersis* auch durch die kürzere Fassung der Ereignisse in der *Kleinen Ilias* in den Hintergrund gedrängt worden sein; ARISTOTELES spricht nur von dieser, weder von *Iliupersis* noch von *Aithiopis*.
E. Sch.

AUSGABEN: Lpzg. 1877 (in *Epicorum Graecorum fragmenta*, Hg. G. Kinkel, Bd. 1). – Lpzg. ²1929 (in E. Bethe, *Homer. Dichtung und Sage*, Bd. 2). – Oxford ²1946 (in *Homeri opera*, Hg. T. W. Allen, Bd. 5; Nachdr. zul. 1961).

LITERATUR: F. G. Welcker, *Der epische Cyclus*, Bd. 2, Bonn ²1882, S. 169–280. – A. Rzach, Art. »*Kyklos*« (in RE, 11/2, 1922, Sp. 2405–2410). – Schmid-Stählin, 1/1, S. 212/213. – M. I. Wiencke, *An Epic Theme in Greek Art* (in American Journal of Archeology, 58, 1954, S. 285–306). – W. Kullmann, *Die Quellen der »Ilias«*, Wiesbaden 1960 (HermE, 14).

KYPRIA (griech.; *Kyprien*). Der Teil des *Epikos kyklos (Epischer Zyklus)*, der die Vorgeschichte der *Ilias* erzählte, und zwar unter genauer Berücksichtigung der von HOMER erwähnten Begebenheiten, so daß mit Sicherheit gesagt werden kann, daß die *Kyprien* – die Bedeutung des Namens ist ungeklärt – nach jenem Werk verfaßt worden sind (wohl im 7. Jh. v. Chr.).

Zwar sind aus den *Kyprien* dank antiker Zitate mehr Fragmente als aus den anderen Epen des Zyklus überliefert, doch ist unsere ziemlich vollständige Kenntnis des Handlungsverlaufs in erster Linie der ausführlichen Inhaltsangabe des PROKLOS (2. oder 5. Jh. n. Chr.) zu danken. In den elf Büchern war eine ungeheure Handlungsfülle darzustellen. Am Beginn des Werks stand der Ratschluß von Zeus und seiner Gemahlin Themis (der Göttin der Rechtsordnung), der Übervölkerung der Erde durch einen gewaltigen Krieg abzuhelfen. Den ersten »Akt« der Durchführung dieses Planes bildet die Götterhochzeit zwischen Thetis und dem sterblichen Peleus, den Eltern des Griechenhelden Achill, jenes Fest, bei dem die Streitgöttin Eris den goldenen Apfel unter die Gäste wirft, der das Paris-Urteil provoziert und so zum mittelbaren Anlaß des Troianischen Krieges wird. Im zweiten »Akt« sieht man Paris auf Reisen; er besucht die Dioskuren, ist Gast des Menelaos, verführt dessen Frau Helena und nimmt sie mit nach Troia. Ein dritter Teil zeigt die Griechen bei der Rüstung zum Krieg. Agamemnon und Menelaos sind die Initiatoren; auch Nestor, der allerlei über mythologische Exempla ehelichen Unglücks zu erzählen weiß, stimmt zu; den eigenwilligen »Pazifisten« Odysseus allerdings kann Palamedes nur durch eine List vom Pflug trennen. In Aulis sammelt sich die Flotte, belagert aber nach der Ausfahrt zunächst versehentlich Teuthrania, dessen König Telephos von Achilleus verwundet wird. Auf der Rückfahrt wird die Flotte im Sturm zerstreut – Achill gelangt nach Skyros und heiratet Deidameia (dem Bund entspringt Neoptolemos). Das Heer trifft sich – vierter »Akt« – zum zweitenmal in Aulis. Die Führer sehen sich gezwungen, die durch einen Kultfrevel beleidigte Göttin Artemis durch die Opferung Iphigenies zu versöhnen, um günstigen Fahrtwind zu erlangen (hier konnte der Dichter der *Nostoi* in den Agamemnon-Episoden anknüpfen). In einem fünften »Akt« gelangen die Helden endlich an das Gestade Ilions, nachdem sie unterwegs den von einer Giftschlange gebissenen Philoktet auf der Insel Lemnos aussetzen mußten (dies ist wahrscheinlich in der *Iliupersis* wieder aufgenommen worden). Gleich bei der Landung fällt Protesilaos. Eine die Rückgabe Helenas fordernde Gesandtschaft der Griechen bleibt ohne Erfolg. Die troischen Provinzstädte werden zerstört, Agamemnon erhält Chryseis, Achill Briseis als Beute. Der Kampf zieht sich über Jahr und Tag hin, die Nahrung wird knapp, das Heer kriegsmüde. Eine der letzten Szenen ist die Ermordung des Palamedes durch Odysseus. Das Werk schloß mit einem Katalog der troianischen Helden.

Sogar an den knappen Auszügen ist noch zu erkennen, daß der Verfasser mehr geben wollte als nur ein Fakten-Supplement zur *Ilias*. Sein Hauptbestreben war die motivische Verwebung der mythischen Fäden, im abgewogenen Ausgleich von Ursachen und Folgen (das ähnliche Wachsen der Feindschaft zwischen Odysseus und Palamedes läßt sich über weite Strecken hin verfolgen; der Zorn Apollons auf die Griechen, besonders Achill, wird von langer Hand vorbereitet, desgleichen der aufkeimende Zwist zwischen Agamemnon und Achill). Man sieht, daß der Dichter nicht nur in den geschichtlichen Daten des Berichts, sondern auch handwerklich sehr viel von seinem Vorbild Homer gelernt hat – wie jener beherrscht er das kompositorische Spiel von Vorbereitung und Andeutung, die grundlegende Voraussetzung des motivischen »Arbeitens« innerhalb des Epos. Allerdings ist der Unterschied zwischen beiden Autoren nicht zu übersehen. Auf die innere Einheit der *Ilias* mußte der *Kyprien*-Dichter von vornherein verzichten, da ja ein wesentlicher Teil seiner Aufgabe darin bestand, mit den Motiven über sein eigenes Werk hinauszuweisen, eben auf die *Ilias*. Dieses Ziel konnte dem Autor von Anfang an höchstens das Prädikat eines begabten Epigonen sichern.
E. Sch.

AUSGABEN: Lpzg. 1877 (in *Epicorum Graecorum fragmenta*, Hg. G. Kinkel, Bd. 1). – Lpzg./Bln. ²1929, Hg. E. Bethe (s.u.). – Ldn./Cambridge (Mass.) ³1936 (in *Hesiod. The Homeric Hymns and Homerica*, Hg. H. G. Evelyn-White; m. engl. Übers.; Loeb; Nachdr. zul. 1959). – Oxford ²1946 (in *Homeri opera*, Hg. T. W. Allen, Bd. 5; Nachdr. zul. 1965).

BEARBEITUNG: Th. v. Scheffer, *Die Kyprien*, Mchn. 1934; Wiesbaden ²1947.

LITERATUR: E. Bethe, *Homer. Dichtung und Sage*, Lpzg./Bln. ²1929, bes. S. 152–167; 198–201; 211 bis 245; Nachdr. Darmstadt 1966. – Schmid-Stählin, 1/1, S. 205–210. – A. Severyns, *Un sommaire inédit des »Chants cypriens«* (in Annuaire de l'Institut de Philologie et d'Histoires Orientales et Slaves, 10, 1950, S. 571–605). – C. I. Karouzos, *To prooimion tōn »Kypriōn epōn«* (in Praktika tēs Akadēmias Athēnōn, 32, 1957, S. 225–232). – W. Kullmann, *Die Quellen der »Ilias«*, Wiesbaden 1960, S. 189–302 u. ö. (HermE, 14). – Lesky, S. 100/101.

MIKRA ILIAS (griech.; *Kleine Ilias*). Epos in vier Büchern, Teil des *Epikos kyklos (Epischer Zyklus)*. – Die *Mikra Ilias* hat der Nachwelt die meisten Rätsel von allen Stücken des *Zyklus* aufgegeben. Da wir für die Rekonstruktion der Handlung auf die Paraphrase des PROKLOS (2. oder 5. Jh. n. Chr.) angewiesen sind, dieser aber aus nicht mehr kontrollierbaren Gründen die *Kleine Ilias* zwischen *Aithiopis* und *Iliupersis* eingeschoben hat, ist es heute nicht mehr möglich, diese Epen inhaltlich präzis voneinander zu scheiden, zumal sonstige Zitate und Zeugnisse beträchtliche Überschneidungen von *Aithiopis* und *Iliupersis* einerseits und *Kleiner Ilias* andererseits erkennen lassen. Drei Möglichkeiten stehen offen, das scheinbar ausweglose Dilemma zu beseitigen: entweder die Annahme, Proklos gebe ungefähr die richtigen Verhältnisse wieder (wobei die Übergänge von ihm zurechtgestutzt wären und die Dubletten im Original irgendwie kompositorisch berechnet gewesen sein müßten); oder die Hypothese, *Aithiopis* und *Iliupersis* seien Teile einer ursprünglich elf Bücher umfassenden *Kleinen Ilias*, so daß die Vorgeschichte der *Ilias*, d. h. die *Kypria*, und die Fortsetzung der *Ilias*, eben die *Kleine Ilias*, sich einstmals im Umfang genau entsprochen hätten; drittens schließlich die Erklärung, die *Kleine Ilias* sei als eine Art Abriß von *Aithiopis* und *Iliupersis* entstanden und habe, vielleicht mit manchen Änderungen, auch Zusätzen, dasselbe Geschehen wie jene in gedrängter Form erzählt (in diesem Fall wäre das Referat des Proklos kritisch zu sichten).

Die Mehrzahl der Gelehrten neigt heute der dritten Lösung zu. Diese macht auch am leichtesten verständlich, weshalb ARISTOTELES immer von der *Kleinen Ilias* spricht – sie hatte im Bewußtsein des Volkes, in der Gunst der Leser und wohl ebenso auf dem Büchermarkt die beiden Einzelwerke gänzlich verdrängt. Das Geschehen dürfte sich demnach, aufs Ganze gesehen, mit dem in den parallelen Epen Erzählten gedeckt haben: Streit um die Rüstung Achills, Heimholung des vom Arzt Machaon geheilten Philoktet aus Lemnos, der dann Paris tötet, Eingreifen des Achilleus-Sohnes Neoptolemos, dem Odysseus die Waffen seines Vaters schenkt, Bau des hölzernen Pferdes, Einnahme Trojas, Blutbad und Brand, Begegnung des Menelaos mit Helena, Abfahrt der Achäer. Wie wenig auch im Detail noch vom Charakter der Darstellung greifbar ist, eine Eigentümlichkeit des Berichts scheint erkennbar zu sein: die starke Tendenz zu einer Aristie des Odysseus, dessen weitblickende, menschlich-versöhnliche Art den brutaleren Zügen des Neoptolemos entgegengestellt wurde (Schmid-Stählin). Doch kann dieser Eindruck sehr wohl auch in einer zufälligen Einseitigkeit der ohnehin dürftigen Überlieferung begründet liegen. E. Sch.

AUSGABEN: Lpzg. 1877 (in *Epicorum Graecorum fragmenta*, Hg. G. Kinkel, Bd. 1). – Lpzg./Bln. ²1929, Hg. E. Bethe (s. u.) – Ldn./Cambridge (Mass.) ³1936 in *Hesiod. The Homeric Hymns and Homerica*, Hg. H. G. Evelyn-White; m. engl. Übers.; Loeb; Nachdr. zul. 1959). – Oxford ²1946 (in *Homeri opera*, Hg. T. W. Allen, Bd. 5; Nachdr. zul. 1965).

LITERATUR: E. Bethe, *Homerische Dichtung und Sage*, Bd. 2, Lpzg./Bln. ²1929, bes. S. 169–178; 211–227; 245–261; Nachdr. Darmstadt 1966. – Schmid-Stählin, 1/1, S. 205–207; 213f. – W. Kullmann, *Die Quellen der Ilias*, Wiesbaden 1960, S. 335–355 u. ö. (HermE, 14). – Lesky, S. 102.

NOSTOI (griech.; *Heimkehrgeschichten*). Der Teil des *Epikos kyklos (Epischer Zyklus)*, der als Ergänzung zur *Heimkehr des Odysseus*, der *Odyssee* HOMERS, in fünf Büchern von der Heimfahrt der übrigen Griechenhelden aus Troia erzählte; zum Verfasser machte das Altertum – sofern man nicht mit einem ehrlichen »Anonymus« zufrieden war – Homer oder einen HAGIAS aus Troizen. – Als Kunstwerk standen die *Nostoi* hinter der *Odyssee* ganz gewiß weit zurück; man sah ihnen den Charakter des Supplementären durch die peinlich sorgfältige Beachtung der in dem Homerischen Werk beiläufig erwähnten Heimkehrschicksale allzu deutlich an. Als literarische Stoffquelle jedoch wurde das Werk wegen seines Reichtums an Einzelgeschehnissen durch Jahrhunderte hochgeschätzt – erinnert sei nur an die berühmten Tanzlieder des STESICHOROS, der sich mit Vorliebe dem troianischen Mythenkreis zuwandte. Daß auch die Tragiker daraus schöpften, versteht sich fast von selbst.

Über den Inhalt sind wir im groben durch die Chrestomathie des PROKLOS (2. oder 5. Jh.) informiert; seinen konzisen Angaben ist sogar noch zu entnehmen, daß der Dichter sich bemühte, die bloße Reihung der vielfältigen Erlebnisse durch eine kompositorische Klammer zu verbinden: Die Führer des großen Kampfes, die beiden Atriden Agamemnon und Menelaos, bestimmen das epische Geschehen am Anfang und am Ende – zu Beginn ein Streit um die Heimfahrt und die Versöhnung der Athene (hier klingt das erste Buch der *Ilias* nach), als Abschluß die Rückkunft des Menelaos von seiner ägyptischen Irrfahrt und die Heimkehr Agamemnons nach Mykene, wo er von seiner Frau Klytaimestra erschlagen und durch seinen Sohn Orest gerächt wird. Dazwischen sind die Heimkehrgeschichten der anderen Troiahelden eingefügt. Die einen ziehen zu Lande ab (so Neoptolemos, der Sohn Achills, in Richtung Thrakien und Thessalien, der Seher Kalchas mit anderen an der kleinasiatischen Küste entlang nach Süden – er stirbt in Kolophon). Die übrigen wählen entweder den Weg übers Meer (wie Nestor und Diomedes, die wohlbehalten zu Hause ankommen) oder versuchen eine Rückfahrt in Küstennähe (was zum Untergang, wie bei dem Lokrischen Aias, oder zu Irrfahrten, wie bei Menelaos, führt). Die Stelle, die *Nostoi* im Rahmen des *Zyklus* einnahmen, der Platz zwischen *Iliupersis* oder *Mikra Ilias* (*Kleine Ilias*) und *Odyssee*: Dadurch war nicht nur zunächst der allgemeine Hintergrund gezeichnet, vor dem sich die besonderen Schicksale des Odysseus abspielten, sondern auch die mythische Chronologie gewahrt, da der »göttliche Dulder« ja am längsten von allen Kämpfern übers Meer verschlagen wurde. E. Sch.

AUSGABEN: Lpzg. 1877 (in *Epicorum Graecorum fragmenta*, Hg. G. Kinkel, Bd. 1). – Lpzg./Bln. ²1929, Hg. E. Bethe (s. u.). – Ldn./Cambridge (Mass.) ³1936 (in *Hesiod. The Homeric Hymns and Homerica*, Hg. H. G. Evelyn-White; m. engl. Übers.; Loeb; mehrere Nachdr.). – Oxford ²1946 (in *Homeri opera*, Hg. T. W. Allen; Nachdr. zul. 1965).

LITERATUR: U. v. Wilamowitz-Moellendorff, *Homerische Untersuchungen*, Bln. 1884, S. 173–182 (Philol. Untersuchungen, 7). – A. Hartmann, *Untersuchungen über die Sagen vom Tod des Odysseus*, Mchn. 1917, S. 97–105. – Schmid-Stählin, 1/1, S. 215/216. – E. Bethe, *Homer. Dichtung und Sage*, Bd. 2, Lpzg./Bln. ²1929, bes. S. 262–283; Nachdr. Darmstadt 1966. – Lesky, S. 102.

OIDIPODEIA (griech.; *Oidipus-Epos*). Das erste jener drei Stücke des *Epikos kyklos (Epischer Zyklus)*, die den thebanischen Sagenkreis zum Thema hatten: die *Oidipodie*, nach alten Angaben 6600 Verse umfassend, behandelte das Geschick des Oidipus, während die *Thēbais* vom fluchbeladenen Leben seiner Söhne und dem Zug der Sieben gegen Theben erzählte und die *Epigonoi (Die Nachkommen)* schließlich die Einnahme der Stadt durch die Nachkommen dieser Sieben beschrieben. Leider sind von den Epen des ganzen Thebenmythos sogar die antiken Inhaltsangaben verlorengegangen, so daß man für die Rekonstruktion des Geschehens auf die Nachwirkungen des Epos, sei es bei den Tragikern, sei es bei den Mythographen oder auf bildlichen Darstellungen, angewiesen ist: ein unlösbares methodisches Dilemma, da es bei den Nachbildungen ja gerade darauf ankäme, die Variation des Stoffes in der tragischen Gestaltung deutlicher zu fassen; bei AISCHYLOS und EURIPIDES müßte die epische Version sogar dazu dienen, die Tragödien zu rekonstruieren, denn erhalten sind nur die *Oidipus*-Dramen des SOPHOKLES.
Wie reich an Einzelheiten das Epos, von dessen Sagen auch die Gedichte HOMERS wissen, einst gewesen ist, kann man nur mehr erahnen; wesentliche Züge waren ohne Frage Oidipus' Reise nach Theben mit der Lösung des Sphinxrätsels, seine Vermählung mit der Königin – die hier nicht Epikaste oder Iokaste, sondern Eurygameia hieß – als Belohnung für die Überwindung des menschenfressenden Ungeheuers. Daß aus dem inzestuösen Bund der vier Kinder Eteokles, Polyneikes, Antigone und Ismene hervorgingen (zumindest die Existenz der beiden Brüder ist in der *Thēbais* vorausgesetzt), kann gleichfalls in der *Oidipodie* gestanden haben; doch blieb anscheinend Oidipus auch nach der Mutterheirat König der Stadt, und es ist nicht ausgeschlossen, daß die Kinder einer zweiten Ehe entstammten, von der das Epos vielleicht erzählte (unter Umständen gehört der Name Eurygameia in diesen Zusammenhang). Der Tod des Oidipus bleibt völlig im dunkeln.
Über den Verfasser des Epos ist nichts bekannt: Wenn einige antike Gewährsmänner den Lakonier KINAITHON (7. Jh. v. Chr.) nennen, ist dies nicht weniger vage und unsicher als die Angabe anderer angeblicher Autoren des *Epenzyklus*. E. Sch.

AUSGABEN: Lpzg. 1877 (in *Epicorum Graecorum fragmenta*, Hg. G. Kinkel, Bd. 1). – Ldn./Cambridge (Mass.) ³1936 (in *Hesiod. The Homeric Hymns and Homerica*, Hg. H. G. Evelyn-White; m. engl. Übers.; Loeb; mehrere Nachdr.). – Oxford ²1946 (in *Homeri opera*, Hg. T. W. Allen; Nachdr. zul. 1965).

LITERATUR: F. G. Welcker, *Der epische Cyclus*, Bd. 2, Bonn ²1882, S. 313–319. – E. Bethe, *Thebanische Heldenlieder*, Lpzg. 1891, S. 1–28; 149–169. – C. Robert, *Oidipus. Geschichte eines poetischen Stoffs im griech. Altertum*, Bln. 1915, Bd. 1, bes. S. 149-169; Bd. 2, S. 61–66. – Schmid-Stählin, 1/1, S. 202. – L. Deubner, *Oedipusprobleme*, Bln. 1942 (APAW 1942, 4). – Lesky, S. 99.

PHŌKAÏS (griech.; *Phoker-Epos*). – Ein in den Umkreis des *Epikos kyklos (Epischer Zyklus)* gehörendes altgriechisches Epos, von dem buchstäblich nur der Titel übriggeblieben ist. – Die Angabe,

HOMER habe das Werk, wie die *Mikra Ilias (Kleine Ilias)*, dem Phokäer Thestorides als Gastgeschenk überreicht, gehört ins Reich der üppigen Homer-Legende. Wenn die Hypothese WELCKERS richtig ist, die *Phōkaïs* sei mit dem epischen Gedicht *Minyas* zu identifizieren, und wenn ferner die Annahme zutrifft, es sei darin von der Einnahme der Minyerstadt Orchomenos durch Herakles erzählt worden – die spärlichen Zeugnisse berichten nur über Hadesfahrten im Stil der *Odyssee* sowie über die Tötung Meleagers durch Apoll –, dann könnte das Werk Teil oder Ergänzung der *Hēraklēïs* gewesen sein. Doch wird man in diesen Fragen schwerlich über vage Kombinationen hinauskommen können. E. Sch.

AUSGABEN: Lpzg. 1877 (in *Epicorum Graecorum fragmenta*, Hg. G. Kinkel, Bd. 1). – Ldn./Cambridge (Mass.) ³1936 (in *Hesiod. The Homeric Hymns and Homerica*, Hg. H. G. Evelyn-White; m. engl. Übers.; Loeb; mehrere Nachdr.). – Oxford ²1946 (in *Homeri opera*, Hg. T. W. Allen; Nachdr. zul. 1965).

LITERATUR: F. G. Welcker, *Der epische Cyclus*, Bd. 1, Bonn ²1865, S. 237–245; Bd. 2, Bonn ²1882, S. 421–424. – P. Friedländer, *Herakles*, Bln. 1907 (Philol. Untersuchungen, 19). – Ders., *Kritische Untersuchungen zur Geschichte der Heldensage* (in RhMus, 69, 1914, S. 335–341). – Schmid-Stählin, 1/1, S. 222. – K. Schefold, *Drei archaische Dichtungen von Herakles* (in MH, 19, 1962, S. 130–132).

TĒLEGONIA (griech.; *Telegonos-Epos*). Ein zum *Epikos kyklos (Epischer Zyklus)* gehörendes Werk, das unter Verwendung eines älteren Epos namens *Thesprōtis* in zwei Büchern die *Odyssee* HOMERS in ähnlicher Weise weiterführte wie die *Aithiopis* die *Ilias*: Beide Male soll die Geschichte des Hauptheldens bis zu seinem Tod erzählt werden. Mit dieser inneren Bindung an eine Hauptgestalt stehen die beiden Gedichte dem Homerischen Werk in ihrer dichterischen Eigenart noch etwas näher als die *Iliupersis*, die lediglich das Faktische der Kriegshandlung seinem Abschluß zuführen will. Die künstlerische Qualität ihres großen Vorbildes dürften indes alle drei nicht im entferntesten erreicht haben, und der *Tēlegonia* kann dies auch kaum verwundern – soll sie doch von EUGAMMON aus Kyrene (um 565 v.Chr.) verfaßt worden sein, zu einer Zeit also, in der der Geist der episch-rhapsodischen Tradition längst verblaßt war: Das Gedicht war – trotz seiner novellistischen Ambitionen – schon antiquiert, als sein Autor es plante. Im ersten Teil scheint noch viel aus der *Thesprōtis* bewahrt: Odysseus muß, um dem Meergott Poseidon zu versöhnen, eine lange Festlandreise unternehmen. Er zieht nach Epirus, dessen Küstenstreifen Thesprotien genannt wird, heiratet dort die Königin Kallidike und führt die Thesprotier in einem Krieg gegen die Bryger. Nach Kallidikes Tod kehrt er in die Heimat Ithaka zurück. Auch das Folgende gründet zweifelsohne auf uraltem Sagengut (man vergleiche nur die Mythen von Laios und Oidipus oder von Hildebrand und Hadubrand): Telegonos, der Sohn Kirkes und des Odysseus, hat sich aufgemacht, seinen Vater zu suchen; auf Ithaka angekommen, erschlägt er jedoch seinen Vater, ohne ihn erkannt zu haben. In manchen Details ist die manierierte Art des späten Poeten noch deutlich sichtbar: Ein giftiger Rochenstachel als Todesursache ist ein gar zu »erlesenes«

Instrument (vgl. *Odyssee*, V. 134f. [nach Schmid-Stählin]). Vom gleichen Geist zeugt auch der merkwürdige Schluß des Epos, wo – damit ein beruhigendes Ende des Irrens und Tötens gefunden sei – in unbedenklicher Weise die Söhne des Helden sich wechselseitig mit seinen Gattinnen (ihren Stiefmüttern) vermählen: Telegonos mit Penelope, Telemachos mit Kirke, die jene beiden großzügig auf die Inseln der Seligen entrückt. E. Sch.

AUSGABEN: Lpzg. 1877 (in *Epicorum Graecorum fragmenta*, Hg. G. Kinkel, Bd. 1). – Lpzg./Bln. ²1929, Hg. E. Bethe (in E. Bethe, *Homer. Dichtung und Sage*, Bd. 2, S. 187–189; Nachdr. unter d. Titel *Der troische Epenkreis*, Darmstadt 1964). – Ldn./Cambridge (Mass.) ³1936 (in *Hesiod. The Homeric Hymns and Homerica*, IIg. H. G. Evelyn-White; m. engl. Übers.; Loeb; mehrere Nachdr.). – Oxford ²1946 (in *Homeri opera*, Hg. T. W. Allen; Nachdr. zul. 1965).

LITERATUR: F. G. Welcker, *Der epische Cyclus*, Bd. 2, Bonn ²1882, S. 301–310. – A. Hartmann, *Untersuchungen zur Rekonstruktion der »Telegonia« des Eugamon von Kyrene. I: Die mythographische Überlieferung*, Diss. Mchn. 1915. – Ders., *Untersuchungen über die Sagen vom Tod des Odysseus*, Mchn. 1917. – A. Rzach, Art. *»Kyklos«* (in RE, 11/2, 1922, Sp. 2426–2433). – Schmid-Stählin, 1/1, S. 217–220. – O. Scherling, Art. *Telegonos* (in RE, 5A/1, 1934, Sp. 314–320). – R. Merkelbach, *Untersuchungen zur Odyssee*, Mchn. 1951, S. 142–155. – Lesky, S. 102. – B. Paetz, *Kirke und Odysseus. Überlieferung und Deutung von Homer bis Calderón*, Bln. 1970.

THĒBAIS (griech.; *Thebais*). Das älteste literarisch geformte Stück des griechischen *Epikos kyklos (Epischer Zyklus)*, das unter Umständen sogar schon der *Ilias* HOMERS vorauslag und nach antikem Zeugnis neben den Homerischen Epen das dichterisch vollkommenste Werk jenes Kreises war; bereits KALLINOS, der »Promachos« der frühen Elegie, schrieb die *Thēbais* im 7. Jh. v. Chr. Homer zu. – Das heute verlorene Epos behandelte in rund 7000 Versen das blutig-düstere Drama der Labdakidengeneration der Oidipus und seiner Söhne. Im Zentrum stand der Feldzug der Sieben – Polyneikes, Adrastos, Tydeus, Kapaneus, Mekisteus, Amphiaraos, Parthenopaios hießen sie in der *Thebais* – gegen die Stadt Theben und der Untergang der Angreifer: alles die Folge jenes Oidipus-Fluchs über seine Söhne, die ihm nach seinem Sturz (später in der *Oidipodeia* episch behandelt und dem *Kyklos* einverleibt) trotz Verbots das goldene und silberne Geschirr des Kadmos zu reichen und schlechtes Opferfleisch vorzusetzen gewagt hatten.

Manche Einzelzüge der Handlung sind noch greifbar: ausführliche Episoden von der Vorgeschichte des Tydeus (seinem Zusammentreffen mit Polyneikes, ihrer Reise zu König Adrastos, der beide Töchter vermählt); überhaupt scheint Tydeus eine der Zentralfiguren gewesen zu sein (daß er noch im Tod seinem Gegner den Schädel aufschlug und sein Hirn austrank, war nicht her erzählt, auch sein Begräbnis vor der Stadt usw.). Eine weitere Hauptperson – neben den sich wechselseitig ermordenden Brüdern – war Amphiaraos, dessen Abneigung gegen die Teilnahme an der Heerfahrt seine Gattin Eriphyle nur durch einen Betrug überwinden konnte (dies die Wurzeln jener »Aristie« seines Sohnes Alkmaion, die zyklisch in der *Alkmaiōnis* verarbeitet wurde); während der Schlacht wurde Amphiaraos dann in die Unterwelt entrückt. Eine bedeutende Rolle spielte ferner Adrastos, dem als einzigem auf seinem göttlichen Pferd Areion die Flucht gelang. Die übrigen angreifenden Heroen blieben wohl etwas blasser.

Die Gegner auf seiten der Stadt gewannen eigenes Profil sicherlich nicht in der *Thēbais*, sondern erst in der Aischyleischen Gestaltung des Sagenstoffes, den *Hepta epi Thēbas (Sieben gegen Theben)*. Ebenso waren dem Epos manche Züge fremd, die Nachwelt für vertraute und integrale Einzelheiten des Mythos halten möchte: so des Polyneikes Bestattungsverbot und die Antigone-Geschichte, die Verbrennung der gefallenen Krieger auf sieben Scheiterhaufen und die Weigerung der Sieger, die Leichen der toten Helden auszuliefern.

Aus dem Fehlen dieser tief im lokalen Sagengut von Theben verankerten Geschehnisse hat man den Schluß gezogen, die *Thēbais* sei nicht im Mutterland, sondern aufgrund von Mythen, die bereits die alten Auswanderer mitnahmen, im Kulturkreis des kleinasiatischen Griechentums entstanden. Die Tragiker allerdings – Aischylos in seiner Theben-Trilogie, SOPHOKLES in den *Oidipus-* und *Antigonē-*Dramen, EURIPIDES in den *Phoinissai (Die Phönikierinnen)* und den *Hiketides (Die Schutzflehenden)*, wozu bei allen dreien noch heute verlorene Stücke hinzukommen – haben auf die bodenständige Tradition zurückgegriffen. Sie waren es auch, die der Folgezeit die gültige Version der thebanischen Sagen vermittelten. Ob epische Bearbeiter des Themas wie ANTIMACHOS oder der Römer STATIUS – um nur die bekanntesten zu erwähnen – in ihrer *Thebais* sich auf die alte *Thebais* stützten, darüber ist keine Entscheidung mehr möglich; es erscheint aber zumindest für die Zeit nach Antimachos zweifelhaft. E. Sch.

AUSGABEN: Lpzg. 1877 (in *Epicorum Graecorum fragmenta*, Hg. G. Kinkel, Bd. 1). – Ldn./Cambridge (Mass.) ³1936 (in *Hesiod. The Homeric Hymns and Homerica*, Hg. H. G. Evelyn-White; m. engl. Übers.; Loeb; mehrere Nachdr.). – Oxford ²1946 (in *Homeri opera*, Hg. T. W. Allen; Nachdr. zul. 1965).

LITERATUR: F. G. Welcker, *Der epische Cyclus*, Bd. 2, Bonn ²1882, S. 320–379. – E. Bethe, *Thebanische Heldenlieder*, Lpzg. 1891, S. 42–108; 145–177. – C. Robert, *Oidipus. Geschichte eines poetischen Stoffs im griechischen Altertum*, 2 Bde., Bln. 1915, bes. Bd. 1, S. 169–251. – A. Rzach, Art. *»Kyklos«* (in RE, 11/2, 1922, Sp. 2361–2373). – Schmid-Stählin, 1/1, S. 202–204. – L. Deubner, *Oedipusprobleme*, Bln. 1942 (APAW 1942, 4). – H. Hunger, *Lexikon der griechischen und römischen Mythologie*, Wien ⁵1959, S. 247–251; 293–295. – Lesky, S. 99f.

THĒSĒIS (griech.; *Theseus-Epos*). – Ein vermutlich erst im 6. Jh. v. Chr. aus attischem oder troizenischem Nationalbewußtsein in der Art des *Epikos kyklos (Epischer Zyklus)* verfaßtes Epos, das, parallel zur Heraklessage (vgl. *Hērakleis*), die Taten des heldenhaften athenischen Königs Theseus besang. Über Inhalt, Handlungsführung, Aufbau, Stil und Sprache des Werks läßt sich nicht mehr ermitteln, auch nichts über das Verhältnis zu thematisch ähnlichen Zyklustiteln wie *Atthis (Attika-Epos)* usw. Daß PLUTARCH, der die *Thēsēis* in seinem *Thēseus* gelegentlich zitiert, das

Werk noch selbst gelesen haben sollte, erscheint so gut wie ausgeschlossen. Fraglich dürfte sogar sein, ob es überhaupt bis in die Regale der um 300 v. Chr. gegründeten alexandrinischen Bibliothek gelangt ist. ARISTOTELES hat das Epos, ebenso wie die *Hērakleis*, ziemlich ungünstig kritisiert: Immerhin beweist seine Charakteristik eindeutig, daß ein Epos des Namens *Thēsēis* tatsächlich existiert hat und nicht etwa von übereifrigen Philologen aus den mannigfachen Erwähnungen der Sage in den Homerischen und zyklischen Epen nachträglich konstruiert wurde. E. Sch.

TESTIMONIEN: Lpzg. 1877 (in *Epicorum Graecorum fragmenta*, Hg. G. Kinkel, Bd. 1).

LITERATUR: F. G. Welcker, *Der epische Cyclus*, Bd. 1, Bonn ²1865, S. 292–304; Bd. 2, Bonn ²1882, S. 424–427. – H. Herter, Theseus der Jonier (in RhMus, 85, 1936, S. 117–191; 193–239). – Ders., Theseus der Athener (ebd., 88, 1939, S. 244–286; 289–326). – L. Radermacher, *Mythos u. Sage bei den Griechen*, Wien ²1942, S. 239–303. – H. Hunger, *Lexikon der griechischen u. römischen Mythologie*, Wien ⁶1959, S. 399–405.

TITANOMACHIA (griech.; *Titanenkampf*). Sofern keine *Theogonie* vorausging, der erste Teil des altgriechischen *Epikos kyklos (Epischer Zyklus)*, der um die Homerischen Zentralwerke *Ilias* und *Odyssee* herumgruppiert wurde, in der Absicht, systematisch die gesamten Mythen-Erzählungen von der Erschaffung der Erde bis zur Heimkehr des Odysseus darzustellen. – Spätere antike Literaturhistoriker nannten als Autor des anonym tradierten Werkes EUMELOS aus Korinth oder ARKTINOS aus Milet, zwei ganz im archaischen Nebel bleibende frühe Epiker, denen man auch andere Stücke des *Zyklus* zuschreiben wollte. Von den Namen abgesehen, sind uns aber die ohnedies unsicheren Zeugnisse über ihre Existenz wertlos, da sich von ihrem angeblichen Werk nichts erhalten hat. Unsere einzige Quelle für den mutmaßlichen Inhalt der *Titanomachia* bleibt HESIODS Schilderung in der *Theogonie* (V. 617ff.): Danach handelte sie vom Kampf des Zeus und der mit ihm verbündeten Kyklopen und Hundertarmigen (Hekatoncheiren) gegen die Söhne des Uranos (des Himmels) und der Gaia (der Erde), die sich, wie ihr Bruder Kronos, gegen den Vater aufgelehnt hatten. Am Ende stand der Sieg des Olympiers; die Titanen wurden in den Tartaros gesperrt. Man darf wohl annehmen, daß sich mit dieser Hesiodeischen Version auch die dichterisch höherstehende Bearbeitung des Titanenmythos durchgesetzt hat. E. Sch.

AUSGABEN: Lpzg. 1877 (in *Epicorum Graecorum fragmenta*, Hg. G. Kinkel, Bd. 1). – Ldn./Cambridge (Mass.) ³1936 (in *Hesiod. The Homeric Hymns and Homerica*, Hg. H. G. Evelyn-White; m. engl. Übers.; Loeb; mehrere Nachdr.). – Oxford ²1946 (in *Homeri opera*, Hg. T. W. Allen; Nachdr. zul. 1965).

LITERATUR: F. G. Welcker, *Der epische Cyclus*, Bd. 2, Bonn ²1882, S. 409–420. – Schmid-Stählin, 1/1, S. 201. – J. Dietze, Zur kyklischen Theogonie (in RhMus, 69, 1914, S. 522–537). – A. Rzach, Art. »Kyklos« (in RE, 11/2, 1922, Sp. 2354–2356). – E. Wüst, Art. *Titanes* (in RE, 6A/2, 1937, Sp. 1491 bis 1508; m. weiterer Lit.). – J. Doerig u. O. Gigon, *Der Kampf der Götter und Titanen*, Olten/Lausanne 1961.

ANONYM

HYMNOI HOMĒRIKOI (griech.; *Homerische Hymnen*). Sammlung von 33 hexametrischen Hymnen auf altgriechische Gottheiten, vermutlich in hellenistischer Zeit für den Rhapsodengebrauch als Buch zusammengestellt. – Nach Herkunft, Abfassungszeit und Umfang der einzelnen Stücke handelt es sich um ein recht divergentes Corpus. Fünf großen Hymnen, die in ihrer Ausdehnung etwa einem *Odyssee*-Buch entsprechen – *Eis Dionyson (Auf Dionysos*; fragmentarisch), *Eis Dēmētran (Auf Demeter), Eis Apollōna (Auf Apollon), Eis Hermēn (Auf Hermes), Eis Aphroditēn (Auf Aphrodite)* –, steht eine Reihe mittlerer und kleiner Stücke gegenüber, die zum Teil nur noch aus Einleitungs- und Schlußfloskeln bestehen, wie etwa in den knappen Versen auf die Kyprische Aphrodite (Nr. 10): »*Kypernggeborene Kythereia, dich singe ich, die du | Süße Gaben den Menschen gewährst. Dein sehnendes Antlitz | Lächelt ja immer und ist überflogen von blühender Sehnsucht. || Heil, o Göttin, den herrlich ragenden Salamis Herrin | Und des umfluteten Kypros. Gib sehnsuchtsüße Gesänge. | Ich aber werde deiner und andrer Gesänge gedenken.*« Eingang und Ausklang erscheinen hier als ein formelhaft verfestigter Rahmen – den Mittelteil mit dem Lobpreis des Gottes und der Erzählung seiner mythischen Taten hatte der Rhapsode je nach Anlaß selbst einzufügen. Vor allem der in beinahe jedem der Hymnen stereotyp wiederkehrende Abgesang mit dem Gruß an die Gottheit und dem Hinweis auf ein »*anderes Lied*« weisen darauf hin, welcher Art solche Anlässe waren: Bei ihren großen, oft mehrere Tage dauernden Festen pflegten offenbar die Rhapsoden ihren Vortrag mit einem im Versmaß des Epos gehaltenen Gesang auf den Gott einzuleiten, an dessen Kultplatz der Vortrag stattfand (an gewöhnlichen Kultfesten gesungene Lieder waren dagegen in lyrischen Maßen gehalten). Daher konnte man diese Hymnen auch einfach als *Prooimia (Vorlieder)* bezeichnen: So zitiert THUKYDIDES (3, 104) »*aus einem Apollonprooimion*« und gibt uns damit das früheste sekundäre Zeugnis für einen Hymnos der vorliegenden Sammlung (Nr. 3, Allen).

Thukydides hielt den *Apollonhymnos* für ein Werk HOMERS, eine Meinung, die hinsichtlich vieler Homerischer Hymnen – seien sie nun in dieser oder in einer anderen Sammlung vereinigt – im ganzen Altertum ihre Anhänger hatte. Zu dieser Ansicht mag nicht zuletzt jene vielzitierte Stelle des *Apollonhymnos* beigetragen haben, in der sich der Dichter als der blinde Sänger von Chios vorstellt: »»*Mädchen, sagt, wer gilt euch als der lieblichste Sänger, | Der hier weilte, und wer hat euch am meisten beseligt?*‹ | *Aber mit Einer Stimme sollt ihr mit alle erwidern: | ›Das ist der blinde Mann, er wohnt im felsigen Chios. | Seine Gesänge bleiben alle für immer die schönsten.*««« (V. 169–173; beide Ü: Scheffer.) Doch war diese Zuschreibung schon früh umstritten: Für den gleichen *Apollonhymnos* nennt eine andere Quelle den KYNAITHOS aus Chios als Verfasser, und gelegentlich wird sogar ausdrücklich auf die anonyme Tradition hingewiesen. Für die alexandrinischen Homer-Philologen jedenfalls kam der Dichter der *Ilias* als Autor der *Hymnen* nicht in Betracht, weshalb sie diese auch keiner Edition für würdig hielten.

Daß es sich bei dem Überlieferten in Wirklichkeit um eine disparate Kollektion handelt, ist heute durch mannigfache Beobachtungen erwiesen. Zum einen stammen die Hymnen aus ganz verschiedenen Gegenden Griechenlands: Während man sich einige nur als Erzeugnisse des kleinasiatisch-ionischen Griechentums vorstellen kann, sind andere offensichtlich auf dem Boden des Mutterlandes entstanden, was vor allem an Einflüssen HESIODS deutlich wird; der *Demeterhymnos* läßt sich sogar exakt lokalisieren – er ist als eine Art Stiftungsmythos an den Kult der Mysterien von Eleusis gebunden, die bis weit in römische Zeit hinein eines der Zentren antiker Frömmigkeit geblieben sind. Zum andern gehören die einzelnen Hymnen auch in ganz verschiedene Epochen: Sehr frühen, wie dem *Apollonhymnos* (7. Jh.), dem *Demeterhymnos* (gegen 600), dem *Aphrodite-* und dem *Hermeshymnos* (6. Jh.), steht – als Extrem – der *Areshymnos* (Nr. 8) gegenüber, den die astrologische Deutung des Gottes sicher in die hellenistische Zeit weist; bei einem Stück wie dem kurzen Musenanruf (Nr. 25), wo zwischen Prolog- und Epilogformeln einfach ein paar Verse aus der Hesiodeischen *Theogonie* eingefügt sind, läßt sich wenigstens ein *terminus post quem* angeben.

Der religiöse Hintergrund, aus dem die Hymnen erwachsen, ist zunächst einmal die Welt der Homerischen Olympier: Apollon (Nr. 3; 21; 25) und Artemis (9; 27), Hermes (4; 18) und Aphrodite (5; 6; 10), Ares (8), Athena (11; 28) und Hera (12), Hephaistos (20), Poseidon (22) und Zeus (23). Doch auch Götter, die mit dem klassischen Pantheon des alten Epos wenig oder gar nichts zu tun haben, werden angerufen: Herakles (15), Dionysos (1; 7; 26), Asklepios (16), die Dioskuren (17; 33), Allmutter Erde (30), Pan (19), Hestia (24; 29), Sonnengott Helios (31) und Mondgöttin Selene (32), ja sogar die erst seit dem 5. Jh. in Griechenland heimisch gewordene phrygische Göttermutter (14). Dieser Vielfalt an Adressaten entspricht eine Pluralität der Formen: zwar nicht im Sprachlichen, wo sich überall gleichermaßen der epische Kunstdialekt durchsetzt (was gelegentliche Verjüngung des Vokabulars nicht hindert), wohl aber im Stil der Erzählungen und Beschreibungen. Mögen die Epiklesen und die rühmenden Epitheta immer nach demselben Modus geformt und angewandt sein – vor allem in den kleineren Hymnen, wo die scheinbar nur schmückenden »Beiwörter« geradezu die Darstellung ganzer Mythen ersetzen –, die erzählenden Partien jedenfalls sind es nicht, im Gegenteil: gerade hier zeigen die größeren Hymnen einen Reichtum an Eigenart und Stilmitteln, der jedem von ihnen ein unverwechselbares Gepräge gibt.

Der *Demeterhymnos* schildert, in einer griechischen Version des über die ganze Erde verbreiteten Fruchtbarkeitsmythos vom toten und wiedererstandenen Gott, den Raub der Persephone und die Wanderschaft ihrer sie suchenden Mutter Demeter, die das verlorene Kind schließlich im Hades wiederfindet – die Götter aber erbarmen sich und lassen die Tochter künftig jeweils zwei Drittel des Jahres bei der Mutter auf der Erde weilen. Das alles wird einfach und ohne pompösen Aufwand erzählt und verrät doch in der Schilderung des Leides teilnehmende Ergriffenheit, beinahe melancholischen Ernst. Ganz anders der – aus zwei ursprünglich selbständigen Hymnen zusammengewachsene – *Apollonhymnos*, der im ersten, delischen Teil von der Geburt des Gottes, im zweiten, pythischen Teil von der Orakelgründung in Delphi berichtet: Er ist geprägt von der Kraft Homerischer Bilder- und Szenenfügung; das Eingangstableau – der »*Herrscher Apollon*« betritt, den strahlenden Bogen gespannt, die Halle des Zeus, die Götter erzittern und springen von den Sitzen empor – könnte ebenso in einer der olympischen Szenen der *Ilias* auftauchen. Schelmisch, ja bisweilen fast aristophanisch-derb wiederum gibt sich der *Hermeshymnos*: Die Großtaten des spitzbübischen, windelnässenden Eintagsbabys Hermes – Erfindung der Schildkrötenleier, Diebstahl der Rinder seines Bruders Apollon – werden mit jener für uns unbegreiflichen griechischen Freiheit gegenüber dem Göttlichen dargestellt, die, als paradox anmutendes Zeichen echter Frömmigkeit, auch in der attischen Komödie immer wieder begegnet; es ist schon etwas vom Geist des Satyrspiels spürbar, zu dem sich SOPHOKLES von diesem Hymnos anregen ließ (vgl. *Ichneutai – Die Spürhunde*). Könnte man hier von burlesker Religiosität zu sprechen geneigt sein, so im *Aphroditehymnos*, der ersten »*erotischen Novelle*« der ionischen Tradition, von deren heiter-frivoler Erscheinungsform: Die Göttin der Liebe gerät – der von ihr so oft in Verwirrung gestürzte Göttervater Zeus hat es inszeniert – einmal selbst in Liebesnöte, und sie muß viel weibliche List und einschmeichelnden Trug anwenden, um schließlich die Gunst des schönen Hirten Anchises zu gewinnen; als sie aber ihr Ziel erreicht hat, ist sie plötzlich wieder die erhabene Herrin, und dem erschrockenen Jüngling bleibt nur der Trost, durch seinen göttlichen Sohn Aineias Stammvater eines troischen Herrscherhauses zu werden (an dessen Hof vermutlich der Verfasser des Hymnos wirkte). Man sieht: je nach der »Stilhöhe« des dargestellten Mythos, je nach der Individualität, in welcher die Dichter den Gott sehen, wechselt die innere Atmosphäre der Hymnen. Auch die kleineren Stücke – soweit sie erzählenden Charakter haben – beweisen dies: etwa der kürzere *Dionysoshymnos* (Nr. 7; 59 Verse) mit seiner Schilderung der Schrecken und Wunder, mit denen der Weingott die ihn entführenden tyrrhenischen Seeräuber überrascht, oder der – wohl aus dem 5. Jh. stammende – Hymnos auf den schmutzig-struppigen, bocksfüßigen Pan, in dem die biotisch-lebensvolle Darstellung des ausgelassenen göttlichen Treibens bereits dem bukolischen Genre des Hellenismus präludiert (Nr. 19; 49 Verse).

Das Zeitalter des Hellenismus war auch, in dem das Corpus der *Homerischen Hymnen* seine nachhaltigste literarische Resonanz gefunden hat: KALLIMACHOS schrieb seine *Hymnoi* in spielerisch-wetteifernder Variation der archaischen Vorbilder, und die Stoiker KLEANTHES dienten sie als Muster für seinen berühmten, von einer neuen Allreligiosität getragenen *Zeushymnos*. Doch wurden die *Hymnoi Homērikoi*, wie es scheint, das ganze Altertum hindurch bekannt; irgend jemand hat sie später mit den sogenannten *Orphischen Hymnen* sowie denen des Kallimachos und des Neuplatonikers PROKLOS zu einem großen Band vereint, der offenbar die Grundlage unserer Überlieferung geworden ist. E. Sch.

AUSGABEN: Florenz 1488 (in der Homerausg. d. D. Chalkondylas). – Leiden 1780 (*Hymnus in Cererem*, Hg. D. Ruhnken; Erstausg. d. *Demeterhymnos*, nach d. *Codex Mosquensis*). – Wien 1931 (*Der homerische Hermeshymnus*, Hg. L. Radermacher; m. Komm.; SWAW, 213/1). – Oxford ²1936 (*The Homeric Hymns*, Hg. T. W. Allen, W. R. Halliday u. E. E. Sikes; m. Komm.). – Ldn./Cambridge (Mass.) ³1936 (in *Hesiod. The Homeric*

Hymns and Homerica, Hg. H. G. Evelyn-White; m. engl. Übers.; Loeb; Nachdr. zul. 1959). – Oxford ²1946 (in *Opera*, Hg. T. W. Allen, Bd. 5; Nachdr. zul. 1961). – Paris 1951 (*Hymnes*, Hg. J. Humbert; m. frz. Übers.). – Mchn. ²1961 (*Homerische Hymnen*, Hg. A. Weiher; griech.-dt.).

ÜBERSETZUNGEN: *Homer XXX Hümnen*, Ch. Graf zu Stolberg (in *Gedichte aus dem Griechischen*, Hbg. 1782). – *Hymne an Demeter*, J. H. Voß, Heidelberg 1826 [m. griech. Text u. Komm.]. – *Altionische Götterlieder unter dem Namen Homers*, R. Borchardt, Mchn. 1924. – *Die Homerischen Götterhymnen*, T. v. Scheffer, Jena 1927; Lpzg. ²1948 (Slg. Dieterich, 97). – *Homerische Hymnen*, E. Mörike (in *Griechische Lyrik*, Ffm./Hbg. 1960; enth. Hymnos 2, 3, 6 u. 7; EC, 8).

LITERATUR: Schmid-Stählin, 1/1, S. 231–246. – A. Teske, *Die H.-Mimesis in den »Homerischen Hymnen«*, Diss. Greifswald 1936. – L. Deubner, *Der homerische Apollonhymnos* (in SPAW, phil.-hist. Kl., 1938, S. 248–277). – K. Deichgräber, *Eleusinische Frömmigkeit u. homerische Vorstellungswelt im homerischen Demeterhymnus* (in Abh. d. Akad. d. Wiss. u. d. Lit., Mainz, 2/6, 1950, S. 501–537). – K. Stieve, *Der Erzählungsstil des homerischen Demeterhymnos*, Diss. Göttingen 1954. – O. Zumbach, *Neuerungen in der Sprache der homerischen Hymnen*, Winterthur 1955. – K. Reinhardt, *Zum homerischen Aphroditehymnos* (in *Fs. f. B. Snell*, Mchn. 1956, S. 1–14). – B. A. van Groningen, *L'hymne homérique à Apollon* (in B. A. v. G., *La composition littéraire archaïque grecque*, Amsterdam 1958, S. 304–323). – E. Heitsch, *Drei Helioshymnen* (in Herm, 88, 1960, S. 139–158). – F. Solmsen, *Zur Theologie im großen Aphrodite-Hymnus* (ebd., S. 1–13).

ANONYM

MARGITĒS (griech.; *Margites*). Episches Gedicht, entstanden im 7. Jh. v. Chr.; nur in Fragmenten überliefert. – In der Antike, von ARCHILOCHOS, KRATINOS und ARISTOPHANES bis hin zu ARISTOTELES und KALLIMACHOS, war dieses Epos als ein angebliches Werk HOMERS geschätzt und berühmt. Die Schilderung der tölpelhaften Taten des Einfaltspinsels Margites (griech. *margos* – dumm, töricht) ist Ursprung und Vorbild aller späteren europäischen Eulenspiegeleien, Abderiten- und Schildbürgergeschichten, und wie für seine literarischen Nachkommen ist auch für den *Margitēs* charakteristisch, daß er der Volksdichtung entstammt. Das zeigt einerseits die im Vergleich zum hohen Stil des Epos viel lebensvollere, derbere Art der Geschichten: Der Held kann nicht bis fünf zählen, hat alles mögliche gelernt, ohne etwas zu leisten (»*Viele Dinge verstand er, doch alle verstand er nur mäßig*«, Frgm. 3); als fast Erwachsener stellt er der Mutter die Frage, ob sie oder sein Vater ihn zur Welt gebracht habe, und diese Unerfahrenheit legt er in seiner Ehe an den Tag. Die Verwurzelung im Volkstümlichen ist auch an der Form deutlich abzulesen; zum erstenmal begegnet man in diesem Werk poetischen Mischformen – die Kontinuität des Hexameters wird (eine bedeutsame Parallele zu Werken des ARCHILOCHOS, vielleicht sogar deren Vorbild) in unregelmäßiger Folge von einem iambischen Element unterbrochen: dem ganz individuellen, der privaten Sphäre entstammenden Spottvers.

Vielfältig läßt sich noch, im Thematischen wie in der Gestaltung, die Parodie zum hohen Epos erkennen, die indes keineswegs die naive Freude an burleskem Erzählen mindert (Aristoteles nennt Homer als Dichter von *Ilias* und *Odyssee* den Vater der Tragödie, als Dichter des *Margitēs* den der Komödie). Durch den Iambos dringt aber noch ein anderer Zug in dieses Epos ein: die satirische Kritik. Denn das Werk spiegelt, anders als *Ilias* und *Odyssee*, nicht eine glänzende Vorzeit, sondern spielt in der Umwelt seiner Entstehung – ob der *Margitēs* im kleinasiatischen Kolophon verfaßt oder ob sein Stoff dort ursprünglich beheimatet gewesen ist, auf jeden Fall kam dieser ionischen Stadt eine Hauptrolle in dem epischen Geschehen zu. Und wenn es heißt, dieser sagenhaft ungeschickte Narr Margites sei der Sohn überaus wohlhabender Eltern, so liegt der Schluß nicht fern, der Dichter habe einen kräftigen Seitenhieb auf die Gesellschaft seiner Tage im Sinn gehabt – auch andere Poeten wußten ja manches an der lydischen Weichlichkeit der überzivilisierten Ionierstädte zu tadeln. So ist dieses Gedicht (das übrigens im 12. Jh. in Konstantinopel noch vorhanden war) nicht nur durch Motiv und Form, sondern ebenso durch seine sozialkritische Tendenz ein Werk, das weit in die Zukunft der griechischen wie der folgenden Literaturen weist. E. Sch.

AUSGABEN: Lpzg. 1877 (in *Epicorum Graecorum fragmenta*, Hg. G. Kinkel, Bd. 1). – Ldn./Cambridge (Mass.) ³1936 (in *Hesiod. The Homeric Hymns and Homerica*, Hg. H. G. Evelyn-White; m. engl. Übers.; Loeb; Nachdr. zul. 1959). – Oxford ²1946 (in *Homeri opera*, Hg. T. W. Allen, Bd. 5; Nachdr. zul. 1965).

LITERATUR: A. Rzach, Art. *Homeridai* (in RE, 8/2, 1913, Sp. 2152–2160). – Schmid-Stählin, 1/1, S. 226–228. – R. Opitz, *Volkskundliches zur antiken Dichtung, besonders zum »Margites«*, Progr. Lpzg. 1909. – L. Radermacher, *Motiv und Persönlichkeit* (in RhMus, 63, 1908, S. 445–464). – Ders., Art. *»Margites«* (in RE, 14/2, 1930, Sp. 1705–1708). – H. Langerbeck, *»Margites«. Versuch einer Beschreibung u. Rekonstruktion* (in Harvard Studies in Classical Philology, 63, 1958, S. 33–63). – M. Forderer, *Zum Homerischen »Margites«*, Amsterdam 1960. – Lesky, S. 108/109. – U. Broich, *»Batrachomyomachia« und »Margites« als literarische Vorbilder* (in *Lebende Antike, Fs. f. R. Sühnel*, Bln. 1967, S. 250–257).

ANONYM

BATRACHOMYOMACHIA (griech.; *Froschmäusekampf*). Kleinepos in rund dreihundert Hexametern, das in witziger Weise das ernste Epos vom Stil eines HOMER oder HESIOD parodiert. Während der Titel an die *Titanomachia* der *Epikos kyklos* (*Epischer Zyklus*) und an Teile der *Theogonia* Hesiods erinnert, läuft der Inhalt, oft Szene für Szene, der *Ilias* parallel. Was neben den sprechenden Namen der Tiere (Schlammschläfer, Sümpfler, Käsefraß, Kohlfraß, Kratzer) vor allem zu der komischen Wirkung des Stücks beiträgt, ist die fatale Diskrepanz zwischen Aufwand und Zweck des Geschehens, zwischen Sprache und Handlung: da wird, als die Mäuse den Fröschen den Krieg erklärt haben, eine Götterversammlung einberufen. Zeus und Athene beraten, wer sich auf die Seite der Mäuse, wer auf die Seite der Frösche stellen soll; da läßt zur Eröffnung des mörderischen Krieges der Herrscher des Olymp seinen Donner erschallen; da geraten die Frösche in höchste Gefahr durch das Eingreifen des gewaltigen Mäuserichs Meridarpax (Portionenklau) – nur Zeusens Blitz kann sie retten und die Streitmacht der Krebse, die die Mäuse mittels Bein- und Schwanzkniffen in die Flucht schlägt. Die Ursache dieser »männermordenden« Schlacht ist der unersetzliche Verlust, den die Feigheit eines Frosches dem Volk der Mäuse bereitet hat: bei einem Spazierritt auf dem Rücken des Froschkönigs Physignathos (Pausback) war die Maus Psicharpax (Bröselklau) im See ertrunken, weil jener aus Angst vor einer Hydra plötzlich untertauchte. Das alles wird im feierlichsten Tonfall epischer Diktion erzählt, mit den Worten und Formeln Homers, die jedem Leser im Ohr klingen, und der skurrile Eindruck wird noch dadurch verstärkt, daß es sich bei den heroischen Kämpfern keineswegs um Tiere handelt, die einer anthropomorphen Fabelmoral würdig wären, sondern um unbedeutende, nichtsnutzig-lästige Haus- und Dorfgenossen des Menschen.

Die im Altertum teils Homer, teils einem PIGRES zugeschriebene *Batrachomyomachia* ist – sofern tatsächlich um 500 v. Chr. entstanden und nicht, wie auch vermutet wird, erst im 4. oder 3. Jh. – das früheste bekannte Beispiel einer rein literarischen Spielerei. Die übrigen bekannten Beispiele Homerischer Scherzgedichte *(paignia)* bleiben entweder inhaltsarme Titel, wie die *Kerkopes*, oder sie verraten in ihrem parodistischen Charakter noch den Einfluß stofflicher oder gar außerthematischer Interessen ihres Autors: im *Margites* ist die erzählte Tölpelgeschichte mit ihren gesellschaftlichen Anspielungen als kompositorischer Faktor mindestens ebenso wichtig wie der sprachliche Kontrast zum Homerischen Vorbild. Die *Batrachomyomachia* dagegen ist ein ganz um seiner selbst willen inszenierter poetischer Spaß: die Parodie will, ohne kritischen Hintergedanken, nur dazu dienen, mit einem kecken formalen Einfall harmlose Heiterkeit zu erregen. E. Sch.

AUSGABEN: Venedig 1486, Hg. Laonikos. – Lpzg. 1896 (*Die homerische Batrachomachia des Karers Pigres nebst Scholien und Paraphrase*, Hg. A. Ludwich). – Oxford ²1946 (in *Homeri opera*, Bd. 5, Hg. T. W. Allen; mehrere Nachdr., zuletzt 1959).

ÜBERSETZUNGEN: *Homers Krieg der Mäuse*, C. T. Damm, Bln. 1735 [Prosa]. – *Der Froschmäusekrieg*, W. Wolf, Bühl i. B. 1931. – Dass., T. v. Scheffer, Mchn. 1941.

LITERATUR: Schmid-Stählin, 1/1, S. 228–231. – W. Aly, Art. *Pigres* (in RE, 20/2, 1950, Sp. 1313 bis 1316). – S. Morenz, *Ägyptische Tierkriege u. d.* »*Batrachomyomachia*« (in *Fs. f. B. Schweitzer*, Stg. 1954, S. 87–94). – H. J. Mette, Art. »*Batrachomyomachia*« (in *Der kleine Pauly*, Stg. 1964, Sp. 842).

HESIODOS aus Askra
(8./7. Jh. v. Chr.)

ERGA KAI HĒMERAI (griech.; *Werke und Tage*). Eines der überlieferten Hauptwerke des HESIODOS aus Askra in Böotien (Wende vom 8. zum 7. Jh. v. Chr.). – Das Gedicht, hexametrisch und im epischen Kunstdialekt geschrieben, weist wie die *Theogonie* alle Vorzüge, die ihm sein Verfasser, und alle Nachteile, die ihm die Tradition mitgab, auf. Eine tiefe, zeusgläubige Religiosität, strenge Verwurzelung im Bauerntum der Heimat des Dichters, scharfe Naturbeobachtung, bildkräftige Darstellung, urtümliche Erzählfreudigkeit, gründliche und aufrichtige Reflexionen, Beherrschung des (uns verlorenen) literarischen Erbes – diese Merkmale sind den *Erga* eigentümlich. Freilich trübt es unsere Freude an dem Werk, daß die archaische Technik der Hesiodischen Komposition – Reihenfügung in sich abgeschlossener Teilstücke (vgl. *Theogonie*) – zu zahlreichen, teils von der Forschung durchschauten, teils unkontrollierbaren späteren Zusätzen und Eindichtungen Gelegenheit gab. Was die *Werke und Tage* von allen anderen frühen Dichtungen der Griechen abhebt, ist die sozialkritische Grundhaltung, ein unbedingter und harter Realismus in der Schilderung der Mühen und Sorgen des Landlebens, der Nöte und Enttäuschungen des Bauernstandes – eine Tendenz, die nur aus dem einen Grund nicht pessimistisch genannt werden darf, weil all diese niederdrückenden Erfahrungen und Gedanken letztlich eingebettet sind in die unumstößliche Überzeugung von der Herrschaft der Olympier und in den festen Glauben an den Sieg der Dike, des Rechts und der Gerechtigkeit.

Das Prooimion beginnt, wie die *Theogonie*, mit einem kurzen Hymnos auf Zeus, den Herrn der Welt und Schützer des Rechts (Vers 1–10): ähnlich wie im dem Schwesterwerk setzt auch hier der Beginn bereits den Tenor des ganzen Gedichts. Anders jedoch als dort erfährt man – zum erstenmal in der griechischen Literatur – in den *Erga* von einem Adressaten des Werkes, Hesiods Bruder Perses. Denn im Gegensatz zu jenem Poem entspringen (auch dies ist ein Novum ersten Ranges) die *Werke und Tage*, wie der Autor bald berichten wird, einem höchst aktuellen Anlaß: der arbeitsscheue Perses hat, nachdem sein eigenes Erbteil aufgebraucht war, versucht, das väterliche Stück seines Bruders durch Meineid und Bestechung der »Herren«, der Richter, an sich zu bringen. Ein knapper Vorspann (V. 11–26), übergangslos dem Hymnos angeschlossen, legt, als weiterer Teil des Prooimions und erster Schritt des »*Verkündens der Wahrheit*« (V. 10), den mythischen Grund, aus dem Hesiod seine Worte rechtfertigt: nicht eingestaltig ist die Göttin des Streits (Eris) – wie die *Theogonie* behauptete –, sondern es gibt deren zwei, eine gute und eine schlechte; diese »*erweckt nur Hader und häßliche Feindschaft*«, jene aber, die Hüterin friedlichen Wetteifers, ist von Zeus »*im Schoße der Erde den Menschen zu größerem Heile*« eingepflanzt worden. Von diesem fundamentierenden Mythos nun gehen die beiden gedanklichen Stränge aus, die sich im Laufe des Gedichtgeschehens in mannigfacher Weise überkreuzen und verschlingen und stets von neuem die Möglichkeit bieten, aus dem konkreten Anlaß der Perses-Affäre im Allgemeine der Erfahrung und Ermahnung abzuschweifen: Perses soll den bösen Bruderstreit aufgeben – daran knüpft Hesiod seine Gedanken über die Erhabenheit der Dike; Perses soll sich, gestützt auf die gute Eris, durch ehrliche Anstrengung durchs Leben bringen – daran knüpft der Dichter seine Schilderung des rechten Arbeitens auf dem Lande (so analysiert LESKY überzeugend).

Von der plastisch-einprägsamen Diktion, von der

gewinnenden Art des Erzählens, von Ernst und Prägnanz der Paränesen vermag wohl nur die Lektüre ein Bild zu vermitteln; die Vielfalt des im Gedichtverlauf Berührten, die Buntheit des Aufbaus und die wechselseitige Durchdringung der beiden thematischen Linien aber kann eine kurze Inhaltswiedergabe andeuten. Der Mahnung an Perses, sich der fruchtbaren Eris zuzuwenden und von der unheilvollen abzulassen (V. 27–41) – hier sind die Realien des Prozesses eingefügt –, wird sogleich gegenübergestellt, daß die Arbeit, die den Bruder erwartet, keineswegs leicht sein wird; denn Zeus »*verbarg die Nahrung grollenden Herzens*«, des Prometheischen Verbrechens wegen, und ließ, als fluchbeladenes Übel, für die Menschen von den Göttern die Frau – Pandora – erschaffen (V. 42–105; ähnlich *Theogonie*, V. 521 ff.): seither ist »*voll von Übeln das Land und voll ist die Meerflut, Krankheiten nahen den Menschen bei Nacht und bei Tage von selber ungerufen und bringen den sterblichen Wesen Vernichtung ... So ist keinem vergönnt, dem Willen des Zeus zu entgehen.*« Ein zweiter Mythos erklärt das unglückliche Los des Menschengeschlechts aus »historischer« Perspektive, im Bild von den fünf Weltzeitaltern (V. 106–201): ein stetigerAbstieg kennzeichnet die Entwicklung des Menschentums, von der goldenen Zeit unter Kronos über die silberne und eherne zum heutigen eisernen Geschlecht; nur an einer Stelle wird der Weg nach unten aufgehalten, in der vierten Epoche, der Zeit der göttlichen Heroen *(»Wäre ich doch nicht selbst ein Mitgenosse der fünften Männer und stürbe zuvor oder wäre später gestorben«)*. Und noch ein weiteres, ein drittes Mal charakterisiert Hesiod seine Welt: in der Fabel – der ersten überlieferten unserer Literatur – von der Nachtigall, die vergebens in den Krallen des Adlers klagt (V. 202–212). Doch die Lage der Menschen ist nicht hoffnungslos: »*Perses, du aber achte des Rechts und meide den Frevel!*« Mit diesem Satz beginnt der große Preis der Dike und des Zeus, dessen Auge alles erblickt und der nach Verdienst die Ruchlosen straft und dem Gerechten Segen verleiht (V. 213–285). Das Rechte tun bedeutet aber: Arbeit! »*Vor Verdienst ... setzten den Schweiß die unsterblichen Götter ... Arbeit bringt keine Schande, die Faulheit aber bringt Schande ... Wer das Vorhandene mehrt, entgeht dem brennenden Hunger ... Falls dir also dein Sinn nach Reichtum trachtet im Herzen, schaffe und arbeite so und wirke Werke auf Werke.*« (V. 286 bis 382)
Hier bricht der Zyklus der direkten und konkreten Mahnungen an den Bruder ab. Es folgt die großartige Schilderung des Jahresrings bäuerlicher Arbeit, von einem Sinken der Plejaden zum nächsten, von Pflügen zu Pflügen (V. 383–617). Und auch die Schiffahrt – es ist die große Zeit der ersten griechischen Kolonisation – wird nicht vergessen (V. 618 bis 694), wenngleich sich Hesiod, das Geschick des Vaters im Gedächtnis, nicht für sie begeistern kann. Mit einer bunt vermischten Reihe von Einzelvorschriften (über Heirat, Freundschaft, Gastlichkeit, Reinheits- und Kultgebote usw.), die zum Teil wunderlichsten Aberglauben verraten, neigt sich das Werk seinem Ende zu (V. 695–764); denselben Geist atmet die Schlußpartie (V. 765–828) mit ihren sonderbaren Sentenzen zur Monats- und Tagewählerei, die dem Gedicht auch den Doppeltitel eintrug, unter dem wir Heutigen auch es lesen.
Daß die *Werke und Tage* den Aspekt des überreichen, fast ungeordneten Mosaiks, der diffusen Fülle nicht zuletzt den Eingriffen Jüngerer verdanken, haben die Philologen schon lange gesehen: so sind, um nur ein Beispiel zu erwähnen, die »*Tage*« und überhaupt der abergläubische Abschluß sicher Zusätze einer späteren Hand; und auch in jenen Passagen, wo Hesiod direkt aus der Weisheit des Volksgutes schöpft, etwa in der großen Sprichwortsammlung (V. 342 ff.), sind Eindichtungen nicht ausgeschlossen. Andererseits ist nicht alles, was den Philologen anstößig erscheint, fremd: wenn man etwa moniert hat, daß sich in dem Mythos von den Weltzeitaltern der pessimistische Degenerationsgedanke, der sich in der zunehmenden Minderwertigkeit der Metallsymbole äußere, schlecht mit dem Preis des (nicht »metallisch« tituliert en) heroischen Geschlechts vertrage – dieser laufe dem Grundtendenz, dem Abstieg, zuwider –, so darf man hier eher ein Umdichten literarischer Traditionen durch Hesiod (der Pessimismus liegt also im übernommenen Erbe!) vermuten als postume Interpolation. Gewiß bleibt auch nach Ausscheidung alles nicht Originalen der Eindruck einer weiträumigen Vielfalt, aber das grundlegende Baugesetz des Werkes ist dann nicht mehr zu übersehen: eine in kräftigen Rhythmen vorgetragene Struktur des Fortschritts vom Aktuellen ins Allgemeine, vom Familiären ins Menschliche, vom Bruder an das große Publikum, von der persönlichen Warnung zur sozialen Belehrung, von der Mahnung zu didaktischer Information und schließlich zu den Geboten des Alltags bäuerlicher Gemeinschaft.
Hesiod hat in der griechischen und europäischen Literatur viele Nachahmer seiner ethischen Dichtung; es sei nur an die zeitlich nächsten, etwa PHOKYLIDES oder die im *Theognis*-Corpus vereinigten Spruch-Poeten, erinnert. Aber keiner hat mehr jene ursprüngliche Kraft besessen, die den Hesiodischen Versen aus ihren Wurzeln – der Verbundenheit des Dichters mit Natur und Mitwelt – zuströmte: von ganz wenigen abgesehen (Phokylides und der echte THEOGNIS gehören dazu), konnten sie der Gefahr des Literarisch-Gewollten ebensowenig entgehen wie des Banal-Zweckhaften, so daß es nicht verwundert, die Spruchdichtung am Ende zur Stegreifgalanterie der Zechgelage herabgesunken zu sehen. E. Sch.

AUSGABEN: o. O. u. J. [Mailand, um 1481] *(Theocriti idyllia XVIII et Hesiodi opera et dies)*. – Lpzg. ³1913 (in *Carmina*, Hg. A. Rzach; Nachdr. Stg 1958). – Bln. 1928 (*Hesiods Erga*, Hg. U. v. Wilamowitz-Moellendorff; m. Komm.) – Ldn./Cambridge (Mass.) ³1936 (*Hesiod*, Hg. H. G. Evelyn-White; m. engl. Übers.; Loeb; Nachdr., zuletzt 1959). – Paris 1951 (*Théogonie. Les travaux et les jours*, Hg. P. Mazon; m. frz. Übers.). – Mailand/Varese 1959 (*Hesiodi Opera et dies*, Hg. A. Colonna).
Ausgabe der Scholien: *Scholia vetera in Hesiodi Opera et dies*, Hg. A. Pertusi, Mailand o. J. [1955].
ÜBERSETZUNGEN: In J. Claius, *Carmina*, Bd. 5, Görlitz 1568. – *Werke und Tage*, T. v. Scheffer (in *SW*, Bremen o. J. [1965]; Slg. Dieterich, 38).
LITERATUR: J. Kerschensteiner, *Zu Aufbau und Gedankenführung von Hesiods »Erga«* (in Herm, 79, 1944, S. 149–191). – H. Diller, *Die dichterische Form von Hesiods »Erga«*, Wiesbaden 1962 (Abh. d. Akad. d. Wiss. u. d. Lit. Mainz, geistes- und sozialwiss. Kl. 1962, 2). – W. J. Verdenius, *Aufbau und Absicht der »Erga«* (in *Hésiode et son influence*, Vandoeuvres-Genf 1962, S. 109–170; Entretiens sur l'antiquité classique, 7; Fondation Hardt). – Lesky, S. 119

bis 123. – W. Nicolai, *Hesiods »Erga«. Beobachtungen zum Aufbau*, Heidelberg 1964 [m. Bibliogr.].

THEOGONIA (griech.; *Göttergeburt*). Hexameterepos von HESIODOS aus Askra in Böotien (Wende vom 8. zum 7. Jh. v. Chr.). – Die mythenreiche Schilderung vom Werden der Welt und der griechischen Götter, der erste und einzige griechische »Schöpfungsbericht« – Fortsetzer Hesiods sind die bei aller Religiosität schon ausgesprochen rational bestimmten Physis-Denker Milets – ist neben den *Erga kai hēmerai (Werke und Tage)* desselben Verfassers das bedeutendste Beispiel der nichthomerischen archaischen Poesie. Das Hauptkennzeichen dieser frühen Dichtung ist die markante Autonomie der poetischen Elemente: Die stofflichen Bausteine sind weithin in sich abgeschlossen, ihre Verbindung geschieht durch reihende Parataxe, während die Komposition als Ganzes eine offene Form darstellt. Daß ein solches Fehlen komplexer Bauprinzipien nicht Mangel an künstlerischer Ordnung überhaupt bedeutet, vermag gerade die *Theogonie* anschaulich zu demonstrieren.

Bereits das Prooimion des Werks (V. 1–115), der Anruf und Preis der Musen, in dem sich die berühmten autobiographischen Worte von der Berufung Hesiods zum Sänger finden (V. 22–35), läßt keinen Zweifel daran, daß die Schilderung des genealogischen Werdens der Götter auf einen Gipfel zustreben wird: den Sieg und die Allmacht der Olympier unter Zeus' Herrschaft (*»Dann beginnen von Zeus, dem Vater der Götter und Menschen, singend die göttlichen Frauen am Anfang und Ende des Liedes, wie er der höchste der Götter und auch an Stärke der erste... Im Himmel thront er donnergebietend und sendet die flammenden Blitze, seit er den Vater Kronos gewaltig besiegt, und weislich hat er den Ewigen alles geordnet und Ehren verliehen«*). Das Geschehen, von dem Hesiod berichtet, ist also eine auf ein Ziel zusteuernde Evolution; und darin folgt ihr, zwangsläufig, auch die Darstellung. In der Tatsache, daß das Prooimion diese »Entwicklung« vorwegnimmt, liegt ein weiteres Merkmal des archaischen Dichtens: Ihm kommt es nicht auf vom Autor erregte Spannung und Dynamik an, vielmehr ist ihm statische Ruhe eigentümlich – das Werden ruht noch im Sein.

Am Beginn der Welt, ohne ein »Davor«, entstanden Chaos, die gähnende leere Tiefe, und Gaia, die breitbrüstige Erde, dazu Eros, den man sich in allen folgenden Geburten wirksam denken muß. Gaia und Chaos sind die Wurzeln zweier streng voneinander geschiedener Geschlechter; Gaia, die aus sich selbst den Uranos (Himmel) und den Pontos (Meer) gebiert, ist die Mutter mehrerer Stammbäume, die sich im Lauf des Geschehens mannigfach verzweigen und überkreuzen; erst nach dem Entstehen des Uranos und des Pontos aus der Erde setzt die Reihe der eigentlichen Zeugungen – zunächst des Himmels und der Erde, dann des Meeres und der Erde – ein. Schon ein grob raffender Überblick kann die Fülle des Vorgeführten verdeutlichen und zeigen, wie der bereits an sich verwickelte Gang noch durch zahlreiche Erzählungen, Beschreibungen, Hymnen u. ä. unterbrochen wird. Den Bericht eröffnen die Kinder des Chaos, Nacht und Finsternis (V. 123–125); dann folgen die Geburten der Gaia, darauf die Kinder der Gaia und des Uranos – Urgötter, Riesen, Titanen und Kronos –; Erzählung: Kronos entmannt seinen Vater, Entstehung Aphrodites (V. 126–210).

Die Kinder der Nacht schließen sich an, Eris (Streit) und ihre Nachkommen (V. 211–232); danach die Kinder des Pontos und der Gaia samt deren Nachkommen (V. 233–337); die Geburten anderer Gaia-Kinder mit Nachkommen, etwa die Okeaniden, Helios (Sonne), Selene (Mond), Leto, Hekate – Einschub: Hymnos auf Hekate – (V. 338 bis 452); die Nachkommen der Gaia-Kinder Rheia und Kronos: Hestia, Demeter, Hera, Hades, Zeus – Erzählung: Kronos verschlingt seine Kinder, Rettung des Zeus, der seinen Vater bezwingt und die Geschwister befreit – (V. 453–506); weitere Gaia-Enkel, darunter Prometheus – Erzählung: Betrug des Prometheus, Aufstand gegen Zeus, Unterwerfung des Prometheus, Bestrafung seiner Schützlinge, der Menschen, durch die Erschaffung des Weibes, Pandoras – (V. 507–616); weitere Erzählung: Kampf des Zeus und der hundertarmigen Riesen gegen die Titanen, die schließlich in den Tartaros geworfen werden – Einschub: Beschreibung des Tartaros und der unterirdischen Behausungen – (V. 617–819); der riesige Gaia-Sohn Typhoeus und seine Nachkommen – Erzählung: Überwindung des Typhoeus durch Zeus – (V. 820 bis 880); weitere Erzählung: Zeus zum König des Olymp gewählt, seine Ehen und Nachkommen; die von Zeus und anderen Olympiern stammenden Halbgötter (V. 881–1020). Daß in dieser schillernden Buntheit der Linien und Brechungen des Geschehens aber dennoch eine stetige Steigerung auf das Ende, auf Zeus hin sich ausdrücken soll, ist unverkennbar: Genau im Zentrum des Poems steht der abenteuerliche Bericht seiner gefahrvollen Geburt, und von diesem Punkt an wird der Geburtenkatalog immer mehr durch die unmittelbare, plastische Erzählung verdrängt, die Genealogie verblaßt zur Folie, die die Herkunft der von dem Olympischen Herrscher überwundenen Gegner nennt.

Selbstverständlich war ein Gedicht dieser schichtenden und fügend-reihenden Bauweise, zumal wenn es vornehmlich durch die mündliche Tradition der Wanderrhapsoden überliefert wurde, mehr als jedes andere, dessen Existenz an der schriftlichen Fixierung hing – etwa philosophische Werke –, der Gefahr verfälschender Eindichtungen ausgesetzt (man vergleiche die mutmaßliche Entstehung der *Ilias* HOMERS). So nimmt es nicht wunder, wenn man in der *Theogonie* häufig Interpolationen findet; ja sogar ganze Episoden stehen im Verdacht späterer Fälschung: so sind etwa die Zweifel an der Originalität des Hekate-Hymnos und der Typhoeus-Episode von der Forschung noch keineswegs beseitigt. Am Schluß des Poems läßt sich sogar noch ein Blick in die antike Vortragspraxis tun: Da hat ein besonders Eifriger unter den reisenden Rezitatoren zwei Überleitungsverse gedichtet (V. 1021 f.), um der *Theogonie* beim Vortragen ohne Pause den »Frauenkatalog« (die *Ehoien*) folgen lassen zu können.

Den Kerngedanken des Werks freilich haben die späteren Zusätze – auch die vielleicht noch gar nicht durchschauten – in keiner Weise verdunkelt: Die Verherrlichung des Lichtreichs der Olympier, des Zeus und seiner Generation, blieb ungeschmälert Ziel und Zentrum der *Theogonie*. Die Wirkung dieses Werks auf Mit- und Nachwelt und die dichterische Leistung, die Hesiod dadurch mit seinem Namen verknüpfte, blieben dem Griechentum stets im Gedächtnis: »*Woher sie aber, jede einzelne der Götter, stammten, oder ob sie immer alle waren und wie ihr Aussehen sei, wußten sie* [die Griechen] *nicht bis gestern und heute, um es mit einem Wort* zu sagen. Hesiod nämlich und Homer... sind es, die einen Götterstammbaum der Griechen geschaffen, den Göttern ihre Beinamen gegeben, Ehren und Künste verteilt und ihre Gestalten kenntlich gemacht haben.« So urteilt der Historiker HERODOT (2, 53; Ü: E. Richtsteig). Das ist natürlich nicht in der Weise zu verstehen, als hätten jene Schöpfer der griechischen und abendländischen Dichtung die Götter der Griechen erfunden – so wenig, wurde einmal treffend bemerkt, wie Moses und die Propheten Jahwe erfunden haben –; aber die religiösen Vorstellungen der Griechen dem Volk ins Wort und damit ins wache Bewußtsein gerufen zu haben ist ihr unsterbliches Verdienst. Und dieses Verdienst schmälern auch nicht die gelehrten Erkenntnisse der Neuzeit, daß Hesiod durchaus nicht nur gemeingriechische Götter, sondern ebenso lokale Gottheiten Böotiens und obskure Urmächte der Landschaften in seinen Genealogien aufzählte und daß seinem Werk alte Göttergesänge der kretisch-minoischen, hethitischen und vorderasiatischen Hochkultur des 2. Jahrtausends vorausliegen, wie das *Lied von Ullikummi* oder der Sukzessionsmythos von Alalu, Anu, Kumarbi und dem Wettergott Teschub, die in ähnlicher Weise wie die *Theogonie* über eine ablösende Folge von Göttergenerationen berichten, die endlich in Sieg und Königtum eines erhabenen Herrn des Himmels und der Welt gipfeln. E. Sch.

AUSGABEN: Ferrara 1474, Hg. Boninus Mombritius [lat.]. – Venedig 1495 [zus. mit Theokrit, Theognis u. a. bei Aldus Manutius]. – Lpzg. ³1913 (in *Carmina*, Hg. A. Rzach; Nachdr. Stg. 1958). – Bln. 1930 (in *Carmina*, Bd. 1, Hg. F. Jacoby). – Ldn./Cambridge (Mass.) ³1936 (in *Hesiod, Homeric Hymns and Homerica*, Hg. H. G. Evelyn-White; m. engl. Übers.; Loeb; mehrere Nachdr.). – Paris ⁵1960 (*Théogonie. Les travaux et les jours. Le bouclier*, Hg. P. Mazon; m. frz. Übers.). – Oxford 1966 (*Theogony*, Hg. M. L. West; m. Komm. u. Bibliogr.). – Oxford 1970 (*Theogonia. Opera et dies. Scutum*, Hg. F. Solmsen).

ÜBERSETZUNGEN: in N. Bergier, *Ursprung der Götter des Heidenthums nebst einer Erklärung des Hesiodus*, 2 Bde., Bamberg 1788; anon. Übers. aus dem Frz. – In *Gedichte*, Chr. H. Schütze, Hbg./Kiel 1791. – In *Hesiod's Werke und Orfeus der Argonaut*, J. H. Voß, Heidelberg 1806; ern. Tübingen 1911, Hg. B. Kern-von Hartmann. – *Theogonie*, R. Peppmüller (in *Hesiodos*, Halle/S. 1896; m. Komm.).– *Theogonie*, Th. v. Scheffer (in *SW*, Hg. E. G. Schmidt, Bremen ²1965; Slg. Dieterich, 38). – *Theogonie*, W. Marg (in *Sämtl. Gedichte*, Zürich/Stg. 1970; m. Komm.).

LITERATUR: Schmid/Stählin, 1/1, S. 255–266; 283 bis 286. – F. Schwenn, *Die »Theogonie« des Hesiodos*, Heidelberg 1934. – F. Solmsen, *Hesiod and Aeschylus*, Ithaca/NY 1949 (Cornell Studies in Classical Philology, 30). – Lesky, S. 110–126 [m. Bibliogr.]. – K. v. Fritz, *Das Hesiodeische in den Werken Hesiods* (in *Hésiode et son influence*, Vandœuvres/Genf 1962, S. 1–60; Fondation Harte. Entretiens sur l'Antiquité Classique, Bd. 7). – G. S. Kirk, *The Structure and Aime of the »Theogony«* (ebd., S. 61–108). – E. Heitsch [Hg.], *Hesiod*, Darmstadt 1966 (Wege der Forschung, 44) [Ausw. der wichtigsten Aufsätze der neueren Forschung]. – H. Schwabl, *Hesiods »Theogonie«. Eine unitarische Analyse*, Wien 1966 (SWAW, 250/5). – G. P. Edwards, *The Language of Hesiod in Its Traditional Context*, Oxford 1971 [m. Bibliogr.].

SEMONIDES aus Amorgos
(S. aus Samos, 2. Hälfte 7. Jh. v. Chr.)

PSOGOS GYNAIKŌN (griech.; *Weibertadel*). Unter diesem Titel überliefert STOBAIOS einen satirischen Iambos in 118 Trimetern von SEMONIDES aus Amorgos, (S. aus Samos, zweite Hälfte des 7. Jh.s v. Chr.). – Das Werk will ein Spiegelbild weiblicher Tugend bieten, freilich ein recht karikiertes. Gleich der erste Vers stimmt als programmatischer Vorspruch den Ton an, auf den das herbe Poem gestimmt ist: »*Getrennt vom Weibe schuf Gott den Verstand zunächst einmal.*« Und dann werden, in einer Art märchenhaft-grotesker Deszendenztheorie, die Ursprünge der verschiedenen Frauen aufgezählt: Die eine stammt vom dreckigen Schwein (V. 2–6), eine andere vom hinterhältigen Fuchs (V. 7–11), eine vom kläffenden, streunenden Hund (V. 12–20), eine vierte, träge, ist aus Erde gemacht (V. 21–26), eine fünfte, wetterwendische, aus dem vielgestaltigen Wasser des Meeres (V. 27–42), die sechste gehört ins Geschlecht der störrisch-faulen und gefräßigen Esel (V. 43–49), aus dem räuberischen Wiesel wurde die liebeshungrige und diebische siebte (V. 50–56), dann die vornehmen Pferd die putzsüchtige achte, die sich zwei- oder dreimal des Tages wäscht (V. 57–70); am schlimmsten jedoch von allen ist die affenentsprossene, durch abscheuliches Aussehen und bösen Sinn gekennzeichnete (V. 71–82). Nur eine einzige der zehn, die von den Bienen geborene – »*bei ihr allein findet Tadel keinen Platz*« –, ist fleißig, geliebt und geachtet, anmutig, gebärfreudig und die Schwachhaftigkeit (V. 83 bis 93). Allerdings will das Gedicht mit dieser glücklichen Klimax nach dem Gipfel des Unheilvollen nicht enden. Denn – der Gedankengang biegt zum Anfang, zur allgemeinen Gnomik zurück – aufs Ganze gesehen sind die Frauen doch das denkbar Unerträglichste (»*Zeus nämlich hat dieses Übel als größtes geschaffen, die Weiber*«, V. 96). Ein Klagelied auf das harte Los des Mannes, der mit einer Frau gesegnet ist (V. 96–118), beschließt das triste Register: »*Zeus hat dieses Übel als das größte geschaffen*« (V. 115; alle Ü: Rademacher), wird am Ende nochmals ausdrücklich betont.

Ein solches Verhältnis zum weiblichen Geschlecht ist keineswegs allein für Semonides typisch; ähnlich unzarte Worte hat auch HESIOD für die Frauen gefunden – man denke nur an den Spruch aus den *Erga* »*Wer einem Weibe vertraut, vertraut Betrügern*« (V. 375) oder an die gleich zweimal, in *Erga* (V. 42 bis 105) und *Theogonie* (V. 507–612), erzählte Pandora-Geschichte. Die witzig-pointierte Verknüpfung des Frauenhasses mit wesensähnlichen Tieren – die Allegorie Mensch-Lebewesen ist von Haus aus in der alten Fabel beheimatet – ist der Einfall des Semonides (wenig später dann von PHOKYLIDES, Frgm. 2 D., in kürzerer Form wieder aufgenommen). Die Bedeutung dieser Parallelisierung wird, zumal von der apodiktischen Prämisse des Prooimions her, erst deutlich, wenn man den Iambos als ein skurriles Gegenstück zu SOLONS berühmter Lebensalter-Elegie (Frgm. 19 D.) auffaßt, jenem Hohen Lied männlicher Tatkraft und Leistungsfähigkeit.

Man sieht an den verschiedenen Motivparallelen: Semonides ist nicht nur als Mensch, der sich in der

Welt erlebt, sondern auch als Dichter in die traditionelle Sphäre eingebunden. Und dieser archaischen Tradition des Dichters ist gleicherweise auch sein Stil verpflichtet. Die Sprache kommt vom Epos her, das katalogartig reihende Moment findet sich in prägnanter Form auch bei Hesiod, die etwas roh anmutende Parataxe isomorpher Teile ist Kennzeichen aller frühen Poesie. Dem zur Seite steht aber schon – wie bei Solon oder SAPPHO – der nachdrückliche Wille zur klaren Komposition: Eine Klammer des Allgemeinen umrahmt die speziellen Einzelfälle, und diese Aufzählung der verschiedenen Einzeltypen von Frauen ist in sich wiederum ringförmig gefügt, die element-entsprossenen sind in die Mitte der tier-entsprossenen gestellt. Das Hauptgewicht freilich liegt auf dem generellen Verdammungsurteil, nicht nur, weil die Schlußthese alle Einzelpartien an Umfang übertrifft, sondern ebenso, weil sie in sich noch einmal das Klammerprinzip des Ganzen wiederholt (in der Verswiederholung 96/115). So erfüllt sich, aus konventionellem und neuem Geist, das Gesetz des Kunstwerks: Inhalt und Aufbau korrespondieren miteinander, der Gedanke wird durch die Form bestätigt, die Komposition illustriert die Biographie des Dichters – er war tatsächlich ein Pessimist. E. Sch.

AUSGABEN: Paris 1512 (in *Sententiosa poëtarum vetustissimorum, quae supersunt, opera*, Hg. Alexander). – Ldn./Cambridge (Mass.) 1931 (in *Elegy and Iambus*, Hg. J. M. Edmonds; m. engl. Übers.; Loeb; Nachdr. 1954). – Lpzg. [4]1954 (in *Anthologia lyrica Graeca*, Hg. E. Diehl, Bd. 3).

ÜBERSETZUNGEN: In *Joannis Stobei Scharpffsinniger Sprüche, auss den schrifften der aller vernünfftigsten, eltisten, hochgelerten Griechen inn der zale ob zwaihundert vnnd fünfftzig zuosamen getragen*, G. Fröhlich, genannt Letus, Basel 1550/51. – In *Die elegischen Dichter der Hellenen*, W. E. Weber, Ffm. 1826. – In *Griechische Lyriker*, J. Mähly, Lpzg. 1880 ([2]1889). – In *Perlen griechischer Dichtung*, H. Griebenow, Lpzg. 1893. – *Weiberjambos*, W. Marg (in *Griechische Lyrik*, Stg. 1964; RUB, 1921–1923).

LITERATUR: P. Maas, Art. *Simonides (1)* (in RE, 3A/1, 1927, Sp. 184–186). – Schmid-Stählin, I/1, S. 397–399. – W. Marg, *Der Charakter in der Sprache der frühgriechischen Dichtung*, Würzburg 1938, S. 6–42 (m. Bibliogr., auch zum Nachleben des Motivs; Kieler Arbeiten zur klassischen Philologie, 1). – L. Radermacher, *Weinen und Lachen. Studien über antikes Lebensgefühl*, Wien 1947, S. 156–172 [m. griech. Text u. Übers.]. – B. Snell, *Gleichnis, Vergleich, Metapher, Allegorie. Der Weg vom mythischen zum logischen Denken* (in B. S., *Die Entdeckung des Geistes*, Hbg. [3]1955, S. 258–298). – Lesky, S. 135f. – R. Laurenti, *Pessimismo e nonpessimismo nella poesia di Semonide l'Amorgino* (in Sofia, 32, 1964, S. 83–100).

MIMNERMOS aus Kolophon
(um 650–580 v.Chr.)

NANNŌ (griech.; *Nanno*). In der alexandrinischen Tradition Titel des Elegienwerkes von MIMNERMOS aus Kolophon (um 650–580 v. Chr.). – Daß der Dichter eine Geliebte namens Nanno gehabt habe, scheint zu Beginn des 3. Jh.s v. Chr., als seine Poesie zum Vorbild des neuen hellenistischen Stilideals wurde, eine allgemein verbreitete Ansicht gewesen zu sein: HERMESIANAX (Fragm. 2, 37) und POSEIDIPPOS (*Anthologia Palatina* 12, 168) reden davon als von einer Selbstverständlichkeit. Auffällig ist bei beiden Erwähnungen das unmittelbar benachbarte Zitat der *Lydē* des ANTIMACHOS: Das erweckt durchaus den Eindruck, als habe man dem alten Elegiker von Werktitel *Nannō* ganz nach eigenem Brauch – Leontion, die Geliebte des Hermesianax, gab ja den Titel für dessen Elegienzyklus ab – und gestützt auf das Beispiel des Antimachos zugesprochen. Daß die Elegien des Mimnermos ursprünglich als Buch den Titel *Nannō* getragen hätten, wird kaum zu erweisen sein: Für die archaische Dichtung ist es ziemlich sicher, daß die Autoren ihre poetischen Werke ganz ohne Titel veröffentlichten.

Das *Nannō*-Problem ist aber mehr als nur eine Frage des Titels. Dahinter steckt zum einen die Möglichkeit, bereits in altgriechischer Zeit habe es, der römischen Poesie entsprechend, so etwas Ähnliches wie subjektivem Erleben entspringende Liebeselegien gegeben – ein Gedanke, zu dem die erhaltenen Fragmente nicht den geringsten Anhaltspunkt liefern. Zum andern rührt man damit an die zentrale Schwierigkeit, ob diese Elegien in früher Zeit überhaupt als ein einheitliches Ganzes – eben als die *Elegeia* in zwei Büchern – existiert haben, genauer: ob sie als ein solches Ganzes gedichtet und komponiert worden sind. Diese zweite Schwierigkeit verdoppelt sich, weil uns – wenngleich vereinzelt – an anderer Stelle noch ein weiterer Mimnermos-Titel, die *Smyrnēis*, überliefert wird. Die plausibelste Lösung der verworrenen Lage – Mario PUELMA hat sie vorgeschlagen – bietet ein Vergleich mit dem Werk des THEOGNIS: Der Adressat, dem das Buch in einem Prooimion gewidmet wurde – hier Nanno, dort Kyrnos – ist in späteren Jahrhunderten zum Titelsignum geworden, dem man die Gedichtsammlung als Ganzes bezeichnete. Auch für die innere Struktur des Mimnermos-Buches, dessen Thematik, den Fragmenten zufolge, doch sehr reichhaltig gewesen sein muß, darf man vielleicht Theognis als Vergleich heranziehen: assoziative Reihung verschiedener Motivkomplexe, etwa von der Abfolge »*Prooimion – Schicksale Joniens – Friede ist besser als Krieg – Friede ist Lebensgenuß – Lebensgenuß ist Jugend und Eros*« (Puelma). In diesem Fall wäre *Smyrnēis* ein (natürlich gleichfalls späterer) Untertitel, der den ersten Teil zusammenfaßte und Stücke wie die Fragmente 12, 13 und 14 D. umspannte. Daß der »paratatische« Aufbau der Gesamtwerks die geschlossene, rundende Durchgestaltung der elegischen Einzelstücke nicht hindert, lehrt wiederum das Theognis-Corpus: Ein Gedicht wie das Fragment 2 des Mimnermos (»*Das Menschenleben der rasch dahinwelkenden Blättern vergleichbar*«), das mit seinem vierfach gliederten ersten Teil (Vers 1–5 das Bild, 5–7 das Gegenbild, 7–10 Wiederholung der positiven und negativen Seite, vorläufiges Fazit) und dem straff dreigliedrigen, in der verbindlichen Sentenz gipfelnden zweiten Teil (11–15 die konkrete Begründung des Fazits) sicherlich eine vollständige Einheit darstellt, mag sich sehr wohl in den Zusammenhang eines im ganzen nur locker verbundenen Buches eingefügt haben. E. Sch.

AUSGABEN: o. O. 1566 (in *Poetae Graeci principes heroici carminis*, Bd. 2, Hg. H. Stephanus). – Ldn./Cambridge (Mass.) 1931 (in *Elegy and Iambus*, Hg. J. M. Edmonds, Bd. 1; m. engl. Übers.; Loeb; mehrere Nachdr.). – Lpzg. ³1949 (in *Anthologia Lyrica Graeca*, Hg. E. Diehl, Bd. 1). – Paris 1962 (in *Les élégiaques grecs*, Hg. J. Defradas). – NY 1967 (in *Greek Lyric Poetry*, Hg. D. A. Campbell; Ausw.; m. Komm.).

ÜBERSETZUNGEN: *Mimnermus. Die Elegie an die Liebe* (in *Gedichte aus dem Griechischen*, Ch. zu Stolberg, Hbg. 1782). – *Das Alter. Das Lebensalter*, J. G. Herder (in *Hyle. Kleiner griechischen Gedichte zweite Sammlung*, 1786). – J. H. Hartung (in *Die griechischen Elegiker*, Lpzg. 1856/57; griech.-dt.). – E. Staiger (in *Griechische Lyrik*, Zürich 1961).

LITERATUR: F. Jacoby, *Zu den älteren griechischen Elegikern* (in Herm, 53, 1918, S. 262–307). – Schmid-Stählin, 1/1, S. 361–363. – E. Römisch, *Studien zur älteren griechischen Elegie*, Ffm. 1934, S. 56–60. – F. della Corte, *La »Nanno« di Mimnermo* (in Atti Accad. Ligure di Scienze e Lettere, 3/1, 1943). – M. Puelma, *Die Vorbilder der Elegiendichtung in Alexandria u. Rom* (in MH, 11, 1954, S. 101 bis 116). – A. Dihle, *Zur Datierung des M.* (in Herm, 90, 1962, S. 257–275; ern. in *Die griechische Elegie*, Hg. G. Pfohl, Darmstadt 1972, S. 177–204). – H. Fränkel, *Dichtung u. Philosophie des frühen Griechentums*, Mchn. ²1962, S. 238–245. – F. della Corte, V. de Marco u. a., *Mimnermo* (in Maia, 17, 1965, S. 366–387).

SMYRNĒIS (griech.; *Smyrna*). Angeblich Titel eines Elegienbuches des MIMNERMOS aus Kolophon (um 650–580 v. Chr.). – Was es mit diesem Werk auf sich hat, ist sehr verschieden beantwortet worden, je nachdem, ob man bei »Smyrna« an Kampflieder von der Art, wie sie TYRTAIOS und KALLINOS dichteten, oder an eine Gründungsgeschichte *(ktisis)* der Stadt in elegischer Form oder gar an die eponyme Gründerin Smyrnas dachte. Verifizieren läßt sich keine der angebotenen Möglichkeiten, zumal alle Notizen über den Titel späten Datums sind: Der einzige Text, der ihn tatsächlich zitiert, ist ein Papyros aus dem 2. Jh. n. Chr., PAUSANIAS spricht gelegentlich nur von einer »*Elegie des Mimnermos auf den Kampf der Smyrnaier gegen Gyges und die Lyder*«. Da nun ausgerechnet die Fragmente, die von Smyrna und den Lydern reden (12; 13), ohne den – in solchem Fall doch naheliegenden – Titel angeführt werden, ist mit Sicherheit zu vermuten, daß der Titel *Smyrnēis* sekundär aus dem Text einer oder mehrerer Elegien abstrahiert wurde.

In welcher Form diese Elegien an die Öffentlichkeit kamen, kann man nicht mehr sagen: Sollte Mimnermos seine Poesie wirklich in zwei Büchern gesammelt herausgegeben haben – wie der spätere Titel *Nannō* nahelegen könnte –, so werden die Gedichte um Smyrna und Verwandtes einen geschlossenen Komplex darin gebildet haben. Auf jeden Fall heben sich Sätze wie das Fragment 12, wo in »Wir«-Form von der frevelhaften (!) und gewaltsamen Eroberung Kolophons und Smyrnas berichtet wird, oder Fragment 13 mit dem Lobpreis eines tapferen Kriegers der Vorzeit nicht nur thematisch von den anderen, nach heutigem Empfinden »typischeren« Gedichten ab (Fragm. 1–7; 10), sondern auch formal: Sind jene reflektierender und gnomischer Art, melancholisch im Ton, bilderreich im Ausdruck, so herrscht hier ein kräftiger, noch stärker am Epos haftender Ton des Schilderns und Erzählens – eine Neuheit in der Sphäre der Elegie; wenn die Fragmente nicht trügen, wirkt sich dieser Unterschied bis hinein in den metrischen Duktus aus – der für die »lyrischeren« Gedichte charakteristische Hang zum Enjambement scheint hier einem ruhigeren, an Vers und Distichon orientierten Satzbau gewichen zu sein. E. Sch.

AUSGABEN: o. O. 1566 (in *Poetae Graeci principes heroici carminis*, Hg. H. Stephanus, Bd. 2). – Ldn./ Cambridge (Mass.) 1931 (in *Elegy and Iambus*, Hg. J. M. Edmonds, Bd. 1; m. engl. Übers.; Loeb; mehrere Nachdr.). – Lpzg. ³1949 (in *Anthologia lyrica Graeca*, Hg. E. Diehl, Bd. 1). – Paris 1962 (in *Les élégiaques grecs*, Hg. J. Defradas). – NY 1967 (in *Greek Lyric Poetry*, Hg. D. A. Campbell; Ausw.; m. Komm.).

ÜBERSETZUNG: J. H. Hartung (in *Die griechischen Elegiker*, Lpzg. 1856/57; griech.-dt.).

LITERATUR: F. Jacoby, *Zu den älteren griechischen Elegikern* (in Herm, 53, 1918, S. 262–307). – Schmid-Stählin, 1/1, S. 361–363. – M. Puelma, *Die Vorbilder der Elegiendichtung in Alexandria u. Rom* (in MH, 11, 1954, S. 101–116). – A. Dihle, *Zur Datierung des Mimnermos* (in Herm, 90, 1962, S. 257 bis 275; ern. in *Die griechische Elegie*, Hg. G. Pfohl, Darmstadt 1972, S. 177–204). – H. Fränkel, *Dichtung u. Philosophie des frühen Griechentums*, Mchn. ²1962, S. 238–245. – F. della Corte, V. de Marco u. a., *Mimnermo* (in Maia, 17, 1965, S. 366 bis 387).

ANAXIMANDROS aus Milet
(um 610–546 v. Chr.)

PERI PHYSEŌS (griech.; *Über die Natur*). Nicht authentischer Titel der kosmologischen Prosaschrift des ANAXIMANDROS aus Milet (um 610 bis 546 v. Chr.). – Aus dieser ersten philosophischen Abhandlung der Griechentums, die für uns zugleich den Beginn der profanen Prosaliteratur bedeutet (falls nicht THALES doch publiziert haben sollte), hat der Aristoteles-Kommentator SIMPLIKIOS (5./6. Jh. n. Chr.) das erste direkte Zeugnis abendländischen Denkens bewahrt: »*Woraus aber das Werden ist den seienden Dingen, in das hinein geschieht auch ihr Vergehen nach der Schuldigkeit; denn sie zahlen einander gerechte Strafe und Buße ... nach der Zeit Ordnung*« (Frgm. B 1, Ü: nach Diels-Kranz). Den in diesen Worten angedeuteten »*unsterblichen*«, »*unvergänglichen*« Urgrund *(archē)*, dem das einzelne Seiende entstammt, nennt Anaximander das *apeiron*, das Ungestaltet-Unendlich-Unbestimmte (im Gegensatz etwa zu dem – Thales zugeschriebenen – Seinsurprinzip »Wasser«): »*Dieses Apeiron ist weder ein stofflich bestimmtes Element noch eine Mischung, in der von vornherein alles enthalten wäre ... Anaximander meinte echtes Entstehen aus dem unbegrenzten und unerschöpflichen Urgrund, der allem individuellen Sein vorausliegt*« (Lesky). Wie sich der Philosoph das Werden und Vergehen der Seinserscheinungen und ihrer Elemente im einzelnen dachte, ist nicht mehr zu erkennen: in den Berichten späterer Denker, wie ARISTOTELES, sind Zeugnis und Deutung weithin untrennbar ineinander verwachsen (auch in dem Zitat des Simplikios bereitet die Festlegung des originalen Wortlauts Schwierigkeit). Soviel aber ist den antiken Doxographen zu entnehmen, daß Anaximanders Werk nicht auf diese kühn abstrahierenden kosmologischen Spekulationen beschränkt war, sondern daß darin auch die in engerem Sinne naturkundlichen Theorien des Autors Raum fanden: Astronomie und Biologie.

Sein Kosmosmodell – unsere Welt, eine von vielen, als Kugel, in deren Zentrum unbewegt die Erde, ein oben gewölbter Zylinderstumpf (Höhe: Durchmesser = 1:3) schwebt; Sonne, Mond, Planeten, Sterne (auch hier genaue Maßverhältnisse) als kleine Öffnungen in um die Erde kreisenden feuergefüllten Luftschläuchen – bedeutete gegenüber der flachen, auf dem Meer schwimmenden Scheibe des Thales einen großen Fortschritt. Besonders bemerkenswert erscheinen auch seine Hypothesen über die Entstehung des Lebens; Anaximander verlegt seinen Ursprung in das Meer, aus dem sich die Tiere, bei allmählich differenzierterer innerer Organisation, ans Land begeben hätten: Jede höher organisierte Art – so auch der Mensch – habe sich aus niedrigeren Lebewesen entwickelt. Diese Gedanken sind um so erstaunlicher, als sie auf reiner philosophischer Spekulation beruhen; denn Anaximander waren – wie fast allen griechischen Naturforschern – exaktes Messen und kritisches Experiment noch völlig fremd. E. Sch.

AUSGABEN: Bln./Ffm. ²1949 (in *Vorsokratische Denker. Auswahl aus dem Überlieferten*, Hg. W. Kranz; griech.-dt.). – Florenz 1963 (in *Ionici*, Hg. A. Maddalena; m. Komm., Bibliogr. u. ital. Übers.). – Dublin/Zürich ¹³1968 (in *Die Fragmente der Vorsokratiker*, Hg. H. Diels u. W. Kranz, Bd. 1; m. Übers.).

ÜBERSETZUNGEN: In *Die Vorsokratiker*, W. Nestle, Jena 1908 (ern. Köln 1956; Diederichs Taschenausg.). – In *Die Vorsokratiker*, W. Capelle, Stg. ⁴1953. – In *I Presocratici*, A. Pasquinelli, Turin ²1966 [ital.; m. Komm.].

LITERATUR: Schmid-Stählin, 1/1, S. 729–731. – F. Dirlmeier, *Der Satz des A. von Milet* (in RhMus, 87, 1938, S. 376–382; ern. in *Die Begriffswelt der Vorsokratiker*, Hg. H.-G. Gadamer, Darmstadt 1968, S. 88–94). – O. Gigon, *Der Ursprung der griechischen Philosophie. Von Hesiod bis Parmenides*, Basel 1945, S. 59–98. – K. Deichgräber, *Anaximander von Milet* (in Herm, 75, 1940, S. 10–19). – W. Kraus, *Das Wesen des Unendlichen bei Anaximander* (in RhMus, 93, 1950, S. 364–379). – U. Hölscher, *Anaximander und die Anfänge der Philosophie* (in Herm, 81, 1953, S. 257–277; 385–418). – W. Jaeger, *Die Theologie der frühen griechischen Denker*, Stg. 1953; Nachdr. Darmstadt 1964, S. 28–49. – G. S. Kirk u. J. E. Raven, *The Presocratic Philosophers. A Critical History with a Selection of Texts*, Cambridge 1957, S. 99–142. – N. Rescher, *Cosmic Evolution in Anaximander* (in Studium Generale, 11, 1958, S. 718–731). – Ch. H. Cahn, *Anaximander and the Origins of Greek Cosmology*, NY 1960. – C. J. Classen, *Anaximander* (in Herm, 90, 1962, S. 159–172). – H. Fränkel, *Dichtung und Philosophie des frühen Griechentums*, Mchn. ²1962, S. 300–306 [m. Übers.]. – W. K. C. Guthrie, *A History of Greek Philosophy*, Bd. 1, Cambridge 1962, S. 72 bis 115. – P. Seligman, *The Apeiron of Anaximander*, Ldn. 1962 (vgl. die Rez. v. C. J. Classen, in GGA, 215, 1963, S. 154–160). – H. Schwabl, *Anaximander. Zu den Quellen und seiner Einordnung im vorsokratischen Denken* (in Archiv für Begriffsgeschichte, 9, 1964, S. 59–72). – O. N. Guariglia, *Anaximandro de Mileto. Fragmento B 1 Diels*-*Kranz* (in Anales de Filología Clásica, 9, 1964/65, S. 23–155).

ANAXIMENES aus Milet
(um 585–525 v. Chr.)

PERI PHYSEŌS (griech.; *Über die Natur*). Nicht authentischer Titel der naturphilosophischen Schrift des ANAXIMENES aus Milet (um 585–525 v. Chr.). – Das im ionischen Dialekt geschriebene Werk behandelte die Frage nach dem Ursprung *(archē)* des Seins und dem Aufbau der Welt, die zuvor schon ANAXIMANDER, angeblich des Anaximenes Lehrer, gestellt hatte. Was uns durch Zitate des ARISTOTELES, THEOPHRAST und sonstiger antiker Philosophiehistoriker von den Vorstellungen des Anaximenes überliefert ist, läßt sein Bestreben erkennen, allenthalben die Gedanken seines Vorgängers weiterzudenken und zu korrigieren (soweit dies einer rein spekulierenden, höchstens durch naive Naturbeobachtung ohne prüfendes Nachforschen unterstützten Welterkundung möglich war).

Dem heutigen Betrachter erscheinen seine mehr oder minder willkürlichen Ergebnisse, verglichen mit den Gedanken Anaximanders, teils als Fortschritt, teils als Rückschritt. Daß er als Urprinzip des Alls die Luft *(aēr)* annahm, aus der durch Verdünnungs- und Verdichtungsprozesse die übrigen Formen der Erd- und Allmaterie entstehen, war durchaus geeignet, dem *apeiron*-Ansatz des älteren Zeitgenossen konkretere Züge zu verleihen. Daß er diesen *aēr* auch zum Prinzip der menschlichen Seele machte (»*Wie unsere Seele, die Luft ist, uns beherrschend zusammenhält, so umfaßt auch die ganze Weltordnung Hauch und Luft*«, Frgm. B 2, Ü: Diels-Kranz), war ein mittelbar bis in neuzeitliche Mystik hineinwirkender Gedanke. Daß er dagegen die Erde wieder als einen flachen, auf einem Luftpolster ruhenden Teller ansah und sich von der geozentrischen Kugelgestalt des Alls abkehrte, will – obgleich es vom Wesen jener rein spekulativen Denkweise her ganz natürlich erscheinen muß – ohne die verlorengegangene Begründung nur schwer einleuchten. E. Sch.

AUSGABEN: Bln./Ffm. ²1949 (in *Vorsokratische Denker. Auswahl aus dem Überlieferten*, Hg. W. Kranz; griech.-dt.). – Florenz 1963 (in *Ionici*, Hg. A. Maddalena; m. Komm., Bibliogr. u. ital. Übers.). – Dublin/Zürich ¹³1968 (in *Die Fragmente der Vorsokratiker*, Hg. H. Diels u. W. Kranz, Bd. 1; m. Übers.).

ÜBERSETZUNGEN: In *Die Vorsokratiker*, W. Nestle, Jena 1908 (ern. Köln 1956 (Diederichs Taschenausg.). – In *Die Vorsokratiker*, W. Capelle, Stg. ⁴1953. – In *I Presocratici*, A. Pasquinelli, Turin ²1966 [ital.; m. Komm.].

LITERATUR: Schmid-Stählin, 1/1, S. 731f. – O. Gigon, *Der Ursprung der griechischen Philosophie. Von Hesiod bis Parmenides*, Basel 1945, S. 99–119. – K. Freeman, *The Pre-Socratic Philosophers. A Companion to Diels, Fragmente der Vorsokratiker*, Oxford ³1953 (Nachdr. zul. 1966), S. 64–73. – G. S. Kirk u. J. E. Raven, *The Presocratic Philosophers. A Critical History with a Selection of Texts*, Cambridge 1957, S. 143–162. – H. Fränkel, *Dichtung und Philosophie des frühen Griechentums*, Mchn. ²1962, S. 306–308 [m. Übers.]. – W. K. C. Guthrie, *A History of Greek Philosophy*, Bd. 1,

Cambridge 1962, S. 115–145. – H. Schwabl, *A. und die Gestirne* (in WSt, 79, 1966, S. 33–38).

XENOPHANES aus Kolophon
(um 565–470 v. Chr.)

PERI PHYSEŌS (griech.; *Über die Natur*). Nicht authentischer Titel eines Werks des Dichterphilosophen XENOPHANES aus Kolophon (um 565–470 v. Chr.). – Wenn die Zuweisung der erhaltenen Bruchstücke an die Schrift stimmt, zerfiel das Werk in zwei thematisch recht divergente Teile: zunächst die Darlegung der religiösen Vorstellungen von der Einheit der Gottheit – bereits in seinen *Elegien* äußerte Xenophanes das bitterscharfe Wort, die Rinder, Pferde und Löwen würden, so sie Hände hätten, sich rinder-, pferd- und löwengestaltige Götterbilder formen, wie »*die Äthiopen behaupten, ihre Götter seien stumpfnasig und schwarz, die Thraker, blauäugig und rothaarig*« (Frgm. B 15 und 16) –, dann ein Referat der »naturwissenschaftlich«-kosmologischen Vermutungen und Erkenntnisse (hierbei verdient besonders die Schlußfolgerung von Muschel- und anderen Fossilien auf frühere Überflutung des Landes, woraus der Philosoph dann weiter einen periodischen Wechsel von Verlandung uud Überschwemmung herleitet, noch heute Beachtung).

Vieles kennen wir von Xenophanes nur durch die vermittelnden Berichte alter Philosophiehistoriker: Manches davon mag, falls es das Buch tatsächlich gegeben hat, darin gestanden haben, so etwa die Erklärung der Gestirne als durch starke Bewegung entzündete Wolken oder die Ansicht vom täglichen Verlöschen und Wiederaufflammen der Himmelskörper (als Untergang und Aufgang). In dem Werk fand allerdings auch die bekannte Mahnung zur Vorsicht gegenüber jeder menschlichen Erkenntnis ihren Platz: »*Das Genaue freilich erblickte kein Mensch ... Schein[meinen] haftet an allem*« (Frgm. B 34; beide Ü: Diels-Kranz). Hierin äußert sich die gleiche aufgeweckte Skepsis gegenüber der unbeschwert spekulierenden ionischen Physisforschung der alten Milesier wie in den theologischen Ideen des Xenophanes gegenüber der mythischen Tradition.

Das alles ist indes – und dies ist eine Eigentümlichkeit des Xenophanes, die ihn zu einer nur mit HERAKLIT zu vergleichenden Ausnahmeerscheinung unter den vorsophistischen Denkern macht – nirgendwo mit systematischer Strenge dogmatisch fixiert: Weder der unitarische Gottesbegriff noch die Gedanken über die Wahrheitserkenntnis sind, wie etwa bei PARMENIDES, als Konsequenz einer Grundmaxime verstanden. Überall wird vielmehr die Rücksicht auf Unwägbarkeiten und mögliche Irrtümer spürbar, eine Rücksicht, von der sich Xenophanes um so weniger ausnimmt, als ihre fahrlässige Mißachtung durch andere zu bekämpfen gerade zu seinen Hauptanliegen zählt: So steht für ihn über allem Verstand, mit dem man in jenem Jahrhundert die Welt zu erkunden und zu erfahren beginnt, der Vernunft, die dem Denken die gebührenden Grenzen weist. E. Sch.

AUSGABEN: Den Haag 1830 (in *Carminum reliquiae*, Hg. S. Karsten). – Ldn./Cambridge (Mass.) 1931 (in *Elegy and Iambus*, Hg. J. M. Edmonds, Bd. 1; m. engl. Übers.; Loeb; mehrere Nachdr.). – Bln./Ffm. [2]1949 (in *Vorsokratische Denker. Auswahl aus dem Überlieferten*, Hg. W. Kranz; griech.-dt.). – Lpzg. [4]1954 (in *Anthologia lyrica Graeca*, Hg. E. Diehl, Bd. 1). – Florenz 1956 (*Senofane. Testimonianze e frammenti*, Hg. M. Untersteiner; m. Komm., Bibliogr. u. ital. Übers.). – Neapel 1961 (*Senofane di Colofone. Ione di Chio*, Hg. A. Farina; m. Komm. u. ital. Übers.). – Paris 1962 (*Les élégiaques grecs*, Hg. J. Defradas; m. Komm.). – Dublin/Zürich [13]1968 (in *Die Fragmente der Vorsokratiker*, Hg. H. Diels u. W. Kranz, Bd. 1; m. Übers.).

ÜBERSETZUNGEN: *Fragmente*, G. G. Fülleborn (in G. G. F., *Beiträge zur Geschichte der Philosophie*, 6. Stück, Jena 1795). – *Xenophanes*, J. Mähly (in *Griechische Lyriker*, Lpzg. 1880). – Dass., H. Griebenow (in *Perlen griechischer Dichtung*, Lpzg. 1893). – In *Die Vorsokratiker*, W. Nestle, Jena 1908; ern. Köln 1956 (Diederichs Taschenausg.). – In *Die Vorsokratiker*, W. Capelle, Stg. [4]1953. – In *I Presocratici*, A. Pasquinelli, Turin [2]1966 [ital.; m. Komm.].

LITERATUR: H. Fränkel, *Xenophanesstudien* (in Herm, 60, 1925, S. 174–192; ern. in H. F., *Wege und Formen frühgriechischen Denkens*, Mchn. [2]1960; S. 335–349). – Schmid-Stählin, 1/1, S. 308–312. – K. Deichgräber, *X. »Peri physeōs«* (in RhMus, 87, 1938, S. 1–31). – O. Gigon, *Der Ursprung der griechischen Philosophie. Von Hesiod bis Parmenides*, Basel 1945, S. 154–196. – C. Corbato, *Studi Senofanei* (in Annali Triestini, 22, 1952, S. 179 bis 244). – A. Lumpe, *Die Philosophie des X. v. K.*, Diss. Mchn. 1952. – W. Jaeger, *Die Theologie der frühen griechischen Denker*, Stg. 1953 (Nachdr. Darmstadt 1964), S. 50–68. – M. Untersteiner, *Forme di religiosità primitiva e il concetto di terra in Senofane* (in Emerita, 22, 1954, S. 137–158). – Ders., *Il problema di conoscere in Senofane* (in Sophia, 23, 1955, S. 26–37). – G. S. Kirk u. J. E. Raven, *The Presocratic Philosophers. A Critical History with a Selection of Texts*, Cambridge 1957, S. 163–181. – H. Fränkel, *Dichtung und Philosophie des frühen Griechentums*, Mchn. [2]1962, S. 371–386 [m. Übers.]. – W. K. C. Guthrie, *A History of Greek Philosophy*, Bd. 1, Cambridge 1962, S. 360–402. – P. Steinmetz, *Xenophanesstudien* (in RhMus, 109, 1966, S. 13 bis 73).

AISOPOS
(6. Jh. v. Chr.)

MYTHŌN SYNAGŌGĒ (griech.; *Fabelsammlung*). Die Fabeln des AISOPOS (Äsop, 6. Jh. v. Chr.). – Mythische und säkulare Tiergeschichten mit Gleichnischarakter wurden im alten Orient schon im 3. Jahrtausend v. Chr. erzählt. Die europäische Fabeldichtung geht aber nicht auf das orientalische Gut zurück, sondern auf Aisop, den selbst fabulosen und legendenuponnenen großen Geschichtenerzähler der Griechen. Dieser hat – teils direkt, teils durch die poetischen Fassungen seiner namhaftesten Nachfolger PHAEDRUS, BABRIOS und AVIANUS (samt deren Prosaadaptionen, etwa dem *Romulus*-Corpus) – die mittelalterliche Entfaltung angeregt, die erst später, etwa im 13. Jh., wieder mit indisch-arabischem Gut bereichert wurde.

Obwohl auch die Griechen weitaus ältere Fabeln (etwa von HESIOD und ARCHILOCHOS) kannten, wurde Aisop der Ahnherr der Gattung, die seit alters seinen Namen trägt. Sein Leben ist so gut wie nicht bekannt. Er muß ein Manñ des Volkes gewesen sein, von niederer Abkunft wie sein Publi-

kum: Fabeln gehörten in Griechenland wie anderwärts zum mächtigen Bestand uralter mündlicher Literatur, sie waren, ähnlich dem Märchen, der Novelle, dem Schwank, dem Witz und dem Sprichwort, dem Rätsel und den Zaubersprüchen, nicht eine Ausdrucksform der gebildeten aristokratischen Kreise, sondern der einfachen Massen. Und eben auf diese besondere Art von Histórchen muß sich Aisop – falls er wirklich eine historische Persönlichkeit ist – verstanden haben: auf kleine, aus einer kurzen, pointierten Handlung bestehende und in sich geschlossene Geschichten, meist aus dem Tierreich (doch sind auch Pflanzen, Götter und Heroen, Menschen des Alltags, ja geschichtliche Persönlichkeiten tragende Figuren), auf Geschichten, deren Geschehen eine unmittelbar einleuchtende, bei den besten Stücken aber behutsam verschwiegene allegorische Bedeutung für das menschliche Leben besitzt. Diese Allegorie trägt stets den Charakter erzieherischen Tadels, mag die Geschichte sich als scherzhafte, lustig-groteske Episode oder als gesalzene Satire geben, mag sie dialogisch oder dramatisch geformt sein. Stoff und Figuren entstammen dem Horizont des kleinen Mannes – Aisop wird im alten Ionien lokalisiert, in Samos: Da treffen sich Händler und Matrosen, Soldaten und Fischer, Bauern aus dem Hinterland und Bettler, Hafenarbeiter und Nichtstuer; ärmlich werden die Verhältnisse gewesen sein, dürftig die Sprache, Analphabeten die Regel. Der Hörer wird durch Situationen angesprochen, die ihm vertraut sind, begegnet den Tieren und Pflanzen wieder, die er kennt: Pferd und Rind, Esel und Hund, Maus und Frosch, Adler und Taube, Lerche, Rabe und Schwalbe, Fische, Füchse, Wölfe, Hirsch und Hase, Schlangen und Zikaden, Bienen und Flöhe, Schafe und Schweine usw., dazu auch allbekannte fremde Tiere, Löwe und Kamel, Krokodile und Affen; Rosen und Reben sind die wie Menschen agierenden Pflanzen, Eiche und Ölbaum, Feigen- und Apfelbaum, Dornstrauch, Tanne und anderes. Wo Menschen in den Geschichten auftreten, sind es meist typische Gestalten wie Greis, Wanderer und Seemann (in späteren Fabeln kommen auch individuelle Personen vor: etwa die Redner DEMOSTHENES und DEMADES, ja sogar Aisop selbst und seine Werke werden zu Fabelmotiven). Zeus zu begegnen ist keine Seltenheit, auch Apoll und Aphrodite, Athene und Helios, Prometheus und Herakles, Hermes und Teiresias, Plutos (Reichtum) und Thanatos (Tod), der Erdgöttin Ge oder den Meer- und Flußgöttern. Die apostrophierten menschlichen Schwächen sind nie außergewöhnlich: Neid und Geiz, Habsucht und Eitelkeit, Hochmut und Freßgier – und in allem immer wieder die schalkhaft bloßgestellte Dummheit, denn dies ist ja ursprünglich die lebenskluge Konsequenz der Fabel: daß sich Eigennutz und Dummheit nicht auszahlen.
Dies deutet auf ein ganz wesentliches Merkmal der alten (wenn man so will, der original Aisopischen) Fabeln: ihre unausgesprochene »Moral« war anfänglich alles andere als moralisch – sie wollte werten, aber nicht vernichten, urteilen, aber nicht verdammen, sie wollte demaskieren und enthüllen: aber nicht Böses, sondern Schlechtes, Ungeschicktes, Unpassendes. Ihre Pädagogik war indirekt – wie auch das Signum ihrer künstlerischen Form das indirekt Andeutende, der Gehalt hinter dem einprägsamen Inhalt blieb. Daß man die ethische Exegese in einem *Epimythion* hinzufügte, den Sinn und» die Moral von der Geschichte'« nicht mehr verschwieg, ist späterer Usus und schon Zeichen der Verflachung. Doch ob mit oder ohne Interpretation des angedeuteten Sinns – die Mahnung der Fabelgeschichte blieb immer der markant sichtbare Kern. Und dieser unterhaltsam belehrenden und leicht verständlichen Paränese wegen geschah es auch, daß die *Fabeln* Aisops in den folgenden zweieinhalb Jahrtausenden lebendig geblieben sind; nicht einmal die unsinnige »Sprachgymnastik«, zu der die Rhetorenakademien die Fabeln immer wieder mißbrauchten, konnte ihre Kraft schwächen, ja die *Aisopischen Fabeln* sind der einzige Strom, der mit unverminderter Stärke aus den Tagen des archaischen Griechenlands über alle toten Zeiten der Überlieferung und alle Epochen der Kulturfeindlichkeit hinweg in unsere Welt hinübergeflossen ist.

E. Sch.

AUSGABEN: o. O. u. J. [Venedig ca. 1470/71] *(Aesopus;* lat. Übers. v. Omnibonus Leonicenus). – o. O. u. J. [Utrecht (?) ca. 1472] *(Fabulae;* lat. Übers. v. Lorenzo Valla). – Mailand 1474 *(Fabulae;* lat. Übers. v. Rinucius). – o. O. u. J. [Mailand ca. 1480] *(Aisōpu mythoi,* Hg. Bonus Accursius; m. lat. Übers. v. Rinucius). – Heidelberg 1910 *(Der Lateinische Äsop des Romulus und der Prosa-Fassungen des Phädrus,* Hg. G. Thiele; m. Einl. u. Komm.). – Paris 1925/26 *(Fabulae,* 2 Bde., Hg. E. Chambry; ern. 1959). – Paris 1927 *(Fables,* Hg. ders.; m. frz. Übers.; [2]1960). – Lpzg. 1940–1956 *(Corpus fabularum Aesopicarum,* Hg. A. Hausrath; Bd. 1/1: m. Erg. von H. Haas ern. 1957; Bd. 1/2: 1956, Hg. H. Haas; [2]1959, Hg. H. Hunger). – Urbana/Ill. 1952 *(Aesopica,* Hg. B. E. Perry; enth. Vitae u. Fabeln).

ÜBERSETZUNGEN: *Das leben des hochberümten fabeldichters Esopi ... vnd fürbas das selb leben Esopi mit synen fabeln die etwan romulus von athenis synem sun Thiberino vß kriechischer zungen in latin gebracht,* H. Steinhöwel, Ulm o. J. [ca. 1476/77] (nach der Romulus-Version; m. lat. Prosaübers. von Rinucius, lat. Versübers. des Anonymus Neveleti, den *Fabulae* des Avianus lat.-dt. u. a.). – *Die Aesopischen Fabeln,* W. Binder, Stg. 1866. – *Steinhöwels Äsop,* Hg. H. Österley, Tübingen 1873. – *Buch und Leben des hochberühmten Fabeldichters Aesopi,* H. Steinhöwel, bearb. v. R. Renz, m. Einf. v. W. Worringer, Mchn. 1925. – *Aesopische Fabeln,* A. Hausrath, Mchn. 1940; [2]1944 [Ausw.; griech.-dt.]. – *Antike Fabeln,* L. Mader, Zürich 1951 [Ausw.]. – *Schöne Fabeln des Altertums,* H. Gasse, Lpzg. o. J. [1954] (Ausw.; Slg. Dieterich, 168).

LITERATUR: O. Keller, *Untersuchungen über die Geschichte der Fabel* (in Jbb. f. class. Philol., Suppl. 4, 1861–1867, S. 307–418). – A. Hausrath, Art. *Fabel* (in RE, 6/2, 1909, Sp. 1704–1736). – W. Wienert, *Die Typen der griechisch-römischen Fabel,* Helsinki 1925. – Schmid-Stählin, 1/1, S. 667 bis 683. – P. E. Perry, *Studies in the Text History of the Life and Fables of Aesop,* Haverford/Pa. 1936 (Philological Monographs, 7). – H. Zeitz, *Der Aesoproman und seine Geschichte* (in Aegyptus, 16, 1936, S. 225–256). – F. R. Adrados, *Estudios sobre el léxico de las fabulas Esópicas,* Salamanca 1948. – K. Meuli, *Herkunft und Wesen der Fabel,* Basel 1954. – Lesky, S. 178–181.

ANONYM

SKOLIA [MELĒ] (griech.; *Trinklieder*). Eine in der archaisch-frühklassischen Zeit (6. und frühes 5. Jh.

v. Chr.) auftretende Form von kleinen, einstrophigen Liedchen, die bei den Symposien von den einzelnen Zechern zur Unterhaltung vorgetragen wurden. – Von der einst sicherlich reichen Produktion ist nur wenig erhalten, gesammelt wahrscheinlich in Peripatetikerkreisen. Die unter vielen Hypothesen ansprechendste Definition des Namens hat der Peripatetiker DIKAIARCH in seinen *Musikoi agōnes (Musische Wettkämpfe)* gegeben: Im Gegensatz zum gemeinsamen Trinklied und zum reihum laufenden Gesang seien die Skolien nach Belieben von jedem, der gerade wollte, vorgetragen worden; von diesem »krummen« (*skolios* : »krumm«) Weg, den das Lied nahm – oft wurde dem Nächsten über den Tisch ein Myrten- oder Lorbeerzweig zugeworfen –, habe die Gattung ihre Bezeichnung erhalten. Im Lauf des 5. Jh.s wurde der Brauch, ohne daß wir die Ursachen anzugeben wüßten, immer mehr von elegischen Versformen mit Beschlag belegt: Das Corpus, das unter dem Namen des THEOGNIS überliefert ist, zeigt, wie das instrumental begleitete Lied vom rezitierten Spruch abgelöst worden ist; die aus dem Stegreif improvisierte melodische Strophe – aus dem Extemporieren rühren, wie bei »Theognis«, die Dichteranklänge her – kam aus der Mode, und falls später einzelne Dichter gelegentlich ein *Skolion* dichteten (schon vorher waren manche dieser Anonyma, wohl meist zu Unrecht, unter den Namen berühmter Poeten gestellt worden), so hatten die Lieder damit doch ihr eigentümliches Wesen, das an der volkstümlichen Improvisation hing, verloren.

Eine kurze Anthologie von 25 attischen *Skolien*, die man als typisch für die Gattung ansehen darf, hat ATHENAIOS in seinen *Deipnosophisten* bewahrt. Vieles darin erinnert an die Theognideische Sammlung: der Ton aristokratisch herber Ethik – das gibt ein Bild von der soziologischen Struktur jener Gelagezirkel –, der Eingang mit den vier Götterliedern (auf Athena, Demeter, Leto und Pan), die gemischte Thematik der Sammlung (Sentenzen und Ermahnungen neben dem Lob der Tyrannenmörder Harmodios und Aristogeiton, Preis der Lebensgüter neben Reflexionen über Siege und Niederlagen, Gedichte auf Heroen neben gnomischer Weisheit, nicht zu vergessen einige erotische Strophen, teils derber, teils lyrisch-zarter Natur). Die natürliche, bildhaftschlichte Ausdrucksform ist ebenso erstaunlich wie die metrische Vielfalt der meist zwei- oder vierzeilig angelegten Stückchen; am gebräuchlichsten und beliebtesten scheinen lesbisch-äolische Versmaße gewesen zu sein. Diese attische Sammlung ist ein kostbares Zeugnis für den künstlerischen Rang, den im frühen Griechenland die »niedere« Poesie besaß, aus der die großen Lyriker aufgestiegen sind. »*Was bei ganz anderem Inhalt die Schönheit Solonischer Dichtung ausmacht, wiederholt sich in ihr: herzhafte Unmittelbarkeit zu den Dingen und Mächten dieser Welt spricht sich in bezwingender Klarheit aus. Etwas vom Zauber des Attischen, der sich in der Klassik erfüllte, ist auch in diesen Gebilden*« (Lesky).

E. Sch.

AUSGABEN: Jena 1798, Hg. C. D. Ilgen [m. Komm.].
– Ldn. 1900 (in *Greek Melic Poets*, Hg. H. W. Smyth; m. Komm.; Nachdr. NY 1963). – Lpzg. 1925 (in *Anthologia lyrica Graeca*, Hg. E. Dienl, Bd. 2). – Ldn./Cambridge (Mass.) ²1940 (in *Lyra Graeca*, Hg. J. M. Edmonds, Bd. 3; m. engl. Übers.; Loeb; mehrere Nachdr.). – Oxford 1962 (in *Poetae melici Graeci*, Hg. D. L. Page). – Oxford 1968 (in *Lyrica Graeca selecta*, Hg. ders.).

ÜBERSETZUNGEN: in *Die Weisen von Hellas als Sänger ...*, G. Ch. Braun, Mainz 1822. – *Die Skolien*, J. A. Hartung (in *Die griechischen Lyriker*, Bd. 6, Lpzg. 1857; griech.-dt.). – *Skolien*, J. Mähly (in *Griechische Lyriker*, Lpzg. 1880). – Dass., H. Griebenow (in *Perlen griechischer Dichtung*, Lpzg. 1893). – *Trinklieder*, J. Schultz u. J. Geffcken (in *Altgriechische Lyrik in deutschem Reim*, Bln. 1895).– *Attische Trinklieder*, F. Hölderlin (in *Griechische Lyriker*, Hg. H. Rüdiger, Zürich 1949; griech.-dt.; Nr. 10–13D.). – Dass., ders. (in *Griechische Lyrik*, Hg. W. Marg, Stg. 1964; Nr. 10 u. 11D.). – *Attische Skolien*, F. Hölderlin, K. Preisendanz, B. Snell (in *Antike Lyrik*, Hg. C. Fischer, Mchn. 1964).

LITERATUR: R. Reitzenstein, *Epigramm und Skolion*, Gießen 1893, S. 3–44. – U. v. Wilamowitz-Moellendorff, *Die attische Skoliensammlung* (in U. v. W.-M., *Aristoteles und Athen*, Bd. 2, Bln. 1893, S. 316–322). – W. Aly, Art. »*Skolion*« (in RE, 3A/1, 1927, Sp. 558-566). – Schmid-Stählin, Bd. 1/1, S. 348–350; 442–444. – C. M. Bowra, *Greek Lyric Poetry*, Oxford ²1961, S. 373–397. – Lesky, S. 198/199.

HERAKLEITOS aus Ephesos
(um 500 v. Chr.)

PERI PHYSEŌS (griech.; *Über die Natur*). Nicht authentischer Titel der philosophischen Schrift des HERAKLEITOS aus Ephesos (um 500 v. Chr.). – Wir besitzen noch etwa 125 Fragmente im Originaltext, alle von einer höchst eigentümlichen und unverwechselbaren Form: Es sind jeweils äußerst pointierte und einprägsame, in sich geschlossene Sätze – man mag sie sehr treffend als »Sprüche« charakterisiert (Fränkel), die aber aus ebendiesem Grund bei aller Plastizität und vordergründig-scheinbarer Verständlichkeit häufig ihren tieferen Sinn verschließen. – nicht umsonst nannte man Heraklit im Altertum den »Dunkeln«. Dabei ist jedoch unmittelbar zu spüren, daß alle diese Sätze untereinander in einem geheimen Zusammenhang stehen: Auf verschiedensten Ebenen und von verschiedensten Seiten variieren sie in immer neuen Anläufen einige wenige zentrale Grunderkenntnisse und sind in ihrem philosophischen Gehalt wie in ihrem sprachlichen Ausdruck ganz bestimmten Formstrukturen verpflichtet. Eine wahrscheinliche Reihenfolge der Fragmente rekonstruieren zu wollen ist unter solchen Umständen ein von vornherein aussichtsloses Unterfangen, und auch die Art jener dunklen Wechselbeziehungen kann nur durch mühevolle Interpretation erschlossen werden. Dabei weiß der moderne Deuter nicht einmal, ob er die Ursache hierfür der Ungunst der Überlieferung zuschieben darf: Die Reste erwecken durchaus den Eindruck, als ob auch schon das Original durch solch aphoristische Parataxe der Einzelgedanken auseinandergereiht gewesen wäre – ein Mittel der Darstellung wie ähnlich die rätselhaft-hintergründige Diktion, ganz in dem Sinn, den der Philosoph dem delphischen Orakel gibt: »*Der Herr, dem das Orakel in Delphi gehört, sagt weder noch verbirgt er – er zeigt*« (Frgm. B 93). Was Heraklit zeigen will und wie er sich selbst in seiner Rolle als Zeigender versteht und verstanden wissen will, das legt er im Eingang seines Werkes (Frgm. B 1) dar: Es geht um den »*logos*«, eine rationale, aussprechbare Ordnung, ein Gesetz, das zum einen in den »Dingen« liegt, zum andern aber auch die Verkündigung des Philosophen bedeutet. Das heißt: In diesem Herakliteischen »*logos*« fallen Objektives, die rationalen Verhältnisse des Ontischen, und Subjektives, die vernünftige ontologische Aussage darüber, noch in eins zusammen. Bemerkenswert an der programmatischen Exposition Heraklits erscheint ferner der durchgängige Bezug auf die große Gegenwelt derer, denen der »*logos*« verschlossen bleibt (»der Autor als Garant der Wahrheit, Entlarver scheinhafter Lügen und Irrtümer« ist seit HESIOD ein wesentlicher Topos philosophierender Literatur), bemerkenswert nicht zuletzt deshalb, weil sich diese grundlegende Antithese augenfällig in einem noch typisch archaischsprunghaften, ständig zwischen positivem und negativem Pol hin und her pendelnden Stil niederschlägt: »*(+) Diesem Logos gegenüber, der in Ewigkeit gilt, (-) erweisen sich die Menschen als unverstehend, gleichermaßen bevor sie davon hören wie nachdem sie bereits gehört haben. Denn (+) während alles gemäß diesem Logos vor sich geht, (-) sind sie doch wie solche, die ihn nie erlebten, und leben doch in Worten und Werken solcher Art, (+) wie ich sie hier darlege, indem ich jegliches nach seiner Natur auseinanderlege und angebe, wie es sich verhält; (-) den andern Menschen aber bleibt alles, was sie im Wachen tun, ebenso unbewußt wie alles, was im Schlaf ihrem Bewußtsein entfällt*« (Ü: Fränkel). Zu demonstrieren, in welcher Form sich nun der *logos* als die immanente Gesetzmäßigkeit in allen Seinserscheinungen äußert, in der Kosmologie nicht weniger als im einzelnen Menschenleben, in der »Psychologie« ebenso wie in der »Theologie«, das ist die Aufgabe, die die Herakliteischen Sätze aus immer neuen Perspektiven versuchen. Das Grundgesetz ist dabei ein unablässiger Kampf der Gegensätze (Frgm. B 53; B 80), der Vernichtung und Wandlung durch stetigen wechselweisen Austausch und Umschlag von Antithesen; und zugleich ist es das Gesetz von der höheren Einsicht, die in dieser fundamentalen Rivalität waltet, denn dieser unaufhörliche Kampf ist nicht ein chaotisches Durcheinander, sondern vollzieht sich – als *logos* – nach festen Maßen und Relationen (z. B. Frgm. B 8; B 10; B 20; B 21; B 26; B 51; B 59; B 60; B 61; B 67; B 75; B 84; B 88; B 89; B 111; B 126). Selbst im kosmogonischen Prozeß, den Heraklit auf drei Grundelementen, Erde, Wasser und Feuer, beruhen läßt, ist das austauschende Entstehen und Vergehen in solch festgefügte antithetische Relationsstufen eingebunden (Frgm. B 31; vgl. B 30): »*Feuers Wandlungen: zuerst Meer, vom Meer aber die Hälfte Erde, die Hälfte Glutwind... Erde zerfließt zu Meer und paßt sich ein in denselben Logos [›Beziehung, Entsprechung, Proportion‹], wie er vordem war, ehe es Erde ward*« (Ü: Fränkel).

Seine schlagende Überzeugungskraft gewinnt dieser *logos* dadurch, daß die also gesetzmäßig strukturierten Seinsphänomene nicht bloß thesenhaft gelehrt werden, sondern sich daneben – worin die Subjektives und Objektives in sich aufhebende Qualität des *logos* ihren eindrucksvollsten Ausdruck findet – unmittelbar in der syntaktischen Form der Sprache abprägen: Die Sprachstruktur repräsentiert im Wort die Seinsstruktur. Ein Satz wie »*Der Mann heißt kindisch vor der Gottheit so wie der Knabe vor dem Manne*« (Ü: Diels-Kranz) spricht nicht nur sein Dogma, den Gegensatz zwischen irdischer und göttlich-vollkommener Einsicht, *expressis verbis* aus, sondern illustriert es darüber hinaus an einem zweiten, parallelen Gegensatz, wobei der zu vergleichende Bereich als Ganzes seinerseits dem Vergleichsbereich in scharfer gradueller Antithese untergeordnet ist. Diese Kontrastschichtungen ziehen sich durch das gesamte Werk des Philosophen hindurch (vgl. etwa die zitierten Fragmente B B 1 und B 31), ja, man kann sie geradezu als das stilistische Leitmerkmal der Herakliteischen Prosa bezeichnen (Fränkel): Sie sind eines der wichtigsten »Vehikel« für die kompakte und doch plastische Kürze dieser Sprache und zugleich ein Hauptgrund ihrer verrätselten Dunkelheit. Hat man sie aber einmal als Prinzip erkannt, d. h., macht man ernsthaft von der ambivalenten Gültigkeit des *logos* als von einem Interpretationsmittel Gebrauch, so bilden die »metaphorischen« Parallelantithesen einen wichtigen, wenn nicht gar den entscheidenden Schlüssel zum Verständnis. E. Sch.

AUSGABEN: Genf 1573 (*Ek tōn Hērakleitu tu Ephesiu*, in *Poiēsis philosophos*, Hg. H. Stephanus). – Oxford 1877 (*Reliquiae*, Hg. I. Bywater). – Bln. ²1909 (*Herakleitos von Ephesos*, Hg. H. Diels; griech.-dt.). – Turin 1945 (*I frammenti e le testimonianze*, Hg. C. Mazzantini; m. Komm. u. ital. Übers.). – Bln./Ffm. ²1949 (in *Vorsokratische Denker. Auswahl aus dem Überlieferten*, Hg. W. Kranz; griech.-dt.). – Cambridge 1954 (*The Cosmic Fragments*, Hg. G. S. Kirk; m. Komm. u. engl. Übers.). – Mchn. ⁵1965 (*Fragmente*, Hg. B. Snell; griech.-dt.). – Dublin/Zürich ¹³1968 (in *Die Fragmente der Vorsokratiker*, Hg. H. Diels u. W. Kranz, Bd. 1; m. Übers.).

ÜBERSETZUNGEN: *Ansichten über die Natur des Weltalls*, J. G. Hubmann, Progr. Amberg 1850. – In *Die Vorsokratiker*, W. Nestle, Jena 1908; ern. Köln 1956 (Diederichs Taschenausg.). – *Urworte der Philosophie*, G. Burckhardt, Wiesbaden o. J. (IB, 49). – In *Die Vorsokratiker*, W. Capelle, Stg. ⁴1953. – *Heraklit. Worte tönen durch Jahrtausende*, H. Quiring, Bln. 1959 (m. griech. Text, Komm. u. Einl.: *Heraklit im Urteil der Nachwelt*). – *Das Wort Heraklits*, L. Winterhalder, Zürich 1962. – In *I Presocratici*, A. Pasquinelli, Turin ²1966 [ital.; m. Komm.].

LITERATUR: B. Snell, *Die Sprache Heraklits* (in Herm. 61, 1926, S. 353–381). – Schmid-Stählin, 1/1, S. 745–755. – O. Gigon, *Untersuchungen zu Heraklit*, Lpzg. 1935. – K. Reinhardt, *Heraklits Lehre vom Feuer/Heraclitea* (in Herm. 77, 1942, S. 1–27; 225–248; ern. in K. R., *Vermächtnis der Antike*, Göttingen 1960, S. 41–71; 72–97). – O. Gigon, *Der Ursprung der griechischen Philosophie. Von Hesiod bis Parmenides*, Basel 1945, S. 197–243. – W. Jaeger, *Die Theologie der frühen griechischen Denker*, Stg. 1953; Nachdr. Darmstadt 1964, S. 127–146. – G. S. Kirk u. J. E. Raven, *The Presocratic Philosophers. A Critical History with a Selection of Texts*, Cambridge 1957, S. 182–215. – H. Blass, *Gott und die Gesetze. Ein Beitrag zur Frage des Naturrechts bei Heraklit (Fragment 114)*, Bonn 1958. – A. Jeannière, *La pensée d'Héraclite d'Éphèse et la vision présocratique du monde*, Paris 1959. – C. Ramnoux, *Héraclite ou L'homme entre les choses et les mots*, Paris 1959. – Ph. Wheelwright, *Heraclitus*, Princeton 1959. – H. Fränkel, *Heraklit über Gott und die Erscheinungswelt / Heraklit über den Begriff der Generation / Eine heraklitische Denkform* (jetzt in H. F., *Wege und Formen frühgriechischen Denkens*, Mchn. ²1960, S. 237–250; 251 f.; 252–283). – K. Deichgräber, *Rhythmische Elemente im Logos des Heraklit* (Abhandlungen d. Akad. d. Wiss. und d. Lit. Mainz, 1962, Nr. 9). – H. Fränkel, *Dichtung und Philosophie des frühen Griechentums*, Mchn. ²1962, S. 422–453 [m. Übers.]. – W. K. C. Guthrie, *A History of Greek Philosophy*, Bd. 1, Cambridge 1962, S. 403–492. – H. Wiese, *Heraklit bei Klemens von Alexandrien*, Diss. Kiel 1963. – E. Jüngel, *Zum Ursprung der Analogie bei Parmenides und Heraklit*, Bln. 1964.

PARMENIDES aus Elea
(um 500 v. Chr.)

PERI PHYSEŌS (griech.; *Über die Natur*). Nicht authentischer Titel des philosophischen Lehrgedichts von PARMENIDES aus Elea (um 500 v. Chr.). – Daß wir von diesem für den Verlauf der griechischen und europäischen Philosophie entscheidenden Werk noch den Grundriß und größere Stücke des Inhalts fassen können, verdanken wir zum einen SEXTUS EMPIRICUS, einem Skeptiker des frühen 2. Jh.s n. Chr., der im Zusammenhang mit seiner eigenen Lehre illustrativ die mythische Einleitung von der Auffahrt des Dichters vor den Thron der wahrheitkündenden Göttin zitiert, zum anderen SIMPLIKIOS, dem letzten heidnischen Lehrer der Platonischen Akademie in Athen (529 von Iustinian geschlossen), der die wesentlichen Passagen der Parmenideischen Ontologie ausdrücklich aus dem Grund exzerpiert hat, um sie vor dem Vergessen und Untergang zu retten. Hierzu kommen weitere sporadische Zitate, so daß sich insgesamt etwas mehr als 150 vollständige Hexameter ergeben, ungefähr wohl ein Drittel bis ein Sechstel des ursprünglichen Bestandes.

Die kompositorische Struktur des Gedichts resultiert aus den Philosophemen, die Parmenides vorträgt – einerseits eine Ontologie, andererseits, ihr untergeordnet, eine Kosmologie – und ist dementsprechend ebenso klar wie konsequent. Auf die minuziöse Schilderung der Himmelfahrt des Dichters vor den Thron der Göttin – auffällig die archaische Bildparataxe, die einige wenige Einzelmomente aus dem Gesamtgeschehen herausgreift (Radachsen, Himmelstor) und diese in übergenauer Beschreibung nebeneinanderstellt, den Rest dagegen summarisch abmacht – folgen als Lehre aus dem Mund der Göttin zwei exakt voneinander gesonderte dogmatische Teile, deren Gliederung und gegenseitige innere Beziehung sich in mehrfachen programmatischen Sätzen, den »Gelenkstücken« des Poems, enthüllt. Mit den Worten »*Nun sollst du alles erfahren, sowohl der wohlgerundeten Wahrheit (Alētheiē) unerschütterlich Herz wie auch der Sterblichen Schein-Meinungen (doxai), denen nicht innewohnt wahre Gewißheit*« (Frgm. B 1, 28 ff.) schlägt die Göttin den Grundton an, nach dem die Gedanken gestimmt sein werden: Wahrheit – das ist die positive Ontologie, daß nur »Sein« »*ist*«, »Nichtsein« aber und »Sowohl Sein als auch Nichtsein« »*nicht ist*«; denn das »Sein«, das als einziges »*ist*«, ist »*ungeworden und unvergänglich, ganzleibig, unerschütterlich, unbegrenzt, ohne* ›war‹ *und* ›wird sein‹*, nur als* ›ist jetzt‹ *allzugleich, eins, zusammenhängend*« (Frgm. B 8, 3ff., Ü: nach Fränkel). Die Schein-Meinungen – das sind zum einen alle falschen ontologischen Ansichten, zum andern aber und vor allem fällt darunter, als minder gewisse und abhängige Seite der Philosophie, die von der Göttin vorgetragene Kosmologie. Der Satz »*Damit beschließe ich für dich mein verläßliches Reden und Denken über die Wahrheit. Aber von hier ab lerne die menschlichen Schein-Meinungen kennen, indem du meiner Worte trügliche Ordnung hörst*« (B 8, 50ff.) markiert die Fuge zwischen Teil 1 und Teil 2, wo nun in mythischer Bildsprache von der Entstehung und dem Aufbau der Welt und der Bildung des Menschen gesprochen wird (Urgestalten und -elemente sind Phaos, das Licht, auch das »*Ätherische Feuer*«, das »*Milde*«, »*Leichte*« genannt, und Nyx, die Nacht, das »*Dichte*« und »*Schwere*«). Der Abschluß des kosmologischen Teils – mit dem Kennwort »Schein« – ist gleichfalls erhalten: »*So also entstand dies nach dem Schein und ist noch jetzt und wird von nun an und in Zukunft wachsen und dann sein Ende nehmen*« (B 19, 1f.). Das zu erwartende Pendant zum Prooimion (B 1, 28ff.) und zur Überleitung (B 8, 50ff.), in dem das Verhältnis Wahrheit – Schein abschließend resümiert worden sein dürfte, ist ebenso verlorengegangen wie der Ausklang der göttlichen Verkündigung und die Schilderung der Rückfahrt des Dichters: die ringförmige Rahmenkomposition läßt sich nur noch vermutungsweise fassen.

Will man das Gedicht als Ganzes kritisch würdigen – das bedeutet: als die unauflösliche Einheit von Theorem und Dichtung, die es ist –, so genügt es nicht, auf gattungsgeschichtliche Parallelen, wie etwa die *Theogonie* HESIODS, hinzuweisen. Wohl steht der typisch archaische Bildstil der Sprache in dieser Tradition, aber er ist zugleich innerlich neu begründet durch die Gestalt der Göttin, aus deren Mund sie ertönt. Das wäre freilich noch kein entscheidender Schritt über Hesiod hinaus, sofern die Rahmenerzählung nichts weiter als eine beliebige, aus poetisch-ästhetischen Gründen gewählte Form darstellte. In Wirklichkeit aber kommt der Gestalt der Göttin in dem Gedicht eine zentrale Schlüsselfunktion zu, und zwar – das ist entscheidend – nicht nur im Hinblick auf seine Eigenart als Dichtung, sondern im selben Maß im Hinblick auf seine normative Qualität als Philosophem. Ein fundamentales Element in der Abwägung des Wahrheit-Schein-Verhältnisses bildet für Parmenides nämlich die Beurteilung der Sprache: Alles, was mit ihr zusammenhängt, Name, Begriff, Äußerung, ist ein Akt der Setzung, geworden und demgemäß der Veränderlichkeit unterworfen, d. h. als charakteristisches Tun der Sterblichen, der Menschen, wesenhaft der Sphäre des Doxa-Scheins verbunden; dieser »Relativität« kann sich Parmenides – anders sein Rivale HERAKLIT – nicht ausnehmen. Das bedeutet: Spräche Parmenides in seinem eigenen Namen, so wäre seine Lehre von vornherein aus der Sphäre der Wahrheit in den Bereich der »Schein-Meinungen« verwiesen, »*denen nicht innewohnt wahre Gewißheit*«. Diesem problematischen Dilemma (dem sich später auch PLATON gegenübergestellt sah und es auf ganz ähnliche Weise löste) vermag der Philosoph nur durch die Berufung auf eine außer- oder übermenschliche Autorität zu entgehen: Die poetische Verankerung seiner Philosophie ist also in Wahrheit eine theologische, erst die Umwandlung seiner Lehre in eine von ihm selbst erfahrene Belehrung macht seine Wahrheit zur »wahren« Wahrheit.

E. Sch.

AUSGABEN: Genf 1573 (*Epē*, in *Poiēsis philosophos*, Hg. H. Stephanus). – Bln. 1897 (*Parmenides Lehrgedicht*, Hg. H. Diels; griech.-dt.). – Bln./Ffm. ²1949 (in *Vorsokratische Denker. Auswahl aus dem Überlieferten*, Hg. W. Kranz; griech.-dt.). – Paris 1955 (*Le poème de Parménide*, Hg. J. Beaufret;

m. Einl. u. frz. Übers.). – Florenz 1958 (*Parmenide. Testimonianze e frammenti*, Hg. M. Untersteiner; m. Komm., Bibliogr. u. ital. Übers.). – Princeton 1965 (*Parmenides*, Hg. L. Tarán; m. Komm. u. engl. Übers.). – Dublin/Zürich ¹³1968 (in *Die Fragmente der Vorsokratiker*, Hg. H. Diels u. W. Kranz, Bd. 1; m. Übers.). – Ffm. 1969 (*Vom Wesen des Seienden*, Hg. U. Hölscher; griech.-dt.; m. Komm. u. Bibliogr.).
ÜBERSETZUNGEN: *Fragmente*, G. G. Fülleborn (in *Parmenidu tu Eleatu leipsanta*, Züllichau 1795). – In *Die Vorsokratiker*, W. Nestle, Jena 1908; ern. Köln 1956 (Diederichs Taschenausg.). – In *Die Vorsokratiker*, W. Capelle, Stg. ⁴1953. – In *I Presocratici*, A. Pasquinelli, Turin ²1966 [ital.; m. Komm.]. – *Vom Wesen des Seienden*, U. Hölscher [s. o.].
LITERATUR: K. Reinhardt, *P. und die Geschichte der griechischen Philosophie*, Bonn 1916; Nachdr. Ffm. 1959. – Schmid-Stählin, 1/1, S. 312–315; 741–744. – H. Fränkel, *Parmenidesstudien* (in NGG, phil.-hist. Kl., 1930, S. 153–192; ern. in H. F., *Wege und Formen frühgriechischen Denkens*, Mchn. ²1960, S. 157–197). – G. Calogero, *Studi sul eleatismo*, Rom 1932. – W. J. Verdenius, *P. Some Comments on His Poem*, Groningen 1942; Nachdr. Amsterdam 1964. – O. Gigon, *Der Ursprung der griechischen Philosophie. Von Hesiod bis P.*, Basel 1945, S. 244–289. – J. Zafiropulo, *L'école éléate*, Paris 1950 [m. griech. Text u. frz. Übers.]. – W. Jaeger, *Die Theologie der frühen griechischen Denker*, Stg. 1953 (Nachdr. Darmstadt 1964), S. 107–126. – H. Schwabl, *Sein und Doxa bei P.* (in WSt, 66, 1953, S. 50–75; ern. in *Um die Begriffswelt der Vorsokratiker*, Hg. H.-G. Gadamer, Darmstadt 1968, S. 391–422). – G. S. Kirk u. J. E. Raven, *The Presocratic Philosophers. A Critical History with a Selection of Texts*, Cambridge 1957, S. 263–285. – K. Deichgräber, *P.' Auffahrt zur Göttin des Rechts* (in Abhandlungen d. Ak. d. Wissenschaften u. d. Lit., Mainz 1958, Nr. 11). – H. Fränkel, *Dichtung u. Philosophie des frühen Griechentums*, Mchn. ²1962, S. 398–422 [m. Übers.]. – W. K. C. Guthrie, *A History of Greek Philosophy*, Bd. 2, Cambridge 1965, S. 1–80. – E. Jüngel, *Zum Ursprung der Analogie bei P. und Heraklit*, Bln. 1964. – J. Mansfeld, *Die Offenbarung des P. und die menschliche Welt*, Assen 1964.

ANAXAGORAS aus Klazomenai
(500–428/27 v. Chr.)

PERI PHYSEŌS (griech.; *Über die Natur*). Nicht authentischer Titel des mehrbändigen naturphilosophischen Werkes von ANAXAGORAS aus Klazomenai (um 500–428/427 v. Chr.), dem Freund und Berater des Athener Staatsmannes Perikles. – Die Schrift, im Heimatdialekt des Klazomeners verfaßt, zeugt in den erhaltenen Stücken von dem Bemühen des Autors, zu einem klaren und geordneten Stil zu gelangen, der, mit einer gewissen Eleganz ausgestattet, sich vollkommen der wissenschaftlichen Darlegung anpaßt. SIMPLIKIOS, der fleißige Kommentator des ARISTOTELES, hat uns 16 Fragmente in Zitaten bewahrt; zusammen mit einigen wenigen Bruchstücken aus sonstigen Quellen und mit Berichten bei PLATON, Aristoteles, THEOPHRAST und anderen Autoren bieten sie die Möglichkeit, wenigstens die kosmologischen Theorien des Philosophen einigermaßen zu rekonstruieren. Auf dem Weg über EMPEDOKLES und PARMENIDES, deren Denken ihm in wesentlichen Punkten verbindlich ist (ohne daß dadurch seine eigene Entfaltung im mindesten gestört würde), wurzelt das Denken des Anaxagoras in der *Physis*-Spekulation der alten Milesischen Schule, besonders ANAXIMANDERS, mit ihrer Frage nach Ursprung und Grundprinzip *(archē)* des Seins.

Die Welt besitzt nach Anaxagoras zwei Konstitutionsmomente, die in ihrem Zusammenwirken das Seinsgeschehen ermöglichen. Auf der einen Seite nennt er als materielle Urelemente die »Samen« *(spermata)*, die von Anbeginn an in unendlicher Anzahl und Kleinheit vorhanden waren und aus denen durch Mischung und Scheidung die uns sinnlich erfahrbaren Erscheinungsobjekte entstehen; die Qualität dieser – immer weiter teilbaren – Kleinstpartikel ist die der in der Realität faßbaren Dinge (wie Blut, Gold, Stein usw.), das Aussehen der Gegenstände richtet sich nach dem überwiegenden Sperma-Anteil. Diesem Stoff tritt gegenüber das formende Ordnungsprinzip: der *nus* (Geist), der freilich nichts anderes ist als eine besondere feine und reine, mit selbständiger Kraft begabte Art von *spermata*. Seine bedeutendste Funktion hat der *nus* am Anfang des Weltgeschehens, wo er im gleichmäßig gemischten Beieinander der Urelemente als »Zünder« eine Rotationsbewegung hervorruft, die einmal nach der gleichgearteten *spermata* zusammentreten läßt und so den Prozeß allmählicher Ding-Werdung auslöst.

Der Gesamtbestand des Seins war von Beginn an gegeben (hier faßt man den Ansatz des Eleaten Parmenides. Ein Werden oder Vergehen im eigentlichen Sinn des Wortes gibt es nicht: »Beisammen waren alle Dinge, grenzenlos nach Menge wie nach Kleinheit; denn das Kleine war grenzenlos« (Frgm. B 1); »Wenn sich dies aber so verhält, dann sind in dem Gesamten, so muß man meinen, enthalten alle Dinge« (Frgm. B 4); »Vom Entstehen und Vergehen aber haben die Hellenen keine richtige Meinung. Denn kein Ding entsteht oder vergeht, sondern aus vorhandenen Dingen mischt es sich und scheidet es sich wieder. Und so würden sie demnach richtig das Entstehen Mischung und das Vergehen Scheidung nennen« (Frgm. B 17; Ü: Diels-Kranz).

Die philosophiegeschichtliche Forschung war versucht, in dieser Kosmologie den ersten Niederschlag eines echten dualistischen Seinskonzepts zu erblicken. Aber der durchaus materielle Charakter des »geistigen« Prinzips und auch die schon von Aristoteles getadelte Tatsache, daß Anaxagoras im gewöhnlichen Seinsgeschehen den Geist nur da ansetzt, wo dinglich-physikalische Gesetze für die Erklärung nicht zureichen, gebieten einige Skepsis: Der Gedanke des »Dualismus« scheint mehr auf modernen Vorstellungen zu basieren, um in der Folgezeit, vor allem bei Platon, mit dem Begriff *nus* verknüpft wurden, als in der Anaxagoreischen Anschauung selbst. Doch bedeutet die Leistung des Anaxagoras jedenfalls – neben der des Empedokles – einen wichtigen Schritt in Richtung auf die dualistisch geprägten Gedankengebäude eines Platon und Aristoteles. E. Sch.

AUSGABEN: Göttingen 1821 (in J. F. Hemsen, *Anaxagoras Clazomenius*). – Bln./Ffm. ²1949 (in *Vorsokratische Denker. Auswahl aus dem Überlieferten*, Hg. W. Kranz; griech.-dt.). – Dublin/Zürich ¹²1966 (in *Die Fragmente der Vorsokratiker*,

Hg. H. Diels u. W. Kranz, Bd. 2; m. Übers.). – Florenz 1966 (*Anassagora. Testimonianze e frammenti*, Hg. D. Lanza; m. Komm., Bibliogr. u. ital. Übers.).

ÜBERSETZUNGEN: In *Die Vorsokratiker*, W. Nestle, Jena 1908; ern. Köln 1956 (Diederichs Taschenausg.). – In *Die Vorsokratiker*, W. Capelle, Stg. ⁴1953.

LITERATUR: W. Capelle, *A.* (in NJb, 22, 1919, S. 81–102; 169–198). – Schmid-Stählin, 1/2, S. 708 bis 719. – D. Ciurnelli, *La filosofia di Anassagora*, Padua 1947 (vgl. die Rez. v. H. Fränkel, jetzt in H. F., *Wege und Formen frühgriechischen Denkens*, Mchn. ²1960, S. 284–293). – J. Zafiropulo, *Anaxagore de Clazomène*, Paris 1948 [m. Text u. frz. Übers.]. – F. M. Cleve, *The Philosophy of A.*, NY 1949. – C. Strang, *The Physical Theory of A.* (in AGPh, 45, 1963, S. 101–118). – G. S. Kirk u. J. E. Raven, *The Presocratic Philosophers. A Critical History with a Selection of Texts*, Cambridge 1957, S. 362–394. – Lesky, S. 365–367. – K. v. Fritz, *Der ›nus‹ des A.* (in Archiv für Begriffsgeschichte, 9, 1964, S. 87–102). – D. E. Gershenson u. D. A. Greenberg, *A. and the Birth of Physics*, NY/Ldn./Toronto 1964 [m. Bibliogr.]. – W. K. C. Guthrie, *A History of Greek Philosophy*, Bd. 2, Cambridge 1965, S. 266–338. – F. Romano, *Anassagora*, Padua 1965. – M. C. Stokes, *On A.* (in AGPh, 47, 1965, S. 1–19; 217–250).

PHRYNICHOS
(um 540–470 v. Chr.)

MILĒTU HALŌSIS (griech.; *Die Einnahme von Milet*). Tragödie des PHRYNICHOS (um 540–470 v. Chr.), aufgeführt im Jahr 492. – Das Stück ist das früheste Beispiel einer Verarbeitung zeitgenössischer Geschichte in der Tragödie: 494 hatten die Perser die ionische Stadt Milet eingenommen; 493/92 meldete Phrynichos die Tragödie bei dem zuständigen Archon Themistokles, dem späteren Sieger von Salamis, zur Aufführung an und erhielt, gewiß aus politischen Motiven, trotz der kühnen thematischen Neuheit die Genehmigung. (Zuvor und danach waren es in der Regel stets mythischheroische Stoffe, die von Phrynichos gestaltet wurden; die *Phoinissai (Die Phönizierinnen)* des Phrynichos und die *Persai (Die Perser)* des AISCHYLOS sind die einzigen außerdem bekannten historischaktuellen Stücke.) Über die Wirkung der *Milētu halōsis* berichtet HERODOT (*Historiēs apodexis*, 6, 21): »*Auf mannigfache Weise [gaben die Athener] ihrem Schmerz über den Fall Milets Ausdruck ... So dichtete Phrynichos ein Drama ›Der Fall Milets‹, und als er es aufführte, weinte das ganze Theater, und Phrynichos mußte tausend Drachmen Strafe zahlen, weil er das Unglück ihrer Brüder wieder aufgeführt habe. Niemand durfte das Drama mehr zur Aufführung bringen*« (Ü: Horneffer). Dies ist die einzige alte Nachricht über das Werk. Fragmente daraus gibt es nicht; der Gang des Geschehens, der Aufbau und Charakter des Stücks bleiben im dunkeln. E. Sch.

LITERATUR: F. Marx, *Der Tragiker Ph.* (in RhMus, 77, 1928, S. 337–360). – Schmid-Stählin, 1/2, S. 173/174. – A. v. Blumenthal, Art. *Ph. (4)* (in RE, 20/1, 1941, Sp. 914–917). – G. Freimuth, *Zur »Milētu Halōsis« des Ph.* (in Phil, 99, 1955, S. 51 bis 69). – A. Lesky, *Die tragische Dichtung der Hellenen*, Göttingen ²1964, S. 47.

PHOINISSAI (griech.; *Die Phönikierinnen*). Tragödie des PHRYNICHOS (um 540–470 v. Chr.), 476 v. Chr. in einer Inszenierung des berühmten Feldherrn Themistokles erfolgreich aufgeführt. – Die *Phoinissen* bilden zusammen mit der *Milētu halōsis (Die Einnahme von Milet)* das Hauptwerk des Dichters. Beide Stücke behandeln Zeitgeschichte: Die *Phönikierinnen* schildern den Seesieg Athens über die Perser bei Salamis (480 v. Chr.). Das Werk, dessen Stoff vier Jahre später Aischylos in seinem einzigen historisch geprägten Stück, den *Persai (Die Perser)*, wiederaufnahm, spielt wie dieses am persischen Königshof. Der Beginn des »dramatischen« Geschehens ist, wenigstens dem Inhalt nach, bekannt (über Stil und Aufbau des Ganzen sagen die wenigen erhaltenen Fragmente dagegen so gut wie nichts): Ein Eunuch tritt auf und berichtet im Prolog, während er die Plätze für die Ratsherren vorbereitet, von der Niederlage der persischen Flotte unter Xerxes. In welchem Verhältnis dieser Chor von Senatoren zum Hauptchor der phönikischen Frauen (Matrosenwitwen? Tempeldienerinnen? Frauen des Palastes?) stand, ist nicht mehr zu ersehen: Vielleicht wird man an ein doppelchöriges Stück denken dürfen. E. Sch.

AUSGABE: Lpzg. ²1889 (in *Tragicorum Graecorum fragmenta*, Hg. A. Nauck; Nachdr. Hildesheim 1964, m. Nachtr. v. B. Snell).

LITERATUR: F. Marx, *Der Tragiker Phrynichus* (in RhMus, 77, 1928, S. 337–360). – Schmid-Stählin, Bd. 1/2, S. 170–177. – A. v. Blumenthal, Art. *Ph. (4)* (in RE, 20/1, 1941, Sp. 911–917). – F. Stoeßl, *Die »Phoinissen« des Ph. und die »Perser« des Aischylos* (in MH, 2, 1945, S. 148 bis 165). – W. G. Forrest, *Themistokles and Argos* (in The Classical Quarterly, N. S. 10, 1960, S. 221 bis 241). – A. Pickard-Cambridge, *Dithyramb, Tragedy and Comedy*, Hg. T. B. L. Webster, Oxford ²1962 (Nachdr. 1966), S. 63–65. – A. Lesky, *Die tragische Dichtung der Hellenen*, Göttingen ²1964, S. 47 f.

PINDAROS aus Kynoskephalai
(um 522/518–nach 446 v. Chr.)

EPINIKIA [MELĒ] (griech.; *Siegeslieder*). Sammlung der Preisgesänge – meist auf Sportsieger – von PINDAROS aus Kynoskephalai bei Theben (um 522/518 bis nach 446 v. Chr.). Nach den Namen der großen griechischen Kult- und Wettkampfstätten, an denen die Athleten gesiegt haben, werden die Lieder eingeteilt in *Olympien*, *Pythien* (nach dem auch Pytho genannten Delphi), *Nemeen* und *Isthmien* (nach dem Isthmos von Korinth). Die Antike kannte von Pindar noch dreizehn weitere, größtenteils verlorene Bücher sonstiger Dichtungen (*Hymnen*, *Paiane*, *Dithyramben*, *Mädchen-*, *Tanz-*, *Lob-* und *Trauerlieder* usw.).

Die *Epinikien* – 45 Lieder, von denen eines (*Olympien 5*) sicher unecht ist – sind das einzige fast vollständig überlieferte Werk der großen griechischen Lyrik. Nicht die unmittelbar eingängigen, klaren und lebensvollen Gebilde eines ARCHILOCHOS oder der SAPPHO, sondern die schweren, majestätischen Chorgesänge Pindars haben daher lange Zeit fast ausschließlich die Gattung der griechischen Lyrik

repräsentiert. Renaissance und Barock fanden darin die ihnen gemäßen Anknüpfungspunkte: ZWINGLI pries die Pindarische Moral, MELANCHTHON übersetzte den Dichter ins Lateinische, in Frankreich wurde im Dichterkreis der Pléiade das »Pindarisieren« zu einer Stilform. Der Stuttgarter Hofdichter und spätere englische Unterstaatssekretär Georg Rudolf WECKHERLIN verherrlichte die Heerführer des Dreißigjährigen Krieges als pindarische Helden. Der Aufklärung wurde Pindar dann verdächtig als ein Dichter, der »viel spricht, ohne etwas zu sagen«, in »Versen, die niemand versteht, aber jeder bewundern muß« (Voltaire). Den jungen GOETHE beflügelte der große Atem Pindarischer Dichtung zum entfesselten »Sturm und Drang« von Wanderers Sturmlied. »Ich wohne jetzt in Pindar«, schreibt er an HERDER (10. 7. 1772). Mehr von dem echten, visionären Geist des griechischen Dichters erwachte in den Hymnen HÖLDERLINS, der sich Pindar in seiner Übersetzung Vers für Vers erarbeitet hat.
Zu einer Einsicht in die vielfältige Metrik der Epinikien mit ihren zwei Rhythmengeschlechtern, einem langsam-feierlichen und einem mehr liedhaft-perlenden, und in den disziplinierten, meist triadischen Strophenbau Pindars gelangte erst die Philologie des 19. Jh.s, die freilich über einem zugespitzten Streit um die Einheit des Epinikions ihren eigentlichen Gegenstand aus den Augen zu verlieren drohte. Gutgemeinte Aktualisierung ging bis zur Widmung einer Pindar-Übersetzung an den Turnvater Jahn (Thiersch, 1820). Mit der Wiederentdeckung Hölderlins zu Anfang des 20. Jh.s erst entwickelte sich schließlich das Sensorium für die eigentlichen Qualitäten von Pindars Dichtung. Ein »schwerer« Dichter ist Pindar freilich geblieben: Ethik und Prunk, Wortfülle und Dunkelheit, Begeisterung und Vision nimmt man auch heute noch an ihm wahr, doch man hat gelernt, nüchterner und differenzierter zu sehen, vermag noch andere Komponenten zu erfassen, und die beobachteten Einzelelemente ordnen sich zu festen Bezugssystemen.
Da ist zunächst der religiös-kultische Bereich, zentriert um die großen Kultstätten des Himmelsgottes Zeus (Olympia, Nemea), des meerbeherrschenden Poseidon (Isthmos), des Licht- und Musengottes Apollon (Delphi). Hier wurzelt der Mythos und verklärt die Örtlichkeit, hier herrschen Gebet, Feier und Festlichkeit, hier versammeln sich Griechen aller Städte und Stämme im Wettkampf um die besten Leistungen in bildender Kunst und Musik, in Dichtung und nicht zuletzt im sportlichen Agon: auch Sprung und Lauf, Diskus- und Speerwurf, der strapaziöse Ringkampf sind Gottesdienst, der Lauf der schnellen Renner und gar des Viergespanns ist höchste Feier. Die Schönheit der ölgesalbten Körper und ihre Leistungen werden den Göttern dargebracht, und diese lohnen den der Verklärung im Sieg. Sieg ist nicht so sehr persönliche Leistung, sondern göttlicher Dank und Gunst, ist charis, die von der Stirn des Siegers leuchtet. Dies wiederum verlangt als Lohn die Verherrlichung und Verewigung im Lied des gottbegnadeten Dichters.
Im soziologischen Bereich werden die Dinge wieder mehr auf die Erde heruntergeholt. In der alten aristokratischen Gesellschaft waren die Sieger der großen Spiele meist auch im Geistigen und Politischen führende Persönlichkeiten – nicht selten zog man mit einem Olympiasieger an der Spitze in den Krieg. Diese ideale Einheit geriet jedoch schon früh ins Wanken. Lokalpatriotischer Bürgerstolz verhätschelte seine Helden mit Ehrensitz und Speisung auf Staatskosten. Bestimmend wurden auf der einen Seite Berufsathleten, auf der anderen Kapitalisten, die sich einen kostspieligen Rennstall leisten konnten. Trainer, Jockeys und Wagenlenker schoben sich in den Vordergrund. Schon im 6. Jh. v. Chr. hat der Philosoph XENOPHANES aus Kolophon diese Zustände gerügt: »Denn besser als Männer- und Rossekraft ist unser Wissen.« (Frgm. 2) Auf jeden Fall entstand auch hier das Bedürfnis nach repräsentativer Dichtung, die den Ruhm der Stadt, ihrer Heroen und Taten mit dem Preis des Siegers, seines Trainers und seiner Familie verbinden sollte, sowohl in feierlicher chorischer Aufführung wie auch in literarischer Verbreitung. Für dieses Programm fanden sich Berufsdichter, die im Auftrag und gegen Bezahlung die gewünschten Gesänge lieferten; einer der ersten war SIMONIDES aus Keos.
Mit all diesen Elementen verbindet nun Pindar ein Drittes: den persönlichen Bereich. In seinem Lied durchdringen sich die realen und die idealen Forderungen. Auf der einen Seite stehen seine Auftraggeber: Landsleute aus Theben, Männer aus dem geliebten Aigina, Megakles, der verbannte Aristokrat aus Athen, die Tyrannen der westlichen Kolonien, Berufsathleten und Knabensieger, ein Flötenspieler aus Akragas, ein Prytan von Tenedos. Doch ihnen gegenüber tritt der Dichter nicht zurück; er erfüllt ihre Forderungen, berührt die einzelnen Programmpunkte, aber er tut es auf seine Weise, selbstbewußt und im Dienste Apollons und der Musen. Er spricht von seiner Kunst, er »schenkt« sein Lied, verkündet seine Ethik, ohne deshalb selbst ein hoher Herr zu werden. Zu festlichem Preis und prunkvollen Bildern gesellt sich persönliche, herzliche Ansprache, warmes Mitgefühl und leiser Humor. Die stillen Töne und die schlichten Gesten in dieser Dichtung dürfen nicht unbeachtet bleiben, auch wenn es zunächst die großen Bilder sind, die unauslöschlich in der Erinnerung haften.
Eindrucksvoll stehen am Anfang der Gedichteingänge »goldene Säulen, unter das wohlgebaute Vortor gestellt« (Olympien 6): »Kein Bildhauer bin ich, der Statuen macht, die unverrückbar auf ihrer Basis stehen: nein, auf jedem Schiffe, jedem Kahn, süßer Gesang, geh' hin und verkünde von Aigina.« (Nemeen 5) Schon zu Beginn wird hier das Thema angeschlagen vom Lied, das in die Weite von Raum und Zeit gesandt wird, das »Viergespann der Musen«, das »Mischkrug der Gesänge« (Olympien 6, 91), der »Lobpreis, der wohliger als warmes Wasser den Gliedern schmeichelt« (Nemeen 4, 4), denn »das Wort lebt länger als die Taten« (Nemeen 4, 6). In gleicher Weise kann auch die Reflexion über das Wesen des Menschen das Gedicht eröffnen: »Eins ist der Menschen, eines der Götter Geschlecht; doch von einer Mutter her atmen wir beide.« (Nemeen 6) Die vielfache Problematik der griechischen Lyrik seit Archilochos, der Mensch als hinfälliges Eintagswesen, beschäftigt auch Pindar: »Eines Schattens Traum, der Mensch« (Pythien 8, 95). Doch gerade der Abglanz des geschenkten Siegesglanz ist ihm Beweis der Verwandtschaft mit den Göttlichen. – Auch der unmittelbare Anruf eines göttlichen Wesens steht bisweilen am Anfang des Gedichts und leitet über zu dem Mythos, der nie fehlt, aber auch niemals erzählerisch ausgebreitet, sondern nur bedeutsam angerührt wird; kommt der Dichter allzusehr ins Fabulieren, so bricht er schroff ab oder ruft sich

35

selbst zur Ordnung – »*Hat mich ein Wind verschlagen wie einen Kahn im Meer? Muse, hast du die Stimme verdingt um Lohn, so möchte anderes ein andermal*« (*Pythien* 11, 39–42) – und wendet sich wieder dem Auftraggeber zu, der ihn bezahlt. (Simonides hatte einst die Dioskuren zu ausführlich gefeiert und war von dem erbosten Faustkämpfer mit seinen Lohnansprüchen an diese verwiesen worden, die dann allerdings, der Legende zufolge, beim Einsturz des Festsaales dem Dichter als einzigem das Leben retteten.) Genausogut kann auch die persönliche Ansprache an den Anfang treten, ja selbst für Entschuldigung in eigener Sache ist hier der Ort: »*O leset nach in meinem Sinn, wo des Archestratos Sohn, der Olympiasieger, geschrieben steht; ein süßes Lied schuldet' ich ihm, und vergaß es.*« (*Olympien* 10)

In ganz besonderem Maße hat sich Pindars künstlerischer und persönlicher Rang in der Begegnung mit Hieron von Syrakus und Theron von Akragas entfaltet, den Herren Siziliens. Das Hauptbild zahlreicher sizilischer Münzen, der siegbekränzte vierspännige Rennwagen, zeugt von der Sportbegeisterung jenes reichen Kolonialandes, so auf dem berühmten, von Hierons Bruder Gelon geprägten Zehndrachmenstück, dem Damareteion. Der von Hierons zweitem Bruder, Polyzalos, gestiftete Wagenlenker von Delphi atmet den gleichen Geist. Im Jahre 476 besang Pindar Hierons ersten olympischen Sieg mit dem Rennpferd (*Olympien* 1). In der Folge stellt dieser bewußt der großen Dichter der Zeit in den Dienst seiner Pläne. Für die neugegründete Stadt Aitna am Fuße des Vulkans verfaßte AISCHYLOS das Festspiel; Pindar fiel die Aufgabe zu, zugleich mit dem großen Wagensieg des Fürsten in Delphi (470 v. Chr.) auch die neue Stadt vor der griechischen Öffentlichkeit zu preisen. So ist das gewaltige Lied *Pythien* 1 entstanden.

Es setzt ein mit einem vollen Akkord, der Beschwörung von Musik, Tanz und Festesfreude: »*Goldene Leier, Apollons und der veilchenlockigen Musen gemeinsames Gut.*« Unwiderstehlich wirkt der Zauber ihres bebenden Anrufs. Nicht nur der Tänzer, der Sänger richtet sich nach ihm: »*Auch den zerschmetternden Blitz immerlodernden Feuers löschest du. Es schläft auf dem Stabe des Zeus der Adler und läßt die schnellen Schwingen beiderseits erschlaffen, der Herrscher der Vögel – eine dunkelsichtige Wolke, süßen Verschluß der Lider, gossest du ihm übers gekrümmte Haupt – er aber im Tiefschlaf wiegt den geschmeidigen Rücken, von deinen Akkorden in Banden gehalten.*« (V. 5–10) Auch die Götter, selbst der rauhe Kriegsgott Ares, beugen sich der Gewalt der Töne; doch die zerstörerischen Gegenkräfte des Zeus und der apollinischen Ordnung entsetzen sich. Der hundertköpfige Typhos, von Zeus in den Tartaros geworfen, bedeckt und niedergehalten von der himmelragenden Säule des schneeigen Ätna, schickt Feuerströme aus seinen Schlünden empor: »*Am Tage ergießen sie brandroten Rauch, doch durch die Finsternis wälzt sich die purpurne Flamme und trägt mit Getöse Felsen hinaus auf die Fläche des tiefen Meers.*« (V. 22–24) Olympischer Glanz und chthonische Glut: das Bild zieht das Gegenbild nach sich. Ein gedanklicher und mythischer Hintergrund ist geschaffen, die heroische Landschaft Kampaniens und Siziliens führt schon hinüber zur aktuellen Gegenwart. Der Zeus vom Ätna, thronend auf dem Gipfel des schwarzlaubigen Berges, der Stirn des früchtereichen Landes – so erscheint er auch auf einer gleichzeitigen Münze der Stadt Aitna –, wird angerufen: Berg und Stadt sind gleichen Namens; diesen Namen hat Hieron, der Gründer, verherrlicht, als er sich nach dem Sieg im Viergespann zu Delphi als Aitnaier ausrufen ließ. Möge dies von guter Vorbedeutung für die Stadt sein und Apoll, der Gott von Delphi, sie segnen. Nach dem Lob der Stadt wendet sich der Dichter Hieron zu. Zum erstenmal in dem Gedicht spricht er von seinem »*Ich*«, von seiner Dichtung: »*Wenn jener Mann ich loben will, so hoffe ich nicht den erzwangigen Speer aus der Bahn zu werfen, sondern mit weitem Schwung die Gegner zu übertreffen.*« (V. 42–45) Bleibendes Glück und Vergessen der Schmerzen wünscht er dem an einem Steinleiden erkrankten Herrscher: das Beispiel des siechen Philoktet, der schließlich zum Eroberer Troias wurde, soll den kranken Krieger trösten. Das anschließende Lob auf Hierons Sohn Deinomenes, der in Aitna herrscht, gipfelt im Preis der freiheitlich dorischen Verfassung und dem Gebet um *symphōnos hēsychia*, ruhigen Übereinklang, Harmonie. Dies gilt sowohl für die Innen- wie für die Außenpolitik: die Karthager und die jüngst bei Cumae von Hieron besiegten Etrusker sollen Frieden halten. Der Ruhm der Seeschlacht von Cumae erinnert an Früheres. Wie mag die Athener mit Salamis, die Spartaner mit Plataiai am besten lobt, so Hieron und Gelon mit dem gleichzeitigen Sieg bei Himera über die Karthager (480 v. Chr.). Damit ist der Gipfel menschlichen Ruhms erreicht. Pindar bricht ab, um dem Tadel zu entgehen, der aus der Übersättigung der Hörer entsteht; dennoch – besser als das Mitleid der Menschen ist der Neid. Selbstbewußt soll Hieron das Schöne tun. »*Lenke mit gerechtem Steuer das Volk, auf truglosem Amboß schmiede dein Wort!*« (V. 86) Mit einer Gegenüberstellung des gütigen Königs Kroisos und des Tyrannen Phalaris klingt das Lied aus. »*Wer Wohlergehen und Ruhm zugleich erlangt, der hat den höchsten Kranz empfangen.*« (V. 99 f.)

Der Adler im Banne der Musik Apollons, der Berg des Zeus über den feuerspeienden Ungeheuern der Tiefe: sie bestimmen das Gedicht, ohne daß sich ein einzelner ein gedanklicher Faden herausheben ließe. Pindars Dichtung ist weder Malerei noch Philosophie: sie schafft einen gegenwärtigen Mythos. In ihm werden Landschaft und Geschichte transparent, Gestalten der Vergangenheit und jüngstes Geschehen begegnen sich in diesem Raum unbedingter Verbindlichkeit. Der Mensch Hieron, seine Taten und sein Glück gehen darin auf; hier wird er erhöht und belehrt zugleich. Freilich: ein Pindarisches Siegeslied richtig zu verstehen, war auch für Zeitgenossen nicht leicht – Hierons nächsten Auftrag erhielt Pindars gefälligerer Konkurrent BAKCHYLIDES.   D. Ma.

AUSGABEN: Venedig 1513 (*Olympia. Pythia. Nemea. Isthmia*). – Rom 1515 (*Olympia. Pythia. Nemea. Isthmia*, Hg. Zacharias Kalliergas). – Paris 1922/23 (*Pindare*, Hg. A. Puech, 4 Bde.; m. frz. Übers.; Bd. 1: ⁴1958; Bd. 2: ³1955; Bd. 3: ³1958). – Ldn./ Cambridge (Mass.) ³1937 (*The Odes*, Hg. J. Sandys; m. engl. Übers.; Loeb; Nachdr. zuletzt 1957). – Krakau 1948 (*Carmina cum fragmentis*, Hg. A. Turyn; Oxford ²1952). – Lpzg. ³/⁴1964 (*Carmina cum fragmentis*, 2 Bde., Hg. B. Snell).

ÜBERSETZUNGEN: *Ankündigung und Probe einer Übersetzung der Oden des P.s*, J. J. Steinbrüchel (in *Litteraturbriefe*, Bd. 2, Bln. 1759; enth. *Olympien*,

1; 4; 11). – Sophokles, *Trauerspiele, nebst P.s Oden,* S. Geßner, Wien 1761. – *Werke,* F. Thiersch, Lpzg. 1820. – *Hölderlins P.-Übertragungen,* Hg. N. v. Hellingrath, Bln. 1910. – *P.,* F. Dornseiff, Lpzg. 1921 [m. Erl.]. – *The Works,* 2 Bde., L. R. Farnell, Ldn. 1930–1932 [engl.; m. Komm.; Nachdr. 1961]. – *Die Dichtungen und Fragmente,* L. Wolde, Lpzg. 1942; Nachdr. Wiesbaden 1958. – *Oden,* ders., Mchn. 1958 (GGT, 499). – *Siegeslieder,* J. G. Herder, J. W. v. Goethe, W. v. Humboldt, F. Hölderlin, F. Thiersch, J. J. C. Donner, G. Ludwig, R. Borchardt, F. Dornseiff, W. Schadewaldt, A. Schenk v. Stauffenberg, U. Hölscher; Hg. U. Hölscher, Ffm./Hbg. 1962 (EC, 52).

LITERATUR: F. Dornseiff, *P.s Stil,* Bln. 1921. – U. v. Wilamowitz-Moellendorff, *Pindaros,* Bln. 1922. – W. Schadewaldt, *Der Aufbau des pindarischen Epinikion,* Halle 1928; Tübingen ²1966. – H. Gundert, *P. und sein Dichterberuf,* Ffm. o. J. [1935]. – F. Klingner, *Das erste pythische Gedicht P.s* (in F. K., *Römische Geisteswelt,* Mchn. ⁴1961, S. 733–755). – H. Fränkel, *Dichtung und Philosophie des frühen Griechentums,* Mchn. ²1962, S. 483–576. – M. Bernard, *P.s Denken in Bildern,* Pfullingen 1963 [Diss. Tübingen 1956]. – C. M. Bowra, P., Oxford 1964. – Lesky, S. 217–230.

AISCHYLOS
(525/24–456/55 v. Chr.)

HEPTA EPI THĒBAS (griech.; *Sieben gegen Theben*). Tragödie des AISCHYLOS (525/24–456/55 v. Chr.). – Die *Sieben gegen Theben* waren das Schlußstück der thebanischen Trilogie, mit der Aischylos beim Tragikerwettkampf des Jahres 467 den ersten Preis gewann. Voran gingen ein *Laios*-Drama sowie ein *Oidipus*; abgerundet wurde die Trilogie mit dem Satyrspiel *Sphinx*. Von dieser ganzen Tetralogie sind nur die *Hepta* erhalten. Der Stoff, den Aischylos in die griechische Dramatik einführte, hatte zu jener Zeit bereits eine rund zweihundertjährige literarische Vorgeschichte, denn ein wesentlicher Teil des *Epikos kyklos (Epischer Zyklus)* war dem thebanischen Sagenkreis gewidmet: die *Oidipodeia* hatte, soweit sich das noch erkennen läßt, die Herrschaft des Oidipus in Theben samt deren Vorgeschichte zum Thema, die *Thebais* – nach allem, was wir wissen, einst die bedeutendste Dichtung des Zyklus – erzählte vom grausam-blutigen Zug der sieben Feldherrn gegen Theben, die *Epigonoi* schließlich berichteten über den Rachefeldzug der Söhne jener sieben vor Theben zugrunde gegangenen Heerführer. In welchem Maße sich Aischylos – in seiner Tetralogie auf die im ionischen Epos vorgeformte Handlung stützte, wo und in welcher Weise er sie modifizierte und anders akzentuierte, vielleicht unter Verwendung thebanischer Lokaltraditionen, läßt sich natürlich nicht mehr in allen Einzelheiten feststellen (die Forschung steht auf Grund der unglücklichen Überlieferung vor der Schwierigkeit, beide Komplexe wechselseitig erhellen zu müssen).
Daß der Tragiker den Stoff neu strukturierte und den Gesetzen seiner Vorstellung vom Tragischen dienstbar machte, steht jedenfalls fest. Die Zentrierung um Grundmotive wie Fluch und Schuld, göttliches Gebot und Überheblichkeit des Menschen, die Beschränkung auf einen einheitlichen, in sich als tragisches Geschehen dramatisch plausibel zu machenden Handlungskomplex zeigt sich schon darin, daß Aischylos die ausschließlich dem Zweck zyklischer Vollständigkeit dienende *Epigonen*-Geschichte des Epos beiseite läßt und daß er die für die tragische Entfaltung des Geschehens irrelevante, ihrer Herkunft und Gattung nach dem Bereich der volkstümlichen Novellistik zugehörige Episode von Oidipus und der Sphinx in das Satyrspiel verweist. Auch der Aufbau der Trilogie verrät diese Umgestaltung, die ebenso als Ausdruck dramaturgischer Ökonomie wie einer bestimmten Auffassung vom Menschen und seinem Verhältnis zur Gottheit verstanden sein will: jedes Drama enthüllt das Geschick einer Generation – Laios, sein Sohn Oidipus, dessen Söhne Eteokles und Polyneikes –, jedes Drama spannt sich zwischen der frevlerischen Verletzung eines göttlichen Gebots und dem Untergang des Frevlers, und alle drei Dramen sind aufeinander bezogen als Stufen der Enthüllung des vom Delphischen Apoll einst über Laios und seine Nachkommen verhängten Geschlechterfluchs. Auf dem Höhepunkt der *Sieben* (und damit der ganzen Trilogie), als Eteokles von der Bühne abgeht, um seinem Bruder im Zweikampf gegenüberzutreten, erinnert der Chor ausdrücklich an diese erste Ursache des ganzen unheilvollen Geschehens: »*Der schweren Schuld alter Zeit / Denk ich, da schnell büßte der Frevler; / Doch herrscht sie fort ins dritte Glied. / Es bot Laios Phoibos' Worte Trotz, / Das dreimal einst warnend ihm / Aus Pythos Erdmitte dort / Entgegenscholl: nur kinderlos / Sterbend, rett' er Haus und Stadt.*« (V. 742–749) Laios mißachtete den Rat des Gottes und zeugte einen Sohn, den er aussetzen ließ. Die Rache des Gottes erfüllte sich zum erstenmal, als dieser Sohn ihn, ohne ihn zu erkennen, an einem Kreuzweg erschlug; sie erfüllte sich zum zweitenmal, als der Sohn Oidipus die eigene Mutter heiratete, sich nach der Erkenntnis dieser Tat die Augen ausstach und seine Söhne verfluchte, die den blinden Vater zu hintergehen versucht hatten; sie erfüllt sich jetzt zum drittenmal, da Polyneikes mit seinen Verbündeten von Argos aus gegen Eteokles und die Vaterstadt Theben in den Krieg zieht und die Brüder das Schwert zu wechselseitigem Brudermord erheben.
Zu Beginn der *Hepta* freilich ist von Schuld und Verhängnis noch nicht die Rede. Eteokles tritt auf als ein selbstbewußter, entschlossener Lenker des Staatsschiffes, der gelassen seine Befehle erteilt, den Bericht von den heranrückenden siebenfachen Heer zur Kenntnis nimmt und die Götter der Stadt um Hilfe und Beistand bittet (V. 1–77). In derselben männlichen Entschlossenheit stellt er sich dem Chor thebanischer Mädchen entgegen, die in verzweifelter Furcht zu den Altären stürzen und die Götter der Stadt um Erbarmen und Rettung anflehen (Parodos, V. 78–180): die Gefahr von außen darf nicht durch Panik im Innern geschürt werden, not tut nüchterne Verteidigungsplanung (V. 181–286). Das anschließende Chorlied der angstvollen Thebanerinnen (V. 287–368) mit seiner Schreckensvision von den Folgen des Krieges steht als beziehungsvoller Kontrast zum Schluß des zweiteiligen Eingangs wie zu dem breitangelegten Mittelstück der Tragödie, das in einem selbstbewußt aufgetürmten Rededialog zwischen Eteokles und seinem Kundschafter die Choreographie der Schlacht entwirft (V. 369–719). Unter detaillierter Beschreibung der symbolhaften Schildbemalungen berichtet der Späher über die vor den sieben Toren stehenden sieben Feldherrn, und Eteokles benennt für jeden von ihnen einen Gegner. Die archaisch

gefügte Parallelität dieser jeweils von einem kurzen Gebet des Chors unterbrochenen sieben Redepaare wird gegen Ende zu einer dynamischen Klimax gesteigert: Der sechste Kämpfer der Feinde ist der wider besseres Wissen mit den wilden Haudegen gegen Theben gezogene Seher Amphiaraos, den sogar Eteokles als »*weisen, edlen, tapfren, frommgesinnten Mann*« anspricht; am siebten Tor aber steht Polyneikes, bereit, im Kampf mit dem verhaßten Bruder sich zum Herrn der Stadt zu machen oder den Tod zu erleiden.

Erst an dieser Stelle, im siebten Redepaar, bricht die (in den verlorenen vorausgegangenen Stücken angelegte) Grundthematik der Trilogie durch, jetzt erst zeigt sich, daß der kluge Staatsmann und energische Feldherr noch einem andern Gesetz unterworfen ist: dem Fluch des Labdakidenhauses. Sein Aufschrei über das verblendete, gottverhaßte Geschlecht des Oidipus und die Flüche des Vaters (V. 653 f.) trifft nicht nur den feindlichen Bruder, auch er selbst ist davon betroffen: daß er einer der sieben Verteidiger der Tore sein will, hat er schon am Ende des Eingangs (V. 282–284) angekündigt, daß er es sein wird, der Polyneikes gegenübertritt, ist, je weiter die Heerschau in den Redepaaren voranschritt, immer mehr zur Gewißheit geworden. Und so zeigt das erregte Wechselgespräch mit dem Chor, worin dieser Mittelteil gipfelt, nicht eigentlich den Entschluß zur Tat, es demonstriert vielmehr die Identifikation des zweiten Oidipus-Sohns mit seinem ihm von früher her bestimmten Geschick: Notwendigkeit und Schuld, Verhängnis und eigene Entscheidung sind nicht zu trennen, Gottverlassenheit und hybride Abwendung von den Göttern gehen ineinander über; die Katastrophe ist damit besiegelt (»*Die Götter dachten lange schon nicht unser mehr; / Nur eines, unser Untergang, ist ihre Lust; / Was also sucht' ich flehend noch den Tod zu fliehn?*«, V. 702 bis 704; alle Ü: Donner). Dramaturgisch drückt sich dieser Wandel in der gegenüber dem Beginn vertauschten Rolle von Chor und Held aus: Jetzt ist der Chor der besonnene, zu Mäßigung und Vernunft ratende Teil, Eteokles aber der in Starrsinn und Emotion Verblendete, der, weil er sich nicht (wie der Chor in der Eingangsszene) umstimmen läßt, dem Tode verfallen ist.

Das resümierende Lied des Chores über das Los des Laios-Hauses (V. 720–791) beschließt den – bereits alles entscheidenden – Mittelteil: der Rest kann in komprimierter Kürze dargestellt werden. Eine knappe Botenszene (V. 792–820) referiert das Eintreten der erwarteten Ereignisse – die Brüder sind im Zweikampf gefallen, aber die Stadt ist gerettet; ein Schlußbild (V. 821 ff.) demonstriert die Situation nach der Katastrophe – die toten Brüder werden hereingetragen, der Chor sowie die Schwestern Antigone und Ismene stimmen die Totenklage an. Vor allem in diesem Schlußstück fällt die – für das ganze Stück signifikante – Ähnlichkeit in der Struktur der *Hepta* und der fünf Jahre zuvor entstandenen *Persai (Die Perser)* ins Auge: Die in einem Eingangsteil gezeichnete gespannte Grundsituation banger Sorge, die sich in einem zweiten, durch lange Berichtreden geprägten Abschnitt zugleich konkretisiert und zugespitzt hat, wird im dritten Teil »aufgelöst« – die Befürchtung wandelt sich zu endgültiger, schrecklicher Gewißheit –, während ein vierter, threnetisch-klagender Teil noch einmal in demonstrativer Breite die ganze Wucht der Katastrophe vorführt (W. Jens). Befremdlich wirkt allerdings in den *Hepta*, daß das Schlußtableau in eine dramatische Botenszene einmündet

(V. 1005–1078), in der ein neuer Konflikt aufgerissen wird: das Verbot der Bestattung des Landesverräters Polyneikes und Antigones Auflehnung gegen dieses Verbot. Es ist kaum einzusehen, warum der Dichter am Ende der Trilogie durch eine solche Wendung das dramatische Geschehen seines natürlichen Schlußsteines beraubt haben soll. Solange nicht durch parallele Beispiele das Gegenteil wahrscheinlich gemacht werden kann, wird man wohl der Meinung zustimmen müssen, daß der überraschende Ausklang (wenn nicht überhaupt das Schwesternpaar) spätere Zutat ist. Eine Wiederaufführung, vielleicht in Verbindung mit einem *Antigone*-Drama, könnte der Anlaß dafür gewesen sein.

Daß es solche Neuinszenierungen Aischyleischer Werke gab, und zwar lange vor der Institutionalisierung des Brauches im Jahr 386, wird verschiedentlich überliefert: Ein Volksbeschluß hatte diese besondere postume Ehrung für Aischylos als Ausnahme gesetzlich festgelegt (normalerweise durften die Stücke nur einmal zum Agon am Dionysfest eingereicht werden). Daß diese Möglichkeit gerade den *Hepta* zugute kam, läßt sich sehr wohl denken. Denn die *Sieben gegen Theben* gehörten zu den Tragödien des Aischylos, die bei den Zeitgenossen und der Nachwelt, bis weit in die römische Kaiserzeit hinein, besonders im Gedächtnis geblieben sind. Das bezeugt SOPHOKLES, der in seine *Antigone* einen Vers aus den *Hepta* einfließen ließ, das bezeugen Anspielungen bei verschiedenen Vertretern der Alten Komödie, das bezeugt vor allem ARISTOPHANES, der dem Archegeten der drei großen Tragiker in seinen 405 aufgeführten *Batrachoi (Die Frösche)* ein bei allem Scherz exemplarisches Denkmal setzt und ihm – unter Verwendung einer von dem Sophisten GORGIAS stammenden Kritik – die Worte in den Mund legt (V. 1021 f.): »*Ein Drama schuf ich, ›des Ares voll‹ ... die ›Sieben gegen Theben‹. Und jeglicher Mann, der dies geschaut, entbrannte, dem Feind zu begegnen*« (Ü: Seeger). Mag der bissige Nachsatz auch auf das Konto des pazifistischen Komikers Aristophanes gehen (wie Aischylos wirklich über den Krieg denkt, wird in den Chorliedern unmißverständlich deutlich), so erinnert das Zitat doch an die gewaltige Wirkung, die die *Hepta*, nicht zuletzt wegen der Nähe der Perserkämpfe, bei ihrer Uraufführung auf das athenische Publikum ausgeübt haben dürften, und wenn Aristophanes während des Bruderkrieges zwischen Athen und Sparta auf diese Wirkung anspielen zu sollen korrigieren zu müssen glaubt, so verrät dies, wie lebendig das Drama mehr als sechzig Jahre nach seiner Entstehung noch war.   E. Sch.

AUSGABEN: Venedig 1518 (in *Tragödiai hex*, Hg. F. Asulanus). – Bln. 1914 (in *Tragoediae*, Hg. U. v. Wilamowitz-Moellendorff; Nachdr. 1958). – Groningen 1938 (*Zeven tegen Thebe*, Hg. P. Groeneboom; m. Komm.; Nachdr. Amsterdam 1966). – Leiden 1950 (*Zeven tegen Thebe*, Hg. G. Italie; m. Komm.). – Oxford ²1955 (in *Aeschyli septem quae supersunt tragoediae*, Hg. G. Murray). – Ldn./Cambridge (Mass.) ²1957 (in *Aeschylus*, Hg. H. W. Smyth, Bd. 1; m. engl. Übers.; Loeb). – Paris ⁷1958 (in *Eschyle*, Hg. P. Mazon). – Mchn. 1959 (in *Tragödien und Fragmente*, Hg. O. Werner; griech.-dt.).

ÜBERSETZUNGEN: *Die sieben Helden vor Theben*, J. E. Goldhagen (in *Griechische u. römische Anthologie in deutscher Übersetzung*, Bd. 2, Brandenburg 1768). – *Sieben gegen Theben*, F. L. Graf zu Stolberg (in *Vier Tragödien*, Hbg. 1802). – *Die Sieben vor Thebä*, J. J. C. Donner (in *Aeschylos*, Bd. 1, Stg. 1854; auch in *Die Tragödien*, Ffm./Hbg. 1961; EC, 30). – *Sieben gegen Theben*, L. Wolde (in *Tragödien u. Fragmente*, Lpzg. 1938; Slg. Dieterich, 17). – *Die Sieben gegen Theben*, nach d. Übers. v. J. G. Droysen, bearb. v. F. Stoessl (in *Die Tragödien u. Fragmente*, Zürich 1952). – *Die Sieben wider Theben*, H. F. Waser (in *Tragödien*, Zürich 1952). – *Die Sieben gegen Theben*, E. Buschor (in *Die Danaostöchter. Prometheus. Thebanische Trilogie*, Mchn. 1958). – Dass., J. G. Droysen (in *Die Tragödien und Fragmente*, Hg. W. Nestle, Stg. 1962; Nachw. W. Jens; Kröners Taschenausg., 152). – Dass., W. Schadewaldt (in *Griechisches Theater*, Ffm. 1964).

LITERATUR: U. v. Wilamowitz-Moellendorff, *A.*, Bln. 1914, S. 56–113. – B. Snell, *A. u. das Handeln im Drama*, Lpzg. 1928, S. 78–95 (Phil Suppl., 20/1). – Schmid-Stählin, 1/2, S. 208–221. – F. Dirlmeier, *Der Mythos von König Oedipus*, Mainz 1948. – W. Jens, *Strukturgesetze der frühen griechischen Tragödie* (in Studium Generale, 8, 1955, S. 246 bis 253). – E. Fraenkel, *Die sieben Redepaare im Thebanerdrama des A.* (in SBAW, phil.-hist. Kl., 1957, 3). – A. Lesky, *Eteokles in den »Sieben gegen Theben«* (in WSt, 74, 1961, S. 5–17). – K. v. Fritz, *Die Gestalt des Eteokles in Aeschylus'» Sieben gegen Theben«* (in K. v. F., *Antike u. moderne Tragödie*, Bln. 1962, S. 193–226). – A. Lesky, *Die tragische Dichtung der Hellenen*, Göttingen ²1964, S. 63–66; 230/231 [m. Bibliogr.].

HIKETIDES (griech.; *Die Schutzflehenden*). Tragödie des AISCHYLOS (525/24–456/55 v. Chr.), Eingangsstück der *Danaidentrilogie*, einst gefolgt von den *Aigyptioi* (*Die Aigyptossöhne*) und den *Danaides* (*Die Danaiden*) sowie dem Satyrspiel *Amymōnē*. – Wie in der 467 aufgeführten thebanischen Trilogie, von der wir nur noch das Schlußstück, die *Hepta epi Thēbas* (*Sieben gegen Theben*), besitzen, konnte sich Aischylos auch in seinen Danaidendramen auf eine dem *Epischen Zyklus* (*Epikos kyklos*) nahestehende literarische Bearbeitung des Stoffes stützen: die *Danais*. Wer den Stoff für die Tragödie entdeckt hat, läßt sich nicht mehr sagen. Wenn die Titel *Aigyptioi* und *Danaides* auch im Werkkatalog des PHRYNICHOS begegnen, so sieht man daraus, daß Aischylos nicht nur in zeitgenössischen Stoffen (vgl. *Phoinissai – Die Phoinikierinnen* und *Persai – Die Perser*), sondern ebenso in traditionellen Tragödienthemen mit dem älteren Rivalen konkurrierte, ohne daß indes noch etwas über das chronologische oder inhaltliche Verhältnis der verschiedenen Versionen auszumachen wäre; daß sie nicht allzu weit auseinanderlagen, möchte man annehmen.

Lange Zeit haben die *Hiketiden* als das früheste erhaltene Stück des Aischylos gegolten, angeblich noch in der Zeit der Perserkriege, also in den achtziger oder gar in den neunziger Jahren, entstanden. Vor wenigen Jahren (1952) kam jedoch ein Papyrusbruchstück mit Resten einer Didaskalie (Aufführungsurkunde) ans Licht, der zu entnehmen war, daß Aischylos mit seiner *Danaidentrilogie* beim Tragikeragon vor Werken des SOPHOKLES und des MESATOS den ersten Preis erringen konnte; da nun das erste Auftreten des Sophokles nachweislich in das Jahr 468 fällt, gehört die *Danaidentrilogie* des Aischylos mit Sicherheit in die sechziger Jahre (die fünfziger Jahre kommen nicht in Betracht), eventuell – wenn in dem Papyrus der Archontenname Archedemides zu ergänzen ist – ins Jahr 463. Versuche, das Fragment der Didaskalie anders zu deuten und so den Frühansatz zu retten, dürfen als widerlegt gelten. Damit hat sich eine von Walter NESTLE schon vor rund dreißig Jahren aufgrund eingehender Kompositionsanalyse vermutete Datierung bestätigt.

Die *Danaidentrilogie* handelt vom Schicksal der fünfzig Töchter des Danaos (was nicht heißt, daß auch der Chor der *Hiketiden* aus fünfzig Choreuten bestanden haben muß): Diese waren ihren Vettern, den Söhnen des Aigyptos, zur Ehe versprochen, lehnten aber die ihnen verhaßte Heirat ab und flohen mit ihrem Vater nach Argos, um hier, im Land ihrer Vorfahren, Asyl zu suchen. Die Parodos der *Hiketiden*, das Einzugslied des Chores (V. 1 bis 175), exponiert die Handlung nach verschiedenen Richtungen: sie liefert zum einen der Information über die Vorgeschichte, stellt zum andern die Grundsituation vor Augen, in der sich die Mädchen während des ganzen Stückes befinden – in Habitus und Gebärden von Schutzflehenden sind sie angstvoll um die Altäre der Götter versammelt –, und schließlich läßt sie in einem langen Gebet an Zeus ein erstes Mal das Ethos anklingen, das der Chor der Schutzflehenden in seinen Liedern immer wieder entfalten wird. Zur Exposition gehört auch noch die erste Szene des ersten Epeisodions (V. 176 bis 233), in der Danaos seine Töchter, da in der Ferne des Landesherr mit seinem Gefolge sichtbar wird, zu den Bittflehenden gebührenden demütigen Haltung ermahnt. Der Auftritt des Königs Pelasgos in der folgenden Szene (V. 234–523) bringt den ersten dramatischen Höhepunkt des Geschehens: Aischylos hat diesem Dramenteil auch in den *Persai* von 472 (durch die langen Botenberichte) und in den *Hepta* von 467 (durch die sieben Redepaare zwischen Eteokles und dem Boten) besonderes Gewicht gegeben. Der Vergleich mit diesen funktional parallelen Szenen lehrt jedoch einen bedeutsamen Unterschied: dort ist das Geschehen statisch, es expliziert ein vorgegebenes Ereignis, eine bereits getroffene Entscheidung, hier dagegen erleben wir – zum erstenmal in der Geschichte des Dramas –, wie sich die im Verlauf des Stückes zentrale Entscheidung in Rede und Gegenrede, durch Gespräch und Argumentation unmittelbar auf der Bühne anbahnt. Auf seiten der Mädchen steht das Recht, auf seiten des Königs die Verantwortung. – Asyl für die Danaiden bedeutet Krieg zwischen Argos und den Verfolgern der Mädchen. Der König, zunächst geneigt, abzulehnen, beginnt unter dem Drängen der Bittenden schwankend zu werden (»*Furcht trübt meinen Blick. Soll ich es tun? Soll ich es nicht tun?*«, V. 379 f.), versucht auszuweichen, erkennt, daß es keinen Ausweg für ihn gibt, und beugt sich schließlich, als die Mädchen mit Selbstmord drohen, ihrem Verlangen: er wird ihre Sache der Volksversammlung vortragen. Dieselbe Dynamisierung des dramatischen Geschehens, dieselbe Auflösung in unmittelbar vor den Augen des Zuschauers sich vollziehende Handlung zeigt auch der letzte Teil des Stücks. Nachdem der dritte, von zwei Gebetsliedern des Chores (V. 524–599 und V. 625–709) gerahmte Abschnitt – wie bei den *Hepta* sehr kurz gehalten – in Berichtsform die endgültige Entscheidung zugunsten der Asylsuchenden gebracht hat, erwartet man, den *Persai* und den *Hepta* entsprechend, ein Schlußbild, in dem mit demonstrativem Pathos die Situation der Betroffenen nach der Entscheidung vorgeführt wird. Statt dessen inszeniert der Dichter in zwei Epeisodien (V. 710 bis 755; 825–1017) eine – an den Beginn erinnernde – neue dramatische Verwicklung: Danaos sieht in der Ferne das Heer der Verfolger landen, die auch alsbald auf die Szene stürmen und die Mädchen von den Altären wegreißen; doch Pelasgos, von Danaos herbeigeholt, setzt ihrem Treiben in einem erregten Gespräch ein Ende: die Aigyptier müssen weichen. Jetzt erst folgt der erwartete Schlußpunkt: dem Land Argos steht zwar ein Krieg bevor, aber die Mädchen können, begleitet vom Chor ihrer Dienerinnen, in die schutzgewährende Stadt einziehen.

Was die *Hiketiden* trotz der offenkundigen dramaturgischen Fortschritte, speziell im zweiten und vierten Teil, immer wieder als ein besonders frühes Werk des Dichters erscheinen läßt, ist der scheinbar ganz archaische Aufbau, ein Eindruck, den vor allem die große Rolle erweckt, die dem Chor zugeteilt ist: gut zwei Fünftel des Dramas nehmen die reinen Chorpartien – die Parodos und die Tanzlieder – ein, fast ein weiteres Fünftel sind chorlyrische Partien innerhalb der Szenen (in den sogenannten »epirrhematischen« Abschnitten), und von den agierenden Einzelfiguren ist die bei weitem dominierende die Sprecherin der Danaiden, also die Chorführerin. Freilich, der Stoff hätte wohl kaum eine andere Möglichkeit der Darstellung zugelassen. Hinzu kommt, daß Aischylos, wie ein Blick auf den *Agamemnon* lehrt, anscheinend in den Eingangsstücken einer Trilogie gerne dem Chor ein größeres Gewicht verliehen hat. Diese Rücksicht auf die Gesamtkomposition des mehrteiligen Dramas tritt auch noch in anderer Hinsicht zutage. Fragt man nämlich, was denn das Tragische am Geschehen dieser Tragödie ausmacht, so läßt sich anhand der *Hiketiden* nur eine sehr vage Antwort geben. Nirgends erfährt man genau, warum die Danaiden eigentlich die Ehe mit den Aigyptossöhnen ablehnen. Bedenkt man jedoch den Fortgang der Geschichte, die trotz allem zustande kommende Zwangsheirat und den Mord der Danaiden an den Aigyptossöhnen in der Hochzeitsnacht, und zieht man einige auffällige Hinweise, wie den Preis Aphrodites im Chor der Dienerinnen am Ende der *Hiketiden* oder die aus den *Danaides* erhaltene Rede der Göttin Aphrodite über das Allwalten des Eros, daneben (nicht zu vergessen: auch das Satyrspiel *Amymōnē* ist ein burleskes Spiel über die Macht der Liebe), so kann man daraus erschließen, was der Verlauf der Trilogie offenbar immer deutlicher sichtbar machen sollte: daß die Schuld der Danaiden in der Ablehnung des von den Göttern gestifteten Liebes- und Ehebundes bestand; diese Schuld ist wohl erst am Ende (man vgl. die *Eumeniden*) durch göttliches Eingreifen entsühnt worden (wie darin die Hypermestra-Episode eingefügt war, ist nicht mehr zu erkennen). Auch die Dramatisierung des Schlußteils der *Hiketiden* könnte solchen übergreifenden Bauprinzipien gedient haben, zumindest wissen wir, daß die Auseinandersetzung zwischen Pelasgos und den Aigyptossöhnen eine kriegerische Fortsetzung fand, bei der der Argiverkönig das antinomisch-auswegslose Dilemma, in das er geraten war, durch den Tod löste (ebenfalls eine Form Aischyleischer Tragik, wie etwa die Parallelgestalt Eteokles bekundet).

Der Eindruck, den die *Danaidentrilogie* auf die Zeitgenossen des Aischylos gemacht hat, scheint in der Nachwelt – anders als im Falle der thebanischen Trilogie oder gar der *Orestie* – nicht sehr stark nachgewirkt zu haben. Von einer Wiederaufführung ist uns nichts bekannt, und nur gelegentlich begegnet man einem Hinweis auf Bekanntschaft mit den *Hiketiden*. Immerhin ist bemerkenswert, daß diese ihre Spuren nicht nur in dem gleichnamigen Stück des EURIPIDES hinterlassen haben, sondern auch in dessen *Orestēs* und nicht zuletzt im *Hippolytos*, jenem Werk also, das den tragischen Untergang eines Mannes darstellt, der sich ebenfalls gegen die Liebesgöttin Aphrodite aufgelehnt hat.

E. Sch.

AUSGABEN: Venedig 1518 (in *Tragōdiai hex*, Hg. A. Asulanus). – Bln. 1914 (in *Tragoediae*, Hg. U. v. Wilamowitz-Moellendorff; Nachdr. 1958). – Amsterdam 1928 (*Schutzflehende*, Hg. J. Vürtheim; m. Komm.). – Neapel 1935 (*Le supplici*, Hg. M. Untersteiner; m. Komm.). – Ffm. 1948 (*Die Schutzsuchenden*, Hg. W. Kraus; m. Einl.; griech.-dt.). – Oxford ²1955 (in *Aeschyli septem quae supersunt tragoediae*, Hg. G. Murray). – Ldn./Cambridge 1957 (in *Aeschylus*, Hg. H. W. Smyth, Bd. 1; m. engl. Übers.; Loeb). – Paris ⁷1958 (in *Eschyle*, Hg. P. Mazon). – Mchn. 1959 (in *Tragödien und Fragmente*, Hg. O. Werner; griech.-dt.).

ÜBERSETZUNGEN: *Die Hülfeflehenden*, J. T. L. Danz (in *Trauerspiele*, Bd. 2, Lpzg. 1808). – *Die Schutzflehenden*, L. Wolde (in *Tragödien u. Fragmente*, Lpzg. 1938; Slg. Dieterich, 17). – Dass., F. Stoessl, nach der Übers. v. J. G. Droysen (in *Die Tragödien u. Fragmente*, Zürich 1952). – Dass., H. F. Waser (in *Tragödien*, Zürich 1952). – Dass., E. Buschor (in *Die Danaostöchter. Prometheus. Thebanische Trilogie*, Mchn. 1958). – Dass., J. G. Droysen (in *Die Tragödien u. Fragmente*, Hg. W. Nestle, Stg. 1962; Nachw. W. Jens; Kröners Taschenausg., 152; auch in *Die Tragödien*, Ffm./Hbg. 1961; EC, 30).

LITERATUR: U. v. Wilamowitz-Moellendorff, *A.*, Bln. 1914, S. 1–41. – B. Snell, *A. u. das Handeln im Drama*, Lpzg. 1928, S. 52–65 (Phil Suppl., 10/1). – Schmid-Stählin, 1/2, S. 194–203. – K. v. Fritz, *Die »Danaidentrilogie« des Aeschylus* (in Phil, 91, 1936, S. 121–136; 249–269; ern. in K. v. F., *Antike und moderne Tragödie*, Bln. 1962, S. 160 bis 192). – M. Untersteiner, *Le »Supplici« di Eschilo* (in Dioniso, 6, 1937, S. 24–50). – D. Kaufmann-Bühler, *Begriff und Funktion der Dike in den Tragödien des A.*, Diss. Heidelberg 1951, S. 38 bis 50. – W. Jens, *Strukturgesetze der frühen griechischen Tragödie* (in Studium Generale, 8, 1955, S. 246–253). – E. A. Wolff, *The Date of Aeschylus' »Danaid Tetralogy«* (in Eranos, 56, 1958, S. 119 bis 139; 57, 1959, S. 6–34). – R. P. Winnington-Ingram, *The »Danaid Trilogy« of Aeschylus* (in Journal of Hellenic Studies, 81, 1961, S. 141–152). – A. Lesky, *Die tragische Dichtung der Hellenen*, Göttingen ²1964, S. 67–71; 230–232 [m. Bibliogr.].

ORESTEIA (griech.; *Orestie*). Tragödientrilogie des AISCHYLOS (525/24–456/55 v. Chr.), bestehend aus den Stücken *Agamemnōn (Agamemnon)*, *Choēphoroi (Die Opfernden am Grab)* und *Eumenides (Die Eumeniden)*, und gespielt durch das heute verlorene Satyrspiel *Prōteus (Proteus)*; im Jahr 458 v. Chr. in der Inszenierung des Xenokles aus Aphidna aufgeführt. – Die Geschichte von der Ermordung des aus Troia heimkehrenden Königs Agamemnon durch seine treulose Gattin Klytaimestra und den ehebrecherischen Usurpator Aigisthos, Agamemnons Vetter, sowie von der blutigen Rache, die Agamemnons Sohn Orestes an den Mördern seines Vaters nimmt (was ihn der Verfolgung durch die Fluch- und Rachegöttinnen, die Erinyen, aussetzt), ist ein seit den Anfängen der griechischen Literatur oft behandeltes Thema. Schon die *Odyssee* berichtet an mehreren Stellen davon (1, 29ff.; 3, 255ff.; 4, 512ff.; 11, 397ff.), und innerhalb des *Epikos kyklos (Epischer Zyklus)* nahmen die Ereignisse im Atridenhaus in den heute verlorenen *Nostoi (Heimkehrgeschichten)* vermutlich einen zentralen Platz ein. Mörder Agamemnons ist im Epos Aigisth, der den siegreichen Feldherrn samt seinen Getreuen bei einem Gastmahl umbringen läßt; Klytaimestra ermordet in der *Odyssee* nur Kassandra, die von Agamemnon als Sklavin und »Beutefrau« aus Troia mitgeführte Tochter des Priamos. Auch die Chorlyriker nahmen sich des Stoffes an – vor allem STESICHOROS in seiner *Oresteia*, ebenso PINDAR *(Pythien,* 11); sie bemühten sich besonders um die innere Motivation der Geschehnisse: Bei Stesichoros tötet Klytaimestra ihren Gatten mit eigener Hand, als Rache für die Opferung ihrer Tochter Iphigenie durch Agamemnon; der Muttermord Orests wird so zur gerechtfertigten Rachetat für den Gattenmord (äußeres Zeichen: der Gott Apollon erteilt selbst den Befehl dazu und gibt seinem Schützling den Bogen zur Abwehr der Erinyen). Dieses Bemühen der Lyriker um eine größere Plausibilität im Ablauf des Geschehens – aufgrund eines immer differenzierteren Eindringens in die Problematik von schuldhafter Verstrickung und zwangsläufig folgender Bestrafung und Sühnung – bildet den unmittelbaren Ansatzpunkt für die dramatische Behandlung des Stoffes durch Aischylos.

Was der Aischyleischen *Orestie* in der Geschichte der griechischen Tragödie wiederum ihren eigentümlichen Rang verleiht, ist der Umstand, daß sie die einzige vollständig erhaltene Trilogie darstellt. Sie ist also das einzige Beispiel, an dem sich unmittelbar ablesen läßt, in welchem Ausmaß und in welcher Weise die griechischen Dramatiker versuchten, das einzelne Stück in eine übergreifende dramatische Einheit einzufügen, ohne dabei seine eigene dramaturgische Geschlossenheit zu sprengen. Das wichtigste Mittel hierfür war, wie sich an der *Orestie* deutlich zeigt, ein Grundgerüst teils offener, teils verdeckter kompositorischer Korrespondenzen. So sind, um nur einiges Wesentliche zu nennen, der *Agamemnon* und die *Choephoren* genau parallel strukturiert: Beide Male treten zwei Paare gegeneinander auf den Plan – Klytaimestra und Aigisth gegen Agamemnon und Kassandra hier, Orest und Elektra gegen Klytaimestra und Aigisth dort –; beide Male werden die »unterliegenden« Paare von ihren »Hauptgegnern«, Klytaimestra hier, Orest dort, in den Palast (das Bühnenhaus in der Mitte der Skene) gelockt und dort ermordet, und zwar in derselben Reihenfolge, erst der Mann, dann die Frau; beide Male wird den (scheinbar) triumphierenden Mördern im nachfolgenden Stück der Prozeß gemacht – Klytaimestra und Aigisth fallen der Rache Orests zum Opfer, der von den Erinyen verfolgte Orest muß sich dem Blutgericht des Areopag stellen –, und beide Male wird diese Wendung am Ende des vorangehenden Stückes vorbereitet – hier durch das Streitgespräch Aigisths mit dem Chor, der auf die Rückkehr Orests hofft, dort durch den »Wahnsinnsanfall« Orests, der der Erinyen ansichtig wird. Dieses Neben- und Gegeneinander paralleler Figurationen und Handlungsstränge läßt sich, aus verständlich motivischen Gründen, im dritten Teil der Trilogie nicht fortführen: Die *Eumeniden* sind im Vergleich zu den beiden vorangehenden Stücken individuell strukturiert, so daß die gesamte Trilogie dem in Literatur und Musik so häufig anzutreffenden Kompositionsprinzip a–a–b oder »Stollen-Stollen-Abgesang« folgt.

Dennoch wird, wenngleich auf einer anderen Ebene, die kompositorische Einheit der Trilogie gewahrt: Dadurch, daß allen drei Stücken ein von Aischylos in seinen Tragödien immer wieder durchgespieltes vierteiliges Handlungsschema zugrunde liegt, wobei in allen drei Stücken gleichermaßen entscheidende, für die differenzierte Dramatik des Aischyleischen Alterswerkes charakteristische Variationen gegenüber den früheren Dramen (vgl. *Persai – Die Perser, Hepta epi Thēbas – Sieben gegen Theben, Hiketides – Die Schutzflehenden*) zu verzeichnen sind (nach Walter Jens). Der Beginn bringt jeweils ein Bild ängstlicher Erwartung: Wann erscheint das Flammensignal, das Agamemnons Sieg in Troia verkündet? (*Agamemnon*, V. 1–39) – Ist es wahr, daß Troia gefallen ist? – Was soll bei Agamemnons Rückkehr geschehen? (V. 258–354); Was ereignet sich an Agamemnons Grab? (*Choephoren*, V. 1–21) – Was ist aus Orest geworden? – Wird Orest nach seiner Rückkehr seinen Vater rächen? (V. 84–305); Wird Orest den Erinyen entkommen können? (*Eumeniden*, V. 1–234). Im nächsten Teil des Dramas fällt dann jeweils eine erste Vorentscheidung: Ein Bote bestätigt den Untergang Troias und die bevorstehende Rückkehr des siegreichen Feldherrn (*Agamemnon*, V. 489–680); Orest bekennt sich erneut zu dem vom Gott Apollon befohlenen Rachetat und entwickelt den Plan zu ihrer Durchführung (*Choephoren*, V. 306–584); die Göttin Athene erklärt sich bereit, in dem Ringen Orests mit den Erinyen zu vermitteln und den Gerichtshof einzuberufen (*Eumeniden*, V. 234–489). Der mehrgliedrige dritte Abschnitt, das Zentrum aller drei Dramen, bringt jeweils die endgültige Entscheidung, und zwar in unmittelbarem Bühnengeschehen, nicht mehr, wie in *Hepta* und *Hiketiden*, in Form von Berichten: Agamemnon und Kassandra, Klytaimestra und Aigisth werden gezwungen, den Palast zu betreten, wo sie der Tod erwartet (*Agamemnon*, V. 810–974; 1035–1330; 1343–1371; *Choephoren*, V. 652–718; 838–934), Orest wird dank der durch Athenes Votum erzielten Stimmengleichheit bei der Gerichtsverhandlung freigesprochen (*Eumeniden*, V. 566–777). Der Schlußteil der Dramen endlich, die Exodos, führt jeweils die Lage nach der Entscheidung vor Augen, interpretiert die Konsequenzen und gibt einen Ausblick in die Zukunft, wobei jedoch – wiederum im Gegensatz zum frühen Aischylos – zugleich, wie erwähnt, auch noch einmal neue Handlungsimpulse auftauchen können: Klytaimestra und Aigisth suchen sich vor dem Chor der Alten von Argos zu rechtfertigen (*Agamemnon*, V. 1372–1673), wie Orest sich vor dem Chor der Argiverinnen zu rechtfertigen versucht (*Choephoren*, V. 973–1075) – beide Male wird dabei schon das kommende Strafgericht sichtbar –; Athene besänftigt den Chor der Erinyen, die nach dem Wunsch der Göttin künftig ihr selbst gleichgeachtet als »wohlgesinnte« als »wohlgesinnte« Segensgöttinnen, über Athen und seinen Bürgern walten sollen (*Eumeniden*, V. 778–1047).

Eine besondere Eigenart dieses ausgereiften Spätwerks liegt darin, daß sich Aischylos allenthalben bemüht, die vorgegebenen starren Handlungsfunktionen dieses vierteiligen Schemas aufzulösen. Das zeigt sich zumal daran, daß immer wieder entscheidende Augenblicke des Geschehens in irgendeiner Form vorweggenommen werden, noch ehe sie eintreten: Klytaimestra zwingt Agamemnon, den blutroten Purpurteppich vor dem Palast zu betreten – damit ist sein Schicksal bereits besiegelt –; Kassandra erlebt die Morde in visionärer Verzückung bereits vorweg (auch den Muttermord Orests); Klytaimestras Traumgesicht von dem Drachen, den sie zur Welt bringt und der ihr mit der Muttermilch das Blut aus der Brust saugt, ist ein antizipiertes Schreckensbild ihres bevorstehenden Untergangs usw. Auf diese Weise kann der Dichter das Faktische des Geschehens, für dessen Präsentation auf der Bühne in früheren Dramen ausgedehnte Botenberichte nötig waren, ganz in den Hintergrund treten lassen und statt dessen in mehrschichtig gebrochenen Vorverweisen und Rückbezügen die geheimen Beweggründe, die die Personen leiten, und die tieferen Ursachen dessen, was sich vor den Augen des Zuschauers ereignet, in den Mittelpunkt des Bühnengeschehens stellen. Dies hat zur Folge, daß die ganze Trilogie durchzogen ist von Reflexionen über das Geschehen. Das beginnt im ersten Chorlied mit seinem Rückblick auf die Ereignisse in Aulis: Bereits hier werden die zentralen Leitmotive genannt, die das Drama bestimmen – von außen verhängter Zwang und innere Schuld, verblendetes Überschreiten göttlicher Rechtsnormen, Notwendigkeit der Unterwerfung des Menschen unter dieses Recht *(dikē)*, dessen unerbittliches Gesetz lautet »*Durch Leiden lernen*« (V.250 f.). Höchster Vertreter dieser Rechtsnorm ist Zeus, der überragende Allgott des Aischylos, doch auch die anderen Götter, Apollon und Athene, ja selbst die finsteren Mächte der Fluch- und Rachegeister wirken daran mit, die von den Menschen schuldhaft verletzte Ordnung der Dike wiederherzustellen. Wohl stehen die Gestalten des Dramas unter dem immer wieder beschworenen Fluch, der seit alters auf dem Haus des Atreus lastet und in jeder Generation neue Greuel zeitigt (Tantalos schlachtet seinen Sohn Pelops und bietet ihn den Göttern als Mahl an; Atreus setzt dem Bruder Thyestes dessen ermordete Kinder als Mahl vor; Helena, Gemahlin von Agamemnons Bruder Menelaos, beschwört durch ihren Ehebruch mit Paris den Troianischen Krieg herauf; Agamemnon schlachtet den Göttern die eigene Tochter als Opfer); aber die Menschen sind diesem Geschlechterfluch nicht zwanghaft ausgeliefert, sondern handeln in freier Verantwortung, einzig von dem *daimōn*, der sie beseelt, getrieben. Das gilt auch für Orest, der von Apollon den Befehl zum sühnenden Muttermord erhält: Der Dichter läßt keinen Zweifel daran, daß Orest sich mit dem Befehl des Gottes identifiziert und sich zugleich der wiederum Sühne heischenden Schuld bewußt ist, die er damit auf sich lädt. Diese Schuld wird denn auch am Schluß nicht getilgt – Orest kommt nur durch einen göttlichen Gnadenakt frei (dramaturgische Chiffre: Athenes Votum führt zur Stimmengleichheit, was Freispruch bedeutet). Was jedoch durch diesen Gnadenakt endgültig getilgt ist, das ist der auf dem Atridenhaus lastende Fluch. Und unter diesem Aspekt enthüllt sich am Ende die Grundstruktur der gesamten Trilogie als ein gewaltiger Dreischritt: breit ausgeführte Demonstration des Atridengreuels (die Länge des *Agamemnon* beruht vor allem auf den ausgedehnten Chorpartien [man vergleiche die *Hiketiden*], die die unheilvolle Vorgeschichte reflektieren) – Sühne des letzten Frevels durch eine erneute, trotz des Befehls der Gottheit immer noch dem Familienfluch verhaftete Mordtat – endgültige Entsühnung und versöhnende Wiederherstellung der Rechtsnormen durch das Eingreifen der Gottheit.

Daß dieser Ausgleich am Ende sich gerade mit Hilfe Athenes und vor einem athenischen Gericht vollzieht (worin sich eine im Jahr 362 unter Ephialtes und Perikles erfolgte Reformierung des Areopags spiegeln mag), macht die *Orestie* zu einer Reverenz des Dichters vor seiner Heimatstadt. Doch dürfte diese *captatio benevolentiae* nur eine der Ursachen für den Sieg gewesen sein, der der Trilogie im tragischen Agon zufiel: Gewiß konnten sich schon damals die Zuschauer der dramatischen Stringenz und Wucht des Werkes nicht entziehen, das SWINBURNE zu den »*größten Schöpfungen des menschlichen Geistes*« zählte. Das dokumentiert auch die nachhaltige Wirkung der *Orestie* auf die beiden jüngeren großen Tragiker: Die *Elektra* des SOPHOKLES und die *Elektra*, der *Orestēs*, die *Iphigeneia hē en Taurois (Iphigenie bei den Tauern)* des EURIPIDES entstanden in zum Teil bis in die motivischen und dramaturgischen Details reichender Auseinandersetzung mit den entsprechenden Teilen der Trilogie. Ebenso läßt sich der Einfluß der Aischyleischen Gestaltung des Stoffes auf die bildende Kunst nicht übersehen. In Rom verfaßte LIVIUS ANDRONICUS einen *Aegisthus*, ENNIUS übertrug die *Eumeniden* ins Lateinische, ACCIUS schrieb einen *Aegisthus* und einen *Clutemestra*; erhalten hat sich aus der römischen Literatur allerdings nur der *Agamemno* SENECAS, dessen Beziehungen zu dem Aischyleischen Werk aber noch nicht geklärt sind.

Dem vom Christentum mit seinem ganz anderen Schuld- und Sündenbegriff geprägten Mittelalter lag der Stoff aus verständlichen Gründen fern. Erst in der Zeit der Renaissance war auch ihm eine Wiedergeburt beschieden, teilweise dank BOCCACCIOS *De claris mulieribus (Über berühmte Frauen)*, der Hans SACHS zu seiner *Mörderisch Königin Clitimestra* (1554) und zur *Historia Clitimestra, die Königin Micennarum* (1558) anregte. Die im 16. Jh. wieder einsetzende Bekanntschaft mit den antiken Originaldichtungen führte in den folgenden Jahrhunderten zu einer derartigen Fülle von Agamemnon-, Klytaimestra-, Elektra- und Orestdramen, daß der Atridenmythos mit der Zeit zu einem der meistbehandelten antiken Stoffe wurde (vgl. etwa CRÉBILLON Pères *Électre*, 1708; VOLTAIRES *Oreste*, 1750; BODMERS *Elektra oder Die bestrafte Übeltat*, 1760; ALFIERIS *Agamemnone*, 1776, und *Oreste*, 1781; LEMERCIERS *Agamemnon*, 1789; DUMAS Pères *L'Orestie*, 1865,; LECONTE DE LISLES *Les Érinnyes*, 1873, und vieles andere). In jüngerer Zeit gaben die von Jacob BURCKHARDT und NIETZSCHE inaugurierte antiidealistische Betrachtungsweise des Griechentums und die um die Jahrhundertwende aufblühende Psychoanalyse der Beschäftigung mit den Themen der Atridensage entscheidend neue Impulse und regten zu einer ganzen Reihe von dramatischen Schöpfungen an, die bei aller Freiheit in der Auseinandersetzung mit den Vorlagen an Wirkung und Bedeutung ihren antiken Vorbildern zum Teil ebenbürtig zur Seite stehen (vgl. HOFMANNSTHAL, *Elektra*, 1903; Robinson JEFFERS, *The Tower beyond Tragedy*, 1925; O'NEILL, *Mourning Becomes Electra*, 1931; GIRAUDOUX, *Électre*, 1937; HAUPTMANN, *Atriden-Tetralogie*, 1941–1948; SARTRE, *Les mouches*, 1943).

E. Sch.

AUSGABEN: Gesamtausgaben: Venedig 1518 (in *Tragōdiai hex*, Hg. Franciscus Asulanus). – Bln. 1914 (in *Tragoediae*, Hg. U. v. Wilamowitz-Moellendorff; Nachdr. 1958). – Ldn./Cambridge (Mass.) 1926 (in *Aeschylus*, Hg. H. W. Smyth, Bd. 2; m. engl. Übers.; Loeb; mehrere Nachdr.). – Mchn. 1948 (*Orestie*, Hg. O. Werner; griech.-dt.). – Oxford ²1955 (in *Aeschyli septem quae supersunt tragoediae*, Hg. G. Murray; Nachdr. zul. 1966). – Mchn. 1959 (in *Tragödien und Fragmente*, Hg. O. Werner; griech.-dt.). – Paris ⁷1961 (in *Eschyle*, Hg. P. Mazon, Bd. 2; m. frz. Übers.) – Amsterdam/Prag ²1966 (*The Oresteia*, 2 Bde., Hg. G. Thomson; m. Komm.).

Einzelausgaben: *Agamemnon*: Cambridge 1910, Hg. W. Headlam [m. Komm. u. engl. Übers.; Hg. A. C. Pearson]. – Catania o. J. (*Agamemnone*, Hg. A. Ardizzoni). – Oxford 1950, Hg. E. Fraenkel, 3 Bde. [m. Komm. u. engl. Übers.]. – Florenz 1955 (*Agamemnone*, Hg. G. Ammendola; m. Komm.). – Oxford 1957, Hg. J. D. Denniston u. D. Page. – Amsterdam ²1966, Hg. P. Groeneboom [m. Komm.].

Choephoren: Ldn. 1893 (*The ›Choephori‹*, Hg. A. W. Verrall; m. Komm. u. engl. Übers.). – Bln. 1896 (*Orestie, Zweites Stück: Das Opfer am Grabe*, Hg. U. v. Wilamowitz-Moellendorff; griech.-dt.; m. Komm.). – Cambridge 1901 (*The Choephori*, Hg. T. G. Tucker; m. Komm. u. engl. Übers.). – Halle 1906 (*Choephoren*, F. Blass; m. Komm.). – Florenz 1948 (*Le Coefore*, Hg. G. Ammendola; m. Komm.). – Groningen 1949, Hg. P. Groeneboom [m. Komm.].

Eumeniden: Bln. 1907 (*Die Eumeniden*, Hg. F. Blass; m. Komm.). – Turin 1931, Hg. P. Ubaldi [m. Komm.]. – Groningen/Djakarta 1952 (*Eumeniden*, Hg. P. Groeneboom; m. Komm.).

ÜBERSETZUNGEN: *Agamemnon*, G. A. v. Halem, Lpzg. 1785. – Dass., D. Jenisch, Bln. 1786. – *Agamemnon. Die Choephoren. Die Eumeniden*, J. T. L. Danz (in *Trauerspiele*, Bd. 2, Lpzg. 1805). – *Orestie*, U. v. Wilamowitz-Moellendorff (in *Griechische Tragödien*, Bd. 2, Bln. ¹¹1929). – *Oresteia*, L. Wolde (in *Tragödien und Fragmente*, Lpzg. 1938 u. ö.; Slg. Dieterich, 17). – *Die Orestie*, F. Stoessl, nach J. G. Droysen (in *Die Tragödien und Fragmente*, Zürich 1952). – *Oresteia-Tetralogie*, H. F. Waser (in *Tragödien*, Zürich 1952). – *Oresteia*, J. G. Droysen (in *Die Tragödien u. Fragmente*, Hg. W. Nestle; Nachw. W. Jens; Stg. 1962; Kröners Taschenausg., 152). – *Die Orestie* (*Die Perser. Die Orestie*, E. Buschor, Mchn. 1953; ern. als Einzelausg. Ffm./Hbg. 1958, FiBü, 194). – *Orestie (Agamemnon; Die Totenspende; Die Eumeniden)*, E. Staiger, Stg. 1958/59 u. ö. (RUB, 1059; 1063; 1097). – *Die Orestie*, W. Jens, Bad Hersfeld o. J. [Bearb.].

LITERATUR: A. Lesky, *Die »Orestie« des Aischylos* (in Herm, 66, 1931, S. 190–214). – Schmid-Stählin, 1/2, S. 221–257. – A. Setti, *L'»Orestea« di Eschilo*, Florenz 1935. – G. Méautis, *Eschyle et la trilogie*, Paris 1936. – G. Thomson, *Aeschylus and Athens*, Ldn. ²1946, S. 245–297; Nachdr. 1950 (dt.: *Aischylos und Athen*, Bln. 1957, S. 258–313). – K. Reinhardt, *Aischylos als Regisseur und Theologe*, Bern 1949, S. 79–162. – D. Kaufmann-Bühler, *Begriff und Funktion der Dike in den Tragödien des Aischylos*, Diss. Heidelberg 1951. – W. Jens, *Strukturgesetze der frühen griechischen Tragödie* (in Studium Generale, 8, 1955, S. 246–253). – E. Fraenkel, *Der »Agamemnon« des Aeschylus*, Zürich/Stg. 1957 (ern. in E. F., *Kleine Beiträge zur Klassischen Philologie*, Bd. 1, Rom 1964, S. 329–351;ebd. S. 353–369 *Der Zeus-*

hymnus im »Agamemnon« des Aischylos [zuvor in Herm, 86, 1931, S. 1-17]; S. 375–387 *Die Kassandraszene der »Orestie«*). – E. R. Dodds, *Moral and Politics in the »Oresteia«* (in Proceedings of the Cambridge Philological Society, 186 [N. S. 6], 1960, S. 19–31). – E. Frenzel, *Stoffe der Weltliteratur*, Stg. ²1963, S. 12–15; 481–486 [m. Bibliogr. zum Nachleben]. – K. v. Fritz, *Die Orestessage bei den drei großen griechischen Tragikern* (in K. v. F., *Antike und moderne Tragödie*, Bln. 1962, S. 113–195). – A. Lesky, *Die tragische Dichtung der Hellenen*, Göttingen ²1964, S. 71–77; 232f. [m. Bibliogr.]. – H. J. Dirksen, *Die Aischyleische Gestalt des Orest und ihre Bedeutung für die Interpretation der »Eumeniden«*, Nürnberg 1965 (Erlanger Beiträge zur Sprach- und Kunstwissenschaft, 22). – W. H. Friedrich, *Schuld, Reue und Sühne der Klytämnestra* (in W.H.F., *Vorbild u. Neugestaltung. Sechs Kapitel zur Geschichte der Tragödie*, Göttingen 1967, S. 140–187).

PERSAI (griech.; *Die Perser*). Tragödie des AISCHYLOS (525/24–456/55 v. Chr.), 472 v. Chr. in der Trilogie *Phineus, Persai, Glaukos Potnieus* zusammen mit dem Satyrspiel *Promētheus Pyrkaeus* aufgeführt, und zwar in einer Inszenierung des berühmten Perikles. – Im Gegensatz zu den 467 v. Chr. aufgeführten *Hepta epi Thēbas (Sieben gegen Theben)*, den weitere vier Jahre später entstandenen *Hiketides (Die Schutzflehenden)* und zur *Oresteia (Orestie)* von 458 stehen die *Perser* nicht im Gefüge einer inhaltlich verbundenen Trilogie. Vielmehr behandeln sie innerhalb der mythologisch geprägten Parallelwerke – als einzige Aischyleische Tragödie – ein historisches, genauer sogar, ein zeitgeschichtliches Thema: den Untergang der persischen Flotte der Großkönigs Xerxes in der Schlacht von Salamis (480 v. Chr.). Damit stellt sich Aischylos in eine Tradition, die unseres Wissens sein um eine Generation älterer Zeitgenosse und Rivale PHRYNICHOS begründet hat, dessen *Milētu halōsis (Die Einnahme von Milet)* von 492 und *Phoinissai (Die Phönikierinnen)* von 476 ebenfalls Ereignisse der unmittelbaren Zeitgeschichte auf die Bühne brachten. Zu den *Phoinissen* bestehen darüber hinaus besonders enge Beziehungen, denn Aischylos hat seine *Perser* allem Anschein nach in direkter Auseinandersetzung mit diesem Stück verfaßt; die antike Hypothesis (Einleitung) berichtet sogar von einem Kritiker, der die *Perser* als »Umarbeitung der ›Phoinissen‹ des Phrynichos« bezeichnet hat. Leider gestatten es unsere dürftigen Kenntnisse von dem Phrynichos-Stück nicht, diese für die antike Publikum nicht zu übersehenden offenen und verdeckten Korrespondenzen in allen Einzelheiten anzugeben. Bedeutsam ist jedoch, daß wir den gegenüber dem Vorbild völlig gewandelten dramaturgischen Grundansatz des Aischylos noch fassen können: Während Phrynichos das zentrale Ereignis – die persische Niederlage – bereits im Prolog des Eunuchen vorab berichten läßt, wodurch sein Stück, wie man glaubt, einen weitgehend threnetischen Charakter (*thrēnos* = »Klagelied«) erhielt, läßt Aischylos dieses Ereignis in einem mit innerer Spannung erfüllten, von Ahnung und banger Furcht zu schrecklicher Enthüllung und Demonstration führenden Spiel unmittelbar auf der Bühne Wirklichkeit werden. Damit hat Aischylos in der dramatischen Technik wie in der interpretatorischen Durchdringung des dramatischen Geschehens eine ganz neue Dimension erreicht – bereits sein für uns frühestes Stück zeigt

43

ihn als den überlegenen »*Regisseur und Theologen*« (Karl Reinhardt), der er zeitlebens geblieben ist.
Die Parodos, das Einzugslied des Chores (V. 1–154), entwirft in breit ausgedehnter Parataxe ein Bild von der Größe der persischen Macht und der Vielzahl von Fürsten, die nach Griechenland gezogen sind. Doch schon in seinen ersten Worten (V. 8 ff.) klingen Angst und Sorge an, was aus dieser gewaltigen Streitmacht geworden sein könnte: »*Denn wenn die Götter listigen Trug ersinnen, welcher sterbliche Mann wird dann entkommen?*« (V. 93 f.). Diese Sorge steigert sich mit dem Auftreten der Königinmutter Atossa (V. 155–248), die ohne Umschweife in den angstvollen Ton des Chors mit einstimmt. Die allgemeine Furcht verdichtet sich in den zwei gespenstischen Träumen, von denen sie berichtet (V. 176–214), und immer wieder fällt in bedeutsamem Kontrast zu Xerxes der Name seines Vaters Dareios, dessen Reich der Sohn in Gefahr gebracht hat. Was sich so in einer doppelten Szene angedeutet hat, bricht im folgenden mit unmittelbarer Wucht über die Betroffenen herein (V. 249 bis 597) – ein Bote stürzt auf die Bühne und bringt die Schreckensnachricht: »*Mit einem Schlag ist dieses reiche Glück vernichtet, der Perser Blüte liegt am Boden.*« Das ganze Ausmaß der Katastrophe wird freilich erst in den fünf nachholenden Reden sichtbar, in denen der Bote diese – wie häufig bei Aischylos – pauschal vorweggenommene Unglücksbotschaft im einzelnen wiederholt; Höhepunkt ist die große Schlachtbeschreibung (V. 353–432), die der Dichter als einer beteiligten griechischen Kämpfer aus eigener Anschauung gestaltet hat. Allerdings kann der Bote nur eines klären – die Frage nach dem »Wie« –, die Antwort auf die Frage »Warum?« muß in seinem Bericht offenbleiben. Diese Antwort gibt nach das die Botenszene abschließende Chorlied (V. 532–597) ein erstes und die Beschwörung des Schattens von Dareios durch Atossa (V. 598–851) ein zweites Mal: Der allzu stolze, allzu selbstbewußte Xerxes hat sich gegen die Gottheit vergangen, er hat Poseidon versucht, als er seine gewaltige Flotte baute und mit Hilfe einer noch nie dagewesenen Schiffsbrücke über den Hellespont überquerte; denn wenn der Mensch in seinem Übermut, seiner Hybris, das ihm gesetzte Maß verläßt, dann rennt er in sein Unheil, und die Gottheit hilft dabei noch nach: Die Niederlage von Plataiai wird den Untergang des Perserheeres vollends besiegeln. Bange Erwartung – entsetzliche Gewißheit – deutende Begründung: Auf diese stufenweise aufsteigende Klimax folgt am Ende, als bildhaft-eindrucksvolles Resümee des Geschehens wie seiner Deutung, die sichtbare Demonstration des Unheils (V. 852–1077). Nach einem Trauerlied des Chors, das die einstige Macht des Daraiosreiches und seiner weiten Besitzungen beklagt (V. 852–906), erscheint der geschlagene König Xerxes selbst auf der Bühne, mit zerrissenem Gewand, verlassen von seinem einstigen Gefolge, und mit einem threnetischen Wechselgesang von beklemmender Düsterkeit und Wildheit schließt das Drama.
Was den *Persern* auf der Bühne ihre auch den heutigen Zuschauer noch ungebrochen beeindruckende Wirkung verleiht, ist nicht nur die – bei aller archaischen Statik in der Szenenfolge – ungeheuere innere Dynamik, mit der sich das Geschehen vollzieht, sondern beruht zu einem nicht minderen Teil auf der Meisterschaft des Dichters, das Geschehen selbst kontinuierlich als einen Ausfluß der ständig im Hintergrund sichtbaren, alle Ereignisse bestimmenden Kräfte erscheinen zu lassen. Nicht »Was geschieht?« ist wesentlich, sondern »In welcher Weise und aus welchem Grund geschieht es?«; von Anfang an lautet die zentrale Frage weniger »Wird das Perserheer heil zurückkehren?« als vielmehr »Wird die Ate, die von den Göttern verhängte Verblendung, den Xerxes vernichten?« Deshalb ist das dramatische Geschehen auch nicht mit dem gewaltigen Botenbericht von der Katastrophe zu Ende: Dieser steht zwar als faktischer Mittelpunkt im Zentrum, wird aber an Umfang und Gewicht weit übertroffen von den beiden folgenden interpretatorischen Szenen. Damit hängt zugleich die eigentümliche kompositorische Doppelstruktur des Stückes zusammen: Eine vom Gesichtspunkt dramaturgischer Ökonomie bestimmte Klammerkomposition rahmt das faktische Zentrum (den Botenbericht) ein durch zwei Atossa-Szenen, in denen jeweils dem früheren König Dareios entscheidende Funktion zukommt, sowie durch zwei in dialektischer Umkehrung aufeinander bezogene Reflexionen über die bisherige Größe des Perserreiches (der Aufzählung der Länder und Fürsten in der Parodos entspricht die im letzten Chorlied und abschließenden Threnos bis in die Details); doch diese Klammerkomposition wird überlagert, ja fast verdeckt von der »theologisch« bestimmten, viergliedrigen teleologischen Stufenkomposition, deren treibendes Moment die Entlarvung der Konsequenzen menschlichen Übermuts und die Enthüllung der unerbittlichen göttlichen Übermacht ist.
Die *Perser* sind das früheste erhaltene Beispiel der griechischen Tragödie; gerade als solches aber vermögen sie zu zeigen, mit welcher Konstanz sich diese Gattung von ihren Anfängen bis zu ihrem Ende entfaltet hat: In allen wesentlichen Eigenarten präludiert dieses Drama der gesamten folgenden Tragödienproduktion, soweit sie uns in den Werken der drei großen Tragiker faßbar ist. Daß die klassische griechische Tragödie im Gegensatz zur modernen Dramatik als kultisches Spiel entstanden ist und kultisches Spiel geblieben ist, lehrt ein Blick auf die Stücke des Aischylos und SOPHOKLES nicht weniger als auf die des EURIPIDES. Noch im letzte uns überlieferte tragische Werk, die Euripideischen *Bakchai (Die Bakchen)*, ist, wie das erste, eine Demonstration der göttlichen Strafe für menschlichen Übermut. Daß dem Menschen ein Maß gesetzt ist, das hybrid und verblendet zu überschreiten zum Untergang führt, ist das geradezu wesensspezifische Kernthema des Genos (man denke etwa an den Sophokleischen *Aias* oder den *König Oidipus*); wenn Euripides dieses für die beiden älteren Tragiker noch verhältnismäßig unreflektiert gültige Grundmodell von »Verhängnis und Verblendung«, von Ate und Hybris, in einer für ihn typischen Weise kritisch zu dem Motiv »Der Mensch als Spielball der Götter« zuspitzt, so zeigt sich eben in dieser das Alte bewahrenden Variation die Konstanz der Grunddimension. Die erste wie die letzte uns bekannte Tragödie sind dramatische Studien über das ambivalente Verhältnis von Wahn und Wirklichkeit, beide stellen einen konsequent durchgeführten Entlarvungs- und Enthüllungsprozeß dar – genauso wie jenes Stück des Sophokles, das man als den glanzvollen Höhepunkt der griechischen Tragödienkunst empfindet: der *Oidipus tyrannos*. Doch nicht nur in solchen Grundcharakteristika und in der nie verlorenen Bindung an den kultischen Ursprung der Gattung setzen die *Perser* die bleibenden Akzente, sondern

auch in der Kunst der dramatischen Komposition: So liegt beispielsweise das Muster einer Entfaltung des Geschehens in vier Schritten allen erhaltenen Tragödien des Aischylos zugrunde in W. Jens), und die meisterhafte Verwebung einer Ringkomposition mit einer exakt strukturierten Zielkomposition begegnet noch einem so späten Werk wie der Sophokleischen *Elektra* von 413 wieder.
Aischylos hat mit der Trilogie des Jahres 472 im Tragiker-Agon den ersten Preis gewonnen. Daß er es hierfür bei allem Lob, das er der griechischen, speziell der attischen Freiheitsliebe zollt, nicht im mindesten nötig hatte, seinen *Persern* einen politisch feindseligen oder gar patriotisch-chauvinistischen Ton zu verleihen, gehört zu den oft gerühmten Besonderheiten des Stückes: Der Fall des Xerxes – »Fall« im doppelten Sinn – ist für ihn nichts anderes als ein Paradigma, wie ähnlich die Götter- und Heroenmythen so vieler anderer griechischer Tragödien. Ob der Dichter damit zugleich ein innenpolitisches Fanal errichten wollte, wie man vermutet hat – die *Perser* entstanden kurz vor der Zeit, zu der der berühmte und selbstherrliche Themistokles dem Ostrakismos und der Verbannung verfiel –, mag dahingestellt sein. Unbestreitbar dagegen ist, daß das Bild, das Aischylos von Xerxes entwirft, für die spätere Beurteilung dieses Herrschers maßgebend geworden ist (falls nicht Aischylos seinerseits auf eine allgemeine attische Anschauung über den Perserkrieg rekurriert): Das bekundet zumal HERODOT in seiner Darstellung der Perserkriege. E. Sch.

AUSGABEN: Venedig 1518 (in *Tragōdiai hex*, Hg. Franciscus Asulanus). – Bln. 1914 (in *Tragoediae*, Hg. U. v. Wilamowitz-Moellendorff; Nachdr. 1958). – Groningen 1930 (*Persae*, Hg. P. Groeneboom; m. Komm.; dt. u. d. T. *Perser*, 2 Bde., Göttingen 1960). – Turin 1948 (*I Persiani*, Hg. V. Inama u. A. Colonna; m. Komm.). – Rom 1951 (*I Persiani*, Hg. F. M. Pontani; m. Komm.). – Leiden 1953 (*Perzen*, Hg. G. Italie; m. Komm.). – Oxford ²1955 (in *Septem quae supersunt tragoediae*, Hg. G. Murray; Nachdr., zul. 1966). – Ldn./Cambridge (Mass.) ²1957 (in *Aeschylus*, Hg. H. W. Smyth; m. engl. Übers. Loeb; mehrere Nachdr.). – Mchn. 1959 (*Perser*, in *Tragödien und Fragmente*, Hg. O. Werner; griech.-dt.). – Cambridge 1960 (*Persae*, Hg. H. D. Broadhead; m. Komm.). – Montpellier 1960 (*Les Perses*, Hg. L. Roussel; m. Komm. u. frz. Übers.). – Paris ⁸1963 (*Les Perses*, Hg. P. Mazon; m. frz. Übers.).

ÜBERSETZUNGEN: *Perser*, J. T. L. Danz, Lpzg. 1789. – *Die Perser*, H. Voß u. J. H. Voß (in *Äschylos*, Heidelberg 1826; ern. in *Die Tragödien*, Hg. W.-H. Friedrich, Ffm./Hbg. 1961, EC 30). – Dass., L. Wolde (in *Tragödien und Fragmente*, Lpzg. 1938 u. ö.; Slg. Dieterich, 17). – Dass., E. Buschor, Mchn. 1950. – Dass., F. Stoeßl, nach der Übers. v. J. G. Droysen (in *Tragödien*, Zürich 1952). – Dass., H. F. Waser (in *Tragödien*, Zürich 1952). – Dass., C. Woyte, Stg. 1959 (RUB, 1008). – Dass., J. G. Droysen (in *Die Tragödien und Fragmente*, Hg. W. Nestle, Nachw. W. Jens, Stg. 1962; Kröners Taschenausg., 152). – Dass., W. Schadewaldt (in *Griechisches Theater*, Ffm. 1964).

LITERATUR: U. v. Wilamowitz-Moellendorff, *A.*, Bln. 1914, S. 42–55. – B. Snell, *A. und das Handeln im Drama*, Lpzg. 1928, S. 66–77 (Phil. Suppl., 20/1). – Schmid-Stählin, 1/2, S. 203–208. – J. Keil, *Die Schlacht bei Salamis* (in Herm, 73, 1938,

S. 333–340). – K. Deichgräber, *Die »Perser« des Aischylos* (NAG, phil.-hist. Kl., 1941, S. 155–202). – R. Lattimore, *Aeschylus on the Defeat of Xerxes* (in *Classical Studies in Honor of W. A. Oldfather*, Urbana/Ill. 1943, S. 82–93). – F. Stoeßl, *Die »Phoinissen« des Phrynichos und die »Perser« des Aischylos* (in MH, 2, 1945, S. 148–165). – G. Thomson, *Aeschylus and Athens*, Ldn. ²1946, S. 220 bis 231; 309–311 (dt.: *Aischylos und Athen*, Bln. 1957, S. 231–243; 325–328). – W. Jens, *Strukturgesetze der frühen griechischen Tragödie* (in *Studium Generale*, 8, 1955, S. 246–253). – A. Lesky, *Die tragische Dichtung der Hellenen*, Göttingen ²1964, S. 61–63; 230 [m. Bibliogr.]. – G. A. Salanitro, *Il pensiero politico di Eschilo nei »Persiani«* (in Giornale Italiano di Filologia, 18, 1965, S. 193–235).

PROMĒTHEUS DESMŌTĒS (griech.; *Der gefesselte Prometheus*). Tragödie des AISCHYLOS (525/24–456/55 v.Chr.), Entstehungszeit unbekannt.
– Im Kampf des Zeus und seiner Geschwister gegen ihren Vater Kronos und die Titanen, die Nachkommenschaft von Uranos (Himmel) und Gaia (Erde), hat der Titanensproß Prometheus (wörtlich: »Vorbedacht«) der Partei gewechselt, und sein kluger Rat hat am endgültigen Sieg des Zeus und der Begründung seiner Weltherrschaft entscheidenden Anteil. Doch bei der Neuordnung der Kompetenzen entzündet sich an der Stellung der Menschen, die Zeus dem Untergang preisgeben will, zwischen ihm und Prometheus ein Konflikt, in dessen Folge dieser den Sterblichen das Feuer, das er dem Hephaistos entwendet hat, verschafft und sie in seinem Gebrauch unterrichtet. Dieser Eingriff in die Weltordnung fordert eine Strafe, mit deren Darstellung das Stück einsetzt.
Im Prolog (V. 1–127) haben Hephaistos und die beiden Büttel Kratos (»Macht«) und Bia (»Zwang«) soeben Prometheus in eine öde Gegend am nördlichen Rand des Erdkreises gebracht, um ihn im Auftrag des Zeus an einen Felsen zu schmieden. Im Gespräch (V. 1–87) entpuppt sich Kratos als dienstbeflissener Scherge, der dem grausamen Auftrag mit roher Schadenfreude obliegt, während der bestohlene Schmiedegott sein Mitgefühl für den Bestraften nicht verbergen kann. Allein gelassen, bricht Prometheus in bitteres Klagen über die sonst die »Bestrafung seiner Menschenfreundlichkeit« aus (V. 88 bis 127). Die vom Lärm der Schmiedehämmer angelockten Okeaniden (Töchter des göttlichen Ringstromes Okeanos, die den Chor des Dramas bilden) bringen dem Dulder das gleiche Mitleid entgegen, das nach ihren Worten außer Zeus alle Götter fühlen (V. 128–192). In der ersten Szene (V. 193–283) des anschließenden ersten Epeisodions löst die Frage der Chorführerin nach der Ursache dieser grausamen Folter eine Erzählung des Prometheus vom Hergang des Götterkampfes und der nachfolgenden Zwingherrschaft des Zeus aus. Während der Chor die Szene freigibt – er wird, um Näheres zu hören, seinen Flügelwagen verlassen und zu Prometheus hinabsteigen –, sucht Vater Okeanos den einsamen Büßer auf (2. Szene: V. 284–396). Er, selbst ein Titan, hat die neue Herrschaft in kluger Voraussicht rechtzeitig anerkannt und glaubt sich imstande, als Vermittler und Fürsprecher zum Wohl des Bestraften seinen Einfluß auf Zeus geltend machen zu können. Doch Prometheus lehnt jeden Kompromiß ab: Er rät Okeanos, auf seine eigene Haut achtzugeben, und heißt ihn seines Weges gehen. In dem auf das erste Stasimon (V. 397–435) folgenden Epeiso-

dion (V. 436–525) verkündet Prometheus in einem langen Rechenschaftsbericht, wie er das vormals elende Dasein der Menschen erleichtert und verschönt habe, indem er sie alle Fähigkeiten lehrte, auf die sich ihre Kultur und Zivilisation gründet: Zeitrechnung, Zahlen und Schrift, Domestizierung der Tiere und Ackerbau, Schiffahrt, Heilkunde, die Weissagung in all ihren Spielarten, ja selbst den Bergbau. Da stürzt – nach dem zweiten Stasimon (V. 526–561) – von Wahnvorstellungen getrieben, eine junge Frau mit Kuhhörnern auf die Bühne: Es ist Io, über die Zeus gleichfalls großes Leid gebracht hat. Das Mädchen, das des Gottes Liebe bis in die Träume verfolgt hat, ist von Hera aus Eifersucht in eine Kuh verwandelt worden, die der scharfsichtige Argos ständig zu bewachen hatte; seit dieser beseitigt ist, wird sie von den Stichen einer Bremse – die in diesem Drama zum Stachel der Angst vor dem sie noch immer verfolgenden Phantom ihres toten Hüters sublimiert erscheinen – durch die Lande gehetzt (V. 562–608). Prometheus offenbart der Unglücklichen in breiter Prophetie den weiteren Gang ihrer Irrsal, die erst im Nildelta ihr Ende finden wird: Dort soll Zeus ihr seine Hand auflegen und so ihre Unrast beenden, sie aber wird ihn den Epaphos gebären, dessen später Nachfahre (gemeint ist Herakles) dereinst auch Prometheus von schwerem Leid erlösen wird (3. Epeisodion: V. 669–886). In dieser Verkündigung fügt Prometheus einen Schicksalsspruch für Zeus ein, dessen Kenntnis der Held seiner weisen Mutter Themis dankt: Der Gott werde sich mit einer Frau verbinden, die ihm einen übermächtigen Sohn – seinen Bezwinger – schenken werde; so wird Zeus ebenso zu Fall kommen wie sein Vater Kronos durch ihn. Prometheus aber will das Geheimnis hüten, bis Zeus ihm die Fesseln löst, dessen Los er so letztlich in seiner Hand weiß (V. 755–770). Nachdem Io in neuerlicher Regung ihres Wahns davongestürzt ist, steigert Prometheus sein Wissen um die Gefährdung des neuen Weltherrrn zu einer krassen Vision bis zu dessen Sturz (V. 907–927). Schon naht der Götterbote Hermes, um für Zeus Genaueres über die gefahrvolle Vermählung in Erfahrung zu bringen. Doch Prometheus verharrt in trotzigem Stolz, und auch die angedrohte Verschärfung der Strafe kann seinen Sinn nicht beugen (V. 928–1039). So versinkt er denn unter gewaltigem Aufruhr der Elemente mitsamt dem Okeanidenchor, der treu und mutig zu ihm steht (Exodus: V. 1040–1094).

Das Spiel fand einst seine Fortsetzung im *Promētheus lyomenos (Die Befreiung des Prometheus)*, dessen Handlung im wesentlichen nur rekonstruiert werden kann. Im Kaukasus, wo Prometheus wieder aufgetaucht ist, erlöst Herakles den in seinem Lebensmut Gebrochenen von den Qualen der unaufhörlichen Zerfleischung seiner Leber, indem er den Adler mit einem Bogenschuß erlegt: Die Voraussagungen des vorigen Stückes werden damit erfüllt. Schließlich erfolgte die Aussöhnung der Gegner – Prometheus offenbart dem Zeus sein Geheimnis und wird dafür befreit –, ein Vorgang, dem Anzeichen einer milderen Haltung des Zeus (er hat sich mit Vater Kronos versöhnt und die Titanen aus ihrem unterirdischen Kerker gelöst) bereits zu Beginn des Dramas präludieren. Unklar bleibt dagegen der Inhalt des *Promētheus pyrphoros (Prometheus der Feuerträger)*, das man sich entweder als Anfang (Inhalt: Feuerraub) oder als Ende (Stiftung des Fackellaufs am attischen Prometheusfest) der fiktiven *Prometheus*-Trilogie gedacht hat, sofern man ihn nicht mit dem für Aischylos gleichfalls bezeugten Satyrspiel *Promētheus pyrkaeus (Prometheus der Feueranzünder)* gleichsetzt.

Der Prometheus-Mythos, den zuerst HESIOD in seiner *Theogonia* und in den *Erga* behandelt hat, erscheint bei Aischylos in etwas modifizierter Gestalt. Das zentrale Motiv vom Opferbetrug des Prometheus an Zeus wird in der Tragödie, für die es sich nicht eignete, ausgespart, dafür ein dramaturgisch überaus fruchtbarer Zug – das Wissen des Helden über die Bedrohung des Zeus durch den Ehebund – eingeführt, der in etwas anderer Form auch in einem Siegeslied PINDARS (*Isthmien*, 8, 28 ff.) anklingt. Besonders breit ist in dem Drama die Erfinderrolle des Prometheus und seine Leistung für den kulturellen Fortschritt der Menschheit aufgeführt, was die Gelehrten an den Einfluß von sophistischem Gedankengut denken ließ.

Beobachtungen hinsichtlich der schlichten metrischen Gestalt der Chorlieder und ihres geringen Umfangs haben schon früh zu der Annahme geführt, gewisse Partien des Stückes seien das Produkt einer späteren Umarbeitung (R. Westphal, 1869). Durch bühnentechnische Argumente und sprachlich-stilistische Indizien – einfache, der Alltagsrede angenäherte Sprache gegenüber dem Wortprunk anderer Aischylos-Dramen, selbst in den lyrischen Teilen klare Periodisierung, unaischyleische Wörter und Wortformen – versuchte man später diese Theorie zu erhärten. In radikaler Konsequenz führte dies schließlich zur Athetese des Stückes. Das gewichtigste Argument dieser Richtung (W. Schmid, W. Porzig, Walter Nestle) bot die Gestalt des Zeus: Er scheint in diesem Drama völlig aus Aischylos' sonstigem »Zeusbild, in dem sich *Kraft und Weisheit, Gerechtigkeit und Güte vereinen*« (Lesky), herauszufallen. Unter den – in neuerer Zeit überwiegenden – Befürwortern der Echtheit des Stücks haben manche (U. v. Wilamowitz, M. Pohlenz, G. Murray) eine tiefgreifende Entwicklung des Zeus von Grausamkeit und unbarmherziger Härte im *Desmōtēs* zur Einsicht und Mäßigung des gereiften Gottes im *Lyomenos* angenommen; andere haben – was kaum angeht – die Zeichnung des Zeus als notwendige Folge seiner Gegenposition zu Prometheus bloß auf die dramatische Konstellation zurückgeführt. Karl REINHARDT sieht in der theologischen Aussage des Dramas ein irrationales Mysterium: Wie die Gottheit wechselweise ein unbarmherzigselbstherrliches, vor der Ausweglosigkeit der Verzweifelten aber wieder ein mildes, gnädiges Anlitz zeige, so werden auch erst über den vordergründig sichtbaren Aspekt grausamer, brutaler Härte (demonstriert an den Schicksalen von Prometheus und Io) »*Durchblicke*« auf eine »*höhere und geheime Ordnung*« möglich. Gegenüber dieser »antithetischen« Deutung versucht Walther KRAUS eine »synthetische«: Aischylos, der Zeitgenosse des HERAKLIT, hat eine »*im Werden, im Geschichtlichen, in der Zeit*« beruhende »*Tiefendimension*« aufgedeckt – die am Anfang des Weltgeschehens isoliert wirkende »*Macht*« gedeiht erst durch das Hinzutreten des »*Rechts*« zum Spannungsgefüge bleibender Ordnung; Sinn der Problematik und ihrer Lösung in den *Prometheus*-Dramen ist demnach, daß »*aus Widerspruch und Freiheit die höhere Einheit erwächst, ... in der die feindlichen Elemente nicht zunichte gemacht ... sind, sondern erhalten und gebunden in welttragender Spannung*«.

Neben diesen interpretatorischen Argumenten zählen die noch erkennbaren Querbezüge zwischen dem erhaltenen Stück und den Fragmenten des sicher echten *Promētheus lyomenos* zu den stärksten Hinweisen auf die Authentizität des *Promētheus desmōtēs*. Auch die einhellige Zuweisung an Aischylos im Altertum und die hohe Wertschätzung, die dem Drama die Aufnahme, ja den ersten Platz im engen Kanon der sieben überlieferten Aischylos-Tragödien gesichert hat, darf nicht übersehen werden. Dazu treten Vorzüge der Komposition, die nur einem Meister wie Aischylos, nicht einem schattenhaften Epigonen zugemutet werden dürfen: so etwa das in einer von leiser Andeutung bis zu massiver, realistisch-bildhafter Drohung ansteigenden Klimax dreimal (V. 512 ff.; 757 ff.; 907 ff.) aufgegriffene Motiv vom Untergang des Zeus; die in der Abhängigkeit von diesem Gott konzipierten Schicksale von Prometheus und Io, deren Lebenspfade sich hier in tiefer Symbolik am äußersten Rand der *oikumenē* kreuzen; die ständig wachgehaltene Vorstellung von der gegenseitigen Abhängigkeit der beiden Hauptkontrahenten, von denen Zeus, ohne je aufzutreten, doch ständig in der Handlung präsent bleibt; schließlich die meisterhaft gestalteten Kontrastpaare (Kratos-Hephaistos; Okeanos-Prometheus). Für die Autorschaft des Aischylos sprechen neben manchem kühnen Bild der Sprache unter anderem auch das ausgeprägte geographische Interesse des Autors (in der Io-Episode), das ebenso in den *Hiketides (Die Schutzflehenden)* und in den *Persai (Die Perser)* zutage tritt und schon von einem antiken Scholion direkt bezeugt wird, sowie das genuin Aischyleische Wort von »*Zeus' gefügter Ordnung*«, an der »*nimmer fürwahr wird ... vorüberkommen des Menschen Rat*« (V. 550 f.; Ü: Kraus). Was an Schwierigkeiten verbleibt, wird man auf die besonderen Anforderungen des Sujets und unsere geringe Kenntnis von den künstlerischen Möglichkeiten des Aischylos zurückführen dürfen, besonders aber den Umstand, daß uns nur ein ungefährer Einblick in die dramatische Fortführung der *Promethie* erlaubt ist.

Auf die Zeitgenossen und die unmittelbare Nachwelt scheint der *Promētheus desmōtēs* eine starke Wirkung ausgeübt zu haben. Die hellenistische Zeit schätzte ihn anscheinend weniger, doch später wurde er Bestandteil der Schullektüre, und das blieb er auch noch in der byzantinischen Epoche. Begeisterte Resonanz fand er dann wieder im 18. Jh. in der »Sturm-und-Drang«-Bewegung, wovon besonders GOETHES *Prometheus*-Dichtung beredtes Zeugnis ablegt. Auch HERDER hat einen *Entfesselten Prometheus* entworfen, und für KLINGERS *Verbannten Göttersohn* stand gleichfalls der Aischyleische Held Pate. Aus neuester Zeit verdient der Versuch des Komponisten Carl Orff Beachtung, durch Vertonung des griechischen Originaltextes eine dem ursprünglichen Eindruck adäquate Wirkung zu vermitteln.
O. P.

AUSGABEN: Venedig 1518 (in *Tragōdiai hex*, Hg. A. Asulanus). – Bln. ²1859, Hg. G. Hermann. – Bln. 1914 (in *Tragoediae*, Hg. U. v. Wilamowitz-Moellendorff; Nachdr. 1958). – Groningen 1928, Hg. A. P. Groeneboom. – Cambridge 1932, Hg. G. Thomson. – Oxford ²1955 (in *Aeschyli septem quae supersunt tragoediae*, Hg. G. Murray). – Ldn./Cambridge (Mass.) ²1957 (in *Aeschylus*, Hg. H. W. Smyth, Bd. 1; m. engl. Übers.; Loeb). – Paris ⁷1958 (in *Eschyle*, Hg. P. Mazon). – Mchn. 1959 (in *Tragödien und Fragmente*, Hg. O. Werner; griech.-dt.). – Bamberg 1962, Hg. W. Buchwald [m. Komm.].

ÜBERSETZUNGEN: *Prometheus in Fesseln*, J. G. Schlosser, Basel 1784. – *Prometheus in Banden*, F. L. Graf zu Stolberg (in *Vier Tragödien*, Hbg. 1802). – In *Aeschylos*, J. J. C. Donner, Stg. 1854. – *Der gefesselte Prometheus*, W. A. Roth, Bln. 1936. – Dass., L. Wolde (in *Tragödien u. Fragmente*, Lpzg. 1938; Slg. Dieterich, 17). – *Prometheus*, nach J.G. Droysen, bearb. v. F. Stoessl (in *Die Tragödien u. Fragmente*, Zürich 1952). – *Prometheus*, E. Buschor (in *Die Danaostöchter*, Mchn. 1958). – *Der gefesselte Prometheus*, J. G. Droysen (in *Die Tragödien und Fragmente*, Hg. W. Nestle, Stg. 1962; Nachw. W. Jens; Kröners Taschenausg., 152). – Dass., W. Kraus, Stg. 1965 (m. Nachw.; RUB, 988).

VERTONUNG: C. Orff, *Prometheus* (Oper; Urauff.: Stg., 23. 3. 1968).

LITERATUR: U. v. Wilamowitz-Moellendorff, *A. Interpretationen*, Bln. 1914, S. 114–162. – W. Schmid, *Untersuchungen zum »Gefesselten Prometheus«*, Stg. 1929 (Tübinger Beitr. z. Altertumswiss., 9). – L. R. Farnell, *The Paradox of the »Prometheus Vinctus«* (in The Journal of Hellenic Studies, 53, 1933, S. 40 bis 50). – H. D. F. Kitto, *The Prometheus* (ebd., 54, 1934, S. 14–20). – W. F. J. Knight, *Zeus in the Prometheia* (ebd., 58, 1938, S. 51–54). – G. Murray, *Aeschylus, The Creator of the Tragedy*, Oxford 1940, S. 19–36; 88–110. – Schmid-Stählin, 1/3, S. 281–308. – J. Coman, *L'authenticité du »Prométhée enchaîné«*, Bukarest 1943. – E. Vandvik, *The »Prometheus« of Hesiod and Aeschylus*, Oslo 1943. – F. Heinimann, *Nomos u. Physis*, Basel 1945. – K. Reinhardt, *Aischylos als Regisseur u. Theologe*, Bern 1949, S. 27 bis 78. – F. Solmsen, *Hesiod and Aeschylus*, NY 1949. – L. Séchan, *Le mythe de Prométhée*, Paris 1951. – M. Pohlenz, *Die griechische Tragödie*, Göttingen ²1954, Bd. 1, S. 64–84; Bd. 2, S. 30–43. – K. Reinhardt, *Prometheus* (in Eranos-Jb., 25, 1957, S. 241–283). – W. Kraus, *Prometheus* (in RE, 23/1, 1957, Sp. 653–702, bes. 666–681). – S. Long, *Notes on Aeschylus' »Prometheus Bound«* (in Proceedings of the American Philos. Society, 102/103, 1958, S. 229–280). – K. Kerényi, *Prometheus. Die menschliche Existenz in griechischer Deutung*, Hbg. 1959 (rde, 95). – G. Meautis, *L'authenticité du »Prométhée enchaîné« d'Eschyle*, Genf 1960. – A. Lesky, *Die tragische Dichtung der Hellenen*, Göttingen ²1964, S. 77–82 [m. Bibliogr.]. – R. Trousson, *Le thème de Prométhée dans la littérature européenne*, 2 Bde., Genf 1964. – A. Garzya, *Le tragique du »Prométhée enchaîné« d'Eschyle* (in Mnemosyne, 18, 1965, S. 113 bis 125). – R. Unterberger, *»Der gefesselte Prometheus« des Aischylos. Eine Interpretation*, Stg. 1968.

KRATINOS
(um 500–420 v. Chr.)

ODYSSĒS (griech.; *Odysseuse*). Komödie des KRATINOS (um 500–420 v. Chr.). – Das Werk ist eines der wenigen Stücke des altattischen Komödiendichters, die aus den spärlichen Fragmenten wenigstens noch im Umriß deutlich werden, vor allem deswegen, weil die Handlung sich an die Polyphem-Erzählung in der *Odyssee* (Buch 9) HOMERS anlehnt und die *Odyssēs*, wie man noch zu erkennen vermeint, auf das Euripideische Satyrdrama *Kyklōps (Der Kyklop)* weiterwirkten. Motivisch gehört die Komödie also in den Kreis der Mythentravestien, für die Kratinos gewiss Sympathien hegte, wie auch die Titel anderer Stücke, etwa die *Nemesis*, der *Dionysalexandros*, die *Seriphier*, vor allem aber sein Lieblingswerk, die *Chironen*, beweisen. Stilistisch bot sich hier die für einen Komiker willkommene Gelegenheit, einen alten Dichter zu parodieren (wie das auch für die Kratinische *Archilochoi* oder die *Plutoi* vermutet werden darf). Noch heute ist den bruchstückhaften Versen anzumerken – und nicht allein, weil viele das epische Metrum besitzen (noch war der iambische Trimeter nicht generell dramatischer Sprechvers) –, mit welch lustig-listigem Vergnügen Kratinos die Diktion des in kräftige, prall-bunte Einzelheiten verliebten Homer persiflierend nachformte; so in Polyphems Ansprache an Odysseus und seine Mannen: »*Hierfür pack' ich euch nun allesamt, ihr wackern Gefährten, dörre euch, koche euch, röst' euch auf Holzkohlenfeuer und brat' euch, darnach tunke ich euch, schön warm, in Salzbrühe ein, in Essigbrühe, in Knoblauchbrühe, und wer von euch allen mir der Knuspriste scheint, den fress' ich dann auf, o ihr Krieger!*« (Ü: Weinreich). Sicherlich war in dem Stück die Geschichte vollständig dargestellt, von der Landung des Troiahelden und seiner Gefährten auf der Insel bis zur Abfahrt der »*Odysseuse*«, einschließlich der Blendung des Kyklopen (sie vollzog sich wohl hinter der Szene); mit dem Schiff fuhren die Helden auf die Bühne, mit dem Schiff – wir haben noch die Schlußverse – verließen sie den Ort des Geschehens.

Daß das Ganze mehr den Charakter eines drolligen, derben Schwankes zeigte und wenig von sozialer, politischer oder literarischer Satirik an sich trug, hat man aus dem Thema und den erhaltenen Teilen erschlossen – doch beweisen läßt sich nichts (der *Dionysalexandros* etwa enthielt boshafteste Ausfälle auf Perikles, den Kriegstreiber). Freilich könnte eine formale Eigentümlichkeit – den *Odysses* fehlte die Parabase, worin die Komödiendichter vornehmlich ihre persönlichen Attacken zum Ausdruck brachten – diese Ansicht erhärten, sofern die Kombination, die man daran angeknüpft hat, richtig ist: daß das Werk in jenen Jahren aufgeführt wurde, als zum erstenmal ein öffentlicher Beschluß die Freiheit auf der Bühne einzuschränken suchte, also zwischen 440 und 437. Genaueres läßt sich allerdings nicht festlegen; immerhin ist eine solche Wirkung des periklesfreundlichen Antrags nicht von der Hand zu weisen: Der überzeugte Demokrat beugte sich dem allgemeinen Willen, ohne auf seinen Beruf zu verzichten.

E. Sch.

AUSGABEN: Lpzg. 1880 (in *Comicorum Atticorum fragmenta*, Hg. Th. Kock, Bd. 1). – Leiden 1957 (in *The Fragments of Attic Comedy*, Hg. J. M. Edmonds, Bd. 1; m. engl. Übers.). – Halle 1963 (in *Fragmente*, Hg. W. Luppe; m. Komm.; Diss.).

ÜBERSETZUNG: *Odysseus und die Seinen*, O. Weinreich (in *Aristophanes. Sämtl. Komödien*, übers. v. L. Seeger, m. Einl. v. O. Weinreich, Bd. 2, Zürich 1953).

LITERATUR: A. Körte, Art. *K.* (3) (in RE, 11/2, 1922. Sp. 1647–1654). – J. Th. M. F. Pieters, *Cratinus*, Leiden 1946, S. 135–143 [m. Bibliogr.]. – Schmid-Stählin, 1/4, S. 67–89. – J. Mewaldt, *Antike Polyphemgedichte* (in AWA, 83, 1946, S. 269–286). – C. Brenner, *Die Polyphemdichtungen des Euripides, K. und Philoxenos und ihr Verhältnis zur »Odyssee«*, Diss. Wien 1947.

PYTINĒ (griech.; *Die Flasche*). Komödie des KRATINOS (um 500–420 v. Chr.), entstanden 423 v. Chr. – *Die Flasche* ist das originellste Stück des altattischen Komödiendichters; der Autor stellt sich darin – Athen sah und staunte – selbst auf die Bühne, um sich zu persiflieren und zugleich unter Spott zu rechtfertigen. Das war ein in der Dramatik des 5. Jh.s unerhörter Einfall, denn gewöhnlich kam der Dichter einer Komödie allenfalls in der Parabase durch den Mund des Chors persönlich zu Wort.

Das Werk hat seine Vorgeschichte, die nur aus dem satirischen Grundcharakter der ganzen Gattung verständlich wird. ARISTOPHANES hatte im Jahr 424 in seinen *Hippēs (Die Ritter)* dem einst gefeierten, nun aber dem Trunk verfallenen Dichterkollegen bitter zugesetzt (V. 526 ff.): »*Dann gedacht' er auch des Kratinos, der einst, von dem Donner des Beifalls begleitet, wie ein Waldstrom sich auf das Blachfeld ergoß, Steineichen, Platanen und Feinde aus dem Boden riß mit der Wurzel und hin sie trug auf den rauschenden Wogen. Da gefiel kein Lied bei den Schmäusen als dies:* ›*O feigenholzsohlige Doro!*‹ *und:* ›*O Meister im künstlichen Liedbau!*‹ *– So stand er, wie keiner, im Flore! Jetzt hört ihr sein kindliches Lallen, es rührt euch nicht; und ihr seht, wie der Leier die Wirbel entfallen, die Saiten verstummt, das Instrument aus den Fugen gewichen – so seht ihr ihn wanken umher, den würdigen Alten, wie Konnas, mit dem welken Kranz auf der Glatze, vor Durst verschmachtend ...*« Diesen Vorwurf, ein »seniler Süffel« zu sein, ließ der Altmeister nicht auf sich sitzen – obgleich der jüngere Aristophanes den Hohn durch das Lob »*Wenn einer, hätt' er es verdient, für seine Siege, die einst er erfocht, im Prytaneion zu zechen*« (beide Ü: Seeger) schalkhaft milderte. Ein letztes Mal schrieb Kratinos eine hinreißende Komödie, die am Großen Dionysienfest nicht nur das Volk zu ungeahntem Applaus hinriß, sondern im Dichterwettstreit auch die *Nephelai (Die Wolken)* des Aristophanes (dessen liebstes und, wie er meinte, bestes Kind) auf den zweiten Rang verwies.

Die besondere Wirkung der *Flasche* beruhte zum einen auf den von Kratinos selbst und seinen Nachfolgern schon zur festen Tradition gemachten Besonderheiten der Dichtungsart: der persönlichen Verunglimpfung zeitgenössischer Tagesgrößen, kritischen Seitenhieben auf politisch aktuelle Stadtereignisse und, nicht zuletzt, wohl auch erotisch derben Rüpeleien. Zum anderen aber gewann das Stück seinen eigentümlichen Reiz durch die beiden Hauptgestalten, die Kratinos auf die Szene agieren ließ: er selbst, der weinselige Dichter (wahrscheinlich verkörperte er die Rolle persönlich, woran das Publikum seine ganz besondere Freude gehabt haben dürfte), dazu seine Frau, sinnig personifiziert Komodia, »Komödie«, genannt. Das Eheweib beklagt sich heftig, daß der Poet sie vernachlässige und keine Kinder mehr mit ihr zeuge; wenn schlechter Behandlung wolle sie ihn vor Gericht ziehen, da er sich nur noch mit der Hure Methe (zu deutsch: »Rausch«) herumtreibe und kein junges, helles Weinchen (das klingt wie: kecke, junge Knaben) ungeschoren lassen könne. Voll Zorn zertrümmert sie alle Gefäße und Gläser im Haus und versteckt die heißbegehrte Flasche. Doch der Dichter weiß sie wieder aufzuspüren, und es kommt zum großen Streitdialog, in dem er sich leidenschaftlich verteidigt (seine Worte wurden sprichwörtlich und literarischer Topos für Jahrtausende): Nur der Wein beflügelt die Phantasie des Poeten. »*Wer Wasser trinkt, der bringt was Rechtes nie hervor!*« Ganz nebenbei fällt, in den Worten eines vermittelnden Freundes, auch kräftiges Eigenlob des Dichters auf sich selbst ab, voll witziger Parodie an Aristophanes angelehnt: »*Herrgott Apollon, wie's bei ihm von Worten strömt! Da rauschen Quellen, ein*

Zwölfuhrbrunnen ist sein Mund, ein Ilissos fließt aus seinem Schlund. Was sag ich noch? Wenn einer ihm nicht bald den Mund verstopfen wird, überschwemmt er noch mit seinen Stücken ganz Athen!« (beide Ü: Weinreich). – Diese letzte Befürchtung hat sich – leider – nicht bewahrheitet: Zwar war die *Flasche* ein Riesenerfolg, der die Grenzen alles Gewohnten überstieg, doch das komisch-stolze Selbstbekenntnis wurde zugleich des Meisters Schwanengesang.

E. Sch.

AUSGABEN: Lpzg. 1880 (in *Comicorum Atticorum fragmenta*, Hg. Th. Kock, Bd. 1). – Leiden 1957 (in *The Fragments of Attic Comedy*, Hg. J. M. Edmonds, Bd. 1; m. engl. Übers.). – Halle 1963 (in *Fragmente*, Hg. W. Luppe; m. Komm.; Diss.).

ÜBERSETZUNG: *Bouteille*, O. Weinreich (in *Aristophanes. Sämtliche Komödien*, übers. v. L. Seeger, Bd. 2, Zürich 1953; m. Einl. v. O. Weinreich).

LITERATUR: A. Körte, Art. *K. (3)* (in RE, 11/2, 1922, Sp. 1647–1654). – J. Th. M. F. Pieters, *Cratinus*, Leiden 1946, S. 150–153 [m. Bibliogr.]. – Schmid-Stählin, 1/4, S. 67–89. – O. Weinreich. *Seltsame Liebespaare* (in *Aristophanes. Sämtliche Komödien*, Bd. 2, Zürich 1953, S. 494–513).

SOPHOKLES
(497/96–406 v. Chr.)

AIAS (griech.; *Aias*). Das früheste unter den erhaltenen Dramen des SOPHOKLES (497/96–406 v. Chr.), entstanden wohl in der zweiten Hälfte der fünfziger Jahre, also etwa fünfzehn Jahre, nachdem der Dichter mit der *Triptolemos*-Trilogie seinen ersten Sieg errungen hatte (468). Dies mag von vornherein andeuten, mit welchen Vorbehalten unser allgemeines Sophokles-Bild aufzunehmen ist, das zwangsläufig im *Aias*, als dem sichtbaren Beginn, den Keim der späteren Kunst des Autors suchen muß.

Das Werk ist ein Spiel um das Kernthema der griechischen Tragödie: die Vereinzelung eines Menschen – genauer, die schuldhafte Vereinzelung, die sich im Verlauf des Stücks immer deutlicher offenbart und die schließlich, im Augenblick der Einsicht, nur durch den Tod wieder aufgehoben werden kann. Bereits die Eingangsszene (1–133) zeigt diese Vereinzelung auf dem Höhepunkt: im Gespräch zwischen Athene und Odysseus enthüllt sich die Wahnsinntat des Aias, der nach seiner Niederlage beim Streit um Achills Waffen des Nachts mit dem Schwert in die Viehherden eingebrochen ist und die Tiere abschlachtete, im Glauben, es seien die griechischen Feldherren. Im eingeschobenen Gespräch zwischen Aias und der Göttin dankt der unglückliche Held ihr gar für ihren Beistand bei der großen Tat. Von der Mäßigung den Feinden gegenüber, die ihm Athene anrät, will er nichts wissen – er ist verblendet in jedem Sinn des Wortes, und doch der Katastrophe so nah wie eben in diesem Augenblick des vermeintlichen Triumphes. »*Den Göttern aber bleibt Bescheidung lieb und böser Sinn verhaßt*«, lautet das bedeutsame Schlußwort der Athene an den von Mitleid mit dem Umnachteten erfüllten Odysseus. Nachdem Tekmessa, die Beutegattin des Aias, dem bangen Chor (134–200) der salaminischen Matrosen den Hergang des grausigen Heldenstückes berichtet hat, tritt der von sich selbst Entehrte auf: das Dunkel der Raserei ist von seinen Augen gefallen, er beginnt zu erkennen. Freilich – das ist für die ganze griechische Tragödie typisch – erkennt er nicht ein sündhaftes Vergehen, das Sühne oder Vergebung forderte; seine Einsicht ist vielmehr das Bekenntnis zu seiner Tat, die Bereitschaft, daraus die Konsequenz zu ziehen. Der eigensinnige Stolz des Helden wird nicht gebrochen: der Haß auf die Atriden und Odysseus ist so unvermindert wie die Überzeugung von seiner Würde und Stärke. Aber diese Würde ist geschändet, seine Größe durch den lächerlichen Akt der Verblendung der Ehre beraubt – als Ausweg bleibt nur der Tod. Zwar scheint, nach dem Salamislied des Chores (597–645), Aias sich eines anderen zu besinnen. Aber der – vielumstrittene – »Trugmonolog« (646–692) ist absichtsvolle Täuschung: er bringt einerseits den Helden zu der Einsicht, eine gültige Welt- und Gemeinschaftsordnung, von der er sich entfernt weiß, anzuerkennen; andererseits ermöglicht er den dramaturgischen Wechsel des Schauplatzes vom Zelt ans Gestade. Der Kontrast einer unerwarteten Hoffnung – verstärkt durch den Botenbericht vom Kalchasorakel (719–814) – läßt die anschließende Todesszene mit dem großen Abschlußmonolog des Aias (815–865) doppelt wuchtig erscheinen.

Man hat oft getadelt, daß das Drama nach der Totenklage von Chor und Tekmessa (866–973) noch ausführlich in einer zweifach gesteigerten Szenenfolge (974–1184; 1223–1419) den Streit zwischen Aias' Halbbruder Teukros und den Atriden um die Bestattung des Toten auf die Bühne bringt. Zu Unrecht, denn eben darin findet das tragische Geschehen erst seine innere Balance. Der Tod hat für Aias den Ausgleich gebracht, war das einzig mögliche Äquivalent für den schandhaften Verlust der Würde. Damit ist aber auch die äußere Störung der Gemeinschaft beseitigt: und als sichtbarer Ausdruck für diese Wiederaufnahme der Persönlichkeit des Toten in die soziologische und kosmische Ordnung steht die Überwindung von Menelaos und Agamemnon durch Odysseus, den einst stärksten und gehaßtesten Rivalen des Aias. Die immanente Einheit des Stückes ist also – trotz der äußeren Form des »Diptychons« – durchaus gewahrt, begründet im tragenden Motiv der persönlichen Würde. Das äußert sich übrigens auch in der Gestalt des Odysseus; seine friedfertige Besonnenheit am Ende ist bereits zu Beginn des Stückes in seiner Reaktion auf die Enthüllung Athenes vorbereitet: sie zeigt den Beweis menschlicher Größe angesichts überwältigenden Unglücks, Mitleiden im Bewußtsein der Schattenhaftigkeit des menschlichen Daseins und dadurch zugleich die Erfüllung der göttlichen Gesetze. Der eigentliche Widerpart zu dem rasenden, in seinem ungebeugten Stolz dem Untergang verfallenen Aias heißt nicht Tekmessa oder Menelaos oder Agamemnon, sondern Odysseus: in ihm und seinem Auftritt offenbart sich am deutlichsten jene charakteristische Form Sophokleischer Humanität, die später auch dem tragischen Konflikt der – thematisch dem Schluß des *Aias* sehr verwandten – *Antigone* zugrunde liegen wird.

E. Sch.

AUSGABEN: Venedig 1502 (in *Tragödici*). – Oxford ²1928 (in *Fabulae*, Hg. A. C. Pearson; zuletzt 1961). – Paris 1958 (in *Tragédies*, Hg. A. Dain, Bd. 2). – Leiden 1953, Hg. J. C. Kamerbeek. – Ldn. 1963, Hg. W. B. Stanford [m. Komm.].

ÜBERSETZUNGEN: *Eine heydnische Tragoedia, ...durch Josephum Scaliger in lateinische Sprach vertieret,*

M. W. S. M., Straßburg 1608, – *Der rasende Aias*, J. J. C. Donner (in *Sophokles*, Heidelberg 1839). – Dass., E. Staiger (in *Tragödien*, Zürich 1944). – Dass., E. Buschor, Mchn. 1959. – Dass., H. Weinstock (in *Tragödien*, Stg. ⁴1962).
LITERATUR: F. Dirlmeier, *Der »Aias« des S*. (in NJb, 1, 1938, S. 297–319). – J. M. Linforth, *Three Scenes in S*.' *»Aias«*, Los Angeles 1954. – K. v. Fritz, *Antike u. mod. Tragödie*, Bln. 1962, S. 241–255. – A. Lesky, *Die trag. Dichtung der Hellenen*, Göttingen ²1964, S. 108–113.

ANTIGONĒ (griech.; *Antigone*). Neben *Oidipus tyrannos* und *Ēlektra* die bekannteste Tragödie des SOPHOKLES (497/96–406 v. Chr.), die bis in die neueste Zeit immer wieder Autoren zur Variation des Stoffes angeregt hat. In der Reihe der – aus einer Gesamtzahl von einst 123 – überlieferten Dramen des Dichters nimmt die *Antigonē* höchstwahrscheinlich die dritte Stelle nach *Aias* und *Trachiniai* ein; ihre Aufführung wird wohl im Jahr 442 oder wenig früher stattgefunden haben, denn es wird berichtet, Sophokles sei aufgrund dieser Tragödie zusammen mit Perikles zum Strategen im Samischen Krieg (441/40) gewählt worden – eine Notiz, der immerhin in chronologischer Hinsicht ein wahrer Kern innewohnen dürfte.
Kreon, König von Theben, hat das Edikt erlassen, wer den im Kampf gegen die eigene Vaterstadt vor den Toren Thebens gefallenen Polyneikes beerdige, sei des Todes schuldig. Schon dieses Gebot, dem Schein nach dem Staatsinteresse dienend, markiert, noch vor Beginn des dramatischen Geschehens, dessen Kern, die Hybris Kreons: sie als Voraussetzung hinzustellen und zugleich den ersten Schritt der provokativen Reaktion anzukündigen ist der Sinn des prologischen Gesprächs zwischen den beiden Schwestern des Toten, Antigone und Ismene (V. 1–99). Alles, was sich im Verlauf des Stücks ereignet, dient dazu, diese Hybris in ihrem ganzen Ausmaß zu offenbaren: von Auftritt zu Auftritt wird Kreon neuem Widerspruch, neuer Mahnung ausgesetzt, und von Stufe zu Stufe verstrickt er sich tiefer in seinen Eigenwahn. Dem unmittelbaren Ausspruch des Bestattungsverbots (nach der Parodos des Chores thebanischer Greise) wird in scharfer Antithese der Bericht von der symbolischen Bestattung der Leiche durch einen unerkannt gebliebenen Täter gegenübergestellt. Kreon ist – trotz der beiläufigen Warnung des Chors, daß auch göttliches Eingreifen in Betracht gezogen werden müsse – davon überzeugt, daß ein gedungenes Werkzeug innerer Staatsfeinde die Tat verübt hat. Der Chor quittiert die Nachricht mit dem berühmten Lied auf die allmächtige Erfindungskraft und den Wagemut des Menschen (332–375). Inzwischen ist der Tote ein zweites Mal bestattet worden: als Täterin wird Antigone vorgeführt (376–581). Ihre Rechtfertigung – die Pflichten gegenüber der Familie und den göttlichen Geboten (der erste ausführliche Mahnruf an den König!) – nimmt Kreon gar nicht zur Kenntnis, sondern beurteilt die Tat als Akt der Auflehnung, der mit der verhängten Strafe zu ahnden ist. Ismene, die sich vor Kreon der Mithilfe bezichtigt, wird von Antigone äußerst schroff zurückgewiesen. Spätestens an diesem Punkt des Dramas – wenn der Chor sein Lied vom Fluch des Labdakidenhauses singt (582–625) – ist die Antigone-Handlung beendet: die folgenden Szenen sind ganz um Kreon zentriert, dem, in deutlicher Steigerung, erst der eigene Sohn, Antigones Verlobter Haimon (626 bis 780), dann der Seher Teiresias (988–1114) entgegentritt, um ihn vom Frevlerischen nicht nur seines Gebots, sondern vor allem der Verdammung Antigones zu überzeugen. Trotz der dunklen Drohungen Haimons bleibt Kreon verstockt. Entscheidend ist, daß in dieser Auseinandersetzung nicht nur die tatsächliche Aktion des Königs offen als Unrecht und Gottesfrevel gebrandmarkt wird, sondern daß Haimon auch Kreons Staatsräson als das entlarvt, was sie ist: Ausdruck des Egoismus eines tyrannischen Herrschers. Die Szenenfolge Kreon – Haimon und Kreon – Teiresias wiederholt noch einmal das Strukturprinzip von indirekter Andeutung und anschließender Darstellung: wie sich Eingangsszene und erster Auftritt Kreons entsprechen, wie die Kreon-Antigone-Szene mit der Warnung des Mädchens vor einer Mißachtung der göttlichen Familiensatzungen sich in der Kreon-Haimon-Szene dramatisch verdichtet, so wird im Verhalten Kreons gegenüber Teiresias jene egozentrische Gottlosigkeit unmittelbar anschaulich gemacht, die Haimon zuvor als den Wesenskern der Handlungsweise Kreons enthüllt hat: der grausige Fluch des Sehers ist der Klimax eines mit unerbittlicher Konsequenz sich vollziehenden Geschehens. Jetzt endlich wird Kreon schwankend und wendet sich an den Chor um Rat. Doch der Versuch zur Umkehr kommt zu spät (1155–1353): Antigone hat sich erhängt, Haimon ersticht sich neben der Leiche der Geliebten, und Eurydike, die Gemahlin Kreons, nimmt sich auf die Nachricht vom Tod ihres Sohnes hin ebenfalls das Leben. Als gebrochener alter Mann bleibt Kreon zurück, zwar der Einsicht teilhaftig, aber ohne Mittel, der unbarmherzigen Vereinsamung zu entgehen.
Die ungeheure Wirkung, die zu allen Zeiten von diesem Stück ausgegangen ist, beruht zweifelsohne auf der Gestalt der jungen Titelheldin und ihrer unbedingten Hingabe an göttliches Gebot und menschliche Pflicht. Sie erscheint als Urverkörperung der Sophokleischen, ja der abendländischen Humanität (*»Mitlieben, nicht mithassen ist mein Teil«*, V. 523), als Idealbild hingebungsvoller Liebe zum Bruder, reiner Menschlichkeit und irdischer Demut. Ihr gegenüber, als krasses Gegenbild, Kreon: der unbeugsame Vertreter der Macht, der unmenschliche Tyrann und Hüter der Staatsräson, der verblendete, überhebliche Egoist, der das höhere Gesetz dem eigenen Recht unterwerfen will. Freilich: gerade diese klare und harte Antithetik der Fronten war nicht zuletzt der Grund dafür, daß man die Gestalten des Dramas lange Zeit zu einseitig gesehen und das tragische Geschehen simplifizierend mißdeutet hat: Antigone die Gute, Kreon der Böse; hier das irdisch-begrenzte, dort das göttliche Gesetz; hier das Verdammenswerte, dort das Absolute und Höchstgültige; oder (wie HEGEL in seiner *Ästhetik* meinte) auf der einen Seite das an sich absolut gültige Recht des Staates, auf der anderen das gleichermaßen absolute Recht der Familie, die beide aneinander zerbrechen, weil sie unvereinbar sind. Diese Interpretationen verfehlen das Phänomen des Tragischen, dem die Personen unterworfen sind: die sich immer mehr steigernde – selbstgewählte und selbstverschuldete – Vereinzelung, das Wechselspiel von verblendeter Selbstüberschätzung und vermeintlicher Wahrheitssuche, der Umschlag von Hybris in – verspätete – Einsicht, das zwangsläufig in die Katastrophe führende Verlassen der gesetzten Grenzen. Diese Tragik der einseitigen Unbedingtheit erfüllt sich in beiden Gegenspielern,

in Kreon wie in Antigone, ja im dramatischen Aufbau des Ganzen zeigt sich, so gesehen, als zentrale Gestalt nicht die Titelheldin, sondern der königliche Herrscher, der das Maß seines irdischen Amts verkennt und daran scheitert: Antigone ist nur der Kristallisationspunkt, an dem sich dieses Scheitern stufenweise offenbart. Aber sie ist nicht die reine Vertreterin des Göttlichen, das Kreon richten wird; auch sie trägt die Male der Hybris, indem sie den ihr als Frau von Natur gesetzten Rahmen sprengt: so in ihrem abweisenden Verhalten gegenüber der sanfteren, ausgleichenden Schwester, so in ihrer Todesklage (806–934), in der sie das harte Wort ausspricht, sie hätte ihre Tat nie für Mann oder Kinder, sondern nur für den unersetzlichen Bruder getan: auch Antigones Unbedingtheit ist von jenem schroffen Übermaß, das zwangsläufig den Tod heraufbeschwört. E. Sch.

AUSGABEN: Venedig 1502 (in *Tragōdiai hepta*). – Oxford ²1928 (in *Fabulae*, Hg. A. C. Pearson; zuletzt 1961). – Paris 1955 (in *Sophocle*, Bd. 1, Hg. A. Dain). – Turin 1941; ²1951, Hg. A. Colonna [m. Komm.]. – Leiden 1945, Hg. J. C. Kamerbeek [m. Komm.].

ÜBERSETZUNGEN: *Antigone*, M. Opitz, Amsterdam 1646. – *Antigonae*, F. Hölderlin (in *Die Trauerspiele des S.*, Ffm. 1804). – *Antigone*, E. Staiger (in *Tragödien*, Zürich 1944). – Dass., K. Reinhardt, Bln. o. J. – Dass., E. Buschor, Mchn. 1954.

LITERATUR: C. de Vleminck u. R. van Compernolle, *Bibliographie analytique de l'»Antigone« de S.* (in *Phoibos*, 2, 1947/48, S. 85 ff.). – L. Bieler, *Antigones Schuld im Urteil d. neueren S.-Forschung*, Wien 1937. – R. F. Goheen, *The Imagery of S.'s »Antigone«*, Princeton 1951. – R. Verde, *L'»Antigone« di S.*, Turin 1954. – A. Lesky, *Die tragische Dichtung d. Hellenen*, Göttingen ²1964, S. 113–117 [m. Bibliogr.]. – Lesky, S. 309–312.

ELEKTRA (griech.; *Elektra*). Tragödie des SOPHOKLES (497/96–406 v. Chr.), erstes der drei überlieferten späten Stücke (vgl. *Philoktet, Oidipus auf Kolonos*). – Eine genaue Fixierung der Entstehungszeit ist nicht möglich; fest steht lediglich, daß das Sophokleische Werk in die unmittelbare Nähe der wohl im Frühjahr 413 aufgeführten *Elektra* des EURIPIDES gehört. Die noch vor wenigen Jahrzehnten weitgehend zugunsten des Sophokles entschiedene Frage der Priorität ist neuerdings wieder umstritten. Geht man von der Variation des Mythos aus, so wirkt die Euripideische Version zweifellos »entwickelter«, preziöser: man ist geneigt anzunehmen, Sophokles hätte, wenn er den jüngeren Rivalen korrigieren wollte, seine Gegenposition in dieser Hinsicht markanter ausdrücken müssen. Der Elektra-Stoff ist das einzige Thema, dessen Gestaltung wir bei allen drei großen Tragikern verfolgen können. Nirgends läßt sich daher jenes Grundgesetz der attischen Tragödie so klar erkennen wie hier, daß es den Dichtern weniger auf Erfindung eines interessanten Vorwurfs als auf Interpretation gegebener Modelle, nicht auf spannende Handlung, sondern auf kleine, aber bedeutsame Akzentuierungen, nicht auf Invention und Phantasie, sondern auf Struktur und Inszenierung ankommt. *Was* dargestellt wird, pflegte dem Zuschauer aus dem Mythos oder früherer dichterischer Behandlung vertraut zu sein: er hatte sein Augenmerk darauf zu richten, *wie* der Dichter das Bekannte – mit den bekannten, von Fall zu Fall zu variierenden formalen und technischen Mitteln – auf die Bühne brachte.

Die *Choephoren (Choēphoroi)* des AISCHYLOS, Kernstück der 458 aufgeführten *Orestie (Oresteia)*, sind in ihrem Aufbau statisch; Station für Station zeigen sie den Weg zur entscheidenden Tat, dem Sühnemord Orests an Aigisthos und Klytaimestra: der heimkehrende Orest am Grab des von der Mutter erschlagenen Vaters Agamemnon; Begegnung mit der Schwester Elektra, Wiedererkennen und Plan zur Mordintrige; erste Begegnung Orests mit Klytaimestra; Ermordung Aigisths und Klytaimestras durch Orest; das Bild des schuldbefleckten, der Erinyen gewärtigen Täters nach der Tat. Das Sophokleische Werk ist dagegen dynamisch angelegt: hier geht es nicht so sehr um den Mord, seine Vorstufen und Konsequenzen, sondern um das – im Laufe des Stücks sich wandelnde – Verhältnis eines Menschen zu ihm; und nicht der zielbewußte Täter Orest steht im Mittelpunkt, sondern die hilflose Schwester Elektra, die unter ihrer Sehnsucht nach der erlösenden Rache an Mutter und Stiefvater leidet. Was Aischylos in einer kurzen Szene zu Beginn abmacht – das Wiedererkennen der Geschwister –, daraus wird bei Sophokles ein bis an die Grenzen des Erträglichen gespanntes Spiel von Hoffnung, Erwartung, Verzögerung und schließlich tiefster Enttäuschung. Der Zuschauer freilich ist von Anfang an informiert: schon im Prolog (V. 1–85) treten Orest und sein alter Erzieher auf und entwerfen den Intrigenplan, mit dessen Hilfe sie Apollons Racheauftrag an Agamemnons Mördern auszuführen gedenken. Dieses Mehrwissen der Zuschauer hat der Dichter konsequent als Mittel dazu benutzt, die immer größere tragische Vereinsamung der Heldin noch schmerzlicher erscheinen zu lassen. Die Klagearie Elektras über ihr trauriges Los am Atridenhof und ihr Wechselgesang mit dem Chor mykenischer Mädchen in der Parodos (V. 86–250) erwecken zunächst ebenso wie die Auseinandersetzung mit ihrer anpassungswilligen Schwester Chrysothemis im ersten Epeisodion (V. 251–471) und die von bitterer logischer Schärfe geprägte Streitszene mit der Mutter Klytaimestra zu Beginn des zweiten Epeisodions (V. 516–659) den Eindruck eines Gegenbildes zur Eingangsszene. Doch schon hier zeigt sich deutlich eine Steigerung: die Betroffene allein; die Betroffene im Kontrast zu einer nur äußerlich Mitbetroffenen, Chrysothemis (die Parallele zur *Antigone* ist unverkennbar); die Betroffene im Kampf mit der an ihrem Unglück Schuldigen, Klytaimestra. Dem entspricht anschließend eine parallel gebaute, ebenfalls dreifach gesteigerte Szenenfolge, in welcher das Leid Elektras nicht mehr durch die Hoffnung auf Orests Rückkunft gemildert wird, sondern tiefer Hoffnungslosigkeit weicht: der Erzieher bringt (in einem der eindrucksvollsten Botenberichte der griechischen Tragödie) die Nachricht vom – angeblichen – Tod Orests bei einem Wagenrennen: Klytaimestra triumphiert, Elektras Schmerz wächst ins Unermeßliche (V. 660–882; Klagearie Chor – Elektra, V. 823–870). Chrysothemis bringt glückliche Botschaft: sie hat am Agamemnons Grab das Lockenopfer Orests entdeckt. Doch Elektra muß sie eines andern belehren, und ihre Trauer schlägt angesichts der scheinbaren Freudennachricht in Verzweiflung um: sie selbst will, auch ohne die Hilfe der widerstrebenden Schwester, den Sühnemord vollbringen (V. 871–1057; zweite Schwesternszene ebenfalls parallel zur *Antigone*). Als sei ihre Verzweiflung noch nicht groß genug, läßt der Dichter Elektra schließlich noch dem Bruder gegenübertreten, der die Urne mit den angeblichen Überresten Orests in den Händen hält. Erst jetzt, nach drei-, ja sechsfacher Verzögerung, dürfen sich die Geschwister erkennen: grenzenloses Elend weicht grenzenlosem Jubel (V. 1098–1287). Eine kurze Rekapitulation des Intrigenplans (V. 1288–1383) knüpft wieder an den Eingang an – dieses Stadium erreicht Aischylos bereits im zweiten Epeisodion –, und in einer knapp zusammengedrängten Schlußszene vollzieht Orest die befohlene Sühnetat: erst an der Mutter, dann an Aigisth (V. 1398–1510).

Das in feinsten Abstufungen durchgeführte, mit ungeheurer Dynamik auf seinen Höhepunkt zugetriebene Spiel von Schein und Wirklichkeit – je näher die Hilfe in Gestalt Orests kommt, desto ferner erscheint sie Elektra, und als der Bruder schließlich vor ihr steht, »weiß« sie endgültig alle Hoffnung verloren –, gilt mit Recht als eines der am vollkommensten strukturierten Stücke des Sophokles. Die Darstellung der immer mehr in ihren Schmerz und die Isolierung hineingedrängten Heldin, in zweimal drei genau parallelen Begegnungen vorgeführt, wird überlagert von einer das ganze Drama umspannenden Ringkomposition: im Zentrum der Doppelszene Klytaimestra – Elektra, vor der Todesnachricht und nach der Todesnachricht; als Einrahmung die Elektra-Chrysothemis-Szenen (in denen sich das Verhältnis der Schwestern gerade umgekehrt entwickelt wie in den Antigone-Ismene-Szenen); zu Beginn und am Ende die Orest-Szenen. In der Mitte treten sich die feindlichen Figuren gegenüber, Anfang und Schluß sind von den zusammengehörenden Gestalten bestimmt, jeweils dazwischen wird die ambivalente Beziehung der Schwestern gezeigt.

Diese Komposition macht noch einmal deutlich, wie wenig es Sophokles um das faktische Geschehen der rächenden Tat selbst zu tun ist: sie erscheint fast nur als Anlaß, um die Vereinzelung eines scheinbefangenen, leidenden Menschen zu demonstrieren, der erst ganz am Ende aus der Selbsttäuschung befreit wird und die Gemeinschaft wiederfindet. All die Fragen, die mit der Tat und dem göttlichen Auftrag dazu zusammenhängen, sind für Sophokles offenbar irrelevant: daß nicht nur Aigisth, sondern auch Klytaimestra den Tod verdient hat, scheint vor allem aufgrund der Klytaimestra-Elektra-Szene selbstverständlich. Daß ausgerechnet der Delphische Gott zum Muttermord rät, daß dieser Muttermord den Täter der göttlichen Rache aussetzen muß – Kernmotiv der Aischyleischen Trilogie –, ruft bei Sophokles keinerlei Komplikation hervor. Selbst der Entschluß der Heldin – die von Apolls Befehl nichts weiß –, den Sühnemord mit eigener Hand zu vollbringen, bedarf keiner »theologischen« Rechtfertigung: ihr unmenschlicher Schrei, als Orest im Hause der Mutter den tödlichen Stoß versetzt (»*Schlag zweimal zu, wenn du's vermagst*«), ist nur die konsequente endgültige Befreiung von einer lebenslangen, im Verlauf der Tragödie zu sichtbarer Manifestation komprimierten seelischen Spannung. Dennoch bleibt für das heutige Empfinden der Sophokleische Version des Mythos problematisch; darin ist wohl auch der Grund zu sehen, daß gerade die Sophokleische *Elektra* immer wieder – von CRÉBILLON Père, VOLTAIRE und BODMER bis zu HOFMANNSTHAL, GIRAUDOUX, SARTRE und HAUPTMANN – in besonderem Maß zur Auseinandersetzung mit dem antiken Stoff gereizt hat. E. Sch.

AUSGABEN: Venedig 1502 (in *Tragōdiai hepta*). – Cambridge 1894 (in *The Plays and Fragments*, Hg. R. C. Jebb; m. Komm. u. engl. Übers.; Nachdr. zuletzt 1962). – Lpzg. 1896, Hg. G. Kaibel [m. Komm.]. – Oxford ²1928 (in *Fabulae*, Hg. A. C. Pearson; Nachdr. zuletzt 1961). – Mailand 1932 (*Elettra*, Hg. M. Untersteiner; m. Komm.). – Paris 1958 (in *Sophocle*, Bd. 2, Hg. A. Dain; m. frz. Übers. v. P. Mazon).

ÜBERSETZUNGEN: *Electra*, J. E. Schlegel (in J. E. S., *Theatralische Werke*, Kopenhagen 1747). – *Elektra*, R. Woerner (in *Tragödien*, Lpzg. 1937). – Dass., E. Staiger (in *Tragödien*, Zürich 1944). – Dass., E. Buschor (in *Aias ... Vier Tragödien*, Mchn. 1959). – Dass., W. Schadewaldt (in *Die Tragödien*, Ffm./Hbg. 1963; EC, 81).

LITERATUR: Schmid-Stählin, 1/2, S. 385–397. – W. Wuhrmann, *Strukturelle Untersuchungen zu den beiden Elektren u. zum euripideischen Orestes*, Diss. Zürich 1940. – R. P. Winnington-Ingram, *The Electra of S. Prolegomena to an Interpretation* (in Proceedings of the Cambridge Philological Society, 1954/55, S. 20ff.). – R. W. Corrigan, *The Electra Theme in the History of Drama*, Diss. Univ. of Minnesota 1955 [microf.]. – F. Stoessl, *Die Elektra des Euripides* (in RhMus, 99, 1956, S. 47–92). – K. v. Fritz, *Die Orestessage bei den drei großen griechischen Tragikern* (in K. v. F., *Antike und moderne Tragödie*, Bln. 1962, S. 113–159). – I. M. Linforth, *Electra's Day in the Tragedy of S.* (in Univ. of Calif. Publ. in Class. Phil., 19/2, 1963, S. 89–125). – A. Lesky, *Die tragische Dichtung der Hellenen*, Göttingen ²1964, S. 124–126.

ICHNEUTAI (griech.; *Spürhunde*). Satyrdrama des SOPHOKLES (497/96–406 v. Chr.). – Lange Zeit war der *Kyklōps* des EURIPIDES das einzige Exemplar dieser seltsamen Literaturform gewesen, mit der die Griechen ihre tragischen Trilogien zu beschließen pflegten. Kurz nach der Jahrhundertwende kam jedoch unter den Oxyrhynchus Papyri ein langes Fragment zutage (von A. S. HUNT mit WILAMOWITZ' Hilfe in Band 9 der Sammlung, Nr. 1174, 1912 ediert), das sich aufgrund zweier bereits aus anderen Zitaten bekannter kurzer Bruchstücke als Sophokleisches Werk identifizieren ließ. Etwa 400 – zu zwei Dritteln leidlich unversehrte – Verse, vielleicht die Hälfte des ursprünglichen Umfangs, blieben im ägyptischen Sand erhalten. Doch weder die Suche nach der von Zeus geraubten Europa noch eine Episode aus der Minossage, wie man vermutet hat, ist das Thema, sondern der Raub der Rinder Apollons durch den kleinen Hermesknaben – jene Geschichte, die schon der Homerische *Hermeshymnos* ausgemalt hatte (vgl. *Hymnoi Homērikoi*).

Erhalten ist der Beginn des Spiels. Apollon tritt auf – sein eigener Herold – und ruft Menschen und Götter, Schäfer, Bauern, Köhler, die Wald- und Bergdämonen zu Zeugen des Frevels an: »*Den Göttern und den Menschen tu ich kund: / ... die Bullen und die euterfetten Kühe, / der Kälber und der Färsen junge Pracht, / spurlos verschwunden! / ... Nie hätt ich das geglaubt, / daß unter Göttern, unter Menschen einer / so dreisten Sinns sich dieser Tat erfrechte / ... Erschreckt, entsetzt, / spür, lauf ich, ruf's allgültig in die Welt, / Göttern und Sterblichen kund und zu wissen!*« (Ü: Reinhardt) Von den ganzen Norden, bis herab ins düstere arkadische Gebirge der Kyllene, hat er abgesucht: vergeblich. Da taucht unverhofft ein Helfer auf: der alte Silen, glatzköpfig, mit fahlem Ziegenbart, halb Tier, halb Mensch – dazu der Chor seiner Söhne, die Satyrn, die lüsterne Schar der bocksgestaltigen, pferdegeschweiften Kobolde. Sie versprechen, die verlorenen Rinder zu finden: gegen die reiche Belohnung eines Sacks voll Gold und Lösung aus ihrer Knechtschaft. In mehreren Gruppen durchstreifen sie das Gelände, auf allen Vieren, hüpfend, springend, schnüffelnd, schmatzend, witternd – man muß sich den tobenden Spaß dieser burlesken, geilen Gesellen so ausgelassen wie nur möglich vorstellen (ein Chorlied beginnt mit den unnachahmlichen Lauten: »*Hü, hü, hü, hü, ps, ps, ah, ah. Sag, was ist los!*«). Schließlich haben sie die Spur. Doch scheint der Fund ein Irrtum – die Fährten verwirren sich, stehen rückwärts, gehen im Kreise (der Gott der Diebe ist zugleich der Gott der List und Lüge). Die Sucher geraten selbst in Verwirrung, purzeln über- und untereinander; plötzlich ein seltsamer Klang, die Satyrn erstarren, Silen treibt sie wieder an, und von neuem ertönt der merkwürdige Laut; entsetzt sucht Silen das Weite. Der Spektakel will gerade wieder anheben, da taucht aus einer dunklen Grotte die Göttin des Gebirges, Kyllene, auf, um sich den Höllenlärm zu verbitten: sie sei die Amme des vor kurzem geborenen Hermes, der soeben das Instrument der Lyra erfunden habe. Jetzt beginnt es den Kobolden zu dämmern, wo der Dieb zu finden ist, und schon fangen auch die Kühe zu brüllen an, ihre Witterung steigt in die schnauzigen Nasen – die »Enthüllung« (Reinhardt) ist nicht aufzuhalten. Dann bricht der Text ab. Der weitere Verlauf der Handlung ist nicht unbekannt: Apollon tritt auf, Hermes muß gestehen und den Raub zurückgeben, samt der Leier – die hinfort das signifikante Attribut Apolls sein wird. Die Götter versöhnen sich, die eifrigen Sucher erhalten Gold und Freiheit als Belohnung.

Das Werk ist, wie mancherlei Indizien zeigen, eine frühe Arbeit des Sophokles, vielleicht, wie der *Aias*, noch aus den fünfziger Jahren. Die Nähe zum Aischyleischen Stil ist unverkennbar, und auch das »*Herbe und Gekünstelte*« (ein Ausdruck, mit dem Sophokles selbst seine frühen Dramen kritisierte) konnten die Interpreten nicht leugnen. Dennoch sind die *Spürhunde* ein aufregendes und beglückendes Stück, das einzige, das uns den Dichter von jener heiteren, gelösten Seite zeigt, die als unvergleichliche Charis seiner Persönlichkeit die Mitwelt bezauberte.   E. Sch.

AUSGABEN: Ldn. 1912 (in *The Oxyrhynchus Papyri*, Bd. 9, Hg. A. S. Hunt; m. engl. Übers. u. Komm.). – Cambridge 1917 (in *The Fragments*, Hg. A. C. Pearson, Bd. 1; m. Komm.). – Hbg. 1941 (in E. Siegmann, *Untersuchungen zu S.* »*Ichneutai*«; m. Komm. u. Bibliogr.; Diss.; Hamburger Arbeiten z. Altertumswiss., 3). – Ldn./Cambridge (Mass.) [3]1950 (in *Literary Papyri*, Hg. D. L. Page; m. engl. Übers.; Loeb). – Neapel 1958 (*I braccatori*, Hg. D. Ferrante; m. Komm. u. ital. Übers.). – Warschau 1960, Hg. V. Steffen.

ÜBERSETZUNGEN: *Die Spürhunde*, C. Robert, Bln. 1912. – Dass., P. Menge (in NJb, 2, 1939, S. 108 bis 114). – *Zwei Szenen aus dem Satyrspiel* »*Die Spürhunde*«, E. Siegmann (in Antike u. Abendland, 1, 1945, S. 18–25). – *Die Spürhunde*, O. Werner, Stg. 1957 [m. Ag. u. griech. Text].

LITERATUR: U. v. Wilamowitz-Moellendorff, *Die* »*Spürhunde*« *des S.* (in NJb, 29, 1912, S. 449–476; ern. in U. v. W.-M., *Kleine Schriften*, Bd. 1, Bln.

1935, S. 347–383). – A. W. Pickard-Cambridge, *The* »*Ichneutai*« *of Sophocles* (in J. U. Powell, *New Chapters in the History of Greek Literature*, Bd. 3, Oxford 1933). – Schmid-Stählin, 1/2, S. 420 bis 422. – K. Reinhardt, *S.*, Ffm. [3]1947, S. 235 bis 239. – A. Lesky, *Die tragische Dichtung der Hellenen*, Göttingen [2]1964, S. 134/135 [m. Bibliogr.].

OIDIPUS TYRANNOS (griech.; *König Oidipus*). Tragödie des SOPHOKLES (497/96–406 v. Chr.), Entstehungszeit unbekannt, vermutlich erste Hälfte der zwanziger Jahre, jedenfalls vor 425 v. Chr. – Der Mythos von dem thebanischen König Oidipus, der aufgrund eines unheildrohenden Orakels als Kind ausgesetzt wird und später dennoch unwissend seinen Vater erschlägt und seine Mutter heiratet – im Rahmen des *Epikos kyklos (Epischer Zyklus)* in der *Oidipodeia (Oidipus-Epos)* dargestellt – ist, als meistbehandelter Vorwurf der klassischen Tragödien, von allen drei großen Athener Tragikern dramatisiert worden. Doch sind die Oidipus-Stücke des AISCHYLOS wie des EURIPIDES verlorengegangen, so daß es nicht mehr möglich ist, die jeweils besondere Art der Variation des Mythos – sei es gegenüber der epischen Version, sei es gegenüber den Bearbeitungen der Rivalen – zu bestimmen. Allerdings kann man vermuten, daß die Auslese, die die Überlieferung getroffen hat, ein antikes Werturteil spiegelt: Der *Oidipus tyrannos* – nach heutigem Empfinden das Meisterwerk des Sophokles – hat den Nachruhm des Aischyleischen Dramas verdunkelt, und auch das Euripideische Stück war offensichtlich nicht »konkurrenzfähig«.

Die Faszination, die vom *Oidipus tyrannos* ausgeht, beruht dramaturgisch auf einer doppelten Beschränkung. Zum einen liegen alle wesentlichen Handlungsimpulse dem Stück voraus, das gesamte dramatische Geschehen spielt sich nicht als Aktion, sondern in der Sphäre des reinen Wortes in Form von Frage und Antwort, Erforschung und Entdeckung, Inquisition und Entlarvung ab – wobei hinzukommt, daß dem Zuschauer der Mythos, also sowohl die Voraussetzungen als auch das Ende des Dramas, längst vertraut ist. Zum andern ist die kompositorische Struktur des Stückes bewußt einfach und durchsichtig gehalten: sechs Epeisodien (einschließlich Eingang und Exodos), klar voneinander getrennt durch auf das Bühnengeschehen bezogene Lieder des Chors thebanischer Bürger (V. 151–215; 463–511; 863–910; 1086–1109; 1186 bis 1222). Sechs Epeisodien – das ergibt sechs Schritte, in denen Oidipus durch sein unablässiges Fragen ungewollt seine bis dahin unbekannte wahre Vergangenheit aufdeckt und so seinen eigenen Sturz herbeiführt.

Erster Schritt (V. 1–150): König Oidipus, ein Herrscher auf der Höhe seiner Macht, will die Stadt Theben von einer schweren Seuche befreien, die sie heimsucht. Das Orakel Apollons in Delphi verspricht Rettung, wenn der Mörder des vorigen Königs Laios gefunden und bestraft wird. Zweiter Schritt (V. 216–462): Die Wahrheit, dem König vom Seher Teiresias in einer heftig geführten Streitszene ins Gesicht geschleudert (»*Der Mörder, den du suchst, das bist du selbst*«, V. 362), ist zu unwahrscheinlich, als daß sie Glauben finden könnte: Oidipus argwöhnt eine Verschwörung seines Schwagers Kreon mit dem Seher. Dritter Schritt (V. 512–862): Die ersten Indizien kommen ans Licht, zwei frühere Orakelsprüche (an Laios: er werde von seinem Sohn umgebracht werden; an Oidipus: er werde seine Mutter heiraten und seinen

Vater erschlagen) führen zu einer ersten furchterregenden Schein-Enthüllung und einer ersten Schein-Beruhigung; denn Laios ist von einer Räuberbande getötet worden, sein Kind wurde schon nach der Geburt in den Bergen ausgesetzt; und Oidipus hat auf das Orakel hin sein – vermeintliches – Vaterhaus, den korinthischen Königshof, verlassen. Doch Oidipus erinnert sich, wie er auf seinem damaligen Weg nach Theben im Streit einen Mann und sein Gefolge erschlagen hat, und alle Umstände sprechen dafür, daß es sich dabei um König Laios handelte. Nur ein Indiz spricht offenbar gegen seine Täterschaft: daß eine ganze Schar von Räubern die Tat begangen haben soll. Vierter Schritt (V. 911–1085): Das Auftreten eines ersten Zeugen führt – bei Oidipus – zur zweiten Stufe scheinbarer Beruhigung und zugleich – bei seiner Gemahlin Iokaste – zur ersten Stufe der Wahrheitsenthüllung. Ein Bote aus Korinth, der den Tod des dortigen Königs Polybos meldet, muß gestehen, daß Oidipus in Wirklichkeit ein von Polybos an Kindes Statt angenommener Findling ist; die Einzelheiten seiner Auffindung geben Iokaste, der früheren Gemahlin des Laios, die Gewißheit, daß Oidipus und der einstens ausgesetzte Laios-Sohn identisch sind. Fünfter Schritt (V. 1110–1185): Das Zusammentreffen eines zweiten Zeugen mit dem ersten bringt – zweite Stufe der Wahrheitsenthüllung – die endgültige Gewißheit auch für Oidipus. Der Hirte, der vor Jahren im Auftrag Iokastes das Kind des Laios aussetzen sollte und es statt dessen aus Mitleid einem korinthischen Hirten (demselben, der jetzt als Bote gekommen ist) übergab, ist zugleich der einzige Überlebende des Kampfes, in dessen Verlauf Oidipus an einem Kreuzweg Laios und seine Begleiter erschlug. Sechster Schritt (1123–1530) – die unerbittliche Konsequenz der Entdeckung der Wahrheit: Der Inquisitor, der sich durch sein bohrendes Forschen selbst als Täter entlarvt hat, spricht sich das Urteil. Iokaste hat sich erhängt, Oidipus blendet sich und verläßt seine Stadt.

Vordergründig betrachtet, könnte man in dieser Szenenfolge ein mit meisterlicher Raffinesse inszeniertes Musterstück kriminalistischer Literatur sehen. Doch der *Oidipus* ist mehr als nur das erste Kriminalstück der europäischen Literatur: Er ist ein zutiefst dialektisch angelegtes Spiel über Sein und Schein (Karl Reinhardt), ein Spiel der Spannungen und der geheimen Bezüge auf verschiedensten Ebenen, ein Spiel auch der abgründigsten Ironie, nicht nur in den Worten der Figuren des Dramas, sondern ebenso in den dramaturgischen Stadien des Geschehens. Das beginnt schon bei äußeren, kompositorischen Korrespondenzen – Anfang und Ende beispielsweise sind genau spiegelbildlich: zu Beginn der strahlende Herrscher auf dem Gipfel der Macht, der Retter und Heiland, die Stadt dagegen darniederliegend, am Rande des Untergangs – am Schluß die Stadt gesund und gerettet, der Herrscher dagegen gestürzt, der Arzt und Helfer nunmehr selbst der Hilfe bedürftig. Oder: Unmittelbar vor der Szene, die für Oidipus die schreckliche Enthüllung seiner wahren Herkunft bringt, nennt sich der Herrscher ein »*Kind des Glücks*« (V. 1080), und der Chor singt ein Preislied auf seinen König, den nur ein Gott gezeugt haben könne (V. 1086–1109). Dieses dialektische Widerspiel setzt sich fort im Verhältnis der Figuren: Iokaste, die Passive, die sich nach dem Motto »*Das Leben nehmen, wie es kommt*« (V. 979) verhält, ist unfähig, die grausige Erkenntnis zu ertragen, und gibt sich den Tod; Oidipus, der Aktive, der um jeden Preis die Klarheit und Erkenntnis will, nimmt die Erkenntnis auf sich und sühnt eben dadurch doppelt, daß er sie lebend auf sich nimmt. Dahinter liegt als tieferes Problem das Verhältnis des einzelnen zur Gemeinschaft, in der er steht: Zu Beginn ist Oidipus scheinbar fest in der Gemeinschaft seiner Polis verwurzelt, in Wirklichkeit aber ist er durch seine unerkannte Vergangenheit aus ihr ausgeschlossen – am Ende ist er äußerlich aus ihr ausgeschlossen und vereinsamt, in Wirklichkeit hat er aber eben dadurch seine Würde als Glied der menschlichen Gemeinschaft wiedererlangt (etwas Ähnliches vollzieht sich schon im *Aias*). Ein weiteres Spannungsfeld zeigt sich im Verhältnis des Menschen zur Gottheit, hier verkörpert in den Orakeln des delphischen Apollon: Die Menschen versuchen, ihrem von der Gottheit prophezeiten Geschick zu entkommen, die Weisheit des Gottes als nichtig und nicht vorhanden zu entlarven; doch eben damit haben sie schon deren Existenz und Gültigkeit anerkannt und der Erfüllung der Weissagung den Weg geebnet; und in dem Augenblick, wo sie die Nichtigkeit des göttlichen Wissens nun gar beweisen zu können vermeinen, steht die Offenbarung der Macht dieses göttlichen Wissens unmittelbar bevor. Das bedeutet für Sophokles freilich weder, daß der Mensch Spielball der Götter ist – wie es bei EURIPIDES von der *Alkēstis* bis zu den *Bakchen* immer wieder dargestellt wird, ähnlich auch bei HOFMANNSTHAL in *Oedipus und die Sphinx* –, noch daß er einem unverschuldet über ihn hereinbrechenden »Schicksal« ausgeliefert ist: Der Begriff der »Schicksalstragödie« ist im Falle des Oidipus wie überhaupt der antiken Tragödie ganz und gar inadäquat: Oidipus ist der selbständig und vor allem bewußt selbstverantwortlich agierende Widerpart der Götter (dem entspricht seine zentrale Stellung im dramatischen Geschehen, die sich deutlich von den früheren »Diptychon«-Dramen *Aias*, *Trachinierinnen* und *Antigonē* abhebt, wie später ebenso etwa die *Ēlektra*). Es bedeutet andererseits aber auch nicht, daß er aufgrund einer individuellen moralischen »Schuld« den Untergang verdient hat: »Schuld« und »Geschick« besagen hier nichts anderes als die Verstrickung in einen »objektiven Schuldzusammenhang«, als ein Verfehlen der menschlichen und übermenschlichen Normen – der Mensch hat blindlings sich in sein Unheil verrannt, er ist verblendet. Diese Verblendung ist geradezu das Leitmotiv des ganzen Dramas, »Blindheit« und »Sehen« sind die ständig wiederkehrenden Zentralworte: zu Beginn der umsichtige König, dem der äußerlich erblindete Seher »*Blindheit an Ohr, Verstand und Auge*« vorwirft (V. 371) und von dem er sich sagen lassen muß, er selbst sehe sehenden Auges sein Unglück nicht (V. 413), am Ende der äußerlich Geblendete, in übertragenem Sinn aber Sehend-Gewordene (aus der – von Sophokles erfundenen – Selbstblendung als dramaturgischem Symbol der Selbsterkenntnis wurde bei Euripides eine Blendung durch Sklaven des Laios im Auftrag Kreons).

Seltsamerweise war dieses vielschichtige und doch so luzide Stück bei seiner Aufführung kein durchschlagender Erfolg, sondern kam beim Dichterapon hinter einem Stück des Aischylos-Neffen PHILOKLES nur auf den zweiten Platz. Doch schon die unmittelbare Nachwelt erkannte dem *Oidipus* besonderen Rang zu, wie etwa die zahlreichen Zitate des ARISTOTELES in seiner *Poetik* beweisen. Auch in Rom fand das Werk Bewunderer: Der junge CAESAR schrieb ein *Oedipus*-Stück, und SENECA formte die Sophokleische Vorlage in der ihm eigenen Art zu einem philosophisch inspirierten effektgeladenen Schauerdrama um (vgl. *Oedipus*), das in der europäischen Literatur seine eigene Wirkungsgeschichte haben sollte. Auch der Attizismus, die griechische Spätantike und Byzanz zählten den *Oidipus tyrannos* zu den Meisterwerken des Sophokles. Sein Ruhm blieb im mittelalterlichen Abendland lebendig und erreichte in der Humanistenzeit einen neuen Höhepunkt, wovon eine Fülle von Übertragungen und Übersetzungen, vor allem des romanischen Sprachraums, Zeugnis gibt. In der neueren Zeit haben sich unter anderem CORNEILLE (1659) und VOLTAIRE (1718) den Sophokleischen Stoff zugewandt, unter Berücksichtigung von Elementen der Senecaschen Version. Die deutsche Dramatik von SCHILLER bis GRILLPARZER zog aus dem *Oidipus tyrannos* ihre Vorstellung von der »Schicksalstragödie«. KLEIST gestaltete das Grundmuster der Fabel – ein »Untersuchungsrichter« wird gezwungen, sich selbst als Täter zu entlarven – im *Zerbrochenen Krug* (1811) zu einer Komödie um, während PLATEN sich in seinem *Romantischen Ödipus* von 1828 an einer Immermann-Satire versuchte (IMMERMANN als Autor eines supersophokleischen »Vorzeitfamilienmordgemäldes«). Auch in unserem Jahrhundert hat die Oidipus-Gestalt nichts von ihrer Anziehungskraft eingebüßt – man denke neben der berühmt gewordenen Aufführung des Sophokleischen Werks durch Max Reinhardt (1910) etwa an Hofmannsthals bereits genanntes Stück, COCTEAUS und STRAWINSKIJS *Oedipus rex* (1927), GIDES *Œdipe* (1930–1932) oder Cocteaus *Machine infernale* (1934) – wobei allerdings vielfach mehr der antike Oidipus-Mythos im ganzen als speziell der *Oidipus tyrannos* des Sophokles Pate stand. Ob die seit IBSEN (vgl. *Gengangere* – *Gespenster*) und STRINDBERG für die moderne Literatur so bedeutsam gewordene dramatische Technik, die bislang unbekannte – meist verhängnisvolle – Vergangenheit der Personen im unmittelbaren Dialog sich enthüllen zu lassen, dezidiert am Modell des Sophokleischen *Oidipus tyrannos* entwickelt wurde, ist nicht sicher. Fest steht, daß die heute bekannteste und für die neuere Literatur folgenreichste Adaption der Oidipus-Thematik – der von FREUD geprägte Begriff des »Ödipus-Komplexes« (vgl. etwa das Kapitel *Die Träume vom Tod teurer Personen* in der *Traumdeutung*) – auf einer eklatanten Umdeutung des von Sophokles in *König Oidipus* gestalteten antiken Mythos beruht.

E. Sch.

AUSGABEN: Venedig 1502 (in *Tragōdiai hepta*). – Cambridge ³1893 (*The Oedipus Tyrannus*, in *The Plays and Fragments*, Bd. 1, Hg. R. C. Jebb; m. Komm.; Nachdr. zul. Amsterdam 1963). – Cambridge 1897 (in *Sophocles*, Hg. R. Jebb; Nachdr. zul. 1957). – Ldn./Cambridge (Mass.) 1912 (in *Sophocles*, Hg. F. Storr; m. engl. Übers.; Loeb; mehrere Nachdr.). – Oxford ²1928 (in *Fabulae*, Hg. A. C. Pearson; Nachdr. zul. 1964). – Groningen ³1935 (*Oedipus rex*, Hg. J. M. Fraenkel u. P. Groeneboom; m. Komm.). – Bln. 1939 (*Oedipus rex*, Hg. U. v. Wilamowitz-Moellendorff, besorgt von K. Kappus; griech.-dt.; Nachdr. 1949). – Basel 1944 (*Oedipus rex*, Hg. B. Wyss). – Paris ²1965 (*Œdipe roi*, in *Sophocle*, Hg. A. Dain, Bd. 2; m. frz. Übers. v. P. Mazon). – Leiden 1967 (*The Oedipus Tyrannus*, in *The Plays*, Hg. J. C. Kamerbeek, Bd. 4).

ÜBERSETZUNGEN: *Oedipus König von Thebe*, J. J. Steinbrüchel, Zürich 1759. – In *Sophokles*, Ch. Graf zu Stolberg, 2 Bde., Lpzg. 1787. – *Oedipus der Tyrann* (in *Tragödien*, F. Hölderlin, Bd. 1, Ffm. 1804; ern. u. a. Ffm. 1957, Hg. W. Schadewaldt, FiBü, 161). – *König Oedipus*, J. J. C. Donner, Lpzg. ⁷1873 (ern. in *Tragödien*, Mchn. 1956; GGT, 390). – *König Oidipus*, E. Buschor (in *Antigone ... Drei Tragödien*, Mchn. 1954). – *König Ödipus*, W. Schadewaldt, Bln./Ffm. 1955 (ern. in *Tragödien*, Hg. W. Schadewaldt, Zürich/Stg. 1968). – Dass., E. Staiger (in *Tragödien*, Zürich ³1962). – *König Oidipus*, H. Weinstock, Hg. G. Nebel, Ffm./Bln. 1964 (Dichtung und Wirklichkeit, 7).

LITERATUR: C. Robert, *Oidipus. Geschichte eines poetischen Stoffs im griechischen Altertum*, 2 Bde., Bln. 1915. – W. Jördens, *Die französischen Ödipus-Dramen*, Diss. Bonn 1933. – Schmid-Stählin, 1/2, S. 361–374. – K. Heinemann, *Die tragischen Gestalten der Griechen in der Weltliteratur*, Bd. 2, Lpzg. 1920, S. 29–50. – K. Reinhardt, *S.*, Ffm. ³1947, S. 104–144. – F. Dirlmeier, *Der Mythos von König Oedipus*, Mainz 1948. – F. Prader, *Schiller und S.*, Zürich 1954. – K. v. Fritz, *Tragische Schuld und poetische Gerechtigkeit in der griechischen Tragödie* (in Studium Generale, 8, 1955, Sp. 195–227; 229–232; ern. in K. v. F., *Antike und moderne Tragödie*, Bln. 1962, S. 1–112). – W. Asenbaum, *Die griechische Mythologie im modernen französischen Drama: Labdakidensage*, Diss. Wien 1956. – W. Schadewaldt, *Der »König Ödipus« des S. in neuer Deutung* (in Schweizer Monatshefte, 36, 1956, S. 21–31; ern. in W. S., *Hellas und Hesperien*, Zürich/Stg. 1960, S. 277–287). – K. Hamburger, *Von S. zu Sartre*, Stg. 1962, S. 175–188. – A. Lesky, *Die tragische Dichtung der Hellenen*, Göttingen ²1964, S. 120–124 [m. Bibliogr.]. – H. Frey, *Deutsche Sophoklesübersetzungen. Grenzen und Möglichkeiten des Übersetzens am Beispiel der Tragödie »König Oedipus« von Sophokles*, Winterthur 1964. – G. Kremer, *Strukturanalyse des »Oidipus tyrannos« von S.*, Diss. Tübingen o. J. [1964; m. Bibliogr.]. – H. Musurillo, *The Light and the Darkness. Studies in the Dramatic Poetry of Sophocles*, Leiden 1967.

OIDIPUS EPI KOLŌNŌ (griech.; *Oidipus auf Kolonos*). Tragödie des SOPHOKLES (497/96–406 v. Chr.), 401 v. Chr. postum von seinem gleichnamigen Enkel aufgeführt. – Kurz vor seinem Tod wandte sich Sophokles ein zweites Mal jenem Stoff aus dem thebanischen Mythenkreis zu, aus dem er rund zwanzig Jahre zuvor im *Oidipus tyrannos* (*König Oidipus*) sein Meisterwerk geschaffen hatte. Der äußere Anlaß zur Abfassung des Stücks liegt möglicherweise in einem politischen Ereignis: Im Jahr 407 hatte die athenische Reiterei in der Nähe des Demos (Gau) Hippios Kolonos eine auf Athen vorrückende Abteilung thebanischer Reiterei geschlagen, und es ist sehr wohl denkbar, daß Sophokles dieses glückliche Ereignis bewußt mit der segensreichen Wirkung des Heros Oidipus in Verbindung bringen wollte; jedenfalls wird im Geschehen des Dramas mehrfach ausdrücklich darauf hingewiesen, welch langdauerndes Glück sich Athen damit erwirke, daß es dem greisen und blinden Bettler Oidipus hochherzig Asyl und letzte Ruhestatt gewähre (besonders V. 1518 ff.). Freilich ist dies nur von mehreren Motivationen des Stücks: Der *Koloneische Oidipus* ist der Schwanengesang des Dichters, und es ist unverkennbar, daß der Neunzigjährige am Ende seines Lebens zugleich noch einmal das Hohelied seiner Stadt Athen und zumal seines Heimatgaues Kolonos (er stammte aus dem Bezirk Kolonos Agoraios) anstimmen wollte. Und eine seltsame Koinzidenz hat es gefügt, daß dem Dichter wenig später nach seinem Tod genau dieselben Ehren zuteil wurden, deren er im *Oidipus epi Kolōnō* seine letzte große Dramengestalt teilhaftig werden ließ: Er, der zu Lebzeiten Priester eines Heilheros gewesen war, wurde seinerseits zum Heros erhoben und genoß als »Dexion« kultische Verehrung.

Im Gegensatz zum *Oidipus tyrannos* liegt der zweiten Oidipus-Tragödie ein »ruhiges« Sujet zugrunde: Der im Lauf seines Lebens von soviel Unheil heimgesuchte ehemalige Herrscher von Theben findet, nach langer, demütigender Irrfahrt als Bettler, nahe Athen in einem Hain der Erinyen, der Fluch- und Rachegöttinnen, endlich Ruhe und inneren Frieden (vgl. die *Eumeniden* des AISCHYLOS) und wird in geheimnisvoller Entrückung von den Göttern abberufen. Um diesen Vorwurf dramatisch inszenierbar zu machen, bedient sich der Dichter zweier »Kunstgriffe«. Zum einen formt er, teilweise im Anschluß an die *Phoinissai* des EURIPIDES, den Mythos gegenüber dem *König Oidipus* und der *Antigone* in entscheidenden Punkten um – Oidipus wurde nach seinem Sturz zusammen mit der Tochter Antigone von seinen eigenen Söhnen und seinem Schwager Kreon aus dem Land gejagt, ließ also nicht seine Töchter in der Obhut Kreons, um sich zu freien Stücken in die Verbannung der Wildnis zu begeben. Daß Oidipus gerade nach Attika gelangt (im ersten Oidipus-Stück wird nur von den Kithaironbergen gesprochen), ist gleichfalls neu und schafft eine räumliche Spannung zwischen den zwei mythischen Lokalitäten Theben und Athen, eine Spannung, die Sophokles dramaturgisch in einem Orakelspruch verdichtet: Den inzwischen verfeindeten und in Bruderkrieg verwickelten Nachfolgern des Oidipus in Theben – Kreon und dem Oidipussohn Eteokles einerseits, dem Oidipussohn Polyneikes andererseits (vgl. die *Hepta* des Aischylos) – hat die Gottheit geweissagt, diejenige Partei werde siegreich bleiben, die den greisen Oidipus auf ihre Seite ziehen könne. Durch diese motivische Umstrukturierung hat sich der Dichter die Möglichkeit zur Anwendung des zweiten, mehr »technischen« Kunstgriffs verschafft: Er kann das an sich undramatische Grundgeschehen in eine Reihe von Hikesie-Szenen auflösen, wie sie zum festen topischen Arsenal der tragischen Dramaturgie gehören (vgl. etwa die *Hiketiden* des Aischylos und des Euripides oder dessen *Hērakleidai* und *Hēraklēs*) – ein von Widersachern Bedrängter sucht Schutz und Hilfe, die ihm durch einen hinzukommenden »Retter« schließlich gewährt wird. Zu Beginn (V. 1–665) sucht Oidipus Asyl im Eumenidenhain, was ihm zunächst von den Koloneern verwehrt, was jedoch – vorbehaltlich der Zustimmung des Landesherrn Theseus – gewährt wird. Der athenische König – ein strahlender Vertreter attischer *humanitas*, wie ähnlich bei Euripides in den *Hiketiden* und *Herakles* – sichert Oidipus nicht nur die Aufnahme in Attika, sondern zugleich seinen Schutz für die bereits abzusehende Gefahr zu, die in der folgenden Szene (V. 720–1043) auch tatsächlich eintritt: Kreon erscheint und versucht sich des Oidipus zu bemächtigen, zunächst mit heuchlerischen Worten, sodann mit Gewalt (er raubt die den blinden Greis begleitenden Töchter Antigone und Ismene); aber er wird von Theseus in die Schranken gewiesen. Theseus befreit die beiden Mädchen und bringt sie zu Oidipus zurück. Beim Auftreten des zweiten Widersachers – Polyneikes – scheint sich dieselbe Konstellation zu wiederholen: Oidipus ist bedroht, Theseus versichert ihn seines Schutzes (V. 1096 bis 1210). Doch der Dichter variiert das topische Grundverhältnis in dialektischer Umkehrung: Der Widersacher kommt als bedrängter Bittsteller, während sich der Bedrohte, Oidipus, in der Rolle des potentiellen Retters gedrängt sieht. Dieses Mal freilich wird der Bittsteller abgewiesen – Polyneikes bleibt der »Widersacher«: Oidipus überläßt ihn mit einem Fluch, der beiden Söhnen den Untergang prophezeit, seinem Schicksal. Mit einem deutlich auf die *Antigone* anspielenden Abschiedsdialog zwischen Antigone und Polyneikes schließt die Sequenz der Hikesie-Szenen. Nun endlich kann die von Anfang an intendierte Hauptmotiv zur Geltung kommen: der Abschied des Oidipus von dieser Welt und seine Aufnahme unter die Götter (V. 1447 bis 1555; 1579–1779).

Zu den eigentümlichsten Merkmalen dieses zweiten Sophokleischen Oidipus-Stückes gehört es, daß das Werk trotz der starken Veränderungen in den stofflichen Voraussetzungen zu einem Spiel voll geheimer und offener Korrespondenzen zum *Oidipus tyrannos* geworden ist: Das beginnt bei der Zentralfigur des Oidipus und setzt sich fort bis in kleinste Details (etwa: die Überantwortung der Kinder an Kreon dort, an Theseus hier). Beide Male ist Oidipus auf der Suche, im ersten Stück zu seinem Unheil, im zweiten zu seinem Heil – und doch ist er auch hier noch genau derselbe stolze, unbeugsame Mann, der unbeirrt seinem Weg folgt, wie dort. Bemerkenswert sind die auffallend interpretativen Züge des zweiten Stückes: Viel stärker und häufiger als im *Oidipus tyrannos* wird hervorgehoben, daß Oidipus seine Vergehen ohne Schuld, unfreiwillig und unwissend, begangen hat und daß hinter dem ganzen Geschehen der auf dem Labdakidenhaus lastende Familienfluch steht. Eine solch betonte Akzentuierung wäre im ersten Stück nicht möglich gewesen – sie hätte den tragischen Sturz des Herrschers durch eine fatalistisch-deterministische Note seiner spezifischen dramatischen Sinngebung beraubt.

Im Gegensatz zum *Oidipus tyrannos* hat der *Oidipus epi Kolōnō* keine nennenswerte Nachwirkung in der europäischen Dramatik gehabt, sieht man von T. S. ELIOTS *Elder Statesman (Ein verdienter Staatsmann)* ab. Dennoch hat es dem Stück keineswegs an Bewunderern gefehlt: Sie reichen von den alexandrinischen Gelehrten, die besonders die kompositorische Vollendung des Stückes rühmten, bis hin zu GOETHE und August Wilhelm von SCHLEGEL.   E. Sch.

AUSGABEN: Venedig 1502 (in *Tragōdiai hepta*). – Cambridge 1897 (in *Sophocles*, Hg. R. Jebb; Nachdr. zul. 1957). – Cambridge ³1900 (*The Oedipus Coloneus*, in *The Plays and Fragments*, Hg. R. C. Jebb, Bd. 2; Nachdr. zul. Amsterdam 1963). – Ldn./Cambridge (Mass.) 1912 (in *Sophocles*, Hg. F. Storr; m. engl. Übers.; Loeb; mehrere Nachdr.). – Oxford ²1928 (in *Fabulae*, Hg. A. C. Pearson; Nachdr. zul. 1964). – Turin 1929 (*Edipo a Colono*, Hg. M. Untersteiner; m. Komm.). – Turin 1953 (*Edipo a Colono*, Hg. G. Ammendola; m. Komm.). – Florenz 1956 (*Edipo a Colono*, Hg. D. Pieraccioni; m. Komm.). – Paris 1960 (*Œdipe à Colone*, in *Sophocle*, Hg. A. Dain; m. frz. Übers. v. P. Mazon). –

Scholien: Rom 1952 (*Scholia in Sophoclis Oedipum Coloneum*, Hg. V. De Marco).

ÜBERSETZUNGEN: *Oedipus in Kolonus*, E. M. Goldhagen (in *Deutsche Bibliothek der schönen Wissenschaften*, Hg. Chr. A. Klotz, Bd. 23, 1769). – *Oedipus in Colonos*, J. J. C. Donner, Lpzg. [7]1873 (u. a. ern. u. d. T. *Ödipus auf Kolonos*, in *Tragödien*, Mchn. 1956; GGT 390). – *Oidipus auf Kolonos*, E. Buschor (in *Antigone* ... *Drei Tragödien*, Mchn. 1954; ern. in *Tragödien*, Hg. W. Schadewaldt, Zürich/Stg. 1968). – *Ödipus auf Kolonos*, E. Staiger (in *Tragödien*, Zürich [3]1962).

LITERATUR: C. Robert, *Oidipus. Geschichte eines poetischen Stoffs im griechischen Altertum*, 2 Bde., Bln. 1915. – K. Freeman, *The Dramatic Technic of the »Oedipus Coloneus«* (in Classical Review, 37, 1923, S. 50–54). – F. Altheim, *Das Göttliche im »Oidipus auf Kolonos«* (in NJb, 1, 1925, S. 174 bis 186). – Schmid-Stählin, I/2, S. 407–420. – G. Méautis, *L'»Œdipe à Colone« et le culte des héros*, Neuchâtel 1940. – K. Reinhardt, *S.*, Ffm. [3]1947, S. 202–232. – J. M. Linforth, *Religion and Drama in »Oedipus at Colonus«* (in University of California Publications in Classical Philology, 14, 1951, S. 75–192). – H. W. Schmidt, *Das Spätwerk des S. Eine Strukturanalyse des »Oidipus auf Kolonos«*, Diss. Tübingen 1961 [m. Bibliogr.]. – M. G. Shields, *Sight and Blindness Imagery in the »Oedipus Coloneus«* (in Phoenix, 15, 1961, S. 63–73). – A. Lesky, *Die tragische Dichtung der Hellenen*, Göttingen [2]1964, S. 130–133. – H. Musurillo, *The Light and the Darkness. Studies in the Dramatic Poetry of Sophocles*, Leiden 1967, bes. S. 130–142.

PHILOKTĒTĒS (griech.; *Philoktet*). Tragödie des SOPHOKLES (497/96–406 v. Chr.), 409 v. Chr. innerhalb einer nicht weiter bekannten Trilogie aufgeführt und im Tragikeragon mit dem ersten Preis bedacht. – Vor Sophokles hatten bereits AISCHYLOS und EURIPIDES (um 430, zusammen mit der *Mēdeia*) in heute verlorenen Stücken die Geschichte des seiner übelriechenden Geschwüre wegen von den Griechen auf ihrem Weg nach Troia in Lemnos ausgesetzten Philoktet behandelt. Die für eine dramatische Inszenierung entscheidende Variation des traditionellen Mythos scheint Aischylos vorgenommen zu haben: Er hat die Gestalt des Diomedes, der dem Philoktet den nach einem Seherspruch für die Eroberung Troias notwendigen Bogen – einst des Herakles Wunderwaffe – mit Gewalt raubt, durch den listigen Odysseus ersetzt, der sich den Bogen mit Verschlagenheit und lügenhafter Überredungskunst verschafft. Diesen Ansatz – den auch Euripides beibehielt, obwohl bei ihm Odysseus von Diomedes begleitet war – erweiterte Sophokles, indem er dem Odysseus mit dem Achilleus-Sohn Neoptole moseine Gestalt besonderer Funktion an die Seite stellte und so ein überaus dramatisches Spiel zwischen drei ganz verschieden gearteten Kontrahenten ermöglichte. Eine zweite wichtige Neuerung des Sophokles betrifft den Chor: Bei Aischylos und Euripides wurde er von den Einwohnern von Lemnos gebildet, bei Sophokles dagegen besteht er aus der Schiffsmannschaft des Neoptolemos – Lemnos ist ein unbewohntes Eiland, und auf diese Weise wird der dort ausgesetzte Leidende zu einer der für Sophokles so typischen Gestalten des »Vereinsamten« *(monumenoi)*, ähnlich wie Aias, Deianeira, Antigone oder Elektra.

Die dramaturgisch interessanteste Figur ist zweifellos Neoptolemos: Während die dramatische Funktion von Philoktet und Odysseus durch die mythische und literarhistorische Tradition vorgeprägt ist – Odysseus als Urheber und Motor der Intrige, Philoktet als ziemlich hilfloser Verteidiger seines einzigen und lebensnotwendigen Besitzes –, kann der Dichter den Achilleus-Sohn zu einer Figur zwischen den gegensätzlichen Fronten machen, deren jeweils verändertes Verhalten gegenüber den beiden Gegenspielern das Zentrum des dramatischen Geschehens bildet. Das wird bereits in der ersten Szene (V. 1–134) deutlich, in der Odysseus Neoptolemos erst einmal dazu überreden muß, in der hinterhältigen Intrige gegen Philoktet mitzuspielen. Neoptolemos weiß – und Odysseus kann dem nur bedingt widersprechen –, daß er sich mit dem geplanten Betrug auf etwas einläßt, das seiner Natur *(physis)* von Grund aus zuwider ist. Dennoch gibt er nach: Und mit seiner Geschichte, er habe dem troianischen Schlachtfeld nach einem Streit mit Odysseus und den Atriden den Rücken gekehrt und befinde sich jetzt auf der Heimfahrt, gewinnt er im folgenden Epeisodion (V. 219–675) tatsächlich Philoktets Vertrauen, zumal er ihm verspricht, ihn von seiner Einsamkeit zu erlösen und nach Griechenland mitzunehmen. Doch dann erleidet Philoktet in Neoptolemos' Gegenwart einen heftigen Anfall seines Leidens (V. 730–826), und bevor er danach ermattet in den Schlaf sinkt, vertraut er seinen Bogen der Hut des Neoptolemos an: Beides, der Anblick des Gemarterten und dessen blindes Zutrauen, bringen Neoptolemos erneut zum Bewußtsein, wie sehr er seiner angeborenen Art zuwiderzuhandeln im Begriff ist (V. 903 f.). Und so entschließt er sich, Philoktet seine Lüge einzugestehen, ja, auf dessen Bitten hin scheint er sogar bereit, den Bogen zurückzugeben; doch Odysseus weiß das im letzten Augenblick zu verhindern und Neoptolemos wieder auf seine Seite zu ziehen: Philoktet sieht sich dem sicheren Untergang preisgegeben (V. 865–1080). Doch abermals vollzieht sich in Neoptolemos ein Umschwung: Er kehrt noch einmal zurück, um Philoktet – gegen den heftigen Widerstand des Odysseus – den Bogen wiederzugeben, und da Philoktet sich auch jetzt nach wie vor weigert, nach Troia mitzukommen, ist Neoptolemos sogar bereit, sein ursprünglich der Intrige dienendes Versprechen wahrzumachen und Philoktet in die Heimat zu geleiten. Freilich, der Mythos verlangt, daß Philoktet und sein Bogen wie auch Neoptolemos vor Troia ihre Rolle spielen, und so erscheint denn am Ende als *deus ex machina* Herakles, der ursprüngliche Besitzer des Bogens: Durch den Hinweis auf seinen eigenen Lebensweg, der gleichfalls erst durch großes Leiden zu einem ruhmreichen Ende führte, und durch die Verheißung, Asklepios werde in Troia Philoktets Leiden heilen, bringt er Philoktet und Neoptolemos auf den vom Mythos gewiesenen Weg zurück (V. 1218–1471).

Man hat an diesem äußerst straff und zügig durchkomponierten Stück, in dem auch der Chor wethin unmittelbar in das Geschehen integriert ist, immer wieder besonders gerühmt, daß es keinerlei Anzeichen dessen trägt, was man bei anderen Autoren so oft als typischen Altersstil vermerken muß: Auflösung der Formen, diffuses Zerfließen der Gedanken. Aber fast noch erstaunlicher als die architektonische Geschlossenheit der dramatischen Struktur mutet die Tatsache an, daß wir in *Philoktet* den fast neunzigjährigen Dichter zum erstenmal (nach

57

unserer Kenntnis wenigstens) so etwas wie ein »Thesenstück« schreiben sehen, mit dem er zu einem der meistdiskutierten Probleme seiner Zeit Stellung nimmt: zu der Frage nach dem Verhältnis von Erziehung und angeborener Anlage. Daß der Mensch im Innersten durch sein ererbtes Wesen, seine *physis*, geprägt ist, war die überkommene altgriechisch-aristokratische Anschauung, die uns etwa besonders eindrücklich bei PINDAR begegnet; daß der Mensch geformt und gebildet werden kann und daß diese Möglichkeit der Bildung *(paideia, paideusis)* vor allem auf den Möglichkeiten und der Macht des Wortes *(logos, legein)* beruht, war die Grundthese der in der zweiten Hälfte des 5. Jh.s einsetzenden »demokratisch« orientierten sophistlschen Aufklärung. Sophokles stellt sich eindeutig gegen die Theorien der modernistischen Neuerer, freilich so, daß er die allbekannten Schlagworte seiner Epoche sich zu eigen macht und von dieser Position aus gegen sie argumentiert: Die Wort- und Begriffsfelder *physis* und *logos* kann man ohne Übertreibung als die das ganze Drama durchziehenden strukturtragenden Leitmotive bezeichnen (wie ähnlich etwa im *Oidipus tyrannos* den Begriff der »Blindheit«). Anders als bei seinem Rivalen Euripides bleibt dieses Schlagwortmaterial der Zeit bei ihm jedoch streng an eine dramatische Funktion gebunden, entwickelt innerhalb des Dramas also kein thesenhaftes Eigenleben. Diese für Sophokles charakteristische Funktionalisierung der Bauelemente zeigt sich auch am Ende, in der vordergründig ganz euripideisch anmutenden Technik der Zitierung des *deus ex machina*: Herakles ist sowohl äußerlich – als ehemaliger Besitzer des Bogens – wie innerlich – durch die von ihm beschworene beispielhafte Parallelität des Leidensschicksals – sinnvoll in das Geschehen eingebunden. Nichts erinnert an die – vom Dichter häufig genug bewußt als fragwürdig gezeichneten – autoritativen Willensbekundungen der *dei ex machina* des Euripides, ja, wenn Herakles am Ende zur Ehrfurcht vor den allwaltenden Göttern mahnt, so liegt darin wiederum ein Stück gezielter und doch dramaturgisch integrierter Sophokleischer Gegenthese: Denn daß alles Geschehen in der Welt der Menschen ein von der Hand der Götter gelenktes Geschehen ist, daran lassen die auch in diesem Stück (wie ähnlich in den *Oidipus*-Dramen) an den entscheidenden Stellen wirksam werdenden Orakel keinen Zweifel. Im Gegensatz zu anderen von Sophokles bearbeiteten Stoffen, wie *Antigone, Elektra* und *Oidipus*, ist das *Philoktet*-Thema zwar in der Nachwelt verschiedentlich wiederaufgegriffen worden – in neuerer Zeit unter anderem von HERDER, André GIDE, Rudolf PANNWITZ und Heiner MÜLLER –, jedoch ohne daß dabei Werke geschaffen worden wären, die sich mit ihrem griechischen Vorbild an dramatischer Geschlossenheit und Überzeugungskraft messen könnten.   E. Sch.

AUSGABEN: Venedig 1502 (in *Tragōdiai hepta*). – Oxford 1881 (in *The Plays and Fragments*, Hg. L. Campbell, Bd. 2; m. Komm.; Nachdr. Hildesheim 1969). – Cambridge 1897 (in *The Text of the Seven Plays*, Hg. R. Jebb; Nachdr. zul. 1957). – Cambridge ²1898 (in *The Plays and Fragments*, Hg. R. C. Jebb, Bd. 4; m. Komm.; Nachdr. zul. Amsterdam 1962). – Ldn./Cambridge (Mass.) 1913 (in *Sophocles*, Hg. F. Storr; m. engl. Übers.; Loeb; mehrere Nachdr.). – Oxford ²1928 (in *Fabulae*, Hg. A. C. Pearson; Nachdr. zul. 1964). – Mailand 1933 (*Filottete*, Hg. A. Anarratone; m. Komm.). – Turin 1940 (*Philoctetes*, Hg. A. Manzoni; m. Komm.). – Leiden 1946 (*Philoctetes*, Hg. J. C. Kamerbeck; m. Komm.). – Paris 1960 (*Philoctète*, in *Sophocle*, Bd. 3, Hg. A. Dain; m. frz. Übers. v. P. Mazon).

ÜBERSETZUNGEN: *Philoctet*, J. J. Steinbrüchel, Zürich 1760. – *Philoktetes*, R. Woerner (in *Tragödien*, Lpzg. 1937). – *Philoktet*, E. Staiger (in *Tragödien*, Zürich 1944). – *Philoktetes*, W. Willige, Stg. 1957 (Der altsprachliche Unterricht, 3/2; griech.-dt.). – Dass., E. Buschor (in *Aias ... Vier Tragödien*, Mchn. 1959; ern. in *Die Tragödien*, Ffm./Hbg. 1963; EC, 81; und in *Tragödien*, Hg. W. Schadewaldt, Zürich 1968).

BEARBEITUNG: *Philoktet*, H. Müller, Ffm. 1966 (ed. suhrkamp, 163).

LITERATUR: Schmid-Stählin, 1/2, S. 397–407. – N. T. Pratt Jr., *Sophoclean ›Orthodoxy‹ in the »Philoctetes«* (in AJPh, 70, 1949, S. 273–289). – L. Radermacher, *Anmerkungen zum »Philoktet« und »Oedipus Coloneus«* (in RhMus, 93, 1950, S. 158–169). – I. M. Linforth, *Philoctetes. The Play and the Man* (in University of California Publications in Classical Philology, 15/3, 1956, S. 95 bis 156). – R. Muth, *Gottheit und Mensch im »Philoktet« des S.* (in *Studi in onore di Luigi Castiglione*, Bd. 2, Florenz 1960, S. 639–658). – Ph. W. Harsh, *The Rôle of the Bow in the »Philoctetes« of Sophocles* (in AJPh, 81, 1960, S. 408–414). – K. Alt, *Schicksal und Physis im »Philoktet« des S.* (in Herm, 89, 1961, S. 141–174). – K. J. Vourveris, *Sophokles' »Philoktetes«. Eine humanistische Interpretation der Tragödie*, Athen 1963 [ngriech.]. – C. J. Fuqua, *The Thematic Structure of Sophocles' »Philoctetes«*, Diss. Cornell University 1964 [Mikrofilm]. – A. Lesky, *Die tragische Dichtung der Hellenen*, Göttingen ²1964, S. 127–130; 239 [m. Bibliogr.]. – H. Erbse, *Neoptolemos und Philoktet bei S.* (in Herm, 94, 1966, S. 177–201). – A. J. Podlecki, *The Power of the Word in Sophocles' »Philoctetes«* (in Greek, Roman and Byzantine Studies, 7, 1966, S. 233–250). – E. Schlesinger, *Die Intrige im Aufbau von S.' »Philoktet«* (in RhMus, 111, 1968, S. 97–156).

TRACHINIAI (griech.; *Die Trachinierinnen*). Tragödie des SOPHOKLES (497/96–406 v. Chr.), vermutlich entstanden zwischen dem *Aias* und der *Antigone*, also Ende der fünfziger oder Anfang der vierziger Jahre des 5. Jh.s. – Das Problem der Abfassungszeit dieses Stückes gehört auch heute noch zu den umstrittensten Fragen der Sophoklesforschung: Beim *Philoktet* und beim *Oidipus auf Kolonos* sind die Aufführungsdaten überliefert, bei *Antigone, König Oidipus* und *Elektra* sind sie immerhin näherungsweise zu erschließen, und der *Aias* sondert sich als frühestes überliefertes Werk deutlich vom Rest ab; bei den *Trachinierinnen* dagegen schwanken die Datierungen, die man im Lauf des letzten halben Jahrhunderts versucht hat, zwischen »Spätwerk« und »ältestem Frühwerk«, und selbst bei den Kompromißvorschlägen eines mittleren Datums ist man nie über mehr oder weniger wahrscheinliche Mutmaßungen hinausgekommen. Die Methode der Strukturanalyse, die sich vor allem auf die in den Stücken zutagetretende Entwicklung der kompositorischen Technik stützt, rückt die *Trachinierinnen* mit ihrer »Diptychonform« (T. B. L. Webster) in den Umkreis der frühen Tragödien *Aias* und *Antigone*; es bleibt nur noch offen, ob sie vor oder nach der *Antigone* entstanden sind; verschiedene Eigentümlichkeiten im dramaturgischen Feinbau lassen den früheren Ansatz als das Angemessenste erscheinen.

Die *Trachinierinnen* sind im Grund ein Zweipersonenstück – die Nebenfiguren haben insgesamt nur dramaturgische Hilfsfunktionen –, obwohl über zwei Drittel des Dramas hin die Szene auf der Bühne von Deianeira beherrscht wird. Doch in jedem der Epeisodien ist Herakles als zweite – hinterszenisch wirkende – Zentralgestalt für den Zuschauer mit gegenwärtig: nicht nur durch die sukzessive vorgetragenen Berichte, sei es über die Vorgeschichte des dramatischen Geschehens, sei es über die aktuellen hinterszenischen Ereignisse, sondern vor allem durch Deianeiras teils aktive, teils reflektierende Sorge um den über alles geliebten Mann; erst am Ende, als sich alles Sorgen Deianeiras als vergeblich enthüllt hat, erscheint Herakles selbst auf der Szene. Daraus resultiert von Anfang an eine dramatisch höchst wirkungsvolle Spannung zwischen Erwartung, Hoffnung und Planung auf der einen Seite und der Realität auf der anderen Seite, eine Spannung, in der Sophokles vor allem durch das für ihn so typische dialektische Gegeneinander von Leid und erlösender Freude (die freilich eine Freude aus Nichtwissen oder Verblendung ist, vgl. *Oidipus tyrannos*) tragische Effekte erzielt.

In der Prologrede bekundet Deianeira ihren Kummer darüber, daß sie bereits über ein Jahr in ihrem Verbannungsort Trachis (junge Mädchen dieser Stadt bilden den Chor – daher der Titel) nichts von dem in der Fremde weilenden Herakles gehört hat; auf Anraten ihrer Amme schickt sie ihren Sohn Hyllos aus, der von der Belagerung der Stadt Oichalia durch Herakles gehört hat und Genaueres in Erfahrung bringen soll (V. 1–93). In dem kurzen zweiten Epeisodion steigert sich zunächst die Sorge Deianeiras weiter, um dann – nach dem Bericht eines Boten über den Sieg und die bevorstehende Heimkehr des Helden – in Jubel umzuschlagen (V. 141–204). Das dritte Epeisodion (V. 225–496) verläuft genau spiegelbildlich dazu: zunächst Steigerung der Freude Deianeiras aufgrund des Berichts von Herakles' Herold Lichas, dann – in zwei Etappen – Umschlag in größte Bestürzung, als sie erfährt, daß Herakles sich die »erbeutete« Königstochter Iole, die Lichas zusammen mit anderen gefangenen Frauen mitbringt, als Nebenfrau auserkoren hat. Auch die beiden folgenden Epeisodien (V. 531–632; 663–820) fügen sich zu einem solchen kontrastiven Gegeneinander zusammen: Deianeira läßt Herakles durch Lichas das mit dem Blut des Kentauren Nessos getränkte Gewand überbringen – so glaubt sie sich ihr Glück erhalten zu können –, muß aber in der nächsten Szene durch den heimkehrenden Hyllos erfahren, daß das Zaubermittel tödliche Wirkung hat – das Gewand ist auf Herakles' Haut zerschmolzen und frißt sich in den Körper des Helden ein. Damit ist das tragische Geschehen im engeren Sinn abgeschlossen; die beiden letzten Szenen sind typische »Ecce«-Epeisodien – sie demonstrieren in zwei Strängen (Diptychon!) die Situation nach der Tat: Deianeira nimmt sich auf ihrem ehelichen Lager das Leben, wie die Amme in einem halblyrisch angelegten Auftritt berichtet (V. 871–946); **dann** wird in dem sehr breit ausgeführten, von starkem lyrischen Pathos beherrschten Schlußteil (V. 971–1278) der sterbende Herakles auf die Bühne getragen, der sich nach wilden Schmerzens- und Klageausbrüchen schließlich in sein Schicksal ergibt – er erkennt, daß in dem ganzen Geschehen sich alte Orakelsprüche erfüllen (vgl. *Oidipus tyrannos* oder *Philoktet*) – und nach letzten Anweisungen an den Sohn Hyllos von der Bühne getragen wird. Mit einer für die Sophokleische Religiosität charakteristischen Schlußreflexion des Chors endet das Stück: »*Und in all dem ist nichts, was nicht* ›*Zeus*‹ *ist.*«

Die Frage nach den Quellen des Stücks ist ähnlich umstritten wie die Chronologie. Die Geschichte von der Königstochter Deianeira hatte in der griechischen Literatur eine lange Tradition: HESIOD und ARCHILOCHOS kennen sie; im Rahmen des *Epischen Zyklus (Epikos kyklos)* war die *Einnahme von Oichalia* durch Herakles – Iole ist die Tochter des Königs Eurytos von Oichalia – ein eigenes Stück, gelegentlich einem KREOPHYLOS aus Samos zugeschrieben (vgl. *Hēraklēis – Herakles-Epos*); der Chorlyriker BAKCHYLIDES (erste Hälfte des 5. Jh.s) spielt auf die Sage an, und sein Zeitgenosse PANYASIS aus Halikarnassos hat in seinem 9000 Verse starken *Herakles-Epos* (*Hērakleia* oder *Hērakleias*) die Episode ebenfalls erzählt. In all diesen Fällen ist aber das Überlieferte viel zu dürftig, als daß man noch etwas über die Art der Darstellung – und damit das Ausmaß der jeweiligen Abhängigkeit der Autoren – sagen könnte. Die Tatsache, daß die Bakchylides-Stelle (16,23) sich mit der Sophokleischen Version des Sagenstoffes berührt, läßt sich durch eine gemeinsame Quelle erklären, vermutlich wohl das zyklische Epos (oder auch Hesiods *Katalog*). Daß Sophokles ganz auf Panyassis fuße, wie man neuerdings gemeint hat, ist nicht bündig zu erweisen.

Welchen Eindruck die *Trachinierinnen* bei ihrer Aufführung auf das Publikum machten, ist nicht bekannt. Auch über die Nachwirkungen des Stücks erfahren wir nichts. Daß Beziehungen zur *Alkestis* des EURIPIDES bestehen – man vergleiche die beiden parallelen Szenen, in denen Deianeira und Alkestis von ihrem Brautgemach Abschied nehmen (*Trachinierinnen* 912ff. und *Alkestis* 175ff.) – ist nicht zu leugnen; ob das jedoch zu chronologischen Schlußfolgerungen verwertet werden kann – man hat das 438 aufgeführte Euripideische Werk gelegentlich als »Vorbild« des Sophokles angesprochen –, muß dahingestellt bleiben. Über das Verhältnis zu dem *Hēraklēs perikaiomenos (Der versengte Herakles)* des nicht genauer faßbaren Tragikers SPINTHAROS zu Herakleia läßt sich gleichfalls nichts sagen. Dagegen ist der Stoff in späterer Zeit wiederaufgenommen worden, so etwa im neunten Buch von OVIDS *Metamorphosen*, ausführlicher noch von SENECA in seinem Schauerstück *Hercules Oetaeus (Herkules auf dem Oeta)* und von DION CHRYSOSTOMOS (um 40–120) in seiner dialogisch dramatisierten sechzigsten Rede. In der Neuzeit hat sich dann das siebzehnte Jahrhundert wieder an das Sophokleische Stück erinnert: so in Frankreich Jean de ROTROU mit seinem *Hercule mourant (Der sterbende Herkules)* von 1632 und LA TULLERIE mit seinem *Hercule* von 1682. Im folgenden Jahrhundert griff Händels Textbuchautor BROUGHTON für das Oratorium *Hercules* (1744) auf Sophokles zurück, und auch Jean-François MARMONTEL schrieb ein Libretto über das Thema *Hercule mourant* (1761). In Deutschland ist vor allem SCHILLERS Äußerung in einem Brief an GOETHE (4. April 1797) berühmt geworden: »*Ich habe diese Tage ... die Trachinierinnen gelesen, ... mit besonders großem Wohlgefallen. Wie trefflich ist der ganze Zustand, das Empfinden, die Existenz der Dejanira gefaßt! Wie ganz ist sie die*

Hausfrau des Hercules, wie individuell, wie nur für diesen Fall passend ist dies Gemälde, und doch wie tief menschlich, wie ewig wahr und allgemein!« Aus der neueren Literatur verdienen Erwähnung Frank WEDEKINDS *Herakles* (1916/17 entstanden) und Ezra POUNDS Sophokles-Bearbeitung *Women of Trachis (Die Frauen von Trachis)* aus dem Jahr 1957.   E. Sch.

AUSGABEN: Venedig 1502 (in *Tragödiai hepta*). – Cambridge 1892 (in *The Plays and Fragments*, Hg. R. C. Jebb; m. Komm. u. engl. Übers.; Nachdr. zul. Amsterdam 1962). – Ldn./Cambridge (Mass.) 1913 (in *Sophocles*, Hg. F. Storr; m. engl. Übers.; Loeb; mehrere Nachdr.). – Oxford ²1928 (in *Fabulae*, Hg. A. C. Pearson; Nachdr. zul. 1971). – Leiden 1946 (*The Trachinae*, in *The Plays*, Hg. J. C. Kamerbeek; m. Komm.; Komm. ohne Text ²1959). – Florenz 1955 (*Le Trachinie*, Hg. G. Schiassi; m. Komm.). – Paris 1955 (*Les Trachiniennes*, in *Sophocle*, Bd. 1, Hg. A. Dain; m. frz. Übers. v. P. Mazon). – Mchn. 1966 (in *Tragödien u. Fragmente*, Hg. W. Willige u. K. Bayer; griech.-dt.).

ÜBERSETZUNGEN: *Die Trachinierinnen*, E. M. Goldhagen (in *Trauerspiele*, Bd. 1, Mitau 1777; als Einzelausg. Mitau 1778). – In *Sophokles*, Ch. Graf zu Stolberg, 2 Bde., Lpzg. 1787. – In *Sophokles*, J. J. C. Donner, Bd. 2, Lpzg./Heidelberg ²1875. – *Die Trachinierinnen*, E. Staiger (in *Tragödien*, Zürich 1944; ³1962; ern. in *Die Tragödien*, Ffm./Hbg. 1963, EC 81). – *Women of Trachis*, E. Pound, NY 1957 [engl.]. – *Die Trachinierinnen*, H. Weinstock (in *Die Tragödien*, Stuttgart ⁵1967; Kröners Taschenausgaben, 163). – *Trachinierinnen*, E. Buschor (in *Tragödien*, Hg. W. Schadewaldt, Zürich/ Stg. 1968).

LITERATUR: Schmid-Stählin, 1/2, S. 374–385. – J. Heinz, *Zur Datierung der »Trachinierinnen«* (in Herm, 72, 1937, S. 270–300). – H. D. F. Kitto, *Sophocle, Statistics and the »Trachiniae«* (in AJPh, 60, 1939, S. 178–193). – V. Stoessl, *Der Tod des Herakles*, Zürich 1945. – G. Carlsson, *Le personnage de Déjanire chez Sénèque et chez Sophocle* (in Eranos, 45, 1947, S. 59–79). – A. Beck, *Der Empfang Ioles* (in Herm, 81, 1953, S. 10–21). – P. J. Conradie, *Herakles in die griekse Tragedie*, Groningen 1958. – E. R. Schwinge, *Die Stellung der »Trachinierinnen« im Werk des Sophokles*, Göttingen 1962 (m. Bibliogr.; Hypomnemata, 1). – S. G. Kapsomenos, *Sophokles' »Trachinierinnen« und ihr Vorbild*, Athen 1963. – A. Lesky, *Die tragische Dichtung der Hellenen*, Göttingen ²1964, S. 117–120. – Lesky, ³1971, S. 323–325.

EMPEDOKLES aus Akragas
(um 490–430 v. Chr.)

KATHARMOI (griech.; *Reinigungen*). Hexametrisches Poem des EMPEDOKLES aus Akragas in Sizilien (um 490–430 v. Chr.). – Das tiefgründige, in Anlehnung an orphische und pythagoreische Lehren von mystisch-dunkler, doch selbstbewußter Religiosität erfüllte Gedicht des griechischen Philosophen, Arztes, Propheten und Dichters ist eines der merkwürdigsten erhaltenen Stücke alter Poesie, entstanden in den späten fünfziger oder den vierziger Jahren des 5. Jh.s (so WILAMOWITZ; andere, wie etwa KRANZ, halten die *Katharmoi* für ein Frühwerk des Autors), als Empedokles fern seiner sizilischen Heimat mit einer Schar von Jüngern bußpredigend und heilend durch die Peloponnes zog: »Freunde, am hellen Akragas ihr in der mächtigen Stätte | ... seid mir gegrüßt! Ich wandele hier als unsterblicher Gott euch, | nicht mehr als Mensch unter allen geehrt: so dünke ich ihnen. | Tänien flechten sie mir ums Haupt und grünende Kränze. | Ziehe ich ein in die prangenden Städte, verehren mich alle, | Männer und Frauen, sie ziehen mit mir, unzählige, fragend, | wo doch ein Pfad zu Heil und Gewinn den Menschen geleite. | Sehersprüche bedürfen die einen, die anderen begehren, | heilungbringendes Wort in mancherlei Krankheit zu hören, | lange bereits von schlimmen Schmerzen durchbohrt in der Seele« (Frgm. 112). Als Empedokles dies schrieb (es ist der Anfang des Werks), war AISCHYLOS bereits tot, feierte SOPHOKLES die ersten Triumphe, begann in Athen des Perikles die Aufklärung, war zur vernünftigen Geistigkeit des ANAXAGORAS und zum Rationalismus des PROTAGORAS nur noch ein kleiner Schritt – in einer erwachenden Welt erscheint Empedokles wie der letzte archaisch-mythische Mensch.

Im ersten Teil des Gedichts kündet der Dichter von seinem unseligen Geschick, in dem er das Los aller großen Menschen exemplarisch angelegt sieht: Ein göttliches Wesen wohnte ursprünglich in ihm (man schloß daraus fälschlich, er habe sich selbst für einen Erlöser und Gott gehalten), aber durch »irrende Schuld« hat er sich befleckt und muß nun »dreimal zehntausend Horen ... fern ... den Seligen schweifen, | soll in allerlei Form von sterblichen Wesen entstehen, | hin durch die Zeit, im Wechsel der mühvollen Pfade des Lebens«. Von dieser Befleckung, von der Wanderung seines eigentlich göttlichen Wesens durch die Stadien verschiedenen Lebens – er wird »Jüngling«, »Jungfrau«, »Pflanze und Vogel und Fisch«, und die höchsten Formen in Pflanzen- und Tierwelt, die er erreichen kann, sind Lorbeer und Löwe – erzählt er: »Ach, wie ich weinte und klagte im Anblick des fremden Gebietes!« (Frgm. 118), »aus welcher Ehre, | welcher Fülle der Seligkeit stürzt' ich hinab ins irdische Gebiet, in dem ich nun schweife!« (Frgm. 119). Doch es gibt eine Möglichkeit, sich wieder in den göttlichen Zustand zu erheben: »Schließlich werden sie Seher und Hymnensänger und Ärzte, | oder als Fürsten walten sie hier bei den irdischen Menschen. | Und dann blühen sie wieder empor als Götter, voll Ehren, | Herdgenossen den andern Unsterblichen, Tischesgefährten, | unteilhaftig der menschlichen Leiden, unwandelbar ewig« (Frgm. 146/147). Hierzu bedarf es freilich gewaltiger Anstrengung und wissender Askese; davon sprach der zweite Teil, der – nach einer Theogonie, in deren Zusammenhang auch eine reinere, nicht anthropomorphe Theologie propagiert wurde – von früheren, besseren und frömmeren Menschengeschlechtern sang, die erst allmählich auf ihre heutige Stufe herabgesunken sind, da sie »anderen Leben ... rauben und edle Glieder ... essen« (Frgm. 128): Das jetzige Geschlecht wisse nicht einmal, welchen Frevel es begeht, wenn es Tiere schlachtet zu Opfer und Speise, ja schon, wenn es sich an den Pflanzen vergreift – in denen doch das göttliche Wesen eines anderen Menschen verborgen sein kann.

Von diesem zweiten Teil, den fast kultisch strengen praktischen Vorschriften einer reinen Lebensführung, hat das ganze Werk später seinen Namen erhalten. Daß von diesen äußerst speziellen Anweisungen (die bekannteste: »*Ach, ihr doppelt Unselgen, zurück von den Bohnen die Hände!*«, Frgm. 141; alle Ü: Kranz), in denen Pythagoreisches, Orphisches, Volkstümliches in besonderem Maße vertreten war, sich wenig überliefert hat, ist nur zu verständlich: Des Empedokles »Lehre« fand kaum Anklang, keinen weitertragenden Nachhall (wenn auch das Gedicht als solches, zumal der erste Teil, sich als außerordentlich fruchtbar erwies, nicht zuletzt im Falle PLATONS). Der Grund dafür mag wohl – wie Wilamowitz vermutet – darin zu suchen sein, daß diesem aristokratisch-feierlichen Evangelium jede moralische Tendenz fehlte. Obgleich das Gedicht nicht vollständig überliefert ist (die Ansätze des originalen Umfangs schwanken zwischen etwa 450 und 3000 Versen), wird doch »*der Charakter des Ganzen ... deutlich genug, um den Gegensatz zu den Physika [Peri physeōs – Über die Natur] zu fassen. Dort wird eine Lehre vorgetragen, Behauptungen und Beweise, und auch wo so Wunderbares als Faktum hingestellt wird wie die Urzeugung der Lebewesen, sind das Folgerungen aus den Prinzipien ... In den Katharmen ist alles Offenbarung oder Gebot. Dort belehrte der Arzt und Physiker seinen Schüler ... hier verkündet der Prophet, was der Mensch glauben und wie er leben soll, um einst wieder Gott zu werden*« (Wilamowitz). E. Sch.

AUSGABEN: Genf 1573 (*Epē*, in *Poiēsis philosophos*, Hg. H. Stephanus). – In *Die Fragmente der Vorsokratiker*, Hg. H. Diels u. W. Kranz, Bd. 1, Dublin/Zürich ¹²1966 [m. Prosa-Übers.].

ÜBERSETZUNG: *Das Gedicht von der Reinigung*, W. Kranz (in W. K., *Empedokles. Antike Gestalt und romantische Neuschöpfung*, Zürich 1949).

LITERATUR: U. v. Wilamowitz-Moellendorff, *Die »Katharmoi« des E.* (in SPAW, phil.-hist. Kl., 1929, Nr. 27; ern. in U. v. W.-M., *Kleine Schriften*, Bd. 1, Bln. 1935, S. 473–521). – Schmid-Stählin, 1/1, S. 315–323. – W. Kranz, *E.* [s. oben], S. 20–37. – K. Reinhardt, *E. Orphiker und Physiker* (in Classical Philology, 45, 1950, S. 170–179; ern. in K. R., *Vermächtnis der Antike*, Göttingen 1960, S. 101 bis 113). – W. Jaeger, *Die Theologie der frühen griechischen Denker*, Stg. 1953, S. 147–176; 278 bis 284. – J. Zafiropulo, *Empédocle d'Agrigente*, Paris 1953 [m. griech. Text u. frz. Übers.]. – H. Schwabl, *E. fr. B 110* (in WSt, 69, 1956, S. 49 bis 56). – G. S. Kirk u. J. E. Raven, *The Presocratic Philosophers. A Critical History with a Selection of Texts*, Cambridge 1957, S. 348–361. – M. Detienne, *La ›démonologie‹ d'Empédocle* (in REG, 72, 1959, S. 1–17). – Ch. H. Kahn, *Religion and Natural Philosophy in Empedocles' Doctrine of the Soul* (in AGPh, 42, 1960, S. 3–35). – Lesky, S. 241–243.

PERI PHYSEŌS (griech.; *Über die Natur*). Nicht authentischer Titel des kosmologisch-physikalischen Lehrgedichts des EMPEDOKLES aus Akragas in Sizilien (um 490–430 v. Chr.), entstanden vermutlich zwischen 460 und 450 und vom Verfasser seinem Schüler Pausanias gewidmet. – Die Philosophiehistoriker pflegen dieses Werk des Empedokles – es umfaßte ursprünglich etwa 2000 Hexameter, von denen nur wenig mehr als 330 erhalten sind – gemeinhin an die Spitze einer neuen Phase in der Entwicklung des griechischen Denkens zu stellen. Überblickt man die früheren griechischen Philosophen in ihrer sukzessiven Folge, betrachtet man also ihre Anschauungen als eine fortlaufende Reihe, so fällt tatsächlich auf, wie ihre Gedanken, zusammengenommen, fast das Bild einer linearen Entfaltung – im Sinne der Weiterentwicklung eines einzigen gegebenen Kerns – darstellen: Jeder dieser Denker kennt das Werk seines Vorgängers, nimmt Bezug auf dessen Ergebnisse, richtet seine Gedanken, sei es im Widerspruch, sei es in interpretierender Erweiterung, danach aus. Aus der Eigenart ihres Fragens heraus setzen ANAXIMANDER und ANAXIMENES die Einheit eines einzelnen Stoffes als Urgrund und Ursache alles greifbaren vorhandenen Seienden. Der Mangel an innerer Konsequenz, der bei ihnen darin liegt, daß sekundär immer ein in dem stofflichen Urgrund nicht vorhandenes Antriebsmoment hinzuzudenken ist, wird von HERAKLIT klar erkannt: Ganz bewußt stellt er das, was bei seinen Vorläufern als sekundäres Element hinzutreten mußte, seinerseits als die eigentliche und wesentliche Erkenntnis in den Mittelpunkt, gerade jene mächtigen Kräfte, welche die Entstehung von Seiendem erst ermöglichen können: das Gesetz der alles durchdringenden Gegensätzlichkeit und des unaufhörlichen, aus ständigem Kampf geborenen Wechsels; die Entstehung der Dinge aus den Grundelementen ist nur eines von vielem, was diesem kardinalen Gesetz von Werden und Vergehen unterworfen ist. Bei PARMENIDES taucht Herakliteisches Gut in kontinuierlich fortgeführter Form wieder auf: Den Kerngedanken vom allbeherrschenden Gegensatz des unablässigen Wechsels der Gegensätze erwidert der Eleate mit der Lehre von der Konstanz des einen Seins und verbannt das »Werden« und »Vergehen« ins Reich der menschlich-irrenden Scheinmeinung. Empedokles nun setzt diese Linie – wie es scheint: mit natürlicher Konsequenz – fort, indem er seinem Vorgänger Parmenides interpretierend antwortet: »*Daß Nichtseiendem etwas entwachse, ist nimmer vollführbar, und daß Seiendes gänzlich vergehe, unmöglich und unwahr. Immer wird es dort sein, wo ihm die Stelle gewiesen*« (Frgm. B 12; vgl. B 11). Aber bald zeigt sich, daß die Art und Weise seines Philosophierens etwas unerhört Neues bringt, denn plötzlich vernimmt man auch Herakliteische Töne (Frgm. B 8): »*Weiter will ich Dir sagen: Geburt ist nirgends, bei keinem aller irdischen Dinge, noch Ende im schrecklichen Tode, sondern nur Mischung ist und wechselnder Tausch des Gemischten ...*« Es werden also Grundformeln der Herakliteischen und der Parmenideischen Gedankenwelt ausgleichend zusammengefügt, in einem neuen Horizont vereinigt und aufgehoben: ein einheitlich festgelegter, unverrückbarer Bestand des Seins im ganzen, keine »Geburt« im Sinne der Entstehung eines vorher schlechthin Nichtvorhandenen und ebenso kein »Sterben« als Schwinden ins Nichts, und dabei doch eine stetige Bewegung und Veränderung innerhalb des Seienden durch Mischung und Austausch. Zum erstenmal in der jungen Geschichte des griechischen Denkens bekundet sich hier ein Geist, der völlig frei über die Vergangenheit verfügt, der sichtet, ordnet, Brauchbares von Überholtem scheidet und mit einem einzigen kühnen Griff die gesamte Tradition aufnimmt. Daß Empedokles damit nicht nur sich selbst eine persönlichfreie Sphäre errungen, sondern tatsächlich der griechischen Philosophie eine neue Dimension erschlossen hat, beweist ANAXAGORAS, der denselben Weg weiterverfolgt.

Die Möglichkeit einer erklärenden Ableitung der mannigfachen, dem menschlichen Wahrnehmen sich aufdrängenden Seinserscheinungen aus jenem grundlegend-unveränderlichen Seinsbestand wird nun durch eine doppelte Annahme gewährleistet (auch hierin tritt die geistige Selbständigkeit gegenüber Vergangenem hervor): zum einen in der Ordnung der materialen Seinsbasis nach den vier Urelementen (Erde, Wasser, Luft, Feuer), zum andern in der Ordnung des »kinetischen« Moments durch die in einem sich ergänzenden Widerspiel fungierenden Kräfte Liebe und Haß, Philia und Neikos (Frgm. B 6; B 22; B 38; B 71; B 109; – B 20; B 35; B 36; B 109). In dem nach Rang und Ausdehnung bedeutendsten Fragment (B 17) wird das Zusammenwirken dieser fundamentalen Seinskonstituenten mit physikalischer Prägnanz im Detail dargestellt: Vereinigung der Elemente zu Einem durch die »*Liebe*«, Trennung zu Vielem unter dem Einfluß des »*Hasses*«, stetige Umwandlung von Mehrerem in Eines und von Einem in Mehreres, unter fortlaufender Veränderung des Erscheinungs- (nicht aber des Seins-) Charakters.

Von ARISTOTELES stammt das kritische Wort, Empedokles dürfe nicht eigentlich, wie HOMER, als Dichter gelten, sondern sei nur »*Physiolog*« und die beiden hätten »*außer dem Metrum nichts gemein*« (Frgm. A 22). Daß aber Empedokles als einer der sprachgewaltigsten und sprachgewandtesten griechischen Philosophen gelten kann, der auch über die Fähigkeit zu ausdrucksstarker und dichterischer Komposition verfügt, demonstriert das berühmte Fragment 17. Hier greift die einprägsame Kraft der Darstellung weit über die bloße expressive Bildlichkeit hinaus und zurück in die mythisch-seinsverkörpernde Nenn- und Denkform eines HESIOD: Die Elemente sind für Empedokles mehr als nur Stoffe, sie sind selbst Götter, und ebenso sind »Haß« und »Liebe« mehr als nur abstrakte Kräfte: Sie sind reale, wirkende Urgestalten des Seins. Das eine Sein selbst enthüllt sich dem Dichter als der »*göttliche Ball*«, als die unveränderliche Gestalt des Sphairos. Das All sei voll von Göttern, soll THALES gesagt haben, und auf niemandes Gedankenwelt könnte dieser Satz besser passen als auf die des Empedokles. In dieser mythischen Repräsentanz alles Dinglichen treffen sich die naturkundlichen Vorstellungen des Dichterphilosophen auch mit dem sonst so andersgearteten Werk der *Katharmoi (Reinigungen)*.

E. Sch.

AUSGABEN: Genf 1573 (*Epē*, in *Poiēsis philosophos*, Hg. H. Stephanus). – Bln./Ffm. ²1949 (in *Vorsokratische Denker. Auswahl aus den Überlieferten*, Hg. W. Kranz; griech.-dt.). – Dublin/Zürich ¹³1968 (in *Die Fragmente der Vorsokratiker*, Hg. H. Diels u. W. Kranz, Bd. 1; m. Übers.).

ÜBERSETZUNGEN: In *Die Vorsokratiker*, W. Nestle, Jena 1908; ern. Köln 1956 (Diederichs Taschenausg.). – *Das Gedicht von der Natur*, W. Kranz (in W. K., *E. Antike Gestalt und romantische Neuschöpfung*, Zürich 1949). – In *Die Vorsokratiker*, W. Capelle, Stg. ¹1953.

LITERATUR: E. Bignone, *Empedocle*, Turin/Mailand/Rom 1916. – Schmid-Stählin, I/1, S. 315–323; 755–757. – W. Kranz, *E. Antike Gestalt und romantische Neuschöpfung*, Zürich 1949, S. 37–72. – K. Reinhardt, *E. Orphiker und Physiker* (in Classical Philology, 45, 1950, S. 170–179; ern. in K. R., *Vermächtnis der Antike*, Göttingen 1960, S. 101–113). – W. Jaeger, *Die Theologie der frühen griechischen Denker*, Stg. 1953 (Nachdr. Darmstadt 1964), S. 147–176. – J. Zafiropulo, *Empédocle d'Agrigente*, Paris 1953 [m. griech. Text u. frz. Übers.]. – J. Bollack, *Die Metaphysik des E. als Entfaltung des Seins* (in Phil, 101, 1957, S. 30–54). – M. S. Buhl, *Untersuchungen zu Sprache und Stil des E.*, Diss. Heidelberg 1956. – G. S. Kirk u. J. E. Raven, *The Presocratic Philosophers. A Critical History with a Selection of Texts*, Cambridge 1957, S. 320 bis 361. – G. Nélod, *Empédocle d'Agrigente*, Brüssel 1959. – G. Calogero, *L'eleatismo di Empedocle* (in *Studi in onore di Luigi Castiglioni*, Bd. 1, Florenz 1960, S. 127–177). – Ch. H. Kahn, *Religion and Natural Philosophy in Empedocles' Doctrine of the Soul* (in AGPh, 42, 1960, S. 3–35). – W. K. C. Guthrie, *A History of Greek Philosophy*, Bd. 2, Cambridge 1965, S. 122–243. – J. Bollack, *Empédocle*, Paris 1965 [m. Bibliogr.]. – U. Hölscher, *E. und Hölderlin*, Ffm. 1965. – Ders., *Weltzeiten und Lebenszyklus* (in Herm, 93, 1965, S. 7–33). – F. Solmsen, *Love and Strife in Empedocles' Cosmology* (in Phronesis, 10, 1965, S. 109–148). – D. O'Brien, *Empedocles' Cosmic Cycle*, Cambridge 1969 [m. Bibliogr.].

EURIPIDES
(um 485–406 v. Chr.)

ALKĒSTIS (griech.; *Alkestis*). Das früheste erhaltene Drama des EURIPIDES (um 485–406 v. Chr.), 438 aufgeführt, 17 Jahre nach dem Debüt des Dichters auf der attischen Bühne. Ursprünglich nahm die *Alkestis* die vierte Stelle einer Tetralogie ein: aber sie ist kein Satyrspiel, wie man erwarten könnte, sondern ein durch und durch tragisches Stück, allerdings mit glücklichem Ausgang. Die unerwartete Rettung verknüpft die *Alkestis* motivisch mit den drei einst voranstehenden Stücken, den *Kreterinnen (Krēssai)*, dem *Alkmaion in Psophis (Alkmaiōn ho dia Psōphidos)* und dem *Telephos (Telephos)*. Die Tetralogie kam bei der Aufführung hinter einem Werk des SOPHOKLES auf den zweiten Platz.

Der mythische Stoff der *Alkestis*, den vor Euripides bereits PHRYNICHOS bearbeitet hatte, wird von zwei weitverbreiteten Märchenmotiven getragen: Aufschub eines Todes, verbunden mit dem stellvertretenden Tod eines anderen Menschen, und Rückführung eines Toten aus der Unterwelt nach dem Kampf mit dem Todesgott. – Apoll erwirkte einst bei den Moiren, daß Admet, der König von Pherai, nicht zu der festgesetzten Stunde sterben müßte, wenn ein anderer an seiner Statt das Todeslos auf sich nähme. Die greisen Eltern des Königs hatten sich geweigert, aber Alkestis, Admets junge Gemahlin, erklärte sich dazu bereit, das Opfer bereit. Jetzt ist die Stunde gekommen, da sie ihr Versprechen einlösen muß. In drei »parataktisch« hintereinandergeschalteten Szenen bildet der erste Teil des Dramas den Abschied dar. Prolog und Eingang bringen Exposition und zugleich vorweggenommene Deutung des nachfolgenden Geschehens (1–76): Thanatos, der Tod, dem Apollon einst sein Opfer ablistete, will nun trotz allem seine Beute holen, Apoll freilich sagt ihm voraus, daß er sie nicht werde behalten können – also eine Kraftprobe unter Göttern, denen die Betroffenen als Spielbälle ausgeliefert sind. Nach der *Parodos* des trauernden Chors pheräischer Greise (77–131) wird der Abschied der Alkestis zunächst indirekt, im Bericht der Dienerin, vorgeführt (132–212), sodann als Klagelied (244–279) und gesprochenem Dialog (280–392) gefügte Abschiedsszene zwischen den beiden Gatten als deutliche Klimax wirkt. Den Abschluß des ersten Teils bilden die Totenklage Admets und seines Söhnchens Eumelos (393–434) und das Geleit- und Segenslied des Chores für Alkestis (435–475). Im – größeren – zweiten Teil wird der bereits zu Beginn von Apollon angekündigte Herakles zur Zentralgestalt: Admet nötigt ihn, seine Gastfreundschaft anzunehmen (476–567), verschweigt aber das Unglück, das ihn getroffen hat. Als Herakles von einem Diener die traurigen Ereignisse erfährt, beschließt er, zum Dank für die aufopfernde Bewirtung Alkestis zurückzuholen (747–860). Wurde die Zwischenzeit, während der Herakles die Freuden des Mahles genießt, durch die erbitterte Zankszene zwischen Admet und seinem Vater Pheres überbrückt (606–740), so erleben wir während der Abwesenheit des Herakles die Rückkehr Admets von der Bestattung und seine Klage über die Blindheit, die ihn das Leben wählen ließ, das ihm nun, ohne die Gattin, wertlos erscheint (801–961). Diese Einsicht ist die innere Vorbereitung für die Schlußszene, in der Admet – nach einer für Euripides schon ganz typischen intrigenartigen Verzögerung – aus der Hand des Herakles die dem Hades Entrissene zurückerhält. Man hat angesichts der Rolle, die diesem Stück im Rahmen der Tetralogie zufiel, natürlich immer von neuem versucht, prägnant zu bestimmen, was es von einer strengen Tragödie scheidet, und zuzeiten war man geradezu davon besessen, an allen möglichen Punkten Komik, Burleskerie, satyrhafte Tolpatschigkeit und lächerliche Konfigurationen zu entdecken. Demgegenüber ist zu betonen, daß von einer komischen Gelöstheit oder Ausgelassenheit innerhalb des dramatischen Geschehens nicht das mindeste zu spüren ist: die Einzelszenen wahren, für sich genommen, durchaus die Höhe des tragischen Tones. Wohl aber lassen sich in der Komposition eigenartige Freiheiten feststellen, die der Tragödie im allgemeinen fremd sind: zum einen nutzt der Dichter die Möglichkeit relativ autonomer Episoden, die im Gesamtgefüge ohne Funktion bleiben – deutlich sichtbar vor allem an der Pheres-Admet-Szene, die (sieht man von dem äußeren Akzidenz der dramaturgischen Chronologie ab) fraglos ein Agon um des Agons willen ist; zum andern fällt die Verwendung starker, ja greller Kontraste auf, insbesondere zwischen dem tragisch gefärbten Bühnengeschehen und der hinterszenischen Sphäre – Musterbeispiele: der im Trauerhaus prassende Gast, oder Admets Klage über den Verlust, während die Rettungstat des Herakles bereits im Gang ist. Ein weiterer Unterschied liegt in dem, was man die tragische Motivation nennen könnte: der Kern einer jeden Tragödie, die Katastrophe – hier der Tod der Alkestis –, ist nicht etwa Resultat eines Wechselspiels von Verfehlung und Strafe, von Hybris und notwendigem Fall, von Fluch und unabwendbarer Erfüllung, von irdischer Verblendung und göttlicher Enthüllung. Daher ist die »Katastrophe« hier – nicht anders als die »Einsicht« des Admet – im Grunde ein paratragisches Element, sie wirkt tragisch nur als »Reminiszenz« und fungiert, entsprechend, ausschließlich als »Vorspiel« des Schlusses, der das strikte Gegenteil einer tragischen Katastrophe darstellt. Von hier aus stößt man abermals auf das Moment des Kontrastes: wie der Eingang des ersten und zweiten Teiles als Parallelen miteinander korrespondieren (Ankündigung durch Apoll und leibhaftiger Auftritt), so korrespondieren die jeweils durch liedhafte Klagezenen eingeleiteten Schlußszenen (dort Abschied, hier Wiederfinden, dort die vorläufige »Katastrophe«, hier die endgültige Rettung, dort die Vorbereitung auf eine Trauerfeier, hier die Ankündigung eines Freudenfestes).

Bemerkenswert bereits an diesem ersten für uns faßbaren Drama des Euripides ist die zentrale Frauengestalt: das Drama stellt ein einziges Loblied auf ihre Gattentreue und Opferbereitschaft (weniger eigentlich auf ihre Liebe) dar. Demgegenüber wirkt Admet recht zwielichtig; allerdings sollte man sich hüten, ihn als die negative, der »positiven« Alkestis gegenübergestellte Gestalt zu interpretieren: das würde bedingen, daß Admet und Alkestis als Charaktere angelegt sind – gerade das aber ist nicht der Fall. Worauf es Euripides offenkundig ankommt – auch dies schon durchaus typisch –, ist die Darstellung psychischer Situationen, nicht psychologischer Verhaltensweisen: Alkestis im Augenblick der Trennung, Admet im Augenblick der Trennung, Admet nach vollzogener Trennung. Nur so läßt sich die Dissonanz erklären, daß Admet erst bedenkenlos das Opfer akzeptiert und hernach die Scheidende anfleht, ihn nicht zu verlassen, daß er erst das Leben über alles stellt und es hernach verwünscht.
Es ist bezeichnend für die Ambivalenz des Alkestis-Stoffs, daß er weder von AISCHYLOS noch von SOPHOKLES aufgegriffen wurde, ja überhaupt aus dem Repertoire der griechischen Tragödie verschwand, hingegen den Komödiendichtern mehrfach als Vorwurf diente (ARISTOPHANES, ARISTOMENES, THEOPOMPOS, ANTIPHANES). Auch in Rom fand das Thema später seine Bearbeiter (z. B. ACCIUS, LAEVIUS). Eine regelrechte Wiedergeburt erfuhr der Stoff in der Neuzeit seit der Renaissance: Hans SACHS, die Italiener Aurelio AURELI und P. I. MARTELLO haben dramatische Fassungen geschaffen, im Bereich der Musik wären etwa Lully, Händel und Gluck zu nennen, nicht zu vergessen WIELANDS Text zu einem Singspiel. Nachdrückliches Interesse am Alkestis-Thema zeigte dann vor allem wieder die Literatur des beginnenden 20. Jh.s: RILKE, Hugo von HOFMANNSTHAL, Alexander LERNET-HOLENIA, T. S. ELIOT und Thornton WILDER sind hier die erlauchtesten Adepten. E. Sch.

AUSGABEN: Florenz 1496, Hg. I. Laskaris. – Oxford 1902 (in *Fabulae*, Hg. G. Murray, Bd. 1; Nachdr. 1958). – Lpzg./Bln. 1930 [erklärt v. L. Weber]. – Neapel 1935, Hg. A. Maggi. – Leiden 1949, Hg. D. F. W. van Lennep [m. Komm.]. – Oxford 1954, Hg. A. M. Dale [m. Anm.]. – Mailand ²1960, Hg. G. Muscolino [m. Komm.].

ÜBERSETZUNGEN: *Alceste*, D. C. Seybold, Lpzg. 1774. – *Alkestis*, H. von Arnim u. F. Stoessl (in *Sämtliche Tragödien u. Fragmente*, Bd. 1, Zürich 1958). – Dass. (in *Sämtliche Tragödien*. Nach d. Übers. v. J. J. Donner, bearb. v. R. Kannicht u. B. Hagen, Bd. 1, Stg. 1958). – Dass., E. Buschor (in *Helena ... Vier Tragödien*, Mchn. 1963; m. Erläut.].

LITERATUR: A. Lesky, *Alkestis, der Mythus und das Drama* (in SWAW, phil.-hist. Kl., 203, 1925, 2. Abh.). – W. Jens, *Hofmannsthal und die Griechen*, Tübingen 1955, S. 30–44. – A. Lesky, *Die tragische Dichtung der Hellenen*, Göttingen ²1964, S. 157–161 [m. Bibliogr.]. – C. R. Beye, *Alcestis and Her Critics* (in Greek, Roman and Byzantine Studies, 2, 1959, S. 109–127). – K. von Fritz, E.' »*Alkestis*« *und ihre modernen Nachahmer und Kritiker* (in K. v. F., *Antikes und modernes Drama*, Bln. 1962, S. 256–321).

ANDROMACHE (griech.; *Andromache*). Tragödie des EURIPIDES (um 485–406 v. Chr.), die nach Angabe einer Scholiennotiz offenbar nicht in Athen aufgeführt worden ist. Manches spricht für den molossischen Königshof als Aufführungsort, anderes für Argos. Das Stück ist ohne Entstehungsdatum überliefert; man setzt es wegen der ungünstigen Charakteristik des Menelaos und der Hermione und wegen der heftigen Ausfälle gegen Sparta (bes. V. 445 ff.) in der Regel an den Beginn des Peloponnesischen Kriegs (etwa in die Zeit zwischen 427 und 424 v. Chr.).

Wir besitzen die Reste einer *Hypothesis* zur *Andromachē* (wahrscheinlich auf ARISTOPHANES aus Byzanz zurückgehend), worin eine ganze Reihe von Einzelzügen des Stücks gerühmt wird: der klare Prolog, das metrisch innerhalb der gesamten griechischen Tragödie einzig dastehende Klagelied der Andromache in dorisierenden elegischen Distichen (103 ff.), die Rede der Hermione gegen Andromache (147 ff.), die Gestalt des alten Peleus; das Drama als Ganzes ist darin jedoch entschieden »den zweitrangigen« zugewiesen. Dieses Urteil, dessen Gültigkeit man auch heute kaum bestreitet, gründet sich vor allem auf die in vielen Details vom Dichter selbst stammende Handlungsstruktur und die auffallend in ihre Teile zerbrechende Komposition. Dem Drama liegen zwei disparate Mythen zugrunde: erstens die Geschichte von Andromache, der Witwe Hektors und Beutefrau des Achilleus-Sohnes Neoptolemos, der mit der Menelaos-Tochter Hermione verheiratet ist, und zweitens der Streit zwischen Neoptolemos und Orest um Hermione. Das *tertium comparationis* beider Geschichten liegt in der Gestalt des Neoptolemos: gerade dieser aber bleibt, obwohl in den Gedanken und Disputen stets gegenwärtig, außerhalb des sichtbaren Geschehens. Das ist dramaturgisch bedingt: Neoptolemos muß fern vom Schauplatz (seinem Königspalast) sein, damit sich der Streit zwischen den beiden Rivalinnen überhaupt erst offen entzünden und der zugereiste Menelaos als Helfer seiner Tochter auftreten kann; außerdem ist es nur so möglich, die Person des Orest in die Andromache-Hermione-Dramatik einzubeziehen. Wäre Neoptolemos anwesend, müßte sich das Geschehen auf den Kampf der männlichen Rivalen um Hermione konzentrieren, und Andromache als die zentrale tragische Gestalt wäre »überflüssig«.

Nun fungiert aber Orest offenbar nur als dramatischer Katalysator: sein Erscheinen bewirkt am Ende lediglich die Lösung der äußeren Verhältnisse, nachdem die innere Dynamik bereits ausgeglichen ist. Dieses Defizit an dramaturgischer Legitimation resultiert offenkundig aus einem vom Dichter gewählten Kompositionsprinzip, dem der zugrunde liegende Mythos nicht gewachsen war: man könnte es das »dramatische Gleichgewicht« nennen. Jeder Gestalt tritt ein Pendant gegenüber; sobald sich auf einer Seite ein Übergewicht bildet, muß auf der anderen ein Gegengewicht auftreten.

Schon die Prologszene (1–116) deutet an und im Streitgespräch zwischen Andromache und Hermione (147–273) wird in dunkler Drohung wiederaufgenommen, was die folgende Szene (309–463) als Aktion zeigt (Klimax!): erst das Eingreifen des Menelaos setzt das tragische Geschehen in Gang, und die absolute Isolierung Andromaches – die Vereinzelung als Grundthema der Tragödie – zeigt sich in ihrem vollen Ausmaß erst in dem Augenblick, da Menelaos ihr entgegentritt. Im selben Augenblick jedoch, in dem der Untergang der Andromache besiegelt erscheint, wird das verschobene Maß wieder ausgeglichen: Peleus, der greise Großvater und »Reichsverweser« des Neoptolemos, stellt sich schützend vor die Gefährdete und zwingt Menelaos in der großen Zentralszene (545–765) zu einem kläglichen Rückzug. Damit ist, so meint man, die poetische Balance hergestellt und der Konflikt – mit ihm zugleich die tragische Handlung – zu einem Ende gebracht. Aber das Geschehen setzt von neuem ein: denn nunmehr ist plötzlich Hermione die Ausgeschlossene, von dem »moralischen Gegengewicht« der Andromache, des Peleus und des abwesenden Gatten erdrückt. Da erscheint als Retter vor der Verzweiflung Orest, der alte Gegner des Neoptolemos, der Hermione aus dem ungeliebten Hause befreit und mit sich heimführt (802–1008). Jetzt erst ist der Ausgleich hergestellt, und es bleibt, als Abschluß, nur noch die Reaktion der Betroffenen zu zeigen. Diese Reaktion an Neoptolemos, dem, um seine Frau Betrogenen, zu demonstrieren, würde das Geschehen allerdings nicht abrunden, sondern neuen Zündstoff beibringen. Aus diesem Grund läßt der Dichter hier den Bericht folgen, daß Neoptolemos in Delphi von Orest umgebracht worden ist (1047–1165). Freilich haben damit zugleich auch die anderen Personen nicht auf die bisherige Handlung, sondern auf diese neue Nachricht zu reagieren. Und nicht nur das: da der Dichter den Konflikt der Andromache sowohl innerlich (spätestens V. 765) als auch äußerlich abgeschlossen hat, sieht er sich gedrängt, die Wirkung der traurigen Botschaft ganz auf den greisen Peleus zu konzentrieren – und statt am Ende Frieden und Ausgleich zeigen zu können, hat er unversehens wiederum einen völlig Vereinsamten und Isolierten darzustellen. Diese letzte Verschiebung des dramatischen Gleichgewichts ist mit den im Mythos gegebenen Möglichkeiten und Gestalten nicht mehr auszugleichen. Als *dea ex machina* erscheint Thetis, die ehemalige Geliebte des Peleus, und prophezeit dem Leidgebeugten die Unsterblichkeit; Andromache aber wird ins Molosserland übersiedeln, wo sie Stammmutter des Königshauses werden soll.

Im Grunde genommen sind es also drei Geschehenszüge, die sich auf der Bühne entfalten: die Bedrohung der Andromache, der Hermione und des Peleus, wobei – gerade dies macht im Effekt den zerrissenen Charakter des Stückes aus – die Personen jeweils nur agieren, solange sie unmittelbar betroffen sind: Andromache verschwindet ungefähr von der Mitte an völlig aus dem Gesichtskreis (die Weissagung der Thetis am Schluß wirkt recht gewaltsam konstruiert), und ebenso ist Hermione nach ihrem Abgang dramatisch irrelevant geworden. Diese Schwächen ergeben sich zum einen aus der inneren Resistenz des Doppelmythos gegen die Absichten des Dichters, zum andern aus diesen poetischen Absichten selbst. Nicht das Wechselverhältnis von *hybris* und *atē*, von Verblendung und Fall, von Zerstörung und Einsicht ist in diesem Stück das Thema des Euripides. Was ihn interessiert, sind die Reflexe der Gestalten auf das Unheil, das ihnen droht und über sie hereinbricht: die Darstellung des psychischen Verhaltens zu Leid und Leiden. Von den drei Hauptpersonen verletzt außer Hermione keine die Norm von Recht und angemessenem Verhalten: das Verlassen des Gemäßen (das bei SOPHOKLES stets den Kern bildet, in dem die Tragik sich geradezu modellhaft entfaltet) wird bei Euripides zu einem beliebig wiederholbaren Akt der Störung und Korrektur poetischer Gerechtigkeit, zu einem Gegeneinander dramaturgischer Konstellationen.

E. Sch.

AUSGABEN: Florenz 1496, Hg. I. Laskaris. – Oxford 1902 u. ö. (in *Fabulae*, Hg. G. Murray, Bd. 1;

zuletzt 1958). – Neapel 1953, Hg. A. Garzya [m. Komm.]. – Paris ²1956 (in *Euripide*, Bd. 2, Hg. L. Méridier; m. frz. Übers.).

ÜBERSETZUNGEN: *Andromache*, C. F. Ammon, Erlangen 1789 [Prosa.]. – Dass., nach d. Übers. v. J. J. Donner bearb. v. R. Kannicht u. B. Hagen (in *Sämtl. Tragödien*, 1, Stg. 1958). – Dass., E. Buschor (in *Die Kinder des Herakles ... Vier Tragödien*, Mchn. 1963).

LITERATUR: J. C. Kamerbeek,»*L'Andromaque*« *d'E.* (in Mnemosyne, 3/11, 1943, S. 47–67). – A. Lesky, *Der Ablauf d. Handlung in d.»Andromache« d. E.* (in AWA, 84, 1947, S. 99 ff.). – A. Garzya, *Interpretazione dell'»Andromaca« di E.* (in Dioniso, 14, 1951, S. 109 bis 138). – A. Lesky, *Die trag. Dichtung d. Hellenen*, Göttingen ²1964, S. 172 ff. [m. Bibliogr.].

BAKCHAI (griech.; *Die Bakchen*). Eine der eindrucksvollsten Tragödien des EURIPIDES (485 bis 406 v. Chr.), nach dem Vorbild des *Pentheus* von AISCHYLOS geformt, letztes, unübertreffliches Meisterwerk und der Schwanengesang des Dichters. Das Stück ist in jenen beiden schaffensreichen Jahren entstanden, die der Tragiker am Ende seines Lebens am makedonischen Hof des Archelaos verbrachte, und wurde nach seinem Tod zusammen mit der *Iphigenie in Aulis* und dem verlorenen *Alkmeon in Korinth* von seinem gleichnamigen Sohn in Athen als Trilogie erfolgreich auf die Bühne gebracht. Noch einmal schlägt der Dichter das Grundthema der attischen Tragödie an, die Enthüllung einer göttlichen Wahrheit; noch einmal beschreibt er ein Modell menschlicher Hybris, die unweigerlich dem Tod verfallen muß; noch einmal steigert er das verblendete Rasen irdischer Kreatur bis zum Umschlag in – verspätete – Einsicht. Weil der Gott, dessen übermächtige Gewalt sich offenbaren soll, selbst als Akteur in Erscheinung tritt, um seine Größe und Macht zu demonstrieren, hat man immer wieder an der Bedeutung des Stückes gerätselt, eingedenk der sonst nicht eben schonenden Behandlung, die Euripides den Göttern in seinem Werk zuteil werden läßt. Man sprach geradezu von einer »Bekehrung« des Dichters, oder aber man glaubte, er habe eben durch die schonungsloseste Darstellung der Wirkung Dionysischer Verblendung veristischübersteigert den Mythos ein letztes Mal in seiner ganzen Unmenschlichkeit und Vernunftwidrigkeit bloßstellen wollen. Beide Ansichten sind Extreme, und zwar Extreme einer Deutung, die an diesem Stück gar nicht relevant werden kann: als Darstellung ihres Themas – der Vernichtung jeglichen menschlichen Widerstandes gegen die Götter – sind die *Bakchen* so in sich geschlossen und poetisch selbstgenügsam, daß derartige Versuche von vornherein sich als von außen herangetragene Spekulation erweisen müssen. Schließlich sollte man nicht vergessen, daß das, was man Euripides als aufklärerische Kritik an der traditionellen Religiosität anzukreiden pflegt, in jenen größeren Rahmen eingebettet ist, der nicht kritisches Mäkeln, sondern ohnmächtige Anerkennung unabänderlicher Tatsachen darstellt: der Mensch als Spielball der Götter, ausgeliefert ihren Launen, ihrer Gunst, ihrer Willkür, nichtig und nackt in ihren Augen. Das ist ein Zentralaspekt, der im griechischen »Glauben« von Anbeginn an zutage tritt und im Euripideischen Werk – schon seit der *Alkestis*, besonders etwa im *Hippolytos* – immer wieder anklingt. Nicht umsonst endet das letzte Stück, wie das früheste uns überlieferte und wie *Medea, Andromache, Helena* mit einem Lied auf die Allmacht der Gottheit und die Ohnmacht des Menschen. Was im einzelnen diese gewaltigste Verherrlichung einer Gottheit, die wir von Euripides kennen, veranlaßt hat, läßt sich allerdings nur vermuten: man wird wohl an eine besonders unmittelbare Begegnung des Dichters mit dem Kult des rasenden Gottes in Makedonien denken dürfen.

Die ungewöhnliche Wirkung, die von den *Bakchen* auch heute noch ausgehen kann, beruht zu einem guten Teil auf der dramatischen Technik des Stückes: Euripides verwendet die Grundelemente weithin in ihren archaisch reinen Formen – lange Reden als Prolog und Bericht, streng gefügte Stichomythien, klar gebaute Chorlieder mit direktem Reflektionsbezug auf das Geschehen, bis auf zwei bezeichnende Ausnahmen (Triumphszene des Gottes in der Mitte, V. 576 ff., und scheinbarer Triumph Agaues am Ende, 1168 ff.) keine ariosen Partien. Dieser formalen Stringenz entspricht die außerordentlich straffe Komposition: nach dem Prolog des Dionysos – er ist nach Theben gekommen, um dem Herrscherhaus, das seinen Kult verdammt, seine Göttlichkeit zu beweisen (1–63) – wird in sechs Stadien der vergebliche frevlerische Widerstand des Pentheus und der unaufhaltsame Sieg des Gottes vorgeführt. Das endgültige Geschick des Gottesfeindes, der von seiner eigenen Mutter Agaue und ihren im Dionysischen Taumel rasenden Gefährtinnen zerrissen wird, ist von vornherein besiegelt: wer nicht auf die Warnungen der Alten – des greisen früheren Königs Kadmos und des blinden Sehers Teiresias – hört, sondern in selbstgewisser Verblendung das Heiligtum des Wahrsagers zu zerstören befiehlt (170–369), bei dem steht zu erwarten, daß er sich weder von dem Abgesandten des Gottes (in dem sich Dionysos selbst verbirgt) überzeugen (434–518) noch von seinen sichtbaren Wundertaten und Schreckensbeweisen beeindrucken läßt (576–861), sondern sich schließlich unversehens und blindlings in der todbringenden Falle verfängt, mit der ihm der verkleidete Gott gauklerisch den Triumph verheißt, um ihn desto gewisser ins Verderben zu stürzen (912–976). Wenn ausgerechnet die eigene Mutter es ist, die, von Bakchos' Wahnsinn geschlagen, ungewollt die Rache des Gottes vollzieht – eine Euripideische Variante des Mythos –, so wird damit die grausige Folgerichtigkeit in doppelter Schärfe evident: hatte doch auch sie bereits durch ungerechtfertigte Verdächtigung ihrer Schwester Semele, der Mutter des Dionysos, gegen die Überirdischen gefrevelt. Die Strafe, die ihr in der alles enthüllenden (leider fragmentarischen) Schlußszene von Dionysos, der als *deus ex machina* erscheint, auferlegt wird – der Landesverweis –, mutet sogar noch relativ versöhnlich an im Vergleich zu der faktischen Sühne, die im letzten Botenbericht (1024–1152) und im Auftritt der Agaue (1168–1392) mit unerhörter Realistik dargestellt wird. Hier, in der plastisch-minuziösen Erzählung von der Zerfleischung des Pentheus und in der Gestalt der tanzenden Agaue, die das blutige Haupt des Sohnes auf dem Thyrsosstab schwingt, hat Euripides in der Tat die Grenze dessen berührt, was auf der attischen Bühne an tragischem Effekt überhaupt sichtbar zu machen war. Nicht zuletzt darin liegt der Grund für die äußerste Konzentration der dramatischen Mittel in diesem letzten Werk des Dichters – eine solch bestürzende Größe des Eindrucks durfte nicht durch die Anwendung virtuos differenzierter Technik gefährdet werden. E. Sch.

AUSGABEN: Venedig 1503 (in *Tragōdiai*, Bd. 2). – Oxford ²1913 (in *Fabulae*, Hg. G. Murray, Bd. 3; zuletzt 1963). – Oxford ²1960 (*Bacchae*, Hg. E. R. Dodds; m. Komm.). – Paris 1961 (in *Euripide*, Bd. 6/2, Hg. H. Grégoire u. J. Meunier; m. frz. Übers.).

ÜBERSETZUNGEN: *Die Bacchantinnen*, F. H. Bothe (in *Werke*, 5 Bde., Bln./Stettin 1800-1803). – *Die Bacchen*, J. J. C. Donner (in *Euripides*, 3 Bde., Heidelberg 1841; einzeln Lpzg. 1926; RUB, 940). – *Die Bakchen*, U. v. Wilamowitz-Moellendorff (in *Griechische Tragödien*, Bd. 2, H. 13, Bln. ⁹1923). – *Die Bacchantinnen*, B. Viertel, Hellerau 1925. – *Die Bakchen*, H. v. Arnim (in *Zwölf Tragödien*, Bd. 2, Wien/Lpzg. 1931; Nachdr. Ffm./Hbg. 1960; EC, 14). – *Die Mänaden*, E. Buschor, Wiesbaden 1957 (IB, 582; ern. Mchn. 1960). – *Die Bakchen*, J. J. C. Donner (in *Sämtliche Tragödien*, Bd. 1, Stg. 1958; bearb. R. Kannicht u. B. Hagen).

LITERATUR: R. P. Winnington-Ingram, *E. and Dionysus*, Cambridge 1948. – H. Diller, *Die »Bakchen« u. ihre Stellung im Spätwerk d. E.* (in Abh. d. Ak. d. Wiss. Mainz, geistes- u. sozialwiss. Kl., 1955, 5). – T. Ciresola, *Le »Baccanti« di E.*, Saronno 1957. – A. Lesky, *Die tragische Dichtung der Hellenen*, Göttingen ²1964, S. 199 ff. – Lesky, S. 436 ff.

ELEKTRA (griech.; *Elektra*). Tragödie des EURIPIDES (um 485–406 v. Chr.); mit einiger Gewißheit auf das Frühjahr 413 datierbar. – Der Mythos von den verstoßenen Königskindern Elektra und Orestes, die die Ermordung ihres Vaters Agamemnon auf Geheiß Apolls an den Mördern Klytaimestra und Aigisth rächen, war bereits in dem Jahre 458 von AISCHYLOS in den *Choephoren* dramatisiert worden. Während bei ihm Orest im Zentrum der Tragödie steht, haben SOPHOKLES und Euripides Elektra die Hauptrolle zugewiesen. Das Abhängigkeitsverhältnis dieser beiden *Elektra*-Dramen ist noch ungeklärt, doch scheinen die besseren Argumente für die Priorität der Sophokleischen Elektra zu sprechen.

Gleich der Prolog (V. 1–111) zeigt die für das Spätwerk des Euripides typischen Variationen der Vorlage: Elektra lebt nicht, wie bei Aischylos, am Hofe der Atriden; man hat sie einem armen, aber edelgesinnten Landmann in einem argivischen Bergdorf zur Frau gegeben, der sie aus Scheu unberührt läßt. Orest kommt in seine Heimat zurück, geht aber nicht in die Stadt, wo man ihn erkennen könnte, sondern sucht auf dem Lande seine Schwester, um gemeinsam mit ihr den Auftrag Apolls auszuführen. Die an den Prolog anschließende Monodie und der lyrische Dialog der Parodos (V. 112 bis 212) sind ganz durch die Charakterisierung der Protagonistin und des Milieus geprägt: Elektra sehnt den Bruder herbei und beklagt den toten Vater; sie will nicht mit den Frauen des Dorfs auf einem Fest zu Ehren Heras tanzen. Ihrer Klage hören Orest und sein Begleiter Pylades in einem Versteck zu.

Im ersten Epeisodion (V. 213–431) läßt Euripides die Geschwister zusammentreffen. Orest gibt sich jedoch noch nicht zu erkennen, sondern spielt vor Elektra die Rolle des Vertrauten ihres Bruders, dem sie all ihr Unglück berichten kann. Der Landmann kommt hinzu und lädt die Fremden in seine Hütte. Da es an Speise fehlt, schickt man zu einem befreundeten alten Mann, der bereits im Dienste Agamemnons war. – Das zweite Epeisodion (V. 487–698), das auf ein nur lose in den dramatischen Ablauf eingegliedertes erstes Stasimon (Standlied des Chores, V. 432–486) folgt, hat Euripides aus der für ihn typischen Motivkombination Anagnorisis (Erkennungsszene, V. 487 bis 595) und Mechanema (Intrige, V. 596–698) gebaut: Der alte Mann kommt mit Speisen und berichtet, er habe am Grabe Agamemnons Opfergaben gefunden, die von Orest stammen. Doch die schon im Aischyleischen Drama verwendeten Erkennungszeichen, Locke, Fußspur und Gewand, erkennt die Euripideische Elektra, streng rational argumentierend, nicht an. Erst als der Alte einen der Fremden durch eine Narbe als Orest zu identifizieren vermag, setzt der Jubel der Geschwister und des Chores ein. Doch sogleich wird beraten, wie man die Rache für den Vater vollziehen könne. Der Alte entwickelt Orest seinen Plan, Aigisth beim Opfer auf dem Lande zu töten, und Elektra schlägt vor, Klytaimestra unter dem Vorwand, sie solle für ein neugeborenes Kind der Tochter das Reinigungsopfer darbringen, in die Bauernkate zu locken. Während im Sophokleischen Drama Elektra, in gleicher Weise wie die Mörder Agamemnons, das Opfer der im Prolog exponierten Intrige wird und erst gegen Schluß des Stückes ihren Bruder wiederfindet, hat Euripides die Motivvermischung vermieden und die Wiedererkennung der Geschwister vor die Intrigenvorbereitung gestellt.

Auch das zweite Stasimon (V. 699–746), in dem der Chor den Mythos von Thyest und dem goldenen Widder besingt, hat den Charakter eines Embolimons (Intermezzo) und ist nur lose mit dem dramatischen Geschehen verknüpft. Das folgende dritte Epeisodion (V. 747–1146) ist, wie das vorige, zweithemig: mit dem Botenbericht und der Schmährede Elektras wird die Aigisth-Linie abgebrochen (V. 747–961). Das zweite Thema ist Klytaimestra gewidmet (V. 962–1146). Noch bevor sie auftritt, erscheint Orest der Spruch Apolls, der den Muttermord befiehlt, plötzlich problematisch (V. 962 bis 987). In einer Streitszene trägt Klytaimestra sodann ihre Verteidigung des Gattenmordes vor. Elektra weist ihre Argumente jedoch als unzureichend zurück, so daß Klytaimestra schließlich, unsicher geworden, einlenkt und mit ihrer Tochter ins Haus geht; während der Chor im dritten Stasimon (V. 1147–1164) der Ermordung Agamemnons gedenkt, vollenden die Geschwister – hinter der Szene – ihre Rachetat.

In der Exodos (V. 1165–1359) präsentiert Euripides die Mordtat vorderszenisch in einem lyrischen Dialog: Schreie Klytaimestras dringen aus dem Haus, der Chor kommentiert sie; die Rächer treten aus der Hütte, schildern und beklagen, was sie auf Apolls Befehl getan haben (V. 1165–1232). Signifikant für Euripides ist die abschließende Szene (V. 1233–1359), in der die Dioskuren als *dei ex machina* das Geschehene deuten und die zukünftigen Wege weisen: nicht das Gesetz der Blutrache rechtfertigt Orest, nicht der Spruch des weisen Apoll, der im Aischyleischen Drama unbezweifelt gültig war, schützt die Geschwister. Die Schuld der von Apoll befohlenen Tat treibt sie auseinander: Elektra wird mit Pylades ins Phokerland gehen und Orest vor den Erinyen zum Areopag nach Athen fliehen, wo ihm Entsühnung verheißen ist.

Um die Nuancen des Euripideischen Dramas zu verstehen, bedarf es genauer Kenntnis der Topik und der Entwicklung des Mythos. Bei HOMER ist Aigisth der Mörder Agamemnons, und er hat für die Tat seine Gründe. STESICHOROS setzt Klytaimestra an seine Stelle, PINDAR sucht Motive für ihr Tun, aber erst die Dramatiker am Ende des 5. Jh.s analysieren in Streitszenen die Argumente für und gegen den Gattenmord. Bei Homer erfüllt Orest das Gesetz der Blutrache, wenn er Aigisth erschlägt; erst im *Epischen Zyklus (Epikos kyklos)* taucht das Gebot Apolls auf, Agamemnons Ermordung auch an der Mutter zu rächen. Hier setzen Aischylos und Euripides an: Wie kann der Muttermord entsühnt werden? Wie kann der weise Gott solch wenig weisen Befehl geben? Auch die Personen des Dramas haben ihre Vorgeschichte. Während Orest, Klytaimestra und Aigisth schon bei Homer begegnen, findet man Elektra erst bei dem Lyriker XANTHOS. Aus dem selbstbewußten epischen Helden Orest wird bei Euripides ein zögernder junger Mann, dem der alte Mann und Elektra die Rachepläne entwerfen müssen. Elektra, ursprünglich das »unvermählte Mädchen«, erhält bei Euripides gleich zwei Männer, erst den Landmann und dann Pylades; sie wird mit ihrem entschiedenen Rachewillen die eigentliche Täterin und führt ihre Mutter ins Todeshaus. Klytaimestra hat ihre übermenschlich-unmenschlichen Züge verloren, die ihr bei Aischylos anhafteten; sie ist ein Mensch mit allen Schwächen und Fehlern, aber auch mit der Fähigkeit zur Reue geworden. Der alte Mann läßt sich in manchen Einzelzügen mit dem Herold Talthybios, dem Sophokleischen Pädagogen sowie der Amme bei Stesichoros und Aischylos vergleichen: sie alle sind seit langem im Dienst der Atriden und haben die jungen Herrscher aufgezogen. Nur der Landmann ist offensichtlich eine Erfindung des Euripides, die ihm die Möglichkeit gab, seine Umwertung der gültigen Moral zu demonstrieren und dem Drama einen Hauch dörflicher Romantik zu geben. H. W. S.

AUSGABEN: Rom 1545 [1546?], Hg. P. Victorius. – Oxford ³1913 (in *Fabulae*, Hg. G. Murray, Bd. 2; Nachdr. zuletzt 1963). – Oxford 1939, Hg. J. D. Denniston [m. Komm.; Nachdr. 1960]. – Paris 1959 (in *Euripide*, Bd. 4, Hg. L. Parmentier u. H. Gregoire; m. frz. Übers.).

ÜBERSETZUNGEN: *Elektra*, F. H. Bothe (in *Werke*, Bd. 4, Bln./Stettin 1802). – Dass., E. Buschor (in *Die Troerinnen ... Drei Tragödien*, Mchn. 1957). – Dass., nach d. Übers. v. J. J. C. Donner, bearb. v. R. Kannicht u. B. Hagen (in *Sämtl. Tragödien*, Bd. 1, Stg. 1958).

LITERATUR: W. Wuhrmann, *Strukturelle Untersuchungen zu den beiden Elektren u. zum euripideischen Orestes*, Diss. Zürich 1940. – Schmid-Stählin, 1/3, S. 487–501. – R. W. Corrigan, *The Electra Theme in the History of Drama*, Diss. Univ. of Minnesota 1955 [microf.]. – F. Stoessl, *Die »Elektra« des E.* (in RhMus, 99, 1956, S. 47–92). – K. v. Fritz, *Die Orestessage bei den drei großen griech. Tragikern* (in K. v. F., *Antike u. moderne Tragödie*, Bln. 1962, S. 113–159). – U. Albini, *L'»Elettra« di E.* (in Maia, 14, 1962, S. 85–108). – K. Matthiessen, *Elektra, Taurische Iphigenie und Helena*, Göttingen 1964 (Hypomnemata, 4; Diss. Hbg. 1961). – A. Lesky, *Die tragische Dichtung der Hellenen*, Göttingen ²1964, S. 182/183.

HEKABE (griech.; *Hekabe*). Tragödie des EURIPIDES um 425–406 v. Chr.); Entstehungszeit ungewiß, wohl zwischen 428 und 418 anzusetzen. – Troia ist gefallen. Das siegreiche Griechenheer wird auf seiner Heimfahrt durch eine Flaute an der thrakischen Chersones festgehalten. Am Strand lagert die Schar gefangener troischer Frauen, die den Chor des Dramas bilden. In einem der Zelte sitzt Hekabe, einst Königin von Troia: fünfzig Kinder hat sie dem Priamos geboren, drei nur sind ihr geblieben, Kassandra, Polyxena und Polydor. Jetzt werden ihr auch noch die beiden jüngsten, Polyxena und Polydor, entrissen. Bereits im Prolog (V. 1–58) nimmt der Geist des toten Polydor den Verlauf des Dramas vorweg: Die Griechen werden Polyxena am Grab des Achilleus opfern, um günstigen Fahrtwind nach Hellas zu erhalten, und am Strand wird man den Leichnam Polydors finden. In der anschließenden Parodos (V. 59–215) zeigt sich zum erstenmal in den Euripideischen Tragödien die vor allem der Personencharakteristik dienende Tendenz, das Chorlied zugunsten des Schauspielergesangs zurücktreten zu lassen. Gestützt auf einen Stab, von Dienerinnen geführt, tritt Hekabe auf, von nächtlichen Traum- und Schreckensgesichten erschüttert. Der Chor, auf die belanglose Rolle eines Informanten beschränkt, erzählt von dem Beschluß der Heeresversammlung, Polyxena zu opfern, wie der tote Achill es verlangt: was Hekabe geträumt hat, ist schreckliche Wirklichkeit geworden. In einer Monodie beklagt sie ihr Leid, ruft Polyxena aus dem Zelt und berichtet ihr in einem lyrischen Dialog von dem Plan der Griechen. Doch die Tochter jammert nicht, wie man erwarten würde, über ihr Los: sie sieht nur die Not ihrer Mutter. Im ersten Epeisodion (V. 216–443) überbringt Odysseus als offizieller Vertreter die Forderung des Heeres. Hekabe beginnt ein verzweifeltes Ringen um das Leben der Tochter. Sie erinnert Odysseus daran, daß sie ihm selbst einmal das Leben gerettet hat; doch ihre Worte prallen von ihm ab (V. 229–333). Sie ermahnt Polyxena, demütig vor Odysseus niederzufallen. Aber das Mädchen – Euripides hat eine Vorliebe für die Opferbereitschaft junger Menschen – ist bereit zu sterben, um dem unwürdigen Sklavenleben zu entgehen. Hekabe will für ihre Tochter oder wenigstens mit ihr sterben; aber Odysseus lehnt auch dies ab. Besonnen setzt Polyxena dem Streit ein Ende. Eine Abschiedsszene zwischen Mutter und Tochter beschließt das Epeisodion. Das erste Stasimon (V. 444–483) verdeckt einen Zeitsprung: Zu Beginn des zweiten Epeisodions (V. 484–628) tritt Talthybios, der Griechenherold, zu der am Boden liegenden Hekabe und fordert sie auf, Polyxena zu bestatten. In breitem Botenbericht schildert er die einzelnen Stationen des Opfergangs: aus freiem Entschluß und ohne Fesseln ist Polyxena gestorben, eine Heldin, die sogar den Beifall der Achaier gefunden hat. Auch Hekabe erkennt die hohe Gesinnung ihrer Tochter an. Sodann gibt sie ihre Anweisungen: Talthybios soll den Griechen die Weisung übermitteln, ihre tote Mädchen nicht zu berühren; eine Dienerin wird zum Meeresstrand entsandt, um Wasser für die Totenwäsche zu holen. Nach dem kurzen zweiten Stasimon (V. 629–657), in dem der Chor von den Taten des Paris als dem Anfang allen Unglücks für Troer und Griechen singt, kommt im dritten Epeisodion (V. 658–904) die Dienerin zurück und bringt verhüllt den Leichnam Polydors, den sie am Strand gefunden hat. In halblyrischem Wechselgesang klagt Hekabe mit der Dienerin über die gräßliche Tat Polymestors, des Thrakerkönigs, in dessen Obhut Priamos seinen jüngsten Sohn mit reichen Schätzen gegeben hatte. Bei der Rache an Polymestor erhofft sie sich Hilfe von Agamemnon, dem Griechenkönig. Doch dieser, obwohl mit Kassandra liiert und, wie er glaubt,

Hekabe verpflichtet, fürchtet den Spott des Heeres; aber er ist bereit, nichts dagegen zu unternehmen, daß die Troerinnen die Rachetat planen und Polymestor rufen lassen.

Die genrehaften Bilder im dritten Stasimon (V. 905 bis 952) von den Ereignissen der letzten Nacht in Troia weisen bereits Elemente der späteren Lyrik des Euripides auf. Bei seinem Auftritt am Anfang des Schlußteils, der Exodos (V. 953–1295), heuchelt Polymestor Mitleid mit Hekabes Geschick. Diese geht auf seine Vorstellung ein: Unter dem Vorwand, sie wolle ihm und seinen Kindern die Lage eines troischen Schatzes erklären, trennt sie ihn von seinem Gefolge und lockt ihn in ein Zelt. Seine Habgier wird ihm zum Verhängnis. In wenigen Versen deutet der Chor an, was hinter der Szene geschieht (V. 1023–1033): Die Frauen blenden Polymestor und töten seine Kinder; Schreie sind zu hören, die vom Chor kommentiert werden; Hekabe stürzt heraus, hinter ihr taumelt Polymestor aus dem Zelt. Wie ein vierbeiniges Tier springt er über die Bühne, sucht die Frauen zu fassen, die ihn geblendet haben, schreit nach den Thrakern und den Achaiern um Hilfe. Auf die Rufe hin eilt Agamemnon herbei, und in seiner Gegenwart entspinnt sich ein Redekampf (Agon) zwischen Polymestor und Hekabe: Polymestor behauptet, Polydor getötet zu haben, um den Achaiern den möglichen Rächer zu beseitigen; Hekabe sieht den Mord an Polydor in der Habgier des Thrakers begründet. Agamemnon, der Schiedsrichter des Agons, stellt sich auf die Seite Hekabes. Voll Zorn schleudert Polymestor den beiden die Weissagungen des thrakischen Dionysos ins Gesicht: Hekabe wird, durch ihren Kummer wahnsinnig geworden, in einen Höllenhund mit Feueraugen verwandelt werden und, um einen Hügel streifend, den Seefahrern als Warnsignal dienen; Kassandra und ihr Liebhaber Agamemnon aber sollen von Klytaimestra ermordet werden. Der Griechenkönig läßt den lästigen Eiferer von seinem Gefolge wegschaffen; Hekabe aber gebietet er die Bestattung ihrer Kinder. Schon regt sich günstiger Fahrtwind, der die Griechen nach Hause bringen wird.

Selten hat Euripides den Zuschauern so viele düstere Gestalten vor Augen geführt wie in diesem Drama. Sie üben nicht das leidige Geschäft des Krieges aus, sondern sie morden in einem Augenblick, wo der Krieg vorbei zu sein scheint. Selbst Hekabe, zu Beginn eine hilflose Greisin, wird schließlich zu rachsüchtigen Mördern. Der Dichter zeichnet sie nicht so sehr als individuelle Person, er gibt vielmehr eine typologische Studie über die Wandlung des Menschen unter der Geißel eines furchtbaren Schicksals. Dabei erweist sich die scheinbar einfallslose Wiederholung des gleichen Motivs (Verlust eines Kindes), die zunächst ein Auseinanderfallen des Stücks in zwei Teile befürchten lassen könnte, als ein Mittel dramatischer Steigerung: Erst unter dem Übermaß des doppelten Leids wird die passiv Leidende zur Rächerin, die kaltblütig einen Mord plant und ausführen läßt.

Der griechischen Nachwelt hat die *Hekabe* anscheinend wenig zugesagt, was heute verständlich erscheinen mag. Dagegen schätzten die Dichter der römischen Republik das Stück, wie die *Hecuba* des Ennius und die gleichnamige Tragödie des Accius einst bezeugten. Auch die Spätantike und die Byzantiner fanden daran Gefallen. Erasmus hat das Werk ins Lateinische übertragen; in dieser Version führten Schüler Melanchthons das Stück als erste auf deutschem Boden gespielte antike Tragödie in Wittenberg auf (1525 oder 1526). H. W. S.

Ausgaben: Venedig 1503 (in *Tragōdiai heptakaideka*, Bd. 1). – Venedig 1507 (*Hecuba*; lat. Übers. d. Erasmus v. Rotterdam). – Oxford 1902 (in *Fabulae*, Hg. G. Murray, Bd. 1; Nachdr. zul. 1966). – Turin 1937 (*L'Ecuba*, Hg. A. Taccone; m. Komm.). – Dublin 1946 (*Hecuba*, Hg. M. Tierney; m. Komm.). – Rom 1955 (*Ecuba*, Hg. A. Garzya; m. Komm.). – Paris ²1956 (in *Euripide*, Bd. 2, Hg. L. Méridier; m. frz. Übers.).

Übersetzungen: *Hecuba*, W. Spangenberg, Straßburg 1605 (nach d. lat. Übers. d. Erasmus). – *Hekabe*, J. J. C. Donner (in *E.*, Bd. 1, Heidelberg 1841). – Dass., H. v. Arnim (in *Zwölf Tragödien*, Bd. 1, Wien/Lpzg. 1931; ern. Zürich 1958, in *Die Tragödien u. Fragmente*, Bd. 1). – Dass., J. J. C. Donner (in *Sämtl. Tragödien*, Bd. 1, Stg. 1958; bearb. v. R. Kannicht; Anm. B. Hagen; Einl. W. Jens; Kröners Taschenausg., 284). – Dass., E. Buschor (in *Die Kinder des Herakles ... Vier Tragödien*, Mchn. 1963).

Literatur: G. Perotto, *L'»Ecuba« e le »Troadi« di Euripide* (in Atene e Roma, 6, 1925, S. 264–293). – J. A. Spranger, *The Problem of the »Hecuba«* (in Classical Quarterly, 21, 1927, S. 155–158). – Schmid-Stählin, 1/3, S. 463–474. – W. Zürcher, *Die Darstellung des Menschen im Drama d. E.*, Basel 1947, S. 73–84 (Schweizerische Beiträge z. Altertumswiss., 2). – W. H. Friedrich, *E. u. Diphilos*, Mchn. 1953, S. 30–46 (Zetemata, 5). – D. J. Conacher, *E.' Hecuba«* (in AJPh, 82, 1961, S. 1–26). – A. Lesky, *Die tragische Dichtung der Hellenen*, Göttingen ²1964, S. 170–172 [m. Bibliogr.].

HELENĒ (griech.; *Helena*). Tragödie des Euripides (um 485–406 v. Chr.), aufgeführt an den Dionysien des Jahres 412 in Athen. – Euripides hat dem Drama eine Nuance des Mythos zugrunde gelegt, die auf den Lyriker Stesichoros zurückgeht. Dieser hatte, so wird berichtet, die schöne Helena als bezaubernde, aber treulose Frau dargestellt und war zur Strafe dafür erblindet. In einer Palinodie erfand er sodann die Version, Paris habe Helena zwar geraubt, sei mit ihr aber nur bis Ägypten gelangt; dort habe König Proteus sie in Gewahrsam genommen, und Paris sei mit einem Phantom nach Troia gefahren. So sei die Gemahlin des Menelaos unberührt geblieben. Diese Tendenz, Helena von der Schuld des Ehebruchs zu befreien, verstärkt Euripides, indem er sie zu Beginn des Prologs (V. 1–163) in einem Monolog berichten läßt, wie sie in das Ränkespiel der Götter geriet. Von Aphrodite wurde sie bei der Schönheitskonkurrenz der drei Göttinnen dem Paris als Belohnung für seinen Richterspruch ausgesetzt. Hera, die Schutzherrin der Ehe, ertrug diese doppelte Niederlage nicht und ließ Helena von Hermes nach Ägypten bringen; Paris mußte sich von allem Anfang an mit einem Trugbild begnügen. So blieb Helena rein, und Zeus konnte trotz allem seinen Plan durchführen, die Erde durch einen Krieg von der Überfülle an Menschen zu befreien. Wiederholt klingt – mitten im Peloponnesischen Krieg zwischen Athen und Sparta – das Paradoxe dieses blutigen Ringens an, das, von den Göttern inszeniert, um eines Phantoms willen entbrannte und zwei blühende Völker vernichtete.

Der Exposition des Geschehens gilt der erste Teil des Dramas (V. 1–514). Helena hat – zu Beginn des

Prologs – am Grabmal des Proteus Zuflucht vor dem zur Ehe drängenden Theoklymenos gesucht. Durch Teukros erfährt sie, welches Leid um ihretwillen über ihre Familie, die Griechen und die Troianer gekommen ist. Ihr Gemahl Menelaos wird als vermißt gemeldet. In der Monodie der Parodos (V. 164–251) und dem anschließenden lyrischen Dialog mit dem Chor beklagt sie ihr Geschick. Die erste Hälfte (V. 252–329) des ersten Epeisodions (V. 252–514) wiederholt in Sprechversen die Motive der Parodos: das Leben erscheint Helena sinnlos. Schließlich kann der Chor sie überreden, die Seherin Theonoe, Schwester des Theoklymenos, nach dem Schicksal des Menelaos zu fragen und ihre Hikesie (Flucht an den Altar) – die dramatisch bisher noch gar nicht relevant geworden ist – wiederaufzugeben. Beide verlassen nach einem lyrischen Dialog die Bühne. Damit bekommt in der Mitte des Epeisodions Menelaos die Möglichkeit, auf leerer Bühne in einem zweiten Prolog seine eigene Situation zu exponieren. In einer burlesken Szene wird der schiffbrüchige, in Lumpen gehüllte König zwar von einem alten Weib abgewiesen, aber er erhält immerhin die Information, er befinde sich in Ägypten und Helena weile im Palast. Ein abschließender Monolog offenbart die Ausweglosigkeit, in die ihn die neue Kunde und die Abweisung gestürzt haben. – Der zweite Teil des Dramas (V. 515–1164) beginnt mit dem Wiedereinzug des Chors, der von der Weissagung Theonoes singt, Menelaos lebe noch (V. 515 bis 527). Die Fuge zwischen dem informierenden ersten Teil und dem für das Euripideische Alterswerk typischen Großepeisodion (V. 528–1106) ist nur schwach markiert. In diesem Großepeisodion verbindet Euripides, was typisch für eine ganze Gruppe seiner Dramen ist, die beiden Motive Anagnorisis (Wiedererkennung) und Mechanema (Intrige). Bei der Begegnung der beiden Gatten sträubt sich Menelaos zunächst, in seinem Gegenüber Helena zu erkennen – er hat diese ja in Troia gesehen. Da erscheint ein alter Mann und meldet, Helena, um die man vor Troia gekämpft habe, sei gen Himmel aufgefahren. Nunmehr steht der Wiedersehensfreude, die sich in einem langen lyrischen Dialog äußert, nichts mehr im Wege. Wie aber sollen sie nun in die Heimat zurückgelangen? Nur eine List wird ihnen helfen, in die es freilich die allwissende Theonoe einzuweihen gilt: Menelaos soll der Bote seines eigenen Todes werden, und Helena soll ihm dann auf dem Meere das Totenopfer bringen. Den Abschluß des Mittelteiles bildet das weit hinausgerückte erste Stasimon des Dramas (V. 1107–1164), in dem der Chor vor Menelaos die unsinnigen Leiden der Troia-Expedition beklagt. – Der Durchführung der Intrige gilt der dritte Teil des Dramas (V. 1165–1692). Im dritten Epeisodion (V. 1165–1300) erscheint Theoklymenos: die Täuschung gelingt. Im Palast soll das Totenopfer vorbereitet werden. Auch das kurze vierte Epeisodion (V. 1369–1450), das dem intermezzoartigen zweiten Stasimon (V. 1301–1368) folgt, dient dieser Vorbereitung. Theonoe hat nichts verraten, Helena darf selbst auf das Meer hinausfahren, mit einem Schiff, das der »Bote« Menelaos befehligen soll. All dies gewährt Theoklymenos seiner, wie er glaubt, künftigen Braut. Im dritten Stasimon (V. 1451–1511), das auf Motive des Propemptikons (Geleitgedicht) zurückgreift, begleitet der Chor die Entfliehenden mit guten Wünschen. In typischer Form tritt zu Beginn des Schlußteils, der Exodos (V. 1512–1692), ein Bote auf und meldet seinem Herrn den Betrug der beiden. Theoklymenos will den Verrat an seiner Schwester rächen, doch die Dioskuren als *dei ex machina* gebieten Einhalt und verkünden der Willen der Götter. Es fehlt der Tragödie, so möchte man meinen, das eigentlich Tragische. Am ehesten kann man sie mit den Romanzen SHAKESPEARES vergleichen. Die heroische Unbedingtheit einer Medea oder das grausame Schicksal eines Hippolytos sucht man in den Euripideischen Dramen der Jahre um 412 vergeblich. Es ist Tyche, die Göttin des Zufalls, die ihr bisweilen hartes, aber doch glücklich endendes Spiel mit dem Menschen treibt: sie führt ihn in die Ausweglosigkeit, aber seine Wohlberatenheit löst die Wirrnisse. Hierin ist Euripides am Ende des 5. Jh.s ein Vorläufer hellenistischen Lebensgefühles geworden: die Motivik der *Helena* findet ihre Fortsetzung in der Komödie und im Roman des Hellenismus. H. W. S.

AUSGABEN: Venedig 1503 (in *Tragōdiai heptakaideka*, Bd. 2). – Oxford ²1913 (in *Fabulae*, Hg. G. Murray, Bd. 3; Nachdr. zul. 1960). – Turin 1943 (*Elena*, Hg. G. Ammendola). – Groningen 1949, Hg. G. Italie, ? Bde. [m. Komm.]. – Liverpool 1950 (*Helena*, Hg. A. Y. Campbell; m. Komm.). – Paris 1950 (in *Euripide*, Bd. 5, Hg. H. Grégoire, L. Méridier u. F. Chapouthier; m. frz. Übers.). – Lpzg. 1964, Hg. K. Alt [m. Bibliogr.].

ÜBERSETZUNGEN: *Helena in Aegypten*, F. Nüscheler, Zürich 1780 [Prosa]. – *Helena*, Ch. M. Wieland (in *Neues attisches Museum*, Bd. 1, 1805, S. 47 bis 158). – Dass., J. J. C. Donner (in *E.*, Bd. 2, Heidelberg 1845). – Dass., H. v. Arnim (in *Zwölf Tragödien*, Bd. 2, Wien/Lpzg. 1931). – Dass., J. J. C. Donner, bearb. v. R. Kannicht (in *Sämtliche Tragödien*, Bd. 1, Stg. 1958; Anm. B. Hagen; Einl. W. Jens; Kröners Taschenausg., 284). – Dass., E. Buschor (in *Helena ... Vier Tragödien*, Mchn. 1963).

LITERATUR: H. Grégoire u. R. Goossens, *Les allusions politiques dans l'»Hélène« d'Euripide* (in Comptes Rendus de l'Académie des Inscriptions et Belles-Lettres, 1940, S. 206–227). – E. Buonaiuti, *»Elena«; Vita e morte nella tragedia greca* (in Religio, 1935, S. 263f.; 315–320). – F. Solmsen, *Zur Gestaltung des Intriguenmotivs in den Tragödien des Sophokles und E.* (in Phil, 87, 1932, S. 1–17). – G. Busch, *Untersuchungen zum Wesen der ›tychē‹ in den Tragödien des E.*, Diss. Heidelberg 1937. – Schmid-Stählin, 1/3, S. 501–517. – W. Ludwig, *Sapheneia. Ein Beitrag zur Formkunst im Spätwerk des E.*, Diss. Tübingen 1954. – K. Matthiessen, *»Elektra«, »Taurische Iphigenie« und »Helena«*, Göttingen 1964 (Hypomnemata, 4). – G. Zuntz, *On E.' »Helena«: Theology and Irony* (in Entretiens sur l'Antiquité Classique, 6, 1958, S. 199–227). – A. N. Pippin, *E.' »Helen«, a Comedy of Ideas* (in Classical Philology, 55, 1960, S. 151–163). – K. Alt, *Zur Anagnorisis der »Helena«* (in Herm, 90, 1962, S. 6–24). – A. Lesky, *Die tragische Dichtung der Hellenen*, Göttingen ²1964, S. 183–186 [m. Bibliogr.].

HĒRAKLEIDAI (griech.; *Die Herakliden*). Tragödie des EURIPIDES (um 485–406 v. Chr.), entstanden vermutlich um das Jahr 430 (vielleicht auch erst 427). – Zu den mythischen Ruhmestaten Athens zählte, wie wir aus HERODOT wissen, unter anderem der Schutz der von Eurystheus verfolgten

Herakles-Kinder sowie die gewaltsame Rückforderung der vor Theben gefallenen Helden. Diese Stoffe sind, nachdem sie schon AISCHYLOS in zwei verlorengegangenen Dramen behandelt hatte, von Euripides in den *Herakliden* und den *Hiketiden* erneut aufgegriffen worden, nicht ohne Bezug zu den aktuellen Nöten Athens im Peloponnesischen Krieg. Ihrer motivischen Struktur nach gehören sie ebenso wie die *Andromache* und der *Herakles* zu den Hikesie-Dramen, deren Grundmodell sich etwa so beschreiben läßt: Menschen suchen in großer Not vor ihren Feinden Schutz an einem heiligen Ort (Asyl), wo sie dann schließlich, meist durch den Auftritt einer neuen Person, Rettung finden. Da Euripides die *Herakliden* um das Opfermotiv bereichert hat, ist die formale Gestalt des Dramas etwas schwer zu durchschauen.

Das Expositionsbild des Prologs (V. 1-72) zeigt Iolaos, den einstigen Gefährten des Herakles, mit dessen Söhnen hilfesuchend am Götteraltar in Marathon, während Herakles' Mutter, Alkmene, mit den Mädchen im Tempel selbst Schutz gesucht hat. Der unmittelbar nach dem Expositionsbericht auftretende Abgesandte des feindlichen argivischen Herrschers Eurystheus schreitet sogleich zur Gewalttat und stößt Iolaos vom Altar. Auf seinen Hilferuf hin eilt der Chor herbei: das Einzugslied des Chores, die Parodos (V. 73-119), ist in das dramatische Geschehen integriert. Da in der dialogischen Auseinandersetzung zwischen dem Chor und Iolaos einerseits und dem argivischen Gesandten andererseits die Hauptgestalten schon vorgestellt sind, kann mit dem Auftritt des – von seinem Bruder Akamas begleiteten – athenischen Königs Demophon, der das erste Epeisodion (V. 120-352) einleitet, nach kurzer Information durch den Chor sogleich die agonale Auseinandersetzung beginnen: Der Argiver fordert die Auslieferung der Herakliden, Iolaos weist dieses unrechtmäßige Verlangen zurück und bittet Demophon mit gewichtigen Argumenten, sie nicht dem Feinde preiszugeben. Demophons zustimmende Antwort mündet in ein für den Agon typisches Streitgespräch: unter Kriegsdrohung zieht sich der Argiver zurück. Iolaos' Dank und Demophons Bereitschaft, sich aktiv für die Rettung der Bittflehenden einzusetzen, beschließen diese Szene. – Im zweiten Epeisodion (V. 381-607) wird diese Bereitschaft Demophons zwar noch einmal erneuert, doch sogleich in ihrer Wirksamkeit aufgehoben, indem eine bisher unbekannte Bedingung für die Rettung genannt wird: Aus alten Orakelsprüchen geht deutlich hervor, daß allein das Opfer einer Jungfrau den rettenden Sieg im Kampf gegen die Argiver ermöglicht. Diese recht fremdartig wirkende Bedingung ist nur als Ausdruck einer bestimmten dramaturgischen Absicht des Dichters verständlich: die Hilfe sollte nicht von der motivbedingten Rettergestalt, nämlich Demophon, kommen, sondern, in pointierter Vertauschung der Rollen, von den hilflos Bittenden selbst. Bei Demophons Weggang nämlich tritt Makaria, eine der Herakles-Töchter, aus dem Tempel und erklärt sich, nachdem sie die neue Lage erfahren hat, bereit, freiwillig zu sterben. Mit diesem Opfermotiv, mag es auch in den *Herakliden* nicht befriedigend in den Gesamtgeschehensablauf eingefügt sein, werden Gedanken angeschlagen, die das Werk des Euripides von der *Alkestis* bis zur *Helena* immer wieder entscheidend mitbestimmen. Ein kontrastierendes Pendant zu Makarias heroischem Opfermut bringt das dritte Epeisodion (V. 630-747). Iolaos, Herakles' alter Waffengefährte, der durch den Herakles-Sohn Hyllos vom bevorstehenden Kampf gegen die Argiver gehört hat, will unbedingt am Gefecht teilnehmen, obwohl er vor Altersschwäche nicht einmal mehr seine Waffen tragen kann; ein Diener muß ihn in den Kampf schleppen: das Tragisch-Heroische spiegelt sich in komischer Brechung. Das vierte Epeisodion (V. 784-891) trägt den für die Hikesie-Dramen ebenfalls typischen Siegesbericht nach, freilich – was befremdet –, ohne daß auf Makaria und ihren Anteil an diesem Sieg noch einmal verwiesen wird. Die etwas verstümmelt überlieferte Exodos (V. 928 ff.) endlich zeigt – als eindrucksvolles Gegenbild zur Expositionsszene – den besiegten Eurystheus zusammen mit der triumphierenden Alkmene. In dieser Schlußkonfrontation werden noch einmal typisch Euripideische Gestalten einander übergestellt: hier die an Medea gemahnende, von fanatischem Haß erfüllte Herakles-Mutter, dort der erbärmliche, einst so mächtige Eurystheus, dessen eigentliches Handlungsmotiv, wie jetzt deutlich wird, nur die Angst vor den hilflosen Herakles-Kindern war.

Die *Herakliden* haben in der Literatur keine große Resonanz gefunden, sieht man von BODMERS Epos *Makaria* ab. Daran mag einerseits ihre Zeitbedingtheit schuld sein – August Wilhelm von SCHLEGEL hat abschätzig von »Gelegenheitstragödien« gesprochen (womit er auch die Euripideischen *Hiketiden* meinte) –; andererseits wird man geneigt sein, dafür auch die in manchem mangelhafte kompositorische Ausarbeitung verantwortlich zu machen. Daß dieses Manko gar nicht auf den Dichter, sondern auf einen kürzenden Bearbeiter des folgenden Jahrhunderts zurückgehe, hat sich aber bis zum gegenwärtigen Zeitpunkt noch nicht bündig erweisen lassen.   J. Kop.

AUSGABEN: Venedig 1503 (in *Tragōidiai heptakaideka*, Bd. 2). – Oxford 1902 (in *Fabulae*, Hg. G. Murray, Bd. 1; Nachdr. zul. 1966). – Florenz 1939 (*Gli Eraclidi*, Hg. B. Calzaferri; m. Komm.). – Turin 1943 (Dass., Hg. A. Maggi; m. Komm.). – Paris 1947 (in *Euripide*, Bd. 1, Hg. L. Méridier; m. frz. Übers.).

ÜBERSETZUNGEN: *Die Herakliden*, F. H. Bothe (in *Werke*, Bd. 3, Bln./Stettin 1802). – Dass., J. J. C. Donner (in *E.*, Bd. 3, Heidelberg 1852). – Dass., ders. (in *Sämtliche Tragödien*, Bd. 1, Stg. 1958; bearb. v. R. Kannicht, Anm. B. Hagen, Einl. W. Jens; Kröners Taschenausg., 284). – Dass., F. Stoessl (in *Die Tragödien u. Fragmente*, Bd. 1, Zürich 1958). – *Die Kinder des Herakles*, E. Buschor (in *Die Kinder des Herakles ... Vier Tragödien*, Mchn. 1963).

LITERATUR: J. Schmitt, *Freiwilliger Opfertod bei E.*, Gießen 1921 (Religionsgeschichtliche Versuche u. Vorarbeiten, 17/2). – Schmid-Stählin, 1/3, S. 417 bis 428. – G. Zuntz, *Is the »Heraclidae« Mutilated?* (in Classical Quarterly, 41, 1947, S. 46–52). – Ders., *The Political Plays of E.*, Manchester 1955 [Nachdr. 1963]. – F. Stoessl, *Die »Herakliden« des E.* (in Phil, 100, 1956, S. 207–234). – H. Strohm, *E.*, Mchn. 1957, S. 50–63 (Zetemata, 15). – J. W. Fitton, *The »Suppliant Women« and the »Herakleidai« of E.* (in Herm, 89, 1961, S. 430–461). – H. Förs, *Dionysos und die Stärke der Schwachen*, Diss. Tübingen 1964, S. 95–112. – A. Lesky, *Die tragische Dichtung der Hellenen*, Göttingen ²1964, S. 174 bis 176; 245 [m. Bibliogr.].

HĒRAKLĒS (griech.; *Herakles*). Tragödie des EURIPIDES (um 485–406 v. Chr.), entstanden etwa zwischen 421 und 415. – Im traditionellen Mythos waren die bekannten zwölf Arbeiten, die Herakles auf sich nehmen muß, als Sühne für seine Wahnsinnstat verstanden: den Mord an seinen eigenen Kindern. Euripides löst in seinem *Herakles* (der sich durch die Hauptgestalt mit SOPHOKLES' *Trachiniai – Die Trachinierinnen*, durch seine Motivik mit dessen *Aias* berührt) diese kausale Verknüpfung des Geschehens auf und läßt die siegreichen Kämpfe des Helden der Mordtat vorausgehen, um so die Peripetie eines Heldenschicksals von anfänglicher Größe zu erniedrigender Demütigung aufzuzeigen. Diese – der *Andromachē* vergleichbare – Sinnstruktur ergibt zwar eine gewisse Zweiteiligkeit der Form, doch wird das Drama einerseits durch die dominierende Stellung der Hauptgestalt, andererseits durch die motivische Beziehung der beiden Teile zusammengehalten. Bei diesem zwiefach verwendeten Zentralmotiv handelt es sich um das auch aus *Hērakleidai*, *Hiketides* und *Andromachē* bekannte Modell der Hikesie, das sich in seiner allgemeinsten Form als Rettung der an einen heiligen Ort (Asyl) geflüchteten Bittflehenden vor ihren Feinden darstellt.
Das Drama beginnt mit dem für die Hikesie typischen Expositionsbild. Es zeigt Herakles' Vater und Mutter, Amphitryon und Megara, sowie seine Kinder am Altar in Theben sitzend, wo sie vor dem Usurpator Lykos Schutz gesucht haben. In dem dialogisch gestalteten Prologgespräch zwischen Amphitryon und Megara (V. 1–106) wird in geraffter Form die Auswegslosigkeit der Situation geschildert; zugleich dient der Prolog dazu, die für das weitere Geschehen kennzeichnenden möglichen Grundhaltungen der Bittflehenden aufzuzeigen: hier Hoffnung auch in hoffnungslosester Lage (Amphitryon), dort Opferbereitschaft als einziger Weg, sich selbst treu zu bleiben (Megara). Dieser Dialog setzt sich im ersten Epeisodion (V. 140–347) fort, nachdem sich mit dem Auftritt des Usurpators Lykos die Situation so sehr verschärft hat, daß die Notwendigkeit, sich für ein erniedrigendes Flehen um das Leben oder für einen ehrenhaften Tod zu entscheiden, unausweichlich wird; Megara und Amphitryon sind am Ende zum Tod bereit. Freilich, das Opfer, hier wie in den *Herakliden* in das Hikesiemotiv integriert, ist faktisch irrelevant und wird nur als moralische Demonstration wirksam, am Plan des Lykos vermag es nichts zu ändern. – Das zweite Epeisodion (V. 442–636) zeigt in dramatischer Engführung zunächst Megara, Amphitryon und die Kinder in Totenhemden auf ihrem letzten Weg und sodann, auf dem Höhepunkt ihrer Not, die einsetzende Gegenbewegung, die mit dem unerwarteten Auftritt des Herakles die Möglichkeit zur Rettung bringt. Auf seine erstaunte Frage hin wird Herakles nach kurzer Begrüßung in die gegenwärtige Situation eingeführt, woraus unmittelbar der Racheplan gegen Lykos entspringt. Da Lykos bei seinem Auftritt, der das kurze dritte Epeisodion (V. 701–762) einleitet, von Herakles' Ankunft noch nichts weiß, kann im folgenden Dialog zwischen ihm und Amphitryon, der, dem Racheplan entsprechend, allein aus dem Hause tritt, die Dialektik von Wissen und Nichtwissen dramatisch wirkungsvoll ausgespielt werden. Lykos will, da Amphitryon sich weigert, endlich selbst die Todgeweihten aus dem Hause holen und läuft so dem wartenden Rächer direkt in die Arme. Lykos' Schreie aus dem Raum hinter der Szene lösen schließlich die erregte Spannung. – Statt des an dieser Stelle nun zu erwartenden Botenberichts über die Rachetat an Lykos erfolgt im vierten Epeisodion (V. 815–1015) als pointierte Umkehrung die Androhung der Rache an Herakles von seiten seiner ihm immer noch grollenden Stiefmutter Hera. Diese Drohung wird im Gespräch zwischen Iris und Lyssa deutlich, die im Auftrag Heras die Rachetat an Herakles zu vollziehen haben: im Wahnsinn soll er Frau und Kinder umbringen. Dieser unerwartete Umschwung und seine etwas künstlich wirkende Motivation hat – wie in den *Herakliden* – die dramaturgische Funktion, den strahlenden Sieger auf dem Höhepunkte seines Wirkens (das ist die Rettung der Seinen) selber tragisches Opfer eines vernichtenden Anschlags werden zu lassen. Herakles' Rache an Lykos und Heras Rache an Herakles werden zu einer Einheit verschmolzen: Die Schreie des sterbenden Lykos verbinden sich mit den Schreien des klagenden Amphitryon; an die Stelle des erwarteten Siegesberichts über Lykos' schmähliches Ende tritt die Klage über Herakles' grausame Mordtat. Der umfangreiche Schlußteil, die Exodos des Dramas (V. 1089–1428), schildert in freier motivischer Abwandlung der im ersten Teil inszenierten Hikesie die Hilflosigkeit des vernichteten Helden, der erwacht und nach und nach von seiner Tat erfährt. Der Rolle des Herakles als Retter im ersten Dramenteil entspricht jetzt die Rolle des Freundes Theseus. Im Gespräch mit ihm findet Herakles zu sich selbst zurück, indem er auch diese Tat als Teil seines bisherigen mühsamen Schicksalsweges versteht; zusammen mit Theseus, der einmal mehr als der strahlende athenische Helfer erscheint (vgl. *Hiketiden*), verläßt er die Bühne, um nach Athen zu gehen.
Welchen Eindruck das Stück bei seiner Aufführung hervorrief, wissen wir nicht; daß es in hellenistischer Zeit noch mehrfach gespielt wurde, ist überliefert. Die Gloriole eines »Zivilisationsheros« und eines segensreichen Dulders hat wohl erst Euripides der Herakles-Gestalt verliehen, und vor allem der Dulder wurde dann für die Kyniker zu einem idealen Vorbild. Eine Nachdichtung des *Herakles* unternahm erst SENECA in seinem *Hercules furens* – allerdings mit starken Variationen –, diese spätere Version hat die Kenntnis des Stoffes lebendig erhalten. J. Kop.

AUSGABEN: Venedig 1503 (*Hēraklēs mainomenos*, in *Tragōdiai heptakaideka*, Bd. 2, Anhang). – Bln. 1889; ²1895 (*Euripides Herakles*, Hg. U. v. Wilamowitz-Moellendorff, 2 Bde.; m. Einl., Komm. u. Übers.; Nachdr. Darmstadt 1959, 3 Bde.). – Oxford ³1913 (in *Fabulae*, Hg. G. Murray, Bd. 2; Nachdr. zul. 1962). – Paris 1950 (in *Euripide*, Bd. 3, Hg. L. Parmentier u. H. Grégoire; m. frz. Übers.).

ÜBERSETZUNGEN: *Der wütende Herkules*, F. H. Bothe (in *Werke*, Bd. 1, Bln./Stettin 1802). – *Der rasende Herakles*, J. J. C. Donner (in *E.*, Bd. 3, Heidelberg 1852). – *Herakles*, U. v. Wilamowitz-Moellendorff (in *Griechische Tragödien*, Bd. 1, Bln. ¹⁰1926). – *Der Wahnsinn des Herakles*, E. Buschor (in *Medeia ... Drei Tragödien*, Mchn. 1952). – *Herakles*, J. J. C. Donner (in *Sämtliche Tragödien*, Bd. 1, Stg. 1958; bearb. v. R. Kannicht, Anm. B. Hagen, Einl. W. Jens; Kröners Taschenausg., 284).

LITERATUR: A. Ardizzoni, *L'»Eracle« di Euripide* (in Atene e Roma, 1937, S. 46–71). – E. Kroeker, *Der »Herakles« des E.*, Diss. Lpzg. 1938. – Schmid-

Stählin, 1/3, S. 430–449. – H. Drexler, *Zum »Herakles« des E.*, Göttingen 1943 (NGG, 1943/9). – W. Zürcher, *Die Darstellung des Menschen im Drama des E.*, Basel 1947, S. 90–107 (Schweizerische Beiträge zur Altertumswissenschaft, 2). – A. Lesky, *Die tragische Dichtung der Hellenen*, Göttingen ²1964, S. 178/179 [m. Bibliogr.].

HIKETIDES (griech.; *Die Schutzflehenden*). Drama des EURIPIDES (um 485–406 v. Chr.). – Die Datierung des Stückes ist ungewiß, sie schwankt zwischen den Jahren 424 und 416; ein Ereignis des Peloponnesischen Krieges spricht für die Entstehung im Jahre 424: die Boioter hatten damals die Herausgabe der athenischen Gefallenen verweigert. Den Mythos des Dramas hat bereits AISCHYLOS in den *Eleusinioi (Die Eleusinier)* behandelt. Nach dem Kampf der »Sieben gegen Theben« (vgl. *Hepta epi Thēbas*) weigert sich Kreon, sie Leichen der Angreifer zur Bestattung freizugeben. Die Mütter der Sieben begeben sich daraufhin nach Athen und bitten Theseus um Unterstützung. Der athenische Nationalheros hilft den Flehenden und sorgt für die Bestattung der Gefallenen.

Das Euripideische Drama beginnt mit einem gestellten Bild. Aithra, die Mutter des Theseus, spricht den Prolog (V. 1–41); sie steht am Altar von Demeter und Kore in Eleusis und fleht um Segen für ihre Familie und ihr Land. Zu ihren Füßen lagern mit dem Chor des Dramas, die Mütter der Sieben mit ihrem Anführer Adrastos und erbitten den Beistand Athens: Theseus soll mit der Kraft seines Wortes oder Speeres den Thebanern die Leichen ihrer Kinder entreißen. Sieben Angreifer waren es, so kommen nun sieben Mütter nach Athen und erwarten ihre sieben Kinder zurück. Während ein Bote Aithras auf dem Wege zu Theseus ist, wiederholt der Chor im ersten Stasimon (V. 42–86) seine Bitten, deren Pathos sich schließlich zu einer rituellen Totenklage steigert. Die eigentliche Parodos, das Einzugslied des Chores, entfällt, da der Chor zu Beginn des Dramas bereits auf der Bühne ist. Gleich zu Beginn des ersten Epeisodions (V. 87–364) erscheint Theseus, und es kommt zu der für die Hikesie-Dramen typischen Szene zwischen »Schutzflehendem« und »Retter«. In einer Stichomythie läßt sich Theseus von Aithra und Adrast die jetzige Situation und die Vorgeschichte des Zuges der Sieben erläutern: Aufgrund eines delphischen Orakelspruchs hat Adrast seine beiden Töchter einem »Löwen« und einem »Eber«, Polyneikes und Tydeus, zwei landflüchtigen Fremden, zur Ehe gegeben. Um den Schwiegersöhnen zu helfen, zog er, trotz der Warnung der Götter, mit in den Krieg gegen Theben. In einer ersten Bittszene trägt Adrast sodann, allerdings mit schwachen Argumenten, sein Anliegen vor; doch Theseus ist nicht gewillt, den Wunsch der Argeier zu erfüllen. Er ist ein moderner Herrscher, der an die Macht menschlichen Fortschritts und an die Vernunft glaubt: und aus dieser Sicht war das Unternehmen der Argeier dumm und frevlerisch. Schon will Adrast das eleusinische Heiligtum verlassen, da erinnert die Chorführerin den attischen König daran, daß er aufgrund der Blutsverwandtschaft zur Hilfe verpflichtet ist. Das ermuntert den Chor zu erneuten Bitten. Aithra verhüllt weinend ihr Haupt. Sie versteht am ehesten die Sorge der Mütter, und sie weiß auch, was ihrem Sohne dient: es bringe einem Herrscher und seiner Stadt Ruhm und Ehre, die Rechte der Toten und der Götter gegen Frevler durchzusetzen; man werde ihn feige nennen, weil er nur auf der Jagd mit Ebern kämpfe, dem Streit mit den Waffen aber ausweiche. Theseus sieht die Einseitigkeit seiner vorigen Überlegung ein und revidiert seine Entscheidung: unter der Voraussetzung, daß das Volk seinem Vorhaben zustimmt, nimmt er die Hikesie an.

Das zweite Stasimon (V. 365–380) überbrückt den Zeitraum dieses hinter der Szene gefaßten Entschlusses: Hoffnung und Sorge sind der Tenor des kleinen Liedes. Zu Beginn des zweiten Epeisodions (V. 381–597) kommt Theseus mit seinem Herold zurück, der mit der athenischen Forderung und einer entsprechenden Drohung nach Theben geschickt werden soll. Noch während er ihm seine Instruktionen erteilt, tritt ein thebanischer Herold auf, und es kommt zu einer Streitszene, einem Agon, der zweiten typischen Konstellation des Hikesie-Dramas: der »Feind« meldet gegenüber dem »Retter« seine Ansprüche an. Nach einem Wortgefecht über die Vorzüge der Monarchie und der Demokratie trägt der Herold das thebanische Verbot vor, die Argeier aufzunehmen und ihre Rechte zu vertreten; auch er droht mit Krieg. Beherrscht und mit sicheren Argumenten weist Theseus auf das unkluge und frevelhafte Verhalten Thebens hin und nennt nur seinerseits dem Herold die athenische Forderung. Die folgende Streitstichomythie zeigt die Unvereinbarkeit der Standpunkte: die Waffen werden entscheiden müssen. Abermals überbrückt der Chor mit dem dritten Stasimon (V. 598–633) die Zeit während der hinter der Szene getroffenen Entscheidung. Zu Beginn des dritten Epeisodions (V. 634–777) eilt ein Bote herbei; er meldet den Sieg des Theseus und schildert den Verlauf der Schlacht. Besonders leuchtend wird die Humanität des Siegers hervorgehoben: er verschont die besiegte Stadt und birgt selbst, ohne die Hilfe von Sklaven, die vor Theben liegenden Toten. Jubel und Klage bestimmen das kurze vierte Stasimon (V. 778–793): siegreich kehrt der Herrscher Athens heim, doch er führt die Leichen der Kinder mit, die zu Beginn des vierten Epeisodions (V. 794–954) auf die Bühne getragen werden. Ein lyrischer Dialog des Adrast und der Mütter begleitet diese Aktion. Theseus kommt hinzu und fordert Adrast auf, eine *laudatio funebris* zu halten, welche die Menschen, nicht die Krieger ehrt. So sind es vornehmlich ethische Werte, die Adrast an Kapaneus, Eteoklos, Hippomedon, Parthenopaios und Tydeus rühmt. Der Chor der Mütter schließt mit wenigen Klageworten die Eloge. Theseus gedenkt der fernen Toten Amphiaraos und Polyneikes, ordnet die Verbrennung der Leichen an und läßt dem Kapaneus ein besonderes Grabmal errichten. Während die Toten fortgetragen werden, bejammern im fünften Stasimon (V. 955–979) die Mütter ihr künftiges kinderloses Leben, das voll Gram und Klage sein wird. Das Grabmal des Kapaneus wird errichtet, und auf ihm erscheint zu Beginn der Schlußszene, des Exodos (V. 980–1234), Euadne, die Gattin des Helden, bekundet zunächst in einer Monodie, sodann in iambischem Zwiegespräch mit ihrem Vater Iphis, sie wolle mit ihrem toten Gemahl zusammen verbrannt werden, und stürzt sich in die Flammen. In einer zweiten Szene des Exodos tragen die Söhne der Gefallenen die Urnen auf die Bühne. Auch Theseus erscheint nochmals auf der Bühne, Athene kommt als *dea ex machina* hinzu: Theseus verpflichtet Adrast zur Dankbarkeit gegenüber Athen, Athene verlangt ein Eidesopfer auf das Bündnis mit Argos. Den Söhnen der

Gefallenen aber verheißt sie, sie würden einmal Theben erobern und als »Epigonen« (vgl. *Epigonoi*) großen Ruhm gewinnen.

Es ist für den heutigen Leser schwer, dem Drama gerecht zu werden, da es mehr als andere Stücke die Kenntnis der Zeit des Peloponnesischen Kriegs und der politischen Situation voraussetzt und auf das Selbstverständnis Athens anspielt, das sich ein Zufluchtsort für die Verfolgten und ein Hort des Rechts zu sein rühmt. Der König des Dramas trägt unverkennbar die Züge des Perikles: alle geistigen und sittlichen Werte sind in ihm vereint, das Volk tut, was er will, und er wiederum nimmt Rücksicht auf dessen Wohlergehen und Willen. – Zudem sind die *Hiketiden* der uns fremden Topik der Hikesie-Dramen unterworfen – dem Dreiecksverhältnis von Schutzflehenden, feindlichem Verfolger und hilfreichem Retter, einem Bezugssystem, das an die festen Formen der Bittreden, des Agons und der Dankeshymnen gebunden ist. Eine besondere Variante dieser Konstellation ist es, wenn in den Euripideischen *Hiketiden* die »Schutzflehenden« eigentlich gar nicht um Schutz flehen, sondern um eine Hilfeleistung bei der Bergung der Toten. Außerdem nahm das Drama Elemente des Epitaphios, der staatlichen Feier zu Ehren der im Kriege Gefallenen, auf, so die *laudatio funebris* mit ihrer Paränetik am Schluß und die anschließende Klage der Mütter. – Euripides hat am Ende des Archidamischen Krieges sicherlich aufnahmebereite Hörer gefunden. Die Tendenz dieses Zeitstücks hat aber nicht die Vertiefung erfahren, wie sie beispielsweise Aischylos in den *Persai (Die Perser)* gelungen ist, und das mindert den Rang des Dramas. Diese Zeitbedingtheit dürfte auch der Grund dafür sein, daß es weder in der Antike noch in neuerer Zeit von einem Dramatiker neubearbeitet worden ist. H. W. S.

AUSGABEN: Venedig 1503 (in *Tragōdiai heptakaideka* 2 Bde.). – Oxford ³1913 (in *Fabulae*, Hg. G. Murray, Bd. 2; Nachdr. zul. 1962). – Ldn. 1936 (*The Suppliant Women*, Hg. T. Nicklin; nach d. Ausg. v. G. Murray; m. Komm.). – Paris 1950 (in *Euripide*, Bd. 3, Hg. L. Parmentier u. H. Grégoire; m. frz. Übers.). – Groningen 1951 (*Smekende vrouwen*, Hg. G. Italie; m. Komm.). – Turin 1956 (*Supplici*, Hg. G. Ammendola; m. Komm.).

ÜBERSETZUNGEN: *Die Flehenden*, F. H. Bothe (in *Werke*, Bd. 4, Bln./Stettin 1802). – *Die Schutzflehenden*, J. J. C. Donner (in *E.*, Bd. 3, Heidelberg 1852). – *Der Mütter Bittgang*, U. v. Wilamowitz-Moellendorff (in *Griechische Tragödien*, Bd. 1, Bln. ¹⁰1926). – *Die Schutzflehenden*, J. J. C. Donner, (in *Sämtliche Tragödien*, Bd. 2, Stg. 1958; bearb. v. R. Kannicht; Anm. B. Hagen; Einl. W. Jens; Kröners Taschenausg., 285). – *Die bittflehenden Mütter*, E. Buschor (in *Die Kinder des Herakles ... Vier Tragödien*, Mchn. 1963).

LITERATUR: Schmid-Stählin, 1/3, S. 449–462. – W. J. W. Koster, *De Euripidis »Supplicibus«* (in Mnemosyne, 3/10, 1942, S. 161–203). – B. Lavagnini, *Echi del rito Eleusinio in Euripide* (in AJPh, 68, 1947, S. 82–86). – G. Zuntz, *The Political Plays of E.*, Manchester 1955, S. 3–94; Nachdr. 1963. – Ders., *Über E.»Hiketiden«* (in MH, 12, 1955, S. 20–34). – J. W. Fitton, *The »Suppliant Women« and the »Herakleidai« of E.* (in Herm, 89, 1961, S. 430–461). – A. Lesky, *Die tragische Dichtung der Hellenen*, Göttingen ²1962, S. 176/177 [m. Bibliogr.].

HIPPOLYTOS STEPHANĒPHOROS (griech.; *Der bekränzte Hippolytos*). Tragödie des EURIPIDES (um 485–406 v. Chr.); sie wurde an den Dionysien des Jahres 428 in Athen aufgeführt und brachte Euripides den Sieg im Tragikerwettkampf. – Im Zentrum des Dramas steht das »Potiphar-Motiv«: Phaidra, die kretische Prinzessin – am Hofe des Minos ist man vertraut mit Liebesskandalen – und Gemahlin des athenischen Königs Theseus, liebt ihren Stiefsohn Hippolytos und vernichtet durch eine falsche Anschuldigung sein Leben, als er ihrem Drängen nicht nachgibt. Dieser Mythos war bereits zweimal, von Euripides im *Hippolytos kalyptomenos (Der verhüllte Hippolytos)* und von SOPHOKLES in der *Phaidra*, dramatisiert worden; doch sind beide Stücke verlorengegangen. Euripides hatte Phaidra zunächst als schamlose und unbeherrschte Frau charakterisiert, die auf offener Bühne versucht, ihren Stiefsohn zu verführen (das hatte offensichtlich die Athener schockiert und das Drama durchfallen lassen). In der Sophokleischen *Phaidra* ist Theseus anscheinend seit langer Zeit mit seinem Freund Peirithoos in der Unterwelt, und es erscheint fraglich, ob er überhaupt zurückkommen wird: Phaidras Liebe entspringt also weniger einer triebhaften Unbeherrschtheit des Augenblicks als der Qual des Alleinseins.

Vor dem Hintergrund dieser beiden Stücke wird man das erhaltene Drama des Euripides betrachten müssen. Im Prolog (V. 1–120) tritt zunächst Aphrodite auf. Ihr Werk wird sich, was sich während des Dramas ereignet: Hippolytos, der sie durch seine schroffe Reinheit und Einseitigkeit verletzt hat, soll ihr Opfer, Phaidra das Werkzeug ihrer Rache werden. Beiden ist der Tod vorausbestimmt. Eine zweite Szene zeigt den keuschen Artemis-Diener Hippolytos, der die Göttin der Liebe mißachtet. Dann zieht der Chor ein, singt in der Parodos (V. 121–169) von der Krankheit seiner Herrin Phaidra und sucht nach Wegen zur Heilung. Zu Beginn des ersten Epeisodions (V. 170–524) erscheint Phaidra mit ihrer Amme. In einer ersten Szene demonstriert der Dichter ihr irres Wesen: sie will jagen, will also in die Welt des Hippolytos einbrechen. Dessen Name fällt freilich erst in der folgenden Szene, im Zusammenhang mit der Frage nach der Ursache der Krankheit. Zweimal spricht ihn die Amme aus (V. 103; 352), und beide Male drückt sich die bestürzte Reaktion Phaidras auch dramaturgisch aus: jedesmal zerreißt der bisherige Vers-für-Vers-Dialog in Versstücke, und jedesmal wechselt daraufhin die Gesprächsform, zuerst von der Rede zur Stichomythie, dann von der Stichomythie zur Rede. Die Konsequenz der offenen Enthüllung ihrer Krankheitsursache heißt für Phaidra, ganz anders als im früheren Drama: Tod, um den Gatten und die Kinder vor der Schande zu bewahren. Die Amme ist allerdings anderer Meinung, und nach einem erregten Dialog, in dem der Dichter noch einmal deutlich die edle Gesinnung Phaidras zeigt, verläßt sie die Bühne, um irgendwie – das Mittel ist Phaidra unbekannt – einen Ausweg zu suchen.

Vor Phaidra, die auf der Bühne bleibt, besingt der Chor im ersten Stasimon (V. 525–564) Eros als mächtigen, Zerstörung bringenden Herrn über die Menschen. Diese düstere Ahnung wird gleich zu Beginn des zweiten Epeisodions (V. 565–731) bestätigt: Phaidra vernimmt aus dem noch hinterszenischen Gespräch zwischen der Amme und Hippolytos die schmähliche Zurückweisung des kupplerischen Antrags der Amme. Auf der Bühne

läßt Hippolytos seiner Entrüstung dann freien Lauf. Phaidra macht der Amme die heftigsten Vorwürfe; nachdem ihre frevlerische Liebe offenbar geworden ist, sieht sie endgültig nur noch den einen Ausweg: zu sterben. Aber zugleich wird sie auch noch einem anderen Unheil bringen. Auf leerer Bühne singt der Chor das zweite Stasimon (V. 732–775): er möchte in ferne Länder entfliehen, weil er ahnt, welches Unheil sich inzwischen vollzieht. Die Amme bestätigt die Ahnung zu Beginn des dritten Epeisodions (V. 776–1101) durch Rufe aus dem Palast: Phaidra hat sich erhängt. Da tritt Theseus auf, der nur für kurze Zeit abwesend war. Als er erfährt, was geschehen ist, beklagt er in einem lyrischen Wechselgesang mit dem Chor sein bitteres Leid. Die Entdeckung eines Briefs in der Hand seiner toten Gattin, in dem Hippolytos der Notzucht bezichtigt wird, wendet seinen Zorn gegen den Sohn: mit bittern Verwünschungen verflucht er den vermeintlichen Übeltäter. Dieser kommt hinzu, aber in der anschließenden Streitszene unterliegt er und wird von Theseus außer Landes gejagt. Der erste Teil des Fluchs hat sich damit erfüllt; die Erfüllung des zweiten und damit die Katastrophe wird in der ersten Szene der Exodos (V. 1151–1466), nach dem dritten Stasimon (V. 1102–1150), indirekt vorgeführt. Ein Bote stürzt auf die Bühne und meldet: die Pferde des Hippolytos haben vor einem heiligen Stier Poseidons gescheut und ihren Herrn zu Tode geschleift. Mit einem Hymnos auf Aphrodite schließt der Chor diese Szene ab: die Voraussage der Göttin im Prolog und die Anerkennung ihrer Macht durch den Chor rahmen die dramatischen Aktionen ein. – Noch ist freilich Theseus in seinem Irrtum befangen. Was in dem früheren Drama Phaidra vor ihrem Tode noch selbst gestanden hat, erläutert hier Artemis als *dea ex machina*. Mit scharfen Worten klagt sie den Frevel des Theseus an – doch seine Tat ist zugleich Schuld Aphrodites. Erst eine Kultstiftung der Artemis zu Ehren des Hippolytos gebietet dem Klagen über das böse Treiben der Götter Einhalt. Mit dem Tode des Helden, der sterbend auf die Bühne getragen worden ist, endet das Drama.
Euripides hat gegenüber dem früheren Stück die Rolle Phaidras stark abgewandelt. In Athen hat sie ihre Liebe zu Hippolytos geheimgehalten; nun aber, da Theseus für ein Jahr freiwilliger Verbannung mit ihr nach Troizen gegangen ist, wo Hippolytos im Hause seines Großvaters Pittheus lebt, unterliegt sie der Qual ihrer Leidenschaft. Schweigen, Enthaltsamkeit, Tod sind die Reaktionen der edlen Frau. Doch Aphrodite will es anders: die Amme erfährt das Geheimnis und teilt es Hippolytos mit. Nach der Enthüllung bleibt Phaidra nur übrig, mit dem Tod die Konsequenz aus der offenbarten Schande zu ziehen. Ihren Edelmut hat Euripides so stark herausgearbeitet, daß für den Weg zurück in die Bahnen des tradierten Mythos, d. h. für Phaidras Racheakt, kaum mehr eine Motivation bleibt. Das drückt sich schon äußerlich aus: nur knappe vier Verse vor ihrem Tode gelten dieser Tat. – Hippolytos ist zwar der Titelheld, aber in völlig passiver Rolle, nur Folie für die Gestalt Phaidras, die zweifellos die stärkeren dramatischen Möglichkeiten bietet. Das beweisen nicht zuletzt auch die *Phaedra* des Römers SENECA (der seinem Stück allerdings die erste euripideische Version zugrunde legte) und die dieser folgenden Dramen RACINES *(Phèdre)* und D'ANNUNZIOS *(Fedra)*, Abwandlungen des griechischen Vorbilds, die nur einen Ausschnitt aus der Geschichte der ungeheuren Nachwirkung des Euripideischen Hippolytos-Stoffs repräsentieren, der, vor allem aufgrund der Grundkonstellation des Potiphar-Motivs, bis weit in hellenistisch-christliche Zeit hinein unmittelbar auf Literaturwerke aller Art (Romane, Legenden, Biographien, Erbauungsliteratur) ausstrahlte.   H. W. S.

AUSGABEN: Florenz o. J. [ca. 1494–1496], Hg. I. Laskaris (in *Anthologia diaphorōn epigrammatōn ...*, 7 Bde.). – Bln. 1891, Hg. U. v. Wilamowitz-Moellendorff [m. Komm. u. Übers.]. – Oxford 1902 (in *Fabulae*, Hg. G. Murray, Bd. 1; Nachdr. zul. 1966). – Florenz 1942 *(Ippolito)*, Hg. A. Taccone; m. Komm.). – Paris ²1956 (in *Euripide*, Bd. 2, Hg. L. Méridier; m. frz. Übers.). – Leiden 1958, Hg. A. G. Westerbrink [m. Komm.]. – Florenz ²1958 *(Ippolito*, Hg. G. Ammendola; m. Komm.). – Oxford 1964, Hg. W. S. Barrett [m. Komm.].

ÜBERSETZUNGEN: *Hippolytus*, J. J. Steinbrüchel (in *Tragisches Theater der Griechen*, Zürich 1763). – *Hippolytos*, J. J. C. Donner (in *E.*, Bd. 1, Heidelberg 1841). – Dass., U. v. Wilamowitz-Moellendorff (in *Griechische Tragödien*, Bd. 1, Bln. [10]1926). – Dass., H. v. Arnim (in *Zwölf Tragödien*, Bd. 1, Wien/Lpzg. 1931; Nachdr. Zürich 1958, in *Die Tragödien u. Fragmente*, Bd. 1, Ffm./Hbg. 1960; EC, 14). – Dass., E. Buschor (in *Medeia ... Drei Tragödien*, Mchn. 1952). – Dass., J. J. C. Donner (in *Sämtliche Tragödien*, Bd. 1, Stg. 1958; bearb. v. R. Kannicht; Anm. B. Hagen; Einl. W. Jens; Krönérs Taschenausg., 284).

LITERATUR: L. Méridier, »*Hippolyte*« *d'Euripide*, Paris o. J. [1931]. – M. Braun, *History and Romance in Graeco-Oriental Literature*, Oxford 1938, S. 44 bis 93. – H. Herter, *Theseus und Hippolytos* (in RhMus, 89, 1940, S. 273–292). – W. B. Stanford, *The* »*Hippolytus*« *of E.* (in Hermathena, 63, 1944, S. 11–17). – Schmid-Stählin, 1/3, S. 379–390. – D. W. Lucas, »*Hippolytus*« (in Classical Quarterly, 40, 1946, S. 65–69). – B. M. W. Knox, *The* »*Hippolytus*« *of E.* (in Yale Classical Studies, 13, 1952, S. 1–31). – W. H. Friedrich, *E. u. Diphilos*, Mchn. 1953, S. 110–149 (Zetemata, 5). – M. Hadas, *Hellenistische Kultur*, Stg. 1963, S. 177–187. – H. Merklin, *Gott und Mensch im* »*Hippolytos*« *und den* »*Bakchen*« *des E.*, Diss. Freiburg i. B. 1964. – A. Lesky, *Die tragische Dichtung der Hellenen*, Göttingen ²1964, S. 165–168 [m. Bibliogr.].

ION (griech.; *Ion*). Tragödie des EURIPIDES (um 485–406 v. Chr.), aufgrund dramaturgischer Besonderheiten in die Zeit zwischen *Helena* (412) und *Orest* (408) zu datieren. – Der Mythos des Dramas führt in die Frühzeit der griechischen Stämme. Was Euripides der ihm vorliegenden Sage entnommen und was er selbst hinzugetan hat, läßt sich nicht mehr eindeutig ermitteln. Greifbar ist jedoch eine gewisse politische Tendenz, mit der er noch kurz vor dem Ende des Peloponnesischen Kriegs den Führungsanspruch Athens gegenüber den ionischen Städten rechtfertigen wollte. Kreusa, die Tochter des autochthonen athenischen Königs Erechtheus, wird von dem Gott Apollon haben einen Sohn, der den Namen Ion erhält und zum Ahnherrn der Ioner wird. Später heiratet sie einen Bundesgenossen ihres Vaters, Xuthos, den Sohn des Aiolos (Äoler), und wird mit ihm, wie es die *dea ex machina* Athene prophezeit, zwei weitere Söhne haben, Doros und Achaios, die Ahnherren des dorischen und des achäischen Stammes. Athen wird also als Urheimat der reinblütigen, von den

Göttern abstammenden Ioner dargestellt. Doch diese Tendenz bestimmt lediglich den Rahmen des Dramas, den Prolog und den Epilog der Götter. Im Zentrum der Tragödie stehen – für das Spätwerk des Euripides charakteristisch – die Menschen: Dem keineswegs allmächtigen Willen der Götter und dem tückischen Spiel der Tyche, des Zufalls, unterworfen, begegnen sie einander in einem Spiel gegenseitigen Nichtkennens und Verkennens.

Die dramatische Grundtopik bilden auch im *Ion* Anagnorisis (Wiedererkennen) und Mechanema (Intrige). Im Gegensatz zu den anderen Anagnorisis-Dramen *Elektra*, *Helena* und *Iphigenie bei den Taurern* betritt im *Ion* während des Prologs (V. 1 bis 81) keine der beiden menschlichen Parteien die Bühne: es ist ein reiner Götterprolog. Der Zeit und Raum überschauende Gott Hermes kommt im Auftrag seines Bruders Apollon nach Delphi. Er soll Kreusa und Xuthos, die Apoll wegen ihrer Kinderlosigkeit um Rat fragen wollen, Ion zuführen, den Diener des delphischen Heiligtums, den Kreusa in jungen Jahren dem Apoll geboren und dann ausgesetzt hat. Xuthos soll in Ion die Frucht eines eigenen Abenteuers früherer Jahre erkennen und ihn als Sohn und Erben mit nach Athen nehmen. So will es der Gott, damit sein Liebesabenteuer verborgen bleibe; aber die Rache der verletzten Frau durchkreuzt seinen Plan.

Die Eingangsszene der Parodos (V. 82–236) gehört zu den schönsten Stellen Euripideischer Lyrik: In einem Rezitativ besingt Ion den heraufziehenden Tag und die Reinheit göttlichen Lebens; der Chor, als Gefolge des Königspaars aus Athen gekommen, zieht ein, voll Bewunderung für die delphischen Kunstwerke. All dies hat die Funktion der Milieuschilderung. Im ersten Epeisodion (V. 237–451) treffen Mutter und Sohn, ohne sich zu kennen, erstmals aufeinander. Ion fragt zunächst Kreusa nach ihrem Namen, ihrer Herkunft, ihrem Kummer, dann läßt sich Kreusa Auskunft geben. Als das Stichwort »Mutter« fällt, erzählt Kreusa von dem Liebesabenteuer, das angeblich ihre Freundin mit Apoll gehabt habe – ihre eigene Geschichte. Xuthos kommt hinzu und berichtet von einem Orakelspruch, der ihm und Kreusa Kindersegen verheißt. Die Thematik dieser ersten Szenen bestimmt auch das erste Stasimon (V. 452–509), ein gesungenes Gebet des Chors an Athene und Artemis. Wie nach der Szenentopik zu erwarten, kommt es auch im *Ion* im zweiten Epeisodion (V. 510–675) zu der erwarteten Kombination der Motive Anagnorisis (Wiedererkennen) und Mechanema (Intrige). In einem durch erregte Halbverse bestimmten Abschnitt findet Xuthos seinen vermeintlichen Sohn Ion wieder. Eine Schwierigkeit taucht auf: Wie wird sich die Stiefmutter Kreusa zu dem Bastard verhalten, der die Königsherrschaft Athens übernehmen soll? Eine List verspricht Hilfe: Xuthos wird seinen Sohn als Gastfreund mit nach Attika nehmen. Das zweite Stasimon (V. 676–724) deutet bereits an, welchen Verlauf das Drama nehmen wird: Der Chor hält zu Kreusa, er lehnt den neuen Herrn ab und wünscht ihm baldigen Untergang. Als Kreusa im dritten Epeisodion (V. 725–1047) mit einem alten Diener ihres Vaters auf die Bühne kommt und den Chor nach dem Orakelspruch Apolls fragt, erfährt sie, was der Chor von Xuthos gehört hat: Kreusa werde kein Kind vergönnt sein, den Xuthos dagegen habe der Gott einen Sohn geschenkt. Der Greis malt Kreusa die ganze Bedeutung dieser Situation aus und gibt den Anstoß zu einem zweiten Mechanema: Ion muß beseitigt werden. Erst da bricht in einer großen Klagearie aus Kreusa der ganze Schmerz der Entrüstung über den Verrat des Gottes hervor. Sie ist bereit, Ion mit einem altererbten Gift zu töten. Das dritte Stasimon (V. 1048–1105) lehnt sich in seiner Thematik wiederum eng an die Handlung an und leitet so zu dem Schlußteil, der Exodos (V. 1006 bis 1622), über, die in zahlreiche Einzelszenen gegliedert ist. Zunächst meldet ein Diener dem Chor das Mißlingen des Anschlags. Kreusa stürzt herbei und flieht zum Altar. Ion verfolgt sie und droht, sie sogar am Altar zu töten. Da gebietet die Prophetin Apollons, die den kleinen Ion vor Zeiten aufgenommen hat, Einhalt; vor seiner Abreise will sie ihm das Körbchen übergeben, das sie einst bei dem Kind gefunden hat und das ihm helfen sollte, später seine Mutter wiederzufinden. Kreusa erkennt in dem Korb das Erkennungszeichen, das sie einst neben das ausgesetzte Kind gelegt hat, und nennt dem noch argwöhnischen Ion den dreifachen Inhalt. In einem halblyrischen Dialog bricht der Jubel des Wiedersehens hervor. Athene als *dea ex machina* bringt schließlich die nötige endgültige Klärung der Zusammenhänge und korrigiert die im Prolog von Hermes angekündigte Entwicklung des Geschehens. Ion wird zum Ahnherrn der ionischen Stämme in Asien und Europa werden; Xuthos aber soll sich in Athen weiterhin über das Wiedersehen mit seinem vermeintlichen Sohn freuen, ohne etwas von dem Liebesbund Kreusas mit dem Gott zu erfahren.

Die spielerische Verwendung der Motivkombination Anagnorisis-Mechanema verdeutlicht den Abstand, der das Drama von *Helena* und *Iphigenie bei den Taurern* trennt. Das zentrale Großpeisodion ist verschwunden, an seiner Stelle steht, wesentlich kürzer, die Pseudoanagnorisis Xuthos-Ion und die Intrige »Ion als Gastfreund des Xuthos«, die aber gar nicht durchgeführt werden kann. Auch das von der Gegenseite im dritten Epeisodion inszenierte Mechanema, mit dem die Mutter aus Unkenntnis den Sohn vernichten will, scheitert, und als nunmehr in der Exodos der Sohn der Mutter nach dem Leben trachtet, dient das rein zufällig herbeigetragene Körbchen als Erkennungszeichen. Das einfache Nebeneinander der Motive Anagnorisis und Mechanema befriedigt Euripides, wie es scheint, nicht mehr: Ein verschlungener Weg führt vom ersten Zusammentreffen von Mutter und Sohn im ersten Epeisodion über Pseudoanagnorisis, vereitelte Mechanemata und offene Gewalt bis zu ihrer zweiten Begegnung in der Exodos – die Anagnorisis ist zum alles beherrschenden Hauptmotiv geworden. – Welchen Eindruck das verwickelte und handlungsreiche Drama auf das Publikum machte, ist nicht überliefert. Nachahmer und Bearbeiter hat es im Altertum nicht gefunden, sieht man davon ab, daß EUBULOS, ein Vertreter der sogenannten Mittleren Komödie, zwei Parodien *(Ion* und *Xuthos)* geschrieben zu haben scheint. Eine starke Resonanz fand es dagegen Ende des 18. und Anfang des 19. Jh.s in Deutschland, nachdem zuvor schon der Engländer WHITEHEAD in einer *Kreusa, Queen of Athens* den Stoff wiederaufgenommen hatte: BODMER verfaßte ein Epos *Kreusa*, SCHILLER, GOETHE und WIELAND – der 1803 eine Übersetzung veröffentlichte – zählten den *Ion* zu den besten Stücken des Euripides, und August Wilhelm von SCHLEGEL schuf eine freie deutsche Nachbildung (*Ion*, 1803).

H. W. S.

AUSGABEN: Venedig 1503 (in *Tragōdiai heptakaideka*, Bd. 2). – Oxford ³1913 (in *Fabulae*, Hg. G. Murray, Bd. 2; Nachdr. zul. 1962). – Bln. 1926, Hg. U. v. Wilamowitz-Moellendorff [m. Komm.]. – Oxford 1939, Hg. A. S. Owen [m. Komm.; Nachdr. 1957]. – Leiden 1948, Hg. G. Italie [m. Komm.]. – Paris 1950 (in *Euripide*, Bd. 3, Hg. L. Parmentier u. H. Grégoire; m. frz. Übers.). – Florenz 1951 (*Ione*, Hg. G. Ammendola; m. Komm.).

ÜBERSETZUNGEN: *Ion*, Ch. M. Wieland (in *Attisches Museum*, Bd. 4, Zürich 1803; einzeln: Lpzg. 1803). – Dass., J. J. C. Donner (in *E.*, Bd. 3, Heidelberg 1852). – *Jon*, H. v. Arnim (in *Zwölf Tragödien*, Bd. 1, Wien/Lpzg. 1931). – *Ion*, E. Staiger, Bern 1947. – Dass., J. J. C. Donner, bearb. v. R. Kannicht (in *Sämtliche Tragödien*, Bd. 2, Stg. 1958; m. Anm. v. B. Hagen u. Einl. v. W. Jens; Kröners Taschenausg., 285). – Dass., E. Buschor (in *Helena ... Vier Tragödien*, Mchn. 1963).

LITERATUR: F. Solmsen, *Zur Gestaltung des Intriguenmotivs in den Tragödien des Sophokles u. E.* (in Phil, 87, 1932, S. 1–17). – Ders., *E.' »Ion« im Vergleich mit anderen Tragödien* (in Herm, 69, 1934, S. 390–419). – M. F. Wassermann, *Divine Violence and Providence in E.' »Ion«* (in TPAPA, 71, 1940, S. 587–604). – Schmid-Stählin, 1/3, S. 539 bis 559. – W. H. Friedrich, *E. u. Diphilos*, Mchn. 1953, S. 10–29 (Zetemata, 5). – D. J. Conacher, *The Paradoxon of E.' »Ion«* (in TPAPA, 90, 1959, S. 20–39). – A. Lesky, *Die tragische Dichtung der Hellenen*, Göttingen ²1964, S. 186–188 [m. Bibliogr.].

IPHIGENEIA HĒ EN AULIDI (griech.; *Iphigenie in Aulis*). Tragödie des EURIPIDES (um 485–406 v. Chr.), wahrscheinlich postum an den Dionysien des Jahres 405 aufgeführt, zusammen mit den *Bakchai* und dem verlorenen *Alkmeon in Psophis*. – Das griechische Heer wird auf dem Zuge nach Troia im Hafen von Aulis festgehalten; Artemis hat eine lähmende Windstille über die Bucht verhängt. Nur durch die Opferung Iphigenies, der ältesten Tochter Agamemnons, so übermittelt der Seher Kalchas, werde die Göttin besänftigt werden und dem Heer die Weiterfahrt freigeben. Euripides hat die Version des Mythos, derzufolge Artemis Agamemnon zürnte, weil er auf der Jagd eine Hirschkuh erlegt und sich gerühmt hatte, auch die Göttin könne nicht besser treffen, an einem entscheidenden Punkt variiert; indem er das Vergehen Agamemnons eliminiert und die Windstille wie ein Fatum hereinbrechen läßt, kann er die Personen frei auf die Forderung der Göttin und die Notwendigkeit der Situation reagieren lassen. Während im alten Mythos das Opfer Iphigenies die Schuld Agamemnons aufwiegen muß, rückt Euripides die Bewertung des kommenden Troiakrieges ins Zentrum und stellt das unschuldige Mädchen Iphigenie der Ehebrecherin Helena gegenüber. Je nach ihrem Wesen und ihrer Stellung müssen sich alle Personen des Dramas entscheiden: Agamemnon als Vater und Feldherr, den der Gemahl Helenas durch einen alten Eid verpflichtet ist, Menelaos als Gemahl Helenas und Bruder Agamemnons, Klytaimestra als Mutter Iphigenies, Achill als Bräutigam wider Willen und jugendlicher Held voll Adel, besonders aber natürlich die Titelheldin Iphigenie. Den konstanten Charakteren Klytaimestra und Achill stehen dabei die konvertiblen Agamemnon, Menelaos und Iphigenie gegenüber. Psychische Flexibilität der Personen ist seit der *Medea* ja ein Hauptanliegen des Euripides gewesen, ungewohnt ist jedoch – das hat schon ARISTOTELES getadelt, dem das konstante Ethos Sophokleischer Figuren als Norm galt –, daß Euripides hier zwei völlig verschiedene Entscheidungen Iphigenies darstellt, ohne zwischen diesen beiden Haltungen eine psychologische Brücke herzustellen.

Der Prolog des Dramas (V. 1–164) – vielleicht unvollendet geblieben – weist eine bei Euripides sonst begegnenden Formen auf: Ein informierender Monolog des Agamemnon (V. 49–114), der möglicherweise ursprünglich das Drama eröffnete, wird eingerahmt von dem ganz der Charakterzeichnung dienenden Dialog zwischen dem König und einem alten Diener Klytaimestras (V. 1–48; 115–164). Agamemnon hat – vor Beginn des Dramas – den Befehl gegeben, Iphigenie unter dem Vorwand ihrer bevorstehenden Verlobung mit Achill nach Aulis zu holen. Jetzt treiben ihn in der Nacht vor dem Zelt die Sorgen um (Anklang an den Beginn des zweiten Buchs der *Ilias*). Durch einen Brief, den der Alte überbringen soll, möchte er seine Weisung rückgängig machen: Mutter und Tochter sollen in Argos bleiben. – Auf die inzwischen leere Bühne ziehen in der Parodos (V. 165 bis 302) die Choreuten ein – ein typisch Euripideischer Reisechor –, die gekommen sind, um die gewaltigen Heerscharen zu bewundern. Die Schilderung der Helden sowie, durch das trochäische Versmaß herausgehoben, der Schiffskatalog (wiederum eine Reminiszenz an das zweite Buch der *Ilias*) stimmen auf das Milieu des Heerlagers ein. Das erste Epeisodion (V. 303–542) hat sein Zentrum in der Auseinandersetzung zwischen den Brüdern Agamemnon und Menelaos. Dieser hat den Brief an Klytaimestra abgefangen und kommt mit dem Alten zusammen auf die Bühne geeilt. Es entwickelt sich ein Streit der beiden Brüder; als Menelaos bereits enttäuscht und unterlegen abgehen will, meldet ein Bote, Klytaimestra mit ihren Kindern Iphigenie und Orest werde gleich im Lager eintreffen. Eine zweite Szene zwischen den Brüdern kehrt nun plötzlich die Fronten um: Jetzt rät Menelaos, von Mitleid bewogen, Iphigenie nicht zu töten, Agamemnon dagegen fühlt den Zwang des Schicksals, der durch die Mitwisserschaft des Kalchas und Odysseus verstärkt wird. Man beschließt, die geplante Opfer Iphigenies vor Klytaimestra zunächst geheimzuhalten. Nach dem ersten Stasimon (V. 543 bis 589), in dem der Chor ein Loblied auf die von Paris mißachtete Besonnenheit und das Maß in der Liebe singt, führt Euripides im zweiten Epeisodion (V. 590–750) Agamemnon, Klytaimestra und ihre Kinder zusammen. Dem ob des Wiedersehens freudigen Ungestüm Iphigenies begegnet Agamemnon traurig und verstört. Auch in der Szene zwischen beiden Gatten, als Klytaimestra sich nach ihrem künftigen Schwiegersohn erkundigt, weicht Agamemnon der Wahrheit aus und versucht, die Gattin zur Rückkehr nach Argos zu bewegen. Doch Klytaimestra bleibt. Auf das zweite Stasimon (V. 751–800), einer Vision des Chors vom Fall Troias, folgt das dritte Epeisodion (V. 801–1035) abermals mit einer neuen Personenkonstellation. Achill, der sich bei Agamemnon über den Verzug beschweren will, trifft auf Klytaimestra und erfährt erst durch sie von der geplanten Verlobung. Der alte Diener der Königin wiederum verrät den beiden Unwissenden, was Iphigenie in Wirklichkeit bevor-

steht. Achill, der sich von Agamemnon in seiner Ehre gekränkt sieht, verspricht Klytaimestra, Iphigenie zu retten. Der Auftritt Achills liefert zugleich das Thema des dritten Stasimons (V. 1036 bis 1096), in dem der Chor die Hochzeit der Thetis, der Mutter Achills, besingt und Iphigenies trauriges Los beklagt.
Reich an Szenen, in der vorliegenden Form allerdings nur zum Teil von Euripides, ist der Schlußteil, die Exodos des Dramas (V. 1098–1629). Abermals trifft Klytaimestra mit ihren Kindern auf Agamemnon. Aber weder die Argumente der Gattin noch die Bitten der Tochter, die lieber ohne Adel leben als edel sterben will, vermögen Agamemnon umzustimmen: Hellas zwingt ihn, diese Tat zu tun. In einer Monodie besingt Iphigenie ihr Leid, an dem letztlich nur Paris die Schuld trägt. In einer zweiten Begegnung mit Klytaimestra und Iphigenie berichtet Achill – in Halbversen, die die Erregung der Szene wiedergeben – von der Unruhe im Heer; er ist entschlossen, den drohenden Mord unter Einsatz seines Lebens zu verhindern. In diesem Moment gewinnt Iphigenie die ganze Größe Euripideischer Opfergestalten: sie wird für Hellas sterben. Einer Würdigung dieses Entschlusses durch Achill folgt eine Abschiedsszene zwischen Mutter und Tochter, in einer Jubelarie Iphigenies endend. Nach dem Abgang Iphigenies hat in der ursprünglichen Fassung des Dramas Artemis als *dea ex machina* Klytaimestra mit der Verheißung getröstet, sie werde das Mädchen entrücken und statt dessen eine Hirschkuh schlachten lassen (drei Verse sind hiervon erhalten). Damit klang die Tragödie aus. Das Chorlied, das in der jetzigen Fassung die frohen Worte Iphigenies aufnimmt (V. 1510–1531), und der Botenbericht (V. 1532–1629) sind spätere Zutat, wobei der Botenbericht nochmals verstümmelt wurde und – vielleicht erst in byzantinischer Zeit – erneut ergänzt worden ist.
Wenn man das Drama vielfach zu den Meisterschöpfungen des Euripides gezählt hat, so deshalb, weil man die Fülle der Nuancierungen empfand, über die Euripides nunmehr bei der Darstellung der seelischen Valeurs verfügte, und weil man die geglückte Einheit bewunderte, zu der sich hier psychologische Gestaltung der Personen und dramaturgische Szenenführung zusammenfinden. Schon auf die Zeitgenossen scheint diese *Iphigenie* ihren Eindruck nicht verfehlt zu haben: Die aus dem Nachlaß des Tragikers zusammengestellte Trilogie errang bei ihrer Aufführung den ersten Preis. Von der Wiederaufführung der *Iphigenie* an den Dionysien des Jahres 341 lesen wir auf einer Inschrift. Vor allem aber hat offenbar die Euripideische Darstellung von Iphigenies Opfertod eine Fülle von Werken der bildenden Kunst zumindest mit angeregt, von denen das berühmteste einst ein Gemälde des Timanthes (um 400 v. Chr.) gewesen ist. Das nicht minder bekannte Wandgemälde aus der »Casa del poeta tragico« in Pompeji geht allerdings nicht, wie man teilweise geglaubt hat, auf das Bild des Timanthes zurück, sondern ist aus wenigstens drei verschiedenen Vorbildern zusammenkopiert, deren ältestes in frühhellenistischer Zeit (um 300) entstanden sein dürfte. Von literarischen Nachbildungen weiß man wenig; eine parodistisch-possenhafte Version stammte von dem Tarentiner RHINTON, eine tragische Bearbeitung von dem Römer ENNIUS. Für die Neuzeit hat RACINE das Thema wiederentdeckt, dessen *Iphigénie* (1674) GOTTSCHED 1732 ins Deutsche übertragen hat. H. W. S.

AUSGABEN: Venedig 1503 (in *Tragödiai heptakaideka*, 2 Bde.). – Ldn./NY 1891 (*The Iphigeneia at Aulis*, Hg. E. B. England; m. Komm.). – Oxford ²1913 (in *Fabulae*, Hg. G. Murray, Bd. 3; Nachdr. zul. 1960). – Lüttich 1952 (*Iphigénie à Aulis*, Hg. A. Willem; m. Komm.). – Turin ³1959 (*Ifigenia in Aulide*, Hg. G. Ammendola u. V. d'Agostino; m. Komm.).

ÜBERSETZUNGEN: *Iphigenie von Aulis*, M. Papst, o. O. 1584. – *Iphigeneia in Aulis*, J. J. C. Donner (in *E.*, Bd. 2, Heidelberg 1845). – *Iphigenia in Aulis*, F. v. Schiller (in Thalia, 1789, 6/7). – *Iphigenie in Aulis*, H. v. Arnim (in *Zwölf Tragödien*, Bd. 2, Wien/Lpzg. 1931). – Dass., J. J. C. Donner, bearb. v. R. Kannicht (in *Sämtliche Tragödien*, Bd. 2, Stg. 1958; m. Anm. v. B. Hagen u. Einl. v. W. Jens; Kröners Taschenausg., 285). – Dass., E. Buschor (in *Orestes ... Drei Tragödien*, Mchn. 1960).

LITERATUR: B. Snell, *Aischylos u. das Handeln im Drama*, Lpzg. 1928, S. 148–160 (Phil Suppl., 20/1). – W. H. Friedrich, *Zur »Aulischen Iphigenie«* (in Herm, 70, 1935, S. 73–100). – A. N. W. Saunders, *A Modern Play by E.* (in Greece and Rome, 6, 1937, S. 156–164). – Schmid-Stählin, 1/3, S. 631–656. – A. Bonnard, *»Iphigénie à Aulis«. Tragique et poésie* (in MH, 2, 1945, S. 87–107). – V. Frey, *Betrachtungen zu E.' »Aulischer Iphigenie«* (in MH, 4, 1947, S. 39–51). – W. H. Friedrich, *E. u. Diphilos*, Mchn. 1953, S. 89–109 (Zetemata, 5). – H. Strohm, *E.*, Mchn. 1957, S. 137–146 (Zetemata, 15). – H. Vretska, *Agamemnon in E. »Iphigenie in Aulis«* (in WSt, 74, 1961, S. 18–39). – H. M. Schreiber, *Iphigenies Opfertod*, Diss. Ffm. 1963 [m. Bibliogr.]. – A. Lesky, *Die tragische Dichtung der Hellenen*, Göttingen ²1964, S. 196–199 [m. Bibliogr.].

IPHIGENEIA HĒ EN TAUROIS (griech.; *Iphigenie bei den Tauern*). Tragödie des EURIPIDES (um 485–406 v. Chr.), Entstehungszeit unbekannt, aufgrund von Struktur und Motivik in die Nähe der *Helena* (412) zu setzen. – Agamemnon hat seine älteste Tochter Iphigenie zu Beginn des Troiafeldzugs nach Aulis gerufen, angeblich, um sie mit Achill zu verloben, in Wahrheit, um sie der Artemis als Erstlingsgabe zu opfern und so günstigen Fahrtwind für seine Flotte zu erhalten. Dies war der Vorwurf je eines Iphigenie-Dramas von AISCHYLOS, SOPHOKLES und Euripides; erhalten ist davon lediglich die postum aufgeführte Euripideische *Iphigeneia hē en Aulidi (Iphigenie in Aulis)*.
Doch wie so oft verlockte es Euripides auch beim Iphigenie-Stoff, den Mythos zu verlassen: Artemis, so erfahren wir in der *Taurischen Iphigenie*, hat das Opfer des Mädchens gar nicht gefordert – dies war eine Wahnidee des griechischen Sehers Kalchas. Die Göttin substituierte als Opfer eine Hirschkuh und entführte die mykenische Königstochter ins Land der Taurer im hohen Norden. Dort ist Iphigenie, umgeben von einem Chor griechischer Frauen, Priesterin eines barbarischen Kults der Artemis, der es alle Fremden zu opfern hat, die, das Land betreten. Der Troianische Krieg ist inzwischen vorüber, Klytaimestra hat ihren heimkehrenden Gemahl erschlagen und ist selbst unter dem Rachebeil der Kinder gefallen. Der Muttermörder Orest, gejagt von den Erinyen, hat nicht einmal auf dem athenischen Areopag endgültige Entsühnung finden können (vgl. die Aischyleische *Oresteia*) und ist nun auf Geheiß Apolls ins Taurerland gelangt, um eine Statue der Artemis nach Attika zu holen. Gelingt es ihm, soll er von der Heiligen Krankheit, der

Epilepsie, die ihn seit dem Muttermord plagt, befreit werden.

Hier setzt der Prolog des Dramas (V. 1–122) ein. Die Protagonistin Iphigenie tritt auf und berichtet, wie aus ihr, der mykenischen Königstochter, eine menschenmordende Artemispriesterin im Barbarenland werden konnte. Ein Traum der letzten Nacht läßt sie erschaudern: Sie fürchtet, sie selbst könne Orest, den letzten Sproß des Atridenhauses, der Göttin geopfert haben; darum will sie ihm Totenopfer bringen. Als sie ins Haus gegangen ist, treten in einer besonderen Szene – so verlangt es das Sujet der Dramen, in deren Zentrum eine Wiedererkennungsszene steht – die Antagonisten Iphigenies, Orest und Pylades, auf. Sie entdecken den gesuchten Tempel, aber auch die Spuren gemordeter Griechen; daher wollen sie das Bild der Göttin erst in der Nacht entführen. – Die anschließende Parodos (V. 123–235) dient ganz dem Zweck, die Heldin zu charakterisieren: Ihre Gedanken gehen in die Ferne und sind voll Klage über ihre Verlassenheit. Die Traumvision wird ihr zur Gewißheit; der tote Bruder wird angesprochen und erhält seine Totenspenden. Der Chor hat in dem Eingangslied keine eigene Position, er antipsalmodiert, stellt das Leid Orests in die lange Kette des Atridenunheils, unter dessen Fluch auch Iphigenie ihr eigenes unglückliches Leben sieht. Sehnsuchtsvoll schließt ihre Klage mit dem Wort »*Orestes*«. Im Mittelpunkt des ersten Epeisodions (V. 236–391) steht der Bericht eines Hirten über das seltsame Verhalten zweier Fremdlinge – der eine heißt Pylades, der andere scheint wahnsinnig zu sein –, die man am Strand ergriffen hat und nun der Artemis opfern will. Hartherzig, aber aus ihrer besonderen Situation verständlich, erscheint die Reaktion Iphigenies: Da sie ihren Bruder tot wähnt, soll die unbekannten Griechen Rache treffen, als wären sie Menelaos und Helena.

Zentrum des Dramas, nach dem von einer – für die »moderne Lyrik« des ausgehenden 5. Jh.s typischen – weitschwingenden dithyrambischen Bildersprache geprägten ersten Stasimon (V. 392–455), ist das überdimensionale zweite Epeisodion (V. 456–1088), das von der Kombination der Motive Anagnorisis (Wiedererkennung) und Mechanema (Intrige) getragen wird. Man bringt Orest und Pylades gefesselt zum Heiligtum der Artemis. Iphigenie empfindet plötzlich Mitleid, fragt die Fremden nach Namen und Heimat – Orest verschweigt seinen Namen – und erkundigt sich nach Troia, nach den Helden und Opfern des Kriegs: Helena, Kalchas, Odysseus, Achill, Agamemnon, Klytaimestra, Iphigenie und Orest. Zum Dank für die Nachricht will sie den namenlosen Fremden mit einem Brief an einen Freund nach Argos senden; Orest verzichtet jedoch zugunsten des Pylades. Während Iphigenie im Haus ist, um den Brief zu holen, überlegen die Freunde, woher wohl die Priesterin stamme. Nochmals verzichtet Orest ausdrücklich auf seine Rückkehr und nimmt von Pylades Abschied; Apolls Auftrag, das Bild der Göttin zu holen, erscheint ihm als eine trügerische Falle (V. 643–722). Nach der Rückkehr Iphigenies wird mit vielen Worten die Erfüllung des Versprechens beschworen: Pylades wird den Brief zustellen und Iphigenie dem Überbringer sichere Rückkehr gewähren. Die Spannung ist auf ihrem Gipfel angelangt: Pylades müßte nunmehr gehen und Orest als Artemisopfer zurücklassen. Da fällt Pylades plötzlich noch ein, sich vom Eidesfluch entbinden zu lassen, falls er bei einem Schiffbruch den Brief verlieren sollte. Damit die Nachricht auf jeden Fall ankomme, verliest Iphigenie Adresse und Inhalt des Briefs: Es ist ein Lebenszeichen an den Bruder Orest, das sie schon vor langer Zeit geschrieben hat. Damit setzt die von ARISTOTELES in der *Poetik* so gelobte Anagnorisis ein. Pylades übergibt den Brief dem dabeistehenden Orest, der seiner noch zweifelnden Schwester sichere Erkennungszeichen aus ihrem Elternhaus nennt. Der Jubel der Geschwister findet in einem halb lyrischen Dialog seinen Ausdruck. Obwohl Pylades mahnt, an die Rettung zu denken, findet Iphigenies Fragen kein Ende: Sie will Auskunft über Elektra und Pylades, über Klytaimestra, über Orests Wahnsinn. Erst gegen Ende des Epeisodions (V. 1017) kommt Iphigenie auf die Aufforderung des Pylades zurück, erst hier tritt das Intrigenmotiv in den Vordergrund. Den Barbarenkönig Thoas zu morden oder bei Nacht zu fliehen lehnen die Geschwister ab; so müssen sie durch List einen Fluchtweg finden. Man wird Thoas sagen, Orest sei durch Muttermord befleckt und müsse zusammen mit dem Götterbild auf hoher See entsühnt werden, ehe Artemis ihr Opfer empfangen könne. Der zuhörende Chor wird zur Verschwiegenheit verpflichtet. In der Tat läßt sich Thoas in dem kurzen dritten Epeisodion (V. 1153–1233) täuschen und erteilt die Erlaubnis zu dem Plan: Die Griechen sollen samt dem Artemisbild von Knechten zum Meer geleitet werden; kein Bewohner des Landes soll zuschauen. Der Schlußteil, die Exodos (V. 1284–1496), ist noch einmal voll dramatischen Geschehens: Ein Bote stürzt herbei und sucht den König; der Chor will ihn wegschicken, aber Thoas tritt eben aus dem Tempel und erfährt von der geschei terten Abfahrt der Griechen. Er erteilt Weisung, das Schiff festzuhalten. Da erscheint Athene als *dea ex machina* und lenkt ein. Die Verzögerung bei der Abfahrt scheint nur geschaffen, um dem Auftritt der Göttin zu ermöglichen und der traditionellen Kultstiftung Raum zu geben: Poseidon wird die Geschwister auf wogenloser Meeresbahn heimgeleiten, damit Orest, befreit vom Wahnsinn, der Artemis Tauropolos in Halai einen Tempel erbaue und Iphigenie in Brauron, wenig südlich von Halai, als Priesterin der Artemis diene. Auch der Chor soll, als Dank für edle Gesinnung, die Freiheit wiedererlangen.

Damit schließt das Drama, das zu den schönsten des Euripides zählt. Man wird es eher eine Romanze als eine Tragödie nennen können: Euripides scheint sich um das Jahr 412 in einer »untragischen« Schaffensperiode befunden zu haben. So lastet über dem Ausgang des Stücks nicht der Schatten von Leid und Tod: Die Freude des Wiedersehens und die Sehnsucht nach der Heimat lassen Töne aus einem anderen menschlichen Bereich erklingen; nicht eine rächende Erinys mordet die Mörder, sondern menschliche List und das Spiel des Zufalls, der Göttin Tyche, wirken an einem amüsanten Spiel zusammen, in dessen lyrischen Partien die Vielfalt psychischer Bewegungen besonders deutlich hervortritt. – Die Wirkung des Stücks auf Mit- und Nachwelt scheint entsprechend groß gewesen zu sein, wie nicht nur verschiedene Nachdichtungen, sondern vor allem eine Fülle von Werken der bildenden Kunst zeigen; ja sogar auf mehrere Artemiskulte hat diese Euripideische Mythenvariation Einfluß ausgeübt. In der Neuzeit wirkte RACINES fragmentarische Bearbeitung der Tragödie sehr befruchtend; man kann geradezu von einer Renaissance des Stoffs reden. Den Höhepunkt dieser Wiederentdeckung brachte das Jahr 1779, in dem

GOETHES *Iphigenie auf Tauris* und Glucks *Iphigénie en Tauride* auf die Bühne kamen. H. W. S.

AUSGABEN: Venedig 1503 (in *Tragōdiai heptakaideka*, 2 Bde.). – Oxford ³1913 (in *Fabulae*, Hg. G. Murray, Bd. 2; Nachdr. zul. 1962). – Oxford 1938 (*Iphigenia in Tauris*, Hg. M. Platnauer; m. Komm.; Nachdr. zul. 1960). – Leiden 1940 (*Iphigenia in Taurië*, Hg. J. D. Meerwaldt, 2 Bde.; m. Komm.). – Turin 1948 (*Ifigenia in Tauride*, Hg. G. Ammendola; m. Komm.). – Mchn. 1949 (*Iphigenie im Taurerlande*, Hg. H. Strohm; m. Komm.). – Paris 1959 (in *Euripide*, Bd. 4, Hg. L. Parmentier u. H. Grégoire; m. frz. Übers.).
ÜBERSETZUNGEN: *Ifigenia in Tauris*, F. H. Bothe (in *Werke*, Bd. 5, Bln./Stettin 1803). – *Iphigeneia in Tauris*, J. J. C. Donner (in *E.*, Bd. 2, Heidelberg 1845). – *Iphigenie im Taurerlande*, H. v. Arnim (in *Zwölf Tragödien*, Bd. 2, Wien/Lpzg. 1931). – Dass., E. Buschor, Mchn. 1946. – *Iphigenie im Taurerland*, ders. (in *Die Troerinnen ... Drei Tragödien*, Mchn. 1957). – *Iphigenie bei den Taurern*, J. J. C. Donner, bearb. v. R. Kannicht (in *Sämtliche Tragödien*, Bd. 2, Stg. 1958; m. Anm. v. B. Hagen u. Einl. v. W. Jens; Kröners Taschenausg., 285).
LITERATUR: F. Solmsen, *Zur Gestaltung des Intriguenmotivs in den Tragödien des Sophokles und E.* (in Phil, 87, 1932, S. 1–17). – G. Zuntz, *Die »Taurische Iphigenie« des E.* (in Die Antike, 9, 1933, S. 245–254). – F. Solmsen, *E.' »Ion« im Vergleich mit anderen Tragödien* (in Herm, 69, 1934, S. 390–419). – A. Baschmakoff, *Origine tauridienne du mythe d'»Iphigénie«* (in Bulletin de l'Association G. Budé, 64, 1939, S. 3–21). – Schmid-Stählin, 1/3, S. 519–533. – G. McCracken, *Topographica in E.* (in Mnemosyne, 3/9, 1941, S. 161–176). – W. Ludwig, *Sapheneia. Ein Beitrag zur Formkunst im Spätwerk des E.*, Diss. Tübingen 1954. – K. Matthiessen, *»Elektra«, »Taurische Iphigenie« und »Helena«*, Göttingen 1964 (Hypomnemata, 4). – A. Lesky, *Die tragische Dichtung der Hellenen*, Göttingen ²1964, S. 184–186 [m. Bibliogr.].

KYKLŌPS (griech.; *Kyklops*). Satyrspiel des EURIPIDES (um 485–406 v. Chr.), Entstehungszeit unbekannt, wahrscheinlich zum Spätwerk des Dichters gehörend. – Der *Kyklops* ist das einzige vollständig erhaltengebliebene Satyrspiel der Griechen und hat daher lange Zeit ausschließlich das Bild bestimmt, das man sich von dieser eigenartigen Gattung machte (die Versuche, die *Alkestis* gleichfalls als Satyrspiel zu interpretieren, waren nicht überzeugend). Seit man nun allerdings die Reste der *Diktyulkoi (Die Netzfischer)* des AISCHYLOS und der *Ichneutai (Die Spürhunde)* des SOPHOKLES kennt, mußte dieses Bild an entscheidenden Punkten korrigiert werden; insbesondere hat sich gezeigt, daß das Werk fast mehr typisch Euripideische als typisch gattungsbedingte Züge trägt.
Unter dem, was der speziellen Dramenart eigen ist, wirkt am auffälligsten der Chor der von ihrem Vater Silen angeführten bocksgestaltigen, pferdeschwänzigen Kobolde, die der Gattung den Satyrspiels den Namen gegeben haben und offenbar in keinem Stück fehlen durften. Dabei scheinen die Dichter eine feste Handlungstopik entwickelt zu haben, die es ihnen ermöglichte, diese burlesken Gesellen mit nahezu jeder Handlung zu verknüpfen: Die Satyrn, von Haus aus Gefährten des Dionysos, sind in irgend jemandes Knechtschaft geraten (ihr jetziger Herr ist der Protagonist des Dramas), aus der sie nach manchen Abenteuern und Verwicklungen im Verlauf des Bühnengeschehens befreit werden. Im *Kyklops* bringt sie der Dichter auf diese Weise in Zusammenhang mit der aus HOMERS *Odyssee* (Buch 9) bekannten Geschichte von der Blendung des einäugigen Riesen Polyphem durch Odysseus. Die Satyrn sind aus ihrer Heimat nach Sizilien verschlagen, wo sie der Zyklop als Hirten in Fron genommen hat; die Tat des Odysseus befreit nicht nur ihn selbst und seine Männer aus der Gewalt des menschenfressenden Ungeheuers, sondern gibt auch jenen die Freiheit zurück.
Euripides mag an diesem Stoff wohl hauptsächlich aus dramaturgischen Gründen Gefallen gefunden haben; nur selten läßt sich die wechselseitige Bedingtheit von dramatischer Invention und bühnentechnischer Konvention so deutlich demonstrieren wie gerade an diesem Stück. Bei Homer muß Odysseus zu seiner List greifen, weil er mit seinen Gefährten in der Höhle des Riesen eingeschlossen ist; daß Polyphem die Männer verschlingt, ist ein Akzidens, das die Tat nicht auslöst, sondern nur besonders dringlich macht. Nun ist das griechische Theater eine Freilichtbühne – also scheidet die Höhle als Ort der Handlung von vornherein aus –, also fällt auch die ursprüngliche Motivation des Geschehens weg. Euripides muß dem Mythos variieren: Odysseus blendet Polyphem, weil dieser seine Männer abschlachtet. Das »Requisit« Höhle wird allerdings nicht ganz ausgeschieden; es wird zum hinterszenischen Raum hinter der Bühnenwand (den »Kulissen«), wo sich nach griechischer Tradition auf der Bühne nicht darstellbaren Ereignisse – Tötung der Gefährten und Blendung – abspielen, die auf der Bühne nur indirekt, im Bericht, wiedergegeben werden. Dieser äußeren »Umfunktionierung« in den dramatischen Elementen entspricht – das ist die eigentliche Pointe des Umwandlungsprozesses – zugleich eine innere, nämlich in der dramatischen Intention. Die märchenhafte Abenteuergeschichte erhält eine Färbung ins Ethische – dem wilden Barbaren tritt der menschlich-gesittete Grieche gegenüber (vgl. *Iphigenie hē en Tauroīs – Iphigenie bei den Taurern* und *Helenē – Helena*). Freilich wird kein »humanes« Stück daraus, etwa um ihnen der *Hiketides (Die Schutzflehenden)*; der Hang zum effektvollen Ausmalen schauriger, blutig-grausiger Details, der sich im Euripideischen Spätwerk auch anderwärts findet (man denke an die *Bakchen*), bewahrt vieles von der archaischen Realistik, die der kruden Geschichte in der *Odyssee* anhaftet.
Im Vergleich zu den *Ichneutai* erscheint der *Kyklops* in einer typisch Euripideischen Weise theatralisch. Es fehlt ihm nicht nur die für das Sophokleische Satyrspiel bezeichnende ausgelassene Fröhlichkeit – an die Stelle des heiteren Ausspielens der mit dem Vorwurf gegebenen possenhaften Elemente tritt hier erdhafte Derbheit, die stark an die Alte Komödie erinnert (was auf unmittelbare Vorbilder wie die *Kyklōps-*Stücke des ARISTIAS und des EPICHARMOS oder der berühmten *Odyssēs* des KRATINOS deuten mag). Man vermißt vielmehr auch jene gewisse dramatische »Naivität«, die man in einem heiteren Stück im Gegensatz zum tragischen Werk erwarten würde: Der *Kyklōps* kann nicht verleugnen, daß der Stoff vom Dichter gründlich durchreflektiert worden ist. Das zeigt sich schon in der gewandelten dramaturgischen Konzeption; besonders aber tritt es in der Gestaltung des Titelhelden zutage, den man geradezu als komisch verzerrtes Muster des sophistischen Ideals vom Übermenschen bezeichnen kann, jenes Ideals einer auf

das Naturrecht sich berufenden, Menschen- und Göttersatzung verachtenden Egozentrik, die auch in den Sophistendialogen PLATONS immer wieder zu Wort kommt: »*Mir ist Kronions Donnerkeil nicht schrecklich, Freund; | Kein stärkrer Gott auch scheint mir Zeus als ich zu sein ... | Denn voll sich essen jeden Tag, voll trinken sich | Und sich um nichts abhärmen, das, das ist der Zeus, | Den weise Männer ehren. Die mit künstlicher | Gesetze Kram der Menschen Leben buntgefärbt, | Die mag der Henker holen!*« (V. 320–340; Ü: Donner). E.Sch.

AUSGABEN: Venedig 1503 (in *Tragōdiai heptakeidka*, Bd. 2). – Oxford 1902 (in *Fabulae*, Hg. G. Murray, Bd. 1; Nachdr. zul. 1966). – Paris 1945 (*Le cyclope*, Hg. J. Duchemin; m. Komm.). – Paris 1947 (*Le cyclope*, in *Euripide*, Bd. 1, Hg. L. Méridier; m. frz. Übers.). – Florenz 1952 (*Il ciclope*, Hg. G. Ammendola).

ÜBERSETZUNGEN: *Cyklop*, J. G. Ch. Höpfner (in Archiv der deutschen Gesellschaft zu Königsberg, 1791; Forts. in Neues Magazin für Schullehrer, Bd. 1, 1792). – *Der Kyklop*, U. v. Wilamowitz-Moellendorff (in *Griechische Tragödien*, Bd. 8, Bln. 1905). – *Der Kyklop*, J. J. C. Donner, Bearb. R. Kannicht (in *Sämtliche Tragödien*, Bd. 2, Stg. 1958; Anm. v. B. Hagen, Einl. v. W. Jens).

LITERATUR: F. Hahne, *Zur ästhetischen Kritik des Euripideischen »Kyklops«* (in Phil, 66, 1907, S. 36 bis 47). – R. Marquart, *Die Datierung des Euripideischen »Kyklops«*, Diss. Lpzg. 1912. – P. Waltz, *Le drame satyrique et le prologue du »Cyclope« d'Euripide* (in L'Acropole, 5, 1930, S. 278–295). – Schmid-Stählin, 1/3, S. 533–539. – J. Mewaldt, *Antike Polyphemgedichte* (in AWA, 83, 1946, S. 269–286). – H. Grégoire, *Le date du »Cyclope« d'Euripide* (in L'Antiquité Classique, 17, 1948, S. 269–286). – R. Kassel, *Bemerkungen zum »Kyklops« des Euripides* (in RhMus, 98, 1955, S. 279–286). – H. Förs, *Dionysos und die Stärke der Schwachen im Werk des Euripides*, Diss. Tübingen 1964. – A. Lesky, *Die tragische Dichtung der Hellenen*, Göttingen 1964, S. 201f.

MĒDEIA (griech.; *Medea*). Tragödie des EURIPIDES (um 485–406 v. Chr.); entstanden um 430 v. Chr. – Das Drama basiert auf dem Märchenmotiv der Königstochter, die einem schönen Fremden hilft, Abenteuer und Gefahren zu bestehen, mit ihm zieht, später verstoßen wird und sich grausam rächt. Wie in den meisten Tragödien entstammt der Stoff auch dieses Dramas dem griechischen Mythos, hier: der Sage von der Fahrt der Argonauten (vgl. die *Argonautika* des APOLLONIOS RHODIOS). Aber schon in diesem zweiten der erhaltenen Stücke des Euripides sind alle die thematischen, dramaturgischen und gedanklichen Eigentümlichkeiten ausgeprägt, die ihn später mehr und mehr von den anderen Tragikern unterscheiden: so das für ihn spezifische Interesse an psychologischen Extremfällen; ein feststehendes Arsenal bevorzugter Szenen- und Motivtypen wie Bittszene (Hikesie), Intrige, »Lob Athens«, ausführliche und grellfarbige Botenberichte über grausige Vorgänge, rhetorisch gesteigerte Streitgespräche (Agone) und ähnliches; drittens schließlich überaus enge Beziehungen zum Gedankengut der rhetorisch-sophistischen »Aufklärung«, also zu den Fragen nach Wert und Wirksamkeit der menschlichen Vernunft, sei sie allgemein ein Mittel, der Wirklichkeit zu begegnen, sei sie im besonderen ein Werkzeug zu listiger Übertölpelung. All das sind charakteristische Merkmale des Euripideischen Theaters, die sich schon in der *Medea* beobachten lassen. So dient der Prolog (V. 1–130) mit dem Gespräch zwischen der Amme und dem Erzieher zwar vordergründig der Exposition der Vorgeschichte (Argonautenfahrt, Iasons Kampf um das Goldene Vlies, Medeias zauberkundige Hilfe, Liebe, Ehe und schließlich Zerwürfnis zwischen Iason und Medea) und der unmittelbar drohenden Gefahren (König Kreon will Medea aus Korinth ausweisen). Daneben aber beginnt schon hier mit der Beschreibung der von ihrem rasenden Schmerz gequälten Medeia die typisch Euripideische Studie eines Menschen, den ungeheure Affekte völlig außer sich geraten lassen; und in der Kritik der Diener an ihren Herren äußert sich der »aufklärerische« Gedanke, daß moralische Qualität nicht von der gesellschaftlichen Position eines Menschen abhängt. – Der folgende Auftritt (V. 271–356) des Kreon, in dem Medea durch eine »Hikesie« erreicht, daß ihre Ausweisung um den einen entscheidenden Tag hinausgeschoben wird, bringt das reizvolle Spiel der Überwindung eines tölpelhaften Mächtigen durch die List des Machtlosen. Besonders vom Interesse für die möglichen Schattenseiten der Sophistik und Rhetorik geprägt ist das erste Gespräch zwischen Iason und Medea (V. 446–626), das aus zwei Paaren umfangreicher Reden und anschließendem raschem Wortwechsel gebildet, den Szenentyp des rhetorischen Agons repräsentiert und die Rhetorik zum Seitenthema hat: Iason versucht, seine Untreue als einen Akt der Fürsorge zu deuten und die empörte Medea ihrer Unbesonnenheit wegen ins Unrecht zu setzen, doch Medea entlarvt diesen sophistischen Versuch, »*das schwache Argument zu einem überzeugenden zu machen*« (PROTAGORAS, Frgm. 6b), mit einer eigenen Interpretation der Vergangenheit, die Iasons Beweisführung als pure Schönrednerei enthüllt – genau so könnte das in einem der Dialoge PLATONS (*Gorgias; Symposion* usw.) geschehen. Auch die Erwähnung der Diskrepanz zwischen Schein und Sein klingt an Fragestellungen der zeitgenössischen Philosophie an. In der Aigeus-Szene (V. 663–763), morphologisch einer Kombination aus Hikesie und dem bei Euripides häufigen »Motiv des durchziehenden Fremden«, verspricht der attische König Aigeus Medeia Asyl: Das gibt dem Dichter Gelegenheit, wie später noch häufiger (vgl. *Hiketides – Die Schutzflehenden*), die Gastlichkeit seiner Vaterstadt zu preisen. Wenn Medeia im folgenden zweiten Gespräch mit Iason (V. 866–975) sich scheinbar von ihrem Rachedurst lossagt und die von Iason empfohlene Vernunft lobt, um ihn so zur – unbewußten – Mithilfe bei der Verwirklichung ihrer Rachepläne zu veranlassen, hat sie sich tatsächlich der Vernunft zugewandt, aber nicht, wie Iason rät, zur »vernünftigen« Ergebung ins Unvermeidliche, sondern dem auf List und Klugheit beruhenden »Mechanema« – wieder wird der vermeintlich Stärkere vom Schwächeren überwunden. Der Gegensatz von Leidenschaft und Vernunft prägt auch den Monolog der Medeia, in dem sie, überzeugt von nunmehr sicheren Gelingen ihrer Rache an Kreon und seiner Tochter, sich zur Tötung ihrer Kinder entschließt (V. 1021–1080): Medeia verdammt einerseits ihr Vorhaben als Verbrechen und als etwas, das ihr selbst den größten Schmerz bereiten muß, sieht aber andererseits in dem Mord an ihren Kindern das einzige Mittel, um Iason endgültig zu vernichten. Dieser Kampf, in dem Medeia – bei vollem Bewußtsein und gegen ihr besseres Wissen – ihrer Leidenschaft unterliegt, gehört, wie Bruno SNELL gezeigt hat, in die Debatte zwischen Euripides und Sokrates über die Wirksamkeit der menschlichen Vernunft für das menschliche Handeln. – Die folgende Szene, in der Medeia nach dem detailliert grauenvollen Botenbericht vom Tod Kreons und seiner Tochter (V. 1121–1230) ihre Kinder im Palast tötet, schlägt eine Brücke zum Prolog: Hier, in dem Mord der Mutter an ihren Kindern, findet die im Eingang des Stücks begonnene szenische Analyse und Demonstration eines »pathologischen« Affekts ihren Höhepunkt. Diesen Mord hat erst Euripides in den Stoff eingeführt, richtungweisend für alle späteren Interpretationen des Themas: von SENECA über CORNEILLE und GRILLPARZER bis hin zu Hans Henny JAHNN und ANOUILH. Mit der Tötung wird Medeia endgültig zu einem mit menschlichen Maßen nicht mehr zu messenden Ungeheuer; so erscheint sie auch in der abschließenden Szene (V. 1293–1414) mit Iason: Sie triumphiert über ihren Gegenspieler, der die Zauberin nicht daran hindern kann, mit ihren toten Kindern auf dem Drachenwagen zu entfliehen. Wenn Medeia dann am Ende ihre Kinder im nahen Hera-Heiligtum bestatten will, so liegt der Dichter damit, wie später noch oft, in die mythologische Begründung eines Lokalkults ein – hier des tatsächlich zu Euripides' Zeit verehrten Heiligtums der Medeia-Kinder zu Korinth –, knüpft also an Schluß, allen »aufklärerischen« Tendenzen im Innern des Stücks zum Trotz, wieder an vorgegebene Traditionen an. Doch das ist nur eine scheinbare Volte, die die Grundtendenz des Werks im Kontrast nur um so deutlicher hervortreten läßt.

K. J.

AUSGABEN: Florenz o. J. [ca. 1494–1496], Hg. J. Laskaris (in *Anthologia diaphorōn epigrammatōn*, 7 Bde.; zus. mit *Hippolytos*, *Alkēstis*, *Andromachē*). – Oxford 1902 (in *Fabulae*, Hg. G. Murray, Bd. 1; Nachdr. zul. 1966). – Bln. 1911 (*Medea*, Hg. E. Diehl; m. Scholien; Lietzmanns Kleine Texte, 89). – Ldn./Cambridge (Mass.) 1912 (in *Euripides*, Hg. A. S. Way; m. engl. Übers.; Loeb; Nachdr. zul. 1958). – Florenz 1943 (*Medea*, Hg. A. Balsamo; m. Komm.). – Paris 1947 (in *Euripide*, Bd. 1, Hg. L. Méridier; m. frz. Übers.). – Florenz 1951 (*Medea*, Hg. G. Ammendola; m. Komm.). – Oxford ²1952 (*Medea*, Hg. D. L. Page; m. Komm.). – Turin o. J. [ca. 1955] (*Medea*, Hg. E. Valgiglio; m. Komm.).

ÜBERSETZUNGEN: *Medea*, J. B. v. Alxinger (in J. B. v. A., *Neueste Gedichte*, Wien 1794). – *Medea*, J. J. C. Donner (in *Euripides*, Bd. 1, Heidelberg 1841; ³1876). – *Medea*, H. v. Arnim (in *Zwölf Tragödien*, Bd. 1, Wien/Lpzg. 1931). – Dass., G. Lange, Mchn. o. J. [1941; griech.-dt.]. – *Medea*, E. Buschor (in *Medeia ... Drei Tragödien*, Mchn. 1952). – *Medea*, J. J. C. Donner (in *Sämtliche Tragödien*, Bd. 2, Stg. 1958; bearb. v. R. Kannicht, m. Anm. v. B. Hagen u. Einl. v. W. Jens; Kröners Taschenausg., 285). – Dass., F. Stoessl (in *Die Tragödien und Fragmente*, Bd. 1, Zürich 1958).

LITERATUR: Schmid-Stählin, 1/3, S. 355–374. – B. Snell, *Das früheste Zeugnis über Sokrates* (in Phil, 97, 1948, S. 125–134). – H.-D. Voigtländer, *Spätere Überarbeitungen im großen Medeamonolog?* (in Phil, 101, 1957, S. 217–237). – K. v. Fritz, *Die Entwicklung der Iason-Medea-Sage und die »Medea« des Euripides* (in Antike und Abendland, 8, 1959,

S. 33–106; ern. in K. v. F., *Antike und moderne Tragödie*, Bln. 1962, S. 322–429). – A. Lesky, *Die tragische Dichtung der Hellenen*, Göttingen ²1964, S. 162–165; 243/244 [m. Bibliogr.]. – W. H. Friedrich, *Medeas Rache. Medea in Kolchis* (in W. H. F., *Vorbild u. Neugestaltung. Sechs Kapitel zur Geschichte der griechischen Tragödie*, Göttingen 1967, S. 7–87).

ORESTĒS (griech.; *Orest*). Tragödie des EURIPIDES (um 485–406 v.Chr.), 408 v.Chr. in Athen aufgeführt. – Der *Orestēs* – Glied einer langen Kette griechischer Dramen über den Stoff der Atridensage – zeigt deutlich das Bemühen des Euripides, vorher unbeachtete Aspekte dieses Sagenkreises zu berücksichtigen. So liegt der dargestellte Zeitpunkt zwischen Klytaimestras Ermordung (Thema in AISCHYLOS' *Choephoren* – vgl. *Oresteia* –, SOPHOKLES' *Elektra* und Euripides' *Elektra*) einerseits und der Entsühnung des Muttermörders anderseits, die in den *Eumeniden* des Aischylos (vgl. *Oresteia*) dargestellt und in Euripides' *Iphigeneia hē en Taurois (Iphigenie bei den Taurern)* wie im *Orestēs* angekündigt wird. Geht jedoch bei Aischylos und in den beiden Elektra-Stücken der Dramenhandlung eine lange Leidensgeschichte des Orest voraus, so liegt hier im *Orestēs* der Muttermord nur sechs Tage zurück, und Orest, wie in den *Eumeniden* und der *Taurischen Iphigenie* vom Wahnsinn befallen, findet sich zusammen mit Elektra (die – auch das ist neu – ohne Schuld am Muttermord bleibt) schutzlos dem Zorn der Argiver ausgesetzt. Diese irdische Bedrohung – ebenfalls eine euripideische Neuerung – korrespondiert mit der Verfolgung des Muttermörders durch die Erinyen.

Eine über mehrere Stufen gesteigerte Demonstration der Vereinzelung des Geschwisterpaares, zusammen mit der Suche des Autors nach neuen Aspekten der Atridengeschichte und mit seinem Bemühen, neue Personen dieses Sagenkreises in neuartigen Konstellationen in die Bühnenhandlung einzuführen: das sind die Kennzeichen der ersten Hälfte des Dramas. In der Einleitungsszene (V. 1–135) klagt Elektra vor dem Atridenpalast in Argos über ihr und ihres Bruders Leid – teilweise an Helena gewandt, die durch ihre Flucht nach Troia ja mittelbar den Tod der Klytaimestra verursacht hat. Der wenig später auftretende Menelaos, von den Agamemnonkindern zuversichtlich als Retter und Fürsprecher erwartet, bringt die zu ihrer Rettung erforderliche Entschlossenheit nicht auf: Den Drohungen seines Schwiegervaters Tyndareos, des Vaters von Helena und Klytaimestra, der aus Sparta herbeieilt, um seine Tochter zu rächen, hat er nichts entgegenzusetzen (V. 470–629). Erst durch das Auftreten von Orests Freund Pylades bahnt sich (fast genau in der Mitte des Dramas; V. 726–806) die spätere Wende an. Denn das Volk von Argos verurteilt zwar, vornehmlich von Tyndareos aufgehetzt, zunächst noch den Mörder Klytaimestras zum Tode (V. 852–956); aber gerade die dadurch entstehende Aussichtslosigkeit ihrer Lage, vor allem jedoch die kühne Unverzagtheit des Pylades führt die Angeklagten zu dem Plan, durch Ermordung der im Palast nahezu schutzlosen Helena wenigstens Menelaos für seine Treulosigkeit zu bestrafen und vielleicht sogar die Gunst der Argiver wiederzugewinnen, die als die Urheberin des Troerkrieges hassen (V. 1018–1245).

So werden die Agamemnonkinder unter dem Einfluß des Pylades aus passiven Opfern äußerer Bedrohung (erste Hälfte des Dramas) zu aktiven Trägern aggressiver Handlung (zweite Dramenhälfte). Von der vorgesehenen und schon in Angriff genommenen Ermordung Helenas hält den Orest im letzten Augenblick nur der Auftritt von Helenas Tochter Hermione ab (V. 1323–1352; 1468–1473; 1490): Helena wird nicht getötet, sondern auf wunderbare Weise entrückt und – wie im vorgegebenen Mythos – unter die Gestirne versetzt. Da Orest sich Hermiones bemächtigt, hat er eine Geisel in der Hand, die ihn im folgenden gegen mögliche Racheakte des Menelaos schützt (V. 1554–1617) und diesen zu dem Versprechen zwingt, sich für die Geschwister einzusetzen. Um seine Forderung zu unterstreichen, droht Orest dem – bereits entmutigten – Menelaos, sich mit Hermione im Palast zu verbrennen. Da erscheint der Gott Apollon und gebietet seinem Schützling Orest Einhalt: Er befiehlt ihm, Hermione zu heiraten, statt sie zu töten (V. 1653f.).

Diese Schlußwendung vereint in Geschehen und Inszenierung auf engstem Raum mehrere typisch Euripideische Topoi. Noch einmal, wie zuvor schon in der Peripetie von gelähmter Verzweiflung zu aktivem Handeln und in dem nur mit knapper Not mißlingenden Mordversuch, zeigt sich hier die Neigung des Dichters zu überraschenden Volten: »*Töte sie nicht, heirate sie!*« In dieselbe Richtung weist die Zitierung des *deus ex machina*, der zwar die glückliche Wendung bringt, aber doch ganz absichtsvoll und offensichtlich in dialektischer Weise suspekt erscheinen soll: In einem für Menschen unlösbaren Konflikt wird durch die Götter im allerletzten Augenblick, gleichsam pro forma, eine scheinbar befriedigende Lösung gegeben – von einem gläubigen Vertrauen in die Hilfe der Götter, wie es etwa in der *Orestie* des Aischylos noch sichtbar ist, kann angesichts eines derartigen *deus ex machina* kaum mehr die Rede sein. Bezeichnend ist ferner die durch dieses szenische Mittel bewirkte Einbeziehung aller Teile des Bühnenraums in die Handlung: Orchestra (Menelaos), Bühnenhausdach (Orest und Hermione) und das hochgelegene Theologeion (Apollon) sind gleichermaßen in das Geschehen einbezogen. Echt euripideisch ist schließlich auch die in dieser Art der Inszenierung sich dokumentierende Neigung des Autors zu frappierender Buntheit des Bühnengeschehens, wie sie zuvor schon der Auftritt des phrygischen Dieners verriet, der in seinem »Botenbericht« vom Attentat auf Helena (V. 1369–1502) durch Habitus, Gestik und Sprache bewußt ins Fremdländisch-»Barbarische« stilisiert war. In der Summe aller dieser Momente – voll tiefer Skepsis gegenüber der »theologischen Botschaft« der früheren Tragödie (vgl. etwa auch *Hēraklēs* oder *Iōn*), dabei hochentwickelt und reich differenziert im szenischen Raffinement – erweist sich der *Orestēs* als charakteristisches Euripideisches Spätwerk nicht minder denn als Spätprodukt der klassischen griechischen Tragödie im ganzen. K. J.

AUSGABEN: Venedig 1503 (in *Tragōdiai heptakaideka*). – Ldn./Cambridge (Mass.) 1912 (in *Euripides*, Hg. A. S. Way, Bd. 2; m. engl. Übers.; Loeb; zahlr. Nachdr.). – Oxford ²1913 (in *Fabulae*, Hg. G. Murray, Bd. 3; Nachdr. zul. 1963). – Rom 1958 (*Oreste*, Hg. A. M. Scarcella). – Paris 1959 (*Oreste*, Hg. L. Méridier; m. frz. Übers.). – Florenz 1965, Hg. V. di Benedetto [m. Komm.].

ÜBERSETZUNGEN: *Orestes*, F. H. Bothe (in *Werke*, Bd. 1, Bln./Stettin 1800; zuvor schon in Archiv der Zeit und ihres Geschmacks, Bln. 1798). – Dass., J. J. C. Donner (in *Euripides*, Bd. 1, Heidelberg 1841; ³1876). – Dass., H. v. Arnim (in *Zwölf Tragödien*, Bd. 2, Wien/Lpzg. 1931). – Dass., J. J. C. Donner (in *Sämtliche Tragödien*, Bd. 2, Stg. 1958; bearb. v. R. Kannicht; Anm. v. B. Hagen; Einl. v. W. Jens; Kröners Taschenausg., 285). – Dass., E. Buschor (in *Orestes... Drei Tragödien*, Mchn. 1960).

LITERATUR: W. Krieg, *De Euripidis »Oreste«*, Diss. Halle 1934. – Schmid-Stählin, I/3, S. 606–623. – W. Wuhrmann, *Strukturelle Untersuchungen zu den beiden »Elektren« und zum euripideischen »Orestes«*, Diss. Zürich 1940. – J. Kleinstück, *Der »Orestes« als euripideisches Spätwerk*, Diss. Lpzg. 1945. – N. A. Greenberg, *E.' »Orestes«. An Interpretation* (in Harvard Studies in Classical Philology, 66, 1962, S. 158–192). – K. v. Fritz, *Die Orestessage bei den drei großen griechischen Tragikern* (in K. v. F., Antike u. moderne Tragödie, Bln. 1962, S. 113–159). – A. Lesky, *Die tragische Dichtung der Hellenen*, Göttingen ²1964, S. 193–195; 247 [m. Bibliogr.]. – W. Biehl, *E. »Orestes«*, Bln. 1965 [Komm.]. – D. J. Conacher, *Euripidean Drama*, University of Toronto Press 1967, S. 213–224. – F. Solmsen, *Electra and Orestes. Three Recognitions in Greek Tragedy* (in Mededelingen der Koninklijke Nederlandse Akademie van Wetenschappen, Afd. Letterkunde, 30/2, 1967, S. 31–62). – E.-R. Schwinge, *Die Verwendung der Stichomythie in den Dramen des E.*, Heidelberg 1968 [s. Index; m. Bibliogr.].

PHOINISSAI (griech.; *Die Phönikierinnen*). Tragödie des EURIPIDES (um 485–406 v. Chr.), entstanden um 410 v. Chr. – Die im Titel genannten Frauen sind einer der typisch Euripideischen »Reisechöre«: Es sind Mädchen, die auf dem Wege nach Delphi durch die kriegerischen Ereignisse in und um Theben in dieser Stadt festgehalten werden. Das Drama gehört in die lange Reihe der in Theben lokalisierten Labdakiden-Dramen, die – in unserer Überlieferung – von den *Hepta epi Thēbas (Sieben gegen Theben)* des AISCHYLOS (467 v. Chr.) bis zur zweiten Oidipus-Tragödie *(Oidipus epi Kolōnō – Oidipus auf Kolonos)* des SOPHOKLES (401 postum aufgeführt) reicht. Die *Phoinissai* gehören ziemlich ans Ende dieser Reihe: Das erklärt vielleicht die unverkennbare Tendenz des Autors, in einer abschließenden Gesamtschau noch einmal alle Episoden dieses Mythos in einem einzigen Drama zu vereinen.

Diese Synthese – sie hat dem Stück von der antiken bis zur heutigen Kritik den Vorwurf einer ästhetisch bedenklichen Stoffüberladung eingetragen – war dem Dichter nur möglich, indem er die überlieferten Einzelepisoden an entscheidenden Punkten variierte oder ganz außer acht ließ. Sophokles hatte im *Oidipus tyrannos* (V. 1223ff.) vom Selbstmord der Iokaste berichtet; bei Euripides lebt Iokaste noch und eröffnet den Prolog mit einem Rückblick auf die Geschichte des Hauses – vom Thebengründer Kadmos über das Schicksal ihres Gatten Laios, das Unglück ihres Sohnes und zweiten Gatten Oidipus bis hin zum Zerwürfnis ihrer Söhne Eteokles und Polyneikes, deren bevorstehender Kampf um die Macht über Theben das beherrschende Ereignis des Dramas sein wird. Der Streit der Brüder gibt Euripides Gelegenheit zur Auseinandersetzung mit der Aischyleischen *Hepta*, was sich vor allem in einer anderen Beurteilung des Polyneikes niederschlägt: sowohl bei der Exposition des feindlichen Heeres im Gespräch zwischen Antigone und ihrem Erzieher als auch beim Versuch Iokastes, eine friedliche Einigung ihrer Söhne zu erwirken, als auch beim Rede-Agon der Brüder selbst erscheint Polyneikes – bei Aischylos als Verräter verachtet – als Verfechter eines berechtigten Anspruchs gegenüber der unverhohlenen Machtgier des Eteokles. Allerdings muß sich Polyneikes von seiner Mutter den kriegerischen Angriff auf die heimatliche Polis seinerseits als Schuld vorwerfen lassen.

Dieses von Iokaste angeschlagene Thema – der Zwiespalt zwischen Eigennutz und Polismoral – wird zum Grundmotiv der folgenden Szenen. König Kreon erfährt von einem Orakel, das die Rettung Thebens von der Opferung seines Sohnes Menoikeus abhängig macht, und versucht seinen Sohn – gegen die Interessen der Stadt – zu retten, kann jedoch die Selbstaufopferung des Menoikeus nicht verhindern. Auch die anschließende Reihe von vier Botenberichten, die nicht wenig zu dem Vorwurf der Überfülle beigetragen haben mag, ist der Frage nach Recht und Unrecht in diesem Konflikt gewidmet: Die Polis triumphiert, wenn noch der Freitat des Menoikeus die Thebaner ihre Angreifer, offenbar mit göttlicher Hilfe, abwehren; im persönlichen Bereich, auf den mit dem Zweikampf die Entscheidung übergeht, dokumentiert sich mit dem gemeinsamen Tod der Brüder ihre gemeinsame Schuld; Iokaste schließlich, die mit Antigone aufs Schlachtfeld geeilt ist, um zu vermitteln, jedoch zu spät kam, zeigt durch ihren Tod bei ihren Söhnen, sie sie sterbend beide umarmt, daß sie sich nach wie vor weigert, Partei zu nehmen. Nach dieser Demonstration des Gleichgewichts menschlich-persönlicher Verschuldungen siegt zwar im Schlußkampf das Polisprinzip über die auf individueller Schuld basierende Bedrohung von außen. Doch am Ende wird auch die äußere Entscheidung auf einer anderen Ebene wiederum relativiert: Antigone klagt an um beide Brüder, und der alte Oidipus bekundet seine Reue darüber, durch seinen Fluch beide Söhne vernichtet zu haben.

Indem Oidipus bei Euripides, anders als bei Sophokles, bis zum Zweikampf der Söhne im Palast verbleibt, statt das Land zu verlassen, hat sich der Dichter die Möglichkeit geschaffen, auch diese Zentralfigur des thebanischen Mythos sichtbar mit dem Bruderzwist zu verbinden. Die Ankündigung Antigones andererseits, Polyneikes trotz des ausdrücklichen Verbotes zu bestatten, stellt die Verbindung zur Sophokleischen *Antigone* her; zumal ihre Auseinandersetzung mit Kreon erinnert stark an die dort vorgeführte Konfrontation von staatlichem Racheanspruch und menschlicher Pflicht. Wenn Antigone am Ende – anders als bei Sophokles – mit dem greisen Oidipus zusammen in die Verbannung geht, so schafft Euripides damit die stofflichen Voraussetzungen für ihre gemeinsame Ankunft im Hain zu Kolonos (vgl. den Sophokleischen *Oidipus epi Kolōnō*); allerdings dürften auch manche Passagen des Textes der *Phoinissai*, die allzu deutlich an den – später entstandenen – *Koloneischen Oidipus* erinnern, postume Interpolationen darstellen. Auch in den Schlußversen des Oidipus, der fortziehend auf seinen Ruhm und sein Elend zurückblickt, zeigt sich noch einmal die für das ganze Stück charakteristische Neigung zu Bilanz und Synthese des gesamten mythischen Geschehens.

Nicht zuletzt dürfte dieser komplexe Charakter des Dramas der Grund dafür gewesen sein, daß die *Phoinissai* in der Folgezeit trotz ihrer ästhetischen Bedenklichkeit geradezu als dramatische Musterrepräsentation des Thebenmythos angesehen wurden: Der Einfluß reicht von Sophokles und der zeitgenössischen Vasenmalerei bis in die römische Literatur, wo sich zumal die Tragiker Accius (*Phoenissae* oder *Thebais*) und Seneca (*Phoenissae*) sowie der Epiker Statius (*Thebais*) auf die Euripideische Darstellung stützen. In Byzanz gehörten die *Phoinissai* neben *Hekabē* und *Orestēs* zur Schullektüre; auch in der Renaissancezeit fanden sie ihre Liebhaber, wie beispielsweise die Aufführung am Straßburger Gymnasium von 1578 dokumentiert. Ebenso vermochte das Stück zeitweise eine gewisse Ausstrahlung auf die französische (Rotrou, Racine) und die deutsche Klassik (Schiller) auszuüben. K. J.

Ausgaben: Venedig 1503 (in *Tragōdiai heptakaideka*). – Oxford ²1913 (in *Fabulae*, Hg. G. Murray, Bd. 3; Nachdr. zul. 1963). – Ldn./Cambridge (Mass.) 1912 (in *Euripides*, Hg. A. S. Way, Bd. 3; m. engl. Übers.; mehrere Nachdr.). – Rom 1957 (*Le Fenicie*, Hg. A. M. Scarcella). – Paris ²1961 (in *Euripide*, Bd. 5, Hg. H. Grégoire, L. Méridier u. F. Chapouthier; m. frz. Übers.).

Übersetzungen: *Die Fönikierinnen*, F. H. Bothe (in *Werke*, Bd. 1, Bln./Stettin 1800). – *Die Phönikerinnen*, J. J. C. Donner (in *Euripides*, Bd. 1, Heidelberg 1841; ³1876). – *Die Phoenikierinnen*, H. v. Arnim (in *Zwölf Tragödien*, Bd. 2, Wien/Lpzg. 1931). – *Die Phoinikierinnen*, J. J. C. Donner (in *Sämtliche Tragödien*, Bd. 2, Stg. 1958; bearb. v. R. Kannicht; Anm. v. B. Hagen; Einl. v. W. Jens; Kröners Taschenausg., 285). – *Die Phönikierinnen*, E. Buschor (in *Helena ... Vier Tragödien*, Mchn. 1963).

Literatur: W.-H. Friedrich, *Prolegomena zu den »Phönissen«* (in Herm, 74, 1939, S. 265–300). – Schmid-Stählin, 1/3, S. 573–590. – W. Riemschneider, *Held und Staat in E.' »Phoenissen«*, Würzburg 1940 [Diss. Bln.]. – E. Valgiglio, *L'esodo delle »Fenicie« di Euripide*, Turin 1961 (Università di Torino. Pubblicazioni della Facoltà di Lettere e Filosofia, 13/2). – E. Fraenkel, *Zu den »Phoenissen« des E.*, Mchn. 1963 (SBAW, phil.-hist. Kl., 1963/1). – A. Lesky, *Die tragische Dichtung der Hellenen*, Göttingen ²1964, S. 190–193 [m. Bibliogr.]. – J. de Romilly, *Les »Phéniciennes« d'Euripide ou l'actualité dans la tragédie grecque* (in Revue de Philologie, 39, 1965, S. 28–47). – H. Erbse, *Beiträge zum Verständnis der euripideischen »Phoinissen«* (in Phil, 110, 1966, S. 1–34). – D. J. Conacher, *Euripidean Drama*, University of Toronto Press 1967, S. 227–248. – E.-R. Schwinge, *Die Verwendung der Stichomythie in den Dramen des E.*, Heidelberg 1968 [s. Index; m. Bibliogr.].

TRŌADES (griech.; *Die Troerinnen*). Tragödie des Euripides (um 485–406 v. Chr.), aufgeführt 415 v. Chr. – Dieses letzte Stück einer im übrigen bis auf Fragmente verlorenen Troja-Trilogie (bestehend aus *Alexandros*, *Palamēdēs*, *Trōades* mit dem Satyrspiel *Sisyphos* als Anhang) ist nur verständlich aus der historischen Situation, in der sich die Heimatstadt des Dichters in jener Zeit befand: Das Werk enthält eine unüberhörbare Warnung an die Athener, die sich im Jahr der Aufführung des Dramas gerade zur sizilischen Expedition rüsten – eine Warnung vor dem unberechenbaren Risiko eines Krieges.

Schon der Prolog des Stücks (V. 1–97), das die Schrecken der Niederlage am Jammer der den Siegern ausgelieferten Troerfrauen demonstriert, zeigt zugleich die Vorläufigkeit auch eines noch so triumphalen Sieges: Athene und Poseidon nehmen sich vor, die hochmütig frevelnden Sieger auf der Heimfahrt zu vernichten (vgl. die unter dem Titel *Nostoi–Heimkehrgeschichten* dem *Epikos kyklos – Epischer Zyklus* einverleibten Geschehnisse). Die auf diesen Prolog folgende »Handlung« besteht nicht, wie üblich und zu erwarten, aus Aktionen und Gegenaktionen der einander gegenüberstehenden Gruppen, Griechen und Troer, sondern aus einer Reihe von Klageszenen, in denen namhafte Gestalten der troischen Geschichte ihr persönliches Schicksal in charakterisierender Weise mit der Katastrophe Trojas verknüpfen. Zuerst beschwört die alte Königin Hekabe, die angestammte Symbolfigur des troischen Untergangs, zusammen mit dem Chor der gefangenen Frauen, die wie sie im Zeltlager zwischen den Ruinen der Stadt und den Schiffen der Sieger auf die Verschleppung warten, in einer großen Klageszene (V. 98–229) die traurige Vergangenheit Trojas und ihre eigene bedrohliche Zukunft. Dann erscheint in Gestalt des Talthybios der Herold der griechischen Machthaber, der in einer Art Exposition des Kommenden (V. 230–276) das Schicksal der Kassandra nennt, den Tod der Hekabetochter Polyxena andeutend verschweigt – was aber für den mythenkundigen Zuschauer (der zudem die Euripideische *Hekabē* kennt) leicht durchschaubar ist – und die Bestimmung der Hektorgattin Andromache sowie der Hekabe ankündigt. Für Kassandra, die zur Nebenfrau des Agamemnon werden soll, gibt es zwar keinen Widerstand gegen den griechischen Befehl, aber in ihren teils visionär-aberwitzigen, teils »vernünftig« klingenden Äußerungen (V. 277–461) prophezeit sie, in Fortführung der Prologszene, den Siegern den Untergang, und zwar in einer Weise, die deutliche Anspielungen auf die *Odyssee* Homers und die *Orestie* des Aischylos enthält. Eine erneute Klagerede der Hekabe (V. 462–510) beschließt das erste Epeisodion.

Wenn die nunmehr auftretende Andromache, die zur Sklavin des Achilleussohnes Neoptolemos ausersehen ist, der Hekabe von dem Tod berichtet, den Polyxena als Menschenopfer am Grab des Achilleus erlitten hat, und wenn dann Talthybios die Auslieferung des Hektorsohnes Astyanax fordert, die gerade für eine tröstliche Zukunftshoffnung der Andromache zu werden begann, den die Griechen jedoch auf Anraten des Odysseus vorsichtshalber töten wollen, dann zeigt sich in diesem Epeisodion (V. 568–798) die ganz persönliche Bestialität des Odysseus, die die allgemeine Unmenschlichkeit der Griechen noch weit übersteigt: Wie in der Euripideischen *Iphigeneia hē en Aulidi (Iphigenie in Aulis)* und im *Philoktētēs (Philoktet)* des Sophokles ist er zu einem absoluten Zerrbild des Homerischen Helden geworden, vor dem sogar der Herold Grauen empfindet. – Der einzige Zusammenprall zweier gleichstarker Gegner findet sich im Rede-Agon zwischen Hekabe und Helena vor dem Schiedsgericht des Menelaos (V. 860–1060). Die Frage, ob Helena nicht in Wirklichkeit an Elend der Troer und an den Verlusten der Sieger schuldig sei und somit eigentlich die Hauptstrafe verdient habe oder ob vielmehr Hekabe als Mutter des Paris und überdies die Göttin Aphrodite als seine Gönnerin gar nicht die wahren Schuldigen an all den Ereignissen seien, dazu die Art der wechselseitigen Beweisführung zeigt sehr viel sophistische Eristik und ironische Mythenbehandlung, wie andererseits die Warnung an Menelaos, sich nicht wieder dem erotischen Reiz der Helena auszusetzen, für große psychologische Einsicht spricht. – Wenn in der Schlußszene (V. 1118–1332) Hekabe, die in Zukunft dem Odysseus als Dienerin gehören soll, gehindert wird, sich in die Flammen des brennenden Troia zu stürzen, dann fallen hier, wie so oft, bühnentechnische Erfordernisse (in der Exodos verlassen Schauspieler und Chor die Bühne) mit notwendigen überkommenen Elementen der Handlung – Hekabe und die Troerinnen werden zu den Schiffen der Griechen geführt – zusammen.

Von der Wirkung des Stücks auf die Zeitgenossen des Euripides wissen wir nichts: Das sizilische Abenteuer jedenfalls fand trotz der warnenden Worte des Dichters statt – und endete in einer totalen Katastrophe, von der sich Athen nie wieder erholt hat. Die antike Literaturästhetik fand an dem handlungsarmen Werk manches auszusetzen, und so nimmt es nicht wunder, daß die Bearbeitung des Seneca *(Troades)* in der Nachwelt weit größere Wirkungen zeitigte als ihre Vorlage (obwohl diese als Teil der Standardauswahl Euripideischer Stücke weder in Byzanz noch in der Renaissance-Epoche unbeachtet blieb): Maffeo Vegio, Scaliger und Martin Opitz gehörten zu den Bewunderern der Senecanischen Version. Erst im 19. Jh. kam Euripides im Vergleich mit dem Römer in der Beurteilung wieder zu seinem Recht. In unserem Jahrhundert hat das Jammerbild der Gefangenen und die Hohlheit des Machtanspruchs der Sieger zu zwei Versionen des Troerinnen-Stoffes geführt, die, obgleich in der Akzentuierung verschieden, beide unter dem Eindruck der aktuellen historischen Situation eine scharfe Verurteilung aller Kriege enthalten. Während Franz Weefel in seinen *Troerinnen* (entstanden 1913) die Hekabe zur großen Leidenden werden läßt, die erst am Schluß, in einer neuen Wendung der Motivik, lernt ihr Leid zu tragen und auf sich zu nehmen, arbeitet Jean-Paul Sartre aufgrund der Erfahrungen des Algerienkrieges die verbrecherische Sinnlosigkeit des Kolonialismus heraus, was im Vorwort zu seinen *Troerinnen (Les Troyennes,* 1965) nicht weniger deutlich wird als etwa in der von ihm erweiterten Schlußszene, in der er den Poseidon, in Fortführung des Prologs, den abfahrenden Siegern nachrufen läßt: »*Führt nur Krieg, ihr blöden Sterblichen, verwüstet nur die Felder und die Städte, schändet nur die Tempel und die Gräber und foltert die Besiegten: Ihr werdet dran verrecken. Alle!*« K. J.

Ausgaben: Venedig 1503 (in *Tragōdiai heptakaideka*, Hg. M. Musuros). – Ldn./Cambridge (Mass.) 1912 (in *Euripides* Hg. A. S. Way; m. engl. Übers., Loeb; mehrere Nachdr.) – Oxford ³1913 (in *Fabulae*, Hg. G. Murray, Bd. 2; Nachdr. zul. 1963). – Turin 1938 (*Le Troiane*, Hg. A. Taccone; m. Komm.). – Bamberg o. J. [1953] (*Troerinnen*, Hg. H. Scharold). – Florenz 1953 (*Le Troiane*, Hg. G. Schiassi; m. Komm.). – Paris 1959 (in *Euripide*, Bd. 4, Hg. L. Parmentier u. H. Grégoire; m. frz. Übers.).

Übersetzungen: *Die Trojanerinnen*, F. H. Bothe (in *Werke*, Bd. 4, Bln./Stettin 1802). – *Troerinnen*, U. v. Wilamowitz-Moellendorff (in *Griechische Tragoedien*, Bd. 3, Bln. 1906). – *Die Troerinnen*, H. von Arnim (in *Zwölf Tragödien*, Bd. 1, Wien/Lpzg. 1931; ern. in *Die Tragödien u. Fragmente*, Hg. F. Stoessl, Zürich/Stg. 1968). – *Die Troerinnen*, L. Wolde (in *Tragödien u. Fragmente*, Bd. 1, Wiesbaden 1949). – Dass., E. Buschor (in *Die Troerinnen ... Drei Tragödien*, Mchn. 1957). – Dass., nach der Übers. v. J. J. C. Donner bearb. v. R. Kannicht (in *Sämtl. Tragödien*, Bd. 2, Stg. 1958; m. Anm. v. B. Hagen u. Einl. v. W. Jens; Kröners Taschenausg., 285). – Dass., D. Ebener (in *Werke*, Bd. 2, Bln./Weimar 1966).

BEARBEITUNGEN: F. Werfel, *es Die Troerinnen*, Lpzg. 1914 ([5]1916). – Euripide, *Les Troyennes*, Adaptation de J. P. Sartre, Paris 1965; ern. 1966 (dt. Erstaufführung: *Die Troerinnen des Euripides*, Bad Hersfeld, 9. 7. 1966, Festspiele).

LITERATUR: R. Petsch, *Die »Troerinnen« einst und jetzt* (in NJB für das klass. Altertum, 39, 1917, S. 522–550). – M. Vincieri, *La ragione storica delle »Troadi« di Euripide*, Padua 1937. – Schmid-Stählin, 1/3, S. 474–487. – G. Perotta, *Le »Troiane« di Euripide* (in Dioniso, 15, 1952, S. 237–250). – A. Pertusi, *Il significato della trilogia troiana di Euripide* (ebd., S. 251–273). – W. H. Friedrich, *Euripides u. Diphilos. Zur Dramaturgie der Spätformen*, Mchn. 1953, S. 61–75 (Zetemata, 5). – D. Ebener, *Die Helenaszene der »Troerinnen«. Ein Beitrag zur Frage: Euripides u. die politischen Probleme seiner Zeit* (in Wiss. Zeitschr. d. Martin-Luther-Univ. Halle-Wittenberg, 3, 1954, S. 691 bis 722). – A. Lesky, *Die tragische Dichtung der Hellenen*, Göttingen [2]1964, S. 180–182. – D. J. Conacher, *Euripidean Drama*, Toronto 1967, S. 127 bis 145. – E. R. Schwinge [Hg.], *Euripides*, Darmstadt 1968, S. 553 [Bibliogr. 1960–1968] (Wege der Forschung, 89).

HERODOTOS aus Harlikarnassos
(um 484 – nach 430 v. Chr.)

HISTORIËS APODEXIS (griech.; *Forschungsbericht*). Geschichtswerk in neun Büchern von HERODOTOS aus Halikarnassos (um 484 – nach 430 v. Chr.). – Diese erste historische Darstellung des Abendlandes ist die – nach Jahrzehnten der Geringschätzung – durch die archäologische Forschung immer wieder in ihrer Zuverlässigkeit bestätigte literarische Hauptquelle für die Geschichte der Alten Welt und der Perserkriege. Die Bucheinteilung stammt nicht vom Autor. Sie wurde von den alexandrinischen Philologen vorgenommen, auf die auch die heute wieder aufgegebene Benennung der Bücher mit den Namen der neun Musen zurückgehen mag.
Der Eindruck des gewaltigen Xerxes-Zuges, nach dem sogenannten »zweiten Prooimion« (7, 20) der größte aller bekannten Kriegszüge, in dem die unzähligen Völkerschaften ganz Asiens über die wenigen Griechenstädte hereinbrachen, hat in Herodots Werk die beiden Dimensionen des Raumes und der Zeit zum ersten wirklichen Geschichtsgefüge verschmelzen lassen. Man fragt zurück nach der Vorgeschichte der Auseinandersetzung zwischen Griechen und Barbaren – vom Raub der Io durch die Phoiniker und dem Raub der Europa durch die Griechen bis zum Troianischen Krieg und schließlich zu Kroisos, bei dem man dann auf wirklich historischen Grund kommt –, und man versucht, sich die Völker und Landschaften zu vergegenwärtigen, die in diesem für griechische Verhältnisse so immensen Perserreich zusammengeschlossen sind. Unter diesem Gesichtspunkt wird auch der Aufbau des Gesamtwerks verständlich: die äußeren Haupteinschnitte für den zeitlichen Verlauf liefert die genealogische Abfolge der Perserkönige, von Kyros (Buch 1) über Kambyses (2,

1–3, 66), Dareios (3, 86–7, 4) zu Xerxes (7, 4–9, 122). Die Lücke zwischen Kambyses und Dareios wird ausgefüllt durch eine berühmte Diskussion über die Vorzüge der verschiedenen Verfassungsformen. Die Tiefe des historischen Raumes mit seinen Schauplätzen und handelnden Völkern durchmißt Herodot in der Reihenfolge, in der diese mit dem wachsenden Perserreich in Berührung kommen. So erscheinen in perihegetischen Exkursen die Lyder, Meder, Perser, Babylonier, Massageten im ersten, Ägypten im zweiten, Äthiopien im dritten, Skythen, Kyrene, Libyen im vierten, Thrakien, Makedonien und Ionien im fünften Buch. In Buch 6 rückt, nach Schilderung der Niederschlagung des ionischen Aufstandes, mit der Strafexpedition nach Marathon das griechische Mutterland endgültig ins Zentrum, nachdem die wichtigsten Punkte der dortigen Entwicklung schon vorher immer wieder berührt wurden, so vor allem die Hauptakteure Athen und Sparta (besonders 1, 59–68, und 5, 39–96). Die abschließenden Bücher 7–9 schildern zusammenhängend den Verlauf des Xerxes-Krieges mit den Schlachten von Thermopylai (7, 201–234), Salamis (8, 40–96) und Plataiai (9, 15–85). Mit dem Übergang der Griechen zur Offensive – Eroberung von Sestos am Hellespont – und einer bedeutsamen Anekdote über die frühere Anspruchslosigkeit der nun aus Habsucht so tief gefallenen Perser klingt das Werk aus. Der Gedanke einer allmählichen Entwicklung Herodots vom Perihegeten zum Historiker, den man aus diesem Aufbau herauslesen wollte, hat sich ebensowenig aufrechterhalten lassen wie die These, die Darstellung sei Fragment geblieben.
Wenn Herodot sich am Beginn seines Werks »*aus Thurioi*« genannt hat, wie ARISTOTELES bezeugt, so betont er damit seine Teilnahme an der Gründung dieser unteritalischen Stadt. Unter Beteiligung der ersten Geister der Zeit, etwa des Sophisten PROTAGORAS und des Städteplaners Hippodamos aus Milet, schuf sich das Perikleische Athen hier im griechischen Westen im Jahre 444 v. Chr. auf panhellenischer Grundlage ein Zentrum seiner kulturellen und wirtschaftlichen Ausstrahlung. Herodot, teils dorischer, teils karischer Abstammung, in seiner Bildung ionisch geprägt, verdankt diesem Athen, wo er zum Kreis um Perikles und SOPHOKLES in Beziehung trat, sehr viel. Hier, am Herd des griechischen Widerstandes gegen Persien, fand er zu dem Gegenstand seiner Lebensarbeit, der Erforschung der weltgeschichtlichen Auseinandersetzung zwischen Griechen und Barbaren. Noch in den Jahren vor dem Peloponnesischen Krieg, dessen Ausbruch (431 v. Chr.) er noch erlebt haben muß, sagt er den gegen Athen aufgebrachten Griechen: »*Hier muß ich eine Meinung vorbringen, die den meisten übel aufnehmen werden. Dennoch werde ich, was mir wahr zu sein scheint, nicht unterdrücken.*« Nach einer ausführlichen Begründung kommt er zu dem Schluß: »*Wenn man also die Athener Griechenlands Retter nennt, so dürfte man die Wahrheit nicht verfehlen*« (7, 139). Zwar hat dieses Eintreten für Athen ihm später den Vorwurf der Parteilichkeit eingetragen, so in PLUTARCHS Schrift *Über die Böswilligkeit Herodots*, aber gerade sein Bemühen »*um die Wahrheit*« ließ ihn bei CICERO (*De legibus*, 1, 5) zum »*Vater der Geschichtsschreibung*« werden. Freilich ist ihm dieser Ehrentitel in der Neuzeit von Historikern und Philologen heftig bestritten worden, und schon Cicero wies auf die unzähligen dem historischen Bericht beigemischten Fabelgeschichten

hin. Diese Neigung zum unterhaltsamen Plaudern lehnte auch der im Anschluß an Herodots Werk schreibende THUKYDIDES ab, wenn er seine Darstellung des Peloponnesischen Krieges als »*Besitz für immer*« abhebt von einem bloßen »*Prunkstück, für den Augenblick zu hören*«. Immerhin hat Herodots Werk die Zeiten überdauert: Eine Kurzfassung des 4. Jh.s, die als Ersatz gedacht war, ist verschwunden, das Original ist lebendig wie eh und je – ein Hinweis darauf, daß nicht nur der besondere Gegenstand, sondern gerade die Art der Darbietung seinen Wert ausmacht.

In ionischem Dialekt und einem anmutigen, klar erzählenden Stil, der mit kurzen Sätzen und ständigen Wiederaufnahmen zugleich höchste Verständlichkeit und den Eindruck behaglicher Breite erzielt, der Personen und Szenen anschaulich vor Augen führt und doch in Reden und Reflexionen Monumentalität und gedankliche Tiefe erreicht, breitet Herodot die Ergebnisse seiner auf weiten Reisen angestellten Forschungen in zunächst verwirrender Buntheit aus. Die Naturgeschichte der Elche, Krokodile und Fettschwanzschafe, Rezepte für künstliche Befruchtung und Einbalsamierung, Schönheits- und Abführmittel, Schädelkult und Leichenverzehrung, Weibergemeinschaft und Witwentötung, Tischsitten, Thronfolgeordnungen und die verschiedene Art der Griechen und Ägypter, ihr Wasser zu lassen, hält er für ebenso interessant und mitteilenswert wie den Traum des Xerxes vor dem Zug nach Griechenland und die Kriegslist des Themistokles bei Salamis. Besonders einprägsame Gestalt gewinnen historische Grundsituationen in den scharf pointierten Anekdoten und Geschichten, die man, etwas unglücklich, Novellen zu nennen pflegt. Vor allem um die großen Gestalten der Vorzeit, die Lyder Gyges und Kroisos, die Perser Kyros und Dareios, die Griechen Solon, Periander, Kypselos und Polykrates, ranken sich Erzählungen von märchenhafter Prägung und ethischer Eindringlichkeit, die, zum Teil von SCHILLER, HEBBEL und anderen neu gefaßt, noch bis in unsere Schullesebücher weiterwirken. Für den modernen Historiker, der Motivanalyse treibt und Herodot als Quelle wertet, wird diese Buntheit leicht zum Ärgernis. Daneben stört den historischen Analytiker der »*alte, ganz naive Glaube – Herodot sucht nicht einmal historische Motive und Erklärungen, wo ihm theologische zur Verfügung stehen*« (F. Jacoby).

Nur mühsam hat man sich in unserem Jahrhundert dazu durchgerungen, den ersten Historiker auch selbst historisch zu verstehen. Von zwei Seiten aus hatte sich der griechische Geist zunächst den historischen Phänomenen genähert. Da war einerseits die uralte, besonders im Orient verbreitete Methode, über die Abstammungsreihen, die Genealogien der Könige und Helden, in die Vergangenheit – meist einzelner Städte – zurückzuschreiten und so die Zeit in den Griff zu bekommen. Daneben entwickelte sich im Zeitalter der großen griechischen Kolonisation das Bedürfnis, auch den immer weiter sich dehnenden Raum zu gliedern. Dem Bedürfnis der Schiffahrt nach Angaben über Untiefen, Klippen, Küstenverlauf, Inseln, Häfen, Wasserstellen entsprachen die Reisejournale *(periploi)* einzelner Seefahrer, die schließlich, systematisch ausgeweitet, zu wissenschaftlichen Erdbeschreibungen *(perihēgēseis)* wurden. Dieses ganze Streben nach räumlicher und zeitlicher Wissenserweiterung läßt sich mit dem ionischen Wort *historiē* (»Welterkundung«) zusammenfassen. Im kleinasiatischen Ionien war solche Forschung besonders lebendig, parallel zu dem großen Aufstieg der Philosophie seit THALES aus Milet. Noch weithin unvereint nebeneinander erscheinen Genealogie und *periēgēsis* bei HEKATAIOS aus Milet, dem Hauptvertreter der sogenannten »Logographen« (Prosaschreiber im Gegensatz zum Dichter), dessen selbstbewußter, dem Anfang von HERAKLITS philosophischem »Logos« vergleichbarer Eingangssatz erhalten ist: »*Hekataios von Milet spricht so: Dies schreibe ich, weil es mir wahr zu sein scheint. Denn die Reden der Griechen sind nach meiner Meinung ebenso zahlreich wie lächerlich.*« Herodot, der seinerseits wieder die Erdkarte des Hekataios belächelt (4, 36), ist demgegenüber schon in seinen ersten Worten sachbezogener: »*Dies ist der Bericht über die Forschungen des Herodot aus Halikarnassos ...*« Sein Ziel ist es, die menschlichen Geschehnisse und die großen Taten der Griechen und Barbaren vor Vergessen und Ruhmlosigkeit zu bewahren, vor allem aber den Grund ihrer kriegerischen Auseinandersetzung aufzuzeigen. Er tut dies aufgrund von Autopsie *(opsis)*, Urteil *(gnōmē)* und Nachforschung *(historiē)*; im übrigen ist er auf die Aussagen der Mitwelt angewiesen: »*Ich bin verpflichtet zu erzählen, was erzählt wird. Es auch zu glauben, bin ich nicht immer verpflichtet. Und dieses Wort soll gelten für mein ganzes Werk*« (7, 152, 3). Nach diesem Prinzip der getreuen Wiedergabe der Überlieferung *(legein ta legomena)* stellt Herodot oft mehrere Versionen oder Deutungen eines Tatbestandes nebeneinander, ohne selbst eindeutig Stellung zu beziehen, so an der soeben zitierten Stelle des siebten Buchs die verschiedenen Gründe für die Neutralität der Argiver im Kampf gegen Xerxes. Seine Unvoreingenommenheit, die ihm auch die Barbaren objektiv, ja sympathisch erscheinen läßt, erlaubt auch Zweifel an Orakeln und Wundergeschichten. Das Allgemein-Menschliche steht im Vordergrund des Interesses, sosehr auch der Mensch geradezu bestimmt ist durch seine Hilflosigkeit gegenüber dem undurchschaubaren Wirken des Göttlichen.

Die moderne Geschichtswissenschaft hat sich natürlich mehr für die politischen Zusammenhänge interessiert. Immerhin hat Eduard MEYER in seiner *Geschichte des Altertums* aus »*Herodots gänzlich unmilitärischer Erzählung*« die meisten Vorgänge rekonstruiert, da »*die Hauptmomente richtig bewahrt sind*«. Unsere eigene Gegenwart, der die rein rational-historische Wahrheit in manchem suspekt geworden ist, vermag gerade die unmilitärische Geschichtsschreibung neu zu würdigen. Herodots Werk zeigt, wie ein frühzeitlicher Denker diese Wahrheit in aller Unschuld »naiv« erlangen oder sie doch zumindest viel weniger als der Rationalist völlig verfehlen kann – nicht zuletzt durch »*die unendliche Weltumfassung, die sich in diesem Grundbuch des historischen Wissens ausgeprägt hat*« (Ranke).   D. Ma.

AUSGABEN: Venedig 1502 *(Herodotu logoi ennea, hoiper epikaluntai Musai).* – Ldn./Cambridge (Mass.) 1920–1925 *(Herodotus,* Hg. A. D. Godley, 4 Bde.; m. engl. Übers.; Loeb; Bd. 1: ²1926; Bd. 2: ²1938; mehrere Nachdr.). – Oxford ³1927 *(Historiae,* Hg. C. Hude, 2 Bde.; Nachdr. zul. 1962/63). – Paris 1932–1954 *(Histoires,* Hg. P.-E. Legrand, 11 Bde.; m. frz. Übers., Einl. u. Index; z. T. mehrere Nachdr.). – Leiden 1945–1955 *(Historiēn,* Hg. B. A. van Groningen, 5 Bde.; m. Einl. u. Komm.; Bd. 3: ²1959). – Mchn. 1963 *(Historien,* Hg. J. Feix, 2 Bde.; griech.-dt.).

ÜBERSETZUNGEN: *Herodotus der allerhochberümptest*

Griechische Geschicht-Schreyber, von dem Persier, vnd vilen andern kriegen vnd geschichten, H. Boner, Augsburg 1535. – Geschichten, F. Lange, 2 Bde., Bln. 1811/12 u. ö. (zul. in Ausw. Ffm./Hbg. 1961; EC, 36). – Dass., J. F. C. Campe, 14 Bde., Stg. 1861–1863. – Das Geschichtswerk des Herodot, T. Braun, Lpzg. 1927; ern. 1956. – Historien, A. Horneffer, Hg. H. W. Haussig, Stg. ²1959 (Einl. W. F. Otto; Kröners Taschenausg., 224).

LITERATUR: F. Jacoby, Art. *H. (7)* (in RE, Suppl. 2, 1913, Sp. 205–520). – W. W. How u. J. Wells, *A Commentary on Herodotus*, 2 Bde., Oxford ²1928 [Komm].. – Schmid-Stählin, 1/2, S. 550–673. – M. Pohlenz, *Herodot*, Lpzg. 1937. – J. E. Powell, *A Lexicon to Herodotus*, Cambridge 1938; Nachdr. Hildesheim 1960. – J. L. Myres, *Herodotus: Father of History*, Oxford 1953. – *Herodot. Eine Auswahl aus der neueren Forschung*, Hg. W. Marg, Darmstadt ²1965 (Wege der Forschung, 26). – Lesky, S. 337–361 [m. Bibliogr.]. – L. Huber, *Religiöse und politische Beweggründe des Handelns in der Geschichtsschreibung des Herodot*, Diss. Tübingen 1965 [m. Bibliogr.].

ION aus Chios
(5. Jh. v. Chr.)

EPIDĒMIAI (griech.; *Reisebilder*). Die »Memoiren« des ION aus Chios (5. Jh. v. Chr.), der in der Antike vor allem als Tragiker geschätzt wurde. – Obwohl nur fünfzehn kleine Bruchstücke erhalten sind, gewinnen wir ein überraschend intensives Bild von diesem ersten autobiographisch-zeitdokumentarischen Memoirenbuch der europäischen Literatur. Den formalen Rahmen deutet der Titel an: der wohlhabende Poet von der ionischen Insel hatte einen Großteil seines Lebens auf Reisen verbracht, war in Athen ebenso daheim wie in Sparta und auf Chios, ja vielleicht in dem kulturellen Zentrum des Kontinents noch mehr als anderswo; er verkehrte in den Villen der politischen Koryphäen seiner Tage und empfing die geistigen Führer des Hellenentums in seinem Hause; er duzte den Politiker und Feldherrn Kimon (den er überaus schätzte) und den berühmten Staatsmann Perikles (den er unsympathisch fand); als Zwanzigjähriger wanderte er mit dem greisen AISCHYLOS zu den Isthmischen Spielen, als Vierzigjähriger zechte er mit SOPHOKLES. Und dieser Mann, der seine Zeit und seine Welt kannte wie kein zweiter, hat dies alles mit dem scharfen Auge eines weltoffenen, genießenden Geistes festgehalten und in seinem Werk höchst anschaulich dargestellt. Die Subjektivität seiner Schilderung wird nirgends verleugnet: aus reicher Beobachtung wählt er nur das Einzelne, aber Typisches. Freilich bietet er keine Belehrung: er will unterhalten. Sein Stilprinzip ist die *variatio*, Buntheit und Abwechslung; die Episode ersetzt die Handlung, ein Porträt wird mit derselben Anteilnahme gezeichnet wie die Zubereitung eines Muschel- oder Lebergerichts. Er bringt das individuelle Detail aus der zufälligen Perspektive des Augenblicks – und läßt es zum gültigen Symptom der Epoche werden; ein pointiertes Wort charakterisiert die Persönlichkeit, eine sparsame Geste enthüllt den Charakter, eine Sekunde steht für ein Leben. Berühmt bis in unsere Tage sind dank PLUTARCHS Zitat zwei ungemein prägnante Momentaufnahmen: die grüblerisch-schlagfertige Bemerkung des Aischylos angesichts eines Faustkampfs: »*Da kannst du sehen, was Zucht ist: der Geprügelte schweigt, die Zuschauer aber brüllen*«, und die listig-charmante Bemerkung des Sophokles, der einem Knaben beim Gelage einen Kuß raubte: »*Perikles meint, ich verstehe nichts von Strategie. Nun, ist mir dieser kleine Angriff nicht gut geglückt?*« Ions selbstbewußter Mut zur persönlichen Note ist für einen Schriftsteller des 5. Jh.s v. Chr. unerhört. Selten wird man den Verlust eines Werkes so bedauern wie den der *Epidēmiai*. E. Sch.

AUSGABE: Stg./Bln. 1939 (*Ion von Chios. Die Reste seiner Werke*, Hg. A. v. Blumenthal).

LITERATUR: L. Holzapfel, *Untersuchungen über die Darstellung der griechischen Geschichte von 489 bis 413 v. Chr.*, Lpzg. 1879. – I. Bruns, *Das literarische Porträt der Griechen*, Bln. 1896, S. 46–55. – Schmid-Stählin, 1/2, S. 674 f. – G. Misch, *Geschichte der Autobiographie*, Bd. 1/1, Ffm. ³1949, S. 102 f.

PRODIKOS aus Keos
(um 465–395 v. Chr.)

HŌRAI (griech.; *Horen*). Hauptwerk, vielleicht einzige Schrift des PRODIKOS aus Keos (um 465–395 v. Ch.); erst durch neuere Forschungen in groben Zügen wieder faßbar geworden. – Drei wesentliche Elemente des nach alten Fruchtbarkeitsgöttinnen betitelten Buches lassen sich erkennen: 1. die thematische Grundtendenz – »*der Ackerbau als Grundlage der menschlichen Kultur*« (Nestle); 2. ein anthropologisch-theologischer Exkurs – der Versuch, den Götterglauben als Antwort des Menschen auf die Erscheinungen der ihn umgebenden Natur rational zu erklären (zunächst verehrte man die segenbringenden Seinsmächte und ihre Früchte als Gottheiten: Sonne-Helios, Mond-Selene, Meer-Poseidon, Feuer-Hephaistos, Brot-Demeter, Wein-Dionysos, später, mit fortschreitender Zivilisation, wurden die eigenen Fertigkeiten wie Acker- und Weinbau von weisen Erfindern – Demeter, Dionysos – hergeleitet, auf die man nun die göttliche Verehrung übertrug); 3. eine das ganze Werk durchziehende ethische Paränese zu arbeitsamer Einfachheit und Tüchtigkeit, als deren heroisches Modell, auf dem Höhepunkt der Darstellung, der berühmt gewordene Herakles am Scheidewege fungierte, eine im Altertum oft zitierte moralische Metapher (ausführlichstes Zeugnis: XENOPHONS *Apomnēmoneumata*, 2,1,21 ff.), die sich durch Vermittlung des Christus-Gleichnisses vom schmalen und breiten Weg bis in unsere Tage größter Beliebtheit erfreut.

Jedes dieser drei Elemente eröffnet einen bedeutsamen historischen Aspekt. In der Verherrlichung des Landbaus nahm der Autor – in einer Umkehrung ins Positive (die Sophisten sind zutiefst fortschrittsgläubig) – im Zentralmotiv HESIODS auf und schuf so das Mittelglied zwischen der altarchaisch-Griechischen und der gleichsam biedermeierlich getönten Landidyllik späterer Tage (etwa THEOKRITS oder auch VERGILS). Mit einem rational-theologischen Gedanken ging – auch hier durchaus positiv analysierend, nicht polemisch destruierend – Vorstellungen des XENOPHANES und anderer fortsetzen, ist Prodikos einer der frühesten ernstzunehmenden religionswissenschaftlichen Theoretiker. Sein ethisches Bemühen schließlich widerlegt das geläufige Bild vom immoralischen Gepräge dieser sophistischen Aufklärung. Nicht ohne Grund stellte sich eine ausgesprochen asketische Richtung der Philosophie, ANTISTHENES und der Kynismus, in die Tradition der Prodikeischen Mahnung zum *ponos* (Mühsal, Arbeit). Freilich – gerade dieser letzte Punkt ist ein Symptom der Zeit: Arbeit und Tugend sind nicht mehr im Mythos fundiert, nicht mehr, wie bei Hesiod, göttergefügte Selbstverständlichkeit. Der Mythos hat seine Kraft verloren und ist zur Parabel, zur bloßen Allegorie, zum unverbindlich-erbaulichen Histörchen geworden (wie etwa, auf ganz anderem Gebiet, auch die zehn bis zwanzig Jahre später verfaßte *Lydē* des ANTIMACHOS verdeutlicht). E. Sch.

AUSGABEN: Florenz 1949 (*Sofisti. Testimonianze e frammenti*, Hg. M. Untersteiner, Bd. 2; m. Komm. u. Bibliogr.). – Bln. ¹¹1964 (in *Die Fragmente der Vorsokratiker*, Hg. H. Diels u. W. Kranz, Bd. 2).

LITERATUR: W. Nestle, *Die »Horen« des P*. (in Herm, 71, 1936, S. 151–170; ern. in W. N., *Griechische Studien*, Stg. 1948, S. 403–429). – Ders., *Vom Mythos zum Logos*, Stg. 1940, S. 349–360. – M. Untersteiner, *I sofisti*, Turin 1949. – Lesky, S. 382/383.

ANONYM

CORPUS HIPPOCRATICUM (griech.; *Hippokratische Schriften*). Titel einer Sammlung von 52 in ionischem Dialekt geschriebenen medizinischen Abhandlungen, welche als Werke des hochberühmten griechischen Arztes HIPPOKRATES aus Kos (um 460 bis 370 v. Chr.) überliefert sind. Daß dieses traditionelle Etikett nicht mit der Realität übereinstimmt, hat man schon im Altertum immer wieder vermutet, und die Forderung, Authentisches von Unechtem zu sondern, hat in der philologischen Forschung zu der nachgerade quälenden »Hippokratischen Frage« geführt – einem Problem, in welchem eine Unzahl von Möglichkeiten denkbar, kaum eine aber mit letzter Sicherheit erweisbar ist. Die Schwierigkeiten beginnen bereits beim Versuch, das Zustandekommen der Sammlung zu klären. Die antiken Nachrichten kennen keinen festen Bestand des *Corpus*, die Zahlenangaben über die Werke wachsen mit den Jahrhunderten; was man heute als *Hippokratische Schriften* zitiert, scheint im großen und ganzen (von einigen Ausnahmen des 2. Jhs. n. Chr. abgesehen) in voralexandrinischer Zeit, also vor 300 v. Chr., verfaßt zu sein, ohne daß man anzugeben wüßte, ob erst die Bibliothek in Alexandria die vielleicht zum Teil anonym überlieferte Schriftenmasse zum erstenmal vereinte oder ob in ihr bereits frühere Bibliotheksbestände (vielleicht gar der Fundus der koischen Ärztegilde) aufgegangen sind. Die größten Fortschritte machte man bei Fragen der Datierung: die frühesten Schriften gehören in die Zeit um 430 v. Chr., die spätesten in die fünfziger und vierziger Jahre des 4. Jhs. Das ist, selbst wenn man die lange Lebenszeit des Hippokrates in Rechnung zieht, ein sicheres Indiz für eine Mehrzahl von Autoren. Hinzu kommt, daß gelegentlich ein Werk ausdrücklich für einen anderen Verfasser zitiert wird: so nennt ARISTOTELES als Autor der Schrift *Von der Natur des Menschen* den Schwiegersohn des Hippokrates, POLYBOS.

Thematisch ist die Sammlung außerordentlich reichhaltig: Pathologie und innere Medizin, Geisteskrankheiten und Anatomie, Diätetik und prognostische Diagnostik, Gynäkologie und ärztliche Standeslehre stehen bunt nebeneinander. Auch in der Tendenz der Vorträge treten einschneidende Differenzen zutage, ja, man kann regelrecht von bestimmten »Schulen« sprechen – so rivalisiert mit den »Koern« die »Schule von Knidos« (ihr entstammte KTESIAS), deren besonderes Interesse der Pathologie und Diätetik gilt –; gelegentlich stehen sich die methodischen Ansichten der einzelnen Verfasser ausgesprochen polemisch gegenüber. Was für die Themen und Methoden gilt, trifft in noch stärkerem Maße auf den literarischen Charakter der Schriften zu: Sammlungen flüchtiger Notizen stehen neben ausgefeilten Abhandlungen, Reisejournale mit stichwortartig knapp aufgezeichneten Krankengeschichten neben paränetischen Traktaten, kompendienhaft Umfassendes neben so Speziellem wie dem *Hippokratischen Eid*. Obgleich alle Bücher sich des ionischen Dialekts bedienen (der sich, von der Philosophie her, als Sprache naturwissenschaftlicher Werke eingebürgert hatte), sind auch im Stilistischen manche Unterschiede festzustellen.

Die *Hippokratischen Schriften* besaßen im ganzen Altertum und Mittelalter, ja noch in der Neuzeit – zum Teil bis hinein in 19. Jh. – als medizinische Fundamentalwerke uneingeschränkte Autorität. Und wenn heute das Fachwissen im einzelnen über ihre Erkenntnisse hinausgeschritten sein mag, so haben sie doch an Bedeutung nichts eingebüßt: *Von der heiligen Krankheit*; *Von Wind, Wasser und Gegenden* (d. h. *Von der Umwelt*); *Über die alte Medizin*; *Von den Brüchen* und *Von der Einrenkung der Gelenke* (diese beiden gehörten ursprünglich zusammen); das *Prognostikon*; die sukzessive entstandenen 7 Bücher *Epidemien* (d. h. *Reisen*; Entstehungsfolge: 1 und 3; 2, 4 und 6; 5 und 7) – das ungefähr sind die bedeutendsten Stücke der Sammlung, und sie stellen die repräsentativen Zeugen jener geistigen Haltung dar, die für die europäische Wissenschaft verpflichtend und signifikant geworden ist: unvoreingenommene Beobachtung und Untersuchung der Erscheinungen, kritische Deutung auf der alleinigen Grundlage dieser natürlichen Phänomene, unterstützt durch vergleichende Beobachtungen und Versuche (!) paralleler Vorgänge im Tierreich – kurz, Erfahrung und Experiment als Basis der aitiologischen und prognostischen Erkenntnis und ihrer Anwendung. Geradezu paradigmatische Berühmtheit hat – mit Recht – die Einleitung zu der Schrift über die Epilepsie erlangt: »*Mit der sogenannten heiligen Krankheit hat es folgende Bewandtnis. Sie scheint mir um nichts göttlicher oder heiliger zu sein als die anderen Krankheiten, sondern sie hat den gleichen Ursprung wie die anderen. Doch haben die Menschen infolge ihrer Unwissenheit und ihrer Verwunderung, weil sie in nichts den anderen Krankheiten gleicht, geglaubt, ihr Wesen und ihre Ursache seien etwas Göttliches. Infolge ihrer Ratlosigkeit – weil sie den wahren Sachverhalt nicht erkennen – bleibt ihr (bei den Menschen) der göttliche Charakter gewahrt ... Wenn sie aber wegen ihrer wunderbaren Natur für göttlich gehalten wird, dann muß es sehr viele heilige Krankheiten und nicht nur diese eine geben. Wie ich denn zeigen werde, daß andere Krankheiten, die niemand für heilig hält, um nichts weniger wunderbar sind und rätselhaft sind.*« Wen nimmt es wunder, daß man immer wieder versucht hat, gerade diese zentralen Werke jenem Mann zuzuschreiben, der zum Idealbild des aufrechten Arztes geworden ist?

Auch literarhistorisch kommt den älteren Schriften des *Corpus* ein Rang zu, der ihrem wissenschaftsgeschichtlichen Wert nicht nachsteht: die Entwicklung einer Fachterminologie, die Anwendung der Sprache auf einen ganz beschränkten und ausschließlich sachbezogenen Zweck (der Krotoniate ALKMAION hatte hier vorgearbeitet), die Reduktion des Stils auf exakte und treffende Wiedergabe beobachteter Tatbestände – das sind literarisch außerordentlich interessante Prozesse, die sich zum Teil sogar noch genetisch in den verschiedenen Werken verfolgen lassen. Am unmittelbarsten kommen sie dort zum Ausdruck, wo keinerlei Rücksicht auf ein lesendes Publikum im Spiel ist: bei den stichworthaften Notizen, die mit äußerster Kürze äußerste Prägnanz – und Vollständigkeit! – verbinden müssen. *»Silenos ... Am ersten Tage gingen aus dem Unterleib gallenartige, ungemischte, schaumartige dunkle Mengen ab. Urin schwarz, mit schwärzlichem Bodensatz. – Durstig, Zunge trocken, nachts keinen Augenblick Schlaf. Am zweiten Tag hohes Fieber, mehr Stuhl, dünner, mit Schaum vermischt. Urin schwarz. Die Nacht sehr schlecht. Leichtes Phantasieren. Am dritten allgemeine Verschlechterung. Spannung der Weichen auf beiden Seiten bis zum Nabel hin, etwas locker. Dünner Stuhl, schwarz. Urin trübe, schwärzlich. Nachts kein Schlaf, viel Reden, Lachen, Gesang. Konnte sich nicht ruhig verhalten. Am vierten dasselbe. Am fünften der Stuhl ungemischt, gallenartig, glatt, fett. Urin dünn, durchsichtig. Er kam etwas zur Besinnung. Am sechsten am Kopf leichter Schweiß, Hände und Füße kalt, bläulich; warf sich viel hin und her. Kein Stuhlgang. Kein Urin. Starkes Fieber ... Am elften starb er. – Dieser Kranke hatte von Anfang bis zum Ende tiefen Atem, mit Unterbrechungen. Ständiges Zucken des Unterleibes. Alter etwa zwanzig Jahre.«* (Beide Ü: W. Capelle.) Das ist ein beliebiges Beispiel aus den Krankengeschichten der ersten *Epidemien*-Buches, und doch in seiner aufs Notwendigste beschränkten Knappheit und Genauigkeit von typischer Bedeutung: und mag diese Aufzeichnung auch nicht von der Hand des Hippokrates stammen, so ist sie doch genuines Zeugnis von dem in jeder Hinsicht klaren Geist, der für sein Wirken und seine Schule charakteristisch gewesen sein muß. E. Sch.

AUSGABEN: Venedig 1483, Hg. Franciscus Argillagnes [lat. Übers. nach arab. Vorlagen; Ausw.]. – Rom 1515 (*Hippocratis Coi ... octoginta volumina*, Hg. M. Fabius Calvus; lat. Übers.). – Venedig 1526 (*Hapanta ta tu Hippokratus*). – Paris 1839 bis 1861 (*Œuvres complètes*, Hg. E. Littré; m. frz. Übers. u. Einl.). – Lpzg. 1894–1902 (*Hippocratis opera quae feruntur omnia*, Bd. 1 u. 2, Hg. H. Kuehlewein; unvollständig). – Ldn./Cambridge (Mass.) 1923–1931 (*Hippocrates*, Hg. W. H. S. Jones u. E. T. Withington, 4 Bde., Ausw.; m. engl. Übers.; Loeb; Nachdr. zuletzt 1948–1957). – Lpzg. 1927 (*Opera*, Bd. 1, Hg. J. L. Heiberg; in *Corpus Medicorum Graecorum*, Bd. 1/1; unvollständig).

ÜBERSETZUNGEN: *Parnassus medicus illustratus. Ein neues Thier-, Kräuter- und Bergbuch, sampt der Salnerenischen Schul- und den praesagiis vitae et mortis Hippocratis Coi*, J. J. Beccher, Ulm 1663 [enth. *»Prognostikon«*, nach d. lat. Übers. des Cornarius].– *Die Werke des Hippokrates*, Hg. R. Kapferer u. G. Sticker, 4 Bde., Stg. 1933–1940. – *Hippokrates, Fünf auserlesene Schriften*, W. Capelle, Zürich 1955 [m. Einl.].

LITERATUR: K. Deichgräber, *Die »Epidemien« und das »Corpus Hippocraticum«* (in APAW, 1933, 3). – L. Edelstein, Art. *Hippokrates* (in RE, Suppl. VI, 1935 Sp. 1290–1345). – M. Pohlenz, *H.*, Bln. 1938.

– W. A. Heidel, *Hippocratic Medicine*, NY 1941. – L. Bourgey, *Observation et expérience chez les médecins de la collection hippocratique*, Paris 1953. – J. H. Kühn, *System- und Methodenprobleme im »Corpus Hippocraticum«*, Wiesbaden 1956 (HermE, 11). – Lesky, S. 529–537 [m. Bibliogr.].

ANONYM

ATHĒNAIŌN POLITEIA (griech.; *Staatsverfassung der Athener*). Parteipolitisches »Flugblatt«, die erste überlieferte Prosaschrift im attischen Dialekt. Sie liegt zeitlich noch vor den *Reden* ANTIPHONS und der *Geschichte des Peloponnesischen Krieges* von THUKYDIDES. Wegen ihrer inhaltlichen Parallelität zur *Staatsverfassung der Lakedaimonier* (*Lakedaimoniōn politeia*) ist sie unter die Werke XENOPHONS (um 430–350 v. Chr.) geraten.

So kurz die Schrift ist, so zahlreich sind die von ihr aufgeworfenen Rätsel, deren drei wichtigste sind: die Frage nach Person und geistiger Haltung des Verfassers, die Frage nach dem Entstehungsort und die nach der Abfassungszeit. Keine dieser zentralen Fragen kann bündig beantwortet werden. Als Autoren standen immer wieder KRITIAS und THUKYDIDES zur Debatte, doch nimmt man neuerdings wieder einen anonymen Verfasser an. In Athen wurde ein Werk wahrscheinlich nicht geschrieben. Als Zeit der Niederschrift gilt meist die erste Hälfte des Peloponnesischen Krieges (zwischen 431 und 424 v. Chr.), oder die Jahre kurz davor; mit Sicherheit ist nur die Oligarchenrevolution von 411 als *terminus ante quem* auszumachen.

Nur über die Tendenz des Werkes und die politische Gesinnung des Schreibers gab es kaum Differenzen. Hier wirkt bereits der erste Satz klärend: »*Was die Staatsform der Athener anlangt, kann ich es freilich nicht billigen, daß sie gerade für diese Art der Staatsform sich entschieden haben; denn hiermit haben sie sich zugleich dafür entschieden, daß es die Gemeinen besser haben als die Edlen; aus diesem Grunde kann ich das nicht billigen.*« Es spricht also ein Gegner der attischen Demokratie, ein Anhänger jener aristokratischen (und begüterten) Kreise, die sich durch die Verfassungsreformen des Solon und des Kleisthenes und dann durch die innenpolitische Entwicklung Athens nach und im Zusammenhang mit den Perserkriegen bis hin zur Perikleischen Ära immer mehr zurückgesetzt sahen, ohne politischen Vorrang gegenüber dem Durchschnittsbürger, aber zu allerhand aufwendigen Leistungen für den Staat verpflichtet. Immerhin, der Verfasser ist ein Athener, der sich verantwortlich fühlt: dies bekundet sein melancholisch-ironisches *»wir«*, mit dem er das kritisch-abschätzende *»sie«* variiert (»*Deshalb haben wir sogar für die Knechte freie Meinungsäußerung eingeführt...*« 1, 12). Wie er einerseits als verantwortungsbewußter Oligarch von gewaltsamen Gegenmaßnahmen abrät, so billigt er andererseits dem demokratischen Staatsaufbau innere Konsequenz zu: »*Daß sie aber, nachdem sie das nun einmal dergestalt beschlossen haben, zweckmäßig ihre Staatsform sich zu wahren und alles andere einzurichten wissen ... das will ich jetzt beweisen.*« (Ü: Kalinka). – Hier verrät der Autor die Absicht seiner Ausführungen, und er wird auf diesen thematischen Satz am Schluß des zweiten Kapitels zurückkommen, wenn die etwas mühsam-parataktisch abrollende Diskussion über Bürgerrecht, Seemacht und Bündnispolitik als die Säulen der Volksherrschaft zu Ende gebracht ist (Ringkomposition; nach LESKY). Im dritten Kapitel streicht er noch eine Reihe einzelner zwangsläufiger Mißstände der Demokratie heraus und schließt die Schrift mit der Mahnung an seine Gefährten zur Mäßigung ab. Alles in allem ein im Ton sachliches, in der Sache kritisch-heftiges Pamphlet, für Freunde und Parteigenossen von einem der ostrakisierten oder freiwillig emigrierten altadligen Athener Ende der dreißiger, Anfang der zwanziger Jahre konzipiert; in seiner leicht störrischen Sprachgestalt ein schönes Paradigma für das noch nicht durch die »Wortgymnastik« eines GORGIAS geschliffene und geschmeidig gemachte Attisch. E. Sch.

AUSGABEN: Florenz 1516, Hg. E. Boninus. – Lpzg./Bln. 1913 (*Die Pseudoxenophontische »Athēnaiōn politeia«*, Hg. E. Kalinka; m. Komm.; griech.-dt.; Nachdr. Stg. 1961). – Oxford 1920 (in *Opera omnia*, Hg. E. C. Marchant, Bd. 5; zuletzt 1961). – Kopenhagen 1942 (H. Frisch, *The Constitution of the Athenians*; m. Komm.).

ÜBERSETZUNGEN: *Republik derer Athenienser*, J. H. Wacker, Dresden/Lpzg. 1744 [griech.-dt.]. – *Staatsverfassung der Athener*, A. H. Christian (in *Werke*, Bd. 10, Stg. 1830).

LITERATUR: K. I. Gelzer, *Die Schrift vom »Staate der Athener«*, Bln. 1937 (HermE, 3). – E. Rupprecht, *Die Schrift vom »Staate der Athener«*, Lpzg. 1939 (Klio, Beih. 44). – E. Hohl, *Zeit und Zweck der pseudoxenophontischen »Athenaion Politeia«* (in Classical Philology, 45, 1950, S. 26–35). – M. Gigante, *La »Costituzione degli Ateniesi«. Studi sullo Ps.-Senofonte*, Neapel 1953.

THUKYDIDES
(um 460–400 v. Chr.)

HO POLEMOS TŌN PELOPONNĒSIŌN KAI ATHĒNAIŌN (griech.; *Der Krieg zwischen den Peloponnesiern und den Athenern*). Ohne Originaltitel überliefertes Geschichtswerk des THUKYDIDES (um 460 – 400 v. Chr.). – Das Buch behandelt den als »Peloponnesischen Krieg« (431–404 v. Chr.) in die Geschichte eingegangenen langwierigen Konflikt zwischen Athen und Sparta sowie deren Bundesgenossen. Die Schilderung der Ereignisse bricht allerdings bei der Darstellung des Jahres 411 mitten im Satz ab: Das Werk ist unvollendet geblieben. Auch die Einteilung in acht Bücher stammt nicht vom Autor selbst, sondern von einem hellenistischen Grammatiker.

Thukydides, der im Ringen zwischen Athen und Sparta die gewaltigste und folgenschwerste Auseinandersetzung innerhalb der hellenischen Welt erblickt, sucht diese Ansicht am Beginn seiner Darstellung (1, 2–19) in einem Abriß der griechischen Geschichte von ihren Anfängen bis zu seiner Zeit zu erhärten. Diese *Archäologie* bringt nicht nur eine komprimierte Darstellung der Ereignisse vom Kampf um Troia bis zu den Perserkriegen, sondern läßt zugleich schon die in der Folge wichtigen Zentralgedanken und Leitprinzipien sichtbar werden. Bedeutsam erscheint in der *Archäologie* auch die Durchleuchtung der prähistorischen Verhältnisse mit teilweise modern anmutenden methodischen Mitteln. Im übrigen werden im ersten Buch die Ursachen und vorbereitenden Ereignisse des großen Ringens aufgeführt, dessen Darstellung dann mit Beginn des zweiten Buches einsetzt. Dabei unterscheidet Thukydides wohlweislich die aktuellen Anlässe – Streit zwischen Korinth und Kerkyra, darauf die Auseinandersetzung Korinths mit Athen, die Versammlung der peloponnesischen Bündnerstaaten in Sparta mit ihren Anklagen gegen Athen – von der tieferliegenden, eigentlichen Ursache, dem Unbehagen der Spartaner über die steigenden Hegemonieansprüche Athens.

Bei der Schilderung des Kriegsgeschehens verfährt Thukydides durchaus nicht einheitlich, neben Episoden, die in schlichtem, chronikartigem Stil abgehandelt werden, stehen Ereignisse, die der Autor ihrer Bedeutung wegen breit ausführt: Dabei stellt er dann die Voraussetzungen und Vorbereitungen in den beratenden Gremien der beteiligten Staaten jeweils ebenso gründlich dar wie die Auswirkungen auf den Verlauf des Krieges selbst. In diesem Zusammenhang werden aber nicht nur die faktisch zentralen Geschehnisse wie etwa die athenischen Erfolge an der peloponnesischen Front (Besetzung von Pylos, Isolation und Überwältigung der spartanischen Hopliten auf Sphakteria im Jahr 425: 4, 2–41) oder besonders das große, zuletzt zum Scheitern verurteilte sizilische Unternehmen Athens (Buch 6 und 7) ausführlich vorgeführt, sondern ebenso Ereignisse, die ohne entscheidenden Einfluß auf den Ausgang des Ringens waren, jedoch dem geschulten Blick des Historikers Thukydides überaus bedeutsam erschienen, da er an ihnen symptomhafte, paradigmatische Züge wahrnimmt: Züge, die das menschliche Wesen und die politische Haltung der führenden Persönlichkeiten beider Lager beleuchten oder die das Kräftespiel und die Konstellationen im Inneren der einzelnen Staaten sichtbar machen. Diese »Ausschnittvergrößerungen« dienen indirekt ebenfalls der Gesamtschau des Krieges und präludieren prägnant den entscheidenden Situationen. Solche typischen Episoden sind etwa das grausame Strafgericht der Athener über die vom Seebund abgefallene Stadt Mytilene (3, 2–50), besonders aber die noch drastischeren Sanktionen gegenüber der Insel Melos, die sich aus den Kämpfen heraushalten wollte und dem Zugriff der athenischen Macht widersetzte und später, als ihr militärischer Widerstand gebrochen war, für den Wunsch nach Neutralität mit einem grauenvollen Blutbad an den Männern und mit der Versklavung der Kinder und Frauen bestraft wurde (5, 84–116). Die als Dialog gestaltete Verhandlung der Abgesandten Athens mit den offiziellen Vertretern der melischen Gemeinde, der sogenannte »Melierdialog«, zeigt exemplarisch den totalitären Anspruch der athenischen Machtpolitik und gewinnt so *allgemeine Bedeutung als ein Stück Physiologie und Pathologie der Macht* (Lesky). Aber auch das brutale Vorgehen der Spartaner gegen die nach dreijährigem Widerstand eroberte Stadt Plataiai, in dessen Folge die durch die Perserkriege ruhmreiche Ort geschleift wurde, ist extensiv dargestellt (3, 52–68), ebenso wie das Ende des Bürgerkrieges auf Kerkyra, dem ein ungeheures Blutvergießen des siegreichen Demokraten an den gestürzten Oligarchen folgte (3, 70–85).

Thukydides, der als athenischer Stratege selbst am Kriegsgeschehen beteiligt war und nach den spartanischen Erfolgen bei Amphipolis (424) für 20 Jahre die Heimat meiden mußte, steht den komplexen Ereignissen im und um den Peloponnesischen Krieg und seinen Exponenten mit faszinierender Objektivität gegenüber. Parteilichkeit und »Schwarz-Weiß-Zeichnung« der Charaktere sind seiner Darstellung von Grund aus fremd. Den dominierenden Persönlichkeiten auf beiden Seiten nähert er sich mittels einer gründlichen Analyse der Voraussetzungen ihres Handelns und läßt ihr Denken und Wollen in insgesamt über vierzig Reden sich plastisch entfalten. So lehrt er uns etwa Perikles durch drei Reden – darunter die berühmte Leichenrede für die athenischen Gefallenen des ersten Kriegsjahres (2, 35–46) – sowie eine eingehende Würdigung seiner Fähigkeiten und politischen Ziele (2, 65) verstehen. Den lauteren, gottesfürchtigen Nikias (7, 86) und den genialen, aber rücksichtslosen und zwielichtigen Alkibiades läßt er vor dem Beginn der sizilischen Expedition als Widersacher in einem großen Redeagon zusammentreffen, der zu den eindrucksvollsten Partien des Werkes zählt (6, 9–23). Aber auch der Exponent der sizilischen Seite, Hermokrates, und der Spartaner Brasidas kommen mehrmals als Redner zu Wort und prägen sich dem Gedächtnis des Lesers als markante Gestalten ein.

Treibender und auslösender Faktor des geschichtlichen Geschehens ist für das Thukydideische Weltbild immer und überall die Macht und das Streben nach Macht, die sich im Mittelmeerraum natürlicherweise als Herrschaft zur See manifestiert: Die Herrschaft zur See machte Athens überragende Stellung zu Beginn des Krieges aus, das gescheiterte Seeunternehmen nach Sizilien führt die entscheidende Wende herbei. Von einem Wirken der Götter erfahren wir in diesem Spiel der Kräfte nichts, und wo von *tychē* (Schicksal) die Rede ist, handelt es sich bloß um das Moment des Zufalls, dem alles Planen und Wagen des Menschen ausgesetzt bleibt.

Der Anspruch des Thukydideischen Œuvres, weniger für den augenblicklichen Publikumserfolg denn als »Besitz für alle Zeit« (*ktēma eis aei*) geschaffen worden zu sein, ist wohlbegründet. Denn Thukydides transzendiert allenthalben die individuelle Situation in Richtung auf das Allgemeingültige und Typische; in allen Phasen des konkreten, zeitlich fixierten Kräftemessens, das er beschreibt, kehrt er die zeitlosen Konstellationen und ihre Folgen hervor, die sich für ihn mit der Notwendigkeit eines Naturgesetzes ergeben. So läßt sich im politischen Bereich die Fülle der Phänomene weitgehend als Produkt von konstanten Grundkräften begreifen, deren variantenreiches Zusammenspiel die schillernde, sich ständig verändernde Oberfläche des Geschehens gestaltet. Entfaltungsbereich dieser konstanten Kräfte und zugleich Garant ihres regelmäßigen Wirkens ist das Wesen des Menschen (*to anthrōpinon*), das in der Geschichtsauffassung des Thukydides geradezu als Schlüsselbegriff fungiert. Hat der Geschichtsschreiber durch solche Analysen des Einzelereignisses die diagnostischen Fähigkeiten seines Lesers geschärft, so wird dieser imstande sein, auch neue Situationen in ihrem Kern zu durchschauen und ihnen wohlgerüstet zu begegnen.

Methodischer Ausdruck der Objektivität des Thukydides ist auch sein Bemühen, die Darstellung »materiell« auf das erreichbare Höchstmaß authentischer Zeugnisse zu gründen. Dazu gehören für die Gegenwart Autopsie und Augenzeugenberichte; für die Vergangenheit gewinnen urkundliche Texte an Bedeutung, doch muß in diesen Epochen zumeist mit dem »Wahrscheinlichen« vorliebgenommen werden, das für die älteste Zeit mittels einer selektiven Methode etwa aus den Homerischen Epen erschlossen werden kann.

Wiewohl die Gesamtkomposition des Thukydideischen Werkes an die Abfolge der kriegerischen Ereignisse gebunden ist, wird das nach Sommern und Wintern ausgerichtete »annalistische« Schema durch Verbreiterungen in der Darstellung, durch eingelegte Reden, Exkurse über die Vergangenheit oder Reflexionen, die immer wieder ins Prinzipielle vorstoßen, vielfach durchbrochen und verdeckt. Die stilistische Formung des Werkes paßt sich streng der inhaltlichen Linie an: In den Partien, die einfach Fakten aneinanderreihen, herrscht der schlichte Tonfall von Chroniken vor. An den Schwerpunkten der Darstellung verdichtet sich hingegen die Sprache zu schweren, antithetisch geformten und mit gehäuften Nominalbildungen befrachteten Sätzen, in denen das fast ängstliche Vermeiden einer ebenmäßigen Gliederung und paralleler Ausdrucksweise bereits dem antiken Leser erhebliche Schwierigkeiten bereitete.

Obwohl Thukydides in der nachfolgenden Periode bis zu ARISTOTELES von keinem Autor namentlich erwähnt wird, ist sein weitreichender Einfluß doch unverkennbar. Die *Hellenica Oxyrhynchia (Die Hellenika aus Oxyrhynchos)* und die *Hellēnika (Griechische Geschichte)* von XENOPHON und THEOPOMPOS schließen direkt an den Ausgang des Thukydideischen Werkes an. Andere Schriftsteller wie ISOKRATES verraten durch literarische Polemik, die sich nur auf Thukydides beziehen kann, eine intime Kenntnis seines Werkes. Um die Mitte des 1. Jh.s v. Chr. setzt in Rom eine Welle der Begeisterung für Thukydides, auch als Stilisten, ein – man denke etwa an den Historiker SALLUSTIUS CRISPUS, was andererseits die äußerst polemische Reaktion des DIONYSIOS aus Halikarnaß und auch CICEROS hervorruft. Unter den römischen Historikern der Kaiserzeit lassen besonders TACITUS – vielleicht mittelbar über Sallust – und AMMIANUS MARCELLINUS den Einfluß des Thukydides erkennen, der mittlerweile sogar zum Schulautor geworden war (wovon eine reiche philologische Kommentierung seines Werkes Zeugnis gibt). Während des Mittelalters ist Thukydides in Westeuropa praktisch verschollen; erst die lateinische Übersetzung des Lorenzo VALLA (1452) schafft ihm neue Resonanz. Einen Geistesverwandten fand der griechische Geschichtsschreiber in MACHIAVELLI, dessen *Principe* (1513) sich in so wesentlichen Punkten mit der Geschichtsauffassung des Thukydides trifft, daß man an die direkte Einwirkung gedacht hat (etwa auf dem Weg über die erwähnte lateinische Übersetzung). Im England des 17. Jh.s spiegelt sich die Begeisterung für den Autor in mehreren Ausgaben seines Werkes sowie in dem überschwenglichen Lob etwa aus dem Mund von HOBBES oder David HUME. Die deutsche Geschichtsschreibung eines Barthold Georg NIEBUHR oder Leopold von RANKE endlich stellt sich dann sogar explizit in die direkte Nachfolge dieses größten Historikers des klassischen Altertums.

O. P.

AUSGABEN: Venedig 1502. – Bln. $^{3/5}$1892–1922 (*Thukydides*, 8 Bde., Hg. J. Classen u. J. Steup, m. Komm.; Bd. 1: ^{5}1919; Bd. 2: ^{5}1914; Bd. 3: ^{3}1892; Bd. 4: ^{3}1900; Bd. 5: ^{3}1912; Bd. 6: ^{3}1905; Bd. 7: ^{3}1908; Bd. 8: ^{3}1922). – Lpzg. 1901 (*Historiae*, 2 Bde., Hg. C. Hude). – Oxford ^{2}1942 (*Historiae*, 2 Bde., Hg. H. S. Jones u. J. E. Powell). – Ldn./Cambridge (Mass.) 1919–1952 (*Thucydides*, 4 Bde., Hg. C. F. Smith; m. engl. Übers.; Loeb; Bd. 1: ^{2}1928; Bd. 2: ^{2}1930; mehrere Nachdr.). – Florenz

1951/52 (*Historiarum liber primus*, 3 Bde., Hg. A. Maddalena; m. Komm. u. ital. Übers.). – Paris 1953–1967 (*La guerre du Péloponnèse*, Hg. J. de Romilly u. L. Bodin; bisher 4 Bde. [d. i. Buch 1–7]; Bd. 1: ²1958; Bd. 2: ²1967; m. frz. Übers.). – Lpzg. ²1960 (*Historiae*, Bd. 1, Hg. O. Luschnat; Buch 1–2). – Paris 1965 (*La guerre du Péloponnèse: Pericles (II, 1–65)*, Hg. R. Weil; m. Komm.). – Oxford 1965 (*Thucydides. Book VI/Book VII*, 2 Bde., Hg. K. J. Dover; m. Komm.) – Aix-en-Provence 1967 (*Thucydide. Livre VIII*, Hg. É. Delebecque; m. Komm.).

ÜBERSETZUNGEN: *Thucydides, der aller thewrest vnd dapfferest Historienschreiber, von dem Peloponneser krieg, Iñ acht bücher gethailt*, H. Boner, Augsburg 1533. – *Geschichte des Peloponnesischen Krieges*, H. Müller, 8 Bde., Prenzlau 1829/30. – Dass., A. Wahrmund, 2 Bde., Stg. ²1865–1867 u. ö. – Dass., J. D. Heilmann u. O. Güthling, 2 Bde., Lpzg. 1884 (RUB, 1811–1816). – *Thukydides. Politische Reden*, O. Regenbogen, Lpzg. 1949 [Ausw.; m. Einl.]. – *Das Meliergespräch*, C. Ten Holder, Hg. W. Warnach, Düsseldorf 1956 [m. Komm.]. – *Der peloponnesische Krieg*, A. Horneffer, G. u. H. Strasburger, Bremen 1957 (Slg. Dieterich, 170). – *Geschichte des peloponnesischen Krieges*, G. P. Landmann, Zürich/Stg. 1960; ern. Hbg. 1962 (RKl, 100–102; Buch 6/7 u. d. T. *Die Heerfahrt der Athener nach Sizilien*, Zürich 1963). – *Der peloponnesische Krieg*, H. Vretska, Stg. 1966 (RUB, 1807 bis 1811; Ausw.).

LITERATUR: W. Schadewaldt, *Die Geschichtsschreibung des Th.*, Bln. 1929. – O. Regenbogen, *Th. als politischer Denker* (in Das humanistische Gymnasium, 44, 1933, S. 2–25). – H. Patzer, *Das Problem der Geschichtsschreibung des Th. und die thukydideische Frage*, Bln. 1937. – O. Luschnat, *Die Feldherrnreden im Geschichtswerk des Th.*, Lpzg. 1942 (Phil, Suppl. 34/2). – A. W. Gomme, *A Historical Commentary on Thucydides*, 3 Bde., Oxford 1945 bis 1956 [zu Buch 1–5, 24]. – J. H. Finley Jr., *Thucydides*, Cambridge (Mass.) ²1947. – K. Reinhardt, *Th. und Machiavelli* (in K. R., *Von Werken und Formen*, Godesberg 1948, S. 237–284; ern. in *Vermächtnis der Antike*, Göttingen 1960, S. 184 bis 218). – H. Herter, *Freiheit und Gebundenheit des Staatsmannes bei Th.* (in RhMus, 93, 1950, S. 133 bis 153). – J. de Romilly, *Thucydide et l'impérialisme athénien*, Paris ²1951. – H. Erbse, *Über eine Eigenheit der thukydideischen Geschichtsbetrachtung* (in RhMus, 96, 1953, S. 38–62). – H. Strasburger, *Die Entdeckung der politischen Geschichte durch Th.* (in Saeculum 5, 1954, S. 395–428). – C. Meyer, *Die Urkunden im Geschichtswerk des Th.*, Mchn. 1955 (Zetemata, 10). – H. J. Diesner, *Wirtschaft und Gesellschaft bei Th.*, Halle 1956. – J. de Romilly, *Histoire et raison chez Thucydide*, Paris 1956. – H. Strasburger, *Th. und die politische Selbstdarstellung der Athener* (in Herm, 86, 1958, S. 17–40). – K. Rohrer, *Über die Authentizität der Reden bei Th.* (in WSt, 72, 1959, S. 36–53). – J. Th. Kakridis, *Der thukydideische Epitaphios*, Mchn. 1961 (Zetemata, 26). – F. Reimer-Klaas, *Macht und Recht bei Th.*, Diss. Tübingen 1961. – H. Diller, *Freiheit bei Th. als Schlagwort und Wirklichkeit* (in Gymn, 69, 1962, S. 189–204). – F. Kiechle, *Ursprung und Wirkung der machtpolitischen Theorien im Geschichtswerk des Th.* (in Gymn, 70, 1963, S. 289–312). – Lesky, S. 496–526 [m. Bibliogr.]. – G. Méautis, *Thucydide et l'impérialisme athénien*, Neuchâtel/Paris 1964. – É. Delebecque, *Thucydide et Alcibiade*, Aix-en-Provence 1965. – J. Gommel, *Rhetorisches Argumentieren bei Th.*, Hildesheim 1966 (Diss. Tübingen 1961; Spudasmata, 10). – H.-P. Stahl, *Th. Die Stellung des Menschen im geschichtlichen Prozeß*, Mchn. 1966 (Zetemata, 40). – J. H. Finley Jr., *Three Essays on Thucydides*, Cambridge 1967. – H. D. Westlake, *Individuals in Thucydides*, Cambridge 1968.

EUPOLIS
(um 446–411 v. Chr.)

DĒMOI (griech.; *Die Demen*). Komödie des EUPOLIS (um 446–411 v. Chr.), 412 in Athen aufgeführt; noch im 5. Jh. n. Chr. als das Meisterstück des Autors geschätzt und gelesen; in größeren Papyrusresten (rund 50 Fragmenten) erhalten. – Wie kaum ein zweites Exemplar der Gattung zeigen die *Dēmoi* besonders eindringlich nicht nur das Wesen der typischen »Alten Komödie« Athens, sondern auch die konsequent strenge Eigenart ihres Verfassers, dem vornehmlich an politischer Kritik gelegen ist. Daß die *Dēmoi* als das letzte Werk des Dichters zugleich sein »ernstestes Stück« (Schmid-Stählin) wurden, das als »die bedeutendste politische Komödie aller Zeiten« (Körte) bezeichnet werden konnte, liegt an einer für diese Gattung unglaublichen Beschränkung und Konzentration der Mittel. Hatte sich Eupolis ohnedies der vielfältigen Möglichkeiten, die das weite Gefäß der Alten Komödie in sich barg (man vergleiche KRATINOS und ARISTOPHANES), zumeist enthalten und auf Rüpelstücke, Märchenszenen, auf Mythentravestie und Dichterkritik zugunsten politisch-sozialer Attacken verzichtet, so reduziert er in den *Dēmoi* selbst diese Tendenz noch so weit, daß er jeglichen persönlich-aischrologischen Angriff – fast möchte es scheinen: sorgsam – meidet, damit desto klarer sein Anliegen, die Sorge um den Bestand der Stadt, hervortreten könne.

Die Handlung war, wie den Fragmenten mit Sicherheit zu entnehmen ist, auf zwei Schauplätze verteilt; den Übergang bildete die Parabase, das zentrale Lied des aus Vertretern der Stadtbezirke (Demen) bestehenden Chores. Der erste Teil spielt im Hades: dort wird mit Unterstützung der Gottheiten beschlossen, eine Gesandtschaft ehemals großer Führer der Polis nach Athen hinaufzuschicken, um über die Lage der Stadt Erkundung einzuholen. Anlaß zu dem Unternehmen wird wohl gewesen sein, daß das endgültige und blutige Scheitern der sizilischen Expedition (413) zu einem Massenansturm auf die Pforten des Hades geführt hatte und man sich dort genötigt fühlte, einmal auf der Oberwelt nach dem Rechten zu sehen. Offenbar kommt es bei der Wahl der Abgeordneten zu einigen Debatten – was zu heiter-ernsten Witzeleien Gelegenheit bot –, bis endlich Solon, Miltiades, Aristeides der Gerechte und Perikles delegiert sind, dazu noch Peisistratos, dem aber des Ausgleichs halber Harmodios und Aristogeiton mitgegeben werden. Die Leitung der Exkursion hat Myronides, ein hochverdienter General (Sieger bei Oinophyta, 457, gegen die Böotier), der eben erst in den Hades eingezogen ist. Während diese Schar sich auf den Weg macht, stellt sich droben in der Agora der Demenchor auf, der mit Rüge- und Scheltliedern auf die augenblicklichen Größen der Stadt (ein traditionelles Element der Komödie) schon die Situation der zweiten Hälfte vorbereitet: zur nicht geringen Verblüffung des Prytanenvorstehers steigen die Toten paarweise aus der Unterwelt auf, werden bei einem Gelage im Prytaneion bewirtet und beginnen nun, vom Rat ermächtigt, über die lebenden Bürger prüfendes Gericht zu halten. Als erster nimmt sich Aristeides, der Sachwalter der Gerechtigkeit, einen der üblen Sykophanten (politische Denunzianten) vor, dessen eifriges Bemühen um die Stadt (*»Ich erkläre gleich, daß ich unschuldig bin. Auch ich bin ein gerechter Mann«*) sich als glatte Erpressung herausstellt. Der Urteilsspruch des Aristeides und die Konsequenz sind deutlich genug, nicht nur für den Betroffenen: »*Führt ihn jetzt ab und werft ihn in das Barathron: das ist für Seinesgleichen der rechte Sühnungsort ... Ich rufe nun der ganzen Stadt zu: Seid gerecht! Die Mahnung tut wohl not, denn wer gerecht hier ist, den meidet ihr noch ängstlicher als ein Gespenst!*« (Ü: Weinreich) In ähnlich paradigmatischer Weise untersuchen anschließend Solon das Sittenwesen und die Gesetze der Stadt, Miltiades die militärischen Verhältnisse, Perikles Politik und Demagogie. Das meiste hiervon ist zwar verlorengegangen, doch darf man annehmen, daß die Szenen demselben Schema wie bei Aristeides folgten: Überprüfung – Urteil – Mahnung ans Volk. Nachdem die Delegation ihre Aufgabe erledigt hat und die Stadt durch die symbolische Verurteilung der schlimmsten Übeltäter gereinigt ist, werden die erhabenen historischen Helfer vom Chor feierlich verabschiedet und kehren in die Unterwelt zurück.

Vor allem in der Aristeides-Szene wird spürbar, wie nahe hier in der Tat das Komödiantische seiner Grenze – und damit zugleich seinem Kern – gekommen ist: die lustige Ausgelassenheit stellt sich fast nur noch nebenbei ein, ist nur noch der Mantel des Ernstes. Selbst der scheltende Spott der Parabase (sonst häufig fast losgelöster Selbstzweck) ist fest mit dem Geschehen verwoben. Die Pöbelei erscheint hier als kaum verhüllte politische Programm verwandelt; Ausspruch und Paränese – der erhobene Finger der Mahnung zeigt sich in erschreckend unmittelbarer Deutlichkeit: das Spiel hat seinen spielerischen Charakter abgelegt. Zu solch scharfer Direktheit hat sich Eupolis' großer Rivale und Freund-Feind ARISTOPHANES nie aufgeschwungen, und es wird wohl kaum auf Zufall beruhen, wenn die ideale Verherrlichung vorbildhafter geschichtlicher Persönlichkeiten und vergangener Zeiten zum beinahe wörtlich identischen Ziel der restaurativen Bewegungen nach dem Ende des Krieges (404) wurden: die Anklage gegen den Geist der Epoche hatte ins Schwarze getroffen.

E. Sch.

AUSGABEN: Lpzg. 1880 (in *Comicorum Atticorum fragmenta*, Bd. 1, Hg. Th. Kock). – Leiden 1957 (in *The Fragments of Attic Comedy*, Bd. 1, Hg. J. M. Edmonds; m. engl. Übers.).

ÜBERSETZUNG: *Demoi*, O. Weinreich (in Aristophanes, *Sämtl. Komödien*, Bd. 2, Zürich 1953).

LITERATUR: W. Schmid, *Zu E.' »Demoi«* (in Phil, 93, 1938, S. 413–429). – J. M. Edmonds, *The Cairo and Oxyrhynchus Fragments of the »Dēmoi«* of *E.* (in Mnemosyne, 8, 1939, S. 1–20). – Schmid-Stählin, 1/4, S. 124–132 [m. weit. Lit.]. – O. Weinreich (in Aristophanes, *Sämtl. Komödien*, Bd. 2, Zürich 1953, S. 421–442).

PHRYNICHOS
(2. Hälfte 5. Jh. v. Chr.)

MONOTROPOS (griech.; *Der Einsame*). Fragmentarisch erhaltene Komödie des PHRYNICHOS 2. Hälfte des 5. Jh.s v. Chr.), aufgeführt am Großen Dionysosfest des Jahres 414, wo sie den dritten Platz hinter den *Kōmastai (Die Schwärmer)* des AMEIPSIAS und den *Ornithes (Die Vögel)* des ARISTOPHANES errang. – Mit dem *Monotropos* führt der Dichter die Gestalt des monomanen Egozentrikers in die europäische Literatur ein: »*Mein Name ist Einsam ... ich lebe das Leben des Timon, ehelos, sklavenlos, jähzornig, unzugänglich, ohne Lachen, ohne Zwiesprache, eigensinnig*« (Frgm. 18, Kock). Daß die Einführung dieser Gestalt der Komödie vorbehalten blieb, kommt nicht von ungefähr. Die Sicherheit der religiösen Bindung an den Mythos und die Abhängigkeit des einzelnen von der Norm der heimatlichen Polis boten im frühen Griechenland der Darstellung des abseitigen Individualisten gar keinen anderen Raum als den der Komödie. Doch pflegte diese Gattung immer gerade im Exzeptionellen das für die Zeit Symptomatische auszudrücken, und Existenz wie Erfolg des Stückes lehren, daß der skurrile Einzelgänger bei der Volksmasse auf Verständnis rechnen durfte – ein ins achtzehnte Jahr gehender Krieg, politische Unsicherheit im Innern der Stadt, dazu das neuerliche Risiko des sizilischen Abenteuers (415 v. Chr.) nahmen der Flucht aus der Gemeinschaft manches von ihrer schrulligen Unwahrscheinlichkeit. Mit Gegenwartskritik und giftig-direkten Angriffen auf Zeitgenossen hat der Autor denn auch nicht gespart (wenngleich er sich nur an die zweite Garnitur der Politiker wagte): »*Noch andere große Affen weiß ich aufzuzählen, Lykeas, Teleas, Peisandros, Exekestides. – Absonderliche Affen nennst du mir ... ein Feiger hier, ein Kriecher da, ein Bastard dort*« (Frgm. 20, Kock).

Viel mehr als dergleichen Details lassen die wenigen Bruchstücke, sieht man vom Grundkonzept des Werkes ab, nicht erkennen. Handlungsverlauf und Eigenart des Stückes sind uns wohl für immer verloren; dem Titelhelden indes war – trotz der Mediokrität seines geistigen Vaters – ein langes Nachleben beschieden; vom Hellenismus bis in die Neuzeit galt der tragikomische Menschenverächter als Paradethema der Komödie – MENANDERS *Dyskolos (Der Griesgram)* und MOLIÈRES *Misanthrope (Der Menschenfeind)* sind dafür glänzende Beispiele.

E. Sch.

AUSGABEN: Basel 1560 (in *Vetustissimorum et sapientissimorum comicorum ... sententiae*, Hg. J. Hertel; m. lat. Übers.). – Lpzg. 1880 (in *Comicorum Atticorum fragmenta*, Hg. Th. Kock, Bd. 1). – Leiden 1957 (in *The Fragments of Attic Comedy*, Hg. J. M. Edmonds, Bd. 1; m. engl. Übers.).

ÜBERSETZUNG: *Der Einsiedler als Menschenfeind*, O. Weinreich (in Aristophanes, *Sämtliche Komödien*, Bd. 2, Zürich 1953, S. 407–410; Einl. O. Weinreich).

LITERATUR: A. Körte Art. *Ph. (7)* (in RE, 20/1, 1941, Sp. 918–920). – Schmid-Stählin, 1/4, S. 138/139.

ARISTOPHANES
(um 445–385 v. Chr.)

ACHARNĒS (griech.; *Die Acharner*). Das früheste erhaltene Stück des ARISTOPHANES (um

445–385 v. Chr.), im Frühjahr 425 in der Inszenierung des Kallistratos an den Lenäen mit großem Erfolg aufgeführt: es errang den ersten Platz vor einem Werk des KRATINOS und des EUPOLIS. Aufführungszeit und Thema waren geschickt gewählt: während an den Dionysien im Frühsommer alle Welt in Athen und im Theater zusammenströmte, rekrutierte sich an den Lenäen das Publikum in erster Linie aus den Städtern und dem Landvolk Attikas. Was war da angebrachter, als in den Mittelpunkt einer Komödie einen dieser armen attischen Bauern zu stellen, die – seit Jahren aus ihrem Besitz evakuiert und in städtischen Elendsquartieren hausend – nichts sehnlicher wünschten als einen langdauernden Frieden, in dem sie wieder ihrer bäuerlichen Arbeit und dem Handel nachgehen könnten?

Die Klage des scharfen Demagogen und Volksführers Kleon auf die *Babylōnioi* hin, mit denen Aristophanes knapp ein Jahr zuvor debütiert hatte, schreckte den Dichter also keineswegs ab, den begonnenen Weg fortzusetzen: die athenische Kriegspolitik anzuprangern, wo es irgend ging, und für die Beendigung des unseligen Kampfes mit Sparta zu plädieren, der der Stadt bislang nur Unheil gebracht hatte. Doch sind die *Acharner* kein Thesenstück: keine Spur von dramatisiertem Traktat, statt dessen vitaler Witz, frische Aktion, kräftige Späße, dargeboten in lockerer, aber kompositorisch ausgewogener Szenenfolge. Der Bauer Dikaiopolis (wörtlich: »der gerechte Bürger«) wartet auf den Beginn der Volksversammlung (1–42), muß aber dann erleben, daß man dort weder auf die Stimme der Friedenswilligen hören will noch im mindesten geneigt ist, den Realitäten ins Auge zu sehen, die der radebrechende persische Gesandte Pseudartabas eröffnet (43–125). So beschließt Dikaiopolis, sich durch einen Privatgesandten in Sparta für acht Drachmen einen Separatfrieden besorgen zu lassen. Während eine weitere Gesandtschaft nur recht zweifelhafte Hoffnungen bei den Athenern wecken kann, bringt sein Privatbote einen ganz wunderbaren dreißigjährigen Friedenswein für ihn und seine Familie (125–203). Doch schon stürmt der Chor kriegswütiger acharnischer Köhler, alter Marathonveteranen, auf die Bühne, um den vaterlandsverräterischen Gauner zu schnappen (204–236). In einer zweiten Episodenfolge muß der glückliche Bauer sein Gut gegen die Widersacher verteidigen: eine rituelle Kultbegehung der Dikaiopolisfamilie auf dem Lande wird von den racheheischenden Köhlerchor gestört; nur durch eine List (er erhascht einen Kohlenkorb als Geisel) kann Dikaiopolis sich Gehör verschaffen – mit dem Kopf auf dem Hackblock muß er seine Gegner zu überzeugen versuchen (237–392). Damit es ihm besser gelinge, geht er zuvor zu Euripides, um sich von ihm eines der Lumpengewänder auszuleihen, mit denen die Euripideischen Helden auf der Bühne so große Jammerwirkung erzielen (393–489): eine köstliche Szene voll parodistischer Zitate und Anspielungen, die auch im folgenden weiterwirken. Obwohl ein Teil des Chors den berühmten Kriegsmann Lamachos (er wurde kurz nach Aufführung des Stücks zum Strategen gewählt) zu Hilfe holt, kann Dikaiopolis mit seinen guten Argumenten – die Verteidigung Spartas ist eine ungeheure Kühnheit des Dichters – und dank seiner wirkungsvollen Requisiten den Chor allmählich überzeugen.

Nach der Parabase, in der der Dichter ausführlich von sich, seinem Werk und seinen politischen Absichten spricht, und aus Lied und politisch-

Kritik gemischten epirrhematischen Partien des Chores (626–718) beginnt der zweite Teil des Stücks, dem ersten in mancherlei Hinsicht entgegengesetzt. War jener dynamisch angelegt, mit Spannung und Retardierung eine Klimax bildend, bis der Friede des Bauern schließlich unter Dach und Fach war, so ist dieser ganz statisch geformt: eine lose Folge burlesker Szenen, die den beneidenswerten Zustand des Friedens und der Marktfreiheit des Dikaiopolis ausmalen. Herrschte dort vornehmlich die Kritik, so hier groteske Ausgelassenheit, Phantasterei und Possenspiel: da kommt der Megarer, der um etwas Salz und einen Kranz Knoblauch seine Töchter als Schweine verkauft, kommt der Böotier mit einem Karren langentbehrter köstlicher Delikatessen – von beiden muß Dikaiopolis mit kräftigem Griff das Denunziantengeschmeiß fernhalten –, ein Schwarm von Schnorrern findet sich ein, die alle gern ein Tröpfchen von dem Friedenswein hätten, und als Höhepunkt tritt nochmals Lamachos auf, der sich zum Abmarsch ins Feldlager rüstet, während Dikaiopolis in einer Kanonade witzig sprühender Repliken – jeweils mit denselben Wendungen den Festschmaus des Kannenfestes vorbereiten läßt: »*Pack auf den Schild! ... Es schneit! ... Das wird ein frostiger Zug!*« »*Den Korb! Den Wein! Das wird ein mostiger Zug!*« (Ü: Seeger). – Und das Schlußbild: Lamachos ist im Schlachtgetümmel beim Sprung über einen Graben ins Wasser gefallen und kehrt, ob seiner schweren Verwundung ächzend, nach Hause zurück; Dikaiopolis kommt, weinselig und mit zwei leichten Mädchen im Arm, vom Festgelage zurück, in draller Freude ob der Genüsse, die ihn noch erwarten.

Die Fülle der komischen Möglichkeiten, aus der Aristophanes schöpft, kann in einer Paraphrase nur zum Teil wiedergegeben werden: die Diskrepanz zwischen der historischen Wirklichkeit und der fabulösen Realität des dramatischen Geschehens, die Tragödienpersiflage, das brisante Streitgespräch oder die lächerlich-antithetische Parallelstichomythie, die derbe Rüpelszene, die Mischung aus ländlicher Einfalt (Kultbegehung), schlauer Gerissenheit und Bildung (Euripides-Reminiszenzen) in der Person des Helden, auch beiläufige dramatische Requisiten wie der bedrohte Köhlerkorb – solches und ähnliches tritt unmittelbar zu Tage. Anderes liegt mehr im einzelnen und kann oft genug in einer Übersetzung gar nicht mehr zum Ausdruck kommen: das erdhaft deftige Vokabular, die – wohl kultisch bedingten – erotischen Derbheiten, das furchterregende Aussehen der thrakischen Hilfstruppen, der für athenische Ohren von Natur aus erheiternde Dialekt des Megarers und des Böotiers, das Kauderwelsch des persischen Gesandten, das ganze Arsenal skurriler Wortungeheuer und effektvoller Sprachspielereien. Dem Einfallsreichtum im Poetischen und Dramaturgischen entspricht die Vielschichtigkeit in der Äußerung der politischen Tendenz: von der Karikatur des Lamachos über die märchenhafte Ausmalung der schlaraffenländähnlichen Friedenszeit reicht die Skala bis zur direkten politischen Anklage aus dem Mund der Köhler und des Dikaiopolis (den der Dichter vielleicht selbst gespielt hat) und zur offenen Apologie der Meinung des Autors. Gerade diese turbulente Vielfalt, die aus genialer Phantasie quellende Plastizität, die Mannigfaltigkeit der poetischen Mittel, die sich zugleich mit überlegener äußerer Ökonomie verbindet – das ist es, was man bereits an dieser frühen Komödie als unverkennbares Zeichen der Aristophanischen Kunst bewundert. E. Sch.

AUSGABEN: Venedig 1498 (in *Kōmōdiai ennea*, Hg. M. Musuros). – Oxford ²1906 (in *Comoediae*, Hg. F. W. Hall u. W. M. Geldart, Bd. 1; Neudr. 1960). – Ldn./Cambridge (Mass.) ²1926 (in *Aristophanes*, Hg. u. Übers. B. B. Rogers, Bd. 1; Neudr. 1950). – Paris ⁶1958 (in *Aristophane*, Hg. V. Coulon, Übers. H. Van Daele, Bd. 1; maßgebend). – Mailand 1953 (in *Le Commedie*, Hg. R. Cantarella, Bd. 2).

ÜBERSETZUNGEN: *Die Acharner*, C. M. Wieland (in Neuer Teutscher Merkur, 1794; ern. Wien 1813). – Dass., J. G. Droysen, Lpzg. 1926. – Dass., L. Seeger (in *Sämtliche Komödien*, Bd. 2, Zürich 1953).

LITERATUR: Schmid-Stählin, 1/4, S. 223–231. – C. F. Russo, *A.*, »*Gli Acarnesi*«, Bari 1953. – M. Sordi, *La data degli* »*Acarnesi*« *di A.* (in Athenaeum, 33, 1955, S. 47–54). – Lesky, S. 467–470.

BATRACHOI (griech.; *Die Frösche*). Komödie des ARISTOPHANES (um 445–385 v. Chr.). – Die *Frösche* – das reife Meisterwerk des Dichters, im Altertum wie im byzantinischen Mittelalter eines seiner beliebtesten Stücke – wurden am Lenäenfest des Jahres 405 von Philonides auf die Bühne gebracht, der auch die *Sphēkes (Wespen)* und zwei verlorene Stücke inszeniert hat. Vor den thematisch verwandten *Musai* des PHRYNICHOS und dem *Kleophōn* PLATONS errangen die *Frösche* einen furiosen Sieg: sie mußten – was in der Geschichte des griechischen Theaters ohne Beispiel dasteht – ein zweites Mal aufgeführt werden (sei es an denselben Lenäen, sei es am folgenden Dionysienfest), und DIKAIARCH, der diese Nachricht überliefert, nennt als Grund dafür den mächtigen Eindruck, den die Parabase (die direkte Ansprache des Chors an das Publikum) hinterlassen habe.
In der Tat ist die Chorparabase (675–737) das Zentrum des Dramas. Das gilt zunächst in dem ganz äußerlichen Sinn, daß die beiden um diesen Kern gelagerten Teile der Komödie in ihrer Ausdehnung sich ungefähr die Waage halten (674 Verse hier, 796 Verse dort); es gilt aber noch mehr in dem Sinn, als hier der Grundton angeschlagen wird, unter dem das ganze Geschehen steht. Hier spricht Aristophanes offen aus, was er im ersten Teil zum Motor des Bühnenereignisses macht und was im zweiten als letzte Norm enthüllt: die Sorge um das Wohl der Stadt. Als der Dichter sein Stück schrieb, hatte Athen zwar vor nicht allzu langer Zeit, im Herbst 406, bei den Arginusen einen Seesieg erringen können (den siegreichen Feldherrn machte man allerdings den Prozeß), aber die endgültige Niederlage in dem unglückseligen Ringen mit Sparta zeichnete sich deutlich ab. Um so dringlicher klang daher das Verlangen nach innenpolitischer Ruhe, nach Besonnenheit und Verzicht auf blindwütige Demagogie. Vor diesem Hintergrund muß man der Worte der Parabase – der letzten, die wir in des Dichters Stücken finden – aus dem Munde der heiligen Mysten hören:

»*Wohl geziemt's dem heil'gen Chore, was dem Staate frommen mag,
Anzuraten und zu lehren. Und vor allem, meinen wir,
Sollten gleich die Bürger werden und verbannt die Schreckenszeit.*«

Der schönste Erfolg, der Aristophanes und seinen eindringlichen Mahnungen zuteil werden konnte, war die Beherzigung seines politischen Rates, wie sie sich in der nicht lange danach beschlossenen Amnestie äußerte.
Freilich: Aristophanes schreibt Komödien, nicht politische Traktate. Wennschon die *Frösche* ganz aus diesem letzten Ernst leben – sie leben nicht durch ihn. Das Medium, in dem der Dichter seine Paränese entfaltet, ist ein zutiefst komödiantischer Stoff: Hadesfahrt und Tragikerparodie, vermischt mit deftig dargebotener Dichterkritik. Dionysos, der Theatergott, ist höchstpersönlich ausgezogen, um aus der Unterwelt »*einen guten Dichter*« heraufzuholen: denn die tragische Bühne war nach dem Tod des EURIPIDES und des SOPHOKLES (406) verwaist. »*Tot sind die Besten, die da leben schlecht*«, klagt der Gott mit einem Euripides-Zitat. Der erste Teil, der in lockerer Episodenfolge den turbulenten Weg des Gottes und seines Dieners Xanthias hinab zum Hades schildert, ist ganz im Stil ausgelassener Posse gehalten: das Spiel mit den halb zurückgedrängten und dann doch ausgesprochenen derben Witzen zwischen Herr und Knecht am Beginn, die Verkleidung des Gottes als Herakles, seine Angst vor den Schrecken des unbekannten Reiches – »*aus Leibeskräften*« versucht er dem dröhnenden Chor der Unterweltsfrösche entgegenzudonnern, und als ein besonders greuliches Ungeheuer auftaucht, flüchtet er gar von der Bühne und versteckt sich hinter der Proszeniumsloge des Dionysospriesters –, der mehrfache, aber immer eine Phase hinter den Erfordernissen nachhinkende Kleiderwechsel von Herr und Diener (es zeigt sich, daß das Gewand des Kerberosbezwingers und notorischen Fressers in der Unterwelt nicht nur eitel Begeisterung erregt), der handfeste Prügelwettstreit, dem sich die beiden Abenteurer aussetzen müssen: all das sind typische Elemente volkstümlicher Burleske. Aber die derbvitale Clownerie darf nicht allein das Feld behaupten; sie wird in ihre Schranken verwiesen und poetisch gebändigt durch einen echt Aristophanischen Kontrast: den gegen Ende immer stärker in den Vordergrund geschobenen Chor der Mysten, dessen Iakchos-Hymnos zu den schönsten Zeugnissen der hohen Kunst des Lyrikers Aristophanes zählt.
Den zweiten Teil bildet ein einziger monumentaler Wettkampf zwischen AISCHYLOS und Euripides um die Krone des besten Dichters. Mit immer neuen, von Aristophanes oft witzig verdrehten Zitaten aus ihren Tragödien versuchen sie sich wechselseitig ihren Sprachstil – dunkel und gewaltig bei jenem, sophistisch-elegant bei diesem –, ihre Themen und Gestalten, ihre dramatische Technik in Prolog, Chorlied und Monodie madig zu machen. Dabei ist kompositorisch höchst bedeutsam, daß Aristophanes dieser ausgedehnten Streitszene eine zweite Handlungslegitimation gibt. Die Hadesfahrt des Dionysos mit ihrer Suche nach dem besten Dichter verflicht sich in einer zweiten Exposition, nach der Parabase, mit der Suche des Hadesgottes nach einem Schiedsrichter in dem Zank, der zwischen den beiden Tragikern um den Ehrensitz in der Unterwelt ausgebrochen ist. Indes: Dionysos vermag den Streit nicht zu entscheiden – sein Herz spricht für den Jüngeren, sein Verstand für den Älteren. Auch die herbeigeholte Waage, in welche die Dichter ihre bedeutungsschwersten Worte werfen, bringt keine dezidierte Klarheit. Daß die Entscheidung schließlich doch fällt, und zwar eindeutig zugunsten des Aischylos, den Dionysos am Ende mit zur Oberwelt nimmt,

95

wird allein möglich durch die Fragestellung, welcher der beiden Tragiker für das Wohl der Stadt von größerem Nutzen sei (Rückgriff auf den Beginn!). In diesem Scheidewasser aber kann das Euripideische Sophistentalmi – das ist allgemein der tiefere Grund für die unablässigen Attacken des Aristophanes – nicht bestehen.

Überblickt man das Stück als Ganzes, so fällt als eigentümlichstes Merkmal seine ungewöhnliche kompositorische Geschlossenheit ins Auge: Doppelexposition, possenhafte Episodenreihe im ersten Teil, Großeinheit eines Gerichtsagons im zweiten Teil, thematisch verklammert durch die Parabase, die ausschließlich dem politischen Anruf – nicht, wie so oft, der persönlichen Dichterapologie – dient. Ein anderes Hauptcharakteristikum ergibt sich hieraus: jener Grundton, den man als »gedämpfte Komik« bezeichnen könnte. Das Drama ist so sehr auf das eine Thema vom Wohl der Stadt konzentriert, daß das ganze Arsenal komödiantisch-burschikoser, überschäumender Späße in seltsamer Weise als Beiwerk erscheint. Das Vorziehen der ausgelassenen Szenenfolge in den ersten Teil, das harte Oxymoron von Herr-Diener-Paar und Mystenchor, die offenkundig nur der Auflockerung dienenden Zwischenglossen des Gottes im zweiten Teil – das alles legt über die Komödie einen deutlichen Schleier bangen Ernstes. Daß das athenische Volk – und an den Lenäen vornehmlich das einfachere Publikum – dies goutierte, zeugt ebenso für seine Hellhörigkeit wie für die allgemeine politische Stimmung.

Man hat sich in neuerer Zeit immer wieder gefragt, weshalb der Dichter gerade AISCHYLOS und EURIPIDES zu den antipodischen Trägern des Dramas macht und Sophokles, der den Zuschauern noch viel vertrauter war, aus dem Spiel läßt. Die Antwort mag in verschiedener Richtung zu suchen sein: zum einen scheint Sophokles zu einem Zeitpunkt gestorben zu sein, als Plan und Konzept der Komödie schon ziemlich weit gediehen waren; zum andern dürfte Sophokles kaum einen so starken komisch verwertbaren Kontrast zu Euripides gebildet haben wie der weit archaischer anmutende Aischylos. Schließlich waren wohl auch für Aristophanes Eigenart und Größe des Sophokles in einer Weise unantastbar, die es ihm verwehrte, ihn zu verspotten. So ist es zu erklären, daß Sophokles als einzige der auftretenden und genannten Gestalten nur Lob erfährt (76ff.; 786ff.; 1515ff.).

Was für die Nachwelt immer rätselhaft bleiben wird, ist der Umstand, daß man der Masse des Publikums eine derart profunde Kenntnis und Präsenz literarischer Werke zumuten – und zutrauen – konnte, wie sie der zweite Teil mit seinen zahllosen persiflierenden Zitaten und Anspielungen voraussetzt. Nicht weniger fremd muß der heutige Leser das Verhältnis empfinden, in dem der Komiker zu seinen Göttern steht: mit der Gottheit so wild zu scherzen, ohne das Gefühl der Blasphemie haben zu müssen, ist eine nur mehr schwer nachvollziehbare Form der Religiosität; und doch steckt darin derselbe Kern wie in der Zeus-Gläubigkeit eines Aischylos oder Sophokles. Will man heute die Aristophanische Komödie richtig würdigen und in ihrer Vielschichtigkeit begreifen, so ist es unbedingt notwendig, sich gerade diese Realitäten vorab zu eigen zu machen. E. Sch.

AUSGABEN: Venedig 1498. – Oxford ²1907 (in *Comoediae*, 2 Bde., 1906/07, Bd. 2, Hg. F. W. Hall u. W. M. Geldart; Nachdr. zuletzt 1962). – Ldn./ Cambridge (Mass.) ²1926 (in *A.*, Hg. B. B. Rogers, Bd. 2; m. engl. Übers.; Loeb; Nachdr. 1950). – Paris 1928 (in *A.*, Hg. V. Coulon, 5 Bde., 1923 bis 1930, Bd. 4; frz. Übers. H. van Daele; ern. 1946). – Wien ²1954 (*Die Frösche*, Hg., Einl., Komm. L. Radermacher; Nachw. W. Kraus; SWAW, philhist. Kl., 198, 4). – Ldn./NY 1958 (*The Frogs*, Hg. W. B. Stanford; m. Komm.).

ÜBERSETZUNGEN: *Die Frösche*, J. G. Schlosser, Basel 1783. – Dass., L. Seeger (in *Aristophanes*, Bd. 1, Ffm. 1845). – Dass., J. G. Droysen (in *Werke*, Bd. 2, Lpzg. ³1881). – Dass., L. Seeger (in *Sämtliche Komödien*, Bd. 2, Hg., Einl. O. Weinreich, Zürich 1953).

LITERATUR: H. Drexler, *Die Komposition d. »Frösche« d. A.*, Breslau 1928. – J. Coman, *Le concept de l'art dans les »Grenouilles« d'A.*, Bukarest 1941. – Schmid-Stählin, 1/4, S. 210ff.; 332–360. – C. P. Segal, *The Character and Cults of Dionysus and the Unity of the »Frogs«* (in Harvard Stud. in Class. Philol., 65, 1961, S. 207–242). – E. Fraenkel, *Der Aufbau der »Frösche«* (in *Beobachtungen zu Aristophanes*, Rom 1962). – Lesky, S. 483 bis 486.

EIRĒNĒ (griech.; *Der Frieden*). Komödie des ARISTOPHANES (um 445–385 v.Chr.), vom Dichter selbst an den Großen Dionysien des Jahres 421 auf die Bühne gebracht. – Man weiß nicht von einem zweiten Stück gleichen Titels, das allerdings den Alexandrinern (ERATOSTHENES) nicht vorlag; KRATES aus Mallos scheint es dagegen gekannt zu haben. Die vier daraus überlieferten Fragmente lassen nicht erkennen, ob es sich um eine erste Fassung oder eine Bearbeitung des erhaltenen Werks oder um einen eigenen Entwurf handelte. Wenn in diesem »zweiten« *Frieden* die Schutzgöttin der Landwirtschaft, Georgia, auftritt, so läßt das immerhin erkennen, daß auch dort ein tragendes Motiv das Los der durch den Krieg zwischen Sparta und Athen besonders hart getroffenen attischen Bauern war. Aristophanes hat ja immer wieder gerade den Bauernstand als den Hauptvertreter und -verkünder des Friedensgedankens dargestellt: in den *Acharnern* von 425 wie in den verlorenen *Geōrgoi* (*Die Bauern*) von 424, und noch in den *Ekklēsiazusai* (*Die Weibervolksversammlung*) von 392 werden die Bauern unter den natürlichen Gegnern jeder Kriegspropaganda genannt (V. 197f.).

Die *Eirēnē* beginnt recht geheimnisvoll – und deftig: zwei Sklaven (vgl. *Hippēs – Die Ritter* und *Sphēkes – Die Wespen*) sind unter Stöhnen und Fluchen damit beschäftigt, für einen fabulosen Riesenmistkäfer ungeheure Kotfladen und Kotklöße zuzubereiten. Der Sinn ihres Treibens ist ihnen selbst noch ziemlich unklar: ihr Herr, der Weingärtner Trygaios, hat, anscheinend in einem Anfall von Irrsinn, beschlossen, mit diesem »Pegasus« einen Ritt zu Zeus in den Himmel zu unternehmen. Alsbald kommt Trygaios auf dem Rücken des Wundertieres herangeritten und enthüllt ihnen seine Absicht: als Vertreter des griechischen Volkes will er dem Göttervater vorsprechen, um endlich einmal festzustellen, was dieser mit den kriegsgeplagten Hellenen im Sinn hat. Weder die beschwörenden Bitten der Sklaven noch das Flehen seiner Kinder können ihn davon abhalten: selbst wenn es ihm gehen sollte wie dem Titelhelden des Euripideischen *Bellerophontes*, der bei seinem wahnwitzigen Unterfangen ins Meer stürzte (die ganze Eingangsszene steckt voll parodi-

stisch zitierender Anspielungen auf jene Tragödie), hat er ja immer noch einen kräftigen Phallos, der ihm als Steuerruder dienen kann. Schon erhebt sich der Reiter – mittels der Theaterflugmaschine – in die Lüfte. Doch der Empfang im Olymp (30 Verse später) erscheint nicht eben vielversprechend: Portier Hermes ist recht unfreundlich, und auch ein Schinken kann ihm nur die traurige Nachricht entlocken, daß sich die Götter des irdischen Kriegslärms wegen in die höheren Ätherregionen zurückgezogen haben. Statt ihrer waltet jetzt Gott Polemos (Krieg), der eben dabei ist, Prasiai, Megara, Sizilien und Athen in seinem voluminösen Mörser zu zerstampfen. Zum Glück ist im Augenblick nirgendwo ein Stößel aufzutreiben: sowohl der athenische (der Gerber-General Kleon) als auch der spartanische (Feldherr Brasidas) sind abhanden gekommen (beide Strategen waren im Herbst 422 gefallen). Das ist die Rettung: während Polemos im Innern sich selber einen Stößel schnitzt, können sich Trygaios und der eilig herbeigerufene Chor griechischer Bauern, Händler, Handwerker und Metöken – nach einer nochmaligen Bestechung des Hermes – daran machen, mit Seilen und Winden die Friedensgöttin Eirene aus dem tiefen, mit Steinen zugeschütteten Loch heraufzuziehen, in das sie Polemos verbannt hat. Mit ihr erscheinen, von Begeisterungsrufen begrüßt, Opora, die Göttin des herbstlichen Erntesegens, und Theoria, die Göttin der Festesfeier – alle drei als Dirnen kostümiert. Unter den Segenswünschen des Hermes steigt Trygaios in Begleitung der Göttinnen eilends zur Erde hinab.
Wie so oft in den Aristophanischen Stücken folgt diesem relativ straff durchgeführten ersten Teil (V. 1–729) – nach der vom Bühnengeschehen losgelösten Chor-Parabase, in der der Dichter mit überaus selbstbewußten Worten vor dem Publikum sein Wirken als Komiker ins rechte Licht setzt (V. 730 bis 816) – eine mehr statisch gehaltene Szenenreihe, die den Zustand des neuerlangten Friedens ausmalt. Trygaios trifft Vorbereitungen für seine Hochzeit mit Opora und übergibt – alles natürlich unter gebührender Ausnutzung der in der Komödie üblichen erotischen Freiheiten – die Göttin Theoria (nackt) den dankbaren Ratsherren (V. 819–921). Man richtet ein großes Kultfest für die wiedergewonnene Göttin Eirene ein: der martialisch gesinnte Wahrsager Hierokles, der beim Opfermahl schmarotzen will, wird kurzerhand davongejagt (V. 922–1126). Das Schlußbild zeigt den Hochzeitsschmaus: ein ob des Friedens überglücklicher Sensenschmied wird zum Schmaus geladen, Waffenhändler und Helmfabrikant, beide von Trygaios ruiniert, müssen mürrisch abziehen; mit dem feierlich-fröhlichen Hochzeitshymnos des Chores werden die Neuvermählten ins Brautgemach geleitet (V. 1191–1357). Zwischen die Episoden hat der Dichter nochmals einen Parabasenteil – eines der schönsten Stücke Aristophanischer Poesie – eingefügt (V. 1127–1190), worin der Chor die Freuden des Landlebens preist.
Diese Schilderung des friedlichen bäuerlichen Lebens gibt, im Verein mit der realistisch-detaillierten Vorführung des Opferfestes, dem zweiten Teil seine besondere Note: es sind Genrebilder im besten Sinne – wofern man mit dem Begriff nur allen bukolisch-niedlichen Nebenklang fernhält –, in denen griechischer Alltag sich unmittelbar in Wort und Szenerie niederschlägt. Auch, ja gerade das Neben- und Ineinander von sexueller Laszivität und kultisch-ernster Begehung gehört dazu, wie überhaupt die in fast jeder Szene hervorbrechende erdhafte Derbheit ständig daran erinnert, daß der Held des Stücks ein Vertreter des einfachsten Volkes ist, derselben Leute, die den größten Teil der Zuschauerränge bevölkern.
Dieser äußere Realismus verleiht der Komödie Witz und Würze und bannt, trotz ihrer aktuellen Nähe zur Tageswirklichkeit (V. 601–692 lange Abrechnung mit der Kriegstreiberpartei und ihren Anführern), die Gefahr plakathafter politischer Phrasendrescherei. Zugleich bildet er natürlich einen soliden Kontrast zu den mannigfachen phantastisch-irrealen, spielerischen Einfällen des Dichters: dem monströsen Riesenkäfer; dem vor den Augen des Publikums sich vollziehenden Himmelsflug (bei dem Trygaios den Theatermaschinenmeister um äußerste Vorsicht bittet und die Zuschauer anfleht, sie möchten doch für drei Tage ihre Notdurft zurückhalten, damit das gefräßige Tier nicht unterwegs unversehens kehrtmacht); dem städtezermörsernden Polemos und den leichtgeschürzten, blassen irdisch-vertrauten Segensgöttinnen; dem unvermuteten Erscheinen des Chors im Himmel usw. Eine besondere Bedeutung hat dieser lebensnahe, realistische Grundzug zweifelsohne im Hinblick auf die beabsichtigte politische Wirkung des Stücks: Trygaios, der Winzer aus dem Gau Athomon, ist der Repräsentant der Masse, nicht nur des Volks von Athen, sondern aller Griechen – das unterscheidet ihn von Dikaiopolis, der sich, in den *Acharnern*, nur einen Privatfrieden einhandelt –, und wenn er nach seiner Rückkehr als der Retter des Vaterlandes, ja, der ganzen Menschheit gefeiert wird, so unterstreicht selbst diese ironische Übertreibung des Bauernchors noch die Meinung des Dichters, daß die überwältigende Mehrheit der Bürger den Krieg nach zehnjähriger Dauer ehrlich satt hat. Nun – Aristophanes wußte bei der Abfassung des Stücks sicher schon ebensogut wie die Zuschauer hernach bei der Aufführung, daß das ersehnte Ziel greifbar nahe war: schon wenige Tage nach den Dionysien wurde der sogenannte Nikias-Frieden geschlossen (April 421). Ob man dem Autor deswegen im Dichterwettstreit für die *Eirene* nur einen zweiten Platz hinter den völlig unpolitischen *Kolakes (Die Schmeichler)* des EUPOLIS, einer saftigen Sophistenpersiflage, zubilligte? Daß man das Stück für künstlerisch mißlungen hielt, kann man sich jedenfalls nur schwer vorstellen.

E. Sch.

AUSGABEN: Venedig 1498 (in *Komōdiai ennea*, Hg. M. Musuros). – Paris 1904 (*La paix*, Hg. P. Mazon; m. Komm.). – Oxford ²1906 (in *Comoediae*, Hg. F. W. Hall u. W. M. Geldart, Bd. 1; Nachdr. zuletzt 1960). – Ldn./Cambridge (Mass.) ²1926 (in *Aristophanes*, Hg. B. B. Rogers, Bd. 2; m. engl. Übers.; Loeb; Nachdr. zuletzt 1950). – Paris 1948 (in *Aristophane*, Hg. V. Coulon, Bd. 2; m. frz. Übers. v. H. van Daele). – Mailand 1954 (in *Le commedie*, Hg. R. Cantarella, Bd. 3; m. ital. Übers.). – Oxford 1964 (*Peace*, Hg. M. Platnauer; m. Komm.).

ÜBERSETZUNGEN: *Das Lustspiel Irene*, J. E. Goldhagen (in *Griech. u. röm. Anthologie*, Bd. 2, Brandenburg 1767; Prosa-Übers.; unvollst.). – *Der Friede*, A. C. Borheck, Köln 1807. – Dass., J. H. Voß (in *Aristophanes*, Hg. B. B. Rogers, Bd. 2, Braunschweig 1821). – *Der Frieden*, J. G. Droysen (in *Werke*, Bd. 1, Bln. 1835; Lpzg. ³1881). – Dass., L. Seeger (in *Sämtl. Komödien*, Hg. O. Weinreich, Bd. 1, Zürich 1952; m. Einl.). – Dass., ders. (in *Komödien*, Bd. 2, Mchn.

o. J.; GGT, 926). – Dass., C. Woyte, Lpzg. ²1961 (RUB, 8126/27).

BEARBEITUNG: P. Hacks, *Der Friede* (in P. H., *Zwei Bearbeitungen*, Ffm. 1963; ed. suhrkamp, 47).

LITERATUR: L. Radermacher, *Zum Prolog der »Eirene«* (in WSt, 43, 1922/23, S. 105–115). – Schmid-Stählin, 1/4, S. 191–193; 280–289. – C. F. Russo, *A., Florenz* o. J. [1962], S. 209–230. – Lesky, S. 476 f. – P. Händel, *Formen und Darstellungsweisen in der aristophanischen Komödie*, Heidelberg 1963, S. 144–148; 185–189; 245–247. – C. H. Whitman, *A. and the Comic Hero*, Cambridge/Mass. 1964, S. 104–118.

EKKLĒSIAZUSAI (griech.; *Die Weibervolksversammlung*). Komödie des ARISTOPHANES (um 445–385 v.Chr.). – Die *Ekklesiazusen*, die für uns mit dem *Plutos* zusammen das Spätwerk des Dichters repräsentieren, kamen sehr wahrscheinlich an einem Festagon des Jahres 392 v.Chr. zur Aufführung, und zwar als erstes von fünf eingereichten Stücken; mit welchem Erfolg, ist unbekannt. Aristophanes selbst scheint sich der Wirkung nicht ganz sicher gewesen zu sein, wie die in den tänzerischen Kehraus eingeschaltete Schlußansprache an die Festrichter zeigt: er fürchtet, sie könnten sein Werk bereits vergessen haben, wenn es nach der Aufführung der letzten Stücks an die Abstimmung geht. Wie ganz anders hat da einst die Parabase etwa der *Eirēnē (Der Frieden)* geklungen!

Man charakterisiert *Plutos* und *Ekklesiazusen* gern als die »*sozialen Stücke*« des Aristophanes. In der Tat ist hier im Spätwerk das große Thema des Dichters, das direkt oder indirekt so vielen Komödien, von den *Acharnern* bis hin zur *Lysistrate*, ihren Impuls gegeben hat – die Sehnsucht nach Frieden und Beendigung des griechischen Bürgerkriegs –, gänzlich eliminiert. Geblieben ist allerdings der politische Bezug: nur bilden statt der außenpolitischen Probleme jetzt die wirtschaftlichen und sozialen Sorgen der Stadt den Hintergrund. Zwei Motive tragen das Stück: die Errichtung einer Weiberherrschaft an Stelle des korrupten und unfähigen Athener Männerregiments und die Einführung einer kommunistischen Güter- und Lebensgemeinschaft, die mit einem Schlag alle Finanz-, Rechts-, Ehe- und Wohnungsprobleme der Bürger lösen wird. Anführerin des kühnen Unternehmens ist Praxagora, die Frau des Blepyros. Sie weiß nicht nur in der ersten (in Anlehnung an die *Lysistrate* strukturierten) Szene ihre Geschlechtsgenossinnen durch eine täuschende maskuline Kostümierung und eine flammende Proberede auf ihren Auftritt in der Volksversammlung vorzubereiten (V. 1–310), sie versteht es auch, nachdem ihr das höchste Amt des Strategen übertragen worden ist, ihren widerstrebenden Gatten in einem großen Agon (V. 478–725) von den Vorzügen des neuen Status der Stadt zu überzeugen: »Hört: Alles wird künftig Gemeingut sein, und allen wird alles gehören, | Sich ernähren wird einer wie alle fortan, nicht Reiche mehr gibt es noch Arme, | Nicht besitzen wird der viel Jucharte Lands und jener kein Plätzchen zum Grabe; | Nicht Sklaven in Meng' wird halten der ein' und der andre nicht einen Bedienten, | Nein, allen und jedem gemeinsam sei gleichmäßig in allem das Leben! ... | Nun sehrt, zuvörderst erklär' ich die Äcker | Für Gemeingut aller, auch Silber und Gold und was alles der einzelne sein nennt! | Wenn also die Güter vereinigt, sind wir es, die Frau'n, die euch nähren und pflegen. | Wir verwalten und sparen und rechnen, besorgt, nur das Beste von allen zu fördern.« (Ü: Seeger)

Vor allem zwei Aspekte dieses neuen Zustands finden das Interesse des Blepyros: die Freizügigkeit in der Liebe (einziger Wermutstropfen: wer eine Schöne will, muß immer erst einer Häßlichen zu Willen sein) und das arbeitslos-geruhsame, nur von großen Festschmausereien unterbrochene Leben der Männer.

Den zweiten Teil des Stücks bildet – ähnlich wie in den *Acharnern*, den *Sphēkes (Wespen)*, der *Eirēnē (Frieden)* und den *Ornithes (Vögel)* – eine Episodenreihe, in der sich die Konsequenzen der neuen Ordnung, ihre Auswirkungen auf das Leben und Verhalten der einzelnen Bürger offenbaren. Zwei Männer diskutieren über die rechte Einstellung zu den jüngst erlassenen Gesetzen: während der eine seine ganze Habe in einer Art feierlichem Festzug zum Marktplatz tragen läßt, will der andere, selbst auf die Gefahr, vom großen Mahl ausgeschlossen zu werden, mit der Ablieferung erst einmal abwarten, um zu sehen, wie die Dinge sich weiter entwickeln (V. 730–876). In der folgenden Szene – unbestritten der turbulente Höhepunkt des Stücks – streiten ein junges Mädchen und eine alte Vettel, teils in lyrischem Wettgesang, teils mit handfester Gewalt, um den schönen Liebhaber der jungen: die lachenden Dritten sind zwei noch fürchterlicher anzusehende greise Chimärengestalten, die den Armen unter gierigem Keifen mit sich zerren (V. 877–1111). Der – etwas unklar geratene – Schluß zeigt nochmals Blepyros, begleitet von ein paar leichten Mädchen: er hat offenbar das allgemeine Festmahl versäumt und wird nun von einer Magd zum üppigen Nachtisch gerufen; auch die Zuschauer sind eingeladen – freilich bei sich zu Hause, wo es statt des in einem siebenundsiebzigsilbigen Wortungeheuer angekündigten Superschmauses in Wirklichkeit Bohnenbrei geben wird (V. 1112 bis 1183).

Daß dieser ganze zweite Teil, im Gegensatz zu der in der Grundstruktur so verwandten *Lysistrate*, das im ersten Teil von der weiblichen Hauptfigur mit eloquenter Begeisterung inszenierte Programm am Einzelbeispiel in ironisch-grotesker Übersteigerung zeigt – und das heißt zugleich: ad absurdum führt –, ist nicht zu übersehen. Man muß sich also davor hüten, die Parallelen und Beziehungen zu dem wenige Jahre später in PLATONS *Politeia* erörterten kommunistischen Gesellschaftsbild überzubetonen: ob nun der eine vom andern »gelernt« hat oder ob dergleichen Themen zu jener Zeit »in der Luft lagen« – in den *Ekklesiazusen* jedenfalls ist das Motiv zu einem ganz aus sich selbst lebenden komödiantischen Vorwurf geworden, losgelöst von aller praktischen oder theoretischen politischen Spekulation, ein utopisches »Wolkenkuckucksheim«, anhand dessen sich, bei aller hintergründigernsten Sorge um das Wohl der Stadt, ein fröhliches, derbes, ausgelassenes, burleskes, kurz: echt Aristophanisches Spiel entfalten läßt. Überhaupt könnte man, aufs Ganze gesehen, von einer Distanz des Dichters zur aktuellen Tagespolitik sprechen: persönliche Attacken auf politische Tagesgrößen wird man ebenso vergeblich suchen wie eine Parabase, in welcher der Dichter traditionsgemäß in eigener Sache zu den Fragen Stellung zu nehmen pflegte, die ihm und seinen Mitbürgern auf den Nägeln brannten. Dies ist, denkt man an den *Plutos*, ein Merkmal des Aristophanischen Altersstils, der hierin, wie in manchem anderen – etwa in der Ersetzung integrierter Chorlieder durch den Regievermerk »Chor« –, schon merklich auf die Mittlere und Neue Komödie verweist.   E. Sch.

AUSGABEN: Venedig 1498 (in *Komōdiai ennea*, Hg. M. Musuros). – Leiden 1905 (*Ecclesiazusae*, Hg. J. van Leeuwen; m. Komm.). – Oxford ²1907 (in *Comoediae*, Hg. F. W. Hall u. W. M. Geldart, Bd. 2; Nachdr. zuletzt 1962). – Ldn./Cambridge (Mass.) 1924 (in *Aristophanes*, Hg. B. B. Rogers, Bd. 3; m. engl. Übers.; Loeb; Nachdr. zuletzt 1955). – Paris 1930 (in *Aristophane*, Hg. V. Coulon, Bd. 5; m. frz. Übers. v. H. van Daele; Nachdr. 1954). – Mailand 1964 (in *Le commedie*, Hg. R. Cantarella, Bd. 5; m. ital. Übers.).

ÜBERSETZUNGEN: *Die Weiberherrschaft*, J. H. Voß (in *Aristofanes*, Bd. 3, Braunschweig 1821). – *Die Ekklesiazusen*, J. G. Droysen (in *Werke*, Bd. 3, Bln. 1838; Lpzg. ³1881). – *Die Weibervolksversammlung*, L. Seeger (in *Sämtl. Komödien*, Hg. O. Weinreich, Bd. 2, Zürich 1953; m. Einl.). – Dass., ders. (in *Komödien*, Bd. 3, Mchn. o. J.; GGT, 949).

LITERATUR: U. v. Wilamowitz-Moellendorff, *Der Schluß der »Ekklesiazusai«* (in SPAW, 1903, S. 450–455). – R. v. Pöhlmann, *Geschichte der sozialen Frage und des Sozialismus in der antiken Welt*, Hg. F. Oertel, Bd. 1, Mchn. ³1925, S. 313 bis 322. – E. Fraenkel, *Dramaturgical Problems in the »Ecclesiazusae«* (in *Greek Poetry and Life. Fs.f. G. Murray*, Oxford 1936, S. 257–276; ern. in E. F., *Kleine Beiträge zur Klass. Philologie*, Bd. 1, Rom 1964, S. 469–486). – Schmid-Stählin, 1/4, S. 216 bis 219; 360–373. – V. Ehrenberg, *The People of A.*, Oxford ²1951, S. 67 ff. – W. Süss, *Scheinbare und wirkliche Inkongruenzen in den Dramen des A.* (in RhM, 97, 1954, S. 289–297). – C. M. Bowra, *A Love-Duet* (in AJPh, 79, 1958, S. 377–391). – Lesky, S. 486–488.

HIPPĒS (griech.; *Die Ritter*). Komödie des ARISTOPHANES (um 445–385 v. Chr.), als erstes vom Dichter selbst inszeniertes Stück an den Lenäen des Jahres 424 aufgeführt; bei der Abfassung wirkte EUPOLIS (um 446–411 v. Chr.) mit, ohne daß sich indes der Anteil der beiden Autoren heute noch scheiden ließe. – Von allen Aristophanischen Stücken sind die *Ritter* dasjenige, in dem die politisch-pamphletistischen Möglichkeiten der Gattung ihren intensivsten Niederschlag gefunden haben. Zielscheibe der ungewohnt heftigen Angriffe ist Kleon: ein reicher Gerberssohn, skrupelloser Demagoge, Gegner des Perikles und nach dessen Tod sein Nachfolger als tonangebender Staatsmann, ein Vertreter der radikalen Demokratie, der durch geschickte Manipulationen wie Erhöhung des Geschworenensoldes die Massen für sich zu gewinnen wußte, *last not least* unermüdlicher Agitator für die kompromißlose Fortsetzung des Kampfes mit Sparta. Bereits in seinem erfolgreichen Erstling von 426, den *Babylōnioi (Die Babylonier)*, hatte sich Aristophanes mit Kleon angelegt, der daraufhin eine Klage wegen Beleidigung der Bürgerschaft und Verhöhnung von Volk und Rat gegen den Dichter einbrachte. Dieser ließ sich nicht beirren, im Gegenteil – wenig später, im Frühjahr 425, kündigte er in den pazifistischen *Acharnēs (Die Acharner)* durch den Mund des Chores an Kleon, er sei es eigens und ausgiebig mit dem unliebsamen Volksführer beschäftigen solle (ein interessanter Hinweis darauf, von wie langer Hand Aristophanes trotz der unabdingbaren Tagesaktualität seine Werke vorzubereiten pflegte): »*Du bist mir verhaßter als Kleon,*

aus dessen Fell ich derbe Sohlen nächstens für die Ritter zu schneiden gedenke« (V. 300f.). Dieser Plan, mit Hilfe des von Natur aus konservativen Ritterstandes gegen den kriegstreiberischen Demagogen vorzugehen, dürfte im Herbst desselben Jahres neue Nahrung gewonnen haben, als die Spartaner nach dem Debakel von Pylos und Sphakteria sich um Friedensverhandlungen bemühten, die Kleon – der den militärischen Erfolg auf sein eigenes Konto buchen wollte – zu hintertreiben begann. Der Sieg von Pylos und die Erhöhung der Richterdiäten werden im Verlauf der Komödie immer wieder erwähnt: sie sind geradezu ein Leitmotiv, wie um dem Publikum ständig im Gedächtnis zu halten, von wem die Rede ist. Denn das ganze Stück wird – nur so konnten die bösen Attacken halbwegs erträglich bleiben – als Schlüsselkomödie inszeniert: Hauptperson ist ein Gerber, der als namenloser »Paphlagonier« eingeführt wird; seinen Rivalen verkörpert ein Wurstmacher mit dem sprechenden Namen Agorakritos (»Pöbelwahl«). Beide werden in einen erbitterten Kampf um die Gunst ihres Herrn verwickelt, des personifizierten Volkes von Athen – das gleichfalls alles andere als gut wegkommt: »*Heißblütig, toll, auf Bohnen sehr erpicht, ein brummig alter Kauz, ein bißchen taub, Herr Demos von der Pnyx* [Volksversammlungsplatz]«. Hinzu kommen noch der Chor der Ritter sowie zwei anonyme Sklaven – die attischen Feldherrn Demosthenes und Nikias –, die zu Beginn der Expositionsszene bestreiten (eine nicht nur von Aristophanes in den *Wespen* und im *Frieden* wiederholte, sondern in der gesamten europäischen Komödientradition beliebt gewordene Form des Eingangs).

Die beiden Sklaven klagen einander ihr Leid über den neuen Kollegen, einen paphlagonischen Gerberburschen, der sich durch Liebedienerei, Betrügen, Stehlen, durch Intrigieren, Denunzieren und Erpressung seiner Mitsklaven binnen kurzem bei Demos unentbehrlich gemacht hat. Es gelingt ihnen, der Orakelsammlung habhaft zu werden, mit deren Hilfe der Paphlagonier bei ihrem Herrn seine diversen Manipulationen zu begründen und zu rechtfertigen pflegt, und zu ihrer großen Freude entnehmen sie dem Büchlein, daß die Tage des verhaßten Gerbers gezählt sind – ein Wurstverkäufer wird ihn stürzen. Wie von einem Gott gesandt, ist der ersehnte »Heiland und Retter der Stadt« auch schon zur Stelle und erfährt voll Staunen, wozu er ausersehen ist: »*Just eben drum wirst du der Mann des Tags, | Weil du so gemein bist, frech und pöbelhaft. | ... Regieren ist kein Ding für Leute von | Charakter und Erziehung ! Niederträchtig, | Unwissend muß man sein! Drum folge du | Dem Ruf, den dir der Götter Spruch verkündet | ... du hast ja, was | Ein Demagog nur immer braucht: die schönste | Brüllstimme, bist ein Lump von Haus aus, Krämer, | Kurzum, ein ganzer Staatsmann!*« (V. 180ff.; Ü: Seeger) Grad im rechten Moment kommt der Paphlagonier des Wegs und versucht in einer turbulenten Streitszene, in der beide Seiten einander an giftigen, unflätigen Beschimpfungen und Handgreiflichkeiten nichts nachgeben, sich gegen die Verschwörung zur Wehr zu setzen. Doch der Chor der Ritter steht es dem neuen Mann, und dem Paphlagonier bleibt nur die Möglichkeit, die Sache vor den Rat zu bringen. Nach der Parabase (V. 503-610), in der der Dichter durch den Mund des Chores von seinem eigenen, die Tradition eines MAGNES, KRATINOS und KRATES fortsetzenden Schaffen spricht und in einem hymnischen Lied Athen, seine Götter und den ruhmreichen Ritterstand feiert, knüpft die übliche

99

Episodenreihe (V. 611–1408) an den Schluß des ersten Teils (V. 1–502) an: zunächst ein paratragischer Botenbericht – der Wursthändler berichtet von seinem Triumph über den Gegner in der Ratsversammlung –, sodann eine ganze Serie von Zankszenen, in denen sich die Rivalen in Anwürfen gegeneinander und im Umwerben des Demos zu überbieten suchen. Als sie am Ende Herrn Demos um die Wette bewirten sollen, trägt schließlich der Neuling den Sieg davon: Eine Inspektion der Freßkörbe bringt an den Tag, daß der Wurstler alles, was er zu bieten hatte, serviert hat, während des Paphlagoniers Korb noch voll der besten Dinge ist. Diesem helfen nicht einmal mehr seine Orakel, im Gegenteil, er muß ihnen selbst entnehmen, daß er tatsächlich dem von den Göttern bestimmten Nachfolger unterlegen ist. – Eine zweite, verkürzte Parabase (V. 1264–1315) leitet über zum – fragmentarisch überlieferten – Schlußteil, einem märchenhaften, heiteren Kehraus. In der Art einer kultischen Begehung kommen der Wursthändler und Demos, mit Blumen bekränzt und in festlich-goldenen Gewändern, noch einmal auf die Bühne, stürmisch gefeiert vom Chor: Dem Demagogen und Wunderkoch ist es gelungen, den alten Demos wieder jung zu kochen; strahlend wie in den Tagen von Marathon und Salamis tritt er auf, der »König von Hellas«, reumütig seiner alten, von den bösen Ratgebern eingeblasenen Sünden gedenkend. Aber nun soll und wird alles anders werden, Recht und Ordnung und vor allem Frieden werden wieder einkehren: die dreißig Friedensnymphchen, die der Paphlagonier versteckt gehalten hat und die nun über die Bühne tanzen (bei der Aufführung angeblich von hübschen Athener Straßenmädchen gespielt) garantieren dreißigjährige Friedenszeit.
Aristophanes hatte sicher seine Gründe für diese von den Kritikern nicht selten getadelte unvorbereitete Schlußwendung: Zum einen nahm er dadurch den nicht eben sanften Attacken auf das athenische Volk manches von ihrer für den Dichter möglicherweise gefährlichen Schärfe (auch das Lied zwischen Chor und Demos, V. 1111–1150, dient einer solchen behutsamen Abwehr juristischer Folgen); zum andern war es wohl auch nötig, die – mitten im Krieg zumal – erschreckend, ja fast gespenstisch wirkende Karikatur der politischen Verhältnisse in der Stadt durch ein bei aller Phantastik tröstlich-ausgelassenes Gegenbild zu neutralisieren. Nun, das Publikum jedenfalls hat dem Dichter den dramaturgisch scheinbar unmotivierten Schluß nicht übelgenommen, im Gegenteil: die *Ritter* errangen den ersten Preis. Die erhoffte politische Wirkung dagegen blieb (anders als etwa im *Frieden*) aus: Kleon wurde sogar zum Strategen gewählt, und Aristophanes sah sich noch oft gedrängt, diesen von ihm meistgehaßten Mann aufs Korn zu nehmen - zuletzt in den *Fröschen* von 405, siebzehn Jahre, nachdem Kleon vor Amphipolis gefallen war.
Auch die Nachwelt schätzte die *Ritter* sehr hoch ein: Die alexandrinische Zeit rechnete sie unter die besonders geglückten Stücke des Aristophanes, und als der Humanismus des 15. und 16. Jh.s den Dichter wiederentdeckte, gehörte das Stück ebenfalls zu den beliebtesten; Wieland, der es zum erstenmal ins Deutsche übersetzte, rühmte, unter dem unmittelbaren Eindruck der Französischen Revolution, die Aktualität seiner politischen Aspekte. Nachahmer scheint das Werk jedoch nicht gefunden zu haben.

E. Sch.

Ausgaben: Venedig 1498 (in *Komōdiai ennea*, Hg.

M. Musuros). – Leiden 1890 (*Equites*, Hg. J. van Leeuwen; m. Komm.). – Cambridge 1901 (*The Knights*, Hg. R. A. Neil; m. Komm.; Nachdr. Hildesheim 1966). – Oxford ²1906 (in *Comoediae*, Hg. F. W. Hall u. W. M. Geldart, Bd. 1; Nachdr. zul. 1960). – Ldn./Cambridge (Mass.) ²1926 (in *A*., Hg. B. B. Rogers, Bd. 1; m. engl. Übers.; Loeb; Nachdr. zul. 1960). – Mailand 1953 (in *Le commedie*, Hg. R. Cantarella, Bd. 2; m. ital. Übers.). – Paris ⁶1958 (in *Aristophane*, Hg. V. Coulon, Bd. 1; m. frz. Übers. v. H. van Daele).

Übersetzungen: *Die Ritter oder die Demagogen des Aristofanes*, Ch. M. Wieland (in *Attisches Museum*, Bd. 2, Zürich/Lpzg. 1798; ern. in *Vier Komödien*, Bd. 2, Wien 1813). – *Ritter*, J. H. Voß (in *Werke*, Bd. 1, Braunschweig 1821). – *Die Ritter*, L. Seeger (in *Sämtl. Komödien*, Hg. O. Weinreich, Bd. 1, Zürich 1952; m. Einl.).

Literatur: M. Croiset, *Aristophane et les partis à Athènes*, Paris 1906. – B. Keil, *Über Eupolis' »Demen« u. A.' »Ritter«* (in NGG, 1912, S. 237 bis 272). – Schmid-Stählin, 1/4, S. 186–188; 231–247. – V. Ehrenberg, *The People of A.*, Oxford 1951, S. 47–50 u. ö. – M. Pohlenz, *A. »Ritter«* (in NGG, 1952/5, S. 95–128). – W. Süss, *Scheinbare u. wirkliche Inkongruenzen in den Dramen des A.* (in RhMus, 97, 1954, S. 127–129). – O. Navarre, *Les »Cavaliers« d'Aristophane*, Paris 1956. – C. H. Whitman, *A. and the Comic Hero*, Cambridge/Mass. 1964, S. 80–103.

LYSISTRATĒ (griech.; *Lysistrate*). Komödie des Aristophanes (um 445–385 v. Chr.); von Kallistratos, der u. a. auch die *Acharnēs (Die Acharner)* und die *Ornithes (Die Vögel)* inszeniert hat, im Jahr 411 v. Chr. auf die Bühne gebracht, vermutlich an den Großen Dionysien. – Wie in den *Acharnern*, den verlorenen *Geōrgoi (Die Bauern)* und der *Eirēnē (Der Friede)* nimmt der Dichter in der *Lysistrate* noch einmal das zentrale Thema seiner Zeit auf: die Sehnsucht des athenischen Volkes nach Frieden und Beendigung des seit zwei Jahrzehnten fast ununterbrochen tobenden Krieges mit Sparta. Freilich, die Situation hat sich gewandelt, und mit ihr die Intentionen und Möglichkeiten des Komikers. Dem Bauern Dikaiopolis war es im Jahr 425 genug, sich in einem handfesten Handel einen dreißigjährigen Privatfrieden zu verschaffen; der Winzer Trygaios tritt vier Jahre später bereits als Repräsentant des griechischen Volkes auf und holt in seiner burlesken Märchenreise die Friedensgöttin wieder auf die Erde (nach Athen) herunter. Weitere zehn Jahre später genügt dem Dichter weder mehr ein Privatfriede noch ein – im Bewußtsein des bevorstehenden Waffenstillstands konzipierter – Märchenfriede. Was Lysistrate, die »Heerauflöserin«, erstrebt, ist nicht mehr und nicht weniger als die von allen griechischen Städten gemeinsam bewirkte und für alle gültige, unverzügliche Durchsetzung des Friedensschlusses. Das Verhältnis von Dichtung und historischer Wirklichkeit hat sich inzwischen diametral verkehrt: 421, als Aristophanes das phantasievoll-irreale Stück vom *Frieden* schrieb, war der reale Friede (der »Nikiasfrieden« von 421) beschlossene Sache; im Jahr 411 dagegen ist das Ende des Krieges in unwirklicher Ferne – der reale Friede muß auf die Bühne geschlossen werden.
So ist die *Lysistrate*, trotz der unbeschwerten Frivolität, die ihr eigen ist, zu einem der ernstesten

Stücke des Autors geworden, nicht zuletzt durch die Titelheldin, der fast alles Komisch-Heitere, Burlesk-Übersteigerte oder gar Lustig-Derbe fehlt, ganz im Gegensatz zu ihren Schwestergestalten in den anderen Weiberkomödien *(Thesmophoriazusen und Ekklesiazusen)*. Auch die Komposition unterstreicht diesen Ernst: keine Parabase, in der der Dichter von sich und seinem Wirken spricht (V. 614 bis 705 dürfte kaum ein Ersatz zu nennen sein); keine hitzig-unverschämten Attacken gegen verhaßte Politiker (die Innenpolitik bleibt überhaupt aus dem Spiel); kein Episodenreigen im zweiten Teil wie beispielsweise in *Acharnern* und *Frieden*; statt dessen eine geschlossene, auf ein einziges Thema ausgerichtete und fast in »Akten« durchkomponierte Handlung. In der Expositionsszene (V. 1–253) wartet Lysistrate in der Nähe der Akropolis auf ihre Geschlechtsgenossinnen aus Athen und Sparta, aus Böotien, Korinth und den anderen griechischen Gauen, um ihnen einen absolut wirksamen Plan zur Beendigung des Krieges vorzutragen: Alle Frauen Griechenlands sollen so lange in den Liebesstreik treten, bis ihre Männer sich dazu bereitfinden, endlich Frieden zu machen. Die Frauen sind über solche Enthaltsamkeit alles andere als begeistert, doch Lysistrates überzeugende Argumente und das verpflichtende Beispiel der strammen Lampito aus Sparta überzeugen sie, und bei einem prallen Weinschlauch wird der Pakt beschworen (die Athenerinnen jener Zeit standen im Ruf großer Trinkfestigkeit). Der folgende Abschnitt (V. 254–705), ringförmig strukturiert, bringt die ersten Zusammenstöße mit den aufgebrachten Herren der Schöpfung. Der Chor der Männer – bramarbasierende Greise, Veteranen von Marathon (490 v. Chr.) und aus noch früheren Kriegen(!) – versucht mit Brandfackeln die von den Frauen besetzte Akropolis zu stürmen, wird aber vom Frauenchor mit einer kalten Dusche empfangen. Nicht besser ergeht es dem unter Polizeischutz anrückenden Ratsherrn, der nach heftigen Diskussionen mit Lysistrate und ihren Genossinnen in Weiberkleider gesteckt wird; dem Greisenchor bleibt schließlich nur ein keifendes Rückzugsgefecht übrig. Dann aber droht dem Unternehmen aus den eigenen Reihen Gefahr (V. 706–780): Die Frauen halten es in ihrer selbstgewählten Isolation auf der Burg ohne Männer nicht mehr aus und wollen unter allerlei fadenscheinigen Vorwänden weglaufen; nur mit Hilfe eines Orakelspruchs kann Lysistrate sie noch zum Durchhalten bewegen. Daß der Erfolg greifbar nahe ist, zeigt (nach einem abermaligen Streitgesang der Chöre, V. 781–828) die vom Dichter mit Genuß und Raffinement vorgeführte Szene zwischen dem liebestollen Kinesias und der standhaft-listigen Myrrhine, die ihren Gatten mit immer keckeren Versprechungen und immer frecheren Verzögerungen bis zum Äußersten aufreizt, um ihn schließlich unverrichteter Dinge auf dem kunstvoll improvisierten Lager sitzen zu lassen (V. 829–979). Damit scheint der Bann gebrochen. Schon kommt ein erster Unterhändler aus Sparta, wo Lampitos Boykottaufruf spürbare Wirkung gezeigt hat (V. 980–1013); in einem ersten Akt der Aussöhnung vereinen sich die streitsüchtigen Chöre der Männer und Frauen zu einem gemeinsamen Chor (V. 1014 bis 1071), und alsbald trifft aus Sparta die offizielle Gesandtschaft ein, so daß Lysistrate, unterstützt von der Göttin der Versöhnung, endlich den ersehnten Frieden stiften kann (V. 1072–1188). Ein üppiger Schmaus und ein fröhlicher Tanzreigen bilden den versöhnlichen Beschluß (V. 1189–1321).

Aristophanes hat diese straff durchlaufende Handlung durch sorgfältig abgewogene Kontraste geschickt aufgelockert. Die nicht selten von unverhüllten politischen Vernunftmaximen und politischen Mahnungen geprägten Lysistrate-Szenen, in denen sich der Dichter ohne jede poetische Distanzierung durch den Mund seiner Heldin äußert, sind jeweils »aufgefangen« durch Szenen von besonderer Ausgelassenheit. So folgen auf den Disput mit dem Ratsherrn die Ausreißer-Episode und die Myrrhine-Szene, und so mündet der feierliche Friedensschluß in den heiteren Fest- und Tanzkehraus (dessen Ende allerdings nicht ganz überliefert ist). Überhaupt bedeutet »Ernst« für Aristophanes auch hier keineswegs szenische Propagierung politischer Traktate. Daß die *Lysistrate* nicht in diesem Sinn mißverstanden wurde, dafür sorgte schon das für den athenischen Zuschauer unübersehbare Hauptrequisit des Stückes: riesige Lederphallen, die, von den Gewändern mehr gezeigt als verhüllt, den Darstellern der Männer vor den Bäuchen baumelten und allgegenwärtig von der Not der geplagten Ehehälften Zeugnis gaben. Eine weitere Quelle der Erheiterung dürfte für das Athener Publikum auch der breite dorische Dialekt gewesen sein, mit dem die Vertreter der spartanischen Seite auftreten (die deutschen Übersetzer pflegen mit Vorliebe ins Bayerische oder Schweizerische auszuweichen).

Erfolg war dem panhellenischen Versöhnungsappell freilich trotz alledem nicht beschieden – in der Stadt, die an der Schwelle einer oligarchischen Revolution stand, mag man andere Sorgen gehabt haben, und der Gedanke der griechischen Einheit dürfte, so richtig er war, als bare Utopie erschienen sein, als ein Komikereinfall wie Hadesfahrt und Wolkenkuckucksheim. Auch auf die Nachwelt hat die *Lysistrate* wenig Eindruck gemacht. Von geringen Ausnahmen abgesehen, fand man erst seit dem 19. Jahrhundert an dem Stoff Gefallen. Doch von den zahlreichen Bühnen- und Filmbearbeitungen, die den Singspielen von Castelli (1815) und Schubert (1825) folgten, konnte keine die Eigenart des Originals adäquat nachformen – wohl nicht zuletzt deswegen, weil man der Titelheldin und ihrem Plan aus Schicklichkeitsgründen stets das unabdingbare Pendant nehmen mußte: das frische und ungenierte Ausspielen der erotisch-lasziven Momente. E. Sch.

AUSGABEN: Florenz 1515 (*Thesmophoriazusai. Lysistratē*, Hg. B. Iunta). – Oxford ²1907 (in *Comoediae*, Hg. F. W. Hall u. W. M. Geldart, Bd. 2; Nachdr. zul. 1962). – Ldn./Cambridge (Mass.) 1924 (in *Aristophanes*, Hg. B. B. Rogers, Bd. 3; m. engl. Übers.; Loeb; Nachdr. zul. 1955). – Bln. 1927, Hg. U. v. Wilamowitz-Moellendorff (m. Einl. u. Komm.; Nachdr. zul. 1964). – Paris 1950 (in *Aristophane*, Hg. V. Coulon, Bd. 3; m. frz. Übers. v. H. van Daele). – Mailand 1956 (in *Le commedie*, Hg. R. Cantarella, Bd. 4; m. ital. Übers.).

ÜBERSETZUNGEN: *Lysistrata*, A. Ch. Borheck, Köln 1806. – Dass., J. H. Voß (in *Werke*, Bd. 2, Braunschweig 1821). – *Lysistrate*, L. Seeger (in *Sämtl. Komödien*, Hg. O. Weinreich, Bd. 2, Zürich 1953; m. Einl.). – Dass., ders. (in *Komödien*, Bd. 2, Mchn. o. J.; GGT, 926). – *Lysistrate*, W. Schadewaldt (in *Griechisches Theater*, Ffm. 1964).

LITERATUR: W. M. Hugill, *Panhellenism in Aristophanes*, Chicago 1936. – Schmid-Stählin, 1/4,

S. 206–208; 317–332. – W. Süss, *Scheinbare und wirkliche Inkongruenzen in den Dramen des Aristophanes* (in RhMus, 97, 1954, S. 115–159; 229–254; 289–313). – C. F. Russo, *Aristofane. Autore di teatro*, Florenz o. J. [1962], S. 257–285. – E. Frenzel, *Stoffe der Weltliteratur*, Stg. ²1963, S. 396–398 (Kröners Taschenausg., 300). – C. H. Whitman, *Aristophanes and the Comic Hero*, Cambridge/Mass. 1964, S. 200–216.

NEPHELAI (griech.; *Die Wolken*). Komödie des ARISTOPHANES (um 445–385 v. Chr.), aufgeführt an den Städtischen Dionysien des Jahres 423 v. Chr., vermutlich in einer Inszenierung des Philonides, der auch *Sphēkes (Die Wespen), Batrachoi (Die Frösche)* und zwei verlorene Stücke des Aristophanes einstudierte. – Die *Wolken* konnten beim Komödienagon hinter der *Pytinē (Die Flasche)* des KRATINOS und dem *Konnos (Konnos)* des AMEIPSIAS nur den dritten Platz belegen, eine Niederlage, die Aristophanes als sehr schmerzlich empfand, da er sich nach seinem eigenen Zeugnis mit den *Wolken* sehr viel Mühe gemacht hatte und sie für sein gelungenstes Werk hielt. Die Enttäuschung des Dichters führte zu einer Umarbeitung des Stücks (etwa zwischen 421 und 417), die aber nicht zur Aufführung kam, jedoch den alexandrinischen Gelehrten neben der Urversion vorlag. Der überlieferte Text enthält Materialien beider Versionen; aus der Neufassung stammen vor allem der Gerechtigkeitsagon, Teile der Parabase und die Brandstiftungsszene am Schluß.
Den aktuellen Hintergrund der *Nephelai* bildet ein Motiv, mit dessen Darstellung Aristophanes schon in seinem Erstling, den *Daitalēs (Die Schmausbrüder)* an den Lenäen des Jahres 427 einen zweiten Platz errringen konnte: der Kampf gegen die nach Meinung des Dichters verderblichen neumodischen Erziehungsideale, die durch das Wirken der sophistischen Aufklärung und der im Verein mit ihr aufblühenden Rhetorik in Athen immer größere Resonanz fanden. Als formaler »Aufhänger« diente dem Autor ein in der Volksliteratur beheimatetes Schwankmotiv: der betrogene Betrüger oder der geprellte Bauer, dessen vermeintliche Schläue sich am Ende gegen ihn selbst kehrt.
Strepsiades, ein Mann vom Lande, hat einst über seine Verhältnisse geheiratet und sieht sich jetzt, da sein Sohn ganz nach der Art der vornehmen Mutter geraten ist und nichts als Pferde und Wagenrennen im Kopf hat, am Rande des finanziellen Ruins. Um seine zahlreichen Gläubiger loszuwerden, sieht er nur noch einen Ausweg: Der junge Pheidippides soll nebenan im Phrontisterion, der Denkerbude, bei den beiden Weisen Sokrates und Chairephon die Kunst erlernen, vor Gericht »die schlechtere Sache zur besseren zu machen«. Doch der verwöhnte Sproß zeigt wenig Lust zum Studium, so daß Strepsiades sich wohl oder übel zu dem Entschluß durchringen muß, auf seine alten Tage selbst noch einmal die Schulbank zu drücken. Der Empfang in der Denkerhöhle ist recht frostig, da man allseits von der Gelehrsamkeit in Beschlag genommen ist. Der Meister Sokrates schwebt hoch oben in den Lüften – in einer Hängematte –, um die Sonne zu beobachten, die Schüler kriechen am Boden und treiben mit Augen und Nase Erdkunde, während ihr Hintern, emporgereckt, sich auf eigene Faust der Astronomie widmet. Dennoch läßt man sich herbei, den Bittsteller anzuhören. Sokrates liefert einige Proben seines neumodischen Wissens und stellt die Götter der neuen Zeit vor: den Chor der Wolken (»*Die himmlischen Wolken sind's, der Müßigen göttliche Mächte,* / *die Gedanken, Ideen, Begriffe, die uns Dialektik verleihen und Logik* / *und den Zauber des Worts und den blauen Dunst, Übertölpelung, Floskeln und Blendwerk*«, V. 316ff.; Ü: Seeger). Nach einer Aufnahmeprüfung wird auch der neue Schüler aufgenommen, obwohl er durch seine tolpatschige Art, alle höheren Probleme nur im Hinblick auf ihre praktischen Konsequenzen für den Umgang mit Gläubigern zu sehen, mehr Ärger als Bewunderung erregt. – Nach der Parabase (V. 510–626), in der sich der Dichter über die schlechte Aufnahme der ersten Fassung des Stücks beklagt, zeigt sich das nun von Anfang an zu erwartende Ergebnis des Unterrichts: Strepsiades ist zu dumm und zu vergeßlich fürs Studium, er vermag nicht einmal die einfachsten grammatikalischen Grundlagen der höheren Bildung zu begreifen. Da Sokrates den Alten daraufhin zum Teufel wünscht, muß nun doch der Sohn sich zum Unterricht bequemen. Damit er sich den rechten Lehrer selbst wählen kann, werden die »gute« und die »schlechte Sache« *(logos dikaios* und *logos adikos)* höchstpersönlich herbeizitiert, um in einem großangelegten Redewettkampf ihr Können und ihre Ideale unter Beweis zu stellen. Die Rabulistik der rechtsverdreherischen »schlechten Sache« bleibt strahlender Sieger, und so wird Pheidippides zu ihr in die Lehre gegeben – mit durchschlagendem Erfolg, wie sich alsbald zeigt: denn mit Hilfe der von dem Sohn neu erlernten Künste gelingt es dem Vater ohne Schwierigkeit, zwei besonders aufdringliche Gläubiger abblitzen zu lassen. Doch das dicke Ende läßt nicht auf sich warten: Beim Essen kommt es wegen der Euripides-Begeisterung des Sohnes zum Streit, Strepsiades wird von Pheidippides verprügelt – und muß sich zudem noch von seinem Sohn als durchtriebenem Anwalt der »schlechten Sache« davon überzeugen lassen, daß er damit gerechterweise genau die handfest-liebevolle Behandlung erwidert bekommt, die er vor Jahren seinem Kind angedeihen ließ. Das scheint dem Alten denn doch zuviel an neuer Bildung, und so zieht er mit seinen Sklaven zur Denkerbude und – der einzige düstere Schluß in einem Aristophanes-Stück – steckt sie kurzerhand in Brand.
Daß diese Komödie zu einem der bekanntesten Werke der europäischen Literatur werden konnte, beruht nicht zuletzt auf der geistesgeschichtlichen Aktualität, die sie mehr als zwei Jahrzehnte nach ihrer Entstehung erlangte: Im Jahr 399 wurde der in den *Wolken* der Lächerlichkeit preisgegebene Philosoph SOKRATES wegen Gottlosigkeit und Verderbung der Jugend zum Tod verurteilt und hingerichtet. In der *Apologie*, die ihm sein Schüler PLATON wenige Jahre später in den Mund gelegt hat, wird als ein erster Anlaß dieses Prozesses diese Aristophanische Karikatur bezeichnet: Sie habe den Philosophen im Volk der Lächerlichkeit und gehässigen Verachtung preisgegeben und so schließlich die Anklage hervorgerufen. Dieser Vorwurf mag zwar aus der Sicht der Situation von 399 berechtigt sein: doch im Jahr 423 lag nichts weniger als dies in der Absicht des Dichters. Für den konservativen Aristophanes, dem Politiker wie der junge Sophisten- und Sokratesschüler Alkibiades ein Greuel sein mußten, ist Sokrates vielmehr als erster Philosoph, den Athen selbst hervorgebracht, und als ein Mann aus dem Volk (im Gegensatz zu den vor allem in den vornehmen Kreisen wirkenden ausländischen »Sophisten«) nur der Kristallisations-

kern, in dem er die ganze Philosophie und Aufklärung der Zeit attackieren kann. So nimmt es nicht wunder, daß dieser Sokrates nur wenig historisch Sokratisches an sich hat und statt dessen alle möglichen Gedanken von Männern wie ANAXAGORAS, PROTAGORAS, PRODIKOS und DIOGENES aus Apollonia vertritt. (Platon hat seine Vorwürfe aus der *Apologie* später indirekt wieder relativiert und Aristophanes im *Symposion* zusammen mit Sokrates in freundschaftlicher Geselligkeit an einem Tisch sitzen lassen.) Im Gegensatz zur zurückhaltenden Einschätzung durch die unmittelbaren Zeitgenossen des Dichters haben die *Wolken* bei der Nachwelt ungeheure Resonanz gefunden. Von der Alexandrinerzeit bis in die Spätantike gehörten sie zu den beliebtesten Aristophanes-Stücken, in der byzantinischen Epoche avancierten sie sogar zur Schullektüre. Auch die Renaissance rechnete sie nach der Wiederentdeckung durch MELANCHTHON zu ihren Lieblingswerken: FRISCHLIN übersetzte sie ins Lateinische, Isaak FRÖREISEN ins Deutsche. Und in der sei es adaptierenden, sei es kritischen Auseinandersetzung mit der Sokrateskomödie begegnen so erlauchte Namen wie RABELAIS, VOLTAIRE, Moses MENDELSSOHN, WIELAND, LESSING, HAMANN, GOETHE, LENZ, VOSS, August Wilhelm von SCHLEGEL, HEGEL, TIECK und PLATEN. E. Sch.

AUSGABEN: Venedig 1498 (in *Komōdiai ennea*, Hg. M. Musuros). – Leiden 1898 (*Nubes*, Hg. J. van Leeuwen; m. Komm.; Nachdr. 1968). – Oxford ²1906 (in *Comoediae*, Hg. F. W. Hall und W. M. Geldart, Bd. 1; Nachdr. zul. 1964). – Ldn. 1911 (*The Clouds*, Hg. W. J. M. Starkie; m. Komm. u. engl. Übers.; Nachdr. Amsterdam 1966). – Ldn./ Cambridge (Mass.) ²1926 (in *Aristophanes*, Hg. B. B. Rogers, Bd. 1; m. engl. Übers.; Loeb; Nachdr. zul. 1950). – Mailand 1954 (in *Le commedie*, Hg. R. Cantarella, Bd. 3; m. ital. Übers.). – Paris ⁶1958 (in *Aristophane*, Hg. V. Coulon, Bd. 1; m. frz. Übers. von H. van Daele). – Oxford 1968 (*Clouds*, Hg. K. J. Dover; m. Komm.).

ÜBERSETZUNGEN: *Nubes. Ein Schön und Kunstreich Spiel, dariñ klärlich zusehen, was betrug und hinderlist offtmahlen für ein End nimmet*, I. Fröreisen, Straßburg 1613 (ern. in *Griechische Dramen in deutschen Bearbeitungen*, Hg. O. Dähnhardt, Stg. 1897; BLV, 212). – *Die Wolken*, Ch. M. Wieland (in *Attisches Museum*, Bd. 2, Zürich/Lpzg. 1798; ern. in *Vier Komödien*, Bd. 1, Wien 1813). – *Die Wolken*, J. H. Voß (in *Werke*, Bd. 1, Braunschweig 1821). – *Die Wolken*, L. Seeger (in *Sämtl. Komödien*, Hg. O. Weinreich, Bd. 1, Zürich 1952). – Dass., ders. (in *Komödien*, Bd. 1, Mchn. o. J.; GGT, 919). – Dass., O. Seel, Stg. 1963 (RUB, 6498/99).

LITERATUR: W. Süß, *Aristophanes und die Nachwelt*, Lpzg. 1911. – Schmid-Stählin, Bd. 1/4, S. 188 f.; 247–270. – W. Schmid, *Das Sokratesbild der »Wolken«* (in Phil, 97, 1948, S. 209–228). – H. Erbse, *Sokrates im Schatten der aristophanischen »Wolken«* (in Herm, 82, 1954, S. 385–420). – Th. Gelzer, *A. und sein Sokrates* (in MH, 13, 1956, S. 65–93). – H.-J. Newiger, *Metapher und Allegorie*, Mchn. 1957, S. 50–74 (Zetemata, 16). – Th. Gelzer, *Der epirrhematische Agon bei A.*, Mchn. 1960 (Zetemata, 23) [s. Index]. – P. Händel, *Formen und Darstellungsweisen der aristophanischen Komödie*, Heidelberg 1963, bes. S. 256–276.) – C. H. Whitman, *A. and the Comic Hero*, Cambridge/Mass. 1964, S. 119–145. – V. Ehrenberg, *A. und das Volk von Athen*, Zürich/Stg. 1968, bes. S. 58–60; 275 bis 282.

ORNITHES (griech.; *Die Vögel*). Komödie des ARISTOPHANES (um 445–385 v. Chr.), aufgeführt an den Städtischen Dionysien des Jahres 414, in der Einstudierung des Schauspielers Kallistratos, der von den erhaltenen Stücken auch die *Acharnēs* (*Die Acharner*) und die *Lysistratē* (*Lysistrata*) auf die Bühne gebracht hat. – Die *Vögel* wurden von den Kritikern der Neuzeit als das gelungenste Stück des altattischen Komikers gepriesen – sicher nicht zu Unrecht, wenn man die für die Gattung erstaunliche Geschlossenheit in der Szenenführung betrachtet, die vor allem auf einer ziemlich straffen Beschränkung auf ein einziges Grundthema beruht: das märchenhafte Motiv der Suche nach einer besseren Welt außerhalb dieser Welt. Die zahlreichen anderen für die Aristophanische Komödie so typischen Grundelemente – erotisch-phantastische Burleskerie, scharfe politische Attacken, parodistische Bosheiten auf poetische Genossen und Rivalen, kecke Mythentravestie, beißende Kritik an Zeiterscheinungen usw. –, sonst nicht selten in buntem Kaleidoskop durcheinandergewirbelt, sind hier entweder beiseite gerückt oder thematisch wie kompositorisch diesem einen Grundmotiv untergeordnet.

Zwei alte Athener, Pisthetairos (oder Peisetairos, auch Peithetairos) und Euelpides, die ihre Heimatstadt wegen der dort grassierenden Prozeßsucht leidlich satt haben, sind, von einer Krähe und einer Dohle geführt, auf den Weg zur Behausung des Wiedehopfs, um von ihm nach einem ruhigen Ort zu erfragen, wohin man emigrieren könne: Der Wiedehopf – einst, vor seiner Verwandlung, als König Tereus Schwiegersohn des attischen Königs Pandion und daher gewiß mit Athener Sitten und Sorgen vertraut – hat auf seinen Flügen über Erde und Meer manchen schönen Platz gesehen. Allein keiner der Vorschläge von Wiedehopf-Tereus kann bei den Auswanderern Gefallen finden. So entwickelt Pisthetairos schließlich den Einfall, im Luftreich einen weltabgeschiedenen Vogelstaat zu gründen. Vor allem dessen strategisch günstige Lage mitten zwischen Menschenwelt und Götterreich – man kann die Götter nach Belieben unter Druck setzen, indem man die Opferdüfte und andere Gaben der Menschen nicht mehr passieren läßt – überzeugt den Wiedehopf von der Großartigkeit des Planes, und er ruft in der berühmten Zwitscherarie den Vogelchor herbei. Bei Eintreffen des Chors kommt es zunächst zu einem kleinen Scharmützel (Rest des alten Agon-Teiles), weil die Vögel die beiden Männer für Feinde und den Wiedehopf für einen Verräter halten, doch kann darf Pisthetairos mit breit ausgeführten Argumenten seine umwälzende Idee entfalten; besonders sein Nachweis, daß die Vögel ursprünglich Rechte auf die Weltherrschaft haben als die jetzigen Götter und daß die Absetzung des Zeus lediglich Wiederherstellung des alten Vogelkönigtums bedeutet, wirken überzeugend: Pisthetairos wird vom Anführer des Vogelchors sogleich zum geistigen Führer des zu gründenden Reiches ernannt. Damit die beiden Menschen in dem Vogelstaat leben können, müssen sie freilich erst noch beflügelt werden – eine Prozedur, die sich hinter der Bühne vollzieht, während der Chor die Parabase vorträgt (V. 1–675). Die Parabase (V. 676–800), in anderen Stücken der Ort der direkten persönlichen Ansprache des Dich-

ters an sein Publikum, ist in den *Vögeln* ganz in das Geschehen integriert: Zunächst entwirft sie aus der Vogelsicht eine launig-parodistische Theogonie und fordert sodann die Zuschauer auf, sich gleichfalls Flügel anzuschaffen, um in die Vogelwelt zu emigrieren. Inzwischen ist die Gründung des Vogelstaates ein gutes Stück vorangekommen – die Helden sind beflügelt, das neue Reich erhält seinen Namen: Wolkenkuckucksheim (Nephelokokkygia). Die Vollendung des genialischen Planes ist abzusehen, und so können denn in der auch aus anderen Komödien (z. B. *Acharner*; *Eirēnē – Der Frieden*) bekannten Manier in einer durch kurze Choreinlagen zäsurierten Szenenfolge von episodischen Abfertigungsreihen die Auswirkungen des neuen Zustands vorgeführt werden (V. 801–1765). Die ersten Schmarotzer, Neider und Flügelanwärter stellen sich ein – ein Priester, ein Dichter, ein Wahrsager, der Astronom Meton, ein athenischer Abgesandter, ein Gesetzeshändler, ein mißratener Sohn, der Dithyrambendichter Kinesias und ein Berufsdenunziant –, sie werden aber ebenso rasch, wie sie kamen, wieder hinausexpediert; nicht viel besser ergeht es der Götterbotin Iris, die auf ihrem Weg zu den Menschen, wo sie wegen der ausbleibenden Opfer recherchieren sollte, abgefangen und mit der Kunde von den neuen Verhältnissen zu Zeus zurückgeschickt wird. Alsbald naht auch schon eine Göttergesandtschaft – Herakles, Poseidon und ein grobschlächtiger Barbarengott. Doch die Vögel sind zuvor von Zeus' altem Widersacher Prometheus auf die richtige Verhandlungstaktik präpariert worden, und zudem erweist der notorische Komödiengourmand Herakles angesichts der köstlichen Düfte, die die Köche durch Wolkenkuckucksheim ziehen lassen, sich als sehr konzessionsbereiter Verhandlungspartner. Es wird ein friedlicher Kompromiß ausgehandelt: Zeus soll Pisthetairos die Basileia, die personifizierte Königsherrschaft, aus dem Himmel als Frau zuführen, lassen. Und so zieht denn der Held am Ende in feierlichem kultischem Umzug der »heiligen Hochzeit« in das Brautgemach, geleitet von den Segensliedern des Vogelchores.
Gerade der Schluß unterstreicht, im Vergleich etwa zu den motivgleichen Szenen in den *Acharnern* und im *Frieden*, noch einmal den besonderen Charakter des ganzen Werkes; es ist ein heiteres und gelöstes, aber kein überschäumend komödiantisches Stück – der Autor läßt das vom Motiv nahegelegte Ausspielen derb-lasziver Elemente bewußt beiseite (lediglich die Iris-Episode ist damit »gewürzt«). Auf derselben Linie liegt es, wenn Aristophanes auf persönliche politische Angriffe weitgehend verzichtet und sich statt dessen mit leisen Anspielungen begnügt: Das großangelegte sizilische Unternehmen, seit dem Vorjahr Hauptsorge der Stadt, wird nur ganz beiläufig und indirekt erwähnt, und der Mammutprozeß im Anschluß an den sogenannten Hermokopidenfrevel des Jahres 415 ist gerade gut genug als (ungenannter) »Aufhänger« für die Emigration der beiden prozeßmüden Athener. Nur eines der gewohnten Momente Aristophanischer Komödien scheint das ganze Stück hindurch mit dem Geschehen verwoben – die literarische Parodie: Anspielungen und Zitate aus AISCHYLOS, SOPHOKLES und EURIPIDES, HOMER und den Theogoniendichtern, SOKRATES, dem Sophisten PRODIKOS und dem Rhetor GORGIAS, den Lyrikern SIMONIDES und PINDAR sowie, nicht zuletzt, den neumodischen Dithyrambikern dienen immer wieder dazu, die Bühnen- wie die Märchen-

illusion zu durchbrechen und die Zuschauer in interessierter Distanz zu halten. Doch auch hierbei wahrt der Dichter – denkt man an die exzessive Euripides-Persiflage etwa der *Batrachoi (Die Frösche)* oder der *Acharner* – dasselbe wohldosierte Maß, das sich auch in der Zurückdrängung des Agons und in der Knappheit der Bitte an die Preisrichter um freundliche Beurteilung des Stückes (V. 1102–1117) äußert.
Die Zeitgenossen scheinen diese sanfte Form der Komik nicht uneingeschränkt goutiert zu haben. Nur so ist es zu erklären, daß dieses dramaturgisch ausgefeilte Stück beim Komödienwettbewerb nur den zweiten Platz erreichte: Sieger wurde AMEIPSIAS mit seinem heute verlorengegangenen *Kōmastai (Die Schwärmer)*, auf den dritten Rang kam mit *Monotropos (Der Einsiedler)* des PHRYNICHOS, wie die *Ornithes* ein Stück über die Weltflucht, wenngleich ganz anderer Art. Die Wirkung der *Vögel* auf die antike Nachwelt blieb gering, obwohl die alexandrinische Literaturkritik sie zu den besten Werken des Dichters zählte. Aus der Neuzeit verdienen GOETHES Prosabearbeitung von 1780 sowie die in der Romantik aufblühende allegorische Betrachtungsweise des Stücks Erwähnung.   E. Sch.

AUSGABEN: Venedig 1498 (in *Komōdiai ennea*, Hg. M. Musuros). – Leiden 1902 (*Aves*, Hg. J. van Leeuwen; m. Komm.; Nachdr. 1968). – Oxford ²1906 (in *Comoediae*, Hg. F. W. Hall u. W. M. Geldart, Bd. 1; Nachdr. zul. 1964). – Ldn. 1906, Hg. B. B. Rogers [m. engl. Übers. u. Komm.]. – Ldn./Cambridge (Mass.) ²1926 (in *Aristophanes*, Hg. ders, Bd. 2; m. engl. Übers.; Loeb; mehrere Nachdr.). – Bln. ⁴1927 (*Die Vögel*, Hg. Th. Kock u. O. Schroeder; m. Komm.). – Mailand 1956 (in *Le commedie*, Hg. R. Canterella, Bd. 4; m. ital. Übers.). – Paris ⁶1963 (*Les oiseaux*, in *Aristophane*, Hg. V. Coulon; m. frz. Übers. v. H. van Daele).

ÜBERSETZUNGEN: *Die Vögel*, anon. (in Journal für Freunde der Religion und Litteratur, Augsburg 1779; nach der frz. Übers. v. Boivin). – Dass., J. W. v. Goethe, Lpzg. 1787; ern. Lpzg. 1886, Hg. W. Arndt. – Dass., Ch. M. Wieland (in Neues Attisches Museum, 1, 1805; 2, 1806; ern. in *Vier Komödien*, Bd. 2, Wien 1813). – *Vögel*, J. H. Voß (in *Werke*, Bd. 2, Braunschweig 1821). – *Die Vögel*, F. Rückert (in *Aus Friedrich Rückert's Nachlaß*, Hg. M. Rückert, Lpzg. 1867). – Dass., C. Robert, Bln. 1920. – Dass., L. Seeger (in *Sämtliche Komödien*, Hg. O. Weinreich, Bd. 2, Zürich 1953). – Dass., ders. (in *Komödien*, Bd. 2, Mchn. o. J.; GGT, 926).

LITERATUR: W. Behaghel, *Geschichte der Auffassung der aristophanischen »Vögel«*, 2 Tle., Progr. Heidelberg 1878/79. – Schmid-Stählin, I/4, S. 202 bis 204; 289–306. – H.-J. Newiger, *Metapher und Allegorie. Studien zu A.*, Mchn. 1957, S. 80–103 (Zetemata,16). – E. Fraenkel, *Zum Text der »Vögel« des A.* (in *Studien zur Textgeschichte und Textkritik*, Hg. H. Dahlmann u. R. Merkelbach, Köln/Opladen 1959, S. 9–30). – V. Ehrenberg, *The People of A.*, NY ³1962, S. 57–60 u. ö. (dt.: *A. und das Volk von Athen*, Zürich/Stg. 1968, S. 65–68 u. ö.). – C. H. Whitman, *A. and the Comic Hero*, Cambridge/Mass. 1964, S. 167–199.

PLUTOS (griech.; *Der Reichtum*). Komödie des ARISTOPHANES (um 445–385 v.Chr.), aufgeführt 388 v. Chr. – Genau zwanzig Jahre zuvor (408 v. Chr.) hatte der Dichter schon einmal ein Stück mit dem Titel *Plutos* auf die Bühne gebracht, von dem aber so gut wie nichts erhalten ist. Es gibt jedoch Gründe für die Annahme, daß das überlieferte Werk eine Neubearbeitung des verlorenen ist: Auch dem ersten *Plutos* lag also das sozialkritische Märchenmotiv von der Neuverteilung der bislang ungerecht verteilten Besitztümer zugrunde. In denselben Themenkreis gehörten die weitere Jahre früher von KRATINOS aufgeführten *Plutoi (Die Reichtümer)*; ob ARCHIPPS *Plutos* Nachahmung oder Vorbild einer der Aristophanischen Versionen war, läßt sich nicht mehr feststellen.

Der Aufbau des *Plutos* folgt einem von Aristophanes in vielen Komödien – etwa *Acharnēs (Die Acharner), Hippēs (Die Ritter), Eirēnē (Der Frieden), Ornithes (Die Vögel)* – durchgespielten Schema: Einem zielstrebig inszenierten Handlungsteil (V. 1 bis 801) folgt ein locker gefügter Episodenreigen (V. 802–1209), in dem diverse Schmarotzer abgefertigt werden, die an dem im ersten Teil errungenen Erfolg teilhaben wollen. Zu Beginn sieht man den zerlumpten attischen Bauern Chremylos mit seinem Sklaven Karion auf dem Heimweg vom Orakel zu Delphi. Der arme Chremylos hat bei Apollon angefragt, ob er seinen Sohn nicht doch lieber bei einem Gauner in die Lehre geben solle, um endlich aus seinem Elend herauszukommen (vgl. *Nephelai – Die Wolken*). Der Gott gab ihm den Rat, dem ersten Menschen, dem er nach Verlassen des Tempels begegne, nach Hause mitzunehmen. Tatsächlich treffen sie vor dem Heiligtum einen alten Blinden, der sich alsbald als Plutos, der Gott des Reichtums, erweist. Ihn zu überreden, in das Haus des Chremylos mitzukommen, kostet freilich einige Mühe: Zu oft schon ist er von angeblich rechtschaffenen Leuten eingeladen worden, die sich bei und nach seinem Besuch als schlimme Schurken entpuppten. Doch Chremylos weiß einen Rat, der sowohl ihm selbst als auch dem oft enttäuschten Plutos helfen wird: Da die einzige Ursache dafür, daß der Reichtum so häufig den Falschen, nämlich den Ungerechten und Habsüchtigen, zuteil wird, in der Blindheit des Gottes liegt, braucht man nur für die Heilung dieses Leidens zu sorgen, um den unerträglichen Zustand der Welt mit einem Schlag zu beheben. Das geeignete Mittel scheint eine Inkubationskur im Tempel des Asklepios, was allerdings auf den Widerstand der Penia, der Göttin der Armut, stößt. In einem breit ausgeführten Agon (V. 615–818) schildert sie die Gefahren eines allgemeinen Reichtums, denn nur sie – die keinesfalls als Bettelarmut mißverstanden werden dürfe – sei es, die den Menschen zu geduldigem Fleiß und unermüdlicher Arbeit um das tägliche Brot antreibe. Doch ihre Einwände bleiben nutzlos, und schon in der nächsten Szene kann der Sklave von der nächtlichen Wunderheilung berichten, unter kräftigen Seitenhieben auf die betrügerische Scharlatanerie der Tempelpriester. Damit ist endgültig der Reichtum ins Haus des Chremylos und aller übrigen rechtschaffenen Armen eingekehrt. Die schurkischen Reichen und Neureichen dagegen sehen sich plötzlich verarmt. Klagend kommen sie zur neuen Residenz des Plutos, werden aber erbarmungslos abgewiesen; der Sykophant (politischer Denunziant), der seinen bisher unerschöpflichen Geldquellen nachtrauert, eine alte Vettel (vgl. *Ekklēsiazusai – Die Weibervolksversammlung)*, die den von ihr ausgehaltenen schönen Jüngling verloren hat, Hermes als Abgesandter der Götter, bei denen plötzlich der Weihrauch ausbleibt (vgl. *Ornithes – Die Vögel)*, schließlich ein nunmehr arbeits- und unterhaltsloser Zeuspriester, der ebenso wie der Götterbote beim »neuen Zeus« eine bescheidene Anstellung findet. Am Ende wird der sehend gewordene Gott in lustig-feierlichem Umzug (vgl. *Acharner, Wespen, Frieden, Vögel, Lysistrate, Ekklesiazusen)* – voran der ehemalige Zeuspriester als Fackelträger und die bunt aufgetakelte Vettel mit den heiligen Töpfen auf dem Kopf – zu seinem angestammten Wohnsitz geleitet: der Schatzkammer der Athene auf dem Parthenon.

Ekklesiazusen und *Plutos* sind die beiden letzten Stücke des Dichters, die uns überliefert sind, und beide zeigen gewisse Eigentümlichkeiten, die man als Altersstil des Aristophanes bezeichnet hat: Abwendung von der Tages-, sprich: Außenpolitik und utopisch verfremdete Hinwendung zu sozialpolitischen Themen, Verzicht auf die Parabase – das traditionelle Instrument der persönlichen Ansprache des Dichters an sein Publikum –, häufiges Fehlen integrierter Chorlieder (sie werden ersetzt durch den Hinweis »Chorgesang«, wie später bei den Dichtern der Neuen Komödie, etwa MENANDER). Doch auch die erotisch-derben Elemente, die beißende Attacke auf die politischen Tagesgrößen und die Parodie poetischer Zeitgenossen – Momente, die so vielen früheren Werken des Autors ihre unnachahmliche Würze verliehen – erscheinen im *Plutos* in den Hintergrund gedrängt. All das hat dem Stück bei manchen Kritikern den Vorwurf einer gewissen Mattheit eingetragen, die durch einzelne Inkonsequenzen in der Durchführung des Grundthemas noch verstärkt wird (in den Plutos-Szenen ist durchweg von der gerechteren Aufteilung des Reichtums die Rede, während der Penia-Agon plötzlich von der gleichmäßigen Verteilung des Besitzes an alle redet – vielleicht als Nachklang zu den *Ekklesiazusen)*. Doch haben diese Mängel der späteren Beliebtheit des *Plutos* keinen Abbruch tun können; ja, sieht man auf sein Fortleben im Mittelalter und der beginnenden Neuzeit, so muß man ihn ohne Einschränkung als das erfolgreichste Werk des Aristophanes bezeichnen: Zu keinem Stück gibt es reichere Scholiastenkommentare, von keinem sind mehr mittelalterliche Abschriften erhalten, keines hat vom 15. Jh. an in Übersetzung, Nachbildung (z. B. Hans SACHS, Ben JONSON) und Aufführung breitere Resonanz gefunden. Die Gründe hierfür liegen zweifellos nicht in etwaigen dramatischen Vorzügen gegenüber den übrigen Stücken, sondern allein in der thematischen Konzeption: der ethisch-parätinischen Grundtendenz sowie in den späteren Jahrhunderten so beliebten allegorischen Personifikationen. E. Sch.

AUSGABEN: Venedig 1498 (in *Komōdiai ennea*, Hg. M. Musuros). – Leiden 1904 (*Plutus*, Hg. J. van Leeuwen; m. Komm.; Nachdr. 1968). – Oxford ²1907 (in *Comoediae*, Hg. F. W. Hall und W. M. Geldart, Bd. 2; Nachdr. zul. 1962). – Ldn./Cambridge (Mass.) 1924 (*The Plutus*, in *Aristophanes*, Hg. B. B. Rogers; m. engl. Übers.; Loeb; mehrere Nachdr.). – Paris ³1963 (*Ploutos*, in *Aristophane*, Hg. V. Coulon; m. frz. Übers. v. H. van Daele). – Mailand 1964 (in *Le commedie*, Hg. R. Cantarella, Bd. 5; m. ital. Übers.).

ÜBERSETZUNGEN: *Ein comedi mit 11 person zu recidirn, der Pluto, ein gott aller reichthumb, unnd hat fünff actus*, H. Sachs, 1531 [Bearb.]. – *Plutos*, J. H. Voß (in *Werke*, Bd. 3, Braunschweig 1821). – Dass., L. Seeger (in *Sämtliche Komödien*, Hg. und Einl. O. Weinreich, Bd. 2, Zürich 1953). – Dass., ders. (in *Komödien*, Bd. 2, Mchn. o. J.; GGT, 926). – *Plutos oder Der Reichtum*, J. G. Droysen, Hg. E. R. Lehmann, Wiesbaden/Bln. o. J. [ca. 1960].

LITERATUR: W. Süß, *A. und die Nachwelt*, Lpzg. 1911. – F. Hübner, *De Pluto* (in Dissertationes philologicae Halenses, 23/3, Halle 1914, S. 239–291). – W. Meyer, *Laudes inopiae*, Diss. Göttingen 1915. – D. J. Hemelrijk, *Penia en Plutos*, Diss. Utrecht 1925. – Y. Urbain, *Les idées économiques d'Aristophane* (in L'Antiquité Classique, 8, 1939, S. 183–200). – K. Holzinger, *Kritisch-exegetischer Kommentar zu A.' »Plutos«*, Wien/Lpzg. 1940 (SWAW, 218/3). – Schmid-Stählin, 1/4, S. 219f.; 373–387. – W. Süß, *Scheinbare und wirkliche Inkongruenzen in den Dramen des A.* (in RhMus, 97, 1954, bes. S. 298–313). – H.-J. Newiger, *Metapher und Allegorie. Studien zu A.*, Mchn. 1957, S. 155–178 (Zetemata, 16). – E. Roos, *De incubationis ritu per ludibrium apud Aristophanem detorto* (in Acta Instituti Atheniensis regni Sueciae, 3, 1960, S. 55–97). – U. Albini, *La struttura del »Pluto« di Aristofane* (in La Parola del Passato, 20, 1965, S. 427–442). – G. Hertel, *Die Allegorie von Reichtum und Armut. Ein aristophanisches Motiv und seine Abwandlungen in der abendländischen Literatur*, Nürnberg 1969 (m. Bibliogr.; Diss. Erlangen 1968; Erlanger Beiträge zur Sprach- und Kunstwissenschaft, 33).

SPHĒKES (griech.; *Die Wespen*). Komödie des ARISTOPHANES (um 445–385 v. Chr.), an den Lenäen des Jahres 422 von PHILONIDES aufgeführt, der auch die *Batrachoi (Die Frösche)* und zwei nicht erhaltene Stücke des Aristophanes auf die Bühne gebracht hat. – Eine der von Philonides inszenierten verlorenen Aristophanes-Komödien war der *Proagōn (Der Vorwettkampf)*, den Philonides an denselben Lenäen wie die *Sphēkes* gab, allerdings offenbar unter eigenem Namen. So konnte das einmalige Kuriosum eintreten, daß ein Autor an einem Dichter-Agon gleich zweimal siegreich war: denn der *Proagōn* gewann den ersten Preis vor den *Wespen*; dritter wurde LEUKON mit seinen *Presbeis (Die Gesandten)*.
Wie in den *Nephelai (Die Wolken)* aus dem Jahr zuvor steht im Mittelpunkt der *Wespen* ein Generationskonflikt zwischen Vater und Sohn, und wie in den *Wolken* gipfelt dieser Konflikt in dem – von Aristophanes natürlich antisophistisch kolorierten – sophistischen Grundproblem der Erziehung. Allerdings sind die Positionen hier umgekehrt: Nicht der Vater sucht Bildung für seinen Sohn, sondern der Sohn versucht, seinen Vater umzuerziehen und zur Vernunft zu bringen. Der Streitfall zwischen den beiden ist politischer Natur, und wie schon ihre sprechenden Namen Philokleon (»Kleonfreund«) und Bdelykleon (»Kleonhasser«) zeigen, richtet sich die Attacke des Dichters einmal mehr – man denke an die *Babylōnioi (Die Babylonier)* von 426 und vor allem an die *Hippēs (Die Ritter)* von 424 – gegen den Demagogen Kleon. Dieser hatte im Jahr 425, als infolge des Krieges die Einkünfte der attischen Handwerker und Bauern stark zurückgingen, den Sold für die jährlich ausgelosten 6000 Richter um 50 Prozent auf 3 Obolen täglich erhöht und sich dadurch eine stattliche und gefügige Gefolgschaft verschafft, die er im Verein mit dem üppig ins Kraut geschossenen Denunziantentum bei der Durchführung der zahllosen politischen Prozesse als williges Instrument gebrauchen ließ (als Allerweltsvorwurf fungierten bei solchen Prozessen die Schlagwörter »Tyrannis«, d. h. Streben nach Alleinherrschaft, »Verschwörung«, »Spartafreundlichkeit«; vgl. in den *Wespen* besonders V. 474 ff.). In Athen scheint damals die Prozessierlust geradezu epidemisch grassiert zu haben – ähnliches beschreiben die *Ornithes (Die Vögel)* –, und einer dieser krankhaft prozeßwütigen Kleon-Anhänger ist auch der alte Philokleon in den *Wespen*.
Da alle Kuren gegen die Krankheit bei Philokleon nicht angeschlagen haben, hat Bdelykleon seinen Vater jetzt – so erfahren wir aus der exponierenden Sklavenszene (vgl. *Hippēs – Die Ritter* und *Eirēnē – Der Frieden*) – im Haus eingesperrt, um ihn an der weiteren Ausübung seiner gefährlichen Leidenschaft zu hindern. Doch der Alte findet immer wieder Mittel, der Gefangenschaft beinahe zu entkommen: durch den Rauchfang, oder unter dem Bauch eines Esels gebunden, oder durch eine Ritze im Dach. Nachdem der Chor einmarschiert ist – als stachelbewehrte Wespen maskierte alte Marathon-Kämpfer, jetzt von derselben Passion infiziert wie Philokleon, den sie in aller Herrgottsfrühe zum großen Dreitageprozeß gegen den Feldherrn Laches abholen wollen –, versucht man mit vereinten Kräften eine Abseilung des Gefangenen. In letzter Sekunde kann Bdelykleon dazwischentreten; er erbietet sich, seinem Vater in Gegenwart des Chors zu beweisen, daß er als Richter in Wirklichkeit nicht, wie er glaubt, einer der Herren der Stadt, sondern ein von den wahren Herren nach Belieben ausgenützter Knecht ist. So kommt es zum großen Agon (V. 513–728), und dabei gelingt es Bdelykleon mit seinen handfesten sozialkritischen Argumenten tatsächlich, sowohl seinen Widerpart als auch den Chor zu überzeugen. Allein – der Alte kann nun mal auf das Richten nicht verzichten, und so bleibt dem Sohn nichts übrig, als für ihn zu Hause ein Privatgericht einzurichten, vor dem dann alsbald ein skurriler Hundeprozeß verhandelt wird (V. 729 bis 1008): Ein Hund namens Labes aus Aixonai hat ein Stück Käse gemopst und wird von einem Hund aus Kydathen verklagt, weil er es allein aufgefressen hat, wofür allerhand Küchengeräte als Zeugen aufmarschieren – eine köstliche Parodie auf den schon zuvor erwähnten Unterschlagungsprozeß, den der aus Kydathen stammende Kleon dem Strategen Laches aus Aixonai 425 angehängt, aber verloren hatte; auch der Hund Labes wird freigesprochen, freilich nur durch ein Versehen des rabiaten Philokleon.
Nach der Parabase (V. 1009–1121), in der der Dichter sich unter anderem über das Unverständnis des Athener Publikums für sein Schaffen beklagt (die *Wolken* waren im Vorjahr durchgefallen), wechselt das Grundthema: Bdelykleon konnte Philokleon nach dessen Fehlurteil dazu überreden, das Prozessieren sein zu lassen und sich in Zukunft einem vom Sohn garantierten genußvollsorgenfreien Alter hinzugeben. Dazu gehört freilich auch, daß Philokleon lernt, wie man sich in feiner Gesellschaft benimmt: eine Lernprozedur, die sowohl theoretisch als auch – wie die anschließenden Auftritte demonstrieren – praktisch gründlich mißlingt (V. 1122–1535). In einer Szenenfolge, die an die episodischen Abfertigungsreihen in anderen Stücken erinnert, hören wir zunächst im Botenbericht von Philokleons unflätigem Benehmen beim Symposion des Philoktemon und sehen ihn anschließend, mit einer eben dort entführten hübschen Flötenspielerin im Arm, torkelnd auf die Bühne tanzen. Eine Bäckerin und ein Mann, die er unterwegs angepöbelt hat und die sich beschweren wollen, speist er mit seltsamen äsopischen Fabeln ab. Der Sohn zerrt ihn ins Haus, doch der Alte ist nicht mehr zu halten: Statt der Prozessierwut hat ihn jetzt die Tanzwut gepackt, und in einem gro-

tesken Kehraus tanzt er mit drei Profitänzern – den zwergenhaften Söhnen des Tragikers Karkinos – wie wild um die Wette, und falls er gewinnt, will er sich die drei »*Krebse ... in Salzlauge*« zubereiten. Man hat diesem recht turbulenten Stück in neuerer Zeit öfter vorgeworfen, es zerfalle seiner Doppelthematik wegen in zwei disharmonische Teile. Doch der – nicht bloß in kompositorischer, sondern weit mehr noch in motivischer Hinsicht – lockere Zusammenhalt des Ganzen ist für die Alte Komödie durchaus typisch, in der politische Parabel und persönliche Attacke, Fabel und Moritat, Märchenzüge und derbste Realismen ungeniert zueinander finden und eben in dieser Vereinigung das unverwechselbare Signum der Gattung abgeben. Daß man Aristophanes nicht mit modernen Vorstellungen dramaturgischer Stringenz messen darf, zeigt auch die Reaktion des zeitgenössischen Publikums, das die *Sphēkes* offensichtlich goutierte – sonst hätten sie nicht den zweiten Platz errungen. Auf die Nachwelt haben die *Wespen* offensichtlich weniger Eindruck gemacht: Zumindest kennen wir vor RACINES berühmter einziger Komödie, den *Plaideurs (Die Prozeßsüchtigen)* von 1668, keine Bearbeitungen des Aristophanischen Werkes.

E. Sch.

AUSGABEN: Venedig 1498 (in *Komōdiai ennea*, Hg. M. Musuros). – Ldn. 1897 (*The Wasps*, Hg. W. J. M. Starkie; m. Komm.; Nachdr. Amsterdam 1968). – Oxford ²1906 (in *Comoediae*, Hg. F. W. Hall u. W. M. Geldart, Bd. 1; Nachdr. zul. 1967). – Leiden ²1909 (*Vespae*, Hg. J. van Leeuwen; m. Komm.; Nachdr. 1968). – Ldn./Cambridge (Mass.) ²1926 (in *Aristophanes*, Hg. B. B. Rogers, Bd. 1; m. engl. Übers.; Loeb; mehrere Nachdr.). – Mailand 1954 (in *Le commedie*, Hg. R. Cantarella, Bd. 3; m. ital. Übers.). – Paris ⁵1964 (in *Aristophane*, Hg. V. Coulon, Bd. 2; frz. Übers. H. v. Daele).

ÜBERSETZUNGEN: *Wespen*, J. H. Voss (in *Werke*, Bd. 1, Braunschweig 1821). – *Die Wespen*, J. G. Droysen (in *Werke*, 2 Bde., Lpzg. ³1881; ern. in *Komödien*, Bd. 2, Hg. E. R. Lehmann, Wiesbaden/ Bln. o. J. [1958]). – Dass., L. Seeger (in *Sämtliche Komödien*, Hg. O. Weinreich, Bd. 1, Zürich 1952; ern. in *Komödien*, Bd. 2, Mchn. o. J., GGT, 926).

LITERATUR: U. v. Wilamowitz-Moellendorff, *Über die* »*Wespen*« *des A.* (in SPAW, 1911, S. 460–491; 504–535; ern. in U. v. W.-M., *Kleine Schriften*, Bd. 1, Bln. 1935, S. 284–346). – Schmid-Stählin, Bd. I/4, S. 189/190; 270–280. – W. Süss, *Scheinbare und wirkliche Inkongruenzen in den Dramen des A.* (in RhMus, 97, 1954, S. 135–138). – H.-J. Newiger, *Metapher und Allegorie*, Mchn. 1957, S. 74–80; 127–130 (Zetemata, 16). – Th. Gelzer, *Der epirrhematische Agon bei A.*, Mchn. 1960 (Zetemata, 23) [s. Index]. – C. F. Russo, *Il* »*Proagone*« *e le* »*Vespe*« (in Rivista di Filologia e d'Istruzione Classica, 40, 1962, S. 130–134). – P. Händel, *Formen und Darstellungsweisen in der aristophanischen Komödie*, Heidelberg 1963 [s. Index]. – C. H. Whitman, *A. and the Comic Hero*, Cambridge/Mass. 1964, S. 143–166. – N. Gross, *Racine's Debt to A.* (in CL, 17, 1965, S. 209–224). – A. L. Boegehold, *Philokleon's Court* (in Hesperia, 36, 1967, S. 111 bis 120). – V. Ehrenberg, *A. u. das Volk von Athen*, Zürich/Stg. 1968, S. 60–63 u. ö.

THESMOPHORIAZUSAI (griech.; *Die Frauen am Thesmophorienfest*). Komödie des ARISTOPHANES (um 445–385 v.Chr.), 411 aufgeführt, vermutlich am Lenäenfest. – Wer das ungefähr zur gleichen Zeit wie die *Lysistratē* entstandene Stück inszeniert hat und welchen Erfolg der Autor damit beim Komödienagon erzielen konnte, ist nicht überliefert. Unbekannt bleibt auch das Verhältnis der erhaltenen *Thesmophoriazusen* zu einem zweiten gleichnamigen Werk des Dichters, obwohl wir von diesem noch einige kleine fragmentarische Reste besitzen; aus einzelnen Übereinstimmungen im Personenbestand und in den Motiven sowie aus der Tatsache, daß das zweite Stück nicht (wie das erhaltene) am mittleren, sondern am letzten Tag des Thesmophorienfestes spielt, hat man geschlossen, es könne sich dabei um eine Fortsetzung der uns überlieferten Komödie gehandelt haben – was zumal in Anbetracht der unvermutet-plötzlichen positiven Wendung an deren Schluß einige Wahrscheinlichkeit für sich hätte.

Im Gegensatz zu der im selben Jahr auf die Bühne gekommenen *Lysistratē* ist in den *Thesmophoriazusen* so gut wie nichts von Politik zu spüren – ein erstaunliches Phänomen angesichts des damals schon ins zwanzigste Jahr gehenden entbehrungsreichen Krieges mit Sparta und angesichts der innenpolitischen Spannungen, die noch im gleichen Jahr zur Revolution der Oligarchen führten. Statt dessen bringt der Dichter eine heitere literarkritische Posse, kräftig gewürzt mit allerhand zotigen Derbheiten. Tragödienparodie und erotische Ausgelassenheit gehörten von Anfang an zu den wesensbestimmenden Ingredienzien der alten attischen Komödie, und so sehen wir denn Aristophanes auch bereits in seinem ersten erhaltenen Stück, den *Acharnēs (Die Acharner)*, kräftig mit erheiternden EURIPIDES-Reminiszenzen operieren; auch daß er mit den sophistisch-aufklärerischen thematischen Neuerungen dieses Tragikers, besonders seinen am Rande der Psychopathischen angesiedelten Frauengestalten, den schändlichen Phaidren und Melanippen und Stheneboien (*Thesmophoriazusen*, V. 547; *Frösche*, V. 1043), nicht einverstanden war, kommt in den Komödien immer wieder zum Vorschein. Hier aber wird nun zum erstenmal der tragische Antipode des Komikers zur Zentralgestalt eines ganzen Stücks gemacht, und in kühn zupackendem Griff übernimmt Aristophanes gleich auch noch das thematische Zentralmotiv: die Rolle der Frau in dieser von einer reinen Männergesellschaft geprägten und gelenkten Welt Athens (jenes sollte in den *Batrachoi – Die Frösche*, dieses in der *Lysistratē* und in den *Ekklēsiazusai – Die Weibervollversammlung* seine Fortsetzung finden).

Die Thesmophorien waren ein altes Fruchtbarkeitsfest der attischen Frauen zu Ehren der Erdgöttin Demeter und ihrer Tochter Persephone, ein Fest, an dem – unter Ausschluß der Männer, der Sklaven und der Jungfrauen – allerlei geheime kultische Zauberriten ausgeführt wurden. Zu Beginn des Stücks sehen wir Euripides zusammen mit seinem Schwager auf dem Weg zu dem Tragödiendichter Agathon (wir kennen ihn aus PLATONS *Symposion* ihm zu Ehren veranstaltetem Gelage): Euripides ist zu Ohren gekommen, daß die Frauen anläßlich ihres Festes ein großes Gericht über ihn abhalten wollen wegen der schmählichen Behandlung, die ihnen in den Euripideischen Dramen immer wieder zuteil wird: »*Verlüstert er uns nicht, sooft zusammen* / *Sich finden Chor, Schauspieler und Zuschauer?* / *Nennt läufig uns, mannstoll, eh'brecherisch,* / *Schwatzhaft, versoffen, falsch, wortbrüchig, treulos,* / *Verdorben durch und durch, die Pein der Männer?*« (V. 390–394, Ü: Seeger). Nur

Agathon kann da helfen: Er ist der einzige Athener, der zugleich weibisch und beredt genug ist, um ohne Gefahr sich in die Fest- und Gerichtsversammlung der Frauen einschleichen und dort für Euripides sprechen zu können. Allein der Poet hat soeben die Musen zu Gast und brütet über einem neuen Stück, zudem hat er offensichtlich Angst vor dem ihm zugemuteten kostümierten Auftritt. So bleibt nur eines: Der Schwager (die Scholien nennen ihn Mnesilochos) muß einspringen. Agathon ist bereit, ihn mit Teilen aus seiner reichhaltigen Toilette – Büstenhalter, safrangelbem Kleid, Stirnband, Nachthaube usw. – auszustaffieren, und nach einer entsprechenden kosmetischen Kur – oben wird er rasiert, unten abgesengt – kann Mnesilochos sich auf den Weg machen. Er kommt gerade recht zu der feierlichen Gerichtsversammlung, bei der zwei Vertreterinnen des schwachen Geschlechts in feurigen Anklagereden die Todesstrafe für Euripides fordern, weil er das schamlose Treiben der Frauen ans Licht der Öffentlichkeit zerre und alle Männer in Eifersucht und Mißtrauen versetze. Sofort erhebt sich Mnesilochos als nicht weniger wortgewandte »Verteidigerin« des Euripides; aber er macht nicht eben die beste Figur, denn das einzige, was ihm in der Not einfällt, ist das Argument, so schlimm sei das alles ja gar nicht: Der Tragiker habe doch noch nicht einmal den zehntausendsten Teil all der tollen Streiche ausgeplaudert, die die Frauen ihren Ehemännern schon gespielt hätten. Zum Beweis führt er gleich ein ganzes Cento Boccaccioscher Burleskerien vor – Kernstücke jonischen Novellengutes, wie es damals auch in Athen verbreitet gewesen sein dürfte und wie es später der Milesier ARISTEIDES in seinen *Milēsiaka* gesammelt hat. Das kommt den Frauen dann doch gar zu bunt vor, und da zudem ein Bote berichtet, daß sich ein Mann in den heiligen Zirkel eingeschlichen haben soll, wird Mnesilochos schließlich entlarvt. Zwar sucht er sich durch eine List zu retten: Er packt den Säugling der Haupttrednerin und flüchtet damit zum Altar, wie ähnlich Dikaiopolis mit dem Köhlerkorb in den *Archarnēs* (beides eine Parodie des Euripideischen *Telephos*). Aber es nützt ihm nichts: Obwohl sich der Säugling im Wickelkissen in Wirklichkeit als ein prall gefüllter Weinschlauch entpuppt, muß Mnesilochos unter Bewachung am Altar verharren, bis die Frauen die Staatsbehörde im Prytaneion (Rathaus) von der Freveltat in Kenntnis gesetzt haben. In seiner Not nimmt er die heiligen Tafeln, schreibt einen Hilferuf darauf und wirft sie aus – wie es der Titelheld des Euripideischen *Palamēdēs* (415 v.Chr.) mit den Ruderblättern getan hat.
Nach der wie üblich *a parte* ans Publikum gerichteten Parabase (V. 785–845), einem Lobpreis auf die Frauen im Gewand eines spöttisch-scheltenden Vergleichs der beiden Geschlechter, folgt wie so oft eine Episodenreihe, die diesmal allerdings streng auf die Handlung bezogen ist: Euripides hat den Hilferuf seines Anwalts vernommen und versucht, ihn auf listige Weise – er ist ja der Dichter der Intrigendramen – zu befreien, was wiederum Gelegenheit zu köstlich-grotesker Parodie gibt: Euripides tritt als Menelaos auf, um seine »Helena« heimzuholen, aber im Gegensatz zu der (ein Jahr zuvor aufgeführten) *Helenē* mißlingt der Plan, und Mnesilochos wird statt dessen der Aufsicht eines skythischen Polizeischergen unterstellt; auch der zweite Versuch schlägt fehl – diesmal wird als Stück im Stück die ebenfalls im Vorjahr aufgeführte *Andromeda* mit Euripides in einer Doppelrolle als Perseus und Echo »wiederholt«. Erst beim dritten Anlauf stellt sich der Erfolg ein: Euripides schließt mit den erbosten Frauen Frieden, indem er ihnen für die Zukunft sein Wohlverhalten zusichert, und überlistet dann schließlich mit ihrem Einverständnis den plumpen und radebrechenden Skythen mittels eines lockeren und leckeren Tanzmädchens.
In der antiken und neueren Nachwelt haben die *Thesmophoriazusen* wenig Widerhall gefunden, was wohl nicht zuletzt auf ihre Zeitbedingtheit zurückzuführen sein dürfte, d. h. auf den engen Bezug zu den parodierten Euripideischen Stücken, der seine Wirkung im Grunde nur solange entfalten konnte, solange diese noch in aller Ohr klangen. Doch auch wie das athenische Publikum dies in seiner motivischen und kompositorischen Konzentration sehr stringente Stück goutiert hat, wissen wir nicht. Daß die zugleich subtile und ausgelassene Verspottung zahlreicher berühmter Euripidesszenen, zumal der beiden Tragödien von 412, die literarischen Feinschmecker unter den Athenern entzückt hat, dürfte sicher sein, auch wenn uns heute vermutlich viele Anspielungen entgehen. Fast könnte man geneigt sein anzunehmen, der Dichter habe aus Gründen poetischer Gerechtigkeit – um den illiteraten Teil der Zuschauer zu versöhnen – dies auf der anderen Seite durch eine besonders starke Prise fröhlichen Klamauks wettmachen wollen: so durch das auch heute geistreiche, aber doch zu allen Zeiten publikumswirksame ulkige Sprachgestammel des skythischen »Gastarbeiters« oder durch die deftig-eindeutigen Grobheiten des Possenreißers Mnesilochos gegenüber Agathon. Auffallend ist, daß Aristophanes in diesem Zusammenhang bewußt vermied, Euripides, wie es nahegelegen hätte, persönlich zu verunglimpfen: Das zeugt von einem Respekt vor dem großen Kollegen, wie er ihn beispielsweise gegenüber Agathon keineswegs an den Tag legt.

E. Sch.

AUSGABEN: Venedig 1516 (in *Thesmophoriazusai. Lysistratē*, Hg. B. Iunta). – Leiden 1904 (*Thesmophoriazusae*, Hg. J. van Leeuwen; m. Komm.). – Oxford ²1907 (in *Comoediae*, Hg. F. W. Hall u. W. M. Geldart, Bd. 2; Nachdr. zul. 1967). – Ldn./Cambridge (Mass.) 1924 (in *Aristophanes*, Hg. B. B. Rogers, Bd. 3; m. engl. Übers.; Loeb; mehrere Nachdr.). – Mailand 1956 (in *Le commedie*, Hg. R. Cantarella, Bd. 4; m. ital. Übers.). – Paris ⁶1967 (in *Aristophane*, Hg. V. Coulon, Bd. 4; m. frz. Übers. v. H. van Daele).

ÜBERSETZUNGEN: *Thesmoforiazusen*, J. H. Voß (in *Aristofanes*, Bd. 3, Braunschweig 1821). – *Die Weiber am Thesmophorenfest*, L. Seeger (in *Sämtl. Komödien*, m. Einl. O. Weinreich, Bd. 2, Zürich 1953). – Dass., ders. (in *Komödien*, Bd. 3, Mchn. o. J.; GGT, 949). – *Die Thesmophoriazusen*, J. G. Droysen (in *Komödien*, Hg. E. R. Lehmann, Wiesbaden/Bln. o. J. [ca. 1960]).

LITERATUR: J. Friedrich, *Das Attische im Munde von Ausländern bei A.* (in Phil, 75, 1918, S. 274 bis 303). – J. Schmidt, *Aristophanes und Euripides. Ein Beitrag zur Frage der Tendenz des Aristophanes*, Diss. Greifswald 1940. – Schmid-Stählin, 1/4, S. 204–206; 306–317. – W. Mitsdörffer, *Das Mnesilochoslied in Aristophanes' »Thesmophoriazusen«* (in Phil, 98, 1954, S. 59–93). – K. Deichgräber, *Parabasenverse aus »Thesmophoriazusen II« bei Galen* (SPAW, 1956/2). – P. Händel, *Formen und Darstellungsweisen in der aristophanischen Komödie*, Heidelberg 1963, bes. S. 277–288. – C. H. Whitman, *Aristophanes and the Comic Hero*, Cambridge (Mass.) 1964, S. 216–227. – J. A. Haldane, *A Scene in the »Thesmophoriazusae«* (in Phil, 109, 1965, S. 39–46). – M. Okál, *L'attitude d'Aristophane envers Euripide* (in Sborník Prací Filosofické Fak. Brneneské Univ. Rada archeol. klas. Brno, 14, 1965, S. 71–91). – R. Cantarella, *Agatone e il prologo delle »Tesmoforiazuse«* (in *Komödotragēmata. Studia Aristophanea*, Fs. f. W. J. W. Koster, Hg. R. E. H. Westendorp Boerma, Amsterdam 1967, S. 7–15). – P. Rau, *Paratragodia. Untersuchungen einer komischen Form des Aristophanes*, Mchn. 1967 [Diss. Kiel 1966] (m. Bibliogr.; Zetemata, 45).

ANONYM

DISSOI LOGOI (griech.; *Zweierlei Reden*). Sophistischer »Traktat«, entstanden um 400 v. Chr.; in den Handschriften des SEXTUS EMPIRICUS überliefert; gegen Ende verstümmelt. – Das Werk legt ein lebendiges Zeugnis ab von der Form, in der sich der sogenannte ältere Sophismus (GORGIAS, PROTAGORAS, HIPPIAS und PRODIKOS) um die Wende vom 5. zum 4. Jh. v. Chr. darbot; besonders erwähnenswert ist, daß sich auch echt sokratische Anliegen in das Werk eingeschlichen haben.
Das in einem nicht genau lokalisierbaren dorischen Dialekt konzipierte Stück besteht aus neun kurzen Einzelabhandlungen und sieht wie die – literarisch anspruchslose – Vorlesungsnachschrift eines Sophistenschülers aus. Die ersten fünf Abschnitte sind nach charakteristischem Schema (vgl. Gorgias, Frgm. B 3) gebaute dialektische Argumentationsreihen, die das Ziel haben, zwei einander ausschließende antithetische Behauptungen jeweils als wahr zu beweisen. Der stereotype Anfang der ersten vier Szenen gab den Titel des Ganzen ab, unter dem man heute zu zitieren pflegt (anstelle der willkürlichen Benennung des Henricus STEPHANUS *Dialexeis*): »*Zweierlei Reden werden in Griechenland von den Philosophierenden vorgebracht: die einen nämlich sagen, das Gute sei etwas anderes als das Schlechte, die anderen aber, es sei dasselbe, und für die einen sei es gut, für die anderen aber schlecht, und für einen und denselben Menschen bald gut, bald schlecht.*« (Ü: Praechter) Die Themen dieses mit naiver Freude am Spiel des Intellekts, unter Ausnutzung aller möglichen Trug- und Fangschlüsse vorgetragenen Antithesengeklingels sind zum Teil als Überschriften (wohl vom Autor selbst) angegeben: *Über Gut und Schlecht* (1), *Über Schön und Häßlich* (2), *Über Gerecht und Ungerecht* (3), *Über Wahrheit und Lüge* (4); Nr. 5 handelt in paralleler Fortsetzung *Über Vernunft und Wahnsinn*. Von 6 an (*Über Weisheit und Tüchtigkeit, ob sie lehrbar*) weicht der argumentierende Tenor allmählich anderen, allgemein rhetorisch-sophistischen Motiven, wie sie die philosophische Diskussion der Zeit bewegen: so polemisiert der Verfasser in 7 gegen den attischen Usus der Beamtenerlosung, rühmt in 8, nach hippianischer Manier, die globalen Fähigkeiten des echten Sophisten und preist endlich in 9, wiederum nach Hippias, den Wert der Mnemotechnik.
Streckenweise mutet der Text wie eine Illustration zu dem Satz des Protagoras an, über jede Sache gebe es zwei einander entgegengesetzte Aussagen (Frgm. B 6a). Immer wieder tauchen auch Reminiszenzen an dessen berühmtes Buch *Antilogiai* (*Gegenreden*) auf. So wahrscheinlich freilich diese Vermutungen klingen, so sicher die Anlehnungen sein mögen, die mangelhafte Überlieferung der betreffenden Texte mahnt zur Vorsicht: »*Aus Form und Inhalt dieses dürftigen Erzeugnisses sich eine Vorstellung von Protagoras' ›Antilogiai‹ machen zu wollen, davor muß gewarnt werden. Dieser Absud aus Gedanken verschiedener älterer Sophisten, gewürzt mit empirischem Material aus der älteren Ethnographie, mag die Verdünnung und Vergröberung der Sophistik darstellen, wie sie etwa in Provinzialschulen gereicht wurde. Trotzdem ist uns, bei der Zerstörung der altsophistischen Literatur, auch dieses Büchlein lehrreich.*« (Schmid-Stählin)

E. Sch.

AUSGABEN: Paris 1570 (in *Diogenis Laertii de vitis, dogmatis et apophthegmatis eorum qui in philosophia claruerunt libri X. Pythag. Philosophorum fragmenta*, Hg. H. Stephanus). – Florenz 1954 (in *Sofisti, testimonianze e frammenti*, Hg. M. Untersteiner, Bd. 3; m. ital. Übers.). – Bln. [10]1960 (in *Die Fragmente der Vorsokratiker*, Hg. H. Diels u. W. Kranz, Bd. 2, S. 405–416).

LITERATUR: Überweg, 1, S. 125f. – W. Kranz, *Die sogenannten »Dissoi logoi«* (in Herm, 72, 1937, S. 223–232). – Schmid-Stählin, 1/3, S. 204ff.

ANTIMACHOS aus Kolophon
(5. Jh. v. Chr.)

LYDĒ (griech.; *Lyde*). Hauptwerk des ANTIMACHOS aus Kolophon (Höhepunkt um 400 v. Chr.). – Das Buch des kleinasiatischen Philologen-Dichters war in der Antike teils hochbeliebt, teils bitter verachtet. Ein Epigramm des ASKLEPIADES preist den großangelegten Elegienzyklus als »*das gemeinsame Werk der Musen und des Antimachos*« (*Anthologia Palatina* 9, 63), und POSEIDIPP stellt ihn auf eine Stufe mit der *Nannō* des MIMNERMOS (*Anthologia Palatina* 12, 168), deren Genre und Form Antimachos wiederbeleben und erneuern will. KALLIMACHOS dagegen schilt die *Lydē* im Prolog seiner *Aitia* ein »*Riesenweib*«, anderwärts ein »*fettes, unfeines Machwerk*« und scheut sich nicht vor Parallelen zu »*Kranichgeschrei*« und »*Eselsgebrüll*«. Dem Stilideal gelockerter Variation und pointierter Kürze entsprach der Aufbau der *Lydē* – die wir leider fast nur aus fragmentarischen Kritiken und Imitationen, wie der *Leontion* des HERMESIANAX oder den *Erōtes* des PHANOKLES, rekonstruieren können – in der Tat nicht; über mehrere Bücher hin entfaltete der Dichter eine schier endlos lange Reihe mythologischer Parallelen und Präzedenzien, um sich so über den Tod seiner Geliebten »*hinwegzutrösten*«.
Obgleich die indirekte Verherrlichung der Geliebten dem Werk eine gewissen kompositorischen Zusammenhalt verlieh, konnte Antimachos offenbar auch hier, in seiner *Thēbais*, der Gefahr eines trockenen Katalogstils archaischer Schule nicht entgehen. Doch trotz ihrer reaktionär-restaurativen Tendenzen ist die *Lydē* von eminenter literarhistorischer Bedeutung; sie markiert den Übergang von der altgriechischen Elegie eines ARCHILOCHOS, Mimnermos, TYRTAIOS zu den Formen, aus denen sich die Gattung der römischen Liebeselegie entwickelt hat. Ob die Trauersituation persönliches Erleben des Autors war, ist dabei von sekundärer

Bedeutung; sie kann ohne weiteres ein fiktiver Rahmen sein, in dem Antimachos seine profunde Kenntnis entlegener und intimer Mythologeme zur Geltung bringt. Wichtiger erscheint, daß hier zum ersten Mal – wenn auch wohl nur in gebrochener Spiegelung – die Person einer geliebten Frau zur Zentralfigur eines ganzen elegischen Poems wird: insofern sind die Lesbia des CATULL, die Delia und Nemesis des TIBULL, PROPERZENS Cynthia und OVIDS Corinna die geistigen Enkelinnen der griechischen Lyde. Entscheidend aber ist vor allem, daß diese Frau um ihrer selbst willen dargestellt wird, daß das mythologische Paradigma (der lieblose Katalog markiert die Säkularisierung) zur bloßen Illustration herabsinkt: Religion und Vergangenheit, ehemals verbindliche »Modellfälle«, sind zur erbaulichen literarischen Parallelsituation geworden. Hier zeitigt die sophistische Aufklärung ihre ersten poetischen Früchte, und man erkennt, wenngleich im Thema die Folie der frühgriechischen Weltgeborgenheit noch sichtbar bleibt, bereits den Ansatz zu jener »reinen Subjektivität«, die, über die hellenistische Poesie hinweg, in der Liebesdichtung der Römer Gestalt gewinnen sollte.

E. Sch.

AUSGABEN: Halle 1786 (in *Reliquiae*, Hg. C. A. G. Schellenberg; Ldn. ²1838, Hg. I. A. Giles). – Bln. 1936 (in *Reliquiae*, Hg. B. Wyss). – Lpzg. ³1949 (in *Anthologia lyrica Graeca*, Bd. 1/1, Hg. E. Diehl).

LITERATUR: J. Trüb, *Kataloge in der griechischen Dichtung*, Oberwinterthur 1952, S. 74–78 [zugl. Diss. Zürich]. – M. Puelma, *Die Vorbilder der Elegiendichtung in Alexandrien und Rom* (in MH, 11, 1954, S. 101–116). – Ders., *Kallimachos-Interpretationen. I. Philetas u. A. im Aitienprolog* (in Phil, 101, 1957, S. 90–100). – Lesky, S. 686/687.

THĒBAIS (griech.; *Thebais*). Epos des ANTIMACHOS aus Kolophon (Höhepunkt um 440 v. Chr.). – Das Thema des heute verlorenen Werks entstammte dem thebanischen Mythenkreis, der schon im *Epikos kyklos (Epischer Zyklus)* eine zentrale Rolle spielte. Die *Thēbais* schilderte den – beispielsweise von AISCHYLOS in seinen *Hepta epi Thēbas (Sieben gegen Theben)* – behandelten Zug der »Sieben gegen Theben«. Die Fragmente veranschaulichen noch exemplarisch die literarische Eigenart des Antimachos, der sich in Stil und Ausdruck mit der *Ilias* HOMERS zu messen sucht: Mehr Antiquar aus dem Geist des sophistischen Pragmatismus als ursprünglich genialer Dichter, zeigt er die für ein kleinmeisterliches Ziselieren typische Vorliebe am Detail sowie eine ausgesprochene Neigung zur preziösen Miniatur. Von der einem großen Kunstwerk eigenen Ausgewogenheit der Komposition war in der *Thēbais*, wie es scheint, nichts zu spüren: Der Autor brauchte nicht weniger als 23 Gesänge, um die dem Hauptereignis – der Schlacht um die Stadt (24. Buch) – vorangehenden Fakten zu berichten und die Helden vor Theben ankommen zu lassen. Daß solche der alten Katalogdichtung – man denkt an HESIOD – verpflichteten Epen, die sich in ermüdenden Wiederholungen erschöpfen und, den Ambinationen des Verfassers entsprechend, weithin den Eindruck einer metrischen Glossensammlung machen mußten, nicht das Gefallen des auf spielerisch-unterhaltsame Eleganz bedachten KALLIMACHOS erregen konnten, ist nur zu verständlich. Dennoch fand das Werk im hellenistisch-römischen Sprachraum großen Anklang, und Kaiser HADRIAN (reg. 117–138), der die *Thēbais* zum Vorbild eigener poetischer Versuche nahm, stellte den Antimachos sogar über Homer. E. Sch.

AUSGABEN: Halle 1786 (in *Reliquiae*, Hg. C. A. G. Schellenberg; Ldn. ²1838, Hg. I. A. Giles). – Bln. 1936 (in *Reliquiae*, Hg. B. Wyss).

LITERATUR: E. Bethe, *Thebanische Heldenlieder. Untersuchungen über die Epen des thebanisch-argivischen Sagenkreises*, Lpzg. 1891. – W. v. Christ-W. Schmid, *Gesch. d griech. Lit.*, Bd. 1, Mchn. ⁶1912, S. 138f. – U. v. Wilamowitz-Moellendorff, *Hellenistische Dichtung in der Zeit des Kallimachos*, Bln. 1924, Bd. 1, S. 101–103. – Lesky, S. 685f.

LYSIAS
(um 445–380 v. Chr.)

HYPER TU ERATOSTHENUS PHONU APOLOGIA (griech.; *Verteidigungsrede für den Mord an Eratosthenes*). Verteidigungsrede des LYSIAS (um 445–380 v. Chr.); zu einem nicht näher bestimmbaren Zeitpunkt für einen gewissen Euphiletos geschrieben. – Der Angeklagte war offenbar ein recht einfacher und einfältiger Mensch, der als betrogener Ehemann seinen Rivalen auf frischer Tat ertappt und getötet hatte. Dies war zwar nach attischem Recht durchaus in Ordnung – wenngleich nicht die Regel –, allein die Verwandten sprachen davon, der Mann sei hinterhältig ins Haus gelockt und umgebracht worden, obwohl er sich zum Herd geflüchtet habe. Der Beschuldigte weiß sich jedoch im Recht und berichtet, sehr ausführlich und eindrucksvoll, mit viel direkter Rede und Dialogen (für Lysias ein Mittel pointierter Charakteristik), die ganze Geschichte seiner Ehe bis zu dem Mordtag.

Nach seiner Heirat hatte er zunächst seine Frau sehr streng gehalten; nach der Geburt ihres Söhnchens schenkte er ihr, als einer sparsamen und tüchtigen Hausfrau, etwas mehr Vertrauen. Bei dem Leichenbegängnis für seine Mutter erblickte jedoch der stadtbekannte Ehebrecher Eratosthenes die junge Frau und ruhte nicht, bis er über ihre Sklavin bei ihr Eingang gefunden hatte. Euphiletos merkte nichts. Inzwischen freilich, erklärt er dem Gericht, sind ihm manche seltsamen Dinge klar geworden: zum Beispiel, warum seine Frau sich zurechtputzte und schminkte, obgleich seit dem Tod ihres Bruders noch keine dreißig Tage verstrichen waren; und daß er selbst keineswegs deshalb in einem muffigen Mägdezimmer des Oberstocks schlafen mußte, damit die Sklavin nicht die wacklige Treppe herunterfalle, wenn sie der Mutter nachts das Kind zum Stillen bringe; und daß ihn nicht deswegen, weil beim Nachbarn Feuer für das ausgegangene Lämpchen zu holen war, Türklappern und Schloßknarren aus dem Schlaf rissen; und daß der Scherz seiner Frau, ihn oben eine Nacht lang einzuschließen, ganz andere Hintergründe als vorgegeben, hatte – ihre Antwort auf seinen Protest war von besonders diabolischem Sarkasmus: »*Damit du dich an die kleine Sklavin heranmachen kannst, die du auch früher schon im Rausch herum-*

gezerrt hast!« Erst als die vorige Geliebte des Lüstlings ihn, um sich zu rächen, durch ihre Magd aufklärte, wurden ihm die Augen geöffnet. Massive Drohungen brachten die Sklavin seiner Frau zum Sprechen, und als am nächsten Abend der Eindringling wieder erschien, drang Euphiletos mit einigen Freunden – Helfern und Zeugen – in das Frauengemach ein, wo sich ihnen der erwartete Anblick bot. Euphiletos schlug dem nackten Missetäter eins aufs Haupt, daß er zusammenbrach, und fesselte ihn. Dem um sein Leben winselnden Eindringling, der die Sache mit Geld abzumachen versprach, antwortete er: »*Nicht ich werde dich töten, sondern das Gesetz der Stadt, das du übertrittst und für geringer achtetest als deine Lüste, du, der du es für mehr wert hieltest, diesen Frevel gegen meine Frau und meine Kinder zu begehen, als den Gesetzen zu gehorchen und ein anständiger Mensch zu sein.*« »*So, ihr Männer, erfuhr jener das Geschick, das die Gesetze für Übeltäter dieser Art vorsehen.*«
Lysias, der das erotische Milieu nach dem Zeugnis der Alten auch in poetisch-fiktiven Briefen behandelte, hat seine »Erzählung« eines Alltagsereignisses aus dem Athen um 400 bis in die letzten Feinheiten der Sache und des Stils durchdacht und den Erfordernissen des Prozesses dienstbar gemacht. Im Anschluß an den Bericht (6–20) dienen die Grundzüge der Geschichte – die Ahnungslosigkeit des Betrogenen, seine Überraschung, das spontane Handeln am entscheidenden Abend – der Widerlegung des gegnerischen Arguments; der effektvoll indirekte Schluß der Erzählung stimmt die 51 Richter des Delphinions auf die anschließende Vorlesung der fraglichen Gesetze und das Auftreten der Zeugen ein, die mit ihrer Aussage die Wahrheit der Erzählung und die Anwendbarkeit des Gesetzes bekunden werden. So wird dem Hohen Haus – solange man nicht neue Gesetze macht, die das Bewachen der Ehefrauen unter Strafe stellen – gar nichts anderes übrig bleiben, als Euphiletos freizusprechen (»*Andernfalls werden künftig auch ertappte Diebe behaupten, sie seien Ehebrecher«*): denn er, Euphiletos, hat Leben und Eigentum riskiert, indem er den Gesetzen der Stadt gehorchte. E. Sch.

AUSGABEN: Venedig 1513 (in Bd. 1 der Rednerausg. des A. Manutius). – Oxford 1912 (in *Orationes*, Hg. C. Hude; Nachdr. zul. 1960). – Lpzg. ²1913 (in *Orationes*, Hg. T. Thalheim). – Florenz 1932 (*Per l'uccisione di Eratostene*, Hg. A. Ronconi; m. Komm.). – Paris ³1955 (in *Discours*, Hg. L. Gernet u. M. Bizos, Bd. 1; m. frz. Übers.; Nachdr. ohne Übers. Paris 1964). – Mailand 1957 (*Per l'uccisione di Eratostene*, Hg. R. Randazzo). – Ldn./Cambridge (Mass.) ²1957 (in *L.*, Hg. W. R. M. Lamb; m. engl. Übers.; Loeb).

ÜBERSETZUNGEN: in *Die Reden*, A. Falk, Breslau 1843. – *Rede wegen Ermordung des Eratosthenes*, F. Baur (in *Die erhaltenen Reden*, Bd. 1, Stg. ²1867).

LITERATUR: F. Blass, *Die attische Beredsamkeit*, Bd. 1, Lpzg. ²1887, S. 571–577; Nachdr. Hildesheim 1962. – I. Bruns, *Das literarische Porträt der Griechen*, Bln. 1896, S. 447/448. – P. Groeneboom, *L.' erste Rede »Hyper tu Eratosthenus phonu«*, Groningen 1924. – U. E. Paoli, *Die Geschichte der Neaira*, Bern 1953, S. 28–38.

HYPER TU ADYNATU (griech.; *Für den Krüppel*). Nicht genau überlieferter Titel einer Rede des LYSIAS (um 445–380 v. Chr.). – So geringfügig der Anlaß dieses Werkes, so inferior erscheint der Sprecher: und beide Aspekte haben schon manchen dazu verführt, die Rede dem Lysias vorschnell als unter seiner Würde abzusprechen. Fall und Betroffener werden in den Worten unmittelbar vor uns lebendig. Ein Invalider hat sich – bei der alljährlichen Kontrolle – aufgrund einer Denunziation vor der Behörde wegen seiner Rente (einem Obolos täglich) zu verantworten, deren er, nach den Angaben des Klägers, aus mehreren Ursachen unwürdig sei: weil er nicht so behindert sei, wie er vorgebe, weil er ein einträgliches Handwerk betreibe, also nicht *adynatos*, »unvermögend« in doppeltem Sinn, sei und weil er überhaupt einen suspekten und unsoliden Lebenswandel führe. Gegen die Anwürfe verteidigt sich der Attackierte in der vorliegenden Rede, und zwar auf eine Weise, in der das Geschick des Lysias, sich vollkommen in die sprechende Person hineinzuversetzen, nicht nur die Sprachphären ihres Milieus zu treffen, sondern sie höchst individuell durch ihren Stil zu charakterisieren (man glaubt diesen Alten, struppig-bärtig, launig-skurril, förmlich vor sich zu sehen), einen beinahe burlesken Triumph feiert.
Schon der Beginn wirkt als Paukenschlag: »*Es fehlt nicht viel, Hoher Rat, und ich bin meinem Ankläger dankbar dafür, daß er mir diesen Streit angehängt hat. Früher nämlich hatte ich keinen Vorwand, der mir ermöglicht hätte, über mein Leben Rechenschaft zu geben, jetzt hab ich ihn, seinetwegen.*« »Rechenschaft« ist ein großes Wort – die höchsten Beamten, Archonten und Finanzverwalter, hatten sich am Ende ihrer Tätigkeit für ihre Amtsführung zu verantworten –, und gar »*Rechenschaft über mein Leben*« – das verspricht philosophisch-erhebende Hintergründe, ähnlich denen in PLATONS *Apologie des Sokrates* (deren Anlaß ungefähr in die gleiche Zeit fällt, in der die Krüppelrede geschrieben und gehalten wurde). Doch die Einleitung ist noch nicht am Ende: »*Und ich werde versuchen, in meiner Rede zu zeigen, daß dieser ein Lügner ist, ich aber bis zu diesem Tag durch meinen Lebenswandel eher Lob verdient habe als – Neid. Denn wegen nichts anderem bringt mich der da, scheint mir, in diese Gefahr als aus Neid.*« Hier hat man das zweite Stilelement: Schlagfertigkeit, verbunden mit einer fast durchtriebenen Art der Übertreibung und mit kauzig-paradoxen Überraschungseffekten, die als Seitenhiebe auf die nichtswürdige Existenz des Denunzianten das Ganze durchziehen. »*Und doch, wer denen mißgünstig gesinnt ist, die von anderen bemitleidet werden, welcher Schlechtigkeit wird sich der wohl, glaubt ihr, enthalten? ... Er handelt also, Hoher Rat, offenbar nur aus Neid, weil ich, trotz meines Mißgeschicks, ein besserer Bürger bin als er. Und ich glaube ja, Hoher Rat*« – das dritte Element: er versteigt sich zu scheinbar tiefsinnigen Reflexionen als anspruchsvollem Hinweis auf seine moralische Glaubwürdigkeit – »*man muß das Unglück des Körpers durch die seelische Haltung zu heilenden Ausgleich bringen, natürlich. Denn wenn meine Gesinnung meinem Mißgeschick entsprechen wird – und ich demgemäß mein übriges Leben verbringe – worin werde ich mich von dem da unterscheiden?*«

Damit sind die Hörer eingestimmt auf die eigentliche Verteidigung, die – wie stets bei Lysias – knapp und zielsicher, dabei, dem Wesen des Alten

111

entsprechend, kaustisch und kapriziös vorgetragen wird. Daß er völlig mittellos und von seiner Rente abhängig ist, daß sein Handwerk nichts abwirft – Kinder hat er noch (!) nicht, auch einen Gehilfen konnte er sich noch (!) nicht leisten –, dürfte der Kläger selbst am deutlichsten beweisen: Falls nämlich er, der Invalide, dazu ausgewählt würde, die Zurüstung eines Tragödienchores zu finanzieren – eine groteske Vorstellung –, und jenem einen Vermögenstausch anträge (wem unter den Vornehmen und Reichen Athens die Ehrenleistungen für den Staat zuviel waren, konnte nach dem Gesetz sein gesamtes Vermögen mit einem ärmeren Bürger tauschen, der dann an seiner Stelle die Leiturgie zu übernehmen hatte), zehnmal würde jener einen Chor ausrüsten, ehe er einmal tauschte. Und wenn sein Widerpart behaupte, er sei gar nicht so körperbehindert und so arm, weil er auf Pferde steigen und reiten könne: das Gegenteil ist der Fall – weil er nicht gehen kann, mietet er sich für die längeren Strecken ein Pferd. Besäße er einen billigen Maulesel, so wäre jener nie auf den Gedanken gekommen, ihn deswegen zu denunzieren; da könnte er ihn ebensogut anzeigen, weil er zwei Stöcke benütze statt einen wie andere Krüppel. Nicht weniger glaubhaft sei, was der Kläger über den Lebenswandel sagt, indem er ihn einen Spitzbuben, Rowdy, Wüstling nenne – gerade als ob der starke Ausdruck die Wahrheit verbürge, der gewöhnliche aber nicht. Und wenn jener als Beweis für seine, des Sprechers, Liederlichkeit die vielen Leute anführe, alles angeblich Taugenichtse, Prasser, Diebe, die immer in seiner Handwerksbude säßen und schwatzten – nun, wen von den schwatzfreudigen Athenern würde er damit nicht treffen? Kurz: der Rat soll nicht auf diesen Menschen hören, sondern ihm, dem Krüppel, der in Zeiten politischer Krise seine integre demokratische Gesinnung bewiesen habe wie nur ein guter Bürger, sein Silberstückchen belassen, wie es Recht ist und wie auch in den Jahren zuvor entschieden worden sei.

Wer wird daran zweifeln, daß der schlaue Invalide, der in solcher Weise seine äußerliche Unbeholfenheit vor dem hohen Gremium ebenso durch humorig-witzige Schlagfertigkeit wie durch würdevoll-gestelzten Ausdruck und halb beabsichtigte, halb unfreiwillige Komik zu kompensieren vermag, vor dem richterlichen Kollegium Recht behalten hat? Sollte Lysias, wie man im Altertum raunte, wirklich nur mit zwei seiner vielen Reden erfolglos geblieben sein: Dieses Kabinettstück der Charakterisierungskunst war bestimmt nicht unter den beiden.

E. Sch.

AUSGABEN: Venedig 1513 (in Bd. 1 d. Rednerausg. d. A. Manutius). – Oxford 1912 (in *Orationes*, Hg. C. Hude; Nachdr. zul. 1960). – Lpzg. ²1913 (in *Orationes*, Hg. T. Thalheim). – Paris ²1955 (in *Discours*, Hg. L. Gernet u. M. Bizos, Bd. 2; m. frz. Übers.; Nachdr. ohne Übers. Paris 1964). – Florenz 1956 (*Per l'invalido*, Hg. U. Albini; m. Komm.). – Ldn./Cambridge (Mass.) ²1957 (in *L.*, Hg. W. R. M. Lamb; m. engl. Übers.; Loeb).

ÜBERSETZUNGEN: in *Die Reden*, A. Falk, Breslau 1843. – *Rede gegen den Antrag auf Einziehung einer einem Gebrechlichen gewährten Unterstützung*, A. Westermann (in *Ausgewählte Reden*, Bd. 1, Stg. 1863 u. ö.). – *Vertheidigungsrede gegen einen Antrag auf Entziehung der einem Gebrechlichen bewilligten Geldunterstützung*, F. Baur (in *Die erhaltenen Reden*, Bd. 3, Stg. ²1868).

LITERATUR: F. Blass, *Die attische Beredsamkeit*, Bd. 1, Lpzg. ²1887, S. 633–640; Nachdr. Hildesheim 1962. – G. Wörpel, *De Lysiae oratione »Hyper tu adynatu« quaestiones*, Lpzg. 1891. – I. Bruns, *Das literarische Porträt der Griechen*, Bln. 1896, S. 461 bis 464. – K. Schoen, *Die Scheinargumente bei L.*, Paderborn 1918, S. 94–111. – U. Albini, *L'orazione lisiana per l'invalido* (in RhMus, 95, 1952, S. 328 bis 338).

KAT' ERATOSTHENUS (griech.; *Gegen Eratosthenes*). Rede des LYSIAS (um 445–380 v. Chr.), entstanden 403. – Die Rede ist neben der *Rede gegen Agoratos* das längste Werk, das der für seine konzise Prägnanz berühmte Lysias geschrieben hat, und wie jene ist auch sie im Grunde eine leidenschaftliche politische Anklagerede, in der vom Standpunkt des überzeugten Demokraten aus ein tyrannischer Oligarchenpolitiker des (politischen) Mordes bezichtigt wird. Beide Reden spielen auch in derselben Zeit: am Ende des Peloponnesischen Kriegs (431–404 v. Chr.), als unter den Fittichen des siegreichen Sparta in Athen fast ein Jahr lang (404/03) das Schreckensregiment der dreißig Tyrannen wütete. In einem entscheidenden Punkt allerdings unterscheidet sich die *Eratosthenes-Rede* von ihrem Gegenstück. Sie ist die einzige Rede des Lysias, die er – als Metöke war ihm für gewöhnlich selbständiges Auftreten vor Gericht vom Gesetz nicht gestattet – persönlich vorgetragen hat: Eratosthenes, einer der Dreißig, sollte (wohl im Zusammenhang mit dem Rechenschaftsbericht über seine Amtsführung) für die Tötung des Polemarchos, Lysias' Bruder, zur Verantwortung gezogen werden. Dieses Akzidens hat bewirkt, daß der Autor hier ein pathetisch-hinreißendes und affektgeladenes Plädoyer konzipieren konnte, das, wiederum als einziger seiner Reden, die leidenschaftliche Größe des DEMOSTHENES erreicht und das, im Hinblick auf die gesamte griechische Rhetorik, mit Recht das »*bedeutendste erhaltene Werk des Lysias*« (Lamb, Bizos u. a.) genannt wurde. Daß die *Rede gegen Eratosthenes* ihres Themas wegen eine unschätzbare Quelle für die Biographie des Autors wie für das politische Bild jenes Krisenjahres darstellt, erhöht noch ihren Wert.

Obgleich sich diese Gerichtsrede des Lysias im Aufbau der durch die Sache geforderten Form anschließt – Prooimion (1–3), Erzählung (4–22) mit Beweis (23–36), Widerlegung der mutmaßlichen Verteidigung des Angeklagten (37–80), Epilog (81–100) –, ist sie doch im Grunde nach einem anderen Gesetz komponiert: Erzählung, prophylaktische Widerlegung und Epilog stellen sich als drei parallele Teile dar, die eine immer mehr zum Thema der Tötung zur allgemeinen tyrannischen Grausamkeit der Dreißig hin gesteigerte Klimax ausmachen. Jeder Teil schließt mit der Mahnung an die Richter, die härteste Strafe walten zu lassen, am markantesten in jenem berühmten Schlußsatz der Rede: »*Ich werde aufhören anzuklagen. Ihr habt gehört, habt gesehen, habt gelitten; haltet fest: richtet!*« Diese Klimax spiegelt sich vor allem in der Stoffgruppierung. Lysias hebt an mit der Erzählung, wie einst Perikles seinen, des Lysias,

Vater Kephalos bewogen habe, nach Athen umzusiedeln, wie Vater und Söhne hier unter demokratischen Gesetzen als Demokraten gelebt hätten, die niemals mit dem Gericht in Konflikt gekommen seien. Dem friedlichen Leben setzten die Dreißig aus Habgier ein Ende. Sie eigneten sich das Vermögen und die Sklaven des Kephalos an und – das war des Eratosthenes Werk, wie dieser selbst dem Lysias in einem eingeschobenen Verhör eingesteht – vergifteten Polemarchos; Lysias, ebenfalls gefangengenommen, konnte nach Megara entfliehen. Die Strafe für den Mord, an dem Eratosthenes maßgeblich beteiligt war, steht fest; sein Geständnis, obwohl er – selbst einer der Tyrannen – sich auf Tyrannenbefehl berufen will, wird ihm als Milderungsgrund nichts nützen. Der zweite Gang, die Vorwegnahme der Verteidigung des Angeklagten, mischt in ähnlicher Weise Privates mit Politischem, wenn sie die »Verdienste« des Eratosthenes um den Staat unter die Lupe nimmt. Der lang ausgeführte, dabei nicht weniger stringente Epilog leitet noch weiter vom aktuellen Thema ab, weist die Fürsprecher des Angeklagten in die Schranken, die glauben, skrupellos für das Leben derer eintreten zu dürfen, die wenige Jahre zuvor nicht einmal ihren toten Gegnern die letzten Ehren zuteil werden lassen wollten; und er erinnert die Richter selbst an ihre Leiden während der Unterdrückung, ruft ihnen die zahllosen von der Partei des Angeklagten Ermordeten ins Gedächtnis, die, »*wie ich glaube, uns zuhören und wissen werden, welche Stimme ihr abgebt, in der Meinung, daß, wer von euch diese Leute freispricht, sie selbst zum Tode verurteilen werde, wer aber von diesen die gerechte Strafe nimmt, für sie selbst Rache genommen hat*«.

Eine Staatsrede im Gewand einer Privatanklage hat man dieses forensische Erstlingswerk des Lysias treffend genannt, und in der Gedankengang und Komposition deutlich spürbare überpersönliche Tenor blieb auch auf die sprachliche Gestalt nicht ohne Einfluß; überweigt in den privaten Erzählungen zu Beginn – wie überhaupt im ersten Teil – zunächst noch der schlichte Prosastil, so macht dieser, je mehr sich der Schwerpunkt in politisch-historische Dimensionen verschiebt, kunstvollen rhetorischen Perioden Raum. Das bürgerliche Ethos weitet sich zu staatsmännisch eiferndem Ernst; kontrastreiche Antithesen und Parallelen nehmen in selben Maße zu, wie der Blick der Richter vom Einzelfall zum Symptom, vom konkreten juristischen Anlaß zum grellen Zeitgemälde gelenkt wird. Indes hat eine solche Tendenz auch ihre Gefahren: Der Angeklagte wird unvermerkt zum Vertreter einer Gruppe gestempelt, für deren Taten er sich verantworten soll – eine juristisch anfechtbare und unfaire Volte, die sich zwar hier nicht auswirken kann, da Eratosthenes durch sein Geständnis ohnehin verloren ist, die aber in zweifelhafteren Fällen die Überzeugungskraft der Argumente bei aufmerksamen Richtern zu schmälern geeignet ist. In späteren Gerichtsreden des Lysias wird daher denn auch die rhetorische Brillanz stets gebändigt durch die mutmaßliche Redegewandtheit und die individuelle Eigenart des Sprechers, für den Lysias die Rede jeweils geschrieben hat.

E. Sch.

AUSGABEN: Venedig 1513 (in Bd. 1 der Rednerausg. des Aldus Manutius). – Oxford 1912 (in *Orationes*, Hg. C. Hude; Nachdr. zul. 1966). – Lpzg. ²1913 (in *Orationes*, Hg. Th. Thalheim). – Turin 1952 (*Contro Eratostene*, Hg. G. Campagna; m. Komm.). – Paris ³1955 (in *Discours*, Hg. L. Gernet u. M. Bizos, Bd. 1; m. frz. Übers.; Nachdr. ohne Übers. Paris 1964). – Florenz 1955 (in *I discorsi*, Hg. U. Albini; m. ital. Übers. u. Komm.). – Ldn./Cambridge (Mass.) ²1957 (in *Lysias*, Hg. W. R. M. Lamb; m. engl. Übers.; Loeb). – Syrakus 1958 (*Contra Eratostene*, Hg. V. Costa; m. Komm.).

ÜBERSETZUNGEN: *Reden gegen Eratosthenes und Agoratos wegen ihrer Theilnahme an den Verbrechen der dreyssig Tyrannen* ..., F. Jacobs (in Neues attisches Museum, 3/2, 1810, S. 1–102). – *Rede gegen Eratosthenes*, W. Binder (in *Ausgewählte Reden*, Stg. 1863 u. ö.). – Dass., F. Baur (in *Die erhaltenen Reden*, Bd. 2, Stg. ⁴1884). – Dass., C. Hermann (in *Ausgewählte Reden*, Lpzg. 1913; RUB, 5597).

LITERATUR: U. v. Wilamowitz-Moellendorff, *Aristoteles und Athen*, Bd. 2, Bln. 1893, S. 218–223. – F. Blass, *Die attische Beredsamkeit*, Bd. 1, Lpzg. ²1887, S. 540–551; Nachdr. Hildesheim 1962. – K. Schoen, *Die Scheinargumente bei L.*, Paderborn 1918 [zugl. Diss. Würzburg]. – F. Ferckel, *L. u. Athen*, Diss. Würzburg 1937, S. 35–48. – Lesky, S. 640/641.

ISOKRATES
(436–338 v.Chr.)

AREOPAGITIKOS (griech.; *Areopagrede*). Rede des Atheners ISOKRATES (436–338 v. Chr.), deren genaues Entstehungsdatum umstritten ist: wahrscheinlich gehört sie (wie W. JAEGER zeigt) als ernste Mahnung an das athenische Volk in die Zeit vor dem 2. Bundesgenossenkrieg (357–355), nicht, wie man zuvor allgemein glaubte, in die Jahre nach der Niederlage: die Situation nach dem Krieg zeichnet erst – unter ganz anderem Aspekt – die *Rede über den Frieden (Peri tēs eirēnēs)*.

Der *Areopagitikos* nimmt unter den Reden, die ihrem persönlich-unmittelbaren Thema der Isokrateischen Pädagogik gewidmet sind, eine gewisse Sonderstellung ein, indem sich der Autor in strikter Konsequenz auf ein innenpolitisches Thema konzentriert: die restaurative Erneuerung der für jene Tage charakteristischen Praxis extremer Demokratie aus dem Geist der alten Verfassung des Solon und des Kleisthenes. Dieser Gegensatz des unheilschwangeren Heute zum wohlgefügten Gestern bestimmt auch den Aufbau. Im Prooimion (1–18) stellt der Autor das überhebliche Vertrauen der Bürger auf ihre günstige politische Lage als einen Irrtum dar, der einzig deshalb in so großem Maß um sich greifen konnte, weil dem Staat die rechte Mitte, die »Seele«, d. h. eine gute Verfassung, mangelt. Im Hauptstück der Rede wird ausgeführt, wie diese wiederzugewinnende gute Verfassung aussah (20–27), wie sie sowohl das allgemeine als auch das Privatleben jedes einzelnen durchdrungen hat (28–35) – ein Segen, der in erster Linie der strengen Autorität des Areopags zu danken war (36–55). Der Gedanke, daß man solches sagen kann, ohne deshalb Antidemokrat und Oligarch zu

113

sein (56–70), weist zugleich mögliche verdächtigende Einwände zurück. Doch trotz des Lobs der Demokratie, zu dem sich Isokrates hierbei aus politischen Erwägungen gezwungen sieht, ist die Rückbesinnung unumgänglich (71–77): mit dieser Mahnung schließt der Mittelteil. Der Epilog (77–84) unterstreicht diese Paränese: in geraffter Form stellt er Vergangenheit und gegenwärtige Verhältnisse einander nochmals gegenüber.

Natürlich hat Isokrates diese nach klassischem Muster aufgebaute Ansprache so wenig wie seine anderen Reden vor der Volksversammlung gehalten: auch der *Areopagitikos* ist eine literarische Arbeit, eine politische Streitschrift, die sich als »Flugblatt« verbreiten sollte. Daß die Rede von profunder Einsicht zeugt und richtige Diagnosen stellt, hat man längst erkannt: das ist nicht seniles Lamentieren über den Verlust goldener Zeiten – wie es der erlauchte NIEBUHR darin sehen wollte –, das Alte steht vielmehr als Kontrast zur Gegenwart, um die es dem Autor einzig geht. Und letztlich soll in dem Ganzen – von der Warte des Kulturpatrioten aus – einmal mehr die Größe und Einzigartigkeit Athens beschworen werden. Von der Tagespolitik zeigt sich damit der *Areopagitikos* so weit entfernt wie von reaktionärer Geschichtshymnik: sein Ziel ist historische Kritik zum Zweck politischer Bildung und zur Erziehung des einzelnen. E. Sch.

AUSGABEN: Mailand 1493 (Gesamtausg. v. D. Chalkondylas). – Lpzg. ²1898 (in *Orationes*, Bd. 1, Hg. G. E. Benseler u. F. Blaß). – Bln. ⁶1908 (in *Ausgew. Reden:* »*Panegyrikos*« u. »*Areopagitikos*«; Erl. v. R. Rauchenstein). – Paris ²1950 (in *Discours*, Bd. 3, Hg. G. Mathieu). – Mailand 1956, Hg. C. Coppola.

ÜBERSETZUNGEN: *Areopagus*, J. M. Afsprung, Frkft./Lpzg. 1784. – *Areopagiticus*, A. H. Christian (in *Werke*, Bd. 3, Stg. ²1871). – *Areopagitikos*, W. Binder, Bln. ⁴1907.

LITERATUR: F. Blaß, *D. attische Beredsamkeit*, Bd. 2, Lpzg. ²1892, S. 305–308; Nachdr. Hildesheim 1962. – G. Mathieu, *Les idées politiques d'I.*, Paris 1925. – W. Jaeger, *The Date of I.'s »Areopagiticus« and the Athenian Opposition* (in Harvard Studies in Classical Philology, Suppl. 1, 1940, S. 409–450; ern. in W. J., *Scripta minora*, Bd. 2, Rom 1960). – Ders., *Paideia*, Bd. 3, Bln. 1947, S. 170ff. – M. Bock, *D. »Areopagitikos« d. I. in s. Verh. zu d. »Eumeniden« d. Aischylos* (Würzburger Jb., 4, 1949/50, S. 226–251).

EUAGORAS (griech.; *Euagoras*). Rede des ISOKRATES (436–338 v. Chr.). – Das Werk begründete eine neue und außerordentlich fruchtbare Gattung: das Enkomion auf große Zeitgenossen. Bislang waren solche Preisreden – die sich letztlich von der Kulthymnik herleiten und unmittelbar auf PINDAR fußen – stets den großen Gestalten der Vorzeit gewidmet gewesen, wie etwa des GORGIAS *Helena* oder des Isokrates eigene *Helena* und sein *Busiris* bezeugen. Von nun an jedoch wandte man sich, im »Windschatten« des überragenden Meisters, der Würdigung aktueller Persönlichkeiten zu, und schon bald erschöpfte sich die Gattung in purer Schmeichelei gegenüber den hellenistischen Fürsten, allen voran Philipp und Alexander. Einer der frühesten Nachfolger des *Euagoras* ist noch erhalten: etwa zehn Jahre später, um 360, entstand XENOPHONS Nachruf auf den Spartanerkönig *Agesilaos*.

Euagoras war König in Salamis auf Zypern gewesen (vermutlich seit 411), hatte sich – wie unser Elogium breit ausführt – jahrelang, von Athen unterstützt, mit den Persern herumgeschlagen und war – was Isokrates dezent verhüllt – um das Jahr 374 in einer undurchsichtigen Harems- und Palastintrige von einem Eunuchen ermordet worden. Gewidmet ist das Werk (wie auch das vorausgehende Sendschreiben *An Nikokles* und die ergänzende Etüde *Nikokles oder Die Kyprier*, eine fingierte Rede des Herrschers an sein Volk) dem Sohn und Thronfolger des Euagoras: einem Mann, der von seinem Vater zwar die Neigung zur Großartigkeit im privaten Leben, aber nicht dessen politisches Format als vorbildlicher Monarch geerbt hatte, wie wir aus anderen Quellen wissen. Freilich wollte Isokrates – wie dann auch Xenophon – anderes und mehr geben als nur einen Epitaphios. Er ergreift die Gelegenheit, am Beispiel des überragenden Einzelnen den Typus der exemplarischen Herrschaft zu demonstrieren, eine »*Gesetzgebung für die Monarchien*«, wie er *An Nikokles* (8) schreibt, d. h. einen »Fürstenspiegel« zu entwerfen. Er verbindet damit noch ein anderes Ziel: das Prooimion (1–11), dessen Gedanken der Epilog (73–81) in chiastischer Umkehrung wiederaufnimmt, spricht nicht nur davon, daß eine Lobrede die schönste Würdigung für einen Verstorbenen darstelle und keineswegs allein troianischen Kriegern gebühre, sondern benutzt erneut den Anlaß, eine Lanze für die Prosa zu brechen, die den Wettstreit mit der Poesie nicht zu scheuen brauche, ja die sehr wohl ihre Stelle einzunehmen vermöge: in diesem Sinne hatte sich der Redner schon im Sendschreiben *An Nikokles* (43) als Erbe eines HESIOD, THEOGNIS und PHOKYLIDES bekannt.

Daß der *Euagoras* es in der Tat an sprachlicher Kultur und Pracht mit jedem Poem aufnehmen kann, ist unbestritten; trotz der scheinbaren Selbstbescheidung am Ende (73) weiß der Autor auch hier »*immer, wie schön er spricht*« (Lesky). Die äußere Struktur ist, wohl proportioniert, behutsam auf allmähliche Steigerung berechnet (Vorfahren 12–20, Leben 21–40, Taten und Regierungsweise 41–72); der Vortrag ist glatt, elegant, mit breit schwingenden Satzperioden, die Sprache erlesen, bis ins Detail stilistisch gepflegt, in Rhythmus und Klangwirkung ebenso abgewogen wie – Genos und Absicht gemäß – in den hymnischen Epitheta und den bis in göttliche Sphären ausgreifenden Vergleichen poetisch überhöht. Genau im Zentrum des Werkes findet sich eine hinreißende Klimax aus Antithesen wahrhaft Gorgianischen Formats.

Es nimmt nicht wunder, daß der *Euagoras* als literarisches Kunstwerk überall wohlwollende, als politisches Dokument dagegen nicht selten sehr heftige Kritik erfahren hat. Doch steht hinter dem Werk gewiß nicht schamlose Liebedienerei, sondern weit eher die für das prähellenistische 4. Jh. symptomatische Sehnsucht nach historischen Vorbildern, an denen man sich in dürftiger Zeit ausrichten und aufrichten kann: Mumifizierung der Tradition und Glorifizierung überragender Persönlichkeiten gehen Hand in Hand. Wenn es dafür eines weiteren Beweises bedarf, so hat ihn Isokrates am Ende seines Lebens mit seinem *Philippos* und seinem *Panathēnaikos* geliefert. E. Sch.

AUSGABEN: Mailand 1493, Hg. Demetrios Chalkondylas. – Lpzg. 1906 (in *Opera omnia*, Hg. E. Drerup, Bd. 1). – Ldn./Cambridge (Mass.) 1945 (in *I.*, Hg. L. van Hook, Bd. 3; m. engl. Übers.; Loeb; Nachdr. 1954). – Paris ⁴1961 (in *Discours*, Hg. G. Mathieu u. É. Brémond, Bd. 2; m. frz. Übers.).

ÜBERSETZUNGEN: *Euagoras*, J. G. Heynig, Lpzg. 1798. – Dass., W. Lange (in *Sämtliche Reden und Briefe*, Bln. 1798). – Dass., A. H. Christian (in *Werke*, Bd. 1, Stg. 1832).

LITERATUR: F. Blaß, *Die attische Beredsamkeit*, Bd. 2, Lpzg. ²1892, S. 284–288. – K. Münscher, Art. *I.* (in RE, 9/2, 1916, Sp. 2191 ff.). – G. Schmitz-Kahlmann, *Das Beispiel der Geschichte im politischen Denken des I.*, Lpzg. 1939 (Phil, Suppl. 31/4). – W. Jaeger, *Paideia*, Bd. 3, Bln. 1947, S. 145–169.

PANATHĒNAÏKOS (griech.; *Panathenäische Festrede*). Das letzte Werk des ISOKRATES (436–338 v. Chr.); vor dem großen Panathenäenfest des Jahres 342 – daher der recht zufällige Titel – begonnen, infolge einer schweren Krankheit des Autors aber erst im Jahr 339 vollendet. – Der Essay ist das seltsamste und literarisch mit Abstand das schwächste, was im Laufe des langen Lebens dieses Autors aus seiner Feder geflossen ist. Dennoch erscheint es bewundernswert und von fast rührender Größe, wenn man sieht, wie der Siebenundneunzigjährige allenthalben mit seinem Thema ringt, wie ihm die Formen unter der Hand zerfließen, wie die Gedanken sich zu dehnen beginnen und beharrlich an schon einmal Gesagtem festhaken, wie die logischen und sachlichen Verknüpfungen sich zur Phraseologie verflüchtigen, wie ihm die Sätze – die berühmten, unnachahmlichen Isokrateischen Perioden – während des Schreibens zu zerfallen beginnen. So ist der *Panathēnaïkos* die einzige »Rede« des Autors (der fast alle seine Hauptwerke, *Peri eirēnēs* – *Über den Frieden*, *Areopagitikos* – *Areopagrede*, *Peri antidoseōs* – *Über den Vermögenstausch*, *Philippos* – *Philipp*, erst im achten Lebensjahrzehnt publizierte), in der sich, auf Schritt und Tritt spürbar, Spuren des Greisentums zeigen.
Am auffälligsten ist der Prozeß der Auflösung in der äußeren Struktur, der Disposition. Das Hauptstück des Traktats, nach einem zum übrigen beziehungslosen persönlichen Prooimion (1–34), zerfällt – im buchstäblichen Sinn – in drei Teile. Zunächst (35–107) geht es um die Leistungen der beiden größten griechischen Stadtstaaten, Athen und Sparta, für die panhellenische Einheit – eine stellenweise sehr heftige und gehässig-einseitige Synkrisis zum Lob Athens. Ein konstruierter Einwand leitet zum zweiten Teil (108–198) über, einem Preislied auf die athenische Verfassung (die Solonische Staatsform wird in die mythische Königszeit zurückverlegt), die als ein harmonischer Ausgleich der Grundtypen Monarchie, Aristokratie und Demokratie erscheint, sowie einer vergleichenden Abhandlung über die kriegerischen Erfolge der Athener und Lakedaimonier – natürlich wird wiederum die attische Metropole favorisiert. Und nun, nachdem das Thema von verschiedensten Seiten, mit mancherlei Wiederholungen und Doubletten, beleuchtet ist, das Allermerkwürdigste: ein völliger Umschwung – Isokrates berichtet in stilisierter Erzählung von dem Eindruck, den diese Rede auf seine Schüler machte, referiert die Diskussionen, die sich besonders an der scharfen Kritik gegenüber Sparta entzündeten und ihm den Gedanken nahelegten, das Opus zu vernichten, bis man schließlich gemeinsam den Entschluß faßte, das Werk samt seinem Kommentar, eben diesem »Sitzungsbericht«, zu edieren (199–265): Das führt einigermaßen glatt in den Epilog (266–272) über, in dem der Autor den chronologischen Werdegang der Rede darlegt.
Die Absicht der ganzen Schrift ist so rätselvoll wie der Zweck des dritten Teils im besonderen; was der Schüler (246) über die Darstellung des Verhältnisses von Athen und Sparta sagt – Isokrates rede so, daß dem oberflächlichen Leser alles leicht und verständlich erscheinen, während erst der tiefere Blick die Schwierigkeiten dahinter sehe, die Fülle historischer und gedanklicher Probleme im Gewand der Verstellung –, das muß für uns vom gesamten Traktat gelten. Freilich, der in Mystifikationen verborgene Sinn läßt sich doch erraten; das Enkomion auf Agamemnon im ersten und auf Theseus im zweiten Teil (74–87; 127–130) sind deutliche Hinweise auf den Makedonenkönig Philipp II., und hinter dem dritten Teil dürfte, ebenso änigmatisch verklausuliert, der Hinweis auf diesen Hinweis, an die Adresse des Königs gerichtet, zu suchen sein. Trifft eine solche Deutung zu, dann ist der *Panathēnaïkos*, allem gegenteiligen Anschein zum Trotz, doch nochmals ein politisches Werk – jedoch von drückender Resignation getragen: Das Unheil des Krieges mit Philipp hängt über der Stadt und ist nicht mehr aufzuhalten. Wenige Monate später wird das athenische Heer bei Chaironeia vernichtet werden und der greise Isokrates freiwillig den Tod wählen. Der Traum von Hellas unter dem politischen Patronat des Makedonen und der geistigen Führung Athens scheint für immer zerstört.
E. Sch.

AUSGABEN: Mailand 1493 (in der GA des Demetrios Chalkondylas). – Lpzg. ²1889 (in *Orationes*, Hg. G. E. Benseler u. F. Blass, Bd. 2). – Ldn./Cambridge (Mass.) 1929 (*Panathenaicus*, in *Isocrates*, Bd. 2, Hg. G. Norlin; m. engl. Übers.; Loeb; Nachdr. zul. 1962). – Athen 1957, Hg. K. Th. Arapopulos [m. Komm.]. – Paris 1962 (*Panathenaïque*, Hg. E. Brémond, in *Discours*, Bd. 4, Hg. G. Mathieu u. E. Brémond; m. frz. Übers.).

ÜBERSETZUNGEN: in *Sämmtliche Reden und Briefe*, W. Lange, Bln. 1798. – *Panathenaicus*, G. E. Benseler (in *Werke*, Bd. 4, Prenzlau 1831). – *Panathenaïkus*, A. H. Christian (in *Werke*, Bd. 5, Stg. 1835; ern. in *AS*, Stg. 1854). – *Panathenaikos*, Th. Flathe (in *AW*, Bd. 1, Stg. ²1864 u. ö.).

LITERATUR: F. Blass, *Die attische Beredsamkeit*, Bd. 2, Lpzg. ²1892, S. 319–326; Nachdr. Hildesheim 1962. – J. Kessler, *Isokrates und die panhellenische Idee*, Diss. Münster 1911, S. 65–72; Nachdr. Rom 1965. – K. Münscher, Art. *Isokrates (2)* (in RE, 9/2, 1916, Sp. 2217–2219). – F. Taeger, *Der Friede von 362/61*, Stg. 1930, S. 60 (Tübinger Beitr. zur Altertumswissenschaft, 11). – F. Zucker, *Isokrates' »Panathenaikos«*, Bln. 1954

(Berichte über die Verh. d. sächs. Ak. d. Wiss. zu Lpzg., phil.-hist. Kl., 101/7).

PANĒGYRIKOS (griech.; *Panegyrische Rede*). Politische Rede des ISOKRATES (436–338 v. Chr.). – Das Werk, nach den Worten von Friedrich BLASS das »*unübertroffene Meisterstück*« des attischen Rhetors, in der Antike als »*die schönste aller Reden*« bewundert, von ARISTOTELES gepriesen und in der *Rhetorik* oft zitiert, ein Werk, dem selbst der grimmige Rivale PLATON die Bewunderung nicht versagte, ist als Frucht ungemein langer und intensiver Bemühung (man spricht von zehn, ja fünfzehn Jahren der Ausarbeitung) zur Olympiade des Jahres 380 der Öffentlichkeit übergeben worden. Ob die Flugschrift in Olympia öffentlich vorgetragen wurde, ist zweifelhaft: wenn ja, dann nicht von ihrem seltsamerweise sehr publikumsscheuen Autor. Fest steht, daß sie in geradezu idealer Art die Pläne des Staatsmanns und Feldherrn Timotheos, eines Schülers des Isokrates, unterstützen half und als maßgebliches Manifest des Zweiten Attischen Seebundes (378 v. Chr.) angesehen wurde: Von da an galt Isokrates als »*der bedeutendste politische Publizist seiner Zeit*« (Münscher).

Das Thema, dem sich Isokrates unter dem Zwang der politischen Stunde zuwendet, ist literarisch kein Neuland, und daß der Autor in Gattung und Form, ja sogar in den Gedanken auf Vorgängern fußt, wird unbedenklich zugegeben: Der *Olympikos* des GORGIAS (408, vielleicht auch erst 392 entstanden) und der des LYSIAS (388) sowie eine ganze Reihe offizieller Epitaphien hatten sowohl das Motiv panhellenischer Einheit als auch den Preis Athens propagiert. Doch niemals zuvor war das Ziel – »*Krieg gegen die Barbaren und Eintracht zwischen uns selbst*« (3), beides unter athenischer Hegemonie – in solcher Klarheit, Folgerichtigkeit und Überzeugungskraft dargestellt worden.

In zwei Zügen entfaltet der Redner nach dem Prooimion (1–18) seine Vorstellungen. Der erste Teil, begründend und in epideiktischem Ton gehalten, handelt vom Verhältnis Athens zum übrigen Hellas, insbesondere zu Sparta. In einem hinreißenden Enkomion (19–99) wird Athen als die Geburtsstätte der hellenischen Kultur gepriesen, seinem Beispiel sind Agrikultur, Koloniengründung, ordentliche Verfassungen, Kunst und Literatur zu danken, und in ähnlicher Weise hat sich die Stadt seit Urzeiten bis hin zu den Perserkriegen als die militärische Vormacht Griechenlands erwiesen, der alle anderen Städte ihre Freiheit zu danken haben. Der Verherrlichung, die bis heute der klassische Preis der Verdienste Athens geblieben ist, folgt die Widerlegung der mancherlei Kritik an der Politik Athens und eine zum Teil recht heftige Abrechnung mit Sparta, das eindringlich zur Aussöhnung mit der Rivalin ermahnt wird (100–132). Denn der Feldzug gegen den gemeinsamen alten Feind ganz Griechenlands – der zweite, symbuleutische Teil der Schrift (132–174; 175–182 persönlicher Epilog) – ist nur möglich, wenn der Streit im Innern begraben wird: Noch nie war diese Forderung so dringlich wie jetzt, denn noch nie war die allgemeine Situation des persischen Reiches so günstig für einen erfolgversprechenden Krieg.

Daß Isokrates ein untrügliches Gespür für die Erfordernisse der politischen Aktualität besessen hat, darf man aus den Ereignissen ablesen, die 378 im neuen Seebund gipfelten. Daß der Traktat zugleich aber tagesbedingt und nur für den Augenblick, der seine Vorstellungen binnen kurzem veralten lassen kann, geschrieben ist, lehrt der Fortgang der griechischen Geschichte. Immerhin war Isokrates imstande – das zeugt für sein politisches Ingenium –, sich in wacher Reflexion mitzuverwandeln und den veränderten Situationen neue Antworten entgegenzustellen; und wie die Rede *Über den Frieden* und vor allem der *Philippos*, aber auch noch der *Panathēnaikos* kundtun, war er seinen Zeitgenossen dabei immer um einiges voraus, selbst wo seine Vorschläge in einseitigem Traditionsglauben wurzeln.

Diese auch im *Panēgyrikos* zentrale Verankerung der Gegenwart in einer glorifizierten Vergangenheit, durch die die Reden aus der Zeitgebundenheit in eine idealische Sphäre gehoben werden, ist eine der Ursachen für die jahrhundertelange, zu allen Zeiten erwiesene Bewunderung, die ihnen gezollt wird. Ein zweiter, noch ungleich wichtigerer Grund für das zu Recht überschwengliche Lob ist der sprachliche Rang dieser Rede. Die Abgewogenheit zwischen Absicht und Ausdruck, die bis ins letzte gefeilten und balancierten Sätze und Perioden, das gedanklich, rhythmisch und klanglich Schöne als die der Sache selbst wie dem ästhetischen Empfinden verbundene Mitte zwischen banausischer Nüchternheit und rhetorisch-autonomer, »gorgianischer« Brillanz – diese allgemeine artistische Bewußtheit und »handwerkliche« Kontrolle machen die lange Dauer der Ausarbeitung begreiflich. Rund vierzig Jahre nach der frühesten uns erhaltenen Schrift in attischem Dialekt hat die Sprache hier einen richtungweisenden und für das Griechentum wie für das europäische Erbe stets von neuem verpflichtenden Höhepunkt erreicht – durch strenge Beschränkung auf ihre genuinen Mittel und zugleich durch Aktivierung all ihrer Möglichkeiten ist die Prosa zur Vollendung gediehen und als Kunstwerk zur gleichberechtigten Schwester der Poesie geworden. *E. Sch.*

AUSGABEN: Mailand 1493 (in der GA des Demetrios Chalkondylas). – Lpzg. ²1898 (in *Orationes*, Hg. G. E. Benseler u. F. Blass, Bd. 1). – Wien 1903, Hg. J. Mesk [m. Komm.]. – Bln. ⁶1908 (in *Ausgewählte Reden*, Hg. R. Rauchenstein u. K. Münscher; m. Komm.). – Turin ²1922 (*Il panegirico*, Hg. G. Setti u. D. Bassi; m. Komm.; ern 1960). – Ldn./Cambridge (Mass.) 1928 (*Panegyricus*, in *Isocrates*, Bd. 1, Hg. G. Norlin; m. engl. Übers.; Loeb; Nachdr. 1954). – Bamberg 1956, Hg. M. Mühl [m. Komm.]. – Paris ⁵1967 (*Panégyrique*, in *Discours*, Bd. 2, Hg. G. Mathieu u. E. Brémond; m. frz. Übers.).

ÜBERSETZUNGEN: *Der Panegyrikos*, Ch. M. Wieland (in *Attisches Museum*, 1, 1795). – *Panegyricus*, G. E. Benseler (in *Werke*, Bd. 1, Prenzlau 1829). – *Panegyrikos*, Th. Flathe (in *AW*, Stg. ²1864 u. ö.). – *Panegyrikus*, A. H. Christian (in *Werke*, Bd. 2, Stg. ³1869). – Dass., O. Güthling, Lpzg. 1882 (RUB, 1666).

LITERATUR: F. Blass, *Die attische Beredsamkeit*, Bd. 2, Lpzg. ²1892, S. 250–265; Nachdr. Hildesheim 1962. – J. Kessler, *I. und die panhellenische Idee*, Diss. Münster 1911, S. 7–27; Nachdr. Rom 1965. – K. Münscher, Art. *Isokrates (2)* (in RE,

9/2, 1916, Sp. 2185–2189). – J. Jüthner, *I. und die Menschheitsidee* (in WSt, 47, 1929, S. 26–31). – F. Taeger, *Der Friede von 362/61*, Stg. 1930, S. 24–26 (Tübinger Beiträge zur Altertumswissenschaft, 11). – E. Buchner, *Der »Panegyrikos« des I.*, Wiesbaden 1958 (Historia Einzelschriften, 2). – W. Jaeger, *Paideia*, Bd. 3, Bln. ³1959, S. 131–144. – P. Cloché, *Isocrate et son temps*, Hg. P. Lévêque, Paris 1963, S. 33–41. – Th. St. Tzannetatos, *I politiki enosis ton archeon Ellinon ke o Isokratis* (in Epistimoniki epetiris tis filosofikis scholis tu panepistimiu Athinon, 12, 1961/62, S. 437–457). – K. Bringmann, *Studien zu den politischen Ideen des Isokrates*, Göttingen 1965 [Diss. Marburg 1962], S. 28–46 (m. Bibliogr.; Hypomnemata, 14).

PERI ANTIDOSEŌS (griech.; *Über den Vermögenstausch*). Fiktive Rede des ISOKRATES (436–338 v. Chr.), entstanden 353, im 82. Lebensjahr des Autors. – Dieses längste und, wie man allgemein zugesteht, zugleich langweiligste Werk des griechischen Rhetors ist neben PLATONS zur selben Zeit entstandenem siebten Brief das erste Beispiel einer dezidierten Autobiographie. Doch stellt die *Antidosis-Rede* mehr dar als nur einen nackten Lebensbericht oder einen Hymnus auf die eigene Persönlichkeit und Leistung. Sie ist darüber hinaus – und das macht sie, trotz allem, zum interessantesten Opus des Autors – eine fundamentale Abrechnung mit dem großen Rivalen und Antipoden des Redners, Platon, der Versuch einer gigantischen Widerlegung des Bildungs- und Erkenntnisanspruchs der akademischen Philosophie aus dem Wesen der eigenen, pragmatisch geprägten *philosophia*.

Der im Titel genannte Anlaß der Rede ist nur ein Vorwand. In Athen konnte jeder Bürger, dem eine Trierarchie (die Ausrüstung, Instandhaltung und Befehligung eines Kriegsschiffes) auferlegt worden war, einen reicheren Bürger an seiner Statt namhaft machen und den Austausch des gesamten Vermögens *(antidosis)* beantragen, falls jener sich der Übernahme der Leistung widersetzte. Isokrates hatte sich tatsächlich mit einem Prozeß dieser Art herumzuschlagen – und verlor ihn. Dieses Gerichtsverfahren und seine Hintergründe nahm er nun, wie er in einer der eigentlichen Rede vorangestellten Präambel (1–13) sagt, zum Anlaß, in einer fiktiven Verteidigungsrede »*den Charakter, der mir eigen ist, das Leben, das ich lebe, und die Bildung, um die ich mich bemühe, darzutun*«, und er hofft, damit ein Denkmal seiner selbst zu hinterlassen, »*das noch viel schöner ist als bronzene Weihestatuen*« (6 f.).

Die literarische Tradition, in die sich Isokrates damit formal einordnet, ist durch Platons *Apologia Sōkratus (Die Verteidigung des Sokrates)* gegeben, wie sich auch in zahlreichen Einzelzügen, besonders in Prooimion und Epilog, zeigt. Kompositorisch jedoch hält sich Isokrates viel enger an das Schema der Gerichtsrede als sein Vorbild, so daß bei einem Vergleich des künstlerischen Gesamteindrucks jenes mit Abstand den Vorrang verdient; die meisterhafte Schicht- und Klammerstruktur des Platonischen Werkes läßt die additive, immer wieder neu einsetzende Punkt-für-Punkt-Disposition der *Antidosis* nicht von ferne erahnen. Die immense Ausdehnung, noch gesteigert durch mehrere Einlagen aus früheren Reden *(Panēgyrikos; Über den Frieden; An Nikokles; Gegen die Sophisten)* hätte ein differenziertes und beziehungsvoll gestuftes Gefüge ohnehin nicht zugelassen. Dieser allgemeine Mangel an innerer und äußerer Stringenz ist dem Verfasser durchaus bewußt, weshalb er eine sukzessive Lektüre empfiehlt (12).

Trotz all dem wirkt die Rede keineswegs unübersichtlich; die rationale Disposition bleibt sauber und ist durch deutliche Pausenzeichen markiert. Einem kunstgerechten forensischen Prooimion (1–29) folgt die Formulierung der fiktiven Anklage, gegen die er sich zu verteidigen gedenkt (30–32): Verderbnis der Jugend durch rhetorischen Unterricht, den er zu sagenhafter Bereicherung ausnütze. Der Abwehr dieser persönlichen Vorwürfe dient der erste Teil (33–160). Der Autor legt den wahren Charakter seiner Werke dar, verweist auf seine zahlreichen im öffentlichen Leben tätigen Schüler und fügt in diesem Zusammenhang ein Enkomion auf den an seinem Lebensende so geschmähten athenischen Feldherrn Timotheos ein (dessen Freundschaft man ihm zum Vorwurf gemacht hatte), um schließlich, mit Hilfe eines ironischen Kunstgriffs, auf seine eigenen Verdienste in der Polis zu kommen. Von hier aus ist der Übergang zum grundsätzlichen zweiten Teil leicht (161–290; der Rest, bis 322, ist Abschluß und Epilog), worin er ausführlich Wesen und Nutzen seiner *Paideia* erläutert, in ständiger, bis ins Detail der philosophischen Kernbegriffe reichender Auseinandersetzung mit Platon. Der Wechsel der Positionen ist dabei radikal, der wissenschaftlich-dialektischen Erkenntnis *(epistēmē)* stellt Isokrates auf dem Höhepunkt der Rede (270–282) sein Postulat vom Vorrang der praktisch-realen Anschauung, der Vorstellung *(doxa)*, gegenüber, und wie Platon diesen als »Schein« gebrandmarkten Bereich dem »wahren Wissen« untergeordnet hat (vgl. etwa den *Menōn*), so schreibt nun Isokrates dem Platonischen Wissenserkenntnis den Rang einer bloßen Propädeutik zu.

Wer der »Rede« liest, muß zugeben, daß es dem Rhetor in der Tat gelingt, ein äußerst eindrucksvolles Bild von seinem Wirken und seinen Zielen zu geben; und daß es ein in sich geschlossenes Bild ist, läßt sich gleichfalls nicht leugnen. Wer allerdings Platon im Ohr hat, fühlt auf Schritt und Tritt, um wieviel stärker das Konzept des Akademikers ist: denn die Waffen, mit denen der Redner kämpft, seine Begriffe und Vorstellungen, sind ihm vom Gegner aufgezwungen, das Terrain, das er verteidigt, ist ihm von seinem Opponenten als Gegenposition aufgedrängt. Der historische Einfluß freilich, die Wirkung in die Breite – nicht in die Tiefe – ist dem Rhetor, nicht dem Philosophen zuteil geworden. E. Sch.

AUSGABEN: Mailand 1493 (in der GA des Demetrios Chalkondylas). – Lpzg. ²1889 (in *Orationes*, Hg. G. E. Benseler u. F. Blass, Bd. 2). – Ldn./Cambridge (Mass.) 1929 (*Antidosis*, in *Isocrates*, Bd. 2, Hg. G. Norlin; m. engl. Übers.; Loeb; Nachdr. zul. 1962). – Athen 1958, Hg. K. Th. Arapopulos [m. Komm.]. – Paris ⁴1966 (*Sur l'échange*, in *Discours*, Bd. 3, Hg. G. Mathieu; m. frz. Übers.).

ÜBERSETZUNGEN: In *Sämmtliche Reden und Briefe*, W. Lange, Bln. 1798. – *Vom Vermögenstausche*, A. H. Christian (in *Werke*, Bd. 6, Stg. 1836).

LITERATUR: F. Blass, *Die attische Beredsamkeit*, Bd. 2, Lpzg. ²1892, S. 308–314; Nachdr. Hildesheim 1962. – K. Münscher, Art. *Isokrates (2)* (in

RE, 9/2, 1916, Sp. 2208–2212). – A. Burk, *Die Pädagogik des I.*, Würzburg 1923; Nachdr. NY/Ldn. 1968. – H. Wersdörfer, *Die philosophia des I. im Spiegel seiner Terminologie*, Lpzg. 1940. – G. Misch, *Geschichte der Autobiographie*, Bd. 1/1, Ffm. ³1949, S. 158–180. – W. Jaeger, *Paideia*, Bd. 3, Bln. ³1959, S. 199–225. – K. Ries, *I. und Platon im Ringen um die Philosophia*, Diss. Mchn. 1959. – P. Cloché, *Isocrate et son temps*, Hg. P. Lévêque, Paris 1963, S. 15–23.

PERI (TĒS) EIRĒNĒS, auch: *Symmachikos* (griech.; *Über den Frieden*, auch: *Bundesgenossenrede*). Rede des ISOKRATES (436–338 v. Chr.), wahrscheinlich nach dem unglücklichen Ausgang des Bundesgenossenkrieges (357–355 v. Chr.) und nach dem *Areopagitikos (Areopagrede)* verfaßt. – Im Jahr 378 war es Athen gelungen, eine ganze Reihe griechischer Städte und Inseln, die sich von der Machtpolitik Spartas bedroht fühlten, im sogenannten Zweiten Attischen Seebund wieder unter seiner Führung zu vereinen; Grundlage dieses Bundes waren vertragsgemäß die Hauptbestimmungen des Antalkidas-Friedens von 386, der den einzelnen Griechenstädten – mit Ausnahme der dem persischen Einflußbereich zugefallenen kleinasiatischen – die volle Autonomie garantierte. Als jedoch Athen, zumal unter dem Feldherrn Timotheos, begann, den Bund zum Instrument eigener imperialer Machtpolitik zu machen, fielen einige maßgebliche Mitglieder – Byzanz, Chios, Kos und Rhodos – ab und wandten sich dem persischen Satrapen Maussolos von Karien zu. Der Versuch Athens, die abtrünnigen Alliierten in dem genannten Bundesgenossenkrieg zur Räson zu bringen, scheiterte: Das bedeutete praktisch das Ende des auf fast ein Drittel seiner einstigen Größe zusammengeschrumpften Seebundes und damit auch das Ende athenischer Großmachtträume.

Für Isokrates muß die Niederlage so etwas wie einen Schock bedeutet haben – war er es doch gewesen, der fünfundzwanzig Jahre zuvor seinem Schüler Timotheos und dem athenischen Volk mit dem *Panēgyrikos* die Programmschrift für die neue, der Wiedergewinnung einstiger Größe dienende Politik an die Hand gegeben hatte. Daß er diesen Schock überwand, daß er von seinem einstigen idealistischen Konzept aufgrund der neuen Verhältnisse Abstand zu nehmen vermochte, zeugt für die innere Größe und für den nach wie vor untrüglichen politischen Blick des greisen Rhetors. Freilich, was der Achtzigjährige seinen Athenern in dieser Broschüre (um eine wirklich vor der Volksversammlung gehaltene »Demegorie« dürfte es sich so wenig handeln wie etwa beim *Areopagitikos* oder beim *Panēgyrikos*) anzubieten hat, ist ein Konzept der Resignation: Ein Friedensschluß nach dem Bundesgenossenkrieg muß vor allem von dem einen Gedanken getragen sein, daß Athen die Grundlage des Antalkidas-Friedens – Selbstbestimmungsrecht für alle Griechenstädte – wieder ernst nimmt, daß es aus echtem, seiner würdigem Gerechtigkeitsgefühl auf alles Herrschaftsstreben gegenüber anderen Griechen verzichtet, konkret gesprochen: daß es von dem ebenso tyrannischungerechten wie unnützen und unerreichbaren Ideal der Seeherrschaft Abschied nimmt. Isokrates war sich bewußt, wieviel an Verzicht auf Wünsche und Illusionen er dem Volk damit zumutete: Das zeigt nicht nur die ungewöhnlich lange Einleitung mit der *captatio benevolentiae* (1–14), deren Warnung vor den allzeit gefährlichen Demagogen am Schluß des Hauptteils (15–131) wieder aufgenommen wird; es dokumentiert sich vielmehr insbesondere im Epilog (132–145), der durchaus mehr sein will als nur ein billiges Trostpflaster für die enttäuschten »Zuhörer«. Der von ihm vorgeschlagene Verzicht auf Herrschaft, so argumentiert Isokrates am Ende, bedeutet nicht Verzicht auf Größe, auf Macht und Hegemonie in Griechenland; aber diese Größe Athens muß – wie das spartanische Königtum – auf der Autorität seiner Integrität und Gerechtigkeit basieren, die den anderen Griechen die Überzeugung gibt, daß sie sich Athen anvertrauen können, weil es der Garant ihrer Freiheit – nicht, wie bisher, ihrer Unterjochung – ist.

Daß dieses optimistische Schlußprogramm seinerseits wiederum eine Illusion war, vermochte Isokrates nicht zu sehen, wie überhaupt das Werk eine seltsame, aber für den Autor typische Mischung von hellsichtiger Analyse und patriotisierender Befangenheit darstellt: Der schlafwandlerische Balanceakt zwischen Verzicht auf athenische Macht und Streben nach athenischer Größe beruht letztlich ebenso auf der nicht mehr reflektierten, traditionalistischen Glorifizierung der Vergangenheit wie schon das Konzept des *Panēgyrikos*. Daher bleiben auch alle konkreten Vorschläge zur Bewältigung der Zukunft aus, ganz im Gegensatz zu der nur wenig später und aus der gleichen besorgniserregenden Situation heraus entstandenen *Poroi*-Schrift des greisen XENOPHON. In Wirklichkeit ging es für Athen zu dieser Zeit schon gar nicht mehr um Macht und Größe, sondern um die nackte Selbstbehauptung, hatte doch im Norden bereits der Makedonenkönig Philipp II. (reg. 359–336) begonnen, sein Reich auszubauen. Das Erstaunliche freilich ist, daß Isokrates rund zehn Jahre später im *Philippos* seinen Standpunkt erneut zu revidieren vermochte und zu einer Zeit, als DEMOSTHENES aufs entschiedenste den Kampf gegen den Makedonenkönig predigte, bereits zu der Einsicht kam, daß nur Philipp der politische Führer Griechenlands auf dem Weg zu einer panhellenischen Einheit sein konnte. Athen aber blieb unter diesen Voraussetzungen – der *Panathēnaïkos* führt es aus – die unbestrittene Rolle des kulturellen Zentrums der Hellenen.

E. Sch.

AUSGABEN: Mailand 1493 (in der GA des Demetrios Chalkondylas). – Lpzg. ²1898 (in *Orationes*, Hg. G. E. Benseler u. F. Blass, Bd. 1). – NY/Ldn. 1927 (*De Pace and Philippus*, Hg. M. L. W. Laistner; m. Komm.; Cornell Studies in Classical Philology, 22). – Ldn./Cambridge (Mass.) 1929 (*On the Peace*, in *Isocrates*, Bd. 2, Hg. G. Norlin; m. engl. Übers.; Loeb; Nachdr. zul. 1962). – Paris ⁴1966 (*Sur la paix*, in *Discours*, Bd. 3, Hg. G. Mathieu; m. frz. Übers.).

ÜBERSETZUNGEN: In *Sämmtliche Reden und Briefe*, W. Lange, Bln. 1798. – *Rede über den Frieden*, G. E. Benseler (in *Werke*, Bd. 3, Prenzlau 1830). – *Vom Frieden*. A. H. Christian (in *Werke*, Bd. 4, 1835).

LITERATUR: F. Blass, *Die attische Beredsamkeit*, Bd. 2, Lpzg. ²1892 (Nachdr. Hildesheim 1962), S. 299–304. – J. Kessler, *Isokrates und die panhellenische Idee*, Diss. Münster 1911; Nachdr. Rom

1965, S. 27–45. – K. Münscher, Art. *Isokrates (2)* (in RE, 9/2, 1916, Sp. 2205f.). – F. Kleine-Piening, *Quo tempore Isocratis orationes quae »Peri eirēnes« et »Areopagitikos« inscibuntur compositae sint*, Paderborn 1930 [Diss. Münster]. – F. Taeger, *Der Friede von 362/61*, Stg. 1930, S. 53–55 (Tübinger Beiträge zur Altertumswissenschaft, 11). – W. Jaeger, *The Date of Isocrates' »Areopagiticus« and the Athenian Opposition* (in Harvard Studies in Classical Philology, Suppl. 1, 1940, S. 409–450; ern. W. J., *Scripta minora*, Bd. 2, Rom 1960, S. 267 bis 307). – Ders., *Paideia*, Bd. 3, Bln. ³1959, S. 192 bis 198. – P. Cloché, *Isocrate et son temps*, Hg. P. Lévêque, Paris 1963, S. 76–82; 103–111. – P. Orsini, *La date du discours »Sur la paix« d'Isocrate* (in Pallas, 12, 1964, S. 9–18). – K. Bringmann, *Studien zu den politischen Ideen des Isokrates*, Göttingen 1965 (Diss. Marburg 1962), S. 58–74 (m. Bibliogr.; Hypomnemata, 14).

PHILIPPOS (griech.; *Philipp*). Sendschreiben des ISOKRATES (436–338 v. Chr.) an den Makedonenkönig Philipp II. (reg. 359–336), entstanden zwischen dem Abschluß des Philokrates-Friedens (April 346) und dem Phokerkrieg Philipps (im Juli desselben Jahres). – Das Werk gilt weithin als die *»politisch bedeutendste Schrift«* des Meisters, mit der er *»geradezu der Prophet des Hellenismus«* wurde (Münscher). Vergleicht man die zehn Jahre, während deren der Autor am *Panēgyrikos* feilte, oder die drei Jahre, in denen er am *Panathēnaïkos* arbeitete, so ist die in Briefform gehaltene Schrift in einer relativ kurzen Spanne entstanden. Daß diese rasche Konzeption ihre Spuren hinterlassen hat, ist wiederholt bemerkt worden: die Länge des Prooimions (1–29), die Überschneidungen der beiden Hauptteile (30–80; 83–148), die vielfach parataktisch-simple Reihung der verschiedenen Gedanken und Paränesen (schon in *An Nikokles* vorgebildet), überhaupt eine gewisse Weitschweifigkeit, die als Mangel an konzentrierender Redaktion erscheint, deuten auf die Art der Entstehung. Immerhin stand der Schriftsteller damals im wenigsten Lebensjahr, und mag das hohe Alter allgemein in einem Schriftsteller die Furcht erregen, nicht mehr alles sagen und sich nicht mehr deutlich genug ausdrücken zu können – Umständlichkeit ist zu allen Epochen ein notorisches Zeichen des Altersstils –, so dürfte bei Isokrates noch hinzukommen, schon beinahe im Angesicht des Todes von einer neuen, ja revolutionären politischen Erkenntnis Zeugnis geben zu müssen, die in seiner Heimatstadt – man nehme nur den jüngeren Zeitgenossen DEMOSTHENES – nicht eben gang und gäbe war, einer Einsicht, mit welcher der *grand old man* unter den politischen Denkern und Publizisten seinen Mitbürgern um Jahre, wenn nicht Jahrzehnte vorauseilte.
Dabei sind die Grundgedanken des *Philippos* – Einigung der Griechen (Teil 1) und Feldzug gegen die Perser (Teil 2) – keineswegs neu in der Vorstellungswelt des Isokrates: Genau dieselben Ziele bildete vierundvierzig Jahre zuvor den Tenor des *Panēgyrikos* (daher auch gelegentliche Anklänge und Übernahmen) – nur daß damals Athen im Verein mit der alten Rivalin Sparta das panhellenische Ideal und die Dämpfung der Feinde zu erfüllen auserkoren sein sollte, jetzt dagegen der Makedone: Er, der der *»Wohltäter Griechenlands«* heißen darf, soll *»Anführer zur Eintracht der Hellenen und im Feldzug gegen die Barbaren sein«* (16). Daß er der richtige Mann für dieses Unternehmen ist, zu dem Isokrates die Athener vergeblich aufrief, wird in immer neuen Anläufen, unter immer neuen Gesichtspunkten herausgestrichen. Mit Lobpreis aller Art für den Herrscher und vielfältigen Ausblicken auf seinen Nachruhm wird dabei nicht gespart; man kann die Rede sogar ausgesprochen schmeichlerisch nennen, aber sie schmeichelt aus Diplomatie, um des Zweckes willen, nicht aus höfischer Liebedienerei. Und daß der Autor klug kalkulierte, zeigt die noch erschließbare Reaktion Philipps, der sicher nicht so sehr von der stilistischen Eleganz und der Schönheit der Diktion angetan war als vielmehr vom Impetus der Gedanken und dem politischen Konzept, das ihm eine so hohe und dabei – wie seine und seines Sohnes Geschichte erweisen sollte – völlig angemessene Rolle zuwies. Das Wirken der Stadt Athen dagegen war künftig – das führt dann der *Panathēnaïkos* aus – auf ihre Stellung als führende Kulturmacht Griechenlands beschränkt.
Der *Philippos*, der als literarisches Produkt großen Anklang fand – ARISTOTELES zitiert in seiner *Techne rhētorikē (Rhetorik)* nicht wenig daraus –, dürfte auch als politische Flugschrift immensen Einfluß ausgeübt haben: Die monumentale Historiographie THEOPOMPS (der übrigens gleichfalls ein *Enkomion auf Philipp* verfaßte) wäre undenkbar ohne Isokrates, und das Sendschreiben hat nicht nur allenthalben in der griechischen Welt den Boden für die äußeren Erfolge Philipps und Alexanders bereiten helfen, sondern auch zum erstenmal die für das hellenistische Zeitalter so brennende Frage des Rechtfertigung der Monarchie konkret am Exempel eines lebenden Zeitgenossen – nicht mehr eines toten, wie im *Euagoras* – zu klären versucht. E. Sch.

AUSGABEN: Mailand 1493 (in der GA des Demetrios Chalkondylas). – Lpzg. ²1898 (in *Orationes*, Hg. G. E. Benseler u. F. Blass, Bd. 1). – NY/Ldn. 1927 (*De Pace and Philippus*, Hg. M. L. W. Laistner; m. Komm.; Cornell Studies in Classical Philology, 22). – Ldn./Cambridge (Mass.) 1928 (*To Philip*, in *Isocrates*, Bd. 1, Hg. G. Norlin; m. engl. Übers.; Loeb; Nachdr. 1954). – Paris 1962 (*Philippe*, Hg. G. Mathieu, in *Discours*, Bd. 4, Hg. G. Mathieu u. E. Brémond; m. frz. Übers.).

ÜBERSETZUNGEN: In *Sämmtliche Reden und Briefe*, W. Lange, Bln. 1798. – *Rede an Philipp*, G. E. Benseler (in *Werke*, Bd. 2, Prenzlau 1830). – *Philippus*, A. H. Christian (in *Werke*, Bd. 2, Stg. ³1869).

LITERATUR: F. Blass, *Die attische Beredsamkeit*, Bd. 2, Lpzg. ²1892, S. 314–319; Nachdr. Hildesheim 1962. – J. Kessler, *I. und die panhellenische Idee*, Diss. Münster 1911, S. 45–63; Nachdr. Rom 1965. – A. Rostagni, *Isocrate e Filipo* (in *Entaphia in memoria di E. Pozzi*, Turin 1913, S. 129–156). – K. Münscher, Art. *Isokrates (2)* (in RE, 9/2, 1916, Sp. 2213–2215). – F. Taeger, *Der Friede von 362/1*, Stg. 1930, S. 55–59 (Tübinger Beitr. zur Altertumswissenschaft, 11). – S. Perlman, *Isocrates' »Philippus«. A Reinterpretation* (in Historia, 6, 1956, S. 306–317). – P. Cloché, *Isocrate et son temps*, Hg. P. Lévêque, Paris 1963, S. 111–117. – Th. S. Tzannetatos, *I politiki enosis ton archeon Ellinon ke o Isokratis* (in Epistimoniki epetiris tis filosofikis scholis tu panepistimiu Athinon, 12, 1961/62, S. 437–457). – K. Bringmann, *Studien zu den politischen Ideen des Isokrates*, Göttingen 1965 (Diss.

Marburg 1962), S. 96–102 (m. Bibliogr.; Hypomnemata, 14).

XENOPHON aus Athen
(um 430–350 v. Chr.)

AGĒSILAOS (griech.; *Lobschrift auf Agesilaos*). Historisch-monographische Miniatur panegyrischen Stils auf den berühmten Spartanerkönig (reg. 444 bis 360 v. Chr.) von XENOPHON aus Athen (um 430–350 v. Chr.), der in der Emigration die persönliche Freundschaft des Herrschers gewonnen hatte. Geschrieben hat der Autor das Werk, das – auf einer anderen Sprachebene und mit schärferer Tendenz – großenteils den Stoff der *Hellēnika* wiederholt, in seinem letzten Lebensjahrzehnt, nach dem Tod des Agesilaos (360 v. Chr.).
Als literarisches Vorbild konnten Xenophon für diesen enkomiastischen Preis eines Herrschers manche der *Reden* des ISOKRATES dienen, besonders dessen etwa 10 Jahre früher publizierter *Euagoras*. Beide Male sind auch Zweck und Motiv der Niederschrift ähnlich: hier wie dort galt es, das Andenken eines soeben Verstorbenen zu verklären. (Nicht viel später, und die Enkomiastik wird dem Herrscher noch zu Lebzeiten huldigen: man denke etwa an die Hymnen des THEOPOMPOS auf Philipp II. und Alexander den Großen.) Das Nächstliegende bei einem ehrenden Nachruf dieser Art, der zugleich ein hohes menschliches Exempel statuieren und ein Mahnmal integrer Tüchtigkeit aufrichten will, war, vom Bekannten auszugehen: so beginnt denn der vierteilige Essay mit den politischen und militärischen Leistungen des Königs, schildert seinen erfolgreichen Feldzug in Kleinasien gegen den Perserkönig, sein glückliches Wirken im Mutterland (394 Sieg bei Koroneia über Athen, Theben und Verbündete) bis hin zu seinem Bündnis mit den Ägyptern gegen Persien (auf der Rückreise von Ägypten traf ihn der Tod). Doch schon in diesem Handlungsbericht wird immer vorgedeutet auf den zweiten Teil, die Würdigung der Persönlichkeit: Frömmigkeit und Gottesfurcht, beispielhafte Unbestechlichkeit und Uneigennützigkeit, eine fast asketische Selbstbeherrschung, aufopfernde Tapferkeit und militärische Umsicht, Liebe zu seiner Heimatstadt, ein mit Stolz gepaarter Charme – das sind die Vorzüge, die der Autor seinem Helden nachrühmt. »Ich nun«, hebt der dritte Teil, das Fazit und Folgerung ziehen will, an, »lobe dies an Agesilaos ... Wer an Ausdauer der erste ist, wo es zu ertragen gilt, an Stärke, wo ein Kampf der Tapferkeit, an Einsicht, wo ein Werk des guten Rates, der scheint mir mit Recht als ein vollkommener Mann angesehen zu werden, ... ein Vorbild für alle, die sich um Vollkommenheit bemühen.« Um diesen hohen Anspruch zu bekräftigen (formal als letzte Steigerung und Epilog), bildet eine nochmalige Zusammenfassung von Leistung, Glück und Wert dieses erfüllten Lebens Resümee und Beschluß. Daß Agesilaos, als er starb, »*Denkmäler seiner Tüchtigkeit über die ganze Erde hin sich erworben hatte*«, dieser Schlußsatz trifft auf nichts besser zu als auf Xenophons kleines Opus: denn dies ist in der Tat das imposanteste Denkmal der Taten des Spartaners, und die späteren Darstellungen des CORNELIUS NEPOS und PLUTARCH sind ohne Xenophons Werk nicht denkbar. E. Sch.

AUSGABEN: Florenz 1516. – Oxford 1920 (in *Opera omnia*, Bd. 5, Hg. E. C. Marchant; zuletzt 1961). – Rom ³1954 (in *Opuscula*, Hg. G. Pierleoni). – Ldn./Cambridge (Mass.) 1925 (in *Scripta minora*, Hg. E. C. Marchant; m. engl. Übers.; Nachdr. 1956; Loeb).
ÜBERSETZUNGEN: *Cyropädie nebst dem Leben des Königes Agesilaus*, H. J. Lasius, Rostock/Wismar 1761. – *Lobschrift auf Agesilaus*, C. H. Dörner (in *Werke*, Bd. 10, Stg. 1869 a. ö.).
LITERATUR: I. Bruns, *D. literar. Porträt d. Griechen im 5. u. 4. Jh. v. Chr.*, Bln. 1896; Nachdr. 1961. – W. Seyfert, *De Xenophontis Agesilao quaestiones*, Diss. Göttingen 1909. – T. Gallina, *Studio sull' Agesilao e le Elleniche di Senofonte*, Rom 1919. – A. Dihle, *Studien z. griech. Biographie* (in Abh. Akad. Göttingen, phil.-hist. Kl., 3. F., 37, 1956).

APOLOGIA SŌKRATUS (griech.; *Die Verteidigung des Sokrates*). Ein mehrschichtiger Bericht aus des SOKRATES letzten Lebenstagen, verfaßt von seinem ehemaligen Schüler XENOPHON aus Athen (um 430–350 v. Chr.). – Die *Apologie* stellt nicht, wie das gleichnamige Werk PLATONS, eine vom Literaten postum fingierte Verteidigungsrede des berühmten Philosophen dar, sondern eine um den aktuellen Mittelpunkt des Prozesses kristallisierte Reportage. Der Titel ist also gewollt doppelsinnig, denn die Selbstrechtfertigung des Meisters ist in die Rechtfertigung durch den Schüler eingebettet. Diese Mehrdeutigkeit des Titels weist auf literarhistorische Bezüge. Platons *Apologia Sōkratus* war als Kunstwerk gänzlich in sich selbst legitimiert. Die Enthüllung der dem Prozeß dienlichen Wahrheit hatte sich dort – in Form und Wort – zur Enthüllung philosophischer Wahrheit überhaupt ausgeweitet: die Selbstdarstellung des Sokrates war bei Platon zu einer Darstellung des wahrhaft philosophischen Lebens schlechthin geworden und Sokrates zur verklärten Inkarnation ewiger Seins- und Lebensgesetze. Mit einem derart stolzen, in sich verschlossenen Werk konnten aber die Angriffe des Sophisten POLYKRATES, der 394, gewiß mit rhetorischer Brillanz, die Anklage von 399 wiederaufnahm und juristisch wie demagogisch begründete, nicht aus dem Feld geschlagen werden. Daß die historische Verteidigung des Sokrates erfolglos war, ja gar den Eindruck störrisch-unverbesserlichen Hochmuts erregte, ist aus Xenophon wie aus Platon zu folgern. Dieses angeblich unbegreifbare Verhalten vor, während und nach der Verurteilung soll die *Apologie* Xenophons begründen. Fünf Szenen fügt der Autor aneinander, jeweils durch seinen Bericht verbunden, in dem die biographische und, nach antiken Begriffen wenigstens, psychologische Erklärung der Szenen gegeben wird. Zu Beginn und am Ende, von Prooimion und Epilog begleitet, stehen zwei Gesprächsbilder aus dem Freundeskreis: schon vor dem Prozeßtermin hat Sokrates seinen Vertrauten dargelegt, daß es kein Übel für ihn sein werde, falls er nunmehr sein Leben beschließe (1–10); auch nach dem Todesspruch der Richter bewahrt er seine alte Heiterkeit und nimmt den Tod als erfreuliche Tatsache an; daß er auch mit seinem Wirken zeitlebens recht hatte, zeigt sein Bemühen um den Sohn des Anklägers Anytos, von dessen kläglichem Ende (nachdem der Vater ihn dem erzieherischen Einfluß des Sokrates entzogen hatte) Xenophon zu berichten weiß. Zwischen diesen Eckpfeilern des »Zuvor« und des »Danach«, die einander nach Inhalt und Funktion entsprechen, wird in drei Episoden »Sokrates während des Prozesses« geschildert: seine

Zurückweisung des Vorwurfs der Gottlosigkeit und Jugendschädigung (11–21, wieder dreifach gegliedert, am Schluß, ähnlich der *Apologie* Platons, der Disput mit dem Ankläger Meletos), sein Gegenstrafantrag (22, 23) und seine Rede an die Richter nach dem Urteil (24–26), das er, obwohl unschuldig, annimmt.

Das kleine Traktat ist gefällig aufgemacht, mit echt Xenophontischer Lebendigkeit – und Einfalt: vom mitreißenden Gedankenflug Platons bleibt der Verfasser so weit entfernt wie vom Verständnis der Größe des Sokrates. Er selbst stößt seinen Leser darauf: »*Ich wollte nicht alles, was mit dem Prozeß zusammenhängt, erzählen, sondern mir genügte zu enthüllen, daß Sokrates es vor allem darauf anlegte, weder als einer, der gegen die Götter frevelt, noch als einer, der gegen die Menschen Unrecht tut, zu erscheinen.*« Also: Sokrates der Durchschnittsbürger – diesen Eindruck soll das Büchlein legitimieren. Damit reiht sich die *Apologie* in ihrer Tendenz den *Apomnēmoneumata Sōkratus (Erinnerungen an Sokrates)* an, als deren Vorarbeit oder Ableger sie ja auch entstanden ist (wohl in den sechziger Jahren, nicht etwa als unmittelbare Antwort auf Polykrates). Zugleich macht dieses Bekenntnis des Autors klar was andere Indizien untermauern –, daß das Werk Vollständigkeit sowenig wie geschichtliche Treue beanspruchen will: Wesensart und Anliegen des Sokrates, die verborgenen Ursachen der von ihm provozierten Reaktion sollen erläutert werden, nicht aber soll eine Art Stenogramm seines Auftretens gegeben werden. Auch Xenophon also, der übrigens bei dem Prozeß keinesfalls anwesend war, trägt, gleich Platon, nur seine subjektive Impression vor, strebt, auf einer naiveren Ebene, nach einem literarischen, keinem historischen Porträt. Daher darf er sich auch befugt fühlen, frühere Sokrates-Literatur zu benützen: Vermutungen über eine Unechtheit des Werkes werden dadurch nicht gefördert, sondern eher entkräftet. In welcher Weise, in welchem Umfang freilich Xenophon ältere »Apologien des Sokrates« und ähnliches, neben Platon, verwerten konnte, überhaupt, welche Stellung ihm in der jungen Sokrates-Literatur zukommt, läßt die überaus spärliche Überlieferung nicht mehr durchschauen. Daß des Sokrates Tod immer mehr zum Thema philosophischer oder gar rhetorischer Etüden wurde, zeigen die Titel zahlreicher nicht erhaltener *Apologien*, so des Lysias, des Theodektes aus Phaselis, des Demetrios aus Phaleron, des Theon aus Antiocheia, des Plutarch, oder die überlieferte Deklamation des Libanios. E. Sch.

Ausgaben: Florenz 1516. – Oxford 1962 (in *Opera omnia*, Bd. 2, Hg. E. C. Marchant; Nachdr. d. Ausg. Oxford ²1921). – Paris 1961 (*Banquet. Apologie de S.*, Hg. F. Ollier; m. frz. Übers.).

Übersetzungen: *Vertheidigung des Sokrates*, J. E. Goldhagen, Brandenburg 1768. – Dass., J. M. Heinze, Weimar 1776. – *Apologie d. Sokrates*, A. W. Pohlmann, Lpzg. 1790. – *Die Verteidigung d. Sokrates*, E. Bux (in *Die sokrat. Schriften*, Stg. 1956).

Literatur: H. v. Arnim, *X.s »Memorabilien« u. »Apologie d. S.«*, Kopenhagen 1923. – E. Edelstein, *Xenophontisches und Platonisches Bild des Sokrates*, Diss. Bln. 1935. – Schmid-Stählin, 1/3, S. 223ff. – O. Gigon, *X.s »Apologie d. Sokrates«* (in MH, 3, 1946, S. 210–245). – A.-H. Chroust, *Socrates. Man and Myth*, Ldn. 1957. – V. Longo,

Anēr ōphelimos. Il problema della composizione dei »Memorabili di Socrate« attraverso lo »Scritto di difesa«, Genua 1959.

APOMNĒMONEUMATA SŌKRATUS (griech.; *Erinnerungen an Sokrates*). Das Kernstück der sokratischen Schriften des Xenophon aus Athen (um 430 bis 350 v. Chr.), auch bekannt unter dem im 19. Jh. geprägten Titel *Memorabilien*. – Nicht seines künstlerischen Werts, sondern seines Gegenstands wegen hat dieses kleine Buch in der literatur- und philosophiegeschichtlichen Diskussion der letzten 150 Jahre eine ungeheure Rolle gespielt. Man glaubte – meist wohl: hoffte – in ihm einen den Dialogen Platons gleichrangiges Bild der Wirksamkeit des unergründlichen Philosophen Sokrates, seines Lebens wie seiner »Lehre«, zu erkennen. Unumstößlich schien die Hypothese, das Sokrates-Bild Xenophons stelle ein – sei es vom Autor beabsichtigtes, sei es geschichtlich legitimiertes – Korrektiv zu Platon dar, und es gelte nur, beide kritisch gegeneinander und gegen die abstrahierende Beurteilung des Aristoteles abzuwägen. Ja, man war überzeugt, sogar noch die einzelnen Perioden unterscheiden zu können, in denen dieses Sokrates-Bild allmählich ans Licht kam; demnach hätte Platon mit seinen Jugenddialogen nach dem Tod des Meisters (399) den Anfang gemacht; die überzeugende Kraft seiner Gestaltung hätte um 394–390 den Sophisten Polykrates auf den Plan gerufen, der im Gewand einer »Anklage gegen Sokrates« formal eine rhetorische Paraderede, final ein politisch-aktuelles Pamphlet verfaßte (das natürlich die verschiedenen »Sokratiker«, die eben in jenen Jahren sich schulmäßig zu etablieren begannen, empfindlich treffen mußte); Xenophon hätte sich diesen postumen Anwürfen entgegengestellt, zunächst mit einer apologetischen »Schutzschrift«, die später als Kapitel 1/2 in das erste Buch der *Apomnēmoneumata* einging, dann mit seiner speziellen *Apologie des Sokrates (Apologia Sōkratus)*; in der Folge habe Xenophon die sogenannte »Schutzschrift« mit weiteren Szenen zu vier Büchern erweitert (wobei, nach manchen Forschern, Buch 4, mit dem Thema »Erziehung«, dem Rest wiederum vorausging). Dieses schöne Gebäude ist indes in jüngerer Zeit heftig erschüttert worden, ebenso wie die weitverbreitete Meinung, mit Xenophon trete der »historische« Sokrates dem Platonisch-dichterischen gegenüber.

Aus der Perspektive zweier Schüler die Persönlichkeit des Lehrers in gerechtem Umfang rekonstruieren zu wollen, hätte bedeutet, den Zufall zum Maß der Kritik zu machen: denn Aischines, Antisthenes, Aristippos, Eukleides und Phaidon, deren Schriften verlorengingen, waren ja als sokratische Schriftsteller nicht weniger fruchtbar denn die beiden von der Überlieferung begünstigten. Ein zweites gewichtiges Argument: der Charakter der *Apomnēmoneumata* macht einen durchaus gleichförmigen Eindruck – zumindest ist der Nachweis nicht erbracht, die ersten beiden Kapitel höben sich scharf von der Masse der übrigen ab. Das ganze Opus, nicht nur einzelne Partien, dürfte also in den sechziger, vielleicht sogar erst in den fünfziger Jahren entstanden sein, jedenfalls während Xenophons korinthischem Aufenthalt. Stellt man nun unter diesen Umständen fest, daß Xenophon immer wieder auf Platons Darstellung einzugehen scheint, und berücksichtigt man, daß Platon nur einer unter mehreren schaffensfreudigen Sokrates-Jüngern war, so drängt sich der Schluß auf, Xenophon habe gar nicht ein historisches Referat liefern wollen, sondern ein eigenes Werk, in dem das, was ihm von seiner (gewiß nicht sehr intensiven) Begegnung mit Sokrates im Gedächtnis geblieben war, mit Reminiszenzen an und Reflexionen über literarische Sokrates-Bilder verschmelzen sollte.

Daß der Sokrates Xenophons vom Sokrates Platons so weit entfernt ist wie dem der pragmatisch gesinnte Essayist Xenophon vom sprach- und geistesmächtigen Dichter Platon, darauf deutet auch das Wesen der *Apomnēmoneumata* hin sowie die ganze Art, wie hier in 38 kurzen, fein gerundeten Einzelszenen (Buch 1: 7; Buch 2: 9; Buch 3: 14; Buch 4: 8) ein Panorama des Sokratischen Wirkens entworfen wird. In besonderem Maß finden sich hier viele der gefälligen Züge, die wir in Xenophons anderen Werken bewundern. Das Bekenntnis zur kleinen Form, zum geschlossenen Augenblicksbild, zur abwechslungsreichen Szenenreihung, aus dem *Symposion* vertraut, wird hier mit strikter Konsequenz wiederholt. Die lebhafte Frische persönlicher Anteilnahme, die der *Anabasis* als Air memoirenhaft-einschmeichelnder Direktheit und verzeihlich-einseitiger Authentizität verleiht, ist in Stil und Form zum Prinzip geworden. Die Lebendigkeit des Dialogs, für den *Oikonomikos* so signifikant wie für das *Symposion* und die Gespräche der *Kyru paideia*, stellt sich mit gleicher Selbstverständlichkeit ein. Und auch die unbeirrbare Überzeugung, allgemeinnützliche Lehren zu bringen, wertvolle Einsichten zu vermitteln, das Publikum zu erziehen *(Kyru paideia, Hierōn, Peri hippikēs, Kynēgetikos, Agēsilaos)*, ist für diese kleinen Dialoge kennzeichnend. In dieser moralpädagogischen Tendenz wird wohl auch die Wahl des technisch-stilistischen Mediums begründet sein: Wort und Ton der Memoiren ergeben eine glückliche Mischung von Intimität und unantastbarer Glaubwürdigkeit, an die sich leicht die Interpretation, die ethische Deutung des berichteten Geschehens, anreihen läßt. »Sokrates ging nicht darauf aus, seine Anhänger redefertig, geschäftstüchtig oder lebensgewandt zu machen. Vielmehr glaubte er, daß sie vor allem in den Besitz des Maßes kommen müßten. Zuerst einmal versuchte er seine Anhänger in bezug auf die Götter zur Besinnlichkeit zu bringen. Das erzählen auch andere, welche dabei waren, wenn er sich mit jemandem auf die Weise unterhielt. Ich war zugegen, als er sich gegenüber Euthydemos folgendermaßen äußerte ...« (4, 3), oder: »*Ich hörte ihn einst auch ein anderes Wort sagen. Er schien mir seine Zuhörer zur Prüfung zu veranlassen, wieviel sie ihren Freunden wert seien. Sokrates sah nämlich ...«* (2, 5; Ü: Preiswerk) – das sind beliebige und doch typische Beispiele dafür, wie an Hand einer prägnanten Episode persönliches Erleben in allgemeingültige Erfahrung umgewertet wird.

Diese rahmenden Einführungen in die Kurzgespräche weisen wiederum darauf hin, daß in dem Werk Xenophons nur das zu finden ist, was das Auge des Autors sah – und sehen wollte. Hier wird freilich auch die Schwäche Xenophons erkennbar: er sah nämlich andererseits nur, was er sehen konnte. Und so ist sein Sokrates eben, im Gegensatz zum Platonischen, ein braver Durchschnittsbürger, der sich in nichts von seinen Mitmenschen unterscheidet, es sei denn, daß er sein Dasein an dem Ziel orientiert, seine bürgerlichen Pflichten sinngemäßer und gesetzestreuer als jene zu erfüllen. Das höchste Glück besteht für Xenophon darin zu zeigen, daß der Philosoph einen nützlichen und erfolgreichen erzieherischen Einfluß auf seine Mitbürger ausübte. Sokrates ist hier definitiv ein ethisch rigoroser Lebenspraktiker; seine intellektuelle Besonderheit wird zwar registriert, doch keineswegs in ihrer Eigenart und ihrem Rang erfaßt. Von der induktiven Methode der Begrifflichkeit, die Aristoteles als die zentrale Leistung des Philosophen rühmt, ist in diesen Stücken wenig zu bemerken: die Sokratische Einheit von Verstand und Ethos erscheint als ein Vernunftweg zu politischem, sozialem und religiösem Wohlverhalten und Wohlbefinden. Wo aber einmal von den geistigen Intentionen des Philosophen gesprochen wird, pflegt dem Anspruch der Deutung die szenische Darstellung nicht zu entsprechen (eklatant z. B. Ende 4, 6). Kurz: Xenophon verliert immer dann, wenn man in ihm Sokrates sucht, und gewinnt, sobald man in ihm nur den Schriftsteller Xenophon sieht; mißt man ihn aber am Maßstab hoher Literatur, so enttäuscht er.

E. Sch.

AUSGABEN: Florenz 1516. – Lpzg. 1934 (*Commentarii*, Hg. C. Hude). – Oxford 1962 (in *Opera omnia*, Bd. 2, Hg. E. C. Marchant; Nachdr. d. Ausg. Oxford ²1921).

ÜBERSETZUNGEN: *Die Erzehlung vom Herkules* [2, 1], L. Mutzelov, Barth/Pomm. 1593. – *Der Kern Wahrer und Nützlicher Welt-Weißheit*, C. Thomas, Halle 1693 [aus d. Frz.: Charpentier]. – *Erinnerungen an Sokrates*, R. Preiswerk, Zürich 1953. – Dass., J. Irmscher, Bln. 1955. – Dass., E. Bux (in *Die sokrat. Schriften*, Stg. 1956). – Dass., P. Jaerisch, Mchn. 1962 [griech.-dt.].

LITERATUR: A. Delatte, *Le 3e livre des »Souvenirs socratiques« de X.*, Paris 1933. – E. Edelstein, *Xenophont. u. Platon. Bild d. Sokrates*, Diss. Bln. 1935. – R. Simeterre, *La théorie socratique de la vertu-science, selon les »Mémorables« de X.*, Paris 1938. – J. Luccioni, *X. et le socratisme*, Paris 1953. – O. Gigon, *Kommentar zum 1./2. Buch von X.s Memorabilien*, Basel 1953/1956 (Schweizer Beiträge, 5 u. 7). – V. Longo, *Anēr ōphelimos. Il problema della composizione dei »Memorabili di Socrate« attraverso lo »Scritto di difesa«*, Genua 1959.

HELLĒNIKA (griech.; *Griechische Geschichte*). Historisches Werk in sieben Büchern von XENOPHON aus Athen (um 430-350 v. Chr.). – Der Autor wollte mit diesem seinem – nach eigener Anschauung und Augenzeugenberichten verfaßten – historischen Hauptwerk zunächst die unvollendete *Geschichte des Peloponnesischen Krieges* des THUKYDIDES zum Abschluß bringen, schrieb dann aber eine Fortsetzung, die in erweitertem Rahmen Aufstieg und Niedergang der spartanischen Vormacht vom Jahre 411 (hier bricht Thukydides ab) bis zur Schlacht von Mantineia (362) umfaßte. (Eine ähnliche Erweiterung des originalen Thukydideischen Plans findet sich auch bei THEOPOMP aus Chios, einem zweiten namhaften Thukydides-Adepten: ein Zeichen offenbar, daß die Nachgeborenen aufgrund der veränderten Zeitsituation nicht mehr in der Lage sein konnten, die für Thukydides so umwälzende Besonderheit jenes großen Krieges überhaupt zu verstehen.

Die *Hellēnika* fallen ihrem historiographischen wie ihrem literarischen Rang nach merklich gegenüber anderen Schriften Xenophons ab. Verschiedene Schichten des Werks heben sich voneinander ab, die im Grad der Ausarbeitung, in stilistischen Eigentümlichkeiten, in der Form der Erzählung, in der Tendenz der Darstellung – und demgemäß wohl auch nach ihrer Entstehungszeit – so sehr differieren, daß man mit Sicherheit annehmen darf, die *Hellēnika* seien entweder äußerer Umstände halber nicht abgeschlossen oder aber von ihrem Autor absichtlich unvollendet beiseitegelegt worden. Der klaffenden Diskrepanz der Teile entspricht die unterschiedliche Wertung der modernen Kritik, deren Prädikate von »ergreifend«, »reich«, »gewaltig und herrlich geschrieben« (J. Burckhardt) bis zu »parteiisch«, »unsorgfältig« (C. L. Brownson), ja »widerlich« (W. Schmid) reichen, je nachdem, welches Stück zur Debatte steht. Freilich wird – sieht man von der mangelhaften Ausarbeitung einmal ab – bisweilen zu wenig bedacht, daß die historische Einseitigkeit, die Vorliebe für Sparta, der Haß auf Theben, das verhüllte Ressentiment gegen Athen ebenso wie die subjektiv-willkürliche Auswahl der geschilderten Ereignisse insgesamt auf eine und dieselbe Ursache zurückgehen: auf die in seinem Wesen begründete Unfähigkeit Xenophons, ein Geschehen aus der Distanz in seiner geschichtlichen Bedeutung zu erkennen. Die *Hellēnika* wiederholen auf ihrem Sektor nur, was im Bereich der Philosophie die Sokrates-Darstellungen (*Apomnēmoneumata, Apologia Sokratus, Symposion*) zeigen: Xenophon war von Natur weder Philosoph mit philosophischen Normen noch Historiker mit historischen Normen – sondern allein Schriftsteller, dem der persönliche Eindruck Maßstab ist. Deshalb gelingen ihm auch jene Werke am besten, – selbst wenn ihr Vorwurf philosophischer oder historischer Natur ist –, in denen sich der Autor auf ein persönliches Anliegen, auf persönliche Erinnerung und persönliche Erfahrung beschränkt, wie *Anabasis, Oikonomikos, Über die Reitkunst* oder die *Kyru paideia*.

Von Historikern wie von Philologen gleichermaßen gerühmt wird derjenige Teil der *Hellēnika*, der die eigentliche Fortsetzung der Geschichte des *Peloponnesischen Krieges* bringt, vom die Erzählung des großen Vorbildes direkt aufnehmenden »*Wenige Tage darnach* …« bis zu Buch 2, Kap. 3,9, dem Ende des Krieges. Der Rest des zweiten Buchs ist dem in sich abgerundeten Bericht von der Herrschaft der Dreißig in Athen gewidmet, und man darf daraus folgern, daß hier das Thukydides-Supplement abgeschlossen werden sollte. Die Geschehnisse nach der Niederlage Athens sind aus einem neuen Blickwinkel geschildert: Alles konzentriert sich auf die Politik Spartas, seinen Aufstieg nach 403 (bis Buch 5, Kap. 3), dann, wie das in den Verlauf der Erzählung eingeschaltete programmatische Prooimion (5,4) darlegt, auf seinen Niedergang (5,4–7,5). Die Disposition der Darstellung fällt allerdings mit dieser Interpretation des Geschehens nicht zusammen: Das Epochedatum des Antalkidas-Friedens zwischen Sparta-Persien und Athen im Jahre 387/86, das als Handlungseinschnitt hätte dienen können (5, 1), wird bewußt überspielt. Dabei gewinnt der erste Teil dieser auf Sparta bezogenen Darstellung deutlicheres Profil, weil er einen ausgesprochenen Helden hat: dem lakedaimonischen König, dem Xenophon aus dem Stoff der *Hellēnika* noch einen speziellen Ruhmeskranz mit dem Enkomion auf *Agesilaos* geflochten hat.

Im zweiten Teil macht sich dann des Autors enger Gesichtskreis auffallend bemerkbar: Zwar sieht er, daß der Stern seiner politischen Wahlheimat zu sinken beginnt, doch die Ursachen dazu durchschauen, vor allem zu erkennen, daß sich als Gegengewicht langsam eine andere Macht – Theben – hervortut, vermag er nicht. Während die auf der einen Seite zentrale Stationen des Geschichtswegs dieser Periode als solche nicht wahrnimmt (die Niederlage Spartas bei Leuktra, 371, erscheint als belangloser Glückstreffer der Gegner) oder aber mißachtet (die für Spartas Seeambitionen entscheidende Niederlage gegen die Perser bei Knidos, 394, wird einfach übergangen), während er für nichtspartanische Politiker, so er sie überhaupt erwähnt, wenig Sympathie hat (Epameinondas figuriert als militärischer Vabanquespieler), kurz: während er es, je weiter desto mehr, an der historiographischen Akkuratesse fehlen läßt, nimmt die moralische Wertung, die Deutung auf der Basis von Vorurteilen, immer breitere Formen an. Was in anderen Werken als die naiv-gläubige Frömmigkeit Xenophons bewundert werden mag, wird hier unversehens zum verderblichen Hemmnis der Darstellung, verderblich zumal, weil sich der Tonfall des Erzählers im Verlauf dieses Wandels nicht ändert: »*Das scheinbar objektive Weitersprechen verdeckt nur die tiefste Parteilichkeit*« (J. Burckhardt).

Am Schriftstellerisch-Handwerklichen der *Hellēnika* freilich gibt es, einmal mehr, kaum etwas zu beanstanden: Die Einzelszenen sind mit Geschick anschaulich ausgearbeitet, die Konturen der für wichtig erachteten Persönlichkeiten werden in klaren Linien gezeichnet, Reden beleuchten die Charaktere und lockern das trockene Referat der Fakten auf, überall wird die echt Xenophontische natürliche Lebendigkeit der Darstellung sichtbar. Wenn das spätere Altertum – um nur POLYBIOS, CICERO oder DIONYSIOS aus Halikarnaß zu nennen – den Autor schätzte, so bestimmt auch der *Hellēnika* wegen. E. Sch.

AUSGABEN: Venedig 1503, Hg. Georgios Gemistos Plethon. – Oxford 1900 (in *Opera omnia*, Hg. E. C. Marchant, Bd. 1; Nachdr. zul. 1961). – Ldn./Cambridge (Mass.) 1918–1921 (*Hellenica*, Hg. C. L. Brownson, 2 Bde.; m. engl. Übers.; Loeb; Nachdr. zul. 1947–1950). – Lpzg. 1930, Hg. C. Hude. – Paris 1936–1939 (*Helléniques*, Hg. J. Hatzfeld; m. frz. Übers.; Nachdr. Bd. 1: zul. 1954; Bd. 2: 1948). – Paris 1964 (*Helléniques. Livre I*, Hg. É. Delebecque; m. Einl. u. Komm.).

ÜBERSETZUNGEN: *Des Hochgelörtesten Philosophen, wahrhafftigen Geschichtschreibers, und allertheürsten Hauptmanns Xenophontis Commentarien und Beschreibungen … Auch wz die von Athen, nach der Beschreibung Thucidides gehandelt haben*, H. Boner, Augsburg 1540. – *Sieben Bücher Griechische Geschichte*, J. F. C. Campe (in *AS*, Bd. 2, Stg. 1856). – *Hellenische Geschichte*, Ch. N. v. Osiander (in *Werke*, Bd. 13–16, Stg. [1–3]1831–1876). – *Griechische Geschichte*, K. Wernicke, Lpzg. 1900 (RUB, 4061–4063).

LITERATUR: G. E. Underhill, *A Commentary with Introduction and Appendix on the »Hellenica« of X.*, Oxford 1900. – G. de Sanctis, *La genesi delle »Ellenice« di Senofonte* (in Annali della Scuola Normale Superiore di Pisa, 2/1, 1932, S. 15–35). – M. MacLaren, *On the Composition of X.'s »Hellenica«* (in AJPh, 55, 1934, S. 121–139; 249–262). – P. Cloché, *Les »Helléniques« de Xénophon et Lacédémone* (in Revue des Études Anciennes, 46, 1944, S. 12–46). – H. R. Breitenbach, *Historiographische Anschauungsformen X.s*, Fribourg 1950 [zugl. Diss. Basel]. – M. Sordi, *I caratteri dell'opera storiografica di Senofonte nelle »Elleniche«* (in Athenaeum, 28, 1950, S. 3–53; 29, 1951, S. 273 bis 348). – H. Baden, *Untersuchungen zur Einheit der »Hellenika« X.s*, Diss. Hbg. 1966 [m. Bibliogr.].

HIERŌN (griech.; *Hieron*). Dialog des XENOPHON aus Athen (um 430–350 v. Chr.). – Gesprächspartner sind der weise altgriechische Lyriker Simonides (um 556–468 v. Chr.) und der Tyrann Hieron, der von 478–467/66 in Syrakus regierte und an dessen Hof Simonides keine geringe Rolle spielte. Nach der historischen Authentizität zu fragen ist müßig. Die Unterredung ist, wie auch die Sokratischen Dialoge Xenophons oder PLATONS, schriftstellerische Fiktion. Die Tatsache, daß eine solche Begebenheit immerhin denkbar ist, läßt das Stück äußerlich plausibel erscheinen; doch sonst wirkt das Verhältnis von Simonides und Hieron ebenso romanhaft verklärt wie die Beziehung des Sokrates zu seinen Mitbürgern.

Der Dialog ist recht spröde, auch bietet das Thema – über Glück und Leid des Herrscherlebens – wenig Möglichkeit zu farbiger Diskussion. Der Historiograph und Militär, der Ökonom und Finanzexperte, der Sokratiker Xenophon – keines seiner vielen Talente kann sich hier entfalten. Einzig den versonnenen Staatstheoretiker erkennt man wieder, der sich für einen gerechten Monarchen erwärmt (doch sind für diese politische Neigung sein Prosahymnos auf *Agēsilaos* oder die *Kyru paideia* prägnantere Beispiele). Simonides und Hieron wägen in ihrer Unterhaltung die Vorzüge des einfachen Bürgers und des Herrschers gegeneinander ab. Aus den fast resignierten Worten des einstigen Privatmanns Hieron wird immer deutlicher, daß in allen persönlichen Bereichen der Monarch hinter dem Bürger zurücksteht. Die Freuden der Sinne, der Freundschaft und Zuneigung, des Wohlstands und der Ehre vermögen ihn so wenig zu befriedigen wie das Gefühl der Vaterlandsliebe und das Vertrauen in die Untertanen; denn all dieses Glück wird vergällt oder verhindert von der stetigen Sorge um die Erhaltung der Macht, von der ständigen Furcht vor rebellischer Auflehnung und betrügerischer Schmeichelei. Soweit der weit mehr als die Hälfte des Ganzen umspannende erste Teil – man ist geneigt, ihn als Monolog eines gealterten, mißtrauisch-enttäuschten Regenten zu charakterisieren. Jedoch macht gleich die anschließende Argumentation des Simonides klar – dies die formale Pointe des Dialogs –, daß Hieron gar nicht, wie zu erwarten, als Monarch gesprochen hat, sondern als machtbegabter, aber desillusionierter Privatmann, und daß der Dichter nun nicht etwa als Individualist, wie es sich gehört, das Lob privater Daseinswonnen singt, sondern im Gegenteil den Herrscher erst eigentlich auf das Gebiet verweist, wo ihn das Glück des Herrschens finden wird: in der uneigennützigen Sorge für Staat und Bürger. Dann werde sich auch sein persönliches Leben mit Ruhe und Genuß füllen.

»*Drum, Hieron, bereichere die Freunde – dann wirst du selbst reich sein; fördere die Stadt – dann wirst du dir Macht erwerben; erwirb ihr Bundesgenossen – [dann wirst du nicht mehr allein sein]* ... *Denn wenn du den Freunden durch gute Taten überlegen bist, können die Feinde dir keinesfalls widerstehen. Und wenn du dies alles tust, so sei gewiß, wirst du den allerschönsten und schätzenswertesten Besitz unter den Menschen besitzen: denn glücklich wirst du sein, ohne Neid und Mißtrauen.*«

Daß der *Hieron* durch seine ideal-optimistische Tendenz und den betulichen Ton ethischer Ermahnung leicht aufdringlich wirkt, ist nicht zu übersehen – als Gegenstück zu der bei HERODOT erzählten Geschichte von Solon und Kroisos erscheint er ebenso wohlgemeint wie effektlos: das unreflektiert-naive Herrscherideal ist dem Philosophenideal der Xenophontischen Sokrates-Darstellung durchaus verwandt.

E. Sch.

AUSGABEN: Florenz 1516 (in der GA des Euphrosynus Boninus). – Lpzg. 1910 (in *Scripta minora*, Bd. 1, Hg. T. Thalheim). – Oxford 1920 (in *Opera omnia*, Hg. E. C. Marchant, Bd. 5; Nachdr. zul. 1961). – Ldn./Cambridge (Mass.) 1925 (in *Scripta minora*, Hg. ders.; m. engl. Übers.; Loeb; Nachdr. zul. 1956). – Rom ²1937 (in *Opuscula*, Hg. G. Pierleoni; Nachdr. 1954). – Paris 1948 (*Hiéron*, Hg. J. Luccioni; m. frz. Übers.). – Madrid 1954, Hg. M. Fernández Galiano [m. span. Übers. u. Komm.].

ÜBERSETZUNGEN: *Hieron, oder die Wahre Beschaffenheit des Königlichen Lebens*, M. R. Helvetius, Nürnberg 1736. – *Hiero oder Herrscherleben*, A. H. Christian (in *Werke*, Bd. 9, Stg. 1828). – *Hiero oder von der Zwingherrschaft*, C. H. Dörner (in *Werke*, Bd. 4, Stg. 1875 u. ö.). – *Hieron über die Tyrannis*, E. Cahn (in L. Strauss, *Über Tyrannis. Eine Interpretation von X.s »Hieron«*, Neuwied/Bln. 1963).

LITERATUR: J. Hatzfeld, *Note sur la date et l'objet du »Hiéron« de Xénophon* (in REG, 59/60, 1946/47, S. 54–70). – J. Luccioni, *Les idées politiques et sociales de Xénophon*, Paris 1947, S. 255–268. – L. Strauss, *On Tyranny. An Interpretation of X.'s »Hiero«*, NY 1948 (dt.: *Über Tyrannis. Eine Interpretation von X.s »Hieron«*, Neuwied/Bln. 1963; m. Übers. v. E. Cahn). – G. J. D. Aalders, *Date and Intention of X.'s »Hiero«* (in Mnemosyne, 6, 1953, S. 208–215). – É. Delebecque, *Essai sur la vie de Xénophon*, Paris 1957, S. 411–424.

HIPPARCHIKOS (griech.; *Der Reitergeneral*). Kurze Schrift mit Anweisungen für den höheren Kavallerieoffizier von XENOPHON aus Athen (um 430–350 v. Chr.). – Der Autor hatte sich selbst einst als Militär seine Sporen erworben und ließ später, nachdem Athen und Sparta sich unter dem Druck von außen (371 Schlacht bei Leuktra) wieder zusammentaten und Xenophons Exil aufgehoben wurde, auch seine zwei Söhne in der attischen Reiterei dienen. Der eine von ihnen ist dann 362 bei Mantineia gefallen, und man darf annehmen, daß dieser Umstand eine der Anregungen für den *Hipparchikos* und die Schwesterschrift *Peri hippikēs (Über die Reitkunst)* war. Ob freilich der im *Hipparchikos* Angeredete eine bestimmte Person ist oder ob das »du« der Anrede als »man« zu verstehen ist, bleibt ungelöst. Da beide Werke vornehmlich athenische Verhältnisse berücksichtigen und von einer attisch-spartanischen Feindschaft nichts zu spüren ist (gefährlich erscheinen hier die Boiotier), wird man ihre Entstehung auf die Jahre um 360 ansetzen können, und zwar den *Hipparchikos* etwas früher als die – auf ihn verweisende – *Reitkunst*.

Die Disposition des *Hipparchikos* ist nicht so sehr von künstlerischen Absichten als vielmehr von sachlichen Aspekten geprägt. Offenkundig strebt der Autor einen möglichst umfassenden Überblick über die Pflichten eines guten Kavalleriegenerals an, wobei er sich weder vor gelegentlichen Wieder-

holungen noch vor disparater Parataxe spezieller und höchst allgemeiner Vorschriften scheut: Auswahl der Reiter und Pferde, Gliederung der Truppe, Paraden und Manöver, taktische Anweisungen für den Marsch, Kriegslisten, Behandlung der untergebenen Soldaten, Verteidigung einer Stadt (Athen) durch ein Reiterheer, Taktik bei zahlenmäßiger Überlegenheit oder Unterlegenheit, der Wert einer wechselseitigen Ergänzung von Theorie und Praxis, Ratschläge zur Vergrößerung der attischen Reiterei, der Nutzen strenger Observanz religiöser Kultvorschriften – in buntem Wechsel wird über dies alles der Reihe nach gesprochen, und eines hat dasselbe Gewicht wie das andere. Eine methodische Lehrschrift ist der *Hipparchikos* also fraglos nicht (auch die *Reitkunst* gibt sich ja mehr als ein handliches Merkbüchlein), aber es soll es auch gar nicht sein: »*Alles jedoch zu beschreiben, was getan werden muß, ist nicht weniger unmöglich, als alles, was eintreten wird, zu wissen*« (9,1). Freilich, mit dem Hinweis auf des Zufalls Wirken ist der Verzicht auf Systematik nur mäßig motiviert. Die Ursache wurzelt tiefer: der von den Sophisten inspirierte Bildungs- und Informationsoptimismus Xenophons ließ sich in seiner antiabstrakten Freude an der Sache nicht selten von der allzu großen Nähe der Sache blenden.
E. Sch.

AUSGABEN: Florenz 1516 (in der GA des Euphrosynus Boninus). – Lpzg. 1912 (in *Scripta minora*, Bd. 2, Hg. F. Ruehl). – Oxford 1920 (in *Opera omnia*, Bd. 5, Hg. E. C. Marchant; Nachdr. zul. 1961). – Ldn./Cambridge (Mass.) 1925 (in *Scripta minora*, Hg. ders.; m. engl. Übers.; Loeb; Nachdr. zul. 1956). – Rom ²1937 (in *Opuscula*, Hg. G. Pierleoni; Nachdr. 1954).

ÜBERSETZUNGEN: In *Sämmtliche Schriften*, A.C. u. K. Borhek, Bd. 6, Lemgo 1808. – *Der Reitereibefehlshaber*, A. H. Christian (in *Werke*, Bd. 11, Stg. 1830). – *Hipparchicus oder Von den Obliegenheiten eines Reiteroberstens*, C. H. Dörner (in *Werke*, Bd. 4, Stg. 1875 u. ö.). – *Der Reiteroberst*, R. Keller, Heidenheim 1962.

LITERATUR: E. Ekman, *Zu X.s »Hipparchikos«*, Diss. Uppsala 1933. – G. Rigo, *L'»Hippologie« de Xénophon*, Diss. Löwen 1939. – É. Delebecque, *Xénophon, ancêtre de la cavallerie moderne* (in Bulletin de l'Association G. Budé, 3/2, 1951, S. 39 bis 45). – Vgl. auch Art. *Peri hippikēs*.

KYNĒGETIKOS (griech.; *Jagdbuch*). Ein »Sachbuch«, der Überlieferung nach von XENOPHON aus Athen (um 430–350 v. Chr.). – Die im unterhaltsamen Bildungsstil gehaltene Schrift hebt sich wie der Traktat *Peri hippikēs (Über die Reitkunst)* und der *Hipparchikos (Der Reitergeneral)* deutlich von allen übrigen Schriften des Autors ab: Aus persönlicher Liebe zur Jagd unternimmt es Xenophon hier, die Grundzüge des Gegenstandes – fast nach Art wissenschaftlicher Empirie – in Form einer kompendienhaften, allgemeinverständlichen Einleitung darzustellen, dem heutigen Jäger noch genauso zur Freude wie dem historisch interessierten Stilkundler. Freilich ist neben diesen scheinbar so einleuchtenden und sicheren literarisch-biographischen Aspekten auch die sprachliche und stilistische Gestalt des Werkes zu berücksichtigen, die in Satzbau, Wortwahl und grammatischer Eigenart so extrem von allem anderen, was Xenophon verfaßt hat (auch von *Reitkunst* und *Hipparchikos*), abweicht, daß es schwerfällt, an seine Autorschaft zu glauben. Seiner allgemeinen geistigen Haltung wegen wird man das Buch jedoch kaum aus dem 5. oder 4. Jh. verbannen dürfen, ausgenommen das prunkvolle mythologische Prooimion (Kap. 1, 1–17), das erwiesenermaßen ein Produkt der kaiserzeitlichen »Zweiten Sophistik« ist (als ARRIAN mit seinem *Jagdbuch* seinem großen Athener Vorbild huldigte, war dieses Prooimion bereits als original Xenophontisch akzeptiert). Die Frage der Verfasserschaft muß also nach wie vor offenbleiben, zumal auch der Gedanke, es könnte sich um eine »Jugendschrift« Xenophons handeln, sehr unbefriedigend ist.

Nach Inhalt und Aufbau könnte das *Jagdbuch* ohne weiteres von Xenophon stammen: Die Disposition ist nicht von formalen Aspekten bestimmt, sondern paßt sich den Erfordernissen des Stoffes an, wodurch manchmal der Eindruck bunter Unordnung entsteht. So ist der weitaus größte Teil (Kap. 2–8) der Hasenjagd mit Hilfe von Hunden und Stellnetzen gewidmet; die Darlegung beginnt bei den diversen Netzen und Netzhütern, befaßt sich dann mit den Jagdhunden verschiedener Rassen, ihren Eigenschaften, ihrer Zucht und Dressur (*kynēgetikē*: »Jagd« heißt ja wörtlich »die Kunst, Hunde zu führen«) sowie mit Leben und Gewohnheiten des Hasen und bietet schließlich genaue Ratschläge für die erfolgversprechende Jagd selbst. An die Hasenjagd reiht sich ein Überblick über die Hirschjagd (Kap. 9), den Wildschweinfang (Kap.10) und, im Hinblick auf Expeditionen ins Ausland, für die Löwen-, Leoparden-, Luchs-, Panther- und Bärenjagd (Kap. 11). Den Abschluß (Kap. 12–13) bildet die breite Ausführung eines Gedankens, der schon zu Beginn (Kap. 2, 1) angeklungen ist: des allgemeinen erzieherischen Wertes der Jagd, die nicht nur als vorbereitendes Training zum Kriegsdienst empfehlenswert erscheint, sondern den Bürger auch in seiner politischen Verantwortung zu stärken geeignet ist. Wenn in diesem Zusammenhang die Sophisten überaus hart getadelt werden, weil sie mit ihrem nutzlos-abstrakten Scheinwissen statt Bildung nur Mißbildung hervorriefen, so läßt sich darin allerdings ein Indiz für eine Athetese des Werks entdecken: denn daß Xenophon die sprachlichen Errungenschaften eines GORGIAS oder PRODIKOS und ihrer Schüler zu schätzen wußte, heißt noch lange nicht, daß er einer pädagogischen Ambition und Praxis generell befürwortet hätte. Sollte das Buch tatsächlich von Xenophon und gar noch in seinen Jugendjahren verfaßt worden sein, so mag man in dieser Sophistenpolemik einen Reflex Sokratischen Verhaltens erkennen.
E. Sch.

AUSGABEN: Florenz 1516 (in der GA des Euphrosynus Boninus). – Lpzg. 1912 (in *Scripta minora*, Hg. L. Dindorf u. F. Ruehl, Bd. 2). – Oxford 1920 (in *Opera omnia*, Hg. E. C. Marchant, Bd. 5; Nachdr. zul. 1966). – Ldn./Cambridge (Mass.) 1925 (in *Scripta minora*, Hg. ders.; m. engl. Übers.; Loeb; Nachdr. zul. 1956). – Rom ²1937 (in *Opuscula*, Hg. G. Pierleoni; Nachdr. 1954).

ÜBERSETZUNGEN: In *Sämtliche Schriften* A. Ch. u. C. Borheck, Bd. 6, Lemgo 1808. – *Ueber die Jagd*, J. W. Lenz, Lpzg. 1828. – *Von der Jagd*, A. H. Christian (in *Werke*, Bd. 12, Stg. 1831). – *Kynegetikus oder Büchlein von der Jagd*, Ch. H. Dörner (in *Werke*, Bd. 4, Stg. 1875 u. ö.).

LITERATUR: L. Radermacher, *Ueber den »Cynegeticus« des X.* (in RhMus, 51, 1896, S. 596–629; 52,

1897, S. 13–41). – J. Mewaldt, *Die Composition des Xenophontischen »Kynegetikos«* (in Herm, 46, 1911, S. 70–92). – W. A. Baehrens, *De »Kynegetico« Xenophonteo* (in Mnemosyne, 2/54, 1926, S. 130 bis 145). – J. Overbeck, *Einige Bemerkungen zu [X.s] »Kynēgetikos«* (in Natalicium. J. Geffcken zum 70. Geburtst., Heidelberg 1931, S. 100–110). – W. Jaeger, *Paideia*, Bd. 3, Bln. 1947, S. 250–254. – G. Pierleoni, *Il proemio del »Cinegetico« di Senofonte* (in SIFC, 10, 1932, S. 53–65). – É. Delebecque, *Essai sur la vie de Xénophon*, Paris 1957, S. 173 bis 181. – D. B. Hull, *Hounds and Hunting in Ancient Greece*, Chicago 1964.

KYRU PAIDEIA (griech.; *Die Erziehung des Kyros*). Romanhaft-historisches Werk von XENOPHON aus Athen (um 430–350 v. Chr.), erst in den letzten Lebensjahren des Autors, nach 366, vollendet. – In diesem oft gerühmten, selten gelesenen, meist gegenüber den anderen großen Werken des Autors vernachlässigten Buch hat Xenophon, gleichsam als Summe eines reichen Lebens, noch einmal alles vereint, was für sein langes literarisches Schaffen bestimmend war: die Reverenz vor dem persischen Nachbarvolk, zu dem er bei seiner Asienfahrt im Jahr 401 Zuneigung gefaßt hatte (vgl. *Kyru anabasis*), die Neigung zu historischen Studien (*Hellēnika, Kyru anabasis, Agēsilaos, Lakedaimoniōn politeia*), die Freude an den pragmatischen und militärischen Disziplinen feudaladliger Lebensweise (*Hipparchikos, Peri hippikēs, Kynēgetikos*), das Streben nach moralischer Durchdringung des Daseins (die Sokratischen Dialoge) und – zuletzt und zuhöchst – das mit den Jahren sich immer deutlicher ausprägende politische Ideal eines gerechten und starken Monarchen (*Agēsilaos, Hierōn, Lakedaimoniōn politeia*). So ist die *Kyrupädie* ein Werk rückschauender Reife – doch zugleich auch ein Werk des Alters und der Resignation. Das Alter: es tritt vor allem in Stil und Darstellung hervor, in der breiten, gemachvoll-ruhigen Erzählung, im Verzicht auf kunstreiche Gesamtposition, in der Neigung zum Episodischen, das allein die Handlung trägt, während das Ganze weithin als Schilderung erscheint. Die Resignation: sie zeigt sich in einer allgemeinen Abkehr vom Geschehen des Augenblicks, im Verzicht auf modische Aktualität, in der Hinwendung vom Griechischen zum Persischen, von der Gegenwart in die Vergangenheit, von der Realität zum Ideal, von der unmittelbaren Paränese zum verklärten Postulat.

Das Prooimion, in dem Xenophon, von der einzigartigen Herrscherqualität des älteren Kyros (reg. 559–528 v. Chr.), des Begründers des Perserreiches, ausgehend, die Motive seiner Darstellung vorträgt, stellt drei Zentralbegriffe griechischer Anthropologie als Ziel der Schilderung auf: »Wir nun, die wir diesen Mann für aller Bewunderung wert fanden, haben nachgeforscht, wer er wohl nach seiner Herkunft war, welche natürliche Anlage er besaß und in welcher Bildung er erzogen wurde, um sich in seinem Regiment so sehr von den übrigen Menschen unterscheiden zu können. Was wir dabei erkundet haben und was wir über ihn bemerkt zu haben glauben, das werden wir darzulegen versuchen« (1, 1, 6). Herkunft, Anlage und Erziehung: dies sind nach griechischer Auffassung (man denke an den Sophismus, an ISOKRATES und PLATON) die Momente, die den Menschen zu dem formen, was er seiner Natur als Mensch nach ist. Für den Autor ergeben sich aus einem solchen Programm zwei Forderungen (ein häufig verkannter Aspekt der *Kyrupädie*): Er muß sowohl das Werden seines Helden darstellen als auch sein Wesen und Tun, das, als »Gewordenes«, diesem Werden entsprungen ist. Der ersten Perspektive dient im wesentlichen Buch 1, das von Abstammung, Jugendjahren, Unterricht nach persischen Erziehungsgesetzen und dem ersten Oberbefehl über ein Heer berichtet. Die zweite Perspektive, daß Bildung sich in der Wirklichkeit, in der Persönlichkeit bewährt und sich in deren Werden eigentlich ständig neu vollzieht, gehört als beinahe tautologisches Pendant hinzu: Buch 2–8, thematisch hauptsächlich den mannigfaltigen, immer erfolgreichen militärischen Unternehmungen des Kyros gewidmet, machen diesen Grundzug deutlich genug – die zahlreichen Ansprachen und die Gespräche des Kyros mit Untergebenen, mit Freunden und unterworfenen Gegnern, die vielen Akte politischer Vorausschau und Milde, auf die Xenophon nicht müde wird hinzuweisen, stehen als Musterbeispiele eben jener aus Anlage und Formung gebildeten Wesenseinheit eines wahren Idealherrschers, als den der Autor seinen Helden sah. Und insofern das gelebte Resultat nur die Entfaltung des in der Jugend angelegten Keims ist, gewinnt auch der Gesamttitel seine zunächst fragwürdige Bedeutung in vollem Umfange zurück – die *paideia* reicht von der Geburt bis zum Tode.

Die epochale Bedeutung dieses zugleich anspruchsvollsten und bedeutendsten Werks des Atheners liegt vor allem in zwei Momenten. Zum einen wurde Xenophon mit der *Kyrupädie* so etwas wie der Schöpfer des Romans, speziell des historischen Romans; denn das Seltsamste an dem Buch ist, daß der Autor – seiner geistigen Herkunft nach in erster Linie Historiker – hier alles andere als nachprüfbare historische Wahrhaftigkeit anstrebt. Mit den geschichtlichen Tatsachen wird vielmehr frei geschaltet – man könnte geneigt sein zu sagen, nach Belieben, wenn nicht alle Variationen der realen Fakten bewußte Umformungen um des pädagogisch-humanen Tenors willen wären. Und in diesem Grundton wiederum, der dem Ganzen wie seinen Teilen die entscheidende Prägung verleiht, offenbart sich das andere literarhistorische Moment: Xenophon hat mit der *Kyrupädie* den ersten Erziehungsroman unseres Kulturkreises geschrieben. Parzival, Simplicius, Émile, Anton Reiser, Wilhelm Meister, selbst noch Oskar Matzerath, der Blechtrommler – sie alle können, trotz ihrer Verschiedenheit untereinander und ihrer Diskrepanz insgesamt gegenüber dem antiken Urbild, als verborgene Nachkommen des Xenophontischen Kyros, berücksichtigt man nur erst den kardinalen Unterschied der literarischen Gestaltung, der der andersartigen Auffassung von der Bildung entspringt. Die neuzeitlichen Romane sind durchaus dynamisch, die antike ist seinem Wesen nach statisch; dort wird ein Ungeformter durch mannigfache Erlebnisse geformt, hier wächst ein mit dem Keim der Form Begabter in die ihm gemäße Gestalt hinein, dort herrscht der Wandel, hier die Wirkung, dort die Entwicklung, hier Entfaltung. Dahinter steckt aber im tiefsten Grunde nicht ein Wechsel der literarischen Zielsetzung, sondern ein fundamentaler Unterschied des Menschenbildes: Das griechische Leben erfüllte sich nach dem Motto »Sei, der du bist!«, das moderne nach dem Motto »Werde, der du sein sollst!«. E. Sch.

AUSGABEN: Florenz 1516 (in der GA des Euphrosynus Boninus). – Bln. ³/⁴1876–1886 (*Cyropädie*, Hg. F. K. Hertlein u. W. Nitsche; m. Komm.). – Lpzg. ³/⁴1878–1890 (*Kyropaedie*, Hg. L. Breitenbach u. B. Büchsenschütz; m. Komm.). – Lpzg. 1883 (*Institutio Cyri*, Hg. A. Hug). – Oxford 1910 (in *Opera omnia*, Hg. E. C. Marchant, Bd. 4; Nachdr. zul. 1963). – Lpzg. 1912 (*Institutio Cyri*, Hg. W. Gemoll). – Ldn./Cambridge (Mass.) 1914 (*Cyropaedia*, Hg. W. Miller, 2 Bde.; m. engl. Übers.; Loeb; Nachdr. zul. 1947–1953).

ÜBERSETZUNGEN: *Des Hochgelörtesten Philosophen, wahrhafftigen Geschichtschreibers, vnd allertheürsten Hauptmanns Xenophontis Commentarien vnd Beschreibungen von dem Leben vnd Heerzug, Cyri des ersten Künigs in Persien, Auch von dem träfflichsten Heerzug, den Cyrus der ander des namens, Künig in Persien, wider seinen Bruder Artaxerxem gethan, Vnd wie die Griechen an allen orthen gesigt haben...*, H. Boner, Augsburg 1540. – *Cyropädie*, Ch. Walz (in *Werke*, Bd. 1–3, Stg. ³/⁴1862–1871). – Dass., Ch. H. Dörner (in *Werke*, Lfg. 17–24, Stg. 1864 u. ö.). – *Kyrupädie*, C. Woyte, Lpzg. 1911 (RUB, 5281–5284).

LITERATUR: E. Scharr, *X.s Staats- und Gesellschaftsideal und seine Zeit*, Halle 1919. – L. Castiglioni, *Studi senofontei V. La »Ciropedia«* (in RRAL, 1922, S. 34–56). – W. Jaeger, *Paideia*, Bd. 3, Bln. 1947, S. 233–238. – A. Delatte, *La formation humaniste selon Xénophon* (in Bulletin de la Classe des Lettres de l'Académie Royale de Belgique, 35, 1949, S. 505–522). – H. R. Breitenbach, *Historiographische Anschauungsformen X.s*, Fribourg 1950 [Diss. Basel 1948]. – É. Delebecque, *Essai sur la vie de Xénophon*, Paris 1957, S. 384–410.

KYRU ANABASIS (griech.; *Der Hinaufmarsch des Kyros* [ins Innere des anatolischen Hochlands und Vorderasiens]). Historisches Werk des XENOPHON aus Athen (um 430–350 v. Chr.), wohl gegen Ende seines Aufenthalts auf dem Landgut in Skillus (390–370) verfaßt und zunächst unter dem Pseudonym Themistogenes aus Syrakus publiziert. – Xenophon erzählt in der Anabasis weithin Selbsterlebtes oder durch Augenzeugen Verbürgtes. Von sich selbst und seinem nicht unbeträchtlichen Anteil am Geschehen des Zuges spricht er dabei immer in der dritten Person – ähnlich CAESAR in seinen *Commentarii*, denen das Buch auch in Stil und innerer Haltung sehr verwandt ist. Dieser Kunstgriff förderte zugleich die geheime Absicht des Verfassers, seine Wirksamkeit ins rechte Licht zu setzen, war doch die Beteiligung am Unternehmen des Kyros aus athenischer Perspektive zumindest suspekt. Daß dann im Eifer der Apologie auf die Rolle des »Xenophon aus Athen« das Hauptlicht (vornehmlich Buch 5 ist seine »Aretalogie«, auch das Ende von Buch 6 und 7) und auf die Zentralfigur des Spartaners Cheirisophos bloß ein Nebenlicht fällt, ist leicht verständlich, ja im Grunde sogar ein Zeichen – gewiß berechneter – historischer Ehrlichkeit, wenigstens sobald das Spiel mit dem Pseudonym enthüllt ist.
Im Jahr 401 hatte der Böotier Proxenos, ein Freund des persischen Kronprinzen Kyros, Xenophon eingeladen, einen kleineren Feldzug des Kyros mitzumachen. Xenophon, damals Schüler des Philosophen SOKRATES, sagte zu, ohne sich um die allgemeine politische Stimmung der schon wieder – oder immer noch – antispartanischen Heimatstadt Athen (Sparta sympathisierte mit Kyros) zu kümmern. Freilich wurde der in Aussicht gestellte kurze Provinzkrieg für die griechischen Söldner schnell zu einer doppelt herben Enttäuschung: einmal, als sie den wahren Grund ihrer Anwerbung erfuhren – ein persischer Bürgerkrieg im Innern Vorderasiens –, zum andern, als nach einem recht flotten Anmarsch in der ersten großen Schlacht die Truppen des Kyros zwar siegten, ihr Führer jedoch fiel. Nun standen plötzlich zehntausend Hellenen nutz- und herrenlos bei Kunaxa, im Zentrum Mesopotamiens, gut zweitausend Kilometer von ihrer europäischen Heimat entfernt. Dieser äußere Höhepunkt der abenteuerlichen Historie, von dessen Vorgeschichte das ganze Werk seinen Titel hat, bildet den Abschluß des ersten Buches. Was folgt, ist der mühselige Rückmarsch eines durch Meuchelmord obendrein seiner griechischen Generäle beraubten (Buch 2), ständig von Feinden umzingelten Heerhaufens, der, von Cheirisophos und Xenophon geführt, sich durch die Tigrisebene (Buch 3) und das winterlich-unwegsame armenische Hochland schließlich zum Schwarzen Meer durchkämpft (Buch 4), doch auch dann nur unter vielen Strapazen, teils zu Schiff, teils zu Land, langsam Byzanz näherkommt. Aber nicht einmal dort findet man Ruhe: sondern ehe man zu neuen Aufgaben unter dem lakedaimonischen General Thribon wieder nach Kleinasien übersetzt, heißt es noch, in den Sold des Thrakers Seuthes zu treten.
Der Reiz der Erzählung beruht, neben der sachlichunpreziösen Diktion, insbesondere auf der glücklichen Mischung von Details und raffendem Bericht; die summarisch referierte Reiseroute steht neben der ausführlich geschilderten Lagerszene, die großflächig gezeichnete Handlung einer Schlacht neben dem Dialog eines Kriegsrats, die Bewältigung eines Passes neben der Gelageepisode; dazwischen immer wieder Exkurse – die Charakterbilder der Hauptpersonen (etwa 1, 9; 2, 6) erlangten literarische Berühmtheit –, durchgearbeitete Reden, Einblendungen und biographische Nachträge (3, 1 die Autobiographie Xenophons), geographische und ethnologische Randnoten. Das Ganze stellt sich dar als eine unterhaltsam vorgetragene, informative »Story«, deren Rang zu einem großen Teil – vergleicht man andere Bücher Xenophons – auch darin liegt, daß das moralisch-lehrhafte Dozieren hinter der Lust am Fabulieren zurücktritt. Keinem der zahlreichen Werke des Autors, weder dem *Kyru paideia* noch dem *Symposion*, weder den *Apomnēmoneumata* noch den *Hierōn*, weder den *Agēsilaos* noch den *Hellēnika*, ist jene frische Unmittelbarkeit zu eigen, mit der hier Geschichte zu Geschichten und Fakten zu Memoiren gemacht werden – ohne daß den Tatsachen ihre Präzision geraubt würde. Der Tadel, banal, simpel, einfältig und langweilig zu sein, trifft, wenn überhaupt ein Werk Xenophons, so gewiß nicht die *Anabasis*; denn daß ihr Ruf heute ramponiert ist, verdankt sie nur dem Vorzug sprachlicher Glätte und der allgemeinen Beliebtheit, deretwegen sie als oft mißbrauchte Schullektüre im Gedächtnis vieler ihren Platz hat.
Wie die Zeitgenossen die *Anabasis* aufnahmen, kann man nur erschließen. Sicherlich beherrschten gewaltigere Namen, wie ISOKRATES und PLATON, das literarische Bild der Epoche. Als historische Quelle aber war das Werk schon früh geschätzt;

127

der Universalhistoriker EPHOROS benutzte für seine Darstellung der Persergeschichte hauptsächlich die *Anabasis*. In der späteren Zeit des Hellenismus wuchs das Interesse an dem Schriftsteller Xenophon, und aus diesen Jahrhunderten stammen auch die Einteilung des Werkes in sieben Bücher sowie die Zusammenfassungen zu Beginn der einzelnen Bücher und am Schluß des letzten Buchs. Der Gipfel der Xenophon-Verehrung war in der Kaiserzeit erreicht, als der Autor seines schlichten, sauberen Stils wegen zum Erzheiligen des Attizismus aufstieg und als ARRIAN seinen *Alexanderzug* am Vorbild des *Kyroszuges* ausrichtete und zu einer *Anabasis* in sieben Büchern formte.
E. Sch

AUSGABEN: Florenz 1516 (in der GA des Euphrosynus Boninus). – Oxford 1904 (in *Opera omnia*, Hg. E. C. Marchant, Bd. 3; Nachdr. zul. 1966). – Lpzg. $^{6/7}$1905–1912 (*Anabasis*, Hg. C. Rehdantz u. O. Carnuth; Bd. 1: ^{7}1912, Hg. E. Richter; Bd. 2: ^{6}1905, Hg. W. Nitsche; m. Komm.). – Ldn./ Cambridge (Mass.) 1921/22 (in *Hellenica, Books VI + VII. Anabasis, Books I–III*; *IV–VII*, Hg. C. L. Brownson, 2 Bde.; m. engl. Übers.; Loeb; Nachdr. zul. 1947–1950). – Paris 1930/31 (*Anabase*, Hg. P. Masqueray, 2 Bde.; m. frz. Übers.; Bd. 1: ^{3}1952). – Lpzg. 1931 (*Anabasis*, Hg. C. Hude). – Mchn. 1954 (*Der Zug der Zehntausend. Cyri anabasis*, Hg. W. Müri; griech.-dt.).

ÜBERSETZUNGEN: *Des Hochgelörtesten Philosophen, wahrhafftigen Geschichtschreibers, vnd allertheürsten Hauptmanns Xenophontis Commentarien vnd Beschreibungen von dem Leben vnd Heerzug, Cyri des ersten Künigs in Persien, Auch von dem trefflichsten Heerzug, des Cyrus der ander des namens, Künig in Persien, wider seinen Bruder Artaxerxem gethan, Vnd wie die Griechen an allen orthen gesigt haben...*, H. Boner, Augsburg 1540. – *Feldzug des jüngern Kyros*, F. K. Hertlein (in *AS*, Bd. 3, Stg. 1857). – *Anabasis oder Feldzug des jüngeren Cyrus*, A. Forbiger (in *Werke*, Hg. 11–16, Stg. 1860/61 u. ö.). – *Feldzug des jüngern Cyrus*, L. Tafel (in *Werke*, Bd. 6–8, Stg. $^{4-6}$1861–1871). – *Des Kyros Anabasis*, H. Vretska, Stg. 1958 (RUB, 1184–1186).

LITERATUR: I. Bruns, *Das literarische Porträt der Griechen*, Bln. 1896, S. 137–144. – A. Körte, *Die Tendenz von X.s »Anabasis«* (in NJb, 49, 1922, S. 15–24). – J. Mesk, *Die Tendenz der Xenophontischen »Anabasis«* (in WSt, 43, 1922/23, S. 136–146). – C. Höeg, *Xenophontos »Kyru Anabasis«. Œuvre anonyme ou pseudonyme ou orthonyme* (in Classica et Mediaevalia, 11, 1950, S. 151–179). – É. Delebecque, *Xénophon, Athènes et Lacédémon. Notes sur la composition de l'»Anabase«* (in REG, 59/60, 1946/47, S. 71–138). – H. R. Breitenbach, *Historiographische Anschauungsformen X.s*, Fribourg 1950 [Diss. Basel 1948]. – F. Schrömer, *Der Bericht des Sophainetos über den Zug der Zehntausend*, Diss. Mchn. 1954. – É. Delebecque, *Essai sur la vie de Xénophon*, Paris 1957, S. 83–129; 199–206. – H.-J. Diesner, *Das Söldnerproblem im alten Griechenland* (in Das Altertum, 3, 1957, S. 213–223). – M. Sachsenhauser, *Untersuchungen über die Sperrung von Substantiv und Attribut in X.s »Anabasis«* (in WSt, 72, 1959, S. 54–74). – Lesky, S. 665f.

LAKEDAIMONIŌN POLITEIA (griech.; *Die Staatsverfassung der Lakedaimonier*). Historisch-politische Studie über Aufbau, Geschichte und Wesen des spartanischen Staates von XENOPHON aus Athen (um 430–350 v. Chr.), entstanden nach 360. – Die Schrift ist geprägt von den beiden markantesten Wesenszügen ihres Verfassers: seiner monarchistischen Einstellung und der tiefen Sympathie für Sparta, die Erzrivalin seiner Vaterstadt. Dieser Grundton stellt das Werk, das in der Tradition einer von den Sophisten, speziell von KRITIAS, begründeten Monographienform steht, einerseits neben die *Hellēnika (Griechische Geschichte)* und das Enkomion auf *Agēsilaos*, andererseits neben die *Kyru paideia* und den *Hierōn*.
Titel und Inhalt des Büchleins haben bewirkt, daß später als Ergänzung dazu die *Athēnaiōn politeia (Die Staatsverfassung der Athener)* in das Werkverzeichnis Xenophons aufgenommen worden ist. Allerdings sind die wesentlichen Unterschiede der beiden Schriften schwerlich zu übersehen. Der *Staat der Athener*, vermutlich zwischen 431 und 424 von einem anonymen Aristokraten verfaßt, stellt ein antidemokratisches Pamphlet dar, das nicht etwa einen Abriß der attischen Verfassung geben will, sondern bestimmte Phänomene auswählt, um ein politisches Urteil zu untermauern. Der *Staat der Lakedaimonier* dagegen zeichnet in raffenden Strichen ein Bild der Wesenselemente der gesamten von Lykurg eingerichteten spartanischen Verfassung. Wenn Xenophon bei seinem Bericht über die innere Staatsordnung (Kapitel 1–10 behandeln das Werden der Lykurgischen Gesetzgebung), über das spartanische Heeres- und Kriegswesen (Kap. 11–13) und über die Rolle des Königs in Heer und Staat (Kap. 13; 15) als kompositorisches Mittel durchweg den synkritischen Vergleich mit den übrigen hellenischen Staaten wählt, so kommt darin zwar indirekt eine politische Tendenz zum Ausdruck; in erster Linie ist diese Methode aber doch ein Stilprinzip. Der schlagwortreichen Propagandaschrift steht also eine sachlich historischer Bericht gegenüber, dem man allenfalls den Charakter einer idealprogrammatischen Bekenntnisschrift zubilligen kann. Daß im Vordergrund ganz die zwar persönlich gefärbte, aber durch und durch von den Fakten bestimmte Referat steht, zeigt am deutlichsten jenes oft fälschlich der Unechtheit verdächtigte Kapitel 14, in dem der Autor den Boden der indirekt wertenden Synkrisis verläßt und offen den Verfall der strengen Lykurgischen Vätersitte tadelt: Der Bericht und die Interpretation sind strikt getrennt, das Urteil fließt aus der Darstellung, nicht – wie im *Staat der Athener* – umgekehrt.
Das gilt auch für die einzelnen Abschnitte der Erörterung. Wohl hält Xenophon mit Worten des Lobes nicht zurück und weist immer wieder darauf hin, wie jedes einzelne Gesetz in unübertrefflicher Weise dem Grundgedanken des spartanischen Staatswesens, das Individuum der Gemeinschaft unterzuordnen, dient; aber eben weil sich der Berichterstatter für die Sache begeistert, muß er den Leser zunächst im Detail mit ihr vertraut machen, um seine Meinung begründen und für sie Verständnis finden zu können. So belebend freilich hierbei die persönliche Verve in die sachliche Dimension hineinwirkt – die literarische Dimension hat sie nicht zu befruchten vermocht: Nicht zuletzt die ständigen beteuernden Hinweise auf Nutzen, Erfolg und ethisch-politische Qualität der dargestellten Sache untergraben die Qualität der Darstellung.
E. Sch

AUSGABEN: Florenz 1516 (in der GA des Euphrosynus Boninus). – Lpzg. 1912 (in *Scripta minora*, Hg. L. Dindorf u. F. Ruehl, Bd. 2). – Oxford 1920 (in *Opera omnia*, Hg. E. C. Marchant, Bd. 5; Nachdr. zul. 1966). – Ldn./Cambridge (Mass.) 1925 (in *Scripta minora*, Hg. ders.; m. engl. Übers.; Loeb; Nachdr. zul. 1956). – Lyon/Paris 1934 (*La République des Lacédémoniens*, Hg. F. Ollier; m. frz. Übers.). – Rom ²1937 (in *Opuscula*, Hg. G. Pierleoni; Nachdr. 1954). – Madrid 1957 (*La República de los Lacedemonios*, Hg. M. Rico Gomez u. M. Fernández Galliano; m. span. Übers. u. Komm.).

ÜBERSETZUNGEN: *Republik der Lacedämonier* (in *Neue Sammlung der merkwürdigsten Reisen*, Bd. 11, Ffm. 1758). – *Staatsverfassung der Lacedämonier*, A. H. Christian (in *Werke*, Bd. 11, Stg. 1830).

LITERATUR: E. Scharr, *X.s Staats- und Gesellschaftsideal und seine Zeit*, Halle 1919. – L. Strauss, *The Spirit of Sparta or the Taste of Xenophon* (in Social Research, 6, 1939, S. 502–536). – W. Jaeger, *Paideia*, Bd. 3, Bln. 1947, S. 238–243. – K. M. T. Chrimes, *The »Respublica Lacedaemoniorum« ascribed to X.*, Cambridge 1948. – H. R. Breitenbach, *Historiographische Anschauungsformen X.s*, Fribourg 1950 (Diss. Basel 1948). – K. M. T. Chrimes, *Ancient Sparta*, Manchester ²1952, S. 490 bis 499. – É. Delebecque, *Essai sur la vie de Xénophon*, Paris 1957, S. 194–199. – F. R. Wüst, *Laconica* (in Klio, 37, 1959, S. 53–62).

OIKONOMIKOS (griech.; *Von der Hauswirtschaft*). Dialog des XENOPHON aus Athen (um 430 bis 350 v. Chr.), schon im Altertum hochgeschätzt und von CICERO ins Lateinische übersetzt. – Der einstige Sokrates-Schüler, ungefähr seit dem Jahr 390 Besitzer eines Gutes und daher mit dem Gegenstand aus eigener Erfahrung bestens vertraut, gibt in diesem kunstvollen Dialog angeblich einen Vortrag seines früheren Lehrers über Privatökonomie und Agrikultur wieder; freilich erinnert höchstens noch der allgemeine pädagogische Eifer an den philosophischen Impetus des Sokrates – aufs ganze gesehen spricht niemand anders als der Autor selbst. Wie weit sich Xenophon hier – viel mehr noch als PLATON – von aller historischen Aktualität trennt, zeigt sich auch in anderer Hinsicht, etwa in den Anachronismen der Datierung und Lokalisierung (in der Zeit um 400 weilte Xenophon längst nicht mehr in Athen) oder in dem überschwenglichen aretalogischen Nachruf des Sokrates auf den jüngeren Kyros, das Herrscher-Idol Xenophons. An dieser emanzipierten Freiheit der inneren Gestalt des Werkes wird deutlich, daß der Sokratische Dialog Xenophontischer Prägung im Grunde bereits die zweite Generation seiner Gattung verkörpert, daß Xenophon erst zu schreiben anfing, als Platon und andere Sokratiker das Phänomen »Sokrates« bereits zu einer im Dialog als Kunstform wirkenden Persönlichkeit gemacht hatten. Die Meisterschaft indes, mit der der Autor Thema und Inhalt einer dezidierten Lehrschrift in ein Gespräch zu verwandeln versteht, lassen solche kleinen motivischen Unstimmigkeiten schnell vergessen.

Der Eingang des Buches scheint in vertrautes Gebiet zu leiten: »*Ich hörte ihn aber einmal, wie er sich auch über die Haushaltführung folgendermaßen unterhielt:* ›*Sag mir, sprach er, oh Kritobulos…*‹« Dieser merkwürdig abrupte Beginn ist nur zu verstehen, wenn man die *Apomnēmoneumata Sōkratus (Erinnerungen an Sokrates)* kennt, und in der Tat ist zu vermuten, daß der Autor auch hier anfänglich nur eine jener Gesprächsskizzen geben wollte. Unversehens aber scheint daraus ein großer Dialog geworden zu sein, der sich nicht mehr in eine Sammlung einpassen ließ. Auch der innere Charakter hatte sich mit dem äußeren Wachstum verändert: Sokrates, sonst der Überlegene, klug Belehrende, mußte, je intensiver das Thema zur Sprache kam, desto unglaubwürdiger erscheinen, denn die Verwaltung eines bäuerlichen Anwesens war ein Bereich, in dem er nur Lernender, rezeptiv Fragender sein konnte. So fand Xenophon aus dem Postulat des Stoffes die richtige Form: die bei ihm im Gegensatz zu Platon ungewöhnliche Technik der Rahmenfügung. Zunächst wird der Leser mitten ins Gespräch hineingeführt – weder aus dem Bericht des Autors noch aus den späteren Worten der Gesprächspartner wird im mindesten eine Situation lebendig. Wesentlich allein ist die Erörterung selbst, die unmittelbar ihr Thema präsentiert: die *oikonomia*. Freilich ist das Grundmotiv nicht mehr nur die Definition von Begriff und Aufgabe der rechten Besorgung von Hab und Gut (wie dieses bei Platon der Fall wäre), sondern daneben tritt immer stärker eine spezielle Untersuchung über die Führung eines landwirtschaftlichen Anwesens in den Vordergrund. Und hierin weist sich nun Sokrates zur Verblüffung seines Gesprächspartners mit solcher Vehemenz als Fachmann aus, daß er nicht umhin kann, die Herkunft dieses Wissens zu begründen: Er selbst sei vor Zeiten von dem Gutsbesitzer Ischomachos in die Kunst erfolgreicher Haus- und Landwirtschaft eingeweiht worden. Aus dem äußeren Dialogkranz (1–6) hat sich so der innere (7–21) entwickelt: und wie im Sokrates-Kritobulos-Gespräch aus dem Thema *oikonomia* das Thema »Landbau« erwächst – zunächst noch ganz auf der Ebene eines Beispiels –, so schreitet im folgenden Sokrates-Ischomachos-Gespräch der Darlegung von den hauswirtschaftlichen (7–14) zu den landwirtschaftlichen (15–21) Aspekten, jetzt in legitim gleichrangiger wechselseitiger Ergänzung, fort. Das erste Thema ist wiederum zweigeteilt. Zuerst die Pflichten der Hausfrau: die Aufsicht im Haus (7), Verantwortung für Ordnung und Arbeitseinteilung (8), Einrichtung des Hauses, Wahl einer guten Haushälterin (9), Verrichtungen, die ihr das Wohlwollen ihres Mannes eintragen, wie etwa Körperpflege (10). Dem werden die Pflichten des Hausherrn gegenübergestellt: Aufsicht außerhalb des Hauses und Rechtsprechung über die Sklaven (11), Auswahl und Einweisung der richtigen Mitarbeiter, besonders eines zuverlässigen Verwalters, der sich ganz mit den Wünschen seines Herrn identifiziert (12–14). Dieser erste Teil des Sokrates-Ischomachos-Gesprächs hat in der ersten Hälfte seinen Höhepunkt: Innerhalb des Dialoges entsteht ein weiterer Dialog, als Ischomachos dem Sokrates das Gespräch wiederholt, in dem er einst seine junge Frau mit ihren Aufgaben und Rechten vertraut gemacht hatte. Das ist mehr als nur eine formale Klimax (ein Gespräch innerhalb des im Gespräch referierten Gesprächs); es hat auch als Thema, das Xenophon ganz besonders am Herzen lag, ein besonderes Gewicht. Dieses Hohelied auf die Frau als Mitarbeiterin ihres Mannes steht in der griechischen Literatur einzigartig und bildet gerade wegen der Beschränktheit der hier vorgeführten kleinbürgerlichen Verhältnisse ein würdiges Gegenbild der Achtung, die in der liberalen großbürgerlichen Sphäre Aspasia und ihresgleichen genießen durften. Zugleich korrigiert das zärtliche Vertrauen, das Ischomachos und seine Gattin verbindet, jene Züge respektloser Grobheit, wie man sie, an

Xanthippes Namen anknüpfend, der attischen Männergesellschaft als typisch anzuhängen pflegt. Den zweiten Teil (Thema »Landwirtschaft«) des Sokrates-Ischomachos-Dialogs, in dem die Tradition HESIODS lebendig wird, stellt der Autor unter eine neue Perspektive, die bereits im Sokrates-Kritobulos-Dialog angedeutet war: den hohen allgemeinen ethischen Wert der Agrikultur. Auch hierbei versteht es Xenophon, die Tendenz nicht nur auszusprechen, sondern ebenso in der formalen Inszenierung deutlich werden zu lassen. Freilich würde es schwer halten, den pädagogischen Erfolg dieser »nützlichsten und angenehmsten Tätigkeit« unmittelbar zu demonstrieren, womöglich im Verlauf der Erörterungen über Bodenkunde (16), über Saatzeit und Aussaat (17), über Ernte und Dreschen (18), über Wein- und Obstbau (19) oder über die unabdingbaren menschlichen und ökonomischen Qualitäten eines Landmanns (20). Statt dessen ist ein Teilaspekt herausgegriffen, der stellvertretend das Ganze bekundet: die Leichtigkeit, mit der Agronomie zu erlernen ist. Und wie, um dies zu zeigen, Ischomachos aus Sokrates, der eigentlich von ihm lernen will, allein durch Fragen die Grundgesetze des bäuerlichen Handwerks herausholt, das ist ein glänzendes Stück Sokratischer Hebammenkunst, das den Vergleich mit manchen Passagen bei Platon nicht zu scheuen braucht. Das resümierende Schlußkapitel (21) nimmt auch denn ausdrücklich auf diesen erzieherischen Demonstrationszweck Bezug.

Xenophons überzeugende Nähe zum Dinglichen, konkret Alltäglichen wird auch in diesem Werk von Satz zu Satz sichtbar. Hier aber ist die sonst häufig nur dozierend angebotene Realistik aufgehoben in der klaren Form; sie ist aufgehoben, weil sich ihre sachliche Eigenart nicht selbständig vorgedrängt hat, sondern von einem literarischen Element, einem poetischen Telos gebändigt wurde. Dazu kommt, daß auch der pädagogische Zweck des Werkes die realistische Faktizität eingedämmt hat. Daß dieses scheinbare Nebenziel nun andererseits das literarische Ziel nicht wieder eliminierte, dafür sorgte – das macht den Rang und Reiz dieses Dialogs aus – die eigentümliche innere Einheit des poetischen Mittels und der erzieherischen Absicht; das propagierte Dogma hat die Gestalt des in sich autonomen Gesprächs angenommen – Fragen ist hier Belehrung geworden. E. Sch.

AUSGABEN: Florenz 1516 (in der GA des Euphrosynus Boninus). – Lpzg. 1910 (in *Scripta minora*, Bd. 1, Hg. Th. Thalheim). – Oxford [2]1921 (in *Opera omnia*, Hg. E. C. Marchant, Bd. 2, Nachdr. zul. 1962). – Ldn./Cambridge (Mass.) 1923 (*Memorabilia and Oeconomicus*; Hg. ders.; m. engl. Übers.; Loeb; mehrere Nachdr.). – Cambridge 1925 (*The Oeconomicus*, Hg. A. H. N. Sewell; m. Komm.). – Paris 1949 (*Économique*, Hg. P. Chantraine; m. frz. Übers.).

ÜBERSETZUNGEN: *Von der hausshaltung*, J. Emsser, o. O. 1525. – *Von der Haushaltungskunst*, A. H. Christian (in *Werke*, Bd. 9, Stg. 1828). – *Oekonomikus oder Über die Haushaltungskunst*, A. Zeising (in *Werke*, Bd. 4, Stg. 1866 u. ö.). – *Oikonomikos*, E. Bux (in *Die Sokratischen Schriften*, Stg. 1956).

LITERATUR: É. Delebecque, *Sur la date et l'objet de l'»Économique«* (in REG, 64, 1951, S. 21–58). – F. S. Bodenheimer, *Xenophon in the History of Biology* (in Archives Internationales d'Histoire des Sciences, 5, 1952, S. 56–64). – W. Jaeger, *Paideia*, Bd. 3, Bln. [3]1959, S. 226–254. – H. R. Breitenbach, Art. *X. (6)* (in RE, 9 A/2, 1967, Sp. 1837–1871; m. Index, Sp. 1981–2052).

PERI HIPPIKĒS (griech.; *Über die Reitkunst*). Eine der kleineren Lehrschriften des XENOPHON aus Athen (um 430–350 v. Chr.), entstanden vermutlich um 360 v. Chr. – Das Werk schließt inhaltlich wie auch chronologisch an den *Hipparchikos (Der Reitergeneral)* an; ging es dort um die Aufgaben eines Rittmeisters und die Taktik der Kavallerietruppe, so hier um Ratschläge für den einzelnen Kavalleristen: »*Da wir durch eine lange reiterliche Erfahrung glauben, in der Kunst zu reiten fachkundig geworden zu sein, so wollen wir auch den jüngeren unter unseren Freunden dartun, wie sie unserer Meinung nach wohl am besten mit Pferden umzugehen hätten.*« In der Tat zeigt sich Xenophon als ein versierter Kenner der Materie, und seinen Ausführungen ist in jedem Satz die Erfahrung des ehemaligen Offiziers und späteren Gutsbesitzers anzumerken.

Im Gegensatz zu dem Schwesterwerk zeigt die *Reitkunst* auch in ihren Erörterungen einen fachgerechten Aufbau. Der Autor beginnt beim Kauf eines Pferdes (Kapitel 1–3), und zwar zunächst bei den Vorsichtsmaßregeln und den Tests, mit denen die künftige Tauglichkeit eines jungen Fohlens geprüft werden kann (ein kleiner Exkurs über die Aufzucht schiebt sich ein); dann folgen die Winke für den Erwerb eines erwachsenen Pferdes. Nach dem Kauf sind Ratschläge für die Haltung des Tieres wichtig (3–6): Stall, Fütterung, Pflege und Hygiene, mit genauen Anweisungen für den Reitknecht. Einen dritten Abschnitt bildet das Thema des Reitens selbst sowie die Dressur (6–8), vornehmlich auf den Kriegsfall und nur nebenbei auf die Jagd zugeschnitten (zum Vergnügen wurde in der Antike nicht geritten): Ratschläge für das Zäumen, das Aufsitzen, den rechten Sitz und die Führung, Lauf- und Sprungtraining, Volten, Bergauf- und Bergabritt, Kampfübungen und anderes. In all dem verrät sich treffende Beobachtung und tiefes tierpsychologisches Einfühlungsvermögen: »Zucker« und »Peitsche« sind wohl rationiert und an der passenden Stelle als Hilfen und als Ersatz für gute Worte empfohlen. Diesem pragmatischen Verständnis für die Pferde entsprechen die sicheren Mahnungen an die Reiter (die Beachtung der einleitenden Mahnungen dürfte noch heute jeden Roßtäuscher entlarven helfen). Nachdem der Bogen vom Erwerb bis zum richtigen Gebrauch der Tiere gespannt ist, wird die Abhandlung mit einigen Einzelheiten abgerundet (9–12): Behandlung feuriger und sanfter Pferdetemperamente (die in Kapitel 9, 10 als pädagogisches Mittel empfohlene Einübung eines »bedingten Reflexes« mutet ganz modern an), Auswahl und Zureiten besonderer Prunk- und Paradepferde, endlich militärische Ausrüstung und Panzerung von Reiter und Pferd.

Das Loblied dieser Schrift wurde schon häufig gesungen, und es galt ebenso dem Thema (worin Xenophon allerdings einen Vorläufer namens SIMON hatte) wie auch der sachkundigen, dabei überaus nüchternen und frischen Art der Darstellung. Die klare Disposition hat in der *Reitkunst* tatsächlich erreicht, daß die in anderen Xenophontischen Werken so lästigen aufzählenden Floskeln (»danach«, »jetzt«, »auch darüber noch« usw.) weithin fehlen. Die Konsequenz der Gedanken stimmt mit der inneren Folge der Sachmotive überein, ja entspringt aus dieser – woraus *e contrario* einmal mehr zu ersehen ist, daß das literarische Moment der Form die Stärke des »Journalisten« Xenophon nicht war. E. Sch.

AUSGABEN: Florenz 1516 (in der GA des Euphrosynus Boninus). – Lpzg. 1912 (in *Scripta minora*, Bd. 2, Hg. F. Ruehl). – Oxford 1920 (in *Opera omnia*, Hg. E. C. Marchant, Bd. 5; Nachdr. zul. 1966). – Ldn./Cambridge (Mass.) 1925 (in *Scripta minora*, Hg. ders.; m. engl. Übers.; Loeb; mehrere Nachdr.). – Rom ²1937 (in *Opuscula*, Hg. G. Pierleoni; Nachdr. 1954). – Paris 1950 (*De l'art équestre*, Hg. É. Delebecque; m. frz, Übers. u. Komm.). – Lpzg. 1964 (*Peri hippikēs*, Hg. K. Widdra). – Bln. 1965 (*Reitkunst*, Hg. ders.; griech.-dt.; m. Komm. u. Bibliogr.).

ÜBERSETZUNGEN: *Von der Reiterkunst*, J. Ch. Haynisch, Ffm./Lpzg. 1743. – *Von der Reitkunst*, A. H. Christian (in *Werke*, Bd. 11, Stg. 1830). – *Über die Reitkunst*, Ch. H. Dörner (in *Werke*, Bd. 11, Stg. ²1869 u. ö.). – *Peri hippikēs*, E. Pollack, Meißen 1912. – *Über die Reitkunst. Der Reiteroberst, Zwei hippologische Lehrbücher der Antike*, R. Keller, Heidenheim 1962.

LITERATUR: C. Chomel, *Histoire du cheval dans l'antiquité et son rôle dans la civilisation*, Legoupy 1900. – R. Rigo, *L'hippologie de Xénophon*, Diss. Löwen 1939 (s. Revue Belge de Philologie et d'Histoire, 1939, S. 286). – F. S. Bodenheimer, *Xenophon in the History of Biology* (in Archives Internationales d'Histoire des Sciences, 5, 1952, S. 56–64). – É. Delebecque, *Xénophon ancêtre de la cavalerie moderne* (in Bulletin de l'Association G. Budé, 3/2, 1951, S. 39–45). – A. Montheilet, *Xénophon et l'art équestre* (ebd. 4/2, 1957, S. 27 bis 40). – K. O. Widdra, *Xenophons Reitkunst*, Diss. Marburg 1959. – H. R. Breitenbach, Art. *X. (6)* (in RE, 9A/2, 1967, Sp. 1761–1769; m. Index, Sp. 1981–2052).

POROI, (griech.; *Die Mittel*). Kurze finanzpolitische Schrift des XENOPHON aus Athen (um 430 bis 350 v. Chr.), entstanden etwa 354 v. Chr. – Der Titel ist komplex zu verstehen; das griechische Wort bezeichnet nicht nur die »Einkünfte«, sondern heißt ebenso »Mittel«, »Hilfsmittel«, »Auswege«, was den Sinn und Anlaß des Werks entspricht. Der Autor – einst wegen seiner »antipatriotischen« Sparta-Freundlichkeit von den Athenern verbannt, nach der Schlacht von Leuktra (371) aber wieder zurückgerufen – will seinen attischen Mitbürgern mit theoretischen und praktischen Ratschlägen darlegen, wie ihre derzeit stark ramponierten Staatsfinanzen reorganisiert werden könnten, ohne daß dafür Feind oder Bündner belästigt werden müßten.

Die Ausführungen erweisen Xenophon einmal mehr als einen Mann vernünftiger Tat, der dort, wo es um Realien geht, sein Bestes geben kann. In weiser Einsicht beginnen seine Vorschläge zu einer Gesundung der Finanzen mit einer Reform der allgemeinen Staatspolitik: Athen, dessen geographische Land-See-Lage ihm bei landwirtschaftlicher Autonomie höchste merkantile Chancen bietet, sollte zunächst einmal seine Bevölkerungspolitik revidieren und die Metoiken durch Erweiterung ihrer bürgerlichen Rechte mehr an der Arbeit für das gemeinsame Ganze interessieren. Das zweite wäre eine Reform der Wirtschaftsgesetzgebung: Förderung der Ein- und Ausfuhr sowie des Binnenhandels durch Vereinfachung der kommerziellen Jurisdiktion und durch Steigerung des Wettbewerbswillens (öffentliche Auszeichnungen sollen den Anreiz zu neuen Handelsniederlassungen und Investitionen schaffen); Ausschreibung einer hoch verzinslichen Staatsanleihe zur Unterstützung wirtschaftsgebundener Bauvorhaben der öffentlichen Hand. Erst an dritter Stelle folgt die eigentliche Finanzpolitik, die vor allem durch eine Art Verstaatlichung der unerschöpflichen Silberminen bei Laurion (die Stadt als Haupt- und schließlich Alleinunternehmer) neu zu ordnen wäre; das hierfür notwendige Sklavenproletariat wäre gleichfalls auf dem Umweg über Staatsanleihen einzukaufen. Damit diese umwälzenden Veränderungen durchgeführt werden können – die Gedanken münden, auf höherer Stufe, wieder in allgemein politische Erwägungen wie zu Anfang –, wäre freilich eines unumgänglich: Schluß mit der imperialistischen Kriegspolitik vergangener Jahre, statt dessen eine konsequente Friedenspolitik, die mit den griechischen Nachbarstaaten Freundschaft hält und so, durch Verzicht auf die militärische Hegemonie, unversehens eine wirtschaftliche und kulturelle Hegemonie Athens bewirken würde; nur auf diese Weise wäre gleichzeitig die Gefahr eines Angriffs von außen zu bannen. Sich dafür des Beistands der Götter zu versichern – auch der Schluß ist wieder typisch xenophontisch – und eifrig die Dodonischen und Delphischen Orakel zu befragen ist natürlich selbstverständliche Pflicht der Bürgerschaft.

Man hat die Schrift *Von den Einkünften* (so wird der Titel meist übersetzt) früher mehrfach als unecht verdächtigt. Doch sind die Zweifel an der Authentizität heute so gut wie verstummt: Die Parteinahme für Eubulos – den ersten ausgesprochenen Wirtschaftspolitiker der griechischen Geschichte (Wilhelm) – kann man, nicht anders als die sachlichen Programmpunkte, ohne weiteres mit Xenophons äußerer und innerer Biographie vereinen. Und daß ein Mann mit seiner Aufgeschlossenheit aller realen Erfahrung gegenüber, zumal ein Historiker, im Alter die Nutzlosigkeit kriegerischer Unternehmungen einsieht, ist immerhin gleichfalls denkbar. E. Sch.

AUSGABEN: Florenz 1516 (in der GA des Euphrosynus Boninus). – Lpzg. 1912 (in *Scripta minora*, Bd. 2, Hg. F. Ruehl). – Oxford 1920 (in *Opera omnia*, Hg. E. C. Marchant, Bd. 5; Nachdr. zul. 1966). – Amsterdam 1922, Hg. J. H. Thiel [m. Komm.; Diss.]. – Ldn./Cambridge (Mass.) 1925 (in *Scripta minora*, Hg. E. C. Marchant; m. engl. Übers.; Loeb; mehrere Nachdr.). – Rom ²1937 (in *Opuscula*, Hg. G. Pierleoni; Nachdr. 1954).

ÜBERSETZUNGEN: *Xenophons Buch von den Einkünften*, G. H. Zinck, Wolfenbüttel/Lpzg. 1753. – *Poroi. Ein wirtschaftspolitisches Aufbauprogramm aus Altathen*, J. Krischan (in Jahresbericht des Akademischen Gymnasiums, Graz 1935/36, S. 3 bis 14).

LITERATUR: R. von Pöhlmann, *Geschichte der sozialen Frage und des Sozialismus in der antiken Welt*, Hg. F. Oertel, Bd. 1, Mchn. ³1925, S. 240 bis 251. – W. Schwahn, *Die xenophontischen »Poroi« und die athenische Industrie im 4. Jh.* (in RhMus, 80, 1931, S. 253–278). – K. von der Lieck, *Die xenophontische »Schrift von den Einkünften«*, Würzburg 1933 [Diss. Köln]. – A. Wilhelm, *Unter-*

suchungen zu Xenophons »*Poroi*« (in WSt, 52, 1934, S. 18–52). – E. Lama, *L'*»*Economico*« *e le* »*Finanze di Atene*« *di Senofonte*, Padua 1954. – H. R. Breitenbach, Art. *X. (6)* (in RE, 9A/2, 1967, Sp. 1753 bis 1761; m. Index, Sp. 1981–2052).

SYMPOSION (griech.; *Das Gelage*). Philosophisch-dialogisches Werk des XENOPHON aus Athen (um 430–350 v.Chr.), zur Gruppe seiner sogenannten »Sokratischen Schriften« gehörend (vgl. *Apologia Sōkratus – Die Verteidigung des Sokrates, Apomnēmoneumata Sōkratus – Erinnerungen an Sokrates, Oikonomikos – Von der Hauswirtschaft*). – Xenophon, der sich in seiner frühen Jugend selbst zum weiteren Freundeskreis des Philosophen Sokrates hatte zählen dürfen, schrieb seine »Sokratischen Schriften« im Gefolge einer nach dem Tod des Meisters reich aufblühenden Sokratiker-Literatur. So läßt auch sein *Symposion* als Vorbild deutlich die Dialoge des überragenden Sokrates-Schülers PLATON erkennen: Die Szenerie im Hause des reichen Sophistenprotektors Kallias gleicht der in Platons *Prōtagoras* (beiden – und auch dem *Kallias* des AISCHINES – hatte der Komiker EUPOLIS mit seinen *Kolakes – Die Schmeichler* und dem *Autolykos* den Boden bereitet); die Sphäre des Gelages ist in Platons *Symposion* vorgebildet. Doch gehen die Parallelen zu Platons Meisterwerk noch weiter: beide Male die Abwendung von der Zecherei zu geistreicherem Treiben; beide Male der intellektuelle Wettstreit der Trinker; beide Male Eros und Freundschaft als zentrale Themen und die Porträtierung des Sokrates als eines silenhaften Menschen; beide Male als Höhepunkt eine Rede des Sokrates, die vom Erotischen ins Psychische verweist. Die teils parodierenden, teils ernsthaften Anklänge und Zitate aus Platonischen Gesprächen, vor allem aus den Eros-Reden des *Symposions*, zeigen, daß Xenophon ähnlich wie in seiner *Apologie* ganz bewußt seine Korrektur des Platonischen Bildes versuchen möchte (nicht umgekehrt, wie man zum Teil glaubt).

In diesem Bemühen ist er allerdings weithin gescheitert: Platons Eigenart und philosophisch-poetische Intention auch nur von fern und ahnungsweise zu begreifen war ihm nicht gegeben. Doch ist Xenophon auf eine Weise gescheitert, die im gewollten Wettstreit etwas ganz Eigenes, typisch Xenophontisches entstehen ließ, so daß gerade die anscheinend so ungünstige Gegenüberstellung mit dem potenteren Rivalen auch zugleich Vorzüge des vermeintlich mißglückten Opus aufweist. Platon pflegt im Dialog unmittelbar darzustellen, Xenophon dagegen schildert mittelbar und fügt das Gespräch in die Beschreibung ein – dort ist die Grundform dramatisch, hier episch. Auch bei Platon ist der Dialog des *Symposions* in einen Rahmenbericht eingebettet – doch nicht um der gefälligeren literarischen Verkleidung willen, sondern um den Dialog als verbürgte Wahrheit aus der Gegenwartsnähe in autoritative Distanz zu rücken. Was bei Platon noch beziehungsreiches kompositorisches Geschehen ist, wird unter der Hand Xenophons zu einer in sich selbst genügsamen, eigenständigen Geschichte. Indes will auch Xenophon sein »Es war einmal« nicht im Fabulosen sich auflösen lassen, und so braucht er einen deutenden – bezeichnenderweise ethisch gefärbten – Vorspruch: »*An schönen, vortrefflichen Menschen ist, finde ich, nicht immer nur der Ernst ihres bewußten Wirkens denkwürdig; man sollte auch die Erinnerung daran bewahren, wie sie sich in heiteren Stunden gegeben haben. Zu dieser Ansicht kam ich durch ein Erlebnis, von dem ich berichten will*« (Ü.: Landmann). Darin verrät sich der sekundäre Geist, der, was ihm an Bedeutung fehlt, durch Bedeutsamkeit ersetzen möchte. Aus dieser Grundtendenz heraus ist Xenophon auch bemüht, das Substrat realer Begebenheit möglichst unangetastet zu lassen: Alle Werke Xenophons sind überaus »wirklichkeitshaltig« und dadurch immer repräsentative kulturgeschichtliche Primärquellen.

So erhalten wir auch in dem Symposion, das hier der reiche Kallias zu Ehren eines Allkampfsieges (422 v.Chr.) des von ihm angebeteten jungen Autolykos veranstaltet, eine originalgetreue Darstellung der attischen Gelagebräuche des ausgehenden 5. Jh.s. Im Gegensatz zum *Symposion* Platons sticht bei Xenophon das Mimetische, die lebensechte Nachbildung hervor. Dabei breitet er, was bei Platon zu einer kompositorischen Einheit amalgamiert wird, im Panorama der Einzelheiten aus: Das ganze *Symposion* löst sich in eine Sequenz verschiedener Episoden auf. Zunächst wird das Mahl geschildert und die Ankunft des freßlustigen Parasiten (1). Nach dem Essen präludiert und begleitet die Darbietung der Musikanten- und Artistengruppe aus Syrakus einige kleinere Gespräche über die ideale Tüchtigkeit, über die Tugenden der Frau, über die rechte körperliche Erziehung, über Rausch und Mäßigkeit (2). Ein thematisch schon etwas strenger gefaßter Kranz von Reden und dialogischem Geplänkel entspinnt sich aus dem bei Gelagen beliebten Rätsel-, Frage und Antwortspiel: Jeder der Anwesenden soll bekennen (3) und begründen (4), worauf er besonders stolz ist – Kallias auf seine pädagogische Ausstrahlung, Nikeratos auf seine Homer-Kenntnisse, Kritobulos auf seine Schönheit, Antisthenes auf seinen Reichtum, Charmides auf seine Armut, Sokrates auf seine Kupplerfähigkeiten, der Parasit Philippos auf seinen Witz, Lykon auf seinen Sohn Autolykos und dieser auf seinen Vater Lykon, Hermogenes auf die verläßliche Freundschaft der Götter. Aus den Worten des Kritobulos leitet sich ein Nachspiel ab (5): Sokrates und Kritobulos streiten sich um den Preis der Schönheit, ein Wettkampf, in dem der silengleiche Sokrates leer und ohne Stimme ausgeht. Parallel zum zweiten Kapitel reihen sich daran wieder einige kleinere Episoden an (6; 7); bis Sokrates den Wunsch nach einem musikalisch-mimischen Schauspiel der Tanztruppe laut werden läßt: Solange diese sich zur Probe entfernt hat, vernehmen die staunenden Symposiasten aus dem Mund des Sokrates das große Enkomion auf Eros, den Gott der Liebe (8). Den grandiosen Beschluß des Gelages bildet die realistische Tanzpantomime der Liebesnacht von Dionysos und Ariadne – was die Verheirateten unter den Zechern zur alsbaldigen Heimkehr ermuntert, während Sokrates, der Gastgeber und einige Junggesellen sich zu einem gemeinsamen Spaziergang zusammenfinden. Das Schlußwort – »*das war das Ende jenes Gastmahls*« – läßt dann keinen Zweifel daran, daß die erzählte Geschichte nun tatsächlich zu Ende ist.

So offenkundig die Unebenheiten dieser farbigreichen Schilderung sind – zu dem Hang zur überdeutlichen und fast banalen Aussage spricht eine manchmal faustdick aufgetragene Moralität –, so anmutig heben sich die geglückten Partien ab: die plastische Darstellung der Physiognomie des Sokrates, nur mit dem Mittel des Dialogs Kritobulos-Sokrates, und die liebevolle Ausmalung der unterhaltsamen musischen Einlage sind unvergeßlich, wie überhaupt die Szenen einzeln betrachtet sehr gewinnen. Xenophons Begabung lag eindeutig in der kurzen Form, im naturgetreuen Ausschnitt, der kleinmeisterlichen Miniatur, nicht in dem von großen kompositorischen Spannungslinien durchzogenen Gemälde. Aus diesem Grund konnte auch die hinreißende und amüsante Platon-Parodie, die Xenophon, höchst verblüffend, als einen Könner der Karikatur erweist, nicht durchgehendes Stilprinzip werden, sondern bleibt auf die Szene »Sokrates der Kuppler« beschränkt. E. Sch.

AUSGABEN: Venedig 1516 (in der GA des Euphrosynus Boninus). – Oxford ²1921 (in *Opera omnia*, Hg. E. C. Marchant, Bd. 2; Nachdr. zul. 1962). – Ldn./Cambridge (Mass.) 1922 (*Symposium and Apology*, Hg. O. J. Todd, in *Anabasis, Books IV – VII*, Hg. C. L. Brownson; m. engl. Übers.; Loeb; mehrere Nachdr.). – Paris 1961 (*Banquet. Apologie de Socrate*, Hg. F. Ollier; m. frz. Übers.).

ÜBERSETZUNGEN: *Xenophons Schmaus*, J. D. Titius (in Allgemeines Magazin der Natur, Kunst und Wissenschaft, Bd. 3, Lpzg. 1754). – *Symposion*, Ch. M. Wieland (in Attisches Museum, Bd. 4, 1802). – *Gastmahl*, Ch. E. Finckh (in *Werke*, Bd. 4/5, Stg. ³1870). – *Das Gastmahl*, B. von Hagen, Jena 1911. – *Symposion*, E. Bux (in *Die Sokratischen Schriften*, Stg. 1956; Kröners Taschenausg., 185). – *Das Gastmahl*, G. P. Landmann, Hbg. 1957 (m. Komm. u. Bibliogr.; RKl, 7).

LITERATUR: A. Körte, *Aufbau und Ziel von Xenophons »Symposium«*, Lpzg. 1927 (Ber. d. Sächs. Ak. d. Wiss., phil.-hist. Kl., 79/1). – K. von Fritz, *Antisthenes und Sokrates in X.s »Symposion«* (in RhM, 84, 1935, S. 19–45). – G. J. Woldinga, *Xenophons »Symposion«*, 2 Bde., Hilversum (Diss. Amsterdam) 1938/39 [Komm.]. – J. Luccioni, *Xénophon et le socratisme*, Paris 1953. – W. Wimmel, *Zum Verhältnis einiger Stellen des Xenophontischen und des Platonischen Symposions* (in Gymn, 64, 1957, S. 230–250). – H. R. Breitenbach, Art. *X. (6)* (in RE, 9A/2, 1967, Sp. 1871–1888; m. Index, Sp. 2024–2026, u. Bibliogr.).

PLATON
(427–347 v. Chr.)

APOLOGIA SŌKRATUS (griech.; *Die Verteidigung des Sokrates*). Eine »Verteidigungsrede«, die PLATON (427–347 v. Chr.) nach dem Tod seines Lehrers SOKRATES (399), vermutlich zwischen 395 und 390, verfaßt hat. In ihr historische Authentizität und biographische Treue zu suchen, wäre verfehlt: die Absicht Platons war nicht die Zeichnung eines Porträts, sondern die Erhöhung des singulären Daseins eines Mannes namens Sokrates ins Zeitlos-Typische einer echten philosophischen Existenz. Die äußere Form des Werks ist durch die athenische Gerichtspraxis vorgeschrieben: Verteidigung – Erwiderung auf den Schuldspruch – Schlußwort nach der Urteilsverkündung. Hinter diesem vordergründigen Handlungsaufbau jedoch verbirgt sich ein völlig eigengesetzlich gestaltetes Hauptgeschehen, dessen Tenor bereits das Prooimion anschlägt: »Diese nämlich [die Ankläger Meletos, Anytos, Lykos], *wie ich behaupte, haben gar nichts Wahres geredet; ihr aber sollt von mir die ganze Wahrheit hören.*«

Sokrates will zunächst dartun, daß die gegenwärtige Anklage – Verführung der Jugend, Leugnung der alten Gottheiten – tief in Vorurteilen aus vergangenen Tagen wurzelt. Auf Grund eines Orakelspruchs der Delphischen Apollon *(»Keiner ist weiser als Sokrates«)* hatte er es einst unternommen, die Bürger der Stadt auf ihr Wissen zu prüfen. Dabei hatte sich gezeigt, daß alle ohne Ausnahme, wenn sie gewisse fachliche Fertigkeit besaßen, glaubten, in jedem Betracht weise zu sein. Da Sokrates diese Irrmeinung widerlegte, geriet er zum einen in den falschen Ruf eigener Weisheit, die er gar nicht besaß *(»Es scheint aber, ihr Athener, in der Tat der Gott weise zu sein und mit dem Orakel dies zu sagen … Unter Euch, ihr Menschen, ist der der Weiseste, der wie Sokrates einsieht, daß er in der Tat nichts wert ist, was die Weisheit anbelangt«)*, zum andern erntete er, als ihn die jungen Leute nachzuahmen begannen, allenthalben bittere Feindschaft und den Vorwurf der Jugendverführung. Aus einem böswilligen Mißverständnis also und aus reinem Haß ist die augenblickliche Anklage entsprungen – und allein darum schon völlig unhaltbar. Doch es entbehrt auch in sich jeder Grundlage: ein kurzer eingeschobener Dialog mit dem Hauptankläger Meletos offenbart dessen moralische Indifferenz (er hat sich überhaupt nie um die Jugend gekümmert) und beweist die Inkonsequenz der formulierten Klage: Sokrates ist, wie Meletos zugeben muß, alles andere als ein Ungläubiger.

Damit könnte die Verteidigung abgeschlossen scheinen. Doch Sokrates weiß, daß die Zurückweisung der Anklage ohne Nutzen sein wird: die Feindschaft gegen ihn ist zu tief verwurzelt. »Warum zieht Sokrates nicht doch die Konsequenz und ändert seine Lebensführung, um von der Anklage loszukommen?« könnten ihn die Richter fragen. Die Antwort auf diesen Einwand, genau ins Zentrum des Werks gestellt, macht deutlich, wie wenig es dem Autor auf die faktische Widerlegung und ihre Beweisleistung ankommt (daher auch der Hinweis auf deren Wertlosigkeit): Sokrates steht vor Gericht, um für die Wahrheit zu zeugen, ja mehr: er ist die Verkörperung der Wahrheit: *»Gehorchen aber werde ich dem Gotte mehr als euch, und solange ich noch atme und es vermag, werde ich nicht aufhören, nach Weisheit zu suchen und euch zu ermahnen … denn so, wißt nur, befiehlt es der Gott.« – »Gesetzwidrig handeln aber und dem Besseren, Gott oder Mensch, ungehorsam sein, davon weiß ich, daß es übel und schändlich ist.«* (Alle Ü: Schleiermacher) Dies ist die Lebensmitte des Sokratischen Daseins, die Rechenschaft der Vernunft über die Wahrheit, um derentwillen Sokrates vor Gericht steht. Der ganze erste Teil hat die Funktion, auf diesen zentralen Satz hinzuleiten: aus der Gegenwart des Prozeßgeschehens über das Sokrates Vergangenheit zum abstrakten *logismos* zieht sich eine einzige feste Kette, die dem »wahren« Sachverhalt zu erschließen. Dieser Ergründung der Wahrheit folgt nun – in genau gespiegelter Entsprechung – die Darstellung und Gestaltung der Wahrheit.

Auch in seinem bisherigen Wirken für die Stadt hat Sokrates stets dem Recht gedient und die Erwägung von Folgen und persönlichem Nutzen hintangestellt. Zweimal ist er, während der Demokratie und während der Tyrannis, unter Lebensgefahr für Gerechtigkeit gegenüber den Bürgern eingetreten. Allerdings: sich freiwillig solchem Risiko politischer Betätigung auszusetzen hatte ihn nie gelockt. Am Tag des Gerichts nun kommt er zum drittenmal mit dem offiziellen Athen in Konflikt: und er wird sich wiederum auf die Seite von Recht und Wahrheit schlagen. In diesem Geist stellt er – auf den Schuldspruch der Richter hin – seinen eigenen Strafantrag (ehrenvolle öffentliche Speisung im Prytaneion); in diesem Geist verzichtet er auch, nach dem (nunmehr unvermeidlichen) Todesurteil, auf die erbarmenheischende Lamentation und fügt sich dem Willen des Gesetzes. Die ungerechte Verurteilung wird auf die Athener selbst zurückfallen; für ihn aber ist der Tod kein Übel: entweder ist er wie ein bewußtseinsloser Schlaf ohne Traum, oder er ist ein Auswandern in ein glücklicheres Reich – beides wird ihm willkommen sein.

Als die Stufen der Wahrheitsentfaltung im Verlauf der »Verteidigungsrede« zeichnen sich nunmehr ab: Gegenwart (konkrete Sphäre, These des Prooimions): Sokrates der Vertreter des Wahren gegen die Lüge; Vergangenheit (paradigmatische Sphäre, Beweis am Beispiel): Sokrates der Erforscher des Wahren; überzeitlicher Raum (abstrakte Sphäre, Beweis im *logismos*): Sokrates, der die Wahrheit weiß; Vergangenheit (paradigmatische Sphäre, Beweis am Beispiel): Sokrates lebt das Wahre; Gegenwart (konkrete Sphäre, Bestätigung der These): Sokrates Verkörperung der Wahrheit gegen die Lüge. Daß hier wirklich mehr geschieht als nur die Zurückweisung einer verleumderischen Denunziation, mag schon die knappe Paraphrase vermittelt haben: die Prozeßdetails sind der Anlaß, das historisch bedingte Persönlichkeit des Sokrates zum schlechthin gültigen Modell vorbildlichen Menschseins werden zu lassen.

Es ist wohl begreiflich, daß diese von Platon geschaffene Gestalt es war, die das Sokrates-Bild der Jahrtausende prägte, und nicht der nüchterne Bericht eines XENOPHON (von späteren, rein rhetorischen *Apologien des Sokrates*, etwa bei THEODEKTES, DEMETRIOS aus Phaleron, ZENON aus Sidon, PLUTARCH, THEON aus Antiochia, LIBANIOS, ganz zu schweigen). Wer freilich im Platonischen Sokrates noch mehr sehen und den Vergleich mit dem Stifter des Christentums wagen möchte, sollte nicht verkennen, wie einseitig eine solche Parallele ausfallen muß: gewiß beide Male ungerechtes Leiden und Sterben, doch was dort demütig, übermenschlich-stellvertretend sich ereignet, ist hier exemplarisch-menschlicher Stolz. Diese heidnische, autarke Humanität aber kann von dem Licht jenes Erlöserglaubens nur verdunkelt werden. E. Sch.

AUSGABEN: Venedig 1513 (in *Hapanta ta tu P.*, Hg. M. Musuros). – Ldn. 1929 (*The Apology of Socrates*, Hg., Anm. u. Übers. E. H. Blakeney). – Oxford 1900 (in *Platonis opera*, Hg. J. Burnet, Bd. 1; zuletzt 1961).

ÜBERSETZUNGEN: *Socrates Schutz-Rede ...*, J. S. Müller, Hbg. 1739. – *Die Apologie des Sokrates*, R. Rufener (in *Die Werke des Aufstiegs*, Zürich 1948). – *Des Sokrates Verteidigung*, F. Schleiermacher (in *SW*, Bd. 1, Hbg. 1957).

LITERATUR: E. Wolff, *P.s »Apologie«*, Bln. 1929 (Neue philol. Untersuchungen, 6). – R. Hackforth, *The Composition of P.'s »Apology«*, Cambridge 1933. – G. Andrée, *D. Aufb. u. d. literar. Bedeut. d. Platon. »Apologie«*, Diss. Freiburg i. B. 1923. – R. Guardini, *Der Tod des S.*, Düsseldorf [4]o.J. – T. Meyer, *P.s »Apologie«*, Stg. 1962 (Tübinger Beiträge, 42).

BRIEFE PLATONS (griech.). Briefsammlung, die bereits zur Zeit der hellenistischen Philologen ein fester Bestandteil der Werktradition des Philosophen PLATON (427–347 v. Chr.) war. In neuer Zeit ist man jedoch – seit Richard BENTLEY – gegen antike Briefsammlungen skeptisch geworden. Noch ist das Hin und Her der Gelehrten über die Echtheit der dreizehn Stücke nicht zur Ruhe gekommen, doch setzt sich allmählich die Überzeugung durch, daß die Briefe 6–8 authentisch sind; bei den meisten anderen, 2–5 und 9–13, ist die Echtheit weder eindeutig beweisbar noch bestreitbar, und selbst wo sie nicht von der Hand Platons stammen, kann ihr Ursprung im Raum der Alten Akademie liegen; lediglich Nr. 1 muß, nach allen Indizien, als Unterschiebung bezeichnet werden. Was die ganze Problematik so undurchsichtig macht, ist die Vertrautheit der Briefe und ihrer Verfasser (so es denn mehrere sind) mit der Biographie des Philosophen, genauer: es ist der Umstand, daß die Mehrzahl der Briefe nichts zu unserer Kenntnis vom Leben Platons beiträgt, was wir nicht schon aus den bedeutendsten Stück – dem 7. Brief – wüßten. So stehen z. B. die Adressaten meist in Verbindung mit den Sizilienreisen: 1–3 und 13 sind an Dionysios II. von Syrakus gerichtet, 4 geht an Dion, 7 und 8 an dessen Freunde (nach Dions Tod), 9 und 12 an ARCHYTAS aus Tarent; nur vier Empfänger begegnen nicht in diesem Zusammenhang: der junge Herrscher Perdikkas III. von Makedonien (reg. 365–359) in 5, der aus der Aristoteles-Biographie vertraute König Hermias von Atarneus in 6 sowie der Aristodoros (oder Aristodemos) und der Laodamas in Brief 10 und 11. In keinem Fall können wir aus den historischen Daten auf den mutmaßlichen oder abzulehnenden Autor schließen: als Kriterien bleiben nur der Stil und das Verhältnis zu den anerkannt echten Werken Platons.

Angesichts der unsicheren Lage empfiehlt es sich, zur Würdigung von Persönlichkeit und Philosophie Platons in vorsichtiger Skepsis nur die mit hoher Wahrscheinlichkeit echten Briefe, also 6–8, heranzuziehen: hat sich doch WILAMOWITZ' Urteil, daß der 7. Brief eines der fundamentalen Werke Platons darstelle, während der letzten Jahrzehnte mehr und mehr bewahrheitet. Heute darf dieses schon seines Umfangs wegen gewichtigste Stück der Sammlung als Hauptzeugnis der inneren und äußeren Biographie Platons gelten.

Nach Anlaß und äußerem Rahmen stellt der 7. Brief ein politisches Sendschreiben dar, gerichtet an die Genossen von Platons syrakusanischem Freund Dion, die sich nach dessen Ermordung (354) mit der Bitte um Rat an ihn gewandt hatten. Doch diese äußere Situation ist für Platon nur der Kristallisationspunkt einer umfassenden Rechenschaft über sein eigenes, aufs engste mit den Reisen nach Sizilien verbundenes Leben und Wirken als Politiker und Philosoph. Konkrete Bestimmung und hintergründige Rechtfertigung durchdringen einander demnach in ständiger Verflechtung: nach dem Prooimion (323e–324b) zunächst die biographische Erzählung, die in der Beschreibung des Konflikts zwischen Dion und Dionysios und der beginnenden Verstimmung zwischen Platon und dem jungen Herrscher auf der zweiten Sizilienreise (366/365) gipfelt, dann der aktuelle Rat an die Dion-Partei (330c–337e), dem die weitere Erzählung – Ende der zweiten, Beginn der dritten Reise (361/360) – folgt; an dieser Stelle wird das Verhalten des Dionysios zum Ansatzpunkt jener berühmt gewordenen »Grundsatzerklärung« über das Wesen der Philosophie Platons und seiner Dialogschriftstellerei (340b–345a), die ein für allemal die Grenze zwischen dem akademischen Lehrer Platon – dessen »System« uns im wesentlichen verborgen bleibt – und dem Literaten ziehen soll, der Teile und Ausläufer seines Denkens dichterisch verarbeitet; nach diesem Höhepunkt ein kurzer Abschluß des Berichts, mit zusammenfassendem Hinweis auf die innere Folgerichtigkeit seines aus den geschilderten verworrenen Geschehnissen resultierenden Rates.

Als Richtmal der Platonischen Philosophie im allgemeinen, als Dokument ihrer Altersphase im besonderen, vor allem jedoch als eines der frühesten antiken Beispiele einer dezidierten Autobiographie kann der 7. Brief schlechterdings nicht überschätzt werden. Als einem der ersten erhaltenen Vertreter der Gattung »Briefliteratur« kommt ihm, nach Rang und Art, neben den Parallelstücken der Sammlung repräsentativer Wert zu. In dem sorgfältig disponierten Aufbau (der auf dem philosophischen Höhepunkt zu einer differenziert gestuften Klammerkomposition verfeinert wird, wie sie viele der zentralen Partien des Dialogwerks auszeichnet), in der Steigerung des Persönlichen zum Exemplarischen und in der absoluten Dominanz eines sachlichen Anliegens, vor der alles Private und Beiläufige aus dem Gesichtsfeld schwindet, tritt ein durch und durch literarischer Charakter ans Licht: Anthropologie und Psychologie lassen sich mit solchem Material nicht treiben, und nichts kann des deutlicher spürbar machen als die himmelweite Kluft, die diese Briefe – um zwei beliebige Beispiele zu nennen – von denen eines CICERO oder eines IULIAN trennt. E. Sch.

AUSGABEN: Venedig 1499 (in *Epistolai*, Hg. Aldus Manutius, Bd. 2). – Venedig 1513 (in *Hapanta ta tu P.*, Hg. M. Musuros). – Oxford 1907 (in *Opera*, Hg. J. Burnet, Bd. 5; zuletzt 1962). – Brünn 1930 (*Epistulae commentariis 'illustratae*, Hg. F. Novotný). – Paris 1949 (*Lettres* in Œuvres complètes, Bd. 13/1, Hg. J. Souilhé; m. frz. Übers.).

ÜBERSETZUNGEN: *Briefe*, J. G. Schlosser (in Philosophisches Journal, 2/3, Gießen 1793; selbst. Königsberg 1795). – Dass., H. Weinstock, Stg. 1947. – *Die echten Briefe*, E. Howald, Zürich 1951 [griech.-dt.; m. Einl.]. – *Briefe*, F. Schleiermacher (in SW, Bd. 1, Hbg. 1957). – Dass., J. Irmscher, Bln. 1960.

LITERATUR: J. Stenzel, *Über den Aufbau der Erkenntnis im VII. Platonischen Brief* (in Jahresbericht des Berliner Philol. Vereins, 1921, S.63–84; ern. in J. S., *Kleine Schriften zur griech. Philosophie*, Darmstadt 1957, S. 85–106). – G. Pasquali, *Le lettere di P.*, Florenz 1938. – H. Leisegang, Art. *P.* (in RE, 20/2, 1950, Sp. 2522–2535). – H. Patzer, *Mitteilbarkeit der Erkenntnis und Philosophenregiment im 7. Platobrief* (in Archiv für Philosophie, 5, 1954, S. 19–36). – H. Breitenbach, *P. und Dion*, Zürich 1960.

CHARMIDES (griech.; *Charmides*). Ein früher Dialog von PLATON (427–347 v. Chr.), entstanden etwa zwischen 399 und 393. – Das Werk vereint höchste Eleganz der Sprache und luzide Klarheit im Aufbau mit verworren-diffiziler Problematik in den Theoremen. In seiner künstlerischen Eigenart hält es ungefähr die Mitte zwischen *Protagoras* und *Lysis*: die Handlung des Rahmens, in den die abstrakte Analyse der Frage »Was ist die Besonnenheit?«

eingebettet liegt, ist nicht mehr artistischer Selbstzweck, sondern bereits ein Stück hintergründigen Geschehens, das sich neben und in der Gesprächsuntersuchung entfaltet, so daß, trotz der Ergebnislosigkeit der philosophischen Untersuchung, Situation und innere Beziehung der Dialogteilnehmer zwischen Beginn und Ende verwandelt erscheinen: ein Meisterstück indirekter Darstellung.

Das Zentrum des Werkes bildet, so scheint es, wie in all diesen frühplatonischen Schriften die Frage nach dem Wesen einer Einzeltugend, hier der *sōphrosynē*. Doch wird das Problem keineswegs in einem einzigen Anlauf vorgestellt, sondern man nähert sich ihm ganz behutsam, über mehrere Stufen und Brechungen: Sokrates erzählt von seiner Rückkehr aus der Schlacht bei Poteidaia und seinem ersten Streifgang durch Stadt und Markt bis hin zu einer Palaistra (der Zeitpunkt ist fixiert; die Lokalität, von außen nach innen umkreisend, beschrieben). In einer Unterhaltung mit Chairephon und Kritias hört er von dem schönen Charmides, der kurz darauf selbst die Arena betritt (die Hauptgestalt wird sichtbar, zunächst im Bericht, dann von Angesicht, doch immer noch aus der Ferne); Charmides kommt heran, seine Schönheit ist überwältigend (jetzt der Anblick aus der Nähe), schließlich Frage und Gegenfrage zwischen Sokrates und dem Schönen (nun ist Charmides in der Erzählung gegenwärtig). Der Gesprächsstoff wird ähnlich weit hergeholt: Charmides leidet an gelegentlichem Kopfschmerz, Sokrates weiß angeblich ein Gegenmittel; allerdings genügt es nicht, den Kopf zu behandeln: um die Krankheit vertreiben zu können, muß man sich den ganzen Körper vornehmen, und um *ihn* zu kurieren, bedarf es einer vorherigen Behandlung der Seele: Heilmittel für die Seele aber sind die »*schönen Reden*«, welche die Besonnenheit erwecken. Kritias meint, sein Vetter Charmides sei bereits ebenso besonnen wie schön. Darauf Sokrates: nun, dann wird es ihm nicht schwerfallen, mit mir zusammen diese Behauptung zu ergründen und darzutun, worin denn seine Besonnenheit bestehe. Damit endlich ist das Gesprächsthema gefunden.

Die Untersuchung selbst ist scharf zweigegliedert: den ersten Teil bestreitet Charmides, mit Zurückhaltung und Vorsicht, den zweiten Kritias, stürmisch drängend, unter allerhand Winden und Lavieren. Charmides' erster Versuch, »*Besonnenheit ist eine Art Bedachtsamkeit*«, muß aufgegeben werden, ebenso sein zweiter, sie sei identisch mit »*schamvoller Scheu*«; die dritte Definition aber, »*Besonnenheit ist: das Seine tun*«, die Charmides als fremde Äußerung vorträgt, ist dunkel und rätselhaft: beide, Sokrates und sein Partner, müssen ihre Verlegenheit gestehen. – Das Szenarium wechselt. Kritias schaltet sich ein, selbstbewußt, denn er ist, man merkt es ihm an, der ungenannte Urheber der aporieschweren These: natürlich hat jene Definition recht, sie muß nur richtig erläutert werden. Seine erste Modifikation lautet: »*das Seine tun*« bedeutet »*das Gute tun*«. Einwurf des Sokrates: es gibt Menschen, die besonnen sind, ohne es zu wissen; kann man nach dem Guten, d. i. dem Nützlichen, streben ohne vernünftige Rechenschaft? Kritias modifiziert ein zweites Mal: Besonnenheit ist »*sich selbst erkennen«*. Frage des Sokrates: was wäre das Zielobjekt solcher Erkenntnis? Dritte Modifikation des Kritias: sie ist »*Erkenntnis ihrer selbst und auch der übrigen Erkenntnisse*«. Erwiderung des Sokrates, in drei Schritten: (a) die Existenz einer solch umfassenden Erkenntnis ist unwahrscheinlich; (b) selbst die Existenz vorausgesetzt, so wäre sie doch nur Erkenntnis des

135

Daß, nicht des *Was* einer Erkenntnis, hätte daher keinen Nutzen für die kritische Unterscheidung wahrer und scheinbarer Erkenntnis; (c) selbst die Fähigkeit der *Was*-Erkenntnis vorausgesetzt, wäre sie ohne Nutzen, da sie Nutzen allein als Erkenntnis des Guten und Schlechten bringen kann, diese Bestimmung jedoch nicht in ihrer Definition enthalten ist. Fazit: »*Besonnenheit – Erkenntnis ihrer selbst und der übrigen Erkenntnisse*« ist in der Tat eine äußerst unwahrscheinliche Definition. Freilich, widerlegt wurde sie nicht: Sokrates schiebt die Verworrenheit des Resultats ausdrücklich nicht auf die falsche These, sondern auf seine mangelnde Befähigung zur Nachprüfung. Und dies ist, aus der Perspektive der dogmatischen Ergebnisse, denn auch das Erstaunlichste in der Erörterung dieses Dialogs: daß, nach drei Definitionsanläufen, nach drei Umformungen der letzten Definition, nach dreifacher Zurückweisung der letzten Modifikation, die von Charmides zuletzt vorgebrachte Formulierung – »*das Seine tun*« – immer noch, weder bewiesen noch aufgehoben, als These dasteht. Und will der Leser des Werkes sich die Freiheit nehmen, vom immanenten Verlauf des Dialogs abstrahierend zu deuten, so kann er aus der dreifachen Triaden-Steigerung zu keinem anderen Hinweis gelangen als: die Besonnenheit sei letztlich doch im Bereich der Erkenntnis und des Tuns des Guten aufzuspüren.

Indes: mit dem resümierenden Fazit aus der theoretischen Analyse ist das Geschehen noch nicht erschöpft. Hinter der prüfenden Untersuchung blieb, auch wenn Kritias sprach, als Zentralfigur stets Charmides sichtbar: aus der Begriffsbestimmung der Besonnenheit sollte sich ja die Wahrheit jener Behauptung ergeben, er sei nicht nur schön, sondern auch besonnen. Die Definition hätte die Realität bewiesen. Nun, da das begriffliche Bemühen ins Nichts ausläuft: entbehrt Charmides der Besonnenheit? Man muß es notwendig folgern – und sich vom Schluß des Ganzen eines Besseren belehren lassen: Charmides wird sich trotz dieses Fehlschlags weiterhin von Sokrates mit der Arznei der Seele behandeln lassen, den schönen, Besonnenheit vermittelnden Reden. Also braucht er Besonnenheit? Also besitzt er sie nicht? Er besitzt sie: sonst würde er sich nicht dem Sokrates anvertrauen, sich ihm sogar notfalls wider dessen Willen und mit Gewalt zur »Besprechung« der Seele aufdrängen.

Jetzt erst, nach den geschichterten Definitionen, ist, was der tastende Beginn des Werkes anbahnte und was sich über die stufenweise gesteigerte Diskussion fortsetzte, vollendet: die Gemeinschaft des Schönen (und Besonnenheit!) und des Weisen im philosophischen Gespräch. Und so erleuchtet erst das Ende den Sinn des Anfangs: die Komposition dient, wie die gesamte vordergründig-sachliche Geschichte des Inhalts, dem verborgenen Geschehen einer Einheit hinter den Elementen. E. Sch.

AUSGABEN: Florenz ca. 1482–1484 (in *Platonis opera*, 2 Bde.; nur lat. Übers. von Marsilio Ficino). – Venedig 1513 (in *Hapanta ta tu Platōnos*, Hg. M. Musuros). – Oxford 1903 (in *Platonis Opera*, Bd. 3, Hg. J. Burnet; Nachdr. zuletzt 1961). – Paris ³1949 (*Charmide*, in *Œuvres complètes*, Bd. 2, Hg. A. Croiset; m. frz. Übers.).

ÜBERSETZUNGEN: *Charmides*, F. L. zu Stollberg (in *SW*, 9 Bde., Wien 1803–1805). – Dass., F. Schleiermacher (in *SW*, Bd. 1, Hbg. 1957).

LITERATUR: A. van Bilsen, *P.s »Charmides« en de sophrosyne* (in Philologische Studien, 8, 1936/37,

S. 190–206; 9, 1937/38, S. 15–31; 90–97; 172–181). – G. M. Sciacca, *Il »Charmide« e la ricerca d'un oggetto per la filosofia* (in Rivista Critica di Storia della Filosofia, 5, 1950, S. 103–123). – A. Masaracchia, *Il »Carmide« di P.* (in Maia, 3, 1950, S. 161–180). – T. G. Tuckey, *P.'s »Charmides«*, Cambridge/Mass. 1951. – P. Friedländer, *Platon*, Bd. 2, Bln. ³1964, S. 61–74; 289 ff.

EUTHYDĒMOS (griech.; *Euthydemos*). Philosophischer Dialog von PLATON (427–347 v. Chr.), der Gruppe der sogenannten »Übergangsdialoge« zwischen »Früh-« und »Mittelwerk« zugehörig (um 393–388). – Der *Euthydemos* ist keines der dogmatischen Hauptwerke jener Epoche (wie *Gorgias* und *Menon*), sondern zeigt starke Verwandtschaft zu den beiden *Hippias*-Dialogen, deren Ziel in erster Linie die spöttische Demaskierung des arroganten Treibens der Sophisten ist. Das Gespräch hat denn auch kein eigentliches Thema: das Wesen der Sophistik selbst und ihr Widerpart, die wahre Philosophie, sollen in der Unterredung Ausdruck gewinnen, jene verkörpert in dem bewunderungswürdigen Brüderpaar Dionysodoros und Euthydemos, diese vertreten durch den quasi »tumben«, wißbegierigen Sokrates. Zweck des Dialogs ist also einmal mehr die Protreptik (Sokrates selbst gebraucht diesen Ausdruck im Verlauf des Gesprächs), die – indirekte, dialogisch vorgeführte – Ermahnung und Hinwendung zur Philosophie, wobei an der Pointe der Darstellung von vornherein kein Zweifel sein kann: die zu Beginn ob ihres Wissens und ihres pädagogischen Vermögens gepriesenen Weisheitslehrer werden sich im Gespräch als eitle, dumme Gecken entpuppen, während ihr listig bescheidener, aus angeblicher Unwissenheit fragender Widerpart sich als Meister der philosophischen Psychagogie erweist.

Dieser Doppelaspekt – Hinführung zur echten Philosophie, Entlarvung des nur angemaßten Könnens – prägt sich vor allem in der Komposition des in das Rahmengespräch zwischen Sokrates und seinem Freund Kriton eingefügten Dialogberichts aus. Auf die Vorstellung des geistesmächtigen Brüderpaars und der übrigen Gesprächsteilnehmer folgen zwei Proben ihrer Kunst (272d bis 277c): sie »beweisen« zuerst, daß nur die Dummen lernen, sodann, daß nur die Klugen lernen; auch erfahren die verdutzten Zuhörer, daß man lernt, was man schon weiß, und sofort darauf, daß man lernt, was man nicht weiß. Sokrates muß Einhalt gebieten: in einem breit ausgeführten Modelldialog entwickelt er das Theorem von der Weisheit als dem Inbegriff und der Grundlage menschlichen Glücks (277c–283a). Doch die Brüder zeigen sich wenig beeindruckt: sie machen Sokrates klar, sein Wunsch, der junge Kleinias möge weise werden, sei gleichbedeutend mit dem Wunsch nach des Kleinias Tod, und den Ktesippos, der sie daraufhin der Lüge zeiht, »beweisen« sie kurzerhand, daß Lüge, Irrtum und Widersprechen überhaupt nicht möglich sind (283a–288b). Ein zweites Mal sieht sich Sokrates genötigt, den, wie er sagt, »*Spielereien*« der beiden ein ernsthaftes Beispiel dialogischer Untersuchung entgegenzusetzen. Freilich: sein Bemühen, das Wesen jener von ihm zuvor gepriesenen grundlegenden Weisheit zu entdecken, schlägt fehl – wieder einmal ist die Aporie das Ende des Sokratischen Suchens (288b–293a). Dieses Scheitern scheint für Dionysodoros und Euthydemos das Signal zu sein, um auch noch die letzten Register ihrer grotesken Kunst zu ziehen (293a–303a): sie wollen den widerstrebenden Sokrates mit ihrem Frage-Antwort-Spiel zu dem Zugeständnis bringen, er wisse alles und habe schon immer alles gewußt; Ktesippos muß ihnen zugeben, daß sein Vater ein Eber und ein Hund ist, Sokrates wiederum, daß es einem Koch zukomme, geschlachtet und gebraten zu werden, und noch einiges mehr. Sokrates gibt sich endlich geschlagen: in einem überaus ironischen Loblied auf die beiden bedankt er sich für die ergreifende und lehrreiche Demonstration (303b bis 304b).

Man sieht: das Ganze ist beherrscht vom Prinzip eines effektvoll kontrastierenden Wechsels zwischen sophistischer Schaustellung und Sokratischer »Hebammenkunst«. Wenn Platon am Schluß, nach dem dritten Demonstrationszyklus der beiden Brüder, auf ein weiteres positives »Modell« verzichtet, seinen Sokrates vielmehr sich sarkastisch auf den Standpunkt seiner Gegner stellen läßt, so soll damit nicht etwa die Ausweglosigkeit der Aporie dieses Modellversuchs vertuscht werden: der Sarkasmus ist nur das Vehikel der indirekten protreptischen Mahnung, der angehende Philosoph möge es anstatt mit der so siegessicher sich gebenden Sophistik doch lieber mit der Sokratisch-Platonischen Methode versuchen, die ihr Unvermögen in einem Einzelfall einzugestehen sich nicht scheut.

Noch ein anderer Grund bietet sich dafür an, weshalb die Parallelen »Sophistengeplänkel – Sokratisches Modell« am Ende abgebrochen werden: um das Stadium der Aporie zu überwinden, hätte Platon – ähnlich wie im *Menon* – den Sokrates im Gespräch positive philosophische Lehrgehalte entwickeln lassen müssen, welche die Aporie erklären und über sie hinausführen. Das aber hätte den Rahmen einer bloßen protreptischen Hinführung zur Philosophie gesprengt, wäre bereits einer »Einführung« nahegekommen. Und daher rührt denn wohl auch der Rückgriff auf die literarischen Formen des Frühwerks: die schlichte Klammerkomposition des Rahmengesprächs, das nur einmal, nach dem zweiten Modellversuch, den Bericht durchbricht, sowie die – hier durch die Kontrastierung etwas aufgelockerte – paratraktische Reihung der Beweisgänge. E. Sch.

AUSGABEN: Florenz ca. 1482–1484 (in *Opera*, 2 Bde.; nur lat. Übers. v. Marsilio Ficino). – Venedig 1513 (in *Hapanta ta tu Platōnos*, Hg. M. Musuros). – Oxford 1903 (in *Opera*, Hg. J. Burnet, Bd. 3; Nachdr. zuletzt 1961). – Ldn./Cambridge (Mass.) ²1937 (in *P.*, Hg. W. R. M. Lamb, Bd. 4; m. engl. Übers.; Loeb; Nachdr. zuletzt 1952). – Mailand 1936 (*Eutidemo*, Hg. G. Ammendola; m. Komm.). – Paris ³1956 (in *Œuvres complètes*, Bd. 5/1, Hg. L. Méridier; m. frz. Übers.). – Groningen 1951, Hg. G. J. de Vries.

ÜBERSETZUNGEN: *Euthydemos*, J. F. Kleuker (in *Werke*, Bd. 5, Lemgo 1792). – Dass., F. Susemihl (in *SW*, Bd. 1, Heidelberg o. J.). – Dass., F. Schleiermacher (in *Werke*, Tl. 2/1, Bln. 1805; ern. in *SW*, Bd. 2, Hbg. 1957; RKl, 14). – Dass., R. Rufener (in *Frühdialoge*, Zürich/Stg. 1960; Einl. O. Gigon).

LITERATUR: K. Praechter, *P. und Euthydemos* (in Phil, 87, 1932, S. 121–135). – M. Buccellato, *La polemica antisofistica dell' »Eutidemo« e il suo interesse dottrinale* (in Rivista Critica di Storia della Filosofia, 7, 1952, S. 81–103). – P. Friedländer, *P.*, Bd. 2, Bln. ²1957, S. 165–180; 306–309. – K. Gaiser, *Protreptik und Paränese bei P.*, Stg. 1959, S. 45–51; 137–140; 175–178.

EUTHYPHRŌN (griech.; *Euthyphron*). Dialog von PLATON (427–347 v. Chr.), aus seiner ersten Schaffensperiode (ungefähr 399–390). – Das Werk zeigt formal große Verwandtschaft mit *Apologie*, *Lysis*, *Kriton*, ja selbst noch mit dem Spätwerk des *7. Briefes* (Erkenntnis-Exkurs): auch hier bildet eine konkrete Situation den Kristallisationskern für die Entfaltung eines philosophischen Problems. Aus der Aktualität eines Gerichtsprozesses leitet sich die Frage nach einer genaueren Umgrenzung des Begriffs der Frömmigkeit ab. Stilbildendes Prinzip der Darstellung ist die Ironie, die aus der Diskrepanz zwischen den beiden je in einen Prozeß verwickelten Gesprächspartnern, Sokrates und Euthyphron, entspringt: Euthyphron, aktiv, als Ankläger seines Vaters vor Gericht tretend, selbstsicher im Vertrauen auf seine Kenntnis juristischer Probleme und auf sein Wissen um die hintergründigen ethischen Werte, Sokrates, passiv, als der Asebie (Gottlosigkeit) Angeklagter vor den Schranken zitiert, voll Unsicherheit in den Fragen des praktischen Verhaltens und ohne Einsicht in die wesentlichen philosophischen Hintergründe. Fuhrend im Gespräch aber ist nicht der kundige Euthyphron, sondern der wißbegierig fragende Sokrates, der seinem Gegenüber eine Fehlleistung nach der anderen nachweist und in spöttisch-sarkastischer Zurückhaltung die mangelnde Bereitschaft des weisen Euthyphron tadelt, sein Wissen zu offenbaren.

»*Was ist das Fromme?*« So lautet die Frage, die sich aus dem aktuellen Anlaß herausschält. Euthyphrons erste Antwort – das Fromme ist mein augenblickliches Tun, der Mordprozeß gegen meinen Vater – hat den Sinn dieses Themas noch völlig verfehlt, so daß Sokrates sich genötigt sieht, ausführlich über das Wesen des Begriffs – er nennt es die einheitliche »*Gestalt*«, die alles Fromme fromm sein läßt – zu sprechen. (Diese gezielte »Abwertung« des ersten Definitionsversuchs ist ein Topos des Platonischen Frühwerks.) Erst mit der programmatischen Darlegung ist die Exposition des eigentlichen Definitionsgesprächs abgeschlossen; der gescheiterte Versuch des Euthyphron bildet, in seiner Situationsbezogenheit, einen geschickten Übergang vom Rahmengeschehen zur theoretischen Untersuchung.

Das anschließende »Definitionsgeschehen« unterscheidet sich in nichts von der aus anderen »Frühdialogen« (*Laches, Charmides, Lysis*, Teil 1 des *Menon*) bekannten stereotypen Disposition: in vierfacher Schichtung werden Versuch und Fehlschlag aneinandergereiht. Euthyphrons nächster Vorschlag (These 2) – »*das Fromme ist das Gottgeliebte*« – muß aufgegeben werden, da die Untersuchung zeigt, daß dieses von manchen Göttern gehaßt, von anderen geliebt wird (indirekte Kritik an der traditionellen griechischen »Theologie«!). Auch der folgende Versuch – »*das von allen Göttern Geliebte ist das Fromme*« – führt nicht weiter; denn was den Göttern lieb ist, ist dies eben darum, weil es fromm ist. Für einen kurzen Moment wird die Theorie unterbrochen: ein Scherz – Euthyphron meint, Sokrates' Wirken gleiche dem seines Ahnherrn Daidalos, dessen Bildwerke sich auch selbständig machten und wegflogen – deutet das Bisherige modellhaft an einem Beispiel. Der vierte Anlauf, in dem Sokrates die Initiative ergreift – »*das Fromme als der auf die Götter zielende Teil des Gerechten*« –, scheint bei richtiger Modifikation

zu einer richtigen Lösung zu führen: »*Das Fromme ist ein Dienst an den Göttern.*« *Und welche Wirkung bezweckt dieser Dienst?*« (man erwartet: »das Gute« oder eine ähnliche Formel) – Euthyphron weiß keine Antwort, weicht aus und bringt eine neue These (Nr. 5) vor: »*Das Fromme ist Willfährigkeit gegen die Götter in Opfer und Gebet.*« Doch Sokrates hat wenig Mühe, ihm nachzuweisen, daß diese Formel bereits widerlegt ist: »*Was erhalten die Götter dabei? Was ihnen lieb ist.*« Man müß also eine andere Definition finden; doch Euthyphron entschuldigt sich mit dringenden Geschäften. Das Gespräch wird abgebrochen; Sokrates hat von dem weisen Sachverständigen nicht erfahren, was das Fromme ist, und bleibt ohne Hilfe für seinen Prozeß.
Einmal mehr war die Suche nach Begriff und Wesen einer Sache ohne Erfolg: das Gespräch steht immer noch bei der Anfangsfrage, und es scheint, nimmt man den Dialog im ganzen, die Definitionsreihen hätten noch beliebig lange fortgesetzt werden können. Indes ist das Werk, trotz des abrupten Schlusses, in der Gedankenführung wohl durchdacht: Beginn und Abgang – die Prozeßsituation; in der Mitte ein Einschnitt in die Untersuchung, der Daidalosscherz, der auch am Schluß nochmals aufgenommen wird; die eigentlichen Definitionen, vom zweiten bis zum fünften Anlauf, paarweise geordnet und parallel um das Mittelstück gruppiert (Versuch 3 und 5 stellen je eine umformende Präzisierung der vorangehenden Versuche 2 und 4 dar). Das Schema ist deutlich: eine zentrierte Klammerkomposition (die Argumentationsfolge, ein Zirkel, unterstützt den ringförmigen Aufbau) auf der Basis einer »Rahmenerzählung«: Rahmengeschehen – Definitionsgeschehen – Rahmengeschehen – Definitionsgeschehen – Rahmengeschehen. Platon schätzte diese Form überaus: freilich – hält man den *Euthyphron* neben die *Apologie* oder den *Lysis*, so wird ein gewichtiger Unterschied sichtbar. Zwar besteht zwischen der aktuellen Situation und dem philosophischen Problem inhaltlich ein organischer Zusammenhang, jedoch – im Gegensatz zu jenen Werken – keine ursächlich-notwendige innere Verknüpfung: im *Euthyphron* bildet die Situation nur den Rahmen, in den die Definitionsversuche eingefügt sind, dort dagegen die nicht wegzudenkende innere und äußere Ergänzung; hier ist der konkrete Anlaß ein »Aufhänger« für das Theorem, dort ein integrierender Bestandteil der Abstraktion. Man darf darin – mit aller gebotenen Skepsis – ein Indiz für die relative Chronologie erkennen: zur kompositorischen Meisterschaft ist Platon erst mit *Apologie* und *Lysis* gelangt. E. Sch.

AUSGABEN: Florenz ca. 1482–1484 (in *Opera*, 2 Bde.; nur latein. Übers. von Marsilio Ficino). – Venedig 1513 (in *Hapanta ta Platōnos*, Hg. M. Musuros). – Oxford 1900 (in *Opera*, Hg. J. Burnet, Bd. 1; Nachdr. zuletzt 1961). – Ldn./Cambridge (Mass.) 1914 (in *P*., Bd. 1, Hg. H. N. Fowler; m. engl. Übers.; Loeb; zuletzt 1953). – Oxford 1924 (in *Euthyphro, Apology of Socrates and Crito*, Hg. J. Burnet; m. Komm.; Nachdr. zuletzt 1957). – Paris ⁵1949 (in *Œuvres complètes*, Hg. M. Croiset, Bd. 1; m. frz. Übers.).

ÜBERSETZUNGEN: *Euthyphron*, J. F. Kleuker (in *Werke*, Bd. 1, Lemgo 1778). – Dass., F. Schleiermacher (in *Werke*, Bd. 1/2, Bln. 1805; ern. in *SW*, Bd. 1, Hbg. 1957; RKl, 14). – Dass., R. Rufener (in *Die Werke des Aufstiegs*, Zürich 1948; Einl. G. Krüger).

LITERATUR: R. Guardini, *Der Tod des Sokrates*, Düsseldorf 1947 (auch Hbg. 1956; rde, 27). – R. Stark, *P.s Dialog »Euthyphron«* (in *Annales Universitatis Saraviensis*, 1, 1952, S. 144–159). – O. Gigon, *P.s »Euthyphron«* (in *Westöstliche Abhandlungen. R. Tschudi zum 70. Geburtstag*, Wiesbaden 1954, S. 6–38). – P. Friedländer, *P*., Bd. 2, Bln. ²1957, S. 74–84; 287 f.

GORGIAS (griech.; *Gorgias*). Philosophischer Dialog von PLATON (427–347 v. Chr.), zu den sogenannten »Übergangsdialogen« zwischen »Früh-« und »Mittelwerk« gehörend (um 393–388). – Diese chronologische Rubrizierung des *Gorgias* darf man nur in deskriptivem, nicht in wertendem Sinne verstehen: »Übergang« bedeutet keineswegs Mangel an thematischer Eindeutigkeit oder literarischer Prägnanz. Der Begriff soll vielmehr besagen, daß in den Platonischen Dialogen dieser Gruppe die Formen, Motive und Gedankenstrukturen der früheren Werke in einer Weise um- und weitergebildet werden, die diese Schaffensperiode auch der Rückschau als die unmittelbare und entscheidende Vorstufe der großen Dialoge des »Mittelwerks« (*Phaidon, Symposion, Politeia*) erscheinen läßt. Über die literarische Eigenart, das formale Gelingen der Werke sagt die deskriptive Klassifizierung nichts: ein Dialog wie der *Menon* – neben dem *Gorgias* das Hauptwerk dieser Jahre – gehört mit seinem durchdachten, ja fast raffiniert komponierten Aufbau zu den künstlerisch ausgereiftesten Stücken des Philosophen.

Sieht man auf das Szenarium des umfangreichen Dialogs, so muß man den *Gorgias* zu der Reihe der Sophistengespräche, wie *Protagoras, Hippias minor, Hippias maior* und *Euthydemos*, stellen. Aber bereits ein oberflächlicher Vergleich lehrt, daß der *Gorgias*, wenn schon nicht zeitlich, so doch morphologisch, als Abschluß und Höhepunkt der Auseinandersetzung Platons mit den Sophisten, jene Unterredungen weit überragt: es ist nicht mehr nur launig-kaustisch dekuvrierendes Geplänkel, nicht mehr (oder besser: nur noch nebenbei) ironisch-liebevolle oder sarkastische Detailcharakteristik – es geht vielmehr um die prinzipielle Auseinandersetzung, um eine endgültige Abrechnung mit dem großen und, wie Platon glaubt, gefährlichsten Gegner der Philosophie und ihres Bildungsideals. So steht denn auch im Mittelpunkt als Vertreter der Sophistik nicht ein so rabiates, dabei in all seiner aufgeregten, wichtigtuerischen Emphase doch überaus lächerliches und epigonal wirkendes Brüderpaar wie Euthydemos und Dionysodoros (vgl. *Euthydemos*), im Zentrum steht vielmehr der hervorragendste und einflußreichste Repräsentant dieser »Schule«, der große Gorgias aus Leontinoi, assistiert von seinem Schüler Polos und, als gelehrigem Adepten, dem skrupellosen Machtpolitiker Kallikles; und Thema der Diskussion ist nicht eine beliebige Demonstration sophistischer Weisheiten und Fertigkeiten, sondern Rechenschaft über das Wesen der sophistischen Rhetorik selbst, exemplifiziert an einem entscheidenden Kriterium – ihrer Einstellung zum Problem der Gerechtigkeit.

Hat man den *Protagoras* vor Augen, so fällt beim *Gorgias* unmittelbar die völlig andere Technik der Rahmenschilderung auf. Statt durch betulichgenußvolles Ausmalen einer Situation wird der Leser hier durch einige wenige Gesprächssätze über die äußeren Umstände in Kenntnis gesetzt, und diese wenigen Sätze (die beim *Menon* sogar

ganz wegfallen) führen ohne Umweg mitten hinein in die Hauptdiskussion: Sokrates und sein Genosse Chairephon sind ins Haus des reichen Kallikles gekommen, wo der berühmte Rhetor Gorgias mit seinem Schüler Polos logiert. Sokrates will von dem Meister, der soeben bei einem Fest begeisternde Proben seines Könnens abgelegt hat, »*gern erfahren, was eigentlich die Macht der Kunst dieses Mannes ist und was das ist, was er verheißt und lehrt*«. Es geht, wie schon so oft in den Platonischen Dialogen, um eine Definition, diesmal also des Wesens der Rhetorik. Nun ist der Leser gewohnt, daß der erste Definitionsversuch in der Regel dazu dient, das Unvermögen des Befragten darzutun, überhaupt den Sinn der definitorischen Frage zu begreifen; und auch hier in *Gorgias* findet sich dieser Topos, allerdings in besonderer Absicht: er hat hier den Zweck, von vornherein das vorlaute und arrogante Wesen des Polos zu demaskieren, der, statt kurz und klar zu antworten, mit einem nichtssagenden Hymnus auf die Künste des Menschen anhebt. Sokrates wendet sich daher lieber dem Meister selbst zu. Nach einer Vorverständigung über die Gesprächsmethode (später mehrfach wiederaufgenommen) – nicht lange Reden, sondern Diskussion in Frage und Antwort – setzt die Erörterung ein, und sie scheint sich aufs erste wieder nicht von den Definitionsdialogen des Frühwerks zu unterscheiden: der eine Gesprächspartner stellt seine definitorischen Thesen auf, der andere, Sokrates, unterzieht sie einer befragenden Prüfung (Elenxis) und deckt dabei ihr Ungenügen auf. Aber auch hier zeigt sich eine bedeutsame Variante zum Frühwerk: Sokrates zwingt sein Gegenüber nicht zu sukzessivem Widerruf, sondern zu präzisierender Modifikation (vgl. *Euthyphron*). »*Rhetorik ist die Wissenschaft von den Reden.*« – »*Die rhetorischen Reden beziehen sich auf die größten und besten menschlichen Geschäfte.*« – »*Die Rhetorik ist die Kunst der Überredung in politischen Versammlungen.*« – »*Die rhetorische Überredung erzeugt Glauben, nicht Erkenntnis, und zwar auf dem Gebiet von Gerechtigkeit und Ungerechtigkeit.*« Erst am Ende dieser Sequenz von Umformungen stellt sich ein Dilemma ein: Einerseits ergibt sich aus der letzten Definition, daß die Rhetorik von den Dingen, die sie behandelt, gar nichts wissen, vielmehr nur ein Mittel der Überredung sich aneignen muß; andererseits kann Gorgias nicht umhin zuzugeben, daß er als Lehrer in Fragen von Gerechtigkeit und Ungerechtigkeit ein Wissen vom Gerechten haben, ja mehr noch, daß er selbst ein gerechter Mann sein muß.
Der erste Teil der Untersuchung (447a–461b) ist also offenbar negativ verlaufen. Doch das scheint seine Gründe zu haben: Die Gegenpartei – der hitzige Polos – ergreift die Initiative (man vergleiche den *Menon*). Sokrates habe den Gorgias nur aus Freude an Spitzfindigkeiten in die Enge getrieben; jetzt soll er selbst Rede und Antwort darüber stehen, was die Rhetorik eigentlich ist. Auf diese scheinbare Umkehrung der Fronten hat aber Sokrates offensichtlich gewartet – nun kann er (ironischerweise in langer Rede!) seinerseits, auf der Basis der in Teil I abgesteckten Fundamente, seine Theorie über den fraglichen Gegenstand darlegen (wiederum wie im *Menon*). Die Rhetorik ist überhaupt keine wirkliche »*Kunst*« *(technē)*, die wesensmäßig auf wissenschaftlicher Theorie basieren muß, sondern gehört zu den empirischen Erfahrungs-»*Kenntnissen*« *(empeiria)*, die nicht auf den Nutzen, sondern nur auf das Erregen von Lust und Wohlgefallen abzielen. Sokrates gibt, »*nach geometrischer Manier*«, eine Proportionsskala (sie wird später zur Grundstruktur der Aufstiegsvorstellungen im *Symposion* und im Höhlengleichnis der *Politeia* werden): wie es zur Erhaltung des Körpers zwei wahre Künste gibt, die Turnkunst und die Heilkunst, so auch für die Seele, nämlich Gesetzgebung und Rechtspflege; und wie es, parallel dazu, zwei um den Körper bemühte schmeichlerische Scheinkünste gibt, nämlich die Putzkunst (Kosmetik usw.) und die Kochkunst, so auch im Bereich des Seelischen – hier heißen sie Sophistik und Rhetorik. Diese schmeichlerischen Scheinkünste aber sind insgesamt schlecht und vom Übel, da sie sich bei der Masse der Unkundigen durch Hervorkehrung ihrer Annehmlichkeiten an den Platz der echten, dem Menschen förderlichen Künste zu drängen trachten. Das kann Polos natürlich nicht zugeben, und er verweist darauf, daß die, die aufgrund ihrer ausgezeichneten Redegabe in den hellenischen Staaten die Macht haben, keineswegs als schmeichlerische, schlechte Menschen angesehen werden. Aber da er Macht als beliebige Willkür versteht, ist es Sokrates ein leichtes, ihn zu widerlegen; Ungerechtigkeit führt notwendig zu Schaden (Beispiel: Sokrates als Amokläufer), und das Schlechteste – nämlich für die Seele des Menschen Schädlichste –, was man sich denken kann, ist Unrechttun ohne nachfolgende Strafe. Was also – Resultat des zweiten Teils (461b–481b) – ist der Nutzen der Rhetorik? Polos muß das Paradox einräumen: sie kann eigentlich nur dazu dienen, möglichst laut eigenes Unrecht kundzumachen, oder allenfalls noch, dem verhaßtesten Feind, sei er Räuber oder Mörder, zur Straflosigkeit zu verhelfen.
Wesen und Wert der Rhetorik scheinen damit geklärt, ihre vornehmsten Vertreter mußten vor Sokrates die Waffen strecken: das Gespräch ist, so meint man, am Ende angelangt. Freilich, ein Rest ist in der Polos-Diskussion doch im Grunde nicht geklärt worden: die seltsame Diskrepanz zwischen dieser logischen Demaskierung und den realen Gegebenheiten: denn tatsächlich üben ja die politischen Adepten der Rhetorik im Staat die Macht aus. Kallikles, die sich zum Sprecher dieser Rhetorenpolitiker macht, zwingt Sokrates, in einem grundsätzlichen Disput seine Ansichten zu verteidigen. Es entspinnt sich ein großangelegter Kampf um die wahre Lebensform: Kallikles propagiert die Lebensauffassung vom Recht des Stärkeren – ein Naturrecht, wie er behauptet, und als solches dem »gesetzten« Gesetz überzuordnen – und nennt als die höchste Glückseligkeit die schrankenlose Erfüllung aller lustbringenden Begierden; Sokrates bekennt sich zu der auf Vernunft und selbstkritische Rechenschaft vertrauenden Philosophie, die Kallikles als eines erwachsenen, ernsten Mannes unwürdig abtut. Die Argumentation lehnt sich eng an das Polos-Gespräch an: auch Kallikles muß Sokrates recht geben, daß er das als solches erkannte Gute der Lust übergeordnet. Aber im Gegensatz zu Gorgias und Polos läßt Kallikles schließlich die Maske fallen; da ihn, wie er sagt, die aufdringlichen Worte des Schwätzers Sokrates ohnehin nicht kümmern, will er sich von der Erörterung zurückziehen (Teil III: 481b–506c), Sokrates soll das Ende allein abmachen. Dieses Ende (506c–527e) – eine leidenschaftliche Abrechnung mit den renommierten Politikern Athens, mit Perikles, Kimon, Themistokles, Miltiades, von denen es keinem gelungen sei, auch nur einen

einzigen Bürger besser und gerechter zu machen, geschweige denn die ganze Stadt – gipfelt in der Vorausschau auf den Tod des Sokrates. Er allein ist der wahre Staatsmann in Athen, er allein kümmert sich um das wahre Wohl, den wahren Nutzen der Bürger, nicht um einschmeichelnde Annehmlichkeiten; aber eben darum wird er auch verurteilt werden, wie ein Arzt bei Kindern einem Koch unterliegen würde. Doch er ist zuversichtlich: beim Totengericht im Jenseits wird von den drei Totenrichtern einem jeden ein gerechtes Urteil gesprochen werden.

Vor allem der durch den Jenseitsmythos überhöhte Schluß macht deutlich, welche Distanz zu früheren Werken Platon mit dem *Gorgias* gewinnt. An die Stelle der Aporie, mit der in den rein elenktischen »Frühdialogen« Sokrates und seine Gesprächspartner ihre Unterredungen abzubrechen pflegten, tritt hier die selbstbewußte und feierliche paränetische Mahnung: »*So wollen wir also als Führerin diese Rede gebrauchen, die uns jetzt klar geworden ist, die uns zeigt, daß diese Lebensweise die beste ist, sowohl die Gerechtigkeit als auch die andere Tugend übend zu leben und zu sterben. Dieser also laßt uns folgen und auch die andern dazu ermuntern, nicht jener, dem du vertraust und zu der du mich ermunterst: sie ist nämlich nichts wert, oh Kallikles.*« Eine solche Schlußparänese ist nur möglich, weil der Hauptgesprächspartner, Sokrates, eine neue Dimension gewonnen hat: Er wird nicht mehr in die Aporie hineingenommen, sondern erscheint als Wissender oder zumindest Erkennender – das elenktische Frage-Antwort-Spiel entfaltet sich nicht mehr ausschließlich in destruktiver Richtung, sondern führt, wenigstens für den einen, im Gespräch führenden Partner, zu einem konstruktiven Resultat (das für ihn natürlich schon vor der elenktischen Prüfung feststand). Wie in dem genau parallelen Fall des *Menon* hängt damit zusammen, daß der Satz-für-Satz-Dialog jetzt plötzlich mit längeren, belehrenden Reden durchsetzt zu werden beginnt. Im *Gorgias* kann man geradezu der Herleitung der Legitimation zu dieser neuen Methode zusehen: Während in der Auseinandersetzung um Wesen und Wert der Rhetorik, d. h. dort, wo die kritische Durchleuchtung eines vorgegebenen Anspruchs auf dem Programm steht, von Sokrates immer wieder das Vorrecht der dialogischen Erörterung gegenüber der hymnischen Apologie in Form langer Reden betont wird (wie schon im *Protagoras*), kann er, nachdem sich erst einmal in der dialektischen Destruktion zugleich die wesentlichen konstruktiven Fundamentalwahrheiten herausgestellt haben, auf diesen dialogisch-elenktisch erarbeiteten Erkenntnissen in ausführlicher Rede weiterbauen. Noch ein weiteres – und zwar literarisch-formales Phänomen – hängt mit dieser Überwindung der Aporie innerhalb des Dialogs zusammen: die kompositorische Verknüpfung der verschiedenen Teile des philosophierenden Dialogs. In früheren Werken, die aus einer grundsätzlich beliebig fortsetzbaren Reihe destruktiver, d. h. negativ endender, Beweisgänge bestanden, mußte jeder Abschnitt des Gesprächs wieder am selben Punkt wie der vorangehende einsetzen, keiner konnte sich positiv auf eine bereits erwiesene These stützen, und am Ende war man in der Unterhaltung nicht weiter als zu Beginn. Jetzt dagegen ruht jeder Teil auf dem positiven Ergebnis des vorigen; was im ersten oder zweiten Gang konstituiert wurde, gilt weiter im dritten und vierten: so etwa der Gegensatz von Glauben und Wissen, von Überredung und Erkenntnis, von Erfahrung und zu Rechenschaft fähiger Technik, von angenehmer Schmeichelei und nutzbringender Kunst, der, nachdem er in Teil I und Teil II entfaltet worden ist, als grundlegendes Zentral- und Leitmotiv die Erörterungen durchzieht bis hinein in Sokrates' Resümee: »*Wenn ich aber aus Mangel an schmeichlerischer Redekunst sterben sollte, so weiß ich gewiß, du würdest mich den Tod leicht ertragen sehen.*«

Der *Gorgias* war bis in die Spätantike eines der meistbewunderten Werke Platons. Der große Sophist selbst, nach dem der Dialog betitelt ist, soll seinen Autor nach der Lektüre einen »*zweiten Archilochos*« genannt haben; eine andere Geschichte berichtet von einem Bauern, der den *Gorgias* las und daraufhin Acker und Weinberg verließ, um Platons Schüler zu werden. Die gewaltige Wirkung, die sich in solchen Anekdoten spiegelt, liegt gewiß zu einem guten Teil in der logisch und psychologisch überzeugenden Unbedingtheit, mit der Platon hier, im Kontrast zu seinen Hauptgegnern, Existenz und Lebensinhalt seines Lehrers darzustellen weiß. Der zweite Teil des Dialogs insbesondere wirkt wie eine Wiederaufnahme der *Apologie*, und die Wahrscheinlichkeit spricht dafür, daß der *Gorgias* in der Tat als Entgegnung auf das vieldiskutierte Sokrates-Pamphlet des Sophisten POLYKRATES gedacht ist (nicht umgekehrt). Diese Zentrierung in der Gestalt des Sokrates verleiht zugleich auch der Diskussion über die Gerechtigkeit eine entschiedene Überzeugungskraft, die dem motivgleichen sogenannten *Thrasymachos* (*Politeia*, Buch 1) weit hinter sich läßt und von der voluminösen *Politeia* nicht erreicht wird. E. Sch.

AUSGABEN: Florenz ca. 1482–1484 (in *Opera*, 2 Bde.; nur lat. Übers. v. Marsilio Ficino). – Venedig 1513 (in *Hapanta ta tu Platōnos*, Hg. M. Musuros). – Oxford 1903 (in *Opera*, Hg. J. Burnet, Bd. 3; zahlr. Nachdr., zul. 1961). – Ldn./Cambridge (Mass.) ²1932 (in *P.*, Bd. 5, Hg. W. R. M. Lamb; m. engl. Übers.; Loeb; Nachdr. zul. 1953). – Paris ⁵1949 (in *Œuvres complètes*, Bd. 3/2, Hg. A. Croiset u. L. Bodin; m. frz. Übers.). – Bern o. J., Hg. W. Theiler (Editiones Helveticae, S. Gr., 9). – Oxford 1959, Hg. E. R. Dodds [m. Einl. u. Komm.].

ÜBERSETZUNGEN: *Gorgias, ein Gespräch von der Redekunst*, J. G. Schultheß, Zürich 1775. – *Gorgias oder Von der Redekunst*, F. L. Graf zu Stolberg (in *Auserlesene Gespräche*, Bd. 2, Königsberg 1797). – *Gorgias*, R. Rufener (in *Die Werke des Aufstiegs*, Zürich 1948; Einl. G. Krüger). – Dass., F. Schleiermacher (in *SW*, Bd. 1, Hbg. 1957; RK, 1). – *Gorgia*, V. Arangio-Ruiz, Florenz 1958 (ital.; m. Einl. u. Komm.).

LITERATUR: E. Thiel, *Der ethische Gehalt des »Gorgias«*, Diss. Breslau 1911. – J. Humbert, *Polycratès, l'accusation de Socrate et le »Gorgias«*, Paris 1930. – A. Riviers, *Les horizons métaphysiques du »Gorgias« de P.*, Lausanne 1948. – P. Friedländer, *P.*, Bd. 2, Bln. ²1957, S. 226–253; 320–324. – P. Kucharski, *La rhétorique dans le »Gorgias« et le »Phèdre«* (in REG, 74, 1961, S. 371–406).

HIPPIAS I, auch: *Hippias maior* (griech.; *Hippias I*, auch: *Der größere Hippias-Dialog*). Philosophischer Dialog von PLATON (427–347 v. Chr.). – Die Entstehungszeit ist umstritten: die Sprachstatistik verweist *Hippias I* in die Nähe des *Phaidon*, also ins sogenannte Mittelwerk, die formale Eigenart der Personencharakteristik stellt ihn neben *Euthydēmos* und *Gorgias* zu den »Übergangsdialogen«, und die gedankliche Struktur läßt ihn als echtes Frühwerk erscheinen, ähnlich dem *Lachēs*, dem *Euthyphrōn* oder dem *Kleineren Hippias*. Die Diskrepanz zu beseitigen, indem man das Buch Platon ganz abspricht – wie es nach POHLENZ' und des autoritativen WILAMOWITZ' Vorbild lange geschah –, geht nicht an; doch sind Diskussion und Deutung noch nicht abgeschlossen.

Der Aufbau des Werkes ist der aus anderen Dialogen geläufige. Ein rahmendes, situationsschilderndes Gespräch stellt die Personen vor: Sokrates und den sobnos, weisen, reichen Sophisten Hippias, den Politiker und Philosophen, der die frühen Denker Griechenlands weit hinter sich gelassen hat, den Stolz seiner Vaterstadt Elis, soeben in Athen eingetroffen, nach einer Gesandtschaft bei den Lakedaimoniern, wo er durch eine wunderschöne Rede großes Lob geerntet hat. Dieser Erfolg des Hippias gibt Sokrates das Stichwort für seine grundsätzliche Frage: »*Was ist denn eigentlich das Schöne?*« Die Untersuchung erfolgt in sechs »Gängen«, drei Definitionsversuchen des Hippias, drei Anläufen des Sokrates, die insgesamt ergebnislos bleiben und immer wieder auf die Grundfrage zurückführen, so daß man am Ende immer noch beim Beginn zu stehen scheint. Allerdings liegen die Versuche nicht auf einer Ebene: zwischen den Lösungsvorschlägen des Hippias und denen des Sokrates ist ein himmelweiter Unterschied – jener ist nicht einmal imstande, den Sinn der Frage zu verstehen, seine Antworten sind methodisch unzulänglich; dieser scheitert am Problem selbst, seine Antworten sind sachlich mangelhaft. Diese Differenz beeinflußt die innere Form der einzelnen Gänge: im ersten Teil der Untersuchung (286c bis 293c) müssen die Definitionen jeweils durch eine nähere Erläuterung des Themas ergänzt werden, im zweiten Teil (293c–304a) können sie durch Modifikationen und Zusätze inhaltlich erweitert werden.

Sokrates möchte gern »*das Schöne*« kennenlernen, »*durch das alles Schöne schön ist*«; Hippias, der nach seinen eigenen Worten zwischen dem, was schön ist, und dem, was das Schöne ist, nicht trennen kann, antwortet: »*Ein schönes Mädchen ist schön.*« Indes, auch eine schöne Stute, ein schöner Krug ist schön, und, mit einer schönen Göttin verglichen, wird ein schönes Mädchen sicher häßlich anmuten. Es ist aber gefragt nach »*dem Schönen selbst, wodurch auch alles Übrige geschmückt wird und schön erscheint, wenn jene Gestalt hinzukommt*«. Hippias vermeint zu begreifen: das, wodurch alles geschmückt wird und schön erscheint, »*ist nichts anderes als das Gold*«. Sokrates muß erneut widersprechen: das Gold ist ja nur dort schön, wo es passend ist – ein Rührlöffel aus Feigenholz ist viel schöner und passender als ein goldener. Hippias: »*Du dünkst mich darauf auszugehen, ein solches Schönes zu antworten, was niemals irgendwo irgend jemandem häßlich erscheinen kann ... Ich sage also, daß es immer für jeden und überall das schönste ist, wenn ein Mann, reich, gesund, geehrt unter den Hellenen, in einem hohen Alter und nachdem er seine verstorbenen Eltern ansehnlich bestattet, selbst wiederum von seinen Kindern schön und prachtvoll begraben wird.*« Ein abermaliger Hinweis auf das methodische Ziel (»*das Schöne selbst*«) und auf die Tatsache, daß das Genannte nicht auf Götter und Heroen zutreffe, erledigt auch diesen Vorschlag.

Sokrates' erster Versuch, nach dem dreifachen Scheitern des Hippias, greift auf einen Gedanken des ersten Teils zurück: »*Das Schöne ist das Passende, Schickliche.*« Eine explizierende Zusatzfrage muß der Analyse helfen: läßt dieses Schickliche die Dinge schön sein oder schön scheinen? Da Hippias für »*schön scheinen*« plädiert, ist die Definition abzuweisen: diese Dinge sind ja dann nicht schön. Die zweite Antwort des Sokrates – »*das Schöne ist das Brauchbare*« – verlangt gleichfalls nach Präzisierung: das Schöne ist nur das zum Guten Brauchbare, das Nützliche. Sind aber nicht Ursache und Resultat stets verschieden voneinander, wie Vater und Sohn, ist also nicht das Schöne-Nützliche etwas anderes als das Gute? Ist also das Schöne etwa nicht gut, und das Gute nicht schön? Das kann man kaum zugeben. Und noch von einer dritten Seite greift Sokrates das Problem an: vielleicht ist das Schöne das durch Gesichts- und Gehörsinn vermittelte Angenehme? Und wiederum braucht man die verdeutlichende Erklärung: in der Definition ist dieses Schöne auf die Wirkung beider Sinne zusammen, nicht jedes einzelnen für sich, bezogen. Nun gehören aber die Vergnügungen, der Augen und Ohren zu den Annehmlichkeiten, der beiden Bereichen sowohl als Einzelqualität – also jedem Bereich für sich – wie auch als Doppelqualität – beiden in ihrem Zusammenwirken – zugesprochen werden können: da diese Sinne das Schöne aber, nach Definition, nur in der Art einer Doppelqualität liefern sollen, ist die Antwort falsch gewesen. Sie erweist sich jedoch – und damit ist die Aporie offenkundig – auch noch aus einem anderen Blickwinkel als unrichtig. Warum wären Gesicht und Gehör schön? Natürlich weil sie die besten Vergnügungen bieten. Das Schöne demnach das Nützliche und Gute? Das ist längst widerlegt.

Die Formationen des Aufbaus scheinen sich wirklich seit *Euthyphrōn* und *Lachēs* nicht verändert zu haben: sechs in sich gleich gelagerte Schichten, alle strukturiert nach der Sequenz These–Analyse–Fehlschlag; einzig die Parallelität der Zweiteilung bringt etwas Individualität in den stereotypen Gedankenlauf, kompositorisch verkettet durch ein gleichlautendes Motivglied (das »Passende«) und den Schlußzirkel der Argumentationsverlaufs. Doch zeigt sich in diesem Dialog einmal mehr, wie wenig in Platons Werk mit der philosophischen und textformalen Erhellung getan ist, wie sehr bei diesem Autor die dogmatische Demonstration hinter der künstlerischen Wirkung zurücktreten kann (und darum ist auch die Frage müßig, in welchem Grade es Platon mit den vorgetragenen Argumenten ernst war). Allein schon die Wahl der Gesprächspartner – der vielseitigste der allgewandten Sophisten und der monomane Dialektiker Sokrates – läßt mutmaßen, daß Platon auf pointierte Charakterzeichnung, nicht im Geiste eines Porträtisten, sondern des Vivisektors symptomatischer Gestalten, kaum verzichten wird. Dabei hebt sich aber der *Größere Hippias* von früheren Sophistendialogen wie *Protagoras* oder *Hippias minor* durch einen raffinierten Kunstgriff ab: hier prallen die Meinungen der Antipoden nicht wie dort in unmittelbar frontaler Antithese aufeinander. Denn Sokrates spricht nicht aus eigener Verantwortung, sondern gibt, indem er die gegenwärtige Situation mit einer früheren vergleicht, die hypothetischen Einwände eines kritisch veranlagten Bekannten wieder: damit ist einerseits dem Hippias der persönliche Angriff auf seinen Partner (wie etwa im *Laches*) verwehrt, andererseits gewinnen die Erwiderungen des Sokrates an Schlagkraft – der ewige Prüfer und Frager steht nicht allein, und sein Argument wird durch Distanz und Autorität erhärtet, zumal Hippias die Diskussionsform anerkennt.

Sokrates macht von den Vorteilen dieser listigen Fiktion denn auch kräftig Gebrauch (besonders derb etwa bei der dritten falschen Antwort des Hippias, 292a). Doch – und dies gibt dem Dialoggeschehen den eigentlichen Reiz und die innere Dramatik: ohne daß es ausgesprochen ist, wird immer deutlicher, daß Sokrates und jener hartnäckige Mahner identisch sind: »*Wenn ich aber, von euch überzeugt, dasselbe sage wie ihr ... so habe ich vorzüglich von diesem Menschen, der mich immer züchtigt, alles Üble zu hören. Denn er ist mir gar nahe verwandt und wohnt mit mir zusammen.*« So kann es auch nicht erstaunen, den Hippias seinerseits immer mehr die reservierte Haltung verlassen und zum Angriff übergehen zu sehen: »*Niemals, Sokrates, siehst du auf das Ganze, und ebenso wenig die, mit denen du zu reden gewohnt bist ... Darum entgehen euch ganz große Hauptstücke in dem Wesen der Dinge.*« (Alle Ü: Schleiermacher) – Daß Platon hier am Schluß, wo die ironischen Masken zu sinken beginnen, dem Hippias eine (Platonische) Selbstkritik in den Mund legt, steht außer Zweifel: die Zeit von *Menōn* und *Gorgias* ist nicht fern, in der Autor sich von der ausschließlich negativ destruierenden, analytischen Elenxis weg der belehrenden Vermittlung ontologischer und erkenntnistheoretischer Gedankenkomplexe zuwendet.

E. Sch.

AUSGABEN: Florenz o. J. [ca. 1482–1484] (in *Platonis opera*, 2 Bde.; nur lat. Übers. v. Marsilio Ficino). – Venedig 1513 (in *Hapanta ta tou Platōnos*, Hg. M. Musuros). – Oxford 1903 (in *Opera*, Hg. J. Burnet, Bd. 3; Nachdr. zul. 1961). – Cambridge 1928 (*The Hippias Major Attributed to Plato*, Hg. D. Tarrant; m. Einl. u. Komm.). – Ldn./Cambridge (Mass.) [2]1939 (in *Plato*, Bd. 6, Hg. H. N. Fowler; m. engl. Übers.; Loeb; Nachdr. zul. 1953). – Paris [3]1949 (in *Œuvres complètes*, Bd. 2, Hg. A. Croiset; m. frz. Übers.).

ÜBERSETZUNGEN: *Hippias I., oder vom Schönen*, J. F. Kleuker (in *Werke*, Bd. 1, Lemgo 1778). – *Hippias der Größere*, L. Georgii (in *SW*, Bd. 1, Heidelberg o. J.). – *Hippias. Das größere Gespräch dieses Namens*, F. Schleiermacher (in *SW*, Bd. 2, Hbg. 1957; RKl, 14). – *Der Größere Hippias*, R. Rufener (in *Frühdialoge*, Zürich 1960; Einl. O. Gigon).

LITERATUR: O. Apelt, *Die beiden Dialoge »Hippias«* (in NJb, 19, 1907, S. 630–658). – Überweg, 1, S. 254–256. – J. Moreau, *Le platonisme de l'»Hippias majeur«* (in REG, 54, 1941, S. 19–42). – M. Soreth, *Der platonische Dialog »Hippias maior«*, Mchn. 1953 (Zetemata, 6; Diss. Marburg). – A. Capelle, *Platonisches im »Größeren Hippias«* (in RhMus, 99, 1956, S. 178–190). – P. Friedländer, *P.*, Bd. 2, Bln. [2]1957, S. 97–107; 291–293. – R. G. Hoerber, *Plato's »Greater Hippias«* (in Phronesis, 9, 1964, S. 143–155).

HIPPIAS II, auch: *Hippias minor* (griech.; *Hippias II*, auch: *Der kleinere Hippias-Dialog*). Philosophischer Dialog von PLATON (427–347 v. Chr.), vermutlich der Gruppe der sogenannten Frühwerke zugehörig (etwa 399–390). – Das kurze Werk zieht, obwohl philosophisch-dogmatisch nicht sonderlich ertragreich und auch künstlerisch hinter Dialogen wie *Prōtagoras*, *Charmides*, *Lysis* oder *Menōn* zurückbleibend, seinen besonderen Reiz aus der souveränen Charakteristik der Hauptpartner des Gesprächs: auf der einen Seite der allweise Sophist Hippias aus Elis, der siegreiche Meister der Olympiaden, auf der anderen Seite der »wissende«, ewig lernbegierige Frager Sokrates, der sich aber gerade in der ironischen Bescheidenheit des *understatement* seinem Gegenüber unendlich überlegen erweist. Hierin ist das Werk etwa dem *Euthyphrōn* und den späteren großen Sophistendialogen, wie *Hippias maior*, *Gorgias* oder *Euthydēmos*, verwandt.

Wie in weitaus den meisten Platonischen Dialogen wird der Leser auch im *Hippias* zunächst in eine Situation eingeführt: der sprachmächtige Hippias hat soeben, wie Eudikos, eine Nebenfigur, dem Sokrates erzählt, eine glänzende Prunkrede über Homers Personendarstellung gehalten und darin behauptet, der Dichter habe Achill als den besten, Odysseus als den gewandtesten der Helden von Troia zeichnen wollen. Dieser Bericht des Hippias dient zugleich einer ersten Beschreibung der Fähigkeiten des großen Weisen Hippias: es gibt keinen, der ihn übertrafe. Der selbstsichere Hippias ist denn auch sogleich gerne bereit, des Sokrates Bitte um Erläuterung jener These zu willfahren. Zitate aus Homer sollen belegen, daß Achilleus als der Einfache und Wahrhaftige, Odysseus dagegen als der Wendige und Hinterlistig-Lügnerische geschildert wird. Sokrates abstrahiert daraus die These – und sein Partner stimmt zu –: demnach sind der Wahrhaftige und der Lügnerische zwei verschiedene Gestalten. Sokrates hat jedoch wenig Mühe, die Unhaltbarkeit dieses Satzes aufzudecken: wirklich lügen kann nur, wer auch das Wahre kennt – Arithmetik, Geometrie, Astronomie und alle jene Fertigkeiten, die Hippias selbst beherrscht, sind schlagende Beweise –; denn andernfalls liefe der Lügner ja Gefahr, zuzeiten versehentlich das Wahre zu treffen. Ergo: der Wahrhaftige und der Lügner sind identisch, zwischen Achill und Odysseus besteht kein Unterschied. Wennschon unwillig, muß Hippias die Widerlegung anerkennen.

Im zweiten Gang des Gesprächs bringt Sokrates die Gegenthese vor – auch er kann sich mit Zitaten legitimieren –: nicht Odysseus ist der Lügnerische, sondern Achill. Diese Provokation kann Hippias natürlich nicht auf sich beruhen lassen: Achill lüge unabsichtlich, Odysseus absichtlich, wendet er ein. Sokrates: also ist, die Untersuchung hat es gezeigt, Odysseus, da er das Wahre kennt, der bessere von beiden. Damit ist Hippias in die Enge getrieben: entweder muß er seine Anfangsthese endgültig widerrufen oder die Zustimmung zum Resultat der Analyse rückgängig machen. Er wählt das zweite: es ist nicht zuzugeben, daß, wer vorsätzlich und mit Wissen Schlechtes tue, besser sei, als wer unabsichtlich sich vergehe. Zum zweitenmal wurde der Ruf des »Weisen« angeschlagen: aber wie schon zuvor betont Sokrates seine eigene Unwissenheit und das Vermögen des Hippias, ihn zu belehren; es liege ihm fern, seinen Gesprächspartner etwa absichtlich zu verwirren und zu beleidigen (sonst wäre er ja weise). Notgedrungen – sogar Eudikos schaltet sich bittend ein – muß sich Hippias nochmals der Untersuchung stellen, und erleidet wieder eine Niederlage: in allen möglichen Beispielen, im Laufen, Ringen, Gehen, Sprechen, Sehen, Bogenschießen, Musizieren, in der Heilkunst, ist immer das beabsichtigte Fehlen dem blinden Mißlingen überlegen, da es die

Kenntnis der richtigen Ausübung voraussetzt. Und im Bereich der eigenen Seele? Nein, sagt Hippias, man kann nicht zugeben, die Seele, die absichtlich Unrecht tut, sei die bessere. Sokrates versucht noch einen Beweis, doch Hippias läßt sich nicht erweichen: »*Auf keine Weise kann ich dir dieses doch einräumen, o Sokrates.*« Darauf Sokrates: »*Auch ich nicht mir selbst, Hippias. Aber es erscheint uns doch jetzt notwendig so aus unserer Rede.*« Die Untersuchung ist also gescheitert. Und jetzt erst wird der sarkastische Kontrast, mit dem Sokrates bislang jeder Widerlegung des Hippias den Hymnus auf die Weisheit des Sophisten entgegenstellte, zur direkten Demaskierung des hohlen Scheinwissens: »*Daß ich schwanke, ist wohl nichts Wunderbares, noch daß ein anderer Ungelehrter: wenn aber auch ihr schwanken wollt, ihr Weisen, das ist dann ein großes Unglück auch für uns, wenn wir nicht einmal bei euch zur Ruhe kommen können von unserm Schwanken.*«
(Alle Ü: Schleiermacher)
So hat Sokrates sein Gegenüber auf drei Ebenen zugleich entlarvt. Er hat die Thesen des Hippias widerlegt und dadurch dessen Unwissenheit offenbart: sie konnten der logischen Zergliederung nicht standhalten. Er hat die Argumentationsweise des Hippias zunichte gemacht und dadurch dessen Weisheit in Frage gestellt: der Sophist sah sich gezwungen, der von ihm selbst stillschweigend konzedierten Form der Erörterung zu widersprechen. Und er hat schließlich sogar – dies die frappante Pointe des Stücks – die Persönlichkeit des Hippias dekuvriert: Sokrates war, enthüllt er am Schluß, die ganze Zeit von der ethischen Unzulänglichkeit der zweiten These überzeugt, ließ also die Elenxis also in voller Absicht fehlgehen – und zeigte sich eben darin als der Überlegene und »Weisere«.
Es ist Platon oft angekreidet worden, daß er um dieses charakterologisch-polemischen Zieles willen sich nicht vor zweifelhaften Beweismitteln scheut: der Begriff des »Besseren« wird ohne Differenzierung sowohl technisch-quantitativ als auch ethischqualitativ gebraucht. Aber das voraristotelische griechische Denken unterschied eben nicht zwischen logisch einwandfreien und scheinbaren Schlüssen: als richtig galt, was überzeugte. Dieser Geisteshaltung allein durfte der Sophismus des 5. Jh.s seine hohe Blüte zuschreiben, und das (antisophistische) Sokratische Bemühen um Begriffserklärung wurzelte durchaus in solchem Boden. E. Sch.

AUSGABEN: Florenz o. J. [ca. 1482–1484] (in *Platonis opera*, 2 Bde.; nur lat. Übers. von Marsilio Ficino). – Venedig 1513 (in *Hapanta ta tu Platōnos*, Hg. M. Musuros). – Oxford 1903 (in *Opera*, Hg. J. Burnet, Bd. 3; Nachdr. zul. 1961). – Ldn./Cambridge (Mass.) ²1939 (in *Plato*, Bd. 6, Hg. H. N. Fowler; m. engl. Übers.; Loeb; Nachdr. zul. 1953). – Florenz 1948 (*L'Ippia minore*, Hg. G. Calogero; m. Komm.). – Paris ⁵1949 (in *Œuvres complètes*, Bd. 1, Hg. M. Croiset; m. frz. Übers.).

ÜBERSETZUNGEN: *Hippias II., oder vom Lügen*, J. F. Kleuker (in *Werke*, Bd. 1, Lemgo 1778). – *Hippias der Kleinere*, L. Georgii (in *SW*, Bd. 1, Heidelberg o. J.). – *Hippias. Das kleinere Gespräch dieses Namens*, F. Schleiermacher (in *SW*, Bd. 1, Hbg. 1957; RKl, 1). – *Der Kleinere Hippias*, R. Rufener (in *Frühdialoge*, Zürich 1960; Einl. O. Gigon).

LITERATUR: O. Apelt, *Die beiden Dialoge* »*Hippias*« (in NJb, 19, 1907, S. 630–658). – O. Kraus, *P.s* »*Hippias minor*«, Prag 1913. – Überweg, 1, S. 253/254. – P. Friedländer, *P.*, Bd. 2, Bln. ²1957, S. 125 bis 134; 299.

IŌN (griech.; *Ion*). Einer der frühesten Dialoge von PLATON (427–347 v. Chr.). – Das Werk ist in zweifacher Hinsicht bedeutsam: zum einen, weil sich der Philosoph hier, in einer Art abrechnender Bilanz mit der eigenen Jugend, zum erstenmal über seine Anschauung vom Wesen der Dichtung äußert; zum andern, weil an diesem Werk, wie es scheint, die spezifisch Platonische Form des aporetischen (d. i. ergebnislosen) Dialogs in *statu nascendi* durchschaubar wird.
Der gefeierte Rhapsode und Homer-Interpret Ion ist eben vom Asklepiosfest in Epidauros zurückgekehrt, wo er mit seinen Rezitationen den ersten Preis gewinnen konnte. Sokrates möchte eine Probe seiner Kunst hören – doch eine Frage zuvor: Vermag Ion über alle Dichter so gut zu reden? Antwort: nur über den einen, über Homer. Nach kurzem Gespräch muß Ion jedoch verwundert gestehen, daß dies im Grunde unbegreiflich ist; denn wenn Homer, Hesiod, Archilochos vom gleichen Gegenstand erzählen, etwa vom Wahrsagen oder von der Heilkunst, so ist es stets Sache ein und desselben Mannes – des Fachmanns, also des Sehers oder des Arztes –, Gültigkeit und Unrichtigkeit des dichterischen Berichts zu beurteilen. Ions Einseitigkeit erlaubt nur einen Schluß – er spricht ohne Sachkunde *(technē)* und wissenschaftliches Verständnis. Ein zweiter Aspekt führt von der negativen Feststellung zur positiven Erklärung des merkwürdigen Phänomens. Die andern Künste, Malerei, Plastik, Musik usw., sind immer eine Einheit – niemand wird behaupten dürfen, zwar Polygnot beurteilen zu können, die andern Maler dagegen nicht. Was unterscheidet jene Künste von der Dichtung? In seiner zentralen Rede (533c–535a) gibt Sokrates die Deutung. Es sind gar nicht die Dichter, welche die Epen, Lieder, Tänze und Iamben verfassen; die Gottheit, die Muse, ist es, über sie kommt und im »Enthusiasmus« aus ihnen spricht wie aus den Orakelsängern und den Bacchantinnen: »*Denn ein Dichter ist ein luftiges, leichtbeschwingtes und heiliges Wesen und nicht eher instande zu dichten, als bis er in Begeisterung gekommen und außer sich geraten ist und die klare Vernunft nicht mehr in ihm wohnt; solange er aber diese klare Besinnung noch besitzt, ist jeder Mensch unfähig zu dichten und zu weissagen.*« Mit Freuden stimmt Ion zu, ja, er bringt seinerseits Beobachtungen vor, die Sokrates' Worte illustrieren können. Er selbst, Ion, fühle sich auch stets bei seinem Vortrag gerührt, und diese Erregung teile sich von ihm auf das Publikum mit. Sokrates vergleicht das mit magnetischen Ringen: »*Erkennst du nun, daß ein solcher Zuhörer der letzte von jenen Ringen ist, die, wie gesagt, die von dem Magneten ausgegangene Kraft wiederum von einander annehmen, der mittlere aber ein Rhapsode und Schauspieler, wie du, und der erste der Dichter selbst? Der Gott aber zieht durch alle diese Mittelglieder die Seele des Menschen, wohin er will.*«
Damit könnte der Dialog sein Ende haben. Die Frage Ions ist aufgehellt, die analytische Schlußfolgerung wurde durch eine einleuchtende Deutung gestützt und schließlich in paradigmatischer Demonstration fundiert – die Eigenart des Rhapsoden wurzelt im spezifischen Wesen der Dichtkunst. Aber nun macht Ion unvermittelt eine radikale Wendung: Obwohl er während der bisherigen Argumentation dem Sokrates in allen Punkten beipflichtete, ja

sogar selbst die entscheidenden Momente vortrug, will er jetzt mit einem Mal nicht mehr zugeben, daß er unverständig und in gottbegeistertem Wahnsinn rede; die versprochene Probe könne das Gegenteil beweisen. Die Szenerie des ersten Teils beginnt sich zu wiederholen, wenngleich mit neuer Nuance. Sokrates möchte vorher eine Frage beantwortet haben: Über was in den Homerischen Gesängen versteht Ion gut zu reden? Darauf dieser: »*Über alles.*« Wenn Homer aber von Wagenlenken, von der Heilkunst, von Vorzeichen und Vogelflug spricht, entgegnet Sokrates – und Ion stimmt zu: dann verstünden dies doch nur zu würdigen der Wagenlenker, der Arzt und der Seher. Was vermag demnach die Rhapsodik zu beurteilen? Ion: »*Alles!*« Sokrates beginnt nochmals: Der Fachmann fürs Wagenlenken ist der Wagenlenker, für die Nautik der Steuermann, für die Krankheit der Arzt, für die Strategie ... Ion: »*Der Rhapsode.*« – Sokrates: »*Glaubst du, daß die Kunst des Rhapsoden und die des Heerführers eine und dieselbe ist oder zweierlei?*« – »*Mir für mein Teil scheint es nur eine.*« – »*Wer sonach ein guter Rhapsode ist, der ist auch ein guter Heerführer?*« – »*Allerdings, lieber Sokrates.*« »*Bist du nun nicht der Hellenen bester Rhapsode?*« – »*Und zwar bei weitem, mein Sokrates.*« – »*Dann, Ion, bist du also auch wohl der beste Heerführer der Hellenen?*« – »*Dessen sei gewiß, Sokrates ...*« Man sieht, die Argumentation ist zur Groteske geworden.

Wie ist dieser seltsame zweiteilige Aufbau des Dialogs zu verstehen? Hält man den *Ion* neben andere frühe Werke Platons (etwa *Laches, Charmides, Euthyphron, Lysis*), so zeigt sich seine Eigenart erst in vollem Licht. Keines ist wie er derart markant in zwei schroff gegeneinandergestellte Partien geteilt, die sich wechselweise geradewegs zu negieren drohen. Zwar finden wir in den übrigen Frühdialogen (mit Ausnahme von *Kriton* und *Apologie*) die »elenktische Reihung«, das Nacheinander gleichförmiger, sich ausschließender Bauelemente; doch dort ist die Ausschließlichkeit logisch legitimiert und aus dem formalen Charakter begründet, hier aber – das Erstaunlichste des ganzen Buchs – ist der erste Teil ja fraglos in vollem Ernst gesprochen, beide Partner stimmen, entgegen allem Erwarten, bis zum Schluß überein, die These des Sokrates trifft nirgends, nicht einmal versuchsweise, auf eine schlüssig bewiesene Widerlegung. – Vielleicht ist der Leser geneigt, in der dichotomischen Komposition eine Absicht des Autors zu sehen: zunächst theoretische Verurteilung der traditionellen Poesie, hernach (die Klimax ist nicht zu bestreiten) Vivisektion eines ihrer typischen Vertreter. Tiefer weisen indes zwei stilistische Eigentümlichkeiten. Einmal fehlt in dem Dialog noch jede Spur jener feinen Ironie, die in späteren Werken Platons, durch eine minimale Fremdheit des Ausdrucks, gerade das ironisch zurücknimmt, was als das eigentlich Gemeinte gelten soll – diese Funktion übernimmt im *Ion* eine sarkastisch spottende Überzeichnung. Zweitens zeigt auch der *Ion* offenkundig Ansätze zu der genannten »elenktischen Reihung« von These – These – These – Scheitern – These – Scheitern, nur daß hier der Fehlschlag durch das »Nein« des einen Gesprächspartners, nicht durch den inneren Widerspruch der These selbst gekennzeichnet ist. Beides zusammengenommen zeigt die Richtung einer Lösung des Problems: Der *Ion* stellt offenbar ein Werk dar, in dem Platon noch tastend seinen Weg sucht. Dazu stimmt auch die Art, wie die Überlegenheit des Sokrates gezeichnet ist: Er fungiert während des ganzen Gesprächs als der Wissende, der aus der Fülle Antwort gibt; daß er sich in die Aporie hineinnähme, selbst auf der Stufe des Partners stünde, davon ist noch nichts zu spüren. Von der künstlerischen Vollkommenheit eines *Lysis, Menon, Symposion* ist dieses Werk – nimmt man alles in allem – demnach noch weit entfernt.   E. Sch.

AUSGABEN: Florenz o. J. [ca. 1482–1484] (in *Platonis opera*, 2 Bde.; nur lat. Übers. v. Marsilio Ficino). – Venedig 1513 (in *Hapanta ta tu Platōnos*, Hg. M. Musuros). – Oxford 1903 (in *Opera*, Hg. J. Burnet, Bd. 3; zul. 1961). – Ldn./Cambridge (Mass.) ²1939 (in *P.*, Bd. 3, Hg. W. R. M. Lamb; m. engl. Übers.; Loeb; Nachdr. zul. 1952). – Zwolle 1953 (*Io*, Hg. W. J. Verdenius; m. Einl. u. Komm.). – Paris ³1956 (in *Œuvres complètes*, Bd. 5/1, Hg. L. Méridier; m. frz. Übers.). – Syrakus 1958 (*Ione*, Hg. V. Costa; m. Komm. u. ital. Übers.). – Mchn. 1963, Hg. H. Flashar [griech.-dt.].

ÜBERSETZUNGEN: *Von der Poesie*, J. F. Kleuker (in *Werke*, Bd. 1, Lemgo 1778). – *Von der Vortragskunst (P.s Ion)*, R. Camerer (in *Gymn*, 57, 1950, S. 81–93). – *Ion*, F. Schleiermacher (in *SW*, Bd. 1, Hbg. 1957; RKl, 1). – Dass., R. Rufener (in *Frühdialoge*, Zürich 1960; Einl. O. Gigon). – Dass., F. Susemihl (in *SW*, Bd. 1, Heidelberg o. J.).

LITERATUR: W. J. Verdenius, *L'»Ion« de P.* (in Mnemosyne, 3/11, 1943, S. 233–262). – H. Gundert, *Enthusiasmos u. Logos bei P.* (in Lexis, 2, 1949, S. 25–46). – H. Diller, *Probleme des platonischen »Ion«* (in Herm, 83, 1955, S. 171–187). – P. Friedländer, *P.*, Bd. 2, Bln. ²1957, S. 117–124; 296–298. – H. Flashar, *Der Dialog »Ion« als Zeugnis platonischer Philosophie*, Bln. 1958. – E. A. Wyller, *P.s »Ion«* (in Symbolae Osloenses, 34, 1958, S. 19–38). – P. Vicaire, *P. Critique littéraire*, Paris 1960.

KRITŌN (griech.; *Kriton*). Philosophischer Dialog über den Tod des Sokrates von PLATON (427–347 v. Chr.), in der ersten Schaffensperiode des Autors entstanden (etwa 399–390 v. Chr.). – In der Morgendämmerung ist Kriton im Kerker erschienen, um Sokrates zu berichten, seine Hinrichtung sei in bedrohliche Nähe gerückt, und um ihn zur Flucht zu bewegen. Vier Gründe weiß er vorzubringen: das vernichtende Urteil der Mitbürger über die Freunde des Philosophen, falls diese ihn nicht retten; die Überlegung, Sokrates gebe der Anklage recht, wenn er sich dem gewaltsamen Tod nicht entziehe; die Pflicht des Sokrates, an seine Familie, die Zukunft der Kinder zu denken; der Gedanke an die Lächerlichkeit und Schande, die eine ausgeschlagene Fluchtmöglichkeit für Sokrates mit sich bringe. Damit ist, so meint der Leser, eine thematische Exposition gegeben. Doch Sokrates geht zunächst überhaupt nicht auf Kritons Argumente ein, sondern wendet das Gespräch ins Grundsätzliche: nicht den scheinbar nützlichen Erwägungen des Augenblicks müsse man folgen, sondern dem *logos*, der Rechenschaft des Verstandes, an den er, Sokrates, sich sein Leben lang gehalten habe. Dieser *logos* aber gebietet: nicht die Meinungen aller Leute gelten zu lassen (eine erste Widerlegung von Kritons Gründen), sondern nur der vernünftigen, der Sachverständigen. Wie man im Bereich des Körpers auf die Stimme des Arztes zu hören hat, so, wo es um die Seele und das Leben im ganzen geht, auf die Stimme der Gerechtigkeit. Das Gerechte ist der höchste Maß-

stab, der auch dann, wenn der Mensch Unrecht leidet, nicht verachtet werden darf. Deshalb – dieser fundamentale Satz des *logos* steht in der Mitte des Dialogs – »*müssen wir dieses erwägen, ob es gerecht ist, daß ich versuche, von hier fortzugehen, ohne daß die Athener mich fortlassen, oder nicht gerecht. Und wenn es sich als gerecht zeigt, wollen wir es versuchen: wo nicht, es unterlassen.*« Sokrates hat also eine Wahl getroffen. Und nun folgt jene berühmte Verwandlung des Gesprächs, die aus der allzeit gültigen Begründung die Konsequenz für die aktuelle Gestaltung zieht: Die Gesetze der Stadt Athen treten auf und legen in einem fiktiven Dialog mit Sokrates die Argumente des Rechts dar. Eine Flucht wäre Gesetzesverletzung, denn die Verurteilung sei eine legale Rechtssache. Sokrates habe einst einen Vertrag mit den Gesetzen der Stadt (denen er Leben und Erziehung verdankt) geschlossen und sich verpflichtet, sie zu achten und zu schützen. Es habe ihm ja freigestanden zu emigrieren; aber wie kein zweiter habe er sich an die Stadt geklammert – noch während des Prozesses habe er lieber auf Todesstrafe als auf Verbannung plädiert. Eine Flucht aber könne, so argumentieren die Gesetze, nur schlimme Folgen haben – die Freunde zu Hause wären gefährdet, in der Fremde würde Sokrates als Gesetzesverderber überall verachtet werden, sein ganzes bisheriges Leben und Wirken würde lächerlich und unwahr gemacht, seine Kinder wären der Heimat beraubt: »*Also, Sokrates, gehorche uns, deinen Erziehern, und achte weder die Kinder, noch das Leben, noch irgend etwas anderes höher als das Recht, damit, wenn du in die Unterwelt kommst, du dies alles zu deiner Verteidigung anführen kannst den dortigen Herrschern.*« Diesem von Sokrates vorgetragenen *logos* der Gesetze weiß Kriton so wenig zu entgegnen wie zuvor dem *logos* des Sokrates: »*Wohl denn, Kriton! So laß uns auf diese Art handeln, da wir hierin der Gott leitet*« (Alle Ü: Schleiermacher).
In einer dreifachen Steigerung ist das Gespräch vorangeschritten: von der Ebene des positivistischen Utilitarismus zum logischen Kalkül und von hier in die Dimension einer mythisch-hymnischen Evokation. Am Ende ist das Thema des Beginns wieder erreicht: die Rücksicht auf die Freunde, die Sorge um die Kinder, der gute Ruf des eigenen Lebens. Und wenn Sokrates am Schluß seinen aus Gottgehorsam geborenen festen Entschluß zu sterben bestätigt, so führt darin das Dialoggeschehen ein weiteres Mal zum Anfang zurück: Der Orakeltraum des Sokrates über sein nahes Ende, von welchem er dem Kriton in der Einleitung berichtet, hat nichts anderes erwarten lassen. Die Begründung und Rechtfertigung einer aktuellen Situation aus dem abstrakten *logismos* und dessen anschließende Verwirklichung in der gegenwärtigen Entscheidung ist eine Kompositionsweise, die auch der *Apologie* zugrunde liegt; hier wie dort wird der Kern der Gedanken genau im Zentrum des Werkes entfaltet. Und hier wie dort ist das letzte Ziel nicht so sehr die dramatische Darstellung eines biographischen Details aus dem Dasein des Meisters (gerade der Traum ist dafür entscheidender Hinweis), sondern weit mehr die Verherrlichung des Sokratischen Lebens als einer repräsentativen Existenzform: Sokrates – Verkörperung der Wahrheit in der *Apologie*, Sokrates – Prototyp des gerechten Bürgers im *Kriton*. Beide Werke ergänzen einander: Zeichnet sich dort das Sokratische Ethos auf der Folie einer irregeführten, neiderfüllten Masse ab, so erscheint es hier im bewußten Stolz des freien Atheners auf die rechtliche Ordnung seiner Stadt – trotz aller Unzulänglichkeiten einer verständnislosen Menge. E. Sch.

AUSGABEN: Florenz o. J. [ca. 1482–1484] (in *Opera*, 2 Bde.; nur lat. Übers. von Marsilio Ficino). – Venedig 1513 (in *Hapanta ta tu Platōnos*, Hg. M. Musuros). – Oxford 1900 (in *Opera*, Hg. J. Burnet, Bd. 1; Nachdr. zul. 1961). – Ldn./ Cambridge (Mass.) 1914 (in *Plato*, Bd. 1, Hg. H. N. Fowler; m. engl. Übers.; Loeb; Nachdr. zul. 1953). – Oxford 1924 (in *Euthyphro, Apology of Socrates, and Crito*, Hg. J. Burnet; m. Komm.; Nachdr. zul. 1957). – Bln. 1934, Hg. R. Harder (m. Einl.; griech.-dt.; Nachw. ern. in R. H., *Kleine Schriften*, Mchn. 1960, S. 223–246). – Paris ⁵1949 (*Criton*, in *Œuvres complètes*, Bd. 1, Hg. M. Croiset; m. frz. Übers.). – Madrid 1957 (*Critón*, Hg. M. Rico Gomez; m. Komm. u. span. Übers.).

ÜBERSETZUNGEN: *Crito, vom Gehorsam gegen das Vaterland*, J. S. Müller, Hbg. 1740. – *Kriton*, F. L. zu Stolberg (in *Auserlesene Gespräche*, Bd. 3, Königsberg 1797). – Dass., E. Salin (in *Apologie, Kriton, Phaidon*, Basel 1945). – Dass., F. Schleiermacher (in *SW*, Bd. 1, Hbg. 1947; RKl, 1). – Dass., R. Rufener (in *Die Werke des Aufstiegs*, Zürich 1948; Einl. G. Krüger).

LITERATUR: U. Paoli, *Problemi di diritto pubblico nel »Critone« platonico* in Rivista Internazionale di Filosofia e Diritto, 12, 1932, S. 605–620). – R. Guardini, *Der Tod des Socrates*, Bln./Bern 1945, S. 144–180. – P. Piovani, *Per una interpretazione unitaria del »Critone«*, Rom 1947. – M. Fox, *The Trials of Socrates. An Interpretation of the First Tetralogy* (in Archiv für Philosophie, 6, 1956, S. 226–261). – A. W. Gomme, *The Structure of Plato's »Crito«* (in Greece and Rome, 5, 1958, S. 45–51). – P. Friedländer, *P.*, Bd. 2, Bln. ³1964, S. 159–164; 315–317. – E. Wolf, *Griechisches Rechtsdenken*, Bd. 4/1, Ffm. 1968, S. 63–80.

KRITIAS (griech.; *Kritias*). Eines der letzten Werke von PLATON (427–347 v. Chr.), vielleicht schon in den vierziger Jahren und während der Arbeit an den *Nomoi (Gesetze)* entstanden. – Zweimal hat Platon in seiner späten Schaffensperiode eine philosophische Trilogie zu schreiben unternommen: einmal um die Wende vom sechsten zum fünften Jahrzehnt des Jahrhunderts, das andere Mal gegen Ende des fünften. Beide Male ist der Plan gescheitert – im ersten Anlauf wurde immerhin zwei Dialoge, *Sophistēs* und *Politikós*, ausgearbeitet (der *Philosophos* blieb Plan); beim zweiten Versuch wurde nur der *Timaios* fertig, der *Kritias* ist ein Fragment – ob unvollendet oder bewußt abgebrochen, steht dahin –, und der dritte Band, mit dem voraussichtlichen Titel *Hermokratēs*, wurde wiederum gar nicht erst begonnen.

Das Bruchstück ist nur verständlich, wenn man sich den Gesamtplan, in den der *Kritias* gehören soll, dem Einleitungsgespräch des *Timaios* vergegenwärtigt. Da treffen sich Sokrates und drei Freunde, der »Pythagoreer« Timaios aus Lokroi, der (in der historischen Wirklichkeit recht suspekte) athenische Staatsmann und Dichter Kritias, Oheim Platons und wie dieser Nachkomme des altattischen adligen Dichter-Politikers SOLON, sowie der aus THUKYDIDES bekannte spätere syrakusanische Feldherr Hermokrates. Sie wollen ein tags zuvor geführtes Gespräch über den Staat – das von

Sokrates gegebene Resümee weist auf die *Politeia* – fortsetzen. Sokrates' Wunsch, den von ihm in der Theorie so prachtvoll inszenierten ideal-gerechten Klassenstaat nun auch in geschichtlich wirkender Aktion zu sehen, scheint von seinem Dialogpartner Kritias erfüllt werden zu können: denn früher, als Knabe, habe er von seinem Großvater Kritias eine Erzählung vernommen, in die Solon einst bei seiner Reise nach Ägypten von den dortigen Priestern eingeweiht worden sei. Die ägyptische Priesterweisheit sprach von einem vor neuntausend Jahren existierenden attischen Urgeschlecht, dessen staatliche Einrichtungen merkwürdigerweise in den Grundzügen genau mit dem von Sokrates entfalteten Gemeinwesen übereinstimmten. Dieses Urathen habe in einem großen heroischen Kampf ein mächtiges Reich besiegt: das jenseits der Säulen des Herakles (Gibraltar) gelegene Königreich von Atlantis, das hernach, wie auch jenes fabulose Athen, durch eine gewaltige Sintflut untergegangen sei. Selbstverständlich erwarten die Gesprächsteilnehmer gespannt eine ausführliche Darlegung dieser dramatisch-realen Ergänzung zu dem spekulativen Staatsgebäude des Sokrates: nur soll zunächst, als vorbereitendes Supplement, Timaios verkünden, wie denn überhaupt Welt und Menschheit entstanden sind, ehe Kritias von den Frühtaten des Menschengeschlechts berichtet. Soweit die Einleitung zu der Kosmo- und Anthropogonie des *Timaios*-Dialogs. Der *Kritias* nun setzt ein mit einem Epilog des Timaios zu seiner langen Rede und führt, ohne weitere thematische Vorbereitung – das Prooimion des *Timaios* gilt auch für den *Kritias* –, direkt in die Schilderung der Zustände in dem alten Athen (108e–112e) und dem alten Atlantis (113b–121e) hinein. Freilich, viel mehr als die angebliche Geographie der beiden Urländer und ein mit üppig-exakter architektonischer Phantasie vorgetragenes Referat ihres Reichs- und Städteaufbaus nebst einer knappen Andeutung ihrer politischen Struktur kommt nicht zuwege. Mitten im Satz bricht das Manuskript ab. Doch hat das wenige immerhin genügt, in neuester Zeit die Einbildung zahlreicher, den fiktiven Charakter dieses Platonischen Mythos mißverstehender Köpfe aufs intensivste anzuregen; so gibt es denn heute eine durch umfängliche Sekundärliteratur geförderte »Atlantis-Archäologie«, die allerdings, zum Bedauern der hoffnungsfrohen Ausgräber, von den ernsteren Gelehrten nicht ernst genommen wird, wie bereits WILAMOWITZ' berechtigter Spott zeigt: »*Die Faseleien über die Insel Atlantis verstummen nicht, und die Narren werden nicht aufhören, sie ebenso zu suchen wie die Insel der Kalypso, von der schon Homer gesagt hat, daß nicht einmal die Götter auf ihr verkehren.*« Und die vierzig Jahre, die seit diesem offenen Wort verflossen sind, haben erwiesen, daß diese »*Torheit*« in der Tat »*unausrottbar*« (Lesky) ist. E. Sch.

AUSGABEN: Florenz o. J. [ca. 1482–1484] (in *Opera*, 2 Bde.; nur lat. Übers. von Marsilio Ficino). – Venedig 1513 (in *Hapanta ta tu Platōnos*, Hg. M. Musuros). – Oxford 1902 (in *Opera*, Hg. J. Burnet, Bd. 4; Nachdr. zul. 1962). – Ldn./Cambridge (Mass.) ²1942 (in *Plato*, Bd. 7, Hg. R. G. Bury; m. engl. Übers.; Loeb; Nachdr. 1952). – Paris 1949 (*Critias*, in Œuvres complètes, Bd. 10, Hg. A. Rivaud; m. frz. Übers.).

ÜBERSETZUNGEN: *Kritias, oder Athen und Atlantis neun Jahrtausende vor Solon*, H. Müller (in *SW*, Bd. 6, Lpzg. 1857). – *Kritias*, F. Susemihl (in *Werke*, Bd. 4/8, Stg. 1857; ern. in *SW*, Bd. 3, Heidelberg o. J. [ca. 1950]). – *Timaeus and Critias*, A. E. Taylor, Ldn. 1929 [m. Einl. u. Komm.; engl.]. – *Kritias*, nach d. Übers. v. H. Müller (in *SW*, Bd. 5, Hbg. 1959; RKl, 47).

LITERATUR: H. Herter, *Altes u. Neues zu P.s »Kritias«* (in RhMus, 92, 1944, S. 236–265). – T. G. Rosenmeyer, *Plato's Atlantis Myth.* »*Timaeus« or »Critias«?* (in Phoenix, 10, 1956, S. 163–172). – H. Cherniss, *Plato 1950–1957* (in Lustrum, 4, 1959, S. 79–83; Bibliogr.). – P. Friedländer, *P.*, Bd. 1, Bln. ³1964, S. 213–217; 327–333; Bd. 3, Bln. ²1960, S. 356–359; 502.

KRATYLOS (griech.; *Kratylos*). Philosophischer Dialog von PLATON (427–347 v. Chr.), zur Gruppe der sogenannten »Übergangsdialoge« zwischen »Früh-« und »Mittelwerk« gehörend (um 393–388). – Der *Kratylos* ist eines der eigenartigsten und zugleich der schwierigsten Werke des gesamten Platonischen Corpus, nicht nur, weil sich in keinem anderen Dialog scherzendes Spiel und dialektischer Ernst, persiflierendes Referat gegnerischer Positionen und skrupulöse Diskussion eigener Gedanken so untrennbar durchwirken wie hier, sondern vor allem, weil der *Kratylos* ein Thema behandelt, um das man sich in der Antike zwar in der Theorie intensiv bemüht hat, bei dessen praktischer Bewältigung jedoch kaum etwas anderes als mehr oder weniger skurril anmutende Hypothesen zustande kamen: das Thema des Ursprungs und Wesens der Sprache. Daß die Griechen sich den beiden Aspekten des Problems, die man heute als Sprachphilosophie und Sprachwissenschaft bezeichnen würde, mit so ungleichem Resultat gewidmet haben, liegt daran, daß ihr Hauptinteresse von Hause aus philosophischer, nicht historisierend-linguistischer Natur war – die ersten Ansätze finden sich bezeichnenderweise bei HERAKLIT (vgl. z. B. Fragm. B 32; 48) und PARMENIDES (Frgm. B 8, 38f.; 19, 3). Zu ernsthafter Beschäftigung mit der wissenschaftlichen Seite des Problems kamen die Griechen nur am Rande und auf dem Umweg über philologisch-grammatische Studien; in den beiden Kernstücken der antiken Linguistik, der Etymologie und der Semasiologie, blieb es dagegen bei – nach heutigem Urteil – dilettantischen Spielereien. Das treffendste Beispiel für diese Situation ist eben der Platonische *Kratylos*-Dialog.

Zwei Sprachkundler, Kratylos und Hermogenes, sind in Streit darüber geraten, ob die Benennung der Dinge auf Übereinkunft, also auf willkürlicher menschlicher Setzung beruht – so Hermogenes (der Sophistik folgend) –, oder ob jedes Ding eine ihm von Natur, also kraft seines eigenen Wesens zukommende Bezeichnung habe – so Kratylos. Sokrates, den sie um eine Stellungnahme bitten, gesteht, er habe zu der berühmten Sophisten- und Synonymiker PRODIKOS leider nicht die Vorlesung für fünfzig Drachmen hören können, sondern nur die für eine Drachme – daher wisse auch er nichts Sicheres. Aber er erklärt sich zu einer gemeinsamen Untersuchung bereit (383a–384e). Die beiden Teile dieser gemeinsamen Erörterung sind durchaus dialektisch angelegt. Im ersten, weit ausführlicheren Gesprächsgang (385a–427d) weist Sokrates dem Hermogenes nach, daß die Benennungen, sofern sie tatsächlich auf menschlicher Übereinkunft beruhen, keineswegs beliebiger Willkür entspringen, sondern immer eine gewisse Richtigkeit besitzen, die darauf basiert, daß der »Wortschöpfer« stets bemüht gewesen sein wird, dem zu benennenden Ding eine seiner Natur entsprechende Bezeichnung zu geben. Rund zwei Drittel dieser Darlegung (394d–421c) nehmen die »beweisenden« Beispiele ein: eben jene merkwürdigen etymologischen Versuche. Freilich ist der ironische Tenor dieser Partie nicht zu überhören – das skeptisch-listige Eigenlob, das Sokrates sich mehrfach ob dieser so plötzlich über ihn gekommenen Weisheit spendet, ist ein deutlicher Wink, und wenn er dieses ganze geistvolle »Spiel« als Resultat eines spontanen *enthusiasmos* (Begeisterung) hinstellt, so weiß jeder Platon-Leser, welchen Rang eine solche »Weisheit« verdient. – Kratylos, der im kürzeren zweiten Teil (427d–440e) als Gesprächspartner des Sokrates fungiert, ergeht es nicht anders als seinem Widerpart Hermogenes. Auch er muß bei genauerer Untersuchung einer Korrektur seiner ursprünglichen Ansicht zustimmen. Denn es ist zwar richtig, daß – wie die Diskussion mit Hermogenes gelehrt hat – die Benennung der Dinge nicht auf beliebiger Übereinkunft beruht, sondern aus der Natur der benannten Dinge fließen muß. Aber zum einen bieten die Wörter niemals das Wesen der Dinge selbst, sondern sind nur eine Art Abbild davon, zum andern sind sie ja tatsächlich durch den Gebrauch und im Lauf der Geschichte mannigfach verändert worden, haben also viel von ihrer abbildhaften Nähe zum Wesen der Dinge eingebüßt. Wenn man dennoch ihren Sinn noch versteht, so zeigt das, daß trotz allem auch Konvention und Übereinkunft mit im Spiel sind. Dies führt zu einem letzten Gedanken: dem mangelhaften Erkenntniswert der Wörter. Sowohl der »Wortschöpfer« als auch der, der die Wörter kritisch beurteilen und richtig gebrauchen will, muß zuvor schon ein Wissen vom Wesen der im Wort zu benennenden Dinge haben. Der Erkenntniswert des Wortes ist seiner Funktion nach also nur sekundär, ja, wenn man, wie die Herakliteer, annehmen würde, daß sich auch die Dinge selbst, unabhängig von ihren Benennungen, ständig ändern (was Sokrates nicht einräumen will), wäre er sogar überhaupt fraglich.

Wieweit es Platon mit diesen Ausführungen im ganzen Ernst ist, ist, wie gesagt, eine schwierige Frage, nicht zuletzt, weil man vermuten darf, daß ein Teil der Ironie nur dem Zweck dient, den berechtigten Vorwurf mangelnder wissenschaftlicher Beweiskraft aufzufangen. Manche im Verlauf der Etymologienreihen vorgebrachten Gedanken verdienen auch heute noch Beachtung, so etwa die heuristische Vorstellung einer Sprachgeschichte und Sprachentwicklung, die (etwas übertragene) Theorie der Fremdwörter, die »Psychologie« der Lautwerte; selbst das angewandte Prinzip des Etymologisierens hat seinen Sinn, wo es um prädikative Namen geht (Hektor – »Halter«; Astyanax – »Stadtherrscher«). Ernst ist es Platon dagegen ganz sicher, das lehrt ein Blick auf andere Dialoge dieser Epoche, wie etwa den *Menon*, mit dem theoretischen Modell, in das er seine Anschauungen über die Sprache faßt: Hier wie dort erscheinen zum erstenmal die entscheidenden Ingredienzien jenes Bezugssystems von Bild – Abbild, von Teilhabe und Nachahmung, die das Zentrum der sogenannten »Ideenlehre« bilden. (Auch kompositorisch findet man Verwandtes – wie in *Menon* und *Gorgias* ergänzen sich die verschiedenen Teile, anstatt sich, wie im »Frühwerk«, gegenseitig zu negieren.) Ob dieses Bezugssystem zur Zeit des *Kratylos* bereits *in extenso* ausgearbeitet war, läßt sich schwer sagen. Hält man den »erkenntnistheoretischen Exkurs« des siebten Briefes, eines »Spätwerks«, daneben, so stellt man eine wesentliche Differenzierung im Verhältnis zwischen den Dingen selbst und den sie benennenden Wörtern fest – ihre Distanz ist um vieles größer gedacht. Aber die prinzipielle Vorstellung ist geblieben, und auch die Skepsis gegenüber den kommunikativen Möglichkeiten der Sprache, die für das Alterswerk charakteristisch scheint *(Phaidros, 7. Brief)*, klingt bereits im *Kratylos* an. Gemeinsam ist beiden Epochen schließlich die Grundtendenz: die durchaus ontologische Argumentation. Für Platon – überhaupt für die »objektivistisch« orientierte Antike (und noch für das Mittelalter, man denke an den Nominalismus-Realismus-Disput) – ist Sprache ein Dokument ontischer Relationen, das man auf das Verhältnis der Dinge zueinander und insofern auch zum Menschen hin befragen kann. Daß umgekehrt die Sprache primär und ihrem Wesen nach nur das spezifische Verhältnis des Menschen zu den Dingen spiegelt, wie man heute sagen würde, ist eine der Antike fremde Anschauung: Ontologie und Logik haben auf diesem Gebiet der Anthropologie und Verhaltenspsychologie weichen müssen. E. Sch.

AUSGABEN: Florenz ca. 1482–1484 (in *Opera*, 2 Bde.; nur lat. Übers. von Marsilio Ficino). – Venedig 1513 (in *Hapanta ta tu Platōnos*, Hg. M. Musuros). – Oxford 1900 (in *Opera*, Hg. J. Burnet, Bd. 1; Nachdr. zul. 1961). – Ldn./Cambridge (Mass.) [2]1939 (in *Plato*, Bd. 6, Hg. H. N. Fowler; m. engl. Übers.; Loeb; Nachdr. 1953). – Paris [2]1950 (*Cratyle, Œuvres complètes*, Bd. 5/2, Hg. L. Méridier; m. frz. Übers.).

ÜBERSETZUNGEN: *Kratylus*, J. G. Zierlein (in C. v. Schirach, *Magazin der deutschen Kritik*, Bd. 1/2, Halle 1772). – *Kratylos*, J. Deutschle (in *SW*, Bd. 1, Heidelberg o. J. [ca. 1950]). – Dass., F. Schleiermacher (in *SW*, Bd. 2, Hbg. 1957; RKl, 14).

LITERATUR: M. Leky, *P. als Sprachphilosoph*, Paderborn 1919. – E. Haag, *P.s »Kratylos«*, Stg. 1933 (Tübinger Beiträge zur Altertumswissenschaft, 19). – J. Derbolav, *Der Dialog »Kratylos« im Rahmen der platonischen Sprach- und Erkenntnisphilosophie*, Saarbrücken 1953. – C. J. Classen, *Sprachliche Deutung als Triebkraft platonischen und sokratischen Philosophierens*, Mchn. 1959 (Zetemata, 22). – P. Friedländer, *P.*, Bd. 2, Bln. [3]1964, S. 182–201; 321–328. – H. G. Gadamer, *Wahrheit und Methode*, Tübingen [2]1965, S. 383–395.

LACHES (griech.; *Laches*). Einer der frühesten Dialoge mit PLATON (427–347 v. Chr.). – Der *Lachēs* ist eines der anschaulichsten Beispiele für das Ringen des Schriftstellers Platon um eine »seiner« Sache – dem dialogischen Philosophieren des Sokrates – angemessene Darstellungsform. Die abbildhafte Mimesis, die schlichte Wiedergabe von Beobachtetem – dies die Haltung XENOPHONS – mischt sich mit poetischer Stilisierung; die Reproduktion wird geprägt von der literarischen Phantasie und dem Willen zu konstruktivem Bauen, ohne daß allerdings der Mimesis entnommene Elemente zu einer Einheit amalgamiert werden können.

Nicht anders als *Prōtagoras* und *Iōn*, als *Charmidēs*, *Euthyphrōn* und die übrigen Frühdialoge beginnt auch der *Lachēs* mit einer Situationsschilderung: Lysimachos und Melesias, zwei um ihre Söhne besorgte Väter, haben sich, auf der Suche nach geeigneten Lehrern, einen Schaukampf in der Fechtschule angesehen. Nun erbitten sie den

Freundesrat des Nikias und Laches: Soll man die Erziehung der Kinder in die Hände eines solchen Fechtmeisters legen? Die beiden verweisen auf die Kenntnisse des zufällig anwesenden Sokrates in Fragen der Erziehung. Damit sind Schauplatz, Thema des Problems und die agierenden Personen vorgestellt; die dialektische Untersuchung kann beginnen. Ein erster Anlauf bleibt jedoch ohne Resultat: Nikias hält eine Rede für, Laches eine Rede gegen den Waffenkampf und seine Lehrer, und Sokrates hat alle Mühe, den Vätern, die die Zukunft ihrer Söhne einer Abstimmung über die beiden Vorträge überlassen wollen, nachzuweisen, daß hier nicht die Meinung einer Mehrheit, sondern das Wissen eines Erziehungssachverständigen Kriterium sein sollte. Er wiederholt also die Frage des Lysimachos an Nikias und Laches: Wen könnt ihr als geeigneten Lehrer empfehlen? Denn er selbst, Sokrates, weiß keine.

Eine streng symmetrische Gliederung schließt das Dialoggeschehen bis dahin zu einem engeren Gefüge zusammen. Die einleitende Rede des Lysimachos bringt die Themafrage, ein kurzes Gespräch unterstreicht ihre Berechtigung, zwei Reden versuchen ihre Lösung, ein Gespräch fundiert methodisch, die resümierende Rede des Sokrates führt zurück auf die Themafrage. Daß die Unterredung nun in ein neues Stadium tritt, zeigt eine zweite Exposition. Wieder schildert Lysimachos dem Nikias und Laches die Situation, und wieder werden Gesprächspartner vorgestellt – jetzt freilich erscheint nicht mehr das Biographische der Person, sondern das Wesen der Persönlichkeit wichtig: die Art des Sokrates, den Dingen auf den Grund zu gehen. Der Bedeutung dieses zweiten Teiles entsprechend beginnt Sokrates die Untersuchung mit einer methodischen »Präambel«. Bei der Diskussion rechter Erziehung stellt sich ja neben der Frage nach dem Lehrer ebenso die nach dem Bildungsziel; dieses Ziel besteht aber doch wohl im »Gut-Sein«, in der Tüchtigkeit *(aretē)*. Zu fragen wäre also: Was ist diese *aretē*? Um die Untersuchung zu erleichtern, will sich Sokrates mit der Analyse eines Teils der gesamten *aretē* begnügen, nämlich der Tapferkeit. Wie im ersten Teil, nur in umgekehrter Reihenfolge, sind Nikias und Laches die Hauptgesprächspartner des Sokrates. Der erste Definitionsversuch des Laches – »*Standhaftigkeit in der Phalanx ist Tapferkeit*« – schlägt fehl und ebenso seine beiden Modifikationen dieses Satzes, »*Tapferkeit ist eine Ausdauer der Seele*« und »*Tapferkeit ist eine vernünftige Ausdauer*«. Auch dem Nikias, der sich nach einem kurzen Zwischenspiel der Diskussion stellen muß, bleibt schließlich – nach zweifacher Präzisierung seiner These »*Tapferkeit ist die Erkenntnis des Schrecklichen und des Gefahrlosen*« nach mehreren, teilweise recht unsachlichen Attacken des streitlustigen Laches – nur das Geständnis des Scheiterns; was er als Bestimmung der Teil-Tüchtigkeit »tapfer« angeboten hat, entpuppt sich als Erklärung der ganzen *aretē*. Die Versuche beider Gesprächspartner sind also mißlungen (weder Laches noch Nikias können sich diesbezüglich spitze Bemerkungen gegeneinander versagen); die Versammlung löst sich auf. Beschwörend wehrt Sokrates das Ansinnen des Lysimachos ab, nun selbst Erzieher der Söhne zu werden; denn die anstehenden Fragen sind ja noch nicht im mindesten geklärt: »*Wir müssen alle gemeinschaftlich zuerst für uns selbst den besten Lehrer suchen, den wir bekommen können, denn wir bedürfen seiner*« (Ü: Schleiermacher).

Die angestrebte Komposition ist ohne Schwierigkeiten zu erkennen: zwei ungefähr parallel gebaute Teile, deren zweiter durch das Stichwort »Einheit der *aretē*« und das Zwischenspiel ebenfalls eine Klammer-Symmetrie erhält. Der zweite Teil, also die elenktische Partie, ist etwas hervorgehoben durch die Variante der Exposition (die methodologische »Präambel«). Auch die innere Entwicklung des Gesprächsgeschehens ist nicht zu übersehen: das immer stärkere Hervortreten der Gestalt des Sokrates. Aber gerade hierin zeigt sich auch ein erster Mangel der Darstellung: Sokrates gewinnt Kontur, weil seine Partner verzeichnet, karikiert werden. Die spaßigen Zänkereien des Laches und Nikias im zweiten Teil sind durch die Pro-Contra-Reden des ersten Teils zwar motiviert, aber nicht legitimiert; dort ist das Gegeneinander der beiden Kontrahenten sachlich, hier dagegen nur stilistisch begründet, sei es nun um der Entsprechung oder um der Lebendigkeit des Dialogs willen. Daß zudem diese detaillierte Parallelität die gedankliche Diskrepanz beider Teile nur schlecht verhüllt (dem Thema »Waffenkampf« ist fast die Hälfte des Buchs gewidmet, ohne daß ein wesentlicher Bezug zum Hauptgedanken, der Erziehung der menschlichen Seele, aufgezeigt wäre), kommt hinzu. Ein ähnlicher Mangel an kompositorischer Stringenz zeigt sich in der Rolle der Gesprächspartner; von den sieben Teilnehmern erlangen nur vier eigenes Profil, Lysimachos, Sokrates, Laches, Nikias, und von diesen erhalten wiederum nur drei eine – zum Teil, wie gesagt, recht künstliche – Funktion im Rahmen des Ganzen. Wie weit Platon in dieser Hinsicht durch Beschränkung auf einige wenige Bausteine, durch Konzentration der kompositorischen Mittel auf das thematisch Notwendige die Wirkung seiner Dialoge zu steigern vermochte, lehrt ein Blick auf *Lysis* und *Menōn*, vom *Symposion* ganz zu schweigen.   E. Sch.

AUSGABEN: Florenz o. J. [ca. 1482–1484] (in *Opera*, 2 Bde.; nur lat. Übers. von Marsilio Ficino). – Venedig 1513 (in *Hapanta ta tu Platōnos*, Hg. M. Musuros). – Oxford 1903 (in *Opera*, Hg. J. Burnet, Bd. 3; Nachdr. zul. 1965). – Ldn./Cambridge (Mass.) ²1937 (in *Plato*, Bd. 4, Hg. W. R. M. Lamb; m. engl. Übers.; Loeb; Nachdr. 1952). – Paris ³1949 (*Lachès*, in *Œuvres complètes*, Bd. 2, Hg. A. Croiset; m. frz. Übers.). – Paris 1963 (*Lachès et Lysis*, Hg. P. Vicaire; m. Komm.).

ÜBERSETZUNGEN: *Laches*, J. S. Müller (in *Tu Theiu Platōnos Dialogoi Hex*, Hbg. 1736). – Dass., L. Georgii (in *SW*, Bd. 1, Heidelberg o. J. [ca. 1950]). – Dass., E. Salin (in *Dialoge*, Bd. 3, Basel 1950). – Dass., F. Schleiermacher (in *SW*, Bd. 1, Hbg. 1957; RKl, 1). – Dass., R. Rufener (in *Frühdialoge*, Zürich 1960; Einl. O. Gigon).

LITERATUR: R. Meister, *Thema u. Ergebnis des platonischen »Laches«* (in WSt, 42, 1921, S. 9–23; 103–114). – W. Steidle, *Der Dialog »Laches« u. P.s Verhältnis zu Athen in den Frühdialogen* (in MH, 7, 1950, S. 129–146). – G. Galli, *Sul »Lachete« di Platone* (in Il Saggiatore, 3, 1953, S. 62–82). – H. H. Martens, *Die Einleitungen der Dialoge »Laches« und »Protagoras«. Untersuchungen zur Technik des platonischen Dialoges*, Diss. Kiel 1954. – P. Grenet, *Note sur la structure du »Lachès«* (in *Mélanges de philosophie grecque. Offerts à Mgr. A. Diès*, Paris 1956, S. 121–128). – W. Nagel, *Zur Darstellungskunst P.s, insbesondere im Dialog*

»*Laches*« (in Serta philologica Aenipontana. Innsbrucker Beiträge zur Kulturwissenschaft, 7/8, 1962, S. 119–142). – P. Friedländer, *P.*, Bd. 2, Bln. ³1964, S. 33–44; 284/285.

LYSIS (griech.; *Lysis*). Philosophischer Dialog von PLATON (427–347 v. Chr.), aus seiner frühen Epoche (etwa 399–390) stammend. – Der *Lysis* wird von Publikum und Forschung häufig unterschätzt als ein vermeintlich skizzenhafter Entwurf zu *Symposion* und *Phaidros*, die ebenfalls um das Thema »Liebe« kreisen. Doch kann eine genaue Betrachtung gerade des *Lysis* und seiner angeblichen Mängel lehren, welch erstaunlichen künstlerischen Rang der junge Autor schon nach wenigen Jahren literarischen Schaffens erreicht hatte.

Im Mittelpunkt des Werkes steht, so scheint es fürs erste, wie in anderen Dialogen dieser Jahre, etwa *Euthyphrōn*, *Lachēs* oder *Charmidēs*, der Versuch einer Begriffsbestimmung, hier des Wesens der Freundesliebe *(philia)*. Aber diesem Hauptteil ist merkwürdigerweise nur gut die Hälfte des Buches gewidmet; davor steht eine weitgespannte »Einleitung« mit einer bis ins kleinste ausgemalten Situationsschilderung und mehreren scheinbar völlig themafremden und »selbständigen« Vorgesprächen (203a–210a). Vor einer Ringerschule trifft Sokrates alte Bekannte, und sofort spinnt sich eine Diskussion an. Hippothales ist in Liebe *(erōs)* zu dem schönen Lysis entbrannt; Sokrates aber zeigt ihm, daß seine Art, mit Gedichten und Hymnen um den Geliebten zu werben, wenig sinnvoll ist. Hippothales: »*Wie muß man reden ... um den Jungen lieb zu werden?*« Sokrates verspricht, es darzutun. Man geht in die Ringerschule, und nun erscheinen auch die indirekt bereits vorgestellten Hauptgestalten – die Freunde Lysis und Menexenos. Der Wechsel des Schauplatzes markiert einen Wechsel der Gesprächsmotive – der Eros weicht der Freundesliebe *(philia)*. Zwei Dialoge mit Lysis und Menexenos über deren gegenseitige Zuneigung lassen am Schluß jeweils ein Stichwort aufleuchten: Vertrautheit *(oikeios)* und Freundschaft *(philos)*. Den Übergang zum Hauptgespräch bildet, wiederum aus der Aktualität des Augenblicks abgeleitet, das von Sokrates ironisch-distanziert vorgetragene Gegenstück zu jener vertraulich-plumpen Werbung des Hippothales. Sokrates bekennt, von Kindheit an »*auf den Besitz von Freunden ganz leidenschaftlich*« versessen gewesen zu sein, und preist Menexenos und Lysis glücklich, daß es ihnen schon in jungen Jahren gelungen sei, »*dieses Besitztum schnell und leicht zu erwerben ... Ich aber bin so weit von der Sache, daß ich nicht einmal dieses weiß, auf welche Art einer des andern Freund wird.*« Damit ist das Diskussionsthema gefunden; in einem dreifach geschichteten Dialog (212a–213d; 213e–221d; 221e–222d) bemühen sich nun Sokrates und die Freunde um das Problem, wie man einen Freund findet und wie die künftigen Freunde beschaffen sein müssen, um Freunde zu werden. Der erste Gang der Untersuchung scheitert, indem es zeigt sich, daß die Frage »*Wird der Geliebte des Liebenden oder der Liebende des Geliebten Freund, oder beide einander?*« falsch gestellt ist. Man versucht es mit einer anderen Perspektive: »*Das Ähnliche wird des Ähnlichen Freund*« – das Resultat ist gleichfalls negativ, denn zwei Gute sind je für sich autark, bedürfen also des anderen nicht. Oder sind etwa Gegensätze einander Freund? Nein: dann wären Feind und Freund einander Freund, oder Gut und Schlecht. Vielleicht aber gibt es eine »dritte Alternative« – wenn nämlich ein »*weder Gutes noch Schlechtes*« (etwa der Körper) eines Guten (der Heilkunst) Freund würde um der Anwesenheit eines Schlechten (der Krankheit) willen? In der Tat: man scheint am Ziel der Unterredung. Doch auch diesen Versuch machen Zweifel zunichte; das fragliche Gute, die Heilkunst, wird ja nur eines anderen Guten, nämlich der Gesundheit, wegen geliebt, diese aber wiederum eines andern Guten wegen usw., so daß man schließlich annehmen muß, alle Freundschaft ziele insgesamt auf ein nicht näher zu fassendes »Urliebes«, in dessen Erwerb sie ihr Ende findet. Und außerdem: würde, nach dieser Definition, nicht die Freundesliebe, ja sogar das Gute selbst, jeden Wert und Sinn verlieren, sobald das Schlechte nicht mehr da wäre? – Auch der dritte Anlauf des zweiten Untersuchungsganges war also vergeblich; man muß ein weiteres Mal von vorn beginnen. Könnte denn nicht die Freundesliebe zu jenen »neutralen« menschlichen Grundbedürfnissen wie Hunger und Durst gehören, die es auch noch geben wird, wenn alles Schlechte untergegangen ist, etwa als ein Teil des erotischen Verlangens: »*Ist es wohl möglich, etwas zu begehren und zu lieben [eran], ohne dem freund [philos] zu sein, was man begehrt und liebt?*« Das würde bedeuten: Freundschaft heißt, etwas zu suchen, was einem angehört *(oikeion)*, dessen man bedarf. (»*Hippothales ... wechselte alle Farben vor Freude.*«) Doch damit gerät man in die Schlingen der eigenen Argumente: Der Vertraute würde des Vertrauten Freund – also das Ähnliche dem Ähnlichen; und weiter: das Gute würde des Guten Freund – dagegen sprach bereits die Formel von der »Autarkie«. Impulsiv möchte Sokrates nochmals von vorn ansetzen; aber die Erzieher der jungen Leute unterbrechen die Unterhaltung, und die gesellige Runde *(synusia)* löst sich auf (222e–223b). Sokrates: »*Doch sagte ich noch, als sie schon gingen: Diesmal, o Lysis und Menexenos, haben wir uns lächerlich gemacht, ich, der alte Mann, und ihr. Denn diese, wenn sie nun gehen, werden sagen, wir bildeten uns ein, Freunde zu sein, nämlich ich rechne auch mich zu euch; was aber ein Freund sei, hätten wir noch nicht vermocht auszufinden*« (Alle Ü: Schleiermacher).

Fragt man nach der gedanklichen Disposition, so sieht man, daß der ganze erste Teil die Funktion hat, allmählich auf ein Zentrum hinzulenken: äußerer Schauplatz – innerer Schauplatz, Hippothales – Lysis-Menexenos; Thema *erōs* – Stichwort *philia*, das sind die behutsam abgestuften Annäherungen. Aber ihr Ziel ist nicht die Ebene der Begriffsuntersuchung; denn diese nimmt zunächst nur den Anstoß auf, dient weiterer Steigerung. Man erkennt deutlich eine ständig wachsende Spannung bis zu einem Dialoggipfel im dritten Versuch des zweiten Diskussionsganges; was folgt, ist ein kurzer Abgesang, in steiler Abfall mit langsamem Anstieg. Dieser Höhepunkt der Erörterung markiert der Vergleich mit anderen Werken (etwa *Apologie, Menōn, Symposion*) zeigt, einen entscheidenden Wendepunkt in der philosophischen Entwicklung Platons; denn hier ist zum erstenmal von einer Welt der »Mittelдinge« die Rede, aus der Platon später seine Gedanken von der »Teilhabe« *(methexis)* und in ihr seine ganzen »Ideen«-Vorstellungen entfaltet. Natürlich bildet der *Lysis* in dieser Hinsicht kaum mehr als einen entwicklungsfähigen Keim, und der neue Gedanke wird denn auch sofort in der Aporie wieder zurückgenommen –

kein Wunder: Grundthema des Dialogs ist ja die »Freundesliebe«, und der Gestaltung dieses Themas werden alle anderen Kompositionselemente untergeordnet. Zwar erweckt das Gespräch im zweiten Teil zunächst ganz den Eindruck, als handle es sich im *Lysis* um ein typisches Beispiel jener aporetischen Frühdialoge, die Definitionsversuch an Definitionsversuch reihen und am Ende doch nicht über den Anfang hinausgekommen sind (vgl. etwa *Euthyphrōn*). Aber schon bei flüchtiger Beobachtung fallen entscheidende Variationen dieses Grundtypus auf. So ist nicht zu übersehen, daß Platon die beliebig wiederholbare Sequenz »Frage-Antwortthese-Fehlschlag« durch das Mittel einer Ringkomposition aufzufangen sucht. Das Hauptmotiv der *philia* ist in das Nebenmotiv *erōs* (konkretisiert in der Gestalt des Hippothales) eingebettet, und ebenso stellt der Gedanke der »Vertrautheit« *(oikeios)* im letzten Definitionsgang eine Klammer zum einleitenden Gespräch mit Lysis her. Dieser kompositorische »Ring« bewirkt nicht nur ästhetisch, sondern auch sachlich ein Gleichgewicht der beiden Teile, genauer, er hebt den ersten Teil, der vom Philosophen her nur »Vorbereitung« ist, auf das Niveau des zweiten empor, so daß mit einem Mal Situationsbeschreibung und Vorgespräche ebenbürtig neben der theoretischen Untersuchung rangieren – der erste Teil gestaltet und illustriert, was der zweite definiert und analysiert. Aber mehr noch – die Reihenfolge der Teile ist nicht umkehrbar, das elenktische Gespräch ist nicht nur abstraktes Supplement der Situation, sondern führt (und darin übertrifft der *Lysis* alle anderen Frühdialoge) das Geschehen des Anfangs indirekt selbständig weiter; zu Beginn der Disputation bekennt Sokrates noch seinen Neid auf die Freundschaft des Lysis und Menexenos, am Ende aber hat die Unterhaltung sie den beiden Freunden ihn selbst zu deren Freund gemacht – er hat an seiner eigenen Person dargestellt, wie man *»mit den Jungen reden muß«*, um sie zu gewinnen.
In dieser wohldurchdachten, mit mehreren kompositorischen Ebenen spielenden Struktur ist der *Lysis* ein ebenbürtiges Gegenstück späterer Meisterwerke wie *Menōn* oder *Symposion*. Darüber hinaus aber – und hierin liegt sein besonderer Rang – ist er ein dichterisch gestaltetes Musterbeispiel für jenen fundamentalen Satz, mit dem Platon in seinem siebten Brief (341d) Wert und Unwert seiner philosophischen Schriftstellerei kritisch charakterisiert hat: *»Das, was mir am Herzen liegt ... ist keineswegs sagbar wie andere Wissenschaften, sondern aus viel Geselligkeit [synusia] um die Sache selbst und aus dem Zusammenleben entsteht es plötzlich in der Seele, wie ein durch Funkensprung entzündetes Feuer.«* E. Sch.

AUSGABEN: Florenz o. J. [ca. 1482-1484] (in *Opera*, 2 Bde.; nur lat. Übers. von Marsilio Ficino). – Venedig 1513 (in *Hapanta ta tu Platōnos*, Hg. M. Musuros). – Oxford 1903 (in *Opera*, Hg. J. Burnet, Bd. 3; Nachdr. zul. 1965). – Ldn./Cambridge (Mass.) ²1932 (in *Plato*, Bd. 5, Hg. W. R. M. Lamb; m. engl. Übers.; Loeb; Nachdr. zul. 1953). – Paris ³1949 (*Lysis*, in *Œuvres complètes*, Bd. 2, Hg. A. Croiset; m. frz. Übers.). – Paris 1963 (*Lachès et Lysis*, Hg. P. Vicaire; m. Komm.).

ÜBERSETZUNGEN: *Lysis*, J. F. Kleuker (in *Werke*, Bd. 4, Lemgo 1786). – Dass., L. Georgii (in *SW*, Bd. 1, Heidelberg o. J. [ca. 1950]). – Dass., E. Salin (in *Dialoge*, Bd. 3, Basel 1950). – Dass., F. Schleiermacher (in *SW*, Bd. 2, Hbg. 1957; RKl, 14). – Dass., R. Rufener (in *Frühdialoge*, Zürich 1960; Einl. O. Gigon).

LITERATUR: K. Glaser, *Gang u. Ergebnis des platonischen »Lysis«* (in WSt, 53, 1935, S. 47–67). – P. Kienzl, *Die Theorie der Liebe u. Freundschaft bei P.*, Diss. Wien 1941. – A. Levi, *La teoria della philia nel »Liside«* (in Giornale di Metafisica, 5, 1950/3, S. 285–296). – R. G. Hoerber, *Plato's »Lysis«* (in Phronesis, 4, 1959, S. 15–28). – A. W. Begeman, *Plato's »Lysis«*, Diss. Amsterdam 1960. – P. Friedländer, *P.*, Bd. 2, Bln. ³1964, S. 85–96; 294–297.

MENŌN (griech.; *Menon*). Philosophischer Dialog von PLATON (427–347 v. Chr.), zu der Gruppe der sogenannten »Übergangsdialoge« zwischen »Früh-« und »Mittelwerk« gehörend (etwa 393–388). – Wie in keinem anderen Platonischen Dialog nennt im *Menōn* bereits der erste Satz, ohne jede präludierende Situationsschilderung (diese wird später erst nachgeholt), das Thema der Unterredung: »*Kannst du mir wohl sagen, Sokrates, ob die Tugend (aretē) gelehrt werden kann? Oder ob nicht gelehrt, sondern geübt? Oder ob sie weder angeübt noch angelernt werden kann, sondern von Natur den Menschen einwohnt oder auf irgendeine andere Art?*« Erinnert man sich der prachtvollen Rahmen-Inszenierung des *Prōtagoras* oder der innigen Verschmelzung von Handlung und Theorem im *Lysis*, so muß man dies auffällig genug finden. Noch mehr aber als dieser Dialogbeginn erstaunt die kühne Wandlung der Form des Gesprächsthemas. Denn hier wird nicht mehr nach Wesen und Wirken einer einzelnen Sache gefragt, wie im *Euthyphrōn*, im *Charmidēs*, im *Lachēs* oder im *Lysis*, sondern, ohne nähere Erläuterung, sofort nach dem Verhältnis zweier Bereiche, nach Tüchtigkeit und Lernen oder Tüchtigkeit und Naturanlage. Diese zunächst unbegreifliche Neuerung ist nur zu verstehen, wenn man die Kompositionsweise des Dialogs näher betrachtet.
Der erste Teil des Dialogs (71a–79e) steht ganz unter dem Thema *aretē* (wörtlich: das »Bestsein«). Sokrates tadelt – erwartungsgemäß – die Doppelfrage Menons, da man schlechterdings nichts über die Eigenschaften einer Sache aussagen könne, ohne zuvor ihr Wesen erkannt zu haben. Menon ist einverstanden, zunächst dieses Problem zu klären. Freilich, was er in drei Versuchen an Definitionen der Tüchtigkeit vorbringt, ist alles andere als eine Wesensbestimmung. Wenn er eine politische *aretē* des Mannes, eine haushälterische der Frau, eine *aretē* des Kindes, des Greises usw. als Definition anführt, wenn er den Begriff als »*Fähigkeit zu herrschen*« umschreibt, wenn er die *aretē* im Herbeischaffen des Guten sieht: immer fällt es Sokrates leicht nachzuweisen, daß Menon das Wesen des Ganzen durch seine Teile festzulegen sucht und daß Menons Umgrenzungen stets nur dann gelten können, wenn sie das Prädikat der »Gerechtigkeit«, also eines Einzelstückes der *aretē*, implizieren. Die Frage geht aber – Sokrates legt eigens einen Exkurs mit verschiedenen Definitionsmodellen ein – auf die Einheit der Teile, die »*sämtlich eine und dieselbe gewisse Gestalt haben, um derentwillen sie eben Tugenden sind.*«
Nachdem Menons drei Anläufe ins Leere gegangen sind, ergreift dieser die Initiative – und damit wendet sich das Gespräch einem zweiten Aspekt, dem des Lernens und überhaupt der Erkenntnis

(epistēmē) zu (79e–86c). Es sei kein Wunder, sagt Menon, daß die Begriffsuche fortwährend fehlschlage, da »*ein Mensch unmöglich suchen kann, weder was er weiß, noch was er nicht weiß. Nämlich weder was er weiß, kann er suchen, denn er weiß es ja, und es bedarf dafür keines Suchens weiter; noch was er nicht weiß, denn er weiß ja dann auch nicht, was er suchen soll.*« Der Kraft fundamentaler Skepsis in diesem Satz setzt aber Sokrates eine ähnlich gewaltige Autorität entgegen: das Wissen von »*Priestern und Priesterinnen*«, die »*von dem, was sie verwalten, Rechenschaft geben können*«. Diese verbürgen, die Seele sei unsterblich; wenn sie aber unsterblich ist, dann hat sie in ihrem früheren Leben, bevor sie den jetzigen Menschen beseelte, alles Über- und Unterirdische schon einmal erblickt; es genüge, sie an einen Punkt ihres früheren Wissens zu erinnern, damit sie alles wieder auffinden könne. Dieses Wiedererinnern *(anamnēsis)* aber nennt man »Erkennen«. Menon wünscht einen Beweis – und Sokrates versteht es tatsächlich, einem Sklaven, der noch nie etwas von Mathematik gehört hat, einen geometrischen Lehrsatz zu entlocken. Fazit: »*In dem Nichtwissenden also sind von dem, was er nicht weiß, dennoch richtige Vorstellungen (alētheis doxai) ... welche, durch Fragen aufgeregt, Erkenntnisse (epistēmai) werden.*«

Hatte der erste Teil vergeblich das Wesen der Tüchtigkeit untersucht, so erkundete der zweite mit Erfolg das Wesen der Erkenntnis; und der Leser erwartet, nun das Gespräch wieder auf das zuvor gescheiterte Problem geführt zu sehen. Um so mehr muß es verwundern, wie bereitwillig Sokrates jetzt mit einem Mal auf den Wunsch Menons eingeht, doch endlich der Lehrbarkeit der *aretē* nachzuspüren. Eine verklausulierte Hypothese ebnet den Weg; unter Verzicht auf Analyse des Wesens und der Beschaffenheit der *aretē* wird gefragt, welche Beschaffenheit unter den die Seele betreffenden Dingen die Tüchtigkeit besitzen müßte, sollte sie lehrbar sein. Antwort: sie müßte eine Erkenntnis *(epistēme)* sein. Dies ist denn auch tatsächlich der Fall – die *aretē* soll ja Nutzen bringen, und nützlich ist das Handeln nur, wenn es mit Vernunft und Einsicht gepaart ist. Demnach ist *aretē* keine Naturanlage, sondern Erziehungssache.

Das Problem scheint also gelöst. Allein – ein neuer Zweifel droht das positive Ergebnis zunichte zu machen. Denn wenn die Tüchtigkeit lehrbar wäre, müßte es dafür Lehrer geben. In einem langen Streitdialog zwischen Sokrates und dem neueingeführten Gesprächspartner Anytos (seinem späteren Ankläger) bestätigt sich der Einwand tatsächlich. Weder gibt es professionelle Lehrer, noch konnten die, welche in Athens Geschichte nach allgemeiner Ansicht *aretē* besaßen, sie an andere weitervermitteln. Wie können aber dann Menschen diese »Bestheit« besitzen, wenn sie ihnen weder durch Lernen noch von Natur zufällt? Der Ausweg lautet: durch richtige Vorstellung – »*wahre Vorstellung ... ist zur Richtigkeit des Handelns keine schlechtere Führerin als wahre Einsicht*«. Der Unterschied aber zwischen wahrer Ansicht und wahrer Einsicht ist der, daß diese doch ständige logische Kontrolle fundiert, jene aber ein zufälliges Wissen ist, das, dem Menschen durch göttliche Schickung zuteil wird. Damit schließt das Gespräch. »*Das Bestimmtere darüber werden wir aber erst wissen, wenn wir ... zuvor an und für sich untersuchen,* was *die Tugend ist*« (Ü. Schleiermacher).

Die Disposition des Werkes zeichnet sich deutlich ab. Der erste Teil ist dem Unterthema *aretē*, der zweite dem Unterthema »Erkenntnis« gewidmet, und beide Stränge fließen im dritten Teil mit dem Unterthema »*aretē* als Erkenntnis« zusammen. Dieser an der thematischen Gliederung abzulesende (und in der einleitenden Frage Menons vorweggenommene) Aufbau tritt auch in den kompositorischen Einzelheiten zutage. So ist beispielsweise jedem der drei Hauptteile ein Exkurs eingefügt, der sich von seiner Umgebung, dem Sokrates-Menon-Gespräch, abhebt. Aber das Verhältnis dieser Exkurse zu ihrer Umgebung, die äußere und innere Distanz, wandelt sich von Stufe zu Stufe – in Teil 1 der Einschub rein illustrierendes Beispiel (Modelldefinition), in Teil 2 eine notwendige Ergänzung, beweisendes Paradigma (Sklavenepisode), in Teil 3 ein auf der übrigen Dialogebene stehendes, integriertes Glied des Gedankengangs (Anytos-Dialog). Die Steigerung auf den letzten Teil hin ist unverkennbar. – Nun ist aber dieser dritte Teil in sich wiederum mehrschichtig. Und erst wenn man der Frage nachgeht, wie dieser dritte Teil strukturiert ist, kommt man an den Punkt, wo das eigentliche Ziel des ganzen Dialogs sichtbar wird. Denn es sind nicht nur die drei Teile thematisch so nuanciert, daß sich aus der doppelgliedrigen Frage des Anfangs zwei Einzelstränge entfalten, die sich am Ende zur Synthese finden und damit den Ring schließen. Und es ist nicht nur durch geschickte Verteilung formaler und inhaltlicher Gewichte eine straffe Steigerung auf den dritten Teil hin geschaffen. Darüber hinaus sind vielmehr die ersten beiden Teile derart zusammengefaßt, daß ihre gemeinsame Struktur genau der Struktur des dritten Teils entspricht: zu Beginn jeweils eine These (in Teil 1 die Frage »*Was ist Tüchtigkeit?*«; in Teil 3a der Satz »*aretē ist eine Erkenntnis, ist also lehrbar*«); ihr folgt ein skeptischer Einwand in Form einer Aporie (Übergang von Teil 1 zu Teil 2: Unmöglichkeit von Suchen und Erkennen; Teil 3b: Unmöglichkeit der *Aretē*-Erziehung; und am Ende steht jeweils die Überwindung der Aporie (Teil 2: Erkennen und Lernen ist möglich aufgrund der Existenz »wahrer Vorstellung«; Teil 3c: der Besitz der *aretē* ist möglich aufgrund der Existenz »wahrer Vorstellung«).

Der Gipfel, dem der Dialog zustrebt, ist, so zeigt sich, die Darlegung dieses Bereichs der »wahren Vorstellung«, die als ein verbindender Mittelbezirk vom Nichtwissen zum Wissen überleitet, da sie ebenso an der Wahrheit teilhat wie an der Unkenntnis. Allein in dieser Dimension ist die Synthese von Handeln und Erkennen realisierbar – das ist der philosophische Kerngedanke des Werkes. Wird aber nicht dieses positive Resultat wieder relativiert durch die Schlußwendung, das Ergebnis sei nur sicher, wenn zuvor das Wesen der *aretē* geklärt werde? Dem ist nicht ganz so – der letzte Satz ist nur scheinbar aporetisch. Denn die Hypothese zu Beginn des dritten Teils hat – das ist ihr tieferer Sinn – gerade diese Forderung in sich aufgehoben, indem sie das, was der zweite Teil als Möglichkeit erwies (die Existenz einer Erkenntnis), auf das Exemplum des ersten Teils (die Erforschung der *aretē*) anwandte und die erwiesene Möglichkeit als bereits verifizierte Möglichkeit, d. h. als Wirklichkeit, setzte. Damit wird die Aporie am Ende des ersten Teils beiseite geschoben – die Suche nach dem Wesen der *aretē* ist kein prinzipielles Problem mehr, sondern wird zu einem bloßen

151

Routineverfahren degradiert: daher das merkwürdig rasche Einlenken des Sokrates nach der Beweisleistung des zweiten Teils.

Nimmt man den *Menōn* im ganzen, so wirkt er in dreifacher Hinsicht revolutionär. Als Philosophem bringt er zum erstenmal das neue ontologische und erkenntnistheoretische Konzept Platons von der »Teilhabe« und den »Mittelbegriffen«. In der Darstellungstechnik verläßt er zum erstenmal die »Elenxis-Reihung«, wie sie für das »Frühwerk« typisch war (vgl. *Euthyphrōn, Charmidēs* usw.), und ordnet verschiedene Dialogteile so zueinander, daß nur aus ihrem Zusammenspiel das Ziel der Dialogerörterung aufscheint. Künstlerisch kann man ihn als das erste literarisch vollkommene Werk Platons bezeichnen, da in ihm zum erstenmal alle Dimensionen der Gestaltung – die Gedanken, die Disposition, die verschiedenen Schichten formaler Bezüge – zwingend an der Einheit des Gehalts beteiligt sind. Noch in dem so bewunderungswürdigen *Lysis* etwa ist das Formprinzip der Klammerkomposition eine vom Inhalt unabhängige, nur dem Belieben des Autors entsprungene Komponente – hier dagegen treffen sich Inhalt und Formkategorien in einer umfassenden Synthese philosophierender Dichtung. E. Sch.

AUSGABEN: Florenz o. J. [ca. 1482–1484] (in *Opera*, 2 Bde.; nur lat. Übers. von Marsilio Ficino). – Venedig 1513 (in *Hapanta ta tu Platōnos*, Hg. M. Musuros). – Oxford 1903 (in *Opera*, Hg. J. Burnet, Bd. 3; Nachdr. zul. 1965). – Ldn./Cambridge (Mass.) [2]1937 (in *Plato*, Bd. 4, Hg. W. R. M. Lamb; m. engl. Übers.; Loeb; Nachdr. 1952). – Paris [5]1949 (*Ménon*, in *Œuvres complètes*, Bd. 3/2, Hg. A. Croiset u. L. Bodin; m. frz. Übers.). – Cambridge 1961 (*Meno*, Hg. R. S. Bluck; m. Komm.).

ÜBERSETZUNGEN: *Menon*, F. Gedike (in *Vier Dialogen des Platon*, Bln. 1780). – Dass., R. Rufener (in *Die Werke des Aufstiegs*, Zürich 1948; Einl. G. Krüger). – Dass., L. Georgii (in *SW*, Bd. 1, Heidelberg o. J. [ca. 1950]). – Dass., F. Schleiermacher (in *SW*, Bd. 2, Hbg. 1957; RKl, 14).

LITERATUR: P. Cauer, *P.s »Menōn« u. sein Verhältnis zu »Protagoras« u. »Gorgias«* (in RhMus, 72, 1917/18, S. 284–306). – K. Buchmann, *Die Stellung des »Menōn« in der platonischen Philosophie*, Lpzg. 1936 (Phil, Suppl. 29/3). – G. Rudberg, *»Protagoras«, »Gorgias«, »Menōn«. Eine platonische Übergangszeit* (in Symbolae Osloenses, 30, 1953, S. 30–41). – R. Robinson, *L'emploi des hypothèses selon P.* (in Revue de Métaphysique et de Morale, 59, 1954, S. 253–268). – H.-P. Stahl, *Interpretationen zu P.s Hypothesis-Verfahren*, Kiel 1956. – W. J. Verdenius, *Notes on Plato's »Meno«* (in Mnemosyne, 4/10, 1957, S. 289–299). – R. G. Hoerber, *Plato's »Meno«* (in Phronesis, 5, 1960, S. 78–102). – P. Friedländer, *P.*, Bd. 2, Bln. [3]1964, S. 255–272; 340–344. – K. Gaiser, *P.s »Menōn« u. die Akademie* (in AGPh, 46, 1964, S. 241–292). – J. Klein, *A Commentary on Plato's »Meno«*, Univ. of North Carolina Press 1965.

MENEXENOS (griech.; *Menexenos*). Einer der merkwürdigsten und umstrittensten Dialoge von PLATON (427–347 v. Chr.), der Epoche zwischen »Früh-« und »Mittelwerk« zugehörig (um 393 bis 388). – Der denkbar einfache Aufbau paßt sich dem bis dahin gewohnten Bild der Platonischen Schriftstellerei an – ein knappes Rahmengespräch der Dialogpartner Sokrates und Menexenos leitet das Kernstück ein und schließt es ab. Im Zentrum, das in anderen Platonischen Dialogen, wie *Charmidēs, Euthyphrōn, Lachēs* usw., der theoretischen Untersuchung vorbehalten ist, steht eine von Sokrates vorgetragene, angeblich von der bekannten Periklesfreundin Aspasia verfaßte Rede auf gefallene Athener. Dieser Epitaphios – eine Mischung aus gravitätisch-schwerfälligem Pathos und hinreißender Klangpoesie im Stil der Rhetorik des GORGIAS – unterscheidet sich inhaltlich kaum von anderen Beispielen seiner Art (auf die Leichenrede des Perikles wird ausdrücklich angespielt): Es ist ein Preis der Toten vor dem Hintergrund der ruhmvollen Vergangenheit der Stadt, für deren hohe Freiheitsideale sie gestorben sind.

Was das Verständnis des Werkes im besonderen erschwert, ist neben dem fundamentalen Anachronismus (die Rede wurde 386 zu Ehren der Gefallenen des Korinthischen Krieges verfaßt, zu einer Zeit, als der Gesprächspartner Sokrates schon dreizehn Jahre tot war) das zwielichtige innere Verhältnis zu den übrigen Schriften Platons. Wer das radikale Verdammungsurteil über das Wesen und die Mittel der Rhetorik aus dem etwa gleichzeitig konzipierten *Gorgias* im Ohr hat, wird sich nur schwer mit dieser Prunkrede Platons zurechtfinden können, zumal wenn er sich der zum Teil bitteren Kritik des Philosophen an seiner Heimatstadt und ihren Politikern (in *Menōn, Gorgias* und zu Beginn des 7. *Briefes*) erinnert. Indes rechtfertigen die Indizien noch keine Athetese. Auch in anderen Werken durchbricht Platon die dichterische Illusion (der *Iōn* beispielsweise zitiert Ereignisse des Jahre 394–391, das *Symposion* solche aus dem Jahr 385); die zweite Eros-Rede im *Phaidros* und die Agathon-Rede im *Symposion* stellen nach allen Regeln rhetorischer Kunst mit höchstem Raffinement verfertigte Zeugnisse ihrer Gattung dar, und dem scharfen Tadel an Athen steht das eindringliche Lob seiner demokratischen Gesetze im *Kritōn* gegenüber. Beseitigt ist freilich das Fragwürdige an diesem Dialog mit solchen Hinweisen noch nicht – der *Menexenos* führt mitten hinein in die Problematik des Verhältnisses von Werk und Persönlichkeit des Autors. Vielleicht liegt der Schlüssel zur Interpretation sogar im Text des Dialogs selbst. So scheint der Gesprächsrahmen deutliche Winke für die Einschätzung der Rede geben zu wollen: sanfter Spott (der Epitaphios als Abfallprodukt der von Aspasia verfaßten berühmten Leichenrede des Perikles), überlegene Parodie (Sokrates gerät unversehens in gorgianisch-hymnischen Tonfall, als er über die Macht der Rede spricht) und vor allem eine distanzierende Ironie, in welcher das Ernstgemeinte seine Würde verliert und zum undurchschaubaren Spiel wird – dies alles läßt wenig Zweifel daran, wie es letztlich um die Bedeutung dieser Leichenrede bestellt ist. Nicht umsonst dürfte der Dialog jedes philosophischen Hintergrundes entbehren. E. Sch.

AUSGABEN: Florenz o. J. [ca. 1482–1484] (in *Opera*, 2 Bde.; nur lat. Übers. von Marsilio Ficino). – Venedig 1513 (in *Hapanta ta tu Platōnos*, Hg. M. Musuros). – Oxford 1903 (in *Opera*, Hg. J. Burnet, Bd. 3; Nachdr. zul. 1965). – Ldn./Cambridge (Mass.) [2]1942 (in *Plato*, Bd. 7, Hg. R. G. Bury; m. engl. Übers.; Loeb; Nachdr. 1952). – Paris [3]1956 (*Ménexène*, in *Œuvres complètes*, Bd. 5/1, Hg. L. Méridier, m. frz. Übers.).

ÜBERSETZUNGEN: *Menexenus* (in Plutarchs moralische Schriften, übers. v. F. Nüscheler, Bd. 1, Zürich 1770). – In *Werke*, J. F. Kleuker, Bd. 4, Lemgo 1786. – *Menexenos*, K. Hildebrandt (in *Platons vaterländische Reden*, Lpzg. 1936). – Dass., L. Georgii (in *SW*, Bd. 1, Heidelberg o. J. [ca. 1950]). – Dass., F. Schleiermacher (in *SW*, Bd. 2, Hbg. 1957; RKl, 14). – Dass., R. Rufener (in *Frühdialoge*, Zürich 1960; Einl. v. O. Gigon).

LITERATUR: K. Oppenheimer, *Zwei attische Epitaphien*, Bln. 1933. – R. Harder, *Plato u. Athen* (in Neue Jb f. Wissenschaft u. Jugendbildung, 10, 1934, S. 492–500; ern. in R. H., *Kleine Schriften*, Mchn. 1960, S. 212–222). – G. M. Lattanzi, *Il significato e l'autenticità del »Menesseno«* (in La Parola del Passato, 8, 1953, S. 303–306). – P. M. Huby, *The »Menexenus« Reconsidered* (in Phronesis, 2, 1957, S. 104–114). – N. Scholl, *Der platonische »Menexenos«*, Rom 1959 [zugl. Diss. Ffm.]. – I. v. Loewenclau, *Der platonische »Menexenos«*, Stg. 1961 (Tübinger Beiträge zur Altertumswissenschaft, 41). – P. Friedländer, *P.*, Bd. 2, Bln. ³1964, S. 202–213; 328–331.

NOMOI (grlech.; *Die Gesetze*). Philosophischer Dialog in zwölf Büchern von PLATON (427–347 v. Chr.), entstanden in den letzten Lebensjahren des Autors. – Platon scheint mit der Ausarbeitung dieses seines letzten und umfangreichsten Werkes (es nimmt rund ein Fünftel seiner gesamten schriftstellerischen Produktion ein) nicht zu Ende gekommen zu sein: DIOGENES LAERTIOS hat die Nachricht überliefert (3, 37), erst Platons »Sekretär« PHILIPPOS aus Opus habe das gewaltige Handschriftenmaterial herausgegeben – und dabei wohl auch in zwölf Bücher eingeteilt –; von Philippos stamme auch der *Epinomis* betitelte *Anhang zu den Nomoi*. In neuerer Zeit hat der in vielem rohe und zerfahrene Eindruck, den die Einzel- und Gesamtkomposition der *Gesetze* erweckt (das assoziative und digressive Aneinanderreihen der Einzelpunkte hält keinem Vergleich mit der gewaltigen mehrschichtigen Klammerfügung beispielsweise der *Politeia* stand), verschiedene Gelehrte dazu veranlaßt, das Werk Platon ganz abzusprechen. Diese Versuche schießen sicher über das Ziel hinaus, bringen aber für das Verständnis des Werkes insofern wertvolle Impulse mit sich, als sie dazu zwingen, die in vielfacher Hinsicht auch inhaltlich von allen übrigen Schriften Platons abweichenden Gedanken der *Nomoi* in geduldiger Kleinarbeit auf ihr Verhältnis zu den Vorstellungen anderer Dialoge hin zu analysieren, ein Unterfangen, das noch lange nicht als abgeschlossen gelten darf.

Auch in seinem letzten Werk wählt Platon als Einkleidung seiner Gedanken die Form eines Rahmengesprächs: Drei alte Männer, der Kreter Kleinias, der Lakedaimonier Megillos und ein Freund aus Athen (er steht an der Stelle des in anderen Dialogen als Hauptgesprächspartner fungierenden Sokrates), sind auf einer Wanderung vom kretischen Knossos zu einem Zeusheiligtum; und weil der Weg lang ist und die Landschaft zu mancher Rast einlädt, schlägt der Athener vor, sich die Zeit nutzbringend mit Gesprächen über Staatsverfassungen *(politeiai)* und Gesetze *(nomoi)* zu vertreiben. Freilich wandelt sich das geplante Gespräch bald zu einem weitschweifenden Vortrag des Atheners, der immer seltener von kurzen dialogischen Einlagen und mehr oder weniger rhetorischen Zwischenbemerkungen unterbrochen wird. Die ersten drei Bücher bilden ein ins Immense gewachsenes Prooimion, das, ausgehend von den kretischen und spartanischen Institutionen, zunächst die allgemeinen Ziele aller Gesetzgebung darlegt, die in der Erziehung *(paideia)* des Menschen zum höchsten ethischen Wert, der vollkommenen Gerechtigkeit, gipfeln. Ein zweiter Teil des Prooimions (Buch 3) betrachtet im Blick auf historische Modelle (Argos, Messenien, Sparta, Persien, Athen) die Ursprünge der Staatsverfassungen überhaupt sowie deren mögliche Grundmodelle Aristokratie, Monarchie, Demokratie samt ihren Formen des Verfalls und der Entartung. Um nun aber zu ergründen, welches wirklich die zweckmäßigste Form einer staatlichen Gemeinschaft sei, beschließen die drei Gesprächspartner, in Gedanken einen eigenen Staat zu entwerfen.

Dieser Entwurf wird – nach verschiedenen Präliminarien über Lage und Bewohner dieses Staates – in Gestalt eines umfassenden Gesetzgebungsprojekts vorgetragen. Dabei soll fürs erste insbesondere das eingangs erwähnte Hauptziel in Betracht gezogen werden – die Erziehung. Denn die bisherigen Gesetzgeber haben ihr Werk stets auf das Fundament gewaltsamer Durchsetzung gebaut, niemals auf das der Überredung oder eines mit Überredung gepaarten Zwanges; wer die Menschen jedoch erziehen will, muß sie überzeugen. Daraus wird als unabdingbares Gesetz für jeden Gesetzgeber abgeleitet, daß er all seinen Gesetzen belehrende und überzeugende Einführungen über Sinn und Zweck der Gesetze usw. vorausschickt (gerade so wie es in dem Gespräch selbst vorher geschehen ist). In dem projektierten Entwurf dienen diesem Prooimion-Zweck die ersten Kapitel (1–6) des fünften Buchs. Sodann folgen grundsätzliche Erwägungen über die beste Struktur des angestrebten Staates (als idealer, wenngleich unerreichbarer Status gilt ein Frauen, Kinder und den gesamten Besitz umfassender Kommunismus), seine innere Gliederung und seine Ordnungsmächte (5,7 – 6,13). Den Rest der Diskussion, also fast die Hälfte des Werks, nimmt eine Unzahl mehr oder weniger detaillierter Gesetzesvorschläge ein, die sich von der Ehe über die Zeugung, Aufzucht und Erziehung der Kinder, über allgemeine Bildung (Buch 6–7), Militär, Landwirtschaft, Handwerk und Handel, Tempelraub, Staatsverrat, Mord und Gewalttat (Buch 8–9), sakrale Bereiche (Buch 10, eine ganze »Theologie« entfaltend), Eigentum, Testamente, Familienrecht, Scheidung, Zauberei, Betteln, Unterschlagung, Eideswesen, internationale Beziehungen bis hin zu Prozeßordnung und Bestattungswesen (Buch 11 bis 12) – um nur die wichtigsten Themen zu erwähnen, – erstrecken. Zum Schluß wird dann noch die Institution eines Nächtlichen Konvents angeregt, der aus den ältesten »Gesetzeswächtern« bestehen und die Einhaltung der Gesetze, den Bestand des Staates und die richtige Erziehung seiner Bürger garantieren soll.

Die *Nomoi* fordern natürlich zu einem Vergleich mit Platons erstem großen Staatsentwurf, der *Politeia*, geradezu heraus. Bei einem solchen Vergleich scheint auf den ersten Blick kaum etwas Gemeinsames bestehen geblieben zu sein. An die Stelle des Ideals der Herrscher-Philosophen, deren fundamentale Bildung den Maßstab setzt für die Durchsetzung der Gerechtigkeit auf allen Ebenen des individuellen Lebens, ist hier das Gesetz als oberster Herr aller, auch der Regierenden, getreten, das mit rigoristischen Vorschriften das Leben der Gesamtheit der Bürger bis ins letzte reglementiert.

Im Zentrum der *Politeia* stand die Erziehung der Philosophenherrscher (Buch 5-7), im Zentrum dieses Zentrums die Darstellung des *Paideia*-Aufstiegs zur Schau der höchsten Erkenntnis, der »Ideen« und vor allem der »Gestalt des Guten« (Sonnen-, Linien-, Höhlengleichnis); hier in den *Nomoi* ist von dem dort geradezu als Inbegriff der Philosophie auftretenden Amalgam von Ontologie, Ethik und Erkenntnistheorie, kurz: dem spezifisch Platonischen »dialektischen« Wissenschaftsideal nichts mehr zu spüren. Zwar tauchen hier und da motivische Anklänge auf – die Gesetzeswächter, der begabte Alleinherrscher, der Kommunismus, das Gerechtigkeitspostulat, die »Idee« des einen höchsten Wertes –, aber das alles erscheint nur noch als Rudiment, nicht mehr als zentrales Ingrediens. Das zeigt sich vor allem am Grundmotiv der Erziehung, der *paideia*: Nicht mehr die Entfaltung der Hinführung zum Vermögen der Dialektik als der höchstmöglichen Einsicht prägt diese Erziehung, sondern die Rücksicht auf die nun einmal vorhandenen Gegebenheiten menschlicher Existenz, d. h. auf deren irdische Unzulänglichkeit, das, was Platon anderwärts die Welt des Scheins nennt. Dieser an pragmatischen Konzepten orientierte Verzicht auf eine große, einheitliche philosophische Gesamtschau, gerade auf einem früher so ontologisch-einheitsbezogenen Feld wie dem der *paideia*, liefert eines der monumentalsten Beispiele dafür, wie in der Platonischen Altersphilosophie die ehemals ontisch-systematisch verschmolzenen Einheitsstrukturen sich in ihre nunmehr sich verselbständigenden Einzelelemente zu dissoziieren beginnen: ein Prozeß, der das Platonische Denken in manchem die für ARISTOTELES später so typische *theōria* annähert, an das empirische Betrachten der Realität, nicht zuletzt der geschichtlichen (ähnliches bekundet der *Timaios* auf naturkundlich-physikalischem Gebiet). Auf spätere Zeiten weist auch der in den *Nomoi* erstmals durchgespielte Gedanke der Mischverfassung voraus, der dann vor allem in der Aristotelischen *Politik* wiederaufgenommen wird, von dort in zahlreiche antike Verfassungstheorien eindringt und bis in die Neuzeit weitergewirkt hat. E. Sch.

AUSGABEN: Florenz o. J. [ca. 1482-1484] (in *Opera*, 2 Bde.; nur lat. Übers. von M. Ficino). - Venedig 1513 (in *Hapanta ta tu Platōnos*, Hg. M. Musuros). - Oxford 1907 (in *Opera*, Hg. J. Burnet, Bd. 5; Nachdr. zul. 1962). - Manchester 1921 (*The Laws*, Hg. E. B. England, 2 Bde.; m. Komm.). - Ldn./Cambridge (Mass.) 1926 (*Laws*, Hg. R. G. Bury, 2 Bde.; m. engl. Übers.; Loeb; mehrere Nachdr.). - Paris 1951-1956 (*Les lois*, in *Œuvres complètes*, Bd. 11/12, Hg. É. des Places und A. Diès; m. frz. Übers.).

ÜBERSETZUNGEN: *Unterredungen über die Gesetze*, J. G. Schultheß, 2 Bde., Zürich 1785-1787; ^{2}1842 [bearb. v. S. Vögelin]. - *Die Gesetze*, H. Müller (in *Sämtl. Werke*, Bd. 7, Lpzg. 1859). - Dass., F. Susemihl (in *Werke*, Gruppe IV, Bd. 9-15, Stg. 1862/63). - *Gesetze*, O. Apelt, 2 Bde., Lpzg. 1916. - *Die Gesetze*, E. Eyth (in *Sämtl. Werke*, Bd. 3, Heidelberg o. J. [ca. 1950]). - *Nomoi*, nach der Übers. von H. Müller (in *SW*, Bd. 6, Hbg. 1959 u. ö.; RKl, 54).

LITERATUR: C. Ritter, *P.s »Gesetze«. Darstellung des Inhalts*, Lpzg. 1896. - Ders., *P.s »Gesetze«. Kommentar zum griech. Text*, Lpzg. 1896. - G. Müller, *Der Aufbau der Bücher II und VII von P.s »Gesetzen«*, Weida 1935 [Diss. Königsberg]. -

R. G. Bury, *Theory of Education in Plato's »Laws«* (in REG, 50, 1937, S. 304-320). - E. Barker, *Greek Political Theory. Plato and His Predecessors*, Ldn. ^{4}1951, bes. S. 292-382. - G. Müller, *Studien zu den platonischen »Nomoi«*, Mchn. 1951 (Zetemata, 3). - M. Vanhoutte, *La philosophie politique de P. dans les »Lois«*, Löwen 1954. - O. Gigon, *Das Einleitungsgespräch der »Gesetze«* (in MH, 11, 1954, S. 201-230). - R. Muth, *Studien zu Platons »Nomoi« X, 885 b2 - 899 d3* (in WSt, 69, 1956, S. 140-153). - W. Jaeger, *Paideia*, Bd. 3, Bln. ^{3}1959, S. 289-344. - W. Knoch, *Die Strafbestimmungen in P.s »Nomoi«*, Wiesbaden 1960 (Klassisch-Philologische Studien, 23; m. Bibliogr.). - G. R. Morrow, *Plato's Cretan City. A Historical Interpretation of the »Laws«*, Princeton University Press 1960. - H. Görgemanns, *Beiträge zur Interpretation von P.s »Nomoi«*, Mchn. 1960 (Zetemata, 25; m. Bibliogr.).

PARMENIDĒS (griech.; *Parmenides*). Philosophischer Dialog von PLATON (427-347 v. Chr.), entstanden wohl nach der dritten sizilischen Reise (361-360 v. Chr.) des Philosophen, als Überleitung von den »Ideen-Dialogen« des Mittelwerks (*Phaidōn, Symposion, Politeia*) zu der programmatisch verbundenen Gruppe der dialektischen Spätdialoge *Theaitetos, Sophistēs* und *Politikos*. - Im *Theaitet* (183e ff.) spricht der Platonische Sokrates von seiner Ehrfurcht vor Parmenides, dem Haupt der eleatischen Philosophenschule in Unteritalien und Hauptvertreter der Lehre von dem »Einen Sein« (vgl. *Peri physeōs – Über die Natur*), sowie von dessen »adliger Tiefe«, die er als ganz junger Mann bei einer persönlichen Begegnung erfahren habe. Dieses mit großer Wahrscheinlichkeit fingierte Zusammentreffen mit dem fünfundsechzigjährigen Parmenides und dessen vierzigjährigem Schüler Zenon, das etwa um 450 v. Chr. spielen müßte, ist Gegenstand des Dialogs *Parmenides*.

Eine komplizierte Einleitung, vergleichbar der im *Symposion*, rückt die große zeitliche Distanz ins Bewußtsein: Ein Erzähler, Kephalos aus Klazomenai, berichtet, wie er, begleitet von weisheitsliebenden Mitbürgern, auf dem Markt von Athen mit Adeimantos und Glaukon, den aus der *Politeia* bekannten Brüdern Platons, zusammentrifft. Diese vermitteln einen Besuch bei ihrem Halbbruder Antiphon, der von einem Gefährten Zenons namens Pythodoros die damaligen Gespräche erfahren hat und sich ihrer noch gut erinnert, obwohl er sich inzwischen von der Philosophie ab- und dem Pferdesport zugewandt hat. Kephalos erzählt also den von Antiphon wiedergegebenen Bericht des Gastgebers Pythodoros, in dessen Wohnung Parmenides und Zenon mit dem noch sehr jungen Sokrates, einem der späteren »dreißig Tyrannen« namens Aristoteles sowie einigen anderen Männern zusammentrafen. Das Gespräch entwickelt sich im Anschluß an Zenons Vorlesung seiner Schrift, die er gegen die Vorstellung verfaßt hatte, es gebe »Vieles« und es existiere das Phänomen der »Bewegung«. Der Dialog selbst ist in zwei Hauptteile gegliedert: eine Erörterung zwischen Parmenides und Sokrates über die Platonische »Ideenlehre« mit ihren Schwierigkeiten (128e 5 – 135c 4) und anschließend eine als »Übung« (*gymnasia*) bezeichnete Folge von acht logischen Durchgängen über das »Eine«, die Parmenides schulmäßig mit Aristoteles als bloßem Antworter durchspielt (137c 4 bis 166c 5). Zenon fällt beide Male die Überleitung zu (127d 6 - 128e 4; 135c 5 - 137c 3).

Die Hauptpersonen des Gesprächs sind in ihrer individuellen Haltung und ihrem Anteil am Dialog vom Autor sorgfältig differenziert. Parmenides, etwa gleichaltrig mit Platon selbst, erscheint als grauhaariger, schöner Greis, würdig, doch nicht ohne kleine Schwächen (man kann ihm ein Verhältnis mit dem fast vierzigjährigen, aber noch anmutigen und schlanken Zenon nachsagen), nichts übelnehmend, sondern aufgeschlossen für neue Ideen und voll Bewunderung für den jugendlichen Schwung des Sokrates, väterlich ratend und ermahnend, in der Widerlegung überlegen, bisweilen leicht autoritativ und auch einmal zu nicht ganz sauberen Argumenten greifend. Zenon ist mehr ein von früheren philosophischen Leistungen zehrender Weltmann, er veranstaltet Kurse in Dialektik (der Gewährsmann des Gesprächs, Pythodoros, hat ihm 100 Minen, rund 50000 DM, Schulgeld dafür bezahlt, wie wir *Alkibiades* 119a 4 erfahren), liest seine Lehrschrift vor, distanziert sich aber wieder von ihr als einer rechthaberischen Jugendarbeit, die er zur Verteidigung der Lehre des Parmenides geschrieben habe und die ohne sein Zutun an die Öffentlichkeit gelangt sei. Diesen Rückzieher kann man dem *»eleatischen Palamedes, der den Zuhörern kunstvoll die gleichen Dinge ähnlich und unähnlich, eins und vieles, ruhend und bewegt erscheinen läßt«* (so Platon im *Phaidros* 261d 6), nicht so ganz glauben, und Parmenides stellt auch gerade diese Zenonische Methode als Muster für die »Übungen« des zweiten Dialogteils (135d 8) heraus. Zenon vereinigt damit Züge in sich, die Platon sonst vor allem an den Sophisten kritisiert – man hat gelegentlich sogar im Eingang des *Parmenides* einen liegengebliebenen Entwurf zu einem »Sophistendialog« gegen Zenon erblicken wollen. Der betont junge Sokrates tritt diesen Eleaten mit Eifer und einigem Selbstbewußtsein entgegen, das allerdings gezügelt wird von einer gewissen Schüchternheit und Besorgnis, die berühmten und älteren Gäste zu verärgern. Die gewichtigen Einwände gegen seine eigene These akzeptiert er, erweist sich aber zugleich unerschöpflich im Ersinnen neuer Erklärungsmöglichkeiten. Seine Lernbeflissenheit dominiert über das Streben, sich durchzusetzen, auch gegenüber den bisweilen schwächeren Argumenten des Parmenides. In dieser Haltung folgt er dem ganzen zweiten Dialogteil als stumme Person, die aber als solche unbedingt bedeutungsvoll zum Ganzen dazugehört. Der Jüngling Aristoteles schließlich wird ausdrücklich als Antworter eingesetzt, als Jasager, der dem Parmenides jeweils eine Atempause in seinen Deduktionen verschaffen soll. Das einzige über ihn ausgesagte Faktum, daß er später, nach 404, zu den dreißig Tyrannen gezählt habe, sollte man nicht überbewerten. Eher könnte man an eine Anspielung auf den namensgleichen Philosophen denken, der in den sechziger Jahren in die Akademie eingetreten war und sich besonders für logische Probleme interessierte.

Zwei Größen der Philosophie kommen also nach Athen, der lerneifrige junge Sokrates sucht sie auf und hört zu, er stellt seine unbequemen Fragen und macht eigene Vorschläge. In Zenon findet er ein Gegenüber, an dem er sich »reiben« kann, doch der Autorität, Würde und Überzeugungskraft des Parmenides beugt er sich willig, zumal dieser grundsätzlich seine Position bejaht und trotz aller Bedenken für richtig hält, wenn sie auch sehr schwer und nur wenigen erfahrenen Menschen verständlich zu machen sei. Seine Ermahnung lautet, Sokrates dürfe sich nicht an die Meinungen der Menschen kehren, keine Angst davor haben, mit seinen Thesen in einen »*Abgrund der Lächerlichkeit*« zu fallen, sondern er müsse sich bei jenem Ringen um die umfassende Wahrheit auch in der scheinbar nutzlosen, von der Menge als Unfug bezeichneten »Gymnastik« des Zenon üben. Angesichts der riesigen Aufgabe, die Parmenides entwirft, fordert ihn Sokrates zu einer Kostprobe auf, die Parmenides zunächst unter Hinweis auf sein Alter ablehnt. Durch Zenon läßt er sich dann aber doch dazu bestimmen, in dem kleinen Kreis der Anwesenden das »*Riesenmeer der Überlegungen*« zu durchschwimmen und so »*eine mühsame Kurzweil zu treiben*«, indem er seine eigene Thesis vom Einen zugrunde legt.

Als »Gymnastik« und »Spiel« wird also das bezeichnet, was dem Umfang nach den größten Teil des Dialogs einnimmt und den Erklärern die größten Schwierigkeiten bereitet hat. Es ist zu beachten, daß diese acht dialektischen Durchgänge des Parmenides dadurch in eine Reihe gestellt werden mit den »naturwissenschaftlichen« Überlegungen in dem abbildhaft-wahrscheinlichen (*eikōs*) Mythos des *Timaios*, die ausdrücklich als vernünftiges Spiel und Lust ohne Reue bezeichnet werden (59 d 1). Tritt Platon dort in die Auseinandersetzung mit den Lehren über die Physis ein, so wird etwa im *Kratylos* der Erkenntniswert der Etymologie, im *Phaidros* der der Rhetorik behandelt, wobei Sokrates jeweils von einem ihm fremden Enthusiasmus überfallen wird, der ihn gegen seine eigentliche Natur Prunkreden auf Eros halten oder geistreiche Etymologien am Fließband hervorbringen läßt. Man muß in diesen ironischen Überlegungen ganzer Dialogpartien den Hinweis erkennen, daß hier die Auseinandersetzung mit geistigen Richtungen der Zeit in neuer Weise betrieben wird: nicht mehr in polemischer Frontenklärung wie zur Zeit der »Frühdialoge«, sondern in selbstbewußter Übernahme alles Brauchbaren aus den Lehren der anderen, die aber gerade auch in ihrer Begrenztheit gezeigt werden sollen, in dem das jeweilige Prinzip bis zu seinen Auswüchsen »durchgespielt« wird. Deshalb überschlagen sich im *Kratylos* die Etymologien geradezu, deshalb werden die physiologischen Erklärungen des *Timaios* immer phantasievoller. Dadurch stellt der Autor Warnzeichen vor einer Überschätzung der jeweiligen Methode auf: Diese wird nicht völlig abgelehnt, ihr Erkenntniswert soll durchaus ernst genommen, aber zugleich relativiert werden. Diese positiv-ironische Haltung ist gewissermaßen der Schutzanzug, mit dem der spätere Platon an die gefährlich faszinierenden Systeme der Konkurrenten herangeht, wobei jedoch die Folie der sokratischen Haltung des Nichtwissens immer mitgesehen werden soll.

Von diesen allgemeinen Voraussetzungen her betrachtet ist der *Parmenides* ein Musterbeispiel für die neue literarische Form der gewandelten Art philosophischer Stellungnahme. Die Auseinandersetzung gilt der eleatischen Dialektik: Der Virtuose dieser Richtung, Zenon, wird mit leichten Fragezeichen versehen und sichtlich an den Rand des Dialoges – und damit der Kompetenz – geschoben; dafür übernimmt der ernst zu nehmende Vertreter der philosophisch gewichteten Grundanschauung, Parmenides selbst, den Musterkurs in zenonischer Art. Thesis und Antithesis – »Das Eine ist«, »Das Eine ist nicht« – werden in ihren logischen Folgerungen hinsichtlich des »Einen« selbst und des ihm gegenüberstehenden vielfältigen »Anderen« untersucht. Das Ergebnis der so entstehenden acht Schlußreihen wird am Ende lakonisch zusammengefaßt in dem Satz: »*Ob das Eine ist oder nicht ist, es selbst und das Andere, im Verhältnis zu sich selbst und zueinander, ist und erscheint alles auf alle Weise und ist und erscheint wiederum nicht*« (166c 3). Dies stimmt aber genau überein mit der zitierten Aussage Platons über Zenon im *Phaidros* – der ironische Rahmen hat sich geschlossen.

Das abrupte, kommentarlose Abbrechen des Dialoges, die betont ungleichmäßige Länge der einzelnen Deduktionen, die gegen Ende immer kurzatmiger werden, die Unbedenklichkeit, mit der auch stark anzweifelbare Schlüsse eingebaut sind, das alles dient der Relativierung und der Aufforderung zum eigenen Nachdenken. Die dafür erforderliche sokratische Haltung ist im ersten Teil mit der Zeichnung des jugendlichen Sokrates in den Dialog hineingenommen, Platons eigene »Ideenlehre« ist durch die daran geäußerte Kritik des Parmenides entdogmatisiert, die Problematik der Ideenbereiche und der Teilhabe des einzelnen an den Ideen wird sichtbar. Die erschreckende Vision einer absoluten Trennung von Sein und Werden, Gott und Mensch dient dem Appell, sich mit dem auch von Parmenides trotz seiner Kritik geteilten Optimismus an die Überbrückung der Kluft zu machen. In diese Richtung scheint auch die in die zweite Deduktion eingeschobene Behandlung des »*Moments des Umschlags*« *(exaiphnēs)* zwischen den Extremen zu weisen, die schon auf das Philosophem des »Mittleren« im *Philebos* vorausdeutet.

Neben dieser Betonung des methodischen Aspekts darf aber nicht außer acht gelassen werden, daß auch inhaltlich »Eines und Vieles« zentrale Themen der Platonischen Philosophie sind. Geübt wird hier am richtigen Objekt, und nicht alle Übungen schlagen gewöhnlich fehl. Zweifellos laufen vom *Parmenides* aus konvergierende Linien auf die »*höchsten und ersten Dinge*« hin *(7. Brief)*, um die sich Platon bemüht, ob sie nun systematisch fixiert werden oder nicht. Die Neuplatoniker hatten also durchaus recht, sich auf den *Parmenides* als für sie wichtigstes Platonisches Werk zu berufen; aber ihre Systeme mußten sie selber entwerfen.

Nach all dem empfiehlt es sich, mit einer differenzierten Haltung an »*das größte Rätsel des platonischen Schrifttums*« (Praechter) heranzugehen, wo die Urteile zwischen den Polen »*unerschöpflicher Tiefsinn*« und »*sinnlose Begriffskünstelei*« ausschlagen. Ob es sich nun handelt um »*logisches Gestrüpp*« (Wilamowitz), einen »*Rattenkönig ineinander verfilzter Trugschlüsse und Denkfehler*« (Leisegang) oder »*wohl das größte Kunstwerk alter Dialektik*« (Hegel) handelt, ist gar keine zutreffende Alternative; doch auch ein »goldener Mittelweg« darf nicht eingeschlagen werden. Der mitgehende Leser muß sich nach Platons klaren Hinweisen um eine Stufe über die Ebene des im Dialog Dargestellten erheben, in der Richtung auf die Wahrheit, die man nach Parmenides erst durch lange, mühsame Übung in den Blick bekommt. Im Dialog durchdringen sich Ernst und Spiel in der Absicht, dem Buchstaben seine tötende Macht zu nehmen. In gewisser Weise ist Platons *Parmenides* vielleicht doch – vordergründig und in allem Tiefsinn – das, was CORNFORD in seinem Kommentar nicht glauben will: »*the most wearisome joke in all literature*« (»*der ermüdendste Scherz der Weltliteratur*«). D.Ma.

AUSGABEN: Florenz o. J. [ca. 1482–1484] (in *Opera*, 2 Bde.; lat. Übers. v. Marsilio Ficino). – Venedig 1513 (in *Hapanta ta tu Platōnos*, Hg. M. Musuros). – Oxford 1901 (in *Opera*, Hg. J. Burnet, Bd. 2; Nachdr. zul. 1967). – Paris ²1950 (*Parménide*, in *Œuvres complètes*, Bd. 8/1, Hg. A. Diès; m. frz. Übers.). – Ldn./Cambridge (Mass.) ²1939 (in *Plato*, Bd. 6, Hg. H. N. Fowler; m. engl. Übers.; Loeb; mehrere Nachdr.).

ÜBERSETZUNGEN: *Parmenides*, J. F. Kleuker (in *Werke*, Bd. 5, Lemgo 1792). – Dass., O. Kiefer, Jena 1910. – Dass., O. Apelt, Lpzg. 1919. – Dass., F. Susemihl (in *SW*, Bd. 2, Heidelberg o. J. [ca. 1950]). – Dass., F. Schleiermacher (in *SW*, Bd. 4, Hbg. 1958; RKl, 39).

LITERATUR: U. v. Wilamowitz-Moellendorff, *Platon*, Bd. 1, Bln. ⁵1959, Hg. B. Snell, S. 402–404. – K. Praechter, *Die Philosophie des Altertums*, Tübingen ¹²1926; Nachdr. zul. Darmstadt 1967, S. 291–294; 83*. – J. Wahl, *Étude sur le »Parménide« de P.*, Paris 1926. – M. Wundt, *P.s »Parmenides*«, Stg./Bln. 1935 (Tübinger Beiträge zur Altertumswissenschaft, 25). – H. Leisegang, Art. *P. (1)* (in RE, 20/2, 1950, Sp. 2479–2488). – W. F. Lynch, *An Approach to the Metaphysics of Plato through the »Parmenides*«, Georgetown University Press 1959. – A. Speiser, *Ein Parmenideskommentar. Studien zur platonischen Dialektik*, Stg. ²1959. – E. A. Wyller, *P.s »Parmenides« in seinem Zusammenhang mit »Symposion« und »Politeia*«, Oslo 1960. – Ders., *P.s »Parmenides«. Form und Sinn* (in Zeitschrift f. philosophische Forschung, 17/2, 1963, S. 202–226). – F. M. Cornford, *Plato and Parmenides*, Ldn. ⁵1964 [m. engl. Übers. u. Komm.].

PHAIDROS (griech.; *Phaidros*). Philosophischer Dialog von PLATON (427–347 v. Chr.), entstanden etwa in der zweiten Hälfte der sechziger oder in den fünfziger Jahren des 4. Jh.s v. Chr. – Wenn der *Phaidros*, woran heute kaum mehr Zweifel herrschen, tatsächlich zur Gruppe des Platonischen »Spätwerks« gehört, so stellt er ein erstaunliches Phänomen dar: nicht nur seiner unbestrittenen dialogischen Lebendigkeit und poetischen Überzeugungskraft wegen – ein Attribut, das man gewöhnlich den »späten Schriften« nur zu leicht abzusprechen geneigt ist –, sondern ebenso der Gedanken wegen, die hier im Dialog zwischen Sokrates und Phaidros erörtert werden und die sich ihrerseits wieder in Gesprächsszenerie und Dialogsituation spiegeln: Noch einmal, wie lange zuvor in *Lysis* und *Symposion*, wird der Gott Eros beschworen, noch einmal ist die Macht der Liebe beherrschendes Thema der Diskussion, Inbegriff der philosophischen Erörterung, und noch einmal wird, wie einst im *Gorgias*, die Frage nach der rechten philosophischen Dialektik kontrastiert mit dem Problem von Wesen und Vermögen der Rhetorik, ja alles Redens und Schreibens schlechthin.

Schon der äußere Rahmen des Dialogs, die mit großer Freude im Detail gezeichnete Gesprächsszenerie, erinnert lebhaft an frühere Werke. Sokrates trifft am Stadtrand den schönen jungen Phaidros, der soeben von dem Redner Lysias kommt und noch ganz benommen und erfüllt ist von einem rhetorischen Meisterstück, das dieser entworfen hat: einem Preislied auf den nichtverliebten Liebhaber, dem willfährig zu sein für einen Geliebten weit vorteilhafter ist, als sich einem verliebten anzuschließen. Unter mancherlei Neckereien wandern Sokrates und Phaidros am Ilissosbach entlang bis zu einem kleinen Nymphenheiligtum.

Der Platz trägt alle Anzeichen eines *locus amoenus* (Lustort): Im Schatten eines alten Baumes lassen sie sich am Bach im weichen Gras nieder, es weht ein kühler Windhauch, eine Quelle plätschert, und die Luft ist erfüllt vom Zirpen der Zikaden (227a bis 230e). Der Genius des Ortes schlägt die beiden alsbald in seinen Bann: Wie ein enthusiastischer Rausch überkommt es Sokrates, als Phaidros ihm die Lysiasrede wiedergegeben hat (230e–234b; ob die Rede tatsächlich von LYSIAS stammt – was denkbar wäre –, ist nach wie vor umstritten), und er, sonst der kritische Frager und Grübler, trägt nun seinerseits eine bessere, weil kunstgerechtere Rede über das gleiche Thema vor (234b–241d), ja mehr noch – als er sie beendet hat, hebt er noch einmal an, um durch einen großen Widerruf, eine »Palinodie«, wie einst Stesichoros sie gehalten hat, im Gewande des mythischen Gleichnisses von der Seele als einem geflügelten Wagengespann die andere Seite des Themas zu beleuchten: daß die Liebe ein den Menschen von den Göttern geschenkter heilsamer Wahnsinn ist (vgl. *Ion*), dazu bestimmt, die Wahrheit und die verlorene Unsterblichkeit der Seele wiederfinden zu lassen, und daß einem Menschen daher nichts Glücklicheres widerfahren kann als die Begegnung mit einem wahren, d. h. philosophischen Liebhaber. Voll Begeisterung applaudiert am Ende Phaidros dem Gebet des Sokrates an Eros, ihm doch diese Kunst der Liebe und die Gunst der Schönen wie bisher zu erhalten (241d–257c).

Bis zu dieser Stelle mutet der Phaidros an wie eine kunstreich inszenierte Variation des dem *Lysis* zugrunde liegenden Bemühens, zu zeigen, »*wie man mit einem Geliebten reden müsse*«, um ihn für sich zu gewinnen, nur daß Sokrates hier, scheinbar verführt von der Zaubermacht des Ortes, statt der scharfsinnigen dialogischen Analysen enthusiasmierte und enthusiasmierende Reden hält. Doch nun zeigt sich plötzlich, daß dieses listig-liebenswürdige Reden über die Liebe, das selbst als anschaulichste Beispiel für die in ihm gepriesene, das Streben nach Wahrheitserkenntnis beflügelnde Macht des Eroswahnsinns abgibt, in Wirklichkeit nur ein ironisch durchgespielter Vorwand war, daß es dabei gar nicht so sehr auf das Thema »Liebe« ankam, sondern daß dies alles nur ein exemplarisches Präludium für das generelle Thema »Rhetorik« war. »*Was ist die richtige Art, gut zu schreiben, und was nicht?*« (258d), so lautet das Thema des nun einsetzenden zweiten Teils (257b–279c), der in teilweise verschlungenem Gedankengang der praktischen Widerlegung der zitierten Rede des Lysias nun die theoretische Überprüfung seines rhetorischen Handwerks folgen läßt. Alle Redekunst ist Seelenführung *(psychagōgia)*, führt Sokrates aus, und Phaidros muß ihm zustimmen, daß es hierfür nicht eines scheinbaren Wissens über die Gegenstände der Reden bedarf, sondern des Wissens über die wahren Verhältnisse (vgl. *Hippias I* und *Gorgias*). Hierzu gehört ferner die Kenntnis der Begriffszergliederung und -zusammenfassung – des auch in anderen Platonischen Spätdialogen begegnenden Dihairesisverfahrens –, vor allem aber die Ausbildung in der Methode der Dialektik und in der Wissenschaft vom Wesen der Seele (davon hat Sokrates im Seelenmythos seiner Palinodie eine Probe gegeben). Natürlich braucht es auch technische Kenntnisse, etwa wie man eine Rede als Ganzes gliedert, mit Einleitung und Schluß, mit Erzählung, Begründung, Beweis usw. – das Lysiasbeispiel hat es selbst daran fehlen lassen –; doch dieses von den Vertretern der Zunft als Inbegriff der Rhetorik gepriesene technische Rüstzeug bietet kaum mehr als propädeutische Hilfsmittel zur wahren Rhetorik. Nur eine so verstandene neue Rhetorik kann die bisherige Rhetorik, deren einziges Ziel der Aufweis von Scheinbarkeiten und Wahrscheinlichkeiten ist, überwinden. Freilich muß auch eine solche philosophisch begründete Rhetorik – das zeigt zum Schluß der Mythos vom ägyptischen Gott Theuth – sich stets ihrer engen Grenzen bewußt sein: Alles, was schriftlich fixiert wird, ist totes und unfruchtbares Wissen, taugt also eben noch als Gedächtnishilfe für den bereits Wissenden; wer mit Reden wirklich etwas vermitteln will, der muß es im lebendigen dialogisch-dialektischen Gespräch tun – nur dies allein ist ernste Beschäftigung, jenes aber ein Spiel. Von Lysias allerdings sind dergleichen Einsichten kaum zu erwarten, wohl aber vielleicht von dem noch jungen Isokrates, »*in dessen Seele etwas Philosophisches ist*«. Mit diesem rätselhaften Hinweis und einem – zum Schluß des ersten Teils parallelen – Gebet an Pan und die Götter des bezaubernden Platzes endet der Dialog.

Man stellt den *Phaidros* in der Regel gern mit dem *Gorgias* zusammen, und in der Tat treffen sich beide Werke in der Charakteristik der traditionellen, stark von der Sophistik beeinflußten Rhetorik als einer Schmeichelkunst, der nur der Schein, nie aber die Wahrheit am Herzen liegt. Doch hat man damit nur eine äußere Schicht in der Intention des Dialogs erfaßt: Schon die Tatsache, daß Platon im ersten Teil Sokrates zwei Reden halten läßt – deren eine der Demonstration seiner technischen und kompositorischen Überlegenheit dient, während die zweite sein überlegenes Wissen von den wahren Verhältnissen der Seele bekundet (beide damit Postulate des zweiten Teils vorweg erfüllend) –, weist darauf hin, daß der *Phaidros* seinerseits dialektisch angelegt ist und den Leser auf einen tiefer liegenden Sinn hinleiten soll. Ein Blick auf Platons übriges Werk deutet in ähnliche Richtung: Nicht nur der vielumstrittene *Menexenos*, jenes zwischen Ironie und Sarkasmus spielende Paradestück epideiktischer Beredsamkeit, sondern mehr noch die *Apologie* und das *Symposion* sind offenkundige Beispiele dafür, daß der Philosoph die Rhetorik zu keiner Zeit seines Lebens so radikal verdammt haben kann, wie es auf den ersten Blick aussieht. Hinzu kommt, daß in den Dialogen seit dem *Menōn* ja allenthalben das elenktisch-analytische Gespräch immer wieder durch belehrende und deutende Reden unterbrochen wird, ja in den spätesten Werken, wie etwa *Nomoi (Die Gesetze)* oder *Timaios*, fast völlig von monologischer Rede verdrängt erscheint.

Der Schlüssel zur Lösung dieses scheinbar paradoxen Phänomens liegt in jener berühmten Stelle des 7. *Briefes* (340b–341e), in der Platon in zum Teil wörtlicher Parallele zum Schlußteil des *Phaidros* sein eigenes literarisches Werk kritisch beleuchtet und dabei unmißverständlich zum Ausdruck bringt, daß seine gesamte schriftstellerische Produktion nur ein ironisch-spielerisches Abbild des in der Akademie im Kreis der Schüler sich vollziehenden lebendigen mündlichen Gesprächs darstellen soll. Von dieser Warte aus gehört alles, was Platon geschrieben hat, in den Bereich des von ihm negativ beurteilten »*Scheins*«, ist ein »*wahrscheinlichen Redens*«, wie er im *Timaios* (29c/d) mit einem rhetorischen Schlagwort des ausgehenden 5. Jh.s sagt. Da er aber als Philosoph der Dialektik Einblick in die wahren Verhältnisse der Dinge hat, ist ihm dieses »Spielen mit dem Wort« erlaubt. Darum kann er auch sich der Technik und der Methoden der Rhetorik bedienen, ja mehr: Er als einziger darf sich ihrer mit wirklicher Begründung bedienen. Die Rhetorik wird also nicht verdammt, sondern an dem ihr gebührenden – propädeutischen – Platz assimiliert und in die Akademie integriert. In diesem Sinne kann man den *Phaidros* geradezu als Platons Lehrbuch der Rhetorik bezeichnen, das in der Theorie und am praktischen Beispiel die Grundzüge seiner Lehre von der Beredsamkeit darlegt (auch in der *Rhetorik* des GORGIAS – falls sie tatsächlich existierte – nahmen die Musterbeispiele *Helena* und *Palamedes* vermutlich einen zentralen Platz ein) und das zugleich als Propagandaschrift dem breiteren Publikum die protreptische Einladung zukommen läßt: Die einzig wahre Schule der Beredsamkeit ist die Akademie, nicht der Lehrbetrieb der rhetorischen »Fachidioten«.   E. Sch.

AUSGABEN: Florenz o. J. [ca. 1482–1484] (in *Opera*, 2 Bde.; lat. Übers. v. Marsilio Ficino). – Venedig 1513 (in *Hapanta ta tu Platōnos*, Hg. M. Musuros). – Oxford 1901 (in *Opera*, Hg. J. Burnet, Bd. 2; Nachdr. zul. 1967). – Ldn./Cambridge (Mass.) 1914 (*Phaedrus*, in *Plato*, Bd. 1, Hg. H. N. Fowler; m. engl. Übers.; Loeb; mehrere Nachdr.). – Paris [5]1961 (*Phèdre*, in *Œuvres complètes*, Bd. 4/3, Hg. L. Robin; m. frz. Übers.; ern. 1964; ohne Übers.). – Mchn. 1964, Hg. W. Buchwald [griech.-dt.; m. Bibliogr.].

ÜBERSETZUNGEN: *Phaedrus*, J. F. Kleuker (in *Werke*, Bd. 3, Lemgo 1783). – Dass., F. L. zu Stolberg (in *Auserlesene Gespräche*, Bd. 1, Königsberg 1796). – *Phaidros*, C. Ritter, Lpzg. [2]1922 [m. Komm. u. Bibliogr.]. – Dass., L. Georgii (in *SW*, Bd. 2, Heidelberg o. J. [ca. 1950]). – *Phaedrus*, R. Hackforth, Cambridge 1952 [engl.; m. Komm.]; Nachdr. NY 1960. – *Phaidros*, E. Salin (in *Gastmahl. Phaidros*, Basel 1952; ern. ohne *Gastmahl*, Ffm./ Hbg. 1963, m. Komm. v. J. Bollack; EC, 85). – Dass., K. Hildebrandt, Stg. 1957 u. ö. (RUB, 5789). – Dass., R. Rufener (in *Meisterdialoge*, m. Einl. v. O. Gigon; Zürich/Stg. 1958). – Dass., F. Schleiermacher (in *SW*, Bd. 4, Hbg. 1958; RKl, 39). – Dass., R. Kassner (in *Gastmahl ...*, Düsseldorf/Köln [3]1959; Diederichs Taschenausg., 19).

LITERATUR: H. v. Arnim, *Platos Jugenddialoge u. die Entstehungszeit des »Phaidros«*, Lpzg./Bln. 1914; Nachdr. Amsterdam 1967. – H. Gundert, *Enthusiasmos u. Logos bei P.* (in Lexis, 2, 1949, S. 25–46). – O. Regenbogen, *Bemerkungen zur Deutung des Platonischen »Phaidros«* (in *Miscellanea Academica Berolinensia II*, Bln. 1950, S. 198 bis 219; ern. in O. R., *Kleine Schriften*, Mchn. 1961, S. 248–269). – H. Cherniss, *The Relation of the »Timaeus« to Plato's Later Dialogues* (in AJPh, 78, 1957, S. 225–266). – P. Friedländer, *P.*, Bd. 3, Bln. [2]1960, S. 201–223; 465–470 [m. Bibliogr.]. – E. Schmalzriedt, *Der Umfahrtsmythos des »Phaidros«* (in Der altsprachliche Unterricht, 9/5, 1966, S. 60–99; ern. in E. S., *P. Der Schriftsteller u. die Wahrheit*, Mchn. 1969, S. 308–347).

PHAIDŌN (griech.; *Phaidon*). Philosophischer Dialog von PLATON (427–347 v. Chr.), dem sogenannten »Mittelwerk« (etwa 387–367 v. Chr.) zugehörig. – Im Gegensatz zu manchen anderen Werken, deren chronologische Einordnung lange Zeit extremen Schwankungen unterworfen war (man denke etwa an den *Phaidros*), war die Stellung des *Phaidon* nie prinzipiell umstritten: Er muß in derselben Epoche entstanden sein wie *Symposion* und *Politeia*, und die Frage lautet nur, ob vor oder nach oder zwischen diesen beiden Hauptstücken des Mittelwerks. Das bedeutet, so möchte man a priori behaupten, daß der *Phaidon*, was seine Kerngedanken betrifft, sich zu *Symposion* und *Politeia* nicht anders verhält als diese jeweils zueinander. Noch spezieller: Man sollte ohne weiteres annehmen dürfen, daß die innere Form, die Struktur der zentralen Philosopheme – im *Symposion* der in der Sokrates-Diotima-Rede vorgetragene Aufstieg zum Schönen an sich, in der *Politeia* der im Komplex Sonnen-Linien-Höhlengleichnis vorgeführte Erkenntnisaufstieg – im *Phaidon* ohne entscheidende Variation wieder begegnet. Und in der Tat wird der Dialog von den Philosophiehistorikern allenthalben neben jenen Werken als einer der Kronzeugen für das herangezogen, was man sich die Platonische »Ideenlehre« zu nennen gewöhnt hat.

Die äußere Einkleidung des *Phaidon*, die liebevoll ausgemalte Szenerie des Rahmens – zwei Bekannte, Phaidon und Echekrates, unterhalten sich über den Tod des Sokrates (57a–59c) – reiht sich bruchlos an das aus früheren Dialogen bekannte Bild an. Auch die Schilderung der »inneren« Situation – Sokrates letzte Stunden im Gefängnis im Kreis seiner Freunde –, die sich aus dem Rahmengespräch herausspinnt, ist mit derselben Freude am minuziösen Detail ausgeführt wie etwa im *Lysis* oder im *Symposion*. Und denkt man an den *Euthyphron* oder, als noch eindrucksvolleres Beispiel, wiederum an den *Lysis*, so bemerkt man, daß auch der enge Bezug der äußeren Situation des Rahmendialogs zum Inhalt des Zentralgesprächs derselbe geblieben ist: Die erzählte Handlung kreist um den Tod des Sokrates und seine Vorbereitung, und als Thema der letzten Gespräche des Meisters ergibt sich daraus, psychologisch wie biographisch begründet und zugleich kompositorisch zwingend, »das Verhältnis des wahren Philosophen zum Sterben«. Für die richtige Einschätzung der Beziehung von Rahmensituation und Kerndialog ist dabei die Beobachtung wichtig, daß nicht nur die Realien des Rahmens, die faktischen Gegebenheiten – also das Motiv »Tod« und seine Aspekte – aus der Situation in das Gespräch hinübergenommen werden, sondern daß darüber hinaus auch die Konstellationen jener Fakten, die Strukturen des äußeren Geschehens, im inneren Bezirk, der theoretisch-fundamentierenden Reflexion über die Handlung, weiterwirken: Die Geschichte des Phaidon-Berichts bleibt nicht auf den Tod des Sokrates beschränkt, sondern soll die Polarität von Leben und Sterben schlechthin widerspiegeln, die Bewährung der Sokratischen Existenz im Angesicht des Todes. Dementsprechend hat der thematische Tenor des Dialogs von vornherein nicht nur »die rechte Art zu sterben«, sondern umfaßt die polare Relation von »*Leben und Tod* eines wirklichen Philosophen«. Damit wiederholt sich im *Phaidon*, was von Platon lange zuvor schon in der *Apologie* durchgespielt wurde: Das Biographische wird vom Typischen verdrängt, der Tod des Sokrates wird ohne Umschweife interpretiert als »das Verhältnis des wahren Philosophen zu Leben und Sterben«.

In seinem Aufbau verrät der *Phaidon* manche Ähnlichkeiten zum *Symposion*. Wie dieses besteht er aus einem Kranz von Erörterungen, vielfach Reden, die alle um *ein* Thema kreisen – ein Philosoph soll den Tod nicht fürchten, sondern sich im Gegenteil darauf freuen, denn erst dann ist die Seele der lästigen Fesseln des Körpers ledig und frei –, und wie im *Symposion* ist Sokrates nicht nur ein theoretischer Verfechter dieser Ansicht, sondern bewährt sich in seinem ganzen Verhalten, zumal in seiner unerschütterlichen, heiteren Gelassenheit an diesem seinem letzten Lebenstag, als die unmittelbare Verkörperung seiner Thesen.

Um sich seinen Freunden verständlich zu machen, muß Sokrates sie vor allem davon überzeugen, daß die menschliche Seele tatsächlich etwas ist, was den Körper überlebt. Und so legt er ihnen nach den einleitenden Gesprächen (59c–69a) in einer Reihe von Gedankengängen – den sogenannten »Unsterblichkeitsbeweisen« – aus immer neuen Blickwinkeln dar, was für ihn unverrückbar feststeht: daß die *psychē* sowohl vor der Geburt eines Menschen schon existiert hat als auch nach seinem Tod weiterlebt. Die beiden ersten Gedankengänge gehören eng zusammen (69e–77b): Da nach alter Weisheit alles aus seinem Gegenteil entsteht, also auch Leben und Tod, so müssen die Seelen nach dem Tod der Menschen irgendwo weiterbestehen, um von dort aus wieder ins Leben eingehen zu können; dies läßt sich sehr schön am Phänomen der *anamnēsis*, der Wiedererinnerung, demonstrieren (vgl. den *Menon*) – der Mensch hat vor aller Erfahrung bereits ein Wissen von den unwandelbaren »Begriffen« und »Gestalten« (*eidē*) der Dinge in sich (etwa von der »Gleichheit«), das es ihm erlaubt, ja überhaupt erst ermöglicht, die mannigfaltigen, diesen Begriffen und Gestalten ähnlichen Erscheinungen unter diesen Begriffen zu fassen (im Beispiel: die Gleichheit festzustellen). Kann man aber, so wenden Simmias und Kebes ein, aus der damit erwiesenen Präexistenz der Seele folgern, daß sie auch nach dem Tod weiterlebt? Anhand verschiedener Analogieschlüsse zeigt Sokrates in einem dritten Gedankengang (77b–84b), daß dies in der Tat so ist: Im menschlichen Erkenntnisprozeß befaßt sich die Seele mit dem Unsichtbaren, Beständigen, immer Bleibenden, während der Körper der stets wandelbaren Welt der Sinne zugehört; beide aber sind jeweils dem ähnlich, womit sie sich befassen, also die Seele der Unvergänglichen, Göttlichen, wie ja auch daraus hervorgeht, daß sie der überlegene und herrschende Teil ist, der Körper dagegen der dienende. Beiden wird mit dem Tod das ihnen gemäße Schicksal zuteil: Die Seele geht in die Welt des Göttlichen ein, der Körper ist der Vergänglichkeit verfallen. Freilich, den Seelen, die sich im Leben zu sehr mit dem Körper und seinen Begierden eingelassen haben, wird es schwerfallen, sich beim Tod endgültig von ihm zu lösen, und so werden bei der Wiedereinkörperung manche von ihnen nicht wieder zu Menschen, sondern zu allerlei Tieren, wie Eseln, Wölfen, Geiern, werden. Nur wer wahrhaft als Philosoph gelebt hat, dessen Seele wird sich am Ende als rein und des Göttlichen würdig erweisen: Mit dieser protreptischen Mahnung schließt der erste Teil des Dialogs.

Der zweite Teil dient der kritischen Überprüfung und nochmaligen, tieferen Begründung des in der ersten Hälfte Dargelegten. Simmias und Kebes bringen nämlich abermals gewichtige Einwände gegen die von Sokrates behauptete Unsterblichkeit der Seele vor: Könnte man sich denn die Seele nicht als eine Art Harmonie des Körpers vorstellen, so wie die Harmonie einer Leier, bei der auch das Instrument selbst körperlich und vergänglich ist, der harmonische Klang dagegen unsichtbar, unkörperlich, ja göttlich – und trotzdem dem Untergang geweiht, wenn die Leier vernichtet wird? Und das zweite: Wäre es denn nicht denkbar, daß die Seele zwar viel dauerhafter ist als ein Körper, daß sie also viele Körper überleben kann, am Ende aber doch selbst ebenfalls untergeht, wie ein Weber, der sich im Laufe seines Lebens viele Kleider webt und alle aufbraucht bis auf sein letztes, das nun ihn »überlebt« (84c–91c). Während Sokrates den ersten Zweifel unter Hinweis auf die von seinen Gesprächspartnern unbestrittene *anamnēsis* sowie auf die moralkritische und »hegemoniale« Funktion der Seele rasch beheben kann (91c–95a), muß er bei dem von Kebes vorgebrachten zweiten Einwand weiter ausholen. Zunächst berichtet er in einem umfassenden Rückblick auf seine eigene – d. h. in Wirklichkeit: Platons – Vergangenheit (95a–102a), wie er sich, enttäuscht von den Lehren der Naturphilosophen bis hin zu seinem Zeitgenossen Anaxagoras, daran gemacht habe, selbst die Ursachen des Entstehens und Vergehens zu erkennen, und wie er dabei davon ausgegangen sei, daß man die Wahrheit über die Dinge nur im Denken, nie mit der sinnlichen Erfahrung fassen könne. Als wichtigstes Prinzip habe er nun entdeckt, daß alle Dinge, die irgendeine bestimmte »Eigenschaft« haben, dies vermöge einer Teilhabe an dem an der Eigenschaft beteiligten Wesen tun (etwas ist schön, weil es an der »Schönheit selbst« teilhat usw.). Dies leitet unmittelbar zu dem letzten, dem vierten Anlauf zum Nachweis der Unsterblichkeit der Seele über (102a–107b): Es gibt Wesenheiten, die niemals miteinander eine Verbindung eingehen, so wie Schnee zwar immer mit der Wesenheit »Kälte« verbunden ist, aber nie mit Feuer oder Wärme; genauso ist nun die Seele immer mit der Wesenheit »Leben« verbunden – also kann sie nie eine Verbindung mit dem »Tod« eingehen, also ist sie unsterblich.

Phantasmagorisch krönender Abschluß dieses zweiten Teils ist – wie ähnlich in *Gorgias* und *Politeia* – ein großer eschatologischer Schlußmythos (107c–115a), in dem Sokrates, in überhöhter Parallele zum Ende des ersten Teils, ein Bild vom kosmologischen Aufbau der »wahren« Welt und der Unterwelt entwirft und der Schicksale beschreibt, die die Seelen darin nach dem menschlichen Tod, entsprechend ihrem jeweiligen »Lebenswandel«, zu erleiden haben. Mit einer Schilderung der letzten Lebensstunden des Sokrates – er trinkt das Gift und stirbt – endet der Dialog (115b–118a).

In einigen entscheidenden Punkten ist der *Phaidon* ein Werk, das innerhalb der Platonischen Œuvre schon weit vorausweist auf Dialoge späterer Jahre. Das gilt beispielsweise für das zentrale Gedankengerüst, das den einheitlichen Rahmen für die verschiedenen »Unsterblichkeitsbeweise« abgibt: Dieser von den »Ideen« geprägte Seins- und Erkenntnisaufbau wird hier nicht, wie etwa in *Symposion* und *Politeia*, dazu verwendet, um die Möglichkeit der menschlichen Teilhabe am göttlichen Sein und der reinen Wahrheit zu demonstrieren, sondern im Gegenteil gerade, um deren Mangelhaftigkeit, ja Unmöglichkeit aufzuweisen. Dies bedeutet nicht, daß man eine Wandlung in Platons Anschauungen annehmen müßte; die verschiedenen Dialoge fassen vielmehr das gleiche gedankliche Theorem unter jeweils verschiedenem Blickwinkel, wobei allerdings der dem

Phaidon eigentümliche Aspekt im »Spätwerk« des Autors immer mehr dominant wird. Vorausweisend erscheint auch – man denke etwa an *Theaitet, Parmenides, Phaidros* oder *Timaios* –, wie Platon im *Phaidon* erstmals in umfassender Weise Gedankengut einer anderen philosophischen Richtung in sein eigenes Philosophieren einbaut und den selbsterarbeiteten Vorstellungen in einer seltsam zwischen Ironie und Ernst schillernden Ambivalenz kritisch assimiliert: Dazu gehört hier nicht nur die orphisch-pythagoreische Seelenwanderungslehre, sondern insbesondere auch die für den ganzen Dialog grundlegende Anschauung vom »Leib als Grabmal« (sprichwörtlich: *sōma sēma*).

Was dem *Phaidon* seine zu allen Zeiten unverminderte Wirkung verliehen hat, waren allerdings weniger diese pythagoreisch-mystisierenden Elemente als vielmehr die abgeklärte Rationalität, mit der hier Sokrates (nach der Platonischen Darstellung) sich die darin enthaltenen ethischen Postulate zu eigen gemacht hat. Seine unerschütterliche Ansicht vom absoluten Vorrang des Geistes gegenüber dem Körper, bewährt vor Gericht *(Apologie)*, in der Haft *(Kriton)* und in der Stunde des Todes, die Unbeirrbarkeit, mit der er bis zuletzt und um den Preis seines Lebens daran festhielt, im Recht zu sein und das Rechte zu tun (man denke an das ganz andere Verhalten eines ANAXAGORAS und PROTAGORAS): Sie haben ihn zu einer der Modellgestalten des Griechentums werden lassen und immer wieder zum Vergleich mit dem Stifter des Christentums angeregt. E. Sch.

AUSGABEN: Florenz o. J. [ca. 1482–1484] (in *Opera*, 2 Bde.; lat. Übers. v. Marsilio Ficino). – Venedig 1513 (in *Hapanta ta tu Platōnos*, Hg. M. Musuros). – Ldn. ²1894 (*The Phaedo*, Hg. R. D. Archer-Hind; m. Komm.). – Oxford 1900 (in *Opera*, Hg. J. Burnet, Bd. 1; Nachdr. zul. 1967). – Oxford 1911 (*Phaedo*, Hg. J. Burnet; m. Komm.; Nachdr. zul. 1963). – Ldn./Cambridge (Mass.) 1914 (*Phaedo*, in *Plato*, Bd. 1, Hg. H. N. Fowler; m. engl. Übers.; Loeb; mehrere Nachdr.) – Paris ⁴1949 (*Phédon*, in *Œuvres complètes*, Bd. 4/1, Hg. L. Robin; m. frz. Übers.; ern. 1964, ohne Übers.). – Bern 1943 (*Phaedo*, Hg. O. Gigon). – Florenz 1958 (*Il Fedone*, Hg. N. Casini; m. Komm.). – Mchn. ²1959, Hg. F. Dirlmeier (griech.-dt.; m. Komm.; Übers. auch o. Komm. in *Sokrates im Gespräch*, Hg. B. Snell, Hbg. 1953; FiBü, 24).

ÜBERSETZUNGEN: *Phaedon*, Ch. Hofmann von Hofmannswaldau (in H. v. H., *Deutsche Uebersetzungen und Getichte*, Breslau 1679). – Dass., F. L. zu Stolberg (in *Auserlesene Gespräche*, Bd. 3, Königsberg 1797). – *Phaidon*, R. Kassner, Jena 1906. – *Phaidon oder über die Unsterblichkeit der Seele*, O. Apelt, Lpzg. 1913. – *Phaedo*, R. Hackforth, Cambridge 1955 [engl.; m. Komm.]; Nachdr. NY 1960. – Dass., R. S. Bluck, Ldn. 1955 [engl.; m. Komm.]. – *Phaidon*, R. Rufener (in *Meisterdialoge*, m. Einl. v. O. Gigon, Zürich/Stg. 1958). – Dass., R. Kassner (in *Gastmahl u.a.*, Düsseldorf/Köln ³1959; Diederichs Taschenausg., 19). – Dass., F. Schleiermacher (in *SW*, Bd. 3, Hbg 1958; RKl, 27; einzeln Stg. 1967, RUB 918/919).

LITERATUR: G. Rolla, *Saggio critico sul »Fedone«*, Florenz 1938. – R. Schaerer, *La composition du »Phédon«* (in REG, 53, 1940, S. 1–50). – B. H. Bal, *Plato's ascese in de »Phaedo«*, Diss. Nimwegen 1950. – R. Guardini, *Der Tod des Sokrates*, Hbg. 1956, S. 98–190 (rde, 27). – W. J. Verdenius, *Notes on Plato's »Phaedo«* (in Mnemosyne, 4/11, 1958, S. 193–243).

PHILĒBOS (griech.; *Philebos*). Philosophischer Dialog von PLATON (427–347 v. Chr.), entstanden nach 360 v. Chr. als eine der spätesten Schriften des Autors, wohl zwischen *Politikos* und *Timaios* einzuordnen. – In den Handschriften trägt der *Philebos* den Untertitel *Oder über die Lust, ethischer Dialog*. Man hat dieser Klassifizierung mit einem gewissen Recht widersprochen, da alle Werke Platons einer Einordnung in das erst von ARISTOTELES geschaffene System von Logik, Physik und Ethik mehr oder weniger stark widerstreben. Dennoch bleibt festzuhalten, daß sich Platon hier in einem Alterswerk mit äußerster Konzentration noch einmal dem Thema zuwendet, das seit den Frühdialogen im Zentrum seines Interesses stand und in der griechischen Geistesgeschichte eine lange und volkstümliche Tradition hatte: der Frage, ob das Gute für alle Lebewesen in der Lust oder im Geist beschlossen liege. Schon im Mythos steht Paris vor der Wahl zwischen Weisheit, Herrschaft und Lust, verkörpert in den Göttinnen Athene, Hera und Aphrodite; er wählt die Lust. Bei dem Sophisten PRODIKOS dagegen entscheidet sich Herakles am Scheideweg für die Tugend (vgl. *Hōrai – Die Horen*). Bei HERODOT spricht Solon dem reichen Kroisos gegenüber einem Leben des Maßes die höchste Glückseligkeit zu. Auch beim frühen Platon ist die Wahl des richtigen Lebens die wichtigste Aufgabe des Menschen. Während jedoch im *Protagoras* (351b ff.) und im *Gorgias* (491e ff.) der Vorrang der Lust in moralischer Emphase zurückgewiesen wurde, rückte in der *Politeia* (6, 505b ff.) die Antithese von Lust und Einsicht unter den Aspekt der »Idee des Guten«. Im *Philebos* schließlich ist die Versachlichung so weit gediehen, daß der Platonische Sokrates zum objektiven Schiedsrichter in eigenster Sache werden kann.

Seit dem *Parmenides* war Sokrates in den Dialogen als Gesprächsführer immer mehr in den Hintergrund getreten; im *Sophistes* und im *Politikos*, wie auch im *Timaios*, bestreiten Vertreter der italischen Philosophenschulen den Hauptteil der Darlegungen. Im *Philebos* aber steht der altersweise Sokrates, wohlwollender Freund der diskussionsbeflissenen Jugend, als undogmatischer Anwalt der Wahrheit wieder im vollen Licht, scharf abgehoben von der undeutlich bleibenden Gruppe der diskutierenden Knaben, aus der nur sein Widerpart Protarchos, ein williger und aufgeschlossener Jüngling, sowie der eigentliche Parteigänger der Lust, Philebos selbst, stärker hervortreten. Dieser nimmt freilich – obwohl nach ihm der ganze Dialog benannt ist – am Gespräch mit nur wenigen verdrossenen Einwürfen teil. Sein Name »Philebos« (»Jugendliebhaber«) kommt in Athen sonst nicht vor und dürfte, wie die ganze Figur, von Platon erfunden sein, um die erotische Atmosphäre anzudeuten, aus der seine Lustphilosophie herrührt. Wie eine der in der Diskussion abgeschlagenen Figuren mancher Frühdialoge, die unter mürrischen und einsilbige Beiträge zu einem Gespräch beisteuern, das eine ihnen nicht genehme Wendung genommen hat – etwa Kallikles im *Gorgias* –, lagert er mißmutig und schläfrig im Hintergrund und bestimmt so als schweigende Person das Dialoggeschehen – ein Kunstgriff, der in der Tragödie schon bei der *Niobe* des AISCHYLOS Verwendung gefunden hatte.

»*Der schöne Philebos ist müde geworden* ...«, so heißt es zu Beginn, und der junge Protarchos soll an seiner Stelle die Verteidigung der Lust gegen Sokrates übernehmen: Der Dialog gibt sich also betont als Momentaufnahme, als Ausschnitt aus einer längeren *synusia* (philosophische Gesprächsrunde), die Sokrates der Jugend gewährt hat (19c5). Auf jede Einführung oder gar kunstvolle Rahmung, wie sie Platon früher so geliebt hat, wird verzichtet. Der Stand der Auseinandersetzung wird zu Anfang resümiert; am Schluß bittet Sokrates um seine Entlassung, doch Protarchos hat noch eine Kleinigkeit zu erinnern und scheint so eine mögliche Fortsetzung anzudeuten. Daß sich das Ganze in einer Palaistra (Ringschule) abspielt (vgl. den *Lysis*), legt das immer wieder gebrauchte Bild vom »Ringkampf« nahe; daß es, in übertragenem Sinn, tatsächlich zu einem solchen Ringkampf kommt, ist den klugen Einwürfen und Gegenargumenten des Protarchos zu danken, der keineswegs als bloßer Jasager auftritt.

Zeigt der Dialog also in vielen Einzelheiten – Schauplatz, Personen, Thematik – eine gewisse Nähe zum »Frühwerk«, so tritt uns in dem kunstvoll verschränkten, oft etwas preziösen und schwerflüssigen Sprachstil, wie er sonst nur in *Timaios* und *Nomoi* begegnet, der alte Platon entgegen. Ganz der Altersphase gehört auch die Handhabung der philosophischen Problematik an. Zunächst beeindruckt der Reichtum der berührten Einzelgegenstände aus Logik und Dialektik, Metaphysik, Physik und Physiologie, Dichtungs- und Kunsttheorie und vielen anderen Gebieten. Bei näherem Zusehen aber wird eine klare dreigeteilte Disposition des Ganzen deutlich: Ein erster Teil stellt die beiden Gegenpole *hēdonē* (Lust) und *phronēsis* (Erkenntnis) einander gegenüber und stellt fest, daß keinem von beiden das gesuchte allgemeinverbindliche Gute *(agathon)* zuzusprechen ist, daß dieses vielmehr in der Mischung beider zu suchen ist (11a1–23a5). Der zweite Teil bringt eine ausführliche Prüfung beider Elemente, die in die Mischung eingehen sollen, wobei der Schwerpunkt bei der Lust liegt (23a6–59e4). Der Schlußteil schließlich zeigt den Vollzug dieser Mischung und stellt die Frage nach dem in ihr irgendwie beschlossenen Guten (59e5–67b13).

Dem gereiften Sokrates – und damit Platon – entspricht es, daß er, in gewohnter Weise als Vertreter der Vernunft antritt, in diesem Gedankenverlauf von Anfang an die Möglichkeit eines Mittelwegs anvisiert. Die Eristik der Frühzeit, die mit scharfen Antithesen arbeitete, wird durch eine abgeklärtere Wahrheitssuche mit dialektischen Mitteln abgelöst: »*Nicht um den Sieg deiner oder meiner These kämpfen wir, sondern dem Wahrsten müssen wir beide uns verbünden*« (14b5). So erweist sich bald, daß ein Leben der Lust ohne Erkenntnis gar nichts von seiner Lust wüßte und dem einer Molluske oder Auster gliche, ein Leben der reinen Erkenntnis ohne Lust und Leid völlig apathisch und allenfalls einer göttlichen Vernunft würdig, aber für den Menschen genausowenig erstrebenswert wäre. Diese Vermenschlichung der Philosophie liegt auf der Linie des späten Platon, wenn sie auch in sehr abstraktem Gewand auftreten kann: Es gilt, nicht wie gebannt auf die Prinzipien allein – etwa Einheit und Vielheit, Grenze und Grenzenlosigkeit – zu starren; gerade im mittleren Bereich ihrer gegenseitigen Durchdringung, der durch die Zahl faßbar ist, vollziehen sich menschliche Wissenschaft und Kunstfertigkeit wie Grammatik und Musik. Viererlei ist bei allen Dingen des gesamten Alls zu unterscheiden: Grenze und Grenzenlosigkeit, Werden zum Sein, Ursache des Werdens. Das gemischte Leben gehört der dritten, die Lust der zweiten, die Erkenntnis der vierten Art an. Werden bei solchen metaphysischen Einteilungen Anleihen bei pythagoreischen Vorstellungen gemacht – man hat auch das Durchscheinen »esoterischer« Philosopheme darin erkennen zu können geglaubt –, so bringt der Mittelteil eine Fülle empirischer Beobachtungen, die wieder stark an den *Timaios* erinnern, gerade auch in den mit Reserve vorgetragenen Anleihen bei Autoritäten der Physisforschung (44b9). So kann Unlust als Störung, Lust als Wiederherstellung des Naturzustandes betrachtet werden, wobei die Lust dann überhaupt nur Entfernung von Unlust wäre. Zahllose seelische Mischungen bieten, wie Zorn–Furcht, Sehnsucht–Wehmut, Liebe–Eifersucht, sind zu beachten; bei der Tragödie können sich Lachen und Weinen durchdringen wie Behagen und Unbehagen in der Komödie: Man fühlt sich an den Schluß des *Symposion* erinnert, wo beide Dramengattungen von einem und demselben Dichter verlangt werden.

In der endgültigen Mischung des dritten Dialogteils werden dann alle, auch die Erkenntnisse des praktischen Lebens, sowie die »reinen« Lüste zugelassen – mit der Wahrheit zusammen bilden sie die »Behausung des Guten«. In ihr steht an erster Stelle das rechte Maß, die rechte Zeit *(metron, kairos)*, dann Symmetrie und Schönheit, an dritter Stelle Vernunft und Einsicht *(nus, phronēsis)*, an vierter Fachwissen und Technik *(epistēmē, technē)*, die reine Lust, Freiheit von Unlust an fünfter Stelle als Annäherungen an das Gute.

Auf diese Weise gibt der *Philebos* eine Antwort der alten Platon auf die durch Aristoteles und EUDOXOS aus Knidos in der Akademie neu aufgerührte Frage nach der *hēdonē*, über die sich andere von Sokrates angeregte philosophische Schulen – die Kyrenaiker und die Kyniker – in den Haaren lagen, ein Gegensatz, der sich später im Gegenüber der Epikureer und Stoiker fortsetzen sollte. – In der Augusteischen Zeit bewunderte dann DIONYSIOS aus Halikarnassos den besonders sokratischen Charakter des Dialogs. Im Neuplatonismus entstand ein unter den Namen des OLYMPIODOROS laufender Kommentar. SCHLEIERMACHER, der Wiederentdecker des lebendigen Platon, lobte die »*sinnlich anschauliche Klarheit*« des Werks.

D. Ma.

AUSGABEN: Florenz o. J. [ca. 1482–1484] (in *Opera*, 2 Bde.; lat. Übers. v. Marsilio Ficino). – Venedig 1513 (in *Hapanta ta tu Platōnos*, Hg. M. Musuros). – Oxford 1901 (in *Opera*, Hg. J. Burnet, Bd. 2; Nachdr. zul. 1967). – Ldn./Cambridge (Mass.) ²1939 (*Philebus*, in *Plato*, Bd. 3, Hg. H. N. Fowler; m. engl. Übers.; Loeb; mehrere Nachdr.). – Paris ²1949 (*Philèbe*, in *Œuvres complètes*, Bd. 9/2, Hg. A. Diès; m. frz. Übers.).

ÜBERSETZUNGEN: *Philebus*, J. F. Kleuker (in *Werke*, Bd. 1, Lemgo 1778). – *Philebos*, O. Kiefer (in *Parmenides. Philebos*, Jena 1910). – Dass., O. Apelt, Lpzg. 1912; ern. Hbg. 1956. – *Philebus*, R. Hackforth (in R. H., *Plato's Examination of Pleasure*, Cambridge 1945; Nachdr. 1958; engl.; m. Komm.). – *Philebos*, L. Geogii (in *SW*, Bd. 3, Heidelberg o. J. [ca. 1950]). – Dass., F. Schleiermacher (in *SW*, Bd. 5, Hbg. 1959; RKl, 47).

LITERATUR: A. Warmuth, *Das Problem des ›agathon‹ in Platons »Philebos«*, Freising 1928 [Diss. Mchn.]. – H.-G. Gadamer, *Platos dialektische Ethik. Phänomenologische Interpretationen zum »Philebos«*, Lpzg. 1931; Nachdr. Hbg. 1968. – M. W. Isenberg, *The Unity of Plato's »Philebus«* (in Classical Philology, 1940, S. 154–179). – H. J. M. Broos, *Plato and Art. A New Analysis of the »Philebus«* (in Mnemosyne, 4/4, 1951, S. 113–128). – N. J. Boussoulas, *L'être et la composition des mixtes dans le »Philèbe« de Platon*, Paris 1952. – H. P. Harding, *Zur Textkritik und Interpretation des Platonischen »Philebos«*, Diss. Kiel 1954. – J. Tenkku, *The Evaluation of Pleasure in Plato's Ethics*, Helsinki 1956. – H. J. Krämer, *Arete bei Platon und Aristoteles*, Heidelberg 1959, S. 178–194 u. ö. – P. Friedländer, *Platon*, Bd. 3, Bln. ²1960, S. 285–328; 482–494 [m. Bibliogr.]. – H. P. Harding, *Zum Text des Platonischen »Philebos«* (in Herm, 88, 1960, S. 40–68). – H.-D. Voigtländer, *Die Lust und das Gute bei Platon*, Würzburg 1960 (Diss. Ffm. 1959).

POLITIKOS (griech.; *Der Politiker*). Philosophischer Dialog von PLATON (427–347 v. Chr.). – Der *Politikos* gehört einer nach Szene, Personen, Themen und Methode eng zusammengehörigen Dialoggruppe in Platons Spätwerk an. Gleich zu Anfang des Werks (258a3) wird auf das »*gestern*« geführte Gespräch des Sokrates mit Theaitet hingewiesen, »*jetzt soeben*« habe man über den Sophisten gesprochen. Diese Verbindung mit den Dialogen *Theaitetos* und *Sophistēs* wird durch die Beteiligung der gleichen Personen verstärkt: Im *Theaitet* sprechen Sokrates, der Mathematiker Theodoros aus Kyrene und der junge Theaitet über das Sachwissen *(epistēmē)* allgemein, im *Sophistēs* wird Sokrates neben Theodoros zum stummen Zuhörer, der neu eingeführte Gast aus Elea aus der Schule des Parmenides versucht zusammen mit Theaitet, das Wesen des Sophisten und seiner *epistēmē* zu definieren. Wie der Sophist, so erhebt auch der Politiker Anspruch auf ein für die Menschenführung entscheidendes Wissen; dieser Anspruch wird nun im *Politikos* von den Gesprächsteilnehmern geprüft, wobei anstelle des Theaitetos ein »junger Sokrates« zum neuen Partner des Eleaten wird: So bleibt ein sokratisches Element im Gespräch, ohne daß man den Sokrates selbst, wie im *Parmenidēs*, verjüngen müßte.

Das Gespräch beginnt mit einem schulmäßigen Definitionsversuch durch das Mittel der begrifflichen Zweiteilung (Dichotomie) oder Zergliederung *(dihairesis)* der Wirklichkeit, wie es schon im *Sophistēs* vorexerziert wurde. Der Politiker und König entpuppt sich dabei als »*Hirte einer zweifüßigen ungefiederten und ungehörnten Herde*« (Zusammenfassung 267a8 ff.), und der junge Sokrates ist damit höchst zufrieden und hält die Definition für vollendet. Der Leser darf diesem Irrtum nicht gleichfalls erliegen – sonst wird auch er vom Spott des Kynikers DIOGENES getroffen, der einen gerupften Hahn ins Zimmer brachte mit den Worten: »*Dies ist Platons Mensch!*« Es ist kein Zweifel daran möglich, daß diese grotesk-erheiternde Wirkung beabsichtigt ist: Gerade dort, wo es beim späten Platon besonders schulmäßig zugeht, überschlägt sich gewöhnlich auch die Methode und führt sich selbst *ad absurdum* – es sei nur an *Kratylos*, *Parmenidēs* oder *Timaios* erinnert. Was der erste Teil leistet, ist eine allgemeine Orientierung über den rein äußerlichen Bereich, in den das Phänomen bei einer gewissen Betrachtungsweise gerückt werden kann; im übrigen wird der ganze erste Teil wie der gestrandete erste Definitionsversuch eines Frühdialogs behandelt: Der Gesprächsführer deckt seine Schwächen auf und unternimmt einen neuen, völlig andersgearteten Anlauf. Ein weit ausgesponnener Mythos zeigt den Kosmos in einer Pendelbewegung zwischen dem Goldenen Zeitalter, in dem ein allsorgender Gott als guter Hirte alles lenkt, und der Phase, in der der Kosmos sich selbst überlassen bleibt und nun in rückläufiger Bewegung sich immer mehr von dem vollkommenen Vorbild entfernt. Die bukolische Idylle ist also nicht am Platze, wenn der Mensch mit dem Schwein, der König mit den Sauhirten in der gleichen Klasse ist; es gilt, einen Politiker für unsere wirre Gegenwart zu suchen. Als Beispiel für die Abscheidung des Wesentlichen, die Trennung von eigentlichen und bloßen Mit-Ursachen wird die Webekunst untersucht, ohne daß sofort die Anwendung gemacht würde: Die kritische Reflexion über das eigene Tun zieht erst noch weitere Kreise. Wie im Zentralteil des *Sophistēs* die Existenz des Nicht-Seins zu erweisen war, so ist hier eine doppelte Meßkunst zu postulieren (284b7 ff.), die sich einerseits auf das reine relative Mehr oder Weniger von Zahlen, Größen und Geschwindigkeiten, andererseits auf den verbindlichen Maßstab des Angemessenen, Zukommenden, Rechtzeitigen bezieht. Eine solche Meßkunst ist bei jeder Kunstfertigkeit *(technē)* beteiligt, das Wissen um die methodischen Grundphänomene ist allgemeinverbindlich, auch die Suche nach dem Politiker ist nur ein augenfälliges Beispiel für den Logos des Unkörperlichen, und die scheinbare Länge und Weitschweifigkeit mancher Partien ist nach dieser übergeordneten Angemessenheit zu beurteilen.

Nachdem der Dialog in dieser Mittelpartie über sich selbst reflektiert und sogar hinausgewiesen hat, kehrt er in seinem gewichtigen Schlußteil zum Thema zurück, das inzwischen zwar relativiert, aber nicht entwertet wurde. Parallel zum Webkunst-Beispiel werden (287b4 ff.) die Leistungen für die menschliche Gemeinschaft nach Mit- und Hauptursachen geschieden; über Handwerker und dienstleistende Berufe steigt man auf zum Politiker: Ein besonderer Chor von Tausendkünstlern, von Kentauren und Satyrn, erhebt in den üblichen Staatsformen der Monarchie, Oligarchie und Demokratie Anspruch auf diesen Namen – zu messen aber sind sie allein an Erkenntnis und Gerechtigkeit *(epistēmē* und *dikaion)*. Wer über diese verfügt, kann ganz ohne Gesetze regieren, so hart sich dies auch anhört, denn die Starrheit und Simplizität des Gesetzes wird der vielfältigen Wirklichkeit niemals gerecht. Da den Menschen aber nicht, wie dem Bienenschwarm, in überragender König »eingeboren« wird, muß man zum Notbehelf der schriftlich fixierten Verfassung greifen. Die Monarchie ist dann im Guten und Bösen die erste, die Demokratie in beidem die schwächste Staatsform, die Oligarchie hält die Mitte. Kriegskunst, Rechtswissenschaft und Rednergabe sind – wie Silber und Erz im Vergleich zu Gold – zwar wertvoll, aber doch vor der Staatskunst zu scheiden und ihr unterlegen – diese hat die Aufgabe, die gegensätzlichen Tugenden Tapferkeit und Besonnenheit in ihrem Tun zusammenzuflechten.

Diese Nachzeichnung des Gesprächsgangs zeigt, wie sich zwei dihairetische Teile (257a1–268d4 und 287b4–311a8) um einen Mittelteil (268d5–287b3) gruppieren, in dem mythische Auswertung des Horizonts und scherzhafte Auflockerung (*paidia*, 268d8) zur methodischen Selbstbesinnung führen. Der Staatsphilosoph Platon ist im *Politikos* auf dem Weg vom Idealstaat der *Politeia* zum Gesetzesstaat der *Nomoi*; eine Aufgabe von Grundpositionen ist damit jedoch nicht verbunden. Der Philosophenkönig und die Aufgabe philosophischer Erziehung bleiben die regulativen Prinzipien, nach denen die mehr und mehr in den Vordergrund tretende »praktische Philosophie« der Mitte und des Maßes – man vergleiche die parallelen Erscheinungen in der Ethik des *Philēbos* – ausgerichtet wird. Ob Platon noch einen Dialog *Philosophos* anschließen wollte, wie es vor allem der Anfang des *Sophistēs* nahelegt, muß angesichts des unvollendeten Zustandes seines Spätwerks (vgl. *Kritias, Nomoi*) offenbleiben. Seinen *Politiker* jedenfalls hat man in der Gestalt des *princeps* in CICEROS *De re publica (Vom Gemeinwesen)* wiedererkennen wollen, jenes *princeps*, der dann seinerseits nicht ohne Einfluß auf den wirklichen Prinzipat des Augustus geblieben ist. D. Ma.

AUSGABEN: Florenz o. J. [ca. 1482–1484] (in *Opera*, 2 Bde.; lat. Übers. v. Marsilio Ficino). – Venedig 1513 (in *Hapanta ta tu Platōnos*, Hg. M. Musuros). – Oxford 1900 (in *Opera*, Hg. J. Burnet, Bd. 1; Nachdr. zul. 1967). – Paris ^{2}1950 (*Le politique*, in *Œuvres complètes*, Bd. 9/1, Hg. A. Diès; m. frz. Übers.). – Ldn./Cambridge (Mass.) ^{2}1939 (*The Statesman*, in *Plato*, Bd. 3, Hg. H. N. Fowler; m. engl. Übers.; Loeb; mehrere Nachdr.).

ÜBERSETZUNGEN: *Der Staatsweise*, J. F. Kleuker (in *Werke*, Bd. 4, Lemgo 1786). – *Politikos*, O. Apelt, Lpzg. ^{2}1922. – *Statesman*, J. B. Skemp, New Haven/Ldn. 1952 [m. Einl. u. Komm.; engl.]. – Dass., F. Schleiermacher (in *SW*, Bd. 5, Hbg. 1959; RKl, 47). – *Der Staatsmann*, R. Rufener (in *Spätdialoge*, m. Einl. v. O. Gigon, Zürich/Stg. 1965).

LITERATUR: M. Schröder, *Zum Aufbau des Platonischen »Politikos«*, Jena 1935. – E. M. Manasse, *P.s »Sophistes« und »Politikos«. Das Problem der Wahrheit*, Bln. 1937. – H. Zeise, *Der »Staatsmann«. Ein Beitrag zur Interpretation des platonischen »Politikos«*, Lpzg. 1938 (Phil, Suppl. 31/3). – H. Herter, *Gott und die Welt bei P. Eine Studie zum Mythos des »Politikos«* (in Bonner Jahrbücher des Rheinischen Landesmuseums, 158, 1958, S. 106 bis 117). – H. J. Krämer, *Arete bei P. und Aristoteles*, Heidelberg 1959, S. 146–177 u. ö. – P. Friedländer, *P.*, Bd. 3, Bln. ^{2}1960, S. 260–284; 478–482.

POLITEIA (griech.; *Das Staatswesen*). Philosophischer Dialog über die Gerechtigkeit von PLATON (427–347 v. Chr.), zum sogenannten »Mittelwerk« (etwa 387–367 v. Chr.) gehörend, vollendet vielleicht Mitte der siebziger Jahre. – Über Art und Zeit der Entstehung dieses Platonischen Hauptwerkes ist nichts Genaues bekannt. Fest steht, daß die Einteilung in zehn Bücher nicht original ist und daß der Teil des Dialogs, der als Buch 1 läuft, eine gewisse in sich geschlossene Sonderform aufweist, die der Struktur der frühen Werke Platons gleicht. Das hat zu der Annahme geführt, dieses erste Buch sei ein später in die *Politeia* eingearbeiteter »Frühdialog« – man gab ihm den Titel *Thrasymachos* – oder wenigstens ein liegengebliebener Entwurf dazu. Betrachtet man das erste Buch für sich allein, so wird dieser Eindruck in der Tat bestätigt: Der sorgfältig ausgearbeitete Rahmen des Dialogs

– Sokrates wandert am Tag des Bendisfestes mit Glaukon (einem Bruder Platons) von Athen zum Piräus hinab –, die detaillierte Schilderung des Zustandekommens der Gesprächsrunde im Haus des reichen Kephalos, die behutsame Hinführung zum Gesprächsthema »Gerechtigkeit«, die mehrfach übereinandergeschichteten ergebnislosen Versuche einer Begriffsdefinition, die Feststellung der Aporie am Ende – all das sind kompositorische und denkmethodische Eigentümlichkeiten, die man ebenso etwa in *Prōtagoras*, *Iōn*, *Euthyphrōn*, *Lachēs*, *Charmidēs* oder *Lysis* beobachten kann, ähnlich wie im Gedanklichen die von dem »Radikalsophisten« Thrasymachos vertretene machiavellistische These von der Gerechtigkeit als dem Recht des Stärkeren ihre unmittelbare Parallele in den Vorstellungen des Kallikles im *Gorgias* hat. Andererseits ist aber zu bedenken, daß Platon sich seit der Zeit des *Menōn* und des *Gorgias* ganz neue literarische Techniken erarbeitet hat, und eine dieser Techniken – das zeigen *Menōn* und *Gorgias* ebenso wie beispielsweise die Sokrates-Rede im *Symposion* oder die wenige Jahre nach der *Politeia* entstandene *Theaitet* – ist eben das Selbstzitat der dem »Frühwerk« eigentümlichen Strukturformen als kompositorischer Unterbau weiterführender Erörterungen. Nimmt man hinzu, daß diese die *Politeia* eröffnende Diskussion sehr akkurat in das Gesamtgespräch integriert ist, so kann man der neuerdings ebenfalls vorgetragenen Ansicht, Platon habe bewußt eine ausführliche Einleitung im »Frühstil« konzipiert, eine gewisse Berechtigung nicht bestreiten. Die kompositorische Funktion dieses ersten Buches besteht auf jeden Fall darin zu zeigen, daß es bei der Frage nach dem Wesen der Gerechtigkeit nicht genügt, sich auf die rein elenktische Analyse in der Manier eines »Tugend-« und »Sophistendialogs« zu beschränken, daß dieses Problem vielmehr nur von der höheren Warte endeiktisch-synthetischer Belehrung aus zu bewältigen ist. Unter solchem Gesichtspunkt erweist sich der einleitende aporetische Dialog als eine organische Weiterentwicklung der in den »Frühwerken« stereotyp die elenktische Untersuchung einleitenden Vorversuche, die vor allem den Zweck haben, präziser an das Thema heranzuführen.
Diese Präzisierung vollzieht sich zu Beginn des zweiten Buches im Gespräch zwischen Glaukon, seinem Bruder Adeimantos und Sokrates, die nunmehr zu den Hauptgestalten des Dialogs werden. Ziel der Diskussion soll im folgenden nicht nur sein, die Überlegenheit der Gerechtigkeit über die Ungerechtigkeit aufzuweisen, sondern zugleich, ihre Bedeutung für das menschliche Streben nach Eudämonie (Glück) darzulegen, d. h. sowohl ihr Wesen als auch ihre Wirkung und ihren Nutzen zu erörtern (dieses schon in den »Tugenddialogen« beggnende methodische Doppelpostulat liegt beispielsweise auch der Sokrates-Rede im *Symposion* und der »Palinodie« im *Phaidros* zugrunde). Da eine derartige Untersuchung eine fast übermenschliche Aufgabe wäre, gibt ihr Sokrates eine für das Folgende entscheidende Wendung: Anstatt dem Phänomen der Gerechtigkeit im Bereich der Psychologie des Einzelmenschen nachzugehen, sollen die Gesprächspartner sie an einem exemplarischen Modell untersuchen, an dem sich alles, was mit der Gerechtigkeit zusammenhängt, in viel größerem Maßstab zeigt und deshalb leichter ablesen läßt – am Modell einer *polis*, eines (Stadt-)Staates. Daß ein solches Modell nicht aus der historischen Realität gewonnen werden kann, ist

163

angesichts des Thrasymachos-Gesprächs nur zu verständlich: Man muß also in Gedanken ein Idealmodell konstruieren, bei dem dann *in statu nascendi* auch Werden und Wesen der Gerechtigkeit entworfen werden.

Das Gemeinwesen, das Sokrates im folgenden im Gespräch mit Glaukon und Adeimantos entstehen läßt, ist ein ausgeprägter Ständestaat mit drei Bevölkerungsschichten: den Arbeitenden, d. h. Bauern, Handwerkern usw. *(demiurgoi)*, den Wächtern *(phylakes)* sowie den Herrschern *(archontes)*, den »vollkommenen Wächtern«. Beim untersten Stand gehen die Gesprächspartner nicht weiter ins Detail – man registriert eine Vielzahl für das Gemeinwesen lebensnotwendiger Berufe, ohne sich im einzelnen um deren individuelle Verhältnisse, zumal unter dem Aspekt der Leitmotive »Gerechtigkeit« und »Glückseligkeit«, zu kümmern. Der Grund dafür mag in der Tat, wie man Platon häufig vorgeworfen hat, zu einem Teil darin zu suchen sein, daß der Philosoph – aufgrund der historisch-soziologischen Bedingungen seiner Zeit und seiner eigenen Herkunft – keinen Sinn für den Gedanken sozialer Gerechtigkeit hatte; die Hauptursache liegt jedoch in der Anschauung, daß bei idealer Vollendung des gesamten dreischichtigen Staatsgebäudes auch der unterste Stand automatisch das höchste ihm erreichbare Glück findet. Allerdings bedarf er hierfür der einsichtigen Lenkung und Führung, und für diese Aufgabe ist bei den dazu Bestimmten die Fähigkeit, gebildet und erzogen zu werden, unabdingbare Voraussetzung. So rückt in den Erörterungen folgerichtig die Frage der rechten Erziehung *(paideia)* – zunächst der Wächterstandes – immer stärker in den Mittelpunkt. Die Notwendigkeit der *paideia* ergibt sich bei den Wächtern aus der Forderung, daß sie neben anderen charakterlichen Anlagen wie Tapferkeit und Wachsamkeit vor allem eine philosophische Natur mitbringen müssen. Wichtigstes Moment ihrer Erziehung ist die einem solchen Staatswesen angemessene musische Bildung (das gymnastische Training des Körpers rückt demgegenüber an die zweite, freilich nicht minder wichtige Stelle). Besonders intensive Aufmerksamkeit wird in diesem Zusammenhang neben der Musik der Literatur gewidmet (wobei nebenbei eine kurze Götterlehre abfällt): Denn die traditionelle Literatur mit ihren Göttermärchen und unwahren Heroengeschichten, die nur zu Unbeherrschtheit und Leichtfertigkeit verleiten, ist für die Erziehung der Wächter unbrauchbar und soll aus dem geplanten Gemeinwesen ausgeschlossen bleiben. Selbstverständlich wird auch den talentiertesten Herrschern, die ja aus den talentiertesten Wächtern rekrutieren, diese »gereinigte« musische und gymnastische Bildung zuteil.

Mit der Gründung der drei Stände ist der Gedankenstaat im Rohbau fertig, und so kann im vierten Buch (427 c ff.) denn in einem ersten Resümee die Anwendung des Modells – zur Bestimmung der Gerechtigkeit beim Einzelmenschen – versucht werden. Dabei zeigt sich, daß für jeden der drei Stände eine der vier »Kardinaltugenden« charakteristisch ist: für die Herrscher die Weisheit, für die Wächter die Tapferkeit, für die Handwerker usw. das besonnene Maßhalten, das sich zumal in der freiwilligen Anerkennung der Herrschaft der Besten äußert (und insofern auch für die Wächter gilt). Die vierte »Kardinaltugend« aber, die Gerechtigkeit, herrscht dann, wenn jeder der drei Stände »*das Seine tut*«, d. h. die ihm zukommende »Tugend« vollkommen erfüllt; erst die Gerechtigkeit ermöglicht die harmonische Einheit, die das vollendete Ganze funktionsfähig macht. Überträgt man dies nun auf die *psychē* des Einzelmenschen, so gilt für die Definition der »Tugenden« genau dasselbe, nur daß hier an die Stelle der drei Stände die drei »Seelenteile« treten: den Herrschern entspricht die Vernunft *(logistikon)*, auch »das Philosophische« *(philosophon)* genannt, den Wächtern entspricht das emotional geprägte »Muthafte« *(thymoeides)* und dem Arbeiterstand schließlich der Bereich der Triebe *(epithymētikon)*. (An dieser Dreiteilung der *psychē* hat die Platonische Seelenlehre bis zu den spätesten Dialogen festgehalten – man denke etwa an den Mythos vom geflügelten Seelengespann im *Phaidros* oder an *Timaios* 69 b ff.)

Der Beginn des fünften Buches erörtert in zwei konkretisierenden Nachträgen zum Problem der äußeren Lebensform des Wächterstandes einige staatspolitische Idealforderungen, die sich ebenso spektakulär wie revolutionär anhören und die daher weit über die Antike hinaus zu den berühmtesten und meistdiskutierten Theoremen der *Politeia* geworden sind: Das eine ist die Forderung der Beseitigung jeden Privatbesitzes, die konsequenterweise bis zur Sozialisierung des »Besitzes« an Frauen und Kindern, d. h. bis zur Frauen- und Kindergemeinschaft führen soll; das zweite ist die These von der absoluten Gleichstellung von Mann und Frau aufgrund der prinzipiellen Gleichwertigkeit ihrer natürlichen Anlagen.

Angesichts der Fülle von Idealkonstruktionen, die dieses in der Theorie errichtete Staatsgebilde auszeichnen, kann es nicht ausbleiben, daß einer der Gesprächspartner die Frage aufwirft, ob die reale Existenz eines solchen Gemeinwesens überhaupt möglich sei. Der Platonische Sokrates bejaht das, allerdings unter einer Voraussetzung (wobei in einer Art Rückübertragung die Seelenlehre wieder auf das Staatswesen projiziert wird): Einen solchen Staat wird es nur geben können, wenn die Philosophen die Herrscher sind oder wenn die jetzt Herrschenden zu Philosophen werden. Die Begründung dieser These schafft die Gelegenheit, nun in einem breit ausgeführten Mittelteil (Buch 5 Ende bis Buch 7) – dem Höhepunkt des ganzen Werkes – jenen Punkt nachzutragen, der zuvor, in Buch 3, eigenartigerweise völlig außer Betracht geblieben war: die Erziehung der Herrschenden, d. h. jetzt: der Herrscherphilosophen. Diese *paideia* besteht – neben der schon für die Wächter selbstverständlichen Ausbildung in den gymnastischen und musischen Fächern – in der gründlichen, sich bis zu ihrem fünfzigsten Lebensjahr erstreckenden Einweisung in die Wissenschaft der spezifisch Platonischen Dialektik und der von ihr abhängigen propädeutischen Wissenschaften (Arithmetik, Geometrie, Stereometrie, Astronomie, Harmonielehre), in jenes Gebiet also, das man gemeinhin mit der Sigle »Ideenlehre« umschreibt.

Hier, im Zentrum der *Politeia*, läßt sich zugleich am markantesten das Kompositionsprinzip fassen, das dem ganzen Opus zugrunde liegt: Es ist eine exakt durchgeführte Klammer- oder Ringkomposition. Die Diskussion über die Herrscher-Philosophen beginnt mit *allgemeinen Angaben* über Leben, Wert und Eigenart der Philosophen und über die Notwendigkeit einer *paideia* zum Philosophenpolitiker (484a-504a), erörtert sodann – anhand des »Sonnengleichnisses« – Grundlage, Maßstab und Ziel all dieser *paideia*, nämlich die *höchste Erkenntnis* in der Schau der reinen »Gestalt des Guten«, der *idea tu agathu* (504a-509b), gibt im

»Liniengleichnis« einen ersten Einblick in die Struktur des von der höchsten Einsicht *abhängigen Wissenskomplexes* (509b–511e), um schließlich in dem berühmten »Höhlengleichnis« den Weg des notwendigen *Aufstiegs* von den minderen Erkenntnisstufen zu jener normsetzenden höchsten Erkenntnis der *idea tu agathu* zu beschreiben (514a bis 521b). Von diesem Zentrum führt die Darlegung dann spiegelbildlich über eine Erörterung des Charakters der vom Höchsten *abhängigen propädeutischen Wissenschaften* (521c–531c) und eine Erläuterung des Wesens der *höchsten Wissenschaft*, d. h. der *dialektikē* (531c–535a), wieder zurück zu *allgemeinen Hinweisen* für die *paideia der Philosophenpolitiker* (535a–541b).

Die Einsicht in diese symmetrische Kompositionsstruktur des Mittelteils der *Politeia* ist insofern von Bedeutung, als erst aus ihr der anschließende dritte Teil des Werkes seinen eigentümlichen Stellenwert im ganzen erhält. Denn wenn nun in Buch 8 und 9 das Gespräch in einem unvermuteten Sprung plötzlich von der Wissenschafts- und Erziehungstheorie zu Problemen der Staats- und Verfassungsformen übergeht, so erscheint dies auf den ersten Blick als eine recht willkürliche Digression. In Wirklichkeit aber handelt es sich bei diesem dritten Gesprächsabschnitt um ein genaues Pendant zum ersten Hauptteil: Wurden dort in der ideellen Konstruktion eines Staatsgebildes Wesen und Werden der Gerechtigkeit analysiert, so wird hier anhand der vier nach Platons Ansicht schlechten Staatsformen Timokratie, Oligarchie, Demokratie und Tyrannis sowie der ihnen entsprechenden Seelenzustände des Individuums das Wesen der Ungerechtigkeit und ihr Verhältnis zur angestrebten Glückseligkeit untersucht. Dieser kompositorische Umkehrungsprozeß setzt sich fort im zehnten Buch, der häufig als bloßer Nachtrag von Einzelpunkten angesehen wird: Denn auch die nochmalige Diskussion der Ausschließung der Dichtkunst aus dem idealen Staatswesen – jetzt vor dem Hintergrund der im Mittelteil explizierten »Ideenlehre« – ist nichts anderes als eine die in Buch 2 und 3 erörterten Fragen vertiefende kompositorische Spiegelung. Und im selben Sinn ist endlich auch der Abschluß des Werkes zu verstehen: Der Preis der Gerechtigkeit und ihres Lohnes im Leben wie im Tod, gekrönt von einem Schlußmythos über das Schicksal der Seele nach dem Tod (vgl. *Gorgias* und *Phaidōn*), markiert, höchst absichtsvoll, den extremsten Kontrapunkt zum einleitenden Gespräch mit seinem Preis der Ungerechtigkeit durch Thrasymachos.

Gerade das letzte Buch läßt ahnen, wie vieles an diesem gewaltigen Entwurf – der *prima vista* wie ein immenses theoretisches Gedankenspiel erscheinen mag – auf ganz persönliche Erfahrungen des Autors zurückgehen dürfte. Die Frage nach dem Verhältnis von Dichtung und Philosophie war Platons ureigenstes Problem – nicht allein, weil er einst selbst als Tragödiendichter begonnen hatte, sondern vor allem, weil er nicht umhin konnte, seine eigenen Schriften mit höchster literarischer Bewußtheit – und Meisterschaft – als philosophierende Dichtung zu konzipieren. Sein Verhältnis zur traditionellen Literatur ist zwiespältig, weil letztlich auch seine eigene Schriftstellerei nur dialektisch zu rechtfertigen war. So kommt es, daß an der überkommenen Dichtung mit Konsequenz eigentlich nur das in Inhalt und Darbietung ethisch oder pädagogisch Bedenkliche verdammt wird, während der Dichterphilosoph den poetischen Mitteln, sei es im geheimen, sei es in offener Adaption, seine Bewunderung zollt.

Zu den persönlichen Problemen des Autors gehört auch die zentrale Frage nach der aktuellen politischen Relevanz seines Staatsentwurfs. Daß man diesen nicht als bare Utopie abtun darf, gibt er selbst an verschiedenen Stellen des Dialogs ausdrücklich zu verstehen. Immerhin war er auf seiner ersten Reise in den Westen (388/87 v. Chr.) mit Vertretern einer philosophischen Richtung in Berührung gekommen (den Pythagoreern), die selbst die Prinzipien ihrer philosophischen Anschauungen zur Grundlage eigener Gemeinwesen gemacht hatten. Und die Freundschaften, die er auf dieser Reise schloß – besonders mit Dion, dem Schwager des syrakusanischen Tyrannen Dionysios I. –, mochten ihm ebenfalls den Gedanken an die Möglichkeit einer Verwirklichung seiner staatspolitischen Vorstellungen (die in seiner Heimat Athen ausgeschlossen war) nahegelegt haben (vgl. den *Siebten Brief*). Man darf auch nicht vergessen, daß staatstheoretische Reflexionen in Athen schon seit alter Zeit ein kontinuierlich sich fortentwickelndes Stück tagespolitischer Realität waren. Das dokumentieren nicht nur die laufenden Verfassungsänderungen seit den Tagen eines Drakon und SOLON, von denen beispielsweise Platons Schüler ARISTOTELES in seiner *Athēnaiōn politeia (Die Staatsverfassung der Athener)* berichtet, es spiegelt sich vielmehr darüber hinaus auch in einer nicht abreißenden Kette literarischer Äußerungen, die schon mit Solons Gedichten beginnt: Man braucht nur an die verfassungstheoretischen Reflexionen in HERODOTS Geschichtswerk (3, 80–83) oder an die Oligarchenflugschrift über die *Athēnaiōn politeia* zu erinnern, oder an die *Nomos-physis*-Diskussion (gesetztes und natürliches Recht) der Sophistik, oder an die Staatstheorie des PHALEAS aus Chalkedon (um 400 v. Chr.) mit ihrem Postulat der Besitzgleichheit und der Gewerbeverstaatlichung, oder an ARISTOPHANES' »kommunistische« Komödie *Plutos (Der Reichtum)*. Auch für Männer der Praxis wie den milesischen Architekten und Städtebauer Hippodamos, der unter Perikles maßgeblich an der architektonischen Gestaltung des Piräus und der unteritalischen Kolonie Thurioi mitwirkte, waren Fragen nach der optimalen Formung eines Gemeinwesens von entscheidendem Interesse. All das zeigt, wie eng dieses Platonische Konzept, das später in Werken wie dem *Politikos (Der Staatsmann)* und den *Nomoi (Die Gesetze)* unter anderen Aspekten variiert wurde, mit ganz konkreten Beziehungen und Anliegen befrachtet ist – nicht anders als die seiner mittelbaren oder unmittelbaren Adepten von Aristoteles (vgl. *Politika – Die Politik*) über DIKAIARCH und POLYBIOS *(Historiai)* bis hin zu CICERO (vgl. *De re publica – Vom Gemeinwesen* und *De legibus – Über die Gesetze*) oder PLUTARCH (vgl. *Peri monarchias kai dēmokratias kai oligarchias – Über die Monarchie, Demokratie und Oligarchie*). Das ist ein zentraler Unterschied zwischen den antiken staatsphilosophischen Entwürfen und den neuzeitlichen »Staatsutopien«, die seit Thomas MORUS' *Utopia* zu einer besonderen Gattung der abendländischen Literatur geworden sind.   E. Sch.

AUSGABEN: Florenz o. J. [ca. 1482–1484] (in *Opera*, 2 Bde.; lat. Übers. v. Marsilio Ficino). – Venedig 1513 (in *Hapanta ta Platōnos*, Hg. M. Musuros). – Oxford 1902 (in *Opera*, Hg. J. Burnet, Bd. 4; Nachdr. zul. 1962). – Jena 1925 (*Staat*, in *Platons Staatsschriften*, Hg. W. Andreae, Bd. 2; griech.-

dt.). – Paris 1947–1949 (*La république*, in *Œuvres complètes*, Bd. 6–7/2, Hg. É. Chambry; Einl. v. A. Diès; m. frz. Übers.). – Ldn./Cambridge (Mass.) 1930–1935 (*The Republic*, Hg. P. Shorey; m. engl. Übers.; Loeb; Bd. 1: ²1937; mehrere Nachdr.). – Ldn. 1957 (*The Republic Book X*, Hg. J. Ferguson; m. Komm.). – Cambridge ²1963 (*The Republic*, Hg. J. Adams, Einl. v. D. A. Rees; m. Komm.). – Ldn. 1964 (*Republic Book I*, Hg. D. J. Allan; m. Komm.). – Neapel 1966 (*Repubblica, Libro X*, Hg. M. Untersteiner; m. Einl., Komm. u. Bibliogr.).

ÜBERSETZUNGEN: *Summa der Platonischen Lere, von den Gesetzen und Regierung des gemeinen Nutzes*, G. Lauterbeck (in G. L., *Regentenbuch*, Lpzg. 1572; Ausz.). – *Die Republik oder ein Gespräch über das Gerechte*, J. F. Kleuker (in *Werke*, Bd. 2, Lemgo 1780). – *Die ersten sieben Bücher von der Republik*, F. L. zu Stolberg (in *Auserlesene Gespräche*, Bd. 3, Königsberg 1797). – *The Republic*, F. M. Cornford, Oxford 1941 [m. Komm.; engl.]; Nachdr. NY 1954. – *Der Staat*, O. Apelt, Lpzg. ⁴1941; ern. Hbg. 1961, Hg. K. Bormann [Einl. P. Wilpert]. – Dass., A. Horneffer, Stg. 1949 [Einl. K. Hildebrandt]. – Dass., W. S. Teuffel [Buch 1–5] u. W. Wiegand [Buch 6–10] (in *SW*, Bd. 2, Heidelberg o. J. [ca. 1950]). – Dass., R. Rufener, Zürich 1950 [Einl. G. Krüger]. – Dass., K. Vretska, Stg. 1958 (RUB, 8205–8212; m. Komm. u. Bibliogr.). – *Politeia*, F. Schleiermacher (in *SW*, Bd. 3, Hbg. 1958; RKl, 27).

LITERATUR: R. v. Pöhlmann, *Geschichte der sozialen Frage u. des Sozialismus in der antiken Welt*, Hg. F. Oertel, Bd. 2, Mchn. ³1925, S. 8–160. – K. Praechter, *Die Philosophie des Altertums*, Tübingen ¹²1926, S. 231–234; 269–279; Nachdr. zul. Darmstadt 1967. – E. Hoffmann, *Der pädagogische Gedanke in P.s Höhlengleichnis* (in Archiv f. Geschichte der Philosophie, 40, 1931, S. 47–57). – M. Croiset, *La »République« de Platon*, Paris 1946. – N. R. Murphy, *The Interpretation of Plato's »Republic«*, Oxford 1951. – J. Luccioni, *La pensée politique de Platon*, Paris 1958. – R. W. Hall, *Justice and the Individual in the »Republic«* (in Phronesis, 4, 1959, S. 149–158). – W. Jaeger, *Paideia*, Bd. 2, Bln. ³1959, S. 270–360; Bd. 3, Bln. ³1959, S. 1–104. – K. Schmitz-Moormann, *Die Ideenlehre P.s im Lichte des Sonnengleichnisses des sechsten Buches des »Staates«*, Münster 1959 (Diss. Mchn. 1957). – R. C. Cross u. A. D. Woozley, *Plato's »Republic«. A Philosophical Commentary*, Ldn./NY 1964. – J. E. Raven, *Plato's Thought in the Making*, Cambridge 1965, S. 119–187. – *Plato's »Republic«: Interpretation and Criticism*, Hg. A. Sesonske, Belmont/Calif. 1966. – O. Utermöhlen, *Die Bedeutung der Ideenlehre für die platonische »Politeia«*, Heidelberg 1967 [m. Bibliogr.]. – E. Schmalzriedt, *P. Der Schriftsteller u. die Wahrheit*, Mchn. 1969, S. 271–307.

PRŌTAGORAS (griech.; *Protagoras*). Philosophischer Dialog von PLATON (427–347 v. Chr.), zum sogenannten »Frühwerk« des Autors gehörend (etwa 399–393 v. Chr.). – Der *Prōtagoras* ist allem Anschein nach einer der ersten Dialoge des Philosophen; zumal seine kompositorischen Eigentümlichkeiten stellen ihn in die Nähe von *Iōn* und *Lachēs*, aus denen gleichfalls das tastende Bemühen um die genuin Platonische Form des philosophischen Dialogs noch ablesen läßt. Dabei weist der *Prōtagoras* jedoch in einer ganzen Reihe von Punkten bereits weit voraus auf Werke späterer Zeit. So präludiert beispielsweise der äußere Rahmen – ein großes »Sophistenkonzil« im Haus des reichen Atheners Kallias – der Gruppe der »Sophistendialoge« (*Gorgias, Euthydēmos, Hippias I* und *Hippias II*, auch dem sogenannten *Thrasymachos* [vgl. *Politeia – Das Staatswesen*]). Das Gesprächsthema *aretē* (»Gut-Sein«, »Tugend«, »Tüchtigkeit«, »Tauglichkeit«) wird sich als Leitmotiv durch die Sequenz der »Tugenddialoge« ziehen (*Lachēs, Charmidēs, Euthyphrōn, Lysis, Menōn*); sein Teilaspekt »Lehrbarkeit der *aretē*« ist die Kernfrage des *Menōn*; das Problem der Einheit der *aretē* und des Verhältnisses der »Einzeltugenden« zur »Tugend« selbst – unlösbar verknüpft mit dem Problem des Wesens der *aretē* – wird noch in der *Politeia* im Mittelpunkt stehen. Und die Frage des Verhältnisses der »Lust« (*hēdonē*) zum »Guten« (*agathon*) ist ein Streitpunkt, der den Philosophen vom *Gorgias* bis hin zu den spätesten Werken (*Philēbos, Nomoi – Die Gesetze*) immer wieder beschäftigt hat, nicht anders als die durch die sehr breit angelegte Auslegung eines Simonides-Gedichts aufgeworfene Problematik der Dichterinterpretation und Dichterkritik (vgl. etwa *Iōn, Hippias II, Symposion, Politeia, Philēbos, Nomoi*). Andererseits erscheint aber gerade die Vielfalt dieser Aspekte als Signum der frühen Entstehungszeit, vor allem aufgrund ihrer weitgehend paratakisch-disparaten Reihung, die noch nichts ahnen läßt von den konstruktiven Möglichkeiten eines gedanklichen und kompositorischen Bezugsgefüges, wie es etwa für *Menōn, Symposion* oder die – gleichfalls thematisch sehr vielschichtige – *Politeia* charakteristisch ist.

Die Einleitung des *Prōtagoras* (309a–317e) ist nicht nur die ausführlichste aller Platonischen Dialoge, sondern in ihrer von sichtbarem Behagen am erzählerischen Detail gekennzeichneten dramatisch-lebendigen Inszenierung geradezu ein Kabinettstück novellistischer – und parodistischer – Prosa. Da trifft Sokrates einen Freund, der ihn gleich zur Begrüßung mit der Bemerkung neckt, er komme wohl eben von der Jagd – nämlich auf den schönen Alkibiades. Das in der Tat, bekennt Sokrates, aber er habe die Schönheit des Alkibiades fast nicht beachten können, denn es sei ein noch viel »Schönerer« dagewesen: der weiseste aller Menschen, Protagoras aus Abdera. Um die unbezähmbare Neugier des Freundes zu stillen, muß Sokrates der Reihe nach alles genau erzählen: wie ihn in aller Frühe sein Freund Hippokrates aufgeregt aus dem Bett geholt habe, um ihm die Neuigkeit von der Ankunft des Weisen in Athen mitzuteilen, wie sie beschlossen hätten, den Unübertrefflichen so bald wie möglich aufzusuchen, damit sich Hippokrates von ihm in der sophistischen Weisheit unterrichten lassen könne, und welche Hindernisse ihm zu überwinden waren, bis man schließlich zum Meister selbst vorgedrungen sei – die eigenen Skrupel hinsichtlich eines solchen sophistischen Unterrichts, der barsch abweisende Türhüter im Haus des Kallias, nicht zuletzt den Schwarm ergebenheitsbeflissener Schüler und Verehrer, die die gravitätisch posierenden Könige des Geistes (neben Protagoras waren auch Hippias aus Elis und Prodikos aus Keos zugegen) umringten.

Als Sokrates dem Protagoras sein und seines Freundes Anliegen vorgetragen hat, schlägt der Gastgeber Kallias vor, eine regelrechte »Sitzung« zu veranstalten, auf der Sophist im Beisein seiner berühmten Kollegen den beiden Neuankömmlingen die gewünschte Auskunft über seinen Beruf und seinen Unterricht geben könne. An der These des Protagoras, er verstehe seine Schüler zu politisch fähigen Bürgern zu erziehen, d. h. sie die politische *aretē* zu lehren, und an der skeptischen Gegenthese des Sokrates, die *aretē* sei doch offensichtlich nicht lehrbar (317e–320a), entzündet sich alsbald eine programmatische Auseinandersetzung. Protagoras gibt zunächst in einem Kulturentstehungsmythos (der nach weitverbreiteter Ansicht auf ein Werk des historischen PROTAGORAS zurückgeht), anschließend in beweisender Darlegung die Begründung, warum er die *aretē* durchaus für lehrbar halte (320c–328d). Sokrates verweist demgegenüber auf das in diesem ganzen Fragenkomplex implizierte tiefere Problem, ob die *aretē* eine komplexe Einheit sei oder ob Tapferkeit, Weisheit, Besonnenheit, Gerechtigkeit usw. selbständige Teil-»Tugenden« sind mit der Gesamt-*aretē* als sozusagen verbalem Oberbegriff. Mit seiner Ansicht, die *aretē* zerfalle in selbständige Einzelteile, gerät Protagoras sofort in Schwierigkeiten, denn eine nähere Betrachtung ergibt, daß zumindest Gerechtigkeit und Frömmigkeit sowie Weisheit und Besonnenheit jeweils identisch erscheinen (328d–334c).

Der große Sophist sieht sein Image unschlagbarer Allwissenheit gefährdet und nimmt, in etwas gereiztem Ton, seine Zuflucht zu einem effektvolleleganten Redeschwall. Daraus entwickelt sich ein heftiger methodologischer Disput (334c–338e; vgl. *Gorgias*), weil Sokrates auf ein knappes Frage-Antwort-Gespräch drängt, während Protagoras auf sein Recht zu ausgedehnter Rede pocht. Kallias und andere Gesprächsteilnehmer – Alkibiades, Kritias, Prodikos, Hippias – müssen eingreifen, um Sokrates am Verlassen der Sitzung zu hindern, was dem Autor unter anderem Gelegenheit zu zwei köstlichen Parodien auf den »Synonymenreiter« Prodikos und den hochfahrenden Hippias gibt, der die Frage nach der geeigneten Gesprächsführung sofort mit dem sophistischen »Urproblem« von *physis* und *nomos* (Natur und Menschensatzung) in Verbindung bringen zu müssen glaubt. Den gemeinsamen Anstrengungen gelingt schließlich ein Kompromiß: Man einigt sich auf die gedrängte dialogische Methode, doch soll Protagoras der Fragende sein und Sokrates antworten. Dieser Vorschlag erweist sich freilich für die Klärung des anstehenden Themas – Einheit der *aretē* – als nicht eben förderlich, denn Protagoras zettelt um ein Gedicht des SIMONIDES über die *aretē* eine weitab führende Diskussion an (338e–347a), an deren Ende er sich erneut von Sokrates schulmeistern lassen muß, boshafterweise noch dazu durch eine lange Rede.

Nur mit Mühe gelingt es dem Gastgeber und den anderen Gästen, Protagoras daraufhin zu einer weiteren Teilnahme am Gespräch zu bewegen (347a–348c). Doch auch in dieser letzten Runde – die sich endlich wieder dem Thema »Einheit der *aretē*« zuwendet (348c–362a) – muß er sich geschlagen geben: Sokrates zeigt, daß alles Handeln Lust und Annehmlichkeit (*hēdonē*) erstrebt, und zwar auf möglichst lange Sicht, und daß demnach alles verkehrte und schlechte Handeln auf Unverstand und mangelnder Einsicht beruht – woraus sich, positiv gewendet, ergibt, daß alles gute Handeln, d. h. jede Art von *aretē*, auf Wissen beruht, daß also die von Protagoras postulierten Einzel-*aretai* jeweils identisch sind mit der einen »Tugend« Weisheit. Freilich, so stellt Sokrates am Schluß verwundert fest: Wenn die eine und einheitliche *aretē* sich nun als eine Form des Wissens erwiesen

hat, so haben sich damit die Positionen gegenüber dem Beginn der Untersuchung genau umgekehrt; denn jetzt muß Sokrates die Lehrbarkeit der *aretē* vertreten, die er anfangs dem Protagoras so heftig bestritten hat, während andererseits Protagoras mit seiner Annahme von disparaten Einzel-*aretai* seiner eigenen früheren These entgegenarbeitet. Man müßte also die ganze Untersuchung nochmals von vorn beginnen – und dabei dann auch das Wesen der *aretē* selbst in den Gedankengang einbeziehen – wozu allerdings Protagoras keine Lust und Sokrates im Augenblick keine Zeit hat. So trennt man sich denn unter gegenseitigen Komplimenten.

Man hat viel daran herumgerätselt, wie diese dialektische Umkehrung der Positionen im Verlauf des Gesprächs zu deuten ist, genauer: welche Position denn nun die des Autors Platon sei. Die Frage ist in solcher Form sicher falsch gestellt: Die Funktion der Umkehrung besteht gerade darin, zu zeigen, daß das *aretē*-Problem verschiedene Aspekte aufweist und daß man sich ihm nicht auf geradem, assertorischem Weg nähern kann, sondern nur in dialektischen Prozessen. Damit erledigt sich auch die Frage, wer von den beiden Hauptgesprächspartnern eigentlich recht hat; in dieser Hinsicht unterscheidet sich der Protagoras nicht von den übrigen Dialogen aus jener Platonischen Schaffensperiode: Sokrates ist, was »dogmatische« Einsichten betrifft, auf derselben Ebene lokalisiert wie sein Widerpart, nämlich auf der Ebene des – bei ihm methodisch verstandenen – Nichtwissens. Daß er aber aufgrund der eben hieraus resultierenden methodischen Offenheit für unvoreingenommenes, bohrendes Fragen seinen Gesprächspartnern haushoch überlegen ist, dokumentiert sich auch im *Prōtagoras*. Der Unterschied zu anderen Dialogen der »Frühzeit« Platons liegt darin, daß es dem Schriftsteller später in zunehmendem Maß gelungen ist, diese Überlegenheit thematisch zu funktionalisieren, d. h. unmittelbar im Verlauf der Analyse des einen Gesprächsthemas (etwa der »Frömmigkeit« im *Euthyphrōn*) sichtbar werden zu lassen, während hier thematische Analyse und – in sich wiederum divergentes – kritisches »Beiwerk« noch ziemlich selbständig nebeneinanderstehen: Nur etwa die Hälfte des Dialogs ist der Untersuchung des Gesprächsthemas gewidmet, die andere Hälfte zerfällt in prunkvolle Einleitung, methodisches Zwischenspiel, Gesprächsexkurs (Simonides). Freilich: Die Konzentration und Integration der literarischen Formen und Mittel bedeutete auf der anderen Seite auch Verzicht; und so ist denn der *Prōtagoras* mit seiner weithin um ihrer selbst willen inszenierten farbigen Einleitung der einzige Dialog geblieben, der in solch unübertrefflicher Plastizität zeigt, wie viel Platon den »veristischen« Prosa-Mimen seines Lieblingsautors SOPHRON verdankt.

E. Sch.

AUSGABEN: Florenz o. J. [ca. 1482–1484] (in *Opera*, 2 Bde.; lat. Übers. v. Marsilio Ficino). – Venedig 1513 (in *Hapanta ta Platōnos*, Hg. M. Musuros). – Oxford 1903 (in *Opera*, Hg. J. Burnet, Bd. 3; Nachdr. zul. 1968). – Lpzg./Bln. ^{7}1931 (in *AS*, Bd. 4, Hg. W. Nestle; m. Komm. u. Bibliogr.). – Ldn./Cambridge (Mass) ^{2}1937 (in *Plato*, Bd. 4, Hg. W. R. M. Lamb; m. engl. Übers.; Loeb; mehrere Nachdr.). – Paris ^{2}1948 (in *Œuvres complètes*, Bd. 3/1, Hg. A. Croiset u. L. Bodin; m. frz. Übers.). – Mchn. 1959, Hg. F. Dirlmeier u.

H. Scharold [m. Komm.]. – Florenz ³1958 (*Il Protagora*, Hg. G. Calogero; m. Komm.).

ÜBERSETZUNGEN: *Protagoras*, J. F. Kleuker (in *Werke*, Bd. 3, Lemgo 1783). – Dass., O. Apelt, Lpzg. ²1922; Hbg. ³1956, bearb. A. Mauersberger u. A. Capelle. – Dass., F. Şusemihl (in *SW*, Bd. 1, Bln. o. J. [1950]). – Dass., J. S. Müller (in *Mit den Augen des Geistes*, Hg. B. Snell, Ffm./Hbg. 1955; FiBü, 97). – Dass., F. Schleiermacher (in *SW*, Bd. 1, Hbg. 1957; RKl, 1). – Dass., R. Rufener (in *Frühdialoge*, Einl. O. Gigon, Zürich/Stg. 1960).

LITERATUR: O. Gigon, *Studien zu P.s »Protagoras«* (in *Phyllobolia, Fs. f. F. Von der Mühll*, Basel 1946, S. 91–152). – F. Cappelleri, *Socrate e Ippocrate nel »Protagora« di Platone*, Locri 1947. – P. Zenoni Politeo, *Intorno al significato del »Protagora« di Platone* (in Sophia, 16, 1948, S. 362–372). – H. Gundert, *Die Simonides-Interpretation in P.s »Protagoras«* (in *Hermēneia, Fs. f. O. Regenbogen*, Heidelberg 1952, S. 71–93). – P. Joos, *Der »Prometheus-Mythos« im platonischen »Protagoras«* (in P. J., *Tychē, physis, technē*, Winterthur 1955 [Diss. Zürich], S. 54–77). – H. D. Voigtländer, *Die Lust und das Gute bei P.*, Würzburg 1960 (Diss. Ffm. 1959). – P. Friedländer, *P.*, Bd. 2, Bln. ³1964, S. 1–32; 279–284 [m. Bibliogr.].

SOPHISTĒS (griech.; *Der Sophist*). Philosophischer Dialog von PLATON (427–347 v.Chr.), entstanden wohl nach dessen Rückkehr von seiner zweiten sizilischen Reise im Jahr 365 v.Chr. – Der *Sophistēs* ist das Mittelstück der sachlich und szenisch eng verknüpften Trilogie *Theaitetos – Sophistēs – Politikos*. Zugleich steht er in naher Beziehung zu dem früheren Dialog *Parmenidēs*, von den späteren Schriften schließt der *Philēbos* sich an ihn an. Die Trilogie zeigt den nuen Dialogstil des Spätwerks voll entwickelt: Auf einer höheren Abstraktionsebene durchläuft der Philosoph erneut den Problemkreis seines Frühwerks und kehrt, nach dem Versuch einer ersten Synthese im Mittelwerk *(Phaidōn, Symposion, Politeia)*, mit verfeinertem dialektischem Werkzeug wieder zur Analyse zurück, um in ganz neue philosophische Dimensionen vorzustoßen.

Sophisten wie Protagoras, Hippias, Gorgias standen auch im Zentrum wichtiger Frühwerke, an ihrem Anspruch auf verbindliches Wissen entzündete sich das sokratische Philosophieren – jetzt aber spielt keine individuelle historische Gestalt mehr die Hauptrolle: »Der Sophist« schlechthin steht im Mittelpunkt, und dieses *schwierige und mühsam zu erjagende Geschlecht* soll von dem Mathematiker Theaitetos und einem namenlosen Dialektiker aus der Schule der Eleaten im Gespräch ermittelt werden. Noch im *Parmenidēs* hatte das greise Schulhaupt der Eleaten persönlich gegenüber dem jungen Sokrates die Überprüfung der »Ideenlehre« unternommen, und dieser selbst erinnert an dieses Gespräch (*Sophistēs* 217c5). Jetzt aber hört er den alt gewordene Sokrates gemeinsam mit dem Mathematiker Theodoros zu, wie »Der Eleat« das Wesen »Des Sophisten« zu bestimmen sucht und dabei zugleich zum Schiedsrichter zwischen Materialisten und Idealisten, ja zum »*Vatermörder an Parmenides*« (241d3) wird. Es ist nicht so sehr die chronologische Schwierigkeit, einen der historischen Eleaten mit Theaitetos zusammenzubringen, die Platon den anonymen »eleatischen Gast« einführen läßt:

Dieser ist vielmehr ein Bruder des namenlosen »Atheners« in den *Nomoi* und verkörpert wie dieser den überindividuellen Anspruch der Aussagen. Nicht zufällig scherzt Sokrates zu Beginn, dem Fremden habe sich vielleicht wie bei Homer ein verkleideter Gott eingeschlichen, um die Menschen zu prüfen. Sokrates ist es auch, der das Thema stellt: Sophist, Politiker, Philosoph – sind sie dasselbe oder voneinander verschieden? Verschieden sind sie wohl: Aber worin besteht ihr Wesen, etwa das des Sophisten?

Damit ist der Dialog bei seiner Sache. In einem ersten Teil (218b–236d) versucht man, die sophistische Kunst zu definieren. Die letzte Definition führt auf die Notwendigkeit, Wahrheit und Täuschung, Sein und Nichtsein zu untersuchen und die Existenz des Nichtseins nachzuweisen (zweiter Teil, 236d–264b). Im dritten Teil (264b–268d) kann die Sophistik als eine Scheinkunst verstanden werden.

Platon hat im ersten Teil des *Sophistēs* das methodische Prinzip der Zweiteilung *(dihairesis)* aller Wirklichkeit auf die Spitze getrieben: Beim Namen *(onoma)*, in diesem Fall »Sophist«, darf man sich nicht beruhigen – über die Sache selbst *(ergon)* muß man sich durch Definitionen *(logoi)* verständigen. Die Methode wird zunächst an einem allbekannten Gegenstand, der Angelfischerei, eingeübt. Diese entpuppt sich in der fortgesetzten Dihairese als »*der durch Hakenzug von unten nach oben verwundende Teil der im Flüssigen jagenden erwerbenden Kunst*«. Nach diesem Beispiel findet man dann sieben verschiedene Definitionen für die sophistische Kunst. Sie wird zur Jägerei auf das zahme Wildpret »reiche Jünglinge«, zum Großhandel in Wissenswaren oder auch zum Trödelkram in derselben Branche, zur Selbstvermarktung eigener Produkte, zur geldbringenden Art der kämpferischen Streitkunst, zum auf eitle Scheinweisheit ausgehenden Teil der erziehenden, belehrenden, seelenreinigenden Scheidekunst oder schließlich, nachdem wegen der sich überschlagenden Definitionen die Ratlosigkeit (Aporie) sich ausbreitet – Theaitetos: »*Ich weiß keinen Ausweg mehr ...*«, Gast: »*Und das mit Recht!*« (231b 9ff.) –, zum »scheinbildenden Teil der nachahmenden Kunst«.

Die traditionelle Platon-Erklärung erweist dieser entfesselten Kunst der Dihairese meist allzu großen Respekt. Bisweilen wird hier zur subtilen Philosophie hinaufgesteigert, was schon zur Zeit der mittleren Komödie die Lachmuskeln gereizt hat. Wenn in der Komödie etwa Platon und die Seinen bei dem Bemühen gezeigt werden, den Kürbis als runden Kuchen, als Kraut oder als Baum zu definieren (so Epikrates in Fragment 11 Kock), so wird diese Satire durch Platons eigene Definitionsketten oft bei weitem übertroffen. Lächerlich *(geloion)* erscheinen auch den Dialogpartnern selbst viele ihrer Folgerungen. Der tiefere Ernst im Scherz blitzt bisweilen auf, wenn etwa versichert wird, die strenge Methode halte die Feldherrnkunst nicht für erhabener als die Kunst, Läuse zu fangen – meistens nur für prahlerischer (227b4). Platons schon aus den frühen Dialogen bekannte Neigung zu gelegentlich überschäumender Ausgelassenheit, die aber nie um ihrer selbst willen da ist (vgl. etwa *Euthydēmos*), hat sich bis ins Alter bewahrt. Die ganze Folge der Groteske wird einbeziehende Definitionen ersetzt im *Sophistēs* das mimetische Spiel mit den unwissenden oder halbwissenden Unterrednern und ihren Definitionsversuchen in den frühen Tugenddialogen. Folgerichtig mündet auch sie in eine Aporie, die jedoch rasch überwunden wird: Das bizarre Gestrüpp der Definitionen hat dem gejagten Wild den Weg verstellt (231c 4), und die siebte Definition führt dann aus dem »Unterholz« der Sinnenwelt hinauf in die klarere Luft der ontologischen Fragestellung des zweiten Hauptteils, des Kernstücks des Dialogs.

Wenn der Sophist als Scheinbildner entlarvt werden soll, so muß erst das uralte sophistische Argument entkräftet werden, Schein und Trug gebe es nicht, da beides ein Sein oder Aussagen des Nichtseienden bedeute, was nach Parmenides unmöglich ist. In einem ersten Abschnitt des Mittelteils (236d bis 241c) erfolgt der Nachweis, daß die starre Alternative Sein-Nichtsein aufzulösen ist, da sich für Anhänger wie Gegner einer Existenz des Nichtseins die gleichen Schwierigkeiten ergeben. Der nächste Abschnitt (241c–250e) macht sich daran, den Satz des Parmenides abzuwandeln, ohne ihn zu negieren (241d 5 ff.: »*Wir müssen den Lehrsatz des Vaters Parmenides prüfen und erzwingen, daß das Nichtseiende in gewisser Hinsicht ist, das Sein hingegen irgendwie auch nicht ist*«). Der dritte Abschnitt (250e–264c) bringt dann schließlich die Anwendung der neugewonnenen Einsichten auf den Logos. Die ganze Auseinandersetzung vollzieht sich unter einer bei Platon in dieser Ausführlichkeit einzigartigen Einbeziehung der Seinslehren der Vorsokratiker (242c 4 ff.). Wo diese über das Seiende mythische Auskünfte und Identifikationen vorbringen, stellt Platons Eleat unerbittlich die Frage nach dem Wesen des Seins selbst. In 246a 4 ff. entbrennt die »Gigantenschlacht« zwischen denen, die alles aus dem Himmel und dem Unsichtbaren auf die Erde herunterziehen und das Sein *(usia)* dem Körper *(sōma)* gleichsetzen, und ihren Gegnern, die sich vorsichtig von dem aus dem Unsichtbaren ihrer erwehren und körperlose, intelligible Ideen *(eidē)* als das wahre Sein durchzusetzen suchen. Dabei steht aber durchaus das Problem selbst im Vordergrund, philosophiegeschichtliches Interesse oder rechthaberische Verteidigung eigener Positionen liegen Platon fern. Daß der späte Platon eigene Ansätze einer Überprüfung aussetzt, ist seit dem *Parmenidēs* bekannt und wird im *Timaios* wiederkehren. Für den Dialog entscheidend ist der Punkt, wo die aus der Natur *(physis)* des Seienden entspringende Fähigkeit zu agieren und reagieren *(dynamis tu poiein kai paschein)* zum Kriterium des Seins erhoben wird (247d 8): Daraus folgt, daß man dem Sein auch Bewegung, Leben, Seele und Einsicht zuerkennen muß und es nicht mit Parmenides erhaben und heilig, einsichtslos und unbewegt erstarren lassen kann (248e 6). Nur unter dieser Voraussetzung ist Kommunikation *(koinōnia)* zwischen den seienden Wesenheiten möglich, und die Dialektik muß sich daran, die Gesetzmäßigkeiten dieser Koinonie erforschen. Am Beispiel der fünf obersten Geschlechter *(genē)* – Ruhe, Bewegung, Sein, Identität und Diversität – wird dies durchexerziert, wobei sich das Nichtsein als partielle Diversität eines Sachverhalts im Verhältnis zu anderen Akzidentien ergibt. Damit sind auch philosophische Aussagen im Logos ermöglicht, der an der Kommunikationsfähigkeit teilhat, und ebenso ist die Möglichkeit von Schein, Trug und Irrtum gegeben. Dadurch ist die Deutung der Sophistik als Scheinkunst gerechtfertigt. In einer großen Gegenüberstellung, die Gedanken des *Timaios* und des zehnten Buchs der *Nomoi* vorwegnimmt, werden göttliche und menschliche Schöpfertätigkeit als Teile derselben hervorbringenden Kunst *(technē)* von der Vorstellung einer mechanisch hervorbringenden Natur abgehoben, wobei die Sophistik die unterste Stufe scheinbildschaffenden Menschenwerks verkörpert. Von diesem Schlußbild des Dialogs hebt sich die Vision des dialektischen Philosophen ab, die zuvor (253c 8) wider Erwarten aufgetaucht war: »*Es scheint, wir haben auf der Suche nach dem Sophisten zuvor den Philosophen aufgefunden.*« D. Ma.

AUSGABEN: Florenz o. J. [ca. 1482–1484] (in *Opera*, 2 Bde.; lat. Übers. v. Marsilio Ficino). – Venedig 1513 (in *Hapanta ta tu Platōnos*, Hg. M. Musuros). – Oxford 1900 (in *Opera*, Hg. J. Burnet, Bd. 1; Nachdr. zul. 1967). – Ldn./Cambridge (Mass.) ²1928 (in *Plato*, Bd. 2, Hg. H. N. Fowler; mehrere Nachdr.). – Paris ²1950 (*Le sophiste*, in *Œuvres complètes*, Bd. 8/3, Hg. A. Diès; m. frz. Übers.; ern. 1963).

ÜBERSETZUNGEN: *Der Sophist*, J. F. Kleuker (in *Werke*, Bd. 4, Lemgo 1786). – *Der Sophist, oder das Treibjagen*, H. Müller (in *SW*, Bd. 3, Lpzg. 1852). – *Der Sophist*, J. Deuschle (in *Werke*, Bd. 3/3, Stg. 1857). – *Sophistes*, F. Schleiermacher (in *SW*, Bd. 4, Hbg. 1958; RKl, 39). – *Der Sophist*, R. Rufener (in *Spätdialoge*, Bd. 1, Einl. v. O. Gigon, Zürich/Stg. 1965).

LITERATUR: K. Praechter, *Die Philosophie des Altertums*, Tübingen ¹²1926; Nachdr. zul. Darmstadt 1967, S. 294–298; 83*f. – K. Dürr, *Moderne Darstellung der platonischen Logik. Ein Beitrag zur Erklärung des Dialoges »Sophistes«* (in MH, 2, 1945, S. 166–194). – F. M. Cornford, *Plato's Theory of Knowledge. The »Theaetetus« and the »Sophist« of Plato Translated with a Running Commentary*, Ldn. ²1957. – J. M. E. Moravcsik, *Symplokē Eidōn and the Genesis of Logos* (in Archiv für Geschichte der Philosophie, 42, 1960, S. 117–129). – Ders., *Being and Meaning in the »Sophist«* (in Acta Philosophica Fennica, 14, 1962, S. 23–78). – W. Kamlah, *P.s Selbstkritik im »Sophistes«*, Mchn. 1963 (Zetemata, 33). – R. Marten, *Der Sophistes der Dialektik. Eine Theorie zu P.s »Sophistes«*, Bln. 1965 [m. Bibliogr.]. – K. Lorenz u. J. Mittelstrass, *Theaitetos fliegt. Zur Theorie wahrer und falscher Sätze bei P.* (*Soph. 251d–263d*) (in Archiv für Geschichte der Philosophie, 48, 1966, S. 113–152; m. Bibliogr.).

SYMPOSION (griech.; *Das Gelage*). Philosophischer Dialog von PLATON (427–347 v. Chr.), wie *Politeia* (*Das Staatswesen*) und *Phaidōn* (*Phaidon*) in das sogenannte »Mittelwerk« gehörend (etwa 387–367 v. Chr.), und zwar an dessen Beginn, in die Zeit um 380 v. Chr. – Das *Symposion* gilt im allgemeinen Urteil als Platons Meisterwerk. Das mag zum einen daran liegen, daß in diesem Dialog die aus heutiger Sicht für das griechische Wesen so typische Verbindung von Sinnenfreude und Gedankenspiel, von Abstraktion und Enthusiasmus, von geistiger Zucht und unbeschwerter Daseinslust in geradezu paradigmatischer Weise Ausdruck gefunden hat. Zum andern liegt diese Wertschätzung wohl darin begründet, daß Platon hier, wie in keinem anderen Dialog, die aus den »Frühwerken« bekannte Neigung zu autonomem Fabulieren, zu detailreichem Ausmalen erzählerischer Situationen und die anschauliche Darstellung diffizilster philosophischer Problemkomplexe mit höchster kompositorischer Raffinesse zu einer Einheit verschmolzen hat, in der Situationsschilderung und Gedan-

kenentfaltung einander wechselseitig bedingen und ergänzen und erst in diesem komplementären Bezug ihren tieferen Sinn enthüllen.
Die Einleitung erscheint auf den ersten Blick verworren, ja versponnen. Ein Mann namens Apollodoros und seine Freunde sitzen zusammen, und Apollodor erzählt von einem Gespräch, das er vor kurzem mit seinem Freund Glaukon führte. Glaukon hatte durch mehrere Mittelsmänner von dem berühmten Gelage gehört, das der Dichter Agathon am Tag nach seinem ersten Tragödiensieg (am Lenäenfest im Frühjahr 416 v. Chr.) veranstaltet und an dem auch Sokrates teilgenommen hatte. Das ist zwar schon lange her, damals war Apollodor noch ein Kind, aber im Gegensatz zu Glaukon weiß er alle Einzelheiten des denkwürdigen Festes aus sicherster Quelle: Aristodemos hat es ihm erzählt, der zusammen mit Sokrates alles miterlebt hat, und gelegentliche Rückfragen bei Sokrates haben ihm, Apollodor, die Richtigkeit der Erzählung Aristodems bestätigt. Kein anderer Platonischer Dialog hat einen derart verklausulierten Prolog – keiner freilich auch einen derart sorgsam funktionalisierten: denn das Jonglieren mit den verschiedenen Berichtebenen ist kein Selbstzweck, sondern dient zum einen der bewußten ironischen Distanzierung (die Wahrheit wird nur in vielfach gebrochener Weise faßbar), zum andern dient sie, scheinbar paradox, zugleich der Versicherung der Authentizität des Erzählten (gleichfalls ironisch natürlich: die literarische Fiktion im Gewand des Augenzeugenberichts), zum dritten endlich dient sie einer ersten andeutenden Vorbereitung des Höhepunkts des gesamten Dialogs, der Rede des Sokrates, der seinerseits ja wiederum nur berichten wird, was er in seiner Jugend von der Weisen Diotima gehört hat. Und wenn dann gerade in dieser am weitesten distanzierten Schicht, in den Worten der Diotima, das eigentlich Platonische vorgetragen wird – eine mystifizierte Darstellung dessen, was man Platons »Ideenlehre« nennt –, so enthüllt sich diese ganze komplizierte Reduktionsprozedur als die literarisch funktionalisierte Spiegelung der auf dem Höhepunkt der Sokrates-Rede vorgetragenen zentralen philosophischen These des Werks: daß der Mensch die Einsicht in die Wahrheit nur unter großen Mühen und in langsamer, schrittweiser Annäherung e contrario gewinnen kann.
Dem Apollodor-Prolog folgt eine zweite Einleitung: Aristodem schildert, wie er an jenem Tag Sokrates getroffen habe und wie ihn dieser unter mancherlei Scherzen dazu bewegen wollte, doch auch ohne eingeladen zu sein zu Agathons Feier mitzukommen, wie er sich habe überreden lassen, aber dann ohne Sokrates im Festsaal angekommen sei, denn der sei unterwegs plötzlich, in Gedanken versunken, stehengeblieben und nicht mehr ansprechbar gewesen (auch dieses Motiv ist kompositorisch bedeutsam: es wird am Ende in der Alkibiades-Rede wiederbegegnen). Schließlich traf aber Sokrates – das Festessen war schon halb vorüber – unter allgemeinem Applaus doch noch ein. Man war in der heitersten Laune, aber da alle von der offiziellen Siegesfeier am vorangehenden Abend noch etwas benommen waren, beschloß man, das heutige Fest nicht wieder in eine Trinkerei ausarten zu lassen, sondern die heitere Stimmung zu einem sublimieren Vergnügen zu nutzen: zu einem Wettstreit in Lobreden auf Eros, den von den Dichtern viel zu wenig besungenen Gott der Liebe (derartige musische Geplänkel waren bei den griechischen Symposien eine liebgewordene Tradition – man

denke an die *Skolien*, an das Corpus des Theognis oder an Xenophons *Symposion*). Nicht alle diese Lobreden kann Aristodem mehr im einzelnen berichten, aber die wichtigsten sind ihm im Gedächtnis geblieben: die von Phaidros, Pausanias, dem Arzt Eryximachos, dem Komödiendichter Aristophanes, dem Tragiker Agathon, die Rede des Sokrates und schließlich, nach einem turbulenten Intermezzo, die Rede des Alkibiades.
Die erste Rede bleibt ganz im Rahmen der traditionellen Götteraretalogien: Phaidros preist, unter Berufung auf Zitate von Hesiod, Parmenides, Akusilaos, Homer und Aischylos und unter Hinweis auf mythologische Gestalten wie Alkestis, Orpheus, Achill und Patroklos, die Größe und die Macht des Liebesgottes. Pausanias ist schon wesentlich differenzierter: Er weist darauf hin, daß es zwei Aspekte des Gottes Eros gebe, den Eros uranios, den »himmlischen Eros«, und den Eros pandemos, den »Allerweltseros«; und während dieser Eros nur der Lust fröne, leite jener zur wahren Liebe, die am Geliebten mehr sein Wesen, seine Seele als seinen Körper liebe und die beide, den Liebenden und den Geliebten, dazu bringe, sich in verliebtem Wettstreit um immer größere menschliche Vollkommenheit und Erkenntnis zu bemühen. Eryximachos führt diesen Gedanken – unter Heranziehung vieler medizinischer Erkenntnisse seiner Zeit – vom ärztlichen Standpunkt aus weiter: Der zweifache Eros ist, von der Natur des menschlichen Körpers aus gesehen, eine Frage von Gesundheit und Krankheit – der gute Eros ist der Eros der Ordnung im All, der alles im rechten Gleichgewicht hält; man muß danach trachten, zu genießen, ohne krank zu werden, d. h. sich auch bei der Liebe um die *harmonia*, die gesunde, ausgeglichene Mischung zwischen den Extremen zu bemühen, wie es beim Ackerbau, in der Musik, im Wechsel der Jahreszeiten zu beobachten sei. Aristophanes nimmt das Stichwort von der »Natur des Menschen« auf und entwirft einen phantasmagorisch-großartigen Mythos von der kugelförmigen Urgestalt des Menschen mit vier Armen, vier Beinen und zwei Gesichtern; dieser Urmensch wurde von den Göttern zur Strafe für seinen himmelstürmenden Hochmut entzweigeschnitten, und nur Eros, der große Arzt, kann seither den Menschen Hilfe und Heilung bringen, indem er die ursprünglich zusammengehörenden Hälften in der Liebe wieder vereinen und sie zu ihrem ursprünglichen Wesen zurückfinden läßt. Diesem in Inhalt und Gedankenflug phantastischen Exposé des Dichters Aristophanes folgt die in Sprache und Stil phantastische Rede des Dichters Agathon: In zwei Anläufen (diese Disposition wird Sokrates übernehmen) preist er in einem rhetorisch hinreißenden, musikalisch-rhythmisierten Prosahymnus von Gorgianischer Brillanz das Wesen und die Gaben des Eros.
Der tosende Beifall, den Agathon mit diesem Muster- und Meisterstück bei den Zechgenossen erntet, bringt Sokrates in doppelte Verlegenheit: zum einen, weil er niemals so schön und gut wird sprechen können wie sein Vorredner, zum andern, weil er sich auf das ganze Unternehmen in dem Glauben eingelassen hat, es komme nicht darauf an, möglichst Gutes in möglichst schönen Worten über den Gegenstand zu sagen, sondern nur die Wahrheit. Nun, man konzediert ihm, daß er auf seine Weise sprechen darf, und so beginnt er denn zunächst gar nicht mit einer Rede, sondern mit »ein paar kleinen Fragen« an Agathon – also mit einem Dialog (der Leser erinnert sich sofort an *Protagoras*

und *Gorgias*). Und nach einer Weile blendet dieser Dialog über in einen anderen Dialog, Sokrates erzählt von einem Gespräch mit der weisen Seherin Diotima aus Mantineia, in dem er selbst in jungen Jahren genau die gleichen Fragen über sich ergehen lassen mußte wie jetzt Agathon von seiner, Sokrates', Seite. Als erstes zeigt sich, daß alles, was Agathon und seine Vorredner über Eros gesagt haben, von Grund aus falsch war: Eros kann weder schön noch gut sein, da er das Schöne liebt und Liebe immer Verlangen nach etwas nicht Vorhandenem ist – Eros ist vielmehr irgend etwas zwischen schön und häßlich; und ebenso ist Eros nicht ein Gott, sondern ein Daimon, ein Wesen, das zwischen Mensch und Gott steht. Seine Macht besteht darin, Vermittler zu sein zwischen Göttlichem und Menschlichem – seine Eltern heißen Penia (Armut) und Poros (Findigkeit), und er selbst ist ein großer Philosoph, der wie alle Philosophen zwischen »wissend« und »unwissend« in der Mitte steht und immer nach höherer Einsicht strebt. Aus diesen Eigenschaften entspringen auch seine großen Taten: Er verschafft den Menschen durch die Liebe zum Schönen die Möglichkeit, an der Unsterblichkeit der Götter teilzuhaben, indem er die Menschen in einer Art Mysterium auf einem Stufenweg immer näher an das Unvergängliche heranführt – von der Liebe zum schönen menschlichen Körper (wo die Teilhabe an der Unsterblichkeit in der Fortpflanzung besteht) über die Liebe zur »schönen Seele« (die als Liebe zu den praktischen guten Anlagen im Menschen zum aktiven politischen Wirken für die Gemeinschaft führt) und über die Liebe zu den schönen Wissenschaften (deren Erkenntnisse ganz unabhängig vom erkennenden Individuum unveränderlichen Bestand haben) bis hin schließlich zur »mystischen Erkenntnisschau« des reinen Schönen an sich, dessen Wahrheitsgehalt von göttlicher Natur ist. Die Entfaltung dieses »Mysteriums« in den Worten des Sokrates vollzieht sich in einer äußerst raffiniert strukturierten Komposition, die genau parallel dem vorgetragenen Inhalt verläuft. Der erste Teil, über die Eigenschaften des Eros (199c–204c), beginnt mit einem mehrschichtigen Dialog, der in sich von der Enthüllung der falschen Meinung zur Enthüllung der wahren Verhältnisse fortschreitet und der in einer dreigeteilten belehrenden Rede Diotimas über Macht, Herkunft und Wesen des Eros ausläuft; jeder dieser einzelnen Unterabschnitte endet mit einem Hinweis auf die Vermittlerfunktion *(metaxy)* des Eros. Der zweite Teil, über das Wirken des Eros (204c–212a), beginnt wiederum mit einem Dialog, setzt sich wiederum fort in einer mehrteiligen belehrenden Rede Diotimas (über die verschiedenen Formen der menschlichen Teilhabe an der Unsterblichkeit) und gipfelt schließlich in jener mystischen Einweihung, an deren Ende die zweimalige, erst ausführliche, dann zugespitzt geraffte Darlegung des »Stufenwegs nach oben« steht. Kaum hat Sokrates diese von allen bewunderte Rede beendet, da stürmt in ausgelassener Trunkenheit der schöne Alkibiades mit einem lärmenden Gefolge in den Saal, bekränzt mit Efeu, Veilchen und Bändern. Auch er muß sich dem Gesetz des Gelages fügen und eine Lobrede halten – freilich: nicht über Eros will er reden, sondern über Sokrates, und in seiner Rede will er die ganze Wahrheit über diesen seltsamen Mann enthüllen. Und dennoch werden auch seine Worte unversehens zu einem Hymnos auf Eros: Die ganze Zeit hatten die Symposiasten von Eros geredet; und nun stellt sich plötzlich heraus, daß er die ganze Zeit in leibhaftiger Verkörperung unter ihnen war – in Gestalt des Sokrates: Er selbst ist jenes dämonische Mittelwesen zwischen Gott und Mensch, von dem in den Worten Diotimas die Rede war, er ist, wie Alkibiades sagt, zwar von außen häßlich, innen aber von wunderbarer Schönheit, gerade wie jene geschnitzten satyrhaften Silensfiguren, die man aufklappen kann und in deren Innerem ein kleines Götterbild verborgen ist; Sokrates ist jenes Urbild eines Philosophen, der immer auf der Jagd nach dem Schönen – und nach den Schönen – ist, der die andern mit unwiderstehlicher Liebe an sich zieht, sie dann aber nicht die Liebe genießen läßt, sondern sie mit seinen seltsam bezaubernden Reden und seinem ganzen Verhalten zu ganz anderen Dingen drängt – nämlich zur Philosophie. Dabei ist er keineswegs, wie Alkibiades als Augenzeuge bekunden kann, ein banausischer Feigling oder Kostverächter, im Gegenteil: Ob es um das Ertragen von Strapazen oder beispielsweise um die Trinkfestigkeit geht, immer zeigt Sokrates größere Ausdauer als die anderen. Und das beweist er denn auch am Ende des Gelages in der Tat: Als die übrigen Zechgenossen längst gegangen sind oder vom Wein und Schlaf überwältigt dalagen – zuletzt waren Agathon und Aristophanes eingeschlafen, die Sokrates bei reichlich Wein noch in einen langen Disput darüber verwickelt hatte, daß der wahre Dichter zugleich Tragödien- und Komödiendichter sein müsse (wie der Autor des *Symposions*) –, da erhebt sich Sokrates als einziger, der wach geblieben ist, um wie gewohnt seinen Tag zu verbringen.

Der faszinierende Zauber, der von diesem Dialog ausgeht, wird sich kaum auf einen einzigen Grund zurückführen lassen. Beruht er auf der scheinbar spielerischen, in Wirklichkeit aber meisterhaft raffinierten Komposition dieser sieben Reden, die durch die verschiedensten Motive und Anspielungen untereinander verknüpft sind und dabei zugleich eine ständig steigende Klimax bilden, bis hin zur Sokratesrede und ihrem sie schalkhaft überhöhenden Pendant, der Alkibiadesrede? Beruht er auf dem ganz spezifischen Platonischen Sprach- und Stilton, der hier im *Symposion* in seiner souveränen Mischung von Ernst und Heiterkeit, von analytischer Dialektik und rhetorischer Verve, vor allem aber in seiner zwischen nüchternem Referat, verschmitzter Ironie (Eryximachos- und Aristophanesrede) und hinreißendem Sarkasmus (Agathonrede) gespannten Form des Zitats fremder und früherer Anschauungen auf dem Höhepunkt seiner Ausdrucksmöglichkeiten angelangt ist (exemplarisch sichtbar in der Sokratesrede, die die drei Stufen der formal-literarischen Entwicklung Platons vom »Frühwerk« bis zum *Symposion* in bewußter Wiederaufnahme zitiert)? Oder beruht der Zauber des Werkes auf der – didaktisch und literarisch – bestechenden Weise, mit der hier abstrakte philosophische Theoreme in poetische Bilder und metaphorische Bezüge verwandelt erscheinen, ohne dabei die inhaltliche Stringenz der philosophischen Grundstrukturen der Platonischen Zentralgedanken (wie sie etwa die Bücher 5–7 der *Politeia* parallel aufweisen) zu verlieren? Oder beruht der Zauber auf der besonderen Art von Erotik, die hier nicht nur im Wort, sondern auch in der dialogisch-szenischen Gestaltung – zumal am Musterbeispiel der Figur des Sokrates – auf unnachahmliche Weise Plastizität gewinnt, jener Art von Liebe, die alles eher ist als das, was man heute als »platonische Liebe« bezeichnet, die vielmehr die

Sinnenfreuden als ständig treibenden Motor bewußt hineinnimmt in einen Entwurf individueller menschlicher Sympathiebeziehungen, in dem alle Möglichkeiten des menschlichen Daseins, körperliche, seelische, geistige, sich erst eigentlich und voll entfalten können?

In der Wirkungsgeschichte dieses Werkes kommen alle diese Aspekte – zu den verschiedenen Epochen in jeweils verschiedener Auswahl und Akzentuierung – als Motivationen der Adaption in Frage. Für das Altertum war der Dialog Ahnherr und unerreichtes Modell einer eigenen und sehr beliebten Gattung von Symposienliteratur, in der bis zum Ausgang der Antike immer wieder philosophische und gelehrte Probleme in unterhaltsamer Form dargeboten wurden. Und als in Florenz die große Platon-Renaissance der Neuzeit einsetzte (das Mittelalter hatte sich an den *Timaios* gehalten), da war wiederum das *Symposion* eines der enthusiasmierenden Vorbilder, wie der *Symposionkommentar* des Marsilio FICINO als eindrucksvollstes Dokument belegt. E. Sch.

AUSGABEN: Florenz o. J. [ca. 1482–1484] (in *Opera*, 2 Bde.; lat. Übers. v. Marsilio Ficino). – Venedig 1513 (in *Hapanta ta tu Platōnos*, Hg. M. Musuros). – Oxford 1901 (in *Opera*, Hg. J. Burnet, Bd. 2; Nachdr. zul. 1967). – Cambridge ²1932 (*The Symposion*, Hg. R. G. Bury; m. Komm.). – Ldn./Cambridge (Mass.) ²1932 (in *Plato*, Bd. 5, Hg. W. R. M. Lamb; m. engl. Übers.; Loeb; mehrere Nachdr.). – Turin ²1944 (*Il simposio*, Hg. U. Galli; m. Komm.). – Athen ²1949 Hg. J. Sykutris [m. Komm. u. ngriech. Übers.]. – Paris ⁵1951 (*Le banquet*, in *Œuvres complètes*, Bd. 4/2, Hg. L. Robin; m. frz. Übers.). – Mchn. ⁶1969, Hg. F. Boll u. W. Buchwald [griech.-dt.].

ÜBERSETZUNGEN: *Gastmahl oder Gespräch von der Liebe*, G. Schultheß, Zürich 1782. – *Das Gastmahl oder Von der Liebe*, F. L. Graf zu Stolberg (in *Auserlesene Gespräche*, Bd. 1, Königsberg 1796). – *Das Gastmahl*, F. Susemihl (in *SW*, Bd. 1, Heidelberg o. J. [ca. 1950]. – *Das Gastmahl oder Von der Liebe*, K. Hildebrandt, Stg. 1968 (RUB, 927/927a).– *Gastmahl*, E. Salin, Basel 1952 [zus. mit *Phaidros*]. – *Das Gastmahl*, B. Snell, Hbg. ³1949 (ern. in *Sokrates im Gespräch. Vier Dialoge*, Hbg. 1953; FiBü, 24). – *Symposion*, F. Schleiermacher (in *SW*, Bd. 2, Hbg. 1957 u. ö.; RKl, 14). – Dass., R. Rufener (in *Meisterdialoge*, Einl. O. Gigon, Zürich 1958). – *Gastmahl*, R. Kassner (in *Gastmahl...*, Düsseldorf/Köln ³1959; Diederichs Taschenausg., 19). – Dass., O. Apelt, Hbg. ²1960, Hg. A. Capelle (m. Bibliogr. seit 1926 v. P. Wilpert; Phil. Bibl., 81).

LITERATUR: W. Kranz, *Diotima* (in Herm, 61, 1926, S. 437–447). – C. Ritter, *Platonische Liebe, dargestellt durch Übersetzung und Erläuterung des »Symposions«*, Tübingen 1931. – J. Hirschberger, *Wert und Wissen im platonischen Symposion* (in PhJb, 46, 1933, S. 201–227). – L. Robin, *La théorie platonicienne de l'amour*, Paris ²1933. – E. Hoffmann, *Über Platons »Symposion«*, Heidelberg 1947. – G. Krüger, *Einsicht und Leidenschaft. Das Wesen des platonischen Denkens*, Ffm. ²1948. – P. Friedländer, *Platon*, Bd. 3, Bln. ²1960, S. 1–28; 431–435. – J. Wippern, *Eros und Unsterblichkeit in der Diotima-Rede des Symposions* (in *Synusia. Festgabe für Wolfgang Schadewaldt*, Pfullingen 1965, S. 123 bis 159). – F. M. Cornford, *The Doctrine of Eros in Plato's »Symposium«* (in F. M. C., *The Unwritten Philosophy and other Essays*, Hg. W. K. C. Guthrie, Cambridge ²1967, S. 68–80). – S. Rosen, *Plato's Symposium*, New Haven/Ldn. ²1969 [m: Bibliogr.]. – E. Schmalzriedt, *Platon. Der Schriftsteller und die Wahrheit*, Mchn. 1969, S. 32–67; 225–270; 304 bis 307; 362–366.

THEAITETOS (griech.; *Theaitet*). Philosophischer Dialog von PLATON (427–347 v. Chr.). – Theaitet, der geniale junge Mathematiker, Begründer der in der *Politeia* von Platon geforderten neuen Disziplin der Stereometrie und der Lehre von den fünf regelmäßigen, sogenannten »platonischen« Körpern, wurde im Jahr 369 im Krieg der Athener gegen die Thebaner bei Korinth tödlich verwundet. Die Rahmenhandlung des ihm gewidmeten Dialogs steht unter dem unmittelbaren Eindruck dieses für die Akademie besonders schmerzlichen Ereignisses. Man wird seine Abfassung daher zeitlich nicht allzuweit von diesem Datum abrücken können; sie mag noch vor der zweiten sizilischen Reise von 366/65 anzusetzen sein.

Ein enger szenischer und thematischer Zusammenhang verbindet den *Theaitet* mit den Dialogen *Sophistēs* und *Politikos*. Die Gesprächsteilnehmer, Sokrates, – der Mathematiker Theodoros von Kyrene sowie Theaitet – bleiben auch in diesen beiden nachfolgenden Dialogen beisammen, nur daß Sokrates im *Sophistēs*, Theaitet im *Politikos* ihre aktive Rolle an die jeweils neuen Teilnehmer, den Fremdling aus Elea und den jungen Sokrates, abgeben. Das Rahmengespräch bestreiten Eukleides, der Gründer der megarischen oder eristischen Philosophenschule, und sein Genosse Terpsion, die schon im *Phaidōn* als Sokratesschüler eingeführt waren. Der eigentliche Dialog wird zum erstenmal bei Platon nach einer fingierten Niederschrift vorgelesen. Auf die umständliche referierende »sagte er«, »habe er gesagt« des Mittelwerks (besonders *Politeia* und *Symposion*) wird ausdrücklich verzichtet (143 b5 ff). Diese direkte, dramatische Dialogform wird in allen Spätdialogen beibehalten. Man wird daher den *Parmenidēs*, der noch der distanzierenden, rahmenden Referattechnik folgt, nicht aus inhaltlichen Gründen zwischen *Theaitet* und *Sophistēs* einschieben, sondern besser der szenisch geschlossenen Dialogtrilogie vorausgehen lassen.

Im *Theaitet* führt noch einmal, wie im *Philēbos*, Sokrates selbst den ganzen Dialog hindurch das Gespräch, und wie dort beschwören Gegenstand und Methode die Erinnerung an die Dialoge der sokratischen Periode herauf. Im Frühwerk hatte die Suche nach der »Tüchtigkeit« *(aretē)* im Vordergrund gestanden, im Übergangsdialog *Menōn* gelang die Einsicht, daß die *aretē*, sollte sie lehrbar sein, eine Erkenntnis *(epistēmē)* sein müsse. Hier greift nun Sokrates im *Theaitet* den Faden wieder auf: »Eben gerade das ist es, wo ich nicht mehr weiterkomme *(aporō)*: Was ist denn eigentlich *epistēmē?«* (145e8). Dieses Stichwort löst nun eine Gesprächsfolge aus, die in ihrer Komposition ganz einem Frühdialog entspricht. Nach einem methodischen Vorgeplänkel (145e–151d) wird im ersten Hauptteil (151d–187a) die Definition »Erkenntnis ist Wahrnehmung«, im zweiten Teil (187b–201c) die These »Erkenntnis ist richtige Meinung«, im Schlußteil (201c–210c) ihre Erweiterung, »Erkenntnis ist richtige Meinung mit Logos«, behandelt. Am Schluß steht mit dem tautologischen Satz »Erkenntnis ist richtige Meinung mit Erkenntnis« wiederum die offene Aporie. Dem sokratischen Aufbau entspricht die sokratische Atmosphäre des Dialogs. Sokrates, der stülpnasige, glupschäugige Liebhaber begabter Jünglinge findet in Theaitet sein jugendliches Ebenbild, dem er sich als Sohn der Hebamme Phainarete vorstellt: Die ererbte Hebammenkunst ermöglicht es ihm, den Gedanken anderer zur Welt zu verhelfen, ohne selbst in der Weisheit fruchtbar zu sein; das in der *Apologie* eingeführte *daimonion* leitet dabei die Auswahl der Partner. Der Vorwurf, Sokrates frage immer nur andere aus, ohne selbst etwas zu leisten, besteht also ganz zu Recht, das Bild des lähmenden Zitterrochen aus dem *Menōn* hat damit eine positive Abwandlung erfahren. In einem leidenschaftlichen Exkurs (172c–177c), der in Thematik und Stil an den *Gorgias* erinnert, wird die unablässige, geduldige Wahrheitssuche des freien Philosophen, wie der Dialog sie bisher vorgeführt hat, mit der lächerlichen Rolle kontrastiert, die er in der Hetze und den Zwängen einer Gerichtsverhandlung zwangsläufig spielen muß. Am Dialogende schließlich, nachdem Sokrates mit Hilfe seiner Hebammenkunst alle vorgeschlagenen Definitionen als Windeier entlarvt hat – nicht ohne eine Fortsetzung des Gesprächs für den folgenden Tag vorzuschlagen –, macht er sich auf den Weg zum Gerichtsgebäude, wo ihn Meletos auf den Tod verklagt hat: Die existenzielle Situation des Sokrates der *Apologie* wird damit zur Folie hinter den diffizilen Gesprächen über Möglichkeit und Wesen der Erkenntnis.

Die stoffliche Fülle und die vertiefte Argumentation der Gespräche andererseits gehören ganz dem späteren Platon an, der in einem zweiten Durchgang die alten Probleme seines Sokrates neu durchdenkt. Neu ist zugleich das geschärfte Methodenbewußtsein, das an der strengen Mathematik geschult ist und vor dem der Enthusiasmus der Jugendwerke, der nur im »Exkurs« noch einmal zu Wort kommen darf, zurücktreten muß.

Der junge Theaitet, der zunächst in naiver Weise auf die Frage »*Was ist epistēmē?*« einzelne *epistēmai* wie Geometrie und Schuhmacherkunst aufgezählt hatte, wird von Sokrates rasch zum Verständnis der echten Definition geführt und kann nun auf seine eigenen Erfahrungen beim Herausarbeiten mathematischer Definitionen im Bereich der quadratischen Irrationalitäten zurückgreifen (auch hier wird wohl an den *Menōn* angeknüpft, der ein Einzelproblem aus diesem Sachbereich, das der Quadratsverdoppelung, behandelt hatte). So kommt es zur ersten Definition: »*Erkenntnis ist nichts anderes als Wahrnehmung*« (151e2). Sokrates erkennt darin die Grundanschauung, die sich auch im Satz des PROTAGORAS ausdrückt, wonach »*der Mensch das Maß aller Dinge*« ist, »*der seienden, daß sie sind, der nichtseienden, daß sie nicht sind*« (Frgm. B1). Dieser Satz wird nun auf einen radikalen Relativismus hingedeutet, demzufolge es nur die ständig wechselnden individuellen Wahrnehmungen, nur Werden, aber kein beständiges Sein gebe – entsprechend den Anschauungen aller frühen Denker mit Ausnahme des PARMENIDES. Vor dem Wunder der wechselnden Prädikation, das zu allerlei sophistischen Scheinbeweisen mißbraucht werden kann – im *Sophistēs* (251a ff.) wird das Problem dann grundsätzlich in Angriff genommen – bricht Theaitet in naives Staunen aus, und Sokrates lobt ihn dafür: »*Das Staunen ist die typische Reaktion des Philosophen. Dies und nichts anderes ist der Anfang der Philosophie*« (155d2). Nach einer sachlichen Prüfung der sensualistischen Position, die vom »Philosophen-Exkurs« unterbrochen wird, kommt man zu dem Ergebnis, daß Erkenntnis nicht mit Wahrnehmung gleichzusetzen ist. Ist sie also wahre Meinung *(alēthēs doxa)*, wie die zweite Definition (187b ff.) vorschlägt? Diese Frage ist eng verknüpft mit der nach der Möglichkeit der falschen Meinung, denn nur von ihr kann sich richtige Meinung abheben. So folgen also fünf Versuche, den Irrtum zu definieren. Faßt man Wissen und Nichtwissen als polare Gegensätze, ebenso wie Sein und Nichtsein, so folgt beidemale die Unmöglichkeit des Irrtums. Meint der Irrtum aber nicht den konträren, sondern nur einen anderen als den richtigen Sachverhalt (eine schärfere Abgrenzung des konträren vom kontradiktorischen Gegensatz wird ebenfalls der *Sophistēs* bringen), wie ist die dabei unterlaufene Verwechslung zu erklären? Zwei einprägsame Modelle werden hier von Platon in die Erkenntnistheorie eingeführt, die auf die philosophische Tradition bis in die Neuzeit weitergewirkt haben: das Bild von der Seele als Wachsmasse, in die die Sinneseindrücke unter gegenseitiger Überlagerung und Störung eingepreßt werden, und das Bild von der Seele als Taubenschlag, in dem die Erkenntnisse wie verschiedenartige Vögel umherflattern und jeweils erst einzufangen sind, wobei Verwechslungen vorkommen. Immer wieder zeigt sich, daß jeweils ein höheres Wissen über richtig und falsch entscheiden muß. So kommt es zu der dritten Definition, die den Logos, die logische Unterscheidungskraft, zur wahren Meinung hinzunimmt, ganz wie im *Menōn* gegen Schluß die »*wahre Meinung, gebunden durch Rechenschaftslegung über den Grund« (logismos aitias)* für *epistēmē* eingesetzt war. Während der *Menōn* in Hinblick auf sein Thema, die Lehrbarkeit der *aretē* aporetisch endet, wird die dort scheinbar als zutreffend stehengebliebene Aussage über die *epistēmē* nun im *Theaitet* ebenfalls in Frage gestellt, denn im Logos steckt eben wiederum die *epistēmē*: »*Höchst einfältig ist es, wenn wir die Erkenntnis suchen und sagen, sie sei richtige Meinung mit Erkenntnis des Unterschiedes oder von sonst etwas*« (210a7).

Auch der *Theaitet* ist also nicht eine schulmäßige Abhandlung zur Erkenntnistheorie als Vorbereitung auf eine dogmatisch verstandene »Ideenlehre«, ein scheinsokratischer Dialog, der nur vordergründig ohne Ergebnis endet. Seine Aporie ist ernstzunehmen als ein Beitrag zur Herstellung des sokratischen Nichtwissens (»*wir werden weniger glauben zu wissen, was wir keineswegs wissen*« 187c2) auch auf erkenntnistheoretischem Gebiet; sie ist damit Voraussetzung für den Dialektiker als den Inbegriff des Philosophen, wie ihn *Phaidros* postuliert, im *Parmenidēs* vom starren Eleatismus Zenons abgesetzt und in den folgenden Dialogen *Sophistēs* und *Politikos* in Aktion gezeigt wird. D. Ma.

AUSGABEN: Florenz o. J. [ca. 1482–1484] (in *Opera*, 2 Bde.; lat. Übers. v. Marsilio Ficino). – Venedig 1513 (in *Hapanta ta Platōnos*, Hg. M. Musuros). – Oxford 1900 (in *Opera*, Hg. J. Burnet, Bd. 1; mehrere Nachdr.). – Ldn./Cambridge (Mass.) ²1928 (in *Plato*, Bd. 2, Hg. H. N. Fowler; m. engl. Übers.; Loeb; mehrere Nachdr.). – Paris ²1950 (*Théétète*, in *Œuvres complètes*, Bd. 8/2, Hg. A. Diès; m. frz. Übers.).

ÜBERSETZUNGEN: *Theätet, oder von den Wissenschaften*, J. F. Kleuker (in *Werke*, Bd. 1, Lemgo 1778). – *Theaetetos, oder die geistige Entbindungskunst*, H. Müller (in *SW*, Bd. 3, Lpzg. 1852). – *Theaitetos*, J. Deuschle (in *Werke*, Bd. III/2, Stg.

1856). – Dass., F. Schleiermacher (in *SW*, Bd. 4, Hbg. 1958; RKl, 39). – Dass., R. Rufener (in *Spätdialoge*, Bd. 1, Einl. v. O. Gigon, Zürich/Stg. 1965).

LITERATUR: K. Praechter, *Die Philosophie des Altertums*, Bln. [12]1926, S. 307–316; 84*f. (m. Bibliogr.; Nachdr. zul. Darmstadt 1967). – K. v. Fritz, *Platon, Theaetet und die antike Mathematik* (in Phil. 87, 1932, S. 40–62; 136–178; ern., m. Nachtrag, Darmstadt 1969). – Ch. Mugler, *Platon et la recherche mathématique de son époque*, Straßburg 1948. – F. M. Cornford, *Plato's Theory of Knowledge. The »Theaetetus« and the »Sophist« of Plato translated with a running commentary*, Ldn. [4]1951. – A. Wedberg, *Plato's Philosophy of Mathematics*, Stockholm 1955. – P. Friedländer, *Platon*, Bd. 3, Bln. [2]1960, S. 131–172; 447–459. – R. S. Brumbaugh, *Plato's Mathematical Imagination*, NY [2]1968. – J. M. Burdick, *Knowledge, Simplicity and Discourse in Plato's »Theaetetus«*, Diss. University of Wisconsin 1968. – K. Gaiser, *Platons ungeschriebene Lehre*, Stg. [2]1968 [m. Bibliogr.]. – J. Sprute, *Über den Erkenntnisbegriff in Platons »Theaitet«* (in Phronesis, 13, 1968, S. 47–67).

TIMAIOS (griech.; *Timaios*). Einer der letzten Dialoge von PLATON (427–347 v.Chr.), entstanden anfangs der vierziger Jahre. – Im Mittelalter und zu Beginn der Neuzeit galt der *Timaios* als das Hauptwerk Platons. Jahrhundertelang war er die einzige im lateinischen Westen bekannte Schrift des Philosophen, verbreitet in einer Teilübersetzung CICEROS und einer kommentierten Ausgabe des christlichen Neuplatonikers CHALCIDIUS aus Cordoba (um 400 n.Chr.). Noch in Raffaels »Schule von Athen« ist es der *Timaios*, den Platon den *Ethika* des ARISTOTELES entgegenhält. Gerade Aristoteles hat sich mit keiner Schrift seines Lehrers so intensiv auseinandergesetzt, wie mit dieser Darstellung über die »Natur des Alls«. Die Faszination, die allzeit von dem erstaunlichen Schriftwerk ausgegangen ist, entspringt nicht zuletzt aus seiner schwer faßbaren Komplexität: »*Solche Mischung von priesterlicher Würde und groteskem Scherz, höchster Abstraktion und breitester Empirie, von Mathematik und Phantastik war weder vorher da, noch ist sie je wieder erschienen*« (P. Friedländer).
Dabei ist der *Timaios* von einer Klarheit in der Komposition und einer methodischen Konsequenz wie kaum ein anderer Dialog – nur wird beides bei der ersten Lektüre von der Fülle den sachlichen Aussagen und Bilder überwuchert. Zunächst muß man sich über die Voraussetzungen des Werks im klaren sein: Hier äußert sich ein Philosoph, dessen ganzes Forschen auf das unveränderliche Sein der vorbildhaften »Ideen« ausgerichtet ist, über die Natur des ständigem Wechsel unterworfenen Kosmos. Er begibt sich damit in die Tradition der Vorsokratiker, die meist in der Form eines Lehrgedichts *Peri physeōs (Über die Natur)* geschrieben haben, ganz besonders in die Tradition des PARMENIDES, der im zweiten Teil seines Gedichts dem unverrückbaren Sein die *»wahrscheinliche Weltordnung«* (»*diakosmon eoikota*«, Frgm. B8, 60) der Sinnenwelt, und dementsprechend dem verläßlichen Logos des ersten Gedichtteils eine *»trügerische Wortfügung«* (»*kosmon epeōn apatēlon*«, Frgm. B8, 52) entgegengestellt hatte. Diesem »zweiten Teil« des Parmenides entspricht der *Timaios* in Platons Gesamtwerk.
Nach einem lebendigen Eingangsgespräch zwischen Sokrates, Kritias, Timaios und Hermokrates, das an die *Politeia* anknüpft und in einer Erzählung des Atlantismythos den anschließenden Dialog *Kritias* vorbereitet (17a–27b), geht der Pythagoreer Timaios aus Lokroi in Unteritalien zu einer zusammenhängenden Darlegung über. In drei gleichlangen Abschnitten wird erst das Wirken der Vernunft *(nūs)*, also des teleologischen Prinzips (27c–47e), dann das Wirken der blinden Notwendigkeit *(anankē)*, also des kausalen Prinzips (47e–69a), und schließlich das Zusammenwirken beider Ursachen *(aitiai)* im Leben des Kosmos dargestellt (69a–92c). Die Einschnitte werden durch grundsätzliche methodische und ontologische Überlegungen markiert: Am Anfang steht die bescheidene Selbstbesinnung auf die beschränkte Natur des Menschen, die sich in einem Götteranruf Unterstützung für die schwierigen Darlegungen erbitten muß. Daneben ist bei jedem Beginnen die Natur des behandelten Gegenstands zu berücksichtigen. Die »Natur« *(physis)* ist also in Platons »naturwissenschaftlichem« Hauptwerk kein abgegrenzter, vorgegebener Seinsbereich, sondern eine regulative Form der adäquaten Wesenserfassung, die sich über Art und Stellung von Subjekt und Objekt der Untersuchung im Gesamtzusammenhang der Wirklichkeit Rechenschaft gibt. Sie ist der Welt des Werdens besonders angemessen, aber keineswegs auf sie fixiert: Eine Trennung von Natur und Geist gibt es bei Platon nicht. Zu scheiden ist vielmehr zwischen Sein und Werden; das eine ist durch Denken und Deduktion *(noēsis* und *logos)*, das andere durch Vermuten und Wahrnehmung *(doxa* und *aisthēsis)* zu erfassen. Der Allhimmel oder Kosmos gehört dem Werden an, er ist sinnlich wahrnehmbar. Er ist vollkommen, also nach einem immer seienden Vorbild geschaffen, sein Verfertiger *(demiurgos)* ist gut. Notwendigerweise sind die philosophischen Aussagen ihren Gegenständen verwandt: Sicher und unumstößlich sind die über das seiende Vorbild *(paradeigma)*, wahrscheinlich und bildhaft *(eikōs)* die über das werdende Abbild *(eikōn)*, denn *»wie zum Werden das Sein, verhält sich zum Fürwahrhalten (pistis) die Wahrheit (alētheia)«* (29c3).
Diesem ersten Proömium (27c1–29d3) entspricht ein zweites Proömium mit erneutem Götteranruf (47e3–48e1), an das sich weitere grundsätzliche Überlegungen anschließen: Nach der Vernunftursache *(nūs)* ist im Werden des Kosmos auch die schweifende Ursache der blinden Notwendigkeit *(anankē)* darzustellen, die zwar vom *nūs* beherrscht wird, aber als Mit-Ursache *(synaition)* schon in der Grundstruktur der vier Elemente wirksam ist, zu der Platon hier als erster vorstößt. Dabei ergibt sich aus der Notwendigkeit, neben Sein und Werden eine schwierige und dunkle *»dritte Art«* als Aufnehmerin und Amme des Werdens anzusetzen: den Raum *(chōra)*. Dieser ist nur durch einen Pseudo-Schluß *(logismos nothos)* gleichsam träumend zu erfassen, steht also sowohl erkenntnismäßig wie ontologisch in der Mitte zwischen Sein und Werden. Zu Beginn des dritten Teils (69a6), nachdem *»wie für Architekten das Bauholz, die Arten der Ursachen bereitliegen«*, kehrt die Darstellung in kurzer Zusammenfassung zum Anfang zurück, um sich dann bis zum Dialogende der gegenseitigen *»Verwebung«* dieser Ursachen im Kosmos zuzuwenden.
Die Gedankenfolge gehorcht bei dieser Komposition mehr organischen als logischen Gesetzen. Der strenge Bau wird von der eigentlichen Denkbewegung gleichsam umspielt: *»Wir haften am Zufall und sprechen so auch entsprechend...«* (34c2). Sie

setzt also ein bei dem von der platonischen Position aus Naheliegenden, der Vernunftursache und der Zweizahl der Seinsprinzipien. Mit einer Erweiterung des Gesichtskreises greift sie dann dahinter zurück und trägt das dritte Prinzip und die Kausalursachen gleichsam nach, um schließlich zu einer neuen Synthese zu kommen. Das gleiche Aufbauprinzip, das den Dialog als Ganzes bestimmt, erscheint in Variationen immer wieder bei der Entfaltung der Einzelheiten. Der Demiurg wendet sich zuerst dem Bau des Weltkörpers zu (31b4–34a7), der daraufhin mit der Weltseele zusammengefügt wird (34a8–35a1). Nun ergibt sich die Notwendigkeit, dahinter zurückzugreifen und, wie ausdrücklich betont wird, die genetisch frühere und seinsmäßig überlegene Seele in ihrem Aufbau nachzutragen (35a1–36d7), und schließlich kehrt man wieder zur Zusammenfügung beider, nun unter dem Aspekt der Seele, zurück (36d8–37c5). Die Darstellungen des Aufbaus von Körper und Seele sind dabei streng parallel gegliedert nach den Programmpunkten Substanz und Zahlenstruktur, Gestalt und Bewegung. Die Erschaffung der Zeit und der Planeten durch den Demiurgen (37c6–39e2), der lebenden Wesen (39e3–41d3), des Menschen und seiner Seele durch die geschaffenen Untergötter (41d4–47e1), gehört noch dem Wirken des *nūs* an. Von der *anakē* her werden die vier Elemente und ihre gegenseitigen Übergänge (53c4–58c4), die übrigen Grundstoffe (58c5–61c2) und die Sinneswahrnehmungen (61c3–69a5) erklärt. Die Behandlung des Gesichtssinns führt zurück zu der Würdigung des Auges vom teleologischen Standpunkt aus, die am Ende des ersten Hauptteils stand. Nach dieser Anknüpfung erklärt dann der dritte Teil aus der Verbindung beider Prinzipien die Entstehung der sterblichen Seelenteile, des Körper und der Körperteile (69a6–76e6), der Pflanzen (76e7–77c5), der physiologischen Vorgänge (77c6–81e5), der Krankheiten (81e6–90d7), der Frauen und der übrigen Lebewesen (90e1–92c3).

Der ausgewogenen Komposition einerseits und der bedächtigen, bewußt mit Rückgriffen und Wiederholungen arbeitenden Gedankenführung andererseits entspricht der Sprachstil des *Timaios*, wohl die großartigste Ausprägung eines persönlichen Altersstils in der Weltliteratur. In unnachahmlicher Verbindung steht knappe Deduktion neben hochtönender Mythographie. In immer neuen Wendungen ihren Gegenstand umtastend, mit Wiederholungen und Neufassungen, Vergewisserungen, Parenthesen und Zwischenreflexionen, und immer wieder übereinandergetürmten Bildern schreitet die »wahrscheinliche Darlegung oder Erzählung« (»*eikōs logos, eikōs mythos*«) voran. Dieser *eikōs mythos* ist die angemessene Darstellungsart für den Seinsbereich der *doxa*, der Scheinwelt, in der sich die Naturwissenschaft bewegt: »*Wenn einer zur Erholung die Logoi über das ewige Sein beiseitelegt und in der Betrachtung der wahrscheinlichen Logoi über das Werden sich eine Lust ohne Reue schafft, so dürfte er wohl ein maßvolles und vernünftiges Spiel (paidia) in seinem Leben betreiben*« (59c7). Durch dieses Vorzeichen »wahrscheinlich« werden alle Aussagen relativiert, selbst die hochbedeutsame, Vorstellungen DEMOKRITS geometrisierende Atomtheorie Platons, wonach die Materie aus körperlosen Elementardreiecken im gestaltlosen Raum aufgebaut wird.

Gerade der methodische Vorbehalt, der Verzicht auf scheinbar exakte, gültige Aussagen aus der Nahsicht des Empirikers, die doch nur den unvollständigen, beständiger Veränderung unterworfenen Wissensstand des Augenblicks spiegeln können, schafft den Freiraum für eine umfassende Hypothesenbildung. Platons mythische Bilder wie seine mathematischen Konstruktionen sind nichts anderes als naturwissenschaftliche Hypothesen, durch die die Phänomene »gerettet«, d. h. verstandesmäßig erklärt werden sollen. Von der Empirie her sind sie heute weit überholt, von der metaphysischen Problematik aus aktuell wie am ersten Tag, in ihrem methodischen Ansatz – vor allem auch, was die Mathematisierung der Wirklichkeit betrifft – waren sie immer anregend, vom Beginn der modernen Naturwissenschaft bei KOPERNIKUS und KEPLER bis zur modernen Physik unserer Tage (HEISENBERG und andere). Es ist verfehlt, Platons Kosmologie »*mit ihrem Dogmatismus und ihrer unbekümmerten Vermischung von Bildern und Sachen*« (Gigon) die Verantwortung für den Zerfall der antiken Naturphilosophie und die Stagnation im Mittelalter zuzuschieben und die Aristotelische Physik dagegen auszuspielen. Gerade die Aristotelische Denkform hat die Scholastik hervorgebracht, von der man sich erst zu Beginn der Neuzeit mit Platons Hilfe wieder befreien mußte. Aus dieser Sicht ist es relativ belanglos, nachzurechnen, was Platon »richtig«, was er »falsch« gesehen hat, etwa, daß er, im Gegensatz zu Aristoteles, die zentripetale Wirkung der Schwerkraft und die Existenz von Antipoden richtig erkannt, daß er möglicherweise schon die Achsendrehung der Erde erwogen hat und anderes mehr. Für eine philosophisch orientierte Naturwissenschaft bleibt der *Timaios* das Modell eines methodischen Grundansatzes, der einen der tiefgründigsten Entwürfe darstellt, die die Antike und die Neuzeit hervorgebracht haben.   D. Ma.

AUSGABEN: Florenz o. J. [ca. 1482–1484] (in *Opera*, 2 Bde.; lat. Übers. v. Marsilio Ficino). – Venedig 1513 (in *Hapanta ta Platōnos*, Hg. M. Musuros). – Oxford 1902 (in *Opera*, Hg. J. Burnet, Bd. 4; verschiedene Nachdr.). – Ldn./Cambridge (Mass.) ²1942 (in *Plato*, Bd. 7, Hg. R. G. Bury; m. engl. Übers.; Loeb; mehrere Nachdr.). – Paris 1949 (*Timée-Critias*, in *Œuvres complètes*, Bd. 10, Hg. A. Rivaud; m. frz. Übers.).

ÜBERSETZUNGEN: *Timäus*, L. Hörstel, Braunschweig 1795. – *Timäus, eine ächte Urkunde wahrer Physik*, K. J. Windischmann, Hadamar 1804. – *Timaios, oder Gott und die Welt*, H. Müller (in *SW*, Bd. 6, Lpzg. 1857; ern. u. d. T. *Timaios*, in *SW*, Bd. 5, Hbg. 1959, RKl 47). – *Timaios*, F. Susemihl (in *Werke*, Bd. IV/6/7, Stg. 1856/57). – *Timaeus and Critias*, A. E. Taylor, Ldn. 1929 [engl.; m. Komm.]. – *Timaios und Kritias*, O. Apelt, Lpzg. 1922. – Dass., F. Susemihl (in *SW*, Bd. 3, Heidelberg o. J. [ca. 1950]). – Dass., R. Rufener (in *Spätdialoge*, Bd. 2, Einl. v. O. Gigon, Zürich/Stg. 1969).

LITERATUR: E. Hoffmann, *Platons Lehre von der Weltseele* (in Sokrates, 41, 1915, S. 187–211; ern. in E. H., *Drei Schriften zur griechischen Philosophie*, Heidelberg 1964, S. 9–28; 65–73). – E. Sachs, *Die fünf platonischen Körper*, Bln. 1917. – K. Praechter, *Die Philosophie des Altertums*, Bln. ¹²1926, S. 287–291; 82*f. (m. Bibliogr.; Nachdr. zul. Darmstadt 1967). – G. S. Klaghorn, *Aristotle's Criticism of Plato's »Timaeus«*, Den Haag 1954. – F. M. Cornford, *Plato's Cosmology. The »Timaeus« of Plato Translated with a Running Commentary*,

Ldn. ⁴1956. – H. Cherniss, *The Relation of the »Timaeus« to Plato's Later Dialogues* (in AJPh, 78, 1957, S. 225–266). – P. Friedländer, *Platon*, Bd. 3, Bln. ²1960, S. 329–355; 494–502. – Ch. Mugler, *La physique de Platon*, Paris 1960. – W. Schadewaldt, *Das Welt-Modell der Griechen* (in NRs, 68, 1957, S. 187–213; ern. in W. S., *Hellas und Hesperien*, Zürich/Stg. ²1970, Bd. 1, S. 601–625). – A. E. Taylor, *A Commentary on Plato's »Timaeus«*, Oxford ²1962. – L. Blanche, *Les modernes et le mouvement terrestre du Timée* (in Revue de l'Enseignement Philosophique, 18, 1967/68, S. 1–22). – K. Gaiser, *Platons ungeschriebene Lehre*, Stg. ²1968, S. 41–66 u. ö. – G. R. Morrow, *Plato's Theory of the Primary Bodies in the »Timaeus« and the Later Doctrine of Forms* (in AGPh, 50, 1968, S. 12–28). – R. J. Wood, *Plato's Atomism* (in International Philosophical Quarterly, 8, 1968, S. 427–441).

ARISTOTELES
(384–322 v. Chr.)

ANALYTIKA (griech.; *Die Analytik*). Werk des ARISTOTELES (384–322 v. Chr.) in vier Büchern, später (vielleicht von ALEXANDER aus Aphrodisias) je paarweise vereint als *Analytika protera (Erste Analytik)* und *Analytika hystera (Zweite Analytik)*. Sie bilden zusammen mit den acht Büchern *Topika* das Kernstück dessen, was man nach altem (peripatetischem?) Usus als das *Organon* des Aristoteles zusammenfaßt. Die *Analytik* und die *Topik* – wozu als Anhang sich die *Sophistikoi elenchoi (Sophistische Widerlegungen*, 1 Buch) gesellen – enthalten die Syllogistik des Philosophen, die Lehre von den logischen Schlüssen. Sie dürfen als eine der genialsten Schöpfungen des griechischen und europäischen Geistes gelten: der souveräne Entwurf des Aristoteles hat die formale Logik als Wissenschaftsobjekt nicht nur erst eigentlich geschaffen, sondern zugleich auch zu einem System ausgebaut, das Grundlage und Thema der scholastischen Logik des Mittelalters wurde und, mit geringen Zusätzen, noch heute als die klassische Gebäude der Formallogik gilt.
So eindeutig Bedeutung wie Inhalt des Werks im ganzen sind, so diffus stellt es sich in den Einzelheiten dar. Daß es – in seiner Gesamtheit ein systematisches Gebäude – in der Entfaltung nicht durchgängig systematisch ist, liegt an der Art seiner Entstehung: das vollendete Opus vereinigt Stücke in sich, die zu verschiedenen Zeiten entstanden sind und offenbar verschiedene Entwicklungsstadien des Aristotelischen Denkens repräsentieren. So scheinen die einzelne ist immer noch umstritten - Buch 2 der *Zweiten Analytik* etwas früher und Kapitel 8–22 von Buch 1 der *Ersten Analytik* sowie Buch 2 der *Ersten Analytik* um einiges später entstanden zu sein als der Rest von Buch 1 der *Ersten Analytik* und Buch 1 der *Zweiten Analytik* (nach BOCHEŃSKI; anders SOLMSEN und ROSS). Das bedeutet: die Entwicklung der Modalsyllogistik und die intensiven und extensiven Ansätze dessen, was man als »Philosophie der Syllogistik« bezeichnen könnte, folgen erst auf die Entfaltung des Systems der assertorischen Schlüsse. Niederschrift der einzelnen und Schlußredaktion des Ganzen (der Verfasser verweist in späteren Werken gelegentlich auf die *Analytika*) sind zeitlich nicht mehr genau zu fixieren: das Konvolut dürfte ungefähr in die vierziger Jahre gehören.
Angesichts dieser besonderen Umstände der Entstehung darf eine kompositorische Einheit des Gesamtwerks nicht erwartet werden. Das gilt nicht nur für den literarischen Aspekt (den man, im Gegensatz zu PLATON, an die fachwissenschaftlichen Schriften des Aristoteles ohnehin nur bedingt anlegen kann), sondern schon ganz äußerlich für die Disposition des Aufbaus. Die *Erste Analytik* gilt der Form des Syllogismus, die *Zweite Analytik* seinem Inhalt, dort geht es um die technische Richtigkeit des Schlusses als Schluß, hier um die sachliche Gültigkeit des Schlusses als eines wissenschaftlichen Beweises. Diese grobe Gliederung in zwei Teile zu zwei Büchern ist zwar thematisch klar, doch im Detail herrscht weniger exakte Stringenz als stofflich vielfältige Fülle: lediglich in Buch 1 der *Ersten Analytik* läßt sich ein methodisch strenger Aufbau erkennen (Kap. 1–26: die drei Formen und die Funktionsweise der Syllogismen; 27–30: die Wahl der richtigen Prämissen; 32–45: die Reduktion beliebiger Schlüsse auf die drei Grundformen; 31 und 46 sind wohl spätere Zusätze; s. Ross). Allerdings ist der nur lose geordnete Gedankengang der übrigen Teile wohl eher Zeugnis für einen vorläufigen Grad der Ausarbeitung als eine Folge der sukzessiven Entstehung: der Autor scheint bei der Schlußredaktion die Manuskripte im wesentlichen in der Gestalt aufgenommen zu haben, in der sie ihm vorlagen.

E. Sch.

AUSGABEN: Venedig 1481. – Oxford ²1957 (*Prior and Posterior Analytics*, Hg. W. D. ROSS; m. Komm.). – Bln. ²1960 (in *Aristotelis Opera*, Bd. 1, Hg. I. Bekker u. O. Gigon). – Oxford 1964 (*Analytica priora et posteriora*, Hg. W. D. Ross u. L. Minio-Paluello).

ÜBERSETZUNGEN: *Die 1. u. 2. Analytica*, K. Zell, Stg. 1836–1840 (in *Werke*, Bd. 2/2–5). – *1. u. 2. Analytik*, E. Rolfes, 2 Bde., Lpzg. 1922. – *Erste / Zweite Analytik*, P. Gohlke (in *Die Lehrschriften*, Bd. 2, Paderborn 1953).

LITERATUR: F. Solmsen, *Die Entwicklg. d. aristotel. Logik u. Rhetorik*, Bln. 1929 (Neue Philol. Untersuchungen, 4). – J. Lohmann, *Vom ursprüngl. Sinn d. aristotel. Syllogistik* (in Lexis, 2, 2, 1950/51, S. 205 bis 236). – J. M. Bocheński, *Formale Logik*, Freiburg i. B./Mchn. 1956 [m. Bibliogr.]. – J. Lukasiewicz, *A.'s Syllogistic from the Standpoint of Modern Formal Logic*, Oxford ²1957; Nachdr. 1963. – G. Patzig, *Die aristotelische Syllogistik*, Göttingen 1959.

ATHĒNAIŌN POLITEIA (griech.; *Die Staatsverfassung der Athener*). Verfassungsgeschichtliche Schrift des ARISTOTELES (384–322 v. Chr.), entstanden zwischen 329/328 und 327/326 v. Chr.; 1891 in einem ägyptischen Papyrus wiederentdeckt, abgesehen von einigen wenigen Kapiteln zu Beginn und einigen Lücken im Innern fast vollständig erhalten. – Die Abhandlung legt Zeugnis ab von der umfassenden wissenschaftlichen Tätigkeit, die Aristoteles während seiner zweiten Athener Lehrperiode (seit 335/334) im Kreis (und mit Hilfe) der Schüler nun systematischer Planung auszuüben begann: auf dem Sektor der Historie diente diesem Ziel – als Supplement neben der Arbeit an den *Politika* herlaufend – das Sammelwerk der *Politeiai (Politien)*, eine umfassende geschichtliche und methodische Aufarbeitung der Verfassungen von 158 griechischen Stadtstaaten. Die *Athēnaiōn politeia*, aus des Meisters eigener Feder, eröffnete das Kompendium.

Da das Gesamtwerk verloren ist (ca. 100 Verfassungen lassen sich aus Fragmenten eben noch erkennen), sind wir für die Anlage des Einzelnen und für die Methode des Ganzen auf das Buch über Athen angewiesen. Es zeigt eine zweiteilige Disposition: die sukzessive historische Entfaltung der zwölf verschiedenen Verfassungen (11 Umwälzungen – *metastaseis*) von der Urgeschichte der Stadt bis zur Gegenwart des Autors (bis Kap. 41); Aufbau der gegenwärtigen Staatsform *(hē katastasis tēs poleōs)* nach ihren Organen (Kap. 42–63). Als Quellen benützten Aristoteles und seine Mitarbeiter – auch dies dürfte ebenso für die Parallelschriften gelten – neben Standardhistorikern wie HERODOT und THUKYDIDES Spezialhistoriographen, für Athen also der Atthidographen; hinzu kamen autoptisch erarbeitete Inschriftenbefunde, gelegentlich poetische Zeugnisse (u. a. hat uns das Büchlein zahlreiche Fragmente SOLONS wiedergeschenkt). Ein schwer zu lösendes Problem ist die Frage, in welchem Maß der sprachliche und – vor allem – der wissenschaftliche Stil als repräsentativ für die Sammlung gelten kann: das im allgemeinen glatt geschriebene Buch besitzt gelegentliche Unebenheiten und, was wichtiger ist, sachliche Irrtümer, Widersprüche zu anderen Werken des Aristoteles oder schiefe Perspektiven (am bekanntesten die oligarchisch einseitige Beurteilung der Revolution von 411). Beides muß man – wohl auch für die übrigen Stücke – aus der Arbeitsweise des Verfassers erklären, auf die gerade solche Disproportionen den Blick lenken: ein derartiges Riesenunternehmen zwang, das Detail in Eile zu konzipieren, und so blieben notgedrungen oft die Quellen sichtbar – am auffälligsten dann, wenn diese parteiisch berichten; für die historisch-kritische Sichtung des Materials fehlte Aristoteles offenbar der Zeit. E. Sch.

AUSGABEN: Oxford 1891 (*Athēnaiōn politeia*, Hg. F. G. Kenyon). – Oxford 1920 (*Atheniensium respublica*, Hg. ders.; zuletzt 1958). – Paris ⁴1952 *Constitution d'Athènes*, Hg. G. Mathieu u. B. Haussoullier; m. frz. Übers.). – Stg. ²1961 (*Athēnaiōn politeia*, Hg. H. Oppermann; m. Bibliogr.).

ÜBERSETZUNGEN: *Schrift vom Staatswesen der Athener*, G. Kaibel u. A. Kießling, Straßburg 1891. – *Staat der Athener*, F. Poland, Bln. 1891. – Dass., O. Gigon (in *Politik u. Staat d. Athener*, Zürich 1955; m. Einl.).

LITERATUR: U. v. Wilamowitz-Moellendorff, *A. und Athen*, 2 Bde., Bln. 1893. – K. v. Fritz u. E. Kapp, *Aristotle's »Constitution of Athens« and Related Texts*, NY 1950 [Einführg., Komm., engl. Übers.]. – F. Sartori, *La crisi del 411 A. C. nell'Athenaion Politeia di A.*, Padua 1951. – K. v. Fritz, *The Composition of A.'s »Constitution of Athens« and the So-called Dracontian Constitution* (in Classical Philology, 49, 1954, S. 73–93). – W. Jaeger, *Aristoteles*, Bln. ²1955, S. 349 ff. – J. Day u. M. Chambers, *A History of Athenian Democracy*, Los Angeles 1962. – J. J. Keaney, *The Structure of A.' »Athēnaiōn politeia«* (in Harvard Studies in Classical Philology, 67, 1963, S. 115–146).

ĒTHIKA EUDĒMEIA (griech.; *Eudemische Ethik*). Philosophische Lehrschrift in sieben Büchern, im Corpus des ARISTOTELES (384–322 v. Chr.) überliefert. – Die Frage, wie der Titel dieses Werkes zu erklären und wer der Autor sei, führt mitten hinein in die schwierigsten Probleme der Peripatos-Forschung. Eudemos als Adressaten anzusprechen geht bei einer schulinternen Lehrschrift nicht an. Daß der Wissenschaftshistoriker und Aristoteles-Freund EUDEMOS aus Rhodos (nicht zu verwechseln mit der Titelgestalt des verlorenen Aristotelischen Frühdialogs) der Autor der Schrift ist, wie man seit etwa hundertzwanzig Jahren immer wieder nachzuweisen versucht hat, bleibt ebenfalls eine kaum glaubhafte Hypothese. Am einleuchtendsten ist daher – wie ähnlich bei den *Ēthika Nikomacheia* – immer noch die Annahme, im Titel spiegle sich der postume Herausgeber (oder der Stenograph) eines genuinen Aristotelischen Opus.

Mit der Frage nach Titel und Autor eng verknüpft ist die Klärung des Verhältnisses der *Eudemischen Ethik* zu den beiden Parallelwerken *Nikomachische Ethik* und *Große Ethik (Ēthika megala)*, eine Entscheidung, die dadurch besonders erschwert wird, daß Buch 4–6 der *Eudemischen Ethik* buchstäblich identisch sind mit Buch 5–7 der *Nikomachischen Ethik*; der Disput, wo diese sogenannten »Kontroversenbücher« ihren ursprünglichen Platz hatten, ist noch nicht beendet, doch sprechen gewichtige Stimmen für das unbezweifelt späte Spätwerk des Meisters. Die behandelten Themen entsprechen weithin denen der *Großen* und der *Nikomachischen Ethik*; lediglich die drei letzten Kapitel, verschiedentlich auch als Buch 8 abgesondert, sind Motiven gewidmet – Einsicht *(phronēsis)*, Gunst des Glücks *(eutychia)*, Schön- und Gutsein *(kalokagathia)* –, die in der *Nikomachischen Ethik* fehlen (dagegen mit einer Ausnahme in der *Großen Ethik* vertreten sind). Diese Gleichheit der besprochenen Kernthemen weist darauf hin, daß (die Echtheit vorausgesetzt) Aristoteles seine Ethik im Alter vor allem deswegen noch einmal neu zu konzipieren begann, weil er in den wesentlichen Einzelheiten wie in seiner Grundanschauung – nicht nur in der der *Eudemischen Ethik* eigenen »theologischen Begründung der Moral« (W. Jaeger) – über seine frühere Position hinausgewachsen war.

Daß sich der Stil der *Eudemischen Ethik* deutlich von dem der Schwesterwerke abhebt, hat man lange erkannt. Ist der Grundcharakter der *Ēthika megala* handbuchartig, durch und durch von der Form des Definierens, des Abwägens der Begriffe geprägt (die Aristotelischen *Dihaireseis* – Zergliederungen – haben hier Pate gestanden), so tritt in der *Ēthika Nikomacheia* allenthalben jene eigentümliche »Welthaftigkeit«, ein unvoreingenommenes, aufgeschlossenes Berücksichtigen der empirisch gegebenen und faßbaren Tatsachen des realen Lebens hervor, das offenbar für den späten Aristoteles charakteristisch ist. Die *Ēthika Eudēmeia* nun halten, wie es scheint, gerade die Mitte: zum einen findet sich noch viel von dem für die Akademie des alten PLATON typischen dihäretischen Verfahren der trocken-systematischen Begriffszergliederung (beliebiges Beispiel: »*Von der Tugend aber gibt es zwei Arten: die des Charakters (die ›ethische‹) und die des Verstandes (die dianoëtische) … Danach ist zuerst das Thema der ethischen Tugend zu behandeln, was sie ist und welche Teile von ihr es gibt … sowie, wodurch sie zustande kommt.*« 2, 1, 19, 1220a 5 ff.); auf der anderen Seite drängt sich immer wieder der Eindruck auf, daß in der ganzen Argumentationsweise – nicht nur etwa in den Vergleichen – eine naturwissenschaftliche, empirisch orientierte Haltung zugrunde liegt. (»*Übrigens ist auch Lust und Unlust in beiden [dem Beherrschten und dem Unbeherrschten] anwesend, denn wer beherrscht ist, empfindet Unlust, da er ja soeben gegen die Begierde handelt; und (andererseits) freut er sich erwartungsvoll, daß er später Nutzen haben werde oder daß er ihn soeben schon hat, da ihm seine Gesundheit weiterhin erhalten*

bleibt. Und der Unbeherrschte freut sich, da ihm durch das unbeherrschte Verhalten seine Begierde erfüllt wird; Unlust dagegen empfindet er wegen der Unlusterwartung; er ahnt ja, daß er unrichtig handelt.« 2, 8, 11 ff., 1224b 15 ff.; beide Ü: Dirlmeier)
Ähnliche Beobachtungen ließen sich am Sprachstil der *Eudemischen Ethik* machen; sieht man von den Einleitungskapiteln (1, 1–7) ab, so zeigt das Werk noch keineswegs den für große Passagen der *Nikomachischen Ethik* oder der *Politik* des Aristoteles – und ähnlich für THEOPHRAST – kennzeichnenden eleganten, an ISOKRATES geschulten Satzduktus, für dessen Gepflegtheit insbesondere die Hiatvermeidung ein untrügliches Merkmal darstellt. Sehr treffend umschreibt DIRLMEIER diese Form als »Entwurfs-« oder »Vorlesungsstil (aber nicht für den Anfänger)« – »Brachylogie, Ellipsen, Überwiegen des pronominalen Ausdrucks, notizenhafte Unverbundenheit und damit Schwerverständlichkeit, die sich nur geduldigem Mitdenken allmählich erschließt«.
E. Sch.

AUSGABEN: Venedig 1498 (*Moralium ad Eudemum libri VIII*, in der GA des Aldus Manutius, Bd. 5). – Bln. 1831 (in *Aristoteles Graece*, Hg. I. Bekker, Bd. 2; Nachdr. Bln. 1960, Hg. O. Gigon). – Lpzg. 1884 (*Eudemi Rhodii Ethica*, Hg. F. Susemihl). – Ldn./Cambridge (Mass.) ²1952 (*The Athenian Constitution. The Eudemian Ethics. On Virtues and Vices*, Hg. H. Rackham; m. engl. Übers.; Loeb).

ÜBERSETZUNGEN: *Eudemische Ethik*, J. Rieckher (in *Werke*, Tl. 6, Bd. 7, Stg. 1858). – *Die Eudemische Ethik*, H. Bender (in *Werke*, Lief. 54–65; Stg. 1873). – *Eudemische Ethik*, F. Dirlmeier (in *Werke*, Bd. 7, Bln. 1962; m. Einl., Komm. u. Bibliogr.).

LITERATUR: P. von der Mühll, *De Aristotelis »Ethicorum Eudemiorum« auctoritate*, Diss. Göttingen 1909. – E. Kapp, *Das Verhältnis der eudemischen zur nikomachischen Ethik*, Diss. Freiburg i. B. 1912. – W. Jaeger, *A.*, Bln. 1923, S. 237–270; ²1955. – G. Lieberg, *Die Lehre von der Lust in den Ethiken des A.*, Mchn. 1958 (Zetemata, 19). – R. Hall, *The Special Vocabulary of the »Eudemian Ethics«* (in Classical Quarterly, 9, 1959, S. 197–206).

ĒTHIKA MEGALA (griech.; *Große Ethik*). Philosophische Lehrschrift in zwei Büchern, unter den Werken des ARISTOTELES (384–322 v. Chr.) überliefert. – Die Verfasserschaft und, was damit zusammenhängt, das Verhältnis der *Ēthika megala* zu den beiden anderen überlieferten Aristotelischen Ethiken, den *Ēthika Eudēmeia* und den *Ēthika Nikomacheia*, sind eines der schwierigsten und immer noch umstrittenen Probleme der Aristoteles-Forschung. Die zeitlichen Ansätze schwanken zwischen der Lebenszeit des Aristoteles und dem Ende des 2. Jhs v. Chr. Sprache und Terminologie der Schrift weisen – wie vor allem Franz DIRLMEIER gezeigt hat – in diese späthellenistische Periode. Doch kann das Sprachgewand unter Umständen auf das Konto eines späten Redaktors gehen, der älteres peripatetisches (Aristotelisches?) Gut durcharbeitete und herausgab. Daß es sich bei diesem Gut um einen frühen Ethik-Entwurf des Schulgründers selbst gehandelt habe, ist eine ebenfalls von Dirlmeier vertretene Anschauung, mit der sich auch der Hinweis des Verfassers der *Großen Ethik* auf »seine« *Analytika* ohne weitere Komplikationen verstehen ließe.
Auf jeden Fall stellt die *Große Ethik* eine in sich gerundete, in dogmatisch-trockenem Stil gehaltene Abhandlung über das Gesamtgebiet der Aristotelischen (oder peripatetischen) Ethik dar, durchaus vom Charakter eines kleinen, abrißhaften Kompendiums. Die Motivparallelen zu den beiden Schwesterwerken fallen ins Auge, wobei die Übereinstimmung mit den *Ēthika Eudēmeia* größer ist, ohne daß indes daraus bisher definitiv Abhängigkeit in irgendeiner Richtung festgestellt werden konnte. Ob es der Themenreichtum der recht umfassenden Tugend- und Güterlehre war, der diesem im Vergleich zu den zehn Büchern der *Nikomachischen* und den sieben Büchern der *Eudemischen Ethik* schmalen Opus seinen »großen« Namen gab (wie ALBERTUS MAGNUS meinte), oder ob dieser auf den relativ großen Umfang der zwei Bücher der *Ēthika megala* zurückzuführen ist, bleibt unklar.
E. Sch.

AUSGABEN: Venedig 1498 (*Magnorum moralium libri II*, in der GA des Aldus Manutius, Bd. 5). – Bln. 1831 (in *Aristoteles Graece*, Hg. I. Bekker, Bd. 2; Nachdr. Bln. 1960, Hg. O. Gigon). – Lpzg. 1883 (*Aristotelis quae feruntur Magna Moralia*, Hg. F. Susemihl). – Ldn./Cambridge (Mass.) ²1936 (in *Metaphysics, Books X–XIV*, Hg. H. Tredennick; *Oeconomica and Magna Moralia*, Hg. G. C. Armstrong; m. engl. Übers.; Loeb; Nachdr. zuletzt 1958).

ÜBERSETZUNGEN: *Große Ethik*, J. Rieckher (in *Werke*, Tl. 6, Bd. 8, Stg. 1859). – Dass., H. Bender (in *Werke*, Lief. 65/66, Stg. 1873). – *Magna Moralia*, F. Dirlmeier (in *Werke*, Bd. 8, Bln. 1958; m. Einl., Komm. u. Bibliogr.).

LITERATUR: R. Walzer, *»Magna Moralia« und aristotelische Ethik*, Bln. 1929 (Neue philol. Untersuchungen, 7). – K. O. Brink, *Stil u. Form der pseudoaristotelischen »Magna Moralia«*, Ohlau 1933 [Diss. Bln. 1931]. – F. Dirlmeier, *Die Zeit der »Großen Ethik«* (in RhMus, 88, 1939, S. 214–243). – D. J. Allan, *»Magna Moralia« and »Nicomachean Ethics«* (in Journal of Hellenic Studies, 77, 1957, S. 7–11). – O. Gigon, *Die Sokratesdoxographie bei A.* (in MH, 16, 1959, S. 174–212).

ĒTHIKA NIKOMACHEIA (griech.; *Nikomachische Ethik*). Ethisches Hauptwerk des ARISTOTELES (384–322 v. Chr.), allem Anschein nach seinem letzten Lebensabschnitt zugehörig; wohl benannt nach Nikomachos, dem Sohn des Philosophen und mutmaßlichen Herausgeber der Ethikvorlesung. – Die Bücher 5–7 dieser *Ethik* sind in der Überlieferung identisch mit Buch 4–6 der *Eudemischen Ethik (Ēthika Eudēmeia)*; die Gründe hierfür sind ebensowenig geklärt wie die Frage nach dem ursprünglichen Standort des »kontroversen« Komplexes: man neigt allgemein dazu, ihn dem Spätwerk zuzurechnen, doch ein stilistischer Vergleich beider *Ethiken*, der die Entscheidung bringen könnte, steht noch aus.
Große Ethik (Ēthika megala), Eudemische Ethik und *Nikomachische Ethik* stellen drei Entwürfe der Aristotelischen Ethik dar, wobei diese Reihenfolge – selbst wenn es sich bei den *Ēthika megala* nur um die hellenistische Retraktion eines Opus des Aristoteles handelt – durchaus als eine Sequenz verstanden werden darf, die in der letzten und umfangreichsten Fassung gipfelt. Das läßt zweierlei erwarten: ein gewisses einheitliches thematisches Substrat bei jeweils verschiedener Darstellungsweise. Tatsächlich ist die Konstanz der behandelten Motive und Philosopheme größer, als man zu-

nächst vermuten würde: in den Grundzügen wie in der Abfolge der Zentralpunkte laufen die drei *Ethiken* geradezu parallel. Buch 1 der *Nikomachischen Ethik* bringt die Einführung in die Aristotelische Sittlichkeitslehre. Das höchste Gut, das der Mensch durch sein Handeln erreichen kann – und demzufolge auch erstrebt –, ist das Glück, die *eudaimonia*; sie wird definiert als »*ein Tätigsein der Seele* [des Menschen] *im Sinne vollkommener Tüchtigkeit*«. Worin diese dem Menschen eigentümliche »seelische« (nicht körperliche) Tüchtigkeit, die *aretē*, besteht, ist Gegenstand der Untersuchung, die, dem doppelten Aspekt der *aretē* entsprechend, in zwei Richtungen ausgreifen muß: denn es gibt reine Verstandestugenden, wie etwa Weisheit, Intelligenz, Vernunft, und daneben »ethische« Vorzüge, wie Großzügigkeit, Besonnenheit usw. Diesem einleitenden Programm entsprechend (Parallelen: *Große Ethik* 1,1 – 5; *Eudemische Ethik* 1,1 – 2,1), werden im folgenden zunächst die »ethischen Vorzüge« (Buch 2–5; Parallelen: *Große Ethik* 1,6 – 33; *Eudemische Ethik* 2,1 – 3,7, sowie Buch 4 = *Nikomachische Ethik* Buch 5), sodann die »dianoetischen Vorzüge« (Buch 6 = *Eudemische Ethik* Buch 5; Parallele: *Große Ethik* 1,34 – 2,3) dargestellt.

Der zweite Teil der *Nikomachischen Ethik* erscheint auf den ersten Blick methodisch nicht so zwingend aufgebaut wie der vorangehende; dennoch stehen die Einzelfragen, die Aristoteles hier bespricht, in enger und begründeter Verbindung zum bisher Vorgetragenen: Unbeherrschtheit und Mäßigung, Lust und Unlust sind Probleme, deren Zusammenhang mit der ethischen Tüchtigkeit evident ist (*Nikomachische Ethik* Buch 7 = *Eudemische Ethik* Buch 6; Parallele: *Große Ethik* 2, 4–7). Ähnliches gilt für die Freundschaft, der, als ausführlichstem Komplex, die Bücher 8 und 9 gewidmet sind (Parallelen: *Eudemische Ethik* 7, 1–12; *Große Ethik* 2, 11–17): sie ist ein Weg der Selbsterfüllung des dem Menschen eigenen Wesens, ein »Tätigsein« nach Maßgabe jener anfänglichen Definition, das ebenso Lust wie Eudämonie verschafft. Eine nochmalige Behandlung des Problems der Lust (woran sich in der Aristoteles-Forschung verschiedentlich Redaktorhypothesen und Vermutungen über diverse »Fassungen« anschlossen) bereitet auf den Höhepunkt der *Nikomachischen Ethik* vor (Buch 10), auf die abschließende Erörterung über das Wesen der menschlichen Eudämonie und auf den Preis des geistigen Lebens als höchster erfüllter Form menschlichen Daseins: »*Was dem einzelnen wesenseigen ist, das stellt für den einzelnen von Natur das Höchste und das Lustvollste dar. Für den Menschen ist dies das Leben des Geistes, nachdem dieser vor allem das wahre Selbst des Menschen darstellt, und dieses Leben ist denn also auch das Glücklichste.*« (1178a 5–8) »*Ist, mit dem Menschen verglichen, der Geist etwas Göttliches, so ist auch ein Leben im Geistigen, verglichen mit dem menschlichen Leben, etwas Göttliches.*« (1177b 30 f.; Ü: Dirlmeier)

Der Unterschied zwischen der *Nikomachischen* und den beiden anderen *Ethiken* liegt zunächst im Quantitativen: der Umfang von zehn Büchern erlaubt, gegenüber den sieben der *Eudemischen* und den zwei der *Großen Ethik*, eine erheblich stärkere stoffliche Differenzierung. Das hängt natürlich damit zusammen, daß der Stoff selbst »gewachsen« ist – gewachsen vor allem aufgrund jener gerade in den drei Ethik-Versionen gut abzulesenden allmählichen Wandlung der Darstellungsmethode: das an den späten PLATON gemahnende schematische, dihairetische Zergliedern in logisch-abstrakter Weise gesetzter Begriffe, wie es etwa für die *Ēthika megala* charakteristisch ist, weicht einem ausgesprochen naturwissenschaftlich anmutenden Durchforschen der in der Realität des menschlichen Lebens gegebenen Verhältnisse, einem immer feiner sondierenden Beobachten und Beschreiben, als dessen Grundvoraussetzung ein vorbehaltloses Akzeptieren dieser gegebenen Wirklichkeit erscheint (vielzitiertes Glanzstück: die Schilderung des Hochsinnigen in 4, 7–9, die immer wieder zum Vergleich mit den *Charaktēres* des Aristoteles-Schülers THEOPHRAST reizt). In dieser Hinsicht zeigen die *Ēthika Nikomacheia* für den Bereich des individuellen Lebens genau dieselbe Haltung wie die *Politika* – zu denen unser Werk am Schluß ausdrücklich überleitet – für den Bereich des sozialen und politischen Lebens. (Mit der *Politik* verbindet die *Nikomachische Ethik* auch der Stil mancher Textpassagen, die deutlich den Einfluß des Isokrateischen Stilideals verraten – ein Hinweis unter anderen, daß Aristoteles mit der *Nikomachischen Ethik* mehr schaffen wollte als nur eine rein esoterische, schulinterne Vorlesungsschrift.)

Die Kluft, die diese Bereitschaft des Philosophen, sich durch die Gegebenheiten »belehren« zu lassen, von allem Platonischen Philosophieren scheidet, könnte kaum größer sein. Sind bei Platon die verschiedenen philosophischen Disziplinen untrennbar ineinander verflochten – Ontologie und Ethik, Kosmologie und Politik, Ästhetik und Metaphysik erwachsen aus denselben Grundvorstellungen –, so ist bei seinem »Schüler« Aristoteles das einzelne Gebiet, soweit das möglich ist, endgültig »autonom« geworden (die für die Folgezeit entscheidende Aufspaltung der Philosophie in Logik, Ethik und Physik soll auf Aristoteles' Mitschüler XENOKRATES zurückgehen). Ist bei Platon alle Philosophie an die »Transzendenz« geknüpft, so gewinnt bei Aristoteles das Diesseitig-Reale als solches seine Bedeutung; das zeigt sich bis hinein in Formulierung und Vokabular – die zur jenseitigen Schau der »Ideen« bestimmte *phronēsis* (Einsicht) wird zur praktischen Vernunft (W. Jaeger). Die durch wechselseitige Beziehungen und modellhafte Analogien verfestigte Vierheit der Tugenden aus Platons *Politeia* – Weisheit, Tapferkeit, Besonnenheit, Gerechtigkeit – weicht einer durch keinen »Systemzwang« gebundenen, reich facettierten Reihe (»ethische« Tugenden: Tapferkeit, Besonnenheit, Großzügigkeit, Großgeartetheit, Hochsinnigkeit, Ehrliebe, ruhiges Wesen, Aufrichtigkeit, Freundschaft, Gewandtheit, Schamgefühl, Gerechtigkeit). Mit dem Wegfall der »transzendenten« Verankerung und Begründung der Ethik hängt auch der Verzicht auf die für Platons Dialoge bis weit ins Spätwerk hinein so charakteristische Paränese zusammen: pädagogischen Eros, erzieherischen Impetus darf man in der Aristotelischen *Ēthika* nicht suchen.

Daß die Ethik des Aristoteles dennoch erstrebenswerte Idealvorstellungen entwirft, also normativ wirken kann, ergibt sich gleichsam implizit: Definition, Umschreibung und Illustration der einzelnen Tugenden lassen keinen Zweifel an der Verbindlichkeit der geschilderten *aretai*. Diese Verbindlichkeit resultiert für Aristoteles aus der Angemessenheit der *aretai* an das Wesen des Menschen. Es ist dem Menschen gemäß, im Normalfall in seinem äußeren und inneren Verhalten stets die Mitte zu halten zwischen Extremen; jedes Verlassen dieses ihm gemäßen Maßes ist »unmenschlich«, in der Wirkung auf die Mitmenschen ebenso wie in der

Rückwirkung auf das Individuum. Und es ist dem Menschen ferner gemäß, sich in seinen Handlungen und Emotionen von Verstand und Einsicht leiten zu lassen, die ihn immer wieder auf die ausgleichende Norm jenes »Mittleren« zwischen möglichen Extremen weisen. Daß diese beiden Grundcharakteristika der Aristotelischen Ethik sich bei aller Verschiedenheit im einzelnen und in der Akzentuierung eng mit Gedanken berühren, die das Platonische Werk tragen, ist in jüngster Zeit mehrfach betont worden, wobei nicht mehr exakt zu klären ist, wieviel Aristoteles daneben etwa den Harmonie- und Maßvorstellungen der griechischen Medizin verdankt. Beides, »Maß« und »Tugendwissen«, sind letztlich Ideale, die man als allzeit gegenwärtige gemeingriechische Wertvorstellungen ansprechen muß: von HOMERS *Ilias* bis hin zur Tragödie begegnen sie immer wieder als natürliche Richtschnur und Inbegriff menschlichen Handelns. Unter diesem Gesichtspunkt ist es keine Übertreibung, die Ethik des Aristoteles geradezu als Quintessenz eines halben Jahrtausends – der »klassischen« Jahrhunderte – griechischer Daseinshaltung und Verhaltensreflexion zu bezeichnen.

E. Sch.

AUSGABEN: Straßburg o. J. [vor 10. 4. 1469] (*Aristotelis ethicorum libri*; lat. Übers. v. Leonardus Brunus Aretinus). – Venedig 1498 (*Ethicorum ad Nicomachum libri X*, in der GA des Aldus Manutius, Bd. 5). – Bln. 1831 (in *Aristoteles Graece*, Hg. I. Bekker, Bd. 2; Nachdr. Bln. 1960, Hg. O. Gigon). – Oxford 1894 (*Ethica Nicomachea*, Hg. I. Bywater; Nachdr. zuletzt 1962). – Lpzg. ³1912, Hg. F. Susemihl u. O. Apelt [m. Bibliogr.]. – Ldn./Cambridge (Mass.) ²1934 (*The Nicomachean Ethics*, Hg. H. Rackham; m. engl. Übers.; Loeb; Nachdr. zuletzt 1950). – Bari 1957 (*Etica Nicomachea*, Hg. A. Plebe).

ÜBERSETZUNGEN: *Les ethiques en francoys*, Nicolaus Oresme, Paris 1488 [frz.]. – *Versuch einer deutschen Übersetzung des achten Buchs der Ethik des Aristoteles*, J. F. G. Delbrück (in *Philos. Magazin*, Hg. J. A. Eberhard, Bd. 2, Halle 1790). – *Die Ethik des Aristoteles in zehn Büchern*, D. Jenisch, Danzig 1791. – *Die Ethik des Aristoteles*, 2 Bde., C. Garve, Breslau 1799–1801. – *Nikomachische Ethik*, E. Rolfes, Lpzg. ²1921 (Philosph. Bibl., N. F., 5). – *Die Nikomachische Ethik*, O. Gigon, Zürich 1951 [m. Einl.]. – *Nikomachische Ethik*, F. Dirlmeier (in *Werke*, Bd. 6, Bln. ²1960; m. Komm. u. Bibliogr.).

LITERATUR: W. Jaeger, *A.*, Bln. 1923, S. 237–270; ²1955. – E. Kapp, *Theorie u. Praxis bei A. u. Platon* (in Mnemosyne, 6, 1938, S. 179–194). – W. D. Ross, *A.*, Ldn. ⁵1949, S. 187–234. – H. H. Joachim, *A.»The Nicomachean Ethics«*, Hg. D. A. Rees, Oxford 1951 [Komm.; frühere Komm. s. Dirlmeier]. – W. Jaeger, *A.'s Use of Medicine as Model of Method in His Ethics* (in The Journal of Hellenic Studies, 77, 1957, S. 54–61; ern. in W. J., *Scripta minora*, Bd. 2, Rom 1960, S. 491–509; dt.: *Medizin als methodisches Vorbild in der Ethik des Aristoteles*, in Zeitschr. f. philos. Forschg., 13, 1959, S. 513–530). – H. J. Krämer, *Arete bei Platon u. A.*, Heidelberg 1959 (Abhandlungen d. Heidelberger Akad. d. Wiss., phil.-hist. Kl., 1959, 6). – G. Müller, *Probleme der aristotelischen Eudaimonielehre* (in MH, 17, 1960, S. 121–143).

METEŌROLOGIKA, auch: *Peri meteōrōn* (griech.; *Meteorologie*). Naturwissenschaftliches Werk in vier Büchern von ARISTOTELES (348–322 v. Chr.), Abfassungszeit unsicher (nach 341 v. Chr.). – Die Bedingungen und Grenzen, innerhalb deren die Aristotelische Meteorologie zu betrachten ist, gibt der Autor selbst im Vorwort an (1, 1): Sie ist ein integrierter Bestandteil seiner gesamten Naturphilosophie und Naturkunde. Ihr voraus liegen seine »Physik«, deren Gegenstand die ersten Ursachen der *physis* (Natur) und die Grundprobleme der Bewegung sind (vgl. die *Physika*) sowie die Astronomie und die Lehre von den Elementen und ihrer Veränderung (vgl. *Peri uranu – Über den Himmel* und *Peri geneseōs kai phthoras – Über Werden und Vergehen*). Fortgesetzt werden soll sie durch eine Darstellung der Zoologie und Botanik (*Peri ta zōa historiai*, *Peri zōōn moriōn*, *Peri zōōn geneseōs*, *Peri zōōn poreias*; daran anschließend *Peri psychēs* und die sogenannten *Parva naturalia – Kleine naturwissenschaftliche Schriften*; verloren ist die Schrift *Peri phytōn – Über die Pflanzen*).

Diesem Programm entsprechend bedeutet »Meteorologie« weit mehr als die heutige Wissenschaft dieses Namens, mehr auch, als der griechische Begriff streng genommen besagt (*meteōra*: »das, was über der Erde ist«); sie umfaßt ebenso Teile der Astronomie wie die Meteorologie im engeren Sinn, dazu das Gebiet der Geophysik und wesentliche Aspekte der Geographie. Diese Eingebundenheit in einen größeren Zusammenhang beruht nicht auf thematischen, sondern auf inhaltlichen Voraussetzungen. Denn der Meteorologie des Aristoteles liegt selbstverständlich das dualistische Weltbild seiner – nach dem Vorbild des EUDOXOS geozentrischen – Kosmologie zugrunde, die das All in zwei streng getrennte Bezirke sondert: einerseits die Gestirnsphären oberhalb des Mondes, die aus der »Äther«-Materie bestehen, andererseits der sublunare Bereich, der von der Mondsphäre bis zum Erdmittelpunkt reicht und aus den niederen Elementen Erde, Wasser, Luft und Feuer gebildet wird (da Aristoteles Milchstraße, Kometen, Meteore usw. für sublunare Phänomene hält, fallen sie also zwangsläufig in seine Disziplin der »Meteorologie«. Auf die Disposition der *Meteōrologika* scheinen diese Voraussetzungen jedoch keinen Einfluß gehabt zu haben; sie ist, nach heutigem Maßstab, nicht eben systematisch zu nennen, wurde freilich trotzdem für alle antiken Nachfolgewerke verbindlich. Buch 1 handelt, nach einer Erklärung der Begriffe und der kosmologischen Grundvorstellungen (Kap. 1–3), von den Vorgängen in der höheren und niederen Atmosphäre (Meteore, Sternschnuppen, Farberscheinungen am Himmel, Kometen, Milchstraße, Kap. 4–8; Wolken, Nebel, Regen, Schnee, Hagel, Kap. 9–12), sodann vom Ursprung der Winde, des Meeres, der Flüsse und schließlich von geographischen Problemen (Kap. 13–14). In Buch 2 ist wieder vom Meer (Kap. 1–3) und den Winden (Kap. 4–6) die Rede; dann wendet sich Aristoteles den geophysikalischen Erscheinungen zu (Erdbeben, Kap. 7–8). Gewitterphänomene wie Donner, Blitz usw. (Buch 2, Kap. 9 – Buch 3, Kap. 1), die verschiedenen Lichterscheinungen des Himmels (Halos, Regenbogen usw., Kap. 2–6), schließlich die Stoffe und Vorgänge im Innern der Erde sind die weiteren Themen (Kap. 6 Ende). Dann bricht der Vortrag unvermittelt ab, und es folgt in dem oft der Unechtheit verdächtigten Buch 4 eine in sich geschlossene Sonderabhandlung über die Aristotelische Chemie, d. h. über die Wechselwirkung der vier Elemente und der vier gegensätzlichen physikalisch-chemi-

schen Grundqualitäten (Warm, Kalt, Trocken, Naß).
Der Eindruck des Werkes auf den neuzeitlichen Leser ist zwiespältig. Auf der einen Seite bringt Aristoteles eine für antike Verhältnisse geradezu unglaubliche Fülle von Beobachtungsmaterial, das sich – über die Jahrhunderte hinweg – eigentlich nur mit Maßstäben moderner »Großforschung« vergleichen läßt. Dieses genau registrierende Beobachten *(theōria)* mit dem Ziel, aus der Masse der Einzeldaten das Gesamtphänomen zu erklären, hat Aristoteles zum Begründer der Meteorologie als einer Fachwissenschaft gemacht (da er mit Eudoxos die Erde für eine Kugel hielt, war er übrigens der Meinung, man könnte die Erde umsegeln, wenn nicht die Weite des Meeres es hindern würde). Auf der anderen Seite wird der Wert dieses riesigen Materials so gut wie annulliert durch das Bestreben, die Ergebnisse der *theōria* jeweils sogleich in einer – heute oft absonderlich anmutenden – Theorie aufzufangen, die mit den sonstigen philosophischen Anschauungen des Autors harmonieren. So kommt es, daß aus der Fülle von Kenntnissen doch keine Erkenntnis wird – es bleibt bei mehr oder weniger unbefriedigenden Erklärungsversuchen. Der Grund hierfür liegt in der für die ganze Antike charakteristischen Scheu vor dem Experiment, verbunden mit der technischen Unfähigkeit zu exakter Messung. Immer wieder beteuert der Autor, »das habe ich selbst gesehen«, »das kann man mit eigenen Augen sehen«; nicht ein einziges Mal dagegen gebraucht Aristoteles eine Formulierung wie »das läßt sich leicht nachprüfen« oder »das kann man durch einen Versuch beweisen«. Und diese antike Grundeinstellung ist – nicht zuletzt aufgrund der Aristotelischen Autorität – bis in die Zeit der Hochrenaissance maßgebend geblieben.

E. Sch.

AUSGABEN: Padua 1474 *(Meteororum libri;* lat.; m. Komm. v. Averroes). – Venedig 1497 (in Bd. 2 der GA des Aldus Manutius). – Cambridge/Mass. 1919 *(Meteorologicorum Libri Quattuor,* Hg. F. H. Fobes). – Göteborg 1944 *(Aristotle's Chemical Treatise. Meteorologica, Book IV,* Hg. I. Düring; m. Komm.; Göteborgs Högskolas Årsskrift, 50, 1944/2). – Ldn./Cambridge (Mass.) 1952 *(Meteorologica,* Hg. H. D. P. Lee; m. engl. Übers.; Loeb).

ÜBERSETZUNGEN: *Meteorologie* (in *Die Lehrschriften,* P. Gohlke, Paderborn 1955). – *Les météorologiques,* J. Tricot, Paris 1955 [frz.; m. Komm.].

LITERATUR: W. Capelle, *Das Proömium der »Meteorologie«* (in Herm, 47, 1912, S. 514–535). – I. Hammer-Jensen, *Das sogenannte IV. Buch der »Meteorologie« des Aristoteles* (in Herm, 50, 1915, S. 113–136). – W. Capelle, Art. *Meteorologie* (in RE, Suppl. 6, 1935, Sp. 315–325; 339–344). – R. Böker, Art. *Winde* (in RE, 8A/2, 1958, bes. Sp. 2215–2265; 2344–2350). – I. Düring, *A. Darstellung und Interpretation seines Denkens,* Heidelberg 1966, S. 385–399.

TA META TA PHYSIKA (griech.; *Die Metaphysik).* Philosophisches Werk in dreizehn Büchern von ARISTOTELES (384–322 v. Chr.); die Entstehung der ersten Teile spannt sich von den Jahren in Assos (348–345) bis in die Zeit des zweiten Athener Aufenthalts (335–322). – Was man heute »Metaphysik« nennt, verdankt seine Bezeichnung einem Mißverständnis, das vermutlich auf ANDRONIKOS aus Rhodos zurückgeht, den zehnten Leiter der peripatetischen Schule nach Aristoteles. Dieser veranstaltete um 70 n. Chr. eine Ausgabe der Lehrschriften des Meisters und ließ darin auf die *Physik* das folgen, was jetzt *Metaphysik* heißt, wörtlich: »die Bücher nach der Physik« *(ta meta ta physika).* Die »Metaphysik« selbst hat Aristoteles als »erste Philosophie« *(prōtē philosophia)* bezeichnet, d. h. als ersten, höchsten und wichtigsten Teil der Philosophie. Wie alle Lehrschriften des Aristoteles ist auch die *Metaphysik* ein »akroamatischer« (zum Hören bestimmter) Text, d. h. ein Vorlesungsmanuskript. Genauer gesagt, handelt es sich um ein ganzes Corpus von Vorlesungsmanuskripten, in dessen verwickelte Entstehungsgeschichte erst in unserem Jahrhundert Werner JAEGER Licht zu bringen begann. Die Hauptmasse ist ein Konvolut von zehn Büchern, das von Aristoteles für den in seiner Spätzeit gehaltene »Metaphysik«-Vorlesung (vielleicht auch erst von Andronikos für seine Edition) zusammengestellt wurde. In diesem kleineren Corpus fehlten das Ende des ersten Buches (das sogenannte Buch α, die Nachschrift einer Aristotelischen Einleitung in die Physik, angefertigt von PASIKLES aus Rhodos, einem Neffen des EUDEMOS aus Rhodos), das vierte Buch *(Δ,* ein philosophisches »Wörterbuch« des Aristoteles, das in alexandrinischer Zeit gesondert veröffentlicht wurde), das Ende des zehnten Buches *(K,* Kap. 9–12, ein vermutlich nicht authentisches Exzerpt aus verschiedenen Teilen der *Physik)* sowie das elfte Buch *(Λ,* ein in sich geschlossener Vortrag über die »Metaphysik« aus den jüngeren Jahren des Aristoteles); diese vier Teile dürften erst seit der Zeit des großen Aristoteles-Kommentators ALEXANDER aus Aphrodisias (Scholarch etwa ab 205 n. Chr.) zum Gesamtcorpus der *Metaphysik* gehören. Doch auch das Konvolut von zehn Büchern ist keineswegs ein abgerundeter Komplex. Es enthält nicht wenig Material aus älterer Zeit, zeigt Dubletten, Brüche, Einschübe, und ob es insgesamt in der späten »Metaphysik«-Vorlesung vorgetragen wurde, ist ebensowenig geklärt wie die Frage, ob in dem Überlieferten tatsächlich die gesamte – möglicherweise unvollendete – Vorlesung enthalten ist. Die Bücher 1–3 *(A, B, Γ),* 5–8 *(E, Z, H, Θ, I)* und 12 *(M)* dürften auf alle Fälle zum Umkreis der Vorlesung gehört haben, wobei Buch *A–B, K* (Kap. 1–8), *M* (Kap. 9 f.) und *N* nach der *communis opinio* eine sogenannte »Urmetaphysik« (Assos) repräsentieren, während *Z, H* und *Θ* wohl eine Zwischenschicht darstellen. Im einzelnen ist die relative Chronologie der verschiedenen Teile nach wie vor sehr umstritten.
Unter diesen Umständen kann natürlich von einer überlegten Disposition nicht die Rede sein. Doch läßt das überlieferte Arrangement – ohne die vier genannten späteren Zusätze – immerhin organischen Plan erkennen. Buch *A* legt das terminologische und philosophiehistorische Fundament; es bringt die Definition des Gegenstands der Untersuchung als »*Wissenschaft von den ersten Prinzipien (archai)* und Ursachen *(aitiai)«* und erörtert die vier »*Ursachen«* des Seienden (Form oder Wesen: *causa formalis;* Stoff oder Substrat: *causa materialis;* Ursache der Bewegung: *causa efficiens;* Zweck: *causa finalis),* als deren wichtigste sich schließlich die beiden ersten herauskristallisieren; der Hauptteil des Buches gilt der Kritik an den Vorgängern des Aristoteles. Auch Buch *B* ist den Prinzipien und Ursachen gewidmet; in einer Reihe von »*Aporien«* werden die Hauptprobleme der »*ersten Philosophie«*

181

vorgeführt. Die fünf ersten dieser »Aporien« werden dann in Buch *Γ* auf der Grundlage einer Diskussion des Satzes vom Widerspruch gelöst. Im Zentrum von Buch *E* steht, wie in *Γ*, die Erörterung des *»Seienden, insofern es ist«*, d. h. des Begriffs »Sein« oder »Existenz«. Die Bücher *Z-Θ*, die als die sogenannten »Substanzbücher« eine Einheit bilden, behandeln – in Erweiterung dieses Seinsbegriffs – das *»Sein«* der *»Dinge«*, d. h. das Problem, inwiefern man von *»Sinnlichem«* ebenso wie von *»Übersinnlichem«*, von *»Vergänglichem«* ebenso wie von *»Ewigem«* sagen kann, es *»sei«*. Buch *I*, das wie eine in sich geschlossene Abhandlung anmutet, greift wieder auf eine der Aporien von *B* zurück (auch Verweise auf Buch *Δ* finden sich) und erörtert die aus der Prinzipienlehre PLATONS bekannten Fragen des *»Seienden«*, des *»Einen«*, des *»Vielen«* und des *»Entgegengesetzten«*. Auch die Bücher *M* (Thema: *»Zahl«* und *»Gestalt«*) und *N* (Thema: das *»Eins«*, die *»Zweiheit«*, die *»Ideenzahlen«*) sind von der Auseinandersetzung mit der Alten Akademie geprägt; man kann geradezu von einer – teils sachlichen (*M*, 1–9), teils ausgesprochen polemischen (*M*, 9 ff.–*N*) – Abrechnung mit Platon und seinen Anhängern (zumal SPEUSIPPOS und XENOKRATES) sprechen.
Es ist fast selbstverständlich, daß eine aufgrund ihrer Entstehung so disparate Schrift stilistisch uneinheitlich ist. In logisch-strenger Argumentation durchgeführte Stücke stehen ohne Übergang neben überaus schwer verständlichen, fast änigmatischen Partien. Doch beruht die Schwierigkeit des Verständnisses kaum weniger als auf der Sprache auf dem Aristotelischen Denken selbst, das dort, wo es mit Mitteln der Abstraktion Gegenstände der Konkretion zu erklären versucht, zwangsläufig ins Dunkel der Spekulation gerät. Das zeigt sich besonders deutlich in dem schwierigen Buch *Λ*, quasi dem »Höhepunkt« der Aristotelischen Transzendenzphilosophie: Hier wird in subtilsten Gedankenprozessen das »Sein« der *»ewigen, unbewegten Seiendheiten«*, d. h. vor allem des göttlichen *»unbewegten ersten Bewegers«* erörtert – und zugleich geraten kosmologische Probleme aus der Astronomie und der Astrophysik in die Diskussion, die den Rahmen dieser »Theologie« nach heutigem Empfinden zu sprengen drohen. Freilich ist gerade diese Diffusität der Aristotelischen »Metaphysik« ein Ausfluß der komplexen Einheit seines – ständig neu bedachten und neu formulierten – Gesamtsystems, das »Physik« und Astronomie genauso umfaßt wie Ontologie und Theologie. Die Erklärung der Planeten- und Sternbewegungen durch göttliches Wirken liegt auf derselben Ebene wie die Interpretation alles Werdens als einer entelechetischen Verwirklichung der durch Stoff und Form gegebenen Möglichkeiten – beidem liegt als ursächliches Prinzip die verändernde Bewegung zugrunde. So kann es auch nicht verwundern, daß in der *Metaphysik* immer wieder Dinge zur Sprache kommen, von denen auch in der *Physik* oder in Schriften wie *Über den Himmel* und *Über Werden und Vergehen* die Rede ist (als besonders eklatantes Beispiel kann etwa das später eingefügte achte Kapitel des Buches *Λ* dienen).
Große Wirkung auf die antike Philosophie war der *Methaphysik* des Aristoteles nicht beschieden. Die Schüler und auch der spätere Peripatos neigten, von THEOPHRAST zum Teil abgesehen, wissenschaftlichen, speziell naturwissenschaftlichen Studien zu; fundierte Ausgabe und Kommentare entstanden, wie erwähnt, erst hoch in der römischen Kaiserzeit,

in einer Periode, als Neuplatonismus und Neupythagoreismus das Feld beherrschten. Auch das Mittelalter war Aristoteles zunächst nicht hold, was gewiß wesentlich an dessen »deistischer« Gottesvorstellung lag. Das änderte sich vom 12. Jh. an, zunächst aufgrund arabischer Übertragungen, dann durch eine rege Tätigkeit lateinischer Übersetzer. Binnen kurzem war Aristoteles nicht nur mit seiner Logik, sondern auch mit seiner »Physik« und seiner »Metaphysik« der kanonische Klassiker der Scholastik – ALBERTUS MAGNUS und THOMAS VON AQUIN wurden seine Meisterschüler und machten in ihren umfassenden Systemen seine Vorstellungen für das Abendland verbindlich.   E. Sch.

AUSGABEN: Venedig 1498 (in Bd. 4 der GA des Aldus Manutius). – Tübingen 1847/48 (*Die Metaphysik*, Hg. A. Schwegler; 4 Bde.; m. Übers. u. Komm.; Nachdr. Ffm. 1960). – Bonn 1848/49 *Metaphysica*, Hg. H. Bonitz, 2 Bde. [m. Komm.]; Nachdr. Hildesheim 1960. – Oxford 1924 (*Metaphysics*, Hg. W. D. Ross, 2 Bde.; m. Komm.). – Ldn./Cambridge (Mass.) 1933–1935 (*The Metaphysics*, Hg. H. Tredennick, 2 Bde.; m. engl. Übers.; Loeb; Bd. 2: ²1936; Nachdr. zul. 1956–1958). – Oxford 1957 (*Metaphysica*, Hg. W. Jaeger; Nachdr. zul. 1963).

ÜBERSETZUNGEN: *Erstes Buch der Aristotelischen Metaphysik*, G. G. Fülleborn (in G. G. F., *Beiträge zur Geschichte der Philosophie*, 2. Stück, Zillichau 1792). – *14 Bücher Metaphysik*, J. Rieckher (in *Werke*, Abt. 5, 4 Bde., Stg. 1860). – *Metaphysik*, H. Bonitz, Hg. E. Wellmann, Bln. 1890. – Dass., E. Rolfes, 2 Bde., Lpzg. ²1921. – Dass., A. Lasson, Jena ²1924. – Dass., W. Nestle (in *Hauptwerke*, Stg. 1953; Ausw.; zul. 1963; Kröners Taschenausg., 129). – *La métaphysique*, J. Tricot, 2 Bde., Paris ²1953 [frz.; m. Komm.]. – *Metaphysik*, F. Bassenge, Bln. 1960. – *Metaphysics*, H. G. Apostle, Bloomington/Ldn. 1966 [engl.; m. Komm.].

LITERATUR: W. Jaeger, *Studien zur Entstehungsgeschichte der »Metaphysik« des A.*, Bln 1917. – H. E. Cherniss, *Aristotle's Criticism of Presocratic Philosophy*, Baltimore 1935. – Ders., *Aristotle's Criticism of Plato and the Academy*, Bd. 1, Baltimore ²1946. – I. Düring, *Von A. bis Leibnitz* (in Antike und Abendland, 4, 1954, S. 118–154). – F. van Steenbergen, *Aristotle in the West*, Löwen 1955. – W. Jaeger, *A. Grundlegung einer Geschichte seiner Entwicklung*, Bln. ²1955. – Ph. Merlan, *Metaphysik. Name und Gegenstand* (in Journal of Hellenic Studies, 77, 1957, S. 87–92). – W. Theiler, *Die Entstehung der »Metaphysik« des A. mit einem Anhang über Theophrasts »Metaphysik«* (in MH, 15, 1958, S. 85–105) – W. J. Verdenius, *Traditional and Personal Elements in Aristotle's Religion* (in Phronesis, 5, 1960, S. 56–70). – P. Wilpert, *Zur Interpretation von »Metaphysik« Z 15* (in AGPh, 42, 1960, S. 130 bis 158). – L. Elders, *Aristotle's Theory of the One. A Commentary on Book X of the »Metaphysics«*, Assen 1961. – G. Reale, *Il concetto di filosofia prima*, Mailand ²1965. – I. Düring, *A. Darstellung u. Interpretation seines Denkens*, Heidelberg 1966, S. 183–290; 586–622.

ORGANON (griech.; *Werkzeug*). Die aus verschiedenen Einzelschriften zusammengesetzte »Logik« des ARISTOTELES (384–322 v.Chr.). – Titel und Zusammenstellung sind gleichermaßen nicht dem Autor zuzuschreiben, sondern der peripatetischen

Schultradition (vielleicht dem Herausgeber ANDRONIKOS aus Rhodos, 1. Jh. v.Chr.). Doch bekundet der Name zweifelsohne die bescheidene Einschätzung, die Aristoteles, bei allem Stolz auf seine Leistung, der von ihm geschaffenen (Formal-) Logik beigemessen hat: Sie ist nur Hilfmittel propädeutischen Charakters zur eigentlich philosophischen und wissenschaftlichen Erkenntnis.
Das gesamte, systematisch geordnete Corpus enthält fünf Werke: 1. die *Katēgoriai (Kategorien)*, von den zehn grundlegenden Aussageweisen; 2. die Schrift *Peri hermēneias (Vom Satz)*, von den Gliedern und Aussageformen des Satzes; 3. die → *Analytika (Analytik)*, aufgeteilt in zwei Bücher *Erste Analytik* und zwei Bücher *Zweite Analytik*, jene der Lehre vom Schluß (Syllogismus) im allgemeinen gewidmet, diese dem wissenschaftlichen Beweis, d. h. dem apodiktischen Schluß; 4. die → *Topik (Topik)* in acht Büchern, über den dialektischen, d. h. zwar in sich schlüssigen, aber auf nicht erwiesenermaßen wahren Voraussetzungen basierenden Syllogismus; 5. die *Sophistikoi elenchoi (Sophistische Widerlegungen)*, von den Trugschlüssen. Die scheinbare systematische Einheit, die diese Abfolge repräsentiert, ist in dreifacher Weise trügerisch: zum einen, weil sie vom Autor weder als Gesamtheit geplant noch als systematischer Aufbau konstruiert wurde; zum zweiten, weil bei einigen Einzelschriften sogar die Autorschaft des Aristoteles entschieden in Frage zu stellen ist (wenngleich das verwertete Material authentisch sein dürfte), so bei den *Kategorien* und unter Umständen bei *Peri hermēneias*; zum dritten schließlich, weil das Ganze alles andere als einen einheitlichen, aus einem Guß geformten Entwurf zu einem Gebäude der Logik darstellt, vielmehr aus zu verschiedenen Zeiten entstandenen – und dementsprechend verschiedene Phasen, Formen und Ergebnisse der Aristotelischen Logalphilosophie enthaltenden – Einzelstücken besteht, die zudem im Grad der Ausarbeitung Unterschiede aufweisen.
Eine der wichtigsten Aufgaben der philologischen Forschung besteht daher in der Ausarbeitung einer relativen Chronologie (für die absolute Chronologie fehlen vielfach Indizien, die ausdrücklichen Hinweise spielen auf Daten während der Akademiejahre, 367/347, und des Wirkens in Assos, 347/344, an). Die groben Umrisse dieser relativen Chronologie dürfen heute als fixiert gelten. Demnach stehen am Beginn der *Topika* und die *Sophistischen Widerlegungen*; zur selben Schicht gehören die *Kategorien*; in *Peri hermēneias* und in Buch 2 der *Zweiten Analytik* glaubt man eine neue Stufe erkennen zu können, die unmittelbare Vorstufe des ausgefeilten syllogistischen Systems, das den Hauptteil von Buch 1 der *Ersten Analytik* ausmacht; derselben Zeit wie Buch 1 der *Ersten Analytik* scheint Buch 1 der *Zweiten Analytik* anzugehören; eine letzte Schicht bilden die Kapitel 8–22 von Buch 1 sowie Buch 2 der *Ersten Analytik*. In dieser Genese verkörpert sich ein Fortschritt von versierter Analyse der logischen Erscheinungen zur Ausbildung eines festen Systems der – assertorischen – Syllogistik, begleitet von der bahnbrechenden Erfindung der variablen Größen (A, B usw.), und endlich zur Entwicklung der Modallogik, die mit einer philosophischen Reflexion auf die gesamte formale Syllogistik parallel geht.
Die Leistung, die Aristoteles mit der Summe dieser Schriften vollbracht hat – Schaffung der formalen Logik als Disziplin, Entwicklung des ersten formallogischen Systems, Errichtung eines fehlerlosen Gebäudes der Syllogistik, umfassender Entwurf einer Modallogik, Ansätze zu einer Aussagenlogik (nach Bocheński) –, steht in der abendländischen Geistesgeschichte einzigartig da: denn dieses Werk ist nicht nur bahnbrechend und ohne Vorläufer, sondern zugleich in einem Maße vollkommen, daß eine mehr als zweitausendjährige Nachwelt auf dem Feld der hier behandelten Disziplinen nur Beiläufig-Ergänzendes hinzuzufügen hatte. E. Sch.

AUSGABEN: Neapel o. J. [ca. 1473–1478], Hg. Sixtus Riessinger [lat.; fehlen *Erste Analytik*; *Topika*; *Sophistikoi elenchoi*]. – Venedig 1481, Hg. Philippus Petri [lat.]. – Venedig 1495 (*Organon*, in Bd. 1 der GA des Aldus Manutius). – Bln. 1831 (in *Opera*, Hg. I. Bekker, Bd. 1; ²1960, Hg. O. Gigon). – Ldn./Cambridge (Mass.) 1938 (*The Categories. On Interpretation*, Hg. H. P. Cooke; *Prior Analytics*, Hg. H. Tredennick; m. engl. Übers.; Loeb; mehrere Nachdr.). – Ebd. 1960 (*Posterior Analytics*, Hg. H. Tredennick; *Topica*, Hg. E. S. Forster; m. engl. Übers.; Loeb). – Ebd. 1955 (*On Sophistical Refutations*, Hg. E. S. Forster; m. engl. Übers.; Nachdr. 1965). – Oxford 1949 (*Categoriae et liber de interpretatione*, Hg. L. Minio-Paluello; Nachdr. zul. 1966). – Oxford 1964 (*Analytica priora et posteriora*, Hg. W. D. Ross u. L. Minio-Paluello). – Oxford 1958 (*Topica et Sophistici elenchi*, Hg. W. D. Ross; Nachdr. 1963). – Oxford ²1957 (*Prior and Posterior Analytics*, Hg. W. D. Ross; m. Komm.). – Paris 1967 (*Topiques*, Bd. 1, Hg. J. Brunschwig; m. frz. Übers.; enth. Buch 1–4).

ÜBERSETZUNGEN: in *Althochdeutsche, dem Anfang des 11. Jahrhunderts angehörige Übersetzung und Erläuterung der Aristotelischen Abhandlungen: Kategoriai und Peri hermēneias*, Hg. E. G. Graff, Bln. 1837. – *Die Kathegorien*, Salomon Maimon, Bln. 1794. – *Organon, oder Schriften zur Logik*, K. Zell (in *Werke*, Tl. II, Bd. 1–8, Stg. 1836–1862). – *Topik (Disputirkunst) | Das Organon*, H. Bender (in *Werke*, Lfg. 40–45 u. 46–53, Stg. 1872/73 u. ö.). – *Organon*, H. v. Kirchmann, Heidelberg 1883. – Dass., E. Rolfes, 2 Bde., Lpzg. 1925; ¹/²1918 bis 1925; Nachdr. 1948 (Philosophische Bibliothek, 8–13). – Dass., G. Colli, Turin 1955 [ital.; m. Komm.]. – *Categories and De interpretatione*, J. L. Ackrill, Oxford 1963 [engl.; m. Komm.].

LITERATUR: A. Bonitz, Über die »*Kategorien*« *des A.* (in SPAW, phil.-hist. Kl., 10, 1853, S. 591–645; ern. Darmstadt 1967). – P. Petersen, *Geschichte der Aristotelischen Philosophie im protestantischen Deutschland*, Lpzg. 1921; Nachdr. Stg.-Bad Cannstatt 1964. – H. v. Arnim, *Das Ethische in A.' »Topik«*, Wien/Lpzg. 1927 (SWAW, phil.-hist. Kl., 205/10). – A. Bekker, *Die Aristotelische Theorie der Möglichkeitsschlüsse*, Bln. 1933 (Diss. Münster 1932); ern. Darmstadt 1968. – J. L. Stocks, *The Composition of Aristotle's Logical Works* (in Classical Quarterly, 27, 1933, S. 115–124). – J. M. Bocheński, *Ancient Formal Logic*, Amsterdam 1951. – J. Lohmann, *Vom ursprünglichen Sinn der aristotelischen Syllogistik* (in Lexis, 2, 1950/51, S. 205–236). – C. A. Viano, *La logica di Aristotele*, Turin 1955. – J. M. Bocheński, *Formale Logik*, Freiburg i. B./Mchn. 1956, S. 47–114. – G. Patzig, *Die aristotelische Syllogistik*, Göttingen 1959 (Abh. d. Ak. d. Wiss. Göttingen, phil.-hist. Kl., III/42). – J. Łukasiewicz, *Aristotle's Syllogistic*, Oxford ²1963. – S. McCall, *Aristotle's Modal Syllogisms*, Amsterdam 1963. – W. A. de Prater, *Les »Topiques« d'Aristote et la dialectique platonicienne*, Fribourg

1965. – I. Düring, A. Darstellung und Interpretation seines Denkens, Heidelberg 1966, S. 53–109. – C. Negro, La sillogistica di Aristotele, Bologna 1967. – G. Calogero, I fondamenti della logica aristotelica, Florenz ²1968. – Aristotle on Dialectics – The »Topics«. Proceedings of the Third Symposium Aristotelicum, Hg. G. E. L. Owen, Oxford 1968.

PERI GENESEŌS KAI PHTHORAS (griech.; Über das Werden und Vergehen). Physikalische Schrift in zwei Büchern von ARISTOTELES (384 bis 322 v. Chr.), durch ihren ersten Satz als unmittelbare Fortsetzung des vierten Buchs von Peri uranu (Über den Himmel) gekennzeichnet. – Das Werden und Vergehen, das in Peri uranu als charakteristisch für die sublunare Welt der vier Elemente herausgearbeitet wurde, wird hier im ersten Buch zunächst unter theoretischen, im zweiten unter physikalischen Gesichtspunkten untersucht.

Im Zentrum steht der von Aristoteles geschaffene Begriff der hylē, der Materie: Sie erklärt das ununterbrochene Entstehen und Vergehen der Dinge, sie liegt allem Werden zugrunde. Bleibt sie wahrnehmbar und bestehen, nimmt jedoch andere Eigenschaften an, so vollzieht sich eine Veränderung; ändert sich das Ganze, ohne daß etwas Wahrnehmbares als identisch bestehen bleibt, so spricht man von Entstehung. Ermöglicht wird beides durch den Doppelcharakter der hylē, die einerseits als konkret Existierendes, andererseits als der Mangel sämtlicher Eigenschaften, d. h. nicht existierend erscheint (Zentralstelle: Buch 1, 3; 318a 9–319a 17).

Physikalisch vollziehen sich die Vorgänge durch Berührung und wechselseitige Aktion und Reaktion (haphē; poiein kai paschein). Allen wahrnehmbaren Körpern liegt eine hylē zugrunde, die nicht getrennt, sondern nur mit einem Gegensatz verbunden existiert, aus dem die vier Elemente (Erde, Wasser, Luft, Feuer) entstehen. Unter diesen findet ein beständiger Kreislauf statt, wobei das warm-feste Feuer in warm-fließende Luft, diese in kalt-fließendes Wasser, das Wasser in kalt-feste Erde, diese wiederum in warm-festes Feuer übergehen, unter jeweiliger Wandlung von einer der beiden Eigenschaften. Ursache alles Entstehens und Vergehens ist die Rotation der Fixsternsphäre und die Bewegung der Sonne in der Ekliptik. Der ewige Wechsel von Leben und Tod im Lauf der Jahreszeiten bildet den Umschwung des Himmels und letztlich den »Ersten Beweger« nach – die ununterbrochene Kontinuität des Werdens ist die größte Annäherung an das ewige Sein.

Die ganze Schrift, die gewissermaßen eine Chemie und Biochemie a priori konstruiert, nimmt nur selten Bezug auf wahrnehmbare Fakten. So konnte SCHOPENHAUER in seinen Parerga und Paralipomena mit Recht von einem extremen Beispiel der rein spekulativen Naturbetrachtung sprechen, gegen die sich die neuere Naturwissenschaft seit Francis BACON so heftig gewandt hat. D. Ma.

AUSGABEN: Padua 1474 (De generatione et corruptione; lat. Übers., m. Komm. v. Averroes). – Venedig 1497 (in der GA des Aldus Manutius, Bd. 2). – Bln. 1831 (in Opera, Hg. I. Bekker, Bd. 1; ²1960, Hg. O. Gigon). – Ldn. 1922 (On Coming-to-Be and Passing-Away, Hg. H.-H. Joachim; m. Komm.). – Ldn./Cambridge (Mass.) 1955 (On Sophistical Refutations. On Coming-to-Be and Passing-Away, Hg. E. S. Forster; m. engl. Übers.; Loeb; Nachdr. 1965). – Paris 1966 (De la génération et de la corruption, Hg. Ch. Mugler; m. frz. Übers.).

ÜBERSETZUNG: Zwei Bücher über Entstehen und Vergehen, C. Prantl (in Werke, Bd. 2, Lpzg. 1857; griech.-dt.).

LITERATUR: F. Solmsen, Aristotle's System of the Physical World, Ithaca/N.Y. 1962, S. 321–389 (Cornell Studies in Classical Philology, 33). – G. A. Seeck, Über die Elemente in der Kosmologie des A., Mchn. 1964 (Zetemata, 34). – I. Düring, A. Darstellung u. Interpretation seines Denkens, Heidelberg 1966, S. 346–385; 633f. [m. Bibliogr.]. – W. J. Verdenius u. J. H. Waszink, Aristotle on Coming-to-Be and Passing-Away. Some Comments, Leiden ²1966. – I. Düring, Art. A. (in RE, Suppl. 11, 1968, Sp. 243; 245–247).

PERI PSYCHĒS (griech.; Über die Seele). Psychologische Lehrschrift in drei Büchern von ARISTOTELES (384–322 v. Chr.). – Der überlieferte Zustand der Schrift läßt zwei verschiedene Fassungen erkennen: In einem früheren Ansatz legt der Philosoph das Schwergewicht auf die physiologischen Erscheinungen des Seelischen, für die der Naturforscher zuständig ist, eine allgemeine Definition der Seele wird abgelehnt: »Lächerlich ist es, die allgemeine Definition zu suchen« (2, 3; 414 b 25). Neue Einleitungen und Zusätze bringen dann auch die philosophischen Fragestellungen zu ihrem Recht, vor allem im Zusammenhang mit dem Denkvermögen (noein; 3, 4–8), und bemühen sich gerade um die Allgemeindefinition: »Die Seele ist die erste Aktualität eines natürlichen Körpers, der potentiell Leben hat und mit Organen ausgestattet ist« (2, 1; 412 a 28 ff.). In dieser Schwerpunktverlagerung drückt sich kein grundsätzlicher Wandel der Aristotelischen Anschauungen aus; auch hier steht am Anfang die Betonung des eigenen Ansatzes, nämlich die Bevorzugung des physischen Aspekts gegenüber Platonischen Positionen, wie sie etwa auch in den frühen Abschnitten der Physikē akroasis (Physik) und von Peri uranu (Über den Himmel) zum Ausdruck kommt. Die wohl erst um Jahre später vorgenommene Bearbeitung diente dann dazu, die vorwiegend biologische Seelenlehre in die Aristotelische Gesamtphilosophie einzuordnen.

Insgesamt läßt das Werk etwa folgende Gliederung erkennen: Buch 1 erörtert Bedeutung und Schwierigkeit des Gegenstandes sowie die früheren Theorien darüber. Buch 2 gibt erst Definitionen der Seele, die anschließend als ein biologisches Phänomen in ihren vegetativen Funktionen untersucht wird, Buch 3 geht dann zur Behandlung des Denkvermögens in seinem Verhältnis zu Willen und Wahrnehmung über. Aristoteles findet in der Tradition Übereinstimmung darüber, die Seele als Organ der Bewegung und Wahrnehmung, als nichtkörperliche oder doch am wenigsten körperliche aller Substanzen aufzufassen. Abzulehnen sind nach ihm: die Annahme einer räumlichen Bewegung der Seele, die sich mechanisch dem Körper mitteilt; die Annahme eines Erkenntnisvermögens, das aus der Zusammensetzung der Seele aus den gleichen Elementen wie die Wirklichkeit entspringt; die Annahme der völligen Unkörperlichkeit einer Seele, die doch das ganze physische Universum durchdringt. Neben diesen vor allem von PLATON vertretenen Anschauungen weist Aristoteles auch die Pythagoreische Lehre von der Seele als Harmonie der physischen Bestandteile zurück, die schon Platon im *Phaidōn* kritisiert hatte.

Das entscheidende Neue der Aristotelischen Seelenlehre besteht in der methodischen Analyse der Äußerungen des Seelischen, von denen aus auf die unsichtbare Ursache zurückgeschlossen wird. Anders als bei Platon, der die Seelenteile – Verstand, Wille, Begierde – in den Vordergrund stellt, sind für Aristoteles die Vermögen *(dynameis)* der Seele wichtig, das vegetative Lebensprinzip *(psychē threptikē)*, das Wahrnehmungsvermögen *(psychē aisthētikē)* und die »Vernunftseele« *(psychē noētikē)*, die nacheinander bei Pflanze, Tier und Mensch auftreten, wobei die jeweils vorhergehenden Stufen in der folgenden mit inbegriffen sind. Allein das letzte Vermögen, der Geist *(nus)*, der in einen schaffenden und einen erleidenden *nus (nus poiētikos, nus pathētikos)* differenziert wird, ist abtrennbar vom Körper und somit unsterblich. Seine Tätigkeit kann sowohl theoretischer wie praktischer Natur sein *(nus theōrētikos, nus praktikos)*; die sinnliche Wahrnehmung liefert mit ihren Vorstellungsbildern *(phantasiai)*, die das Gedächtnis aufbewahrt, hierfür die Voraussetzungen.

Während Aristoteles in *Peri psychēs* vorwiegend als Naturforscher Psychologie betreibt, scheint er in dem nur in wenigen Fragmenten überlieferten Dialog *Eudemos oder Von der Seele* die rein menschlichen Seelenprobleme, vor allem auch die volkstümlichen Vorstellungen darüber, ausführlich behandelt zu haben. Aus der historischen Rückschau betrachtet, sind es aber gerade die empirischen Teile seiner Lehre, die als erste Schritte auf dem Weg zur modernen Psychologie aufzufassen sind.

D. Ma.

AUSGABEN: Padua 1472 [lat. Übers.; m. Komm. v. Averroes]. – Venedig 1497 (in der GA des Aldus Manutius, Bd. 3). – Bln. 1831 (in *Opera*, Hg. I. Bekker, Bd. 1; ²1960, Hg. O. Gigon). – Bln. 1877 *(De anima libri tres*, Hg. F. A. Trendelenburg; m. Komm.; Nachdr. Graz 1957). – Cambridge 1907 *(De anima*, Hg. R. D. Hicks; m. Komm. u. engl. Übers.; Nachdr. Amsterdam 1965). – Oxford 1956 *(De anima*, Hg. W. D. Ross; Nachdr. zul. 1963). – Ebd. 1961 (Dass., Hg. ders.; m. Komm.). – Rom 1965 (*Tractatus de anima*, Hg. P. Siwek S. J.; m. Komm., lat. Übers. u. Bibliogr.). – Paris 1966 (*De l'âme*, Hg. A. Jannone; m. frz. Übers. v. E. Barbotin).

ÜBERSETZUNGEN: *Über die menschliche Seele*, M. W. Voigt, Ffm./Lpzg. 1794. – *Von der Seele und von der Welt*, Ch. H. Weise, Lpzg. 1829. – *Drei Bücher von der Seele*, F. A. Kreuz (in *Werke*, Abt. III, Bd. 1, Stg. 1847). – *Das Buch über die Seele*, J. H. v. Kirchmann, Bln. 1871. – *Das erste/zweite/dritte Buch der aristotelischen Schrift über die Seele*, E. Essen, 3 Bde., Jena 1892–1896. – *Über die Seele*, E. Rolfes, Bonn 1901 [m. Komm.]. – Dass, A. Busse, Lpzg. ²1922; Nachdr. 1937. – Dass., A. Lasson, Jena 1924. – *Von der Seele*, O. Gigon (in *Vom Himmel...*, Zürich 1950). – *Über die Seele*, W. Theiler, Darmstadt 1959 (m. Komm. u. Bibliogr.; ern. Hbg. 1968, RKl 226/227).

LITERATUR: J. I. Beare, *Greek Theories of Elementary Cognition*, Oxford 1906; Nachdr. Dubuque/Iowa 1964. – F. Nuyens, *L'évolution de la psychologie d'Aristote*, Löwen 1948. – G. Soleri, *L'immortalità dell'anima in Aristotele*, Turin 1952. – A. Mansion, *L'immortalité de l'âme et de l'intellect d'après Aristote* (in Revue Philosophique de Louvain, 51, 1953, S. 445–472). – F. Solmsen, *Antecedents of Aristotle's Psychology and Scale of Beings* (in AJ Ph, 76, 1955, S. 148–164). – D. A. Rees, *Bipartition of the Soul in the Early Academy* (in Journal of Hellenic Studies, 47, 1957, S. 112–118). – Ders., *Theories of the Soul in the Early Aristotle* (in *Aristotle and Plato in the Mid-fourth Century*, Hg. I. Düring u. G. E. L. Owen, Göteborg 1960, S. 191–200). – W. Theiler, *Vermutungen zu A. »Über die Seele«* (in *Studi in onore di Luigi Castiglioni*, Bd. 2, Florenz 1960, S. 1003–1009). – K. Oehler, *Die Lehre vom noetischen und dianoetischen Denken bei Platon und A.*, Mchn. 1962 (Zetemata, 29; m. Bibliogr.). – C. Shute, *The Psychology of Aristotle*, NY ²1964. – I. Düring, *A. Darstellung und Interpretation seines Denkens*, Heidelberg 1966, S. 554–585; 635 [m. Bibliogr.]. – Ders., Art. *A.* (in RE, Suppl. 11, 1968, Sp. 252–254).

PERI POIĒTIKĒS (griech.; *Von der Dichtkunst*).

Die »Poetik« des ARISTOTELES (384–322 v. Chr.), zum Spätwerk des Philosophen gehörend (wahrscheinlich in die Nähe der *Technē rhētorikē* – *Rhetorik*). – Aus verschiedenen Vorverweisen und aus der Form des Schlusses der *Poetik* geht hervor, daß ursprünglich eine Fortsetzung des Werks – wohl in Gestalt eines zweiten Buches – existierte oder doch wenigstens vorgesehen war; auch ging der *Poetik* einst ein heute verlorener Dialog *Peri poiētōn (Über die Dichter)* voraus, auf den in der *Poetik* direkt verwiesen wird und der inhaltlich eng mit ihr verbunden gewesen sein dürfte. In der überlieferten Fassung machen manche Stellen den Eindruck späterer Einschübe – meist ergänzender Notizen –, doch ist eine saubere Scheidung aller verdächtigen Partien vom originalen Kontext nicht möglich. Im ganzen legt der heutige Zustand der Schrift nahe, in ihr etwas literarisch Unfertiges, etwa ein Rohkonzept oder eine Gedächtnishilfe (beispielsweise für eine akademische Vorlesung) zu erblicken, in das dann aufgrund neuer Auseinandersetzung mit dem Thema laufend weiteres Material eingearbeitet wurde.

Die Schrift *Von der Dichtkunst* will, wie es wörtlich heißt, »*von der Dichtkunst als solcher ..., ihren Gattungen und deren verschiedenen Wirkungen, ferner davon, wie man die Erzählungen aufbauen muß, wenn die Dichtung schön werden soll, außerdem, aus wie vielen und welchen Teilen eine Dichtung besteht und was schließlich noch zu diesem Gegenstand gehört*« handeln. Gemeinsamer Nenner aller Dichtungsgattungen wie auch der Musik ist nach Aristoteles, daß sie – in je verschiedener Weise und mit unterschiedlichen Mitteln – auf Nachahmung beruhen: Damit wird die Nachahmung *(mimēsis)* zum obersten Prinzip der Dichtung, das über allen differenzierenden Kriterien wie Prosa oder gebundener Rede, Art des Versmaßes, Vorhandensein oder Fehlen des musikalischen Elements, ja selbst über dem grundlegenden Unterschied zwischen epischer Berichterstattung und dramatischer Repräsentation eines Geschehens steht. Der Nachahmungstrieb, den der Menschen von Geburt an innewohnt und in ihm mehr als in allen anderen Lebewesen entwickelt ist, hat überhaupt erst das Phänomen »Dichtung« ermöglicht. Ein weiterer Faktor beim Entstehen von Dichtung ist die Freude des Menschen an den Produkten dieser Nachahmung, ein Vergnügen, das sich etwa darin zeigt, daß wir Abbildungen von Leichnamen oder häßlichen Tieren, die uns in der Realität ab-

stoßen, als Kunstwerke ohne Scheu, ja sogar gern betrachten.
Nach diesen Präliminarien kommt Aristoteles zu seinem eigentlichen Thema: Ausgehend von HOMER, in dem er den Ahnherrn der Tragödie (durch *Ilias* und *Odyssee*) wie der Komödie (aufgrund des ihm zugeschriebenen *Margitēs*) erblickt, gibt er zunächst eine kurze Entwicklungsgeschichte der Tragödie. Seine Ausführungen über deren Anfänge aus der Improvisation, speziell von den »Vorsängern« – oder nach anderer Auffassung »Anstimmern« – des Dithyrambos, sind von der modernen Forschung sehr verschieden eingeschätzt worden. Die Komödie, deren Anfänge Aristoteles mit phallischen Feiern zusammenbringt, wird als »*Nachahmung von Gemeinerem ..., des Lächerlichen, das ein Teil des Häßlichen ist*«, charakterisiert; die vom Autor in diesem Zusammenhang angekündigte ausführlichere Behandlung der Komödie fehlt allerdings im erhaltenen Text. Von größter Bedeutung geworden ist die anschließende Wesensbestimmung der Tragödie: »*Die Tragödie ist die Nachahmung einer edlen und abgeschlossenen Handlung von einer bestimmten Größe in gewählter Rede, derart, daß jede Form solcher Rede in gesonderten Teilen erscheint und gehandelt und nicht berichtet wird und daß mit Hilfe von Mitleid und Furcht eine Reinigung von eben derartigen Affekten bewerkstelligt wird.*« (Neuerdings übersetzt man die griechischen Begriffe *eleos* und *phobos* statt mit »Mitleid« und »Furcht« mit den wohl adäquateren Ausdrücken »Jammer« und »Schauder«.) Die Forschung der letzten Jahrzehnte hat den Sinn dieser »kathartischen« Wirkung der Tragödie zunehmend konkreter erschlossen: Es handelt sich dabei um eine Entlehnung aus der Medizin, wo *katharsis* eine purgierende Ausscheidung des Körpers bezeichnet. Die »reinigende« Wirkung der Tragödie stellt demnach »*eine mit Lust verbundene Erleichterung von den in ihr erregten Affekten*« dar (Lesky).
Unter den sechs Teilen der Tragödie – »*Mythos, Charakter, Rede, Absicht, Szenerie und Musik*« – erkennt Aristoteles im Mythos, d. h. der »Nachahmung der Handlung«, den wichtigsten, weil charakteristischen Bestandteil. Daneben gebührt aber auch dem Charakter und den »Absichten« der Agierenden ein vorderer Platz bei der Beurteilung. Im Bereich der Handlung sind die Peripetie (entscheidender Umschwung) und die Anagnorisis (Wiedererkennung) herausragende Komponenten. Für die Tragödie wird »*die Nachahmung einer vollständigen und ganzen Handlung ... und zwar von einer bestimmten Länge*« gefordert. Die Einheit des Mythos einer Dichtung kann jedoch nicht durch Beschränkung auf einen einzigen Helden gewährleistet werden; als positives Gegenbild nennt Aristoteles das selektive Verfahren HOMERS in der *Odyssee*. Der fundamentale Unterschied aller Dichtung gegenüber der Geschichtsschreibung liegt nicht in Unterschieden der Form (wie etwa der gebundenen Rede der Dichtung), sondern darin, daß diese berichtet, was geschehen *ist*, der Dichter dagegen, »*was geschehen könnte und was möglich nach Angemessenheit und Notwendigkeit*«. Darauf gründet Aristoteles sein Kunsturteil, daß Dichtung bedeutender, da »philosophischer« sei als Historie und mehr vom »Allgemeinen« handle, während diese vorwiegend dem Einzelereignis verhaftet bleibe (das wird später, in Kap. 25, wieder aufgenommen, wenn Aristoteles der Dichtung eine eigene Gesetzlichkeit zubilligt, innerhalb deren man »*das Unmögliche, aber Wahrscheinlichere vorzüglicher als das Mögliche, das unglaubhaft ist*«, bewerten müsse). In der weiteren Folge setzt der Autor einfache gegen verschlungene Handlungen ab, markiert den Unterschied zwischen der Verknüpfung des dramatischen Anlasses und seiner Lösung, erörtert die schon erwähnten dramaturgischen Konstituentien Peripetie und Anagnorisis und zählt schließlich die einzelnen formalen Bestandteile der Tragödie auf.
An der Besprechung der spezifisch dramatischen Gestaltung des Mythos ist von besonderem Interesse, daß die ideale tragische Gestalt nach Aristoteles nicht »*durch Schlechtigkeit und Gemeinheit ins Unglück gerät, sondern dies erleidet durch irgendeinen Fehler*«. Der Untergang des Verbrechers ist nicht zur Erregung von »Schauder« und »Jammer« geeignet, da hierbei dem Zuschauer die Basis des Vergleichs mit dem eigenen Geschick entzogen würde. Hinsichtlich der Gestaltung der Charaktere fordert Aristoteles, die Figuren müßten »*edel, angemessen, der Überlieferung ähnlich*« und »*in sich gleichmäßig*« sein: Die Iphigenie, die im Feldlager um ihr Leben fleht, ist unvereinbar mit der opfermütigen Heldenjungfrau in einer späteren Partie des gleichen Stückes (der *Iphigeneia hē en Aulidi – Iphigenie in Aulis* des EURIPIDES).
Die Behandlung der Sprachform der Tragödie (Kap. 19 ff.) gibt dem Autor Anlaß zu einem sprachwissenschaftlichen Exkurs über die verschiedenen Redeteile vom Buchstaben bis zum Satz. Im Hauptteil interessieren dann besonders die Feststellungen über den stilistischen Wert von »Glossen« (hier: obsolete oder fremdartige, zum Teil mundartliche Wörter), Metaphern und Nominalkompositionen: Werden diese Worttypen außerhalb bestimmter Dichtungsgattungen oder im Übermaß verwendet, so verleihen sie einer Dichtung eine barbarische oder rätselhafte Note.
Den Schluß der Abhandlung bilden vier Kapitel (23-26) über das Epos. Wiederum wird zunächst die Dichtung gegenüber der Geschichtsschreibung abgegrenzt: Wo im Epos die Einheit der Handlung steht, habe sich der Historiker an diejenige einer Zeit zu halten. Mit hohem Kunstverstand kontrastiert Aristoteles die weise Beschränkung Homers in der *Ilias* auf einen schmalen, aber einheitlichen Ausschnitt aus dem Krieg um Troia mit dem Vorgehen der Dichter des *Epikos kyklos* (*Epischer Zyklus*); allein aus den *Kypria* könnte man mehrere Tragödienhandlungen gewinnen. Bei dem abschließenden kritischen Vergleich zwischen erzählender und dramatischer Dichtkunst fällt die Palme der Dramatik zu; denn sie »*erreicht das Ziel der Nachahmung bei einem geringeren Umfang*«, sie ist vielseitiger im Versmaß und verfügt auch über Musik und Szenerie als zusätzliche Mittel, den Menschen zu erfreuen, ohne doch beim bloßen Lesen an Klarheit einzubüßen.
Aus heutiger Sicht betrachtet, hinterläßt die Aristotelische *Poetik* einen recht zwiespältigen Eindruck. Neben vielen Anliegen, die immer noch aktuell sind, und vielen Wertungen, die man heute noch gutheißen würde, gibt es auch eine ganze Reihe von Äußerungen, denen man mit Befremden gegenübersteht. Die Unterscheidung der literarischen Gattungen erfolgt nach Kriterien von ganz unterschiedlicher Relevanz: Recht Äußerliches steht hier neben, manchmal sogar vor Entscheidendem. Für eine in der griechischen und europäischen Literatur so zentrale Figur wie Oidipus erscheint die Feststellung, er stehe zwischen einem hervorragenden und einem schlechten Charakter und habe

einst »*großen Ruhm und Glück*« gehabt, unwesentlich und ausgesprochen dürftig. Ähnlich unzureichend ist das Phänomen Komödie – denkt man an ARISTOPHANES – mit den wenigen Kennzeichnungen dieser Gattung erfaßt. Durch die normative Konsequenz aus der Feststellung, der Chor sei zu behandeln wie ein Schauspieler, verschließt sich Aristoteles jede Möglichkeit, der späteren Entwicklung der Chorlieder zu weitgehend handlungsunabhängigen Teilen, bei AGATHON schließlich zu reinen »Intermezzi«, mit Verständnis zu begegnen. Derartigen schiefen Urteilen steht andererseits eine Fülle treffender Beobachtungen gegenüber: so etwa, wenn innerhalb der Anagnorisis Entwicklungen, die sich aus dem Handlungsverlauf ergeben, bei weitem über ein Erkennen aufgrund von äußeren Zeichen, ja selbst von Erinnerungen oder Schlußfolgerungen gestellt werden (Kap. 16). Wo Aristoteles konstatiert, daß der selbst Erregte Menschen in Erregung am getreuesten darstellen könne, folgert er treffend, daß »*die Dichtkunst Sache entweder großer Begabung oder Leidenschaft*« (alle Ü: Gigon) sei (Kap. 17). Auch die Unterscheidung der Fehler, die einem Dichter aus poetischer Unzulänglichkeit erwachsen, von solchen, die aus mangelnder Sachkenntnis in einem bestimmten Wissensgebiet resultieren, empfindet man heute noch als richtig und methodisch bedeutsam (Kap. 25). Daß aber das Ganze trotz der Zahl solcher bleibender Einsichten unausgeglichen wirkt, mag unter anderem daran liegen, daß Aristoteles, als er in dieser Schrift »*auch die Dichtung in den Kreis der Dinge einbezog, denen er die Gesetze ihres Seins und Werdens abzufragen unternahm*« (Lesky), dafür nur Ansätze in der Sophistik vorfand und andererseits immer die dichtungsfeindliche Haltung seines Lehrers PLATON vor Augen haben mußte. So hat er zwangsläufig die Fragestellung nach den Phänomenen des sprachlichen Kunstwerkes an der Analogie zu anderen Wissenschaften, die sein enzyklopädischer Geist umspannte, ausgerichtet; obwohl er dadurch zum Pionier der Poetik wurde, ist er nur zum Teil zur Erfassung der der Dichtung immanenten Prinzipien und ästhetischen Gesetze vorgedrungen.
Einer starken unmittelbaren Wirkung der kleinen Schrift innerhalb der antiken Literatur standen vermutlich ihr »unausgeführter« Charakter und ihr »privater« Verwendungszweck im Weg. So lassen sich kaum mit Sicherheit direkte Übernahmen von Gedanken oder Formulierungen konstatieren; der nicht erhaltene Teil des Werks scheint früh verlorengegangen zu sein. Indirekt allerdings hat die *Poetik* über die Schule des Aristoteles eine mächtige Wirkung entfaltet, so etwa noch Jahrhunderte später in der *Ars poetica* des HORAZ. In der Neuzeit beschäftigte man sich seit dem Humanismus intensiver mit der Schrift, was sich etwa in der enzyklopädischen *Poetik* von SCALIGER (1561) oder in dem umfangreichen Kommentar von HEINSIUS (1611) niedergeschlagen hat. Ferner spiegelt sich die Lehre des Aristoteles in den theoretischen Schriften wie in den Tragödien der französischen Klassik. Zum Teil lebt sie mittelbar auch in den deutschen Poetiken eines OPITZ (1624) oder GOTTSCHED (1727) weiter. Eine starke Reaktion gegen Aristoteles und seine französischen Fortsetzer und Interpreten – in Ansätzen bereits in den Veröffentlichungen der beiden Schweizer BODMER und BREITINGER während der ersten Hälfte des 18. Jh.s sichtbar – entfaltete sich in England (vor allem durch E. YOUNGS *Conjectures on Original Composition*, 1759). Diese antiaristotelische Bewegung kulminiert in der deutschen »Sturm-und-Drang«-Bewegung, etwa bei LENZ oder dem jungen SCHILLER, die allesamt dem Ideal des »ungelernten« Genies huldigten und in SHAKESPEARE den gefeierten Antipoden des Aristoteles und seiner Nachfahren erblickten. Zwischen den Fronten stand LESSING. Die Versöhnung und Synthese dieser Gegensätze haben in Deutschland schließlich HERDER und GOETHE erreicht, Goethe zumal in seinem Altersessay *Nachlese zu Aristoteles* (1827), in dem er sich aus der Fülle seiner Erfahrungen nochmals interpretierend mit den Gedanken des griechischen Philosophen zur Poetik auseinandersetzt. O. P.

AUSGABEN: Venedig 1481 (*Excerptum ex Aristotelis Poetica*, in *Rhetorica ex Arabico Latine reddita*; lat. Übers. v. Hermannus Alemannus, nach der Version des Averroes, Hg. Lancelottus de Zerlis). – Venedig 1498 (*Poetica*, in *De coelo* ...; lat. Übers. v. G. Valla). – Venedig 1508 (*Ars poetica*; in Bd. 1 der Redneraugabe des Aldus Manutius). – Oxford ²1911 (*De arte poetica liber*, Hg. I. Bywater). – Ldn./Cambridge (Mass.) ²1932 (*The Poetics*, Hg. W. Hamilton Fyfe; m. engl. Übers.; Loeb; Nachdr. zul. 1965). – Bln. 1934, Hg. A. Gudeman [m. Komm.]. – Turin ²1945 (*Poetica*, IIg. A. Rostagni; m. Komm.). – Neuchâtel 1951 (*La poétique*, Hg. D. de Montmollin; Komm.; m. Bibliogr.). – Paris ⁴1965 (*Poétique*, Hg. J. Hardy; m. frz. Übers.). – Oxford ²1966 (*De arte poetica liber*, Hg. R. Kassel). – Oxford 1968 (*Poetics*, Hg. D. W. Lucas; m. Komm.).

ÜBERSETZUNGEN: *Dichtkunst*, M. C. Curtius, Hannover 1753. – *Über die Dichtkunst*, F. Überweg, Lpzg. ²1875. – *Die Poetik*, H. Stich, Lpzg. 1887 (RUB, 2337). – *Poetik*, Th. Gomperz, Lpzg. 1897. – *Über die Dichtkunst*, A. Gudeman, Lpzg. 1920. – *Von der Dichtkunst*, O. Gigon (in *Vom Himmel* ..., Zürich 1950). – *Poetik*, W. Nestle (in *Hauptwerke*, Stg. 1953; Kröners Taschenausg., 129). – *Poetik*, O. Gigon, Stg. 1961 u. ö. (RUB, 2337).

LITERATUR: G. Finsler, *Platon und die Aristotelische »Poetik«*, Lpzg. 1900. – M. Pohlenz, *Die Anfänge der griechischen Poetik* (in NGG, 1920, S. 142–178; ern. in M. P., *Kleine Schriften*, Bd. 2, Hildesheim 1965, S. 436–472). – L. Cooper u. A. Gudeman, *A Bibliography of the »Poetics« of Aristotle*, New Haven/Ldn./Oxford 1928 (Cornell Studies, 11). – F. L. Lucas, *Tragedy in Relation to Aristotle's »Poetics«*, NY 1928. – F. Solmsen, *The Origins and Methods of Aristotle's »Poetics«* (in *Classical Quarterly*, 29, 1935, S. 192–201). – F. Dirlmeier, *Katharsis pathēmatōn* (in Herm, 75, 1940, S. 81 bis 92). – S. H. Butcher, *Aristotle's Theory of Poetry and Fine Art*, New York ⁴1951 [m. Einl. v. J. Gassner]. – W. Schadewaldt, *Furcht und Mitleid?* (in Herm, 83, 1955, S. 129–171; ern. in W. S., *Hellas und Hesperien*, Zürich/Stg. 1960, S. 346 bis 388). – W. J. Verdenius, *Katharsis tōn pathēmatōn* (in *Autour d'Aristote*, Fs. für A. Mansion, Löwen 1955, S. 367–373). – L. Cooper, *The »Poetics« of Aristotle, Its Meaning and Influence*, Cornell University Press 1956. – H. Flashar, *Die medizinischen Grundlagen der Lehre von der Wirkung der Dichtung in der griechischen Poetik* (in Herm, 84, 1956, S. 12–48). – H. House, *Aristotle's »Poetics«. A Course of Eight Lectures*, Ldn. 1956. – G. F. Else, *Aristotle's »Poetics«. The Argument*, Cambridge (Mass.) 1957. – M. Kommerell, *Lessing und A.*, Ffm. ²1957. – K. v. Fritz, *Tragische Schuld und poetische Gerechtigkeit in der griechischen Tragödie* (in Studium Generale, 8, 1955, Sp. 195–227; 229 bis 232; ern. in K. v. F., *Antike und moderne Tragödie*, Bln. 1962, S. 1–112). – Lesky, S. 615 bis 618. – C. W. van Boekel, *Katharsis*, Utrecht 1967. – I. Düring, Art. *A.* (in RE, Suppl. 11, 1968, Sp. 227–231).

PERI URANU (griech.; *Über den Himmel*). Kosmologische Lehrschrift in vier Büchern von ARISTOTELES (384–322 v. Chr.), zusammengesetzt aus drei Einzelvorträgen über die eigentliche Kosmologie (Bücher 1 und 2), über Bewegung und Eigenschaften der irdischen Körper (Buch 3) sowie über die Begriffe »*Leicht und schwer*« (Buch 4). – Die Vereinigung der Einzelteile zu einem Ganzen geht möglicherweise auf den Autor selbst zurück. Für die Datierung des Hauptteils liefert das zwölfte Kapitel des zweiten Buches einen Anhaltspunkt, wo eine von Aristoteles beobachtete Bedeckung des Planeten Mars durch die Mondscheibe erwähnt wird, ein Phänomen, das erstmals KEPLER auf das Jahr 357 v. Chr. datierte. Vielleicht nicht allzulange nach diesem 28. Lebensjahr des Philosophen dürfte der erste Entwurf einer eigenen Kosmologie anzusetzen sein, der in Konkurrenz zum Platonischen *Timaios* steht und höchstwahrscheinlich in dem verlorenen Dialog *Peri philosophias (Über die Philosophie)* einem größeren Publikum vorgestellt wurde.

Die Schrift *Über den Himmel* weist allenthalben auf die *Physikē akroasis (Physik)* zurück; dort ist auch die Lehre von den »*natürlichen Bewegungen*« schon vorbereitet, auf die Aristoteles seine eigene Kosmologie aufbaut. Dieser Lehre zufolge hat jeder Körper seine ihm eigentümliche, naturgemäße Bewegung. Drei Arten von Ortsbewegung gibt es: kreisförmige, geradlinige, aus beiden gemischte. Zusammengesetzte Körper haben gemischte, einfache Körper haben auch einfache Bewegungen: so etwa die vier Elemente eine solche nach oben oder unten. Von der kreisförmigen als einer ebenfalls einfachen Bewegung wird zurückgeschlossen auf einen ihr entsprechenden einfachen Körper, dem sie naturgemäß zugehört. Die Kreisbewegung hat keinen Gegensatz; also hat auch der kreisbewegte Körper keinen Gegensatz und ist folglich ungeworden, da alles Werdende aus dem Gegensatz entsteht. Dieser »*erste Körper*« ist also ewig, alterslos, keinerlei Einwirkungen ausgesetzt; er ist göttlicher Natur und tritt an die Stelle von PLATONS Weltseele. Mit diesen Grundanschauungen werden nun die astronomischen Beobachtungen zu einem Weltmodell kombiniert: Der göttliche Körper verwirklicht seine Unsterblichkeit in ewiger Kreisbewegung; ihr entspricht mit Notwendigkeit ein ruhender Mittelpunkt, die Erde, der sich die drei übrigen Elemente (Wasser, Luft, Feuer) mit ihren naturgemäßen Bewegungen, ihren gegenseitigen Wirkungen, mit Werden und Vergehen im Gefolge, anschließen und so die »*Welt unter dem Mond*« konstituieren. Die umliegenden Sphären der Planeten und Fixsterne suchen der vollkommenen Bewegung auf ihre Art gleichzukommen; den Planeten gelingt dies nur durch mehrere zusammengesetzte und daher ungleichförmige Bewegungen, den Fixsternen dagegen in einem gleichbleibenden Umschwung.

Diese Kerngedanken sind begleitet von einer Fülle teils richtiger, teils irriger Einzelbeobachtungen und Überlegungen zu astronomischen und physikalischen Problemen. Alles in allem brachte es Aristoteles fertig, »*mit einer Theorie, in der fast alle Ergebnisse falsch sind, die Tatsachen der alltäglichen Erfahrungen so intelligent zu erklären, daß seine Konzeption eine gewaltige, überzeugende Kraft erhielt*« (Ingemar Düring). D. Ma.

AUSGABEN: Padua 1473 (zus. mit *Peri kosmu*; lat. Übers., m. Komm. v. Averroes). – Venedig 1497 (in der GA des Aldus Manutius, Bd. 2). – Bln. 1831 (in *Opera*, Hg. I. Bekker, Bd. 1; ²1960, Hg. O. Gigon). – Oxford 1936 (*De caelo libri quattuor*, Hg. D. J. Allan; Nachdr. zul. 1965). – Ldn./Cambridge (Mass.) 1939 (*On the Heavens*, Hg. W. K. C. Guthrie; m. engl. Übers; Loeb; mehrere Nachdr.). – Florenz 1962 (*De caelo*, Hg. O. Longo; m. Komm., Bibliogr. u. ital. Übers.). – Paris 1965 (*Du ciel*, Hg. P. Moraux; m. frz. Übers.).

ÜBERSETZUNGEN: *Vier Bücher über das Himmelsgebäude*, C. Prantl (in *Werke*, Bd. 2, Lpzg: 1857; griech.-dt.). – *Vom Himmel*, O. Gigon, Zürich 1950. – *De anima. Books II and III*, D. W. Hamlyn, Oxford 1968 [engl.; m. Komm.].

LITERATUR: P. Moraux, *Einige Bemerkungen über den Aufbau von A.' Schrift »De caelo«* (in MH, 6, 1949, S. 157–165). – O. Gigon, *Aristoteles-Studien I* (ebd., 9, 1952, S. 113–136). – F. Solmsen, *Aristotle's System of the Physical World*, Ithaca/N. Y. 1962, S. 253–318 (Cornell Studies in Classical Philology, 33). – G. A. Seeck, *Über die Elemente in der Kosmologie des A.*, Mchn. 1964 (Zetemata, 34). – L. Elders, *Aristotle's Cosmology. A Commentary on »De caelo«*, Assen 1966. – I. Düring, *A. Darstellung u. Interpretation seines Denkens*, Heidelberg 1966, S. 346–385; 633 f. [m. Bibliogr.]. – Ders., Art. *A.* (in RE, Suppl. 11, 1968, Sp. 243–245).

PHYSIKĒ AKROASIS (griech.; *Vorlesung über die Natur*, kurz: *Physik*). Naturphilosophische Lehrschrift in acht Büchern von ARISTOTELES (384–322 v. Chr.). – Der Eingang dieser zusammenfassenden Darstellung der Aristotelischen Naturphilosophie verheißt ein Fortschreiten vom für uns Deutlichen zu dem von Natur Deutlichen, das heißt vom Allgemeinen zum Besonderen, vom Prinzipiellen zum Individuellen: »*Nennen doch auch die Kinder zunächst alle Männer Vater und alle Frauen Mutter und lernen erst später zu unterscheiden*« (1,1 = 184 b 13). Dies dürfte als Vorwort für die Gesamtheit der »naturwissenschaftlichen Schriften« des Autors bis hin zur Zoologie und den sogenannten *Parva naturalia (Kleine naturwissenschaftliche Abhandlungen)* aufzufassen sein, für die also die *Physik* die prinzipielle Grundlegung liefern soll. So diskutiert von Buch 1 Zahl und Art der Prinzipien, Buch 2 grenzt Bereich und Wesen der *physis* ab, Buch 3 rückt die »Bewegung« als wesentliches Merkmal der *physis* in den Blick, Buch 4 behandelt die Begriffe Ort, Leere und Zeit, Buch 5 untersucht Arten und Wesen der Bewegung, Buch 6 die Kontinuität der Bewegung, Buch 7 das Verhältnis von Bewegung und Beweger, Buch 8 schließlich gilt der Ewigkeit der Bewegung und dem Wesen des »*Ersten Bewegers*«.

Aristoteles beginnt mit einer Kritik der Lehre des PARMENIDES vom »Einen« (vgl. *Peri physeōs – Über die Natur*). An den Theorien der Naturphilosophen wie des EMPEDOKLES (vgl. *Peri physeōs – Über die Natur*) und ANAXAGORAS (vgl. *Peri physeōs – Über die Natur*) läßt sich zeigen, daß sie übereinstimmend Gegensätze als die Prinzipien annehmen, also eine Mehrzahl. Aristoteles entscheidet sich für eine Dreizahl, wobei Stoff *(hylē)*

und Form *(eidos)* essentiellen, Defizienz, d. h. Formmangel *(sterēsis)*, akzidentellen Charakter haben. Die alte Aporie des Werdens löst sich dadurch, daß es ein solches nur aus akzidentellem Sein oder Nichtsein gibt. Die *hylē* ist im Gegensatz zur *sterēsis* nur akzidentell nichtseiend, sie ist vergehend als Defizienz *(sterēsis)*, werdend als Potentialität *(dynamis)*.
Der Bereich der »*von Natur seienden Dinge*« – wie Tiere, Pflanzen, die vier Elemente – wird von dem durch andere Ursachen Seienden geschieden: Sie allein tragen das Prinzip der Bewegung in sich, die sowohl Ortsbewegung wie auch Zu- und Abnahme und Veränderung sein kann. Durch Analyse des Sprachgebrauchs, »auf wieviele Arten man von *physis* spricht«, wird die Natur *(physis)* definiert sowohl als Prinzip der Bewegung wie als Materie wie auch als Form. Der Naturforscher muß sich um vier Ursachen *(aitiai)* kümmern: Stoff, Form, Bewegungs- und Zweckursache. Zufall und Schicksal haben nur einen beschränkten Wirkungsbereich, im ganzen ist die Natur durch Zwecke bestimmt, wie durch Rückschlüsse aus dem analog gesehenen technischen Hervorbringen *(technē)* des Menschen bewiesen wird. Die Wirkung der Notwendigkeit *(anankē)*, der Kausalität, bezieht sich nur auf die Materie, nicht auf den Zweck. Soweit führt der Gedankengang der Bücher 1 und 2.
Der Bewegung als dem wichtigsten Charakteristikum des Naturbereichs gelten die sechs weiteren Bücher. Diese Bewegung wird definiert als die Wirksamkeit *(entelecheia)* des potentiell *(dynamei)* Seienden; ältere Definitionen werden danebengestellt, die Frage nach ihrem Subjekt, nach ihrer Begrenztheit und Unbegrenztheit *(peras kai apeiron)* aufgeworfen. Auch das *apeiron*, die Unbegrenztheit, ist nicht schlechthin auszuschließen, es erscheint aber nur als Potentialität in der Materie, nicht als eigenständiges Sein. In der Auseinandersetzung mit Früheren, so Platons Theorie des Raumes *(chōra)* im *Timaios*, kommt Aristoteles zu seiner Definition des Ortes *(topos)*, der weder als Form noch als Materie noch als ein vom Volumen des Gegenstandes unabhängiger Hohlraum, sondern als die unbewegte Begrenzung des Umschließenden aufzufassen ist (4, 4 = 212 a 20). Dem seit DEMOKRIT so wichtigen »*Leeren*« wird eigenständiges Sein abgesprochen, die »*Zeit*« definiert als die kontinuierliche Zahl der Bewegung »gemäß dem *Früher und Später*« (4, 11 = 219 b 24). Die traditionellen Schwierigkeiten des Begriffs der Bewegung führen zu einer Auseinandersetzung mit dem Eleaten ZENON. Nur der Kreisbewegung wird Unbegrenztheit zuerkannt, sonst finden sich immer nur Einzelvorgänge zwischen Ausgangs- und Endpunkt. Die Bewegung als solche freilich muß ohne Anfang, also ungeworden und unendlich sein.
Alle Bewegungen erfolgen nun entweder spontan von Natur aus *(physei)*, so wie Schweres nach unten, Leichtes nach oben tendiert, oder durch gewaltsamen Eingriff *(bia)*. In beiden Fällen aber ist ein Schöpfer oder Eingreifender als Ursache der Bewegung anzunehmen (8, 4). Über die Vorstellung von Bewegern, die selbst durch anderes bewegt sind – wie etwa auch die Sterne –, kommt man zu der Vorstellung von einem obersten, selbst unbewegten Beweger ohne Größe und Ausdehnung, dem die gleichförmige Kreisbewegung als die höchste Bewegungsform zugesprochen wird.
Hier am Schluß, wie auch an anderen Stellen der *Physik*, werden Themen berührt, die Aristoteles dann in den *Büchern nach der Physik*, den *Metaphysika* (der *Metaphysik*, besser: der *Ersten Philosophie*) wieder aufgreift. Daß die *Physik* auch in der Chronologie der Schriften einen früheren Platz einnimmt (wohl zum größten Teil noch vor dem Weggang des Aristoteles aus Athen und der Akademie in Platons Todesjahr 347 v. Chr. entstanden), ist unbestritten und vielfach klar erkennbar, so etwa am Begriff der *hylē*, der zunächst dem Wortsinn nach nur »Bauholz«, als metaphorisches Beispiel für das Gemeinte, bedeutet, um dann Buch 1, 9 = 192 a 5 als das allgemeine Zugrundeliegende terminologisch so fixiert zu werden, wie er es in der *Metaphysik* von Anfang ist. Erhält die *Physik* damit ihren Überbau in der *Metaphysik*, so steht sie ihrerseits an der Spitze der naturwissenschaftlichen Schriften *Peri uranu (Über den Himmel)*, *Peri geneseōs kai phthoras (Über Werden und Vergehen)*, *Meteōrologika (Meteorologie)*, *Peri ta zōa historiai (Zoologie)*, *Peri zōōn moriōn (Über die Teile der Tiere)*, *Peri zōōn geneseōs (Über die Erzeugung der Tiere)*, *Peri zōōn poreias (Über die Fortbewegung der Tiere)*.
Die physikalische Vorlesung des Aristoteles hat mit ihren scharfen Abgrenzungen und Definitionen des Naturbereichs und seiner Phänomene entscheidend zu der in der Folgezeit bestimmenden Entgegensetzung von Natur und Geist als zweier wesensverschiedener Bezirke beigetragen. Aristoteles führte hierbei eine Entwicklung zum Abschluß, die von der vorsokratischen Naturphilosophie herkam, wo man nach einer einheitlichen *physis* aller Dinge gefragt hatte. Die Sophistik fixierte dann einen materialistischen Naturbegriff, den sie als Normbereich in die Antithese *physis-nomos* (Natur-Menschensatzung) einspannte. Platon hatte sich dieser Polarisierung noch einmal widersetzt; für ihn war *physis* der lebendige Zusammenhang der ganzen – und gerade auch der geistigen – Wirklichkeit, der dem Menschen zur Erforschung aufgegeben ist. Aristoteles verrät zwar im Wortgebrauch allenthalben dieses Platonische Erbe; doch deutet sein Entwurf einer »Physik« als der Wissenschaft von den vielfach bewegten natürlichen Dingen gerade der Selbstabgrenzung dieses jungen Philosophen gegen Platons »Ideenlehre«, und seine dem gesunden Menschenverstand so einleuchtenden Definitionen haben sich schließlich auch durchgesetzt. So hat man betonen können, daß letztlich erst die neuerwandte Physik des 20. Jh.s die Aristotelische Grundlage verlassen hat – was eine Rückkehr zu Platon und Demokrit bedeutet –, während die klassische Physik des 19. Jh.s bis HELMHOLTZ und HERTZ an der Aristotelischen Annahme der Kontinuität und der prinzipiellen Anschaulichkeit alles Naturgeschehens festgehalten hatte. D. Ma.

AUSGABEN: Löwen ca. 1475 [lat. Übers.]. – Venedig 1497 (in der GA des Aldus Manutius, Bd. 2). – Bln. 1831 (in *Opera*, Hg. I. Bekker, Bd. 1; ²1960, Hg. O. Gigon). – Paris 1926–1932 (*Physique*, Hg. H. Carteron, 2 Bde.; m. frz. Übers.). – Ldn./ Cambridge (Mass.) 1929–1934 (*The Physics*, Hg. Ph. H. Wicksteed u. F. M. Cornford, 2 Bde.; m. engl. Übers.; Loeb; Bd. 1: ²1957; mehrere Nachdr.). – Oxford 1936 (*Physics*, Hg. W. D. Ross; m. Komm.). – Oxford 1950 (*Physica*, Hg. W. D. Ross; Nachdr. zul. 1966).

ÜBERSETZUNGEN: *Physik*, Ch. H. Weise, 2 Bde., Lpzg. 1829. – *Acht Bücher Physik*, C. Prantl (in *Werke*, Bd. 1, Lpzg. 1854; griech.-dt.). – *Physikvorlesung*, H. Wagner, Darmstadt 1967 [m. Komm. u. Bibliogr.].

LITERATUR: K. Riezler, *Physics and Reality*, Yale Univ. Press 1940. – A. Mansion, *Introduction à la »Physique« aristotélienne*, Löwen/Paris ²1946. – F. Solmsen, *Platonic Influences in the Formation of Aristotle's Physical System* (in *Aristotle and Plato in the Mid-Fourth Century*, I. Düring u. G. E. L. Owen [Hg.], Göteborg 1960, S. 213–235). – Ders., *Aristotle's System of the Physical World*, Ithaca/N. Y. 1962, S. 69–249 (Cornell Studies in Classical Philology, 33). – W. Wieland, *Die aristotelische »Physik«*, Göttingen 1962 [m. Bibliogr.]. – J. Moreau, *L'espace et le temps selon Aristote*, Padua 1965. – I. Düring, *A. Darstellung u. Interpretation seines Denkens*, Heidelberg 1966, S. 201–244; 291–346; 633 [m. Bibliogr.]. – O. Gigon, *Die Struktur des ersten Buches der aristotelischen «Physik»* (in MH, 23, 1966, S. 129–154). – I. Düring, Art. *A.* (in RE, Suppl. 11, 1968, Sp. 231–243).

POLITIKA (griech.; *Politik*). Zusammenstellung der staatstheoretischen Schriften des ARISTOTELES (384–322 v. Chr.) in acht Büchern, von denen das letzte unvollendet ist. – Eine genaue Chronologie der Entstehung der einzelnen Bestandteile des Werks läßt sich nicht mehr herstellen; der Gesamteindruck weist auf eine grundlegende Revision in der Zeit von Aristoteles' zweitem athenischem Aufenthalt (335–323 v. Chr.), eine Revision, die der Schrift insgesamt den Charakter eines Aristotelischen Spätwerks verliehen hat. Eine Stelle in Buch 5 (5, 10 : 1311 b 1) setzt die Ermordung Philipps II. von Makedonien (336 v. Chr.) voraus. Während das erste Buch eine große Nähe zu den *Ēthika Nikomacheia (Nikomachische Ethik)* verrät, zeigt der Schlußteil von Buch 7 und 8 starke Beziehungen zu PLATON, die eine Konzeption noch in spätakademischer Zeit nahelegen (vor 347 v. Chr.). Die heutige Gesamtdisposition, die noch auf Aristoteles zurückgehen oder aber auf einen späteren Redaktor zurückgehen mag, schreitet von der Darstellung der Familie und des Haushalts (Buch 1) über eine Diskussion früherer Verfassungsentwürfe (Buch 2) zur allgemeinen Staatstheorie (Buch 3) und zur Morphologie der vorhandenen Verfassungen (Buch 4–6) fort; die Frage nach der vollkommenen Staatsverfassung bildet den Abschluß (Buch 7/8).

Schon ein solcher Überblick über den Inhalt zeigt die Vielfalt der Aspekte, unter denen der Gegenstand in den Blick gefaßt wird. So wie sein Lehrer Platon in der *Politeia* und den *Nomoi* in Gedanken einen Idealstaat formt, so entwirft auch Aristoteles in den stilistisch und gedanklich ausgefeilten und einheitlichen letzten beiden Büchern den vollkommenen Staat. Daneben steht beispielsweise im sechsten Buch eine Erörterung praktischer politischer Maßnahmen für die Garantie der Stabilität einer Verfassung oder der Funktion einzelner Ämter. Es wäre jedoch falsch, hieraus im Sinne Werner JAEGERS allzu tiefgreifende Rückschlüsse auf eine von Platon wegführende Entwicklung des Aristoteles zu ziehen. Als Realist bleibt er sich selber treu, wenn er in seinen Staatstheorien sich immer wieder zur Zurückhaltung aufruft: »*Nicht schwierig ist es, derartiges auszudenken, auszuführen aber sehr viel mehr: Reden ist Sache des Wünschens, Verwirklichung Sache des Glücks*« (7, 12 : 1331 b 19).

Der beste Staat ist auf der vollkommenen Art zu leben *(eu zēn)* aufgebaut. Die Glückseligkeit *(eudaimonia)* des einzelnen ist mit der des Staats identisch. Die Zahl der Bürger und der Umfang des Territoriums eines Staats sollen so begrenzt sein, daß der Staat wirtschaftlich und militärisch autark, aber für die Verwaltung noch überschaubar ist. Im sozialen Aufbau unterscheidet Aristoteles die Bauern, Handwerker und Arbeiter als bloße notwendige Voraussetzungen eines Staats und die eigentlich staatstragenden Teile der waffentragenden und beratenden Bürger. Tüchtig und ernsthaft bemüht *(agathos kai spoudaios)* werden die Bürger durch Natur, Gewöhnung und Einsicht *(logos)*, welch letztere dem Menschen allein eigentümlich ist. Einsicht läßt den Menschen auch gegen Natur und Gewöhnung handeln – hier beginnt die Aufgabe der Erziehung *(paideia)*, die im Schlußteil des Werks im Vordergrund steht.

Alles in allem bleibt der betont auf die Realität hin und um seiner selbst willen gestaltete Staatsentwurf des Aristoteles stärker und peinlicher den zeitbedingten Vorurteilen verhaftet, als es bei Platons von vornherein als utopisches Modell für die Gerechtigkeit gedachtem Staatsbild der Fall ist. Die reine Empirie etwa des sechsten Buches, das man ein »Handbuch der praktischen Politik« genannt hat, wird man heutzutage mit mehr Anteilnahme lesen. Wenn dort dem demokratischen Politiker geraten wird, das Volk nicht allzu arm werden zu lassen, sondern für dauerhaften Wohlstand zu sorgen und den Ertrag der Staatseinkünfte als Anfangskapital für ein Geschäft oder einen Landwirtschaftsbetrieb an die Armen zu verteilen, denn das nütze auch den Reichen (6, 5 : 1320 a 32), so fühlt man sich geradezu an ein Programm unserer Zeit, den »Wohlstand für alle«, erinnert.

Will man nach der eigentlichen Absicht und Grundtendenz der Aristotelischen *Politik* fragen, so wird man von dem vielzitierten Satz ausgehen müssen, der Mensch sei »*von Natur aus ein in der Polis lebendes Wesen*« *(zōon politikon*, 1, 2 : 1253 a 2). Man hat diesen Satz immer wieder mißverstanden in dem Sinn, der Mensch sei nach Aristoteles »*ein von Natur aus politisches Wesen*«; doch mit *zōon politikon* ist nicht gemeint, jeder Mensch müsse in all seinem Denken und Handeln subjektiv politisch ausgerichtet sein, sondern Aristoteles insistiert auf einem objektiven Faktum: Die Polis ist im Zusammenschluß von Einzelsiedlungen zur Erlangung der Autarkie, diese aber ist das vollkommenste Ziel, und Ziel aller Vollendung ist auch das Erreichen der *physis*, der vollkommenen Natur – also ist die Polis von Natur, und der Mensch ist von Natur ein Polis-Wesen. Die Natur tut nichts vergebens; dem Menschen hat sie als einzigem Lebewesen die Sprache gegeben, das heißt die Fähigkeit zur Mitteilung dessen, was gerecht und ungerecht ist; die Gemeinsamkeit dieser Fähigkeit aber bewirkt die Haus- und Polisgemeinschaft. Die Polis existiert zugleich von Natur vor allen Einzelmenschen, so wie das Ganze vor seinen Teilen, der Organismus vor seinen Gliedern. Wer nicht in Gemeinschaft leben kann oder aus Autarkie ihrer nicht bedarf, ist kein Teil der Polis, sondern ein Tier oder ein Gott. Diese für unsere Begriffe massive Betonung des Staats gegenüber dem Individuum ist zu verstehen als Reaktion auf eine im 5. und 4. Jh. v. Chr. immer mehr um sich greifende Entfremdung des einzelnen gegenüber der Gemeinschaft: der einflußreiche Sokratiker ARISTIPPOS vertrat schließlich sogar die Lehre, geistige Unabhängigkeit gewinne der Philosoph nur durch Lösung aus allen staatlichen Bindungen. Aristoteles sucht nun der Tatsache wieder zur Anerkennung zu verhelfen, daß mit dem Menschen zugleich eben auch immer schon »Staat« in irgendeiner Form gegeben ist, wobei es allerdings die Nahsicht des Empirikers mit sich bringt, daß ihm Staatliches immer und ausschließlich in der Form der Polis erscheint – obgleich gerade damals mit Alexander neue Gestaltungen heraufkamen.

D. Ma.

AUSGABEN: Straßburg o. J. [vor 10. 4. 1469] (zus. mit der *Nikomachischen Ethik*; lat. Übers. v. Leonardus Brunus Aretinus). – Venedig 1498 (in der GA des Aldus Manutius, Bd. 5). – Bln. 1831 (in *Opera*, Hg. I. Bekker, Bd. 2; ²1960, Hg. O. Gigon).– Oxford 1887–1902 (*The Politics*, Hg. W. L. Newman, 4 Bde.; m. Komm.). – Ldn. 1894 (*Politics*, Hg. F. Susemihl u. R. D. Hicks; m. Komm; nur Buch 1–5). – Ldn./Cambridge (Mass.) ²1944 (*Politics*, Hg. H. Rackham; m. engl. Übers.; Loeb; mehrere Nachdr.). – Oxford 1957 (*Politica*, Hg. W. D. Ross; Nachdr. zul. 1964). – Paris 1960 (*Politique. Livres I et II*, Hg. J. Aubonnet; m. frz. Übers.).

ÜBERSETZUNGEN: *Das siebente und achte Buch der Politik*, F. Gedickel (in F. G., *Aristoteles und Basedow*, Bln. 1779). – *Politik und Fragment der Oekonomik*, J. G. Schlosser, 3 Bde. Lübeck/Lpzg. 1797/98. – *Die Politik*, Ch. Garve, 2 Bde., Breslau 1799–1802; ern. Lpzg. 1893; bearb. v. M. Brasch. – *Acht Bücher vom Staate und Oekonomik*, C. F. Schnitzer (in *Werke*, Abt. VI, Bd. 4–6, Stg. 1856). – *Politik*, C. u. A. Stahr (in *Werke*, Lfg. 9/18, Stg. 1861 u. ö.).– Dass., J. Bernays, Bln. 1872 [nur Buch 1–3]. – Dass., F. Susemihl (in *Werke*, Bd. 6/7; Lpzg. 1879; griech.-dt.) – Dass., E. Rolfes, Lpzg. ²1922; Nachdr. zul. 1965. – *The Politics*, E. Barker, Oxford ²1952 [engl.; m. Komm.]. – *Politik und Staat der Athener*, O. Gigon, Zürich 1955. – *Politics, Books III and IV*, R. Robinson, Oxford 1962 [engl.; m. Komm.]. – *Politik*, nach F. Susemihl, bearb. v. N. Tsoyopoulos u. E. Grassi, Reinbek 1965 (RKl, 171–173).

LITERATUR: H. v. Arnim, *Zur Entstehungsgeschichte der aristotelischen »Politik«*, Wien 1924 (SWAW, phil.-hist. Kl., 100/1). – E. Barker, *The Political Thought of Plato and Aristotle*, Ldn. 1906; Nachdr. NY 1959. – J. L. Stocks, *The Composition of Aristotle's »Politics«* (in Classical Quarterly, 21, 1927, S. 177–187). – W. Siegfried, *Untersuchungen zur Staatslehre des A.*, Zürich 1942. – T. A. Sinclair, *A History of Greek Political Thought*, Ldn. 1951, S. 209–238. – W. Theiler, *Bau und Zeit der aristotelischen »Politik«* (in MH, 9, 1952, S. 65–78). – B. Trude, *Der Begriff der Gerechtigkeit in der aristotelischen Rechts- und Staatsphilosophie*, Bln. 1955 (Neue Kölner rechtswissenschaftliche Abhandlungen, 3). – R. Weil, *Aristote et l'histoire. Essay sur la »Politique«*, Paris 1960 [m. Bibliogr.]. – *La »Politique« d'Aristote*, Genf 1965 (Fondation Hardt. Entretiens sur l'Antiquité Classique, Bd. 11). – E. Braun, *Das dritte Buch der aristotelischen »Politik«*, Wien 1965 (SWAW, phil.-hist. Kl., 247/4). – I. Düring, *A. Darstellung u. Interpretation seines Denkens*, Heidelberg 1966, S. 474–505; 637 f. [m. Bibliogr.]. – Ders., Art. *A.* (in RE, Suppl. 11, 1968, Sp. 289–294).

TECHNĒ RHĒTORIKĒ (griech.; Rhetorik).

»Lehrbuch« der Rhetorik in drei Büchern von ARISTOTELES (384–322 v. Chr.), Entstehungszeit nicht genau bekannt. – Wie alle erhaltenen Werke des Aristoteles stellt auch die *Rhetorik* ein im Rahmen des mündlichen Lehrbetriebs entstandenes Vorlesungsskriptum dar, und wie die meisten übrigen Schriften ist sie aus ebendiesem Grund ein mehrschichtiges Gebilde, dessen Teile zu verschiedenen Zeiten verfaßt und vom Autor Zug um Zug erweitert und ineinandergearbeitet worden sind. Am deutlichsten ist die Diskrepanz zwischen Buch 1 und 2 einerseits, die einen in sich abgeschlossenen Traktat bilden, und Buch 3, einer Abhandlung *Peri lexeōs (Über den Stil)*; diese Hauptteile hat wohl erst der Aristotelesherausgeber ANDRONIKOS aus Rhodos im 1. Jh. v. Chr. mit Hilfe einer redaktionellen Überleitung zu einem Ganzen vereint.

Doch auch innerhalb der Hauptblöcke finden sich Anzeichen sukzessiver Arbeit am Text, so daß die Frage der Entstehungszeit heute wieder sehr umstritten ist. Buch 1 und 2 sind wohl in ihrem Grundbestand in jenen Jahren konzipiert worden, als Aristoteles in der Akademie PLATONS wiederum einen Rhetorikkurs abhielt; da diese zweibändige *Technē* – im Gegensatz zu dem 362 zu Ehren eines bei Mantineia gefallenen Sohnes von XENOPHON entstandenen Dialog *Gry(l)los*, der offenbar in der Art des Platonischen *Phaidros* gehalten war – ein ganz selbständiges und neu durchdachtes Lehrgebäude darstellt, dürfte man sie mit einiger Wahrscheinlichkeit ans Ende dieser Lebensepoche des Philosophen (also in die Jahre unmittelbar vor 347 v. Chr.). Ob auch das dritte Buch in diese Periode gehört oder ob es – wie man vielfach meint – zusammen mit Erweiterungen von Buch 1 und 2 erst in den dreißiger Jahren entstanden ist, als Aristoteles in seiner eigenen Schule (335–323 v. Chr.) ebenfalls über Rhetorik las, ist noch offen. Die umfassende *Synagōgē technōn* (Lehrbuchsammlung) jedenfalls, eine heute ebenso wie der *Gry(l)os* verlorene Zusammenstellung aller vor seiner Zeit entstandenen Rhetoriklehrbücher, die die eigenen Studien in ähnlicher Weise begleitete wie die *Politien* (vgl. *Athēnaiōn politeia – Die Staatsverfassung der Athener*) die *Politika (Politik)*, ist nur als Teil der enzyklopädischen Bemühungen des Aristotelischen Schulbetriebs im Lykeion richtig zu verstehen.

Nimmt man die dreibändige *Rhetorik* in ihrem historisch-gewordenen Zustand, so bildet sie »das bedeutendste aller existierenden Lehrbücher über den Gegenstand«, dessen System die folgenden »Jahrhunderte, trotz beachtlicher Zufügungen im einzelnen, mehr tradiert, verfeinert und ausgebaut als schöpferisch weitergebildet« haben (Hommel). Diesen besonderen Rang gewinnt die *Rhetorik* des Aristoteles vor allem durch ihre Einbettung in das Aristotelische Wissenschaftssystem, die bereits der erste Satz – eine über die mittelalterliche Artes-Struktur bis in die Neuzeit (z. B. PETRUS RAMUS) fortwirkende Spannung bekundet: »*Die Rhetorik ist das Gegenstück zur Dialektik.*« Im einzelnen sind es vor allem Logik, Politik und Ethik, in deren Nähe die Rhetorik steht, und hierbei wiederum gewinnt die Rhetorik ihren ganz spezifischen Rang durch die Bemühungen des Aristoteles um die Erkenntnisse der praktischen Psychologie (die europäischen Wurzeln dessen, was man heute »Psychologie« nennt, liegen in der Rhetorik, nicht in der Theorie von *Peri psychēs – Über die Seele*).

So kommt Aristoteles zu der Definition »*Rhetorik ist die Fähigkeit (dynamis), in jedem Einzelfall ins Auge zu fassen (theōrēsai), was Glaubhaftigkeit bewirkt (to endechomenon pithanon)*« (1, 2 = 1355b 26f.); damit setzt er sich nicht nur von der unwissenschaftlich-vagen Bestimmung ab, die Gorgias in Platons gleichnamigem Dialog vorträgt (»Rhetorik ist die Meisterin der Überredung«, *peithus demiurgos*, *Gorgias* 453b), sondern zugleich auch von den zahlreichen geistlos-formalistischen Handbüchern seiner Vorgänger, die schon Platon im *Phaidros* verspottet hat. Dieser halb von wissenschaftstheoretischen Grundprinzipien, halb von ethisch-pädagogisch geprägten Idealvorstellungen psychologischer Praktikabilität getragene Ansatz führt dazu, daß Aristoteles – im Gegensatz zum Gros der späteren Lehrbücher – das Schwergewicht seiner Ausführungen auf das Gebiet der *heurēsis (inventio)* verlegt, also auf die Erarbeitung der inhaltlichen Gesichtspunkte des rednerischen Argumentierens: Ihr sind Buch 1 und 2 gewidmet, während die Sonderabhandlung Buch 3 die sprachliche Ausarbeitung der Reden, also den Stil *(lexis, elocutio)*, und die Anordnung des Stoffes *(taxis, dispositio)* behandelt. (Die beiden übrigen der fünf später kanonischen Hauptaufgaben des Redners – *memoria* und *actio*, also Memorieren des Textes und Vortrag – wurden ebenfalls zu Aristoteles' Zeiten entwickelt, jene vermutlich von THEODEKTES aus Phaselis, diese von dem Aristotelesschüler THEOPHRAST).

Die Tatsache, daß Aristoteles die voraristotelische Theorie der Redekunst überwinden will, hindert ihn nicht daran, vieles daraus zu übernehmen und neu zu fundieren. So findet sich auch bei ihm als Grundgerüst die Dreiteilung der Redegattungen in Gerichtsreden, politische Reden und Festreden, freilich sogleich mit für ihn typischen systematischen Erweiterungen: Er ordnet diese Gattungen drei Zeitstufen zu – die Gerichtsrede der Vergangenheit, die politische Rede der Zukunft, die Festrede der Gegenwart –, teilt sie in positive und negative Komponenten (Anklage – Verteidigung, Mahnung – Warnung, Lobpreis – Tadel) und koordiniert sie mit Zentralbegriffen der Ethik – mit der Gerechtigkeit, dem Nutzen und der Ehre. Auch in seiner *heurēsis*-Lehre konnte er auf Vorarbeiten zurückgreifen, beispielsweise auf den athenischen Redner ANTIPHON, der erstmals die Wahrscheinlichkeitsargumentation (das *eikos*) als das Kernstück aller Rhetorik herausgestellt hatte: Wenn Aristoteles die rhetorische Beweisführung auf die »untechnischen« und die »technischen« Beweismittel *(atechnoi* und *entechnoi pisteis)* gründet und dabei das eigentliche Aufgabenfeld der Rhetorik in der Bereitstellung der »technischen« Beweise durch logische Schlußfolgerungen und Überlegungen *(syllogismos* und *enthymēma)*, durch schlagende Beispiele *(paradeigmata)* und einleuchtende Indizien *(sēmeia)* sieht, so führt er damit jene Entwicklung zu einem ersten Höhepunkt, die Antiphon ein knappes Jahrhundert zuvor durch die Überwindung der alten Prozeßmethodik – die ausschließlich mit »untechnischen« Beweisen wie Zeugenaussagen, Eiden, Anwendung von Gesetzes- und Vertragsklauseln usw. gearbeitet hatte – anbahnte. Entscheidend ist auch hierbei wiederum nicht so sehr die systematische Aufarbeitung der Arbeitsanweisungen in Gestalt eines schubladenartigen Arsenals von *topoi*, sondern die Fundierung des gesamten technisch erlernbaren Wissens in ethisch-psychologischen Grundsätzen: Glaubhaft und überzeugend kann nur der Redner wirken, der ebenso das *ēthos* wie das *pathos* beherrscht, d. h. der sich einerseits genau auf Individualität und Stimmung des Hörers einzustellen weiß, dem aber andererseits zu gegebener Zeit (vor allem am Ende einer Rede) auch Mittel zur Erregung des Affekts und der mitreißenden Leidenschaft zu Gebot stehen.

Eine unmittelbare Wirkung war diesem Aristotelischen Entwurf einer philosophisch verankerten Rhetorik nicht beschieden, was durch den Vorlesungscharakter des Lehrgebäudes und durch die jahrhundertelange »private« Überlieferung des Corpus der Aristotelischen Schriften hinreichend zu erklären ist. Erst im Rom der ausgehenden Republik und der beginnenden Kaiserzeit begann sich seine große Wirkung zu entfalten. Ob CICERO das Werk schon gelesen hat, bleibt umstritten (das hängt davon ab, wann Andronikos den 83 v. Chr. durch Sulla nach Rom verbrachten Nachlaß des Philosophen editorisch aufgearbeitet hat); QUINTILIAN jedoch hat es seinem monumentalen Werk, den *Institutiones oratoriae (Schule der Beredsamkeit)*, einverleibt – freilich mit der für den Römer typischen Akzentuierung auf die Erfordernisse der Praxis: Das zeigt zum Beispiel seine Definition der Rhetorik, die er bezeichnenderweise als die Fähigkeit umschreibt, »*in jedem Einzelfall reden zu können*« (Aristoteles: theoretisch »*ins Auge zu fassen*«), wie sie die angestrebte Überzeugung und Glaubwürdigkeit erfordern (2, 15, 16). E. Sch.

AUSGABEN: Paris um 1475 (*Libri rhetoricorum*, lat. Übers. von Georgius Trapezuntius). - Venedig 1481 (*Libri rhetoricorum*, lat. Übers. von Wilhelm von Moerbeke). - Venedig 1508 (in der Rhetorikerausg. des Aldus Manutius, Bd. 1). - Cambridge 1877 (*The Rhetoric of Aristotle*, 3 Bde., Hg. E. M. Cope u. J. E. Sandys; m. Komm.; Nachdr. Hildesheim/NY 1970). - Lpzg. ²1898 (*Ars rhetorica*, Hg. A. Roemer). - Ldn./Cambridge (Mass.) 1926 (*The »Art« of Rhetoric*, Hg. J. H. Freese; m. engl. Übers.; Loeb; mehrere Nachdr.). - Paris 1932-1938 (*Rhétorique*, Hg. M. Dufour, 2 Bde.; Buch 1-2; m. frz. Übers.; Bd. 1: ²1960). - Madrid 1953 (*Retorica*, Hg. A. Tovar; m. Komm. u. span. Übers.). - Oxford 1959 (*Ars rhetorica*, Hg. W. D. Ross).

ÜBERSETZUNGEN: *Proben einer deutschen Übersetzung der Rhetorik d. A.*, G. G. Bredow (in Berliner Monatsschrift, 1796, April-Nr., S. 363-385). - *Rhetorik*, M. W. Voigt, Prag 1803 [nur Buch 1]. - Dass., K. L. Roth (in *Werke*, Bd. I/1-2, Stg. 1833). - Dass., I. H. Knebel (in *Werke*, Bd. 1, Stg. 1838). - *Drei Bücher der Redekunst (Rhetorik)*, A. Stahr (in *Werke*, Bd. 19-25, Stg. 1862-1864 u. ö.). - *Rhetorica*, W. Rhys Roberts (in *The Works of Aristotle*, Hg. W. D. Ross, Bd. 11, Oxford 1946; Nachdr. zul. 1966; engl.).

LITERATUR: E. M. Cope, *An Introduction to Aristotle's »Rhetoric«*, Ldn. 1867 (Nachdr. Hildesheim/NY 1970) [Komm.]. - W. Kroll, Art. *Rhetorik* (in RE, Suppl. 7, 1940, Sp. 1057-1065). - F. Solmsen, *Die Entwicklung der aristotelischen Logik und Rhetorik*, Bln. 1929 (Neue Philologische Untersuchungen, 4). - W. S. Hinman, *Literary Quotation and Allusion in »Rhetoric«, »Poetics« and »Nicomachean Ethics« of Aristotle*, Staten Island 1935 (Diss. Columbia University). - G. Kennedy, *The Art of Persuasion in Greece*, Princeton ²1964, S. 82-114. - W. Wieland, *Aristoteles als Rhetoriker und die exoterischen Schriften* (in Herm, 86, 1958, S. 323-346). - H. Hommel, Art. *Rhetorik* (in Lexikon der Alten Welt, Zürich-Stg. 1965, Sp. 2611 bis 2615). - I. Düring, *Aristoteles. Darstellung und Interpretation seines Denkens*, Heidelberg 1966, S. 118 bis 159. - Ders., Art. *A.* (in RE, Suppl. 11, 1968, Sp. 222-247; m. Bibliogr.). - R. Stark [Hg.], *Rhetorika. Schriften zur Aristotelischen u. hellenistischen Rhetorik*, Hildesheim 1968 [m. Beitr. von H. Diels, F. Marx u. a.]. - E. Schütrumpf, *Die Be-*

deutung des Wortes ēthos in der Poetik des Aristoteles, Mchn. 1970 (Zetemata, 49).

TOPIKA (griech.; *Topik*). Abhandlung zur Logik in acht Büchern von ARISTOTELES (384–322 v. Chr.). – Die *Topika* bilden zusammen mit ihrem Anhang, den *Sophistikoi elenchoi (Sophistische Widerlegungen)*, den sachlichen Abschluß des *Organon*, der Sammlung der Aristotelischen Schriften zur Logik: Behandeln die beiden Teile der *Analytika* den Syllogismus als formale Erscheinung sowie das Gebiet der unbedingt wahren, apodiktischen Schlüsse, d. h. des wissenschaftlichen Beweises, und sind die *Sophistischen Widerlegungen* den nur scheinbar richtigen, in Wirklichkeit falschen Syllogismen, d. h. den Fang- und Fehlschlüssen gewidmet, so gelten die Untersuchungen der *Topika* den wahrscheinlichen Schlüssen, die zwar in sich richtig sind, doch als Ganzes nicht den Anspruch apodiktischer Beweisgültigkeit erheben können. Ihr genuiner Lebensraum ist die rhetorische Disputation (vgl. *Technē rhētorikē – Rhetorik*), weshalb sie auch »dialektische Schlüsse« heißen.
Indes: die präzis funktionale Stellung im Gefüge dessen, was man später im *Organon* als Einheit zusammenfaßte, trügt über den wahren Charakter der *Topika* hinweg. Denn diese stellen keineswegs den Schlußstein in einem Aristotelischen »System der Logik« dar, sondern verkörpern – genetisch wie formal – eine ausgesprochene Vorstufe der in den *Analytika* mit strenger methodischer Konsequenz und Vollkommenheit entwickelten Lehre vom Syllogismus. Das äußert sich nicht nur darin, daß die *Analytik* mehrfach ausdrücklich auf die *Topik* Bezug nimmt, sondern vor allem darin, daß den *Topika* ebenso wie den im Anschluß daran entstandenen *Sophistischen Widerlegungen* die entscheidenden Entdeckungen, die sich in den *Analytika* niedergeschlagen haben – das exakte analytische System des Syllogismus, die modallogischen Differenzierungen und die Technik der variablen Größen –, unbekannt sind.
Eine exakte Angabe über die Entstehungszeit des Werkes ist nicht möglich. Man wird nicht fehlgehen, wenn man es in die Jahre rückt, als Aristoteles noch an der Akademie war, also etwa in das halbe Dezennium vor PLATONS Tod (347 v. Chr.). Anlaß und Ursprung, das wird allenthalben spürbar, ist die Praxis der rhetorisch-dialektischen Diskussion, nicht nur das Interesse an formallogischen Gesetzen als propädeutischen Fundamenten der wissenschaftlichen Erkenntnis. Im resümierenden Schlußkapitel der *Sophistischen Widerlegungen* findet sich diese Grundtendenz offen ausgesprochen, und das Ziel technischer Anweisung ist es auch, was im Grunde den prägnanten Begriff des »Topos« (wörtlich »der Ort«, gemeint sind Allgemeinsätze der Argumentation) erst geprägt hat. Dem Gedanken an die Erfordernisse der Praxis ist auch die Anlage des Buches verpflichtet, das sich bemüht, in durchsichtiger Disposition – die Schwierigkeiten des Textes liegen im Detail, nicht in der Struktur des Ganzen – einen kompendienhaft umfassenden Abriß aller denkbaren Fälle zu bieten: Das einleitende Buch 1 definiert die grundlegenden Begriffe, insbesondere die vier möglichen Prädikationsprobleme einer Disputation, Definition *(horos)*, Individualcharakteristikum *(idion)*, Gattung *(genos)* und Akzidens *(symbebēkos)*, die anschließend auf die möglichen Disputationstopoi hin untersucht werden, in Buch 2 und 3 das Akzidens, in 4 der *genos*, in 5 das *idion*, in 6 und 7 die Definition; Buch 8 schließlich handelt allgemein von der Technik der dialektischen Diskussion.   E. Sch.

AUSGABEN: Augsburg 1479 (in der lat. *Organon*-Ausg. des Ambrosius Keller, Bd. 3). – Florenz 1521 (in der *Organon*-Ausg. des Philippus Iunta). – Lpzg. 1923 (*Topica. Cum libro de sophisticis elenchis*, Hg. H. Stracke u. M. Wallies). – Oxford 1958 (*Topica et Sophistici elenchi*, Hg. W. D. Ross). – Paris 1967 (*Topiques, Livres I–IV*, Hg. J. Brunschwig; m. frz. Übers. u. Bibliogr.).

ÜBERSETZUNGEN: *Topika*, K. Zell (in *Werke*, Bd. II/6–8, Stg. 1841-1862). – *Topik (Disputirkunst)*, H. Bender (in *Werke*, Bd. 3, Stg. 1872 u. ö.). – *Die Topik*, J. H. von Kirchmann, 2 Bde., Heidelberg 1882/83. – *Topik*, E. Rolfes, Lpzg. [2]1922; Nachdr. zul. 1968. – *Les topiques*, J. Tricot (in *Organon*, Bd. 5, Paris 1950; frz.; m. Komm.). – *Topik*, P. Gohlke (in *Die Lehrschriften*, Bd. 2/4, Paderborn 1952). – In *Organon*, G. Golli, Turin 1955 [ital.; m. Komm.].

LITERATUR: E. Hambruch, *Logische Regeln der Platonischen Schule in der Aristotelischen »Topik«*, Progr. Bln. 1904. – F. Solmsen, *Die Entwicklung der aristotelischen Logik und Rhetorik*, Bln. 1929 (Neue Philologische Untersuchungen, 4). – H. von Arnim, *Das Ethische in Aristoteles' »Topik«* (in SWAW, 205/4, 1927). – E. Weil, *La place de la logique dans la pensée aristotélicienne* (in Révue de Métaphysique et de Morale, 56, 1951, S. 283–315). – E. Braun, *Zur Einheit der aristotelischen »Topik«*, Diss. Köln 1959. – O. Bird, *The Tradition of the Logical Topics: Aristotle to Ockham* (in Journal of the History of Ideas, 23, 1962, S. 307–323). – P. M. Huby, *The Date of Aristotle's »Topics«...* (in The Classical Quarterly, 12, 1962, S. 72–80). – W. u. M. Kneale, *The Development of Logic*, Oxford 1962. – W. A. de Pater, *Les »Topiques« d'Aristote et la dialectique platonicienne*, Fribourg 1965 (Études Thomistiques, 10; m. Bibliogr.). – I. Düring, *Aristoteles. Darstellung und Interpretation seines Denkens*, Heidelberg 1966, S. 69–87 [m. Bibliogr.]. – Ders., Art. *A.* (in RE, Suppl. 11, 1968, Sp. 208 bis 215). – *Aristotle on Dialectic. The »Topics«. Proceedings of the Third Symposium Aristotelicum*, Hg. G. E. L. Owen, Oxford 1968.

AISCHINES
(390/89–314 v. Chr.)

KATA KTĒSIPHŌNTOS (griech.; *Gegen Ktesiphon*). Rede des AISCHINES (390/89–314 v. Chr.). – *Kata Ktēsiphōntos* ist die letzte forensische Ansprache, die der athenische Politiker in seiner Heimatstadt gehalten hat, und auch sie ist, wie *Kata Timarchu (Gegen Timarchos)* und *Peri tēs parapresbeias (Über die Truggesandtschaft)*, ein Zeugnis der bitteren politischen und persönlichen Feindschaft ihres Autors gegen den großen DEMOSTHENES.
Im August des Jahres 338 hatte Philipp II. von Makedonien (reg. 359–336 v. Chr.) durch den Sieg bei Chaironeia den Widerstand Athens endgültig brechen können. Da ihm jedoch an einem Ausgleich gelegen war, konnten die athenischen Gesandten – Demades, Phokion, Aischines – einen

sehr günstigen Frieden aushandeln; lediglich einige weitere Gebiete im thrakischen Norden gingen verloren, die innere und äußere Autonomie Athens blieb unangetastet. So konnte Demosthenes, dessen Lebenswerk bei Chaironeia zu Grabe getragen wurde (trotzdem war er dazu ausersehen worden, den Gefallenen die Leichenrede zu halten), ungehindert darangehen, die Befestigungsanlagen der Stadt wieder instandsetzen zu lassen. Selbst zu einem der Aufsichtsbeamten gewählt (337/36), steuerte er der Staatskasse für diese und andere Aufgaben nicht unerhebliche Mittel aus seinem Privatvermögen bei. Nach Ablauf des Amtsjahres stellte Ktesiphon in der Volksversammlung den bereits vom Rat gebilligten Antrag, Demosthenes für diese Leistungen und überhaupt für seine Verdienste um die Stadt beim Großen Dionysienfest im Theater mit der Verleihung eines goldenen Kranzes zu ehren. Aischines erhob Einspruch, erstens weil Ehrungen gesetzlich erst nach dem Rechenschaftsbericht der Beamten über ihre Amtsführung zulässig seien, zweitens weil eine Kranzverleihung nur in der Volksversammlung, nicht im Theater erlaubt sei, zum dritten weil Demosthenes dieser Ehre weder im allgemeinen noch im besonderen würdig sei. Der Nachdruck lag zweifelsohne auf dem dritten Punkt; der Ehrenantrag war als außen- und innenpolitische Demonstration gedacht, und die makedonenfreundliche Gegner konnte, wollte er nicht sein Gesicht verlieren, die Antwort nicht schuldig bleiben. Zu einer Verhandlung kam es allerdings zunächst nicht: Philipp starb unerwartet, und mancherlei Umstände – wir kennen sie nur zum Teil – zögerten den Prozeß Jahr um Jahr hinaus. 330 endlich – wiederum ließ die Lage eine ostentative Geste geboten scheinen – setzte die patriotische Partei die Erneuerung des Ratsbeschlusses durch, und Aischines mußte sich zur Wiederaufnahme der Klage entschließen.

Sein Plädoyer ist die erhaltene *Rede gegen Ktesiphon*. Sie liegt jedoch nicht in ihrer ursprünglichen Form, sondern in einer doppelten Überarbeitung vor. Den Grundstock bildet die 336 verfaßte Niederschrift; für den Prozeß im Jahr 330 unterzog Aischines einer ersten Redaktion, und während seines Aufenthalts auf Rhodos machte er das Ganze für die Publikation zurecht, wobei er ausführlich die Demosthenische Verteidigung, die *Kranzrede (Peri tu stephanu)*, mit berücksichtigte (dabei kommen dann sogar Argumente zur Sprache, die Demosthenes seinerseits bei der Edition der *Kranzrede* gestrichen hat). Die erste Umarbeitung ist dem Opus, nach Meinung der Kritiker, fraglos schlecht bekommen: Aischines wäre sicher besser gefahren, hätte er 330 eine neue Ansprache verfaßt, in der er nicht ständig zwischen Präsens und Präteritum zu springen genötigt gewesen wäre. Dann hätte er sich auch klar entscheiden können, wieviel Raum und Bedeutung dem formaljuristischen »Aufhänger« der Klage, der Gesetzwidrigkeit des Ktesiphontischen Antrags, im Plädoyer zweckmäßigerweise einzuräumen sei (denn nach sechs Jahren war der Fall natürlich zum reinen politischen Manöver geworden). Aber anstatt diese Mängel bei der Schlußredaktion vor der Herausgabe zu beseitigen, hat der Autor durch die zweite Rezension die innere Struktur nur weiter verwirrt.

Auf die Gründe, weshalb die Korrekturen das Werk nicht verbessern konnten, haben die Forscher mehrfach hingewiesen. Aischines hatte bereits bei der allerersten Konzeption die Akzente unglücklich verteilt, indem er auf juridische Kasuistik baute, wo mitreißendes politisches Pathos (das ihm völlig abging) am Platz gewesen wäre, ohne gleichzeitig die Untersuchung des gegnerischen politischen Verhaltens als Hauptpunkt der Anklage aufzugeben; in der uns vorliegenden Fassung hat, nach dem Prooimion (1–8), die Darlegung der Gesetzwidrigkeit des Ktesiphontischen Ehrenantrags (9–48) im Vergleich zu der Ausführlichkeit, mit der die Unwürdigkeit des Demosthenes dargestellt wird (49–176), einen minimalen Umfang. Nimmt man dazu, daß die historischen Exkurse über Ehrungen verdienter Männer (177–190) und über Prozesse wegen Gesetzwidrigkeit (191–206) sowie die Zurückweisung der erwarteten Verteidigung des Ktesiphon und des Demosthenes (207–229) eindeutig die persönlichen und politischen Momente betonen, und bedenkt man ferner, daß dem Autor im Hauptteil des Plädoyers allmählich die beweisenden Unterlagen (Dekrete, Volksbeschlüsse, Gesetze usw.) ausgehen und er schließlich ganz auf seine Phantasie und Überzeugungskraft – ein Feld, auf dem ihm Demosthenes haushoch überlegen ist – angewiesen ist, so wird man sich über den Ausgang der Verhandlung nicht wundern. Was in der *Timarchrede* nicht unbrauchbar war, was in der Verteidigung seiner Gesandtschaftsführung allein Erfolg versprechen konnte – die Zerfaserung des Falls in ein Gewirr disparater Fakten –, das wurde Aischines hier zum Verhängnis. Die anschließende Verteidigung des Gegners, Demosthenes' *Kranzrede* – dessen rhetorisches Meisterwerk und politisches Vermächtnis in einem –, in der Komposition zwar verwickelt, psychologisch aber aus einem Guß, zerriß nicht nur das Gespinst der Anklage, sondern brachte auch den Ankläger selbst an den Rand des Ruins. Nicht einmal ein Fünftel der Stimmen konnte Aischines auf sich vereinen, und damit verfiel er der Konventionalstrafe von 1000 Drachmen und verlor das Recht, je wieder eine Anklage zu führen. Zudem war er nunmehr – was sich schon in dem Gesandtschaftsprozeß angebahnt hatte – als Mensch und Politiker in den Augen Athens endgültig vernichtet. Aischines zog daraus die Konsequenz und verließ seine Heimatstadt. In Rhodos, wo er, zu seiner einstigen Beschäftigung zurückkehrend, als Schulmeister sein Brot verdiente, überlebte er seinen großen Rivalen um mehr als acht Jahre.

E. Sch.

AUSGABEN: Venedig 1485 (*Oratio in Ctesiphontem*, lat. Übers. von Leonardo Bruni; in Cicero, *De oratore*, m. Komm. von Omnibonus Leonicenus, Hg. Hieronymus Squarzaficus). – Venedig 1513 (in Bd. 1 der Rednerausgabe des Aldus Manutius). – Bln. 1878 (*Rede gegen Ktesiphon*, Hg. A. Weidner; m. Komm.). – Lpzg. ²1908 (in *Orationes*, Hg. F. Blass). – Ldn./Cambridge (Mass.) 1919 (in *The Speeches*, Hg. Ch. D. Adams; m. engl. Übers.; Loeb; Nachdr. zul. 1958). – Mailand 1934 (*Contro Ctesifonte*, Hg. G. Ammendola; m. Komm.). – Paris ²1952 (*Contre Ctésiphon*, in *Discours*, Hg. V. Martin u. G. de Budé, Bd. 2; m. frz. Übers.).

ÜBERSETZUNGEN: In *Demosthenis und Aeschinis Reden*, J. J. Reiske, 5 Bde., Lemgo 1764-1769. – *Rede gegen Ktesiphon*, J. H. Bremi (in *Aeschines der Redner*, Bd. 3, 1829; überarb. u. eingel. v. K. Rauchenstein, Stg. 1859). – *Die Rede gegen Ktesiphon*, A. F. Wolper (in *Reden*, Bd. 1, Prenzlau 1831). – *Rede gegen Ktesiphon vom Kranze*, A. Westermann (in Demosthenes, *Ausgewählte Reden*,

Lief. 3–6, Stg. 1859 u. ö.). – *Rede gegen Ktesiphon*, G. E. Benseler (in *Reden*, Bd. 3, Lpzg. 1860; griech.-dt.). – *Rede gegen Ktesiphon*, W. Reeb, Lpzg. 1894 (RUB, 3174).

LITERATUR: A. Schaefer, *Demosthenes u. seine Zeit*, Bd. 3, Lpzg. ²1887, S. 221–292. – Th. Thalheim, Art. *A. (15)* (in RE, 1/1, 1893, Sp. 1050–1062). – F. Blass, *Die attische Beredsamkeit*, Bd. 3/2, Lpzg. ²1898, S. 208–221; Nachdr. Hildesheim 1962. – E. Wolf, *Griechisches Rechtsdenken*, Bd. 3/2, Ffm. 1956, S. 306–324.

KATA TIMARCHU (griech.; *Gegen Timarchos*). Anklagerede des AISCHINES (390/89–314 v. Chr.), nach dem Prozeß in redigierter Form publiziert. – Der Anlaß der Klage gegen Timarchos, einen Parteigänger des DEMOSTHENES, hat mit ihrem Inhalt nicht das mindeste zu tun, die Rede ist ausschließlich als politisches Manöver zu verstehen. Demosthenes strebte eine gerichtliche Untersuchung wegen Landesverrats gegen Aischines an, der im Jahr 346 maßgeblich an dem für Athen schmachvollen Philokrates-Frieden mit Philipp II. von Makedonien beteiligt war. Timarch, ein versierter Staatsmann, zur fraglichen Zeit als Ratsherr Kollege des Demosthenes, sollte die Anklage führen. Doch kam es nicht soweit, da es Aischines – mit der vorliegenden Rede – gelang, dem formellen Ankläger aufgrund eines jahrhundertealten Gesetzes über Homosexualität, das noch so gut wie nie angewandt worden war, einen Sittlichkeitsprozeß anzuhängen und sein bürgerliches und politisches Ansehen völlig zu ruinieren. Die gesetzmäßige Strafe lautete auf Ehrlosigkeit.
Der Prozeß war ein äußerst geschickt provozierter Skandal, bei dessen Verhandlung Aischines auf reges Interesse nicht nur der einheimischen Bevölkerung, sondern auch auswärtiger Gäste rechnen durfte. Die Rede selbst folgt dem gängigen Schema. Das Prooimion referiert den Tatbestand und die juristisch-ethischen Grundlagen, denen zufolge dieses Vorgehen verfolgt werden muß. Die methodische Prothesis gibt das Programm der Rede, nach dem sich Erzählung und Beweis, die zusammenfallen, entfalten werden: zunächst Darlegung der betreffenden Sittengesetze (über Buhlschaft, Hurerei, Verschleuderung des Vermögens, Amtsvernachlässigung u. a.), dann Erhellung des Lebenswandels des Beklagten, wobei »bewiesen« wird, daß Timarchos im Sinne der Gesetze schuldig ist. Timarchos war, so wird argumentiert, in seiner Jugend eine stadtbekannte Schönheit, war mit mehreren zum Teil notorischen Homoerotikern befreundet und ließ sich angeblich – die Beweise sind äußerst sophisticsh und fragwürdig – dafür bezahlen. Später habe er ein sehr unsolides Leben geführt und seine Amtsgeschäfte zu ruchlosem persönlichem Vorteil ausgenutzt. An ein knappes Resümee dieses Hauptteils (12–115) schließt sich die Zurückweisung der vermutlichen Verteidigung an, ergänzt durch eine Rechtfertigung der Lebensführung des Klägers (der ebenfalls den schönen Knaben zugetan ist) und einen Angriff auf die erwarteten Fürsprecher des Angeklagten (die einzige Stelle, wo Aischines die Maske fallen läßt und Demosthenes nennt). Der Epilog, sonst der Ermahnung der Bürger zu rechtschaffenem Leben gewidmet, fordert von den Richtern die rücksichtslos harte Bestrafung des Übeltäters.
Die Wirkung dieser zum Teil ebenso detaillierten und massiven wie ungerechtfertigten Argumente konnte nicht ausbleiben: Timarch wurde verurteilt, ohne daß seine politischen und persönlichen Freunde ein Wort für ihn einzulegen gewagt hätten. Doch trotz des spektakulären Erfolgs kann man Aischines den Vorwurf nicht ersparen, daß die ganze Angelegenheit eine schmutzige und auch für ihn beschämende Manipulation war: nicht nur, weil hier die Existenz eines Menschen vernichtet wird, an dessen Dasein, Fähigkeiten und Handlungen der Redner niemals die geringste Anteilnahme zeigen würde, ginge es ihm nicht um die Attacke auf den verhaßten Rivalen Demosthenes, sondern weil in geheuchelter Entrüstung höchst Privates, das jedem bekannt war und niemanden störte, just in dem Augenblick ans Licht gezerrt wird, in dem sich für subjektiv-politische Zwecke aus einer Volksverhetzung Kapital schlagen läßt. Dieser Tadel an einer zutiefst unmoralischen Haltung, die sich ausgerechnet, aber bezeichnenderweise mit dem Mantel der Moral bekleidet, trifft nicht nur den Ankläger, sondern auch das Publikum: Allen war die Homosexualität bekannt, alle duldeten sie, kaum einer unter den Richtern, der nicht selbst dem Gesetz verfallen wäre, kaum einer, der öffentlich gegen den angeblichen gesellschaftlichen Niedergang protestiert hätte – doch jeder bereit, auf ein gegebenes Zeichen hin den ersten Stein zu werfen.
E. Sch.

AUSGABEN: Venedig 1513 (in Bd. 1 der Rednerausgabe des Aldus Manutius). – Lpzg. ²1908 (in *Orationes*, Hg. F. Blass). – Ldn./Cambridge (Mass.) 1919 (in *The Speeches*, Hg. Ch. D. Adams; m. engl. Übers.; Loeb; Nachdr. zul. 1958). – Paris ²1952. (*Contre Timarque*, in *Discours*, Hg. V. Martin u. G. de Budé, Bd. 1; m. frz. Übers.).

ÜBERSETZUNGEN: In *Demosthenis und Aeschinis Reden*, J. J. Reiske, 5 Bde., Lemgo 1764–1769. – *Rede gegen Timarchos*, J. H. Bremi (in *Aeschines der Redner*, Bd. 1, Stg. 1828). – Dass., G. E. Benseler (in *Reden*, Bd. 1, Lpzg. 1855; griech.-dt.).

LITERATUR: A. Schaefer, *Demosthenes u. seine Zeit*, Bd. 2, Lpzg. ²1886, S. 333–343. – Th. Thalheim, Art. *A. (15)* (in RE, 1/1, 1893, Sp. 1050–1062). – F. Blass, *Die attische Beredsamkeit*, Bd. 3/2, Lpzg. ²1898, S. 192–201; Nachdr. Hildesheim 1962. – E. Wolf, *Griechisches Rechtsdenken*, Bd. 3/2, Ffm. 1956, S. 297–306; 316–324.

PERI TĒS PARAPRESBEIAS (griech.; *Über die Truggesandtschaft*). Verteidigungsrede des AISCHINES (390/89–314 v. Chr.) gegen die Anklagerede gleichen Titels des DEMOSTHENES; entstanden 343 v. Chr. – Das Werk gilt als die am besten gelungene der drei erhaltenen Reden des Aischines, weil hier – anders als in *Kata Timarchu* (*Rede gegen Timarchos*) oder gar in *Kata Ktēsiphōntos* (*Rede gegen Ktesiphon*) – das erklärte Ziel der Ansprache mit dem schriftstellerischen Können und dem Charakter des Autors auf glücklichste harmoniert; er selbst sagt im Schlußwort an die Richter (180f.): »*All die andern aber, denen ich nie ein Ärgernis gewesen bin – ich, von Natur ein Privatmann und den Durchschnittsbürgern unter euch gleich, ich, in den politischen Kämpfen der einzige von allen, der sich nicht gegen euch verschworen hat –, euch ersuche ich um meine Rettung.*«
Um den Inhalt des Werks zu verstehen, muß man sich die historische Situation und die Anklagepunkte des Demosthenes vergegenwärtigen: Philipp II. von Makedonien hegte nach der Unter-

195

werfung eines Großteils athenischer Verbündeter in Nordgriechenland den Wunsch, sich mit Athen durch einen Friedensvertrag zu arrangieren. Auf der ersten Gesandtschaft (346) ließen sich Aischines und die übrigen Teilnehmer, bis auf Demosthenes, in Pella völlig von Philipps einschmeichelnden Reden und seinem Charme überrumpeln. Daß außerdem Geschenke eine Rolle spielten, ist selbstverständlich: Philokrates rühmte sich deren sogar öffentlich. Nach Athen zurückgekehrt, wußten die Gesandten das Volk – gegen den leidenschaftlichen Widerspruch der Demosthenischen Partei – für die wenig ehrenhaften Friedensvorschläge des Makedonen zu gewinnen: der *status quo* bei Vertragsabschluß sollte sanktioniert werden, die Phoker aber, Athens Bündner, vom Vertrag ausgenommen bleiben. Eine zweite Legation machte sich auf den Weg, um den Frieden zu beeiden. Inzwischen eroberte allerdings Philipp noch schnell den Rest des thrakischen Gebietes; doch wurde trotz der veränderten Lage der »Schandfriede des Philokrates« paraphiert. Noch im selben Jahr strengte Demosthenes gegen Aischines einen Hochverratsprozeß wegen Betrugs, nämlich bewußt falscher Berichterstattung, sowie wegen passiver Bestechung an. Der Angegriffene konnte jedoch den offiziellen Kläger Timarch in einem provozierten Skandalprozeß unmöglich machen und auch die darauf von Demosthenes persönlich gegen ihn betriebene Sache bis ins Jahr 343 verschleppen.

Aischines hatte sich vor allem gegen drei Vorwürfe zu rechtfertigen, in denen die »Untreue als Gesandter« konkretisiert war: Bestechung bei der ersten Gesandtschaft und Hintertreibung der athenischen Interessen bei der zweiten Gesandtschaft; Mitschuld am Untergang der Phoker; Preisgabe der nördlichen Bundesgebiete. Die Verteidigung war nichts weniger denn leicht, hatte sich doch Aischines als Haupt der Makedonenfreunde Athens in erster Linie wegen seiner Politik zu verantworten – die Kriminalklage nur den konkreter juristischer Ansatzpunkt. Aber der Redner zieht sich äußerst geschickt aus der Schlinge. Zwar verschmäht er nicht die traditionellen Mittel der Beweisführung (Zitat von Erlassen, Gesetzen, Briefen, mündlichen und schriftlichen Aussagen, die Befragung wahrer oder – wie durchaus üblich – gekaufter Zeugen); auch hält er sich formal an den gewohnten Aufbau (das Prooimion mit *captatio benevolentiae* und prophylaktischer »Vernichtung« des Klägers, die Prothesis mit dem methodischen Plan der Rede, der erzählende Bericht und die Widerlegungen, Rekapitulation mit Schlußfolgerung, epilogische Bitte an die Richter); doch der wesentliche Trick der Verteidigung besteht darin, Erzählung und Widerlegung so zu mischen, daß der fortlaufende Bericht gerade das erzählt, was entweder nicht zum Thema der Anklage gehört (Wahl der Legation und ähnliches) oder was ein unverfängliches Verhalten des Angeschuldigten bekunden kann, während die Widerlegung den Rest des gegnerischen Gebäudes in einzelne zusammenhanglose Argumente auflöst, die, jedes für sich, leicht zu zerpflücken sind. Hinzu kommt der durchgängige Tenor der Rede, alle Verantwortung dem inzwischen zum Tod verurteilten Philokrates aufzuladen und den Gegner Demosthenes dadurch zu belasten, daß man ihn immer wieder des Einverständnisses mit Philokrates bezichtigt.

Diese Art der Argumentation verfehlte den gewünschten Eindruck nicht, wenngleich das Abstimmungsergebnis der Geschworenen äußerst knapp ausfiel. Für die makedonische Partei der Stadt wog das Resultat des Prozesses so viel wie eine Niederlage. Aischines freilich konnte sich – obwohl die geschichtliche Entwicklung ihm von Jahr zu Jahr in steigendem Maß Recht gab – in den Augen der Bürger von dem üblen Ruf, den ihm Demosthenes mit der Presbeiaklage angehängt hatte und den er zum Teil gewiß verdiente, nicht mehr reinigen; der Mißerfolg seiner letzten Aktion in Athen ist der eklatante Beweis dafür (vgl. *Kata Ktēsiphōntos*). E. Sch.

AUSGABEN: Venedig 1513 (in der Rednerausgabe des Aldus Manutius, Bd. 1). – Lpzg. ²1908 (in *Orationes*, Hg. F. Blass). – Ldn./Cambridge (Mass.) 1919 (*On the Embassy*, in The Speeches, Hg. Ch. D. Adams; m. engl. Übers.; Loeb; Nachdr. zul. 1958). – Paris ²1952 (*Sur l'ambassade infidèle*, in *Discours*, Hg. V. Martin u. G. de Budé, Bd. 1; m. frz. Übers.). – Paris 1954 (*Discours sur l'ambassade*, Hg. M. Dessenne).

ÜBERSETZUNGEN: In *Demosthenis und Aeschinis Reden*, J. J. Reiske, 5 Bde., Lemgo 1764-1769. – *Rede über die Truggesandtschaft*, J. H. Bremi (in *Aeschines der Redner*, Bd. 2, Stg. 1829). – *Rede über den Gesandtschaftsverrath*, G. E. Benseler (in *Reden*, Bd. 2, Lpzg. 1859; griech.-dt.).

LITERATUR: A. Schaefer, *Demosthenes und seine Zeit*, Bd. 2, Lpzg. ²1886, S. 382-417. – F. Blass, *Die attische Beredsamkeit*, Bd. 3/2, Lpzg. ²1898 S. 201-208; Nachdr. Hildesheim 1962. – F. R. Wüst, *Philipp II. von Makedonien und Griechenland in den Jahren von 346 bis 338*, Mchn. 1938. – Lesky, S. 655f. – H. Bengtson, *Griechische Geschichte*, Mchn. ³1965, S. 291-293. – G. Ramming, *Die politischen Ziele und Wege des Aischines*, Diss. Erlangen 1965.

DEMOSTHENES
(384-322 v. Chr.)

HYPER MEGALOPOLITŌN (griech.; *Für die Megalopoliten*). Zweite außenpolitische Rede des DEMOSTHENES (384-322 v. Chr.), 353/52 vor der Volksversammlung gehalten. – *Hyper Megalopolitōn* ist das erste Werk, in dem wir Demosthenes mit eigenen politischen Gedanken operieren sehen, die von denen seiner Parteifreunde um Eubulos (vgl. *Peri tōn symmoriōn* – *Rede über die Symmorien*) zum Teil bereits an entscheidenden Punkten abweichen: darauf ist vielleicht auch der Mißerfolg, das Ausbleiben der zustimmenden Resonanz des Volkes, zurückzuführen (W. Jaeger).

Die unglückliche Politik, die Athen nach dem Peloponnesischen Krieg (431-404) im Verlauf von vierzig Jahren immer stärker isoliert hatte, war für Eubulos und seine Anhänger, im Gegensatz zu dem forscheren Aristophon, zum Ansporn für eine bewußte Konzentration auf die inneren Angelegenheiten geworden, was insbesondere nach dem Scheitern des Bundesgenossenkrieges (357-355), fraglos das Vernünftigste war. Obwohl Athens Bedeutung daher in dem Machtkampf zwischen Sparta und Theben (ab 371) mehr die eines Randstaates war – die Situation legte ein Bündnis mit Sparta nahe –, hatte es, als Theben in den Phokischen Krieg (356-346) verwickelt wurde und die unter seiner Schirmherrschaft neugegründeten

Staaten Messenien und Arkadien wieder dem Zugriff Spartas ausgesetzt waren, mit Messenien einen Verteidigungspakt geschlossen. Der Arkadische Bund, von der spartanischen Aufrüstung immer mehr bedroht, wandte sich – die Gesandten von Megalopolis fungierten als Sprecher – ebenfalls mit der Bitte um einen Beistandsvertrag an Athen. Zur gleichen Zeit aber tauchten dort Abgeordnete Spartas auf, um Athens Verhalten im Falle einer Reannexion des von dem in Mittelgriechenland abgelenkten Theben garantierten Arkadischen Bundesstaates zu sondieren.

Die Verwirrung war vollständig; je diffiziler das Dilemma, desto erhitzter die Gemüter, die sich einen Tag lang in der Volksversammlung über das Für und Wider der einen oder der anderen Entscheidung stritten: Beide Seiten hatten Bündnisse aufzuweisen – die selbstverständlich nur für den Verteidigungsfall galten –, die Pro-Arkadier konnten auf den Messenischen Vertrag pochen und auf die drohende Gefahr einer neuen spartanischen Hegemonie verweisen, die Pro-Spartaner hatten das Argument des gemeinsamen Feindes Theben für sich und lockten mit dem Wiedergewinn des an Theben verlorenen attischen Landes. Als letzter trat in der Ekklesie der noch junge Demosthenes auf und hielt seine berühmte Rede – kurz, präzis, sachlich, zurückhaltend, klar –, die auch in neuerer Zeit noch, so bei Lord BROUGHAM (1779–1868), als Inbegriff und Musterstück einer Politik des Gleichgewichts der Kräfte gilt. – Prinzip der attischen Politik, so formuliert Demosthenes eingangs den Leitgedanken seiner Ausführungen, kann nicht sein, was den Arkadiern hilft oder den Lakedaimoniern nützt, sondern allein, was Athen zuträglich ist, dessen natürliche Gegner Sparta und Theben in gleichem Grade sind. Auf diesen einfachen Grundsatz ist die subtile, viele Möglichkeiten aufs genaueste wägende Argumentationsreihe aufgebaut, die darauf hinausläuft, das spartanische Vorgehen, das nicht den Schein eines Rechts beanspruchen kann, abzulehnen, auch wenn dadurch die Rückeroberung des von Theben annektierten attischen Gebiets verzögert würde, zumal Lakedaimon jede Chance einer neuen Hegemonie verwehrt bleiben muß; vielmehr sind die Arkadier zu unterstützen, vorausgesetzt, sie lösen die engen Bindungen zu Theben, woran bei ihrer augenblicklichen Zwangslage im entscheidenden Moment nicht zu zweifeln ist. Diese Wahl bleibt Athen nicht erspart: denn gewinnt Sparta Arkadien, so wird es sich auch Messenien holen – was Athen in den Krieg zöge und Sparta zur stärksten Macht des Festlands werden ließe; erwehrt sich Arkadien ohne Athens Hilfe erfolgreich der lakedaimonischen Versuche, so ist die Konsequenz eine rapide Stärkung der thebanischen Macht. Athens eigenes Interesse fordert also der Unterstützung der Megalopoliten wie überhaupt stets die der Schwächeren gegenüber den Stärkeren.

Durchgedrungen ist Demosthenes, wie gesagt, mit dieser logisch ausgefeilten politischen Analyse nicht. Den Kreisen um Aristophon war er von vornherein verfeindet, und sein Trend zu neuer Großmachtpolitik, des – zugestanden: gezwungenermaßen und um des künftigen Friedens willen – ein Bündnis mit Arkadien in sich geschlossen hätte, trieb auch seine bisherigen Parteifreunde um Eubulos in die Reserve. Daß Demosthenes recht hatte, ist von den Historikern längst erkannt: denn die Arkadier verbündeten sich mit der neuen Macht im Norden, mit Philipp II. von Makedonien, und verschafften diesem so die willkommene Gelegenheit, künftighin, wie er wollte, in die innergriechischen Verhältnisse einzugreifen. E. Sch.

AUSGABEN: Venedig 1504 (in *Logoi dyo kai hexēkonta*). – Freiburg i. B. 1890, Hg. W. Fox [griech.-dt.; m. Komm.]. – Oxford 1903 (in *Orationes*, Hg. S. H. Butcher, Bd. 1; Nachdr. zul. 1961). – Lpzg. 1914 (in *Orationes*, Hg. C. Fuhr, Bd. 1). – Neapel 1932 (*Per i Megalopolitani*, Hg. G. Ammendola; m. Komm.). – Florenz 1938 (*Per i Megalopolitani*, Hg. L. Previtali; m. Komm.). – Ldn./Cambridge (Mass.) ²1954 (in *D.*, Bd. 1, Hg. J. H. Vince; m. engl. Übers.; Loeb). – Paris 1955 (in *Harangues*, Hg. M. Croiset, Bd. 1; m. frz. Übers.).

ÜBERSETZUNGEN: in *Demosthenis u. Aeschinis Reden*, J. J. Reiske, 5 Bde., Lpzg. 1764–1769. – *Rede für die Megalopoliter*, H. A. Pabst (in *Werke*, Bd. 3, Stg. 1839). – *Schutzrede für Megalopolis*, C. Beck (in *Zwölf Staatsreden*, Halle 1876).

LITERATUR: A. Schaefer, *D. u. seine Zeit*, Bd. 1, Lpzg. ²1885, S. 510–519. – F. Blass, *Die attische Beredsamkeit*, Bd. 3/1: *D.*, Lpzg. ²1893, S. 288–291; Nachdr. Hildesheim 1962. – W. Jaeger, *D.*, Bln. 1939, S. 82–89. – J. Luccioni, *Démosthène et le panhellénisme*, Paris 1961, S. 78/79.

KAT' ANDROTIŌNOS (griech.; *Gegen Androtion*). Rede des DEMOSTHENES (384–322 v. Chr.). – Das Werk, das in seinem historischen Hintergrund der *Rede gegen Leptines (Pros Leptinēn)* verwandt ist, in seinen sachlich-politischen Voraussetzungen mit der *Rede gegen Timokrates (Kata Timokratus)* zusammengehört, markiert, nach zahlreichen Privatprozessen, das staatsmännische Debüt des Demosthenes. Allerdings verbirgt sich der Politiker noch hinter dem Logographen, und die Staatsrede ist noch im Gewand der öffentlichen Gerichtsrede versteckt; doch die parteipolitische Tendenz ist nicht zu übersehen, was wörtliche Parallelen in der *Timocratea* deutlich unterstreichen.

Nach dem vergeblichen Versuch Athens, durch die Organisation des Zweiten Seebundes seine alte Größe wiederzuerlangen, einem Versuch, der in dem Scheitern des Bundesgenossenkrieges (357 bis 355) endgültig begraben wurde, war die Partei des Aristophon bemüht, durch straffe Finanzpolitik wenigstens den Staatshaushalt im Innern zu sanieren. ANDROTION, den die Literaturgeschichte als Verfasser einer vielzitierten *Atthis (Beschreibung Attikas)* kennt, war als wichtigster Mann des neugeschaffenen Zehnerkollegiums zur Eintreibung rückständiger Steuern maßgeblich auf der Seite Aristophons engagiert und infolge seines scharfen Vorgehens einer der meistgehaßten Beamten der Stadt. Als er im Jahr 355 vor der Volksversammlung die nach Ablauf eines Amtsjahres übliche Ehrenkränzung des Stadtrats forderte, benutzte die Gegenpartei des Eubulos, der Demosthenes angeschlossen hatte, einige formaljuristische Unebenheiten des Antrags zu einem indirekten Angriff auf der Stellung Androtions: Die Amtsperiode des Rates war noch gar nicht abgelaufen (weshalb der empfehlende Vorbeschluß des Rates, der dem öffentlichen Antrag vorangehen mußte, aus begreiflichen Gründen unterblieben war), zudem hatte der Rat sich für eine solche Ehrung unabdingbaren Bau einer gesetzlich vorgeschriebenen Zahl neuer Schiffe nicht zuwege gebracht. Soweit die geschichtlichen und faktischen Hintergründe. Die Anklage selbst wurde von zwei Strohmännern der Eubulos-Partei vorgetragen: Euktemon, ein inferiorer Politiker und Beamter, hielt die Hauptrede der Klage, Diodoros, ein Privatmann aus der Bürgermasse, die ergänzende Zweitrede – und nur diese Deuterologie liegt uns vor. Die Sprecher, das beweist dieses teilweise fast lysianisch-lebensechte Plädoyer, waren nicht ungeschickt gewählt; denn der unscheinbare, biedere Privatmann scheint die Anklage so sehr aus derbprivaten Interessen heraus zu formulieren, daß das Gros der Laien-Geschworenen, denselben Schichten wie Diodoros entstammend, von dem eigentlich politischen Ziel der Rede ebenso abgelenkt wurde, wie es andererseits sich gefühlsmäßig zur Sympathie mit dem armen Mitbürger gedrängt sah. Und da Diodoros persönlich unter dem unnachsichtigen Staatskassier Androtion zu leiden gehabt hatte, ist sogar die zweiteilige Form der Rede innerlich begründet; es gilt, wie die kurze Einleitung sagt (1–4), nicht nur, die mutmaßliche Verteidigung des Beklagten im voraus zu erschüttern (5–46), sondern auch, die Persönlichkeit des Androtion, seinen Lebenswandel und sein unwürdiges politisches Treiben zu durchleuchten (47–78). So sehr sich indes der Sprecher auch Mühe gab, so tief seine Schilderung der Zwangsmaßnahmen gegen die harmlosen Steuersünder den Hörer packen mußte: der Gefahr, die er im Prooimion zu beschwören suchte – sein Gegner sei ein »*raffinierter Redner, der sich sein ganzes Leben nur um diese Fertigkeit gekümmert hat*« (4) –, konnte er offensichtlich nicht entgehen. Wir wissen, daß Androtion sich mit Erfolg verteidigte; auch der pathetische Aufschwung zum Schluß der Rede – unversehens tritt, in einem frühen Anflug künftiger Kunst, Demosthenes hinter Diodoros hervor – vermochte den Fehlschlag der Attacke nicht aufzuhalten.

E. Sch.

AUSGABEN: Venedig 1504 (in *Orationes duae et sexaginta*, Hg. Scipio Carteromachus, 2 Bde.). – Oxford 1907 (in *Orationes*, Bd. 2/1, Hg. S. H. Butcher; Nachdr. zul. 1962). – Ldn./Cambridge (Mass.) 1935 (in *Demosthenes*, Bd. 3, Hg. J. H. Vince; m. engl. Übers.; Loeb; Nachdr. 1956). – Lpzg. 1937 (in *Orationes*, Bd. 2/1, Hg. C. Fuhr u. J. Sykutris). – Mailand 1937 (*Orazione contro Androzione*, Hg. M. Faggella). – Paris 1954 (*Contre Androtion*, in *Plaidoyers politiques*, Bd. 1, Hg. O. Navarre u. P. Orsini; m. frz. Übers.).

ÜBERSETZUNGEN: In *Demosthenis und Aeschinis Reden*, J. J. Reiske, 5 Bde., Lemgo 1764–1769. – *Rede gegen Androtion*, H. A. Pabst (in *Werke*, Bd. 8, Stg. 1840). – Dass., A. Westermann (in *Ausgewählte Reden*, Lfg. 9/10, Stg. 1868 u. ö.). – *Reden gegen Androtion und Timokrates*, anon. (in *Werke*, Bd. 10, Lpzg. 1861; griech.-dt.).

LITERATUR: A. Schaefer, *D. u. seine Zeit*, Bd. 1, Lpzg. [2]1885, S. 342–364. – F. Blass, *Die attische Beredsamkeit*, Bd. 3/1, Lpzg. [2]1893, S. 258–264; Nachdr. Hildesheim 1962. – F. Kahle, *De Demosthenis orationum Androtioneae, Timocrateae, Aristocrateae temporibus*, Diss. Göttingen 1909. – W. Jaeger, *D.*, Bln. 1939, S. 59–62; 214–217; [2]1963. – Lesky, S. 646/647.

KATA MEIDIU (griech.; *Gegen Meidias*). Anklagerede des DEMOSTHENES (384–322 v. Chr.), zur Zeit des Kampfes um Olynth (349/48 v. Chr.) entstanden. – Das Werk ist für einen Privatprozeß geschrieben (wie der gelegentlich beigefügte Nebentitel *Über die Ohrfeige* andeutet), den Demosthenes allerdings als eine Staatsaffäre zu führen versuchte: Meidias gehörte zu der Gruppe um Eubulos, mit der sich Demosthenes außenpolitischer Themen wegen immer mehr zerstritten hatte. Was wir an äußeren Daten und Fakten über das Werk wissen, ist insgesamt der Rede selbst entnommen: daß sie, weil der Prozeß ausfiel, weder gehalten noch bis ins einzelne vollendet worden ist (was in neuerer Zeit zwar bezweifelt, aber nicht endgültig widerlegt wurde); daß ihre Ausarbeitung sich über mehrere Jahre erstreckte, weil der Betroffene die Eröffnung der Verhandlung immer wieder zu verzögern wußte; daß Demosthenes mit dem durch sein immenses Vermögen einflußreichen, aber krankhaft cholerischen und gewalttätigen Protzen Meidias schon vor dem Prozeß bereits über ein Jahrzehnt bitter verfeindet war, seit sich dieser in Demosthenes' Vormund- und Erbschaftsprozesse eingemischt hatte.

Aktueller Anlaß, vor Gericht zu gehen, war der Skandal an einem Dionysosfest. Demosthenes hatte in schwieriger Zeit freiwillig für seinen heimatlichen Stadtbezirk eine Choregie (die Ausrüstung und Einstudierung eines Flötenchors für den großen musischen Wettkampf der Dionysien) übernommen. In seinem unversöhnlichen Haß suchte Meidias Demosthenes, wo irgend es ging, zu schikanieren und seinen möglichen Erfolg beim Fest zu verhindern. Er schlug vor, ihn selbst zum Festaufseher zu wählen, und hintertrieb die Militärdienstbefreiung der Männer des Chors. Später stieg er nachts beim Goldschmied ein und demolierte das Festgewand des Chorleiters und die goldenen Kränze des Chors. Den Regisseur bestach er, die Einstudierung zu sabotieren, so daß der erste Flötist diese Aufgabe übernehmen mußte. Sodann bestach er den Archonten, hetzte die anderen Chorführer gegen Demosthenes auf, setzte die Festjury zunächst mit Drohungen unter Druck und bestach sie dann gleichfalls. Als alles nichts half, verbarrikadierte er den Bühneneingang, drang schließlich, da auch dies das Auftreten des Chors nicht hinderte, bei der Vorführung in die Szene ein, riß dem Chorführer vor versammelter Volksgemeinde krakeelend das Festgewand vom Leib und versetzte ihm eine Ohrfeige. Es gab einen Riesentumult. Die bereits am nächsten Tag abgehaltene Volksversammlung verurteilte den Kultfrevel in einer Vorabstimmung aufs schärfste. Doch die von Demosthenes sofort eingereichte Klage fand keine Richter, da Meidias mit Hilfe seines Reichtums die Sache immer wieder zu verschleppen verstand, auch mehrfach Angebote an Demosthenes machte, den drohenden Prozeß nach Zahlung einer größeren Geldsumme fallen zu lassen. Weshalb dieser in das Ansinnen schließlich doch einwilligte, dem er, wie die Rede erwähnt, so lange widerstrebt hatte, ist nicht mehr genau auszumachen; es werden politische Erwägungen im Spiel gewesen sein.

Was schon die gleichzeitigen *Olynthiakoi* (*Olynthische Reden*) bekundeten, das zeigt die *Rede gegen Meidias* – trotz ihres unvollendeten Zustands – in höchster Klarheit: daß Demosthenes in der Beherrschung der sprachlichen Mittel seinem Höhepunkt zustrebt. Eine kaum noch zu überbietende demagogische Gewandtheit, die Hörer in die gewünschte Stimmung zu versetzen, eine ausgeklügelte Technik, leidenschaftliche Teilnahme zu erregen, den eigenen Haß wie einen Induktionsstrom auf das Publikum zu übertragen, die raffiniertesten rhetorischen Kunstgriffe, durch Wortwahl, Satzperiodik, steigernde Hyperbeln und schlagende Vergleiche, durch hämmernde Anaphern, brillante Antithesen und geschmeidige Parallelen aufzureizen, zu begeistern, niederzuschmettern, kurz, Affekte zu evozieren und sie nach Wunsch zu lenken, zu zügeln oder anzustacheln – all das macht die *Meidiasrede* zu einem Meisterwerk. Daß solch souveränes Können seine Gefahren birgt, tritt freilich ebenfalls recht plastisch hervor: so zum Beispiel, wenn von den drei Hauptteilen der Rede nur der erste (8–76) im strengen Sinn die Prozeßklage ausführt und begründet, der zweite, über die Vorgeschichte des Theaterskandals und den Ursprung der Feindschaft (79–127), und der dritte, über den allgemein üblen Lebenswandel und Charakter des Meidias (128–174), dagegen ausschließlich psychologisch gezielte Attacken auf den Gegner darstellen, deren juristische (und kompositorische) Berechtigung auch Prooimion (1–8) und Epilog (175–227) nicht zu erweisen vermögen. Das Bedenkliche dieser Ambivalenz wird besonders deutlich, wenn man bedenkt, wie viele von den vorgebrachten Anwürfen – nach damaliger Gerichtspraxis – pure Verleumdung sein können. Dergleichen Mittel mag man dem Politiker nachsehen, der um jeden Preis sein als richtig erkanntes Ziel zu verfolgen trachtet; in Privatprozessen und persönlichen Auseinandersetzungen kann man sie nur als diabolisch bezeichnen, auch wenn sie überzeugen: Man vergleiche etwa die *Rede über die Truggesandtschaft (Peri tēs parapresbeias)* und die *Kranzrede (Peri tu stephanu)*, deren negative Zeichnung des AISCHINES gleichen Geistes ist und für alle Zeiten das einseitige Bild dieses Mannes fixiert hat. E. Sch.

AUSGABEN: Venedig 1504 (in *Orationes duae et sexaginta*, Hg. Scipio Carteromachus, 2 Bde.). – Oxford 1901 (*Speech against Meidias*, Hg. J. R. King; m. Komm.). – Cambridge 1906 (*Against Midias*, Hg. W. W. Goodwin; m. Komm.). – Oxford 1907 (in *Orationes*, Bd. 2/1, Hg. S. H. Butcher; Nachdr. zul. 1962). – Mailand 1935 (*L'orazione contro Midia*, Hg. D. Bassi; m. Komm.). – Ldn./Cambridge (Mass.) 1935 (in *Demosthenes*, Bd. 3, Hg. J. H. Vince; m. engl. Übers.; Loeb; Nachdr. 1956). – Lpzg. 1937 (in *Orationes*, Bd. 2/1, Hg. C. Fuhr u. J. Sykutris). – Paris 1959 (*Contre Midias*, in *Plaidoyers politiques*, Bd. 2, Hg. J. Humbert u. L. Gernet; m. frz. Übers.).

ÜBERSETZUNGEN: In *Demosthenis und Aeschinis Reden*, J. J. Reiske, 5 Bde., Lemgo 1764-1769. – *Rede gegen Midias*, H. A. Pabst (in *Werke*, Bd. 7 u. 8, Stg. 1840). – *Rede gegen Meidias*, A. Westermann (in *Ausgewählte Reden*, Lfg. 7/8, Stg. 1863 u. ö.). – Dass., G. E. Benseler (in *Werke*, Bd. 9, Lpzg. 1860; griech.-dt.).

LITERATUR: A. Schaefer, *D. u. seine Zeit*, Bd. 2, Lpzg. ²1886, S. 86–118. – F. Blass, *Die attische Beredsamkeit*, Bd. 3/1, Lpzg. ²1893, S. 328–341; Nachdr. Hildesheim 1962. – I. Bruns, *Das literarische Porträt der Griechen*, Bln. 1896, S. 557 bis 570. – W. Jaeger, *D.*, Bln. 1939, S. 144–148; ²1963. – H. Erbse, *Über die »Midiana« des D.* (in Herm, 84, 1956, S. 135–151). – Lesky, S. 650.

KATA TIMOKRATUS (griech.; *Gegen Timokrates*). Eine der ersten öffentlichen Reden des DEMOSTHENES (384–322 v. Chr.), entstanden 353 v. Chr. – Das Werk ist nicht, wie die *Rede über die Symmorien (Peri tōn symmoriōn)*, als Volksrede, sondern als Gerichtsrede geschrieben, und zwar für denselben Mann wie die *Rede gegen Androtion (Kat' Androtiōnos)*: Diodoros. Daß der Sprecher ein privater Bürger ist, darf nicht über den politischen Charakter der Ansprache hinwegtäuschen: Diodoros ist von der Partei des Eubulos, der sich auch Demosthenes verpflichtet hat, vorgeschoben, um den Timokrates, einen Parteifreund Aristophons und Androtions, wegen der Einbringung eines gesetzwidrigen Gesetzentwurfs juristisch und politisch zur Rechenschaft zu ziehen. Im Grunde ist es reines Parteigezänk, was Diodoros – er hielt die Hauptrede der Anklage – hier ausbreitet. Würde nicht schon die Tatsache, daß große Stücke aus der *Androtionrede* (46–57 und 65–78) so gut wie wörtlich in die *Timokratesrede* (160–168 und 172–186) übernommen sind, die agitatorische Tendenz sichtbar bekunden (W. Jaeger), dann dürften gewiß die näheren geschichtlichen Umstände verraten, daß hier versucht werden soll, die zwei Jahre zuvor (355) vergeblich attackierten Gegner aufs neue, nur von einer anderen Seite aus, anzugreifen. Androtion, der berüchtigte Finanzier und Steuervogt, hatte, zusammen mit zwei Freunden, einige Jahre vorher (wohl in der Zeit des Bundesgenossenkriegs, 357-355) anläßlich einer Fahrt nach Kleinasien eine beträchtliche Summe, die eigentlich dem Staat gehörte – man hatte ein fremdes Schiff gekapert –, in die eigene Tasche gesteckt. Jetzt bedrohte ein (politisch durchaus in seinem Sinne wirkendes) Gesetz ihn als Staatsschuldner mit Haft. In dieser prekären Situation verfiel Androtions Parteifreund Timokrates auf die Idee, in einer Sonderversammlung ein Gesetz zu beantragen, das Staatsschuldnern ein Jahr Aufschub der Schuldhaft gewähren sollte, wenn sie Bürgen stellen konnten, die dem Staat das dringend benötigte Geld vorschossen. Gegen diesen Gesetzentwurf, der als »Gesetz für einen Mann« nur ein eigennütziges politisches Manöver darstellt, erhebt Diodoros Einspruch: einmal, weil die Art des Gesetzantrags wie sein Inhalt bestehenden Gesetzen zuwiderlaufen (17–67), zum zweiten, weil ein solches Gesetz staatsgefährlich ist und letztlich sogar gemeinen Verbrechern zugute kommen könnte (68–109). Daß der Kläger jedoch mehr und anderes will als nur die Aufhebung dieses neuen Gesetzes – nämlich die politische Vernichtung des Gegners –, zeigt der beinahe noch einmal so lange Rest der Rede (110–218), der die Argumente weiter ausführt, die Persönlichkeit der Hintermänner des Gesetzes ins rechte – d. h. schlechte – Licht rückt und die erwartete Verteidigung des Timokrates zu zerpflücken sucht. Freilich, der Aufwand an Scharfsinn und Sprachgewalt, das ausgefeilte Proportion von Beweis und Überredung, von rationalem Kalkül und Gefühlsappell waren vergeblich, denn anscheinend zogen Androtion und seine Freunde es vor, lieber gleich zu zahlen. So ist heute nicht mehr zu entscheiden, ob es überhaupt zum Prozeß kam und ob die Rede wirklich gehalten worden ist. Aus einigen stilistischen Unebenheiten glaubte man eine Umarbeitung des ursprünglichen Konzepts ableiten und aus dieser Tatsache schließen zu können, daß der Prozeß auch unter den veränderten Voraussetzungen schließlich doch noch zustande kam (F. Blass). Wie dem auch sei – im ganzen macht das Werk einen sehr überzeugenden Eindruck. In der Verbindung des Juristischen mit dem Politischen verrät sich hier soviel gewinnende Vernunft wie dort souveräne Routine, und man ahnt bereits manches von dem Feuer späterer Staatsreden. Den Elan einer *Kranzrede (Peri tu stephanu)*, mit dem Demosthenes seinen Widersacher AISCHINES vom forensischen Katheder und aus der Stadt fegte, darf man natürlich in der *Timocratea* nicht suchen – es bedurfte noch langer Lehr- und Reifejahre, bis Demosthenes die ganze persönliche Leidenschaft eines erfahrenen Politikers in die Waagschale werfen konnte.

E. Sch.

AUSGABEN: Venedig 1504 (in *Orationes duae et sexaginta*, Hg. Scipio Carteromachus, 2 Bde.). – Oxford 1907 (in *Orationes*, Bd. 2/1, Hg. S. H. Butcher; Nachdr. zul. 1962). – Ldn./Cambridge (Mass.) 1935 (in *Demosthenes*, Bd. 3, Hg. J. H. Vince; m. engl. Übers.; Loeb; Nachdr. 1956). – Lpzg. 1937 (in *Orationes*, Bd. 2/1, Hg. C. Fuhr u. J. Sykutris). – Paris 1954 (*Contre Timocrate*, in *Plaidoyers politiques*, Bd. 1, Hg. O. Navarre u. P. Orsini; m. frz. Übers.).

ÜBERSETZUNGEN: In *Demosthenis und Aeschinis Reden*, J. J. Reiske, 5 Bde., Lemgo 1764-1769. – *Rede gegen Timokrates*, H. A. Pabst (in *Werke*, Bd. 10, Stg. 1840). – *Reden gegen Androtion und Timokrates*, anon. (in *Werke*, Bd. 10, Lpzg. 1861; griech.-dt.).

LITERATUR: A. Schaefer, *D. u. seine Zeit*, Bd. 1, Lpzg. ²1885, S. 364-390. – F. Blass, *Die attische Beredsamkeit*, Bd. 3/1, Lpzg. ²1893, S. 280-288; Nachdr. Hildesheim 1962. – F. Kahle, *De Demosthenis orationum Androtioneae, Timocrateae, Aristocrateae temporibus*, Diss. Göttingen 1909. – W. Jaeger, *D*., Bln. 1939, S. 59-65; ²1963. – Lesky, S. 647.

KAT' ARISTOKRATUS (griech.; *Gegen Aristokrates*). Rede des DEMOSTHENES (384-322 v. Chr.), wohl 352/51 gehalten. – Das Werk gehört zwar nach Thema und Anlaß zu den Gerichtsreden des Autors, ist aber, wie Struktur und Gedankenführung erweisen, eine natürliche und konsequente Ergänzung jener drei Volksreden – *Über die Symmorien (Peri tōn symmoriōn)*, *Für die Megalopoliten (Hyper Megalopolitōn)* und *Für die Freiheit der Rhodier (Peri tēs Rhodiōn eleutherias)* –, mit denen Demosthenes zum erstenmal seine Stimme als aktiver Politiker in der Volksversammlung erhoben hatte. Diese vier Reden sind »kein zufälliges Konglomerat, sondern sie umgreifen mit fester Hand die vier hauptsächlichen Krisenfelder der außenpolitischen Interessen des athenischen Staates. Die Symmorienrede rollte die asiatisch-europäische Frage auf ... Die Megalopolitenrede entwickelt den ganzen Komplex der peloponnesischen Angelegenheiten. Die Rhodierrede stellt die Frage der Politik Athens gegenüber den früheren Seebundstaaten. Endlich die Aristokratesrede greift das nordgriechische Problem an, dessen Bedeutung bald alles übrige weit überragen sollte« (W. Jaeger). In ihrer Grundtendenz, das juristische Forum als Plattform politischer Demagogie zu benützen, hat die *Rede gegen Aristokrates* ihre Vorläufer. Doch in den zwei, drei Jahren seit der *Rede gegen Androtion (Kat' Androtiōnos)*, der *Rede gegen Timokrates (Kata Timokratus)* und der *Rede gegen Leptines (Pros Leptinēn)* hat sich Demosthenes vom Kommunalpolitiker zum Staatspolitiker gewandelt. Freilich, sosehr man den überlegenen Weitblick der vorangegangenen Staatsreden bewundern mag – im Fall der *Aristokratesrede* ist selbst die vorausschauende Berechnung des Demosthenes noch um vieles hinter der bald eintretenden Realität zurückgeblieben, ganz zu schweigen von der Kurzsichtigkeit des Volks, das die Rede niederstimmte und das diplomatisch-vernünftige Aktionskonzept des Demosthenes ablehnte.

Der aktuelle Anlaß der Rede scheint so dürftig, wie die historische Szenerie, vor der sie spielt, nebensächlich war. Ein ehemaliger athenischer Söldnergeneral, Charidemos aus Oreos, jetzt in Diensten des Thrakerkönigs Kersobleptes, sollte, nach dem Antrag des (sonst unbekannten) Aristokrates, mit einem ehrenden Sondergesetz bedacht werden: Wer ihn töte, solle vogelfrei sein, die Gemeinde, die dem Mörder Asyl gewähre, solle von jedem Bündnis mit Athen ausgeschlossen werden. Das politische Objekt, das sich hinter diesem geplanten Sonderprivileg verbirgt, ist die Thrakische Chersonnes, Athens unersetzlicher Stützpunkt für den lebensnotwendigen Getreidehandel mit dem Schwarzmeergebiet. Das Reich des Kersobleptes war dieser Halbinsel benachbart; zudem hatte Charidemos unter der Hand zugesagt, Athen die an Philipp von Makedonien verlorene Stadt Amphipolis wiederzugewinnen. Demosthenes sah dahinter eine gefährliche Entwicklung. Man mußte seiner Meinung nach versuchen, den Kersobleptes, wo immer möglich, zu schwächen, nicht ihn zu stärken; weit ratsamer wäre es, den Bruder des Kersobleptes, den König Amadokos, der sich mit jenem um die Herrschaft ganz Thrakiens zankte, zu fördern – damit wäre ein Gleichgewicht der Kräfte hergestellt (vgl. *Hyper Megalopolitōn – Rede für die Megalopoliten*) und zugleich ein drohendes Bündnis Amadokos-Philipp vermieden. Dieses politische Argument bildet den eigentlichen Kern des Plädoyers, und es steht auch rein äußerlich im Zentrum der Rede (100-143). Das formalrechtliche Argument gegen den Antrag – gleichzeitig das einzige Stück der Rede, das dem Verfahrensordnung sich überhaupt auf den Prozeß bezog – bildet den voraufgehenden ersten Teil (18-99, nach der Einleitung 1-17), in welchem anhand zahlreicher Gesetze die Gesetzwidrigkeit des Aristokrateischen Entwurfs dargetan wird. Zur Erhärtung des juristischen und zur psychologischen Stärkung des politischen Arguments folgt in einem dritten Abschnitt der Nachweis, daß Charidemos eine solche Ehrung durch nichts verdient habe (144-186). Der Epilog (187-220) beleuchtet nochmals in versierter Brillanz alle Aspekte des Problems im Für und Wider.

Der durchaus politische Charakter der Rede kommt in ihrer Disposition, die das Juristische klar zurückdrängt, deutlich zum Ausdruck. Dieser Charakter ist aber ebenso an den Verhältnissen abzulesen, unter denen die Rede gehalten wurde. Denn der Antrag des Aristokrates aus dem Vorjahr war verfallen, also gar nicht zum Gesetz erhoben worden. Wenn daher Euthykles aus Thria, der als sachverständiger Bürger die Rede des Demosthenes vortrug (er hatte mit Demosthenes zusammen 359 das Amt des Trierarchen in jenem nördlichen Bezirk inne), zu Beginn erklärt, daß nichts als das sachliche Interesse ihn zu seinem Schritt treibe, werden damit die Karten rückhaltlos aufgedeckt. Daß das Volk nicht in ihnen lesen konnte oder wollte, hatte es hernach bitter zu bereuen: Amadokos wandte sich tatsächlich Philipp von Makedonien zu, und dieser benutzte natürlich die Gelegenheit, ganz Thrakien unter seinen Einfluß zu bringen und geradewegs an die Dardanellen, Athens empfindlichsten Punkt, vorzustoßen. E. Sch.

AUSGABEN: Venedig 1504 (in *Orationes duae et sexaginta*, Hg. Scipio Carteromachus, 2 Bde.). – Oxford 1907 (in *Orationes*, Bd. 2/1, Hg. S. H. Butcher; Nachdr. zul. 1962). – Mailand 1936 (*Orazione contro Aristocrate*, Hg. L. Volpis; m. Komm.). – Ldn./Cambridge (Mass.) 1935 (in *Demosthenes*, Bd. 3, Hg. J. H. Vince; m. engl. Übers.; Loeb; Nachdr. 1956). – Lpzg. 1937 (in *Orationes*, Bd. 2/1, Hg. C. Fuhr u. J. Sykutris). – Paris 1959 (*Contre Aristocrate*, in *Plaidoyers politiques*, Bd. 2, Hg. J. Humbert u. L. Gernet; m. frz. Übers.).

ÜBERSETZUNGEN: In *Demosthenis und Aeschinis Reden*, J. J. Reiske, 5 Bde., Lemgo 1764–1769. – *Rede gegen Aristokrates*, H. A. Pabst (in *Werke*, Bd. 9, Stg. 1840). – Dass., A. Westermann (in *Ausgewählte Reden*, Lfg. 9/10, Stg. 1868 u. ö.). – *Rede wider Aristokrates*, C. Beck (in *Drei Gerichts-Reden*, Halle 1876).

LITERATUR: A. Schaefer, *D. u. seine Zeit*, Bd. 1, Lpzg. ²1885, S. 419–447. – F. Blass, *Die attische Beredsamkeit*, Bd. 3/1, Lpzg. ²1893, S. 292–300; Nachdr. Hildesheim 1962. – F. Kahle, *De Demosthenis orationum Androtioneae, Timocrateae, Aristocrateae temporibus*, Diss. Göttingen 1909. – L. Vorndran, *Die »Aristocratea« des D. als Advokatenrede u. ihre politische Tendenz*, Paderborn 1922 (Rhetorische Studien, 11; zugl. Diss. Würzburg). – W. Jaeger, *D.*, Bln. 1939, S. 98–107; ²1963. – Lesky, S. 648.

OLYNTHIAKOI (LOGOI) (griech.; *Olynthische Reden*). Drei Reden des DEMOSTHENES (384–322 v.Chr.), 349/348 in kurzem Abstand sukzessive entstanden. – Olynth war eine mächtige Handelsstadt auf der Halbinsel Chalkidike. Seine Außenpolitik war natur- und traditionsgemäß lange durch die Rivalität zu Athens Machtansprüchen in Nordgriechenland bestimmt: Im Peloponnesischen Krieg (431–404) stand es auf seiten Spartas, später schwang es sich zum Haupt des Chalkidischen Bundes auf und wurde so zu einem bedeutenden politischen Faktor im thrakischen Raum. Der aufstrebende Makedonenkönig Philipp II. (reg. 359–336) hatte zunächst mit der seinem Land benachbarten Stadt einen Bündnisvertrag geschlossen, der, wie die Olynthier glaubten, eine Abgrenzung der beiderseitigen Interessensphären garantieren sollte. Als jedoch Philipp begann, die Städte des Umkreises, eine nach der andern, zu unterwerfen und sich zudem in Thessalien festsetzte, erkannte man in Olynth seine wahren Absichten und schloß – vermutlich zu der Zeit, als Philipp durch seine thessalischen Unternehmungen die Hände gebunden waren – mit Athen einen Separatfrieden, obwohl der Vertrag mit Makedonien dies beiden Partnern ausdrücklich untersagte. Es war klar, daß der König ein solches Vergehen nicht ohne weiteres hinnehmen würde, und so bemühte sich Olynth um ein regelrechtes Bündnis mit Athen, das zustande kam – freilich, wie es scheint, zu zögernd und daher zu spät.

Die chronologischen Einzelheiten der Ereignisse bleiben vielfach im dunkeln, vor allem läßt sich – trotz mannigfacher Versuche in dieser Richtung – kaum mehr ausmachen, aus welcher speziellen Situation heraus Demosthenes seine drei *Olynthischen Reden* konzipiert hat: Fest steht jedenfalls, daß das Bündnis geschlossen wurde und daß die Olynthier, als Philipp nach einer längeren Krankheit ohne Zögern daran ging, die mit Olynth verbündeten Städte zu belagern, sich mehrfach an Athen wegen der Entsendung von Hilfstruppen wandte. – Auf diese dringlichen Bittgesuche sind alle drei Reden bezogen. Im Mittelpunkt der ersten steht der Vorschlag, der bedrohten Stadt nicht nur mit einem, sondern mit zwei Heeren beizustehen; die eine Abteilung sollte (auf dem Seeweg) Olynth unmittelbar zu Hilfe kommen, die andere (auf dem Landweg) in Makedonien einfallen, um so Philipps Kräfte zu zersplittern. Die zweite Rede rät den Athenern, neben der direkten Hilfe für Olynth die thessalischen Städte durch Gesandtschaften zum Abfall von Philipp zu bewegen, was nicht schwer sein dürfte, da seine Macht wie überall, so auch dort auf Gewalt und Lügen aufgebaut sei. Hauptproblem aller Hilfeleistungen Athens – das betont schon die erste Rede – ist das Geld für die Aufstellung der Truppen: Diesem heißen innenpolitischen Eisen ist die dritte Rede gewidmet. In beschwörenden Worten entwickelt Demosthenes den – politisch ungemein brisanten – Plan, die Ausschüttung der geheiligten Theatergelder einstellen und das Ersparte einer Kriegskasse zuführen zu lassen (seit der Zeit des Perikles erhielt jeder Athener das Eintrittsgeld für die Theatervorstellungen aus der Staatskasse zugeteilt). Hand in Hand damit müsse eine Erneuerung der inneren Ordnung der Stadt erfolgen; das Volk müsse sich aus der Abhängigkeit von den wenigen Reichen befreien, seiner politischen Bedeutung wieder bewußt werden und selbst in Gestalt eines Bürgerheeres (anstelle von Söldnertruppen) nach Olynth ziehen.

Demosthenes ist mit keinem seiner Vorschläge durchgedrungen, obgleich seine Diagnose innenwie außenpolitisch in allen Punkten richtig war – genau so richtig wie in der den *Olynthiakoi* vorangehenden, gleichfalls erfolglosen *Ersten Philippischen Rede* (vgl. *Philippikoi logoi*), deren Prognosen sich inzwischen exakt bewahrheitet hatten. Die Unterstützung Athens für Olynth blieb in Halbheiten stecken, Philipp konnte die Stadt Ende des Jahres 348 aufgrund eines nichtigen Vorwandes direkt angreifen und erobern, machte sie dem Erdboden gleich und verkaufte oder verschenkte ihre Einwohner in die Sklaverei. Auch die Theatergelder, nach einem Bonmot des DEMADES »*der Kitt der Demokratie*«, wurden nicht angestastet, im Gegenteil: Die von Demosthenes so überraschend attackierte plutokratische Partei des Eubulos – in deren Reihen der Redner seine späte Laufbahn begonnen hatte (vgl. *Peri tōn symmoriōn – Über die Symmorien, Hyper Megalopolitōn – Für die Megalopoliten, Peri tēs Rhodiōn eleutherias – Über die Freiheit der Rhodier, Kata Meidiu – Gegen Meidias*) – brachte, nicht zuletzt wohl eben aufgrund des dritten *Olynthiakos*, ein Gesetz ein, das jeden, der eine Änderung der Gesetzgebung über die Theatergelder anstrebte, mit der Todesstrafe bedrohte. Die Verbindung mit den ehemaligen Freunden war dadurch in offene Gegnerschaft umgeschlagen. Daß der politische Scharfblick des Demosthenes damit aber durchaus des politisch Günstigste tat, beweisen die Reaktionen auf den Fall Olynths: Die Eubulisten fordern blindlings Krieg gegen Philipp, Demosthenes und seine Freunde bemühen sich um das einzig Mögliche – einen für Athen eben noch tragbaren Frieden mit Philipp, wie er dann 346 im sogenannten Philokrates-Frieden geschlossen wurde (vgl. *Peri tēs eirēnēs – Über den Frieden, Peri tēs parapresbeias – Über die Truggesandtschaft*).

Das in jeder Weise politisch hellsichtige, allein an sachlichen Gegebenheiten orientierte Argumentieren erklärt auch die verschiedenen Eigenarten der *Olynthischen Reden*: daß sie sich auf Gedanken stützen, die zum Teil in wörtlich gleicher Formulierung auch schon in früheren Reden (*Erste Philippische Rede*; *Kat'Aristokratus – Gegen Aristokrates*) begegnen; daß sie sich äußerlich so wenig auf rationales Analysieren und auf aktuelle Faktendetails beriefen, sondern statt dessen die Zuhörer psychagogisch mit langen moralisierenden, ja gelegentlich fast theologisch anmutenden Gedankenketten (Charakter und Lebenswandel Philipps; hymnischer Preis des Kairos, der zu nutzenden günstigen Chance, und Reflexion über die Tyche, das einst Philipp, jetzt Athen gnädige Glück; Loblied auf die große athenische Vergangenheit) zu beeinflussen suchen; daß sie dabei doch ebenso eindringlich wie knapp formuliert sind (was, neben anderem, immer wieder dazu verlockt, sie nicht für gehaltene Reden, sondern für publizistische Broschüren zu halten); schließlich, daß sie in ihrem auf »Überredung aus Einsicht« tendierenden Grundcharakter trotz ihrer äußeren Kürze alle Register leidenschaftlicher Anteilnahme, eindringlichen Zuredens und rhetorischer Überzeugungskraft ziehen (z. B. in der teils ironischen, teils höhnisch-sarkastischen Zurückweisung der mutmaßlichen gegnerischen Einwände, besonders in der dritten Rede), dem dem Redner damals zu Gebote standen und die man, stünde nicht eben eindeutig das historisch richtige politische Kalkül dahinter, nur als raffiniertes Ausspielen demagogischer Finessen bezeichnen könnte. Daß alle diese Bemühungen vergeblich waren, mag vielleicht gegen den Redner Demosthenes sprechen: dem damals fünfunddreißigjährigen Politiker Demosthenes stellt jedoch paradoxerweise gerade die – von ihm von vornherein mit Bewußtsein in Rechnung zu stellende – Erfolgsigkeit das Zeugnis der Reife aus.

E. Sch.

AUSGABEN: Venedig 1504 (in *Orationes duae et sexaginta*, Hg. Scipio Carteromachus, 2 Bde.). – Ldn. 1897 (*The First Philippic and the Olynthiacs*, Hg. J. E. Sandys; m. Komm.). – Oxford 1903 (in *Orationes*, Hg. S. H. Butcher, Bd. 1; Nachdr. zul. 1961). – Ldn./Cambridge (Mass.) [2]1954 (in *Demosthenes*, Bd. 1, Hg. J. H. Vince; m. engl. Übers.; Loeb). – Lpzg. 1914 (in *Orationes*, Bd. 1, Hg. C. Fuhr). – Paris 1955 (*Olynthiennes*, in *Harangues*, Bd. 1, Hg. M. Croiset; m. frz. Übers.).

ÜBERSETZUNGEN: In *Demosthenis und Aeschinis Reden*, J. J. Reiske, 5 Bde., Lemgo 1764–1769. – J. J. Steinbrüchel (in *Vollständige und kritische Nachrichten von den besten und merkwürdigsten Schriften unserer Zeit*, Lindau 1765; nur Nr. 1). – *Olynthische Reden*, A. Westermann (in *Ausgewählte Reden*, Bd. 1, Stg. 1856; Bln. [9]1900). – Dass., anon. (in *Werke*, Bd. 1, Lpzg. [3]1861; griech.-dt.). – *Erste/Zweite/Dritte Rede in Sachen Olynthus*, C. Beck (in *Zwölf Staats-Reden*, Halle 1876). – *Olynthische Reden und Rede über den Frieden*, F. Jacobs, Hg. M. Oberbreyer, Lpzg. o. J. (RUB).

LITERATUR: A. Schaefer, *D. und seine Zeit*, Bd. 2, Lpzg. [2]1886, S. 118–165. – F. Blass, *Die attische Beredsamkeit*, Bd. 3/1, Lpzg. [2]1893, S. 309–322; Nachdr. Hildesheim 1962. – M. Gude, *A History of Olynthus*, Baltimore 1933. – P. Treves, Le »*Olintiache*« di Demostene (in Nuova Rivista Storica, 22, 1938, S. 1–19). – W. Jaeger, *D.*, Bln. 1939, S. 125 bis 148; [2]1963. – D. M. Robinson, Art. *Olynthos* (in RE, 18/1, 1939, Sp. 325–342). – H. Erbse, *Zu den »Olynthischen Reden« des D.* (in RhMus, 99, 1956, S. 364–380). – U. Schindel, *D. im 18. Jh.*, Mchn. 1963 (Zetemata, 31; m. Bibliogr.). – H. Bengtson, *Griechische Geschichte*, Mchn. [3]1965, S. 290–293; 306/307.

PERI TĒS PARAPRESBEIAS (griech.; *Über die Truggesandtschaft*). Anklagerede des DEMOSTHENES (384–322 v. Chr.) gegen seinen politischen Hauptrivalen AISCHINES (390/89–314 v. Chr.), der sich dagegen mit der gleichnamigen Verteidigungsrede zur Wehr setzte; nicht in der endgültigen, vor Gericht gehaltenen Fassung publiziert und überliefert. – Die Reden über die angeblich landesverräterisch geführte Gesandtschaft des Aischines – gemeint sind die beiden Gesandtschaften zum König Philipp II. von Makedonien, die 346 v. Chr. zur Unterzeichnung des sogenannten Philokrates-Friedens führten – gehören zu den dekuvrierendsten Zeugnissen der politischen Rhetorik des vierten Jahrhunderts: Nicht nur, weil sie zeigen, bis zu welchem Grad Emotionen des Hasses und der Leidenschaft auf beiden Seiten, bei der makedonenfreundlichen wie bei der makedonenfeindlichen Partei, jedes vernünftige politische Argumentieren von vornherein aussichtslos machten, sondern vor allem, weil sie beweisen, daß beide Parteien bereit waren, sämtliche von der demokratischen Verfassung Athens gebotenen Mittel – auch die Justiz – demagogisch dazu zu benützen, den Gegner mit einer selbst vor den Grenzen des Terrors nicht zurückschreckenden Konsequenz zu verfolgen und nach Möglichkeit zu vernichten. Das dokumentiert sich mit geradezu schockierender Offenheit schon in der skandalösen *Rede gegen Timarchos (Kata Timarchu)*, mit der Aischines den von der Demosthenischen Partei gleich nach Beendigung der Gesandtschaft als Ankläger vorgeschickten Timarchos von der politischen Bühne fegte und so den Gesandtschaftsprozeß bis ins Jahr 343 verzögerte. Versteckter, doch deshalb mit keineswegs geringerer Stringenz dokumentiert sich diese »*Verwilderung*« der politischen – und der juristischen – Sitten (W. Jaeger) aber auch in dieser Demosthenischen Anklage, in der die ausführlichen Berichte über die Ereignisse während der Gesandtschaften, die aus den verschiedensten Blickwinkeln wiederholten Zurückweisungen der mutmaßlichen Rechtfertigungen des Aischines und die ständigen Hinweise auf dessen verhängnisvolle Schuld keinen Zweifel daran lassen, daß der formelle Anklagepunkt – versäumte Rechenschaftslegung nach der Gesandtschaft – nur einen notdürftigen »Aufhänger« für die persönliche Auseinandersetzung mit dem politischen Erzrivalen bildet. So sind denn die Hauptvorwürfe auch rein politischer Natur – Aischines soll schuld daran sein, daß Athen im Philokrates-Frieden seine phokischen Bundesgenossen dem Untergang preisgeben mußte und daß im Laufe des Sommers 346 wertvolle thrakische Gebiete an Philipp fielen –; die Vorwürfe der passiven Bestechung und des Verrats athenischer Interessen sind lediglich deren juristische belangbare Kristallisationskerne.

Aischines wurde bekanntlich, wenn auch nur mit knapper Stimmenmehrheit, freigesprochen. Das verdankte er gewiß ebensosehr seiner geschickten Verteidigung und der Fürsprache anderer einflußreicher Politiker (Eubulos und Phokion) wie dem entscheidenden Umstand – den Demosthenes vergebens zu verharmlosen und in günstiges Licht zu rücken sucht –, daß der Ankläger selbst beiden Gesandtschaften als Mitglied angehört hatte (einer der Gründe für das Vorschieben des zunächst unverdächtigen Timarch). Andererseits bekundet aber gerade die geringe Mehrheit, die Aischines fand, daß es Demosthenes gelang, den Makel seiner Beteiligung am Zustandekommen des »Schandfriedens« – einen Makel, den die *Rede über den Frieden (Peri tēs eirēnēs)* noch verstärkt haben mußte – allmählich abzustreifen und mit seiner antimakedonischen Kriegspolitik neuen Einfluß zu gewinnen. In dieser Hinsicht markiert der Gesandtschaftsprozeß einen wichtigen Schritt auf dem Wege von der *Zweiten Philippischen Rede* (344 v. Chr.; vgl. *Philippikoi logoi)* zur *Rede über die Angelegenheiten in der Chersones (Peri tōn en Cherronēso)* und zur *Dritten Philippischen Rede* von 341, die den Redner auf dem Gipfel seiner Macht zeigen – und mitverantwortlich sind für den 340 wieder offen ausbrechenden Kampf, der schließlich zum Debakel von Chaironeia (338) führte.

E. Sch.

AUSGABEN: Venedig 1504 (in *Orationes duae et sexaginta*, 2 Bde., Hg. Scipio Carteromachus). – Oxford 1903 (in *Orationes*, Bd. 1, Hg. S. H. Butcher; Nachdr. zul. 1961). – Lpzg. 1914 (in *Orationes*, Bd. 1, Hg. C. Fuhr). – Ldn./Cambridge (Mass.) [2]1939 (*De falsa legatione*, in *Demosthenes*, Bd. 2, Hg. C. A. u. J. H. Vince; m. engl. Übers.; Loeb; Nachdr. 1953). – Paris 1945 (*Sur les forfaitures de l'ambassade*, in *Plaidoyers politiques*, Bd. 3, Hg. G. Mathieu; m. frz. Übers.).

ÜBERSETZUNGEN: In *Demosthenis und Aeschinis Reden*, J. J. Reiske, 5 Bde., Lemgo 1764–1768. – *Rede über die Truggesandtschaft*, H. A. Pabst (in *Werke*, Bd. 5, Stg. [2]1866; Bd. 6, Stg. 1839). – *Rede über Gesandtschaftsverrath*, G. E. Benseler (in *Werke*, Bd. 7, Lpzg. 1859; griech.-dt.). – *Rede wider Aeschines. Ueber die Trug-Gesandtschaft*, C. Beck (in *Drei Gerichts-Reden*, Halle 1876).

LITERATUR: A. Schaefer, *D. und seine Zeit*, Bd. 2, Lpzg. [2]1886, S. 382–417. – F. Blass, *Die attische Beredsamkeit*, Bd. 3/1, Lpzg. [2]1893; Nachdr. Hildesheim 1962, S. 350–367. – W. Jaeger, *D.*, Bln. 1939; [2]1963, S. 164f. – Lesky, S. 650f.

PERI TĒS EIRĒNĒS (griech.; *Über den Frieden*). Rede des DEMOSTHENES (384–322 v. Chr.), entstanden im Herbst 346 v. Chr. – Athen hatte im April des Jahres 346 mit König Philipp II. von Makedonien (reg. 359–336) den sogenannten Philokrates-Frieden geschlossen und damit den seit dem Olynthischen Krieg (vgl. *Olynthiakoi logoi – Olynthische Reden*) immer noch andauernden Kriegszustand beendet. Demosthenes selbst war – neben Philokrates und dem Redner AISCHINES – einer der zehn attischen Gesandten gewesen, die in Pella die Verhandlungen führten (vgl. die *Reden Peri tēs parapresbeias – Über die Truggesandtschaft*), hatte jedoch nicht verhindern können, daß nach Philipps Forderung die Phoker und die Stadt Halos (in Thessalien) aus dem allgemeinen Friedensvertrag, der allen Betroffenen ihren gegenwärtigen Besitzstand garantierte, ausgeschlossen blieben. Philipps Absicht lag klar zutage: In dem zehn Jahre zuvor (356) ausgebrochenen »Heiligen Krieg« hatte er gegen die mit Sparta und Athen verbündeten Phoker, die sich des Apollonheiligtums von Delphi bemächtigt und seine reichen Tempelschätze zur Truppenanwerbung »ausgeliehen« hatten, auf seiten der Böotier (Theben) und Thessalier Stellung bezogen und so Thessalien in seine Abhängigkeit gebracht; an den Thermopylen war er jedoch von der vereinten Streitmacht der Phoker und ihrer Bündner, darunter Athen, zu eiligem Rückzug gezwungen worden (352). Was damals mißglückt war, konnte er jetzt, nach dem Friedensschluß mit Athen, sozusagen im Handstreich mit Erfolg zu Ende führen: Schon im Juli besetzte er die Thermopylen (den Zugang zum südlichen Mittelgriechenland und nach Attika), rückte zusammen mit thessalischen und thebanischen Truppen in Phokis ein, berief eine Versammlung der Amphiktyonie (Bundesrat der zwölf im delphischen Apollonkultus vereinten griechischen Stämme) ein und ließ sich als dem »Rächer des Gottes und Retter des Heiligtums« nebst einer Reihe anderer Vorrechte feierlich die beiden Stimmen der von nun an von den Amphiktyonen ausgeschlossenen phokischen »Tempelräuber« übertragen. Damit war der »Barbar« Philipp, zumindest äußerlich, endgültig in die Gemeinschaft der Griechen aufgenommen. Einzig die Athener verhielten sich reserviert: Hatten sie schon im Sommer sich geweigert, an der Strafexpedition gegen Phokis teilzunehmen, so brüskierten sie im Herbst den Makedonenkönig, indem sie die unter seiner persönlichen Leitung stattfindenden Pythischen Spiele in Delphi boykottierten. Philipp schickte daraufhin eine Gesandtschaft nach Athen, die eine offizielle Anerkennung seiner Mitgliedschaft in der Amphiktyonie erwirken und zugleich gegen die Aufnahme böotischer und phokischer Flüchtlinge protestieren sollte.

In dieser Situation hielt Demosthenes seine Rede, in der er – offenkundig wider alles Erwarten der nicht zuletzt dank seinem Einfluß makedonenfeindlichen Mehrheit des Volkes – für die Aufrechterhaltung des Friedens plädierte: nicht allein, weil man den soeben geschlossenen Frieden nicht mutwillig brechen dürfe, sondern vor allem, weil man sämtliche übrigen Mitglieder des Amphiktyonenbundes gegen sich habe; schließlich, so argumentiert der Redner, ist diese delphische Angelegenheit inzwischen in Streit um des Esels Schatten geworden, den zu einem Krieg aller gegen einen sich ausweiten zu lassen ein Zeichen von Einfalt oder barer Tollheit wäre. Das bedeutet nicht, man solle Philipps Wünschen blindlings Folge leisten (Demosthenes bemüht sich deutlich um eine Distanzierung von der makedonenfreundlichen Partei, zumal durch seine Hinweise auf frühere Reden), es bedeutet vielmehr, das im Augenblick einzig Mögliche zu tun und im übrigen daran zu denken, daß die jetzigen griechischen Bündner Philipps dies ja auch nur aus Opfern geworden sind – was heißen soll, daß auf längere Sicht durchaus Chancen bestehen, die derzeitige makedonische Einheitsfront mit einigem politischem Geschick wieder zu spalten.

Demosthenes mag eine solche, vordergründig scheinbar im Sinne seines erbittertsten außenpolitischen Feindes gehaltene Stellungnahme nicht leicht gefallen sein (antike Kritiker hegten deshalb sogar Zweifel an der Echtheit der Rede). Aber daß er in dieser schwierigen Lage überhaupt auf solche Weise zu plädieren wagte – gegen die eigenen

Freunde, wie es den Anschein haben mußte, doch gleichzeitig so, daß er insgeheim schon wieder das Eisen gegen die athenische Makedonenpartei und Philipp schmiedete –, das bezeugt einmal mehr seinen untrüglichen politischen Verstand. Diese politische Nüchternheit korrespondiert zugleich mit der rednerischen Sensibilität: Leidenschaft, Pathos, mitreißende Aggressivität mochten in Ansprachen wie der *Ersten Philippischen Rede* (vgl. *Philippikoi logoi*) oder den *Olynthischen Reden* am Platze sein, wo es um eine aggressive Verteidigung der Athener Interessen ging; hier dagegen, in der aussichtslosen Defensive, sind, wie ähnlich auch noch in der *Zweiten Philippischen Rede*, rationale Überlegung, kühles, sachliches Abwägen des Für und Wider, sind Ruhe und Besonnenheit vonnöten. Daß darin nicht ein Verzicht auf die, wie man meinen möchte, so typisch Demosthenischen rhetorischen Mittel affektgeladener und affekterregender Psychagogie liegt, lehrt ein Blick auf die späteren *Philippiken*, zumal die *Dritte Philippische Rede*. Freilich – auch das sollte man nicht vergessen: Der politische Scharfblick des Demosthenes bewährt sich zwar, wie im vorliegenden Fall, im Rahmen der Tagespolitik, ja er enthüllt sich sogar als politischer Weitblick innerhalb der Strategie einiger Jahre; aber aus der Rückschau gesehen erscheint er doch als historische Blindheit, vor allem verglichen mit der fast gleichzeitig erschienenen *Philippos*-Broschüre des der Tagespolitik weit entrückten ISOKRATES, der die Zeichen der Zeit erkannt hatte und Philipp als den einzig noch verbliebenen Garanten der politischen Einheit des Griechentums pries. E. Sch.

LITERATUR: Venedig 1504 (in *Orationes duae et sexaginta*, 2 Bde., Hg. Scipio Carteromachus). – Bln. [10]1902 (in *Ausgewählte Reden*, Bd. 1, Hg. A. Westermann, E. Müller u. E. Rosenberg; m. Komm.). – Oxford 1903 (in *Orationes*, Bd. 1, Hg. S. H. Butcher; Nachdr. zul. 1961). – Lpzg. [9]1909 (in *Die neun Philippischen Reden*, Hg. C. Rehdantz, F. Blass u. C. Fuhr; m. Komm.). – Lpzg. 1914 (in *Orationes*, Bd. 1, Hg. C. Fuhr). – Mailand 1934 (*L'orazione per la pace*, Hg. V. Pellegrino; m. Komm.). – Turin 1940 (*Per la pace*, Hg. G. B. Bonelli). – Ldn./Cambridge (Mass.) [2]1954 (*On the Peace*, in *Demosthenes*, Bd. 1, Hg. J. H. Vince; m. engl. Übers.; Loeb). – Paris 1955 (*Sur la paix*, in *Harangues*, Hg. M. Croiset, Bd. 2; m. frz. Übers.). – Syrakus 1959 (*Per la pace*, Hg. V. Costa). – Salamanca 1965 (*Discurso sobre la paz*, Hg. I. Roca Melia; m. Komm.).

ÜBERSETZUNGEN: In *Demosthenis und Aeschinis Reden*, J. J. Reiske, 5 Bde., Lemgo 1764–1768. – *Für den Frieden*, L. Döderlein (in *Ausgewählte Reden*, Bd. 2, Stg. 1854). – *Rede vom Frieden*, A. Westermann (in *Ausgewählte Reden*, 12 Lfgn., Stg. 1856–1873 u. ö.). – *Rede über den Frieden*, anon. (in *Werke*, Bd. 2, Lpzg. [2]1858; griech.-dt.). – Dass., H. A. Pabst (in *Werke*, Bd. 1, Stg. [4]1874). – *Ueber den Frieden*, C. Beck (in *Zwölf Staats-Reden*, Halle 1876). – *Rede über den Frieden*, F. Jacobs, Hg. M. Oberbreyer (in *Olynthische Reden ...*, Lpzg. 1878; RUB, 1080).

LITERATUR: A. Schaefer, *Demosthenes und seine Zeit*, Bd. 2, Lpzg. [2]1886, S. 297–305. – F. Blass, *Die attische Beredsamkeit*, Bd. 3/1, Lpzg. [2]1893 (Nachdr. Hildesheim 1962), S. 341–345. – W. Jaeger, *Demosthenes*, Bln. 1939 ([2]1963), S. 156 bis 160. – P. Cloché, *Philippe de Macédoine depuis la harangue de Démosthène »Sur la paix« jusqu'à la rupture athéno-macédonienne* (in Revue Belge de Philologie et d'Histoire, 30, 1952, S. 677–720).

PERI TĒS RHODIŌN ELEUTHERIAS (griech.; *Über die Freiheit der Rhodier*). Rede des DEMOSTHENES (384–322 v. Chr.). – Nach den Reden *Peri tōn symmoriōn (Über die Symmorien)* und *Hyper Megalopolitōn (Für die Megalopoliten)* ist die Rhodierrede als die letzte der drei relativ kurzen Volksreden des Demosthenes entstanden, mit denen der Redner seine Laufbahn als aktiver Politiker eröffnete. Man hat nicht ohne Wahrscheinlichkeit angenommen, daß die *Rhodierrede* noch im selben Jahr verfaßt und gehalten worden ist (352) wie die *Rede für die Megalopoliten*; daß sie dieser nachfolgt, wäre auch ohne das Zeugnis des DIONYSIOS aus Halikarnassos (der sie in das Jahr 351/50 setzt) aus der Haltung des Sprechers zu ersehen. Noch mehr als dort zeigt sich hier Demosthenes auf dem Weg zu ausgeprägt eigenen politischen Ideen, noch weiter als dort entfernt er sich von den seiner Meinung nach friedlich-sterilen Zielen der ehemaligen, zur Zeit der *Symmorienrede* noch eng mit ihm verbundenen Parteifreunde um Eubulos. War dort der Gedanke an ein außenpolitisches Engagement Athens, ja an ein kostspielig-gefährliches Risiko militärischer Verwicklungen noch als Mittel vorgetragen, der Stadt den Frieden zu erhalten und zugleich für die Erneuerung ihrer Größe zu wirken, so ist hier der Zweck eindeutig das Streben nach neuer Macht, nach Befreiung aus der unglücklichen Randposition, in die Athen während der ersten Hälfte des Jahrhunderts gedrängt worden war. Das Schlagwort »Kein Krieg mit dem persischen Erbfeind« beispielsweise, drei Jahre zuvor in der *Symmorienrede* als ernste Überzeugung vorgetragen, ist hier bereits zur demagogischen Finte geworden – wohlfeil, weil es bei den Massen Anklang findet und den Eindruck politischer Konsequenz erweckt, dabei höchst ambivalent, weil es hart neben der Befürwortung militanter Aktionen steht, sofern sie nur der Macht Athens dienlich sind. Überhaupt erscheint dies als der eigentliche politische Kern der Rede – beinahe erschreckend in der Unverhülltheit, mit der er bloßgelegt, der nackten Folgerichtigkeit, in der mit ihm jongliert wird: den Augenblick zu nützen, mit robuster Initiative der Stadt wieder Einfluß und hegemoniale Macht zu verschaffen. Was Recht ist – der fatale »machiavellistische« Satz ist kaum zu überhören (W. Jaeger) –, wird in Hellas ohnehin allseits der Macht gemessen.

Freilich, Demosthenes hatte für solch scharfe Agitation jeden Anlaß, sah er sich doch zu Beginn der Rede einer Volksstimmung gegenüber, die seinen Ansichten diametral entgegengesetzt war. Der einfache Bürger Athens war jenen rhodischen Demokraten, deren Abgesandte damals um aktiven Beistand für die Rückkehr in ihre Heimat baten, keineswegs wohlgesinnt: Daß die demokratische Partei von den Oligarchen, hinter denen der karische König Maussolos stand, aus Rhodos vertrieben worden war, erfüllte die meisten mit schadenfroher Genugtuung, denn dieselben Demokraten hatten sich wenige Jahre vorher von Maussolos zum Abfall von Athen und vom Zweiten Seebund verleiten lassen. Das Geschick, mit dem Demosthenes diese Stimmung berücksichtigt, hat der Rede den Ruf eines weiteren demagogischen Meisterstücks des jungen Politikers eingetragen. Vordergründig hören wir seine Worte als lautere Bejahung des allgemeinen Standpunkts an – und stehen doch nur, um von einem höheren Aspekt überwunden zu werden: Athen als Hüterin der demokratischen Ideale in den hellenischen Staaten. Zwischen Prooimion (1–2) und Epilog (30–35) ist dieses Zentralthema nicht weniger als dreimal in all seinen Bezügen zu den gängigen Anschauungen in Verbindung gesetzt (F. Blass): als politische These (3–8), in der Begründung dieser These (9–21) und in der Argumentation wider die verschiedenen Einwände gegen die These (22–29). Das Verblüffendste daran ist, daß Demosthenes in jenen Jahren seiner Überzeugung nach vermutlich noch ganz auf der Seite der exklusiven Großbürger und der Gesinnungsaristokraten stand. Das bedeutet: die Rede ist im wesentlichen noch weitgehend politische Rhetorik, taktisches Manöver in außenpolitischer Strategie, die Ideale »Demokratie« und »Freiheit« sind im politischen Denken des Redners noch nicht verschmolzen. Daß sich diese Verschmelzung dann mit innerer Konsequenz vollzog, zeigt die Reaktion der Rhodier auf die Ablehnung ihres von Demosthenes befürworteten Antrags: Wie die Arkadier im Fall der *Megalopolitenrede* wandten sie sich dem Makedonenkönig Philipp II. zu – Athen hatte eine weitere Chance vertan, Alliierte zu gewinnen.

E. Sch.

AUSGABEN: Venedig 1504 (in *Orationes duae et sexaginta*, 2 Bde., Hg. Scipio Carteromachus). – Oxford 1903 (in *Orationes*, Bd. 1, Hg. S. H. Butcher; Nachdr. zul. 1961). – Lpzg. 1914 (in *Orationes*, Bd. 1, Hg. C. Fuhr). – Neapel 1932 (*Per la libertà dei Rodii*, Hg. G. Ammendola; m. Komm.). – Mailand 1935 (*Per la libertà dei Rodii*, Hg. U. Capitanio; m. Komm.). – Florenz 1952 (*Per la libertà dei Rodiesi*, Hg. T. Tomassetti Gusmano; m. Komm.).– Ldn./Cambridge (Mass.) ²1954 (*For the Liberty of the Rhodians*, in *Demosthenes*, Bd. 1, Hg. J. H. Vince; m. engl. Übers.; Loeb). – Paris 1955 (*Pour la liberté des Rhodiens*, in *Harangues*, Hg. M. Croiset, Bd. 1; m. frz. Übers.).

ÜBERSETZUNGEN: In *Demosthenis und Aeschinis Reden*, J. J. Reiske, 5 Bde., Lemgo 1764–1768. – *Rede über die Freiheit der Rhodier*, H. A. Pabst (in *Werke*, Bd. 3, Stg. 1839). – *Rede für die Befreiung der Rhodier*, G. E. Benseler (in *Werke*, Bd. 6, Lpzg. 1857). – *Ueber die Unabhängigkeit von Rhodos*, C. Beck (in *Zwölf Staats-Reden*, Halle 1876).

LITERATUR: A. Schaefer, *D. und seine Zeit*, Bd. 1, Lpzg. ²1885, S. 474–487. – F. Blass, *Die attische Beredsamkeit*, Bd. 3/1, Lpzg. ²1893, S. 305–309; Nachdr. Hildesheim 1962. – F. Taeger, *Der Friede von 362/61*, Stg. 1930, S. 50–53 (Tübinger Beiträge zur Altertumswissenschaft, 11). – A. Brink, *De Demokratie bij D.*, Groningen 1939, S. 70–72. – W. Jaeger, *D.*, Bln. 1939, S. 90–97; ²1963. – Lesky, S. 648.

PERI TŌN EN CHERRONĒSŌ (griech.: *Über die Angelegenheiten in der Chersones*). Volksrede des DEMOSTHENES (384–322 v. Chr.), im März des Jahres 341 gehalten. – Die Chersonesrede zeigt den Staatsmann auf dem Gipfel seiner rednerischen Macht. Obzwar an Leidenschaft und demagogischem Feuer gemäßigter, verhaltener als die zwei Monate später folgende *Dritte Rede gegen Philipp* (vgl. *Philippikoi logoi*), ist sie doch in der Stringenz ihrer Beweisführung, in der äußersten Konzentration auf die Darlegung der Grundgedanken und in der allseitigen und konsequenten Reduktion der Erörterung von den äußeren Anlässen auf die zentrale politische Absicht ein Meisterwerk staatsmännischer Rhetorik.

Der Anlaß der Rede ist allgemein die Ausweitung der Macht des Makedonenkönigs Philipp II. (reg. 359–336) auf Thrakien und sein drohender Griff nach den Meerengen, speziell das Verhalten des Söldnerführers Diopeithes, der die von Athen als Vorposten gegen Philipp auf der Chersones (Gallipoli) angesiedelten Kolonisten befehligte. Diopeithes hatte in der Umgegend Beutezüge unternommen, da die Athener seine Truppe nicht finanzierten, war dabei mit den von Philipp unterstützten Kardianern in Konflikt geraten und hatte sogar einen Einfall in das Makedonien gehörende thrakische Gebiet gewagt. Die Antwort war ein geharnischter Protestbrief Philipps an Athen, in dem der König mit der Aufkündigung des nominell immer noch bestehenden Philokrates-Friedens von 346 drohte. Entsprechend heftig war die Reaktion der makedonenfreundlichen Partei bei der Volksversammlung gewesen. Offenbar hatten dabei schon die Parteigänger Philipps, die natürlich zu Maßnahmen gegen Diopeithes und zur Nachgiebigkeit gegenüber Philipp rieten, auf den politischen Zündstoff hingewiesen, der in der Affäre lag; die Alternative »Krieg oder Frieden«, um die Demosthenes herumzulavieren sich bemüht (wozu er auffordert, ist jedoch nicht zu überhören), wurde also bereits von den Gegnern als Kernpunkt in die Debatte geworfen.

Das Prooimion (1–3) ist beachtlich knapp und dient nur dazu, die Akzente richtig zu setzen. Nicht um Diopeithes geht es im Augenblick – ihn kann man jederzeit wegen seiner Taten vor Gericht ziehen –, sondern um den äußeren Feind, der eben dabei ist, der Stadt nicht wiedergewinnbaren Boden abzunehmen. Diesem zentralen, weil für Athen lebenswichtigen Thema ist die Rede gewidmet. Die Frage »Krieg oder Frieden« ist in Wirklichkeit ein Scheinproblem, das durch Philipps Drohung gegen Byzanz, die Chersones, ja warum nicht sogar gegen Chalkis oder Megara, längst überständig ist. Das Gebot der Stunde lautet daher nicht, Diopeithes »zurückzupfeifen«, sondern im Gegenteil, ihm mit Geld und weiteren Truppen den Rücken zu stärken (4–20). Damit ist der aktuelle Teil beendet, dem, als Kontrast, eine Beschreibung der Blindheit der Athener folgt, die ihre Zeit mit Räsonnements gegen ihren eigenen Mann zubringen und den besten Gelegenheiten, den Gegner in Schach zu halten, verstreichen lassen (21–37: einer der Höhepunkte der Ansprache – die Griechen halten, durch den Mund des Demosthenes, eine Anklagerede gegen Athen). Der dritte Teil, den allgemeinen aktuellen Erforderungen der Lage gewidmet, beleuchtet Philipps Verhältnis zur Stadt. Er ist ihr natürlicher Feind – Folgerung: unverzüglicher Aufbau eines schlagkräftigen Heeres (38–51). Natürlich gibt es Einwände dagegen diesen Plan, von Leuten, die aus Bequemlichkeit den Frieden loben und von Kriegstreiberei reden: Sie sind in Wahrheit Verräter, gegen die aufs schärfste vorzugehen wäre, da sie zum Nachteil der eigenen Vaterstadt den wirklichen Kriegshetzer unterstützen (52–67). Er selbst, Demosthenes, der seine vornehmste Aufgabe darin sieht, die Mitbürger durch seine Reden wachzurütteln, ist der wahre Freund des Volkes, ein Mann, dem nichts am Herzen liegt als das Interesse des Staates (68–75); und nur, wenn man auf seinen Rat hört, wenn man Steuern erhebt, eine Streitmacht sammelt, allenthalben Bundesgenossen sucht und die bestochenen Beamten und Politiker aus den eigenen Reihen verjagt, nur dann kann sich die Lage – vielleicht – nochmals zum Besseren wenden (Epilog 76/77).

Bezeichnenderweise scheint Demosthenes zwar Erfolg mit der Rede gehabt zu haben – Diopeithes wurde tatkräftig unterstützt –, doch nur bedingt: Offizielle Schritte gegen den Makedonen und die Aufkündigung des Friedens blieben aus. So setzt die *Dritte Philippische Rede* wenige Wochen später noch genau dieselbe Situation voraus, mit einer gewichtigen Ausnahme: Sie kann ganz des aktuellen Anlasses entraten und ihre These vom hellenischen Bund und vom gemeinsamen Kampf gegen Philipp unmittelbar entfalten. Immerhin: wenn die *Chersonesrede* ihre Wirkung nicht verfehlte, so trug sie damit entscheidend auch zur Wirkung der *Dritten Philippischen Rede* bei – allerdings ebenso zur Katastrophe von Chaironeia im Jahr 338.   E. Sch.

AUSGABEN: Venedig 1504 (in *Orationes duae et sexaginta*, 2 Bde., Hg. Scipio Carteromachus). – Bln. ¹⁰1902 (in *Ausgewählte Reden*, Bd. 1, Hg. A. Westermann, E. Müller u. E. Rosenberg; m. Komm.). – Oxford 1903 (in *Orationes*, Bd. 1, Hg. S. H. Butcher; Nachdr. zul. 1961). – Lpzg. ⁹1909 (in *Die neun Philippischen Reden*, Hg. C. Rehdantz, F. Blass u. C. Fuhr; m. Komm.). – Lpzg. 1914 (in *Orationes*, Bd. 1, Hg. C. Fuhr). – Mailand 1932 (*Orazione sugli affari del Chersoneso*, Hg. D. Bassi; m. Komm.). – Lüttich 1938 (*Discours sur la Chersonèse*, Hg. P. Collin). – Ldn./Cambridge (Mass.) ²1954 (*On the Chersonese*, in *Demosthenes*, Bd. 1, Hg. J. H. Vince; m. engl. Übers.; Loeb). – Paris 1955 (*Sur les affaires de la Chersonèse*, in *Harangues*, Hg. M. Croiset, Bd. 2; m. frz. Übers.). – Florenz 1956 (*Orazione per gli affari del Chersoneso*, Hg. A. Morpurgo; m. Komm.). – Lüttich 1964 (*Discours sur les affaires de Chersonèse*, Hg. P. Collin).

ÜBERSETZUNGEN: In *Demosthenis und Aeschinis Reden*, J. J. Reiske, 5 Bde., Lemgo 1764–1768. – *Chersonitische Rede*, L. Döderlein (in *AW*, Bd. 2, Stg. 1854). – *Rede über die Angelegenheiten im Chersonesos*, A. Westermann (in *Ausgewählte Reden*, 12 Lfg., Stg. 1856–1873 u. ö.). – *Rede über den Chersones*, H. A. Pabst (in *Werke*, Bd. 2, Stg. ³1866). – *Rede über die Chersonesische Frage*, anon. (in *Werke*, Bd. 3, Lpzg. ²1876; griech.-dt.). – *Ueber die Lage der Dinge im Chersonnes*, C. Beck (in *Zwölf Staats-Reden*, Halle 1876). – *Über die Angelegenheiten im Chersones*, E. Haerter (in *Festschrift ... des Gymnasiums Stendal*, 1888).

LITERATUR: A. Schaefer, *D. und seine Zeit*, Bd. 2, Lpzg. ²1886, S. 455–468. – F. Blass, *Die attische Beredsamkeit*, Bd. 3/1, Lpzg. ²1893, S. 367–374; Nachdr. Hildesheim 1962. – P. Foucart, *Les Athéniens dans le Chersonèse de Thrace au IV siècle* (in Mémoires de l'Académie des Inscriptions et des Belles Lettres, 38, 1909, S. 80–120). – Ch. D. Adams, *Speeches VIII and X of the Demosthenian Corpus* (in Classical Philology, 33, 1938, S. 129–144). – W. Jaeger, *Demosthenes*, Bln. 1939, S. 168; ²1963. – S. G. Daitz, *The Relationship of the »De Chersoneso« and the »Philippica quarta« of D.* (in Classical Philology, 52, 1957, S. 145–162). – Lesky, S. 651.

PERI TŌN SYMMORIŌN (griech.; *Über die Symmorien*). Rede des DEMOSTHENES (384–322 v. Chr.). – Die *Symmorienrede* ist die erste der drei Volksreden (vgl. *Hyper Megalopolitōn – Für die Megalopoliten*; *Peri tēs Rhodiōn eleutherias – Für die Freiheit der Rhodier*; dazu die forensische Rede *Kat'Aristokratus – Gegen Aristokrates*), mit denen Demosthenes sich zwischen 354 und 351/50 in der attischen Volksversammlung als politischer Redner vorstellte. Nachdem Demosthenes, vordem Privatanwalt, in mehreren Prozessen mit politischem Hintergrund (vgl. *Kat'Androtiōnos – Gegen Androtion*; *Kata Timokratus – Gegen Timokrates*; *Pros Leptinēn – Gegen Leptines*) seine rednerischen Fähigkeiten unter Beweis gestellt hatte, war er von seinen Parteifreunden – den Friedenspolitikern um Eubulos, die das ganze Gewicht ihres Einflusses bewußt der attischen Innenpolitik zuwandten – mit einem Plädoyer zur Außenpolitik beauftragt worden. Ihr leidenschaftslos-eindringlicher Ton rückt die *Rede über die Symmorien* in die Nähe der *Leptinesrede*, die wohl im selben Jahr gehalten worden ist, obgleich sie mit ihrer seltsam korrekten, schon im Altertum mehrfach als thukydideisch empfundenen Sprödigkeit, mit ihrem zum monumentalen Stil tendierenden Ernst und ihrer gelegentlichen Ironie zugleich stark von jener absticht. Was beide wiederum verbindet, ist eine Ähnlichkeit des Aufbaus: hier wie dort eine Art Ringkomposition, in der das spezielle Thema (14–34) von allgemeineren Erwägungen umhüllt ist.

Werner JAEGER hat die Rede mit ihrer raffinierten Verknüpfung außen- und innenpolitischer Aspekte mit gutem Grund ein taktisches Meisterstück genannt. Das politische Problem, um das es geht, ist das Verhältnis zum Perserkönig. Obwohl man 355 einen Frieden mit Artaxerxes III. (reg. 359–338) geschlossen hatte, gab es in Athen eine starke Gruppe, die auf einen erneuten Krieg gegen den Perserkönig hinarbeitete, von dessen Großmachtplänen in der Stadt viel gemunkelt wurde: Die schaudererregenden legendären 1200 Kamele, mit deren Goldlast Söldner angeworben werden sollten, marschieren auch in Demosthenes' Ausführungen auf. Daß er mit der Antipathie des Volkes übereinstimmt, daran läßt der Redner – Anfang (1–13) und Schluß (35–41) seiner Worte rufen in den Hörern die gewünschte Stimmung hervor – keinen Zweifel. Aber ein Krieg ist kein Turnier, wie manche offenbar glauben; dazu bedarf es, ganz nüchtern, einer Rüstung, es bedarf der Schiffe – und es bedarf des Geldes. Geld aber steht nicht zur Verfügung; es ist im Besitz der Reichen, und wäre die Stadt wirklich in Gefahr, dann würden jene schon nicht damit geizen. Auch Schiffe gibt es zu wenige. Zu allererst wäre daher wichtig, die Symmorien – die Steuergenossenschaften, die für den Bau der Schiffe finanziell verantwortlich waren – von 1200 auf 2000 Mann zu erweitern, um die Rüstung auf eine breitere und sicherere Basis zu stellen. Hat man aber erst eine gesunde Flotte, dann kann man getrost und ohne voreilige Präventivhandlungen das Vorgehen des Großkönigs abwarten.

Die Fäden, an denen Demosthenes zieht, sind nicht zu übersehen: Das klare finanzpolitische Kalkül dämpft zunächst den unkontrollierten Kriegseifer des Volkes – das dient den Friedensabsichten der Eubulianer; wird eine Erweiterung des Flottenbaus nicht erreicht, so gewiß eine Konzentration und Intensivierung der bisherigen Anstrengungen – das dient der generellen Sicherheit der Stadt nach außen, was Ruhe und freie Möglichkeiten im Innern verschafft; die Erweiterung der Symmorien kommt einer Steuerreform gleich, die den Etat des Staates kräftigt – das dient der städtischen Finanzpolitik des Eubulos und zugleich den Privatinteressen seiner Gruppe, die ja die Partei des großbürgerlichen Kapitals und der Grundbesitzer ist. Der Erfolg der Rede in der Volksversammlung – der persische Krieg fand nicht statt – und der Beifall bei den Parteifreunden des Redners waren ein guter Einstand; und obgleich die Manöver in der Androtion-Affäre weniger Resultate zeitigten, konnte Demosthenes auch in der problematischen Frage der Peloponnes-Politik es wagen, mit seiner *Rede für die Megalopoliten* sich zum zweitenmal – und zwar noch riskanter – in der Öffentlichkeit zu exponieren. E. Sch.

AUSGABEN: Venedig 1504 (in *Orationes duae et sexaginta*, 2 Bde., Hg. Scipio Carteromachus). – Oxford 1903 (in *Orationes*, Bd. 1, Hg. S. H. Butcher; Nachdr. zul. 1961). – Lpzg. 1914 (in *Orationes*, Bd. 1; Hg. C. Fuhr). – Florenz 1932 (*Per le simmorie*, Hg. M. Ravà; m. Komm.). – Mailand 1935 (*Delle simmorie*, Hg. G. Camelli; m. Komm.). – Ldn./Cambridge (Mass.) ²1954 (*On the Navy-Boards*, in *Demosthenes*, Bd. 1, Hg. J. H. Vince; m. engl. Übers.; Loeb). – Paris 1955 (*Sur les symmories*, in *Harangues*, Hg. M. Croiset, Bd. 1; m. frz. Übers.).

ÜBERSETZUNGEN: in *Demosthenis und Aeschinis Reden*, J. J. Reiske, 5 Bde., Lemgo 1764–1768. – *Rede über die Besteuerungsklassen*, H. A. Pabst (in *Werke*, Bd. 3, Stg. 1839). – *Rede über die persische Frage*, G. E. Benseler (in *Werke*, Bd. 6, Lpzg. 1857; griech.-dt.). – *Ueber die Steuer-Gruppen (Symmorien)*, C. Beck (in *Zwölf Staats-Reden*, Halle 1876).

LITERATUR: A. Schaefer, *D. und seine Zeit*, Bd. 1, Lpzg. ²1885, S. 459–471. – F. Blass, *Die attische Beredsamkeit*, Bd. 3/1, Lpzg. ²1893; S. 276–280; Nachdr. Hildesheim 1962. – A. Momigliano, *Contributi alla caratteristica di Demostene* (in Civiltà Moderna, 3, 1931, S. 711–744). – W. Jaeger, *D.*, Bln. 1939, S. 71–82; ²1963. – F. Taeger, *Der Friede von 362/61*, Stg. 1930, S. 46–50 (Tübinger Beiträge zur Altertumswissenschaft, 11). – E. Link, *Untersuchungen zur »Symmorienrede« (XIV) des Demosthenes*, Limburg/L. 1940 [Diss. Ffm.]. – H. Bengtson, *Griechische Geschichte*, Mchn. ³1965, S. 305.

PERI TU STEPHANU, auch: *Hyper Ktēsiphōntos peri tu stephanu* (griech.; *Über den Kranz*, auch: *Für Ktesiphon, über den Kranz*). Verteidigungsrede des DEMOSTHENES (384–322 v. Chr.). – Im Frühjahr 336 hatte Ktesiphon in der Athener Volksversammlung beantragt, Demosthenes am Großen Dionysienfest einen goldenen Ehrenkranz als Anerkennung dafür zu verleihen, daß er im Jahr zuvor als Beamter in verschiedenen Positionen der Stadt namhafte Summen aus seinem Privatvermögen zukommen ließ; dies war zweifellos zugleich als politische Demonstration gegen König Philipp II. von Makedonien und die promakedonische Partei in Athen gedacht. AISCHINES, schon seit Jahren politischer Erzfeind des Demosthenes (vgl. *Kata Timarchu – Gegen Timarchos* und die Reden *Peri tēs parapresbeias – Über die Truggesandtschaft*), hielt die Gelegenheit für günstig, seinen alten Gegner in einem Prozeß in aller Öffentlichkeit endgültig zu desavouieren (vgl. die Anklagerede *Kata Ktēsiphōntos – Gegen Ktesiphon*): Der Antrag war seiner Meinung nach formell verfassungswidrig – Ehrungen seien erst nach der Rechenschaftslegung der Beamten zulässig, Ehrenkränze dürften nur in der Volksversammlung, nicht im Theater verliehen werden –, und außerdem glaubte er beweisen zu können, daß Demosthenes einer solchen Ehrung weder als Person noch als Politiker überhaupt würdig sei. Der Prozeß fiel jedoch zunächst aus – vor allem wohl aufgrund von Philipps plötzlichem Tod – und kam erst im Jahr 330 zustande: Der Ehrenantrag war offenbar erneuert worden, und Aischines mußte daraufhin seine Klage wohl oder übel wiederaufnehmen. Es war ein Sensationsprozeß, wie ihn auch das prozeßfreudige Athen nicht alle Tage erlebte: Aus allen Gegenden Griechenlands strömten die Menschen herbei, um Zeugen dieses so geschichtsträchtigen Duells zu sein. Durch die zeitliche Verzögerung schob sich natürlich der eigentliche Kern der Attacke – der Angriff auf den antimakedonischen Politiker Demosthenes – noch mehr in den Vordergrund: Wesentlich wird so für Demosthenes nicht die Verteidigung des Ktesiphon, auch nicht die Abwehr der formaljuristischen Anklagepunkte, wesentlich wird vielmehr allein seine Selbstverteidigung, die Rechenschaft über sein vergangenes politisches Wirken, über sein aufopferndes Leben im Dienst der Vaterstadt, als konsequenter und erbitterter Gegner der makedonischen Herrschaftsansprüche über Griechenland und ihrer athenischen Befürworter, allen voran Aischines.
Unter solchen Voraussetzungen konnte es nicht ausbleiben, daß Demosthenes, wo immer es angeht, die Rechtfertigung seines Wirkens mit schneidenden Anklagen gegen das Treiben des Anklägers paart, um durch den Kontrast zu dessen angeblicher moralischer und politischer Nichtswürdigkeit die eigene Lauterkeit doppelt strahlend erscheinen zu lassen. Dies erreicht er dadurch, daß er seine ganze Rede weithin als erzählenden und reflektierenden Rückblick auf die wichtigsten Stationen seines mit der Geschichte der Stadt so eng verknüpften Lebens vorträgt. So beginnt er nach der Einleitung (1–8; 9–16) zunächst mit einer Erörterung seiner ersten Jahre in der politischen Arena und der Anfänge seines Kampfes gegen König Philipp, bis hin zu den Ereignissen in Zusammenhang mit dem Philokrates-Frieden von 346 (17–52). Erst dann schickt er sich an, die Anklagepunkte im einzelnen zu widerlegen, kehrt aber die Reihenfolge des Aischines genau um, so daß er wiederum zuerst von seinen Verdiensten um die Stadt reden kann – er führt den Bericht weiter bis zum Jahre 340, Höhepunkt ist seine erste Ehrung durch einen goldenen Kranz (53–109). Auf diese Weise wird die anschließende Widerlegung der juristischen Details (110–122) zu einer fast belanglosen Abschweifung – wovor Aischines in seiner Rede (220ff.) vergeblich gewarnt hatte –, denn die Zuhörer sind selbstverständlich begierig auf die weitere Darstellung der Ereignisse, die ja in der vernichtenden Niederlage von Chaironeia (338 v. Chr.) kulminierten. Dieser dramatische dritte Teil der Erzählung, eingeleitet mit einer den gegnerischen Methoden nicht nachstehenden Erwiderung der Schmähungen des Aischines, bildet den Höhepunkt der ganzen Rede: Der Schock nach der Besetzung der phokischen Stadt Elateia durch Philipp (339), das von Demosthenes durchgesetzte Bündnis mit Theben, die ersten Erfolge des vereinten Heeres (Demosthenes erhielt darauf zum zweitenmal einen goldenen Kranz) – das alles wird ausführlich und unter ständigem Hinweis auf das jeweilige Verhalten des Aischines geschildert. Daß es dennoch zur Niederlage kam, ist nicht Demosthenes' Schuld: Die Stadt konnte aufgrund ihrer geschichtlichen Verpflichtung und ihrer politischen

207

Lage zu keinem Zeitpunkt anders handeln, als er empfahl; das beweisen auch die Vertrauensbekundungen, die ihm nach der Niederlage zuteil wurden (123–254). Den Rest der Rede bildet eine einzige lange, in Form einer biographischen Synkrisis gehaltene Schlußabrechnung mit dem Gegner (255 bis 323): Ihrer beider Lebenslauf, ihr Auftreten als politische Redner, ihre politischen Leistungen für die Stadt lassen, kritisch betrachtet, keinen Zweifel daran, wer von ihnen mehr für Athen getan hat und gerechterweise mit den großen Staatsmännern vergangener Zeiten verglichen werden kann. Ein leidenschaftliches Haßgebet auf alle Verräter Athens greift am Ende (324) ringförmig noch einmal auf den Eingang des Prooimions zurück, wo der Redner die Götter demütig um das Wohlwollen der Richter angefleht hatte.

Peri tu stephanu ist Demosthenes' letzte Rede und galt zu allen Zeiten als sein Meisterwerk. Das Geschick, mit dem er die Anklagepunkte durch Verlagerung der Akzente zu parieren wußte, die psychagogisch meisterhafte Disposition der einzelnen Teile des Lebensberichtes (daß er als offizieller Sprecher der Stadt die Grabrede auf die Gefallenen von Chaironeia halten durfte, wird beispielsweise nicht am Schluß der Erzählung referiert, sondern als eines der Glanzlichter seiner Laufbahn für die abschließende Synkrisis aufgespart), der raffinierte die Perspektiven mischende Wechsel von Angriff und Verteidigung, von Referat und Argumentation, nicht zuletzt aber die unübertroffene souveräne Beherrschung aller rhetorischen Stilmittel – Ernst und Schlichtheit, mitreißender Elan, Ironie und Sarkasmus, zügellose Beschimpfung, wildes und aufwühlendes Pathos – haben in der politischen Beredsamkeit der Griechen nicht ihresgleichen.

Diese mit höchster Bewußtheit gehandhabte stilistische Meisterschaft – man vergleiche etwa die beiden Gebete zu Beginn und am Ende – hat schon CICERO empfunden, der im *Orator (Der Redner)* bemerkt (8, 26): »*Er, der alle anderen überragte, beginnt die Rede für Ktesiphon – seine weitaus beste – zunächst in ganz ruhigem Ton; dann, als er über die verschiedenen Gesetze spricht, wird der Stil gedrängter; hernach versetzt er die Richter allmählich in Feuer, und sobald er sie brennen sieht, wirft er kühn jeden weiteren Zwang ab.*« Freilich offenbart gerade dieses bewußte und gekonnte Verfügen über die rhetorischen Mittel die demagogische Bedenklichkeit, die solcher Beredsamkeit nach unserem Urteil eigen ist: Die überschäumende Leidenschaft, die alle Maße sprengende Gehässigkeit gegenüber dem Gegner, der wahre Fluten entehrender Epitheta und Anwürfe über sich und seine Familie ergehen lassen muß, müssen auf Richter, Prozeßpublikum und spätere Leser den Eindruck aus berechtigtem Zorn geborener Temperamentsausbrüche machen – und sind doch nur Ausfluß der eine durch Jahrzehnte hindurch geschulten Fähigkeit zu kühler Berechnung der Wirkungen, eines zuletzt beinah instinktiv wirkenden Kalküls, das selbst eine unvorhergesehene Verzögerung bei der Verlesung eines Aktenstücks noch zu einem schmähenden Exkurs gegen den Rivalen auszunützen versteht. Allerdings ist zu bedenken, daß Demosthenes derartige Methoden weder erfunden noch als einziger angewandt hat – der auch vor Lüge und Verleumdung nicht zurückschreckende persönliche Angriff war allgemeiner Usus. Und wenn er mit diesen Mitteln vor den Augen ganz Griechenlands einen solch spektakulären Erfolg hatte – der Ankläger konnte nicht einmal 300 der 1501 Richterstimmen für sich buchen und verfiel einer hohen Konventionalstrafe, was ihn ins Exil trieb –, so führte er damit schließlich nur jenes Ergebnis herbei, das sein Opponent ihm selbst zugedacht hatte: die Vernichtung seiner politischen Existenz. E. Sch.

AUSGABEN: Venedig 1485 (in *Cicero. De oratore*, Hg. Hieronymus Squarzaficus; lat. Übers. von Leonardo Bruni Aretino). – Venedig 1504 (in *Orationes duae et sexaginta*, 2 Bde., Hg. Scipio Carteromachus). – Cambridge 1901 (*On the Crown*, Hg. W. W. Goodwin; m. Komm.). – Bln. ^{7}1903 (in *Ausgewählte Reden*, Bd. 2, Hg. A. Westermann, E. Müller u. E. Rosenberg; m. Komm.). – Oxford 1903 (in *Orationes*, Bd. 1, Hg. S. H. Butcher; Nachdr. zul. 1961). – Lpzg. ^{2}1910 (*Die Rede vom Kranze*, Hg. C. Rehdantz, F. Blass u. C. Fuhr; m. Komm.). – Lpzg. 1914 (in *Orationes*, Bd. 1, Hg. C. Fuhr). – Mailand 1933 (*L'orazione per la corona*, Hg. P. Treves; m. Komm.). – NY 1941 (*The Oration on the Crown*, Hg. F. P. Donnelly; m. engl. Übers. v. F. P. Simpson). – Mailand 1933 (*L'orazione per la corona*, P. Treves; m. Komm.). – Ldn./Cambridge (Mass.) ^{2}1939 (*De corona*, in *Demosthenes*, Bd. 2, Hg. C. A. u. J. H. Vince; m. engl. Übers; Loeb; Nachdr. 1953). – Paris 1947 (*Sur la couronne*, in *Plaidoyers politiques*, Bd. 4, Hg. G. Mathieu; m. frz. Übers.).

ÜBERSETZUNGEN: In *Demosthenis und Aeschinis Reden*, J. J. Reiske, 5 Bde., Lemgo 1764–1768. – *Für die Krone*, G. F. Seiler, Coburg 1768. – *Rede für die Krone*, F. Jacobs, Lpzg. 1833 u. ö. – *Rede für Ktesiphon wegen der Bekränzung*, R. Rauchenstein (in *Ausgewählte Reden*, Bd. 1, Stg. 1856). – *Rede vom Kranze*, H. Köchly (in *Werke*, Bd. 5, Lpzg. 1857; griech.-dt.). – *Rede für die Krone*, H. A. Pabst (in *Werke*, Bd. 4 u. 5, Stg. ^{2}1861–1866). – *Rede für Ktesiphon vom Kranze*, A. Westermann (in *Ausgewählte Reden*, 12 Lfgn., Stg. 1856–1873 u. ö.). – *Rede vom Kranze*, C. Beck (in *Zwölf Staats-Reden*, Halle 1876). – Dass., F. Heerdegen, Erlangen 1911/12. – *Rede über den Kranz*, W. Waldvogel, Stg. 1968 (RUB, 914/914a).

LITERATUR: A. Schaefer, *D. und seine Zeit*, Bd. 3, Lpzg. ^{2}1887, S. 217–292. – F. Blass, *Die attische Beredsamkeit*, Bd. 3/1, Lpzg. ^{2}1893 (Nachdr. Hildesheim 1962), S. 419–438. – W. Schmid, *Die rednerische Bedeutung und Wirkung der Urkunden in der Demosthenischen »Kranzrede«* (in Korrespondenz-Blatt für die höheren Schulen Württembergs, 1917, S. 215–232). – W. Jaeger, D., Bln. 1939 (^{2}1963), S. 190–194. – P. L. Schlaepfer, *Untersuchungen zu den attischen Staatsurkunden und den Amphictyonenbeschlüssen der Demosthenischen »Kranzrede«*, Paderborn 1939. – P. Treves, *Les documents apocryphes du »Pro corona«* (in Les Études Classiques, 1940, S. 138–174). – J. R. Eguillor, *La causa »Por la corona«* (in Humanidades, 1, 1949, S. 105–118). – W. E. Gwatkin Jr., *The Legal Arguments in Aischines'* »Against Ktesiphon« *and D.'* »On the Crown« (in Hesperia, 26, 1957, S. 129 bis 141). – R. Chevallier, *L'art oratoire de Démosthène dans le* »Discours sur la couronne« (in Bulletin de l'Association G. Budé, 19, 1960, S. 200–216). – H. Strohm, *Eine Demosthenes-Interpretation* (in Gymn, 69, 1962, S. 326–335).

PHILIPPIKOI (LOGOI) (griech.; *Philippische Reden*). Sammlung von politischen Reden des DEMOSTHENES (384–322 v. Chr.) gegen König

Philipp II. von Makedonien (reg. 359–336 v. Chr.). – Im weiteren Sinn rechnet man zu den *Philippischen Reden* des Demosthenes alle Ansprachen, die der Redner im Lauf seines langen politischen Wirkens vor der athenischen Volksversammlung gegen den Makedonenkönig und seine attischen Parteigänger gehalten hat: angefangen von der sogenannten *Ersten Philippischen Rede* über die drei *Olynthischen Reden* (vgl. *Olynthiakoi [logoi]*), die *Rede über den Frieden* (vgl. *Peri tēs eirēnēs*), die *Zweite Philippische Rede*, die – nach dem Zeugnis antiker Kritiker von HEGESIPPOS aus Sunion stammende – *Rede über Halonnesos (Peri Halonnēsu)* und die *Rede über die Angelegenheiten in der Chersones (Peri tōn en Cherronēso)* bis hin zu der *Dritten* und der *Vierten Philippischen Rede*; die auf einen ebenfalls im Demosthenes-Corpus überlieferten Brief Philipps aus dem Jahr 340 antwortende *Rede gegen Philipps Brief (Pros tēn epistolēn tēn Philippu)* ist, dem Demosthenes-Kommentar des DIDYMOS CHALKENTEROS zufolge, sehr wahrscheinlich ein Stück aus dem siebten Buch der *Philippika (Geschichte Philipps)* des ANAXIMENES aus Lampsakos (2. Hälfte des 4. Jh.s). Auch einige der erhaltenen Gerichtsreden des Demosthenes gehören durchaus in den Umkreis seiner *Philippiken*: so die *Rede über die Truggesandtschaft (Peri tēs parapresbeias)* und vor allem seine letzte Rede, die autobiographische Apologie *Über den Kranz* (vgl. *Peri tu stephanu*). Gegenüber diesem – schon in der antiken Tradition verwurzelten – sehr weiten Begriff der »Philippischen Reden« faßt man heute meist nur noch die exakt so benannte *Erste* bis *Vierte Philippische Rede (Kata Philippu A, B, Γ, Δ)* unter dem Kennwort *Philippikoi logoi* zusammen. Freilich stellen auch sie weniger ein in sich geschlossenes Konvolut als vielmehr ein nur durch die gemeinsame Stoßrichtung der Einzelstücke zusammengehaltenes Konglomerat dar, das seinen Titel wie seine äußere Einheit späteren Philologen verdankt (vielleicht dem großen Bibliothekskatalog, den *Pinakes [Tafeln]*, des KALLIMACHOS): Sie stammen aus verschiedenen Zeiten, beruhen auf ganz verschiedenen historischen Voraussetzungen und spiegeln demgemäß nicht nur – wie natürlich – verschiedene Entwicklungsstufen der rednerischen Fähigkeiten des Demosthenes, sondern vor allem verschiedene Stadien seiner politischen Haltung zu den Problemen seiner Vaterstadt.

Die *Erste Philippische Rede*, wohl im Frühjahr 351 gehalten und 349 in etwas redigierter Form publiziert, gehört in die Zeit nach der letzten der drei »hellenischen Volksreden«, der *Rede Über die Freiheit der Rhodier (Peri tēs Rhodiōn eleutherias)*, sowie nach der Gerichtsrede *Gegen Aristokrates (Kat' Aristokratus)*: Was dort in Andeutungen als die möglicherweise große Gefahr für Athens Zukunft am Horizont sichtbar wird, Philipps immer ungehemmtere Machtausdehnung im Norden Griechenlands, das steht hier – zum ersten-, doch, wie sich zeigen sollte, nicht zum letztenmal – im Zentrum einer ganzen Rede. Daß Philipp im Norden so unbeschwert im einstigen athenischen Machtbereich breitmachen kann, das liegt nach Demosthenes' Meinung nicht zuletzt an Athens sorgloser Fahrlässigkeit und Konzeptionslosigkeit. Was not tut, so führt er im ersten Hauptteil aus (13–30; 1–12 Prooimion), ist vor allem militärische Voraussicht, die sich zum einen in der Bereitstellung einer schlagkräftigen Flotte, zum andern in der Stationierung eines stehenden Heeres im Krisengebiet selbst konkretisieren muß, so daß man Philipp notfalls von zwei Seiten bedrohen kann (vgl. die *Erste Olynthische Rede*); das Geld dazu ist vorhanden. Voraussetzung für dieses ebenso notwendige wie erfolgversprechende Unternehmen ist allerdings, daß sich das Volk endlich dazu aufrafft, notfalls auch selbst in den Krieg zu ziehen und nicht alles der Sorge seiner Feldherrn zu überlassen (zweiter Hauptteil, 31–50). Der Ton, in dem Demosthenes mit diesen Vorschlägen vor die Volksversammlung tritt, hat sich gegenüber den früheren Demegorien *(Peri tōn symmoriōn – Über die Symmorien, Hyper Megalopolitōn – Für die Megolopoliten, Peri tēs Rhodiōn eleutherias)* in mehrfacher Hinsicht entscheidend gewandelt. Herrschte dort ein teilweise geradezu unterkühltes, überlegendes Argumentieren, so tritt hier erstmals die später so typische Demosthenische Leidenschaftlichkeit hervor: nicht mehr nur Überzeugung durch plausible Argumente, sondern darüber hinaus Überredung durch das Sichtbarmachen des persönlichen Engagements des Redners, der zeigt, daß er erbittert, ungeduldig, erregt, ja zornig ist und nicht umhin kann, seinen säumigen Landsleuten die Leviten zu lesen. Stilistisch äußert sich das beispielsweise darin, daß hier zum erstenmal die zugespitzten, zum Teil sehr sarkastischen Vergleiche begegnen, mit denen der Redner einen Sachverhalt schonungslos aufzudecken versteht (etwa der Vergleich der bisherigen athenischen Kriegsführung gegen Philipp mit dem Boxer, der, anstatt Übersicht zu bewahren und eine Deckung zu achten, nach jedem erhaltenen Schlag mit beiden Händen die schmerzende Stelle faßt und daher gleich anschließend an einer anderen Stelle nicht weniger empfindlich getroffen wird, 40).

Die *Zweite Philippische Rede*, 344 v. Chr. gehalten, scheint auf den ersten Blick genau dem gleichen Anliegen gewidmet zu sein wie die *Erste*: der eindringlichen Warnung vor den für Athen verderblichen Umtrieben des Makedonenkönigs. Doch die allgemeine Lage hatte sich inzwischen radikal geändert: Athen hatte mit Demosthenes' Warnungen und Ratschläge gehört und in der olynthischen Affäre 349/48 eine böse Schlappe erlitten (vgl. *Olynthiakoi [logoi]*); eine starke promakedonische Partei drängte in der Stadt auf einen Ausgleich mit Philipp, und 346 mußte man einen beschämenden Frieden (den sogenannten Philokrates-Frieden) akzeptieren, der dem Makedonen nicht nur Mittelgriechenland (Thessalien) als Einflußsphäre auslieferte, sondern ihm auch noch die mit Athen verbündeten Phoker preisgab; man mußte tatenlos zusehen, wie Philipp, der »Barbar«, nach Beendigung des Dritten Heiligen Krieges (356–346) in den delphischen Kultverband (die Amphiktyonie) Einzug hielt und von der überwiegenden Mehrheit der griechischen Stämme als gleichberechtigter Partner und Mitglied der griechischen Stammesgemeinschaft anerkannt wurde. Man sah den Feind vor den Toren der Stadt und rüstete zum Krieg, so daß Demosthenes in seiner *Rede über den Frieden* allen Ernstes zum Festhalten an dem so verhaßten Philokrates-Frieden aufzurufen gezwungen war. Indes, die *Friedensrede* vom Herbst 346 war nur ein taktisches Manöver; sobald sich die Situation etwas beruhigt hatte, begann Demosthenes – und eben das dokumentiert die *Zweite Philippische Rede* – aufs neue, offen gegen Philipp und seine Anhänger in Athen aufzutreten. Das Hauptproblem der Stadt bestand darin, neue Bundesgenossen zu finden, und so hatte Demosthenes kurz zuvor an einer Gesandtschaft teilgenommen, die Argos und

Messenien zum Abfall von Philipp bewegen sollte; doch der Versuch schlug fehl, ja die beiden Stämme schickten sogar Gesandte, die eine Beschwerde wegen Athens gutem Verhältnis zu Sparta vorbrachten. Um diese Beschwerde geht es vordergründig; der eigentliche Kernpunkt der Rede aber ist die Stellung Philipps zu Athen, wie schon die äußere Disposition enthüllt: Der erste Teil (6–19; 1–5 Prooimion) ist ausschließlich dem Nachweis von Philipps nach wie vor andauernder Feindseligkeit gegenüber Athen gewidmet, und auch der zweite Teil (20–28) demonstriert den anwesenden Gesandten in der Rückschau auf Philipps bisherige Politik das, was ihre Staaten von ihm zu erwarten haben, vor allem um der abschreckenden und aufrüttelnden Wirkung auf Demosthenes' eigene Landsleute willen; der Epilog schließlich (29–37) bringt eine scharfe Abrechnung mit denen, die in Athen ständig von Philipps angeblich friedlichen Absichten reden und dabei aufgrund ebendieser Ansicht doch an der ganzen gegenwärtigen Misere Schuld tragen (gemeint sind AISCHINES und Philokrates). Der Ton der Ausführungen ist, ähnlich der *Friedensrede*, verhältnismäßig ruhig, soweit es um Argumentation und historisches Referat geht (Teil 1 und 2): Für leidenschaftliche Aufrufe zur Aktion war die Zeit noch nicht wieder reif (der gegenteilige Eindruck zu Beginn rührt sicher daher, daß das Prooimion bei anderer Gelegenheit geschrieben wurde). Gereizter und heftiger zeigt sich der Redner lediglich bei seinen Schlußattacken gegen die Makedonenfreunde: Hier sieht man, wie Demosthenes bei jeder Gelegenheit auf den seit Friedensschluß schwebenden Prozeß hinarbeitet, der dann im folgenden Jahr endlich zur Verhandlung kommen sollte (vgl. *Peri tēs parapresbeias*).

Die weitere Entwicklung verlief durchaus im Sinne des Demosthenes, sowohl innen- wie außenpolitisch: Der Gesandtschaftsprozeß bot trotz der knappen Niederlage des Demosthenes den schlagenden Beweis, daß die Athener Anhänger Philipps allmählich ins Hintertreffen gerieten; und als Philipp im Jahr 342 Thrakien endgültig seinem Herrschaftsbereich einverleibt hatte und unmittelbar an den Grenzen der von athenischen Kolonisten besiedelten Halbinsel Gallipoli stand, war klar, daß Demosthenes' unablässig vorgebrachte Warnungen nur zu berechtigt waren. Schon stellten sich auch die ersten handgreiflichen Verwicklungen ein, und Philipp drohte offiziell mit der Aufkündigung des Philokrates-Friedens. Demosthenes nahm kurz hintereinander in zwei Ansprachen, die nach allgemeinem Urteil zu seinen besten und bedeutendsten politischen Reden gehören, vor der Volksversammlung zu der brisanten Lage Stellung: in der *Rede über die Angelegenheiten in der Chersones* sowie in der (in zwei verschieden langen Fassungen überlieferten) *Dritten Philippischen Rede*. Beide Reden sind eng aufeinander bezogen: Sie setzen dieselbe Situation voraus, nur daß jene detailliert auf den konkreten Anlaß bezogen ist – Was soll man in der Chersones tun? –, während diese die Problematik der nunmehr erforderlichen athenischen Politik von allgemeinen und übergeordneten Gesichtspunkten betrachtet – Wie soll man sich jetzt gegenüber Philipp verhalten? Beide Stücke weisen auch eine sehr ähnliche Disposition auf. Wie in der *Chersonesrede* folgt in der *Dritten Philippischen Rede* auf das – hier recht ausführliche und eindringliche – Prooimion (1–5) eine gründliche Diskussion des Kardinalproblems »Krieg oder Frieden mit Philipp?« (6–19), eines Problems, das nach der Ansicht des Demosthenes aufgrund von Philipps Verhalten gar kein Dilemma mehr bieten kann, denn schon immer hat der Makedonenkönig Friedensverträge nur dazu benutzt, seine kriegerischen Machtgelüste um so ungehinderter befriedigen zu können. Ein zweiter Teil (19–46) weitet den Blick und legt in mehrfachem Anlauf dar, daß dieses Vorgehen Philipps ja keineswegs Athen allein bedroht, sondern eine Herausforderung an alle Griechen darstellt; nur hat aufgrund der allgemeinen Korruption im Land bisher noch niemand sich dazu aufraffen können, etwas dagegen zu unternehmen (kritische Abrechnung, wie in Teil 2 der *Chersonesrede*). Was also ist zu tun, um die drohende Gefahr von der Stadt abzuwenden (dritter Teil mit den konkreten Vorschlägen, wieder wie in der *Chersonesrede*)? Nun, zum einen muß man endlich aufhören, auf die von Philipp bestochenen Beschwichtigungspolitiker zu hören, zum andern gilt es, sich nunmehr mit Nachdruck der Aufrüstung zu widmen, als drittes schließlich ist forciert ein Bündnis mit den anderen griechischen Staaten anzustreben; denn niemand anders als Athen ist jetzt noch in der Lage, durch vereinte Anstrengung all seiner Bürger Griechenland vor dem Untergang zu retten (47–75; 76 Epilog). Dies alles wird in leidenschaftlicher Verve vorgetragen, mit einer geradezu erdrückenden Fülle von Exempeln aus der unmittelbaren Vergangenheit belegt, weitgehend ohne verklausulierte begründende Argumentation – die gehäuften reinen Fakten sollen für sich allein sprechen und in den Zuhörern die gleiche zornige Erregung hervorrufen, die auch den Redner beseelt. Und in der Tat scheint dieser unverhohlene Aufruf zum panhellenischen Krieg gegen Philipp seine Wirkung nicht verfehlt zu haben: Die Gesandtschaften an die griechischen Städte wurden ausgeschickt, das allgriechische Bündnis kam im Frühjahr 340 zustande, und im Herbst 340 wurde die offizielle Kriegserklärung ausgesprochen.

Die – nach langer Zeit des Schwankens heute wieder für echt gehaltene – *Vierte Philippische Rede* gehört zeitlich und sachlich eng mit den beiden vorhergenannten Reden zusammen. Sie ist anscheinend als Flugblatt konzipiert und kurz nach der Abfassung der *Dritten Philippischen Rede* veröffentlicht worden, vermutlich vor der Publikation der *Chersonesrede*, aus der größere Stücke wörtlich zitiert werden (ein kleinerer Abschnitt stammt aus der *Zweiten Philippischen Rede*). Im Mittelpunkt steht der schon in der *Dritten Philippischen Rede* kurz angedeutete Vorschlag, in die Bündnisbemühungen auch den persischen Großkönig einzubeziehen und ihn vor allem um finanzielle Unterstützung gegen Philipp anzugehen. Diese – wie sich erweisen sollte, vergebliche – Hoffnung auf persische Geldmittel ist augenscheinlich der Anlaß, das Volk – die Armen wie die von Zwangsleistungen bedrohten Reichen – hinsichtlich der geheiligten Theatergelder (vgl. die *Dritte Olynthische Rede*) zu beruhigen, ein taktisches Manöver, das möglicherweise Befürchtungen zurückdämmen sollte, die im Volk nach den beiden vorangegangenen »Aufrüstungsreden« laut geworden sein könnten. Im übrigen besteht die »Broschüre« aus antimakedonischen Gemeinplätzen, die sich weithin mit Gedanken anderer Reden gegen Philipp berühren; am Schluß wird mit heftigen Worten ein uns unbekannter Aristomedes beschimpft. Das Ganze macht einen ziemlich disparaten, ja zerfahrenen Eindruck (einer der Gründe für die oft versuchte Athetese) und kann sich in der Komposition so wenig wie in der rhetorischen Stringenz und Brillanz mit der *Dritten Philippischen Rede* messen, die man gelegentlich einmal die »vielleicht gewaltigste« Rede genannt hat, »welche jemals auf Erden gesprochen« worden ist (C. Rehdantz).

Das Urteil der Nachwelt über Demosthenes hat sich vielfach immer wieder gerade an den *Philippischen Reden* entzündet. Man sah in ihm zumeist den enthusiastischen Patrioten, der mit allen Mitteln taktischer Raffinesse und rhetorischen Könnens seiner Stadt Athen die verlorene politische Größe zurückzugewinnen suchte und im Kampf gegen den Makedonenkönig hierfür die geeignete Plattform fand. Diese Betrachtungsweise verkennt freilich, daß gerade die späteren *Philippischen Reden* das Konzept einer attischen Hegemonie über die anderen griechischen Staaten, das zweifelsohne im Zentrum der frühen »hellenischen Demegorien« stand, entscheidend variieren: Es geht Demosthenes jetzt nicht mehr um Herrschaftsansprüche Athens über seine Nachbarn, sondern um ein gemeinsames Vorgehen aller Griechen – unter Athens Führung – gegen die unübersehbare Bedrohung ihrer Freiheit von außen (W. Jaeger). Diese Wendung zum Postulat der panhellenischen Einheit als des einzig möglichen Schutzes gegen den außenpolitischen Gegner verbindet den leidenschaftlichen Politiker Demosthenes mit dem so ganz anders gearteten Rhetor ISOKRATES: Auch dieser denkt an ein Großgriechenland mit attischer Gloriole, freilich heißt dessen politischer Führer bei ihm Philipp, und der äußere Feind ist, genau umgekehrt wie bei Demosthenes, der persische Großkönig (vgl. *Philippos*). Letztlich muß man beide als Träumer bezeichnen: Doch während der an aktuellen politischen Möglichkeiten orientierte Traum des Real- und Machtpolitikers in der Katastrophe von Chaironeia (338) endete, erfüllte sich der von klassizistischen Idealen inspirierte Traum des politischen Publizisten in der Person Alexanders des Großen. Die Diagnose des Isokrates erwies sich also, aus historischer Rückschau, fraglos als die richtigere: Und so erscheint uns denn heute auch Demosthenes zwar als eine Zentralfigur der griechischen Geistes- und Literaturgeschichte, aber als eine fast anachronistische Randfigur der politischen Geschichte – was nicht hindert, in ihm eines der eindrucksvollsten Beispiele der Weltliteratur und der Weltgeschichte für die Macht zu sehen, die das virtuos gehandhabte Wort in der Politik auszuüben vermag. E. Sch.

AUSGABEN: Venedig 1504 (in *Orationes duae et sexaginta*, 2 Bde., Hg. Scipio Carteromachus). – Bln. [10]1902 (in *Ausgewählte Reden*, Bd. 1, Hg. A. Westermann, E. Müller u. E. Rosenberg; m. Komm.). – Oxford 1903 (in *Orationes*, Bd. 1, Hg. S. H. Butcher; Nachdr. zul. 1961). – Lpzg. [9]1909 (*Die neun Philippischen Reden*, Hg. C. Rehdantz, F. Blass u. C. Fuhr; m. Komm.). – Lpzg. 1914 (in *Orationes*, Bd. 1, Hg. C. Fuhr). – Neapel 1936 (*La terza Filippica*, Hg. P. Treves; m. Komm.). – Neapel 1937 (*La seconda Filippica*, Hg. ders.; m. Komm.). – Lüttich 1938 (*La troisième Philippique*, Hg. P. Treves; m. Komm.). – Mailand 1939 (*La prima Filippica*, Hg. U. E. Paoli). – Florenz 1951 (*La prima Filippica*, Hg. A. di Prima; m. Komm.). – Ldn./Cambridge (Mass.) [2]1954 (*Philippics*, in *Demosthenes*, Bd. 1, Hg. J. H. Vince; m. engl. Übers.; Loeb). – Florenz [3]1956 (*La prima Filippica*, Hg. A. Ronconi; m. Komm.). – Paris 1955 (*Philippiques*, in *Harangues*, Hg. M. Croiset, 2 Bde.; m. frz. Übers.). – Lüttich [5]1965 (*Première Philippique*, Hg. P. Collin).

ÜBERSETZUNGEN: *Vier Schöne vnd zierliche Orationes oder Reden, des allerfürnemmsten redners demosthenis, wider den Künig Philipsen, auss Macedonien, der eyn vater des grossen Alexanders gewesen ist, An seine Mitburger zu Athen gethon*, H. Boner, Augsburg 1543. – *Erste und zweite Rede wider den Philippus*, J. Ch. Gottsched (in J. Ch. G., *Ausführliche Redekunst* ..., Lpzg. 1743, S. 417–440). – In *Demosthenis und Aeschinis Reden*, J. J. Reiske, 5 Bde., Lemgo 1764–1768 (fehlt ein Teil von Nr. 4). – *Philippische Reden*, A. G. Becker, 2 Bde., Halle [2]1824–1826. – *Die philippischen Staatsreden*, L. Döderlein (in *Ausgewählte Reden*, Bd. 2, Stg. 1854). – *Reden gegen Philippos/Philippische Reden*, anon. u. G. E. Benseler (in *Werke*, Bd. 2, Lpzg. [2]1858; Bd. 3, Lpzg. [2]1876; Bd. 4, Lpzg. 1856; griech.-dt.). – *Reden gegen Philipp*, A. Westermann (in *Ausgewählte Reden*, 12 Lfgn., Stg. 1856–1873 u. ö.). – *Reden gegen Philippus*, H. A. Pabst (in *Werke*, Bd. 1, Stg. [4]1874; Bd. 2, Stg. [4]1884). – *Reden wider Philipp*, C. Beck (in *Zwölf Staats-Reden*, Halle 1876).

LITERATUR: A. Schaefer, *D. und seine Zeit*, Bd. 2, Lpzg. [2]1886, S. 57–77; 356–361; 468–480 u. ö. – F. Blass, *Die attische Beredsamkeit*, Bd. 3/1, Lpzg. [2]1893; Nachdr. Hildesheim 1962, S. 300–305; 345–350; 374–403. – A. Körte, *Zu Didymos' D.-Commentar, I. Die vierte »Philippika«* (in RhMus, 60, 1905, S. 388–410). – A. Puech, *Les »Philippiques« de Démosthène*, Paris 1929. – G. M. Calhoun, *D.' »Second Philippic«* (in TPAPA, 64, 1933, S. 1–17). – P. Treves, *La politica di Demostene e la seconda orazione filippica* (in Civiltà Moderna, 1935, S. 497–520). – Ch. D. Adams, *Speeches VIII and X of the Demosthenian Corpus* (in Classical Philology, 33, 1938, S. 129–144). – W. Jaeger, *D.*, Bln. 1939 ([2]1963), S. 115–124; 161–173 u. ö. – P. Treves, *La composition de la troisième »Philippique«* (in Revue des Études Anciennes, 1940, S. 354–364). – J. Luccioni, *Démosthène et le panhellénisme*, Paris 1961. – Lesky, S. 649–652. – S. G. Daitz, *The Relationship of the »De Chersoneso« and the »Philippica quarta« of D.* (in Classical Philology, 52, 1957, S. 145–162). – H. Bengtson, *Griechische Geschichte*, Mchn. [3]1965, S. 290–319. – I. Roca Melia, *»La segunda Filipica«, momento histórico y valoración de su contenido* (in Helmantica, 17, 1966, S. 77–106).

PROS LEPTINĒN (griech.; *Gegen Leptines*). Gerichtsrede mit politischem Hintergrund von DEMOSTHENES (384–322 v. Chr.), entstanden etwa 354 v. Chr., zwischen *Kat' Androtiōnos (Gegen Androtion)* und *Kata Timokratus (Gegen Timokrates)*. – Die historischen Umstände, denen dieses frühe Meisterwerk seine Entstehung verdankt, sind dieselben wie in den beiden verwandten Reden. Die Stadt Athen befand sich in jenen Jahren in einer politisch dürftigen, finanziell miserablen Situation; eine einflußreiche Schar als grobschlächtige Politiker, um den Finanzexperten Aristophon geschart, versuchte durch rigorose Maßnahmen die Staatskassen wieder zu füllen. Der Gesetzesantrag des Leptines, die seit Jahrzehnten immer weiter um sich greifenden Privilegien der Steuerbefreiung (Atelie) aufzuheben – allein die Nachkommen der Tyrannenmörder sollten ausgenommen sein –, war in diesem Bestreben nur ein Pendant zur Tätigkeit des »staatlichen Gerichtsvollziehers« Androtion. Doch wer, wie Demosthenes, an Athens Größe dachte, konnte in diesem Vorschlag nur eine lächerliche reaktionäre Geste sehen, die in der Praxis ebenso nutzlos wie dem Ansehen der Stadt schädlich war, zumal die Sonderrechte nur auf einem äußerst schmalen Sektor beschnitten wurden. Die Sache hatte allerdings ihre Komplikationen; der Antragsteller eines Gesetzes war nach dessen Annahme ein Jahr lang persönlich haftbar: Weil jedoch der ursprüngliche Kläger verstorben war und erst sein Sohn Apsephion in die Nachfolge der Klage hatte eingeführt werden müssen, war diese Frist verstrichen, und das Gesetz war definitiv in Kraft getreten. Wenn nun doch noch Einspruch erhoben wurde, so ging der Prozeß gegen den Staat; ein Komitee von fünf namhaften Anwälten, unter ihnen Aristophon selbst, hatten das Gesetz zu verteidigen.

Für den Kläger bedeutete das vor den Geschworenen des Volkes eine bedeutende Erschwernis: Er mußte seine Motive ganz auf politische Argumente gründen, der spektakuläre und zugkräftige Angriff auf den Urheber des Gesetzes war verbaut. Die Zurückhaltung des Sprechers, die überlegene Leichtigkeit der Gedankenführung sind also sachbedingt; Demosthenes gehorcht dem Gebot der Situation. Doch hat die lässige Eleganz, die an dieser Rede von den Kritikern immer wieder betont wird, noch eine andere Ursache: Die Hauptrede der Anklage darf man sich bereits vorgetragen denken, die von Demosthenes verfaßte Ansprache ist die Zweitrede, die Deuterologie, vor allem dazu bestimmt, die bereits bekannten Beweisgänge zu untermauern und mögliche Entgegnungen von vornherein zu widerlegen – aus dieser Sicht ist lockere Fügung ebenfalls nicht fehl am Platz.

Der Sprecher stimmt das Auditorium gleich zu Beginn auf diesen mehr überredend-ratenden als sophistisch-beweisenden Grundton ein. Er spricht nicht nur über seine Sorge um die Stadt, sondern ganz unverbindlich auch für den noch unmündigen Sohn des unvergessenen, zu Beginn des Bundesgenossenkrieges in der Seeschlacht bei Chios (357) gefallenen Admirals Chabrias. Daß dann im Verlauf der Rede die einzelnen Argumente und Beweise mehr aneinandergereiht als ineinander verwoben oder steigernd geschichtet werden, verrät dieselbe Tendenz. Allerdings heißt dies nicht, daß die Komposition der Rede diffus wäre, im Gegenteil – selten tritt die Gliederung so klar zutage wie hier. Mit der einleitenden Zurückweisung der mutmaßlichen Einwände des Leptines wird eine allgemeine Kritik des fraglichen Gesetzes verbunden (2–28). Am Beispiel einiger Privilegierter von besonderem Ansehen – neben dem befreundeten Fürsten Leukon, dem Herrn des Bosporanischen Reiches, unter anderem insbesondere Konon und Chabrias – wird die Schädlichkeit des Gesetzes dargetan (29–87), worauf, gewiß zur nicht geringen Überraschung des Volkes, der Entwurf eines neuen, von Apsephion ausgearbeiteten Gesetzes vorgebracht wird: Privilegien jeder Art sollen bei Unwürdigkeit durch Gerichtsurteil wieder entzogen werden können (88–104). Nachdem so die beiden Zentralpunkte dargetan sind und das Ziel der Deuterologie erfüllt ist, wendet sich der Sprecher – die Klammerfügung ist deutlich erkennbar – wieder den eventuellen Erwiderungen des Leptines zu (105–133), um schließlich im Epilog (134–164) die allgemeinen Mängel des deplazierten Gesetzes hervorzuheben.

Die Überlieferung gibt Anhaltspunkte dafür, daß die Legislatur des Leptines nicht revidiert wurde. Demosthenes vermochte also nicht durchzudringen. Dem sprachlichen Rang der Rede tut dieser Mißerfolg freilich keinen Abbruch. Seit über zwei Jahrtausenden gehört sie zu den Lieblingen der Literaturgeschichtler, ja, man hat sie so eng mit dem Leben des Demosthenes verknüpft, daß man glaubte, sie sei einer Neigung zu der Witwe des Chabrias zu verdanken (andere wollen sogar von einer Ehe des Redners mit ihr wissen). Daß Demosthenes das Plädoyer persönlich gehalten habe – es wäre sein Debut in öffentlichen Reden –, wurde gleichfalls schon in der Antike behauptet, und es ist eine Vorstellung, die immer wieder besticht, würde man doch den im Kontrast zum Feuer späterer Staatsreden fast aristokratisch kühlen Charakter dieser »anmutigsten und zierlichsten seiner Reden« – so DIONYSIOS aus Halikarnassos – mit nichts lieber verbinden als mit dem Bild des jungen Demosthenes selbst.

E. Sch.

AUSGABEN: Venedig 1504 (in *Orationes duae et sexaginta*, 2 Bde., Hg. Scipio Carteromachus). – Bln. [7]1903 (in *Ausgewählte Reden*, Bd. 2, Hg. A. Westermann, E. Müller u. E. Rosenberg; m. Komm.). – Oxford 1907 (in *Orationes*, Bd. 2/1, Hg. S. H. Butcher; Nachdr. zul. 1962). – Mailand 1935 (*L'orazione contro la legge per la soppressione dell'immunità proposta da Leptine*, Hg. C. Cessi; m. Komm.). – Lpzg. 1937 (in *Orationes*, Bd. 2/1, Hg. C. Fuhr u. J. Sykutris). – Ldn./Cambridge (Mass.) [2]1954 (*Against Leptines*, in *Demosthenes*, Bd. 1, Hg. J. H. Vince; m. engl. Übers.; Loeb). – Paris 1954 (*Contre la loi de Leptine*, in *Plaidoyers politiques*, Bd. 1, Hg. O. Navarre u. P. Orsini; m. frz. Übers.).

ÜBERSETZUNGEN: in *Demosthenis und Aeschinis Reden*, J. J. Reiske, 5 Bde., Lemgo 1764–1768. – *Rede gegen das Gesetz des Leptines*, anon., Ansbach 1822. – *Rede gegen Leptines*, H. A. Pabst (in *Werke*, Bd. 7, Stg. 1840). – Dass., A. Westermann in *Ausgewählte Reden*, 12 Lfg., Stg. 1856–1873 u. ö.). – Dass., G. E. Benseler (in *Werke*, Bd. 8, Lpzg. 1860; griech.-dt.). – *Rede gegen Leptines*, C. Beck (in *Drei Gerichts-Reden*, Halle 1876).

LITERATUR: A. Schaefer, *Demosthenes und seine Zeit*, Bd. 1, Lpzg. [2]1885, S. 391–419. – F. Blass, *Die attische Beredsamkeit*, Bd. 3/1, Lpzg. [2]1893, S. 264–276; Nachdr. Hildesheim 1962. – W. Jaeger, *Demosthenes*, Bln. 1939, S. 65–68; [2]1963. – Lesky, S. 647.

ANONYM

HELLENICA OXYRHYNCHIA (griech.: *Die Hellēnika aus Oxyrhynchos*). Um 200 geschriebenes, anonymes Papyrusfragment von 21 Spalten zu insgesamt rund 900 Zeilen einer zwischen 387 und 346 (oder 356) v. Chr. entstandenen *Griechischen Geschichte*; 1906 im ägyptischen Oxyrhynchos entdeckt; einige ergänzende Bruchstücke wurden 1934 gefunden. – Der Autor behandelt in dem Text Ereignisse der Jahre 396/395, und zwar nach dem Schema Sommer-Winter gegliedert. Das reiht ihn ein in die Schar der Thukydides-Adepten, und es ist sehr wahrscheinlich, daß das Werk ursprünglich unmittelbar mit dem Jahr 411 an den gewaltigen

Torso seines Vorbildes anschloß, wie ähnlich Xenophons *Hellēnika* und das verlorene gleichnamige Werk des Theopompos. An welchem Punkt die Darstellung endete – ob etwa, wie bei Theopomp, mit dem großen Sieg des athenischen Admirals Konon über die spartanische Flotte bei Knidos (394) –, läßt sich nicht mehr definitiv ausmachen.

Das schwierigste Rätsel, welches das Bruchstück der Forschung aufgegeben hat, ist die Frage nach seinem Verfasser. Wenn zunächst gewichtige Autoritäten für Theopomp als Autor plädierten, so mag dahinter vielleicht unbemerkt der Wunsch gestanden haben, dessen fragmentarisches Œuvre an einer Stelle einmal etwas detaillierter und greifbarer vor sich sehen zu können. Auch der Universalhistoriker Ephoros wurde genannt, für den immerhin spricht, daß er sich in seinen *Historiai (Historien)* stark auf die *Oxyrhynchos-Hellēnika* stützte (so erklärt sich auch die enge Verwandtschaft der betreffenden Abschnitte in der epigonalen *Bibliothēkē historikē* des Diodor). Zahlreiche »Anhänger« fand auch der von Dionysios aus Halikarnaß als Zeitgenosse und Fortsetzer des Thukydides genannte Kratippos aus Athen, dessen Werk für uns freilich ebenso schemenhaft bleibt wie das des Böotiers Daimachos, den Felix Jacoby – wenn auch mit Skepsis – vorgeschlagen hat.

Was die Gelehrten immer wieder dazu verlockt, sich nicht mit einer bescheidenen Zuschreibung an einen Anonymus zu begnügen, ist der Umstand, daß der Autor des Oxyrhynchos-Fragments – wie der Vergleich mit Xenophons Parallelen und die Nachfolgeschaft des Ephoros anschaulich illustrieren – unter den Historikern seiner Zeit einen der bedeutendsten Plätze beanspruchen darf. Nicht nur, daß er, bei aller schlichten Sachlichkeit, den Stoff geschickt und ansprechend darzubieten versteht (wobei auffällt, daß er, ganz im Gegensatz zu Thukydides, die direkten Reden offenbar bewußt vermeidet), wichtig ist vielmehr vor allem, daß er sich nicht nur allgemein, sondern auch über Dinge, über die andere Gewährsleute schweigen, überaus informiert zeigt (so besonders über den Böotischen Bund) und daß er seinen Bericht infolgedessen mit ausführlichen Einzelheiten bereichern kann. Sein Blick für politische Motive und Hintergründe und eine distanziertere Haltung gegenüber der spartanischen Seite (Agesilaos) sind weitere, besonders im Hinblick auf die Version unseres Kronzeugen Xenophon bemerkenswerte Vorzüge seiner Darstellung. E. Sch.

Ausgaben: Oxford 1908 (in *The Oxyrhynchus Papyri*, Hg. B. P. Grenfell u. A. S. Hunt, Bd. 5, Nr. 842; m. Komm. u. engl. Übers.). – Oxford 1909 (*Hellenica Oxyrhynchia cum Theopompi et Cratippi fragmentis*, Hg. B. P. Grenfell u. A. S. Hunt). – Bonn 1916 (*Cratippi Hellenicorum fragmenta Oxyrhynchia*, Hg. J. H. Lipsius). – Bln. 1926 (in *Die Fragmente der griechischen Historiker*, Hg. F. Jacoby, Bd. 2 A u. 2 C, Nr. 66; m. Komm.). – Lpzg. 1927, Hg. E. Kalinka. – Florenz 1949 (*Nuovi frammenti delle Elleniche di Ossirinco*, Hg. V. Bartoletti; Papiri della Società Italiana, 13/1). – Lpzg. 1959, Hg. ders. [m. Bibliogr.].

Literatur: E. M. Walker, *The »Hellenica Oxyrhynchia«*, Oxford 1913. – R. Laqueur, Art. *Theopompos (9)* (in RE, 5A/2, 1934, Sp. 2193–2205). – G. L. Barber, *The Historian Ephorus*, Cambridge 1935. – H. Bloch, *Studies in Historical Literature of the Fourth Century B. C.* (in Harvard Studies in Classical Philology, Suppl. 1, 1940, S. 303ff). – F. Jacoby, *The Authorship of the »Hellenica of Oxyrhynchus«* (in Classical Quarterly, 44, 1950, S. 1–11). – M. Treu, *Zu den neuen Bruchstücken der »Hellenika von Oxyrhynchos«* (in Gymn, 59, 1952, S. 302–319). – G. T. Griffith, *The Greek Historians* (in *Fifty Years of Classical Scholarship*, Hg. M. Platnauer, Oxford 1954, S. 160–166). – R. Müller, *Abfassungsort u. -zeit der »Hellenica Oxyrhynchia« als Kriterien für die Verfasserschaft* (in *Fs. f. B. G. Teubner*, Hg. J. Irmscher u. a., Bd. 1, Lpzg. 1964, S. 151–161).

THEOPOMPOS aus Chios
(um 378–320 v. Chr.)

PHILIPPIKA (griech.; *Geschichte Philipps [II. von Makedonien]*). Hauptwerk des griechischen Rhetors und Historikers Theopompos aus Chios (um 378–320 v. Chr.), einst 58 Bücher umfassend, in der gekürzten Fassung, die der Nachfahr des Titelhelden, Philipp V. von Makedonien (reg. 221–179 v. Chr.), anfertigen ließ, 16 Bücher; begonnen noch zu Lebzeiten Philipps II., abgeschlossen im Jahr 324 v. Chr. – Dieser riesige Forschungsbericht, in seiner Art nur mit den antiquarischen Arbeiten des gleichzeitig lebenden Aristoteles vergleichbar, war zwar zur Zeit Diodors, ja noch des Patriarchen Photios, mit Ausnahme von fünf Büchern (vermutlich 6, 7, 11, 29 und 30), vollständig erhalten (daneben zirkulierten einige Teile sozusagen als »Sonderdrucke«); heute ist er jedoch bis auf Bruchstücke und fragmentarische Paraphrasen verloren. Immerhin heben sich Stil und Aufbau der Darstellung sowie die Persönlichkeit des Autors noch einigermaßen plastisch ab. Was wir von dem ausgefeilten, aber gemäßigten Pathos der sprachlichen Gestaltung, das auf das rhetorische Vorbild Isokrates zurückgeht, und von dem leidenschaftlichen inneren Engagement des Autors an der Sache, die er vortrug, wissen (die Heftigkeit und Diskrepanz seiner Urteile hat ihm in seinem Leben und in den Augen der Nachwelt viel Unbill eingetragen), das ist weithin aus der *Geschichte Philipps* entnommen.

Die *Philippika* hatten ihren Ursprung in der Bewunderung des Autors für den neuen Stern am politischen Himmel von Hellas; darüber gab das Prooimion – »Philipp der größte Mann Europas, der je gelebt hat« – genaue Rechenschaft. Und so bildet dann auch die Regierungszeit des Makedonenkönigs (359–336) den zeitlichen Rahmen. Das Material für seine Darstellung wußte sich Theopomp größtenteils durch eigene Erkundungen zu verschaffen. Vergleicht man das Werk mit den großen Vorgängern Theopomps, Herodot und Thukydides, so fällt als erstes der ungeheure Umfang des Ganzen im Verhältnis zu der begrenzten historischen Zeitspanne von dreiundzwanzig Jahren auf, ein Umfang, der auch dann noch erstaunlich bleibt, wenn man annimmt, daß der Autor nach annalistischer Manier (auch das wäre eine Neuerung gewesen) für jedes Buch ein Jahr zugrunde gelegt hat. Theopomps Interesse freilich galt – das erklärt vieles – gar nicht so sehr den Taten Philipps als solchen, sondern zielte auf ein monumentales, um Philipp als Mittelpunkt arrangiertes Zeitgemälde. So hat er, wo immer sich Gelegenheit und Notwendigkeit zeigte, ausführliche Exkurse eingeschoben, die den Leser über Geschichte, Kultur, Sitten, Geographie, politische Verhältnisse all der Länder, Völker und Städte aufklären sollten, mit denen der Makedonenkönig sich auseinanderzusetzen hatte.

Für die Rekonstruktion ergeben sich daraus fast unüberwindliche Schwierigkeiten, und schon eine grobe Disposition am Leitfaden der Biographie Philipps herzustellen, ist nicht leicht. Buch 1–5 behandelte die Ausdehnung von Philipps Macht im Norden Griechenlands und in Thessalien bis zum Jahr 353 v. Chr. Buch 6–8 muß von Exkursen gefüllt worden sein, etwa über Kleinasien, Peloponnes, Byzantion, mit den *Wundergeschichten* am Schluß (*Thaumasia*, im Altertum gesondert tradiert), worin besonders das Sagenland Meropis hervorragte. Buch 9–11 berichtete von der Unterwerfung Thessaliens und Thrakiens, wobei in Buch 10 der aufschlußreiche, politisch brisante Exkurs *Über die Demagogen in Athen* stand. Buch 12–19 enthielt wiederum Exkurse, und zwar über die zeitgenössische persische, ägyptische, phönikische Geschichte (woran sich erneute Abschweifungen über deren Vor- und Frühgeschichte anschließen konnten). Buch 20 setzte Philipps Balkanunternehmungen fort (jetzt ist der Autor beim Jahr 352). Buch 21 brachte ein Referat der politischen, geographischen, kulturellen Zustände beiderseits der Adria. Die Bücher 22–25 schilderten den Verlauf der Kämpfe im Norden bis zum Fall Olynths (348), was zu einem Pamphlet des Autors gegen Athen Anlaß gab. Buch 26–30 reichte, wohl nicht ohne Einschübe, vom Sieg über die Phoker und dem Philokrates-Frieden (346) bis zur Amphiktyonenversammlung von 345. Über die Bücher 31–42 sind wir schlecht informiert, nur die Exkurse lassen sich deutlicher umreißen, so ein zweiter kleinasiatischer (etwa Buch 35–38) und ein sizilischer (Buch 39/42, Geschichte Dionysios' I. und II.). Auch das letzte Drittel bleibt für uns recht unscharf: Buch 43/44 führt wieder nach Epirus und Thessalien, 47 schildert den neuen Krieg mit Athen (340), 53 die Schlacht von Chaironeia (338); 55–57 spielt in der Peloponnes, und in Buch 58 endlich ist der Verfasser beim Tod seines Helden angelangt.

Bei der langwierigen, wohl mehr als zwei Jahrzehnte dauernden Ausarbeitung des Werkes bestand das Problem für Theopompos darin, daß er mitten im Geschehen schon um geschichtliche Distanz ringen mußte – bei einem Mann seiner Impulsivität eine fast unlösbare Aufgabe. Sein Hang zum kräftigen Urteil, im Lob wie im Tadel, hat ihm denn auch manchen Streich gespielt. Ein besonders berühmtes und charakteristisches Beispiel bietet bereits die Würdigung des Titelhelden; im Prooimion der *Philippika* wird er in den Himmel erhoben, im *Enkomion auf Philipp* seine Anlagen und seine Lebensführung geradezu als der Urgrund seiner unausbleiblichen künftigen Herrschaft über Europa gepriesen (Frgm. 256), während Theopomp später, wenn er auf die Person des Königs zu sprechen kommt, in grellsten Farben sein ausschweifendes Leben, sein ungerechtes und unzuverlässiges Wesen gegenüber Freunden und Bundesgenossen und seine gewalttätigen, betrügerischen Methoden in politischen und militärischen Dingen bloßzustellen bemüht ist. Hier zeigen sich Mängel, die man nicht als Folge eines unglückseligen Zwiespalts zwischen einer bestimmten politischen Konzeption und echtem historischem Empfinden einerseits und einem aus der Isokrateischen Rhetorik erwachsenen Streben nach sachlicher und stilistischer Universalität andererseits bagatellisieren sollte: Diese Eigenart geht vielmehr ganz zu Lasten der unausgeglichenen Persönlichkeit des Autors. E. Sch.

AUSGABEN: Leiden 1829 (in *Fragmenta*, Hg. R. H. E. Wichers). – Oxford 1909 (in *Hellenica Oxyrhynchia cum Theopompi et Cratippi fragmentis*, Hg. B. P. Grenfell u. A. S. Hunt). – Bln. 1929/30 (in *Die Fragmente der griechischen Historiker*, Hg. F. Jacoby, Bd. 2B u. 2D, Nr. 115; m. Komm.).

LITERATUR: W. Schranz, *Theopomps »Philippika«*, Diss. Freiburg i. B. 1912. – A. v. Mess, *Die Anfänge der Biographie und der psychologischen Geschichtsschreibung in der griechischen Literatur* (in RhMus, 70, 1915, S. 337–357). – A. Momigliano, *Studi sulla storiografia greca del IV secolo a. C.*, I: *Teopompo* (in Rivista di Filologia e di Istruzione Classica, N. S. 9, 1931, S. 230–242; 335–345). – R. Laqueur, Art. *T. (9)* (in RE, 5A/2, 1934, Sp. 2176 bis 2223). – K. v. Fritz, *Die politische Tendenz in Theopomps Geschichtsschreibung* (in Antike und Abendland, 4, 1954, S. 45–64). – H. D. Westlake, *The Sicilian Books of Theopompus' »Philippika«* (in Historia, 2, 1953/54, S. 288–307). – A. E. Raubitschek, *T. on Thucydides the Son of Melesias* (in Phoenix, 14, 1960, S. 81–95). – Lesky, S. 671 bis 673.

THEOPHRASTOS
(um 372–287 v. Chr.)

CHARAKTĒRES, vielleicht auch: *Ēthikoi Charaktēres* (griech.; *Charaktertypen*). Ein kleines Parergon des THEOPHRASTOS (um 372–287 v. Chr.), der 322, nach dem Tode des ARISTOTELES, Leiter der peripatetischen Schule geworden war und, als einer der großen universellen Naturgelehrten des Altertums, schon von der Antike neben seinem Lehrer als der Peripatetiker par excellence angesehen wurde. – Das Büchlein mit seinen dreißig ethopoetischen Definitionsskizzen ist zwar das einzige vollständig überlieferte Werk aus einer einst überreichen wissenschaftlichen Produktion und hat, vor allem in neuerer Zeit, die Bewunderung der Welt für den Autor hochgehalten, aber es kann dennoch nur bedingt als charakteristisch für das Forschertum Theophrasts und seiner Schule angesehen werden: die enge Verwandtschaft dieser – durchweg negativen – Typen zu den Gestalten der Neuen Komödie (vier begegnen sogar als Titel von Stücken MENANDERS) legt es nahe, in den preziösen ethologischen Bildern ein mehr literarisches, ja unter Umständen sogar literarisch inspiriertes Werk zu sehen und weniger die Fixierung von wissenschaftlich-psychologischen Beobachtungen, wie man sie etwa in Aristoteles' *Ethiken* hie und da antrifft. Selbstverständlich kommen beide Elemente zusammen; aber die unwirkliche Häufung der skurrilen Einzelzüge, die Plastizität und Treffsicherheit der Zeichnung, der pointierte Witz, der in ihnen steckt – das alles liegt schon in der Richtung der Karikatur.

Sind die kleinen Stücke in sich ziemlich streng gebaut – auf eine Definition folgen jeweils die lebensechten Beispiele (die moralisierenden Epiloge stellen ebenso wie die Prooimion späteren Zusätze dar) –, so ist die Reihenfolge doch recht bunt und ohne inneren Plan: *Selbstverkleinerung, Schmeichelei, Redseligkeit, Bäurisch ungehobeltes Wesen, Gefallsucht, Verzweiflung, Schwatzhaftes Besserwissen, Ge-*

rüchtemacherei, Freche Gewinnsucht, Kleinlichkeit, Flegelei, Unpassendes Verhalten, Überflüssige Aufdringlichkeit, Gedankenlosigkeit, Überheblichkeit, Aberglaube, Nörgelei, Mißtrauen, Ekliges Benehmen, Taktlosigkeit, Eitelkeit, Geiz, Prahlerei, Hochmütige Überheblichkeit, Feigheit, Cliquentum, Senile Geckenhaftigkeit, Schmähsucht, Neigung zu schlechtem Umgang, Gewinnsucht. – Diese kompositorische *variatio* läßt die Frage nach Zweck, Entstehungszeit, Veröffentlichung des kleinen Opus aufkommen: doch außer einer gelegentlichen Anspielung auf Ereignisse des Jahres 319 gibt uns das Buch keine Realien. So müssen wir uns also mit dem bescheiden, was die Skizzen von sich aus sein wollen: charakterologische Pointen aus dem athenischen Alltag des ausgehenden 4. Jh.s, zugleich ein Zeugnis für das beginnende Interesse der Zeit an biographisch-anthropologischen Studien (vgl. ARISTOXENOS).

E. Sch.

AUSGABEN: Nürnberg 1527 (*Theophrastu charaktēres*; m. lat. Übers. v. W. Pirkheimer). – Oxford 1909, Hg. H. Diels. – Lpzg. 1923, Hg. O. Immisch. – Paris ²1952 (*Caractères*, Hg. O. Navarre; m. frz. Übers.). – Ldn./Cambridge (Mass.) ²1946 (*The Characters of Theophrastus*, Hg. J. M. Edmonds; m. engl. Übers.; Loeb; Nachdr. 1953.). – Mchn. 1960–1962 (*Charaktere*, 2 Bde., Hg. P. Steinmetz; m. Komm., Übers. u. Bibliogr.).

ÜBERSETZUNGEN: *Characteres ethici: Das ist, Merckzeichen oder eigentliche Beschreibung der Sitten*, W. Pirkheimer (in W. P., *Theatrum virtutis et honoris*, Nürnberg 1606). – *Charaktere*, W. Plankl, Wien ⁴1947 [griech.-dt.].

LITERATUR: O. Regenbogen, Artikel *T. (3)* (in RE, Suppl. 7, 1940, Sp. 1500–1511). – P. Steinmetz (s. o.).

Zweiter Teil

Die hellenistisch-griechische und die lateinische Literatur bis zum Ende des Altertums

ANONYM

LIBRI PONTIFICALES, auch: *Libri pontificum, Pontificii libri* u. ä. (lat.; *Priesterbücher*). Eine Gattung von Werken, die, wie die *Libri augurales (Vogelschaubücher)* oder die *Libri haruspicini (Opferschaubücher)*, nicht nur zu den ältesten Zeugnissen der römischen Literatur gehören, von denen wir Kunde haben (*Carmina Saliorum* und *Carmina Arvalium* waren primär in solchen Quellen aufgezeichnet), sondern darüber hinaus eine der wesentlichen Grundlagen für das Entstehen einer römischen Literatur überhaupt gewesen sind. Werden und Wesen dieser uralten heiligen Überlieferungen - man kann sie kaum auf ein genaues Datum festlegen (das Alter des *Zwölftafelgesetzes*, der *Duodecim tabulae*, dürften sie in ihrem Kern weit übertroffen haben) - charakterisiert Karl BÜCHNER anläßlich seiner Würdigung der römischen Priesterstände: »*Die Mitglieder dieser Kollegien, Angehörige der vornehmsten Familien, lebten in der Genauigkeit und magischen Gewalt der religiösen Formel und ihrer wohlabgemessenen feierlichen Anwendung und teilten daraus schon durch ihr geformtes Wesen mit. Eine solche Übung muß den tiefsten Einfluß auch auf die Form des Ausdrucks im Mündlichen und Schriftlichen gehabt haben, und wir glauben ihre Töne noch in den ersten, aber auch den klassischen Schöpfungen zu vernehmen. Vor allem beruht die Bedeutung der pontifices darauf, daß sie in ihren Archiven die Niederschriften der Satzungen und Vereinbarungen verwahren, nach denen sich der Rechtsverkehr mit der Gottheit vollzieht.*«
Zwar ist uns von diesen Aufzeichnungen nichts erhalten - ihr Geheimnis wurde im Altertum von den Priestern streng gehütet -, doch kann man sich über den Inhalt noch eine ungefähre Vorstellung machen. Den Grundstock bildeten wohl die Grundsätze des Kults, die fundamentalen Vorschriften, die später durch Anweisungen für die einzelnen Kultakte und durch Auslegungen erweitert wurden (vgl. *Annales maximi*). Die Bedeutung dieser ersten schriftlichen Textfixierungen Roms kann man kaum überschätzen: »*Libri pontificum, libri sacri, libri augurales, commentarii, alle müssen gewirkt haben auf die Ausbildung einer genauen, solennen Sprache. Kein Wunder, daß ihre Feierlichkeit dann in omina- und Prodigienkatalogen im römischen Epos und seiner feierlichen Sprache ein neues Element ist. Die Poesie einer heiligen Handlung und ihrer genauen Worte findet etwa in so einmaligen Schöpfungen wie dem carmen saeculare des Horaz ihre Erfüllung*« (Büchner). E. Sch.

FRAGMENTE: Bln. 1906, Hg. C. Thulin (in C. Th., *Italische sakrale Poesie und Prosa*). – Lund/Lpzg. 1939 (in E. Norden, *Aus altrömischen Priesterbüchern*).
LITERATUR: Schanz-Hosius, 1, S. 17–32. – G. Rohde, *Die Kultsatzungen der römischen Pontifices*, Bln. 1936 (Religionsgeschichtliche Versuche und Vorarbeiten, 25). – E. Norden, *Aus altrömischen Priesterbüchern*, Lund/Lpzg. 1939. – K. Latte, *Römische Religionsgeschichte*, Mchn. 1960, S. 1–3. – K. Büchner, *Römische Literaturgeschichte*, Stg. ³1962, S. 23–27.

ANONYM

DUODECIM TABULAE, auch: *Lex duodecim tabularum* (lat.; *Zwölftafelgesetz*). Ältestes datierbares Zeugnis römischer Sprach- und Literaturgeschichte, Ursprung des römischen Rechts und eine der Urquellen des römischen Stils; als Kodifizierung des geltenden Gewohnheitsrechts und als juristisches Fundament des römischen Patrizier-Plebejer-Gemeinwesens in den Jahren 451 und 450 v. Chr. von einem Sonderkollegium (den *decemviri legibus scribundis*) ausgearbeitet und - in Bronze gegossen oder in Holz geschnitzt - auf dem Forum in Rom öffentlich ausgestellt.
Liegen die historischen Umstände ihrer Entstehung (griechischer Einfluß war sicher maßgeblich beteiligt), ihr aktueller Zweck (Aussöhnung der beiden Klassen), ja selbst ihr genauer Inhalt und ihre Sprachform aus Gründen der Überlieferung auch im Dunkel - was gelegentlich einen Forscher gar zu ihrer Verdammung als Falsifikat verleiten konnte -, so ist die geschichtliche Bedeutung der *Zwölf Tafeln* wie ihre Wirkungskraft während der gesamten Zeit der Republik doch unbestritten. Obwohl sie völlig ungeschieden die gesamten Disziplinen des staatsinternen Rechts umfaßten – vom Prozeßrecht (Tafel 1-3) über Familien- und Erbrecht (4/5), Besitz- und Nachbarrecht (6/7), Strafrecht (8/9), *ius sacrum* (»Heiliges Recht«, 10) bis zum Standesrecht von Patriziern und Plebejern (11 und 12) –, waren sie die Grundlage der römischen Staatsgesetzgebung. Darüber hinaus aber wurden sie so etwas wie das »Heilige Buch« römischer Erziehung, an dem sich das Ideal rechtlicher, altrömischer Männertugend durch Jahrhunderte hindurch bildete: noch in CICEROS Jugend lernte man das *Zwölftafelgesetz* in der Schule auswendig.
Natürlich konnte es bei dieser so lebendigen Tradition nicht ausbleiben, daß der Text der Gesetze sich allmählich veränderte: vieles an der archaischen Diktion war bald nicht mehr verständlich (die *Duodecim tabulae* waren eines der frühesten Objekte, an denen sich römische Philologie entzündete), manches wird sich auch abgeschliffen haben - das Resultat kann man sich auch mit Abstand unserer »revidierten Ausgaben« zur Luthersche Originalversion der Bibelübersetzung vergegenwärtigen. Immerhin: vieles Urtümliche hat sich hindurchgerettet, wie etwa folgender Satz: »*Si nox furtum faxsit, si im occisit, iure caesus esto.*« (»*Wenn er nachts Diebstahl gemacht hat, wenn er ihn umbringt, sei er zu Recht getötet.*«) Die Prägnanz und Kürze, die hieratische Lapidarität (die selbst den ungefügen Subjektwechsel nicht vermeiden will), Impulsivität und Unantastbarkeit (am Ende der dreifachen, trotz der Nebensätze paratakstisch anmutenden Gliederung der feierliche Imperativ), diese ganze archaische Statik berührt urtümlich, und zugleich hat sie doch, in ihrer abgerundeten, gerafften Eindeutigkeit, etwas von der Eleganz eines Stalaktiten: und in diesem Sinne haben auch schon so kompetente Kenner wie CICERO und GELLIUS den Stil der *Duodecim tabulae* beurteilt.
E. Sch.

AUSGABEN: Rom 1522 (in *Alexandri de Alexandro dies Geniales*). – Tübingen ⁷1909 (in *Fontes iuris Romani antiqui*, Hg. C. G. Bruns, Th. Mommsen u. O. Gradenwitz). – Florenz ²1941 (in *Fontes iuris Romani antejustiniani*, Hg. S. Riccobono, Bd. 1; m. Anm. u. Bibliogr.). – Mchn. ³1959 (*Das Zwölftafelgesetz*, Hg. R. Düll; m. Einl. u. Übers.).
LITERATUR: H. E. Dirksen, *Übersicht d. bisherigen Versuche zur Kritik u. Herstellung d. Textes d. Zwölftafelfragmente*, Lpzg. 1824. – Schanz-Hosius, 1, S. 33f. – Berger, Art. *Tabulae duodecim* (in RE, 4 A/2, 1932. Sp. 1900–1949).

ANONYM

CARMINA ARVALIUM (lat.; *Lieder der Flurbrüder*). Neben den *Carmina Saliorum* eine der Urformen der lateinischen Poesie. – Die Arvales waren ein altes (von Augustus erneuertes) Priesterkollegium *(sodalitas)* im Kult der Flurgottheit Dea Dia, das aus zwölf Mitgliedern bestand. Zu dem im Monat Mai im Heiligtum der Göttin aufgeführten Flursegen-Tanz gehörte das prägnant so genannte *Carmen Arvale*, das innerhalb der epigraphisch erhaltenen *Acta fratrum Arvalium* durch Zufall überliefert ist (im Protokoll von der Aufnahme Kaiser Elagabals in die Bruderschaft, 218 n. Chr.). Die einst unter Flötenbegleitung vorgetragene Fruchtbarkeitsbeschwörung, an die alten Feldgottheiten Mars, Lares und Semones gerichtet, ist mit ihrer (leider etwas verstümmelten) archaischen Diktion nach wie vor nicht völlig aufgehellt: aber die urtümliche Dynamik der ungefüg-gewaltigen, blockhaften Parataxen (vielleicht als Wechselgesang, den griechischen Chorliedern ähnlich, vorgetragen) läßt sich noch heute nachempfinden, wenn auch die Übersetzung die kraftvolle Rhythmik und den antithetischen Versbau nicht auszudrücken vermag:

»Ja helft uns, Laren, ja helft uns, Laren,
  ja helft uns, Laren,
Und, Mars, lasse nicht Seuche und Wolkenbruch
  einlaufen in die Menge,
Und, Mars, lasse nicht Seuche und Wolkenbruch
  einlaufen in die Menge,
Und, Mars, lasse nicht Seuche und Wolkenbruch
  einlaufen in die Menge.
Sei satt, wilder Mars. Spring auf die Schwelle!
  Steh dort!
Sei satt, wilder Mars. Spring auf die Schwelle!
  Steh dort!
Sei satt, wilder Mars. Spring auf die Schwelle!
  Steh dort!
Die Semonen werdet ihr abwechselnd herbeirufen alle.
Die Semonen werdet ihr abwechselnd herbeirufen alle.
Die Semonen werdet ihr abwechselnd herbeirufen alle.
Ja Mars hilf uns! Ja Mars hilf uns! Ja Mars hilf uns!
Triumpe! Triumpe! Triumpe! Triumpe! Triumpe!«

(Ü: Norden)

Das Lied, der einzige zusammenhängende Überrest aus den in früheste Anfänge der Stadt zurückreichenden *Libri pontificales*, ist eine der ganz großen Kostbarkeiten der antiken Literatur, die freilich den sonstigen Mangel an Überlieferung zugleich besonders schmerzlich macht. E. Sch.

AUSGABEN: Bln. 1874 (*Acta fratrum Arvalium quae supersunt*, Hg. W. Henzen). – Lpzg. 1895 (in *Carmina Latina epigraphica*, Bd. 1, Hg. F. Buecheler). – Bln. ³1930 (in *Altlateinische Inschriften*, ausgew. v. E. Diehl). – Rom 1934 (*Carmen arvale*, 2 Bde., Hg. M. Nacinovich). – Ldn./Cambridge (Mass.) ²1953 (in *Remains of Old Latin*, Bd. 4, Hg. E. H. Warmington; m. engl. Übers.; Loeb).

LITERATUR: C. Thulin, *Italische sakrale Poesie und Prosa*, Bln. 1906, S. 40f. – Schanz-Hosius, 1, S. 18f. – E. Norden, *Aus altrömischen Priesterbüchern*, Lund 1939, S. 107–300 [mit dt. Übers.]. – F. Mentz, Zum »*Carmen arvale*« (in Zs. f. vergl. Sprachforschung, 70, 1951/52, S. 209–227). – K. Büchner, *Röm. Lit.gesch.*, Stg. ³1962, S. 26f. – W. Eisenhut, Art. »*Carmen arvale*« (in *Der kleine Pauly*, Bd. 1, Stg. 1964, Sp. 1055f.).

ANONYM

CARMINA SALIORUM, auch: *Carmen Saliare* (lat.; *Salierlieder*). Die Kultgesänge der römischen Priestergenossenschaft *(sodalitas)* der Salii (Springer, Tänzer), eines Doppelkollegiums auf dem Palatin und dem Quirinal. – Ursprünglich dem Mars und dem Quirinus, später Mars, Quirinus und Iuppiter zugeordnet, hatten die Salier zu Beginn und am Ende der jährlichen Kriegszeit (März und Oktober) Umzüge und Tänze zu veranstalten, bei denen sie ihre Lieder sangen: die *axamenta* (allgemeine Anrufungen an die Götter) und die *versus Ianuli, versus Iunonii, versus Minervii* (an die einzelnen Götter; später wurden auch die vergöttlichten Kaiser aufgenommen). Diese Lieder verkörpern – neben den Gesängen anderer sakraler Körperschaften (etwa den *Carmina Arvalium*) – die älteste Dichtung Roms: die Römer selbst schrieben sie der Zeit König Numas (6. Jh. v. Chr.?) zu. Der Ursprung ist chronologisch nicht mehr eindeutig festzulegen (vgl. *Libri pontificales*); schon der früheste römische Philologe, Lucius AELIUS STILO PRAECONINUS (2./1. Jh. v. Chr.), mußte sich der Kommentierung widmen: daß später nicht einmal die Priester mehr den Sprachsinn richtig verstanden haben, ist von QUINTILIAN bezeugt. Die Dunkelheit der spärlichen Reste, vor denen wir heute recht ratlos stehen, ist nicht nur in den schwer aufzuhellenden Archaismen begründet, sondern ebenso in diesem Unverständnis schon der klassischen Zeit – wo der Sinn fehlte, mußte die Überlieferung der Wörter und Verse korrupt werden. E. Sch.

AUSGABEN: Lpzg. 1894 (*Carminum Saliarium reliquiae*, Hg. B. Maurenbrecher, in Fleckeisens Jahrbücher für class. Philol., Suppl. 21, S. 313–352). – Bln. ⁵1961 (in *Poetarum Romanorum veterum reliquiae*, Hg. E. Diehl).

LITERATUR: Geiger, Art. *Salii (1)* (in RE, 1 A/2, 1920, Sp. 1874–1894). – Schanz-Hosius, 1, S. 17f. – E. Bickel, *Lehrbuch der Gesch. der röm. Lit.*, Heidelberg ²1961, S. 292.

ANONYM

ACTA SENATUS (lat.; *Senatsakten*) hieß das amtliche Protokoll des römischen Senats. Der Begriff ist keineswegs fixiert, vielmehr lassen sich vier Phasen in der Geschichte dieser Akten herauskristallisieren. In frührepublikanischer Zeit scheint man von den Senatssitzungen und -beschlüssen keinerlei schriftliche Aufzeichnungen gemacht zu haben, man vertraute auf das Gedächtnis. Da manche Schichten der Bevölkerung Roms – so die Plebejer – mit diesem Usus der Senatoren schlechte Erfahrungen gemacht hatten, mußten ab 449 v. Chr. die Senatsbeschlüsse schriftlich niedergelegt werden (in den ersten Zeiten vielleicht nur die für die Plebejer wichtigen Gesetze, wie Plebiszitbestätigungen usw.); sie wurden dann im Aerarium (Schatzhaus) deponiert und unter der Aufsicht der Quästoren gesammelt (allerdings waren, wie die Praxis lehrte, die Sicherungen gegen Fälschung und Entstellung sehr dürftig). Was im Lauf der Zeit sich neben den offiziellen Niederschriften schon durch Privatinitiative eingebürgert hatte, die notizenhafte oder vollständige Protokollierung auch der Reden und Verhandlungen (so stellte CICERO in der Catilina-Affäre mehrere der besten Stenographen an, um später genaueste Unterlagen in der Hand zu haben), das ließ Caesar gleich in seinem ersten Amtsjahr (59 v. Chr.) zum Gesetz erheben: es sollten ständig komplette Protokolle der Sitzungen angefertigt und publiziert werden: die *acta senatus* wurden so ein Teil der offiziellen *acta diurna*. Augustus ließ den Paragraphen über die Veröffentlichung wieder außer Kraft setzen; damit begann die Epoche, in der die Abfassung und Überwachung der Protokolle zur Aufgabe eines Spezialbüros der kaiserlichen Kanzlei (unter einem *curator actorum senatus* oder *curator ab actis senatus*) wurde: Genauigkeit und Vollständigkeit konnten nun, da sich die Institution fast einem offiziösen Privatarchiv näherte, wahre Triumphe feiern – nicht einmal der Applaus und die (vermutlich seltenen) Buh-Rufe blieben jetzt mehr außer acht. Als Abteilung der kaiserlichen Hofhaltung haben sich die *acta senatus*, sehr wahrscheinlich, bis zum Untergang des römischen Staats gehalten: jedenfalls finden wir sie für das Jahr 438 n. Chr. noch bezeugt. E. Sch.

LITERATUR: E. Hübner, *De senatus populique Romani actis* (in Fleckeisens Jahrbücher f. class. Philologie, Suppl. 3, Lpzg. 1859). – J. W. Kubitschek, Art. »*Acta« (4)* (in RE, 1/1, 1893, Sp. 287–290). – Schanz-Hosius, 1, S. 380ff. – M. Fuhrmann, *Acta* (in *Der kleine Pauly*, 1, Stg. 1964, Sp. 55).

ANONYM

ANNALES MAXIMI (lat.; *Große Jahrbücher*) hießen in späteren Jahren die ältesten Sammelaufzeichnungen über geschichtliche Ereignisse in Rom. Ihr ursprünglicher Name, wohl *tabula pontificis (Priestertafel)*, verrät mehr über ihren Charakter: es waren keineswegs historiographische Abhandlungen, sondern offizielle Amtsbücher des staatlichen Priesterkollegiums, hervorgegangen aus den alten sakralen Kalenderveröffentlichungen der *fasti*. Im Amtsraum des *pontifex maximus* ließ dieser eine weiße Tafel aufstellen, an deren Spitze die jeweiligen höchsten Beamten (später wohl auch die Jahreszahl *ab urbe condita*) verzeichnet standen; jede wichtige Begebenheit wurde dann mit Angabe des Datums daruntergeschrieben. Der Kristallisationspunkt, an dem sich entschied, was »wichtige Begebenheit« war, muß aus dem ursprünglichen Zweck erschlossen werden: die politischen Geschehnisse, Feste, Naturkatastrophen, Sonnen- und Mondfinsternisse – alles wurde in dem Maß vermerkt, wie es sich im offiziellen Kult niederschlug. Da die sakrale Handlung nun aber in Rom ein Bestandteil so gut wie jeder öffentlichen Tätigkeit war – vom Kriegsauszug bis zur Pestbannung –, muß der Inhalt der Tafeln ebenso reich wie diffus gewesen sein.
Der Brauch der Aufzeichnung und der Ausstellung der Tafel hielt sich bis zum *pontifex maximus* P. Mucius Scaevola (um 125 v. Chr.). Er schloß das »Archiv«, scheint aber später die große Buchausgabe der *tabulae* in 80 Bänden redigiert und publiziert zu haben. Diese Ausgabe erhielt den Namen *annales maximi*, im Gegensatz zu einer ganzen Reihe von Privatannalen, die zuvor von Schriftstellern aus den Tafeln exzerpiert worden waren. Da die Buchrezension, wie wir aus einer Stelle bei CICERO erschließen (neben ATTICUS und VERRIUS FLACCUS der einzige, bei dem mit Gewißheit die Kenntnis der *annales maximi* nachzuweisen ist), vermutlich höchstens bis ins Jahr 404 v. Chr. zurückreichte, also nur 280 Jahre umfaßte, muß man annehmen, daß ein großer Teil der Tafeln verlorengegangen war; sehr wahrscheinlich beim Galliersturm und dem großen Brand der Stadt (387 v. Chr.); einige wenige Tafeln hatten damals offenbar aus dem Gedächtnis rekonstruiert werden können. Große Wirkung auf die Öffentlichkeit oder wenigstens auf die Geschichtsschreibung konnte die achtzigbändige Ausgabe nicht gewinnen: dafür war sie zu trocken und die Lektüre zu mühsam. Die sogenannten *fasti Capitolini* (im Altertum an den Außenwänden der Regia eingemeißelte Magistrats- und Triumphalverzeichnisse) sind das einzige noch faßbare zusammenhängende Derivat der *annales maximi*. E. Sch.

LITERATUR: Schanz-Hosius, 1, S. 28–33. – E. Bickel, *Lehrbuch d. Gesch. d. röm. Lit.*, Heidelberg ²1961, S. 358f. – M. v. Albrecht, Art. *Annales (1)* (in *Der kleine Pauly*, 1, Stg. 1964, Sp. 359).

PHILEMON
(um 360–260 v. Chr.)

EMPOROS (griech.; *Der Kaufmann*). Stück des überwiegend der Neuen attischen Komödie zugehörigen PHILEMON (um 360–260 v. Chr.), überliefert nur in der lateinischen Bearbeitung des Titus MACCIUS PLAUTUS unter dem originalgetreuen Titel *Mercator*.
Den Umstand, daß das Werk auf der Bühne, wie man glaubt, einen etwas faden Eindruck hinterlasse, hat die Forschung aus der Biographie Philemons zu erklären versucht, ohne freilich mehr als Vermutungen bieten zu können: demnach wäre der *Emporos*, ähnlich wie der moralgetränkte *Thesauros (Der Schatz)*, den wir als des Römers *Trinummus* wiederfinden, ein Spätwerk Philemons, in dem sich schon die einfallsärmere, sinkende Schaffenskraft des Greises zeige, im Gegensatz zu dem vollendeten, sprühenden Feuerwerk des von Plautus in der *Mostellaria* bearbeiteten *Phasma (Das Gespenst)*, das aus der Blütezeit des Dichters stamme.
Mag diese Spekulation auch zu begründen sein, erweisen lassen sich solche Zusammenhänge nicht, solange die spärliche fragmentarische Überlieferung nicht wenigstens soviel Zuwachs gewonnen hat, daß man eine ungefähre Chronologie – und damit eine Entwicklungslinie – der Werke Philemons aufzeichnen kann. Doch genügt es, auf Thema und Stoffbehandlung hinzuweisen, um das Moment zu bemerken, das wohl jene negative Kritik hervorgerufen hat: wenn sich hier der junge Charinos und sein ältlicher Vater Demiphon um die von Charinos auf einer Handelsfahrt gekaufte bildschöne Hetäre Pasikompsa zanken, so lebt darin ein Motiv der Rivalität weiter, das in genau derselben Konstellation zu Philemons Zeit bereits eine lange literarische Geschichte hinter sich hatte. Wenn aber ein altes Handlungsschema neu durchgespielt wird, so ist das beste griechische Tradition – daraus ein Urteil abzuleiten, kann nur Vorurteil sein. Entscheidendes Kriterium ist also auch hier das »Wie«: und in

dieser Hinsicht wird man den Dichter schwerlich tadeln können. Die Handlung ist reich an spannenden Verzögerungen; mehrere agierende Personen sorgen für lebendige Szenenwechsel – vor allem das den Hauptfiguren parallele Vater-Sohn-Paar Lysimachos – Eutychos gewinnt im Geschehen Farbe; das Arsenal der von Natur komischen Typen ist nicht vernachlässigt – der etwas zu früh von der Szene verschwindende junge Sklave wird im zweiten Teil durch den grobschlächtigen Koch ersetzt; zänkisches Eheweib und häßlicher alter Trottel als Ehemann kontrastieren wirkungsvoll zu dem jungen Paar, das schließlich zu seinem langersehnten und verdienten Glück kommt. Freilich: aufregende Verwicklungen, die Komik lustiger und grotesker Situationen fehlen dem *Kaufmann* in der Tat: es ist ein leises, die Turbulenz meidendes Stück, mit sauberer Routine und mit großer Sorgfalt im Detail konzipiert – »*Kleinmalerei in der Charakteristik und im Gespräch*« (Gurlitt) – : Wesenszüge, die Plautus bei seinen geringfügigen Änderungen glücklicherweise nicht angetastet hat (vgl. *Mercator*). E. Sch.

AUSGABE (s. auch bei Plautus *Mercator*): In *The Fragments of Attic Comedy*, III A, Hg. J. M. Edmonds, Leiden 1961 [m. engl. Übers.].

LITERATUR (s. auch bei Plautus *Mercator*): E. Fraenkel, *Plautinisches im Plautus*, Bln. 1922, S. 198–206 (Philologische Untersuchungen, 28). – T. B. L. Webster, *Studies in Later Greek Comedy*, Manchester 1935, S. 130–133. – A. Körte, Art. *Ph.* (7) (in RE, 19/2, 1938, Sp. 2142).

PHASMA (griech.; *Das Gespenst*). Komödie des PHILEMON (um 360–260 v. Chr.). – Den zur Zeit des Übergangs von der hellenischen zur hellenistischen Literatur lebenden Athener Komödiendichter zählt man – nach MENANDER und mit DIPHILOS zusammen – zu den großen Repräsentanten der Neuen Komödie. Daß man das Stück heute als Philemonisch ansprechen darf, ist ausschließlich philologischem Scharfsinn zu danken – erhalten sind gerade eineinhalb Verse. Aber die *Mostellaria* des Römers PLAUTUS, die gelegentlich auch unter dem gräzisierenden Titel *Phasma* zitiert wird, kann mit hoher Sicherheit nur auf das für Philemon bezeugte Stück zurückgehen. Da wir – wie bei den beiden anderen Stücken Philemons, die sich durch Plautus erhalten haben *(Thēsauros – Der Schatz; Emporos – Der Kaufmann)* – annehmen dürfen, daß der Römer nur in der Darstellungsform der Details, also Stil, Ausdruck und »Melodik«, nach eigenem Empfinden ausgestaltet, den Plan und Ablauf des Ganzen – also Szenenfolge, Dialog und Charakterzeichnung – dagegen nicht angetastet hat, läßt sich das reiche der *Mostellaria* gezollte Kritikerlob bedenkenlos an Philemon weiterreichen: »*Eins der reizvollsten Plautinischen Stücke, voll glänzender Laune, größter Lebendigkeit und stürmischem Tempo . . . keine Spur von der schmalzigen Moralität des Trinummus*«, urteilt KÖRTE über die *Mostellaria*, und in der Tat ist es immer wieder gerade dieser schlaue Sklavenulk vom erfundenen Gespenst gewesen, aufgrund dessen man sich ein Bild von der genialen Routine Philemons machte und die Beliebtheit beim zeitgenössischen und postumen Publikum erklärte.

Leider läßt sich auch bei diesem Stück über die Entstehungszeit nichts sagen: Daß man es gern den besten Jahren des Dichters zusprechen möchte, ist ein verständlicher, aber nur schwer zu begründender Eindruck. Immerhin fällt die strukturelle Nähe zum *Schatz* ins Auge. Beide Male ist ein Vater (hier namens Theopropides), der von einer langen Geschäftsreise zurückkehrt und nach manchen Verzögerungen und komischen Verwicklungen gewahr werden muß, daß sein Sohn (Philolaches) inzwischen ein ruinöses Prasserleben geführt hat; beide Male auch spielt die Szenerie ihre wichtige Rolle, da der Heimkehrende sein eigenes Haus für sich verschlossen findet: Ist es dort verkauft, so war es hier, wie der wendig-verschlagene Sklave Tranio, die eigentliche Hauptperson des Stückes, glaubhaft zu machen weiß, eines umgehenden Gespenstes wegen zu versiegeln. Gerade bei der Parallelität der kompositorischen Vorwurfs läßt allerdings auch die Unterschiede in der Durchführung deutlich sichtbar werden. Findet man hier ständig quirlende und sprudelnde Agilität und Aktion, so dort unablässig sentenziöses Räsonnement. Von diesem etwas müden Moralisieren des *Thēsauros* hebt sich die freche Frische des *Phasma* überaus angenehm ab – wenngleich die frivol verstreute Pfeffer eindeutiger Zweideutigkeiten zum Teil aus Plautus' Würzdose stammen kann. Beides erweckt, nebeneinander gehalten, tatsächlich den Eindruck von Jugendkraft und Alterswerk. Doch die Neigung zu Gnomik und Paränese war in der Gattung so typisch und verwurzelt, daß dergleichen biographische Psychologismen ihre beweiskräftige Wahrscheinlichkeit verlieren – das mißglückte Werk kann ebensogut der Jugend wie das Meisterstück dem Alter angehören, und beide überhaupt zeitlich auseinanderzurücken ist kein zwingender Grund vorhanden. E. Sch.

AUSGABEN (s. a. bei Plautus' *Mostellaria*): Lpzg. 1884 (in *Comicorum Atticorum fragmenta*, Hg. Th. Kock, Bd. 2/1). – Leiden 1961 (in *The Fragments of Attic Comedy*, Hg. J. M. Edmonds, Bd. 3 A; m. engl. Übers.).

LITERATUR (s. a. bei Plautus' *Mostellaria*): E. Fraenkel, *Plautinisches im Plautus*, Bln. 1922, S. 168–178. – A. Körte, Art. *Ph.* (7) (in RE, 19/2, 1938, Sp. 2143 f.). – T. B. L. Webster, *Studies in Later Greek Comedy*, Manchester 1953, S. 125 bis 151.

THĒSAUROS (griech.; *Der Schatz*). Komödie des PHILEMON (um 360–260 v.Chr.), überliefert unter dem Titel *Trinummus* in der Bearbeitung des PLAUTUS. – Vieles am *Thēsauros* – den Plautus, von kleinen Erweiterungen abgesehen, ohne wesentliche Veränderungen wiedergegeben zu haben scheint – ist für eine Komödie nicht eben typisch. Daß in der Handlung keine einzige Frauengestalt auftritt (der Prolog der Göttinnen Luxuria und Inopia, »Luxus« und »Mangel«, zählt nicht), steht in der Neuen attischen Komödie einzig da. Auch kann man sich keinen größeren Gegensatz zur politischen, erotischen, intellektuellen Ausgelassenheit der Alten Komödie vom Stil eines ARISTOPHANES denken als dieses gesittete Sentenzenstück, in dem kaum einer der Mitspieler sich verwehren kann, in seine Rede vornehme Lebensweisheiten einfließen zu lassen. Dabei verraten die Merksprüche, in signifikanter Antithese zu Philemons großem Rivalen MENANDER, eine gewisse Langatmigkeit, die als Mangel an Prägnanz auffällt: Die Personen, aus deren Mund sie kommen, erhalten infolgedessen alle etwas von der Art banaler Geziertheit; man hat dies teilweise als Eigentümlichkeit von Philemons

Zeit gedeutet – das Milieu ist das der wohlhabenden Athener Bildungsphilister. Andererseits gibt es auch durchaus urkomische Typen: den Sklaven Stasimos etwa oder den gekauften Sykophanten, nach dem Plautus das Stück betitelte.
Liest man die in der Kaiserzeit (2. Jh. n. Chr.) dem Plautinischen Werk vorangesetzte Inhaltsangabe (Ü: Gurlitt) –
»*Der Charmides vertraut abreisend seinen Schatz, auch sein Vermögen Kallikles, dem Freunde, an. Sein Sohn* [Lesbonikos] *vertut leichtsinnig alles und verkauft das Haus, das Kallikles erwirbt. Des Jünglings Freund* [Lysiteles] *begehrt die armgewordne Schwester sich zur Frau; Mitgift zu schaffen ohne Aufsehn, stiftet man sodann den Boten* [Trinummus] *an, der tuen muß, als brächt' er Geld vom Vater Charmides. Der aber ist indes schon selber heimgekehrt und narrt den Boten, gibt sodann die Ehe jener jungen Leute zu.*« –
so kann man schon erahnen, was in der Tat der komödiantische Höhepunkt des Stücks ist: die Begegnung zwischen dem zurückgekommenen Vater Charmides und dem Sykophanten, der angeblich geradewegs von Charmides geschickt worden ist. Doch dieser glänzende Gipfel findet in seiner Umgebung keine Entsprechung: So korrekt die Figuren, so planvoll die Komposition ist – es geht recht bieder zu in diesen Kreisen, und man vermißt ausgesprochen die Laszivität und die Aufregung, die allein den Zuschauer und den Leser das doppelte Happy-End des Schlusses (auch Kallikles hat eine heiratsfähige Tochter) und das aufdringliche Gelöbnis des Lesbonikos zur Besserung als befreiende Lösung des Stücks empfinden lassen könnten. So ist es im ganzen »*mehr ein Familiendrama als eine Komödie*« (Schanz-Hosius), voll edelster Moral an allen Enden – aber wohl aus ebendiesem Grund bot das Stück auch in der Neuzeit manchen Anreiz zur Bearbeitung: Am bekanntesten ist wohl LESSINGS Jugendwerk *Der Schatz*.   E. Sch.

AUSGABEN UND ÜBERSETZUNGEN (vgl. auch Plautus, *Trinummus*): In *The Fragments of Attic Comedy*, Bd. III A, Hg. J. M. Edmonds, Leiden 1961 [m. engl. Übers.]. – Warschau 1960 (*Fragmenta*, Einl. u. poln. Übers. W. Klinger, in Meander, 15, 1960, S. 510–517).

LITERATUR (vgl. auch Plautus, *Trinummus*): E Fraenkel, *Plautinisches im Plautus*, Bln. 1922, S. 154–158 u. ö. (Philolog. Untersuchungen, 28). – G. Jahn, *Ein Beitrag zur Kenntnis der Arbeitsweise des Plautus* (in Herm, 60, 1925, S. 33–49). – G. Jachmann, *Plautinisches und Attisches*, Bln. 1931, S. 224–244 (Problemata, 3). – A. Körte, Art. *Philemon (7)* (in RE, 19/2, 1938, Sp. 2142f.). – F. Zucker, *Freundschaftsbewährung in der Neuen Attischen Komödie* (in Berichte über d. Verhandlungen der Sächsischen Akademie der Wissenschaften zu Lpzg., phil.-hist. Klasse, 98, H. 1, Bln. 1950). – T. B. L. Webster, *Studies in Later Greek Comedy*, Manchester 1953, S. 135–141.

MENANDROS
(um 342–292 v. Chr.)

ASPIS (griech.; *Der Schild*). Komödie in fünf Akten von MENANDROS (um 342–292 v. Chr.), vermutlich zum Frühwerk des Autors gehörend; möglicherweise ursprünglich mit dem Doppeltitel *Aspis ē Epiklēros* (*Der Schild oder Die Erbtochter*). – Zusammen mit dem *Dyskolos* (*Der Griesgram*) und der *Samia* (*Die Samierin*) ist die *Aspis* in jenem schmalen Papyrusbüchlein aus dem dritten Jahrhundert enthalten, dessen Entdeckung und sukzessive Publikation im Lauf der letzten Jahre in geradezu sensationeller Weise ein neues Kapitel der altgriechischen Literaturgeschichte enthüllt hat. Einige Verse des Stückes – im ganzen 85 – waren schon vor etwa sechzig Jahren in einem Pergamentcodex aus dem 5. Jh. gefunden und als *Comœdia Florentina* tituliert worden. Was wir jetzt, nach der Veröffentlichung des Papyrus Bodmer 26, besitzen, umfaßt etwa die Hälfte bis zwei Drittel des ursprünglichen Textes: die beiden ersten Akte fast vollständig, den dritten Akt zu einem Teil, vom vierten und fünften allerdings nur minimale Bruchstücke – im ganzen rund 550 Verse und Versreste von einst etwa 830 bis 930. Immerhin reicht das Erhaltene aus, um nicht nur den Aufbau, sondern auch die Handlungsführung im einzelnen zu erkennen: Der auf die Exposition durch den Sklaven Daos folgende vorausweisende Prolog der Schicksalsgöttin Tyche (der das Augenmerk der Zuschauer von vornherein von der dramatischen Aktion weg auf die dramaturgische Darbietung des Stoffes lenkt) und die trefflich stilisierte Zeichnung der Hauptcharaktere in den erhaltenen Anfangsteilen bieten so sichere Anhaltspunkte, daß Konrad GAISER sogar mit Erfolg eine deutsche Ergänzung der verlorenen Passagen wagen konnte.
Der alte Sklave Daos kommt ohne seinen jungen Herrn Kleostratos aus dem Krieg nach Hause zurück. Kleostratos ist, wie Daos in seinem Selbstgespräch lamentiert, bei einem feindlichen Überfall in Kleinasien ums Leben gekommen. Nur den zerbeulten Schild seines Herrn und dessen – allerdings sehr ansehnliche – Kriegsbeute bringt er mit. Der erste, den er zu Hause in Athen trifft, ist Smikrines, der Onkel des Kleostratos, ein scheinheiliger und raffgieriger Geizhals, dem nichts weniger als die Trauer um den Neffen und nichts mehr als die Aussicht auf den Besitz von dessen Beute am Herzen liegt. Aber aus diesen Wünschen wird nichts werden, wie die Göttin Tyche in ihrem Prolog klarlegt: denn Kleostratos ist nicht tot, sondern wird bald wohlbehalten heimkehren; der Sklave hat sich dadurch beirren lassen, daß der Schild seines Herrn neben einem der schon halb verwesten und daher unkenntlichen Gefallenen lag. Die Göttin klärt die Zuschauer auch über die weiteren für das Verständnis der Handlung wichtigen Zusammenhänge auf: daß Kleostratos vor seiner Abreise seine Schwester in die Obhut eines anderen Onkels namens Chairestratos gegeben hat, mit dessen Stiefsohn Chaireas sie seit langem verlobt ist; daß am heutigen Tag eigentlich die Hochzeit hätte stattfinden sollen, daß dieses Fest aber aufgrund der durch die Rückkehr des Sklaven entstandenen neuen Lage in Frage gestellt ist. Der Grund hierfür liegt in dem attischen Rechtsbrauch, daß ein alleinstehendes Mädchen nach dem Tod ihres Vaters von dem nächsten Verwandten väterlicherseits entweder geheiratet oder mit einer Mitgift ausgestattet werden muß; Kleostratos' Schwester ist durch den vermeintlichen Tod ihres Bruders zu einer solchen alleinstehenden »Erbtochter« geworden, und der alte Smikrines ist der nächste unverheiratete Verwandte. Doch aus dessen Heiratsabsichten wird nach den Worten der Göttin nichts werden: »*Nachdem er allen klar genug bewiesen hat, was für ein*

Mensch er ist, muß er dahin zurück, wo er am Anfang war« (V. 145 ff.).

Da es Chairestratos nicht gelingt, Smikrines zu bewegen, »*das rechte Maß zu wahren*« und »*die Sache menschlich zu nehmen*«, kann nur noch ein handfester Trick helfen, den sich der Sklave ausgedacht hat: Chairestratos – der ohnehin durch das Verhalten des Smikrines sich vor Schwermut schon ganz elend fühlt – soll mit Hilfe eines falschen Arztes für sterbenskrank und schließlich für tot erklärt werden; auf diese Weise wird dann *seine* Tochter ebenfalls zu einer »Erbtochter«, und da sein Vermögen ungleich größer ist als das des Kleostratos, wird sich Smikrines natürlich sofort von der ersten Erbtochter ab- und der neuen Erbtochter zuwenden; am Schluß aber wird, wie es im »*Sprichwort heißt*«, »*der Wolf mit aufgesperrtem Rachen leer davon gehen*« (V. 373 f.). Smikrines fällt auf die – mit Hilfe köstlich parodistischer Zitate aus AISCHYLOS, KARKINOS, EURIPIDES, CHAIREMON inszenierte – Intrige, wie erwartet, herein und ist am Schluß tatsächlich der Geprellte: Da inzwischen auch Kleostratos heimgekehrt ist, sind alle seine Heirats- und Erbpläne in nichts zerronnen. Die jungen Leute werden in einer Doppelhochzeit glücklich vereint – Chaireas bekommt endlich Kleostratos' Schwester und Kleostratos seinerseits die Tochter des von den Toten wiederauferstandenen Chairestratos –, Smikrines aber hat (wenn wir das Verlorene richtig ergänzen) zum Schluß sicher nicht nur den Schaden, sondern auch noch gehörigen Spott zu ertragen.

Zweifelsohne ist dieser alte Geizkragen die Zentralfigur des Stückes. Doch würde man das Wesentliche an der *Aspis* verkennen, wollte man in ihr nur die komödiantische Inszenierung einer Charakterstudie vom Stil THEOPHRASTS (vgl. dessen *Charaktēres – Charaktertypen*) sehen. Das Stück *ist* zwar eine Typenkomödie, wie etwa auch der *Dyskolos (Der Griesgram)*, aber es ist doch zugleich noch viel mehr; denn es gelingt Menander, diesem Charakterbild eine zweite Bedeutungsschicht zu unterlegen: nämlich die Ambivalenz zwischen Gesetz und geltendem Recht auf der einen Seite und den – nach Meinung des Autors übergeordneten – Postulaten der Menschlichkeit auf der anderen Seite. Der unsympathische Alte hat zwar das Recht auf seiner Seite, verletzt aber eben dadurch, daß er dieses Recht rücksichtslos zu seinen Gunsten auszunutzen sucht, das höhere Gesetz der menschlichen Würde und Vernunft (dies ist ein ferner, aber deutlicher Nachklang der *physis-nomos*-Diskussion der sophistischen Aufklärungsepoche des 5. Jh.s, die sich schon in der Sophokleischen *Antigone* in ganz ähnlicher Art niedergeschlagen hatte). Doch auch die Figur, die diese höhere Norm in dem Stück vertritt, Chairestratos, ist nicht einfach eine bloße Verkörperung dieses Prinzips, sondern – darin zeigt sich die Meisterschaft des Dichters – in eigentümlicher Weise »angereichert«: Dadurch, daß Chairestratos als Mensch mit einem Hang zu Schwermut und Melancholie gezeichnet wird, der an der Schlechtigkeit der Welt leidet, erhält das Stück ein weiteres Moment dramaturgisch wirksamer psychologischer »Spannung«, ein Moment, das der Komödie bisweilen fast tragisch-ernste Züge verleiht (wie man sie ähnlich auch in anderen Stücken dieses Autors findet, etwa der *Perikeiromene – Die Geschorene* oder der *Samia*). Dieses Umbiegen vertrauter und vom Publikum erwarteter dramatischer Stereotypen zeigt sich noch an einem dritten Punkt in aller Deutlichkeit: in der Charakterisierung des Sklaven. Daos ist ein Sklave aus Phrygien, und die Phryger galten allgemein als besonders verdorben, hinterhältig und nichtsnutzig; bei Menander zeichnet sich aber gerade dieser Phryger durch besonders treue Anhänglichkeit, durch exemplarische Einsicht in den Lauf der Welt *(»Man muß als Mensch nach besten Kräften zu ertragen suchen, was eingetroffen ist«*, V. 165 f.), durch Vernunft und klugen Witz aus – als Initiator der Intrige kommt ihm dramaturgisch sogar die wichtigste Rolle im Ablauf des Geschehens zu –: Neben Chairestratos ist er der Hauptvertreter des typisch Menandrischen Appells zur »Humanität« – Zeugnis für einen eminent sozialkritischen Impetus, der uns in dieser Form bei Menander bisher nicht bekannt war.

All das scheint darauf hinzudeuten, daß die *Aspis* in ihrer ganzen Anlage schon ein gutes Stück über den *Dyskolos* hinausgewachsen ist. In anderer Hinsicht wiederum ist sie jenem Frühwerk des Dichters doch noch sehr verwandt: so vor allem in dem breiten Ausspielen von Chargenrollen, die weder zum Handlungsablauf noch zum intendierten Gehalt des Stückes etwas beitragen, sondern allein komischer Effekte wegen da sind, etwa der Koch und der Kellner, die zu Beginn schimpfend das abgesagte Fest verlassen und sich am Ende zu der Doppelhochzeit wieder einfinden; auch der falsche Arzt gehört zu diesen requisitenhaften traditionellen Komödienfiguren. Aus diesen Anhaltspunkten wird man schließen dürfen – sichere Indizien sind nicht überliefert –, daß die *Aspis* doch wohl noch in dieselbe frühe Schaffensperiode Menanders gehört wie der *Dyskolos* und die *Samierin*.

E. Sch.

AUSGABEN: Florenz 1913 (in *Papiri Greci e Latini*, Bd. 2, Nr. 126, Hg. G. Vitelli; Pubblicazioni della società italiana per la ricerca dei papiri greci e latini in Egitto). – Leiden ³1919 (*Epiclerus (?)*, in *Fabularum reliquiae*, Hg. J. van Leeuwen). – Bln. 1929 (*Fragmenta Florentina*, in *Reliquiae*, Hg. Ch. Jensen). – Lpzg. 1957 (*Comoedia Florentina*, in *Menandri quae supersunt*, Hg. A. Koerte u. A. Thierfelder, Bd. 1). – Cologny/Genf 1969 (*Papyrus Bodmer XXVI. Ménandre: Le bouclier*, Hg. R. Kasser u. C. Austin). – Bln. 1969/70 (*Aspis et Samia*, Hg. C. Austin, 2 Bde., m. Komm.).

ÜBERSETZUNG: *Der Schild oder Die Erbtochter*, K. Gaiser, Zürich 1971 [m. Einl. u. Bibliogr.; erg.].

LITERATUR: K. Gaiser, *Menander u. der Peripatos* (in Antike und Abendland, 13, 1967, S. 8–40). – F. Stoessl, *Die neuen Menanderpublikationen der Bibliotheca Bodmeriana in Genf* (in RhMus 112, 1969, S. 193–229). – W. G. Arnott, *Young Lovers and Confidence Tricksters: The Rebirth of Menander* (in The University of Leeds Review, 13, 1970, S. 1–18). – E. Karabelias, *Une nouvelle source pour l'étude du droit classique: Le »Bouclier« de Ménandre* (in Revue Historique de Droit Français et Étranger, 48, 1970, S. 357–389). – Lesky, ³1971, S. 736–738.

DYSKOLOS (griech.; *Der Griesgram*). Komödie des MENANDROS (um 342–292 v. Chr.), entstanden 317/16, knapp fünf Jahre nach dem Debüt des Dichters. – Das erst vor einigen Jahren wieder bekannt gewordene Stück gehört neben den *Epitrepontes (Das Schiedsgericht)* zu den wenigen Werken Menanders, die relativ unversehrt erhalten geblieben sind: nur etwa zwanzig Verse fehlen in dem 1958 veröffentlichten Text des *Papyrus Bodmer*.

Man kann den *Dyskolos* eine »Charakterkomödie« nennen, sofern man den Begriff im Sinn jener Verhaltenstypik auffaßt, die auch ein Werk wie THEOPHRASTS *Charaktēres* kennzeichnet. Im Mittelpunkt steht ein zu seiner eigenen und seiner Mitmenschen Qual mit besonders unangenehmen Wesenszügen behafteter Mensch: der mürrische Misanthrop Knemon, ein alter Bauer aus dem attischen Dorf Phyle. Seinen Charakter darzustellen und zu zeigen, wie er »geheilt«, wieder auf das menschliche Maß zurückgeführt und damit am Ende auch wieder in die ihm aus eigenem Verschulden verschlossene Gemeinschaft seiner Umwelt aufgenommen wird, ist das Ziel der Komödie: Verworrenes zu erklären, Verfahrenes in die rechte Bahn zurücklenken, ein gestörtes Verhältnis wieder ins Lot zu bringen als Grundthema der Menanderschen *humanitas* und Signum aller Menander-Stücke (vgl. *Perikeiromenē*, *Samia*, *Hērōs*, *Geōrgos*, *Phasma*, *Epitrepontes*). Während sonst freilich die heillose Verwirrung meist aus einer schlimmen Situation resultiert, der die Betroffenen leidend ausgesetzt sind, liegt hier die Ursache aller Unstimmigkeiten im Charakter des Knemon (eben darin zeigt sich die Nähe zu Theophrast), wie gleich zu Beginn aus dem Prolog des Gottes Pan deutlich hervorgeht: »*Zu meiner Rechten wohnt | der Bauer Knemon. Ist ein Mensch, und auch | kein Mensch, ein hartgesottner Menschenfeind, | Verächter jeglicher Geselligkeit – | sagt' ich Geselligkeit? Kein freundlich Wort, | ja keinen Gruß hat dieses Ungetüm | noch je erübrigt für die Nachbarschaft. | Mit knapper Not, daß er an mich, den Gott, | an Pan, so im Vorübergehn gedenkt – | obgleich es ihn gereut; das weiß ich wohl. | ... Der Alte lebt allein, | mit seiner Dirn | und einer alten Magd, schleppt Holz, bestellt | mit Müh den Acker. Haßt die ganze Welt, | so weit sie reicht von hier bis Cholargos.*« (Ü: Vicenzi)

Die Konzentration auf den einen Charakter hat zur Folge, daß die Handlung des *Dyskolos* – verglichen mit den fast überreichen Verwicklungen in manchen anderen Komödien Menanders – recht einfach und geradlinig verläuft. Sostratos, ein verwöhnter, doch sympathischer junger Städter aus reichem Hause, hat sich in Myrrhine, die Tochter und einzige Gefährtin des alten Griesgrams Knemon verliebt. Seine Versuche, mit dem Vater direkt oder über einen Diener ins Gespräch zu kommen, scheitern kläglich an der widerborstigen Unzugänglichkeit des Alten. Als er Knemons Stiefsohn Gorgias zum Bundesgenossen gewinnt, scheint sich ein Ausweg zu zeigen: Gorgias will seinem Vater behutsam den Gedanken einer Heirat des Mädchens nahebringen, Sostratos aber soll sich als Bauer verkleiden und bei der Feldarbeit das Vertrauen Knemons zu gewinnen suchen. Doch vergeblich schindet sich Sostratos einen Tag lang auf dem Acker: Knemon sieht sich ausgerechnet an diesem Tag genötigt, sein Haus gegen »Strolche« – es ist das Gefolge von Sostratos' Mutter, die in der nahe gelegenen Pan- und Nymphengrotte ein Opferfest abhalten will – zu verteidigen. Schließlich bringt ein Unglücksfall die Wendung: Knemon stürzt in einen Brunnen und wird von Gorgias mit Hilfe des Sostratos gerettet. Jetzt, da er sich, geschunden und geplagt, auf andere angewiesen sieht und – etwas hypochondrisch – sein Ende nahen glaubt, kommt er zur Einsicht in sein eigenes verschrobenes Wesen (ohne deshalb freilich den »Charakter« des Eigensinnigen und Menschenscheuen zu verlieren): er zieht sich auf sein Altenteil zurück, überträgt dem Stiefsohn die Bewirtschaftung seines Besitzes und gibt sein Einverständnis zur Heirat Myrrhines mit Sostratos. Und da Gorgias zu guter Letzt noch des Sostratos Schwester zur Frau gewinnt, kommt es sogar zu einer Doppelhochzeit. Den Schluß bildet eine übermütig-burleske Tanzszene: der Sklave Getas und der Koch Sikon treiben den arg ramponierten Knemon unter mancherlei derben Scherzen zum allgemeinen Opferfest in die Grotte.

Der Bühnenaufbau des *Dyskolos* ist traditionell: links das Haus Knemons, rechts das Haus des Gorgias und seiner Mutter, in der Mitte das Nymphenheiligtum. Die Einteilung in fünf Akte ergibt sich aus den Auftritten. Daß der *Dyskolos* ein frühes Stück des Dichters ist, läßt sich an manchem ablesen: das Geschehen ist noch nicht mit solch vollendeter Ökonomie durchgebildet wie in späteren Werken (das Motiv der Heirat des Gorgias mit der Sostratos-Schwester kommt im fünften Akt, nach der Lösung des Knemon-Sostratos-Konflikts, recht überraschend und unmotiviert); mit Ausnahme der Titelhelden erhält keine Gestalt des Stückes eine ausgeprägte Individualität, auch Sostratos nicht, sie bleiben »Chargen«, Figuren mit Funktionscharakter; den als Randfiguren eingesetzten reinen Komödientypen, wie Parasit, Sklave, Koch, wird noch ungewöhnlich breiter Raum gewährt, und entsprechend drängen sich rein komödiantische Züge, die Freude am – von der Handlung losgelöster – spaßigen Spiel an sich, stark in den Vordergrund. Auch die Darstellung der sozialen Verhältnisse und Mißverhältnisse (Arm gegen Reich, Stadt gegen Land) – ein Bereich, in dem Menander ohnehin nie die Eindringlichkeit des ARISTOPHANES erreichte (vgl. z. B. die *Acharner*) – erscheint noch etwas gewollt, fast wie aufgepfropft. Doch trotz aller Einwände: der *Dyskolos* ist ein frisches, lebendig und zügig durchgespieltes Stück, in Tenor und Anlage schon ganz menandrisch, voll attisch-urbaner *charis* – nicht umsonst hat das Werk seinem Autor beim Festagon einen Sieg eingetragen.

E. Sch.

AUSGABEN: Genf 1958 (*Le Dyscolos*, Hg. V. Martin; m. Einl., dt., engl. u. frz. Übers. u. Faks.; Papyrus Bodmer, 4; ersch. März 1959). – Neapel 1959 (*Dyscolos*, Hg. C. Gallavotti; m. ital. Übers.). – Göttingen 1960, Hg. H. J. Mette [m. Wortindex; ²1961]. – Leiden 1960 (*Dyscolos*, Hg. J. Bingen). – Leiden 1960, Hg. B. A. van Groningen [m. Einl. u. Komm.]. – Wien 1960, Hg. W. Kraus [m. Einl. u. Komm.; SWAW, phil.-hist. Kl., 234/4). – Oxford 1960 (*Dyscolus*, Hg. H. Lloyd-Jones; m. Wortindex). – Paris 1961 (*L'atrabilaire*, Hg. F. Martin; m. Komm. u. Bibliogr.). – Paris 1963 (*Le Dyscolos*, Hg. J.-M. Jacques; m. Einl. u. frz. Übers.). – Bln. 1965 (*M.s Dyskolos als Zeugnis seiner Epoche*, Hg. F. Zucker; Dt. Akademie d. Wissenschaften Bln., Schriften der Sektion f. Altertumswiss., 50).

ÜBERSETZUNGEN: *Der Menschenfeind*, W. Kraus, Zürich 1960 [griech.-dt.]. – *Dyskolos*, M. Treu, Mchn. 1960 [griech.-dt.]. – *Das Rauhbein*, R. Schottlaender, Bln. 1961 (Lebendiges Altertum, 6). – *Der Menschenfeind*, B. Wyss, Ffm. 1961 (IB, 740). – Dass., O. Vicenzi, Ffm./Hbg. 1963 (EC, 72).

LITERATUR: W. Schmid, *M.s »Dyskolos« und die Timonlegende* (in RhMus, 102, 1959, S. 157

bis 182; 263–266). – F. Zucker, *Ein neugefundenes griechisches Drama*, Bln. 1960 (Sb. d. Dt. Ak. d. Wiss. Bln., Kl. f. Sprache, Lit. u. Kunst, 1960, 5). – A. Theuerkauf, *M.s »Dyskolos« als Bühnenspiel und Dichtung*, Diss. Göttingen 1961. – O. Vicenzi, *Der »Dyskolos« des M.* (in Gymn, 69, 1962, S. 406–426). – C. Corbato, *Il »Dyskolos« di M.* (in Dioniso, 37, 1963, S. 157–221; m. Bibliogr.). – W. Görler, *Knemon* (in Herm, 91, 1963, S. 268–287).

EPITREPONTES (griech.; *Das Schiedsgericht*). Komödie des MENANDROS (um 342–292 v. Chr.), vermutlich aus den letzten Lebensjahren des Dichters. – Der vor rund sechzig Jahren von G. LEFÈBVRE entdeckte Kairener Papyrus hat uns – zusammen mit einigen kleineren Fragmenten anderer Herkunft – etwa zwei Drittel des Stücks teils mehr, teils minder unversehrt bewahrt, so daß die *Epitrepontes* nächst dem vor kurzem wiedergefundenen *Dyskolos* das besterhaltene Werk der Neuen attischen Komödie darstellen. Verloren ist vor allem der größere Teil des ersten »Aktes«, der nach der Domestikenexposition vermutlich einen Götterprolog brachte (wohl von Tyche, dem Schicksal, oder Peitho, der Überredung, gesprochen); ebenso fehlt der Schluß; auch der dritte und vierte »Akt« sind an verschiedenen Stellen recht verstümmelt und lückenhaft.

Trotzdem wird der verschlungene – und doch ganz natürlich wirkende – Handlungsaufbau auch in den Einzelheiten noch verhältnismäßig gut deutlich. Ein junger Athener namens Charisios, der kurz nach seiner Hochzeit eine Reise angetreten hat, erfährt nach der Rückkehr durch seinen Sklaven Onesimos, seine Frau Pamphile habe inzwischen heimlich ein Kind zur Welt gebracht und aussetzen lassen. Grollend zieht sich Charisios daraufhin in das Haus seines Freundes Chairestratos zurück, wo er – so läßt er wenigstens nach außen verlauten – mit der Hetäre und Harfenspielerin Habrotonon rauschende Feste feiert. Wutentbrannt zieht Smikrines, der Vater Pamphiles, aus, um seine Tochter – und vor allem ihre stattliche Mitgift – den Händen eines solchen treulosen Wüstlings zu entreißen. Unterwegs wird er von zwei Männern, dem Hirten Daos und dem Köhler Syriskos, angehalten: Daos hat ein im Wald entdecktes Findelkind dem Syriskos zur Pflege überlassen, ohne ihm indes die dem ausgesetzten Kind mitgegebenen Erkennungszeichen auszuhändigen; der zufällig daherkommende Fremde soll in ihrem Streit um die Erkennungszeichen Schiedsrichter sein. Smikrines stimmt für Syriskos – und bereitet damit ungewollt schon den glücklichen Ausgang der verfahrenen Lage vor: denn als Syriskos gerade eine Bestandsaufnahme seiner neuerworbenen Schätze macht, kommt Onesimos hinzu und identifiziert eins der Erkennungszeichen als einen Ring seines Herrn. Onesimos weiß, daß Charisios den Ring vergangenes Jahr verloren hat, als er im Festestaumel bei den Tauropolien ein Mädchen vergewaltigte – kein Zweifel, der Findling ist Charisios' Kind. Die volle Wahrheit aber bringt erst Habrotonon an den Tag: sie war bei jenem Fest als Musikantin zugegen und wurde Zeugin der Vergewaltigung. Bei der Begegnung mit Pamphile erkennt sie in dieser das unglückliche Opfer jener nächtlichen Szene wieder. Bis sich vollends alles zum besten gewendet hat, vergeht zwar noch einige Zeit – eine wohlgemeinte Intrige Habrotonons bringt Smikrines zu dem Glauben, die Hetäre sei die Mutter des gefundenen Enkelkindes –, doch schließlich gibt es für alle ein Happy-End: das liebende Paar ist eine glückliche Familie geworden, der Schwiegervater ist versöhnt, Habrotonon erlangt die Freiheit und ebenso Onesimos, der es eigentlich gar nicht verdient hätte.

Das Ganze ist sehr bedacht und kunstvoll inszeniert, jeder Abschnitt – heute spricht man von »Akten« – hat sein eigenes Gewicht: Höhepunkt der Verwicklungen im dritten, Sichwiederfinden der Gatten im vierten, Beseitigung der letzten Trübungen im fünften Abschnitt. Daß dabei viel Unwahrscheinliches ins Spiel kommt – so viele zufälligglückliche Begegnungen kann es einfach nicht geben –, stört den Dichter nicht: das märchenhafte Glück gehört eben auch zum Wesen der Gattung, deren oberste Gottheit Tyche heißt.

Das Eigentümliche an Menanders Stück ist jedoch, daß diese verblüffende Fülle von Zufällen in keiner Weise den Eindruck einer durchaus realistischen Natürlichkeit der Handlung und der Figuren beeinträchtigt. Der Grund dafür liegt in der hohen Kunst, mit der es Menander in diesem Spätwerk versteht, jede der Personen im Laufe des Spiels als eine ganz eigene Individualität vorzuführen (wie anders dagegen die Typenhaftigkeit in dem frühen *Dyskolos*: der besorgte und polternde, ein wenig geizige Smikrines, der selbstsüchtige Hirte Daos, der einfache, aber rechtlich gesinnte Köhler Syriskos, der ob seines Geschicks wie seines Verhaltens todunglückliche, jedes Racheaktes an der geliebten Ehefrau eigentlich zutiefst unfähige Charisios, Pamphile, mit liebendem Verständnis ihrem Mann die Treue bewahrend (als unschuldig Leidende eine für Menander geradezu typische Gestalt), und schließlich Habrotonon, ein Mädchen aus dem Stand der Unfreien und doch voll Anmut und Edelsinn, auch dort, wo sie zugibt, aus Berechnung und um des eigenen Vorteils willen zu handeln, von rührend-selbstloser Offenheit. Nichts vermag wohl die Eigenart der Menanderschen Menschengestaltung, seiner vielgerühmten »Humanitas«, eindringlicher zu veranschaulichen als diese Diskrepanz zwischen sozialer Stellung und persönlicher Würde der Harfenmädchens. Und doch darf man dabei nicht übersehen, daß für den Dichter nicht etwa der Gegensatz von Reich und Arm, von Sklaven und Bürgern, von Landvolk und Städtern im Mittelpunkt steht – die soziologischen Gegebenheiten werden von ihm als solche hingenommen –, auch nicht etwa eine thesenhafte Demonstration von »arm, aber gut« (der Köhler), »reich, aber verdorben« (Charisios) – der Hirte Daos, Pamphile und auch der zur Einsicht gelangende Charisios sind unwiderleglich Gegenbeispiele. Was Menander darstellen will, ist vielmehr immer wieder das Verhalten des einzelnen im Augenblick der ihn treffenden Schicksalsfügung, sein Verhältnis zu seinen Mitmenschen. *»Wie liebenswürdig ist der Mensch, wenn er ein Mensch ist«* – kaum in einem anderen Stück bewahrheitet sich dieser vielzitierte Satz des Dichters (Frgm. 484, Körte) so überzeugend wie in den *Epitrepontes*.
E. Sch.

AUSGABEN: Kairo 1907 (*Fragments d'un manuscrit de Ménandre*, Hg. G. Lefèbvre). – Leiden ³1919 (in *Fabularum reliquiae*, Hg. J. van Leeuwen). – Bln. 1925 (*Das Schiedsgericht*, Hg. U. v. Wilamowitz-Moellendorff; m. Einl., Komm. u. Übers.; Nachdr. Bln. 1958). – Bln. 1929 (in *Menandri reliquiae in papyris et membranis servatae*, Hg. C. Jensen; m. Bibliogr.). – Ldn./Cambridge (Mass.) ²1930 (in

The Principal Fragments, Hg. F. G. Allinson; m. engl. Übers.; Loeb; Nachdr. 1951). – Lpzg. ⁴1957 (in *Menandri quae supersunt*, Hg. A. Körte u. A. Thierfelder, Bd. 1).

ÜBERSETZUNGEN: *Der Schiedsspruch*, C. Robert (in *Szenen aus M.s Komödien*, Bln. 1908). – *Das Schiedsgericht*, A. Körte u. F. v. Oppeln-Bronikowski, Lpzg. 1920 [erg.]. – Dass., Ch. Birnbaum, Bln. 1944 [erg. u. bearb.]. – Dass., A. Körte, Lpzg. 1947 (erg.; RUB, 8676; Nachdr. Stg. 1962). – *Die Prozessierenden*, G. Goldschmidt (in *Die Komödien u. Fragmente*, Zürich 1949). – *Das Schiedsgericht*, W. Schadewaldt, Ffm./Hbg. 1953 (EC, 72; ern. in. W. S., *Griechisches Theater*, Ffm. 1964; m. Erg. nach anderen Komiker-Frgm.).

LITERATUR: A. Körte, Art. *M.(9)* (in RE, 15/1, 1931, Sp. 737–743). – Ders., *Die Menschen M.s*, Lpzg. 1937, S. 23–27 (Ber. d. Verh. d. Sächs. Ak. d. Wiss. Lpzg., phil.-hist. Kl., 89, 1937, H. 3). – G. Méautis, *Le crépuscule d'Athènes et Ménandre*, Paris 1954, S. 178–224. – T. B. L. Webster, *Studies in M.*, Manchester ²1960, S. 34–40. – N. Majnarić, *Die »Epitrepontes« des M.* (in Das Altertum, 6, 1960, S. 39–52). – T. Williams, *M.s »Epitrepontes« im Spiegel der griech. Eheverträge aus Ägypten* (in WSt, 74, 1961, S. 43–58).

GEŌRGOS (griech.; *Der Landmann*). Komödie des MENANDROS (um 342–292 v. Chr.). – Das Werk gehört zu den wenigen Stücken des Dichters, die durch neuere Papyrusfunde wenigstens in Teilen und Umrissen wieder greifbar geworden sind. Was wir vom *Landmann* noch besitzen – etwa 100 leidlich und rund 70 schlecht erhaltene Verse vom Ende des ersten und Beginn des zweiten Aktes –, lehrt uns, daß das im gewohnten Kleinbürgermilieu der Neuen Komödie spielende Stück auffallende Parallelitäten zum *Hērōs* aufwies. Beide Male wird die eine »Partei« von einer älteren, in ärmlichen Verhältnissen lebenden Frau namens Myrrhine und ihren beiden erwachsenen Kindern (der Sohn heißt Gorgias) vertreten, die andere durch einen vornehmen jungen Mann aus dem Nachbarhaus, der ein Verhältnis mit der Tochter Myrrhines hat, jetzt aber von seinem Vater mit einem anderen Mädchen verheiratet werden soll. Beide Male wird der Konflikt dadurch kompliziert – und zugleich am Ende gelöst –, daß für das von dem jungen Mann geschwängerte Mädchen ein neuer Bewerber auftritt: im *Hērōs* der Sklave Daos, im *Geōrgos* der wohlhabende Landmann Kleainetos, bei dem Gorgias arbeitet und dessen Zuneigung er sich durch aufopfernde Dienste erworben hat. Was die beiden Stücke ferner verbunden haben dürfte, ist der Kontrast zwischen dem wackeren, tatkräftigen Bruder und dem urban-leichtlebigen, dabei (wie der erhaltene Monolog sehr schön darstellt) etwas verweichlichten und unentschlossenen Verführer des Mädchens. Der entscheidende Unterschied lag (nach Körte) offenbar im Charakter der Myrrhine: dort ist sie eine gewissenlose, aus Selbstsucht furchtsam zaudernde Mutter, die sich erst im letzten Augenblick auf ihre Kinder besinnt, hier die von den Ereignissen Hinundhergeworfene, um das Wohl und Glück ihrer Kinder ängstlich Besorgte, die, wie die Dialogreste eindrucksvoll zeigen, von jeder Nachricht in neue Unruhe gestürzt wird und dem, was geschieht, geradezu leidend ausgesetzt ist. Selbstverständlich geht am Schluß alles zur allseitigen Zufriedenheit aus. Der gütige und praktisch denkende Landwirt Kleainetos bringt vermutlich die Dinge ins Lot: er selbst, so stellte sich wohl heraus, ist der Vater der beiden Geschwister, der einst in jugendlicher Torheit Myrrhine verführt und verlassen hat und der jetzt, aus besserer Einsicht, seine Tochter (sie hat im Verlauf des Stückes ihr Kind zur Welt gebracht) ihrem Liebhaber zur Frau gibt. Daß das Ganze von einer Doppelhochzeit der Eltern und der Kinder beschlossen wurde, ist naheliegend. Freilich: die heitere und glückliche Auflösung der Verwicklungen kann auch hier, wie in den anderen Werken Menanders, nicht darüber hinwegtäuschen, daß diese Komödie keineswegs ein lustiges oder gar fröhlich-burleskes Stück gewesen ist: in dem Ausschnitt aus dem Alltagsleben und Alltagsempfinden überwiegt einmal mehr der Ernst, und dieser Ernst wird – beim Zuschauer – nur gemildert durch den Gedanken an den glücklichen Ausgang. E. Sch.

AUSGABEN: Genf 1898 (*Le laboureur de Ménandre*, Hg. J. Nicole; m. Komm. u. frz. Übers.). – Oxford 1898, Hg. B. P. Grenfell u. A. S. Hunt [m. Komm. u. engl. Übers.]. – Leiden ³1919 (in *Fabularum reliquiae*, Hg. J. van Leeuwen). – Bln. 1929 (in *Menandri reliquiae in papyris et membranis servatae*, Hg. C. Jensen; m. Bibliogr.). – Ldn./Cambridge (Mass.) ²1930 (in *The Principal Fragments*, Hg. F. G. Allinson; m. engl. Übers.; Loeb; Nachdr. 1951). – Lpzg. ⁴1957 (in *Menandri quae supersunt*, Hg. A. Körte u. A. Thierfelder, Bd. 1). – Leiden 1961 (in *The Fragments of Attic Comedy*, Hg. J. M. Edmonds, Bd. 3 B; m. engl. Übers.).

ÜBERSETZUNGEN: *Der Landmann*, U. v. Wilamowitz-Moellendorff (in U. v. W.-M., *Die Reste des Landmannes von Menandros*, als Ms. gedr. Bln. 1899). – *Der Landmann*, G. Goldschmidt (in *Die Komödien u. Fragmente*, Zürich 1949).

LITERATUR: K. Dziatzko, *Der Inhalt des Georgos von M.* (in RhMus, 54, 1899, S. 497–525; 55, 1900, S. 104–111). – A. Körte, *Die hellenistische Dichtung*, Lpzg. 1925, S. 32 ff. – Ders., Art. *M. (9)* (in RE, 15/1, 1931, Sp. 729). – T. B. L. Webster, *Studies in M.*, Manchester ²1960, S. 47–50.

HĒRŌS (griech.; *Der Hērōs*). Ein vermutlich frühes Stück des Komikers MENANDROS (um 342–292 v. Chr.), genauer kenntlich durch den berühmten, vor rund sechzig Jahren gefundenen Kairener Papyrus, der uns auch große Reste der *Epitrepontes* und der *Perikeiromenē* wiedergeschenkt hat. – Sieht man von einem recht verstümmelten Dialogstück aus dem vierten »Akt« ab, so ist im wesentlichen nur das erste Blatt des Werkes übriggeblieben. Aber es enthält doch genügend, um uns in die Handlung wenigstens im groben einzuweihen; neben einem einleitenden, überraschend dezent und fein dargebotenen Gespräch zwischen zwei Sklaven, Daos und Getas, besitzen wir das Personenverzeichnis und eine alexandrinische *hypothesis* (Inhaltsangabe): »*Ein Mädchen* [Plangon] *und ein Knäblein* [Gorgias] *ward geboren einst / von einer Jungfrau* [Myrrhine], *und sie gab das Zwillingspaar / in eines Vormunds* [Tibeios] *Hände, daß er sie erziehn sollt'. / Dann später ging mit dem Verführer* [Laches] *sie die Ehe ein. / Der Vormund übergab die Kinder als ein Pfand / dem Ehemann: daß dieser der Mutter Gatte war, / blieb ihm verborgen – nun geschah's, der Sklave* [Daos] *ward / in heiße Liebe zu dem Mädchen* [Plangon] *da verstrickt, / weil er*

für eine Mitsklavin sie hielt – zuvor / jedoch war ihr durch einen Nachbarn [Pheidias] erst Gewalt / geschehn! Der Sklave war bereit, die Schuld auf sich / zu nehmen; doch die Mutter, die nicht ahnte, daß / ihr Kind das Mädchen war, verwarf des Sklaven Plan. / Als nun die Dinge kamen an das Tageslicht, / erkannte seine Kinder gleich der Vater an – / der Vergewaltiger [Pheidias] erhielt des Mädchens Hand.« (Ü: Goldschmidt)
Interessant an dieser Komödie ist vor allem die dramatische Inszenierung: Der in die Vorgeschichte und die Situation einführende Prolog des Heros, von dem der Titel sich herleitet, dessen Funktionen im Stück aber dunkel bleiben, ist nicht an den Anfang gestellt, sondern tritt – wie ähnlich wohl in den *Epitrepontes* – hinter den einleitenden Sklaven-Dialog. So wird der Zuschauer gleich zu Beginn durch Aktion unmittelbar auf den Ton des Stückes eingestimmt. Wie der Tenor dieser Exposition andeutet, scheint Menander auch in diesem Werk ein gut Teil der Wirkung durch Charakterkontraste erzielt zu haben (T. B. L. Webster), indem er, auf verschiedenen sozialen und dramatischen Ebenen, jeweils einem edleren Charakter den gröberen gegenüberstellte: Myrrhine und ihr Partner Laches, in der jüngeren Generation Bruder und Liebhaber (Gorgias und Pheidias), bei den Dienern Getas und Daos. E. Sch.

AUSGABEN: Kairo 1907 (in *Fragments d'un manuscrit de Ménandre*, Hg. G. Lefèbvre). – Leiden ³1919 (in *Fabularum reliquiae*, Hg. J. van Leeuwen). – Bln. 1929 (in *Menandri reliquiae in papyris et membranis servatae*, Hg. C. Jensen; m. Bibliogr.). – Ldn./Cambridge (Mass.) ²1930 (in *The Principal Fragments*, Hg. F. G. Allinson; m. engl. Übers.; Loeb; Nachdr. 1951). – Lpzg. ⁴1957 (in *Menandri quae supersunt*, Hg. A. Körte u. A. Thierfelder, Bd. 1). – Leiden 1961 (in *The Fragments of Attic Comedy*, Hg. J. M. Edmonds, Bd. 3 B; m. engl. Übers.).

ÜBERSETZUNGEN: *Heros*, C. Robert (in C. R., *Szenen aus Menanders Komödien*, Bln. 1908). – *Heros*, G. Goldschmidt (in *Die Komödien u. Fragmente*, Zürich 1949).

LITERATUR: U. v. Wilamowitz-Moellendorff, *Der Menander v. Kairo* (in NJb, 21, 1908, S. 34–62; ern. in U. v. W.-M., *Kleine Schriften*, Bd. 1, Bln. 1935, S. 249–270). – A. Körte, Art. *M. (9)* (in RE, 15/1, 1931, Sp. 723f.). – T. B. L. Webster, *Studies in Menander*, Manchester ²1960, S. 26–34.

KOLAX (griech.; *Der Schmeichler*). Komödie des MENANDROS (um 342–292 v. Chr.), Abfassungszeit unbekannt. – Das Stück ist für uns so gut wie verloren, was man um so schmerzlicher empfindet, als seine ursprüngliche Gestalt fast greifbar nahe zu sein scheint: denn TERENZ bekennt im Prolog zu seinem *Eunuchus*, daß er die Figuren des Parasiten und des ruhmredigen Soldaten dem *Schmeichler* Menanders entnommen habe (während das Geschehen selbst dem von Menanders *Eunuchos* entspricht). Da es sich bei dem griechischen Original in beiden Fällen um eine typische Eifersuchtskomödie gehandelt hat – auch die Personen entstammten offenbar der Schar der traditionellen Typen, wie schon die sprechenden Namen andeuten –, liegt die Vermutung nahe, man brauche nur das von Terenz Kompilierte zu scheiden und durch die verhältnismäßig umfangreichen Papyri (rund 120 Verse zu unserem Stück) zu ergänzen, um den originalen Aufbau wiederzugewinnen.
Leider trügt diese Erwartung; wir können gerade noch das Handlungsgerippe fassen, aber das ist kaum mehr als ein Thema ohne Durchführung. Zwei Rivalen streiten um die Gunst eines Mädchens, das ein Kuppler in seiner Gewalt hat: Pheidias, jugendlicher Liebhaber, von seinem Vater finanziell ziemlich kurz gehalten, und der neureiche *miles gloriosus* Bias (bei Terenz: Thraso). An jeden von ihnen hat sich ein schmeichlerischer Parasit gehängt, Gnathon an Pheidias, Struthias (bei Terenz: Gnatho) an Bias. Durch eine List des Gnathon – er schlüpft, wie es scheint, in die Rolle des Struthias – gelingt es, das umstrittene Mädchen, das der Kuppler nach manchen Bedenken (sein Monolog ist erhalten) dem Kriegshelden zugedacht hat, in das Haus des Pheidias zu bringen. Dramatische Zuspitzung brachte dann, wie es scheint, eine förmliche Belagerung dieses Hauses durch den erfahrenen Militär Bias. Wie das Stück endet, wer der Geprellte, wer der glückliche Gewinner war, bleibt im dunkel. Ebensowenig wird deutlich, ob die Szenerie – als allgemeiner zeitlicher Hintergrund fungiert ein Fest der Aphrodite Pandemos – mehr als kulissenhafte Bedeutung hatte. E. Sch.

AUSGABEN: Leiden ³1919 (in *Fabularum reliquiae*, Hg. J. v. Leeuwen). – Bln. 1929 (in *Menandri reliquiae in papyris et membranis servatae*, Hg. Ch. Jensen; m. Bibliogr.). – Ldn./Cambridge (Mass.) ²1930 (in *The Principal Fragments*, Hg. F. G. Allinson; m. engl. Übers.; Loeb; Nachdr. 1951). – Lpzg. ⁴1957 (in *Menandri quae supersunt*, Hg. A. Körte u. A. Thierfelder, Bd. 1). – Leiden 1961 (in *The Fragments of Attic Comedy*, Hg. J. M. Edmonds, Bd. 3 B; m. engl. Übers.). – Mailand o. J. [1966] (*Le commedie*, Hg. D. del Corno, Bd. 1; m. Komm. u. ital. Übers.).

ÜBERSETZUNG: *Der Schmeichler*, G. Goldschmidt (in *Die Komödien u. Fragmente*, Zürich 1949).

LITERATUR: S. Eitrem, *Observations on the »Colax« of Menander and the »Eunuch« of Terence* (in Videnskabs-Selskabets Skrifter, 2, Hist.-Filos. Kl., 7, Kristiania 1906). – W. E. J. Kuiper, *De Menandri »Adulatore«* (in Mnemosyne, 2/59, 1932, S. 165 bis 183). – A. Körte, Art. *M. (9)* (in RE, 15/1, 1931, Sp. 730f.). – T. B. L. Webster, *Studies in Menander*, Manchester ²1960, S. 67–76.

PERIKEIROMENE (griech.; *Die Geschorene*). Komödie des MENANDROS (um 342–292 v. Chr.), entstanden wahrscheinlich 313 oder 312 v. Chr. – Der Anfang des Jahrhunderts von Gustave LEFÈBVRE entdeckte »Kairener Papyrus« sowie drei andere Papyrusfunde haben uns von diesem relativ frühen Stück des Dichters im ganzen 448 Verse erhalten, was etwa – legt man die *Dyskolos (Der Griesgram)* als Normalmaß zugrunde – knapp die Hälfte des ursprünglichen Umfangs sein dürfte. Handlungsverlauf, Szenenführung und Personengestaltung sind aus den überlieferten Fragmenten noch in ziemlich klaren Umrissen ersichtlich.
Über die Vorgeschichte der Bühnenereignisse werden die Zuschauer, wie in manchem anderen Menander-Stück, durch einen Götterprolog informiert, den sinnigerweise Agnoia, die personifizierte Unwissenheit, vorträgt: Eine arme Frau hat vor Jahren ein ausgesetztes Zwillingspaar gefunden, einen Jungen und ein Mädchen; während sie das Mädchen – Glykera – selbst großzog und später

einem hohen Offizier – Polemon – als Geliebte überließ, übergab sie den Knaben – Moschion – der reichen, kinderlosen Myrrhine, in deren Haus er inzwischen zu einem etwas stutzerhaften, verwöhnten jungen Mann herangewachsen ist. Polemons und Myrrhines Haus liegen nebeneinander, und so kommt es, daß Moschion und Glykera sich eines Abends auf der Straße begegnen und Moschion, in plötzlich aufwallender Verliebtheit, die ihm unbekannte Schöne umarmt und küßt: Myrrhine läßt es geschehen, denn sie ist von ihrer Ziehmutter vor deren Tod in das Geheimnis ihrer Herkunft eingeweiht worden, hat aber geschworen, nie etwas davon verlauten zu lassen, um den Bruder durch diese wenig vorteilhafte Enthüllung nicht aus seinem sorglosen Leben zu reißen. Unglücklicherweise wird Polemon Zeuge der Umarmung: Im Glauben, von der Geliebten betrogen worden zu sein, schneidet er ihr – als öffentliches Zeichen der Schande – voll Zorn das Haar ab und zieht sich grollend auf sein Landgut zurück. (Diese Auseinandersetzung vollzog sich – dramaturgisch sehr geschickt – in einer heute verlorenen Eingangsszene, durch die der Dichter noch vor dem informierenden Prolog im Zuschauer ein Höchstmaß an dramatischer Spannung weckte.) Die scheinbar heillose Situation wird dadurch noch komplizierter, daß Glykera in ihrer Verzweiflung bei der Nachbarin Myrrhine Schutz und Zuflucht sucht, was einerseits Moschion in seinen kühnen Träumen beflügelt, andererseits Polemon zur Aussendung eines »Belagerungstrupps« unter Anführung seines Freundes Sosias treibt, der das Mädchen mit Gewalt aus dem Haus des Nebenbuhlers zurückholen soll. Am Ende kommt natürlich alles ins rechte Gleis, nicht zuletzt dank der Hilfe des reichen Pataikos, der als Freund des Polemon zu vermitteln sucht und dabei schließlich feststellen darf, daß er selbst der Vater der Geschwister ist, die er einst nach einem totalen Verlust des Vermögens hat aussetzen lassen. Polemon, der sein Unrecht einsieht, erhält von dem glücklichen Vater die wiedergefundene Tochter mit einer stattlichen Mitgift zur offiziellen Ehe, und auch für den verliebten Bruder findet sich zum Schluß – man weiß nicht recht, woher – ein hübsches junges Mädchen als Frau.
Nicht weniges gehört natürlich auch in dieser Komödie zum festen topischen Arsenal der Gattung. Das gilt vor allem für das motivische Grundgerüst – Wiederfinden vor langer Zeit ausgesetzter Kinder und Wiedereinführung ins bürgerliche Leben (aus der Geliebten wird die Ehefrau) –, es gilt aber auch für dramaturgische Einzelheiten wie die Belagerungsszene oder die Doppelhochzeit am Ende. Auch die Figuren entsprechen in vielem den traditionellen Typik: der intrigierende Sklave Daos, der hektische Bramarbas Sosias, selbst der Offizier Polemon, der von Berufs wegen eigentlich ebenfalls aus dem Stande des *miles gloriosi* stammt. Aber gerade die Hauptgestalten zeigen doch bereits eigentümlich Menandrische Variationen der vorgegebenen Typen: Polemon ist eben nicht der strahlende Kriegsheld – er könnte seiner dramatischen Funktion und Gestaltung nach ebenso als reicher Kaufmann eingeführt sein –, sondern lediglich ein aufbrausender junger Liebhaber, den das verletzte Ehrgefühl und seine aufrichtige, scheinbar enttäuschte Liebe zu Unbesonnenheit und Jähzorn hinreißen, der aber am Ende seinen Fehler erkennt und Verzeihung findet. Ebenso ist Pataikos nicht nur die dramaturgisch vermittelnde Schlüsselfigur, die die Lösung der verwickelten Verhältnisse ermöglicht, sondern darüber hinaus als individualisierte Persönlichkeit ein Mann ausgleichender Ruhe, gelassener Vernunft und besonnener Menschlichkeit. Ähnliches gilt für Glykera: Als eine der für Menanders Werk so typischen unschuldig leidenden Mädchengestalten kann sie geradezu ein Inbegriff dieser besonderen Form des »Lustspiels« genannt werden, das zunehmend weniger von »komischen« Situationen und fröhlich-burlesken Einfällen lebt, dessen »Komik« vielmehr darin besteht, daß Menschen aus einer heillosen Lage wieder in das Glück der menschlichen – d. h. der bürgerlichen – Gemeinschaft zurückfinden.

E. Sch.

AUSGABEN: Kairo 1907 (in *Fragments d'un manuscrit de Ménandre*, Hg. G. Lefèbvre). – Lpzg. 1908 (*Zwei neue Blätter der Perikeiromene*, Hg. A. Körte, in Berichte über die Verhandlungen der Königl. Sächs. Gesellschaft d. Wiss. zu Leipzig, phil.-hist. Kl. 60, S. 143–175). – Bonn ²1914 (in *Menandri reliquiae nuper repertae*, Hg. S. Sudhaus). – Leiden ³1919 (in *Fabularum reliquiae*, Hg. J. van Leeuwen). – Bln. 1929 (in *Menandri reliquiae in papyris et membranis servatae*, Hg. Ch. Jensen; m. Bibliogr.). – Ldn./Cambridge (Mass.) ²1930 (in *The Principal Fragments*, Hg. F. G. Allinson; m. engl. Übers.; Loeb; Nachdr. 1951). – Lpzg. ⁴1957 (in *Menandri quae supersunt*, Hg. A. Körte u. A. Thierfelder, Bd. 1). – Mailand o. J. (in *Le commedie*, Hg. D. del Corno, Bd. 1; m. ital. Übers.).

ÜBERSETZUNGEN: *Die Schöne mit dem gestutzten Haar*, C. Robert (in *Szenen aus Menanders Komödien*, Bln. 1908). – *Die Perikeiromenē*, O. Eisenboeck (in Jahresbericht des k. k. Staatsgymnasiums Krems, 1908/09, S. 3–27). – *Perikeiromene*, O. Hey (in Blätter für das Gymnasialschulwesen, 53, 1917, S. 188–203). – *Die junge Frau mit abgeschnittenem Haar*, G. Goldschmidt (in *Die Komödien und Fragmente*, Zürich 1949).

LITERATUR: F. Leo, *Der neue Menander* (in Herm., 43, 1908, S. 120–167, bes. 138–161). – S. Sudhaus, *Die »Perikeiromene«* (in RhMus, 63, 1908, S. 283 bis 303). – Ders., *Menanderstudien*, Bonn 1914, S. 64–94. – H. Sauer, *De »Circumtonsae« Menandreae argumento*, Bln. 1922 (Klassisch-Philologische Studien, Hg. F. Jacoby, 2). – A. Körte, Art. *M. (9)* (in RE, 15/1, 1931, bes. Sp. 743–747). – Ders., *Die Menschen Menanders*, Lpzg. 1937 (Ber. über d. Verh. d. Sächs. Ak. d. Wiss. Lpzg., phil.-hist. Kl., 89, 1937, H. 3). – E. A. Duparc, *Vrouwenfiguren in de werken van Menander*, Purmerend 1937 [Diss. Amsterdam]. S. 37–48. – G. Méautis, *Le crépuscule d'Athènes et Ménandre*, Paris 1954, S. 141–178. T. B. L. Webster, *Studies in Menander*, Manchester ²1960, S. 5–16. – A. Barigazzi, *La formazione spirituale di Menandro*, Turin 1965, S. 135–160. P. Flury, *Liebe und Liebessprache bei Menander, Plautus und Terenz*, Heidelberg 1968 [Diss. Zürich 1965], S. 46–48 u. ö.

PHASMA (griech.; *Das Gespenst*). Komödie des MENANDROS (um 342–292 v. Chr.), Entstehungszeit unbekannt; Wiederaufführungen bezeugt für 250 und 167 v. Chr. – Von einem kleinen berichtenden Monolog (Teil des Prologs?) und ein paar Worten aus dem Mund eines Kochs abgesehen, ist nur ein kurzer Dialog zwischen dem jungen »Helden«, Pheidias, und seinem Erzieher oder Sklaven erhalten, eine Szene, die zwar wenig über den Charakter des Werkes aussagt, aber doch in ihrer behutsamen, das Derbe hinter pädagogisch-leisem Plaudern versteckenden Tonart ein typisches Stück Menander darstellt. Über den gesamten Gang des Geschehens sind wir – ein Glücksfall – durch DONAT unterrichtet, der in seinem Kommentar zum *Eunuchus* des TERENZ eine Inhaltsangabe des *Gespenstes* gibt: *»Phasma ist der Titel einer Komödie des Menandros, in der die Stiefmutter eines Jünglings [Pheidias] eine Jungfrau, die sie ehemals durch ein Liebesverhältnis mit einem Nachbarn empfangen hatte, heimlich aufzieht. Sie läßt sie nämlich in tiefer Verborgenheit beim nächsten Nachbarn aufwachsen und fand folgendes Mittel, um sie, ohne daß jemand davon weiß, ständig in ihrer Nähe zu haben: Die Mauer, die zwischen dem Haus ihres Gatten und dem des Nachbarn war, durchbrach sie in der Weise, daß sie an der Durchbruchstelle ein Heiligtum aufbaute und das Loch mit Blumen und Zweigen unkenntlich machte. Oft nun opfert sie an diesem Altar und ruft die Jungfrau, wie ihre Tochter ist, zu sich heran. Eines Tages erblickt der Jüngling, ihr Stiefsohn, das junge Mädchen und glaubt zuerst, daß ihm ein Geist erscheint; wie angedonnert vom Anblick erschrickt er heftig ... Allmählich kommt er zur Erkenntnis des wahren Sachverhalts und entbrennt in Liebe zu dem Mädchen, derart, daß er kein Hilfsmittel für seine rasende Begierde finden kann als die Ehe. Mit der Hochzeit schließt die Komödie, da die Mutter und die Jungfrau wiedervereinigt werden, der Liebhaber nichts sehnlicher wünscht als die Heirat und der Vater einwilligt«* (Ü: Goldschmidt). E. Sch.

AUSGABEN: Leiden 1876 (in *Menandri fragmenta inedita*, Hg. C. G. Cobet, in Mnemosyne, 2/4, 1876, S. 285–293). – Petersburg 1891 (in V. Jernstedt [W. Ernstedt], *Des Bischofs Porphyrius Uspenski Fragmente aus der attischen Komödie. Paläographische und philologische Untersuchungen* [Abh. in russ. Sprache]). – Bonn ²1914 (in *Menandri reliquiae nuper repertae*, Hg. S. Sudhaus). – Leiden ³1919 (in *Fabularum reliquiae*, Hg. J. van Leeuwen). – Bln. 1929 (in *Menandri reliquiae in papyris et membranis servatae*, Hg. Ch. Jensen; m. Bibliogr.). – Ldn./Cambridge (Mass.) ²1930 (in *The Principal Fragments*, Hg. F. G. Allinson; m. engl. Übers.; Loeb; Nachdr. 1951). – Lpzg. ⁴1957 (in *Menandri quae supersunt*, Hg. A. Körte u. A. Thierfelder, Bd. 1). – Mailand o. J. (in *Le commedie*, Hg. D. del Corno, Bd. 1; m. ital. Übers.).

ÜBERSETZUNG: *Das Gespenst*, G. Goldschmidt (in *Die Komödien und Fragmente*, Zürich 1949).

BEARBEITUNG: A. Patin, *Die Erscheinung. Ein Reimspiel in 4 Akten nach einer Idee des M.*, Mchn. 1913.

LITERATUR: A. Körte, Art. *M. (9)* (in RE, 15/1, 1931, Sp. 734). – E. A. Duparc, *Vrouwenfiguren in de werken van Menander*, Purmerend 1937 [Diss. Amsterdam], S. 72–76. – T. B. L. Webster, *Studies in Menander*, Manchester ²1960, S. 101/102.

SAMIA (griech.; *Die Samierin*). Komödie in fünf Akten von MENANDROS (um 342–292 v. Chr.), zu den frühesten Stücken des Autors gehörend. – Der 1905 von LEFÈBVRE entdeckte Kairener Papyruskodex hat erstmals eine größere Partie aus diesem bis dahin verlorenen Werk ans Licht gebracht: stark 340 Verse mit zwei langen Szenenfragmenten. Der sensationelle Papyrusfund, der vor kurzem der Nachwelt den *Dyskolos (Der Griesgram)* wiederschenkte, hat nun jüngst auch neue große Teile der *Samia* enthüllt, darunter weitere unbekannte Verse. Es handelt sich dabei um ein kleines, vorn und hinten leider sehr verstümmeltes Papyrusbüchlein von einst 64 Seiten, das zu Beginn die *Samia* (Papyrus Bodmer 25), in der Mitte den *Dyskolos* (Papyrus Bodmer 4) und am Ende die bislang gleichfalls verlorene *Aspis* (*Der Schild*; Papyrus Bodmer 26) enthielt. Zusammen mit einem kleineren, ebenfalls erst vor wenigen Jahren (1968) publizierten Barceloneser Papyrusfragment besitzen wir damit heute 737 der einst rund 890 Verse des Stücks, also etwa vier Fünftel des originalen Umfangs. Eine genaue Rekonstruktion der ganzen Komödie ist allerdings trotzdem nicht möglich, da die Papyrusreste auf weitere Strecken bruchstückhaft sind. Immerhin erlaubt das durch diese Funde Gerettete nicht nur, Stoff und Handlung einigermaßen klar zu umreißen, es zeigt darüber hinaus auch, wie unverwechselbar die typisch Menandrischen Züge bereits von Anfang an die Eigenart der Stücke des Dichters prägten.

Kern der Geschichte ist eine Vater-Sohn-Rivalität. Demeas, ein reicher Athener, hat Chrysis, ein armes Mädchen aus Samos, als Geliebte in sein Haus aufgenommen und ihr die Stellung der Hausfrau gegeben. Sein Adoptivsohn Moschion liebt Plangon, die Tochter des mit Demeas befreundeten armen Nachbarn Nikeratos. Während einer längeren Reise der beiden alten Herren in den Norden bringen beide Frauen ein Kind zur Welt; das der Chrysis stirbt jedoch sofort nach der Geburt, und da Plangon und Moschion die Entdeckung ihres Fehltritts befürchten müssen, nimmt Chrysis ihr Kind anstelle des eigenen zu sich. Als Demeas und Nikeratos von der Reise zurückkehren, erfährt Moschion zu seiner großen Freude, daß die beiden die Heirat ihrer Kinder beschlossen haben, und man zögert nicht, alsbald die Hochzeitsvorbereitungen zu treffen. Da wird Demeas zufällig Zeuge eines Gesprächs, dem er entnimmt, daß Chrysis das Kind seines Sohnes Moschion nährt. Voll Empörung jagt er das Mädchen aus dem Haus; doch der mitleidige Nachbar Nikeratos nimmt sie mit dem Kind bei sich auf. Wenig später klärt sich das Mißverständnis zwischen Vater und Sohn, wenn auch erst nach dramatischer Zuspitzung (Moschion droht, sich als Soldat nach Asien zu verdingen): Demeas zeigt sich reumütig und großherzig, wie er ja auch schon zuvor die vermeintliche Verfehlung bei seinem Sohn – nicht so bei Chrysis – mehr als Unglück denn als Unrecht aufzufassen geneigt war. Aber inzwischen hat es eine neue Verwicklung gegeben, weil Nikeratos von des unehelichen Kind seiner Tochter erfuhr und in Unkenntnis der Vaterschaft Moschions die geplante Heirat für geplatzt hält. Am Ende beruhigt und klärt sich natürlich dann doch alles, und das Hochzeitsfest kann gefeiert werden.

Das verwirrende Spiel von Täuschungen und Irrtümern, von Verdachten und Beschuldigungen, Komplikationen und Lösungen bietet reichen Raum für komödiantische Aktion. Und doch ist die *Samierin* ein echt menandrisch-ruhiges Stück; nirgendwo gibt es grelle und laute Extreme, weder überschwengliche Gefühlsausbrüche noch polternde Eifersucht, kein Schelten, das in Grobheit überschlägt, und auch der Zorn wahrt die Grenze des psychologisch Verständlichen; selbst die Sklave Parmenon und der Koch sind fern aller burlesken Karikatur – sie wirken komisch, aber nicht grotesk (sehr fein etwa das Selbstgespräch Parmenons, in dem er sich überlegt, weshalb er eigentlich vor Demeas weggelaufen ist: *sein Gewissen ist doch* rein). Hauptfiguren sind der Vater Demeas, der etwas unentschlossene und von Komplexen geplagte Sohn und die Titelgestalt Chrysis, die allerdings als eine der typisch Menandrischen unschuldig leidenden Frauengestalten in einer weithin passiven Rolle verbleibt. An dem alten Demeas tritt überaus deutlich das Bürgerlich-Ideale der ganzen Gattung hervor: Da ist nichts von Scherz, Spott, derbem Gelächter und draller Komik; was sich vor dem Publikum entfaltet, ist vielmehr ein durchaus ernstes Lustspiel. Die Monologe (einmal mehr die Kernstücke des Werkes) des Demeas charakterisieren ihren Sprecher als einen Mann der Besonnenheit und Vernunft, auch dort, wo er – etwa mit Nikeratos – in Streit gerät. So ist man versucht, diese Gestalt als bewußte Antwort des Dichters auf die Probleme zu sehen, welche die veränderte politische Situation am Ausgang des vierten Jahrhunderts hervorgerufen hatte. Damals mußte ein neues Welt- und Daseinsgefühl die Menschen erfüllen; die Polis war zerbrochen, der einzelne auf sich selbst gestellt, der Stolz, ein Grieche zu sein, konnte nicht mehr im aristokratischen Anspruch auf Herkunft, Rang und Sendung gründen. Die Rechtfertigung des Individuums lag in ihm selbst, nicht mehr in seiner Stellung in der Gemeinschaft – das Ideal der Vornehmheit hatte sich im Alltag, in der Familie, im privaten Leben zu bewähren.

E. Sch.

AUSGABEN: Kairo 1907 (in *Fragments d'un manuscrit de Ménandre*, Hg. G. Lefèbvre). – Bonn [2]1914 (in *Menandri reliquiae nuper repertae*, Hg. S. Sudhaus). – Leiden [3]1919 (in *Fabularum reliquiae*, Hg. J. van Leeuwen). – Bln. 1929 (in *Menandri reliquiae in papyris et membranis servatae*, Hg. Ch. Jensen; m. Bibliogr.). – Ldn./Cambridge (Mass.) [2]1930 (in *The Principal Fragments*, Hg. F. G. Allinson; m. engl. Übers.; Loeb; Nachdr. 1951). – Lpzg. [4]1957 (in *Menandri quae supersunt*, Hg. A. Körte u. A. Thierfelder, Bd. 1). – Athen 1965, Hg. Ch. Dedoussi [m. Komm. u. Bibliogr.]. – Cologny-Genf 1969 (*Papyrus Bodmer XXV. Ménandre: La Samienne*, Hg. R. Kasser u. C. Austin; m. Einl.). – Bln. 1969 (in *Aspis et Samia*, Hg. C. Austin).

ÜBERSETZUNGEN: *Die Samierin*, C. Robert (in *Szenen aus Menanders Komödien*, Bln. 1908). – *Das Mädchen von Samos*, G. Goldschmidt (in *Die Tragödien und Fragmente*, Zürich 1949).

LITERATUR: F. Leo, *Der neue Menander* (in Herm, 43, 1908, S. 120-167, bes. S. 161-165). – S. Sudhaus, *Menanderstudien*, Bonn 1914, S. 34-48. – U. von Wilamowitz-Moellendorff, *Die »Samia« des M.* (in SPAW, 1916, S. 66-86; ern. in U. v. W.-M., *Kleine Schriften*, Bd. 1, Bln. 1935, S. 415-439). – E. Wüst, *Die »Samia« des M.* (in Phil, 78, 1923, S. 189-202). – K. Kunst, *Zur »Samia« des M.* (in WSt, 43, 1924, S. 147-156). – A. Körte *M. (9)* (in RE, 15/1, 1931, Sp. 725-728). – E. A. Duparc, *Vrouwenfiguren in de werken van Menander*, Purmerend 1937 (Diss. Amsterdam), S. 48-58. – G. Méautis, *Le crépuscule d'Athènes et Ménandre*, Paris 1954, S. 87-114. – T. B. L. Webster, *Studies in Menander*, Manchester [2]1960, S. 40-47. – A. Barigazzi, *La formazione spirituale di Menandro*, Turin 1965, S. 161-191. – P. Flury, *Liebe und Liebessprache bei Menander, Plautus und Terenz*, Heidelberg 1968, S. 16f.; 48-50 u. ö. – H. J. Mette, *Moschion ho kosmios* (in Herm, 97, 1969, S. 432-439). – G. Arnott, Rez. der Ausg. Kasser/Colin (in Gnomon, 42, 1970, S. 10 bis 26). – S. Charitonidis, L. Kahil u. R. Ginouvès, *Les mosaïques de la maison du Ménandre à Mytilène*, Bern 1970, S. 38-41; Tafel 4/1 (Antike Kunst, Beih. 6). – F. Stoessl, *Die neuen Menanderpublikationen der Bibliotheca Bodmeriana in Genf* (in RhMus, 113, 1970, S. 193-229; bes. S. 194-209). – M. Treu, *Humane Handlungsmotive in der »Samia« Menanders* (ebd., S. 230-254).

SIKYŌNIOS (griech.; *Der Sikyonier*). Komödie des MENANDROS (um 342-292 v. Chr.), Entstehungszeit unbekannt. – Dieses in der Antike hoch gerühmte Werk des Hauptvertreters der Neuen attischen Komödie ist erst vor wenigen Jahren in seinen Umrissen und einzelnen Szenen genauer bekannt geworden: 1964 veröffentlichten Alain BLANCHARD und André BATAILLE mehrere Papyrusreste aus dem letzten Drittel des 3. Jh.s v. Chr., die in der Kartonage einer ägyptischen Mumienverkleidung die Zeiten überdauert haben. Zusammen mit einigen bereits 1906 von dem Ausgräber Pierre JOUGUET aus derselben Mumienverkleidung gewonnenen Fragmenten, deren Zugehörigkeit bisher unklar war, ergaben die neuen Entdeckungen rund 400 Verse, also vielleicht ein Drittel des einst über 1000 Verse umfassenden Stücks. Leider ist der Erhaltungszustand der Fragmente ziemlich schlecht, so daß nicht nur die Wiederherstellung des Wortlauts, sondern auch die Rekonstruktion des Inhalts und des Handlungsverlaufs große Schwierigkeiten bereitet. Soviel scheint aber immerhin festzustehen, daß die Reste einen guten Teil des Prologs, das Ende des dritten Aktes sowie beachtliche Stücke des vierten und fünften Aktes bieten.
Der Dichter hat das Werk weitgehend auf der gängigen Handlungstopik der Gattung aufgebaut. Im Mittelpunkt des *Sikyōnios* steht ein junges athenisches Bürgermädchen namens Philumene (»Geliebte«), die im Alter von vier Jahren zusammen mit dem treuen Sklaven Dromon Seeräubern in die Hände gefallen war und in Kleinasien an einen Griechen aus Sikyon verkauft wurde. Von ihm wurde sie offenbar an seinen Sohn, den Söldneroffizier Stratophanes, »vererbt«, und als sie älter und hübscher wurde, verliebte sich der stattliche junge Mann in sie. Da er von seiner Mutter kurz vor deren Tod erfahren hat, er sei in Wirklichkeit ein Kind attischer Herkunft, ist er mit seinem Sklaven Pyrrhias, dem Parasiten Theron sowie Philumene und Dromon aufs Festland gereist (das Stück spielt wahrscheinlich in Eleusis), um die Eltern des Mädchens ausfindig zu machen, die er als attischer Bürger ja nun offiziell heiraten kann. Allerdings ist inzwischen ein zweiter Liebhaber namens Moschion aufgetaucht, der im Gegensatz zu Stratophanes als verweichlichter Typ eines Verführers aus der »Großstadt« gezeichnet ist. Durch mehrere der in der Komödie nicht eben unüblichen Zufälle, bei denen die traditionellen »Erkennungszeichen« der einst verlorenen Kinder die Hauptrolle spielen, kommt es dann zu mehrfachem glücklichem Wiedererkennen: Stratophanes findet seinen wahren Vater wieder (er heißt vermutlich Smikrines), Moschion stellt sich als sein Bruder heraus, und als der Schmarotzer Theron, um Stratophanes zur Hochzeit zu verhelfen und damit endlich auch seine Geliebte Malthake heiraten zu können, mit einer stattlichen Bestechungssumme einen alten Mann als Vater Philumenes »kaufen« will, gerät er zufällig an Kichesias, den wirklichen Vater Philumenes. Selbstverständlich erhält Stratophanes als Retter der Tochter die Geliebte zur Frau, und man geht wohl kaum fehl in der Annahme, daß auch Theron und Malthake ein

Paar werden und das Stück mit einer Doppelhochzeit endet. Was aus Moschion wird, bleibt unklar. Bemerkenswert an diesem Stück ist, daß sich trotz aller Unsicherheiten im einzelnen an verschiedenen Stellen doch überaus markante dramaturgische Kunstgriffe fassen lassen, die die antike Wertschätzung des *Sikyōnios* verständlich machen. Dazu gehört etwa die Umkehrung des typischen Personenklischees, indem der für gewöhnlich als eitler Bramarbas konturierte Kriegsheld hier mit menschlich-rührenden Zügen ausgestattet wird, während der Typ des urbanen jungen Mannes unsympathisch erscheint. Dazu gehört es ferner, wenn der Dichter (falls diese Rekonstruktion richtig ist) Vater und Sohn vor ihrer Wiedererkennung in einer heftigen Auseinandersetzung aufeinandertreffen läßt, wobei gerade aus der Umkehrung ihrer gegenseitigen Argumente und Positionen sich schließlich die Wahrheit enthüllt. Dazu gehört auch, daß manche Partien im Gegensatz zu der sonst üblichen Sprachebene des städtischen Umgangstons ausgesprochen lyrische Stilisierung aufweisen. Und dazu gehört vor allem die für die Neue Komödie keineswegs charakteristische Tragikerparodie, in der Menander einen Botenbericht des Euripideischen *Orestes* (V. 866ff.) persifliert (in ähnlicher Weise wird in der *Samia* auf den *Phoinix* des EURIPIDES angespielt). Aus all dem kann man den Schluß ziehen, daß der *Sikyōnios* kaum zu den frühen Stücken Menanders gehört; über den *Dyskolos* jedenfalls scheint der Dichter hier hinausgewachsen.   E. Sch.

AUSGABEN: Paris 1906 (*Papyrus de Ghôran. Fragments de comédie*, in Bull. de Correspondance Hellénique, 30, 1906, S. 103–123). – Paris 1964 (*Fragments sur Papyrus du Sikyonios de Ménandre*, Hg. A. Blanchard/A. Bataille; m. Einf. u. Komm.). – Rom ²1965 (*Menandri Sicyonius*, Hg. C. Gallavotti). – Bln. 1965 (*Menandri Sicyonius*, Hg. R. Kassel).

LITERATUR: A. Barigazzi, *Sul »Sicionio« di Menandro* (in Studi Italiani di Filologia Classica, 27, 1965, S. 7–84). – H. J. Mette, Rez. der Ausgabe von Blanchard/Bataille (in Gnomon, 37, 1965, S. 433 bis 440). – E. W. Handley, *Notes on the »Sikyonios« of Menander* (in University of London. Institute of Classical Studies, Bulletin No. 12, 1965, S. 38–62). – R. Kassel, *Menanders »Sikyonier«* (in Eranos, 63, 1965, S. 1–21). – K. Kumaniecki, *Bemerkungen zu den neuentdeckten Fragmenten des »Sikyonios« von Menandros* (in Athenaeum, 43, 1965, S. 154–166). – H. Lloyd-Jones, *Menander's »Sikyonios«* (in Greek, Roman and Byzantine Studies, 7, 1966, S. 131–157).

EUKLEIDES aus Alexandreia
(4./3. Jh. v. Chr.)

TA STOICHEIA (griech.; *Die Elemente*). Maßgebliche Darstellung der klassischen Mathematik von EUKLIDES aus Alexandreia (4./3. Jh. v. Chr.). – Erfordernisse der Feldmessung, der Bau- und Kriegstechnik haben am Nil und im Zweistromland zu einfachen geometrischen Grundkenntnissen geführt, die zunächst als praktische Handwerksregeln weitergegeben, später von den Sumerern rechnerisch weitergebildet wurden (so finden sich der sogenannte Pythagoreische Lehrsatz, zweckmäßige Rechenvorschriften am gleichschenkligen Trapez und rechtwinklige Dreiecke mit ganzzahligen Seitenverhältnissen vor). Solches Wissen wurde von ionischen Naturphilosophen übernommen und von den älteren Pythagoreern weitergebildet. Sie entwickelten im Zusammenhang mit magischen Vorstellungen vom Wesen der Zahl *(arithmetica universalis)* eine weitgehend systematisierte Verhältnis- und Ähnlichkeitslehre und fanden beim Versuch, Seite und Diagonale der regelmäßigen Fünfecks ganzzahlig auszudrücken (das Sternfünfeck war Symbol der babylonischen Ärzte) inkommensurable Streckenpaare. Dies führte im Zusammenhang mit logischen Untersuchungen der Eleaten (ZENONS Paradoxien) zu ersten Versuchen theoretischer Lehrgebäude mit angestrebtem axiomatischem Aufbau. Höhepunkt dieser Entwicklung sind Euklids in dreizehn Bücher eingeteilte *Elemente*, die für Jahrhunderte als Vorbild logischer Strenge angesehen.
Buch I (vermutlich gegenüber verlorenen älteren Vorlagen stark verändert) enthält zunächst Definitionen (z. B., daß eine Linie nur der Länge nach ausgedehnt ist), darunter beschreibende, die gegen zeitgenössische philosophische Einwände gerichtet sein dürften, ferner Worterklärungen. Die Postulate sind Existenzforderungen (z. B., daß zwei Parallelen sich im Raum nicht schneiden dürfen), durch die der Konstruktionsbereich auf Zirkel und Lineal beschränkt wird; die Axiome sind allgemeingültige logische Aussagen (z. B., daß das Ganze größer als ein Teil ist). Auf Grundtatsachen der Winkel- und Dreieckslehre (einschließlich der Kongruenzsätze, durch die hier die Behandlung von Bewegungen vermieden wird) folgt die Parallelenlehre, gestützt auf das indirekte, lehrsatzmäßig ausgedrückte und daher schon in der Antike beanstandete Parallelenpostulat. Flächensätze führen zu einem interessanten Beweis des sogenannten Pythagoreischen Lehrsatzes. Aufschlüsse über Tendenz und Deutung von Einzelheiten vermittelt der eingehende Kommentar des PROKLOS (um 450 n. Chr.). Buch II enthält geometrisch ausgedrückte Beziehungen, die mit algebraischen Umformungen gleichwertig sind und arithmetische Grundforderungen umfassen, Buch III die Kreislehre (einschließlich der Winkel- und Potenzsätze) und Buch IV einiges über regelmäßige Vielecke, die mit Zirkel und Lineal konstruiert werden können. Der Inhalt dieser vier planimetrischen Bücher stammt größtenteils von den Pythagoreern und läßt sich teilweise bis zu den Sumerern zurückverfolgen. Besonderes Interesse findet später die Behauptung (III, 16), der »Kontingenzwinkel« zwischen Kreisbogen und Tangente sei kleiner als jeder geradlinige Winkel mit dem Berührpunkt als Scheitel. In scholastischen Diskussionen geht es um die »Größeneigenschaft« des Kontingenzwinkels, der erst von J. PELETIER (1557) als Null erkannt wird. Buch V mit inkommensurable Streckenpaare umfassende Verhältnislehre des EUDOXOS, wahrscheinlich eng an die Vorlage angelehnt, Buch VI die aus Pythagoreischem Lehrgut stammende Ähnlichkeitslehre. Das Extremwertproblem (VI, 27) wird Ausgangspunkt weiterführender Untersuchungen des APOLLONIOS (*Krönika V* und *Peri topou apotomēs*). Die umfangreichen zahlentheoretischen Bücher VII/IX enthalten in geometrischer Form die Zahlenlehre der Pythagoreer, das umfangreiche Buch X der wohl von THEAITET stammende schwerfällige Behandlung überschichteter quadratischer Irrationalitäten wie $\sqrt{a + \sqrt{b}}$; sie wurde erst durch M. STIFEL (*Arithmetica integra*, 1544) durch Einführung algebraischer Symbole durchsichtig. Buch XI enthält Grundtatsachen der Raumlehre, so vollständig entwickelt wie für die Ebene in Buch I. In Buch XII

erscheint (freilich nicht generell, vielmehr jedesmal individuell angesetzt) das indirekte Verfahren des EUDOXOS zum Nachweis der Richtigkeit elementarer Quadraturen und Kubaturen vorzugsweise krummlinig begrenzter Gebilde; es setzt die Kenntnis des Ergebnisses voraus. Wie solches durch Plausibilitätsbetrachtung gefunden werden kann, legt ARCHIMEDES in der Methodenlehre dar. Er bereitet durch zusätzliche Grundvoraussetzungen (Stetigkeitsaxiom; Postulat, daß Umfassendes an konvexen Gebilden größer ist als Umfaßtes) moderne Integrationsmethoden vor. Buch XIII handelt von den regelmäßigen Körpern und schließt mit dem Nachweis, daß es deren nur fünf gibt.
Euklids Lehrgebäude ist rein theoretisch; Anwendungsmöglichkeiten fehlen. Schon ARISTOTELES will das Parallelenpostulat vermeiden. Nach zahllosen vergeblichen Beweisversuchen (wichtigste: AṬ-ṬŪSI, 1594; J. WALLIS, 1693; G. SACCHERI, 1733; J. H. LAMBERT, 1786; A. M. LEGENDRE, 1794) erkannte C. F. GAUSS (1792, zurückgehalten), bei Ersatz des Postulats durch andere Annahmen würden andere Geometrien erzeugt. Unabhängig von einander entwickelten J. BOLYAI (1832) und N. LOBATSCHEFSKIJ (1829, ausführlicher 1855) die hyperbolische Geometrie, B. RIEMANN (1854) auch die elliptische; eine besonders anschauliche Interpretation (Kreisgeometrie in der Ebene) stammt von H. POINCARÉ (1882). Schon Euklid bemühte sich um Beweise und Konstruktionen ohne Verwendung des Parallelenpostulats, so z. B. bei Konstruktion einer Tangente aus einem Punkt an einen Kreis (III, 17). Sorgfältige Analyse der von Euklid stillschweigend der Anschauung entnommenen Voraussetzungen setzte im 19. Jh. ein (M. PASCH, *Anordnungsaxiome*, 1882) und erreichte mit D. HILBERT (*Grundlagen der Geometrie*, 1899) die entscheidende rein logische Neugestaltung; Aufstellung eines vollständigen und widerspruchsfreien Systems von Axiomen, die voneinander unabhängig sind.
Die *Elemente* galten in der Antike als grundlegende Einführung. Durch Abschreibefehler entstandene Unstimmigkeiten wurden durch die nicht ganz einwandfreie Neuredaktion des THEON aus Alexandreia (um 370 n. Chr.) beseitigt, die für die spätere Weitergabe maßgeblich wurde; durch glückliche Zufall ist eine Handschrift der Urfassung erhalten (Hg. F. PEYRARD, 1814-1818). Eine gute arabische Übertragung stammt von AL-ḤAJJĀJ (um 820); zu ihr gab AN-NAIRĪZĪ (um 900) Erläuterungen. Das Abendland wurde mit den *Elementen* zunächst durch die lateinischen Übersetzungen aus dem Arabischen bekannt, so jener des ADELARD VON BATH (um 1150), die in der Revision des J. CAMPANUS (um 1260) mit Zusätzen 1482 in Druck ging. Wenig später wurde von B. ZAMBERTI (1505) ein griechischer Kodex ins Lateinische übersetzt. Die vorhandenen Unstimmigkeiten führten zu einer lateinischen synoptischen Ausgabe (1516), schließlich zur griechischen Erstausgabe (1533, zusammen mit dem Proklos-Kommentar). Lateinische Auswahlen aus den Lehrsätzen wurden in Universitätsvorlesungen gebracht; bei Wiedergabe der Beweise, die als Zusätze THEONS galten, verfuhr man frei. Große Verbreitung fand die eingehend kommentierte Ausgabe von Ch. CLAVIUS (1574 u. ö.); später galt die sorgfältige griechisch-lateinische Ausgabe von D. GREGORY (1703) als maßgeblich. Textkritische Ausgaben gehören erst dem 19. Jh. an.

J. E. H.

AUSGABEN: Venedig 1482 (*Liber elementorum*, Hg. J. Campanus). – Venedig 1505 (*Euclidis Megarensis geometricorum elementorum libri XV*, Hg. B. Zamberti). – Venedig 1516 [lat.]. – Basel 1533, 2 Tle., Hg. S. Grynaeus [Anm. I. Casaubon; griech. EA]. – Paris 1574, Hg. Ch. Clavius [m. Komm.]. – Oxford 1703 (*Euclidis quae supersunt omnia*, Hg. D. Gregory; lat.-griech.) – Paris 1814 bis 1818 (in *Œuvres*, Hg. F. Peyrard, 3 Bde.; lat.-frz.; ern. 1966). – Lpzg. 1883–1888 (in *Opera omnia*, Hg. J. L. Heiberg u. H. Menge, 8 Bde., 1883–1899, 1–5; rev. E. Stamatis, Lpzg. 1969ff.). – Paris 1966 (in *Les œuvres*, Hg. J. Itard).

ÜBERSETZUNGEN: *Die sechs erste Bücher Euclidis vom anfang oder Grund der Geometrj...*, W. Holtzman, Basel 1562. – *Euklidis 15 Bücher teutsch*, anon., Lpzg. 1723. – *Elemente, fünfzehn Bücher*, J. F. Lorenz, Halle 1781; [6]1840 [verb.]. – *Die Elemente*, C. Thaer, 5 Bde., Lpzg. 1933–1937; ern. Darmstadt 1962.

LITERATUR: E. P. Plooj, *E.'s Conception of Ratio and His Definition of Proportional Magnitudes as Criticised by Arabian Commentators*, Rotterdam 1950. – G. Sarton, *Ancient Science and Modern Civilization. Euclid and His Time. Ptolemy and His Time. The End of Greek Science and Culture*, Ldn. 1954. – A. Szabó, *Anfänge des euklidischen Axiomensystems* (in Archive for History of Exact Sciences, 1960, S. 37–106). – J. Itard, *Les livres arithmétiques d'Euclide*, Paris 1961. – J. Malengreau, *Exposé sur les fondements d'une géometrie constructive de l'espace euclidien à n dimensions*, Montreuil 1962. G. Cambiano, *Il metodo ipotetico e le origini della sistemazione euclidea della geometria* (in Rivista di Filosofia, 58, 1967, S. 115–149).

THEOKRITOS
(um 310–250 v. Chr.)

PHARMAKEUTRIA (griech.; *Die Zauberin*). Hexametrisches Gedicht in 166 Versen von THEOKRITOS (um 310–250 v. Chr.), Entstehungszeit unbekannt. – Ähnlich den *Syrakosiai ē Adōniazusai (Die Syrakusanerinnen am Adonisfest)* und *Aischinas kai Thyōnichos (Aischinas und Thyonichos)* macht dieses Gedicht deutlich, welch einseitiges Urteil es ist, den Meister der hellenistischen Kleinkunst nur als Bukoliker par exellence, als den Ahnherrn idyllischer Schäferpoesie, zu schätzen. Die *Zauberin* – wie die *Syrakusanerinnen* auf einem der leider verlorenen realistisch-drallen Prosa-Mimen des Sizilianers SOPHRON (um 450 v. Chr.) basierend – spielt keineswegs in der Hirtensphäre, sondern stellt ein gespenstisch-mondhelles »*Nachtstück*« (Lesky) dar, und von »Idyllik« ist darin noch weniger als in den anderen *Idyllen* des Theokrit zu spüren.
»*Auf! wo hast du den Trank? Wo, Thestylis, hast du die Lorbeern?*« – gleich der erste Vers führt mitten hinein in die Hexenküche, in der der Liebeszauber gebraut wird. Erst nach und nach erfährt man die Vorgeschichte: daß der schöne Delphis nun bereits seit zwölf Tagen seine Geliebte Simaitha (aus ihrem Mund hören wir das ganze Gedicht) im Stich gelassen hat – »*Jetzo mit Zauber beschwör' ich ihn denn*«. Helferinnen des Zaubers sollen Selene, die Göttin des Mondes, und Hekate, die schreckliche Herrin der Unterwelt, sein. Schon schnurrt das magische Rädchen: »*Roll, o Kreisel, und zieh in das Haus mir wieder den Jüngling!*« In neun Gängen vollzieht sich die makabre Zeremonie, beginnend

mit dem Mehlzauber: »*Mehl muß erst in der Flamme verzehrt sein! Thestylis, hurtig, streue mir doch! Wo ist dein Verstand, du Törin, geblieben? Bin ich, Verwünschte, vielleicht auch dir zum Spotte geworden? Streu und sage dazu: Hier streu' ich Delphis' Gebeine!*« Und immer surrt das Rädchen: »*Roll, o Kreisel, und zieh in das Haus mir wieder den Jüngling!*« – jeder der neun Vierzeiler wird begleitet und beschlossen von diesem beschwörenden Refrain. Dann aber folgt der hektisch-beklemmenden Klimax – der letzte Akt ist ringförmig auf den ersten bezogen – die Erschlaffung: Die Dienerin ist weggegangen, um den Zaubertrank auch an Delphis' Türe zu schmieren (»*Geh; sag spuckend darauf: Hier streich' ich Delphis' Gebeine!*«), und Simaitha hat Zeit, sich zu besinnen und sich ihrer Trauer hinzugeben: »*Jetzo bin ich allein ... Wie soll ich die Liebe beweinen? Was bejammr' ich zuerst? Woher kommt all mein Elend?*« Die Göttin ist da, und ihr erzählt die Verlassene ihr Leid. Die zu Anfang nur kurz referierte Vorgeschichte wird nun in aller Ausführlichkeit geschildert. Das Nächtig-Düstere weicht einer elegischen Atmosphäre, der Stil wird ruhiger, und auch die Darstellung wird breiter; nicht in Vier-, sondern in Fünfzeiler – zwölf an der Zahl – gliedert der nunmehr lyrische Refrain das Geschehen: »*Sieh, o Göttin Selene, woher mir die Liebe gekommen!*« Auf dem Höhepunkt der Erzählung jedoch, wo sich die Liebe erfüllt, setzt der Anruf an die hohe Helferin aus (vergißt sich etwa das Mädchen in seinem Schmerz?), und der Bericht vom unglücklichen Ende der Liebe bleibt astrophisch – das Gedicht schwingt aus in Resignation: Es wird Morgen. Nur einmal noch, vor dem Abschied an die Göttin (»*Lebe nun wohl, und hinab zu Okeanos lenke die Rosse, Himmlische! Meinen Kummer, den werd ich fürder noch tragen!*«), flammt die Bitterkeit der Eifersucht auf, eine letzte magisch-drohende Reminiszenz an den ersten Teil: »*Jetzo mit Liebeszauber beschwör' ich ihn; aber wofern er länger mich kränkt – bei den Moiren! an Aides' Tor soll er klopfen! Solch ein tödliches Gift bewahr' ich hier in dem Kästchen*« (Alle Ü.: Mörike).

Ohne Frage ist die *Zauberin* das packendste unter den Werken Theokrits. Nirgendwo komprimiert sich die treffende Beobachtung und kluge Schilderung des Dichters zu solch expressiver Kraft wie hier; nirgendwo, auch nicht in den *Syrakusanerinnen*, hat Theokrit die Psyche des Volkes und den abergläubischen Geist seiner Zeit so unmittelbar eingefangen wie hier. Doch der Poet bleibt Alexandriner – er ist der souveräne Herr seiner Mittel, dem Sprache und Form, wie er will, zu Gebot stehen, und hinter der exakten Perfektion sieht man das Lächeln des ironischen Artisten: Gewiß drücken in Teil 1 die Verswiederholungen die Spannung einer monotonen Steigerung aus, gewiß vermitteln sie in Teil 2 die Stimmung ausweglose Melancholie – doch beide Male distanziert sich in ihnen zugleich auch der Dichter von seinem Gedicht, indem er zeigt, daß er die Akzente zu setzen versteht, wo sie zu setzen sind. Nicht umsonst auch ist das Gedicht, nach echt hellenistischer Manier, in dem das Milieu radikal verfremdenden epischen Hexameter geschrieben – die Form kontrastiert den Stoff und verrät die spielende Hand des Dichters.   E. Sch.

AUSGABEN: Mailand 1493 [1480/81?] (zus. m. Isokrates' *Reden*, Hg. Demetrios Chalkondylas, u. Hesiods *Erga*). – Oxford ²1910 u. ö. (in *Bucolici Graeci*, Hg. U. v. Wilamowitz-Moellendorff). – Ldn./Cambridge (Mass.) ²1928 (*The Greek Bucolic Poets*, Hg. J. M. Edmonds; m. engl. Übers.; Loeb; mehrere Nachdr.). – Paris ³1946 (in *Bucoliques grecs*, Hg. Ph.-E. Legrand, Bd. 1; m. frz. Übers.). – Iserlohn 1948 (in *Theocriti carmina*, Hg. K. Latte). – Cambridge ²1952 (in *Theocritus*, 2 Bde., Hg. A. S. F. Gow; m. Komm., Bibliogr. u. engl. Übers.). – Oxford 1952 (in *Bucolici Graeci*, Hg. A. S. F. Gow; Nachdr. zul. 1962). – Rom ²1955 (in *Theocritus quique feruntur bucolici Graeci*, Hg. C. Galavotti). – Barcelona 1963 (in *Idyllia*, Hg. J. Alsina; m. span. Übers.).

ÜBERSETZUNGEN: In *Die Idyllen*, S. H. Lieberkühn, Bln. 1757. – In *IX Idillen*, Ch. Graf zu Stolberg (in Ch. zu St., *Gedichte aus dem Griechischen*, Hbg. 1782). – *Die Zauberinn*, J. H. Voss (in Die Horen, 6, Tübingen 1796). – In *Theokritos, Bion und Moschos*, ders., Tübingen 1808 (ern. u. d. T. *Gedichte*, bearb. v. H. Mertens, Lpzg. 1890; RUB, 2718). – In *Theokritos, Bion und Moschos*, E. Mörike und F. Notter, Stg. 1855 u. ö. – In *Idyllen*, E. Mörike, Jena 1910. – *Die Zauberin*, ders. (in *Griechische Lyrik*, Ffm./Hbg. 1960; EC, 8).

LITERATUR: Ph.-E. Legrand, *Étude sur Théocrite*, Paris 1898, S. 104–126; Nachdr. 1968. – E. Bignone, *Teocrito. Studio critico*, Bari 1934. – A. v. Blumenthal, Art. *Th.* (in RE, 5A/2, 1934, Sp. 2012f.). – B. Lavagnini, *L'idillio secondo di Teocrito*, Palermo 1935. – H. Schweizer, *Aberglaube u. Zauberei bei Theokrit*, Diss. Basel 1937, S. 10–49. – S. Eitrem, *La magie comme motif littéraire chez les Grecs et les Romains* (in Symbolae Osloenses, 21, 1941, S. 39–83). – H. Hommel, *Bemerkungen zu Theokrits »Pharmakeutriai«* (in WSt, 69, 1956. S. 187–202). – G. Lawall, *Simaetha's Incantation: Structure and Imagery* (in TPAPA, 92, 1961, S. 283 bis 294). – P. Henkel, *Zu Theokrit, Id. II, vv. 38–42 (28–32)* (in Serta Philologica Aenipontana, Hg. R. Muth, Innsbruck 1962, S. 191–214). – Lesky, S. 774. – L. Séchan, *Les »Magiciennes« et l'amour chez Théocrite* (in Annales de la Faculté des Lettres et Sciences Humaines d'Aix, 39, 1965, S. 67–100).

SYRAKOSIAI Ē ADŌNIAZUSAI (griech.; *Die Syrakusanerinnen am Adonisfest*). Hexametrische Genreszene von THEOKRITOS (um 310–250 v. Chr.). – Das als fünfzehntes Gedicht in den sogenannten *Idyllen* überlieferte Werk ist wohl das Witzigste, was dieser hellenistische Lyriker geschrieben hat: eine in der Form elegante und leichte, im Inhalt karikierend-kräftige Genreszene aus dem alexandrinischen Kleinstadtmilieu seiner Tage (in Alexandria hat Theokrit das Poem auch verfaßt, vermutlich um das Jahr 270 v. Chr.). Das Werk gehört seinem Wesen nach – wie etwa auch die *Pharmakeutria (Die Zauberin)* – ganz in die Sphäre des alten sizilischen Mimos, und SOPHRONS *Tai thamenai ta Isthmia (Die Besucherinnen des Isthmienfestes)* sind die *Syrakosiai* auch nachgebildet, ohne daß freilich noch erkennbar wäre, in welcher Art Theokrit seine Vorlage umgeformt hat.

Der Charakter des Mimos, die beinahe satirisch präzise Darstellung menschlich-allzumenschlichen Gebarens, die unverfälschte Wiedergabe trivialer, dümmlich-halbgebildeter Typen des niederen, »kleinbürgerlichen« Volkes bleibt bei Theokrit rein erhalten, obwohl er die Prosa durch den mehr schwebend-distanzierenden epischen Vers ersetzt: Hier soll – echt hellenistisch – die kunstvolle Arbeit des Dichters sichtbar werden, und so wird bis in die Prosodie und Metrik hinein gefeilt und differenziert. Wie dabei formale Struktur und Darstellung eines

Geschehens aufeinander abgestimmt werden, erscheint geradezu als traumsichere poetische Hexerei: An keiner Stelle im Verlauf der 149 Verse – außer bei der eingeschalteten Rezitation des Festhymnos auf Aphrodite und Adonis durch die Sängerin – bricht der klatschhafte Redeschwall der beiden Frauen Gorge und Praxinoa ab. Nirgends weicht der Dialog dem Bericht, und doch erlebt der Leser unmittelbar den Aufbruch der beiden aus dem Haus der Praxinoa, wird Zeuge eines unvorstellbaren Gedränges auf den Straßen, wälzt sich zusammen mit den beiden Frauen in die pompösen Hallen des Königspalastes von Ptolemaios und Arsinoe und genießt den feierlichen Höhepunkt des großen Festes. Daneben aber erfährt man beiläufig zwei komplette Ehegeschichten, lernt die Realien hellenistischen Privatlebens und die politischen und sozialen Verhältnisse der Großstadt Alexandria kennen. Nicht genug: der Leser wird Zeuge mehrerer kurzer Episoden, so mit dem kleinen Sohn Praxinoas, mit der angeblich tolpatschigen Sklavin Eunoa – auch die komplette Toilette der Dame des Hauses wird vorgestellt –, mit einem verkalkten älteren Weiblein und zwei fremden Männern auf der Straße. Dies alles – Haus und Palast, Straßengewühl und Kultzeremonie – ist auf schmalstem Raum zusammengedrängt; der eigentliche Kunstgriff jedoch besteht darin, daß all das keineswegs um seiner selbst willen erzählt wird, sondern in jeder Phase nur der Darstellung dieser beiden Provinzlerinnen dient, die sich mit ihrem »unmöglichen« dorischen, nur hie und da vom Autor durch epische Reminiszenzen verfremdeten Dialekt buchstäblich durch die Stadt durchschwatzen (so z. B. über den Ehemann: »*Ja, da hat nun der Querkopf ganz am Ende der Erde solch ein Loch, nicht ein Haus, mir genommen ... nur mir zum Tort, mein ewiger Quälgeist! – Sprich doch, Beste, nicht so von deinem Dion; der Kleine ist ja dabei. Sieh, Weib, wie der Junge verwundert dich anguckt! Lustig, Zopyrion, herziges Kind! sie meinet Papa nicht. – Heilige du! ja, er merkt es, der Bube. – Der liebe Papa der! – Jener Papa ging neulich ... Schmink und Salpeter für mich aus dem Krämerladen zu holen und kam wieder mit Salz, der dreizehnellige Dummkopf!*«) Und diese unaufhörlichen Tiraden, die mit ihren Banalitäten und kleinen Wichtigkeiten vom Hundertsten ins Tausendste kommen und erst im Festsaal verstummen, sie lassen völlig vergessen, daß – eine ganz modern anmutende Technik – jegliche Partikel, die den Fortschritt der Handlung andeuten könnte, fehlt: Das nicht enden wollende Gespräch selbst veranschaulicht das fortschreitende Geschehen, indem es dauernd als plappernder Kommentar nebenherläuft. Und kaum ist der große Adonishymnos der Sängerin beendet, brechen die sichtlich nur mühsam zurückgehaltenen Worte Hals über Kopf wieder hervor: »*Unvergleichlich! dies Weib, Praxinoa! Was sie nicht alles weiß, das glückliche Weib! und wie süß der Göttlichen Stimme! Doch es ist Zeit, daß ich geh*'; *Diokleidas erwartet das Essen. Bös ist er immer, und hungert ihn erst, dann bleib ihm vom Leibe! – Freue dich lieber Adonis, und kehre zu Freudigen wieder!*« (Ü: Mörike). Fünf Zeilen nur – und sie entlarven eine Person, einen Charakter, einen Menschentyp; 150 Zeilen nur – und sie enthüllen eine Stadt, eine Zeit, eine Welt. E. Sch.

AUSGABEN: Mailand 1493 [1480/81?] (zus. m. Isokrates' *Reden*, Hg. Demetrios Chalkondylas, u. Hesiods *Erga*). – Oxford ²1910 u. ö. (in *Bucolici Graeci*, Hg. U. v. Wilamowitz-Moellendorff). – Ldn./Cambridge (Mass.) ²1928 (*The Greek Bucolic Poets*, Hg. J. M. Edmonds; m. engl. Übers.; Loeb; mehrere Nachdr.). – Paris ³1946 (in *Bucoliques grecs*, Hg. Ph.-E. Legrand, Bd. 1; m. frz. Übers.; zul. 1960). – Iserlohn 1948 (in *Theocriti carmina*, Hg. K. Latte). – Cambridge ²1952 (in *Theocritus*, 2 Bde., Hg. A. S. F. Gow; m. Komm., Bibliogr. u. engl. Übers.). – Oxford 1952 (in *Bucolici Graeci*, Hg. A. S. F. Gow; Nachdr. zul. 1969). – Rom ²1955 (in *Theocritus quique feruntur bucolici Graeci*, Hg. C. Galavotti). – Barcelona 1963 (in *Idyllia*, Hg. J. Alsina; m. span. Übers.). – Paris 1968 (in *Idylles* Hg. P. Monteil; m. Komm.). – Mchn. 1970 (in *Gedichte*, Hg. F. P. Fritz; griech.-dt.).

ÜBERSETZUNGEN: in *Die Idyllen Theokrits, Moschus' und Bions*, S. H. Lieberkühn, Bln. 1757. – In *Theokritos, Bion und Moschos*, J. H. Voss, Tübingen 1808 (ern. u. d. T. *Gedichte*, bearb. v. H. Mertens, Lpzg. 1890; RUB, 2718). – *Die Syrakusinerinnen*, J. P. Hebel (in Gymn.-Progr. Freiburg i. B. 1858). – In *Theokritos, Bion und Moschos*, E. Mörike u. F. Notter, Stg. 1855 u. ö. – In *Idyllen*, F. Rückert (in *Aus F. Rückert's Nachlaß*, Hg. H. Rückert, Lpzg. 1867). – In *Idyllen*, E. Mörike, Jena 1910 – *Die Syrakusunerinnen am Adonisfest*, ders. (in *Griechische Lyrik*, Ffm./Hbg. 1960; EC, Sp. 2008). – *Die Frauen von Syrakus am Adonisfest*, E. Staiger (in *Die echten Gedichte*, Zürich/Stg. 1970).

LITERATUR: Ph.-E. Legrand, *Étude sur Théocrite*, Paris 1898, S. 414–418 u. ö.; Nachdr. 1968. – E. Bignone, *Teocrito. Studio critico*, Bari 1934. – A. v. Blumenthal, Art. *Th. (1)* (in RE, 5A/2, 1934, Sp. 2008). – C. Gallavotti, *Lingua, tecnica e poesia negli »Idilli« di Teocrito*, Rom 1952, S. 23–28. – A. Rome, *Glanures dans l'idylle 15 de Théocrite* (in Bulletin de la Classe de Lettres de l'Académie Royale de Belgique, 37, 1957, S. 260–267). – J. Lanowska, *Quid Theocritus Sophroni Epicharmoque debuerit* (in Eos, 54, 1964, S. 74–86; poln. m. lat. Zusammenfassung).

ARATOS aus Soloi
(um 310–245 v. Chr.)

PHAINOMENA (griech.; *[Himmels-]Erscheinungen*). Ein in Antike und Mittelalter sehr populäres astronomisches Poem des ARATOS aus Soloi (um 310–245 v. Chr.). – Das Werk ist das erste ausgesprochene Lehrgedicht der antiken Literatur. HESIOD, XENOPHANES und PARMENIDES, die man zuweilen die Vorläufer Arats nennt, unterscheiden sich alle in einem wesentlichen Punkt von dem Spätling: Was sie schufen, waren Dichtungen im strengen Sinn des Wortes – der mythische und philosophische Gegenstand trat bei ihnen in einer eigenen Sprach- und Bilderwelt ans Licht, das Didaktische war im Dichterischen aufgehoben. Nach dem Eleaten aber brach die Linie ab, Instrument der Belehrung wurde die Prosa. Erst Arat erweckte den alten epischen Hexameter wieder als Träger »wissenschaftlicher« Kunde, und er fand nicht wenige Nachahmer (man vergleiche nur die Werke NIKANDERS). Freilich: Das Produkt war nur in blasser und künstlicher Abklatsch und verriet in seinem ganzen Wesen die Herkunft aus dem – typisch hellenistischen – Vergnügen am Besonderen und Gesuchten und aus mnemotechnischen Interessen. Auch wenn APOLLODOR hernach in seiner *Chronik* das Versmaß des Epos durch den der Prosa verwandteren iambischen Trimeter ersetzte, bedeutet dies nur eine quantitative, keine qualitative Korrektur; ins Reich der Dichtung war diese »Poesie« damit nicht zurückgeführt. Zur hohen Literatur und zur ebenbürtigen Nachfahrin jener frühgriechischen Werke wurde die Gattung des Lehrgedichts erst unter den Händen der Römer, bei LUKREZ und HORAZ, bei VERGIL und OVID.

Dieser historische Überblick zeigt, daß die *Phainomena* von ihrer literarischen Stellung eigentlich kaum dazu bestimmt scheinen konnten, anderthalb Jahrtausenden zur oft kommentierten, obligatorischen Schul- und unterhaltenden Bildungslektüre zu werden. Daß es dennoch dazu kam, verdankt das Gedicht zwei Umständen, die vielfach Wärme und Lebendigkeit in den Bericht einströmen ließen. Das eine ist die stoisch-pantheistische Frömmigkeit des Autors – das Prooimion (V. 1–18), ein Zeus-Hymnos, ist ein schöner Beweis von der Freundschaft des Autors mit dem Zyprioten ZENON und wirkte bis in die Areopagrede des Apostels PAULUS fort *(»Mit Zeus beginnen wir. Denn, Freunde, schweigen soll von Zeus nie unser Wort. Von Seiner Gottheit voll ist jeder Weg, der Markt, das Meer und sein Gestade – allgegenwärtig nährt uns alle Seine Gnade. Denn Sein Geschlecht sind wir«).* Das andere ist die unmittelbare Anschaulichkeit der dargestellten Sache – in jedem Augenblick des Gedichts, bei der Beschreibung der Sternbilder und Tierkreiszeichen (V. 19–453), der Planeten (V. 454 bis 459) und der Himmelskreise (V. 460–558), bei der Schilderung der Auf- und Untergänge der Sternbilder (V. 559–732) und ebenso im zweiten Teil bei der Aufzählung der teils superstitiösen, teils klug beobachteten Wettervorzeichen (V. 733 bis 1154) kann der Leser das Geschilderte an der Realität nachvollziehen. Natürlich trug auch der metrische Charakter – Arat versteht den Hexameter gefällig zu modulieren – das Seine dazu bei, die *Phainomena* zu einem Volksbuch werden zu lassen.

Weder die Einteilung des Himmels in Stern- und Tierkreisbilder noch die Sternsagen selbst, die der Veranschaulichung und Deutung noch unbenannter oder bislang anders verstandener Konstellationen dienten, waren in Arats Zeit neu. Die Sternbilder sind zum Teil schon ägyptisch-babylonisch-assyrischen oder gar indogermanischen Ursprungs, der Milesier ANAXIMANDER hielt sie auf seinem epochemachenden Himmelsglobus fest, und ebenso ist sein Zeitgenosse KLEOSTRATOS aus Tenedos unter den geistigen Ahnen Arats, um von dessen unmittelbarer Vorlage, den *Phainomena* und dem *Enoptron* des EUDOXOS aus Knidos, zu schweigen. Und aus dem Kreis der eigentlichen Sagen sieht man einige bereits von HOMER, HESIOD, PINDAR, den halb legendären MUSAIOS und EPIMENIDES gestaltet. »Aber der den Himmel mit Göttern und Halbgöttern förmlich bevölkerte, war doch erst *Aratos*« (Schmid-Stählin). Als das gelungenste Stück der von Arat erfundenen astromythischen Geschichten seien die berühmten, ganz altgriechisch empfundenen Verse von der »Verstirnung« der Dike (der Göttin des Rechts) erwähnt, die einst unter den Menschen gelebt, aber aus Zorn über die Schlechtigkeit des »ehernen Zeitalters« die Erde verlassen habe und zum Himmel aufgestiegen sei, von wo sie jetzt als »Jungfrau« herabscheint. Angesichts solcher Partien versteht man das Lob des KALLIMACHOS, der Arat mit Hesiod vergleicht; man

begreift auch, weshalb in immer neuem Anlauf CICERO, GERMANICUS und AVIENUS sich um eine Übertragung ins Lateinische bemühten, und ist trotz aller Einschränkungen den Jahrhunderten für die Bewahrung des Gedichts dankbar. E. Sch.

AUSGABEN: Bologna 1474 (lat. Übers. des Germanicus, in der Ausg. der *Astronomica* des Manilius). – Venedig 1499 (in der Astronomenausgabe des Aldus Manutius; m. der lat. Übers. des Germanicus, Avienus und den Fragmenten der Übers. Ciceros u. a.). – Bln. 1893 (*Phaenomena*, Hg. E. Maass; Nachdr. 1954). – Bln. 1898 (*Commentariorum in Aratum reliquae*, Hg. E. Maass; Nachdr. 1958). – Ldn./Cambridge (Mass.) ²1955 (*Aratus*, Hg. G. R. Mair; in *Callimachus. Hymns and Epigrams, Lycophron*, Hg. A. W. Mair; m. engl. Übers.; Loeb). – Florenz 1956 (*Phaenomena*, Hg. J. Martin; m. Komm.).

ÜBERSETZUNGEN: *Von den Sternbildern und von Witterungsanzeigen*, G. S. Falbe (in Neue Berliner Monatsschrift, 1806 u. 1807). – *Des Aratos Sternerscheinungen und Wetterzeichen*, J. H. Voß, Heidelberg 1824 [griech.-dt.]. – *Sternbilder und Wetterzeichen*, A. Schott, Mchn. 1958 [m. Anm. u. Bibliogr. v. R. Böker].

LITERATUR: H. Weinhold, *Die Astronomie in der griechischen Schule*, Diss. Mchn. 1912. – Schmid-Stählin, 2/1, S. 163–167. – K. Schütze, *Beiträge zum Verständnis der »Phainomena« Arats*, Dresden 1935 [Diss. Lpzg.]. – G. A. Keller, *Eratosthenes und die alexandrinische Sterndichtung*, Diss. Zürich 1946. – R. Böker, *Die Entstehung der Sternsphäre Arats* (Ber. d. Sächs. Akad. d. Wiss., 99, H. 5, 1952). – W. Schadewaldt, *Griechische Sternsagen*, Ffm./Hbg. 1956 (FiBü, 129). – J. Martin, *Histoire du texte des »Phénomènes« d'A.*, Paris 1956 (Études et Commentaires, 22). – J. Fink, *Die Inspiration des Dichters im Bild. Kritische Bemerkungen zu »Arat und Muse«* (in Gymn, 66, 1959, S. 491–494; Taf. XXI–XXVI). – D. A. Kidd, *The Fame of Aratus* (in Journal of the Australasian Universities Language and Literature Association, 1961, Nr. 15, S. 5–18). – Lesky, S. 802–804. – W. Ludwig, *Die »Phainomena« Arats als hellenistische Dichtung* (in Herm, 91, 1963, S. 425–448). – F. Solmsen, *Aratus on the Maiden and the Golden Age* (ebd., 94, 1966, S. 124–128). – P. Steinmetz, *Germanicus, der römische Arat* (ebd., S. 450–482).

KALLIMACHOS
(um 305–240 v. Chr.)

AITIA (griech.; *Ursprungssagen*). Vierbändiges Hauptwerk des KALLIMACHOS (um 305–240 v. Chr.), überliefert in Fragmenten, die meist neueren Papyrusfunden entstammen. – Das in elegischen Distichen geschriebene Werk war nicht nur den römischen Dichtern der Augusteischen und voraugusteischen Epoche Vorbild und Richtmaß, sondern gilt auch heute wieder als das Opus, in dem sich die Kunst des repräsentativen Klassikers der hellenistischen Zeit am reinsten und intensivsten zeigt. Die Wiederentdeckung der *Aitia* (die 1204 beim Sturm auf Konstantinopel verlorengingen) kam einer Neuentdeckung des Dichters gleich: keine Zeile, die nicht eine Überraschung geboten und eine neue Seite der überreichen poetischen Phantasie des Autors offenbart hätte. Ob es sich um die Form des Ganzen oder eines Details, um die Auswahl der Geschichten oder die Art zu erzählen, ob um die Nuancen des Ausdrucks oder die Feinheiten der Perspektive handelt: die Fülle der Einfälle ist schlechthin unerschöpflich.

Die kaleidoskopische Variation, das Mannigfaltige und Vielseitige als Stil- und Kompositionsprinzip, das souveräne Arrangement der Einzelheiten, die Beschränkung auf das »Erlesene«, das Kleine und Besondere, die luzide Antithese zu allem komplexen, weiträumigen und bombastischen Dichten: das sind die Mittel, deren sich Kallimachos bedient und die er in seinem berühmten, in die Jahrhunderte hinausweisenden Prolog programmatisch postuliert: *»Wider mein Singen brummen mir oft die Telchinen entgegen, / denen der Musen Gunst nie, den Banausen, geblüht. / Weil ich nicht ein Gedicht, ein stetes, auf Taten der Fürsten / oder der früheren Zeit Helden vollendet in viel / tausend Versen. Ich rolle mein Wort nur kleinere Strecken, / knabenhaft, da doch die Zahl meiner Jahrzehnte nicht klein.«* (Ü: Howald-Staiger) Und er nennt seine Vorbilder und seine Gegner: wie der große MIMNERMOS und wie sein eigener Zeitgenosse PHILETAS will er das Zarte und Feine, die Eleganz weniger Verse, nicht zusammenhängende, vielzeilige Poeme, wie sie ihm seine Kritiker, den giftigen Kobolden (Telchinen) gleichende Neider, vorschreiben möchten; er hält es mit der Ähre, nicht mit der gewaltigen Eiche, stast mit dem Eselsgebrüll mit dem Zirpen der Zikade, und nichts ist ihm verhaßter als endlose Epen auf Taten der vorzeitlichen Könige und Helden (*»Kyklische Dichtung verdrießt mich«*, 28. Epigramm) und *»feiste, unfeine Gedichte«* wie die *Lydē* des ANTIMACHOS (Frg. 398 Pfeiffer), die hier als »Riesenweib« in den Chor murrender Telchinen und schreiender Esel eingereiht wird.

Dieses apologetische Programm, das zwei Jahrhunderte danach den römischen Neoterikern und den Elegikern Wahlspruch und Verpflichtung werden sollte, hat an seinem Platz, als Prolog der *Aitia*, einen guten Sinn: konnte doch der Eindruck entstehen, der Dichter habe mit diesen vier Büchern – in denen zumeist lokal-obskures, abgelegenes, nur einem gelehrten Sammler und Bibliothekar zugängliches Material verwertet wird – selbst ein solch unverständliches, unförmiges Gebilde hervorgebracht. Daß der Autor alles nur Erdenkliche getan hat, diesen Eindruck zu widerlegen, zeigen sogar noch die nicht eben reichen Fragmente in beinahe jeder Zeile. Eine wirbelnde Fülle von Episoden zieht vor dem Leser vorüber, und meist ist die im Titel angedeutete Erklärung seltsamer Kultbräuche und Namen nur poetischer Vorwand für kleine mythische »Medaillons«, für Anekdoten und novellenartige Geschichtchen, die mit wachem Witz und stupender Phantasie, einschmeichelnd plastischer Schilderung und ironisch gebrochener Idyllik dargeboten werden. Buntheit und Abwechslung bestimmen die Motive. Die mythische Geographie springt scheinbar wahllos, doch in abgezirkelter Berechnung, durch den Raum der antiken Welt: von Troia bis Rom, von Kolchis bis Alexandria, von Keos bis Messina sind die Geschichten angesiedelt. Weitgespannt wie die Lokalitäten sind die Themen: Bekanntes und Halbvertrautes (wie Szenen der troischen Sage, der Argonautenfahrt, Histörchen vom Prasser Herakles, der Drachenkampf Apolls) steht neben Obskurem und Ausgefallenem. Doch da es dem Dichter nicht auf mythologische Information, sondern auf – neuartige – poetische Wirkung ankam, ist die Distanz zwischen den beiden Bereichen gering: auch in den gängigen Sagen wurde das längst Geläufige, literarisch Abgegriffene gemieden, Nebenzüge des Geschehens rücken ins Zentrum, die Haupthandlung an den Rand, falls sie nicht völlig unterdrückt wird (parallel zu den Resten des Epyllions *Hekalē*).

Vor allem drei Erzählungen sind es, die selbst noch als Bruchstücke den ganzen Charme und Reiz dieser Poesie enthüllen: die von CATULL übersetzte *Locke der Berenike (Berenikēs plokamos)*, von der die auf Papyri erhaltenen Inhaltsangaben (*Diēgēseis*, von Buch 3, Mitte, an) verraten, daß sie den Abschluß des vierten Buchs bildete; das Gastmahl bei dem reichen alexandrinischen Kaufmann Pollis, wo Kallimachos selbst auftritt und einen Tischnachbarn über mythische Lokalsagen seiner Heimat ausfragt; und schließlich – für uns der Höhepunkt – die zarte, teils in dezentem Bericht, teils mit spielerisch-ironischem Sentiment vorgetragene Liebesgeschichte von Akontios und Kydippe (von OVID in den *Heroiden* 20/21 und von ARISTAINETOS, dem Briefromancier des 5. Jh.s, nachgeformt).

Freilich ist das dichterische »Innen«, das »Wie« der Darstellung fast durchweg verloren. Zwar sind stilistische Details noch zu erkennen, so der im Unterschied zu HOMER viel strengere Versbau und die verschlüsselnde Bildhaftigkeit (statt eines Ganzen wird stellvertretend ein kleiner Teil geschildert, und auch dieser wieder in metaphorisch-einprägsamer Umschreibung). Aber der ungeheuere Erfindungsreichtum, der sich insbesondere in den mannigfaltigen, stets von neuem überraschenden Übergängen und Verknüpfungen geäußert haben muß (Kallimachos ist der erste große »Verfremder« der europäischen Literatur, wie schon der für Traditionalisten schockierende Plan, Mythen in Elegienform vorzutragen, zeigt), und die virtuose Kunst des Arrangements sind nur noch erahnbar. Daß die Episoden nicht unverbunden aneinandergereiht, sondern durch ein Rahmenwerk miteinander verbunden waren, ist heute ziemlich wahrscheinlich. Auf den programmatischen Prolog folgt eine Art zweiter, »innerer« Prolog: Kallimachos erzählt, in zugestandener HESIOD-Konkurrenz, von einem Traum, in dem er sich als Jüngling über die zehn Musen versetzt fand (ihr Kreis ist offenbar um die Königin Arsinoë vermehrt) und mit ihnen – in witzig-neugierigem Dialog – alle möglichen aitiologischen Probleme erörterte. Ein neuerer Papyrusfund brachte die unerwartete Tatsache ans Licht, daß das in diesem »inneren« Prolog begonnene Gespräch noch in Buch 2 andauerte. In Buch 3 und 4 ist die Helikonische Traumszenerie dagegen verschwunden, ohne daß wir wüßten, was an ihre Stelle getreten ist.

Ungeklärt wie die Komposition des Werks ist die Frage nach der Abfassungszeit. Die Einleitung klagt über das Alter des Dichters, und die Geschichte von der Verstirnung der Locke gehört ins Jahr 246 oder 245 v. Chr.; auch der Epilog, auf den Traum des Beginns zurückweisend, spielt – vermutlich – auf Berenike an. Andererseits nimmt APOLLONIOS RHODIOS in seinen *Argonautika* eindeutig auf die *Aitia* Bezug, und sein Epos muß früher entstanden sein. Als einziger Ausweg aus diesem Dilemma bietet sich fürs erste der Vorschlag Rudolf PFEIFFERS an: der Prolog und die – ursprünglich selbständige – *Locke* wurden eingearbeitet, als der Dichter im Alter eine Neuausgabe seines früher erschienenen Werks veranstaltete.

E. Sch.

AUSGABEN: Oxford 1949–1953 (in *Callimachus*, 2 Bde., Hg. R. Pfeiffer; m. Erl.). – Paris ⁴1953 (in *Callimaque*, Hg. E. Cahen). – Ldn./Cambridge (Mass.) 1958 (in *Callimachus*, Hg. C. A. Trypanis; m. engl. Übers. u. Anm.; Loeb)

ÜBERSETZUNG: *Aitia. Ursachen*, E. Howald u. E. Staiger (in *Dichtungen*, Zürich 1955; m. Einl.; griech.-dt.).

LITERATUR: R. Pfeiffer, *Kallimachosstudien*, Mchn. 1922. – H. Herter, Art. *K.* (in RE, Suppl. 5, 1931, Sp. 408ff.). – M. Pohlenz, *K.' »Aitia«* (in Herm, 68, 1933, S. 313–327). – E. Howald, *Der Dichter K. von Kyrene*, Erlenbach-Zürich 1943. – A. Swiderek, *La conception de la tradition populaire dans les »Aitia« de Callimaque* (in Eos, 46, 1952/53, S. 49–58). – M. Puelma, *Die Vorbilder d. Elegiendichtg. in Alexandrien u. Rom* (in MH, 11, 1954, S. 101ff.). – W. Wimmel, *K. in Rom*, Wiesbaden 1960 (HermE, 16).

BERENIKĒS PLOKAMOS (griech.; *Die Locke der Berenike*). Eine »*galante Huldigung*« des greisen KALLIMACHOS (um 305–240 v. Chr.) an die junge Königin Berenike (geb. 273 v. Chr.), die Tochter des Königs Magas von Kyrene (der Heimat des Dichters) und Gemahlin des ägyptischen Königs Ptolemaios III. Euergetes (reg. 246–211 v. Chr.). – Das Werk war lange schon aus der ziemlich wortgetreuen Nachdichtung CATULLS (carm. 66) bekannt, bevor Papyrusfunde ein größeres Stück des Originals ans Licht brachten. Andere Papyri, mit den paraphrasierenden *diēgēseis* der *Aitia*, lieferten die überraschende Erkenntnis, daß die *Locke der Berenike* nicht ein selbständiges Gedicht war, sondern in das vierte und letzte Buch des elegischen Hauptwerks gehört, und zwar ans Ende, zugleich liebenswürdige Reverenz und krönender Abschluß. Ob das kleine Poem mit genau knapp hundert Versen ursprünglich für sich stand (wie das Fehlen von zehn aus Catull bekannten Zeilen im Papyrus und der Überschuß eines Distichons in dem *Aitien*-Fragment andeuten könnte), ist umstritten: es wäre immerhin denkbar, daß ein – im besten Sinn höfisches – Gelegenheitsgedicht bei der Neuauflage dem großen Opus mit gewissen Veränderungen eingefügt wurde.

Was man an den *Aitia* im allgemeinen stets von neuem bewundert – die stupende formale Sicherheit des Dichters, vereint mit unnachahmlich legerer Eleganz in der Erzählung –, das zeigt sich auch in der *Locke der Berenike*: spielerisch, ohne verspielt zu wirken, gelehrt und gleichwohl durchsichtig in der Form, von zarter Leichtigkeit (die bei Catull zum Teil verlorengeht oder ins Obskure umschlägt), entfaltet sich vor dem Leser eine kleine Sternsage. Der König, jung vermählt, muß in den Krieg ziehen; die besorgte Gattin verspricht, der Aphrodite-Arsinoë (eine weitere Verbeugung des Poeten vor dem Herrscherhaus) ihre Locke zu weihen, wenn der König gesund zurückkehrt. Plötzlich jedoch ist das kostbare Weihgeschenk aus dem Tempel verschwunden; der Hofastronom Konon entdeckt es als Sternbild am Himmel: Zephyros, der Westwind, hat die Locke entführt. Aber die Geschichte ist nur der Rahmen; aus der erwarteten epischen Szene einer Verstirnung wird unter der Hand des Kallimachos eine sanfte Elegie: die Locke selbst trägt das Ganze vor, preist ihre alte Trägerin, beschreibt den Abschied der Geliebten, Berenike und Ptolemaios, ihr eheliches Glück und klagt über das eigene traurige Los, fern von den schwesterlichen Locken, mitten unter fremden Gestirnen: »*Ach daß doch die Sterne einstürzten und ich wieder eine königliche Locke wäre!*« Der Grundton ist melancholisch – nicht sentimental –, aber das Gefühlvolle ist gleichsam gekühlt durch ironische Distanz: der Dichter identifiziert sich nicht mit der Stimmung, sondern läßt allenthalben spürbar werden, daß er es ist, der die Stimmung hervorruft – und der sie nach Belieben mit schelmischem Zwinkern wieder in Frage stellen kann: er bleibt der souveräne Gestalter, der sein Können demonstriert und sich seiner Fertigkeit und der Bewunderung des Publikums sicher ist. E. Sch.

AUSGABEN (siehe auch *Aitia*): Florenz 1929 (in *Papiri della Società Italiana*, Bd. 9, Nr. 1092, Hg. G. Vitelli). – Ldn. 1952 (in *The Oxyrhynchus Papyri*, Bd. 20, Nr. 2258 C, Hg. E. Lobel; neue Funde). – Oxford 1949–1953 (in *C.*, Hg. R. Pfeiffer, Bd. 1, S. 112–123; Bd. 2, S. 114ff.).

ÜBERSETZUNG (siehe auch *Carmina* v. Catull): *Die Locke der Berenike*, E. Howald u. E. Staiger (in *Dichtungen*, Zürich 1955, S. 277–291; griech.-dt.).

LITERATUR: R. Pfeiffer, »*Berenikēs plokamos*« (in Phil, 87, 1932, S. 179–228). – J. Coman, *L'art de Callimaque et de Catulle dans le poème »La boucle de Bérénice«*, Bukarest 1936. – E. Bickel, *Der Kallimachospapyrus »Die Locke der Berenike« und Catull als Übers.* (in RhMus, 90, 1941, S. 81–146). – N. I. Herescu, *Catulle traducteur du Grec et les parfumes de Bérénice* (in Eranos, 55, 1957, S. 153 bis 170). – Lesky, S. 765.

HEKALĒ (griech.; *Hekale*). Epyllion des KALLIMACHOS (um 305–240 v. Chr.). – Dieses kleine Epos des großen Alexandriners galt im ganzen Altertum bis weit hinein in die byzantinische Zeit als Muster der neuen, von Kallimachos inaugurierten Form der Epik und wurde häufig kommentiert und nachgeahmt: Im Kreis der sogenannten Neoteriker um CATULL wirkte das Gedicht ungemein fruchtbar, OVID hat seine Philemon-und-Baucis-Episode nach der *Hekalē* geformt, das in der *Appendix Vergiliana* überlieferte *Moretum* lehnt sich daran an, und bei PETRONIUS liest man eine köstliche Karikatur. Von den einst vielleicht 800–1000 Hexametern, die noch im 12. Jh. in Konstantinopel im Zusammenhang gelesen werden konnten, sind heute, wohl aufgrund der Katastrophe von 1204 (Vierter Kreuzzug), nur mehr kläglich Reste auf Papyrusbruchstücken erhalten, deren bedeutendstes die 1893 veröffentlichte sogenannte Wiener Holztafel bildet.

Den Kern der Erzählung gibt in groben Zügen eine gleichfalls auf Papyrus überlieferte *Dihēgēsis* (Inhaltsangabe). Es ist die in den Rahmen des Abenteuers von der Bezwingung des marathonischen Stiers eingefügte Geschichte von der Einkehr des Helden Theseus bei Hekale, einem gastfreundlichen alten Weiblein in Athen. Die Frau stirbt in der Nacht, während sie Theseus zurückerwartet, und dieser nennt das Aition (vgl. *Aitia*) – einen attischen Demos Hekale und setzt einen Kult des Zeus Hekalios ein. Kallimachos' Quelle war eine alte *Atthis* (Attische Lokalgeschichte), dieselbe, die auch der Atthidograph PHILOCHOROS benutzte, der die nämliche Geschichte an PLUTARCH weitergab (*Theseus*, 14). Der Verlauf der Erzählung im einzelnen freilich und – vor allem – die Art der

Darbietung sind weithin kaum noch zu erahnen. Manches Typische ist immerhin markant und auffällig genug: daß der eigentlich epische Stoff – die Taten des Helden – an den Rand gedrängt, ja geradezu beiläufig behandelt wird, während die zufällige Episode mit liebevollem Detail gezeichnet ist; daß die genuin mythische Figur des Theseus zum bloßen Mitspieler herabsinkt, während, gleich mit den unheroisch-schlichten Eingangsworten, die geschwätzige, ländlich-einfache Greisin ins Zentrum rückt; daß die großartige mythische Aktion, der gewaltige Heroenkampf, der minuziösen idyllischen Genremalerei weicht; daß – soziologisch bedeutsam – statt königlicher Paläste und Heldenkonzilien das Alltagsleben in einer armseligen Hütte geschildert wird; daß das hieratisch-hinreißende Pathos einfach, bis zur Schmucklosigkeit, geworden ist, nicht selten überglänzt von witzig-ironischem Humor – all das sind vom Dichter bewußt in Szene gebrachte und insofern doppelt typische Elemente hellenistischer Poesie, die die traditionelle Epik fast in ihr Gegenteil verkehren.
Daß man in all dem die *Hekalē* als ein Stück Programmpoesie betrachten darf, mehr noch denn die im elegischen Maß verfaßten *Ursprungssagen* als eine anmutige Illustration Kallimacheischer Poetologie, wie der der vielzitierte Prolog der *Aitia* verkündet, steht außer Frage – auch wenn die Entstehungszeit weiterhin völlig im dunkeln bleibt.
Charakteristisch und doch sehr merkwürdig mutet es an zu sehen, wie Kallimachos selbst in diesem kleinen Werk das Besondere, Überraschende zu wählen sucht. Man sollte meinen, ein Dichter, der auf so knappem Raum einen Mythos erzählen und dabei mit ironisch realistischer Exaktheit in sorgsamer Kleinarbeit Umstände, Personen, Stimmungen (auch das!) schildern will, müsse sich äußerster Konzentration auf Wesentliches und Eigentümliches befleißigen. Aber die Wiener Holztafel hat uns belehrt, daß Kallimachos selbst in solchem Falle die Gelegenheit wahrnahm, der Erzählung unerwartete und scheinbar ganz abseitig-episodische Züge zu verleihen. Die erste der vier Kolumnen ist noch recht unauffällig – der Empfang des Theseus in Marathon nach seinem siegreichen Kampf; zwanzig oder dreißig Zeilen später aber ist man mitten in der Erzählung einer Krähe, die die Geschichte von Athena, Hephaist und Erichthonios und von Athenas Fluch über die Krähen vorträgt – wem, ist das Problem, das die Stelle aufgibt: vermutlich einem anderen Vogel, dem Raben, wie eine Nachahmung der Geschichte in Ovids *Metamorphosen* nahelegt. Was hat diese »Einlage«, falls es sich überhaupt um eine solche handelt, mit Hekale zu tun? Ein poetischer Ausflug in die Vogelwelt? Oder vertreibt sich die alte Frau mit einer Nachbarin die Zeit durch pararhapsodisches Mythenerzählen? Wir wissen es nicht; wir können nur daraus lernen, daß bei Kallimachos alles rekonstruierende Spekulieren versagt, daß man sich mit viel Vorsicht und noch größerer Geduld wappnen muß, wenn man sich ihm – zwangsläufig – als Philologe statt als Leser naht, und daß man schließlich doch nur warten und hoffen kann, bis neue Papyri mehr – vielleicht wiederum gänzlich Unverhofftes – ans Licht bringen. E. Sch.

AUSGABEN: Wien 1893 (*Papyrus Erzherzog Rainer. Aus der Hekale des K.*, Hg. T. Gomperz; ern. in *Mittheilungen aus der Sammlung der Papyrus Erzherzog Rainer*, Bd. 6, Wien 1897). – Bln. 1915 (*Callimachi Hecalae fragmenta*, Hg. I. Kapp; Diss.). – Oxford 1949 (in *Callimachus*, Hg. R. Pfeiffer, Bd. 1; m. Erl.). – Paris [4]1953 (in *Callimaque*, Hg. E. Cahen). – Ldn./Cambridge (Mass.) 1958 (in *Callimachus*, Hg. C. A. Trypanis; m. engl. Übers. u. Anm.; Loeb).

ÜBERSETZUNG: *Hekale*, E. Howald u. E. Staiger (in *Die Dichtungen*, Zürich 1955; m. Einl.; griech.-dt.).

LITERATUR: U. v. Wilamowitz-Moellendorff, *Über die »Hekale« des K.* (in NGG, 1893, S. 731–747; ern. in U. v. W.-M., *Kleine Schriften*, Bd. 2, Bln. 1941, S. 30–47). – H. Herter, Art. *K.* (in RE, Suppl. 5, Sp. 419–423). – A. Barigazzi, *Sull'»Ecale« di Callimaco* (in Herm, 82, 1954, S. 308 bis 330). – F. Krafft, *Die neuen Funde zur »Hekale« des K.* (in Herm, 86, 1958, S. 471–480). – A. Körte u. P. Händel, *Die hellenistische Dichtung*, Stg. [2]1960, S. 90–96 [enth. Übers. im Ausz.]. – V. Bartoletti, *L'episodio degli uccelli parlanti nell' »Ecale« di Callimaco* (in SIFC, 33, 1961, S. 154–162). – Lesky, S. 766–768.

HYMNOI (griech.; *Hymnen*). Sammlung der Götterhymnen des KALLIMACHOS (um 305–240 v. Chr.). Dieses Werk des bedeutendsten hellenistischen Dichters ist uns dank dem Sammeleifer eines spätantiken oder frühmittelalterlichen Abschreibers erhalten, der die Kollektion der sechs Kallimacheischen Stücke mit den sogenannten *Homerischen* und *Orphischen Hymnen* und den *Hymnen* des PROKLOS zu einem Kranz vereinte. Ihre Entstehungszeit verteilt sich über das ganze Leben des Dichters. Das früheste Stück ist der *Zeushymnos* (Nr. 1) mit seiner versteckten Parallelität zwischen dem Göttervater und dem jüngst auf den Thron gestiegenen König Ptolemaios II. Philadelphos (reg. 285–246/45): Die Rivalität des Zeus und seiner Brüder um die Herrschaft spiegelt alexandrinische Hofkabalen, und die Schlußbitte des Poeten an den Himmelsherrn, nicht nur Tüchtigkeit, sondern auch Reichtum zu verleihen, ist deutlich genug adressiert. Während für das dritte Stück, den *Hymnos an Artemis*, nur ein *terminus post quem* angegeben werden kann – in Vers 258 hallen die kleinasiatischen Keltenkämpfe von 278 v. Chr. nach –, läßt sich der *Deloshymnos* (Nr. 4) ziemlich genau fixieren: Ptolemaios taucht im Range eines Gottes auf, eine Stellung, die er erst nach dem Tod der Arsinoe (270) erlangte; zudem erscheint Ägypten als unumschränkte Weltmacht, was nach dem Chremonideischen Krieg (etwa 267–261) so nicht mehr hätte gesagt werden können. Der *Hymnos auf Apollon* (Nr. 2) kreist um das Karneenfest von Kyrene, der Heimatstadt des Dichters, und wiederum steht ein Herrscher zu dem Gott in Parallele (V. 26f.): diesmal ist es Ptolemaios III. Euergetes (reg. 246–221), der sich 247 mit der kyrenaischen Königstochter Berenike vermählte und so Kyrene dem ägyptischen Reich einverleiben konnte. Wie die in die *Aitia* aufgenommene Geschichte von der *Locke der Berenike (Berenikēs plokamos)* stellt demnach der *Apollonhymnos* ein Alterswerk des Dichters dar. Wir sind hier also in der glücklichen Lage, an mehreren Stücken ein und desselben Genos exemplarisch den Werdegang des Dichters nachzuzeichnen, nicht nur das Gleichbleibende, typisch Kallimacheische und Hellenistische, sondern vor allem die Wandlung, Bereicherung und Entfaltung seiner künstlerischen Mittel zu erkennen. Wenn sich dabei als wesentliches Merkmal

ein allmählicher Übergang vom distanzierten, spielerischen Variieren archaischer Mythentradition (Nr. 1) zu immer stärkerer Verlebendigung und unmittelbarer Dramatisierung einer bestimmten mythisch-kultischen Situation (Nr. 2), zugleich ein bewußt stilisiertes Verweben mehrerer Darstellungsperspektiven – göttliche Epiphanie als dichterische Atmosphäre – enthüllt, so darf man aus dieser Evolution guten Gewissens ein Indiz für die Chronologie des fünften und sechsten Hymnos, *Auf das Bad der Pallas* und *Auf Demeter*, ableiten: beide sind in ihrer dramatisch-dialogischen Aktualisierung und in dem schwebenden Ineinander der Erzählebenen dem *Apollonhymnos* aufs engste verschwistert. Damit wird aber auch deutlich, wie sich der Dichter in der äußeren Form immer stärker von der Tradition emanzipiert, ja, man könnte fast glauben, Kallimachos habe die – bei aller gewohnt souveränen Leichtigkeit – in den letzten Stücken ungeheuer intensivierte religiöse Stimmung durch ein zusätzliches Medium neutralisieren wollen: Im fünften und sechsten Hymnos ist der übliche episch-ionische Dialekt einer alten literarischen Dorisch gewichen – der Sprache der alten Chorlyrik –, und im *Bad der Pallas* wird gar (wie ähnlich in den *Aitia*) das Versmaß des Hexameters durch elegische Distichen ersetzt.
Die Grundtendenz, in der man die Eigenart dieser sechs Hymnen zusammenfassen könnte, ist die Dominanz des rein Literarischen, das für die Epoche symptomatische Programm einer Dichtung für die Dichtung: Kultische Bindung ist bei dieser Form der Hymnik ein – eventuelles und in der Forschung sogar stark diskutiertes – Akzidens, nicht mehr, d. h. auch dort, wo der religiöse Kern ernst genommen wird, gerade gut als Anlaß zu einem Gedicht. Virtuosität und Ironie sind auch hier die Elemente, mit denen der Dichter dem Gewohnten neue Seiten abzugewinnen sucht: ob er mit der ambitiösen Ansprüchen der verschiedensten Städte, Zeus' Geburtsort zu sein, jongliert; ob er, wie ein mythologisches Kompendium – aber mit welch raffinierter Abwechslung –, die Lieblingskultstätten der Artemis katalogisiert; ob er den heiligen Ernst der Geschichte vom Frevel Erysichthons und der Bestrafung durch Demeter, witzig mildernd, mit humorvoll-burlesker Ausmalung der Freßgier des Bestraften kontrastiert; ob er Hesiodeische Sagenversionen gegen Homerische ausspielt oder gar eine ausgesprochene Palinodie eines alten Werkes (wie beim *Apollonhymnos*) schreibt; ob er beiläufig eine anmutig verschlüsselte Huldigung an das Herrscherhaus im Text versteckt; ob er entlegene lokale Mythologeme aufsucht oder die traditionellen Akzente der Geschichten versetzt (Zeus und Artemis als Kinder; der Appetit des Herakles als Aretalogie auf den Jagderfolg der Göttin); ob er das Nebensächliche in den Rang des Wesentlichen erhebt (die kosmetischen Details beim Bad Athenas) oder das Wichtigste an einem breit ausgeführten Modell demonstriert (die Teiresias-Erzählung) – stets sehen wir den überlegen mit seinem Material schaltenden Dichter am Werk, der sich seines Könnens und seiner Wirkung bewußt und sicher ist, der es sich ohne jedes Bedenken leisten kann, sein eigenes literarisches Stilideal drastisch und eindringlich vom Gott Apollon vertreten zu lassen: das Prooimion der *Aitien* begegnet wieder als mythische Genreszene. E. Sch.

AUSGABEN: Florenz 1489 (*Hymnus in Lavacrum Palladis*, Hg. A. Politianus, in A. P., *Miscellanea opera*). – Florenz o. J. [ca. 1497], Hg. I. Laskaris. – Oxford 1953 (in *Callimachus*, Hg. R. Pfeiffer, Bd. 2; m. Erl.). – Paris [4]1953 (in *Callimaque*, Hg. E. Cahen). – Ldn./Cambridge (Mass.) [2]1955 (in *Callimachus. Lycophron. Aratus*, Hg. A. W. Mair u. G. R. Mair; m. engl. Übers.; Loeb). – Bln. [6]1962 (in *Hymni et epigrammata*, Hg. U. v. Wilamowitz-Moellendorff; Nachdr. d. 4. Aufl. v. 1925).

ÜBERSETZUNGEN: *Lobgesang auf den Apollo*, J. E. Goldhagen (in *Griechische u. römische Anthologie in deutscher Übersetzung*, Halle 1767). – *Hymnen*, K. A. Küttner, Mitau 1773 [Prosa]. – *IV Hümnen*, Ch. Graf zu Stolberg (in *Gedichte aus dem Griechischen*, Hbg. 1782). – *Hymnen*, E. Howald u. E. Staiger (in *Die Dichtungen*, Zürich 1955; m. Einl.; griech.-dt.).

LITERATUR: E. Cahen, *Les »Hymnes« de Callimaque*, Paris 1930 [Komm.]. – H. Herter, Art: *K.* (in RE, Suppl. 5, 1931, Sp. 433–444). – H. Kleinknecht, *Lutra tēs Pallados* (in Herm, 74, 1939, S. 301–350). – E. Howald, *Der Dichter K. von Kyrene*, Erlenbach/Zürich 1943. – H. Erbse, *Zum »Apollonhymnos« des K.* (in Herm, 83, 1955, S. 411–428). – W. Wimmel, *K. in Rom*, Wiesbaden 1960, S. 59–70 (HermE, 16). – K. J. McKay, *The Poet at Play*, Leiden 1962 (Mnemosyne, Suppl., 6). – Ders., *Erysichthon. A Callimachean Comedy*, Leiden 1962 (Mnemosyne, Suppl. 7). – Lesky, S. 755–760.

APOLLONIOS RHODIOS
(um 295–215 v. Chr.)

ARGONAUTIKA (griech.; *Argonautenepos*). Epos des APOLLONIOS RHODIOS (um 295–215 v. Chr.), das uns nicht in der ersten, wohl während der fünfziger Jahre in Alexandria entstandenen Fassung, sondern in einer zweiten Ausgabe vorliegt, die der Dichter im Alter veranstaltete. Es ist das einzige erhaltene griechische Epos zwischen dem Werk HOMERS und dem des NONNOS und zugleich das einzige vollständig überlieferte große Werk der hellenistischen Zeit.
Als episches Opus ihrer Epoche sind die *Argonautika* literarhistorisch von ganz besonderem Interesse des poetischen Prinzipienstreites wegen, der sich darum rankt: hat doch die Auseinandersetzung zwischen KALLIMACHOS und Apollonios über dieses Werk schließlich dazu geführt, daß der Epiker sein Gelehrtenamt als Leiter der Bibliothek in Alexandria aufgab und in Rhodos eine eigene Schule gründete. Der Streit um die Doktrin der Poetik – hier die von Kallimachos gepriesene Kleinform, dort das vieltausendversige zusammenhängende Poem, das »verhaßte kyklische Gedicht« (*Anthologia Palatina* 12, 43; vgl. *Epikos kyklos*) – hat bis in die moderne Kritik fortgewirkt: zwar wurde Apollonios mit dieser ersten Gesamtbearbeitung des Argonautenstoffes das ganze Altertum hindurch hochgeschätzt, wie neben zahlreichen Kommentaren insbesondere die lateinischen Nachdichtungen des VARRO aus Atax und des VALERIUS FLACCUS sowie der tiefe Einfluß auf VERGIL (auch auf OVID) und NONNOS bekunden; aber ein allseitig behutsames ästhetisches Urteil muß selbst bei größtem Wohlwollen immer wieder zu der Überzeugung kommen, daß die *Argonautika* gerade als Ganzes, als Beispiel der kompositorischen

Großform, mißglückt sind. Andererseits findet das Werk als Versuch einer Erneuerung HOMERS aus dem Geist der eigenen Zeit in unseren Tagen zunehmend aufrichtige Bewunderung: und achtet man nur auf die Fülle unverwechselbar typischer hellenistischer Züge, so wird man begreifen, daß der Dichter zunächst durchaus des Glaubens sein konnte, im Sinn des Kallimachos gewirkt zu haben.

Die reiche Handlung ist auf vier Bücher verteilt, die, neben der mythischen Kontinuität, durch mancherlei Motivklammern untereinander verbunden sind. Buch 1 und 2 berichten, nach ganz kurzer Einleitung, von den Vorbereitungen des Zuges und der an Fährnissen und Abenteuern nicht armen Fahrt nach Kolchis; Buch 3, das ein eigenes Prooimion besitzt, schildert die Gewinnung des Goldenen Vlieses, Buch 4, gleichfalls mit kurzem Musengebet, ist der fluchtartigen und odysseeisch verwickelten Heimfahrt gewidmet. Höhepunkt der Geschichten ist fraglos das dritte Buch, zum einen wegen der sorgfältig ausgearbeiteten mehrschichtigen Erzählweise (gegen die das etwas unglücklich disponierte vierte Buch abfällt), zum anderen der Medea-Gestalt wegen: ihre aufkeimende Liebe zu Iason, ihr schwerer innerer Konflikt zwischen Familienbindung und liebendem Verrat bis zur schließlichen Verschwörung mit dem Geliebten wird minuziös in den verschiedenen Stadien ihrer psychischen Affekte dargestellt. In diesem Buch tritt auch das Kompositionsprinzip des ganzen Werkes besonders deutlich hervor, das durch die Methode der Schwerpunktbildung gekennzeichnet ist: gerafft er Bericht wechselt mit detailliert er Einzelszene, wobei – darin ist das Werk durchaus den *Aitia* oder der *Hekalē* des Kallimachos verwandt – die ausgemalte Episode keineswegs mit der dramatisch bedeutsamen identisch ist: dem Postulat des Stoffes wird der Maßstab des dichterisch Ergiebigen und Reizvollen übergeordnet. Auf diese Weise hebt sich dort, wo ein zentrales Motiv extensiv dargeboten wird – wie im Seelenkampf der Medea –, das Entscheidende doppelt markant heraus. Das führt aber auch dazu, daß Nebenepisoden, ja geringste Beiläufigkeiten des Geschehens sich dem Leser unauslöschlich ins Gedächtnis prägen: so der Abschied der Alkimede von ihrem Sohn (1, 276 ff.); so die Genreszene des würfelspielenden kleinen Erosknaben, der mit seiner Mutter um den versprochenen Ball feilscht (3, 111 ff.); so die unterbrochene Morgentoilette Aphrodites, die in Eile das lockig und lang auf die Schultern fallende Haar ungeflochten hochbindet (3, 44 ff.), und vieles andere.

Gerade in den Konturen der Einzelheiten, in denen Apollonius exakte Beobachtung exakt und plastisch wiedergibt, zeigt sich seine große künstlerische Begabung. »*Wann vom Felde zurück der Ackermann oder der Pflanzer / Froh seine Hütte erstrebt und auf das Nachtmahl begierig, / Staubbedeckt, ihm wanken die müden Knie, sobald er / Seine Schwelle erreicht, auf seine verwitterten Hände / Schaut er, wie sie voll Schwielen, er flucht dem begehrlichen Magen: / Derzeit kamen sie ... zu der Mündung des Kios.*« (Ü: Scheffer) – Ein beliebiges Zitat und doch repräsentativ, weil es mit wenigen charakteristischen Strichen das harte Leben und die Welt des mediterranen Kleinbauern genau umreißt. Aber es kann in noch viel weiterem Umfang aufschlußreich sein: als Bekenntnis zur idyllischen »Kleinmeisterei« und zugleich zu kühnem Realismus, als Beispiel für das Eindringen des Alltäglichen in die hohe Poesie,

vor allem jedoch als Zeugnis des Bemühens um indirekte Darstellung, um das mittelbare, gebrochene oder gespiegelte Bild – statt zu sagen »abends kamen sie hungrig und müde zur Mündung des Kios«, verlegt der Dichter Zeitangabe und Stimmung der Helden ganz in das – auf den ersten Blick völlig autonome – Bild, und innerhalb des Bildes wird das Psychische wiederum in den beschreibbaren äußeren Details ausgedrückt.

In all dem erweist sich Apollonios als echter Vertreter seines Jahrhunderts, nicht anders als Kallimachos; freilich konnte er der großen Gefahr, welche die neuen Kunsttendenzen bargen, im Gegensatz zu jenem nicht überall entgehen: hauptsächlich nicht in den Nahtstellen von Tradition und »Moderne«. Das Spiel mit den überkommenen Formen, die überraschende Antithese von Alt und Neu, der Kult mit modischen Errungenschaften, kurz, das ganze hellenistische Koketttieren mit Gelehrsamkeit und leichthändiger Virtuosität führt dazu, daß die einzelnen Elemente oft hart aufeinanderstoßen: während das Erbe des »Psychologen« EURIPIDES ohne Bruch mit dem genuin Apollonischen verschmilzt, empfindet man die langweilig-trockene Reverenz vor der archaischen Katalogdichtung zu Beginn des Werkes als mißglückt. Ähnliches gilt für die nach der Laune des Jahrhunderts fast überschwenglich über die vier Bücher verstreuten *aitia*, die zahllosen Erklärungen zur Entstehung von Kulten und Namen, die ohne jede dichterische Funktion bleiben. Amüsant wird solches Verzieren und Aufpolieren des mythischen Stoffes dann, wenn sich dahinter der Impetus junger wissenschaftlicher Erkenntnisse verbirgt: so läßt sich genau verfolgen, bis zu welchem Punkt die aktuelle Geographie die alten mythischen Vorstellungen revolutioniert hat und von wo an Apollonios sich weiterhin mythisch-märchenhafter Spekulation anvertraut; und hinter der streckenweise – scheinbar unmotiviert – den Odysseus-Abenteuern folgenden Reiseroute des zweiten Teils steckt eine komplette Theorie der *Odyssee*-Geographie.

Versucht man am Ende Vorzüge und Nachteile gegeneinander abzuwägen, so stößt man auf den merkwürdigen, aber bezeichnenden Umstand, daß beides in einem wechselseitig bedingten Verhältnis steht: was an den *Argonautika* gefallen und begeistern kann, der sichere Griff nach dem Detail, die einprägsame Treffsicherheit der Miniatur, die souveräne literarische Distanz zum Gesamtstoff, all das wirkt sich, sieht man auf das Ganze des Epos, als großes Hemmnis aus: großräumiges Komponieren, das die Einzelteile zu einer im Ganzen sichtbaren Einheit in Beziehung setzt, die Durchführung funktional gebundener und verschlungener Handlungslinien, überhaupt eine übergeordnete thematische Idee, die sich in der erzählten Geschichte dichterisch verifizieren und die Ereignisse bedeutsam machen würde, sie erst wirklich zu einem »Geschehen« werden ließe – das war nicht Apollonios' Sache. Hält man die *Argonauten* neben die *Ilias* und die *Aeneis*, so wird man schließlich doch sagen müssen: das bessere Gespür für das, was nach dem poetischen Geschmack der Zeit als Literatur erstrebenswert, ja generell noch möglich war, hat sicherlich der Rivale besessen – der Exponent des Hellenismus heißt für uns Kallimachos, nicht Apollonios. E. Sch.

AUSGABEN: Florenz 1496, Hg. I. Laskaris. – Ldn. 1912, Hg. G. W. Mooney. – Cambridge 1928, Hg. M. G. Gillies [Buch 3, m. Komm.]. – Ldn./Cambridge (Mass.) 1912, Hg. R. C. Seaton [m. engl. Übers.; zuletzt 1955]. – Paris 1961, Hg. F. Vian [Buch 3]. – Oxford 1961, Hg. H. Fränkel. – *Scholien*: Bln. ²1958, Hg. C. Wendel.

ÜBERSETZUNGEN: *Die Argonauten*, J. J. Bodmer, Zürich 1779. – Dass., T. v. Scheffer, Wiesbaden ²1947.

LITERATUR: H. Faerber, *Z. dichterischen Kunst in A. R.*' »*Argonautica*«, Diss. Bln. 1932. – F. Mehmel, *Virgil u. A. R.*, Hbg. 1940. – P. Händel, *Beobachtungen zur epischen Technik des A. R.*, Mchn. 1954 (Zetemata, 7). – H. Herter, *A. v. R.* (in Bursians Jahresberichte, 285, 1944–1955, S. 213–410; Literaturbericht). – H. Fränkel, *Das »Argonautenepos« des A.* (in MH, 14, 1957, S. 1–19). – E. Eichgrün, *Kallimachos u. A. R.*, Diss. Bln. 1961.

ERATOSTHENES aus Kyrene
(um 295–215 v. Chr.)

GEŌGRAPHIKA (griech.; *Geographiebücher*). Verlorenes Werk in drei Büchern des ERATOSTHENES aus Kyrene (um 295–215 v.'Chr.). – Die *Geographie* des alexandrinischen Gelehrtendichters markiert einen der absoluten Höhepunkte in der Entwicklung des antiken Geistes: in systematischer Übersicht stellt sie die Ergebnisse der gesamten praktisch-experimentellen und theoretischen geographischen Untersuchungen des Autors dar, wobei ein einzelnen vor allem die Resultate seiner Schrift *Über die Erdvermessung (Peri tēs anametrēseōs tēs gēs)* als Grundlage dienten.
Der Inhalt ist, hauptsächlich durch STRABONS *Geōgraphika*, in groben Umrissen noch einigermaßen kenntlich. Buch 1 bot eine Problemgeschichte, einen historisch-propädeutischen Abriß der allmählichen Entfaltung erdkundlicher Erkenntnis und Methode. Den Anfang machte HOMER, der als Geograph sehr schlecht wegkam: er habe, so hieß es da zum Beispiel, als Psychagoge, nicht als Wissensvermittler gedichtet und die Irrfahrten des Odysseus könne man erst lokalisieren, wenn man den Schuster gefunden habe, der den Windschlauch des Aiolos nähte. Das Buch schloß mit einer Besprechung der peripatetischen Gelehrsamkeit und der Geographen von Alexanders Indienfahrt. – Buch 2 enthielt das methodische Fundament der eigenen Anschauungen des Autors, die mathematisch-astronomisch begründeten Messungen und Berechnungen samt den Schlußfolgerungen daraus. Hier dürften die Forschungen über Gestalt und Größe der Erde endgültig formuliert gewesen sein: aufgrund der Kugelhypothese hatte Eratosthenes in Alexandria und dem südägyptischen Syene mit Hilfe von Schattenmessungen im Schalen-Gnomon den Erdumfang auf 252000 Stadien zu je etwa 157 m bestimmt (da er den Wendekreis von 23°50′57″ festgelegt hatte, lag Syene für ihn auf 24°), war also ein fast idealer Standort). Im gleichen Buch behandelte Eratosthenes auch die Lehre von den klimatischen Zonen und von dem einen Ozean, der die ganze bewohnte Erde umspült: die *oikumenē* war für ihn ein Festland, in der Breite, von der Zimtküste bis Thule, 38000 Stadien, in der Länge, von Gibraltar bis zu den Grenzen Indiens, 78000 Stadien groß. – Buch 3 endlich war der angewandten Geographie gewidmet, brachte eine Erdkarte (seit ANAXIMANDER durfte sie in keiner erdkundlichen Monographie fehlen), und zwar mit geometrischer Flächengliederung: die west-östliche Trennungslinie, das von DIKAIARCH erfundene sogenannte *diaphragma*, schied die *oikumenē* in eine Nord- und eine Südhälfte; jede der beiden war ihrerseits wiederum in kleinere Areale, die »Sphragides« oder »Plinthia«, aufgeteilt: beides zusammen ergab die Vorform unseres Meridiannetzes. Im Mittelpunkt des dritten Buches stand die detaillierte Schilderung der einzelnen Länder und »Erdteile«, jene Disziplin, die die spätere Zeit als das ausschließliche Metier des Geographen verstand.
Noch der hier gegebene knappe Überblick macht deutlich, in welchem Maße sich Eratosthenes mit den *Geōgraphika* und mit *Peri tēs anametrēseōs tēs gēs* über alle seine Vorgänger erhebt. Zwar hatte der größte unter ihnen, der Aristoteles-Schüler Dikaiarch, auch schon die exakte Mathematik als für die Geographie unerläßlich erkannt, doch dienten seine trigonometrischen Messungen eben in erster Linie noch der Erdbeschreibung – mit dem Schwergewicht auf der praktisch verwertbaren Kartographie. Erst bei Eratosthenes werden Astronomie und Mathematik zum methodischen Fundament, das von einigen wenigen arbeitshypothetischen Grundtheoremen aus (etwa der Kugelgestalt usw.) die Möglichkeit einer präzisen und umfassenden Beschreibung aller Erderscheinungen schafft und das jederzeit eine Kontrolle des gewonnenen Forschungsresultats an festen Maßstäben, nämlich den durch die mathematischen Operationen verbürgten Messungen, erlaubt. Diese innere Konsequenz des Aufbaus hat die Geographie, und auch die Naturwissenschaft überhaupt, im Altertum und ebenso im Mittelalter nicht wieder erreicht. E. Sch.

AUSGABEN: Göttingen 1770, Hg. L. Ancher (in L. A., *Diatribe in fragmenta Geographicorum Eratosthenis*, Bd. 1; Ausw. auch Buch 1). – Göttingen 1789 (*Geographicorum fragmenta*, Hg. G. C. F. Seidel). – Lpzg. 1880 (*Die geographischen Fragmente des E.*, Hg. H. Berger; Nachdr. 1964). – Bln. 1929 (in *Die Fragmente der griech. Historiker*, Hg. F. Jacoby, Bd. 2B, Nr. 241; unvollst.).

LITERATUR: H. Berger, *Geschichte der wissenschaftlichen Erdkunde der Griechen*, Lpzg. ²1903, S. 384 bis 441. – H. Nissen, *Die Erdmessung des E.* (in RhMus, 58, 1903, S. 231–245). – G. Knaak, Art. *E.* (in RE, 6/1, 1907, Sp. 366–377). – Schmid-Stählin, 2/1, S. 250–252. – F. Jacoby, *Die Fragmente der griechischen Historiker*, Bd. 2D, Bln. 1930, Nr. 241 [Komm.]. – W. Kubitschek, Art. *Erdmessung* (in RE, Suppl. 5, 1935, Sp. 31–54). – J. E. H. Bunbury u. W. H. Stahl, *A History of Ancient Geography*, Bd. 1, NY ²1959, S. 615–666. – A. H. Tozer, *A History of Ancient Geography*, NY ²1964, S. 165–183 [m. Erg. v. M. Cary].

HERMESIANAX aus Kolophon
(1. Hälfte 3. Jh. v. Chr.)

LEONTION (griech.; *Leontion*). Elegienwerk in drei Büchern von HERMESIANAX aus Kolophon (1. Hälfte des 3. Jhs v. Chr.). – Als Titel des Zyklus hat der Dichter – in Anlehnung an die *Lydē* des ANTIMACHOS – den Namen seiner Geliebten gewählt, die auch in den Elegien immer wieder angeredet wird. Es läßt sich freilich nicht mehr sagen, in welcher Weise persönliches Erleben den Anstoß gegeben hat; von seiner eigenen Liebe, soviel steht jedenfalls fest, hat Hermesianax in seinen Versen nicht gesprochen. Aber daß das Private überhaupt zum Kristallisationspunkt elegischer Liebesdichtung wurde, ist – als Fortsetzung des Antimachos und als Vorbereitung der späteren, ihrem Wesen nach ganz subjektiven erotischen Poesie der Römer – höchst bedeutsam.

Von der Eigenart und dem Aufbau des Gesamtwerks vermag man sich heute kein Bild mehr zu machen: Wie vage hier jede Vermutung bleiben müßte, zeigen die zahllosen Überraschungen, welche die Wiederentdeckung von Resten der *Aitia* des KALLIMACHOS begleitet haben. Immerhin scheint die *Leontion* des Hermesianax mit jenem Werk seines überragenden Zeitgenossen eine Grundtendenz gemeinsam zu haben: die Umwandlung des Elegischen in eine erzählende Gattung. Ein anderes Charakteristikum – der archaisierende Rückgriff auf die altepische Katalogdichtung (vgl. HESIOD) – verbindet die *Leontion* mit den *Erōtes ē kaloi (Eroten oder Die Schönen)* des PHANOKLES, die man beinahe als paiderastisches Schwesterwerk zur *Leontion* bezeichnen könnte. Das Ganze muß eine geschickt und reich variierte Sammlung von Liebesgeschichten gewesen sein, ein Kranz von jeweils in sich abgeschlossenen, episodenartigen Szenen, zusammengehalten allein durch das Thema »Eros«, die durchgängige Anrede an die Geliebte und die, wie es scheint, unerschöpfliche Phantasie, mit der der Dichter anmutig-lockere Übergänge erfunden hat. Wenn die antiken Zeugnisse und Fragmente nicht trügen, standen zunächst Beispiele aus der Mythologie zur Debatte: So wurde etwa im ersten Buch die bukolisch gefärbte Geschichte von Polyphem und Galateia geschildert – ein Motiv, das uns auch in den *Eidyllia* THEOKRITS begegnet. Im dritten Buch, von dem uns die *Deipnosophistai* des ATHENAIOS ein zusammenhängendes Fragment mit 98 Versen erhalten haben, ist der Dichter bei historischen Paradigmen angelangt: In fünfzehn »Bildern« führt er uns die Liebeserlebnisse berühmter Dichter und Philosophen vor, angefangen bei den halb legendären Gestalten Orpheus und Musaios, über Hesiod, Homer, Mimnermos, Antimachos, Alkaios, Anakreon, Sophokles, Euripides und Philoxenos bis hin zu seinem älteren Zeitgenossen Philetas (aus der Skala der Philosophen sind nur Pythagoras, Sokrates und Aristipp erhalten). Das warme Lob, das man der poetischen Gewandtheit des Hermesianax allenthalben zollt, gründet sich auf diese Zeilen. Und wenngleich der ungebrochene Eifer, mit dem der Dichter den Spuren der jüngsten literarhistorischen Entdeckungen folgt (Chronologie), gelegentlich zu kritischen Einschränkungen nötigt – so wenn (aus durchsichtigen philologischen Gründen) Homer die Penelope, Hesiod seine Ehoie und Alkaios die Sappho liebt –: aufs Ganze gesehen dürfte die hohe Wertschätzung des frühhellenistischen Autors durchaus ihre Berechtigung haben. E. Sch.

AUSGABEN: Leiden 1782, Hg. D. Ruhnken (in D. R., *Appendix ad Epistolam criticam II*). – Mailand/Palermo/Neapel 1905 (in *Fragmenta*, Hg. C. Giarratano). – Oxford 1925 (in *Collectanea Alexandrina*, Hg. J. U. Powell). – Lpzg. 1942 (in *Anthologia lyrica Graeca*, Bd. 2/6, Hg. E. Diehl).

ÜBERSETZUNG: *Die Elegie des Hermesianax*, A. W. v. Schlegel (in Athenaeum, 1, 1798, S. 1). – In *Die elegischen Dichter der Hellenen*, W. E. Weber, Ffm. 1826. – In *Griechische Gedichte, mit Übertragungen deutscher Dichter*, Hg. H. Rüdiger, Mchn. ³1936.

LITERATUR: S. Heibges, Art. *H.* (in RE, 8/1, 1912, Sp. 823–828). – Schmid-Stählin, 2/1, S. 122/ 123. – J. Trüb, *Kataloge in der griechischen Dichtung*, Oberwinterthur 1952, S. 69–73 [zugl. Diss. Zürich]. – A. Körte u. P. Händel, *Die hellenistische Dichtung*, Stg. ²1960, S. 258–261. – G. Luck, *Die römische Liebeselegie*, Heidelberg 1961, S. 34/35. – Lesky, S. 807/808.

ANONYM

MARMOR PARIUM (griech.; *Marmor von Paros*). Geschichtschronik, um die Mitte des 3. Jh.s v. Chr. von einem Einwohner der Insel Paros in Stein gehauen. – Diese Chronik ist zwar als literarisches Dokument von nur untergeordneter Bedeutung, als Dokument zur Literatur dagegen eine der unschätzbaren Preziosen des Altertums. Die in zwei Bruchstücken (A und B) – mit teilweise starken Überlieferungsschäden zu Beginn, am Ende und an der Bruchkante – erhaltene Inschrift stellt ein Unikum dar, das in vieler Hinsicht noch der Erklärung bedarf. Der Verfasser hat den historischen Stoff von der Zeit des legendären Athenerkönigs Kekrops bis in seine eigenen Tage (264/63 v. Chr.) auf ursprünglich rund 150 Epochen verteilt, wobei der Umfang der Epochen gegen Ende immer geringer wird (am Schluß beträgt er etwa ein Zehntel des Anfangs). Die Auswahl der verzeichneten Fakten erscheint überaus merkwürdig; Leitprinzip war offenbar ein von athenischem Lokalpatriotismus getragener Panhellenismus. Aber warum der Autor nur Peisistratos und nicht auch SOLON erwähnt, warum nur den Perserkrieg, nicht die Hegemonie Athens und den Peloponnesischen Krieg (Sparta ist ganz totgeschwiegen), warum bei Alexander und den Diadochen nur die griechischen Aspekte – all das bleibt unerfindlich. Das Ganze könnte wie ein Ausblick aus engem Provinzhorizont in die weite *oikumenē* erscheinen – wenn der Verfasser nicht zugleich ein solch erstaunliches Gefühl für geistige Größe an den Tag legen würde. Denn dies ist das Seltsamste an dieser »*populären Universalchronik*« (Jacoby): daß der vom Geist des Hellenismus durchdrungene Chronist neben die politische Geschichte gleichrangig die literarische stellt, ja stellenweise sogar die politischen Fakten hinter den geistesgeschichtlichen zurücktreten läßt. Die Nachrichten, die wir auf diese Weise von den großen Festspielen, von Epos, Lyrik und insbesondere von der Tragödie (dagegen nicht der Komödie), von den Agonen und Siegen, den Aufführungs- und Lebensdaten der Klassiker des 6.–4. Jh.s erhalten, sind nirgendwo sonst in so dichtgedrängter Zusammenfassung tradiert. Ob diese seltsame Mischung von Themen und Perspektiven allerdings wirklich nichts weiter darstellt als die »*Lesefrüchte eines gebildeten Mannes in Chronikform*« (Jacoby), wird, vorerst zumindest, weiterhin offenbleiben müssen.

AUSGABEN: Ldn. 1628 (in *Marmora Arundeliana*, Hg. J. Selden). – Bln. 1897 (*Ein neues Bruchstück der parischen Marmorchronik*, Hg. M. K. Krispi u. A. Wilhelm, in Mitteilungen des königl. deutschen Archaeologischen Instituts, Athen. Abt. 22, 1897, S. 183–217). – Bln. 1903 (*Chronicon Parium*, in *Inscriptiones Graecae*, Bd. 5, Hg. F. Hiller v. Gaertringen, S. 100–116; 315f.). – Bln. 1929/30 (in *Die Fragmente der griechischen Historiker*, Hg. F. Jacoby, Bd. 2B u. 2D, Nr. 239; m. Komm.). – Oxford 1948 (in *A Selection of Greek Historical Inscriptions*, Hg. M. N. Tod, Bd. 2, Nr. 205; Nachdr. 1950).

LITERATUR: F. Jacoby, *Ueber das »Marmor Parium«* (in RhMus, 59, 1904, S. 63–107). – Schmid-Stählin, 2/1, S. 229. – R. Laqueur, Art. *»Marmor Parium«* (in RE, 14/2, 1930, Sp. 1885 bis 1897). – F. Jacoby, *Atthis. The Local Chronicles of Ancient Athens*, Oxford 1949 [s. Index].

EUPHORION aus Chalkis
(geb. um 275 v. Chr.)

CHILIADES (griech.; *Chiliaden*). Hexametrisches Gedichtwerk des EUPHORION aus Chalkis (geb. um 275 v. Chr.), nur durch einige wenige Fragmente bekannt. Einer ziemlich verderbten Notiz der *Suda* zufolge müssen die *Chiliades* ein Zyklus von fünf Büchern gewesen sein (falls sich die Zahlangabe nicht auf das gesamte Œuvre bezieht), in denen der Dichter auf irgendwelche Leute, die ihm sein Geld geraubt hatten, *»allerlei Verwünschungen und böse Orakel«* herabfleht, die sich noch *»in tausend Jahren«* – daher der Titel – erfüllen sollen. Wenn die Angabe der *Suda* stimmt, dann könnte der gleichfalls überlieferte Titel *Arai ē potērioklepteīs (Flüche oder Der Becherdieb)* nicht nur ein Parallelgedicht, sondern unter Umständen sogar einen Teil des größeren Werkes bezeichnen.
Wie dem auch sei: der Charakter der *Chiliades* mag sich in der poetischen Form nur wenig von den *Flüchen* unterschieden haben, so daß man das kleine Bruchstück aus dem *Becherdieb* durchaus repräsentativ nennen darf: »*Oder zerschmettert möge er werden wie einstmals die Wandrer, / Dort wo Skiron ersann unziemliches Bad für die Füße, / Freilich nur kürzere Zeit, denn gedroschen vom Sohne der Aithra, / Fettet als letztes der Opfer er selbst unsrer Schildkröte Kehle. / Oder es möge den Bogen, den stürmischen, Tainarons Herrin, / Die sie den kreißenden Wehen der Frauen im Kindbette nahet, / Artemis spannen und ihn erlegen mit ihren Gewaffen. / Tragen am Acheron mög' er Askalaphos' drückenden Felsen, / Den ihm Deo im Zorn auf seine Glieder gepaßt hat, / Weil er als einziger Zeugnis gestellt wider Persephoneia.*« (Ü: Körte.) Die Häufung der teils altvertrauten, teils entlegenen mythologischen Exempel, die Einbettung in ein archaisches Dichtungsschema – vor allem der Reichtum an beschriebenen Details: all das sind echt hellenistische Elemente. Typisch für den literarischen Geist der Epoche aber ist vor allem die Anwendung dieser Stilideale auf eine bislang fremde Motivform: die tief im Volks- und Aberglauben verwurzelte subliterarische »Gattung« der *Flüche*. Dabei steht Euphorion keineswegs allein: auch KALLIMACHOS hat in einem – leider durch die Überlieferung ähnlich verdunkelten – Gedicht, dem *Ibis*, einen Gegner zur Hölle verdammt, und von der zur selben Zeit lebenden Dichterin MOIRO kennen wir gleichfalls einen Titel *Arai (Flüche).* Von den Hellenisten wiederum gelangte das Genos nach Rom – man denke z. B. nur an OVIDS *Ibis* oder die in der *Appendix Vergiliana* enthaltenen *Dirae*. Daß es sich in diesen Fällen immer um Flüche aus wirklich gegebenem Anlaß gehandelt hätte, kann man nicht behaupten: speziell bei Euphorion ist es sogar recht unwahrscheinlich. Der literarischen Mode des Jahrhunderts entsprechend war ihm gewiß die gegebene Thematik nichts als ein willkommener Vorwand, vielseitige »Bildung« und poetische Routine zu demonstrieren. Wenn dabei – wie es scheint – dichterische Phantasie, Gestaltungskraft, kompositorischer Schwung zu wünschen übrigließen, so wird ihm in seiner Zeitbefangenheit dieser Mangel gar nicht aufgegangen sein: eine spielerische Ironie – wie dem Kallimachos – war ihm jedenfalls nicht eigen. E. Sch.

AUSGABEN: Danzig 1823, Hg. A. Meineke (in *De Euphorionis Chalcidensis vita et scriptis;* ern. in *Analecta Alexandrina*, Bln. 1843). – F. Scheidweiler, *Euphorionis fragmenta*, Diss. Bonn 1908. – Oxford 1925 (in *Collectanea Alexandrina*, Hg. J. U. Powell). – Florenz 1957 (in *Papiri Greci e Latini*, 14 Hg. V. Bartoletti, Nr. 1390, S. 43–61; m. Komm.).

LITERATUR: A. Barigazzi, *Sul fr. 9 Powell di Euforione* (in SIFC, 24, 1949, S. 21–27). – A. Körte u. P. Händel, *Die hellenist. Dichtung*, Stg. ²1960 S. 264f. – Lesky, S. 800ff.

PHANOKLES
(3. Jh. v. Chr.)

ERŌTES Ē KALOI (griech.; *Eroten oder Die Schönen*). Ein in elegischen Distichen verfaßtes Sammel- oder Ringgedicht – vielleicht auch »Gedichtzyklus« – von PHANOKLES (ca. erste Hälfte des 3. Jh.s v. Chr.). – Thema des eigenartigen Werkes, von dem leider nur noch 32 Verse erhalten sind, war die Liebe zu schönen Knaben, dargestellt an Motiven des griechischen Mythos: Orpheus und Kalais (Frgm. 1 Powell), Dionysos und Adonis – Aphrodite als Rivalin (Frgm. 3 P.) –, Zeus und Ganymed (Frgm. 4 P.) u. ä. Im Stoff lag offenbar keine Besonderheit; so muß, wenn man aus dem literarischen Geist der Zeit schließen darf, der Reiz der *Erōtes* in der Form gelegen haben. Und in der Tat lassen die Reste die Absicht des Dichters noch gut erkennen: zum einen war es ihm darum zu tun, die alten Mythen durch Übernahme in das elegische Maß auf einen neuen Ton zu stimmen – die *Aitia* des KALLIMACHOS oder die *Leontion* des HERMESIANAX wirken in derselben Richtung –, zum andern sollte aber eben diese Verfremdung durch Vermischung mit einer besonders archaischen Art der Mythengestaltung, nämlich dem Katalogepos, erst eigentlich seine individuelle Nuance erhalten.
Wieweit dem Dichter diese doppelte Variation geglückt ist, kann man nicht mehr sagen: der Anklang an HESIODS *Ehoien* in der anscheinend stereotypen Einleitungsformel der Episoden »*ē hōs...*« (»*oder wie...*«) ist nicht zu überhören; doch die Struktur des Aufbaus und der Eindruck, den das ganze Poem hervorrief, sind für uns verloren – gerade daran aber wäre Qualität und Erfolg nach dem Maßstab der implizit sichtbaren poetischen Prinzipien abzulesen gewesen. Immerhin: Phanokles versteht gefällig und elegant, ohne Gespreiztheit oder exklusiven Bildungsprunk, zu erzählen, wie die bei STOBAIOS in vollständigem Zusammenhang überlieferte Orpheusgeschichte aufs schönste zeigt. Eine gewisse Vorliebe für aitiologische Schluß-

wendungen – Lesbos als Insel der Dichter, die Tätowierung der Thrakierinnen – mag vielleicht nicht für das ganze Werk typisch sein, ist aber, im Hinblick auf das Hauptwerk des Kallimachos, doch fraglos charakteristisch. E. Sch.

AUSGABEN: Straßburg 1772 (in *Analecta veterum poetarum Graecorum*, Hg. R. F. P. Brunck). – Lpzg. 1925 (in *Anthologia lyrica Graeca*, Bd. 2, Hg. E. Diehl). – Oxford 1925 (in *Collectanea Alexandrina*, Hg. J. U. Powell).

ÜBERSETZUNG: A. W. Schlegel (in F. Schlegel, *Ueber die alte Elegie, und einige erotische Bruchstücke derselben; und ueber das bukolische Idyll* [1798], in F. S., *SW*, Bd. 4, Wien 1822, S. 51f.).

LITERATUR: A. v. Blumenthal, Art. *Ph.* (in RE, 19/2, 1938, Sp. 1781ff.). – G. Morelli, *Fanocle* (in Maia, 3, 1950, S. 1–8). – L. Alfonsi, *Phanoclea* (in Herm, 81, 1953, S. 379–383). – A. Körte u. P. Händel, *Die hellenistische Dichtung*, Stg. ²1960, S. 261f.

HERO(N)DAS
(2. Hälfte 3. Jh. v. Chr.)

MIMIAMBOI (griech.; *Mimiamben*). Iambische Dialogszenen von HERO(N)DAS (etwa zweite Hälfte des 3. Jh.s v. Chr.), 1890 auf einem Papyrus wiederentdeckt. – Die *Mimiamben* stellen formal eine Mischung des alten sizilischen Mimos vom Stil des SOPHRON mit den spottgeladenen Hink-Iamben des HIPPONAX dar. Herodas hat diese Elemente zu poetischen Gebilden ganz eigenen Ranges und Reizes verschmolzen: zu treffsicheren »Schnappschüssen« aus dem Alltagsleben seiner Tage. Meist treten zwei bis drei nach Sprache und Gebärden scharf konturierte Figuren auf (ob im szenischen Spiel oder im dramatischen Vortrag, ist unbekannt), die in kurzen Dialogen von ihrer durchschnittstypischen »Persönlichkeit« und ihrem sozialen Milieu Kunde geben. Da besucht die alte Kupplerin Gyllis eine Strohwitwe, um sie zu einem lukrativen Seitensprung zu verführen. Der Hurenwirt Battaros beklagt sich in einem attisch-ehrwürdige Gerichtsreden persiflierenden Monolog über einen nächtlichen Einbrecher, der seine Mädchen vergewaltigt, ohne zu bezahlen (aber der Kläger, er sagt es deutlich derb, hat einen unerschrockenen Anwalt: »*Aristophon, der zwiebelt jetzt noch jeden. Zum Beweis: nach Sonnenuntergang, ihr Herrn, legt' er beim Kacken ruhig seinen Mantel ab*« 2, 12ff.). Eine verzweifelte Mutter fleht den Schulmeister Lampriskos an, ihren Lümmel von Sohn tüchtig zu verdreschen. Zwei Frauen, die im Asklepiostempel opfern wollen, kommen mit ihrem mickrigen Hähnchen und werden immer wieder von der heiligen Handlung abgelenkt (»*Ach, liebe Kynno, die schönen Bildwerke!*« 4, 20f.). Eine rasende Eifersüchtige setzt ihrem favorisierten Sklaven, der sie hintergangen haben soll, mit überschäumend geifernden Drohungen zu (5). Zwei intime Freundinnen – das Nonplusultra dieser Szenen – tuscheln über den Wunderschuster Kerdon und seine prächtigen, scharlachroten ledernen Aushelfer (»*Werke sind es, Werke wie von Athene! Eigenhändige Arbeit von ihr glaubst du zu sehn ...*« 6, 65ff.; alle Ü: Herzog). Der abgefeimte Schuster wiederum dreht zwei elegant Paradeschuhen für einen unverschämten Preis seine Schuhe an (7). Und ein aus dem Schlaf geschreckter Bauer – hinter der Maske spricht der Dichter – wettert gegen seine Knechte und erzählt schwitzend einen hektischen Traum (8; nur verstümmelt erhalten). Das dralle, bunte Leben der kleinen Leute, ihre simple, manchmal geschraubte Ausdrucksweise, voller Phrasen und Übertreibungen, ihre scheinbar bedrückenden Sorgen und ihre wirklichen Nöte, ihre Familien, ihre Häuser, ihre Geräte, ihre Stadt und ihre Kleidung – alles ist eingefangen in einem Guckkastenpanorama, wie man es sich schärfer, komplexer und amüsanter kaum denken kann. E. Sch

AUSGABEN: Ldn. 1891 (in *Classical Texts from Papyri in the British Museum Including the Newly Discovered Poems of Herodas*, Hg. F. G. Kenyon). – Lpzg. ⁵1914 (*Mimiambi*, Hg. O. Crusius). – Cambridge 1922 (*The Mimes and Fragments*, Hg. W. Headlam u. A. D. Knox; m. Einl., Komm. u. engl. Übers.). – Lpzg. ²1926 (*Die Mimiamben*, Hg. O. Crusius u. R. Herzog; griech.-dt.; m. Einl. u. Komm.). – Turin ²1948 (*I mimiambi*, Hg. N. Terzaghi; m. Komm.). – Florenz 1950 (*Mimiambi*, Hg. G. Puccioni; m. Komm.). – Ldn./Cambridge (Mass.) 1958 (*Herodes, Cercidas, and the Greek Choliambic Poets*, Hg. A. D. Knox; m. engl. Übers.; Loeb). – Paris ²1960 (*Mimes*, Hg. J. A. Nairn; m. frz. Übers. v. L. Laloy).

ÜBERSETZUNG: *Die Mimiamben*, O. Crusius, Göttingen 1893 [m. Einl. u. Komm.].

LITERATUR: O. Crusius, *Untersuchungen zu den »Mimiamben« des Herondas*, Lpzg. 1892. – Schmid-Stählin, 2/1, S. 199/200. – O. Crusius u. R. Herzog, *Der Traum des Herondas* (in Phil, 79, 1924, S. 370 bis 433). – M. P. Colomba, *La poesia di Eronda* (in Dioniso, 4, 1933/34, S. 100–119). – A. Körte u. P. Händel, *Die hellenistische Dichtung*, Stg. ²1960, S. 286–297. – D. Bo, *La lingua di Eroda*, Turin 1962. – S. Luria, *Herondas' Kampf für die veristische Kunst* (in *Miscellanea di studi alessandrini in memoria di Augusto Rostagni*, Turin 1963, S. 394 bis 415). – Lesky, S. 799/800.

Titus MACCIUS PLAUTUS
(um 250–184 v. Chr.)

AMPHITRUO (lat.; *Amphitryon*). Komödie von Titus MACCIUS PLAUTUS (um 250–184 v. Chr.), unbekannten Datums. – Das Stück behandelt den Mythos vom Beilager des Zeus mit Alkmene. Im Prolog bindet der Dichter an, daß er »*Könige und Götter*« auftreten lasse, das Stück also die Gattungsgrenzen der einfachen Komödie überschreite und zu einer *tragicomoedia* werde. Die Schicksale der beiden menschlichen Protagonisten, Amphitruo und Alcmene, hatten schon den griechischen Dichtern der klassischen und hellenistischen Zeit Stoff für mehrere Tragödien gegeben, die aber sämtlich verloren sind. Unter ihnen hat wohl die *Alkmene* des EURIPIDES, von deren Inhalt wir uns eine ungefähre Vorstellung machen können, besonders zur Parodie angeregt und so den mythologischen Stoff an die griechische Komödie weitergereicht. Eine dieser – gleichfalls untergegangenen – komischen Bearbeitungen, wahrscheinlich aus der »Neuen Attischen Komödie«, hat Plautus seinem Stück (dem einzigen überlieferten, in dem ein mythologischer Stoff verarbeitet ist) zugrunde gelegt.

Im Prolog (1–152) gibt der Götterbote Mercurius den Zuschauern die Exposition zum Verständnis der Handlung. Sein Vater Iuppiter hat sich Gestalt und Aussehen des Feldherrn Amphitruo zugelegt, um sich während dessen Abwesenheit von Theben seiner Frau Alcmene zu nähern. Mercurius hat sich gleichfalls verwandelt – in einen Doppelgänger von Amphitruos Diener Sosia – und soll Wache halten, damit Iuppiter ungestört die Liebesnacht genießen kann (die dieser um einen vollen Tag verlängert, indem er die Sonne nicht aufgehen läßt). Aus dieser Konstellation ergeben sich nach der Rückkehr Amphitruos und seines Dieners eine Reihe von Begegnungen voller komischer Mißverständnisse. Zunächst bläut Mercurius dem furchtsamen und feigen Diener Sosia Zweifel an seiner eigenen Identität ein (1, 1). Nach dem Abschied Iuppiters von Alcmene (1, 3) tritt Amphitruo auf, völlig verwirrt durch die unverständlichen Mitteilungen seines Dieners Sosia (2, 1). Beim Zusammentreffen mit Alcmene beleidigt er seine Frau, die ihm arglos über die vergangene Nacht berichtet, durch eifersüchtiges Mißtrauen so sehr (2, 2), daß Iuppiter-Amphitruo anschließend seine Not hat, diese wieder zur Liebe umzustimmen (3, 2). Der echte Amphitruo wird daraufhin von Mercurius am Betreten des Hauses gehindert (in dem wiederum Iuppiter bei Alcmene weilt) und schlimm verhöhnt (4, 2). In den Szenen nach V. 1034, die durch den Verlust mehrerer Blätter im Archetypus unserer Handschriften fehlen, muß der echte Sosia für die Frechheit des falschen gebüßt haben und schließlich Amphitruo mit dem verkleideten Iuppiter selbst zusammengetroffen und von diesem genarrt worden sein. Im Schlußakt, der uns wieder erhalten ist, erfährt Amphitruo durch eine Dienerin von der Niederkunft seiner Frau und den Wundern, die sich mit dem einen der geborenen Zwillinge (Hercules) zugetragen haben (5, 1). Das Stück schließt mit Epiphanie und Prophezeiung Iuppiters.

In diesem Drama, in dem der Dichter alle Möglichkeiten der Darstellung, von derber Komik bis zu ergreifender Tragik, ausschöpft, erreicht Plautus – besonders in den lyrischen Partien des Sosia und der Alcmene – den Höhepunkt seiner Kunst. Der Diener vertritt in dem Stück vor allem das komische Element. Er hat zu Beginn einen großen Monolog, in dem er zunächst seinen eigenen Mut lobt, nachts allein umherzugehen, unmittelbar darauf jedoch von tödlichem Schrecken gepackt wird beim Gedanken an die Polizei und dann in laute Klagen ausbricht über die Ungeduld seines Herrn und die Beschwerden des Sklavendaseins – ein beliebter Komödientopos. Später läßt ihn der Dichter einen großen Kriegsbericht memorieren (197–262), der, im Stil der tragischen Botenberichte gehalten, in schärfstem Kontrast zur Person des Überbringers steht. Diesem erzlächerlichen, furchtsamen Diener gegenüber tragen Amphitruo und Alcmene das schwere Schicksal von Tragödienhelden. So äußert sich Alcmene in ihrem Monolog, nachdem Iuppiter-Amphitruo sie verlassen hat, ganz wie eine tragische Heldin (633 bis 653) – »*Sehr gering nur kann man im Leben und im Dasein die Freuden anschlagen gegenüber dem Leid...*« – und rafft sich zum Verzicht auf eigenes Glück zugunsten des Ruhms ihres Mannes auf. Und Amphitruo selbst wird am Ende des Dramas zur Verzweiflung, ja beinahe zur Raserei getrieben (1039 bis 1052): »*Ich bin verloren und zugrunde gerichtet... Gab es je einen in Theben, dem es schlimmer erging als mir? Was soll ich tun, ich, den alle Welt verachtet und verhöhnt, wie es ihr paßt?*« Aber sowohl der feige Diener Sosia, der allen Schwierigkeiten aus dem Weg zu gehen sucht, als auch die treue Gattin Alcmene und der reizbare und ungestüme Held Amphitruo sind nur Spielsteine in der Hand der Götter, für die es nur einen Maßstab gibt: ihren eigenen Willen – so Mercurius (995): »*Er* [Iuppiter] *tut recht daran, wenn er seinem eigenen Willen folgt.*«

Diese tragikomische Doppelnatur des *Amphitruo*, seine Mischung aus Heiterkeit und Ernst, hat sicher in hohem Maß dazu beigetragen, daß von allen Komödien des Plautus diese die größte Wirkung ausgeübt hat. Noch für die Kaiserzeit lassen sich mehrere Zeugnisse für ihre Verbreitung anführen, während das Mittelalters geriet sie als einziges Stück des Plautus nicht in Vergessenheit, zur Zeit der Renaissance wurde sie öffentlich aufgeführt, und kaum ein Werk der antiken Literatur dürfte so oft variiert und nachgeahmt worden sein wie gerade dieses. K. A.

AUSGABEN: Venedig 1472, Hg. G. Merula. – Lpzg. 1881 (in *Comoediae*, Hg. Ritschl, Loewe, Goetz u. Schöll). – Bln. 1895 (in *Comoediae*, Bd. 1, Hg. F. Leo). – Oxford 1904 (in *Comoediae*, Bd. 1, Hg. W. M. Lindsay; zuletzt 1963). – Manchester 1960, Hg. W. B. Sedgwick [m. Einl. u. Anm.].

ÜBERSETZUNGEN: *Amphitruo*, W. Spangenberg, Straßburg 1608. – Dass., J. J. C. Donner, Lpzg. 1864. – Dass., L. Gurlitt (in *Komödien*, Bd. 4, Bln. 1921). – Dass., E. R. Leander (in *Komödien*, Mchn. 1959; m. Einl.).

LITERATUR: K. v. Reinhardstoettner, *Spätere Bearbeitungen plautin. Lustspiele*, Lpzg. 1886, S. 115 bis 229. – Schanz-Hosius, 1, S. 58. – P. E. Sonnenburg, Art. *Maccius* (in RE, 14/1, 1928, Sp. 100f.). – F. Stoessl, *Amphitryon. Wachstum u. Wandlung eines poet. Stoffes* (in Trivium, 1944, S. 93–117). – J. Genzmer, *Der »Amphitruo« des P. u. sein griech. Original*, Diss. Kiel 1956. – Ö. Lindberger, *The Transformations of Amphitryon. P., Molière, Kleist, Giraudoux, Kaiser*, Stockholm 1956. – L. R. Shero, *Alcmena and Amphitryon in Ancient and Modern Drama* (in TPAPA, 87, 1956, S. 192–238).

ASINARIA (lat.; *Eselskomödie*). Komödie des Titus MACCIUS PLAUTUS (um 250–184 v. Chr.). – Das Stück ist, wie üblich, aus dem Griechischen ins Lateinische – ins »Barbarische«, wie der Dichter in seinem Prolog halb sarkastisch, halb stolz sagt – übersetzt: die Vorlage entnahm Plautus zur Abwechslung einmal nicht dem Œuvre der »Klassiker« MENANDER, DIPHILOS, PHILEMON, sondern er erkor sich zur Bearbeitung den *Onagros*, den *Wildesel* (manche Handschriften überliefern, schwerlich richtig, *Onagos*, *Der Eseltreiber*) des vergessenen und nur durch dieses Plautus-Stück bekannt gebliebenen DEMOPHILOS. Abfassungszeit und Aufführungsdatum sind sehr umstritten, man schwankt zwischen Frühwerk (212) und Spätansatz; sichere Indizien fehlen. Den einzigen Hinweis glaubte man aus der ungewöhnlichen Selbstvorstellung im Prolog ableiten zu können: der Dichter nennt sich dort »Maccus«, ist eine der meisterörterten Fragen unter den Experten, ob man darin die ursprüngliche, umbrisch-italische, vor der Einbürgerung und Assimilation getragene Namensform erkennen soll, oder ob es sich, was näher liegt, um einen launigen Scherz des Komikers handelt, der auf die stereotype Possenfigur des Tölpels *(maccus)* aus der Atellana (POMPONIUS; NOVIUS) anspielen wollte – »*Demophilos schrieb's, barbarisch wendet's Hanswurst* [Plautus] *euch.*«

Man hat der *Asinaria* gelegentlich – indes nur mit beschränktem Recht – angekreidet, sie entfalte sich mehr in Einzelszenen als in einer aufs Ganze hin komponierten Handlung. In der Tat läßt sich an diesem Stück die – von dramaturgischer Notwendigkeit, das Publikum vor der Bretterbude gefangenzuhalten, bedingte – Autonomie der Episoden besonders deutlich verfolgen. Den Kern des Stoffes bildet die Not des jungen Liebhabers Argyrippus, seine Geliebte Philaenium nicht für sich allein gewinnen zu können, weil er die von ihrer Mutter, der Kupplerin Cleareta, verlangten zwanzig Minen nicht auftreiben kann. Als er das Geld schließlich in Händen hat – die beiden Haussklaven Libanus und Leonidas haben es einem reisenden Kaufmann abgeluchst, der bei Argyripps Vater damit einen früheren Eselskauf begleichen will –, treten zwei neue Hindernisse auf: der Geldprotz Diabolus, der mit Hilfe eines Parasiten dem bangen Liebhaber zuvorzukommen droht, und der eigene Vater Demaenetus, dem er als Gefälligkeit für die Zweckentfremdung der zwanzig Minen die Geliebte für die erste Nacht überlassen soll. Doch diese Haupthandlung entwickelt sich gleichsam nur nebenbei; was der Zuschauer erlebt, sind punktuell herausgegriffene Stationen, die, bezeichnenderweise, meist von den Nebenpersonen getragen werden: die Szenen zwischen den beiden Sklaven, den eigentlichen Haupthelden des Stücks, deren erster Gedanke und zweites Wort das »Rückengerben« ist; ihre mühsamen Versuche, den Kaufmann Chlamydatus übers Ohr zu hauen; das übermütig-grausame Spiel, das sie mit ihrem Herrn treiben und in dem die Standesunterschiede auf den Kopf gestellt werden, so daß Argyripp sich buchstäblich von seinen Sklaven reiten lassen muß; der grotesk minuziöse Kaufkontrakt, den der reiche Rivale und sein Parasit austüfteln; schließlich, als turbulenter Gipfel- und Schlußpunkt, der Auftritt des gigantischen Eheweibs Artemona, die ihren zitternden Alten, Demaenetus, mit unwiderstehlicher Rasanz den Armen Philaeniums entreißt – die brisante Burleskerie, aus der allein die mitreißende komödiantische Wirkung resultiert, liegt immer im Detail. Lediglich im ersten Abschnitt überwiegen Szenen, die das Hauptgeschehen ausführen: Demaenetus und Libanus, der ariose Monolog des Argyripp, sein vergebliches Gespräch mit Cleareta, etwas später der dazu parallele Dialog zwischen Mutter und Tochter und die von den beiden Sklaven gestörte rührende Abschiedsszene der Liebenden. Aber dies hat seine Gründe im Prolog, der in diesem Stück ausdrücklich davon absieht, durch eine Inhaltsexposition etwas vorwegzunehmen: den Witz *(lepos)* und die agile Komik *(ludus)* jedoch, der Effekt, den der Dichter zu Beginn verspricht – »*'s ist eine lustige Sache*« –, sie entspringen ganz augenfällig gerade nicht diesen unmittelbar der Geschichte zugehörigen Szenen.
So entpuppt sich der kritische Vorbehalt gegen die Komposition des Stückes schließlich als ein Hinweis auf die besonderen Vorzüge seiner dramatischen Technik: nur durch den Verzicht auf die strenge Bindung an die Fabel erreichte der Dichter, was er erreichen wollte (ganz anders als sein Nachfolger TERENZ). Nicht zuletzt aus diesem Grund sind die beiden entscheidenden Episoden in der Mitte und am Ende – dramaturgisch die unbestrittenen Höhepunkte –, in denen Argyripp das Geld und die »unversehrte« Geliebte erhält, jeweils als kontrastvolle Doppelszene angelegt: die paratragische todesschwere Liebesklage des Paares mündet in das ausgelassene Spiel der Sklaven mit ihrem Herrn, und das feuchtfröhliche Gelage, an dem genau zur rechten Unzeit *a parte* heimlich das Eheweib als Augenzeugin teilnimmt, schlägt um in das beängstigende Furioso eines makaberlächerlichen Ehezwistes mit seinen recht eindeutigen Fronten. Daß sich – bei aller legeren Großzügigkeit gegenüber einer einheitlichen Gesamtkomposition – mit dieser meisterlichen formalen Technik wie stets bei Plautus eine stupende Souveränität im Sprachlichen verbindet, braucht wohl kaum betont zu werden. Die derbe Diktion der Sklaven untereinander; der liebesnärrische Koseton im Gespräch der beiden Hauptgestalten (gleich anschließend von den Sklaven persifliert); die herrische Rage der erbosten Ehefrau – ein einziger stereotyper Befehl auf jedes Wort des ertappten Gatten –; das routinierte Mundwerk der Mutter Kupplerin (vgl. die Alliterationen Vers 525); die unter dem Zwang der Situation plötzlich advokatorisch dringliche Beredsamkeit der Tochter (etwa 510, oder 512): all das und vieles Ähnliche läuft in sprudelnder Fülle beinahe unbemerkt nebenher, schafft auch von dieser Seite her überschäumende Lebendigkeit, die der szenischen Verve nichts nachgibt.. Hier wird freilich zugleich auch am schmerzlichsten spürbar, wie eng begrenzt doch zusammen mit den Möglichkeiten des Übersetzens immer wieder die heutigen Möglichkeiten des Verstehens sind – selbst im Einfachsten bleiben dunkle Reste.

E. Sch.

AUSGABEN: Venedig 1472 (in *Comoediae*, Hg. G. Merula). – Cambridge 1896, Hg. J. H. Gray. – Oxford 1904 (in *Comoediae*, Hg. W. M. Lindsay, Bd. 1; zuletzt 1963). – Ldn./Cambridge (Mass.) 1916 (in *Plautus*, Bd. 1, Hg. P. Nixon; lat.-engl.; zuletzt 1956; Loeb). – Paris [3]1952 (in *Plaute*, Bd. 1, Hg. A. Ernout; lat.-frz.). – Bln. [2]1958 (in *Comoediae*, Bd. 1, Hg. F. Leo).

ÜBERSETZUNGEN: *Asinaria*, A. C. Borheck (in *Lustspiele*, Köln 1803). – Dass., J. J. C. Donner (in *Lustspiele*, Bd. 1, Lpzg./Heidelberg 1864). – Dass., L. Gurlitt (in *Komödien*, Bd. 1, Bln. 1920).

LITERATUR: Schanz-Hosius, 1, S. 58f. – P. E. Sonnenburg, Art. *Maccius* (in RE, 14/1, 1928, Sp. 101). – J. N. Hough, *The Structure of the »Asinaria«* (in American Journal of Philology, 58, 1937, S. 19–37). – F. Munari, *La composizione dell'»Asinaria«* (in Studi Italiani di Filologia Classica, 22, 1947, S. 5–32). – A. Traina, *P., Demofilo, Menandro* (in La Parola del Passato, 9, 1954, S. 177–203). – G. Rambelli, *Studi Plautini I. »Asinaria«* (in Dioniso, 19, 1956, S. 45–81).

AULULARIA (lat.; *Topfkomödie*). Stück von Titus MACCIUS PLAUTUS (um 250–184 v. Chr.). Die Datierung ist unsicher; vielleicht wurde es 186 v. Chr. aufgeführt. – Vorbild der *Aulularia* ist wahrscheinlich eine Komödie MENANDERS; ihr Thema, der Geiz, war ein beliebtes Motiv der Neuen Attischen Komödie. Die »Hauptperson« des Stückes ist ein Topf voll Gold, den sein Besitzer, der alte Euclio, ängstlich hütet. Ein Gott, der Lar Familiaris, der hier seine Hand im Spiel hat und die Fäden der Marionetten zieht, ließ ihn den Schatz im Hause finden, damit er am Ende des Stückes seiner Tochter als Mitgift zukomme, als Belohnung für die Verehrung, die sie dem Gott schenkt. Zugleich mit dem Schatz erbte Euclio das vom

Geiz diktierte Verhalten seines Vaters und Großvaters: die panische Furcht, bestohlen zu werden, läßt ihn der Umwelt nur noch mit groteskem Mißtrauen begegnen (vgl. La Fontaine *Fables* 8, 2), bis er am Ende schließlich wieder zur Vernunft kommt und das Ganze als eine Episode, einen bösen Traum empfindet. – Den Prolog, der die Zuschauer über das vorangegangene wie das kommende Geschehen orientiert, spricht der Lar Familiaris: die hieraus resultierende Kluft zwischen dem Vor- und Mehrwissen des Zuschauers und der Situationsbefangenheit der agierenden Figuren gibt der *Aulularia* einen besonderen Reiz. Aus diesem Prolog und den beiden der Komödie vorangestellten *argumenta* (Inhaltsangaben) können wir auch den Schluß des sechsten Aktes rekonstruieren, der in unserer handschriftlichen Überlieferung durch Blattausfall (nach V. 832) zusammen mit dem Anfang der *Bacchides* verlorengegangen ist.

Mit einer furiosen Szene setzt das Stück ein: Der alte Euclio jagt seine Magd Staphyla aus dem Haus, um unbeobachtet nachsehen zu können, ob das Gold noch im sicheren Versteck ist. Damit beginnt ein für das ganze Stück charakteristisches räumliches Hin und Her, ein Versteckspiel im allerwörtlichsten Sinn. Während Euclio in die Stadt geht, um einen ihm wie allen Armen zugedachten Denar in Empfang zu nehmen, setzt der zweite Handlungsstrang ein: Eunomia beredet ihren Bruder Megadorus (Euclios Nachbar, beider Häuser bilden den Szenenprospekt), eine Frau zu nehmen, und dieser entscheidet sich für Phaedria, Euclios Tochter, von der man überall viel Gutes erzählen hört. Allerdings weiß er so wenig wie Euclio, daß vor neun Monaten beim Ceres-Fest sein junger Neffe Lyconides dem Mädchen Gewalt angetan hat; die Hochzeit am Ende des Stückes wird deshalb mit der Niederkunft zusammenfallen. (Die Unwahrscheinlichkeiten, daß Euclio der Zustand seiner Tochter verborgen blieb, daß Phaedria selbst den jungen Mann vergessen zu haben scheint, und daß dieser neun Monate braucht, bis ihn Gewissensbisse treiben, seinen Fehler wieder gutzumachen, diese Unstimmigkeiten kümmern Plautus nicht.) Zunächst ist jedoch Megadorus an der Reihe, Euclio um seine Tochter zu bitten. Der Geizige ist mißtrauisch. Weiß der reiche Megadorus etwa um sein Gold und will sich nur unter diesem Vorwand mit ihm verbinden? Schließlich gibt er nach; doch eine Mitgift kann er bei seiner Armut der Tochter natürlich nicht geben! Nur ein wenig Weihrauch und einen Blumenkranz wird er kaufen. Das Hochzeitsmahl soll noch an diesem Tag stattfinden; Köche und Flötenspielerinnen werden bestellt – vom reichen Megadorus! Euclios Angst um das Gold nimmt immer skurrilere Formen an: in den Köchen sieht er hinterhältige Diebe, den Wein des Megadorus weist er zurück aus Furcht, dieser wolle ihn trunken machen, um ihm seinen Schatz zu rauben. Schließlich trägt er das Gold in den Tempel der Fides, wo er es sicher wähnt; aber der Sklave Strobilus beobachtet ihn. Ein Rabe begegnet Euclio: er holt das Gold aus dem Tempel zurück, sinnt nach einem besseren Versteck; wieder belauscht ihn der Sklave und geht ihm nach.

Aber all die übertriebene Mühe Euclios war vergeblich, und auch die Hochzeit soll einen anderen Ausgang nehmen als geplant. Lyconides hat seinem Onkel alles gebeichtet und wird als neuer Bräutigam etabliert. Doch als er zu Euclio kommt, ist dieser außer sich vor Verzweiflung: der Schatz ist gestohlen! Lyconides beschuldigt sich metaphorisch,

er habe einen Raub begangen, was Euclio natürlich sofort auf den Topf bezieht – ein überaus witziges Beispiel für den traditionellen Komödientopos des Aneinandervorbeiredens. Doch glücklicherweise entdeckt man den Dieb – es war der Sklave. Die beiden jungen Menschen dürfen heiraten, und Euclio gibt ihnen in weiser Bescheidung sogar das Gold, das ihn bisher so besessen gemacht hatte.

Die *Aulularia* ist ihrer ganzen heiter-turbulenten, teilweise bis zur Groteske gesteigerten Anlage nach ein typisch Plautinisches Stück, dessen Resonanz über die Jahrhunderte hin keineswegs erstaunt. Die eigenwillige, nicht unbedingt glückliche Version, die ein anonymer Autor im 4. Jh. angefertigt hat – *Querolus* ist ihr Titel –, strahlte stark auf das Mittelalter aus (Vitalis von Blois). Im 16. Jh. verdient eine südslavische Bearbeitung Erwähnung. Die weitaus berühmteste Behandlung des Stoffes aber ist Molières *L'avare* (1668), der die Plautinische Typenkomödie mit ihrer urwüchsigen Situationskomik in eine hinreißende Charakterstudie verwandelt hat. R. F.

Ausgaben: Venedig 1472 (in *Comoediae*, Hg. G. Merula). – Oxford 1904 (in *Comoediae*, Hg. W. M. Lindsay, Bd. 1; zuletzt 1963). – Frauenfeld 1946, Hg. M. Niedermann [Nachdr. 1960]. – Paris ³1952 (in *Plaute*, Hg. A. Ernout). – Bln. ²1958 (in *Comoediae*, Hg. F. Leo, Bd. 1).

Übersetzungen: *Eine schöne lustige Comedia des Poeten Plauti Aulularia genannt*, J. Greff, Magdeburg 1535. – *Aulularia*, L. Gurlitt (in *Komödien*, Bd. 1, Bln. 1920).

Literatur: K. v. Reinhardstoettner, *Spätere Bearb. plautin. Lustspiele*, Lpzg. 1886, S. 255–324. – P. J. Enk, *De »Aulularia« Plautina* (in Mnemosyne, 2. S., 1919, S. 84–99). – W. E. J. Kuiper, *The Greek »Aulularia«. A Study of the Original of P.' Masterpiece*, Leiden 1940 (Mnemosyne, Suppl. 2). – W. Ludwig, *»Aulularia«-Probleme* (in Phil, 105, 1961, S. 44–71 u. ö.).

BACCHIDES (lat.; *Die Bacchiden*). Komödie von Titus Maccius Plautus (um 250–184 v. Chr.), wahrscheinlich ein Spätwerk (aus dem Jahre 189 oder 187). – Die *Bacchiden* zeigen beispielhaft, wie aus einem einfach-strengen Grundriß eine reizvolle, dramatisch reichhaltige Komödie werden kann. Zwei junge Burschen, zwei Hetären, zwei Väter, zwei weitere Personen (Pädagoge und Sklave), die je einem der Burschen zugeteilt sind – das sind die Figuren, die Plautus zur Verfügung stehen.

Aus dieser wohl schon Menandrischen Disposition (Plautus folgte Menander nachweislich noch in *Stichus* und *Cistellaria*) wurde unter den Händen des Römers folgendes Stück: Pistoclerus (Bursche 1) hat sich, einer Briefbitte seines Freundes Mnesilochus (Bursche 2) entsprechend, um dessen Geliebte Bacchis (Hetäre 2) gekümmert, die derzeitig von einem Soldaten gemietet ist. Der Erfolg der Freundestat: Pistoclerus ging selbst in die Netze der anderen Bacchis (Hetäre 1). Die heftige Standpauke seines entrüsteten Pädagogen Lydus prallt an ihm ebenso ab wie der Bericht des wohlmeinenden Pädagogen seinem Vater, Philoxenus, nur ein gönnerhaftes Lächeln abzugewinnen vermag (1. Akt). Der nächste Akt bringt die Hauptgestalt des Stückes, Mnesilochus' Sklaven Chrysalus, ins Spiel, dessen listige Ränke der Menandrischen Vorlage

den Titel *Dis exapatōn (Der Doppelbetrüger)* gaben. Nach der Rückkehr von einer Reise, die er mit seinem Herrn zur Eintreibung von Schulden unternommen hatte, fällt ihm die undankbare Aufgabe zu, die für den Loskauf von Bacchis 2 unterschlagene Summe vor Nicobulus (Vater 2) glaubhaft zu vertuschen. Diese breitausgeführte Intrige *(machinam machinari,* V. 232) des zweiten Aktes korrespondiert mit der zweiten Intrige im vierten Akt, so daß zwischen beiden die Zusammenführung des zweiten Personenpaares, Pistoclerus und Mnesilochus, zu stehen kommt. Diese Begegnung ist dramaturgisch notwendig geworden, nachdem Mnesilochus mit angehört hatte, wie der Pädagoge vor Pistoclerus' Vater den Lebenswandel seines Freundes schilderte. Gerade diese letztgenannte Szene läßt hinter dem derb-komischen Vordergrund eine Gestalt Kontur gewinnen, die in ihrer subtilen und zarten Zeichnung vielleicht am reinsten bewahrt hat, was Menander selbst einmal *charis* nennt: Mnesilochus, der nur von einer Bacchis weiß, ist tief erschüttert über die Treulosigkeit seines Freundes, dessen Liebeskünste der Pädagoge mit viel Geschick wiederzugeben weiß. Denn nur als Treulosigkeit kann er das Verhalten des Pistoclerus deuten, nachdem der Pädagoge seine anfängliche Entschuldigung, das alles habe der Freund sicher nur ihm zuliebe getan, entkräftet hat. So gesteht er seinem Vater die Unterschlagung und bittet reumütig um Verzeihung. Nun erst begegnen sich die Freunde, sprechen hintergründig-dunkel von Freundschaft und Treue, bis endlich Mnesilochus offen redet und Pistoclerus Klarheit schafft: es gibt eben zwei Mädchen namens Bacchis. Jetzt bereut Mnesilochus seine Reue gegenüber dem Vater. Doch wieder weiß Chrysalus Rat: eine zweite Intrige soll Nicobulus nochmals um dieselbe Summe erleichtern. Auch das gelingt und steigert den Stolz und die Genugtuung des Sklaven so sehr, daß er in einer großen Siegesarie seine List mit der Eroberung Troias zu vergleichen wagt und sogar für die einzelnen Stadien der Durchführung schlagende Parallelen entdeckt. Diese Intrige spinnt Chrysalus sodann weiter aus, indem er mittels eines fiktiven Briefes Nicobulus noch einmal um die gleiche Summe prellt. Akt 5 bringt das letzte Personenpaar zusammen: die beiden Väter. Erbost verlangen sie Einlaß vor dem Haus der Bacchiden: er wird ihnen gewährt, so liebenswürdig sogar, daß aus dem angedrohten Strafgericht ein Rivalitätsstreit zwischen Vätern und Söhnen zu werden droht. *»Selbst sitzen sie nun in der Falle, die ihren Söhnen den Garaus machen wollten.«* (1207)
Das »Attische« an dieser Symbiose von griechischer Vorlage und römischer Bearbeitung ist nicht definitiv zu bestimmen. Doch läßt sich neben der erwähnten echt Menandrischen Szene auf eine Inkonsequenz hinweisen, die man nur ungern dem griechischen Original anrechnen möchte: obwohl Chrysalus drei Intrigen inszeniert, weiß sich Nicobulus als Leidtragender am Ende nur an zwei zu erinnern. Das weitende Ausgestalten und Durchspielen der Möglichkeiten eines vorgefundenen Motivs (womit die erwähnte Inkonsequenz vielleicht zu erklären ist), macht neben der Vorliebe für Sklaven- und Hetärenrollen, neben dem gezielten Witz und der derben Komik *(comica vis, itali sales)* sowie einer unverwechselbaren Sprache das »Plautinische im Plautus« (Fränkel) aus. Einem HORAZ *(Epistola* 2, 1; *Ars poetica* 270) mag das alles nicht sonderlich zugesagt haben, doch verrät es einen *»Künstler, der mit freiem Geiste und glücklicher Hand das vielfältige Gut in eine schöpferische und wunderbare Einheitlichkeit zusammengefaßt hat«* (Fränkel). J. Kop.

AUSGABEN: Venedig 1472 (in *Comoediae,* Hg. G. Merula). – Oxford 1904 (in *Comoediae,* Hg. M. Lindsay, Bd. 1; zuletzt 1963). – Ldn./Cambridge (Mass.) 1916 (in *Plautus,* Hg. P. Nixon, Bd. 1; m. engl. Übers.; Loeb; zuletzt 1956). – Paris 1933 (in *Plaute,* Hg. A. Ernoult, Bd. 2; m. frz. Übers.). – Bln. ²1958 (in *Comoediae,* Hg. F. Leo, Bd. 1).
ÜBERSETZUNGEN: *Zwo Comedien des synn reichen poeten Plauti nemlich in Menechmo und Bachide,* A. v. Eybe, Augsburg 1518 [zuvor schon in *Spiegel der Sitten,* ebd. 1511]. – *Bacchiden,* L. Gurlitt (in *Komödien,* Bd. 1, Bln. 1920).
LITERATUR: K. v. Reinhardstoettner, *Spätere Bearbeitungen plautin. Lustspiele,* Lpzg. 1886, S. 420 bis 444. – Schanz-Hosius, 1, S. 63 f. – W. Kamel, *The »Bacchides« of P. Its Plot and Origin* (in Bulletin of the Faculty of Arts, Kairo, 15, 1953/1, S. 101–112).

CAPTIVI (lat.; *Die Gefangenen).* Komödie in 1036 Versen von Titus MACCIUS PLAUTUS (um 250–184 v. Chr.). – Die Überlieferung nennt weder die griechische Vorlage noch das Jahr der Erstaufführung in Rom. Im Stück selbst finden sich keine verläßlichen Anhaltspunkte zur Klärung dieser Fragen.
Die Szene versetzt uns nach Ätolien, das sich in einem (natürlich vom Dichter erfundenen) Bagatellkrieg mit dem südlich gelegenen Elis befindet. Ein Greis namens Hegio ist eifrig bemüht, elische Kriegsgefangene aufzukaufen, weil er hofft, gegen sie, sozusagen auf privatem Weg, seinen Sohn Philopolemus austauschen zu können, der von den Eliern gefangengenommen wurde. Der junge Philocrates, den er auf diese Weise zusammen mit einem gleichaltrigen Sklaven namens Tyndarus »erworben« hat, erscheint ihm für seinen Zweck gerade vornehm – d. h. reich – genug. Tyndarus wird unverzüglich nach Elis geschickt, um Philopolemus – und ein saftiges Lösegeld für Philocrates – zu holen. Hegio, der besonders geschickt vorzugehen glaubt, übersieht in der Eile, daß seine beiden Gefangenen inzwischen die Kleider gewechselt haben: er hat den Herrn statt des Sklaven fortgeschickt. Zu spät bemerkt er seinen Irrtum. Der zurückgebliebene wirkliche Tyndarus wird auf der Stelle zu harter Fron in den Steinbruch geworfen. Doch ebenso unvermutet wie unverzüglich kommt Philocrates (noch am gleichen Tag!) zurück – und bringt zwar nicht das Lösegeld, aber wenigstens Philopolemus mit. Der in den Steinbruch verdammte Sklave Tyndarus entpuppt sich schließlich als der bisher verschollene zweite Sohn des Hegio, den der böse Sklave Stalagmus vor langer Zeit nach Elis entführt und verkauft hat. Am Ende ein »Tableau«: allgemeine Verbrüderung unter den »Guten« und gerechte Bestrafung des Bösewichts, der sich in Elis plötzlich ebenfalls wiedergefunden hat. Eine besondere, mit der Haupthandlung nur locker verknüpfte Rolle spielt der gefräßige Ergasilus, als *parasitus* bezeichnet, Schmarotzer von Philopolemus' Gnaden. Er beklagt sich in ritornellartig wiederkehrenden Monologszenen unermüdlich darüber, daß er durch die Gefangennahme seines Gönners der Freuden seines Schlemmerlebens verlustig gegangen ist und nur auf bessere Zeiten hoffen kann.
Man hat nicht ohne Grund immer wieder den *»sittigenden Ernst«* dieser Komödie hervorgehoben, der ihr freilich bei den Kritikern auch den Vorwurf eingetragen hat, sie sei ein steifes und schwungloses

Rührstück, eine antike *comédie larmoyante*. In der Tat nehmen die *Captivi*, verglichen mit den anderen Stücken des Plautus, eine sehr eigenartige Stellung ein. Zwar begegnet man in diesem Stück dem Ergasilus, dem Typ des Parasiten und Gourmands; unter den Hauptfiguren jedoch sucht man die übliche Typenkomik vergebens, ja, die Standardtypen wie das Hurenweib *(meretrix mala)*, der windige Kuppler *(peiiurus leno)* und der prahlerische Kriegsheld *(miles gloriosus)* werden im Prolog (Vers 57 f.) für diesmal ausdrücklich beiseite gestellt. Die Situationskomik ist gleichfalls nur sehr schwach ausgeprägt, wenn man darunter die sichtbare Zuspitzung der einer szenischen Konstellation innewohnenden Komik versteht: die zahlreichen Zufälle im Stück bleiben komisch irrelevant. Auch der Handlungsverlauf ist nicht so angelegt, daß daraus – etwa durch pointierte Realistik – besondere Wirkung resultierte, im Gegenteil: er erscheint vielfach geradezu nur als Vorwand für Wortspiele (z. B. V. 121 ff.; 881 ff.) und ironische Sentenzen (etwa V. 200; 255; 313; 358; 583; 741 usw.), die aber ihrerseits wiederum auch keineswegs ausreichen, die ganze Komik des Stückes zu tragen.

Das alles weist darauf hin, daß das Komische in diesem Werk seinem Wesen nach tiefer wurzeln muß (und von diesem tieferen Grund her den Detaileffekten erst ihre eigentliche Bedeutung verleiht). Diese »Grundkomik« beruht in den *Captivi* auf dem stetigen Mißverhältnis – oder vielmehr allzu guten Verhältnis – zwischen kalter Berechnung und tiefer, opferbereiter Zuneigung der Hauptgestalten, die gerade dadurch in ihrer Untypik wieder typisch werden. Tyndarus liebt seinen Herrn, aber er rechnet zugleich sehr nüchtern mit einer hohen Belohnung für seine Selbstaufopferung; Hegio sehnt sich durchaus nach seinem Sohn, aber er versäumt nicht, auch noch ein ordentliches Lösegeld herauszuschlagen; und der Parasit schließlich liebt seinen *genius* vor allem deswegen, weil er ihm Brot gibt. Opportunismus und Selbstlosigkeit, Sentimentalität und Geldgier, Raffinesse und Dummheit, Verbrüderung und Betrug, Wut und Verzeihen: zwischen diesen Polen entfaltet sich hier das menschliche Verhalten. Freilich spricht Plautus nicht bitter und aus der Perspektive des Moralisten: er ist ein Komödiant, der seine Opfer liebt. Mehr schlecht als recht läßt er seine Gestalten in das gute Ende hineinschlittern, das sich eher als Kompensation ihrer gegenseitigen üblen Absichten einstellt denn als die Erfüllung ihrer guten. Aber einer muß büßen, der das Kainszeichen der Bosheit offenbar auf der Stirn trägt. Stalagmus gibt diesem Paradox mit einer ironischen Schlußsentenz lebhaften Ausdruck: »*Wer hätte je schon einen armen Teufel nicht gerecht behandelt!*« (V. 1028).

Das »*boni meliores fiant*« (»*die Guten werden besser*«) des Epilogs ist also weniger von »*sittigendem Ernst*« als von hintergründiger Ironie geprägt. Das Possenhaft-Derbe, das Schwankhaft-Ordinäre kann (wie in Prolog und Epilog offen zugegeben wird) ebenso eliminiert werden wie die Frauenrollen auf mit ihnen – radikaler noch als im *Trinummus* – die Liebschaften *(amationes*, V. 1030): denn all dies würde die Grundstruktur der Komik dieses Stücks nur verneblen. So stellen die *Captivi* eine wahrhafte *comédie humaine* dar, von Satire wie Rührstück gleich weit entfernt: der junge LESSING – der sie als das »*schönste Stück, das je auf die Bühne gekommen*«, pries – faßte dies in die Worte: »*Denn wo sind die Stücke, welche ohne Liebe so zärtlich als lustig sind.*«

R. M.

AUSGABEN: Venedig 1472 (in *Comoediae*, Hg. G. Merula). – Bln. 1895 (in *Comoediae*, Hg. F. Leo, Bd. 1; Nachdr. 1958). – Oxford 1904 (in *Comoediae*, Hg. W. M. Lindsay, Bd. 1; Nachdr. zuletzt 1963). – Ldn./Cambridge (Mass.) 1916 (in *Plautus*, Hg. P. Nixon, Bd. 1; m. engl. Übers.; Loeb; Nachdruck zuletzt 1956). – Oxford ²1926, Hg. W. M. Lindsay [m. Einl. u. Komm.]. – Lpzg. ⁷1930 (in *Ausgewählte Komödien*, erkl. v. J. Brix u. M. Niemeyer, bearb. v. O. Köhler, Bd. 2). – Paris 1933 (in *Plaute*, Hg. A. Ernout, Bd. 2; m. frz. Übers.).

ÜBERSETZUNGEN: *Kaptivi, der gefangenen Leute* Trew, M. Hayneccius, Lpzg. 1582. – *Die Gefangenen*, G. E. Lessing (in Beyträge zur Historie und Aufnahme des Theaters. 1750, H. 2; ern. in G. E. L., *GW*, Bd. 3, Bln. 1955, S. 163–330). – *Captivi*, L. Gurlitt (in *Die Komödien des Plautus*, Bd. 2, Bln. 1922).

LITERATUR: K. v. Reinhardstoettner, *Spätere Bearb. Plautinischer Lustspiele*, Lpzg. 1886, S. 324–355. – J. Poland, *Zu P. »Captivi« und »Stichus«*, Dresden 1911. – F. Leo, *Plautinische Forschungen*, Bln. 1895, S. 184 ff. – E. Fraenkel, *Plautinisches im P.*, Bln. 1922 (Philologische Untersuchungen, 28). – Schanz-Hosius, 1, S. 60 f. – J. N. Hough, *The Structure of the »Captivi«* (in American Journal of Philology, 63, 1942, S. 26–37). – K. Büchner, *Röm. Lit. gesch.*, Stg. ³1962, S. 87–98.

CASINA (lat.; *Casina*). Komödie in 1018 Versen von TITUS MACCIUS PLAUTUS (um 250–184 v. Chr.). – Das Stück ist bis auf mehrere Lücken im fünften Akt gut überliefert. Nach dem übereinstimmenden Urteil der Gelehrten stammt es aus der Spätzeit des Dichters. Der Prolog, der, mindestens zu einem Teil, etwa eine Generation nach des Dichters Tod verfaßt zu sein scheint, berichtet von der Beliebtheit der Plautinischen Komödien im allgemeinen und besonders der *Casina*: »*Sie schlug alle anderen Komödien aus dem Felde*« (»*... vicit omnis fabulas*«, Vers 17). Der Verfasser des Prologs nennt auch die griechische Quelle des Stücks; die *Klērumenoi (Die Losenden)* des DIPHILOS (um 350–289 v. Chr.).

Die *Casina* ist ein geniales Unterhaltungsstück griechisch-athenischer Prägung: voll komplizierter Verwicklungen, verwirrender Intrigen und exzessiver Grotesken, voll plastischer Typen und wirkungsvoller Situationen, voll unverwechselbarer Realistik in den Details der Charakterzeichnung, der Dialoge und der Handlungsführung – kurz, ein Feuerwerk komischer Effekte, gespeist aus dem Fundus einer reichen Tradition. Das tolle Spiel dreht sich um den bis zur Perversität in die junge Sklavin Casina verliebten Greis Lysidamus (in älteren Ausgaben nach einer schlechteren Handschriftengruppe Stalino genannt). Sein einziges Trachten geht dahin, seinem nichtsahnenden Sohn, den er wohlweislich über alle Berge geschickt hat, bei der noch unverheirateten Sklavin zuvorzukommen. Lysidamus' Gattin Cleustrata, die vor Eifersucht kocht, verteidigt eifrig und wachsam die Rechte ihres verwunderten abwesenden Sohnes. Besonders reizvoll ist dabei, daß die Rivalität von Vater und Sohn nicht etwa in offener persönlicher Feindschaft ausgetragen wird: im Gegenteil, beide »Parteien« versuchen sich in ihren Gesprächen geradezu gegenseitig an Unbefangenheit zu übertreffen. Der eigentliche »Kampf« spielt sich auf einer unteren Ebene ab: zwischen zwei Sklaven, die als »Strohmänner« vorgeschickt werden. Beide fordern hartnäckig Casina zur Ehe und haben ihren Herren als Dank für die geleistete Protektion

jeweils die erste Nacht versprochen: der aufrechte Olympio dem Greis, der grobe Chalinus dem Sohn. Schließlich soll das Los zwischen beiden entscheiden: Olympio gewinnt, und mit ihm Lysidamus. Dieser läßt sofort im Haus seines Freundes ein Lager bereiten. Doch kommt alles der Gattin zu Ohren: sie bringt den auf Rache sinnenden Chalinus dazu, verkleidet die Stelle der Casina einzunehmen. Die »Brautnacht«-Szene, unübertrefflich in ihrer derben Realistik, endet mit einer handfesten Verprügelung des närrischen Lysidamus und mit seiner reumütigen Umkehr, die ihm alsbald wieder das Wohlwollen seiner Gattin einbringt. Der Prolog hat recht behalten: es wird »*genau genommen in dieser Komödie nichts Unanständiges*« passieren (»*...neque quicquam stupri faciet profecto in hac quidem comoedia*«, V. 82 f.). Das »Tableau« am Schluß ist nicht mehr szenisch vorgeführt, sondern wird lediglich durch den Epilogsprecher angedeutet: Casina entpuppt sich als freigeborene Tochter des nachbarlichen Freundes, ihrer legitimen Verheiratung mit dem Sohn steht also nichts mehr im Wege.
Eine ganze Reihe der Szenen gibt topische Grundsituationen der Komödie wieder; manche davon sind in fast überbetonter Schärfe gezeichnet: die verschmähte Gattin im Klatsch mit der Nachbarin (165 ff.); eisig-lauernde Konversation der kriegerisch gestimmten Eheleute (217 ff.); die Unterhaltung zweier Nebenbuhler (89 ff.); der Alte im Salbenduft der Verjüngung (798 ff.); die Versöhnung des Ehepaares (991 ff.). Vor allem aufgrund der komplizierten Rhythmisierung der Sprache verzerren sich die Figuren in diesen Szenen zum Teil bis zur Karikatur ihres Typus. In retardierender Statik stehen sie dann der Turbulenz des Geschehens gegenüber. Griechisch ist an dem Stück das kunstvolle Schema der Handlungsführung. In der kräftig-unmittelbaren Sprache, in der psychologischen Stimmigkeit der Dialoge, in der realistischen Derbheit der komischen Typen und Situationen dagegen bricht die altitalische *vis comica* durch, die man an Plautus immer wieder bewundert. – Unter den wenigen Bearbeitungen des Stoffes hat die *Clizia* des MACHIAVELLI einige Berühmtheit erlangt. R. M.

AUSGABEN: Venedig 1472 (in *Comoediae*, Hg. G. Merula). – Bln. 1895 (in *Comoediae*, Hg. F. Leo, Bd. 1; Nachdr. 1958). – Oxford 1904 (in *Comoediae*, Hg. W. M. Lindsay, Bd. 1; Nachdr. zuletzt 1963). – Ldn./Cambridge (Mass.) 1917 (in *Plautus*, Hg. P. Nixon, Bd. 2; m. engl. Übers.; Loeb; Nachdr. zuletzt 1959). – Paris 1933 (in *Plaute*, Hg. A. Ernout, Bd. 2; m. frz. Übers.). – Florenz o. J. [1959], Hg. E. Paratore [m. ital. Übers.].

ÜBERSETZUNGEN: *Casina*, C. Kuffner (in *Sämmtl. Lustspiele*, 5 Bde., Wien 1806). – Dass., W. Binder (in *Lustspiele*, Bd. 4, Stg. 1869). – Dass., L. Gurlitt (in *Die Komödien des P.*, Bd. 2, Bln. 1922).

LITERATUR: K. v. Reinhardstoettner, *Spätere Bearbeitungen Plautinischer Lustspiele*, Lpzg. 1886, S. 365–390. – E. Fraenkel, *Plautinisches im P.*, Bln. 1922, bes. S. 292–313 (Philol. Untersuchungen, 28). – Schanz-Hosius, 1, S. 61 f. – T. Frank, *On the Dates of Plautus' »Casina« and Its Revival* (in AJPh, 54, 1933, S. 368–372).

CISTELLARIA (lat.; *Die Kästchenkomödie*). Fragment einer Komödie des Titus MACCIUS PLAUTUS (um 250–184 v. Chr.). – Die Überlieferung des Stückes ist äußerst schlecht. Unmittelbar nach dem Prolog weist der *Palatinus*, die an sich verläßlichste Handschrift, eine Lücke von über 600 Versen auf, die aus anderen Quellen nur sehr dürftig ergänzt werden kann; der umfangreiche Schlußteil ging völlig verloren. Am besten sind Vorspiel und Prolog überliefert, aber gerade sie sind in ihrer Echtheit stark umstritten. Die Datierung stützt sich auf die Schlußverse des Prologs (V. 198–202), in denen man eine aktuelle Anspielung auf den Zweiten Punischen Krieg (218–201 v. Chr.) erkennen kann. Damit wäre die *Cistellaria* den frühen Stücken des Plautus zuzurechnen (etwa 204–201). Vorlage war ein Stück des MENANDER, wie die genaue Übereinstimmung einer Plautus-Stelle mit einem Fragment des Griechen zeigt.
Die Handlung der *Cistellaria* läßt sich trotz allem noch gut rekonstruieren. Im Mittelpunkt steht ein unglückliches junges Liebespaar: Alcesimarchus, den der Vater zwingen will, eine andere zu heiraten, und seine geliebte Selenium, ein noch unerfahrenes Freudenmädchen, dem die Mutter Melaenis, ebenfalls Hetäre, verbietet, unter diesen Umständen weiterhin mit dem Jüngling zu verkehren. Bei seiner Kollegin Gymnasium und einer Kupplerin schüttet das Mädchen sein Herz aus und »*geht weinend hinaus*« (V. 123). Alcesimarchus wird im letzten Moment von Selenium daran gehindert, aus Liebeskummer Selbstmord zu begehen. Inzwischen haben aber die wahren Eltern Seleniums, Demipho und Phanostrata, ihre Tochter ausfindig gemacht: Demipho hatte einst die junge Phanostrata vergewaltigt; ihr Kind wurde ausgesetzt; später hatten es die Eheleute vergeblich wiederzufinden versucht. Melaenis weiht nach anfänglichem Widerstand Selenium in das Geheimnis ihrer Herkunft ein und überzeugt die Eltern durch Vorweisen eines Spielzeugkästchens, das sich einst bei dem ausgesetzten Kind gefunden hat. Damit ist Selenium – auch gesellschaftlich! – legitimiert, dem guten Ende steht nichts mehr im Wege. Hier bricht das Fragment ab.
Vieles, was Handlungsführung und Motivation betrifft, muß wegen der Verstümmelung des Textes für immer im Dunkeln bleiben. Der Prolog, auf zwei Sprecher verteilt, macht sich den labyrinthischen Gang der Handlung und den dramaturgischen Stoff dramaturgisch zunutze: indem er das Publikum über die Vorgänge im Stück mehr verwirrt als aufklärt – die mitbelastete Kupplerin einerseits ergeht sich in ziemlich geheimnisvollen Andeutungen, die Gottheit Auxilium (Hilfe) andererseits wiederum in allzu großer Weitläufigkeit und Genauigkeit –, erzeugt er eine gewisse Spannung der Zuhörer auf den szenischen Ablauf der Handlung. – Die Figuren sind durchaus Typen im Sinne genormten Verhaltens: die ebenso redselige wie weinselige Kupplerin, die sich aus ihrem Gewerbe eine Weltanschauung zurechtzimmert (V. 51!), die verliebte Hetäre als wandelndes Paradox, der depressiv-irre Liebhaber, der schwangleich vor dem Tod noch ein pathetisches Klagelied ertönen läßt (V. 203–229), der nüchternanhängliche Sklave (V. 233–304). Jede groteske Übersteigerung ihres Verhaltensschemas jedoch wird vermieden. Sie passen sich eher dem eigentümlichen, recht realistischen und gar nicht satirischen Milieunaturalismus an, dem auch die szenische Gestaltung verpflichtet erscheint. In der Versöhnlichkeit dieses Milieus, das keinen Bösewicht und keine Tragik kennt, lebt eine feine – nicht italisch ausgelassene – Heiterkeit, die auch tragische Situationen zu entspannen, d. h. zu lösen vermag. R. M.

AUSGABEN: Venedig 1472 (in *Comoediae*, Hg. G. Merula). – Bln. 1895 (in *Comoediae*, Hg. F. Leo, Bd. 1; Nachdr. 1958). – Oxford 1904 (in *Comoediae*, Hg. W. M. Lindsay, Bd. 1; Nachdr. zuletzt 1963). – Ldn./Cambridge (Mass.) 1917 (in *Plautus*, Hg. P. Nixon, Bd. 2; m. engl. Übers.; Loeb; Nachdr. zuletzt 1959). – Paris 1935 (in *Plaute*, Hg. A. Ernout, Bd. 3; m. frz. Übers.).

ÜBERSETZUNGEN: in *Sämmtliche Lustspiele*, Ch. Kuffner, 5 Bde., Wien 1806/07. – *Cistellaria*, L. Gurlitt (in *Die Komödien*, Bd. 2, Bln. 1922).

LITERATUR: K. v. Reinhardstoettner, *Spätere Bearbeitungen plautinischer Lustspiele*, Lpzg. 1886, S. 390–400. – W. Süss, *Zur »Cistellaria« des Plautus* (in RhM, 84, 1935, S. 161–187). – Ders., *Nochmals zur »Cistellaria« des Plautus* (ebd., 87, 1938, S. 97–141). – R. Perna, *L'originalità di Plauto*, Bari 1955, bes. S. 39–56.

CURCULIO (lat.; *Curculio*). Komödie in 729 Versen von Titus MACCIUS PLAUTUS (um 250–184 v. Chr.), nur vermutungsweise auf ca. 193 v. Chr. zu datieren. – Das Handlungsschema des Stücks ähnelt der *Cistellaria*: auch hier ein unschuldiges Mädchen (Planesium), das zwar frei geboren ist, aber von einem Kuppler (Cappadox), der sie im Interesse seines Gewerbes gekauft hat, unbarmherzig eingesperrt wird; auch hier ein unglücklicher junger Liebhaber (Phaedromus), der seine Geliebte – mangels Geld für den Freikauf – nicht heiraten kann; auch hier ein geschwätziger und dreister Sklave (Palinurus), der die Liebesleidenschaft seines Herrn mit taktlos nüchternen Gemeinplätzen akkompagniert; auch hier schließlich die Legitimierung des Mädchens durch den Nachweis ihrer freien Geburt mittels eines unzweifelhaften Indizes (Fingerring) und das Happy-End einer Hochzeit. Nur die Umwege und Zufälle, die die Handlung an dieses Ziel bringen, sind anders als in der *Cistellaria* inszeniert. Eine wichtige Rolle spielt dabei Curculio, der Typ des ebenso geistreichen wie gefräßigen Schmarotzers (sein Name bedeutet »Kornwurm«!). Aus schierer Existenzangst bringt er seinem Gönner Phaedromus die entscheidende Hilfe. Es gelingt ihm, durch die Überlistung eines prahlerischen, aber tölpelhaften Soldaten namens Therapontigonus Platagidorus, der Planesium schon so gut wie gekauft hat, Phaedromus die Geliebte zuzuführen. Freilich müßten sich aus diesem Betrug noch weitere Komplikationen ergeben – wenn nicht Planesium in dem alsbald wutschnaubend herbeieilenden Therapontigonus ihren längst verschollenen Bruder wiedererkennen würde. So aber ist mit einem Schlag für Phaedromus der Nebenbuhler aus der Welt und zugleich ein unschätzbarer Kronzeuge für die freie Geburt Planesiums zur Stelle. Dem Kuppler und seinem »Bankier« Lyco bleibt nichts anderes mehr übrig, als das von Therapontigonus bereits bezahlte Geld zurückzugeben. Curculio aber darf auf gleich zwei Festschmäuse hoffen: einen bei der Wiedersehensfeier und einen bei der Hochzeit.

Was diese Komödie so besonders reizvoll macht, ist ein ständiger Wechsel von realistisch-satirischen und märchenhaft-idyllischen Elementen, der das Stück eigentümlich zwischen Karikatur und Romanze schweben läßt: auf der einen Seite die Welt der Liebenden mit ihrer fast romantischen Innigkeit – man denke etwa an das mitternächtliche Ständchen (V. 147–157), das anschließende Stelldichein (V. 158–216); auf der anderen Seite schematische Ab- und Überzeichnung der Gewöhnlichkeit (dies nämlich ist »Realität« im Sinne der italischen Komödie) – etwa die durchweg auf Lächerlichkeit angelegte Verhaltenstypisierung der um das Liebespaar gruppierten »Funktionsfiguren«, die detailfreudige Explikation der recht komplizierten Betrugsaffären, die in der Art einer Parabase eingeschaltete Demaskierung des Forumspublikums durch einen plötzlich auftretenden Garderobenverleiher (V. 462–486), die Lokalisierung des Geschehens in Epidaurus, dem berühmten Zentrum der Heilkunst und der Kultfeste, das hier ganz mit den Augen desillusionierter Ortsansässiger (»Nachsaison«) betrachtet wird.

All diese konträren Züge vereinen sich in der Titelfigur Curculio, die so geradezu zum Exponenten des ganzen Stückes wird; sie gewinnt einen dialektischen Charakter, der weit über das Schema des *parasitus* hinausweist. Curculio ist immer das eine und das andere zugleich: er spielt den Parasiten – und ist doch der unersetzliche Helfer; er betrügt – sieht aber nicht auf den Vorteil; er lebt aus dem Geist – und preist den Magen. Seine komische Funktion beruht weniger auf dem Typ, den er vertritt, als eben auf dieser ambivalenten Struktur, die ihn zusehends in die Rolle eines heiteren Mittlers zwischen unterschiedlichen Welthaltungen hineinwachsen läßt. Ganz folgerichtig war es denn auch nicht der Stoff des *Curculio*, der literarisch weiterwirkte (er war mit dieser Darstellung erschöpft), sondern das neue Prinzip einer dialektischen Komik. Der spätere italienische *arlecchino* sowohl wie der Narr bei SHAKESPEARE weisen sich als die legitimen Nachfahren Curculios aus. Er gab die Grundstruktur: »Planesium: Du schwätzt Unsinn! – Curculio: Es macht mir Spaß; so lebt sich's leichter!« (V. 604) R. M.

AUSGABEN: Venedig 1472 (in *Comoediae*, Hg. G. Merula). – Bln. 1895 (in *Comoediae*, Hg. F. Leo, Bd. 1; Nachdr. Bln. 1958). – Oxford 1904 (in *Comoediae*, Hg. W. M. Lindsay, Bd. 1; Nachdr. zuletzt 1963). – Ldn./Cambridge (Mass.) 1917 (in *Plautus*, Bd. 2, Hg. P. Nixon; m. engl. Übers.; Loeb; Nachdr. zuletzt 1959). – Paris 1935 (in *Plaute*, Bd. 3, Hg. A. Ernout; m. frz. Übers.). – Florenz o. J. [1958], Hg. E. Paratore [m. ital. Übers.]. – Paris 1962, Hg. J. Collart [m. Einf. u. Komm.].

ÜBERSETZUNGEN: *Parasit Kornwurm*, C. Kuffner (in *Sämtl. Lustspiele*, Bd. 5, Wien 1807). – *Curculio*, L. Gurlitt (in *Die Komödien*, Bd. 2, Bln. 1922). – Dass., A. Thierfelder, Stg. 1965 (RUB, 8929).

BEARBEITUNG: J. M. R. Lenz, *Die Türkensklavin* (in *Lustspiele nach dem P.*, Frkft./Lpzg. 1774).

LITERATUR: K. v. Reinhardstoettner, *Spätere Bearbeitungen plautinischer Lustspiele*, Lpzg. 1886, S. 355–365. – H. Bosscher, *De Plauti »Curculione« disputatio*, Leiden 1903. – L. Havet, *Observations sur Plaute* (in Revue de Philologie, 31, 1907, S. 265–296). – P. Leo, *Plautinische Forschungen*, Bln. ²1912. – E. Fraenkel, *Plautinisches in Plautus*, Bln. 1922 (Philol. Untersuchungen, 28). – Schanz-Hosius, 1, S. 61. – E. Paratore, *Plauto*, Florenz 1962.

EPIDICUS (lat.; *Epidicus*). Komödie in 733 Versen von Titus MACCIUS PLAUTUS (um 250–184 v. Chr.); entstanden um 190 v. Chr. – Hauptpersonen des Stücks, das Plautus in den *Bacchides* als eines seiner liebsten bezeichnet, sind Periphanes, ein älterer, noch lebhafter, aber etwas unbeholfener athenischer »Ratsherr«, sein mehr leidenschaftlicher als erfolgreicher Sohn Stratippocles sowie der Titelheld Epidicus, ihr intelligenter, ja gerissener Sklave. Der junge Herr hat Epidicus vom Schlachtfeld aus beauftragt, ihm die Harfnerin Acropolistis freizukaufen, die er bei seiner Rückkehr heiraten wolle. Epidicus hat dies tatsächlich fertiggebracht, indem er dem Alten weismachte, er brauche das Geld für den Freikauf von dessen lang gesuchter Tochter Telestis. Die Rückkehr des Stratippocles aber – damit beginnt das Stück – verändert die Situation völlig: dieser hat während des Feldzugs die Harfnerin schließlich vergessen und bringt sich ein allerliebstes Beuteschätzchen mit (von dem niemand weiß, daß es seine Halbschwester Telestis ist). Epidicus soll jetzt schnellstens das Geld für den Loskauf dieses Mädchens herbei- und die Harfnerin wieder fortschaffen. Beides gelingt ihm, indem er Periphanes ein zweites Mal hereinlegt. Alles läuft wie gewünscht, bis im letzten Moment ein Soldat und die Mutter der Telestis dazwischenkommen, von denen Periphanes erfährt, daß Acropolistis keineswegs die gesuchte Telestis ist. Der Alte wünscht wutentbrannt alle Qualen der Hölle auf Epidicus herab: doch dieser kann jetzt in aller Kaltblütigkeit die wirkliche Telestis vorführen und ihre Auffindung als sein Verdienst preisen: statt gezüchtigt zu werden, erhält er die Freiheit nebst reichlicher Belohnung.

So kurz das Stück ist, so verwickelt ist sein Handlungsaufbau (der übrigens durch verschiedene Nebenpersonen noch komplizierter wird): »Fürwahr, die Sache ist verzwickt!« stöhnt auch Epidicus. Doch selbst wenn die uns überlieferte Redaktion des Textes nicht in allem mit der antiken Aufführung unter Plautus übereinstimmt, müssen wir das Werk doch als eines der geschlossensten Stücke des Dichters betrachten. Die Handlung ist klar und scharfsinnig auf größtmögliche Komplikation hin angelegt, die Motivierungen der Intrigen, der Störungen und Reaktionen bilden einen in sich schlüssigen und geschlossenen Vorgang. Die Anordnung der Szenen, ein Wechsel von Dialog und Monolog, von Partei und Gegenpartei, von Freud und Leid ist ebenso kunstvoll wie die Komposition der Szenen selbst, von denen einige geradezu Shakespearesche Dichte und Geschliffenheit erreichen: der monologische Rückblick des Alten auf die für immer dahingegangene Jugend (V. 382ff.), seine Unterhaltung mit dem Freund (V. 166ff.), die umständlich-gehemmte Annäherung der sich ehemals Liebenden (V. 526ff.), die Bilder des Soldatenlebens (V. 1ff.; 437ff.) usw. Die Typen gewinnen (besonders in dem an sich warmherzigen Alten, dem verkalkt-datterigen, aber gutmütigen Rechtsgelehrten Apoecides und dem ebenso schlagfertigen wie anmutigen Acropolistis) eine lebensvolle und humane Plastizität, fern jeder grotesken Überzeichnung. Daneben fehlt es nicht an treffenden Witzen. Auch ein reizvoller Exkurs über Raffinessen der Damenmode findet sich (V. 229ff.).

Das eigentlich komische Prinzip verkörpert wie im Curculio der Titelheld, auf den das Stück im ganzen zugeschnitten ist. In Vers 15 wird er als scurra charakterisiert; dies bezeichnet tatsächlich das Phänomen seines Wesens: scurra meint eine typisch urbane Erscheinung des antiken Lebens, die wohl am besten mit »Pflastertreter« oder »Stadtwanze« umschrieben wird. Der scurra ist das Gegenteil eines Menschen, der, wie der Soldat oder der Kaufmann, einen festen Pflichtenkreis auszufüllen hat; aber immer ist er geschäftig, nützt das Glück, verschmerzt das Pech, ist devot-subaltern und hat doch die Fäden in der Hand, weiß über alles Bescheid, ist überall und nirgends, dient allen und schadet jedem: kurz, ein Luftikus und Hansdampf in allen Gassen, ein Faktotum und nützliches Unkraut. Mit der Gestalt des Epidicus gelang Plautus. geradezu der virtuose Dämon des Phänomens scurra. – Die allezeit lebendige Popularität der Figur regte Louis LEMERCIER zu dem Lustspiel Plaute ou La comédie latine an. R. M.

AUSGABEN: Venedig 1472 (in Comoediae, Hg. G. Merula). – Oxford 1904 (in Comoediae, Hg. M. Lindsay, Bd. 1; zuletzt 1963). – Ldn./Cambridge (Mass.) 1917 (in Plautus, Hg. P. Nixon, Bd. 2; m. engl. Übers.; Loeb; zul. 1959). – Paris 1935 (in Plaute, Hg. A. Ernout, Bd. 3; m. frz. Übers.). – Princeton 1940, Hg. G. E. Duckworth [m. Komm.]. – Mchn. 1948 (in Komödien, Hg. A. Klotz; m. Übers.). – Bln. ²1958 (in Comoediae, Hg. F. Leo, Bd. 1).

ÜBERSETZUNGEN: Epidikus, C. Kuffner (in Sämmtliche Lustspiele, Wien 1807). – Dass., F. W. E. Rost, Lpzg. 1822. – Dass., L. Gurlitt (in Die Komödien, Bd. 2, Bln. 1922).

LITERATUR: K. von Reinhardstoettner, Spätere Bearbeitungen plautinischer Lustspiele, Lpzg. 1886, S. 401–426. – Schanz-Hosius, 1, S. 63. – E. Fraenkel, Plautinisches im Plautus, Bln. 1922 (Philol. Untersuchungen, 28). – O. Skutsch, The First Scene of P.'s »Epidicus« (in Classical Philology, 1937, S. 360 bis 365). – W. E. J. Kuiper, Attische familiekomedies van omstreeks 300 v. Chr., Bd. 1: Het origeneel van P.' »Epidicus«, Amsterdam 1938. – R. Perna, L'originalità di Plauto, Bari 1955, S. 419 bis 431.

MENAECHMI (lat.; Menaechmi). Komödie in 1162 Versen von Titus MACCIUS PLAUTUS (um 250–184 v. Chr.), Entstehungszeit unbekannt. – Mit dem Stück, das sich eng an eine heute verlorene Vorlage von POSEIDIPPOS anschließt, blieb uns – neben dem Amphitryon – eine der reizvollsten Doppelgänger-Komödien der Antike erhalten. Zwei Zwillingsbrüder gleichen Namens, die sich seit der Kindheit aus den Augen verloren haben, sehen sich, kaum daß sie – eine voneinander zu wissen – in dem Städtchen Epidamnus zusammentreffen, plötzlich recht merkwürdigen »Intrigen« ausgesetzt. Der in Epidamnus ansässige Menaechmus muß erleben, daß ihm nicht nur die Gattin, sondern mit einem Mal auch die vertrauten Freunde, der Parasit Peniculo, die Geliebte Erotium und der Schwiegervater mit gröbsten Beschimpfungen aufwarten, während sich der andere Zwillingsbruder, Menaechmus 2, ebenso plötzlich recht schmeichelhaften Einladungen von seiten Erotiums und des Kochs Cylindrus – ihm völlig unbekannte Personen – gegenübersieht. So folgt Verwechslung auf Verwechslung, bis der eine Menaechmus schließlich die Flucht in den simulierten Wahnsinn wählt, um sich dem offenbaren Wahnsinn seiner Mitmenschen zu entziehen, während der andere wiederum von seiner Umgebung für verrückt erklärt wird – und darüber beinahe wirklich den Verstand verliert. Im letzten Moment bringt Messenio, der schlaue Sklave des Menaechmus 2, Licht in das Dunkel und führt die Brüder zusammen. Dafür erhält er die Freiheit zurück und darf die Leitung der Auktion übernehmen, in der

das gesamte Hab und Gut des einheimischen Menaechmus versteigert werden soll. Als Gratiszugabe will dieser dabei auch seine verhaßte Ehehälfte unter den Hammer bringen.
Die Plautinische Version der *Menaechmi* hat viel von Stil und Art der Neuen attischen Komödie bewahrt. Die Handlungsführung ist straff, die Szenenfolge (die überdies streng die drei Einheiten beachtet) ökonomisch ausgewogen, der Bau der einzelnen Szenen kompakt (besonders deutlich in der »klassischen« Scheltkanonade auf die hinter der Bühne verborgene Gattin, V. 110ff.), die Zeichnung der Typen klar, die Verteilung und Vorbereitung der Pointen, Effekte und Spitzen sorgfältig ausgearbeitet; auf alle Tollheiten und grotesken Überschläge, wie sie sonst bei Plautus häufig sind, wird verzichtet. Diese »attische Klarheit« des Stücks bewirkt, daß die von den Zwillingen gestiftete Verwirrung mehr ist als nur spaßiger Klamauk und im Zuschauer mehr evoziert als nur simple Freude am schlechthin Verwickelten. Die äußere Unklarheit der Identitäten macht vielmehr eine tiefere, d. h. im Individuum selbst angelegte Identitätsgefährdung sichtbar. Die zahllosen sich gegenseitig potenzierenden Verwechslungen, an denen sich das Identitätsbewußtsein der Zwillinge bricht, beginnen schließlich dieses Bewußtsein selbst aufzulösen – wie in dem kunstvollen Spiel mit dem Wahnsinn besonders deutlich wird. Mag dieser tiefere Sinn der *Menaechmi* ursprünglich kaum mehr denn ein harmloses, auf geistreiches Buffo eingestelltes Experiment – keineswegs etwa Gestaltung eines Zeitgefühls – gewesen sein, so gab er doch das Muster der Hintergründigkeit ab für die zahllosen späteren Nachdichtungen des Stoffes, aus deren Fülle nur die von Hans SACHS (*Menechmo*, 1548), Jakob AYRER (*Comedia von zweyen Brütern aus Syracusa*, 1618), SHAKESPEARE (*The Comedy of Errors*) und GOLDONI (*I due gemelli*, 1790) genannt seien.   R. M.

AUSGABEN: Venedig 1472 (in *Comoediae*, Hg. G. Merula). – Bln. 1882, Hg. J. Vahlen. – Turin 1892, Hg. Th. Vallaurius [m. Komm.]. – Oxford 1904 (in *Comoediae*, Hg. W. M. Lindsay, Bd. 1; Nachdr. zul. 1965). – Ldn./Cambridge (Mass.) 1917 (in *Plautus*, Hg. P. Nixon, Bd. 2, m. engl. Übers.; Loeb; Nachdr. zul. 1959). – Oxford 1918, Hg. P. Th. Jones [m. Komm.; Nachdr. zul. 1961]. – Lpzg./Bln. 6 1929 (in *Ausgewählte Komödien*, Bd. 3, Hg. J. Brix, M. Niemeyer u. F. Conrad; m. Komm.). – Mchn. 1948 (in *Komödien*, Hg. A. Klotz; m. Übers.). – Paris 4 1956 (in *Plaute*, Hg. A. Ernout, Bd. 4; m. frz. Übers.). – Bln. 2 1958 (in *Comoediae*, Hg. F. Leo, Bd. 1). – Cambridge (Mass.) 1964, Hg. N. Moseley u. M. Hammond [m. Komm.].

ÜBERSETZUNGEN: in *Spiegel der Sitten*, Albrecht von Eybe, Augsburg 1511 (ern. in *Zwo Comedien des synn reichen poeten Plauti*; Neudr. in *Deutsche Schriften des A. v. E.*, Bd. 2, Bln. 1890, S. 63–116). – *Menaechmi. Die Menächmer*, J. T. L. Danz (in *Lustspiele*, Bd. 1, Lpzg. 1806). – *Die Verwechslungen*, Ch. Kuffner (in *Sämmtliche Lustspiele*, Bd. 4, Wien 1807). – *Die Zwillinge*, K. M. Rapp (in *Lustspiele*, Bd. 3, Stg. 1838). – *Menächmi*, L. Gurlitt (in *Die Komödien*, Bd. 2, Bln. 1922). – *Die Zwillinge*, E. R. Leander (in *Komödien*, Lpzg. o. J. [1948]; Slg. Dieterich, 19). – *Die beiden Menaechmi*, W. Binder u. W. Ludwig (in *Antike Komödien*, Hg. W. Ludwig, Bd. 1, Mchn. o. J. [1966]).

VERTONUNG: R. Mohaupt, *Double-Trouble* (Text: R. M. nach Plautus, Louisville 1954).

LITERATUR: J. Vahlen, *Zu P. »Menächmen«* (in RhMus, 16, 1861, S. 631–638; 27, 1872, S. 173 bis 177). – K. v. Reinhardstoettner, *Spätere Bearbeitungen plautinischer Lustspiele*, Lpzg. 1886, S. 490 bis 594. – A. Goldbacher, *Ueber die symmetrische Verteilung des Stoffes in den »Menaechmen« des P.* (in *Fs. J. Vahlen*, Bln. 1900, S. 203–218). – E. Fraenkel, *Plautinisches im P.*, Bln. 1922 [s. Index]. – W. Connely, *When P. is Greater than Shakspere* (in Classical Journal, 19, 1923/24, S. 303–305). – Schanz-Hosius, 1, S. 65/66. – R. Perna, *L'originalità di Plauto*, Bari 1955, S. 286 bis 295. – T. Kleberg, *Les »Ménechmes« de Plaute, vv. 110 sqq.* (in Eranos, 54, 1956, S. 186–188). – E. Frenzel, *Stoffe der Weltliteratur*, Stg. 2 1963, S. 426–428.

MERCATOR (lat.; *Der Kaufmann*). Komödie in 1026 Versen von Titus MACCIUS PLAUTUS (um 250–184 v. Chr.), Entstehungszeit unbekannt. – Vorlage des Stücks war der – nicht mehr erhaltene – *Emporos (Der Kaufmann)* des PHILEMON; die Handlung weist in mancher Hinsicht Ähnlichkeit mit der *Casina* auf. Charinus hat seine Geliebte, die schöne Pasicompsa, von einer Geschäftsreise nach Athen mitgebracht, sie aber aus Furcht vor dem gestrengen und geizigen Vater Demipho vorerst auf dem Schiff zurückgelassen. Doch Demipho entdeckt sie und ist sofort in sie verliebt. Aus Vorsicht gegenüber der eigenen Gattin übergibt er sie dem Nachbar Lysimachus, um sich, solange dessen Ehefrau Dorippa auf dem Lande weilt, in dessen Haus ein stilles Arkadien einzurichten. Schon rücken die Köche und Musikanten an, da kehrt Dorippa vorzeitig zurück und entlädt über dem Haupt ihres – scheinbar ertappten – Gatten ein regelrechtes Donnerwetter. Zufällig kommt ihr Sohn Eutychus hinzu, den der verzweifelte Charinus mit der Suche nach der verschwundenen Geliebten betraut hat. So klärt sich alles auf: Demipho muß, um Lysimachus zu entlasten, Farbe bekennen und verzichtet schließlich auf Pasicompsa, heilfroh, damit wenigstens den Frieden mit Charinus, d. h. dessen Verschwiegenheit gegenüber der Mutter, einzuhandeln.

Im *Mercator* steht das griechische Vorbild so rein vor uns wie kaum in einer Plautus-Komödie; fast mit der Sorgfalt eines TERENZ ist der Stil der Neuen attischen Komödie bewahrt, alles »Plautinische«, vor allem die Anreicherung mit derbkomischen und trivial-witzigen Effekten, ist weitgehend vermieden. Dieser Tendenz entspricht auch die Zurückdrängung der Sklavenrollen (das Gegenstück dazu wäre der *Persa*) und die Reduzierung der auf Situationskomik und plumpe Übertölpelung abzielenden Intrigen. Das ganze Gewicht liegt auf einer feinen, psychologisch schlüssigen Motivflechtung und der vielseitigen Schattierung der Hauptcharaktere. Demipho ist mehr als der »greise Lüstling«, Charinus mehr als der »junge Geck«, der auf amouröse Abenteuer aus ist, Pasicompsa mehr als eine beliebige, ihrem Befreier ergebene Hetäre. Alle drei entwickeln vielmehr – anders als in der *Casina* – eine tiefe, individuelle Leidenschaft, von der Demipho halb ironisch, aber nicht grundlos sagt, daß sie »*von den Göttern*« (V. 385) komme.

Sogar noch die Leidenschaft des Greises hat bei ihren lächerlichen Aspekten etwas Natürliches, das seiner bisher ausschließlich vom Kommerziellen her bestimmten Lebensauffassung völlig entgegen-

gesetzt erscheint; er, der verknöcherte Handelsmann, der sich inmitten seiner Bilanzen ein scheinbar erfülltes Dasein errichtet hat und von seinem Sohn das gleiche fordert (Prolog), wird durch die späte Liebe in denselben Konflikt wie sein Sohn hineingezogen – in den Zwiespalt von bürgerlicher Funktionsmoral und individueller Ich-Entfaltung. Und eben in dieser »Grenzsituation« findet er zur menschlichen Mitte des Lebens zurück – ganz im menandrischen Sinn erwächst aus der Liebe unmittelbar menschliche Einsicht und Nachsicht (V. 319).
Es gibt in dem Stück weder »Gute« noch »Böse«, ja nicht einmal persönliche Feindschaft, da die Nebenbuhler bis zum Ende von ihrer Rivalität gar nichts wissen. Die komische Verwicklung resultiert allein aus Mißverständnissen, die in der Kompliziertheit der menschlichen Beziehungen selbst begründet sind. Das glückliche Ende ist ohne Hohn für den Unterlegenen, sondern durchaus versöhnlich; denn auch der Schluß ist von dem bloßgelegten Konflikt geprägt, und der Epilog, der keinesfalls, wie man vielfach gemeint hat, eine »Moral« geben will, vermag ihn nur in der Ironie zu bewältigen. Auf allen Ebenen also bezieht die Komödie ihre Komik in fast modern anmutender Weise aus dem Leben selbst, nicht aus sprachlichen oder szenischen Einfällen. Selbst die wenigen komödiantischen Einlagen, wie die Publikumsapostrophen, die Raserei des Charinus und der einzigartige Traum des Demipho (V. 225ff.), in dem das ganze Geschehen in einer rätselhaften Tierallegorie vorweggenommen wird, sind nicht ohne eine gewisse Hintergründigkeit. Das unverständlich schwache Echo, das der *Mercator* seit jeher in Literatur und Kritik gefunden hat, mag wohl eben auf diese geringe Signifikanz als Plautus-Stück zurückzuführen sein.   R. M.

AUSGABEN: Venedig 1472 (in *Comoediae*, Hg. G. Merula). – Oxford 1904 (in *Comoediae*, Hg. W. M. Lindsay, Bd. 1; Nachdr. zul. 1965). – Ldn./Cambridge (Mass.) 1924 (in *Plautus*, Hg. P. Nixon, Bd. 3; m. engl. Übers.; Loeb; Nachdr. zul. 1957). – Paris [4]1956 (in *Plaute*, Hg. A. Ernout, Bd. 4; m. frz. Übers.). – Bln. [2]1958 (in *Comoediae*, Hg. F. Leo, Bd. 1). – Leiden [2]1966, Hg. P. J. Enk [m. Komm.].

ÜBERSETZUNGEN: *Der Kaufmann*, Ch. Kuffner (in *Sämmtliche Lustspiele*, Bd. 4, Wien 1807). – *Die Seereise*, K. M. Rapp (in *Lustspiele*, Bd. 12, Stg. 1852). – *Merkator*, L. Gurlitt (in *Die Komödien*, Bd. 3, Bln. 1922). – *Der Handelsherr*, W. Binder u. W. Ludwig (in *Antike Komödien*, Hg. W. Ludwig, Bd. 1, Mchn. o. J. [1966]).

LITERATUR: A. Crespi, *Del sogno come artificio drammatico nella letteratura Greca e Latina* (in Rivista di Storia Antica, 9, 1904, S. 450ff.). – F. Leo, *Plautinische Forschungen*, Bln. [2]1912; Nachdr. Darmstadt 1966 [s. Index]. – E. Fraenkel, *Plautinisches im P.*, Bln. 1922 [s. Index]. – P. J. Enk, *De »Mercatore« Plautina* (in Mnemosyne, N. S. 53, 1925, S. 57–74). – Schanz-Hosius, 1, S. 67. – R. Perna, *L'originalità di Plauto*, Bari 1955, S. 237–245. – E. Paratore, *Plauto*, Florenz 1962.

MILES GLORIOSUS (lat.; *Der prahlerische Offizier*). Komödie in 1437 Versen von Titus MACCIUS PLAUTUS (um 250–184 v. Chr.), entstanden vor 204 v. Chr.; Bearbeitung einer nicht erhaltenen griechischen Komödie mit dem Titel *Alazōn*

(Der Prahler). – Die Titelfigur gibt der Offizier Pyrgopolynices ab, ein ebenso eitler wie dummer Bramarbas. Er hat Philocomasium, die treue Geliebte des jungen Pleusicles, während dessen Abwesenheit nach Ephesus entführt, wo das Stück spielt. Durch einen Zufall ist Palaestrio, der ergebene und listige Sklave des Pleusicles, nachdem er seinen Herrn hat benachrichtigen können, kurz darauf ebenfalls in das Eigentum des Pyrgopolynices gelangt. Als Pleusicles nach seiner Ankunft in Ephesus durch einen weiteren Zufall bei einem alten Familienfreund, Periplectomenus, logieren kann, dessen Haus sich direkt an das des Pyrgopolynices anschließt, schlägt er sogleich ein Loch durch die Wand zwischen der beiden Häusern, um ungesehen und ungestört mit der streng bewachten Philocomasium zusammentreffen zu können. Doch nach einigen Tagen erspäht der über das Mädchen gesetzte Wächter Sceledrus das Liebespaar. Palaestrio kann ihm zwar einreden, es handle sich um eine soeben angekommene Zwillingsschwester Philocomasiums; aber es bedarf nun einer neuen und definitiven Lösung, um dem Prahlhans das Mädchen zu entreißen. So überredet Palaestrio Periplectomenus, zwei Hetären zu engagieren, die sich als seine Gattin als deren Zofe ausgeben sollen. Die »Gattin« soll eine heftige Leidenschaft zu dem Offizier vortäuschen und ihm als Zeichen ihrer Gunst einen Ring zustellen lassen. Dieser sieht sich denn auch in seiner maßlosen Eitelkeit geschmeichelt und fängt sogleich Feuer. Das Abschieben der Philocomasium, bei dem ihm Palaestrio mit »hilfreichem« Rat zur Seite steht, kann ihm jetzt gar nicht schnell genug vonstatten gehen, und er begibt sich, nicht zuletzt von der Aussicht auf den Reichtum der neuen Geliebten geleitet, eilends in deren Haus zum Stelldichein. Dort allerdings wartet zu seiner Überraschung das gesamte Hauspersonal nur darauf, ihn zu verprügeln. Zuletzt muß er heilfroh sein, wenigstens der angedrohten Entmannung zu entgehen.
Das Stück, das eines der berühmtesten des Plautus geworden ist, lebt vor allem von der Figur des Pyrgopolynices. Prahlerische, eingebildete Söldneroffiziere wie er, die in der Diadochenzeit als Condottieri ihr viel beklagtes Unwesen trieben, waren in der Neuen attischen Komödie und ihren römischen Adaptionen oft Gegenstand der satirischen Spottes. Auch im *Curculio* des Plautus und im *Eunuchus* des TERENZ ist dieser Typus mit all seinen komischen, oft ins Groteske übersteigerten Attributen zu finden, den eine der Hetären in ihrer ordinären Art schlichtweg als »allen verhaßtes Ekel«, »Großmaul« und »ondulierten Pomadehengst« (V. 923f.) charakterisiert. Doch auch die anderen Typen des Stücks sind eindrucksvoll gezeichnet. Dies gilt für die Hetärenrollen und den – bei Plautus obligatorischen – durchtriebenen »Ränkeschmied« (Palaestrio) nicht weniger als für die Gestalt des jugendlichen Liebhabers, den die Bewußtwerdung der peinlichen Rolle, in die ihn seine Leidenschaft oft zwingt, in recht komische psychische Schwierigkeiten bringt, und ebenso für den beinahe Periplectomenus, der als ein mit fast individuellen, terenzischen Zügen ausgestatteter Gentilhomme geradezu eine pseudoepikureisch abgerundete Persönlichkeit darstellt. Wesentlich trägt auch die Souveränität der dramaturgischen und sprachlichen Mittel zur Bühnenwirksamkeit des Stücks bei, die manche von Kritikern angemerkte Unwahrscheinlichkeit in der Handlungsführung aufwiegt. Hierzu gehören nicht nur die sprechen-

den Namen, die witzigen Wortspiele und die selbst in die unverfänglichsten Partien des Dialogs eindringenden obszönen Anspielungen, sondern auch eine besondere sprachimmanente Satire: Im Wechsel der Stilschichten werden der Slang der Hetären und Sklaven, die pathetischen Phrasen des Offiziers (parodistischer Stabreim) und die selbstsichere Konversation des Periplectomenus gleichermaßen getroffen und dekuvriert.

Der nie getrübte Erfolg dieser Komödie, der freilich nur allzuoft Rang und Qualität anderer, vielleicht sogar hintergründigerer Plautus-Stücke verdunkelt hat, spiegelt sich in der breiten Nachwirkung in der europäischen Literatur. Besonders die Hauptgestalt erwies sich in ihrer satirischen Aussagekraft als zeitlos; ihre Reinkarnationen in der *commedia erudita* und der *commedia dell'arte* (Figur des Capitano), aber auch im barocken Lustspiel sind kaum zu zählen. R. M.

AUSGABEN: Venedig 1472 (in *Comoediae*, Hg. G. Merula). – Ldn./NY ³1889, Hg. R. Y. Tyrrell [m. Komm.]. – Oxford 1905 (in *Comoediae*, Hg. W. M. Lindsay, Bd. 2; Nachdr. zul. 1963). – Lpzg./Bln. ⁴1916 (in *Ausgewählte Komödien*, Bd. 4, Hg. J. Brix, M. Niemeyer u. O. Köhler; m. Komm.). – Ldn./Cambridge (Mass.) 1924 (in *Plautus*, Hg. P. Nixon, Bd. 3; m. engl. Übers.; Loeb; Nachdr. zul. 1957). – Paris 1936, Hg. A. Ernout. – Paris ⁴1956 (in *Plaute*, Hg. A. Ernout, Bd. 4; m. frz. Übers.). – Bln. ²1958 (in *Comoediae*, Hg. F. Leo, Bd. 2). – Florenz 1959, Hg. E. Paratore [m. ital. Übers.]. – Cambridge/Mass. 1963, Hg. M. Hammond, A. M. Mack u. W. Moskalew [m. Komm.].

ÜBERSETZUNGEN: *Des Plautus großsprecherischer Offizier*, S. A. Gock, Reutlingen 1797. – *Miles gloriosus. Der Prahlsüchtige*, J. T. L. Danz (in *Lustspiele*, Bd. 1, Lpzg. 1806). – *Der prahlerische Soldat*, Ch. Kuffner (in *Sämmtliche Lustspiele*, Bd. 3, Wien 1807). – *Der Bramarbas*, K. M. Rapp (in *Lustspiele*, Bd. 1, Stg. 1838). – *Miles gloriosus*, L. Gurlitt (in *Die Komödien*, Bd. 3, Bln. 1922). – *Der Maulheld*, E. R. Leander (in *Komödien*, Lpzg. o. J. [1948]; Slg. Dieterich, 19; ern. Mchn. 1959; GGT, 547). – *Der aufschneiderische Offizier*, W. Binder u. W. Ludwig (in *Antike Komödien*, Hg. W. Ludwig, Bd. 1, Mchn. o. J. [1966]).

BEARBEITUNG: J. M. R. Lenz, *Die Entführungen* (in J. M. R. L., *Lustspiele nach dem Plautus fürs deutsche Theater*, Ffm./Lpzg. 1774).

LITERATUR: K. v. Reinhardstoettner, *Spätere Bearbeitungen plautinischer Lustspiele*, Lpzg. 1886, S. 595–680. – J. Mesk, *Die Komposition des Plautinischen »Miles«* (in WSt, 35, 1913, S. 211–233). – E. Fraenkel, *Plautinisches im P.*, Bln. 1922, S. 251 bis 262. – Schanz-Hosius, 1, S. 66/67. – G. E. Duckworth, *The Structure of the »Miles gloriosus«* (in Classical Philology, 30, 1935, S. 228–246). – A. de Lorenzi, *La composizione del »Miles gloriosus« plautino e la sorte di Nevio* (in Il Mondo Classico, 12, 1943, S. 25–61). – D. C. Boughner, *The Braggart in Renaissance-Comedy. A Study in Comparative Drama from Aristophanes to Shakespeare*, Minneapolis 1954. – R. Perna, *L'originalità di Plauto*, Bari 1955, S. 179–203. – W. Hofmann, *Eigennamen als Mittel der Charaktergestaltung im »Miles gloriosus«* (in Das Altertum, 7, 1961, S. 24–32). – E. Frenzel, *Stoffe der Weltliteratur*, Stg. ²1963, S. 434–436.

MOSTELLARIA (lat.; *Die Gespensterkomödie*). Komödie in 1181 Versen von Titus MACCIUS PLAUTUS (um 250–184 v. Chr.), Entstehungszeit unbekannt. – Dem wahrscheinlich auf das *Phasma* des griechischen Komödiendichters PHILEMON zurückgehenden Stück gab das Gespenst den Namen, das der gerissene Sklave Tranio erfindet, um seinen überraschend nach Athen zurückkehrenden Herrn Theopropides am Betreten seines Hauses zu hindern. Unter der Leitung dieses Sklaven hat sich nämlich während der mehrjährigen Abwesenheit des Hausherrn der Sohn Philolaches bei einem Wucherer Geld beschafft, um mit seinem Mädchen Philomatium, seinem Freund Callidamates und einem Gefolge von Hetären und Lustknaben wilde Orgien zu feiern. Auch beim Eintreffen des Vaters findet gerade ein solches Fest statt, weshalb Tranio – als der einzig Nüchterne – die Initiative ergreift und auf die List mit dem Gespenst verfällt. Der Vater Theopropides läßt sich täuschen, wundert sich allerdings nicht wenig darüber, daß plötzlich ein Wucherer von ihm Zinsen kassieren möchte. Schlagfertig erklärt Tranio, der Sohn Philolaches habe ein neues – spukfreies – Haus gekauft und für die geleistete Anzahlung Kredit aufgenommen. Theopropides will das Haus sogleich besichtigen. Tranio zeigt ihm, ohne zu zögern, das Haus des Nachbarn Simo, dem er sagt, sein Herr bewundere es so sehr, daß er es sich einmal aus der Nähe ansehen wolle. Durch einen Zufall entdeckt aber Theopropides schließlich den ganzen Schwindel und rast vor Zorn. Callidamates, inzwischen nüchtern geworden, kann jedoch mit viel psychologischem Geschick nicht nur für den Sohn, sondern auch für den Sklaven die Verzeihung des Theopropides erwirken.

Die Umsetzung des Stücks vom Griechischen ins Lateinische ist nicht ohne innere Brüche vor sich gegangen. Von Philemon hat es zweifellos die urbane Höhe des Dialogs, die Stimmigkeit der Psychologie und die Plastizität der Figuren (besonders des Theopropides); von Plautus dagegen, der als erfahrener Theaterpraktiker der Gefahr szenischer Langatmigkeit entgehen wollte, stammen die publikumswirksamen Einlagen, der ausgelassene Klamauk der Zoten und haarsträubenden Derbheiten, zu einem großen Teil wohl auch die Ballett- und Gesangspartien, von denen die Monodien des Philolaches (V. 84ff.), des Callidamates (der darin unübertrefflich seinen Rausch zu unmittelbarer Anschauung bringt, V. 313ff.) und des Simo (V. 690ff.) eine eigenständige Plautinische Komik entwickeln. Freilich wird mit diesem Mehr an Aktion nur wenig an dramatischer Verdichtung gewonnen; die auflockernden Einschübe treten mitunter – auf andere Weise – dramatisch wiederum nur auf der Stelle. Der Dialog erstarrt nicht selten in Sentenzen (V. 72f. oder 227f.) und nimmt eine moralisierende Direktheit an.

Das Hauptgewicht hat Plautus auf die Figur des Tranio gelegt. Gleich dem Epidicus und dem Pseudolus in den gleichnamigen Stücken hat der Dichter ihn zu dem spezifisch großstädtischen Typus der *scurra* gemacht: einer Sorte von Sklaven, die sich durch Intelligenz, Mut, Raffinesse, Frechheit und vor allem eine konsequent realistische Welt- und Menschenbetrachtung einen von Freien und Unfreien respektierten Platz zwischen den Klassen zu erkämpfen wissen. Der Dichter wählte solche Figuren mit Vorliebe als Helden seiner Komödien, teils weil dies seinen Sympathien für den Sklavenstand entgegenkam (aus dem sich auch ein Teil seines Publikums rekrutierte), teils weil es ihm erlaubte, das in der Sicht des Komikers ohnehin groteske Verhältnis zwischen Sklaven und Bürgern in seiner ganzen Spannungsgeladenheit darzustellen. Auf dieses Spannungsverhältnis spielt er an, wenn er Tranio, nachdem Philolaches aufgrund seines »schlechten Gewissens« begnadigt worden ist, mit der ihm eigenen Unverschämtheit den erbosten Herrn fragen läßt (V. 1167): »*Wenn ich aber auch ein schlechtes Gewissen habe?*« Da Tranio schon allein wegen seines besonderen Charakters tatsächlich nicht die geringste Reue zu empfinden vermag, wird mit dieser Frage das antike Gesellschaftssystem – in dem für Gewissensregungen von Sklaven prinzipiell kein Platz ist – in satirischer Weise ad absurdum geführt. Freilich wirken diese Nuancen nur ganz am Rande, fast aus dem Hintergrund; im ganzen erscheint die *Mostellaria* als eines der heitersten und originellsten Stücke des Plautus. In der ästhetischen Kritik hat sie seit jeher eine einhellig günstige Aufnahme gefunden, und die europäische Literatur weist unzählige Neubearbeitungen dieses Stoffes auf; J.-F. REGNARDS *Le retour imprévu* (1700), H. FIELDINGS *The Intriguing Chambermaid* (1734) und L. HOLBERGS *Huus-Spögelse, eller Abracadabra* (1752) sind die bedeutendsten davon. R. M.

AUSGABEN: Venedig 1472 (in *Comoediae*, Hg. G. Merula). – Boston 1880, Hg. E. P. Morris [m. Komm.]. – Oxford 1905 (in *Comoediae*, Hg. W. M. Lindsay, Bd. 2; Nachdr. zul. 1963). – Ebd. ²1907, Hg. E. A. Sonnenschein [m. Komm.] Nachdr.; 1927. – Ldn./Cambridge (Mass.) 1924 (in *Plautus*, Hg. P. Nixon, Bd. 3; m. engl. Übers.; Loeb; Nachdr. zul. 1957). – Turin 1929 (*La Mostellaria*, Hg. N. Terzaghi; m. Komm.). – Paris 1938 (in *Plaute*, Hg. A. Ernout, Bd. 5; m. frz. Übers.). – Bln. ²1958 (in *Comoediae*, Hg. F. Leo, Bd. 2).

ÜBERSETZUNGEN: *Mostellaria. Das Gespenst*, J.T.L. Danz (in *Lustspiele*, Bd. 2, Lpzg. 1807). – *Die Gespensterkomödie*, Ch. Kuffner (in *Sämmtliche Lustspiele*, Bd. 3, Wien 1807). – *Geistergeschichte*, K. M. Rapp (in *Lustspiele*, Bd. 6, Stg. 1844). – *Mostellaria*, L. Gurlitt (in *Die Komödien*, Bd. 3, Bln. 1922). – *Das Hausgespenst*, E. R. Leander (in *Komödien*, Lpzg. o. J. [1948], Slg. Dieterich, 19; ern. Mchn. 1959, GGT, 547). – *Die Gespensterkomödie*, W. Binder u. W. Ludwig (in *Antike Komödien*, Hg. W. Ludwig, Bd. 1, Mchn. o. J. [1966]).

LITERATUR: K. v. Reinhardstoettner, *Spätere Bearbeitungen plautinischer Lustspiele*, Lpzg. 1886, S. 444–489. – E. Fraenkel, *Plautinisches im P.*, Bln. 1922 [s. Index]. – Schanz-Hosius, 1, S. 64/65. – M. Knorr, *Das griechische Vorbild der »Mostellaria« des P.*, Diss. Mchn. 1934. – I. Weide, *Der Aufbau der »Mostellaria« des P.* (in Herm, 89, 1961, S. 191-207). – E. Paratore, *Plauto*, Florenz 1962.

PERSA (lat.; *Der Perser*). Komödie in 858 Versen nach einer unbekannten griechischen Vorlage, von TITUS MACCIUS PLAUTUS (um 250-184 v. Chr.), entstehungszeit unbekannt. – Der Sklave Toxilus spielt während der Abwesenheit seiner Herrschaft den Hausherrn und versucht sich in dem flotten Leben eines freien athenischen Bürgers. Der erste Schritt dahin ist der Freikauf der Geliebten Lemniselenis vom Kuppler Dordalus, wozu das erforderliche Geld durch »Pumpen« beschafft wird. Durch eine List und die Mithilfe zweier Freunde, des »Parasiten« Saturio und des Gewohnheitskriminellen Sagaristio, gelingt es jedoch, Dordalus die bezahlte Summe wieder herauszulocken: Saturio willigt in den Scheinverkauf seiner Tochter Lucris an den Kuppler ein, Sagaristio, als Perser verkleidet, schwatzt sie, die ebenfalls als Perserin kostümiert ist, dem Dordalus auf; anschließend kann der Vater seine freigeborene Tochter nach dem gültigen Recht ohne Entschädigung für den Geprellten wieder zurückverlangen. Den Abschluß bildet ein wilder Gesindeball, bei dem Dordalus zum Schaden auch noch dem Spott ausgesetzt ist.

Der künstlerische Wert dieses »Sklavenstücks« wurde von vielen Kritikern (WILAMOWITZ, LEO u. a.) ernsthaft in Frage gestellt. Man tadelte die maßlose Derbheit (Verherrlichung der Homoerotik), die Anspruchslosigkeit des Themas und die Dürftigkeit der Komposition. Doch will der *Persa* in erster Linie als ein Ballett- und Singspiel genommen und als solches mit eigenen Maßen gemessen werden. Die Gesangseinlagen und die – ohne Zweifel obszönen – Tänze der Akteure sind als die strukturell tragenden Bestandteile anzusehen. Sie sorgen, im Verein mit der musikalischen Begleitung, für den Schwung und die Lustigkeit, die auch in den einander geradezu jagenden witzigen Einfällen, den fortgesetzten Zweideutigkeiten und Mißverständnissen zum Ausdruck kommen und zum Wesen dieser Komödie gehören. Hierin bricht die altitalische *vis comica*, das »Plautinische in Plautus«, ursprünglich und ungebrochen durch, wobei der Übermut des Autors bis zur vorübergehenden Zerstörung der Bühnenillusion geht: Auf die Frage Sagaristios, woher er das Perserkostüm nehmen solle, verweist Toxilus ohne Zögern auf die Theatergarderobe. Trotzdem dürfte das von Plautus verwendete Original wie bei seinen anderen Stücken der griechischen Neuen Komödie und nicht früheren Dichtern zuzuschreiben sein. Darauf lassen nicht zuletzt die mit fast individuellen Zügen ausgestatteten, zum Teil ganz ungewöhnlichen Charaktere schließen. Zeitlos lebendig sind die schlaue Verführerin Sophoclidisca, der freche Bengel Paegnium, der »Zuchthäusler« Sagaristio, der Kuppler in seiner mit dem Reichtum wachsenden moralischen Aufgeblasenheit und vor allem die – stark an MENANDER erinnernde – Lucris, die ständig mit ihrer Anständigkeit kokettiert und selbst mitten im Betrugsmanöver kein formal unwahres Wort über die Lippen läßt. Im ganzen freilich ist dieses heitere, spritzige Werk mehr als andere Plautus-Stücke auf trivial unterhaltende Effekte und weniger als andere auf hintergründige Doppelbödigkeit abgestellt, wenngleich nicht übersehen werden soll, daß auch in ihm ein Schimmer der Tragik enthalten ist, die im antiken Gesellschaftssystem über den durch eine unüberbrückbare Kluft getrennten beiden Klassen von freien und unfreien Menschen gelegen hat. »*Ja, lieben denn hier die Sklaven auch schon?*« fragt Sagaristio (V. 25). Daß sie es tun, wird hier demonstriert, wo Plautus die Tendenz der dramatischen Aufwertung der Sklavenrollen zur letzten Konsequenz geführt hat: Freigeborenen Bürgern zum Verwechseln ähnlich gebärden sich die Sklaven in all ihren Aktionen, Gefühlen und Vergnügungen; erst die wichtige Schlußszene zeigt, daß sie, unvertraut mit den Bedingungen der Freiheit, gar nicht in der Lage sind, diese auch zu genießen, sondern vielmehr ohne Maß und Ziel in eine stumpfsinnige Orgie verfallen. R. M.

AUSGABEN: Venedig 1472 (in *Comoediae*, Hg. G.

Merula). – Oxford 1905 (in *Comoediae*, Hg. W. M. Lindsay, Bd. 2; Nachdr. zul. 1963). – Lanciano 1922 (*Il Persa*, Hg. G. Ammendola; m. Einl. u. Komm.). – Ldn./Cambridge (Mass.) 1932 (in *Plautus*, Hg. P. Nixon, Bd. 4; m. engl. Übers.; Loeb; Nachdr. zul. 1957). – Paris 1938 (in *Plaute*, Hg. A. Ernout, Bd. 5; m. frz. Übers.; [3]1957). – Bln. [2]1958 (in *Comoediae*, Hg. F. Leo, Bd. 2).

ÜBERSETZUNGEN: *Persa. Der Perser*, J. T. L. Danz (in *Lustspiele*, Bd. 2, Lpzg. 1807; lat.-dt.). – *Der Perser*, Ch. Kuffner (in *Sämtliche Lustspiele*, Bd. 3, Wien 1807). – *Die Perserin*, K. M. Rapp (in *Lustspiele*, Bd. 14, Stg. 1852). – *Persa*, L. Gurlitt (in *Die Komödien*, Bd. 3, Bln. 1922). – *Persa (Der Perser)* (in *Antike Komödien*, Hg. W. Ludwig, Bd. 1, Mchn. o. J. [1966]).

LITERATUR: K. v. Reinhardstoettner, *Spätere Bearbeitungen plautinischer Lustspiele*, Lpzg. 1886, S. 719–721. – M. Meyer, *De Plauti »Persa«*, Diss. Jena 1907. – L. Gurlitt, *Erotica Plautina*, Mchn. 1921. – E. Fraenkel, *Plautinisches im P.*, Bln. 1922 (s. Index). – Schanz-Hosius, 1, S. 69/70. – L. F. de Martino, *I quadruplatores nel »Persa« di Plauto* (in Labeo, 1, 1955, S. 32–48). – G. L. Müller, *Das Original des plautinischen »Persa«*, Diss. Ffm. 1957. – O. Jurewicz, *Die Sklaven in P.' Komödien*, Warschau 1958 [poln.]. – E. Paratore, *Plauto*. Florenz 1962.

POENULUS (lat.; *Der junge Punier*). Komödie in 1371 Versen von Titus MACCIUS PLAUTUS (um 250 bis 184 v. Chr.), aufgeführt etwa 194 v. Chr. – Den Titel der griechischen Vorlage gibt der Dichter selbst im Prolog mit *Karchēdonios* an, doch beruht das Stück aller Wahrscheinlichkeit nach auf der Kontamination zweier verschiedener Komödien dieses Titels (so F. LEO); darauf deuten die kleinen Versehen hin, die dem Dichter bei der Abstimmung der beiden Versionen unterlaufen sein mögen, wie auch die Existenz von zwei Versionen des Schlusses (V. 1307ff.). Daß Plautus tatsächlich der Autor des Stücks wie des Prologs ist, wird heute, nach verschiedenen Zweifeln, wieder allgemein anerkannt. Für die Sprachwissenschaft erlangte der *Poenulus* eine besondere Bedeutung durch seine Partien in punischer Sprache (V. 930ff.), die das einzige erhaltene literarische Zeugnis dieser Sprache darstellen.

Der junge Agorastocles, Bürger im ätolischen Kalydon, liebt das Mädchen Adelphasium, das zusammen mit seiner Schwester Anterastilis im Nachbarhaus beim Kuppler Lycus dient. Beide Mädchen sind unberührt, sollen aber noch an diesem Tag – es ist das Fest der Aphrodisien – in ihr künftiges Gewerbe eingeführt werden. Verzweifelt wendet sich Agorastocles an seinen Sklaven Milphio, der sogleich einen Plan faßt: Ein in der Stadt nicht bekannter Sklave wird, als Soldat verkleidet und mit einer Summe Geldes versehen, zu Lycus geschickt. Agorastocles mietet währenddessen mehrere Zeugen, die beobachten sollen, wie dieser dem »Soldaten« das Geld abnimmt – was nach gültigem Recht einem Diebstahl gleichkommt, da ein Sklave nicht selbst über Geld verfügen kann. Machtlos vor der Übermacht der Zeugen muß sich Lycus also erpressen lassen und sucht das Weite. In diesem Moment kommt dem Liebhaber ganz unverhofft von anderer Seite her Hilfe, was den vorangegangenen Betrug mit einem Schlag hinfällig macht: Milphio erfährt nämlich, daß die beiden Schwestern

in Wirklichkeit freigeborene Karthagerinnen sind. Kaum sieht er sich nach einem geeigneten Zeugen dafür um, als dieser sich auch schon in der Gestalt des reisenden Puniers Hanno einstellt, der sich binnen kurzem nicht nur als Freund von Agorastocles' verstorbenem Adoptivvater, sondern auch als dessen Onkel und – was weit schwerer wiegt – als Vater der beiden Mädchen entpuppt.

Im *Poenulus* sind die Neue Komödie der Griechen und das römische Volkstheater die Plautus eine bruchlose und in Stil und Tendenz glückliche Verbindung eingegangen. Das Stück wirkt als Ganzes durch und durch heiter und einheitlich, so daß seine Schwächen (Auseinanderfallen der Handlung in zwei selbständige Teile, eine gewisse Langatmigkeit, bis an die Grenze des Möglichen gehende Unwahrscheinlichkeiten der Fabel) darunter gewissermaßen verblassen. Seine mitreißende Dynamik bezieht das Werk allein aus der ungemein imaginativen Sprachphantasie: Sämtliche Tollheiten, die die Sprache überhaupt erlaubt, werden zu einer nicht abreißenden Kette von Witzen, Zoten, Wortspielen, Zweideutigkeiten und Lautmalereien geschmiedet. Wohl den Gipfel erreicht diese Art Komik in der Szene, wo punisch gesprochen wird. Abgesehen von dem Ohrenschmaus, der sich dem Publikum – das gerade den Zweiten Punischen Krieg hinter sich hat – allein schon in dem kaum verständlichen und sicherlich noch übertrieben prononcierten Kauderwelsch geboten haben muß, ergibt sich auf der Bühne dabei eine erst in unserer Zeit wiederentdeckte urkomische Situation: Hanno spricht punisch, obwohl er das Lateinische so gut beherrscht wie die andern, Milphio »dolmetscht«, obwohl vom Punischen keine Ahnung hat, Agorastocles, obwohl von Geburt Karthager, versteht noch weniger als das Publikum, da er von Milphios »Übersetzungen« vollständig irritiert wird. – Auch die komischen Charaktere erstehen allein aus der Sprache, d. h. aus den Worten, die ihnen der Dichter in den Mund legt. Sie sind weder allzu grotesk typisiert, noch stören sie durch allzu individuelle Emotionen oder gar allzu betriebsame Aktivität das heitere sprachliche Spiel. In ihrer von jeder Bitterkeit oder Sentimentalität freien Abgerundetheit und Natürlichkeit lassen sie sich eigentlich nur mit den Gestalten MENANDERS vergleichen. Ihre Frische und Lebendigkeit wird vor allem in der Haltung offenbar, die sie jeweils zu den das Stück wie ein roter Faden durchziehenden Weissagungen einnehmen. Hier, wo sich das Individuum gegenüber einer in sein Schicksal eingreifenden höheren Macht zu behaupten sucht, gelingt es Plautus, im Gewand der Narrenphilosophie eine hintergründige Seinsdialektik zu entfalten, die selbst SHAKESPEARE wohl anstehen würde. R. M.

AUSGABEN: Venedig 1472 (in *Comoediae*, Hg. G. Merula). – Oxford 1905 (in *Comoediae*, Hg. W. M. Lindsay, Bd. 2; Nachdr. zul. 1963). – Ldn./Cambridge (Mass.) 1932 (*The Carthaginian*, in *Plautus*, Hg. P. Nixon, Bd. 4; m. engl. Übers.; Loeb; Nachdr. zul. 1951). – Mailand 1935, Hg. u. Komm. A. Nucciotti. – Paris 1938 (in *Plaute*, Hg. A. Ernout, Bd. 5, m. frz. Übers.; [3]1957). – Bln. [2]1958 (in *Comoediae*, Hg. F. Leo, Bd. 2).

ÜBERSETZUNGEN: *Oheim Breifraß*, Ch. Kuffner (in *Sämmtliche Lustspiele*, Bd. 4, Wien 1807). – *Die Familie aus Karthago*, K. M. Rapp (in *Lustspiele*, Bd. 11, Stg. 1852). – In *Die Komödien*, L. Gurlitt, Bd. 3, Bln. 1922. – *Poenulus (Der Mann aus Kar-*

LITERATUR: K. v. Reinhardstoettner, *Spätere Bearbeitungen plautinischer Lustspiele*, Lpzg. 1886, S. 714–718. – W. M. Lindsay, *The Carthaginian Passages in the »Poenulus« of P.* (in Classical Review, 12, 1898, S. 361 ff.). – H. T. Karsten, *De compositione »Poenuli«* (in Mnemosyne, 29, 1901, S. 363–387). – Schanz-Hosius, S. 68/69. – B. Krysiniel, *Der plautinische »Poenulus« und sein attisches Vorbild* (in Eos, 34, 1932/33, S. 1–70). – W. G. Arnott, *The Author of the Greek Original of the »Poenulus«* (in RhMus, 102, 1959, S. 252–262). – E. Paratore, *Plauto*, Florenz 1962. – P. J. Enk, *De »Poenulo« Plautino* (in Wiss. Zs. d. Univ. Rostock, 12, 1963, S. 209–213). – G. Maurach, *Milphio und der Bau des »Poenulus«* (in Phil, 108, 1964, S. 247 bis 261). – I. Opelt, *Die punisch-latinische Bilingue im plautinischen »Poenulus«* (in Herm, 94, 1966, S. 435–442). – M. Sznycer, *Les passages puniques en transcription latine dans le »Poenulus« de Plaute*, Paris 1967.

PSEUDOLUS (lat.; *Pseudolus*). Komödie in 1334 Versen von Titus MACCIUS PLAUTUS (um 250–184 v. Chr.), aufgeführt 191 v. Chr. – Eigenart und Verlauf des sehr breit angelegten Stücks bestimmen sich aus dem Naturell des Titelhelden Pseudolus. Er ist ein schlauer Sklave (wie Epidicus in dem gleichnamigen Stück) und erklärt sich bereit, seinem jungen Herrn Calidorus noch vor Sonnenuntergang die Geliebte Phoenicium zu verschaffen. Es gilt dabei einem Hauptmann zuvorzukommen, der sie vertraglich zwar schon von dem Kuppler Ballio gekauft hat, doch erst bei Bezahlung der noch ausstehenden Restsumme ausgehändigt bekommen soll. Pseudolus kann zufällig den Burschen (Harpax) dieses Hauptmanns, als er das Geld bringt, abfangen und ihm, indem er sich als Hausmeister Ballios ausgibt, die Kaufurkunde abschwindeln. Während sich Harpax in der irrigen Meinung, auf Ballios Rückkunft warten zu müssen, ins Wirtshaus abdrängen läßt, schickt Pseudolus den Sklaven Simia, dessen Gerissenheit seiner eigenen in nichts nachsteht, mit Urkunde und Restbetrag versehen als anderen Harpax zu Ballio. Dieser ist nach oberflächlicher Prüfung der Echtheit des Boten um so lieber bereit, Phoenicium dem scheinbar Richtigen herauszugeben, als ihn Simo, der Vater des Calidorus, schon vor Pseudolus' Absichten gewarnt hat. Daß es dann doch nicht der Richtige ist, kostet ihn das Mädchen und obendrein eine gegen Simo verlorene Wette: Schon reichlich angetrunken sucht er diesen nach der prompten Ablieferung des Mädchens bei Calidorus auf, um triumphierend zu kassieren – und alsbald mit Simo zusammen im Wirthaus zu verschwinden.
Der *Pseudolus* gehört zu den reifsten und reichsten Stücken des Plautus, was sich besonders in einem ungemein lebendigen, nie ermüdenden Dialog zeigt: Hier derb-obszön, dort geistvoll-hintergründig, prasselt ein wahrer Funkenregen treffender Ein- und Ausfälle auf den Zuschauer nieder. Bei aller Ähnlichkeit mit dem »Ränkeschmied« Epidicus unterscheidet sich Pseudolus von ihm darin, daß seine Listigkeit weit weniger im Ausdenken und Durchführen eines raffiniert gesponnenen Plans zutage tritt als in der Potenz seines Mundwerks und der brillanten Schlagfertigkeit seines Witzes, verbunden mit dreistem Optimismus, dem das Glück von selbst entgegenzukommen scheint. Obwohl die Handlung selbst straff und schlüssig abläuft (ein Brief, der verlesen wird, enthüllt beispielsweise geschickt die Vorgeschichte, V. 41 ff.), ist Plautus hier doch mehr auf plastische Ausgestaltung als szenische Ökonomie bedacht. So finden sich nicht nur »unnötige« Figuren und Situationen, sondern auch mehrere arienhafte Einlagen *(cantica)*, in denen sich immer des Dichters eigene Kunst voll entfalten kann (Beispiele: die halb durchtriebenen, halb melancholischen Monologe des Pseudolus, V. 344 ff., 573 ff., 667 ff.; die Schelttirade des Kupplers an sein »Personal«, V. 133 ff.; die dekuvrierenden »Berufsgeheimnisse« des Kochs, V. 790 ff.; das Klagelied des Sklavenjungen, V. 767 ff.; Harpax' einfältige Betrachtung über die Dienstmoral, V. 1103 ff.; das derbe, aber im Grunde pessimistische Sauflied des Pseudolus, V. 1246 ff.). Doch gerade das scheinbar Überflüssige verleiht diesem Stück Farbe, Schwung und Gelöstheit. Vielleicht als Folge der Zurückdrängung naiver Handlungskomik stellt sich ein für den *Pseudolus* charakteristisches Phänomen ein: Die wichtigsten Figuren sind mit dem Muster ihres Typus, den sie verkörpern, nicht mehr absolut identisch, sondern »spielen« die Rolle reflektierend. Ballio weiß, wie bös er zu sein hat (V. 360 ff.), Calidorus, wie verliebt (V. 238 ff.), Pseudolus, wie gerissen (besonders V. 905 ff.). Indem so die herkömmliche Illusionsbasis erschüttert wird, entsteht eine neue, tiefere Art der künstlerischen Illusion – die Glaubwürdigkeit der Figuren. Plautus fand damit nicht nur einen Ausweg aus dem Konventionszwang der antiken Figurentypik, ohne diese selbst aufzulösen zu müssen; er meisterte vielmehr darüber hinaus auf seine Weise das Problem der Transposition einer individuellen Gestalt zum Typus. So ist es nur folgerichtig, wenn Pseudolus zusehends in die Rolle seines eigenen Dichters hineinwächst. *»Doch wie ein Dichter, der, sobald er zur Schreibtafel greift, sucht und schließlich doch entdeckt, was nirgend ist, der der Wahrheit ähnlich macht, was Lüge ist – so will ich jetzt ein Dichter sein«* (V. 401 ff.), sagt er, und: *»Zweimal sag' ich's nicht, das Stück, das dauert so schon lang genug«* (V. 388; ähnlich V. 720 ff.). Diese Projektion der Dichter-Situation in die Titelfigur gewinnt noch einen anderen Aspekt, wenn man die Notiz CICEROS (*Cato maior*, 50), wonach der Pseudolus dem Herzen des Dichters besonders nahgestanden habe, und die Clownerie seiner körperlichen Häßlichkeit (V. 1218 ff.) einbezieht, die mit Plautus' eigenem Aussehen zu spielen scheint. Es würfe ein erhellendes Schlaglicht auf das Selbstverständnis des alternden Komikers, gäbe er, wie man zu glauben versucht ist, im *Pseudolus* eine Deutung und Karikatur der eigenen Existenz preis. R. M.

AUSGABEN: Venedig 1472 (in *Comoediae*, Hg. G. Merula). – Boston 1890, Hg. u. Komm. E. P. Morris. – Cambridge 1896, Hg. u. Komm. H. W. Auden. – Oxford 1905 (in *Comoediae*, Hg. W. M. Lindsay, Bd. 2; Nachdr. zul. 1963). – Ldn./Cambridge (Mass.) 1932 (in *Plautus*, Hg. P. Nixon, Bd. 4; m. engl. Übers.; Loeb; Nachdr. zul. 1951). – Paris 1938 (in *Plaute*, Hg. A. Ernout, Bd. 6; m. frz. Übers.; [3]1957). – Bln. [2]1958 (in *Comoediae*, Hg. F. Leo, Bd. 2).

ÜBERSETZUNGEN: *Pseudolus*, J. T. L. Danz (in *Lustspiele*, Bd. 1, Lpzg. 1806; lat.-dt.). – Dass., Ch. Kuffner (in *Sämtliche Lustspiele*, Bd. 2, Wien 1807). – Dass., K. M. Rapp (in *Lustspiele*, Bd. 17, Stg. 1852). – Dass., L. Gurlitt (in *Die Komödien*, Bd. 1,

Bln. 1920). – Dass., A. Klotz (in *Komödien*, Mchn. 1948; lat.-dt.). – Dass., E. R. Lehmann-Leander (in *Meisterwerke der antiken Komödie*, Bremen o. J. [1960]; Slg. Dieterich, 235). – *Pseudolus. Der Sklave*, W. Ludwig (in *Antike Komödien*, Bd. 2, Mchn. o. J. [1966]).

LITERATUR: K. v. Reinhardstoettner, *Spätere Bearbeitungen plautinischer Lustspiele*, Lpzg. 1886, S. 690 bis 714. – F. Leo, *Über den »Pseudolus«* (in NGG, 1903, S. 347–354). – L. Gurlitt, *Erotica Plautina*, Mchn. 1921. – Schanz-Hosius, 1, S. 67/68. – J. N. Hough, *The Composition of the »Pseudolus« of P.*, Diss. Princeton 1931. – R. Perna, *L'originalità di Plauto*, Bari 1955, S. 405 ff. – G. Williams, *Some Problems in the Construction of P.'* »*Pseudolus*« (in Herm, 84, 1956, S. 424–455). – A. Önnerfors, *Ein paar Probleme im plautinischen »Pseudolus«* (in Eranos, 56, 1958, S. 21–40). – G. Pascucci, *Il nome di »Pseudolus«* (in Atene e Roma, 6, 1961, S. 30 bis 34). – E. Paratore, *La structure du »Pseudolus«* (in Revue des Études Latines, 41, 1963, S. 123 bis 164). – P. P. Spranger, *Historische Untersuchungen zu den Sklavenfiguren des P. und Terenz*, Mainz 1961.

RUDENS (lat.; *Das Tau*). Komödie in 1423 Versen von Titus MACCIUS PLAUTUS (um 250–184 v. Chr.), nach einem verlorengegangenen griechischen Stück des DIPHILOS (um 355–289 v. Chr.); Entstehungszeit unbekannt. – Nach einem Seesturm, der sie an die afrikanische Küste verschlagen hat, stranden bei Kuppler Labrax und seine wertvolle »Ware«, d. h. die beiden Mädchen Palaestra und Ampelisca, getrennt in der Nähe der Stadt Cyrene und ihres berühmten Venusheiligtums. Dies ist zufällig der gleiche Ort, an den Labrax Palaestras Liebhaber Plesippides, der bereits eine beträchtliche Anzahlung auf das Mädchen geleistet hat, mit dem geheuchelten Versprechen bestellt hat, ihm dort Palaestra auszuhändigen. Die Mädchen suchen sogleich im Tempel Schutz vor ihrem Peiniger und können mit Plesippides' Sklaven Trachalio Kontakt aufnehmen. Er und der herbeigerufene Daemones, ein vornehmer Bürger aus Cyrene, verteidigen sie im folgenden gegen die hartnäckigen Versuche des Kupplers, sie mit Gewalt aus dem Heiligtum zu zerren. Der Fischer Gripus, Sklave des Daemones, hat inzwischen in seinem Netz den beim Schiffbruch verlorengegangenen Koffer des Labrax gefunden, der nicht nur eine Menge Gold und Silber, sondern auch eine Schachtel mit Spielzeug aus Palaestras Kindertagen enthält. Trachalio entlockt ihm den Fund, und Daemones erkennt an dem diesen »Souvenirs«, daß Palaestra seine vor vielen Jahren geraubte Tochter ist. Da so auch der Beweis für ihre freie Abkunft erbracht ist, muß der Kuppler seine Ansprüche auf sie endgültig begraben und darüber hinaus noch mit einem Teil seines Schatzes den Finder entlohnen, so daß Gripus und Ampelisca freigekauft werden können. Alle – Bürger und Sklaven, Ehrenmänner und Halunken – versammeln sich daraufhin zum Hochzeitsfest.

Diese Erkennungskomödie ist wohl nicht Plautus' hintergründigstes Stück, aber sicher eines seiner gefälligsten. Die zumeist durch ziemlich unmotivierte Zufälle aufrechterhaltene und daher an sich etwas spannungsarme Handlung wird allerdings häufig um witziger Wortspiele, derber Rüpeleien oder frecher Obszönitäten willen (diese streng auf Gripus, Labrax, Trachalio beschränkt) übermäßig zerdehnt, so daß im ganzen auch die Figuren einer klaren, pointierten Zeichnung entbehren; eine Ausnahme bildet nur Gripus, ein rührender »Hans im Pech«, der in seiner nur halb geradherzig-einfältigen, halb unaufrichtig-gierigen Art trotz verzweifelter Anstrengungen einfach nicht fähig ist, sein Glück zu seinem Vorteil zu nutzen. Im übrigen aber sind sich diese Menschen, vom harmlos gutmütigen »Fünfziger« (Daemones), dessen honorige Art auf die andern gleichsam ansteckend wirkt, bis zum brutalen Kuppler, dem man seine Gemeinheiten nicht so recht glauben will, trotz äußerer Typisierung alle ähnlich, in einem unbestimmten Sinn im Grund ihres Herzens sogar alle guten Willens. Der versöhnliche, oder besser: einlenkende Schluß dokumentiert dies mehr als alles andere. MENANDERS für die Neue Komödie und deren römische Abwandlung geradezu programmatische Formulierung vom Charakter als dem »*Schicksal des Menschen*« verliert hier ihre spezifische Gültigkeit: Der pure Zufall führt die Sache der »Guten« zu einem guten Ende, nicht eine vom Charakter so oder so geheimnisvoll beeinflußte Schein-Zufälligkeit. So bedarf der *Rudens* wohl auch des heiter moralisierenden Tones, der bereits im Prolog (V. 99 ff.) und dann später häufig (etwa V. 403 ff.; 914 ff.; 1235 ff.) anklingt. Es sind märchenhafte Züge, die dem Stück solchermaßen zugewachsen sind, und sie verstärken sich noch in den lyrischen Partien und einigen zum Teil bezaubernden Stimmungsbildern, die den unbestrittenen Reiz dieser Komödie ausmachen. Derartige Glanzpunkte sind vor allem die Robinsonade der gestrandeten Mädchen (V. 185 ff.), das zackig-triste Lied der Fischer (»*Die armen Leute haben's doch in jeder Weise schlecht ...*«, V. 290 ff.), Ampeliscas Flirt am Brunnen (V. 414 ff.) und schließlich das verzweifelt-übermütige Zitter- und Schlotterballett, das der Kuppler und ein Komplice nach ihrem unfreiwilligen kalten Bad am Strand aufführen (V. 523 ff.). R. M.

AUSGABEN: Venedig 1472 (in *Comoediae*, Hg. G. Merula). – Oxford 1821, Hg. u. Komm. E. F. Sonnenschein; Nachdr. zul. 1961. – Oxford 1905 (in *Comoediae*, Hg. W. M. Lindsay, Bd. 2; Nachdr. zul. 1963). – Lpzg. 1928, Hg. u. Komm. F. Marx; ern. Amsterdam 1959. – Ldn./Cambridge (Mass.) 1932 (in *Plautus*, Hg. P. Nixon, Bd. 4; Loeb; m. engl. Übers.; Nachdr. zul. 1957). – Paris 1938 (in *Plaute*, Hg. A. Ernout, Bd. m. frz. Übers.; [3]1957). – Turin 1949, Hg. A. G. Amatucci. – Heidelberg 1949, Hg. u. Komm. A. Thierfelder (Heidelberger Texte, Lat. R., 13). – Bln. [2]1958 (in *Comoediae*, Hg. F. Leo, Bd. 2).

ÜBERSETZUNGEN: in E. Goldhagen, *Anthologie*, Bd. 2, Brandenburg 1767. – In *Lustspiele*, Hg. C. F. S. Mylius, Bd. 1, Bln. 1784. – *Das Seil*, Ch. Kuffner (in *Sämmtliche Lustspiele*, Bd. 2, Wien 1807). – *Der Schiffsbruch*, K. M. Rapp (in *Lustspiele*, Bd. 5, Stg. 1843). – *Rudens*, L. Gurlitt (in *Die Komödien*, Bd. 4, Bln. 1922). – *Rudens (Das Seil)*, W. Ludwig (in *Antike Komödien*, Bd. 2, Mchn. o. J. [1966]).

LITERATUR: K. v. Reinhardstoettner, *Spätere Bearbeitungen plautinischer Lustspiele*, Lpzg. 1886, S. 722–736. – F. Leo, *Plautinische Forschungen*, Bln. [2]1912, S. 190 ff.; 211 ff. – G. Ammendola, *Sul »Rudens« di Plauto* (in Rivista Indo-Greca-Italica di Filologia, Lingua, Antichità, 3, 1920, S. 31 bis 46). – L. Gurlitt, *Erotica Plautina*, Mchn. 1921. – Schanz-Hosius, 1, S. 70/71. – W. E. J. Kuiper, *Diphilus' doel en deel in de »Rudens« van P.*, Leiden 1938 (Mnem. Suppl. 4). – A. G.

Amatucci, *L'amicizia di Palestra e Ampelisca e il culto di Venere nel »Rudens«di Plauto* (in Giornale Italiano di Filologia, 3, 1950, S. 206 bis 210). – A. Salvatore, *La struttura ritmico-musicale del »Rudens« e l'»Ione« di Euripide. Contributo allo studio dei cantica plautini* (in Rendiconti della Accademia di Archeologia, Lettere e Belle Arti di Napoli, 26, 1951, S. 56–97). – F. Doll, *Der »Rudens« des P.*, Freiburg i. B. 1953.

STICHUS (lat.; *Stichus*). Komödie in 775 Versen von Titus MACCIUS PLAUTUS (um 250–184 v. Chr.), aufgeführt an den Plebeischen Spielen (November) des Jahres 200 v. Chr. von der Truppe des Titus Publilius Pellio, mit einer Musik von Marcipor Oppii. – Das dem MENANDROS nachgebildete, eigentlich handlungslose Stück umspielt in heiterer Laune die glückliche Rückkehr zweier Brüder – Epignomus und Pamphilippus –, die auf längerer, erfolgreich verlaufener Geschäftsreise waren. Längst werden sie zurückerwartet: von ihren Frauen, den Schwestern Panegyris und Pamphila, mit liebender Ungeduld, vom Schwiegervater Antipho jedoch mit schwelendem Unmut über die ungehörige Vernachlässigung seiner Töchter, die er deshalb schleunigst neu zu verehelichen gedenkt. Vor drei Jahren nämlich schon, kurz vor dem drohenden Bankrott, waren die Brüder losgezogen, ohne daß man von ihnen ein Lebenszeichen vernommen hätte. Doch schon der bloße Anblick der prächtigen, mit Schätzen aus aller Welt und dazu einem Dutzend junger Sklavinnen beladenen Schiffe, mit denen die Schwiegersöhne eintreffen, renkt den familiären Frieden sogleich wieder ein: »Da kann man, wenn's erlaubt ist, seh'n, was Geld vermag«, stellt Epignomus befriedigt und nicht ohne Ironie fest (V. 410). In Eile wird zum gemeinsamen Festschmaus gerüstet, von dem der Zechbruder und Parasit Gelasimus, dessen »großer Magen« an dem damaligen finanziellen Ruin nicht ganz unbeteiligt war, allerdings strikt ausgeschlossen wird. Vorgeführt wird dann freilich nicht das Gelage der »Herrschaften«, sondern eine parallel dazu stattfindende Gesinde-»Party«, zu der Epignomus' Sklave Stichus einladen darf. Es kommen der Freund Sagarinus und die – gemeinsame – Freundin Stephanium, und, tüchtig inspiriert vom spendierten Wein, versucht man sich in »stilvoller« Ausgelassenheit an den Tafelgewohnheiten der feinen Leute.

Mit der Pietät eines TERENZ hält Plautus in diesem Stück am griechischen Original fest. Höchstwahrscheinlich haben wir im *Stichus* einen ziemlich »reinen« Menander vor uns, ohne Einarbeitung eines anderen Stücks, ohne Zusätze aus Atellana und Mimus, sogar ohne den Plautinischen Prolog. Vor allem darin dürfte der ungewöhnlich knappe Umfang der Komödie begründet sein, der offenbar durch Musikunterlegung und Balletteinlagen singspielartig aufgefüllt wurde. Das Werk atmet unverkennbar jene attisch-urbane Leichtigkeit, jenen feinen, mehr auf Andeutung und latenter Ironie als grotesken oder derben Wirkungen beruhenden Humor, die sonst die Schöpfungen der Neuen Komödie auszeichnen. Auch die Gestalten, obwohl durchaus Menschen von Fleisch und Blut, verharren in der typisch menandrischen, heiter-verhaltenen Distanz zu sich selber. Sie wirken nicht deshalb komisch, weil sie Alltagssituationen oder ihren eigenen, alltäglichen Typus überspitzen, sondern weil ihre Alltäglichkeit selbst für die schon in ihr liegende Komik transparent wird. Unnachahmlich ist beispielsweise die Gestalt des Gelasimus – ein Mittelding zwischen einem überalterten »Strichjungen« und einem heruntergekommenen Künstler, der für seine Gesellschaft den Harlekin (sein Name bedeutet etwa »Lachmeier«) abgeben muß –, wenn er seine eigene, hungrige Wenigkeit in selbst veranstalteter Auktion versteigert (V. 155ff.) oder wenn er, um bei der Ankunft seiner Gastgeber als der Spaßvogel und Nichtstuer, als der er erscheinen möchte, auftreten zu können, seine Witze und Bonmots ausgerechnet aus Büchern einstudiert. Ähnlich Antipho: noch etwas verlegen ob seiner eben erst begrabenen Feindseligkeit und pflichtbewußten Gesetztheit, sucht er den Schwiegersöhnen in Form eines *ad hoc* erfundenen »Histörchens« beizubringen, welch angenehmen Lebensabend er sich von einem der erworbenen Sklavenmädchen, ihm samt Leibrente großzügig abgetreten, verspräche (V. 538ff.). Erst recht gilt dies für das übermütige Dienstbotenfest, mit dem das Stück abschließt. Ein Vergleich mit der exzessiven Sklavenorgie im *Persa* macht deutlich, daß mit dieser Szene nicht etwa die Kluft zwischen dem herrschenden und dem beherrschten Teil der Gesellschaft aufgerissen werden soll: Das Problem ist zwar angesprochen, denn wie dort erhebt sich die provozierende Frage, wieso denn auch »*kleine Sklavenmenschen zechen, lieben und gar zum Gelage rufen*« (V. 446f.), aber sie wird im Verlauf des Festes auf eine behutsam-reizvolle Weise beantwortet. Die Komik dieser Szene liegt gerade darin, daß die Ungeübten die Situation meistern, daß sie ihren Herrschaften die erforderlichen »Techniken« ganz gut abzuschauen verstanden haben: Bei aller gierigen Angst um den begrenzten Weinvorrat wissen sie sich einzurichten, sich nicht sofort sinnlos zu betrinken; sie lassen um des musikalischen Genusses willen auch dem Flötenspieler etwas zukommen; sie erwarten die »Dame« – die ihrerseits versteht, auf sich warten zu lassen – statt auf dem Sofa »galant« auf Hockern; sie fordern sie zum Tanz auf, statt sich sogleich ungebärdig um ihren Besitz zu balgen usw. So gelingt am Ende ausgerechnet den Sklaven gerade jene Harmonie des Feierns und Vergnügens, die uns der Dichter von seiten der Berufenen schalkhaft vorenthält. R. M.

AUSGABEN: Venedig 1472 (in *Comoediae*, Hg. G. Merula). – Cambridge 1893, Hg., Einl. u. Komm. C. A. M. Fennell. – Oxford 1905 (in *Comoediae*, Hg. W. M. Lindsay, Bd. 2; Nachdr. zul. 1963). – Turin 1917, Hg. C. O. Zuretti. – Ldn./Cambridge (Mass.) 1938 (in *Plautus*, Hg. P. Nixon, Bd. 5; m. engl. Übers.; Loeb; mehrere Nachdr.). – Paris 1938 (in *Plaute*, Hg. A. Ernout, Bd. 6; [3]1957). – Bln. [2]1958 (in *Comoediae*, Hg. F. Leo, Bd. 2).

ÜBERSETZUNGEN: *Stichus*, Ch. Kuffner (in *Sämtliche Lustspiele*, Bd. 5, Wien 1807). – Dass., J. T. L. Danz (in *Lustspiele*, Bd. 3, Lpzg. 1809; lat.-dt.). – Dass., K. M. Rapp (in *Lustspiele*, Bd. 16, Stg. 1852). – Dass., L. Gurlitt (in *Die Komödien*, Bd. 4, Bln. 1922).

LITERATUR: K. v. Reinhardstoettner, *Spätere Bearbeitungen plautischer Lustspiele*, Lpzg. 1886, S. 737 bis 745. – F. Leo, *Plautinische Forschungen*, Bln. [2]1912. – J. Enk, *De »Stichi« Plautinae compositione* (in Mnem. 44, 1916, S. 18–44). – H. Wagenvoort, *De »Sticho« Plautino* (ebd., 59, 1932, S. 309–312). – R. Perna, *L'originalità di Plauto*, Bari 1955, S. 57–67. – U. Paoli, *Lo »Stichus« di Plauto e l'aferersi paterna in diritto attico* (in *Studi in onore di G. Francisci*, Bd. 1, Mailand 1956, S. 231-247). - P. P. Spranger, *Historische Untersuchungen zu den Sklavenfiguren des P. u. Terenz*, Mainz 1961. - E. Paratore, *Plauto*, Florenz 1962. - J. Blänsdorf, *Archaische Gedankengänge in den Komödien des Plautus*, Wiesbaden 1967 (HermE, 20).

TRINUMMUS (lat.; *Der's für einen Dreier tut*). Komödie in 1189 Versen, von Titus MACCIUS PLAUTUS (um 250-184 v. Chr.), nach dem *Thēsauros (Der Schatz)* des PHILEMON (um 360-260 v. Chr.); Aufführungsjahr ungewiß, jedoch nicht vor 195 v. Chr. - Der junge Lesbonicus hat während der Abwesenheit seines Vaters Charmides das väterliche Gut durchgebracht und anschließend sogar noch Haus und Anwesen verkauft. Gekauft hat es Callicles, der Vertraute des Vaters, aber nicht um sich an Lesbonicus' Verblendung zu bereichern, wie es ihm Megaronides, ein anderer bejahrter Freund, irrtümlich vorwirft, sondern um wenigstens den in dem Haus verborgenen Schatz, von dem der mißratene Sohn vorerst noch keine Kenntnis hat, vor dessen unseliger Verschwendungssucht zu retten. Inzwischen aber schwört Lysiteles, des Jünglings Busenfreund, seinerseits endgültig dem Lotterleben ab: Er beschließt, sich zu verheiraten und zwar mit der Schwester des Lesbonicus. Er will sogar, um den Freund nicht in Verlegenheit zu bringen, auf die Mitgift verzichten, was bei diesem jedoch weit mehr Verlegenheit hervorruft. Das beschämend generöse Angebot erweckt nun auch in ihm den Wunsch nach einer radikalen Änderung seines Lebens. Da ihn Lysiteles' Vater Philto, der als Brautwerber auftritt, nicht zur Annahme des Verzichts bewegen kann, greifen Megaronides und Callicles zu einer List. Sie mieten einen Sykophanten, der für drei *nummus* (etwa 5 bis 10 DM) bereit ist, in fremder Tracht und mit fingierten Briefen dem ahnungslosen Lesbonicus eine angeblich vom Vater gesandte stattliche Summe auszuhändigen. Doch Charmides ist bereits selbst zurückgekehrt und trifft mit dem angeworbenen Strolch genau an der eigenen Haustüre zusammen. Der harmlose Betrug fliegt dadurch zwar auf, aber das Stück endet in heiteren Farben: Die losen Söhne sind kuriert, Lysiteles kann Hochzeit feiern und erhält die Mitgift, Lesbonicus wird verziehen - allerdings unter einer Bedingung: Auch er muß unverzüglich unters Joch der Ehe, denn diese »*Pein ist allein schon für'nen einz'gen Mann genug (der Strafe)*« (V. 1185). Der *Trinummus* gehört zu den am meisten bearbeiteten und am häufigsten edierten Komödien des Dichters. Gleichwohl hat die Kritik bisher zu keiner einheitlichen Bewertung gefunden; die einen schätzen darin die gewinnende Noblesse der Charaktere und die edle, alle plumpen Effekte meidende Behandlung des Themas, die anderen vermissen Ursprünglichkeit, Witz und bühnenwirksame Komik. Tatsächlich ist diese nahezu getreue Übersetzung einer griechischen Originalkomödie in der Zeichnung der menschlichen Natur und in der Wahl der komischen Mittel eigentümlich zurückhaltend, ja geradezu vornehm (L. GURLITT spricht deshalb von einem »*Salonstück*«). Doch steckt hinter solcher Zurückhaltung eine mit dem Komischen schlechthin unvereinbare moralisierende Tendenz, die bereits im Prolog, einem allegorischen Zwiegespräch zwischen Luxuria (Verschwendung) und deren »Tochter« Inopia (Not), fast aufdringlich hervortritt und nachher auch Dialog und Handlungsstruktur durchzieht: hier vier gleichermaßen vorbildliche, ehrenwerte und dazu einflußreiche athenische »Honoratioren«, dort drei »Gestrauchelte« (die beiden Lotterbuben und der Sklave Stasimus), die natürlich alsbald ihr »Damaskus« erleben, d. h. von der stärkeren - fraglos integren - Umwelt assimiliert und eingegliedert werden. Ein Musterbild menschlichen Wohlverhaltens wird gemalt, wobei es bestimmt kein Zufall ist, daß in dem reinen Männerstück die Frauen nur am Rande dieser Greisenwelt erscheinen, und zwar als stets rundweg zum Teufel gewünschter - Störungsfaktor eines allein an kommerzieller Respektabilität und materieller Sicherheit orientierten gesellschaftlichen und seelischen Gleichgewichts.

Freilich darf nicht übersehen werden, daß Szenenbau und lateinische Bühnensprache hier eine Kompaktheit, Gediegenheit, Folgerichtigkeit und Klarheit gewinnen wie kaum in einem anderen Stück des Plautus. So ergeben sich ungemein nuanciert getönte Stellen: z. B. die einmalige pharisäerhafte Selbstironie der greisen Tugendbolde, mit der sie sich als lausbübische Ränkeschmiede gebären (vgl. V. 819) oder den letzten Atemzug ihrer Gattinnen herbeisehnen (V. 39 ff. und öfter). Nicht nur der im Stoff sich gefällig anbietende erzieherische Gehalt, auch diese schlechthin überzeugende szenische und sprachliche »Nachahmung« des wirklichen Lebens, die ansprechende Wärme und Natürlichkeit der Figuren waren es wohl, die der späteren zahlreichen Bühnenautoren zu - stets wenig erfolgreichen - Nachdichtungen anregten, unter ihnen G. CECCHI (*La dote*, 1550), Ph. N. DESTOUCHES *(Le trésor caché*, 1745) und schließlich G. E. LESSING (*Der Schatz*, 1750), der neben den *Captivi* gerade den *Trinummus* besonders hoch einschätzte, weil er, zwischen dem Possenspiel und dem rührenden Lustspiel angesiedelt, »*der Idee des Lustspiels am nächsten komme*«. R. M.

AUSGABEN: Venedig 1472 (in *Comoediae*, Hg. G. Merula). - Turin 1896, Hg. F. Zambaldi. - Bln. 1896 (in *Comoediae*, Hg. F. Leo, Bd. 2; [2]1958). - Oxford 1905 (in *Comoediae*, Hg. W. M. Lindsay, Bd. 2; Nachdr. Jul. 1966). - Turin [2]1908, Hg. E. Cocchia. - Bln./Lpzg. [6]1931 (in *Ausgewählte Komödien*, Hg. J. Brix u. a.).

ÜBERSETZUNGEN: in E. Goldhagen, *Anthologie*, Bd. 2, Brandenburg 1767; auch in *Lustspiele*, Hg. C. F. S. Mylius, Bd. 1, Bln. 1784. - *Der Groschen-Sykophant*, Ch. Kuffner (in *Sämmtliche Lustspiele*, Bd. 3, Wien 1807). - *Der Dreigröschner*, J. T. L. Danz (in *Lustspiele*, Bd. 2, Lpzg. 1807; lat.-dt.). - *Der Schatz*, K. M. Rapp (in *Lustspiele*, Bd. 2, Stg. 1838). - In *Die Komödien*, L. Gurlitt, Bd. 4, Bln. 1922. - *Das Dreigroschenstück*, R. E. Lehmann-Leander (in *Meisterwerke der antiken Komödie*, Bremen o. J. [1960]; Slg. Dieterich, 235).

BEARBEITUNG: G. E. Lessing, *Der Schatz* (in G. E. L., *Schriften*, Bd. 5, Bln. 1754).

LITERATUR: K. v. Reinhardstoettner, *Spätere Bearbeitungen plautinischer Lustspiele*, Lpzg. 1886, S. 746-767. - F. Leo, *Plautinische Forschungen*, Bln. [2]1912. - E. Kalinka, *Zum Argumentum und zum Prolog des »Trinummus«* (in Wiener Sitzungsberichte, 197, 1922). - E. Paratore, *Plauto*, Florenz 1962.

TRUCULENTUS (lat.; *Truculentus*). Komödie in 968 Versen von Titus MACCIUS PLAUTUS (um 250 bis 184 v. Chr.); entstanden und aufgeführt im letzten Lebensjahrzehnt des Dichters. – Im Mittelpunkt des Stücks steht die athenische Hetäre Phronesium. Sie hat augenblicklich drei Liebhaber zugleich in ihren kostspieligen Netzen gefangen: ihre neueste »Entdeckung«, den begüterten Bauernburschen Strabax, den verflossenen, d. h. bis an den Rand des finanziellen Ruins ausgebluteten jungen Athener Diniarchus und schließlich den »Condottiere« Stratophanes, der eben mit ansehnlicher Beute von irgendwelchen östlichen Kriegsschauplätzen heimgekehrt ist. Um auch aus ihm – ein zweites Mal – den letzten Pfennig herauszupressen, simuliert sie mittels eines »ausgeliehenen« Säuglings die Wöchnerin, die ihm angeblich nach neun Monaten der Trennung einen des »Vaters« würdigen Sohn geboren habe. Indessen stellt sich heraus, daß die Eltern des Findelkindes niemand anderes sind als Diniarchus und dessen Braut, die den unehelichen Sprößling auf solche Weise gern abgeschoben hätte. Diniarchus kann nun dem Ehejoch nicht mehr ausweichen und muß sich bei Phronesium – allerdings im rechten Moment und gewiß nicht für immer – verabschieden. Statt seiner stürmen jetzt die Rivalen das – mit der Unersättlichkeit des Meeres (V. 568f.) – verglichene »Etablissement«, der eine, um von neuem zu wiederholen, der andere, um zu vollenden, was der bankrotte und frischgebackene Ehemann nun hinter sich hat. – Neben der Haupthandlung entspinnt sich ein herzhaft-ordinäres Verhältnis zwischen Strabax' Sklaven Stratilax alias Truculentus (»Grobian«), einem seltenen Exemplar von klotziger Rüpelhaftigkeit, und Astaphium, der Zofe und nur allzu gelehrigen Schülerin Phronesiums.

Das Stück, von K. M. RAPP als »*eines der lustigsten, aber auch der wildesten*« Werke des Plautus charakterisiert, bildet geradezu das Gegenstück zum *Trinummus*, einem anderen Alterswerk des Dichters. Beide Komödien verbindet das gleiche Thema, die gleiche moraldidaktische Tendenz: die Unvereinbarkeit einer selbstvergessenen Leidenschaft mit kaufmännisch-bürgerlicher Bewährung. Und doch hat, im Gegensatz zum anderen Stück, der *Truculentus* alles, was im eigentlichen Sinn erst die Komödie ausmacht. Die »Moral« erscheint im Gewand der Satire, wodurch sie in spezifischer Weise relativiert und verborgen wird. Dafür kann die erotische Welt mit einer unvergleichlich realistischen Härte, die mitunter bis zur Grausamkeit geht, dargestellt, d. h. dekuvriert werden. Venus selbst scheint hohnisch die Peitsche über den offensichtlich um ihren Verstand gekommenen Liebhabern zu schwingen und sie nacheinander grausam ins Verderben zu stürzen; den einzig und allein vom Dämon der Habgier besessenen Hetären andererseits ist gerade die Liebe grausam versagt. Der Liebhaber wird in dieser Welt zur »*feindlichen Festung*« (V. 170), seine Geschenke werden mit dem Eintritt der Toten in die Unterwelt verglichen: »*Was einmal eingegangen ist, kommt niemals wieder heraus!*« (V. 749f.). Das Kosewort »*thensaurus*«, »Schatz«, meint kaum mehr etwas anderes als das hinter dem Liebhaber stehende Vermögen (V. 725): Vokabular und Gestik der dem Metier eigenen Galanterie sind zu hohlen, nichtssagenden Phrase verblaßt, zum fassadenhaften Anstrich eines beiderseits abgrundtiefen Egoismus. Daher ist es nur folgerichtig, wenn sich Astaphium auf der Domestikenebene für das unverstellte Böse – paradoxerweise – geradezu begeistern kann: »*Jetzt gefällst du mir, weil du grob und patzig bist*« (V. 273), sagt sie, schier hingerissen, zu dem Grobian Truculentus. Die mit einer ungeheuren sozialen Spannung belastete Welt der Hetären und ihrer Galane (freie, begüterte, vornehme Liebhaber – recht- und besitzlose, zumeist unfreie Mädchen) findet in dieser »Liebschaft« der Sklaven gewissermaßen die »Erlösung von unten«. Die »Erlösung von oben« kommt von Diniarchus. Sein generöser Abschied – er überläßt Phronesium noch einige Tage das Kind – durchstößt die Fassade der bloß galanten Phrasen und ruft in ihr eine durchaus menschlich-warme Resonanz hervor: Sie bittet ihn, sie, wenn nicht als »Liebhaber«, so doch als »Freund« auch künftig aufzusuchen. Daß diese für einen Moment sichtbar werdende Möglichkeit einer »Erlösung« durch »reine Menschlichkeit« unter Vermeidung aller pathetischen Sentimentalität eher beiläufig und leise angedeutet als ausgesprochen wird, ist eine Eigenart, die fraglos auf MENANDER weist, den mutmaßlichen Schöpfer der griechischen Vorlage.

Menandrisch ist auch die natürliche Differenziertheit der Charaktere. Dabei sind diese Menschen durchaus doppelbödig gezeichnet: Sie spielen ihren Typus nur und verinnerlichen ihn so aus selbstironischer Distanz heraus. Das zeigt sich etwa bei Stratophanes, der gerade dadurch, daß er kein Bramarbas sein will, den echten *miles gloriossu* abgibt, oder bei Diniarchus, der zwar in lichten Augenblicken deutlich sieht, wie sehr er ausgenommen und angelogen wird, aber nichtsdestoweniger den verblendeten Liebhaber spielt, oder auch bei Phronesium, deren durchaus hetärenhafte Habsucht mehr einem sozialethischen Programm und anspruchsvollem Selbstbewußtsein als aus wirklicher Gier zu entspringen scheint. Dabei erinnert sie in vielem an die – ebenfalls menandrische – Gestalt der Thais aus dem *Eunuchus* des TERENZ, um so mehr, als sie im Umgang mit den verschiedenen Liebhabern sehr feiner Unterscheidungen fähig ist und obendrein einen höchst verführerischen Charme an den Tag zu legen weiß. CICERO berichtet, daß diesem Stück die besondere Vorliebe des Dichters gegolten habe.   R. M.

AUSGABEN: Venedig 1472 (in *Comoediae*, Hg. G. Merula). – Oldenburg 1886, Hg. E. Kellerhoff. – Bln. 1896 (in *Comoediae*, Hg. F. Leo, Bd. 2; ²1958). – Oxford 1905 (in *Comoediae*, Hg. W. M. Lindsay, Bd. 2; Nachdr. 1963). – Ldn./Cambridge (Mass.) 1938 (in *Plautus*, Hg. P. Nixon, Bd. 5; m. engl. Übers.; Loeb; mehrere Nachdr.). – Leiden 1953, Hg. P. J. Enk, 2 Bde. [m. Komm.]. – Paris ²1961 (in *Plaute*, Hg. A. Ernout, Bd. 7).

ÜBERSETZUNGEN: *Der Grobian*, Ch. Kuffner (in *Sämmtliche Lustspiele*, Bd. 5, Wien 1807). – *Der Brausekopf*, J. T. L. Danz (in *Lustspiele*, Bd. 3, Lpzg. 1809; lat.-dt.). – *Courtisanenstreiche*, K. M. Rapp (in *Lustspiele*, Bd. 10, Stg. 1852). – *Trukulentus*, L. Gurlitt (in *Die Komödien*, Bd. 4, Bln. 1922).

BEARBEITUNG: J. M. R. Lenz, *Die Buhlschwester* (in J. M. R. L., *Lustspiele nach dem P. fürs deutsche Theater*, Ffm./Lpzg. 1774).

LITERATUR: K. v. Reinhardstoettner, *Spätere Bearbeitungen plautinischer Komödien*, Lpzg. 1866, S. 767–776. – C. F. W. Müller, *Zu P.' »Truculentus«* (in *Herm*, 27, 1899, S. 321–344). – F. Leo, *Plautinische Forschungen*, Bln. ²1912, S. 147f. – R. Perna, *L'originalità di Plauto*, Bari 1955, S. 405ff. – E. Paratore, *Plauto*, Florenz 1962.

VIDULARIA (lat.; *Das Kofferstück*). Ein rund hundert zum Teil verstümmelte Verse umfassendes Fragment einer Komödie des Titus MACCIUS PLAUTUS (um 250–184 v. Chr.), Entstehungszeit unbekannt. – Das Stück ging, als einundzwanzigstes und letztes der Plautus-Ausgabe des gelehrten VARRO (116–27 v. Chr.), erst im Mittelalter verloren. Da Varro in seiner Sammlung aus den insgesamt 130 Plautus zugeschriebenen Komödien die nachweislich authentischen zusammengefaßt hat, kann – im Unterschied zu allen anderen, noch spärlicher überlieferten Plautinischen Komödienfragmenten (etwa *Bacaria, Boeotia, Caecus vel Praedones, Carbonaria, Frivolaria*) – für die *Vidularia*, von der sich in einem Mailänder Palimpsest und bei einigen Grammatikern Reste erhalten haben, Plautus' Autorschaft als verbürgt gelten. Die griechische Vorlage des Stücks stammt möglicherweise von DIPHILOS (um 300).

Die Fabel zeigt, soweit sie sich rekonstruieren läßt, eine gewisse Übereinstimmung mit dem *Rudens* (*Das Tau*): Ein junger Schiffbrüchiger (Nicodemus) findet gastliche Aufnahme bei einem alten Fischer (Gorgines) und verdingt sich bei dessen Nachbarn (Dinia) als Taglöhner. Ein anderer Fischer (Cacistus) fischt jedoch seinen Reisekoffer aus dem Meer, wodurch Nicodemus sein beträchtliches Vermögen wiedererlangt; zugleich erkennt Dinia an dem Inhalt des Koffers in Nicodemus seinen vor Jahren geraubten Sohn. R. M.

AUSGABEN: Mailand 1815, Hg. A. Mai. – Oxford 1905 (in *Comoediae*, Hg. W. M. Lindsay, Bd. 2; Nachdr. zul. 1966). – Ldn./Cambridge (Mass.) 1938 (in *Plautus*, Hg. P. Nixon, Bd. 5; m. engl. Übers.; Loeb; mehrere Nachdr.). – Paris 1940 (in *Plaute* Hg. A. Ernout, Bd. 7; m. frz. Übers.; ²1961).

LITERATUR: F. Leo, *De Plauti »Vidularia«*, Göttingen 1894. – A. Marigo, *L'intreggio ed il valore estetico della »Vidularia« di Plauto* (in Studi Class. e Neolat., 2, 1907, S. 483–499). – G. Thiele, *P.studien* (in Herm, 48, 1913, S. 537ff.). – Schanz-Hosius, 1, S. 37f.

Quintus ENNIUS
(239–169 v. Chr.)

ANNALES (lat.; *Jahrbücher*). Hauptwerk des Quintus ENNIUS (239–169 v. Chr.). Der Titel ist in bewußter Parallele zu der eben damals aufblühenden Prosagattung der Historiographie (Quintus FABIUS PICTOR) gewählt. Mit diesem Epos von der Geschichte Roms wurde Ennius als der »römische Homer« zum Vorbild und Klassiker der Jahrhunderte, bis VERGILS Nationalgedicht, die *Aeneis*, den Rang abzulaufen begann. Zum Teil mag dies der Grund sein, daß nur rund 150 Fragmente mit zusammen etwa 600 Versen aus den *Annales* überliefert sind.

Das Werk war ursprünglich auf zwölf Bücher angelegt und offensichtlich nach Triaden strukturiert (die auch sukzessive veröffentlicht wurden): in den ersten drei Büchern wurde die mythische und frühgeschichtliche Zeit dargestellt, beginnend mit Troia und der Aeneasfahrt und bis zum Ende der Königszeit führend; die Bücher 4–6 schilderten die Kämpfe bei der Eroberung Italiens, gegen Gallier, Italiker und den Griechen Pyrrhos; Buch 7, 8 und 9 erforderten ein erneutes Prooemium, mußte sich der Dichter doch hier, bei den Punischen Kriegen, mit dem *Bellum Poenicum* seines großen Vorgängers NAEVIUS messen; die Bücher 10–12 behandelten die Kämpfe mit Philipp V. von Makedonien und besaßen am Ende, wie es scheint, einen Epilog, in welchem sich Ennius in eigener Sache zu Wort meldete. Aus diesem ersten Abschluß des Epos stammt die autobiographische Nachricht, der Dichter habe das zwölfte Buch im 67. Lebensjahr niedergeschrieben. Doch ließ er sich später unter dem nachhaltig mächtigen Eindruck der Ereignisse dazu bestimmen, zwei weitere Triaden anzufügen: 13–15 über den Krieg mit Antiochos III., an dessen Hof sich Hannibal geflüchtet hatte, und über die Einnahme von Ambrakia durch Marcus Fulvius Nobilior, der, als Vertrauter und Gönner des Dichters, diesen im Jahr 189 zur Teilnahme an dem Feldzug eingeladen hatte; die Bücher 16–18 setzten mit dem Istrischen Krieg (178/77) ein und feierten u. a. Titus Caecilius Teucer und seinen Bruder (Buch 16; der weitere Gang des Geschehens ist nicht mehr faßbar).

Ennius war nicht der erste, der in Rom Epik schrieb; aber er war der erste, der ein Epos schuf, das bewußt der griechischen Tradition sich verpflichtete. Überwältigendes Signum dieser selbstgewählten Einordnung war das Prooemium: der Dichter schildert (in deutlicher *Aitien*-Reminiszenz) einen Traum, worin ihm auf dem Parnaß der Hadesbewohner HOMER erscheint und ihm, pythagoreisierend, verkündet, seine Seele sei, nach mancherlei Zwischenverkörperungen, jetzt in Ennius eingegangen. Dieser Traum ist mehr als ein dichterstolzer Hinweis auf das erkorene Vorbild: er ist der Schlüssel zur gesamten Dichtung des Römers. Denn Homer war es, mit dessen Hilfe Ennius überhaupt erst darangehen konnte, die lateinische Sprache einer differenzierten poetischen Darstellung gefügig zu machen: die schöpferische Behandlung des Wortmaterials und der Syntax, die Technik der Beschreibung, Schilderung, Erzählung, eine für das Römische bisher beispiellose Bildlichkeit und eine blühende Metaphernwelt – das alles schuf sich Ennius sozusagen aus dem Nichts. Hinzu kommt die Erarbeitung einer völlig neuen formalen Technik. Das allererste Dichtwerk, das in Rom lateinisch geschrieben wurde, die *Odusia* des LIVIUS ANDRONICUS (3. Jh. v. Chr.) – gleichfalls ein Homeridenopus –, war ebenso wie das Epos des NAEVIUS in dem urtümlichen altrömischen Maß der Saturnier geschrieben gewesen. Um das Homerische Versmaß ins Lateinische übertragen zu können, mußte Ennius nicht nur eine neue, dem neuen Sprachinhalt angemessene Metrik des Hexameters erarbeiten; vielmehr war es zunächst einmal notwendig, die formende Sprache für die neue Metrik aufzubereiten, sie phonetisch zu analysieren und zu standardisieren, ihr eine feste Orthographie zu geben, ihre Prosodie zu durchleuchten und zu regulieren, kurz: er mußte, ehe er ein Gebäude errichten konnte, sich erst selbst die Bausteine samt dem Mörtel zubereiten.

Ennius ist undenkbar ohne die für seine Zeit typische ungeheure Ausbreitung der griechisch-hellenistischen Kultur, ja, er kann ohne weiteres als Modellfall für die faszinierende Gewalt angesehen werden, mit der das Griechentum die übrigen Mittelmeerkulturen zu durchdringen begann (das zeigen auch andere seiner Werke wie der *Epicharmus*, der *Euhemerus*, der *Hedyphagetica* oder der *Sota*). Zugleich aber markiert Ennius auch bereits eine entschiedene Reaktion auf den Hellenismus: die durch jahrhundertelange Tradition überkultivierte, ins Sublimste differenzierte Literatur des Hellenismus ist für den Römer als Exemplum ungeeignet und wird kühn übergangen. Der Neuansatz ist in seinem Feld ein archaischer Versuch, und sein adäquates Vorbild ist die griechische Archaik: ob die filigranartige Feinheit eines KALLIMACHOS dem Römer überhaupt aufgehen konnte, muß fraglich bleiben, jedenfalls läßt sich kaum ein größerer Gegensatz dazu denken als sein unbekümmertes Zupacken, seine kraftvolle Zeichnung der Konturen des Geschehens. Freilich steckt hinter dieser wesentlichen Diskrepanz mehr als nur ein Symptom der entwicklungsbedingten chronologischen Phasenverschiebung einer literarischen Gattung. Alles, was Ennius von Kallimachos scheidet, trennt zugleich den Römer vom Griechen: das naiv-direkte Verhältnis des Dichters zur Realität, in die er sich eingefügt weiß (man nehme nur die autobiographisch angehauchte Schilderung der warmherzigen Beziehung eines Feldherrn zu seinem Vertrauten, 234 ff.); die frische, weit weniger reflektierte Beziehung zur Sprache, das bedenkenlos aus den vollen Möglichkeiten schöpfen läßt, wo der Hellenist nach der gesuchten Auswahl des Besonderen und Erlesen-Einmaligen streben würde (plastisches Beispiel die Vorliebe für pralle Alliterationen, so in der berühmten Ausmalung der Schlachttrompete, V. 140: »*at tuba terribili sonitu tarantara dixit*«); vor allem aber die entschlossene Hinwendung zur Gegenwart, zur Geschichte, zum National-Römischen. Diese thematische Prägnanz ist nicht ein zufälliger Zug der Motivik, sondern der durchgängige Tenor des ganzen Werkes: »*Moribus antiquis res stat Romana virisque*« (500) – »*Männer und alte Sitten begründen die Römische Sache*«. Hierin hat Ennius, weit über das Individuelle seiner von römischem Bürgerstolz geprägten Persönlichkeit hinaus (vgl. 377), seiner Literatur – aus genuiner Anlage Tradition schaffend – den Weg gewiesen: das erste große, aus der verpflichtenden Auseinandersetzung mit dem Griechentum entsprungene Kunstwerk der lateinischen Sprache, das die kommenden Generationen als verbindliches Muster erkannten, war ein römisches Nationalepos. E. Sch.

AUSGABEN: Paris 1564 (in *Fragmenta poetarum Latinorum veterum*, Hg. Robertus Stephanus). – Lpzg. ²1903 (*Ennianae poesis reliquiae*, Hg. J. Vahlen; zuletzt Amsterdam 1963). – Turin 1956 (*I frammenti degli Annali*, Hg. L. Valmaggi). – Ldn./Cambridge (Mass.) ²1956 (in *Remains of Old Latin*, Hg. u. Übers. E. H. Warmington, Bd. 1; Loeb). – Bln. ⁴1957 (in *Poetarum Romanorum veterum reliquiae*, Hg. E. Diehl). – Paris 1958, Hg. J. Heurgon [m. Komm.].

LITERATUR: F. Skutsch, Art. *E.(3)* (in RE, 5, 1905). – E. Norden, *E. u. Vergilius*, Lpzg./Bln. 1915. – Schanz-Hosius, 1, S. 90ff. – O. Skutsch, *The Annals of Q. E.*, Ldn. 1952. – H. Oppermann, *Q. E. u. d. Entwicklung d. röm. Epos* (in Gymn, 61, 1954, S. 531–542). – H. Fuchs, *Zu d. Annalen d. E.* (in MH, 12, 1955, S. 201–205). – E. Burck, *D. Menschenbild im röm. Epos* (in Gymn, 65, 1958, S. 121–146).

Marcus PORCIUS CATO
(234–149 v. Chr.)

DE AGRICULTURA, auch: *De re rustica* (lat.; *Vom Landbau*). Ein Werk von Marcus PORCIUS CATO (234–149 v. Chr.), dem berühmten altkonservativen römischen Staatsmann, geschrieben im Jahre 154 v. Chr. oder wenig früher; die früheste überlieferte Prosaschrift der lateinischen Sprache. – Daß von dem »Urrömer« gerade dieses Buch erhalten ist, liegt am Thema: Landwirtschaft ist während der gesamten römischen Literaturgeschichte, über VARRO, VERGIL, COLUMELLA, GARGILIUS MARTIALIS bis hin zu PALLADIUS, eines der am konstantesten bearbeiteten Fachgebiete geblieben – über die Jahrhunderte hin sichtbares Denkmal der Verwurzelung des römischen Volkes in seinem bäurischen Ursprung. Für Cato dürfte das im hohen Alter verfaßte Opus allerdings nur ein Parergon dargestellt haben, hatte er doch demselben Thema bereits eine Abhandlung in seiner pädagogischen Enzyklopädie gewidmet; und wenn die *Agrikultur* auch in ihrer allgemeinen Beliebtheit die Zeiten überdauerte – das Ansehen und den Rang der *Origines*, des Catonischen Hauptwerkes, konnte sie niemals in Frage ziehen.

Was an dem landwirtschaftlichen Buch so verwirrend wirkt, daß man seine jetzige Gestalt immer wieder dem Autor abzusprechen geneigt war, ist vor allem die äußere Formlosigkeit, das Bauprinzip lockerer Reihung, das infolge der mannigfachen Abschweifungen und Einschübe, insbesondere aber der zahlreichen Dubletten den Eindruck einer höchst willkürlichen, ja zufälligen Rezept- und Notizensammlung erweckt. Freilich – dies ist das Allermerkwürdigste –, der Beginn mutet durchaus planvoll und kompositorisch überlegt an: zunächst das eindrucksvolle Prooemium, das Wert und Vorzug des Bauern gegenüber dem Bankier und dem Kaufmann preist; als erstes Hauptstück Anweisungen für die Einrichtung eines Gutes (bis Kap. 22), anschließend die verschiedensten Vorschriften für die im Lauf des Jahres anfallenden Arbeiten in Feld, Garten und Weinberg (bis 54). Dann aber geht die Darlegung über in eine ungeordnete Sequenz von Vorschlägen für die praktische Arbeit in Feld und Hof, von Kochrezepten, Haus- und Heilmitteln für Mensch und Tier, von Gebetsvorschriften für alle möglichen Acker- und Hausgebräuche: die Themen springen vor und zurück vom Gesinde zum Vieh, von den Arbeitsgeräten zur Weinkultur, von Backrezepten zur Schädlingsbekämpfung, von der Mostbereitung zu Ischias und Verdauungsbeschwerden, von der Hundehaltung zum Hausputz, von Pflug- und Erntefesten zu günstigen Einkaufsmöglichkeiten, von den Verwaltungspflichten zum Bauernkalender usw. – ein kaum zu durchschauendes Kaleidoskop des ländlichen Alltags. Der Tenor allerdings bleibt von Anfang bis Ende erhalten: der strenge, erzieherische Befehlston des in der Materie Erfahrenen. Mag auch die Sprache im Laufe der antiken Tradition aur Strecken hin modernisiert worden sein, der altertümliche Stil des Ausdrucks – gleichermaßen verankert in Sittentradition und Kultübung – ist unversehrt geblieben: »*Den Acker muß der Familienvater sich zu bepflanzen mühen, das Bauen muß er lange bedenken; das Bepflanzen muß er nicht bedenken, sondern muß es tun.*« (3, 1) Ein beliebiges Beispiel, und doch charakteristisch für die typisch archaische Verbindung von Knappheit und fülliger Pedanterie, von Feierlichkeit und eindrücklicher Prägnanz: eine von griechischer und hellenistischer Eleganz und Sprachkultur diametral entfernte Präzision hieratischer Umständlichkeit. E. Sch.

AUSGABEN: Venedig 1472 (in *Rei rusticae scriptores*,

Hg. Georgius Alexandrinus). – Lpzg. 1884–1902 (*M. Porci Catonis de agri cultura liber. M. Terenti Varronis rerum rusticarum libri tres*, Hg. H. Keil, 3 Bde., m. Komm.; Wortindex v. R. Krumbiegel). – Lpzg. ²1922 (*De agri cultura liber*, Hg. H. Keil u. G. Goetz). – Ldn./Cambridge (Mass.) ²1935 (*On Agriculture*, Hg. W. D. Hooper u. H. Boyd; m. engl. Übers.; Loeb; Nachdr. 1954). – Lpzg. 1962 (*De agri cultura*, Hg. A. Mazzarino). – Bln. 1963 (*Des Marcus Cato Belehrung über die Landwirtschaft*, Hg. P. Thielscher; m. Komm. u. Übers.).

ÜBERSETZUNG: *Buch von der Landwirthschaft, übersetzt und mit Anmerkungen aus der Natur-Geschichte und Alterthum versehen*, G. Grosse, Halle 1787.

LITERATUR: Schanz-Hosius, I, S. 183–186. – J. Hörle, *Catos Hausbücher*, Paderborn 1929. – M. Gelzer u. R. Helm, Art. *Porcius (9)* (in RE, 22/1, 1953, Sp. 147–156).

ORIGINES (lat.; *Ursprünge*). Historisches Werk von Marcus PORCIUS CATO (234–149 v. Chr.). – Der berühmte römische Staatsmann und Zensor des Jahres 184 hat sich in seinem Hauptwerk bewußt von der Art der bisherigen chronikalischen Aufzeichnungen wie von den Werken seiner griechisch schreibenden historiographischen Vorläufer (etwa FABIUS PICTOR) abgewandt und ist so zum eigentlichen Begründer der lateinischen Geschichtsschreibung geworden. Unter diesen Umständen ist der Verlust des dem ganzen Altertum bis hin zu ISIDOR als unübertroffenes Beispiel römischer Geschichtsliteratur geltenden Buches doppelt schmerzlich: Er markiert eine der größten Lücken unseres Wissens von der frühlateinischen Prosa. Immerhin hat der hohe Rang, den man dem *Origines* beimaß, eine Reihe von Fragmenten und Zeugnissen zu bewahren geholfen, die uns wenigstens ein ungefähres Bild von Gestalt und Stil des Werks vermitteln.

Streng genommen trifft der Titel nur auf die ersten drei Bücher zu, die vom Ursprung Roms und seiner Entwicklung bis zum Ende des Königtums (Buch 1) sowie von der Vor- und Frühgeschichte der übrigen italischen Stämme und Städte (Buch 2 und 3) handeln und um das Jahr 168 entstanden sind. Doch der Name *Origines* wurde beibehalten, als Cato während seiner letzten Lebensjahre eine Ergänzung in vier Büchern schuf, die der Zeitgeschichte gewidmet sind – vom Ersten (Buch 4) und Zweiten (Buch 4 und 5) Punischen Krieg bis hin zum Geschehen der Tage seines Alters (Buch 6 und 7, bis zum Jahr 149 führend). Der Neueinsatz im vierten Buch wird durch ein besonderes Prooemium hervorgehoben, und dort finden sich auch die bekannten methodischen Worte, in denen der Autor mit Witz und berechtigtem Selbstbewußtsein davon spricht, daß er in der Darstellung seinen eigenen, strikt der Sache verpflichteten Weg zu gehen beabsichtigt: »*Es gefällt mir nicht, zu schreiben, was auf der Tafel des Pontifex Maximus steht, wie oft die Ernte teuer gewesen, wie oft eine Mond- oder Sonnenfinsternis oder irgend etwas eingetreten ist.*« Statt dessen verfolgte Cato das Prinzip des *capitulatim*, unterstellte den Bericht dem Gesetz des Geschehens und erzählte »*nach Hauptpunkten*«. Auch in anderen Aspekten verrät sich die kraftvolle individuelle Hand, am auffälligsten etwa in der biographisch-moralischen Verankerung des Werks, von der das Vorwort zeugt – »*von erlauchten und großen Männern muß es nicht weniger eine Rechenschaft der Mußezeit als des Wirkens geben*«–, und in der demokratischen Grundtendenz, die der *homo novus* Cato mit solcher Konsequenz verfolgte, daß er in seiner ganzen Darstellung nicht ein einziges Mal den Namen eines Feldherrn oder Politikers nannte, sondern stets nur Rang und Amtsbezeichnung anführte, um so zu demonstrieren, daß Erfolg und Aufstieg Roms eine Leistung des gesamten Volkes, nicht einzelner, wenngleich verdienstvoller Führer sei. Diese für die beinah überstrenge Haltung des konservativen Mannes typische Rigorosität sich selbst und andern gegenüber hielt ihn freilich nicht ab, im zweiten Teil des Buchs ausgiebig von sich und seinen Taten zu erzählen und nicht wenige seiner Reden in dokumentarischem Wortlaut zu zitieren.

Natürlich konnte ein Cato mit seinem Römerstolz und seinem Griechenhaß nicht umhin, von der Technik und dem Wissen der hellenischen und hellenistischen Geschichtsforschung Kenntnis zu nehmen: In dem weitgespannten Interesse für Geographie, Kulturkunde und Ethnographie, in vielen Zügen der Mythologie, im Hang zu Wundergeschichten und zum Aitiologischen, ja überhaupt im Thema der Gründungsgeschichten tritt mittelbar allenthalben zutage, was der Autor so gern verleugnet hätte; und daß er auf das von anderen erarbeitete gelehrte Material hätte gänzlich verzichten können, ist eigentlich von vornherein undenkbar – den einstigen Rat an den Sohn, die griechische Literatur sich zwar anzusehen, aber nicht auswendig zu lernen, hat Cato wohl selbst konsequent befolgt. Im übrigen jedoch treffen wir mit ihm zum erstenmal in römischem Bereich auf einen ursprünglichen Forscher großen Stils, auf den in der lateinischen Literatur nicht seltenen Typus des enzyklopädischen Antiquars, der durch mühevolle Kleinarbeit ein immenses Material aus originalen Quellen – Urkunden, Inschriften, annalistischen Aufzeichnungen, Lokalgeschichten und Lokalsagen – zusammenträgt und sichtet und in präziser, raffender Überschau die daraus abzuleitenden Linien des Geschehens darstellt. Daß diese historische Leistung nach dem einhelligen Urteil seiner antiken Bewunderer mit einer hohen sprachlichen Meisterschaft verknüpft war – man rühmte seine geradezu thukydideische Prägnanz (Plutarch, *Cato* 2) –, weist dem Autor wie dem Werk einen überragenden Platz in der Literatur- und Geistesgeschichte des republikanischen Rom zu.

E. Sch.

AUSGABEN: Rom 1498, Hg. Annius Viterbensis. Lpzg. ²1914 (in *Historicorum Romanorum reliquiae*, Hg. H. Peter; Nachdr. Stg. 1967, m. Bibliogr. v. W. Schaub u. J. Kroymann).

LITERATUR: Schanz-Hosius, 1, S. 186–189. F. Klingner, *Cato Censorius und die Krisis des römischen Volkes* (in Die Antike, 10, 1934, S. 239–263; ern. u. d. T. *Cato Censorius und die Krisis Roms*, in F. K., *Römische Geisteswelt*, Mchn. ⁴1961, S. 34 bis 65). – Ders., *Römische Geschichtsschreibung bis zum Werke des Livius* (in Die Antike, 13, 1937, S. 1–19; ern. u. d. T. *Römische Geschichtsschreibung*, in F. K., *Römische Geisteswelt*, Mchn. ⁴1961, S. 66–89). – E. V. Marmorale, *Cato Maior*, Bari ²1949. – L. Moretti, *Le »Origines« di Catone, Timeo ed Eratostene* (in Rivista di Filologia e di Istruzione Classica, N. S. 30, 1952, S. 289–302). R. Helm, Art. *Porcius (9)* (in RE, 22/1, 1953, Sp. 156–162). – D. Kienast, *Cato der Zensor. Seine Persönlichkeit u. seine Zeit*, Heidelberg 1954, S. 106–116. K. Büchner, *Römische Literaturgeschichte*, Stg. ³1962, S. 119–123. – R. Meister, *Zu* römischen Historikern. 1: Der Titel von Catos Geschichtswerk (in AWA, 101, 1964, S. 1-15).

ANONYM

PEPLOS (griech.; *Das Gewand*). Ein mythographisch-historisches Handbuch vermischten Inhalts, als Werk des ARISTOTELES (384-322 v. Chr.) überliefert, was aber höchstens so verstanden werden darf, daß ihm eine Exzerpt- und Notizensammlung des Philosophen zugrunde liegt, die von einem seiner Schüler herausgegeben und von späteren Autoren erweitert wurde. – Das Werk handelte von trojanischen Helden, von Götterbeinamen und Genealogien, von den Ursprüngen der griechischen Festspiele – der Kult- und Sportagone – und anderem mehr. Der Titel leitet sich von jenem *peplos* genannten, mit verschiedenen Sagen-Motiven bunt durchwobenen Frauengewand ab, das alle vier Jahre an den großen Panathenäen in feierlicher Prozession zur Burg von Athen hinaufgetragen und der Stadtgöttin geweiht wurde. Was uns – neben einigen minimalen Prosafragmenten – aus dem *Peplos* überliefert ist, sind rund 60 Epigramme, meist auf Heroen des Trojanischen Krieges *(»Wo jeder der Hellenen begraben ist, und was auf seinem Grab steht«)*, Gedichte, deren Entstehung durchweg im 3. und 2. Jh. v. Chr. anzusetzen sein dürfte: Eines davon, auf Aias Telamonios, findet sich in der *Anthologia Palatina* sogar ausdrücklich mit dem Verfassernamen des ASKLEPIADES aus Samos, THEOKRITS Lehrer, zitiert. In Rom scheint die Sammlung nicht unbekannt gewesen zu sein: AUSONIUS hat 26 der Gedichte ins Lateinische übertragen. »An literarischen Wert« ist jedoch – so betont C. A. FORBES zu Recht – »*nicht zu denken«*.

E. Sch.

AUSGABEN: Venedig 1536 (in *Aristotelis Poetica*, Hg. Alexander Paccius; m. lat. Übers.). – O. O. 1566 (in *Anthologia diaphoron epigrammaton ...*, Hg. H. Stephanus). – Lpzg. 1886 (in *Aristotelis qui ferebantur librorum fragmenta*, Hg. V. Rose; Fragm. 637-644; Nachdr. Stg. 1967).

ÜBERSETZUNGEN: *Gewand* (in *Aristoteles Fragmente*, P. Gohlke, Paderborn 1960, S. 226/227). – S. auch *Epitaphia Heroum qui bello Troico interfuerunt* (in Ausonius, Hg. H. G. E. White, Ldn./Cambridge [Mass.] ²1951; Loeb; m. engl. Übers.; mehrere Nachdr.).

LITERATUR: W. Christ u. W. Schmid, *Geschichte der griechischen Literatur*, Bd. 1, Mchn. ⁶1912, S. 762. – C. A. Forbes, Art. *Peplos (2)* (in RE, 19/1, 1937, Sp. 561/562).

POLYBIOS aus Megalopolis
(um 200-120 v. Chr.)

HISTORIAI (griech.; *Geschichte*). Hauptwerk des POLYBIOS aus Megalopolis (um 200-120 v. Chr.). – Polybios hat die 40 Bücher der *Historiai* begonnen im Anschluß an eine Spezialuntersuchung über Taktik *(Taktika)*, vollendet wahrscheinlich, bevor er, bereits über siebzigjährig, im sogenannten *Bellum Numantinum* die Belagerung von Numantia beschrieb. Die *Historien* behandeln die Geschichte Roms vom Ersten Punischen Krieg bis zur Zerstörung Karthagos und Korinths, also von 264 bis 146 v. Chr. Vollständig erhalten sind nur die ersten fünf Bücher, für die übrigen sind wir auf Exzerpte angewiesen, die sich vor allem in einer Handschrift des 11. oder 12. Jh.s und in einem von dem byzantinischen Kaiser Konstantinos VII. Porphyrogennetos (reg. 912-950) inaugurierten Kompendienwerk finden; hinzu kommen Rekonstruktionen aufgrund entsprechender Abschnitte späterer Geschichtsschreiber, wie LIVIUS, DIODOR und APPIAN, oder Biographen, wie PLUTARCH.

Mit der Schilderung der Ereignisse des Jahres 264 setzt Polybios zwar unmittelbar das Geschichtswerk des TIMAIOS aus Tauromenion fort, wie überhaupt die griechischen Historiographen gern ihre Darstellungen der Zeitgeschichte an die jeweiligen Vorgänger anknüpften (so entstand eine kontinuierliche Geschichtsschreibung). Aber Polybios hat keineswegs die Absicht, die Begebenheiten von diesem Datum an in gleichmäßiger Breite wiederzugeben. Es kommt ihm vielmehr darauf an, den Aufstieg Roms zur Weltmacht zu zeigen, der sich in den 53 Jahren zwischen dem Beginn des Zweiten Punischen Krieges und der Schlacht bei Pydna vollzog (220-168 v. Chr.). Diesen Aufstieg schildert er in den Büchern 3-29; die ersten beiden Bücher bringen lediglich einen kurzen Abriß der Vorgeschichte von 264 bis 221. Von dieser Konzeption aus bilden die letzten zehn Bücher, den Jahren 167 bis 146 gewidmet (Buch 40 enthielt einen Generalindex), nur einen Anhang. Darüber täuscht auch die Begründung nicht hinweg, die Polybios nachträglich an den Anfang des dritten Buches setzte: nicht nur das Anwachsen, auch die Bewährung Roms auf der Höhe seiner Macht müsse betrachtet werden, denn *»kein vernünftiger Mann kämpft mit seinen Nachbarn, nur um seinen Gegner niederzuringen, noch fährt jemand auf dem Meer, nur um es zu überqueren; auch die Wissenschaften und Künste wird sich niemand nur des Wissens wegen aneignen: sondern alle tun alles nur des Angenehmen, Guten oder Nützlichen wegen, das aus dem Handeln entspringt«* (3, 4).

Die Schilderungen des Polybios werden oft als trocken gerügt. Aber wenn man sie mit denen des Livius vergleicht, erkennt man, daß er, der Grieche, Situationen wesentlich anschaulicher wiederzugeben weiß als der Römer. So wird beispielsweise der Verlauf der Schlacht bei Cannae, in der der karthagische Feldherr Hannibal 216 das zahlenmäßig überlegene römische Heer durch seine Taktik der Umklammerung besiegte, nur bei Polybios wirklich klar (3, 113-117; parallel: Livius, *Ab urbe condita* 22, 45-50). Dennoch beruht die große Wirkung des Polybios nicht so sehr auf seiner Erzählkunst – wie etwa bei HERODOT – als vielmehr auf seinen zahlreichen theoretischen Erörterungen. Kein anderer Historiker hat sich so ausgiebig über Wesen und Wert der Geschichtsschreibung geäußert wie er. Vermutlich hatte sich im 4. Jh. eine Spezialliteratur über dieses Thema entwickelt, die von den Überlegungen des THUKYDIDES in seinem sogenannten Methodenkapitel (1, 22) ausging und nach Polybios noch bis in LUKIANS Schrift *Pōs dei historian graphein (Wie man Geschichte schreiben soll)* weiterwirkt hat. Aber von diesen Werken des 4. Jh.s ist so gut wie nichts erhalten. Polybios liegt vor allem daran, die Art seiner eigenen Geschichtsschreibung zu fixieren und von der seiner Vorgänger abzugrenzen. Die Beziehung aller Ereignisse auf Rom, die Verflechtung der Vorgänge in Italien und Libyen mit denen in Griechenland erfordere eine entsprechende Darstellungsweise. Diese könne nicht in abgesonderten Einzelschilderungen, etwa in Monographien über die Punischen oder die Makedonischen Kriege, bestehen; da alle einzelnen Begebenheiten miteinander zusammenhängen, müsse man vielmehr eine Geschichte der ganzen Welt geben (1, 3f.). Doch genüge es dabei keineswegs, die gleichzeitigen Vorgänge der unmittelbaren Vergangenheit zu beschreiben; der Historiker habe vielmehr die Ursachen zu erforschen, die zu diesen Vorgängen führten.

Wenn Polybios aufgrund dieser Darstellungsweise als Erfinder der »pragmatischen« Geschichtsschreibung gepriesen wird, so beruht das auf einer Fehlinterpretation des Begriffs, den Polybios zwar verwendet, aber nur mit dem Sinn einer auf Tatsachen *(pragmata)* bezogenen Historiographie, im Unterschied zu mythenreichen Genealogien und Gründungserzählungen (9, 1f.). Ein anderes Problem, mit dem er sich viel beschäftigt, ist das der Wahrheit in der Geschichtsschreibung. Es hängt mit dem ersten eng zusammen, denn nur eine die Ursachen mit einbeziehende Geschichtsdarstellung kann nach Polybios dem wahren Geschehen entsprechen. Gründliches Quellenstudium allein reicht dazu nicht aus; scharf kritisiert er die bloße Buchgelehrsamkeit des Timaios. Genaue Ortskenntnis und, da es sich um politische Ereignisse handelt, eigene politische Erfahrung müssen hinzukommen (12, 25). Aber selbst wenn diese Voraussetzungen erfüllt sind, drohen einer wahren Schilderung Gefahren durch subjektive Verfälschungen: So geben Philinos aus Akragas und Quintus Fabius Pictor Ereignisse des Ersten Punischen Krieges verschieden wieder, weil der griechische Schriftsteller zugunsten der Karthager, der römische zugunsten der Römer berichtet (1, 14). Dabei ist sich Polybios durchaus darüber klar, wie schwer es ist, die Wahrheit zu ermitteln, wenn man nicht nur die Handlungen, sondern auch die Überlegungen und Berechnungen der Personen als Ursachen der Handlungen berücksichtigen will. Im Zweifel darüber, was er über die Geheimverhandlungen zwischen dem makedonischen König Perseus und seinen griechischen Verbündeten im Jahre 168 schreiben solle, entscheidet er sich dafür, bewußt nur seine eigene Auffassung der Sache darzulegen (29, 5).

Sosehr Polybios an der Erkenntnis und Wiedergabe der Wahrheit liegt, ist sie für ihn doch nie Selbstzweck. Ihr Nutzen liegt in der Belehrung, die aus der Kenntnis der Vergangenheit für die Gegenwart und Zukunft erwächst. Eine solche Ansicht setzt voraus, daß sich die Vorgänge in bestimmter Weise wiederholen, daß man also aus der Vergangenheit Regeln für die Zukunft ablesen kann. Das bestätigt sich in dem berühmten sechsten Buch über die Staatsformen. Polybios sieht die Größe Roms in der römischen Verfassung begründet; diese gilt es zu betrachten, jedoch nicht losgelöst für sich, sondern eingebettet in eine allgemeine Untersuchung der Staatsformen. Dabei gelangt er zu der Theorie vom Kreislauf der Verfassungen, die bereits Platon im achten Buch der *Politeia* diskutiert und die später auch im ersten Buch von Ciceros *De re publica* wiederzufinden ist. Freilich, diese Kreislauftheorie erweist sich andererseits als gar nicht geeignet für den Zweck, den Polybios mit ihr verfolgt: denn die römische Verfassung ist gemischt aus den drei grundlegenden Formen Monarchie (Konsulat), Aristokratie (Senat) und Demokratie (Volksversammlung) und deshalb dem Kreislauf enthoben,

so daß man aus ihr gar keine Prognose für die zukünftige Entwicklung gewinnen kann.

Ein solcher Widerspruch ist bezeichnend für den Mann der Praxis, der in seiner Heimatstadt als Hipparch des Achäischen Bundes im Jahre 169 eines der höchsten Ämter bekleidete und auch später, als er nach der Niederlage bei Pydna als einer der tausend einflußreichsten Achaier nach Rom deportiert worden war, seine diplomatische und militärische Tätigkeit nicht ganz aufzugeben brauchte, da er die Freundschaft des jüngeren Scipio gewann. Diese Freundschaft hat ihm auch den Anstoß dazu gegeben, ein Werk über Rom zu schreiben, das voll der Bewunderung für die neue Weltmacht ist. So nimmt es nicht wunder, daß der Erfolg der *Historiai* in der Antike ungeheuer war. Polybios galt bald als Klassiker der Geschichtsschreibung. So soll, wie Plutarch berichtet, Brutus noch wenige Tage vor der Schlacht bei Pharsalos (42 v. Chr.) an einer lateinischen Kurzfassung des umfangreichen Werkes gearbeitet haben. Seit Beginn der Neuzeit beschränkt sich die Wirkung der *Historiai* allerdings auf die Geschichtswissenschaft. Hier aber gilt Polybios mehr als alle übrigen antiken Historiker: nicht des Quellenwerts seines Werkes wegen, sondern weil er die Geschichtsschreibung gleichsam zum Rang einer methodisch fundierten Wissenschaft erhoben hat. B. M.

Ausgaben: Rom 1473 (*Historiarum libri*; nur lat. Übers. von N. Perotti; Buch 1–5). – Venedig 1529 (*Liber ex Polybii historiis excerptus de militia Romanorum et castrorum metatione*, Hg. I. Laskaris; m. lat. Übers.). – Hagenau 1530 (*Historiōn biblia e*, Hg. V. Opsopoeus; Buch 1–5). – Paris 1609 (*Historiōn ta sōzomena*, Hg. I. Casaubonus). – Bln. 1867–1872 (*Historiae*, Hg. F. Hultsch, 4 Bde.; Bd. 1 bis 2: ²1888–1892). – Lpzg. 1889–1904, Hg. T. Büttner-Wobst, 5 Bde.; Bd. 1: ²1902 [Nachdr. 1962/63]. – Ldn./Cambridge (Mass.) 1922–1927 (*The Histories*, Hg. W. R. Paton, 6 Bde.; m. engl. Übers.; Loeb; Nachdr. 1954).

Übersetzungen: *Römische Historien*, G. Xylander [d. i. W. Holzmann], Basel 1574. – *Geschichten*, J. F. C. Campe, 14 Bde., Stg. 1861–1863. – *Geschichte*, H. Drexler, 2 Bde., Zürich/Stg. 1961–1963.

Literatur: Schmid-Stählin 2/1, S. 383–394. – M. Gelzer, *Die Achaica im Geschichtswerk des P.*, Bln. 1940 (APAW, 1940/2). – C. Schick, *Polibio da Megalopoli. Le principali questioni sulle »Storie«* (in Paideia, 5, 1950, S. 369–383; Bibliogr.). – K. Ziegler, Art. *P. (1)* (in RE, 21/2, 1952, Sp. 1440–1578; m. Bibliogr.). – M. Gelzer, *Über die Arbeitsweise des P.*, Heidelberg 1956 (SAWH, phil.-hist. Kl., 1956/3). – K. v. Fritz, *The Theory of the Mixed Constitution in Antiquity*, NY 1954 [m. Bibliogr.]. – R. Koerner, *Polybius als Kritiker früherer Historiker*, Diss. Jena 1957. – H. Erbse, *P.-Interpretationen* (in Phil, 101, 1957, S. 269–297). – F. W. Walbank, *A Historical Commentary on Polybius*, Bd. 1, Oxford 1957 [Komm. zu Buch 1–6; m. Bibliogr.]. – Lesky, S. 825–830. – K. F. Eisen, *Polybiosinterpretationen*, Heidelberg 1966 [Diss. Freiburg i. B.; m. Bibliogr.]. – A. Mauersberger, *P.-Lexikon*, Bln. 1956ff. [bisher α–κ].

LYKOPHRON aus Chalkis
(2. Jh. v. Chr.)

ALEXANDRA (griech.; *Alexandra*). Dramatische Szene in 1474 jambischen Trimetern, lange Zeit dem Lykophron aus Chalkis (erste Hälfte des

3. Jh.s v. Chr.) zugeschrieben, antiken Vermutungen und neuesten Forschungen (vor allem K. ZIEGLERS) zufolge von einem späthellenistischen, etwa hundert Jahre jüngeren Schriftsteller gleichen Namens verfaßt. In der Form eines riesigen Botenberichts werden die dunklen Prophezeiungen der eingekerkerten Priamostochter Kassandra (Alexandra) über den Untergang Troias und seine Folgen – bis in die Gegenwart des Dichters – wiedergegeben. Hinter einer recht einfachen Gesamtdisposition der Orakelrede – Fall der Stadt (31–386), Schicksal der nicht heimkehrenden Griechen (387–1089), Leiden der Heimgekehrten (1090–1282), ewiges Ringen zwischen Asien und Europa (1283–1450) – versteckt sich, wie Ziegler gezeigt hat, eine ausgewogene Ringkomposition. Doch dieser Klarheit des äußeren Aufbaus entspricht keineswegs die innere Form. Vielmehr ist der Verfasser bemüht, in einer ans Abstruse grenzenden Manie Sinn und Gedankenfolge des Werkes zu verhüllen: Zusammengehöriges wird durch weite Räume getrennt, Gleiches mehrmals erzählt, Haupter eignisse werden in parenthetischer Anspielung, Nebensächlichkeiten in behutsamer Ausführlichkeit dargestellt; auf knappstem Raum sind in verwirrender Schachtelung die verschiedensten Mythen gereiht, Späteres, Früheres, Gleichzeitiges ist bunt durcheinandergewürfelt. Was jedoch das Verständnis am meisten erschwert, ist eine penetrante Metaphorik des Ausdrucks: in dem ganzen Gedicht (und es behandelt immerhin die gesamte Troiasage und einiges mehr) ist kaum eine Gestalt, kaum ein Ort mit seinem eigentlichen Namen bezeichnet; Tiermetaphern, Demonstrativpronomina, entlegenste Epitheta und dergleichen vertreten das Gemeinte; und wo der Leser erleichtert eine Person erkennt, ist er dem klugen Autor in die Falle gegangen (so verbirgt sich in Erechtheus, Vers 158, Poseidon oder Zeus, und Agamemnon, 335, bedeutet Zeus).

Darüber hinaus stützt sich der Dichter vielfach auf völlig obskure mythische Lokalversionen, greift zu den »erlesensten« Wörtern, mischt Dialekte, Alltagssprache und lyrisches Pathos, zitiert die dichterische Tradition von HOMER bis zu dem Taorminer TIMAIOS; kurz: er bietet das monströseste Modell sich überschlagender alexandrinischer Gelehrtenliteratur, das sich denken läßt. Seine – durch das Orakelton nur mühsam legitimierte – Dunkelheit wurde sprichwörtlich (*skoteinos* hieß er im Altertum, in unverdienter Parallele zu HERAKLIT). Grammatiker und Kommentatoren stürzten sich auf ihn, und die sprachlichen Schwierigkeiten machten ihn zur idealen Schullektüre. Für die Neuzeit allerdings kann die *Alexandra* kaum mehr als eine reiche Fundgrube der griechischen Sagenwelt sein.

Dabei entbehrt das Werk – Musterbeispiel mißbrauchter Poesie – nicht einer beachtenswerten Anlage: im Zentrum steht, wie ähnlich bei HERODOT, die Darstellung der uralten Rivalität von Okzident (Griechentum) und Orient (Troia); und das Ziel der Prophezeiungen Kassandras ist die Verherrlichung des Ausgleichs, der Versöhnung der Welten unter der aufstrebenden Herrschaft Roms: »*Jedoch des Stammes meiner Ahnen Sagenruhm / wird hoch empor einst heben ihrer Enkel Schar* [die Römer als Aeneas-Nachfahren]; / *auf ihren Speeren tragen sie den Siegeskranz, / und Land und Meer werden ihnen einstmals untertan.*« (Ü: v. Holzinger) – Das Gedicht erreicht seinen Höhepunkt in den Anspielungen auf eine letzte große Auseinandersetzung »Europas« (der Griechen) und »Asiens« (der Römer), auf den Zweiten Makedonischen Krieg und den maßvollen Frieden, den der römische Sieger nach seinem Sieg bei Kynoskephalai (197) dem makedonischen König Philipp V. anbot: mit dem roten Löwen, »*der dem Aiakos und Dardanos entstammt / ... mit ihm wird einst mein Bruder kreuzen seinen Speer, / ... wird er Verträge schließen über Meer und Land, / und als der Herrlichste gelobt in Freundeskreis / wird er die Beute wahren, die der Krieg erwarb*« (1440ff.).   E. Sch.

AUSGABEN: Venedig 1513. – Bln. 1881, Hg. E. Scheer [Neudr. 1958]. – Ldn./Cambridge (Mass.) 1921, Hg. A. W. Mair (m. engl. Übers.; Loeb; ern. 1955). – Lpzg. 1964, Hg. L. Mascialino.

ÜBERSETZUNGEN: C. G. v. Murr (in Journal z. Kunstgesch. u. z. allg. Litt., Teil 11, Nürnberg 1783; Auszug). – *Alexandra*, C. v. Holzinger, Lpzg. 1895.

LITERATUR: U. v. Wilamowitz-Moellendorff, *Hellenist. Dichtg.*, Bd. 2, Bln. 1924, S. 143–164. – K. Ziegler, Art. Lykophron (in RE, 13/2, 1927). – S. Josifović, *Lykophronstudien* (in Annuaire de la Fac. de Philosoph. de Novi Sad, 2, 1957, S. 199 bis 230).

ANONYM

DES MÄDCHENS KLAGE (griech.). Ohne Titel überliefertes, stark von den »veristischen« Tendenzen des Mimus beeinflußtes lyrisches Poem alexandrinischer Herkunft, entstanden vermutlich zu Beginn des 2. Jh.s v. Chr. – Das Werk gehört seinem Inhalt nach zur Gattung des sogenannten Paraklausithyron (Klagelied des Liebenden vor verschlossener Tür), einer seit spätestens seit ARISTOPHANES (*Ekklēsiazusai*, V. 960–975) beliebten Form, die vor allem in burlesken und erotisch-pathetischen Szenen mit großem Effekt verwandt wurde (vgl. KALLIMACHOS, *Epigramm* 63; ASKLEPIADES in der *Anthologia Palatina* 5, 189; dann besonders im römischen Bereich: PLAUTUS im *Curculio*, V. 147; PROPERZ 1, 16; TIBULL 1, 2; HORAZ, *Carmina*, 3, 10). An dem stimmungs- und ausdrucksvollen Klagelied, dessen 62 meist dochmische Verse uns ein Papyrus mit etwas verstümmeltem Schluß erhalten hat, rühmt man immer wieder die Unmittelbarkeit in der Darstellung leidenschaftlicher Liebe. Die Wirkung des Gedichts beruht vor allem auch auf dem ungewöhnlichen Umstand, daß wir nicht, wie der Gattung entsprechend zu erwarten, den Trauermonolog eines ausgeschlossenen Liebhabers vernehmen, sondern das Flehen eines jungen Mädchens (vielleicht einer Hetäre), das vor dem Haus des Geliebten um Einlaß und Erhörung bittet. – Zweifellos war *Des Mädchens Klage* (nach seinem Entdecker auch *Grenfellsches Lied* genannt) nicht, wie die verwandten Gedichte etwa der römischen Elegiker, für die rezitative Lektüre bestimmt, sondern wurde, in entsprechender Kostümierung, als mimisch-musikalische Soloarie vorgetragen – ein Moment, das einst den Eindruck von Wort und Situation gewiß noch um ein Vielfaches erhöht hat.   E. Sch.

AUSGABEN: Oxford 1896 (*An Alexandrian Erotic Fragment and Other Greek Papyri, Chiefly Ptolemaic*, Hg. B. P. Grenfell). – Lpzg. 1914 (in *Herondae mimiambi novis fragmentis adiectis*, Hg. O. Crusius,

S. 124-127). - Oxford 1925 (in *Collectanea Alexandrina*, Hg. J. U. Powell, S. 177-180).
LITERATUR: U. v. Wilamowitz-Moellendorff, »Des Mädchens Klage« (in NGG, phil.-hist. Kl., 1896, S. 209-232; ern. in U. v. W.-M., *Kleine Schriften*, Bd. 2, Bln. 1941, S. 95-120). - E. Rohde, Rez. der Ausg. v. Grenfell (in Berliner Philologische Wochenschrift, 16, 1896, Sp. 1045-1048; ern. in E. R., *Kleine Schriften*, Bd. 2, Tübingen 1901, S. 1-4). - O. Crusius, *Grenfells »Erotic Fragment« u. seine litterarische Stellung* (in Phil, 55, 1896, S. 353-384; m. Übers.). - Schmid-Stählin, 2/1, S. 201. - A. Körte u. P. Händel, *Die hellenistische Dichtung*, Stg. ^{2}1960, S. 303-305 [m. Übers.].

Publius TERENTIUS AFER
(um 190-159 v. Chr.)

ADELPHOE (lat.; *Die Brüder*). Das letzte der sechs Stücke (*Andria, Hecyra, Heautontimorumenos, Eunuchus, Phormio*) von Publius TERENTIUS AFER (um 190-159 v. Chr.). - Es wurde im Jahr 160 v. Chr. zu den Leichenspielen für Aemilius Paulus, den Vater des Scipio Africanus Minor, aufgeführt. Darin zeigt sich einmal mehr die enge Beziehung, die Terenz zum Scipionenkreis pflegte. In Karthago geboren, geriet er auf irgendeine Weise als Sklave in den Dienst des Senators Terentius Lucanus, der ihm nicht nur die bestmögliche Erziehung angedeihen ließ, sondern ihm auch bald die Freiheit schenkte. Eben dies wird wohl die Voraussetzung dafür gewesen sein, daß er sich an Scipio und seine Freunde anschließen konnte, war er doch wie sie von den Bemühen getragen, römisches Wesen gerade durch die Übernahme griechischer Kultur in seiner Eigenart zu erhalten und zu bestärken.
Den *Adelphoe* legte Terenz in der Hauptsache das gleichnamige Stück des MENANDER zugrunde (die durchgängige Bevorzugung Menanders hat ihm ja von seiten CAESARS den Vorwurf eingebracht, nur ein »*dimidiatus Menander*«, ein halbierter Menander, zu sein). Er wählte das zweite von zwei gleichnamigen, aber inhaltlich verschiedenen Stücken des Atheners. Im Prolog nennt Terenz noch eine zweite Quelle - die *Synapothnēskontes (Die Mitsterbenden)* des DIPHILOS -, aus der offensichtlich die erste Szene des zweiten Aktes geflossen ist. Das Verfahren, mehrere Vorlagen ineinanderzuarbeiten, bezeichnet er selbst mit *contaminare* (*Andria*; 16, *Heautontimorumenos*, 17), das noch seiner heute allein geläufigen Bedeutung »berühren«, »verbinden« noch den pejorativen Sinn von »beschmutzen« besaß. Daraus erhellt die Verteidigungsstellung, in der sich Terenz seinen literarischen Gegnern gegenüber befand, zugleich aber auch die Kraft, mit der er sich gegen die Vorwürfe, er halte sich nicht eng genug an seine Vorlage, durchsetzte. Die Prologe, in denen diese poetologische Auseinandersetzung vor sich geht, sind dadurch zwar ihrer ursprünglichen Aufgabe einer Inhaltsangabe entkleidet, statt dessen aber zum ältesten Zeugnis kritischer Selbstäußerung in lateinischer Sprache geworden; in deutscher Dichtung haben sie ihren bekanntesten Nachfolger im *Vorspiel auf dem Theater* zu GOETHES *Faust*.
In den *Adelphoe* weicht die Intrige als handlungsbestimmender Faktor gegenüber früheren Stücken, besonders der *Andria*, merklich zurück: sie wird sublimiert. So ist es zwar ein Täuschungsmanöver herkömmlicher Art, wenn der Sklave Syrus den alten Demea absichtlich in die Irre schickt; wesentlich geistvoller aber wirkt, wenn Micio seinen Sohn eine Zeitlang im unklaren läßt über die Zukunft seiner Geliebten, um ihn so auf humorvolle Art für seinen Leichtsinn zu strafen; oder gar, wenn Demea einen Sinneswandel vorgibt, um Micios Gutmütigkeit als Weichlichkeit bloßzustellen. Diese Züge deuten genau auf den Kern des Stückes, das ganz vom unterschiedlichen Verhalten der beiden Brüder Micio und Demea in Fragen der Erziehung und des menschlichen Zusammenlebens überhaupt getragen wird: nicht um ein Intrigenstück handelt es sich bei den *Adelphoe*, sondern um eine Charakterkomödie.
Demea, ein attischer Bauer, hat seiner Armut wegen einen seiner beiden Söhne, Aeschinus, seinem in Athen lebenden, reichen und unverheirateten Bruder zur Erziehung übergeben. Da nun beide Männer völlig entgegengesetzte Lebensauffassungen haben - Demea ist grob, aufbrausend, sparsam, zäh, Micio freundlich und gefällig (861 ff.) -, entstehen bei jeder Gelegenheit Zank und Streit, zumal wenn es um die Erziehung geht, d. h. wenn Aeschinus etwas verbrochen hat. So geschieht es auch bei der neuesten Schandtat des Jünglings: Demea tobt, weil der Sohn, der erst vor wenigen Monaten ein junges Mädchen entehrt und nicht geheiratet hat, jetzt eine Zitherspielerin geraubt hat. Im Lauf des Stücks stellt sich heraus, daß Aeschinus in Wirklichkeit jenes Mädchen noch immer liebt und die Zitherspielerin für seinen Bruder Ktesipho entführte, der, durch die Strenge des Vaters zu einem ängstlichen Bübchen geworden, sich Hals über Kopf in sie verliebt hatte. Als Micio von dem Streich erfährt, schützt er seinen Pflegesohn, wie es seiner Art entspricht, indem er die Hochzeit befürwortet und die vom Kuppler verlangte Summe für die Spielerin bezahlt. Demea, der plötzlich merkt, wie sehr die Söhne seinem Bruder anhängen, ihn selbst aber verabscheuen, heuchelt eine Meinungsänderung: er erweist ihnen Wohltat über Wohltat - zumeist auf Kosten Micios - und erntet sogleich helles Entzücken. Daraus zieht er am Schluß die Konsequenz: die Zuneigung, die man sich durch ständiges Nachgeben und Schenken erwirbt, ist unecht; durch strenge Zucht macht man sich unbeliebt, obwohl sie, aufs ganze gesehen, förderlicher ist. Das Problem bleibt offen. Hatte Micio bis zum fünften Akt mit seinem gleichmütigen Verzeihen aller menschlichen Schwächen und Fehltritte gegenüber dem prinzipientreuen Demea scheinbar recht, so entlarvt dieser die freundliche Gefälligkeit des Bruders als Kurzsichtigkeit.
Mit einem nachdenklichen Lächeln über die Frage, was denn der Mensch eigentlich sei, entläßt Terenz seine Zuschauer - und ist eben darin sein Vorbild Menander fast noch ähnlicher als in der gemeinsamen stofflichen Grundlage. Dieser inneren Verwandtschaft entspricht auch, daß beide - im Vergleich zu ihren Vorgängern PLAUTUS bzw. ARISTOPHANES - einer urbanen, ausgewogenen Sprache zuliebe bewußt die Vielfalt der komödiantischen Ausdrucksmöglichkeiten begrenzten und die Polyphonie metrischer Formen in den *cantica* auf wenige Maße reduzierten. Daher verwundert es nicht, daß sich die Wirkung der Terenzianischen *palliatae* (nach dem griechischen Mantel, dem *pallium*, benannt) vor allem auf solche Zuschauer erstreckte, die diese mehr geistigen Vorzüge zu schätzen wußten.   B. M.

AUSGABEN: Straßburg ca. 1470. – Lpzg. ²1921 (in *Ausgew. Komödien*, Bd. 2; Erkl. v. K. Dziatzko, Hg. R. Kauer). – Paris 1949 (in *Comédies*, Hg. J. Marouzeau, Bd. 3; m. frz. Übers.). – Ldn. 1951 (in *Terence*, Hg. J. Sargeaunt, Bd. 2; m. engl. Übers.). – Oxford ²1958 (in *Comoediae*, Hg. R. Kauer u. W. M. Lindsay; Suppl. v. O. Skutsch). – Oxford ²1959, Hg. A. Sloman [m. Einl. u. Anm.].

ÜBERSETZUNGEN: *Die Brüder*, anon. (in T., *der hochgelert und allerbruchelist Poet*, Straßburg 1499). – Dass., V. v. Marnitz (in *Komödien*, Stg. 1960; Einl. v. K. Büchner).

LITERATUR: R. Kauer, *Zu den »Adelphoe« des T.* (in Wiener Studien, 23, 1901, S. 87–105). – H. Drexler, *Die Komposition v. T.' »Adelphen« u. Plautus' »Rudens«* (in Phil, Suppl. 26, 1934, H. 2). – H. J. Mathes, *Die Komposition d. Terenzischen »Adelphoe«*, Diss. Köln 1939. – M. Delcourt, *L'impartialité comique dans les »Adelphes«* (in Phoibos, 5, 1950/51). – P. MacKendrick, *Demetrius of Phalerum, Cato and the »Adelphoe«* (in Rivista di Filologia e d'Istruzione Classica, 32, 1954, S. 18 bis 35). – O. Rieth, *Die Kunst Menanders in den »Adelphen« des T.*, Hg. K. Gaiser, Hildesheim 1964.

ANDRIA (lat.; *Das Mädchen von Andros*). Das erste Stück des Publius TERENTIUS AFER (um 190–159 v. Chr), des neben PLAUTUS berühmtesten römischen Komödiendichters; zum erstenmal aufgeführt im April des Jahres 166 v. Chr. an den zu Ehren der Kybele (Megalē Matēr, lat. Magna Mater) in Rom gefeierten »Ludi Megalenses«. – Bereits mit diesem Erstlingswerk bewies Terenz seine künstlerische Individualität gegenüber seinen Vorgängern (neben Plautus LIVIUS ANDRONICUS, NAEVIUS, ENNIUS, CAECILIUS). Er legte seinem Stück zwei Werke des für ihn stets als Vorbild maßgebenden griechischen Komödiendichters MENANDER zugrunde, die *Andria* und die *Perinthia* (Vers 9). Aber er wählte weder den Weg kleinlicher Übersetzens wie etwa LUSCIUS LANUVIUS, gegen den er recht heftig polemisiert (V. 6 f.), noch wagte er solch kühne Neuformungen wie Plautus. Sein Ideal war in der Menandrischen Komödie in kompositorischer Geschlossenheit, sprachlicher Eleganz und behutsamer Charakterzeichnung ebenbürtiges Gegenstück. Das läßt sich aus den leider spärlichen Fragmenten der *Andria* und den Angaben des Kommentators DONAT deutlich ersehen. Ein noch beredteres Zeugnis dafür liefern die Prologe der Terenzianischen Stücke, in denen der Dichter seine künstlerischen Absichten gegen die Angriffe literarischer Gegner verteidigt: sie stellen das erste Beispiel kritischer Bekenntnisdichtung in Rom dar, jener Gattung, die später in der *Ars poetica* des HORAZ ihre sublimste Form finden sollte.

Die hergebrachte Funktion des Prologs, die Inhaltsangabe, überträgt Terenz in der *Andria* der ersten Szene. Um seinen Sohn Pamphilus von der Ehe mit der vermeintlichen Hetäre Glycerium aus Andros abzubringen, täuscht der alte Simo Vorbereitungen zur Hochzeit mit der Tochter seines Freundes Chremes vor und erzählt dabei seinem Freigelassenen Sosia beiläufig die vergangenen Ereignisse. Sosias typische Rolle als Expositionsfigur ist nach dieser Szene erfüllt, er taucht nicht mehr auf. Im weiteren Handlungsverlauf sucht Davus, der listige Sklave des Pamphilus, auf verschiedene Weise, seinen Herrn vor der ungewollten Verbindung zu bewahren. Zunächst freilich scheint er nur das Gegenteil zu erreichen; aber ein rettender Einfall und das plötzliche Auftreten eines Andriers namens Crito führen die glückliche Lösung herbei: Glycerium, eigentlich Pasibula geheißen, ist in Wahrheit die Nichte des Chremes, der sie nun bereitwillig dem Pamphilus verspricht; seine eigene Tochter gibt er Charinus, einem Freund des Pamphilus, zur Frau. Der Schluß des Stücks mit der Verlobung des Charinus ist wahrscheinlich nicht authentisch.

Handlungsbewegender Faktor des Werks ist die Intrige. Das wäre gegenüber früheren Stücken, die alle letztlich von EURIPIDES beeinflußt sind, kaum von Bedeutung, wenn es sich nicht um eine zweiseitige Intrige handelte. Simo und Davus (als Vertreter des Pamphilus) suchen ihre einander widersprechenden Ziele in je zwei Ansätzen durchzuführen: Simo täuscht Davus mit der vorgeblichen Hochzeit (1. Akt); Davus täuscht Simo durch die scheinbare Einwilligung des Pamphilus (2. Akt); Simo täuscht sich selbst über die soeben erfolgte Geburt eines Sohnes der Glycerium und des Pamphilus (ein Terenzianischer Topos) und wird darin von Davus bestärkt (3. Akt); Davus täuscht – nun, nicht Simo, wie er es wohl beabsichtigt hatte, sondern Chremes, indem er den Knaben auf die Bühne bringt (4. Akt); und diese teilweise Aufdeckung des wahren Sachverhalts führt schließlich ohne Zutun eines der beiden Intriganten zur vollständigen Klärung durch Crito, der damit die Funktion des *deus ex machina* übernimmt (5. Akt). Das Ganze ist ein raffiniertes Spiel mit dem Wissen und Nichtwissen des Partners, augenfällig gemacht durch zahlreiche scheinbare Monologe und besonders – Komödie in der Komödie! – durch das von Davus vor Chremes inszenierte Zwiegespräch mit der ahnungslosen Sklavin der Glycerium (740 ff.). Das setzt natürlich ein Publikum voraus, das den blitzschnellen Entschlüssen und Einfällen der Figuren zu folgen bereit und imstande ist, zugunsten einer anspruchsvollen Ironie auf derbe Wortwitze und drastische Handlungskomik weitgehend zu verzichten.

Daher ist es nicht verwunderlich, daß die Stücke des Terenz ihren Erfolg weniger der breiten Masse als vielmehr einer verhältnismäßig kleinen, aber einflußreichen Schicht Gebildeter verdanken. Terenz, der gebürtige Afrikaner, der als Sklave nach Rom in die Dienste des adligen Terentius Lucanus gekommen war, erhielt aufgrund großzügiger Ausbildung und frühzeitiger Freilassung Zutritt zum Kreis um den jüngeren Scipio Africanus, dessen Lebens- und Gesprächsstil POLYBIOS und CICERO anschaulich geschildert haben. Ganz im Geist dieser Männer, die sich um die Verschmelzung griechischer Kultur mit römischem Wesen bemühten, hat Terenz auch als erster, von dem wir wissen, eine Reise zu den Hauptstätten der großen griechischen Vergangenheit unternommen. Auf dieser Fahrt ist er, im Jahr 159 v. Chr., gestorben. Seine Komödien aber, die *Andria* nicht weniger als die *Hecyra*, der *Heautontimorumenos*, der *Eunuchus*, der *Phormio* und die *Adelphoe*, fanden fortdauernde Bewunderung durch Altertum, Mittelalter und Neuzeit hindurch: und eben dieser – mittelbar gewiß in den genannten soziologischen Bedingungen wurzelnden – gleichbleibenden Wertschätzung ist auch die Erhaltung zu danken. B. M.

AUSGABEN: Straßburg ca. 1470 (in *Comoediae*). – Lpzg. ²1913 (in *Comoediae*, Hg. C. Dziatzko). – Bielefeld 1929, Hg. R. Kauer [m. Komm.]. – Paris 1947 (in *Terence*, Hg. J. Marouzeau, 1; m. frz. Übers.). – Heidelberg 1951, Hg. A. Thierfelder (Heidelberger Texte, Lat. Reihe, 22; ²1960). – Heidelberg 1954 (in *Comoediae*, Hg. S. Prete). – Oxford ²1958 (in *Comoediae*, Hg. R. Kauer u. W. M. Lindsay). – Ldn. 1959 (in *Terence*, Hg. J. Sargeaunt, Bd. 1; Loeb; Nachdr. von 1912). – Melbourne ²1960, Hg. G. P. Shipp [m. Komm.].

ÜBERSETZUNGEN: *Terentius der hochgelert und allerbruchelichst Poet*, anon., Straßburg 1499. – *Das Mädchen von Andros*, V. v. Marnitz (in *Die Komödien*, Stg. 1960).

LITERATUR: A. Spengel, *Über d. Composition d. »Andria« d. T.* (in SBAW, phil.-hist. Kl, 1873, S. 599 – 622). – Schanz-Hosius, 1/1, S. 108ff. – G. Jachmann, *P. T. A.* (in RE, 5 A/1, 1934, Sp. 631ff.). – H. Oppermann, *Zur »Andria« d. T.* (in Herm, 69, 1934, S. 262–285). – E. Bigott, *Die Komposition d. »Andria« d. T.*, Bochum 1939 [zugl. Diss. Köln].

EUNUCHUS (lat.; *Der Eunuch*). Komödie in 1094 Versen von Publius TERENTIUS AFER (um 190–159 v. Chr.), Bearbeitung eines verlorenen griechischen Stückes des MENANDROS; uraufgeführt bei den Megalensischen Spielen 161 v. Chr. von der Truppe des Lucius Ambivius Turpio. – Der Jüngling Chaerea, sterblich verliebt in Pamphila, die eben erst als Geschenk des Offiziers Thraso in das Haus der von diesem umworbenen Hetäre Thais gelangt ist, schleicht sich in der Verkleidung des Eunuchen Dorus, der sie während Thais' Abwesenheit bewachen und baden soll, an das »*festgebaute und saftige*« Mädchen heran und verführt sie. Thais weiß, daß Pamphila eine Freigeborene ist; sie hat inzwischen die Suche nach den Verwandten Pamphilas aufgenommen, um diese für frei erklären lassen zu können. Da sich tatsächlich sogleich Pamphilas Bruder Chremes einfindet und die Identifikation ermöglicht, muß Chaerea – zu seiner größten Freude – das Mädchen nun heiraten. Thraso, Urbild des *miles gloriosus* (prahlender Kriegsheld), kommt auf diese Weise nicht nur um das teuer gekaufte Mädchen, sondern auch noch um die erhoffte Zuneigung der Thais, die er mit seinem Geschenk zu gewinnen trachtete; da er weder mit Drohen noch mit Flehen kann er Thais davon abbringen, sich nach Pamphilas Freilassung wieder ihrem bisherigen Liebhaber, Chaereas Bruder Phaedria, zuzuwenden, der sie in schmerzlicher Selbstverzehrung liebt und die beiden Tage, während derer er auf sie verzichten mußte, beinahe nicht überlebt hätte.
Zwei grundverschiedene Liebesverhältnisse laufen in dem Stück nebeneinander her und geben ihm seine innere Struktur: Phaedrias aufrichtiger, aber konventioneller und dem hellenistischen Kodex verhafteter, eigentlich passiver »Minnedienst« gegenüber Thais und seines Bruders Chaerea unbedingte, heftige, ja aggressive und über die Gesetze der Gesellschaft hinweggehende Leidenschaft zu Pamphila, eine Liebe, für die er selbst nur die lapidaren Worte »*occidi*« (*»ich bin tödlich getroffen«*) und »*amo*« (*»ich liebe«*) finden kann. Es ist bezeichnend, daß der Verlauf der Handlung dieser Leidenschaft recht gibt: steht es der Komödie an sich legitim zu, die Realität heiter zurechtzubiegen, so ist bei Terenz darin geradezu der Schlüssel zu seinem dichterischen Anliegen zu sehen. Sein ganzes Schaffen war fest verwachsen mit dem erlauchten Kreis um Scipio Aemilianus und mit dessen Ideal eines neuen, vom *humanum* bestimmten Menschentums. Um die Idee der *humanitas* geht es, wenn Chaerea eine Frau ganz um ihrer selbst willen liebt und gegen die Widerstände der Gesellschaft auch heiratet; um die *humanitas* geht es auch, wenn ausgerechnet Thais, die Hetäre, sich selbstlos um das Geschick eines Mädchens bemüht, wenn sie, obwohl durch den Betrug Chaereas plötzlich um den sicheren Erfolg ihrer Bemühung gebracht, mit liebevoll-nüchternem Verständnis dem Übeltäter bald gesteht: »Ich weiß schon; und, bestimmt, ich bin dir nicht mehr bös deswegen. So unmenschlich, Chaerea, bin ich nicht.« Menschen, die solchermaßen ohne Hintergedanken sind und verstehen vor dem anderen auch »*Vorurteile, und seien es die höchster, aber starrer, moralischer Werte*« (K. Büchner) abzulegen scheinen mit dem Schicksal verbündet; in Wahrheit aber überwindet die humane Gesinnung an sich schon und ganz von selbst die tragischen Komplikationen. Den Kontrapunkt dazu bildet Thraso; er als die Aufschneider und dumme Säbelraßler, wird am Ende als einziger vom Glück ausgeschlossen, trotz allem, was seine Person indirekt zum glücklichen Ausgang beitrug.
Auch wenn im *Eunuchus* – von »plautinischen« Publikumskonzessionen wie der Einführung von Typen (Schmeichler Gnatho, Aufschneider Thraso; vgl. Prolog) und Sklavenintrigen abgesehen – das Derb-Lustige, das Handgreifliche und Reißerische, das Obszöne fehlt, haben wir eine echte Komödie vor uns: eine Komödie, die das wesentliche Geschehen – Aktion und Reaktion – in die Figuren selbst verlagert. Dies setzt eine Sprache voraus, die noch die feinste innere Regung auszudrücken vermag. Terenzens durchweg gehobene, aber nüchterne und genaue Gebildetensprache leistet die Aufgabe, indem sie – anders als die Sprache Menanders – auf primär sinnliche Effekte (Gesangseinlagen, Lautmalereien, Schimpfwörter, Idiomatisches) verzichtet. Diese »Reinheit des Wortes« ist ihrerseits nur wiederum ein konsequenter Ausdruck und Bestandteil der intendierten *humanitas*.
Es mag sein, daß die Komödienkunst des Terenz damit schon an die Grenze gelangt ist, die das Bühnenstück vom Lesestück trennt. Jedenfalls scheint das der zeitgenössische Kritiker gemeint zu haben (vgl. den Prolog des *Phormio*), der dem – mißverstandenen – Dichter »*dürftigen Gehalt und kraftlosen Stil*« vorwarf. Dennoch, die antike Aufführung brachte Terenz, aus welchen Gründen auch immer, einen ungeheuren Erfolg. Man weiß, daß das Stück am Tag der Aufführung noch zweimal wiederholt werden mußte und die Riesensumme von 8000 Sesterzen einspielte. Bis in die Neuzeit blieb dem Werk dieser Ruhm treu. AUGUSTINUS berichtet begeistert von der Lektüre, und HROTSVITAS Stücke, die den im Mittelalter über alles beliebten, aber »sündhaften« Terenz verdrängen sollten, mögen im besonderen gegen den *Eunuchus* gerichtet gewesen sein. Von Hans NEITHART wurde er als erstes Terenz-Stück ins Deutsche übersetzt (1486). R. M.

AUSGABEN: Straßburg ca. 1470 (in *Comoediae*). – Ldn./Cambridge (Mass.) 1912 (in *Terence*, Hg. J. Sargeaunt, Bd. 1; m. engl. Übers.; Loeb; zuletzt 1959). – Lpzg. ²1913 (in *Comoediae*, Hg. C. Dziatzko). – Paris 1947 (in *Térence*, Hg. J. Marouzeau, Bd. 1; m. frz. Übers.). – Heidelberg 1954 (in *Comoediae*, Hg. S. Prete). – Oxford ²1958 (in *Comoediae*, Hg. R. Kauer, W. M. Lindsay u. O. Skutsch; Nachdr. 1961).

ÜBERSETZUNGEN: *Hernach volget ain Maisterliche vnd wolgesetzte Comedia zelesen vnd zehören lüstig vnd kurzwylig. Die der Hoch gelert vnd groß Maister vnd Poet Therencius gar subtill, mit grosser kunnst vnd hochem flyß gesetzt hat*, anon., Ulm 1486 (Nachdr. Tübingen 1915, Hg H. Fischer; BLV, 265). – *Der Eunuch*, V. v. Marnitz (in *Die Komödien*, Stg. 1960; Einl. K. Büchner; Kröners Taschenausg., 310). – Dass., A. Thierfelder, Stg. 1961 (RUB, 1868).

BEARBEITUNG (deutsch): H. Sachs, *Eine schöne comedi Terentij, deß poeten. Vor 1700 jaren beschriben. von der bulerin Thais und ihren zweyen Bulern, dem ritter Thraso und Phoedria und hat V actus*, Nürnberg 1564 (Nachdr. Mchn. 1922; m. den Holzschnitten der dt. Erstübers.).

LITERATUR: G. Jachmann, *Der »Eunuchus« von T.* (in NGG, 1921, S. 69–88). – E. Meyerhöfer, *Der Aufbau des Terenzischen »Eunuchus«*, Diss. Erlangen 1927. – E. K. Rand, *The Art of T.'s »Eunuchus«* (in TPAPA, 63, 1932, S. 54–72). – G. Jachmann, Art. *T. (36)* (in RE, 5A/1, 1934, Sp. 634–637). – U. Knoche, *Über einige Szenen des »Eunuchus«* (in NGG, N. F., 1/8, 1934–1936, S. 145–184; 3, 1938, S. 31–87). – H. Drexler, *Terentiana* (in Herm, 73, 1938, S. 73–98). – E. Reitzenstein, *T. als Dichter*, Amsterdam 1940 (Albae Vigiliae, 4). – A. Klotz, *Der »Eunuchus« des T. und seine Vorlagen* (in Würzburger Jb., 1, 1946, S. 1–28). – E. Dieffenbach, *Die Komposition des terenzischen »Eunuchus«*, Diss. Köln 1948.

HEAUTON TIMORUMENOS (lat.; *Der Selbstquäler*).

Komödie in 1068 Versen von Publius TERENTIUS AFER (um 190–159 v. Chr.), uraufgeführt unter Lucius Ambivius Turpio an den Megalensischen Spielen 163 v. Chr. – Vorlage war ein bis auf Fragmente verlorenes Stück des MENANDER, dessen griechischen Titel Terenz übernommen hat. Menedemus zerquält sich in Reue über seine Hartherzigkeit, die ihn den einzigen Sohn Clinia wegen dessen scheinbar leichtfertiger Liebschaft mit Antiphila verstoßen ließ. Chremes, sein weltkluger Nachbar, verspricht, mit Rat und Tat zu helfen; darüber entgeht ihm jedoch, daß sein eigener Sohn Clitipho nichts anderes als die etwas kostspielige Hetäre Bacchis im Kopf hat und sich von ihm Geld für sie erlisten will. Als Chremes den heimlich zurückkehrenden Clinia als Freund des Clitipho in seinem Hause vorfindet, betraut er den wendigen Sklaven Syrus mit der komplizierten Aufgabe, die Aussöhnung Clinias mit dem Vater in die Wege zu leiten. Syrus, ein wahrhaft plautinischer Ränkeschmied, steht jedoch schon im Dienst Clitiphos und sieht sich zu einem doppelten Spiel gezwungen. Er hat bereits Bacchis als Geliebte des Clinia ausgegeben, um so dem willigen Menedemus das Geld zu entlocken. Dem Plan scheint Erfolg beschieden, bis sich Antiphila überraschend als eine vor Zeiten ausgesetzte Tochter des Chremes entpuppt. Syrus muß ein zweites Mal die Kombination von Mädchen und Liebhabern vertauschen und bringt so Chremes, gerade weil dieser dahinter nur eine List des Sklaven vermutet, dazu, für seine Tochter eine Auslösesumme an Bacchis zu zahlen und Clinia Antiphila mit einer ansehnlichen Mitgift zur Ehe zu geben. Doch auf die wahre List Syrus' aufmerksam geworden, fällt nun Chremes in die Rolle des »Selbstquälers«; jetzt muß Menedemus ihm die Verstoßung Clitiphos ausreden. Dieser verpflichtet sich denn auch, zur Wiederherstellung des häuslichen Friedens sogleich ein ehrbares Mädchen zu heiraten.

Wie die zeitgenössischen Widersacher des Terenz, die im Prolog (einer vom »Impresario« selbst gesprochenen *Pro-domo*-Rede) inkriminiert werden, sahen auch spätere Ausleger im *Selbstquäler* vor allem ein Intrigenstück, das der Dichter durch Kontamination mehrerer griechischer Originale zu einem fast unüberschaubaren Gespinst von Komplikationen ausgeweitet habe. Dieser Ansicht steht unumstößlich die Aussage des Prologisten gegenüber, daß es sich um »*ein nach einem griechischen Original verfaßtes Originalstück*« (V. 4) handle. Die mißverständliche Bemerkung »*Es ist ein doppelter Stoff, der aus einem einfachen entstanden ist*« (V. 6) deutet also nicht auf Kontamination, sondern auf die schon im Original enthaltene Doppelhandlung um die beiden Liebhaber und die beiden Väter. Viel wichtiger als der Reiz eines – raffiniert ausgeklügelten, doch nicht in jedem Punkt ganz schlüssigen – Intrigenspiels ist für Terenz auch in diesem Stück das fast pädagogisch zu nennende Anliegen, die neue, bei Menander entdeckte Humanitätsidee zu exemplifizieren. Sie wird immer wieder als Maßstab des richtigen, tragische Entwicklungen von selbst verbietenden Verhaltens genannt. »*Mensch bin ich, nichts Menschliches ist mir, glaub' ich, fremd*« (V. 77), sagt Chremes; in »*unmenschlicher*« Handlungsweise (vgl. V. 99ff.) erkennt Menedemus zu Anfang seine Schuld, und ebendies wirft er gegen Ende dem unbedachten Chremes vor (vgl. V. 1046). Schuld, die solchermaßen in ihrer Wurzel erkannt wird, ist keine tragische Schuld mehr; gerade in der Figur des »Selbstquälers« findet das *pathei mathos* (Erkenntnis durch Leid) der griechischen Tragödie im Sinne der Komödie gemäße Abwandlung, bei welcher der Akzent mehr auf »Erkenntnis« als auf »Leid« liegt. Dem entspricht es, wenn der Dichter im dramatischen Stil bewußt und unter Verzicht auf alle Bühnenrummel (mit dem PLAUTUS und seine Nachfolger ihr Publikum gewinnen) allein der Wirkung des »*reinen Wortes*« (»*pura oratio*«, V. 46), einer gehobenen, durchwegs urbanen Sprache, vertraut. R. M.

AUSGABEN: Straßburg ca. 1470 (in *Comoediae*). – Paris ca. 1471 (in *Comoediae*, Hg. Gering, Crantz u. Friburger). – Bln. 1872 (*Hauton timorumenos*, Hg. W. Wagner; m. Komm.). – Ldn./Cambridge (Mass.) 1912 (*The Self-Tormentor*, in *Terence*, Hg. J. Sargeaunt, Bd. 1; m. engl. Übers.; Loeb; Nachdr. zul. 1959). – Lpzg. ²1913 (in *Comoediae*, Hg. C. Dziatzko). – Turin 1953 (in *Commedie*, Hg. V. Soave). – Heidelberg 1954 (in *Comoediae*, Hg. S. Prete). – Paris ²1956 (*Heautontimoroumenos*, in *Térence*, Hg. J. Marouzeau, Bd. 2; m. frz. Übers.). – Oxford ²1958 (in *Comoediae*, Hg. R. Kauer, W. M. Lindsay u. O. Skutsch). – Barcelona 1961 (*El Heautontimorúmenos*, in *Comedias*, Hg. L. Rubio, Bd. 2; m. span. Übers.). – NY ²1965 (in *The Comedies*, Hg. S. G. Ashmore; m. Komm.).

ÜBERSETZUNGEN: in *Terentius der hochgelert vn allerbruchelist Poet*, anon., Straßburg 1499. – *Der Selbstpeiniger*, J. Herbst (in *Des P. T. Lustspiele*, Bd. 5, Stg. 1855 u. ö.). – *Der Selbstquäler*, C. Bardt (in *Römische Komödien*, Bd. 2, Bln. 1907). – Dass., V. v. Marnitz (in *Die Komödien*, Stg. 1960; Einl. K. Büchner; Kröners Taschenausg., 310).

LITERATUR: O. Koehler, *De »Hautontimorumeni« Terentianae compositione*, Diss. Lpzg. 1908. – E. Reitzenstein, *T. als Dichter*, Amsterdam 1940 (Albae Vigiliae, 4). – J. Straus, *T. u. Menander. Beitrag zu einer Stilvergleichung*, Zürich 1955 [zugl. Diss. Bern]. – B. Castiglioni, *Il prologo dell'»Heautontimorumenos« e la commedia duplex* (in Athenaeum, 35, 1957, S. 257–305). – O. Bianco, *Terenzio. Problemi e aspetti dell'originalità*, Rom 1962, S. 112ff. u. ö. (Nuovi saggi, 41).

HECYRA (lat.; *Die Schwiegermutter*). Komödie in 880 Versen von Publius TERENTIUS AFER (um 190 bis 159 v. Chr.), entstanden 165 v. Chr. – Den Angaben der Didaskalien zufolge war das Stück beim Publikum zunächst zweimal (165 und 160 v. Chr.) »durchgefallen«, bevor ihm das Wagnis einer neuerlichen Aufführung den gebührenden Erfolg beschied. Auch die beiden überlieferten Prologe, die der zweiten und dritten Aufführung entstammen, geben Einblick in den Kampf, den Terenz und sein »Schauspieldirektor« Lucius Ambivius Turpio, der den zweiten Prolog sogar selbst sprach, um die Gunst des Publikums zu führen hatten. Das Stück schließt sich eng an MENANDERS *Epitrepontes* an, nach einer Anmerkung des Scholiasten DONAT allerdings auf den Umweg über die *Hecyra* des Menander-Epigonen APOLLODOR.

Pamphilus, Sohn des Laches und der Sostrata, soll nach dem Willen seines Vaters Philumena, des Nachbarn Phidippus Tochter, ehelichen. Er kann sich dem väterlichen Gebot zwar nicht entziehen, läßt aber, in die Hetäre Bacchis verliebt, seine junge Frau unberührt. Nichtsdestoweniger schenkt diese in seiner Abwesenheit, ganz heimlich und unter der Obhut ihrer Mutter Myrina, einem Kind das Leben. Der zurückkehrende Pamphilus vernimmt staunend die Schreie der Gebärenden und verfällt in tiefe Ratlosigkeit: Philumena gesteht ihm, kurz vor der Hochzeit auf nächtlicher Straße vergewaltigt worden zu sein. Er sieht sich betrogen und kann dennoch die eigene Vaterschaft nicht abstreiten, ohne den Spott der ganzen Stadt zu riskieren. Ein Ring, den Bacchis vor neun Monaten von Pamphilus zum Geschenk erhielt, bringt schließlich die Verwicklung zum guten Ende: Philumena erkennt ihn als den, der ihr in jener Nacht abhanden kam, und Pamphilus selbst entpuppt sich als der nächtliche Unhold und Kindesvater.

Sicherlich ginge es zu weit, die Gründe für den zweimaligen Mißerfolg des Werks in diesem selbst zu suchen; ist doch »*das Glück der Bühne*« seit eh und je so zweifelhaft gewesen, wie es unser Prologist einschätzt (»*dubiam fortunam esse scaenicam*«, Vers 16). Dennoch drängt sich das Mißverhältnis zwischen diesem so sensiblen und ganz auf innere Handlung abgestellten Stück und seinem Publikum, das lieber Gladiatoren und Seiltänzern nachlief (vgl. V. 4 und 25ff.), geradezu auf. Kaum eine Komödie des Terenz lebt so ausschließlich von Konflikten und Komplikationen, die ihren Ursprung im Psychischen haben. Eine im schönsten Sinn humane Welt wird vorgeführt, von Verständnisbereitschaft und gegenseitiger Rücksichtnahme, ja Achtung, geprägt: Pamphilus zeigt liebevolles Verständnis für die heikle Situation der ungeliebten Gattin, Sostrata für eine – nur in ihrer Einbildung existierende – Aversion der Schwiegertochter gegen sie, Phidippus für die illegitime Leidenschaft des Schwiegersohns (V. 554ff.), und Bacchis, eine Terenzische »edle Hetäre« vom Schlage der Thais im *Eunuchus*, setzt sich selbstlos für das Gelingen der unglücklich begonnenen Ehe ihres Liebhabers ein (V. 756ff.). Diese Gestalten, der scheinbar gehörnte Ehemann ebenso wie die Schwiegermutter und die Hetäre, sind alle charakterisiert durch ein ganz und gar untypisches, von keinem gemeinhin als »realistisch« erkannten Muster geleitetes Verhalten; sie zeigen statt dessen eine Haltung, die vor allem menschlich ist, weil sie im Wagnis und in der Fähigkeit zu vertrauen begründet ist. Daß dem Dichter die Problematik eines solchen »unrealistischen« Verhaltens nicht fremd ist, macht das kühn konzipierte Vorspiel (V. 58–75) deutlich: scheinbar beiläufig prallen hier im Dialog zweier Hetären ein radikaler, naturalistischer Pessimismus und eine stille, trotz enttäuschender Erfahrungen aufrechterhaltene Bereitschaft zu Vertrauen und Liebe aufeinander. Freilich hätten wir keine Komödie vor uns, wenn diese Welt ohne Spannungen und Schwierigkeiten wäre: doch Vertrauen impliziert auch hier Mißtrauen, Rücksicht Vorsicht und Verständnis Mißverständnisse; sei es, weil der beste Verständniswille im Konfliktfall immer nur unzureichend sein kann, sei es, weil hartnäckige Restbestände eines skeptischeren Menschenbildes diesem Verständnis Grenzen setzen. Es kommt zu durchaus »komischen« Mißverständnissen, so, wenn das junge Paar, in vielerlei Rücksichten befangen, groteskerweise lange nichts von seiner gegenseitigen Liebe weiß oder wenn die Schwiegerväter ausgerechnet ihre gutherzigen Frauen, die nichts als die Förderung dieser jungen Ehe im Sinn haben, für deren Scheitern verantwortlich machen, da ja – der Titel greift dieses Vorurteil auf – Schwiegermütter sich unbedingt so verhalten müßten, wie man es ihnen nachsagt.

Doch die Menschen des Terenz verhärten sich nicht in ihren vorgefaßten Meinungen. Schnell sind sie zu besserer Einsicht bereit und entscheiden sich mit bekenntnishafter Vehemenz zum Guten, auch gegen den geltenden Kodex von Ehre und Moral (vgl. V. 402ff.). Tragische Entwicklungen werden so im Keim erstickt, die – »komische« – Lösung stellt sich von selbst ein. Das Happy-End ist somit mehr als das willkürliche Ergebnis äußerer Konstellationen: es bildet im Rahmen dieses Stückes die konsequente Antwort der Realität auf das erfolgreiche Bemühen der Menschen, sich zu humaner Erkenntnis, d. h. aufrichtiger Selbsterkenntnis und Selbstbescheidung, hin zu entwickeln. Dabei geschieht das, was Karl Büchner als das »*Überholen der äußeren Begebnisse durch die innere Handlung*« bezeichnet. Neben dem menschlichen Ernst ist in der *Hecyra* nicht wenig vom feinen Humor Menanders, dem notwendigen Humus, in der diese neue Menschlichkeit eingelassen ist, bewahrt: wenn etwa zwei fast parallel verlaufende Ehezwiste nacheinander vorgeführt werden, wenn die alternden, stets mäkelnden Eltern sich selbst resigniert im Bilde von Philemon und Baucis wiedererkennen und als *modus vivendi* nur noch das »*Erträgst du mich, ertrag' ich dich*« (vgl. V. 610) zu wählen wissen oder wenn am Ende gar noch die Illusionsbasis selbst in Frage gestellt wird, indem sich Pamphilus selbstbewußt von »*der in Komödien üblichen Praxis*« (V. 866) distanziert.

R. M.

AUSGABEN: Straßburg ca. 1470 (in *Comoediae*). – Paris ca. 1471 (in *Comoediae*, Hg. Gering, Crantz u. Friburger). – Ldn./Cambridge (Mass.) 1912 (*The Mother-in-Law*, in *Terence*, Hg. J. Sargeaunt; m. engl. Übers.; Loeb; Nachdr. zul. 1959). – Lpzg. [2]1913 (in *Comoediae*, Hg. C. Dziatzko). – Mailand 1936, Hg. S. Stella [m. Komm.]. – Paris 1949 (*Hécyre*, in *Térence*, Hg. J. Marouzeau, Bd. 3; m. frz. Übers.). – Turin 1953 (in *Commedie*, Hg. V. Soave). – Heidelberg 1954 (in *Comoediae*, Hg. S. Prete). – Oxford [2]1958 (in

Terenzio, Mailand 1951. – A. Klotz, *Zwei Bemerkungen zur dichterischen Technik des T. (u. a. zum Prolog des »Phormio«)* (in *Studi in onore di U. E. Paoli*, Florenz 1955, S. 443–447). – O. Bianco, *Terenzio. Problemi e aspetti dell'originalità*, Rom 1962, S. 168 ff. (Nuovi Saggi, 41).

MOSCHOS aus Syrakus
(2. Jh. v. Chr.)

EUROPE (griech.; *Europa*). Das bedeutendste der poetischen Parerga des Grammatikers MOSCHOS aus Syrakus (2. Jh. v. Chr.). – Es ist die früheste erhaltene dichterische Darstellung des bekannten Sagenmotivs, deren plastisch- einprägsame Züge auf viele spätere Schriftsteller großen Eindruck machten – es seien nur HORAZ, OVID (dem Moschos in seinem ganzen Wesen verwandt war), SENECA, ACHILLEUS TATIOS, LUKIAN und NONNOS erwähnt. Der Beliebtheit im Altertum folgte in neuerer Zeit meist Geringschätzung (einzig das Rokoko ergötzte sich an der echt bukolischen Geist atmenden kleinmeisterlichen Manier): die Geschmeidigkeit der Erzählung nannte man weichlich, den Sinn für Form und Proportion gekünstelt. Erst in unseren Tagen hat man die Schönheit des Werks durch philologisches Bemühen wieder erschlossen.
Obgleich das Gedicht nur aus 166 Hexametern besteht, schildert es die Sage mit großem Reichtum an Details und Nebenlinien. Die Technik scheint der Einlegearbeit ähnlich; als Mittel der Verlebendigung und – dies vor allem – der seelischen Charakteristik dient die wörtliche Rede. Bezeichnend für das Werk (und für die hellenistische Poesie überhaupt) ist der Verzicht auf episches Berichten: das entscheidende Ereignis wird zurückgedrängt, ja das Geschehen wird zumeist nur gebrochen und gespiegelt, also in den Schatten, die es wirft, sichtbar: aus den gesprochenen Reflexionen oder den liebevoll gemalten Begleitumständen. Das Ganze stellt sich als Komposition in Einzelszenen dar.
Erstes Bild (Vers 1–27): das Mädchen Europa schläft im Palast ihres Vaters; sie träumt, daß sich zwei Frauen um sie streiten, und erwacht in großer Furcht, denn der Traum ist ihr als Wirklichkeit erschienen. Zweites Bild (V. 28–71): Europa spielt mit ihren Freundinnen auf einer Blumenwiese; dazwischen gibt der Dichter (die parallele Gliederung zum Vorigen ist unverkennbar) eine Beschreibung ihres kostbaren goldenen Korbes, auf dem – höchst beziehungsreich – die Geschichte von Zeus und Io dargestellt ist. Drittes Bild (V. 72–88): Zeus erblickt die spielenden Mädchen, verwandelt sich in einen Stier. Viertes Bild (V. 89–107): der Gott betritt die Wiese, die Mädchen tändeln mit ihm. Fünftes Bild (V. 108–130): Zeus ist mit der schönen Europa, die sich zutraulich auf seinen Rücken gesetzt hat, weggeritten; er schwimmt mit ihr übers Meer nach Kreta. Sechstes Bild (V. 131–161): Klage der Europa (*»Oh ich tief Unglückliche, die ich das Haus des Vaters verlassen«*) und Gebet an Poseidon; Zeus gibt sich zu erkennen und prophezeit ihr die Hochzeit. Abschluß (V. 162–166): die Erfüllung der Worte des Göttervaters – *»So sprach er, und was er gesprochen, war vollendet.«* (Ü: Bühler)
Betrachtet man, wie ausgewogen und gut aufeinander abgestimmt die Episoden sind, wie behutsam in der erzählerischen Hingabe an die Details jeder Hang zu sentimentaler Deutung vermieden ist, wie leicht und gleichsam nebenbei das Wesen des scheuen und unberührten Mädchens dargestellt wird, so wird man der Ansicht, daß »*sich Moschos vortrefflich auf sein Dichterhandwerk verstanden hat*« (Bühler), kaum widersprechen können.

E. Sch.

AUSGABEN: Venedig 1495 (in *Theokritu eidyllia*). – Wiesbaden 1960 (*Die Europa des M.*, Hg. W. Bühler; m. Übers., Komm. u. Bibliogr.; HermE, 13).

ÜBERSETZUNGEN: *Die geraubte Europa*, J. J. Bodmer, Zürich 1753 (auch in *Griechische Gedichte*, Hg. H. Rüdiger, Mchn. ^{3}1936, S. 240–251). – *Europa*, E. Mörike (in *Griechische Lyrik*, Ffm./Hbg. 1960, S. 135–139; EC, 8).

LITERATUR: W. Bühler (s. o.).

NIKANDROS aus Kolophon
(2. Jh. v. Chr.)

ALEXIPHARMAKA (griech.; *Gegengifte*). Unversehrt erhaltenes Lehrgedicht in 630 Hexametern von NIKANDROS aus Kolophon (2. Jh. v. Chr.); etwa um die Mitte des 2. Jh.s v. Chr. aus einer Prosaschrift des Giftkundlers APOLLODOROS aus Alexandria (Anfang 3. Jh. v. Chr.) in Verse übertragen. – In spröde dozierender Form behandelt das Werk Speisevergiftungen sowie mögliche Gegenmittel und stellt so eine sachliche Ergänzung zu den *Thēriaka* desselben Verfassers dar, an die es sich auch in der meist trocken aufzählenden Komposition anlehnt: hier wie dort ist der Bericht zweigeteilt in *diagnostische Beschreibung* und *Heilmöglichkeiten*; ein kurzes Prooimion (1–11) nennt wiederum das Thema und die Adressaten des Gedichts (Protagoras); ein Distichon siegelt beide Male das Buch am Ende mit dem Namen des Autors; und mit einem in das Gedicht eingefügten Akrostichon will sich der Verfasser jeweils verewigen, indem er die Buchstaben seines Namens in die Versanfänge einwebt (hier, V. 266 ff., unvollständig; in den *Thēriaka*, V. 345 ff., vollständig). Auch in ihrem Grundcharakter stimmen die *Alexipharmaka* mit dem Schwesterbuch überein: beide setzen, fast ohne jede dichterische Ausschmückung, ihre Vorlage mit pedantischer Akkuratesse in das epische Versmaß um (Nikander möchte als »Homeride« gelten) und geben den unsinnigsten Aberglauben ebenso überzeugt weiter wie die peinlichst detaillierten Mixturrezepte. Dennoch ist der Autor keineswegs ein wissenschaftlich interessierter Fachmann, ausgewiesener Pharmakologe; sein Beruf ist die Grammatik, und ihrer Verherrlichung soll das Werk dienen: mit Riesenfleiß hat Nikander die seltensten und unverständlichsten Wörter aus HOMER zusammengetragen und als Wortschatz den *Alexipharmaka* zugrunde gelegt. Daß sich weder das gebildete Publikum noch die Naturgelehrten, sondern nur Nikanders spätere Philologenkollegen für solche Poeme erwärmen konnten, ist unter diesen Umständen verständlich.

E. Sch.

AUSGABEN: Venedig 1499. – Lpzg. 1866 (*Nicandrea. Theriaca et Alexipharmaca*, Hg. O. Schneider). – Cambridge 1953 (in *The Poems and Poetical Fragments*, Hg. A. S. F. Gow u. A. F. Scholfield; m. engl. Übers. u. Komm.).

ÜBERSETZUNG: *Theriaka und Alexipharmaka*, M. Brenning (in Allgem. medicin. Central-Ztg., 73, Bln. 1904, Nr. 6/7, S. 17–20).

LITERATUR: W. Kroll, Art. *Nikandros (10 u. 11)* (in RE, 17/1, 1936). – J. M. Jacques, *Les Alexipharmaques de Nicandre* (in Revue des Études Anciennes, 57, 1955, S. 5–35). – H. Schneider, *Vergl. Unters. z. sprachl. Strukt. d. beiden erh. Lehrgedichte des N. v. K.*, Wiesbaden 1962.

HETEROIUMENA (griech.; *Verwandlungen*). Hexametrische Dichtung in fünf Büchern von NIKANDROS aus Kolophon (2. Jh. v. Chr.). – Diesem literarhistorisch bedeutsamsten Werk des späthellenistischen Grammatiker-Dichters Nikander verdanken OVIDS *Metamorphosen* überaus vielfältige Anregungen; freilich läßt sich nicht bestreiten, daß der Römer seinen Vorgänger lediglich als billige Materialquelle, nicht etwa als gleichgeartetes Dichter schätzte. Von der poetischen Vollkommenheit, vom Sprach- und Bilderreichtum, von der bunten Eleganz und den kunstvollen Kompositionsformen seines geistigen Schülers scheint Nikander meilenweit entfernt geblieben zu sein.

Was wir an Fragmenten und Paraphrasen noch besitzen, vornehmlich durch die in Prosa geschriebene Metamorphosensammlung des ANTONINUS LIBERALIS (2. Jh. n. Chr.), läßt an schlichte Reihung einzelner Verwandlungssagen denken, die der Autor thematisch auf eine nicht mehr im einzelnen rekonstruierbare Weise zusammenordnete und verknüpfte. Wenn man daraus den Vergleich zu den *Kataloggedichten* HESIODS gezogen hat – die der literarisch anspruchsvolle Spätling natürlich hinter sich zu lassen suchte –, so paßt dies sehr gut zu Nikanders Art: auch von der Sprachgestaltung der alten Epiker fühlte er sich unwiderstehlich angezogen. Doch wie schlecht die *Heteroiumena* immer als Kunstwerk abschneiden: daß ihr Dichter zum erstenmal die Mythen von den Verwandlungen in Tiere und Pflanzen aus ihren zum großen Teil entlegenen literarischen Quellen sammelte und vereinigte, so daß Größere auf seinen Schultern stehen konnten, ist ein wenngleich bescheidenes, so doch nicht zu mißachtendes Verdienst. E. Sch.

AUSGABEN: Lpzg. 1866 (in *Nicandrea. Theriaca et Alexipharmaca*, Hg. O. Schneider). – Cambridge 1953 (in *The Poems and Poetical Fragments*, Hg. A. S. F. Gow u. A. F. Scholfield; m. engl. Übers. u. Komm.).

LITERATUR: W. Kroll, Art. *N. (10/11)* (in RE, 17/1, 1936, Sp. 254/255). – Lesky, S. 806.

THĒRIAKA (griech.; *Tiergedicht*). Ein wegen der geistlosen Exzentrizität seines Verfassers NIKANDROS aus Kolophon (2. Jh. v. Chr.) berüchtigtes Lehrgedicht über die Heilmittel gegen giftige Tierbisse. – Das Werk ist eine dürre, mit homerischen Glossen gespickte hexametrische Versifikation einer Prosaschrift des alexandrinischen Giftkundlers APOLLODOROS (Anfang des 3. Jh. s v. Chr.), mit großer Wahrscheinlichkeit um die Mitte des 2. Jh. s v. Chr. entstanden: Stimmt dieser chronologische Ansatz, so darf man den im Prooimion (V. 1–7) genannten Adressaten keinesfalls mit dem Dichter HERMESIANAX identifizieren. – Wie begrenzt die literarischen Mittel des Verfassers waren, mag daraus ersehen werden, daß die *Thēriaka* in ihrem Aufbau ohne Variation die *Alexipharmaka* wiederholen: zu Beginn das Vorwort mit der Widmung (V. 1–7), am Ende das Siegel, in dem sich derAutor zu erkennen gibt (V. 957/958), dazwischen die langweilige Abhandlung des Themas (V. 8–20 eine mythologische Einleitung; V. 21–144 über die Abwehr giftiger Tiere; V. 145–492 Beschreibung der Schlangen; V. 493–714 Kräuter und Rezepte gegen die Folgen des Schlangenbisses; V. 715–836 Beschreibung anderer Gifttiere; V. 837–956 Gegenmittel gegen den Biß dieser Tiere). Von der hartnäckigen Jagd nach entlegenen Ausdrücken des alten Epos und der Beachtung der Regeln alexandrinischen Versbaus abgesehen (die, auf den entlegenen Stoff angewandt, ein Extrembeispiel hellenistischer »Poesie« entstehen lassen), hat sich Nikander mit diesem Opus so wenig Mühe wie mit seinen anderen Produkten gemacht: Im Stoff hielt er sich an seine Quelle – er war beileibe nicht der »*bedeutendste Toxikologe des Altertums*« (Brenning), sondern ein ausgemachter Laie –, in der Form begnügte er sich mit dem Prinzip der Reihung, für die er einige bequeme stereotype Formeln parat hat *(»Wohl aber könntest du lernen…«, »Ja, fürwahr, auch dies…«, »Nun denn, wohlan…«)*, die es ihm nur noch ökonomisch auf das ganze Poem zu verteilen galt. E. Sch.

AUSGABEN: Venedig 1499 (in der Dioskurides-Ausg. des Aldus Manutius). – Lpzg. 1866 (in *Nicandrea. Theriaca et Alexipharmaca*, Hg. O. Schneider). – Cambridge 1953 (in *The Poems and Poetical Fragments*, Hg. A. S. F. Gow und A. F. Scholfield; m. engl. Übers., Komm. u. Bibliogr.).

ÜBERSETZUNG: *Theriaka und Alexipharmaka*, M. Brenning (in Allgem. medicin. Central-Zeitg., 73, Bln. 1904, Nr. 6, S. 112–114; Nr. 7, S. 132–134; Nr. 17, S. 327–330; Nr. 18, S. 346–349).

LITERATUR: Schmid-Stählin, 2/1, S. 167–170. – W. Kroll, Art. *Nikandros (11)* (in RE, 17/1, 1936, Sp. 250–265). – H. Schneider, *Vergleichende Untersuchungen zur sprachlichen Struktur der beiden erhaltenen Lehrgedichte des Nikander von Kolophon*, Wiesbaden 1962 [Diss. Bonn 1960] (Klassisch-Philologische Studien, 24). – Lesky, S. 804–806.

ANONYM

NINOS-ROMAN (griech.). Ein aus zwei längeren Berliner Papyrusstücken fragmentarisch bekannter hellenistischer Roman anonymer Herkunft. – Der *Ninos-Roman* stellt für uns das früheste Beispiel jener Gattung dar, die in den fünf, sechs Jahrhunderten um die Zeitenwende *das literarische Genußmittel der breiten Massen* gewesen ist und in den Werken eines CHARITON, eines XENOPHON aus Ephesos, IAMBLICHOS, ACHILLEUS TATIOS und HELIODOR der Nachwelt überliefert ist. Der *Ninos* muß nach mancherlei Indizien vom 2. Jh. v. Chr. entstammen. Dabei zeigt er bereits einen großen Teil der für das ganze Genre charakteristischen Züge, so daß man annehmen kann, daß eine längere Tradition vorausgegangen ist. Typisch ist zunächst schon die (pseudo-)historische Einkleidung: Hauptheld ist der sagenhafte erste König der Assyrer, der eponyme Gründer Ninives, ein großer Herrscher, der im Verlauf des von Anachronismen überquellenden Romans gewaltige Feldzüge und Eroberungstaten zu bewältigen hat. Typisch ist ferner das Zentralmotiv der Liebe – wohlgemerkt: nicht erotischer Pikanterie, sondern edelmütig reiner und keuscher Anbetung. Ninos, trotz seiner hohen Stellung ein siebzehnjähriger, unschuldiger Jüngling, sucht seine königliche Kusine, die erst dreizehnjährige Semiramis (der Name wird nicht genannt), zur Gemahlin zu gewinnen, sieht sich aber ihres Alters wegen in einen zweijährigen Wartestand versetzt. Typisch ist, zum dritten, das Motiv der von schlimmsten Gefahren erfüllten Trennung (Krieg gegen Armenien) – was Gelegenheit zu weitschweifenden geographischen Schilderungen gibt (bei späteren Werken der Gattung tragendes Kompositionsmoment: abenteuerliche Irrfahrten) –, verbunden natürlich mit dem Glücksmotiv der Wiedervereinigung am Ende, beides unter dem Leitstern der allmächtigen Göttin Tyche. Und typisch ist schließlich auch die sprachlich-stilistische Anspruchslosigkeit, die mit der in ihrem Überschwang charakteristischen Trivialität der stofflichen Motive aufs schönste harmoniert – eine seltsame Mischung von gestelztem Pathos und tränenseliger Sentimentalität kennzeichnet Verhalten und Worte der Helden, deren Mangel an Dezenz und Geschmack nur noch von dem des Autors und seines mutmaßlichen Publikums überboten worden sein kann.

Der Ort, wo dieses seinen Nachfolgern an Wunderlichkeit nicht nachstehende Werk entstanden ist, läßt sich nicht mehr sicher ausmachen. Die Fragmente sind ägyptischen Ursprungs und stammen aus der ersten Häfte des 1. Jh.s n. Chr.; aber damals hatte der Roman gewiß schon eine weite Verbreitung hinter sich. Vielleicht darf man aus der Szenerie schließen, daß er aus dem babylonischen Raum kommt – die intendierte menschliche Größe des Helden und die Pracht des assyrischen Heeres, wie sie die beiden Bruchstücke zeigen, mögen der lokalpatriotischen Phantasie eines hellenisierten Orientalen entsprungen sein, der vor der Welt des hellenistischen Imperiums Alter und Kultur seines Volkes herausstreichen wollte.   E. Sch.

AUSGABEN: Bln. 1893, Hg. U. Wilcken (s. u.). – Ldn./Cambridge (Mass.) 1916 (*The Ninus Romance*, in *Daphnis and Chloe by Longus*, Hg. G. Thornley u. J. M. Edmonds; *The Love Romances of Pathenius and other Fragments*, Hg. S. Gaselee; m. engl. Übers.; Loeb; Nachdr. zul. 1955). – Heidelberg 1936 (in *Griechische Roman-Papyri und verwandte Texte*, Hg. F. Zimmermann; m. Komm. u. Bibliogr.). – Florenz 1953 (in *Pubblicazioni della Società italiana per la ricerca dei papiri greci e latini in Egitto*, Bd. 13, Nr. 1305. Hg. M. Norsa u. V. Bartoletti).

LITERATUR: U. Wilcken, *Ein neuer griechischer Roman* (in Herm, 28, 1893, S. 161–193). – Schmid-Stählin, 2/1, S. 479/480. – E. Bethe, *Die griechische Dichtung*, Potsdam o. J. [1924], S. 351–353 [m. Übers.]. – R. M. Rattenbury, *Romance. Traces of Lost Greek Novels* (in *New Chapters in the History of Greek Literature*, 3. Serie, Hg. J. U. Powell, Oxford 1933, S. 211–223). – F. Zimmermann, *Aus der Welt des griechischen Romans* (in Die Antike, 11, 1935, S. 292–316; m. Übers.). – R. Helm, *Der antike Roman*, Göttingen ²1956, S. 18. – Lesky, S. 917/918. – E. H. Haight, *Essays on the Greek Romances*, Port Washington/NY 1965, S. 6–12.

ARISTEIDES aus Milet
(um 100 v. Chr.)

MILĒSIAKA (griech.; *Milesische Geschichten*). Sammlung erotischer Geschichten in mindestens sechs Büchern, um 100 v. Chr. von einem sonst unbekannten ARISTEIDES aus Milet verfaßt. – Abgesehen von kärglichen Bruchstücken, die aus der von Lucius CORNELIUS SISENNA (119–67 v. Chr.) besorgten lateinischen Übersetzung der *Milesischen Geschichten* erhalten sind, hat sich von diesem berühmten Buch nichts als sein großer Ruf in die Nachwelt gerettet. Weder Inhalt und Aufbau noch Stil des Werkes, dessen Titel zum geflügelten Wort geworden ist, sind näher bekannt; lediglich aus seinen literarischen Enkeln (vor allem PETRONIUS' *Satyricon*, APULEIUS' *Metamorphosen* und LUKIANS *Lukios*) kann man sich seine Eigenart noch ungefähr erraten. Vor allem das von Petronius (Kapitel 111) in seine Abenteuererzählung eingebaute Histörchen von der ehrbaren Matrone aus Ephesos, die sich trotz ihrer untröstlichen Trauer über den Tod des Ehemannes schnell von einem Wachsoldaten zu Mahl und Liebe überreden läßt und den Leichnam ihres Gatten ans Kreuz liefert, dürfte ein treffendes Beispiel jener offenherzigen und unbedenklichen Frivolität abgeben, welche die *Milesischen Geschichten* ebenso gekennzeichnet haben wird wie das stehende Arsenal von Typen, die sie ohne Zweifel belebten: dreiste Matronen und freche Jungen, vergewaltigte Mädchen, in der Liebesmagie erfahrene Vetteln, Piraten, Sklaven, Kuppler, entartete Väter und Brüder, unglückliche Jungfrauen, Zauberer und Megären, nicht zu vergessen die Jünger des Inzests. Doch in welcher Form Aristeides seine ungenierten Erzählungen darbot (als Rahmenerzählung wie sein großer Nachfahr BOCCACCIO im *Decamerone* und wie die Geschichten aus *Tausendundeiner Nacht* – als fiktiven Bericht eigener Erlebnisse – als karikierendes Sittenbild einer Stadt – als bunt gemischte Sammlung einzelner zusammenhangloser Szenen?), das bleibt völlig im dunkeln; nicht einmal Herkunft und Absicht des Titels werden klar.

Daß das Werk in die gleiche Zeit wie die ersten Versuche des griechischen Liebesromans fällt, ist nicht von ungefähr; im Hellenismus, der den Bürger der griechischen Welt seiner individuellen politischen Verantwortung entließ, zugleich aber die Bildung der Massen in bisher ungeahntem Maße begünstigte, begann mehr und mehr ein breites Publikum, dem die hohe Dichtung der Gegenwart wie der Vergangenheit kaum verständlich war, »seinen« Stoff zu verlangen – dies waren die Themen »Abenteuer« und »Erotik«. Dabei kann kein größerer Gegensatz zu den Liebesromanen eines CHARITON, ACHILLEUS TATIOS, IAMBLICHOS, XENOPHON aus Ephesos oder HELIODOR gedacht werden als etwa solche *Milesische Geschichten*; hier das tändelnde Spiel, die Fixierung des aufregend-anregenden burlesken Augenblicks, dort langatmig-spannungsreiche Szenenkomplexe, Verwicklungen, Peripetien; hier die zügellose Keckheit, das leichtsinnige Capriccio, dort das Pathos der Keuschheit, das Sentiment der großen Liebe, die sich den Helden erst nach mancherlei Fährnissen erfüllt. Indes, beides wurde mit Eifer gelesen, und von den *Milesischen Geschichten* will PLUTARCH sogar erfahren haben (Crassus, 32), daß sie im Gepäcksack der römischen Legionärs zu finden waren. Als »obszön«, wie manche späteren Kritiker die Histörchen bezeichnet haben (nicht ahnend, daß dies in der Regel ein Argument ist, das der Art zu lesen, nicht zu schreiben entspringt), hat sie der Legionär gewiß nicht empfunden: allenfalls als pikantes Amüsement.   E. Sch.

AUSGABEN: Bln. 1922 (*Sisennae reliquiae Milesiarum*, in *Petronii Saturae*, Hg. F. Buecheler u. W. Heraeus,

Bln. 1922, S. 264/265). – Leiden 1950–1955 (in *Die Fragmente der griechischen Historiker*, Hg. F. Jacoby, Bd. 3 B u. 3b, Nr. 495; m. Komm.).

LITERATUR: W. Schmid, Art. *A. (23)* (in RE, 2, 1896, Sp. 886). – E. Rohde, *Der griechische Roman u. seine Vorläufer*, Lpzg. ³1914, S. 584–587 (Anhang v. W. Schmid, S. 605–608; Nachdr. Darmstadt 1960). – Schmid-Stählin, 2/1, S. 481/482. – B. E. Perry, *An Interpretation of Apuleius' »Metamorphoses«* (inTPAPA, 57, 1926, S. 253–256). – W. Aly, Art. *»Milesia«* (1) (in RE, 15/2, 1932, Sp. 1580f.). – Ders., Art. *Novelle* (ebd., 17/1, 1936, Sp. 1171 bis 1179). – Q. Cataudella, *La novella greca. Prolegomeni e testi*, Neapel 1957, S. 126–164. – S. Trenkner, *The Greek Novella in the Classical Period*, Cambridge 1958, S. 172–177.

Marcus TERENTIUS VARRO
(116–27 v. Chr.)

DE LINGUA LATINA (lat.; *Über die lateinische Sprache*). Prosaschrift des Marcus TERENTIUS VARRO (116–27 v. Chr.). – Von den literarisch ambitionierten *Rerum rusticarum libri* abgesehen, ist *De lingua latina* das einzige wenigstens teilweise erhaltene Werk aus der unermeßlichen wissenschaftlichen Forschungsarbeit dieses größten altrömischen Gelehrten. Entstanden ist es in den vierziger Jahren, wie wir aus der Korrespondenz CICEROS wissen: denn ihm hatte Varro im Jahre 47 die Widmung des Buches versprochen; als im Jahre 45 immer noch nichts publiziert war, brachte Cicero, dem sehr viel an dieser Dedikation lag, kurzerhand seine Gegengabe, die *Academici libri*, vor dem in Aussicht stehenden Geschenk heraus. Vermutlich hat Varro sein Werk dann noch vor Ciceros Tod veröffentlicht, wie die gelegentlichen Anreden bezeugen. Buch 2–4 allerdings ist seltsamerweise an den Quaestor Publius Septumius gerichtet; das erklärt sich am besten durch die Annahme, daß Varro eine bereits früher verfaßte Schrift über das Wesen der Etymologie in das Cicero gewidmete Werk unverändert übernommen hat.
Das Buch, für uns frühestes Zeugnis lateinischer *ars grammatica*, war ursprünglich 25bändig angelegt: Buch 1 brachte eine allgemeine Einleitung, dann folgten in strikter Disposition Abhandlungen über die Etymologie (2–7), über die Deklination (8–13) und über die Verbindung der Wörter zum Satz, also über die Syntax (14–25). Die Gliederung war triadisch und hexadisch, wobei jeweils ein allgemeiner, theoretisch gehaltener Teil einen speziellen, historisch-konkreten nach sich zog. Der Aufbau der etymologischen Hexade etwa lautet »Gegen die Etymologie« (2), »Für die Etymologie« (3), »Über die Etymologie« (4) als theoretisches Fundament; darauf drei Kategorien lateinischer Etymologien, lokal geprägte Wörter (5), temporal geprägte Wörter (6; die Einteilung ist stoisch), poetische Vokabeln (7). Parallel sind die sechs Bücher über die Deklination strukturiert: Argumente gegen die Analogie (8), Argumente gegen die Anomalie in der Formenlehre (9), vom Wesen der Analogie (10); darauf in drei Büchern die Entfaltung der lateinischen Flexion. Da vom ganzen Werk nur die Bücher 5–10 erhalten sind, kann die weitere Gliederung – je eine Hexade für den allgemeinen und den speziellen Teil der Satzlehre – nur mehr erschlossen werden.

Die Beurteilung des unschätzbaren Buches war in neuerer Zeit ebenso eindeutig wie einseitig; Eduard NORDENS lakonische Kritik, Varro habe das beste Werk über die lateinische Sprache im schlechtesten lateinischen Stil geschrieben, den überhaupt ein Prosawerk zeige, kann stellvertretend für die *communis opinio* gelten. Allmählich lernt man jedoch, die *Lingua Latina* in der ihr gebührenden Dimension zu sehen: sie ist ein wissenschaftliches Opus, das in keiner Weise Literatur im höheren Sinne sein will, und der abrupte Charakter der Gedankenfolge, die hölzern und blöckisch-ungefüg anmutende Sprache sind Eigenheiten des Stils der Varronischen Fachdiktion. »*Wenn man also in* ›*Lingua Latina‹ eine gewisse Formlosigkeit feststellt, so liegt das nicht an einer Unfähigkeit Varros, der etwa in der Schrift über die Landwirtschaft oder gar in den Satiren eine hohe stilistische Vollendung zeigt, sondern an der literarischen Gattung des Werkes.*« (Dahlmann)[E. Sch.

AUSGABEN: Rom 1471 (*De lingua latina libri VI*, Hg. Pomponius Laetus). – Lpzg. 1910 (*De lingua Latina quae supersunt*, Hg. G. Goetz u. F. Schoell). – Ldn./Cambridge (Mass.) ²1951 (*On the Latin Language*, Hg. R. G. Kent, 2 Bde.; m. engl. Übers.; Nachdr. 1958). – Bln 1940 (*De lingua Latina Buch VIII*, Hg. H. Dahlmann; m. Komm. u. dt. Übers.; HermE, 7). – Paris 1954 (*De lingua Latina, Livre V*, Hg. J. Collart; m. Anm. u. frz. Übers.).

LITERATUR: Schanz-Hosius, 1, S. 569–572. – H. Dahlmann, *V. u. d. hellenist. Sprachtheorie*, Bln. 1932 (Problemata, 5). – Ders., Art. *Terentius (84)* (in RE, Suppl. 6, 1935, Sp. 1202–1214). – F. della Corte, *La filologia latina dalle origini a Varrone*, Turin 1957. – J. Collart, *Varron, grammairien latin*, Paris 1954 [m. Bibliogr.].

RERUM RUSTICARUM LIBRI TRES (lat.; *Drei Bücher von der Landwirtschaft*). Das einzige vollständig erhaltene Werk des Marcus TERENTIUS VARRO (116–27 v. Chr.), entstanden 37 v. Chr. – Das Buch hat ein besonderes Spezialgebiet der lateinischen Literatur zum Thema: Es ist eine Zusammenfassung des damaligen Wissens von der Landwirtschaft. Seine Vorläufer sind vor allem CATO (*De agricultura – Vom Landbau*), die beiden SASERNAE und Varros Zeitgenosse Gnaeus TREMELIUS SCROFA, daneben noch der Punier MAGO. Seinem Inhalt nach ist das Werk ein reines Lehrbuch; aber unter dem Eindruck der von CICERO auch für wissenschaftliche Diskussionen verwendeten Dialogform kleidet Varro, an ARISTOTELES und seine Schule (weniger an PLATON) anknüpfend, diese »Vorlesung« in das literarische Gewand dreier Gespräche – ohne doch seine pedantisch-penible Art der Stubengelehrsamkeit im mindesten verleugnen zu können. Die Akkuratesse, mit der zu Beginn jedes Gesprächs – die drei Dialoge spielen zu verschiedener Zeit und mit verschiedenen Teilnehmern – eine bis ins kleinste ausgefeilte Disposition vorgetragen wird, die konsequente Präzision, mit der die Gesprächspartner dann ihr »Pensum« erledigen, dieses in seiner Einfalt bereits wieder amüsante Systematisieren kann nur der Feder eines versponnenen Forschers entstammen (am deutlichsten zu sehen im zweiten Buch mit seinen drei Hauptgruppen zu je drei Untergruppen zu je neun Einzelaspekten): Ähnliches war ja schon für *De lingua Latina* (*Über die lateinische Sprache*) charakteristisch.
Bemerkenswert ist, daß das Ganze unter diesen

Umständen trotz allem keineswegs langweilig wird. Natürlich sucht man das erregende dialektische Geschehen Platonischer Dialoge so vergeblich wie die kunstvollen thematischen Bogen Ciceronianischer Kompositionskunst; aber trotz dieses Mangels an innerer Spannung und trotz der schematischen Stoffgliederungen wirken die Varronischen Dialoge überaus lebendig. Denn der Autor hat es verstanden, was ihm an Tiefe abging, durch eine reiche Belebung der Oberfläche wettzumachen und vergessen zu lassen. Die große Zahl der von Unterredung zu Unterredung wechselnden Gesprächspartner (nur Varro selbst ist in allen drei Büchern dabei, Tremelius Scrofa in den ersten beiden), ihr Kommen und Gehen während der Unterhaltung, überhaupt die starke und ständige Repräsentanz der äußeren Umstände (die Szenerie der Beamtenwahl in Buch 3 schafft eine geradezu dramatisch effektvolle Atmosphäre), dazu ein allzeit und ungehemmt hervorbrechender Witz, der sich nicht nur in dem aufgelockerten Alltagston der Umgangssprache und den mancherlei Scherzen der Beteiligten äußert, sondern ebenso in ihren sprechenden, landverwurzelten Namen (ein Vaccius darf über Rinderhaltung reden, ein Agrius und ein Agrasius haben keine Ahnung von Agronomie, im dritten Teil unterhalten sich neben anderen die Herren Merula-»Amsel«, Pica-»Elster«, Pavo-»Pfau« und Passer-»Spatz« über Vogelzucht) – in all dem tritt jene echte, uritalische Frische zutage, jene Neigung zu ungekünstelter, unreflektierter Spontaneität, die sich bereits in dem Jugendwerk der *Saturae Menippeae (Menippeische Satiren)* geäußert hatte.

Die Verteilung seines nicht geringen Stoffs auf die drei Gespräche ist Varro leichtgefallen (darin kommt wiederum die enzyklopädisch-pädagogische Routine des Autors ans Licht). Das erste Buch, der Gattin Fundania gewidmet, handelt vom Ackerbau im eigentlichen Sinn. Buch 2, an den Freund und Viehzüchter Turranius Niger gerichtet, spricht von der Tierhaltung auf dem Bauernhof, von Schaf, Ziege, Schwein, Rind, Esel, Pferd usw. In Buch 3, dem Gutsnachbarn Pinnius zugeeignet, ist Thema die *pastio villatica*, die Kleintierzucht, worunter allerlei größeres und kleineres Geflügel fällt, verschiedene Fischsorten, auch Bienen, Schnecken, Haselmäuse und manches andere, was der modische und überzüchtete städtische Geschmack damals gerade zu einem lukrativen Geschäft werden ließ. Mit dem dritten Teil erschließt der Autor – mit sichtlichem Stolz – einen neuen Zweig der Fachliteratur. Freilich, der Erfolg, den sich Varro vielleicht erhofft hat, ist dem Werk trotz des Lehrbuchcharakters nur bedingt zuteil geworden. Daß das literarisch ambitiöse Produkt des Nichtfachmanns am ausgiebigsten von dem Dichter VERGIL benutzt wurde, während es bei den späteren Zunftschreibern, etwa COLUMELLA, so gut wie keine Spuren hinterließ, ist überaus bezeichnend – man griff bei den Experten doch lieber auf den alten Cato und die griechischen Spezialisten zurück.
E. Sch.

AUSGABEN: Venedig 1472 (in *Rei rusticae scriptores*, Hg. G. Merula), – Lpzg. 1884–1902 (*M. Porci Catonis de agri cultura liber, M. Terenti Varronis rerum rusticarum libri tres*, Hg. H. Keil, 3 Bde.; m. Komm.; Wortindex v. R. Krumbiegel). – Lpzg. ²1929, Hg. H. Keil u. G. Goetz. – Ldn./Cambridge (Mass.) ²1935 (*Marcus Porcius Cato, On Agriculture. Marcus Terentius Varro, On Agriculture*, Hg. W. D. Hooper u. H. Boyd; m. engl. Übers.; Loeb; Nachdr. zul. 1967).

ÜBERSETZUNGEN: *Libri tres de re rustica. Mit lateinischen und deutschen Summarien ... versehen*, G. Ventzky, Halle 1730. – *Von der Landwirthschaft*, J. F. Mayer, Nürnberg 1773. – *Des M. Varro von der Landwirthschaft*, G. Große, Halle 1788.

LITERATUR: H. Gummerus, *Der römische Gutsbetrieb als wirtschaftlicher Organismus nach den Werken des Cato, V. und Columella*, Lpzg. 1906 (Klio, Beiheft 5). – Schanz-Hosius, 1, S. 573/574. – H. Dahlmann, Art. *T. (84)* (in RE, Suppl. 6, 1935, Sp. 1183–1202; m. Bibliogr.). – R. Heisterhagen, *Die literarische Form der »Rerum rusticarum libri« V.s*, Diss. Marburg 1952 [maschinenschr.]. – H. Mihaescu, *Economia agricola la Varro* (in Studii si Cerc. Istorie Veche, 4, 1953, S. 525–539). – F. Della Corte, *Varrone. Il terzo gran lume romano*, Genua 1954, S. 81–95. – R. Castresana Udaeta, *Algunas observaciones sintácticas sobre el tratado »De re rustica« de Varrón* (in Helmantica, 8, 1957, S. 107–140). – E. Laughton, *Observations on the Style of V.* (in The Classical Quarterly, 10, 1960, S. 1–28). – G. Fuchs, *V.s Vogelhaus bei Casinum* (in Mitteilungen des Deutschen Archäologischen Instituts, Athen, 69, 1962, S. 96–105). – H. Dohr, *Die italienischen Gutshöfe nach den Schriften Catos und V.s*, Diss. Köln 1965 [m. Bibliogr.].

SATURAE MENIPPEAE (lat.; *Menippeische Satiren*). Satirisches Werk des Marcus TERENTIUS VARRO (116–27 v. Chr.). – Die *Saturae Menippeae* gehören zu den wenigen rein literarischen Werken dieses größten und universalsten Gelehrten, den das alte Rom hervorgebracht hat. Leider sind von den einst 150 Büchern, die der Autor in seinen jüngeren Jahren zusammentrug – Anspielungen umspannen die Jahre 80–67 v. Chr. –, nur noch ganz dürftige Fragmente erhalten, die meisten bei dem Grammatiker NONIUS, dem die vielseitig-bunte Fülle dieser Stücke sehr gelegen kam. So sind wir in der Beurteilung der Varronischen Satirik auf Schlüsse, Kombinationen und Zeiteindrücke angewiesen, die zwar aufs Ganze ein recht plastisches und farbenreiches Bild ergeben, aber in keinem einzigen Fall eine Satire in ihrem unversehrten Aufbau und Ablauf erkennen lassen – die entscheidende Wirkung ist für uns unwiederbringlich verloren.

Als Vorbild hat sich Varro den Begründer der Gattung, den Syrer MENIPPOS, gewählt. Von ihm übernahm er den kynischen Grundton – wobei er freilich die unbeschwerte und frivole Leichtigkeit ins Kauzige, Altväterisch-Ernste umbog – und vor allem die Form, einen zwanglosen Plauderstil mit einer wirbelnden Mischung von Prosa und Poesie, von der man sich eine ungefähre Vorstellung anhand der *Apocolocyntosis (Verkürbissung)* SENECAS machen kann. Poetische Satiren gab es in Rom auch schon vor Varro: LUCILIUS war ihr Meister gewesen. Aus dieser Tradition strömte Varro ein anderes charakteristisches Ingrediens zu: die zeitkritische Polemik. Wenn für Menipp das anonym heitere, urban belustigte Gelächter über das Treiben der Welt eigentümlich war – wie man aus LUKIAN erschließen mag –, so für die Römer der aktuelle, geißelnde Spott. Doch während Lucilius von persönlicher Aggressivität geladen ist, zielt Varro auf die typischen Mißstände seiner Zeit, und im Gegensatz zu Lucilius bedient er sich dazu wiederum der vitalen, burlesken, phantastisch-imaginatorischen

Einkleidung, wie sie ähnlich später Lukian lieben wird: allerlei Symposien und Feste, Märchenmotive wie eine Luftreise oder ein fünfzigjähriger Dauerschlaf, aus dem jemand in völlig veränderter Umgebung erwacht, mythologische Szenerien und Sagentravestien, biotisch kraftvolle Situationsschilderungen des italischen Alltags usw. Varro wollte seinen Standes- und Zeitgenossen den Spiegel vorhalten. Die erzieherische Absicht steht also durchaus im Vordergrund; aber die Pädagogik soll indirekt wirken, durch Spaß und Komik, durch Skurrilität und, wenn es sein muß, durch erdhafte Derbheit. Witzige Wortbildungen, altertümliche Sprachformen, Sprichwörter, vulgärer Slang und griechische Floskeln, gelehrte Brocken und Sprachspielereien, dazu immer wieder eine verblüffende Prägnanz von Bildern und Ausdrücken: Mit solchen Mitteln wurde das Ideal einer guten alten Zeit, eines besonnenen, bäurisch-gesunden und zugleich städtisch-kultivierten Lebens gepriesen. Aushängeschild waren treffsichere Titel, einfache und doppelte, lateinische oder griechische, wie es sich traf (auch das Griechische war zu jener Zeit Umgangssprache und wurde allenthalben verstanden): *Es hat sein Maß der Nachttopf – Über den Rausch; Morgen glaub ich, heute nicht; Es fand der Topf den Deckel – Über Eheleute; Erkenne dich selbst; Vorsicht: Hund; Herkules als Sokrates, Eumeniden; Doppelmarcus* (auf den Autor selbst zielend); *Du weißt nicht, was der späte Abend bringt; Die Bestattung Menipps; Ein Esel reibt den andern; Triphallos – Über die Männlichkeit; Schattenkampf – Über die Eitelkeit; Pseudaeneas* – die Reihe ließe sich noch lange fortsetzen: Die starke ethische Paränese, die gegen Sittenverfall, Verschwendungssucht, Gottlosigkeit zu Felde zieht, scheint hier und da schon in der Überschrift durch. Daß dabei die individuelle Attacke auf bestimmte Zeitgenossen vermieden wird, trifft sich mit dem Verzicht auf eigentlich politische Satirik – zwar wird die bürokratische Korruption angeprangert, nirgends jedoch finden sich die politischen Meinungen und Geschehnisse des Tages beleuchtet: ein für den biederen, etwas antiquierten, aber grundredlichen Gelehrten überaus charakteristischer Zug, der wie kein anderer die recht unbeholfene Figur zu illustrieren vermag, die Varro als Feldherr des Bürgerkriegs machte; sich in leidenschaftlichem Engagement zwischen Pompeius und Caesar, zwischen Antonius und Oktavian aufreiben zu lassen – wie sein Mitstreiter CICERO – war nicht seine Sache. E. Sch.

AUSGABEN: Paris 1564 (*Fragmenta satirarum*, in *Fragmenta veterum poetarum Latinorum*, Hg. H. Stephanus). – Lpz. 1865 (*Saturarum Menippearum reliquiae*, Hg. A. Riese). – Bln. [6]1922 (*Menippearum reliquiae*, in *Petronii saturae*, Hg. F. Bücheler u. W. Heraeus; Nachdr. zul. 1963). – Genua 1953 (*Menippearum fragmenta*, Hg. F. Della Corte; m. Komm.).

ÜBERSETZUNG: *Varro* (in *Römische Satiren*, O. Weinreich, Zürich/Stg. [2]1962; ern. Hbg. 1962, RKl, 114–116).

LITERATUR: Schanz-Hosius, 1, S. 556–560. – L. Riccomagno, *Studio sulle »Satire Menippee« di Marco Terenzio Varrone Reatino*, Alba 1931. – H. Dahlmann, Art. *T. (84)* (in RE, Suppl. 6, 1935, Sp. 1268–1276; m. Bibliogr.). – A. Scherbantin, *Satura Menippea. Geschichte eines Genos*, Diss. Graz 1951. – F. Della Corte, *Varrone. Il terzo gran lume romano*, Genua 1954, S. 41–52. – O. Weinreich, *Römische Satiren* [Übers.], Hbg. 1962, S. 309–316 (RKl, 114–116). – H. Geller, *Varros Menippea »Parmeno«*, Diss. Köln 1966 [m. Bibliogr.]. – P. Lenkeit, *Varros Menippea »Gerontodidaskalos«*, Diss. Köln 1966 [m. Bibliogr.].

Marcus TULLIUS CICERO
(106–43 v. Chr.)

ACADEMICA (lat.; *Akademische Bücher*). Dialog von Marcus TULLIUS CICERO (106–43 v. Chr.). Das Werk ist ein Teil jenes großen Entwurfs aus Ciceros letzten Lebensjahren, eine Darstellung der gesamten Philosophie zu geben. Vorausgegangen war der jetzt verlorene Dialog *Hortensius*, eine allgemeine protreptische Einleitung in die Philosophie (Ende 46 / Anfang 45). Der nächste Band sollte mit einer Abhandlung über die Erkenntnistheorie der Akademie die Reihe der Monographien eröffnen. Über die Entstehung informieren uns die Briefe an ATTICUS ziemlich genau. Die fiktiven Gespräche, inhaltlich auf den originalen griechischen Quellen basierend, waren auf zwei große Bücher verteilt; Dialogpartner: neben Cicero selbst Q. Lutatius Catulus, Konsul von 78, L. Licinius Lucullus, der Sieger über Mithridates, und der berühmte Redner HORTENSIUS; die Zeit: zwischen Ciceros Konsulat (63) und Lukulls Tod (60).
Dieses zweibändige Werk war, nach einer Arbeit von wenigen Monaten, am 13. Mai vollendet und wurde an den Freund Atticus geschickt; das erste Buch hatte den Titel *Catulus*, das zweite *Lucullus*. Doch Cicero kamen Zweifel, ob die Gesprächsteilnehmer glücklich gewählt seien, und er schrieb die Szenerie um: auf Cato und Brutus (Mai/Juni). Eine zweite Umarbeitung verlegte schließlich den Rahmen in die unmittelbare Vergangenheit (Ende 46), erkor als Dialogpartner Atticus und den Gelehrten VARRO (davon versprach sich Cicero die Einlösung der lange zugesagten Widmung von *De lingua Latina*; das Ganze gliederte er in vier Bücher, ohne freilich mehr als Prooemium, Einkleidung und Rollenverteilung sowie einzelne Formulierungen zu verändern: in knapp einer Woche (Ende Juni) war diese letzte Fassung beendet und ging an die Schreiber zur Vervielfältigung.
Erhalten haben sich uns drei Viertel des Gesamtwerks, seltsamerweise zwei verschiedenen Versionen angehörend: von der letzten Fassung ist, nicht ganz vollständig, das erste Buch überliefert, nebst dem (wohl sekundär beigefügten) Widmungsbrief an Varro, von der ersten »Ausgabe« das zweite Buch (*Lucullus*), dem endgültigen Buch 3 und 4 entsprechend. Doch läßt sich der Aufbau der Darstellung bündig rekonstruieren. Gedankliches Prinzip ist die Rivalität zwischen dem erkenntnistheoretischen Skeptizismus der Mittleren Akademie, verkörpert in KARNEADES (213–128 v. Chr.), modifiziert von PHILON aus Larissa (um 160–80), und dem auf die Alte Akademie sich berufenden Dogmatismus des Philon-Schülers ANTIOCHOS aus Askalon († um 68 v. Chr.); Kompositionsprinzip ist der Wechsel von Darstellung und polemischer Durchleuchtung: in Buch 1 (der letzten Fassung) bringt Varro einen historischen Abriß und entfaltet die dogmatische Philosophie des Antiochos, während Cicero das »Wahrscheinlichkeitstheorem« Philons expliziert; in Buch 2 dürfte Cicero das skeptische System des Karneades vorgetragen haben; Buch 3 gab, aus dem Munde Varros, die Widerlegung des Skeptizismus

(im erhaltenen *Lucullus* die Suada der Titelfigur), worauf in Buch 4 (wie im *Lucullus*) dessen Verteidigung durch Cicero folgte. Das Ganze ist eine lebendige und luzide Entfaltung der Fakten und des Für und Wider, in der gewohnt souveränen, unmittelbar eingängigen und faßlichen Ciceronianischen Manier vorgetragen, an der – gleichfalls wie üblich – nur eines auffällt: die Eitelkeit des Verfassers. Cicero brachte es nicht über sich, die am Schluß unterlegene Partei zu vertreten – der Verdacht, den er in einem Brief an Atticus (13, 19, 3) weit von sich zu weisen sucht, bestätigt *expressis verbis* seine Berechtigung. E. Sch.

AUSGABEN: Rom 1471. – Lpzg. 1922 (in *M. Tulli Ciceronis scripta quae manserunt*, Hg. O. Plasberg, Bd. 12/42; Neudr. Stg. 1961). – Mailand 1935 *(Academicus primus. Lucullus*, Komm. v. V. Marmorale). – Ldn./Cambridge (Mass.) ²1951 *(De natura deorum. Academica*, Hg. u. engl. Übers. H. Rackham; Loeb; Neudr. 1956).

ÜBERSETZUNGEN: *Das 4. Buch der Akademika*, J. C. Zwanziger, Lpzg. 1789 [unvollst.]. – *Lehre der Akademie*, J. H. v. Kirchmann, Bln. 1874. – *Akademische Untersuchungen*, W. Binder, Stg. 1872 u. ö.

LITERATUR: Schanz-Hosius, 1, S. 500–503. – M. Plezia, *De Ciceronis Academicis dissertationes tres* (in Eos, 1936, S. 425–449; 1937, S. 10–30 u. 169 bis 186). – R. Philippson, Art. »*Tullius (29)*« (in RE, 7A/1, 1939, Sp. 1128–1134). – W. Süss, *Die dramatische Kunst in den philosophischen Dialogen C.s* (in Herm, 80, 1952, S. 419–436).

ACTIO PRIMA IN C. VERREM (lat.; *Erste Verhandlung gegen Verres*). Die *Erste Verrinische Rede* ist diejenige, die Marcus TULLIUS CICERO (106 bis 43 v. Chr.), damals bereits zum Ädil für das Jahr 69 gewählt, am Nachmittag des 5. August 70 v. Chr. bei der ersten Verhandlung gegen den der räuberischen Erpressung angeklagten ehemaligen Proprätor Siziliens (73–71), Gaius Verres, als einleitendes Prozeßplädoyer gehalten hat.
Die etwa einstündige Ansprache besitzt eine lange Vorgeschichte. Cicero war im Jahr 75 Quästor gewesen und hatte, mit Sitz in Lilybaeum, den westlichen Teil Siziliens verwaltet. Deshalb wandten sich seine ehemaligen Klienten, unterstützt von der römischen Kaufherrenschicht, an ihn um Hilfe, als der Proprätor Verres mit diktatorischen Willkürmaßnahmen das Land zu seiner eigenen Bereicherung auszupressen begann und wirtschaftlich an den Rand des Ruins brachte. Cicero, bislang nur als Verteidiger, nie als öffentlicher Ankläger tätig, übernahm die Anwaltschaft nur zögernd, zumal die Sache als gefährliches mit politischem Dynamit geladen war: in Verres hatte er einen symptomatischen Vertreter der ganzen herrschenden Oligarchenkaste zu attackieren, deren Interessen durch vielfältige gegenseitige Verpflichtungen unangreifbar geschützt waren und aus deren Mitgliedern sich zudem der Gerichtshof rekrutierte. Die Macht der Gegenpartei bekam Cicero denn auch alsbald zu spüren. Die erlauchtesten Namen stellten sich dem Verres als Verteidiger zur Verfügung: der unbesiegbare HORTENSIUS, der Historiker L. CORNELIUS SISENNA und P. Scipio, Angehöriger der vornehmsten römischen Nobilität. Verres schob eine Genossen, Q. Caecilius Niger, als Scheinankläger vor, gegen den sich Cicero in einem Prüfungsvorverfahren (der sogenannten *divinatio*) mit der erhaltenen *Rede gegen Q. Caecilius* durchsetzte. Dann suchte man die Anklageerhebung zu verschleppen, indem man einen Parallelprozeß gegen Verres inszenierte. Mit Hilfe der Finanzkraft des Verres wurden für das folgende Jahr Hortensius und Q. Caecilius Metellus zu Konsuln gewählt und dessen Bruder M. Metellus zum Prätor (der die Repetundenprozesse zu führen hatte); ein anderer Bruder, L. Metellus, war im laufenden Jahr Proprätor Siziliens und versuchte, wo irgend möglich, Cicero an der Sammlung des Beweismaterials und der Beschaffung und Befragung der Zeugen zu hindern. Trotz allem brachte Cicero sein Material in 50 Tagen, der Hälfte der zugestandenen Zeit, zusammen. Aber da die Verhandlung erst auf den 5. August anberaumt war, konnten die Gegner immer noch hoffen, den Prozeß und seine Entscheidung bis ins nächste Jahr hinein zu verzögern, denn im Rest des Jahres war die Zahl der Gerichtstage durch eine ganze Reihe ein- und zweiwöchiger Feste auf ein Minimum reduziert.
Doch es kam anders. In Anbetracht des Termindrucks verzichtete Cicero auf eine rhetorisch extensive, ins einzelne ausgearbeitete Anklagerede, beschränkte sich vielmehr auf seine kurze Einleitung und ließ dann, neun Tage lang, vor versammeltem Publikum – Rom war voll von Sommergästen aus dem Lande – Zeugen aufmarschieren, Dokumente verlesen, Briefe rezitieren, die bewiesen, wie »viele ausschweifende und grausame Verbrechen Gaius Verres gegen römische Bürger und Bundesgenossen, gegen Götter und Menschen begangen hat, und daß er außerdem widerrechtlich 40 Millionen Sesterzen aus Sizilien sich aneignete« (1, 18, 56). Das Resultat war erschlagend: noch während der Verhandlung suchte Verres das Weite, Hortensius legte zwar kleine Verfahrensproteste ein, verzichtete aber gänzlich auf sein Plädoyer. Das Urteil bestätigte die freiwillige Verbannung. Die zweite Phase des Prozesses fiel aus: das vorhandene Material hat Cicero in den fünf fiktiven Reden der *Actio secunda in C. Verrem* zusammengefaßt.
Die Wirkung, die Cicero erzielte, reichte weit über den aktuellen Erfolg hinaus. Zum einen war es ihm, dank seines spektakulären Siegs über den berühmtesten Anwalt der Zeit, Hortensius, mit einem Sprung geglückt, zum ersten Redner des Forums zu avancieren. Zum andern war es ihm dadurch, daß er Verres als verdorbene Einzelerscheinung, nicht als Symptom seines Standes darstellte, gelungen, die Sympathien der Einflußreichen bei sich nicht zu verscherzen, sondern sogar noch zu gewinnen: die glatte politische Karriere – im Jahr 66 Prätor, im Jahr 63 Konsul – verdankt der *homo novus* nicht zuletzt dem Verres-Prozeß, seiner glücklichen Führung und seinem günstigen Ausgang. E. Sch.

AUSGABEN: Rom 1471. – Paris ²1894 (in *M. Tulli Ciceronis in C. Verrem orationes*, Hg. E. Thomas; m. Komm.). – Oxford ²1917 (in *Orationes*, Hg. W. Peterson, Bd. 3; zuletzt 1960). – Lpzg. 1923 (in *Ciceronis scripta quae manserunt omnia*, Hg. A. Klotz, Bd. 5/11–13). – Paris 1938-1950 (in *Discours*, Hg. u. Übers. H. de la Ville de Mirmont u. a., Bd. 2–6). – Ldn./Cambridge (Mass.) 1928–1935 (in *The Verrine Orations*, Hg. u. Übers. L. H. G. Greenwood, 2 Bde.; zuletzt 1953–1959).

ÜBERSETZUNGEN: J. B. Schmitt (in *Reden*, Bd. 1, Würzburg 1787). – *Verrin. Reden*, W. Binder, 6 Bde., Stg. ca. 1860 u. ö.

LITERATUR: Schanz-Hosius, 1, S. 411ff. – Gelzer, Art. *Tullius (29)* (in RE, 7A/1, 1939, Sp. 842ff.). – N. Marinone, *Quaestiones Verrinae*, Turin 1950. – C. Habermehl, *Verres* (in RE, 8A/2, 1958, Sp. 1561 bis 1633). – O. Seel, *C.*, Stg. ²1961, S. 23ff.

ACTIO SECUNDA IN C. VERREM (lat.; *Zweite Verhandlung gegen Verres*).

Diese Verhandlung hat in Wirklichkeit gar nicht stattgefunden: CICERO (106–43 v. Chr.) hatte mit seiner Beweisdemonstration in der ersten Prozeßphase (5. bis 13. August 70) solch phänomenalen Erfolg (vgl. *Actio prima in C. Verrem*), daß das Gericht nur noch das freiwillige Exil des angeklagten ehemaligen Proprätors in Verbannung umzuwandeln brauchte. Der Grund für die Ausarbeitung und Publikation des zum zweiten Verhandlungstermin vorbereiteten Materials liegt auf der Hand: es ging um eine öffentliche und dauerhafte Dokumentation nicht nur des Prozeßgewinns im allgemeinen, sondern insbesondere des Siegs über den großen Rivalen HORTENSIUS. Hinzu kam der politische Akzent: die Karriere im *cursus honorum* konnte mit der Veröffentlichung entscheidend genützt werden, zeigte sie doch Cicero, den *homo novus*, sowie als überzeugten Wächter des Gemeinwohls sowie als überzeugten Sprecher des Senats- und Nobilitätsherrschaft und befreite ihn zugleich von dem eventuellen Odium populärer Neigungen. Allerdings liegt gerade im Politischen eine der Schwächen des Werks und seines Autors: Cicero hat nicht erkannt, daß Verres ein typischer Repräsentant seiner Zeit und seines Standes war, ein Warnsignal der generellen Mißwirtschaft, die der unter der Oberfläche sozialer und politischer Umsturz brodelte.

Die fiktive Voraussetzung, die den fünf Reden im *Actio secunda* zugrunde liegt (als seien Ankläger, Gerichtshof, Beklagter und Verteidiger terminemäß gegenwärtig), und zugleich die reale Unabhängigkeit davon boten Cicero aber noch eine weitere Möglichkeit, abstrahierend aus der günstigen Augenblickssituation seine Persönlichkeit öffentlich zu entfalten: die *Verrinen* stellen, abgesehen von dem kurzen Stück der *Actio prima*, das erste Werk Ciceros dar, das zu einem wesentlichen Teil rein literarischen Charakter besitzt. Das wird schon äußerlich in dem gewaltigen Volumen der fünf Bücher deutlich: eine solch ausladende Breite wäre als Rede verflacht. Auch die säuberliche Stoffverteilung ist nicht nur rhetorisch disponiert, sondern daneben literarischer Ökonomie verpflichtet: Buch 1 (später unter dem Sondertitel *De praetura urbana*) über das Leben des Verres im allgemeinen und seine frühere Laufbahn im besonderen; Buch 2 (*De indiciis sive de praetura Siciliensi*) über die Amtsführung des Verres auf Sizilien, seine seltsame Art der Jurisdiktion, den Ämterschacher, die Ausbeutung des Staatssäckels und der Zollpächter; Buch 3 (*Oratio frumentaria*) über die Ruinierung des sizilianischen Getreidewesens; Buch 4 (*De signis*) über den Raub der Kunstwerke auf Sizilien; Buch 5 (*De suppliciis*) über die innen- und außenpolitische Wirkung der sizilianischen Proprätur des Verres – zwar keine Aufstände, dafür Verfall der Flotte und, vor allem, »Gestaporegime« über unschuldigerweise politisch verdächtige römische Bürger. Auch im Detail der einzelnen »Reden« verbindet sich forensische Zweckplanung mit literarisch autonomer Gestaltung, wobei nicht selten sich eine Diskrepanz zwischen Kunstform und Absicht zu ergeben scheint, die ein kritischer Blick als Mangel konstatiert: da zeigt sich Cicero auf der einen Seite als Prosaist von höchstem Rang, als Fabulierer und Geschichtenerzähler, spannungsversessener Kriminalist und anschaulicher Stimmungsmaler, dem Plastizität und scharfer Umriß über alles gehen (die an Bukolische gemahnenden Landschaftsbilder, 2, 86f.; 3, 46f.; 4, 103ff.; die zwielichtigen Handlanger des Verres, 2, 134ff.; 3, 23; 4, 30ff., und vieles andere); und doch schlägt das alles nicht selten ganz unvermittelt ins advokatische Räsonnement um: dann erscheint plötzlich die einprägsam-idyllische Schilderung als sentimentale Berechnung, und der liebevolle Hang zur minuziösen Beschreibung wird zur effekthascherischen Greuelmalerei, fort und fort gesteigert, bis sie sich selbst überschlägt (Seel). Natürlich ist dies entschuldigt durch das Ziel, vor dem richterlichen Auditorium auf jeden Fall zu überzeugen und Erfolg zu haben. Doch eben dieses Ziel ist ja von vornherein – als Fiktion – in der anderen Dimension »aufgehoben«: daß der Autor trotzdem sein unbestreitbares literarisches Talent nicht einem literarischen Stilgefühl unterworfen hat, sondern es letztlich von rhetorischen Schablonen und forensischer Routine leiten ließ, muß man ihm als Mißgriff anmerken – so bewundernswert die *Verrinischen Reden* im ganzen auch als das erste Meisterstück des größten republikanisch-römischen Prosaschriftstellers sein mögen. E. Sch.

BIBLIOGRAPHIE: s. *Actio prima in C. Verrem*.

BRIEFE CICEROS (lat.).

Die in mehreren Sammlungen überlieferten Briefe des Marcus TULLIUS CICERO (106–43 v. Chr.) bieten schätzungsweise nur die Hälfte der einstigen Korrespondenz, stellen aber dennoch mit Abstand das bedeutendste Briefcorpus des Altertums, wenn nicht der abendländischen Literatur dar. Das erhaltene Werk setzt sich aus zwei größeren und zwei kleineren Komplexen zusammen: die Briefe an den Vertrauten Ciceros, T. POMPONIUS ATTICUS, füllen sechzehn Bücher und stammen aus den Jahren 68 bis Dezember 44; die gleichfalls sechzehn Bücher Briefe an Politiker, persönliche Bekannte, Freunde, Familienmitglieder usw. (in der Neuzeit *Ad familiares* benannt), zum Teil mit Briefen der Adressaten an Cicero vermischt, vom Jahr 62 bis zum 28. 7. 43 reichend; ein Teil der Korrespondenz *An den Bruder Quintus* in drei Büchern aus den Jahren 60–54; ein Buch (oder etwas mehr), und zwar das neuste, aus dem Briefwechsel mit M. Brutus, dem Caesarmörder, samt einer Anzahl von Antwortbriefen, zwischen Ende März/Anfang April und 27. 7. 43 geschrieben. Mehrere in der Antike umlaufende Spezialkorrespondenzen – ungerechnet manche Einzelbriefe – sind bis auf Fragmente verlorengegangen: so die Briefe an Pompeius (4 Bücher), an Caesar (mindestens 3 Bücher, vermutlich mehr), an Oktavian (3 Bücher), an Pansa (3 Bücher erwähnt) und Hirtius (9 Bücher), die beiden Generäle Caesars, an den vornehmen und vielseitig gebildeten Bankier Q. Axius (mindestens 2 Bücher), an den Sohn Marcus (mindestens 2 Bücher), an den Poeten und Freund CATULLS L. LICINIUS CALVUS (mindestens 3 Bücher?), an den Historiker CORNELIUS NEPOS (mindestens 3 Bücher), an Cassius Longinus, einen anderen Caesarmörder (mindestens 2 Bücher). Redigiert und herausgegeben wurden die Sonderbriefwechsel ebenso wie der Sammelband *Ad familiares* sehr wahrscheinlich nach Ciceros Tod von seinem Sekretär TIRO, zum Teil aus dem Nachlaßarchiv des Verfassers (Cicero pflegte oft Kopien anfertigen zu lassen), zum Teil aus den Sammlungen der Adressaten. Von den ihres intimen Charakters wegen nicht ohne weiteres publizierbaren Briefen an Atticus wurde, was noch vorhanden war, erst um das Jahr 60 n. Chr. von den Erben des Atticus aus dem Nachlaß ediert. Die Ordnung, in der die Herausgeber die Sammlungen publizierten, ist sehr verschieden: die *Atticus-Briefe* sind, von Buch 12 und 13 abgesehen, chronologisch sortiert, ebenso die Korrespondenzen mit Quintus und Brutus, während die vermischten Briefe *Ad familiares* ziemlich ungeordnet erscheinen: auf zeitliche Reihenfolge ist hier im ganzen keine Rücksicht genommen (nur streckenweise war, in verschiedenem Grade, die Chronologie maßgebend; zusammengestellt sind meist Stücke mit gleichem Adressaten; in Buch 13, das nur Empfehlungsschreiben enthält, ist eine stilistisch-literarische Kategorie bestimmend gewesen).

Um den vielfältigen Charakter der Briefe Ciceros verstehen zu können, muß man auf die Eigenart des Schreibers zurückgehen, die sich in ihnen äußert. Zum einen war Cicero ein überaus korrekter Briefschreiber, der Briefschulden prompt zu erledigen pflegte, zugleich auch ein eifriger, fast leidenschaftlicher Korrespondent, der schlaflose Nächte ebenso wie eine langweilige Soiree oder eine Senatssitzung als Gelegenheit zum Schreiben ergriff; zum anderen war er von einem fast übermächtigen Mitteilungsdrang besessen, einem ständigen Bedürfnis nach Selbstrechtfertigung, Selbstdarstellung und Selbsterkenntnis: die Anrede wurde für ihn zur Erforschung seines Innern (»*mit Dir rede ich gleichsam als mit mir*« schreibt er gelegentlich an den Freund). Dabei besaß Cicero eine stupende Fähigkeit, sich in Gedanken, Empfindung und Ausdruck – bis hinein in die Stilelemente – auf sein briefliches Gegenüber einzustellen. Mit diesem Vermögen der psychologischen Anpassung hängt nicht zuletzt das zusammen, was auch in Ciceros Schriftstellerei immer wieder auffällt: die unmittelbar-selbstverständliche Handhabung der Sprache, die noch der feinsten mitzuteilenden Nuance unmittelbaren Ausdruck zu verleihen vermag (ein Prozeß, der so weit geht, daß selbst Dinge, die der Schreiber unterdrücken möchte, sich als Verdrängungen trotz allem doch noch niederschlagen). So entsteht auf der einen Seite das Bild eines kühlen Politikers, auf der anderen Seite das eines demagogischen Hitzkopfs; einmal zeigt sich der väterlich-gönnerhafte Freund, dann wieder der polternd-strenge Hausvater; hier der kaustische Witzbold, dort der vielbelesene Gelehrte; bald spürt man den etwas steifen und offiziösen Ton des Forums, bald die rhetorisch geschliffene Diktion des versierten Literaten, bald die private Umgangssprache der gebildeten Kreise; war es gestern die notizenhaft hingeworfene Nachricht, so ist es heute das stilisierte öffentliche Schreiben, morgen die wortreiche Schilderung einer persönlichen Stimmung. Die Rückhaltlosigkeit, mit der sich Cicero, besonders Atticus gegenüber, ausspricht, macht die Briefe zu einem Spiegel seiner Seele. Erkennbar wird nicht nur seine politische Unentschlossenheit, sein Schwanken zwischen den Parteien, zugleich sein unerschütterliches Vertrauen in das Ideal der *res publica*, nicht nur das mühsame Ringen um Entscheidungen, die, wenn sie endlich gefaßt sind, bereits wieder zu spät kommen, nicht nur der von Komplexen überschattete Kampf um Anerkennung seiner Persönlichkeit, seines Urteils, seiner (von ihm weit überschätzten) Leistung: was sich vor allem abzeichnet, ist seine für die Antike schlechtweg unerhörte Offenheit im Privaten, die jede Reaktion auf Familienmiseren und Staatsunglück, die Schmerz und Triumph, Tränen und Lachen, Illusionen und Ärger, Euphorie und Depression, Stolz und Verzagen, kurz, jede Regung, der sich das empfindsam-empfängliche Gemüt Ciceros ausgesetzt sieht – bis hin zur nackten Angst und Verzweiflung –, getreulich festhält und mitteilt.

Ciceros Briefe sind von unschätzbarem Wert als Quelle des politischen Geschehens der ausgehenden Republik, als kulturgeschichtliche Zeugnisse, als Dokumente der verschiedensten Ebenen lateinischen Sprachgebrauchs, als Musterstücke ihrer Gattung, vor allem jedoch als Wegemarken der äußeren und inneren Biographie ihres Verfassers, als intime Bekundungen der Psyche eines antiken Menschen, ja als exemplarische Zeichen des Menschseins überhaupt. Jedes Bemühen, sie nach Rang, Vielfalt und Bedeutung auszuloten, scheitert an ihrer nur aus dem Reichtum des Lebens selbst zu begreifenden Fülle und Weite. Dieser Reichtum, diese Unverfälschtheit als Spiegel einer Persönlichkeit ist es, was den Cicero-Briefen noch heute dieselbe Bewunderung und Anteilnahme erzwingt wie in der Zeit der Renaissance, als sie, nach ihrer Wiederentdeckung durch PETRARCA und SALUTATO, jene mächtige Wirkung zeitigten, die das *familiariter scribere* geradezu zu einem Leitbild der Selbstäußerung werden ließ.

E. Sch.

GESAMTAUSGABEN: Mailand 1498 (in *Opera*, Bd.3). – Paris 1511 *(Ciceronis opera epistolica)*. – Ldn. 1901–1933 (*The Correspondence of M. T. C.*, Hg., Komm. R. Y. Tyrell u. L. C. Purser, Bd. 1, ³1904; Bd. 2–6, ²1906–1933; Bd. 7, Index, 1901). – Paris 1950 (*Correspondance*, Bd. 1 u. 3, ⁴1950; Bd. 2, ³1950, Hg. L.-A. Constans; Bd. 4, 1950, Hg. L.-A. Constans u. J. Bayet; m. frz. Übers.; noch unvollständig). – Oxford 1955–1961 (*M. Tulli Ciceronis epistulae*, Bd. 1, 1957 [= ²1952]; Bd. 2/1, 1955 [= 1903], Hg. L. C. Purser; Bd. 2/2, 1961, Hg. D. R. S. Bailey; Bd. 3, 1958, Hg. W. S. Watt).

EINZELAUSGABEN: *Ad Atticum*: Rom 1470 (*Ciceronis ad M. Brutum et ceteros epistolae*, Hg. C. Sweynheym u. A. Pannartz). – Venedig 1470 (*Ciceronis epistolae ad Atticum, Brutum et Quintum fratrem cum ipsius Attici vita*, Hg. C. Sweynheym u. A. Pannartz). – Göteborg/Uppsala 1916–1960 (*M. Tulli Ciceronis ad Atticum epistularum libri XVI*, 3 Bde. Hg. H. Sjögren, G. Thörnell u. A. Önnerfors). – Turin o. J. [ca. 1953] (*M. Tulli Ciceronis epistularum ad Atticum libri XVI*, 2 Bde., Hg. M. Moricca u. A. Moricca-Caputo). – Ldn./Cambridge (Mass.) 1912–1918 (*Letters to Atticus*, 3 Bde., Hg. E. O. Winstedt; m. engl. Übers.; Loeb; mehrere Nachdr., zuletzt 1953–1956). – Mchn. 1959 (*Atticus-Briefe*, Hg. H. Kasten; m. dt. Übers.).

Ad familiares: Rom 1467 (*Ciceronis epistolae familiares*, Hg. C. Sweynheym u. A. Pannartz). – Lpzg. 1893 (*M. Tulli Ciceronis epistularum ad (familiares) libri XVI*, Hg. L. Mendelssohn). – Turin o. J. [ca. 1948] (*M. Tulli Ciceronis epistularum ad familiares libri XVI*, 2 Bde., Hg. H. Moricca). – Ldn./Cambridge (Mass.) 1927–1929 (*The Letters to His Friends*, Hg. W. G. Williams, Bd. 1, ²1943, Nachdr. zuletzt 1958; Bd. 3, ²1954 [enth. auch *The Letters to Brutus*, Hg. M. Cary]; alle m. engl. Übers.; Loeb). – Mchn. 1964 (*An seine Freunde*, Hg. H. Kasten; m. dt. Übers.).

Ad Quintum fratrem: Rom 1470 (*Ciceronis ad M. Brutum et ceteros epistolae*, Hg. C. Sweynheym u. A. Pannartz). – Venedig 1470 (*Ciceronis epistolae ad Atticum, Brutum et Quintum fratrem cum ipsius Attici vita*, Hg. C. Sweynheym u. A. Pannartz). – Uppsala 1911 (*M. Tulli Ciceronis ad Quintum fratrem epistularum libri III*, Hg. H. Sjögren). – Turin o. J. [ca. 1948] (*M. Tulli Ciceronis epistularum ad Quintum fratrem libri III*, Hg. H. Moricca u. A. Moricca-Caputo). *Ad Brutum*: Rom 1470 (*Ciceronis ad M. Brutum et ceteros epistolae*, Hg. C. Sweynheym u. A. Pannartz). – Venedig 1470 (*Ciceronis epistolae ad Atticum, Brutum et Quintum fratrem cum ipsius Attici vita*, Hg. C. Sweynheym u. A. Pannartz). – Uppsala 1910 (*M. Tulli Ciceronis ad M. Brutum epistularum liber nonus*, Hg. H. Sjögren). – Turin o. J. [ca. 1955] (*M. Tulli Ciceronis epistularum ad M. Brutum liber nonus. Fragmenta epistularum*, Hg. H. Moricca u. A. Moricca-Caputo). *Ad Plancum*: Basel 1957 (*Der Briefwechsel des L. Munatius Plancus mit Cicero*, Hg. G. Walser; m. Komm. u. dt. Übers.).

ÜBERSETZUNGEN: *Epistolarum familiarium Lib. V. VI. VII. VIII*, St. Riccius, Lpzg. 1569. – *Sämtliche Briefe C.s*, C. M. Wieland [Bd. 1–5] u. F. D. Gräter [Bd. 6 u. 7], Zürich 1808–1821; erneut Mchn. 1912, Hg. H. Conrad.

LITERATUR: O. Plasberg, *C. in seinen Werken und Briefen*, Lpzg. 1926. – K. Büchner, Art. *Tullius (29)* (in RE 7 A/1, 1939, Sp. 1192–1235). – O. Seel, *C*., Stg. ²1961. – M. Demmel, *Cicero und Paetus*, Diss. Köln 1962. – K. Büchner, *Cicero*, Heidelberg 1964, S. 304–315.

BRUTUS (lat.; *Brutus*), in der Neuzeit auch mit dem Zusatz *De claris oratoribus – Von den berühmten Rednern* – versehen. Dialog im »Aristotelischen Stil« (*Ad Atticum* 13,19,4) von Marcus TULLIUS CICERO (106–43 v. Chr.). Das Werk leitet zu Beginn des Jahres 46 v. Chr. die dritte Periode der rhetorischen Schriftstellerei Ciceros ein, in der es neben dem *Orator* als das wichtigste Dokument bezeichnet werden darf. Darüber hinaus aber ist der *Brutus* für die antike Literatur bedeutsam als großer Entwurf einer dezidierten Literaturgeschichte: bis dahin hatte sich die Arbeit der Gelehrten und Literaten in dieser Hinsicht auf Katalogisierung, Biographie, Literaturästhetik, Motivistik, Philologie in engerem Sinn und Grammatik beschränkt, war also rein phänomenologisch-beschreibend, statisch orientiert gewesen. Hier dagegen wird der Versuch gemacht, eine bestimmte Form literarischer Realität, nämlich die eigene, Ciceronianische – auch das eine seltene Kühnheit –, als ideal Endpunkt zu sehen, in dem als ihrem genuinen Gipfel alle früheren Erscheinungsformen kulminieren. Freilich, so dynamisch Anlage und untergründige Tendenz sein mögen, als fortschreitende Verwirklichung eines Entwicklungsprinzips vermag Cicero das Reich der Rhetorik nicht darzustellen. In der Ausführung bleibt auch er beim katalogisierenden Reihen der Namen, bei einer (sofern es ihm die Überlieferung überhaupt erlaubt) statisch-sukzessiven Schilderung der individuellen Rednerpersönlichkeiten. Trotz des quantitativ geweiteten Blicks geht also Ciceros Darstellung auch hier nicht über das hinaus, was schon ARISTOTELES mit seiner Tragödienmorphologie geboten hatte.

Das Interesse, das Cicero zur Wiederaufnahme der rund zehn Jahre zuvor (55 v. Chr.) in *De oratore* behandelten Thematik trieb, war nur zum geringsten Teil literarhistorischen Ursprungs. Wahrscheinlich wollte er dem jüngst erschienenen *Liber annalis* des Freundes ATTICUS (er fungiert neben Autor und Titelfigur als dritter Dialogpartner) ein literarisches Pendant zur Seite stellen, wobei der *Liber annalis* zugleich die historische Quelle darstellt. Daneben mußte sich Cicero in gespannter politischer Situation auf irgendeine – möglichst indirekte – Weise einiges von der Seele schreiben: die Klagen über die allgemeine Misere durfte Caesar, schuldige Ursache und einzige Hoffnung zugleich, nicht überhören; und M. Iunius Brutus, der von Caesar geschätzte aufrechte Republikaner, schien der geeignete Mann zu sein, um die literarische Ehrung zu würdigen und das politische Ansinnen zu verwirklichen (nicht umsonst hat Cicero dem seiner Meinung nach hoffnungsvollsten Vertreter seiner Partei in der Folge so wichtige Werke wie den *Orator*, *De finibus bonorum et malorum*, *De natura deorum* und die *Tusculanae disputationes* gewidmet). Der entscheidende Anstoß, der dem Werk die weithin apologetische Note verlieh, kam jedoch aus anderer Richtung. Ciceros rednerisches Stilideal war den Jahren immer stärkeren Angriffen ausgesetzt; eine Gruppe, deren Mitglieder sich als »Attizisten« verstanden, warf ihm asianischen Schwulst, pathetische Exaltiertheit und unklassische, effeminierte Rhythmisierung der Sprache vor. Gegen diese Anwürfe wehrt sich Cicero, indem er zum einen zeigt, daß er keineswegs ein Gegner des rhetorischen Stils der Attiker, vielmehr glühender Bewunderer und Nachahmer ihres glänzendsten Vertreters, DEMOSTHENES, sei, zum anderen, daß so gut wie ohne Ausnahme alle berühmten und repräsentativen Redner der eigenen römischen Vergangenheit das von ihm, Cicero, gelebte Ideal verkörpert haben. Angesichts der Fülle des vorgesetzten Stoffes überrascht die übersichtliche Gliederung: 1–24 Einleitung mit Nachruf auf HORTENSIUS, von dem – leicht verstümmelten – Epilog (328 ff.) wiederaufgegriffen wird; dazwischen zunächst eine kurze Darstellung der griechischen Beredsamkeit (25–51), dann, in fünf chronologischen Epochen, die römischen Redner, von den frühesten faßbaren Gestalten bis zu Hortensius, Cicero und ihren Zeitgenossen (52–327). Der Autor ist offensichtlich bemüht, die trockene Masse durch geschickt raffende Gruppierung, durch synkritische Gegenüberstellungen, durch Exkurse und Einwürfe der Gesprächspartner (Cicero selbst ist die Hauptgestalt) zu lockern und zu variieren. Hinzu kommt, daß Cicero von dem Prinzip, keine lebenden Zeitgenossen zu behandeln, abgeht (Caesar ist die erlauchteste Ausnahme). Dennoch bleibt das Ganze, bei aller gewohnten Glätte im einzelnen, eine spröde Materie, bedeutsam in erster Linie als Dokument einer Gattung, als eine der maßgeblichen Reflexionen Ciceros über seinen Beruf und, nicht zuletzt, des unerhörten Unterfangens einer analytischen Autobiographie (304–324) wegen.   E. Sch.

AUSGABEN: Rom 1469 *(In Brutum liber*, Hg. C. Sweynheym u. A. Pannartz). – Lpzg. ³1889, Hg. K. W. Piderit u. W. Friedrich [m. Komm.]. – Oxford 1903 (in *Rhetorica*, Hg. A. S. Wilkins, Bd. 2; zuletzt 1960). – Lpzg. 1934 (in *Scripta quae manserunt omnia*, Bd. 2/4, Hg. P. Reis). – Ldn./Cambridge (Mass.) 1939, Hg. G. L. Hendrickson [m. engl. Übers.; Loeb; Nachdr. 1952]. – Heidelberg 1949, Hg. K. Barwick [m. Einl.]. – Bln. ⁶1962, Hg. O. Jahn u. B. Kytzler [m. Komm. u. Bibliogr.].

ÜBERSETZUNG: *Brutus, oder Charakteristik d. griech. u. röm. Redner*, J. L. H. Woller, Hbg. 1787. – *Brutus*, W. Binder, Bln. ³1914.

LITERATUR: W. Kroll, Art. *Tullius (29)* (in RE, 7 A/1, 1939, Sp. 1098 ff.). – I. Cazzaniga, *Il »Brutus« di Cicerone*, Mailand 1947. – H. Fuchs, *Nachträge in C.s »Brutus«* (in *Navicula Chiloniensis*, Fs. F. Jacoby, Leiden 1956, S. 123–143). – K. Büchner, *Cicero*, Heidelberg 1964, S. 324–333; 505 ff.

CATO MAIOR DE SENECTUTE (lat.; *Cato der Ältere, über das Greisenalter*). Philosophisches Werk von Marcus TULLIUS CICERO (106–43 v. Chr.), entstanden in den Jahren unfreiwilliger Muße kurz vor seinem Tode, wohl im Frühjahr 44, wie einigen Bemerkungen in Briefen an den Freund ATTICUS zu entnehmen ist. Es sind die Wochen der Verschwörung gegen Caesar. Darauf dürfte auch die einleitende Widmung an Atticus anspielen (1, 1 f.): es sei, so meint Cicero, momentan recht schwierig, sich über gewisse bedrückende Zustände hinwegzutrösten; dagegen werde es eher möglich sein, sich und dem Freund mit einer Schrift über das Alter die Angst vor diesem Lebensabschnitt zu nehmen (Cicero war damals 62, Atticus 65 Jahre alt).

Die Abhandlung ist in eine Form gekleidet, die Cicero auch in anderen Werken gern, oft sogar noch kunstreicher angewandt hat: eine Mischung aus situationsschilderndem Einleitungsdialog und theoretischer Abhandlung. In einem kurzen Gespräch (4–14) wird Marcus Porcius Cato, der wegen seiner altväterlichen Sittenstrenge schon zu Ciceros Lebzeiten legendäre *homo novus* (Emporkömmling) aus den Sabinerbergen, von Gaius Laelius und dem jüngeren Publius Cornelius Scipio aufgefordert, ihnen zu erklären, wie er die Bürde seiner Jahre mit solcher Heiterkeit und Gelassenheit tragen könne. (Zur Zeit des fingierten Dialogs, der im Jahr 150 v. Chr. spielt, hatte Cato bereits das 84. Lebensjahr erreicht.) Bereitwillig kommt der Greis dem Wunsch seiner jungen Zuhörer nach. In einer Abhandlung, die bis zum Schluß von keiner Gegenrede mehr unterbrochen wird, widerlegt er die vier Hauptvorwürfe gegen das Alter. Es kann keine Rede davon sein, daß der Mensch im Alter zu politischer Untätigkeit verurteilt ist, kommt ihm doch dann erst die wichtige Aufgabe erzieherischer Einflußnahme – als Berater in Senat und Familie – zu (15–26). Der körperlichen Schwäche steht also die geistige Leistungskraft gegenüber, die jene an Wert weit überragt (27–38). Daher bedeutet die Unfähigkeit zu sinnlicher Leidenschaft keineswegs einen Mangel, sondern vielmehr Befreiung zu wahrer Tätigkeit, die in der Beschäftigung mit der Philosophie zu suchen ist (39–66). Philosophische Überlegungen wiederum nehmen der Nähe des Todes das Beängstigende; denn sie lehren, daß es entweder gar kein Weiterleben nach dem Tod oder aber für die rechtschaffenen Menschen nur ein glückseliges gibt (67–84).

Diese Ausführungen werden durch zahlreiche, scheinbar willkürlich aufeinanderfolgende Beispiele aus dem griechischen und römischen Geistesleben aufgelockert: die logische Stringenz verbirgt sich hinter einem zwanglos anmutenden Plauderton, der die strenge Form des Traktats wieder ausgleicht. Deutlicher noch als in den rationalen Argumenten tritt in diesen Beispielen das Bemühen hervor, die geistige Aktivität gegenüber der bloß körperlichen aufzuwerten. Die Grundlage dieses Bemühens ist der stoische Satz, daß die Natur jedem Wesen jeweils die Kräfte verliehen habe, die es zu seiner Existenz braucht. Das gilt auch für die Lebensstufe des Alters, die nur im oberflächlichen Sinn unproduktiv genannt werden kann: und da für den Römer die Politik das eigentliche Wirkungsfeld ist, bedeutet dies, daß ein alter Mensch dem Staat gewissermaßen mehr dient als ein junger.

Die Beziehung auf Ciceros persönliche Situation springt in die Augen. Nach dem Sieg Caesars über Pompeius (48 v. Chr.) war er als überzeugter Republikaner gezwungen, sich aus dem öffentlichen Leben zurückzuziehen. Er suchte den Trost in der Lektüre griechischer Schriftsteller, vor allem PLATONS. So ist die Schrift *Über das Alter* nicht nur eine Auseinandersetzung mit den eigenen Lebensjahren, sondern auch eine Rechtfertigung der bitter empfundenen »Untätigkeit«.

Es nimmt nicht wunder, daß sich im einzelnen jeder Gedanke der Schrift auf griechische Formulierungen zurückführen läßt (neben dem Homerischen Nestor und SOLONS *Elegien* finden besonders Platon und XENOPHON Berücksichtigung). Wichtiger aber ist Ciceros selbständige Leistung, die sich in der besonderen Gestaltung der Titelfigur äußert. Nicht den bissigen Griechenhasser Cato zeigt Cicero, nicht den geizigen Bauern und nicht den fanatischen Verfechter altrömischer Sittenfestigkeit; die Anspielungen auf diese Züge wirken eher wie ein Tribut an die historische Überlieferung. Vor den Augen des Lesers entsteht vielmehr das Bild eines *vir vere Romanus*, eines »echten Römers«, so wie er Ciceros Vorstellungen entsprach: eines Mannes von militärischer und staatsmännischer Tüchtigkeit, die sich harmonisch mit griechisch-urbaner Bildung verbindet. Nicht umsonst wendet sich ein solcher Cato an Männer wie Laelius und Scipio, die nun tatsächlich diesem Bild entsprechend gelebt haben (man vergleiche Ciceros *Laelius de amicitia*). Auf diesem in Cato Gestalt gewordenen Ideal beruht der Zauber des kleinen Werkes, der über das Mittelalter (wie die zahlreichen karolingischen Abschriften beweisen) bis in die Neuzeit hinein weiterwirkt hat: das jüngste Zeugnis dafür ist Jakob GRIMMS Schrift *Über das Alter*.   B. M.

AUSGABEN: Köln [um 1467] *(Tullius de senectute).* – Lpzg. 1917 (in *Scripta quae manserunt omnia*, Bd. 14/47: *Cato maior. Laelius*, Hg. K. Simbeck; Nachdr. 1961). – Ldn./Cambridge (Mass.) 1923 (*De senectute. De amicitia. De divinatione*, Hg. W. A. Falconer; m. engl. Übers.; Loeb; Nachdr. zuletzt 1959). – Paris ³1961 (*Caton l'Ancien*, Hg. P. Wuilleumier; m. Bibliogr. u. frz. Übers.). – Mchn. 1963 (*Cato maior de senectute*, Hg. M. Faltner; m. Bibliogr.; lat.-dt.).

ÜBERSETZUNGEN: *Des Hochberümpten Marci Tulii Ciceronis buchlein von dem Alter*, J. Neuber, Augsburg 1522. – *Cato der Ältere über das Greisenalter*, R. A. Schröder, Mchn. 1924. – *Vom Alter, von der Freundschaft und vom höchsten Gut und Übel*, Übers. u. Hg. R. Nitsche, Zürich 1949. – *Cato der Ältere oder vom Greisenalter*, nach der Übers. von R. Kühner, Hg. C. Woyte, Stg. 1961 (RUB 803).

LITERATUR: M. Schneidewin, *C. und Jakob Grimm, Über das Alter*, Hbg. 1893. – F. Padberg, *C. u. Cato Censorius*, Diss. Münster 1933. – R. Philippson, Art. *Tullius (29)* (in RE, 7A/1, 1939. Sp. 1162 ff.). – L. Alfonsi, *La composizione del »De senectute« ciceroniano* (in Siculorum Gymnasium, 8, 1955, S. 429–454). – E. Saint-Denis, *Caton l'Ancien vu par Cicéron* (in L'Information littéraire, 4, 1956, S. 93–100). – E. Hübener, *C. »De senectute« in gerontologischer Schau* (in Altertum, 3, 1957, S. 46–52).

CATILINARIAE ORATIONES (lat.; *Catilinarische Reden*). Vier Reden von Marcus TULLIUS CICERO (106–43 v. Chr.), gehalten während seines Konsulats (63 v. Chr.), veröffentlicht im Jahre 60 v. Chr. im Corpus der zwölf konsularischen Reden. – Lucius Sergius Catilina, ehemals Parteigänger Sullas, hatte bereits im Jahre 65 ein – vergebliches – Komplott zur Beseitigung der Konsuln geschmiedet, nachdem 66 seine Kandidatur für das höchste Staatsamt abgewiesen worden war. Bei den Wahlen im Sommer 64 unternahm er einen zweiten Anlauf zum Konsulat, unterlag aber Cicero, der zusammen mit Gaius Antonius gewählt wurde. Catilina war, obwohl aus altadliger Familie stammend, radikaler Vertreter der Popularenpartei, zu deren Programm vor allem eine großzügige Bodenreform zur Landgewinnung für das Großstadtproletariat und ein allgemeiner Schuldenerlaß gehörten. Im Laufe des Jahres 63 hatte Cicero mehrfach Veranlassung, als Vertreter der konservativen Optimatenpartei gegen populare Manipulationen Stellung zu nehmen. Als Catilina bei den Konsulatswahlen für 62 abermals durchfiel, entschloß er sich zur Revolte. Der für den 27./28. Oktober geplante bewaffnete Aufstand wurde aber von Cicero vereitelt, ebenso das am 7. November inszenierte Attentat auf Cicero. Nach der scharfen und zorngeladenen Rede Ciceros gegen den wider Erwarten in der Senatssitzung am 7. November anwesenden Catilina *(1. Catilinarische Rede: »Quousque tandem abutere, Catilina, patientia nostra?«* – »Wie lange, Catilina, willst du noch unsere Langmut mißbrauchen?«*)* sah sich dieser im Senat völlig isoliert; noch in der Nacht verließ er die Stadt und zog sich zu seiner Revolutionsarmee nach Etrurien zurück. Am folgenden Tag erstattete Cicero dem Volk darüber in der *2. Catilinarischen Rede* Bericht, vor allem, um die Massen vor den anderen noch in Rom weilenden Häuptern der Verschwörung zu warnen. Am 3. Dezember gelang es, die wichtigsten Mitglieder des Komplotts auf Grund abgefangener Briefe zu überführen und gefangenzusetzen. Noch am selben Abend berichtete der Konsul dem Volk in der überschwenglichen *3. Catilinarischen Rede* von der Rettung des Vaterlandes. Zwei Tage später fand die entscheidende Senatssitzung statt, auf der über das Schicksal der Verhafteten entschieden werden sollte. Während die allgemeine Stimmung zunächst dem sofortigen Vollzug der Todesstrafe zuneigte, wies Caesar – die graue Eminenz der Popularen – in einer überaus diplomatischen Rede auf ein altes Gesetz hin, das Hinrichtungen ohne Zustimmung des Volkes verbot, und beantragte statt dessen lebenslängliche Verbannung und Haft ohne Revisionsmöglichkeit sowie Vermögenseinzug. Ciceros Antwort – die *4. Catilinarische Rede* – spiegelt den allgemeinen Stimmungsumschwung und die plötzliche Unsicherheit der Senatoren. Als sich jedoch Cato am Ende der Sitzung zu einer ungemein scharfen Erwiderung auf Caesars Vorschlag entschloß (dieser mußte froh sein, den Senat unversehrt verlassen zu können), war das Schicksal der Gefangenen besiegelt: sie wurden noch am gleichen Tage erdrosselt. – Catilina selbst fiel im Januar 62 in den entscheidenden Gefecht in der Nähe von Pistoia. Cicero aber mußte im Jahre 58 wegen der juristisch zweifelhaften Hinrichtung ins Exil gehen: Caesar hatte zweifelsohne den größeren politischen Weitblick bewiesen.

Die kritische Würdigung der *Catilinarien* ist ebenso schwierig wie umstritten: zum einen, weil sich schwer sagen läßt, wie stark die extemporierten Reden des Jahres 63 bei der späteren Publikation redigiert worden sind (daß sie es sind, ist allenthalben zu sehen); zum andern, weil sie in einem zwar für Cicero typischen, aber für den Historiker sehr unleidlichen Maße monoman egozentrische Äußerungen darstellen. Die aus der Rückschau geschriebene historische Monographie SALLUSTS *(De coniuratione Catilinae)* gibt – bei aller Inkommensurabilität – ein notwendiges Korrektiv, wenn sie als die eigentlichen Antipoden der Ereignisse Caesar und Cato hervortreten läßt, neben denen die Bedeutung des Konsuls Cicero beinahe verblaßt. Der Vergleich mit Sallust lehrt noch etwas anderes: daß Cicero, wie schon bei Verres (vgl. *Actio prima / secunda in Verrem*), so auch bei Catilina jeder Sinn für das Zeittypische der Person und des Phänomens abging: das Zwielichtig-Dämonische, halb Verbrecherhafte, halb Großartig-Charmante dieser Persönlichkeit (und der Kreise, denen sie zugehörte) blieb ihm ebenso verborgen wie die sozialen, soziologischen und moralischen Gründe und Hintergründe, aus denen sie erwuchs – für ihn gab es nur Schwarz und Weiß, Krank und Gesund, Umsturz oder Bewahrung, Konservatismus oder Landesverrat.

Eines freilich hat sich gegenüber den *Verrinen* von Grund auf geändert: die Leidenschaft, mit der Cicero seine Position vertritt und die gegnerische verdammt, wirkt echter, ungekünstelter, überzeugter. Der politische Zweck und der rhetorische Ausdruck entsprechen einander, die Stelle der forensischen Phrase hat das persönliche Pathos eingenommen. Was der Nachwelt immer wieder als grotesk, ja fast lächerlich erscheinen wollte, die maßlose Selbstüberschätzung Ciceros, der sich als Retter des Vaterlandes auf eine Ebene mit dessen Gründer Romulus zu stellen wagt, das ist letztlich nichts anderes als der unmittelbare Niederschlag einer unbedingten, vorbehaltlosen, unreflektierten Identifikation mit der politischen Sache – nur zu verstehen, wenn man bedenkt, daß es hier in der Tat schon nicht mehr nur um den politischen Erfolg, sondern im selben Grade bereits um die persönliche Existenz des Politikers Cicero ging.

E. Sch.

AUSGABEN: Rom 1471 (in *Orationes*, Hg. J. Andreas de Bossis, Bischof von Valeria). – Köln um 1474 *(In Catilinam Invectivarum libri).* – Oxford 1901 (in *Orationes*, Bd. 1, Hg. A. C. Clark; zahlreiche Nachdr., zuletzt 1961). – Lpzg. [7]1912 *(Catilinarische Reden*, Hg. F. Richter, A. Eberhard u. H. Nohl; m. Komm.). – Lpzg. 1933 (in *Scripta quae manserunt omnia*, Bd. 6/2, Hg. P. Reis). – Ldn./Cambridge (Mass.) [2]1946 (in *The Speeches*, Bd. 6, Hg. L. E. Lord; m. engl. Übers.; Loeb; Nachdr. zuletzt 1959). – Paris 1950 (In *Discours*, Bd. 10, Hg. H. Bornecque; frz. Übers. E. Bailly). – Zürich [2]1950 *(In Catilinam orationes quatuor*, Hg. J. Béranger).

ÜBERSETZUNGEN: *Des hochberompten Latinischen histori schreibers Salustij: zwo schon historien: Nemlichē von des Catilinē vnd auch des Jugurthen kriegen: Darbey auch die doret ächtlich Oration die Cicero wider Catilinam gehaltñ auch des Catilinen verantwürtung: volgenn, pald darauff nach enndung der Catilinarien*, Dieterich von Pleningen, Landshut 1515. – *M. Tullii Ciceronis sechs Reden*, C. A. Heumann, Eisenach/Naumburg 1735. – E. Schröfel (in *Briefe und Reden*, Rede 1–3, Mchn. 1957). – *Vier Reden gegen Catilina*, C. Woyte, Stg. 1963 (RUB 1236).

LITERATUR: M. Gelzer, Art. *Sergius (23)* (in RE, 2 A/2, 1923, Sp. 1693–1711). – J. Vogt, *C. und Sallust über die catilinarische Verschwörung*, Ffm. 1938 (Auf dem Wege zum nationalpolitischen Gymnasium, 3). – M. Gelzer, Art. *Tullius (29)* (in RE, 7 A/1, 1939, Sp. 865–892). – W. Hoffmann, *Catilina und die Römische Revolution* (in Gymnasium, 66, 1959, S. 459–477). – O. Seel, *C.*, Stg. ²1961, S. 65–107. – K. Büchner, *Cicero*, Heidelberg 1964, S. 181–191.

DE DIVINATIONE (lat.; *Über die Weissagung*).

Philosophischer Dialog von Marcus TULLIUS CICERO (106–43 v. Chr.), geschrieben im Anschluß an *De natura deorum (Über das Wesen der Götter)*, veröffentlicht im Frühsommer 44 v. Chr. – Auf seinem Landgut bei Rom, dem Tusculanum, erörtert Cicero mit seinem jüngeren Bruder Quintus Bedeutung und Wesen der Weissagung. Im ersten Buch behauptet Quintus, es gebe eine zutreffende Voraussage zukünftiger Ereignisse. Wenngleich man ihre Ursachen nicht erkennen könne, sei die Gültigkeit ihrer Deutungen doch erwiesen. Eine Fülle von Beispielen soll diese These bestätigen. Sie wird jedoch im zweiten Buch von Cicero widerlegt, und zwar zunächst im ganzen: Weissagungen seien überhaupt unnütz, denn in jedem Fachgebiet könnten die Sachverständigen bessere Auskünfte erteilen als Priester und Seher (2). Sodann bringt er im einzelnen seine Gegenargumente vor, wobei er sich sachgemäß an das System der Wahrsagekunst hält, das Quintus bereits im ersten Teil angedeutet hat. Er kommt zu dem Schluß, jede Form der Weissagung sei als Aberglaube zu verurteilen und streng von echter Frömmigkeit zu trennen.

Die dialogischen Partien des Werkes beschränken sich auf kurze Redewechsel zu Beginn eines jeden Buches, in denen die räumliche und zeitliche Situation umrissen und das Thema aufgeworfen wird, sowie auf zwei noch kürzere abschließende Stücke am Ende der beiden Teile. Die Thesen selbst werden in zwei langen Abhandlungen vorgetragen (1, 11 bis 132; 2, 9–150), deren verschiedene künstlerische Gestaltung unmittelbar auffällt. Die Rede des Quintus ist kaum gegliedert, ohne erkennbare Differenzierung häufen sich Beispielerzählungen und Zitate (das längste stammt aus Ciceros nicht erhaltenem Poem *De consulatu – Über das Konsulat*). Ciceros Erwiderung zeigt dagegen eine klare Disposition. Auf diese Weise wirkt des Quintus leidenschaftliche Stellungnahme für die Weissagung unbedacht gegenüber der logisch konzipierten, philosophisch exakter anmutenden Widerlegung. Dennoch soll diese die erste nicht vollständig entkräften. Zwar gibt Quintus zu, daß er hinsichtlich der Formen »künstlicher Weissagungen«, wie Eingeweideschau, Losdeutung, Astrologie usw., seine Meinung ändere. Nach der Erörterung der natürlichen Weissagungen (in Gestalt von Träumen und Orakeln) stimmt er jedoch nicht etwa der These als solcher zu, sondern nur der methodischen Forderung, auch in Zukunft Probleme vorurteilslos zu prüfen.

Man sollte demnach die Unterschiede in der Form nicht allein auf die unterschiedliche Behandlung der Vorlagen zurückführen. Freilich sind diese – nicht nur als stoffliche Grundlage – von entscheidender Bedeutung, sah Cicero doch die Übertragung griechischer Werke in die lateinische Sprache als die beste Rechtfertigung seiner erzwungenen politischen Untätigkeit, ja sogar als ein Politikum an. Darüber geben die Prooemien zu den beiden Büchern wichtige Auskunft. Während das erste mit dem Überblick über die historische Entwicklung der Wahrsagekunst die für Cicero wesentlichen Quellen nennt – die Schrift des Stoikers POSEIDONIOS und das mündliche Philosophieren des Sokratikers KARNEADES –, legt der Autor im zweiten seine Absicht dar, das gesamte Gebiet griechischer Philosophie den Römern zu vermitteln. Dadurch glaubte er, auch in politischem Sinne eine Aufgabe zu erfüllen. Wie wenig aber eine solche Haltung seinem Temperament entsprach, verrät die Tatsache, daß er hoffte, mit dem Tode Caesars möge ihm wieder eine Möglichkeit öffentlichen Auftretens gegeben werden. Für die Nachwelt freilich mag es von Nutzen gewesen sein, daß ihm die Erfüllung dieses Wunsches versagt blieb: nur so konnte er seinen Plan wenigstens teilweise verwirklichen. B. M.

AUSGABEN: Rom 1471 (in *Opera philosophica*, Hg. C. Sweynheym u. A. Pannartz, Bd. 1). – Lpzg. 1911 (*Paradoxa Stoicorum*, Hg. O. Plasberg). – Urbana 1920–1923 (*De divinatione liber primus/secundus*, Hg. A. S. Pease, 2 Bde.; m. Komm.; University of Illinois Studies in Language and Literature, 6/2; 8/2). – Ldn./Cambridge (Mass.) 1923 (in *De senectute. De amicitia. De divinatione*, Hg. W. A. Falconer; m. engl. Übers.; Loeb; zuletzt 1959). – Groningen/Djakarta 1957, Hg. H. J. M. Broos.

ÜBERSETZUNGEN: *C.s zwey Bücher von der Vorhersehung*, anon., Lpzg. 1784. – *C.s Bücher von der Divination und die Schrift vom Schicksal*, F. Jacobs, Lpzg. 1841. – *Von der Weissagung*, R. Kühner, Mchn. 1962 [Nachdr. der Ausg. Stg. 1868].

LITERATUR: Schanz-Hosius, 1, S. 514 ff. – P. Finger, *Die zwei mantischen Systeme in C.s Schrift »Über die Weissagung«* (in RhMus, 78, 1929, S. 371–397). – R. Philippson, Art. *Tullius (29)* (in RE, 7/A2, 1939, Sp. 1156–1161). – K. Büchner, *C.*, Heidelberg 1964, S. 408–413.

DE FINIBUS BONORUM ET MALORUM (lat.; *Über das höchste Gut und das höchste Übel*).

Philosophischer Dialog in fünf Büchern von Marcus TULLIUS CICERO (106–43 v. Chr.), entstanden 45 v. Chr. – Die Schrift bildet den Kernstück in Ciceros – nicht mehr vollständig ausgeführtem – Plan, den Römern die griechische Philosophie in lateinischer Sprache zugänglich zu machen. Das Werk behandelt die ethischen Grundprinzipien der hellenistischen Philosophenschulen und steht so zwischen der Erkenntnistheorie in den *Academica* und der praktischen Ethik in den *Tusculanae disputationes*. Diese zentrale Stellung verdankt *De finibus* der damals vorherrschenden Richtung des philosophischen Interesses. Schon der Titel zeigt das an: Hauptanliegen der nachklassischen Denker ist fast ausschließlich der Mensch und die praktische Lebensbewältigung. Die theoretischen Bemühungen gingen darauf aus, ein letztes, bestimmendes Ziel herauszustellen, nach dem alles Tun sich auszurichten hätte. Diesem »höchsten Gut« wurde ein »äußerstes Übel« als das in allen Fällen zu meidende negative Prinzip gegenübergestellt. Cicero gibt das griechische Wort *telos*, das selbst schon »Ziel des Handelns« heißen kann, mit *finis* (Ende, Grenze) wieder, muß es aber mit dem Zusatz »*im Guten und Bösen*« erläutern.

Der Aufbau des Werkes ist bestimmt durch die Reihenfolge der einzelnen Lehrmeinungen, die nacheinander abgehandelt und widerlegt werden. Buch 1 zeigt die Forderung der Epikureer, alles

Handeln auf die Lust als das höchste Gut auszurichten, eine äußerst verfeinerte Lust freilich, die nicht mit egoistischer Wollust verwechselt werden darf: solches Streben nach Lust schließt tugendhaftes, selbstloses Verhalten nicht aus, da auch dieses trotz Verzicht auf eigene Bequemlichkeit Lustgefühle vermittelt. Selbst der Schmerz, eigentlich das größte Übel, muß ertragen werden, wenn dadurch höhere Lust gewonnen wird. Deren Höchstmaß ist erreicht in dem ruhig-abgeklärten Zustand der völligen Schmerz- und Angstlosigkeit.

Die Kritik dieser Lehre in Buch 2 gesteht EPIKUR zwar menschliche Größe zu, wirft ihm aber Widersprüchlichkeit in der Konzeption des Zentralbegriffs »Lust« vor; vor allem macht Cicero kein Hehl aus seiner Abneigung gegen zeitgenössische Epigonen des Schulgründers: dem Ideal des Epikureers, Lucius Thorius Balbus, der sich keinen Genuß entgehen ließ, und dem Körperschönheit und sein Reichtum ihm eintrugen, und der ein ruhmreiches Ende fand, stellt er den Feldherrn Marcus Regulus gegenüber, der um seines Ehrenworteswillen alle Martern des Feindes auf sich nahm (er taucht auch in *De officiis* als beispielhafte Persönlichkeit auf). Scheint Cicero hier der im Buch 3 dargestellten stoischen Auffassung zuzuneigen, wonach die um ihrer selbst willen geübte Tugend das höchste Gut ist, so zeigt sich doch in Buch 4, bei der Entgegnung auf den Stoizismus, daß sich trotz allem in Cicero manches Mißtrauen gegen diese starre, weltfremde Moral regt. Am meisten liegt ihm die realistischere, vermittelnde Lehre des Peripatos, und zwar in ihrer durch die jüngere Akademie umgebildeten Gestalt; er stellt er in Buch 5 dar und sucht sie durch verschiedene Einwände zu modifizieren.

Cicero hat diese Erörterungen in die Form dreier Gespräche gekleidet, die er mit Freunden auf seinem Landgut in Cumae (Buch 1 und 2), auf dem Gut des Lucullus in Tusculum (Buch 3 und 4) und in der Akademie zu Athen (Buch 5) geführt hat. Hauptredner sind der Epikureer Lucius Manlius Torquatus im ersten, der Erzstoiker Marcus Porcius Cato im zweiten und Marcus Publius Piso im dritten Gespräch, sowie, als Kritiker, Cicero selbst; dazu kommen einige Nebenfiguren; so in Athen etwa Ciceros Bruder Quintus, sein Vetter Lucius und sein bester Freund, der Epikureer Titus Pomponius Atticus. Die Atmosphäre der Schauplätze – gebildete römische Geistigkeit und der Atem der großen griechischen Vergangenheit (besonders gegenwärtig im Eingang zum fünften Buch) – schafft das Medium, in dem sich die Personen bewegen. B. M.

AUSGABEN: Köln [ca. 1470]. – Kopenhagen ³1876; Nachdr. Hildesheim 1963, Hg. J. N. Madvig. – Lpzg. 1915; Nachdr. 1961, Hg. T. Schiche (in *Scripta quae manserunt omnia*, Bd. 13, Fasc. 43a). – Cambridge 1925, Hg. J. S. Reid. – Paris 1938 (*Du bien suprême et des maux les plus graves*, Hg. u. Anm. C. Appuhn). – Ldn./Cambridge (Mass.) ²1931, Hg. H. Rackham [m. engl. Übers.; Loeb; Nachdr. 1951]. – Turin 1955, Hg. N. Marinone (in *Opere politiche e filosofiche*, Bd. 2).

ÜBERSETZUNGEN: *C. an Brutus über das höchste Gut und über das höchste Übel nebst dessen Paradoxen*, M. C. G. Tilling, Breslau 1789. – In *Vom Alter, von der Freundschaft und vom höchsten Gut und Übel*, R. Nitsche, Zürich 1949. – *Vom höchsten Gut und vom größten Übel*, O. Büchler, Bremen 1957 (Slg. Dieterich, 171). – *Das höchste Gut und das schlimmste Übel*, A. Kabza, Mchn. 1960 [lat.-dt.]. – *Von den Grenzen im Guten und Bösen*, K. Atzert, Zürich/Stg. 1964 [lat.-dt.].

LITERATUR: A. Lörcher, *Das Fremde und das Eigene in C.s Büchern »De finibus bonorum et malorum« und den »Academica«*, Halle 1911. – F. Moscari, *Cicerone e l'etica stoica nel 3. libro del »De finibus«*, Rom 1930. – M. Schäfer, *Ein frühmittelstoisches System der Ethik bei C.*, Diss. Mchn. 1934. – G. Kilb, *Ethische Grundbegriffe der alten Stoa und ihre Übertragung durch C. im dritten Buch »De finibus bonorum et malorum«*, Freiburg i. B. 1939. – B. Duszynska, *C.'s Argumentation in the First Dialogue of His »De finibus bonorum et malorum«* (in Eos, 43, 1948/49, S. 211–218). – F. Giancotti, *Profilo interiore del »De finibus«* (in *Atti del 1. congresso internazionale di studi ciceroniani*, Rom 1961).

DE INVENTIONE (lat.; *Über die Erfindung*). Heute geläufiger Titel eines rhetorischen Werkes von Marcus TULLIUS CICERO (106–43 v. Chr.), verfaßt zwischen 91 und 81 v. Chr.; ursprünglich scheint die Schrift *Libri rhetorici (Bücher über die Redekunst)* genannt worden zu sein. Diese Bezeichnung deutet darauf hin, daß die beiden überlieferten Bücher nur den ersten Abschnitt einer geplanten Gesamtabhandlung über die Rhetorik darstellen. Antiker Theorie zufolge zerfiel nämlich die Anfertigung einer Rede in *inventio* (Erfindung oder Auffinden des Stoffes), *dispositio* (Gliederung), *elocutio* (stilistische Ausarbeitung), *memoria* (Auswendiglernen) und *pronuntiatio* (Vortrag). Die Praxis der beginnenden Anwaltstätigkeit hinderte Cicero jedoch an der Ausführung des theoretischen Werkes. Der ausgearbeitete Teil gehört neben der etwa gleichzeitig entstandenen Schrift des anonymen »Auctor ad Herennium« *(De ratione dicendi ad Gaium Herennium)*, mit der sich in vielen Punkten Berührungen finden, zu den wenigen Darstellungen, die uns genaueren Aufschluß über die antike Rhetorik geben.

Im ersten Buch legt der Verfasser die Regeln über die Verteilung des Stoffes auf die einzelnen Teile der Rede dar (19–109), nachdem er kurz die grundsätzlichen Arten der Rechtsfälle erörtert hat (10 bis 18). Im zweiten Buch behandelt er unter Anführung zahlreicher Beispiele im einzelnen die beiden Redeteile *confirmatio* (Beweis der eigenen Argumente) und *reprehensio* (Widerlegung der gegnerischen Thesen). Abgesehen von der verblüffenden Aktualität mancher Beispiele (z. B. 2, 72f.; 2, 144) sind es vor allem die philosophisch gehaltenen Prooemien, die das Werk über ein bloßes Handbuch hinausheben. In der Einleitung zum ersten Buch erörtert Cicero den ethischen Wert der Rednergabe und gelangt zu dem Schluß, daß sie nur Gutes stifte, wenn sie sich mit philosophischer Einsicht verbinde. Damit knüpft er nicht nur an die zuzeiten heftige Diskussion über das Wertverhältnis von Rhetorik und Philosophie an, die seit dem Auftreten der Sophisten entbrannt war (vgl. PLATONS *Gorgias*); es deutet sich vielmehr auch bereits das Ideal des Ciceronianischen Redners an, dem der Autor rund vierzig Jahre später ein eigenes Werk widmete *(De oratore)*. Im Prooemium zum zweiten Buch rechtfertigt er seine Kompilationsmethode – bewußt wähle er aus den ihm vorliegenden Schriften das jeweils Beste aus – als das philosophische Prinzip der Skepsis; er hat daran in der Tat sein Leben lang festgehalten. Aus doppeltem Grund wird man daher dem Verdikt, das Cicero in späterer Zeit über sein Jugendwerk ausgesprochen hat – es sei ein unvollkommenes Produkt seiner Notizhefte –, nur bedingt beipflichten können. B. M.

AUSGABEN: Venedig 1476 (Hg. Omnibonus Leonicenus). – Lpzg. 1915 (*Scripta quae manserunt omnia, fasc. 2: Rhetorici libri duo qui vocantur de inventione*, Hg. E. Stroebel). – Paris 1932 (*De l'invention*, Hg. H. Bornecque; m. frz. Übers.). – Ldn./Cambridge (Mass.) 1949 (*De inventione. De optimo genere oratorum. Topica*, Hg. H. M. Hubbell; m. engl. Übers.; Loeb).

ÜBERSETZUNGEN: *Spiegel der waren Rhetorik*, F. Riedrer, Straßburg 1493 [Auszüge]. – *Rhetorik. Zwei Bücher von der rhetorischen Erfindungskunst*, H. G. Moser, Stg. 1837. – *Rhetorik oder Von der rhetorischen Erfindungskunst*, W. Binder, Stg. 1871 u. ö.

LITERATUR: R. Weidner, *Ciceros Verhältnis zur griechisch-römischen Schulrhetorik seiner Zeit*, Diss. Erlangen 1925. – G. Herbolzheimer, *Ciceros »Rhetorici libri« und die Lehrschrift ad Herennium* (in Phil, 81, 1926, S. 391–426). – H. K. Schulte, *Orator. Untersuchungen über das ciceronianische Bildungsideal*, Ffm. 1935. – W. Kroll, Art. *Tullius* (29) (in RE, 7/1, 1939, Sp. 1091 bis 1095). – K. Barwick, *Das rednerische Bildungsideal Ciceros* (in Sitzungsber. d. Sächs. Akademie d. Wissensch. Lpzg., 54/3, Bln. 1963, S. 20ff.). – K. Büchner, *C.*, Heidelberg 1964, S. 47–62.

DE IMPERIO GNAEI POMPEI (lat.; *Über den Oberbefehl des Gnaeus Pompeius*). Die erste politische Rede des Marcus TULLIUS CICERO (106–43 v. Chr.), gehalten 66 v. Chr. – Unter Ausnutzung des Hasses der Provinzbevölkerung auf das korrupte Gebaren der römischen Verwaltungs- und Finanzbeamten war es Mithridates IV. gelungen, von seinem kleinen Königreich Pontos aus ganz Kleinasien zu erobern. Trotz gelegentlicher Erfolge römischer Imperatoren (Sulla, 88, und Lukullus, 72) konnte er nicht völlig bezwungen werden. Lukull wurde im Jahre 67 nach Rom zurückgerufen, ohne daß das Problem gelöst gewesen wäre. Im gleichen Jahr hatte Pompeius in einer blitzartigen Aktion von nur drei Monaten die Seeräuber besiegt, die durch ihre immer kühneren Vorstöße die Versorgung Roms gefährdet hatten. So war es kein Wunder, daß der Volkstribun Manilius den Antrag stellte, man solle doch Pompeius gegen Mithridates schicken, und zwar mit unbeschränkter Machtbefugnis (sogenannte *lex Manilia*, nach der die Rede Ciceros auch *Pro lege Manilia* genannt wird).

Kraft seines Amtes als Prätor war Cicero berufen, den Antrag auf dem Forum Romanum vor die Volksversammlung zu bringen. Er war sich durchaus bewußt, daß er damit eine heikle Aufgabe zu erfüllen hatte: persönliche und wohl auch politische Überzeugungen (vgl. *Actio prima/secunda in Verrem*) drängten ihn, den Mann zu unterstützen, der allein die Situation retten konnte. Diese Haltung brachte ihn jedoch in Konflikt mit so berühmten Rednern wie HORTENSIUS oder CATULUS, die es unter Berufung auf die politische Tradition ablehnten, einen einzelnen Mann mit derart außerordentlichen Vollmachten auszustatten. Zudem durfte der Emporkömmling Cicero es nicht mit dem hochadeligen, trotz seiner momentanen Niederlage einflußreichen Lukull verderben. Es gelang ihm, alle diese Schwierigkeiten zu umgehen. In der Einleitung seiner Rede (1–3) stellt er geschickt seiner Unerfahrenheit im politischen Leben das Vertrauen gegenüber, das man durch seine direkte Wahl zum Prätor und zumal durch den jetzigen Auftrag in ihn gesetzt habe. Im Hauptteil skizziert er zunächst die Situation (4f.), um sodann ihre Konsequenzen zu überdenken (6–68). Der Krieg im Osten gefährdet ebenso den Ruhm wie die Finanzen des römischen Volkes, denn das reiche Asien ist die Hauptquelle für Rom und Italien (6–19). Daher muß er unbedingt beendet werden, was durchaus möglich ist, wie Lukulls Teilerfolge zeigen (20–26). Der einzige Feldherr mit genügend Kriegserfahrung, militärischer Tüchtigkeit, Ansehen bei den Soldaten und Glück ist Pompeius (27–48). Gemessen an diesen Vorzügen verlieren die Argumente des Hortensius und des Catulus an Gewicht (49–67): man muß sich an die Männer halten, die eine Berufung des Pompeius unterstützen (68).

Mit der klar aufgebauten und klug gesteigerten Rede gewann Cicero den vollen Applaus seiner Zuhörer. Pompeius wurde in den Orient geschickt; in kurzer Zeit gelang ihm ein vollständiger Sieg über Mithridates. Doch wie seine Gegner befürchtet hatten, festigte sich seine Position dadurch derart, daß er zum mächtigsten Manne Roms wurde – ein Faktum, das schließlich die Bürgerkriegswirren (49–31 v. Chr.) auslöste. So steht die Rede in einem Wendepunkt der römischen Geschichte des ersten Jahrhunderts. Zugleich aber brachte sie Ciceros Talent auf dem Gebiet der politischen Rede weiter zu Ansehen, ein Talent, das sich in den *Reden gegen Catilina* (*Catilinariae orationes*, 63 gehalten) dann voll entfaltete. B. M.

AUSGABEN: Rom 1471 (in *Orationes*, Hg. J. A. de Bossis). – Lpzg. [ca. 1497], Hg. A. Probst. – Oxford 1905 (in *Orationes*, Hg. A. C. Clark, Bd. 1; zuletzt 1961). – Lpzg. 1927, Hg. P. Reis (in *Scripta quae manserunt omnia*, Bd. 6/14). – Paris 1950 (in *Discours*, Bd. 7, Hg. A. Boulanger; m. frz. Übers.). – Ldn./Cambridge (Mass.) 1927 (in *The Speeches*, Bd. 1, Hg. H. G. Hodge; m. engl. Übers.; Loeb; Nachdr. zuletzt 1959).

ÜBERSETZUNGEN: *Vor das Manilische Gesez*, C. A. Heumann (in *Marci Tullii sechs Reden*, Eisenach/Naumburg 1735). – *Rede über Gnäus Pompejus' Oberbefehl*, J. Siebelis, Bln. ^{5}1890.

LITERATUR: P. Gotzes, *De Ciceronis tribus generibus dicendi in orationibus »Pro Caecina«, »De imperio Cn. Pompei«, »Pro C. Rabirio perduellis reo adhibitis«*, Diss. Rostock 1914. – L. Laurand, *Études sur le style des discours de Cicéron*, 3 Tle., Paris ^{3}1928–1931. – D. Mack, *Senatsreden und Volksreden bei C.*, Würzburg 1937 (Kieler Arbeiten zur klass. Philologie, 2). – E. J. Jonkers, *Commentary on C.'s »De imperio Cn. Pompei«*, Leiden 1959 (Social and Economic Commentaries on Classical Texts, 1).

DE LEGIBUS (lat.; *Über die Gesetze*). Rechtsphilosophischer Dialog von Marcus TULLIUS CICERO (106–43 v.Chr.). – Der Autor hat das Werk bereits während oder kurz nach der Abfassung von *De re publica (Über das Gemeinwesen)* begonnen (etwa 52 v.Chr.), wegen der Abreise in die Provinz Kilikien jedoch abgebrochen und später nicht vollendet. Zudem ist es nur unvollständig überliefert: so ist lediglich das erste Buch ganz erhalten, Buch 2 und 3 weisen beträchtliche Lücken auf; vom Inhalt der restlichen zwei oder fünf Bücher – es bleibt ungewiß, ob die Schrift auf fünf oder acht Bücher geplant war – kennen wir nichts.

Der Dialog *Über die Gesetze* ist mit jenem *Über den Staat* gedanklich eng verbunden. Erörtert Cicero in dem früheren Werk die Frage, welches die beste Staatsform sei, so führt er hier aus, welche Gesetze in einem solchen idealen Gemeinwesen zu gelten hätten. Dabei geht es ihm allerdings nicht darum, ein Kompendium nach Art eines bürgerlichen Gesetzbuches zu schaffen. Er will tiefer greifen: so unterscheidet er zwischen allgemeinem Recht *(ius)* und einzelnen Gesetzesbestimmungen *(leges)* und sucht zunächst einmal die Natur des Rechts zu definieren (Buch 1). Erst dann wendet er sich der Interpretation bestehender Gesetze zu. Dabei grenzt er als die beiden hauptsächlichen Bereiche die Sakral- (Buch 2) und die Magistratsgesetze (Buch 3) voneinander ab. Quelle für seine Gesetzeszitate (2, 19–22; 3, 6–11) ist vor allem das altrömische Recht und dessen Zentrum, das *Zwölftafelgesetz*. Cicero gibt also im wesentlichen eine Deutung römischen Rechts. Diese Hinwendung zur gegenwärtigen Justiz, in einem Werk grundsätzlicher Rechtstheorie, ist nur konsequent: als die ideale Verfassung hat Cicero (vgl. *De re publica*) die aus monarchischen, aristokratischen und demokratischen Elementen gemischte erkannt und diese in der römischen *res publica* verwirklicht gefunden. Daß die speziell römischen Gesetzesformulierungen solchen umfassenden Überlegungen entgegenkamen, liegt am gleichsam angeboren objektiven Rechtsdenken der Römer.

Die philosophischen Partien des ersten Buches haben ihre Vorlage in stoischen und akademischen Schriften, und das Vorbild für die Gesamtkomposition sind PLATONS *Nomoi (Gesetze)*. Unter dem Einfluß dieses Werkes verlegt Cicero die Zeit des fingierten Dialogs, entgegen seiner sonstigen Gewohnheit, in die unmittelbare Gegenwart (den Sommer des Jahres 52) und bezieht sich selbst in die Reihe der Gesprächspartner ein (wobei er als selbstverständlich voraussetzt, daß sich hinter dem Fremdling in den *Nomoi* Platon verbirgt). Vor allem aber in der Entfaltung der Szenerie beweist Cicero, daß er ein Meister ist in der Kunst einer Nachbildung, die zugleich Neugestaltung ist: Marcus Tullius Cicero, sein Bruder Quintus und sein Freund Pomponius Atticus wandern an einem heißen Sommertag in der Nähe des vom Vater ererbten Landgutes am Gestade des Lires entlang zu Sitzplätzen auf der Fibrenusinsel, auf denen sie sich später niederlassen; die Erörterung über das Naturrecht wird im Gehen, das Gespräch über die Gesetze im Sitzen geführt. Das entspricht ungefähr der Exposition der *Nomoi*. Noch deutlichere Anregungen aber hat der Platonische *Phaidros* gegeben: Sokrates geht mit Phaidros an dem Bach Ilissos entlang zu einer Platane, in deren Schatten sie den Hauptteil ihres Gesprächs beginnen. Diese Rahmenhandlungen haben wesentliche Punkte des *locus amoenus* (typische Schilderung anmutiger Naturszenerie) gemeinsam: einen murmelnden Bach, schattenreiche Bäume, Vogelgezwitscher (oder Zikadenzirpen), eine Gegend, die bei starker Hitze zum Ausruhen einlädt. Während jedoch Platon den Zauber der Landschaft ironisch bricht, lenkt Cicero ihn in sentimentalische Bahnen: die auffällige Eiche eines nahegelegenen Wäldchens ist ihm wichtig, weil er sie in einem Gedicht auf Marius besungen hat; der ganze Ort gewinnt Bedeutung durch Ciceros persönliche Bindung an seine Geburtsstätte; angesichts der ländlichen Gegend haben selbst die großartigen zivilisatorischen Errungenschaften der Großstadt nichts Verlockendes mehr. In der Sehnsucht nach einem einfachen Leben auf dem Lande kündigt sich die Stimmung von VERGILS *Bucolica* und *Georgica* an. Eine solche Haltung ist ganz und gar unplatonisch; freilich ist Ciceros Drang nach politischem Wirken viel zu stark entwickelt, als daß sie ihn stark hätte bestimmen können. Um so bemerkenswerter sind die wenigen Stellen, an denen sich zeigt, daß er sie dennoch kennt. Über das Werk, über die rechtstheoretischen Darlegungen hinaus, wegen des nahezu dichterischen Ranges seiner Prooemien auf den Leser einen großen Reiz aus.   B. M.

AUSGABEN: Venedig [ca. 1470]. – Bln. ²1883, Hg. J. Vahlen. – Lpzg. 1897, Hg. A. du Mesnil [m. Erl.]. – Ldn. 1928; ern. Ldn./Cambridge (Mass.) 1951, Hg. u. engl. Übers. C. W. Keyes (Loeb). – Heidelberg 1950, Hg. K. Ziegler. – Turin 1953, Hg. L. Ferrero (in *Opere politiche e filosofiche*, Bd. 1). – Paris 1959 (*Traité des lois*, Hg., u. frz. Übers. G. de Plinval).

ÜBERSETZUNGEN: *M. Tulli Ciceronis drey Bücher von den besten Gesetzen*, J. M. Heinze, Dessau/Lpzg. 1783. – *Drei Bücher über die Gesetze*, K. A. F. Seeger (in *Werke*, Bd. 11, Stg. 1828). – Dass., W. Binder, Bln. o. J.

LITERATUR: E. Schramm, *De Ciceronis libris »De legibus« recensendis*, Diss. Marburg 1897. – T. Bögel, *Zum zweiten und dritten Buch von C.s Schrift »De legibus«* (in *Charites*, Fs. F. Leo, Bln. 1911, S. 279–321). – A. Laudien, *Die Komposition und Quelle v. C.s 1. Buch der »Gesetze«* (in Herm, 46, 1911, S. 108 bis 143). – P. Finger, *Die drei Grundlegungen des Rechts im 1. Buch von C.s Schrift »De legibus«* (in RhMus, 81, 1932, S. 155–177; 243–262). – R. Harder, *Zu C.s Rechtsphilosophie (De legibus I)* (in *Atti del congresso intern. di diritto romano*, Bd. 1, Rom 1934, S. 169–176). – M. Pohlenz, *Der Eingang von C.s »Gesetzen«* (in Phil, 93, 1938, S. 102–127). – P. L. Schmidt, *Interpretatorische und chronologische Grundfragen zu C.s Werk »De legibus«*, Diss. Freiburg i. B. 1959. – H. Waśkiewicz, *»De legibus« de Cicéron, premier système de philosophie du droit dans l'histoire de la pensée européenne* (in Roczniki Filoz., 8, 1960, S. 39–62). – T. Mayer-Maly, *Gemeinwohl und Naturrecht bei C.* (in *Völkerrecht und rechtliches Weltbild*. Fs. f. A. Verdross, Wien 1960, S. 195–206).

DE NATURA DEORUM (lat.; *Über das Wesen der Götter*). Philosophischer Dialog in drei Büchern von Marcus TULLIUS CICERO (106–43 v. Chr.), entstanden 45 v. Chr.; Marcus Brutus, dem Haupt der Verschwörung gegen Caesar, gewidmet. – Die Frage nach dem Wesen der Götter ist unter den ungelösten Problemen der Philosophie eines der schwierigsten; die Vertreter der platonischen Akademie haben daher klug daran getan, von einem grundsätzlichen Nichtwissen auszugehen und sich über umstrittene und ungewisse Dinge nur zurückhaltend zu äußern: mit diesen einführenden Worten legt Cicero seine eigene Haltung dar, die sich in gleicher Weise gegen Leichtfertigkeit im Behaupten wie im Bestreiten richtet und bewußt jene von SOKRATES ausgehende, durch die Mittlere

Akademie bis auf Ciceros Zeit fortgeführte Methode befolgt, jedes Thema von beiden Seiten her zu erörtern und keine festen Behauptungen aufzustellen, freilich auch keiner alles verneinenden Skepsis das Wort zu reden: »*Wir sind nämlich nicht solche Leute, die gar nichts für wahr halten, wohl aber behaupten wir, daß allem als wahr Erkannten ein Stück Unrichtigkeit anhafte von derartiger Ähnlichkeit mit der Wahrheit, daß es dabei keinerlei Merkmal gibt, auf Grund dessen man eine Aussage darüber endgültig verurteilen oder bejahen könnte.*« (1, 12)

In dem folgenden Gespräch hält sich Cicero selbst ganz im Hintergrund. Die Akademiker vertritt der Gastgeber Gaius Aurelius Cotta, die Stoiker Quintus Lucilius Balbus. Der Epikureer Gaius Velleius eröffnet die Auseinandersetzung mit heftigen Angriffen gegen die leeren Träumereien früherer Philosophen und stellt ihren Phantasien über die Götter selbstbewußt die Lehre EPIKURS entgegen. Das Dasein der Götter erweist sich zwar daraus, daß alle Menschen eine Vorstellung von Gott haben. Dieser Gottesbegriff spricht aber dem höchsten Wesen auch die höchste Glückseligkeit zu: also darf es weder selbst irgend etwas tun noch anderen irgendwie zu schaffen machen. Dem Menschen kommt es zu, diese in den Räumen zwischen den Welten glückselig für sich isoliert lebenden Götter zu verehren und von ihrem Eingreifen weder etwas zu befürchten noch zu erhoffen.

Ohne dieser Ansicht eigene sichere Aussagen entgegenzustellen, unterzieht Cotta sie einer scharfen Kritik. Vor allem greift er die Unvereinbarkeit einer Gottesvorstellung mit der Epikureischen Atomtheorie auf; er meint, Epikur hätte besser und folgerichtiger das Dasein der Götter überhaupt leugnen sollen. Balbus, recht erfreut über diesen Einwand, gibt nun im zweiten Buch einen systematischen Abriß der stoischen Götterlehre. Die Existenz der Götter folgt aus den Vorahnungen und Vorzeichen, die sie den Menschen schicken, sowie aus der Ordnung und Schönheit der Welt, deren Gestalt die vollkommenste, also der Kugel ist. Die Gestirne sind Götter, die vernünftige, beseelte Welt selbst ist Gott. Daß die Götter die Welt regieren, ergibt sich aus ihrer Güte: diese verlangt Bewährung in der Tätigkeit, die vornehmste Tätigkeit aber ist die Lenkung des Alls. Regieren die Götter nicht die Welt, so entweder aus Unverständnis oder aus Kraftlosigkeit - beides aber kann Göttern unmöglich unterstellt werden. Der Nachweis der göttlichen Fürsorge für die Menschen schließlich wird zum Preislied auf die sinnvolle Ordnung der Welt, wo alles zum Nutzen des Menschen eingerichtet ist.

Im dritten Buch werden auch diese enthusiastischen Gedankengänge von Cotta unbarmherzig zerpflückt. Zwar will er an der herkömmlichen Religion und ihre Ausübung nicht rühren, aber vom Philosophen verlangt er die Angabe von Gründen, nicht von Autoritäten. Durch die Schwäche ihrer Argumente machen die Stoiker die Existenz der Götter eher zweifelhaft. Aberglaube, Übertragung menschlicher Vorstellungen, der Glaube an eine Vielzahl von Göttern führen zu unhaltbaren Folgerungen. Diese - bisweilen etwas spitzfindige - Kritik findet Zustimmung bei Velleius, während Cicero, scheinbar entgegen seinen Äußerungen im Vorwort, einlenkt und den Gedanken des Stoikers die größere Wahrscheinlichkeit zuspricht. Hinter dieser Haltung verbirgt sich keineswegs ängstliche Heuchelei, wie man gemeint hat. Der Gesprächspartner Cicero befindet sich in voller Übereinstimmung mit den Grundsätzen des Autors Cicero: religiöse Überzeugungen sollen bestehen bleiben, auch wenn der Verstand keine widerspruchsfreien Gründe für sie findet; der Zweifel als methodische Haltung ist berechtigt, die lähmende und zersetzende Negation aber muß durch unparteiische Aufgeschlossenheit ersetzt werden. Eine solche tolerante Offenheit ist die Voraussetzung für eine künftige Weiterführung der Untersuchung (von Cicero in *De divinatione - Über die Weissagung* unternommen). Auch für die Nachwirkung des Werks hat sich diese Art des »offenen Philosophierens« als günstig erwiesen. Christliche Schriftsteller wie MINUCIUS FELIX (in dem durch und durch ciceronischen Dialog *Octavius*) und LACTANTIUS konnten hier ebenso Argumente für ihren eigenen wie gegen den heidnischen Glauben finden, und bis in die Neuzeit hinein blieb *De natura deorum* ein Grundbuch der philosophischen Theologie. D. Ma.

AUSGABEN: Rom 1471 (in der Gesamtausg. der philos. Schriften, Hg. K. Sweynheim u. A. Pannartz, Bd. 1). - Venedig 1471, Hg. Wendelin von Speyer. - Lpzg. ²1933, Hg. O. Plasberg u. W. Ax (in *Scripta quae manserunt omnia*, fasc. 45; Nachdr. 1961). - Paris 1936 (*De la nature des dieux*, Hg. C. Appuhn; m. frz. Übers.). - Ldn./Cambridge (Mass.) ²1951, Hg. H. Rackham (m. engl. Übers.; Loeb; Nachdr. 1956). - Turin 1955 (*La natura degli dei*, Hg. N. Marinone, in *Opere politiche e filosofiche*, Bd. 2). - Cambridge/Mass. 1955-1958, Hg. A. S. Pease, 2 Bde. [m. Komm.].

ÜBERSETZUNGEN: *Drey Bücher von dem Wesen und den Eigenschaften der Götter*, J. H. Winkler, Lpzg. 1739. - *Vom Wesen der Götter*, R. Kühner, Stg. 1863. - *Vom Wesen der Götter*, O. Güthling, n. d. Übers. v. R. Kühner, Lpzg. 1928 (RUB, 6881 bis 6883).

LITERATUR: L. Krumme, *Die Kritik der stoischen Theologie in C.s Schrift »De natura deorum«*, Diss. Göttingen 1941. - G. Freymuth, *Eine Anwendung von Epikurs Isonomiegesetz (C., »De natura deorum«, 1, 50)* (in Phil, 99, 1955, S. 101-115). - G. Pfligersdorffer, *C. über Epikurs Lehre vom Wesen der Götter* (in WSt, 70, 1957, S. 235-253). - A. J. Kleywegt, *C.s Arbeitsweise im zweiten und dritten Buch der Schrift »De natura deorum«*, Groningen 1961 [zugl. Diss. Leiden]. - P. Boyancé, *Les preuves stoïciennes de l'existence des dieux d'après Cicéron* (in Herm, 90, 1962, S. 45-71).

DE OFFICIIS (lat.; *Über die Pflichten*). Ethischphilosophische Schrift in drei Büchern von Marcus TULLIUS CICERO (106-43 v. Chr.), verfaßt Oktober bis Dezember 44; wohl nicht mehr vom Autor selbst herausgegeben. - Ciceros letztes philosophisches Werk ist zugleich dasjenige, das dank seiner Lebendigkeit und seines inneren Reichtums den größten Einfluß auf die Nachwelt ausgeübt hat. Der Kirchenvater AMBROSIUS hat es im 4. Jh. ins Christliche umgeformt (*De officiis ministrorum*), und so ist es mittelbar zum verbindlichen Pflichtenkodex des Mittelalters geworden. In der Renaissance sah man in *De officiis* ein Lehrbuch des Humanität. Die Aufklärung wandte sich ihm aufs neue zu, und unter dem Einfluß VOLTAIRES hat FRIEDRICH DER GROSSE *De officiis* das beste System der Moral genannt und seine Übersetzung durch den Popularphilosophen Christian Garve angeregt. Der moderne Begriff der »Moral« oder gar der preußische der »Pflicht« können freilich den Weg zum Verständnis der Schrift eher verbauen, ob-

gleich nicht zu leugnen ist, daß es die englischen Moralisten ebenso wie KANT, SCHILLER und HERBART aufs stärkste beeinflußt hat. Der Ansatz und die gedankliche Struktur des Werks gehen auf das berühmte, uns verlorene Werk *Peri kathēkontos (Über das Zukommende)* des griechischen Stoikers PANAITIOS zurück. Von dort stammt die metaphysische Grundlegung, die Konsequenz in der Durchdringung des Gegenstands und oft genug auch die Präzision der einzelnen Formulierung. Cicero dagegen ist die menschliche Fülle, die persönliche Betroffenheit und Wirklichkeitsnähe sowie die Schönheit der Sprache zu danken. Vor allem das dritte Buch ist seine eigenste Schöpfung: während in dem ersten Buch das Sittlich-Gute *(honestum)*, im zweiten das Nützliche *(utile)* als zwei verschiedene Bereiche ethischer Anforderungen dargestellt werden, behandelt das dritte die Situationen, in welchen *honestum* und *utile* in Widerstreit liegen. Dieser Gegensatz kam bei Panaitios nicht zur Sprache. Für den wahrhaft Weisen besteht er auch nicht: wohl aber für den Menschen der Tat, der sich um ein »mittleres« rechtes Handeln *(officia media* in stoischer Terminologie) bemüht. »Ohne Stütze, auf eigene Faust« (3, 34) gibt Cicero eine Anleitung, wie sich das ehrenvolle Handeln im Widerstreit mit dem scheinbar nützlichen durchhalten läßt, eine *»Vergleichung der Dinge«* (»comparatio rerum«), die sich, bei weitgehender Übereinstimmung mit der stoischen Lehre, beständig am wirklichen Handeln großer Gestalten der eigenen römischen Vergangenheit (etwa Catos und der Scipionen) orientiert. Wie in *De re publica* die Untersuchung des wirklichen römischen Staates die Staatstheorie »auf die Erde herunterholt«, so gewinnt hier die systematische Ethik durch geschichtliche Verifizierung unmittelbare Aktualität.
Noch stärker tritt uns der persönliche Bezug in den Einleitungen entgegen, die Cicero jedem der drei Bücher vorausschickt. In *De officiis* verläßt er die sonst meist eingehaltene Form des philosophischen Dialogs zugunsten einer direkten Anrede, einer Protreptik oder Paränese (»Hinwendung« oder »Aufforderung« zur Philosophie) an den in Athen studierenden Sohn. Dieser Appell erwächst aus den eigenen schmerzlichen Erfahrungen des Autors, der sich im Zeitalter starker Männer – eines Pompeius und Caesar, Antonius und Octavian – aus der aktiven Politik verdrängt sah und in seiner philosophischen Schriftstellerei einen Ausgleich suchen mußte (besonders einprägsam im Eingang des zweiten Buches ausgeführt). Da sein Geist zur Untätigkeit nicht geschaffen war, kehrte er zur Philosophie zurück. Als deren fruchtbarstes und reichstes Gebiet zeigt er nun dem Sohn die Lehre vom rechten Handeln auf, aus der sich Vorschriften für ein beständiges, sittlich-gutes Leben herleiten lassen. Grundlage ist die stoische Rückführung alles ethischen Verhaltens auf die Natur: diese ruft im Menschen außer dem Streben aller Lebewesen nach Nutzen den Willen zur sozialen Gemeinschaft hervor. Daher ist gerade das Einfache, Wahre und Reine der Natur des Menschen am meisten gemäß (geschichtliches Beispiel: Regulus), und es ist eine Verkehrung der Natur, den Nutzen vom Ehrenvollen zu trennen.
Solche Gedankengänge machen verständlich, weshalb der aufgeklärte Absolutismus hier anknüpfen konnte. Die Gefahren der unumschränkten Herrschaft – verkörpert in Iulius Caesar – sind freilich von Cicero so deutlich gesehen (z. B. 1,26), daß man sagen konnte, er habe hier als erster das Phänomen der irrationalen Dämonie der Macht erfaßt. Derartige Einsichten geben der Schrift ihren hohen sachlichen Rang; die Sensibilität und Verletzbarkeit des Autors, sein unablässiges Bemühen, im Zusammenbruch der alten Ordnungen und im persönlichen Scheitern erneut Fuß zu fassen, aus griechischem Denken und römischem Handeln heraus neue Maßstäbe zu erarbeiten und praktische Verhaltensregeln für sich und andere abzuleiten – diese Züge verleihen dem Werk seine tiefe Menschlichkeit und erklären seine unmittelbare Wirkung.
D. Ma.

AUSGABEN: Köln [vor 1465] *(Liber tullij de officijs)*. – Mainz 1465 *(Officiorum liber)*. – Turin 1953 *(I doveri*, in *Opere politiche e filosofiche*, Bd. 1, Hg. L. Ferrero). – Ldn./Cambridge (Mass.) 1956, Hg. W. Miller (m. engl. Übers.; Loeb). – Zürich ³1958, Hg. O. Gigon. – Mailand 1958: Buch 1, Hg. C. Bione; Buch 2/3, Hg. A. Ottolini.

ÜBERSETZUNGEN: *Tulius von allen ampten vnd stünden der welt als er geschriben hat za seim sun marco gen Athenis*, anon., Augsburg 1488. – *Abhandlung über die menschlichen Pflichten in drey Büchern*, C. Garve, Breslau 1783; ⁴1792. – *Drei Bücher von den Pflichten*, F. Richter, Hg. O. Güthling, Lpzg. ²1927 (RUB, 1889/90a). – *Vom pflichtgemäßen Handeln*, K. Atzert, Mchn. 1959 (GGT, 534). – *Vom rechten Handeln*, K. Büchner, Zürich/Stg. ²1964 [lat.-dt.].

LITERATUR: G. Ibscher, *Der Begriff des Sittlichen in der Pflichtenlehre des Panaitios*, Diss. Mchn. 1934. – L. Labowsky, *Die Ethik des Panaitios. Untersuchungen zur Geschichte des Decorum bei C. und Horaz*, Lpzg. 1934 [zugl. Diss. Heidelberg]. – M. Pohlenz, *Antikes Führertum.* C. »De officiis« *und das Lebensideal des Panaitios*, Lpzg./Bln. 1934. – Ders., *C.* »De officiis« *III*, Bln. 1934 (NGG, phil.-hist. Kl., Fachgr. 1, N. F. 1/1). – J. T. Muckle, *The* »De officiis ministrorum« *of St. Ambrose and the* »De officiis« *of C.* (in Mediaeval Studies, 1, 1939, S. 63–80). – W. J. Brüser, *Der Textzustand von C.s Büchern* »De officiis«, Diss. Köln 1952. – M. Valente, *L'éthique stoïcienne chez Cicéron*, Paris/Pôrto Alegre 1956. – H. Dieter, *C.s Werk* »De officiis«, *eine ideologische Tendenzschrift*, Diss. Potsdam 1960.

DE ORATORE (lat.; *Über den Redner*). Dialog in drei Büchern von Marcus TULLIUS CICERO (106 bis 43 v. Chr.), entstanden im Jahre 55, nach Ciceros Rückkehr aus der Verbannung. – Die Gespräche über den vollkommenen Redner und das Verhältnis von Philosophie und Redekunst sind die erste Frucht der Hinwendung Ciceros zur philosophischen Schriftstellerei. Zur Zeit des Ersten Triumvirats ausgeschaltet aus dem politischen Leben, versuchte er, zunächst auf seinem eigensten Gebiet wieder zu sich selbst zu finden: die Rhetorik philosophisch zu durchdringen und damit seine unvollendete Jugendschrift *De inventione* zu ersetzen. Das erste Werk wurde zugleich das künstlerisch vollkommenste, sowohl im Urteil der Nachwelt wie nach seiner eigenen Meinung: *»Meine drei Bücher über den Redner halte ich für besonders gelungen«*, schreibt er im Jahre 45 dem Freund ATTICUS *(Ad Atticum*, 13, 19, 4).
Im selben Brief gibt Cicero auch eine ganze Reihe allgemeiner Hinweise zum Verständnis der von ihm gewählten Darstellungsform, die sich an *De oratore* besonders gut verdeutlichen läßt. – Im Jahre 91 v. Chr., in einer Zeit heftiger politischer

Kämpfe auf dem Forum, flüchtet eine Gruppe vornehmer Römer für ein paar Tage in die Stille der Albaner Berge und trifft sich in einem der Landhäuser von Tusculum zu Gesprächen, die sehr bald von der bedrängenden Gegenwart weg zu zeitlosen Fragen führen. Die zwei bedeutendsten Redner der Epoche, Lucius Licinius Crassus und Marcus Antonius, der eine durch allseitige Bildung, der andere durch praktischen Sinn ausgezeichnet, und der witzigste Mann auf der Rednerbühne, Gaius Iulius Caesar Strabo, dazu der alte Rechtsgelehrte und Augur Quintus Mucius Scaevola, Quintus Lutatius Catulus, ehemaliger Konsul aus der Zeit des Kimbernkriegs, sowie die begabten jungen Männer Gaius Aurelius Cotta und Publius Sulpicius Rufus verkörpern zugleich drei Altersstufen und die verschiedenen Spielarten römischer Lebensform. Dem entsprechen ihre Beiträge zum Gespräch, das in natürlicher Kurve verläuft: man tastet die Positionen ab, legt sie fest, schränkt ein und vermittelt, erklärt sich schließlich in längerem Vortrag. Crassus beginnt mit einem allgemeinen Lob der Redekunst, der alte Scaevola betont mehr das schlichte Sachwissen, Antonius hält die Mitte. Crassus holt weiter aus, spricht von den Voraussetzungen, die ein Redner mitbringen muß, von den Gegenständen, Teilen, Ausdrucksmitteln der Rede. Dem Praktiker Antonius ist dabei zuviel von Philosophie und Wissenschaft die Rede, Crassus wirft ihm vor, er mache aus dem Redner einen bloßen Lohndiener. Am Ende des ersten Buches entfernt sich Scaevola, dafür kommen im zweiten Buch Caesar und Catulus hinzu. Man wendet sich jetzt spezielleren Fragen zu: Antonius spricht in seiner sachlichen Art über Erfindung, Disposition, Beweisführung, überläßt es dazwischen aber Caesar, mit einem Feuerwerk altrömischer Witze Funktion und Formen des Humors in der Rede zu erläutern. Im dritten Buch gibt Crassus die ihm gemäße Ergänzung, behandelt Form und Schmuck des Vortrags, Bilder und Redefiguren, betont das Recht des Redners, auch philosophische Gegenstände zu behandeln. Auf diese Weise ist der ganze, von Natur recht theoretisch-trockene Sachkomplex der Rhetorik abgehandelt. Indem der Autor die Anteilnahme des Lesers an den diskutierenden Personen weckt und deren eigenes lebhaftes Interesse an ihrem Gegenstand schildert, hat er diesen lebendig und anschaulich gemacht.

Cicero selbst war damals, als die Gespräche stattfanden, noch ein Knabe; er hat sich von Cotta darüber berichten lassen. Diese zeitliche Distanz des Autors verleiht den Gesprächen erhöhte Würde und Gültigkeit. Zugleich hat er die Möglichkeit, in den allen drei Büchern vorausgeschickten Einleitungen im eigenen Namen erläuternde Akzente zu setzen, gliedernde Einschnitte zu markieren und Folgerungen zu ziehen. Jeweils in widmender Anrede an seinen Bruder Quintus spricht er von der Seltenheit des guten Redners und der Schwierigkeit der Redekunst (Buch 1), bekennt er sich zu Crassus' Ideal des philosophischen Redners (Buch 2) und gibt einen Vorausblick auf die wenige Tage nach jenem Gespräch erfolgten Tod des Crassus, welcher diesem die Greuel der Parteikämpfe zwischen Marius und Sulla ersparte, in denen fast alle übrigen Teilnehmer des Dialogs umkommen sollten (Buch 3). Wie die politischen Ideen des todgeweihten Scipio in *De re publica* erhält also Crassus' Vorstellung des idealen Redners den Charakter eines Vermächtnisses: der Kerngedanke eines auch als sachliches Handbuch überreichen Werks hat dank der hohen Kunst der Darstellung im Bild eines Mannes der römischen Geschichte lebendige Gestalt gewonnen.
D. Ma.

AUSGABEN: Subiaco [vor 1465]. – Oxford 1892, Hg. A. S. Wilkins [m. Einl. u. Komm.; Nachdr. Amsterdam 1962]. – Lpzg. ⁶1886–1890, Hg. K. W. Piderit u. O. Harnecker [m. Komm.; Nachdr. Amsterdam 1965]. – Oxford 1902 (in *Rhetorica*, Hg. A. S. Wilkins, Bd. 1; Nachdr. zuletzt 1963). – Ldn./Cambridge (Mass.) ²1948, Hg. E. W. Suton u. H. Rackham (m. engl. Übers.; Loeb; Nachdr. 1958/59). – Paris 1950–1956 (*De l'orateur*, Hg. E. Courbaud u. H. Bornecque, 3 Bde.; m. frz. Übers.; Bd. 3: ²1956). – Mailand 1958 (*L'oratore*, Hg. E. V. d'Arbela; m. ital. Übers. u. Komm.).

ÜBERSETZUNGEN: *Drey Gespräche von dem Redner*, J. M. Heinze, Helmstedt 1762. – *Drei Bücher vom Redner*, R. Kühner, Stg. 1858; ern. Mchn. 1962 (GGT, 850/851). – *Vom Redner*, F. Spiro, Lpzg. 1928 (RUB, 6884–6887).

LITERATUR: W. Kroll, *C. und die Rhetorik* (in NJb, 11, 1903, S. 681–689). – L. Laurand, *De M. Tulli Ciceronis studiis rhetoricis*, Paris 1907. – R. Weidner, *C.s Verhältnis zur griechisch-römischen Schulrhetorik seiner Zeit*, Diss. Erlangen 1925. – J. F. d'Alton, *Roman Literary Theory and Criticism*, Ldn./NY 1931. – H. K. Schulte, *Orator. Untersuchungen über das ciceronianische Bildungsideal*, Ffm. 1935 (Frankfurter Studien zur Religion und Kultur der Antike, 11). – P. MacKendrick, *C.'s Ideal Orator* in Classical Journal, 43, 1948, S. 339 bis 347). – M. Orban, *Réhabilitation de la parole dans le »De oratore« de Cicéron* (in L'Antiquité Classique, 1950, S. 27–44). – A. Michel, *La philosophie et l'action dans le »De oratore«* (in L'Information Littéraire, 11, 1959, S. 201–207). – Ders., *Le »Dialogue des Orateurs« de Tacite et la philosophie de C.*, Paris 1962.

DE RE PUBLICA (lat.; *Vom Gemeinwesen*). Staatstheoretisches Werk in sechs Büchern von Marcus TULLIUS CICERO (106–43 v. Chr.), entstanden in den Jahren 54–51. – Die Schrift, wie *De oratore* und *De legibus* in der Zeit erzwungener politischer Untätigkeit (zwischen Verbannung, 58/57, und Prokonsulat, 51) konzipiert, ist nur zu etwa einem Viertel erhalten. Hätte nicht Angelo MAI 1819 in der Vatikanischen Bibliothek einen Palimpsest des 4. Jh.s gefunden, der uns große Teile des ersten und zweiten sowie einige Reste des dritten Buches wiederschenkte, so wäre die Nachwelt auf das wenige angewiesen, was AUGUSTIN, LAKTANZ und AMBROSIUS oder Grammatiker wie NONIUS u. a. als Lesefrüchte aus dem berühmten Werk exzerpierten und ihren eigenen Schriften einverleibten. Einzig der abschließende *Traum Scipios*, das *Somnium Scipionis*, schon früh gesondert tradiert und eigener Kommentare gewürdigt (etwa von MACROBIUS), wurde unversehrt in die Neuzeit herübergerettet.

Ist die Rekonstruktion des Werkes auch schwierig, wenn nicht gar, wie im zweiten Teil, ausgeschlossen, so läßt sich doch der wohlausgewogene Plan des Ganzen noch deutlich erkennen. Cicero berichtet seinem Bruder Quintus von einem Gespräch, das der berühmte Publius Cornelius Scipio d. J. (185/184–129 v. Chr.) an den drei Tagen des Latinerfestes 129 in seinen Gärten mit Freunden geführt hat. Je zwei Bücher fassen die Unterhaltungen eines Tages zusammen, jeder »Tag« (d. h. Buch 1, 3 und 5) ist von einem Vorwort des

Autors eingeleitet. Ausführlich und lebendig schildert Cicero das Zustandekommen des illustren Gesprächskreises. Die Besucher des Feldherrn, Laelius, Philus, Manilius, Mummius, Tubero u. a., sind ebenfalls bekannte Persönlichkeiten des damaligen öffentlichen Lebens. Fast unmerklich gelangen die Dialogpartner von der letzten Neuigkeit, dem seltsamen Naturereignis einer Doppelsonne, zu ihrem Zentralthema: der besten Staatsverfassung. Das erste Buch untersucht nach einer Definition der res publica (des Staats- und Gemeinwesens) die drei Verfassungsformen Monarchie, Aristokratie und Demokratie; als beste nennt Scipio eine aus den drei reinen Typen gemischte Form: diese ist, wie ein Überblick über die Geschichte Roms (Buch 2) darlegt, in der republikanisch-römischen Verfassung verwirklicht. Vom historischen Exempel abstrahierend, erörtern die folgenden Bücher sodann allgemein die Bedingungen eines vollkommenen Staates: in Buch 3 werden in langem Für und Wider Wert und Wesen der Gerechtigkeit besprochen, in Buch 4 geht es, am Beispiel einzelner Zweige der Gesetzgebung wie Erziehung, Sitten usw., um die optimale Realisation der Gerechtigkeit (vorausweisend auf De legibus). Buch 5 und 6 schließlich sind der Erörterung des besten Staatsmannes gewidmet, und an deren Ende, als Krönung des ganzen Dialogs und zugleich als eine Art Apotheose der Scipionen-Familie, der Bericht Scipios von seinem Traum und den visionären Gesprächen mit dem älteren Scipio Africanus steht.

De re publica ist, wie De oratore, eines von Ciceros Meisterwerken. Seine Kunst der Erfindung und der kompositorischen Darstellung zeigt sich hier auf ihrem Höhepunkt: die Ökonomie des Ganzen wie der Teile, die zugleich legere und konzentrierte Führung des Gesprächs, die wie selbstverständliche Eleganz der bis in die letzte Formulierung gefeilten und rhythmisch durchgebildeten Sprache wirken selten in so vollendeter Harmonie zusammen wie hier.

Diese geglückte innere Stimmigkeit tritt auch noch auf einer anderen Ebene zutage. Allenthalben ist, ohne daß Brüche und Nähte spürbar würden, in die Darstellung das philosophische Gedankengut des Hellenismus eingegangen: der Kreislauf der Verfassungen (Buch 1) ist seit PLATON und ARISTOTELES ein Topos der Staatstheorie; der Gedanke der gemischten Verfassung geht auf Aristoteles und DIKAIARCH zurück; die Darstellung des Werdens der römischen Staatsform hat ihren Vorläufer bei POLYBIOS; die dialektische Erörterung über die Gerechtigkeit basiert auf zwei berühmt gewordenen Reden, die der akademische Skeptiker KARNEADES im Jahre 155 in Rom gehalten hat; nicht wenig verdankt Cicero – zumal gegen Ende – Werken der Mittleren Stoa, besonders des PANAITIOS und POSEIDONIOS.

Wohl am deutlichsten wird dieses Einarbeiten und Aneignen griechischer Tradition in der formalen Konzeption des Dialogs: in dem kühnen Unterfangen, aus römischem Geist die Politeia Platons nachzuformen. Gesprächssituation und Rahmengestaltung, Grundthematik und Verknüpfung zahlreicher Einzelmotive, nicht zuletzt die mythischverklärende Schlußwendung verraten das Vorbild. Bedeutsamer noch als die Parallelen erscheinen freilich die Variationen; denn in ihnen enthüllt sich, daß es Cicero bei seinem Nachbilden in vollkommenem Maße geglückt ist, ein ganz eigenes, allem Epigonentum fernes Werk zu schaffen. Die Ersetzung des einseitigen Lehrer-Schüler-Verhält-

nisses im Sokratischen Kreis durch eine Beziehung gleichrangiger Persönlichkeiten des öffentlichen Lebens; der Wandel vom Philosophengespräch zur Diskussion unter Politikern und Feldherren; statt der durch SOKRATES von hoher Warte gegebenen Belehrung gemeinsames Bemühen um Klärung der Probleme; statt des Jenseitsmythos am Schluß der irdisch-menschliche Traum; statt des Entwurfs eines utopischen Idealstaates die Orientierung am historisch gewachsenen Modell, um dessentwillen andererseits ja das ganze Gespräch überhaupt inszeniert wird: kurz, wo irgend es möglich ist, eine Umschmelzung der griechischen Elemente ins Diesseitig-Säkulare, in typisch römische Aktualität, Anwendbarkeit, so daß dem Leser auf Schritt und Tritt fühlbar wird – nicht als These, sondern als unablässig mitschwingender Unterton –, wie sehr der Autor darum ringt, in der Zeit erzwungener politischer Ohnmacht durch das Wort seinen Beitrag zur Überwindung des politischen Chaos seiner Tage zu liefern. E. Sch.

AUSGABEN: Paris o. J. [nicht vor 1485] *(Somnium Scipionis ex Ciceronis libro de republica excerptum)*. – Rom 1822 (*M. Tulli Ciceronis de re publica quae supersunt*, Hg. A. Mai). – Turin ²1947 (*M. Tulli Ciceronis De re publica librorum sex quae supersunt*, Hg. L. Castiglioni u. I. Galbati). – Florenz ⁵1953, Hg. L. Ferrero [m. Komm.]. – Lpzg. ²1960 (*M. Tulli Ciceronis De re publica librorum sex quae manserunt*, Hg. K. Ziegler). – Florenz ²1961 (*Della repubblica libri sei*, Hg. U. Pedroli u. G. Gianelli; m. Komm.).

ÜBERSETZUNGEN: *Ein neues Traumbüchlein* etc. *Eyn Summarium des traumes Scipionis* etc., anon., Straßburg o. J. (bei J. Cammerlander). – *Republik*, J. M. Pierre, Fulda 1824 [aus dem Frz.]. – *Staat*, F. v. Kobbe, Göttingen 1824. – *Vom Gemeinwesen*, K. Büchner, Zürich ²1960 [lat.-dt.]. – *Staatslehre*. Staatsverwaltung, K. Atzert, Mchn. 1958. – *Über den Staat*, W. Sontheimer, Stg. 1963 (RUB, 7479/80).

LITERATUR: R. Heinze, *C.s »Staat« als politische Tendenzschrift* (in Herm, 59, 1924, S. 73–94). – R. Harder, *Über C.s »Somnium Scipionis«* (in Schriften der Königsberger Gelehrten Gesellschaft, geisteswiss. Kl. 6/3, Halle 1929). – N. Wilsing, *Aufbau und Quellen von C.s Schrift »De republica«*, Diss. Lpzg. 1929. – M. Pohlenz, *C. »De republica« als Kunstwerk* (in Fs. f. R. Reitzenstein, Lpzg./Bln. 1931, S. 70–105). – D. Grasso, *Originalità e romanità del »Somnium Scipionis« in rapporto alle sue fonti greche*, Benevento 1948. – K. Büchner, *Studien zur römischen Literatur*, Bd. 2: Cicero, Heidelberg 1962, S. 25–115 *(Die beste Verfassung)*; S. 116–147 *(Der Tyrann und sein Gegenbild in C.s »Staat«)*; S. 148–172 *(»Somnium Scipionis« und sein Zeitbezug)*.

LAELIUS DE AMICITIA (lat.; *Laelius, über die Freundschaft*). Philosophischer Dialog von Marcus TULLIUS CICERO (106–43 v. Chr.), entstanden 44 v. Chr. – Die dem Freund ATTICUS gewidmete Schrift enthält ein fiktives Gespräch zwischen Laelius, dem berühmten Freund des jüngeren Scipio Africanus, und seinen Schwiegersöhnen Gaius Fannius und Quintus Mucius Scaevola, geführt im Jahr 129 v. Chr., dem Todesjahr Scipios. Anders als im echten Dialog, wo die Gesprächspartner gleichwertige Beiträge liefern, werden die Hauptgedanken ausschließlich dem Laelius in den Mund gelegt, während die beiden anderen Beteiligten nur durch entsprechende Fragen und Bitten diese Äußerungen anregen. In lockerer Führung, die auch Wiederholungen und Überschneidungen zuläßt, bewegt sich das Gespräch, nach einer Einleitung (1–16), um den allgemeinen Wert und Nutzen der Freundschaft (17–25), um Wesen und Ursprung der Freundschaft (26–32) und nicht zuletzt um die mit der Freundschaft verbundenen konkreten Pflichten (33–100). Als literarische Quelle Ciceros bietet sich, einer Notiz des GELLIUS zufolge, vor allem THEOPHRASTS Schrift *Peri philias (Über die Freundschaft)* an.

Die außerordentliche Hochschätzung durch die Schulphilologie des 19. Jh.s verdankte das Werk hauptsächlich zwei Aspekten: Die im *Laelius* anklingende Tradition des pythagoreisch-platonischen Freundschaftskultes ließ sich ebenso leicht mit einer ausgeprägt antierotischen Einstellung verbinden wie die patriotisch-konservative Tendenz mit dem damals herrschenden Obrigkeitsgedanken. Dennoch gab es von jeher, besonders im idealistischen Lager und von humanistischer Seite, auch scharfe Kritiker des *Laelius*. Sie tadeln die mangelnde Logik in Aufbau und Gedankenführung und beklagen insbesondere, daß anstelle eines wirklich idealistisch-kosmopolitischen Bekenntnisses eine etwas undurchsichtige Vermengung philosophischer und politischer Argumente geboten wird. Freilich ist gerade die Verquickung der großen Menschheitsfragen mit aktuellen Interessen, die »Propaganda« im Gewande der Weisheit, charakteristisch für die meisten der philosophischen Arbeiten Ciceros; das hängt mit dem Wesen der antiken Rhetorik zusammen. Die Beurteilung der rhetorischen Leistung Ciceros im *Laelius* scheitert aber leider an der Unmöglichkeit, die politische Situation, in der das Werk geschrieben wurde, und die Absichten, die Cicero damit verfolgte, genau zu rekonstruieren. Denkbar wäre immerhin, daß es ihm bei der Abfassung – kurz nach Caesars Tod – darauf ankam, die alte Aristokratie mit einem Appell an ihr Solidaritätsgefühl wieder zu einem geschlossenen und mächtigen Block zusammenzuschweißen und zugleich sich selbst einer möglicherweise auftretenden Führerpersönlichkeit als ein neuer Laelius zu empfehlen. Bewundernswert ist die diesem Zweck entsprechende kunstvolle Einkleidung des Gesprächs, die es auf taktvolle Weise erlaubt, bestimmte Dinge von einem Mann aussprechen zu lassen, der zwar längst tot war, auf den aber noch immer ein Abglanz der unumstößlichen Autorität und des Ruhmes eines Scipio fiel. Was die *»politische Tendenzschrift«* (Seyffert-Müller) darüber hinaus philosophisch erbringt, ist zumindest nicht originell. Dennoch ist es auch für kritische Leser reizvoll zu beobachten, wie der Verfasser in zwanglos-diskursiver Weise von den vordergründigen Aspekten des Themas allmählich zu dessen geheimnisvollem Kern und unlösbaren Problemen vordringt und dabei – immer zugleich Theorie und Praxis im Auge behaltend – manche zeitlos gültige Weisheit zum Ausdruck bringt.

R. M.

AUSGABEN: Rom 24. 1. 1469 (enth. *De officiis, Paradoxa Stoicorum, Laelius, Cato maior*, Hg. C. Sweynheym u. A. Pannartz). – o. O. [Köln] o. J. [1478?] (*De amicitia*). – Lpzg. ²1876 (*Laelius. De amicitia dialogus*, Hg. M. Seyffert u. C. F. W. Müller; m. Komm.; Nachdr. Hildesheim 1965). – Lpzg. 1917 (*Cato maior. Laelius*, Hg. K. Simbeck, in *Scripta quae manserunt omnia*, Bd. 14/47; Nachdr. 1961). – Ldn./Cambridge (Mass.) 1923 (in *De senectute. De amicitia. De divinatione*, Hg. W. A. Falconer; m. engl. Übers.; Loeb; Nachdr. zul. 1959). – Mailand 1931, Hg. G. Paliotti [m. Komm.]. – Heidelberg ⁴1955 (*Laelius. De re publica*, Hg. H. Hommel; Einl. K. Meister). – Florenz 1957, Hg. A. Marsili [m. Komm.]. – Turin 1959 (in *Cato maior de senectute. Laelius de amicitia*, Hg. P. Venini). – Mchn. 1961, Hg. M. Faltner [lat.-dt.]. – Paris ⁴1961 (*L'amitié*, Hg. L. Laurand; m. frz. Übers.).

ÜBERSETZUNGEN: *Ain Büchle von der Freundschafft*, H. v. Schwartzenberg (in *Der Teutsch Cicero*, Augsburg 1531). – *Lälius oder von der Freundschaft an Titus Pomponius Atticus*, R. Kühner, Stg. 1864. – *Laelius oder von der Freundschaft*, W. M. Pahl in *Werke*, Bd. 5, Stg. ⁴1877). – *Laelius*, C. Woyte, nach d. Übers. v. R. Kühner, Lpzg. 1928 (RUB, 868). – *Von der Freundschaft*, R. Nitsche in *Vom Alter, von der Freundschaft u. vom höchsten Gut u. Übel*, Zürich 1949).

LITERATUR: H. Heusch, *Zum Proömium von C.s »Laelius«* (in RhMus, 96, 1953, S. 67–77). – J. Steinberg, *Begriff u. Wesen der Freundschaft bei Aristoteles u. C.*, Diss. Erlangen 1956. – M. Ruch, *Le préambule dans les œuvres philosophiques de Cicéron. Essai sur la genèse et l'art du dialogue*, Paris 1958, S. 179–181; 303–321. – G. Petrocchi, *I Lelii, gli Scipioni e il mito del sapiens in Cicerone* (in Ciceroniana. Rivista di Studi Ciceroniani, 1/2, 1959, S. 20–77). – H. L. F. Drijepondt, *C.s »Laelius de amicitia«, eine Einheit* (in Acta Classica, 6, 1963, S. 64–80). – T. Pucci, *Politica ed ideologia nel »De amicitia«* (in Maia, 15, 1963, S. 342–358). – K. Büchner, *C.*, Heidelberg 1964, S. 420–428.

ORATOR (lat.; *Der Redner*). Rhetorische Lehrschrift von Marcus TULLIUS CICERO (106–43 v. Chr.), entstanden 46 v. Chr. – Wie der vorangegangene *Brutus* ist das Werk dem Redner und späteren Caesar-Mörder Marcus Iunius Brutus gewidmet, mit dem Cicero in einem Briefwechsel die hier behandelten Fragen und Themen erörtert hatte. Und wie die frühere Schrift ist auch diese in einer ganz bestimmten Tendenz konzipiert; sie will die in Mode gekommene sogenannte »attizistische« Richtung in der Rhetorik bekämpfen, der etwa gerade ein CAESAR anhängt. So wird bereits im Prooemium (1–32) eindringlich auf die Unerläßlichkeit der Beherrschung aller Stilarten und das hierin musterhafte Vorbild des DEMOSTHENES hingewiesen. Mit dem grundlegenden Satz: »*Es gibt im ganzen drei Stilarten*« (*»tria sunt omnino genera dicendi«*), wird eine knappe und genaue Darstellung der auf THEOPHRAST zurückgehenden Lehre von den drei Stilhöhen eingeleitet (20). Danach werden ein *genus grandiloquum* (auch *grave* oder *vehemens*), ein *genus subtile* (auch *leve* oder *tenue*) und ein *genus medium* (auch *modicum* oder *temperatum*) unterschieden, d. h. ein »hoher« oder »erhabener«, ein »niederer« oder »leichter« und ein »mittlerer« oder »gemäßigter« Stil. Die beiden Extremlagen treten in zwei Spielarten auf: Der pathetische Stil ist entweder dunkel, empfindsam, expressiv, schauerlich oder geballt-lakonisch, der leichte derb-heiter oder feinsinnig-geschliffen (belehrend).

Der erste Hauptteil (44–148), in dem Cicero auf eine vollständige Behandlung der fünf Disziplinen der klassischen Rhetorik verzichtet und statt dessen alles Gewicht auf eine von ihnen, die Lehre vom Stil *(elocutio)*, legt, während die übrigen Gebiete ausgeklammert oder nur beiläufig berührt werden (Erfindung: *inventio*, 44-49; Gliederung: *dispositio*, 50; Vortrag: *pronuntiatio*, 54-60), führt die Stilsystematik des Prooemiums weiter aus. Eine wichtige Ergänzung ist die Verknüpfung der drei Tonhöhen mit der Höhe der behandelten Gegenstände und der dreifachen Aufgabe des Redners und Prosastilisten, der es verstehen soll, gleichermaßen zu bewegen *(flectere)*, zu fesseln *(delectare)* und analysierend darzulegen *(probare)*. Die hierbei unbemerkt vollzogene Vertauschung der Funktionen des mittleren und des niederen Stils stützt sich offenbar auf eine andere Tradition der Klassifizierung der Stilarten, die nicht an der inneren Stilhöhe der Sprache, sondern an den äußeren Schmuckformen *(ornatus)* orientiert ist. Diese – oft etwas verwirrende – Doppelgleisigkeit bei der Einteilung der Stilarten hat auch in der späteren Schulrhetorik weitergewirkt; denn unter den wenigen erhaltenen lateinischen Theoretikern, die sich mit den Stilarten befassen – der Autor der *Rhetorica ad Herennium*; HORAZ; AUGUSTIN –, nahm Cicero mit seinem *Orator* stets einen hervorragenden Platz ein. Nicht weniger wegweisend wurde der *Orator* mit seiner Lehre vom Prosarhythmus, dessen schwierige Gesetze im zweiten Hauptteil (149-236) an zahlreichen Beispielen erläutert werden.

Im Grunde geht es dem Verfasser bei der aufwendigen Darlegung vor allem um eines: die Aufwertung und Rechtfertigung des Pathos, zu dem er in seinen Reden eine eigene Vorliebe entwickelt und in dem er besondere Meisterschaft erreicht hat. Die Bevorzugung des Pathos, nicht die strenge Befolgung der Lehre von den verschiedenen Tonhöhen war es, was ihm die Angriffe der Attizisten eingebracht hatte, die allein den jedes Extrem meidenden, sachlichen mittleren Stil zulassen wollten. Heute, wo sich die Literaturwissenschaft wieder mehr als früher um »objektive« Stilkriterien bemüht, gewinnt der *Orator*, gerade weil er klarer, konkreter und ausführlicher gehalten ist als die meisten der anderen einschlägigen Schriften der Antike, mehr und mehr an Bedeutung. R. M.

AUSGABEN: Venedig 1485 *(De perfecto oratore*, in *Rhetorica)*. – Lpzg. 1884 *(Ad M. Brutum Orator*, Hg. F. Heerdegen; m. Einl.). – Oxford 1903 (in *Rhetorica*, Bd. 2, Hg. S. Wilkins; Nachdr. zul. 1960). – Lpzg. 1932, Hg. P. Reis (in *Scripta quae manserunt omnia*, Bd. 5; Nachdr. zul. 1963). – Mailand 1937, Hg. F. Galli. – Ldn./Cambridge (Mass.) 1939 (in *Brutus. Orator*, Hg. G. L. Hendrickson u. H. M. Hubbell; m. engl. Übers.; Loeb; mehrere Nachdr.). – Heidelberg 1952, Hg. O. Seel [m. Einl.]. – Paris 1964 (in *L'orateur. Du meilleur genre d'orateurs*, Hg. A. Yon; m. frz. Übers.)

ÜBERSETZUNGEN: in *Spiegel der waren Rhetorik*, F. Riederer, Freiburg i. B. 1493. – *Der Redner*, J.L.H. Woller, Hbg. 1787. – Dass., J. Sommerbrodt (in *Werke*, Lfg. 104/105, Stg. 1859-1872). – Dass., C. A. Mebold (in *Werke*, Bd. 6, Stg. [2]1866).

LITERATUR: T. Petersson, *C. A Biography*, Berkeley/Calif. 1920, S. 433-442. – M. A. Grant, *C.'s »Orator« and Horace's »Ars poetica«* (in TPAPA, 54, 1923, S. XVII/XVIII). – L. Havet, *Notes critiques sur l'»Orator« et sur Isée*, Paris 1927. – K. Schulte, *Orator. Untersuchungen über das ciceronianische Bildungsideal*, Ffm. 1935, S. 61 u. 73. – P. Giuffrida, *La dottrina stoica delle phone e l'*

»Orator« di Cicerone (in Scritti vari pubblicati dalla Faccoltà di Magistero dell' Univ. di Torino, I, 1950, S. 115-128).

PHILIPPICAE ORATIONES (lat.; *Philippische Reden*).

Vierzehn gegen Marcus Antonius gerichtete Reden von Marcus TULLIUS CICERO (106-43 v. Chr.), vor dem Senat oder dem Volk gehalten in den Jahren 44 und 43 v. Chr. – Nach CAESARS Ermordung am 15. März 44 hatte der junge und ehrgeizige Marcus Antonius, Konsul dieses Jahres, mit dem Testament des Diktators zugleich immer mehr Macht an sich gebracht. Er spielte sich mit seinen Verfügungen und Erlassen als Testamentsvollstrecker auf, umgab sich mit eigenen Truppen und mißachtete ebenso die Wünsche des Senats, der nach der Beseitigung des Tyrannen die Gewalt im Staat wieder in den Griff zu bekommen hoffte, wie den Willen des legitimen Caesar-Erben und -Stiefsohnes Octavian. Cicero, der für sich selbst die Chance eines politischen »Comebacks« witterte, stellte sich der Willkür des hochmütigen Patriziers entgegen und machte sich zum Sprecher einer republikanischen Front, deren Aufgabe es hätte sein sollen, den Staat vor einer neuerlichen, endgültigen Alleinherrschaft zu bewahren.

Diesem Zweck dienen die haßerfüllten Reden gegen Antonius, die mit Ausnahme der vierten und sechsten alle vor dem Senat gehalten wurden. Sie erstrecken sich über den Zeitraum eines halben Jahres. Die erste datiert auf den 2. September 44, als bereits feststand, daß zwischen Antonius und den Caesar-Mördern keine Einigung mehr zustande kommen würde, die letzte auf den 21. April 43, den Tag der Schlacht von Mutina, bei der die Republikaner einen einstweiligen Sieg davontrugen. Ciceros Kritik setzt zunächst vorsichtig und zurückhaltend ein: Freundschaftliche Ermahnungen sollen Antonius auf den rechten Weg und das rechte Maß zurückführen, sollen ihn einsehen lassen, daß jetzt, nach Caesars Tod, der Zeitpunkt für die Wiederverwirklichung der alten *res publica* gekommen ist. Doch schon in der zweiten *Philippica* beginnen die gehässigen Tiraden; der Konsul wird auf eine Stufe gestellt mit anderen Staatsfeinden, wie Catilina, Publius Clodius und Caesar, die seit nunmehr zwanzig Jahren stets die erklärten Feinde Ciceros gewesen sind und deren schmähliches Ende auch Antonius gewiß sei. In den übrigen Reden, in denen dann auch Octavian und mit ihm die gemäßigten Caesarianer an die Seite der Republikaner treten, findet sich die radikale Agitation sukzessiv gesteigert: Antonius soll geradezu als *hostis* (Staatsfeind) behandelt werden. Aber erst nach der Niederlage von Mutina ist es soweit, daß er und seine Anhänger durch Senatsbeschluß offiziell zu Staatsfeinden erklärt werden.

Der Titel der zum Teil erst nach dem Tod des Autors erschienenen Reden wurde bereits von Cicero selbst scherzhaft gebraucht. Er nimmt damit Bezug auf die Reden des DEMOSTHENES gegen den Makedonenkönig Philipp II. (vgl. *Philippikoi [logoi]* – *Philippische Reden*). Von Demosthenes haben Ciceros Reden auch die *vehementia*, die mitreißende rednerische Gewalt, wie sie nur einem Talent gegeben ist, das in lebenslanger, unermüdlicher Arbeit an sich selbst gelernt hat, alle Register der Redekunst mit fast spielerischer Leichtigkeit zu beherrschen und einzusetzen. Gleich den *Philippika* des Vorbildes wurden die *Philippischen Reden* Ciceros so zum geradezu klassischen Muster der politischen Haß- und Hetzrede, bei der es mehr auf die propagandistische Wirkung, die überzeugende Durchschlagskraft des Ganzen als auf die peinlich eingehaltene Richtigkeit der Einzelheiten ankommt.

War es einerseits ohne Zweifel die Macht des Wortes, die den griechischen wie den römischen Redner eine Zeitlang zu einem wichtigen Faktor im politischen Kräftespiel werden ließ und die beide mit dem Leben büßen mußten (Cicero fand sieben Monate später unter den Säbeln der Häscher des Antonius den Tod), so blieb andererseits beiden doch auch das bittere Erlebnis der Ohnmacht des Wortes nicht erspart: Cicero mußte sich damit abfinden, daß Antonius trotz der großangelegten Kampagne, trotz der eindeutigen Senatsbeschlüsse und der Niederlage von Mutina dennoch der dauerhafte Einigung mit Octavian gelang, die zum sogenannten Zweiten Triumvirat und zur endgültigen Vernichtung der Caesar-Mörder in der Schlacht bei Philippi (42 v. Chr.) führte. Ciceros letzte politische Unternehmung, auf breiter Basis die *boni*, d. h. alle Wohlgesinnten aus den Lagern der ehemaligen Pompeianer, republikanischen Caesarianer, Octavianer und Caesar-Mörder, in einer Koalition der Mitte, einem Bündnis von Senat und Volk zu mobilisieren, war damit gescheitert. Das Konzept dieses politischen Programms, bereits in der Rede *Pro Publio Sestio* (56 v. Chr.) formuliert, war freilich schon im Ansatz verfehlt: Unter dem Panier der *res publica* ließ sich zu dieser Zeit, zumal aus so verschiedenen Gruppen, keine Mehrheit mehr bilden, nachdem die alte Republik zur Genüge gezeigt hatte, daß sie mit den neuen Problemen eines Großstaats (Proletarisierung der besitzlosen Schicht, Schwierigkeit der zentralen Provinzverwaltung) nicht mehr fertig wurde. Doch trotz der offenkundigen Aussichtslosigkeit seines Unternehmens mag es Cicero durchaus nicht nur um die Erweiterung seiner politischen Plattform zu tun gewesen sein, sondern tatsächlich allen Ernstes zugleich um die Wiedererrichtung des Staats der Väter – für den er sich ja mit den Reden gegen Antonius letzten Endes auch geopfert hat. R. M.

AUSGABEN: o. O. u. J. [Rom um 1470] (*Philippicae in M. Antonium*, Hg. J. A. Campanus). – Oxford 1868 (*The Philippic Orations*, Hg. J. R. King; m. engl. Komm.). – Lpzg. 1886, Hg. C. F. W. Müller (in *Scripta quae manserunt omnia*, Tl. 2, Bd. 3). – Lpzg. 1918 (in *Scripta quae manserunt omnia*, Bd. 8, Fasc. 28, Hg. F. Schoell). – Oxford ²1918 (in *Orationes*, Bd. 2, Hg. A. C. Clark; Nachdr. zul. 1963). – Oxford 1926 (in *M. Antonium orationes Philippicae prima et secunda*, Hg. J. D. Denniston; m. engl. Komm.; Nachdr. zul. 1963). – Ldn./Cambridge (Mass.) 1926 (*Philippics*, Hg. W. C. A. Ker; m. engl. Übers.; Loeb; mehrere Nachdr.). – Paris 1959/60 (in *Discours*, Bd. 19/20, Hg. A. Boulanger u. P. Wuilleumier; m. frz. Übers.).

ÜBERSETZUNGEN: *Gegen den M. Antonius*, J. B. Schmitt (in *Reden*, Bd. 8, Würzburg 1794). – *Philippische Reden*, C. N. v. Osiander (in *Werke*, Bd. 50, 77–79, Stg. 1839). – *Die Philippischen Reden (gegen Antonius)*, J. Ch. F. Bähr (in *Werke*, Lfg. 77–86, Stg. 1859–1872). – *Die Philippischen Reden*, ders., 2 Bde., Bln. o. J. [ca. 1930]. – *Zweite philippische Rede gegen Marcus Antonius*, H. Horn (in *Meisterreden*, Mchn. 1942).

LITERATUR: K. Busche, *Zu C.s »Philippischen Reden«* (in Herm, 49, 1914, S. 602–611). – F. Schöll, *Über die Haupthandschrift von C.s »Philippiken« nebst Bemerkungen zu Stellen dieser Reden* (in SAWH, 1918). – T. Petersson, *C. A Biography*, Berkeley/Los Angeles 1920, S. 615–679. – Schanz-Hosius, 1, S. 441–444. – H. Laury, *L'ironie et l'humour chez Cicéron*, Leiden/Paris 1955, S. 205–214. – K. Büchner, *C. Bestand u. Wandel seiner geistigen Welt*, Heidelberg 1964. – E. Pasoli, *In »Philippicarum« Ciceronis textum constituendum critica exquisita* (in Latinitas, 12, 1964, S. 26–40).

PRO ARCHIA POETA (lat.; *Rede für den Dichter Archias*). Verteidigungsrede von Marcus TULLIUS CICERO (106–43 v. Chr.), vor Gericht gehalten 62 v. Chr. – Der mit Cicero befreundete griechische Dichter Aulus LICINIUS ARCHIAS – die *Anthologia Palatina* enthält einige Epigramme von ihm – ist wegen widerrechtlicher Anmaßung des römischen Bürgerrechts in ein Verfahren verwickelt, das ein gewisser Grattius aufgrund der *lex Papia* vom Jahr 65 gegen ihn angestrengt hat. Archias seinerseits kann sich auf die *lex Plautia Papiria* vom Jahr 89 berufen, die allen im Stichjahr in Italien ansässigen Bürgern der verbündeten Städte das Bürgerrecht verlieh, sofern sie binnen 60 Tagen beim Prätor darum nachsuchten. Zwar kann er seine Zugehörigkeit zum griechischen Herakleia in Unteritalien, aus dem er stammt, nicht mehr nachweisen, weil dort im Bundesgenossenkrieg (91–89 v. Chr.) die Zensuslisten verbrannt sind, aber sowohl der damalige Prätor Quintus Metellus Pius als auch Zeugen aus Herakleia können bestätigen, daß es mit der ordnungsgemäßen Meldung und dem Bürgerrecht von Herakleia seine Richtigkeit hat.

Cicero als der Anwalt des Beklagten geht auf die juristischen Fragen, wie gewöhnlich, nur kurz ein und stützt seine Ausführungen im übrigen auf den Rang der Persönlichkeit und den Ruhm seines Dichters, die allein schon Grund genug seien, »*daß sogar er in die Zahl der Bürger aufgenommen werden müßte, wenn er es nicht schon wäre*«. Den Vorsitz der Verhandlung hat der Prätor Quintus Cicero, der Bruder des Redners, inne, die die Bedeutung eines solchen Talents für das römische Geistesleben, wie mehrmals hervorgehoben wird, wohl zu schätzen weiß. So wird die Rede zu einem Panegyrikus auf die Poesie und die schönen Wissenschaften: Ohne die Verherrlichung durch die Dichtung blieben Roms Großtaten ohne künftigen Ruhm; erst durch die Dichtkunst erstehe ihnen ein Bild der Größe in der Nachwelt. Cicero – der hierbei ganz konkret an ein Gedicht auf sein glorreiches Konsulat im Jahr 63 v. Chr. denkt, das er sich von seinem Mandanten als Belohnung erwartet – schwingt sich in seinen Ausführungen weithin auf eine deklamatorisch überladene Stilhöhe, wie sie für den unangreifbar-erhabenen Gegenstand angemessen hält. Die Rede deshalb als unecht anzusehen, besteht freilich kein Grund; gerade sie kann vielmehr zeigen, in welchem Maß Cicero selbst beherrscht, was er in seinen theoretischen Schriften zur Rhetorik immer wieder fordert: den Gebrauch verschiedener Stilarten. R. M.

AUSGABEN: Rom 1471 (in *Orationes*). – Oxford 1911 (in *Orationes*, Bd. 6, Hg. A. C. Clark; Nachdr. zul. 1960). – Ldn./Cambridge (Mass.) 1923 (in *The Speeches*, Bd. 1a, Hg. N. H. Watts; m. engl. Übers.; Loeb; mehrere Nachdr.). – Paris 1938 (in *Discours*, Bd. 12, Hg. F. Gaffiot; m. frz. Übers.). – Heidelberg 1949 (in *Pro Archia. Pro Murena*, Hg. A. Klotz; m. Einl.; ²1961). – Namur 1962 (*Pro Archia poeta*, Hg. J. Ruelens; m. Erl.). – Lpzg.

³1966, Hg. P. Reis (in *Scripta quae manserunt omnia*, Bd. 6/2, Fasc. 19).

ÜBERSETZUNGEN: *Vertheidigungsrede für den Poeten A. Licinius Archias und für den Ligarius an den Caesar gehalten*, M. J. C. Gottsched, Hannover 1729. – *Rede für den Dichter A. Licinius Archias*, W. Binder (in *Werke*, Lfg. 95, Stg. 1859–1872). – *Rede für den Dichter Archias*, C. N. v. Osiander (in *Werke*, Bd. 41, Stg. ²1865). – *Rede für den Dichter Aulus Licinius Archias*, W. Binder (in *Werke*, Lfg. 22, Bln. o. J. [1930]). – Dass., H. Horn (in *Meisterreden*, Mchn. 1942). – Dass., O. Schönberger (in Gymn, 62, 1955, S. 289–298).

LITERATUR: R. Cornali, *L'orazione in favore del poeta L. Archia*, Turin 1900. – W. Sternkopf, *Die Ökonomie der »Rede für den Dichter Archias«* (in Herm, 42, 1907, S. 337–373). – R. W. Husband, *The Prosecution of Archias* (in Classical Journal, 9, 1914, S. 165–171). – Schanz-Hosius, 1, S. 425/426. – F. Gaffiot, *Texte du »Pro Archia«* (in Revue de Philologie, d'Histoire et de Littérature Anciennes, 55, 1929, S. 348–353). – M. Orban, *Le »Pro Archia« et le concept cicéronien de la formation intellectuelle* (in Les Études Classiques, 25, 1957, S. 173–191). – P. R. Murphy, *C.'s »Pro Archia« and the Periclean Epitaphios* (in TPAPA, 89, 1958, S. 99–111). – Ch. Neumeister, *Grundsätze der forensischen Rhetorik gezeigt an Gerichtsreden C.s*, Mchn. 1964.

PRO LUCIO MURENA (lat.; *Rede für Lucius Murena*). Verteidigungsrede von Marcus TULLIUS CICERO (106–43 v. Chr.), vor Gericht gehalten 63 v. Chr. – Diese Rede aus Ciceros Konsulatsjahr – sie wurde eine seiner bekanntesten – fällt mitten in die politisch äußerst unruhigen Wochen, die sich an Catilinas mißglückten Umsturzversuch vom 8. November anschlossen, genauer: in die Zeit zwischen der zweiten (9. November) und dritten (4. Dezember) der sogenannten *Catilinarischen Reden* (vgl. *Catilinariae orationes*), mit denen der Konsul bei Volk und Senat um Rechtfertigung und Beistand für seine überstürzten Aktionen gegen die Putschisten nachsuchte. – Auch in der Rede *Pro Murena* geht es in Wahrheit um den politischen Hasardeur Catilina. Mit drei anderen Kandidaten – unter ihnen Lucius Licinius Murena, ein hoher Militär, und der Starjurist Servius Sulpicius Rufus – hatte er sich für das folgende Amtsjahr (62 v. Chr.) neuerdings um das Konsulat beworben, war aber bei den Wahlen *(comitia)* im September wiederum durchgefallen. Sulpicius, der ebenfalls nicht gewählt worden war, focht die Wahl sofort an, indem er den Gewinner Murena des unlauter geführten Wahlkampfes *(de ambitu)* bezichtigte. Er führte selbst die Anklage und hatte die gewichtige Unterstützung des jüngeren Cato auf seiner Seite. Cicero andererseits hatte als amtierender Konsul und Hauptwidersacher Catilinas Interesse daran, daß nicht durch eine Annullierung der Wahl der gefährliche Wahlkampf erneut aufflammte und Catilinas Banden neue Chance zur Aktion gewannen. So übernahm er neben zwei anderen Spitzenanwälten, HORTENSIUS und CRASSUS, selbst die Verteidigung Murenas.

Das Heikle – und sicherlich für den Autor Reizvolle – der Rede liegt einmal darin, daß Cicero nicht nur mit seinem Klienten, der bei der Wahl sozusagen »sein Mann« gewesen ist, befreundet war, sondern ebenso mit dem einflußreichen Ankläger Sulpicius und seinem noch einflußreicheren Parteigänger Cato; zum anderen darin, daß die Anklage sich auf ein Gesetz stützte, das in seiner verschärften Fassung auf Ciceros eigene Initiative zurückging und sogar seinen Namen trug *(lex Tullia de ambitu)*. Mit kaum zu überbietendem rhetorischem Geschick werden diese Klippen in der Argumentation umschifft. Das Eintreten des Konsuls für seinen gewählten Nachfolger und des Freundes für den bedrängten Freund ist nicht mehr als selbstverständlich und tut seinem Verhältnis zum Ankläger, dem Cicero bei seiner Bewerbung ja auch jede Unterstützung zuteil werden ließ, keinen Abbruch (1–10). Murenas Lebenswandel ist untadelig, er ist aufgrund seiner politischen Laufbahn nicht unwürdiger als Sulpicius, als fähiger Offizier aber in der gegenwärtigen gefährlichen Situation unbedingt geeigneter, was auch der Grund für seinen Erfolg und den Mißerfolg des Sulpicius bei der Wahl gewesen ist (11–54). Weder ein Wahlschwindel noch ein Verstoß gegen die guten Sitten konnten dem Mandanten bisher nachgewiesen werden (55 bis 77). Schließlich verlangen das Wohl des Vaterlands und das Interesse des Staates einen Mann wie Murena an der Spitze und dulden kein Wiederaufleben des Wahlkampfs (78–90). – Ciceros Argumente überzeugten: Murena wurde freigesprochen. Die Rede ist eine typische Schlußrede seitens der Verteidigung; sie fiel bei mehreren zugleich auftretenden Anwälten meist Cicero zu. In einer solchen Schlußrede kommt es oft weniger auf lückenlose Argumentation und juristischen Scharfsinn an als auf die Aufhellung größerer, d. h. politischer Aspekte und auf »Stimmungsmache«. Dieser Intention entsprechen einerseits die »erhebenden«, »ernsten« Worte, mit denen im Schlußteil vor der drohenden Gefährdung des ganzen Staates für den Fall eines Schuldspruchs gewarnt wird, andererseits das düstere Bild, das von einem unschuldig verurteilten, verbannten Murena gemalt wird (55–57); ihr entsprechen aber auch die bewußt etwas humorig gehaltenen spöttischen Übertreibungen, mit denen über das Paragraphendickicht der Juristen (25–29) und die bis zur Unmenschlichkeit, ja Unsinnigkeit gesteigerte Rigorosität orthodoxer Stoiker (58–68) hergezogen wird – so werden Sulpicius und Cato ohne persönlichen Angriff auf humorvolle Art abqualifiziert. Daneben ist die Rede wie kaum eine andere geeignet zu zeigen, wie sehr bei Cicero das persönliche und das allgemeine Interesse zusammengehen, wie sehr sich bei ihm diplomatisches Geschick und taktische Raffinesse mit politischem Weitblick und Engagement für das Ganze verbinden. Denn nicht zuletzt der erfolgreichen Sicherung der Nachfolge Ciceros im Konsulat ist es zu danken, daß Catilina scheiterte und der Wiederausbruch des Bürgerkriegs um einige Jahre hinausgeschoben wurde. So gewiß in Ciceros Reden manches nicht auf die Goldwaage historiographischer Unbestechlichkeit gelegt werden will, so gewiß oft persönliches Interesse und Taktieren vorherrschen und Widersprüche und Unschärfen riskiert werden, so gewiß sind sie andererseits Ausdruck seiner im Grunde integren Persönlichkeit. Bezeichnenderweise erscheint mancher von den sogenannten *loci communes* (Gemeinplätze) der Murena-Rede in den späteren philosophischen Werken wieder und findet dort erst eine abschließende Klärung. R. M.

AUSGABEN: Rom 1471 (in *Orationes*). – Lpzg. 1866 (*Die Rede für Murena*, Hg. K. Halm; m. Komm. u. Übers.; ²1872). – Lpzg. 1876 (in *Orationes*, Hg. R. Klotz). – Oxford 1905 (in *Orationes*, Bd. 1, Hg. A. C. Clark; Nachdr. zul. 1961). – Ldn./Cambridge

(Mass.) ²1946 (in *The Speeches*, Bd. 6, Hg. L. E. Lord; m. engl. Übers.; Loeb; Nachdr. zul. 1959). – Heidelberg 1949 (in *Pro Murena*, Hg. A. Klotz [m. Einl.]; ²1961 [bearb. v. K. Stengel]). – Barcelona 1956 (*Defensa de L. Murena*, in *Discursos*, Bd. 10, Hg. M. Marín y Peña). – Lpzg. ²1961, Hg. H. Kasten (in *Scripta quae manserunt omnia*, Bd. 6/2, Fasc. 18).

ÜBERSETZUNGEN: *Für den L. Muräna*, J. B. Schmitt (in *Reden*, Bd. 5, Würzburg 1793). – *Rede für Murena*, G. Wendt (in *Werke*, Lfg. 91/92, Stg. 1859 bis 1872). – *Die Rede für Murena*, Hg. K. Halm, Lpzg. 1866; ²1872. – *Rede für L. Murena*, C. N. v. Osiander (in *Werke*, Bd. 39, Stg. ²1871).

LITERATUR: E. Rosenberg, *Studien zur Rede C.s für Murena*, Hirschberg 1902. – E. Remy, *Le comique dans le »Pro Murena«* (in Nova et Vetera, 1, 1912, S. 1–25). – R. W. Husband, *The Prosecution of Murena* in Classical Journal, 12, 1916, S. 102–118). – T. Petersson, *C. A Biography*, Berkeley/Los Angeles 1920, S. 257–262. – Schanz-Hosius, 1, S. 423/424. – J. Cassart, *L'exorde du »Pro Murena«. Essai d'herméneutique* (in Nova et Vetera, 20, 1938, S. 203–210). – A. Boulanger, *La publication du »Pro Murena«* (in Revue des Études Anciennes, 1940, S. 382–387).

PRO MILONE (lat.; *Rede für Milo*). Verteidigungsrede von Marcus TULLIUS CICERO (106–43 v. Chr.), vor Gericht gehalten am 8. April 52 v. Chr. - In dem Prozeß gegen Titus Annius Milo ging es um ein Ereignis, das wesentlich dazu beitrug, daß es noch im Frühjahr desselben Jahres zum Alleinkonsulat des Pompeius kam: die Ermordung des Clodius Pulcher, eines für die Optimatenpartei außerordentlich gefährlichen Popularpolitikers. Milo, der sich seit seinem Volkstribunat (57 v. Chr.) ebenso wie Clodius selbst und einige andere machthungrige Politiker mit einer Schar bewaffneter Männer umgeben hatte, war nämlich am 18. Januar auf der Via Appia bei Aricia auf den Trupp des Clodius gestoßen und hatte den verhaßten Todfeind, der vor kurzem seine Wahl zum Konsul vereitelt hatte, eine regelrechte Schlacht geliefert. Dabei hatte er den bereits verwundeten Gegner von seinen Leuten aus dem Gasthof, in dem er Schutz gesucht hatte, herauszerren und niedermachen lassen. Die Anklage lautete auf »Gewaltanwendung« *(de vi)*; sie kam nicht nur auf Betreiben der Clodianer zustande, sondern auch des Pompeius, der im Interesse der Wiederherstellung von Ruhe und Ordnung in der Hauptstadt bestrebt war, unter der beiden politischen Lagern auszugleichen, und der die Karriere des aufstrebenden Milo um der eigenen politischen Stellung willen gebremst sehen wollte. Hinter Milo aber stand der konservative Flügel der Senatspartei; diese Senatoren waren geneigt, ihn als Helden zu feiern, der das Vaterland von einem schlimmen Tyrannen befreit habe. Doch war Cicero der einzige Anwalt, der offen vor dem Gerichtshof für den politischen Freund einzutreten wagte. – Der Redner geht in seinem Plädoyer davon aus, daß Milo in Notwehr einen von Clodius vorbereiteten Überfall abgewehrt habe und kein Interesse am Tod des Clodius gehabt haben könne; daß er für seine Tat den Dank des Vaterlandes verdient habe, weil er lediglich ein von den Göttern verhängtes Strafgericht ausführte; endlich daß Clodius noch vor wenigen Jahren auch der erbitterte Feind des Pompeius gewesen sei.

Die Rede wurde der größte Mißerfolg in Ciceros rednerischer Laufbahn: Milo wurde verurteilt und ging nach Massilia in die Verbannung. Nicht zum wenigsten dürften daran Ciceros schwache Argumente Schuld getragen haben. Der entscheidende Grund aber dürfte in einem nervösen und unsicheren Auftreten vor Gericht zu suchen sein, das mit den Störaktionen und dem wüsten Geschrei der Clodianer zusammenhing, die die Volksmeinung und die Richter zu beeinflussen suchten. Bei der überlieferten Rede handelt es sich allerdings um eine gründlich überarbeitete Fassung des mißglückten Originals. Schlechten Gewissens übersandte Cicero die verbesserte Fassung dem verurteilten Mandanten ins Exil, worauf dieser ironisch geantwortet haben soll: er hätte auf die wundervollen Seebarben in Massilia verzichten müssen, wenn sein Anwalt schon vor Gericht so gut gesprochen hätte. – In der veröffentlichten Version galt die Rede *Pro Milone* in der Antike und danach als Ciceros Meisterwerk. Dabei trug nicht nur die Kraft des Stils und der Darstellung, sondern auch die historische Bedeutung des hier verhandelten Falles viel zu ihrem Ruhm bei. Gerade Ereignisse wie die Ermordung des Clodius waren es, die nach Crassus' Tod und dem damit verbundenen Ende des Triumvirats, schwelenden Bränden gleich, wenige Jahre später den Bürgerkrieg zwischen Pompeius und Caesar entzündeten.   R. M.

AUSGABEN: Rom 1471 (in *Orationes*). – Lpzg. 1880 (in *Orationes*, Hg. R. Klotz). – Lpzg. 1886 (in *Scripta quae manserunt omnia*, Hg. C. F. W. Müller, Tl. 2, Bd. 3). – Oxford ²1918 (in *Orationes*, Bd. 2, Hg. A. C. Clark; Nachdr. zul. 1963). – Ldn./Cambridge (Mass.) 1931 (in *The Speeches*, Bd. 3, Hg. N. H. Watts; Loeb; m. engl. Übers.; mehrere Nachdr.). – Heidelberg 1949, Hg. K. Ziegler [mit d. Komm. von Q. Asconius]. – Paris 1949 (in *Discours*, Bd. 17, Hg. A. Boulanger; m. frz. Übers.). – Lüttich ⁶1963, Hg. P. Collin [m. Komm.].

ÜBERSETZUNGEN: *Die Rede für den Milo*, C. A. Heumann, Hbg./Lpzg. 1733. – *Rede für T. Annius Milo*, H. Köchly (in *Werke*, Lfg. 137/138, Stg. 1859–1872). – Dass., C. N. v. Osiander (in *Werke*, Bd. 48, Stg. ⁴1875).

LITERATUR: Th. Zielinski, *Das Clauselgesetz in C.s Reden*, Lpzg. 1904, S. 211. – R. W. Husband, *The Prosecution of Milo. A Case of Homicide, with a Plea of Self-Defence* (in Classical Weekly, 8, 1914/15, S. 146–150; 156–159). – R. Cahen, *Examen de quelques passages du »Pro Milone«* (in Revue des Études Anciennes, 25, 1923, S. 119; 225). – Schanz-Hosius, 1, S. 436/437. – A. Haury, *L'ironie et l'humour chez Cicéron*, Leiden/Paris 1955, S. 158 bis 161. – J. N. Settle, *The Trial of Milo and the Other »Pro Milone«* (in TPAPA, 94, 1963, S. 268–280).

PRO PUBLIO SESTIO (lat.; *Rede für Publius Sestius*). Verteidigungsrede von Marcus TULLIUS CICERO (106–43 v. Chr.), vor Gericht gehalten 56 v. Chr. – Die Rede gibt einen bezeichnenden Einblick in die politischen Machtkämpfe der Jahre des ersten Triumvirats (60–53 v. Chr.), der Zeit zwischen der Diktatur Sullas und der Alleinherrschaft Caesars. Es ist die Zeit, in der sich exponierte Politiker und Beamte zunehmend mit wilden Leibgarden und Miliztruppen umgeben, um sich gegenseitig zu terrorisieren und die eigenen Interessen zu sichern. Auch das Verfahren gegen Sestius trug ausgesprochen politischen Charakter. Die Anklage lautete auf »Anwendung von Gewalt« (de vi): Sestius war, als er sich im Jahr 57 als Volkstribun in Kundgebungen für die Rückkehr Ciceros aus der Verbannung einsetzte, von einer randalierenden Schlägerbande des mit ihm und Cicero tödlich verfeindeten Clodius Pulcher sabotiert, einmal sogar schwer verletzt worden und hatte sich daraufhin mit einer – vom Gesetz nicht erlaubten – bewaffneten Garde versehen. Dies genügte Clodius, der inzwischen zum Ädil gewählt worden war, dem verhaßten Gegenspieler den Prozeß anzuhängen. Ciceros Verteidigung des politischen Freundes ist, da der Gegenstand der Anklage außer Zweifel steht, ganz in die Form einer *laudatio* gekleidet: Die hervorragende Abkunft des Mandanten, seine edle Gesinnung, sein untadeliger Lebenswandel, seine politische Verläßlichkeit und nicht zuletzt seine Verdienste um die Rettung des Staates und des Freundes ergeben zusammen ein beredtes Charakterbild, dessen Wirkung sich auch die Richter nicht entziehen konnten. Sestius wurde freigesprochen. – Ebenfalls aus diesem Prozeß stammt die Rede *In Vatinium testem (Gegen den Zeugen Vatinius)*, mit der Cicero dem Belastungszeugen Vatinius, einem übel beleumdeten Anhänger Caesars, in der Form einer Frage, wie sie dem Verteidiger üblicherweise zugebilligt wurde, eine Flut von Schmähungen entgegenschleuderte.

Cicero macht die Sache des Sestius nicht nur zu seiner eigenen, sondern zu der des ganzen Staates. Er hat eine Dankesschuld abzutragen, weil Sestius für ihn während der Verbannung eingetreten war und ihm während des Konsulats bei der Aufdeckung der Catilinarischen Verschwörung geholfen hat. Zugleich ist das Schicksal des Sestius unlösbar verbunden mit dem Schicksal der *boni*, der tüchtigen, edelgesinnten Staatsbürger aus der alten patrizischen Führungsschicht, die immer mehr an Einfluß verliert und dem frechen Gebaren der *improbi*, der verantwortungslosen Volksaufwiegler, kaum mehr gewachsen ist. Sestius erscheint damit in einer Reihe von politischen Märtyrern, deren Verdienste um die Rettung des Staates ihnen mehr zum Schaden als zum Nutzen ausschlugen; gerade Cicero selbst kann sich an dessen Stelle in seine Lage hineinversetzen, da es ihm im Jahr 58, als er vor den Anschlägen des Clodius ins Exil floh, ja nicht anders gegangen ist. So dient die Identifizierung mit der Gesinnung und dem Geschick des Mandanten nicht nur diesem, sondern auch – und dies noch mehr – dem Redner selbst, der seit seiner Rückkehr politisch noch nicht hat richtig Fuß fassen können. Im Grunde sollen die Richter über seine eigene Würdigkeit abstimmen und mit dem Freispruch seine eigenen Verdienste anerkennen. Gleichzeitig nützt Cicero geschickt die Gelegenheit, der Öffentlichkeit ein neues politisches Programm zur Gesundung der *res publica* und zur Wiederherstellung der Senatsherrschaft, d. h. der Führungsrolle der Aristokratie vorzulegen. Es besteht darin, daß er zum Zusammenstehen aller, die guten Willens sind, aufruft, zur Überwindung der alten Kluft zwischen Adel und Volk, zwischen Senat und *plebs* (*»consensus omnium«*, 87; *»concordia ordinum«*, 68). Die einheitliche Ausrichtung der divergierenden Standesinteressen ist um so eher möglich, als die jetzigen Volksführer nichts als machthungrige Massenpolitiker sind, die keineswegs die wahren Interessen des Volkes wahrnehmen und deren engerer Anhang in der Hauptsache aus gekauftem Gesindel besteht. Deshalb bleibt nur noch ein Weg: der »optimatische«. Allerdings bedarf es auch auf der Seite der Optimaten einer Abkehr von dem bisherigen Ideal des *»otium cum dignitate«* (*»Nichtstun in Würde«*) und einer geschlossenen restaurativen Aktion. In *De re publica (Vom Gemeinwesen)*, dem fünf Jahre später erschienenen staatsphilosophischen Hauptwerk des Autors, wird an diese Gedanken deutlich angeknüpft.

Um der doppelten Aufgabe – es geht um Ciceros politisches »Comeback« und die Rettung eines Mannes, der für ihn neben den Volkstribunen Milo eine der wichtigsten Stützen auf dem Weg dorthin darstellt – gerecht zu werden, bedient sich der Redner aller verfügbaren Register und rhetorischen Stilmittel. Vorzüglich sind die Anapher und die Stilfiguren der Reihung (Parallelismus, Chiasmus, Klimax) erzeugen, zusammen mit den zahlreichen Zitaten aus der Poesie, jenen pathetisch-erhabenen Ton, der in der ganzen Rede durchgehalten wird, gelegentlich allerdings in ausgesprochene Wehleidigkeit abgleitet (etwa 140ff.). Solche – sicherlich beabsichtigten – Entgleisungen, für die sich Cicero bereits im voraus entschuldigt, gehen aber wiederum auf das Konto der Dankbarkeit gegen Sestius und lassen diese nur um so glaubwürdiger erscheinen.

R. M.

AUSGABEN: Rom 1471 (in *Orationes*). – Gotha 1883 (*Rede für Publius Sestius*, Hg. R. Bouterwek; m. Komm.). – Lpzg. 1886, Hg. C. F. W. Müller (in *Scripta quae manserunt omnia*, 2/3). – Oxford 1911 (in *Orationes*, Bd. 5, Hg. W. Peterson; Nachdr. zul. 1962). – Ldn./Cambridge (Mass.) 1958 (in *The Speeches*, Bd. 5, Hg. R. Gardner; m. engl. Übers.; Loeb). – Mailand 1962 (*Per Sestio*, in *Per Celio. Per Sestio. Contro Vatinio*, Hg. G. Pacitti, E. Castorina u. U. Albini). – Paris 1965 (in *Discours*, Bd. 14, Hg. J. Cousin; m. frz. Übers.).

ÜBERSETZUNGEN: *Für den P. Sestius*, J. B. Schmitt (in *Reden*, Bd. 7, Würzburg 1794). – *Rede für P. Sestius*, H. Köchly (in *Werke*, Lfg. 132–136, Stg. 1859–1872). – Dass., C. N. v. Osiander (in *Werke*, Bd. 44, Stg. ²1874). – Dass., H. R. Mecklenburg, 2 Hefte, Bln. 1877–1893.

LITERATUR: A. Grumme, *Orationis Sestianae dispositio*, Gera ²1902. – Ders., *Kritisches u. Exegetisches zu C.s »Sestius«*, Gera 1903. – G. A. Harrer, *Ad Ciceronis »Orationem pro Sestio« 47 et 49* (in Mnemosyne, 50, 1922, S. 112). – Schanz-Hosius, 1, S. 429/430. – R. Sydow, *Kritische Beiträge zu C.s »Sestiana«* (in RhMus, 1940, S. 74–78; 157–160).

PRO REGE DEIOTARO (lat.; *Rede für König Deiotaros*). Verteidigungsrede von Marcus TULLIUS CICERO (106–43 v. Chr.); im Haus Caesars gehalten 45 v. Chr. – Deiotarus, Tetrarch von Galatien, wird von seinem Enkel Castor in Rom eines zwei Jahre zurückliegenden Attentatsversuchs auf Caesar beschuldigt. Als es dem Enkel gelingt, in dem Arzt Phidippos einen Belastungszeugen zu gewinnen, befiehlt Caesar die Parteien in sein Haus und läßt sich von ihnen den Fall vortragen. Cicero, der seinerseits drei Entlastungszeugen aufbieten konnte, übernimmt die Verteidigung des Königs. Die Argumentation geht von der absoluten Unglaubwürdigkeit der Anschuldigungen aus: Deiotaros sei zwar während des Bürgerkriegs durch einen Irrtum auf die Seite des Pompeius hinübergezogen worden, seit der glorreichen Beendigung dieses Krieges durch Caesar aber in seinem Verhältnis zu dem Diktator und zur *res publica* immer loyal gewesen. Daneben wird auf den in der Tat höchst bedenklichen Umstand hingewiesen, daß Caesar hier als Richter in eigener Sache tätig und die Verteidigung dem Ausschluß der Öffentlichkeit des Beifalls der Mehrheit beraubt werde. Im übrigen setzt der Redner seine ganze Hoffnung auf die allbekannte und vielbewunderte *clementia* (Milde) des Diktators.

Caesar hat den Fall nicht zugunsten des Deiotaros entschieden; dies geht aus der Korrespondenz Ciceros hervor. Inwieweit damit Ciceros eigenes geringschätziges Urteil über diese Rede in Zusammenhang zu bringen ist, das er dem Schwiegersohn und Caesarianer Dolabella gegenüber äußert, muß dahingestellt bleiben. Die Rede – neben *Pro Ligario* und *Pro Marcello* eine der drei vor Caesar gehaltenen Reden Ciceros – ist zwar dem Stil nach dem attizistischen, auf Schmucklosigkeit und Sachlichkeit bedachten Geschmack des Diktators etwas angepaßt, steht aber ansonsten, was die gedankliche und sprachliche Ausformung betrifft, den anderen Reden kaum nach. Man kann mit gutem Grund annehmen, daß die offenkundige Bagatellisierung eher der politischen Tendenz als der rhetorischen Qualität der Rede gilt. Denn diese Rede kann geradezu zeigen, »*wie weit er vor Caesars Ohren in freimütigen Äußerungen gehen konnte*« (M. Gelzer). Cicero gibt sich hier durchaus republikanisch, bestrebt, den nach der Königswürde greifenden Alleinherrscher zu den Idealen der alten *res publica* zurückzurufen. Er, der von Caesar stets geschont worden ist, möchte dem mächtigen Mann, indem er sich selbst zugleich von dessen radikalen Gegnern distanziert, jetzt einen im republikanischen Sinn maßvollen Mittelweg aufweisen, bei dem auch die Mehrheit unter den Konservativen gemeinsam mit ihm gehen könnte. Der nichtöffentliche Charakter der Verhandlung mag den Redner zu solch vorsichtigen politischen Sondieren ermutigt haben. Doch nicht nur der ferne Galaterkönig, sondern auch Cicero selbst verlor den Prozeß. Zwischen ihm und Caesar kam es trotz weiter bestehender privater Kontakte zu keiner politischen Zusammenarbeit.

R. M.

AUSGABEN: Rom 1471 (in *Orationes*). – Lpzg. 1880 (in *Orationes*, Hg. R. Klotz). – Lpzg. 1886 (in *Scripta quae manserunt omnia*, Hg. C. F. W. Müller, Tl. 2, Bd. 3). – Lpzg. [4]1904 (in *Reden*, Hg. F. Richter u. A. Eberhard; m. Komm.). – Lpzg. 1918 (in *Scripta quae manserunt omnia*, Bd. 8, Fasc. 27, Hg. A. Klotz). – Oxford [2]1918 (in *Orationes*, Bd. 2, Hg. A. C. Clark; zul. 1963). – Ldn./Cambridge (Mass.) 1931 (in *The Speeches*, Bd. 3, Hg. N. H. Watts; Loeb; m. engl. Übers.; mehrere Nachdr.). – Neapel 1933, Hg. A. Giusti. – Paris 1952 (in *Discours*, Bd. 18, Hg. M. Lob; m. frz. Übers.).

ÜBERSETZUNGEN: *Die Rede für den Dejotarus*, May (in *Der Redner*, Lpzg. 1748). – *Für den König Dejotarus*, J. B. Schmitt (in *Reden*, Bd. 8, Würzburg 1794). – *Rede für den König Dejotarus*, W. Binder (in *Werke*, Lfg. 99, Stg. 1859–1872). – *Rede für König Dejotarus*, C. N. v. Osiander (in *Werke*, Bd. 49, Stg. [2]1877). – *Rede für den König Dejotarus*, W. Binder (in *Werke*, Lfg. 25, Bln. o. J. [[5]1930]).

LITERATUR: Schanz-Hosius, 1, S. 440. – J. Skrbinšek, *Die Stilisierung der Reden C.s pro Ligario und den König Deiotarus*, Villach 1908. – G. A. Harrer, *Ad Ciceronis »Pro rege Deiotaro«* 8 (in Mnemosyne, 1921, S. 208). – O. Seel, *Cicero*, Stg. [3]1967 S. 338f.; 349–353.

PRO SEXTO ROSCIO AMERINO (lat.; *Rede für Sextus Roscius aus Ameria*). Nicht ganz vollständig überlieferte Verteidigungsrede von Marcus TULLIUS CICERO (106–43 v. Chr.), vor Gericht gehalten 80 v. Chr. – Die Rede behandelt einen Kriminalfall aus den Jahren der Sullanischen Diktatur (82–79 v. Chr.). Roscius ist des Vatermordes angeklagt; aus Furcht vor der Konfiskation des reichen väterlichen Erbes, die mit der Proskription automatisch verbunden ist, habe er den Vater vor der drohenden Ächtung bei einem abendlichen Spaziergang auf einsamer Straße ermorden lassen. In Wirklichkeit hatte es die Proskriptionsbehörde, die der skrupellose und korrupte Sulla-Günstling Lucius Cornelius Chrysogonus leitete, wohl besonders auf die Reichtümer des Vaters abgesehen und ihn deshalb sogar nach seinem gewaltsamen Tod noch nachträglich auf die gefürchteten Listen gesetzt. So hatte Chrysogonus die konfiszierten Güter unmittelbar nach der Einziehung zu einem Spottpreis erstehen können. Um seine »Erwerbungen« nun auch ungestört genießen zu können, mußte aber noch der auf diese Weise um sein Erbe gebrachte Sohn unschädlich gemacht werden. – Cicero beweist, daß Erucius, der als Ankläger auftritt, obwohl er an der Sache in keiner Weise interessiert sein kann, ein von Chrysogonus gekaufter Strohmann ist, der dazu dienen soll, den jungen Roscius über einen Parricidium-Prozeß auf »legalem« Weg zu beseitigen. Der Mandant Ciceros wurde daraufhin freigesprochen.

In der Rede, mit der Cicero seine erste Kriminalsache übernahm und seine Patronatskarriere begann, zeigt sich bereits das diplomatisch-rhetorische Geschick des späteren Starverteidigers: Der allgewaltige Sulla wird nicht nur geschont, sondern ausdrücklich aus der Sache herausgehalten, sein gewissenloses Werkzeug Chrysogonus dagegen in allen fraglichen Punkten voll verantwortlich gemacht. Da der Umstand, daß der wahre Mörder nicht bekannt ist, eine eindeutige Entlastung des Inkriminierten verhindert, bedarf es zur Unterstreichung der Glaubwürdigkeit der wirklichen Vorgänge eindrucksvoller Charakterbilder. Cicero macht davon ausgiebigen Gebrauch: Der Ermordete sowie der Angeklagte werden bereit als charakterfeste Menschen und integre Bürger geschildert, während Chrysogonus und seine Kreatur Erucius tüchtig eingeschwärzt werden. Der eher »asianische« Stil, d. h. eine zur Hyperbole neigende Sprache, die den Klang- und Stilfiguren betont Raum gewährt und deren Periodik mehr auf den Effekt zielt als auf die für spätere Reden charakteristische Klarheit und Sachkongruenz, kommt solchen markigen Darstellungen natürlich entgegen.

R. M.

AUSGABEN: Rom 1471 (in *Orationes*). – Oxford 1905 (in *Orationes*, Bd. 1, Hg. A. C. Clark; Nachdr. zul. 1961). – Paris 1921 (in *Discours*, Bd. 1, Hg. H. de la Ville de Mirmont; m. frz. Übers.). – Ldn./Cambridge (Mass.) 1930 (in *The Speeches*, Bd. 2, Hg. J. H. Freese; m. engl. Übers.; Loeb; Nachdr. zul. 1956). – Lpzg. [2]1949, Hg. A. Klotz (in *Scripta quae manserunt omnia*, Bd. 4, Fasc. 8). – Heidelberg 1949, Hg. S. Müller [m. Einl. u. Index]. – Mailand 1964 (in *Opera omnia quae exstant*, Bd. 4).

ÜBERSETZUNGEN: *Rede für den Beklagten Sextius Roscius*, Ch. T. Damm, Bln. 1731. – *Rede für Sextus Roscius aus Ameria*, J. Siebelis (in *Werke*, Lfg. 73/74, Stg. 1859–1872). – *Rede für Sextus Roscius von Ameria*, C. N. v. Osiander (in *Werke*, Bd. 27, Stg. [4]1875).

LITERATUR: E. Wölfflin, *Bemerkungen über das Vulgärlatein* (in Phil, 34, 1876, S. 142-144). – R. W. Husband, *The Prosecution of Sextus Roscius. A Case of Parricide, with a Plea of Alibi and Non-Motive* (in Classical Weekly, 8, 1914/15, S. 90–93; 98-100). – F. Heerdegen, *Textkritische Bemerkungen zu C.s »Rede für Sextus Roscius aus Ameria«*, Progr. Erlangen 1921. – Schanz-Hosius, 1, S. 408/409. – F. Solmsen, *C.'s First Speeches. A Rhetorical Analysis* (in TPAPA, 69, 1938, S. 542–556). – A. Michel, *Rhétorique et philosophie chez Cicéron. Essai sur les fondements philosophiques de l'art de persuader*, Paris 1960.

TUSCULANAE DISPUTATIONES (lat.; *Gespräche in Tusculum*). Fünf philosophische Dialoge von Marcus TULLIUS CICERO (106–43 v. Chr.), entstanden 45 v. Chr. – Das dem jüngeren Freund Marcus Iunius Brutus gewidmete Werk ist – ähnlich wie viele der Dialoge SENECAS – eine Frucht der »Muße«, d. h. einer Zeit, in der der Verfasser zur politischen Inaktivität verurteilt war. Nach der Darstellung Ciceros (1, 7) liegen dem Werk wirkliche Disputationen zugrunde, die im Sommer des Jahres 45 in seinem Freundeskreis stattfanden, und zwar auf Ciceros »Tusculanum«, seinem Landgut in der bei Rom gelegenen Villenstadt Tusculum.
Die Themen der einzelnen Dialoge, die Cicero in einer anderen Schrift (*De divinatione – Von der Weissagung*, 2, 2) mit *Verachtung des Todes, Ertragen des Schmerzes, Linderung des Kummers, Weitere Verwirrungen der Seele* und *Tugend als ausreichende Basis für eine glückliche Lebensführung* angibt, gehören alle dem Bereich der Bewältigung des Schmerzes und der Bewährung im Leid an (ein Jahr zuvor war Ciceros über alles geliebte Tochter Tullia gestorben). Ihre Erörterung erfolgt im »*alten sokratischen Widergespräch*« (1, 8) zwischen Meister (M. : *magister*) und Eleve (A. : *auditor*), der zunächst eine These aufstellt und damit den Dialog einleitet. Nach Art des Aristotelischen Dialogs ist jedem Buch ein Prooemium beigegeben, deren wiederkehrendes Leitmotiv die Notwendigkeit und der Wille sind, nach allem anderen nun auch die griechische Philosophie in Rom heimisch zu machen. Die Quellen des Werkes sind ziemlich ungeklärt; sein Gedankengut entstammt jedenfalls den philosophischen Schulen des Späthellenismus (PANAITIOS, POSEIDONIOS, PHILON, ANTIOCHOS aus Askalon), mit denen Cicero teils in Rom, teils auf seiner Studienreise nach Rhodos (79–77 v. Chr.) in Berührung gekommen war.
In der Entwicklung der römischen Philosophie bedeuten die *Tuskulanen*, zusammen mit den anderen moralphilosophischen Spätschriften Ciceros, die erste wichtige Station zwischen den griechischen Ausläufern der Akademie und Stoa und der Selbständigkeit eines Seneca, bei dem das römische Philosophieren seine endgültige, bis zu AUGUSTIN und BOETHIUS hin lebendige Gestalt finden sollte. Doch bereits bei Cicero zeichnet sich die Eigenart römischer Philosophie ab, die niemals primär produktiv gewesen ist, sondern, ohne Verständnis für theoretische Systematik, als *Ad-hoc-*Philosophie immer mehr der praktischen Ethik zugewandt war. So ist auch sein »Tusculanum« grundsätzlich nicht der Akademia eines PLATON, dem Lykeion eines ARISTOTELES oder der *stoa poikilê* eines ZENON an die Seite zu stellen. Dennoch findet Ciceros Position eines erkenntniskritischen Skeptizismus – dieses verbindende Moment soll nicht übersehen werden – gerade in der griechischen Philosophie ihre Vorbilder: bei Sokrates einerseits, bei dem Neuakademiker Philon, auf den er sich ausdrücklich beruft, andererseits. Man darf Cicero daher nicht, wie es vor allem von philosophischer Seite geschehen ist, im Hinblick auf die Originalität und Geschlossenheit des Platonischen oder Aristotelischen Systems Eklektizismus, Inkonsequenz oder gar einen Mangel an Denkschärfe vorwerfen. Freilich entscheidet sich Cicero, trotz mehrerer Bekenntnisse zur Akademie, weder im ganzen noch in Einzelfragen dezidiert für eine der verschiedenen philosophischen Richtungen (»*Ich bin nicht durch die Lehrsätze irgendeiner Schule gebunden*«, 4, 7; vgl. 5, 11), sondern orientiert sich vielmehr stets am »Wahrscheinlichen« und »Naturgemäßen« *(probabile, veri simile, natura)*. So gibt er auch in dem berühmt gewordenen ersten Buch nicht, wie vielleicht erwartet, einen klaren Beweis für die Unsterblichkeit der Seele, sondern begnügt sich mit der Erkenntnis, daß man den Tod schon deshalb nicht zu fürchten brauche, weil er als ein Nicht-Sein grundsätzlich keine Empfindung, also auch keine unangenehme zulasse. Aber abstrakte Schlüsse und Folgerungen, die jenseits des dem Menschen gesetzten Erkenntnishorizonts liegen, haben für ihn, der die Klärung einer persönlichen schmerzlichen Situation und die Bewährung in ihr sucht, nur wenig Interesse. Was ihn interessiert, ist die im zentralen dritten Buch gestellte Frage: Welche Hilfe kann die Philosophie bei der Linderung und Bewältigung des Kummers wirklich gewähren?
Dennoch mangelt es den *Tuskulanen* nicht an »Resultaten« und Leistungen. Im Vergleich zu Seneca etwa, der weit intellektueller und zugleich »epikureischer« um die reine Glückseligkeit ringt, erscheinen Ciceros Gedankengänge und Ergebnisse noch ziemlich normativ: Die Abhängigkeit von der griechischen System-Philosophie verbindet sich mit einem römischen Formalismus, der sich im moralischen Bereich im altrömischen Ideal der Selbstbeherrschung, der »Contenance«, der Haltung um ihrer selbst willen manifestiert. Der aus Tusculum stammende ältere CATO, der immer wieder zitiert wird, hat dieses Ideal auf besondere Weise verkörpert. So wird trotz wiederholter Vorbehalte gegenüber der oft zur Gefühllosigkeit erstarrten *ataraxia* (»Unerschütterlichkeit«) der Stoa an diesem Ideal festgehalten, die es die letzte Garantie darstellt für die sittlich autonome Persönlichkeit, deren Bild im letzten Dialog abschließend entwickelt wird; sie kann sich auf keinen metaphysischen Hintergrund, auch nicht auf den Göttermythos mehr stützen, der nur aus »Irrtümern« besteht.
Eine andere Leistung dieser Dialoge liegt darin, daß sie der Philosophie in Rom tatsächlich Eingang verschafft haben, indem sie mit einer Reihe erfolgreicher Begriffsbildungen und -übersetzungen den bis dahin fast vollständigen Fehlen einer lateinischen philosophischen Fachsprache ein Ende setzten. Darüber hinaus haben sie für die Geistesgeschichte der Antike einen unschätzbaren quellenkundlichen Wert, da sie von den Werken mehrerer sonst verlorener Autoren wichtige Textauszüge oder Zusammenfassungen enthalten. R. M.

AUSGABEN: Rom 1469 *(Tusculanae questiones)*. – Lpzg. 1918 (in *Scripta quae manserunt omnia*, Bd. 13, Fasc. 44, Hg. M. Pohlenz; zul. Stg. 1965). – Ldn./NY 1927 *(Tusculan Disputations;* m. engl. Übers.; Loeb; mehrere Nachdr.). – Turin 1956 (in *Opere politiche e filosofiche*, Bd. 2, Hg. N. Marinone). – Paris ²1960 (*Tusculanes*, Hg. G. Fohlen; m. frz. Übers.). – Mailand 1962, Hg. A. Di Virginio.

ÜBERSETZUNGEN: *Ain Büchle das der tod nit zu fürchten* (in *Der teutsch Cicero*, Augsburg 1531; enth. Buch 1). – *Tusculanische Unterredungen*, J. D. Büchling, Halle 1799. – Dass., F. H. Kern (in *Werke*, Bd. 1–3, Stg. ³⁻⁷1871–1878). – *Gespräche in Tusculum*, O. Gigon, Mchn. 1951 (lat.-dt.; Tusculum, 54). – *Gespräche in Tusculum*, K. Büchner, Zürich 1952 [m. Einl.].

LITERATUR: H. Uri, *C. u. die epikureische Philosophie. Eine quellenkritische Studie*, Diss. Mchn. 1914, S. 74–84. – C. Knapp, *An Analysis of C. »Tusculan Disputations«* (in PhQ, 6, 1927, S. 39 bis 56). – P. Finger, *Die beiden Quellen des 3. Buches der »Tusculanen« C.s* (in Phil, 84, 1929, S. 51–81; 320–348). – R. Philippson, *Das 3. u. 4. Buch der »Tusculanen«* (in Herm, 67, 1932, S. 245–294). – A. Barigazzi, *Sulle fonti del libro I delle »Tusculane«* (in Riv. di filol. e d'istruz. class., 26, 1948, S. 106 bis 203; 28, 1950, S. 1–29). – M. Valente, *L'éthique stoïcienne chez Cicéron*, Paris/Pôrto Alegre 1956, S. 31–52 [zugl. Diss. Paris]. – M. Ruch, *Le préambule dans les œuvres philosophiques de Cicéron. Essai sur la genèse et l'art du dialogue*, Paris 1958, S. 169 bis 174; 281–289. – H. Drexler, *Zu Überlieferung u. Text der »Tusculanen«*, Rom 1961. – A. Michel, *Rhétorique et philosophie dans les »Tusculanes«* (in REL, 39, 1961, S. 158–171). – A. Weische, *C. u. die neue Akademie. Untersuchungen zur Entstehung u. Geschichte des antiken Skeptizismus*, Diss. Münster 1961. – S. Lundström, *Vermeintliche Glosseme in den »Tusculanen«*, Uppsala 1964.

ANONYM

RHETORICA AD HERENNIUM (lat.; *Rhetorik für Herennius*). Anonymes Lehrbuch der Rhetorik in vier Büchern, entstanden um 85 v. Chr. – Alles, was man vom Autor der fälschlich unter CICEROS Namen überlieferten Schrift weiß, ist, daß er, wie sein Auftraggeber und Freund Gaius Herennius, in den Kreisen der Anhängerschaft des Marius zu suchen ist. Das Werk will nicht mehr sein als ein kurzgefaßter Leitfaden für den Nicht-Spezialisten; dem entspricht es, wenn knifflige und umstrittene Fragen von vornherein beiseite gelassen werden. Statt dessen liegt das Augenmerk vor allem auf einer einprägsamen und leicht faßlichen Darstellung der fünf Hauptstücke der rednerischen Ausbildung: *inventio* (Sammlung der Argumente), *dispositio* (zweckmäßige und wirkungsvolle Anordnung), *elocutio* (sprachlich-stilistische Formulierung), *memoria* (Technik des Auswendiglernens), *pronuntiatio* (Kunst des Vortrags). Besonderes Gewicht erhalten dabei *inventio* (zweieinhalb Bücher umfassend) und *elocutio*, die, aus dem traditionellen Schema herausgelöst, als letztes das ganze vierte Buch ausfüllt. In diesem Teil werden die drei *genera dicendi* – hoher, mittlerer und niederer Stil –, in jenem neben der Gerichtsrede noch weitere Gattungen der Rede behandelt. In diesen Partien finden sich auch die vielbeachteten, zum Teil wörtlichen Übereinstimmungen mit Ciceros rhetorischer Schrift *De inventione (Über die Erfindung)*, die wohl doch so zu erklären sind, daß Cicero neben anderen Quellen auch den Herennius-Autor herangezogen hat.

Die bis in die Scholastik des Mittelalters und noch in die Schulrhetorik des 18. und 19. Jh.s hineinreichende Wirkung dieser ersten lateinischen Rhetorik beruht auf drei Momenten: auf der Prägnanz von Stil und Darstellung, aufgrund deren sie einen hervorragenden Platz in der römischen Fachliteratur behauptet; auf ihrer Eigenart als verhältnismäßig frühes Dokument römischen Nationalisierungswillens auf dem Gebiet der Rhetorik, die bis dahin immer noch Domäne und Privileg der Griechen war (Fachausdrücke und Beispiele sind bereits lateinisch); und schließlich auf ihrer Eigenschaft als ein für ihre Zeit ungewöhnliches Denkmal geschlossener, systematischer Rhetorik, die unter Umgehung aller Kontroversen und Richtungskämpfe sich ausschließlich auf einen praktisch verwertbaren Grundstock rhetorischen Allgemeinguts beschränkt. Für die Geschichte der antiken Schulrhetorik stellt sie damit die wichtige Verbindung zwischen dem Griechen HERMAGORAS (um 200 v. Chr.) und dem spanischen Wahlrömer QUINTILIANUS († 96 n. Chr.) her, der seinerseits schon zu dem spätantiken Systematiker HERMOGENES (um 160–220) überleitet, durch den die Rhetorik in endgültige Erstarrung geraten ist.

R. M.

AUSGABEN: Venedig 1470 (in *Rhetorica nova et vetus*). – Lpzg. 1854 (*Cornifici rhetoricum ad C. Herennium libri IV*, Hg. C. L. Kayser; m. Komm.). – Lpzg. 1854 (*De ratione dicendi ad C. Herennium libri IV*, Hg. F. Marx; m. Einl.; ern. 1963, besorgt v. W. Trillitzsch). – Lpzg. 1908 (in *Ciceronis opera rhetorica*, Hg. G. Friedrich, Bd. 1). – Ldn./Cambridge (Mass.) 1954 (*Ad C. Herennium de ratione dicendi libri IV*, Hg. H. Caplan, m. engl. Übers.; Loeb; Nachdr. 1964).

ÜBERSETZUNGEN: *Rhetorik an Herennius*, Ch. Walz (in *Ciceros Werke*, Bd. 26, Stg. 1842). – *Vier Bücher an C. Herennius über die Redekunst*, K. Kuchtner, Mchn. 1911.

LITERATUR: J. Werner, *Zur Frage nach dem Verfasser der »Herenniusrhetorik«*, Bielitz 1906. – J. Tolkiehn, *Zu den Dichterzitaten in der »Rhetorik« des Cornificius* (in Berliner Philol. Wochenschrift, 1917, S. 825–830). – Schanz-Hosius, 1, S. 586–590. – M. Medved, *Das Verhältnis von C.s »Libri rhetorici« zum »Auctor ad Herennium«*, Diss. Wien 1940. – M. P. Cunningham, *Some Phonetic Aspects of Word Order Patterns* (in Proceedings of the American Philological Society, 51, 1957, S. 481–505). – G. Calboli, *De his usum dicemus (Rhet. Her. 3,14)* (in Atti del I Congresso Internazionale di Studi Ciceroniani, Rom, April 1959, Bd. 2, Rom 1961, S. 407–422).

Gaius IULIUS CAESAR
(100–44 v. Chr.)

COMMENTARII DE BELLO CIVILI (lat.; *Aufzeichnungen über den Bürgerkrieg*). Geschichtswerk in drei Büchern von Gaius IULIUS CAESAR (100–44 v. Chr.), entstanden etwa 45 v. Chr. – Die Kommentarien schildern die Anfänge des römischen Bürgerkriegs, der im Jahre 49 mit der Auseinandersetzung zwischen Caesar und Pompeius begann und sich bis zum Sieg des Octavian (Augustus) über Antonius in der Schlacht bei Actium (31 v. Chr.) hinzog. – Zwar hatte Caesar vor Jahren, als der eben aus Kleinasien zurückgekehrte Pompeius für sein Vorgehen im Osten beim Senat nicht genug Unterstützung fand, Pompeius zu einem Bündnis gegen die Optimatenpartei zu veranlassen gewußt; der Bankier Crassus gab dem Pakt mit der erforderlichen finanziellen Rückendeckung den ausgleichenden Halt (1. Triumvirat, 60 v.Chr.). Als jedoch Crassus im Kampf gegen die Parther gefallen war (53 v.Chr.), verloren die Abmachungen ihre Bedeutung. Es zeigte sich, daß bei der Schwäche der Senatsregierung nur die Waffen darüber entscheiden konnten, wer von den beiden selbstbewußten und machthungrigen Politikern die Alleinherrschaft gewinnen sollte.

Mit der Darstellung der Situation im Januar des Jahres 49 setzt der Bericht Caesars ein: Pompeius lehnt Caesars ultimativen Vorschlag, sie beide sollten ihre Truppen, die ihnen zum Schutz ihrer Provinzen zur Verfügung standen, entlassen, im Namen des Senats ab. Daraufhin überschreitet Caesar provokativ den Rubico, der Gallia cisalpina von Italien trennte: »*Der Würfel ist gefallen*« (»*Iacta alea est*«). Italien fällt – bis auf Corfinium – Caesar beinahe kampflos zu: fast alle Angehörigen der Nobilität fliehen mit Pompeius bis nach Brundisium und weiter nach Dyrrhachium. In Abänderung seines strategischen Planes versucht Caesar nun, Pompeius von seiner Nachschubquelle Spanien abzuschneiden: er erobert die Provinz seines Gegners trotz heftigen Widerstands der Legaten Afranius und Petreius (1. Buch). Doch erleidet auch er empfindliche Niederlagen: Curio, einer seiner tüchtigsten Offiziere, geht mit einem großen Teil der Legion in Afrika zugrunde (2. Buch). Nur durch ein kühnes Unternehmen rettet er schließlich seine Sache. Es gelingt ihm, an der thessalischen Küste zu landen und Pompeius bei Pharsalus in Makedonien vollständig zu besiegen. Auf der Flucht nach Ägypten, von wo aus er den nunmehr fast aussichtslosen Kampf weiterzuführen gedachte, wird Pompeius von Häschern des Königs Ptolemaios Auletes meuchlings umgebracht (3. Buch). – An diesem Punkt brechen die *Kommentarien* ab. Es ist anzunehmen, daß Caesar auch die Bezwingung der Söhne des Pompeius (45 v.Chr.) noch darstellen wollte, aber durch den Tod daran gehindert worden ist. Auch stilistische Nachlässigkeiten – besonders am Schluß des dritten Buches – lassen vermuten, daß Caesar etwa im Jahre 45 das Werk, seiner Gewohnheit entsprechend, in einem Zuge zu schreiben begonnen hat, ohne es vollenden oder nochmals überarbeiten zu können. Gerade die Unfertigkeit regte mehrfach Nachahmer an, die Schilderung chronologisch weiterzuführen (*Commentarii de bello Alexandrino, Africano, Hispaniensi*), ähnlich wie der Offizier Aulus HIRTIUS beabsichtigte, mit dem achten Buch der *Commentarii de bello Gallico* eine Verbindung zwischen den beiden authentischen Berichten zu schaffen. So ist es nicht verwunderlich, daß das *Bellum civile* weniger eine formal-stilistische als eine historisch-politische Interpretation nahelegt, zumal die *Briefe* CICEROS eine fast bis auf den Tag genaue Rekonstruktion des Geschehens erlauben. Dabei gewinnt man den Eindruck, als habe Caesar manche scheinbar eindeutigen Fakten bewußt ins Unklare verkehrt. Waren zum Beispiel seine Bemühungen um einen versöhnlichen Ausgleich vor Beginn des Krieges wirklich ernst gemeint, da er doch schon während der Verhandlungen mit dem Senat – in deren Verlauf er in der Frage des Verzichts auf persönliche Truppenkontingente immer größere Zugeständnisse machte – seine Legionen nach Italien marschieren ließ (1, 8)? Oder wollte er, dem es in jedem Fall auf eine endgültige Entscheidung ankam, nur seinem Gegner die Schuld am Kriegsausbruch zuschieben? Sicher spielten machtpolitische Erwägungen bei den Entschlüssen Caesars die ausschlaggebende Rolle. Aber nicht von ihnen allein wurde sein Handeln bestimmt: es sei nur an sein Verhalten gegenüber den Besiegten erinnert. Nach der Eroberung Corfiniums begnadigte er wider aller Erwarten und Anraten Lucius Domitius Ahenobarbus, der die Stadt erbittert verteidigt hatte (1, 15ff.); ebenso milde verfuhr er nach der Schlacht bei Pharsalus, so daß der Pompeianer Marcus Iunius Brutus sogar zu ihm übertrat. Die *clementia Caesaris*, die »Milde Caesars«, wurde zu einem geflügelten Wort (vgl. etwa *Bellum Africanum*, 88b; *Bellum Hispaniense*, 17), denn sie stach scharf von der Haltung früherer und späterer Feldherrn ab: man denke bloß an die Proskriptionen des Sulla, 82 v. Chr., und die des Octavian, 43 v. Chr., denen Cicero zum Opfer fiel. Auch Caesar mußte wissen, daß er seine Feinde durch Nachsicht nicht endgültig zu Freunden gewinnen konnte: Ahenobarbus kämpfte sofort nach der Begnadigung vor Massilia aus weiter gegen ihn (1, 36), und Brutus leitete ein paar Jahre später die Verschwörung. Wie wären solche im machtpolitischen Sinne durchaus unklugen Maßnahmen bei einem Mann zu verstehen, der einzig und allein aus herrschsüchtigen Motiven heraus handelte? Die Beispiele zeigen, daß der Politiker und Feldherr nicht als ein »einschichtiger« Charakter zu verstehen ist. Seine oft bewunderte Genialität beruhte keineswegs nur auf der Fähigkeit zu scharfem Kalkül. Mindestens ebenso entscheidend waren seine spontanen Entschlüsse, sein oft geradezu waghalsigen Aktionen: der Sieg von Pharsalus war nicht nur das Resultat taktisch berechnender Strategie, sondern in gleicher Weise ein Erfolg der persönlichen Kühnheit und des wagemutigen Einsatzes des Feldherrn. Das bedeutet: stets – auch in der literarischen Fixierung – ist bei Caesar mit einem großen Maß an spontaner, ganz dem Augenblick entspringender Beurteilung zu rechnen. Entsprechend dürfte auch dort, wo die Fakten bisweilen recht eigenwillig interpretiert werden, nicht etwa der Wunsch nach einer historischen »Sprachregelung« im Hintergrund stehen (die sich Caesar in seiner Stellung hätte durchaus erlauben können): verantwortlich dafür ist vielmehr die im Grunde bei Caesar allzeit entscheidende höchst individuelle, genauer sogar: absolut egozentrische Perspektive.

B. M.

AUSGABEN: Rom 1469 (in *Opera*, Hg. Joh. Andreas, Bischof v. Aleria). – Oxford 1901 (*Libri III de bello civili*, Hg. R. Du Pontet; Nachdr. zul. 1961). – Ldn./Cambridge (Mass.) 1914 (*The Civil Wars*, Hg. A. G. Peskett; m. engl. Übers.; Loeb; Nachdr. zul. 1957). – Paris 1947–1954 (*La guerre civile*, Hg. P. Fabre, 2 Bde.; m. frz. Übers.; Bd. 1: [4]1954). – Lpzg. [2]1950 (in *Commentarii*, Hg. A. Klotz, Bd. 2; Nachdr. zul. 1964). – Paris 1962 (*De bello civili*, Hg. M. Rambaud; m. Einl. u. Komm.; nur Buch 1). – Bln. [13]1963, Komm. v. F. Kraner, F. Hofmann u. H. Meusel, Hg. H. Oppermann.

ÜBERSETZUNGEN: *Julius der erst Römisch Keyser von seinen Kriegen*, M. Philesius [Ringmann], Straßburg 1507. – *Der Bürgerkrieg*, G. Dorminger, Mchn. [2]1962 [lat.-dt.]. – Dass., H. Simon, Bremen 1964 (Slg. Dieterich, 293).

LITERATUR: T. Mommsen, *Die Rechtsfrage zwischen C. und dem Senat* (in Abh. der hist.-phil. Ges. in Breslau, 1, 1857, S. 1–58; ern. in T. M., *GS*, Bd. 4, Bln. 1906, S. 92–145). – A. v. Göler, *C.s gallischer Krieg und Theile seines Bürgerkriegs*, 2 Bde., Tübingen ²1880. – E. Meyer, *C.s Monarchie und das Principat des Pompeius*, Stg./Bln. ³1922; Nachdr. Darmstadt 1963. – K. Barwick, *C.s »Bellum Civile«. Tendenz, Abfassungszeit und Stil*, Bln. 1951 (Berichte u. Verh. d. Sächs. Ak. d. Wiss. Lpzg., phil.-hist. Kl., 99, 1). – W. Lehmann, *Die Methode der Propaganda in C.s Schriften unter besonderer Berücksichtigung der Commentarien vom Bürgerkrieg*, Diss. Marburg 1951. – A. La Penna, *Tendenze e arte del »Bellum civile« di Cesare* (in Maia, 5, 1952, S. 191–233). – K. Abel, *Zur Datierung von C.s »Bellum civile«* (in MH, 15, 1958, S. 56–74). – O. Leggewie, *Clementia Caesaris* (in Gymn, 65, 1958, S. 17–36). – M. Ruch, *César, le »Commentarius« et la propagande autour de l'année 45* (in Bull. de l'Association G. Budé, 1959, S. 501 bis 515). – M. Gelzer, *C., der Politiker und Staatsmann*, Wiesbaden 1960. – F. E. Adcock, *C. als Schriftsteller*, Göttingen o. J. [ca. 1960]. – D. Rasmussen, *C.s »Commentarii«*, Göttingen 1963.

COMMENTARII DE BELLO GALLICO (lat.; *Aufzeichnungen über den Gallischen Krieg*).

Geschichtswerk von Gaius IULIUS CAESAR (100–44 v.Chr.), entstanden im Winter 52/51. – Dieser erste – und in vieler Hinsicht bedeutendere – der beiden authentischen Kriegsberichte Caesars behandelt in acht Büchern die Ereignisse der Jahre 58–50. Als Verfasser des achten Buches gibt sich jedoch Aulus HIRTIUS zu erkennen (8, 2), der den Bericht über den Gallischen Krieg mit dem über die Anfänge des Bürgerkriegs in den *Commentarii de bello civili* verbinden wollte. Hirtius' Autorschaft wird darin sichtbar, daß er vom Gliederungsprinzip Caesars abweicht: er berichtet in seinem Buch über die Vorgänge nicht eines, sondern zweier Jahre und wertet schon auf diese Weise sein Kapitel zu einer Art Anhang ab, der die Geschlossenheit des Caesarianischen Teiles nur um so deutlicher hervorhebt.

Mit einem aggressiven Krieg gegen die Helvetier und einige germanische Stämme im Süden (Buch 1; 58 v. Chr.), gegen die Belger (Buch 2; 57 v. Chr.) und andere Völkerschaften im Norden (Buch 3; 56 v. Chr.) scheint das Land erobert zu sein. Caesar kann es wagen, Expeditionen nach Britannien zu unternehmen und den Rhein zu überschreiten (Buch 4; 55 v. Chr.). Während dieser weitgespannten Aktionen brechen jedoch Revolten aus. Sie beginnen im Norden und kosten Caesar anfangs eineinhalb Legionen (Buch 5; Winter 54/53), für die er in Strafzügen blutige Rache nimmt (Buch 6; 53 v. Chr.). Aber die Aufstände erreichen ihren Höhepunkt erst in der Auseinandersetzung mit dem Arverner Vercingetorix, der den Freiheitskampf gegen die Römer proklamiert und zum alleinigen Anführer der Gallier gewählt wird. Gegen diese vereinigte Macht unterliegt Caesar bei Gergovia; erst bei Alesia gelingt ihm der endgültige Sieg (Buch 7; 52 v. Chr.). Dieser Erfolg ist so überwältigend, daß Caesar die noch folgenden Unruhen gar nicht mehr für erwähnenswert hält. In der Tat öffnete sich Gallien seitdem den politischen, wirtschaftlichen und kulturellen Einflüssen Roms – ein Vorgang, der für die europäische Geschichte, insbesondere für das Verhältnis zwischen Frankreich und Deutschland, entscheidende Folgen haben sollte.

Schon der konzentrierte äußere Aufbau des Werkes – Buch 1–3: vorläufige zügige Eroberung, Buch 4: Stichexpeditionen in angrenzende Gebiete, Buch 5–7: endgültige Befriedung – läßt etwas von der Eigenart Caesars erkennen. Der Feldherr schrieb den Bericht im Winter 52/51 in einem Augenblick höchster politischer Anspannung in einem Zuge nieder. Die vorangegangenen Monate hatten die Wahl des Pompeius zum alleinigen Konsul gebracht: der einstige Freund drohte zum Gegner im Ringen um die Führungsposition in Rom zu werden. Dennoch hat Caesar in wenigen Wochen ein Meisterwerk lateinischer Sprache geschaffen, in dem die wesentlichen Merkmale der sogenannten »Goldenen Latinität« sich auf kleinstem Raum ausgeprägt finden. Bereits die Zeitgenossen priesen seine *elegantia*, die geschmackvolle und feinsinnige Auswahl der Worte, und CICEROS unübertroffenes Urteil über die *Kommentarien* lautet, sie seien »nüchtern, zutreffend und anmutig« (»*nudi enim sunt, recti et venusti*«, *Brutus* 262), so kennzeichnet er eben damit die für Caesar charakteristische Spannung zwischen nackter Faktizität und müheloser Stilbeherrschung. Lange Zeit – besonders im vorigen Jahrhundert – ließ man nur den ersten Faktor gelten: man erforschte auf Grund der geographischen und ethnologischen Angaben die gallische und germanische Vorgeschichte, für die die Exkurse im *Bellum Gallicum* (besonders 6, 11–28) neben der *Germania* des TACITUS die hervorragende Quelle bilden; Napoleon III. rekonstruierte aufs exakteste die Feldzüge und Schlachten. Hierbei stieß man aber – notwendigerweise – auf Ungenauigkeiten, Widersprüche, ja Fälschungen, die zu erklären so lange unmöglich war, wie man die Schrift (zwar ihrem Titel *Aufzeichnungen*, *Notizen*, nicht aber ihrem Wesen entsprechend) ausschließlich für einen nackten Tatsachenbericht nahm.

Die Frage, ob Caesar historische Fakten, wie etwa den Angriffskrieg gegen die Helvetier, das völkerrechtswidrige Vorgehen gegen die Ubier und Tenkterer oder auch die eigenmächtige Aushebung von mindestens vier Legionen absichtlich zu seinen Gunsten verunklart habe, kann nur eine präzise Stilanalyse beantworten. Sie allerdings vermag schon an Hand eines einzigen Satzes die Elemente Caesarianischen Denkens und Handelns anzudeuten. Das sei an einem Beispiel exemplifiziert: »*His nuntiis acceptis Galba, cum neque opus hibernorum munitionesque plene essent perfectae neque et frumento reliquoque commeatu satis esset provisum, quod deditione facta obsidibusque acceptis nihil de bello timendum existimaverat, consilio celeriter convocato sententias exquirere coepit.*« (3, 3, 1. – »Auf diese Nachrichten hin berief Galba schnell einen Kriegsrat und fing an, die Meinungen zu erforschen; denn der Bau des Winterlagers und seine Befestigungen waren noch nicht ganz fertig, und auch für Getreide und die übrige Verpflegung war nicht genügend vorgesorgt, hatte er doch geglaubt, nach vollzogener Unterwerfung und dem Empfang der Geiseln brauche er keineswegs mehr einen Kriegsausbruch zu fürchten.«) Die Periode knüpft sachlich an das vorher Gesagte an (»*His nuntiis acceptis*«). Unmittelbar danach steht das neue Subjekt (»*Galba*«); das zugehörige Verb schließt sich jedoch nicht, wie zu erwarten wäre, sogleich an, sondern folgt erst am Ende des ganzen Gefüges (»*exquirere coepit*«). Zuvor werden in Nebensätzen (»*cum ... esset provisum*« und »*quod ... existimaverat*«) die Gründe für das im Verb ausgedrückte Handeln aufgedeckt. Durch diese Stellung erhält die Aktion selbst den Anschein logischer Notwendigkeit. Bei dieser Art der Periodisierung, die sich stark von dem gefälligeren Stil Ciceros unterscheidet, springt eine nüchterne, willensbetonte Zielstrebigkeit in die Augen, zumal die Triebkräfte des Handelns meist Wahrnehmungen und Erwägungen sind. Den räumlichen und zeitlichen Gegebenheiten ist der Intellekt des Akteurs, und zwar der Caesars wie der seines jeweiligen Gegners, übergeordnet. Er richtet sich in seiner klaren Sachgebundenheit nur auf die für die momentanen Überlegungen wichtigen Faktoren, alles andere beachtet er nicht.

Damit wird die Frage nach einem absichtlich tendenziösen Gehalt der Darstellung hinfällig: von bewußter Verfälschung der Tatsachen kann keine Rede sein – in genialisch-spontaner Unbekümmertheit beurteilt Caesar die jeweiligen Situationen souverän von seinem ganz persönlichen Standpunkt aus, nicht beschönigend oder umdeutend, sondern so, wie sie ihm selbst im Augenblick erscheinen. Das Zitat vermag noch etwas anderes deutlich zu machen: die nur Caesar eigentümliche Klassizität der Sprache, die bei äußerster Sparsamkeit des Vokabulars – der Wortschatz beschränkt sich auf 1200–1300 Begriffe – eine überlegene, wahrhaft »elegante« Treffsicherheit gewinnt. Diese raffinierte »klassische« Einfachheit (die das Werk sehr zu Unrecht zur Schullektüre für die Unterstufe hat werden lassen) mutet um so erstaunlicher an, als Caesar sich den literarischen Strömungen der Zeit keineswegs verschloß, sondern, im Gegenteil, sich mit einer eigenen Schrift *(De analogia)* sogar aktiv an der aktuellen Diskussion über das Problem des richtigen Stils beteiligt hat.   B. M.

AUSGABEN: Rom 1469 (in *Opera*, Hg. Joh. Andreas, Bischof v. Aleria). – Oxford 1900 (*Libri VII de bello Gallico*, Hg. R. Du Pontet; Nachdr. zul. 1962). – Ldn./Cambridge (Mass.) 1917 (*The Gallic War*, Hg. J. H. Edwards; m. engl. Übers.; Loeb; Nachdr. zul. 1958). – Lpzg. ^{5}1957 (in *Commentarii*, Hg. A. Klotz, Bd. 1). – Lpzg. 1961 (in *Commentarii rerum gestarum*, Hg. O. Seel, Bd. 1). – Bln. ^{19}1961/62, Komm. v. F. Kraner, W. Dittenberger u. H. Meusel, Hg. H. Oppermann, 3 Bde. [m. Bibliogr.].

ÜBERSETZUNGEN: *Julius der erst Römisch Keyser von seinen Kriegen*, Philesius [Ringmann], Straßburg 1507. – *Der gallische Krieg*, V. Stegemann, Bremen 1956 (Slg. Dieterich, 26). – Dass., G. Dorminger, Mchn. 1962 [lat.-dt.].

LITERATUR: A. v. Göler, *C.s gallischer Krieg und Theile seines Bürgerkriegs*, 2 Bde., Tübingen ^{2}1880. – T. R. Holmes, *C.s Feldzüge in Gallien und Britannien*, Lpzg./Bln. 1913. – K. Deichgräber, *Elegantia Caesaris* (in Gymn, 57, 1950, S. 112–123).– U. Knoche, *C.s »Commentarii«, ihr Gegenstand und ihre Absicht* (in Gymn, 58, 1951, S. 139–160). – K. Barwick, *Kleine Studien zu C.s »Bellum Gallicum«* (in RhMus, 98, 1955, S. 41–72). – O. Matthies, *Entstehungszeit und Abfassungsart von C.s »Bellum Gallicum«*, Diss. Bln. 1955. – G. Walser, *C. und die Germanen. Studien zur politischen Tendenz römischer Feldzugsberichte*, Wiesbaden 1956 (Historia, Einzelschr., 1). – M. Gelzer, *C., der Politiker und Staatsmann*, Wiesbaden 1960. – F. E. Adcock, *C. als Schriftsteller*, Göttingen o. J. [ca. 1960]. – D. Rasmussen, *C.s »Commentarii«*, Göttingen 1963.

ANONYM

ACTA DIURNA (lat.; *Tagesakten*; auch *acta, acta urbis, publica acta* u. ä. genannt). Die erste »Tageszeitung« des Abendlandes, von CAESAR während seines Konsulats im Jahr 59 v. Chr. als offiziell herausgegebenes Presseorgan gegründet (frühere »Zeitungen« waren ausschließlich von privaten Verlegern vertrieben worden). Caesars Verfügung hatte politische Hintergründe; denn in den *acta diurna* ließ er zugleich die *acta senatus*, die (ebenfalls auf seine Veranlassung geführten) Protokolle der Senatssitzungen, veröffentlichen. Die offizielle Version der Tagesaktualitäten wurde wohl auf einer weißen Tafel *(album)* öffentlich ausgestellt, und die Privatunternehmer konnten nach dieser Vorlage den Text von ihren Schreibern vervielfältigen lassen. Als Augustus die generelle Publikation der *acta senatus* wieder einstellte, wurde das Ziel des Staatsbulletins, das ursprünglich größere Zuverlässigkeit garantieren sollte, in sein Gegenteil verkehrt: verbreitet wurde, was die kaiserliche Zensur durchließ (es gab denn später auch eine besondere Kanzleiabteilung am Hof unter einem *procurator ab actis urbis*).

Den Inhalt dieser ephemeren Blätter – ein sehr spezieller Zweig der Literatur – muß man sich für Rom so bunt vorstellen wie heute: Politik, Standesnachrichten, Lokales, Sport, Wirtschaft – der Stand des Kriegs, das jüngste Edikt, die Reisen der Behörden, Bestechungsskandale, Kaisers Geburtstag, eine allergnädigste Schenkung an die Staatskasse, eine theatralische Heirat in der Nobilität, der Tod eines Konsularen, die staunenswert treue Liebe eines Hundes zu seinem Herrn, der Tod eines berühmten Wagenlenkers, schlimme Vorzeichen, Warnung vor einer drohenden Teuerung, kurz, das ganze farbige Spectaculum von ernsten Wichtigkeiten, effektheischenden Histörchen und aufgebauschten Banalitäten, das den Alltagsklatsch und die Sorge des Bürgers zu nähren geeignet ist: wie das ausgesehen haben mag, führt ja PETRONIUS in seinem *Satyricon* (53) lebhaft vor Augen. Halten konnte sich diese Zeitung recht lange, länger als die Mehrzahl ihrer modernen Nachfolger: höchstwahrscheinlich stellte sie ihr Erscheinen erst im Jahr 330 ein, als Kaiser Konstantin (reg. 306–337) das alte Byzanz zur neuen Hauptstadt des Imperiums erhob. Freilich: so beachtenswert das Phänomen der *acta diurna* in der Geschichte des geschriebenen Worts auch ist, so unbedeutend und am Rande bleibt es doch im Rahmen der Literatur: man hört von keinem dieser Journalisten, der ein Meister der Sprache gewesen wäre.   E. Sch.

LITERATUR: E. Hübner, *De senatus populique Romani actis* (in Fleckeisens Jahrbücher f. class. Philologie, Suppl. 3, Lpzg. 1859). – J.W. Kubitschek, Art. »*Acta*« *(5)* (in RE, 1/1, 1893, Sp. 290–295). – Schanz-Hosius, 1, S. 380ff. – H. Hommel, *Die Zeitung im alten Rom* (in NHJb, 1940, S. 28–34)

CORNELIUS NEPOS
(um 100–25 v. Chr.)

DE VIRIS ILLUSTRIBUS (lat.; *Von berühmten Männern*). Sechzehnbändiges Biographienwerk von CORNELIUS NEPOS (um 100–25 v. Chr.), um das Jahr 35/34 in erster und fünf bis sieben Jahre später in zweiter, erweiterter und umgearbeiteter Auflage veröffentlicht. Ob der Titel original ist, steht nicht fest. – Erhalten ist nur ein recht geringer Teil des ursprünglichen Konvoluts, so daß der Aufbau des fast enzyklopädisch gedachten Werkes nicht mehr genau faßbar ist. Es war in acht Buchpaare geteilt, in denen jeweils zunächst eine Reihe ausländischer, zumeist griechischer bioi dargestellt wurden, welchen im zweiten Teil die entsprechenden römischen Lebensläufe folgten. Die Grundkategorien der Gruppen lassen sich nur noch zum Teil feststellen: »Könige«, »Feldherren« und »Historiker« sind authentisch belegt, »Dichter« und »Grammatiker« (Philologen) mit Sicherheit aus Testimonien zu erschließen, eine Abteilung »Redner« darf man vermuten. Das Überlieferte ist die erste Gruppe der »Feldherren«, also der Sammlung der Biographien nichtrömischer Feldherren.

Wenn nicht alles trügt, stammen davon nur die zwanzig Lebensbeschreibungen der griechischen Strategen (Miltiades, Themistocles, Aristides, Pausanias, Cimon, Lysander, Alcibiades, Thrasybulus, Cono[n], Dio[n], Iphicrates, Chabrias, Timotheus, Datames, Epaminondas, Pelopidas, Agesilaus, Eumenes, Phocio[n], Timoleo[n]) aus der ersten Auflage, während Hamilcar und Hannibal (vielleicht auch Datames) erst später hinzugefügt wurden. In ähnlicher Weise ist auch das Meisterstück der ganzen Tradition, der *Atticus* (von einer kurzen Cato-Biographie abgesehen der einzige Überrest der Kategorie »Historiker«), in der zweiten Auflage – nach dem Tode des bewunderten und verehrten Freundes – um einige Kapitel bereichert worden. Eine ausgeklügelte Ökonomie im Gesamtaufbau, bewußt geplante, durch Verweis, Andeutung, Zitat und Verknüpfung geschicktete Komposition waren dem großangelegten Opus nicht eigen, wie man dem Erhaltenen ohne weiteres entnehmen darf. Auch sonst mangelt es dem Werk an vielem, was man gerne darin verwirklicht sähe – ein Stilideal scheint der Autor, vom Streben nach Schlichtheit und Kürze abgesehen, sowenig besessen zu haben wie eine ausgereifte Konzeption über das Wesen der Biographie. Und ebenso wird man in historischer Hinsicht bohrendes Fragen, ehrgeiziges Forschen nach Gründen und Hintergründen vergeblich suchen: die Darstellung bleibt durchaus oberflächlich, nicht selten leistet sich Nepos sogar ausgesprochene Irrtümer und Flüchtigkeitsfehler. Doch seltsamerweise müssen diese kritischen Einwände vor der Atticus-Biographie völlig verstummen. Hier hat, in eigenartigem Gegensatz zu der sonstigen Banalität, die lebendig-aufgeschlossene Begegnung des Schriftstellers mit einer überragenden, menschlich repräsentativen Persönlichkeit eine Studie hervorgebracht, die zu den revolutionärsten und besten Stücken römischer Prosa zählt: »*Alles ist neu an dieser Biographie: der Entwurf zu Lebzeiten, die Ergänzung nach der Vollendung des Lebens, der Sinn für biographisches Detail ebenso wie das Aufspüren letzter Grundsätze und Haltungen, das Finden der Mitte eines exemplarischen Lebens ... Auch zum Erspüren der Kräfte eines persönlichen Lebens gehört Gunst der Stunde. Die römische Biographie hat eine solche Zeit nicht mehr gefunden.*« (Büchner) E. Sch.

AUSGABEN: Venedig 1471 *(Aemilii Probi de vita excellentium liber)*. – Oxford 1904 *(Vitae*, Hg. E. O. Winstedt; Nachdr. zul. 1962). – Bln. ¹¹1913 *(C. N.*, Komm. v. K. Nipperdey u. K. Witte). – Ldn./Cambridge (Mass.) 1929 *(C. N.*, Hg. J. C. Rolfe; m. engl. Übers.; Loeb). – Turin ²1945 *(Cornelii Nepotis quae exstant*, Hg. H. Malcovati). – Paris ²1961 *(Œuvres*, Hg. A.-M. Guillemin; m. frz. Übers.).

ÜBERSETZUNGEN: *Deutsch redender C.N.*, D. Harder, Greifswald 1658. – *Kurzbiographien und Fragmente*, H. Färber, Mchn. 1952 [lat.-dt.].

LITERATUR: G. A. Koch u. K. E. Georges, *Vollständiges Wörterbuch zu den Lebensbeschreibungen des C. N.*, Hannover/Lpzg. ⁷1895. – G. Wissowa, Art. *C. (275)* (in RE, 4/1, 1900, Sp. 1408–1417). – Schanz-Hosius, 1, S. 351–361. – K. Büchner, *Humanitas. Die Atticusvita des C. N.* (in Gymn, 56, 1949, S. 100–121). – S. Costanza, *Considerazioni relativistiche nella praefatio di C. N.* (in Teoresi, 10, 1955, S. 131–159). – H. Rahn, *Die Atticus-Biographie u. die Frage der zweiten Auflage der Biographiensammlung des C. N.* (in Herm, 85, 1957, S. 205–215). – V. d'Agostino, *La vita corneliana di Tito Pomponio Attico* (in Rivista di Studi Classici, 10, 1962, S. 109–120).

Titus LUCRETIUS CARUS
(um 95–55 v. Chr.)

DE RERUM NATURA (lat.; *Von der Natur der Dinge*). Philosophisches Lehrgedicht in sechs Büchern von Titus LUCRETIUS CARUS (um 95 bis 55 v. Chr.), Gaius Memnius gewidmet; angeblich von CICERO postum herausgegeben. – Obwohl dem Autor die endgültige Redaktion seines 7415 epische Hexameter umfassenden Werkes versagt blieb, steht die symmetrische Anlage des Epos deutlich vor uns. Je zwei Bücher bilden eine thematische Einheit. Buch 1 und 2 handeln von der Natur des Mikrokosmos, d. h. von der Welt der Atome und ihren Bewegungen, Buch 5 und 6 von der des Makrokosmos: von der Zusammensetzung der Atome zu Körpern, vom Universum und seinen Bewegungen, der Kosmogonie und Kulturentstehung, von verschiedenen Natur-»Wundern«; das innere, von diesen Außengruppen flankierte Buchpaar ist der Natur des Menschen gewidmet, dem Wesen der Seele, des Geistes und der Sinneswahrnehmungen. Das Anliegen des ganzen Werks ist, die Menschheit von der Furcht vor dem Tode zu befreien, die der Dichter für alle Schlechtigkeit und alles Unglück der Menschen verantwortlich macht. EPIKUR folgend, dem viermal zu Beginn eines Buches (1, 3, 5, 6) gefeierten Meister, sieht Lukrez die Todesfurcht als eine Frucht der *religio* an, einer mythischen, anachronistischen Vorstellung von Göttern, die rächend oder belohnend in das Leben der Menschen eingreifen sollen. Diese Vorstellung hält den Erkenntnissen vom wahren Wesen der Natur (»*naturae species ratioque*«), wie sie besonders DEMOKRIT gewonnen hat, nicht stand; denn diese Einsichten zeigen, daß die Natur ausnahmslos der ihr eigenen Kausalität, d. h. den Gesetzen der Materie, folgt. »*Aus nichts wird nichts*« (1, 150) und »*Es gibt nur Materie und den leeren Raum*« (1, 420) lauten die Hauptaxiome. Darüber hinaus lassen sich nur immanente und gesetzmäßige Umschichtungsprozesse der Materie feststellen: im großen, wenn Katastrophen über einzelne Welten hereinbrechen, im kleinen, wenn Stoffe entstehen oder sich verändern, und im Bereich der menschlichen Seele *(anima)* bei Geburt und Tod; denn auch die Seele besteht aus Materie und ist durch sie an den Leib gebunden. So ist sein Tod auch ihr Tod. Und ebenso wie sie vergeht der Geist *(animus)* im Augenblick des Todes. Während des Lebens ist er der Sitz der Empfindung *(sensus)* und der Vernunft *(ratio)*, die uns in die Lage versetzt, mit Hilfe der Sinnesorgane die Naturvorgänge als ewiges Werden und Vergehen, als ewigen Austausch von Materie zu begreifen, uns aber zugleich aus der Determination durch die Naturgesetze herausführt, indem sie die einmal in ihrer Ursache erkannten Prozesse in Bahnen zu lenken weiß, die dem Menschen angenehm und nützlich sind.

In einer unruhigen Zeit, im Jahrhundert des – immer bedrohlicher heraufziehenden – Bürgerkriegs schrieb Lukrez ein Epos, das bewußt den Mythos ausklammert. Gleich seinem Vorbild EMPEDOKLES, der in seinem Naturgedicht *»göttlich inspirierte Gesänge«* mit *»unübertrefflichen Forschungsergebnissen«* (1, 731f.) verbunden hatte, versuchte er, Dichtung und Naturlehre zu verschmelzen, eine Dichtung zu schaffen, die sich aus Forschungsergebnissen eine neuartige Symbolwelt aufbaut, und zugleich der Naturlehre zu bieten, die sich der ästhetischen Überzeugungskraft der Poesie bedient und den Dingen trotz ihrer Analyse ihre Schönheit bewahrt. Zusammen mit dem Mythos soll auch das »Tragische«, das spezifisch Beunruhigende der Kunst, eliminiert und auf diese Weise der deutlich gesehenen Gefahr eines irrationalen Fatalismus in der eigenen Zeit entgegengewirkt werden. In einer Situation, die durchaus etwa mit der Bertolt BRECHTS zu vergleichen ist, plant er ein der Vernunft und Humanität verpflichtetes, lichtvolles, allem Dunkel-Orakelhaften zutiefst abholdes Aufklärungswerk. Die düsteren *»Schreckbilder der Dichter«* (1, 102f.) werden ebenso abgelehnt wie die *»dunkle Sprache«* eines HERAKLIT (1, 639). Die Dichtung soll ihres wuchernden, in gewisser Weise humanitätsfeindlichen Eigenlebens beraubt werden, indem ihr der Lehre gegenüber eine eindeutig dienende Rolle zugemessen wird. Im Prooemium zu Buch 4, wo Lukrez über die Neuheit und Schwierigkeit seines Dichtertums spricht, vergleicht er sie mit dem Honig, den man Kindern in die bittere Arznei mischt. Von dieser poetischen Konzeption aus müssen auch die eingefügten Hymnen auf Venus, Cybele und Ceres gewertet werden. Die Göttinnen werden nicht als transzendente Mächte verehrt, sondern als gleichartige Erscheinungsformen einer mythischen Fruchtbarkeitsgottheit, der *Magna Mater*, apostrophiert, die – wie es schon die etymologische Wurzel des Worts nahelegt – als mächtiges Symbol ewig schöpferischer *materia* erscheint. Daß gerade Venus die Rolle der Muse zufällt, sichert zudem noch andere Bezüge: ihr allein obliegt es, den unheilvollen Mars zu besänftigen – Mars als Allegorie des Krieges und Prinzip des Irrationalen und Tragischen.

Natürlich vermochte Lukrez – wie auch Brecht – die Antinomie zwischen Lehre und Dichtung nicht aufzuheben. Sein dichterischer Impetus ist zu gewaltig, als daß er sich auf die Dauer eines Lebenswerkes derart dämpfen ließe. Die Intensität der Schilderung von Katastrophen und menschlichem Unglück (besonders der Pest von Athen, mit der das Werk abschließt) geht weit über die Erfordernisse eines negativen Gegenbildes hinaus. Hier bricht vielmehr ein versteckter Aufklärungspessimismus durch, der dem Epos Spannung verleiht. Ohne es recht gewahr zu werden, unternimmt der Dichter die eigene Bewußtseinsklärung: sein Werk wird selbst zu einem Drama der Erkenntnis. Und so ist es letztlich die Situation des tief betroffenen Adepten, die Lukrez von seinem Lehrer Epikur unterscheidet, nicht etwa abweichende Auffassungen über Einzelheiten der Lehre. *»Der Friede dessen, der überwunden hat, die letzten beglückenden Einsichten und Wahrheiten, die bei Epikur doch auch sichtbar und spürbar werden, bleiben außerhalb seiner Verse.«* (Klingner) Aus diesem Mißverhältnis erklärt sich ein gut Teil der fast verkrampften Anstrengung, die in den rein lehrhaften Passagen öfters bemerkbar ist und die eigentümlich zu dem Bild passen will, das HIERONYMUS vom Leben und Dichten des Lukrez zeichnet. Das beunruhigende Werk erregte zu allen Zeiten die bedeutendsten Geister, und zwar keineswegs nur die dezidierten Materialisten und Aufklärer unter ihnen. Beachtenswert vor allem ist die Bewunderung, die ihm CICERO, VERGIL, MONTAIGNE und der um die Übersetzung KNEBELS verdiente GOETHE entgegenbrachten.   R. M.

AUSGABEN: Brescia ca. 1473. – Bln. [4]1871–1882, Hg. K. Lachmann. – Oxford [2]1922, Hg. C. Bailey [Nachdr. zuletzt 1962]. – Bln. 1923/24, Hg. H. Diels, 2 Bde. [m. Übers.; diese ern. Bln. 1957]. – Ldn./Cambridge (Mass.) [3]1937, Hg. W. H. D. Rouse (m. engl. Übers.; Loeb; Nachdr. zuletzt 1953). – Oxford 1947, Hg. C. Bailey, 3 Bde. [m. Einl., engl. Übers. u. Komm.]. – Paris [8/9]1955/56 (*De la nature*, 2 Bde., Hg. A. Ernout [m. frz. Übers.]. – Bln. 1956 (*Über die Natur der Dinge*, Hg. G. Klaus; m. d. Übers. v. H. Diels; Philosophische Bücherei, 12). – Lpzg. [5]1963, Hg. J. Martin. – Wiesbaden 1965, Hg. K. Büchner.

ÜBERSETZUNGEN: *Von der Natur der Dinge*, F. X. Mayr, 2 Bde., Wien 1784/85. – Dass., K. L. v. Knebel, Lpzg. [2]1831; ern. Ffm. 1960 (EC, 4). – *Welt aus Atomen*, K. Büchner, Zürich 1956 [m. Einl.; lat.-dt.].

LITERATUR: A. Ernout u. L. Robin, *Lucrèce, »De la nature«*, 3 Bde., Paris 1925-1928; ern. 1962 [Komm.]. – O. Regenbogen, *Lukrez. Seine Gestalt in seinem Gedicht*, Lpzg. 1932. – M. Rozelaer, *Lukrez. Versuch einer Deutung*, Diss. Amsterdam 1941. – W. Schmid, *Lukrez und der Wandel seines Bildes* (in Antike und Abendland, 2, 1946, S. 193 bis 219). – F. Klingner, *Lucrez* (in F. K., *Römische Geisteswelt*, Mchn. [4]1961, S. 191–217). – U. Pizzani, *Il problema del testo e della composizione del »De rerum natura« di Lucrezio*, Rom 1959 (Nuovi Saggi, 25). – C. A. Gordon, *A Bibliography of Lucretius*, Ldn. 1962. – P. Boyance, *Lucrèce et l'épicurisme*, Paris 1963. – K. Büchner, *Studien zur römischen Literatur*, Bd. 1: *Lukrez und die Vorklassik*, Wiesbaden 1964.

PARTHENIOS aus Nikaia
(um 90–10 v.Chr.)

ERŌTIKA PATHĒMATA (griech.; *Liebesleiden*). In einer einzigen Handschrift erhaltenes Prosawerk des PARTHENIOS aus Nikaia (um 90–10 v.Chr.), des bedeutenden Mittlers zwischen hellenistischer und römischer Poesie. – Die Sammlung der 36 aus den entlegensten griechischen Dichtungen zusammengestellten Episoden unglücklicher Liebesgeschichten ist dem Begründer der römischen Liebeselegie, Gaius CORNELIUS GALLUS, gewidmet. Als Kunstwerk besitzt sie keinerlei Rang, und der Autor ist sich dessen wohl bewußt, wie sein Vorwort ausdrücklich bekundet: »*Ich widme Dir, lieber Cornelius Gallus (da Du sie vermutlich recht gut brauchen kannst), die Sammlung von Leiden der Liebe, die ich möglichst gedrängt zusammengestellt habe. Du wirst nämlich die betreffenden Motive, die sich bei einigen Dichtern finden, die aber keine selbständige Darstellung erfahren haben, dadurch wesentlich besser verstehen: Deine Aufgabe wird es sein, das, was sich davon besonders eignet, zu Epen und Elegien umzudichten. Wenn den Erzählungen auch die hohe künstlerische Form, die Du beherrschst, mangelt, so urteile nicht gering; ich habe sie ja nur in Form von kurzen Notizen gesammelt, Dir werden sie ja doch nun hoffentlich einigen Nutzen bringen.*«(Ü: Plankl) Trotz des mangelnden dichterischen Formats – Parthenios' Stärke lag auf anderem Gebiet – sind diese Geschichten nicht ohne Wert für uns: einmal zeigen sie, in welcher Weise wir uns die Übermittlung der griechischen an die lateinische Dichtung denken müssen: sie erfolgte offensichtlich nicht nur durch die Lektüre berühmter Originale und durch den Einfluß der poetischen Werke der Vermittler, sondern ebenso durch systematisches Nachspüren in fernen Gründen; zum andern geben sie manch dankenswerten Aufschluß über verlorene griechische Schriftsteller: ein kundiger Leser (wohl kaum der Verfasser selbst, aber vielleicht der kürzende Bearbeiter der Sammlung?) hat im Text zu den meisten Episoden die literarische Quelle verzeichnet. Schließlich sind die *Liebesleiden* auch ein Zeugnis dafür, daß Parthenios nicht nur als Dichter von Elegien zu glänzen wußte, sondern mit seinem Fleiß und seiner Belesenheit ebenso als Antiquar.

E. Sch.

AUSGABEN: Basel 1531 (*Parthenii Nicaensis de amatoriis affectionibus liber*, Hg. J. Cornarius). – Lpzg. 1902 (*Parthenii Nicaeni quae supersunt*, Hg. E. Martini; Mythographi Graeci, Bd. 2/1, Suppl.). – Ldn./Cambridge (Mass.) 1916 (*The Love Romances of Parthenius and Other Fragments*, Hg. S. Gaselee; m. engl. Übers.; Loeb; Nachdr. 1955).

ÜBERSETZUNGEN: *Parthenius des Nicäers Liebesgeschichten*, F. Jacobs, Stg. 1837. – *Liebesleiden*, W. Plankl, Wien 1947 [griech.-dt.]. – Dass., L. Mader (in *Griechische Sagen*, Zürich/Stg. 1963, S. 161–193).

LITERATUR: A. v. Blumenthal, Art. *P. (15)* (in RE, 18/4, 1949, Sp. 1895–1899).

Gaius SALLUSTIUS CRISPUS (86–35 v. Chr.)

BELLUM IUGURTHINUM (lat.; *Der Jugurthinische Krieg*). Historische Monographie von Gaius SALLUSTIUS CRISPUS (86–35 v. Chr.) über den nordafrikanischen Feldzug, den die Römer – mehr gezwungen als freiwillig – in den Jahren 111 bis 105 führten.

Das *Bellum Iugurthinum* ist um das Jahr 40 v. Chr. entstanden, nach *De Catilinae coniuratione (Über die Verschwörung Catilinas)*. Doch während der *Catilina* durch den Tod CAESARS (44) und CICEROS (43) aus der Rückerinnerung als Gesprächsstoff und Thema nochmals Aktualität gewonnen haben mochte, liegen die Ereignisse des *Jugurtha* um mehr als sechs Jahrzehnte zurück. Ein unmittelbarer Anlaß oder ein allgemeines Bedürfnis, diesen Krieg darzustellen, war also nicht gegeben, zumal in den Geschichtswerken des Zeithistorikers SISENNA († 67 v. Chr.) oder des griechischen Philosophen POSEIDONIOS (um 135–51 v. Chr.), in den zahlreichen Produkten zeitgenössischer Annalisten wie CLAUDIUS QUADRIGARIUS, VALERIUS ANTIAS, LICINIUS MACER usw. oder in der Autobiographie SULLAS der Stoff gründlich aufgearbeitet und die Ereignisse in allen wünschenswerten Einzelheiten ausgebreitet gewesen sein dürften. In der Tat verfolgte Sallust – in keiner Weise um faktische Vollständigkeit bemüht – ein ganz anderes Ziel, wie die Einleitung zeigt: »*Ich will den Krieg beschreiben, den das römische Volk mit dem Numiderkönig Jugurtha geführt hat, einmal, weil es ein großer, heftiger Krieg, mit wechselndem Sieg war, sodann weil man damals zum erstenmal der Überheblichkeit des Adels entgegengetreten ist; dieser Streit warf alles Göttliche und Menschliche durcheinander und steigerte sich zu solchem Wahnsinn, daß den inneren Umtrieben erst Krieg und Verwüstung Italiens ein Ende bereiteten.*« (5,1f.) Hier ist in klaren Worten ausgesprochen, daß das Geschehen des Afrikafeldzuges nur den illustrativen Vordergrund bildet für Generelles: für die Analyse der soziologisch-politischen Situation und im Politischen wiederum für die Analyse der Gesetzmäßigkeit, mit der sich der innere Verfall im römischen Staat vollzieht – freilich nicht für eine kühle und wertneutrale Analyse; sondern für leidenschaftliches Durchdenken und Werten. Was schließlich fixiert wird, ist niemals nur Ursache (das wäre die Thukydideische Perspektive), sondern Schuld, woran schon das scharf akzentuierende Vokabular (*superbia nobilitatis*, *vecordia*) von vornherein keinen Zweifel läßt. So wird das äußerlich scheinbar sehr disparate Nachfolgewerk des *Catilina* zu dessen gegenbildlichem Pendant: beide stellen paradigmatisch an einem Detail den allgemeinen Zustand der Zeit dar, jenes zeigt die Keime, die sich hier zu diabolischer Größe entfaltet haben: »*Denn diese Tat* [Catilinas] *halte ich für besonders denkwürdig der unerhörten Neuheit an Ruchlosigkeit und Gefahr wegen.*« (*Cat.* 4,4) In dieser die Grenzen chronikalischer Historiographie ebenso wie aller tages- und parteipolitischen Ambitionen sprengenden philosophisch-deutenden Geschichtsbetrachtung bekunden die beiden Monographien genau dieselbe Haltung und Anschauung, die hernach das berühmte Prooemium der *Historiae (Historien)* charakterisieren wird.

Catilina und *Jugurtha* bilden jedoch nicht nur in der Blickrichtung und als thematisch-exemplarische Pendants eine Einheit, sie gehören auch zusammen durch ihre formale Verwandtschaft. Denn in beiden Fällen ist es Sallust ja nicht darum zu tun, apodiktische Thesen und Sentenzen zu entwickeln, sondern zunächst einmal in kräftiger, interessanter Erzählung den Vordergrund anschaulich zu machen, in dem die hintergründigen Phänomene Realität gewinnen. Hier wie dort bedient er sich derselben kompositorischen und stilistischen Mittel: beide Male steht vorweg das allgemeine, in der persönlichen Selbstcharakteristik gipfelnde Prooemium, beide Male wird die Handlung durch mehrere Exkurse unterbrochen (im *Jugurtha* über die Geographie Afrikas und seine Bewohner [17–19], über die innerpolitischen Kämpfe in Rom [41–42] und über die Geschichte von den karthagischen Brüdern Philaenus [79]); beide Male sind an entscheidenden Stellen Briefe und Reden eingefügt, die den Bericht vertreten und zugleich Gestalten, Positionen, Perspektiven verdeutlichen (besonders wichtig: 31 und 85); beide Male verzichtet Sallust auf den kontinuierlichen Vortrag des Geschehens, erzählt vielmehr nach Schwerpunkten, unter mancherlei Sprüngen und Pausen im Inhalt wie in der Art der Schilderung, mit historischen und biographischen Rückgriffen, mit kritischen Charakterstudien usw. Später hat der Autor diese Eigentümlichkeiten auf die *Historien* übertragen – wobei auch der unverwechselbar knappe, plastisch gedrängte Stil der gleiche blieb. Doch ihre Funktion als Kompositionselemente einer konzisen Monographie dürfte bei der Übertragung auf eine großräumige Darstellung verlorengegangen sein; zumindest mußte sie neu und anders begründet werden. E. Sch.

AUSGABEN: Venedig 1470 *(Liber de bello Catilinario et de bello Iugurthino)*. – Bln. [11]1922 *(De bello Iugurthino liber*, Erkl. R. Jacobs u. H. Wirz). – Turin [3]1956, Hg. E. Malcovati. – Lpzg. [3]1957 (in *Catilina. Iugurtha. Fragmenta ampliora*, Hg. A. W. Ahlberg u. A. Kurfess). – Paris [4]1960 *(La conjuration de Catiline. La guerre de Jugurtha. Fragments des histoires*, Hg. A. Ernout).

ÜBERSETZUNGEN: *Des hochberompten Lateinischen histori schreibers Salustij: zwo schon historien: Nemlichē von des Catilinē vnd auch des Jugurthen kriegen*, D. von Pleningen zu Schonbegk, Landshut 1515. – *Der Jugurthinische Krieg*, L. Rumpel, Lpzg. 1940 (RUB, 948/49). – *Der Krieg mit Jugurtha*, G. Dorminger (in *Krieg und Revolution*, Mchn. 1958). – *Der Jugurthinische Krieg*, W. Schöne (in *Werke*, Mchn. [2]1960; lat. u. dt.).

LITERATUR: K. Büchner, *D. Aufbau v. S.s »Bellum Iugurthinum«*, Wiesbaden 1953 (HermE, 9). – K. Vretska, *Studien zu S.s »Bellum Iugurthinum«*, Wien 1955 (SWAW). – A. D. Leeman, *Aufbau u. Absicht v. S. S.s »Bellum Iugurthinum«*, Amsterdam 1957. – W. Steidle, *S.s histor. Monographien*, Wiesbaden 1958 (Historia, Einzelschr., 3). – K. Büchner, *Sallust*, Heidelberg 1960. – D. Timpe, *Herrschaftsidee u. Klientelstaatenpolitik in S.s »Bellum Iugurthinum«* (in Herm, 90, 1962, S. 334–375).

DE CONIURATIONE CATILINAE (lat.; *Über die Verschwörung des Catilina*). Historische Monographie von Gaius SALLUSTIUS CRISPUS (86 bis 35 v. Chr.), entstanden um 40 v. Chr.; der Titel ist nicht sicher überliefert. – Mehr als zwanzig Jahre nach Catilinas Putschversuch (63 v. Chr.), nach seinem eigenen Rückzug aus der Politik und kurz nach CAESARS und CICEROS Tod macht sich Sallust an sein historisches Erstlingswerk.
Anlaß dürfte die unmittelbar vorangegangene Veröffentlichung von Ciceros nachgelassener Schrift *De consiliis suis* gewesen sein, in der der Konsul des Jahres 63 aus seiner Sicht gewissermaßen die Geheimgeschichte der Verschwörung enthüllt. Sallust selbst bezeichnet in der Einleitung »die denkwürdige Ungeheuerlichkeit des Geschehnisses« (4,4) als ausschlaggebend für die Wahl seines Stoffes. Mag es in Ciceros Schrift um die abwägende Verteilung von Schuld und Unschuld, vielleicht sogar um die Andeutung von Verbindungen Caesars zu Catilina gegangen sein, Sallust sieht die Verschwörung in einem umfassenden Zusammenhang: als symptomatische Folge des allgemeinen Niedergangs und der mit der Niederwerfung des letzten großen Gegners, Karthago, notwendig einsetzenden Auflösung der inneren Einheit des römischen Staates. Genußsucht, Vernachlässigung der

virtus (menschliche Größe, tatkräftige Bewährung), Überhandnehmen von Gruppeninteressen auf seiten der Nobilität und die fortschreitende Proletarisierung des Volkes, überhaupt das schreiende Mißverhältnis in der Besitzverteilung und die allgemeine Indifferenz gegenüber dem Staatsgedanken gelten ihm als die Ursachen der totalen Korrumpiertheit.
Das bedeutet, daß Sallust nicht mit der Akribie des Gelehrten, den die verborgenen Details eines engumrissenen Geschehens interessieren, an die Darstellung seines Gegenstandes herangeht, sondern – auf Kosten der Genauigkeit – als geschichtsphilosophisch denkender Politiker, der, mit einer Gesamtkonzeption ausgerüstet, am geeigneten Demonstrationsobjekt seine Diagnosen veranschaulicht. Als Politiker steht Sallust auf der Seite Caesars und der Popularen, denn sein Thema ist »die soziale Revolution in ihrem Zusammenhange mit dem sittlichen Tiefstand der Nobilität« (W. Schur). Doch begibt er sich nicht auf die Ebene einseitiger Parteilichkeit. Nicht nur wird des jüngeren Cato Integrität gebührend gewürdigt, auch die Verschwörer selbst erscheinen am Ende, in der Schlacht von Pistoria (Kap. 61), in heldenhaftem, beinahe versöhnlichem Licht. Auf die souveräne Distanz des Verfassers zu seinem Stoff weisen die zahlreichen eingeschalteten Exkurse und (teils authentischen, teils fingierten) Reden und Briefe, die mit ihren psychologischen Details auf eine neuartige Weise die Handelnden (auch weibliche Schlüsselfiguren) zu charakterisieren helfen. Der kompakte, gedrängte Stil mit seinen sentenzartigen Zuspitzungen und die zum Teil archaisierenden Sprachformen bestärken diesen Eindruck. Unter dem Einfluß von Vorbildern, wie THUKYDIDES, POSEIDONIOS und dem älteren CATO, schwebt Sallust eine Verbindung von historischer Sachlichkeit, philosophischer Darstellung und sprachlicher Unmittelbarkeit vor.
In Sallusts Geschichtsbild machen nicht deterministische Mächte Geschichte, sondern der große Einzelne, die verantwortungsvoll handelnde, an der *virtus* ausgerichtete Persönlichkeit. Das »blindwütige Schicksal« (10,1) ist in diesem Sinn ungeschichtlich, ebenso wie das Volk, das als diffuse und richtungslose Masse bestenfalls berechenbarer Faktor des handelnden Einzelnen sein kann. Nur die Gemeinschaft solcher Einzelner macht den Staat zum geschichtsmächtigen Gebilde, das seinerseits die Erhaltung dieser Einzelnen garantiert. Ein Dämon wie Catilina, das negative Zerrbild fehlgeleiteter guter Anlagen, könnte in diesem Staat nicht aufleben. Der Begriff der *virtus* selbst ist bei Sallust allein am *bonum publicum*, am Gemeinwohl, orientiert. Diese *virtus* erfordert vom einzelnen ein Doppeltes, nämlich Handeln und Einsicht in das, was für das Gemeinwohl notwendig und gut ist, Rom aber hat niemanden, der beides in sich vereinigte; die berühmte Synkrisis Sallusts nach den Senatsreden Caesars und Catos (54), die den Charakter beider Männer vergleicht, macht es offenbar: Caesar ist ein Handelnder ohne höhere Einsicht, Cato ist einsichtig, doch ohne Verhältnis zur Macht. Auch das eigene schriftstellerische Bemühen steht unter dem Zeichen dieser *Virtus*-Interpretation. Sallust, der seine Hinwendung zur Geschichtsschreibung als einen Übertritt aus der Welt des Handelns in den Bereich des Geistes versteht (3/4), übernimmt in einer Zeit, in der Bürgerkrieg von neuem losbricht, gewissermaßen die von der handelnden Welt mehr und mehr aus den Augen verlorene, aus echter Einsicht geborene Wertung der Tat. Wo diese

in der Geschichtsschreibung sich der Größe der beschriebenen Taten würdig erzeigt, kann sie die notwendige Ergänzung zu ihnen sein und – Geschichte werden: Geschichtsschreibung, die an der Geschichte selbst mitwirkt. Hieraus resultiert der tiefe Ernst, den Sallust seiner Aufgabe beimißt, resultiert der geistige Anspruch wie das politische Engagement, die diese Monographie tragen.

Dennoch wurde Sallust, der »Geschichtsschreiber der Republik«, als Historiker eigentlich erst in jüngster Zeit ernst genommen. Was an ihm nachwirkte, ist die souveräne, vom Künstlerischen geleitete Kompositionstechnik, die romanähnliche Gruppierung der Protagonisten (Caesar-Cato-Catilina), die Kunst der Charakterisierung, die Einführung des Psychologischen. Zu seinen Bewunderern gehörten QUINTILIAN (der ihn den »römischen Thukydides« nannte), MARTIAL und vor allem TACITUS, in späterer Zeit FLORUS, ZENOBIUS (der ihn ins Griechische übertrug), FRONTO, APULEIUS und HIERONYMUS. R. M.

AUSGABEN: Venedig 1470 (Liber de bello Catilinario et de bello Iugurthino). – Bln. ¹¹1922; Erkl. R. Jacobs, H. Wirz u. A. Kurfess. – Ldn./Cambridge (Mass.) ²1931 (in S., Hg. J. C. Rolfe: m. engl. Übers.; Loeb; Nachdr. zuletzt 1955). – Mchn. 1949, Hg. W. Steidle [m. Komm.]. – Turin ³1956 (De Catilinae coniuratione, Hg. E. Malcovati). – Heidelberg ⁴1959 (Catilinae coniuratio, Hg. H. Haas u. E. Römisch; Einl. M. Gelzer). – Paris ³1958 (Catilina. Jugurtha. Fragments des Histoires, Hg. A. Ernout; m. frz. Übers.). – Lpzg. ³1957 (Catilina. Iugurtha. Fragmenta ampliora, Hg. A. Ahlberg u. A. Kurfess; Nachdr. zuletzt 1964). – Hbg. 1964 (Die Verschwörung des Catilina, Hg. J. Lindauer; lat.-dt.; RKl, 165). – Mchn. ³1965 (in Werke und Schriften, Hg. W. Schöne u. W. Eisenhut; lat.-dt.).

ÜBERSETZUNGEN: Des hochberompten Lateinischen histori schreibers Salustij: zwo schon historien: Nemlichen von des Catilinen und auch des Jugurthen kriegen, D. v. Pleningen zu Schonbegk, Landshut 1515. – Die Verschwörung des Katilina, E. Weinstock (in Das Jh. der Revolution, Stg. 1939; ³1955). – Die Verschwörung des Catilina, G. Storz, Stg. 1942. – Dass., L. Rumpel, Lpzg. o. J. [1927] (Nachdr. Stg. o. J.; RUB, 889). – Dass., G. Dorminger (in Krieg und Revolution, Mchn. 1958; GGT, 489).

LITERATUR: O. Seel, S. Von den Briefen ad Caesarem zur »Coniuratio Catilinae«, Lpzg./Bln. 1930 [zugl. Diss. Erlangen]. – W. Schur, S. als Historiker, Stg. 1934, S. 171–213. – K. Latte, S., Lpzg. 1935 (Neue Wege zur Antike, 2/4; Nachdr. Darmstadt 1962). – K. Vretska, Der Aufbau des »Bellum Catilinae« (in Herm, 72, 1937, S. 202–222). – A. D. Leemann, A Systematical Bibliography of S. (1879–1950), Leiden 1952 (Mnemosyne, Suppl. 4). – J. Vogt, Cicero u. S. über die catilinarische Verschwörung, Ffm. 1938 (Auf dem Wege zum nationalpolitischen Gymnasium, 3). – K. Vretska, S.s Selbstbekenntnis (in Eranos, 53, 1955, S. 41–60). – W. Steidle, S.s historische Monographien, Wiesbaden 1958. – K. Büchner, S., Heidelberg 1960. – D. C. Earl, The Political Thought of S., Cambridge 1961. – L. A. MacKay, S.'s Catiline. Date and Purpose (in Phoenix, 16, 1962, S. 181–194). – R. Syme, S., Berkeley/Los Angeles 1964, S. 60–82.

HISTORIAE (lat.; Geschichtsbücher). Geschichtswerk in fünf Büchern von Gaius SALLUSTIUS CRISPUS (86–35 v. Chr.); nur fragmentarisch erhalten. – Nach den Monographien über die Catilinarische Verschwörung (De coniuratione Catilinae) und den Iugurthinischen Krieg (Bellum Iugurthinum) wandte sich Sallust, wie später auch TACITUS, in vorgerücktem Alter der annalistischen Geschichtsschreibung zu. Seine Darstellung setzte dort ein, wo sein Vorgänger SISENNA abgebrochen hatte – 78 v. Chr., im Todesjahr Sullas –, und führte bis zur Übertragung des entscheidenden Orientkommandos an Pompeius (67 v. Chr.). Das Werk schilderte also jenen zwölfjährigen Abschnitt römischer Geschichte, in dem das unselige Erbe der Sullanischen Restauration eine innenpolitische Entwicklung heraufbeschwor, die endgültig die Weichen für den späteren Zusammenbruch der alten Republik stellte.

Jedes Buch behandelte einen Zeitraum von etwa zwei Jahren, wobei das annalistische Prinzip gelegentlich zugunsten einer zusammenhängenden Darstellung geschlossener Geschehenskomplexe durchbrochen wurde. Solche größeren Einheiten bildeten der Krieg gegen Sertorius, der Spartacus-Aufstand, der Piratenkrieg des Pompeius und die erste Phase des Dritten Mithridatischen Krieges. Ungeklärt muß bleiben, ob der Abschluß des Werkes durch den Tod des Autors erzwungen wurde oder auf Einsicht in die tiefere historische Bedeutsamkeit des dargestellten Jahrzwölfts schließen läßt. Erhalten sind in der Hauptsache einige Reden (von Lepidus, Philippus, Cotta, Licinius Macer) und Briefe (von Pompeius, Mithridates), Fragmente über die Vorgänge um 75/74 und den Anfang der Spartacus-Revolte sowie rund 500 kleinere Bruchstücke, unter denen ein umfangreicher Teil aus der Vorrede das wichtigste ist. Diese Masse kleiner Stücke wurde erst in der neueren Zeit von der philologischen Kritik (DE BROSSES, KRITZ, MAURENBRECHER) gesichtet und geordnet, ist aber wegen der noch immer bestehenden Unsicherheiten in mehrere moderne Ausgaben nicht aufgenommen. Die Überlieferungsmängel werden durch eine Inhaltsangabe, die ein spätantiker Exzerptor von den ersten drei Büchern anfertigte, wenigstens zum Teil ausgeglichen.

Mit der Hinwendung zur systematischen Historiographie vollzieht Sallust in den Historiae zugleich eine Rückwendung zur normativen Geschichtsbetrachtung der Griechen. Doch verbindet ihn dabei weniger mit THUKYDIDES, dem er seit dem Altertum etwas ungenau als ein »römischer Thukydides« (so QUINTILIAN) an die Seite gestellt wurde, als mit POSEIDONIOS. Sein Geschichtspessimismus erwächst nicht aus der Erkenntnis einer Gesetzmäßigkeit, mit der sich historische Prozesse wiederholen, sondern aus einem zutiefst negativen Menschenbild (die betreffende Passage der Vorrede diente AUGUSTIN als unübertreffliche Illustration der »civitas terrena«, und er hat sie nicht weniger als dreimal vollständig zitiert). Denn für Sallust macht vor allem der Mensch, die große geschichtliche Persönlichkeit Geschichte. Aber zwischen seiner idealstaatlichen Vorstellung, die er noch weitgehend in der alten Republik zur Zeiten der Punischen Kriege, zu Zeiten der Scipionen und des älteren Cato, verkörpert findet, und der neueren geschichtlichen Wirklichkeit mit der seit jener Zeit unaufhaltsam fortschreitenden sittlichen und geistigen Entartung der Führungsschicht klafft eine Diskrepanz, die ihm in der menschlichen Natur selbst ihre Ursache zu haben scheint. Das goldene Zeitalter der Republik bedurfte nämlich, um aufrechterhalten zu werden, eines eisernen legalistischen Zwanges im Inneren und noch mehr des ständigen Druckes von außen. Mit dem Fall Karthagos und dem Wegfall des *metus Punicus*, des Punischen Schreckens, begann offensichtlich der Niedergang der allgemeinen sittlichen Haltung: Nun enthüllte der Mensch sein wahres Gesicht, seine Eitelkeit, Streitsucht und seine Gier nach Ruhm, Macht und Besitz. Auf der Grundlage dieses außerordentlich skeptischen Geschichtsbildes beurteilt Sallust auch den aus sozialen Spannungen hervorgegangenen Bürgerkrieg. Nicht nur die bloße Möglichkeit eines so tiefgehenden Gesellschaftsrisses erklärt sich ihm damit, sondern auch der in keiner Weise zur Lösung des sozialen Problems beitragende Verlauf. Er erkennt, daß unter allmählicher Verwischung der ursprünglichen Positionen machthungrige, nur durch ihre Finanzkraft legitimierte Abenteurer nach oben gelangen, die die Parteien zu bloßen Marionetten in ihren erbitterten Machtkämpfen herabwürdigen werden, bis die zunehmende Machtkonzentration am Ende nicht nur eine Vermehrung der sozialen Unfreiheit, sondern darüber hinaus auch eine Institutionalisierung der Monarchie bringen wird. Pompeius, Crassus und auch Caesar erscheinen in dieser Perspektive ohne Unterschied als »Totengräber der Republik«. Gerade die eigentümlich zwielichtige Gestalt des Pompeius zu entlarven ist eines der Hauptanliegen des Autors; von ihm wohl wurde zum erstenmal »*der naive Egoismus und der ebenso unbewußte Antirepublikanismus dieses offiziellen Märtyrers der Republik*« (Schur) schonungslos aufgedeckt. Allein Sertorius rückt – sicher zu Unrecht – als der »*letzte Ideenpolitiker der römischen Geschichte*« (Schur) in ein verhältnismäßig günstiges Licht.

Wie dieses Geschichtswerk im großen sich mehr moralischer als politisch-historischer Kriterien bedient (es geht hierin weiter als die Monographien), so folgt es in den Einzelzügen vorwiegend künstlerisch-kompositorischen Gesichtspunkten: Die Protagonisten werden gleich den fiktiven Figuren eines Dramas »aufgebaut«, die gedanklichen Schwerpunkte durch eine mitunter überwältigende sprachliche Intensität hervorgehoben (man nehme nur das erhaltene Stück der Vorrede). Im ganzen haben sich die Analysen und Prognosen der *Historiae* als richtig erwiesen. Offen muß freilich bleiben, inwieweit die simplifizierenden Kategorien eines verabsolutierten Moralismus und Republikånismus dem historischen Gesamtbild eines inzwischen zum Weltreich angewachsenen Imperiums gerecht werden konnten. Obgleich der düstere Pessimismus der *Historiae* keinen Raum mehr ließ für eine Argumentation aus der Warte der Popularen-Partei, beschritten Livius und Appian, die Historiker der Optimaten-Tradition, jedenfalls auch hierin einen anderen Weg. Bei eingeflelschten Republikanern wie Plutarch oder Tacitus hingegen finden sich unüberhörbare Reminiszenzen an die Leidenschaftlichkeit und den untrüglichen psychologischen Scharfblick Sallusts. R. M.

Ausgaben: Rom 1490 *(Orationes et Epistolae*, Hg. Pomponius Laetus, in *Liber de Coniuratione L. Sergii Catilinae* ...). – Venedig 1568 (in A. Riccoboni, *De Historia commentarius. Cum fragmentis* ...). – Dijon 1777 (*Histoire de la république romaine dans le cours du 7e siècle par Salluste*, Hg. Ch. de Brosses, 3 Bde.; m. frz. Übers. u. Erg.). – Lpzg. 1853 *(Historiarum fragmenta*, in *Opera quae supersunt*, Bd. 3, Hg. F. Kritz; m. Komm.). – Lpzg. 1891–1893 *(Historiarum reliquiae*, Hg. B. Maurenbrecher, 2 Bde.; m. Komm.). – Bari o. J. [1956] (*Orationes et epistulae de historiarum libris excerptae*, Hg. V. Paladini; m. ital. Übers.; enth. die Reden u. Briefe). – Lpzg. ³1957 (in *Catilina. Iugurtha. Fragmenta ampliora*, Hg. A. W. Ahlberg u. A. Kurfess; Nachdr. zul. 1964; enth. die Reden u. Briefe). – Paris ³1958 (*Fragments des Histoires*, in *Salluste*, Hg. A. Ernout; m. frz. Übers.; enth. die Reden u. Briefe).

Übersetzungen: *Römische Geschichte ergänzt von de Brosses*, J. C. Schlüter, 6 Bde., Osnabrück 1799 bis 1804. – *Bruchstücke aus den Geschichtsbüchern*, C. Cleß (in *Werke*, Bd. 3, Stg. ²1868). – *Die Reden und Briefe aus den Historien*, W. Schöne u. W. Eisenhut (in *Werke und Schriften*, Mchn. ³1964; lat.-dt.).

Literatur: G. Funaioli, Art. *S. (10)* (in RE, I A/2, 1920, Sp. 1928–1937). – W. A. Baehrens, *Sallust als Historiker, Politiker u. Tendenzschriftsteller* (in Neue Wege zur Antike, 4, 1926, S. 33–82). – F. Klingner, *Über die Einleitung der* »*Historien*« *Sallusts* (in Herm, 63, 1928, S. 165–192; jetzt in F. K., *Studien*, Zürich/Stg. 1964, S. 571–593). – W. Schur, *Sallust als Historiker*, Stg. 1934, S. 214 bis 284. – K. Büchner, *Sallust*, Heidelberg 1960, S. 121–130; 204–243 u. ö. – O. C. Earl, *The Political Thought of Sallust*, Cambridge 1961, S. 104 ff. – H. Bloch, *The Structure of Sallust's* »*Historiae*«. *The Evidence of the Fleury Manuscript* (in *Didascaliae. Studies in Honor of A. M. Albareda*, Hg. S. Prete, NY 1961, S. 59–76). – P. Frassinetti, *Su alcuni frammenti delle* »*Historiae*« *di Sallustio* (in Athenaeum, 40, 1962, S. 93–102). – A. La Penna, *Le* »*Historiae*« *di Sallustio e l'interpretazione della crisi repubblicana* (ebd., 41, 1963, S. 201–274). – R. Syme, *Sallust*, Berkeley/Los Angeles 1964, S. 178–213. – A. D. Leeman, *A Systematical Bibliography of Sallust (1879–1964)*, Leiden 1965.

Gaius VALERIUS CATULLUS
(um 84–54 v. Chr.)

CARMINA (lat.; *Gedichte*). Sammlung von 116 Gedichten in verschiedenen Versmaßen von Gaius Valerius Catullus (um 84–54 v. Chr.). – Da man nicht weiß, ob die heute vorliegende Ausgabe, die auch das Altertum in dieser Gestalt benützte, noch vor dem Tod des früh verstorbenen Dichters erschienen ist, muß die Frage offen bleiben, inwieweit Catull selbst für die Zusammenstellung und Edition seiner Gedichte verantwortlich ist. Ungeklärt bleibt auch, ob die Bezeichnungen *libellus* (*Büchlein*) und *nugae* (*Kleinigkeiten*), die das Einleitungsgedicht im Zusammenhang mit der Widmung an Cornelius Nepos verwendet, nur au-einen schon früher publizierten ersten Teil der Sammlung (Nr. 1-60) zu beziehen sind oder bereits auf das Gesamtcorpus. Die überlieferte Ausgabe ist deutlich als Triptychon angelegt. Nr. 1-60 bilden den ersten Teil: kurze »Gelegenheitsgedichte« in melisch-iambischen Versmaßen (hauptsächlich Elfsilbler, Hinkiamben und Trimeter), mit Motiven aus Catulls Umwelt und Freundeskreis; den Mittelteil (Nr. 61-68) nehmen umfangreichere mythische Dichtungen ein; am Schluß (Nr. 69-116) stehen wieder kleinere Gedichte – Elegien und Epigramme – aus Catulls Welt. Dieses Gliederungsprinzip überlagert ein anderes, das die Symmetrie im Aufbau der Sammlung noch zu vollenden scheint. Die Reihe der polymetrischen Versmaße geht bis Nr. 64, dem großen Epyllion (409 Verse) von Peleus' und Thetis' Hochzeit, während Nr. 65–116 einen geschlossenen Block elegischer Distichen bilden.

Catulls Dichtung erwuchs aus einer bewegten Zeit der politischen und geistigen Umschichtung. Doch soviel Umwelt auch in die Flügelteile der Sammlung Eingang gefunden hat, nirgends weist etwas in diesen Gedichten auf einen bewußten Mitvollzug dieses geschichtlichen Augenblicks. Nur Ephemeres, Alltagskram und fescenninischen Spott weiß der Autor über die politische Prominenz seiner Zeit vorzubringen: dies hebt Catull deutlich von HORAZ ab. Die Pasquillen etwa auf Caesar, Cicero und Pompeius unterscheiden sich lediglich in der Dosis des Hohns von denen auf Gaius Memmius (in dessen Suite Catull im Jahr 57 nach Bithynien reiste) oder auf seine »bestgehaßten« Ziele, Mamurra – meist nur als *mentula* (Schwanz) apostrophiert – und Gellius. Mit dem, was aus dem literarischen Leben der Zeit eindringt, verhält es sich nicht anders. Nur der engste Kreis junger Dichter, die sich mit Catull die »Modernen« *(neoteroi)* nannten und auf das ästhetische Dogma des KALLIMACHOS eingeschworen waren, findet Beachtung: die Freunde Gaius LICINIUS CALVUS, Gaius HELVIUS CINNA und das Schulhaupt VALERIUS CATO. LUCRETIUS dagegen wird nicht einmal erwähnt, obwohl er sich – wie zeitweise Catull – im Gefolge des Memmius befand.

Zu den beiden genannten Themenkreisen gesellen sich Gedichte über den Tod des Bruders, Hetärenlieder sowie Liebesgedichte auf den Knaben Iuventius. Doch erst die Lesbia-Lieder, die Gedichte einer unstillbaren und unglücklichen Liebe, machen das Werk Catulls zu dem, was es ist. Schritt für Schritt führen sie uns die Stationen dieser unsterblichen Liebe vor: Begegnung, Glück der Erfüllung, Trennung, Schmerz und Haß, Resignation, Identifizierung mit mythischen Vorbildern und am Ende das furchtbare Begreifen einer individuellen Tragik. Hinter dem Namen Lesbia verbirgt sich Clodia, die Schwester des wie sie berühmt-berüchtigten Cicero-Feindes Publius Clodius Pulcer. Diese Frau stellte – auch für die damalige, bereits recht emanzipierte Zeit – eine wohl einzigartige Verbindung von Schönheit und Geist, von Laszivität und feinem Kunstsinn dar, die sie selbst zum Mittelpunkt mehrerer Skandale, ihr Haus aber zum Zentrum römischer Boheme und Avantgarde machte.

Wieweit Dichtung und Wirklichkeit übereinstimmen, steht dahin: in vielem mögen sie sich wohl decken. Diese Tatsache gab immer wieder Anlaß, aus der Gedichtfolge einen »Roman« zu zimmern, wie es P. DIXON mit seinem Buch *Farewell, Catullus* (1954) sogar in extenso unternommen hat. Faßt man jedoch den Begriff »Erlebnisdichtung«, der zweifellos das eigentliche Novum dieser Gedichte bezeichnet, als spezifisch poetische Qualität ins Auge, so zeigt sich, daß hier eine unglückliche Liebe aus der Perspektive eines erlebenden männlichen Bewußtseins gestaltet wird. Dies ständig in Bewegung befindliche, ständig um Ausdruck bemühte Bewußtsein ist es, was den Gedichten im einzelnen ihre Unmittelbarkeit und im ganzen ihre Geschlossenheit verleiht. Das tritt nicht nur in den Lesbia-Gedichten hervor, sondern ebenso in den Pasquillen und in den Übertragungen aus dem Griechischen (Nr. 51; 66); es verleugnet sich weder in den Epithalamien (Nr. 61; 62; 64, V. 323–381) und Kleinepen (Nr. 63; 64) noch in den Dirnen- und Knabenliedern oder den Elegien auf den toten Bruder (Nr. 68; 101); es lebt in den »glücklichen« Gedichten so stark wie in den »verzweifelten«. Der »Roman« existiert nicht in diesem Buch; nur das Bewußtsein verlorener Liebe existiert, das sich in einer Vielzahl psychologisch einleuchtender Variationen – Bosheit, Haß, Wiedererwachen der Liebe, Flucht in die Erinnerung, Resignation, Flucht in die Frivolität, Verklärung usw. – auf immer neue Weise lyrischen Ausdruck verschafft. Selbst auf den »frühen« Gedichten lastet der Schatten dieses Bewußtseins. Ähnlich wie im mittelalterlichen Minnesang wirkt es als lyrische Grundkraft, die den Dichter nie zur Ruhe kommen läßt: jedes Gedicht bedeutet einen neuen vergeblichen Versuch, sich davon zu befreien (vgl. besonders Nr. 8).

Schon die ersten Worte eines Gedichts evozieren dieses Bewußtsein: der Sprachkunst Catulls gelingt es, auf einzigartige Weise die Intensität des subjektiven Gefühls wiederzugeben. Ohne im strengen Sinn pathetisch zu werden, bewahrt sie sich, vor allem durch einen ausgeprägten Verbalstil, zugleich ein Äußerstes an Dynamik wie an Beherrschtheit, das ihr erlaubt, noch feinste Bewußtseinsregungen und -umschläge und hintergründige Ironisierungen sichtbar zu machen. Ein ganzes System von Klangfiguren (Klangfarbe, Staccato und Legato, Alliteration, Wortlänge, Sperrung, dissonante Fügungen, Tempo usw.) läßt sich feststellen. Jeder Tonlage, jedem Sprachmilieu paßt sich die Diktion mühelos an. Doch gehorcht sie ebenso mühelos auch übermütigen Spielereien (z. B. in Nr. 82) und fast formalistisch strengen Kompositionsprinzipien, wie in Nr. 73, wo das einzige Substantiv des Gedichts, »*Freund*«, sehr wirkungsvoll ans Ende gesetzt ist, oder in der großen Elegie Nr. 68, deren Mittelteil einem streng symmetrischen Baugesetz folgt. Hinzu kommt – und hier beginnt das Wunder dieser Sprache –, daß sie zu alledem in strenge, oft komplizierte Versmaße gebunden ist, deren Regeln sie wie von selbst erfüllt.

Es ist überhaupt ein Kennzeichen der Catullschen Poesie, daß sie die tradierten Formen fast nur nebenbei bewahrt. Dabei ist die im Formalen sichtbare Perfektion nie Selbstzweck: die hellenistischen Kleinformen sind aufgenommen – und sogleich in der höheren Einheit seines Dichtens integriert. So kommt es, daß sich Liebeslieder in Hinkiamben, dem Spottvers par excellence, finden und daß Epigramme und Epyllien zu Elegien werden, ohne ihren tradierten Charakter völlig zu verlieren – wie etwa in dem berühmtesten Distichon der Sammlung, Nr. 85: »O, *ich hasse und liebe! Weshalb ich es tue, du fragst's wohl. | Weiß nicht! Doch daß es geschieht, fühl ich – unendlich gequält.*«

Überschaut man unter diesen Gesichtspunkten das ganze Werk, so enthüllt sich eine deutliche Dreiteilung als inneres Baugesetz. Das Verhältnis des immer gleichbleibenden Bewußtseins zu den die drei Teile jeweils bestimmenden Gedichtformen macht drei Gestaltungsstufen der Bewußtseinsbewältigung sichtbar. Das Gestaltungsprinzip des ersten Teils ist die Wiedergabe des spontan-dynamischen Bewußtseinsvorgangs (deutlich in Nr. 8), das des zweiten der symbolische Bezug (deutlich in der Elegie Nr. 68), das des letzten die statische Formulierung (deutlich in Nr. 85). Zusammen bilden die Teile eine einzige große »Elegie«, einen echten

Zyklus, in dem das einzelne Gedicht erst durch den Zusammenhang seine volle Bedeutung erschließt. Ein einheitliches »elegisches« Motivgefüge von Liebe und Tod spannt sich über die in Thema und Stilniveau oft so verschiedene Gedichte. Das Lesbia-Symbol erweist sich als Fixpunkt sämtlicher Spielarten des Liebesmotivs, das in der Sammlung durchgängig und dominierend auftritt, in den Epithalamien ebenso wie in den Hetären- und Knabenliedern, in der Peleus- und Ariadne-Sage ebenso wie, pervertiert, noch in den sexuellen Invektiven der Pasquillen. Mit dem Todesmotiv verbindet es eine tiefe und symptomatische Verwandtschaft (Nr. 51; 68; 76): denn das Lesbia-Symbol bedeutet immer die bittersüße, die heillose Liebe; die heile, gesegnete ist deutlich davon ausgenommen, wie die Allius-Elegie (Nr. 68, V. 75 ff.: »*Unheilvolles Beginnen! Kein Opfer, kein heiliges Stierblut / hatte die Himmelsherrn günstig gestimmt und versöhnt, / Mich aber locke, o Nemesis, nichts so sehr, daß ich blindlings / strebte nach seinem Besitz gegen der Himmlischen Sinn!*«; beide Ü: Weinreich) und die Gegenüberstellung der Peleus-Sage mit der von Ariadne und Theseus (Nr. 64) zeigt. Der im Symbol »Lesbia« fixierte individuelle Fall einer solch heillosen, unerfüllbaren Liebe reicht aber noch eine Dimension tiefer: die Gestalt Lesbias verbindet sich organisch mit dem mythischen Archetyp der *puella divina*, des göttlichen Mädchens. Als absolutes Ideal weiblicher Vollkommenheit schwebt sie wie ein ewiger und unerreichbarer Traum vor dem Bewußtsein des Dichters. Nie wird diese Gestalt im Detail beschrieben, und als einzige Person tritt sie in den Gedichten nicht unter ihrem wirklichen Namen auf. Die Dichterin SAPPHO, auf die das Pseudonym bezogen ist, galt in der Antike als zehnte, irdische Muse. In aller Deutlichkeit erkennt der Dichter den Zusammenhang seines Dichtens mit diesem Namen, der ihm schlechthin das Bewußtsein unerfüllter Liebe symbolisiert.

Die Wirkung Catulls auf die spätere Literatur ist unübersehbar. Der Gesamtcharakter seiner Kunst fand jedoch nur bei den Anakreontikern eine – meist schwächere – Wiederholung: so sind besonders die Gedichtbücher von Johann Nikolaus GÖTZ und von Johann Peter Uz in Anlage und Struktur dem antiken Vorbild verpflichtet. Im übrigen wirkten nur immer Teilaspekte der Catullschen Kunst produktiv weiter: das Epigrammatische bei LESSING, das Artistische bei Ezra POUND, das Erotisch-Orgiastische bei dem Dichter-Komponisten Carl ORFF. R. M.

AUSGABEN: Venedig 1472 [Sammelausgabe von Catull, Tibull, Properz und Statius]. – Bln. 1886 (*Catulli Veronensis liber*, Hg. L. Schwabe). – Turin ²1945 (*Catulli Veronensis liber*, Hg. E. Cazzaniga). – Turin ³1947 (*Il libro di Catullo Veronese*, Hg. M. Lenchantin de Gubernatis; m. Komm.). – Paris ³1949 (in *Poésies*, Hg. G. Lafaye; m. frz. Übers.). – Lpzg. ³1958 (*Catulli Veronensis liber*, Hg. M. Schuster u. W. Eisenhut). – Oxford 1958, Hg. R. A. B. Mynors. – Mchn. ⁵1960 (*Catull*, Hg. W. Eisenhut; m. Komm.; lat.-dt.). – Stg. ⁴1960 (*C. Valerius Catullus*, Hg. u. Erkl. W. Kroll). – Heidelberg 1960 (*Catull*, Hg. V. Pöschl). – Oxford 1961 (*Catullus*, Hg. C. J. Fordyce; m. Komm.). – Bln. 1963 (*Gedichte*, Hg. R. Helm; lat.-dt.).

ÜBERSETZUNGEN: *Durchleuchtige Römerin Lesbia, worinnen Catulli Carmina erkläret und die Römische Historie unter Julio Cäsare erläutert wird*, J. Meyer von Perlenberg, Lpzg. 1690 [freie Übers. von J. Chapelle, *Amours de Catulle*, Paris 1680]. – *Catull. Tibull. Properz*, J. X. Mayr, 2 Bde., Lpzg. (Wien) 1786. – *Katullus in einem Auszuge*, K. W. Ramler, Lpzg. 1793. – *Catull's Buch der Lieder in deutscher Nachbildung* von T. Heyse, Hg. A. Herzog, Bln. ²1889. – *Catullus*, M. Brod, Mchn. 1914. – *Liebesgedichte und sonstige Dichtungen*, O. Weinreich, Hbg. 1960 (m. Einl. u. Bibliogr.; lat.-dt.; Rowohlts Klassiker, 64).

VERTONUNG: C. Orff, *Catulli Carmina*, 1943; *Trionfo di Afrodite*, 1951.

LITERATUR: O. Weinreich, *Die Distichen des C.*, Tübingen 1926. – I. Schnelle, *Untersuchungen zu C.s dichterischer Form*, Lpzg. 1933 (Phil, Suppl., 25/3). – E. Paratore, *C. poeta doctus*, Catania 1942. – B. Heck, *Die Anordnung der Gedichte des C.*, Diss. Tübingen 1950. – F. Klingner, *C.* (in *Römische Geisteswelt*, Mchn. ⁴1961, S. 218–238). – G. Lieberg, *Puella divina*, Amsterdam 1962. – M. N. Wetmore, *Index verborum Catullianus*, New Haven 1912 (Neudr. Hildesheim 1961).

Publius VERGILIUS MARO
(70–19 v. Chr.)

AENEIS (lat.; *Das Epos von Aeneas*). Hauptwerk des Publius VERGILIUS MARO (70–19 v. Chr.), das bedeutendste und berühmteste Werk der lateinischen Dichtkunst. Die zwölfjährige Arbeit an der *Aeneis* hat die Lebenskraft Vergils aufgezehrt: als er im Jahr 19 v. Chr. starb, hatte er noch nicht die letzte Feile angelegt.

Das mythische Motiv der genealogischen Verwurzelung in Troia – durch die Person des *pius Aeneas* – ist von dem lateinischen Lavinium aus Etrurien übernommen worden (Ende der Zeit der Befreiung Latiums von etruskischer Vorherrschaft, Anfang des 5. Jh.s v. Chr.); von dort wurde es wenig später auf Rom übertragen. Die griechische Tradition des Aeneas-Stoffes reichte von *Epischen Zyklus (Epikos Kyklos)* über STESICHOROS bis hin zu DIONYSIOS aus Halikarnassos; die erste lateinische Gestaltung des Themas finden wir bei Gnaeus NAEVIUS. Kurz vor 200 v. Chr. hat er in seinem Epos *Bellum Poinicum* die mythische Herleitung Roms von Troja besungen. Besondere Bedeutung für die spätere Zeit erlangte das von Naevius (vermutlich nach dem Vorgang des griechischen Historikers TIMAIOS aus Tauromenion) der Aeneas-Sage eingefügte Motiv von der in Haß umschlagenden Liebe zwischen Aeneas und Dido, dem Konflikt von Rom und Karthago mythische Verankerung und Begründung schafft. – Nach einer weiteren epischen Bearbeitung durch Quintus ENNIUS (in den *Annales*) und nach mannigfacher Ausformung und Variation durch die übrige Tradition (Marcus PORCIUS CATO CENSORIUS; Marcus TERENTIUS VARRO) hat Vergil den Stoff abschließend und vollendend so dargestellt, daß für eine weitere Steigerung kein Raum mehr blieb.

1: Die Troer werden aus einem von Iuno, ihrer Erbfeindin, verursachten Seesturm durch Iuppiters Eingreifen nach Libyen verschlagen. Die karthagische Königin Dido nimmt sie gastfreundlich auf. 2: Aeneas erzählt Dido von der Eroberung und Zerstörung Trojas und von seiner Flucht. 3: Er schildert seine Irrfahrten und Abenteuer zu Wasser und zu Land. 4: Ausbruch der längst erwarteten Liebe

315

Didos zu Aeneas. Iuppiter befiehlt Aeneas die Weiterfahrt. Dido vermag ihn nicht zu halten, verflucht ihn und tötet sich selbst. 5: Die Aeneaden erreichen Sizilien und begehen Leichenspiele zu Ehren von Aeneas' Vater Anchises, der dort verstorben und begraben ist (Rückgriff auf Buch 3). 6: Aeneas steigt in die Unterwelt. Anchises verkündet ihm in einer großartigen Heldenschau seine und seiner römischen Nachfahren künftiges Geschick. 7: Mit einer Anrufung an Erato, die Muse der Liebespoesie, beginnt Vergil die zweite Hälfte, den »größeren Zusammenhang« (7, 43: »*maior rerum mihi nascitur ordo*«), seines Epos: die Aeneaden landen in Latium, es entspinnt sich ein langwieriger Kampf zwischen ihnen und den Latinern, die mit den Rutulern unter Turnus verbündet sind; Lavinia, Tochter des Königs Latinus, ist der Kampfpreis, der die machtvolle Zukunft eines neuen Imperiums verbürgen soll. 8: Aeneas bittet König Euander, der auf dem Palatin residiert, um Hilfstruppen. Euanders Sohn Pallas ist ihr Anführer. Vulcan fertigt für Aeneas eine Waffenrüstung mit einem kunstvollen Schild (hier werden ein weiteres Mal bedeutende römische Gestalten der Zukunft vorgeführt). 9: Turnus überfällt in Abwesenheit des Aeneas das troische Schiffslager. Das troische Freundespaar Nisus und Euryalus wird beim nächtlichen Spähgang getötet. 10: Aeneas kehrt mit Pallas und etruskischen Hilfstruppen zurück. Pallas fällt durch Turnus. Aeneas tötet den Etruskerkönig Mezentius, dessen Sohn Laurus. 11: Nach einem Waffenstillstand kommt es zu neuem Kampf. Auf latinischer Seite fällt die sabinische Heldenjungfrau Camilla. 12: Zwischen Aeneas und Turnus wird ein Duell vereinbart. Die Rutuler brechen den Vertrag. Im offenen Kampf überwindet Aeneas den Turnus.

Die gewaltige Wirkung der *Aeneis* scheint vornehmlich auf der meisterlichen Fügung dreier Elemente zu beruhen: der vollendeten Sprache, der architektonisch klaren Komposition und der theologisch tiefen Geschichtsdeutung. Wie mit CICERO die lateinische Kunstprosa, so erreicht bei Vergil die römische Dichtersprache ihren Höhepunkt; ohne der artifiziellen Manier OVIDS zu verfallen, ist es Vergil gelungen, die Aeneis aus der unbeholfene Sprödigkeit eines LUKREZ zu erheben. Er erreicht eine mustergültige Synthese aus Reichtum und Kargheit, Herbheit und schmeichelndem Klang. Zum Verständnis des dichterischen Aufbaus der *Aeneis* und der Geschichtsspekulation Vergils muß man unbedingt das Phänomen der Imitation HOMERS berücksichtigen. Nur vor dem Hintergrund der Homerischen Epen kann man das Wesen der Vergilischen *Aeneis* voll zu erfassen suchen; denn Vergil hat in ganz einzigartiger Weise Homer studiert und verehrt, der ihm als der eine Dichter von *Ilias* und *Odyssee* galt, und seine Konkurrenz zu dem Archegeten der epischen Poesie ist gleichzeitig huldigend und wetteifernd *(aemulatio)*. Eben darin manifestiert sich, was man mit dem in der Antike für alle literarischen Gattungen gültigen Kunstbegriff *imitatio* bezeichnet. Die Homer-Nachahmung Vergils erstreckt sich von den kleinsten bis zu den größten Bausteinen seines Epos und vollzieht sich nach der Typologie mannigfacher Abstufungen (etwa Übersetzung, Anspielung, Reminiszenz, Überbietung, Umkehrung, Umdeutung, Kontamination verschiedener Elemente des Vorbilds usw.).

Ein illustratives Beispiel hierzu bietet der Gesamtentwurf der *Aeneis*, mit dem Vergil entschlossen die Chronologie von *Ilias* und *Odyssee* umkehrt, um so die beiden Großepen dem Umriß seines einen Gedichtes einzufügen: auf die der *Odyssee* nacheifernde erste Hälfte – Irrfahrten und Abenteuer in Buch 1 bis 6 – läßt er in den nächsten sechs Büchern mit den Kämpfen in Latium eine »Ilias-Hälfte« folgen. In dieser Großstruktur zeigt sich auch die Kraft des Vergilischen Geschichtsdenkens, das die Geschlossenheit der mit dem Tod Hektors (d. h. mit der Vorausdeutung auf den schon besiegelten Untergang Trojas) endenden *Ilias* und der in der Heimkunft des Odysseus sich vollendenden *Odyssee* jeweils aufbricht, beide Handlungen verschmilzt und auf eine große Zukunftsdimension hin neu ordnet. Die Handlung der *Aeneis* entfaltet sich aus der Aineias-Prophetie der *Ilias* (20, 293–308), in der Poseidon dem Aineias und seinen Nachfahren das Überleben beim Fall Trojas und ewige Herrschaft verheißt, ohne daß jedoch davon bei Homer später noch die Rede wäre. Diese göttliche, jetzt durch Iuppiter ausgesprochene und im Weltenplan der Fata (Geschicke) unabänderlich verankerte Verheißung hat auch Vergil seinem Aeneas mitgegeben: der Untergang Trojas wird so umgedeutet in den Aufstieg Roms. Gleichzeitig aber auch der Homerische Odysseus in den Vergilischen Aeneas ein. Wie jener nach Ithaka, so darf dieser nach langer qualvoller Irrfahrt nach Latium heimkehren. Dabei wird die Heimkunft des Odysseus – ursprünglich Abschluß und Ausklang – bei Vergil zum Anfang und mächtigen Auftakt der Neugründung eines Weltreiches (vgl. den Beginn des 7. Buches). Anders als in der *Odyssee* ist so bei Vergil der vom Fatum und dessen Garanten Iuppiter vorgezeichnete entsagungsvolle Schicksalsweg des Aeneas nicht autonomes Element in der Gestalt des Heros, sondern einem höheren Ziel untergeordnetes Funktionsglied. (Als Zeitgenosse der Augusteischen Friedensherrschaft hat Vergil für Rom eine mythisch-historische Vergangenheit entworfen; aber er läßt in den großen Prophetien und Zukunftsvisionen von jenem fernen Fluchtpunkt aus die wirkenden Kraftlinien römischer Geschichte nicht nur bis in des Autors eigene Zeit, sondern noch weit darüber hinaus auch in die für den Dichter fiktive Zukunft Roms hineinreichen: denn dem römischen Weltreich sind, wie Iuppiter sagt – 1, 279: »*imperium sine fine dedi*...« –, weder in räumlicher noch in zeitlicher Hinsicht Grenzen gesetzt.)

Zur Verdeutlichung, wie sich die Auseinandersetzung mit dem griechischen Vorbild im Detail vollzieht, soll kurz eine Szene des 6. Buches skizziert werden (6, 450–476). Es sind die Verse, in denen der Kompositionsbogen ausschwingt, der von der Aufnahme in Karthago (Buch 1) über die Erzählung vor Dido (Buch 2 und 3) zur dramatischen Dido-Handlung des 4. Buches zu den Anchises-Episoden des 5. und 6. Buches geführt hat. Im 4. mußte Aeneas wegen eines höheren Schicksalsauftrages Dido verlassen. In der Unterwelt begegnet er ihr zum letzten Mal, dort, wo die Seelen derer weilen, die selbst Hand an sich legten. Die ganze Szene ist ein Stück aus der *Odyssee* – der Begegnung des Odysseus mit der Seele des Aias (*Odyssee* 11, 541–567) – nachgestaltet, dokumentiert aber gerade hierbei die in der Homerimitation ganz eigenständig sich entfaltende Dichtkunst Vergils.

(1) Die Verse 450–455 beschreiben, wie die Gestalt Didos langsam herankommt. Sie wird mit dem durch Wolken nur undeutlich sichtbaren Mond verglichen: ein Bild nicht nur ihrer Schemenhaftigkeit, sondern auch ihrer Schönheit. Gleichzeitig aber ergibt sich eine Verknüpfung mit

Comoediae, Hg. R. Kauer, W. M. Lindsay u. O. Skutsch). – NY ²1965 (in *The Comedies*, Hg. S. G. Ashmore; m. Komm.).

ÜBERSETZUNGEN: in *Terentius der hochgelert vn allerbruchelist Poet*, anon., Straßburg 1499. – *Die Schwiegermutter*, J. Herbst (in *Lustspiele*, Bd. 6, Stg. 1855 u. ö.). – Dass., V. v. Marnitz (in *Die Komödien*, Stg. 1960; Einl. K. Büchner; Kröners Taschenausg., 310).

LITERATUR: F. Hildebrandt, *De »Hecyrae« Terentianae origine*, Jena/Lpzg. 1884 [zugl. Diss. Halle]. – G. Lafaye, *Le modèle de l'»Hécyre«* (in Revue de Philologie, 40, 1916, S. 18–32). – W. E. J. Kuiper, *Two Comedies by Apollodorus of Carystus. Terence's »Hecyra« and »Phormio«*, Leiden 1938 (Mnemosyne, Suppl. 1). – E. Reitzenstein, *T. als Dichter*, Amsterdam 1940 (Albae Vigiliae, 4). – K. Büchner, *T. in der Kontinuität der abendländischen Humanität* (in K. B., *Humanitas Romana*, Heidelberg 1957, S. 35–63). – J. Marouzeau, *Place de l'»Hécyre« dans l'œuvre térentienne* (in Revue des Études Latines, 36, 1958, S. 105–108). – O. Bianco, *Terenzio. Problemi e aspetti dell'originalità*, Rom 1962, S. 92 ff. u. ö. (Nuovi saggi, 41). – T. F. Carney, *Notes on the »Hecyra« of Terence* (in Proceedings of the African Classical Association, 6, 1963, S. 16–23).

PHORMIO (lat.; *Phormio*). Komödie in 1055 Versen von Publius TERENTIUS AFER (um 190–159 v. Chr.), nach dem heute verlorenen *Epidikazomenos (Der Erbstreiter)* des APOLLODOROS; aufgeführt an den Römischen Spielen des Jahres 161 v. Chr. – Antipho und Phaedria verlieben sich während der Abwesenheit ihrer Väter, der Brüder Demipho und Chremes: Phaedria in eine unfreie Lautenspielerin, Antipho in Phanium, eine freie, aber mittellose Waise. Fehlt dem einen das Geld für den Kuppler, so muß dem anderen um das Einverständnis des Vaters für die Heirat bange sein. Phormio, ein listiger Schmarotzer, hilft: Er entsinnt sich eines alten attischen Gesetzes, wonach eine Waise vom Nächstverwandten geehelicht werden muß, und bietet sich an, vor Gericht als Ankläger aufzutreten und ein solches Verwandtschaftsverhältnis zu bezeugen. Der Plan gelingt nur allzu gut, und Antipho sieht bald in Angst der Rückkunft des Vaters entgegen, ja sucht, kaum davon benachrichtigt, eilig das Weite. Vater Demipho hält denn auch mit seinem Zorn nicht zurück; nicht nur die ausgebliebene Mitgift, auch die Vereitelung seiner und seines Bruders besonderer Absicht will er auf keinen Fall verschmerzen. Antipho hätte nämlich eine geheimgehaltene »natürliche« Tochter des Chremes heiraten sollen. Auf das Drängen der beiden Väter hin willigt Phormio schließlich zum Schein ein, selbst Phanium zur Frau zu nehmen, und zwar unter der Bedingung einer ansehnlichen Mitgift, die er Phaedria zum Freikauf seiner Kitharistin geben will. Kurz darauf stellt sich heraus, daß Phanium eben diese Tochter des Chremes ist, wovon sogleich auch Phormio erfährt. Als man jetzt das Mädchen samt dem Geld von ihm zurückfordert, kann er, sich unerwartet in seinen früheren gerichtlichen Aussagen bestätigt sehend, Chremes leicht unter Druck setzen. Er droht ihm, seine Gattin Nausistrata einzuweihen, was Chremes, mißgeleitet von seinem Geiz, prompt riskiert – und schnell bereut. Denn Nausistrata hält ihm eine dröhnende Standpauke und spricht Phormio im Interesse ihres Sohnes Phaedria sofort das Geld zu.

Wenn der Dichter im Prolog auf den Vorwurf seiner Kritiker eingeht, seine Stücke seien »*blutleer im Ausdruck und dürftig in der Anlage*« (V. 5), so tut er das, durch den Erfolg des *Eunuchus* sicher geworden, zweifellos in der Überzeugung eines Autors, der sich im Recht glaubt. Dabei scheint gerade der *Eunuchus* ihm eine gewisse Gefahr seiner Komödienkunst klargemacht zu haben: eine allzu weit getriebene Sublimierung des eigentlich Komischen, die letztlich zu seiner Verflüchtigung führen könnte. Im *Phormio* jedenfalls achtet Terenz mehr auf die unmittelbar komische Wirkung, deren Entfaltung durch eine ebenso zielstrebig aufgebaute wie schlüssig durchkreuzte Intrige begünstigt wird. Die komischen Situationen, die sich ergeben, reißen nicht ab, vor allem aufgrund einer kunstvollen Motivations- und Dialogtechnik: unübertrefflich etwa die zaghafte Vorbereitung der zuerst so beherzten Jünglinge auf die Auseinandersetzung mit ihren Vätern (V. 204 ff.); die – nicht weniger zaghafte – Annäherung der beiden »Lager« (V. 231 ff.); der Auftritt der Advokaten mit ihrem ledernen und ergebnislosen Palaver (V. 348 ff.); der »Ringelreihen« gegenseitigen Mißverstehens zwischen Chremes, Demipho und Nausistrata (V. 796 ff.), in dessen Verlauf der nur ans Geld denkende Chremes ironischerweise zum Argument der »wahren Liebe« greifen muß. Der Reichtum an Detailkomik und funkelndem Wortwitz macht das Stück zum wohl heitersten und abgerundetsten des Autors. Den effektvollen Bühnenklamauk, den der Kritiker erwarten, braucht diese Heiterkeit freilich nicht; alles Geschehen, alle Komik liegen in der *pura oratio*, im gesprochenen Wort allein, das hier die feinsten – wiewohl nur guten – Regungen des menschlichen Herzens aufzunehmen vermag. Die Idee der Humanität im Sinne MENANDERS tritt dabei in den Hintergrund; sie verengt sich in diesem Stück, das keiner menandrischen Vorlage folgt, zur Feinheit und Gehobenheit des menschlichen Sprechens. – In neuerer Zeit taucht ·die Fabel wieder auf in MOLIÈRES *Les fourberies de Scapin*. R. M.

AUSGABEN: Straßburg o. J. [ca. 1470] (in *Comoediae*). – Paris o. J. [ca. 1471] (in *Comoediae*, Hg. Gering, Crantz u. Friburger). – Ldn./Cambridge (Mass.) 1912 (in *Terence*, Hg. J. Sargeaunt; m. engl. Übers.; Loeb; Nachdr. zul. 1959). – Lpzg. ²1913 (in *Comoediae*, Hg. C. Dziatzko). – Heidelberg 1954 (in *Comoediae*, Hg. S. Prete). – Paris ²1956 (*Phormion*, in *Térence*, Hg. J. Marouzeau, Bd. 2; m. frz. Übers.). – Ldn. 1959, Hg. R. H. Martin [m. engl. Einl. u. Komm.]; Nachdr. zul. 1964. – Oxford ²1961, Hg. A. Sloman [m. engl. Einl. u. Komm.]. – Barcelona 1961 (*Formión*, in *Comedias*, Hg. L. Rubio, Bd. 2; m. span. Übers.). – NY ²1965 (in *The Comedies*, Hg. S. G. Ashmore; m. Komm).

ÜBERSETZUNGEN: In *Terentius der hochgelert ün allerbruchelist Poet von Latein zu Tütsch transferirt*, anon., Straßburg 1499. – In *Lustspiele*, J. Herbst, 6 Bde., Stg. 1855 u. ö. – In *Die Komödien*, V. v. Marnitz, Stg. 1960 (Einl. K. Büchner; Kröners Taschenausg., 310).

LITERATUR: J. Tominšek, *De compositione »Phormionis«*, Progr. Laibach 1902. – Schanz-Hosius, 1, S. 114/115. – W. E. J. Kuiper, *Two Comedies by Apollodorus of Carystus. Terence's »Hecyra« and »Phormio«*, Leiden 1938 (Mnemosyne, Suppl. 1). – E. Reitzenstein, *T. als Dichter*, Amsterdam 1940 (Albae Vigiliae, 4). – A. Barbieri, *La vis comica in* dem 1. und dem 4. Buch und eine Beziehung zur Gestalt des Aeneas (in Buch 1 wird Dido mit der Mondgöttin Diana, in 4 Aeneas mit deren Bruder Apollo verglichen). War so vor dem Höhepunkt im 4. Buch das Liebesverhältnis zwischen Aeneas und Dido durch die leise Anspielung auf das Geschwisterverhältnis der beiden Götter doppelt vorbereitet, so genügt jetzt, nach der Katastrophe, ein leichter Hinweis, um diese Beziehungen wieder anklingen zu lassen und auf den Versuch des Aeneas hinzuleiten, das tragische Ende ihrer Beziehung ungeschehen zu machen.

(2) 456–460: In rhetorischer Frage bestätigt sich der Heros selbst das unglückliche Geschick der Geliebten und beteuert, daß er sie ganz gegen seinen Willen verlassen habe. Vielmehr haben ihn die Anweisungen der Götter dazu gezwungen, deren Wille ihn auch jetzt in die Unterwelt führte (461–465): er vermochte damals nicht zu ermessen, welchen Schmerz er ihr zufügte, und so bittet er sie jetzt um Verzeihung. Doch die Geliebte weicht vor ihm zurück. Er beschwört sie, die letzte Möglichkeit einer Aussprache zu nutzen: mit sanften Worten redet Aeneas auf die empörte und trotzige Dido ein und sucht sie durch Tränen zu rühren (466–468). Wiederum wird eine vorangegangene Passage, die große Abschiedsszene des 4. Buches (4, 305–392), aufgegriffen und in ihrer Bewegungsrichtung umgekehrt: war dort Dido die Flehende, Aeneas der Unerbittliche, so ist hier Aeneas der Bittende und Dido die Unbeugsame.

(3) 469–477: Dido steht ungerührt, starr wie die Felsklippe im Kaukasus. Schließlich wendet sie sich ab und weicht zurück in einen dunklen Hain, wo ihr früherer Gatte Sychaeus sie erwartet. Weithin gibt ihr Aeneas unter Tränen das Geleit. Auch in der Homerischen Begegnung von Odysseus und Aias muß der eine Partner feststellen, daß er den Untergang des andern verursacht hat: auch dort beteuert der Urheber des Leides seine Unschuld; auch dort zeigt sich der zur Versöhnung Aufgeforderte stumm und abweisend. Aber welch neue Tiefe hat Vergil seiner Szene verliehen! Ist die Homerische Episode in sich geschlossen, so weist die Szene bei Vergil weit über sich hinaus: sie ist mythische Begründung der kriegerischen Auseinandersetzung zwischen Rom und Karthago, in ihr wird der von Dido im 4. Buch ausgesprochene Fluch über Aeneas und seine Nachkommen, d. h. Rom, endgültig besiegelt. Versuchte bei Homer Odysseus aus Neugier mit Aias zu sprechen, so drückt sich in Aeneas' Bemühen um eine Aussöhnung mit Dido die ganze Tragik dieser von den Göttern nicht begünstigten und deshalb gescheiterten Liebe aus; will Odysseus eine private Kunde einholen, so unternimmt Aeneas einen letzten, verzweifelten Versuch, das drohende Unheil dreier furchtbarer Kriege abzuwenden.

Schon im 1. Jh. n. Chr. erhielt die *Aeneis* ihren Platz als Schullektüre, der ihr bis heute geblieben ist. Trotz mancher Kritiker Vergils *(obtrectatores Vergili)*, die den Dichter zum gedankenlosen Plagiator stempeln wollten, hat sich sein Ruhm, vor allem auf Grund der *Aeneis*, immer mächtiger durchgesetzt. Nicht unwesentlich haben dazu die Vergil-Kommentare der Grammatiker beigetragen: den bedeutendsten verfaßte um 400 n. Chr. SERVIUS, der Schüler DONATS. Dem gesamten Mittelalter galt Vergil nicht nur als der größte römische Dichter, sondern als der Dichter schlechthin; die Vergil-Verehrung in DANTES *Divina Commedia* ist dafür das beste Beispiel. Erinnert sei auch an HEINRICH VON VELDEKES Epos *Eneide* (1170–1190). Auch im ersten, »lateinischen«, Jahrhundert des Humanismus (etwa 1350–1450) behauptet Vergil seinen Rang; allmählich aber trat ihm der für den Westen wiederentdeckte Homer an die Seite. Einen vorläufig letzten Höhepunkt erreichte das Ansehen Vergils schließlich in der *Poetik* des Julius Caesar SCALIGER (1484–1558), der den Römer als den größten aller Dichter feierte und ihn weit über Homer stellte. In den folgenden 200 Jahren hat dann Homer – auf Kosten Vergils – immer größere Anerkennung gefunden, wenn auch das beginnende 17. Jh. (1608–1617) mit dem dreibändigen Monumentalwerk des spanischen Jesuiten Juan de la CERDA die größte und reichhaltigste Vergil-Kommentation aller Zeiten hervorbrachte. In Deutschland versuchte gegen Ende des 18. Jh.s der Göttinger Gelehrte Christian Gottlob HEYNE eine Vergil-Renaissance einzuleiten; Frankreich besaß im 19. Jh. in SAINTE-BEUVE einen bedeutenden Vergil-Verehrer; in derselben Epoche schufen zwei Engländer, CONINGTON und NETTLESHIP, den grundlegenden modernen Kommentar zur *Aeneis*. Den entscheidenden Aufbruch zur neueren Vergil-Forschung und Vergil-Verehrung markiert Richard HEINZES Buch *Vergils epische Technik* (1903); weitere Anregungen brachten die vielen Aufsätze und Festvorträge, die im Jahr 1930 anläßlich von Vergils 2000. Geburtstag erschienen sind. R. Ri.

AUSGABEN: Rom ca. 1469 (in *Opera et catalecta*). – Venedig 1470. – Ldn. 1871–1876 (in *The Works*, m. Kommentar v. J. Conington u. H. Nettleship); Bd. 1: ⁵1898; Bd. 2: ⁴1884, Bd. 3: ³1883). – Oxford 1900 (in *Opera*, Hg. F. A. Hirtzel; zuletzt 1963). – Bln. 1851–1853 (in *Gedichte*, Hg. Th. Ladewig u. a.; Bd. 2: ¹³1912; Bd. 3: ⁹1904). – Oxford 1955 ff., Hg. R. G. Austin, R. D. Williams, F. Fletcher (Buch 2: 1964; Buch 3: 1962; Buch 4: 1960; Buch 5: 1960; Buch 6: 1955).

ÜBERSETZUNGEN: *Dryzehen Aeneadischen Bücher von Troianischer zerstörung und uffgang des Römischen Reichs*, Th. Murner, Straßburg 1515. – *Aeneis*, R. A. Schröder (in R. A. S., *GW*, 5, Ffm. 1952). – Dass., A. Vezin, Münster ³1960 [lat.-dt.].

LITERATUR: D. Comparetti, *Virgil im Mittelalter*, Lpzg. 1875. – R. Heinze, *V.s epische Technik*, Lpzg. 1903; Darmstadt ⁴1957. – V. Zabughin, *V. nel rinascimento italiano da Dante a Torquato Tasso*, 2 Bde., Bologna 1921–1923. – V. Pöschl, *Die Dichtkunst V.s. Bild u. Symbolik i. d.* »Äneis«, Wien ²1964. – M. Hügi, *V.s »Aeneis« u. d. hellenistische Dichtg.*, Bern 1952. – K. Büchner, *P. V. M.* (in RE, 8A 1/2, 1955–1958, Sp. 1021–1486; auch Sonderdr. Stg. 1956). – E. Zinn, *Die Dichter d. alten Rom u. d. Anfänge d. Weltgedichts* (in Antike u. Abendland, 5, 1956). – W. Schadewaldt, *Sinn u. Werden der Vergilischen Dichtung* (in W. S., *Hellas u. Hesperien*, Zürich/Stgt. 1960). – V. Buchheit, *V. über die Sendung Roms*, Heidelberg 1963 (Gymn. Beih. 3). – E. Norden, *V. »Aeneis«, Buch 6* [Komm.], Darmstadt ⁵1963. – M. N. Wetmore, *Index Verborum Vergilianus*, New Haven ²1930. – H. Merguet, *Lexicon zu V.*, Lpzg. 1912; Nachdr. Hildesheim 1960.

APPENDIX VERGILIANA (lat.: *Anhang zu Vergil*). Sammlung vermischter Gedichte, die Publius VERGILIUS MARO (70–19 v. Chr.) zugeschrieben wurden. – Der Titel der Sammlung geht auf SCA-

LIGER, das älteste Zeugnis auf SUETON zurück, der folgende Titel als Jugendgedichte Vergils nennt: *Catalepton, Priapea, Epigrammata* (wie das Vorgenannte vielleicht Teil des *Catalepton*), *Dirae, Ciris, Culex* und *Aetna* (das als umstritten bezeichnet wird); bei SERVIUS erscheint zum erstenmal die *Copa*; das *Moretum* wird erst in einer Klosterhandschrift des 9. Jh.s genannt; die endgültige Sammlung enthielt ferner noch zwei – zusammengeschmolzene – Elegien anläßlich des Todes des MAECENAS und zwei Gedichte von AUSONIUS. Erst in der Neuzeit entbrannte der Streit um die Echtheit dieser noch im Mittelalter insgesamt Vergil zugeschriebenen Stücke. Radikaler Verwerfung stand teilweise grenzenloses Vertrauen in die handschriftliche Überlieferung gegenüber. Als höchstwahrscheinlich original dürfen heute das 5. und 8. Gedicht des *Catalepton* gelten; bei einigen weiteren Gedichten des *Catalepton* kann die Autorschaft Vergils diskutiert werden; bei Nr. 9, 13 und 14 ist sie wohl ausgeschlossen. In den übrigen Teilen der *Appendix* läßt sich – und dies ist die allein mögliche methodische Richtung – Vergil nicht als Verfasser nachweisen; beim *Culex*, dem einzigen schon vor Sueton verschiedentlich – von LUKAN, STATIUS, MARTIAL – als Jugendwerk Vergils zitierten Stück, wird man den Testimonien widersprechen müssen.
Ein kritischer Überblick zeigt, daß chronologisch wie stilistisch-qualitativ sehr Disparates zusammengeflossen ist. 1. Die Gedichte des *Catalepton* (der Titel hat vermutlich ARATS *To kata lepton – Buch der Kleinigkeiten* zum Vorbild) stammen alle aus der Zeit Vergils, umgreifen freilich ungefähr seine ganze Lebensspanne; neben Vergil läßt sich ein impulsiver Nachahmer CATULLS aussondern, ein Epigone des HORAZ, ein Poet aus dem Dichterkreis um MESSALLA, ein Freund des Vergil-Freundes Tucca und – das Erstaunlichste, bedenkt man die Chronologie – ein ausgesprochener Fälscher, der aus echten Vergil-Zitaten ein neues »Vergil-Gedicht« konstruiert. 2. Die drei zusammengehörigen *Priapea* zeugen von einer literarischen »Mode« der Augusteerzeit; sie scheinen die *Bucolica* vorauszusetzen, ob man sie aber Vergil zutrauen kann, ist eine Frage der dichterischen Kontinuität und des poetischen Geschmacks. 3. Der *Culex* ist ein ländliches Epyllion (in 414 Hexametern) von einer Mücke, die einen Hirten zur Warnung vor einer Schlange sticht und von ihm totgeschlagen wird; nachts erscheint sie ihm im Schlaf, beklagt sich über seine Undankbarkeit und gibt – dies das extensive Zentrum des Gedichts – eine Schilderung des Hades: so unglücklich die Geschehensmotivation im ganzen, so stockend ist die kompositionelle Verbindung des einzelnen; gut empfundene Natureindrücke vermischen sich mit starrer Bildungsepideixis (etwa 98ff.); die Metrik ist sehr streng, zeigt aber wie der Stil eine Neigung zum Manierismus; zahlreiche Einzelbeobachtungen, darunter *Eklogen-* und *Aeneis-*Anklänge, weisen auf nachovidische Zeit (damit entfällt auch die Identifikation des Adressaten Octavius mit dem jungen Oktavian und die Datierung des Gedichts, als eines Vergilschen Werks, in das Jahr 44 v. Chr.). 4. Auch die *Ciris* ist ein Kleinepos (in 541 Versen); sie erzählt von der landesverräterischen Liebe der megarischen Königstochter Scylla zu Minos und der Verwandlung des Mädchens in einen Meeresvogel (eben die *ciris*); als Autor kommt in »verspäteter Neoteriker« (Büchner), ein von Vergil-Reminiszenzen gequälter Bewunderer Catulls in Frage, der gewandt zu erzählen und Emotionelles psychologisch darzustellen weiß; daß OVID in den *Metamorphosen* (8) auf die *Ciris* replizieren will, ist sehr wahrscheinlich. 5. Die *Dirae (Flüche)*, ein Verwünschungsgedicht auf das Gut, von dem der Verfasser infolge der Landverteilung an Veteranen vertrieben wurde, folgen gewissen Vergil-*Eklogen* (1;9) und dürften etwa 40 v. Chr. aus aktuellem Anlaß geschrieben worden sein; in der Überlieferung sind die *Dirae* mit einem ebenfalls hexametrischen Gedicht desselben Autors (auf seine Geliebte *Lydia*) verschmolzen worden. 6. Neben dem *Moretum* ist die *Copa (Die Wirtin)* das einprägsamste Stück der Sammlung: die von Vitalität überschäumende Schilderung einer vor ihrer Taverne tanzenden syrischen Wirtin, die die Vorübergehenden zu den gastlichen Freuden ihres Hauses animieren will; die an hellenistische Genrerealistik gemahnende Lebensfülle würde bei Vergil befremden. 7. Das Glanzstück unter den größeren Gedichten ist zweifelsohne das *Moretum (Der Kräuterkloß)* in 124 epischen Versen: eine mit unendlich liebevoller Plastizität gezeichnete Szene von der morgendlichen Arbeit des Bauern Simylus, wie er aufsteht, mit seiner Negermagd Feuer macht, das Brot bäckt und sich seinen »Kräuterkäse« zubereitet, ehe er aufs Feld geht: als minuziöse Schilderung der Lebensumstände eines einfachen Menschen in der Antike ohne Parallele. 8. Die beiden Elegien auf den sterbenden und toten Maecenas dürften in die Zeit gehören, von der ihr Thema spricht (also ins Jahr 8 v. Chr.). 9. Der *Aetna*, ein poetisch durchgeformtes Lehrgedicht in 646 Hexametern über vulkanische Erscheinungen, thematisch ein Unikum in der antiken Literatur, stammt wohl aus den sechziger oder siebziger Jahren n.Chr., auf jeden Fall, da der Vesuvausbruch nicht erwähnt wird, aus der Zeit vor 79.
Eine ästhetische Gesamtkritik der *Appendix Vergiliana* hat natürlich angesichts ihres diffusen Charakters wenig Sinn. Wohl aber darf diese als Zeugnis für die vielfältige poetische Produktion in der ausgehenden Republik und der beginnenden Kaiserzeit gewürdigt werden: »*Die Fülle der Dichter, die Verschiedenheit der Sprache und des Stiles und die Menge neuer und immer abgewandelter Formen*« (Büchner) ist in der Tat eindrucksvoll und bemerkenswert.

E. Sch.

AUSGABEN: Rom ca. 1469, Hg. J. Andreas v. Aleria. – Lpzg. ²1930 (in *Poetae Latini minores*, Bd. 1, Hg. E. Baehrens, F. Vollmer u. W. Morel). – Florenz 1953, Hg. R. Giomini [m. Bibliogr.]. – Ldn. ²1934 (in *Virgil*, Bd. 2, Hg. u. Übers. H. R. Fairclough). – Oxford 1960, Hg. R. Ellis (Nachdr. d. Ausg. 1907). – Einzelgedichte: *Ciris-Culex*, Hg. A. Salvatore, Turin 1957. – *La Ciris. Poème attribué à Virgile*, Hg. A. Haury, Bordeaux 1957. – *Die Mücke*, M. Schmidt, Bln. 1959 [lat.-dt.]. – *Aetna*, W. Richter, Bln. 1963 [lat.-dt.].

ÜBERSETZUNGEN: *Jugendgedichte*, J. H. Voß (in *Werke*, 3 Bde., 1, Wien 1800). – Dass., W. Binder, Bln. ⁷1930. – *Landleben*, J. Götte, Mchn. 1949 [enth. »*Catalepton*«; lat.-dt.].

LITERATUR: F. Giancotti, *L'»Appendix Vergiliana« e il tema fondamentale di V.* (in Maia, 4, 1951, S. 118–137). – K. Büchner, *P. Vergilius Maro*, Stg. 1956, Sp. 1062–1180 [Sonderdr. aus RE, 8 A/1, 1955]. – A. Rostagni, *Virgilio minore*, Rom ²1961.

BUCOLICA (lat.; *Hirtengedichte*, auch: *Eklogen* [*ecloga* von griech. *eklogē*: ausgewähltes Gedicht]). Zyklus von zehn hexametrischen Gedichten des Publius VERGILIUS MARO (70–19 v. Chr.). Das griechische Wort *bukoliazein* bezeichnet ein Wettsingen der Hirten, dessen historischer Ursprung freilich nicht geklärt ist; die Ansicht, es habe an Kultfesten zu Ehren der Artemis stattgefunden, ist umstritten. In dichterischer Form begegnet es zum erstenmal bei THEOKRIT. Ob er jedoch der Erfinder der Gattung gewesen ist, muß bezweifelt werden, heißt es doch schon von STESICHOROS, er habe die Figur des schönen Hirten Daphnis in die Poesie eingeführt, woraus man wohl entnehmen muß, daß er in irgendeiner Form Hirtengedichte geschrieben hat. Als letzte Quelle des ganzen Genres darf man die Idylle um den treuen Hirten Eumaios im 14. Buch der *Odyssee* betrachten.

Alle bukolischen Werke stellen *Idyllen* (*eidyllia*, wörtlich: Bildchen, kleine zierliche Gedichte), wie die Theokritschen Stücke genannt werden, dar: man trifft sich in einer ländlichen Gegend und plaudert miteinander. Darin verrät sich die dramatische Gattung des Mimos als zweite Quelle neben der epischen. Theokrit hat dieser alten Mimenpoesie – Hauptvertreter SOPHRON – einen rezitativen Charakter verliehen, und seine Dichtung wiederum hat in denkbar stärkstem Maße unmittelbar auf Vergil eingewirkt: freilich so, daß die Eigenart des Nachschaffenden ein durchaus neues Gebilde hervorgerufen hat. Begegnen einander in den *Eidyllien* Theokrits wirkliche Hirten Siziliens, die in teils drastischer, teils pathetischer Sprache reden und singen, so hat Vergil das idealisch-ferne Arkadien als Schauplatz gewählt, in dem Ruhe und feierabendlicher Frieden herrschen. Die Menschen sind dem harten Zugriff der Realität weitgehend entzogen, wie vor allem die zuerst entstandenen Gedichte (2; 3; 5), aber auch noch spätere (etwa 6; 7; 8) zeigen. Zuweilen allerdings dringen doch politische Wirren störend ein, so z. B. in dem Wechselgespräch zwischen dem von seinem Gut vertriebenen Meliboeus und Tityrus, der sein Glück einem göttergleichen Jüngling in Rom verdankt (1), oder in der ganz ähnlich motivierten Begegnung zwischen Lycidas und Moeris (9). Die Vorstellung, daß die leidvolle Not der Gegenwart nur durch die Erscheinung eines besonderen Heilbringers zu lösen sei, ist in der berühmten 4. Ekloge aufs höchste gesteigert: mit der Geburt des sehnlichst erwarteten *puer* soll zugleich das Glück des Goldenen Zeitalters heraufgeführt werden. Ob mit dem *iuvenis* der 1. Ekloge etwa Oktavian und mit dem *puer* der 4. ein Sohn des ASINIUS POLLIO (dem das Gedicht zum Antritt seines Konsulatsjahres, 40 v. Chr., gewidmet wurde) oder ein Sohn wieder Oktavians gemeint ist, ob sich überhaupt eine reale Gestalt hinter ihnen verbirgt, konnte von der Forschung bis heute nicht ermittelt werden (Vergil verzichtet auf jede konkrete Andeutung). Wenn er tatsächlich Oktavian vor Augen gehabt hat, so hätte der Dichter in seltsamer Weise als erster jene Friedensideen entworfen, die der Politiker Oktavian-Augustus später zu verwirklichen suchte, und man könnte schon bei den verherrlichenden Partien der *Aeneis* (6, 791 ff.) nicht mehr von Auftragsdichtung sprechen.

Hinter den politisch geprägten Schilderungen der Meliboeus (1) und Moeris (9) stehen Ereignisse, die Vergil selbst bis ins Innere getroffen haben. Nach dem Sieg des Antonius und Oktavian über die Caesarmörder Brutus und Cassius im Jahr 42 v. Chr. bei Philippi fand der Bürgerkrieg durch den Frieden von Brundisium, bei dessen Zustandekommen Asinius Pollio maßgebend mitgewirkt hatte, ein vorläufiges Ende. Die Versorgung der Veteranen hatte jedoch umfassende Enteignungen zur Folge, denen auch das Gut Vergils zum Opfer fiel. Nur seinem Gönner Pollio hatte der Dichter es zu verdanken, daß er später wieder in sein Besitztum zurückkehren konnte. In diesen Vorgängen und Begegnungen wurzelt die Beliebtheit und Verehrung, deren sich Vergil bei den führenden Staatsmännern erfreute: nicht ohne Grund sind die *Bucolica* insgesamt in den Jahren 42–39 v. Chr. auf Anregung des Asinius Pollio entstanden, nicht ohne Grund 37–30 die *Georgica* auf Geheiß des Maecenas und 29–19 die *Aeneis* unter förderlicher Anteilnahme des Augustus selbst.

B. M.

AUSGABEN: Köln [ca. 1467]. – Rom [ca. 1469] (in *Opera et catalecta*, Hg. C. Sweynheym u. A. Pannartz). – Ldn. ⁵1898 (in *The Works*, Hg. J. Conington, H. Nettleship u. F. Haverfield, Bd. 1; m. Komm.; Nachdr. Hildesheim 1963). – Bln. ⁹1915 (in *Gedichte*, Bd. 1; m. Erkl. v. T. Ladewig, C. Schaper, P. Deuticke u. P. Jahn). – Turin 1945 (in *Bucolica. Georgica*, Hg. L. Castiglioni u. R. Sabbadini). – Oxford ²1956 (in *Opera*, Hg. F. A. Hirtzel). – Freiburg i. B./Mchn. 1959 (in *D. größ. Gedichte*, Hg. H. Holtorf, Bd. 1; m. Erl.). – Paris 1961 (*Les bucoliques*, Hg. J. Perret; m. Komm.).

ÜBERSETZUNGEN: *Bucolica*, S. Riccius, Lpzg. 1568. – *Bucolica. Hirtengedichte*, R. A. Schröder (in R. A. S., *GW*, Bd. 5, Bln./Ffm. 1952). – *Hirtengedichte*, T. Haecker, Mchn. 1953 [lat.-dt.; Nachdr Ffm./Hbg. 1958]. – Dass., R. A. Schröder, Ffm. 1957 [lat.-dt.; Ill. v. A. Maillol]. – *Landleben*, J. Götte, Mchn. 1960 [lat.-dt.].

LITERATUR: G. Jachmann, *Die dichterische Technik in V.s »Bukolika«* (in NJb, 49, 1922, S. 101–120). – H. J. Rose, *The Eclogues of V.*, Berkeley/Los Angeles 1942. – C. Becker, *V.s Eklogenbuch* (in Herm, 83, 1955, S. 314–349). – B. Snell, *Arkadien. Die Entdeckung einer geistigen Landschaft* (in B. S., *Die Entdeckung des Geistes*, Hbg. ³1955, S. 371–400). – G. Stégen, *Étude sur cinq Bucoliques de V.* [1., 2., 4., 5., 7.], Namur 1955. – Ders., *Commentaire sur cinq Bucoliques de V.* [3., 6., 8., 9., 10.], Namur 1957. – A. Rostagni, *V. minore*. Rom ²1961.

GEORGICA (lat.; Landleben). Lehrhaftes hexametrisches Epos in vier Büchern von Publius VERGILIUS MARO (70–19 v. Chr.), entstanden etwa zwischen 37 und 29 v. Chr. – Zusammen mit der Dedikation an MAECENAS eröffnet eine kurze Inhaltsangabe das Werk: Acker- und Weinbau, Vieh- und Bienenzucht sind die Themen. Hierfür gab es in Rom eine lange literarisch-didaktische Tradition (z. B. CATO, VARRO), doch sind die aktuellen Vorbilder eher bei den hellenistischen Lehrepen eines ARAT, ERATOSTHENES und NIKANDER (dessen Georgika wohl für den Titel Pate standen) zu suchen. Maßgebend ist der artistische Reiz der Bewältigung eines spröden und nüchternen Sujets, und so stellt Vergil – unter äußerer Wahrung des Lehrbuchcharakters – den Lehrstoff ganz in den Dienst eines ästhetischen Gesetzen genügenden Sinnzusammenhangs, dessen durchgehende Symbolik in einer für die lateinische Literatur neuartigen Weise praktisch den gesamten Horizont menschlichen Lebens und Seins umspannt.

Buch 1 hebt mit der Anrufung von zwölf terrestrischen Gottheiten an, denen Augustus als gefeierter Gottmensch an die Seite gestellt wird. Über eine Reihe von Regeln zur Feldbestellung und die dabei zu beachtenden Wetter- und Himmelserscheinungen gelangt Vergil zu Beispielen des oft fatalen Einflusses der Gestirne auf das menschliche Leben und wendet sich dann in einem prophetisch-düsteren Ausblick der nationalen Katastrophe des Bürgerkrieges zu, um schließlich noch einmal in Augustus die große Friedenshoffnung aller anzusprechen. Der Vegetation, vor allem der Pflege von Ölbaum und Weinstock, ist das heitere zweite Buch gewidmet. Auf einen Lobpreis Italiens und seiner Fruchtbarkeit (»laudes Italiae«, V. 136-176) folgt ein Hymnus auf den Frühling; eine Verherrlichung ursprünglich-altrömischen Landlebens bildet den Abschluß. Ein großangelegtes Bekenntnis zum eigenen Dichtertum leitet Buch 3 ein, das von Pferde- und Rinderzucht handelt: doch weitet sich der Blick anschließend zu einer allgemeinen Betrachtung der beiden Hauptmächte des Lebens, Fortpflanzung und Tod. Buch 4 beschäftigt sich mit den Bienenvölkern, deren Leben der Dichter insbesondere als miniaturhaftes Vor- und Abbild staatlicher Organisation sieht. Die wunderliche Lehre vom Wiedererstehen verlorener Bienenschwärme aus dem Aas von Opfertieren (sog. Bugonie) leitet über zum zweiten Teil des Buches, der Sage von Aristaeus (V. 315-566), auf den diese Lehre zurückgeht. Dieses fast selbständige Epyllion, an dessen Stelle nach Aussage des Servius bis zur zweiten Ausgabe der *Georgica* (um 26/25 v. Chr.) ein mächtiger Hymnus auf Cornelius Gallus stand, hat der Philologie viele Probleme bereitet.

Der Dichter selbst bezeichnet an hervorgehobener Stelle sein Werk als »*Ascraeum carmen*« (2, 176); diese Reverenz vor Hesiod weist auf eine schwer greifbare, aber sehr wesentliche weitere Traditionsschicht. Denn sosehr auch im Detail Hellenistisch-Spielerisches anzutreffen ist: im Ganzen des Werks wirkt mehr der Geist der alten Theo- und Kosmogonien. Dies gilt ebenso für den – auch Lukrez eigentümlichen – naturwissenschaftlichen Ernst gegenüber dem Physischen in jeder Form und für die Ausweitung ins Übermenschlich-Kosmische, wie sie sich in der vielfältigen Symbolik der chthonischen und astralen Mächte und in dem Mythos von den Weltzeitaltern äußert. Dieser Mythos führt geradezu ins geistige Zentrum des Werks: Landarbeit und Bauerntum nämlich erscheinen mit dem glücklichen Hintergrund der Goldenen Zeit: »*Überglücklich die Bauern, wenn sie nur ihrer ureigensten Güter inne würden!*« (2, 458) Hat auch für Vergil dieses Glück nur eine ideale, d. h. mythische Existenz, so sieht er doch in dem Umstand, daß sich das gegenwärtige Italien, anders als das Rom der Urzeit, wenig auf jene »Güter« besinnt, daß es statt dessen »*die gebogenen Sicheln zu furchtbaren Schwertern schmiedet*« (1, 508), die geheime Wurzel der verhängnisvollen Entwicklung Roms. Gerade indem das Naturgedicht die scheinbar idyllische Utopie einer irdischen Friedensordnung entwirft und italisches Bauerntum als die wahrhafte Quelle römischer Kraft besingt, stellt es sich als eine überaus ernste Warnung an die eigene Zeit und das apokalyptisch heraufziehende Verderben dar.

Unter dieser mehr ins Weltanschaulich-Prophetische hineinreichenden Schicht verbirgt sich, ganz vergilisch, eine zweite, tiefere, die besonders die Bücher 3 und 4 zusammenschließt. Sie betrifft das Problem, das mit dem Leben selbst, mit seiner Vergänglichkeit und Unwiederholbarkeit, gestellt ist. Während das dritte Buch, der leidenden und sterbenden Kreatur gewidmet, einen individuellen und daher notwendig tragischen Blickwinkel wahrt, herrscht im vierten, das mit der Darstellung der »staatlichen« Organisation der Bienenvölker eine noch höhere Stufe des Organischen erreicht, ein kollektiver Aspekt vor, der dem Tod des Einzelwesens die Erhaltung der Spezies entgegensetzt. In der Aristaeus-Erzählung gewinnt dies in symbolisch-mythischer Überhöhung dialektischen Ausdruck (F. Klinger): lehrt die Klage des Orpheus die Unabänderlichkeit des Todes und die unstillbare Trauer um das Verlorene, so lernt Aristaeus mit der Wiedererstehung seiner Bienen andererseits, daß verlorenes Leben nicht verloren ist.

Allein schon die Tatsache, daß sich in den *Georgica* – ohne Beispiel im antiken Lehrgedicht – Altrömisch-Archivalisches, Idyllisch-Hellenistisches und Kosmisch-Altgriechisches in solcher Weise zu einem homogenen künstlerischen Ganzen zusammengefunden haben, begründen den ungewöhnlichen Ruhm des Werks von der Antike bis zum Ende des 18. Jh.s (Johann Heinrich Voss' Übertragung, 1789). Während die deutsche Klassik, ausschließlich am Griechentum orientiert, achtlos daran vorbeigehing, lassen sich im Biedermeier, vor allem im Bereich der Idyllik und der Naturreligiosität, wieder mannigfaltige Einflüsse nachweisen, bis hin zu den späten Nachgestaltern, unter denen Rudolf Alexander Schröder mit einer metrischen Nachdichtung herausragt.

R. M.

Ausgaben: Rom o. J. [ca. 1469] (in *Opera et catalecta*, Hg. C. Sweynheym u. A. Pannartz). – o. O. u. J. [Straßburg ca. 1469] (in *Opera*, Hg. J. Mentelin). – Ldn. [5]1898 (*Georgics*, in *The Works*, Hg. J. Conington, H. Nettleship u. F. Haverfield, Bd. 1; m. Komm.; Nachdr. Hildesheim 1963). – Oxford 1900 (in *Opera*, Hg. F. A. Hirtzel; zul. 1963). – Bln. [9]1915 (in *Gedichte*, Hg. T. Ladewig, C. Schaper, P. Deuticke u. P. Jahn, Bd. 1; m. Erl.). – Lpzg. [3]1930 (in *Opera*, Hg. O. Ribbeck u. W. Janell). – Turin 1945 (in *Bucolica. Georgica*, Hg. L. Castiglioni u. R. Sabbadini; zul. 1960). – Paris 1956 (*Géorgiques*, Hg. E. de Saint-Denis; m. frz. Übers.). – Mchn. 1957, Hg. W. Richter (m. Komm. Das Wort der Antike, 5).

Übersetzungen: *Georgicorum libri in usum studiosae iuventutis germanici redditi et editi*, S. Riccius, 2 Bde., Görlitz 1571; Erfurt 1572. – *Landbau*, J. H. Voß, Eutin/Hbg. 1789. – *Georgika*, R. A. Schröder, Mchn. 1924 (ern. in R. A. S., *GW*, Bd. 5, Bln./Ffm. 1952). – *Georgica. Landbau*, J. Götte (in *Landleben*, Mchn. 1945 u. ö.; lat.-dt.). – *Vom Landleben*, G. Herzog-Hauser, Zürich/Stg. 1961 [lat.-dt.]. – *Das andere Landleben*, F. Klingner Zürich 1963 [lat.-dt.].

Literatur: E. Burck, *De Vergilii »Georgicon« partibus iussivis*, Diss. Lpzg. 1926. – K. Witte, *Vergils »Georgica«*, Erlangen 1927. – E. Burck, *Die Komposition von Vergils »Georgica«* (in Herm. 64, 1929, S. 279-321). – M. Schmidt, *Die Komposition von Vergils »Georgica«*, Paderborn 1930. – F. Klingner, *Über das Lob des Landlebens in Virgils »Georgica«* (in Herm, 66, 1931, S. 159 bis 189; ern. in F. K., *Studien*, Zürich/Stg. 1964, S. 252-278). – G. Czech, *Die Komposition der »Georgica«*, Diss. Breslau 1936. – L. Castiglioni,

Lezioni intorno alle »Georgiche« di Virgilio, Mailand 1947. – H. Altevogt, *Labor improbus. Eine Vergilstudie,* Münster 1952. – H. Dahlmann, *Der Bienenstaat in Vergils »Georgica«,* Wiesbaden 1955 (Akad. d. Wiss. u. d. Lit., Abh. d. geistes- u. sozialwiss. Kl., 1954, 10). – K. Büchner, Art. *P. V. M.* (in RE, 8A/2, 1958, Sp. 1265–1337). – F. Klingner, *Vergils »Georgica«,* Zürich/Stg. 1963. – M. O. Lee, *Virgil as Orpheus* (in Orpheus, 11, 1964, S. 9–18).

Quintus HORATIUS FLACCUS (65–8 v. Chr.)

CARMEN SAECULARE (lat.; *Lied der Jahrhundertfeier*). Festhymnus von Quintus HORATIUS FLACCUS (65–8 v. Chr.), auf Wunsch des Augustus anläßlich der *ludi saeculares* (Spiele zur Jahrhundertfeier) 17 v. Chr. verfaßt. – Das Lied besteht aus neunzehn sapphischen Strophen, die sich gedanklich jeweils zu Triaden zusammenfügen. In einer dreistrophigen Einleitung werden Phoebus und Diana feierlich um Erhörung des Gebetes angerufen. Es folgen die einzelnen Bitten, die sich in je zweimal drei Strophen auf das physische (4–9) und sittliche (10–15) Gedeihen des römischen Staates beziehen; eine weitere Triade (16–18) rundet diesen Hauptteil ab. Das Lied endet mit der frohen Gewißheit, daß die Götter gnädig sein werden (19).
Der Tenor des Hymnus ist nicht etwa der eines bangen Flehens in höchster Not; der Gesang ist vielmehr getragen von einer Zuversicht, die sich auf bereits in Erfüllung gegangene göttliche Verheißungen stützt. Mit dem Wunsch, Roms Bedeutung in eine mythische Vergangenheit hinein zu erhöhen, ja, ihm einen Mythos erst eigentlich zu schaffen, folgte Horaz dem anderen Großen des Maecenas-Kreises, VERGIL, der jahrelang an der sogleich hoch gepriesnen *Aeneis* gearbeitet hatte. Beide sprachen genau die Ideen des Augustus aus. Wie sehr Horaz mit seinem ganzen Dichten und Denken – er hatte bereits drei Bücher der *Carmina* veröffentlicht – die Vorstellungen des Kaisers traf, zeigt eben die Tatsache, daß er von Augustus diesen hochoffiziellen Auftrag erhielt. Neben der verheißenen Weltherrschaft Roms, die Augustus im Jahre 17 aufgrund des diplomatischen Sieges über die Parther zum großen Teil für errungen halten konnte, ging es ihm vor allem um die Wiederherstellung der Sitten in der Hauptstadt selbst. Zu diesem Zweck erließ er mehrere Gesetze zum Schutz von Ehe und Familie. Um den Erfolg dieser außen- und innenpolitischen Maßnahmen öffentlich zu bekräftigen, ordnete er die Feier der *ludi saeculares* an, eines 249 v. Chr. während des Ersten Punischen Krieges eingeführten Opferfestes für die Götter der Unterwelt, das alle hundert Jahre wiederholt werden sollte. Da die zweite Wiederholungsfeier im Jahre 49 v. Chr. wegen des Bürgerkrieges ausgefallen war, sollte sie nun im Jahre 17 nachgeholt werden. Über den Verlauf des drei Tage und drei Nächte währenden Festes sind wir seit der Auffindung des offiziellen Protokolls (1890) gut unterrichtet.
Weniger klar sind die Vorstellungen, die man sich vom Vortrag der Horazischen Ode zu machen hat. Der Stein verkündet am Schluß, das *carmen* sei von 27 Knaben und 27 Mädchen auf dem Palatin zu Ehren des Phoebus und der Diana und dann noch einmal auf dem Kapitol gesungen worden. Unter Hinweis auf LIVIUS, der von der Aufführung eines *carmen* des LIVIUS ANDRONICUS berichtet, glaubte man zunächst, es handle sich um ein Prozessionslied, das wechselweise von einem Knaben- (Strophe 1–9) und einem Mädchenchor (Strophe 10–18; 19 gemeinsam) gesungen worden sei. Zu dieser Deutung gibt das Lied jedoch wenig Anlaß, denn der Chor spricht sowohl im ersten wie im zweiten Teil von gemeinsamem Gebet. Ähnlich umstritten wie die Rolle der Redenden ist die Frage nach den Angeredeten. Bei einem Opferfest für Phoebus und Diana richtet sich der Hymnus natürlicherweise an diese beiden Gottheiten. Aber ihre Gestalten sind nicht fest umrissen. Phoebus wird bald als Sonnengott Sol, bald als Apoll angerufen; Diana erscheint sowohl als Mondgöttin Luna wie als Geburtsgöttin Ilithyia-Lucina-Genitalis. Darüber hinaus wendet sich der Chor andeutungsweise auch noch an alle übrigen Götter. Man wird wohl nicht fehlgehen, wenn man darin einen generellen Ausdruck der Vorstellung sieht, im göttlichen Bereich müsse die Andeutung genügen – ein Postulat, dem sich der Dichter nicht entzogen hat. B. M.

AUSGABEN: o. O. u. J. [Mailand od. Venedig, ca. 1470–1473; Gesamtausgabe der Werke]. – Oxford ²1912 (in *Opera,* Hg. E. C. Wickham u. H. W. Garrod; zuletzt 1957). – Paris 1924 (in *Œuvres,* Hg. F. Plessis, P. Lejay u. E. Galletier; m. Komm.). – Ldn./Cambridge (Mass.) 1952 (in *The Odes and Epodes,* Hg. C. E. Bennet; m. engl. Übers.; Loeb). – Paris ⁵1954 (in *Horace,* Bd. 1, Hg. F. Villeneuve; m. frz. Übers. u. Komm.). – Lpzg. ³1959 (in *Opera,* Hg. F. Klingner). – Bln. ¹⁰1960 (in *Oden und Epoden,* erkl. v. A. Kiessling, R. Heinze u. E. Burck). – Mchn. 1964 (in *SW,* Hg. H. Färber; lat.-dt.).

ÜBERSETZUNGEN: *Des Hochberühmten Lateinischen Poetens Q. Horatii Flacci vier Bücher Odarum, oder Gesänge,* J. Bohemus u. a., Dresden 1655/56. – *Der Saecular-Gesang,* R. A. Schröder (in R. A. S., *GW,* Bd. 5, Bln./Ffm. 1952, S. 758ff.). – *Die Gedichte des Horaz,* R. Helm, Stg. ²1954.

LITERATUR: J. Vahlen, *Über das Säkulargedicht des Horatius* (in SPAW, 1892, S. 1005–1021; erneut in J. V., *Gesammelte philol. Schriften,* Bd. 2, Lpzg./Bln. 1923, S. 369–387). – T. Mommsen, *Die Akten zu dem Säkulargedicht des Horaz* (in T. M., *Reden u. Aufsätze,* Bln. 1905, S. 351–359). – M. P. Nilsson, Art. *Saeculares ludi* (in RE, 1A/2, 1920, Sp. 1696 bis 1720). – J. Gagé, *Observations sur le »Carmen saeculare« d'Horace* (in Revue des Études Latines, 9, 1931, S. 290–308). – F. Altheim, *Almus Sol* (in NJb, 8, 1932, S. 141–151). – E. Fraenkel, *Horaz,* Darmstadt 1963, S. 427–448. – C. Becker, *D. Spätwerk d. H.,* Göttingen 1963, S. 113–121.

CARMINA (lat.; *Lieder*). Lyrische Gedichte in vier Büchern von Quintus HORATIUS FLACCUS (65–8 v. Chr.); Buch 1–3 entstanden seit etwa 33 v. Chr., Buch 4 (angeregt durch die Abfassung des *Carmen saeculare*) 17 v. Chr. – Die *Carmina* oder *Oden* des Horaz sind neben VERGILS *Aeneis* das Hauptwerk der klassischen römischen Literatur zur Zeit des Augustus und zugleich, nach Form und Gehalt, vollkommenster Ausdruck der geistigen Erneuerungsbestrebungen dieser Epoche. Zusammen mit den Liedern CATULLS stellen sie die stärkste Leistung der Römer auf dem Gebiet der Lyrik dar. Unter diesem doppelten Aspekt, und nicht etwa als Bekenntnisdichtung im modernen Sinne, müssen die

Carmina begriffen werden. Denn im Grunde spricht sich die Persönlichkeit ihres Dichters weit unmittelbarer in seinen poetischen Plaudereien *(Saturae* oder *Sermones)* und Briefen *(Epistulae)* sowie in den aggressiven, nach ihrer metrischen Form *Iamben* oder *Epoden* genannten Rügegedichten aus, die allesamt der Prosa näherstehen. Das ist zu bedenken, wenn man mit einem modernen Begriff von Lyrik als einer persönlichen Bekenntnisdichtung an die *Carmina* herantritt. Diese Lieder sind das Werk der höchsten Reife: Motive der früheren Satiren- und Iambendichtung werden aufgenommen, hinzu treten aber entscheidende neue Impulse aus dem Kreise des Maecenas und des Augustus, vor allem seit dessen Sieg über Antonius bei Actium (31 v. Chr.), mit dem die Bürgerkriege beendet wurden.

Das etwa 29–27 entstandene vierte Lied des dritten Buches, aus dem Zyklus der sogenannten *Römeroden*, vermag vielleicht am besten einen Zugang zu dieser Dichtung und ihrer eigenartigen Verschmelzung der verschiedensten Elemente zu eröffnen. Das Gedicht setzt ein mit dem Gebetsanruf an die Muse »*Steige herab vom Himmel* ...«, dem sogleich Gehör geschenkt wird: der Dichter glaubt ihre Stimme zu hören, fühlt sich entrückt in quellendurchrauschte und luftdurchwehte Haine; eine Jugenderinnerung steigt in ihm auf, wie er als Knabe, im wilden Gebirgswald entschlummert, von Tauben mit frischem Laub bestreut und vor Schlangen und Bären bewahrt wurde – ein Symbol des göttlichen Schutzes, unter dem der Freund der Musen steht. Dieser Gewißheit gibt er begeistert Ausdruck; die Musen sind ihm nahe in seinem gegenwärtigen Leben in den Sabinerbergen, in Tivoli oder im Modebad Baiae; weder in der Schlacht bei Philippi noch bei hoher See und beim Sturz eines Baums ist ihm ein Leid geschehen – so kann er furchtlos die wildesten Gegenden der Erde aufsuchen. Auch auf den großen Caesar Augustus erstreckt sich der Schutz und die erquickende Fürsorge der Musen, sie raten die weise Mäßigung, mit der Iuppiter Erde und Meer, Götter und Menschen regiert und unter Mithilfe der Götter, vor allem des bogenbewehrten Apoll, die Ungeheuer der Tiefe, Titanen und Giganten, bezwingt. So gipfelt das Gedicht in der Einsicht: »*Vis consili expers mole ruit sua, / vim temperatam di quoque provehunt / in maius.*« (»*Kraft ohne Einsicht stürzt durch das eigene Gewicht, / kraftvolle Mäßigung erhöhen die Götter selbst.*«)

Damit ist das Motto ausgesprochen, unter dem die Erneuerungsbestrebungen des Augustus standen, das Streben nach Maß, das Innen- und Außenpolitik, bildende Kunst und Dichtung gleichermaßen bestimmte und das in einer historischen Situation wirksam wurde, wo im römischen Imperium die unbegrenzte politische Macht, aller Reichtum und alle Bildung der Welt versammelt waren, aber im Chaos unaufhörlicher Bürgerkriege sich selber aufzuheben drohten. Dieses Bewußtsein, daß Rom an seiner eigenen Größe leide, wie es Horazens Zeitgenosse Titus LIVIUS im Vorwort seines Geschichtswerks formuliert hat, läßt den Dichter nach einem Ausweg suchen. Er findet ihn im Bereich Apollons und der Musen: apollinische Klarheit vermag die Kräfte der Zerstörung zu bannen. Apollon war seit Actium der Gott des Augustus; im *Carmen saeculare* hat Horaz ihn dann zusammen mit seiner Schwester Diana verherrlicht. Mit seiner Hilfe wird Augustus als irdischer Iuppiter das Chaos ordnen (die Annäherung des Augustus an Iuppiter findet sich bei Horaz häufig, etwa gleich im folgenden Gedicht; ebenso 1, 2 und 1, 12). Seine eigene Aufgabe als »*Musenpriester*« (3,1) erblickt Horaz darin, in »*Liedern von noch nie gehörter Art*« die Römer aufzurütteln.

Geschieht dieses Aufrütteln vor allem in den *Römeroden* und den ihnen nahestehenden Gedichten, so erfordert der Dienst der Musen daneben doch auch andere Töne, die in dem oben beschriebenen Lied 3,4 mit anklingen. Das Gefühl der Geborgenheit in der freien Natur, die ihre Schrecken verliert, so daß Schlange und Bär, ja auch ein Wolf dem Dichter nichts anhaben können (1,22), bringt Lieder hervor wie das auf den glasklaren Quell Bandusia (3,13). Häufig findet sich damit verbunden ein Aufruf, »*den Tag zu genießen*« (»*carpe diem*«), so in dem Frühlingslied 1,4. Eine solche heiter-gelassene Lebenshaltung entspricht der Lehre des griechischen Philosophen EPIKUR, und Horaz hat sich ja selbst »*ein Schweinchen aus der Herde Epikurs*« genannt. Zum Bereich dieser Lebensfreude gehören auch Liebeslieder wie 1,23 an Chloe, oder die Trinklieder, die bisweilen ins Politische hinüberspielen wie etwa in 1,37: »*Nunc est bibendum* ...« (»*Jetzt heißt es trinken* ...« – nämlich auf den Tod der Kleopatra).

Die beiden letztgenannten Gedichte sind von Werken der griechischen Dichter ANAKREON und ALKAIOS angeregt und zeigen den in Rom damals gänzlich neuen Einfluß der altgriechischen Lyrik, von der Horaz auch die kunstvollen Strophenmaße der Liederbücher übernommen hat. Eine solche Einordnung in die feste literarische Tradition und das Bemühen, die Welt kraft des Liedes zu verändern, kennzeichnen den Unterschied zwischen Horazens Kunst und moderner Seelenlyrik. Dennoch war sein Einfluß auf die Moderne gewaltig, man denke nur an KLOPSTOCK, HÖLDERLINS Gedichte in Horazischen Formen und an GOETHES Wort in *Dichtung und Wahrheit*: »*Die Präcision des Horaz nötigte die Deutschen, doch nur langsam, sich ihm gleichzustellen* ...« Bekenntnisdichtung ist auch die Dichtung des Horaz, Bekenntnis zur Kunst und ihrer Aufgabe in der Welt. Mit Recht konnte er daher von sich sagen: »*Exegi monumentum aere perennius.*« (»*Ich schuf ein Denkmal, dauernder als Erz.*«)

D. Ma.

AUSGABEN: o. O. u. J. [Mailand od. Venedig, ca. 1470–1473; Gesamtausgabe der Werke]. – Oxford [2]1912 (in *Opera*, Hg. E. C. Wickham u. H. W. Garrod; Nachdr. zuletzt 1957). – Paris 1924 (in *Œuvres*, Hg. F. Plessis, P. Lejay u. E. Galletier; m. Komm.). – Turin 1945, Hg. M. Lenchantin de Gubernatis. – Ldn./Cambridge (Mass.) 1952 (in *The Odes and Epodes*, Hg. C. E. Bennett; m. engl. Übers.; Loeb). – Paris [6]1959 (in *Horace*, Bd. 1, Hg. F. Villeneuve; m. frz. Übers.). – Lpzg. [3]1959 (in *Opera*, Hg. F. Klingner). – Bln. [10]1960 (in *Oden und Epoden*, erkl. v. A. Kiessling, R. Heinze u. E. Burck). – Mchn. 1964 (in *SW*, Hg. H. Färber; lat.-dt.).

ÜBERSETZUNGEN: *Erstes Verdeutschtes... Odenbuch des vortreflichen Römischen Poeten Q. H. F.*, A. H. Buchholtz, Rinteln 1639. – *Des Hochberühmten Lateinischen Poetens Q. Horatii Flacci vier Bücher Odarum, oder Gesänge*, J. Bohemus, Dresden 1655/56. – *Oden*, K. W. Ramler, Bln. [2]1818. – *Oden*, R. A. Schröder (R. A. S., *GW*, Bd. 5, Bln./Ffm. 1952, S. 635–757). – *Die Gedichte des Horaz*, R. Helm, Stg. [2]1954.

LITERATUR: E. Howald, *Das Wesen der lateinischen Dichtung*, Erlenbach-Zürich 1948. – H. Hommel,

H. *Der Mensch u. das Werk*, Heidelberg 1950. – U. Knoche, *Erlebnis u. dichterischer Ausdruck in der lateinischen Poesie* (in Gymn, 65, 1958, S. 146 bis 165). – R. Heinze, *Die horazische Ode; Der Zyklus der Römeroden* (in R. H., *Vom Geist des Römertums*, Hg. E. Burck, Darmstadt ³1960, S. 172–204). – F. Klingner, *H.; Gedanken über H.; Horazische Oden* (in *Römische Geisteswelt*, Mchn. ⁴1961, S. 327 bis 418). – E. Fraenkel, *H.*, Darmstadt 1963, S. 183 bis 362; 469–530. – F. Klingner, *Kunst u. Kunstgesinnung des H.* (in F. K., *Studien zur griechischen u. römischen Literatur*, Zürich/Stg. 1964, S. 432–455). – C. Becker, *Das Spätwerk des H.*, Göttingen 1963.

DE ARTE POETICA (lat.; *Von der Dichtkunst*).

Lehrbrief in 476 Versen von Quintus HORATIUS FLACCUS (65–8 v. Chr.), veröffentlicht 14 v. Chr. – Erst die Philologie hat den Brief an Piso und seine beiden Söhne vom Ende des zweiten Buchs der *Epistulae* abgelöst und separat als sogenannte *Ars poetica* ediert.

Auf der Höhe seines Ruhmes (etwa 19–17 v. Chr.) unternimmt es Horaz, die große Tradition antiker Dichtungsästhetik (vor allem ARISTOTELES) in eine neue, durch eigene Erfahrung gefestigte Ordnung zu bringen. Die Überlegungen und Thesen der Schrift lassen sich zwei Problemkomplexen zuordnen: Welchen Ansprüchen muß das dichterische Werk genügen? Und welche Forderungen sind an den Dichter zu stellen? In der ersten Kategorie kommt dem Begriff der Einheitlichkeit überragende Bedeutung zu. Das einzelne Werk soll »*einfach und aus einem Guß*« (»*simplex et unum*«, V. 23) sein und ein »*Ganzes*« (»*totum*«, V. 34) darstellen. Solch organisch-ganzheitliches Denken bestimmt im weiteren auch die Begriffe der Gattung und der literaturgeschichtlichen Epoche. Gerade die letztere ist nach Meinung des Autors bestimmend für die innere Einheitlichkeit der Dichtung, deren Sprache und Form er mit dem wechselnden Laubkleid der Wälder vergleicht (V. 60). Für die Dichtung ergibt sich daraus das Gebot der Zeitgemäßheit, für den Interpreten die Möglichkeit und Notwendigkeit eines spezifisch geschichtlichen Verstehens. Einheitlichkeit ist zuletzt identisch mit dem Angemessenen, und nur in der strengen Mimesis (Nachbildung) des wirklichen Lebens, die Horaz im Aristotelischen Sinn als Darstellung des Wahrscheinlichen versteht, stellt sie sich ein. Hinzu kommt noch die genaue Beobachtung bestimmter Kunstregeln, die indessen wertlos bleibt, solange das Werk nicht als ein Ganzes gelingt, das zugleich »*belehrend und ans Herz rührend*« (»*utile et dulce*«, V. 343) sein, also in gleicher Weise Verstand und Gefühl ansprechen, »*nützen und erfreuen*« (»*aut prodesse volunt aut delectare poetae*«, V. 333) kann. Doch dieses Ganze präsentiert sich nur auf der höchsten Stufe, jenseits allen Mittelmaßes. Der mittelmäßige Dichter – hier beginnt der zweite Komplex – verrät die Kunst und ist noch weit unnützer und verächtlicher als irgendein Handwerker, der sein Metier nicht versteht: ganz gleich, ob es ihm an Begabung *(ingenium, natura, dives vena)* oder an der handwerklichen Technik *(studium, ars)* fehlt. Beides muß sich beim großen Dichter zusammenfinden: Genie ist vor allem Fleiß. Besonders der Römer, der sich keines so unbefangenen Verhältnisses zur Muse rühmen kann wie der Grieche, soll sich das sorgfältige Ausfeilen seiner Produktionen angelegen sein lassen. – Den wirkungsvollen Abschluß der Schrift bildet ein groteskes Spottbild des ebenso unbegabten wie eingebildeten Dilettanten: er erweckt den Eindruck eines Irrsinnigen und Selbstmörders, der mit höchster Lust und lautem Geschrei auf sein eigenes Verderben losrennt.

Die *Poetik* des Horaz ist außerordentlich bedeutsam, weil hier zum erstenmal Verstand und Gefühl als die Grundantinomien entdeckt sind, die in gleicher Weise bei der Produktion wie bei der Rezeption eines Kunstwerks wirksam werden. Horaz erkennt in der Dichtung ein geheimnisvolles charakteristisches Miteinander von Ernst und Spiel. Freilich begreift er dieses Verhältnis noch konkret und mehr additiv, weniger dialektisch; aber die Formel erwies sich als ungeheuer anregend: nicht nur Antike und Mittelalter, auch die Neuzeit bis hin zu LESSING und HERDER mühten sich, sie zu präzisieren, und in der neuesten amerikanischen Literaturtheorie (so in R. WELLEKS u. A. WARRENS *Theory of Literature*) findet sie wieder starke Beachtung.

Allerdings haben sich im Laufe der einzigartigen Wirkungsgeschichte nicht wenige Mißverständnisse und Fehlinterpretationen eingeschlichen. Denn das Werk expliziert kein geschlossenes System einer Ästhetik, sondern breitet in zwanglosem Plauderton das subjektiv bewährte Resümee eines erfahrenen Praktikers aus (man merkt kaum, daß er die Lyrik übergeht); auch hat es den Stilgesetzen der Briefform zu gehorchen (Einbeziehung des Adressaten, Abwechslung, Lebendigkeit, Assoziation und Andeutung, Übertreibung, ja Einseitigkeit). Man muß sich hüten, den Brief »*rein stofflich zu nehmen*« (Büchner), wie es lange geschah. Weder darf man die Vielzahl der Vergleiche und spezifisch lyrischen Bilder übersehen, noch die Hexameter als Resultat einer nachträglichen Versifizierung abtun: in dem Brief begegnet uns selbst ein Stück Poesie (trotz V. 304 ff.), wie wir sie in jedem Horazischen *Sermo* finden. Was den Brief überdies mit den beiden anderen der Sammlung verknüpft, ist die satirische Invektive auf zwei Modeerscheinungen der Zeit: die übertriebene Vorliebe für die altrömische Literatur und das Heer dichtender Dilettanten mit genialischen Allüren. R. M.

AUSGABEN: o. O. u. J. [Mailand od. Venedig ca. 1470–1473; Gesamtausgabe der Werke]. – Rom 1472, Hg. J. P. de Lignamine. – Oxford ²1912 (in *Opera*, Hg. E. C. Wickham u. H. W. Garrod; Nachdr. zuletzt 1959). – Paris 1924 (in *Œuvres*, Hg. F. Plessis, P. Lejay u. E. Galletier; m. Komm.). – Ldn./Cambridge (Mass.) ²1929 (in *Satires, Epistles and Ars poetica*, Hg. H. R. Fairclough; m. engl. Übers.; Loeb; Nachdr. zuletzt 1955). – Turin 1930 (*Arte poetica*; Hg. A. Rostagni; m. Komm.). – Paris ⁴1961 (in *Épitres*, Hg. F. Villeneuve; m. frz. Übers.). – Bln. ⁷1961 (in *Briefe*, Hg. A. Kießling, R. Heinze u. E. Burck; m. Komm.). – Zürich 1961, Hg. H. Rüdiger [lat.-dt.]. – Mchn. 1964 (in *SW*, Hg. H. Färber u. W. Schöne; lat.-dt.).

ÜBERSETZUNGEN: *Verteutschte und mit kurzen Noten erklärte Poetereikunst des röm. Poeten H.*, A. H. Buchholtz, Rinteln 1639. – *Die Dichtkunst des H.*, übers. u. erkl. in Prosa v. K. W. Ramler, in Versen v. C. M. Wieland, Basel 1789. – *An die Pisonen*, J. H. Voß (in *Satyren und Episteln*, Heidelberg 1806). – *Die Dichtkunst*, R. A. Schröder (in R. A. S., *GW*, Bd. 5, Bln./Ffm. 1952). – R. Helm (in *Satiren u. Briefe*, Zürich/Stg. 1962).

LITERATUR: E. Norden, *Die Composition und Literaturgattung der horazischen »Epistula ad Pisones«* (in Herm, 40, 1905, S. 481–528). – O. Immisch, *H.ens Epistel über die Dichtkunst*, Lpzg. 1932 (Phil Suppl., 24/3). – Schanz-Hosius, Bd. 2, S. 133–137. – F. Klinger, *H.ens Brief an die Pisonen*, Lpzg. 1936 (ASAW, 88/3). – W. Steidle, *Studien zur »Ars poetica« des H.*, Würzburg 1939. – H. Dahlmann, *Varros Schrift »De poematis« und die hellenistisch-römische Poetik*, Mainz 1953 (Abhandl. d. Akademie d. Wissensch. u. d. Literatur, 1953, 3). – C. Becker, *Das Spätwerk des H.*, Göttingen 1962, S. 64–112. – C. O. Brink, *H. on Poetry. Prolegomena to the Literary Epistles*, Cambridge 1963.

EPISTULAE (lat.; *Briefe*). Versifizierte, heiter-besinnliche Plaudereien in Briefform von Quintus HORATIUS FLACCUS (65–8 v. Chr.), in zwei Büchern 20 v. Chr. und um 13. v. Chr. veröffentlicht. – Die zwanzig Briefe des ersten Buches teils an MAECENAS gerichtet (1; 7; 19), teils an verschiedene jüngere Freunde und Literaten, die mit dem Prinzen Tiberius nach Asien gezogen sind, teils an Gesinnungs- und Lebensgenossen der eigenen Generation, bilden ein nahezu einheitlich konzipiertes Ganzes. Das Versmaß des Hexameters, an die Tradition der frühen *Satiren* anknüpfend, verleiht der Sammlung den charakteristisch »prosaischen« Plauderton (»*Musa pedestris*« – »*Die Muse zu Fuß*«). Eine Einleitungsepistel enthält die Huldigung an den Gönner und das poetische Programm; die Schlußepistel bringt einen Epilog zu dem fertigen Buch und scherzhafte Angaben zur Person des Dichters, der damals im fünfundvierzigsten Lebensjahr stand. Gemeinsames Thema dieser *Briefe* ist die Suche nach Möglichkeiten einer sinnvollen Lebensführung, abgestimmt auf die Belange und Verhältnisse der einzelnen Adressaten. Der Kreis der Themen ist also enger gezogen als in den kurz zuvor (23 v. Chr.) publizierten ersten drei *Oden*-Büchern: der glückliche Anbruch der Augusteischen Friedensära (»*Die Goldene Fülle selbst hat ihr volles Horn über Italien geleert*«, 1, 12, 28 f.) gestattet dem Dichter den Rückzug in die neu gesicherte Sphäre des Privaten; zudem verlangt sein vorgerücktes Alter geradezu die Konzentration auf die immer wesentlicher werdende Frage nach dem richtigen Leben, nach dem, »*was wahr und recht ist*« (1, 1, 11). Man hat deshalb die *Episteln* als »*philosophische Briefe*« bezeichnet. Das trifft insofern zu, als die Aufforderung zur Beschäftigung mit der Philosophie wie ein Leitmotiv in den einzelnen Stücken immer wiederkehrt und der Dichter bewußt der Reflexion den Vorrang vor der ästhetischen Bemühung einräumt, das direkte Wort dem gestalteten vorzieht: »*Rhythmus und Takt des wirklichen Lebens*« (2, 2, 144) sollen gelernt werden.
Freilich darf man keine bestimmte, systematisch explizierte Lehre erwarten, im Gegenteil: Horaz steht allem Dogmatischen und Präzeptorischen fern, er fühlt sich keiner der traditionellen Schulen verpflichtet. Wenn er sich in dem Brief an den Elegiendichter TIBULL selbstironisch als einen »*aus der Ferkelherde des Epikur*« (1, 4, 16) apostrophiert, deutet dies zwar darauf hin, daß der Dichter dem Epikureismus im ganzen den Vorzug gibt; doch scheut er sich nicht, ebenso Gedanken der Stoa, der Kyniker oder des ARISTIPP aufzugreifen. Daraus spricht nicht oberflächlicher Eklektizismus, der von Fall zu Fall aus geschlossenen Lehrgebäuden das jeweils Willkommene aussucht, sondern tiefes Ungenügen an solchen angesichts der Dialektik und Paradoxie der Wirklichkeit stets gewaltsam konstruiert erscheinenden Systemen: »*Aristipp liefert sich selbst, der Kyniker der Menge ein Schauspiel.*« (1, 17, 19)
So erweist sich das »Philosophische« an den *Episteln* als ein in jedem Brief neu unternommener Versuch, aus den Fragen des praktischen Lebens heraus ein »*schwebendes Gleichgewicht der Seele*« (Klingner) herzustellen inmitten der Widersprüchlichkeiten des Daseins. Genußfreude und Anspruchslosigkeit, ländliche Ruhe und städtische Betriebsamkeit, Unabhängigkeit und Gefolgstreue, Intellekt und Leidenschaft sind die Pole, zwischen denen der Dichter in vorurteilsfreiem, psychologisch umsichtigem Abwägen die Möglichkeiten des Glücks sucht. Grundlegend ist dabei der Begriff des rechten, auf den einzelnen zugeschnittenen Maßes; in ihm liegt der eigentliche Schlüssel zu Glück und Freiheit der Seele. Denn sogar die Tugend, im Übermaß angestrebt, versklavt den Menschen eher, als daß sie ihn glücklich machte. So werden die *Epistulae* zu einer Hohen Schule der Lebenskunst, einer Fundgrube praktischer Weisheit. Der Briefform, die ermöglicht, die Klärung des eigenen Bewußtseins unmerklich mit Ermahnungen an den Partner zu verbinden, kommt dabei ebenso ein Bedeutung zu wie dem Stilmittel der feinen Ironie und der gelegentlich scharfen Pointen. Ein im selben Maße lebendig bewegtes wie nachdenkliches, ein originelles und überaus liebenswürdiges Gemüt spricht sich hier unmittelbar aus. Dem Dichter gelingt mit seinem »Alterswerk« nichts weniger als eine neue literarische Gattung: halb Dichtung, halb Prosa, halb Bildwelt, halb Reflexion, von eigentümlich persönlichem Ton und doch zugleich allgemeinem Interesse – *cum grano salis* wohl am ehesten mit der modernen Form des Essays zu vergleichen.
Von den ursprünglich drei Briefen des zweiten Buches wurde noch in antiker Zeit der letzte als sogenannte *Ars poetica* (→*De arte poetica*) abgetrennt und selbständig weiterüberliefert. Doch auch die beiden anderen Stücke, an Augustus und Iulius Florus gerichtet, sind im Grunde »Literaturbriefe«. Sie setzen sich kritisch mit dem zeitgenössischen literarischen Leben in Rom auseinander: einerseits mit der unkritischen Überschätzung der altrömischen Meister, andererseits mit der alles überwuchernden Dilettierwut der eigenen Zeit. Im Brief an Florus, der bald nach dem ersten Buch entstanden ist, rechtfertigt Horaz seine Abwendung von der lyrischen Poesie. In dem Brief an Augustus – er stammt aus dem Jahr 14 v. Chr. (nach Abfassung des *Carmen saeculare* und des vierten *Oden*-Buches) stellt das letzte uns erhaltene Wort des Dichters dar – entwickelt Horaz, in offizieller Weise und bis zu den Anfängen lateinischer Dichtung ausholend, das hohe Stilideal der Klassik. Wenngleich nicht im Thema, so stehen diese Briefe doch in Stil (und Ton) denen des ersten Buches gleichrangig zur Seite: die witzige und geistreiche Darstellung erscheint wichtiger als das Dargestellte selbst, die Sprödigkeit des Sujets wird aufgehoben in der Leichtigkeit des Horazischen *sermo urbanus*.

R. M.

AUSGABEN: o. O. u. J. [Mailand od. Venedig ca. 1470–1473; Gesamtausgabe d. Werke]. – Oxford ²1912 (in *Opera*, Hg. E. C. Wickham u. H. W. Garrod; Nachdr. zuletzt 1959). – Paris 1924 (*Œuvres*, Hg. F. Plessis, P. Lejay u. E. Galletier; m. Komm. – Ldn./Cambridge (Mass.) ²1929 (in *Satires, Epistles and Ars poetica*, Hg. H. R.

Fairclough; m. engl. Übers.; Loeb; Nachdr. zuletzt 1955). – Turin ²1935, Hg. R. Sabbadini. – Lpzg. ³1959 (in *Opera*, Hg. F. Klingner). – Paris ⁴1961 (*Épitres*, Hg. F. Villeneuve). – Bln. ⁷1961 (*Briefe*, Hg. A. Kießling, R. Heinze u. E. Burck; m. Komm.). – Mchn. 1964 (in *SW*, Hg. H. Färber u. W. Schöne; lat.-dt.).

ÜBERSETZUNGEN: *Horatii opera in ungebundener Rede übertragen*, J. Rothen, Basel 1671. – *Briefe*, C. M. Wieland, Dessau 1782. – *Satyren und Episteln*, J. H. Voß, Heidelberg 1806. – *Episteln*, R. A. Schröder (in R. A. S., *GW*, Bd. 5, Bln./Ffm. 1952). – *Satiren und Briefe*, R. Helm, Zürich/Stg. 1962.

LITERATUR: T. Mommsen, *Die Litteraturbriefe des H.* (in Herm, 15, 1880, S. 103–115). – R. Heinze, *H.ens Buch der Briefe* (in NJb, 43, 1919, S. 305–316; auch in R. H., *Vom Geist des Römertums*, Hg. E. Burck, Darmstadt ³1960, S. 295–307). – E. P. Morris, *The Form of the Epistle in H.* (in Yale Classical Studies, 2, 1931, S. 79–114). – E. Fraenkel, *H.*, Oxford 1957 (dt.: *H.*, Darmstadt 1963, S. 363–426; 449–468). – G. Stégen, *Les épitres littéraires d'H.*, Namur 1958. – F. Klingner, *H.ens Brief an Augustus*, Mchn. 1950 (SBAW, 1950, 5). – C. Becker, *Das Spätwerk des H.*, Göttingen 1963. – C. O. Brink, *H. on Poetry. Prolegomena to the Literary Epistles*, Cambridge 1963 [m. Bibliogr.].

EPODON LIBER (lat.; *Epodenbuch*). Siebzehn Gedichte in verschiedenen Metren von Quintus HORATIUS FLACCUS (65–8 v. Chr.), erschienen um 30 v. Chr. – Schon die antiken Kommentatoren bezeichnen die Gedichte, die der Dichter stets *Iambi* nennt, als *Epoden* – nicht zu unrecht: denn Horaz nimmt hier eine auf ARCHILOCHOS zurückgehende Form der Iambendichtung wieder auf, für die der *epôdos stichos* (ein regelmäßig auf einen längeren Vers folgender kürzerer Nachvers) charakteristisch ist.

Mit den verwandten metrischen Traditionen der Hinkiambes, Hendekasyllaben (Elfsilbler) und epigrammatischen Distichen – in Rom vor allem von CATULL und LICINIUS CALVUS eingeführt – verbindet die *Epoden* die leichtgeschürzte Spottlust und thematische Vielseitigkeit. So finden sich in diesen frühen, wohl überwiegend zwischen 42 (Philippi) und 31 (Actium) entstandenen Gedichten des Horaz in der Hauptsache geistreich-bissige Invektiven: gegen einen Wucherer, der vom paradiesischen Landleben träumt (2), einen unfähigen Emporkömmling (4), einen unbekannten Verleumder (6), eine vornehme Dame, der auf handgreiflich-derbe Weise jeder weibliche Reiz abgesprochen wird (8; 12), gegen den Dichterling Mevius (10). Daneben stehen satirische Grotesken über ein übles Knoblauchgericht (3) und über die Hexe Canidia (5; 17), amouröse Gedichte (11; 14; 15) und ein Trinklied (13), aber auch verzweifelt ernste Verse über das Schicksal Roms und den zum apokalyptischen Monstrum werdenden Bürgerkrieg (7; 16; aus der Zeit nach Philippi). Das jüngste Gedicht, ein besinnlich-gedämpfter Preis des Siegers von Actium, bildet die Mitte der Sammlung (9), ein scherzhaft-selbstironisches Treuebekenntnis zu dem neu gewonnenen Gönner und Freund MAECENAS leitet sie, als Dedikation, ein.

Vermutlich hat Horaz auf Maecenas' Drängen hin in der Sammlung das Beste aus dem ersten Dezennium seines Schaffens zusammengefaßt und durch sparsame, aber akzentuierte Einfügung jüngerer, schon für die Sammlung geschriebener Gedichte den Gesamtcharakter der Ausgabe auf den neuen Gönner und dessen Freunde abgestimmt. So ergibt sich vom Thematischen her eine lockere, allein vom Prinzip der *variatio* bestimmte Reihenfolge. Metrisch jedoch bilden die ersten zehn *Epoden* einen geschlossenen Block in rein iambischem Maß, während in den folgenden auch der Daktylos in den Vorvers eindringt.

Die Grundhaltung dieser Lyrik ist skeptisch. Horaz, nach der Katastrophe von Philippi ernüchtert und verstimmt, fühlt in sich einen übermächtigen, fast destruktiven Unmut gegen alles Bestehende aufsteigen, für den er im Archilochischen Iambos – daneben in der Satire des LUCILIUS – die ihm gemäße Ausdrucksform entdeckt. Mit dem dekuvrierenden Scharfblick des Rationalisten begabt, voll jugendlicher Grobheit und erfüllt von der Bosheit des Außenseiters, in dessen Rolle er sich sieht, erreicht er in der Adaption der griechischen Versform sofort Meisterschaft. Die Attacken gelten – von den Angriffen auf persönliche Feinde abgesehen – der Ausbreitung des Irrationalen (Zauberunwesen), der Selbstentwürdigung des Menschen (Strebertum), der schizophrenen Flucht des Geistes aus der Wirklichkeit (in einen aus dem Zusammenhang einer dichterischen Vorstellungswelt gelösten, trivialisierten, idyllischen Traum von der Goldenen Zeit) und der Realitätsverbrämung (als einer hellenistisch-modischen Gefühlsduselei, in der denaturalisierte Erotik und wertlose Kunst eine unsaubere Verbindung eingehen). Es sind die Symptome einer unaufhaltsam fortschreitenden Korruption alten Römertums, die im Chaos des Bürgerkriegs ihren unseligsten Ausdruck findet. Das Bild einer ursächlichen Blutschuld taucht auf (7, 17ff.), die schon seit der Gründung Roms durch den Brudermord an Remus auf der Stadt liegt, und in der *Epode* 16 spricht der Dichter vom römischen Volk als einer »*sündigen Generation verfluchten Gebluts*«, einer »*ungelehrigen Herde*«. Motivische und phraseologische Parallelen dieses berühmten Gedichts zur vierten *Ekloge* VERGILS ließen einen heftigen Streit um die (noch offene) Frage der Priorität entbrennen. Es liegt nahe, in der fast defätistischen Überspitzung, in der verzweifelten Ironie, die die Konfrontation der Hesiodschen, nur in der Welt der Poesie existierenden Bezirke des »*arva beata*« (»*selige Gefilde*«) mit der politischen Realität begleitet und deren ganze Auswegslosigkeit erhellt, Zeichen für eine bittere, fatalistische und ins Negative gewendete Antwort auf das Vergil-Gedicht zu sehen.

Aus den jüngeren *Epoden* (1; 9; 13–15) spricht dagegen bereits zunehmend jene heitere Gelassenheit, die der spätere Oden-Dichter den Dingen der Welt in der epikureischen Ruhe des Genusses abzugewinnen weiß; behutsam in die Sammlung eingefügt, werfen sie ein mildes, versöhnliches Licht auf die aggressive Bitterkeit der frühen Gedichte. In diesem Licht verlieren die Objekte und Opfer der Attacken an Bedeutung, und es tritt des Dichters urkünstlerische Freude an der Persiflage und Parodie, an der messerscharf gefeilten Pointe in den Vordergrund. Denn um Parodien handelt es sich in erster Linie: auf die erotische Elegie, den idyllischen Makarismos (Seligpreisung), das harmlose Propemptikon (Geleitlied). Die neue Beweglichkeit und Leichtigkeit, die die parodistische Absicht dem Lateinischen abfordert, die kraftvoll-gehobene, doch unpathetisch-nüchterne und natürlich-flüssige Dichtersprache, die Horaz dabei entwickelt, stellen die eigentlich literarische Leistung der *Epoden* dar.

325

Die Gedichte, die so entstehen, sind lebendige Sprachgebilde, poetisch autonom, auch wenn sie »inhaltlich« oft weniger Allgemeingültigkeit anstreben und ganz im Hier und Jetzt ihres Anlasses zu verbleiben scheinen. R. M.

AUSGABEN: o. O. u. J. [Mailand od. Venedig ca. 1470-1473; Gesamtausgabe d. Werke]. – Oxford ²1912 (in *Opera*, Hg. E. C. Wickham u. H. W. Garrod; Nachdr. zuletzt 1963). – Paris 1924 (in *Œuvres*, Hg. F. Plessis, P. Lejay u. E. Galletier; m. Komm.). – Turin ²1958, Hg. M. Lenchantin de Gubernatis. – Ldn./Cambridge (Mass.) 1952 (in *The Odes and Epodes*, Hg. C. E. Bennett; m. engl. Übers.; Loeb). – Paris ⁶1959 (in *Horace*, Hg. F. Villeneuve, Bd. 1; m. frz. Übers.). – Lpzg. ³1959 (in *Opera*, Hg. F. Klingner). – Bln. ¹⁰1960 (in *Oden und Epoden*, erkl. v. A. Kiessling, R. Heinze u. E. Burck). – Mchn. 1964 (in *SW*, Hg. H. Färber; lat.-dt.).

ÜBERSETZUNGEN: *Fürtreffliches artliches Lob, deß Landlustes, Mayersmut und lustigen Feldbaumansleben* [Epode 2], J. Fischart, gen. Mentzer (in *XV. Bücher Von dem Felbaw*, nach einer frz. Vorlage des C. Stephanus u. a. übers. v. M. Sebisch, Straßburg 1579). – *Q. Horatii Flacci opera in ungebundener Rede*, J. Rothen, Basel 1671. – *Werke*, J. H. Voß, 2 Bde., Heidelberg 1806. – *Epoden*, R. A. Schröder (in R. A. S., *GW*, Bd. 5, Bln./Ffm. 1952). – Dass., R. Helm (in *Die Gedichte*, Stg. ²1954). – Dass., W. Richter (in *Carmina*, Ffm./Hbg. 1964; EC, 86).

LITERATUR: F. Leo, *De H. et Archilocho*, Diss. Göttingen 1900. – M. Schmidt, *Das »Epodenbuch« des H.* (in Philol. Wochenschrift, 52, 1932, Sp. 1005 bis 1010). – B. Kirn, *Zur literarischen Stellung von H.ens Jambenbuch*, Diss. Tübingen 1935. – E. Fraenkel, *Horace*, Oxford 1957 (dt.: *H.*, Darmstadt 1963, S. 29-90). – C. Becker, *Virgils Eklogenbuch* (in Herm, 83, 1955, S. 314-349). – V. Buchheit, *H.ens programmatische Epode (VI)* (in Gymn, 68, 1961, S. 520-526).

SATIRAE (lat.; *Satiren*). Zwei Bücher Satiren in Hexametern von Quintus HORATIUS FLACCUS (65-8 v. Chr.), erschienen um 35 (Buch 1) und 30 v. Chr. (Buch 2). – Die zehn Satiren des ersten Buches gliedern sich deutlich in drei Gruppen. 1-3 behandeln – in der Art der philosophischen Diatribe (vgl. *Diatribai*) – allgemeine Untugenden wie die ewige Unzufriedenheit des Menschen mit seinem Los (1), die gefährlichen Implikationen des Ehebruchs und die diesbezüglichen Vorteile der Freudenmädchen (2), Nörgelei und Krittelsucht (3). 4-6 haben persönlichen Charakter: Horaz als Satiriker (4), Horaz auf einer Reise nach Brindisi in einer Delegation Octavians (5), das Verhältnis des Dichters zu seinem Gönner MAECENAS (6). 7-9 schließlich bringen Anekdotisches: einen »saftigen« Rechtsstreit (7), eine nächtliche »Totenbeschwörung« in den Gärten des Esquilin (8), die Begegnung mit einem aufdringlichen Schwätzer (9). Als Epilog fungiert die zehnte Satire, gleich der vierten eine Besinnung auf Wesen und Kunst der Satire. Im zweiten Buch tritt das dialogische Moment stärker in den Vordergrund. Durch die Einführung fingierter Gesprächspartner wird eine humorvollironische Brechung der Perspektive erzielt. Im ersten Stück geht Horaz nochmals auf die Eigenart der Gattung ein, indem er sich mit den freundschaftlichen Einwänden eines Juristen auseinandersetzt. Im dritten – mit 326 Versen dem weitaus längsten – überrumpelt ihn der ebenso schwatzhafte wie fanatische Stoiker Damasipp mit seiner rigorosen Weisheit. Im vierten vernimmt er die auf die Genüsse von Gaumen und Magen sich beschränkende Lehre des Winkelepikureers Catius. Im fünften gibt der sagenhafte Seher Tiresias dem Ulixes (Odysseus) in der Unterwelt einen kompletten Kursus in Erbschleicherei. Im siebenten wendet der Sklave Davus die Prinzipien der Stoa, verdreht genug, auf die eigene Situation an: Er rechnet seinem Herrn vor, um wieviel glücklicher er im Vergleich zu ihm sei. Den Abschluß bildet eine Farce: Der Komödiendichter Fundanius berichtet von einem Schlemmermahl bei dem Gourmand Nasidenius, bei dem der Stoffbaldachin über dem Tisch herabgefallen sei und all die erlesenen und kostbar zubereiteten Speisen unter schwarzem Staub begraben habe. Einen anderen Ton schlagen die Satiren 2 und 6 an. In der einen wird am Beispiel des Ofellus ein Muster bäuerlicher Einfachheit und Genügsamkeit vorgestellt, in der anderen schildert Horaz das stille Glück, das er in seinem »Sabinum«, dem von Maecenas gestifteten Landgut, genießt; den Unterschied zu dem früheren aufreibenden Leben in der Stadt unterstreicht er mit der Fabel von der Feldmaus und der Stadtmaus. – Im Aufbau dieses Buches läßt sich eine Anordnung der Satiren in zwei parallelen Reihen erkennen (jeweils 2 und 6, 3 und 7, 4 und 8 zeigen thematische Entsprechungen). Daneben existiert aber – mehr als beim ersten Buch – ein kompliziertes Geflecht von Verknüpfungen und Querbeziehungen, die erst zusammen die kompositorische Einheit des Buches herstellen. So wirkt etwa die dritte Satire als Vexierbild der zweiten (das muntere Beispiel des Ofellus verkehrt sich im Munde des Pseudophilosophen zum Bild eines lebensfeindlichen Popanzes) und die siebente als Vexierbild der sechsten (der vorlaute Sklave demaskiert die etwas pharisäerhafte Selbstbeweihräucherung seines Herrn).

Solche Spiegelungen erweisen sich – wie die Dialogisierung – als ein Kunstmittel der Ironie, das der Entlarvung der Parteilichkeit ebenso dient wie der Vermeidung sträflicher Einseitigkeit. Denn Horaz geht es in diesen Satiren immer um die ganze Wahrheit, die sich freilich nicht einfach aussprechen, sondern nur von außen her eingrenzen läßt. Der freie Humor kommt dem entgegen: »*Ridentem dicere verum*« – »*Mit Lachen die Wahrheit zu sagen*« (1, 1, 24), lautet eine klassisch gewordene Formel. Es sind keine weltbewegenden Inhalte, weder politische Attacken noch eingreifende Kontroversen, weder Gesellschaftskritik noch Moralpredigten, die er dem Publikum vorträgt: statt dessen die kleinen, mitunter sogar liebenswerten Schwächen und Spleens der Menschen, ausschließlich Themen aus der privaten Sphäre, der Geselligkeit und der Literatur. Eine Handvoll stereotyper Figuren vertritt dabei viele andere: der Schlemmer Nomentanus, der Schnulzensänger Tigellius, die »Hexe« Canidia, der Stoiker Crispinus, der unreinliche Gargonius, der Schwulstdichter Furius, der Emporkömmling Novius. Sich selbst, den »*närrischen Verseschmied*«, den inkonsequenten und manchmal trägen Genußmenschen, nimmt Horaz dabei nicht aus. Gerade die Selbstironie ist, als Merkmal einer stabilen, in sich ruhenden Persönlichkeit, ein wesentliches Kennzeichen seines satirischen Humors.

Dieses allen Extremen feindliche Einhalten der Mitte gehört zum Wesen der Horazschen *humani-*

tas: Als Prinzip des »Lebens und Lebenlassens«, als Schlüssel sowohl zum eigenen Wohlbefinden als auch zum bestmöglichen sozialen Nebeneinander hat sie sich seither in jahrhundertelanger Tradition zu einer eigenen Lebensform verselbständigt (WIELANDS kongeniale Übersetzung der *Satiren* ist eines ihrer beredtesten Zeugnisse). Sprachlicher Ausdruck dieser Humanität ist jener unnachahmliche *sermo urbanus*, jener zum Teil in der Neuen Komödie der Griechen vorgebildete, gleichermaßen elegante wie natürliche Plauderstil, ein gebildeter Umgangston, der aufnahmebereit ist für alles Ironische, Parodistische, und jene »*gut römische*« Derbheit, die hier freilich ohne schockierende Schärfe ist. Mit der sprachlichen Leichtigkeit geht eine erstaunliche formale Sicherheit einher. Die ohne größere metrische Lizenzen auskommende Leichtigkeit und die Prägnanz der Formulierungen *(brevitas)* prägen den Charakter dieser Kunst; mit berechtigtem Stolz distanziert sich Horaz von der mechanischen Vielschreiberei seines Vorgängers LUCILIUS. Formal hat Horaz der Gattung der Satire neue Wege gebahnt, indem er einige Grundformen der kurzen Verssatire schuf, die für alle Zeit Gültigkeit behielten, wie etwa das Reisetagebuch (1,5), den allegorischen Speisezettel (2,4) oder den ironischen Leitfaden (2,5). Allerdings geht auch auf seine Rechnung, daß der Satire auf lange Zeit die politische Dimension entzogen blieb – man vergleiche nur das unpolitisch sittenrichterliche Pathos seiner Nachfolger PERSIUS und JUVENAL. R. M.

AUSGABEN: o. O. u. J. [Mailand oder Venedig ca. 1470-1473; Gesamtausg. d. Werke]. – Oxford ²1912 (in *Opera*, Hg. E. C. Wickham u. H. W. Garrod; Nachdr. zul. 1967). – Ldn./Cambridge (Mass.) 1926 (in *Horace*; m. engl. Übers.; Loeb; mehrere Nachdr.). – Bln. ⁶1957 (in *Werke*, Hg. A. Kießling u. R. Heinze, Bd. 2; m. Erkl.; Nachw. E. Burck). – Lpzg. ³1959 (in *Opera*, Hg. F. Klingner). – Paris ⁶1962, Hg. F. Villeneuve [m. frz. Übers.]. – Mchn. 1964 (in *SW*, Hg. H. Färber; lat.-dt.).

ÜBERSETZUNGEN: *Satyren*, Ch. M. Wieland, 2 Bde., Lpzg. 1786; ²1794. – *Satiren u. Episteln*, H. Conrad, 2 Bde., Mchn./Lpzg. 1911 [n. d. Übers. v. Ch. M. Wieland]. – *Die Satiren u. Briefe*, H. Färber u. W. Schöne, Mchn. ²1953 (lat.-dt.; ern. 1964). – In R. A. Schröder, *SW*, Bd. 5, Ffm./Bln. 1952. – *Satiren u. Briefe*, R. Helm, Zürich 1962 [m. Einl.].

LITERATUR: R. Heinze, *Vom Geist des Römertums*, Lpzg. 1938, S. 236-254. – H. Hommel, *H. Der Mensch u. das Werk*, Heidelberg 1950. – H. Herter, *Zur ersten Satire des H.* (in RhMus, 94, 1951, S. 1-42). – N. O. Nilsson, *Metrische Stildifferenzen in den »Satiren« des H.*, Uppsala 1952. – E. Fraenkel, *Horace*, Oxford 1957 (dt.: *Horaz*, Darmstadt 1963). – D. Armstrong, *Horace, Satires, I, 1-3. A Structural Study* (in Arion, 3, 1962, S. 86-96). – K. Büchner, *Studien zur römischen Literatur*, Bd. 3: *H.*, Wiesbaden 1962. – W. Wimmel, *Zur Form der horazischen Diatribensatire*, Ffm. 1962. – W. Monecke, *Wieland u. H.*, Köln/Graz 1964. – A. L. Motto, *Stoic Elements in the »Satires« of Horace* (in *Classical, Mediaeval and Renaissance Studies in Honor of B. L. Ullman*, Hg. Ch. Henderson Jr., Bd. 1, Rom 1964, S. 133-141). – E. Pasoli, *Spunti di critica letteraria nella satira oraziana* (in Convivium, 32, 1964, S. 449-478). – E. de Saint-Denis, *L'humour dans les »Satires« d'Horace* (in RPh, 38, 1964, S. 24-35). – N. Rudd, *The »Satires« of Horace. A Study*, Cambridge 1966. – R. Schroeter, *H.' Sat. I, 7 u. die antike Eposparodie* (in Poetica, 1, 1967, S. 8-23; m. Text, Übers. u. Komm.).

Kaiser AUGUSTUS
(Gaius Iulius Imperator Caesar Augustus, 63 v. Chr.–14 n. Chr.)

MONUMENTUM ANCYRANUM (lat.; *Denkmal aus Ankara*). Lebensbericht des Kaisers AUGUSTUS (Gaius Iulius Imperator Caesar Augustus, 63 v.Chr. bis 14 n. Chr.). – Der heutige Titel wurde nach dem Fundort des besterhaltenen Exemplars gewählt; der ursprüngliche Titel mag *Index rerum gestarum* oder ähnlich gelautet haben. In der erhaltenen Version heißt er, von zweiter Hand hinzugefügt, *Rerum gestarum divi Augusti, quibus orbem terrarum imperio populi Romani subiecit, et impensarum, quas in rem publicam populumque Romanum fecit, incisarum in duabus aheneis pilis, quae sunt Romae positae, exemplar subiectum (Abschrift der Taten des göttlichen Augustus, durch die er den Erdkreis der Herrschaft des römischen Volkes unterworfen, und der Aufwendungen, die er für das römische Gemeinwesen und Volk gemacht hat, wie sie auf den zwei ehernen Säulen verzeichnet wurden, die in Rom aufgestellt sind)*. Dieser Bericht, in lateinischer Originalfassung und griechischer Übersetzung mehrfach inschriftlich überliefert – neben Ankara (ehemaliger Tempel der Roma und des Augustus) im galatischen Apollonia und in Antiocheia in Pisidien (hier nur lateinisch) –, gehört formal in die Nähe der altorientalischen Königsinschriften, genetisch zur Gattung der Autobiographie. Die Schlußredaktion, der ohne Frage mehrere frühere Fassungen vorausgingen, stammt aus den letzten Lebenstagen des Princeps. Sechsundsiebzigjährig, als er bereits zum 37. Male das Tribunat angetreten hatte – das war am 27. Juni des Jahres 14 –, schrieb er, nach seinen eigenen Worten, dieses »Testament« nieder, das Rechenschaft und Apologie, Bekenntnis und Vermächtnis zugleich sein sollte; am 19. August ist er gestorben. Er selbst hatte, wie SUETON in seinen *Kaiserbiographien (De vita Caesarum)* erzählt, den Bericht dazu bestimmt, auf zwei ehernen Säulen vor seinem Grabmal aufgestellt zu werden (*Augustus*, 101).

In Stil und Sprache sind die *Res gestae* ein beredtes Zeugnis für das nüchtern-kühle Selbstbewußtsein ihres Autors. Ihre besondere Wirkung erreichen sie durch knappste Sachlichkeit, die dem Inhalt der Worte um so stärkeres Gewicht verleiht. Auf das Wesentliche reduziert zeigt sich auch die Gliederung. Den Ämtern und Ehren, die ihm zuteil wurden (1-14), folgen die Schenkungen, Spenden und Wohltaten, die er Staat und Bürgern zuteil werden ließ (15-24); erst an dritter Stelle stehen die eigentlichen militärisch-politischen Taten (25-33); der Schluß (34-35) führt zum ersten Teil zurück, umreißt nochmals die Summe seines öffentlichen Wirkens und setzt den Akzent, unter dem Augustus sein Leben sieht: »*Nach dieser Zeit war ich an Ansehen (auctoritas) allen überlegen, an Macht (potestas) aber besaß ich nicht mehr als die anderen, die meine Amtskollegen waren. Als ich zum dreizehnten Male das Konsulat bekleidete, verliehen mir der Senat und der Ritterstand und das ganze römische Volk den Titel ›Vater des Vaterlandes‹ (pater patriae).*« Als Gleicher unter Gleichen, als erster *(princeps)* unter freien Bürgern will er sich gewürdigt sehen – und dieser Tenor macht die Inschrift, neben ihrer historischen und politischen Bedeutung, zugleich auch zu einem Beispiel menschlicher Größe: zu einem seltenen Dokument der Einheit von Stolz und Bescheidenheit. E. Sch.

AUSGABEN: Paris 1862.(in *Exploration archéologique de la Galatie et de Bithynie,* Hg. G. Perrot u. E. Guillaume). – Bln. ²1883 *(Res gestae divi Augusti,* Hg. Th. Mommsen; m. Komm.). – Lpzg. 1927 *(Monumentum Antiochenum,* Hg. W. M. Ramsay u. A. v. Premerstein; m. Komm.; Klio, Beih. 19). – Lpzg. 1928, Hg. M. Gottschald. – Rom 1937 *(Res gestae divi Augusti,* Hg. C. Barini). – Paris ²1950 *(Res gestae divi Augusti,* Hg. J. Gagé; m. Komm.). – Bln. ²1964 *(Res gestae divi Augusti. Das Monumentum Ancyranum,* Hg. H. Volkmann; m. Komm.). – Turin ⁴1967 *(Index rerum gestarum,* in *Operum fragmenta,* Hg. H. Malcovati; m. Bibliogr.).

ÜBERSETZUNGEN: *Die Thaten des Kaisers Augustus von ihm selbst erzählt,* K. Willing, Halle 1897; Bln. ²1924. – *Der Tatenbericht des Kaisers Augustus,* M. Schuster, Wien 1940. – *Augustus. Meine Taten,* F. Gottanka, Mchn. 1943.

LITERATUR: F. Gottanka, *Suetons Verhältnis zu der Denkschrift des A.,* Diss. Mchn. 1904. – M. Gelzer, *Meister der Politik,* Stg. 1922, S. 119ff. – U. Wilcken, *Zu den Impensae der »Res gestae divi Augusti«* (in SPAW, 1931, S. 772–785). – Schanz-Hosius, 2, S. 14–17. – E. Staedler, *Über Rechtsnatur u. Rechtsinhalt der Augusteischen Regesten* (in Zs. d. Savigny-Stiftung f. Rechtsgeschichte, 61, 1941, S. 77–122; 64, 1944, S. 368–370). – M. A. Levi, *La composizione delle »Res Gestae Divi Augusti«* (in Rivista di Filologia Classica, 25, 1947, S. 189–210). – A. M. Lauton, *Zur Sprache des A. im »Monumentum Ancyranum«* (in WSt, 64, 1949, S. 107–123). – G. Misch, *Geschichte der Autobiographie,* Bd. 1, Ffm. ³1949, S. 282–298. – H. Steinmeyer, *Entwicklungslinien u. Tendenzen im »Monumentum Ancyranum«* (in Der altsprachliche Unterricht, 5/5, 1962, S. 84–93).

ANONYM

ACTA PRINCIPIS (lat.; *Akten des Kaisers*). Sie stellen gewissermaßen eine Weiterentwicklung und Ergänzung der römischen *acta senatus* dar. Man versteht darunter das Gesamtcorpus der kaiserlichautoritativen Willensäußerung, der *constitutiones,* natürlich mit Ausnahme der nur mittelbar durch den *princeps* konstituierten Regelungen (wie z. B. auf seinen Wunsch getroffene Senatsbeschlüsse). Alle in seiner Eigenschaft als Magistrat vom Kaiser verfügten Entscheidungen, Erlasse usw., sogar sein öffentlicher Briefwechsel, hatten durch offizielles Protokoll Gesetzeskraft und waren Gegenstand des Amtseides der Beamten. Allerdings konnten die *acta* eines Herrschers vom Senat für ungültig erklärt werden (etwa bei seiner Absetzung oder nach seinem Tod); eine solche *recissio actorum* setzte Claudius (reg. 41–54 n. Chr.) gegen seinen Vorgänger Caligula (37–41) durch; desgleichen wurden die *acta* Neros (54–68) für ungültig erklärt, hier sogar verbunden mit einer *damnatio memoriae.*

Der Ursprung der *acta principis* reicht in die Jahre von Caesars Alleinherrschaft zurück: da nach seiner Ermordung die Rechtlichkeit seiner Anordnungen teilweise bestritten und ihre Aufhebung verlangt wurde, ließ M. Antonius durch den berühmten Senatsbeschluß vom 17. März 44 v. Chr. alle Verfügungen Caesars sanktionieren, ja, er setzte sogar durch, daß auch Caesars Pläne, die in seinen Journalen erst skizziert waren, einzeln als gültig anerkannt wurden. Als knapp ein Jahr später diese manipulierten Gesetze zusammen mit den *acta Antonii* annulliert wurden, blieben die *acta Caesaris* doch unangetastet: sie waren das Fundament des Augusteischen Prinzipats, so wie ihrerseits die *acta* des Augustus sozusagen zum »*Grundgesetz der römischen Monarchie*« wurden (Kubitschek). E. Sch.

LITERATUR: J. W. Kubitschek, Art., »*Acta*« *(6)* (in RE, 1/1, 1893, Sp. 295–298). – M. Fuhrmann, *Acta* (in *Der kleine Pauly,* 1, Stg. 1964, Sp. 55f.).

STRABON aus Amaseia
(um 64/63 v.Chr.–23/24 n.Chr.)

GEŌGRAPHIKA (griech.; *Geographiebücher*). Neben den verlorenen *Hypomnēmata historika (Historische Denkwürdigkeiten)* Hauptwerk des STRABON aus Amaseia (um 64/63 v. Chr. – 19 und 23/24 n. Chr.), entstanden wahrscheinlich zwischen 7 v. Chr. und dem Tod des Autors. – Das treffendste Gesamturteil über diese siebzehn, ursprünglich wohl mit Karten geschmückten Bücher stammt von W. SCHMID: »*Strabon kam erst spät zu allgemeiner Anerkennung; den Byzantinern gilt er als der Geograph kat'exochēn, aber sein Werk bezeichnet, so vieles Wertvolle es enthält, doch eine Etappe in dem Niedergang der wissenschaftlichen Geographie von Eratosthenes bis Ptolemaios.*«

Um dieses Urteil zu verstehen, muß man die Grundeinstellung des weitgereisten und belesenen Autors kennen: er war aus Überzeugung Stoiker und ein eifriger Adept des POSEIDONIOS, und so mischte sich seine Weltgewandtheit und Bildung allenthalben mit der stoischen (und folglich unkritisch-verschwommenen) Begeisterung für das Universale. Schon die Eingangsworte der *Geographie* belehren den Leser: »*Sache der Philosophie, glauben wir, sei, wenn überhaupt irgendeine, dann die Wissenschaft der Geographie, die wir hier zu betrachten uns vorgenommen haben.*«»*Sache der Philosophie*«– zwei Gründe vor allem scheinen dem Strabon diesen Aspekt zu empfehlen: einmal, daß seine großen Vorgänger stets mehr oder weniger Philosophen waren (HOMER, ANAXIMANDER, HEKATAIOS, DEMOKRIT, EUDOXOS, DIKAIARCH, ERATOSTHENES, POLYBIOS, POSEIDONIOS); andererseits die Tatsache, daß »*umfassendes Wissen – wodurch allein ein Werk wie das vorliegende durchgeführt werden kann – nur ein Mann besitzt, der das Göttliche und das Menschliche ins Auge faßt: und die Kenntnis hiervon heißt ja nun Philosophie*«. Diese an sich ungefährliche Tendenz wirkt sich bei Strabon freilich fatal aus, da sich in ihm mit der stoischen Antipathie gegen alles nur Rational-Vernünftige eine wissenschaftlich-methodischem Denken abgeneigte Veranlagung paart (sein Tadel trifft nicht nur Männer wie Eratosthenes, sondern gelegentlich sogar Poseidonios selbst). In den ersten zwei Büchern, einem für uns unschätzbaren Abriß der Geschichte der Geographie, zeigt sich das besonders in der Nonchalance, mit der er die methodische Fundierung der geographischen Forschung auf astronomische Beobachtungen und mathematische Berechnungen zur Seite schiebt: an die Stelle einer geometrisch und physikalisch exakten Erdkunde tritt bei ihm unterhaltsam bildende Erdbeschreibung.

Die Darstellung Strabons folgt dem Schema, das schon Hekataios gewählt hatte: einer im Westen beginnenden Fahrt ums Mittelmeer (der eine um dieses Zentrum gelagerte Landblock, die *oikumenē*, ist für Strabon wie für die ganze Antike rings vom Ozean umflossen). So behandeln Buch 3 Spanien usw., Buch 4 Gallien, Britannien usw., Buch 5 und 6 Italien und Sizilien, das Stammland des Römischen Reiches, Buch 7 den Norden und Nordosten Europas samt Balkan (soweit damals bekannt), Buch 8–10 Griechenland, Buch 11 Schwarzes und Kaspisches Meer, Armenien usw., Buch 12–14 Kleinasien, Buch 15 Indien und Persien, Buch 16 Vorderasien und Arabien, Buch 17 Ägypten und das übrige Nordafrika. Natürlich muß auch ein weitgereister Mann wie Strabon auf großen Strecken den Berichten früherer Geographen vertrauen: über Griechenland informierte ihn APOLLODOR, über Asien die Reiseschriftsteller Alexanders des Großen; Polybios und Poseidonios lieferten Stoff für Spanien und Gallien; dazu kommt eine stattliche Zahl wenig bekannter Historiker, Kriegschronisten und Geographen; durchgängig Hauptzeugen sind – neben Eratosthenes und dessen um 100 v. Chr. lebendem Gegner ARTEMIDOROS aus Ephesos – Apollodor, Polybios und Poseidonios.

Daß sich unter Strabons Vorbildern und Gewährsleuten viele Historiker befinden, weist auf eine weitere Eigenart des Werks, die zugleich einen der wenigen großen Vorzüge dieses Buches ausmacht: von seinem philosophischen Ansatz her versteht der Autor die gesamte Geographie nur als Dokument zur Geschichte des Menschen. Das bedeutet, daß ihm seine Darstellung wie von selbst zu einer politischen und kulturellen Geographie gerät – das geschichtliche und das geistige Werden eines Ortes, die formenden Gestalten seiner Götter, Feldherrn, Künstler und Wissenschaftler sind entscheidend. Dies verleiht dem Werk immerhin charakteristisches Profil, und man bedauert, daß manches verlorenging und daß es gegen Ende offensichtlich nicht vollständig ausgearbeitet ist. E. Sch.

AUSGABEN: Rom ca. 1471 (*Geographia*; nur lat. Übers. v. Guarinus Veronensis [Buch 1–10] u. Gregorius Triphernius [Buch 11–17]). – Venedig 1516 *(Peri geōgraphias)*. – Bln. 1844–1852 (*Geographica*, Hg. G. Kramer, 3 Bde.). – Ldn./NY 1917–1932 (*The Geography of S*., Hg. H. L. Jones u. J. R. S. Sterrett, 8 Bde.; m. engl. Übers.; Loeb; mehrere Nachdr.). – Rom 1963 (*Geographica*, Hg. F. Sbordone, Bd. 1; enth. Buch 1–2).

ÜBERSETZUNGEN: *Des Strabo, eines alten stoischen Weltweisen, aus der Stadt Amasia gebürtig, allgemeine Erdbeschreibung*, A. J. Prenzel, 4 Bde., Lemgo 1775–1777. – *Strabos Erdbeschreibung*, A. Forbiger, 2 Bde., Stg. 1856–1862 u. ö.

LITERATUR: E. Stemplinger, *S.s literaturhistorische Notizen*, Mchn. 1894. – F. Kähler, *S.s Bedeutung für die moderne Geographie*, Progr. Halle 1900. – H. Berger, *Geschichte d. wissenschaftlichen Erdkunde der Griechen*, Lpzg. ²1903, S. 533–550. – W. Aly, Art. *S. (3)* (in RE, 4A/1, 1931, Sp. 76 bis 155; m. Bibliogr.). – Ders., *De Strabonis codice rescripto*, Vatikanstadt 1956. – Ders., *Untersuchungen über Text, Aufbau u. Quellen der »Geographika«*, Bonn 1957 (Bd. 4 der geplanten Ausg. u. Übers.; Antiquitas, 1/5). – E. H. Bunbury u. W. H. Stahl, *A History of Ancient Geography*, Bd. 2, NY ²1959, S. 209–337. – A. H. Tozer, *A History of Ancient Geography*, NY ²1964, S. 238 bis 260 [m. Erg. v. M. Cary].

Titus LIVIUS
(59 v.Chr.–17 n.Chr.)

AB URBE CONDITA LIBRI (lat.; *Vom Ursprung der Stadt an*). Monumentales, einst 142 Bücher umfassendes Geschichtswerk des Titus LIVIUS (59 v.Chr. bis 17 n. Chr.), heute zum größten Teil verloren. Erhalten sind – mit Lücken – nur die Bücher 1–10 und 21–45, dazu einige Fragmente, z. T. auf Papyrus, Extrakte (die *Prodigien*-Sammlung des IULIUS OBSEQUENS aus dem 4. Jh., die Konsulatsliste in CASSIODORS *Chronica*) und die bis auf Buch 136 und 137 kompletten *Periochae* (ein knapper paraphrastischer Abriß des Gesamtwerks). So ist immerhin die Möglichkeit gegeben, Konturen und Plan des Ganzen in der Disposition zu skizzieren. Im ersten Teil komponiert Livius das Geschehen nach Pentaden und Dekaden (was vielleicht zugleich auf die Editionsweise schließen läßt): Buch 1–5 reicht von den Anfängen bis zum Galliersturm auf Rom (386 v.Chr.); die zweite Gruppe, 6–15, schildert die Ausdehnung der römischen Herrschaft auf Mittel- und Süditalien; in 16 setzt der Konflikt mit Karthago ein (ab 264 v. Chr.), zunächst bis Buch 20 unmittelbar an den Zweiten Punischen Krieg heranführend (219 v.Chr.), dem in gerundeter Darstellung die dritte Dekade, 21–30, gewidmet ist (218–201 v.Chr.). Dasselbe Bauprinzip, wenngleich etwas gelockerter, gilt auch noch für die nächsten Epochen: in Buch 40 markiert der Tod Philipps V. von Makedonien (179 v. Chr.) einen äußeren Einschnitt, 41–70 (hier lassen sich innere Gruppierungen aus geschichtlichen Gründen nicht mehr erfassen) endeten beim Ausbruch des Bundesgenossenkriegs (91 v.Chr.), 71–80 schlossen mit dem Tod des Marius (86 v. Chr.), 81–90 mit dem Tod Sullas (78 v. Chr.). Danach erzählte Livius offenbar in freierer Fügung: nach Buch 108 (Ende der Gallierkriege Caesars, 51 v. Chr.) begannen die *Acht Bücher des Bürgerkrieges* (109–116), mit Caesars Ermordung endend (44 v. Chr.), in 133 ist man bei Actium angelangt (31 v. Chr.). Der Rest sollte wohl, als Ziel der römischen Geschichte und abschließender Höhepunkt der Darstellung, die Augusteische Zeit behandeln; allein, der Tod scheint den Autor an der Vollendung seines Lebenswerks gehindert zu haben: wieviel nach Buch 142 (Tod des Drusus, 9 v. Chr.) noch folgen sollte (8, 13 oder 18 Bücher?), bleibt Mutmaßung. An diesem kolossalen Opus hat Livius etwa vom Jahr 26 v. Chr. an kontinuierlich gearbeitet, jährlich drei, vier Bücher schreibend, was sich in den letzten Jahren aber bis zu zehn gesteigert haben muß. Das Ausmaß des Unternehmens, die gigantische Struktur des Plans konnte ein halb naiver, halb idealistischer Phantast zu verwirklichen hoffen: keinesfalls ein Historiker vom Fach. Und in der Tat ist Livius eher alles andere als ein tiefschürfender Geschichtsforscher. Bohrendes Suchen nach dem faktisch Wahrhaftigen, kritisches Analysieren der Überlieferung ist ihm so fremd wie das quälende Ringen eines SALLUST um Hintergründe und letzte Ursachen. Das heißt nicht, daß es ihm an historischer Aufrichtigkeit, am Willen zur Wahrheit gefehlt hätte: TACITUS rühmt nicht ohne Grund seine Eloquenz und Glaubwürdigkeit *(fides)*. Aber es besagt, daß ihm das fachliche Verständnis und, bis zu einem gewissen Grad, das handwerkliche Vermögen abgingen. Dies zeigt sich nicht nur in der – häufig getadelten – Unkenntnis der Militaria und Geographica, dem Mangel an Einsicht und Interesse für Verfassungsgeschichte, Standesentwicklungen und Sozialprobleme, es äußert sich vielmehr vor allem in einem seltsam unbeschwerten Verhältnis zu den Quellen. Zwar sind die Vorlagen des Livius meist verloren, was die ganze Frage zu einem schwierigen Problem macht, aber daß er in keiner Weise auf Originalquellen wie Archive, Urkunden usw. zurückgriff, scheint sicher: Livius stützte sich durchaus auf die vorhandene historiographische Literatur, freilich nicht auf ihre Gesamtheit, sondern auf eine mehr oder minder zufällige, also unkritische Auswahl. Auch scheint Livius nur aufs allergröbste versucht zu haben, Diskrepanzen der Berichte, Ansichten und Perspektiven relativierend zu würdigen oder auszugleichen. Polemik und Diskussion problematischer Traditionsverhältnisse zeigt sich allenfalls in Ansätzen.

Daß es Livius allerdings gar nicht auf historische Analyse der Faktizität ankam, wird dort deutlich, wo sich noch der Vergleich zu Vorläufern und Vorlagen herstellen läßt: nicht die Erkundung ist wichtig, sondern einzig die Darstellung; nicht das Historische, sondern das Literarische ist der gewisse Maßstab, mit dem der Autor bewertet sein will. Hier, in der Neugestaltung eines bereits behandelten – aber eben, wie Livius implizit spürbar macht, nicht angemessen behandelten – Stoffs, liegt seine Eigenart. Tendenzen und Ziel der Neuformung verraten so zugleich auch das Wesentliche über die Persönlichkeit des Autors. Durchdrungen vom Bewußtsein der Größe Roms, bedrückt vom inneren Zerfall seiner Zeit, überzeugt von der schicksalhaften Sendung seines Volks zum Wohl der Menschheit, schildert er das unaufhaltsame Werden des Imperiums als eine Entfaltung und Erfüllung mitgegebener Anlagen und Verpflichtungen. Das mag heute als eine Schilderung »erlogener Römergröße« wirken, wie WILAMOWITZ spitz formulierte, ist aber wohl eher als Verherrlichung einer idealen, verklärten, erträumten Vorbildhaftigkeit zu umschreiben: es ist eine geläuterte Geschichte, die Livius vorführt, getragen von in jeder Hinsicht großen Persönlichkeiten, nicht ausgerichtet auf enzyklopädische Realistik, sondern auf das Exemplarische, auf Moralität, ja auf das Menschlich-Gemessene, auf Kultur und *humanitas* schlechthin, gültig verkörpert im Wesen des Römers. So wird Livius, der vertraute Freund des Augustus, in der Prosa zu dem, was VERGIL in der Poesie ist: Verkünder der Augusteischen Ideale, Propagandist der Augusteischen Erneuerung. Aus diesen Wurzeln ist auch die schriftstellerische Individualität des Livius zu verstehen: die bis ins einzelne durchgebildete Sprache, die breit schwingende Periodik seiner Syntax, die dramatische Plastizität seiner Schilderungen, die vielen zur Charakteristik der Gestalten, Parteien, Völker eingeschalteten Reden (von denen nur die wenigsten im Kern **A**uthentizität beanspruchen dürfen) – dies alles dient dazu, dem Stoff Anschaulichkeit zu geben, ihn mit jener Faszination zu begaben, die auf das Publikum interessant, erbaulich und überzeugend zugleich wirken mußte.

Livius hat sein Ziel erreicht. Schon zu Lebzeiten grenzte sein Ruf ans Legendäre, und für die Nachwelt wurde er zum Klassiker der republikanischen Geschichte Roms: nicht nur den römischen und griechischen Historikern, sondern ebenso den Dichtern, wie LUCANUS und SILIUS ITALICUS bekunden. Schon bald nach Erscheinen des Werks wurden Kurzfassungen und Auszüge hergestellt (bereits MARTIAL spricht davon), die ihrerseits wieder ungeheure Verbreitung erlangten und weithin sogar das voluminöse Original verdrängten. Während sein Werk so bis zum Ende des Altertums in mannigfacher Form vertraut blieb (AVIENUS verfertigte sogar eine jambische Fassung), wurde es im Mittelalter etwas stiller um den Autor. Im 13. Jh. beginnt eine große Livius-Renaissance: DANTE rühmt ihn überschwenglich, Cola di Rienzi und PETRARCA sind unter seinen Bewunderern, MACHIAVELLI schreibt *Discorsi* über ihn. Die kritische Reaktion seitens der Historik setzte erst im vergangenen Jahrhundert ein, und ihre Methoden und Erkenntnisse prägen auch noch das heutige Livius-Bild. E. Sch.

AUSGABEN: Rom 1469 *(Historia Romana)*. – Basel 1531, Hg. Grynaeus. – Bln. [2-9]1873–1911, Hg. W. Weissenborn u. H. J. Müller, 10 Bde. [m. Erl.; viele Neuaufl., zul. 1962 ff.]. – Stg. [2]1959 *(Periochae, fragmenta Oxyrhynchi reperta, Iulii Obsequentis prodigiorum liber*, Hg. O. Rossbach). – Oxford 1914 bis 1935, Hg. C. F. Walters, R. S. Conway, S. K. Johnson, 4 Bde. [enth. Buch 1–10; 21–30; zuletzt 1960/61]. – Paris 1946–1954 *(Histoire romaine*, Hg. J. Bayet, 5 Bde.; m. frz. Übers. v. G. Baillet; enth. Buch 1–5).

ÜBERSETZUNGEN: *Römische Historie*, B. Schöfferlin u. J. Wittig, Mainz 1505 [Ausz.]. – *Römische Geschichte*, K. Heusinger u. O. Güthling, 4 Bde., Lpzg. [2]1925–1928. – Dass., F. D. Gerlach, 5 Bde., Stg. 1856–1873 [Die Buch 45].

LITERATUR: H. Bornecque, *Tite Live*, Paris 1933. – E. Burck, *D. Erzählkunst d. T. L.*, Bln. 1934. – F. Hellmann, *Liviusinterpretationen*, Bln. 1939. – A. Klotz, *L. u. seine Vorgänger*, Bln./Lpzg. 1940. – H. Hoch, *D. Darstellung d. polit. Sendung Roms bei L.*, Ffm. 1951. – P. G. Walsh, *L. His Historical Aims and Methods*, Cambridge 1961. – F. Klingner, *L.* (in F. K., *Römische Geisteswelt*, Mchn. [4]1961).

ALBIUS TIBULLUS
(um 55–19 v. Chr.)

ELEGIARUM LIBRI IV (lat.; *Vier Bücher Elegien*). Sammlung von 36 Gedichten in elegischen Distichen von ALBIUS TIBULLUS (um 55–19 v. Chr.), entstanden vom Jahr 30 v. Chr. an. – Was als *Corpus Tibullianum* auf uns kam, ist wahrscheinlich nur zur guten Hälfte aus Tibulls eigener Feder. Man nimmt vielmehr einen Schüler- und Freundeskreis um Tibull und seinen Freund und Gönner MESSALLA CORVINUS an, zu dem LYGDAMUS (geb. 43 v. Chr.), der sich als Verfasser des dritten Buches zu erkennen gibt (auch OVID erwähnt ihn gelegentlich), ebenso gehört haben dürfte wie Messallas Nichte SULPICIA, der man den *Liederkranz Sulpicias* (im vierten Buch) zuschreibt, einen Zyklus von sechs

Kurzepisteln nach Art der Catullschen Epigramme. Auch der unbekannte Autor des breitangelegten Messalla-Panegyrikos (4, 1), dessen Versmaß und oftmals plumpe Übertreibungen zu Tibull nicht recht passen wollen, wird in jenem Kreis zu suchen sein. Tibull selbst, in jungen Jahren, fast gleichzeitig mit VERGIL, gestorben, hat vermutlich nur das erste Buch (um 27/26 v. Chr.) publiziert, während die vorliegende Sammlung wohl auf eine postume Edition zurückgeht. Dennoch behandeln die Ausgaben das überlieferte *Corpus* stets als eine Einheit, da sich die verschiedenen Teile doch nicht restlos und klar trennen lassen und die Dichter trotz erkennbarer Qualitätsunterschiede nach Milieu, Sprache und Stil nur wenig voneinander abweichen.

Es ist charakteristisch für das Werk Tibulls, des nach CATULL, GALLUS und PROPERZ vierten Meisters der römischen Liebeselegie, daß es nicht mehr *eine* große Leidenschaft darstellt. Jedes Buch verbindet sich mit einem anderen Mädchennamen. Im ersten besingt der Dichter die Geliebte Delia (daneben den Knaben Marathus), im zweiten eine Nemesis, im dritten verherrlicht Lygdamus seine Neaera, das vierte (dessen Verfasserschaft umstritten bleibt) handelt von Sulpicias Liebe zu Cerinthus. In allen Büchern jedoch begegnet ein begrenzter, gleichmäßig gegenwärtiger Vorrat an Themen und Motiven, die zwar bereits zum Traditionsgut der Gattung gehören, aber dennoch in der Auswahl für Tibull und seinen Kreis spezifisch sind: der unerbittliche Wächter, die verhaßte Kupplerin, der glückliche oder unglückliche Nebenbuhler, Schändlichkeit der käuflichen Liebe, der Fluch von Geld und Reichtum, Schönheit der Geliebten, die keines Putzes und keiner Schminke bedarf, Ruhe des Landlebens, Sehnsucht nach dem Frieden, Herrlichkeit des Gönners, Träume, Krankheit, eigener Tod und Begräbnis, Feiern und Trinken, Geburtstag. So garantiert eine thematische und motivische Homogenität doch eine gewisse Geschlossenheit der Sammlung: sie bleibt selbst dort gewahrt, wo sich unter die Liebeselegien im engeren Sinn auch andere mischt, wie die Fest- und Trinklieder, der große Friedenspreis (1, 10) oder das berühmte Geburtstagsgedicht auf Messalla (1, 7).

Tibulls Liebe drückt sich anders aus als die unstillbare Leidenschaft eines Properz, anders auch als die heillose Betroffenheit eines Catull: sie erscheint kultiviert, gedämpft, nicht ohne gesellige Akzente, keineswegs oberflächlich, voll warmer Zwischentöne und fein nuancierter Stimmungswerte, auf ein stilles, heiter-genießendes, persönliches Glück zielend. Die Geliebte wird ganz zum Objekt des eigenen Gefühls, ist nicht mehr zugleich Subjekt und Muse wie bei Properz. Die Liebe bekundet sich nicht als Ausbruch, als Auflehnung gegen eine als unbefriedigend erkannte Welt und Gesellschaft, sondern als Flucht in das Schöne. Der Dichter, gleichsam in die Liebe selbst verliebt, spinnt sich ein in eine idyllische Welt kultivierter Empfindungen; der paradiesischen Vorstellung eines Goldenen Zeitalters nachhängend, steht er außerhalb der wirklichen Welt (dies relativiert auch den Wert seines Friedensbekenntnisses).

Einen »*Mann von Gemüt*« nennt ihn HORAZ treffend. Obwohl nach Stil und Haltung an der subjektiven Liebeselegie meist festgehalten wird, obwohl, im Vergleich zu Properz, die mythische Überfrachtung vermieden ist und obwohl bei Tibull mehr als bei den anderen Elegikern die Umwelt des Dichters in die Gedichte Eingang gefunden haben mag, verblaßt doch der »Erlebnischarakter« der Gedichte: es entsteht nicht mehr der Eindruck spontan wiedergegebener, in Konfrontation mit der wirklichen Welt gewonnener Erfahrungen. Die Elegie, von Catull und Properz zur unmittelbaren Ausdrucksform lebendigen Bewußtseins gemacht, nähert sich somit wieder ihrer ursprünglichen, aus dem epischen Hexameter abgeleiteten Form: der lyrischen oder lehrhaften Erzählung. Darin zeichnet sich eine Entwicklung ab, die dann durch Ovid zum Abschluß kommt.

Wenn Tibulls Elegie dennoch »subjektiv« erscheint, so gerade in den der »epischen« Elegie abgewonnenen neuen Ausdrucksbereichen. Der Leidenschaft, mit der sich bei seinen Vorgängern (ähnlich in den dem Tibull-*Corpus* angehängten Gedichten 4, 13 und 14) innere Vorgänge äußern, setzt er das Moment der Gestimmtheit entgegen. Die zarten Valeurs, die behutsamen Abtönungen seiner Liebe werden als Stimmungsqualitäten faßbar gemacht, die sich unmittelbar in der Sprache ausdrücken (F. KLINGNER spricht von einer »*Spontaneität des träumerischen Denkens*«): in einer Sprache, die, wie schon QUINTILIAN hervorhebt, in ihrer schlichten Noblesse und Reinheit, der Ausgewogenheit der Bilder und der Makellosigkeit der Metrik innerhalb der Gattung ohne Beispiel ist.

Das Fortleben des Dichters stand von Anfang an unter dem Zeichen einer Rivalität mit Properz. Und je nachdem, ob eine Zeit mehr das Dynamisch-Kraftvolle oder das Statisch-Empfindende schätzte, neigte man in der Folge mehr dem einen oder dem anderen zu: Horaz bewunderte Tibull; Ovid, die Renaissance und die Dichter des »Göttinger Hains« feierten ihn als eines ihrer Vorbilder.

R. M.

AUSGABEN: Venedig 1472. – Bln. 1829 (*Libri quattuor*, Hg. K. Lachmann). – Lpzg. 1878, Hg. E. Baehrens. – Oxford ²1915 u. ö., Hg. J. P. Postgate. – Lpzg. 1956, Hg. O. Seel. – Bln. 1958 (*Gedichte*, Hg. R. Helm; m. Komm., lat.-dt.). – Mchn. ²1960 (in *Tibull und sein Kreis*, Hg. u. Komm. W. Willige; lat.-dt.). – Zürich/Stg. 1964 (*Properz, T., Liebeselegien*, Hg. G. Luck; lat.-dt.).

ÜBERSETZUNGEN: *Die Durchlauchtige Römerin Delia, worinnen Tibulli und theils Horatii Carmina erklärt wird*, J. M. Periali (d. i. J. Meyer v. Perlenberg), Ffm./Lpzg. 1707. – *Gedichte*, K. F. Reinhardt, Zürich 1783. – *A. T. und Lydgamus*, J. H. Voß, Tübingen 1810. – *Elegien*, W. Binder, Bln. o. J. – Dass., T. Matthias, Lpzg. ²1931 (RUB, 1582). – *Gedichte*, F. W. Lenz, Stg. 1966 (RUB, 1582).

LITERATUR: E. Baehrens, *Tibullische Blätter*, Jena 1876. – M. Schuster, *T.-Studien*, Wien 1930. – E. Cesareo, *L'elegia di Tibullo*, Athen/Rom 1935. – F. Klingner, *T.s Geburtstagsgedicht auf Messalla* (in Eranos, 49, 1951, S. 117–136); auch in F. K., *Studien zur griechischen und römischen Literatur*, Zürich/Stg. 1964, S. 519–534). – F. Solmsen, *T. as an Augustan Poet* (in Herm, 90, 1962, S. 295–325).

Sextus PROPERTIUS
(um 50–15 v. Chr.)

ELEGIARUM LIBRI IV (lat.; *Vier Bücher Elegien*). Sammlung von Liebesgedichten in elegischen Distichen von Sextus PROPERTIUS (um 50–15 v. Chr.), entstanden wohl zwischen 29 und 15 v. Chr. – Das erste Buch der Sammlung ist identisch mit der unter dem Titel *Cynthia* publizierten, noch von MARTIAL gepriesenen *Monobiblos (Einzelbuch)* aus der Jugendzeit des Dichters. Diese ersten 22 Gedichte, ganz von der Leidenschaft für die Geliebte Cynthia getragen, hatten über Nacht den Ruhm des Dichters begründet und ihm den literarischen Kreis um MAECENAS eröffnet. So sind das zweite (rund 40 Gedichte) und dritte Buch (rund 28 Gedichte) bereits vom Bewußtsein der Anerkennung geprägt. Doch den Wunsch des Maecenas, vielleicht auch des Augustus, seine Kunst im Sinne der Augusteischen Rom-Idee dem Epos zuzuwenden, hat der Dichter nicht erfüllt: selbstbewußt und die eigenen Grenzen erkennend, hält er fest an der Gattung der erotischen Elegie, wie sie MIMNERMOS »erfunden«, KALLIMACHOS und PHILETAS in Griechenland sowie CATULL, CORNELIUS GALLUS u. a. in Rom zur Blüte gebracht haben.

Die großen Einleitungs- und Schlußgedichte entwickeln die Geschichte dieser Kunst und stellen sie dem Rang nach neben die Tragödien eines AISCHYLOS, die Panegyrik PINDARS, die Philosophie des SOKRATES, neben das Epos HOMERS und vor allem VERGILS, dessen drei Werke eines besonderen Preises gewürdigt werden (2, 34, 61 ff.). »*Jeder verwende auf die Kunst, die er versteht, seine Zeit!*« (2, 1, 46) Cynthia bleibt Properzens zentrales Thema: die Zeit jedoch, und was in ihr Bedeutendes geschieht, erscheint nur als Kolorit: der Sieg bei Actium (3, 11), die Einweihung des Apollo-Tempels auf dem Palatin (2, 31), die Auflösung der alten Sitten (2, 32), der Tod des Claudius Marcellus (3, 18). Nicht so im vierten Buch, das, offenbar erst postum erschienen, den Nachlaß des früh dahingegangenen Dichters zusammenfaßt. Properz erhebt zwar von neuem den Anspruch eines »römischen Kallimachos« (4, 1, 64), doch hinterläßt hier das Augusteische Kunstprogramm deutlichere Spuren. Um die Mitte des Buches, eine – jetzt homerisch-mythische – Schilderung der Schlacht von Actium (4, 6, »*Des Kaisers Namen will ich besingen*«), gruppieren sich altrömische Ursprungsmythen (4, 2; 4; 9; 10) und Darstellungen altrömisch-vorbildlicher Gattenliebe und -treue (4, 3, Arethusas Liebesbrief an den Gatten im Feld, und 4, 11, die »Königin der Elegien« auf den Tod Cornelias, der Stieftochter des Augustus). Nur insgesamt drei Cynthia-Gedichte sehr verschiedenen Charakters (4, 5; 7; 8) mischen sich darunter.

Nicht weniger als bei Catull war man versucht, aus den Gedichten des Properz eine erlebte, persönliche Liebesgeschichte herauszulesen. Es mag sein, daß – besonders in den früheren Teilen – reale Erlebnisse der Dichter zuweilen mit inspirierten, daß der Libertine Hostia, die APULEIUS erwähnt, dabei eine gewisse Rolle zufällt: erklären lassen sich die Gedichte damit nicht. Die Cynthia-Liebe der Gedichte ist ohne Anfang und Ende (deshalb bedeuten die beiden letzten Gedichte des dritten Buches nicht den endgültigen Bruch, wie man oft glaubt), sie steht außerhalb der Realität – wie Cynthia selbst, deren Gestalt ja keinen festen Umriß gewinnt: sie erscheint einmal treu, einmal falsch, einmal habgierig, einmal innig, immer aber schön und begehrenswert. Wie die Catullsche Lesbia, die Properz als ihre Vorgängerin betrachtet (2, 32, 45; 2, 34, 87 f.), verkörpert sie einen dem Geist der griechischen Hetärenliteratur verpflichteten, unabhängigen, selbstbewußten, geistvollen und musisch veranlagten Frauentypus. So haben die Gedichte keinen unmittelbaren »Gebrauchswert«, sind nicht für die persönliche Werbung bestimmt,

selbst wenn der Dichter des öfteren ihre vorteilhafte Wirkung bei der Geliebten hervorhebt (»*Mit Freuden hab' ich im Schoß des gelehrigen Mädchens gelesen, daß ihr reinliches Ohr mein Gedichte genoß*«, 2, 13, 11 f.). Es ist die Dichtung für ein Lesepublikum; »*sie wahrt nur die Redesituation des konkreten Liebesgedichts ...; daß solche Gedichte ursprünglich an die Geliebte gerichtet sind, daß sie ihr überreicht, zugeschickt, an ihre Tür angeschlagen, ihr vorgelesen oder auch von ihr selbst vorgetragen werden sollten ..., das sind Vorstellungen, an denen auch die für rein literarische Zwecke stilisierte Elegie durchaus festhält*« (M. Rothstein).

Die Gedichte stehen in einer von der gebildeten Schicht der beginnenden Kaiserzeit zunehmend akzeptierten literarischen Tradition, die uns etwa noch greifbar ist in der epigrammatischen Liebesdichtung der Griechen (vgl. z. B. *Anthologia Palatina*). Glück, Eifersucht, Begehren, Haß, Treuegelöbnis, Verwünschung, Flehen, Verzeihen bilden die inneren Motive dieser Dichtung, Trennung und Wiedersehen, Nähe und Ferne, Ertappen und Ertapptwerden, Traum und Erwachen, Bruch und Werbung, Glück und Unglück, Armut und Reichtum, Tod und Leben die äußeren. Properz verfügt über das vorgegebene Material als virtuoser Improvisator. Immer wieder gelingen ihm neue reizvolle Verknüpfungen, neue unerwartete Umschwünge: »*Was sie auch immer getan oder gesprochen, über ein Nichts entsteht mir ein langes Gedicht.*« (2, 1, 15)

Dem motivischen Einfallsreichtum entspricht eine lebendige und geschmeidige, stets scherzhafte Kunstsprache, die vom gehobenen Ton des Pathetikers so entfernt ist wie von der Sprache der Gasse und scheinbar mühelos dem metrischen Schema gehorcht. Sie ist nicht minuziös und explosiv, aber auch nicht beißend und mitunter böse wie die Sprache Catulls, sie erlaubt dem Dichter manch überraschende Nuance, manch witzigen Wechsel in Wortbedeutungen, auch manche warmherzig-tiefe Formulierung; denn über alle virtuose Kunstübung hinaus erweist sich Properz als feiner Beobachter der versteckten Reaktionen der menschlichen Psyche. Die in diesen Gedichten hervortretende Liebenswürdigkeit des Liebens, der natürlichen, nie obszönen Offenheit des Intimen, des verhaltenen, nicht ohne Selbstironie preisgegebenen Wissens um Glanz und Düsternis der privaten Sphäre war es, die ihm die unvergleichliche Begeisterung und Anhänglichkeit eines Volkes einbrachte, welches allmählich eines Staates müde geworden war, dessen absolute Organisation durch Jahrhunderte den Raum des Persönlichen absorbiert hatte. Die vielen Gedichte, die wir noch in Pompeji an die Wände gekritzelt finden, geben uns einen Begriff davon, was dies heißt: »*Da man rund um das Forum deine ›Cynthia‹ liest*« (2, 24, 2). Dieser Erfolg mag auch daran liegen, daß Properz dem von Catull entwickelten Verfahren lyrischer Bewußtseinsgestaltung einen neuen, für die Zeit verheißungsvollen Sinn abgewinnt. Wie bei Catull spiegelt sich in ›liebendes‹ Ich in einem aus ihm selbst projizierten Gegenüber, der »Geliebten«, und stellt so sich selbst dar. Cynthia »*ist Anfang und Ende*« (1, 12, 20) des Bewußtseins, dem sie angehört, sie fungiert zugleich als Geliebte und Muse. Doch die dialektische Verflechtung von Liebe und Dichtung, als Inbegriff und Folge einer »*wesenhaft unerfüllbaren Liebe*« (Klingner), dient hier nicht zu lyrischer Bewußtseinsdichtung wie bei Catull. Properz – weit verhaltener, fabulierender und gleichförmiger – macht sie vielmehr, indem er den Aspekt des absoluten »Dienstes« hervorhebt, zum lyrischen Ausdruck eines neuen Menschenbildes, das allein die Bindung an das eigene Gefühl anerkennt. Liebe ist eine unbedingte, jeder *medicina*, d. h. rationalen Erfassung, unzugängliche Äußerung des menschlichen Inneren, geheime Quelle eines kurzen, aber umfassenden Glücks, ja die Lebenskraft schlechthin (»*mea vita*«, »*mein Leben*«, steht synonym für Cynthia). In der Liebe zur Frau (die Knabenliebe bleibt bei Properz außer Betracht) findet der Mann sich selbst, das Bewußtsein seiner zwischen Leben und Tod gespannten Existenz. Unter diesem Aspekt muß das dichte Gewebe von Lebens- und Todesmotiven verstanden werden, das die Sammlung geradezu strukturierend durchzieht, und ebenso jene mythologische Weitläufigkeit, die hinter Cynthia in Venus, Helena und den Göttergeliebten das Urmodell der »*puella divina*«, des »göttlichen Mädchens«, aufrichtet.

An die Stelle unmittelbarer, spontaner Selbsterfahrung tritt also bei Properz eine Verbindlichkeit auf Grund »weltanschaulicher« Verfestigung der Gattung. Dennoch gerät seine poetische Welt nicht wie die TIBULLS in die Nähe der Idylle. Durchpulst vom unruhigen Rhythmus der Großstadt und voller Bezüge zur politischen Situation, enthüllt sie mehr und mehr ein ganz unmittelbares humanes Programm. Mit aller Deutlichkeit tritt dies in dem nachdrücklichen Bekenntnis zum Frieden hervor. Wiewohl aus dem Motivkreis der Gattung und mit der »poetischen« Vorstellung eines Goldenen Zeitalters verbunden, ist es bei Properz doch stärker auf die politische Realität gerichtet: »*Amor ist der Gott des Friedens, wir Liebenden ehren den Frieden!*« (3, 5) Nicht das »Schwert«, sondern die »Sanftmut« bezeichnet dem Dichter römische Art (3, 22, 21), und Venus, die Mutter des »Helden« Aeneas, ist ihm der wahre Stammvater Roms (3, 4). So leistet letztlich auch Properz seinen Beitrag zur Idee des Neuen Rom. Seine scheinbar leichtfertigen (»*levis Musa*«) und anspruchslosen Gedichte machen auf reizvollundogmatischen Weise Ernst mit den Hoffnungen seiner Zeit. Eine Botschaft von Glück und Frieden ist in ihnen aufgehoben, selbst dort noch gegenwärtig, wo im scherzhaften Wortspielen dem blutigen Krieg die friedvolle und »ehrenwertere« *militia Veneris*, der Kriegsdienst der Venus, entgegengesetzt wird.

Nach einer langen, bis zum Ende der Antike dauernden Zeit des Ruhms, nach langer Vergessenheit im Mittelalter bis zur Wiederentdeckung durch PETRARCA erlangte Properz in der Neuzeit eine einzigartige Bedeutung durch seine Wirkung auf GOETHE: die *Römischen Elegien* (1788) und die *Venezianischen Epigramme* (1790) sind unmittelbar Frucht einer intensiven, durch die Knebelsche Übersetzung angeregten Beschäftigung mit den *Elegiae*. Aus neuerer Zeit ist der Einfluß auf Ezra POUND zu nennen, der 1917 sein *Homage to Sextus Propertius* veröffentlichte. R. M.

AUSGABEN: Venedig 1472. – Bln. 1829 (*Elegiae*, Hg. K. Lachmann). – Oxford 1901 (*Carmina*, Hg. J. S. Phillimore; Nachdr. zuletzt 1952). – Ldn./Cambridge (Mass.) 1912 (*Propertius*, Hg. H. E. Butler; m. engl. Übers.; Loeb; Nachdr. zuletzt 1958). – Bln. ²1920–1924 (*Die Elegien*, Hg. M. Rothstein, 2 Bde.; m. Komm.). – Oxford 1933 (*The Elegies*, Hg. H. E. Butler u. E. A. Barber; m. Komm.). – Leiden 1946–1962 (*Elegiarum liber I/secundus*, Hg. P. J. Enk, 4 Bde.; m. Komm. u. Bibliogr.). – Paris 1947 (*Élégies*, Hg. D. Paganelli; m. frz. Übers.). – Oxford ²1960 (*Carmina*, Hg. E. A. Barber). – Lpzg. ²1958, Hg. M. Schuster u. F. Dornseiff. – Mchn. ²1960 (*Elegien*, Hg. H. Willige; lat.-dt.). – Cambridge 1961ff. (*Elegies*, Hg. W. A. Camps; bisher 3 Bde.: Buch 1; 3; 4). – Barcelona 1963 (*Elegías*, Hg. A. Tovar u. M. T. Belfiore Mártire; m. Komm. u. span. Übers.). – Bln. 1965 (*Gedichte*, Hg. R. Helm; m. Komm.; lat.-dt.). – Bari 1965 (*Elegie, libro IV*, Hg. P. Fedeli; m. Komm.).

ÜBERSETZUNGEN: *Catull. Tibull. Properz*, F. X. Mayr, 2 Bde., Wien 1786. – *Vier Bücher Elegien*, K. G. Hoffmann, Erfurt 1786 [nur Buch 1 ersch.]. – *Elegieen*, K. L. v. Knebel, Lpzg. 1798. – *Werke*, J. H. Voß, Braunschweig 1830. – In *Klassisches Liederbuch*, P. E. Geibel, Stg. ²1906 (Ausw.]. – *Die Gedichte*, P. Mahn, Bln. 1918 (in Bln. Tägl. Rundschau, 1918). – *Die Liebesgedichte*, F. Diettrich, Düsseldorf 1958 (Diederichs TA, 12). – *Liebeselegien*, G. Luck, Zürich/Stg. 1964 [lat.-dt.].

LITERATUR: F. Plessis, *Études critiques sur Properce*, Paris 1884. – A. La Penna, *Properzio*, Florenz 1951. – R. Helm, Art. *P. (2)* (in RE, 23/1, 1957, Sp. 758–796). – D. R. Shackleton Bailey, *Propertiana*, Cambridge 1956. – H. Tränkle, *Die Sprachkunst des P. und die Tradition der lat. Dichtersprache*, Wiesbaden 1960 (HermE, 15). – F. Solmsen, *P. in His Literary Relations with Tibullus and Virgil* (in Phil, 105, 1961, S. 273–289). – E. Lefèvre, *P. ludibundus. Elemente des Humors in seinen Elegien*, Diss. Kiel 1962 [dactyl.].

DIODORUS aus Agyrion
(1. Jh. v. Chr.)

BIBLIOTHĒKĒ HISTORIKĒ (griech.; *Historische Bibliothek*). Vierzigbändige Universalgeschichte des DIODOROS aus Agyrion in Sizilien (1. Jh. v. Chr.). Das in dreißigjähriger Arbeit entstandene Werk ist – leider zu Recht – eines der meistgeschmähten Bücher, die aus der Antike überliefert sind: bar jedes historischen Sinns und der Fähigkeit zu methodischer Darstellung versucht der Autor, aus den divergentesten älteren Monographien, Handbüchern und Quellensammlungen eine synoptisch aufgebaute Weltgeschichte von mythologischen Uranfängen bis in seine Tage zu arrangieren (das letzte chronologisch fixierbare Ereignis stammt aus dem Jahr 36 oder 21 v. Chr.). Dabei ist dabei die vier Jahrhunderte zuvor von den großen griechischen Forschern mit Geschick und Verstand eliminierte Sagenwelt wieder in sein Fachgebiet einführt, ist noch der verzeihlichste kleine Fehler; schwerer wiegt schon sein verantwortungsloser Eifer, mit aller Gewalt Synchronismen herzustellen (besonders auffällig etwa in den Gleichungen Archonten – Konsuln, Olympiadenrechnung – römisches Kalenderjahr); anderes wiederum zeugt von reiner Unkenntnis oder platter Dummheit. Trotzdem ist es bedauerlich, daß von dem umfangreichen Werk nicht einmal ganz die Hälfte (15 Bücher) einigermaßen unversehrt und der Rest nur zum Teil in knappen Exzerpten und Inhaltsangaben überliefert ist. Denn gerade die einfältige Arbeitsweise, von Thema zu Thema und Epoche zu Epoche mit bescheidener Verbissenheit die frühere Sekundärliteratur abzuschreiben und sie dabei – die einzige namhafte Leistung Diodors – in die literarische *koinē* der Zeit umzusetzen, ermöglicht es heute Philologen und Historikern, jene Vorlagen mit beachtlicher Sicherheit wieder herauszulösen.

Die Disposition des Werkes – dem einleitenden Prooimion entsprechend – ist dreiteilig: einer mythischen *Archäologie* (Buch 1-6: von den Ägyptern über die alten Mesopotamier, Inder, Araber, Äthiopen zu den Griechen) folgt die ältere Geschichte (Buch 7-17: die Zeit vom Kampf um Troia bis zu Alexander dem Großen); die neuere Geschichte (Buch 18–40) behandelt die rund 300 Jahre von den Diadochenkämpfen bis zu Iulius Caesars gallischen Unternehmungen.

Welche Aufnahme das zwischen 50 und 20 v. Chr. in Rom erschienene Opus bei den gebildeten, bildungshungrigen und bildungsoptimistischen Zeitgenossen Diodors fand, ist nicht mehr festzustellen; immerhin darf die Tatsache, daß – außer einer Erwähnung seines Namens bei PLINIUS dem Älteren – sämtliche griechischen und römischen Schriftsteller heidnischer Herkunft sein Werk mit gebührendem Stillschweigen honorierten, als sprechendes Zeugnis gewertet werden: erst den christlichen Kirchenschriftstellern – EUSEBIOS etwa und IUSTINUS MARTYR – galt er als höchstrenommierter Historiograph. E. Sch.

AUSGABEN: Bologna 1472 (*Historiarum priscarum ... liber*; lat. Übers. [Buch 1-5] v. G. F. Poggio Bracciolini). – Basel 1539 (*Historiōn biblia tina*, Hg. Vincentius Obsopoeus). – Paris 1559, Hg. H. Stephanus. – Lpzg. ³1888-1906, Hg. F. Vogel u. C. T. Fischer; Nachdr. Stg. 1964. – Ldn./Cambridge (Mass.) 1933-1957, Hg. C. H. Oldfather, C. L. Sherman, R. M. Geer u. F. R. Walton (m. engl. Übers.; Loeb).

ÜBERSETZUNGEN: *Heyden Weldt und irer Götter anfängcklicher Ursprung*, J. Herold, Basel 1554 [Ausz.]. – *Bibliothek d. Geschichte*, F. A. Stroth u. J. F. S. Kaltwasser, 6 Bde., Ffm. 1782-1787. – *Histor. Bibliothek*, J. F. Wurm, 19 Bde., Stg. 1827-1840. – *Geschichtsbibliothek*, A. Wahrmund, Stg. 1865-1868 [Ausw.].

LITERATUR: E. Schwartz, Art. *D. (38)* (in RE, 5, 1905, Sp. 663-704; auch in E. S., *Griechische Geschichtsschreiber*, Lpzg. 1957, S. 35-97). – Schmid-Stählin, 2/1, S. 403-409. – J. Palm, *Über Sprache und Stil des D. v. S.*, Lund 1955. – G. Perl, *Kritische Untersuchungen zu D.s römischer Jahrzählung*, Bln. 1957. – W. Spoerri, *Späthellenist. Berichte über Welt, Kultur u. Götter*, Basel 1959 (Schweiz. Beitr. z. Altertumswiss., 9). – Lesky, S. 831f.

Publius OVIDIUS NASO
(43 v. Chr.-18 n. Chr.)

AMORES (lat.; *Liebesgedichte*). Fünfzig Elegien in drei Büchern von Publius OVIDIUS NASO (43 v.Chr. bis 18 n. Chr.), wahrscheinlich um das Jahr 2 n. Chr. veröffentlicht (in 2,18 spricht der Dichter offensichtlich von der ein oder zwei Jahre zuvor publizierten *Ars amatoria*). Eine erste »Auflage« der *Amores* hatte fünf Bücher umfaßt, deren Gedichte ungefähr vom Jahr 23 an sukzessiv entstanden waren und nach und nach ediert wurden (die späteste Anspielung weist auf 16 v. Chr.). – Die Liebeselegien sind Ovids Erstlingswerk und zugleich der Abgesang einer Gattung, die CATULL und CORNELIUS GALLUS in die römische Literatur eingeführt hatten und die in Ovids Jünglingsjahren mit PROPERZ und TIBULL ihren Höhepunkt fand. Für Ovids Vorgänger Catull, ebenso für die beiden Klassiker Properz und Tibull, war das persönliche Erleben durchaus Zentrum, Triebkraft und Lebensnerv des Dichtens; die überkommene Form dagegen – samt ihrem kohärenten Motivschatz – bildete nur den Kristallisationspunkt, der es der privaten Empfindung ermöglichte und erlaubte, im Wort ans Licht zu treten. Bei Ovid ist es gerade umgekehrt: das traditionelle Arsenal an Motiven, literarisch gegebenen Situationen (Liebesstreit, Untreue, Eifersucht, Jauchzer über den Erfolg, Lehren der Kupplerin, Krankheit der Geliebten oder ihres Lieblingsvogels) ist der eigentliche und alleinige Quell, der seine Poesie speist; und so fiktiv seine – bitteren oder freudigen – »Erfahrungen« sind, so fiktiv ist auch (ganz anders als Lesbia, Lycoris, Cynthia, Delia) seine »Geliebte« Corinna: ein von der Gattung diktiertes Gebilde seiner Phantasie. Der vordergründige Eindruck, den die Elegien erwecken – leichthändig hingeschrieben, von routiniertem literarischem Raffinement und spielerischer Bewußtheit –, ist demnach letztlich in den historischen Bedingungen ihrer Entstehung begründet. Man mag diese Art von Dichtung als Rhetorik oder leblose Etüde abtun (Ovid hatte ja zunächst auf die forensisch-politische Laufbahn hingearbeitet). Positiv gesehen aber ist es eine Form der »Poesie um der Poesie willen«, geschaffen von einem Dichter, der von sich bekannte: »*Was ich versuchte zu sagen – es war ein Vers.*« (Tristia 4, 10, 26) – Die uns überlieferte zweite Ausgabe zeigt einen wohldurchdachten Aufbau, nicht nur in der proportionierten äußeren Ökonomie, sondern auch in der thematischen Entfaltung der Gedichte im einzelnen (ohne daß man deshalb von einer stückweise erzählten »Liebesgeschichte« sprechen dürfte): so sind die Gedichte oft paarweise, als Ergänzung oder Gegensatz, verbunden; auch seien finden sie Entsprechungen in parallelen Büchern; vor allem aber werden Ton und Zusammenhalt von Buch zu Buch lockerer: dem eifrigen Werben und stolzen Besitzen in Buch 1 (vgl. etwa das 5. Gedicht) folgen in Buch 2 eine ganze Reihe von Tändeleien, daneben realistische Kruditäten, wie die beiden Gedichte über Abtreibungen (13 und 14), und in Buch 3 zeigt sich die Tendenz zur Auffächerung des Themas, besonders in den der erotischen Motivik fernen Gedichten 9 und 13 (der Beschreibung eines Juno-Festes und dem ergreifenden Nachruf auf TIBULL, † 19 v. Chr.). Doch tut diese motivische Bereicherung der Einheit und Geschlossenheit des Gesamtwerks keineswegs Abbruch: die klar ausgewogene Disposition – unterstützt durch die programmatischen Schlußgedichte im ersten und dritten Buch – bildet ein festes Gerüst, in dem gerade der Kontrast zu dem variablen Reichtum des Inhalts von der Fähigkeit des Dichters zu struktureller Prägnanz zeugt. E. Sch.

AUSGABEN: Bologna 1471. – Rom 1472. – Lpzg. 1911, Hg. P. Brandt [m. Komm.]. – Mchn. 1956 (*Liebesgedichte*, Hg. R. Harder u. W. Marg; lat.-dt.; ²1962). – Florenz ³1959, Hg. F. Munari [m. ital. Übers. u. Bibliogr.]. – Paris ³1961 (*Les amours*, Hg. H. Bornecque; m. frz. Übers.). – Oxford 1961, Hg. E. J. Kenney.

ÜBERSETZUNGEN: *Ovidius von der Liebe. Erstes bis drittes Buch,* J. B. v. Knoll, Ffm./Lpzg. 1777. – *Die erotischen Dichtungen,* V. v. Marnitz, Stg. 1958.

LITERATUR: E. Reitzenstein, *Das neue Kunstwollen in d. »Amores« O.s* (in RhMus, 84, 1935, S. 62–88). – Schanz-Hosius, 2, S. 210–214. – W. Kraus, Art. *O. N.* (in RE, 18/2, 1942, Sp. 1921 ff.). – H. Fränkel, *O. A Poet between Two Worlds,* Berkeley/Los Angeles 1945, S. 10–35; 175–190.

ARS AMATORIA (lat.; *Liebeskunst*). Lehrgedicht des Publius OVIDIUS NASO (43 v. Chr.–18 n. Chr.), entstanden um das Jahr 1 v. Chr.

Ursprünglich waren nur zwei Bücher geplant gewesen, deren Ziel und Kompositionsprinzip – dem natürlichen Lauf der Dinge folgend – der Dichter am Ende des Prooemiums verkündet: »*Erstlich suche zu finden, was du zum Lieben erkiesest, trittst du als neuer Soldat unter Cupidos Gewehr. Dann ist das zweite Geschäft, die Erkorene dir zu gewinnen, aber das dritte, daß lang daure der zärtliche Bund.*« (1, 35 ff.; entsprechend die drei Teile: 1,41–262; 1,263–772; 2,1–744) Später drängte es Ovid, der maskulinen Perspektive des Werks eine feminine gegenüberzustellen: auch das dritte Buch folgt, in bewußter Korrespondenz, der situationsgegebenen Gliederung von Buch 1 und 2: nach der Einleitung (1–100) zunächst die Darstellung von Pflege und Bildung der Frau, wodurch sie erst anziehend und begehrenswert wird (101–466), dann die rechte Art, einen werbenden Liebhaber zu behandeln (467–576), zum Schluß wiederum die Ratschläge, wie ein Verhältnis dauerhaft zu machen sei (577–808). In der Eleganz und Leichtigkeit des Vortrags, in den raffinierten, von ironischer Souveränität gelenkten, farbig-abwechslungsreichen Plaudern stehen alle drei Bücher auf gleicher Stufe: daß nirgends der Eindruck trockener Belehrung oder gar Langeweile aufkommen kann, dafür sorgt eine bunte Fülle von Beispielen und Analogien, dafür sorgen die kleinen mythischen Reminiszenzen und die zahlreichen miniaturhaft ausgeführten Sagenszenen, vor allem aber die immer neuen Schilderungen des privaten und städtischen Alltags in Rom. Das Ganze ist in einem lockeren, gelegentlich spöttisch-pikanten Ton erzählt, dessen tändelnde Ungezwungenheit selbst das einem prüden Geschmack Unaussprechliche mit gewinnender Grazie darbietet. »*Feinstes Spiel der Ironie, Entwurf einer Lebenskunst und einer Kunst der Anziehung, die weit gewirkt hat, ein lebensvolles Bild des Rom der beginnenden Kaiserzeit und ... Spiel mit dichterischen Formen ..., alles das ist dieses geistreich-frivole Schlußwort der römischen Liebeselegie.*« (K. Büchner)

Dabei ist die *Ars amatoria* – der Titel soll zweifelsohne an *Ars oratoria, Ars grammatica* u. ä. erinnern – ein Lehrgedicht. Obwohl sie als solches ihrem Thema nach eine bis dahin unerhörte Erscheinung in der europäischen Literatur darstellt, steht sie doch in doppelter Weise in einer Tradition: zum einen führt sie die im Römischen durch LUKREZ und VERGIL repräsentierte didaktische Poesie weiter, wobei (im Gegensatz etwa zu den Hellenisten ARAT, NIKANDER, APOLLODOR) der Akzent nicht auf der Didaktik, sondern allein auf dem Charakter der Dichtung liegt; zum andern entfaltet sich in ihr konsequent nur das, was in der lateinischen Liebeselegie von Anfang an als Möglichkeit beschlossen war: bereits für CATULL, PROPERZ, TIBULL war die Schilderung des eigenen Erlebens ein Mittel distanzierender Abstraktion, Klarheit erstrebender Objektivierung des Geschehens, wie sich diese Dichter ja andererseits in ihrer Darstellung seltsam einmütig an einen festumrissenen, wohl vom Hellenismus überkommenen Bestand an Situationsmotiven hielten (zu dem, als frühe Einzelform der Didaktik, stereotyp die Liebesanweisungen der Kupplerin gehören): eine Topik, die auch für Ovid verbindlich wird. Daß sich bei diesem von vornherein das Verhältnis von persönlicher Erfahrung und poetischer Gestaltung umgekehrt hat, ist außer Frage: man vergleiche nur das Erstlingswerk, die *Amores*. Der Schritt zur *Ars* – mit *De medicamine faciei (Über die Gesichtspflege)* als ausgesprochener Vorstudie – erscheint von hier aus ebenso gering wie folgerichtig.

Doch ist diese dreifache Verankerung der *Liebeskunst* in einem übergreifenden Zusammenhang (der Konvention des Lehrgedichts, der Gattung der Liebeselegie, Ovids eigenem Ansatz und Grundbefinden) über die Morphologie der literarischen Genese hinaus auch noch prinzipiell bedeutsam, deutet sie doch auf einen kardinalen Unterschied dieser ersten europäischen »Liebeslehre« zu allen orientalischen Werken ähnlichen Themas (etwa dem *Kāmasūtra*). Wollen diese Werke die »Technik« der Liebe lehren, so führt Ovid in ihre »Kunst« ein; jene argumentieren anatomisch, er psychologisch; jene zielen auf den detaillierten körperlichen Genuß, Ovid reflektiert auf den Genuß schlechthin; jene erstreben vollständige Systematik, dieser arbeitet paradigmatisch; jenen geht es um sexuelle Perfektion, ihm um die vollkommene Erotik; jene schließlich meinen den Menschen als Individuum im Sinne des einzelnen Gattungswesens, Ovid dagegen spricht vom einzelnen unter dem Aspekt der kultivierten Humanitas als einem Glied in seiner städtischen Gesellschaft, weshalb bei ihm die Liebe nicht nur ein biologisches, sondern auch ein gesellschaftliches Phänomen ist. Und lesen sich die orientalischen »Liebeslehren« letztlich als anonyme Handbücher, so dokumentiert die *Ars amandi* die Persönlichkeit des Dichters Ovid. Das Zentralmotiv, das der Römer seine *Ars* stellt, ist die »Kultur« *(cultus)* im weitesten Sinne, die gepflegte Urbanität einer verfeinerten, zivilisierten Zeit – Wesenscharakteristikum der hellenistisch-antiken Lebenshaltung überhaupt: an Stelle der kompendiösen Rubrizierung sämtlicher möglicher Details die formende Auswahl des Passenden und Gemäßen; statt der kruden Faktizität poetische Sublimierung; nicht sachdiktierte Realismus, sondern überlegener Geist.

E. Sch.

AUSGABEN: Bologna 1471 (in *Opera omnia*). – Lpzg. 1902 (*De arte amatoria libri tres,* Hg. P. Brandt; m. Erl.). – Paris 1935 (*L'art d'aimer,* Ill. A. Maillol). – Paris 1951 (*L'art d'aimer,* Hg. u. Übers. H. Bornecque). – Ldn./Cambridge (Mass.) 1957 (*The Art of Love and Other Poems,* Hg. u. Übers. J. H. Mozley; Nachdr. d. Ausg. [2]1939). – Oxford 1961 (in *Amores,* Hg. E. J. Kenney).

ÜBERSETZUNGEN: *Das Buch Ouidij von der liebe zu erwerben,* J. Hartlieb, Augsburg 1482 [Nachdichtg.]. – Magdeburg 1600. – *De arte amandi,* Lpzg. 1603. – *Lehrbuch der Liebe,* E. Hohenemser, Bln. 1921 (Ill. M. Slevogt). – *Liebeskunst,* V. v. Marnitz (in *Die erotischen Dichtungen,* Stg. 1958). – Dass., W. Hertzberg u. F. Burger, Mchn. [7]1959.

LITERATUR: C. Marchesi, *Il primo libro dell'»Ars amatoria«* (in Riv. di filologia... classica, 44, 1916,

S. 129–154). – Ders., *Il secondo e il terzo libro dell'»Ars amatoria«* (ebd., 46, 1918, S. 41–77). – Schanz-Hosius, 2, S. 226 ff. – W. Kraus, Art. *O. N.* (in RE, 18/2, 1942, Sp. 1933–1936). – H. Fränkel, *O. A Poet between Two Worlds*, Berkeley/Los Angeles 1945, S. 53–67; 199–206. – K. Büchner, *Röm. Literaturgeschichte*, Stg. ³1962, S. 380 ff.

EPISTULAE EX PONTO (lat.; *Briefe vom Schwarzen Meer*). Vier Bücher elegischer Gedichte mit Briefcharakter von Publius OVIDIUS NASO (43 v. Chr. bis 18 n. Chr.), entstanden in den Jahren 12–16 n. Chr. – Der Titel der Sammlung weist auf den Verbannungsort des Dichters: Tomis (Konstanza) am Schwarzen Meer. Ovids unbegreifliches und wohl auch unverdientes Schicksal, hier, im finstersten Grenzland des Reiches und fern der geliebten Hauptstadt, sein Leben beschließen zu müssen, bestimmt Ton und Thematik. Anders als in den vorangegangenen *Tristia*, in denen Ovid nur Bitterkeit bewegt und die Besorgnis, Rom könne ihn aus dem Gedächtnis verlieren, belebt ihn in den *Epistulae* die neu erwachte Hoffnung auf Gewährung eines weniger düsteren Exils. Sei es, daß ihm Anhaltspunkte für eine Verbesserung der gegen ihn gerichteten Stimmung des Hofes zugekommen waren, sei es, daß er der versöhnenden Macht der Zeit vertraute: die Sammlung ist jedenfalls geprägt vom Bekenntnis einer eigenen (nicht näher bezeichneten) Schuld und damit von der Loyalität gegenüber dem Kaiser. So werden im Unterschied zu der in den *Tristia* geübten Praxis die einflußreichen Freunde, an die die Briefe gerichtet sind, jetzt offen beim Namen genannt. Sie alle – unter ihnen Fabius Maximus (1, 2; 3, 3.8), die Messalla-Söhne Messalinus (1, 7; 2, 2) und Cotta Maximus (1, 5.9; 2, 3.8; 3, 2.5) sowie Ovids in Rom gebliebene Gattin (1, 4; 3, 1), die über engste Beziehungen zum Kaiserhaus verfügte – sollen sich für ihn verwenden.

Die Wirkung der Gedichte beruht durchweg auf dem Kontrast zwischen dem in Erinnerungen, Träumen, Visionen beschworenen Glück der Rückkehr und der realen Situation. Eine gewisse Monotonie, die sich nicht ohne Wissen des Dichters (vgl. 3, 9, 1) dabei einstellt, entspricht der Stimmungslage, aus der diese Dichtung entstanden ist. Die dreißig Briefe der Bücher 1–3 sind von Ovid selbst redigiert und als Ganzes an den Freund Brutus zur Herausgabe übersandt worden (13 n. Chr. in Rom veröffentlicht). Das vierte Buch mit sechzehn Briefen, dessen Abschluß ein wichtiger Katalog von uns verschollenen Dichtern aus dem Ovid-Kreis bildet, dürfte dagegen auf eine Veröffentlichung des Nachlasses zurückgehen.

Zwei Schichten lassen sich in den Gedichten voneinander scheiden: eine reale, die alles umgreift, was der Dichter zur Verbesserung seiner persönlichen Lage unternimmt, wobei festzuhalten ist, daß die Gedichte keine »echten« Briefe sind, sondern (römische Spielart der *littérature engagée*!) ihr Anliegen von vornherein an eine breitere Öffentlichkeit herantragen; und eine spezifisch poetische, in der sich die zwar in der Realität wurzelnde, aber eigenständige dichterische Welt der Elegie entfaltet. Mit den traditionellen Elementen der subjektiven Elegie – dem Grundton der »Klage«, Motiven wie »Huldigung«, »Erinnerung«, »Traum«, der beziehungsvollen mythischen Überhöhung (das lyrische Ich identifiziert sich mit Tityos, 1, 2, und Iason, 1, 4) – entsteht eine eigene, zwischen Resignation und Hoffnung gespannte Welt der Trauer. Die Öde von Tomis wird zum Abbild dieser Trauer, Augustus' Unbeugsamkeit erscheint als Dämonie einer außerirdischen, schutz- oder verderbenbringenden Macht. Im ganzen erlangt die subjektive Elegie mit dieser Sammlung eine neue Erlebnisnähe. Zugleich erfährt die Gattung – zu später Stunde – nochmals eine eigentümliche Bereicherung. Denn nicht, wie in der klassischen Liebeselegie, der Schmerz einer unglücklichen Liebe, sondern der Schmerz über ein einmaliges persönliches Schicksal, die Verstoßung aus der heimatlichen Umwelt, steht hier im Mittelpunkt. Ohne das Prinzip der subjektiven Elegie strukturell zu verändern, paßt Ovid, ehemals erotischer Dichter par excellence, unter dem Druck des äußeren Zwangs die gegebene Form den verbleibenden Möglichkeiten an: statt der Liebe fällt in seinem letzten Werk der Trauer die Funktion des lyrischen Ich-Aufschlusses zu. Daß Ovid auch als Bittsteller der große Dichter geblieben ist, bestätigt sich in der unverminderten sprachlichen und metrischen Eleganz der Gedichte. Die heftige Selbstkritik, die Ovid in dieser Hinsicht an sich übt (etwa 1, 5; 3, 9), darf nicht sehr ernst genommen werden: darin liegt eine *captatio benevolentiae*, die einesteils zur Topik der Elegie gehört, andernteils der diplomatischen Absicht der Briefe entspringt.

Die tiefere und allgemeinere Erfahrung, die sich im Schmerz der *Epistulae* ausdrückt, ist die Kollision »humanen Wesens« und »seelischer Kultur« (K. Büchner) mit der deprimierenden Übermacht des Rohen, Unkontrollierten, ja Atavistischen, wie es dem Dichter im Willkürakt der Exilierung und in der barbarischen Umwelt von Tomis begegnete. Das aus dieser Kollision hervorgegangene Werk, selbst ein Stück Kultur, und zwar der nobelsten und feinsten Art, soll die Inhumanität der Wirklichkeit aufheben, wie es die Menschlichkeit einer Iphigenie, eines Orest und Pylades die Unmenschlichkeit eines urzeitlichen Ritus aufzuheben vermochte. Die eingeschaltete Geschichte von *Iphigenie auf Tauris* (3, 2, 43–96) erweist sich so als Schlüssel zum Verständnis der Briefe. Sie bereitet auf eigentümliche und erstaunliche Weise die in GOETHES Schauspiel (1787) gegebene Deutung des mythischen Stoffes vor.   R. M.

AUSGABEN: Bologna 1471 (in *Poemata Publii Ovidi Nasonis*, Hg. Franciscus Puteolanus). – Amsterdam 1658–1661 (in *Opera*, Hg. N. Heinsius, 3 Bde.). – Oxford 1915 (*Ex Ponto libri quattuor*, in *Tristium libri quinque* ..., Hg. S. G. Owen; Nachdr. zuletzt 1963). – Lpzg. 1922 (*Ex Ponto libri*, in *P. O. N.*, Hg. R. Ehwald u. F. W. Levy, Bd. 3/1). – Ldn./Cambridge (Mass.) 1924 (*Tristia. Ex Ponto*, Hg. A. L. Wheeler; m. engl. Übers.; Loeb; Nachdr. zuletzt 1959). – Turin 1938, Hg. F. W. Lenz. – Zürich/Stg. 1963 (*Briefe aus der Verbannung*, Hg. W. Willige; m. Komm. u. Übers.).

ÜBERSETZUNGEN: in *Übersetzungen aus dem Virgil, Ovid und Theater Italien*, anon., Breslau 1727. – *Versuch einer Übersetzung ... Briefe aus dem Pontus*, J. H. Kirchhof, Hbg. 1778. – *Briefe aus dem Pontus*, H. Wölffel (in *Werke*, Bd. 17, Stg. 1858). – *Briefe aus Pontus*, A. Berg (in *Werke*, Bd. 3, Stg. 1876 u. ö.).

LITERATUR: G. Graeber, *Untersuchungen über O.s »Briefe aus der Verbannung«*, Elberfeld 1884. – G. Némethy, *Commentarius exegeticus ad Ovidii »Ex Ponto«*, Budapest 1915. – A. Cazzaniga, *Elementi retorici nella composizione delle »Lettere dal Ponto« di O.*, Varese 1937. – W. Kraus, Art. *O.*

(3) (in RE, 18/2, 1942, Sp. 1964–1966). – H. Fränkel, *Ovid. A Poet between Two Worlds,* Berkeley/Los Angeles 1945, S. 111–142; 155–159; 162/163. – S. D'Elia, *O.,* Neapel 1959, S. 371–417. – L. Winniczuk, *De Ovidii epistulis ad amicos et patronos ex Ponto scriptis* (in Meander, 17, 1962, S. 194–206; 239–251).

FASTI (lat.; *Festkalender*). Fragment eines poetischen Kalenders in elegischen Distichen von Publius OVIDIUS NASO (43 v. Chr. bis 18 n. Chr.). – Nach Ovids Plan sollte jedem der zwölf Monate des Jahres ein Buch gewidmet sein. Vollendet wurden jedoch nur Buch 1–6, die Monate Januar bis Juni umfassend. Die erste, Augustus dedizierte Fassung entstand etwa in der Zeit zwischen 5 v. Chr. und der Verbannung des Dichters im Jahr 8 n. Chr. Nach des Kaisers Tod (14 n. Chr.) begann der Dichter mit einer Umarbeitung, die er, in der – vergeblichen – Hoffnung auf Erlaubnis zu baldiger Rückkehr, Caesar Germanicus widmete. Doch wurde von dieser zweiten Fassung nur das erste Buch beendet; die restlichen fünf Bücher liegen in der ursprünglichen Version vor. Die Prooemien an Augustus und Germanicus wurden von den postumen Herausgebern versehentlich beide zusammen publiziert.

Das in seiner Art einzigartige Werk führt für jeden Tag im Jahr die astronomischen, meteorologischen, kalendarischen und kultischen Ereignisse auf. Es berichtet von alten Kalendern, von der Entstehung der Monatsnamen, von der Herkunft römischer Feste, Bräuche und Kultstätten aus mythisch-altrömischem Ursprung. Während sich für die literarische Verwendung solcher Ursprungssagen (Aitiologien) in der hellenistischen und hellenistisch beeinflußten Literatur seit den *Aitia* des KALLIMACHOS manche poetischen und prosaischen Vorläufer finden lassen (die *Sternsagen* des ERATOSTHENES, die *Aetea* des TERENTIUS VARRO, die *Origines* von CATO und das vierte Buch der *Elegien* des PROPERZ), konnte für die kalendarischen Aufbau des Werkes bisher nur eine gewisse Übereinstimmung mit dem sogenannten *Pränestischen Kalender* des VERRIUS FLACCUS entdeckt werden.

Nach der Darstellung des griechischen Mythos in den *Metamorphosen* unternimmt Ovid in den *Fasti* die Gestaltung des italisch-römischen Mythos. Das Gliederungsprinzip des neuen Werkes folgt aus den religiösen Festen und Bräuchen *(mos sacrorum)* im vorgegebenen Ablauf des Kalenderjahres. Darin verbirgt sich eine didaktische Absicht, die zugleich – mehr als die Widmung und die zahlreichen beiläufigen Lobsprüche – eine Huldigung an den Kaiser darstellt *(»Andere mögen singen von den Waffentaten des Cäsar, ich singe von seinen Altären«)*: denn hier manifestiert sich eine tiefe Übereinstimmung mit dem Bemühen des Augustus, das Neue Rom durch eine Rückbesinnung auf die altrömische Welt zu verankern, d. h. besonders die alten Rituale und Bräuche wiederzubeleben. Haftet dem *»in eigentümlicher Durchdringung von echtem Wissensdrang und der Projektion politischer Ideale in die Vergangenheit«* (W. Kraus) schon anfänglich literarisch fruchtbar gewordenen antiquarisch-aitiologischen Denken an sich etwas charakteristisch Römisches an, so gewinnen die *Fasti* in der Übereinstimmung mit dem Augusteischen Programm eine spezifisch zeitgeschichtliche Bedeutung. Dennoch strebt das Werk, soweit sich das anhand des Fragments beurteilen läßt, mehr an als nur einen »Gebrauchswert«: die *Fasti* wollen ein mythisch-elegisches Epos sein. Es macht, wie R. HEINZE gezeigt hat, gerade die Eigenart und den Vorzug der elegischen Erzählung aus, daß sich in ihr das Didaktische mit dem Erzählerischen, das Mythische mit dem Historischen, das Vergangene mit dem Gegenwärtigen verbindet. In diesem Sinne ist auch hier das Altrömische frei von jeglichem Beigeschmack biederer Hausbackenheit: Frauengestalten wie Camena (1,479 ff.) oder Lucretia (2,685 ff.) erscheinen durchaus liebenswürdig und »modern«.

Es gelingt dem Dichter, aus den (oft kurzen) Einzelteilen trotz ihrer lockeren Verknüpfung in jedem Punkt auf das Ziel des Ganzen bezogenes »episches« Gedicht zu formen. Als strukturierende Schwerpunkte treten dabei in den überlieferten Büchern die beiden polaren Mächte hervor, von denen sich das Neue Rom selbst herleitet: auf der einen Seite Mars, der Vater des Stadtgründers Romulus, auf der anderen Venus, die Mutter des Aeneas, auf den sich das Iulische Kaiserhaus zurückführt. Sie erscheinen in vielfältigen Formen, als Planeten, die am Himmel als Abend- und Morgensterne rivalisieren, als Spezialgötter und als Sammelbegriffe für größere Kultkomplexe (etwa *Magna Mater*), und vielfältig sind sie in den Feiern der Spiele, der Brauchtumsstiftungen und Tempelgründungen gegenwärtig.

Da die *Fasti* – ganz zu Unrecht – in den Ruf eines rhetorisch-geschickten, aber inhaltsleeren Gefälligkeitswerkes gerieten, fanden sie, von GOETHES überaus positivem Urteil und der verständnisvollen Würdigung Heinzes abgesehen, bisher als Dichtung nur wenig Beachtung. Das mag freilich zum Teil auch daran liegen, daß sie in ihren astronomischen und religionskundlichen Aspekten häufig ungenau und fehlerhaft sind.
R. M.

AUSGABEN: Bologna 1471 (in *Poemata Publii Ovidii Nasonis*, Hg. F. Puteolanus). – Lpzg. 1924 (*Fastorum libri VI*, in *P. O. N.*, Hg. R. Ehwald u. F. W. Levy, Bd. 3/2; Nachdr. 1932). – Ldn. 1929 (*Fastorum libri VI*, Hg. J. G. Frazer, 5 Bde.; m. Komm. u. engl. Übers.). – Ldn./Cambridge (Mass.) 1931, Hg. J. G. Frazer (m. engl. Übers.; Loeb; zuletzt 1959). – Turin ²1950 (*Fastorum libri VI*, Hg. C. Landi u. L. Castiglioni). – Heidelberg 1957/58 (*Die Fasten*, Hg. F. Bömer, 2 Bde.; m. Komm. u. Übers.). – Mchn. 1960, Hg. W. Gerlach [lat.-dt.].

ÜBERSETZUNGEN: *Festkalender und Zeitbücher*, anon., Lüneburg 1782. – *Festkalender*, E. F. Metzger (in *Werke*, Bd. 6–10, Stg. 1838–1845). – Dass., E. Klussmann (in *Werke*, Bd. 2, Stg. 1859 u. ö.).

LITERATUR: R. Heinze, *O.s elegische Erzählung*, Lpzg. 1919. – F. Peeters, *Les »Fastes« d'O. Histoire du texte*, Brüssel 1939. – W. Kraus, Art. *O. (3)* (in RE, 18/2, 1942, Sp. 1950–1961). – H. Fränkel, *O. A Poet between Two Worlds*, Berkeley/Los Angeles 1945, S. 142–151. – J. Pfeiffer, *Untersuchungen zur Komposition und Erzähltechnik von O.s »Fasten«*, Diss. Tübingen 1952. – F. Bömer, *Interpretationen zu den »Fasti« des O.* (in Gymn, 64, 1957, S. 112 bis 135). – S. D'Elia, *O.*, Neapel 1959, S. 317–370.

HEROIDES (lat.; *Heroinen*). Das zweite Werk des Publius OVIDIUS NASO (43 v. Chr. – 18 n. Chr.), im Anschluß an die *Amores* verfaßt und publiziert (etwa zwischen 15 und 5 v. Chr.). – Es handelt sich um eine Sammlung von fünfzehn fiktiven, im

Versmaß der Liebeselegie gehaltenen Briefen, in denen Frauen der mythischen Vorzeit den fernen Geliebten ihr Liebesleid klagen: Penelope schreibt an Odysseus, Phyllis an Demophoon, Briseis an Achilles, Phaidra an Hippolytos, Oenone an Paris, Hypsipyle an Iason, Dido an Aeneas, Hermione an Orestes, Deianeira an Herakles, Ariadne an Theseus, Kanake an Makareus, Medea an Iason, Laodameia an Protesilaos, Hypermestra an Lynkeus und schließlich – den mythischen Bereich sprengend – Sappho an Phaon. Auf diese Briefe nimmt der Dichter in einer Elegie der zweiten Ausgabe der *Amores* (2, 18) ausdrücklich Bezug. Später, zur Zeit der *Metamorphosen* und der *Fasten*, hat sich Ovid noch einmal der Form der Liebesepistel zugewandt: das Ergebnis sind die drei Briefpaare – Paris an Helena, Helena an Paris; Leander an Hero, Hero an Leander; Akontios an Kydippe, Kydippe an Akontios –, die wir heute als zweiten Teil der *Heroides* lesen.

Die *Heroides* stellen eine natürliche Weiterentwicklung der *Amores* dar. Beiden Werken gemeinsam ist das für Ovid charakteristische Streben, das einzelne poetische Stück in sich abgeschlossen zu gestalten. Dem kommt die Briefform zwar entgegen, doch engt sie die dichterische Perspektive beträchtlich ein; dafür gibt sie aber reichlich Gelegenheit, ein einzelnes Motiv breit zu entfalten. So muß sich der Dichter einerseits beschränken – was nicht immer vollkommen gelingt –, kann sich aber auf der anderen Seite gewisse Freiheiten im Erzählen erlauben – was gelegentlich in sich verselbständigendes Fabulieren umschlägt. Beides wirkt zusammen: Sich auf einige wenige Frauengestalten konzentrierend, die sich in ihren Briefen aussprechen, zeichnet Ovid eine Reihe höchst differenzierter Charakterbilder und Liebespathographien auf, die ein ebenso großes Maß an psychologisch einfühlender Phantasie wie an sprachlicher Ausdrucksfähigkeit verraten. Der Stoff war mit den gängigen, allbekannten Mythen oder in Werken der Literatur gegeben – hervorgehoben seien die Reverenz vor KALLIMACHOS (die Akontios-Kydippe-Episode basiert auf den *Aitia*) und vor VERGIL (Dido-Aeneas). Auch die Einkleidung war nicht ohne Vorbild, man denke an PROPERZ' Arethusa-Brief (4, 3). Doch Ovid erhebt eine Form, die bislang nur vereinzelt auftauchte, in den Rang einer Gattung, und er durchmißt sogleich ihre zahlreichen Möglichkeiten: Eifersucht, Trennungsschmerz, verzehrende Erinnerung, Treue und Tändelei, Naivität und rasende Verblendung, der Ruf nach dem Geliebten und der Schrei nach dem Tode – all das kann er in der intimen Form des Briefes bis ins letzte sichtbar machen. Aber indem er Frauen, deren spätere Schicksale aus der Mythologie bekannt sind, im Erlebnis eines ganz bestimmten Augenblicks befangen sein läßt, bewirkt er eine eigentümliche Spannung und Distanz zwischen den Briefschreiberinnen und dem Leser, dem sich der bisweilen geradezu tragische Widerspruch zwischen dem gegenwärtigen Meinen und Empfinden der Betroffenen und dem, was die Zukunft ihnen bringen sollte, aufdrängen muß. Dieses raffinierte Spiel mit dem begrenzten Wissen der Gestalten und der überlegenen Kenntnis des Gestalters (und seines Publikums) äußert sich auch in einer besonderen Art der Mythenvariation, die, durch die perspektivisch gegebene »Monoptik« der Form bedingt, gleichfalls nur auf literarischer Ebene wirksam wird: Die dem Leser vertrauten Vorgänge und Personen der Mythen erscheinen aus der Sicht der Schreibenden in ganz neuem, teilweise radikal verzerrendem, zumindest aber ungewohntem Licht. Daß hinter solchem Jonglieren mit mehreren Ebenen letztlich ein der elegischen Tradition verpflichteter dichterischer Ernst steht, nicht etwa die Freude an unverbindlich travestierender Clownerie oder einfach an literarischem Spaß, kann ein Blick auf den Spötter LUKIAN zeigen: die witzig-groteske Parodistik der *Göttergespräche (Theōn dialogoi)* ist von dem – hierin durchaus römisch-würdevollen – Ovid durch Welten getrennt. Dieser Wille zur überzeugenden poetischen Gestaltung läßt zugleich alle Hinweise auf ähnlich gelagerte rhetorische Schulübungen *(progymnasmata)* als unangemessen erscheinen. E. Sch.

AUSGABEN: Bologna 1471 (*Epistolae*, in *Opera*, Hg. Franciscus Puteolanus). – Lpzg. 1888 (in *P. O. N.*, Bd. 1, Hg. R. Merkel u. R. Ehwald). – Oxford ²1898, Hg. A. Palmer [m. Komm.]. – Ldn./Cambridge (Mass.) 1914 (*Heroides and Amores*, Hg. G. Showerman; m. engl. Übers.; Loeb; Nachdr. zul. 1958). – Rom 1957–1965, Hg. R. Giomini, 2 Bde.; Bd. 1: ²1963. – Paris ²1961 (*Héroïdes*, Hg. H. Bornecque; m. frz. Übers. v. M. Prévost).

ÜBERSETZUNGEN: *Brieffe der Heldinnen*, C. Abel, Lpzg. 1704 [unvollst.]. – *Epistolae heroidum oder Briefe der Heldinnen*, ders., 2 Bde., Quedlinburg/Aschersleben 1723. – *Briefe der Leidenschaft*, W. Gerlach, Mchn. 1939 [lat.-dt.]. – *Briefe der Liebenden*, V. v. Marnitz (in *Die erotischen Dichtungen*, Stg. 1958; Kröners Taschenausg., 263).

LITERATUR: Schanz-Hosius, 2, S. 214–225. – W. Schmitz-Cronenbroeck, *Die Anfänge der »Heroiden« des O.*, Diss. Köln 1937. – W. Kraus, Art. *O. N.* (in RE, 18/2, 1942, Sp. 1925–1932). – H. Fränkel, *Ovid. A Poet between Two Worlds*, Berkeley/Los Angeles 1945, S. 36–46; 190–193. – F. H. Grantz, *Studien zur Darstellungskunst Ovids in den »Heroides«*, Diss. Kiel 1955. – A. Salvatore, *Motivi poetici nelle »Heroides« di Ovidio* (in Atti del Conv. Intern. Ovidiano 1958, Bd. 2, Rom 1959, S. 235–256). – H. Doerrie, *Untersuchungen zur Überlieferungsgeschichte von Ovids »Epistulae Heroidum«* (in Nachr. d. Akad. d. Wiss. in Göttingen, phil.-hist. Kl., 1960/5, S. 113–230; 359–423; m. Bibliogr.).

IBIS (lat.; *Ibis*). Schmähschrift in 322 elegischen Distichen von Publius OVIDIUS NASO (43 v. Chr. bis 18 n. Chr.), entstanden in den ersten Exiljahren des Dichters (um 10 n. Chr.). – Das Werkchen ist einem fast ganz verlorenen Pamphlet gleichen Titels von KALLIMACHOS nachgebildet. Hier wie dort gibt der Ibisvogel den signifikanten Schimpfnamen für einen ungenannten persönlichen Feind ab. Denn der storchähnliche ägyptische Vogel war, obwohl dem Gott Thot heilig und kultisch verehrt (Ibisfriedhöfe), aufgrund seiner unappetitlichen Eigenschaften schon immer mit dem Odium des Anrüchigen und Unsauberen behaftet – nicht nur, daß er sich von Unrat und Ungeziefer ernährt und schmutzig ist, er pflegt, der besonderen Anlage seines Schnabels zufolge, sich zudem selbst zu klistieren. Vorausgesetzt, daß der Dichter überhaupt, wie Kallimachos, einen konkreten Feind im Auge hat und nicht nur in der Bewältigung eines halb bissigen, halb launischen poetischen Spiels einen allgemeinen Unmut über die eigene Lage abreagiert, bietet sich die Annahme eines

Zusammenhangs mit dem in den *Tristia* erwähnten (1, 6) und auch angesprochenen (4, 9) Gegner an. Der vierteilige Aufbau zeichnet sich deutlich ab. Über Situation und Absicht des Autors unterrichtet ein Prooemium (V. 1–66). Eine unabsehbare Litanei von Fluchformeln *(devotiones)* bildet den ersten Hauptteil (V. 67–250), eine phantastische Folge von *historiae caecae* (finstere Geschichten) den zweiten (V. 251–638); diese stellt eine fast apokalyptische Aufzählung aller Qualen und Torturen dar, die je in Mythos und Geschichte Menschen erdulden mußten, die der Dichter jedoch lieber für den Ungenannten aufgespart sehen möchte; das Ganze gipfelt in der Pointe, daß dem Attackierten keine schlimmere Marter gewünscht werden könne als das triste Exilleben des Dichters in Tomis. Ein kurzer Epilog (V. 639–644) schließt das Gedicht ab.
»*Auch hier ist man, die Konzeption zu unmittelbar aus dem Emotionalen ableitend, der Kunst und dem Witz des Dichters nicht gerecht geworden, der in einer heiklen Situation gegenüber einem persönlichen Gegner sich zu äußern in einer vorgegebenen Form das Mittel findet.*« So begegnet W. KRAUS mit Recht der Ablehnung, die das Gedicht wegen seines engen Anschlusses an Kallimachos gefunden hat und die sogar so weit ging, daß man eine bloße Übersetzung des griechischen *Ibis* argwöhnte. Die Übernahmen, ja wörtlichen Zitate (etwa V. 449ff.) zeigen indessen, wie bewußt hier ein literarisch versierter Dichter vor einem literarisch versierten Publikum (auf das er, immer noch, zählen durfte) versucht, eine vorhandene, an sich unwiederholbare Form in das eigene Werk zu integrieren. Daß diese Form damit für uns auch bewahrt wurde, sichert, mag das Resultat selbst in seinem Wert umstritten sein, jedenfalls seine literarhistorische Bedeutung. Wird uns doch allein in Ovids *Ibis* das antike literarische Fluchgedicht greifbar, in dem die Elemente der subjektiven Elegie sich zu deren wohl kuriosestem Ableger zusammenfinden. Im Tenor mit den Scheltgedichten der Liebeselegie verwandt, verbindet es die Subjektivität der elegischen Epistel mit dem folkloristischen Reichtum der aitiologischen und mythographischen Elegie (die vorgebrachten Flüche bringen sicher authentisches Quellenmaterial) und – in der zugespitzten Pointierung der »Segenswünsche« – mit dem geradezu artistischen Raffinement des der Elegie nahestehenden Epigramms. Noch im Haß, der primitivsten der Emotionen, erweist sich Ovid, so paradox es scheinen mag, als wahrhafter *poeta doctus*. R. M.

AUSGABEN: Bologna 1471 (in *Poemata Publii Ovidii Nasonis*, Hg. Franciscus Puteolanus). – Oxford 1881, Hg. R. Ellis [m. Komm.]. – Oxford 1915 (in *Tristium libri quinque* ..., Hg. S. G. Owen; Nachdr. zul. 1963). – Lpzg. 1922 (in *P. O. N.*, Hg. R. Ehwald u. F. W. Levy, Bd. 3/1). – Turin ²1956, Hg. F. W. Lenz [m. Scholien]. – Florenz 1957 Hg. A. La Penna [m. Komm.]. – Paris 1963 (*Contre Ibis*, Hg. J. André; m. frz. Übers.).

ÜBERSETZUNGEN: *P. Ovids Naso's Ibis, eine Schmähschrift*, K. Schlüter, Lpzg. 1796. – *Ibis*, H. Wölffel (in *Werke*, Bd. 19, Stg. 1867). – Dass., A. Berg (in *Werke*, Bd. 3, Stg. 1876 u. ö.).

LITERATUR: A. E. Housman, The »*Ibis*« *of O.* (in Journal of Philology, 35, 1920, S. 287–318). – G. Perrotta, *Studia di poesia ellenistica* (in Studi Italiani di Filologia Classica, 4, 1926, S. 85–280). – E. Martini, *Zu O.s u. Kallimachos'* »*Ibis*« (in Philologische Wochenschrift, 52, 1932, Sp. 1101 bis 1108). – Schanz-Hosius, 2, S. 249–251. – M. de Cola, *Callimaco ed Ovidio*, Palermo 1937. – W. Kraus, Art. *O. N.* (in RE, 18/2, 1942, Sp. 1966 bis 1969). – H. Fränkel, *O. A Poet between Two Worlds*, Berkeley/Los Angeles 1945, S. 151–155; 243–250.

METAMORPHOSEON LIBRI (lat.; *Verwandlungen*). Episches Sagengedicht in fünfzehn Büchern zu je 700 bis 900 Hexameterversen von Publius OVIDIUS NASO (43 v. Chr.–18 n. Chr.), entstanden in den Jahren 1 v. Chr. bis etwa 10 n. Chr. – Rund 250 Verwandlungssagen aus der griechischen und italischen Mythologie verweben sich in den *Metamorphosen* zu einem höchst ungewöhnlichen erzählerischen Ganzen. Dem Epos fehlt nicht nur ein zentraler Held, sondern überhaupt ein durchgehender, tragender Stoff. Seine erzählerische Substanz bildet vielmehr ein immenses Aufgebot verschiedenster Themen, in denen mehrere hundert Figuren mit reliefartiger Halbkörperlichkeit vor dem inneren Auge des Lesers vorüberziehen. Der beherrschende Grundgedanke, der diese Erzählmasse zusammenhält, liegt in dem mit leitmotivischer Beharrlichkeit in jeder der Sagen wiederkehrenden Prinzip der »Verwandlung« (griech. *metamorphōsis*), d. h., die Sagen werden vor allem um der mythischen Verwandlung willen erzählt, die ihre Gestalten erleiden. Diesem leitenden Prinzip folgt das Werk auch im großen: denn hinter der endlosen Reihe von Einzelmetamorphosen spielt sich die größte aller Verwandlungen ab, die Verwandlung der Welt vom Chaos ihres Beginns zur imperialen Ordnung der Augusteischen Epoche (vgl. *Tristien*, 2, 559f.). Fast unmerklich ist dem labyrinthisch verschlungenen Band der Erzählung das Schema eines quasi historischen Ablaufs unterlegt. Es setzt ein mit den Mythen der Urzeit, also mit Weltschöpfung, Götterversammlung und Sintflut (1,5–451), durchquert in einem zweiten Hauptteil mit den Sagen um Iuppiter und Apoll, um Kadmus, Perseus, Theseus und Hercules die heroische, im engeren Sinn mythische Zeit (1,452–11,193) und stellt mit dem Sagenkreis um den Troianischen Krieg den Anschluß an die historische Zeit her (11,194–15,870); über die Aeneas-Sage und altitalische Sagenhistorien mündet es mit der Apotheose des Augustus, die das Werk krönend abschließt, in die politisch-historische Gegenwart. Die Grenzen zwischen den einzelnen Teilen sind mitunter verwischt: Die Sagen greifen – über die Buchgrenzen hinweg – wie Kettenglieder nahezu fugenlos ineinander (»*carmen perpetuum*«, 1,4). Außerdem werden sie von einer kunstvollen »Schachtel«-Struktur überlagert, die durch das Mittel der Rollenerzählung Erzählebenen verschiedenen Grades ermöglicht und ihrerseits wieder relativ selbständige, szenisch geformte Komplexe vom eigenem Reiz ausbildet (»Besuch Athenes auf dem Helikon« mit dem »Wettstreit der Pieriden«, 5,250–678; die »Teppiche« der Athene und Arachne, 6,1–145; der »Gesang des Orpheus«, 10, 143–739).
Gattungsmäßig knüpft das Epos an die von den Alexandrinern erneuerte Form der hellenistischen Sammelgedichts an. Diese Tradition war Ovid vor allem in den *Heteroiumena* des NIKANDER aus Kolophon und den *Metamorphōseis* des PARTHENIOS aus Nikaia – beides nicht überliefert – sowie in mehreren hellenistischen Epyllien aitiologischer Art zugänglich geworden. Inhaltlich läßt sich jedoch nur eine gewisse Übereinstimmung in der Auswahl der Sagen erkennen, weniger in der Wahl der Sagenversionen.

Als stoffliche Hauptquelle kommen neben Schulkompendien und Katalogen besonders HOMER, die alten Tragiker und VERGIL in Betracht. Im ganzen steht Ovids Werk dem alten Epos vielleicht noch näher als dem hellenistischen Ideal der – Unterhaltung und Belehrung verbindenden, makellos stilisierten und exklusiven – Kleinform. Seine Gestalt ist die Großform, die Universaldichtung, die in beispiellos kühnem Unterfangen die maßgebliche antike Epik von HESIOD und Homer bis Vergil und LUKREZ in sich zusammenfaßt und als Nationalepos neben der *Aeneis* stehen will. Diesem ungeheuren Anspruch entspricht auch der Ehrgeiz des Autors. Er berichtet, wie unermüdlich, ja erbittert er an ihm gefeilt habe und daß er schließlich am Gelingen verzweifelt sei, ja in einer jähen Anwandlung das fast fertige Manuskript verbrannt habe.

Universalität wird auch im Stil angestrebt. Der kosmisch-erhabene Ton Hesiods steht dem Dichter ebenso zu Gebot wie der hymnisch-homerische, der philosophisch-didaktische des Lukrez ebenso wie der hellenistisch-idyllische oder bukolische. Der Abstand zum alten epischen Stil läßt allerdings keinen Zweifel daran, daß der Mythos seine geheimnisvolle Kraft und Wirklichkeit verloren hat und das naive »epische« Weltbild der griechischen Archaik für Ovid nicht mehr existiert. Der Mythos erscheint gleichsam säkularisiert und auf die (auch ideologisch neutrale) Ebene einer poetisch-symbolischen Stoffwelt gehoben. Nicht mehr eigentlich von Göttern erzählt dieses Epos, sondern von den Menschen, die sich in deren Kostüm verbergen. Oft geht die Tendenz zur Vermenschlichung und geistreichen Trivialisierung des Erotischen und Familiären bis an die Grenze der Travestie, etwa wenn das Götterkonzil als Senatsversammlung dargestellt wird, in der Iuppiter als ein himmlischer *princeps* fungiert, oder wenn Kirke gar als Standeskurtisane geschildert wird (14,23 ff.). Kein vergilisches *fatum* greift regulierend in das Geschehen ein, sondern des Dichters novellistische oder besser »feuilletonistische« Freude an der witzigen, pointensetzenden, »nahperspektivischen« Behandlung eines »Falles« bestimmt Auswahl und Abfolge der Sagen. Der wichtigen Kategorie des Faktischen wird nur eine verschwindend geringe Bedeutung beigemessen. Statt dessen erscheint das »Epische« hier in einem tiefen Sinn an die leitende Idee der Verwandlung geknüpft. Sie umschließt für Ovid die ganze unermeßliche Vielfalt der welt- und menschheitsgeschichtlichen Prozesse, dessen übermächtige Wirklichkeit hinter der vordergründigen Umspielung stets »episch« gegenwärtig ist. Damit hat das antike Epos den letzten Rest der ihm noch anhaftenden religiös-kultischen Funktionalität abgestreift und einen autonomen Sinn erhalten.

Das gilt auch für das Menschenbild dieser Dichtung. Entlassen aus der Leitung durch eine höhere Macht, werden die Menschen hier ausschließlich von psychischen Kräften, nämlich »Liebe, Sehnsucht, Wille« (Büchner), gesteuert von da her mit den Grenzen konfrontiert, die Natur, Gesetz oder Sitte setzen. Dem Monolog der Medea (7,11 ff.) kommt hierbei eine gewisse Schlüsselfunktion zu: Ovid, schon von jeher ein subtiler Analytiker des menschlichen Psyche, zeichnet in dieser Gestalt das Problem des Moralischen mit einer an Lukrez gemahnenden Dialektik. Den Konflikt zwischen *ratio* (Vernunft) und *furor* (Affekt) entscheidet Medea nur scheinbar individuell moralisch; in Wahrheit folgt sie einer für ihre Situation typischen psychologischen Verhaltensweise. Über die – fast spielerisch eingeführten –

moralischen Alternativen hinweg unterliegt sie als Individuum allein dem Zwang eines psychologischen Gesetzes. Freilich ficht Ovid diese Antinomie nicht mit lukrezischem Ernst bis zum äußersten aus, sondern beläßt sie mit der ihm eigenen rokokohaften Leichtigkeit in reizvoll-ironischer Schwebe.

Im Mittelalter, aus dem rund 150 Handschriften und Übersetzungen ins Deutsche (durch ALBRECHT VON HALBERSTADT, um 1210) und Griechische (durch PLANUDES, um 1300) erhalten sind, gehörten die *Metamorphosen* zu den meistgelesenen Werken der Antike. Erst die Ästhetik des Irrationalismus legte die hochartifizielle Formgebung als glatte Virtuosität aus (vor allem HERDER). GOETHE hegte eine intuitive Bewunderung für das Werk; sein eigenes morphologisches Denken mag in dem Leitgedanken der »ewigen Dauer im Wechsel« mancherlei Anknüpfungspunkte gefunden haben. R. M.

AUSGABEN: Bologna 1471 (in *Opera*, Hg. Franciscus Puteolanus). – Bln. 1914, Hg. H. Magnus. – Ldn./ Cambridge (Mass.) 1916 (*Metamorphoses*, Hg. F. J. Miller, 2 Bde.; m. engl. Übers.; Loeb; Bd. 1: ²1921; Nachdr. zul. 1956–1958). – Leiden ³1951, Hg. D. E. Bosselaar u. B. A. van Proosdij [m. Komm.]. – Zürich 1958, Hg. H. Breitenbach [lat.-dt.; m. Komm.]. – Groningen/Djakarta ²1956 (*Metamorphoses*, Hg. M. J. Pattist). – Turin ⁴1959, Hg. F. d'Ovidio [m. Komm.]. – Paris ³1961 (*Les Métamorphoses*, Hg. G. Lafaye, 3 Bde.; m. frz. Übers.). – Mchn. ³1964 (*Metamorphosen*, Hg. E. Rösch; lat.-dt.). – Zürich/Dublin ¹⁰1966 (*Metamorphosen*, Hg. M. Haupt, O. Korn, R. Ehwald u. M. v. Albrecht, 2 Bde.; m. Komm. u. Bibliogr.).

ÜBERSETZUNGEN: *Metamorphoseon libri XV*, Albrecht von Halberstadt [entstanden um 1210], Hg. u. Bearb. J. Wikram, Mainz 1545. – *Verwandlungen*, J. H. Voß, Braunschweig ²1829. – *Metamorphosen*, R. Suchier, 3 Bde., Stg. ²1862 u. ö.; zul. Mchn. o.J. (GGT, 583/584). – Dass., Th. v. Scheffer, Wiesbaden 1948. – Dass., H. Breitenbach, Zürich/Stg. ²1964.

LITERATUR: R. Cahen, *Le rhythme poétique dans les »Métamorphoses« d'Ovide*, Paris 1910. – R. Heinze, *Ovids elegische Erzählung*, Lpzg. 1919 (Sitzungsber. d. Sächs. Ak. d. Wiss., 71/1; ern. in R. H., *Vom Geist des Römertums*, Hg. E. Burck, Darmstadt ³1960, S. 308–403). – H. Diller, *Die dichterische Eigenart von Ovids »Metamorphosen«* (in Humanistisches Gymnasium, 45, 1934, S. 25–37). – W. Kraus, Art. *Ovidius Naso (3)* (in RE, 18/2, 1942, Sp. 1937–1950). – H. Fränkel, *Ovid. A Poet between Two Worlds*, Berkeley/Los Angeles 1945, S. 72–111; 208–228. – K. Büchner, *Ovids »Metamorphosen«* (in K. B., *Humanitas Romana*, Heidelberg 1957, S. 203–228). – A. Menzione, *Le »Metamorfosi« di Ovidio e la critica moderna* (in Rivista di Studi Classici, 9, 1961, S. 5–51). – L. Castiglioni, *Studi intorno alle fonti e alla composizione delle »Metamorfosi« di Ovidio*, Rom ²1964. – W. Ludwig, *Struktur u. Einheit der »Metamorphosen« Ovids*, Bln. 1965.

REMEDIA AMORIS (lat.; *Heilmittel gegen die Liebe*). Lehrgedicht des Publius OVIDIUS NASO (43 v. Chr.–18 n. Chr.), veröffentlicht im Jahr 2 n. Chr. – Daß Ovid seinem Meisterwerk, der *Ars amatoria (Liebeskunst)*, unmittelbar eine *Liebesmedizin* folgen ließ, lag an dem reichen, aber verspäteten Echo, das die *Ars* gefunden hatte: »*Unlängst haben gewisse Leute mich schrecklich verrissen, ihrer gestrengen Zensur schien meine Muse zu frech. Aber solange die ganze Welt mich liest mit*

Vergnügen, gönn' ich den Leuten den Spaß, feinde mich an, wer da will. Selbst den großen Homer versuchte der Neid zu verkleinern ... Wer sich, er sei wer er will, durch unsere Freiheit verletzt fühlt, wisse: ein jedes Gedicht fordert sein eigenes Maß ... Zeigt sich am Ende meine Muse dem heiteren Vorwurf gewachsen, hab' ich gewonnen und bin falsche Beschuldigung los« (V. 361–388; Ü: J. Eberle). Wer hinter den harten Kritikern steht, ist unschwer zu erraten, hat die Veröffentlichung der *Ars* doch ihr gutes Teil dazu beigetragen, daß der Dichter wenige Jahre später (8 n. Chr.) ins Exil gehen mußte: Es waren die restaurativen Kreise um AUGUSTUS, für dessen Bemühen um allgemeine sittliche Erneuerung des Staates die lockeren Poeme des Elegikers alles eher als förderlich wirkten.

Indes: Ovid ist nicht der Mann, der widerruft, und der Princeps dürfte an den *Remedia* so wenig Freude gehabt haben wie an ihrem positiven Gegenstück. Denn der Dichter geht keineswegs zu einem anderen Thema über oder wechselt Stil und Diktion ins Schamvoll-Diskrete. Seine Retraktation ist in Wirklichkeit eine Fortsetzung, die mit denselben Mitteln offenherziger Beschreibung und Schilderung denselben Stoff darstellt – nur diesmal von seiner Kehrseite. Die Unbeschwertheit, mit der hier gegen die Liebe geredet wird, die blitzende Frivolität, mit der diese neue *Ars* ihre »Rezepte« vorträgt, sind der ersten Version ebenbürtig, und was sich wie eine Verdammung gibt, ist nur ein neuerlicher Preis der Allmacht Amors; das erste Stück (V. 1–40) des kunstvoll gefügten Prooemiums (V. 1–78) gibt dafür den markantesten Hinweis. Freilich erweist sich das Werk, so glänzend viele Einzelzüge erscheinen – etwa der idyllische Preis des Landlebens (V. 169–198) oder die von elegischer Dramatik erfüllten Episoden über Kirke und Odysseus (V. 263–290) und Phyllis und Demophoon (V. 591–608) –, aufs Ganze gesehen als lang nicht so geglückt und abgerundet wie die *Liebeskunst*. Zu stark wird auf große Strecken der Charakter des Sukzessiv-Reihenden spürbar (was zu Längen und Reprisen führt), zu laut vernimmt man den dozierenden Ton erzwungener Paränese – während das frühere Lehrgedicht durchaus Dichtung bleibt, wirken die *Remedia* weithin unter der Komponente der Belehrung. Noch ein zweites Moment beeinträchtigt den Rang des Werks: Ovid verlieh den *Heilmitteln* ihre besondere Pointe, indem er auf Schritt und Tritt den Thesen und Anweisungen der *Ars* replizierte. Das muß als witzig und reizvoll empfinden, wer die Verse der *Ars* im Ohr hat – und der Dichter durfte nach seinem Erfolg solche Kenntnis voraussetzen; aber es prägt dem neuen Gedicht von vornherein den Stempel eines Anhängsels auf. Das Bewußtsein dieses Mangels hat den Dichter unter Umständen auch gehindert, dem Werk die letzte kompositorische Glättung angedeihen zu lassen. E. Sch.

AUSGABEN: Bologna 1471 (in *Opera*, Hg. Franciscus Puteolanus). – Lpzg. 1888 (in *P. N. O.*, Bd. 1, Hg. R. Merkel u. R. Ehwald; Nachdr. 1910). – Budapest 1921, Hg. G. Némethy [m. Komm.]. – Paris 1930 (*Les remèdes à l'amour*, Hg. H. Bornecque; m. frz. Übers.). – Ldn./Cambridge (Mass.) ²1939 (in *The Art of Love and Other Poems*, Hg. J. H. Mozley; Loeb; m. engl. Übers.; mehrere Nachdr.). – Bln. 1960 (*Heilmittel gegen die Liebe*, Hg. F. W. Lenz; m. Komm. u. Übers.; ²1969). – Oxford 1961 (in *Amores...*, Hg. E. J. Kenney; Nachdr. zul. 1968). – Turin 1965, Hg. F. W. Lenz.

ÜBERSETZUNGEN: *Hie hebt sich an das buch Ovidij von der liebe zu erwerben. auch die liebe zu verschmehē*, J. Hartlieb, Augsburg 1482 [Bearb.]. – *Ovids Schule der Liebe, das ist dessen Liebeshändel, Kunst und Arzenei der Liebe*, anon., Bln./Lpzg. 1786. – *Heilmittel gegen die Liebe*, V. v. Marnitz (in *Die erotischen Dichtungen*, Stg. 1958; Krönners Taschenausg., 263). – Dass., J. Eberle, Zürich/Stg. 1959.

LITERATUR: M. Pohlenz, *De Ovidii carminibus amatoriis*, Progr. Göttingen 1913. – K. Prinz, *Untersuchungen zu O.s »Remedia amoris«* (in WSt, 36, 1914, S. 36–83; 39, 1917, S. 91–121; 259–290). – Schanz-Hosius, 2, S. 228/229. – W. Kraus, Art. *O. N. (3)* (in RE, 18/2, 1942, Sp. 1936/1937). – H. Fränkel, *O. A Poet between Two Worlds*, Berkeley/Los Angeles 1945, S. 67–72; 207/208. – L. P. Wilkinson, *O. Recalled*, Cambridge 1955, S. 118–144. – S. D'Elia, *Ovidio*, Neapel 1959, S. 216–226. – D. Korzeniewski, *O.s elegisches Proömium* (in Herm, 92, 1964, S. 182–213). – *O.*, Hg. M. v. Albrecht u. E. Zinn, Darmstadt 1968 (Wege der Forschung, 92).

TRISTIUM LIBRI V (lat.; *Fünf Bücher Gedichte der Trübsal*). Elegien mit Briefcharakter von Publius OVIDIUS NASO (43 v. Chr. – 18 n. Chr.), entstanden zwischen 8 und 12 n. Chr. – Die Gedichte sind untrennbar mit der Verbannung des Dichters verbunden, die der Kaiser im Jahre 8 n. Chr. völlig überraschend unter dem Vorwand der Anstößigkeit seiner früheren Liebesgedichte über ihn verhängte. Das erste Buch (11 Elegien) schrieb Ovid noch unter dem Eindruck der Seereise, das zweite – eine breitangelegte Apologie von 578 Versen – sogleich nach der Ankunft in Tomis am Schwarzen Meer, dem Ort des Exils, die übrigen (mit 14, 10 und 14 Elegien) in den ersten Jahren danach.

In etwa jährlichem Abstand schickte der Dichter die fertigen Bücher zur Publikation nach Rom. An diese Veröffentlichung ist von vornherein gedacht, auch wenn die Gedichte bestimmte, aber aus politischer Rücksichtnahme allerdings ungenannte Adressaten ansprechen: so neben der Gattin (1, 6; 5, 14) und wohl denselben Freunden, an die sich die späteren *Epistulae ex Ponto (Briefe vom Schwarzen Meer)* richten, auch einem Kreis von persönlichen Feinden (1, 8; 3, 11; 4, 9; 5, 8). Der wahre Adressat ist die Öffentlichkeit und damit Augustus, den direkt anzugehen vorerst nicht gewagt werden darf. So stehen die Themen der Sammlung ausnahmslos im Dienst solcher Beeinflussung: Rechtfertigung von Lebenswandel und Werk; die unwirtliche Schwarzmeer-Gegend, schon von den Griechen mit euphemistischer Ironie als »gastlich« *(pontos euxeinos)* bezeichnet, mit ihrer unendlichen Öde und ihren Gefahren im Lauf der Jahreszeiten; die Sehnsucht nach Rom (einzigartig der fiktive Gang durch die Stadt, 3, 1); den im Verlust des Publikums und der literarischen Anregungen begründete Erlahmen der produktiven Kraft. Die einzelnen Bücher haben jeweils Einleitungs- und Schlußgedichte, von denen der Epilog zum vierten Buch (4, 10) große Bedeutung für die Biographie Ovids hat. In der Form der *Sphragis* gibt der Dichter hier einen subtilen Einblick in den eigenen Werdegang und die literarische Situation seiner Zeit.

Der vielfach negativen Einschätzung der *Tristien* durch die neuere Philologie (Schanz-Hosius: »Jammerlitaneien«) steht das hohe Urteil GOETHES gegenüber: »*Klassisch ist das Gesunde, romantisch* das Kranke. Ovid blieb klassisch auch im Exil: Er sucht sein Unglück nicht in sich, sondern in seiner Entfernung von der Hauptstadt der Welt« (*Maximen und Reflexionen*, 1031/1032). Hier liegen in der Tat die richtigen Ansätze für das Verständnis der *Tristien*. Nicht »romantische« Gefühlsergüsse darf man in ihnen suchen, sondern eher eine Art literarischer Publizistik, die den Kontakt mit Rom aufrechterhält und die Chancen einer Rückkehr vorbereitet, und zwar mit den Mitteln und Möglichkeiten der Elegie, die vor allem darin bestehen, Vorgänge des Inneren darzustellen. Dabei bildet jedoch die poetische Wirklichkeit in den Gedichten – auch das übersah man aus einer naiven Verabsolutierung der verzweifelten Selbstkritik des Dichters – einen autonomen Bereich; ihr Angelpunkt und eigentliches Movens ist der Schmerz; nicht ätzende Trauer und Gebrochenheit, wie sie in den späteren *Epistulae* als stille Resignation vor der Unwiderruflichkeit des eigenen Schicksals wirkt, sondern Betroffenheit und bittere Enttäuschung. Allen anders lautenden Beteuerungen zum Trotz bleibt Ovid auch hier in erster Linie Dichter. Voll und ganz seinem stilistischen Ideal treu, schreibt er Gedichte, in deren sprachlicher und metrischer Eleganz man den Gipfelpunkt seines Schaffens sehen kann. Die Elegie findet, in vielem verwandelt, in den *Tristien* zu ihrer griechischen Urform zurück: Was fälschlich dem Charakter des Dichters angelastet wurde, der schmerzliche Grundton, die Monotonie der Wiederholungen, die devote Schmeichelei, das Mißtrauen gegen die eigene künstlerische Kraft, entpuppt sich als fester Traditionsbestand dieser Form. Mit der Erinnerung an das wohl bezauberndste Stück solcher Klage, dem nächtlichen Abschied von Rom (1, 3), läßt Goethe, fast achtzehn Jahrhunderte später selbst für immer von Rom Abschied nehmend, die *Italienische Reise* (1817) ausklingen.

R. M.

AUSGABEN: Bologna 1471 (in *Opera*, Hg. Franciscus Puteolanus). – Bln. 1837, Hg. R. Merkel. – Lpzg. 1922 *(Tristia, ex Ponto, Ibis*, Hg. R. Ehwald u. F. Levy). – Ldn./Cambridge (Mass.) 1924 *(Tristia, ex Ponto*, Hg. A. L. Wheeler; m. engl. Übers.; Loeb; mehrere Nachdr.). – Zürich/Stg. 1963, Hg. G. Luck [m. Einl., Erl. u. dt. Übers.]. – Heidelberg 1967ff., Hg. G. Luck [m. dt. Übers.].

ÜBERSETZUNGEN: *Trauerelegien*, J. H. Seypp, Darmstadt 1664. – *Tristien*, E. Klussmann (in *Werke*, Bd. 4, Bln. 1858). – *Gedichte der Trauer*, L. Huchthausen (in *Werke*, Bd. 2, Bln./Weimar 1968).

LITERATUR: J. J. Hartman, *De O. in exilium proficiscente* (in Mnem, 39, 1911, S. 223ff.). – L. Niedermeier, *Untersuchungen über die antike poetische Autobiographie*, Diss. Mchn. 1919, S. 22 bis 28. – U. v. Wilamowitz-Moellendorf, *Über O.s »Tristien«* (in Herm, 61, 1926, S. 298–302). – R. Ripert, *Ovide, poète de l'amour des dieux et de l'exile*, Paris 1921. – W. Kraus, Art. *O. N. (3)* (in RE, 18/2, 1942, Sp. 1961–1964). – H. Fraenkel, *Ovid. A Poet between Two Worlds*, Berkeley/Los Angeles 1945; ²1956. – J. C. Thibault, *The Mystery of Ovid's Exile*, Berkeley 1964.

Lucius VITRUVIUS MAMURRA
(1. Jh. v. Chr.)

DE ARCHITECTURA (lat.; *Über die Architektur*). Systematische Abhandlung über das Bauhandwerk von Lucius VITRUVIUS MAMURRA (andere Namensform Marcus Vitruvius Pollio, 1. Jh v. Chr.), entstanden im vorletzten Jahrzehnt des 1. Jh.s v. Chr.; gewidmet Kaiser Augustus, unter dem der Baumeister und Ingenieur Vitruv, wie schon unter Caesar, einen der höchsten technisch-militärischen Ränge eingenommen hatte und dem er im Alter, als Dank für die großzügig gewährte Pension, dieses zehnbändige Opus widmete.

Obwohl es in der Antike auch noch andere, heute verlorene Schriften über die Baukunst gab – neben zahlreichen griechischen Kompendien, z. B. von HERMOGENES (3. Jh. v. Chr.), die Vitruv ausgiebig heranzog, etwa eine Abteilung in VARRÓS Enzyklopädie –, dürfte das vorliegende Werk nicht nur das umfassendste und in seiner Gedrängtheit am besten geglückte, sondern auch das erfolgreichste gewesen sein: von der Zeit des älteren PLINIUS über FRONTINUS bis hin zum Ende der Antike gibt es kein Jahrhundert, in dem sich nicht Spuren des Autors finden; in der Karolingerzeit gehörte sein monumentales Werk zu den Standardbüchern, es wurde das ganze Mittelalter hindurch gelesen und schließlich zur »*Bibel der Renaissancearchitekten*« (K. Büchner): der berühmte Leon Battista ALBERTI, Prototyp des *uomo universale* jener Zeit, Dichter, Gelehrter, Ästhet und Architekt, legte seinem Hauptwerk, den zehn Büchern *De re aedificatoria*, die Darstellung Vitruvs zugrunde.

Wie der Autor selbst mehr war als nur Baumeister, so greift auch sein Buch, wenigstens nach unseren Begriffen, über das Handwerk der Architektur im engeren Sinne hinaus und umspannt die unerläßlichen Vor- und Nebenbezirke des Gegenstandes, einschließlich Maschinenbau: Buch 1 gibt eine grundlegende Einführung in die Wissenschaft der Architektur und behandelt sodann Städtebau und Stadtplanung; 2 bringt eine Art Werkstoffkunde des Baugewerbes, beschreibt die verschiedenen Baumaterialien; in 3 und 4 steht der sakrale, in 5 der profane Monumentalbau zur Debatte (vor allem Tempel, Theater usw.); in 6 folgen die Privatgebäude; 7 schließt mit der Erörterung des Innen- und Außenverputzes sowie der Dekoration und Wandmalerei das eigentliche Thema ab; Buch 8–10 sind den ergänzenden (aber nach Meinung des Autors ihrem Wesen nach unabdingbaren) Disziplinen gewidmet, der Wasserversorgung, der Chronometrie sowie der Mechanik und dem Maschinenbau.

Vitruv besaß zweifellos keine rhetorische oder literarische Vorbildung (wie er selbst eingangs bekennt), obgleich man ihm eine gewisse Belesenheit nicht absprechen kann. Doch nicht daran oder an dem Umstand, daß seine Ausdrucksweise manches Umgangssprachliche an sich hat, liegt es, daß sein Werk auf lange Strecken dem Laien beinahe unverständlich bleibt, sondern an der angewandten Fachsprache und den detaillierten fachlichen Voraussetzungen, die Vitruv verlangt; das dürfte ihm auch selbst bewußt gewesen sein, wird er doch nicht müde, in jedem Buch vorangestellten Präfationen und in kurzen epilogischen Zusammenfassungen den komplizierten Stoff immer wieder didaktisch zu repetieren und zu resümieren. Man tut gut daran, sich diese sachlich bedingte Schwierigkeit angesichts der mannigfachen Verdammungsurteile über den ungeschickten Stil des Autors gelegentlich vor Augen zu halten. E. Sch.

AUSGABEN: Rom 1487 (L. *Vitruvii Pollionis ad Caesarem Augustum de architectura libri decem* Hg. G. Sulpicio). – Lpzg. 1912 (*Vitruvii de architectura libri decem*, Hg. F. Krohn). – Ldn./Cambridge (Mass.) 1931–1934 (*On Architecture*, Hg. F. Granger, 2 Bde.; m. engl. Übers.; Loeb; Nachdr. 1955/56). – Rom 1960 (*Architettura [dai libri I–VII]*, Hg. S. Ferri; m. Anm. u. ital. Übers.). – Darmstadt 1964 (*Zehn Bücher über Architektur*, Hg. C. Fensterbusch; m. Komm. u. Übers.).

ÜBERSETZUNGEN: *Vitruuius Teutsch. Des allernamhafftigsten vnd hocherfahrnesten römischen Architecti ... Marci Vitruuij Pollionis Zehen Bücher von der Architectur vnd künstlichem Bawen ...*, G. G. H. Rivius, Basel 1514. – *Zehn Bücher über Architektur*, J. Prestel, 5 Bde., Baden-Baden ²1959 [m. Erl.].

LITERATUR: L. Sontheimer, *V. u. seine Zeit*, Diss. Tübingen 1908. – Schanz-Hosius, 2, S. 386–395. – F. W. Schlikker, *Hellenistische Vorstellungen v. d. Schönheit d. Bauwerks nach Vitruv*, Bln. 1940. – P. Thielscher, Art. *Vitruvius (2)* (in RE, 9/1, 1961, Sp. 427–489).

DIONYSIOS aus Harlikarnassos
(1. Jh. v. Chr.)

RHŌMAÏKĒ ARCHAIOLOGIA (griech.; *Römische Altertumskunde*). Monumental angelegtes Geschichtswerk in zwanzig Büchern von DIONYSIOS aus Halikarnassos (1. Jh. v. Chr.); entstanden während des zweiundzwanzigjährigen Aufenthalts des Autors in Rom (30–8 v. Chr.), veröffentlicht 7 v. Chr.; später scheint, wohl vom Autor selbst, noch eine gekürzte Fassung in fünf Büchern veröffentlicht worden zu sein. – Von der ursprünglichen Fassung ist nur stark die Hälfte erhalten: Buch 1–10 und ein Teil von Buch 11, die Zeit von den mythischen Anfängen bis zu den Dezemvirn (451/450 v. Chr.) umspannend. Für den Rest sind wir auf einen von Angelo MAI 1816 in einer Mailänder Handschrift entdeckten Auszug angewiesen sowie auf Exzerpte des byzantinischen Kaisers KONSTANTINOS VII. PORPHYROGENNETOS (reg. 913 bis 959).

Für seinen Bericht setzte Dionysios von vornherein ein markantes Ende fest: den Ausbruch der Auseinandersetzung Roms mit Karthago (264 v. Chr.). Darin wird deutlich, an welchen Maßstäben der Autor sich gemessen sehen will: an den *Historiai (Geschichte)* des POLYBIOS, die mit dem Ersten Punischen Krieg beginnen. Zu erkennen, daß damit für seine Zeit, erst recht aber für ihn selbst Unmögliches geplant war, vermochte der in der Rhetorschule auf die routinierte Darstellung aller möglichen Motive gedrillte Autor freilich nicht. In jenen Jahren des aufblühenden Prinzipats waren Sinn und Verständnis für exakte historische Wahrheitserforschung, die sich aus ihrer Wissenschaft Gewinn für das aktuelle politische Geschehen und Handeln erhofft, ohnehin verloren – oder noch nicht wiedergewonnen –, trotz der großen Worte, die unser Autor darüber macht. Was das historiographische »Handwerkszeug« angeht, steht Dionysios auf der gleichen Stufe wie der unglückliche DIODOROS, wie sich vor allem bei der Synopse und Kompilation griechischer und römischer Daten zeigt.

Trotz des riesigen Umfangs kann das Werk keineswegs als ein von den heutigen Gelehrten dankbar benutztes Hilfsmittel bezeichnet werden. Was bei ihm in elf Büchern berichtet wird, steht bei LIVIUS in dreien (die mannigfachen Querbezüge zwischen beiden Werken sind nicht geklärt). Doch die vorgebliche Fülle von Fakten ist in Wirklichkeit nichts als rhetorischer Ballast: Nicht selten ist ein Drittel oder die Hälfte eines Buches vollgepfropft mit Reden, die weder der Charakteristik der Personen oder der Verhältnisse noch programmatischen Reflexionen dienen, sondern allein den Berufsambitionen des Verfassers, der seine angelernten Fähigkeiten als Rhetor mit monotoner Stereotypie in Szene zu setzen versucht. Ein einziges Nebenziel wird noch spürbar, doch auch dieses ist so ahistorisch wie alles übrige: seinen griechischen Landsleuten die Unübertrefflichkeit römischer *virtus*, die Vorzüglichkeit römischer Institutionen (und die Römer sind ja, sagt er, Nachkomen, Stammverwandte der Griechen) mahnend vor Augen zu stellen. Freilich muß man annehmen, daß auch dieser erzieherische Eifer nichts anderes als die Attitüde eines an ISOKRATES geschulten Redners ist. Nimmt man noch die sprachlichen Aspekte dazu – eine exaltierte Mimesis altgriechischer Stilideale, von THUKYDIDES bis XENOPHON, von ISOKRATES bis DEMOSTHENES –, so verstärkt sich der Eindruck zur Gewißheit, daß Dionysios in seinem »Geschichtswerk« am falschen Objekt und mit unglücklichem Eifer zu demonstrieren versuchte, was er in seinen stilkritischen Essays weitaus besser und glaubwürdiger auszudrücken verstanden hat. Erst in den Büchern *Über die alten Redner*, *Über die Sprache des Demosthenes*, vor allem aber *Über die Wortfügung* kann der Leser gewahr werden, daß dieser versierte und dabei doch als ein unbeholfener Schwätzer erscheinende Autor ein Mann von Geschmack und Geist war, der mit Sensibilität auf die hinreißende Wirkung geschliffener Prosa zu reagieren pflegte, ein ästhetischer Analytiker, der nur eben dort versagte, wo er die Grenze vom Kritiker zum Literaten überschreiten wollte. E. Sch.

AUSGABEN: Venedig 1480 (*Originum sive antiquitatum Romanorum libri*; lat. Übers. des Lampus Biragus). – Paris 1546 (*Rhōmaïkēs Archaiologias Biblia deka*, Hg. R. Stephanus). – Ffm. 1817 (*Rhōmaïkēs archaiologias ta mechri tude elleiponta*, Hg. A. Mai). – Lpzg. 1885–1925 (*Antiquitatum Romanorum quae supersunt*, Hg. C. Jacoby). – Ldn./Cambridge (Mass.) 1937–1950 (*The Roman Antiquities*, Hg. E. Cary, 7 Bde; m. engl. Übers.; Loeb; z. T. in Neuaufl. u. Nachdr.).

ÜBERSETZUNGEN: *Römische Alterthümer*, J. L. Benzler, 2 Bde., Lemgo 1771/72. – *Urgeschichten der Römer*, G. J. Schaller u. A. H. Christian (in *Werke*, Bd. 1–12, Stg. 1827–1849).

LITERATUR: E. Schwartz, Art. *Dionysios (113)* (in RE, 5, 1905, Sp. 934–961; ern. in E. S., *Griechische Geschichtsschreiber*, Lpzg. 1957, S. 319–360). – F. Halbfas, *Theorie und Praxis in der Geschichtschreibung bei Dionys von Halikarnaß*, Münster 1910. – Schmid-Stählin, 2/1, S. 472–475. – E. Gaida, *Die Schlachtschilderungen in den »Antiquitates Romanae« des Dionys von Halikarnaß*, Diss. Breslau 1934. – A. Klotz, *Zu den Quellen der »Archaiologia« des D. von Halikarnassos* (in RhMus, 87, 1938,

S. 32–50). – Ders., *Livius und seine Vorgänger*, Bd. 3, Lpzg./Bln. 1941, S. 218–272 (Neue Wege zur Antike, II/11). – S. Ek, *Herodotismen in der »Archäologie« des Dionys von Halikarnass*, Lund 1942. – Ders., *Eine Stiltendenz in der römischen »Archäologie« des D. von Halikarnass* (in Eranos, 43, 1945, S. 198–214). – E. Gabba, *Studi su Dionigi da Arlicarnasso* (in Athenaeum, 38, 1960, S. 175–225; 39, 1961, S. 98–121; 42, 1964, S. 29–41). – H. Hill, *Dionysius of Halicarnassus and the Origins of Rome* (in The Journal of Roman Studies, 51, 1961, S. 88 bis 93). – Lesky, S. 901f. – O. Tomasini, *Per l'individuazione di fonti storiografiche anonime latine in Dionisio d'Alicarnasso* (in Annali della Facoltà di Lettere e Filosofia, Triest, 1, 1964/65, S. 153–174).

PHAEDRUS
(um 15 v. Chr.–55 n. Chr.)

FABULAE AESOPIAE (lat.; *Äsopische Fabeln*). Handschriftlich überlieferter Titel der fünfbändigen, nur lückenhaft erhaltenen Fabelsammlung des PHAEDRUS (um 15 v. Chr. bis 55 n. Chr.). – Der in Griechenland geborene Freigelassene aus dem Haus des Augustus darf sich rühmen, als erster die griechische Gattung der Fabeln in römischer Sprache dichterisch bearbeitet zu haben. Seine Fassung in iambischen Senaren ist – obgleich bereits andere Römer, etwa ENNIUS, LUCILIUS und HORAZ, ihrem Werk Tierparabeln einverleibt hatten – in dieser Literatur klassisch geworden, wie die Hinkiambenversion des BABRIOS im Griechischen. Phaedrus verdient darüber hinaus besondere Beachtung, weil sein Werk nicht nur den frühesten Vertreter des »poetischen Nebenarmes« – im Gegensatz zum Hauptstrom der prosaisch-mündlichen Fabeltradition – darstellt, sondern überhaupt die früheste erhaltene Sammlung der ganzen Gattung ist: der griechische Hauptstrom des AISOP selbst ist in seiner überlieferten Form viel später schriftlich fixiert.
Die Geschichten der Phaedrus-Fabeln sind durchaus von derselben Art wie ihre Schwesterwerke: der Begriff der Fabel wird sehr weit gefaßt, neben den »klassischen« Fabeltieren wie Löwe und Hund, Geier und Wolf, Fuchs und Esel, Rabe und Schaf usw. treten auch ihre die Dinge der Natur, wie Bäume und Berge, auf, dazu natürlich Götter und Menschen, seien es schwankhafte Typen wie Kahlkopf und Bauer, seien es legendenumwobene Persönlichkeiten (vor allem der alte Aisop selbst) oder anekdotenbekränzte historische Gestalten, unter denen wir neben Sokrates sogar Kaiser Tiberius (reg. 14–37 n. Chr.) finden. Die Verse, in die der Dichter das, was er in seiner (griechischen oder prosalateinischen) Vorlage fand, umgegossen hat, sind überaus sauber und gefällig gearbeitet und bilden im Verein mit dem trefflicher einfachen, ganz an der volkstümlichen Schlichtheit des Stoffes orientierten und um strikte Kürze bemühten Sprachstil den besonderen Vorzug des Werkes. In der kompositorischen »Zubereitung« der Stücke besaß Phaedrus eine weniger glückliche Hand: wo er die Absicht hegte, die griechische Version zu verbessern, anders zu akzentuieren, hat er häufig, wie schon LESSING bemerkte, das Gegenteil bewirkt; und die pointentötende Technik der ethisch interpretierenden »Promythien« und »Epimythien« muß man als ausgesprochenen Mißgriff ansehen. Eine andere Eigentümlichkeit allerdings, die ihm früher zum Vorwurf gemacht wurde, hat man in neuem Licht sehen gelernt: die »*Abstrakta*«, die »*an die sinkende Latinität*« erinnern (Schanz-Hosius), sind in Wirklichkeit echt »*römische Lebensbegriffe* [wie *potentia, magnitudo, gratia, dignitas, honestum*], *die sich in der außermenschlichen Welt darstellen und der Zeit einen Spiegel vorhalten*« (Büchner). Insofern hat der gebürtige Grieche Phaedrus nicht weniger geleistet als ein CATULL, ein Horaz oder VERGIL: er hat ein vorgegebenes griechisches Modell mit einem neuen – römischen – Geist erfüllt und so in ein neues, originäres literarisches Gebilde verwandelt.
Die Zeitgenossen, denen Phaedrus seine ursprünglich auf drei Bücher geplante Sammlung im Laufe von etwa zwanzig Jahren sukzessive vorlegte – Buch 1 und 2 sind vor dem Jahr 31 erschienen, Buch 3 entstand, nach einigem Ungemach des Autors, zwischen 37 und 40, Buch 4 in den vierziger Jahren, und 5 ist im hohen Alter geschrieben –, scheinen dies nicht gewürdigt zu haben: er galt offenbar in der Tat als »*obskurer Skribent*«; SENECA und QUINTILIAN erwähnen nicht einmal seinen Namen, wenn sie von der Fabel reden. Erst MARTIAL spricht beiläufig von ihm, und dem Spätlateiner AVIAN, der um 400 n. Chr. Babrios in römische Elegien umsetzte, war er bekannt. Zwischen 350 und 500 wurde sein – damals offensichtlich noch unversehrtes – Werk von einer Prosasammlung lateinischer Fabeln aufgesogen (dem sogenannten *Romulus*), die ihrerseits, neben Babrios und seinen Derivaten, zur Hauptquelle für die immens fruchtbare Fabeldichtung der europäischen Mittelalters wurde. Doch Phaedrus selbst ist im *Romulus* nicht genannt – der Dichter übte seinen jahrhundertelangen Einfluß in der Anonymität aus; erst die Neuzeit hat seinem Namen wieder die gebührende Ehre verschafft. E. Sch.

AUSGABEN: Troyes 1596 (*Fabularum Aesopiarum libri V*, Hg. P. Pithoeus). – Paris 1895, Hg. L. Havet. – Oxford 1919, Hg. J. P. Postgate. – Lpzg. 1926, Hg. L. Müller. – Leiden 1950 (*Phèdre et ses fables*, Hg. L. Hermann; m. Einf., Bibliogr. u. frz. Übers.). – Paris ²1961 (*Fables*, Hg. A. Brenot; m. frz. Übers.). – Vgl. auch: *Der Lat. Äsop des Romulus und die Prosafassungen des P.*, Hg. G. Thiele, Heidelberg 1910 [m. Einl. u. Komm.].

ÜBERSETZUNGEN: *Des Phaedri fünf Bücher seiner Fabeln oder Gedichte und Geschichte, nach Ordnung der Construction, Sinn und Wortverstand verdollmetscht*, D. Hartnaccius, Ffm./Lpzg. 1696. – *Äsopische Fabeln*, E. Saenger, Lpzg. 1929 (RUB, 1144). – *Die Fabeln des P.* (in Antike Fabeln, L. Mader, Zürich 1951; m. Einl.). – In *Schöne Fabeln des Altertums*, H. Gasse, Lpzg. 1954 (Slg. Dieterich, 168).

LITERATUR: O. Eichert, *Vollständiges Wörterbuch zu den Fabeln des P.*, Hannover ²1877. – A. Cinquini, *Index Phaedrianus*, Mailand 1905. – G. Thiele, *Phaedrus-Studien* (in Herm, 41, 1906, S. 562–592; 43, 1908, S. 337–372). – O. Weinreich, *Fabel, Aretalogie, Novelle*, Heidelberg 1931 (SAWH, 1930/31, 7. Abh.). – Schanz-Hosius, 2, S. 447–456. – A. Hausrath, Art. *Phaedrus* (in RE, 19/2, 1938, Sp. 1475–1505).

Lucius
IUNIUS MODERATUS COLUMELLA
(1. Hälfte 1. Jh.)

DE RE RUSTICA (lat.; *Über den Landbau*). Landwirtschaftliche Schrift des Lucius IUNIUS MODERATUS COLUMELLA (erste Hälfte des 1. Jh.s n. Chr.). – Nach CATOS, VARROS und VERGILS Werken ist *De re rustica* das vierte erhaltene Buch über Agrikultur. Die Römer, gemeinhin nicht nur als tüchtige Juristen und erfolgreiche Eroberer, sondern auch als ein Volk wackerer Bauern gerühmt, hatten stets eine Vorliebe für diesen fachliterarischen Gegenstand: nicht umsonst ist das erste vollständig überlieferte Werk lateinischer Sprache eine Schrift über den Landbau. In Columellas eigenen Tagen hatte der Enzyklopädist CELSUS fünf Bücher seines Universalkompendiums diesem Thema gewidmet. Alle diese Vorgänger – dazu auch Griechisches, wie XENOPHONS *Oikonomikos* in der Übersetzung CICEROS – waren Columella vertraut, der seinerseits wiederum in der Fachliteratur der folgenden Jahrhunderte – über PLINIUS und GARGILIUS MARTIALIS bis hin zu PALLADIUS – seine Spuren hinterlassen hat.

Der aus Spanien gebürtige Provinziale tritt in seinem Werk als ein echt römischer Schriftsteller vor den Leser. So rühmt er etwa, patriotisch-bodenständig und etwas einfältig, das tätige Landleben als Zentrum eines gesunden und gesicherten Daseins; seine Vernachlässigung hält er für den Urgrund aller gegenwärtigen Dekadenz: in den guten alten Zeiten haben nicht Sklaven, sondern potentielle Staatsmänner und Heerführer den Ackerboden gepflügt. Eine andere Eigenheit, die gleichfalls im lateinischen Wesen viel tiefer als im griechischen verwurzelt erscheint, ist das Pochen auf die praktische Erfahrung und eigene Versuche (»*Wir selbst haben uns zunächst auf die Theorie verlassen, jetzt aber können wir uns darüber hinaus auf eine langjährige Erfahrung stützen*«, heißt es, fast etwas polemisch, 3, 10, 8). Diese Verwurzelung in der Praxis verleiht dem Buch auch seinen eigentlichen Rang und Reiz: die ganz unrhetorische, mit Eifer und Zucht der Sache dienende Sprache – gefällig, ja begeistert und begeisternd im Ausdruck –, die Bescheidung auf das Konkrete und allgemein Nützliche im Verzicht auf spekulative Diskussion abstrakter Probleme, der klare, populäre und dennoch der Simplifizierung abholde Stil, das sind Merkmale, die Columella unter den Fachliteraten seiner Zeit auszeichnen.

Anderes wiederum ist ihm weniger geglückt – so vor allem die Ökonomie der Gesamtdarstellung. Nachdem er ursprünglich seinen Stoff in drei oder vier Büchern behandelt hatte (daraus hat sich, scheinbar als Monographie, der Teil *De arboribus, Über die Baumzucht*, erhalten), entschloß er sich zu einer zweiten, seinem Gutsnachbarn Silvinus gewidmeten Auflage in zehn Bänden (kurz vor 65 n. Chr. ediert): Buch 1 bringt Generelles, eine Einführung in bäuerliches Leben und bäuerliche Pflichten; Buch 2 behandelt den Ackerbau; 3–5 den Wein- und Obstbau; 6–9 die Tierzucht usw.; 10 den Gartenbau. Auf Bitten seiner Freunde modifizierte der Autor allerdings diesen prosaisch-sachgerechten Plan und formte, Vergil nacheifernd, das letzte Buch – als Krönung des Ganzen – in hexametrisches Versmaß um. Aber die Freunde hatten weitere Bitten: und der Autor ließ sich breitschlagen, der Veröffentlichung ein elftes und zwölftes Buch nachzuschicken, um Aufgaben und Wirken der Verwalterin und des Verwalters nicht außer acht gelassen zu haben und – um das ist nun wirklich bedauerlich – den Gartenbau auch noch in Prosa zu diskutieren. Freilich wird der mangelhafte Erfolg des Werkes, das nur den Fachkollegen unter den Schriftstellern bekannt geworden zu sein scheint, kaum auf diesen Mangel an kompositorischer Stringenz zurückzuführen sein: viel wahrscheinlicher ist die Erklärung, daß das gesunde, landverwurzelte Publikum, das Columella sucht und anspricht, unter den Freunden der Literatur wie unter den Gutsbesitzern damals längst ausgestorben war. E. Sch.

AUSGABEN: Rom, um 1471 (*Iunii Moderati Columellae hortulus*; nur Buch 10). – Venedig 1472 (*Rei rusticae scriptores Cato, Terentius Varro, C. et Palladius Rutilius*, Hg. G. Merula). – Uppsala/Lpzg. 1897ff. (in *Opera quae extant*, bisher 7 Bde., Hg. W. Lundström u. Å. Josephson). – Ldn./Cambridge (Mass.) 1941-1955 (*On Agriculture*, 3 Bde., Hg. H. B. Ash, E. S. Forster u. E. H. Heffner; m. engl. Übers.; Loeb; Bd. 1: Nachdr. 1948).

ÜBERSETZUNGEN: *Das ackerwerck Lucii Columelle und Pallady zweyer hocherfarner Römer*, M. Herr, Straßburg 1538. – *Zwölff Bücher von der Landwirtschaft*, 2 Bde., M. C. Curtius, Hbg./Bremen 1769. – *De re rustica*, 2 Bde., H. Oesterreicher, Hg. K. Löffler, Tübingen 1914 [entstanden 1481!].

LITERATUR: A. Kappelmacher, Art. *Iunius (104)* (in RE, 10/1, 1917, Sp. 1054–1068). – Schanz-Hosius, 2, S. 785–791. – H. Weinhold, *Die dichterischen Quellen des L. I. M. C. in seinem Werk »De re rustica«*, Diss. Mchn. 1959.

Gaius
VELLEIUS PATERCULUS
(1. Hälfte 1. Jh.)

HISTORIAE ROMANAE (lat.; *Römische Geschichte*). Nicht ganz unbezweifelter Titel eines historischen Abrisses in zwei Büchern von Gaius VELLEIUS PATERCULUS, verfaßt im Jahre 29/30 und dem damals soeben zum Konsul gewählten Landsmann und Freund Marcus Vinicius gewidmet. – Während das erste Buch, das bis zum Jahre 146 v. Chr., der Einnahme Korinths und Karthagos, führt, auf eigens exzerpierten älteren Historikern beruht, stützte sich der Autor für das zweite Buch auf Material, aus dem er ursprünglich eine große Darstellung der Geschichte Roms seit dem Bürgerkrieg zwischen Caesar und Pompeius zu formen beabsichtigt hatte. Welches die Quellen sind, ist nicht bis ins letzte geklärt: Er nennt selbst CATO und HORTENSIUS, dazu die Aufzeichnungen des AUGUSTUS; daß er gegen Ende, je weiter er sich dem Jahr 30 näherte, auch eigene Reminiszenzen verarbeitet, ist naheliegend.

Der Zwang zur gedrängten Darstellung und ein gewisser Zeitdruck, unter dem der Autor bei der Abfassung stand, haben fraglos dazu beigetragen, den Stil, der weithin nicht eines talentierten Schwunges entbehrt, aufs Ganze gesehen etwas diffus erscheinen zu lassen: Neben die pointierte Formulierung treten langatmige Satzungeheuer, geschliffene Antithesen werden anderwärts durch rhetorischhölzerne Floskeln abgestumpft, der im allgemeinen lebhafte Fortschritt der Erzählung wird durch affektgeladene Interjektionen und Fragephrasen unterbrochen. Im einzelnen weisen Sprache und Diktion dieses erste nachaugusteische Prosawerk bereits der »silbernen Latinität« zu. Was den Inhalt angeht, so mag der Laie dem Laien gelegentliche Flüchtigkeitsfehler und manche Unstimmigkeiten, Folge mangelnder wissenschaftlich-historischer Vorbildung (Velleius war Militär und Amateurliterat), eben noch durchgehen lassen – der Protest der Historiker und Philologen dagegen ist dem Verfasser sicher. Seine Stärke ist die Skizzierung von Persönlichkeiten, wie man überhaupt den Hang zum Biographischen als einen wesentlichen Aspekt des Werkes bezeichnen muß: Im Hintergrund steht – einmal mehr – als letzter Ursprung die hellenistische Historiographie. Daß dabei das Historische zum reinen Dekor zu werden droht, das die große Persönlichkeit umrankt, ist eine Tendenz, die man dem Autor oft angekreidet hat. Und doch verdanken wir gerade dieser Neigung im Falle des Tiberius, wo sie sich zu regelrechter Panegyrik steigert, wertvolle Züge im Bild des Kaisers, die uns der gestrenge TACITUS nicht vermitteln kann.

Ob Velleius mit seinem Werk Erfolg hatte – als Geschichtsschreiber oder Schriftsteller –, läßt sich schwer sagen; auch wenn ihn spätere Historiker, wie etwa Tacitus, gekannt und benützt haben werden, eine starke Resonanz wurde ihm jedenfalls nicht zuteil, weder im Altertum noch im Mittelalter. Daß eine einzige Handschrift aus einem elsässischen Kloster die Historiae bewahrt hat – obschon mit zwei großen Lücken im ersten und einigen kleineren im zweiten Buch –, ist ein ausgesprochener Glücksfall.   E. Sch.

AUSGABEN: Basel 1520 (Historiae Romanae duo volumina, Hg. Beatus Rhenanus). – Oxford ²1918 (Ad M. Vinicium libri duo, Hg. R. Ellis; m. Komm.). – Ldn. 1924 (V. P., Hg. F. W. Shipley; m. engl. Übers.). – Paris 1932 (in V. P. et Florus, Histoire romaine, Hg. P. Hainsselin u. H. Watelet; m. frz. Übers.). – Lpzg. ²1933 (Ex Historiae Romanae libris duobus quae supersunt, Hg. C. Halm u. C. Stegmann v. Pritzwald; Nachdr. Stg. 1965, Hg. H.-D. Blume; m. Bibliogr.).

ÜBERSETZUNGEN: Kurzer Begriff der römischen Geschichte von Gründung der Stadt Rom an bis auf den Konsul Marcus Vinicius, anon., Rothenburg 1781. – Zwei Bücher römischer Geschichten, F. C. v. Strombeck, Braunschweig ²1830. – Römische Geschichte, F. Eyssenhardt, Bln. ²1913.

LITERATUR: R. Rau, Chronologie und Quellenfrage bei V. P., Diss. Tübingen 1922. – F. della Corte, I giudizi letterari di Velleio Patercolo (in Rivista di Filologia e d'Istruzione Classica, 15, 1937, S. 154 bis 159). – P. Freitag, Stilistische Beiträge zu V. P., Diss. Wien 1942. – W. Clausen, Notes on Sallust's »Historiae« (in AJPh, 67, 1947, S. 293–301). – M. Paladini, Studi su Velleio Patercolo (in Acme, 6, 1953, S. 447–478). – H. J. Steffen, Die Regierung des Tiberius in der Darstellung des V. P., Diss. Kiel 1954. – A. Dihle, Art. V. (5) (in RE, 8 A/1, 1955, Sp. 637 bis 659). – J. Hellegouarc'h, Les buts de l'œuvre historique de V. P. (in Lat, 23, 1964, S. 669–684).

Marcus MANILIUS
(1. Jh.)

ASTRONOMICA (lat.; Astronomie). Astrologisches Lehrgedicht in fünf Büchern von Marcus MANILIUS (1. Jh. n. Chr.), einem sonst unbekannten Verfasser. Das in gefälligen Hexametern geschriebene unvollendete Werk – sein fragmentarischer Charakter läßt sich aus verschiedenen nicht eingehaltenen Ankündigungen und Vordeutungen erschließen – ist in den letzten Lebensjahren des Kaisers Augustus († 14 n. Chr.) oder unter Tiberius (reg. 14–37), vielleicht aber auch während der Regierungszeit beider entstanden; einen gesicherten terminus post quem bietet die Erwähnung der Varusschlacht (9 n. Chr.) in Buch 1 (898ff.). Wer der Adressat der Widmung ist, bleibt umstritten; je nach dieser Entscheidung wird man auch die Datierung fixieren müssen: in Frage kommen Augustus, Tiberius oder dessen Neffe Germanicus, der eine für Manilius wichtige Übersetzung der Phainomena ARATS gemacht hat; besondere wie allgemeine Erwägungen sprechen am meisten für Tiberius als den apostrophierten »princeps« und »pater patriae«.

Entgegen dem Titel ist das Werk eigentlich nur zu Beginn astronomisch orientiert: im ersten Buch wo Werden, Gestalt und Physik des Weltalls, der Erde und der Himmelskörper geschildert sind. Der Autor ist Stoiker, das läßt er in seinen sich oft zu enthusiastischer Hymnik aufschwingenden Worten immer wieder anklingen. Doch das Walten der göttlichen Vernunft im Universum vollzieht sich für ihn in einer ganz bestimmten Form: in der Abhängigkeit des menschlichen Geschicks vom Wandel der Gestirne. Der Haupteinfluß kommt von den Zeichen des Tierkreises (Buch 2), deren horoskopische Bedeutung (Buch 3) das Leben des einzelnen bis in Charakterzüge und Beruf hinein bestimmt (Buch 4): zum Widder gehört die Eigenschaft der inneren Labilität, Stier ist mit dem Bauerntum verbunden, Zwillinge deuten auf Musensöhne, Krebs auf Kaufleute, der Löwen sind Jäger und Fleischer zugesellt usw. Doch auch die übrigen Fixsterne strahlen ihre Kräfte aus: beziehungsvoll wirken die Aufgänge wie die Untergänge und ihre Stellung zu den Bildern des Zodiak. – Über dem fünften Buch scheint der Autor die Feder aus der Hand gelegt zu haben: die Untergänge der Fixsterne sind bereits nicht mehr dargestellt; ebenso blieb der Plan, die Beziehung der Planeten zum Menschenleben zu beschreiben, unausgeführt.

Bewundernswert an diesem Gedicht ist, mit welchem Geschick die didaktisch-spröde Materie gemeistert wurde: die Prooemien der Bücher, die mannigfachen belebenden Einlagen (etwa phantasievoll gemalte Mythologeme, oder plastische Beobachtungen aus dem Alltag) offenbaren das Können des Poeten. Die treffliche Wiedergabe des Details (man lese nur die Charakteristik der Berufe!), die planvolle Gesamt- und Einzelkomposition und über und in dem Ganzen die warme und doch gelassene Frömmigkeit, all das läßt kleine Mängel – gelegentliche Unbeholfenheit und Härte des Ausdrucks – leicht verschmerzen. An die großen Meister des transzendentalen Lehrgedichts – wie z. B. LUKREZ – reicht Manilius freilich nicht heran.   E. Sch.

AUSGABEN: Nürnberg um 1473. – Lpzg. 1907/08, 2 Bde., Hg. T. Breiter [m. Komm.]. – Lpzg. 1915, Hg. J. v. Wageningen. – Cambridge ²1937, 5 Bde., Hg. A. E. Housman [m. Erl.].

ÜBERSETZUNG: Himmelskugel, o. d. als ein Ganzes f. sich bestehende Teil seines Werkes, J. Merkel, Aschaffenburg 1844; ²1857.

LITERATUR: F. Boll, Sphaera, Lpzg. 1903, S. 379–404. – H. Rösch, M. u. Lucrez, Diss. Kiel 1911. – J. van Wageningen, Commentarius in M. M. »Astronomica«, Amsterdam 1921. – Ders., Art. *M. (6)* (in RE, 14/1, 1928, Sp. 1115–1133). – R. Blum, *M.' Quelle im 1. Buche d.* »*Astronomica*«, Diss. Bln. 1934. – Schanz-Hosius, 2, S. 441–447. – I. Ajello, *M. e la sua opera*, Neapel 1938. – G. Vallauri, *Gli* »*Astronomica*« *di M. e le fonti ermetiche* (in Rivista di Filologia e d'Istruzione Classica, 32, 1954, S. 133 bis 167).

VALERIUS MAXIMUS
(1. Hälfte 1. Jh.)

FACTORUM ET DICTORUM MEMORABILIUM LIBRI NOVEM (lat.; *Denkwürdige Taten und Aussprüche in neun Büchern*). Erbauungs-, Unterhaltungs- und Nachschlagewerk von VALERIUS MAXIMUS (erste Hälfte des 1. Jh.s n. Chr.); erschienen 31 oder wenig später. – Das Werk ist nicht nur in der Originalversion, sondern darüber hinaus in zwei Auswahlversionen des 4. Jh.s (von IULIUS PARIS und IANUARIUS NEPOTIANUS) überliefert.

In den neun Büchern werden unter 95 wahllos vermischten Themen (wie *Religion, Vorzeichen, Wunder, Tapferkeit, Selbstvertrauen, Armut, Wandel der Sitten, Grausamkeit, Rache* usw. – die leicht moralische Färbung ist schon hierin unverkennbar) Beispiele aus der Geschichte aufgezählt, zum Teil in wörtlichem oder leicht redigiertem Zitat aus CICERO, LIVIUS, VARRO, POMPEIUS TROGUS und anderen, wohl auch aus älteren Sammlungen ähnlicher Art. Die *exempla* sind in jeder Rubrik zweigeteilt: der erste, überwiegende Teil bringt römische, der zweite externe, in der Regel griechische Anekdoten und Sentenzen. Meist werden die einzelnen Stücke vom Autor durch eigene Überleitungen verbunden, in denen der recht üppige und gesuchte Stil fast noch greller ans Licht tritt als in den Erzählungen selbst (soweit diese nicht ohne größere Änderungen abgeschrieben sind).

In einem Prooemium wird das unhistorische Historienopus – das wie kein zweites Werk dieser Gattung charakteristisch für seine Zeit und ihre zunehmende dekadente Verflachung ist – Kaiser Tiberius (reg. 14–37 n. Chr.) gewidmet, der auch an anderen Stellen gelegentlich mit schmeichlerischer Lobhudelei bedacht ist. Sofort nach seinem Erscheinen gewann das trotz aller stilistischen und sonstigen Schwächen unterhaltsame zu lesende Florilegium bei dem Publikum, für das es gedacht war – Rhetoren, Schulen, die Gebildeten der Zeit –, Beliebtheit und Anerkennung, und diese Wertschätzung hielt anscheinend während des ganzen Altertums an und überdauerte das Mittelalter (z. B. Abt LUPUS von Ferrières im 9. Jh.). Selbst in der Neuzeit vermochte das Werk (wie K. BÜCHNER ins Gedächtnis ruft) so erlauchte Geister wie RABELAIS, MONTAIGNE und MONTESQUIEU anzusprechen. E. Sch.

AUSGABEN: Straßburg, ca. 1470. – Bln. 1854, Hg. C. Kempf [ed. maior]. – Lpzg. ²1888, Hg. C. Kempf [ed. minor]. – Paris 1935 (*Actions et paroles mémorables*, 2 Bde., Hg. P. Constant; m. frz. Übers. u. Komm.).

ÜBERSETZUNGEN: *Die geschicht der römer*, Heinrich von Muglein, Augsburg 1489 [übersetzt 1369]. – *Von geschichten der Römer und aussers volcks, Perser, Medier, Griechen, Aphern, Flemming vnd Teutschen*, P. Selbet, Straßburg 1533. – *Sammlung merkwürdiger Reden und Thaten*, 5 Bde., F. Hoffmann, Stgt. 1828/29.

LITERATUR: J. T. Welter, *L'exemplum dans la littérature religieuse et didactique du moyen âge*, Paris 1927. – Schanz-Hosius, 2, S. 588–595. – R. Helm, *V. M., Seneca und die Exemplasammlung* (in Herm, 74, 1939, S. 130–154). – Ders., *Beiträge zur Quellenforschung bei V. M.* (in RhMus, 89, 1940, S. 241–273). – A. Klotz, *Studien zu V. M. und den Exempla*, Mchn. 1942 (SBAW, phil.-hist. Abt., 1942, H. 5). – R. Helm, Art. *V. (239)* (in RE, 8A/1, 1955, Sp. 90–116).

POMPONIUS MELA
(1. Jh.)

DE CHOROGRAPHIA (lat.; *Über die Erdkunde*). Ein kleines, in drei Bücher gegliedertes Werk des Spaniers POMPONIUS MELA (1. Jh. n. Chr.), das um das Jahr 44 erschienen ist und die erste Schrift über Geographie in lateinischer Sprache darstellt. – Dem Autor geht es dabei weder um ein methodisch fundiertes Handbuch noch um ein Itinerarium quer durch die damals bekannte Welt, sondern um eine populäre Beschreibung der Länder und Völker rings um das Mittelmeer. Wie ein hellenischer *periplus* (Umfahrt) nach Art der HEKATAIOS beginnt der Bericht im Westen mit Nordafrika, wandert über Asien (Buch 1), den Osten Europas, Italien und Gallien bis nach Spanien (Buch 2), um im letzten Teil schließlich mit einem äußeren (»atlantischen«) Kreis – von Spanien über Gallien, Germanien usw. wieder nach Osten führend (als Anhang von 2 und 3 sind jeweils die zugehörigen Inseln behandelt) – die Schilderung abzurunden.

Was Pomponius Mela bei älteren Autoren und in früheren geographischen Kompendien, griechischer wie lateinischer Zunge (u. a. CORNELIUS NEPOS), vorfand, exzerpierte er und gab es, rhetorisch zurechtgeputzt, seinen Lesern weiter. Beides, die Art, wie er sein Material sammelte und wie er es verarbeitete, ist dem Produkt nicht eben gut bekommen: verhinderte das zweite nicht selten die Flüssigkeit des Stils und die Klarheit des Ausdrucks, so war das erste der sachlichen Ausgewogenheit und Korrektheit des Details im Wege. Weithin bekundet die *Chorographie* den Wissensstand ihrer Vorlagen. Fehler der Gewährsmänner und Widersprüche auf Grund mangelhafter Redaktion des Exzerpierten halten sich die Waage. So wurde das Buch denn auch im Altertum offensichtlich kaum gelesen und benützt: erst die Renaissance schenkte ihm ein wenig Beachtung. E. Sch.

AUSGABEN: Mailand 1471 *(Pomponii Mellae cosmographiae liber)*. – Lpzg. 1880 *(De chorographia libri tres*, Hg. C. Frick).

ÜBERSETZUNGEN: *Drey Bücher von der Lage der Welt in's Teutsche übersetzt*, J. C. Dietz, Gießen/ Marburg 1774. – *Geographie des Erdkreises*, 2 Bde., H. Philipp, Lpzg. o. J. [1912–1918; m. Erl.].

LITERATUR: Schanz-Hosius, 2, S. 654 ff. – F. Gisinger, Art. *Pomponius (104)* (in RE, 21/2, 1952, Sp. 2360–2411).

Quintus CURTIUS RUFUS
(1. Jh.)

HISTORIA ALEXANDRI MAGNI REGIS MACEDONUM (lat.; *Geschichte Alexanders des Großen, des Makedonenkönigs*). Die einzige erhaltene lateinische Version der historischen Legende von Alexander, aus der Feder des Rhetors Quintus CURTIUS RUFUS, der das Werk, wie man nach langem Zweifel heute glaubt, unter Kaiser Claudius (reg. 41–54) verfaßt hat. Die ersten beiden der zehn Bücher sind gar nicht, das zehnte ist nur lückenhaft überliefert.

Der Verdacht, den diese begeisterte und begeisternde Alexander-Darstellung in dem unbefangenen Leser weckt, ist von der Forschung bestätigt worden: In der verwickelten Geschichte des historischen und literarischen Motivs »Alexander« steht Curtius durchaus auf der Seite der hymnisch preisenden, aber unwissenschaftlichen Literaten (vgl. *Alexanderroman*). Bezeichnenderweise bekennt er selber: »*Ich übernehme in mein Buch mehr, als ich für wahr halte; denn weder möchte ich als gesichert ausgeben, woran ich zweifle, noch fortlassen, was ich nur gehört habe*« (Ü: Schönfeld). Das ist nicht nur ein schriftstellerisches Programm, sondern verrät auch den überzeugten Belletristen und antithetisch versierten Stilisten. Sowohl Inhalt wie Form des Werks lassen den Vorrang des »Wie« vor dem »Was«, die exklusive Hinwendung zum Publikum deutlich hervortreten. Erscheint die unkritische Haltung zur Tradition, die sich in der Wahl der nicht mehr im einzelnen faßbaren Quellen dokumentiert, aus heutiger Warte als ein mehr negativer Zug, so mag ein anderer Aspekt, der Autor und Werk (die für uns mangels biographischer Nachrichten identisch sind) charakterisiert, als positiv betrachtet werden: nämlich die Auswahl innerhalb des erzählten Materials, die selektive Gewichtsverteilung und Akzentuierung. Hier offenbart sich (bei aller Sympathie für das römische Imperium, die etwa an Stellen wie Buch 10, 9 spürbar wird) der echt hellenistische Geschichtsschreiber. Nicht historische Prozesse, nicht die lückenlose Kette der Fakten, nicht die Probleme von Deutung und Wertung sind seine Motive, sondern das Bild der überragenden Persönlichkeit und die es ergänzende Reproduktion einzelner signifikanter Details aus der Fülle des Geschehens, und beides wiederum unter einem ganz bestimmten Licht: die Persönlichkeit nicht so sehr, insofern sie revolutionär Geschichte macht, als insofern sie menschliche oder auch übermenschliche (und unmenschliche) Größe besitzt, und das Detail nicht so sehr, insofern es ein historisches »Gelenkstück« darstellt, als insofern ihm Dramatik innewohnt, die sich effektvoll wiedergeben läßt. Das sind epochen- und gattungstypische Eigenheiten, die vielfach dazu verleitet haben, von der *Historia* als einem »historischen Roman« zu sprechen. In Wirklichkeit handelt es sich, genetisch, immer noch um Geschichtsschreibung, um »romaneske Historie« – und bei dem Werk des Curtius keineswegs um das schlechteste Exemplar der Art: als Lektüre ist die *Alexandergeschichte* anregend, ja mitreißend. E. Sch.

AUSGABEN: Rom ca. 1470 *(De rebus gestis Alexandri Magni)*. – Lpzg./Bln. ³/⁴1903–1906 *(Historiarum Alexandri Magni Macedonis libri qui supersunt*, Hg. T. Vogel u. A. Weinhold; m. Komm.). – Lpzg. ²1908 *(Historiarum Alexandri Magni Macedonis libri qui supersunt*, Hg. E. Hedicke). – Ldn./Cambridge (Mass.) 1946 *(Qu. C.*, Hg. J. C. Rolfe, 2 Bde.; m. engl. Übers.; Loeb; ern. 1956). – Paris 1947/48 *(Histoires*, Hg. H. Bardon, 2 Bde.; m. frz. Übers.).

ÜBERSETZUNGEN: *Alexandri Magni Königs in Macedonien Historia*, anon., Ffm. 1573. – *Von den Thaten Alexanders des Großen*, J. Siebelis, Stg. 1817 u. ö. – *Des Qu. C. R. noch vorhandene 8 Bücher von den Thaten Alexanders des Großen, Königs von Macedonien*, A. H. Christian, 4 Bde., Stg. 1855–1875. – *Geschichte Alexanders des Großen*, W. Felsing, Lpzg. 1929 (RUB, 7021–7025). – Dass., K. Müller u. H. Schönfeld, Mchn. 1954 [lat.-dt.]. – Dass., J. Siebelis, Mchn. o. J. (GGT, 761/762).

LITERATUR: S. Dosson, *Étude sur Quinte Curce, sa vie et son œuvre*, Paris 1887. – E. Cocchia, *Il valore storico dell'opera di Curzio Rufo* (in Saggi filologici, 5, 1915, S. 195 ff.). – H. Blatt, *Das vulgär-archaische Element in der Sprache des C. R.*, Diss. Erlangen 1923. – F. Helmreich, *Die Reden bei C.*, Paderborn 1927 [Diss. Erlangen 1924]. – J. Stroux, *Die Zeit des C.* (in Phil, 84, 1929, S. 233–251). – K. Hiller, *Rhetorische Stilgrundsätze bei C. R.* (in Philologische Wochenschrift, 52, 1932, S. 979–984). – G. Cary, *The Medieval Alexander*, Cambridge 1956. – M. Gonzáles Haba, *Zur Syntax der Unterordnung bei C.*, Diss. Mchn. 1959. – D. Korzeniewski, *Die Zeit des Qu. C. R.*, Bonn 1959 [zugl. Diss. Ffm./Köln]. – G. V. Sumner, *C. R. and the »Historiae Alexandri«* (in Journal of the Australasian Universities Language and Literature Association, 1961/15, S. 30–39). – H. U. Instinsky, *Zur Kontroverse um die Datierung des C. R.* (in Herm, 90, 1962, S. 379 bis 383).

ANONYM

PERI HYPSUS (griech.; *Über das Erhabene*). Stilkritische Abhandlung eines unbekannten Autors, der ein Schüler des THEODOROS aus Gadara (Lehrer des Kaisers Tiberius) und ein geistiger Nachfahr des Stoikers POSEIDONIOS gewesen sein muß; entstanden um 40 n. Chr. (die Meinung, der Rhetor CASSIUS LONGINUS, um 213–273 n. Chr., sei der Urheber, ist widerlegt). – Die kleine Schrift ist in der seit GORGIAS, ARISTOPHANES, PLATON und ARISTOTELES reichen Geschichte ästhetischer Literaturbetrachtung einzigartiger »Essay« (Aulitzky), dessen Preis des Genialen vor dem Korrekten – HOMER vor APOLLONIOS, ARCHILOCHOS vor ERATOSTHENES, PINDAR vor BAKCHYLIDES, SOPHOKLES vor ION – seine volle Resonanz erst in der Neuzeit erlebte: als Ende des 17. Jh.s die vielzitierte »Querelle des anciens et des modernes« mit ihrem Disput über Homer die Gemüter erregte, da stützten sich die Gegner PERRAULTS – BOILEAU, der 1674 seine berühmte Übersetzung des *Erhabenen* herausbrachte, und BOIVIN – auf diese Schrift, und seither ist ihre Wirkung auf Literaturkritik und Kunstästhetik der europäischen Länder, vor allem Englands, nicht mehr erloschen.

Daß das Werk seine eigentliche Bedeutung erst so spät erlangte – in antiker Zeit wird es nirgends erwähnt, und eine Abschrift in einem nur zu einem Dritteln erhaltenen mittelalterlichen Manuskript ist ein großer Glücksfall –, geht auf die Umstände der Entstehung zurück: Der Verfasser will darin, als in einer privaten Epistel, seinem Freund Postumius Terentianus seine persönlichen Gedanken über das Problem des sublimen Stils darlegen, da jenem ein jüngst erschienener Aufsatz des CAECILIUS aus

Kalekte (Lehrer des Augustus) *Uber das Erhabene* mit seinem pedantischen Lob des LYSIAS offenbar zu banausisch schien. Über diesen »familiären« Bereich ist das Werk nicht hinausgedrungen. Wenngleich die Schrift nur unvollständig überliefert ist, läßt sich ihr Aufbau und sein Charakter noch ohne weiteres durchschauen. Von einer ungefähren Definition des »Erhabenen« in Kapitel 1 – »*es ist eine Sprachform hervorragender Höhe, und die größten Dichter und Prosaiker haben nirgend andersher als daraus ihre führende Stellung und ihren Ruhm für die Jahrhunderte gewonnen* ... *Das außerordentlich Hohe führt den Hörer nicht zur Überzeugung [oder: Überredung], sondern zur ekstatischen Begeisterung*« – führt der Gedankengang über die Frage der Lehrbarkeit des erhabenen Stils (2) und die Darlegung degenerierter Erscheinungen zu den programmatischen Sätzen über die »*wahre Erhabenheit*« (7 und 8). Aus welchen Quellen diese fließt, ist Gegenstand der weiteren Erörterung: zwei »*natürlich-unmittelbare Bereiche*«, »*Gedankenreichtum*« und »*starkes enthusiastisches Pathos*« (leider fehlt gerade die entscheidende Partie) und drei »*technische Bereiche*«, nämlich »*sprachliche ›Figuren‹*« (d. h. Gedanken- und Stilformen), »*vornehmer Ausdruck*« und schließlich – als Raum, »*wo sich alles zuvor Genannte zusammenschließt*« – »*die angemessen-würdige Komposition*«. In den Fluß der Erörterung sind drei Exkurse eingeschoben: eine Synkrisis von *Ilias* und *Odyssee* (9), eine Synkrisis von DEMOSTHENES und Platon (11–13) und, als Gipfel, eine Synkrisis der »*großen Leistungen*« (*aretai*) (33–36).

Mit verblüffender Sicherheit greift der Autor in seinem Werk das Beste heraus, was die griechische Literatur zu bieten hat: Homer, SAPPHO, Pindar, AISCHYLOS, Sophokles, EURIPIDES, Platon, Demosthenes. Seine besondere Liebe gilt Platon, der als Antipode des Lysias fast zum zweiten Thema des Werkes wird. Gelegentlich erhob man deshalb sogar den Vorwurf, der Verfasser sei etwas oberflächlich und unordentlich, wisse sich nicht an Thema und Kompositionsregeln zu halten; inzwischen ist klargeworden, daß dahinter Absicht liegt – der Autor, der sich für das »Genie« begeistert, wollte über das Hochfliegend-Leichte nicht anders als mit legerem Elan schreiben, die Verachtung der Pedanterie sollte unmittelbar deutlich werden: Daß er in gewisser Weise diese kongenialen Ambitionen erfüllt – und nicht bloß in der Form, sondern ebenso mit seiner enthusiasmierenden Diktion –, macht den besonderen Reiz des Buches aus. E. Sch.

AUSGABEN: Basel 1554 (*Peri hypsus biblion*, Hg. F. Robortellus). – Cambridge ²1907 (*On the Sublime*, Hg. W. Rhys Roberts; m. engl. Übers. u. Komm.). – Athen 1927, Hg. P. S. Photiadis. – Ldn./Cambridge (Mass.) ²1932 (›*Longinus*‹. *On the Sublime*, Hg. H. Hamilton Fyfe, in *Aristotle. The Poetics* ...; m. engl. Übers.; Loeb; Nachdr. zul. 1965). – Oxford ²1947 (*Libellus de sublimitate Dionysio Longino fere adscriptus*, Hg. A. O. Prickard). – Paris ²1952 (*Du sublime*, Hg. H. Lebègue; m. frz. Übers.). – Oxford 1964 (›*Longinus*‹. *On the Sublime*, Hg. D. A. Russell; m. Komm.). – Darmstadt 1966 (*Pseudo-Longinos, Vom Erhabenen*, Hg. R. Brandt; griech.-dt.). – Stg. ⁵1967 (*Dionysii vel Longini de sublimitate libellus*, Hg. O. Jahn, J. Vahlen u. H.-D. Blume; m. Bibliogr.). – Oxford 1968 (*Libellus de sublimitate Dionysio Longino fere adscriptus*, Hg. D. A. Russell).

ÜBERSETZUNGEN: *Vom Erhabnen*, C. H. Heinecke, Dresden 1737 [griech.-dt.]. – *Über das Erhabene*, G. Meinel, Kempten 1895 [Gymn.-Progr.]. – Dass., F. Hashagen, Gütersloh 1903. – *Die Schrift Über das Erhabene*, H. F. Müller, Heidelberg 1911. – *Die Schrift vom Erhabenen*, R. v. Scheliha, Bln. 1938 [griech.-dt.].

LITERATUR: H. Mutschmann, *Tendenz, Aufbau u. Quellen der »Schrift vom Erhabenen«*, Bln. 1913. – Schmid-Stählin, 2/1, S. 475–478. – J. W. H. Atkins, *Literary Criticism in Antiquity*, Bd. 2, Ldn. ²1952, S. 210–253; Nachdr. Gloucester/Mass. 1961. – E. Norden, *Das Genesiszitat in der »Schrift vom Erhabenen«*, Bln. 1955 (APAW, 1954/1). – G. M. A. Grube, *Notes on the »Peri hypsus«* (in AJPh, 78, 1957, S. 355–374). – H. Selb, *Probleme der Schrift »Peri hypsus«*, Diss. Heidelberg 1957. – H.-D. Blume, *Untersuchungen zu Sprache und Stil der Schrift »Peri hypsus«*, Diss. Göttingen 1963. – Lesky, S. 886. – W. Bühler, *Beiträge zur Erklärung der »Schrift vom Erhabenen«*, Göttingen 1964. – D. S. Marin, *Bibliography of the »Essay on t'le Sublime«*, o O. 1967 [reicht bis 1956].

Lucius ANNAEUS SENECA
(4 v. Chr. – 65 n. Chr.)

AD HELVIAM MATREM DE CONSOLATIONE (lat.; *Trostschrift an die Mutter Helvia*). Trostschrift von Lucius ANNAEUS SENECA (4 v. Chr. bis 65 n. Chr.), entstanden 41 n. Chr., zwei Jahre nach dem Tod seines Vaters. Seneca, der zweite von den drei Söhnen der Helvia, war nach einer Anklage wegen Ehebruchs mit Iulia Livilla, der Schwester des Caligula und der Iulia Agrippina d. J., von Kaiser Claudius auf die Insel Korsika verbannt worden. – Eine solche Verbannung war, wie vor allem im Spätwerk des OVID zu spüren ist, für den antiken Menschen fast gleichbedeutend mit dem Tod. Senecas eigene Verzweiflung wurde noch gesteigert, als er erfuhr, daß seine Mutter sich um ihn härmte, wie wenn er ihr einziger Sohn und gestorben wäre. Ein bis zwei Jahre nach dem Urteilsspruch widmet er ihr daher die vorliegende Trostschrift, die sich durch die Innigkeit der offenbarten Mutter-Sohn-Beziehung auszeichnet. – Die antike Tradition kannte Trostschriften (vgl. *Ad Marciam de consolatione*) zu allen Anlässen, die im Leben schweren Schmerz hervorrufen können; nach der Tröstung über den Tod eines teuren Angehörigen war diejenige über die Verbannung am häufigsten.

In den ersten drei Kapiteln legt Seneca einleitend dar, daß er aus »psychotherapeutischen« Gründen seinen schon länger gehegten Plan erst jetzt ausführe, weil er sich nicht zugetraut habe, gegen den noch ganz frischen Schmerz seiner Mutter anzukämpfen. Alle harten Schicksalsschläge, die Helvia je betroffen haben, werden aufgeführt: als letztes und schwerstes Glied in der Kette sei nun seine Verbannung zu sehen. Daran schließt sich eine knappe allgemeine Ermahnung, wie das übrige so auch das jüngste Unglück standhaft zu ertragen. – Nach Senecas eigener Ankündigung (Kap. 4) gliedert sich das Hauptstück in zwei Abschnitte: 1. Seneca sucht zu beweisen, daß für ihn als Stoiker die Verbannung trotz ihren vielen weitreichenden Konsequenzen, wie z. B. Ortsveränderung, Armut, Schmach, Schande, in keiner Hinsicht ein Unglück darstellt. Der Weise weiß sich von all diesen äußeren Dingen unabhängig, der Kern seiner Person, seine geistige Existenz wird davon nicht berührt (5–13). – 2. Der

Philosoph wendet sich dem Schmerz seiner Mutter zu und legt dar, daß ihm die faktische Grundlage fehlt. Allerdings versteht er sehr wohl den heftigen Schmerz der Mutter darüber, daß sie auf den persönlichen Umgang mit dem Sohn verzichten muß. Nachdem er ihr Beispiele für die Standhaftigkeit im Kummer – u. a. Cornelia, die Mutter der Gracchen – vor Augen geführt und sie daran erinnert hat, daß ihr noch zwei Söhne und einige Enkelkinder verblieben sind, empfiehlt er ihr als besten Trost philosophische und wissenschaftliche Studien und schließt mit einem erneuten Hinweis auf sich: er, der fast allen üblichen Glücksgütern entsagen müsse, sei dennoch stets unverändert glücklich und zufrieden (14–20).

Die Argumentation bewegt sich in den aus den übrigen Schriften Senecas uns geläufigen stoischen und popularphilosophischen Gedankengängen. Ein Beispiel dafür sind etwa die ausführlichen, genuin stoischen Äußerungen über die Zügellosigkeit: Ungehemmte Genußsucht, Schlemmerei und aufwendige Protzerei überwuchern das wahre Selbst des Menschen, das einzig in seiner Geistnatur zu suchen sei. Das stoische Paradoxon, daß oft der scheinbar Reiche sein Leben tatsächlich in armseliger Weise fristet, während der äußerlich Arme den wahren und vollen Reichtum innerer geistiger Unabhängigkeit genießt, wird in immer neuen Wendungen und geistvollen Pointen entfaltet. – Ermüdet zuweilen der rhetorische Aufputz, mit dem hier ein Virtuose der Formulierung spielt, so beeindrucken doch die zahlreichen Beispiele, die uns zeigen, wie glücklich sich oft die stoisch-griechische Theorie in die Wirklichkeit lebendiger römischer Gestalten übersetzt hat. R. Ri.

AUSGABEN: Neapel 1475. – Lpzg. 1905 (in *Opera quae supersunt*, Hg. E. Hermes, Bd. 1/1). – Paris 1918, Hg. C. Favez. – Ldn. ²1935 (in *Moral Essays*, Hg. J. W. Basore, Bd 2; Nachdr. 1958: Loeb). – Paris ³1950 (in *Dialogues*, Hg. R. Waltz, Bd. 2).

ÜBERSETZUNGEN: *Ein Trostbuch zu seiner Mutter Albina*, M. Herr (in *Sittliche Zuchtbücher*, Straßburg 1536). – *Trostschrift an die Mutter Helvia*, nach d. Übers. v. J. M. Moser neu hg. v. T. v. Scheffer (in *Philosophische Schriften*, Bd. 1: *Abhandlungen*, Bln. 1927). – *Trostschrift an Helvia*, A. Forbiger (in *Ausgew. Schriften*, Stg. 1867 u. ö.).

LITERATUR: E. Boyer, *Les consolations chez les Grecs et les Romains*, Diss. Montauban 1887. – C. Buresch, *Consolationum a Graecis Romanisque scriptarum historia critica*, Lpzg. 1887 (Lpzg. Studien z. class. Phil., 9). – Schanz-Hosius, 2, S. 694. – J. Wograndl, *Untersuchungen zu den Trostschriften S.s*, Diss. Wien 1940. – C. C. Grollios, *Some Aspects of S.'s »Consolations«*, Diss. Oxford 1954. – R. Kassel, *Untersuchungen z. griech. u. röm. Konsolationslit.*, Mchn. 1958 (Zetemata, 18). – L. Delatte u. E. Evrard, *Sénèque. Consolation à Helvia*, Den Haag 1963.

AD MARCIAM DE CONSOLATIONE (lat.; *An Marcia zu ihrer Tröstung*).

Trostschrift von Lucius ANNAEUS SENECA (4 v. Chr. bis 65 n. Chr.) an Marcia, die Tochter des republikanisch gesinnten Annalisten CREMUTIUS CORDUS, den Sejan 25 n. Chr. in den Tod getrieben hatte. Etliche Jahre später starben kurz hintereinander beide Söhne Marcias, und die schwer getroffene Frau überließ sich dann ganz ihrer Trauer. Seneca versuchte drei Jahre nach dem Tod des zweiten Sohnes, Metilius, wahrscheinlich in der Regierungszeit Caligulas (37–41 n. Chr.), sie mit den Mitteln popularphilosophischer Besinnung, wie sie in der literarischen Gattung der *consolatio* gegeben waren, zu trösten.

In der griechischen Dichtung und Prosa gab es schon sehr früh mannigfache Spielarten der Totenklage und Trauerrede, die natürlich stets außer der Klage auch Gedanken über die Tröstung der Hinterbliebenen enthielten. Die spezielle Trostliteratur zu sämtlichen Wechselfällen des Lebens ist jedoch erst in hellenistischer Zeit entstanden. Sie hatte sich aus sophistisch-rhetorischen, kynisch-popularphilosophischen und platonisch-akademischen Elementen gebildet und war in der Folge durch peripatetisches, stoisches, epikureisches und neupythagoreisches Gedankengut bereichert worden (nach Rudolf KASSEL). Nach der »Einbürgerung« in Rom durch CICERO und durch die bereichernde Vermittlung der Augusteer hatte die Tradition der Trostschriften zur Zeit Senecas einen gewissen Sättigungsgrad und Kulminationspunkt erreicht, wobei alle philosophischen Richtungen wichtige Elemente beigesteuert hatten. Seneca vermochte so zwar aus dem vollen zu schöpfen, bewahrte aber doch im ganzen seine stoisch-kynisierende Anschauung.

Die *Consolatio ad Marciam* ist nicht nur die längste, sondern auch die in ihrem gedanklichen Duktus eindrucksvollste Trostschrift Senecas. Nach der Einleitung des ersten Kapitels lassen sich fünf Gedankenfolgen abgrenzen: Seneca erinnert Marcia zunächst an zwei Frauen, die ebenfalls ihre Söhne verloren haben: Octavia, die Schwester des Augustus, die beim Tod des Sohnes Marcellus ganz ihrem gewaltigen Schmerz hingab, und Livia, die nach dem Tod ihres Sohnes Drusus aus schwerer Trauer – vor allem durch den Zuspruch des stoischen Philosophen AREUS (seine Rede wird direkt gegeben) – zu einem ausgeglichenen Leben zurückfand. Das soll Marcia zu Herzen nehmen (2,1–6,3). Im nächsten Abschnitt argumentiert Seneca gegen den Affekt der Trauer: unmäßige Trauer beherrscht den Menschen, verstößt gegen seine Natur und die Natur allgemein. Es gilt einzusehen, daß menschliche Zukunft immer unter dem Gesetz der Hinfälligkeit und des Todes steht. Eine kurz währende Freude an den Kindern ist besser als gar keine (7,1–11,5). Im dritten Teil wendet sich der Verfasser wieder unmittelbar an die Adressatin und bringt andere Beispiele von Eltern, die gleiche Verluste tapfer ertragen haben. Der Eintritt ins menschliche Leben bedeutet die Verpflichtung, alles, was einem widerfährt, ohne Aufbegehren hinzunehmen (12,1–16,10). Denn das menschliche Leben ist wie eine große Reise mit all ihren Risiken. Man muß sich vorstellen, daß die Seele vor ihrer Geburt aus kosmischer Schau die Erde und die menschlich-irdischen Lebensbedingungen gesehen und akzeptiert habe. War im zweiten Abschnitt von der Trauer und von der Haltung der Trauernden die Rede, so wendet sich jetzt die Betrachtung dem Betrauerten zu. Der Philosoph versucht den Nachweis, daß ein früher Tod nur ein großes Glück sein kann: der Tod ist der große Befreier des Menschen, er führt ihn, indem er den reinen Geist von der lästigen Körperlichkeit scheidet, erst ganz zu sich selbst (17,1–21,6). Wie der vierte Abschnitt dem zweiten zugeordnet ist, so fügt sich, nach einem einfachen Verklammerungsschema, der fünfte in die Reihe von 1 und 3. In hohem Stil, am Vorbild des *Somnium Scipionis* aus Ciceros *De re publica* orientiert, verkündet Seneca die Apotheose der durch den Tod in die Sternensphäre abgerufenen großen stoischen Seele. Der Großvater des Toten, Cremutius Cordus, empfängt diesen und wendet sich seinerseits in einer erhabenen Trostrede an seine Tochter: sie möge sich der in eine bessere Welt entrückten Lieben, die sie von dort beobachten, durch Standhaftigkeit würdig erweisen; in dem Bewußtsein der Verklärung ihres Sohnes sei nicht Trauer, sondern tiefe Freude die ihr angemessene Haltung. R. Ri.

AUSGABEN: Neapel 1475. – Lpzg. 1905 (in *Opera quae supersunt*, Hg. E. Hermes, Bd. 1/1). – Paris 1928, Hg. C. Favez [m. Komm.]. – Ldn. ²1935 (in *Moral Essays*, Hg. J. W. Basore, Bd. 2; Nachdr. 1958). – Paris ³1950 (in *Dialogues*, Hg. R. Waltz, Bd. 3).

ÜBERSETZUNGEN: *Ein Trostbüchlin zu der Martia*, M. Herr (in *Sittliche Zuchtbücher*, Straßburg 1536). – *Trostschrift für Marcia*, H. M. Endres (in *Vom glückseligen Leben*, Mchn. 1959; m. Einl.).

LITERATUR: E. Boyer, *Les consolations chez les Grecs et les Romains*, Diss. Montauban 1887. – C. Buresch, *Consolationum a Graecis Romanisque scriptarum historia critica*, Lpzg. 1887 (Lpzg. Studien z. class. Phil., 9). – W. Kaiser, *Beiträge z. Erläuterung v. S.s »Trostschrift an Marcia«*, Bln. 1914.–Schanz-Hosius, 2, S. 687ff. – C. C. Grollios, *S.'s »Ad Marciam«. Tradition and Originality*, Athen 1956. – R. Kassel, *Untersuchungen z. griech. u. röm. Konsolationslit.*, Mchn. 1958 (Zetemata, 18).

AD POLYBIUM DE CONSOLATIONE (lat.; *Trostschrift für Polybius*; vgl. *Ad Marciam de consolatione*). Trostschrift des Lucius ANNAEUS SENECA (4 v. Chr. bis 65 n. Chr.), wahrscheinlich im Jahr 43 n. Chr. verfaßt; Anfang nur unvollständig erhalten. – Das Werk ist Polybius gewidmet, dem am Hof des Kaisers Claudius (reg. 41–54) für Bittschriften und wissenschaftliche Studien zuständigen Freigelassenen, der den Tod eines Bruders zu beklagen hatte. Jedoch dient in diesem Fall die *Consolatio* zugleich als Einkleidung für ein ausdrückliches Gnadengesuch (vgl. *Ad Helviam matrem de consolatione*) an den Kaiser (Kap. 13).

Man darf dem kleinen Werk unter dem Eindruck seiner Doppelbödigkeit die Qualität nicht von vornherein absprechen; auch der heutige aufmerksame Leser wird noch von derselben Assoziation ergriffen, die Seneca in Polybius wachrufen wollte: hinter der allgemeinen, an der Lage des Polybius exemplifizierten Darlegung menschlicher Hinfälligkeit und menschlichen Leides (z. B. Kap. 4) ersteht ein eindrucksvolles Bild der eigenen trostlosen Situation des verbannten Autors. Bis zum 11. Kapitel bleibt der Charakter der Trostschrift gewahrt. Die Themen, über die Seneca meditiert, sind teils allgemeiner Natur, teils den konkreten Verhältnissen entnommen; ihre Grundmotive spiegeln durchweg das gängige stoisch-popularphilosophische Gedankengut: die Vergänglichkeit alles Irdischen (1); die Unumstößlichkeit des Regiments der Fortuna (2); der Tod des Bruders als Fügung der Fata (3–4); die Sinnlosigkeit übertriebener Trauer (5); das exponierte Amt des Polybius als Verpflichtung zur Selbstbeherrschung (6); der unermüdliche Kaiser als Vorbild (7); die trostspendende Ablenkung der Wissenschaften (8); der Tod als ruhiger Hafen nach stürmischer Lebensfahrt (9); Freude aus der Erinnerung an die glückliche Vergangenheit (10); der Tod ist ein verbindliches Gesetz (*lex mortalitatis*, 11).

Hatte Seneca bereits in den Kapiteln 6 und 7 sein persönliches Anliegen kurz durchblicken lassen, so gibt er nun den Ganzen die entscheidende Wendung: Trost und Heil werden, wie der gesamten leidenden Menschheit, so auch Polybius am ehesten zuteil durch den unendlich milde und weise herrschenden göttlichen Claudius. Auf überschwengliche Preisungen des Kaisers folgt im 13. Kapitel die flehentliche Bitte um Begnadigung. Zum Thema der *Consolatio* zurückkehrend, aber gleichzeitig seine eigene Sache betreibend, führt Seneca in kühnem Kunstgriff im 14. Kapitel Claudius selbst mit einer großen Trostrede ein, in der der Herrscher die glänzenden Beispiele erzählt, die in der Vergangenheit römische Adlige, insbesondere Gestalten des iulisch-claudischen Hauses, im standhaften Ertragen schweren Leides geboten haben. Am Ende dieses rhetorischen Prunkstückes (Kap. 16) steht wiederum ein Lob des Claudius, ehe im 17. Kapitel die Grundgedanken resümiert werden: Polybius solle – als Mensch – nach Kräften dem Ideal des göttlichen Kaisers nachzueifern sich bemühen. – Seneca schließt, indem er den Blick des Angesprochenen noch einmal auf die eigene verzweifelte Lage in Korsika lenkt.

Auch wenn man angesichts solcher Gedankengänge wohl nie verstehen kann, wie der gleiche Autor gut zehn Jahre später ein Werk wie die von glühendem Haß erfüllte *Apocolocyntosis Divi Claudii* schreiben konnte, so wird man doch, hier wie dort, immer wieder an seinem sentenzen- und pointenreichen Stil und an der kraftvoll-geschmeidigen Eleganz seiner Sprache Gefallen finden. R. Ri.

AUSGABEN: Neapel 1475. – Lpzg. 1905 (in *Opera quae supersunt*, Hg. E. Hermes, Bd. 1/1). – Ldn. ²1935 (in *Moral Essays*, Hg. J. W. Basore, 2). – Paris ³1950 (in *Dialogues*, Hg. R. Waltz, 3).

ÜBERSETZUNGEN: *Ein Trostbüchlin zum Polybio*, M. Herr (in *Sittliche Zuchtbücher*, Straßburg 1536). – *Trostschrift für Polybius*, nach d. Übers. v. J. M. Moser, neu hg. v. T. v. Scheffer (in *Philosoph. Schriften*, Bd. 1: *Abhandlungen*, Bln. 1927).

LITERATUR: Schanz-Hosius, 2, S. 693f. – H. Dahlmann, *Studien zu S.s »Consolatio ad P.«* (in Herm, 72, 1937, S. 301–316). – J. Wograndl, *Untersuchungen zu den Trostschriften S.s*, Diss. Wien 1940. – C. C. Grollios, *Techni alipias*, Thessaloniki 1956.

AGAMEMNO (lat.; *Agamemnon*). Tragödie von Lucius ANNAEUS SENECA (4 v. Chr. bis 65 n. Chr.), entstanden nach 41 n. Chr. – Dem Drama liegt der Mythos von der Heimkehr des nach zehn Jahren Kampf vor Troia siegreichen Agamemno zugrunde. Er wird von seiner Gattin Clytaemnestra und ihrem Buhlen Aegisthus erschlagen. Dasselbe Sujet hatte AISCHYLOS in dem ersten Stück der *Oresteia* verwandt, doch sind von dieser Version bei Seneca nur in dem Botenbericht über den Schiffsbruch nachweislich Spuren sichtbar. Möglicherweise kannte Seneca den *Aegisthus* des LIVIUS ANDRONICUS und den *Aegisthus* und die *Clutemestra* des ACCIUS. Den Prolog (1–56) mit aller Topik des griechischen Götterprologs spricht der Schatten des Thyestes, zugleich Vater und Großvater des Aegisth. Er nennt den Ort, die Zeit des Dramas, gibt in der Rückschau die Legitimation seines Erscheinens, und im Vorblick – mit dem Mehrwissen des Gottes – weist er auf das Kommende und treibt Aegisth zur Tat. In den Anapästen des Einzugsliedes (57–107) trägt der Chor das Grundthema aller Seneca-Tragödien vor: »*Was das Glück in die Höhe getragen hat, hebt es, um es zu stürzen. Den Maßvollen ist ein längeres Alter beschieden.*« Im ersten *epeisodion* (108–309) äußert Clytaemnestra zu Beginn in einem Monolog ihre Gewissensbisse über das Leben mit Aegisth. Vor der Amme nennt sie dann die Triebfedern ihres Handelns: Schmerz, Furcht, Haß und Lust; das Opfer Iphigenies und der Ehebruch Agamemnos mit Chryseis, Briseis, Cassandra sollen sie rechtfertigen: Agamemno muß sterben, und sie wird mit ihm sterben. Es gibt ein Zurück zur Ehre – auch Helena wurde vergeben: »*Wen es reut, gefehlt zu haben, der ist fast unschuldig*« –, wennschon Aegisth in seiner weibischen Angst das nicht wahrhaben will. Der Chor ruft im ersten anapästischen Standlied (310–407) Phoebus Apollo, Iuno, Minerva, Diana und Iuppiter herbei, damit sie die Dankopfer gnädig empfangen. Da tritt im zweiten *epeisodion* (408–588) Eurybates auf und trägt seinen Botenbericht vor (mit der typischen Aufspaltung in Faktum und Explikation): Agamemnon befindet sich wohlbehalten in der Nähe, über Menelaus und Helena fehlt jede Nachricht. Die Schilderung des Schiffsbruchs, ein epideiktisches Prunkstück, ist in mehrere Bilder aufgegliedert: Abfahrt von Troia – ruhige Fahrt und Schwelgen in der Erinnerung – Unwetter – Tod des Aias – Klippen von Euboea. Im zweiten Standlied (589–658) besingt ein Chor gefangener Troerinnen – der erste Chor der Frauen von Argos hat mit dem Rufehymnus die Bühne verlassen (sofern eine Aufführung überhaupt stattfand) – in alkäischen Maßen die stoische These vom Tod als dem ruhigen Hafen und vergegenwärtigt dann, zeitlich über den Botenbericht zurückgreifend, den zehnjährigen Kampf um Troia und die Entscheidung durch die List mit dem hölzernen Pferd. Die Grenze zum dritten *epeisodion* (659–807) ist verwischt. Der Chor macht in Klageanapästen den Schritt zurück zu den mythischen Exempeln großer Klage: Philomela, Prokne, den Alkyonen, Kybele; allein, ihr Leid ist geringer. Cassandra reißt ihre Priesterbinden ab und sagt sich von Apollo los. In Ekstase verkündet sie die Vision von Agamemnons und ihrem Tod. Der siegreiche Feldherr tritt hinzu, bleibt nur wenige Verse im Gespräch mit Cassandra auf der Bühne; doch er glaubt ihren Weissagungen nicht. Im dritten Standlied (808–867) erzählt der Chor, wiederum in alkäischen Maßen, die Geburt und die Taten des Hercules. Cassandra präsentiert in der *exodos* (867–1012) in klarer Schau das Geschehen im Haus: Agamemno wird beim Mahl, in einem Gewand verfangen, vom Dolch Aegisths und von der Doppelaxt Clytaemnestras getötet, dann nach antikem Rachritus zerrissen. Electra stürzt aus dem Haus, übergibt den kleinen Orestes König Strophius und Pylades (die gerade aus Elis vorbeikamen, um Agamemno Glück zu wünschen), damit sie den zukünftigen Rächer retten. Nach einem Streitdialog Electra–Clytaemnestra–Aegisth wird Electra den Schergen zur Einmauerung übergeben und Cassandra getötet. H. W. S.

AUSGABEN: Ferrara ca. 1484 (in *Tragoediae*). – Bln. 1878/79 (in *Tragoediae*, Hg. F. Leo, 2 Bde.; Neudr. Bln. 1963). – Paris ²1961 (in *Tragédies*, Bd. 2, Hg. L. Herrmann). – Turin ²1947, Hg. M. Moricca. – Rom 1956 (*Agamemnona*, Hg. R. Giomini).
ÜBERSETZUNGEN: *Agamemnon*, J. W. Rose (in *Tragische Bühne d. Römer*, Bd. 3, Ansbach 1781). – Dass., K. A. Menzel (in *Trag. d. Römer*, Bd. 1, Bln. 1809). – Dass., T. Thomann (in *Sämtl. Tragödien*, Bd. 2, Zürich; in Vorb.; lat.-dt.).
LITERATUR: W.-H. Friedrich, *Untersuchungen zu S.s dramat. Technik*, Diss. Lpzg. 1933. – L. Strzelecki, *De S. »Agamemnonea« Euripidisque »Alexandro«*, Breslau 1949. – E. Frenzel, *Stoffe d. Weltliteratur*, Stg. 1962, S. 12–15. – D. Henry u. B. Walker, *S. and the »Agamemnon«. Some Thoughts on Tragic Doom* (in *Classical Philology*, 58, 1963, S. 1–10).

APOCOLOCYNTOSIS (lat.; *Verkürbissung*, im Sinne von »Veräppelung«). Satire von Lucius ANNAEUS SENECA (um 4 v. Chr. bis 65 n. Chr.), entstanden 54 n. Chr. – Der Titel des Werks ist allein durch den Historiker CASSIUS DIO bezeugt, in den meisten Handschriften lautet er: *Ludus Senecae de morte Claudii Neronis (Senecas Spottschrift über den Tod des Claudius Nero).*
Verspottet wird der Tod, die Himmel- und die Höllenfahrt des römischen Kaisers Claudius (reg. 41–54 n. Chr.). Seinem Leben – es verdient dieses Wort nicht – wird auf die Fürsprache Mercurs hin durch die Parzen ein Ende bereitet. In zwei Versen wird sein Lebensfaden von ihnen zerrissen und in breiter Passage unter Gesang und Leierspiel Apolls ein neuer gesponnen: »*Goldene Zeiten treten hervor aus schönem Gespinste!*« Rom setzte hohe Erwartungen auf den jungen Nero. Derweil wird Claudius, karikiert als Ungeheuer mit wackelndem Kopf und humpelndem Gang, ein Trottel, dessen Gestammel niemand versteht, im Himmel gemeldet. Hercules überwindet die Angst vor seinem dreizehnten Abenteuer, erfährt mit Hilfe der Fiebergöttin die Personalien des Claudius – geboren in Lyon, tat er, was einem Gallier zusteht: er nahm Rom – und führt ihn in die Götterversammlung, wo über seine Vergöttlichung wie in einer römischen Senatssitzung verhandelt wird, voller Turbulenz, so daß Iuppiter die Anwesenden zur Ordnung rufen muß: »*Ihr benehmt euch wie die Wilden.*« Claudius wird hinausgeschickt, Ianus Pater spricht gegen die Aufnahme Claudius' unter die Götter, für ihn verwendet sich Diespiter. Höhepunkt und Entscheidung bildet die in allem Spott bitterernste Rede des Divus Augustus, der mit individuell getönten Worten alle Mordtaten seines Nachfahren schonungslos aufdeckt. Mercurius Psychopompus »*packt ihn beim Kragen und schleppt ihn aus dem Himmel in den Hades*«.
Unterwegs begegnet Claudius auf der Via Sacra seinem eigenen Leichenzug: »*Alle waren froh und guter Dinge; das römische Volk spazierte wie befreit herum!*« Im Hades empfängt ihn die Schar der von ihm Ermordeten, schleppt ihn vor das Tribunal des Aeacus, wo ihm, der schon in seinem Leben das Würfelspiel über alles liebte, bestimmt wird, »*mit einem Becher, dem der Boden fehlt, zu würfeln*«. Caligula erhält ihn schließlich als Sklaven, schenkt ihn dem Aeacus, der ihn an Menander weitergibt, einen Freigelassenen, dem er, symbolisch für sein irdisches Dasein, ewig als Gerichtsbüttel dienen soll.
Seneca, dessen Einstellung zu Claudius zutiefst von dem Erlebnis der achtjährigen Verbannung nach Korsika geprägt ist, verfaßte für Nero auch die *laudatio funebris* auf dessen Adoptivvater Claudius (TACITUS, *Annales* 13, 3). Bereits dort rief die Erwähnung der Klugheit und Weisheit des Kaisers bei den Zuhörern Gelächter hervor. Für die wissenden Hofkreise schrieb er gleichzeitig diese Satire. In ihrer literarischen Form folgt sie nicht der formal strengen hexametrischen römischen Satire (LUCILIUS, HORAZ, PERSIUS, IUVENAL), sondern der von MENIPPOS aus Gadara geschaffenen Art einer Mischung aus Prosa und Versen, die M. TERENTIUS VARRO in Rom heimisch gemacht hatte. In dem Prooemium, das nach der Topik der Historiographie geformt ist, in einem zweiten Einsatz die Zeitbestimmung in episches Gewand gekleidet (2, 1. 4), ebenso das Werk der Parzen: Tod des Claudius, Neros goldene Zeiten (4, 1); Hercules wird, um seine Entschlossenheit zu zeigen, zum Tragöden und fordert in iambischen Senaren von Claudius Antwort (7, 2); auf der Via Sacra bringt man dem Kaiser die Nänie in Klageana-

pästen dar (12, 3); der Schluß in Hexametern zeigt das Bild des Hadesbüßers Claudius, wie er mit dem Becher ohne Boden würfelt (15, 1). Diese Versgruppen dienen zur Gliederung und ironischen Pointierung: episches Spiel des Prooemiums, Aufhöhung des Stils beim Preis des neuen Herrschers in der Parzenszene, der tragikomische Hercules im Olymp, die Nänie als Verbindung zwischen Himmel und Hölle, die aus der Epik geläufige Schilderung des Büßers im Hades. Darüber hinaus sind in den Prosatext – Signum der Menippeischen Satire – zahlreiche kurze griechische und lateinische Dichterzitate und Sprichworte gestreut, deren erstes dem Werk seinen Tenor gibt – das Entgelt für acht Jahre Verbannung –: »*Zum König oder zum Narren muß man geboren sein!*« H. W. S.
AUSGABEN: Rom ca. 1513. – Bln. ⁶1922 (in *Petronii Saturae*, Hg. F. Buecheler u. W. Heraeus). – Paris 1934 (*L'Apocoloquintose*, Hg. R. Waltz; m. frz. Übers.). – Mchn. 1957, Hg. W. Schöne [lat.-dt.]. – Florenz 1961, Hg. C. F. Russo [m. Komm.].
ÜBERSETZUNGEN: *Apocolocyntosis oder des L. A. Seneka Spott Gedichte u. Satyre ü. d. Tod u. d. Vergötterung d. Kaysers Claudius*, F. C. Neubur, Lpzg. 1729. – *Apokolokyntosis*, O. Weinreich (in *Römische Satiren*, Zürich 1949; ern. Hbg. 1962).
LITERATUR: O. Weinreich, *S.s Apocolocyntosis*, Bln. 1923. – C. Gallo, »*L'Apocolocintosi« di S. Saggio critico*, Arona 1948. – M. Coffey, *S.*, »*Apocolocyntosis*« *1922–1958* (in Lustrum, 6, 1961, S. 239 bis 271; Literaturbericht).

DE BENEFICIIS (lat.; *Von den Wohltaten*).

Philosophische Abhandlung in sieben Büchern von Lucius ANNAEUS SENECA (4 v. Chr. bis 65 n. Chr.), in der nachclaudianischen Zeit entstanden (nach 54 n. Chr.). – Die umfangreiche Schrift ist einem sonst unbekannten Aebutius dediziert, dessen Beiname Liberalis (d. h. der Freigebige) vielleicht in Zusammenhang mit dem Thema steht. Eingangs wird die Undankbarkeit als eine der verbreitetsten Untugenden bezeichnet. Daran seien aber meist die »Wohltäter« selbst schuld, weil sie ihre Wohltaten in falscher Gesinnung spendeten. »*Wert ist betrogen zu werden, wer beim Geben schon ans Annehmen denkt.*« Das zweite Buch untersucht im einzelnen, was Wohltäter und Empfänger zu beachten haben, damit eine Wohltat ihren Zweck erfüllt: am hinderlichsten erweist sich meist auf beiden Seiten der Stolz. Die restlichen fünf Bücher füllen, überaus weitläufig, kasuistische Einzelfragen zum Problem. Dabei werden die kuriosesten Details aufgerollt, etwa ob man wegen einer Undankbarkeit gerichtlich belangt werden könne, ob ein Sklave seinem Herrn Wohltaten erweisen kann, ob man auch Undankbaren Wohltaten erweisen soll, ob der Sohn für Wohltaten, die der Vater empfangen hat, dankbar sein soll, ob man dem Weisen, der doch alles besitzt, etwas schenken kann, und schließlich gar, ob man ein Unglück herbeiwünschen soll, um sich Möglichkeiten der Hilfe zu schaffen. Gegen das Werk ist viel Kritisches vorgebracht worden; man hat ihm einen unklaren Aufbau und ein ermüdendes Verweilen bei Spitzfindigkeiten vorgeworfen. Doch enthält es neben einer großen Zahl kurzweiliger, ja amüsant zu lesender *exempla* (Beispiele) viele scharfe, aus dem Leben geschöpfte Beobachtungen. Was die »Spitzfindigkeiten« angeht, so sind sie eher ein Zeichen für Senecas unbedingte denkerische Redlichkeit. Er ruht nicht, bis sämtliche Schichten eines Problems, selbst wenn sie zunächst in keinem Zusammenhang mit der Grundfrage zu stehen scheinen, logisch-dialektisch ausgelotet sind. Gleich den französischen Moralisten scheut er nicht davor zurück, allgemeine ethische Postulate konsequent bis an die Grenze der Absurdität weiterzudenken, auch auf die Gefahr hin, daß sie sich dabei als philosophisch nicht haltbar erweisen sollten. Ein fertiges Moralsystem (das schwerlich zu finden sein dürfte) darf der Leser von Seneca nicht erwarten, dafür jedoch eine denkerisch einwandfreie Suche nach einem solchen System – eine Suche, die alle Mitsuchenden fesseln muß.
R. M.
AUSGABEN: Neapel 1475 (in *Opera*, Bd. 1, Hg. M. Moravus). – Bln. 1876, Hg. M. C. Gertz. – Lpzg. 1914, Hg. C. Hosius. – Paris 1927, Hg. F. Préchac [m. Komm.]. – Ldn./Cambridge (Mass.) 1935 (in *Moral Essays*, Hg. J. W. Basore, Bd. 3; m. engl. Übers.; Loeb; Nachdr. 1958). – Berkeley/Los Angeles 1950 (*De beneficiis libri 7*, Hg. u. Komm. W. H. Alexander). – Paris 1961 (*Des bienfaits*, Hg. F. Préchac; m. frz. Übers.).
ÜBERSETZUNGEN: *Von den wolthaten*, M. Herr (in *Sittliche Zuchtbücher*, Straßburg 1536). – *Über die Wohltaten* (in *Philosophische Schriften*, Bd. 1: *Abhandlungen*. Nach der Übers. v. J. M. Moser neu hg. v. T. v. Scheffer, Bln. 1927).
LITERATUR: K. Busche, *Zu S.s Büchern »De beneficiis« und »De clementia«* (in RhM, 72, 1917/18, S. 464–472). – Schanz-Hosius, S. 696ff.

DE BREVITATE VITAE (lat.; *Von der Kürze des Lebens*).

Philosophischer Traktat *(Dialog)* von Lucius ANNAEUS SENECA (4 v. Chr. bis 65 n. Chr.). – Die Schrift ist entweder noch im korsischen Exil oder kurz nach der Rückkehr (48/49) verfaßt und als zehntes Buch im Corpus der *Dialoge* überliefert. Dem bekannten Ausspruch des HIPPOKRATES: »*Das Leben ist kurz, die Kunst ist lang*«, den er anfangs zitiert, setzt Seneca die Möglichkeit stoischer Lebenshaltung entgegen. Der Kernsatz lautet: »*Wir haben nicht zu wenig Zeit* [zu leben], *aber wir verschwenden zu viel davon.*« (Kap. 1) Nicht die Natur hat unsere Lebenszeit zu kurz bemessen, sondern wir selbst verkürzen sie durch falsche Lebensführung. Richtig lebt nur, wer in sein Leben stets die unausweichliche Tatsache des Todes einbezieht, wer immer und überall für das Ende gerüstet ist: »*Das Leben aber muß man das ganze Leben hindurch lernen, und worüber du dich vielleicht noch mehr verwundern wirst: auch sterben muß man das ganze Leben lernen.*« Diese Bereitschaft bleibt dem, der in der Turbulenz alltäglicher Betriebsamkeit sich allein von Gier, Eitelkeit, Ehrgeiz und anderen Wahnvorstellungen bestimmen läßt, versagt. Nur das zurückgezogene, ungestörte Studium der Philosophie kann sie geben. Der Freund Paulinus, dem die Schrift gewidmet ist, wird deshalb am Ende (Kap. 18–20) eindringlichst beschworen, sich von dem wohl verantwortungsvollen, aber aufreibenden öffentlichen Amt, das er bekleidet, zurückzuziehen und »*leben zu lernen*«, ehe es zu spät ist.
Seneca variiert in diesem Werk ein weiteres Mal das für alle stoische Philosophie zentrale Thema der *vita beata*. Nur aus dem bedingungslosen Hinnehmen der zugemessenen Lebenszeit, allgemein: aus bewußter und willentlicher Koinzidenz des einzelnen mit der Natur, resultiert höchstes Glück. In dieser nüchternen Einordnung in die Vorgegebenheit der Dinge kommt nicht wenig vom Realismus römischen Denkens zum Ausdruck. Ganz und gar unrömisch ist jedoch die Vorstellung

innerer Harmonie auf der Basis einer Ablehnung des tätigen Lebens, die nicht nur jede natürliche Auseinandersetzung mit der Umwelt, sondern auch jede öffentliche oder private Wirksamkeit – Urgrund aller tätigen Größe –, unter dem Aspekt ameisenhafter Betriebsamkeit betrachtet. Sogar das gewiß inhaltsreiche Leben eines Livius Drusus, eines Cicero, ja eines Augustus erscheint in dieser Perspektive als »*vom Trugbild des Ruhms gefesselt*« und letztlich verfehlt (Kap. 5/6). Diese einseitige Verurteilung jeden Handelns steht in deutlichem Widerspruch nicht nur zu den Postulaten, die Seneca in der Schrift *De tranquillitate animi (Über die Gemütsruhe)* erhebt, sondern auch zu seinem eigenen Lebensgang.

Bedenkt man jedoch die allenthalben hervortretende Situationsgebundenheit des Senecaschen Denkens, so verliert diese Diskrepanz ihre Bedeutung: in der skeptischen Beurteilung des Handelns hat zweifelsohne die in der Düsterheit des Exils gereifte Resignation Senecas ihren Niederschlag gefunden. Hinzu kommt, als weiteres erklärendes Moment, der im Verhältnis von Adressat und Autor gegebene Gattungscharakter der Schrift: *De brevitate vitae* ist nichts anderes als eine freundschaftlich gehaltene Modifikation des alten *protreptikos*, der Ermahnung zum Studium der Philosophie. Darauf deutet auch das Hervortreten der Rhetorik, die Stil und Komposition bestimmt: überaus wirkungsvoll – ja so wirkungsvoll, daß der sachliche Inhalt der Worte oft geradezu überspielt zu werden scheint – reihen sich die satirischen Bilder und Karikaturen, mit denen die »Vielbeschäftigten« *(occupati)* gezeichnet werden, aneinander und bilden zusammen mit den leitmotivisch wiederkehrenden Fanfaren des *recede* und *recipe* (»Zieh dich zurück!«) eine brillant gesteigerte Memento-mori-Fuge stoischer Provenienz. Die groteske und weitläufige Übertreibung des Negativen entpuppt sich hierbei als stilistisches Prinzip: je greller das Gegenbild, desto schärfer spiegelt sich in ihm das Positive. R. M.

AUSGABEN: Neapel 1475 (in *Opera*, Bd. 1, Hg. M. Moravus). – Ldn./Cambridge (Mass.) ²1935 (in *Moral Essays*, Hg. J. W. Basore, Bd. 2; m. engl. Übers.; Loeb; Nachdr. zuletzt 1958). – Paris ⁴1955 (in *Dialogues*, Bd. 2, Hg. A. Bourgery; m. frz. Übers.). – Paris 1959, Hg. P. Grimal [m. Erl.]. –
ÜBERSETZUNGEN: *Von der Kürtze des Lebens*, M. Herr (in *Sittliche Zuchtbücher*, Straßburg 1536). – *Über die Kürze des Lebens*, Hg. H. Dahlmann, Mchn. 1949 [m. Einl.]. – *Vom glückseligen Leben*, H. Schmidt, Lpzg. 1956, S. 90–118.
LITERATUR: Schanz-Hosius, 2, S. 692f. – H. Lenzen, *S.s Dialog »De brevitate vitae«*, Lpzg. 1937. – P. Grimal, *Est-il possible de dater un traité de Sénèque? A propos du »De brevitate vitae«* (in Revue des Études Latines, 1949, S. 178–188). – M. T. Griffin, *»De brevitate vitae«* (in Journal of Roman Studies, 58, 1962, S. 104–113).

DE CLEMENTIA (lat.; *Über die Milde*). Philosophischer Traktat von Lucius ANNAEUS SENECA (4 v. Chr. bis 65 n. Chr.), entstanden 56 n. Chr.; an Kaiser Nero (reg. 54–68) gerichtet. – Von der Schrift, die ursprünglich drei Bücher umfaßte, ist nur etwa die Hälfte überliefert. Auch die Exzerpte, die in einem Brief Bischof HILDEBERTS entdeckt wurden, ergeben fast nichts zur Rekonstruktion des fehlenden Teils. Das erste Buch, das ganz erhalten ist, stellt in vielen Beispielen den Nutzen und damit die Notwendigkeit der Milde für den Herrscher klar. Im zweiten folgt die Begriffsdefinition (»*Milde ist ... sanfte Zurückhaltung des Hochgestellten gegen den Untergebenen bei der Festsetzung des Strafmaßes ..., ja überhaupt die innere Disponiertheit zu sanfter Zurückhaltung beim Strafen*«) und die Abgrenzung von ähnlichen, aber nicht so positiv zu bewertenden Eigenschaften, wie etwa dem Mitleid *(misericordia)* und der Nachsicht *(venia)*. Dann bricht die Überlieferung ab. Das dritte, verlorene Buch enthielt, der Gesamtdisposition zufolge, eine Untersuchung mehr pädagogischer Art, »*wie die Seele an diese Tugend herangeführt werden, wie sie darin wachsen und sich ihrer in der täglichen Ausübung versichern kann*« (1, 3, 1).

In der Art eines Regentenspiegels gibt Seneca diese mit dem ganzen Gewicht seiner Erfahrung beschwerte Schrift dem jungen Kaiser, der sein Schüler war, wenige Monate nach der Thronbesteigung mit auf den Weg. Sie mag daher als Schlußstein der langjährigen, bei dem besonderen Charakter Neros nicht immer leichten Erziehung zu betrachten sein. Weitausholend und in grundsätzlicher Weise rührt sie – nicht ohne taktisch geschickte Verbrämungen – an die wundeste Stelle des Kaisers: seine bedenkliche Tendenz zur Mißachtung der *clementia*, einer der nach römischer Auffassung vornehmsten Herrschertugenden. Was diese Tugend bedeutet, kennzeichnet die Übersetzung »Milde« nur zum Teil; sie ist keinesfalls als Negation von Willensstärke und ordnungsbedachter Strenge, als die Haltung eines allgemeinen *laisser faire* oder als Nachgeben zu verstehen, sondern als die durch und durch positive Seelenkraft, die im Untertanen und Mitmenschen stets nach dem Guten sucht und geduldig seine Entfaltung fördert. So schließt die *clementia* die charakterlichen Qualitäten der »Sanftmut« und »Güte« ebenso ein wie den konkreten »Gnadenakt«. Wie der »*gute Bauer, der nicht nur die gerad- und hochgewachsenen Bäume hegt*«, so wird, wer sie besitzt, »*viele unterstützen, die von relativ ungesunder, aber heilbarer Veranlagung sind*«. Man darf nicht annehmen, daß diese eindringliche Mahnung Senecas auf völlig taube Ohren fiel; in Nero klangen auch weichere Saiten, und seine ersten Regierungsjahre gaben Anlaß zu den größten Hoffnungen. R. M.

AUSGABEN: Neapel 1475 (in *Opera*, Bd. 1, Hg. M. Moravus). – Bln. 1876, Hg. M. C. Gertz. – Lpzg. 1914, Hg. C. Hosius. – Paris 1921, Hg. F. Préchac [Komm. u. frz. Übers.]. – Turin 1928, Hg. G. Ammendola. – Ldn./Cambridge (Mass.) 1928 (in *Moral Essays*, Hg. J. W. Basore, Bd. 1; m. engl. Übers.; Loeb; Nachdr. 1958).
ÜBERSETZUNGEN: *Von der miltigkeyt*, M. Herr (in *Sittliche Zuchtbücher*, Straßburg 1536). – *Über die Milde* (in *Philosophische Schriften*, Bd. 1: *Abhandlungen*; nach der Übers. v. J. M. Moser neu hg. v. T. v. Scheffer, Bln. 1927).
LITERATUR: K. Busche, *Zu S.s Büchern »De beneficiis« und »De clementia«* (in RhM, 72, 1917/18, S. 464–472.). – G. J. T. Verdhuys, *De misericordiae et clementiae apud S. philosophum usu atque ratione*, Groningen 1935. – R. Waltz, *Le »De clementia« de Sénèque* (in Revue des Cours et Conférences, 4¹⁄₂, 1940, S. 91–100). – Sénèque, *De la clémence*, Bd. 2: *Commentaire*, Hg. P. Faider, Ch. Favez u. P. van de Woestijne, Paris 1950. – A. M. Hugo, *Calvijn en S. Een inleidende studie van Calvijns commentaar op S. »De clementia«, anno 1532*, Groningen 1957.

DE CONSTANTIA SAPIENTIS (lat.; *Von der Unerschütterlichkeit des Weisen*). Philosophischer Traktat in Dialogform von Lucius ANNAEUS SENECA (4 v. Chr. bis 65 n. Chr.), dem Freund Serenus gewidmet; Entstehungszeit unbekannt. – Thema ist die Unerschütterlichkeit des Weisen im Erleiden von Unrecht und Schmach. Das Unrecht kann dem Weisen, der durch und durch von der Tugend erfüllt ist, nichts anhaben, da ihn die Tugend mehr als die dicksten Mauern vor allen Angriffen zu schützen vermag; das Gesetz, daß der Verletzende stärker ist als der Verletzte, gilt hier nicht. Schon eine einfache logische Überlegung beweist, daß der Weise kein Unrecht erleiden kann: das Prinzip der Gerechtigkeit nämlich, dem er sich ganz verschrieben hat, duldet seinem Wesen nach nichts Ungerechtes; denn »*Widersprüchliches verträgt sich nicht*«. Die Schmach schließlich, die an sich schon leichter wiegt als erlittenes Unrecht – sie beleidigt nur, aber verletzt nicht –, kann dem Weisen nichts mehr bedeuten, wenn er sich überlegt, wer ihm die Beleidigung zufügt: Kinder, Sklaven, Ungebildete oder Erwachsene, die nur die Zahl der Jahre von Kindern unterscheidet. »*Wird ein Arzt dem Geisteskranken zürnen?*« Einige allgemeine, etwas phrasenhafte Verhaltensregeln schließen das Ganze ab.
Der Gedankengang ist im ganzen zwar einfach, wird aber recht verschlungen zum Ausdruck gebracht. Etwas inkonsequent verquickt die zweiteilige Disposition die Gliederung nach formalem und konkretem Beweis mit der nach den beiden Formen der Unbill. Doch tritt die Schrift infolge immer neuer, nur leicht modifizierter Wiederholungen häufig auf der Stelle. Auch wirkt die dialektische Methode der Auflösung eines Widerspruchs, die Seneca in *De providentia* mit Erfolg durchführt, hier recht spitzfindig und wenig überzeugend. Reizvoll ist dagegen der amüsant und eingängig ausgebreitete Bogen der *exempla* aus Geschichte und Mythos: durchgängiges Vorbild ist der jüngere Cato, würdig des Vergleichs mit einem Odysseus oder Herkules; Alexander, Caesar, Caligula und (angefangen mit Achill) alle die mythischen Repräsentanten einer oberflächlichen Ehrauffassung, die mehr der Reflex als die Reflexion kennzeichnet, bilden die Reihe der negativen Exponenten. Das Eigengewicht dieser Anekdoten und Vergleiche gibt am Ende dem Dialog doch noch etwas von der Durchschlagskraft, die das Grundthema – ein von Affektreaktionen ungestörtes menschliches Zusammenleben – verdient.

R. M.

AUSGABEN: Neapel 1475 (in *Opera*, Bd. 1, Hg. M. Moravus). – Lpzg. [2]1923 (in *Dialogorum libri XII*, Hg. E. Hermes). – Ldn./Cambridge (Mass.) 1928 (in *Moral Essays*, Hg. J. W. Basore, Bd. 1; m. engl. Übers.; Loeb; Nachdr. 1958). – Neapel 1930, Hg. G. Ammendola. – Paris [3]1950 (in *Dialogues*, Bd. 4, Hg. R. Waltz; m. frz. Übers.).

ÜBERSETZUNGEN: *Von eim ruewigen Leben*, M. Herr (in *Sittliche Zuchtbücher*, Straßburg 1536). – *Von der Ruhe der Seele*, anon., Bln. 1768. – *Von der gefestigten Sicherheit des Weisen*, T. Rüther, Paderborn 1925 [m. Einl. u. Anm.].

LITERATUR: W. C. Friedrich, *Zu S.s »De constantia sapientis«* (in *Wochenschrift f. Klass. Philol.*, 1911, S. 1098–1102).– Schanz-Hosius, S. 686. – W. Gauss, *Das Bild des Weisen bei S.*, Diss. Fribourg 1950. – P. Grimal, *S. »De constantia sapientis«*, Paris 1953.

DE IRA (lat.; *Über den Zorn*). Philosophischer Traktat in Dialogform von Lucius ANNAEUS SENECA (4 v. Chr. bis 65 n. Chr.), entstanden im korsischen Exil des Autors (41–49); dem Bruder Novatus gewidmet. – Als Vorlage scheint eine Abhandlung des Stoikers POSEIDONIOS gedient zu haben. Den Wert der erhaltenen Fassung beeinträchtigt nicht nur eine größere Lücke im ersten der drei Bücher, sondern auch verschiedene Wiederholungen und Inkongruenzen innerhalb des Textes, die darauf schließen lassen, daß der Autor die Redaktion des Werkes nicht abgeschlossen hat.
Mit radikaler, ja greller Deutlichkeit sucht Seneca das Wesen des Zorns zu entlarven. Er definiert ihn als eine temporäre Form des Wahnsinns, die für das meiste Gräßliche, das in der Welt geschieht, verantwortlich ist. Im Zorn erhebt sich die Seele gegen die Vernunft. Wie alle schädlichen Leidenschaften ist der Zorn also nichts weiter als ein »*Versagen der Seele*«. Er kann weder als naturgemäß betrachtet werden, da sich die wahre (vernunftgeleitete) Natur des Menschen in Liebe und Güte äußert, noch ist er ein vegetativer Reflex, der in Erregungszustand selbsttätig einsetzt, wie etwa das Schwindelgefühl vor einem Abgrund oder das Erschauern in der Kälte. Ein praktischer Nutzwert kommt ihm ebenfalls nicht zu; denn Rache, Bestrafung, Krieg werden durch ihn ihres eigentlichen Sinnes (Pflichterfüllung oder Erziehung) beraubt. Auch ist es ein Irrtum zu glauben, der Zorn sei das Kennzeichen großer Seelen, denn »*groß ist und edel, wer so wie ein gewaltiges Tier das Gekläffe kleiner Hunde unbewegt anhört*«. Deshalb ist nichts so dringlich wie eine wirksame prophylaktische Therapie des Zorns. Als Heilmittel preist Seneca besonders Erziehung zur Friedfertigkeit, das Bewußtsein der menschlichen Fehlerhaftigkeit, Beschäftigung mit dem Schönen Wissenschaften, Mäßigung oder Abstinenz im Genuß, Aufklärung über das Wesen des Zorns und schließlich die stetige Erinnerung an den Tod, der uns alle – Freund wie Feind – dahinrafft.
Das Werk gehört nicht zu den Schriften Senecas, die sich um sein Zentralthema – die *vita beata*, das glückliche Leben – bewegen, sondern bildet mit einigen anderen (etwa *De clementia*) einen kleinen Kreis von Monographien, in denen das stoische System mit den praktischen Problemen des Lebens konfrontiert wird. Der besondere Reiz des Dialogs liegt in der Lebendigkeit, mit der messerscharfe Beweisgänge, einprägsame Bilder und vor allem eine Fülle meisterhaft erzählter positiver und negativer Beispiele aus aller Herren Ländern (sie machen das dritte Buch zu einer Anekdotensammlung von eigenem Wert) in kurzweiligem *parlando* aneinandergereiht werden. Dabei gerät der Leser – trotz mancher Wiederholungen in den sequenzartig immer wieder von neuem ansetzenden Partien – nie aus dem Bann eines ständig angespannten Argumentierens. Die ritornellhafte Verfestigung und die allzeitige Präsenz bestimmter stilistischer Wendungen unterstreichen den kompromißlosen Ernst eines Menschheitspädagogen, der die verheerenden Folgen einer menschlichen Schwäche erkannt hat und nun das einzig Richtige tut: sie, der HOMER in seiner *Ilias* das göttliche Gewand umgelegt hat, zu entmythologisieren.

R. M.

AUSGABEN: Neapel 1475 (in *Opera*, Bd. 1, Hg. M. Moravus). – Turin 1919, Hg. A. Barriera. – Lpzg. [2]1923 (in *Dialogi*, Hg. E. Hermes). – Ldn./Cambridge (Mass.) 1928 (in *Moral Essays*, Hg. J.

W. Basore, Bd. 1; m. engl. Übers.; Loeb, Nachdr. 1958). – Paris ³1951 (in *Dialogues*, Bd. 1, Hg. A. Bourgery; m. frz. Übers.).

ÜBERSETZUNGEN: *Von dem Zorn*, M. Herr (in *Sittliche Zuchtbücher*, Straßburg 1536). – *Über den Zorn* (in *Philosophische Schriften*, Bd. 1: *Abhandlungen*. Nach der Übers. v. J. M. Moser neu hg. v. T. v. Scheffer, Bln. 1927). – *Von der Kürze des Lebens*, H. M. Endres, Mchn. o. J. [1963].

LITERATUR: P. Rabbow, *Antike Schriften über Seelenheilung u. Seelenleitung*, Bd. 1: *Die Therapie des Zorns*, Lpzg. 1914. – M. Coccia, *I problemi del »De ira« di S. alla luce dell'analisi stilistica*, Rom 1958. – Schanz-Hosius, 2, S. 685ff.

DE OTIO (lat.; *Von der Muße*). Philosophischer Traktat von LUCIUS ANNAEUS SENECA (4 v. Chr. bis 65 n. Chr.), den sogenannten »Dialogen« zugehörig. Für die Entstehungszeit des Werkes bietet sich der aktuelle Zusammenhang mit Senecas eigenem Rückzug aus dem Staatsleben (62 n. Chr.) als zumindest naheliegende Spekulation an. In der Überlieferung ist der Anfang der Schrift mit dem Ende von *De vita beata* fusioniert, so daß mit dem Verlust mehrerer Eingangskapitel gerechnet werden muß.
Das Thema der Besinnung und des Rückzugs aus dem öffentlichen Leben, das hintergründig schon den Dialog *De brevitate vitae* prägte, wird hier grundsätzlich erörtert. Es soll bewiesen werden, daß die kontemplative Lebensform wissenschaftlicher Forschens (dies bedeutet der Begriff *otium*) – sei es als früh gewählte Lebensweise, sei es als später Abschluß eines politisch-tätigen Lebens – durchaus nicht im Widerspruch steht zu dem von Seneca und den Stoikern hochgehaltenen Postulat des Dienstes an der Allgemeinheit. Der erste Teil des Beweisgangs stützt sich auf die innere Situation des Menschen. Sein angeborener Wissenstrieb bestimmt ihn für die einzigartige Rolle eines *»Zeugen des kosmischen Schauspiels«*: erst aus der Einsicht in dessen sichtbare und unsichtbare Antriebe vermag er vor allem Handeln Sinn zu verleihen, indem er den formalen Begriff des »Höchsten Gutes« inhaltlich zu fixieren lernt (Beispiel: das Leben der berühmten Erzväter der Stoa). Der zweite Beweis folgt aus der äußeren Situation des Menschen: es gibt politische Konstellationen, die es dem Weisen als unmöglich oder sinnlos erscheinen lassen, sich am Staat zu beteiligen. Auch die Stoa gestattet in diesem begründeten Falle den Rückzug in die Wissenschaft (*otium*); darüber hinaus aber zeigt sich auch, daß diese »private« Betätigung mit dem Anspruch auf allgemeinen Nutzen auftreten kann und als legitime Fortführung eines öffentlichen Amtes gelten muß.
Souverän denkt Seneca einige wesentliche Positionen des Stoizismus weiter. So wird die Vorstellung des Gemeinnutzens vom Ordnungsprinzip des Staates losgelöst und auf eine die ganze Menschheit umfassende Gemeinschaft von Individuen bezogen: *»Erweist sich einer seinen Mitmenschen nützlich, so vertritt er die Sache der Gesamtheit.«* Die Wissenschaft erhält damit ein ungleich höheres Maß an Gewicht und Verantwortlichkeit zugewiesen. Im Organismus der Gesellschaft wie im Leben des einzelnen wird so das fruchtbare Gleichgewicht von Denken und Handeln, von Meditation und Aktion wiederhergestellt, das die Stoa in ihrer Lehre zum Teil aus den Augen verloren hatte.

Darin mag ein zweiter Grund (neben dem persönlichen) liegen, weshalb Seneca hier, im Gegensatz zum traditionellen Dogma, so einseitig und tendenziös für das *otium* plädiert und sich dabei mehr als einmal *»unter Beiseitesetzung von Haß und Streit«* ins epikureische Gehege verirrt. R. M.

AUSGABEN: Neapel 1475 (in *Opera*, Hg. M. Moravus, Bd. 1; als Teil von *De vita beata*). – Lpzg. 1886 (in *Dialogorum libri XII*, Hg. M. C. Gertz). – Paris 1909, Hg. R. Waltz; m. Komm.). – Lpzg. 1923 (in *Dialogorum libri XII*, Hg. E. Hermes).

ÜBERSETZUNGEN: *Von dem seligen Leben*, M. Herr (in *Sittliche Zuchtbücher*, Straßburg 1536). – *Von der Muße der Weisen*, J. M. Moser (in *Werke*, Bd. 4, Stg. 1828; Nachdr. in *Die philosophischen Schriften*, Hg. T. v. Scheffer, Bln. 1927). – *Von der Muße*, O. Apelt (in *Philosophische Schriften*, Bd. 2, Lpzg. 1923). – Dass., H. M. Endres, Mchn. 1963 (GGT, 1391).

LITERATUR: H. Mutschmann, *S. und Epikur* (in Herm, 50, 1915, S. 321ff.). – M. O. Liscu, *L'idée du souverain bien et son expression chez Sénèque*, Bukarest 1941. – K. Büchner, *Römische Literaturgeschichte*, Stg. ³1962, S. 423–427. – J. M. André, *Recherches sur l'otium romain (en particulier chez Sénèque)*, Paris 1962.

DE PROVIDENTIA (lat.; *Von der Vorsehung*). Philosophischer Traktat – den sogenannten »Dialogen« zugehörig – von LUCIUS ANNAEUS SENECA (4 v. Chr. bis 65 n. Chr.); Entstehungszeit unbekannt. – Die Schrift, die an Lucilius, den Empfänger der *Epistulae morales* (*Moralische Briefe*) adressiert ist, verarbeitet wahrscheinlich eine Abhandlung des Stoikers KLEANTHES. Seneca beweist, daß das (stoische) Prinzip einer obersten Leitung des Universums, deren einsichtigem Willen noch das kleinste Atom unterstellt ist, nicht berührt wird von der Tatsache, daß häufig gerade gute Menschen unverdient von härtesten Schicksalsschlägen heimgesucht werden. Aber ein Weiser kann weder unglücklich sein, noch bedarf er unseres Mitleids. Persönliches Unglück wird er nämlich niemals als Unglück werten, sondern als notwendige Etappe auf dem beschwerlichen, aber heilvollen Weg zur Weisheit. *»Die Tugend wächst mit dem Widerstand«*, ja realisiert sich überhaupt erst im Kampf gegen das Schicksal. In Situationen aber, in denen ein erträglicher *modus vivendi*, d. h. ein Leben in Freiheit, ganz ausgeschlossen erscheint, bleibt dem Weisen immer die Freiheit des Todes, die für ihn nicht mit Angst und Furcht belastet ist (Beispiele: der jüngere Cato und andere große Männer der römischen Vergangenheit).
Die Schrift wird zu Anfang als Vorstudie zu einer größeren Arbeit bezeichnet. Sie mag in der Tat einen etwas exposéhaften Eindruck erwecken, sie mag auch in der Disposition (die nicht immer geradlinig fortschreitet), im Stil und Beweisgang (in deren oft ermüdenden Formeln noch viel Schulrhetorisches durchschlägt) recht unfertig wirken – im ganzen stellt sie doch ein entschiedenes und frühes Manifest der sittlichen Freiheit dar, dessen Argumentation auch zum Teil in die christliche Theologie Eingang fand und bis in die idealistische Philosophie fortwirkte. Den Widerspruch zwischen Determination und Freiheit in der Bestimmung des Menschen löst Seneca allerdings nicht mit der Konstruktion eines transzendenten Ausgleichs (Erlösung), der den Selbstmord zumindest unnötig

macht, sondern führt ihn auf immanenter Ebene und dialektisch in eine klar formulierte logische Einheit. Es ist bezeichnend, daß Seneca, der im Laufe eines enttäuschungsreichen Lebens ein intensives Verhältnis zum Unglück gewinnen mußte, die Problematik vor allem von ihrer praktischen Seite her angeht: es ist die konkrete Bewältigung eines schweren Schicksals, die ihn, den Moralisten und Menschheitspädagogen, hier und in den übrigen Dialogen interessiert und die er für sich und seine Leser klären möchte. R. M.

AUSGABEN: Neapel 1475 (in *Opera*, Hg. M. Moravus, Bd. 1). – Leiden 1825, Hg. B. A. Nauta. – Lpzg. 1923 (in *Dialogorum libri XII*, Hg. E. Hermes). – Paris ³1950 (*Dialogues. De la providence*, Hg. R. Waltz; m. frz. Übers.).

ÜBERSETZUNGEN: *Von regierung der welt auß götlicher fürsichtigkeyt*, M. Herr (in *Sittliche Zuchtbücher*, Straßburg 1536). – *Von der göttlichen Vorsehung*, J. M. Moser (in *Werke*, Bd. 2, Stg. 1828; auch in *Die Philosophischen Schriften*, Hg. T. v. Scheffer, Bd. 1, Bln. 1927). – Dass., O. Apelt (in *Philosophische Schriften*, Bd. 1, Lpzg. 1923). – *Von der Vorsehung*, L. Rumpel (in *Ausgewählte Schriften*, Lpzg. 1928; RUB).

LITERATUR: O. Rossbach, *De Senecae dialogis* (in Herm, 17, 1882, S. 371–376). – A. Bourgery, *Sénèque, prosateur*, Paris 1922. – E. Albertini, *La composition dans les ouvrages philosophiques de Sénèque*, Paris 1923, S. 41ff. – Schanz-Hosius, 2, S. 684.

DE VITA BEATA (lat.; *Vom glückseligen Leben*). Philosophischer Traktat (»Dialog«) von Lucius ANNAEUS SENECA (4 v. Chr. bis 65 n. Chr.), überliefert im siebten Buch der berühmten Mailänder Seneca-Handschrift; datiert auf die Jahre 58/59, also in die Zeit der höchsten politischen Machtentfaltung des Philosophen. – Das Thema der *vita beata* zieht sich von CICERO bis AUGUSTINUS als zentrales Problem durch die römische Philosophie. Seine Behandlung durch Seneca erscheint auf den ersten Blick etwas weitschweifig: denn im ganzen bilden drei thematische Komplexe den Inhalt der Schrift. Die Titelfrage selbst – Was macht das Leben wahrhaft glücklich? – wird nur im ersten Teil (1–5) diskutiert. Die Antwort folgt der Lehre der Stoa: allein das Höchste Gut *(summum bonum)*, das in der Tugend liegt. Diese wird definiert als Besitz »*eines freien, hochgesinnten, unerschrockenen und standhaften, über Furcht und Begierden erhabenen Geistes*« (4) oder als »*Harmonie mit sich selbst*« (8). Mit Hilfe der Vernunft orientiert sie sich an der Natur, d. h. an der Vorgegebenheit der Dinge. In den Kapiteln 6–15 rückt die Auseinandersetzung mit der Epikureischen Lehre immer mehr in den Vordergrund. Unbeugsam, aber sachlich verficht Seneca die Dominanz der Tugend *(virtus)* gegenüber der Freude *(voluptas)*. Der Rest der Schrift (16–28) verliert sich in der Polemik gegen die verbreitete Meinung, daß ein Philosoph, wenn er seinen Prinzipien treu sein wolle, die Armut wählen müsse. Die Antwort ist undogmatisch und einfach: wo wäre Reichtum besser aufgehoben als in der Hand des Weisen! Zu den Glanzpunkten dieser Schrift gehören neben den kühnen Bildern oder der Einführung des sprechenden Sokrates in den Schlußpartien die zahlreichen, fast aphoristisch pointierten Sentenzen, die sich bis heute eine zeitlos-aktuelle Überzeugungskraft bewahrt haben, wie wenige Beispiele zeigen mögen: »*Alle Roheit ist nur ein Zeichen von Schwäche*« (3); »*Niemand irrt nur für sich allein*« (1); »*Wir sind in einem Königreich geboren: der Gottheit gehorchen, ist Freiheit*« (15); »*Des Geistes Wert finde der Geist*« (2). Falsch wäre es jedoch, die hinreißende Schlagkraft der Sentenzen und Vergleiche gegen einen Mangel an strenger Komposition auszuspielen. Nicht methodische Systematik ist die Absicht des Verfassers, sondern das »*immer neue Weiterdenken aus den Impulsen der Situation, ... das sich im Erringen eines neuen Begriffs, eines neuen Bildes, einer neuen Sentenz dokumentiert*« (Büchner). Deshalb das ausgedehnte Abschweifen, die Akzentverlagerungen, die assoziativen Verknüpfungen, die Überschneidungen und Wiederholungen. Es ist die Form der sokratischen Reflexion, des beharrlichen Weiter-Denkens im Ton der (hier fiktiven) Konversation, wie sie in der klassischen Diatribe gepflegt wurde. Nichts anderes als die Tradition dieser philosophischen Lehrmethode steckt hinter der mitüberlieferten Gattungsbezeichnung »Dialog«.

Der situationsbedingte Ausgangspunkt, der genetische Kern der Schrift, dürfte in der engagierten Rechtfertigung des »reichen Philosophen« zu suchen sein: dahinter kann durchaus der Zorn Senecas über Angriffe auf den eigenen Reichtum stecken (vielleicht ist hierin auch die Widmung der Schrift an den älteren Bruder Gallio begründet). Zu Unrecht hat man Seneca wegen der hier vertretenen Einstellung eines etwas scheinheiligen Opportunismus verdächtigt. Vor dem Hintergrund seines Lebens und besonders seines beispielhaften Sterbens gelingen seine Worte das unverbrüchliche Signum der inneren Wahrheit. Nicht als Manifest eines rigorosen Ideologen wollen sie gelesen sein, sondern als Zeugnisse eines redlich und stetig an sich selbst arbeitenden Bewußtseins. R. M.

AUSGABEN: Neapel 1475 (in *Opera*, Hg. M. Moravus, Bd. 1). – Lpzg. 1923 (in *Dialogi*, Hg. E. Hermes). – Paderborn 1926, Hg. T. Nissen. – Ldn./Cambridge (Mass.) ²1935 (in *Moral Essays*, Hg. J. W. Basore, Bd. 2; m. engl. Übers.; Loeb; Nachdr. zuletzt 1958). – Paris ⁴1955 (in *Dialogues*, Bd. 2, Hg. A. Bourgery; m. frz. Übers.).

ÜBERSETZUNGEN: *Von dem seligen Leben*, M. Herr (in *Sittliche Zuchtbücher*, Straßburg 1536). – *Vom glückseligen Leben*, A. v. Gleichen-Rußwurm (in *Dialoge*, Bln. 1912). – Dass., H. Schmidt, Stg. 1953 (Kröners Taschenausg., 5). – Dass., H. M. Endres, Mchn. 1959 [m. Einl.].

LITERATUR: R. Reitzenstein, *Zu S.* »*De vita beata*« (in Herm, 29, 1894, S. 619–624). – Schanz-Hosius, 2, S. 689f. – W. Trillitzsch, *S.s Beweisführung*, Bln. 1962 (Dt. Ak. d. Wiss., Schriften d. Sekt. f. Altertumswiss., 37). – M. Pohlenz, *Die Stoa. Geschichte einer geistigen Bewegung*, 2 Bde., Göttingen ³1964; Bd. 1, S. 312f.; Bd. 2, S. 156f.

DE TRANQUILLITATE ANIMI (lat.; *Vom inneren Gleichgewicht*). Philosophischer Traktat von Lucius ANNAEUS SENECA (4 v. Chr. bis 65 n. Chr.), entstanden um 60 n. Chr. – Dem Freund Serenus, der sich hilflos zwischen den stoischen Vorschriften und den Reizen der Welt hin und her geworfen fühlt und sich an Seneca wendet, antwortet der angesehene Lehrer und erfahrene Seelenarzt: es ist die *tranquillitas*, die göttergleiche »Unerschütterlichkeit«, die jenem fehlt. Nach DEMOKRIT ist ihr Besitz die letzte Ursache für die Zufriedenheit des Menschen mit sich selbst. Die schwersten Prüfungen, in denen sie sich zu bewähren hat, sind Lebensüberdruß, persönliches Unglück und Tod. Gegen den Lebensüberdruß empfiehlt Seneca als therapeutische Maßnahme sehr nachdrücklich den Dienst in und am Staatswesen. Nicht, daß nun alle nach dem Kleid der höchsten Ämter streben sollen, aber jeder soll an seinem Platz und mit seinen Kräften, und sei es im hintersten Glied, der Allgemeinheit nützen; von Natur ist die menschliche Seele rührig und zur Tätigkeit geneigt. Noch im feindlichsten Regime gibt es – wenn auch im kleinsten Kreise – Möglichkeiten, Gutes zu wirken (Beispiel: Sokrates). Was Unglück und Tod betrifft, so kommt alles darauf an, sie jederzeit als Möglichkeiten, ja Tatsachen in alles Planen und Handeln miteinzubeziehen. Wer rechtzeitig zu sterben lernt, gewinnt das Leben, wie das besonnene Sterben eines Sokrates oder Gaius Iulius zeigt. Im übrigen kann es die Ausgeglichenheit der Seele nur heben, wenn die Begierden nicht vollständig unterdrückt werden und Zeiten der Anspannung mit solchen der Entspannung wechseln. Zuweilen eine Spazierfahrt, eine Reise, ein geselliges Mahl – und hin und wieder ein kleines Räuschchen: »*Wer nüchtern ist, klopft vergebens an die Pforte der Poesie.*« (17,10; nach PLATON)

Das Bemerkenswerteste an dieser Schrift ist für den heutigen Leser zweifellos Senecas nachdrückliche Forderung, daß menschliches Handeln in den Dienst an der Allgemeinheit zu stellen sei. Nur theoretisch wird die Möglichkeit einer politischen Konstellation ins Auge gefaßt, die den Rückzug in Philosophie und Wissenschaft nötig machen könnte. Der Unterschied zu der Konzeption von *De brevitate vitae* und *De otio* liegt nur in der veränderten Situation und »Stimmung« des Philosophen: im Gedanklichen sind die Anschauungen durchaus vereinbar. Weniger berührt uns heute das System der hier vorgetragenen Lebenskunst, dieses »*äußerste Pathos der Persönlichkeit*« (Büchner), die übersteigerte, immerfort das eigene Ich umkreisende Bemühung um totale Unabhängigkeit von allem, was unser Leben bestimmt. Es ist ein eindimensionales und abstraktes Tugendideal, das Weg und Ziel zugleich darstellt und mehr und mehr den Charakter einer Selbstbefriedigung annimmt. Ähnlich wird der Dienst an der Allgemeinheit als Dienst am Staat, einem ebenfalls abstrakt gesetzten Wert, verstanden, niemals als Dienst an einer menschlichen Gemeinschaft. Seneca kennt nur eine Gesellschaft von mehr oder weniger vorbildlichen Einzelnen: den leidenden oder liebenden Mitmenschen kennt er nicht. Sogar Gerechtigkeit, menschenfreundliche Milde und wohlwollende Freigebigkeit werden zum Instrumentarium der Lebenskunst degradiert. Ihre Vorzüge und ihren Wert entwickelt diese Lebenskunst, die viel römisch nüchterner Weltblick Eingang gefunden hat, erst im Augenblick letzter Entscheidungen und im Angesicht des Todes: diese Kapitel kann man nicht lesen, ohne sich an das Exempel von Senecas eigenem Leben und Sterben zu erinnern, das den hier gefeierten Vorbildern in keiner Weise nachsteht. R. M.

AUSGABEN: Neapel 1475 (in *Opera*, Bd. 1, Hg. M. Moravus). – Lpzg. 1917 (in *Dialogorum libri XII*, Hg. E. Hermes). – Lpzg. 1917 (in *Dialogi*, Hg. ders.). – Ldn./Cambridge (Mass.) ²1935 (in *Moral Essays*, Hg. J. W. Basore, Bd. 2; m. engl. Übers.; Loeb; Nachdr. zuletzt 1958). – Turin 1947 (in *Dialogorum libri IX–X*, Hg. L. Castiglioni). – Paris ³1950 (in *Dialogues*, Bd. 4, Hg. R. Waltz; m. frz. Übers.).

ÜBERSETZUNGEN: *Von der artzung wider unversehene zufell*, M. Herr (in *Sittliche Zuchtbücher*, Straßburg 1536). – *Von der Gemütsruhe an Serenus*, O. Apelt (in *Philosophische Schriften*, Bd. 2: *Dialoge*, Lpzg. 1923). – *Vom glückseligen Leben*, H. Schmidt, Stg. 1953 (Kröners Taschenausg., 5). – *Von der Ruhe des Herzens*, H. M. Endres (in *Vom glückseligen Leben*, Mchn. 1959).

LITERATUR: K. Münscher, *S.s Werke*, Lpzg. 1923, S. 59–62 (Phil. Suppl. 16/1). – V. d'Agostino, *S. ed il »De tranquillitate animi«* (in Athenaeum, 7, 1929, S. 51–84). – F. Gianciotti, *Cronologia dei »Dialoghi« di S.*, Turin 1957, S. 193–224. – K. Büchner, *Römische Literaturgeschichte*, Stg. ³1962, S. 422ff. – W. Trillitzsch, *S.s Beweisführung*, Bln. 1962 (Dt. Akad. d. Wiss., Schriften der Sekt. f. Altertumswiss., 37).

EPISTULAE MORALES AD LUCILIUM (lat.; *Moralische Briefe an Lucilius*). 124 Sendschreiben zur praktischen Ethik von Lucius ANNAEUS SENECA (4 v. Chr. bis 65 n. Chr.), entstanden von 62 an. – Die in zwanzig Büchern unvollständig überlieferten Briefe sind, wiewohl an des Verfassers jüngeren Freund Lucilius gerichtet, für die Publikation bestimmte Abhandlungen in Epistelform. Man hat das Werk, das ein Werk des Alters und der Zurückgezogenheit ist, zu Recht als »*Anleitung zur Erlangung der Glückseligkeit*« oder »*zwanglos dargestellten Kursus der Moral*« bezeichnet.

Die ersten drei Bücher bilden innerhalb des Corpus eine straffer gegliederte Einheit, im Aufbau etwa einem der »*Dialoge*« vergleichbar. Buch 1 gibt allgemeine Lebensregeln, Buch 2 preist die Philosophie als einzigen Weg zur Glückseligkeit, Buch 3 spricht von den Hindernissen auf diesem Weg und deren Beseitigung. Jeden der Briefe ziert der Satz eines Weisen, und zwar *ex omni domo*, aus allen (nicht-stoischen) Lagern der Philosophie. Seneca scheint diese drei Bücher noch selbst und geschlossen publiziert zu haben, während die folgenden sukzessive und einzeln veröffentlicht worden sein dürften. Da in ihnen dem jeweiligen Anlaß, der das Nachdenken auslöste, mehr Gewicht zukommt, sind sie thematisch lockerer gefügt. Bestimmend sind die bei Seneca stets wiederkehrenden Fragen: er schreibt über Freundschaft und Selbstgenügsamkeit, Begierden und Tugenden, Freitod und Unerschütterlichkeit, Maß und Übermaß, Selbsterkenntnis und weise Nutzung der Zeit, über den Gott und das Tier im Menschen (»*In jedem tugendhaften Mann wohnt ein Gott, doch welcher, ist ungewiß*«, 41,2; »*Den Menschen freut es, den Mitmenschen zu verderben*«, 103, 2). Doch auch speziellere Probleme finden Beachtung: die Kunst des Lesens (2), der philosophische Unterricht (38), die Furcht (13) und die Trauer (63), die Sklavenbehandlung (47), Krankheit (78) und Dankbarkeit (81), selbst naturwissenschaftliche Fragen (65).

In zweierlei Weise kommt die Briefform (die gegen Ende der Sammlung etwas zurücktritt) dem Philosophieren Senecas entgegen. Denn bei diesem »zwanglosen Lehrgang« handelt es sich weniger um ein Kompendium von Lebensweisheiten, ins Populäre übersetzt, als um ein – wesentliches – Stück eigener Philosophie. Es ist der auch in den »*Dialogen*« wahrnehmbare fanatische Wille des Schreibenden, seiner selbst im Schreiben gewiß zu werden, der hier waltet. Auch dort, wo die Stoa auf ein Problem schon die Antwort bereit hat, begnügt sich Seneca nicht mit dem bloßen Wiederholen von Lehrsätzen, verzichtet er nicht darauf, den Gedankengang selbständig nachzuvollziehen. Alles andere als ein Systematiker, skeptisch gegen jedes Dogma, auch das geschätzteste, stellt er gerade hier, stets dicht am konkreten Problem bleibend, stets von neuem und stets von einer anderen Seite her den großen Zusammenhang der Dinge aufreißend, stets aus dem Hier und Jetzt das Bessere gegen das weniger Gute abwägend, die nachdrücklich geforderte Freiheit der Entscheidung unter Beweis. In vorher eigentlich kaum diskutierten Fragen, wie der der Sklavenbehandlung und der Unmenschlichkeit der Zirkusspiele, kommt es so nicht nur zu selbständigen, überraschend weitsichtigen Antworten, sondern auch zum freien und für die Antike einzig dastehenden Bekenntnis.

Auf der anderen Seite entspricht die Briefform dem Bedürfnis des Philosophen nach einem Adressaten, nach einem persönlichen Gegenüber, selbst wenn dieses nicht mehr wäre als eine Fiktion. Erst dieses Gegenüber, dem er persönlich das »*in philosophiam recede*« (»*Zieh dich zurück auf die Philosophie*«, 103,4) entgegenschleudern kann, vermag in Seneca, der an die positive Beeinflußbarkeit der Menschen, an die Überzeugungsmacht der Vernunft wie an die Macht des guten Willens glaubt, jene Frische und Spontaneität des Philosophierens zu evozieren, die diese Briefe so lebensnah, so kurzweilig und im Grunde so wenig moralistisch erscheinen lassen. R. M.

AUSGABEN: o. O. u. J. [Straßburg 1473]. – Neapel 1475 (in *Opera*, Hg. B. Romerus, Bd. 2). – Lpzg. ²1914 (in *Opera quae supersunt*, Hg. O. Hense, Bd. 3). – Brescia ²1937 (*Ad Lucilium epistulae morales*, Hg. A. Beltrami, 2 Bde.). – Münster ²1948–1953 (*Ad Lucilium epistulae morales*, Hg. F. Meyer, 2 Bde.). – Paris ²1956–1962 (*Lettres à Lucilius*, Hg. M. Préchac, 5 Bde.; m. frz. Übers. v. H. Noblot). – Oxford 1965 (*Ad Lucilium epistulae morales*, Hg. L. D. Reynolds, 2 Bde.).

ÜBERSETZUNGEN: *Von den Episteln. L. A. Senence sendbrieff von der zucht*, M. Herr (in *Sittliche Zuchtbücher*, Straßburg 1536). – *Briefe an Lucilius*, O. Apelt (in *Die philosophischen Schriften*, Bd. 3 u. 4, Lpzg. 1924). – *Moralische Briefe*, H. M. Endres, Mchn. o. J. (Ausw.; GGT, 614). – *Briefe an Lucilius*, E. Glaser-Gerhard, 2 Bde., Reinbek 1965 (RKl, 185/186 u. 190/191).

LITERATUR: P. Grimal, *S., sa vie, son œuvre, sa philosophie*, Paris 1948. – Th. Hermes, *Epikur in den »Epistulae morales« S.s*, Diss. Marburg 1951. – W. Gauss, *Das Bild des Weisen bei S.*, Diss. Fribourg 1952. – J. M. André, *Otium et vie contemplative dans les »Lettres à Lucilius«* (in Revue des Études Latines, 40, 1962, S. 125–128).

HERCULES FURENS (lat.; *Der rasende Herkules*). Tragödie von Lucius ANNAEUS SENECA 4 v. Chr. – 65 n. Chr.); Entstehungs- und Aufführungsjahr unbekannt. – Während Hercules' Aufenthalt in der Unterwelt tötet Lycus König Kreon von Theben und reißt die Herrschaft an sich. Kreons Tochter Megara, die Gattin des Hercules, wehrt sich verzweifelt gegen die Heiratsanträge und Drohungen des Usurpators. Hercules kehrt gerade noch rechtzeitig zurück und erschlägt Lycus mit Hilfe des Theseus, den er aus der Unterwelt mitgebracht hat; darauf verfällt er in Wahnsinn und mordet Gattin und Kinder. Aus der Umnachtung erwacht, rast er nun gegen sich selbst; nur mit Mühe können ihn sein Ziehvater Amphitryon und Theseus davor bewahren, seine Tat durch grauenvolle Selbstzerfleischung zu sühnen, statt, heroisch die furchtbare Schuld auf sich zu nehmen.

Man würde der Senecas besonderem Interesse an diesem Stoff noch der inneren Form seiner Tragödie gerecht, wollte man sie ausschließlich am *Hēraklēs* des EURIPIDES messen, der mit gutem Grund als Vorlage gilt. Hier geht es nicht um frevlerische Hybris und Selbstüberhebung, nicht um tragisches Scheitern des über sich selbst hinausstrebenden Individuums, das mit dem mächtigeren Schicksal zusammenstößt, sondern in einem moralphilosophischen Sinn um das Problem der Macht und den ihr innewohnenden Zwang zur Entartung. Hierbei wird eine bedeutsame Parallele zwischen Lycus und Hercules sichtbar. Beide, der »unrechtmäßige« wie der »rechtmäßige« Herrscher, erliegen diesem gefährlichen Mechanismus der Macht: Lycus als nüchtern kalkulierender »Machiavellist«, der aus unbedachter Überschätzung der realen politischen Konstellationen zum Tyrannen wird, Hercules im manischen Rausch seiner übermenschlichen Fähigkeiten und Erfolge. Darin besteht auch die Schuld, in die sich beide gleicherweise begeben: ihre eigentlichen Untaten sind nur deren äußere Dokumentation. Diese Schuld erscheint als moralische Schuld, »tragisch« ist sie mehr der furchtbaren Folgen als ihrer Unausweichlichkeit wegen. Deshalb bedarf sie weder der »tragischen« Sühne noch des »tragischen« Untergangs am Ende, sondern kann, hat sie Einsicht und Reue hervorgerufen, als furchtbare, aber produktive Lehre in ein neues Leben mit hineingenommen werden. Gerade indem Hercules dies tut, gewinnt er aus seiner Schuld die sittliche Festigkeit, die eine weise, beherrschte Ausübung der Macht verlangt.

Obgleich die äußeren Baugesetze der griechischen Tragödie (Einheiten, »Akte« usw.) weitgehend Beachtung finden, gibt es also in Senecas Stück keine echte tragische Verwicklung mehr, keinen zwingend zur Katastrophe führenden, den Helden immer mehr verstrickenden Konflikt. So ist das Geschehen auch nicht mehr vom Charakter des »Erhabenen« geprägt, sondern erscheint ganz von der demonstrierenden, reflektierenden und interpretierenden Vernunft des Autors beseelt; trotz einiger Zugeständnisse an die Sensationslust des zirkusgewohnten Publikums wendet es sich in erster Linie an die *ratio* des Zuschauers. Demonstrierend wirken die in das Stück eingefügten pathetischen Auftritte, mit allem rhetorischen Prunk brillierende Bilder der Leidenschaft (z. B. V. 896 ff.; 1138 ff.; 1221 ff.). Reflektierend wirken die mit dialektischer Schärfe geführten Agone, deren Gedankengut die stoische Herkunft nirgends verleugnet (über den Sinn berechtigten Hasses, V. 359 ff.; wie läßt sich göttliche Abkunft beweisen?, V. 438 ff.; über den Sinn der Gewalt, V. 509 ff.; ist die Tat des Wahnsinns Irrtum oder Verbrechen?, V. 1200 ff.; über den Sinn der Sühne, V. 1239 ff.). Interpretierend wirken die zahlreichen knappen Zuspitzungen (»*Ein ungeheuerlicher Irrtum hatte schon oft den Rang eines Verbrechens*«, u. ä.).

Aus allem ergibt sich ein seltsames Nebeneinander von Maßlosigkeit und Selbstbeherrschung im dramatischen Geschehen, von Pathos und Räsonnement in der Darstellung. Mit derselben Unerbittlichkeit und nicht weniger packend als in Senecas sogenannten *Dialogen* (man vergleiche etwa *De ira*) wird hier der Kampf zwischen Leidenschaft und Vernunft ausgetragen, wobei die moralische Lösung zuletzt wichtiger ist als die tragische.   R. M.

AUSGABEN: Ferrara o. J. [ca. 1484] (in *Tragoediae*, Hg. A. Gallicus). – Bln. 1878/79 (in *Tragoediae*, Hg. F. Leo; Nachdr. Bln. 1963). – Ldn./Cambridge (Mass.) 1917 (in *Tragedies*, Hg. F. J. Miller, Bd. 1; m. engl. Übers.; Loeb; Nachdr. zul. 1953). – Lpzg. ²1921 (in *Tragoediae*, Hg. R. Peiper u. G. Richter). – Turin ²1947 (*Hercules furens. Troades. Phoenissae*, Hg. H. Moricca). – Paris ²1961 (*Hercule furieux*, in *Tragédies*, Bd. 1, Hg. L. Herrmann; m. frz. Übers.).

ÜBERSETZUNGEN: *Herkules*, J. W. Rose (in *Tragische Bühne der Römer*, Bd. 1, Ansbach 1777). – *Hercules*, M. Schmitt-Hartlieb, Saarbrücken 1931. – *Der rasende Herkules*, Th. Thomann (in *Sämtliche Tragödien*, Bd. 1, Zürich/Stg. 1961; lat.-dt.).

LITERATUR: O. Edert, *Über S.s »Herakles« u. den »Herakles auf dem Oeta«*, Diss. Kiel 1909. – E. Ackermann, *»Der leidende Herkules« des S.* (in RhMus, 67, 1912, S. 425–471). – L. Castiglioni, *La tragedia di Ercole in Euripide e in S.* (in Rivista di Filologia e d'Istruzione Classica, 54, 1926, S. 176–198; 336–363). – C. K. Kapnukajas, *Die Nachahmungstechnik S.s in den Chorliedern des »Hercules furens« u. der »Medea«*, Lpzg. 1930. – W. H. Friedrich, *Untersuchungen zu S.s dramatischer Technik*, Diss. Lpzg. 1933, S. 48–61; 152. – H. Opelt, *Der Tyrann als Unmensch in der Tragödie dès L. A. S.*, Diss. Freiburg i. B. 1950. – K. Anliker, *Prologe u. Akteinteilung in S.s Tragödien*, Bern/Stg. 1960, S. 45ff. (Noctes Romanae, 9).

HERCULES OETAEUS (lat.; *Herkules auf dem Oeta*). Tragödie von Lucius ANNAEUS SENECA (4 v. Chr. – 65 n. Chr.); aus den letzten Lebensjahren des Dichters und Philosophen; als Vorlage dienten die *Trachinierinnen* des SOPHOKLES. – Hercules hat den König Eurytus besiegt und dessen Tochter Iole gefangengenommen. Er rühmt sich im Prolog seiner Taten und entsendet den Begleiter Lichas als Boten zu der in Trachis – wo das Stück selbst dann spielt – weilenden Gattin Deianira. Deianira, außer sich vor Eifersucht auf Iole, empfindet statt der Freude über den Sieg nur Haß und Wut. Nach anfänglichen blutigen Racheplänen entsinnt sie sich eines Zaubermittels, das ihr der von Hercules zu Tode getroffene Kentaur Nessus mit den Worten überreicht hat, es bewirke, daß sie über die Untreue des Gatten sich nicht mehr beklagen müsse. Sie tränkt damit ein Gewand des Hercules und gibt es Lichas mit. Etwas später tritt der Sohn Hyllus auf; er berichtet, das Kleid habe dem Vater unstillbare, höllische Schmerzen gebracht und dieser habe, rasend geworden, den Überbringer sofort zerschmettert. Deianira beschließt, noch vor Hercules' Ankunft den Tod zu suchen. Bei seiner Mutter Alcmena, wohin sich der Gemarterte inzwischen begeben hat, erfährt er durch Hyllus von ihrem Tod und dem Verbrechen des Nessus. Er sieht einen dunklen Orakelspruch erfüllt und befiehlt, auf dem Oetagebirge einen riesigen Scheiterhaufen für sich zu errichten. Wie der Held in den Flammen endet, erzählt dann ein Bote. Zu den Göttern erhoben und verklärt, erscheint Hercules zuletzt der gramverzehrten, wehklagenden Mutter.

Der *Hercules Oetaeus* darf mit Recht als das erste Monstre- und Schauerdrama der europäischen Literatur angesehen werden. Friedrich LEO bezeichnet es als »*das unförmlichste Produkt, das mit dem Anspruch auf Kunst aus dem Altertum erhalten ist*«. Der ungefüge Bau (Botenbericht und »Erscheinung« des Verklärten machen fast die Hälfte des ungewöhnlich langen Stückes aus), das offenkundige Spiel mit dem Kitzel des Grausamen, das langatmige, oft mühsam wirkende Pathos und das sentimentale Auswalzen der Affekte, besonders durch die weitschweifig deklamierenden Chöre – all dies, obwohl im einzelnen durchaus charakteristisch für Senecas Tragödienstil, ließ in der hier zu beobachtenden Häufung denn auch wiederholt (noch keineswegs widerlegte) Zweifel an seiner Autorschaft aufkommen. Zumindest den aufgeschwellten Schlußteil möchten viele als unecht abtrennen. Aber gerade die Abweichungen von der griechischen Vorlage verraten noch am deutlichsten Senecas Hand; zu ihnen gehört, neben der Stilisierung der Deianira (analog zu Medea und Phaedra in seinen gleichnamigen Tragödien) zum vor allem triebbestimmten und deshalb *per se* verderbenbringenden Weib, dessen unheilstiftende Raserei im lodernden Nessushemd geradezu sichtbaren Ausdruck findet, eben dieser verbreitete Schluß mit der angehängten Apotheose. Denn das Schwergewicht wird hier ganz auf die allmähliche Mäßigung des Helden im Schmerz verlegt, d. h. auf die – im Sinne der Stoa – sittliche Überwindung seines grausamen Schicksals im freien Entschluß zum Tode, und die darauf folgende Verklärung des gewissermaßen nun auch philosophisch legitimierten Heros. Der mythische Stoff von Herakles' Tod und Verklärung wird uminterpretiert zur Parabel einer – am philosophischen Ideal der Ataraxie (Unerschütterlichkeit) gemessen – vorbildlichen Schicksalsbewältigung.

Von daher erhält das an dramaturgischen und stilistischen Schwächen, ja mitunter Unerträglichkeiten gewiß reiche Stück sogar einige innere Glaubwürdigkeit durch die beklemmende Übereinstimmung mit Senecas eigenem, wenig später bewiesenem Verhalten: mit wohl ebenbürtiger Vorbildlichkeit entzog er sich, zunehmend verstrickt in das immer engere werdende Netz Neronischer Gewaltpolitik, im selbstgewählten Untergang dem fatalen Zwang der Verhältnisse, getreu dem im *Hercules Oetaeus* gegebenen Modell.   R. M.

AUSGABEN: Ferrara o. J. [ca. 1484] (in *Tragoediae*, Hg. A. Gallicus). – Bln. 1878/79 (in *Tragoediae*, Hg. F. Leo; Nachdr. Bln. 1963). – Lpzg. ²1921 (in *Tragoediae*, Hg. R. Peiper u. G. Richter). – Ldn./Cambridge (Mass.) ²1929 (in *Tragedies*, Hg. F. J. Miller, Bd. 2; m. engl. Übers.; Loeb; Nachdr. 1953). – Turin ²1947 (*Medea. Oedipus. Agamemnon. Hercules Oetaeus*, Hg. H. Moricca). – Paris ²1961 (*Hercule sur l'Oeta*, in *Tragédies*, Bd. 2, Hg. L. Herrmann; m. frz. Übers.).

ÜBERSETZUNGEN: *Herkules auf dem Oeta*, J. W. Rose (in *Tragische Bühne der Römer*, Bd. 3, Ansbach 1781). – Dass., W. A. Swoboda (in *Tragödien*, Bd. 3, Wien ²1830).

LITERATUR: W. C. Summers, *The Authorship of the »Hercules Oetaeus«* (in Classical Review, 19, 1905, S. 40–54). – E. Ackermann, *De Senecae »Hercule Oetaeo«* (in Phil, Suppl., 10, 1907, S. 323–428). –

O. Edert, Über S.s »Herakles« u. den »Herakles auf dem Oeta«, Diss. Kiel 1909. – E. Griset, L'»Ercole Eteo« e il suo significato etico-politico (in Rivista di Studi Classici, 7, 1959, S. 175–180).

MEDEA (lat.; *Medea*). Tragödie von Lucius ANNAEUS SENECA (4. v. Chr. – 65 n. Chr.), Entstehungszeit unbekannt. – In einer Art umgekehrtem Hymenaeus (Hochzeitslied), der gewissermaßen als Prolog dem eigentlichen, höchst zeremoniellen und prächtig ausladenden Hymenaeus des Chors vorausgeht, fleht Medea zu Beginn des Dramas alles Unglück und Leid auf ihren untreuen Gatten Iason und ihre »Nachfolgerin« Creusa herab (V. 1–115). Das entehrende Ereignis dieser Hochzeit und die bereits über sie selbst verhängte Verbannung erwecken in ihr einen ungeheuren Rachedurst, der weder von den beschwichtigenden Worten der Amme (V. 116–178 und 380–430) noch von den Drohungen Creons, des Königs von Korinth (V. 179–300), noch gar von Iasons Vorhaltungen und Bitten (V. 431–578) besänftigt werden kann. Nach einem in sapphischen Strophen gehaltenen Chorlied über die zerstörerische Gewalt der Eifersucht (V. 579–669) macht sich Medea – in einer wohl pantomimischen Szene – mit gespenstischen Anrufungen der Geister der schwarzen Göttin Hecate an die Zubereitung eines Zaubermittels, mit dessen Hilfe sie die Nebenbuhlerin, Iason und ganz Korinth vernichten will (V. 670 bis 848). Creusa, Creon und die Königsburg fallen dem Zauber zum Opfer, nicht aber Iason. Um an ihm ihre Rache zu vollenden, beschließt sie, ihre beiden Söhne umzubringen. Von den Verfolgern gejagt, flüchtet sie auf das Dach des brennenden Palastes und ermordet dort in ihrer Raserei, nachdem sie zuvor schon das eine Kind getötet hat, vor den Augen des entsetzten Gatten auch das zweite. Darauf wirft sie die Leichen Iason vor die Füße und erhebt sich auf einem Schlangenwagen in die Lüfte (V. 879–1027).

Ein Vergleich mit der *Médeia* des EURIPIDES, der Seneca in seiner Tragödie im wesentlichen folgt, offenbart die ganz andere Einstellung des Römers zu seinem Stoff. Aus der Darstellung des individuellen tragischen Konflikts des untreuen Iason und der verlassenen Medea ist die Demonstration einer verderblichen – und daher »tragischen« – Leidenschaft geworden: Freilich hatte die Konzeption der »rasenden Medea« zu Senecas Zeit schon ihre eigene römische Tradition; auch in OVIDS verlorener Tragödie war wohl vor allem die Psychologie dieser Leidenschaft – der Umschlag von enttäuschter maßloser Liebe in nicht weniger maßlosen Haß – herausgearbeitet. Aber erst bei Seneca erscheint die emotionale Zügellosigkeit als Schuld. Medea, zur unmenschlich rasenden Mänade (vgl. V. 806 u. 849) umgeformt, liefert für das Irrationale, und das heißt für das Inhumane schlechthin, sie gibt damit sozusagen das negative Musterbeispiel für Senecas Dialog *De ira (Über den Zorn)* ab. Deshalb ist bei Seneca auch der »Hexen«-Charakter so in den Vordergrund gerückt: Das 180 Verse umfassende okkultistische Exerzitium des Giftbrauens hat bei Euripides keine Parallele; die schwarzen Künste Medeas, ihre »barbarische« Herkunft, ihr Schlangenwagen und ihr höllisches Rachewerk werden geradezu zu symbolischen Attributen eines zutiefst inhumanen Wesens. Insofern ruft Iason der Entschwindenden am Schluß (V. 1027) sehr wohl mit einigem Recht nach: »Bezeuge, daß, wo du fährst, keine Götter sind!« Denn in Umkehrung der ursprünglichen Interpretation des Mythos (der allerdings schon bei Euripides eine erste – von den prestigebesorgten Korinthern manipulierte – Modifizierung erfahren hat) ist nicht mehr so sehr Medea das Opfer der Untreue Iasons als vielmehr Iason das Opfer von Medeas Raserei. Obwohl sich kaum noch sagen läßt, wieweit bei Seneca die Anspielungen auf die eigene Zeit gehen (vielleicht stand sogar Neros berüchtigte Giftmischerin Locusta Modell), liegt die Vermutung nahe, daß diese Umdeutung des Mythos in erster Linie auf die Verhältnisse am Kaiserhof gemünzt ist.

Im dramatischen Gesamtwerk des Dichters behauptet die *Medea* eine Schlüsselstellung. Charakteristische Motive, die das ganze Œuvre Senecas durchziehen, komprimieren sich in der Gestalt der Medea zu einem drastischen Sinn- und Schreckbild der Irrationalität und Inhumanität: so der hybride Fatalismus der Leidenschaft (vgl. V. 426 ff.), der Fluch der Untat, der zwangsläufig eine Kette weiterer Untaten heraufbeschwört (vgl. V. 958 ff.), der aggressive Wahnsinn *(furor)* als konsequentes pathologisch-psychologisches Endstadium von beidem. Im *Hercules furens* war dasselbe Thema schon einmal ganz ähnlich, aber optimistischer dargestellt worden; in der *Medea* hingegen – wie übrigens ebenso in der *Phaedra* – steht der Heldin kein Weg der Entsühnung mehr offen: Weder die Liebe noch Selbsterkenntnis oder Einsicht vermögen hier den Teufelskreis der verbrecherischen Inhumanität zu sprengen. R. M.

AUSGABEN: Ferrara o. J. [ca. 1484] (in *Tragoediae*, Hg. A. Gallicus). – Bln. 1878/79 (in *Tragoediae*, Hg. F. Leo, 2 Bde.; Nachdr. Bln. 1963). – NY 1908 (in *Three Tragedies*, Hg. H. M. Kingery; m. Komm.). – Ldn./Cambridge (Mass.) 1917 (in *Tragedies*, Hg. F. J. Miller; m. engl. Übers.; Loeb; Nachdr. zul. 1953). – Lpzg. ²1921 (in *Tragoediae*, Hg. R. Peiper u. G. Richter). – Turin ²1947 (in *Medea. Oedipus. Agamemnon. Hercules [Oetaeus]*, Hg. M. Horicca; Nachdr. zul. 1960). – Paris ²1961 (*Médée*, in *Tragédies*, Bd. 1, Hg. L. Herrmann; m. frz. Übers.). – Turin 1965 (in *Hercules furens*..., Hg. I. Viansino).

ÜBERSETZUNGEN: *Medea*, J. W. Rose (in *Tragische Bühne der Römer*, Bd. 1, Ansbach 1777). – Dass., K. Osswald, Progr. Büdingen 1871. – Dass., M. Schmitt-Hartlieb, Lpzg. 1929. – Dass., Th. Thomann (in *Sämtliche Tragödien*, Bd. 1, Zürich/ Stg. 1961; lat.-dt.).

LITERATUR: Th. Vente, *Die Medea-Tragödie S.s. Eine Quellenstudie*, Progr. Straßburg 1909. – T. Caracappe, *Medea nella letteratura latina*, Palermo 1921. – Ch. K. Kapnukajas, *Die Nachahmungstechnik S.s in den Chorliedern des Hercules furens« u. der »Medea«*, Diss. Lpzg. 1930. – Schanz-Hosius, 2, S. 461/462. – A. Block, *Medea-Dramen der Weltliteratur*, Diss. Göttingen 1958. – K. Anliker, *Prologe u. Akteinteilung in S.s Tragödien*, Bern/Stg. 1960, S. 35–44 u. ö. (Noctes Romanae, 9). – A. Hempelmann, *S.s »Medea« als eigenständiges Kunstwerk*, Diss. Kiel 1960. – E. Frenzel, *Stoffe der Weltliteratur*, Stg. ²1963, S. 420–423.

OCTAVIA (lat.; *Octavia*). Tragödie in 983 Versen, im Tragödiencorpus des Lucius ANNAEUS SENECA (4 v. Chr. – 65 n. Chr.) überliefert; entstanden zwischen 62 und 65 (falls wirklich von Seneca verfaßt). – Die Tragödie gehört – als einziges erhaltenes Beispiel – der nationalrömischen Gattung der *fabula praetexta* an, einer seit NAEVIUS (3. Jh. v. Chr.) gepflegten dramatischen Sonderform hohen Stils mit historisch-römischen Stoffen. Die *Octavia* behandelt die aufsehenerregenden Vorgänge am Neronischen Kaiserhof im Jahr 62. Nero, der Prototyp des absolutistischen Herrschers, will seine rechtmäßige, aber verhaßte und kinderlose Gattin Octavia verstoßen und statt ihrer seine jahrelange attraktive Mätresse Poppaea, die bereits ein Kind von ihm erwartet, heiraten. Er setzt dieses Vorhaben mit allen Mitteln durch, gegen den Widerstand des Senats wie seines Erziehers Seneca, der als Wortführer des Senats selbst auftritt (V. 377 ff.). Nach der Entfesselung einer Volkserhebung durch seine Gegner verfügt Nero, daß Octavia auf die Insel Pandataria gebracht und dort getötet wird. Die tote Agrippina, seine Mutter, die dieser »undynastischen« Verbindung bis zu ihrer Ermordung durch den eigenen Sohn (59 v. Chr.) ohnehin den stärksten Widerstand entgegengesetzt hatte, erscheint als Schatten (V. 593 ff.) und prophezeit Neros gewaltsamen Tod.

Diese – freilich erstaunliche – Prophezeiung sowie der Umstand, daß hier Seneca in eigener Person auf der Bühne erscheint, bildeten lange Zeit die Hauptstütze für die fast allgemein gewordene Auffassung, nach der diese Tragödie von einem späteren Autor als Seneca stammen sollte. Erst in jüngster Zeit konnte J. SCHMIDT überzeugend nachweisen, daß sie in Stil und Thematik mit dem übrigen Tragödienwerk des Philosophen übereinstimmt und auch keineswegs eine ausgesprochen nerofeindliche Tendenz verrät. Demnach kann an der Authentizität der *Octavia* kaum mehr gezweifelt werden; vielleicht befand sie sich sogar unter den von TACITUS in den *Annalen* (15, 63) erwähnten nachgelassenen Schriften Senecas. Der unmittelbare Anlaß ihrer Abfassung könnte durchaus mit der Absicht gekoppelt gewesen sein, den eigenen Rückzug vom Hof nachträglich zu rechtfertigen, zumal es als fast sicher gilt, daß Senecas Tragödien in erster Linie als Lesedramen, als »Dialoge« mit verteilten Rollen, konzipiert wurden.

Der Stoff wird klar in das für Seneca typische Deutungsschema von Raserei *(furor)* und Vernunft *(ratio)*, von weiser Mäßigung und maßloser Emotionalität, gezwängt. In drei parallel aufgebauten Dialogen zwischen Octavia und ihrer Amme (V. 34 ff.), zwischen Nero und Seneca (V. 438 ff.) und zwischen Poppaea und ihrer Amme (V. 690 ff.) prallen die beiden konträren Prinzipien aufeinander. Nero, Poppaea und Octavia verkörpern mehr oder weniger ungemischt eine vom *furor* geprägte Verhaltensform. Octavia, halb als »verlassene Medea«, halb als »Rächerin Elektra« gezeichnet (ihr arienhafter Eingangsmonolog zeigt auffallende Entsprechungen zur *Elektra* des SOPHOKLES), hält in unmenschlicher Unversöhnlichkeit an ihrem Haß gegen den untreuen »Iason« und – weit mehr noch – den »Aigisth« fest, den Mörder ihres Vaters (Claudius) und Bruders (Britannicus). Nero seinerseits entbehrt zwar nicht gänzlich der menschlichen Seiten, gerade vielleicht, wo er »Iason« und »Aigisth« ist, als Rasender aber steht er in einer Reihe mit anderen Figuren des Senecaschen Tragödienwerks: mit Oedipus, mit dem »rasenden« Hercules oder mit Phaedra. In der Auseinandersetzung des Kaisers mit Seneca, die in ihrer monostichisch-gnomischen Verkürzung einem brillanten rhetorischen Duell gleicht, treten sich die dionysisch-irrationale und die vernünftig-humane Lebensauffassung in grundsätzlicher Diskussion gegenüber. Einzig Poppaea erscheint noch nicht eigentlich als »Rasende«; der gräßliche Alptraum, der sie in der Hochzeitsnacht martert, soll jedoch bereits als erstes Anzeichen einer beginnenden tragischen und schuldhaften Verstrickung gewertet werden, in die sie mit der unseligen Ehe geraten ist. In einer jeweils auf das Gegenüber zugeschnittenen Version bieten die rational bestimmten Dialogpartner dem »rasenden Dreigestirn« den Optimismus des allerhöchsten Ehepaars Iuppiter und Iuno als Vorbild einer über Leidenschaften und Trübungen hinweg stets zur Versöhnung bereiten »höheren« Vernunft an. Doch wird eine solche Lösung von den Angesprochenen jedesmal zurückgewiesen. Denn ihnen steht der rettende Weg einer Lösung oder Entsühnung gar nicht mehr offen, da sie in einer dreifachen Fluchwelt, einem dreifachen unabsehbaren Zirkel von Verbrechen, Schuld und Strafe befangen sind: als Angehörige der iulisch-claudischen Dynastie, als Römer und schließlich als Menschen des eisernen Zeitalters (V. 377 ff.).

Von allen zehn Tragödien gibt die *Octavia* zu Senecas zentralem Problem, der Divergenz von Macht und Humanität, die deutlichste und wohl zugleich skeptischste Antwort. Sie erscheint so zugleich auch in einem tieferen Sinn als Rechtfertigung des resignierten Verzichts auf das einflußreiche Hofamt. Die zum Teil erstaunliche Innigkeit einiger lyrischer Partien (V. 916 ff.; 973 ff.) hat im Rahmen dieser pessimistischen Grundhaltung lediglich kontraststeigernde Funktion: So wendet sich die Schlußarie des Chors nach einer lichten poetischen Impression alsbald wieder der römischen Wirklichkeit zu und schließt mit einem rätselhaft-finsteren Vers von epigrammatischer Einprägsamkeit: »*Rom labt sich am Blut seines Bürgers*«. – R. M.

AUSGABEN: Ferrara o. J. [1484] (in *Tragoediae*, Hg. A. Gallicus). – Bln. 1878/79 (in *Tragoediae*, Hg. F. Leo; Nachdr. Bln. 1963). – Leiden 1909, Hg. J. Vuertheim [m. Komm.]. – Ldn./Cambridge (Mass.) 1917 (in *Tragedies*, Hg. F. J. Miller, Bd. 2; m. engl. Übers.; Loeb; Nachdr. jul. 1953). – Turin ²1917 (zus. m. *Thyestes* u. *Phaedra*, Hg. H. Moricca). – Lpzg. ²1921 (in *Tragoediae*, Hg. R. Peiper u. G. Richter). – Bonn 1922, Hg. C. Hosius. – Bologna ²1955, Hg. A. Santoro [m. Einl. u. Komm.]. – Paris ²1961 (in *Tragédies*, Hg. L. Herrmann, Bd. 2; m. frz. Übers.).

ÜBERSETZUNGEN: Octavia, J. W. Rose (in *Tragische Bühne der Römer*, Bd. 3, Ansbach 1781). – Dass., Th. Thomann (in *Sämtliche Tragödien*, Bd. 1, Zürich/Stg. 1961; lat.-dt.).

LITERATUR: F. Ladek, *De »Octavia praetexta«* (in Diss. phil. Vindob., 3, 1891, S. 1–107). – G. Nordmeyer, *De »Octaviae« fabula* (in Jb. f. d. class. Philol., 19, Suppl. 1893, S. 255–317). – A. Cima, *La tragedia romana »Octavia« e gli »Annali« di Tacito*, Pisa 1904. – E. Flinck, *De »Octaviae praetextae« auctore*, Diss. Helsingfors 1919. – K. Münscher, *Bericht über die S.-Lit. aus den Jahren 1915 bis 1922* (in Jahresbericht über die Fortschritte d. klass. Altertumswiss., Burs. Jb., 192, 1922, S. 198 bis 211). – W. Baehrens, *Die »Octavia praetexta« und S.* (in Philol. Wochenschrift, 43, 1923, S. 668 bis 671). – J. Schmidt, Art. »Octavia« (in RE, 17/2, 1937, Sp. 1788–1799). – F. Giancotti, *L'»Octavia« attribuita a S.*, Turin 1954. – A. Bruder, *Die Form der Tragik in der »Praetexta Octavia«*, Diss. Freiburg i. B. 1958. – C. J. Herington, *»Octavia praetexta«. A Survey* (in Classical Quarterly, 11, 1961, S. 18–30).

– R. Westmann, *Zur Sprache der »Praetexta Octavia«* (in Arctos, 4, 1966, S. 115–127).

OEDIPUS (lat.; *Ödipus*). Tragödie von Lucius ANNAEUS SENECA (4 v. Chr. – 65 n. Chr.), Entstehungs- und Aufführungsjahr unbekannt. – Das Stück folgt dem *Oidipus tyrannos* des SOPHOKLES: Oedipus, König von Theben, ist, ohne es zu wissen, der Mörder seines Vaters Laius und der Gatte seiner Mutter Iocasta. Indem er den unbekannten Mörder verflucht, besiegelt er sein eigenes Schicksal. Als dies durch seine Nachforschungen und den zufälligen Tod seines Pflegevaters Polybus ans Licht kommt, treiben ihn Scham und Verzweiflung dazu, sich selbst zu blenden. Iocasta stürzt sich darauf in ein Schwert. Diesem schon bei Sophokles angelegten Geschehen hat Seneca – ähnlich wie in der *Medea* – eine effektvolle, grausige Zauber- und Unterweltszene hinzugefügt: der Schwager Creon berichtet, wie der Seher Tiresias den ermordeten König Laius beschworen habe, der auch schließlich erschienen sei und den Namen des Oedipus genannt habe.
Der Tragödie des Griechen setzt Seneca gewissermaßen einen Anti-*Oedipus* entgegen. Nicht die große, an einem außerordentlichen Schicksal scheiternde Gestalt wird vorgeführt, sondern ein König, der ängstlich und verbissen an der Macht hängt und die Prophezeiungen des Orakels Lügen strafen möchte. Denn das Orakel, das wie ein Damoklesschwert über seinem Leben schwebt, kennt Oedipus bei Seneca von Anfang an. Aber selbst als die Wahrheit ans Licht gekommen ist, versucht er noch, sie als abgefeimte politische Intrige abzutun. Er verdächtigt Creon der Konspiration und läßt ihn despotisch in den Kerker werfen. Nicht durch die Ungunst des Schicksals wird der König »schuldig«, sondern durch sein eigensüchtiges und machtbesessenes Beharren gegenüber diesem Schicksal, dem er sich nicht ergeben will: Laius hat ihm die freiwillige Selbstverbannung als alleiniges Rettungsmittel angeraten. Damit wäre das grausige Ende vermeidbar gewesen, wie Seneca in einer Art »Widerlegung« des Sophokles formuliert: »*Selbst der tragischsten griechischen Tragödie setzt der römische Glaube an eine allerdings nicht rechnende, sondern allumfassende Vernunft sein* ›*Nein*« *entgegen*« (K. Büchner). R. M.

AUSGABEN: Ferrara o. J. [1484] (in *Tragoediae*, Hg. A. Gallicus). – Bln. 1878/79 (in *Tragoediae*, Hg. F. Leo; Nachdr. Bln. 1963). – Lpzg. ²1921 (in *Tragoediae*, Hg. R. Peiper u. G. Richter). – Turin 1925 (zus. m. *Medea, Agamemnon* u. *Hercules Oetaeus* Hg. H. Moricca). – Leiden 1958, Hg. J. v. Ijzeren. – Paris ²1961 (in *Tragédies*, Hg. L. Herrmann, Bd. 2; m. frz. Übers.).

ÜBERSETZUNGEN: *Oedipus*, J. W. Rose (in *Tragische Bühne der Römer*, Bd. 2, Ansbach 1779). – Dass., W. A. Swoboda (in *Tragödien*, 3 Bde., Wien 1828 bis 1830). – *Ödipus*, A. Steinberger, Regensburg 1889 [Tl. 1]. – *König Oedipus*, M. Naechster, Lpzg. 1912.

LITERATUR: Th. Birt, *Was hat S. mit seinen Tragödien gewollt?* (in NJb, 14, 1911, S. 336–364). – H. Opelt, *Der Tyrann als Unmensch in den Tragödien des L. A. S.*, Diss. Freiburg i. B. 1950. – E. Paratore, *Originalità del teatro di S.* (in Dioniso, 20, 1957, S. 53–74). – K. Anliker, *Prologe und Akteinteilung in S.s Tragödien*, Bern/Stg. 1960, S. 29 ff. (Noctes Romanae, 9).

PHAEDRA, auch: *Hippolytus* (lat.; *Phädra*, auch: *Hippolytus*). Tragödie in 1280 Versen von Lucius ANNAEUS SENECA (4 v. Chr. – 65 n. Chr.), Entstehungszeit unbekannt. – Phaedra, die Gattin des athenischen Königs Theseus, verliebt sich während dessen zeitweiligem Aufenthalt in Hades in ihren Stiefsohn Hippolytus. Vergeblich wird sie von ihrer Amme an die Vernunft gemahnt. Sie gesteht Hippolytus – dem Verächter und Feind alles Weiblichen – ihre Liebe, wird aber schroff zurückgewiesen. Der zurückkehrende Gatte, von Phaedra in den Glauben versetzt, Hippolytus habe ihr Gewalt angetan, verflucht seinen Sohn und bittet Poseidon um dessen baldige Vernichtung. Schon eilt ein Bote herbei, um von dem gräßlichen Ende des Hippolytus zu berichten: Im Kampf mit einem Meeresungeheuer fiel er vom Wagen, wurde geschleift, gerädert, geschunden, zerschmettert, zerrissen, halbiert und gepfählt. Phaedra stößt sich daraufhin ein Schwert in die Brust und gesteht Theseus sterbend die Wahrheit. Unter dessen schauerlichen Klagen werden, Glied für Glied, die Reste des toten Hippolytus herbeigebracht und mühsam zu einem Leichnam zusammengesetzt.
Senecas Tragödie folgt wahrscheinlich einem – nur in wenigen Fragmenten erhaltenen – Jugendwerk des EURIPIDES, dem *Hippolytos kalyptomenos (Der verhüllte Hippolytos)*; denn von der berühmten überlieferten *Hippolytos*-Tragödie des Griechen weicht sie in mehreren Punkten ab: So gesteht Phaedra selbst Hippolytus ihre Liebe, sie klagt selbst den Stiefsohn an, enthüllt selbst ihre Schuld und stirbt erst nach Theseus' Rückkehr. Auch fehlt zu Beginn und am Ende der bei Euripides charakteristische Auftritt der in dem Geschehen einander feindlich gegenüberstehenden Gottheiten Aphrodite und Artemis. Doch weit schwerer als diese Motivveränderungen wiegen die Akzentverschiebungen, die Seneca vornimmt. Aus Phaedra ist bei ihm eine von geradezu tierischen Instinkten getriebene, in Theseus' Abwesenheit »rasend« gewordene Nymphomanin geworden, deren krankhafte Veranlagung in einer Art von deterministischem Biologismus auf das Erbe ihrer an abnormen Veranlagungen nicht eben armen Familie zurückgeführt wird. Hippolytus erscheint dagegen als vernünftiger und freier Geist, der aus stoischer Einsicht den Leidenschaften und Frauen abhold ist, da er in ihnen die Ursache für alles menschliche Leid erkennt; er ist ein tugendhafter und aufrechter junger Mann, der das heitere Leben in der Natur den Unruhen und Intrigen bei Hofe vorzieht. Auf alle feineren Nuancen, die die Euripideischen Gestalten auszeichnen, wird verzichtet: das Schwärmerische bei Phaedra und Hippolytus, die Sorge der Amme, Hippolytus' naive Selbstgerechtigkeit, Phaedras Unsicherheit, ihre Angst, ihr Haß, ihre Verzweiflung, schließlich bei Theseus die Erschütterung des Gatten und Vaters – all das fehlt bei Seneca.
Charakteristisch für das Werk des Römers ist einerseits das deklamatorische Pathos, das den Dialog zumeist zu einem Nacheinander fast selbständiger Monologe anschwellen läßt, unter denen einige, Dutzende von Versen lang, in Metaphorik und Stilfiguration wahre Wunderwerke forensischer Brillanz darstellen (etwa V. 435 ff.) – LESSING sprach aus diesem Anlaß von einer »*Klopffechterei im Kothurn*«. Charakteristisch ist zum andern der krasse Realismus des Geschehens und der Naturalismus in der Zeichnung der Figuren, der auf eine dramatische Straffung und Intensivierung hinzielt. Hinter dieser äußeren Dramatisierung des Bühnen-

geschehens bleibt jedoch die innere weit zurück. Jede Figur, jede Handlung wird, da es nur die eine Sinndimension von Leidenschaft und Vernunft gibt, von vornherein in eine dieser beiden Kategorien gepreßt, Phaedra und Theseus in jene, Hippolytus und die als wahre Tugendpräzeptorin fungierende Amme in diese. Der Konflikt, der so entsteht, zeigt weder eine innere'Entwicklung noch eine eigentlich tragische Unabwendbarkeit: Hippolytus' Schuldlosigkeit erscheint ebenso über jeden Zweifel erhaben wie Phaedras Schuld, der sie übrigens in den Augen des Stoikers trotz ihrer biologischen Determiniertheit nicht enthoben ist (V. 143ff.). Die Tragik liegt bei dieser Konzeption vor allem darin, daß die Katastrophe auch den Schuldlosen mit ins Verderben zieht.

Die Bedeutung von Senecas *Phaedra*-Version liegt deshalb wohl mehr in ihrem zeitgeschichtlichen Hintergrund, auf den sie in zahlreichen Parallelen und Anspielungen hinweist. Zwar läßt sich die zeitkritische Aktualität nur noch in Umrissen konkretisieren; doch kann als sicher gelten, daß es die durch und durch korrumpierte Hofwelt der *Octavia* und der *Annalen* des TACITUS mit ihren Affären und Skandalen ist, die hier, im Gewand der mythologischen Fabel, zum Gegenstand der Kritik wird.

Die Nachwirkung von Senecas *Phaedra*, vor allem in der Literatur der Neuzeit, hat die des Euripideischen Stücks bei weitem übertroffen. Von den zahlreichen Nachdichtungen sind besonders RACINES *Phèdre* (1677) und D'ANNUNZIOS *Fedra* (1909) bemerkenswert, letztere vor allem deswegen, weil in ihr die von Seneca überkommene naturalistische Tendenz mit dem Zeitgeschmack der Jahrhundertwende eine effektvoll-bizarre Verbindung eingeht.

R. M.

AUSGABEN: Ferrara o. J. [ca. 1484] (in *Tragoediae*, Hg. A. Gallicus). – Bln. 1878/79 (in *Tragoediae*, Hg. F. Leo; Nachdr. Bln. 1963). – Turin ²1917 (zus. m. *Thyestes* und *Octavia*, Hg. H. Morica). – Lpzg. ²1921 (in *Tragoediae*, Hg. R. Peiper u. G. Richter). – Wien 1924, Hg. K. Kunst, 2 Bde. [m. Komm.]. – Rom 1955, Hg. R. Giomini.. – Paris ²1961 (in *Tragédies*, Hg. L. Herrmann; m. frz. Übers.). – Paris 1965, Hg. P. Grimal [m. Einl. u. Komm.].

ÜBERSETZUNGEN: *Hippolyt*, J. W. Rose (in *Tragische Bühne der Römer*, Bd. 2, Ansbach 1779). – *Phaedra*, A. Steinberger, Günzburg 1909. – Dass., F. Bursik, Wien 1932. – Dass., Th. Thomann (in *Sämtliche Tragödien*, Bd. 1, Zürich/Stg. 1961; lat.-dt.).

LITERATUR: W. Ribbeck, *Der Sturz der Messalina und die »Phaedra« des S.* (in Zs. für Geschichte u. Politik, 5, 1888, S. 608–615). – F. Leo, *Die Composition der Chorlieder S.s* (in RhMus, 52, 1897, S. 509 bis 518). – A. Kolár, *Vier Phaedratragödien (Euripides, S., Racine, d'Annunzio)* (in *Fs. für J. Kral*, Prag 1913, S. 23ff.). – U. Moricca, *Le fonti della »Fedra« di S.* (in Studi Italiani, 21, 1915, S. 158 bis 224). – Schanz-Hosius, 2, S. 462/463. – W. H. Friedrich, *Untersuchungen zu S.s dramatischer Technik*, Diss. Lpzg. 1933. – E. Paratore, *Sulla »Phaedra« di S.* (in Dionisio, 15, 1952, S. 199–234). – R. Giomini, *Saggio sulla »Fedra« di S.*, Rom 1955 (Studi e Saggi, 5). – K. Anliker, *Prologe und Akteinteilung in S.s Tragödien*, Bern/Stg. 1960 (Noctes Romanae, 9). – C. Zintzen, *Analytisches Hypomnema zu S.s »Phaedra«*, 1960 (Diss. Köln 1957). – A. Grilli, *Lezioni sulla »Fedra« di S.*, Mailand 1967.

PHOENISSAE (lat.; *Die Phönissen*). Vier tragische Szenen von Lucius ANNAEUS SENECA (4 v. Chr. bis 65 n. Chr.), Entstehungszeit unbekannt. – Wie fast alles an diesen Dramenfragmenten ist auch die Quellenfrage noch weithin ungelöst; nur ganz allgemeiner Art sind die Beziehungen zu SOPHOKLES' *Oidipus epi Kolōnō (Ödipus auf Kolonos)* und zu EURIPIDES' *Phoinissai (Die Phönikierinnen)*, die für den Titel Pate standen. Ja, es steht nicht einmal fest, ob die überlieferte Versmasse als Rest einer oder mehrerer verlorener Tragödien oder als kleine Sammlung in sich abgeschlossener Studien des Autors (so Friedrich LEO und Martin SCHANZ) zu gelten hat.

Der Stoff entstammt dem Schlußteil der Labdakidensage. Zwei Frauengestalten des thebanischen Königshauses (Iocasta und Antigone), die Geschicke des geblendeten Oedipus und der Bruderzwist seiner Söhne Eteocles und Polynices stehen im Mittelpunkt der Szenen. Die für Seneca charakteristische Wendung des Dialogs ins Philosophisch-Prinzipielle ist besonders in den ersten beiden Szenen (V. 1–362) zu erkennen: Antigones Widerstand gegen die Absicht ihres Vaters Oedipus, seine Schuld in den Schluchten des Cithaeron zu sühnen, geht über in eine grundsätzliche Erörterung des Themas Selbstmord; Oedipus' Weigerung, dem unheilvollen Streit der Söhne Einhalt zu gebieten, leitet über zum Preis des um der Ruhe der Seele willen gewählten Weltverzichts. Im dritten und vierten Fragment, die enger miteinander zusammenhängen, wagt Iocasta auf die Bitten Antigones hin den von Oedipus verweigerten persönlichen Einsatz: Die letzte Szene schließt damit, daß sich die Greisin verzweifelt zwischen die kämpfenden Brüder stürzt.

R. M.

AUSGABEN: Ferrara o. J. [1484] (in *Tragoediae*, Hg. A. Gallicus). – Bln. 1878/79 (in *Tragoediae*, Hg. F. Leo; Nachdr. Bln. 1963). – Ldn./Cambridge (Mass.) 1917 (in *Tragedies*, Hg. F. J. Miller, Bd. 2; m. engl. Übers.; Loeb; Nachdr. zul. 1953). – Lpzg. ²1921 (in *Tragoediae*, Hg. R. Peiper u. G. Richter). – Paris 1924 (*Les Phéniciennes*, in *Tragédies*, Tl. 1, Hg. L. Herrmann; m. frz. Übers. u. Komm.). – Turin ²1947 (zus. m. *Hercules Furens* u. *Troades*, Hg. H. Moricca). – Paris ²1961 (in *Tragédies*, Hg. L. Herrmann, Bd. 1; m. frz. Übers.).

ÜBERSETZUNGEN: *Die Phönicierinnen*, J. W. Rose (in *Tragische Bühne der Römer*, Bd. 3, Ansbach 1781). – *Die Phönizierinnen*, E. Sommer (in *Tragödien*, Dresden 1834).

LITERATUR: Th. Birt, *Zu S.s Tragödien* (in RhMus, 34, 1879, S. 523ff.). – R. Schreiner, *S. als Tragödiendichter in seinen Beziehungen zu den griechischen Originalen*, Mchn. 1909. – U. Moricca, *Le »Fenicie« di S.* (in Rivista di Filologia, 1917, S. 467–515; 1918, S. 1–40). – Schanz-Hosius, 2, S. 460/461. – J. Mesk, *S.s »Phönissen«* (in WSt, 37, 1924, S. 289–322). – A. Paul, *Untersuchungen zur Eigenart von S.s »Phönissen«*, Bonn 1953. – O. Zwierlein, *Die Rezitationsdramen S.s*, Meisenheim 1966 (Diss. Bln. 1965; m. krit.-exegetischem Anh.).

QUAESTIONES NATURALES (lat.; *Naturwissenschaftliche Untersuchungen*). Philosophisch-naturwissenschaftliche Schrift von Lucius ANNAEUS SENECA (4 v. Chr. – 65 n. Chr.), entstanden in den Jahren 62/63. – Obwohl in mehr als fünfzig Handschriften überliefert, bringt die an Lucilius, den Empfänger der *Moralischen Briefe*, gerichtete Bro-

schüre in der Frage nach der authentischen Zählung und Anordnung der einzelnen Bücher fast unüberwindliche Probleme mit sich. Allen bisherigen Umstellungsversuchen und -vorschlägen hat jedoch die hergebrachte Aufteilung des – vielleicht aus mehreren Einzelpublikationen zusammengesetzten – Werks in sieben Bücher die Wahrscheinlichkeit einer wenigstens chronologisch richtigen Textfolge voraus. Dieser Umstand verdient um so mehr Beachtung, als Seneca offenbar keine systematische Darstellung im Sinn hat. Er hält sich weder streng an die selbst gegebene Aufteilung des Stoffs nach den drei Disziplinen Astronomie, Meteorologie und Geologie (2, 1), noch folgt er konsequent einer Gliederung nach den klassischen vier Elementen. Eindeutig ist allerdings, was der Autor unter Naturwissenschaft verstanden wissen will: die erklärende Beschreibung sensationeller und für das Volksempfinden mirakulöser Naturphänomene, verbunden mit philosophisch-besinnlicher Reflexion. In diesem Sinne werden nacheinander der Regenbogen (Buch 1), das Gewitter (2), die Springflut und die Überschwemmung (3), die Nilschwellung, Hagel und Schnee (4), der Wind (5), das Erdbeben (6) und die Kometen (7) behandelt. Die Vorworte zu Buch 1 und 3 enthalten ein ebenso enthusiastisches wie überraschendes Bekenntnis Senecas zur Naturerkenntnis. Ihre auf der Erhabenheit ihres Gegenstands beruhende Vorrangstellung wird nicht nur im Vergleich mit der »irdischen« Moralphilosophie betont, sondern auch gegenüber der gänzlich »wertlosen« Geschichtsforschung: »*Wieviel besser ist es, die Werke der Götter als die Raubzüge eines Philipp, eines Alexander oder anderer zu preisen, die ... für die Menschheit keine geringere Heimsuchung darstellten, als es eine alles überflutende Überschwemmung oder eine alles Lebendige versengende Feuersbrunst ist.*«
Unter naturwissenschaftlichen Aspekten besitzt die Schrift kaum mehr als den Wert eines Kuriosums. Ihre Bedeutung liegt auf moralphilosophischem Gebiet. Hinter den Darlegungen des Autors steht – im Gegensatz wohl zu seiner eigenen Meinung – weder selbständige Naturforschung noch eine enzyklopädisch-systematische Absicht: Der Moralphilosoph, den Menschen zum Zustand innerer Ruhe und Ausgeglichenheit *(ataraxia)* hinführen will, sucht am Ende eines erkenntnisreichen Lebens die Ursachen der Verhinderung dieses Zustands nicht mehr allein beim Menschen selbst; er erkennt vielmehr, wie vor ihm LUKREZ von einer materialistischen Basis aus, eine Hauptquelle aller menschlichen Verwirrung und Irrationalität in der scheinbaren Rätselhaftigkeit und Dämonie von Naturphänomenen und -katastrophen. Die halb populär verfaßte Schrift soll also dem Leser vor allem die tiefeingewurzelte Furcht vor der Natur nehmen helfen – durch Einsicht in eine in der Natur waltende Kausalität und durch Vertrauen auf die Möglichkeiten wirkungsvoller Schutz- und Vorbeugungsmaßnahmen bei tatsächlicher Bedrohung. So betrachtet, lieferten Senecas *Untersuchungen* einen zweifellos eigenartigen, aber nicht unwesentlichen Beitrag zur Geschichte der Aufklärung und Humanität. GOETHE, der ihnen im ersten Teil der *Materialien zur Geschichte der Farbenlehre* (1810) ein ganzes Kapitel widmet, blieb dies nicht verborgen: »*...sieht man wohl, daß er gegen Leichtgläubigkeit und Aberglauben im Kampfe steht, daß er den humanen Wunsch nicht unterdrücken kann, alles, was die Natur uns reicht, möge dem Menschen zum Besten gedeihen.*« R. M.

AUSGABEN: Köln o. J. *(Senecae philosophi stoici de questionibus naturalibus editio non minori iucunditate quam ubertate gratissima).* – Venedig 1522 *(Naturalium quaestionum libri VII,* Hg. M. Fortunatus; m. Komm.). – Lpzg. 1907 *(Naturalium quaestionum libri VII,* Hg. A. Gercke). – Paris 1929 *(Questions naturelles,* Hg. P. Oltramare; m. frz. Übers.).
ÜBERSETZUNG: *Physikalische Untersuchungen. 1. Teil,* F. E. Ruhkopf, Lpzg. 1794 [vollst.].
LITERATUR: J. Clark u. A. Geikie, *S.'s Physical Science,* Ldn. 1910. – P. Oltramare, *Le Codex Genovensis des »Questions naturelles« de Sénèque* (in RPh, 1921, S. 1–44). – F. Levy, *Der Weltuntergang in S.s »Naturales quaestiones«* (in Phil, 83, 1928, S. 459–466). – K. W. Ringshausen, *Poseidonios, Asklepiodot, S. und ihre Anschauungen über Erdbeben und Vulkane,* Diss. Mchn. 1929. – B. Axelson, *Senecastudien. Kritische Bemerkungen zu S.s »Naturales Quaestiones«,* Lund 1933. – Schanz-Hosius, 2, S. 698–703. – G. Stahl, *Die »Naturales Quaestiones« S.s. Ein Beitrag zum Spiritualisierungsprozeß der römischen Stoa* (in Herm, 92, 1964, S. 425–454).

THYESTES (lat.; *Thyestes).* Tragödie von Lucius ANNAEUS SENECA (4 v. Chr. – 65 n. Chr.), Entstehungs- und Aufführungszeit unbekannt. – Das Schauerdrama, dessen griechische Vorlage nicht erhalten ist, setzt mit einer grausigen Szene ein: Tantalus, der einst seinen Sohn Pelops zerstückelt den Göttern zum Mahl vorgesetzt hatte, tritt als Schatten auf; eine Furie bestürmt ihn, auch die Söhne des Pelops, Atreus und Thyestes, ins Unheil zu stürzen. In der nächsten Szene brütet Atreus bereits an einem Racheplan gegen den verbannten jüngeren Bruder, der ihm Thron und Gattin (Aerope) streitig machen wollte. Der Plan wird ausgeführt: Unter dem Vorwand der Versöhnung lockt Atreus Thyestes nach Mykene und setzt dem Nichtsahnenden das Fleisch seiner Söhne als Mahl vor. »*Da erkenne ich den Bruder!*«, stößt der Getäuschte hervor, als ihm zuletzt die unverkennbaren Hände und Häupter auf einer Schüssel aufgetischt werden. Thyestes erbricht die gräßliche Mahlzeit und verflucht das Geschlecht des Bruders. Das Entsetzen vor der Untat läßt sogar die Sonne in ihrem Lauf umkehren.
Wie in den anderen Königsdramen Senecas – *Agamemno, Oedipus, Hercules furens* – geht es in dieser Tragödie um die Schuld tyrannischen, d. h. machtbewußten, selbstherrlichen und eigensüchtigen Handelns. Als Exempel für die zerstörerischen Auswirkungen unbeherrschter Leidenschaft soll sie Abscheu und Grauen erwecken vor der Entartung des – philosophisch ungefestigten – Menschen in der Macht. R. M.

AUSGABEN: Ferrara o. J. [1484] (in *Tragoediae,* Hg. A. Gallicus). – Bln. 1878/79 (in *Tragoediae,* Hg. F. Leo; Nachdr. Bln. 1963). – Turin ²1917 (zus. m. *Phaedra* u. *Octavia,* Hg. H. Moricca). – Lpzg. ²1921 (in *Tragoediae,* Hg. R. Peiper u. G. Richter). – Paris ²1961 (in *Tragédies,* Bd. 2, Hg. L. Herrmann; m. frz. Übers.).
ÜBERSETZUNGEN: *Thyest,* J. W. Rose (in *Tragische Bühne der Römer,* Bd. 2, Ansbach 1779). – *Thyestes,* L. Uhland (in *Uhland als Dramatiker,* Hg. A. v. Keller, Stg. 1877). – Dass., E. Sommer (in *Tragödien,* Dresden 1834).
LITERATUR: L. Ranke, *Abhandlungen u. Versuche,* Lpzg. 1888, S. 38ff. – R. G. Manfredi, »*Tieste« di*

S., Trani 1889. – C. Marchesi, *Le fonti e la composizione del »Thyestes« di S.* (in Rivista di Filologia, 35, 1908, S. 70–104). – H. Opelt, *Der Tyrann als Unmensch in den Tragödien des L. A. S.*, Diss. Freiburg i. B. 1950. – K. Anliker, *Prologe u. Akteneinteilung in S.s Tragödien*, Bern/Stg. 1960, S. 23ff. (Noctes Romanae, 9). – E. Zorzi, *Sul »Tieste« di S.* (in Aevum, 39, 1965, S. 195–200).

TROADES (lat.; *Die Troerinnen*). Tragödie in 1179 Versen von Lucius ANNAEUS SENECA (4 v. Chr. bis 65 n. Chr.), Entstehungszeit unbekannt. – Das Trauerspiel, eine Kontamination von nicht weniger als vier griechischen Vorlagen – den SOPHOKLES-Stücken *Polyxena* und *Aichmalótides (Die Gefangenen)* sowie EURIPIDES' *Hekabē* und *Troades* –, behandelt die barbarisch-grausamen Vorgänge nach Troias Fall bis zur endgültigen Abfahrt der siegreichen Griechen. Den Eingang – er steht für Prolog und Exposition zugleich – bildet eine emphatisch-rituelle Totenklage, in der Hecuba. die frühere Königin Troias, und ein Chor troianischer Matronen abwechselnd König Priamus und den heroischen Prinzen Hector beweinen (V. 1–163). Darauf folgt eine Auseinandersetzung zwischen Pyrrhus, dem Sohn des gefallenen Helden Achilles, der auf der Opferung der troischen Prinzessin Polyxena am Grab seines Vaters besteht, und dem Oberbefehlshaber der Griechen, Agamemnon, der zur Mäßigung und Menschlichkeit rät, aber mit seiner Meinung schließlich der düsteren Hartnäckigkeit des Priesters Calchas unterliegt (V. 203–370). Ulixes (Odysseus) kann Hectors Witwe Andromache mit einer List auch den versteckten kleinen Astyanax ablocken, der als letzter Sprößling aus Priamus' Haus ebenfalls »*zur Versöhnung der Götter*« erschlagen werden soll (V. 524–860). Die nächste Szene bringt einen heftigen Wortwechsel zwischen Andromache und Hecuba einerseits und Helena andererseits, die den festlichen »Brautschmuck« für die gräßliche Opfer-Hochzeit Polyxenas richtet (V. 861–1055). Ein ausführlicher Botenbericht über Astyanax' und Polyxenas heldenhaftes Sterben beschließt die Tragödie (V. 1056–1179).

Die *Troades*, eines der abgründigsten – und auch verkanntesten – Stücke Senecas, können mit geradezu exemplarischer Deutlichkeit zeigen, wie wenig die »Tragödien« des Römers an den jeweiligen griechischen Vorlagen, ja überhaupt am Tragödienbegriff der Griechen gemessen sein wollen. Weder findet sich eine organisch-geschlossene Handlung, die das unabänderliche Walten eines tragischen Schicksals widerspiegelte, noch eine personal-ganzheitliche Heldengestalt, die auf einen individuellen tragischen Konflikt hin angelegt wäre, noch ein Dialog, der die Figuren in unmittelbarer tragischer Aktion vorführte. Die Szenen, selbst mehr mächtige statische Bilder – man vergleiche den Prunk der Kostüme und Requisiten – als dramatisches Geschehen, folgen vielmehr einem grundsätzlich atektonischen, »offenen« Kompositionsprinzip, was in letzter Konsequenz dem Verzicht auf die Fiktion eines »erzählerischen« Zusammenhangs der einzelnen Auftritte gleichkommt. Die dargestellten Menschen sind kaum mehr als deklamierende und gestikulierende Akteure in selbständigen »Bildern«, ihre Lebenswirklichkeit erschöpft sich in der Funktion, die sie in diesen »Bildern« einnehmen. Der Dialog ist vorwiegend mit Blick auf den Zuschauer gesprochen; er ist hyperbolisch und pathetisch stilisiert, wo psychische Zustände präsentiert werden, abstrakt, räsonierend und gnomisch (etwa V. 301ff.), wo diese Zustände im denkerischen Prozeß – der die fehlende Aktion ersetzt – ausgewertet werden. Es ist das typische »Lehrstück« eines typischen Dichterphilosophen. Der philosophische Lehrgehalt der *Troades* wird im allgemeinen mit gewissem Recht auf Maximen der Stoa zurückgeführt; so etwa in Motiven wie der Vergänglichkeit irdischer Pracht und Herrlichkeit, der Endgültigkeit des Todes, der gefaßten Ergebung ins Unglück u. ä. Es lassen sich jedoch auch noch andere, wesentlichere Momente fassen: Sie gruppieren sich um das zentrale Thema der Macht und der ihr innewohnenden Brutalität, mit allem, was sie dem Menschen auf der einen Seite an Bosheit und Gemeinheit, auf der anderen an Schmerz und Leid aufgibt. In diesem Sinn handelt das Stück von der äußersten Unmenschlichkeit absoluter Macht und der Unmenschlichkeit absoluter Ohnmacht. Auf der einen Seite Ulixes, Pyrrhus, Agamemnon, Calchas, vier zeitlos gültige Gesichter der Macht: der intellektuelle »Realpolitiker«, der irrationale Schlächter, der die eigene Verantwortung abwälzende Opportunist, der skrupellose ideologische Einpeitscher. Auf der anderen Seite Hecuba, Andromache, Astyanax, Polyxena, vier zeitlos gültige Gesichter der Ohnmacht: der übergebliche Fatalismus, der verzweifelte Versuch der Abwehr und des Hasses, die heldische Pose, die lammfromme Ergebung. Eine Sonderstellung nehmen jeweils Agamemnon und Hecuba ein. Der Atride muß erkennen, daß die bereits verübte Untat in einem schrecklichen Zirkel sich selbst fortpflanzt: Er selbst hat vor Jahren die eigene Tochter Iphigenie geopfert und hat daher weder das Recht noch die Möglichkeit, gegenüber Pyrrhus glaubwürdig für die Sache der Humanität einzutreten. Hecuba andererseits, die zu Beginn noch einen zeremoniellen *planctus* (Klage) veranstalten kann – das lächerlich übertriebene Pathos hat Funktionswert –, begreift erst am Ende die volle Ohnmacht des Leidens.

Trotz dieser – im Sinne BRECHTS – »epischen« Konzeption ist die Grundtendenz des Stückes tragisch: Der leidvolle Untergang von Menschen bleibt für Seneca als letztlich nicht weiter diskutierbares Faktum bestehen, um so mehr, als dieser Untergang unwiderruflich ist: Denn die Unsterblichkeit der Seele, vom Chor in einer sehr wirkungsvollen Partie als Frage aufgeworfen (V. 371ff.), wird klar verneint (»*Nach dem Tod ist das Nichts!*«). Vor allem im Botenbericht von dem »idealen« Tod der Polyxena klingt versteckte Anteilnahme am individuellen Geschick – ein gemeintragischer Aspekt – an. Hierbei tritt dann auch ein zeitkritischer Tenor zutage: Man glaubt den Kritiker des römischen Arenapublikums zu hören, wenn zugleich mit der gräßlichen Opferung die halb sadistischen, halb sentimentalen Reaktionen des zuschauenden Volkes geschildert werden. Aus diesem Grund haben die *Troades* – entstanden im Rom Neros, als die Macht der Welt eine ihrer grausigsten Fratzen darbot – vor allem in historisch ähnlichen Situationen immer wieder eine traurige Aktualität und Tiefe erlangt: so etwa im Dreißigjährigen Krieg – kein geringerer als Martin OPITZ übertrug sie 1625 als erste Seneca-Tragödie überhaupt ins Deutsche – und ebenso im gegenwärtigen Jahrhundert, dem eine nicht weniger grausame Erfahrung den Stempel aufgedrückt hat (vgl. SARTRES *Les mouches – Die Fliegen*). R. M.

AUSGABEN: Ferrara o. J. [1484] (in *Tragoediae*, Hg. A. Gallicus). – Bln. 1878/79 (in *Tragoediae*, Hg. F.

Leo; Nachdr. Bln. 1963). – Ldn./Cambridge (Mass.) 1917 (in *Tragedies*, Hg. F. J. Miller, Bd. 1; m. engl. Übers.; Loeb; mehrere Nachdr.). – Lpzg. ²1921 (in *Tragoediae*, Hg. R. Peiper u. G. Richter). – Paris 1924 (in *Tragédies*, Hg. L. Herrmann; m. frz. Übers. u. Komm.; ²1961). – Turin ²1947 [zus. m. *Hercules furens* u. *Phoenissae*, Hg. H. Moricca].

ÜBERSETZUNGEN: *Die Trojanerinnen*, M. Opitz, Wittenberg 1625. – Dass., W. A. Swoboda (in *Tragödien*, Bd. 3, Wien 1828–1830). – Dass., Th. Thomann (in *Sämtliche Tragödien*, Bd. 1, Zürich/ Stg. 1961; lat.-dt.).

LITERATUR: F. Leo, *S. tragoediae*, Bd. 1, Bln. 1878. – Th. Birt, *Zu S.s Tragödien* (in RhMus, 34, 1879, S. 523 ff.). – A. Balsamo, *De S. fabula quae »Troades« inscribitur* (in Studi Italiani, 8, 1902, S. 41–53). – R. Schreiner, *S. als Tragödiendichter in seinen Beziehungen zu den griechischen Originalen*, Mchn. 1909. – K. Anliker, *Prologe u. Akteneinteilung in S.s Tragödien*, Bern/Stg. 1960, S. 19 ff. (Noctes Romanae, 9). – L. Mazzoli, *Umanità e poesia nelle »Troiane« di S.* (in Maia, 13, 1961, S. 51–67). – E. G. Schmidt, *Die Anordnung der Dialoge S.s* (in Helikon, 1, 1961, S. 245–263). – O. Regenbogen, *Schmerz u. Tod in den Tragödien S.s*, Darmstadt 1963. – O. Zwierlein, *Die Rezitationsdramen S.s*, Meisenheim 1966 (Diss. Bln. 1965; m. krit.-exeget. Anh.).

Gaius PETRONIUS ARBITER
(gest. 66)

CENA TRIMALCHIONIS (lat.; *Das Gastmahl des Trimalchio*). In sich abgeschlossenes und daher meist separat ediertes Teilstück aus dem umfangreichen satirischen Abenteuer- und Schelmenroman *Satyricon* des Gaius PETRONIUS ARBITER († 66 n. Chr.); erst 1650 in Dalmatien aufgetaucht. – Wie kein anderer lateinischer Text führt uns die *Cena* mitten hinein in den Alltag eines römischen Landstädtchens. Trimalchio, einst Sklave, jetzt protzender Selfmade-Millionär und eitle Lokalgröße in einer campanischen Provinzstadt der Nero-Zeit, gibt ein Gastmahl, dessen erlesene Pracht die Gäste von der Unermeßlichkeit seines Reichtums, weit mehr aber noch von der Noblesse seines Geschmacks, der Erhabenheit seines Lebensstils und vor allem von der immensen Weite seines Bildungshorizontes überzeugen soll. Die Gäste – teils ehemalige »Kollegen« des Gastgebers und Emporkömmlinge wie er, teils junge Habenichtse und Streuner (darunter auch der Erzähler) – zeigen sich allerdings mehr von der rein materiellen Seite des siebengängigen Mahles begeistert, bei dem wohl sämtliche Leckerbissen gereicht werden, die die antike Speisekarte aufzuweisen hatte. Daß Honigwein und zweihundertjähriger Falerner ausgeschenkt werden, interessiert sie mehr als Trimalchios Gedichte und »philosophische« Einlagen, mehr als die Rezitationen und musikalischen Darbietungen. Lediglich die zahlreichen koch- und serviertechnischen Überraschungen, die akrobatischen Vorführungen und der extravagante Blödsinn einer Lotterie können ihnen mehr als Schmeicheleien entlocken. In »scheußlicher Betrunkenheit« arrangiert Trimalchio schließlich die eigene groteske Apotheose, wobei er sein Testament verliest und dem Steinmetz Habinnas auf das genaueste sein Grabmal entwirft. In der Sentimentalität, die ihn darüber mehr und mehr befällt, findet er kein höheres Vergnügen, als sich das eigene Begräbnis vorzuspielen (»*Denkt euch, ich sei tot, und sagt etwas Hübsches!*«), bis der Lärm der angeordneten Funeralien schließlich die »Feuerwehr« herbeistürmen läßt, die dann dem ganzen Treiben in blinder Pflichtausübung ein schnelles und unsanftes Ende bereitet.

Zumindest die *Cena Nasidieni* des HORAZ (*Satiren* 2, 8) beweist uns, daß die Erzählung Petrons in einer lebendigen Literaturtradition steht, in der Situation und Milieu des Gelages als gesellschaftskritisch-satirischer Ansatz dienen. Originell ist Petron aber insofern, als er dem römischen Muster ein anderes unterlegt: das des philosophischen Tafelgesprächs, wie es in PLATONS *Symposion* vorgeformt ist. Von diesem (positiven) Hintergrund beziehen die an Trimalchio und seiner Kumpanei erkennbaren (negativen) Charakter- und Verhaltensdetails ihre eigentliche Qualität. Das Moment der Bildungssatire steht in der *Cena* Petrons durchaus im Vordergrund; sie ist weniger eine Kritik am allgemeinen »Sittenverfall«, wie einige Interpreten mit einem Seitenblick auf die Verhältnisse an Neros Hof wahrhaben wollten. Ein totales Unverhältnis zum Geist charakterisiert den Helden. So sehr es sich auch durch den sozialen Aufstieg dazu legitimiert glaubt: jeder noch so zaghafte Versuch zum Tiefsinn schlägt ihm unfehlbar ins Groteske, ja Makabre um. »*Mit dem Herzen des Primitiven und unvorstellbar banal auf die großen Wirklichkeiten des Lebens deutend*« (K. Büchner), bringt er es fertig, gerade diese Wirklichkeiten im tiefsten zu verunstalten. Als beinahe tragischer Repräsentant einer Halbbildung steht er vor uns, einer Halbbildung, die sich – im Materiellen wie im Geistigen – mit der bloßen Addition von Werten begnügt und auch im rein Menschlichen nicht über Blasiertheit und Snobismus hinausgelangt: als zwar aufwendiger, aber unbegründeter »Überbau« bleibt sie ohne Einfluß auf den Charakter des Helden, der trotz krampfhafter Anstrengung nicht mit seinem gesellschaftlichen Aufstieg Schritt halten konnte. Wie es um diesen Charakter aussieht, offenbaren – von den gelegentlichen »Ausrutschern« ins Anspruchslos-Ordinäre ganz abgesehen – die »letzten« Worte des »Sterbenden«: »*Glaubt mir: Hast du was, so giltst du was!*« Sie enthalten sein wahrhaftes Vermächtnis.

Es macht den besonderen Reiz der *Cena* aus, daß die beabsichtigte Ironie immer schon in der erzählten Realität selbst liegt (etwa wenn die Gäste Trimalchio begeistert bei seinem »*Genius*« oder gar mit »*Großer Weiser!*« apostrophieren), in dem ganzen Kitsch und Kram und in all den Gags, mit denen Trimalchio aufwartet. Diese zweidimensionale, so modern anmutende Erzählweise, die nie des mahnenden Zeigefingers bedarf, basiert hauptsächlich auf der Anwendung der Ichform in der Rahmenerzählung: sie umgibt das Ganze mit dem Glaubwürdigkeitspathos der Augenzeugenschaft; dem Leser hingegen, der das Erzählte desto bereiter für bare Wirklichkeit nimmt, wird diese Wirklichkeit um so unwirklicher, »surrealistischer« und theaterhafter erscheinen, je weniger er ihre faktische Realität bezweifelt: so entsteht eine eigentümliche Ambivalenz des Wirklichen, die das eigentliche satirische Grundelement der *Cena* bildet. Ein Autor, der mit einem so komplizierten geheimen Einverständnis zwischen Erzähler und Leser operiert, eine solche Differenziertheit und Vielschichtigkeit der Andeutung wagt, setzt bei seinem Publikum eine erstaunliche Bildungshöhe und Geschmackssicherheit voraus: im Neronischen Freundeskreis waren sie offenbar gegeben. Unter ähnlichen Voraussetzungen fand das Werk auch in der Neuzeit viele begeisterte Anhänger. Die höchsten Wellen schlug es wohl am Hof in Hannover; dort kam es, wie LEIBNIZ berichtet, im Karneval 1702 unter der Teilnahme der preußischen Königin Charlotte zu einer skandalumwitterten originalgetreuen Aufführung der *Cena*. R. M.

AUSGABEN: Mailand [ca. 1482] (in *Petronii Arbitri satyrici fragmenta: quae extant*, in der Panegyriker-Ausg. des Franciscus Puteolanus). – Amsterdam 1669 (in *Satyricon*, Hg. M. Hadrianides, 2 Bde.). – Cambridge 1905, Hg. W.D. Lowe [m. Komm. u. engl. Übers.]. – Lpzg. ²1906, Hg. L. Friedlaender [m. Komm. u. Übers.; Nachdr. 1960]. – Bln. ⁶1922 (in *Saturae*, Hg. F. Bücheler u. W. Heraeus). – Ldn./Cambridge (Mass.) ²1930 (in *P.*, Hg. W. H. D. Rouse; m. engl. Übers.; Loeb; zuletzt 1956). – Florenz 1950 (in *Il romanzo satirico*, Hg. G. A. Cesareo u. N. Terzaghi; m. Komm. u. ital. Übers.). – Heidelberg 1954, Hg. H. Schmeck. – Paris ⁴1958 (in *Le Satiricon*, Hg. A. Ernout; m. frz. Übers.). – Florenz ²1961, Hg. E. V. Marmorale [m. Komm.]. – Mchn. 1961 (in *Satyricon*, Hg. K. Müller).

ÜBERSETZUNGEN: *Begebenheiten des Enkolp*, W. Heinse, Rom 1773. – *Das Gastmahl des Trimalchio*, C. Hoffmann (in *Satiricon*, Mchn. 1948; lat.-dt.). – Dass., G. Dorminger, Mchn. 1960. – Dass., L. Gurlitt (in *Die große Satire. Abenteuer des Enkolpius*, Hg. E. G. Schmidt, Lpzg. 1962; Slg. Dieterich, 259).

LITERATUR: R. Heinze, *P. u. der griech. Roman* (in Herm. 34, 1899, S. 494–519; ern. in R. H., *Vom Geist des Römertums*, Hg. E. Burck, Darmstadt ³1960, S. 417–439). – A. H. Salonius, *Die Griechen und das Griechische in P.s »Cena Trimalchionis«*, Helsingfors/Lpzg. 1927. – E. Paratore, *Il »Satyricon« di P.*, 2 Bde., Florenz 1933 [Einf. u. Komm.]. – W. Kroll, Art. *P. (29)* (in RE, 19/1, 1937, Sp. 1201 bis 1214). – G. Bagnani, *The House of Trimalchio* (in American Journal of Philology, 75, 1954, S. 16–39). – Ders., *Trimalchio* (in Phoenix, 8, 1954, S. 77–91). – Ders., *Arbiter of Elegance. A Study in the Life and Works of G. Petronius*, Toronto 1954 (Phoenix, Suppl., 2). – V. Ciaffi, *Intermezzo nella »Cena« Petroniana* (in Rivista di' Filologia e d' Istruzione Classica, 33, 1955, S. 113–145). – K. Büchner, *Römische Literaturgeschichte*, Stg. ³1962, S. 407 bis 410. – P. Perrochat, *Pétrone. Le festin de Trimalcion*, Paris ³1962 [Komm.].

SATYRICON (lat.; *Satyrikon*). Abenteuer- und Schelmenroman mit Verseinlagen von Gaius PETRONIUS ARBITER († 66 n. Chr.); Abfassungszeit unbekannt. – Die Handlung, die nach Art der Menippeischen Satire von zahlreichen reflektierenden und lyrischen Einlagen unterbrochen ist, läßt sich nur noch in Umrissen rekonstruieren, da die erhaltenen Stücke insgesamt nur Teile der Bücher 15 und 16 zu sein scheinen. Im Mittelpunkt stehen ein »fahrender Schüler«, der *scholasticus* Encolpius – der zugleich als Erzähler fungiert –, und sein heruntergekommener studentischer Anhang: der Freund Ascyltos, der Rhetor Agamemnon, der Lustknabe Giton und später auch der Dichter Eumolpus. Der immer ungestillte Hunger dieser Vagabunden, die ständige Eifersucht gegenüber Giton und die Angst vor Strafen für frühere Eskapaden liefern die Motive, mehr oder weniger geglückte Intrigen und erotische Tollheiten den Stoff für die haarsträubenden, in der Zeit des Verfassers spielenden Abenteuer. Als leitmotivisches Band, das die einzelnen Episoden verknüpft, fungiert die hartnäckige Ungnade des phallischen Gottes Priapus, die Encolpius wegen eines Kultfrevels leichtsinnig auf sich gezogen hat. Immer wieder erleben wir unseren »Helden« in verzweifelten Situationen akuter Impotenz, und deren verzweifeltste beschwört schließlich gar ein fürchterliches Lynchgericht herauf, an dem sich das gesamte Gesinde der Herrin beteiligt. Erst aufrichtige Reue und Gelübde vermögen den Gott am Ende des Fragments zu bewegen, die kompromittierende Strafe zurückzunehmen.

Auf seinem »Leidensweg« durchmißt Encolpius die ganze Skala der antiken Gesellschaft. Die Welt des Tingeltangels, der Bordelle und Schenken wird ebenso vorgeführt wie die der Kunstgalerien, der Parks und Paläste. Wir gewinnen ebenso Einblick in das Leben der Sklaven, Bauern, Seeleute und verschlampten Künstler wie in das der feinen Damen (Tryphaena und Circe) und der Plutokraten (vgl. die *Cena Trimalchionis*). Nicht ohne Grund also wurde an Petronius die kunstvolle Milieuzeichnung gerühmt. Mit knappen, markanten Strichen pointiert er Lebensstil und psychologische wie sprachliche (Vulgärlatein) Eigentümlichkeiten der verschiedensten Schichten. Doch geht es ihm dabei keineswegs um einen Realismus im üblichen Sinn. Vielmehr wird jede Lebensform, jede sie repräsentierende Figur satirisch so tief durchdrungen, daß sich in alle Verschiedenheit zuletzt immer etwas wesensmäßig Gleiches enthüllt: Der Mensch schlechthin, als leibhaftiger heilloser Widerspruch, ist das Thema – der Liebende liebt nur sich selbst, der Dichter produziert nur Schlechteres, als er ständig verurteilt, der Sklave erweist sich despotischer als sein Herr, der Herr dümmer als sein Sklave, der Bestohlene falscher als der Dieb.

Ausdrucksmittel dieses satirisch-pessimistischen Realismus ist eine derart ins Maßlose gesteigerte Parodie, daß Ironie und Ernst schließlich kaum mehr zu unterscheiden sind. In einer zweiten Dimension parodiert der Roman zugleich Erscheinungen der zeitgenössischen Literatur. Enkolps Malheur persifliert den »idealistischen« Liebesroman der Griechen, seine gottgewollten »Irrfahrten« das die *Odyssee* imitierende Schema des Abenteuerromans. Die großen Gedichte Eumolps über den Bürgerkrieg (119) und die Einnahme Trojas (*Troiae halosis*, 89) stellen satirische Auslassungen gegen den pathetischen Schwulst in LUKANS *Pharsalia* und NEROS Troja-Epos dar. Leider sind die Nuancen und Anspielungen oft derart fein gesetzt, daß auch den Methoden der exaktesten Philologie vieles verborgen bleiben muß: LESSING hat in seinem *Laokoon* das Troja-Gedicht noch ernsthaft an der Darstellung VERGILS gemessen. – Doch Zeitbezüge wie diese sind ebensowenig wie die amourösen Exzesse als zensorenhafte Zeitkritik des Autors zu verstehen. Ein abschreckendes »Sittenbild« zu entwerfen lag Petronius ebenso fern wie der Gedanke an ein pornographisches Machwerk: Nichts im Roman weist auf eine völlige Distanzierung des Verfassers von seinem Erzähler, nichts aber auch auf Identifizierung mit ihm. Die gemeinsamen Feinde beider sind allenfalls die Catones (133, 15), die sich im festen Besitz höherer Werte glauben. Ihnen stellt Petronius die epikureische Skepsis entgegen, die über die paradoxe Verstrickung des Menschen nicht hinwegkommt und sich deshalb auf die daraus resultierenden Schwächen und Chancen des Menschen konzentriert. Statt »*mit erlogener Strenge ... den Menschen unhaltbares, läppisches Zeug einzureden*«, will er mit EPIKUR, dem gefeierten »*Vater der Wahrheit*«, »*im Leben selbst den Sinn des Daseins*« (133, 15–16) suchen. Falls man dem satirisch-ironischen Spiel hier trauen darf, so steckt in diesen Formulierungen geradezu die philosophische Basis des Petronschen Realismus. Dieser unübersehbare Einschlag ins Lebensphilosophische galt denn auch den neuzeitlichen Vertretern vitalistischer Tendenzen als geniale Vorwegnahme: so dem Frankreich des 18. Jh.s, dem *Ardinghello*-Dichter und Petron-Übersetzer HEINSE und besonders BALZAC und NIETZSCHE. R. M.

AUSGABEN: Mailand o. J. [ca. 1482] (in *Petronii Arbitri satyrici fragmenta: quae extant*; in der Panegyriker-Ausg. des Franciscus Puteolanus). – Venedig 1499 [ohne *Cena Trimalchionis*]. – Köln 1694, 2 Bde. – Bln. 1862 u. ö., Hg. F. Bücheler; Nachdr. Bln. 1958. – Mchn. 1948, Hg. C. Hoffmann [Komm. u. Übers.]. – Paris ⁴1958 (*Le Satiricon*, Hg. A. Ernout; m. frz. Übers.). – Mchn. 1961, Hg. K. Müller. – Bologna 1964, Hg. A. Marzullo u. M. Bonaria [m. ital. Übers.].

ÜBERSETZUNGEN: vgl. *Cena Trimalchionis.* – *Satiren*, L. Gurlitt, Bln. 1923. – *Satyrikon*, C. Fischer u. a., Mchn. 1962. – *Satyrica. Schelmengeschichten*, K. Müller u. W. Ehlers, Mchn. 1965 [lat.-dt.; Tusculum]. – *Satiricon*, F. Tech, Bln. ²1965 [m. Nachw.; Ill. W. Klemke].

VERTONUNG: H. Reutter, *Die Witwe von Ephesus* (Text: L. Andersen; Oper; Köln 1954).

VERFILMUNG: *Satyricon*, Italien 1969 (Regie: F. Fellini).

LITERATUR: vgl. *Cena Trimalchionis.* – P. Thomas, *Le réalisme dans Pétrone*, Gent 1893. – C. Mendell, *P. and the Greek Romance* (in Classical Philology, 1917, S. 158–172). – R. Cahen, *Le »Satiricon« et ses origines*, Paris/Lyon 1925. – E. Paratore, *Il »Satyricon« di P.*, 2 Bde., Florenz 1933 [m. Einf. u. Komm.]. – W. Kroll, Art. *P. (29)* (in RE, 29/1, 1937, Sp. 1201–1214). – E. V. Marmorale, *La questione petroniana*, Bari 1948. – V. Ciaffi, *Struttura di »Satyricon«*, Turin 1955. – G. Bagnani, *Arbiter of Elegance. A Study in the Life and Works of G. P.*, Toronto 1954. – W. Arrowsmith, *Luxury and Death in the »Satyricon«* (in Arion, 5, 1966, S. 304–331). – P. George, *Style and Character in the »Satyricon«* (ebd., S. 336–358).

Gaius PLINIUS SECUNDUS der Ältere (23/24–79)

HISTORIA NATURALIS (lat.; *Naturgeschichte*). Naturwissenschaftliche Enzyklopädie in 37 Büchern von Gaius PLINIUS SECUNDUS dem Älteren (23/24 bis 79), zuerst im Jahre 77 erschienen; eine erweiterte Fassung wurde bald nach dem Tod des Autors von seinem Neffen, PLINIUS dem Jüngeren, herausgegeben. – Das Riesenwerk des Plinius sollte eine Übersicht über den gesamten Wissensstand seiner Zeit in sämtlichen Disziplinen der Naturforschung vermitteln. Mit Ausnahme des ersten Buches, das neben einer kurzen, die Widmung an den Flavierkaiser Titus enthaltenden Vorrede detaillierte Inhalts- und Quellenverzeichnisse zu jedem einzelnen Buch gibt, folgen die Bücher einem Aufbau nach Wissensgebieten: Astronomie und Kosmologie (Buch 2), Geographie und Ethnologie (Buch 3–6), Anthropologie und menschliche Physiologie (Buch 7), Zoologie (Buch 8–11), Botanik (Buch 12–19), Pharmakologie (Buch 20 bis 32), Mineralogie, Metallurgie, Liturgie sowie deren Nutzung für die bildende Kunst (Buch 33 bis 37). Die Anordnung des Stoffs innerhalb der einzelnen Bücher ist von den jeweiligen Quellen abhängig: Sie ist entweder organisch, wenn sich die Übernahme einer vorgefundenen Gliederung anbot, oder additiv, indem einfach die Angaben der verschiedenen Vorlagen aneinandergereiht werden. Insgesamt sind nahezu 500 Autoren verarbeitet, und zwar rund 100 Primärquellen (sog. *auctores exquisiti*) und fast 400 Sekundärquellen. Im Gegensatz zur sonstigen antiken Praxis werden sie alle namentlich angegeben; denn die »*Plagiatoren*« und geistigen »*Plünderer*« den Verfasser – man vergleiche die Vorrede – verhaßt.

Ehrgeiz und Leistung des Autors bekunden sich vor allem im Umfang des in seiner Art grandiosen Werks. Der Stolz auf die Einzigartigkeit seines Mammutunternehmens spricht aus Plinius, wenn er mit gewollt provozierender Bescheidenheit in der Vorrede gerade die bekannte Wendung »*meas nugas*« (»*meine winzigen Kleinigkeiten*«) seines Landsmannes CATULL für das eigene Werk in Anspruch nimmt. So beschließt er es denn auch mit einem unüberhörbaren Stoßseufzer: »*Sei mir gegrüßt, Natur, Ursprung aller Dinge, nachdem ich dich als einziger Römer in allen deinen Disziplinen verherrlicht habe*« (37, 205). – Die *Naturgeschichte* ist aber trotzdem mehr als nur das Resultat eines immensen Fleißes; sie ist zugleich Summe und Bilanz eines für die Antike höchst merkwürdigen Gelehrtenlebens. Die erhaltenen Zeugnisse (ein Abschnitt aus SUETONS Biographie und zwei Briefe des Neffen) belehren uns, daß der Berufsoffizier und spätere Flottenkommandant Plinius einer der belesensten und meistgereisten Männer des Altertums war. Jede freie Stunde – auch die Zeit während des Essens, im Bade und der Sänfte – soll er der Lektüre und dem stets daran anschließenden Exzerpieren des Gelesenen gewidmet und so schließlich ein Notizenkonvolut von 160 beidseitig beschriebenen Buchrollen hinterlassen haben – wohl das Ausgangsmaterial für sein Lebenswerk. Dieses erweckt freilich den Anschein, als hätte er über dem Lesen das Denken und Beobachten vernachlässigt und mehr in den Büchern als in der Natur selbst gelebt. Jedenfalls steht er seinen Quellen absolut unkritisch gegenüber, es fehlen ihm alle Einsicht und Übersicht, die ihn befähigt hätten, das Wesentliche vom Unwesentlichen oder auch nur das offenkundig Unsinnige und Monströse vom Evidenten und Vernünftigen zu scheiden. Bis in den Stil und die Weltanschauung hinein setzt sich jeweils die blinde Abhängigkeit von der Quelle fort.

Aber gerade auf dieser unselbständigen Quellentreue beruht heute, da die meisten der benutzten Schriften verloren sind, der Hauptwert des kompilatorischen Sammelwerks. In mancherlei Hinsicht kann es uns einen praktisch authentischen Einblick in sonst dunkel gebliebene Seiten der antiken Kultur verschaffen. Dies gilt im besonderen für einen Abriß der alten Kunstgeschichte, in dem

Plinius fast 200 in Rom befindliche Statuen und Gemälde aufführt, und für die pharmakologischen Teile, die einerseits über das Konzentrat der *Medicina Plinii* (erste Hälfte des 4. Jh.s) bis ins spätere Mittelalter hinein den Grundstock für umfassende medizinische Darstellungen abgaben, andererseits die Kontinuität heilkundlicher Tradition bis zu den frühen Griechen zurück sicherten.
R. M.

AUSGABEN: Venedig 1469 (*Historiae naturalis libri XXXVII*). – Leiden/Rotterdam 1669, 3 Bde. [m. Komm. v. H. Barbarus u. a.]. – Bln. 1866 bis 1882 (*Naturalis historia*, Hg. D. Detlefsen, 6 Bde.). – Lpzg. 1892–1909 (*Naturalis historiae libri XXXVII*, Hg. L. Jan u. K. Mayhoff, 5 Bde.; z. T. als Neuauflage). – Ldn./Cambridge (Mass.) 1938 ff. (*Natural History*, Hg. H. Rackham u. W. H. S. Jones; bisher Bd. 1–7 u. 9; enth. Buch 1–27 u. 33–35; m. engl. Übers.; Loeb; z. T. Nachdrucke). – Paris 1947 ff. (*Histoire naturelle*, Hg. A. Ernout, J. André, J. Beaujeu u. a., 37 Bde.; m. frz. Übers. u. Komm.: bisher Buch 1–2; 8–17; 19–20; 26–30; 34).

ÜBERSETZUNGEN: *Natürlicher History Fünff Bücher*, H. v. Eppendorff, Straßburg 1543 [nur Buch 7–11]. – *Naturgeschichte*, G. Grosse, 12 Bde., Ffm. 1781 bis 1788. – Dass., Ph. H. Külb, 39 Bde., Stg. 1840 bis 1877. – Dass., G. Ch. Wittstein, 6 Bde., Lpzg. 1881/82.

LITERATUR: H. Brunn, *De auctorum indicibus Plinianis disputatio isagogica*, Bonn 1856. – F. Münzer, *Beiträge z. Quellenkritik d. »Naturgeschichte« des P.*, Bln. 1897. – Schanz-Hosius, 2, S. 768–780. – W. Kroll, Art. *P. (5)* (in RE, 21/1, 1951, Sp. 271–439). – A. Önnerfors, *Pliniana. In Plinii Maioris »Naturalem Historiam« studia grammatica, semantica, critica*, Uppsala 1956. – J. J. M. Taeymans, *De »Naturalis Historia« van C. P. Secundus Maior als bron voor de economische geschiedenis van de romeinse koningstijd en de republiek*, Den Haag 1962 [zugl. Diss. Leiden].

Tiberius CATIUS ASCONIUS SILIUS ITALICUS
(um 25–101)

PUNICA (lat.; *Der Punische Krieg*). Epos in Hexametern von Tiberius CATIUS ASCONIUS SILIUS ITALICUS (um 25–101); entstanden etwa vom Jahr 80 an. – Das Werk, das weitgehend dem Geschichtswerk des LIVIUS folgt (vgl. *Ab urbe condita*), schildert einen der heroischsten Abschnitte der römischen Geschichte: den Zweiten Punischen Krieg (218–201 v. Chr.). Die Darstellung führt in siebzehn Büchern vom Erscheinen Hannibals vor Sagunt (219 v. Chr.) bis zum Sieg des jüngeren Scipio bei Zama (202 v. Chr.). Es ist jedoch zu vermuten, daß insgesamt achtzehn Bücher vorgesehen waren und der vorzeitige Tod des Dichters die Vollendung des Riesenepos verhindert hat. Den Hauptinhalt bilden Schlachtengemälde im Kolossalstil: der Fall Sagunts (Buch 2), die Schlachten am Ticinus und an der Trebia (Buch 4), die Schlacht am Trasimenischen See (Buch 5), die Schlacht bei Zama (Buch 17). Besonderen Reiz üben einige episodische Einlagen sowie die Schilderung von Hannibals Pyrenäen- und Alpenüberquerung (Buch 3) aus.

Anders als LUKAN, der für sein Epos *Pharsalia* aus einer bestimmten politischen Absicht ein Kapitel aus der jüngeren Nationalgeschichte herausgreift, wählt sein Altersgenosse Silius »*ein repräsentatives Stück römischer Geschichte und versifiziert es, um römische Größe und Tüchtigkeit zu preisen in einer Zeit, in der man nicht mehr viel davon fand*« (K. Büchner). Erst im Alter, nach Abschluß einer erfolgreichen Ämterlaufbahn, strebte Silius nach dem Dichterlorbeer. Umgeben von seinen Reichtümern und in der kultivierten Atmosphäre einer ebenso angestrengten wie müden Schöngeistigkeit macht er sich schrittweise an die Bewältigung der enormen Aufgabe. Es ist selbstverständlich, daß er, der sich einem merkwürdigen Vergil-Kult verschrieben hat, im klassischen Epos, insbesondere in dem VERGILS, sein Vorbild erblickte. So läßt er die epische Götterwelt wiederauferstehen (Iuno und Minerva kämpfen an der Seite der Karthager, Venus an der Seite der Römer) und mit ihr die anderen *loci communes* des alten Epos: Silius hat – in Gestalt der Heldenjungfrau Asbyte – seine Camilla (2, 56 ff.), er hat seine Schildbeschreibung (2, 395 ff.), seine Völkerkataloge (3, 222 ff. und 8, 358 ff.), seine Vision von Roms Zukunft (3, 570 ff.), seine Unterweltszene (13, 395 ff.) und seine Leichenspiele (16, 289 ff.). Scipio wird als stoischer Tugendheld gezeichnet, der sich am Scheideweg nicht der Voluptas (dem personifizierten Vergnügen), sondern der Virtus (der Tüchtigkeit) mit Freude in die Arme wirft (15, 10 ff.). Dieser Unselbständigkeit des Dichters im großen entspricht seine Unbeholfenheit im kleinen. Bereits das Urteil der Antike lautete in diesem Sinn; der jüngere PLINIUS faßte es in dem Satz zusammen: »*Er dichtete mit mehr Sorgfalt als Talent.*« Ein steriler Klassizismus und eine romantische Rückwärtsgewandtheit (naive Verklärung der geschilderten Epoche) schlagen sich bei Silius in einem Werk nieder, das schon seine Zeitgenossen höchstwahrscheinlich als Anachronismus empfinden mußten.
R. M.

AUSGABEN: Rom 1471 (in *Funicorum libri XVII. C. Calpurnii carmen bucolicum…*). – Lpzg. 1890 bis 1892, 2 Bde., Hg. L. Bauer. – Ldn. 1905, Hg. W. C. Summers. – Ldn./Cambridge (Mass.) [4]1961, Hg. J. D. Duff, 2 Bde. (m. engl. Übers.; Loeb).

ÜBERSETZUNGEN: *Proben einer Übersetzung des Silius Italicus*, K. F. Kretschmann (in Meissners Apollo, 1797, H. 5, S. 44–89). – *Punischer Krieg oder Hannibal*, F. H. Bothe, 5 Bde., Stg. 1855–1857. – *Epos vom punischen Kriege*, anon., Braunschweig 1866.

LITERATUR: Schanz-Hosius, 2, S. 527–531. – A. Kerer, *Über die Abhängigkeit des S. I. von Livius*, Bozen 1880/81. – J. Schlichteisen, *De fide historica Silii*, Königsberg 1881. – Z. Baudnik, *Die epische Technik des S. I. im Verhältnis zu seinen Vorbildern*, Krumau 1906. – A. T. Lindblom, *In Silii Italici »Punica« quaestiones*, Uppsala 1906. – C. W. Mendell, *S. the Reactionary* (in PQ, 3, 1924, S. 92–106). – J. Nicol, *The Historical and Geographical Sources Used by S. I.*, Oxford 1936. – F. G. Casale, *Silio Italico*, Mercato San Severino/Salerno 1954. – E. Wistrand, *Die Chronologie der »Punica« des S. I. Beiträge zur Interpretation der flavischen Literatur*, Göteborg 1956. – M. v. Albrecht, *S. I. Freiheit u. Gebundenheit römischer Epik*, Amsterdam 1964.

Aulus PERSIUS FLACCUS
(34–62)

SATURAE (lat.; *Satiren*). Sechs Satiren in Hexameterversen von Aulus PERSIUS FLACCUS (34–62), postum aus dem Nachlaß veröffentlicht von dem befreundeten Dichter CAESIUS BASSUS. – In der ersten Satire greift Persius, an sein Vorbild LUCILIUS anknüpfend, den literarischen Betrieb seiner Zeit an. In lebhaften Farben karikiert er die Käuflichkeit, die hohle Ruhmsucht und Dunkelheit der Dichter. Dabei erteilt er dem ganzen pathetisch-hohen und figurenreichen Stil eine Abfuhr und stellt seinen Vertretern die alten Komiker KRATINOS, EUPOLIS und ARISTOPHANES als allezeit gültige, Muster wahrer, ungekünstelter Dichtung entgegen. Im zweiten Gedicht, das nur 75 Verse umfaßt, geht es um die Gebete der Zeitgenossen: Gottloses Flehen wird auch durch verschwenderische Opfergaben nicht fromm, doch dem Gottesfürchtigen »genügt eine Ähre als Opfer«. In der dritten Satire nimmt Persius die Diskrepanz zwischen Einsicht und Handeln der meisten Menschen aufs Korn, in der vierten die schwierige Verwirklichung des berühmten »Erkenne dich selbst!«. Im fünften Stück, in dem das Wesen der wahren Freiheit diskutiert wird, setzt Persius seinem Lehrer und Meister, dem stoischen Philosophen ANNAEUS CORNUTUS, ein Denkmal. Die unvollendete sechste Satire handelt vom richtigen Gebrauch der materiellen Güter (hierbei werden die etwas blassen Erörterungen durch einen Dialog zwischen dem Erben und seinem Opfer aufgelockert). Als Prolog oder Epilog gehören dem Corpus zwei Strophen in Hinkjamben an, in denen die *captatio benevolentiae* in einen Angriff auf die »zünftigen« Dichter umgemünzt wird, deren Genie auch nur eine Folge des leeren Magens sei.
Neben PETRON, der die Menippeische Satire fortführt, pflegt Persius die Tradition der Lucilisch-Horazischen Verssatire. Von dem »*ridentem dicere verum*« (»Lachend die Wahrheit sagen«) des HORAZ blieb bei ihm freilich nur das *dicere verum* übrig: Das versöhnliche Lächeln, die Selbstironie sind fast durchweg von einem drastisch moralisierenden Vortrag des philosophischen Dogmas überwuchert, dem sich der junge, lebensunerfahrene Dichter rückhaltlos verschrieben hat – so sehr, daß er der gereiften, dialektisch angelegten Persönlichkeit eines SENECA mit Unverständnis gegenübersteht. Aus dieser moralisierenden Tendenz erklärt sich wohl auch die Hochschätzung, die dem Autor im Mittelalter zuteil wurde. In neuerer Zeit, vor allem seit Theodor MOMMSEN, erfährt Persius dagegen fast nur noch Geringschätzung. Aber die einseitige Betonung seines »Engagements« für die Stoa und seiner jugendlichen Rigorosität kann der Eigenart dieses (überdies von seinen Herausgebern zurechtgestutzten) Autors nicht gerecht werden. Daneben gilt es ebenso die eigentümliche Sprachkunst – und Sprachkünstlichkeit – seiner geharnischten Zeitkritik zu beachten, den seltsamen Manierismus, mit dem er – entgegen seinem auf Simplizität und Natürlichkeit gerichteten Programm – alles mit dunklen Figuren und geschraubten Wendungen verklausuliert, zugleich auch den kunstvollen Witz seines satirischen (»niederen«) Stils, der die gelehrt-hellenistische Verrätselung hart neben der deftigen Vulgarismen stellt. Vernichtet die Satire des Horaz durch eine ironische Distanz, so Persius durch eine artistische. Zu dieser sprachlichen Gewandtheit kommt kompositorische Leichtigkeit: Als *sermones* (Gespräche) – so lautet die weitere Bezeichnung für die römische Satire – sind die *Satiren* des Persius alle in Form von Dialogen mit fiktiven oder imaginären Gesprächspartnern angelegt. R. M.

AUSGABEN: Rom 1470. – Paris 1605, Hg. J. Casaubonus [m. Komm.]; ern. Lpzg. 1833 [verm. v. F. Dübner]. – Lpzg. 1843, Hg. O. Jahn [m. Scholien]. – Florenz 1956, Hg. N. Scivoletto. – Florenz ²1956, Hg. E. V. Marmorale [m. Komm.]. – Turin 1956 (*Persio e Giovenale. Le satire*, Hg. P. Frasinetti). – Oxford 1956, Hg. W. V. Clausen. – Oxford 1959 (in *A. Persi Flacci et D. Iuni Iuvenalis Saturae*, Hg. ders.; ²1966 – Brüssel 1962 (*Satires*, Hg. L. Herrmann; m. frz. Übers.).

ÜBERSETZUNGEN: *Verdeutschter Persius in sechs Satyren*, J. S. Adam, Dresden 1674. – *Die Satiren*, J. Donner, Stg. 1822. – Dass., W. E. Weber, Bonn 1834. – Dass., W. Binder, Stg. 1866. – Dass., ders., Bln. 1915. – *Die Satiren des Persius*, O. Seel, Mchn. 1950 [lat.-dt.].

LITERATUR: Schanz-Hosius, 2, S. 479–481. – L. Herrmann, *La préface de Perse* (in Revue des Études Anciennes, 34, 1932, S. 259–264). – W. Kugler, *Des Persius Wille zu sprachlicher Gestaltung in seiner Wirkung auf Ausdruck und Komposition*, Diss. Bln. 1940. – W. Kroll, Art. *Persius (5)* (in RE, Suppl. 7, 1940, Sp. 972–979). – W. Wimmel, *Kallimachos in Rom*, Wiesbaden 1960, S. 309ff. (HermE, 16). – K. J. Reckford, *Studies in P.* (in Herm, 90, 1962, S. 476–504). – E. Ch. Witke, *The Functions of P.' Choliambics* (in Mnemosyne, 15, 1962, S. 153–158). – L. Herrmann, *Néron et la mort de Perse* (in Latomus, 22, 1963, S. 236–239). – E. Paratore, *Persio e Lucano* (in Rivista di Cultura Classica e Medioevale, 5, 1963, S. 88–130). – J. H. Waszink, *Das Einleitungsgedicht des P.* (in WSt, 76, 1963, S. 76–91).

FLAVIUS IOSEPHUS
(d. i. Joseph ben Mathijahu, 37–um 100)

IUDAÏKĒ ARCHAIOLOGIA (griech.; *Jüdische Altertumskunde*). Historisches Hauptwerk des FLAVIUS IOSEPHUS (d. i. Joseph ben Mathitjahu, 37–um 100), entstanden zwischen 80 und 94. – Das Werk stellt formal eine Huldigung an die 100 Jahre zuvor (7 v. Chr.) publizierte *Rhōmaïkē archaiologia*, die *Römische Altertumskunde* des DIONYSIOS aus Halikarnassos, dar. In zwanzig Büchern schildert Iosephus die Geschichte des jüdischen Volks von der Weltschöpfung bis zum Tod Kaiser Neros (68 n. Chr.), d. h. bis zum Beginn des palästinensischen Aufstands gegen Rom, dessen Chronist Iosephus mit seinem Erstlingswerk, dem *Jüdischen Krieg (Peri tu Iudaïku polemu)*, geworden war.
Das Bauprinzip der *Archäologie* ist im großen mit dem des *Jüdischen Krieges* identisch: ein Wachstum in die Breite und Tiefe, je näher die Gegenwart rückt. Von der Schöpfung bis zu Isaak, von Jakob und seinen Söhnen zur Siedlung in Ägypten, vom Auszug bis zur Gesetzgebung Moses,' vom Zug durch die Wüste bis zum Tode Moses,' von der Unterwerfung Kanaans bis zum Beginn der Philisterkämpfe, vom Philisterkrieg bis zum Königtum Sauls wird jeweils in einem Buch erzählt (1–6); die

Geschichte Davids darf ein ganzes Buch beanspruchen (7), dann folgen wieder Raffungen: bis zum Tode König Ahabs (8), bis zur Einnahme Samarias (9), bis zum Exil in Babylon (10), bis zum Tod Alexanders des Großen (11). Ist bis zu diesem Zeitpunkt der Bericht der biblischen Bücher Grundlage, so mußte der Autor sich von nun an, so gut es ging (und soweit sie vorhanden waren), auf historische Werke stützen; in Buch 12, der Seleukidenherrschaft und dem Makkabäeraufstand gewidmet, half das *1. Makkabäerbuch*; die Geschichte des Königtums der Hasmonäer (bis zum Jahre 37, in Buch 13 und 14), der Regierung des Herodes und zum Teil auch des Archelaos (37–4 v. Chr.; 4 v. Chr.–6 n. Chr.; Buch 15–17) basiert, durch Vermittlung oder direkt, auf dem Geschichtswerk des Nikolaos aus Damaskus. Die drei letzten Bücher (18–20) gründen auf Material, das auch in andern Teilen des Werks nicht selten nebenherläuft: schriftliche Urkunden, Hohenpriesterlisten und mündliche Tradition (Legenden, Augenzeugenberichte oder Schulüberlieferung); hinzu kommt noch ein zeitgenössisches römisches Geschichtswerk. (Die berühmte Stelle in Buch 18, 3, 3, wo von Jesus Christus die Rede ist, ist nach allgemeinem Urteil interpoliert; ob eventuell eine reale Notiz des Iosephus zugrunde lag, ist leider nicht mehr auszumachen.)

Daß das Gewicht der Darstellung auf der näheren und eigenen Zeitgeschichte liegt, ist deutlich zu sehen: Die etwa hundert Jahre vor dem Aufstand gegen Rom beanspruchen rund ein Drittel des gesamten Raums. Die Verteilung der historischen Akzente auf dem unermeßlichen Stoff ist ebenso durch das Thema wie durch die Quellen bedingt. Vom ersten zum zweiten Teil, vom »biblischen« zum »nachbiblischen« Bereich, wird das Referat aus einer reinen Nationalgeschichte zu einer Nationalgeschichte im Rahmen der Regional-, ja schließlich der Zeitgeschichte. Ob sich darin so etwas wie ein historisches Programm oder wenigstens eine historische Einsicht des Verfassers spiegelt, der ja als Politiker klar die Zeichen der Stunde erkannt hat, mag dahingestellt sein.

Die schriftstellerischen Qualitäten des *Jüdischen Altertums* bleiben hinter dem *Jüdischen Krieg* um einiges zurück. Das kann darauf beruhen, daß hier Iosephus bei der Abfassung auf in der griechischen Sprache, Rhetorik und Literatur versierte Mitarbeiter verzichtete. Ebenso wird jedoch mitspielen, daß die Weite des Themas den Gelehrten zum Kompilator gemacht hat, der in keiner Phase zur sprachlichen und formalen Konzentration auf das Wesentliche und Entscheidende gezwungen war: Iosephus erleidet hier dasselbe Schicksal wie andere universalhistorisch ambitionierte Literaten griechischer Sprache; man denke an den Begründer der Gattung, Ephoros, oder an ihren unglücklichsten Vertreter, Diodor, oder selbst an Dionysios, dem Iosephus in Kompositions- und Darstellungstechnik, etwa der rhetorischen und dramatischen Belebung der Geschehnisse, so vieles verdankt. Die sachlich bedingte Stringenz einer Monographie – Thukydides, Sallust, Caesar und manche andere beweisen es – war der künstlerischen Vollendung stets förderlich. E. Sch.

Ausgaben: o. O. u. J. [ca. 1462–1470] (*Antiquitatis Iudaicae libri*; lat. Übers.). – Augsburg 1470 (*Libri antiquitatum numero viginti*; lat. Übers.). – Basel 1544, Hg. Arnoldus Peraxilus Arlenius. – Bln. 1885–1890 (in *Opera*, Hg. B. Niese, Bd. 1–4; Nachdr. Bln. 1955). – Ldn./Cambridge (Mass.) 1930ff. (in *J.*, Bd. 4–8, Hg. H. S. J. Thackeray, R. Marcus u. A. Wikgren; fehlt Bd. 9, d. i. Buch 18 bis 20; m. engl. Übers.; Loeb; z. T. mehrere Nachdr.).

Übersetzungen: *Josephus teutsch*, C. Hedion, Straßburg 1531 u. ö. [nach lat. Übers. v. Ruffinus]. – *Zwantzig Bücher von den Jüdischen Geschichten*, J. F. Cotta (in *SW*, Tübingen 1736). – *20 Bücher von der alten Geschichte*, ders., A. Gfrörer u. C. R. Demme (in *Werke*, Philadelphia ⁷1873). – *Die jüdischen Altertümer*, H. Clementz, 2 Bde., Köln 1959.

Literatur: G. Hölscher, Art. *J. (2)* (in RE, 9/2, 1916, Sp. 1950–1994). – R. Laqueur, *Der jüdische Historiker F. J.*, Gießen 1920. – H. S. J. Thackeray, *J. The Man and the Historian*, NY 1929. – J. F. Foakes-Jackson, *J. and the Jews*, NY 1930. – W. Whiston, *The Life and the Works of F. J.*; Philadelphia 1957. – W. Foerster, Art. *J.* (in RGG, 3, Sp. 868/869; m. Bibliogr.).

PERI TU IUDAÏKU POLEMU (griech.; *Über den Jüdischen Krieg*). Historisches Werk in sieben Büchern von Flavius Iosephus (d. i. Joseph ben Mathitjahu, 37– um 100), vollendet zwischen 75 und 79. – Das Erstlingswerk des romanophilen jüdischen Geschichtsschreibers wirkt stilistisch und formal kompakter als sein Hauptwerk, die *Iudaïkē archaiologia (Jüdische Altertumskunde)*, ist jedoch vom selben Geist getragen: dem Geist apologetischer Rechtfertigung der Geschichte und des Wesens seines Volkes. Daneben ist das Buch, das den für annähernd 2000 Jahre totalen Untergang des Judentums als einer Nation erzählt, allerdings von einer zweiten Tendenz geprägt, die eine starke Diskrepanz zwischen den erschütternden Tatsachen der berichteten Katastrophe und der sie reflektierenden Darstellung hervorruft: Iosephus, der während des Aufstands gegen die Römer jüdischer Befehlshaber in Galiläa war, sah sich nicht nur gezwungen, seine persönliche Rolle in diesem Krieg zu schildern und seinen – vor allem inneren – Übertritt auf die Seite der Römer zu erläutern, sondern war auch genötigt, ständig auf seine wohlwollenden und geliebten Gönner, den Judenbezwinger Kaiser Vespasian und dessen Sohn Titus, Rücksicht zu nehmen. Diese hatten ihm nicht nur nach seiner Gefangennahme die Freiheit geschenkt, sondern ihm hernach auch noch in ihrem eigenen Haus die Muße für seine literarischen Studien verschafft. So steht der Historiograph Iosephus engagiert – aus Zufall wie aus Überzeugung – zwischen den beiden Fronten. Was seinem Werk als dem Bericht eines Augenzeugen unschätzbaren Wert verleiht, begründet zugleich auch seinen empfindlichen Mangel: Offensichtlich hat die faktische und die psychische Beteiligung am Geschehen dem Autor den Blick für die historische Bedeutung des Ereignisses versperrt (trotz der an Thukydides gemahnenden Einleitung) und ihm ein kritisches Urteil unmöglich gemacht.

Der Wirkung des bereits in Antike und Mittelalter oft übersetzten *Jüdischen Krieges* als eines literarischen Produkts konnte dies jedoch keinen Abbruch tun. Die Verteilung des Stoffes stellt eine mitreißende Klimax vom gerafften Resümee der Vergangenheit zum breiten Panorama der aktuellen Katastrophe dar, ein allmähliches Retardieren bis zum Höhepunkt, dem abschließenden Untergang. Buch 1 und Buch 2 beschäftigen sich mit der Vorgeschichte des Krieges, dem erfolgreichen Aufstand der Makkabäer gegen das Seleukidenreich (167 v. Chr.), dem Königtum der Hasmonäer (bis 37 v. Chr.) und mit dem von Marcus Antonius inthronisierten Herodes dem Großen (37–4 v. Chr.), schließlich mit der Regierung von dessen Sohn Archelaos (4 v. Chr.–6 n. Chr.), der Zeit unter der römischen Provinzialverwaltung bis zum Ausbruch des Krieges und dem jüdischen Sieg über Cestius. Buch 3 handelt vom Krieg in Galiläa (67 n. Chr.) und der militärischen wie persönlichen Kapitulation des Iosephus (er prophezeit dem Feldherrn Titus Flavius Vespasianus die Kaiserkrone). Von Buch 4 an spricht der Berichterstatter aus der Sicht des römischen Lagers (zur Ausarbeitung des Werkes standen ihm ja später auch die Kriegstagebücher der flavischen Imperatoren zur Verfügung): Judäa wird von dem Römer erobert, Jerusalem eingekreist, der zum Kaiser proklamierte Vespasian schenkt Iosephus die Freiheit, der sich von jetzt an »Iosephus Flavius« nennt. Buch 5 und 6 sind der Belagerung und endlich der Eroberung und Zerstörung der jüdischen Hauptstadt durch Vespasians Sohn Titus gewidmet. Buch 7 – nach Art des *Ecce* der altgriechischen Tragödie – zeigt die Folgen: den Triumphzug der Sieger in Rom, die Liquidation des unterlegenen Volkes.

Der Ökonomie in der Darbietung des Inhalts entspricht eine rhetorisch gepflegte Form in der Sprache: Iosephus, der zunächst eine – heute verlorene – aramäische Version angefertigt hatte, ließ sein Werk unter eigener Kontrolle von Mitarbeitern ins Griechische übertragen, und diese letzte Ausgabe besitzt überzeugenden Schliff. Insbesondere die nach hellenischer Manier frei gestalteten Reden sind in Argumentation und Stil kleine literarische Preziosen; hier hat sich die langhin kultivierte griechische Redekunst mit der Geistesschulung alter mosaischer Gesetzesinterpretation als einem gleichwertigen Partner zusammengefunden. E. Sch.

AUSGABEN: Augsburg 1470, Hg. J. Schüßler [lat. Übers.]. – Basel 1544 (in der GA des Arnoldus Peraxylus Arlenius). – Bln. 1894 (*Historia Iudaïku polemu pros Rhōmaius*, Hg. J. v. Destinon u. B. Niese, in *Opera*, Hg. B. Niese, Bd. 6). – Ldn./Cambridge (Mass.) 1927/28 (*The Jewish War*, in *Josephus*, Bd. 2 u. 3, Hg. H. S. J. Thackeray; m. engl. Übers.; Loeb; Nachdr. 1956/57). – Darmstadt 1959–1969 (*De bello Judaico. Der Jüdische Krieg*, Hg. O. Michel u. O. Bauernfeind, 4 Bde.; m. Übers. u. Komm.).

ÜBERSETZUNGEN: *F. Josephi vom Krieg der Juden vnnd der Zerstörung Hierusalem. VII. Bücher. Sampt einer Vorred, in welcher die History dieser Bücher auffs kürzest begriffen ist, vnd teutschlantl ob frembden schaden gewarnet würt* (in *Josephus teutsch*, C. Hedion, Straßburg 1531). – *Geschichte des jüdischen Kriegs, oder vom Untergang des jüdischen Volks und seiner Hauptstadt Jerusalem*, A. F. Gfrörer, 2 Bde., Stg. 1835/36. – *Geschichte des jüdischen Krieges*, H. Paret (in *Werke*, Bd. 1–6, Stg. 1855/56). – *7 Bücher vom Kriege der Juden mit den Römern*, J. F. Cotta u. A. F. Gfrörer (in *Werke*, Philadelphia ⁸1887). – *Geschichte des Jüdischen Krieges*, H. Clementz, Halle 1900; Nachdr. Köln 1959. – *Jüdischer Krieg*, Ph. Kohout, Linz 1901. – *Flavio Giuseppe*, G. Ricotti, 4 Bde., Turin 1937 bis 1939 [ital.; m. Einl. u. Komm.]; ern. 1949; 1963. – *Der jüdische Krieg*, H. Endrös, 2 Bde., Mchn. 1965 (GGT, 1642/1643).

LITERATUR: E. Schürer, *Geschichte des jüdischen Volkes im Zeitalter Jesu Christi*, Bd. 1, Lpzg. ³/⁴1901, S. 74–106; 600–642. – G. Hölscher, Art. *J. (2)* (in RE, 9/2, 1916, bes. Sp. 1942–1949). – R. Laqueur, *Der jüdische Historiker F. J.*, Gießen 1920. – Schmid-Stählin, S. 593f.; 599–601. – H. S. J. Thackeray, *J., the Man and the Historian*, NY 1929. – W. Whiston, *The Life and Works of F. J.*, Philadelphia 1957. – Lesky, S. 859f. – H. Schreckenberg, *Bibliographie zu F. J.*, Leiden 1968.

Marcus ANNAEUS LUCANUS (39–65)

PHARSALIA, auch: *Bellum civile* (lat.; *Das Pharsalus-Epos*, auch: *Der Bürgerkrieg*). Epos in Hexametern von Marcus ANNAEUS LUCANUS (39–65), entstanden von 62/63 an. – Das Epos behandelt die entscheidende Phase des über ein Jahrhundert zurückliegenden Bürgerkriegs zwischen Pompeius und Caesar. Die überlieferten Teile des Werks reichen vom Übergang Caesars über den Rubicon (49 v. Chr.) bis zu den Kämpfen in Alexandria gegen die ägyptischen Aufständischen (48 v. Chr.). Die durch den Tod des Autors unterbrochene Darstellung sollte höchstwahrscheinlich bis zum Selbstmord Catos in Utica (46 v. Chr.) führen. Bekannt wurden vor allem die Bücher 6–9: Im sechsten weissagt die thessalische Zauberin Erictho dem Pompeius-Sohn die unglückliche Zukunft, im siebenten wird die Schlacht von Pharsalus (48 v. Chr.) geschildert, im achten Flucht und Tod des Pompeius in Ägypten; das neunte Buch ist ganz der Persönlichkeit des stoischen Republikaners Cato, seinen Taten in Afrika und seinem heroischen Marsch durch die Wüste gewidmet. Trotz der stark gegen Caesar und damit gegen das Iulische Kaiserhaus insgesamt gerichteten politischen Tendenz des Werks enthält das erste Buch eine überschwengliche Huldigung an Nero; doch wird der Kaiser ansonsten eher totgeschwiegen, wenn nicht sogar insgeheim attackiert. Man nimmt an, daß Lukans Verhältnis zu Nero, der nach den zunächst gesondert erschienenen ersten drei Büchern verärgert war und über den jungen Dichter ein Auftritts- und Publikationsverbot verhängt hat, während der Arbeit an dem Epos zunehmend schlechter wurde. Schließlich schloß Lukan sich der Pisonischen Verschwörung an und wurde nach deren Aufdeckung zum Selbstmord gezwungen. Daher bricht auch das Werk mitten im zehnten Buch (V. 546) ab.

Nach ENNIUS, LUKREZ und VERGIL ist Lukan, ein Neffe des Philosophen und Tragikers SENECA, einer der vier bedeutenden römischen Epiker. Seine revolutionäre Neuerung liegt weniger in der Wahl eines verhältnismäßig aktuellen historischen Stoffes (wobei er sich an den entsprechenden Abschnitt im Geschichtswerk des LIVIUS anlehnt) als im programmatischen Verzicht auf den ganzen sogenannten Götterapparat des Epos, d. h. im Verzicht auf die Spiegelung und allegorische Erhöhung des irdischen Geschehens in der höheren Welt der Götter. Dieser kühne Bruch mit der Homerisch-Vergilischen Tradition bedeutet zwar ein Weniger an »Poesie« und ein Mehr an historischer Wirklichkeit – weshalb mancher antike Kritiker den Autor kurzerhand zu den Geschichtsschreibern rechnete. Trotzdem ist Lukan in erster Linie Epiker, freilich eine Art »Gegenvergil«. Der Grund für die

Beseitigung der Götterallegorie liegt in der Lehre der Stoa, in deren Verkündigung und Verherrlichung Lukan, seit sie ihm in den *Satiren* seines Freundes Persius (erschienen 59–62 n. Chr.) so überwältigend entgegengetreten war, den wahren Sinn seines Dichtens erblickte. Die Stoa setzt an die Stelle der Götter das Schicksal, ein blindes, dem Menschen unfreundliches Geschick: »*Wahrlich, es gibt für uns keine höheren Wesen; durch eine blinde Macht werden die Jahrhunderte hinweggefegt, und wir belügen uns, wenn wir an Iuppiters Herrschaft glauben ... Kein Gott kümmert sich um die Sterblichen!*« (V. 445–455). So wird die Entgötterung vollständig: Die Helden des Epos handeln nicht mehr unter der Leitung eines ihnen gewogenen Gottes, sondern trotzen einem widerwärtigen Geschick in der heroischen Pose der Unerschütterlichkeit. Es kommt der politischen Absicht des Werks entgegen, wenn dieses Heldentum nicht bei dem Maniker und Epileptiker Caesar, sondern eben bei seinen Feinden, bei Pompeius, bei Brutus und natürlich bei dem jüngeren Cato anzutreffen ist, der längst zum beinah mythischen Symbol stoischer Tugendhaftigkeit und zum Idol der stillen republikanischen Opposition gegen Nero geworden war.

Hier, beim epischen Helden, liegt freilich auch die Schwäche des Epos: Caesar, der eigentliche Motor der Ereignisse, ist nur negativer Held, während die positiven Charaktere entweder unglaubwürdig (Pompeius) oder blaß und abstrakt (Cato) wirken. Es fehlt das personale Zentrum, das die verschiedenen Schauplätze, die zahlreichen gelehrten Exkurse und die philosophischen Schlußfolgerungen und Paränesen zu einer epischen Einheit zusammenbinden könnte. Doch das eigentlich »Poetische« in diesem Epos findet sich ohnehin weder im Stoff noch in der Komposition, sondern in der »*düsteren Vehemenz seiner Sprach- und Bildkunst*« (O. Seel): Dem Pathos der Haltung, das die Lukanischen Gestalten überall zeigen, entspricht das Pathos der Darstellung. Dabei steht dem Verfasser das ganze reiche Instrumentarium der antiken Rhetorik zu Gebot: Lukan, selbst zum Redner ausgebildet, hat seinen Stil an zeitgenössischen Historikern und nicht zuletzt an den Schriften des Oheims geschult (Buch 10 zeigt sogar wörtliche Anklänge an die 63/64 erschienenen *Quaestiones naturales* – *Naturwissenschaftliche Untersuchungen* Senecas). So nimmt es nicht wunder, daß rund ein Drittel des ganzen Werks aus etwa hundert wortgewaltigen Reden besteht und daß in die Darstellung zahllose geschliffene, antithetisch zugespitzte Sentenzen eingefügt sind, von denen manche sogar als »geflügelte Worte« Eingang in die Anthologien fanden. Eine neue epische Tradition jedoch hat der radikale Neuerer Lukan nicht begründen können; die Epiker nach ihm orientierten sich wieder an Homer und Vergil. Trotzdem hat sein Werk bereits bei seinen Zeitgenossen ein überaus starkes Echo, in Kritik wie Bewunderung, gefunden: Petron versuchte sich in seinem Roman (um 64 n. Chr.) sogar in scherzhaft-parodistischer »Antipharsalia«. Auch in der Nachwelt fand Lukan reiche Anerkennung: Dante, Corneille, Shelley und Hölderlin (der 600 Verse aus dem ersten Buch übersetzte) sahen in ihm ein allzeit gültiges Muster des hohen, zugleich gedrängten und ausladenden pathetisch-expressiven Stils.

R. M.

Ausgaben: Rom 1469. – Lpzg. 1892, Hg. C. Hosius – Paris 1926–1929 (*La Pharsale*, Hg. A. Bourgery u. M. Ponchont, 2 Bde., m. frz. Übers.). – Ldn./Cambridge (Mass.) 1928, Hg. J. D. Duff; Buch 1–10 (m. engl. Übers.; Loeb; mehrere Nachdr.). – Paris 1962 (*La Pharsale*, Hg., Einl. u. Komm. P. Wuilleumier u. H. le Bonniec, Tl. 1; m. frz. Übers.).

Übersetzungen: *Pharsalia*, V. L. v. Seckendorff, Lpzg. 1695. – *Pharsalia oder Der Bürgerkrieg zwischen Pompejus und Cäsar*, J. Merkel, Aschaffenburg 1849 [Buch 1]. – *Pharsalia oder Der Bürgerkrieg*, F. H. Bothe, Stg. 1855/56, 3 Bde. – *Pharsalia*, J. Krais, Stg. 1863; Bln. o. J. [³1930].

Literatur: Schanz-Hosius, 2, S. 496–500. – A. Thierfelder, *Der Dichter L.* (in AfKg, 25, 1934, S. 1–20). – R. Castresana Udaeta, *Historia y politica en »La Farsalia« de Marco Anneo Luqano*, Madrid 1956. – E. Burck, *Das Menschenbild im römischen Epos* (in Gymn, 65, 1958, S. 121–146). – H. P. Syndikus, *L.s Gedicht vom Bürgerkrieg*, Diss. Mnchn. 1958. – G. Pfliggendorfer, *L. als Dichter des geistigen Widerstandes* (in Herm, 87, 1959, S. 344–377). – V. L. Holliday, *Pompey in Cicero's »Letters« and L.'s »Bellum civile«*, Chapel Hill 1961. – O. Schönberger, *Untersuchungen zur Wiederholungstechnik L.s*, Heidelberg 1961. – J. Brisset, *Les idées politiques de Lucain*, Paris 1964. – Ch. Wanke, *Seneca, L., Corneille. Studien zum Manierismus der römischen Kaiserzeit u. der französischen Klassik*, Heidelberg 1964. – O. Seel, *Weltdichtung Roms*, Bln. 1965, S. 422–436.

BAEBIUS ITALICUS
(1. Jh.)

ILIAS LATINA (lat.; *Lateinische Ilias*). Hexametrisches Gedicht in 1070 Versen, nach dem etwas durcheinandergeratenen Akrostichon zu Beginn und am Ende *(»Italicus scripsit«)* einem sonst nicht weiter hervorgetretenen Baebius Italicus zuzuschreiben; zur Iulisch-Claudischen Zeit (also vor 68 n. Chr.) entstanden. – Dieser nicht eben elegante oder geglückte Versuch, das Geschehen der Homerischen *Ilias* in knappen Umrissen auf lateinisch nachzuerzählen, kam einem echten Bedürfnis entgegen: Livius Andronicus hatte, drei Jahrhunderte zuvor, nur die *Odyssee* übertragen – seine Version war römisches Schulbuch geworden –, die *Ilias* dagegen konnte in Rom, trotz mancher Übersetzungsexperimente, nicht heimisch werden; wer sie lesen wollte, sah sich aufs Original verwiesen. Freilich änderte auch der Autor der *Ilias Latina* nichts an diesem Zustand. Die überaus ungleichmäßige Transposition – mehr als die Hälfte der Verse (537) referiert Homers erstes bis fünftes Buch, dann beginnt ein wildes Kürzen, Verschieben, Arrangieren – und vor allem die von vielfachen Vergil- und Ovid-Reminiszenzen begleitete, aufdringliche Zubereitung des Ganzen im oratorisch-banalen Geschmack der Zeit machen das Buch ungenießbar.

Indes erwarb sich selbst der schale Aufguß seine historischen Verdienste. Gegen Ausgang der Antike wurde das Werk immer beliebter, und in der griechenfernen Zeit des abendländischen Mittelalters wurde es über die Maßen geschätzt und gelesen: unter dem ehrwürdig-hochstaplerischen Namen *Homerus* (einmal gar *Pindar*) hielt es insgeheim das Banner der Erinnerung an Jahrhunderte echter dichterischer Größe aufrecht.

E. Sch.

AUSGABEN: Venedig o. J. [ca. 1475] *(Homerus de bello Troiano)*. – Lpzg. ²1913 *(Homerus Latinus*, in *Poetae Latini minores*, Hg. E. Baehrens u. F. Vollmer, Bd. 2/3).

LITERATUR: J. Tolkiehn, *Homer u. die römische Poesie*, Lpzg. 1900, S. 96–119. – A. Nathansky, *Zur »Ilias Latina«* (in WSt, 28, 1906, S. 306–329; 29, 1907, S. 260–288). – F. Vollmer, Art. *»Ilias Latina«* (in RE, 9/1, 1914, Sp. 1057–1060). – Schanz-Hosius, T, S. 505–508. – L. Herrmann, *Recherches sur l'»Ilias Latina«* (in L'Antiquité Classique, 16, 1947, S. 241–251).

PENDANIOS DIOSKURIDES
(1. Jh.)

PERI HYLĒS IATRIKĒS (griech.; *Über Arzneimittel*). Pharmakologisch-lexikalisches Werk in fünf Büchern (Buch 6 und 7 sind unecht) von PEDANIOS DIOSKURIDES aus Anazarbos in Kilikien (1. Jh.); entstanden um 77/78; dem Arzt Laecanius Areios gewidmet, einem Freund des Konsuls von 64 n. Chr., Gaius Laecanius Bassus. – Im Gegensatz zu seinen Vorgängern, die entweder, wie Quintus SEXTIUS NIGER (1. Jh. v. Chr. / 1. Jh. n. Chr.) in seinem *Peri hylēs iatrikēs*, eine alphabetische Ordnung gewählt oder sich, wie KRATEUAS (1. Hälfte des 1. Jh.s v. Chr.) in seinem *Rhizotomikon (Wurzelbuch)*, an den äußeren Merkmalen der Pflanzen orientiert hatten, wählt Dioskurides für seine Darstellung eine sachlich-systematische Einteilung: In Buch 1 behandelt er die Duft- und Salböle sowie die Bäume, in Buch 2 Tiere und Tierprodukte (Honig, Milch, Fett), dazu Getreide, Gemüse und Kräuter aus dem Garten, in Buch 3 und 4 die Heilkräuter und -wurzeln im engeren Sinn, in Buch 5 Weine, Getränke und schließlich die Mineralien. Innerhalb dieser Hauptgruppen lassen sich gewisse Unterteilungen nach diagnostischen Gesichtspunkten feststellen (harntreibende Mittel, Aphrodisiaka usw.). Die einzelnen Stichwörter folgen nach Möglichkeit einem festen Schema: Name (mit Synonymen), Beschreibung, Herkunft; Gewinnung der heilenden Stoffe und deren Wirkung. Sprache und Stil des Autors sind einfach, wenn nicht gar plump. Nichtsdestoweniger standen seine Beschreibungen der Pflanzen im Ruf unübertrefflicher Genauigkeit, vor allem wohl wegen der – auf Krateuas zurückgehenden – beigegebenen Bilder (der berühmte *Codex Constantinopolitanus* des 6. Jh.s in Wien hat sie uns mittelbar bewahrt): Daß nicht wenig von der späteren gelehrten Beschäftigung mit Dioskurides in Versuchen bestand, seine Pflanzen zu identifizieren, gibt das nötige Korrektiv zu dieser Wertschätzung.
Schon bald nach ihrer Abfassung wurde die *Arzneimittelkunde* des Dioskurides zum pharmakologischen und pharmazeutischen Standardwerk, obwohl der Verfasser, wie er im Vorwort selbst ausführt, nur einen Teil seiner Kenntnisse eigener Beobachtung verdankt, im übrigen aber ein gewaltiges, seit DIOKLES aus Karystos (4. Jh. v. Chr.) angesammeltes Wissen aus verschiedenen Quellen exzerpiert, insbesondere aus Sextius Niger und Krateuas. *Peri hylēs iatrikēs* blieb, zum Teil in lateinischer Übersetzung, Umarbeitung und Erweiterung und in arabischen Versionen, das ganze Mittelalter hindurch im Abend- und Morgenland in unbestrittenem Ansehen. Während im Westen die aufstrebende Naturwissenschaft das Werk vom 16. Jh. an allmählich entbehrlich machte, galt es den orientalischen Ärzten noch zu Beginn unseres Jahrhunderts »*als der Inbegriff alles pharmakologischen Wissens*« (Wellmann). Als umfassendes Resümee eines hochentwickelten antiken Forschungszweigs und als Zeugnis für eine differenzierte Methodik der Beobachtung und Analyse verdient die Darstellung des Dioskurides auch heute noch Bewunderung.
E. Sch.

AUSGABEN: Colle (Toskana) 1478 (lat. Übers. nach einer arab. Version; Glossen von Petrus de Abano). – Venedig 1499 *(Peri hylēs iatrikēs logoi hex)*. – Bln. 1906–1914 *(Pedanii Dioscuridis Anazarbei de materia medica libri quinque*, Hg. M. Wellmann, 3 Bde.; Nachdr. 1958).

ÜBERSETZUNGEN: *Des hochperümpten Pedanii Dioscoridis Anazarbei beschreibung aller materien und gezeugs der Artzney in sechs bücher*, Johann Dantzen von Ast, Ffm. 1546. – *Arzneimittellehre*, J. Berendes, Stg. 1902 [m. Erkl.]; Nachdr. Wiesbaden 1970.

LITERATUR: M. Wellmann, Art. *Dioskurides (12)* (in RE, 5/1, 1905, Sp. 1131–1142). – K. Sudhoff, *Kurzes Handbuch der Geschichte der Medizin*, Bln. 1922, S. 102f. – H. Mihaescu, *La versione latina di Dioscoride* (in Ephemeris Dacoromana, 8, 1938, S. 298–348). – P. Diepgen, *Geschichte der Medizin*, Bd. 1, Bln. 1949, S. 114. – C. E. Dubler, *La materia médica de Dioscórides. Transmisión medieval y renacentista*, 6 Bde., Barcelona 1952–1959.

Gaius VALERIUS FLACCUS SETINUS BALBUS
(gest. um 90)

ARGONAUTICA (lat.; *Argonautenepos*). Episches Gedicht von Gaius VALERIUS FLACCUS SETINUS BALBUS († um 90 n. Chr.), kurz nach 70 n. Chr. begonnen (Anspielung auf die Zerstörung Jerusalems; 1, 12 ff.), trotz langjähriger Arbeit beim Tod des Dichters unvollendet hinterlassen. – Der alte Sagenstoff von den Halbgöttern, die auf dem ersten Schiff, der Argo, als Sendboten der Zivilisation und menschlicher Gesittung in chaotisch-dunkle, barbarische Weltgegenden vorstoßen (die Gewinnung des goldenen Vlieses ist bei Valerius nur äußere Motivation), ist uns erstmals in einer relativ späten Gestaltung, den *Argonautika* des Griechen APOLLONIOS RHODIOS, erhalten. Seine vier umfangreichen Bücher hat Publius TERENTIUS VARRO ATACINUS (geb. 82 v. Chr.) um 50 v. Chr. in lateinischer Sprache kunstvoll nachgedichtet. Dieses Werk wird Valerius Flaccus zwar im einzelnen ständig zu Rat gezogen haben, doch folgte er im Gesamtentwurf nach Stoff und Komposition durchaus dem griechischen Dichter. Die Anlehnung an Apollonios ist kaum je sklavisch: manches führt der Römer selbständig weiter, anderes unterdrückt er, aber er entwirft auch, mit gutem Verständnis für die epische Tradition, ganz neue Züge. In Stil, Aufbau, Sprache und Metrik weiß er sich besonders VERGIL und OVID verpflichtet.
Die ersten vier Bücher schildern Iasons abenteuerreiche Fahrt nach Colchis. Buch 1 behandelt den Bau der Argo, die Sammlung und Ausfahrt der

Heroen. – Buch 2 erzählt die Lemnosgeschichte. Die lemnischen Frauen haben, von Venus verblendet, aus Eifersucht ihre Männer erschlagen. Wie die Königin Hypsipyle zu Iason, so fassen die übrigen Frauen Liebe zu verschiedenen anderen der Argonautenhelden. Auf der Weiterfahrt retten Hercules und Telamon die troianische Prinzessin Hesione vor einem Ungeheuer. – In Buch 3 kämpfen die Argonauten irrtümlich gegen den befreundeten König Cyzicus. Hercules zieht auf der Suche nach dem geraubten Hylas allein weiter. – Buch 4 bringt den Sieg des Pollux im Boxkampf mit dem furchtbaren Bebryckerkönig Amycus. Phineus wird durch die Boreassöhne Calais und Zetes von den Harpyien befreit. – Die folgenden drei Bücher enthalten die Geschehnisse in Colchis. Buch 5: Die Ankunft und die tapfere Mitwirkung Iasons im Kampf des Aeetes gegen seinen Bruder Perses. Buch 6 und 7: Aus Liebe zu Iason verhilft ihm Medea durch Zauber zum Erwerb des Widderfelles. – Buch 8 zeigt dann Medea und die Argonauten nach dem Raub des Vlieses auf der Flucht. Medeas Bruder Absyrtus verfolgt sie und verlangt die Auslieferung der Schwester. Mitten in der Diskussion über dieses Begehren endet bei 8, 467 der erhaltene Text. – Wenn man die Länge des Erhaltenen auf das Epos des Apollonios projiziert und die noch fehlenden Punkte der Argonautensage – Mord an Absyrtus, Entsühnung bei Circe, Hochzeit Medea-Iason bei den Phaeacen – berücksichtigt, wird man die geplante Gesamtlänge auf wahrscheinlich zehn, höchstens zwölf Bücher ansetzen können.

Als kennzeichnend für das Werk des Valerius muß man die zahlreichen rhetorisch wirkungsvollen, affektgeladenen Reden ansehen, seine eigenwilligen Gleichnisse und nicht zuletzt die gesamte blutvolldrastische, keineswegs zimperliche, vielmehr wuchtige und oft ins Gräßlich-Düstere gesteigerte Schilderung des Geschehens in bildartigen Einzelszenen: ein glänzendes repräsentatives Beispiel ist etwa die von W. BAHRENFUSS ausführlich interpretierte Lemnosepisode (2, 82–427). Der Götterapparat wird in ganzer Funktionsvielfalt und Aktionsbreite eingesetzt. Daß der Dichter andererseits ausgiebig psychologisiert und genaue Affektanalyse treibt, bringt allerdings bisweilen einen störenden Zwiespalt in die Handlungsmotivation.

Die Nachwirkung, die dem Epos zuteil wurde, ist recht ambivalent. Zwar galt Valerius Flaccus zu verschiedenen Epochen der ausgehenden Antike und des Mittelalters als kanonischer Autor, aber die wichtigeren Impulse sind in der literarischen Tradition von der Tragödie SENECAS ausgegangen, dessen Bearbeitung des in die Argonautensage eingebetteten Medea-Stoffes einen überaus starken Eindruck hinterließ: GRILLPARZERS Trilogie *Das goldene Vließ* (1822) legt dafür das beste Zeugnis ab. Daß demgegenüber gerade auch die Medea des Valerius – der sie im Gegensatz zu EURIPIDES mit dem Liebreiz der Unschuld ausstattet (für die Katastrophe sind die Götter verantwortlich) – eine sehr gelungene und überzeugende Gestalt darstellt, haben, wie es scheint, erst neuere Interpreten bemerkt. R. Ri.

AUSGABEN: Bologna 1474 *(Argonauticon libri).* – Bln. 1896/97 *(Argonauticon libri,* Hg. P. Langen; Berliner Studien f. class. Phil. u. Arch.; Nachdr. Hildesheim 1964). – Lpzg. 1913, Hg. O. Kramer. – Ldn./Cambridge (Mass.) ²1936 (in *V. F.,* Hg. J. H. Mozley; m. engl. Übers.; Loeb; zul. 1963). – Turin 1954, Hg. L. Carelli.

ÜBERSETZUNGEN: *Argonautenzug,* G. G. Fülleborn, (in Schlesische Monatsschrift, 7, 1792; Ausz.). – *Argonautika,* E. C. F. Wunderlich, Erfurt 1805.

LITERATUR: P. H. Damsté, *Adversaria critica ad C. V. F.* »*Argonautica«,* Diss. Leiden 1885. – A. Grueneberg, *De V. F. imitatore,* Diss. Bln. 1893. – W. C. Summers, *A Study of the »Argonautica« of V. F.,* Cambridge 1894. – R. Harmand, *De V. F. Apollonii Rhodii imitatore,* Diss. Nancy 1898. – H. Stroh, *Studien zu V. F., besonders über dessen Verhältnis zu Vergil,* Progr. Augsburg 1905. – F. Mehmel, *V. F.,* Diss. Hbg. 1934. – W. H. Schulte, *Index verborum Valerianus* (in Iowa Studies in Class. Phil., 3, 1935). – Schanz-Hosius, 2, S. 520–524. – W. Bahrenfuß, *Das Abenteuer d. Argonauten auf Lemnos bei Apollonios Rhodios, V. F.,* Papinius Statius, Diss. Kiel 1951. – S. S. Brook, *The Delineation of Character in the »Argonautica« of G. V. F.,* Diss. Princeton 1951. – A. Kurfess, Art. *Valerius (170)* (in RE, 8 A/1, 1955, Sp. 9–15). – V. Ussani jr., *Studio su V. F.,* Rom 1955 (Studi e Saggi, 6). – E. Merone, *Sulla lingua di V. F.,* Neapel 1957.

Marcus FABIUS QUINTILIANUS (gest. 96)

INSTITUTIONES ORATORIAE (lat.; *Schule der Beredsamkeit*). Lehrbuch der Rhetorik in zwölf Büchern von Marcus FABIUS QUINTILIANUS († 96 n. Chr.), veröffentlicht wahrscheinlich 95 n. Chr. – Nach zwanzigjähriger, ruhmvoller Lehrtätigkeit als – erster vom Staat besoldeter – Professor der Rhetorik hat Quintilian seine reiche Erfahrung in diesem Werk niedergelegt. Obwohl bereits um das Jahr 90 vollendet, wurde es vom Autor zunächst im Hinblick auf eine nochmalige Überarbeitung zurückgehalten und erst kurz vor seinem Tode auf Drängen des Verlegers Trypho an die Öffentlichkeit gegeben. Bei der Konzeption der *Institutiones* will Quintilian ganz besonders den kleinen Sohn des Freundes Vitorius Marcellus im Auge gehabt haben, dem das Werk gewidmet ist und noch während der Abfassung Buch für Buch zugeleitet wurde.

Die *Institutiones* sollen den Schüler von der frühen Kindheit bis zur höchsten Stufe rednerischer Vollkommenheit geleiten. So werden nacheinander behandelt: die Elementarausbildung (Buch 1); die rhetorischen Anfangsgründe (Buch 2); die eigentliche Rhetorik (Buch 3–11), und zwar nach der klassischen Einteilung in *inventio* (Sammlung von Argumenten), *dispositio* (Anordnung und Gliederung des Materials), *elocutio* (Formulierung und stilistische Ausgestaltung), *memoria* (Memorieren) und *pronuntiatio* (Deklamation und Vortrag); das Bild des *bonus orator,* des vollkommenen Redners (Buch 12). Bedeutung für die Literaturkritik und -geschichte erlangte das zehnte Buch, in dem Quintilian auf der Suche nach geeigneten Stilproben einen großen Teil der griechischen und römischen Literatur kritisch durchmustert. Von eigenem Reiz sind die den einzelnen Büchern beigefügten Vorreden, in die manches Persönliche aus dem Leben des Autors mit eingeflossen ist: die ehrenvolle

Berufung zum Prinzenerzieher am Hof Domitians (in Buch 4), der Tod seines zweiten und letzten Sohnes (in Band 6).

Was diesen Rhetorik-Kursus vor ähnlichen Schriften des Altertums auszeichnet, ist seine Einfügung in ein umfassend bildendes Erziehungswerk. Als pädagogisches Ideal verbirgt sich dahinter die Einheit von Rede und Mensch. Diese war auch schon vom alten CATO gefordert worden, in dem naiven Sinn allerdings, daß die charakterliche Qualifikation als unerläßliche Voraussetzung großen Rednertums betrachtet wurde. Quintilian geht weiter: Er setzt letztlich großes Rednertum mit großem Menschentum, stilistische Vollkommenheit mit sittlicher Vollkommenheit gleich. Einerseits läßt er also den großen Menschen gleichsam ohne Rest im Ideal des Redners aufgehen – was zur Folge hat, daß in seinem Persönlichkeitsideal z. B. jedes aktive Element fehlt –, andererseits behauptet er die Unvereinbarkeit von schlechtem Charakter und rednerischer Tüchtigkeit. Obwohl es Quintilian von fern bewußt zu werden scheint, auf welches spekulative Glatteis er sich mit dieser These begibt, ist es ihm offensichtlich mit seinem Ideal – die Schrift dient ja vorwiegend pädagogischen Zwecken – durchaus ernst: Er selbst liefert in seiner Person gewissermaßen den schuldig gebliebenen Beweis für seine kühne Theorie. Und gerade der Umstand, daß sein eigenes Rednertum so sehr in einer feinen, gediegenen Bildung und urbanen Liebenswürdigkeit, kurz einer allem demagogischen Eifern fernen, allgemein menschlichen Kultur verankert ist, mag auch deutlich machen, wie sehr man sich vor Mißverständnissen in der Beurteilung seiner Äußerungen und seiner Person zu hüten hat. Sogar die überschwengliche, fast peinlich berührende Huldigung an Domitian (bei MARTIAL findet sich Ähnliches) und sein offenbar recht gutes Verhältnis zu diesem Taciteischen Schreckenskaiser dürfen nicht losgelöst von dem Bild seiner Persönlichkeit gesehen werden, das uns die *Institutiones* als Ganzes vermitteln. – Das in einer menschlichen Mitte konzentrierte, jedem zelotischen Fanatismus abgekehrte Wesen dieses Mannes spiegelt sich nicht zuletzt auch in seiner rhetorischen und stilistischen Eigenart. Als Rhetor ist er ein Anhänger der Schule des THEODOROS, die jegliche Verabsolutierung rhetorischer Regeln ablehnt und deren Zuschnitt auf den Einzelfall verlangt; als Stilist entscheidet er sich gegen den Manierismus und überspitzten Expressionismus der Zeit (in seiner verlorenen Schrift *De causis corruptae eloquentiae* – *Über die Ursachen der Verderbnis der Redekunst* hatte er sich damit kritisch auseinandergesetzt) und für eine natürlich weiterentwickelte Form der Sprache CICEROS, deren Klarheit, Anschaulichkeit und Kultiviertheit für ihn ein stilistisches Non plus ultra darstellt. MOMMSEN, der das Werk Quintilians außerordentlich hochschätzte, charakterisiert seinen Stil (in der *Römischen Geschichte*) als »von feinem Geschmack und sicherem Urteil getragen, einfach in der Empfindung wie in der Darstellung, lehrhaft ohne Langweiligkeit, anmutig ohne Bemühung«. Es ist ein allgemeiner stilistischer Klassizismus, den Quintilian vertritt, verbunden mit dem bei ihm zum erstenmal hervortretenden, geistesgeschichtlich so bedeutsamen spezifischen Cicero-Klassizismus, wie er sich später bei SYMMACHUS und SIDONIUS und dann noch einmal bei den Humanisten (PETRARCA, BOCCACCIO) beherrschend äußert. R. M.

AUSGABEN: Rom 1470 (*Institutionum orat. libri XII*, Hg. Johannes Antonius Campanus). – Lpzg. 1798 bis 1834 (*De institutione oratoria*, 6 Bde., Hg. G. L. Spalding u. a.; m. Komm.). – Lpzg. 1907–1935, Hg. L. Radermacher, 2 Bde.; ern. Lpzg. 1959, Hg. V. Buchheit; Nachdr. zul. 1965. – Ldn./Cambridge (Mass.) 1920–1922 (*The Institutio Oratoria*, Hg. H. E. Butler, 4 Bde.; m. engl. Übers.; Loeb; Nachdr. zul. 1958/59). – Oxford 1948 (*Institutionis oratoriae liber XII*, Hg. R. G. Austin; m. Komm.).

ÜBERSETZUNGEN: *Lehrbuch der schönen Wissenschaften in Prosa*, H. P. C. Henke, Helmstedt 1775 bis 1777 [Ausz.]. – *Unterricht in der Beredsamkeit*, W. Nicolai u. O. Güthling, Lpzg. ²1927 (RUB, 2956). – *L'institution oratoire*, H. Bornecque, 2 Bde., Paris 1933/34 [frz.].

LITERATUR: J. Gladisch, *De clausulis Quintilianeis*, Diss. Breslau 1909. – O. Pöhlmann, *Das stilistische Verhältnis Q.s zu Cicero*, Diss. Erlangen 1923. – G. Assfahl, *Vergleich u. Metapher bei Q.*, Stg. 1932 (Tübinger Beiträge zur Altertumswissenschaft, 15). – C. Bione, *De canone scriptorum romanorum quaestiones Quintilianeae*, Bologna 1932. – E. Bolaffi, *La critica filosofica e letteraria in Quintiliano*, Brüssel 1958. – G. Kennedy, *An Estimate of Q.* (in AJPh, 83, 1962, S. 130–146).

Marcus VALERIUS MARTIALIS
(um 40–104)

EPIGRAMMATA (lat.; *Epigramme*). 1557 Epigramme und Kurzgedichte in insgesamt fünfzehn Büchern von Marcus VALERIUS MARTIALIS (um 40–104), entstanden zwischen 80 und etwa 101. – Die Sammlung gibt einen außergewöhnlich tiefen Einblick in die Kulturgeschichte der Kaiserzeit. Die Einweihung des Kolosseums (80 n. Chr.) unter Titus nimmt der Dichter zum Anlaß, mit einem – in den Ausgaben voranstehenden – *Buch der Schauspiele* die Aufmerksamkeit des Herrschers und der Öffentlichkeit auf sich zu lenken. Die Bücher 1–10 entstehen unter Domitian, Buch 11 unter Nerva, die Umarbeitung des zehnten und das um 101 n. Chr. aus der spanischen Heimat nach Rom gesandte zwölfte Buch unter Traian. Die Bücher *Xenia* (*Gastgeschenke*, 13) und *Apophoreta* (*Tafelgeschenke*, 14) wurden dagegen bereits um das Jahr 85 herausgegeben. Sie enthalten fast ausschließlich zweizeilige Distichen, die man sich als neckische Begleittexte zu kleinen Geschenken, wie sie vor allem am Saturnalienfest üblich waren, zu denken hat.

Die meisten Gedichte der Hauptsammlung (Buch 1–12) sind jedoch gänzlich losgelöst von einer – sei es auch nur fiktiven – gesellschaftlichen Funktion. In den gelungensten dieser Stücke findet der Dichter zu der seitdem für immer mit seinem Namen verbundenen literarischen Form des Epigramms: einer Verbindung von Phantasie, Prägnanz – und Galle. In der langen Tradition der griechischen und römischen Epigrammkunst gibt es hierfür nichts Vergleichbares. Nur CATULL (vgl. das Vorwort zu Buch 1) kann als Vorläufer betrachtet werden, worauf auch die Metren – hauptsächlich Distichen, dazu Hinkiamben – hinweisen: allein bei ihm begegnet uns das Epigramm schon als freie künstlerische Ausdrucksform. Martial gebraucht diese Form aber nicht zur elegischen

Selbstdarstellung, sondern als Instrument satirischer Zeitkritik. Erbarmungslos registrierend und mit oft erschreckender Nüchternheit demaskiert er, was ihm auf dem weiten Feld menschlicher Unzulänglichkeit begegnet. Die Auflösung der gesellschaftlichen Ordnung, die zunehmende Pervertierung des Sexuellen, das – wenigstens in der Hauptstadt – immer krassere Mißverhältnis zwischen Arm und Reich erscheinen als die Symptome eines ins Groteske und Gespenstische stilisierten Endzustands. Nur der jeweilige Kaiser bleibt außerhalb der Kritik, ja genießt – so will es aufs erste scheinen – eine fraglos begeisterte Verehrung; daß es sich dabei vornehmlich und ausgerechnet um Domitian handelt, macht dieses Faktum kaum weniger grotesk. Besonders aufschlußreich ist der enge Kontakt, den Martials Gedichte zur literarischen und menschlichen Umwelt halten. Nicht nur zu den bedeutenden Spaniern, die im ersten Jahrhundert in Rom Karriere machten – SENECA, LUKAN und QUINTILIAN –, auch zu SILIUS ITALICUS, IUVENAL, PERSIUS, zu der Dichterin SULPICIA und dem jüngeren PLINIUS steht der Dichter in lebendiger literarischer oder persönlicher Beziehung. Kaiserhaus und Arena, Gassen und Bäder, üppige und karge Tische und Betten sind die Schauplätze, auf die sich der Leser geführt sieht. Die Form erweist sich als sehr variabel; sie reicht vom sarkastischen Einzeiler (»Cinna will arm scheinen: er ist es auch!« 8, 19) bis zur elegischen Idylle (3, 58; 4, 55), von der scharf beobachtenden, unbestechlichen Satire bis zur bösartigen Invektive, von der Kundgabe liebevollen Zartgefühls bis zum unflätigsten Priapeum.

Der Hochschätzung, die das gesamte 17. und 18. Jh., vor allem LESSING, Martial entgegenbrachten, folgte eine längere Zeit der Verständnislosigkeit. Abgestoßen und befremdet von der charakteristischen Haltung des Epigrammatikers, wie sie in dem speichelleckerischen Opportunismus gegenüber den einzelnen Kaisern zum Ausdruck zu kommen schien, begnügte man sich vornehmlich mit der Auswertung des in den Gedichten enthaltenen kulturhistorischen Materials. Auch fiel es schwer, über die allzu handgreifliche Obszönität in manchen Büchern – Martial nennt es »schlicht römisch reden« (»Romana simplicitate loqui«) und sieht darin »den spezifisch epigrammatischen Ton« (»epigrammaton linguam«, Vorwort zu 1) – einfach hinwegzusehen oder in ihr, wie Lessing es tat, eine pädagogische Absicht der Abschreckung zu erkennen. In jüngster Zeit trat vor allem Otto SEEL der Abwertung Martials entgegen, indem er den inkriminierten Komplex der »Bettelpoesie« als ein zu allen Zeiten wiederkehrendes soziologisches Phänomen deutete und das humanistische Renaissance-Menschenbild, das hinter dieser Kritik steckt und den Blick für die gesellschaftlichen und geistesgeschichtlichen Voraussetzungen des ersten Jahrhunderts verstellen muß, auf seinen historischen Geltungsbereich verwies: »Hier ist das Leben in seiner trostlosen Armseligkeit angenommen. Und in diese Welt hinein, aus diesem enttäuschten Leben heraus hat Martial seine Epigramme geschrieben, mit dem illusionslosen Blick dafür, daß es eine wölfische und eine hündische Welt war, in der er lebte, an der er teilhatte, und in der es darauf ankam, mit den Wölfen zu heulen und mit den Hunden zu winseln. Die Bühne ist Rom, der Protagonist der jeweilige Kaiser ... Dazu dann die Chargen und Statisten: Welt und Halbwelt, Banausen und Nichtstuer, Zuhälter und Dirnen, Schmarotzer, Erbschleicher, Heuchler, Spitzbuben, Gauner, Geprellte, pfiffige Narren, dazu die Liederlichen und Perversen, Päderasten und Kokotten, Händler, Gaukler, Schildwachen, Flaneure, agierend als Staffage und Statisten im Ambiente von Theater, Mimus und Zirkus, bei Gelagen, Massenmord und Bäderluxus ... Es gibt Zeiten und Stile, in denen das Grelle, das Plakathafte, das Marktschreierische zum legitimen Mittel wird, Zartestes und Intimstes auszusparen und so zugleich auszudrücken. Die spiegelnde Glätte des Oberflächlichen gewinnt etwas Gespenstisches, die krassen Farben geraten ins Vibrieren und hinter dem Lustigen liegt Resignation und Tristesse ... Wie sehr zur Hand lagen in der Zeit die hohen Worte, das Geflunker mit Idealen und anspruchsvollen Maximen! Es war viel schwerer, davon so konsequent zu schweigen als zu reden. Dieses Verschweigen aber ist irgendwie in die Nichtigkeiten des Vordergrundes mit hineingenommen, sozusagen als dessen Leerraum.«

So erzwingt gerade eine übermächtige Paradoxie der Wirklichkeit das schillernde, doch konsequente Nebeneinander von echter Resignation und nutzbringender Mimikry (das Lob gilt stets wirklichen Namen, der Spott nur fiktiven), von Rom-Satire und Rom-Liebe, von monströser Arena-Grausamkeit und eilfertiger Kaiser-Huldigung (etwa Buch der Schauspiele, 5), von fanatischer Dichtwut und selbstironischer Distanz zur eigenen Kunst (dem »Würfelspiel«, 13, 1; vgl. 5, 15), von gemeinsamem Zynismus und zartem Empfinden. Das einzige »Liebesgedicht« (5, 34) erscheint hier bezeichnenderweise in der Form der Grabaufschrift. Daß Martials Dichtung tatsächlich als im modernen Sinn realistisch verstanden werden kann, bei aller Distanz zu den Dingen, aus dieser Realistik den ihr eigenen Rang und sogar ein gewisses Ethos gewinnt, zeigt die nachdrückliche Abhebung der Gattung von der mythischen, d. h. realitätsfernen, Kunst der Tragödie und des Epos: »Was ein Epigramm ist, Flaccus, fürwahr, weiß nicht, / wer darunter nur Spiel und Jux versteht. / Mehr spielt jener, der vom Mahl des wüsten Tereus / schreibt oder, grausiger Thyestes, von deiner Speise ...« (4, 49; vgl. 9, 50) Wo in reflektierter Dichtung Wirklichkeit und Mythos so auseinanderklaffen und die Wirklichkeit an die Stelle des Mythos tritt, tut sich die tiefe intellektuelle Gespaltenheit einer Epoche auf: das stellt Martial in eine Reihe mit PETRONIUS und IUVENAL.

Freilich: dies alles wird eigentlich erst rückwirkend, aus der Erfahrung der neuzeitlichen Dichtung, deutlich. Für die Geschichte der Weltliteratur bedeuten Martials Epigramme in erster Linie zugleich Beginn und Höhepunkt einer Form. Nach der Beschreibung, die Lessing in seinen Zerstreuten Anmerkungen über das Epigramm (1771) am Beispiel des Martial von dieser Form gibt, beruht sie auf der knappen Kontrastierung zweier Teile; eines ersten, der, von einem konkreten Anlaß ausgehend, die Erwartung des Lesers spannt, und eines zweiten, der das Konkrete auf ein – dennoch unerwartetes – Allgemeines bezieht (Aufschluß), die Erwartung explosionsartig auflöst (Pointe). Mit einem Äußersten an Kürze und Geschliffenheit genügt Martial in sehr vielen – nicht allen – Gedichten (etwa 4, 21; 8, 5; 11, 38 und 62) auf vorbildliche Weise diesem Kunstgesetz. Die Frische und Lebendigkeit, der unerschöpfliche Einfallsreichtum und, als Wichtigstes, die ungekünstelte, unmittelbar aus dem Leben gegriffene Wahrheit seiner Verse sicherten ihm darüber hinaus eine Bewunderung, die von der

Antike über das Mittelalter (das ihm den sonderbaren Beinamen *coquus*, Koch, gab) bis zu GOETHE und SCHILLER (*Xenien*, 1797) immer wieder zur Nachfolge anregte. R. M.

AUSGABEN: o. O. u. J. [Rom 1470]. – Lpzg. 1886 (*Epigrammaton libri*, Hg. L. Friedlaender, 2 Bde.; m. Komm.). – Ldn./Cambridge (Mass.) 1919/20 (*Epigrams*, Hg. W. C. A. Ker, 2 Bde.; m. engl. Übers.; Loeb; Nachdr. zuletzt 1961). – Lpzg. 1925 (*Epigrammaton libri*, Hg. W. Heraeus). – Oxford ²1929, Hg. W. M. Lindsay; Nachdr. zuletzt 1965. – Turin ³1951 (*Epigrammaton libri XIV*, Hg. C. Giarratano). – Paris ²1961 (*Épigrammes*, Hg. H. J. Izaac, 3 Bde.; m. frz. Übers.).

ÜBERSETZUNGEN: *Valerii Martialis Carmen was zu aim vollkumnern glücksäligen Leben gehört*, C. Bruno, Ingolstadt 1546. – *Von den Delatorn und Afterrednern, wie sie ein Fürst in seinem Lande nicht leiden solle, Auß dem Poeten Martiale* [1, 4] (in der Übers. der *Calumnia* des Lukian, H. Knaust, Ffm. 1569). – In *Florilegii variorum epigrammatum liber unus et alter*, M. Opitz, Danzig 1634 [Ausz.]. – *Marcus Valerius Martialis in einem Auszuge*, K. W. Ramler, 5 Bde., Lpzg. 1787–1791. – *Die Epigramme*, A. Berg, Stg. 1865 u. ö. – *Epigramme*, R. Helm, Zürich/Stg. 1957. – *M.s sehr freie Epigramme*, G. H. Mostar, Mchn. 1966.

LITERATUR: G. E. Lessing, *Zerstreute Anmerkungen über das Epigramm und einige der vornehmsten Epigrammatisten* u. a. (in G. E. L., *Vermischte Schriften*, Bd. 1, Bln. 1771, S. 193–281). – R. Reitzenstein, Art. *Epigramm* (in RE, 6/1, 1907, Sp. 108–111). – P. Nixon, *M. and the Modern Epigram*, NY 1927; ern. 1963. – O. Weinreich, *Studien zu M.*, Stg. 1928. – H. Berends, *Die Anordnung in M.s Gedichtbüchern 1–12*, Diss. Jena 1932. – J. Kruuse, *L'originalité artistique de M.* (in Classica et Mediaevalia, 4, 1941, S. 248–300). – L. Pepe, *M.*, Neapel 1950. – K. Barwick, *M. u. die zeitgenössische Rhetorik*, Bln. 1959 (Ber. ü. d. Verh. d. Ak. d. Wiss. zu Lpzg., phil. Kl., 104/1). – A. G. Carrington, *Aspects of M.'s Epigrams*, Eton o. J. [1960]. – O. Seel, *Ansatz zu einer M.-Interpretation* (in Antike und Abendland, 10, 1961, S. 53–76).

Publius PAPINIUS STATIUS
(um 45–96)

ACHILLEIS (lat.; *Achilleis*). Unvollendetes Achilles-Epos von Publius PAPINIUS STATIUS (um 45 bis 96), begonnen laut dessen eigenem Zeugnis im Jahr 95. – Zu Beginn kündigt der in der VERGIL-Nachfolge stehende Dichter an, daß er, weit über HOMERS *Ilias* hinausgreifend, das ganze Schicksal seines Heros besingen wolle, von dessen Verbergung auf Scyros bis zum Tod vor Troia. Die einzelnen Teile dieses Stoffs waren zu Homerischer Zeit im *Epikos kyklos (Epischer Zyklus)* verarbeitet worden, dem vielleicht schon das eine oder andere geschlossene Achilles-Epos vorausgegangen war. Ein griechisches Epos dieses Themas ist allerdings nicht erhalten; in der lateinischen Literatur ist der Stoff episodisch in die *Metamorphosen* des OVID (Buch 11 und 12) eingeflochten. Statius – der deutlich Ovid imitiert – hat zu nur etwa den zehnten Teil seines Gedichts ausgeführt.

Die Verse 1–7 erläutern das Vorhaben des Dichters, dessen Umfang sehr weit, mindestens auf zwölf Bücher, berechnet war. Es folgt (V. 8–13) ein Anruf an Phoebus, den Gott der Dichter, und die topische Erinnerung, daß der Gott ja auch schon im Fall der *Thebais* wirkungsvoll geholfen habe. In den Versen 14–19, dem dritten Teil des Prooimions, bittet der Dichter Kaiser Domitian um Entschuldigung, daß er nicht auf ihn ein panegyrisches Gedicht schreibe. Die Verherrlichung der Taten des großen Achill solle nur einem Lobgedicht auf den noch größeren Princeps präludieren. – Im Gesamtaufbau des ersten Buchs lassen sich vier größere Partien unterscheiden, in denen abwechselnd die Achilles-Handlung und die Kriegshandlung entfaltet werden, bis beide im letzten Abschnitt zusammenlaufen.

1. Abschnitt: Thetis bemerkt das Schiff des Helena-Räubers Paris auf seinem Kurs nach Kleinasien. Das bedeutet den Ausbruch des Troianischen Krieges, der ihrem zur Erziehung beim Kentauren Chiron in Thessalien weilenden Sohn Achilles den Tod bringen wird. Nach Beratung mit Neptun entschließt sie sich zu einem Täuschungsmanöver. (20–94) – Der Rest dieses großen Blocks (95–396) ist ganz der Achilles-Handlung gewidmet, die nun breit einsetzt: Thetis begibt sich zu Chiron, um ihren Sohn dort abzuholen. Sie wird gastlich aufgenommen. Der von Chiron zu einem glänzenden Heldenjüngling herangebildete Achilles folgt seiner Mutter nach Scyros. Thetis verkleidet ihn als Mädchen und bittet König Lycomedes, diese vorgebliche Schwester des Achilles, deren rauhe Sitten der Milderung bedürften, in die Mädchenschar an seinem Hofe einzureihen. Lycomedes ist einverstanden. Thetis zieht sich zurück, sie wird erst im Streit Achills und Agamemnons wieder eine Rolle spielen.

2. Abschnitt: Die Kriegshandlung wird wieder aufgegriffen. In ganz Griechenland ergeht der Aufruf zum Feldzug gegen Troia. Alle Kämpfer von Rang und Namen eilen zum Sammelplatz Aulis. Bei der Heerschau wird Achilles als wichtigster Griechenheld schmerzlich vermißt. Der Seher Calchas offenbart sein Versteck. Ulixes und Diomedes übernehmen den Auftrag, ihn herbeizuschaffen. (397–559)

3. Abschnitt: Als ungemein reizvolles Gegenbild wird dem ernsten Kriegsunternehmen die langsame Entwicklung des Liebesbundes zwischen Achilles und der Königstochter Deidamea gegenübergestellt. Es sind Verse, die in ihrer verhaltenen Sinnenfreude und der zart ans Komische streifenden, dennoch nie zu starken Tonalität den besten Beispielen römischer erotischer Poesie würdig an die Seite treten. (560–674)

4. Abschnitt: Ulixes und Diomedes werden von Lycomedes herzlich empfangen. Achilles tritt den Achäerhelden gegenüber. (Hier verflechten sich Achilles-Handlung und Kriegshandlung.) Ulixes bedient sich einer List. Er legt den Mädchen Schmuck und Kleider, aber auch eine Rüstung vor und läßt die Kriegstrompete blasen. Achill verrät sich, indem er seine Mädchenrolle vergißt und zu den Waffen greift. Die letzten Verse schildern Achilles' Werbung um Deidamea, seine Bitte um Urlaub und den Abschied der jungvermählten Gatten. (675–960)

Nach der allgemein üblichen und gut begründeten Einteilung beginnt an dieser Stelle das zweite Buch. Nach der Abfahrt von Scyros versucht Ulixes, den Jüngling zu trösten und sein Interesse auf die Zukunft, den großen Krieg, zu lenken. Achilles fragt nach der Vorgeschichte, und Ulixes unterrichtet ihn über das Voraufgegangene. Von Diomedes aufgefordert, erzählt Achilles die Geschichte seiner Jugend, soweit er sich erinnern kann; insbesondere schildert er seine Erziehung durch Chiron. (1–167) – Damit bricht das Werk ab; eine Rekonstruktion des Schlusses von II und der folgenden Bücher steht noch aus.

Der Beginn der *Achilleis* ist überaus vielversprechend. Statius, der, wie die neuere Forschung immer klarer zeigt, schon in der *Thebais* sich zu einer sprachlich und kompositorisch glänzenden Leistung aufschwang, schickte sich hier an, seiner Dichtung den krönenden Abschluß zu verleihen. In großen szenischen Zügen wird die Handlung gebaut, das gesamte Werk ist auf den einen Helden hin ausgerichtet. Gewiß hätte eine vollendete *Achilleis* gezeigt, daß der in der Folgezeit vornehmlich als Dichter der *Silvae* berühmte auch berufen war, mythologisch-historische Großepen zu schaffen, beherrschte er doch – ein Meister der Übergänge – die ganze Skala dichterischen Ausdrucks, von zartester lyrischer Empfindsamkeit (Achilles – Deidamea) bis zur ungestümen kriegerischen Wildheit, wie sie sich etwa in den furorbesessenen Gestalten des Amphiaraus und des Thiodamas ausprägt.

Die *Achilleis* darf als die erste antike Vorform des Entwicklungsromans gelten. Das Gedicht des Statius, als eines kanonischen Autors, war im Mittelalter gut bekannt und hat spätere Dichtungen über den Trojanischen Krieg beeinflußt. (Nachgewiesen z. B. für den *Trojanerkrieg* des KONRAD VON WÜRZBURG; 1225/30–1287.) Insgesamt war seine Nachwirkung jedoch gering, weil der Dichter nur einen Bruchteil seines Vorhabens ausgeführt hat. Zahlreichen Opernlibretti (vor allem der Barockzeit, z. B. Händels *Deidameia*, 1739) liegt die – nunmehr ganz ins Grotesk-Komische abgewandelte – Liebesgeschichte von Achilles und Deidameia zugrunde. GOETHE hat bei Abfassung seiner *Achilleis*, die die *Ilias* bis zum Tod Achills fortführen sollte, Statius noch nicht gekannt. R. Ri.

AUSGABEN: Ferrara 1472. – Lpzg. ²1926 (in *Opera*, Hg. A. Klotz, Bd. 2/1). – Oxford 1906 (*Thebais et Achilleis*, Hg. H. W. Garrod; Nachdr. 1962). – Rotterdam 1913, Hg. M. R. J. Brinkgreve [m. Komm.]. – Florenz 1950, Hg. S. Jannaccone [m. Komm.]. – Cambridge 1954, Hg. O. A. W. Dilke [m. Komm.].

ÜBERSETZUNG: J. H. Mozley (in *Statius*, Bd. 2, Ldn. 1928; engl.).

LITERATUR: L. Legras, *Les dernières années de S.* (in Revue des Études Anciennes, 9, 1907, S. 338 ff.; 10, 1908, S. 34ff.). – K. Prinz, *Beiträge z. Kritik u. Erklärung d. »Achilleis« d. S.* (in Phil, 79, 1924, S. 188–200). – M. Grypdonck, *Étude sur l'»Achilléide« de S.* (Trav. pres. au Concours Univ. Belge, 1933 bis 1935). – Schanz-Hosius, 2, 3. S. 538 f. – F. Speranza, *Per la tradizione testuale e scoliastica dell'»Achilleide« di S.* (in Atti Accad. Pontaniana, NS 8, 1958, S. 1 bis 42). – R. Helm, Art. *Papinius (8)* (in RE, 18/3, 1949, Sp. 997–999).

SILVAE (lat.; *Wälder*). Fünf Bücher Gelegenheitsgedichte von Publius PAPINIUS STATIUS (um 40 – um 96 n. Chr.), erschienen 92–96 (Buch 5 postum). – Mit den 32 Gedichten begründete Statius so etwas wie eine Gattung, obwohl er nicht deren Erfinder war (er gebrauchte den Titel selbst bereits als Gattungsbezeichnung): »Silven« wurde seither zum festen Begriff für eine Sammlung vermischter, nach Form und Inhalt recht bunter kürzerer Gelegenheitsdichtungen.

Bei den Werken des Statius handelt es sich zumeist um sehr rasch – mitunter angeblich im Verlauf einer Mahlzeit – verfertigte Produktionen auf Bestellung. Der Umfang der einzelnen Stücke schwankt zwischen 19 (5,4) und 293 (5,3) Versen. Bevorzugtes Versmaß ist der Hexameter, aber es finden sich auch lyrische Maße. Der Hexameter tritt praktisch überall – wie früher schon bei HORAZ – an die Stelle des alten Distichons: im Epigramm, in der Elegie, in der Epistel, im Propemptikon (Reisegeleit). Dies hat einen im ganzen mehr lyrischen, genauer: verhalten-beschaulichen, gleichmäßig gelösten Grundton zur Folge (»*stilus remissior*«, Vorwort zu Buch 1). Durch diesen Grundton verbinden sich so verschiedene Gegenstände und Anlässe wie Hochzeit (1,2) und Geburtstag (2,7; 4,8). Genesung (1,4) und Abschied (3,2; 5,2), Fastnacht (1,6; 4,1) und Tod (2,1 und 6; 3,3; 5,1; 5,3 und 5), das Standbild des Kaisers (1,1), die Villen in Tivoli und Sorrent (1,3; 2,2), ein Bad (1,5), ein Tempel (3,1), eine neue Straße (4,3). Auch Persönliches kommt zur Sprache: die erwünschte Heimkehr der romnärrischen Gattin nach Neapel (3,5), der Tod des Vaters (5,3), die eigene Schlaflosigkeit (5,4). Offizielles, historisch Relevantes dagegen ist kaum anzutreffen; sogar Kaiser Domitian (reg. 81–96), mit dem Statius auf gutem Fuß stand, muß auf eine ausdrückliche Huldigung verzichten. Es ist überall das Kleine, nur im Augenblick Bedeutende und Privat-Bedeutsame, dem der Dichter seine Feder leiht.

Doch die kleinen Anlässe sind für diese Gedichte kaum mehr als der »Natureingang« beim Minnegesang: Sie dienen vor allem als »Aufhänger«, anhand dessen eine in sich geschlossene »poetische« Gedanken- und Bilderwelt entworfen wird. Und diese poetische Eigenwelt mit ihrem Apparat von erhebenden Götterallegorien, von Vergleichen und Nebenmotiven, mit ihren schönen Gedanken und Worten ist das Entscheidende hinter der kleinen Fassade. In solcher poetischer Erweiterung des Blickwinkels erweist sich Statius dank einer ausgebildeten rhetorischen Technik als Meister. Freilich scheint zuweilen das Schema durch; speziell das Vergilische Muster kann bis zur Parodie nachgeahmt sein.

Berühmt wurde vor allem das Gedicht *An den Schlaf* (5,4), in dem es dem Dichter gelingt, in wenigen Versen ohne den rhetorischen Aufputz der anderen Gedichte eine reine lyrische Stimmung zu erzeugen, in der eine sanfte, fast rokokohafte Sentimentalität und Grazie zum Ausdruck kommt. Angesichts eines solchen Stückes nimmt es nicht wunder, daß heute insbesondere die Gelegenheitsgedichte, nicht die – anspruchsvolleren – Epen den Ruhm des Dichters ausmachen. Ganz abgesehen davon, daß sie einen reizvollen Einblick in den römischen Alltag vermitteln, stellen sie einen Höhepunkt der lateinischen Lyrik seit CATULL und Horaz dar. Sie wurden maßgebend für den in der folgenden Zeit immer beliebteren »mittleren«, d. h. leichten, aber künstlerisch gepflegten Stil in der Lyrik (Statius muß ihn noch gegen Angriffe verteidigen); das beweist zumal seine Wirkung auf AUSONIUS und SIDONIUS APOLLINARIS, ja noch auf MANTUANUS und POLITIANUS. R. M.

AUSGABEN: Rom 1475 (in *Epopidon*, Hg. Domitius Calderinus). – Lpzg. 1898, Hg. F. Vollmer [m. Komm.]. – Lpzg. ²1911, Hg. A. Klotz. – Oxford ²1918, Hg. J. S. Phillimore; Nachdr. zul. 1962. – Lpzg. ²1926 (in *Opera*, Hg. A. Klotz, 2 Bde.). – Ldn./ Cambridge (Mass.) 1928 (in *Statius*, Hg. J. H.

Mozley, Bd. 1; m. engl. Übers.; Loeb; Nachdr. zul. 1961). – Lpzg./Stg. 1961, Hg. A. Marastoni.

ÜBERSETZUNGEN: *Auswahl einiger Sylven des Statius in gebundener u. ungebundener Übersetzung*, G. A. v. Breitenbauch, Lpzg. 1817. – *Silwae*, R. Sebicht, 4 Bde., Ulm 1902.

LITERATUR: A. Engelmann, *De Statii »Silvarum codicibus«*, Diss. Lpzg. 1902. – C. Fiehn, *Quaestiones Statianae*, Bln. 1917. – P. Friedländer, *S. »An den Schlaf«* (in Antike, 8, 1932, S. 215–228). – F. Sauter, *Der römische Kaiserkult bei Martial u. S.*, Stg. 1934. – R. Helm, Art. *P. (8)* (in RE. 18/3, Stg. 1949, Sp. 986–991). – F. Speranza, *Neologismi nelle »Selve« di Publio Papinio Stazio* (in Atti Accad. Pontaniana, N. S. 6, 1956, S. 35–56). – H. Cancik, *Untersuchungen zur lyrischen Kunst des P. P. S.*, Hildesheim 1965.

THEBAIS (lat.; *Thebais*). Hexameterepos in zwölf Büchern von Publius PAPINIUS STATIUS (um 40 – um 96 n. Chr.), erschienen um 92. – Das Epos behandelt den sagenhaften Zug der Sieben gegen Theben und den Bruderzwist der Oidipussöhne Eteokles und Polyneikes. Polynices, der von seinem Zwillingsbruder Eteocles widerrechtlich von der Herrschaft ausgeschlossen hat, gewinnt am Hof seines Schwiegervaters Adrastus, des Königs von Argos, fünf weitere berühmte Helden als Mitstreiter für seine Sache: Tydeus, Capaneus, Parthenopaeus, Hippomedon und den Seher Amphiaraus (Buch 1–3). Unter der Führung des Adrastus vereinigen sie ihre Heere und ziehen gegen Theben, um Polynices' Anspruch notfalls mit Gewalt durchzusetzen. In Nemea, wo Lycurgus König ist, werden sie aufgehalten. Als Hypsipyle, das Kindermädchen des kleinen Prinzen, die dürstenden Helden zu einer Quelle führt, kommt ihr wertvoller Pflegling durch einen Unfall ums Leben. Die Sieben erretten sie vor dem erzürnten Vater und stiften die dem Andenken des Kindes geweihten Nemeischen Spiele (Buch 4–6). Im siebenten Buch erscheinen endlich die Helden vor Theben, und das geweissagte Unheil nimmt nun Buch für Buch seinen schrecklichen Lauf: Amphiaraus stürzt mit dem Wagen in eine gähnende Erdspalte (Buch 7), der verwundete Tydeus verschlingt das Hirn seines Gegners und stirbt (Buch 8), Parthenopaeus fällt (Buch 9), Capaneus, bereits auf der Mauer der belagerten Stadt, wird, vom Blitz getroffen, herabgeschleudert (Buch 10), Polynices und Eteocles schließlich durchbohren sich gegenseitig in einem furchtbaren Zweikampf (Buch 11). Als Creon, der neue Herrscher in Theben, die Bestattung der Helden verbieten will, eilt Theseus aus Athen herbei und erzwingt sie durch einen Sieg über Creon, der im Kampf fällt (Buch 12).

An dieses Epos, dem er zwölf Jahre seines Lebens widmete, knüpfte Statius seinen dichterischen Ehrgeiz, auf ihm beruht weithin sein dichterischer Ruhm. In enger Anschluß an die *Aeneis* VERGILS – achtbar vor allem in den Parallelen des Aufbaus – sollte ein Epos im Geist der klassischen Tradition entstehen: mit Göttermaschinerie, allegorischen Gestalten, Wettkämpfen, Schlachtgetümmel und Heldenuntergang. Häufig verschiebt sich der Ton – wie bereits in LUKANS *Pharsalia* und SENECAS Dramen – ins ausgesprochen Schauerliche, mitunter ins Übertrieben-Groteske, etwa wenn der sterbende Tydeus in den abgeschlagenen Kopf des Gegners beißt (8, 761ff.). Der Auftürmung des Grausigen stehen andererseits rührend-sentimentale Züge entgegen (so der Beginn der Hypsipyle-Episode), die in den späteren Werken des Dichters, den *Silvae* und dem epischen Torso *Achilleis*, sogar ein anmutiges Übergewicht gewinnen. Doch schon in der *Thebais* siegt zuletzt mit Theseus die helle Menschlichkeit Attikas über die dunkle Frevelwelt Thebens.

Dennoch, was bereits für Lukan und SILIUS ITALICUS galt, gilt auch für den Epiker Statius: Der das Epos tragende Glaube an eine göttliche Lenkung der Geschicke oder an die Autonomie und die unbeschränkten Wirkungsmöglichkeiten des heroischen Individuums sind verlorengegangen – ein Verlust, den auch dieser Dichter durch um so grellere Farben und rhetorischen Bombast wettzumachen sucht. Folgerichtig geht mit ihm das römische Epos für lange Zeit zu Ende. Auch in der Neuzeit blieb die *Thebais*, trotz DANTES überschwenglichem Preis, vergessen und ist heute nur noch von literarhistorischem Interesse. R. M.

AUSGABEN: o. O. u. J. [Rom 1470] (in *Thebais et Achilleis*). – Oxford 1906 (in *Thebais et Achilleis*, Hg. H. W. Garrod; Nachdr. 1962). – Lpzg. ^{2}1926 (in *Opera*, Bd. 2/1, Hg. A. Klotz). – Ldn./Cambridge (Mass.) 1928 (in *Statius*, Hg. J. H. Mozley, Bd. 1 u. 2; m. engl. Übers.: Loeb; Nachdr. zul. 1961). – Groningen 1954 (*Thebaidos Liber II*, Hg. H. M. Mulder; m. lat. Komm). – Amsterdam 1968 (*Thebaid. A Commentary on Book 3 with Text and Introduction*, Hg. H. Snijder).

ÜBERSETZUNGEN: *Lied von Theben*, A. Imhof, 2 Bde., Lpzg. 1885–1889. – *Thebais*, K. W. Bindewaldt, 6 Bde., Bln. ^{2}1907.

LITERATUR: R. Helm, *De P. Pap. Statii »Thebaide«*, Bln. 1892. – H. L. Wilson, *The Metaphor in the Epic Poems of P. P. S.*, Baltimore 1898. – L. Legras, *Étude sur la »Thébaïde« de Stace*, Paris 1905. – E. H. Alton, *Notes on the »Thebaid« of S.* (in Classical Quarterly, 17, 1923, S. 175–186). – R. Helm, Art. *P. (8)* (in RE, 18/3, 1949, Sp. 991–997). – R. ten Kate, *Quomodo Heroes in Statii »Thebaide« describantur quaeritur*, Groningen 1955. – W. Schetter, *Untersuchungen zur epischen Kunst des S.*, Wiesbaden 1960 (Klassisch-Philologische Studien, 20).

PLUTARCHOS aus Chaironeia
(um 46–nach 120)

BIOI PARALLELOI (griech.; *Parallelbiographien*). Biographisches Werk des PLUTARCHOS aus Chaironeia (um 46 bis nach 120 n. Chr.), das den Namen seines Verfassers über die Jahrhunderte trug und ihn zuzeiten – etwa im 17. und vor allem im 18. Jh. – zu einem der meistgelesenen antiken Autoren machte.

Plutarch kam erst im Alter und auf Anregung von Freunden dazu, sich mit Geschichte, speziell mit der Biographie zu befassen: so sind die überlieferten Biographien vermutlich alle während der Regierungszeit Traians (reg. 98–117) entstanden, wahrscheinlich zwischen 105 und 115. Die Daten ihrer Abfassung im einzelnen zu fixieren ist trotz mancher Querverweise mit großen Schwierigkeiten verbunden; eine relative Chronologie des Gesamtcorpus war bis jetzt nicht möglich. Sicher ist lediglich, daß Plutarch sich nicht nach der historischen Reihenfolge richtete, sondern nach Lust und Laune sich bald dieser, bald jener Monographie zuwandte. Die heute übliche Reihenfolge der *vitae* hat jedenfalls mit der ursprünglichen Anordnung nichts zu tun, wissen wir doch vom Autor selbst, daß er *Demosthenes-Cicero* als fünftes, *Perikles-Fabius* als zehntes und *Dion-Brutus* als zwölftes Buch zählte und daß *Theseus-Romulus* unter die letzten gehört, die geschrieben wurden.

Überliefert sind zweiundzwanzig Paare von Lebensbeschreibungen je eines griechischen und eines römischen Feldherrn oder Staatsmanns mit je einer vergleichenden Würdigung von Persönlichkeit und Leistung am Ende (der »Synkrisis«): *Theseus-Romulus, Solon-Publicola, Themistokles-Camillus, Aristeides-Cato maior, Kimon-Lucullus, Perikles-Fabius Maximus, Nikias-Crassus, Coriolanus-Alkibiades, Demosthenes-Cicero, Phokion-Cato minor, Dion-Brutus, Aemilius Paulus-Timoleon, Sertorius-Eumenes, Philopoimen-Titus Flaminius, Pelopidas-Marcellus, Alexander-Caesar, Demetrios-Antonius, Pyrrhos-Marius, Agis und Kleomenes-Tiberius und Gaius Gracchus* (eine Vierergruppe), *Lykurgos-Numa, Lysandros-Sulla, Agesilaos-Pompeius;* dazu kommen vier Einzelbiographien, *Aratos, Artaxerxes (II.), Galba* und *Otho*: der Titel »Parallelbiographien« gilt also nur summarisch. Wie der sogenannte Lamprias-Katalog ausweist, sind zudem außer der Feldherrnparallele *Epameinondas-Scipio Africanus maior* folgende Individualbiographien, in denen der Rahmen des Politischen und Militärischen gesprengt wurde, verlorengegangen: die Kaiserviten von *Augustus* bis *Nero* und *Vitellius* sowie die Lebensbeschreibungen des *Herakles, Daiphantos, Aristomenes, Hesiod, Pindar, Arat* und des Kynikers *Krates*. Immerhin, die *Parallelbiographien* hoben sich aus der Gesamtheit des biographischen Œuvre deutlich heraus und besaßen offenkundig neben dem generellen noch ein spezielles Ziel.

Worin diese besondere schriftstellerische Absicht lag, ist nur in Umrissen zu bestimmen; worin sie nicht lag, spricht Plutarch in der Einleitung zum *Alexander* offen aus, die zugleich die treffendste Beschreibung seines Stils, seiner Darstellungsweise und der allgemeinen Tendenz seiner biographischen Tätigkeit enthält: »*Ich schreibe nicht Geschichte, sondern zeichne Lebensbilder, und hervorragende Tüchtigkeit und Verworfenheit offenbart sich nicht durchaus in den aufsehenerregendsten Taten, sondern oft wirft ein geringfügiger Vorgang, ein Wort oder ein Scherz ein bezeichnenderes Licht auf einen Charakter als Schlachten mit Tausenden von Toten und die größten Heeresaufgebote und Belagerungen von Städten. Wie nun die Maler die Ähnlichkeiten dem Gesicht und den Zügen um die Augen entnehmen, in denen der Charakter zum Ausdruck kommt, und sich um die übrigen Körperteile sehr wenig kümmern, so muß man es mir gestatten, mich mehr auf die Merkmale des Seelischen einzulassen und nach ihnen das Lebensbild eines jeden zu entwerfen, die großen Dinge und Kämpfe aber anderen zu überlassen.*« (Ü: Ziegler). Das heißt also: Plutarch wollte auf keinen Fall Historiograph sein, durch Quellenstudium und Quellenkritik, durch Sammlung und Aufbereitung des greifbaren Materials Geschichtsabläufe oder -situationen analysieren. Und so ist denn auch der historische Wert seiner Essays ganz sekundär (die Grenzen der historischen Realität werden durch die mannigfachen, von Gestalt zu Gestalt wechselnden Quellen mitgegeben). Sein Ziel ist vielmehr zum einen ethischer, popularphilosophischer Natur, wie es sich auch in den Schriften der *Moralia* äußert und *eo ipso* in der peripatetischen Biographie, deren Linie er vertritt, enthalten ist. Zum andern ist es eminent literarischer Natur: Plutarch möchte aus Lebensdaten und Faktensplittern Charakterporträts formen, und in diesem Sinn ist das Beispiel vom Maler weit mehr als nur illustrativ. Daß der Autor darin Erfolg hat, dokumentiert seine weltweite Resonanz: er weiß abwechslungsreich zu erzählen, löst die Geschichte kühn in Geschichten auf, baut aus den Mosaiksteinen von Anekdoten und Kurzszenen, Aussprüchen und charakterologischen Deutungen überaus plastische und fesselnde Persönlichkeitsbilder auf, deren gewinnender Überzeugungskraft man schwer widerstehen kann. Was aber, so fragt man sich endlich doch, ist hinter dem allgemein und typisch Plutarchischen humanen Moralisieren der eigentliche Sinn dieser Biographien? Wozu die Parallelen, wo doch Ethos und Eigenart der Helden sich ebensogut an der individuellen Existenz demonstrieren ließen?

Dieses letzte Ziel ist nur zu verstehen als eine Konsequenz des besonderen Verhältnisses, in dem sich Römer und Griechen innerhalb des Imperiums gegenüberstanden: Austausch, gegenseitige Anerkennung waren sporadische Erscheinungen geblieben. Wohl mußten die Griechen die politisch-militärische Überlegenheit der Römer zur Kenntnis nehmen, wohl leugneten die Römer den kulturellen Primat von Hellas nicht, aber dieses war von mitleidiger Gönnerhaftigkeit für die »Provinzler«, jenes von offener Verachtung der »Barbaren« begleitet. Plutarch selbst verkehrte mit den höchsten Kreisen des Imperiums auf der Ebene vertrauter Freundschaft und beiderseitiger Hochachtung, und eben diesen wechselweisen Respekt hoffte er bei allen Gebildeten, gleich welchem Volk sie angehörten, zu erreichen: den Herren des Imperiums zu zeigen, daß auch Griechenland große, den Römern ebenbürtige Staatsmänner hervorgebracht hat, den Griechen zu beweisen, daß Rom in seinen besten Gestalten auf der gleichen Stufe wie Hellas stand, zugleich aber auch seinen eigenen Landsleuten wieder ins Gedächtnis zu rufen, welche Größe sie einst – gerade auf politisch-militärischem Gebiet – besessen hatten und wie wenig es angebracht sein konnte, aus dem gegenwärtigen Status Schlüsse auf den wahren Wert der beiden Völker zu ziehen. Daß dem Autor bei diesem synkritischen Vergleich neben ganz höchst eindrücklichen Parallelen (etwa *Lykurg-Numa, Demetrios-Antonius, Demosthenes-Cicero*) öfters rhetorisch-gewaltsame Konstruktionen unterlaufen, spielt eine untergeordnete Rolle: entscheidend ist, daß Plutarch, aus der Überschau der Zeiten betrachtet, tatsächlich mit seiner synoptischen Auswahl die Akzente so zu setzen vermocht hat, daß sein Bild das Urteil der Nachwelt formte.

E. Sch.

AUSGABEN: Florenz 1517 *(Tu sophótatu Plutarchu parallélon bioi Rhōmaiōn kai Hellēnōn).* – Ldn./Cambridge (Mass.) 1914–1926 *(Lives*, Hg. B. Perrin, 11 Bd.; m. engl. Übers.; Loeb; Nachdr. 1949 bis 1959). – Lpzg. 1914–1939 *(Vitae parallelae*, Hg. C. Lindskog u. K. Ziegler, 8 Bde.; Bd. 1/1–2/1, Lpzg. ²1957–1964; Bd. 1/2, Lpzg. ³1964). – Paris 1957ff. *(Vies*, Hg. R. Flacelière, E. Chambry u. M. Juneaux; m. frz. Übers.).

ÜBERSETZUNGEN: *Plutarchus Teutsch. Von dem Leben vnd Ritterlichen geschichten, der aller Durchleuchtigsten Griechen und Römern*, H. Boner, Augsburg 1534 [8 Biographien]. – *Von den Leben und Ritterlichen thaten, der allerdurchleüchtigsten män-*

ner, *Griechen und Römer*, 2 Bde., ders., Colmar 1541 [47 Biographien]. – *Römische Heldenleben*, W. Ax, Stg. [5]1953. – *Griechische Heldenleben*, ders., Stg. [6]1953. – *Große Griechen und Römer*, K. Ziegler u. W. Wuhrmann, 6 Bde., Zürich 1954–1964.

LITERATUR: K. Ziegler, Art. *P. (2)* (in RE, 21/1, 1951, Sp. 895–914). – W. Steidle, *Sueton u. d. antike Biographie*, Mchn. 1951 (Zetemata, 1). – A. Dihle, *Studien zur griech. Biographie* (in Abh. Ak. Göttingen, phil.-hist. Kl., 3. F., 37, 1956). – Lesky, S. 879–884.

MORALIA (griech.; *Ethische Schriften*). Lateinische Sammelbezeichnung für die nichtbiographischen Werke des PLUTARCHOS aus Chaironeia (um 46 bis nach 120). – Der irreführende Titel geht auf die Tätigkeit des MAXIMOS PLANUDES (um 1260–1310) zurück; dieser vereinte im Jahr 1296 die bis dahin in sechs verschiedenen Handschriftengruppen überlieferten Schriften zu einer 69 Stücke umfassenden Gesamtausgabe, an deren Anfang er die *Ēthika*, die *Ethischen Schriften* im engeren Sinn, stellte; von da wurde die Bezeichnung später auf die ganze Sammlung übertragen. Wie der sogenannte Lamprias-Katalog zeigt, war schon zu jener Zeit ein beträchtlicher Teil der Werke Plutarchs verlorengegangen; andererseits enthält das überlieferte Sammelcorpus neben Fragmentarischem nicht weniges, das nachweislich unecht oder dessen Authentizität umstritten ist.
In den neuesten maßgebenden Ausgaben sind die einzelnen Werke in folgender Reihenfolge aufgeführt (sicher Unechtes in eckigen Klammern):
1. *Peri paidōn agōgēs* – Über Kindererziehung. 2. *Pōs dei ton neon poiēmatōn akuein* – Wie der junge Mensch Dichtungen hören soll. 3. *Peri tu akuein* – Über das Hören. 4. *Pōs an tis diakrineie ton kolaka tu philu* – Wie man den Schmeichler vom Freund unterscheiden kann. 5. *Pōs an tis aisthoito heautu prokoptontos ep' aretē* – Wie man merkt, daß man in der Tugend Fortschritte macht. 6. *Pōs an tis ap' echthrōn ōpheloito* – Wie man von seinen Feinden Nutzen haben kann. 7. *Peri polyphilias* – Über die Vielzahl von Freunden. 8. *Peri tychēs* – Über das Glück. 9. *Peri aretēs kai kakias* – Über Tugend und Schlechtigkeit. [10. *Paramythētikos pros Apollōnion* – Trostschrift an Apollonios.] 11. *Hygieina parangelmata* – Gesundheitsvorschriften. 12. *Gamika parangelmata* – Ehevorschriften. 13. *Symposion tōn hepta sophōn* – Das Gastmahl der Sieben Weisen. 14. *Peri deisidaimonias* – Über den Aberglauben. [15. *Basileōn apophthegmata kai stratēgōn* – Aussprüche von Königen und Feldherrn.] 16. *Apophthegmata Lakōnika. Ta palaia tōn Lakedaimoniōn epitēdeumata. Lakainōn apophthegmata* – Lakonische Aussprüche. Die alten Einrichtungen der Lakedaimonier. Aussprüche von Lakedaimonierinnen. 17. *Gynaikōn aretai* – Frauentugenden. 18. *Aitia Rhōmaïka. Aitia Hellēnika* – Vom Ursprung römischer/griechischer Gebräuche. [19. *Synagōgē historiōn parallēlōn Hellēnikōn kai Rhōmaïkōn* – Sammlung griechisch-römischer Parallelgeschichten.] 20. *Peri tēs Rhōmaiōn tychēs* – Über das Glück der Römer. 21. *Peri tēs Alexandru tychēs ē aretēs* – Über Alexanders Glück oder Tüchtigkeit. 22. *Poteron Athēnaioi kata polemon ē kata sophian endoxoteroi* – Ob die Athener aufgrund ihrer Kriege oder ihrer Weisheit berühmter sind. 23. *Peri Isidos kai Osiridos* – Über Isis und Osiris. 24. *Peri tu Ei tu en Delphois* – Über das E in Delphi. 25. *Peri tu mē chran emmetra nyn tēn Pythian* – Weshalb die Pythia nicht mehr in Versen weissagt. 26. *Peri tōn ekleloipo-* *tōn chrēstēriōn* – Über die Abnahme der Orakel. 27. *Ei didakton hē aretē* – Ob Tugend lehrbar ist. 28. *Peri ēthikēs aretēs* – Über ethische Tugend. 29. *Peri aorgēsias* – Über die Beherrschung des Zorns. 30. *Peri euthymias* – Über die Seelenruhe. 31. *Peri philadelphias* – Über brüderliche Liebe. 32. *Peri tēs eis ta ekgona philostorgias* – Über die Liebe zu den eigenen Kindern. 33. *Ei autarkēs hē kakia pros kakodaimonian* – Ob Schlechtigkeit hinreicht, einen Menschen unglücklich zu machen. 34. *Peri tu poteron ta psychēs ē ta sōmatos pathē cheirona* – Darüber, ob die Leiden der Seele oder des Körpers schlimmer sind. 35. *Peri adoleschias* – Über die Geschwätzigkeit. 36. *Peri polypragmosynēs* – Über die Neugier. 37. *Peri philoplutias* – Über die Liebe zum Geld. 38. *Peri dysōpias* – Über die Verschämtheit. 39. *Peri phthonu kai misus* – Über Neid und Haß. 40. *Peri tu heauton epainein anepiphthonōs* – Über das unanstößige Selbstlob. 41. *Peri tōn hypo tu theiu bradeōs timōrumenōn* – Über die späte Bestrafung durch die Gottheit. [42. *Peri heimarmenēs* – Über das Geschick.] 43. *Peri tu Sōkratus daimoniu* – Über das Daimonion des Sokrates. 44. *Peri phygēs* – Über die Verbannung. 45. *Paramythētikos pros tēn gynaika* – Trostschrift für seine Frau. 46. *Symposiakōn biblia IX* – Neun Bücher Tischgespräche. 47. *Erōtikos* – Über die Liebe. [48. *Erōtikai diēgēmata* – Liebesgeschichten.] 49. *Peri tu hoti malista tois hēgemosi dei ton philosophon dialegesthai* – Darüber, daß der Philosoph sich am meisten mit den Mächtigen unterhalten muß. 50. *Pros hēgemona apaideuton* – An einen ungebildeten Herrscher. 51. *Ei presbyterō politeuteon* – Ob ein alter Mann sich im Staatsleben betätigen soll. 52. *Politika parangelmata* – Politische Vorschriften. 53. *Peri monarchias kai dēmokratias kai oligarchias* – Über die Monarchie, Demokratie und Oligarchie. 54. *Peri tu mē dein daneizesthai* – Darüber, daß man keine Schulden machen soll. [55. *Bioi tōn deka rhētorōn* – Das Leben der zehn Redner.] 56. *Synkrisis Aristophanus kai Menandru* – Vergleich von Aristophanes und Menander. 57. *Peri tēs Hērodotu kakoētheias* – Über den schlechten Charakter Herodots. [58. *Peri tōn areskontōn philosophois physikōn dogmatōn biblia V* – Fünf Bücher über die physikalischen Ansichten der Philosophen.] 59. *Aitia physika* – Physikalische Fragen. 60. *Peri tu emphainomenu prosōpu tō kyklō tēs selēnēs* – Über das Gesicht im Mond. 61. *Peri tu prōtōs psychru* – Über das Wesen der Kälte. 62. *Poteron hydōr ē pyr chrēsimōteron* – Ob Wasser oder Feuer nützlicher ist. 63. *Potera tōn zōōn phronimōtera* – Welche Tiere vernünftiger sind. 64. *Peri tu aloga logō chrēsthai* – Darüber, daß die vernunftlosen Wesen Vernunft zeigen. 65./66. *Peri sarkophagias* – Über den Fleischgenuß. 67. *Platōnika zētēmata* – Platonische Untersuchungen. 68. *Peri tēs en Timaiō psychogonias* – Über die Entstehung der Seele im Timaios. 69. *Epitomē tu peri tēs en tō Timaiō psychogonias* – Abriß der Abhandlung über die Entstehung der Seele im Timaios. 70. *Peri Stōikōn enantiōmatōn* – Über die Unvereinbarkeiten der Stoiker. 71. *Hoti paradoxotera hoi Stōikoi tōn poiētōn legusin* – Daß die Stoiker noch Paradoxeres verkünden als die Dichter. 72. *Peri tōn koinōn ennoiōn pros tu Stōikus* – Über die gemeinsamen Vorstellungen, gegen die Stoiker. 73. *Hoti ud' hēdeōs zēn estin kat' Epikuron* – Daß man nach Epikur gar nicht angenehm leben kann. 74. *Pros Kōlōtēn* – Gegen Kolotes. 75. *Ei kalōs eirētai to lathe biōsas* – Ob der Satz »Lebe unauffällig« richtig ist. [76. *Peri musikēs* – Über die Musik.] 77. *Poteron psychēs ē sōmatos epithymia kai lypē* – Ob Begierde und Kummer seelische oder körperliche Dinge sind. [78. *Ei meros*

to pathētikon tēs anthrōpu psychēs ē dynamis – Ob die Gemütsbewegung ein Teil oder ein Vermögen der menschlichen Seele ist.]

Hinter dieser verwirrenden Vielzahl von Themen und Titeln verbirgt sich ein ganzes Lebenswerk, und wenn man Plutarch als den »*letzten universalen Vertreter hellenistischer Weltanschauung und Darstellungsweise*«, ja als »*ihren Markstein und Inbegriff*« (W. Schmid) bezeichnet hat, so nicht so sehr seiner biographischen Schriftstellerei (vgl. *Bioi parallēloi – Parallelbiographien*), sondern eben dieser Fülle popularphilosophischer, religiöser, philologischer und archivalischer Arbeiten wegen. Nur bei den wenigsten von ihnen ist die Entstehungszeit bekannt: die rhetorisch gefärbten Stücke etwa gehören in die Frühzeit des Autors (Nr. 20; 21; 22; 62; wohl auch Nr. 8; 14; 27; 33; 65/66), die theologisierenden und politisierenden weist man vielfach dem Spätwerk zu (Nr. 23; 24; 25; 26; 41; 51; 52; 60). Sieht man von solchen groben Gruppierungen ab, so repräsentieren die nichtbiographischen Schriften als Ganzes viel eher ein Charakterbild ihres Autors als eine innere Biographie: Sie zeigen den um seine Familie besorgten Vater und Gatten (Nr. 1; 2; 12; 17; 32; 45), den Freund im aufgeschlossenen Kreise Gleichgesinnter (viele der dialogisch angelegten Stücke; dazu Nr. 4; 7; 31 u. ä.), den in der Tradition der platonischen Akademie stehenden Popularphilosophen, der sich im Stil der Epoche aber auch eklektisch das ihm Wesensverwandte anderer Richtungen – mit Ausnahme des Epikureer – aneignet (z. B. Nr. 5; 8; 9; 14; 20–22; 27–40; 43; 44; 49; 63–75; 77), das zeugen von dem verantwortungsbewußten Bürger, der sich in dem zu jener Zeit verbliebenen bescheidenen Rahmen in seiner Heimat den Aufgaben des Politikers stellt (Nr. 49–53), und von dem ehrfürchtigen Bewunderer der religiösen Traditionen seines Volkes, der lange Jahre Priester im benachbarten Delphi gewesen ist (Nr. 23–26; 41), kurz, von einem Mann, für den das geistige Erbe von acht Jahrhunderten ein fast selbstverständlicher Besitz und prägendes Moment seiner Persönlichkeit war. Alles, was er las, überdachte, auf Reisen erfuhr, im Gespräch mit den Freunden seines Hauses (in dem er wie ein Schuloberhaupt wirkte) diskutierte, hat er wieder im Wort festgehalten: in Dialogen, die sich in vielem an PLATON orientieren, in der für popularphilosophische Traktate sich anbietenden Form von Diatriben (vgl. *Diatribai*), in rhetorischen Vorträgen oder in wissenschaftlichen – und pseudowissenschaftlichen – Abhandlungen. Kristallisationskern waren dabei häufig, wie manches fragmentarisch Erhaltene beweist, Exzerptsammlungen; daß etwas aus aktuellem Anlaß entstanden ist – wie etwa die Trostschrift –, dürfte selten sein.

Diese starke Traditionsgebundenheit verleiht vielen Schriften einen etwas schulmeisterlich-sterilen Charakter, der gleichermaßen durch erbaulichen Wortschwall wie durch bildungsgeflissenes Wiederkäuen »angelesener« Probleme gekennzeichnet ist. Erstaunlich wirkt dabei freilich, daß Plutarch, dem in der Tat alle schöpferisch-genialen Züge fehlten und der in Stoff und Form lediglich Überkommenes aufgriff, bei seiner »Bildungsernte« mehr als nur einsammelte – er nahm die Tradition in sich auf, assimilierte das Gelesene und sich dem Gelesenen, so daß beides, Persönlichkeit und Tradition, am Ende in ihm identisch war. Auf diese Weise erklärt sich das eigenartige Nebeneinander von Geschwätzigkeit und Weisheit, Intelligenz und Frömmigkeit, von Dilettantismus und überwachem Interesse, Aufklärung und Konservativismus, das die Werke der *Moralia* bestimmt. Weltbewegende Einsichten zu gewinnen oder zu verkünden war nicht Plutarchs Sache, er war kein Wissenschaftler und Forscher, und von der bohrenden Intensität seines großen Vorbildes Platon ist er meilenweit entfernt. Aber er besaß die Begeisterungsfähigkeit eines Menschen, dem Buchgelehrsamkeit über alles geht und der, was er findet, mit geschicktem Eifer zusammenzufassen und so der Nachwelt zu bewahren und zu vermitteln weiß.

Der Reichtum der Themen, die – auch für das Christentum akzeptable – moralische Grundhaltung und die eingängige literarische Aufbereitung haben dem Autor der *Moralia* und der *Bioi parallēloi* das Prädikat eines »*der meistgelesenen und wirksamsten Schriftsteller der Weltliteratur*« (W. Schmid) gesichert. Zumal in der griechischen Literatur der Spätantike und von Byzanz, in der heidnischen und christlichen Schule, bei Kirchenvätern wie bei den oströmischen Gelehrten (vgl. Planudes) war er ein Klassiker geschätzt, und seine Werke sind in mehr als 240 Handschriften überliefert. Auch in der lateinischen Literatur fand seine Beliebtheit manchen Niederschlag, wenngleich verständlicherweise in weniger reichem Maß als im Osten; im abendländischen Mittelalter war diese Kenntnis allerdings versiegt. Dagegen begann in der humanistischen Renaissance für das Plutarchische Œuvre eine Zeit ungeahnter Breiten- und Tiefenwirkung, die – zunächst durch die *Moralia*, dann vor allem durch die *Biographien* – bis ins 18. Jh. hinein anhielt. Zahlreiche namhafte Humanisten, darunter ERASMUS und BUDÉ, übersetzten seine Werke ins Lateinische (besonders einflußreich war die Schrift *Über die Kindererziehung*); unter seinen »Propagandisten« sind Reformatoren wie ZWINGLI und MELANCHTHON; schon früh entstehen erste Kommentare – so von KEPLER über die Schrift vom *Gesicht im Mond* (Nr. 60); Essayisten, Philosophen und Dichter wie MONTAIGNE, BACON, ROUSSEAU, MONTESQUIEU, SCHILLER, JEAN PAUL und GOETHE gehören zu seinen Bewunderern und Nachahmern. Erst die neuen philosophischen Systeme des 18. und 19. Jh.s, die aufkommende Romantik und der Neuhumanismus mit seinem wiedererwachenden Interesse an den Originalen der von Plutarch resümierten griechischen Klassiker ließen diesen immensen Einfluß auf die europäische Geistesgeschichte allmählich dahinschwinden: Plutarch wurde – unverdientermaßen – zum Gegenstand der philologischen Forschung.

E. Sch.

AUSGABEN: Rom 1471 (*Apophthegmata*, 2 Bde.; lat. Übers. v. F. Filelfo). – Venedig 1509 (*Opuscula*, Hg. Demetrios Dukas und Erasmus von Rotterdam; erste griech. GA; zuvor zahlreiche lat. Einzelübers.). – Oxford 1790–1830 (*Ta Ēthika. Moralia*, 8 Bde., Hg. D. Wyttenbach; m. Anm. u. Indices). – Lpzg. 1888–1896, 7 Bde., Hg. G. N. Bernardakis. – Lpzg. 1908ff., 7 Bde.; Hg. C. Hubert, W. Nachstädt, W. R. Paton, M. Pohlenz, F. H. Sandbach, W. Sieveking, J. B. Titchener, I. Wegehaupt, R. Westman u. K. Ziegler [z. T. im Nachdr.; Bd. 5 u. 6 noch unvollst.]. – Ldn./Cambridge (Mass.) 1927ff., 15 Bde., Hg. F. C. Babbitt, W. C. Helmbold, Ph. H. De Lacy, B. Einarson u. H. Cherniss [m. engl. Übers.; Loeb; z. T. in Nachdr.; noch unvollst.].

ÜBERSETZUNGEN: *Plutarchus wie ym eyner seinen veyndt nutz Machen kan*, H. Emser, 1519. – *Eyn fast guts und sittlichs büchlein Plutarchi von der vnter-*

scheide des freundts vnd schmeychlers, allen fürsten, herren, regirern dienstlich tutscht, Georgius Spalatinus, 1520 [nach d. lat. Übers. des Erasmus]. – *Plutarchi von Cheronea guter Sitten einvndzwentzig Bücher,* M. Herr, Straßburg 1535. – *Tugendspiegel der Hoch vnd weltweisen vonn löblichen guten Sitten vnd Wandel. XXI Bücher mancherley weißer Lehren vnd Unterweisung aus Plutarch,* H. Eppendorf, o.O. 1551. – *Les morales,* J. Amyot, Paris 1572 [frz.]. – *Moralische Abhandlungen,* J. F. S. Kaltwasser, 9 Bde., Ffm. 1783–1800. – *Moralische Schriften,* J. C. F. Bähr, H. Reichardt, W. Rösch u. C. F. Schnitzer (in *Werke,* Bd. 20–36 u. 42–50, Stg. 1828–1861). – *Moralia,* W. Ax, Lpzg. o.J. (Ausw.; Slg. Dieterich, 47). – *Von der Ruhe des Gemütes,* B. Snell, Zürich 1948 [Ausw.]. – *Über Gott und Vorsehung, Dämonen und Weissagung,* K. Ziegler, Zürich 1952 [Ausw.].

LITERATUR: R. Volkmann, *Leben, Schriften und Philosophie des Plutarch von Chaeronea,* 2 Bde., Bln. 1869; ²1872. – R. Hirzel, *Plutarch,* Lpzg. 1912 (Das Erbe der Alten, 4). – Schmid-Stählin, 2/1, S. 485 bis 534 [m. Bibliogr.]. – Ueberweg-Praechter, *Die Philosophie des Altertums,* Bln./Tübingen ¹²1926, S. 532 bis 540; *171–*174 [m. Bibliogr.]. – K. Ziegler, Art. *P. (2)* (in RE, 21/1, 1951, Sp. 636–962; m. Bibliogr.). – Lesky, S. 875–884 [m. Bibliogr.]. – R. H. Barrow, *Plutarch and His times,* Bloomington/Ldn. 1967.

PERI DEISIDAIMONIAS (griech.; *Über den Aberglauben*). Philosophische Schrift des PLUTARCHOS aus Chaironeia (um 46 – nach 120), überliefert in der Sammlung *Moralia* (Nr. 14). – Aberglaube (*deisidaimonia:* wörtlich »Götterfurcht«) und Gottlosigkeit haben ein gemeinsame Wurzel: fehlendes Wissen über das Wesen der Götter. Der jeweilige Charakter des einzelnen Menschen läßt aus diesem Grundübel, der Ignoranz, die eine oder die andere der beiden religiösen Fehlhaltungen erwachsen. Daß der Aberglaube mit Emotionen gepaart ist, die ihn oft zur Manie werden lassen, stempelt ihn zur allerschlimmsten religiösen Verirrung. Während der Gottlose zur Indifferenz neigt und die Götter, deren Existenz er negiert, auch nicht zu fürchten braucht, befindet sich der Abergläubische in dem Zwiespalt, an Götter zu glauben, sie aber zugleich als ständige Bedrohung für sich zu empfinden. Besonderes Kennzeichen jeder Furcht ist, daß sie im Gegensatz zu anderen Affekten die Aktivität des Menschen lähmt. Die »Götterfurcht« ist davon am stärksten betroffen, da sich der abergläubische Mensch vor den Göttern nie und nirgends sicher wähnen darf. So wird er ein leichtes Opfer von Zauberern und religiösen Scharlatanen, deren barbarischen Riten er oft hoffnungslos verfällt. Gerät der Gottlose in widrige Verhältnisse, so wird er sich unvoreingenommen und aus eigenen Kräften daraus zu befreien trachten oder wenigstens mit seinem Mißgeschick, für das er allein den bösen Zufall verantwortlich macht, hadern: Der Abergläubische hingegen gerät bereits beim geringsten Unglück – das er als persönliche Strafe der Götter auffassen muß – in heillose Verzweiflung und verschlimmert in selbstquälerischen Gedanken seine Lage über Gebühr. Analog hierzu verhalten sich die Ungläubige und der im Aberglauben Befangene auch in Krankheitsfällen und depressiven Gemütszuständen. Selbst bei den großen Götterfesten kann der Abergläubische von seiner »Götterfurcht« nicht loskommen. – Da der Aberglaube die Wahrheit entstellt, ist er zugleich ein schlimmer religiöser Frevel, übler noch als selbst die Gottlosigkeit. Wer von ihm befallen ist, muß im Grunde die Götter, denen er so Ungeheuerliches zumutet, hassen und so ihr schlimmster Feind genannt werden. Daher trägt das zwiespältige Gehaben des Abergläubischen und sein lächerliches religiöses Handeln letztlich sogar Schuld am Atheismus, indem es den Ungläubigen den Vorwand liefert, es sei eher zu rechtfertigen, an keine als an die im Aberglauben verehrten Götter zu glauben.

In gewissem Gegensatz zu der Ankündigung im Titel enthält die Schrift also einen durchgehenden Vergleich von abergläubischer und atheistischer Einstellung. Dieser Vergleich wird anhand verschiedener Kriterien in mehreren Beweisgängen durchgeführt, teils in logischer Argumentation, teils durch die in den Werken dieser Gattung bei Plutarch üblichen mythologischen und ethnographischen Exkurse verdeutlicht, die fest in die Beweisführung eingebaut sind. Unter den letzteren sind besonders die Erwähnung des passiven Verhaltens der Juden am Sabbat während der Eroberung von Jerusalem sowie die grausame Opferung der eigenen Kinder bei den Karthagern (Kap. 13) bemerkenswert. Die scharfe Antithese der beiden untersuchten religiösen Einstellungen ist natürlich stets vor dem Hintergrund einer echten, positiv verstandenen Religiosität zu sehen, die aber nur gelegentlich – so etwa in Kap. 8 im Verhalten der Homerischen Helden Aias und Agamemnon sowie ganz deutlich im Schlußkapitel bei der Erwähnung der wahren Frömmigkeit – sichtbar wird. Ein für Plutarch wichtiges Kriterium ist das praktisch-ethische Verhalten der Repräsentanten der angesprochenen Fehlhaltungen. So spricht in dem durch besondere Detailfreudigkeit und eine reiche Beispielkette ausgezeichneten Kap. 7, dessen Stil durch die Einbeziehung der direkten Rede eine zusätzliche Belebung erfährt, eben die Bewährung im praktischen Leben zugunsten des Gottlosen.

Der stark rhetorische Zuschnitt der Schrift, der sich besonders deutlich in zahlreichen Antithesen manifestiert, verweist sie zusammen mit inhaltlichen Faktoren (Götter und Dämonen werden nicht unterschieden; die Gottlosigkeit wird im Verhältnis milde beurteilt) in eine frühe Schaffensphase Plutarchs. Der Stil der sogenannten Diatribe (vgl. *Diatribai*), der popularphilosophischen Predigt kynischer Provenienz, ist deutlich als Vorbild greifbar.

· O. P.

AUSGABEN UND ÜBERSETZUNGEN: vgl. *Moralia.*

LITERATUR: Schmid-Stählin, 2/1, S. 512/513. – W. Abernetty, *De Plutarchi qui fertur de superstitione libello,* Diss. Königsberg 1911. – H. v. Arnim, *Plutarch über Dämonen u. Mantik,* Amsterdam 1923. – H. Hommel, *Der allgegenwärtige Himmelsgott* (in Archiv f. Religionsgeschichte, 23, 1925, S. 193–206). – G. Soury, *La démonologie de Plutarque,* Paris 1942. – H. Braun, *Plutarchs Kritik am Aberglauben im Lichte des NTs,* Bln. 1948. – K. Ziegler, Art. *P(2)* (in RE, 21/1, 1951, Sp. 825 bis 827). – M. P. Nilsson, *Geschichte der griechischen Religion,* Bd. 2, Mchn. ²1961, S. 411. – H. A. Moellering, *Plutarch on Superstition,* Boston 1963 [m. Bibliogr.].

PERI MONARCHIAS KAI DĒMOKRATIAS KAI OLIGARCHIAS (griech.; *Über die Monarchie, Demokratie und Oligarchie*). Fragment einer politologischen Schrift des PLUTARCHOS aus Chaironeia (um 46 – nach 120), überliefert in der Sammlung *Moralia* (Nr. 53). – Schon der Anfang des Werks scheint verloren; denn an dem überlieferten Beginn steht das Programm des Autors, seinen zu politischer Aktivität aufrufenden Vortrag vom vergangenen Tag durch praktische Weisungen zu ergänzen, deren Thema die optimale Entfaltung der Persönlichkeit des Staatsmanns zum Wohl der Gemeinschaft sein soll. Vorbedingung hierfür ist, daß man sich zunächst über die beste Staatsform *(politeia)* einig wird. Dabei will bedacht sein, daß *politeia* ja nicht nur den »Staat« bezeichnet, sondern ebenso das Bürgerrecht, die politische Laufbahn eines Mannes, ja selbst die einzelne staatsmännische Aktion wie die Beilegung eines Krieges oder einen Gesetzesantrag. Faßt man den Begriff pointiert als »Verfassung eines Staates«, so muß man zunächst die drei reinen Typen von Staatsformen unterscheiden: die absolute Monarchie (Beispiel: das Perserreich), die reine Oligarchie (Sparta) und die volle Demokratie (Athen). Überschreiten die dominierenden Eigenschaften einer jeden dieser Formen gewisse Grenzen, so führen sie zu den Zerrbildern *tyrannis*, *dynasteia* – Gewaltherrschaft einer aristokratischen Clique – und *ochlokratia*, anarchistisches Diktat des Pöbels. Hat der Staatsmann die Wahl zwischen den drei Grundtypen, so wird er sich für die Monarchie entscheiden, da sie allein ihm völlige Souveränität im Entscheiden und Handeln garantieren kann.

Mitten in diesen Ausführungen bricht die Schrift ab, ohne die eingangs angekündigten praktischen Weisungen im mindesten berührt zu haben. Das macht den fragmentarischen Charakter evident und legt die Vermutung nahe, daß auch der überlieferte Titel erst sekundär dem Inhalt des erhaltenen Teils angeglichen worden ist. Beziehungen zu Plutarchs erhaltenen *Politika parangelmata* (*Politische Vorschriften, Moralia* Nr. 52) haben sich bisher nicht mit Sicherheit feststellen lassen; auch die Frage der Echtheit ist angesichts des dürftigen Umfangs des Fragments nicht zu entscheiden. Feststellen läßt sich dagegen die starke Abhängigkeit von den einschlägigen Werken PLATONS und ARISTOTELES' sowie von dem – in der Schrift zitierten – Geschichtswerk HERODOTS (Buch 3, Kap. 80–84). Doch ist das Problem der besten Staatsverfassung ein Thema, das in allen staatstheoretischen und in vielen philosophischen und historischen Schriften der Antike eine bedeutende Rolle spielt, wie im römischen Bereich besonders das erste Buch von CICEROS *De re publica (Vom Gemeinwesen)* zeigt, das seinerseits Gedanken des hellenistischen Historikers POLYBIOS aus Megalopolis (vgl. *Historiai*) aufgreift. O. P.

AUSGABEN UND ÜBERSETZUNGEN: vgl. *Moralia*.

LITERATUR: Schmid-Stählin, 2/1, S. 510. – W. Scherer, *Die Staatsphilosophie Plutarchs von Chäronea*, Freiburg i. B. 1913. – J. Frerichs, *Plutarchi libelli duo politici*, Diss. Göttingen 1929. – K. Ziegler, Art. *P. (2)* (in RE, 21/1, 1951, Sp. 823/824). – I. Ch. Pullos, *Politike idee para Plutarchu*, Athen 1959. – H. Weber, *Die Staats- u. Rechtslehre Plutarchs von Chaironeia*, Bonn 1959.

PERI PAIDŌN AGŌGĒS (griech.; *Über Kindererziehung*). Pädagogische Schrift des PLUTARCHOS aus Chaironeia (um 46 – nach 120), überliefert in der Sammlung *Moralia* (Nr. 1). – Der Lebensweg der Kinder – beginnend schon vor ihrer Geburt mit der Gattenwahl der Eltern – von ihrer Zeugung über das Säuglings-, Knaben- und Jünglingsalter bis hin zur Heirat der jungen Männer bietet das locker gehandhabte Aufbauprinzip des Werkes. An diesem Gerüst werden in bunter Folge, zum Teil ohne jeden Übergang, allerlei Mahnungen und Ratschläge an die Eltern, vor allem an die Väter, aufgehängt, begleitet von anspornenden oder abschreckenden, jedenfalls erbaulichen Beispielen, teilweise in Gestalt von Analogien aus dem Tier- und Pflanzenreich; aufgeputzt wird das Ganze durch zahlreiche Sentenzen, Gemeinplätze und rhetorische Phrasen. Das Ergebnis ist ein reichlich amorphes und wenig gegliedertes Produkt von formal und inhaltlich gleichermaßen verschwommenem Profil. Dennoch verdient die Schrift um mancher Einzelheiten willen ein gewisses Interesse, da innerhalb ihrer kaleidoskopischen Struktur so ziemlich alle pädagogisch einschlägigen Probleme zur Sprache kommen: Da ist ebenso von den Vorteilen die Rede, die es bringt, wenn Mütter ihre Säuglinge selbst stillen, wie von den Gefahren und bösen Folgen unbedachter oder gar unflätiger Reden; die Warnung, in trunkenem Zustand keine Kinder zu zeugen, wird nicht weniger eindringlich ausgesprochen als der Hinweis auf die Notwendigkeit körperlicher Ertüchtigung der Jugend; der Umgang mit Schmeichlern wird in gleicher Weise verworfen wie die Anwendung der Prügelstrafe. Beim Thema Päderastie ist der Autor um einen generellen Ratschlag verlegen, doch billigt er schließlich unter Berufung auf Männer wie Sokrates, Platon oder Xenophon ein von echter Freundschaft geprägtes Liebesverhältnis.

Wichtiger als in solchen Einzelfragen wird die Schrift dort, wo sie, einem Sammelbecken gleichend, weitgespannte, das ganze Altertum hindurch aktuelle Problemzusammenhänge enthält: so etwa die geistesgeschichtliche Zentralfrage nach dem Verhältnis von Anlage und Erziehung, wobei hier der erstmals von den Sophisten hochgespielte Erziehungsoptimismus stark in Erscheinung tritt. Im Zentrum der Ausbildung des Heranwachsenden soll die Philosophie stehen; einer Rhetorik um ihrer selbst willen wird nicht nur jeder Wert abgesprochen, sondern darüber hinaus sogar Schädigung des Charakters angelastet. Wo die Schrift die Frage erörtert, welche Bedeutung der rechte Lehrer und Erzieher für das geistige und seelische Gedeihen der Knaben hat, vernimmt man ähnliche Klagen über Nachlässigkeit und Leichtsinn der Eltern wie in den Briefen des jüngeren PLINIUS und in TACITUS' *Dialogus de oratoribus* (*Dialog über die Redner*). Bemerkenswert erscheint schließlich, daß sich in dem bunten Mosaik dieser Schrift auch verschiedene dem PYTHAGORAS zugeschriebene Rätselworte finden, die das Aufblühen des Pythagoreismus in der nachchristlichen Epoche bekunden.

Im ersten Band seiner großen *Moralia*-Ausgabe hat WYTTENBACH nach grundlegender Erörterung *Peri paidōn agōgēs* dem Plutarch aberkannt und als paränetische Etüde eines seiner Schüler angesprochen. Seine Argumentation hat gelegentlichen Rettungsversuchen in unserem Jahrhundert standgehalten, ja weitere Beobachtungen späterer Forscher haben die Athetese sogar noch erhärten können. Zu inhaltlichen Unstimmigkeiten und den erwähnten Schwächen der Disposition, die gegen Plutarch als Verfasser sprechen, treten besonders sprachlich-stilistische Indizien: Knappe Sätze – gegenüber dem verzwirnten Periodenbau Plutarchs –, ein deutlicher Unterschied in der Wortwahl und eine Überdosis an rhetorischen Elementen markieren einen deutlichen Abstand zum genuinen Werk Plutarchs. WILAMOWITZ-MOELLENDORFF beurteilte die Schrift als »*ein ganz ungeordnetes Machwerk, in dem aber noch manche alten guten Gedanken stecken*«. Die im Nachsatz dieser Äußerung enthaltene Anerkennung erklärt – neben der permanenten Aktualität des Themas und dem Mangel an einschlägiger Fachliteratur aus der Antike – die große Popularität des Traktats, die von der byzantinischen Periode über den Humanismus bis herauf in die Neuzeit reicht und in zahllosen Übersetzungen ihren Niederschlag gefunden hat. O. P.

AUSGABEN UND ÜBERSETZUNGEN: vgl. *Moralia*.
LITERATUR: Schmid-Stählin, 2/1, S. 507. – G. Behr, *Die handschriftliche Grundlage der im Corpus der Plutarchischen »Moralia« überlieferten Schrift »Peri paidōn agōgēs«*, Diss. Würzburg 1911. – F. Glaeser, *De Pseudo-Plutarchi libro »Peri paidōn agōgēs«*, Wien/Lpzg. 1918. – A. Gabele, *Der Einfluß der pseudoplutarchischen Erziehungsschrift auf italienische u. französische Humanisten*, Diss. Bonn 1919. – L. Müller, *Die Pädagogik Plutarchs u. ihre Quellen nach den echten Schriften der »Moralia«*, Diss. Mchn. 1926. – K. Ziegler, Art. *P. (2)* (in RE, 21/1, 1951, Sp. 809–812). – E. G. Berry, *The »De liberis educandis« of Pseudo-Plutarch* (in Harvard Studies in Classical Philology, 63, 1958, S. 387–399). – D. Fauré, *L'éducation selon Plutarque d'après les œuvres morales*, Aix-en-Provence 1960.

PERI TŌN HYPO TU THEIU BRADEŌS TIMŌRUMENŌN (griech.; *Über die späte Bestrafung durch die Gottheit*). Religiöse Schrift in Dialogform von PLUTARCHOS aus Chaironeia (um 46 – nach 120), überliefert in der Sammlung *Moralia* (Nr. 41). – Durch die in Kap. 29 *ex eventu* gegebene Prophezeiung vom Ausbruch des Vesuvs mit der Zerstörung von Dikaiarcheia (heute Pozzuoli) und vom Hinscheiden Kaiser Vespasians ergibt sich das Jahr 79 n. Chr. als *terminus post quem* für die Datierung. Eine präzisere Fixierung erlaubt die Bezugnahme auf Plutarchs Priesteramt in Delphi: Demzufolge kann die Schrift frühestens in den späten neunziger Jahren abgefaßt sein. Der Schauplatz des Gesprächs – Delphi – und manches inhaltliche Detail weisen die Schrift in die unmittelbare Nähe der drei *Pythikoi logoi (Pythische Abhandlungen)*: *Peri tu Ei tu en Delphois (Über das E in Delphi)*, *Peri tu mē chran emmetra nyn tēn Pythian (Weshalb die Pythia nicht mehr in Versen weissagt)* und *Peri tōn ekleloipotōn chrēstēriōn (Über die Abnahme der Orakel)*.
Das Werk gibt ein Gespräch wieder, das Plutarch mit seinem Bruder Timon sowie den Freunden Patrokleas und Olympichos geführt haben will und das er nun dem Quietus, einem anderen Freund, weitererzählt. Nicht ohne – an PLATON geschultes – Geschick führt Plutarch sein Thema, die späte Strafe der Gottheit, als Argument eines Epikureers gegen die *pronoia* (Vorsehung) ein. Dieser hat die Gesprächsrunde nach seinen Ausführungen unvermittelt verlassen, so daß die Zurückgebliebenen mit dem Stachel, der ihnen nun in der Seele sitzt, allein fertig werden müssen. So ist gut motiviert, daß in der Folge das genannte Argument, dessen Verfechter nicht mehr in den Dialog eingreifen kann, in mehreren Anläufen und aus immer neuem Blickwinkel behandelt wird. Dabei ist es immer der Gesprächspartner Plutarch, der die Langmut der Gottheit mit all ihren Aspekten und Konsequenzen rechtfertigen und verständlich zu machen sucht. Den Einwänden, ein spätes Strafgericht reize den Verbrecher zu seinen Taten an, ferner werde bei einem solchen zeitlichen Abstand zur begangenen Schuld die Strafe kaum mehr auf das Vergehen bezogen und verfehle so ihre Wirkung, begegnet Plutarch mit dem Hinweis, daß die Gottheit dem Übeltäter vor allem Zeit lassen wolle, seine krankhaften Neigungen abzulegen und in der Zwischenzeit nützliche Taten zu vollbringen. Auch dem Menschen, dem die Gottheit als Vorbild gelten müsse, stehe ein voreiliges Strafen im Affekt nicht zu. Im übrigen impliziere jedes Vergehen die Erwartung einer Strafe: Die Bedrängnis der Seele in Form von Reue, Furcht oder Aberglauben ist bereits Phänomen und Teil der Bestrafung. Wer also spät gerichtet wird, »*büßt nicht später, sondern länger . . ., wird nicht erst im Alter gestraft, sondern unter ständiger Strafe alt*« (Kap. 9).
Dem in Kap. 12 geäußerten Hauptvorwurf des Bruders Timon, die göttliche Strafe treffe oft nicht mehr den Schuldigen, sondern seine Nachfahren, widmet Plutarch eine besonders breite, bis zu Kap. 21 reichende Widerlegung. In ihr erscheinen Familie und Gemeinwesen als organisch strukturierte Einheiten, in denen der eine Teil für die anderen Verantwortung mitträgt. Gutes wie Schlechtes an den Eltern komme in den Kindern gleichermaßen zur Wirkung. Wie man der Anlage zu einem ererbten physischen Übel entgegentritt, so führt die Gottheit den, der einen ethischen »Defekt« geerbt hat, durch heilsame Strafen auf den rechten Weg, noch ehe seine Seele irreparablen Schaden nimmt. Wer sich selbst von Väterschuld reinhalten kann, wird auch von der Strafe ausgenommen, die also nicht in kollektiver Blindheit ein Geschlecht heimsucht. – Ein umfangreicher, bereits in Kap. 18 angekündigter Mythos, den Plutarch seinen Partnern zur Illustration seiner Darlegungen vorträgt, beendet die Schrift. Darin erzählt der Ehrenmann Thespesios, der vormals als Aridaios ein verworfenes Leben geführt hat, von seiner wunderbaren Reise während eines dreitägigen Scheintods, die ihn durch alle Bereiche des Jenseits führte und das Schicksal der Seelen, besonders die grausamen Peinigungen der schuldbeladenen, unmittelbar erleben ließ.
Das Werk, das »*zu den bedeutendsten und reifsten Schöpfungen Plutarchs zählt*« (Ziegler), läßt das Vorbild Platon auf Schritt und Tritt sichtbar werden, von der – recht geschickt gehandhabten – Dialogform, der Einkleidung der Schrift und der Hinführung zum Thema über die Disposition (Durchführung mehrerer Gesichtspunkte in Rede und Gegenrede) bis hin zu dem – schon für Platon typischen – Schlußmythos, in dem die logischtheoretische Argumentation ihr sinnfällig-anschauliches Pendant erhält. Die eschatologische Konzeption des Mythos erinnert speziell an *Gorgias*, *Phaidōn* und *Politeia*. Doch eben diese Anklänge zeigen zugleich auch deutlich den epigonalen Abstand, den Plutarchs Werk zu jenen vollendeten, von szenischer Lebendigkeit und Originalität der Gedanken getragenen Gebilden hält.
Ein Kernproblem dieses Dialogs, die »Haftung« des einzelnen für eine früheren Generationen seines Geschlechts erwachsene Schuld, beschäftigte das moralische Denken der Hellenen schon seit der archaischen Zeit und hat in den Elegien von SOLON und THEOGNIS starken poetischen Niederschlag gefunden. Besonders eindrucksvoll blieb in diesem

Zusammenhang ein Bild aus der *Orestie* des AISCHYLOS (*Choephoren,* V. 506 f.), worin die Kinder eines Mannes mit den Korken verglichen werden, die von der Oberfläche des Wassers her das Fischernetz in der Tiefe festhalten. Auch in anderer Hinsicht ist das Plutarchsche Werk allenthalben der Tradition verpflichtet: In der ihm eigenen eklektizistischen Manier hat Plutarch das Platonische Gedankengut mit stoischen Elementen kompiliert und für die Gestaltung des Schlußmythos auch Vorstellungen des HERAKLIT und PYTHAGORAS verwertet. Ablehnend steht der Autor dagegen der Epikureischen Philosophie gegenüber, was schon der Weggang des »Epikureers« zu Beginn der Dialogszene symbolisiert. – Trotz der auch in christlicher Zeit aktuell gebliebenen Thematik hat die Schrift Jahrhunderte hindurch ein weitgehend unbeachtetes Dasein geführt. Erst in jüngster Zeit wurde ihr wieder die gebührende Würdigung zuteil. O. P.

AUSGABEN UND ÜBERSETZUNGEN: vgl. *Moralia.*

LITERATUR: Schmid-Stählin, 2/1, S. 499/500. – E. Klostermann, *Späte Vergeltung. Aus der Geschichte der Theodicee,* Straßburg 1916. – G. Méautis, *Le traité »Des délais de la justice divine« dans l'évolution générale des idées* (in Plutarche, *Les délais de la justice divine,* Lausanne 1935; frz. Übers. v. G. M.; m. Komm.). – K. Ziegler, Art. *P. (2)* (in RE, 21/1, 1951, Sp. 846–850).

SYMPOSION TŌN HEPTA SOPHŌN (griech.; *Das Gelage der Sieben Weisen*). Dialogisches Werk des PLUTARCHOS aus Chaironeia (um 46 bis nach 120), überliefert in der Sammlung → *Moralia* (Nr. 13). – Die archaische Epoche der griechischen Geschichte hatte sich dem Gedächtnis der nachfolgenden Generationen in einer Reihe hervorragender Persönlichkeiten unauslöschlich eingeprägt. Die historischen Verdienste dieser Männer, die vor allem in führenden Positionen ihrer stadtstaatlichen Gemeinwesen volksfreundliche politische Reformen durchgesetzt hatten, wurden später mit mancherlei Zusätzen ausgeschmückt und auf diese Weise popularisiert: Die ursprünglich individuellunverwechselbaren Leistungen SOLONS aus Athen oder PITTAKOS' aus Mytilene wurden allmählich von wahllos aufgepfropften, gemeinplatzartigen »Wandermotiven« durchsetzt und so einander weitgehend angenähert. Andererseits hatte man wiederum einzelne überlieferte Charakterzüge dieser Gestalten so weit emanzipiert, daß sie in der Folgezeit oft über deren wahre historische Bedeutung hinwegtäuschten.
Die Disposition des Griechengeistes zu katalogischer Aufreihung hat schon im 5. Jh. v. Chr. den Kanon der »Sieben Weisen« *(hepta sophoi)* – die Siebenzahl entstammt altorientalischer Tradition – entstehen lassen, in dem der Naturphilosoph THALES aus Milet, BIAS aus Priene und die schon genannten Staatsmänner Solon und Pittakos einen festen Platz haben. Die übrigen Plätze in dem fiktiven Kollegium sind im Laufe der Jahrhunderte, entsprechend dem Wandel in der Geistesgeschichte, abwechselnd für verschiedene Persönlichkeiten beansprucht worden: In der Traditionslinie, die auch die Plutarch-Schrift repräsentiert, sind es neben Kleobulos, dem Spartaner Chilon und der ob seiner unbefangenen Klugheit berühmte Skythenfürst Anacharsis.
Schon früh hatte sich in volkstümlichen Erzählungen die Vorstellung von geselligen Zusammenkünften der Sieben Weisen gebildet: Reste davon meint man noch in den bei DIOGENES LAERTIOS überlieferten *Skolia (Trinklieder)* der Sieben Weisen zu erkennen. Ihre Aussprüche hat dann in frühhellenistischer Zeit der athenische Herrscher-Philosoph DEMETRIOS aus Phaleron (um 350–280) zusammengestellt. Die Geschichte, wonach die Sieben, uneins, wem von ihnen ein für den Allerweisesten gestiftetes Geschenk zustehe, dieses schließlich dem delphischen Apollon geweiht hätten, war THEOPHRAST und dem Dichter KALLIMACHOS bekannt.
Plutarchs *Gelage der Sieben Weisen* ist die ausführlichste, ja die einzige vollständige Monographie, die aus der Fülle der einschlägigen antiken Literatur auf uns gekommen ist. Nach der Art mancher Platonischen Dialoge ist die Schrift als Erzählung eines Augenzeugen, hier des Sehers Diokles, gestaltet, der als Greis einem Nikarchos über jenes Symposion am Hof des Tyrannen von Korinth, Periandros – den eine alte Tradition selber unter die Weisen zählte –, berichtet. Diokles hatte damals auf Perianders Geheiß den Thales gastlich aufgenommen, und die Schilderung des gemeinsamen Gangs der beiden – denen sich noch Neiloxenos, ein Abgesandter des Ägyptenkönigs Amasis, anschließt – zum Ort des Symposions leitet die Erzählung ein. Nach dem betont einfachen Mahl wird ein Schreiben des Amasis an den Weisen Bias verlesen, in dem der Ägypter diesen um die Lösung einer schwierigen Aufgabe bittet. Die zufriedenstellende Bewältigung des Problems löst eine Kette von Fragen aus – über die beste Form der Tyrannenherrschaft, die ideale Demokratie, den besten Haushalt –, zu denen sich die Sieben jeweils nacheinander in lapidaren Sätzen äußern. In die Erörterungen, die sich daran anschließen, bricht Gorgos, der Bruder Perianders, ein: er ist von Tainaron heimgekehrt und berichtet von der soeben erfolgten Rettung des Sängers Arion, der, von der verbrecherischen Besatzung seines Schiffes auf hoher See bedroht, ins Meer springt und von Delphinen ans Ufer gebracht wird (vgl. HERODOT, 1, 23/24). Dieses Ereignis gibt Anlaß zu Erzählungen über weitere Fälle von menschenfreundlichem Verhalten der Delphine. Von da kommt man schließlich auf Probleme in Zusammenhang mit Delphi – Bedeutung der Frösche am Fuß der von Kypselos geweihten Bronzepalme, Sprüche am Apollontempel –, doch der Einbruch der Nacht verhindert deren ausführliche Behandlung.
Der delphische Themenkreis am Ende weist auf die spezifisch »Delphischen« Schriften Plutarchs voraus, in deren unmittelbare zeitliche Nähe man das Werk wohl setzen kann. Die enorme Fülle der Details, die zahlreichen gleitenden Übergänge, die eingestreuten Zitate aus älterer Literatur, die wechselseitigen Anspielungen und Neckereien der Teilnehmer am Symposion – unter denen sich auch Melissa, die Gattin des Gastgebers, der Fabeldichter Aisopos und ein Poet namens Chersis befinden: all das gehört zu jenen Eigenarten des Werkes, die bei einer Inhaltsskizze natürlich nicht plastisch hervortreten können. Die Schrift zerfällt in eine Reihe von kaleidoskopisch angeordneten Episoden, hinter die die spürbare Absicht Plutarchs steht, möglichst viel von dem überkommenen Legendengut über die einzelnen Protagonisten sowie eine Anzahl ihrer »Kernsprüche« zu bewahren. Im Aufbau verbindet das Werk die lockere Komposition nach Art der Buntschriftstellerei mit der Tradition des literarischen Genos des »Gastmahls«,

die in letzter Instanz wohl auf PLATONS *Symposion* fußt.
O. P.

AUSGABEN UND ÜBERSETZUNGEN: Vgl. *Moralia*. – Paris 1954 (*Le banquet des Sept Sages*, Hg. J. Defradas; m. Komm. u. frz. Übers.).

LITERATUR: F. Bohren, *De Septem Sapientibus*, Diss. Bonn 1867. – R. Volkmann, *Leben, Schriften u. Philosophie des Plutarch von Chäronea*, Bd. 1, Bln. 1869, S. 188–201. – G. Hauck, *Plutarch von Chaeronea, der Verfasser des »Gastmahls der sieben Weisen«*, Progr. Burghausen 1893. – R. Hirzel, *Der Dialog*, Bd. 2, Lpzg. 1895, S. 132–148. – F. Ullrich, *Entstehung u. Entwicklung der Literaturgattung des Symposion 2*, Progr. Würzburg 1909. – Schmid-Stählin, 2/1, S. 494. – Barkowski, Art. *Sieben Weise* (in RE, 2A/2, 1923, Sp. 2252–2254). – J. Martin, *Symposion. Die Geschichte einer literarischen Form*, Paderborn 1931. – A. Hug, Art. *Symposionliteratur* (in RE, 4A/2, 1932, Sp. 1278/1279). – K. Ziegler, Art. *P. (2)* (in RE, 21/1, 1951, Sp. 881–885). – M. G. Palladini, *Influenza della tradizione dei Sette Savi sulla »Vita di Solone« di Plutarco* (in REG, 69, 1956, S. 377–411).

EPIKTETOS
(um 50–130)

DIATRIBAI (griech.; *Unterhaltungen*). Eine literarische Form, die nach kaum zu widerlegendem Urteil antiker Zeugnisse von BION aus Borysthenes († um 235 v. Chr.) erfunden wurde und, im Geiste ihres Schöpfers, des eingänglichen, nicht selten derben und platten populären Sprachstils wegen, zum genuinen Instrument der kynischen und stoischen Belehrung wurde: denn diese beiden philosophischen Richtungen, die, wenn auch systematisch fundiert, letztlich in kardinaler Weise auf das praktische, das auffindbare, spürbare und verwertbare Alltagsglück hinzielen, mußten und wollten – selbstverständlich – die Massen des Volkes nicht weniger ansprechen als die Gebildeten, ja sie im Grunde in erster Linie. Hätten sie dazu ein besseres Medium finden können, als die vom Lehrer vorgetragene »Unterhaltung«, die in leicht verständlicher Form – sei es durch Mahnrede, sei es durch dialektisch-fiktiven Dialog zwischen Für und Wider, in Witz oder feierlichem Ernst, antithetisch luziden Argumenten oder mitreißenden Beispielen – den Kern und das Wesen der Lehre, die ihre Künder vorzulegen suchten, als treffendes, haftendes, überzeugendes Wort wiederzugeben suchte?

Nur weniges ist aus der ehemals kräftigen literarischen Produktion in die heutige Zeit herübergerettet; dazu gehören die Diatriben des großen Stoikers EPIKTETOS (um 50–130 n. Chr.), der in Nikopolis im Epirus seine Schule hatte. Freilich zeigen diese Werke auch ganz evident den literarischen Grenzcharakter ihrer Art: sind sie doch nicht von ihrem eigentlichen Autor, der sie vortrug, niedergeschrieben, sondern nur als Vorlesungsnachschrift erhalten, wie sie Epiktets Schüler, der nachmalige römische Konsul und spätere Geschichtsschreiber FLAVIUS ARRIANUS verfertigte, als er 112–116 (oder 117–120) dem engeren Kreis um den Philosophen angehörte. Die Texte stellen also in Wirklichkeit ein Stenogramm »mündlicher Literatur« dar. Das macht zugleich ihren Wert und ihren Mangel aus: sie sind originäre Aufnahmen von der strengen Persönlichkeit ihres Urhebers, sie spiegeln seine Sprache, seinen lebhaften, mit Vergleichen und Zitaten, mit messerscharfen Argumenten und bildkräftigen Paränesen gespickten Vortrag, ja, sie lassen gelegentlich – was der Gattung ebenso wie den Einzelstücken eigentümlich ist – sogar noch den Charakter des Extemporalen spürbar werden. Gleicherweise der spezifischen philosophisch-theoretischen Form wie der Individualität Epiktets, dem gewöhnlichen Schulbetrieb wie der Art und Weise der Aufzeichnung ist auch die breite thematische Streuung zuzuschreiben, die das Prinzipielle und Dogmatische unversehrt neben dem Augenblicksproblem bewahrt: das Stück *Über den Kynismus* (3, 22) steht neben der Predigt *Daß man sich nicht durch irgendwelche Nachrichten verstören lassen soll* (3, 18); *An jene, die wegen Krankheit abreisen wollten* (3, 5) ist gleichberechtigt mit dem Programm *Von der wahren Freiheit* (4, 1); *Gegen die Akademiker* (1, 5) und *Von der Übung (Askese)* (3, 12) sind genuines Pendant der Worte *An die, die sich um ihre Beförderung in Rom bemühen* (1, 10) oder *An einen aus denen, die von ihm* [Epiktet] *nicht für würdig erachtet wurden* (2, 24); und der Traktat *An die, die in Ruhe gelassen zu werden wünschen* (4, 4) ist eine konsequente Ergänzung zu den fundamentalen Erörterungen *Über den Gleichmut* (2, 2; 2, 6). Was diese authentisch aus dem aktuellen Moment heraus fixierten dialektisch-ethischen Bilder besonders reizvoll macht (leider besitzen wir von den acht Büchern nur noch vier), ist ihre lebensechte Ursprünglichkeit: der warme religiöse Ernst des Philosophen, sein Weltbürgertum und seine persönliche Bescheidenheit, seine Liebe zum Menschen als Menschen ohne Ansehen von Würde und Herkunft, die Konsequenz seiner logischen und moralischen Postulate sind mit derselben Treue eingefangen wie der in einem schlagfertig-witzigen, unkomplizierten Gemüt reflektierte Lebens- und Umgangsstil jener Tage. Für diese Nähe, dieses Ineinander von Philosophem und Alltagsimpression ein beliebiges, doch eben dadurch signifikantes Beispiel: »*Wie ja Sokrates zu sagen pflegte:* ›*Ein ungeprüftes Leben sei nicht lebenswert*‹, *so soll man eine sinnliche Vorstellung nicht ungeprüft in die Seele hereinlassen, sondern zu ihr sagen:* ›*Warte mal! Laß sehen, wer du bist und woher du kommst!*‹ *(Wie die nächtlichen Polizeistreifen zu einem sagen:* ›*Zeig mir deinen Ausweis!*‹*)* – ›*Hast du den Ausweis von der Natur, den die Einlaß begehrende Vorstellung haben muß?*‹« (Ü: Capelle) Welche Verwandtschaft zu den Dialogen PLATONS – von denen die Diatriben ja letztlich herkommen –, und doch zugleich auch: welcher Abstand zu ihrer ironischen Grandezza!

E. Sch.

AUSGABEN: Venedig 1535 (*Arriani Epictetus*, Hg. F. Trincavelus). – Lpzg. ²1916 (*Epicteti dissertationes ab Arriano digestae*, Hg. H. Schenkl). – Ldn./Cambridge (Mass.) 1925–1928 (*Epictetus. The Discourses as Reported by Arrian, the Manual, and Fragments*, 2 Bde., Hg. W. A. Oldfather; m. engl. Übers.; Loeb; Nachdr. zuletzt 1956–1959). – Utrecht/Amsterdam/Paris 1933 (*Epictetus. Het eerste boek van de Diatriben*, Hg. H. W. F. Stellwag; m. Komm. u. ndl. Übers.). – Paris 1948/49 (*Épictète. Entretiens*, 2 Bde., Hg. J. Souilhé; m. frz. Übers.; nur Buch 1 u. 2).

ÜBERSETZUNGEN: *Arrians Epiktet*, I. Schulthess, Zürich 1766. – *Epiktet, Teles und Musonius*, W. Capelle, Zürich 1948 [Ausw.; m. Einl.].

LITERATUR: A. Bonhöffer, *Epiktet u. d. Stoa*, Stg. 1890. – Ders., *Die Ethik d. Stoikers Epiktet*, Stg. 1894. – Ders., *Epiktet u. d. Neue Testament*, Gießen 1911. – O. Halbaner, *De diatribis Epicteti*, Diss. Lpzg. 1911. – Überweg, 1, S. 486ff.: 495–499. – A. Jagu, *Épictète et Platon*, Paris 1946. – M. Pohlenz, *Die Stoa. Geschichte einer geistigen Bewegung*, 2 Bde., Göttingen ³1964.

ENCHEIRIDION (griech.; *Handbüchlein*). Die Quintessenz der Lebenslehren des Stoikers EPIKTETOS (um 50–130), von seinem Schüler FLAVIUS ARRIANUS notiert und in einprägsamer Kürze aus den *Diatribai* zusammengestellt. – Das kleine Buch war nicht nur für das spätere heidnische Altertum und das junge Christentum von höchster Bedeutung, sondern übte seinen tiefen Einfluß auch auf das Denken und Fühlen der Menschen in byzantinischer Zeit aus; selbst noch in die Neuzeit – PASCAL und der Schweizer Evangelisator Carl HILTY waren Verehrer Epiktets – und bis in unsere Tage reicht seine Wirkung. Kaum ein anderer antiker Philosoph hat mit seinen Worten die Nachwelt so unmittelbar und nachhaltig angesprochen wie der phrygische Sklave Epiktet, der selbst kein schriftliches Zeugnis hinterlassen hat.
Das *Handbüchlein* stellt eine prägnant gefaßte Anleitung zum glücklichen Leben im stoischen Sinn dar. Affektlosigkeit und Unabhängigkeit von der Umwelt sind die Ideale: »*Von den Dingen stehen die einen in unserer Gewalt, die anderen nicht. In unserer Gewalt steht: unsere Meinung, unser Handeln, unser Begehren und Meiden – kurz: all unser Tun, das von uns ausgeht. Nicht in unserer Gewalt stehen: unser Leib, unser Besitz, Ansehen, äußere Stellung – mit einem Worte: alles, was nicht unser Tun ist. Was in unserer Gewalt steht, ist von Natur frei, kann nicht gehindert oder gehemmt werden; was aber nicht in unserer Gewalt steht, ist hinfällig, unfrei, kann gehindert werden, steht unter dem Einfluß anderer. Sei dir also darüber klar: wenn du das von Natur Unfreie für frei, das Fremde dagegen für dein Eigentum hältst, dann wirst du nur Unannehmlichkeiten haben ...; hältst du aber das nur für dein Eigentum, was wirklich dein ist, das Fremde dagegen für fremd, dann kann kein Mensch einen Zwang auf dich ausüben, du ... wirst nichts gegen deinen Willen tun, niemand kann dir schaden.*« (Kap. 1) Hierauf gründen all die folgenden Mahnungen über Begierde und Frömmigkeit, Freundschaft und Tod, Verbannung und Armut, Besitztum und Liebe, Unrecht und Gewalt, Bildung und Weisheit; dazwischen immer wieder, ganz verblüffend, die speziellsten Details – nicht ihrer prinzipiellen Bedeutung, sondern ihres paradigmatischen Wertes wegen –, über den olympischen Wettkampf, über das öffentliche Bad, über lockere Witze und die Putzsucht der Frauen, über Eid und Orakel, über Gespräch und Fröhlichkeit: »*Lache nicht oft*«, »*Schweige gewöhnlich*« (33).
Überall scheint durch, was der Kernsatz Epiktets' genannt werden kann, orientiert am Leben großer Idealgestalten unter den Weisen, allen voran SOKRATES: »*Anechu kai apechu*« (»*Sei standhaft und maßvoll*«, »*ertragen und sich zurückhalten*«). Indes: all diese bestechend einprägsamen Sentenzen sind im ganzen nur ein Vorspiel zu der dramatisch-plastischen Fülle der *Diatriben*, der von Arrian aufgezeichneten Vorlesungsnachschriften (von denen vier Bücher erhalten sind). Sie können den Charakter des Extrakts nicht verleugnen, und manches geht in der Kürze unter, was unverlierbar zum Bild des Philosophen gehört: viel von der Arm und Reich, Kaiser und Sklaven umspannenden großen Liebe zu den Menschenbrüdern, viel von dem humanen Kosmopolitismus, viel auch von dem warmen, persönlichen Verhältnis zur alles schaffenden, alles bergenden Gottheit. E. Sch.

AUSGABEN: Bologna 1497 (*Epicteti Stoici Enchiridion*; lat. Übers. des Angelus Politianus). – Basel 1529, Hg. G. Haloander. – Lpzg. ²1916 (*Epicteti dissertationes ab Arriano digestae*, Hg. H. Schenkl u. J. Schweighäuser). – Ldn./Cambridge (Mass.) 1928 (in *E.*, Hg. W. A. Oldfather, Bd. 2; m. engl. Übers.; Loeb; Nachdr. zuletzt 1959).

ÜBERSETZUNGEN: *Handbüchlein*, anon. (in *Griechischer Sprach-Übung*, Bd. 2, Köthen 1620, S. 108 bis 148). – *Handbüchlein der Moral*, W. Capelle, Jena 1906. – Dass., ders. (in *Wege zu glückseligem Leben*, Zürich 1948; m. Einl.). – *Handbüchlein der Moral und Unterredungen*, H. Schmidt, Stg. ³1959 (Kröners Taschenausg., 2). – *Il Manuale di Epitteto*, G. Leopardi, Florenz 1933 [m. Anm. v. G. Calogero; ital.].

LITERATUR: A. Bonhöffer, *E. u. die Stoa*, Stg. 1890. – Ders., *Die Ethik des Stoikers E.*, Stg. 1894. – Ders., *E. und das Neue Testament*, Gießen 1911. – A. Jagu, *Épictète et Platon*, Paris 1946. – M. Pohlenz, *Die Stoa. Geschichte einer geistigen Bewegung*, Bd. 1, Göttingen 1948, bes. S. 327 bis 341; Bd. 2, Göttingen ³1964, S. 146f.; 161–167.

Publius CORNELIUS TACITUS
(um 55–125)

ANNALES (lat.; *Jahrbücher*). Geschichtswerk des Publius CORNELIUS TACITUS (um 55–125 n. Chr.). – Es ist das letzte Werk des Autors, nach dem Jahre 112 begonnen und wohl sukzessive publiziert. Der Titel *Annales* stammt von Tacitus selbst; doch ist der in der einzigen für den Beginn des Werkes erhaltenen Handschrift genannte Titel genauer und sagt zugleich Wesentliches über die thematische Begrenzung: *Ab excessu divi Augusti* (*Vom Tode des göttlichen Augustus an*).
Die *Annalen* sind eine Darstellung der Geschichte Roms unter dem iulisch-claudischen Kaiserhaus; sie sollen die *Historien (Historiae)*, die mit dem 1. Januar des Jahres 69 einsetzen, von unten her ergänzen und untermauern, nicht nur im Sinn eines faktischen Supplements, sondern vor allem zur inneren Begründung der Geschehnisse: die Wurzeln jener Übel, die im Dominat des Domitian (reg. 81 bis 96) ihren krassen Höhepunkt fanden, waren nicht erst in dieser Zeit gewachsen. Allerdings scheint es Tacitus bald klargeworden zu sein, daß der für die *Annalen* gewählte Beginn (das Jahr 14 n. Chr.) nur bedingt gültig sein konnte: auch die verderbliche Wende während der Regierung des Tiberius, von der die Einleitung des dritten Buches spricht, kann nicht von ungefähr, mußte tiefere Ursachen haben – und so faßte der Autor den Plan, dem Doppelwerk *Annales – Historiae* noch eine Geschichte der Zeit des Augustus vorzuschalten (*Annales* 3, 24, 3).
Dieses Unternehmen konnte Tacitus, der schon bei der Abfassung der *Annalen* in fortgeschrittenem Alter stand, nicht mehr ausführen, ja, es deutet manches darauf hin, daß ihm nicht einmal die Vollendung der *Annalen* gegönnt war, sondern daß das Werk mit dem 16. Buch (vorgesehen waren 18, also

drei Hexaden) abbricht. Sicherheit ist darüber nicht zu gewinnen, hat die Ungunst der Überlieferung doch neben zahlreichem anderem auch das Ende von Buch 16 verstümmelt: erhalten sind nur die Bücher 1 bis 4 (der Einschnitt nach Buch 3 deutet auf triadenweise erfolgende Publikation), die Einleitung von Buch 5, Buch 6 ohne den Beginn und 11–16 mit Verlust des Anfangs und des Schlusses. Das hat zur Folge, daß der Bericht über Tiberius stellenweise (29–31 n. Chr.) lückenhaft ist, daß dessen letzte Lebensjahre (bis 37 n. Chr.) ebenso wie die Herrschaft Caligulas (37–41 n. Chr.) und die ersten sechs Jahre des Claudius (bis 47 n. Chr.) völlig fehlen und daß die Darstellung der Neronischen Regierung im Jahr 66 abbricht.

Man kann die *Annalen* des Tacitus, wie alle großen Werke der Weltliteratur, mit Fug und Recht als unerschöpflich bezeichnen: jede Deutung wird immer von neuem beginnen müssen und dem Verständnis immer neue Seiten erschließen. Doch sind es vor allem drei Dinge, die, wie schon den *Historien* und, wenigstens zum Teil, den kleineren geschichtlichen Schriften, *Agricola* und *Germania*, so auch dieser Geschichte der frühen Kaiserzeit das unverwechselbare Gepräge geben: der Tenor, auf den das Thema abgestellt ist; die Kunst der Komposition effektvoller Einzelszenen; und, als typischstes Merkmal, der kristallinisch komprimierte Sprachstil.

Man hat dem Autor häufig als Schwäche angekreidet, daß er, der zu Beginn in seinem berühmten Prooemium die Geschehnisse in »*objektiver Vorurteilslosigkeit*« (»*sine ira et studio*«) vorzuführen verspricht, hernach kaum mehr bringt als eine Geschichte des Kaiserhauses und seiner Mitglieder, erfüllt von schärfster Kritik und teils heftig tadelnden, teils höchlich lobenden Werturteilen, und daß er sich zudem ganz einseitig auf die städtische Perspektive Roms beschränkt, ohne jeden Sinn für die wachsende Eigenfunktion der provinziellen Reichsteile. Diesen Tadel hat man jedoch allmählich als verfehlt erkannt, und zwar deshalb, weil man plötzlich sah, daß es Tacitus gar nicht darauf ankam, römische Universal- und Reichsgeschichte zu kompilieren, daß es ihm vielmehr um ein ganz bestimmtes, in seinem persönlichen Leben verankertes Problem zu tun war: nämlich um die Frage der Freiheit *(libertas)* und der aus Tatkraft und individueller Integrität geborenen großen geschichtlichen Leistung *(virtus)*, um zwei polare und doch komplementäre Begriffe, deren Verwirklichung immer wieder an einer dritten Größe sich zu entscheiden hat – dem Streben nach der Macht, und das heißt für Tacitus, an der Rolle des *principatus*: nur in der Person des Princeps scheinen sich noch zugleich volle *libertas* und volle *virtus* entfalten zu können. So muß die historische Darstellung zwangsläufig stets von neuem um diesen einen Princeps, den Kaiser, und seine mutmaßlichen und tatsächlichen Gegenspieler kreisen.

Allerdings tritt gerade in diesem zentralen Punkt, der Grundtendenz, eine auffällige Wandlung gegenüber den frühen Werken zutage: der alte Tacitus ist äußerst skeptisch geworden, ob sich im Principat *libertas* und *virtus* überhaupt vereinen lassen. Er, der zu Beginn der Epoche Nerva-Trajan im *Agricola* sich so optimistisch gezeigt hat, erkennt am Ende in voller Klarheit, daß der Principat *eo ipso* mit dem Dominat, der *dominatio* (Beherrschung, d. h. Unterdrückung), identisch ist. Am ausführlichsten wird dieser Prozeß der Unterdrückung, der selbst die aufrechtesten Männer des Staates in ihrem Innersten verändern kann, an der Gestalt des Thrasea Paetus evident, die man geradezu als das antipodische Gegenbild des Autors Tacitus bezeichnen kann: beide hatten dieselbe Stellung inne, jener unter Nero, dieser unter Domitian, beide gerieten in dieselben inneren Konflikte, jener aber bewährte sich, wagte die Auflehnung und blieb sich selbst treu, während er, Tacitus, versagte und sich dem tyrannischen Willen des Herrschers unterwarf. So mag denn die gesteigerte Skepsis nicht nur ein größeres Maß an Einsicht, einen Willen zu kritischerer Bewertung bekunden, sondern zugleich ein von Jahr zu Jahr in Tacitus stärker anwachsendes Bewußtsein eigener Schuld spiegeln. Auf jeden Fall ist eines nicht von der neuen Interpretation der *libertas*-Möglichkeit zu trennen – die zunehmende Verdüsterung des Geschehens gegen Schluß der Annalen: »*Die Farben werden immer greller, der Ton schriller, und das Interesse des Historikers konzentriert sich mehr und mehr, zuletzt fast ausschließlich, auf Tod und Sterben so vieler hervorragender Männer, während er alles andere, von dem beängstigenden Treiben Neros abgesehen, der in eine närrisch-dämonische Beleuchtung rückt, fast widerwillig beiseite schiebt ... Aus dem theatrum mundi ist allein ein einziger ununterbrochener Totentanz übriggeblieben.*« (Koestermann)

Auf die literarische Form hat sich diese Wandlung nur indirekt niedergeschlagen: die bis ins kleinste einer jeden Formulierung präzis gefeilte Diktion, die schlechthin nicht zu überbietende Knappheit bei gleichzeitig gezügeltster Erlesenheit des Ausdrucks: Sprache als unmittelbares Dokument der geistigen Durchdringung und der Bewältigung des Stoffes. Dieses Grundcharakteristikum hat sich seit dem *Agricola* nicht verändert. Ebenso ist die Fähigkeit der kunstvollen szenischen Komposition, die meisterhafte Führung der Handlungsfäden in dramatischer, nicht selten tragisch-großgearteter Aktion dieselbe geblieben. Aber auch hier deutet sich gegen Schluß der *Annalen* ein Wandel an: die effektvoll dargestellte Szene steht nicht mehr so sehr – wie in den *Historien* und noch im ersten Teil der *Annalen* (Buch 1–4) – als ein exemplarisches Glied, als Funktionselement innerhalb eines größeren kompositorischen Zusammenhangs; vielmehr scheint jetzt die einzelne Episode autonom zu werden, jede Szene steht eher neben der anderen als mit ihr zusammen, da, es scheint, als müsse eine jede für sich das ganze Gewicht, die ganze Beweislast tragen, die sonst der übergreifenden Einheit vorbehalten war. Das heißt nicht, das künstlerische Vermögen stringenter Darstellung habe nachgelassen, im Gegenteil, gerade in diesen »autonomen« Szenen zeigt sich die Meisterschaft dramatischen Erzählens auf ihrem Gipfel. Was sich geändert hat, ist die innere Position des Autors – die literarische »Neuerung« ist in ihrem letzten Grunde nur die natürliche Konsequenz der Aspektwandlung in der historischen Grundanschauung.   E. Sch.

AUSGABEN: Venedig 1470 [unvollst.]. – Rom 1515, Hg. P. Beroaldus. – Oxford ²1896–1907 (*Annalium ab excessu divi Augusti libri*, Hg. H. Furneaux, H. F. Pelham u. C. D. Fisher, 2 Bde.; Neudr. 1961/62). – Rom 1940 (*Libri ab excessu divi Augusti I–VI*, Hg. M. Lenchantin de Gubernatis). – Paris 1953, Hg. u. frz. Übers. H. Goelzer, 3 Bde. – Lpzg. ⁷1952 (*Libri qui supersunt*, Bd. 1: *Ab excessu divi Augusti*, Hg. E. Koestermann).

ÜBERSETZUNGEN: *Der Römischen Keyser historien von den abgang des Augusti an,* J. Micyllus (eig. Moltzer), Mainz 1535. – *Annalen,* C. Hoffmann, Mchn. 1954 [lat.-dt.]. – Dass., A. Horneffer, Stg. 1957 [Einl. v. J. Vogt].

LITERATUR: R. Reitzenstein, *T. und sein Werk*, Lpzg. 1926 (Neue Wege zur Antike, 4). – F. Klingner, *T.* (in Antike, 8, 1932, S. 151–169; ern. in F. K., *Römische Geisteswelt,* Mchn. ⁴1961, S. 451ff.). – Ders., *T. über Augustus und Tiberius* (in SBAW, phil.-hist. Kl., 1953, H. 7). – A. Brießmann, *T. und das flavische Geschichtsbild,* Wiesbaden (HermE, 10). – R. Syme, *T.*, 2 Bde., Oxford 1958. – C. Questa, *Studi sulle fonti degli »Annales« di T.,* Rom 1960. – B. Walker, *The »Annals« of T. A Study in the Writing of History,* Manchester ²1960. – E. Koestermann, *C. T. Annalen,* Heidelberg 1963ff. [Einl. u. Komm.; bisher Bd. 1: Buch 1–3].

DE ORIGINE ET SITU GERMANORUM (lat.; *Über Ursprung und Wohnsitz der Germanen),* allgemein unter dem Titel *Germania* bekannt. Prosaschrift von Publius CORNELIUS TACITUS (um 55 bis 125), wahrscheinlich entstanden um das Jahr 100. – Die Frage nach Anlaß und Zielsetzung des Werkes ist ungeklärt. Sollte die *Germania* den Kaiser zu einem Krieg gegen die Germanen auffordern oder ihm davon abraten? Wenn zwei so entgegengesetzte Thesen aus dem Werk begründet werden können, dann erscheinen beide fragwürdig – die Absicht einer Propagandaschrift müßte jedenfalls klarer zu erkennen sein. Oder war die *Germania* ursprünglich ein geographisch-ethnographischer Exkurs zu den *Historien,* der dann als Einzelschrift herausgegeben wurde? Dagegen sprechen nicht nur die relativ geringe Bedeutung der geographischen Angaben, die fast nur der Gliederung dienen, sondern auch die Unterschiede zwischen diesem Werk und anderen geographischen Exkursen in der antiken Geschichtsschreibung und bei Tacitus selbst und schließlich der klare, architektonisch-strenge Aufbau der *Germania,* der alle Züge einer selbständigen Schöpfung, keineswegs aber eines Exkurses aufweist. Im ersten Hauptteil wird nach einer kurzen Einleitung (Kap. 1–4: Land, Aussehen und mutmaßlicher Ursprung der Germanen) zuerst das öffentliche Leben (5–15), sodann, in etwa gleichem Umfang (16–27), das private Leben der Germanen allgemein beschrieben. Im zweiten Hauptteil wendet sich der Autor, jetzt geographisch gliedernd, den besonderen Gewohnheiten der einzelnen Stämme zu. Nach einem kurzen Abschnitt über einige Grenzstämme, deren Verwandtschaftsverhältnis mit den Galliern nicht geklärt werden kann (28/29), charakterisiert er zuerst die Stämme an Rhein und Donau, jeweils dem Flußlauf von der Quelle bis zur Mündung folgend (30–37). Es sind dies die Stämme, die entlang der Nord- oder Westgrenze alter römischer Interessengebiete siedeln (vgl. Kap. 1). Die Kapitel 38–46 sind dem im Innern des Landes wohnenden, mit dem Sammelnamen »Sueben« bezeichneten Stämmen gewidmet. An deren Gebiete schließen sich im Nordosten weitere Völkerschaften an, über die dem Verfasser nur ungefähre und wenig gesicherte Auskünfte möglich sind.

Aus der Art, wie Tacitus das von den Gefahren der – römischen – Zivilisation freie germanische Leben beschreibt, könnte man schließen, er wolle seinen Landsleuten in den urwüchsigen Germanen eine Verkörperung alter Römertugenden vor Augen halten. Er schildert sie als tapfere Krieger, »die Fürsten streiten für den Sieg, das Gefolge für den Fürsten«, die nahe dem Schlachtfeld wartenden Frauen und Kinder spornen die Männer zu höchster Tapferkeit an; die Frauen sind keusch, treu und tapfer, stets und ausschließlich darauf bedacht, zahlreiche gesunde Kinder aufzuziehen. Aber daneben gibt es doch Züge, die, mit dem Leben der römischen Frühzeit unvereinbar, von Tacitus augenscheinlich voller Befremden geschildert werden: die Männer sind nur im Krieg zu körperlicher Anstrengung bereit und überlassen im Frieden die Arbeit den Frauen und Greisen; beim leidenschaftlich betriebenen Würfelspiel setzen sie, wenn alles andere vertan ist, auch ihre persönliche Freiheit ein. Haben sie verloren, so gehen sie lieber freiwillig in die Sklaverei, als daß sie ein gegebenes Wort brechen. Aus der Dankbarkeit gegen die Götter, mit der Tacitus den innergermanischen Krieg begrüßt (Kap. 33), könnte man sogar einen Germanenhaß herauslesen. Es ist aber wahrscheinlicher, daß der Autor nur die Schwäche des Römischen Reiches beklagen will, das vor den Germanen allein durch deren Uneinigkeit geschützt ist.

Doch was immer die Absicht des Werkes im einzelnen gewesen sein mag, die Darstellung der Germanen ist wesentlich von den in großer Zahl auftretenden Vergleichen zwischen ihnen und den Römern geprägt: ausgesprochen etwa dort, wo der Staatsaufbau der Chatten mit römischen Staatsformen verglichen wird (Kap. 30), unausgesprochen in dem mehrfach wiederholten Hinweis auf das Spannungsverhältnis zwischen Königsherrschaft und Freiheit bei einzelnen Germanenstämmen. Vornehmlich dieses Motiv verbindet die *Germania* mit den anderen Werken des Tacitus, deren Gedanken immer wieder um die zentrale Frage nach dem Verhältnis zwischen altrömisch-republikanischer Freiheit und dem zeitgenössischen Prinzipat kreisen.

K. J.

AUSGABEN: Venedig 1470 (in der Werkausgabe des Wendelin v. Speyer). – Bologna 1472 (*De situ, moribus et populis Germaniae libellus aureus,* Hg. Poggio; angebunden an Poggios lat. Diodor-Übers.). – Ldn./Cambridge (Mass.) 1914 (in *Dialogus. Agricola. Germania,* Hg. M. Hutton; m. engl. Übers.; Loeb; Nachdr. zuletzt 1958). – Bln. 1916 (*De Germania,* Hg. A. Gudeman; m. Komm.). – Halle ⁸1923 (*Germania,* Hg. H. Schweizer-Sidler u. E. Schwyzer; m. Komm.). – Oxford 1938, Hg. J. G. C. Anderson [m. Komm.]. – Oxford ³1939 (in *Opera minora,* Hg. H. Furneaux u. J. G. C. Anderson; Nachdr. zuletzt 1962). – Turin 1949, Hg. M. Lenchantin de Gubernatis. – Paris 1949 (*La Germanie,* Hg. J. Perret; m. frz. Übers.). – Heidelberg 1952 (*Germania,* Hg. H. Haas, Einl. K. Meister). – Heidelberg 1959 (*Germania,* Hg. E. Fehrle u. R. Hünnerkopf; m. Übers. u. Komm.). – Lpzg. 1962 (in *Libri qui supersunt,* Hg. E. Koestermann, Bd. 2/2). – Rom 1964, Hg. G. Forni u. F. Galli.

ÜBERSETZUNGEN: *Ein zamengelesen buchlin von der Teutschen Nation gelegenheit, Sitten und gebrauche, Durch Cornelium Tacitum und etliche andre verzeichnet,* J. Eberlin v. Günzburg, entst. 1526. Hg. M. Radlkofer (in Blätter f. d. Bayer. Gymnasialschulwesen, 23, 1887, S. 1–16). – *Das büchlein von der alten Teutschen brauch vnd leben,* J. Micyllus (d. i. Moltzer; in *Der Römischen Keyser historien* ..., Mainz 1535). – *Germania,* G. Ammon, Bamberg 1913; Nachdr. 1927 [m. Komm.]. – *Deutschland,*

R. Borchardt, Bremen 1922. – *Germania*, A. Mauersberger, Wiesbaden o. J. (Slg. Dieterich, 100). – Dass., K. Büchner (in *Die historischen Versuche*, Stg. ²1963; Kröners Taschenausg., 225).

LITERATUR: K. Müllenhoff, *Deutsche Altertumskunde*, Bd. 4, Hg. M. Roediger, Bln. 1920. – G. Wissowa, *Die german. Urgeschichte in T.' »Germania«* (in NJb, 47, 1921, S. 14–31). – E. Norden, *Die germanische Urgeschichte in T.' »Germania«*, Lpzg. ³1923; ern. Darmstadt 1959. – E. Wolff, *Das geschichtliche Verstehen in T.' »Germania«* (in Herm, 69, 1934, S. 121–166). – R. Till, *Handschriftliche Untersuchungen zu T.' »Agricola« u. »Germania«*, Bln. 1943 [m. Fotokopie des *Cod. Aesinas*]. – K. Much u. R. Kienast, *Die »Germania« des T.*, Heidelberg ²1959 [Komm.]. – B. Melin, *Zum Eingangskapitel der »Germania«* (in Eranos, 58, 1960, S. 112–131). – G. Bielefeld, *Der kompositor. Aufbau der »Germania« des T.* (in *Fs. f. M. Wegner*, Hg. D. Ahrens, Münster 1962, S. 44–54). – P. Thielscher, *Das Herauswachsen der »Germania« des T. aus Cäsars »Bellum Gallicum«* (in Altertum, 8, 1962, S. 12–26).

DE VITA IULII AGRICOLAE LIBER (lat.; *Das Buch über das Leben des Iulius Agricola*). Biographische Studie von Publius CORNELIUS TACITUS (um 55–125), entstanden 98. – Noch ganz unter dem Eindruck von Domitians Schreckensherrschaft (81–96) tritt Tacitus zwei Jahre nach deren Beseitigung mit der Biographie seines 93 verstorbenen Schwiegervaters Agricola an die Öffentlichkeit: jetzt, unter Traian (reg. 98–117), sei es an der Zeit, eines aufrechten Mannes zu gedenken, dessen *virtus* (menschliche Größe) und glänzende militärische Begabung zu seinen Lebzeiten kaum die angemessene Würdigung fanden.

Das Buch hat drei, auch im Stil voneinander abweichende Teile. Der erste, im engeren Sinn biographische (Kap. 4–9), bringt in fortlaufendem, knappem Bericht die notwendigen Angaben zu Herkunft, Kindheit und Jugend. Der breit angelegte Mittelteil (Kap. 10–42) ist eine in der Art der Monographien des SALLUST abgefaßte historische Skizze über den britannischen Feldzug, den Agricola nach der Übernahme des Oberbefehls mit der endgültigen Niederwerfung der noch freien Stämme und der Stabilisierung der römischen Provinzverwaltung beendete. Exkurse zur Geschichte, Geographie und Art des Landes wie auch die beiden hochfahrenden Reden der feindlichen Heerführer vor der Schlacht am Berg Graupius sollen die Leistung Agricolas in ihrem ganzen Umfang herausstellen. Mit dem letzten Abschnitt (Kap. 43–46) wendet sich der Biograph zur persönlichen Sphäre zurück und berichtet vom Tod des Schwiegervaters; hier dringen Elemente der *laudatio funebris* (Grabrede) und der *consolatio* (Trostrede) ein. Eine erhaben-liebevolle Würdigung, wie sie sonst nur CICERO zu schreiben verstanden hat, bildet den Ausklang. Der Kreis schließt sich: mit der Bemerkung, daß Agricola zwar die Regierung Traians zu erleben versagt blieb, daß ihm jedoch dafür auch die letzten – schlimmsten – Jahre Domitians erspart geblieben sind, ruft Tacitus, die Einleitung (1–3) wiederaufnehmend, von neuem und mit ganzer Bitternis das Leiden der eigenen Zeit in den Sinn. Domitian ist für Tacitus mehr als ein vorübergehendes Tyrannenunglück: er ist das dämonische Symptom der durch und durch korrumpierten Gesellschaft, die ihn ertrug. Auf dem Hintergrund dieser allgemeinen Korruption, der durch die ganze Schrift gegenwärtig bleibt, zeichnet Tacitus, zum reinen Gedächtnis menschlicher Größe, das *monumentum* einer integren, pflichtbewußten und erfolgreichen Persönlichkeit. Der Kontrast ist mit Absicht gewählt, er steigert ebenso den Eindruck von Agricolas *virtus* wie den von der Verderbnis der Zeit, ja er kann geradezu als das Strukturgesetz dieser Schrift angesprochen werden, das ihre Zuordnung zu einer Gattung so schwer macht. Nicht nur das Prooemium nämlich, das keimhaft schon Tacitus' späteres Geschichtsbild in sich trägt, auch die Disposition des Mittelteils weist mehr auf den Historiker als auf den Biographen. Historisch ist aber vor allem das zentrale Problem des *Agricola*: die Frage nach den Bedingungen und Möglichkeiten geschichtlicher Größe. Da die große Persönlichkeit für Tacitus (wie für Sallust) die primäre Zelle alles »Geschichtsgeschehens« darstellt, ist dies die Grundfrage seiner Geschichtsschreibung überhaupt. Die Antwort ist tröstlich: Agricolas *virtus* vermochte sich auch unter den ungünstigsten Voraussetzungen, wenngleich unbelohnt, so doch frei zu entfalten. »*Die stets nur der Widersetzlichkeit ihre Bewunderung zollen, denen möge gesagt sein: auch unter schlechten Kaisern können große Männer leben, und Fügsamkeit und Selbstbescheidung erklimmen in Verbindung mit Ausdauer und Energie dieselbe Höhe des Ruhmes wie die allzu vielen, deren schroffe Feindseligkeit, ohne jeden Nutzen für den Staat, lediglich den Ruhm eines ehrgeizig gesuchten Todes einbrachte.*« (42,5) Trost bergen diese Worte auch für den zeitgenössischen Leser, der in der allgemeinen Verwirrung mehr zu resignierten Optimismus und Indifferenz neigt als zur Hoffnung auf einen politischen Neubeginn. So erweist sich der *Agricola* am Ende als ein historisch weitausgreifender biographischer Essay von pietätvoll sympathischer Grundhaltung, zu einem Zeitpunkt herausgegeben, als es politisch darum ging, die alten Kräfte um Traian neu zu sammeln.   R. M.

AUSGABEN: Mailand ca. 1476 (*Julii Agricolae vita*, in der Gesamtausgabe des Franciscus Puteolanus). – Bln. 1902 (*De vita et moribus Cn. Jul. Agricolae liber*, Hg. A. Gudeman; m. Komm.). – Ldn./Cambridge (Mass.) 1914 (in *Dialogus. Agricola. Germania*, Hg. M. Hutton; m. engl. Übers.; Lond; Nachdr. zul. 1958). – Oxford ²1922 (*De vita Agricolac*, Hg. H. Furneaux u. J. G. C. Anderson; m. Komm.; Nachdr. zul. 1958). – Oxford ³1939 (in *Opera minora*, Hg. des.; Nachdr. zul. 1962). – Paris ²1948 (*Vie d'Agricole*, Hg. E. de Saint-Denis; m. frz. Übers.). – Turin 1949, Hg. M. Lenchantin de Gubernatis. – Bln. 1961 (*Das Leben des Iulius Agricola*, Hg. R. Till; m. Einl., Übers., Komm. u. Bibliogr.). – Lpzg. 1962 (in *Libri qui supersunt*, Hg. E. Koestermann, Bd. 2/2).

ÜBERSETZUNGEN: *Von des Agricolä Leben und Thaten*, C. M. Grotnitz v. Grodnau, Ffm. 1657. – *Leben des Agricola*, anon., Lpzg. 1922 (Denkmäler dt. Geschichte, 6). – K. Büchner (in *Die historischen Versuche*, Stg. ²1963; Kröners TA, 225).

LITERATUR: F. Leo, *Die griechisch-römische Biographie*, Lpzg. 1901, S. 224–233. – J. Cousin, *Histoire et rhétorique dans l'»Agricola«* (in Revue des Études Latines, 14, 1936, S. 326–336). – R. Till, *Handschriftl. Untersuchungen zu T.' »Agricola« u. »Germania«*, Bln. 1943 [m. Photokopie des Cod. Aesinas]. – F. Grosso, *Tendenziosità dell' »Agricola«* (in *In memoriam A. Beltrami. Miscellanea philo-*

logica, Genua 1954, S. 97–145). – K. Büchner, *Das Proömium zum »Agricola« des T.* (in WSt, 69, 1956, S. 321–343; ern. in K. B., *Studien zur röm. Lit.*, Bd. 4; *Tacitus u. der Ausklang*, Wiesbaden 1964, S. 23–42). – K. v. Fritz, *T., Agricola, Domitian and the Problem of the Principate* (in Classical Philology, 52, 1957, S. 73–97).

DIALOGUS DE ORATORIBUS (lat.; *Dialog über die Redner*). Prosaschrift des Publius CORNELIUS TACITUS (um 55–125), vermutlich entstanden um 100. – Die einleitende Frage, warum im Gegensatz zu früheren, durch eine hochentwickelte Redekunst gekennzeichneten Jahrhunderten die Gegenwart so arm sei an großer Rhetorik, könnte eine literarhistorische Abhandlung erwarten lassen. Da aber Tacitus die Rhetorik hier nahezu ausschließlich als politische und juristische Rhetorik auffaßt, ja sogar einen Zusammenhang zwischen dem Stand der Beredsamkeit und den politischen Verhältnissen zu erkennen glaubt, wird der *Dialogus* zur Analyse der politischen Gegenwart.

Die drei Hauptgesprächspartner sind: Aper, einer der rhetorischen Lehrmeister des Tacitus, der auch sonst von Tacitus zitierte römische Historiker Messalla und schließlich der Tragödiendichter und frühere Gerichtsredner Maternus, in dem der Autor gleichsam eine Selbstdarstellung gibt. Drei Paare von Reden dieser Männer, dazwischen kurze Gespräche als Überleitung zur jeweils gewandelten Problemstellung: das ist der äußere Aufbau, dem inhaltlich die dreistufige Beantwortung der eingangs genannten Hauptfrage entspricht. Zunächst verteidigt Maternus gegen Aper die Würde des Dichters: das Rhetorendasein bedeutet keine Lockung mehr für ihn. Anschließend beweist Messalla – wiederum gegen Aper – die Überlegenheit früherer Redekunst über die gegenwärtige. Das dritte Redepaar, von Maternus mit einer Wiederholung der Hauptfrage sowie einem Vergleich zwischen dem Absinken der Redekunst und dem Verlust republikanischer Freiheit eingeleitet, bringt die endgültige Antwort: die angehenden Rhetoren hatten früher – so Messalla – neben ihrer sorgfältigeren Erziehung und Ausbildung ein besseres, weil lebensnäheres Übungsfeld in den Kämpfen der Republik. Hieran schließt Maternus – unter endgültiger Wendung zur politischen Betrachtungsweise – an: der Kampf auf dem republikanischen Forum war zwar eine gute Schule für die Rhetoren, aber eine Gefahr für den Staat; jetzt ist unter einem weisen und gerechten Mann der Staat geeinigt – die politische Rhetorik ist entbehrlich und verfällt, während der Staat gedeiht.

So führt die Frage nach der Entwicklung der Redekunst zu einer politischen Stellungnahme gegen die Zügellosigkeit der republikanischen Endzeit und für die weise Staatslenkung durch einen gerechten Kaiser wie Nerva oder Traian. Aus dieser allgemeinen Diagnose ergibt sich für Tacitus der freiwillige Verzicht auf jede unmittelbare politische Wirksamkeit, soweit sie die reine Verwaltungsarbeit übersteigt (vgl. *Annales*). Den Ausgleich für diesen Verzicht läßt Tacitus (entsprechend seinem eigenen Rückzug in die Historie) den Maternus in der Dichtung finden, welche die Großen der – republikanischen – Vergangenheit besingt.

Formale Besonderheiten gegenüber den anderen Werken des Tacitus – die »untaciteisch« füllige, in Wortwahl und Satzbau an CICERO gemahnende Sprache sowie die ebenfalls aus Ciceros Werk bekannte Form des fingierten, von einem Erzähler wiedergegebenen Dialogs – haben gelegentlich dazu geführt, ihm die Autorschaft am *Dialogus* abzusprechen. Diese Eigenarten lassen sich aber durchaus aus der Verneigung des Autors vor einem in Theorie und Praxis herausragenden Vertreter der rhetorischen Disziplin erklären. K. J.

AUSGABEN: Venedig 1470 (in *Opera*, Hg. Wendelin von Speyer). – Oxford 1893, Hg. W. Peterson [m. Komm.]. – Boston 1894, Hg. A. Gudeman [m. Komm.]. – Ldn./Cambridge (Mass.) 1914 (*The Dialogus*, Hg. W. Peterson; m. engl. Übers.; Loeb; Nachdr. zuletzt 1958). – Oxford ³1939 (in *Opera minora*, Hg. H. Furneaux u. J. G. C. Anderson; Nachdr. zuletzt 1962). – Turin o. J. [1949], Hg. M. Lenchantin de Gubernatis. – Pisa o. J. [1949], Hg. A. Marsili [m. Komm.]. – Paris ⁴1960 (*Dialogue des orateurs*, Hg. H. Goelzer; m. frz. Übers. v. H. Bornecque). – Paris 1962, Hg. A. Michel [m. Komm.]. – Lpzg. 1962 (in *P. Cornelii Taciti libri qui supersunt*, Hg. E. Koestermann).

ÜBERSETZUNGEN: *Das Gespräch von den Rednern od. von den Ursachen der verfallenen Beredsamkeit*, J. Ch. Gottsched (in J. Ch. G., *Grundriß zu einer vernunftmäßigen Redekunst*, Hannover 1729). – *Dialog über alte u. neue Beredsamkeit*, C. L. Roth (in *Werke*, Bd. 1, Stg. 1854 u. ö.). – *Gespräch über die Redner*, W. Boetticher (in *SW*, Wien 1935). – *Dialogus*, K. Büchner (in *Die historischen Versuche*, Stg. ²1963). – *Dialog über der Redner*, G. Dorminger, Mchn. 1963 (GGT, 972).

LITERATUR: R. Reitzenstein, *Bemerkungen zu den kleinen Schriften des T.* (in NGG, 1914, S. 173 bis 276). – K. v. Fritz, *Aufbau u. Absicht des »Dialogus de oratoribus«* (in RhMus, 81, 1932, S. 275–300). – C. Masera, *Per la paternità taciziana del dialogo »De oratoribus«* (in Il Mondo Class., 1934, S. 98 bis 105). – K. Barwick, *Der »Dialogus de oratoribus« des T.* (in Berichte üb. die Verhandlungen der Sächs. Ak. d. Wiss. Lpzg., phil.-hist. Kl., 101/4, Bln. 1954). – L. Herrmann, *Quintilien et le »Dialogue des orateurs«* (in Lat, 14, 1955, S. 349–369). – K. Willmer, *Das Domitianbild des T. Untersuch. des taciteischen Tyrannenbegriffes u. seiner Voraussetzungen*, Diss. Hbg. 1958. – W. Richter, *Zur Rekonstruktion des »Dialogus de oratoribus«* (in NAG, 1961, 12, S. 387–425). – A. Michel, *Le »Dialogue des orateurs« de T. et la philosophie de Cicéron*, Paris 1962 [m. Bibliogr.].

HISTORIAE (lat.; *Geschichtsbücher*). Historisches Werk in wahrscheinlich vierzehn Büchern von Publius CORNELIUS TACITUS (um 55–125), begonnen um 104, vollendet gegen 110. – Nach zwei vorangegangenen historischen Skizzen, dem *Agricola* und der *Germania*, betritt Tacitus mit diesem Werk das Feld der großen annalistischen Geschichtsschreibung. Als erster Teil des zuletzt 30 Bücher umfassenden Gesamtwerks behandeln die *Historien* die Geschichte Roms unter den flavischen Kaisern (69–96), während die späteren *Annalen* der Geschichte der iulisch-claudischen Dynastie (14–68) gewidmet sind. Der Titel *Historiae* – er stammt wohl nicht von Tacitus – ist irreführend insofern, als er den annalistischen Aufbau verschweigt, andererseits aber auch zutreffend, da der Autor tatsächlich Zeitgeschichte behandelt.

Die genau vom 1. Januar 69 bis zur Ermordung des letzten Flaviers Domitian (96) reichende Darstellung verteilte sich aller Wahrscheinlichkeit nach auf vierzehn Bücher, von denen jedoch nur die ersten vier und etwa die Hälfte des fünften erhalten sind.

So werden in dem überlieferten Torso nur wenig mehr als zwölf Monate dargestellt: die Wirren des Vierkaiserjahrs 69 und der Beginn von Vespasians Dominat. Im einzelnen entfallen auf das erste Buch: eine knappe Einführung in die Lage des Reiches und die politischen Verhältnisse nach Neros Tod (Kap. 4-11), Galbas kurze Regentschaft und Ermordung (12-49), die Anfänge der Regierung Othos (50-90); auf das zweite: die Auseinandersetzung zwischen Otho und Vitellius, die Entscheidungsschlacht bei Bedriacum und der Selbstmord Othos (1-51), die Regierung des Vitellius und dessen Ankunft in Rom (52-101); auf das dritte: Vitellius' Kampf gegen die Flavianer und seine Niederlage; auf das vierte: das Wüten der siegreichen Flavianer in Rom und Domitians Statthalterregiment sowie Vitellius' Hinrichtung (1-11), der Bataveraufstand (12-37 und 80-86), Vermischtes aus dem Januar des Jahres 70; auf das fünfte: ein historisch-geographischer Exkurs über Judäa (1-13), das Ende des Bataveraufstandes (14-26). Der Bericht über die Regierung von Vespasian (69-79), Titus (79-81) und Domitian (81-96), also der Hauptteil des Werkes, fehlt.

Im Vorwort beruft sich Tacitus, das »*sine ira et studio*« (»*ohne Zorn und Eifer*«) seiner *Annalen* vorwegnehmend, auf das historiographische Ideal der Unparteilichkeit: »*neque amore et sine odio*« (»*nicht mit Vorliebe und ohne Haß*«; 1, 1, 3). Soweit sich darin ein Objektivitätsanspruch verbirgt, darf er freilich nicht – wie es geschah – an den kritischen Methoden der modernen Geschichtsforschung gemessen werden. Der Autor bekennt sich mit diesen Werken in erster Linie zu einer besonderen schriftstellerischen Freimütigkeit *(libertas)*, in der er neben der ebenso wichtigen stilistischen Vorbildlichkeit *(eloquentia)* ein verpflichtendes Charakteristikum römischer Geschichtsschreibung erblickt, das zu erfüllen ihm – nach der langen, drückenden Meinungsdespotie Domitians – unter den liberalen Regenten Nerva (reg. 96-98) und Traian (reg. 98 bis 117) endlich vergönnt war. Noch weniger als in den *Annalen* werden in diesem zeitgeschichtlichen Werk maßgebliche Historiker namentlich herangezogen; vielmehr stützt sich nachprüfbares Material die Darstellung: mündliche Berichte, persönliche Erfahrungen, Dokumente (der jüngere PLINIUS stellte solche zur Verfügung), *Acta senatus (Senatsakten)* und *Acta diurna (Tagesakten)*. Geschichtsschreibung erfüllt sich für Tacitus nicht in sachbezogener Neutralität eines Unbeteiligten, sondern in kompromißloser »*Subjektivität*«, im Engagement und moralischer Wertung. Wie kaum bei einem anderen Historiker ist die Geschichtsschreibung bei ihm in der eigenen politischen und weltanschaulichen Position verankert. Ihrem Inhalt nach ist diese Position gekennzeichnet von einem verhüllten, aber tief verwurzelten Republikanismus und Aristokratismus, der teils in gekränktem Standesbewußtsein, teils in der aufrichtigen Sorge um die in der Alleinherrschaft bedrohten Werte des römischen Staatsgedankens hervortritt. Für die vordringlichste Aufgabe des Prinzipats, die soziale, rechtliche und ökonomische Integration des riesigen Eroberungsreiches, fehlt das Verständnis. Die negativen Aspekte des Kaisertums, insbesondere die um sich greifende Korruptheit der oberen Stände und die zunehmende Proletarisierung der besitzlosen Schichten (vgl. die verächtlichen Ausfälle gegen die »*gemeine Masse*«, etwa 1, 4, 3; 1, 90, 3; 4, 1, 2), stehen beherrschend im Vordergrund.

Gleichwohl zeigt sich Tacitus in den *Historien* noch von der momentanen Notwendigkeit des Prinzipats überzeugt. Noch heftiger als die charakterlosen Opportunisten verurteilt er – aus einer umsturzfeindlichen, konservativen Haltung heraus – die republikanischen Eiferer. Das Problem des Prinzipats verlagert sich ganz auf die Person des Princeps selbst, denn an ihr allein liegt es, ob der Ausgleich von Macht, Freiheit *(libertas)* und staatspolitischer Leistung *(virtus)* gelingt. Hier entscheidet sich schließlich in der Kaiserzeit die römische Geschichte, und Reichsgeschichte kann somit, unter Ausklammerung des Provinzialgeschehens, nahezu identisch werden mit der Geschichte der Kaiser. Domitian und Traian verkörpern vorerst noch exemplarisch die möglichen Extreme kaiserlicher Machtausübung. Doch gelegentlich schimmert bereits die spätere Skepsis durch, eine Folge des unverwischbaren Eindrucks der Schreckensherrschaft Domitians, aus der jener abgründige Pessimismus der letzten Partien der *Annalen* erwachsen ist.

Die Anziehungskraft, die das Werk auch heute noch auszuüben vermag, beruht vornehmlich auf der Kraft des Taciteischen Stils. Immer wieder wird der annalistische Aufbau von romanähnlichen Kompositionsformen durchbrochen, deren hervorstechende Mittel sind: Gruppierung nach Schauplätzen und Hauptgestalten, Kontrastierung, Steigerung und Überlagerung. Dies gilt für die Anordnung der eingestreuten Reden, Gerüchte und Exkurse wie im besonderen für die Plazierung der eindrucksvollen Charakterbilder, die in Form von Nekrologen größere Abschnitte abschließen (z. B. Galba 1,49; Otho 2, 50; Vitellius 3,86). Gerade hier, wo er die geheimsten Regungen und Motive in der geschichtlich handelnden Persönlichkeit aufspürt, leistet Tacitus völlig Neues. Es entstehen unvergleichlich lebensvolle, vielschichtige, doch in sich stimmige und scharfe Porträts, die in Technik und Wirkung an »*das Licht auf einem Rembrandtschen Gemälde*« (Schanz-Hosius) denken lassen. Überhaupt ist Tacitus bestrebt, mehr die Kausalität der psychologischen als die der faktischen Aspekte herauszuarbeiten (1, 4, 1). Die Ereignisse sind zuletzt nur noch Symptome des Charakters der für sie verantwortlichen Männer. Dieser gleichfalls romanhafte Zug entbehrt freilich nicht einer geschichtsphilosophischen Fundierung: Tacitus erkennt – im Guten wie im Bösen – im handelnden Menschen die treibende Kraft der Geschichte.

Der psychologisierenden Methode kommt der eigentümliche Sprachstil in besonderer Weise entgegen. In der Vorliebe für Partizip und Gerundiv, für absolute Ablativkonstruktionen, in der unorganisch-zerrissenen, das substantivische Abstraktum dem konkreteren Verbum vorziehenden Syntax, deren Glieder – im denkbar größten Gegensatz etwa zu CICEROS Periodisierungskunst – gleichwuchtigen Blöcken nebeneinandergesetzt sind, in der preziösen, doch keineswegs manierierten Schärfe des Ausdrucks bekundet sich eine geballte, zur gnomischen Gewichtigkeit tendierende Knappheit. Sie taucht die Darstellung in ein effektvolles Halbdunkel (FÉNELON: »*brévité mystérieuse*«), dessen emotionale Wirkung nicht zu leugnen ist, das freilich andererseits den genauen Zusammenhang der Gedanken und Tatsachen oft etwas vage bleiben läßt (Gefechtsbeschreibungen etwa sind bei Tacitus sehr unanschaulich). Zu Recht bringt man wohl diese merkwürdig undeutlich-deutliche Schreibweise mit den besonderen Bedingungen in Beziehung, unter denen der Schriftsteller im autoritären Staat arbeiten muß. Ein gut Teil dieser Dunkelheit geht allerdings auf Tacitus' Befangenheit im Rhetorischen zurück. So lassen sich zuweilen Überakzentuierungen und darstellungsfremde Argumente entdecken. Daher kann man auch höchst unterschiedliche Äußerungen zur Geschichtsphilosophie gegeneinanderhalten, wonach einmal der Zufall (1, 4, 1), einmal das Schicksal (1, 10, 3), die Götter (1, 3, 2; 4, 78, 2) oder die Sterne regulierend in die Geschichte eingreifen, desgleichen zum Wunderglauben und zur Astrologie (1, 3, 2; 1, 22, 2; 5, 13, 1). Doch ist solchen widersprüchlichen Äußerungen, wiewohl oft unüberwindlich für gewissenhafte Interpreten, nichts prinzipiell Antinomisches zu eigen. Hätten sie nicht schon als Stimmungsmoment ihren stilcharakteristischen Wert, so könnten sie immerhin zeigen, wie wenig es Tacitus darauf ankommt, die Unwägbarkeiten der Geschichte in ein starres geschichtstheoretisches System zu pressen.

Das Altertum schwieg Tacitus' Werk fast tot. Man weiß nur von der Bewunderung des jüngeren PLINIUS und einer imitierenden Fortsetzung durch AMMIANUS MARCELLINUS (4. Jh.). Erst in der karolingischen Zeit trat der Kaiserkritiker und mit den Humanisten (BOCCACCIO) der Stilist Tacitus wieder ins Bewußtsein. R. M.

AUSGABEN: Venedig 1470 (in der Werkausgabe des Wendelin von Speyer; enth. Buch 1–5). – Mailand ca. 1476 (in der GA des Franciscus Puteolanus). – Oxford 1911 (*Historiarum libri*, Hg. C. D. Fisher; Nachdr. zul. 1962). – Ldn./Cambridge (Mass.) 1925–1931 (in *Tacitus*, Bd. 1–2, Hg. C. H. Moore; m. engl. Übers.; Loeb; Nachdr. zul. 1956). – Paris ²/³1949–1951 (*Histoires*, Hg. H. Goelzer, 2 Bde.; m. frz. Übers.). – Rom 1949 (*Historiarum libri*, Hg. C. Giarratano). – Haarlem 1958/59, Hg. G. J. D. Aalders, 2 Bde. [m. Komm.]. – Paris 1959 (*Histoires. Livre I*, Hg. P. Wuilleumier; m. Komm.). – Lpzg. 1961 (*Historiarum libri*, in *P. Cornelii Taciti libri qui supersunt*, Bd. 2/1, Hg. E. Koestermann). – Heidelberg 1963 (*Historiarum libri*, Hg. R. Till; m. Einl. v. M. Gelzer).

ÜBERSETZUNGEN: *Der Römischen Keyser historien: von des abgang des Augusti an: biss auff Titum vnd Vespasianum von jar zu jar durch Cornelium Tacitum beschriben* ..., J. Micyllus [d. i. Moltzer], Mainz 1535. – *Die Historien*, W. Bubbe, unter Benutzung der Übers. v. W. Bötticher [1834], Lpzg. 1930 (RUB, 2721–2723). – *Historien*, W. Sontheimer, Einl. V. Poeschl, Stg. 1959 (Kröners Taschenausg., 299). – Dass., J. Borst u. H. Hross, Mchn. 1959 [lat.-dt.].

LITERATUR: O. Seeck, *Der Anfang von T.' »Historien«* (in RhM, 56, 1901, S. 227–232). – F. Klingner, *Die Geschichte Othos bei T.* (in Berichte ü. d. Verhandlungen d. Sächs. Ak. d. Wiss. zu Lpzg., phil.-hist. Kl., 92, 1940; ern. in F. K., *Studien*, Zürich/Stg. 1964, S. 605–624). – E. Paratore, *Tacito*, Mailand/Varese o. J. [1951], S. 341–612. – H. G. Jacobsen, *Untersuchungen zur Darstellungsweise des T. in den »Historien«, Buch IV*, Diss. Kiel 1954. – A. Briessmann, *T. und das flavische Geschichtsbild*, Wiesbaden 1955 (HermE, 10). – W. Jens, *Libertas bei T.* (in Herm, 84, 1956, S. 331–352). – R. Syme, *T.*, Bd. 1, Oxford 1958, S. 132–216. – G. J. D. Aalders, *T. als geschiedschrijver*, Groningen 1960. – P. Hanslik, *Die Auseinandersetzung zwischen Otho u. Vitellius bis zur Schlacht von Bedriacum nach T.* (in WSt,74, 1961, S. 113–125). – R. Syme, *T. u. seine politische Einstellung* (in Gymn, 69, 1962, S. 241–263). – V. Poeschl, *Der Historiker T.* (in Die Welt als Geschichte, 22, 1962, S. 1–10). – H. Heubner, *Die Historien*, Heidelberg 1963 ff. [Komm.; bisher ersch.: Buch 1].

CHARITON aus Aphrodisias
(1. oder 2. Jh.)

CHAIREAS KAI KALLIRRHOĒ (griech.; *Chaireas und Kallirrhoe*). Der früheste der erhalten gebliebenen griechischen Romane, von CHARITON aus Aphrodisias (Kleinasien). Der Autor, Schreiber im Büro eines Provinzadvokaten, lebte, wie Papyrusfragmente ausweisen, spätestens im 2. Jh. n. Chr., wahrscheinlich jedoch schon im ersten vorchristlichen Jahrhundert.

Der Aufbau des Werkes, dessen Inhalt Chariton in acht Bücher teilte, ist von auffallender Simplizität und unterscheidet sich, von der oft gerühmten Geradlinigkeit der Handlung abgesehen, in nichts von dem gewöhnlichen Schema aller griechischen Liebesromane, wie es etwa auch die *Ephesische Geschichten (Ta kat' Antheian kai Habrokomēn Ephesiaka)* des XENOPHON oder die *Aithiopika (Syntagma tōn peri Theagenēn kai Charikleian Aitiopikōn)* HELIODORS repräsentieren: die dramatischen Mittel der Erzählung sind so stereotyp geworden wie ihre Disposition. Am Beginn wird die prächtige Hochzeit des Paares Kallirrhoe und Chaireas geschildert, die durch einen jähen Mißklang ihr Ende findet: der eifersüchtige Chaireas schlägt, von verleumderischen Anklagen irregeleitet, seine junge Frau nieder. Man hält das Mädchen für tot und bestattet es. Räuber, die Gruft plündern, führen die soeben wieder Erwachte mit den Grabschätzen zusammen fort. In Milet wird sie als Sklavin an einen vornehmen Herrn namens Dionysios verkauft, der sich sogleich von ihrer überirdischen Schönheit geblendet zeigt; doch gibt sie seinen Anträgen erst Gehör, als sie bemerkt, daß sie von Chaireas schwanger ist. Dieser war inzwischen den Spuren der Geliebten gefolgt, aber mit seinem Schiff von Persern überfallen worden und als Sklave an den Hof des Statthalters Mithridates gelangt. Kallirrhoe erfährt durch ein Gerücht, Chaireas sei bei dem Kampf umgekommen und veranstaltet eine große Totenfeier. Bei dem feierlichen Zuge erblickt sie der Statthalter und verliebt sich sofort in sie. Der Ehemann Dionysios, der ihn der Nebenbuhlerei verdächtigt, bringt eine Beschwerde beim Großkönig, Artaxerxes II., ein: und auch dieser verfällt den Reizen der überirdischen Schönheit Kallirrhoes, um die Frau für sich zu gewinnen, zögert er die Verhandlung länger und länger hinaus. Da bricht unverhofft – Peripetie des Dramas! – ein Aufstand in Ägypten aus. Ein Feldzug wird gerüstet, die Frauen des persischen Hofes ziehen mit in den Krieg. Chaireas aber geht nach Alexandria und wird Führer des ägyptischen Heeres. In einer Seeschlacht kann er die Flotte der Perser schlagen und die vornehmen Perserinnen gefangennehmen, doch unterliegen die Ägypter zu Lande. Die beiden Gegner schließen Frieden: großmütig gibt Chaireas die Königin und ihr Gefolge an Artaxerxes zurück, hat er doch unter den Gefangenen seine Kallirrhoe entdeckt. Glücklich vereint segeln sie in die Heimat und ziehen unter dem Jubel der Bevölkerung in Syrakus ein. Und während Chaireas einer staunenden Volksversammlung von den wunderbaren Wegen der Aphrodite und des Geschicks berichtet, schreibt Kallirrhoe einen rührenden Brief an Dionysios, dem sie die Fürsorge für ihren Knaben anvertraut.

Seine besondere Note gewinnt der Roman durch das historische Gewand, in das Chariton die Liebesgeschichte kleidet. Kallirrhoe ist die Tochter jenes berühmten Strategen Hermokrates aus Syrakus († 406 v. Chr.), der die athenische Sizilienexpedition (415) so kläglich zum Scheitern brachte. Auch die Schauplätze der Handlung – in großzügig-kühnem Schwung wird der ganze Mittelmeerraum einbezogen – und die Nebenakteure zeigen geschichtliche Züge. Dennoch kam es dem Autor keineswegs auf Exaktheit der geschichtlichen Daten an: das Historische ist nur ein üblicher Kunstgriff, der exotischen Farbigkeit und dem außergewöhnlichen Geschehen des Märchens Glaubwürdigkeit und Aktualität zu verleihen und so die Distanz zwischen der fiktiven Illusion des Dargestellten und dem Alltagsleben des Lesers zu verkürzen – eine Eigenart, die der griechische Roman, neben anderem, durchaus mit der heutigen Gebrauchs- und Unterhaltungsliteratur gemein hat. Daß Chariton dabei in einsichtiger Beschränkung auf seine Fähigkeiten jedes schwülstige Übermaß in Handlung und Sprache meidet, ist ein Zug, der sein Werk, verglichen mit anderen phantasiestrotzenden Produkten dieser Gattung, bei aller Anspruchslosigkeit doch noch recht ansprechend erscheinen läßt. E. Sch.

AUSGABEN: Amsterdam 1750 (*Tōn peri Chairean kai Kallirrhoēn erōtikōn dihēgēmatōn logoi H*, 3 Bde., Hg. I. P. de Orville, m. lat. Übers. von J. J. Reiske). – Lpzg. 1859 (in *Erotici scriptores Graeci*, Bd. 2, Hg. R. Hercher). – Oxford 1938 (*De Chaerea et Callirhoe amatoriarum narrationum libri octo*, Hg. W. E. Blake). – Bln. 1960 (*Der Roman des Chariton*, Hg. F. Zimmermann, Bd. 1, m. Übers.; ASAW, phil.-hist. Kl., 51/52).

ÜBERSETZUNGEN: *Liebesgeschichte des Chäreas u. der Callirrhoe*, C. G. Heyne, Lpzg. 1753. – *Chäreas und Callirrhoë oder die Folgen der Eifersucht*, C. Schmieder, Lpzg. 1807. – *Chaereas and Callirhoe*, W. E. Blake, Ldn. 1939 [engl.].

LITERATUR: E. Rohde, *D. griech. Roman u. s. Vorläufer*, Darmstadt ⁴1960, S. 517–531. – B. E. Perry, *C. and His Romance from a Literary-Historical Point of View* (in AJPh, 51, 1930, S. 93–134). – W. Bartsch, *Der Charitonroman und die Historiographie*, Diss. Lpzg. 1934. – R. Helm, *Der antike Roman*, Göttingen ²1956, S. 34–37. – P. Salmon, *Chariton d'Aphrodisias et la révolte égyptienne de 360* (in Chronique d'Égypte, 36, 1961, S. 365–376). – R. Petri, *Über den Roman des Chariton*, Meisenheim/Glan 1963 (Beiträge zur Klass. Philologie, 11; urspr. Diss. Erlangen 1961).

PSEUDO-ARISTOTELES
(1./2. Jh.)

PERI KOSMU (griech.; *Von der Welt*). Ein auf den Namen des ARISTOTELES (384–322 v. Chr.) gefälschtes und in seinem Schriftencorpus überliefertes Werk, von früheren Gelehrten meist der stoischen Schule, besonders der Nachfolge des POSEIDONIOS (um 135–51 v. Chr.) zugeschrieben; neuere Untersuchungen haben jedoch gezeigt, daß der anonyme Autor, in der Zeit PLUTARCHS (um 46 – nach 120) lebend, durchaus auf dem Boden des Peripatos steht, freilich in versöhnlicher Nähe zum Platonismus (was schon die aufkommende Neuplatonik ahnen läßt). – Der Grundtenor des kleinen, in ansprechendem und manchmal sogar enthusiastisch gehaltenem Stil geschriebenen Werkes ist protreptisch, wie bereits der erste Satz der einleitenden Widmung an Alexander den Großen kundtut. Diese Öffnung nach außen, der mit Wärme werbende Charakter, tritt auch in der klaren Gliederung zutage, mit der in kurzen Zügen nacheinander eine Kosmologie und Kosmophysik sowie eine Theologie entworfen wird, wobei der Nachdruck – hier spürt man die innere Beteiligung des Autors am stärksten – sichtlich auf der emphatischen Schilderung der allmächtigen und allwaltenden Gottheit liegt, die über allem kosmischen Geschehen thront: eine kompositorische Klimax, die durch das Zitat der orphischen Preisverse auf den Höchsten Zeus am Ende äußerlich sinnfällig wird. Auch die fein stilisierte Sprache deutet darauf, daß der Verfasser an ein größeres Publikum denkt. So sind etwa die Klauseln, die Satzschlüsse, ganz nach der Mode der Zeit strukturiert und durchrhythmisiert. Das Büchlein hat offenbar die intendierte und verdiente Resonanz gefunden: APULEIUS (2. Jh.) übertrug es ins Lateinische, im 6. Jh. fertigte SERGIUS RESAINENSIS eine syrische Übersetzung an, und noch im 11. Jh. läßt sich der Einfluß von *Peri kosmu* nachweisen. E. Sch.

AUSGABEN: Venedig 1496 *(De mundo*, in *Opera*, Hg. Johannes u. Gregorius de Gregoriis; lat.). – Venedig 1497 (in der GA des Aldus Manutius, Bd. 2). – Bln. 1831 (in *Opera*, Hg. I. Bekker, Bd. 1; Nachdr. Bln. 1960, Hg. O. Gigon). – Paris 1933 (*Aristotelis qui fertur libellus de mundo*, Hg. W. L. Lorimer; m.dt. Übers. d. Kap. 5–7 der syrischen Version v. E. König). – Ldn./Cambridge (Mass.) 1955 (*On the Cosmos*, Hg. D. J. Furley; in *Aristotle. On Sophistical Refutations...*, Hg. E. S. Forster; m. engl. Übers.; Loeb). – Brügge/Paris ²1965 (*De mundo*, in *Aristoteles Latinus*, Bd. XI, 1–2, Hg. W. L. Lorimer u. L. Minio-Paluello; mehrere lat. Übersetzungen).

ÜBERSETZUNGEN: *Brief an Alexander den Großen, über die Welt*, J. G. Schulthess, Zürich 1782. – *Von der Welt* (in *Von der Seele und von der Welt*, C. H. Weise, Lpzg. 1829). – *An König Alexander, über die Welt*, P. Gohlke, Paderborn 1949 [griech.-dt.].

LITERATUR: W. Capelle, *Die »Schrift von der Welt«. Ein Beitrag zur Geschichte der griechischen Popularphilosophie* (in NJb, 15, 1905, S. 529–568). – W. L. Lorimer, *The Text Tradition of Pseudo-Aristotle »De mundo«*, Oxford 1924. – Ders., *Some Notes on the Text of Pseudo-Aristotle »De mundo«*, Ldn. 1925. – K. Praechter, *Die Philosophie des Altertums*, Darmstadt 1967 [Tübingen ¹²1926], S. 561/562. – J. P. Maguire, *The Sources of Pseudo-Aristotle »De mundo«* (in Yale Classical Studies, 6, 1939, S. 109–167). – A.-J. Festugière, *La révélation d'Hermès Trismégiste*, Bd. 2, Paris 1949, S. 460 bis 518 [m. frz. Übers.]. – H. Strohm, *Studien zur »Schrift von der Welt«* (in MH, 9, 1952, S. 137–175).

ANONYM

CHRYSA EPĒ (griech.; *Goldene Verse*). Sammlung von 71 hexametrischen Versen, die aus der Zeit und dem Geist des Neupythagoreismus (etwa 1. Jh. v.

Chr. bis 2. Jh. n. Chr.) hervorgegangen sind; in der Antike PYTHAGORAS (6. Jh. v. Chr.) zugeschrieben. – Es handelt sich um ethisch-religiöse und lebenspraktische Sentenzen, die sich teils mehr, teils minder stark an die gängigen Anschauungen der neupythagoreischen Richtung anlehnen. Ihre literarische Qualität ist recht dürftig, der Wert ihrer Erkenntnisse und Erfahrungen nicht eben bedeutend (»*Drum so wisse es denn, daß Sterben allen bestimmt ist*«, Vers 15). Mahnende Paränese steht durchaus im Vordergrund – Ehrfurcht vor Göttern und Menschen, Maß und Einsicht heißen die Zentralbegriffe –; nur selten wird philosophische Lehre berührt, allenfalls im Bereich des Psychischen: »*Wenn du, den Körper verlassend, zum freien Äther emporsteigst, wirst du unsterblicher Gott sein, dem Tod fern und nicht mehr sterblich.*« (V. 70f.) Da das – sei es als Ganzes verfaßt, sei es aus mancherlei umlaufenden Sprüchen zusammengestellte – kleine Werk unter dem Namen des Pythagoras weitergegeben wurde, fand es bis in Mittelalter und Renaissance weiten Anklang; bisweilen sah man in ihm sogar die Quintessenz der Gedanken des Meisters enthalten und würdigte es mehrfacher Kommentierung. Unter den Interpreten ist auch der Neuplatoniker HIEROKLES aus Alexandria (um 400–460), dessen jahrhundertelang geschätzter Kommentar erhalten geblieben ist. Daß die *Chrysa epē*, wie neuerdings vermutet worden ist, in ihrem Kern noch altgriechische, vielleicht gar im frühen Pythagoreerkreis verankerte *gnōmai* (Sentenzen) enthielten, ist wenig wahrscheinlich, auf jeden Fall nicht mehr bündig verifizierbar. E. Sch.

AUSGABEN: Padua 1474 (in *Hieroclis philosophi stoici et sanctissimi in Aureos versus Pythagorae opusculum praestantissimum et religioni christianae consentaneum*, Hg. J. Aurispa; lat. Übers.). – Venedig 1495 (*Carmina aurea*, in der Gnomikersammlung des Aldus Manutius). – Paris 1938 (*Le livre de la sagesse pythagoricienne*, Hg. G. Méautis; frz. Übers. m. Komm.). – Paris 1948 (in J. Zafiropulo, *Anaxagore de Clazomène*, S. 249–259; m. frz. Übers.). – Bourges 1950 (*Les Vers d'or de Pythagore*, Hg. L. Saint-Michel; m. frz. Übers. u. Komm.). – Bln. 1961 (in *Theognis. Ps.-Pythagoras. Ps.-Phocylides …*, Hg. E. Diehl u. D. Young). – Neapel 1962 (*I versi aurei di Pitagora*, Hg. A. Farina; m. ital. Übers. u. Komm.). – Kommentar des Hierokles: Paris 1860 (in F. W. A. Mullach, *Fragmenta philosophorum Graecorum*, Bd. 1).

ÜBERSETZUNGEN: *Das güldene Gedicht des Pythagoras*, J. P. Müller, Helmstedt 1750. – *Die goldenen Sprüche des Pythagoras*, H. Schneeberger, Würzburg 1862 (Gymn.-Progr. Münnerstadt). – *Des Theognis Elegien nebst … Pythagoras' goldenen Sprüchen*, W. Binder, Bln. ⁴1910.

LITERATUR: J. A. Schroeder, *Nobele geest* in Hermeneus, 27, 1956, S. 84–87; 105ff.). – J. Evola, *I versi d'oro pitagorei*, Rom 1959. – Lesky, S. 936.

Decimus IUNIUS IUVENALIS
(gest. um 140)

SATURARUM LIBRI V (lat.; *Fünf Bücher Satiren*). Sechzehn Satiren in Hexameterversen von Decimus IUNIUS IUVENALIS († um 140), entstanden etwa vom Jahr 100 an. – Obgleich unter den Kaisern Trajan und Hadrian verfaßt, gelten die *Satiren* Juvenals den unter dem Schreckenskaiser Domitian herrschenden Verhältnissen und Zuständen: sei es, weil ihr Verfasser die eigene Epoche nur im Gewand einer bereits vergangenen so schonungslos zu zeichnen wagte, sei es, weil er, wie sein geistesverwandter Zeitgenosse TACITUS, seiner Empörung über den halbverrückten Tyrannen und seine Zeit erst unter dem nachfolgenden Regime Luft machen konnte. Die versteckte Ironie, wie sie einem anderen Zeitgenossen, dem Epigrammatiker MARTIAL, in raffinierter, oft fast hinterhältiger Weise zu Gebote stand, war Juvenal jedenfalls nicht geschenkt: Seine Zeitkritik ist ohne Distanz, pathetisch-moralistisch und so kraß wie die Gegenstände, an denen er sie demonstriert.

Das Generalthema der in fünf (nacheinander erschienene) Bücher eingeteilten Satiren sind alle nur denkbaren Laster, Perversitäten und Verbrechen sowie die kaum vorstellbare, Volk, Adel und Hof gleichermaßen durchdringende Korruptheit und Entartung, deren das erste Jahrhundert fähig gewesen zu sein scheint. Nur selten treten speziellere Motive in den Vordergrund: beispielsweise Domitians Hofhaltung (Satire 3), die schlechte Bezahlung der Intellektuellen (7), der alternde Großstadtgenuß (9), der Kannibalismus in Ägypten (15), die Schandtaten und Laster der Frauen (6: die berüchtigte »Weibersatire«, die mit über 660 Versen das ganze zweite Buch ausfüllt). Als ein echtes *opus continuum* ist das Corpus im ganzen und in seinen Teilen eigentlich ohne Anfang und Ende; überall wird dieselbe litaneiähnliche, zynisch-pathetische Stilhöhe eingehalten, gleichgültig, ob die grausigsten Verbrechen angeprangert werden oder nur harmlose kleine Schwächen und Eitelkeiten. Dennoch sieht sich Juvenal in einer von LUCILIUS und HORAZ ausgehenden satirischen Tradition; dafür dürfte allerdings weniger die spezifische Art des Humors dieser Autoren ausschlaggebend gewesen sein als die Tradition der seit ihrem Ahnherrn ARCHILOCHOS aggressiven Verssatire, auf die sich ja auch Horaz in seinen bissigen *Iambi* beruft. Denn von einem lockeren Schweben zwischen Polemik und Weltfreude, wie es insbesondere für Horazens *Satirae* charakteristisch ist, kann bei Juvenal keine Rede sein. Seine Derbheit, Vulgarismen und grotesken Übertreibungen gehören eher dem grobianischen Stil an, der schon bei CATULL gelegentlich in ähnlicher Verwendung auftaucht. Als einen Humoristen kann man Juvenal kaum bezeichnen; er ist vielmehr ein galliger Moralist, dessen überzeichnetes Sittengemälde gleichsam einen umgekehrten Tugendspiegel darstellt. An einigen Stellen zeigt sich deutlich der Zusammenhang mit dem Stoizismus, der A-la-mode-Philosophie des Jahrhunderts, auf deren Konto auch die frauenfeindliche Einstellung des Autors geht. An dieser Stelle gelangt die Satire an eine Grenze, jenseits deren sie nicht nur ihren Reiz, sondern auch ihre Wirksamkeit einbüßt – ein Kritiker, der unterschiedslos und ausschließlich verdammt, verliert rasch an Kredit.

Die stilistische Prägnanz und Dichte der Satiren bringt freilich eine Fülle geschliffener Wendungen und Pointen mit sich, von denen manche bis heute als geflügelte Worte weiterleben: »*Difficile est saturam non scribere*« (»Unmöglich, hierüber keine Satire zu schreiben«; 1, 30) – »*Qui Curios simulant et Bacchanalia vivunt*« (»Wasser predigen und Wein trinken«; 2, 3) – »*Sit mens sana in corpore sano*« (10, 356). Doch nicht nur solchen schlagkräftigen Formulierungen und einem gewissen Skandalhunger des Publikums verdankt Juvenal seinen zeitweise eminenten Ruhm. Bereits in der Antike, noch mehr aber im Mittelalter war es vor allem der *poeta ethicus*, der pessimistische, frauen- und weltfeindliche Zelot, der, mittelalterlich-christlichen Jenseitserwartungen entgegenkommend, gerade auch innerhalb des Klerus eine Reihe von Nachahmern fand. Noch die »Kapuzinerpredigten« eines ABRAHAM A SANCTA CLARA stehen in dieser Tradition. In der neueren deutschen Literatur ist auf Heinrich HEINE zu verweisen, der Juvenals Vorstellung vom dichterischen Wort als einem »Schwert« (1, 165) wieder aufgreift. R. M.

AUSGABEN: Rom o. J. [1470] *(Satirae).* – Ldn. 1888 bis 1893, Hg. J. E. B. Mager, 2 Bde. [m. Komm.] – Paris 1921 *(Satires,* Hg. P. de Labriolle; m. frz. Übers. u. Komm.). – Turin 1935 *(Satirae,* Hg. N. Vianello). – Mchn. 1950, Hg. U. Knoche. – Bari ²1950 *(Giovenale,* Hg. E. V. Marmorale). – Oxford 1959 *(A. Persi Flacci et D. Iuni Iuvenalis Saturae,* Hg. W. V. Clausen; ²1966). – Paris 1963, Hg. P. de Labriolle u. F. Villeneuve. – Paris 1965 *(Saturae, III, IV, V,* Hg., Einl. u. Komm. R. Marache).

ÜBERSETZUNGEN: *Die Satiren,* J. G. Findeisen, Bln./Lpzg. 1777 [lat.-dt.]. – *Juvenal,* C. F. Bardt, Lpzg. ²1810. – *Satiren,* J. J. C. Donner, Tübingen 1821. – In *Römische Satiren,* O. Weinreich, Zürich 1949; ²1962. – *Satiren,* U. Knoche, Mchn. 1951. – Dass., W. Plankl, Mchn. o. J. [1958] (GGT, 472).

LITERATUR: J. Dürr, *Die zeitgeschichtlichen Beziehungen in den »Satiren« J.s,* Cannstatt 1902. – F. Vollmer, Art. *I. I. (87)* (in RE, 10/1, 1917, Sp. 1041 bis 1050). – C. Marchesi, *Giovenale,* Rom 1921; Mailand ²1940. – Schanz-Hosius, 2, S. 567–570. – P. Ercole, *I frammenti Bodleyani della satira VI di Giovenale e i frammenti del Valla* (in Rivista di Filologia e d'Istruzione Classica, 1930, S. 429–448). – E. V. Marmorale, *Giovenale,* Neapel 1938. – G. A. Highet, *The Philosophy of J.* (in TPAPA, 80, 1949, S. 254–270). – Ders., *J. the Satirist,* Oxford 1954. – U. Knoche, *Die römische Satire,* Göttingen ²1957, S. 88–97. – A. Serafini, *Studio sulla satira di Giovenale,* Florenz 1957. – H. A. Mason, *Is J. a Classic?* (in Arion, 1/1, 1962, S. 44; 2, S. 29–79). – A. Michel, *La date des »Satires«* (in Revue des Études Latines, 41, 1963, S. 315–327). – E. J. Kenney, *Satirist or Rhetorician?* (in Lat, 22, 1963, S. 704–720). – W. S. Anderson, *Anger in J. and Seneca* (ebd., S. 704–720).

Gaius SUETONIUS TRANQUILLUS
(um 70–140)

DE VIRIS ILLUSTRIBUS (lat.; *Von berühmten Männern).* Mutmaßlicher Titel eines umfangreichen biographischen Werkes des Gaius SUETONIUS TRANQUILLUS (um 70–140), in dem der lese-, sammel- und schreibfreudige Autor in jeweils knappen Umrissen über literarische Größen der römischen Vergangenheit informierte. Man darf annehmen, daß von den beiden Hauptwerken (diese Wertung ist durch den zufälligen Überlieferungsstand und die Wirkung auf folgende Zeiten gerechtfertigt) die *Berühmten Männer* früher entstanden sind – etwa in der Zeit um 110 –, während die *Kaiserbiographien (De vita Caesarum)* rund ein Dezennium später erschienen. Beide Werke ergänzen einander: sind es dort die großen historischen Persönlichkeiten, die das Bild einer neuen Zeit formten (was freilich dem Bücherwurm Sueton gar nicht richtig ins Bewußtsein gedrungen ist), so hier die literarischen Größen der römischen Vergangenheit, von den Höhen der republikanischen Literatur bis hinein in Domitians (reg. 81–96 n. Chr.) Tage.

Obgleich man heute nur noch Teile und Fragmente des einst umfänglichen Ganzen besitzt, sind Anlage wie Einzelstruktur bekannt. Fünf Gruppen von Schriftstellern waren behandelt: die Dichter, die Redner, die Historiker, die Philosophen und die Grammatiker (wozu die Rhetoren, die »Stillehrer«, gerechnet wurden). Vollständig oder fast unversehrt sind erhalten: von den Dichtern die Lebensabrisse des TERENZ, des VERGIL, des HORAZ und des LUKAN; von den Rednern das *Leben des Passienus Crispus* (erste Hälfte des 1. Jh.s n. Chr.); von den Historikern die Vita des Enzyklopädisten PLINIUS. Aus welchem Geist – und entsprechend: in welcher Form – diese Biographien verfaßt sind, hat man längst bemerkt: auch Sueton wurzelt letztlich in der Tradition der alexandrinischen Bibliotheksgelehrsamkeit. So stellen seine Darstellungen ihrem Wesen nach weder Würdigung der Persönlichkeit noch biographisch untermauerte Morphologie des literarischen Werkes dar, sondern lexikalisch gefärbte, »archäologische« Materialsammlungen – Notizen auch dort, wo sie ausgearbeitet sind, bestens geeignet als informatorisches Hilfsmittel für den Leser. Nicht der jeweilige Autor und sein Œuvre bestimmen die Gestaltung der einzelnen Biographien, sondern das traditionelle Biographieschema und die zufällig dem Biographen zugängliche Fülle an Nachrichten: 1. Name, Herkunft, Stand; 2. Anfänge, Lehrer, Entwicklung; 3. natürliche Anlage, moralische Eigenschaften; 4. Gönner; 5. Schule; 6. Erlebnisse außer der Lehrtätigkeit, Lebensverhältnisse; 7. Schriften; 8. Beiname; 9. Erfindung; 10. Schüler; 11. Lebensalter; 12. Tod; 13. Statue; 14. Familie – das sind, nach LEO, die Schubfächer, in die Sueton einordnet, was er in seinen Quellen (etwa in VARROS Buch *Über die Dichter* oder bei CORNELIUS NEPOS u. a.) vorgefunden hat. Immerhin: was der Autor uns – selbst in den schmalen Resten – an Material übermittelt, ist allen Lobes und Dankes wert, und auch die innere Struktur des Werks mag, berücksichtigt man nur Gattungsgenese und Zweck, ihre gewisse Berechtigung haben (HIERONYMUS wird das Buch nicht ohne Grund seinem gleichnamigen Opus zugrunde gelegt haben). Ein Vergleich mit der *Vita Caesarum* macht allerdings deutlich, daß das archivalisch unkritische Sammeln und Aufzeichnen für Sueton charakteristisch und keineswegs auf Stoff und Thema zurückzuführen ist. E. Sch.

AUSGABEN: Venedig 1469 (in *C. Plinii Secundi historiae naturalis libri XXXVII;* Plinius-Biogr.). – Venedig ca. 1471 *(Suetonii Tranquilli de grammaticis et rhetoribus clarissimis libellus).* – Rom 1472 (in *Aelii Donati commentarius in Terentii comoedias;* Terenz-Biogr.). – Lpzg. 1860 *(C. Suetoni Tranquilli reliquiae,* Hg. A. Reifferscheid u. F. Ritschl). – Turin ²1956 (Suetonio, *De poetis,* Hg., A. Rostagni; m. Komm.). – Lpzg. ²1963 *(C. Suetoni Tranquilli reliquiae,* Hg. G. Brugnoli, Bd. 1: *De grammaticis et rhetoribus).*

LITERATUR: F. Leo, *Die griechisch-römische Biographie,* Lpzg. 1901 [s. Index]. – A. A. Howard u.

C. N. Jackson, *Index verborum C. S. T.*, Cambridge/Mass. 1922. – Schanz-Hosius, 3, S. 55–58. – G. Funaioli, Art. *Suetonius (4)* (in RE, 4 A/1, 1931, S. 597–612). – E. Paratore, *Una nuova ricostruzione del »De poetis« di S.*, Bari ²1950. – W. Steidle, *S. und die antike Biographie*, Mchn. 1951 (Zetemata, 1).

DE VITA CAESARUM (lat.; *Über das Leben der Caesaren*). Biographisches Werk des Gaius SUETONIUS TRANQUILLUS (um 70–140), um 120 erschienen, dem hohen Gönner des Autors, dem Prätorianerpräfekten Gaius Septicius Clarus gewidmet. Diese Sammlung von Lebensbeschreibungen der zwölf Herrscher Roms, von Iulius Caesar bis Domitian, ist mit ihren acht Büchern der einzige fast vollständig erhaltene antike Vertreter ihrer Gattung (zu Beginn des ersten Buches sind leider einige Blätter verlorengegangen).

Die Schrift ist zum berühmtesten Werk des Autors geworden: nicht nur, daß sie der Sensations- und Informationslust des Publikums der folgenden Jahrhunderte sehr entgegenkam, sie wurde darüber hinaus – worüber man sich nur halben Herzens freuen kann – zum Vorbild der späteren Biographie, ja mehr: der allgemeinen Geschichtsschreibung, von der *Historia Augusta* angefangen über die Carolus-Vita des EGINHARD *(Vita Karoli Magni imperatoris)* durch das ganze Mittelalter hindurch bis zu PETRARCAS *De viris illustribus*.

Die Vorzüge, die Suetons Ruhm und Beliebtheit hervorriefen, enthüllen sich bei näherem Zusehen als durchaus ambivalent (deshalb muß die Kritik sich weithin in Negationen aussprechen). Das Ziel des Autors ist keineswegs, Geschichte zu schreiben – eher schon: Geschichten –, der Ablauf chronologischer Fakten ist für ihn so belanglos wie die Frage nach den Triebkräften des historischen Geschehens (darum kann er auch ohne Bedenken neben Akten, historiographischen Berichten und Denkmälern autobiographische Aufzeichnungen und den Straßen- und Hofklatsch als Quelle heranziehen). Andererseits zeigt er auch kein Interesse für die Frage, inwiefern und in welchem Maße die große Persönlichkeit als wirkende Macht auf die geschichtlichen Prozesse Einfluß hat. Daß es ihm darauf ankäme, Charakterbilder zu zeichnen, aus einem Wesenskern das innere und äußere Leben seiner »Helden« zu gestalten, psychologischen und charakterologischen Motivationen in Ursache und Wirkung nachzuspüren, kann man gleichfalls nicht behaupten: seine »Helden« sind in Wirklichkeit gar keine Helden, weder positive noch negative, das Konglomerat ihrer Qualitäten erscheint mehr oder minder zufällig, ohne Zentrum und Zusammenhang, nach dem stereotypen Schema »Name – Taten – Lebensweise – Tod« (so AUSONIUS) redigiert. Was dem Schriftsteller eigen war und im Grunde ausschließlich seinen Erfolg erklärt, ist die Gabe, einfach und sauber zu erzählen, und die Sammlerneugier und Vielbelesenen, die aufs glücklichste der sensationsheischenden Neugier eines auf Intimität mit den Großen dieser Welt erpichten Publikums entgegenkommt. Daß aus dieser wesentlich unhistorischen, unkritischen Haltung des Schriftstellers etwas resultieren kann, was man etwa hinter der kunstvoll gestalteten und eben darin wertendumformenden Charakterskizze des TACITUS vergeblich suchen wird, versteht sich: »*Ein lebendiges, äußerst vielseitiges römisches Realporträt, das uns die Persönlichkeiten dieser ersten Imperatoren unmittelbar und nah erscheinen läßt, ... am besten geeignet, einen verhältnismäßig objektiven Eindruck von den Gründern des Imperiums zu vermitteln.*« (Till) Freilich: dies mag vielleicht den Historiker erfreuen – als literarisches Kunstwerk wird dennoch immer nur das Geformte, nie das Aufgesammelte wirken; ja, man muß sich fragen, ob nicht in Wirklichkeit die anscheinend gewissenhafte Berichterstattung ihrerseits nur eine beschränktere, banalere Form der subjektiven Auswahl darstellt, die mit Nebensächlichem das Wichtige verbaut, während den der Sache und der Persönlichkeit adäquaten Eindruck das kritisch wertende Werk bietet: schließlich ist es trotz allem Tacitus, nicht Sueton, der als der klassische Historiker dieser Epoche gelten darf. E. Sch.

AUSGABEN: Rom 1470 (*Cai Suetonii Tranquilli de XII Cesarum uitis libri*, Hg. I. A. Campanus; August). – Rom 1470 (*Suetonius Tranquillus de XII Caesaribus*, Hg. I. Andreas Aleriensis; Dezember). – Stg. 1908, Hg. M. Ihm [Neudr. 1958]. – Ldn./Cambridge (Mass.) 1914 (in *Suetonius*, Hg. J. C. Rolfe, 2 Bde.; m. engl. Übers.; Loeb; Nachdr. zuletzt 1950/51). – Paris ²1954–1957 (*Vies des douze Césars*, 3 Bde., Hg. H. Ailloud; m. frz. Übers.).

ÜBERSETZUNGEN: *Von Geburt, Leben, Thaten vnd Todt Julij, Augusts, Tyberij, Caligule, Claudij, Neronis, Galbe, Othonis, Vitelij, Vespasianj, Titj vnd Domitianj der XII ersten Röm. kaiser Auffs allerfreiest niemands etwas entzogen, noch hinzu gethan on alle schmeychlerei beschrieben ... Jetztundt New ausgegangen*, J. Polychorius, Straßburg 1536. – *Caesarenleben*, M. Heinemann, Stg. ⁴1951 [Einl. R. Till].

LITERATUR: F. Leo, *Die griechisch-römische Biographie*, Lpzg. 1901 [s. Index]. – Schanz-Hosius, 3, S. 50–55. – G. Funaioli, Art. *S. (4)* (in RE, 4A/1, 1931, Sp. 612–641). – W. Steidle, *S. u. d. antike Biographie*, Mchn. 1951 (Zetemata, 1). – K. Büchner, *Röm. Literaturgeschichte*, Stg. ³1962, S. 484 bis 487.

KLAUDIOS PTOLEMAIOS
(um 90 – um 168)

GEŌGRAPHIKĒ HYPHĒGĒSIS (griech.; *Einführung in die Geographie*). Erdkundliches Werk in acht Büchern von KLAUDIOS PTOLEMAIOS (Claudius Ptolemaeus, um 90 – um 168). – Wie bei allen Abhandlungen des Ptolemaios – mit Ausnahme der epochalen *Optik* – liegt der wissenschaftliche Wert der *Geographie* weniger in der originalen Leistung ihres Autors als vielmehr in der Übernahme und Bewahrung der ihm vorliegenden Forschungsergebnisse, die meist (vor allem in der *Großen Syntaxis*) mit bewundernswertem Geschick systematisch in einer umfassenden Synthese aufgearbeitet sind.

Es wäre freilich verfehlt, an das Werk jenen strengen Maßstab anzulegen, den ERATOSTHENES der wissenschaftlichen Geographie gesetzt hatte: denn – der Titel spricht es aus – Ptolemaios will zunächst nur eine »Anleitung« geben, nicht einen nach Methode und Vollständigkeit unangreifbaren Abriß (diese Beschränkung ist eigentlich charakteristisch für seine epigonale Stellung), diese Anleitung dient außerdem dem höchst speziellen Zweck einer geodätisch fundierten Kartographie. Das prägt auch die Disposition der Darstellung.

Buch 1 liefert das programmatische Vorwort – die Definition »*Geographie ist die graphische Nachbildung der gesamten bekannten Erde*« verdeutlicht schon den Abstand zu Eratosthenes – und referiert über die Meßgrundlagen des Berichts und über seine Quellen (vor allem das Kartenwerk des um 100 n. Chr. lebenden MARINOS aus Tyros); die Bücher 2–7 geben eine nicht endende Aufzählung von etwa 8000 Orten der *oikumenē* mit Angabe ihrer geographischen Länge und Breite, nebst Flüssen, Bergen, Inseln u. a.; Buch 8 erklärt die Anfertigung der Karten im einzelnen. Ein umfangreiches Atlantenheft vervollständigte einst, nach Maßgabe der genannten Definition, die Beschreibung.

Das auf diese Weise entworfene Bild von der Erde das für das ganze Mittelalter maßgebend war und erst im 16. Jh. als revisionsbedürftig empfunden wurde (MERCATORS Atlas aus dem Jahre 1595 beendete den Einfluß des Ptolemaios), zeugt von einer ähnlichen Diskrepanz in der Haltung des Autors wie seine Astronomie. Zum einen war Ptolemaios nüchtern und rational genug, um seit Forschergenerationen geheiligte Traditionen über Bord zu werfen: so rundete er etwa auf seinen Karten Unbekanntes nicht einfach nach Ermessen ab, sondern ließ es weiß und offen oder ergänzte durch gekennzeichnete Hypothesen (der Indische Ozean z. B. wird zu einem riesigen Binnenmeer, weil Ptolemaios die Nachricht von einem sagenhaften »Südland« durch eine Landverbindung von Südafrika nach China konkretisiert). Zum anderen aber vertraute er unbesehen zweifelhafteste Gewährsleuten. Das mag hingehen, wo die Möglichkeit zu eigener trigonometrisch-astronomischer Beobachtung fehlt (für ferne Länder mußte er sich in Orts- und Entfernungsangaben auf Augenzeugen wie Militärs und Händler oder auf ältere Literatur verlassen; berühmt ist die auf einen Lesefehler bei TACITUS zurückzuführende Eintragung der germanischen Stadt »Siatutanda«). Schlimmer wird es bei grundsätzlichen Theoremen, die Ptolemaios ohne weiteres selbst hätte lösen können: da er z. B. den um ein Viertel zu kleinen Erdumfang des POSEIDONIOS zugrunde legt, geraten die nach Meilen gemessenen Entfernungen auf der Karte maßstablich viel zu groß, so daß vor allem die west-östlichen Gebietsstrecken überdimensioniert sind. Immerhin verrät die Größe des behandelten Gebiets, das ungefähr vom Äquator bis 60° nördlicher Breite und von etwa 20° westlicher Länge (durch die Kanarischen Inseln ging Ptolemaios' Nullmeridian) bis etwa 110° östlicher Länge reicht, wieviel jenes Jahrhundert schon von der Erde kannte oder wenigstens zu kennen glaubte. E. Sch.

AUSGABEN: Vicenza 1475 (*Cosmographia*, Hg. A. Vadius u. B. Picardus; nur lat. Übers. v. J. Angelus; Nachdr. Paris 1909, Hg. H. Omont). – Basel 1533 (*Peri tēs geōgraphias biblia oktō*, Hg. Erasmus v. Rotterdam). – Lpzg. 1843–1845 (*Geographia*, Hg. C. F. A. Nobbe, 3 Bde.). – Paris 1883–1901, Hg. C. Müller u. C. T. Fischer, 2 Bde. [enth. Buch 1–5]. – Bln. 1923 (*Die Geographie des Ptolemaeus. Galliae, Germania, Raetia, Noricum, Pannoniae, Illyricum, Italia*, Hg. O. Cuntz; m. Komm.). – Paris 1925 (*La Géographie de Ptolémée. L'Inde*, Hg. L. Renou; m. frz. Übers.).

ÜBERSETZUNGEN: *Der »Deutsche Ptolemäus« aus dem Ende d. XV. Jh.s* (*um 1490*), Hg. J. Fischer, Straßburg 1910 [nicht Übers., sondern Paraphrase; Faks.]. – *Des Klaudios Ptolemaios Einführung in die darstellende Erdkunde*, H. v. Mžik und F. Hopfner, Bd. 1, Wien 1938 (Klotho, 5).

LITERATUR: H. Berger, *Gesch. d. wissenschaftlichen Erdkunde der Griechen*, Lpzg. ²1903, S. 616–648. – Schmid-Stählin, 2/2, S. 900–902. – P. Schnabel, *Text u. Karten des P.*, Lpzg. 1938 (Quellen u. Forschungen zur Gesch. d. Geographie u. Völkerkunde, 2). – E. H. Bunbury u. W. H. Stahl, *A History of Ancient Geography*, Bd. 2, NY ²1959, S. 546–644. – A. Schöning, *Germanien in der »Geographie« des P.*, Detmold 1962. – A. H. Tozer, *A History of Ancient Geography*, NY ²1964, S. 340 bis 353 [m. Erg. v. M. Cary]. – E. Polaschek, Art. *K. P. Das geographische Werk* (in RE, Suppl. 10, 1965, Sp. 680–833; m. Bibliogr.).

STRATON aus Sardes
(2. Jh.)

MUSA PAIDIKĒ (griech.; *Knabenmuse*). Epigrammzyklus oder Epigrammsammlung des zur Zeit Hadrians (reg. 117–138 n. Chr.) lebenden Dichters STRATON aus Sardes, überliefert im wesentlichen als Buch 12 der *Anthologia Palatina*. Da dieses Buch viel mehr bringt als nur die Gedichte Stratons – er steuert etwa ein Drittel zu der Sammlung bei –, ergibt sich das vieldiskutierte Problem, ob die *Musa paidikē* von Anfang an vielleicht nur eine von Straton arrangierte und stark mit eigenen Produkten durchsetzte »Anthologie der Knabenliebe« war oder ob es sich tatsächlich um einen vom Dichter herausgegebenen »Zyklus« eigener Gedichte handelt, der später durch thematisch gleichgeartete Stücke erweitert wurde.

Einleitung und Epilog Stratons sind als Beginn und Schluß von Buch 12 der *Anthologia Palatina* überliefert: »*Zeus soll Anfang uns sein*«, *wie einstens Aratos gesagt hat*. / *Euch aber werde ich heut, Musen, / gewiß nicht bemühn.* / *Denn wenn Knaben mir lieb sind und wenn ich mit Knaben verkehre,* / *Musen vom Helikon, sagt, hat das mit euch was zu tun?*« (12, 1) – »*Wird einer später vielleicht meine leichten Gedichte hier hören,* / *glaubt er wohl, all diese Not sei nur die Liebe in mir.* / *Nein, was ich hier geschrieben, das fühlte bald dieser, bald jener* / *Knabenverehrer; / denn so gab es ihm ins Herz mir ein Gott*« (12, 258; Ü: Beckby). Diese Verse deuten nicht nur an, daß ihr Verfasser ein Mann von Witz und Geist war, sondern verraten zugleich auch eines der Grundcharakteristika seines Werkes, das die Gedichte im einzelnen immer wieder bekunden: Das ist nicht Dichtung, die aufwühlenden Erlebnissen des Autors entspringt, in treuer Spiegel seiner Seele sein will im literarischen Spiel, dem der Autor bestenfalls seine Gefühle »leiht«, ein distanziertes Jonglieren mit dem Thema, ein geistreiches Wesen nach rhetorisch-epideiktischem Ausschöpfen der Motive und Aspekte, die das Sujet bietet. (Aus diesem Grund ist auch der Übergang zur Gattung des Spottepigramms für Straton recht leicht.) Daß dabei der leichten Eleganz und versierten Routine in der Form sinnenkräftige Fülle und deutliche Derbheit im Inhalt entsprechen, hat Straton viel Tadel und böse Kritik eingetragen. Nun, mag der Poet auch lasziv oder frech sein – obszön ist er nicht. Natürlich eignen sich seine Verse nicht zu Vortrag und Zitat (obgleich er sie angeblich selbst zum eigenen und der Zuhörer Vergnügen in kleinem Kreise vorgelesen haben soll): Aber warum sollte man dem Dichter, der unverhüllt von Leidenschaft und Liebesfreuden spricht, als einem »Schmutzfink« das Handwerk verbieten, nur weil seine Werke nicht nur ansprechend, sondern auch anregend wirken? E. Sch.

AUSGABEN: Altenburg 1764 (*Stratonis aliorumque veterum poetarum Graecorum epigrammata*, Hg. C. A. Klotz). – Mchn. 1958 (in *Anthologia Graeca*, Hg. H. Beckby, Bd. 3/4; griech.-dt.). – Vgl. auch *Anthologia Palatina*.

LITERATUR: J. Geffken, Art. *S. (12)* (in RE, 4A/1, 1931, S. 276–278). – *Anthologia Graeca*, Hg. H. Beckby, Bd. 1, Mchn. 1957, S. 47/48; 51; 65/66. – Vgl. auch *Anthologia Palatina*.

FLAVIUS ARRIANUS
(um 95–175)

ANABASIS ALEXANDRU (griech.; *Alexanderzug*). Das früheste und zugleich einzige erhalten gebliebene große Geschichtswerk des FLAVIUS ARRIANUS (um 95–175), eines griechischen Schriftstellers, Weltreisenden und hohen Staatsbeamten in Roms Diensten. Die glücklichste, Vermögen und Fehler gleichermaßen wägende Würdigung des Autors und seines Buchs, das auch der heutigen historischen Forschung noch Hauptquelle der Geschichte Alexanders des Großen (reg. 336–323) ist, stammt von Eduard SCHWARTZ: »*Die richtige Folie für ihn ist ein Mensch wie Appian, auch ein ausgedienter Beamter, der sich aufs Geschichteschreiben legte. Da wird klar, wie hoch der Konsular und kaiserliche Provinziallegat über dem Advokaten, der es nur bis zur titularen Prokuratur bringt, steht und wie auch bei mäßiger Begabung und in ungünstiger, unfruchtbarer Zeit eine im Leben gereifte Tüchtigkeit des Charakters und eine die Höhen dieser Welt mit umfassende Erfahrung sehr achtbare Leistungen hervorbringen können. Wenn das Bild des weltbezwingenden Königs der Nachwelt im Nebel des Romans nicht verschwommen ist, wenn wenigstens die Umrisse noch deutlich hervortreten, so hat nicht nur ein glücklicher Zufall, sondern vor allem die wackere, kernige Persönlichkeit des bithynischen Römers, der an diesem Bild sich zum Historiker heranbilden wollte, das Verdienst.*«

Arrian verneigt sich in der *Anabasis*, wie schon der Titel bekundet, zunächst einmal vor seinem ihm seltsamerweise bis in die Lebensumstände so ähnlichen Vorbild XENOPHON. Diese Reverenz wirkt weiter auch im Aufbau des Ganzen, in der Gliederung des Stoffes nach sieben Büchern (obgleich dies bei Xenophon nicht original ist). Daß die innere Disposition der *Anabasis* Xenophons (1 Buch Vormarsch, 6 Bücher Rückmarsch) nicht beibehalten werden konnte, ist der Art der Materie nach selbstverständlich. So wird denn bei Arrian in Buch 1 die Vorgeschichte des Zugs gegen die Perser geschildert, die Konsolidierung von Alexanders Macht in Griechenland (Theben), der Überfahrt aufs asiatische Festland und die Eroberung Westkleinasiens (Granikos-Schlacht). Die weiteren Bücher enthalten: die Unterwerfung des restlichen Kleinasiens (Gordion), die Schlacht bei Issos und die Einnahme Phönikiens und Syriens bis Gaza (2); der Zug nach Ägypten (Ammon) und durch Mesopotamien, der Sieg bei Gaugamela, der Einzug in Babylon und Susa, die Eroberung Mediens (Tod des Dareios) und Hyrkaniens – der Gebiete südlich des Kaspischen Meers –, der Marsch durch Parthien und Arachosien, die Überschreitung des Oxus (Amur-Darja), der Tod des Bessos (3); die Aufstände der Baktrier und Sogdier und ihre Überwindung, die Ermordung des Kleitos durch Alexander, sein Versuch, die Proskynese (Fußfall) einzuführen, die Rebellion des Hermolaos, der Zug zum Indus durch das Hindukusch-Gebiet (4); die Überschreitung des Indus, der Kampf gegen den Inder Poros, die Kolonisierung Südkaschmirs, der Entschluß zur Umkehr (5); der Zug den Hydaspes und Indus abwärts (Alexander wird verwundet), dann der Küste entlang nach Westen bis Persepolis (6); Alexander in Susa und Babylon, sein Tod und zum Abschluß eine große Aretalogie dieses »*göttlichen Menschen*« (7).

Wenngleich die Komposition Gesetzen eigenen Charakters folgt, so scheint doch in der Erzählung das Muster Xenophons auf einer anderen Ebene wieder deutlich hervor: in der sprachlichen Form. Arrian wählt ein gemäßigtes Attisch und trägt seinen Bericht in einem schlichten, rhetorisches Rankenwerk bewußt meidenden Stil vor; Spannung und Abwechslung bewirkt allein das vorgetragene Geschehen. Freilich ist diese nüchterne Einfachheit nicht nur als ein »literarisches Programm« begründet: hinzu kommt ein höchst entscheidendes sachliches Moment (das allerdings nebenbei auch eminent literarischer Natur ist). Der Autor verfolgt nämlich mit dem Werk vor allem ein »historisches Programm«: er will der geschichtlichen Realität Alexanders wieder zu ihrem Recht verhelfen. Dafür bestand jeder Anlaß: »*Wer sich wundert, wo doch so viele über ihn geschrieben haben, daß ich da noch auf den Gedanken gekommen bin, dies Buch zu verfassen, der möge erst einmal all die Werke jener Autoren für sich lesen, und erst dann mag er sich, wenn er sich danach in mein Werk vertieft hat, meinetwegen noch wundern.*« (Prooimion 3) – Arrian will der damals bereits ins Unermeßliche wuchernden Romanliteratur über Alexander das klare Bild der beweisbaren Fakten gegenüberstellen.

Sicher Bezeugtes konnte nur in Originalquellen zu finden sein. Doch galt es auch hier zu scheiden: Männer wie ONESIKRITOS, auf deren Spintisieren letztlich der *Alexanderroman* zurückgeht, hatten auszuscheiden. Als durchgängiges Grundmaterial wählte der Autor mit sicherem Griff die Aufzeichnungen von Alexanders General PTOLEMAIOS LAGU und zur Ergänzung das etwas ausführlichere und farbigere Referat des ARISTOBULOS, der ebenfalls am Feldzug teilgenommen hatte; daneben sind stellenweise noch die offiziellen Kriegstagebücher (*Ephemeriden*) Alexanders sowie die Berichte des Admirals NEARCHOS und des MEGASTHENES herangezogen, die Hauptquellen der Arrianschen *Indikē*. Als einzige Schrift aus der Sekundärliteratur tauchten gelegentlich die wissenschaftlich unantastbaren *Geographika (Geographie)* des ERATOSTHENES auf. Um einen Kontrast zu den glaubwürdigen, aber oft militärisch knappen Vorlagen zu geben, verweist Arrian aber hie und da auch auf die romaneske Vulgata: an solchen Stellen empfindet der Leser dann die Anteilnahme des Schriftstellers an seinem Thema. Farbigkeit und Fülle der Darstellung, die das trocken-konzise Diarium der Generalität nicht hergibt, werden durch eine geschickte Volte dem Gut der Gegner entlockt.

E. Sch.

AUSGABEN: Venedig 1535, Hg. J. F. Trincavelli. – Bln. ²1860–1863 (*Anabasis*, Hg. C. Sintenis, 2 Bde.;

m. Komm.). – Lpzg. 1907 (in *Flavii Arriani quae exstant omnia*, Hg. A. G. Roos, Bd. 1). – Ldn./Cambridge (Mass.) 1929–1933 (in *Arrian*, Hg. E. I. Robson, 2 Bde., Bd. 1: ²1948; m. engl. Übers.; Nachdr. 1958; Loeb).

ÜBERSETZUNGEN: *Des Flavius Arrianus sieben Bücher v. d. Feldzügen Alex. d. Gr., nebst dessen Indischer Geschichte*, G. C. L. Timaeus, Lpzg. 1765. – *Alexanders d. Gr. Siegeszug durch Asien*, W. Capelle, Zürich 1950 [m. Einl. u. Erl.].

LITERATUR: E. Schwartz, Art. *Arrianus (9)* (in RE, 2/1, 1896, Sp. 1236–1245; auch in E. S., *Griechische Geschichtschreiber*, Lpzg. 1957, S. 130 bis 155). – W. Hoffmann, *Das litterarische Porträt Alexanders d. Gr.*, Lpzg. 1922. – W. W. Tarn, *Alexander the Great*, Bd. 2, Cambridge 1950.

DIATRIBAI (griech.; *Unterhaltungen*). Eine literarische Form, die nach kaum zu widerlegendem Urteil antiker Zeugnisse von BION aus Borysthenes († um 235 v. Chr.) erfunden wurde und, im Geiste ihres Schöpfers, des eingänglichen, nicht selten derben und platten populären Sprachstils wegen, zum genuinen Instrument der kynischen und stoischen Belehrung wurde: denn diese beiden philosophischen Richtungen, die, wenn auch systematisch fundiert, letztlich in kardinaler Weise auf das praktische, das auffindbare, spürbare und verwertbare Alltagsglück hinzielten, mußten und wollten – selbstverständlich – die Massen des Volkes nicht weniger ansprechen als die Gebildeten, ja sie im Grunde in erster Linie. Hätten sie dazu ein besseres Medium finden können, als die vom Lehrer vorgetragene »Unterhaltung«, die in leicht verständlicher Form – sei es durch Mahnrede, sei es durch dialektisch-fiktiven Dialog zwischen Für und Wider, in Witz oder feierlichem Ernst, antithetisch luziden Argumenten oder mitreißenden Beispielen – den Kern und das Wesen der Lehre, die ihre Künder vorzuleben suchten, als treffendes, haftendes, überzeugendes Wort wiedergraben suchte?

Nur weniges ist aus der ehemals kräftigen literarischen Produktion in die heutige Zeit herübergerettet; dazu gehören die Diatriben des späten Stoikers EPIKTETOS (um 50–130 n. Chr.), der in Nikopolis im Epirus seine Schule hatte. Freilich zeigen diese Werke auch ganz evident den literarischen Grenzcharakter ihrer Art: sind sie doch nicht von ihrem eigentlichen Autor, das sie vortrug, niedergeschrieben, sondern nur als Vorlesungsnachschrift erhalten, wie sie Epiktets Schüler, der nachmalige römische Konsul und spätere Geschichtsschreiber FLAVIUS ARRIANUS verfertigte, als er 112–116 (oder 117–120) dem engeren Kreis um den Philosophen angehörte. Die Texte stellen also in Wirklichkeit ein Stenogramm »mündlicher Literatur« dar. Das macht zugleich ihren Wert und ihren Mangel aus: sie sind originäre Aufnahmen von der strengen Persönlichkeit ihres Urhebers, sie spiegeln seine Sprache, seinen lebhaften, mit Vergleichen und Zitaten, mit messerscharfen Argumenten und bildkräftigen Paränesen gespickten Vortrag, ja, sie lassen gelegentlich – was der Gattung ebenso wie den Einzelstücken eigentümlich ist – sogar noch den Charakter des Extemporalen spürbar werden. Gleicherweise der spezifischen philosophisch-theoretischen Form wie der Individualität Epiktets, dem gewöhnlichen Schulbetrieb wie der Art und Weise der Aufzeichnung ist auch die breite thematische Streuung zuzuschreiben, die das Prinzipielle und Dogmatische unversehrt neben dem Augenblicksproblem bewahrt: das Stück *Über den Kynismus* (3, 22) steht neben der Predigt *Daß man sich nicht durch irgendwelche Nachrichten verstören lassen soll* (3, 18); *An jene, die wegen Krankheit abreisen wollten* (3, 5) ist gleichberechtigt mit dem Programm *Von der wahren Freiheit* (4, 1); *Gegen die Akademiker* (1, 5) und *Von der Übung (Askese)* (3, 12) sind genuines Pendant der Worte *An die, die sich um ihre Beförderung in Rom bemühen* (1, 10) oder *An einen aus denen, die von ihm [Epiktet] nicht für würdig erachtet wurden* (2, 24); und der Traktat *An die, die in Ruhe gelassen zu werden wünschen* (4, 4) ist eine konsequente Ergänzung zu den fundamentalen Erörterungen *Über den Gleichmut* (2, 2; 2, 6). Was diese authentisch aus dem aktuellen Moment heraus fixierten dialektisch-ethischen Bilder besonders reizvoll macht (leider besitzen wir von den acht Büchern nur noch vier), ist ihre lebensechte Ursprünglichkeit: der warme religiöse Ernst des Philosophen, sein Weltbürgertum und seine persönliche Bescheidenheit, seine Liebe zum Menschen als Menschen ohne Ansehen von Würde und Herkunft, die Konsequenz seiner logischen und moralischen Postulate sind mit derselben Treue eingefangen wie der in einem schlagfertig-witzigen, unkomplizierten Gemüt reflektierte Lebens- und Umgangsstil jener Tage. Für diese Nähe, dieses Ineinander von Philosophem und Alltagsimpression ein beliebiges, doch eben dadurch signifikantes Beispiel: »Wie ja Sokrates zu sagen pflegte: ›Ein ungeprüftes Leben sei nicht lebenswert‹, so soll man eine sinnliche Vorstellung nicht ungeprüft in die Seele hereinlassen, sondern zu ihr sagen: ›Warte mal! Laß sehen, wer du bist und woher du kommst!‹ (Wie die nächtlichen Polizeistreifen zu einem sagen: ›Zeig mir deinen Ausweis!‹) – ›Hast du den Ausweis von der Natur, den die der Einlaß begehrende Vorstellung haben muß?‹« (Ü: Capelle) Welche Verwandtschaft zu den Dialogen PLATONS – von denen die Diatriben ja letztlich herkommen –, und doch zugleich auch: welcher Abstand zu ihrer ironischen Grandezza!

E. Sch.

AUSGABEN: Venedig 1535 (*Arriani Epictetus*, Hg. F. Trincavelus). – Lpzg. ²1916 (*Epicteti dissertationes ab Arriano digestae*, Hg. H. Schenkl). – Ldn./Cambridge (Mass.) 1925–1928 (*Epictetus. The Discourses as Reported by Arrian, the Manual, and Fragments*, 2 Bde., Hg. W. A. Oldfather; m. engl. Übers.; Loeb; Nachdr. zuletzt 1956–1959). – Utrecht/Amsterdam/Paris 1933 (*Epictetus. Het eerste boek van de Diatriben*, Hg. H. W. F. Stellwag; m. Komm. u. ndl. Übers.). – Paris 1948/49 (*Épictète. Entretiens*, 2 Bde., Hg. J. Souilhé; m. frz. Übers.; nur Buch 1 u. 2).

ÜBERSETZUNGEN: *Arrians Epiktet*, I. Schulthess, Zürich 1766. – *Epiktet, Teles und Musonius*, W. Capelle, Zürich 1948 [Ausw.; m. Einl.].

LITERATUR: A. Bonhöffer, *Epiktet u. d. Stoa*, Stg. 1890. – Ders., *Die Ethik d. Stoikers Epiktet*, Stg. 1894. – Ders., *Epiktet u. d. Neue Testament*, Gießen 1911. – O. Halbaner, *De diatribis Epicteti*, Diss. Lpzg. 1911. – Überweg, 1, S. 486ff.: 495–499. – A. Jagu, *Épictète et Platon*, Paris 1946. – M. Pohlenz, *Die Stoa. Geschichte einer geistigen Bewegung*, 2 Bde., Göttingen ³1964.

ENCHEIRIDION (griech.; *Handbüchlein*). Die Quintessenz der Lebenslehren des Stoikers EPIKTETOS (um 50–130), von seinem Schüler FLAVIUS

ARRIANUS notiert und in einprägsamer Kürze aus den *Diatribai* zusammengestellt. – Das kleine Buch war nicht nur für das spätere heidnische Altertum und das junge Christentum von höchster Bedeutung, sondern übte seinen tiefen Einfluß auch auf das Denken und Fühlen der Menschen in byzantinischer Zeit aus; selbst noch in die Neuzeit – PASCAL und der Schweizer Evangelisator Carl HILTY waren Verehrer Epiktets – und bis in unsere Tage reicht seine Wirkung. Kaum ein anderer antiker Philosoph hat mit seinen Worten die Nachwelt so unmittelbar und nachhaltig angesprochen wie der phrygische Sklave Epiktet, der selbst kein schriftliches Zeugnis hinterlassen hat.

Das *Handbüchlein* stellt eine prägnant gefaßte Anleitung zum glücklichen Leben im stoischen Sinn dar. Affektlosigkeit und Unabhängigkeit von der Umwelt sind die Ideale: »*Von den Dingen stehen die einen in unserer Gewalt, die anderen nicht. In unserer Gewalt steht: unsere Meinung, unser Handeln, unser Begehren und Meiden – kurz: all unser Tun, das von uns ausgeht. Nicht in unserer Gewalt stehen: unser Leib, unser Besitz, Ansehen, äußere Stellung – mit einem Worte: alles, was nicht unser Tun ist. Was in unserer Gewalt steht, ist von Natur frei, kann nicht gehindert oder gehemmt werden; was aber nicht in unserer Gewalt steht, ist hinfällig, unfrei, kann gehindert werden, steht unter dem Einfluß anderer. Sei dir also darüber klar: wenn du das von Natur Unfreie für frei, das Fremde dagegen für dein Eigentum hältst, dann wirst du nur Unannehmlichkeiten haben …; hältst du aber nur das für dein Eigentum, was wirklich dein ist, das Fremde dagegen für fremd, dann kann kein Mensch einen Zwang auf dich ausüben, du … wirst nichts gegen deinen Willen tun, niemand kann dir schaden.*« (Kap. 1) Hierauf gründen all die folgenden Mahnungen über Bigerde und Frömmigkeit, Freundschaft und Tod, Verbannung und Armut, Besitztum und Liebe, Unrecht und Gewalt, Bildung und Weisheit; dazwischen immer wieder, ganz verblüffend, die speziellsten Details – nicht ihrer prinzipiellen Bedeutung, sondern ihres paradigmatischen Wertes wegen –, über den olympischen Wettkampf, über das öffentliche Bad, über lockere Witze und die Putzsucht der Frauen, über Eid und Orakel, über Gespräch und Fröhlichkeit: »*Lache nicht oft*«, »*Schweige gewöhnlich*« (33).

Überall scheint durch, was der Kernsatz Epiktets' genannt werden kann, orientiert am Leben großer Idealgestalten unter den Weisen, allen voran SOKRATES: »*Anechu kai apechu*« (»*Sei standhaft und maßvoll*«, »*ertragen und sich zurückhalten*«). Indes: all diese bestechend einprägsamen Sentenzen sind im ganzen nur ein Vorspiel zu der dramatisch-plastischen Fülle der *Diatriben*, der von Arrian aufgezeichneten Vorlesungsnachschriften (von denen vier Bücher erhalten sind). Sie können den Charakter des Extrakts nicht verleugnen, und manches geht in der Kürze unter, was unverlierbar zum Bild des Philosophen gehört: Vor der Arm und Reich, Kaiser und Sklaven umspannenden großen Liebe zu den Menschenbrüdern, viel von dem humanen Kosmopolitismus, viel auch von dem warmen, persönlichen Verhältnis zu alles schaffenden, alles bergenden Gottheit. E. Sch.

AUSGABEN: Bologna 1497 (*Epicteti Stoici Enchiridion*; lat. Übers. des Angelus Politianus). – Basel 1529, Hg. G. Haloander. – Lpzg. ²1916 (*Epicteti dissertationes ab Arriano digestae*, Hg. H. Schenkl u. J. Schweighäuser). – Ldn./Cambridge (Mass.) 1928 (in *E.*, Hg. W. A. Oldfather, Bd. 2; m. engl. Übers.; Loeb; Nachdr. zuletzt 1959).

ÜBERSETZUNGEN: *Handbüchlein*, anon. (in *Griechischer Sprach-Übung*, Bd. 2, Köthen 1620, S. 108 bis 148). – *Handbüchlein der Moral*, W. Capelle, Jena 1906. – Dass., ders. (in *Wege zu glückseligem Leben*, Zürich 1948; m. Einl.). – *Handbüchlein der Moral und Unterredungen*, H. Schmidt, Stg. ³1959 (Kröners Taschenausg., 2). – *Il Manuale di Epitteto*, G. Leopardi, Florenz 1933 [m. Anm. v. G. Calogero; ital.].

LITERATUR: A. Bonhöffer, *E. u. die Stoa*, Stg. 1890. – Ders., *Die Ethik des Stoikers E.*, Stg. 1894. – Ders., *E. und das Neue Testament*, Gießen 1911. – A. Jagu, *Épictète et Platon*, Paris 1946. – M. Pohlenz, *Die Stoa. Geschichte einer geistigen Bewegung*, Bd. 1, Göttingen 1948, bes. S. 327 bis 341; Bd. 2, Göttingen ³1964, S. 146f. · 161–167.

INDIKĒ (griech.; *Indienbuch*). Geographisches Werk des FLAVIUS ARRIANUS (um 95–175). – Dieses zweite ganz erhalten gebliebene Werk des Arrian ist im Anschluß und als Anhang (»Buch 8«) an die große Alexander-Geschichte, die *Anabasis Alexandru*, entstanden, auf die öfters ausdrücklich Bezug genommen wird. Zwar ist die *Indikē* literarisch nicht von der überzeugenden inneren Geschlossenheit wie die *Anabasis* – zum einen des an HERODOT geschulten, jedoch äußerst gekünstelt wirkenden ionischen Dialekts, zum andern der disharmonischen zweiteiligen Komposition wegen –, aber als Zeugnis für den sicheren historischen Sinn des Autors darf das Büchlein denselben Rang wie die größere Schwesterschrift beanspruchen.

Den ersten, kleineren Teil (Kap. 1–17) bildet ein geographisch-ethnographischer Abriß Indiens; er folgt – außer dem *Geographika* des ERATOSTHENES – in der Hauptsache den Aufzeichnungen des MEGASTHENES, der einst im Auftrag des Diadochenkönigs Seleukos Nikator (um 358–280 v. Chr.) eine Reise zu dem indischen König Candragupta (reg. 322 bis 298 v. Chr.) unternommen hatte und dabei bis zum Ganges vorgestoßen war. Der zweite Teil (Kap. 17–43) ist bis auf den geographischen Schluß ein weithin wörtliches, gelegentlich bis zur extensiven Abschrift gehendes Exzerpt aus dem Werk des NEARCHOS, der als Admiral Alexanders bei dessen Rückzug aus Indien die griechische Flotte von der Indus- zur Euphratmündung geführt und nach seinem Kriegstagebuch einen Bericht an Alexander und ein darstellendes Buch verfaßte.

Durch diesen Rückgriff auf die originalen und zuverlässigen Quellen, der das Wissenswerte mit dem Wissensmöglichen zu verbinden vermochte, wurde das kurze Werk – auch noch, ja gerade für die Zeit Arrians – zum unbestechlichen Korrektiv der Flut von phantastischer Reisefabulistik und exotischer Teratologie, die sich seit Alexander stets mit spezieller Vorliebe um das geheimnisvolle Land im Osten gerankt hatte. E. Sch.

AUSGABEN: Pesaro 1508 (in *De rebus gestis Alexandri*; lat. Übers. v. B. Facius). – Venedig 1535 (in *Peri Alexandru anabaseōs*, Hg. J. F. Trincavelli). – Lpzg. 1928 (in *Flavii Arriani quae exstant omnia*, Hg. A. G. Roos, Bd. 2). – Ldn./Cambridge (Mass.) 1933 (in *Arrian*, Hg. E. I. Robson, Bd. 2; m. engl. Übers.; Loeb; Nachdr. zul. 1958). – Paris ²1952 (*L'Inde*, Hg. P. Chantraine; m. frz. Übers.).

ÜBERSETZUNGEN: *Arriani Indica, d. i., die Indianische Geschichte oder Reisebeschreibung der Flotten*

Alexanders des Großen, G. Raphelius, Hbg. 1710. – Das indische Buch, W. Capelle (in *Alexanders des Großen Siegeszug durch Asien*, Zürich 1950; m. Einl. u. Erl.).

LITERATUR: E. Schwartz, Art. *A. (9)* (in RE, 2/1, 1896, Sp. 1230–1247; ern. in E. S., *Griechische Geschichtschreiber*, Lpzg. 1957, S. 130–155). – Schmid-Stählin, 2/2, S. 749/750. – V. Ehrenberg, *Die Opfer Alexanders an der Indusmündung* (in *Fs. f. M. Winternitz*, Lpzg. 1933, S. 287–297; ern. in V. E., *Polis u. Imperium*, Zürich/Stg. 1965, S. 449 bis 457).

PAUSANIAS
(geb. um 115)

PERIHĒGĒSIS TĒS HELLADOS (griech.; *Beschreibung Griechenlands*). Ein »Fremdenführer« in zehn Büchern von PAUSANIAS (geb. um 115), entstanden zwischen 160 und 180. – Das Werk ist das letzte und zugleich das einzige erhaltene Exemplar einer Literaturform, die in der Antike seit den Tagen der altionischen, erkundungsfreudigen Gelehrsamkeit – HEKATAIOS aus Milet ist der Ahnherr der Gattung – reiche Früchte trug: der Periegese, die geographisches Wissen im Gewand des Reiseberichts vortrug und schon früh eine spezielle Prägung erfuhr – sie wurde zur Kulturgeographie. Die Intention des Buches – umfassendes Sammelwerk zu sein – reiht die *Beschreibung Griechenlands* äußerlich in die Reihe der literarischen Mammut-Produktionen jener Zeit ein: Allenthalben wollte man Überblicke vermitteln, und wenn es dabei um Literarisches ging, sollte zugleich die umständliche Lektüre der Autoren durch kürzere und leichter verdauliche Informationen ersetzt werden (vgl. DIODOR, AILIAN, ATHENAIOS oder auch DIOGENES LAERTIOS). Nicht wenig trug zu dieser allgemeinen Geisteshaltung die sogenannte Zweite Sophistik bei, die sich mit Erfolg bemühte, die Gaben der Schriftstellerei in breitester Streuung dem willigen Volk der Gebildeten zu vermitteln. Nur vor der Folie dieser generellen Unseriosität und geistigen Unselbständigkeit lassen sich Eigenart und Leistung des Pausanias richtig würdigen.

Die *Beschreibung Griechenlands* führt von Attika (Buch 1) über die Argolis (2) nach Lakonien (3), Messenien (4), Elis (5–6), Achaia (7) und Arkadien (8), dann, in einem zweiten Anlauf, zu den nördlich von Attika gelegenen Landschaften Böotien (9) und Phokis (10). An Genauigkeit und Ehrlichkeit der Berichterstattung kann sich das Werk des Pausanias mit jedem zeitgenössischen Produkt beschreibender Geographie messen: Der Autor gibt dem Leser und dem Reisenden eine bis ins Detail exakte Schilderung der griechischen Kulturdenkmäler (Fehler schleichen sich erst bei seiner Deutung und Erklärung ein, sind aber eben darum gut zu erkennen), und zwar in dem Zustand, in dem sie sich ihm bei seinen Besuchen dargeboten haben; auch Zerstörtes, Fragmentarisches, Halbverschüttetes, nicht mehr Vorhandenes wird registriert. Dabei ist freilich nicht Vollständigkeit das Ziel; zwar läßt Pausanias keine Stadt, kein Dorf, kein Gehöft, keinen abseits versteckten Tempel außer acht, aber die diskutierten Kunstwerke stellen eine dem Geschmack des Autors und des Publikums, für das er schrieb, entsprechende Auswahl dar. Das Interesse gilt eindeutig der archaischen und klassischen Kunst, daneben in stärkerem Maß erst wieder der zeitgenössischen Renaissance des Griechentums (vor allem den Bauten des HERODES ATTICUS). Die Perspektive, aus der Pausanias seine Auswahl trifft, zeigt seine Vorliebe für Kultus und Religion, sakralen Zwecken geweihte Denkmäler überwiegen bei weitem. Beide Aspekte spiegeln sich in den Schwerpunkten der Darstellung: Olympia (Buch 5 und 6) und Delphi (Buch 10), innerhalb deren wiederum das Altertümlich-Erhabene mit besonderer Anteilnahme und Ausführlichkeit geschildert ist, etwa die Gemälde Polygnots in der Lesche (Versammlungsbau) der Knidier in Delphi (10, 25ff.) oder den geschnitzten und getriebenen Bilder auf der Kypseloslade aus dem Heraion in Olympia (5, 17ff.).

Pausanias macht dabei aus seiner parteiischen Haltung keinen Hehl, sondern betont immer wieder das eklektische Prinzip: »*Das waren nach meiner Meinung in Attika an Legenden und Sehenswürdigkeiten die bedeutendsten. Von Anfang an habe ich aus den vielen ausgewählt, was wert ist, aufgezeichnet zu werden*« (1, 39, 3). Auf diese Weise hat er aber zugleich Raum gewonnen für eine Seite, die ihm nicht weniger am Herzen lag als die Denkmäler selbst (er dachte zweifellos bei der Abfassung sowohl an den Leser wie an den Reisenden): die geschichtliche und religiöse Vergegenwärtigung der Denkmäler. Durch Erkundung an Ort und Stelle und aus intensivem Studium der Sekundärliteratur (die Erforschung seiner Vorlagen ist noch nicht abgeschlossen) hat er immenses Material zusammengetragen, welches das historische Werden der Landschaft veranschaulicht, Kultgebräuche und ihre Entstehung beschreibt und erläutert, die Bauten und Gegenden mit mythologischen, anekdotischen und biographischen Erzählungen über Heroen, Städte, Politiker und Künstler illustriert. Ohne Frage macht sich dieser komplementäre Stoff manchmal etwas selbständig und entfernt sich vom eigentlichen Thema der *Perihēgēsis*; da er aber quantitativ fast die Hälfte des Werkes umfaßt, muß er als integrierender Teil des Ganzen gedacht gewesen sein. Der Grund hierfür ist noch nicht deutlich zu erkennen: Der Verfasser hat die *Beschreibung Griechenlands* nicht als ein wohlfeiles Nachschlagewerk geschrieben, sondern war bestrebt, auf der Ebene der Literatur zu bleiben. Freilich, ein dem Anspruch schöngeistiger Lektüre würdiges Kriterium pflegt man heute nicht mehr an das Werk anzulegen, kann es auch gar nicht – die Fülle des Stoffes, den Pausanias bietet, hält die gelehrte Nachwelt so in Atem, daß man die Form hintanstellen muß. Die *Beschreibung Griechenlands* ist nicht nur ein ständiger Begleiter der Archäologen, ja die tragende Säule ihrer ganzen Forschungstätigkeit in Griechenland geworden, sondern gilt auch den Religionsforschern und Sagenkundlern, den Historikern und Geographen, überhaupt so gut wie allen Zweigen der klassischen Altertumskunde als eine ihrer wichtigsten Quellen. E. Sch.

AUSGABEN: Venedig 1516 (*Pausanias*, Hg. M. Musuros). – Lpzg. 1896–1910 (*Graeciae descriptio*, 3 Bde., Hg. H. Hitzig u. H. Blümer; m. Komm.). – Lpzg. 1903 (*Hellados perihēgēsis*, 3 Bde., Hg. F. Spiro; Nachdr. Stg. 1959). – Ldn./Cambridge (Mass.) 1918–1935 u. ö. (*Description of Greece*, 5 Bde., Hg. W. H. S. Jones, H. A. Ormerod u. R. E. Wycherley; m. engl. Übers. u. zahlr. Abb; Loeb; Bd. 5: ²1955). – Paris 1958 (*Pausanias en*

Corinthie [Livre II, 1 à 15], Hg. G. Roux; m. frz. Übers. u. Komm.).

ÜBERSETZUNGEN: *Ausführliche Reisebeschreibung von Griechenland*, J. E. Goldhagen, 2 Bde., Bln./Lpzg. 1766. – *Beschreibung von Hellas*, E. Wiedasch, 5 Bde., Mchn. 1826–1833. – *Beschreibung von Griechenland*, C. G. Siebelis u. H. Reichardt, 9 Bde., Stg. 1827–1855. – Dass., J. H. Ch. Schubart, 2 Bde., Stg. 1857–1963 u. ö. – *Führer durch Attika*, F. Spiro, Lpzg. 1895 [Buch 1] (RUB, 3360). – *Description of Greece*, J. G. Frazer, 6 Bde., Ldn. ²1913 [engl.; m. Komm.]. – *Beschreibung Griechenlands*, E. Meyer, Zürich 1954 [Ausw.; m. Komm.]. – *Führer durch Athen und Umgebung*, ders., Zürich 1959 [m. Komm.].

LITERATUR: W. Gurlitt, *Über P.*, Graz 1890. – R. Heberdey, *Die Reisen des P. in Griechenland*, Prag/Wien/Lpzg. 1894. – C. Robert, *P. als Schriftsteller*, Bln. 1909. – Schmid-Stählin, 2/2, S. 755 bis 761. – G. Daux, *P. à Delphes*, Paris 1936. – O. Regenbogen, Art. *Pausanias* (in RE, Suppl. 8, 1956, Sp. 1008–1097). – J. Hejnic, *P. the Perieget and the Archaic History of Arcadia*, Prag 1961 [m. Bibliogr.]. – Lesky, S. 911f.

GAIUS
(um 120–180)

INSTITUTIONES (lat.; *Unterweisungen*). »Eine Gattung von meist ziemlich kurzen juristisch-literarischen Werken, die dazu bestimmt waren, den Anfängern als Einführung in die Rechtswissenschaft zu dienen« (v. Kotz-Dobrž). Der Schöpfer der Form ist für uns der seit dem 5. Jh. geradezu kanonisch berühmte Jurist GAIUS (um 120–180), auf dessen unter Antoninus Pius (reg. 138–161) und Mark Aurel (reg. 161–180) verfaßten *Institutiones* sämtliche folgenden Werke der Art bis hin zur Einleitung des Iustinianschen *Corpus iuris civilis* in Anlage und Inhalt aufbauen. Freilich ist es keineswegs von der Hand zu weisen, daß Gaius wie im Inhaltlichen so auch in der später klassisch gewordenen Einteilung des Stoffs von einem oder mehreren uns verlorenen juristischen Vorgängern abhängt; ebenso ist möglich, daß er das formale Gerüst, um das er sein Material gruppiert, aus von älteren Grammatikern erarbeiteten Strukturschemata abgeleitet hat (man vergleiche nur etwa QUINTILIANS Titel *Institutiones oratoriae*).

Das für die späteren Zeiten gültig gewordene Einteilungsprinzip legt Gaius, nach einem allgemeiner gehaltenen Prooemium zum bürgerlichen Recht im ganzen, zu Beginn seines Werks dar (1, 8): »Das ganze Recht aber, dessen wir uns bedienen, bezieht sich entweder auf Personen (ad personas pertinet) oder auf Sachen (ad res) oder auf Prozesse (ad actiones).« Mit der ersten Kategorie befaßt sich der Autor in Buch 1; Buch 2 und 3 handeln von den juristisch relevanten Gegenständen; die letzte Kategorie nimmt Buch 4 in Anspruch. Obgleich Gaius in seiner gedrängten Darstellung keineswegs sämtliche Unterteilungen des Privatrechts berücksichtigt – er schreibt ja seinen Abriß als allgemeine Einführung der »Studenten« in System und Gedankenwelt des römischen Rechts –, ist seine Gliederung so vollständig, daß alle Künftigen sie nur noch durch Einzelheiten auffüllen und ergänzen konnten: Die Rubriken – »modern ausgedrückt *Rechtssubjekte, Rechtsobjekte und Rechtsschutzmittel*« (Kübler) – liefern eine erschöpfende Disposition ihres Bereichs.

Allerdings war Gaius ein retrospektiver Sammler und Systematiker, kein schöpferischer Erfinder. Und so viele Vorzüge seines Werks bisher auch genannt sind: dieses würde die Grenzen und Interessen der Rechtsgeschichte an keinem Punkt überschreiten, wäre nicht der Autor ein in seinem Rahmen glänzender Stilist und Didaktiker. Die schmucklose Durchsichtigkeit seiner Diktion, die – trotz gelegentlicher Abschweifung und mannigfacher Verweise und Wiederholungen – kühle Sachlichkeit in der Darstellung, die treffsichere Kürze und versierte Prägnanz im Ausdruck, all dies hat ihm bei den modernen Kritikern den Ruf eines Meisters der Sprache eingetragen. Selbst wenn man das Eindringen des Umgangstones seiner Tage in das Werk bemängelte, hat man sich nicht gescheut, ihn auf eine Stufe mit CAESAR oder Quintilian zu stellen.

E. Sch.

AUSGABEN: Paris 1525 (*Institutionum ... recens opus*). – Bln. 1820, Hg. J. F. L. Göschen. – Bln. ⁷1923, Hg. P. Krüger u. W. Studemund. – Lpzg. ⁷1935, Hg. E. Seckel u. B. Kübler. – Thessalonike 1937–1940 (in *Gaïos*, Hg. P. C. Bizoukides, 4 Bde.; m. Komm. u. Bibliogr.). – Florenz ²1940 (*Institutionum commentarii quattuor*, Hg. J. Baviera; Fontes iuris Romani antejustiniani, Bd. 2). – Oxford 1946 bis 1953 (*The Institutes*, Hg. F. de Zulueta, 2 Bde.; m. engl. Übers. u. Komm.). – Leiden 1948, Hg. M. David. – Paris 1950 (*Institutes*, Hg. J. Reinach; m. frz. Übers.). – Leiden 1954ff. (*Institutionum commentarii IV*, Hg. M. David u. H. L. W. Nelson; m. Komm.; bisher erschienen: Buch 1 u. 2).

ÜBERSETZUNGEN: *Die Institutionen-Commentare des Gaius*, C. U. H. v. Brockdorff, Bd. 1, Schleswig 1825. – *Die Institutionen*, J. Lammeyer, Paderborn 1929.

LITERATUR: W. Kalb, *Über die Latinität des Juristen G.* (in Archiv für lateinische Lexikographie, 1, 1883, S. 83–92). – T. R. Potts, *Summary of the »Institutiones« of G.*, Oxford 1907. – F. Kniep, *Der Rechtsgelehrte G. und die Ediktskommentare*, Jena 1910. – P. Zanzucchi, *Vocabolario delle »Istituzioni« di Gaio*, Mailand 1910. – v. Kotz-Dobrž, Art. »*Institutiones*« (in RE, 9/2, 1916, Sp. 1566–1587). – H. Kroll, *Zur G.-Frage*, Diss. Münster 1917. – C. Appleton, *Les interpolations dans G. La vraie date de ses »Institutes«. Critiques qu'elles ont soulevées* (in Revue Historique de Droit Français et Étranger, 1929, S. 197–241). – W. Kunkel, *Herkunft u. soziale Stellung der römischen Juristen*, Weimar 1952, S. 186–213. – L. Wenger, *Die Quellen des römischen Rechts*, Wien 1953, S. 506–510. – F. Wieacker, *Textstufen klassischer Juristen*, Göttingen 1960, S. 186–199 (Abhandlungen d. Akad. d. Wiss. in Göttingen, phil.-hist. Kl., 3/45). – F. Schulz, *Geschichte der röm. Rechtswissenschaft*, Weimar 1961, S. 191–201 u. ö.

LUKIANOS aus Samosata
(um 120–185)

ALEXANDROS Ē PSEUDOMANTIS (griech.; *Alexander oder Der falsche Prophet*). Sarkastisches Pamphlet von LUKIANOS aus Samosata (um 120 bis

185), über das Leben des zwischen 150 und 170 von aller Welt gefeierten Schwindlers Alexandros aus Abonuteichos (in Paphlagonien). Wie eine Anspielung auf den Tod des Kaisers Marcus Aurelius (180) andeutet, ist es das letzte Werk Lukians, von dem wir Kenntnis haben. Der Schriftsteller nimmt hier in Thema und Form Elemente auf, mit denen er dreizehn Jahre zuvor in *Peri tēs Peregrinu teleutēs (Über das Ende des Peregrinos)* schon Erfolg hatte. Der *Alexandros* ist die grotesk verzerrte Persiflage einer Heiligenbiographie, in die Form eines Briefes an den befreundeten CELSUS gekleidet (vielleicht den bekannten Christengegner). Auch Anklänge an Lukians menippeische Satiren sind zu spüren (schon die zahlreich eingestreuten Verszitate und Orakel rufen formal das Bild jener Mischung von Poesie und Prosa hervor), doch fehlt hier, wie im *Peregrinos*, der ironische und satirische Ton früherer Bücher. Der Zorn aber des aufgeklärten Freigeistes Lukian, der sich in bitterer Aggressivität gegen die religiöse Scharlatanerie wendet, ist um so heftiger, als er selbst seine lebensgefährlichen Erfahrungen mit jenem Scheinheiligen gemacht hat.
Wie schon im *Dēmōnax* (einer kurz vor dem *Alexandros* entstandenen Biographie über einen von Lukian bewunderten kynischen Philosophen; gleichsam dem Positiv zu jenem) hält sich der Autor auch hier an ein dieser Literaturgattung übliches Schema. Nach der Vorrede (1-2) wird die Persönlichkeit des Helden beschrieben: seine Gestalt und sein Charakter sowie seine Jugend und sein »Bildungsgang«, der ihn schließlich zu dem werden ließ, was er als reifer Mann war (3-10): ein ausgemachter Betrüger. Im Zentrum steht der Bericht über sein Wirken (11-52): wie er sich den Nimbus eines Asklepios-Propheten verschaffte, seine Heimatstadt zur Stätte seines Treibens erkor und dort, mit Tempelbau, Fest- und Mysterienkult, eine regelrechte Orakelfirma aufbaute, alles kräftig illustriert mit einer fast überreichen Auswahl seiner teils törichten, teils vieldeutigen, teils schwindlerischen Weissagesprüche, die einer Legion abergläubisch-gläubiger Dummköpfe, vom bäurischen Einfaltspinsel bis zum höchsten römischen Beamten, den Kopf verdrehten und förmlich das ganze Imperium auf die Beine und nach Abonuteichos brachten. Den Gipfel bildet Lukians eigene Begegnung mit Alexandros (53-57), in welcher der Autor mit einigen fingierten Orakelwünschen die läppische Gaunerei des Lügners überzeugend aufdeckte – was Lukian fast das Leben gekostet hätte. Doch das würdige Ende dieses Menschen ließ nicht auf sich warten: obwohl er sich in einem Orakel 150 Lebensjahre prophezeit hatte, wurde er mit knapp 70 von den Würmern aufgefressen.
Lukians zum Beschluß geäußerte Hoffnung, mit seiner Erzählung auch ein gut Teil öffentlicher Aufklärung geleistet zu haben, erfüllte sich offensichtlich nicht: Münzen, Inschriften und andere Zeugnisse lassen erkennen, daß der Schlangenkult dieses »neuen Asklepios« seinen göttlichen Stifter um mehr als ein Jahrhundert überlebte. Ja, noch heute zeugt der Name des alten Abonuteichos, Ineboli, von ihm: war doch er es, auf dessen Veranlassung die Stadt in Ionopolis umgetauft wurde. Immerhin mag man aus solch anhaltendem Einfluß nicht nur auf die individuelle Wirkung des Alexandros zurückschließen, sondern ebenso auf die seelische Mentalität der Zeit, die offenbar ohne solche spiritistischen Führer nicht auskommen konnte. Daß Lukian – literarisch wie persönlich – dieser mächtigen Erscheinung nur beikam, indem er seinerseits ein Ideal dagegensetzte (den von Alexandros in den tiefsten Orkus verdammten Epikur), ist für unsere Vorstellung von dem Autor sehr bedeutsam, vor allem wenn man nochmals an den *Dēmōnax* denkt: die Jahre, da er in seinen Satiren die alten Philosophen und ihre Anhänger mit Spott nach Belieben zerzauste, sind vorbei. Mit zunehmendem Alter ist er zwar nicht weniger angriffslustig, aber doch ernster geworden. E. Sch.

AUSGABEN: Florenz 1496. – Lpzg. ²1907 (in *Luciani opera*, Hg. C. Jacobitz, Bd. 2). – Ldn. 1925 (in *Lucian*, Bd. 4, Hg. u. engl. Übers. A. M. Harmon).

ÜBERSETZUNGEN: in *L.s Schriften*, H. Waser, Zürich 1768-1773. – *Alexander oder D. falsche Prophet*, nach d. Übers. v. C. M. Wieland bearb. v. H. Floerke (in *SW*, Mchn. 1911). – *Alexander oder D. Lügenprophet*, T. Fischer (in *Werke*, Bd. 3, Stg. 1866; zahlr. Nachdr.).

LITERATUR: F. Cumont, *Alexandre d'Abonotichos*, Brüssel 1888. – E. Babelon, *Le faux prophète Alexandre d'Abonotichos* (in Revue Numismatique, 4. Ser., 4, 1900, S. 1-30). – O. Weinreich, *Alexander d. Lügenprophet u. seine Stellung in d. Religiosität d. 2. Jh.s n. Chr.* (in NJb, 47, 1921, S. 129-151). – M. Caster, *Études sur Alexandre ou Le faux prophète de L.*, Paris 1938 [Komm.].

ALĒTHĒ DIHĒGĒMATA (griech.; *Wahre Geschichten*). Zweibändiger phantastischer Reise- und Abenteuerroman von LUKIANOS aus Samosata (um 120-185), gelegentlich auch als *Alēthēs historia* zitiert. – Auf unnachahmliche Weise parodiert hier Lukian die in der griechischen Literatur seit HOMERS *Odyssee* beim Publikum beliebten, vor allem aber seit den Alexanderzügen immer üppiger ins Kraut schießenden pseudohistorischen und pseudogeographischen, angeblich auf Erlebnissen und Augenschein beruhenden Berichte von fernen, fabulosen Ländern und Menschen. In seinem Vorwort nennt der Autor neben Homer als abschreckende Beispiele das Indienbuch des KTESIAS und die Meeresbeschreibung des IAMBULOS (an späterer Stelle rechnet er auch HERODOT zu dieser Kategorie). Im Gegensatz zu der Vielzahl solcher Dichter, Geschichtsschreiber und Philosophen, die er im einzelnen spöttisch zu imitieren ankündigt, will Lukian von vornherein anders verfahren: »*Ich werde nämlich in dem einen Punkt die Wahrheit sprechen, wenn ich sage, daß ich lüge ... Ich schreibe also über Dinge, die ich weder selbst sah noch erlebte noch von anderen erfuhr, ja, die weder sind noch überhaupt vorkommen könnten. Deshalb sollen meine Leser ihnen unter keinen Umständen Glauben schenken.*«
Leider sind wir heute nur noch in den seltensten Fällen in der Lage, das parodistische Element voll auszukosten, da die meisten verspotteten Originale, sieht man von Homer, Herodot und einigen wenigen andern ab, verschollen sind. So sind wir gezwungen, die burlesken Erlebnisse dieser Lukianschen Lügenreise als ein Menü witzig und heiter übertreibender Märchenszenen ohne den eigentlich würzenden Pfeffer zu genießen. Daß dabei die Abwechslung nicht fehlt, dafür hat der Autor gesorgt: bunt und locker folgen einander die Episoden; ohne strenges Kompositionsprinzip (ein *accelerando* vom ersten zum zweiten Buch ist allerdings nicht zu übersehen) reiht sich Bild an Bild, Aben-

teuer an Abenteuer: im ersten Teil insbesondere die Reise zum Mond und zu den Sternen mit der Gefangenschaft auf der Sonne (9–29) und die Erlebnisse im Bauch des riesigen Wallfischs (30 bis 42 und II, 1–2), im zweiten die Irrfahrten zur Käseinsel, auf die Inseln der Seligen (4–29, eine köstliche Katabasis-Persiflage) und die Insel der Verdammten (wo die allergrößten Strafen diejenigen zu erdulden haben, »*die während ihres Lebens gelogen, und die, die als Geschichtsschreiber sich gegen die Wahrheit versündigt hatten, unter denen sich auch der Knidier Ktesias befand, Herodot und viele andere*«! [beide Ü: Mras]), zur Trauminsel und nach Ogygia, wo Kalypso ein Brief des Odysseus von den Inseln der Seligen zu überreichen ist; nach mancherlei weiteren Gefahren, die Lukian und seine tapferen Gefährten gegen Kürbispiraten, Bukephalen, Eselschenklerinnen und andere Widrigkeiten zu bestehen haben, gelangen sie schließlich wohlbehalten auf den Gegenkontinent, welcher, jenseits des Ozeans, der Oikumene gegenüberliegt. Was sich dort zugetragen habe, verspricht Lukian »*in den folgenden Büchern*« – die natürlich nie geplant waren – zu schildern: ein letzter Hieb gegen die fortsetzungsfreudigen Allerweltsschreiber.

Wie bei Lukian zu erwarten, finden sich auch in den *Wahren Geschichten* zahlreiche Selbstzitate, und nicht wenige Motive sind dem Leser schon andeutungsweise aus den *Totengesprächen (Nekrikoi dialogoi)*, den *Meergöttergesprächen (Enhalioi dialogoi)*, dem *Zweimal Angeklagten (Dis Katēgorumenos)*, dem *Ikaromenippos* u. a. vertraut. Wenn der bittere Ernst, der als Zeitkritik unter der lustigen Oberfläche spürbar wird, nicht bereits darauf hinweisen würde, so könnte man aus diesen Anspielungen erfahren, daß das Werk in Lukians letzte Schaffensperiode fällt, auf jeden Fall nach seinen von MENIPPOS inspirierten Satiren (um 160–165) entstanden ist: die *Wahren Geschichten* dürfen als das phantasmagorisch-lustige Schwesterstück zu dem Traktat *Wie man Geschichte schreiben muß (Pōs dei historian syngraphein)* gelten, auch wenn nicht nur die Historiographen im engeren Sinn aufs Korn genommen werden. E. Sch.

AUSGABEN: Florenz 1496. – Oxford ²1894 (in *Vera Historia*, Hg. C. S. Jerram; krit. m. Komm.). – Lpzg. ²1907 (in *Opera*, Hg. C. Jacobitz, Bd. 2). – Ldn./Cambridge (Mass.) 1913 (in *Lucian*, Bd. I, Hg. A. M. Harmon; m. engl. Übers.; Loeb; Nachdr. 1953). – Mchn. 1954 (in *Die Hauptwerke des L.*, Hg. u. Übers. K. Mras; griech.-dt.). – Paris 1962 (in *Lucien, Histoire vraie*, Hg. F. Ollier; m. Einl. u. Komm.).

ÜBERSETZUNGEN: *Wunderbarlicher bisz daher unerhörter u. unglaublicher Indianischer Reysen...*, G. Rollenhagen, Magdeburg 1603. – *Wahre Geschichten*, nach C. M. Wieland bearb. v. H. Floerke (in *SW*, 5 Bde., 3, Mchn. 1911). – Dass., T. Fischer (in *Werke*, Bln. ca. 1930). – Dass., nach C. M. Wieland v. E. Ermatinger u. K. Hoenn (in *Parodien u. Burlesken*. 1, Zürich 1948). – K. Mras (s. o.).

LITERATUR: E. Rohde, *Der griech. Roman*, Lpzg. ³1914, ern., Darmstadt 1960, S. 204ff. – Helm, Art. *Lukianos* (in RE, 13/2, 1927, S. 1763f.). – L. Horn, *Due scritti di critica letteraria. La »Vera historia« e »De conscribenda historia« di L.*, Rom 1934.

BIŌN PRASIS (griech.; *Der Verkauf der Lebensweisen*). Satire des LUKIANOS aus Samosata (um 120–185), seiner menippeischen Epoche zugehörig, entstanden zwischen *Ikaromenippos ē hypernephelos (Ikaromenippos oder Die Luftreise)* und *Dis katēgorumenos (Der zweimal Angeklagte)* einerseits und *Halieus ē anabiuntes (Der Fischer oder Die Wiederauferstandenen)*, einer Art witziger Retraktation des *Verkaufs der Lebensweisen*, andererseits.

Man muß dieses Stück aus mancherlei Gründen unter die besonders gelungenen Szenen des Autors einreihen. Lukian hat es einmal mehr verstanden, eine literarische Vorlage in sein ureigenes Metier umzuschmelzen, ohne ihren Wesenscharakter antasten. Von dem notorischen Kyniker DIOGENES wußte die Biographie zu erzählen, wie er einst von Seeräubern gefangengenommen und auf dem Sklavenmarkt verkauft wurde. Diese Nachricht hatte den Schöpfer der hellenistischen Satire, MENIPPOS, zu einem satirischen Stück, *Der Verkauf des Diogenes*, angeregt, in dem er Eindrücke aus dem Satyrspiel *Syleus* des EURIPIDES – dort bringen Zeus und Hermes den Herakles zum Verkauf – mit Elementen der Komödie durchsetzte und das Ganze als Philosophenpersiflage servierte. Bei Lukian wird daraus, in scheinbar idealisierter Erhöhung des Schauplatzes, ein öffentlicher Markt auf dem Olymp, und als Sklaven stehen zum Verkauf die verschiedensten philosophischen Lebensformen, repräsentiert durch ihre berühmten Gründer. Der weisheitsverklärte, vornehme Pythagoras, der schmuddelige Diogenes, der betrunkene Geck Aristipp, der ewige Lacher Demokrit und der ständig weinende Heraklit, der weise Päderast Sokrates, ein gefräßiger Epikureer, der Rabulist Chrysipp, der allgelehrte Aristoteles und schließlich der Skeptiker Pyrrhon, der starken Zweifel an seiner und seines Käufers Existenz hegt und die Realität des gegenwärtigen Sklavenmarktes für keinesfalls gesichert hält: sie alle passieren Revue, in den höchsten Tönen angepriesen von dem marktschreierischen Auktionator Hermes. Sie müssen den Kaufinteressenten Rede und Antwort stehen über ihre – teilweise recht seltsamen – Fähigkeiten und werden je nach Qualität zu einem hohen oder niederen Preis losgeschlagen: Diogenes bringt zwei Obolen (einige Groschen) ein, für Sokrates wird ein halbes Vermögen (zwei Talente) bezahlt; nur Aristipp, Demokrit und Heraklit entpuppen sich als unverkäufliche Ladenhüter. Das alles ereignet sich Schlag auf Schlag, ist dramatisch effektvoll gerafft, kürzere Episoden wechseln mit ausführlichem Disput, die Reihenfolge der Versteigerung sorgt für thematischen Kontrast; souverän wird mit verschiedenen Stilebenen gespielt (Käufer und Verkäufer sprechen den Jargon der Lukian-Zeit, während die Feilgebotenen sich einer gestelzten Imitation ihres alten Dialekts bedienen), und eine Fülle versteckter Anspielungen und verzerrter Zitate aus Leben und Werk der Verkauften läßt den Leser kaum zu Atem kommen. Kurz gesagt: der lockere Witzbold Lukian, der sich in ausgelassenen Götter- oder Hetärengesprächen (*Theōn dialogoi, Hetairikoi dialogoi*) ausgetobt hatte, und der kritische Spötter, der das großmächtige Gehabe der Philosophenschulen seiner Tage anprangern will, treten hier in ergänzender Harmonie in Aktion und demonstrieren das turbulente Feuerwerk eines routinierten, aber allem Finten seines munteren Handwerks gesegneten, heiter-ernsten Boulevardliteraten. E. Sch.

AUSGABEN: Florenz 1496 (in *Dialogoi*). – Lpzg. 1881

(in *Opera*, Hg. C. Jacobitz, Bd. 1). – Ldn./Cambridge (Mass.) 1915 (in *L.*, Bd. 2, Hg. A. M. Harmon; m. engl. Übers.; Loeb; Nachdr. 1953). – Livorno 1924 (*Una vendita di vite all'incanto*, Hg. G. Ammendola; m. Einf. u. Komm.).

ÜBERSETZUNGEN: *Ausruf der philosophischen Sekten*, anon. (in Bremer Beiträge, 1745, Bd. 1, 5. Stück). – *Der Verkauf der Philosophen*, J. C. Gottsched (in *Auserlesene Schriften*, Lpzg. 1745). – *Die Lebensversteigerung oder der Verkauf der philosophischen Sekten*, T. Fischer (in *Werke*, Bd. 1, Stg. 1866; Nachdr. Bln. 1914). – *Der Verkauf der philosophischen Sekten*, n. d. Übers. v. C. M. Wieland, bearb. v. H. Floerke (in *SW*, Bd. 1, Bln. ²1922).

LITERATUR: R. Helm, *L. u. d. Philosophenschulen* (in NJb, 5, 1902, S. 188–213; 263–278; 351–369). – Ders., *L. u. Menipp*, Lpzg./Bln. 1906, S. 227–253. – Ders., Art. *L.* (in RE, 13/2, 1927, Sp. 1764). – E. Neef, *L.s Verhältnis z. d. Philosophenschulen u. seine mimēsis literar. Vorbilder*, Diss. Greifswald 1940.

DIS KATEGORUMENOS (griech.; *Der zweimal Verklagte*).

Dialogische Satire von LUKIANOS aus Samosata (um 120–185), verfaßt um 162–165. – Das für die Biographie des Autors besonders wichtige Werk gehört in die »menippeïsche« Epoche des Spötters Lukian. Es zeigt deutliche Anklänge an *Symposion ē Lapithai (Das Gastmahl oder Die Lapithen)*, den *Hermotimos*, den *Zeus tragōdos* und den *Timon*. Die Grundsituation – Gerichtsszene, Agon, Wertvergleiche, Streit um einen Musenjünger –, ein besonders in der Alten Komödie beliebtes Motiv, wird später wiederaufgenommen in Stücken wie *Biōn prasis (Der Verkauf der Lebensweisen)* und *Halieus ē Anabiuntes (Der Fischer oder Die Wiederauferstandenen)*.
Der vielgeplagte Göttervater Zeus beschließt, endlich eine Reihe der schon lang anstehenden Rechtshändel der Irdischen zu erledigen, und schickt zu diesem Zweck Hermes und Dike (die Gerechtigkeit) auf den Athener Areopag. Da viele Prozesse geführt werden – bei Gericht herrscht ein regelrechtes Getümmel –, sollen fürs erste nur die Klagen von Lebensarten, Wissenschaften usw. gegen einzelne Personen behandelt werden. Sieben Urteile gilt es zu fällen: die Trunkenheit und die Akademie streiten sich um den Polemon, die Stoa und die Lust um den Dionysios, die Tugend und die Üppigkeit um den Aristipp; die Wechselstube klagt gegen Diogenes, der ihr entlaufen ist, desgleichen die Malerei gegen Pyrrhon; schließlich stehen noch zwei Prozesse jüngeren Datums an – die Rhetorik und der Dialogos führen Beschwerde gegen einen gewissen syrischen Redner (hinter dem sich, nur wenig verhüllt, Lukian selbst verbirgt – daher der Titel).
Ziel- und Höhepunkt ist natürlich der Schluß, und die präliminarischen Urteile werden denn auch recht kurz – wenngleich keineswegs ohne satirisch-amüsante Effekte – abgemacht: im ersten Fall behält die Akademie recht, sie darf ihren Schüler behalten, im zweiten schlägt Epikur als Anwalt der Lust die Argumente der Stoa aus dem Felde. Die Akte »Tugend contra Üppigkeit« wird der Kürze halber gleich an die Appellationsinstanz verwiesen, der Prozeß »Wechselstube gegen Diogenes« findet ebenfalls nicht statt, denn der Beklagte jagt die Klägerin mit seinem Wanderstecken in die Flucht, und der angeklagte Skeptiker Pyrrhon erscheint erst gar nicht vor Gericht, da er ohnehin der Meinung ist, »es könne keine wahren Urteile geben«. Daß der syrische Literat in der großen Auseinandersetzung mit der Rhetorik, die ihn des Ehebruchs verklagt, und mit dem Dialogos, dessen Querelen auf Körperverletzung und öffentliche Verächtlichmachung hinauslaufen, die Oberhand behält, ist klar: seine Abwendung vom Treiben der »Zweiten Sophistik« und ihrer Pseudo-Demosthenesse, seine Hinwendung zur Dialogschriftstellerei – die er aber gleichfalls vom hohen platonischen Kothurn herunterholte und mit Komikern wie Eupolis und Aristophanes oder Kynikern wie Menipp zusammenschirrte – werden mit überwältigender Stimmenmehrheit vom Gericht gerechtfertigt.
Daß auch dieses Werk die gewohnte spöttischsouveräne Ironie zeigt und allenthalben Witz und Gift versprüht – Witz über die trotz allem bewunderten Alten (wie DEMOSTHENES und PLATON), Gift gegen die verachteten hohlköpfigen Zeitgenossen –, versteht sich bei Lukian fast von selbst. Doch bleibt die Satire, aufs Ganze, vergleichsweise milde: es ist der Ton der *Göttergespräche*, in dem Lukian seine Selbstverteidigung als »menippeischer« Literat (wohl unter Verwendung Menippeischer Motive) vorträgt. Nur den etwas abrupten Schluß mag man unter diesen Aspekten vielleicht bedauern: man erwartet, nach dem langen, liebevoll inszenierten Einleitung, eigentlich einen gefälligeren Ausklang.
E. Sch.

AUSGABEN: Florenz 1496 (in *Lukianu Samosateōs dialogoi*). – Lpzg. 1881 (*Luciani Samosatensis opera*, Hg. C. Iakobitz, Bd. 3). – Ldn./Cambridge (Mass.) 1921 (in *Lucian*, Hg. A. M. Harmon, Bd. 3; m. engl. Übers.; Loeb; Nachdr. 1947).

ÜBERSETZUNGEN: in *Schriften*, J. H. Waser, 4 Bde., Zürich 1769–1773. – *Der doppelt Angeklagte* (in *SW*, nach der Übers. von C. M. Wieland bearb. u. erg. v. H. Floerke, Bd. 5, Bln. ²1922).

LITERATUR: R. Helm, *L. u. Menipp*, Lpzg./Bln. 1907, S. 275–291. – Ders., Art. *L.* (in RE, 13/2, 1927, Sp. 1752). – M. Caster, *Lucien et la pensée religieuse de son temps*, Paris 1936. – J. Bompaire, *Lucien, écrivain*, Paris 1958, S. 249–254.

ENHALIOI DIALOGOI (griech.; *Meergöttergespräche*).

Fünfzehn kurze Dialogszenen von LUKIANOS aus Samosata (um 120–185). – Ähnlich den *Theōn dialogoi (Göttergespräche)*, dem *Prometheus* oder den noch etwas stärker an MENIPPS Satiren erinnernden *Nekrikoi dialogoi (Totengespräche)* spielen auch diese Genrestückchen in der Sphäre des traditionellen hellenischen Götterhimmels – »spielen« im wörtlichen Sinne: es sind kleine Neckereien, die in ihrem witzigen, scheinbar unschuldigen Plauderton alle möglichen aus der griechischen Mythologie und Poesie vertrauten Geschichten, leicht ironisch gebrochen, aus der Perspektive olympischer oder halbgöttlicher Zuschauer widerspiegeln:
1. die Liebe des Polyphem zu der Nymphe Galateia (aus THEOKRITS Idyllen bekannt); 2. der von Odysseus geblendete Kyklop, der sich bei seinem Vater Poseidon ausweint (man vergleiche HOMERS *Odyssee*); 3. die Liebe des arkadischen Flusses Alpheios zur sizilischen Nymphe Arethusa (OVID erzählt davon); 4. Menelaos, der nicht glauben will, daß Proteus sich auch von Wasser in Feuer verwandeln kann; 5. die Hochzeit des Peleus und der Thetis mit dem unheilvollen Vorspiel des

Troianischen Krieges, aus der Sicht zweier subalterner Nereiden; 6. Poseidon auf Mädchenfang; 7. die Affäre »Zeus und Io« und ihre Folgen für die zwei Windgötter Notos und Zephyros; 8. Lob des Poseidon an seine Delphine, die den Dichter Arion vor dem Ertrinken gerettet haben (die Geschichte wird von HERODOT berichtet); 9. Phrixos' und Helles Ritt auf dem Widder, aus dem Blickwinkel Poseidons und der Nereiden; 10. die schwimmende Insel Delos und die Vorgeschichte der Geburt des Apollon und der Artemis; 11. Xanthos klagt bei Thalatta, dem Meer, über die Wunden, die ihm Hephaistos bei der Götterschlacht vor Troia (*Ilias*, Buch 21) eingebrannt hat; 12. Thetis und Doris in tränenbewegtem Duett über Danae, die von einem hartherzigen Vater mit ihrem Söhnchen Perseus in eine Kiste eingeschlossen und auf dem Meer ausgesetzt worden ist; 13. Flußgott Enipeus macht Poseidon Vorhaltungen, weil dieser ihm bei seiner Geliebten, der sorgsam bewachten jungfräulichen Tyro, zuvorgekommen ist; 14. Triton und die Nereiden Iphianassa und Doris hecheln des schönen Perseus Gorgo- und Andromeda-Abenteuer durch; 15. Zephyros schildert dem Notos die Entführung der Europa durch den Zeus-Stier (in der Manier des MOSCHOS gehalten).

Die einzelnen Szenen sind untereinander nicht verbunden, kaum, daß einmal ein Motiv, selten, daß die Gesprächspartner später wiederaufgenommen werden; ab und zu ist eine Geschichte thematisch an die *Göttergespräche* angeknüpft, etwa das Stück über die Io oder das Vorspiel zum Paris-Urteil. Im übrigen zeigt das Ganze durch und durch den Charakter jenes Schwesterwerkes: in der Sprache wie in der Handlung leise, locker, leichtgeschürzt. Alles ist in harmlose Liebenswürdigkeit gehüllt, und der Gedanke an literarische Etüden dialogischer und ekphrastischer Art, wie sie in den neosophischen Rhetorenschulen des 2. Jh.s (Lukian gehörte ihnen an) üblich waren, ist gar nicht so abwegig: von dem in der Folgezeit für den Autor so bezeichnenden beißenden sozial-ethischen, popularphilosophischen Spott, von seinem hohnlachenden kynischen Sarkasmus, seiner vernichtenden Kritik an den Zeiterscheinungen ist hier noch nichts zu spüren. E. Sch.

AUSGABEN: Florenz 1496 (in *Lukianu Samosateōs dialogoi*). – Lpzg. 1881 (in *Luciani Samosatensis opera*, Bd. 1, Hg. C. Jacobitz). – Florenz 1933 (in *Dialoghi dei morti, degli dei e del mare*, Hg. R. Bianchi; m. Anm.). – Mchn. 1954 (in *Die Hauptwerke des L.*, Hg. K. Mras; griech.-dt.).

ÜBERSETZUNGEN: in *Schriften*, J. H. Waser, 4 Bde., Zürich 1769–1773. – *Meergöttergespräche*, nach der Übers. v. C. M. Wieland bearb. von H. Floerke (in *SW*, Bd. 2, Bln. ²1922). – *Götter, Tote und Hetären*, W. Jürgen, Lpzg. 1959.

LITERATUR: R. Helm, *L. u. Menipp*, Lpzg./Bln. 1906, S. 176ff. – Ders., Art. *L.* (in RE, 13/2, 1927, Sp. 1737).

HALIEUS Ē ANABIUNTES (griech.; *Der Fischer oder Die Wiederauferstehenden*). Satirischer Dialog des LUKIANOS aus Samosata (um 120–185), in seiner »menippeischen« Epoche (um 161–165) entstanden. – Das Werk ist, wie der nur wenig früher geschriebene *Dis katēgorumenos* (*Der zweimal Verklagte*), eine der »autobiographisch« gefärbten Satiren des spätgriechischen Spötters, und wie in jenem geht es auch hier um einen Prozeß. Freilich taucht Lukian diesmal nicht als einer unter vielen Verklagten auf: er ganz allein wird attackiert, und die Anklagepunkte erscheinen ungleich konkreter, man könnte sagen: literarisch aktueller. Anlaß des Streits ist nämlich seine bissig-heitere Szene vom *Verkauf der Lebensweisen* (*Biōn prasis*).

Erbittert über die ihnen in jener Satire angetane Schmach, haben die Philosophen einen Tag Urlaub vom Hades erwirkt, um sich an dem böswilligen Schreiberling (er heißt hier »*Freimut* [Parrhesiades], *Sohn des Wahrhaft, des Sohnes des Prüfruhm*«) zu rächen. Turbulent beginnt das Stück: ein ganzer Schwarm von Geschmähten – Sokrates, Platon, Chrysipp, Diogenes, Aristipp, Epikur, Aristoteles, Empedokles, Pythagoras – jagen nach dem Übeltäter, und als sie ihn schließlich gefaßt haben, soll er mit dem Tode büßen. Bloß über die Methode sind sie sich noch uneinig: zur Debatte stehen Kreuzigung, Augenausstechen, Zungeabhacken, in den Ätna Werfen oder Zerreißen, wie einst Pentheus und Orpheus zerrissen wurden. Nur mit Mühe kann der angsterfüllte Gefangene die aufgebrachten Philosophen zu einer ordentlichen Gerichtsverhandlung überreden: Philosophia selbst soll die Richterin sein. Bei dem Prozeß auf dem Athener Areopag versucht er, mit einer glänzenden Verteidigungsrede seine Unschuld zu erweisen: nicht ein Frevler sei er, vielmehr, schon zeit seines Lebens, ein Liebhaber der Wahrheit und der Schönheit, und wenn er in jenem inkriminierten Werk die Philosophen verspottet habe, so seien damit nicht die ehrwürdigen Gründer der Schulen gemeint gewesen, sondern deren nichtswürdige Nachfolger von heute, die mit ihrem Lebenswandel und ihren Worten das überkommene Erbe mit Füßen treten. Die Apologie wird zur Anklage, und zwar zu einer der schärfsten und direktesten, die Lukian überhaupt gegen die zeitgenössischen Philosophenschulen geschrieben hat: so drastisch weiß »Freimut« das Treiben der Schein- und Afterweisen zu schildern, daß am Ende Ankläger und Richterin einstimmig auf Freispruch erkennen und statt des wohlmeinenden Spötters nun die Pseudophilosophen selbst vor Gericht zu zitieren beschließen. Der märchenhaft exaltierte Schluß, in dem der Freigesprochene und nunmehr zum Wächter über die Philosophenschulen Bestellte die Probe auf die in seinem Plädoyer genannten Exempel bietet, hat den dreiteiligen Szenenreigen dem Haupttitel gegeben: mit einer langen Angel, an deren Haken Feigen und Goldstücke als Köder hängen, zieht er, auf der Mauer sitzend, die gierig anbeißenden Vertreter der einzelnen Schulen aus der Stadt herauf vor die Richter. Doch weder dem Diogenes noch Platon, weder Aristoteles noch Chrysipp sind die feinen Fische bekannt – man kann sie getrost vom Angelhaken reißen und an dem Felsen unten zerschmettern lassen.

WIELAND hat den *Halieus* zu den ganz besonderen Juwelen der Lukianischen Kleinkunst gerechnet. »*Es ist, meinem Urteile nach, die sinnreichste, beredteste, eleganteste, mit dem meisten Verstand erfundene und mit dem meisten Fleiße ausgearbeitete, kurz, die gefeilteste und musterhafteste so wie die reichste und gelehrteste von allen Lucianischen Kompositionen. Sie gibt an Witz und Laune, und selbst an Aristophanischer Schalkheit, keiner etwas nach und übertrifft alle andere an Weisheit des Plans, an Schönheit der Ausführung, an Feinheit der Kritik und Ironie und an dramatischer Kunst in Disposition der Szenen, Lebhaftigkeit der Dar-*

stellung, geschickter Charakterisierung und Kontrastierung der Personen, immer zunehmendem Interesse und unerwarteter Entwicklung.« Man mag vielleicht angesichts der Tatsache, daß Lukian auch hier, wie so oft, mit leichthändiger Routine vielfältige Motive und Reminiszenzen aus früheren Werken verwertet, dem fast überreichen Lob des kongenialen Lukian-Übersetzers nicht in allen Punkten zustimmen; doch wird man ohne Einschränkung zugeben müssen, daß der Autor seinen ihm verhaßten Zeitgenossen, die sich über die spöttischen Scherze der *Biōn prasis* erbost haben mochten, kaum eine vernichtendere Replik hätte zuteil werden lassen können als diese dramatischkauzige Geschichte von seiner Verbrüderung mit den alten Schulhäuptern. E. Sch.

AUSGABEN: Florenz 1496 (in *Lukianu Samosateōs dialogoi*). – Lpzg. 1881 (in *Opera*, Bd. 1, Hg. C. Jacobitz). – Ldn./Cambridge (Mass.) 1921 (in *Lucian*, Hg. A. M. Harmon, Bd. 3; m. engl. Übers.; Loeb; Nachdr. zuletzt 1947).

ÜBERSETZUNGEN: *Der Fischer oder Die wieder auflebenden Philosophen*, J. H. Waser (in *Schriften*, Bd. 1, Zürich 1769). – *Der Fischer oder Die Auferstandenen*, T. Fischer (in *Werke*, Bd. 3, Stg. 1866; zahlr. Nachdr.). – *Der Fischer oder Die wieder auferstandenen Philosophen*, nach d. Übers. v. Ch. M. Wieland, bearb. v. H. Floerke (in *SW*, Bd. 1, Bln. ²1922).

LITERATUR: R. Helm, *L. u. Menipp*, Lpzg./Bln. 1906, S. 292–306. – Schmid-Stählin, Bd. 2/2, S. 726. – R. Helm, Art. *L.* (in RE, 13/2, 1927, Sp. 1756 f.). – G. Misch, *Geschichte der Autobiographie*, Bd. 1/2, Ffm. 1950, S. 395–400.

HERMOTIMOS (griech.; *Hermotimos*). Dialog über Wert und Unwert der Philosophie im allgemeinen und ihrer verschiedenen Schulrichtungen im besonderen von LUKIANOS aus Samosata (um 120 bis 185); Abfassungszeit nicht feststellbar. – Das Werk, der größte unter allen Dialogen des Schriftstellers, gehört zu den sogenannten Lykinos-Gesprächen – auch in ihm (wie etwa in *Symposion oder Die Lapithen*) tritt der Autor selbst unter einem gräzisierten Namen als Teilnehmer der Unterhaltung auf –, und es ist von allen Schriften Lukians die weitaus ernsteste und dem literarischen Vorbild PLATON am nächsten verwandte: sie ist nicht humoristisch angelegt, sie sei langweilig, im Gegenteil, die ironisch-heitere Überlegenheit des Lykinos über seinen Partner Hermotimos ist von einer distanzierten Frische wie nur je die Gestalt des Sokrates in Platons elegantesten Werken.

Man könnte versucht sein, den *Hermotimos* in die Gattung des Protreptikos einzureihen, der populär gehaltenen Werbeschriften, mit denen die griechischen Philosophenschulen zur Beschäftigung mit der Philosophie zu ermahnen pflegten; und man träfe zweifelsohne das Richtige, wenn der Dialog nicht in Wirklichkeit ein skeptisch-bitterer Antiprotreptikos wäre, der alle Entscheidung für irgendeine der gängigen Schulen als widervernünftig und voreilig entlarven will. Der greise Hermotimos soll seinem jüngeren Freund Lykinos erklären, weshalb er sich ausgerechnet mit Leib und Seele dem Stoizismus verschrieben hat, oder anders formuliert, welches die beste Philosophie sei, der man sich, weil sie die Wahrheit besitzt, zuwenden müsse (1–16). Des Hermotimos Begründung für seine Wahl – Zahl der Anhänger, Auftreten der einzelnen Lehrer – erweist sich als unzureichend (16–21), so daß Lykinos selbst die Untersuchung in die Hand nimmt. Das für Hermotimos, den langjährigen stoischen Eiferer, schmerzliche Resultat der Erörterung: da jede der philosophischen Richtungen behauptet, allein das Wahre zu besitzen und zu lehren, muß, wer die Wahrheit sucht, zunächst alle gründlich kennenlernen, Pythagoreismus, Platon, Aristoteles, die Stoa, Epikureismus usw. (21–54), und zwar, wie ein Nachtrag zeigt, nicht nur probeoder teilweise, sondern in umfassender Durchdringung der einzelnen Lehrgebäude; denn nur kritisch urteilendes Vergleichen vermag zu enthüllen, wo wirklich die Wahrheit liegt (54–64). Dieses Durchmustern wäre jedoch die Arbeit von Jahrhunderten, nicht eines einzelnen Menschenlebens. Doch selbst zugestanden, die Erfüllung einer so übermenschlichen Forderung wäre möglich, so stünden weitere Hindernisse auf dem Weg zur Wahrheit: es ist denkbar, daß keine der vielen Schulen die Wahrheit besitzt (65–67); auch vorausgesetzt, man wüßte die richtige Schule, so wäre noch immer die Frage zu lösen, ob der Lehrer, dem man sich zuwendet, tatsächlich das Wahre auch erkannt hat und mitteilen kann (68–77). Daß es aber solche Meister gebe, die die Weisheit besitzen – und danach leben –, dagegen sprechen Erfahrung und Augenschein aufs entschiedenste (78–83). Wohl oder übel muß Hermotimos sich von diesen skeptischen Argumenten geschlagen bekennen: er hat sein bisheriges Leben falsch eingerichtet.

So offenkundig dieser Dialog manchen Sokratischen Gesprächen Platons gleicht – vor allem in der Parallelität des spöttisch-souveränen, messerscharf analysierenden Lykinos zur Figur des Sokrates und in der strikten, auf Destruktion von Scheinmeinungen gerichteten Tendenz des Werkes –, so unverkennbar ist andererseits der Abstand zu dem Modell. Der zwar überaus zügige und glatte, im ganzen aber stets an der Oberfläche bleibende Verlauf des Gesprächs steht in diametralem Kontrast zu Platons intensivem Bemühen um kompositorische Tiefenstruktur seiner Dialoge – da bleibt Lukian, Kind seiner Zeit, ein ferner Adept. Das Defizit an Überzeugungskraft, das diesem Mangel an künstlerischer Formung entspricht, vermag aber Lukian, eben weil er an der Oberfläche bleibt, durch ein anderes Mittel auszugleichen: durch seine unglaublich reiche Phantasie – man nehme nur das furiose Dankwort des Hermotimos am Schluß –, eine Phantasie, die ihm (wohl als Erbe der kynischen Populardiatribe) ein und dasselbe Phänomen in immer neuen, überzeugenden Metaphern ausdrücken läßt: zum quantitativ überwältigenden Impetus der Bilder, der kaum weniger suggestiv wirkt als die qualitative Schönheit vielschichtig-harmonisch gefügter Dimensionen bei Platon. E. Sch.

AUSGABEN: Florenz 1496 (in *Lukianu Samosateōs dialogoi*). – Lpzg. 1881 (in *Opera*, Hg. C. Jacobitz, Bd. 1). – Ldn./Cambridge (Mass.) 1959 (in *Lucian*, Hg. K. Kilburn, Bd. 6; m. engl. Übers.; Loeb).

ÜBERSETZUNGEN: *Hermotimos*, J. H. Kromayr, Jena 1713. – Dass., T. Fischer (in *Werke*, Bd. 4, Stg. 1867; zahlr. Nachdr.). – *Hermotimos oder Von den philosophischen Sekten*, nach d. Übers. v. Ch. M. Wieland, bearb. v. H. Floerke (in *SW*, Bd. 3, Bln. ²1922). – Dass., nach d. Übers. v. Ch. M. Wieland, bearb. v. E. Ermatinger u. K. Hoenn (in *Parodien und Burlesken*, Zürich 1948).

LITERATUR: Schmid-Stählin, 2/2, S. 729. – R. Helm, Art. *L.* (in RE, 13/2, 1927, Sp. 1742–1744). – V. Longo, *Luciano e l'»Ermotimo«*, Genua 1964.

HETAIRIKOI DIALOGOI (griech.; *Hetärengespräche*). Sammeltitel von fünfzehn kurzen Dialogszenen des LUKIANOS aus Samosata (um 120–185). – Stimmt die gängige chronologische Vorstellung, so wird man das Werk der zweiten Periode der Schriftstellerei Lukians zurechnen; damals begann der Autor sich von der engstirnigen Geistesgymnastik der neosophistischen Schule zu lösen und aus verschiedenen Ingredienten der klassischen griechischen Dichtung eine unverkennbar eigene literarische Form zu schaffen: die spöttisch-naturgetreue Genreminiatur in Gesprächsform.

Im Vergleich zu den *Theōn dialogoi (Göttergespräche)*, den *Enhalioi dialogoi (Meergöttergespräche)*, dem *Prometheus* oder, aus der dritten Schaffensperiode mit ihrem mehr menippeisch-kynischen Einschlag, den *Nekrikoi dialogoi (Totengespräche)* und der *Theōn ekklēsia (Götterversammlung)* wirken die *Hetärengespräche*, den dargestellten Situationen entsprechend, noch menschlicher, noch familiärer, noch frivoler, noch naiv-turbulenter, noch einen kleinen Schuß ironischer. So drängt sich denn auf Schritt und Tritt der Gedanke an das Vorbild der attischen Typenkomödie im Stil eines MENANDER auf. Und in dem dort üblichen Milieu spielt auch jeweils die »Handlung« der kleinen Episoden, die teils rührend, teils keck, teils aufgeregt-ordinär, teils frech – doch immer mit dem Augenaufschlag der Unschuld – das muntere Völkchen der leichten Mädchen Athens darstellen.

Die Atmosphäre: köstliche kleinbürgerliche Dummheit; die Sprache: die des Alltags und der Gassen; die Situationen: dramatische oder tränenreichtraurige oder intime Wichtigkeiten – alles wirkt in lebendig-heiterer Frische zusammen. Ein Mädchen aus der Nachbarschaft spannt Glykera, angeblich durch Zaubertricks, den Freund aus; Myrtion lebt in höchsten Ängsten, ihr Pamphylos werde heiraten; Philinna ist auf den Diphilos eifersüchtig, Lysias auf die Ioessa, und der militante Deinomachos hat in der Raserei gar alles kurz und klein geschlagen; man schickt nach einer syrischen Magierin, die den entlaufenen Liebhaber Charinos wieder herlocken soll; zwei Mädchen tuscheln erfahren über die Freuden der Homoerotik; Mütter weisen ihre Töchter in die Geheimnisse des Hetärenberufs ein; eine ältere Kollegin klärt die junge über die Psychologie der Kunden auf; die ehemaligen Liebhaber kommen aus dem Krieg heim und sind in ihrer blutrünstigen Phantasie alle zu Generalen und schreckenerregenden Helden geworden; ein Philosoph hat dem Kleinias seine Drosis verleidet; Tryphaina überzeugt den untreuen Liebhaber Charmides wieder von ihren Reizen; während Myrtale, unter wenig zartfühlenden gegenseitigen Beschimpfungen, den armseligen Matrosen Dorion vor die Tür setzt, weil er immer nur Zwiebeln, Käse und Heringe als Geschenk mitbringt.

Das Ganze ist ein Kaleidoskop, mit derben Effekten so wenig spart wie mit Sentimentalität; alles amourös-pikant, ohne satirischen Hintergrund, voll Witz und Esprit, wie ihn nur je realistische Beobachtung bieten kann; ein ergötzliches Panorama menschlicher Sitten und Schwächen, gesehen aus der Perspektive jenes schnell gewonnenen, schnell verlassenen, herz- und weltbewegenden

Horizontale, um die sich alles und nichts dreht.

E. Sch.

AUSGABEN: Florenz 1496 (in *Lukianu Samosateōs dialogoi*). – Lpzg. 1881 (in *Opera*, Hg. J. Cacobitz, Bd. 3). – Bln. 1930 (*Dialogi meretricii*, Hg. K. Mras). – Ldn./Cambridge (Mass.) 1961 (in *Lucian*, Bd. 7, Hg. M. D. Macleod; m. engl. Übers.; Loeb).

ÜBERSETZUNGEN: *Hetärengespräche*, Ch. M. Wieland (in *SW*, Bd. 3, Lpzg. 1788). – Dass., T. Fischer (in *Werke*, Bd. 4, Stg. 1867; zahlr. Nachdr.). – Dass., nach d. Übers. v. Ch. M. Wieland, bearb. v. H. Floerke (in *SW*, Bd. 3, Bln. ²1922). – Dass., nach d. Übers. v. Ch. M. Wieland, bearb. v. E. Ermatinger u. K. Hoenn (in *Parodien u. Burlesken*, Zürich 1948). – Dass., C. Fischer, Wiesbaden/Bln. o. J. [ca. 1958; Ill. B. Bachem]. – *Götter, Tote u. Hetären. Heitere Gespräche*, J. Werner, Lpzg. o. J. [1960] (RUB, 8701–8703).

LITERATUR: K. Mras, *L. u. die neue Komödie* (in Wiener Eranos, 1909, S. 77–88). – Ders., *Die Personennamen in L.s »Hetärengesprächen«* (in WSt, 38, 1916, S. 308–342). – R. Helm, Art. *L.* (in RE, 13/2, 1927, Sp. 1737/1738). – Lesky, S. 896.

IKAROMENIPPOS Ē HYPERNEPHELOS (griech.; *Ikaromenippos oder Die Luftreise*). Ein Paradestück kynischer Satirik von LUKIANOS aus Samosata (um 120–185). – Nachdem Lukian lange Jahre in der Fahrrinne der »Zweiten Sophistik« gesegelt war und auf Vortragsreisen – von Syrien bis Gallien quer durchs römische Imperium – als Schauredner Triumphe gefeiert hatte, entdeckte er plötzlich seine besondere Begabung: der Prosadialog witziger Provenienz. Sein *Prometheus*, die *Götter-* und *Meergöttergespräche (Theōn dialogoi, Enhalioi dialogoi)* etwa oder die *Hetärengespräche (Hetairikoi dialogoi)* bieten begeisternde Proben dieser ersten, rein literarischen Schriftstellerei Lukians. Schon nach kurzer Zeit aber erlebt diese Produktion einen markanten Umschwung. Herrschte bisher in den Dialogszenen nichts als ausgelassener Scherz, so wandelt sich jetzt der Witz zu gezieltem Spott, und das Gelächter, bisher ein unbeschwerter Spaß, wird dirigierter Hohn auf einen Gegner. Und dieser Gegner heißt, fürs erste: das rivalisierende Treiben und Denken der traditionsgeheiligten Philosophenschulen. Doch dieser Wechsel vom Bildungswitz zum Engagement, von der literarischen Etüde zur aktuellen Attacke beschreibt nur den äußeren Kreis des Umschwungs, den Tenor von Inhalt und Motivik. Der innere Kreis, der zugleich die Ursache für die Wandlung umschließt, ist durch eine formale Neuerung charakterisiert: Der Prosadialog wird mit poetischen Elementen (Zitaten aus HOMER und anderen klassischen Dichtern) angereichert, d. h., Teile der Gesprächserzählung sind durch Versreminiszenzen ersetzt, die das Erzählte selbständig weiterführen. Diese neue Kompositionsmethode verdankt Lukian seiner Begegnung mit ihrem realistischen Schöpfer, MENIPPOS aus Gadara (um 330–260). Von ihm stammt auch die neue innere Haltung: denn Menipps Satiren waren ja zunächst nur eine Weiterentwicklung der kynischen *Diatriben*. Leider läßt sich über das Verhältnis des Lukian zu seinem neuen Vorbild im einzelnen nur noch wenig ausmachen, denn von Menipp ist so gut wie nichts erhalten, ja, man ist gezwungen, sein Bild aus dem Spiegel des Lukianschen Schaffens und anderer Nachfolger zu rekonstruieren. Der *Ikaromenipp* bietet dazu, im Verein mit mehreren Schwesterwerken, den besten Anhalt, bekundet doch allein die Tatsache, daß seine geschichtlichen Anspielungen und überhaupt die verarbeiteten Zeitbezüge insgesamt in die erste Hälfte des dritten vorchristlichen Jahrhunderts weisen, wie eng sich Lukian an seine Vorlage gehalten haben muß. Das bedeutet nicht, er habe einfach einen Menipp dialogisch umgeschrieben; man muß sich die Anlehnung vielmehr so denken, daß der Adept die Modelle in ihre Einzelteile zerlegte und zu neuen Gebilden zusammenfügte: einer der Gründe für gelegentliche Motivschnitte und -wiederholungen bei Lukian.

Noch etwas weist natürlich auf das Vorbild: die Hauptperson des Stücks, die schon im (gleichfalls alten?) Titel versteckt auftritt – Meister Menippos persönlich. Wir sehen ihn und einen ungenannten Freund im Gespräch. Der Poet ist soeben von einer recht seltsamen Reise zurückgekehrt (1–3) und berichtet, wie ihm mit Hilfe von Adler- und Geierflügeln ein Raumflug von der Erde zum Mond und durch die Sternenwelt in den Himmel zu Zeus höchstselbst gelungen ist. Der Anlaß war seine schmerzliche Verzweiflung gewesen, als er bei den Philosophen der verschiedensten Richtungen keinerlei Aufschluß über Herkunft, Wesen und Bau des Weltalls hatte gewinnen können, sondern die lächerlichsten Widersprüche entdecken mußte (4–10). Freilich war die Reise in dieser Hinsicht kein Erfolg. Um so aufschlußreicher waren die Nebenergebnisse. Auf dem Mond (11–21) hat er erlebt, wie klein die Erde ist, auf der die Menschen, ein Ameisenhaufen, durcheinanderwimmeln, sich zanken, streiten, einbrechen, wuchern, betteln, prozessieren, ehebrechen, einander bestechen, um belanglose Grenzen blutige Kriege führen usw. Im Himmel ist er vom Götterrat und von Zeus empfangen worden – denen er eine Botschaft der Mondgöttin zu überbringen hatte, welche sich bitter über das Treiben der Philosophen auf Erden beschwerte und strenge Strafen forderte –, und er hat erlebt, wie Zeus sein Weltregiment führt (die Schilderung des Zeus, der von den Empfangskanälen den Deckel abnimmt und sich die Klagen, Bitten, Schwüre der Menschen anhört, ist einer der launigen Höhepunkte des Stücks). Schließlich aber ist er von Hermes – ohne die blasphemischen Flügel – wieder auf die Erde zurückexpediert worden (es erging ihm wie im Mythos des Ikaros), nachdem er in der Götterversammlung noch die Ankündigung der Vernichtung der Philosophen –»zu Beginn des nächsten Frühjahrs« – mitangehört hatte.

Lukian hat zur selben Zeit – etwa 161 n. Chr., als er den *Ikaromenippos* bei der Olympiade (oder bei einer Festsitzung in Athen?) vortrug – ein ganz ähnliches Werk geschrieben, das diesem unlösbar als Ergänzung zugehört: *Menippos oder Totenorakel (Menippos ē nekyomanteia)*. Wieder tritt Menipp als erzählender Dialogpartner auf, wieder sind das Angriffsobjekt die Philosophen, nur daß diesmal die Fahrt nicht in den Himmel, sondern in den Hades geht und daß Anlaß zur Reise nicht kosmologische, sondern ethische Probleme sind. Der Ernst hinter der Heiterkeit ist in diesem Werk noch deutlicher spürbar, etwa wenn der berühmte Seher Teiresias dem Menipp den Grundsatz mit auf den Weg gibt (21): »*Am besten ist das Leben des einfachen Mannes, und viel vernünftiger; drum hör mit dem Unsinn auf, den Himmel zu erkunden und Ziele und Urgründe zu erforschen, spuck auf die Syllogismen dieser Weisen, halte das alles für Geschwätz und jage nur den einen nach, daß du den Augenblick gut einrichtest und unbemerkt durchs Leben kommst, über alles lächelnd, ohne etwas ernst zu nehmen.*« Aber solch belehrende Direktheit ist selten; am wohlsten fühlt sich Lukian dann, wenn er den Spott verkleiden kann – wie eben im *Ikaromenippos* oder wie im *Tragischen Zeus (Zeus tragōdos)*, im *Widerlegten Zeus (Zeus elenchomenos)*, in der *Götterversammlung (Theōn ekklēsia)*.

E. Sch.

AUSGABEN: Florenz 1496 (in *Dialogoi*). – Lpzg. ²1907 (in *Opera*, Hg. C. Jacobitz, Bd. 2). – Bln. 1907 (in *AS*, Hg. J. Sommerbrodt u. R. Helm, Bd. 2; m. Komm.). – Ldn./Cambridge (Mass.) 1915 (in *Lucian*, Hg. A. M. Harmon, Bd. 2; m. engl. Übers.; Loeb; Nachdr. zul. 1953). – Mchn. 1954 (in *Die Hauptwerke*, Hg. K. Mras; griech.-dt.).

ÜBERSETZUNGEN: *Ikaromenippus, der über die Wolken Fliegende;* J. C. Gottsched (in *Auserlesene Schriften*, Lpzg. 1745). – *Ikaromenippus, oder Die Luftreise*, T. Fischer (in *Werke*, Bd. 2, Stg. 1866 u. ö.). – Dass., Ch. M. Wieland; bearb. v. H. Floerke (in *SW*, Bd. 1, Bln. ²1922; nachgedr. in *Der wahrhaftige Lügenfreund u. andere fragwürdige Geschichten*, Hg. J. Werner, Bln. 1963). Dass., ders.; bearb. v. E. Ermatinger u. K. Hoenn (in *Parodien u. Burlesken*, Zürich 1948). – *Zum Mond und darüber hinaus*, Ch. M. Wieland, Hg. K. Bartels, Zürich/Stg. 1967 [Ill. F. Bauer].

LITERATUR: K. Mras, *Lucian*, »*Der Traum oder Lucians Lebensgang*« u. »*Ikaromenipp oder Die Luftreise*«, Wien 1904. – R. Helm, *L. u. Menipp*, Lpzg./Bln. 1906, S. 80–114. – Schmid-Stählin, 2/2, S. 724. – R. Helm, Art. *L.* (in RE, 13/2, 1927, Sp. 1744/1745).

LUKIOS Ē ONOS (griech.; *Lukios oder Der Esel*). Märchenhafter Abenteuerroman, überliefert im Werk des LUKIANOS aus Samosata (um 120–185). – Die in Ichform erzählte Geschichte von dem armen Lukios, der aus Neugier und Mißgeschick in einen Esel verwandelt wird und in dieser Gestalt zahlreiche teils schmerzvolle und gefährliche, teils amourös-amüsante Abenteuer zu bestehen hat, ehe er durch den Genuß von Rosen sein natürliches Aussehen wiedergewinnen kann, gehört zu den umstrittensten Werken des Lukian-Corpus. Sprache und Form geben manche Rätsel auf, wenn man sich für Lukian als Autor entscheiden will. Die vielfach hervortretende stark volkssprachliche Färbung des Textes paßt durchaus nicht zu dem Bild eines meisterlichen Attizisten, verschiedene Brüche und Unstimmigkeiten im Ablauf der Erzählung möchte man einem so routinierten Prosaisten wie Lukian ebenfalls nicht zutrauen.

Die Annahme, das Werk sei unvollendet oder ohne letzte Redaktion geblieben, befriedigt nicht, erscheint auch überflüssig, da sich für die genannten Eigenarten noch weitere andere Gründe anführen ließen. Der Verfasser des *Lukios* hat, nicht anders als APULEIUS in seinen *Metamorphosen*, in seinem Roman die *Metamorphōseis (Verwandlungen)* eines sonst unbekannten LUKIOS aus Patrai nacherzählt. Während der Römer das Original aufschwellte und durch eine Reihe eingelegter Geschichten erweiterte, hat der griechische Autor seine Vorlage – offensichtlich nicht immer glücklich – gekürzt und gestrafft (dabei aber im Gegensatz zu Apuleius die kecke Schlußpointe bewahrt). Dem Konstantinopler Patriarchen PHOTIOS (um 820–898) lag, wie er in seiner *Bibliothek* referiert, das Original noch vor; wenn er allerdings feststellt, in der Lukianschen Version werde das Original satirisch karikiert, so kann man dem kaum zustimmen. Gerade der parodistische Spott, der gezielte Witz gegen literarische oder philosophische Antipoden gehen dem *Lukios* völlig ab. Nicht zuletzt ein Vergleich mit den *Alēthē dihēgēmata* (*Wahre Geschichten*), die nun tatsächlich eine bestimmte Form des Abenteuerromans persiflieren, zeigt, wie wenig »lukianisch« diese realistisch getönte, gänzlich »unverfremdete« Verwandlungsgeschichte anmutet. Nach all dem erscheint die Echtheit des Werkes – trotz mancher Rettungsbemühungen – weiterhin recht zweifelhaft. E. Sch.

AUSGABEN: Venedig 1494 (in *De veris narrationibus ...*; lat. Übers.). – Florenz 1496 (in *Dialogoi*). – Lpzg. ²1907 (in *Opera*, Hg. C. Jacobitz, Bd. 2). – Mchn. 1958 (in *Apuleius, Der goldene Esel*, Hg. E. Brandt u. W. Ehlers; griech.-dt.; Text nach C. Jacobitz [s. o.], Übers. v. Ch. M. Wieland [s. u.]). – Ldn./Cambridge (Mass.) 1967 (in *Lucian*, Bd. 8, Hg. M. D. Macleod; m. engl. Übers.; Loeb).

ÜBERSETZUNGEN: *Von dem guldin esel Lutziani*, Niclas von Wyle (in N. v. W., *Tranßlatzion oder tütschungen*, Nr. 13, Eßlingen 1478 u. ö.; Nachdr. Hildesheim 1967, Hg. A. v. Keller). – *Lukios oder Der Esel*, Ch. M. Wieland; bearb. v. H. Floerke (in *SW*, Bd. 4, Bln. ²1922; ern. in *Der wahrhaftige Lügenfreund und andere fragwürdige Geschichten*, Hg. J. Werner, Bln. 1963).

LITERATUR (vgl. auch Apuleius, *Metamorphoses*): V. Neukamm, *De Luciano »Asini« auctore*, Lpzg. 1914 [Diss. Tübingen]. – Schanz-Hosius, 3, S. 106 bis 108. – Schmid-Stählin, 2/2, S. 736f. – R. Helm, Art. *Lukianos* (in RE, 13/2, 1927, Sp. 1748f.). – P. Junghanns, *Die Erzählungstechnik von Apuleius' »Metamorphosen« und ihrer Vorlage*, Lpzg. 1932, S. 5–120 (Phil, Suppl. 24/1). – F. Dornseiff, *Lukios' und Apuleius' »Metamorphosen«* (in Herm. 73, 1938, S. 222–233). – A. Lesky, *Apuleius von Madaura und Lukios von Patrai* (in Herm, 76, 1941, S. 43–74). – H. J. Mette, *Curiositas* (in *Fs. B. Snell*, Mchn. 1956, S. 227–235). – Q. Cataudella, *La novella greca. Prolegomeni e testi*, Neapel 1957, S. 152–154.

NEKRIKOI DIALOGOI (griech.; *Totengespräche*). 30 dialogische Genreszenen aus dem Hades von LUKIANOS aus Samosata (120–185), entstanden um das Jahr 166/67. – In ihrer äußeren Form reihen sich die teils lustig-burlesken, teils satirisch-boshaften Episoden an die *Theōn dialogoi* (*Göttergespräche*), die *Hetairikoi dialogoi* (*Hetärengespräche*) oder den *Promētheus* an; ihrer inneren Form nach stehen sie, wie etwa der *Kataplus* (*Hadesfahrt*), der *Charōn*, der *Zeus elenchomenos* (*Die Widerlegung des Zeus*), der *Halieus ē anabiuntes* (*Der Fischer oder Die Wiederauferstehenden*), die *Biōn prasis* (*Der Verkauf der Lebensweisen*) oder die *Theōn ekklēsia* (*Die Götterversammlung*), in der Tradition der von kynischer Lebensauffassung durchdrungenen Menippeischen Satire. Verschiedene Gründe machen es wahrscheinlich, daß die *Totengespräche* ans Ende dieser Menippeischen Schaffensperiode Lukians gehören. Sie ziehen noch einmal alle Register, die der Autor zu spielen versteht – Rhetorik und Witz, Hohn und Moralsentenz –, ohne freilich immer die strahlende Heiterkeit mancher vorangehenden Werke zu erreichen. Dennoch kommt der Leser auch auf seine Kosten. Die Komposition ist bunt und abwechslungsreich, die Schar der promenierenden Figuren erlesen und zugleich repräsentativ gemischt: Die Welt trifft sich in der Unterwelt. Der Arme und der Reiche, Könige und Strategen, Philosophen und Seher, Genießer und Schmarotzer, Räuber und Ringkämpfer, Heroen und (Schein-)Heilige geben sich hier ein Stelldichein, und alle haben den gleichen Rang: Es sind Skelette. Sie haben auch alle denselben Kummer – keiner, der nicht sein unglückseliges Los bejammerte, ob Kroisos oder der Bettler, Agamemnon oder der Große Alexander, Achilleus oder Maussolos, und nur die wenigsten können es lassen, im Jenseits ihres diesseitigen Klagen, Streitigkeiten und Eifersuchtsdramen fortzusetzen. Nur eine Gruppe sticht in ihrer Gelassenheit – programmatisch – von den Todesgenossen ab: die Kyniker, die »Hündischen«, allen voran die Seelen des Antisthenes, des Diogenes, des Krates und (sicher eine Pointe aus Lukians Vorlage) des Menipp. Durch Wort und Tat erweisen sie sich immer wieder als die unübertrefflichen Vorbilder wahrhaft vernünftiger Lebensweise, und in einem besonders amüsanten Stück hat Menipp die Bedürfnislosigkeit sogar soweit getrieben, daß nicht einmal mehr den einen Obolos als Fährgeld für den Hadesschiffer Charon zu besitzen. Doch gerade in den Kynikerszenen liegen nicht selten auch die schwächsten Stellen der Dialoge; man vermißt die poetische Verwandlung, und in aufdringlicher Nacktheit weist ein moralischer Zeigefinger auf unverhüllte Dogmen und Gesetzestafeln.

Bauprinzip des Buches ist die *variatio*; die Gespräche wandern von diesem zu jenem Thema, hier und da ergänzen sie sich – dieselbe Geschichte wird von zwei, drei oder vier Standpunkten aus erzählt –, dieselben Personen fungieren in anderer Situation (leitmotivisch: die Kyniker). Aber die Vor- und Rückverweise sollen keineswegs den Faden einer fortlaufenden Geschichte abgeben; in gleicher Weise gehen Querbezüge zu anderen Werken Lukians. Auch in der Struktur der einzelnen Dialoge herrscht diese Abwechslung: Neben komödiantisch-schlagfertigen Streitgesprächen stehen erzählende Frage-Antwort-Spiele, neben rhetorischer Epideixis (Redewettkampf Hannibal-Alexander-Scipio) findet sich die Rahmenerzählung mit novellistischen Einlagen. Daß sich der Autor, wo es anging, die Gelegenheit zu parodierender Nachbildung klassischer Szenen der griechischen Literatur – von HOMER bis ARISTOPHANES – nicht entgehen ließ, versteht sich. Freilich, so gekonnt dies auch alles erscheint, so rezent es zubereitet ist – die Souveränität in der Beherrschung der Technik muß ein Leser, der Lukian bereits lieben gelernt hat, als seelenlos-gewandte Routine empfinden; die Vorstellung, daß Lukian hier die Fettaugen aus seinen gelungensten Werken abschöpft und zu einer neuen Suppe verwässert (HELM), ist leider nicht immer auszuschalten. E. Sch.

AUSGABEN: Florenz 1496 (in *Lukianu Samosateōs dialogoi*, Hg. J. Laskaris). – Lpzg. 1881 (in *Opera*, Hg. C. Jacobitz, Bd. 1). – Mchn. 1954 (in *Die Hauptwerke*, Hg. K. Mras; m. Übers.). – Ldn./ Cambridge (Mass.) 1961 (in *Lucian*, Bd. 7, Hg. M. D. Macleod; m. engl. Übers.; Loeb).

ÜBERSETZUNGEN: J. Reuchlin, 1495 (s. Th. Distel,

Die erste Verdeutschung des 12. lukianischen Totengesprächs – nach einer urtextlichen Handschrift – von Johann Reuchlin (1495) und Verwandtes aus der Folgezeit; m. Einl. u. Erl., in ZVLG, N. F. 8, 1895, S. 408–417). – *Eyn zanck Hannibalis: Alexandri vnd Scipionis welcher vnder denen der Fürtrefflichst Hauptmann sei gewest, auch zu letst von Julio Cesare* ... (in *Julius der erst Römisch Keyser von seinen kriegē*, Philesius [d. i. Ringmann], Straßburg 1507; nur Nr. 12). – *Todtengespräche*, A. Pauly (in *Werke*, Bd. 2/3, Stg. ²1828). – Dass., Th. Fischer (in *Werke*, Bd. 1, Stg. 1866 u. ö.). – *Totengespräche*, nach d. Übers. von Ch. M. Wieland, bearb. v. H. Floerke (in *SW*, Bd. 2, Bln. ²1922). – Dass., nach der Übers. v. Ch. M. Wieland, bearb. v. E. Ermatinger und K. Hoenn (in *Parodien und Burlesken*, Zürich 1948). – *Götter, Tote und Hetären. Heitere Gespräche*, J. Werner, Lpzg. o. J. [1960] (RUB, 8701–8703).

LITERATUR: G. Rentsch, *Das Totengespräch in der Literatur* (in G. R., *Lukianstudien*, Progr. Plauen 1895). – R. Helm, *Lukian und Menipp*, Lpzg./Bln. 1906, S. 175–214. – K. Sanda, *Der Totendialog bei Lucian, Boileau und Fontenelle*, Progr. Wien 1916. – Schmid-Stählin, 2/2, S. 725/726. – R. Helm, Art. *L.* (in RE, 13/2, 1927, Sp. 1738/1739). – L. Schenk, *Lukian und die französische Literatur im Zeitalter der Aufklärung*, Diss. Mchn. 1931.

ONEIROS Ē ALEKTRYŌN (griech.; *Der Traum oder Der Hahn*). Menippeische Satire von LUKIANOS aus Samosata (um 120–185), entstanden in der ersten Hälfte der sechziger Jahre (wohl um 163). – Das Werk ist eines der Stücke, in denen Modell und Charakter der Gattung in seltener Reinheit erhalten sind: nicht zweckfreier Ulk wie in den verschiedenen Arten von *Göttergesprächen (Enhalioi dialogoi, Theōn dialogoi)*, auch nicht Hohn auf Vor- und Mitwelt wie im *Philopseudēs (Der Lügenfreund)* oder im *Peregrinos* bilden Ziel und Tenor des Dialogs, sondern das echt kynische Thema des Lobs der Armut. Daß dieser philosophische Hintergrund im *Hahn* so deutlich spürbar ist, mag daran liegen, daß der Verfasser sich, ähnlich wie im *Ikaromenippos*, stärker als sonst an eine bestimmte (uns verlorene) Vorlage des MENIPPOS gehalten hat, der dem Genos den Namen und das spezifische formale Gepräge – Mischung von Prosa und metrischer Poesie – gegeben hat. Dieser Eindruck wird durch die Beobachtung unterstützt, daß Anspielungen und Zeitumstände unverkennbar in das 3. Jh. v. Chr. weisen.
Das dialogisch angelegte Stück verschmilzt in seiner pädagogischen Tendenz drei Motive: zum einen den Traum des Schusters Mikyllos (einer altkynischen Figur) von dem üppigen Gastmahl des Eukrates und von der überwältigenden Erbschaft, die der reiche Gastgeber bei seinem Tode dem armen Schuster hinterläßt, einen Traum, den der unzeitige Ruf des mit menschlicher Sprache begabten Hahns jäh beendet; zum andern die Geschichte des Hahns, der dem staunenden Mikyllos erzählt, er sei in Wahrheit eine Inkarnation des Pythagoras und habe in seinen früheren Lebensformen schon die verschiedensten Gestalten gehabt (er war homerischer Heros, die Hetäre Aspasia, der Kyniker Krates, war König und Bettler, Pferd, Dohle, Frosch und mehrmals in Hasen); als drittes dann den gemeinsamen heimlichen Besuch der beiden bei mehreren vom Ungemach ihres Reichtums elend bedrückten Mitbürgern, die als abschreckendes Beispiel drastisch die These des Hahns bestätigen, der Schuster lebe bereits das beste und reichste aller denkbaren Leben. Das führt schließlich zum endgültigen Erwachen des Mikyllos aus seinem Traum.
Natürlich hat Lukian auch dieses mit Philosophie durchtränkte Lehrstück allenthalben mit dem Salz seines Witzes gewürzt. Die Philosophen bekommen wieder einmal tüchtige Schläge, allen voran der in Gockelgestalt gegenwärtige Pythagoras selbst, er habe unter anderem bekennen läßt, er habe seine seltsamen Ordensregeln nur erlassen, um sich der Menge interessant und anziehend zu machen. Und ebensowenig gehen die Dichter leer aus, speziell nicht der Vater aller Lügengeschichten, HOMER, der, nach den Worten des Seelenwanderungsapostels Pythagoras-Hahn, von den Vorgängen des Troerkriegs schon deshalb nichts Genaues wissen kann, weil er damals ja noch als Kamel in Baktrien lebte. Auch sonst zeigt der kleine Dialog immer wieder den typisch Lukianischen lockeren Fabuliersinn; die Erzählung von der Einkörperungen ist an sich schon ein urkomischer Stoff, skurrile Mythenkritik schafft sich Bahn wie nur je in den *Göttergesprächen*, und Märchenrequisiten wie der sprechende Hahn oder die türöffnenden Schwanzfedern sind so leicht und selbstverständlich zur Hand, daß sie überhaupt nicht mehr als Wunderelemente auffallen. Nimmt man hinzu, daß die eigentliche drastisch-burleske Bildlichkeit, die das Ganze durchzieht, nicht etwa, wie man meinen könnte, der übersprudelnden Phantasie Lukians entspringt, sondern originärer Bestandteil aller kynischen, popularphilosophischen Diatriben ist, so wird man sich dem Urteil nicht entziehen können, daß der *Hahn* aufgrund der nahtlosen Verbindung traditioneller Elemente mit typisch Lukianischem Geist eines der geglücktesten Werke des Autors darstellt.

E. Sch.

AUSGABEN: Florenz 1496 (in *Lukianu Samosateōs dialogoi*, Hg. J. Laskaris). – Lpzg. ²1907 (in *Opera*, Hg. C. Jacobitz, Bd. 2). – Ldn./Cambridge (Mass.) 1915 (in *Lucian*, Bd. 2, Hg. A. M. Harmon; m. engl. Übers.; Loeb; Nachdr. zul. 1960). – Namur 1937 (*Le songe ou Le coq*, Hg. G. Cotton).

ÜBERSETZUNGEN: *Der Traum, oder der Hahn*, J. H. Waser (in *Schriften*, Bd. 2, Zürich 1773). – *Der Traum oder der Haushahn*, A. Pauly (in *Werke*, Bd. 9, Stg. 1828). – *Der Hahn, oder der Traum des Schusters Micyllus*, Th. Fischer (in *Werke*, Bd. 2, Stg. 1866 u. ö.). – *Der Hahn oder Der Traum des Mikyllos*, nach d. Übers. v. Ch. M. Wieland bearb. v. H. Floerke (in *SW*, Bd. 1, Bln. ²1922). – *Der Hahn oder der Traum des Micyllus*, nach der Übers. v. Ch. M. Wieland bearb. v. E. Ermatinger u. K. Hoenn (in *Parodien u. Burlesken*, Zürich 1948).

LITERATUR: R. Helm, *Lukian und Menipp*, Lpzg./Bln. 1906, S. 322–336. – Schmid-Stählin, 2/2, S. 726. – R. Helm, Art. *L.* (in RE, 13/2, 1927, Sp. 1741/1742).

PERI TĒS PEREGRINU TELEUTĒS (griech.; *Über das Lebensende des Peregrinos*). Satire des LUKIANOS aus Samosata (um 120–185), entstanden im Jahr 165. – Der *Peregrinos*, zusammen mit dem *Alexandros ē pseudomantis (Alexander oder Der falsche Prophet)* eines der schärfsten Pamphlete des Autors, stellt eine überaus heftige Attacke gegen das Schwindelphilosophentum dar, das sich im 2. Jh. mit immer größerem Erfolg breitmachte.

Diese für einen am klassisch-hellenischen Heidentum und seiner vernünftigen, diesseitigen Nüchternheit geschulten sophistischen Ästheten unerträglichen religiösen Auswüchse waren aufdringliche Realitäten jener Tage: Alexander von Abonuteichos und der kynische Wunder-Wanderprediger Peregrinos sind so historisch wie das Christentum, auf das Lukian auch in unserem Werk einige Salven abschießt (was ihm gleich im ersten vatikanischen Index einen guten Platz sicherte). Ja, sogar die spektakuläre Selbstverbrennung, von der hier Lukian – in Form eines Briefes an seinen Freund Kronios – erzählt, ist geschichtlich belegt; im Jahr 165 hatte Peregrinos sich bei der großen Festversammlung in Olympia in einen von ihm errichteten Scheiterhaufen gestürzt. Lukian, zum viertenmal bei den Spielen zu Gast – sie fanden August/September statt –, war Zeuge des Schauspiels und hat, gewiß noch im Herbst des Jahres, unter dem frischen Eindruck des Ereignisses seinem Ärger Luft gemacht: einer der wenigen Fixpunkte in der Biographie des Autors, das einzige unbezweifelbar sichere Entstehungsdatum, das wir von einem seiner Bücher kennen.

Die Erzählung ist im gewohnt saloppen Stil gehalten und sehr geschickt dargeboten. Der Plauderton des Berichts, der die Einleitung charakterisiert, leitet zu zwei Reden über, die als spannende Vorbereitung den Auftritt des Helden Peregrinos oder Proteus, wie er zuletzt genannt sein wollte, ankündigen (3–6) und in einer Rückblende (7–30) sein bisheriges übles Leben – mit dem nach Lukian der Tod so schön harmoniert – abrollen lassen. Ein enthusiastischer Jünger, ein Kyniker, Theagenes mit Namen, preist in Elis vor einer Menge zusammengelaufenen Volks mit lauten Worten das Vorhaben seines Herrn, der nur bei Zeus selbst verglichen werden könne. Während der Ruhmredner über das, was der Heilige nun zu tun beschlossen hat, in Tränen erstickt, klettert ein zweiter, dem Gepriesenen weniger wohlgesonnen, aufs Podest, um zu zeigen, in welcher Weise dieser Proteus sein göttergleiches Dasein verbracht hat. Von den abenteuerlichen Eskapaden des jungen Proteus mit fremden Frauen und kleinen Knaben sei nicht viel Aufhebens zu machen. Schwerer wiege schon der Mord an seinem Vater, dessen hohes Alter ihm lästig war. Was blieb ihm, wollte er nicht die Todesstrafe erleiden, anderes übrig, als zu emigrieren? Er zog durch alle möglichen Länder, ehe er sich in Palästina zum Propheten und einem der Häupter des Christentums aufschwang. Als er in dieser Eigenschaft ins Gefängnis wanderte, nutzte er die Gelegenheit, mit den Liebesgaben der Gemeinden seinen Beutel wieder etwas zu füllen. Freigelassen wollte er in seine Heimatstadt Parion zurückkehren; freilich hatten seine Mitbürger nichts vergessen. So mußte er sich denn ins härene Gewand des kynischen Bettlers werfen und sein väterliches Erbe dem Volk vermachen, damit es von einer Bestrafung Abstand nahm. Nachdem er sich mit den Christen überworfen und eine Zeitlang als Asket in Ägypten verbracht hatte, versuchte er sein Heil als Prediger in Italien, wo er freilich wegen seiner unverschämten Reden gegen den Kaiser ausgewiesen wurde – trotz des enormen Zulaufs, den er genoß. Schließlich habe er sich auf Griechenland verlegt, auch hier allerlei wundersames Geschwätz verbreitet und sei endlich, als seine Wirkung sichtlich zu erlahmen drohte, auf diesen Gedanken des Freitodes verfallen, um so Renommee und Ruhm noch einmal aufzubessern. Ja, er habe sogar schon Sibyllinische Orakelsprüche beigebracht, die nach seinem Tod für ihn göttliche Verehrung gebieten. Doch der Sprecher hat für ein Gegenorakel gesorgt, das befiehlt, die rabiaten Anhänger des Kynikers gleich mit zu verbrennen. – Diese flammende Enthüllung blieb nicht ohne Wirkung auf die Zuhörer, und Theagenes hatte alle Mühe, sich wieder Gehör zu verschaffen. Er selbst, Lukian, aber – Schritt für Schritt wird der Leser wieder auf die Briefebene der Einleitung (1–2) zurückgeführt – ging aus dem Getümmel weg, um sich in Olympia die makaberlächerliche Vorstellung des Proteus-Peregrinos, der nun zuletzt auch noch den Namen Phönix beanspruchte, mitzuerleben. Peregrinos mußte sich, wohl oder übel, beim Wort nehmen und vor der erhabenen Kulisse einer mondhellen Nacht den letzten Akt vollziehen. Lukian allerdings konnte sich nicht enthalten, unter denen, die der Aufführung nicht beigewohnt hatten, einige faustdicke Wundermärchen darüber zu verbreiten, welch seltsame Erscheinungen sich bei und nach dem Tod des Seligen ereignet hätten (37–41) – um sie dann wenig später von anderen »Augenzeugen« unter heiligsten Schwüren als die reinste Wahrheit wiedererzählt zu bekommen.

Auch einem kritischen Leser fällt es schwer, sich dem Eindruck dieses negativen Enkomions zu entziehen, das dadurch besonders überzeugend wirkt, weil Lukian die massivsten Anwürfe – die Stadien des Lebenslaufs – als Zitat einem andern in den Mund legt. Indes darf nicht verschwiegen werden, daß das Bild, das uns die übrige antike Literatur von dem Kyniker PEREGRINOS vermittelt, durchaus positiv ist, ganz im Gegensatz zum Lügenpropheten Alexandros: Peregrinos »war ein Schwärmer, aber kein Betrüger« (Schmid-Stählin). Der römische Literat Aulus GELLIUS widmet zum Beispiel dem Philosophen zwei Kapitel (8,3; 12,11) in seinen *Noctes Atticae (Attische Nächte)*. Was Gellius im einzelnen berichtet, erweckt ganz die Vorstellung einer Persönlichkeit vom Schlage des alten DIOGENES oder des EPIKTET. Sollte Gellius einer jener verblendeten Bewunderer sein, die Lukian ebenfalls gern hätte brennen sehen? Die historische Realität der Peregrinos-Gestalt wird jedenfalls kaum mehr zu rekonstruieren sein. Immerhin wird, für je treffender man das Urteil des Römers hält, um so deutlicher, zu welcher Schärfe sich Lukian erheben konnte, wenn er vernichten wollte. E. Sch.

AUSGABEN: Florenz 1496 (in *Lukianu Samosateōs dialogoi*, Hg. J. Laskaris). – Lpzg. 1881 (in *Opera*, Hg. C. Jacobitz, Bd. 3). – Utrecht 1915 (*De dood van Peregrinus*, Hg. D. Plooij u. J. C. Koopman). – Ldn./Cambridge (Mass.) 1936 (in *Lucian*, Bd. 5, Hg. A. M. Harmon; m. engl. Übers.; Loeb; Nachdr. zul. 1962). – Paris 1951 (in *Philopseudès et De morte Peregrini*, Hg. J. Schwartz; m. Komm.). – Mchn. 1954 (in *Die Hauptwerke*, Hg. K. Mras; m. Übers.).

ÜBERSETZUNGEN: *Von dem Tode des Peregrinus*, J. H. Waser (in *Schriften*, Bd. 4, Zürich 1773). – *Der Tod des Peregrinus*, A. Pauly (in *Werke*, Bd. 13, Stg. 1831). – *Über das Lebensende des Peregrinus*, Th. Fischer (in *Werke*, Bd. 3, Mch. 1866 u. ö.). – *Das Lebensende des Peregrinos*, nach d. Übers. v. Ch. M. Wieland bearb. v. H. Floerke (in *SW*, Bd. 2, Bln. ²1922). – *Tod des Peregrinus*, W. Nestle, Mchn. 1925. – *Das Lebensende des Peregrinus*, nach der Übers. von Ch. M. Wieland bearb. v. E. Ermatinger und K. Hoenn (in *Parodien und Burlesken*, Zürich 1948).

LITERATUR: Schmid-Stählin, 2/2, S. 734/735. – R. Helm, Art. *L.* (in RE, 13/2, 1927, Sp. 1754/ 1755). – J. F. Aerts, *Peregrinus Proteus*, Diss. Löwen 1931/32. – H. M. Hornsby, *The Cynicism of Peregrinus Proteus* (in Hermathena, 23, 1933, S. 65–84). – M. Caster, *Lucien et la penseé religieuse de son temps*, Paris 1937. – K. v. Fritz, Art. *Peregrinus (16)* (in RE, 19/1, 1937, Sp. 656–663). – N. Terzaghi, *Eumolpo e Peregrino* (in *Studi in onore di Gino Funaioli*, Rom 1955, S. 426–433). – J. Bompaire, *Lucien, écrivain*, Paris 1958, S. 477 bis 484.

PERI TU ENHYPNIU ĒTOI BIOS LUKIANU (griech.; *Über den Traum oder Das Leben Lukians*). Eines der kleineren Werke des LUKIANOS aus Samosata (um 120–185). – Der *Traum* ist eine im Stil der *prolaliai* (Vorreden zu längeren Vorträgen) gehaltene Ansprache, die Lukian seinen Landsleuten im syrischen Samosata hielt, als er nach langen Jahren der Wanderschaft als berühmter Mann zu ihnen zurückkehrte. Wertvoll erscheint das Prosastück heute, weil es von den entscheidenden Jugenderlebnissen des Autors erzählt, reizvoll ist es, weil es in allen Aspekten den echten Lukian zeigt, der klug, witzig und mit leichter Hand seine Bildung anbietet und zugleich parodiert, der die Gegenwart an der Vergangenheit mißt und beides wechselweise – halb ernst, halb heiter – in Frage stellt und so mit launiger Ironie alles in der Schwebe hält.

Als er eben der Schule entwachsen war, berichtet Lukian, habe man ihn zu einem Onkel als Bildhauer in die Lehre gegeben. Freilich stellte sich der Junge recht täppisch an und wurde von seinem Lehrmeister derb zurechtgewiesen. In der Nacht darauf hatte er einen seltsamen Traum: »*Zwei Frauen faßten mich zu gleicher Zeit an den Händen und zogen mich jede mit solcher Gewalt und Heftigkeit auf ihre Seite, daß sie mich, weil keine die Schande haben wollte, nachzugeben, beinahe darüber in Stücke gerissen hätten.*« Jede von beiden – die eine häßlich, schmutzig, mit schwieligen Händen (die Bildhauerin), die andere schön und elegant gekleidet (die Bildung) – glaubte größere Rechte an ihn zu haben. Beide halten je einen eindringlichen protreptischen Werbevortrag: Körperliche Stärke, Heimatverbundenheit, Ruhm durch unsterbliche Werke bei Göttern und Menschen, wie ihn Pheidias, Polyklet, Myron und Praxiteles genießen, verspricht ihm die eine »*in einer pöbelhaften, provinziellen Mundart*«; Wissen, moralische Tüchtigkeit, Liebe zur Schönheit und Vollkommenheit, Ehrungen, Ruhm und Unsterblichkeit bei allen, die er auf seinen Reisen besuchen wird – mit Fingern wird man auf ihn zeigen: »*Das ist er!*« –, ein solches Leben stellt ihm die andere in Aussicht. Natürlich ist der Knabe, der mit dem Bildhauer tags zuvor so üble erste Erfahrungen gemacht, Feuer und Flamme für die »Bildung«: Mitten in ihrer Rede springt er auf und unterbricht sie, während ihre Rivalin, Niobe gleich, zu Stein erstarrt. Seine Gönnerin aber führt ihn auf einem mit Flügelrossen bespannten Prunkwagen hoch in den Lüften über die Meere und Länder der Welt und beschenkt ihn, ehe sie ihn wieder zuhause absetzt (damit er dort seinen Entschluß, sich der »Bildung« zu widmen, mitteilen kann), noch mit einem prachtvollen Gewand.

Das Vorbild dieses »Traums« des Lukian ist unschwer zu entdecken: Er ist die Geschichte von Herakles am Scheidewege, dem die beiden Frauen Arete (Tüchtigkeit) und Kakia (Schlechtigkeit) begegnen, so wie es fünfeinhalb Jahrhunderte zuvor der Sophist PRODIKOS aus Keos in seinen *Hōrai (Die Horen)* dargestellt hatte. Das Bild war in moralisierenden Zirkeln allenthalben verbreitet und abgenützt worden, so daß ihm diese skurrile Persiflage nur gut tun konnte; daß auch Prodikos etwas abbekam – er war es ja, dessen Purpurgewänder notorisch wurden –, ist nicht schlimm, stellt sich Lukian doch mit ihm, wie mit Herakles, in lächelnder Selbstkritik auf eine Stufe. Falls aber einer seiner Zuhörer sich daran stoßen sollte, daß er – wie banal! – von Träumen rede und dürftigfade Metaphern gebrauche, möge er sich trösten: Das finde sich auch bei XENOPHON, und außerdem gehe es ihm ja nur darum, daß sich vielleicht in einem seiner jüngeren Zuhörer das Verlangen nach der Bildung regen könnte. Diesem Lernbegierigen sich, den Sprecher Lukian, und seinen Erfolg als leuchtendes Beispiel der rechten Bildung vor Augen zu rücken sei ja der ganze Zweck seiner Rede.

E. Sch.

AUSGABEN: Florenz 1496 (in *Lukianu Samosateôs dialogoi*, Hg. J. Laskaris). – Lpzg. 1881 (in *Opera*, Hg. C. Jacobitz, Bd. 1). – Wien 1904 (in *Der Traum oder Lucians Lebensgang und Ikaromenipp oder Die Himmelsreise*, Hg. K. Mras; m. Komm.). – Ldn./Cambridge (Mass.) 1921 (in *Lucian*, Bd. 3, Hg. A. M. Harmon; m. engl. Übers.; Loeb; Nachdr. zul. 1960). – Mchn. 1954 (in *Hauptwerke*, Hg. K. Mras; m. Übers.).

ÜBERSETZUNGEN: *Von Luciani Traum*, anon. (in *Griechische Sprachübung*, Cöthen 1620). – *Der Traum oder Lucian's Leben*, Th. Fischer (in *Werke*, Bd. 1, Stg. 1866 u. ö.). – *Der Traum*, A. Pauly (in *Werke*, Bd. 1, Stg. [2]1868). – *Lukians Traum*, Ch. M. Wieland; bearb. v. H. Floerke (in *SW*, Bd. 1, Bln. [2]1922). – Dass., Ch. M. Wieland; bearb. v. E. Ermatinger und K. Hoenn (in *Parodien und Burlesken*, Zürich 1948).

LITERATUR: F. Riedl, *Der Sophist Prodikos und die Wanderung seines »Herakles am Scheidewege« durch die römische und deutsche Literatur*, Progr. Laibach 1908. – Schmid-Stählin, 2/2, S. 711/712. – R. Helm, Art. *L.* (in RE, 13/2, 1927, Sp. 1760). – G. Misch, *Geschichte der Autobiographie*, Bd. 1/2, Ffm. 1950, S. 386–389. – V. d'Agostino, *La favola del bivio in Senofonte, in Luciano e in Silio Italico* (in Rivista di Studi Classici, 2/3, 1954, S. 1–12).

PHILOPSEUDĒS Ē APISTŌN (griech.; *Der Lügenfreund oder Der Ungläubige*). Satire des LUKIANOS aus Samosata (um 120–185), Entstehungszeit unbekannt (vielleicht um 165). – Dieses geradezu diabolisch boshafte Werk ist wohl des Themas wegen typisch für Lukian (Vertreter der angesehensten traditionellen Philosophenschulen, Stoiker, Peripatetiker, Platoniker, Ärzte, Pythagoreer fungieren als bitterernste Erzähler gespenstischer Wunder- und Schauermärchen), sondern verdient auch als ein Beispiel der stupenden Formsicherheit des Autors besonderes Interesse. Ähnlich dem *Toxaris* mit seinen Erzählungen über die Freundschaft ist der *Lügenfreund* ein Kranz von Novellen mit allen Merkmalen dieser Gattung: dem Rahmen (bei Lukian natürlich dialogisch), der aktuellen Situation, aus der die Erzählung dieser wichtigen »Neuigkeiten« herauswächst, sowie der gerafften Zuspitzung auf den Kern des Ereignisses. Falls man der Gattung als notwendiges Kennzeichen zudem noch das Moment irrationaler

Überraschung und unbegreiflicher Numiosität zuerkennen will – auch dafür hat der Autor, sogar in sarkastischer Überdosis, gesorgt. Nun besaß die Novellistik in jenen Jahren schon die Reife des Alters, und so hat Lukian, um dem Ganzen Würze zu geben, mit seiner überlegenen Kompositionsroutine insgeheim ein Stück Gattungspersiflage mit eingeflochten. Auch sonst ist das Stück ringsum von der Aura Lukianischer Schelmerei eingehüllt: Platon-Parodie an allen Ecken und Enden, der Leser sieht förmlich den *Phaidon* im Hintergrund – der kranke Eukrates, der die tiefsten Geheimnisse okkulter Wahrheit zum Besten gibt, ist unverkennbar ein komischer Antipode des todgeweihten Sokrates; und der feierliche Ernst, mit dem sich die am Krankenlager Versammelten unter heiligsten Eiden bemühen, den materialistisch verbohrten Vernunftanbeter Tychiades (hinter dem sich Lukian verbirgt) von der Wirklichkeit des Wunderbaren zu überzeugen, soll an des Sokrates fromme und devote Haltung in PLATONS »mittleren Dialogen« gemahnen.

Die groteske Turbulenz, die der Autor im fröhlichen *Symposion ē Lapithai (Das Gastmahl oder Die Lapithen)* entfaltet, war natürlich für die Szenerie eines Krankenzimmers nicht geraten. Aber auch wenn Tychiades seinem Freund Philokles berichtet, wie dort bei Eukrates von würdigen Greisen – als Denker und Forscher die Blüte des Geistes der Zeit – die Heilkraft magischer Zeremonien gepriesen wird (7–10), die Beschwörung von Schlangen und Schlangenbissen (11–12) und die Wirkkraft des Liebeszaubers (13–15), wie man ehrfürchtige Geistertreiben und Spukerscheinungen (16–21), den Blick in den Hades und die leibhaftige Vision der Hekate (22–24), ja die eigene Hadesfahrt (25–26) beteuerte, wie Totenbesuche (27–28), Hausgeistbannung (29–31) und Zaubermacht (32 bis 36: die in GOETHES Ballade umgeformte Geschichte vom Zauberlehrling) als die alltäglichsten Phänomene figurieren: In all diesen Spitzen Tychiades'-Lukians gegen die superstitiösen Zeitgenossen im allgemeinen und die philosophierenden Kahlköpfe im besonderen sind die Stiche vielleicht weniger schmerzhaft als im *Gastmahl*, dafür dringen sie aber um so tiefer. Freilich ist das spöttische Vergnügen ganz auf seiten der Zuschauer – der abergläubische Leser wird sich sicher nur bestätigt fühlen und der Banderillas, die ihm der Autor aufsetzt, womöglich sein Leben lang, ohne es zu merken, mit sich herumtragen. E. Sch.

AUSGABEN: Florenz 1496 (in *Lukianu Samosateōs dialogoi*, Hg. J. Laskaris). – Lpzg. 1881 (in *Opera*, Hg. C. Jacobitz, Bd. 3). – Ldn./Cambridge (Mass.) 1921 (in *Lucian*, Bd. 3, Hg. A. M. Harmon; m. engl. Übers.; Loeb; Nachdr. zul. 1960). – Paris 1951 (in *Philopseudès et De morte Peregrini*, Hg. J. Schwartz; m. Komm.). – Mchn. 1954 (in *Die Hauptwerke*, Hg. K. Mras; m. Übers.).

ÜBERSETZUNGEN: *Philopseudes Luciani*, H. Ziegler, Augsburg 1545. – *Der Lügenfreund oder der Ungläubige*, A. Pauly (in *Werke*, Bd. 11, Stg. 1830). – *Der Lügenfreund, oder der Ungläubige*, Th. Fischer (in *Werke*, Bd. 2, Stg. 1866 u. ö.). – *Der Lügenfreund oder Der Ungläubige*, nach d. Übers. v. Ch. M. Wieland bearb. v. H. Floerke (in *SW*, Bd. 1, Bln. ²1922). – *Der Lügenfreund oder der Ungläubige*, nach der Übers. v. Ch. M. Wieland bearb. v. E. Ermatinger und K. Hoenn (in *Parodien und Burlesken*, Zürich 1948).

LITERATUR: O. Schissel v. Fleschenberg, *Novellen-*

kränze Lukians. Rhetorische Forschungen, Bd. 1, Halle 1912, S. 39–49. – Schmid-Stählin, 2/2, S. 732. – R. Helm, Art. *L.* (in RE, 13/2, 1927, Sp. 1755 bis 1756). – M. Caster, *Lucien et la pensée religieuse de son temps*, Paris 1937. – C. Affholder, *Notes sur l'art du portrait chez Lucien de Samosate* (in Bulletin de la Faculté des Lettres de Strasbourg, 38, 1959/60, S. 335–345).

PŌS DEI HISTORIAN SYNGRAPHEIN (griech.; *Wie man Geschichte schreiben muß*). Literarkritische Schrift des LUKIANOS aus Samosata (um 120–185), entstanden etwa 164. – Das Werk gehört nicht zu den Burlesken und Satiren des spätgriechischen Autors und ist auch nicht in die Stücke einzureihen, die von ironischem oder sarkastischem Witz geprägt sind: Vielleicht war das Objekt, das Lukian hier attackiert, in der Tat zu ärgerlich, als daß er ihm hätte humorig begegnen können – da konnte nur der Kontrast des Ernstes die Gegner lächerlich machen. Der Titel des Buches ist also ohne jeden Hintergedanken gemeint – obschon Lukian nicht Lukian wäre, ließe er sich die Gelegenheit entgehen, der seiner Meinung nach wahren Historiographie ein gerüttelt Maß an abschreckenden Zitaten gegenüberzustellen.

Seit den Tagen der ausgehenden römischen Republik war der Osten, das Euphrat-Tigris-Gebiet, Armenien und das Partherland, stets ein wunder Punkt des Imperiums gewesen. Zu Lukians Zeit war im Jahr 162 wieder einmal der Kampf entbrannt: Vologesus III. hatte 162 die Römer geschlagen und ihr Heer aufgerieben. Erst allmählich gewannen diese, unter der Führung von Kaiser Lucius Verus (reg. 161–169), die Oberhand. Noch ehe der Krieg zu Ende war (165), schossen die Geschichtsschreiber, die sich seiner annahmen, wie die Pilze aus dem Boden. Lukian – er schreibt einen Brief an seinen uns im übrigen unbekannten Freund Philo – möchte bei diesem allgemeinen Eifer nicht zurückstehen, wenngleich es so aussieht, als handle es sich um eine grassierende Epidemie, wie einst auch die Abderiten, die antiken Schildbürger, einmal das Tragödienfieber derart gepackt habe, daß sich die ganze Stadt nur noch in tragischen Iamben und Euripides-Versen zu äußern vermochte. Freilich war Lukian – buchstäblich – weit vom Schuß, und so bleibt ihm, da er sachlich nichts zu vermelden hat, nichts anderes übrig, als seinen Beitrag zur Geschichtsschreibung methodisch zu wenden. Was er darlegen will und wie es geschehen soll, wird, in rhetorisch-präziser Manier, programmatisch vorausgeschickt (Kapitel 6): Zuerst sollen die Fehler besprochen werden, vor denen sich ein Berichterstatter hüten muß (Kap. 6–32), sodann will er sein eigenes Idealbild des echten Historikers zeichnen (Kap. 34–63).

Wie Geschichtsschreibung nicht aussehen darf, läßt sich am besten an jenen Möchtegern-Gelehrten demonstrieren, die augenblicklich mit ihren Produkten die Welt überfluten. Was als erstes auffällt, ist ihr aufdringliches und einseitiges Lob der römischen Kaiser und Feldherrn, die mit den in schwärzesten Farben gemalten Gegnern zu ringen haben. Auch sonst schaffen es diese Literaten in Ausdruck, Stil und Komposition nie von ihren attischen Vorbildern – THUKYDIDES, HERODOT, XENOPHON – lösen (»*Alle kämpfen sie ständig mit Thukydides, der doch an dem Unglück in Armenien nicht die geringste Schuld trägt*«); während auf der einen Seite der Sanitäter der sechsten Kompanie der Lanzenträger in seinem vulgären Umgangsgriechisch *Parthische*

Geschichten konzipiert, müssen auf der anderen Seite die Hyperattizisten sogar die römischen Eigennamen in die alleinseligmachende attische Sprache des fünften Jahrhunderts zurückübersetzen. Und was soll man gar noch vom Stoff sagen – der eine tut die Hauptschlacht in sieben Zeilen ab und erzählt Bände von den Erlebnissen eines verirrten Hilfssoldaten, ein anderer preßt den ganzen Krieg, unter einem entsprechend längeren Titel, in fünfhundert Verse zusammen, ein dritter, der nie aus seinen vier Wänden hinausgekommen ist, verfaßt die wunderlichsten Augenzeugenberichte, wieder ein anderer beschreibt schon das Ende des Krieges, feiert in Gedanken bereits den immensen Triumphzug, baut eine Stadt zu Ehren des Sieges und ist sich nur nicht ganz sicher, ob sie »Friedensburg« oder »Siegstadt« heißen soll, usw.

Was aber ist nun ein echter Geschichtsschreiber? Eins vorab: Von den zwei Grundforderungen, die an den Historiker zu stellen sind – politische Einsicht und literarische Gewandtheit –, ist die erste eine Naturanlage, die auf keine Weise in der Theorie vermittelt werden kann, und die zweite, handwerkliches Geschick der Darstellung, eine Sache langer, fleißiger Übung in stetem Umgang mit den alten Schriftstellern – in beiden vermag Lukian wenig zu raten. Seine Gedanken können also allenfalls denen nützen, die jenes unabdingbare Rüstzeug zwar besitzen, aber in seinem Gebrauch noch etwas unsicher sind. Der Geschichtsschreiber hat nur ein Geschäft – zu sagen, wie es geschah –, und sein höchstes Gesetz heißt, nach Thukydides, Wahrhaftigkeit. Daran ist auch der Stil und der Aufbau auszurichten: nicht übertriebenes Pathos, rhetorisches Blendwerk, sondern klarer und knapper Ausdruck, der die Sache verdeutlicht. Das Wichtigste ist die sorgfältige Auswahl des darzustellenden Stoffes; Sammlung – Entwurf – Ausarbeitung heißen die Hauptetappen. In der Erzählung selbst ist bei der Verteilung der Gewichte auf die einzelnen Ereignisse und die gegnerischen Parteien ein gewißes Maß zu finden, das die Arbeit des Historiographen als einen getreuen Spiegel des Geschehens erscheinen läßt. Einleitungen, geographische und antiquarische Exkurse sollen nur das Notwendige in der erforderlichen Kürze bringen, und desgleichen soll sich die kritische Wertung des Autors nur mit äußerster Zurückhaltung kundgeben. Kurz, der wahre Geschichtsschreiber tut alles, um sich des Lobs einer verständigen, sachkundigen Nachwelt zu versichern, und meidet alles, was allein nach Bewunderung der befangenen Mitwelt heischt.

Man merkt: Die Tendenz des Traktats ist strenger, als man von dem lachenden Parodisten der Vergangenheit und vergnügt-bissigen Tadler der Gegenwart gewohnt ist, der die *Theōn dialogoi (Göttergespräche)*, das *Symposion* oder den *Rhētorōn didaskalos (Der Professor der Rhetorik)* geschrieben hat. Lukian steht hier durchaus auf dem Boden fachgerechter Ästhetik und Literaturkritik, auf historischem Sektor ein würdiges Pendant des Rhetors DIONYSIOS aus Halikarnaß oder des Verfassers der Schrift *Peri hypsus (Über das Erhabene)*. Daß er, auch wenn er *ex cathedra* spricht, die Seitenhiebe nicht lassen kann – was dem Werk etwas Zwitterhaftes verleiht –, daß er überhaupt seinen unterhaltsam-moussierenden Stil nirgends verleugnet, das verrät, daß er im Reich der akademischen Philologen und pragmatisch nüchternen Kritiker-Experten nur ein Gastspiel gibt: Die

Alēthē dihēgēmata (Wahre Geschichten) zeigen ihn denn auch wieder ganz im gewohnten Metier.

E. Sch.

AUSGABEN: Florenz 1496 (in *Lukianu Samosateōs dialogoi*, Hg. J. Laskaris). – Lpzg. ²1907 (in Opera, Hg. C. Jacobitz, Bd. 2). – Ldn./Cambridge (Mass.) 1959 (in *Lucian*, Bd. 6, Hg. K. Kilburn; m. engl. Übers.; Loeb). – Mchn. 1965 (*Wie man Geschichte schreiben soll*, Hg. H. Homeyer; m. Übers. u. Komm.).

ÜBERSETZUNGEN: *Abhandlung, wie eine Historie zu verfertigen ist* (in *Auserlesene Schriften*, Hg. J. Ch. Gottsched, Lpzg. 1745). – *Wie soll man Geschichte schreiben?*, A. Pauly (in *Werke*, Bd. 6, Stg. 1827). – *Wie man Geschichte schreiben muß*, Th. Fischer (in *Werke*, Bd. 4, Stg. ²1867 u. ö.). – *Wie man Geschichte schreiben müsse*, nach d. Übers. v. Ch. M. Wieland bearb. v. H. Floerke (in *SW*, Bd. 3, Stg. ²1922).

LITERATUR: W. A. Passow, *Lukian und die Geschichte*, Meiningen 1854. – F. Halbfas, *Theorie und Praxis in der Geschichtsschreibung bei Dionys von Halikarnass*, Diss. Münster 1910, S. 40 ff. – Schmid-Stählin, 2/2, S. 733. – R. Helm, Art. *L.* (in RE, 13/2, 1927, Sp. 1744). – F. Schenk, *Lukian und die französische Literatur im Zeitalter der Aufklärung*, Diss. Mchn. 1931. – F. Wehrli, *Die Geschichtsschreibung im Lichte der antiken Theorie* (in *Eumusia*, Fs. f. E. Howald, Erlenbach-Zürich 1947, S. 54–71). – G. Avenarius, *Lukians Schrift zur Geschichtsschreibung*, Meisenheim/Glan 1956 [m. Bibliogr.]. – A. Vives Coll, *Luciano y la historia* (in Helmantica, 8, 1957, S. 213–222). – Lesky, S. 897/898.

PROMĒTHEUS Ē KAUKASOS (griech.; *Prometheus oder Der Kaukasus*).

Dialogische Szenen des LUKIANOS aus Samosata (um 120–185). – Nach Stil und Sujet ist der *Prometheus* den *Theōn dialogoi (Göttergespräche)* und den *Enhalioi dialogoi (Meergöttergespräche)* ebenbürtig, doch hat er ihnen einige besondere Vorzüge voraus: Der ursprüngliche Beruf des Autors, der seine Laufbahn als Rhetor im Geist und Habitus der »Zweiten Sophistik« begann, hat sich hier in literarischer Verkleidung noch einmal aufs schönste in Szene gesetzt, und das war dem Satiriker Lukian gerade recht, in feiner Ironie dem Sophisten Lukian und seine ganze Zunft ein wenig zu verulken. Als biographischer Reflex ist der *Prometheus* mit seiner Mischung dialogisch-salopper und epideiktisch-räsonierender Elemente ein Kabinettstück vordergründiger Leichtigkeit und hintergründig-zielsicheren Witzes. Wenn man das vielzitierte »vierzigste Lebensjahr« Lukians zugleich als den Wendepunkt seines Wirkens auffaßt, wäre der Prometheus kurz vor 160 n. Chr. entstanden.

Was bei der geistigen Herkunft Lukians nicht erstaunen darf und doch Erwähnung verdient, ist seine routinierte formale Könnerschaft, die sich an diesem Werk mustergültig beobachten läßt: nur drei Personen (neben Prometheus die Götter Hermes und Hephaistos), ein einführender Situationsbericht – und doch wird im Gespräch die ganze Geschichte von der Anschmiedung des Prometheus an den Kaukasus lebendig dargestellt; auch die Vorgeschichte erfährt man, sogar in mehrfacher Beleuchtung. Doch nicht genug: Prometheus darf innerhalb der Dialogszenerie eine ausführliche Verteidigungsrede halten, in der er nachweist, daß die Gründe für seine Verdammung durch den Göttervater Zeus (der bekannte Betrug beim Opfermahl, die Erschaffung des Menschen, der Diebstahl des Feuers) lächerlich und unbegründet sind. In dieser Verteidigungsrede kann der Autor in ironisch-souveräner Manier alle Register seiner intellektuellen Schmeichelkünste und seiner rabulistischen Fertigkeit spielen lassen. Kein Wunder, daß Hermes, der sich nach vollendeter Fesselung des Prometheus *(»bis der Adler kommt und sich um deine Leber kümmert«)* des Vergnügens halber die Verteidigung des Prometheus als eine »*sophistische Paradevorlesung*« anhören will, hernach bekennen muß, gegen einen solch versierten Sophisten sei schwerlich anzukommen. Freilich: die Freiheit gewinnt Prometheus mit dieser überzeugenden Rede doch nicht – obwohl er für seine Taten viel eher die Speisung im Prytaneion verdient hätte, wie Sokrates in der Platonischen *Apologie* sagt. Aber als prophetischer Gott weiß er, daß Herakles ihn befreien wird; und den Zeus wird er bei Gelegenheit (davon erzählt das erste *Göttergespräch*) durch einen guten Rat vor Schaden bewahren und sich wieder gnädig stimmen. Dieses Wissen hilft ihm, den leberfressenden Adler eine Zeitlang zu ertragen.

Natürlich ist hier der griechische Mythos nicht mehr als religiöse Erscheinung aufgefaßt: die heitere Travestie ist lediglich eines von tausend Anzeichen dafür, daß Lukian und seine Zeit, wie schon mehr als ein Jahrhundert vor ihm, die Olympische Götterwelt nur noch als literarisches Requisit betrachteten. Aber wieviel burleske Munterkeit vermag Lukian den ausgelaugten Themen noch zu entlocken, und sei es nur durch so kleine Seitenhiebe wie den, daß die alten Götter PLATON zitieren, ständig in HOMER-Versen reden und sich für Dinge, die in ihren eigenen Reihen passiert sind, auf HESIOD berufen.

E. Sch.

AUSGABEN: Florenz 1496 (in *Lukianu Samosateōs dialogoi*, Hg. J. Laskaris). – Lpzg. 1881 (in *Opera*, Hg. C. Jacobitz, Bd. 1). – Ldn./Cambridge (Mass.) 1915 (in *Lucian*, Bd. 2, Hg. A. M. Harmon; m. engl. Übers.; Loeb; Nachdr. zul. 1960).

ÜBERSETZUNGEN: *Prometheus oder Kaukasus* (in *Auserlesene Schriften*, Hg. J. Ch. Gottsched, Lpzg. ¹1745). – *Prometheus, oder Der Kaukasus*, Th. Fischer (in *Werke*, Bd. 1, Stg. 1866 u. ö.). – *Prometheus oder Der Kaukasus*, A. Pauly (in *Werke*, Bd. 1, Stg. ²1868). – *Prometheus oder Der Kaukasus*, Ch. M. Wieland; bearb. von H. Floerke (in *SW*, Bd. 2, Bln. ²1922).

LITERATUR: R. Helm, *Lukian und Menipp*, Lpzg./Bln. 1906, S. 181/182. – Schmid–Stählin, 2/2, S. 722. – R. Helm, Art. *L.* (in RE, 13/2, 1927, Sp. 1757). – M. Caster, *Lucien et la pensée religieuse de son temps*, Paris 1937. – W. Kraus, Art. *Prometheus* (in RE, 23/1, 1957, Sp. 687). – L. Stoianovici, *Le »Prométhée« de Lucien* (in Studii Clasice, 3, 1961, S. 385–393).

RHĒTORŌN DIDASKALOS (griech.; *Der Professor der Rhetorik*). Eine der beißendsten Satiren des LUKIANOS aus Samosata (um 120–185 n. Chr.). – Falls der »Rhetorikprofessor« tatsächlich eine Karikatur des Commodusgünstlings POLLUX sein sollte, wie man mit guten Gründen annimmt, könnte das Pamphlet ungefähr ins Jahr 178 gehören, als jener den sophistischen Lehrstuhl in Athen bezogen hatte. Daß das kleine Opus nach den *Nekrikoi dialogoi (Totengespräche)* entstanden ist, also ein Alterswerk darstellt, scheint auf alle Fälle erwiesen.

Die hohngeladene Attacke, die doppelt gepfeffert wirkt, weil der Autor selbst bis zu seinem vierzigsten Lebensjahr dem Stand jener Sophisten und Redner angehörte, die er hier anprangert, ist in eine pädagogische Epistel gekleidet. Lukian will einem jungen Freund, der brennendes Verlangen zum Beruf des Redners verspürt, einige erfolgssichere Ratschläge geben, wie das ersehnte Ziel am besten zu erreichen sei. Die Methode, mit der der Autor seine väterlichen Ermahnungen verbirgt, ist ein ironisch-eleganter Schwarzweiß-Sarkasmus. Das Handwerk des Redners, so vernimmt man, ist auf zwei Wegen erlernbar, einem steinig-steilen, zeitraubenden, und einem bequemen und geschwinden: Lukian ging einst den mühevollen, und möchte seinem Schützling allen Ernstes abraten, sich in die Hände eines dieser unbarmherzigen, traditionsbesessenen und kaum frequentierten Lehrer zu begeben. Jener solle sich lieber dem rechten Pfad der großen Masse anschließen, wo ihn alsbald inmitten der Schar seiner Schüler ein schöner, ältlicher, pomadisierter Herr – Sardanapal, Kinyras und Agathon in einem – begrüßt. Dieser werde dem lernbegierigen jungen Mann sogleich die gewünschte Auskunft, wie man ein gefeierter König des Wortes werde, in ausführlichen und wohlgesetzten Worten zuteil werden lassen. Und weil er das viel überzeugender als Lukian selbst könne, läßt der Autor – Gipfel des perfiden Spottes – den exzellenten Vertreter seines Standes persönlich auftreten und einen *Protreptikos* halten, eine einschmeichelnde Propagandarede, die das Treiben der Zunft jener »*Konzertredner*« (Rademacher) zugleich in giftig persiflierender Karikatur beschreibt und in köstlicher stilistischer Parodie darstellt.

Vieles ist dabei natürlich reiner Hohn; so etwa gleich die einleitende Grundregel, daß ein Redner als unabdingbares Fundament »*Unwissenheit, sodann Frechheit, Keckheit und Unverschämtheit mitbringen soll*«, dagegen »*Scham, Zurückhaltung, Bescheidenheit und Erröten zuhause lasse, denn es ist unnütz und für die Sache nachteilig*«. Anderes wiederum erscheint als echte Schulreminiszenz: Möglichst dunkle und obsolete Vokabeln zur Aufhöhung des Stils zu verwenden, in keiner Rede die Erwähnung der Perserkriege zu versäumen, stets mit Troia oder gar Deukalion und Pyrrha und der Erschaffung des Menschen beginnen, höchste Achtsamkeit bei einem gepflegten Äußeren und vor allem natürlich auf die Stimmkultur zu wenden, sich mit einer rührigen Claque zu umgeben, die Konkurrenten und Gegner bei jeder Möglichkeit anzugreifen und lächerlich zu machen – all das sind durchaus respektable und in jenen Tagen gern gelehrte und eifrig befolgte technische Kniffe. – Der heutige Kritiker wird nur eine gewisse Unausgeglichenheit, einen leichten Mangel an Dezenz und Abstimmung im Verhältnis der verschiedenen Stilhöhen des Spotts mit einer Rüge bedenken: Die Elemente Ironie, Hohn, Sarkasmus und Persiflage vermischen sich ohne gliedernde Differenzierung. Auch daß der Autor im Schlußsatz die Maske der scheinheiligen Fiktion fallen läßt, mag man bedauern. Andererseits findet man selten im Lukianschen Werk auf so knappem Raum solch eine Fülle brillanter Einfälle in solch kompakter Stringenz.

E. Sch.

AUSGABEN: Florenz 1496 (in *Lukianu Samosateōs dialogoi*, Hg. J. Laskaris). – Lpzg. 1881 (in *Opera*, Hg. C. Jacobitz, Bd. 3). – Ldn./Cambridge (Mass.) 1925 (in *Lucian*, Bd. 4, Hg. A. M. Harmon; m. engl. Übers.; Loeb; Nachdr. zul. 1961).

ÜBERSETZUNGEN: *Der Lehrer der Redner*, G. F. Bärmann (in Schriften und Übersetzungen der deutschen Gesellschaft zu Leipzig, Bd. 3, Lpzg. 1739). – *Die Rednerschule*, A. Pauly (in *Werke*, Bd. 11, Stg. 1830). – Dass., Th. Fischer (in *Werke*, Bd. 3, Stg. 1866 u. ö.). – *Die Rednerschule oder Anweisung, wie man mit wenig Mühe ein berühmter Redner werden könne*, nach d. Übers. v. Ch. M. Wieland, bearb. v. H. Floerke (in *SW*, Bd. 5, Bln. ²1922).

LITERATUR: Schmid-Stählin, 2/2, S. 733/734. – R. Helm, Art. *L.* (in RE, 13/2, 1927, Sp. 1758). – L. Schenk, *Lukian und die französische Literatur im Zeitalter der Aufklärung*, Diss. Mchn. 1931.

SATURNALIA (griech.; *Saturnalien*). Lateinischer Titel eines dreiteiligen Werkes des LUKIANOS aus Samosata (um 120–185). – Die lateinische Namensform verkörpert in diesem Fall mehr als nur Philologen-Usus des vergangenen Jahrhunderts: denn Thema sind durchaus die Saturnalien, jenes den altathenischen Kronien verschwisterte, im Dezember gefeierte und zu Lukians Zeiten sieben Tage (vom 17. bis 23.) dauernde römische Karnevalsfest, an dem die Sklaven frei waren, arm und reich auf gleich und gleich verkehrte und sich Gelage, Umzüge und ausschweifende Spiele eine Woche lang die Hand reichten. Die *Saturnalien* entstammen wohl Lukians letztem Lebensjahrzehnt, als der Autor bereits dem römischen Beamtentum angehörte. Man könnte sie als Nachkömmling einer Menippeischen Epoche bezeichnen, so nahe lehnt sich das erste Stück, *Ta pros Kronon (Gespräch über Kronos)*, ein Dialog zwischen dem Gott und einem Priester, an den *Zeus elenchomenos (Der widerlegte Zeus)* an, einem ganz charakteristischen Repräsentanten jenes witzig-spöttischen Genres.

Das lose gefügte Geplänkel zwischen dem Herrn und seinem Diener dient gleichsam als Exposé der kleinen »Trilogie«. Der Priester möchte diese wenigen Tage der Regierung des Kronos nützen, um sich vom einstigen Herrscher der Goldenen Zeitalters eine besondere Gabe (Reichtum, viel Gold usw.) zu erbitten, und treibt dabei, neugierig, wie er ist, den Gott zu einem munteren Hin und Her über dessen von HESIOD und anderen erzählte mythische Vergangenheit. Zugleich soll der Priester erfahren, wie das Fest richtig zu feiern wäre, was erlaubt, was erwünscht, was verboten ist. Im zweiten Stück, dem *Kronosolōn*, verkündet der Priester – halb Gott (»Kronos«), halb Gesetzgeber (»Solon«) – die Festgesetze: Arbeitsruhe, allgemeine Gleichheit, Pflicht zur fröhlichen Ausgelassenheit; wechselseitige Geschenke; Gelagevorschriften. Nachdem so Gebot und Theorie fixiert sind, folgt im dritten Stück, den vier *Epistolai Kronikai (Kronische Briefe)*, die Spiegelung der Realität: im ersten, *Ich an Kronos* betitelt, beklagt sich der Arme über die ungerechte, festfrevlerische Behandlung durch die Reichen; im zweiten, *Kronos an mein geehrtes Ich*, verspricht der Gott im Rahmen seiner Mittel – er hat ja nur einige Tage etwas zu sagen, dann ist wieder Zeus der Herr – Abhilfe; im dritten, *Kronos an die Reichen*, versucht er sein Glück, dringt aber – in Nr. 4 wenden sich *Die Reichen an Kronos* – nur bedingt durch, da die Reichen Besserung erst für den Fall geloben, daß die Armen ihr habgieriges Schmarotzerwesen ablegen.

Das zentrale Thema des Werks – die Klagen der Armen, der Geiz der Reichen – ist nicht eben originell, und der Autor selbst hat es zu wiederholten Malen abgehandelt. So kann es nicht wunder nehmen, daß der scherzhafte Plauderton, in dem das Ganze gehalten ist, etwas vertrocknet und dürr anmutet; scharfe Pointen, effektvolle Formulierungen, überraschende Wendungen fehlen. Das römische Gegenstück – JUVENALS fünfte Satire (die Lukian gekannt haben mag) – bringt alles viel sprudelnder, farbiger, geistvoller, und Rudolf HELMS generelle Kritik ist nicht unberechtigt. In der Tat sind die *Saturnalien* eines der wenigen Werke, in denen die Schaffenskraft des Schriftstellers erlahmt scheint: »Lukian hat sich ausgeschrieben und weiß auch einem neuen Motiv, wie es die Korrespondenz hier ist, kaum viel neue Seiten abzugewinnen.« Immerhin: wo Lukian sich wirklich leidenschaftlich angesprochen und beteiligt fühlte (man vergleiche den *Alexander*), da vermochte er noch immer das alte Feuer zu schüren und einen Gegner »gar zu kochen«.

E. Sch.

AUSGABEN: Florenz 1496 (in *Lukianu Samosateōs dialogoi*, Hg. J. Laskaris). – Lpzg. 1881 (in *Opera*, Hg. C. Jacobitz, Bd. 3). – Livorno 1924 (*I Saturnali*, Hg. G. Ammendola; m. Komm.). – Ldn./Cambridge (Mass.) 1959 (in *Lucian*, Bd. 6, Hg. K. Kilburn; m. engl. Übers.; Loeb).

ÜBERSETZUNGEN: *Die Saturnalien*, J. H. Waser (in *Schriften*, Bd. 4, Zürich 1773). – *Die Saturnalien. Chronosolon. Saturnalische Briefe*, A. Pauly (in *Werke*, Bd. 13/14, Stg. 1831). – *Verhandlungen über die Kronien*, Th. Fischer (in *Werke*, Bd. 4, Stg. ²1867 u. ö.). – *Saturnalische Verhandlungen. Saturnalische Briefe*, Ch. M. Wieland; bearb. v. H. Floerke (in *SW*, Bd. 2, Bln. ²1922).

LITERATUR: R. Helm, *Lukian und Menipp*, Lpzg./Bln. 1906, S. 215–226. – Schmid-Stählin, 2/2, S. 727. – R. Helm, Art. *L.* (in RE, 13/2, 1927, Sp. 1760). – N. Festa, *Cronosolon. Umanità e galateo in uno scritto senile di Luciano*, Rom 1932.

SYMPOSION Ē LAPITHAI (griech.; *Das Gelage oder Die Lapithen*). Satirischer Dialog von LUKIANOS aus Samosata (um 120–185), in der »menippeischen« Epoche des Autors (etwa 160–165) entstanden. – Das kleine Opus gehört, wie beispielsweise der *Hermotimos*, in die Reihe der Lykinos-Gespräche, in denen Lukian selbst unter einer gräzisierten Namensform am fiktiven Dialog teilnimmt. Mit dem *Hermotimos* verbindet das *Symposion* auch das Grundthema, die scharfe Kritik an den traditionellen Philosophenschulen, eines der beliebtesten Motive des Spötters Lukian, das freilich nirgends sonst – weder im *Dis katēgorumenos (Der zweimal Verklagte)* noch in der *Biōn prasis (Der Verkauf der Lebensweisen)* noch im *Philopseudēs ē apistōn (Der Lügenfreund oder Der Ungläubige)* – mit solch burlesker Drastik und gallischer Boshaftigkeit behandelt wird wie in diesem Werk. Der kompositorische Rahmen und verschiedene andere Details erinnern stark an PLATONS *Symposion* (auch an den *Phaidros* sowie an XENOPHONS *Symposion* gibt es Reminiszenzen, nicht minder einige Berührungen mit PLUTARCHS gleichnamigem Werk, die allerdings möglicherweise auf gemeinsame Vorlagen und allgemeine Topoi der seit Platon so beliebten Gattung der Symposienliteratur zurückgehen). Da trifft Philon seinen Freund Lykinos und bittet ihn, ihm doch als Augenzeuge Genaueres von dem turbulenten Festgelage zu erzählen, das, wie er gehört habe, der reiche Aristainetos am Vorabend gab; Lykinos sträubt sich zunächst, all diese Peinlichkeiten preiszugeben, läßt sich aber dann doch erstaunlich rasch dazu überreden. Ja, es sei wahr, das Gelage habe stattgefunden, aber nicht, weil Aristainetos die Verlobung seines Sohnes feierte, sondern weil er seine Tochter Kleanthis mit dem Sohn des reichen Geldwechslers Eukritos verheiratete. Und da der junge Chaireas ein »Philosoph« ist, hat der ehrgeizige Vater neben anderen Gästen vor allem die berühmten Vertreter der einzelnen Schulen zu seinem Fest geladen, die Stoiker Zenothemis und Diphilos, den Peripatetiker Kleodemos, den Epikureer Hermos – dessen Anwesenheit von den Stoikern gleich mit großem Unwillen zur Kenntnis genommen wurde –, den würdigweisen Platoniker Ion, dazu noch den Grammatiker Histiaios und den Rhetor Dionysiodoros; später, während des Essens, platzte mit dem Kyniker Alkidamas ungeladen in den Saal. Doch das Fest wollte von Anfang an nicht so harmonisch und festlich verlaufen, wie sich der Gastgeber das wohl vorgestellt hatte. Schon anläßlich der Sitzordnung gab es die ersten Streitigkeiten: Der Stoiker Zenothemis drohte, demonstrativ zu gehen, wenn der Epikureer einen ehrenvolleren Platz erhalte. Die nächste Störung brachte das unerwartete Erscheinen des Kynikers mit sich, der nicht nur durch seine schmatzend vorgetragenen, aufdringlichen Tugendpredigten auffiel, sondern auch noch die Braut anpöbelte, dabei, um seine ideale Männlichkeit zu zeigen, vor allen Gästen die Kleider ablegte und schließlich den von Aristainetos eingeladenen Spaßmacher in einen Ring- und Boxkampf verwickelte. Dann erscheint der Arzt Dionikos, der seine Verspätung mit einem lebensgefährlichen Abenteuer entschuldigt, das er soeben mit einem wahnsinnigen Patienten hatte. Die Klimax leitet jedoch ein fremder Sklave ein, der einen Brief des Stoikers Hetoimokles an Aristainetos überbringt, worin sich der Absender gravitätisch-aufgeblasen und unter zahlreichen Verdächtigungen seiner Schulkollegen darüber beschwert, daß seine Wenigkeit nicht eingeladen worden ist. Die Verlesung dieses Briefes wird zum Anlaß eines allgemeinen Gezänks zwischen den Stoikern und den anderen Gästen, vor allem Kleodemos; man schüttet sich gegenseitig den Wein ins Gesicht, beginnt sich zu bespucken, eine regelrechte Rauferei bahnt sich an – während der Kyniker Alkidamas in aller Ruhe vor den Augen der anwesenden Damen sein Wasser abschlägt; nur das handfeste Eingreifen des Gastgebers verhindert fürs erste eine allgemeine Schlägerei. Freilich nur fürs erste: denn kaum ist der letzte Gang aufgetragen, geraten sich Zenothemis und der Epikureer Hermon wegen eines Huhnes in die Haare, jener ruft Alkidamas und Diphilos zu Hilfe, dieser den Kleodemos, die Tische werden umgestoßen, die gebratenen Hühner und die schweren Becher fliegen durch den Saal, einer davon trifft den unglücklichen Bräutigam am Kopf und hat einen Schädelbruch zur Folge, Alkidamas schlägt mit seiner Kynikerkeule Hermon und einigen Sklaven die Kiefer entzwei, Kleodemos bohrt Zenothemis mit dem Zeigefinger das rechte Auge aus und beißt ihm die Nase ab, dem Grammatiker, der schlichten will, werden von Kleodemos mit einem Fußtritt alle Zähne ausgeschlagen. Nur ein Zufall kann noch helfen: Alkidamas wirft versehentlich die Lampe um, und als es nach geraumer Zeit wieder hell wird, bietet sich ein erfrischend heiterer Anblick: Der Kyniker hat inzwischen die Flötenspielerin ausgezogen und sich über sie hergemacht, und dem Rhetor Dionysiodoros fällt zur allseitigen Belustigung mit Getöse einer der wertvollen Becher aus dem Gewand. Das wirkt einigermaßen ernüchternd; nachdem der Arzt Dionikos, so gut es geht, seines Amtes gewaltet hat, ziehen alle, mehr oder weniger humpelnd, nach Hause – bis auf den Kyniker, der erschöpft auf einem Sofa eingeschlafen und nicht mehr aufzuwecken ist. So findet die Schlacht der Kentauren und Lapithen schließlich ihr Ende. Lykinos aber, der während dieser ganzen aufregenden Ereignisse sich ängstlich in eine ruhige Ecke gedrängt hat, kann seinem Freund nur raten zu lernen, wie gefährlich für einen friedlichen Menschen der Umgang mit Weisen ist.

Man hat gelegentlich daran herumgerätselt, wieweit die einzelnen Figuren in diesem skurilen *Slapstick*-Stück historische Gestalten persiflieren, freilich mit wenig konkretem Erfolg. Das liegt vor allem daran, daß wir nicht mehr feststellen können, in welchem Ausmaß Lukian hier seiner mutmaßlichen Vorlage, dem zu erschließenden *Symposion* seines Ahnherrn MENIPP, folgt: Wenn er tatsächlich auch die einzelnen Philosophengestalten samt ihren Namen – deren Form zum Teil auf frühe Repräsentanten ihrer Schulen zu deuten scheint (etwa Kleodemos als Kombination der Peripatetiker KLEARCHOS und EUDEMOS) – von dem Gadarener übernimmt, konnte zu seiner Zeit die bissige Attacke nur noch generell, nicht mehr individuell verletzen. Andererseits fällt es schwer, sich vorzustellen, daß der Autor des *Alexandros* und des *Peregrinos* sich eine solche Gelegenheit hätte entgehen lassen, den renommierten Geistesgrößen seiner Tage einige kräftige Hiebe zu versetzen. Doch der Genuß dieser – und gewiß mancher anderer – Pointen ist dem Leser der Nachwelt, einmal mehr, leider verwehrt.

E. Sch.

AUSGABEN: Florenz 1496 (in *Lukianu Samosateōs dialogoi*, Hg. J. Laskaris). – Ldn./Cambridge (Mass.) 1913 (in *Lucian*, Bd. 1, Hg. A. M. Harmon; m. engl. Übers.; Loeb; mehrere Nachdr.). – Lpzg. 1923 (in *Lucianus*, Hg. N. Nilén, Bd. 1/2).

ÜBERSETZUNGEN: *Das Hochzeitmahl, oder die Lapithen*, J. H. Waser (in *Schriften*, Bd. 4, Zürich 1773). – *Das Gastmahl oder die Lapithen*, J. Pauly (in *Werke*, Bd. 14, Stg. 1831). – *Das Gastmahl, oder die Lapithen*, Th. Fischer (in *Werke*, Bd. 2, Stg. 1866 u. ö.). – *Das Gastmahl oder die neuen Lapithen*, nach der Übers. von Ch. M. Wieland, bearb. von H. Floerke (in *SW*, Bd. 1, Bln. ²1922).

LITERATUR: R. Helm, *Lukian und Menipp*, Lpzg./Bln. 1906, S. 254–274. – Ders., Art. *L.* (in RE, 13/2, 1927, Sp. 1734). – A. Hug, Art. *Symposion-Literatur* (in RE, 4A/2, 1932, Sp. 1273–1282). – A. Wilhelm, *Das Epithalamion in Lukianos' »S. ē L.«* (in WSt, 56, 1938, S. 54–89). – E. Neef, *Lukians Verhältnis zu den Philosophenschulen und seine mimēsis literarischer Vorbilder*, Diss. Greifswald. Bln. 1940. – V. Gazza, *Luciano di Samosata e la polemica sulla filosofia* (in Rendiconti dell' Istituto Lombardo, Classe di Lettere..., 88, 1955, S. 373–414). – J. Martin, Art. *Deipnonliteratur* (in RAC, 3, 1957, Sp. 658 bis 666).

THEŌN DIALOGOI (griech.; *Göttergespräche*). Dialogische Prosaszenen des LUKIANOS aus Samosata (um 120–185). – Ähnlich den *Meergöttergesprächen* (*Enhalioi dialogoi*), den *Totengesprächen* (*Nekrikoi dialogoi*) oder den *Hetärengesprächen* (*Hetairikoi dialogoi*) stellen die *Göttergespräche* eine Art kurzer Einakter dar, in denen Elemente alter literarischer Formen (etwa des seit PLATON so beliebten Dialogs, der Komödie, der witzig-burlesken Satire MENIPPS) sich mit Tendenzen mischten, die in den Schulaufgaben der damals neu erblühten Rhetorik zum Ausdruck kamen: in den *Götter-*, *Meergötter-* und *Totengesprächen* etwa die Übertragung eines Motivs in ein ihm von Natur fremdes stilistisches Milieu.

Diese verschiedenen genetischen Wurzeln merkt man den *Göttergesprächen* freilich kaum mehr an: Sie wirken als in sich vollkommene, liebenswertschelmische Schmunzelstückchen, als flüchtig und doch mit sicherer Hand hingetupfte Travestien homerisch-kyklischer und tragischer Göttermythen, vom warmen Licht Menanderscher Bürger- und Spießbürgerlichkeit und alexandrinischer Kleinmeisterei und Idyllik überstrahlt. Sechsundzwanzig in Gespräche verschiedener Olympischer Götter gekleidete Episoden werden vorgeführt, quer durch die Schauplätze der griechischen Mythologie. Trotz einer gewissen Vorliebe für erotisch pikante Histörchen sind sie im ganzen ohne erkennbare motivische oder kompositorische Ordnung nach dem Gesetz bunter Variation locker aneinandergereiht, lediglich mit vereinzelten Motivverknüpfungen, die den Kranz unvermerkt zusammenhalten. Der Ton, den die Götter und Halbgötter untereinander anschlagen, ist betont familiär gehalten – antitragisch und antipathetisch. Wo sich vielleicht, durch die Situation bedingt, Erhabenheit einschleichen will, wird sie sofort ins Harmlos-Lächerliche umgebogen, wie etwa gleich im ersten Gespräch: Der gefesselte und von Zeus aufs bitterste angefeindete Prometheus erwirkt sich ohne Schwierigkeiten die Freilassung, indem er seinem Widersacher ein Liebesabenteuer prophezeit – und verleidet. Im allgemeinen aber sind die Stückchen von vornherein naiv-heiter angelegt: Zeus fängt Eros und schimpft ihn tüchtig wegen seiner Gewalttätigkeit aus (2); oder er schickt den Hermes der von der eifersüchtigen Hera in eine Kuh verwandelten Io zu Hilfe (3); der tolpatschig-tumbe Hirtenjunge Ganymed, vom verliebten Herrn der Götter geraubt, soll in seine vielfältigen neuen Aufgaben eingewiesen werden (4); Hera beklagt sich über ihres Gatten Neigung zu dem »*phrygischen Jüngelchen*« Ganymed (5); Zeus und Hera beschließen, dem verliebten Ixion ein Wolkenphantom der Hera ins Bett zu legen (6); Hephaistos und Apollon ärgern sich über den neugeborenen Hermes, der, noch in der Wiege liegend, schon den ganzen Olymp bestiehlt (7); zwei Szenen handeln über den schwangeren Göttervater – Hephaistos muß ihm das Haupt zur Geburt der Athene spalten (8), und Poseidor ʌnn den Hermes nicht zur Audienz vorlassen, weil Zeus gerade an seinem Schenkel von Dionysos entbunden wird (9); dem Sonnengott Helios wird befohlen, zwei Tage ausfallen zu lassen, damit Zeus mit der Gattin des Amphitryon sich um die Entstehung des gewaltigen Herakles kümmern kann (10); Aphrodite und Selene tauschen ihre Erfahrungen aus, die sie mit dem frechen kleinen Eros gemacht haben (11), dann warnt Aphrodite selbst den Eros davor, in seinem Übermut zu weit zu gehen (12); Zeus muß Rangstreitigkeiten zwischen Asklepios und Herakles schlichten (13); Apoll jammert bei Hermes über sein Unglück mit dem schönen Hyankinthos (14); ein andermal läßt er sich mit ihm in ein erfrischendes Männergespräch über Aphrodite und ihren Gemahl Hephaistos ein (15); Eifersüchteleien zwischen Leto, Artemis' und Apollons Mutter, und Hera, Hephaists Mutter (16), werden kontrastiert mit der Erzählung des Hermes, wie Hephaist seine Frau mit Ares ertappte und beide in einem Netz gefangennahm (17); Zeus verteidigt den angeblich mißratenen Dionysos gegenüber Hera (18); Eros muß Aphrodite erklären, warum er Athene und Artemis stets unbehelligt gelassen hat (19); mehrere Dialogstücke reihen sich zur Geschichte des Parisurteil zusammen (20); Ares beschwert sich bei Hermes über die Tyrannei des Zeus (21); Pan weiht den ahnungslosen Götterboten ein, wie es kam, daß der sein Vater ist (22); wieder ein vertrauliches Männergespräch, zwischen Dionysos und Apollon (23); Hermes klagt seiner Mutter Maia sein schlimmes, arbeitsreiches Götterlos (24); Helios bezieht bei Zeus eine Abfuhr, weil er den Betriebsunfall mit Phaeton verschuldet hat (25). Und mit einem unscheinbaren Schlußgespräch endet die Reihe, ebenso unvermittelt, wie sie begonnen hat: Apoll möchte von Hermes erfahren, wie man eigentlich die Zwillinge Kastor und Polydeikes auseinanderhalten könne (26). Geistige Tiefe wird vom Autor nicht gesucht und sollte vom Publikum nicht erwartet werden. Die Zeiten, da die griechische Göttermythos der Verbindlichkeit des Numinosen besaß, waren im 2. Jahrhundert n. Chr. längst vergangen: Die Götter blieben zwar als Bildungs- und Vorstellungsklischee in aller Munde, aber schon den Hellenismus hatte den Prozeß säkularisierender Vermenschlichung zu seinem Abschluß geführt. Hier, in den *Göttergesprächen*, ist alles auf geistreiches Tändeln abgestellt, der Esprit einer unvermuteten Wendung geläufiger mythischer Situationen mit nichts als Heiterkeit. Nicht das altehrwürdige griechische Götterpantheon möchte Lukian darstellen, sondern das immer noch herrschende traditionell ernste Bild in ein intimes Interieur des Olymp verkehren. Im Grunde ist das alles ein rein literarischer Spaß: Die in der alten Dichtung verkörperte Religiosität ist bedenklos in ihre Elemente tranchiert, neu zubereitet und mit witzigen Details garniert: und dem staunenden Gast wird sein gewohntes Mahl, in ironisch-devoter Geste, plötzlich als Omelette surprise serviert. E. Sch.

AUSGABEN: Florenz 1496 (in *Lukianu Samosateōs dialogoi*, Hg. J. Laskaris). – Lpzg. 1881 (in *Opera*, Hg. C. Jacobitz, Bd. 1). – Florenz 1933, Hg. R. Bianchi (*Dialoghi dei morti, degli dei e del mare*; m. Komm.). – Mchn. 1954 (in *Die Hauptwerke*, Hg. K. Mras; griech.-dt.). – Ldn./Cambridge (Mass.) 1961 (in *Lucian*, Bd. 7, Hg. M. D. Macleod; m. engl. Übers.; Loeb).

ÜBERSETZUNGEN: *Göttergespräche*, J. H. Waser (in *Schriften*, Bd. 4, Zürich 1773). – Dass., J. Pauly (in *Werke*, Bd. 2, Stg. ²1828). – Dass., Th. Fischer (in *Werke*, Bd. 1, Stg. 1866 u. ö.). – Dass., nach der Übers. v.Ch. M. Wieland bearb. v. H. Floerke (in *SW*, Bd. 2, Bln. ²1922). – Dass., nach der Übers. v. Ch. M. Wieland, Hg. E. Ermatinger u. K. Hoenn (in *Parodien und Burlesken*, Zürich 1948). – *Götter, Tote und Hetären*, J. Werner, Lpzg. ⁴1961.

LITERATUR: R. Helm, *Lukian u. Menipp*, Lpzg./ Bln. 1906, S. 178–181. – Ders., Art. *Lukianos* (in RE, 13/2, 1927, Sp. 1736f.). – M. Caster, *Lucien et la pensée religieuse de son temps*, Paris 1937.

TIMŌN Ē MISANTHRŌPOS (griech.; *Timon oder Der Menschenfeind*). Dialog des LUKIANOS aus Samosata (um 120–185), entstanden in jenen Jahren, als der Autor sich von den *Göttergesprächen (Theōn dialogoi)* und verwandten Stücken bereits den ausgesprochenen Satiren im Geist und Stil MENNIPPS zugewandt hatte. – Der *Timon* gehört chronologisch also in die Nähe des *Ikaromenippos* oder der *Götterversammlung (Theōn ekklēsia)* (um 161–165), zu denen er nicht minder starke Parallelen aufweist wie zu den spritzig-lässigen Götterszenen der vorangegangenen Epoche. Was am stärksten ins Auge fällt, ist einmal mehr die selbstsichere Meisterschaft, mit der Lukian über Form und Tradition gebietet: In bestechend souveräner Leichtigkeit – da verrät sich wieder die rhetorische Routine der Zweiten Sophistik, von der er herkommt – setzt er die Elemente und die Kompositionsformen altgriechischer Komödien (vgl. MENANDERS *Dyskolos – Der Griesgram*) in seine dialogische Prosaszenerie um. Ob er dabei nur eine einzelne Komödie (sei es ein Werk des Komikers PLATON, sei es der *Timōn* des ANTIPHANES, wie andere meinen) transkribiert oder die Ingredienzien aus mehreren zieht und neu gestaltet: in gekonnter Sicherheit läßt er Rede und Dialog sich vermischen, wechselt er die Schauplätze und konstruiert unvermerkt Akte; geschickt werden die unumgänglichen Rückblenden eingebaut, und in aller Selbstverständlichkeit vollzieht sich gesprächsweise der Fortschritt der Handlung. Daß daneben die ausführliche Diskussion über den zwiespältigen Charakter des Reichtums ein wenig an die Exerzitien der Rednerschulen gemahnt, nimmt man angesichts dessen gern in Kauf.

Grundpfeiler der Komposition sind zwei große Reden der Titelhelden, ein verbittertes Gebet des ehemals Reichen und nun durch übermäßige Freigebigkeit Verarmten an Zeus (1–6) und ein noch bitterer Lebensplan des durch göttliche Schickung plötzlich wieder zu Reichtum Gelangten (41–45): »Ich will einzeln und für mich allein leben wie die Wölfe und keinen anderen Freund in der Welt haben als den Timon ... ich will stolz darauf sein, den schönen Namen Menschenfeind zu führen, und mürrisches Wesen, Grobheit, Brutalität, Zorn und Unmenschlichkeit sollen die Kennzeichen meines Charakters sein.« Dazwischen steht ein Götterrat zwischen Zeus, Hermes und Plutos (»Reichtum«) in dem die Befreiung Timons aus seinem Taglöhnerleben beschlossen wird, sowie die mit Diskussionen über das Wesen des Plutos angefüllte Wanderung des Hermes und Plutos vom Olymp nach Attika zu Timon, der nur mit Mühe davon abgebracht werden kann, die beiden voll Grimm kurzerhand zum Teufel zu jagen. Die Schlußszene (46–58) zeigt Timon in lebhafter Aktion: Nun, nachdem sich die Penia (»Armut«) schmollend zurückgezogen hat, läßt er es sich nicht nehmen, die früheren Freunde und Parasiten, die ihn in der Not nicht mehr kennen wollten, jetzt aber wieder gierig ankommen, mit der Hacke spürbar von seiner Unzugänglichkeit zu überzeugen.

Zweifellos darf man diese witzige Prosaetüde nicht an der 'hintergründigen Menschenstudie SHAKESPEARES messen, dem sie als Vorlage diente: Bei einem solchen Vergleich würde der gemeinsame Maßstab fehlen, bot doch die schon in der altattischen Komödie vorgeformte, seit der Neuen Komödie ausgeprägte Typologie der Charaktere überhaupt keine Ansätze zu individualisierter, psychologisch-variabler Charakterologie. Richtschnur für die Beurteilung des Lukianschen Werkes muß vielmehr die besondere Form des Witzes sein, der gerade aus der übertriebenen Starrheit des menschenfeindlichen Typs und ihrem Verhältnis zu dem verblüffenden, radikalen Umschwung der Situationen entspringt. Zu diesem Grundelement gesellt sich – als würzendes Salz sozusagen – der nie versiegende Spott auf Philosophen und Dichter, dessen treffsichere Pointen die Geschichte immer wieder an den Punkten auflockern, wo sie allzu tragisch-ernst oder zu grobschlächtig zu werden droht: ein überaus anschauliches Beispiel für Lukians unfehlbares literarisches Gespür.   E. Sch.

AUSGABEN: Florenz 1496 (in *Lukianu Samosateōs dialogoi*, Hg. J. Laskaris). – Lpzg. 1881 (in *Opera*, Hg. C. Jacobitz, Bd. 1). – Ldn./Cambridge (Mass.) 1915 (in *Lucian*, Bd. 2, Hg. A. M. Harmon; m. engl. Übers.; Loeb; mehrere Nachdr.).

ÜBERSETZUNGEN: *Gesprech des kunstreichen Dichters Lutiani genant der Timon oder Leuthas*, J. Schenck, Worms 1530. – *Timon, oder der Menschenfeind*, J. Ch. Gottsched u. a. (in *Auserlesene Schriften*, Lpzg. 1745). – *Timon*, Th. Fischer (in *Werke*, Bd. 1, Stg. 1866 u. ö.). – Dass., J. Pauly (in *Werke*, Bd. 1, Stg. ²1868). – Dass., nach der Übers. v. Ch. M. Wieland bearb. v. H. Floerke (in *SW*, Bd. 1, Bln. ²1922). – *Timon oder der Menschenfeind*, nach d. Übers. v. Ch. M. Wieland, Hg. E. Ermatinger u. K. Hoenn (in *Parodien und Burlesken*, Zürich 1948).

LITERATUR: F. Bertram, *Die Timonlegende. Eine Entwicklungsgeschichte des Misanthropentypus in der antiken Literatur*, Diss. Heidelberg 1906. – R. Helm, *Lukian u. Menipp*, Lpzg./Bln. 1906, S. 182–190. – J. Mesk, *Lukians »Timon«* (in RhMus, 70, 1915, S. 107–144). – R. Helm, Art. *Lukianos* (in RE, 13/2, 1927, Sp. 1761f.). – J. Mesk, *Libanios und der »Timon« Lukians* (in Philologische Wochenschrift, 52, 1932, S. 1107–1110). – M. de Vico, *L'elemento satirico nel »Timone« di Luciano* (in Annuario Liceo-Ginn. Vittorio-Emanuele II, Neapel 1932). – Ders., *La figura di Timone nel dialogo di Luciano* (ebd., Neapel 1933). – W. Schmid, *Menanders »Dyskolos« u. die Timonlegende* (in RhMus, 102, 1959, S. 157–182).

Marcus AURELIUS ANTONINUS AUGUSTUS (121–180)

TŌN EIS HEAUTON BIBLIA (griech.; *Die Bücher der Gedanken über sich selbst*). Autobiographisch-philosophisches Werk in zwölf Büchern von dem römischen Kaiser Marcus AURELIUS ANTONINUS AUGUSTUS (121–180), sukzessive entstanden vermutlich zwischen 170 und 178. – Mark Aurels Reflexionen, die zu den eigentümlichsten und eindrucksvollsten Zeugnissen der Weltliteratur gehören, beruhen auf Voraussetzungen, die zum Teil gerade dadurch, daß sie sich in den Gedanken nicht niederschlagen, wesentliche Charakteristika des Werkes enthüllen. Nach einer langen

Epoche des Friedens war Mark Aurel der erste Kaiser, unter dessen Regierung (161-180) sich allenthalben im römischen Imperium Krisenzeichen bemerkbar machten. Bereits kurz nach der Thronbesteigung brach ein aufreibender Krieg gegen die Parther aus (162-166), es folgte eine Pestepidemie, Markomannen und Quaden – erste Vorboten der Völkerwanderung – brachen in das Reich ein, im Osten zettelte Avidius Cassius eine Revolte an. Lange Jahre seiner Regierung verbrachte der Kaiser im Feldlager – und hier sind auch große Teile der *Gedanken über sich selbst* niedergeschrieben. Aber nicht von Schlachten berichten sie, von Märschen und Lagebesprechungen, von den Unbequemlichkeiten des Lagerlebens: das ursprünglich erste, jetzt zweite Buch, »*im Quadenland am Gran geschrieben*«, beginnt mit den Worten: »*Am Morgen sich vorsagen: zusammentreffen werde ich mit einem taktlosen, undankbaren, einem unverschämten, arglistigen, einem neidischen, unverträglichen Menschen. Alle diese Eigenschaften ergeben sich für sie aus der Unkenntnis dessen, was gut und schlecht ist. Insofern ich meinerseits die Natur des Guten erfaßt habe ..., kann ich weder von einem dieser Menschen geschädigt werden – denn in Häßliches wird mich keiner verwickeln –, noch kann ich [ihm] zürnen oder mich mit ihm verfeinden.*« Und das dritte Buch, »*in Carnuntum geschrieben*«, handelt von der Nähe des Todes, der Notwendigkeit, besonnen zu sein, der Selbstgenügsamkeit, der Geistesklarheit, dem vernünftigen, wissenden Leben, von Körper, Seele und Geist: daß der Autor sich, fern von der hauptstädtischen Muße, im halbbarbarischen Standquartier befindet, verrät auch hier nur der Untertitel.

Und ein Zweites fällt auf. Die Probleme, um die Mark Aurels Gedanken kreisen, betreffen traditionell stoische, weithin von POSEIDONIOS herkommende, auch bei SENECA und EPIKTET auftauchende Themen: das Sicheinfügen in den Weltzusammenhang, die Selbstbescheidung, das Annehmen der im All und im Menschen wirkenden Vernunft, ein Leben im Angesicht des Todes, unabhängig von den Forderungen der Umwelt, befreit von den Ansprüchen der eigenen Affekte. Es sind Fragen und Antworten, auf die man – bisweilen fast wörtlich – auch anderwärts stoßen kann; sie zeigen, daß Mark Aurel alles andere als Originalität anstrebt, daß er vielmehr in jedem Augenblick ausschließlich danach trachtet, die großen Gedanken seiner Vorbilder sich »anzueignen«, sie aus eigenem Erleben und Erkennen heraus als eigene Einsicht neu zu realisieren. Diese enge Verpflichtung gegenüber der Tradition schließt – seltsamer- und bezeichnenderweise – wiederum eine bewußte Abkehr, ein »filterndes« Verschweigen in sich ein (wie THEILER betont): Mark Aurel lebt in der Epoche des weltweiten Synkretismus, des Neupythagoreismus und Neuplatonismus, der Gnostiker, Astrologen und Wundertäter, des heimlich erstarkenden Christentums. Und doch: kein Wort von Mystik und Einweihung, von Erlösungsglauben und Jenseitserkenntnis, von Aufstieg und Lichtwerdung. Statt dessen: ratio und Diesseitigkeit, Erkenntnis durch Klärung und Einsicht in das Gegebene und Faßbare: »*Hoffe nicht auf Platons Staat, sondern sei zufrieden, wenn das Kleinste vorwärtsgehen wird, und überlege dir, daß der Ausgang gerade davon nichts Geringes ist.*« (9,29,5)

Es liegt ein Ton der Resignation in diesen Aphorismen, der bisweilen sogar das Melancholische streift. Epiktet, der ehemalige Sklave, war ein glücklicheres Naturell, Seneca von geradezu optimistischer Bonhomie, verglichen mit Mark Aurel: »*Weg mit den Büchern, plag dich nicht mehr damit ab; es ist dir nicht gestattet. Sondern, als ob du schon sterben müßtest, verachte das Fleisch: es ist Blutgerinnsel, Knochen und Netzwerk; aus Sehnen, Venen und Arterien ein Geflecht ... Bedenke Folgendes: du bist ein alter Mann.*« (2,2)

Der dies schrieb, hatte soeben das fünfzigste Lebensjahr überschritten. Dennoch kann man nicht sagen, Mark Aurel sei ein verbitterter Mann gewesen. Das erste Buch – das einzige, das (wohl zuletzt) als Ganzes konzipiert und komponiert ist – zählt in der dem Autor eigenen stichworthaft-aphoristischen Art die Eigentümlichkeiten seiner Lebensanschauungen und Lebensformen auf und nennt jeweils die Vorbilder, denen er sie dankt. In dieser direkten Spiegelung seines Charakters tritt am deutlichsten hervor, daß das, was man für Verdüsterung und Pessimismus halten könnte, in Wirklichkeit nichts anderes ist als Illusionslosigkeit, Selbstbescheidung, Demut, Ernst, nüchterne Wahrhaftigkeit: eine Aufrichtigkeit vor allem sich selbst gegenüber, die ihn, den Kaiser, immer wieder als Ideal eines Fürsten erscheinen ließ, dem nachzueifern Herrscher wie Iulian, Iustinian oder Friedrich der Große sich bemühten. E. Sch.

AUSGABEN: Zürich 1558 [1559?], Hg. W. Xylander. – Lpzg. 1913 (*Marci Antonini imperatoris in semet ipsum libri XII*, Hg. H. Schenkl). – Ldn./Cambridge (Mass.) ²1930 (*The Communings with Himself of Marcus Aurelius Antoninus*, Hg. C. R. Haines; m. engl. Übers.; Loeb; Nachdr. 1953). – Oxford 1944 (*The Meditations of the Emperor Marcus Antoninus*, Hg. A. S. L. Farquharson, 2 Bde.; m. engl. Übers. u. Komm.). – Zürich 1951 (*Wege zu sich selbst*, Hg., Übers. W. Theiler). – Paris 1953 (*Pensées*, Hg. A. I. Trannoy; m. frz. Übers.).

ÜBERSETZUNGEN: *Allgemeiner Tugendspiegel oder Kern moralischer Gedanken Marci Aurelii Antonini Philosophi vom und an sich selbst*, P. Stolte, Rostock 1701 [Versübertr.]. – *Selbstbetrachtungen*, A. Mauersberger, Lpzg. o. J. [ca. 1949]. – Dass., W. Capelle, Stg. ¹⁰1963 (Kröners Taschenausg., 4).

LITERATUR: U. v. Wilamowitz-Moellendorff, *Kaiser Marcus*, Bln. 1931. – M. Pohlenz, *Die Stoa. Geschichte einer geistigen Bewegung*, Bd. 1, Göttingen 1948, S. 288ff.; 341-353; Bd. 2 [Erl.], Göttingen ³1964, S. 147f.; 167-172. – G. Misch, *Geschichte der Autobiographie*, Bd. 1/2, Ffm. ³1950, S. 448-493. – H. R. Neuenschwander, *Mark Aurels Beziehungen zu Seneca und Poseidonios*, Bern/Stg. 1951 (Noctes Romanae, 3).

MAXIMOS aus Tyros
(um 125–195)

DIALEXEIS (griech.; *Gespräche*), auch: *Philosophumena (Philosophische Abhandlungen)* betitelt. 35 (in einigen Ausgaben durch Aufteilung mehrerer Stücke 41) Kurzreden des MAXIMOS aus Tyros (um 125-195), in ihrem Charakter der kynischen Diatribe verwandt. – Die in dem kleinen Corpus vereinigten Vorträge des Platonikers, der seine aus allen möglichen philosophischen Schulen (mit Ausnahme der EPIKURS) eklektisch gemischten Ansichten auf weiten Wanderfahrten unters Volk zu bringen suchte, sind berühmt wegen ihrer rhetorisch-brillanten Sprache: ein Hinweis darauf, wieviel auch die traditionellen Richtungen des antiken Geisteslebens von der »Zweiten Sophistik« profitieren konnten. Doch die Eleganz der Diktion steht in bedenklicher Nähe zu monoton-überspitzter Routine; auch vermag sie nicht darüber hinwegzutäuschen, daß Maximos wohl beraten war, sich aufs Popularisieren zu verlegen: von einem ideellen Tiefgang, einer besonderen Gewalt des Denkens geben die Reden nichts zu erkennen; daß der Autor schöpferischer Philosoph gewesen wäre, läßt die Zeit ohnehin nicht erwarten. Auch die Themen der – zum Teil paarweise gruppierten – Stücke (ob es sich um ausgearbeitete Texte oder um Nachschriften von Stegreifdisputationen handelt, ist umstritten) sind nicht eben originell: *Das Telos der Philosophie* (29; 33 Hobein), *Ob Tüchtigkeit eine Technik* (27), *Ob man beten soll* (5), *Ob Platon Homer zu Recht aus seinem Staat verbannte* (17), *Ob man den Göttern Bilder errichten soll* (2), *Der Eros des Sokrates* (18; 19; 20; 21), *Das Daimonion des Sokrates* (8; 9), *Praktisches Leben und theoretisches Leben* (15; 16), *Über die Lust* (30; 31; 32), *Bauern und Soldaten im Staat* (23; 24), *Ob man durch göttliche Fügung gut werden kann* (38), *Was nach Platon die Gottheit ist* (21) u. a. Schon diesen Überschriften ist – obzwar sie, wie der Gesamttitel, nicht von Maximos selbst stammen – zu entnehmen, was hier angeboten wird: der fade Brei mit dünner stoisch-kynischer Milch angerührten Spätplatonismus. Die Rücksicht auf das Publikum ist den Reden allenthalben anzumerken: eine überdeutliche Bildhaftigkeit, vielfältige Vergleiche, eifriges Bemühen um Lebendigkeit und Abwechslung, rhetorische neben scheinbar tiefbohrenden Fragen (»*Was ist es nur, worin sich der Mensch vom Tier unterscheidet? Und was ist es, worin sich vom Menschen ein Gott unterscheidet?*« 6, 1a), Reichtum an illustrierenden oder pädagogisch begründenden Dichterzitaten, die starke Betonung des Moralischen – alles Momente, die in ihrer Häufung nur geeignet sind, den Nachwelt zu langweilen. So blieb der Autor denn auch eine literarische Eintagserscheinung, die heute höchstens noch als spätes Durchschnittsbeispiel für die weitverbreitete Form der hellenistisch-römischen Kynikerdiatribe und für deren Topik, auf der er aufbaut, Interesse weckt. E. Sch.

AUSGABEN: Rom 1517 (*Maximi Tyrii Philosophi Platonici Sermones*); lat. Übers. v. Cosmus Paccius). – Paris 1557 (*Maximi Tyrii Philosophi Platonici Sermones sive Disputationes XLI*, Hg. H. Stephanus). – Lpzg. 1910 (*Maximi Tyrii Philosophoumena*, Hg. H. Hobein).

ÜBERSETZUNG: *Des Maximus Tyrius philosophische Reden*, C. T. Damm, Bln. 1764; Lpzg. ³1845.

LITERATUR: Schmid-Stählin, 2/2, S. 767 ff. – W. Kroll u. H. Hobein, Art. *M. (37) v. T.* (in RE, 14/2, 1930, Sp. 2555–2562). – G. Soury, *Aperçus de philosophie religieuse chez Maxime de Tyr*, Paris 1942.

Lucius ANNAEUS FLORUS
(Mitte 2. Jh.)

EPITOME (lat.; *Abriß*). Geschichtswerk von Lucius ANNAEUS FLORUS (Mitte des 2. Jh.s), frühestens 160 entstanden. – Der Titel stammt aus der Zeit, als man Florus' Darstellung der römischen Vergangenheit noch für einen »*Abriß des Titus Livius*« hielt. Seit man weiß, daß der Autor neben LIVIUS zahlreichen anderen Vorbildern – SALLUST zum Beispiel oder dem älteren SENECA, ja sogar LUKAN – nacharbeitete, werden andere in den Handschriften genannte Titel bevorzugt, etwa *Bellorum omnium annorum DCC libri duo* (*Sämtliche Kriege aus 700 Jahren, in zwei Büchern*); doch eine sichere Überlieferung fehlt, *Belli Romani* (*Die Kriege Roms*) oder *Historiae Romanae* (*Römische Geschichte*) sind als Konjekturen ebenso wahrscheinlich oder unwahrscheinlich.

So wenig dem Autor am Ehrennamen eines Historikers liegt – statt chronologischer Faktentreue und selbstkritischem Bemühen um die Perspektive der Wahrheit findet der Leser einen einzigen panegyrischen Hymnus auf die (militärischen!) Leistungen und Vorzüge des *populus Romanus* –, so großen Wert legt er auf die literarische Seite seines Unternehmens. Das tritt schon in der Gliederung hervor, die nicht etwa sachlichen, historisch gegebenen Gruppierungen entspringt, sondern dem Wunsch, die Geschichte Roms als das Wachsen, Reifen und Altern eines Organismus darzustellen: die Kindheit – das ist die Zeit der Könige; die Jugend erfüllt sich in den Kämpfen, durch die Rom Italien gewann (bis zum Zweiten Punischen Krieg); das Mannesalter sind die Jahrzehnte, in denen Rom sich das Weltreich schuf, und sie finden ihre Krönung in Augustus; von da an beginnen Abstieg und Alter, nur Traian (reg. 98–117) brachte nochmals so etwas wie eine zweite Jugend. Fast noch deutlicher – freilich in recht ambivalenter Weise – zeigt sich der durch und durch literarische Charakter des Werkes in Stil und Ausdruck: »*Kurze, geschliffene Sätze, die sich zum Lernen eignen, kaum einmal eine Periode und nur dann, wenn mehreres miteinander verbunden werden soll, nicht etwa, um ein kompliziertes Handeln zusammenzufassen, monotone Verbindungen zwischen den Sätzen, Vorliebe für das Asyndeton, emphatische Anfangsstellung des Hauptbegriffes, Vorliebe für Emphase bis zum Schetliasmus, Antithesen, effektvolle Wortwahl, mit der Bewegungseffekte und solche der Sinnesqualitäten erreicht werden, alles das sind Kennzeichen dieser rhetorischen Darstellung, die bisweilen unnachahmliche, ja dichterische Eindrücke vermittelt.*« (Büchner)

Für unsere Begriffe merkwürdig – zugleich ein trefflliches Symptom für den Geist des ausgehenden Altertums – ist der Erfolg und die Wertschätzung, die Florus als Historiker erlangte: seine Spuren führen über AMMIANUS, AUGUSTIN und andere bis nach Byzanz zu IOANNES MALALAS, und welches Ansehen der Autor – gewiß nicht seiner stilistischen Qualitäten wegen – im Mittelalter genoß, zeigt schon allein die Fülle der überlieferten Handschriften. Noch im 17. Jh. war der handliche Geschichtsabriß als Schulbuch im Gebrauch. E. Sch.

AUSGABEN: Paris ca. 1470–1472 (*De tota hystoria Titi Livii Epithoma*). – Lpzg. 1896 (in *L. Annaei Flori epitomae libri II, et P. Annii Flori fragmentum de Vergilio oratore an poeta*, Hg. O. Rossbach). – Rom 1938 (*L. Annaei Flori quae exstant*, Hg. E. Malcovati; m. Bibliogr.). – Ldn./Cambridge (Mass.) 1929 (*Epitome of Roman History*, Hg. E. S. Forster; m. engl. Übers.; Loeb; Nachdr. zuletzt 1960).

ÜBERSETZUNGEN: *Römischer Historien Beküertzung*, H. v. Eppendorf, Straßburg 1536. – *Abriß der römischen Geschichte*, W. M. Pahl, Stg. 1835.

LITERATUR: Schanz-Hosius, Bd. 3, S. 67–72. –: S. Lilliedahl, *Florusstudien*, Lund/Lpzg. 1928. – R. Sieger, *Der Stil des Historikers Florus* (in WSt, 51, 1933, S. 94–108). – K. Büchner, *Römische Literaturgeschichte*, Stg. ³1962, S. 487–490.

Aulus GELLIUS
(um 125–170)

NOCTES ATTICAE (lat.; *Attische Nächte*). Sammel- und Exzerptenwerk von Aulus GELLIUS (um 125–170). – Das in mehr als einer Hinsicht merkwürdige Buch hat seinen Titel davon, daß der Autor mit der Redaktion und Niederschrift in den »*langen Winternächten*« seines Aufenthalts in Athen begann. Das Material – Notizen, Exzerpte, Zitate aus allen möglichen Büchern und Quellen – hatte er sich freilich schon seit seinen Studienjahren im wahrsten Wortsinn »zusammengelesen«, und als er nach Rom zurückgekehrt war, setzte er das Exzerpieren und »Komponieren« fort. Zwanzig Bücher füllten die Zettel, als er sich, wohl um das Jahr 170, zur Herausgabe entschloß; und hätte ihm nicht – wie man vermutet – der Tod die Feder aus der Hand genommen, so wären uns gewiß auch noch die versprochenen Fortsetzungsbände geschenkt worden. Das damals Publizierte ist allerdings nicht ganz unversehrt überliefert: Buch 8 ging bis auf die Kapitelüberschriften verloren, und ebenso ist am Anfang und Ende des Werks ein Stück abgebrochen.
Gellius war ein Bildungssammler, ein Anthologe, und wo er, bei griechischen wie bei römischen Geistesgrößen, eine Blüte fand, pflückte er sie und preßte sie in sein Herbarium, ohne sich sonderlich um das Arrangement des getrockneten Buketts zu bekümmern. Das konnte dann, wie das Beispiel des zwölften Buchs zeigen mag, so aussehen: 1. ein Traktat des Philosophen FAVORINUS über den Wert der Muttermilch; 2. Kritik an der Ennius- und Cicero-Kritik des SENECA; 3. die Herkunft des Wortes *lictor*; 4. ein Zitat aus den *Annales* des ENNIUS; 5. ein Philosophengespräch über das Ertragen von Schmerzen; 6. das Rätsel; 7. weshalb der Prokonsul Gnaeus Dolabella eine Mordsache an den Areopag verwies; 8. denkwürdige Beispiele von Aussöhnungen berühmter Männer; 9. über doppelsinnige Begriffe; 10. *aedituumus* als rein lateinisches Wort; 11. über das bewußte Sündigen in der Hoffnung, ein beide unentdeckt, nebst der Meinung des PEREGRINOS zu diesem Thema; 12. eine witzige Replik CICEROS; 13. was *intra Kalendas* heißen soll; 14. Anwendung und Ursprung der Partikel *saltem*; 15. Bemerkungen über den Stil des Historikers SISENNA. Zu bedenken ist, daß diese Auswahl des zwölften Buchs in ihrer Beschränkung auf grammatisch-literarische und historisch-philosophische Gegenstände noch einigermaßen uniform ist; anderwärts tauchen unvermittelt Naturwissenschaft, Medizin, Rechtskunde oder Mathematik auf.
Allerdings – und hier ist Anerkennung am Platz – bemüht sich Gellius durchaus um die geschickte und unterhaltsame Darbietung der einzelnen Stücke. Sie sind alle sorgsam in eine kleine Form gegossen; das kann eine Erzählung aus dem Leben des Verfassers sein (was nicht immer heißt, es sei selbst erlebt – auch Lesefrüchte sind ab und zu ins Gewand der Autopsie gesteckt) oder ein Dialog der beteiligten Personen, eine durch Beispiele zu belegende Lebensweisheit, ein historisches oder literaturgeschichtliches Referat usw. Diese und sprachlich sehr sorgfältigen Essays stellen, obwohl man ihnen intellektuellen Tiefgang nicht zusprechen kann, durchaus ihre Ansprüche an den Leser und sind alles eher als ein Konversationslexikon für Laien. Andererseits – einen literarischen Geniestreich kann man das Werk beim besten Willen nicht nennen, auch wenn seine Bewunderer AUGUSTIN und ERASMUS sein Lob in höchsten Tönen singen: Das Ganze bleibt trotz allem Literatur aus zweiter, dritter und vierter Hand.   E. Sch.

AUSGABEN: Rom 1469. – Bln. 1883–1885 (*Noctium Atticarum libri XX*, Hg. M. Hertz, 2 Bde.). – Lpzg. 1903 (*Noctium Atticarum libri XX*, Hg. C. Hosius, 2 Bde.; Nachdr. Stg. 1959). – Ldn./Cambridge (Mass.) 1927/28 (*The Attic Nights*, 3 Bde., Hg. J. C. Rolfe; m. engl. Übers.; Loeb, Bd. 1: ²1946; Nachdr. 1954; Bd. 2: Nachdr. 1960; Bd. 3: ²1952). – Paris 1967 (*Les nuits attiques*, Bd. 1/1, Hg. R. Marache; m. frz. Übers.; enth. Buch 1–4). – Oxford 1968, Hg. P. K. Marshall, 2 Bde.

ÜBERSETZUNGEN: *Fragmente der alten Geschichte u. Philosophie aus den attischen Nächten*, A. H. W. v. Walterstern, Lemgo 1785. – *Die attischen Nächte*, F. Weiß, 2 Bde., Lpzg. 1875/76.

LITERATUR: M. Hertz, *Opuscula Gelliana*, Bln. 1886. – C. Hosius, Art. *G. (2)* (in RE, 7/1, 1910, Sp. 992–998). – Schanz-Hosius, 3, S. 175–180. – E. Yoder, *A Second-Century Classical Scholar* (in Classical Journal, 33, 1937/38, S. 280–294). – E. Castorina, *Gellio e la data di pubblicazione delle »Noctes«* (in Giornale Italiano di Filologia, 3, 1950, S. 137–145). – V. d'Agostino, *Aulo Gellio e le »Notti attiche«* (in Rivista di Studi Classici, 5, 1957, S. 26–34). – R. Marache, *Mots nouveaux et mots archaïques chez Fronton et Aulu-Gelle*, Paris 1957. – H. Berthold, *A. G. Aufgliederung u. Auswahl seiner Themen*, Diss. Lpzg. 1959. – W. C. Kurth, *A Commentary on Book XIII of the »Noctes Atticae« of A. G.*, Diss. Univ. of North Carolina, Chapel Hill 1965. – R. Marache, *Fronton et A. G. (1938 à 1964)* (in Lustrum, 10, 1965, S. 226–245).

IAMBLICHOS
(2. Jh.)

BABYLŌNIAKA (griech.; *Babylonische Geschichten*). Roman des syrischen Schriftstellers IAMBLICHOS (2. Jh. n. Chr.), entstanden nach 165 (der Erzähler berichtet von einem Feldzug, der in diesem Jahr zu Ende ging). – Das Werk ist durch eine Paraphrase im 94. Band der *Bibliothek* des PHOTIOS (um 815–898) nach Handlung und Komposition einigermaßen bekannt. Wie der nur wenig später schreibende ACHILLEUS TATIOS versucht auch Iamblichos, die Herkunft seiner Erzählung zu legitimieren: die Darstellung nach seinen Worten eine jener altbabylonischen Geschichten wieder, die ihm sein Lehrer überlieferte, der ihn mit der Welt des alten Orients vertraut machte. Der fiktive Charakter dieser Angabe liegt auf der Hand; doch verrät die gelungene Zeichnung des vorderasiatischen Lokalkolorits ebenso wie die intime Kenntnis altorientalischer magischer Praktiken wenn nicht eigene Anschauung, so mindestens gründliche historische

Studien: solche Stellen gehören denn auch zu den wenigen überzeugenden Partien des Werks (soweit nach einer bloßen Inhaltsangabe Kritik erlaubt ist). Im übrigen läßt sich der Autor von den Konturen der Gattungsschablone leiten: im Rahmen einer aufregenden, von Ort zu Ort und von Abenteuer zu Abenteuer eilenden Handlung wird das Pathos einer unantastbaren hohen Liebe verkündet, die sich, trotz mancher Mißverständnisse, am Ende bewährt und erfüllt. – Haupthelden des Romans sind die schöne Sinonis und ihr geliebter Mann Rhodanes, beide auf der Flucht vor den Häschern des Königs von Babylon, Garmos, der Sinonis nach dem Tod der Königin mit Gewalt zu seiner Frau machen will. Die Stationen ihres Flucht- und Leidensweges und die tückischen Gefahren, die sie zu bestehen haben, sind kaum zu zählen. Am laufenden Band erleiden oder erleben sie Scheintode, wohnen Morden und Hinrichtungen bei, verwickeln Unschuldige, von denen sie aufgenommen werden, in ihr eigenes unglückliches Geschick (die Nebenpersonen sind durchgehend eng mit dem Hauptgeschehen verknüpft), werden verwechselt und – in Gestalt anderer – hingerichtet, halten einander für tot und hegen Selbstmordgedanken, ja zerstreiten und trennen sich schließlich soll Mißtrauen (Sinonis heiratet den König von Syrien), bis am Ende – in einer überraschenden Volte – alles sich zum Guten wendet: der von Garmos gefangengesetzte und schon dem Kreuz überantwortete Rhodanes steigt zum Feldherrn auf, gewinnt einen Krieg gegen den syrischen König, erhält Sinonis zurück und wird zuletzt Herrscher von Babylon.

»*In dieser langen Reihe verwirrend bunter Erlebnisse* [sie füllten, was Photios bezeugt, 16, nach der *Suda* sogar 35 oder 39 Bände] *folgt ... ein Ereignis auf das andere, aber nirgends nimmt man wahr, daß eines aus dem andern nach innerer Notwendigkeit erfolge; es fehlt an jedem künstlerischen Aufbau des Ganzen, welcher ohne einen innerlichen Zusammenhang der einzelnen Glieder nicht denkbar ist, es fehlt an aller Steigerung des Interesses, es fehlt daher an jeder Übersichtlichkeit der rein vom Belieben einer unberechenbaren Tyche, jener obersten Göttin der spätgriechischen Romane, hervorgerufenen und aneinander geschobenen Ereignisse.*« (Rohde) – Trotz all dieser Mängel wurden die *Babylonischen Geschichten*, wie die anderen Romane, rund ein Jahrtausend lang von einem begeisterten Publikum gierig verschlungen: ihre märchenhafte Moralität ließ sie, mit ihrem harmlosen Heidentum, dem Geist der neuen Religion als vergleichsweise ungefährliche Volksvergnügungen erscheinen. (Wiederaufnahme der Gattung im Barockroman, z. B. *Die durchläuchtige Syrerin Aramea*.)   E. Sch.

AUSGABEN: Augsburg 1601 (in Photios, *Bibliothēkē*, Hg. R. Hoeschel). – Lpzg. 1960 (*Iamblichi Babyloniacorum reliquiae*, Hg. E. Habrich).

LITERATUR: U. Schneider-Menzel, J.' »*Babylonische Geschichten*« (in F. Altheim, *Literatur u. Gesellschaft im ausgehenden Altertum*, Halle 1948, Bd. 1, S. 48–92). – R. Helm, *Der antike Roman*, Göttingen ²1956, S. 32ff. – E. Rohde, *D. griech. Roman u. seine Vorläufer*, Darmstadt ⁴1960, S. 388 bis 409. – Lesky, S. 921.

ACHILLEUS TATIOS aus Alexandreia (2. Jh.)

TA KATA LEUKIPPĒN KAI KLEITOPHŌNTA (griech.; *Die Erzählung von Leukippe und Kleitophon*). Unversehrt überlieferter Liebesroman in acht Büchern von ACHILLEUS TATIOS aus Alexandreia (2. Jh.), entstanden wohl im letzten Viertel des 2. Jh.s. – Das Werk weist alle Mängel seines Genres samt einigen zusätzlichen eigenen auf. Die Gattung des Prosaromans, meist als kombinierte Liebes- und Reiseabenteuergeschichte angelegt, trug von Anfang an den Stempel seichter Gebrauchsliteratur; im Späthellenismus entstanden – formal eine Reaktion auf die exklusive Gelehrtenpoesie der Alexandriner, inhaltlich ein Gegenstück zur frivol-freien Erotik der idyllischen Kleinkunst –, war sie ganz auf den Geschmack einer ungebildeten Masse zugeschnitten. Aber gerade das erklärt die anhaltende Beliebtheit dieser Produkte, die sowohl den Untergang der heidnischen Lebensauffassung als auch den der gesamten antiken Welt überdauerte.

Achilleus beginnt seine Geschichte mit dem Versuch, die Herkunft seiner Erzählung zu legitimieren. Er selbst, der Autor, sei einst nach Sidon gekommen; als er vor einem Bild die meisterhaft gemalte Entführung Europas durch den Zeus-Stier bewunderte, habe sich ihm ein junger Mann mit den Worten zugesellt: »*Ich bin selbst ein lebendes Beispiel für die zahllosen Leiden, die Eros bereitet.*« Dieser junge Mann sei Kleitophon gewesen, der dem Autor dann, an einem plätschernden Bach unter Platanen, seine unwahrscheinlichen Erlebnisse – »*sie gleichen Mythen*« – berichtete. Mit seiner Geliebten Leukippe mußte er vor der Hochzeit aus Tyros fliehen, um ihre Verheiratung mit einem andern zu verhindern. Ein Seesturm verschlug beide nach Ägypten, wo sie von Sumpfräubern überfallen und getrennt wurden. Der Jüngling fiel schließlich in die Hände der liebesdurstigen ephesischen Witwe Melite (Ephesus war im Altertum berühmt für seine Witwen), kam nach dem plötzlichen Wiedererscheinen von deren Ehemann ins Gefängnis und wurde zum Tode verurteilt. Nach mancherlei Gefahren, darunter mehreren Gottesurteilen, fand er die totgeglaubte Leukippe wohlbehalten wieder und feierte mit ihr in Byzanz eine glänzende Hochzeit. Mit der Rückkehr des Paares zu den versöhnten Eltern nach Tyros schließt der Roman unvermutet, ohne daß der Verfasser nochmals auf die Einleitung zurückkäme, die »*er selbst vergessen zu haben scheint*« (Gaselee).

Die stereotype Anspruchslosigkeit der Gattung erscheint in dieser Erzählung geradezu auf die Spitze getrieben. Die Handlung besteht aus einer sich überstürzenden Fülle von Einzelepisoden, deren Aneinanderreihung jede Motivation fehlt. Die Sprache ist höchst disparat – der Verfasser bemüht sich um ein klassisch-reines Attisch und fällt doch immer wieder in die Umgangssprache seiner Tage. Angestrebte und tatsächliche Gestaltung stehen in groteskem Mißverhältnis – der Autor trachtet nach Schlichtheit in der Darstellung und verdirbt doch jede klare Linie durch tausenderlei Einlagen (popularphilosophische Exkurse, Bildbeschreibungen, rhetorisch verbrämte Briefe, mythische Paradigmen, langatmig ausgefeilte Reden, biologische oder geographische Abhandlungen, äsopische Fabeln, akademisch-theoretische Diskussionen usw.). Daß ein solches *mixtum compositum* mit Vergnügen genossen wurde, ist nicht verwunderlich – dergleichen Liebes- und Abenteuerromane befriedigten dasselbe Bedürfnis wie heute Dreigroschenhefte und *comic-strips*. E. Sch.

AUSGABEN: Leiden 1544 (*Narrationis amatoriae fragmentum*; lat. Übers. von Annibale della Croce [Cruceius]; Buch 5–8). – Venedig 1551 (*Dell' amore di Leucippe et di Clitophonte*; ital. Übers. von F. A. Coccio da Jano; vollst.). – Basel 1554 (*De Clitophontis et Leucippes Amoribus Libri VIII*; Übers. von Annibale della Croce). – Heidelberg 1601 (*De Clitophontis et Leucippes amoribus libri VIII* ..., Hg. I. u. N. Bonnvitius, 2 Bde.). – Ldn./Cambridge (Mass.) 1917 (*Achilles Tatius*, Hg. S. Gaselee; m. engl. Übers.; Loeb; Nachdr. 1947). – Göteborg/Stockholm 1955 (*Leucippe and Clitophon*, Hg. E. Vilborg; m. Bibliogr.).

ÜBERSETZUNGEN: *Die sehr artliche und ergetzliche Histori von keuscher ... Liebe Clitophonis und Leucippe*, anon., Ffm. 1644. – *Liebesgeschichte des Klitophon und der Leukippe*, D. C. Seybold, Lemgo 1772. – *Leukippe*, F. Ast, Lpzg. 1802.

LITERATUR: E. Rohde, *Der griechische Roman und seine Vorläufer*, Lpzg. ³1914; Nachdr. Darmstadt 1964, S. 498–517. – Schmid-Stählin, 2/2, S. 1046 bis 1048. – F. Altheim, *Literatur und Gesellschaft im ausgehenden Altertum*, Bd. 1, Halle 1948, S. 121–124. – Q. Cataudella, *Giovanni Crisostomo nel romanzo di Achille Tazio* (in La Parola del Passato, 9, 1954, S. 25–40). – R. Helm, *Der antike Roman*, Göttingen ²1956, S. 45–47. – E. Vilborg, *Achilles Tatius. »Leucippe and Clitophon«, a Commentary*, Stockholm/Göteborg/Uppsala 1962. – Lesky, S. 921/922.

Lucius APULEIUS
(2. Jh.)

METAMORPHOSES, auch: *Asinus aureus* (lat.; *Verwandlungen*, auch: *Der goldene Esel*). Komischer Roman in elf Büchern von Lucius APULEIUS (2. Jh.), entstanden wohl nach 175, nach einer Vorlage des LUKIOS aus Patrai (vgl. *Lukios ē onos – Lukios oder Der Esel* von LUKIAN). – In dem Werk schildert der junge Lucius, der durch ein Mißgeschick in einen Esel verwandelt wird, seine abenteuerlichen Irrfahrten. Das Verhängnis ereilt den Helden im obskuren Thessalien, wo er mit der ebenso reizenden wie erfahrenen Zofe Photis ein Liebesverhältnis unterhält. Kaum daß der für seine Wundersucht Bestrafte das Mittel für die Rückverwandlung vernommen hat, beginnt seine Odyssee. Räuber zerren ihn aus dem Stall und treiben ihn, Seite an Seite mit den anderen Tieren, in ihr Hauptquartier in den Bergen. Ein mit einem vornehmen Mädchen namens Charite zusammen unternommener Fluchtversuch mißlingt; doch der spätere Retter Charites befreit schließlich auch ihn. Als seine Wohltäter auf schreckliche Weise ums Leben kommen, fällt er nach einander den schlimmsten Grobianen, Sadisten und Hungerleidern in die Hände. Etwas besser ergeht es ihm bei den Priestern der »Syrischen Göttin«, die sich – allesamt Homoeroten, Transvestiten, Flagellanten und Masochisten – unter dem frommen Deckmantel des Atargatis-Kultes ausschweifenden Orgien hingeben. Bei einem Koch und einem Konditor kann er sich ungestört an den übriggebliebenen Fasanen, Karpfen und Zuckerplätzchen gütlich tun. Auch bei einer vornehmen und leidenschaftlichen Sodomitin, die ihre ganze Liebe und Zärtlichkeit an ihn verschwendet, könnte er sich wohlfühlen, wenn man nicht aus den ungewöhnlichen Tête-à-têtes Kapital schlagen wollte: um sich der »Schamlosigkeit« einer öffentlichen Kopulation mit einer Kapitalverbrecherin zu entziehen, muß er schließlich ausreißen. Zu Beginn des elften Buches schläft er mutterseelenallein am Strand von Korinth. Im Traum stellt ihm die Göttin Isis die Erlösung aus seiner Tiergestalt in Aussicht, und er entdeckt wirklich am nächsten Tag in der Hand eines Priesters den ersehnten Kranz von Rosen. An die Rückverwandlung schließt sich die stufenweise Initiierung des Helden in den Isis- und Osiris-Kult an.

Um dieses Geschehen gruppiert sich ein Ring von Novellen und Märchen über Untreue, Ehebruch und Eifersucht, über Zauberei, Mord und Verbrechen: teils Vor- oder Folgegeschichten der Haupthandlung, teils ohne Zusammenhang mit ihr. Die berühmteste und ausführlichste dieser Erzählungen – sie hat sogar einen bestimmten Typ von »Prüfungsgeschichten« begründet – ist das allegorische Märchen *Amor und Psyche*, mit dem eine alte Küchenmagd die verzweifelte Charite zu trösten versucht: Obwohl die wunderschöne Psyche weiß, daß sie ihren Gatten, den Liebesgott Amor, nur so lange besitzen kann, wie sie auf seinen Anblick verzichtet, entzündet sie am nächtlichen Lager das Licht; erst nach unzähligen Prüfungen und Leiden, die ihr »Schwiegermutter« Venus auferlegt, kann sie den Entschwundenen wieder in die Arme schließen.

Der Roman des Apuleius trägt deutlich parodistische Züge. Sie gelten aber nicht, wie im *Satyricon* PETRONS, dem griechischen Liebesroman, sondern dem Märchenschema der Homerischen *Odyssee* (vgl. 9,13). Doch hängt die burleske Abwandlung nur mit der Veränderung zusammen, die die Gattung selbst – vom Versepos zum Prosaroman – durchgemacht hat. Daher ist das Werk nicht im eigentlichen Sinn satirisch zu nennen: Parodie und Burleske, Satire und Sentiment mischen sich vielmehr in einer neuen Art des freien, rein komischen Humors. Das bestätigt sich in der Komposition, die eher locker als streng ist und den für den Romantyp typischen Magazincharakter besitzt (wobei eine nicht geringe Dosis von *crime and sex* oder *erotica et curiosa* mit im Spiel ist). Ebenso bezeichnend ist der »Milesische« Stil des Werks (vgl. *Milēsiaka*); als ausgesprochener Mischstil verquickt er nach dem Prinzip der *variatio* mehrere Stilhöhen und Tonlagen aus verschiedenen Sonder- und Standessprachen zu einem sehr künstlichen, aber doch intellektuell-lebendigen Sprachgebilde, dessen »Maniertheit« (»Afrikanismus«) schon bei antiken Attizisten und Ciceronianern auf Ablehnung gestoßen ist. Doch nicht dualistisch-»barocke« Kontrastierung, sondern humorvolle Urbanität und geistreiche Frische der sprachlichen Duktus sind die bewegenden Momente dieses Stilwillens. In der Sprunghaftigkeit und Launenhaftigkeit des Erzählers spiegelt sich die Launenhaftigkeit der unerbittlichen Fortuna (»*Fortuna saevissima«*) selbst, die hinter dem wechselvollen Schicksal des Helden transparent wird.

Auch vor dem Bruch vor dem letzten Buch ist nicht so zu deuten, als ob der Dichter nun eine »hohe Heilswelt«, die mit der »niederen« Profanwelt der übrigen Bücher kontrastierte, oder gar einen Idealzustand im Sinne des modernen, psychologischen Entwick-

lungsromans aufzurichten beabsichtigte. In diesem elften Buch soll der Held nach seinen vielfältigen Leiden und Abenteuern schlicht zur Ruhe kommen. Der Isisdienst, zu dem er hinfindet, erweist sich dabei als Pendant zu seinem Interesse für schwarze Magie im ersten Buch; beides sind entgegengesetzte, aufeinander bezogene Seiten der übernatürlichen Schwärmerei: hier die heilig-erlaubte, dort die sündhaft-verbotene. Das Zentrum des Romans bildet (mit den Formelementen des Liebesromans) das Märchen von Amor und Psyche: eine allegorische Überhöhung des Schicksals des Helden. Wie dieses selbst entzieht sich aber auch das Märchen einer Überbewertung seiner Bedeutung; die betrunkene Erzählerin spricht geringschätzig von einer »Altweibergeschichte«, das Kind der Liebenden heißt witzigerweise »Voluptas« (Lust).
Ungeachtet all dieser Schwierigkeiten, die dem Verständnis entgegenstehen, hat der Roman bis heute nichts von seiner Unterhaltsamkeit eingebüßt. Die einleitende Verheißung »*Leser, paß auf: du wirst dich amüsieren*« ist so aktuell wie eh und je, nicht zuletzt durch die Fülle komischer Figuren, Situationen und Bonmots: der Geizhals Milo, der, um keinen Neid zu erregen, auf Tisch und Stuhl verzichtet; die »Keuschheit« der falschen Priester; der Müllerin, die ihren Galan im Zuber versteckt hält, während der Gatte vom ehebrecherischen Treiben der Frau seines Freundes berichtet; der prahlerische *miles gloriosus*, der vor lauter Mordgerät einem unbewaffneten Gärtner unterliegt; der Esel, der verliebt an den Zehen Charites knabbert oder mit unsäglichem Vergnügen endlich einmal in einem weichen Bett schläft. Nicht zu vergessen schließlich das reizvolle Spiel mit der historiographischen Fiktion und die unnachahmlichen Genreszenen, die einen lebendigen Einblick in den Alltag des 2. Jahrhunderts vermitteln: so in der fröhlichen Frivolität der Schäferstündchen mit Photis, in der der Isisprozession vorausgehenden »Faschingszug« oder in der Marktszene, in der der Geprellte die Polizei einschaltet und so alles verliert.
Die literarische Nachwirkung des *Goldenen Esels* ist kaum zu überschätzen. Eine Linie führt zum Schelmenroman (CERVANTES' *Don Quijote*, GRIMMELSHAUSENS *Simplicissimus*, LESAGES *Gil Blas*), eine andere zum Schwank- und Novellenzyklus (BOCCACCIOS *Decamerone*). Als Muster eines witzigurbanen Mischstils ist der Roman völlig zeitlos. Auch besteht ein unmittelbarer Zusammenhang zwischen *Amor und Psyche* – das eine eigene Wirkungsgeschichte aufzuweisen hat – und dem höfischen Roman. Die Tatsache, daß das Werk vollständig überliefert ist, verdankt es allerdings nicht seiner literarischen, sondern seiner religionsgeschichtlichen Bedeutung. R. M.

AUSGABEN: Rom 1469 (*Metamophoseos sive de asino aureo libri XI*, in *Opera*, Hg. Johannes Andreas, Bischof von Aleria). – Ldn./Cambridge (Mass.) 1915 (*The Golden Ass*, Hg. S. Gaselee; m. engl. Übers. v. W. Adlington; Loeb; Nachdr. 1958). – Paris 1925 (*Métamorphoses*, Livre XI, Hg. P., Médan; m. Komm.). – Lpzg. ³1931 (*Metamorphoseon libri XI*, in *Opera quae manserunt*, Bd. 1, Hg. R. Helm; Nachdr. 1955). – Paris 1940–1945 (*Les Métamorphoses*, Hg. D. S. Robertson, 3 Bde.; m. frz. Übers. v. P. Vallette; Bd. 1; ²1956). – Florenz 1948 (*Metamorphoseon libri IV–VI [La favola di Amore e Psiche]*, Hg. E. Paratore). – Florenz 1954 (*Gli XI libri delle Metamorfosi*, Hg. N. Terzaghi; m. ital. Übers. v. F. Carlesi). – Mchn. 1958 (*Der goldene Esel*, Hg. E. Brandt u. W. Ehlers; lat.-dt.; Nachdr. zul. 1963). – Bln. ⁵1961 (*Metamorphosen oder Der goldene Esel*, Hg. R. Helm; lat.-dt.; m. Einl.). – Turin ²1961 (*Metamorphoseon libri XI*, Hg. C. Giarratano u. P. Frassinetti; m. Bibliogr.). – Paris 1963 (*Metamorphoseis (IV, 28–VI, 24)*, Hg. P. Grimal; m. Einl. u. Komm.).

ÜBERSETZUNGEN: *Ain Schön Lieblich, auch kurtzweylig Gedichte Lutij Apuleij, von einem gulden Esel*, J. Sieder, Augsburg 1538. – *Der goldene Esel*, A. Rode, Dessau 1783 (zahlr. Nachdr., z. B. Hg. K. Waechter, Rudolstadt 1956; Hg. W. E. Süskind, Köln 1957; Hg. u. Komm. E. Burck, Hbg. 1961, RKl, 96/97; Hg. W. Haupt, Lpzg. 1963, Slg. Dieterich, 261). – *Sogenannter Goldener Esel*, A. Schaeffer, Lpzg. 1926. – *Der goldene Esel*, C. Fischer, Mchn. 1965 [Nachw. H. Cysarz].

LITERATUR: R. Reitzenstein, *Das Märchen von Amor u. Psyche bei A.*, Lpzg./Bln. 1912. – E. Norden, *Die antike Kunstprosa*, Bd. 2, Lpzg./Bln. ³1918, S. 600–605; Darmstadt ⁵1958. – L. Friedlaender u. O. Weinreich, *Das Märchen von Amor u. Psyche u. andere Volksmärchen im Altertum* (in L. F., *Darstellungen aus der Sittengeschichte Roms*, Bd. 4, Lpzg. ⁹⁻¹⁰1921, S. 89–132). – M. Bernhard, *Der Stil des A. v. Madaura. Ein Beitrag zur Stilistik des Spätlateins*, Stg. 1927 (Tübinger Beiträge zur Altertumswissenschaft, 2). – P. Junghanns, *Die Erzählungstechnik von A.'* »Metamorphosen« *u. ihrer Vorlage*, Lpzg. 1932 (Phil. Suppl., 24/1). – A. Lesky, *A. von Madaura u. Lukios von Patrai* (in Herm, 76, 1941, S. 43–74). – M. Hicter, *L'autobiographie dans l'»Ane d'or« d'Apulée* (in L'Antiquité Classique, 13, 1944, S. 95–111; 14, 1945, S. 61–68). – H. Erbse, *Griechisches u. Apuleianisches bei A.* (in Eranos, 48, 1950, S. 107–126). – R. Helm, *Der antike Roman*, Göttingen ²1956, S. 72–76. – J. H. Mette, *Curiositas* (in *Fs. B. Snell*, Mchn. 1956, S. 227–235). – V. Ciaffi, *Petronio in Apuleio*, Turin 1960. – R. Heine, *Untersuchungen zur Romanform des A. von Madaura*, Diss. Göttingen 1962. – R. Merkelbach, *Roman u. Mysterium in der Antike*, Mchn./Bln. 1962, S. 1–90.

KLAUDIOS GALENOS
(Galen, 129–199)

HOTI HO ARISTOS IATROS KAI PHILOSOPHOS (griech.; *Daß der vorzügliche Arzt auch Philosoph sein muß*). Medizinisch-philosophische Abhandlung von GALENOS (Galen, 129 – 199). – Ausgangspunkt der knappen, aber für die naturphilosophische Grundkonzeption dieses berühmten spätantiken Arztes typischen Abhandlung ist die Frage nach dem Einbau der wissenschaftlichen Disziplinen in eine zureichende Theorie der Medizin, die ihrerseits wieder die Kriterien abgibt für eine zureichende Legitimierung des ärztlichen Handelns. Am Beispiel des HIPPOKRATES (vgl. *Corpus Hippraticum – Hippokratische Schriften*) versucht Galen zu zeigen, daß der vorzügliche Arzt mit allen Gebieten der Philosophie vertraut sein muß, also auch deren logische, naturwissenschaftliche und moralische Disziplinen kennen soll. Das gilt gleichermaßen für das Studium der Medizin wie für die ärztliche Praxis, in der ein Verfehlen der philosophischen Position unheilvolle Folgen zeitigen könne. Galen nennt einen solchen Arztphilosophen – für den Spätere die treffende

Bezeichnung »Iatrosophist« *(iatrosophistēs)* geprägt haben – göttergleich, weil er durch seine sittlichen Vorzüge jenen hohen Rang erreiche, der nur dem wahrhaft Weisen zukomme. Die Aspekte dieser Rangordnung verdeutlichen sich anschaulich am Beispiel des Gelderwerbs: Die Wissenschaft der Medizin ist nach Ansicht Galens so gewaltig und so ehrwürdig, daß es unmöglich erscheint, sich in ihr hinreichend auszubilden und zu betätigen und zugleich noch dem Streben nach äußerlichem Reichtum nachzugehen. Die gleiche Alternative stellt sich für jeden Wissenschaftler, der sich prinzipiell zwischen der Strenge des Studiums und einem Leben der Bequemlichkeit zu entscheiden hat.

An diesen Prinzipien hat Galen auch den Fortschritt der medizinischen Wissenschaft gemessen. Nur wenn die Ärzte sich zu Philosophen ausbilden, werden sie nicht allein dem Hippokrates ebenbürtig werden, sondern in der weiteren Entwicklung ihres Fachgebiets auch das herausfinden, was Hippokrates noch nicht entdeckt hat und was für die Zukunft zu leisten noch übrigbleibt. Galen ist in seinem umfangreichen Schrifttum dieser Ausgangsfrage noch mehrfach und detaillierter nachgegangen. Er fordert vom gebildeten Arzt nichts weniger als die umfassende Kenntnis der Logik, der Physik und der Ethik – ein Konzept, dessen enzyklopädischer Bildungsanspruch letztlich auf PLATON (427–347 v. Chr.) zurückgeht und das in den Jahrhunderten vor Galen auch zu seiner Zeit auf den verschiedensten Gebieten erlauchte Anhänger hatte: Man denke etwa im Bereich der Rhetorik und Politik an CICERO (106–43 v. Chr.) und QUINTILIAN († 96) oder im Bereich der Naturwissenschaften an Galens Zeit- und Zunftgenossen SEXTUS EMPIRICUS oder an den berühmten PTOLEMAIOS (um 90 - um 168). Für die weitere Tradition einer theoretisch fundierten Heilkunde sollte aber gerade Galens Autorität in dieser Frage von größter Bedeutung werden: Mit diesem Programm waren die Grundlagen einer enzyklopädischen Ausbildung des Arztes gegeben, wie sie von der arabischen und lateinischen Scholastik in zahlreichen Traktaten modifiziert und kanonisiert wurden und wie sie zuletzt noch in den *Säulen der Medizin* bei PARACELSUS (1493–1541) ihren Niederschlag fanden. H. Schi.

AUSGABEN: Lpzg. 1891 (in *Pergameni scripta minora*, Hg. J. Marquardt, I. Mueller u. G. Helmreich, 3 Bde., 1884–1893, 2).

ÜBERSETZUNG: *Galens Abhandlung darüber, daß der vorzügliche Arzt Philosoph sein muß* (in Nachrichten der Akad. der Wiss., Göttingen, I. Phil.-hist. Kl., 1965).

LITERATUR: G. Bergsträßer, *Über die syrischen u. arabischen Galen-Übersetzungen* (in Abh. zur Kunde des Morgenlandes, 17, 1925, 2). – E. Wenkebach, *Der hippokratische Arzt als das Ideal Galens* (in Quellen u. Stud. zur Gesch. der Naturwiss., Medizin 3, Bln. 1933). – G. Sarton, *Galen of Pergamon*, Lawrence/Kansas 1954.

HOTI TAIS TU SŌMATOS KRASESIN HAI TĒS PSYCHĒS DYNAMEIS HEPONTAI (griech. *Daß die Vermögen der Seele eine Folge der Mischungen im Körper sind*). Medizinisch-philosophische Abhandlung von GALENOS (Galen, 129 – 199). – Unter Berufung auf die stoische Lehrtradition stellt der griechische Arzt Galen die These auf, daß die psychischen Erscheinungen des Menschen sich auf die vier Grundqualitäten der antiken Humoralpathologie zurückführen lassen, folglich auch durch Ernährung, medikamentöse Therapie, vor allem aber durch diätetische Lebensführung zu beeinflussen sind. Ausgangspunkt der Argumentation ist die Erfahrung von der Verschiedenheit kindlicher Affekte, die Galen Gelegenheit gibt, kritisch die Substanztheorie der Platonischen Seelenlehre zu diskutieren. Seiner eigenen Auffassung näher kommt er mit dem Pneumabegriff der stoischen Schule. Daneben bietet die Erfahrung mit psychopathologischen Phänomenen dem praktischen Arzt Galen einen weiteren wichtigen Hinweis auf die somatische Konstitution der »Seele«. Galen wendet sich dabei ebenso gegen die naturalistische Tugendlehre der Stoiker wie gegen die naturphilosophischen Deterministen, die beide die menschliche Natur nur zur Hälfte gesehen hätten: »*Denn weder kommen alle als Feinde noch alle als Freunde der Gerechtigkeit zur Welt, sondern infolge der Mischungen im Körper werden sie so oder so, gut oder schlecht.*« Eine Stütze für seine Theorie findet Galen in der alten Hippokratischen Schrift *Über die Umwelt (Peri aerōn, hydatōn, topōn;* vgl. *Corpus Hippocraticum)*, in der im einzelnen gezeigt wird, daß die Sitten der Menschen von Örtlichkeiten, Jahreszeiten, Klima usw. abhängen.

Die Konsequenzen einer solchen ökologisch orientierten Denkweise für die Ethik wie die Diätetik, aber auch für das Strafrecht, die Pädagogik und die Staatslehre liegen auf der Hand. Sie dokumentieren sich nicht allein in den diätetischen Traktaten der Spätantike, sondern auch in den Gesundheitslehren des arabischen und lateinischen Mittelalters, und sie haben weitgehend noch die hygienischen Konzeptionen der neuzeitlichen Medizin befruchtet. Die Unterschiede in den Charakteren resultieren für die Vertreter dieser Anschauung offenkundig aus dem verschiedenartigen Einfluß der Lebensweise auf die Entwicklung des Menschen von Kindheit an. Damit konnte die diätetisch informierende Medizin als eine Theorie der richtigen Lebensführung einen nachhaltigen Einfluß auf die Kultivierung der menschlichen Lebensweise ausüben, wie sich in den *Regimina sanitatis* der scholastischen Medizin und noch in den aufgeklärten Systemen einer *Medizinischen Polizei* nachweisen läßt.

Die kleine, für die physiologische Grundrichtung der Spätantike und die therapeutische Grundhaltung des »Galenismus« repräsentative Abhandlung – nur eine aus einer ganzen Reihe von Schriften des Autors über Grundfragen der Medizin – ist, wie etwa auch *Hoti ho aristos iatros kai philosophos (Daß der vorzügliche Arzt auch Philosoph sein muß)* zugleich überaus charakteristisch für die Arbeits- und Denkweise Galens, die ihrerseits wiederum der Grund war für die ungeheure Nachwirkung seines gesamten Œuvres: Galen tritt in diesen Schriften keineswegs als ein schöpferisch-origineller Denker und Forscher auf, sondern greift aus der Fülle der Tradition, über deren Kenntnis er souverän verfügt, kritisch-abwägend all das heraus, was seiner Meinung nach beachtens- und bewahrenswert ist, und zwar ebenso aus dem Erbe der medizinischen Wissenschaft im engeren Sinn, angefangen mit HIPPOKRATES, wie auch aus dem Erbe der verschiedensten philosophischen Schulen, seien es der Platonismus, die Peripatetiker oder die Stoa (lediglich dem Epikureismus und den Skeptikern stand er ablehnend gegenüber). Man hat das öfter als Eklektizismus, reines Kompilieren, ja optimistische Oberflächlichkeit (so SCHMID-STÄHLIN) qualifiziert;

man wird es aus der historischen Rückschau jedoch anders beurteilen müssen: Galen zieht – in der Epoche eines geistesgeschichtlichen Umbruchs – eine Summe aus dem Wissen der Vergangenheit und legt so das breite Fundament, auf dem die kommenden Jahrhunderte seiner Disziplin stehen.

H. Schi.

AUSGABEN: Lpzg. 1821 (in *Opera omnia*, 19 Bde., 1821–1830, 4; Nachdr. Hildesheim 1964, Hg. C. G. Kühn, Bd. 4). – Lpzg. 1891 (in *Pergameni scripta minora*, Hg. J. Marquardt, I. Mueller u. G. Helmreich, 3 Bde., 1884–1893, 2).

ÜBERSETZUNG: *Daß die Vermögen der Seele eine Folge der Mischungen des Körpers sind*, E. Hauke (in Abh. zur Gesch. der Medizin u. der Naturwiss., H. 21, Bln. 1937).

LITERATUR: Schmid-Stählin, 2/2, S. 837–839; 912 bis 924. – G. Sarton, *Galen of Pergamon*, Lawrence/Kansas 1954. – K. Schubring, *Bemerkungen zu der Galenausgabe von C. G. Kühn u. zu ihrem Nachdruck*, Hildesheim 1965.

ATHENAIOS aus Naukratis
(2. Jh.)

DEIPNOSOPHISTAI (griech.; *Sophistenmahl*). Hauptwerk des ATHENAIOS aus Naukratis, entstanden um 195 n. Chr. in Alexandria. – Ursprünglich umfaßte das Werk 30 Bücher, die aber in der Überlieferung (sie stützt sich in erster Linie auf einen 1423 aus Konstantinopel nach Italien gebrachten Codex) auf 15 verkürzt sind; von diesen wiederum sind Buch 1–3, Teile des elften Buches sowie der Schluß nur verstümmelt erhalten.

Das Werk ist der Bericht von einem Gastmahl, das zahlreiche gelehrte und angesehene Männer – Ärzte, Grammatiker, Juristen und Philosophen – im Haus des reichen Römers Larensios vereint habe (Publius Livius Larensis war unter Marcus Aurelius, reg. 161–180 n. Chr., und Commodus, reg. 180 bis 192, ein wohlrenommierter hoher Staatsbeamter.) In einem Dialog mit seinem Freund Timokrates erzählt Athenaios von den Begebenheiten und Gesprächen des Festes, an dem er teilgenommen hat: das zur Zeit des Verfassers bereits hundertfach imitierte Vorbild wird überdeutlich, auch wenn es zu Beginn nicht hieße, der Autor »*arrangiere seinen Dialog im Wettstreit mit Platon*«. Dem Inhalt nach gehören die *Deipnosophistai* zum Abstrusesten und Ungenießbarsten, was je geschrieben wurde: ohne Sinn für Komposition und lebendige Darstellung wird alles, was sich im Zusammenhang mit einem Festgelage und einem stupide-geistreichen Unterhaltungen zu Athenaios' Zeit in alten Büchern aufstöbern ließ, in einen einzigen Sack zusammengepreßt. Von minuziösen Käse- und Kuchenverzeichnissen, Hetärenkatalogen quer durch die Antike, bekannten Saufpoeten und diffizilen etymologischen Disputen bis zu den üppigen Freßgewohnheiten fremder Völker und zur kompletten Aufzählung der antiken Weinsorten, vom Fischhandel über die zoologischen Schriften des ARISTOTELES bis zu den Vorzügen der Knabenliebe, von den witzigen Typen der alten, mittleren und neueren Komödie, vom Tischgebeten, Parfüms und der Geschichte der griechischen Tanzkunst bis zum Spott auf die alten Philosophen, von Pflanzen- und Waschschüsselkatalogen bis zu Dichterbiographien, zur Musikästhetik und Instrumentenkunde, vom größten Gauner bis zum obskursten Gewürz reicht die Skala, und selbst durch kühnste Ideenassoziationen vor einer schwelgerisch gedeckten Tafel wird nichts ersonnen werden können, was nicht Athenaios gleichfalls berührt hätte.

Doch trotz alldem ist dieses schlimmste Werk, das wir von einem antiken Schriftsteller besitzen, zugleich eines der wertvollsten: Wo könnte man eine ähnliche Fülle altgriechischer Lebensgewohnheiten kennenlernen? Und wer könnte in ähnlicher Weise die riesigen Lücken verlorener Literatur (besonders etwa der Komödie) mit Zitaten und Notizen ergänzen helfen, wenn nicht des Athenaios *Deipnosophisten*? Seine Kritiker müssen sich glücklich preisen, daß sie sich noch über ihn ärgern dürfen.

E. Sch.

AUSGABEN: Venedig 1514. – Lpzg. 1887–1890 (*Athenaei Naucraticae Dipnosophistarum libri XV*, Hg. G. Kaibel, 3 Bde.). – Leiden 1936/37 (*Athenaei Deipnosophistae*, Hg. S. P. Peppink, 2 Bde.; nur Buch 3–8). – Ldn./Cambridge (Mass.) 1927–1941 (*The Deipnosophists*, Hg. Ch. B. Gulick, 7 Bde.; m. engl. Übers.; Loeb; zuletzt 1950–1957). – Paris 1956 (*Les Deipnosophistes*, Hg. A. M. Desrousseaux u. Ch. Astruc; m. frz. Übers.; nur Buch 1 u. 2).

ÜBERSETZUNG: *Die gelehrte Tischgesellschaft des Athenaeus. 5. Buch, Cap. 1–45*, T. Kramer (in *Programm d. Stephanusgymnasiums z. 400jährigen Jubelfeier d. Universität München*, Augsburg 1872).

LITERATUR: G. Wentzel, Art. *A.* (22) (in RE, 2, 1896, Sp. 2026–2033). – K. Mengis, *Die schriftstellerische Technik im Sophistenmahl d. A.*, Paderborn 1920. – Schmid-Stählin, 2/2, S. 791–795. – L. Nyikos, *Athenaeus quo consilio quibusque usus subsidiis Dipnosophistarum libros composuerit*, Diss. Basel 1941.

CASSIUS DIO COCCEIANUS
(um 155–235)

RHŌMAÏKĒ HISTORIA, auch kurz: *Rhōmaïka* (griech.; *Römische Geschichte*). Historisches Werk des CASSIUS DIO COCCEIANUS (um 155–235). – Dieses umfangreiche Konvolut des aus Bithynien stammenden hohen römischen Staatsbeamten ist, nach geringer Beachtung im Altertum, während der hochbyzantinischen Zeit zur klassischen Autorität der Historiographie Roms avanciert und deshalb zu einem nicht geringen Teil erhalten geblieben. Von den einst 80 Büchern, die von der mythischen Epoche (Aeneas) bis zum zweiten Konsulat des Verfassers (229 n. Chr.) führten, sind Buch 36–60, die Jahre 68 v. Chr. – 47 n. Chr. behandelnd, als geschlossener Block überliefert, mit fragmentarischem Anfang und Ende; Buch 78 und 79 finden sich, beträchtlich verstümmelt, auf zwölf Blättern eines Pergamentkodex der Vaticana. Für den Rest ist man auf Exzerpte und Bearbeitungen angewiesen: IOANNES XIPHILINOS (11. Jh.) verfertigte eine *Epitomē tēs Diōnos tu Nikaeōs* (*Abriß der Geschichte des Dion aus Nikaia*), ein Auszug aus den Büchern 36–80 in Form von Kaiserviten (mit Pompeius und Caesar als Vorläufern der Imperatoren), der noch dem ARETHAS (9. Jh.) vollständig vorgelegen hatte, damals bereits eine große Lücke in Buch 70, d. h. für die

Jahre 138–172 (Regierung des Antoninus Pius sowie die erste Hälfte der Regierung Mark Aurels). Ein halbes Jahrhundert nach Xiphilinos nahm IOANNES ZONARAS in Buch 7–12 seiner *Epitomē historiōn (Abriß der Geschichte)* Dios Werk als Grundlage seiner Darstellung der römischen Geschichte (ergänzt durch PLUTARCH), wodurch wir über den ersten Teil der *Rhōmaïka* einigermaßen informiert sind. Schließlich treten – neben einigen sekundären Derivaten – noch als maßgebliche Ergänzung die bekannten Exzerptsammlungen des KONSTANTINOS VII. PORPHYROGENNETOS (reg. 913 bis 959) hinzu, die aus einem ebenfalls unversehrten Exemplar der *Römischen Geschichte* reiche Zitate ausgehoben haben.
Ein kritisches Urteil wird das Werk Dios weder historiographisch noch literarisch unter die Meisterleistungen der Antike einordnen. Denn trotz des ungeheuren Arbeitsaufwands – zehn Jahre für die Vorbereitung, zwölf Jahre für die Niederschrift des Berichts bis zum Tod des Septimius Severus (211; der Rest wurde später angefügt) – ist es ihm nicht gelungen, eine einheitliche Gesamtdarstellung zu schaffen. Da er in der Aufgabe des Geschichtsschreibers nicht zugleich das Ideal des Geschichtsforschers sah, ist der Bericht je nach Epoche Schwankungen unterworfen, die teils den benutzten Quellen, teils den persönlichen Anschauungen des Autors zur Last fallen. Im ersten und größeren Teil (Buch 1–51), der Zeit der Republik bis hin zu Augustus gewidmet, herrscht eine »pragmatische«, auf große Handlungslinien und Geschehenszüge ausgerichtete Betrachtungsweise – getreu der Leitthese des Verfassers, alle Detailsucht und Kleinmalerei sei der Historie abträglich. Welche Vorlagen ihm hier zu Gebot standen, ist ein noch nicht geklärtes Problem; für die ersten beiden Dekaden sicherlich ältere Annalisten, später LIVIUS, seltsamerweise anscheinend nicht SALLUST, CAESAR und ASINIUS POLLIO. Mit Beginn der Kaiserzeit, deren Darstellung ganz unter dem Einfluß der zeitgebundenen Auffassung Dios vom absoluten Monarchen steht, wandelt sich die Methode zur extensiven Herrscherbiographie. Welche Gewährsmänner hierbei mitwirken – TACITUS und SUETON sind seit Eduard SCHWARTZ besonders umstritten –, ist schwer durchschaubar. Eine dritte Stufe setzt mit der Regierung des Kaisers Commodus (reg. 180 bis 192; Buch 73) ein. Von da an schildert Dio die Geschehnisse als Augen- und Ohrenzeuge, zugleich wird die Erzählweise um einen weiteren Grad lebendiger und plastischer, was der Autor selbst empfindet (72, 18).
In seinem literarischen Geschmack erweist sich Dio als Kind seiner Epoche. Er ist überzeugter Attizist und versucht, in eifrig archaisierendem Bemühen der Thukydideischen Diktion nahezukommen, nicht ohne auch bei DEMOSTHENES eine Stütze zu suchen. Als Schriftsteller vermag Dio heute nicht mehr anzusprechen; auch wenn man Eduard Schwartz' vernichtende Kritik mit einem Hinweis auf die turbulent ausgestaltete Vercingetorix-Episode in Buch 40 mildern kann, bleibt doch in den erhaltenen Partien der ernüchternde Eindruck trostloser Sprödigkeit und Trockenheit. Den Wert der *Römischen Geschichte* Dios als eines historischen Quellenbuches für die Zeiträume, in denen uns Originalberichte fehlen oder andere Nachrichten nur spärlich fließen, können aber diese ästhetischen Wertungen so wenig mindern wie die berechtigten Vorbehalte gegenüber den historiographischen Fähigkeiten des Verfassers; denn verglichen mit seinen Nachfolgern – man denke an die Schreiber der *Historia Augusta* (die ihn freilich ignorierten) – hat er, trotz allem, ein großes Werk hinterlassen.

E. Sch.

AUSGABEN: o. O. 1489 [lat. Übers. des Francesco Piccolomini; unsicher]. – Rom o. J. [ca. 1493] (*Vita Nervae et Traiani imperatorum*; lat. Übers. des Bonifacius Bembus). – Venedig 1526 (*Delle guerre romane libri XXII*; toskanische Übers. v. Nicolo Leoniceno [Nicolaus Leonicenus]). – Paris 1542 (*Des faits et gestes des Romains*; frz. Übers. v. Claude d'Eroziers, nach d. ital. Übers. des Leonicenus). – Paris 1548 (*Tōn Diōnos Rhōmaïkōn historiōn eikositria biblia*, Hg. R. Stephanus). – Lpzg. 1890–1928, Hg. J. Melber, 3 Bde. [nur bis Buch 60]. – Bln. 1895–1931 (*Historiarum Romanarum quae supersunt*, Hg. U. Ph. Boissevain, 5 Bde.; Bd. 4: *Index historicus* v. H. Smilda; Bd. 5: *Index Graecitatis* v. W. Nawijn; Bd. 1–4 Nachdr. 1955). – Ldn./Cambridge (Mass.) 1914–1927 (*Roman History*, Hg. E. Cary, 9 Bde.; m. engl. Übers.; Loeb; z. T. mehrere Nachdr., zul. 1954/55).

ÜBERSETZUNGEN: *Römische Geschichte*, J. A. Wagner, 5 Bde., Ffm. 1783–1796. – *Jahrbücher der römischen Geschichte*, A. J. Penzel, Bd. 1: Lpzg. 1786; Bd. 2/1: Lpzg. 1799; Bd. 2/2: Lpzg. 1818. – *Geschichte der Römer*, F. Lorenz, Bd. 1, Jena 1826. – *Römische Geschichte*, L. Tafel, 16 Bde., Stg. 1831 bis 1844.

LITERATUR: E. Schwartz, Art. *Cassius (40)* (in RE, 3/2, 1899, Sp. 1684–1722; ern. in E. S., *Griechische Geschichtsschreiber*, Lpzg. 1957, S. 394–450). – Schmid-Stählin, 2/2, S. 795–799. – M. Hammond, *The Significance of the Speech of Maecenas in Dio Cassius, Book LII* (in TPAPA, 63, 1932, S. 88–102). – A. Klotz, *Über die Stellung des Cassius Dio unter den Quellen zur Geschichte des zweiten punischen Krieges* (in RhMus, 85, 1936, S. 68–116). – E. Gabba, *»Storia romana« di Cassio Dione* in Rivista Storica Italiana, 67, 1955, S. 289–333). – G. B. Townend, *Traces in Dio Cassius of Cluvius, Aufidius and Pliny* (in Herm, 89, 1961, S. 227–248). – J. Bleiken, *Der politische Standpunkt Dios gegenüber der Monarchie* (in Herm, 90, 1962, S. 444–467). – Lesky, S. 904–906. – F. Millar, *A Study of Cassius Dio*, Oxford 1964 [m. Bibliogr.]. – G. B. Townend, *Some Rhetorical Battle-Pictures in Dio* (in Herm, 92, 1964, S. 467–481).

HERMOGENES aus Tarsos
(um 160–220)

TECHNĒ RHĒTORIKĒ (griech.; *Rhetorik*). Sammeltitel der rhetorischen Hauptschriften des spätgriechischen Redners und Theoretikers HERMOGENES aus Tarsos (um 160–220 n. Chr.) – Obwohl der Autor zu Lebzeiten mit seiner systematischen Darstellung der methodischen und praktischen Erfordernisse des Redehandwerks keinen Erfolg erringen konnte, war die *Technē rhētorikē* in der Spätantike und in Byzanz – teils direkt, teils durch zahlreiche redigierte Versionen und Kommentare – das grundlegende Handbuch der rhetorischen Schulung. Die drei wichtigsten Einzelwerke des Kompendiums – *Statuslehre* (*Peri staseōs*, über die Festlegung des juristischen Tatbestands der der Rede zugrunde liegenden Falls), *Erfindungs-*

lehre (*Peri heureseōs* in vier Büchern, über die verschiedenen Arten der motivischen Anlage der Rede), *Stillehre* (*Peri ideōn* in zwei Büchern, über den sprachlichen und kompositorischen Aufbau der Rede) – verraten divergente Stadien der Ausarbeitung. Am sorgfältigsten durchdacht erscheint die *Stillehre*, während die *Erfindungslehre* sich in einem nach Diktion und Disposition heillosen Zustand befindet, sei es, weil der Verfasser damit nicht zu Ende kam, sei es, weil ein späterer Adept durch Kürzungen und ähnliche Manipulationen Unordnung stiftete. Merkwürdigerweise entspricht die Qualität der drei Bände ihrem gattungsgeschichtlichen Rang: Die *Stillehre* ist mit ihrer klugen, von großer Belesenheit zeugenden ästhetischen Kritik der großen griechischen Autoren das eigenständigste Werk; die *Statuslehre* stellt eine tiefgreifende Reform des bis dahin gültigen rhetorischen Thesensystems im spätalexandrinischer Zeit (2.Jh. v.Chr.) auf Rhodos wirkenden HERMAGORAS aus Temnos dar; lediglich die *Erfindungslehre* geht kaum über ein eklektisch kompilierendes Auffrischen bekannter Allgemeinplätze hinaus. E. Sch.

AUSGABEN: Venedig 1508 (in der Rhetoriker-Ausg. d. Aldus Manutius, Bd. 1). – Lpzg. 1913 (in *Opera*, Hg. H. Rabe, in *Rhetores Graeci*, Bd. 6). Alte Kommentare: In *Rhetores Graeci*, Hg. Ch. Walz, 9 Bde., Stg./Tübingen 1832–1836. – In *Prolegomenon sylloge*, Hg. H. Rabe, Lpzg. 1931.

LITERATUR: L. Radermacher, Art. *H. (22)* (in RE, 8/1, 1912, Sp. 865–877). – Schmid-Stählin, 2/2, S. 929–936. – W. Kroll, Art. *Rhetorik* (in RE, Suppl. 7, 1940, Sp. 1125–1128; 1135–1137). – D. Matthes, *Hermogenes,»Peri staseōn«* (in *Hermagoras von Temnos 1904–1955*, in Lustrum, 3, 1958, S. 102–104). – W. Madyra, *Über die Voraussetzungen der Hermogenischen Stillehre* (in *Aus der altertumswissenschaftlichen Arbeit Volkspolens*, in Schriften der Sektion für Altertumswiss. d. Dt. Ak. d. Wiss. Bln., 13, 1959, S. 44–51). – Lesky, S. 899. – D. Hagedorn, *Zur Ideenlehre des Hermogenes*, Göttingen 1964 (Diss. Köln 1961; m. Bibliogr.; Hypomnemata, 8).

PHILOSTRATOS II.
(um 165–245)

TA ES TON TYANEA APOLLŌNION (griech.; *Das Leben des Apollonios von Tyana*). Biographischer Roman in acht Büchern von dem Neosophisten PHILOSTRATOS (um 165–245). – Lebensbeschreibung des im 1. Jh. n. Chr. in Kleinasien und Syrien wirkenden, dem Neupythagoreismus zugehörigen Philosophen und Wanderpredigers Apollonios (um 4–96), an dessen Namen sich in der Umgegend seiner Heimat schon früh allerlei Legenden und Wundergeschichten geheftet hatten. Während der ironische Spötter LUKIAN ihn – wie den Schwindler Alexandros – noch als betrügerischen Gaukler und falschen Propheten abtun konnte, wurde Apollonios zwei, drei Generationen später von der gleichfalls aus dem Osten kommenden Kaiserin Iulia Domna († 217 n. Chr.) für wert befunden, als vorbildlicher Heiliger in einer großangelegten panegyrischen Lebensbeschreibung verewigt zu werden. Und Philostratos hat in ihrem Auftrag tatsächlich ein Werk geschaffen, das nicht nur als farbenprächtige, unterhaltsame Lektüre sich bis heute seine Freunde sicherte, sondern das darüber hinaus berufen war, zu Zeiten des untergehenden Heidentums den Apollonios als Gegenbild des Nazareners propagieren zu helfen (EUSEBIOS ließ eine geharnischte Antwort gegen das Philostratische Apollonios-Ideal erscheinen).

Das von Philostratos erst nach dem Tode der Kaiserin vollendete Werk ist von den Aspirationen der sogenannten »Zweiten Sophistik« getragen, die einen Stoff erzählt – und dabei nur den Stil meint: allenthalben *»affektierte Einfachheit«* (Schmid-Stählin), von der die ausgefeilten Redepartien um so leuchtender abstechen (ohne freilich Disharmonie zu erregen: das sprachartistische Moment drängt sich nirgends in den Vordergrund). Man kann ohne weiteres sagen, daß Philostrat, trotz der durchgehenden sachlichen Tendenz, den Helden gegen den Vorwurf der Zauberei zu rechtfertigen, das Thema sicherlich vorwiegend wegen der in ihm liegenden literarischen Möglichkeiten aufgegriffen hat. – Nachdem sechs Bücher lang die von Großtaten erfüllten Reisen des Wundermannes, bei dem sich die Mächtigsten der Welt Rat holen, geschildert wurden – vor allem Indien und Ägypten, die mythischen Urländer der Weisheit, sind Schauplatz seines Wirkens –, konzentriert sich in Buch 7 und 8 das Geschehen plötzlich auf die Hauptstadt Rom und die Begegnung des Apollonios mit dem tyrannischen Kaiser Domitian (reg. 81–96); hierin aber wiederum steigert sich alles bis zu der großen Rede des Weisen vor dem blutigen, unbeugsamen Gewaltherrn. Zweifelsohne versteckt sich dahinter eine höchst bewußte kompositorische Klimax, und so ist gut zu begreifen, daß auch die äußere Handlung nach diesem Höhepunkt rasch abklingt: der Tod des göttlichen Menschen bleibt im Dunkeln, was kurz mit der Wendung motiviert wird, auch Philostratos' Vorlage, die von DAMIS verfaßte Biographie, schweige hierüber.

Würde man diesem Aufbau nicht anmerken, daß das Werk in jeder Phase ein Kunstprodukt ist, so könnte man geneigt sein, es in die lange Reihe der »Volksbücher« einzureihen, der Homerbiographien, des Aesopromans, der Pythagorasgeschichten oder der Alexanderfabeleien: das Publikum, das sich angesprochen fühlte – klammert man den »philosophischen Zirkel« am Kaiserhof aus –, war jedenfalls dasselbe wie bei den so beliebten Abenteuer- und Liebesromanen; das darf man dem Einfluß, den Philostrat auf HELIODOR übte, ohne weiteres entnehmen. E. Sch.

AUSGABEN: Venedig 1501 (*Philostrati de vita Apollonii Tyanei libri octo*). – Lpzg. 1870 (in *Flavii Philostrati opera*, Bd. 1, Hg. C. L. Kayser). – Ldn./Cambridge (Mass.) 1912 (*The Life of Apollonius of Tyana*, Hg. F. C. Conybeare, 2 Bde.; m. engl. Übers.; Loeb; zuletzt 1948–1950).

ÜBERSETZUNGEN: In *Die Werke der Philostrate*, D. C. Seybold, 2 Bde., Lemgo 1776/77. – *Leben des Apollonius von Tyana*, F. Jacobs (in *F. P. des Älteren Werke*, Bd. 2–5, Stg. 1829–1832). – *Apollonius von Tyana*, E. Baltzer, Rudolstadt 1883.

LITERATUR: F. Solmsen, Art. *P. (10)* (in RE, 20/1, 1941, Sp. 139–152). – R. Helm, *Der antike Roman*, Göttingen ²1956, S. 62–65.

HĒRŌIKOS (griech.; *Heroikos*, sinngemäß etwa *Über das Wirken der Homerischen Helden als fortlebende göttliche Geister*). Dialog des der »Zweiten Sophistik« zugehörigen PHILOSTRATOS II. (um 165–245), entstanden zwischen 213 und 219 (215?). – Neben stilistischen Eigentümlichkeiten und historischen Anspielungen zeugt vor allem die innere Haltung des Werkes für die Autorschaft des zweiten Philostratos: es ist geprägt von jenen religiösen Reformbestrebungen, mit denen die Kaiserin Iulia Domna, die 217 verstorbene Gattin des Septimius Severus, die schwankende Zivilisation des Römischen Reiches aus dem Geist der orientalischen Frömmigkeit zu stützen suchte. In diesem Sinn ist der *Hērōikos* das griechische Gegenstück zu dem östlich-fabulosen *Leben des Apollonios von Tyana* (*Ta es ton Tyanea Apollōnion*).

Die äußere Form fand der in attizistischer Manier nach Schlichtheit strebende Sophist bei PLATON: ein aus einer liebevoll geschilderten Lokalszenerie erwachsender Dialog, hier zwischen einem thrakischen Weingärtner und einem phönikischen Kaufmann, der auf günstigen Wind zur Weiterfahrt wartet. Das Thema wird aus der Situation herausgesponnen: Des Winzers Gut liegt ganz nahe beim Heiligtum des Heros Protesilaos, eines der Griechenhelden von Troia, und der Heros selbst steht als Landschaftsdämon in fast regelmäßigem, vertrautem Verkehr mit dem Besitzer des Weinbergs. Der Fremde, der sich als Ungläubiger bekennt, ist alsbald interessiert an dem Problem, läßt sich zunächst in den Wunder- und Geisterglauben im allgemeinen einweisen, dann will er speziell über den Umgang mit Protesilaos Näheres erfahren. Der Weinbauer erzählt über das Aussehen des verehrten Geistes, seine Prophezeiungen und Wundertaten, ja er weiß sogar, daß jener ißt und die Liebe der Laodameia genießt (natürlich im Hades). Der Phönikier ist so gefesselt, daß ihm auch noch alles, was der Einheimische über das Geisterwirken anderer Helden des Epos weiß, berichtet werden muß. Über einige andere Probleme, den Troischen Krieg, die »Homerische Frage« (vgl. *Ilias*), die großen Helden der Griechen und Troer, gelangt das Gespräch endlich zu Achill, dessen Lobpreis in der Erwähnung seines Wirkens als Gottheit und der ihm dargebrachten Verehrung gipfelt (eine Anspielung auf Kaiser Caracallas Ilionbesuch). – Damit ist der Gedankengang wieder beim Hauptthema des Beginns angelangt. Freilich ist inzwischen eine Wandlung eingetreten: der Fremde hat sich zum begeisterten Anhänger des Dämonenglaubens bekehrt – »*Mag sich das Schiff wohl gehaben mit allem, was darin ist! Die Güter, die mein Geist einnimmt, sind mir jetzt erfreulicher und gewinnreicher.*« Begierig möchte er nun auch über die Zustände im Hades Gewißheit finden; allein der Bauer bricht das Gespräch ab: es ist schon spät geworden und die Stiere müssen nach Hause geführt werden. Wie bei Platon wird jedoch eine Fortsetzung des Dialogs in Aussicht gestellt.

Daß nicht wenig an diesem Werk schriftstellerische Fiktion, zum Teil gar reines Tändeln ist (so die Diskussion von literarischen Fragen des Homerischen Epos), ist längst bekannt. Wie viel dagegen von dem, was hier über den Heroenkult berichtet wird, auf das Konto der rhetorischen und poetischen Phantasie des Autors geht, ist ein schwieriges Problem, dessen Lösung sich die Forschung noch kaum genähert hat. Daß der *Hērōikos* ein geschichtliches Zeugnis für die Frömmigkeit der damaligen Epoche darstellt, das zum mindesten in der Tendenz als charakteristisch gelten kann, ist zwar gelegentlich gesehen worden, ohne daß man daraus indes ernsthafte Konsequenzen gezogen hätte; ganz im Gegensatz zum *Apollonios*, dem man den wahnschaffenden Hunger nach religiöser Befriedigung viel rascher angemerkt hat. Beide Bücher sind deutliche Zeichen der Zeit: sie weisen auf ein leeres Gebiet, in das das Christentum dann ohne sonderliche Mühe vorstoßen konnte. E. Sch.

AUSGABEN: Venedig 1503 (*Hērōika*, in der Lukian-Ausgabe des Aldus Manutius). – Zürich 1844–1853 (in *Flavii Philostrati quae supersunt*, Hg. K. L. Kayser, 2 Bde.). – Lpzg. 1871 (in *Opera*, Hg. ders., Bd. 2).

ÜBERSETZUNGEN: *Über die alten Helden. Ein Gespräch zwischen einem Winzer u. Phoenicier gehalten zu Eleus im trakischen Chersonesus*, D. C. Seybold (in *Die Werke der Philostrate*, Bd. 2, Lemgo 1777). – *Heldengeschichten*, F. Jacobs (in *Werke*, Bd. 1, Stg. 1828).

LITERATUR: K. Münscher, *Die Philostrate* (in Phil, Suppl., 10, 1907, S. 500–508). – F. Huhn u. E. Bethe, Philostrats »Heroikos« u. Diktys (in Herm, 52, 1917, S. 613–624). – Schanz-Hosius, 2/2, S. 778/779. – S. Eitrem, Zu Philostrats »Heroikos« (in Symbolae Osloenses, 8, 1929, S. 1–56). – F. Solmsen, Art. *Ph. (10)* (in RE, 20/1, 1941, Sp. 154 bis 159). – R. Muth, *Forum suarium* (in MH, 2, 1945, S. 227–236). – M. P. Nilsson, *Geschichte der griechischen Religion*, Bd. 2, Mchn. ²1961, S. 563 bis 564.

Klaudios AILIANOS aus Praeneste (um 170–235)

PERI ZŌŌN IDIOTĒTOS (griech.; *Über die Eigenart von Tieren*). Siebzehnbändige Kuriositätensammlung aus der Welt des Tierreichs von Klaudios AILIANOS aus Praeneste bei Rom (Claudius Aelianus, um 170–235). – Das Werk ist ein charakteristisches Produkt jener vom römischen Hof inaugurierten Neosophistik des 2. Jh.s, die die Wissenschaft zur seichten Bildung und die alte Forschung zur rhetorisch präparierten Unterhaltungslektüre degradierte. Der abstruse und doch wendige Geist des Autors wußte sich diesem Geschmack der Epoche in geschicktem intellektuellem Opportunismus anzupassen.

Das Kompositionsprinzip der siebzehn Bücher – die von einem Prolog und einem Epilog gerahmt werden, worin der Verfasser in eigener Sache spricht – ist Buntheit um jeden Preis. Es herrscht ein geradezu hektischer Wechsel der Themen und Tiere – je Buch meist mehr als fünfzig Arten –, und das Ganze mutet wie ein aufregend flimmerndes, im Tempo des Zeitraffers vorgeführtes zoologisches Panoptikum an. Dabei ist nicht nur die Vielzahl der vorgestellten Tiergattungen und -arten frappant, der Autor verblüfft vielmehr auch mit der Breite seines Interesses: Er hält vom Aussehen der Fische, Vögel, Insekten, Vierbeiner usw. bis zu ihren Seelenregungen, von ihren Verhaltensweisen in der Umwelt und untereinander bis zu ihren erotischen Eigenarten (die Skala reicht von rühmlicher Gattentreue bis zum Inzest) so ziemlich alles an Merkwürdigkeiten parat, was damals ein Betrachter mit anthropologisch bestimmten Neigungen aus der Lebewesen überhaupt in Erfahrung bringen konnte. Dennoch war Aelian beileibe kein spezialisierter Naturforscher, im Gegenteil: Was er dem staunenden Publikum bietet, ist zum allergrößten Teil eine Sammlung von Lesefrüchten, redigiert von einem ambitionierten Stilisten, der das Ideal einer dem Atticismus verpflichteten künstlichen Schlichtheit an einem möglichst ausgefallenen Objekt ins Wort umsetzen möchte. Da er seine Exzerpte mit großem Fleiß, doch geringer Kritik zusammenstellt, wirkt sein Raritätenkabinett nicht selten befremdlich: so etwa, wenn er, der sein Leben lang nie über Mittelitalien hinauskam, unbedacht von einem Gewährsmann Sätze wie »*da sah ich doch in der großen Stadt der Alexandriner einen fünffüßigen heiligen Stier*« übernimmt. Unter diesen Umständen nimmt es nicht wunder, daß der heutige Leser, ganz im Gegensatz zu den Zeitgenossen des Autors und seiner unmittelbaren Nachwelt, in Aelianus nur noch den Vermittler von Zitaten älterer Schriftsteller schätzen kann. Der Gedanke von der weisen Zweckhaftigkeit alles Naturgeschehens ist jedenfalls nur ein dünner Kitt, der die einzelnen »Geschichten« notdürftig zusammenhält; den Autor deswegen als tiefsinnigen Repräsentanten stoischer Philosophie aufzufassen, wird niemand mehr in den Sinn kommen. E. Sch.

AUSGABEN: Leiden 1533 (*Ex Aeliani historia ... libri XVI*; lat. Übers. d. Petrus Gyllius; Ausz.). – Zürich 1556 (*Ailianu ta heuriskomena hapanta*, Hg. C. Gessner; m. lat. Übers.). – Lpzg. 1864 (*De natura animalium libri XVII*, Hg. R. Hercher). – Ldn./Cambridge (Mass.) 1958/59 (*On the Characteristics of Animals*, 3 Bde., Hg. A. F. Scholfield; m. Bibliogr. u. engl. Übers.; Loeb).

ÜBERSETZUNG: *Thiergeschichte*, F. Jacobs (in *Werke*, Bd. 4–9, Stg. 1839–1842).

LITERATUR: W. Schmid, *Der Atticismus in seinen Hauptvertretern*, Bd. 3, Stg. 1893. – W. Baumann, *Quaestiones de animalium historia Aelianeae et Oppianeae I*, Diss. Marburg 1912. – Schmid-Stählin, 2/2, S. 788f. – G. Gossen, *Die Tiernamen in Älians 17 Büchern »Peri zōōn«* (in Quellen und Studien zur Geschichte der Naturwissenschaften, 4, 1935, H. 3, S. 128–188). – R. Keydell, *Oppians Gedicht von der Fischerei und Aelians »Tiergeschichte«* (in Herm, 72, 1937, S. 411–434). – H. Gossen, *Aelians »Tiergeschichten«* (in Geistige Arbeit, 5/15, 1938, S. 11 bis 12). – E. S. McCartney, *Modern Analogues to Ancient Tales of Monstrous Races* (in Classical Philology, 36, 1941, S. 390–394). – K. Gerth, Art. *Die Zweite oder Neue Sophistik* (in RE, Suppl. 8, 1956, Sp. 732–734).

ANONYM

PHYSIOLOGOS (griech.; *Der Physiologus*). – Das unter diesem Titel bekannte kleine Volksbuch – der Text selbst findet auf zwei Dutzend Druckseiten mühelos Platz – darf zu den größten Merkwürdigkeiten der Weltliteratur gezählt werden. Im griechischen Grundbestand umfaßt es 48 kurze Geschichten über wirkliche oder phantastische Tiere (wie Schlange, Pelikan, Phönix, Einhorn, Sirenen), auch zwei Bäume und sechs – edle oder magisch wirkende – Steine. Dabei ist echte und gute Naturbeobachtung mit Zügen aus dem Bereich des Volksglaubens und -aberglaubens bunt gemischt; alte, auf ihren Ursprung kaum mehr zurückführbare und zuweilen aus anderen Kulturbereichen (etwa Indien) stammende legendäre oder mythische Symbolik klingt an; immer aber tendieren die Geschichten zur naiv moralischen oder religiösen Didaktik, laufen also auf eine handfeste und erbauliche Nutzanwendung hinaus.

In ihrer Form sind die Geschichten außerordentlich variabel, jedoch läßt sich hinter aller Verschiedenheit doch eine in etwa der Hälfte der Kapitel deutlich bewahrte formale Grundstruktur erkennen: Zuerst wird ein Bibelzitat geboten, dann folgt eine kurze Beschreibung des Thema-Objekts oder auch nur signifikanter Einzelzüge aus dessen Gestalt, Verhalten oder Wirkung, eingeleitet mit der Formel: »*Der Physiologus hat gesagt*«; daran schließt eine allegorische Auslegung im Hinblick auf das Menschenleben, als Mahnung zum Guten oder Warnung vor dem Bösen, den Abschluß bildet die Formel: »*Wohl gesprochen also hat der Physiologus.*« Damit wird zugleich die Problematik des Titels deutlich: »*Der Physiologus*« ist keine Benennung des Verfassers, sondern bezeichnet nur die naturwissenschaftliche oder pseudowissenschaftliche »Quelle«, an welche dann die Moralitäten angehängt werden. Aber auch die Frage, wer dieser »Physiologus« selbst und wer dann der Ausleger sei, ist – und zwar grundsätzlich – nicht eindeutig zu beantworten. Komplizierte gelehrte Analyse hat vier verschiedene Redaktionen zu trennen gesucht. Für die älteste Schicht des Materials wird wohl mit Recht ein gewisser BOLOS aus Mendes als Gewährsmann angesetzt; dieser, etwa um 200 v. Chr. in Ägypten lebend, seinerseits abhängig von DEMOKRIT, schrieb unter anderem ein Werk *Physika dynamera*, daneben auch Astrologisches, wobei er gute, ältere Naturbeobachtung seinem spezifischen Interesse an Magie, an Fragen der »Sympathie« und »Antipathie« dienstbar macht. So bietet bereits Bolos ein unauflösliches Konglomerat von exakter Beschreibung – darin sich oft berührend mit älteren, auch mit späteren naturwissenschaftlichen Werken, etwa mit ARISTOTELES und THEOPHRAST, mit den Lateinern POMPEIUS TROGUS und PLINIUS d. Ä. Überraschende Übereinstimmungen finden sich auch mit den wunderlichen *Tiergeschichten* des AELIAN (um 200 n. Chr.); vieles aus PLUTARCHS *Moralia* (um 100 n. Chr.), aus der unter dem Namen des Hermes Trismegistos gehenden Schriftenmasse (vgl. *Corpus Hermeticum*), aus den *Hieroglyphica* des sogenannten HORAPOLLON (Ägypter, 5. Jh. n. Chr.) klingt an: schon bei Bolos also eine unauflösbar verfilzte Masse ernstzunehmender und abstrus spekulativer Tradition, in der dann überdies ein zusätzlicher jüdischer Einschlag unverkennbar ist, für den man im ersten vor- und nachchristlichen Jahrhundert anzusetzenden PSEUDO-SALOMON namhaft macht. Tatsächlich erscheint in einer sehr viel späteren Redaktion SALOMON als »der« Physiologus, der heilige BASILEIOS (4. Jh. n. Chr.) als der Ausleger: beides ganz unverbindliche Festlegungen, um so mehr, als der Bestand des alten griechischen Werkchens aller Wahrscheinlichkeit nach bereits vor dem Jahr 200 n. Chr. feststand. Eine reinliche Klärung des Quellen- und Verfasserproblems erscheint also nicht möglich.

Ähnliches gilt auch für die Textkritik, die auf 78 ausgewählten Handschriften basiert (gegeben hat es zweifellos sehr viel mehr). Denn hier, wie etwa auch bei anderen »Volksbüchern« dieser Art (man mag an den *Alexanderroman*, an die *Gesta Romanorum*, an die *Dicta Catonis*, an die mittelalterlichen Legendensammlungen, etwa die *Legenda aurea* des JACOBUS DE VORAGINE, denken) kann es sich ja nicht darum handeln, einen ursprünglichen und allein »echten«, »richtigen« Grundbestand von späteren Zutaten, Entstellungen und Patinabildungen zu befreien, sondern das Werk- selbst wächst fröhlich weiter, stellt sich immer neu dar und bietet damit einen aufschlußreichen Beleg für das Phänomen, daß ein zunächst durchaus singuläres, individuelles »Werk«, von vornherein an der unteren Schwelle des Literarischen stehend, sich im Laufe seines Nachlebens zu einer anonymen, aber vielfältigen Gattung oder Spezies fortentwickelt. Jede Phase der Entwicklung, jede Modifikation, jede Ergänzung, ja sogar jede Korruptel stellt eine Schicht des »Echten«, nämlich kritisch nicht zu Eliminierenden dar; das Ganze also ist ein fließender Strom, von dem man die oder jene Station isolieren und fixieren mag, ohne dabei je des Ganzen innezuwerden.

Tatsächlich ist der Grundbestand des griechischen *Physiologus* in den mittelalterlichen Redaktionen des 11. Jh.s – man hat sie nach einem PSEUDO-EPIPHANIUS benannt – und des 12. Jh.s – die sogenannte pseudobasilianische Redaktion – wesentlich erweitert worden; mindestens neunzehn weitere Geschichten kamen nach und nach hinzu, darunter so reizvolle wie die vom Hasen, vom Walroß, vom Satyr, wobei bemerkenswert ist, daß sich Altes und Neues morphologisch fast gar nicht unterscheiden: Das spielt sich alles ab in einer Schicht rein legendärer oder exemplarischer Zeitlosigkeit, ähnlich wie Märchen, Novelle und Schwank. Überdies besteht zumindest in der nachantiken Zeit eigentlich gar kein Recht, den griechischen *Physiologus* als etwas Ursprünglicheres und Echteres von den anderssprachigen Versionen abzuheben und ihnen vorzuziehen. Denn derlei Volksgut ist nicht nur indifferent gegenüber der Zeit, sondern auch gegenüber der Sprache. Und damit ist nun von der unübersehbaren Zahl von Übersetzungen und Variationen in nahezu allen Kultursprachen zu reden. Von den mindestens zwei lateinischen Übersetzungen – hinzu kommt außerdem eine metrische lateinische Bearbeitung – stammen die zahllosen *Bestiarien* des Mittelalters ab. In letzteren finden sich oft Ergänzungen aus anderen Autoren (etwa aus ISIDOR aus Sevilla, aus SOLIN und Plinius), aber immerhin gibt der *Physiologus* das Modell ab; dazu zählen auch die unter dem (falschen) Namen des HUGO VON ST. VIKTOR gehenden vier Bücher *Von Tieren und anderen Dingen*. Bemerkenswert sind die vielen Versionen in Sprachen des Vorderen Orients: eine äthiopische, koptische, syrische, zwei arabische, eine armenische, eine georgische, die dann ins Russische umgesetzt wurde, zwei eigene russische, eine bulgarische – bis jetzt alle zwischen dem 5. und 12. Jh. –, später dann fünf serbische, eine tschechische. In Westeuropa eine Fülle: zwei althochdeutsche (11./12. Jh.), eine flämische, isländische, dänische, schwedische, norwegische Versionen, in England und Frankreich eine ganze Tradition von *Bestiaries* und *Bestiaires*, ein waldensischer *Bestiarius*, eine provenzalische Fassung, Spanisches, Toskanisches gleichzeitig im 13. Jh., ein in Sonetten abgefaßter *Bestiario moralizzato* und eine italienische Version des *Bestiaire d'amours* des RICHARD DE FOURNIVAL, dazu ein italienisches Volksbuch (vgl. *Fiore di virtù*) im 13./14. Jh.; die drei letzteren wurden dann aus dem Italienischen zweimal ins Neugriechische, zudem ins Armenische, Rumänische, Serbische, Deutsche und Spanische weiterübersetzt. Hinzu kommt der – zwar gelegentlich etwas überschätzte, aber doch sehr tiefgreifende – Reflex der *Physiologus*-Motive in der Bildkunst, in Zeichnung, Malerei und Plastik, in Heraldik und Symbolsprache, auf Kapitellen und Tympana, in Miniaturen und Buchilluminationen; schlechthin in aller sakralen und weltlichen Kunst begegnen die Symboltiere des *Physiologus* – Pelikan und Phönix, Einhorn, Löwe und Pfau, Elephant und Hirsch – in mannigfacher Gestalt, wenngleich freilich dieselben Tiere sich oft auch aus anderen Vorbildern und Mythologisierungen herleiten lassen.

Völlig unabsehbar sind die mittelbaren Auswirkungen, wofür als willkürliche Beispiele nur die angelsächsische Cynewulf-Schule (im 8. Jh.), VINZENZ VON BEAUVAIS *(Speculum naturale)* und ALBERTUS MAGNUS *(De animalibus)* im 13. bis zu LEONARDO DA VINCI im 16. Jh. genannt seien – die Reihe ließe sich endlos fortsetzen bis herab in die Gegenwart, wo selbst noch in einem Romantitel MONTHERLANTS (vgl. *Les bestiaires*) eine *Physiologus*-Reminiszenz beschworen wird. So viel das ist, so ist es doch immer noch das Allerwenigste, was bei solcher Bestandsaufnahme erfaßt würde: nur die Spitze des Eisberges, die aus dem Meer volkstümlicher Anonymität und subliterarischer Fernwirkungen herausragt. Es scheint, daß mit dem Anbruch der Neuzeit die von diesem kleinen Werk ausgehende Faszination immer schwächer geworden ist und in diesem Jahrhundert ganz erloschen ist; seine literarische Anspruchslosigkeit, seine entwaffnende Einfalt, die rational anfechtbare Schlüssigkeit seiner religiösen Ermahnungen, das Fehlen des Geistreichen, Witzigen, Sarkastischen erscheinen jetzt als eine Kette von Mängeln, denen kaum anziehende Vorzüge zugeordnet sind. Bloß historische Würde steht gering im Kurs. Dennoch: In den Substruktionen antiker, abendländischer, christlicher Tradition kommt dem *Physiologus* eine tragende Funktion zu, wie ja überhaupt die Vorverständigungen einer Weltkultur weniger auf den ganz großen Werken als auf den sehr schlichten Siglen und Chiffren beruhen, in denen sich Reich und Arm, Fromm und Unfromm, Weltliches und Geistliches verstehend begegnen, jenseits aller Grenzen von Sprache und Nation. Das gilt für manches andere, lange Geringgeachtete; aber es gilt kaum für etwas so sehr wie für den *Physiologus*.
O. Se.

AUSGABEN: Straßburg 1889 (in F. Lauchert, *Geschichte des Physiologus*). – Mailand 1936, Hg. F. Sbordone – Meisenheim/Glan 1966 (D. Offermanns, *Der Physiologus nach den Handschriften G u. M*; Beitr. z. klass. Phil., 22).

ÜBERSETZUNGEN: *Der Physiologus*, E. Peters, Mchn. 1921. – Dass., O. Seel, Zürich 1960 [m. Erl.].

LITERATUR: E. Peters, *Der griechische »Physiologus« u. seine orientalischen Übersetzungen*, Mchn. 1898. – M. Goldstaub, *Der »Physiologus« u. seine Weiterbildung*, Lpzg. 1899–1901 (Philogus, Suppl.-Bd. 8). – M. Wellmann, *Der »Physiologus«. Eine religionsgeschichtlich-naturwissenschaftliche Untersuchung*, Lpzg. 1930 (ebd., Suppl. Bd. 2, H. 1). – F. Sbordone, *Ricerche sulle fonti e sulla composizione del »Physiologus« greco*, Neapel 1936. – B. E. Perry, Art. *»Physiologus«* (in RE, 20/1, 1941, Sp. 1074 bis 1129). – U. Treu, *Das Wiesel in »Physiologos«* (in Wiss. Ze. der Univ. Rostock. Ges.- u. sprachwiss. R., 12, 1963, H. 2, S. 275f.). – E. Brunner-Traut, *Spitzmaus und Ichneumon als Tiere des Sonnengottes* (in NGG, Nr. 7, S. 124f.; 128ff.). – Dies., *Ägyptische Mythen im »Physiologus«* (in *Fs. f. S. Schott*, Hg. W. Helck, Wiesbaden 1968, S. 13–44; m. Bibliogr.). – Dies., *Altägyptische Mythen* (in Antaios, 10, 1968, S. 184–197). – U. Treu, *Amos VII 14*,

Schenute und der »*Physiologus*« (in Novum Testamentum, 10, 1969, S. 234–240).

DIOGENES LAERTIOS
(2./3. Jh.)

BIOI KAI GNŌMAI TŌN EN PHILOSOPHIA EUDOKIMĒSANTŌN (griech.; *Leben und Meinungen der berühmten Philosophen*). Zehnbändige Philosophengeschichte in Einzelbildern von DIOGENES LAERTIOS, entstanden um 200–250 n. Chr. und unter verschiedenen Titeln (z. B. auch *Philosophōn bioi – Philosophenleben*) überliefert. – Das Werk ist im antiken Raum unbekannt geblieben, in Byzanz wurde es zumindest beachtet; seit dem Spätmittelalter und der Renaissance gehört es zu den geschätzten Kronzeugen der altgriechischen Philosophie. Diesen Rang verdankt es nicht etwa der Qualität seiner wissenschaftlich fundierten Darstellung, sondern allein der Zufallsgunst der Überlieferung, die den Diogenes bewahrte und die von ihm Beschriebenen untergehen ließ: methodisch und stilistisch ist das Buch im Gegensatz zum Inhalt recht wertlos. Das Material, das Diogenes verarbeitet, hat er selbst nur Handbüchern entnommen, und auch dort, wo er primäre Quellen zitiert – seien es die Schriften der Philosophen, ihre Testamente und Briefe oder Sammlungen mündlicher Aussprüche –, stammt sein Text aus der Sekundärliteratur. Meist werden zwischen den Originalwerken und der Diogenes Kompilation mindestens zwei Vermittlungsglieder stehen, so daß dieser weithin allenfalls Quartärquelle ist: die Werke eines philosophischen Autors wurden zunächst einmal in der wissenschaftlichen Philosophiegeschichte der alten Akademie und des alten Peripatos, der von ARISTOTELES gegründeten Philosophenschule, gesammelt und ausgewertet. Diese philosophiehistorischen und später (von ARISTOXENOS begründet) biographischen Darstellungen fanden ihrerseits in alle möglichen und unmöglichen Handbücher Eingang. Frühestens aus diesen dürfte in der Regel Diogenes seine Ansichten wie seine – vordergründig so vertrauenerweckenden – Primärzitate haben. Der Wert der Darstellung ist unter diesen Umständen jeweils der Wert, den ihre Vorlage (oder deren Vorlage usw.) besitzt, ganz gleich, ob Diogenes seinen unmittelbaren Gewährsmann exakt zitiert oder nicht (natürlich will er stets den Eindruck erwecken, er sei originär). Das am leichtesten zu durchschauende Beispiel für seine Methode ist die Disposition der Abhandlung – die ideengeschichtlich wie didaktisch und chronologisch völlig unsinnige Einteilung in *Ursprung der Philosophie* (die Weisen, Buch 1), *Ionische Linie der Philosophie* (von ANAXIMANDER, ANAXIMENES, ANAXAGORAS zu SOKRATES und den Sokratikern, PLATON und den alten bis mittleren Akademikern, ARISTOTELES und den Peripatetikern, Buch 2–7), *Italische Linie der Philosophie* (von PYTHAGORAS ausgehend, merkwürdigerweise mit EUDOXOS aus Knidos endend, Buch 8), *Vereinzelte Philosophen*, die aber im Prooimion an die Italiker angehängt werden (z. B. HERAKLIT, PARMENIDES, DEMOKRIT, PROTAGORAS, PYRRHON, Buch 9, und EPIKUR, Buch 10): dieses fast groteske, jeder inneren Ordnung spottende Bauprinzip hat Diogenes nur gewählt, weil es in einer seiner Vorlagen stand.

Abgesehen von den so überaus wertvollen, oft unersetzlichen Nachrichten, Werkverzeichnissen, Fragmenten, Daten, die diese als einzige gerettete komplette Philosophengeschichte des Altertums bietet, bleibt für den geistlosen Kompilator nur scharfe Kritik übrig: daß der Autor, der die Philosophie von den Barbaren, von den persischen Magiern, von den babylonischen Chaldäern, den indischen Gymnosophisten und keltischen Druiden herleitet, voll Stolz zu fast jedem großen griechischen Philosophen ein selbstverfaßtes Grabgedichtchen hersagt – sein einziger selbständiger Beitrag –, gehört zu seinen wenigen liebenswerten Zügen.

E. Sch.

AUSGABEN: Rom [ca. 1472], Hg. A. F. Marchisius [lat. Version des Ambrosius Traversarius]. – Basel 1533 (*De vitis, decretis, responsis celebrium philosophorum*). – Paris 1862 (*D. L. libri decem*, Hg. C. G. Cobet). – Ldn./Cambridge (Mass.) ²1938 (*Lives of Eminent Philosophers*, Hg. R. D. Hicks, 2 Bde.; m. engl. Übers.; Loeb; Nachdr. 1949/50). – Oxford 1964 (*Vitae philosophorum*, Hg. H. S. Long, 2 Bde.; m. Nachweis der Einzelausg.).

ÜBERSETZUNGEN: *Xenophons Leben*, J. E. Goldhagen (in *Xenophons VII Bücher der griechischen Geschichte*, Bln. 1762). – *Philosophische Geschichte, oder von dem Leben, den Meinungen und merkwürdigen Reden der berühmtesten Philosophen Griechenlands*, anon., Lpzg. 1806. – *Leben und Meinungen berühmter Philosophen*, O. Apelt, 2 Bde., Lpzg. 1921 [m. Bibliogr. u. Erl.].

LITERATUR: E. Schwartz, Art. *D. (40) L.* (in RE, 5, 1905, Sp. 738–763; auch in E. S., *Griech. Geschichtschreiber*, Lpzg. 1957, S. 453–491). – Schmid-Stählin, 2/2, S. 862–866. – W. Seidl, *Studien zur Sokratesvita des D. L.*, Diss. Graz 1950. – P. Moraux, *La composition de la »Vie d'Aristote« chez D. L.* (in REG, 68, 1955, S. 124–163). – Lesky S. 910f.

XENOPHON aus Ephesos
(etwa 2./3. Jh.)

TA KAT' ANTHEIAN KAI HABROKOMĒN EPHESIAKA (griech.; *Die Ephesischen Geschichten von Anthia und Habrokomes*). Liebesroman in fünf Büchern von dem sonst unbekannten spätgriechischen Schriftsteller XENOPHON aus Ephesos (etwa 2./3. Jh.). – Das Werk unterscheidet sich in Inhalt und Eigenart kaum von den übrigen Vertretern der anspruchslosen Gattung der Gebrauchs- und Unterhaltungsliteratur, etwa den Romanen eines CHARITON, ACHILLEUS TATIOS oder HELIODOR, wenngleich es stilistisch wesentlich geringer einzuschätzen ist als diese. In den fünf Büchern (jedes im Durchschnitt knapp fünfzehn Seiten umfassend, weshalb man auch schon daran gedacht hat, es handle sich um eine Kurzfassung) ist eine erstaunliche Menge von Handlungselementen zusammengepreßt. Schauplatz und Personen wechseln in hektischer Folge; immer neue Nebenfiguren tauchen auf, alle eigens erfunden, um dem liebenden Heldenpaar nach Unschuld und Leben zu trachten (die *Ephesiaka* sind, nebenbei, der einzige unter den wenigen erhaltenen hellenistischen Romanen, in welchem der Held seiner Schönheit wegen auch von Geschlechtsgenossen Gefahr droht). Kaum zu zählen sind die Raubüberfälle,

Wunderrettungen, Sklavenverkäufe, die Heiratsanträge (die Bewerber reichen von indischen Königen bis zur häßlichen alten Mördervettel), die listigen oder sentimentalen Eheverweigerungen, die sich geradezu überstürzenden versuchten oder vollzogenen Hinrichtungen und Tötungen. Dabei steht dem Autor für die Schilderung des verwirrenden Geschehens nur ein aufs äußerste beschränkter Wortschatz zur Verfügung: eine Floskel für den Reichen, Mächtigen, Vermögenden, Angesehenen; ein blasser Typenbegriff für alle Schurken; zwei, drei Wendungen für die Szenenwechsel – im ganzen die banale Alltagssprache kunstloser Reportage. Der Autor benennt, wo er beschreiben könnte, und enthebt sich durch Formeln der Mühe der Formulierung.

Der schablonenhaften Geschichte von den zwei Liebenden, die sich erst nach unvorstellbaren Leiden und Gefahren wiederfinden, liegt ein vor allem seit EURIPIDES *(Hippolytos, Bakchen)* in der antiken Literatur beliebtes Motiv zugrunde: Ein Mensch überhebt sich über die Gottheit und wird bestraft. Hier ist es der Liebesgott Eros, der sich an Habrokomes rächen will, weil dieser sich durch seinen übermütigen Stolz auf die eigene Schönheit gegen ihn vergangen hat. So werden Habrokomes und die junge Anthia, die sich zufällig bei einer Prozession begegnen, schon beim ersten Blick von unstillbarer Liebe zueinander befallen. Ein von den Eltern der beiden befragtes Orakel Apollons prophezeit den Liebenden die Heirat, zugleich aber auch lange und gefährliche Trennung, die schließlich durch ein glückliches Wiedersehen beendet werde. Von da an läuft das von der Gattung des Abenteuer- und Liebesromans vorgeschriebene Geschehen wie von selbst ab – denn um der Weissagung Genüge zu tun, vermählen die Eltern ihre Kinder miteinander und schicken sie anschließend zu Schiff auf Reisen, worauf sich denn auch alsbald die Seeräuber einstellen usw. Daß die Liebenden sich am Ende wieder unversehrt treffen, verdanken sie teils wiederum einer Gottheit – der hilfreichen Isis, zu der zu beten Anthia nicht müde wird –, teils einem mehr als nur unwahrscheinlichen Glück, hinter dem man Tyche, die allwaltende Göttin des Schicksals, sehen könnte – wenn es sich nicht um Ananke, die Patronin auch des Zwanges der literarischen Gattung, handeln würde. Auf die Möglichkeiten exotischen oder mythisch-historisierenden Fabulierens, die der Stoff mit einer Vielzahl von Schauplätzen geboten hätte, verzichtet der Autor; doch wird man kaum sagen dürfen, die Schlichtheit und Naivität entspringe weiser künstlerischer Ökonomie – vielmehr ist der Autor auch hierin eben innerhalb seines Horizonts geblieben.

E. Sch.

AUSGABEN: Ldn. 1726 *(Tōn kata Anthian kai Abrokomēn Ephesiakōn logoi pente*, Hg. A. Cocchi). – Paris 1926 (*Les Éphésiaques*, Hg. G. Dalmeyda; m. frz. Übers.).

ÜBERSETZUNGEN: *Anthia und Abrokomas*, G. A. Bürger, Lpzg. 1775. – *Anthia und Habrokomes*, J. G. Krabinger, Mchn. ²1831. – *Die Waffen des Eros*, B. Kytzler, Ffm./Bln. 1968 [m. Ill. v. G. Manzù].

LITERATUR: K. Bürger, *Zu X. von Ephesus* (in Herm, 27, 1892, S. 36–67). – E. Rohde, *Der antike Roman und seine Vorläufer*, Lpzg. ³1914; Nachdr. Darmstadt 1960, S. 409–435. – Schmid-Stählin, 2/2, S. 810/811. – F. Zimmermann, *Die »Ephesiaka« des sog. X. von E. Untersuchungen zur Technik und Komposition* (in Würzburger Jahrbücher, 4, 1949/50, S. 252–286). – R. Helm, *Der antike Roman*, Göttingen ²1956, S. 43–45. – R. Merkelbach, *Roman und Mysterium in der Antike*, Mchn./Bln. 1962, S. 91 bis 113. – Lesky, S. 920.

LONGOS aus Lesbos
(2./3. Jh.)

POIMENIKA KATA DAPHNIN KAI CHLOËN (griech.; *Hirtengeschichten von Daphnis und Chloe*).– Der berühmteste antike Hirten- und Liebesroman, von dem sonst unbekannten LONGOS aus Lesbos (2./3. Jh. n. Chr.). – Das Werk steht innerhalb seiner Gattung aus mehreren Gründen einzig da: seines Themas wegen (nicht zwei Liebende, die getrennt werden und sich wiederfinden, sondern zwei Hirtenkinder, die Schritt für Schritt gemeinsam die Liebe erst entdecken); des Milieus wegen (nicht abenteuerreiches Durchmessen der im Altertum bekannten Gebiete der bewohnten Erde, sondern Beschränkung auf ein Landgut und einen Herrensitz in Lesbos); der literarischen Eigenart wegen (der Abenteuer- und Reiseroman wird, dem Genre der »Neuen Komödie« folgend, zur Geschichte von den ausgesetzten Kindern, die ihre Eltern wiederfinden, und gleichzeitig in der Nachfolge THEOKRITS und seiner Schüler, auch VERGILS, zur ländlichen Idylle umgeformt, womit *Daphnis und Chloe* der erste und der einzige erhaltene bukolische Roman antiker Herkunft ist; der sprachlichen Meisterschaft wegen (im Geist der »Zweiten Sophistik« sind Wortwahl und Satzfolge bis in die feinsten Nuancen klanglich und rhythmisch durchgebildet); schließlich der überragenden formalen Gestaltung wegen (jede Szene übt eine bestimmte kompositorische Funktion aus; der Aufbau des Ganzen aber folgt dem Ablauf der Jahreszeiten: dem bäuerlichen Arbeitskalender).

Zu Beginn der Erzählung – nach dem Bericht der Vorgeschichte: Daphnis und Chloe, zwei ausgesetzte Kinder, werden von den Hirten Lamon und Dryas großgezogen – ist es Frühling; bei mit raffinierter Naivität geschilderten kindlichen Spielen entdecken beide eine merkwürdige Sehnsucht nacheinander, der sie keinen Namen und Sinn zu geben wissen. Mit steigendem Sommer wächst ihr Verlangen, ohne daß sie für ihre Leiden Hilfe fänden. Schon droht dem jungen Bund ein jähes Ende – Seeräuber landen und entführen den schönen Daphnis –, aber dank der Beherztheit Chloes und eines Hirten wird Daphnis gerettet. Es naht der Herbst (Buch 2), die Zeit, in der die Früchte erntet; der alte Hirte Philetas beginnt, Daphnis und Chloe in die ihnen unbegreiflichen Geheimnisse einzuführen: Von ihm erfahren sie den Namen ihrer Krankheit – Eros, die Liebe – und die Heilmittel: küssen, umarmen, nackt auf der Erde liegen. Doch die beiden können seinen Rat nicht begreifen. Erneut werden ihre Spiele jäh unterbrochen; diesmal wird Chloe geraubt, kehrt aber, nach Pans Einschreiten, unversehrt zurück. Es kommt der Winter (Buch 3), die Zeit der Trennung, und endlich wieder der Frühling, mit ihm das alte Drängen, die alten Spiele. Nun findet sich auch eine gütige Nachbarin, Lykainion, die Daphnis in der so lange vergeblich gesuchten Kunst unterweist; doch dieser spielt aus Furcht, der geliebten Chloe wehzutun, weiterhin die früheren unschuldigen Spiele mit ihr. Die Nymphen lassen Daphnis einen Schatz entdecken, der es ihm ermöglicht, bei Dryas um Chloe zu werben: Sobald der gemeinsame Herr der Hirten und des Landes eingewilligt hat, kann die Hochzeit stattfinden. Als es Herbst wird (Buch 4), besucht der Herr, Dionysophanes, das Gut und erkennt in Daphnis seinen eigenen Sohn; er stimmt der Heirat zu, und bei einem prunkvollen Festmahl im städtischen Palast trifft auch Chloe ihren verlorenen Vater, den reichen Megakles, wieder. Das Hochzeitsfest wird zugerüstet, jedoch auf Wunsch des Paares mitten im Landgut, vor der Höhle der Nymphen; hier endlich kann Daphnis tun, »*was Lykainion ihn gelehrt hatte, und erst jetzt lernte Chloe, daß alles, was sie einst am Waldrande getrieben hatten, nur Hirtenspiel gewesen war*«.

Diese in ihrer frivolen Unschuld exquisite Erzählung, die Lope de Vega und Shakespeare zu ihren begeisterten Nachahmern zählte und, im Verein mit dem Theokrit-Kreis und Vergil, von Petrarca bis zum Biedermeier den Nährboden einer fast unerschöpflichen Landidyllik und Schäfersehnsucht bildete, mußte in ihrer langen Geschichte neben größter Bewunderung viel häßliche Kritik ertragen. Oft beachtete man die formale Meisterschaft des Autors überhaupt nicht: Daphnis und Chloe sind von den Göttern der Landschaft für einander bestimmt; daraus leitet Longos für die Gestaltung ein Gesetz der Parallelität ab (alles was Daphnis widerfährt, geschieht auch Chloe), ein ständig in Variationen wiederholtes Darstellungsschema: farbenreiche Schilderung von Ort und Zeit, Daphnis-Handlung, Chloe-Handlung, gemeinsames Treiben von Daphnis und Chloe. Dieses Bauprinzip zieht sich durch alle Einzelepisoden der ersten drei Bücher. Im vierten aber – eine deutliche Klimax (Schissel von Fleschenberg) – wird die Sequenz nur ein einziges Mal durchgespielt, an deren Schluß die endgültige Vereinigung der Geliebten steht. Statt sich der Erforschung dieser künstlerischen Strukturen des Werks zu widmen, hielten sich die übereifrigen Kritiker an den Stoff. Vor allem die unverhüllte Direktheit in der Darstellung alles Biotischen und die raffiniert gesteigerte Verzögerung der Liebeserfüllung fand man moralisch bedenklich. Man sah darin »*süßes sinnliches Begehren*«, das ein »*abscheuliches muckerhaftes Raffinement zeigt*« (Rohde), hielt die »*Mischung von dezenter Süßlichkeit und derber Sinnlichkeit*« für »*abstoßend*« und sprach gar von »*pornographischem Reiz*« und von »*widerlich lüsternem Erzeugnis*« (Schmid-Stählin). All dem gegenüber aber steht das freimütig-überschwengliche Urteil des alten Goethe über die poetische Vollkommenheit des Werkes, ein Urteil, dem man sich um so lieber anschließen wird, als sich – trotz mancher Einschränkung im Detail (die Schwärmerei für das einfache Leben beispielsweise stellt, bei aller Überzeugungskraft der Naturbilder, im Grunde nicht mehr dar als rhetorisch-literarische Reminiszenz) – inzwischen gezeigt hat, mit welch sicherem Blick der Dichter den Dichter erkannte. E. Sch.

Ausgaben: Paris 1559 (*Les amoures pastorales de Daphnis et de Chloé*; frz. Übers. v. J. Amyot). – Florenz 1598 (*Poimenikōn tōn kata Daphnin kai Chloēn biblia tessara*, Hg. R. Columbanius). – Ldn. 1908 (*The Story of Daphnis and Chloe*, Hg. W. D. Lowe; m. engl. Übers. u. Komm.). – Ldn./Cambridge (Mass.) 1916 (*Daphnis and Chloe*, Hg. J. M. Edmonds; m. engl. Übers. v. G. Thornley, Loeb; mehrere Nachdr.). – Athen 1932 (*Pastorales*, Hg. A. Kairis). – Paris ²1960 (*Pastorales*, Hg. G. Dalmeyda; m. frz. Übers.). – Bln. 1960 (*Hirtengeschichten von Daphnis und Chloe*, Hg. O. Schönberger; m. Komm. u. Bibliogr.; griech.-dt.).

Übersetzungen: *Lustgarten der Liebe von steter brennender Liebe zweier liebhabenden jungen Personen Daphnides und Chloe zu Mytilenen*, D. Wolstand, Ffm. 1615 [Existenz dieser Übers. zweifelhaft]. – *Daphnis und Chloe*, F. Grillo, Bln. 1765. – *Hirtengeschichten von Daphnis und Chloe*, L. Jacobs, Stg. 1832 u. ö. – *Daphnis und Chloe*, F. Passow, bearb. F. Eyssenhardt, Stg. 1883. – Dass., L. Grommer, Wien 1923. – Dass., O. Güthling (nach F. Jacobs), Lpzg. 1928 (RUB, 6911/6912). – Dass., L. Wolde, Lpzg. 1939 u. ö. (Slg. Dieterich, 44; ern. Bremen 1966, Ill. A. Maillol). – Dass., E. R. Lehmann-Leander, Bln. 1959.

Literatur: E. Rohde, *Der griechische Roman und seine Vorläufer*, Lpzg. ³1914, S. 531–554; Nachdr. Darmstadt 1960. – Schmid-Stählin, 2/2, S. 823 bis 825. – G. Valley, *Über den Sprachgebrauch des L.*, Diss. Uppsala 1926. – O. Schissel von Fleschenberg, Art. *Longos (1)* (in RE, 13/2, 1927, Sp. 1425–1427). – L. Castiglioni, *Stile e testo del romanzo pastorale di Longo* (in Rendiconti del Reale Istituto Lombardo di Scienze e Lettere, S. 2, 61, 1928, S. 203 bis 223). – G. Rohde, *L. und die Bukolik* (in RhMus, 86, 1937, S. 23–49). – E. Schwartz, *Fünf Vorträge über den griechischen Roman*, Bln. ²1943, S. 147–151. – R. Helm, *Der antike Roman*, Göttingen ²1956, S. 50f. – R. Merkelbach, *Daphnis und Chloe. Roman und Mysterium* (in Antaios, 1, 1959, S. 47–60). – H. H. O. Chalk, *Eros and the Lesbian Pastorals of L.* (in Journal of Hellenic Studies, 80, 1960, S. 33–51). – E. H. Haight, *Essays on the Greek Romances*, Port Washington/N.Y. 1965, S. 119–143.

HELIODOROS aus Emesa
(3. Jh.)

SYNTAGMA TŌN PERI THEAGENĒN KAI CHARIKLEIAN AITHIOPIKŌN, kurz: *Aithiopika* (griech.; *Darstellung der äthiopischen Geschichten von Theagenes und Charikleia*, kurz: *Äthiopische Geschichten*). Roman in zehn Büchern von Heliodoros aus Emesa (3. Jh. n. Chr.); wie aus indirekten Indizien geschlossen werden kann, etwa zwischen 232/33 und 250 n. Chr. entstanden. – Das Werk ist das späteste erhaltene Exemplar eines hellenistischen Abenteuer- und Liebesromans. Chariton, Xenophon aus Ephesos, Iamblichos und Achilleus Tatios sind die literarischen Vorfahren des Heliodor, deren Werke erhalten sind, und eine ganze Reihe anderer, zum Teil anonym bleibender Bücher kennen wir wenigstens dem Namen nach: etwa den *Ninos-Roman* (das älteste Stück der Gattung), die vierundzwanzigbändigen *Ta hyper Thulēn apista* (*Die Wunder jenseits von Thule*) des Antonios Diogenes oder die *Historia Apollonii regis Tyri* (*Geschichte des Königs Apollonios von Tyros*). Dennoch singt Heliodor nicht etwa den Grabgesang seiner Gattung, im Gegenteil: sein Schaffen bedeutet (abgesehen von dem Sonderfall Longos) ihren eigentlichen Höhepunkt. Erst in Heliodor hat das bis zum Überdruß abgedroschene und banale Schema der beiden Liebenden, die voneinander getrennt werden und erst nach unvorstellbaren Leiden wieder zusammenkommen, einen Autor gefunden, der den Erfordernissen anregender Unterhaltungslektüre auch durch solide formale Handwerksarbeit Genüge tun konnte. Vor allem in Fragen der Komposition bildet Heliodor eine rühmliche Ausnahme unter seinen Zunftgenossen, die in chronologischer Treue Ereignis auf Ereignis häufen und die Langeweile des »und dann...« durch phantastische Übersteigerung der Motive, eifrigen Wechsel der Schauplätze und eine Fülle von Personen zu verdecken suchen.

Eine schier unglaubliche Stoffülle ist freilich auch für die *Aithiopika* charakteristisch; aber sie erscheint hier gebändigt durch einen starken Willen zu innerer Strukturierung. An den Anfang seines Romans setzt Heliodor ein Bild, das mitten in das Geschehen hineinführt und so die gespannte Erwartung des Lesers weckt, der nun gern wissen möchte, wie es zu dem blutigen Ereignis der Eingangsszene gekommen ist: In ihr erblicken Räuber bei Sonnenaufgang in der Nilmündung ein Schiff, dessen Besatzung niedergemetzelt am Strand liegt; nur ein »junges Mädchen von wunderbarer Schönheit« – Charikleia – lebt noch und bemüht sich eifrig um einen blutüberströmt und wie tot daliegenden jungen Mann (Theagenes). Der Räuberhauptmann Thyamis, ein edler Mensch und nur durch widrige Umstände in seinen jetzigen Beruf geraten, übergibt das Mädchen und den inzwischen zu sich gekommenen jungen Mann einem griechischen Sklaven namens Knemon. Knemon erzählt den beiden seine Lebensgeschichte. Als sie sich für kurze Zeit trennen, trifft Knemon einen greisen, hellenisch gebildeten Ägypter namens Kalasiris, der ihm berichtet, er habe von der äthiopischen Königin den Auftrag erhalten, ihre einst ausgesetzte Tochter Charikleia zu suchen; in Delphi habe er sie als Artemispriesterin tatsächlich gefunden und sich auf ein geheimnisvolles Pythisches Orakel hin mit ihr und Theagenes auf die Reise gemacht; unterwegs aber seien sie von Räubern überfallen worden, wobei er seine Schützlinge verloren habe usw. In diesem Gespräch trägt Kalasiris also all das nach, was sich vor der Eingangsszene abgespielt hat, und findet endlich mit Hilfe Knemons Charikleia wieder (Buch 1–5). Gemeinsam machen sie sich nun – die Gegenwartshandlung ist während der erzählenden Rückblende hintergründig weitergeschritten – erneut auf die Suche nach dem inzwischen wieder verschleppten Theagenes (Buch 6). Nach mancherlei Volten, gleicherweise überraschend für den Leser (so stellt sich heraus, daß der edle Bandit Thyamis der unglückliche Sohn des Kalasiris, des ehemaligen Propheten von Memphis, ist) wie für die Helden des Buches (Theagenes und seine Geliebte kommen schließlich als Kriegsgefangene in Charikleias Vaterstadt, wo sie den Opfertod sterben sollen), gelangt die Erzählung endlich zu ihrem versöhnlichen Abschluß: Charikleia gibt sich als verlorene Königstochter zu erkennen, auch Theagenes wird durch einen günstigen Umstand vor der Opferung bewahrt; beide werden sie mit der Priesterwürde der Gottheit geehrt, der sie auf so blutige Weise geweiht werden sollten, ja, es sollen sogar auf immer die Menschenopfer abgeschafft sein. Mit dem Ausblick auf die Hochzeit endet die Geschichte.

Was die zahllosen Leser der *Aithiopika* an diesem Werk mehr als anderthalb Jahrtausende lang entzückte, ist freilich nicht nur die nuancenreiche, geschickt mit den verschiedenen Zeiträumen spielende Art des Erzählens – sie beeindruckte vor allem die Poetenkollegen –: Fast mehr noch dürfte bei der breiten Masse die naiv-spröde Keuschheit der Figuren und die einer echten Frömmigkeit und Menschlichkeit entspringende schlichte Gesinnung des Autors gewirkt haben, die – seltsam genug – hier, in dem letzten Werk der Gattung, nicht mehr, wie bei seinen Vorläufern, eine sentimental-kitschig posierende Attitüde darstellt, sondern von einer zwar eklektisch Orient und Okzident vermischenden, doch darum nicht weniger ursprünglichen neuen Religiosität zeugt. So hatte denn auch das Christentum kaum einen Anhaltspunkt für Einwände gegen diese beliebte Volkslektüre. Lediglich gegen den Vorwurf erotischer Bedenklichkeit meinte man das Buch zuzeiten verteidigen zu müssen. E. Sch.

AUSGABEN: Basel 1534 (*Aithiopikēs historias biblia deka*, Hg. V. Obsopoeus). – Rom 1938 (*Aethiopica*, Hg. A. Colonna). – Paris 1935-1943 (*Les Éthiopiques*, Hg. R. M. Rattenbury u. T. W. Lumb, 3 Bde.; m. frz. Übers. v. J. Maillon); ²1960).

ÜBERSETZUNGEN: *Aethiopica Historia. Eine schöne vnnd liebliche Histori, von einem groszmütigen Helden aus Griechenland vnd einer vberschönen Junckfrawen, eines Königs dochter der schwartzen Moren (der Jüngling Theagenes vnnd die Junckfraw Chariclia genant) darinnen Zucht, Erbarkeit, Glück vnd Vnglück, Freud vnd Leid zu sampt viel guter lercn beschrieben werden*, J. Zschorn, Straßburg o. J. [1554] u. ö. – *Zehn Bücher Aethiopischer Geschichten*, F. Jacobs, 3 Bde., Stg. 1837/38 u. ö. – *Aethiopische Geschichten*, Th. Fischer, 2 Bde., Stg. 1867 u. ö. – *Aithiopika. Die Abenteuer der schönen Charikleia*, R. Reymer, Bln. 1943. – Dass., ders., Zürich 1950 [Nachw. O. Weinreich]. – Dass., ders., Hbg. 1962 [RKl, 120/121]. – *Die äthiopischen Abenteuer von Theagenes und Charikleia*, H. Gasse, Lpzg. 1959 (Slg. Dieterich, 196; ²1966).

LITERATUR: M. Oeftering, *Heliodor u. seine Bedeutung für die Literatur*, Bln. 1901. – K. Münscher, Art. *Heliodoros (15)* (in RE, 8/1, 1912, Sp. 20–28). – E. Rohde, *Der griechische Roman und seine Vorläufer*, Lpzg. ³1914, S. 453–498 (Nachdr. Darmstadt 1960). – Schmid-Stählin, 2/2, S. 820–823. – F. Altheim, *Helios u. H. von E.*, Amsterdam/Lpzg. 1942 (Albne Vigiliae, 12). – E. Schwartz, *Fünf Vorträge über den griech. Roman*, Bln. ²1943, S. 127 bis 156. – V. Hefti, *Zur Erzählungstechnik in Heliodors »Aethiopica«*, Diss. Basel/Wien 1950. – O. Mazal, *Der Stil des Heliodorus von Emesa*, Diss. Wien 1955. – R. Helm, *Der antike Roman*, Göttingen ²1956, S. 37–43. – T. Szepessy, *Die »Aithiopica« des H. u. der griechische sophistische Liebesroman* (in Acta Antiqua Academiae Scientiarum Hungaricae, 5, 1957, S. 241–259). – O. Mazal, *Die Satzstruktur in den »Aithiopica« des H. v. E.* (in WSt, 71, 1958, S. 116–131). – Th. R. Goethals Jr., *The »Aethiopica« of Heliodorus. A Critical Study*, Diss. Columbia University 1959. – R. Merkelbach, *Roman und Mysterium in der Antike*, Mchn./Bln. 1962, S. 234–298. – Lesky, S. 922–924. – E. H. Haight, *Essays on the Greek Romances*, Port Washington/N. Y. 1965, S. 61–94. – E. Feuillatre, *Études sur les »Éthiopiques« d'Héliodore. Contribution à la connaissance du roman grec*, Paris 1966. – R. Keydell, *Zur Datierung der »Aithiopika« Heliodors* (in Polychronion. Fs. F. Doelger, Hg. P. Wirth, Heidelberg 1966, S. 345–350). – O. Mazal, *Die Textausgaben der »Aithiopika« Heliodors von Emesa* (in Gutenberg-Jb. 1966, S. 182–191). – H. Gärtner,

Charikleia in Byzanz (in Antike und Abendland, 15, 1969, S. 47-69).

CAELIUS
(3. Jh.?)

APICIUS. DE RE COQUINARIA (lat.; *Apicius. Von der Kochkunst*) lautet wohl der ursprüngliche Titel der einzigen aus der Antike überlieferten Sammlung von Küchenrezepten. Manche der kulinarischen Genüsse tragen die Namen später römischer Kaiser, woraus man schließen darf, daß das Buch frühestens im 3. Jh. entstanden ist. Da ihm der mutmaßliche, sonst nicht bekannte Verfasser CAELIUS den Namen des M. Gavius Apicius (1. Jh.), eines sagenhaften Schlemmers aus der Zeit des Augustus und des Tiberius, als zugkräftigen Titel verlieh, nahm man an, ein »Caelius Apicius«, den man mit dem berühmten Prasser identifizierte, sei Verfasser des Werks. Zwar enthält dieser Irrtum einen historischen Kern: denn auch der historische Apicius verewigte seine Schlemmereien in einem Kochbuch, und einiges daraus kann sich in die erhaltene Schrift hineingerettet haben. Die Mehrzahl der Rezepte aber dürfte einen Jahrhunderte umspannenden Querschnitt durch die römische Feinschmeckerküche darstellen. Jedes der zehn Bücher ist, etwas hochtrabend und nicht immer zutreffend, unter einen charakteristischen griechischen Titel gestellt (z. B. die Gemüse unter *Kepuros* – *Der Gärtner*, die Fleischgerichte unter *Tetrapus* – *Der Vierfüßler*, die Fische unter *Thalassa* – *Das Meer*). Dies weist, neben den vielen griechischen Spezialausdrücken, darauf hin, daß die Wiege dieser Kunst im Osten stand. Natürlich wäre es ein Unding, den *Apicius* literarisch würdigen zu wollen; doch was das genommen, was er sein will, verdient er – des kulinarischen Geschmacks wegen – höchste Anerkennung: zu vielen der Köstlichkeiten, die er anbietet, darf man noch heute guten Appetit wünschen.   E. Sch.

AUSGABEN: Mailand 1498 (*Apicius in re quoquinaria*). – Lpzg. 1922 (*Apicii librorum X qui dicuntur De re coquinaria quae extant*, Hg. C. Giarratano u. F. Vollmer). – Pisa 1957, Hg. A. Marsili [m. Bibliogr. u. ital. Übers.].

ÜBERSETZUNGEN: *Probe einer neuen Textgestaltung u. Übersetzung des A.*, C. T. Schuch u. E. F. Wüstemann (in Jahns Archiv, 19, 1853, S. 209 bis 228). – *Das Apicius-Kochbuch aus d. röm. Kaiserzeit*, übers. u. bearb. v. R. Gollmer, Rostock ²1929. – *An der Tafel des Trimalchio. Antike Rezepte, für den heutigen Gebrauch ausprobiert*, A. u. G. Faltner, Mchn. 1959 [m. Urtext].

LITERATUR: L. Friedlaender, *Darstellungen aus d. Sittengeschichte Roms*, Bd. 2, Lpzg. ⁹1920, S. 274f. – F. Vollmer, *Studien zu d. röm. Kochbuche v. A.* (in SBAW, 1920, 6). – Schanz-Hosius, 2, S. 791ff. – M. E. Milham, *A Glossarial Index to »De re coquinaria« of A.*, Univ. of Wisconsin Press 1952.

PLOTINOS
(203/04–269/70)

ENNEADES (griech.; *Neunheiten*). Sammlung der vom Jahre 254 an entstandenen und veröffentlichten philosophischen Abhandlungen des PLOTINOS (203/204–269/270), postum herausgegeben von seinem Schüler PORPHYRIOS (233-301/304). – Porphyrios hatte den Auftrag dazu von seinem Lehrer selbst erhalten (zwei andere, heute verlorene Plotin-Ausgaben, von Porphyrios' Mitschülern AMELIOS und EUSTOCHIOS, waren also privaten Charakters); er kam jedoch erst kurz vor seinem Tode dazu, ihn auszuführen. Die Anordnung der 54 teils längeren, teils sehr knapp gehaltenen, formal an die Diatriben-Literatur erinnernden Schulvorträge in sechs Büchern zu je neun Abhandlungen ist, ebenso wie die Kapitelüberschriften und die – nicht überlieferten – Inhaltsangaben, Porphyrios' Werk. Seine thematische Einteilung – ethische (1. Enneade) und physikalische Probleme (2. und 3. Enneade), von der Seele (4. Enneade) und vom *nus* (5. Enneade) sowie schließlich über das Eine und das Gute (6. Enneade) – reißt freilich nicht selten Vorträge, die eng zusammengehören und teilweise sogar als Einheit konzipiert sind, auseinander. Diese Mißachtung der Chronologie und der immanenten Bezüge zugunsten zahlensymbolisch inaugurierter systematischer Katalogisierung wird aber zum Teil wieder wettgemacht durch seine Plotin-Biographie (*Peri Plōtinu biu kai tēs taxeōs tōn bibliōn autu* – *Über das Leben Plotins und die Ordnung seiner Schriften*), in der er weithin die Entstehungszeit der einzelnen Stücke vermerkt. Seine Periodisierung der Schriften in »Frühwerk«, »Blüte« und »Altersepoche« wirkt allerdings angesichts der Tatsache, daß Plotin erst im Alter von fünfzig Jahren mit der literarischen Fixierung seiner Gedanken begonnen hat, unsinnig: immerhin mag es interessant sein zu erfahren, daß 21 der erhaltenen Schriften vor seinem neunundfünfzigsten, weitere 24 vor seinem fünfundsechzigsten Lebensjahr entstanden sind; der Rest fällt in das von zunehmendem Leiden überschattete letzte Lebensjahr.

Man darf aus diesem Grunde – solange die Forschung nichts Gegenteiliges erwiesen hat – für das Verständnis der Werke voraussetzen, daß Plotins Gedankenwelt, als er mit ihrer schriftlichen Fixierung begann, im wesentlichen als abgeschlossenes System vorlag. Wie bei PLATON, als dessen Interpret und Erneuerer sich Plotin versteht, sind die einzelnen Abhandlungen auf mannigfache Weise thematisch miteinander verknüpft, die Motive und Aspekte überschneiden und überlagern sich, im einzelnen Philosophem ist stets das ganze »System« als organisch übergreifende Einheit mitgegeben. Daß man, im Gegensatz zu Platon, nicht mit scharf geschiedenen chronologischen Phasen, mit sukzessiver Entfaltung und einschneidenden philosophischen oder literarischen Entwicklungen rechnen muß, erleichtert die Orientierung, läßt andererseits aber nicht weniges zunächst als geheimnisvolle Esoterik erscheinen. Plotin selbst sieht auch das Platonische Œuvre durchaus als die Einheit: in seiner »Platon-Exegese« – d. h. in Wirklichkeit: seinem eigenen, durchaus von Platon emanzipierten philosophischen System – verschmelzen Elemente der vor allem in *Symposion*, *Politeia* und *Phaidros* entfalteten »Ideen«-Vorstellungen und »Aufstiegsstrukturen« mit den für das Spätwerk Platons charakteristischen Spekulationen über »das Eine« als Urprinzip des Seins und mit der im *Timaios* vorgetragenen Kosmologie. Oberstes Seinsprinzip ist für Plotin das mit dem Guten und Schönen identische »Eine«, ein alle Vorstellung überschreitendes, in sich ruhendes göttliches Höchstes, das sich nur in Form negativer Prädikationen beschreiben läßt. Eine Stufe darunter steht der Geist *(nus)*, nach Art eines Spiegelbildes aus dem »Einen« hervorgegangen, der in sich zugleich die ganze Welt der »Ideen«, den *noētos kosmos*, umfaßt. Die dritte Stufe von oben nimmt die (Welt-)Seele, die *psychē*, ein, das vermittelnde Glied zwischen den geistig bestimmten Formen des wahren Seins und dem Bereich der Materie, der *hylē*. Ist das höchste »Eine« das schlechthin Gute, so ist die Materie als solche das schlechthin Schlechte, Inbegriff des Bösen und der Finsternis. Die Seele des Menschen, ihrem eigentlichen Wesen nach Teil der dem wahren Sein zugehörigen Weltseele, ist durch ihre Verbindung mit dem materiellen Leib immer in die Welt des Bösen und Unreinen verstrickt. Ihr tiefstes Bestreben ist also darauf gerichtet, die Verstrickung zu lösen, sich nach Möglichkeit von allem Materiellen weg wieder der Welt des reinen Geistes zuzuwenden, der sie von Natur angehört. Gelingt es der Seele, sich ausschließlich dem ihr Gemäßen zu widmen und alles »Irdische« abzuschütteln, so vermag sie sich schließlich sogar mit dem *nus* zu vereinen, ja, in ganz seltenen Augenblicken wird es geschehen, daß sie in mystischer Ekstase, alle Formen des reinen Erkennens überschreitend, mit dem Höchsten, dem Einen, Guten und Schönen, eins wird: ein berauschter, selbstvergessener Zustand glückseliger Entrückung, den Plotin, wie Porphyrios berichtet, selbst viermal erlebt hat.

Vieles am Werk Plotins wird nur verständlich vor dem allgemeinen Hintergrund der späthellenistisch-römischen Epoche der Geistesgeschichte: das gilt für die Grundtendenz seines Denkens (den religiösen Tenor, den Drang zur Verinnerlichung und letztlich zur Mystik) nicht weniger als für manche Einzelfragen (etwa das Problem der Verursachung des Bösen). Plotin hat sich offensichtlich intensiv mit den Strömungen seines Jahrhunderts auseinandergesetzt, wenngleich ausdrückliche Polemik selten ist: ein Titel *Gegen die Gnostiker* und die Angriffe auf die Astrologie erscheinen eher als Ausnahmen. Ob er vom Christentum Notiz nahm, bleibt fraglich; wohl aber war das Umgekehrte der Fall: Plotins Einfluß läßt sich nicht nur durch den ganzen Spätplatonismus verfolgen, sondern tritt in vielfältiger Weise auch bei christlichen Schriftstellern zutage, so etwa bei BASILEIOS und SYNESIOS, vor allem jedoch bei AUGUSTIN: durch ihn und durch MACROBIUS wurde das lateinische Mittelalter mit Plotin bekannt. Plotins Wirkung auf die Neuzeit ist nur mit derjenigen Platons und ARISTOTELES' zu vergleichen. Der Florentiner Akademie war er einer der Kronzeugen des Platonismus (Marsilio FICINO verfertigte, von Cosimo de' Medici und PICO DELLA MIRANDOLA angeregt, eine lateinische Übersetzung, die für rund ein Jahrhundert den maßgebenden Plotin-Text bildete); später stehen SHAFTESBURY und LEIBNIZ, NOVALIS, GOETHE und SCHELLING in Plotins Nachfolge: eines der meistgenannten Zitate aus der *Farbenlehre* – »*Wär' nicht das Auge sonnenhaft, | Wie könnten wir das Licht erblicken? | Lebt' nicht in uns des Gottes eigne Kraft, | Wie könnt' uns Göttliches entzücken?*« – ist die beinahe wörtliche Übertragung einer Stelle aus Plotins erster Enneade.

E. Sch.

AUSGABEN: Florenz 1492 (*Opera omnia*; lat. Übers. des Marsilio Ficino). – Basel 1580 *(Operum philosophicorum omnium libri LIV sex enneades distributi).* – Paris 1924–1938 (*Ennéades*, Hg. É. Bréhier, 7 Bde.; m. frz. Übers.; ²1954ff.). – Paris/Brüssel 1951–1959 (*Opera*, Hg. P. Henry u. H.-R. Schwyzer, 2 Bde.; enth. *Enn.* 1–5). – Oxford 1964 (*Opera*, Hg. P. Henry u. H.-R. Schwyzer, Bd. 1; enth. *Enn.* 1–3).

ÜBERSETZUNGEN: *Von der Natur, von der Betrachtung und von dem Einen* [3. Enneade], F. Creuzer (in K. Daub u. F. Creuzer, *Studien*, Bd. 1, Heidelberg 1805). – *Die Enneaden*, J. G. V. Engelhardt, Erlangen 1820 [1. Enneade]. – Dass., H. F. Müller, 2 Bde., Bln. 1878–1880 [m. Biogr. des Porphyrios]. – *Enneaden*, O. Kiefer, 2 Bde., Jena 1905 [Ausw.]. – *Schriften*, R. Harder, 5 Bde., Lpzg. 1930–1937 [m. Biogr. des Porphyrios]; Neuaufl. m. griech. Text u. Komm. Hbg. 1956ff., Bd. 2ff. besorgt v. R. Beutler u. W. Theiler [fehlt Bd. 4]. – *Enneadi*, V. Cilento, 3 Bde., Bari 1947–1949 [ital.; m. Komm.; Bibliogr. v. B. Marien].

LITERATUR: B. Marien, *Bibliografia critica degli studi plotiniani* (in *Enneadi*, Bd. 3/2, Bari 1949, Hg. V. Cilento). – H.-R. Schwyzer, Art. *P.* (in RE, 21/1, 1951, Sp. 471–592; m. Bibliogr.). – P. V. Pistorius, *P. and Neoplatonism*, Cambridge 1952. – K.-H. Volkmann-Schluck, *P. als Interpret der Ontologie Platons*, Ffm. ²1957. – W. Himmerich, *Eudaimonia. Die Lehre des P. von der Selbstverwirklichung des Menschen*, Würzburg 1959 (Forschungen zur neueren Philosophie u. ihrer Geschichte, 13). – E. R. Dodds, W. Theiler u. a., *Les sources de P. Dix exposés et discussions*, Genf 1960 (Entretiens sur l'antiquité classique, 5; Fondation Hardt). – É. Bréhier, *La philosophie de P.*, Paris ²1961. – H. J. Krämer, *Der Ursprung der Geistmetaphysik*, Amsterdam 1964.

ANONYM

PERVIGILIUM VENERIS (lat.; *Die Nachtfeier der Venus*). Ein in der *Anthologia Latina* (Nr. 200) überliefertes Poem in 93 katalektischen trochäischen Tetrametern. – Verfasser und Entstehungszeit sind unbekannt; die Literaturhistoriker haben es mit den verschiedensten Autoren und Daten versucht, von FLORUS bis LUXORIUS, vom 2. bis zum 6. Jh. n. Chr., doch ohne Erfolg. Wenn man sich heute auf ein Mittleres, das 3. Jh., geeinigt zu haben scheint, so ohne durchschlagende Gründe.

Das kleine Werk zählt seiner naturnahen Anschaulichkeit, seiner imaginativen Fülle und seiner elegischen Schlußnote wegen zu den berühmtesten Stücken römischer Poesie. Obwohl das Gedicht den Gelehrten manches Kopfzerbrechen bereitet, weil an einigen Stellen, wie man glaubt, Verse durcheinandergeraten sind, wirkt es auf den unbefangenen Leser wie aus einem Guß. Die beiden Grundmotive, der hymnische Preis der Liebesgöttin und die Beschreibung der Wunder des Frühlings unter Pflanzen und Tieren, treffen in der konkreten Ausgangssituation zusammen: Das Gedicht beschreibt den geheimnisvollen Vorabend eines dreitägigen sizilischen Frühlingsfestes zu Ehren der Venus. Die Darstellung der Epiphanie der Göttin im Kreis ihres Gefolges und ihrer Gäste – Eros und die Nymphen, auch Ceres, Bacchus und Apollo werden zugegen sein – ist verwoben mit der Schilderung des Erwachens der Liebe in der Natur: »*Cras amet, qui nunquam amavit, quique amavit, cras amet.*« (»*Wer nie liebte, liebe morgen; morgen liebe, wer geliebt.*«) Dieser Refrain teilt durch seine elfmalige Wiederholung das Gedicht gleichsam in Motivstrophen, er rahmt alle Episoden, die beschreibenden wie die preisenden, als Motto und Klimax ein. Nur der Dichter selbst ist vom Taumel der Festesfreude und der Liebe ausgeschlossen; die Nachtigall singt, er aber, der Einsame, schweigt. Das Jauchzen um ihn wird melancholisch-fremd durch den Schmerz in ihm – er hat seine Muse verloren, Apoll hat ihn verlassen: »*Jene singt, und wir nur schweigen. Wann erscheint der Frühling mir? Wann mach ich es wie die Schwalbe, daß ich nicht mehr stumm sein muß? Durch mein Schweigen schwand die Muse, Phoebus sieht mich nicht mehr an. – Wer nie liebte, liebe morgen; morgen liebe, wer geliebt.«*   E. Sch.

AUSGABEN: Antwerpen 1580, Hg. Petrus Pithoeus (in J. Lipsius, *Electorum libri II*, Bd. 1). – Lpzg. 1882 (in *Poetae Latini minores*, Hg. E. Baehrens, Bd. 4). – Lpzg. ²1894 (in *Anthologia Latina*, Bd. 1/1, Hg. A. Riese). – Oxford ³1936, Hg. C. Clementi [m. Komm., engl. Übers. u. Bibliogr.]. – Turin 1959 (in *Carmina ludicra Romanorum*, Hg. I. Cazzaniga). – Paris ²1961 (*La veillée de Vénus*, Hg. R. Schilling; m. frz. Übers.). – Ldn./Cambridge (Mass.) ²1962, Hg. J. W. Mackail (in *Catullus*, Hg. F. W. Cornish; m. engl. Übers.; Loeb).

ÜBERSETZUNGEN: *Die Nachtfeier der Venus*, G. A. Bürger (in G. A. B., *Gedichte*, Hg. K. Reinhard, Göttingen 1796). – Dass., A. Möbius, Soest 1816 [lat.-dt.]. – Dass., Buri (in *Die Nachtfeier der Venus*. *Die Liebesgötter der Antike*, Hg. M. Vossler, Mchn. 1960; GGT, 637).

LITERATUR: B. Hoenig, *G. A. Bürgers »Nachtfeier der Venus« u. Schillers »Triumph der Liebe« in ihrem Verhältnisse zu dem lateinischen »Pervigilium Veneris«* (in Fleckeisens Jb., 150, 1894, S. 177–192; 223–231; 321–332). – Schanz-Hosius. 3, S. 73–75. – F. Lenz, Art. »*Pervigilium Veneris*« (in RE, 19/1, 1937, Sp. 490/491). – I. Cazzaniga, *Saggio critico e esegetico sul »Pervigilium Veneris«* (in Studi Classici e Orientali, 2, 1952, S. 47–101). – K. Büchner, *Römische Literaturgeschichte*, Stg. ³1962, S. 490/491. – D. Gagliardi, *Il »Pervigilium Veneris« e la poesia novella* (in Le Parole e le Idee, 6, 1964, S. 53–60). – P. Boyancé, *Le »Pervigilium Veneris« et les Veneralia* (in Fs. f. A. Piganiol, Hg. R. Chevallier, Paris 1966, S. 1547–1563).

ANONYM

CORPUS HERMETICUM, auch: *Hermetica* (griech.; *Hermetische Schriften*). Sammeltitel einer Kollektion von siebzehn Schriften theosophischen und philosophisch-spekulativen Inhalts, von verschiedenen, einander nicht selten widersprechenden anonymen Verfassern spätestens gegen Ende des 3. Jhs. n. Chr. geschrieben; gelegentlich nach dem Titel des ersten Traktats insgesamt als *Poimandrēs* bezeichnet. Die – wahrscheinlich späteren – Titel der übrigen Abhandlungen lauten: 2. *Hermes Trismegistos an Asklepios*; 3. *Ein heiliges Wort* [*logos hieros*] *von Hermes Trismegistos*; 4. *Hermes an Tat. Der Kessel*; 5. *Hermes an seinen Sohn Tat. Gott, der Unsichtbare, ist der alleroffenbarste*; 6. *Daß allein in Gott das Gute ist, anderswo nirgends. Von Hermes Trismegistos*; 7. *Daß das größte Übel unter den Menschen das Nichterkennen Gottes ist*; 8. *Daß nichts Seiendes untergeht, sondern daß man die Veränderungen irrtümlich Vergehen und Tod nennt*; 9. *Über Einsicht und Wahrnehmung*; 10. *Der Schlüssel*; 11. *Nus* [*der Geist*] *an Hermes*; 12. *Über den gemeinsamen Nus. An Tat*; 13. *Hermes Trismegistos an seinen Sohn Tat. Geheimes Wort über die Wiedergeburt*; 14. *Gruß des Hermes Trismegistos an Asklepios*; 15. *Definitionen. Asklepios an König Ammon*; 16. [Fragment ohne Titel]; 17. *Über die vom Affekt des Körpers behinderte Seele.* – Diese *Poimandrēs*-Sammlung ist nur ein Ausschnitt aus einer einst viel reicheren Literatur; neben einer fälschlich unter dem Namen des APULEIUS lateinisch erhaltenen Schrift (dem *Asclepius*) und einem in arabischer Sprache überlieferten Stück (*De castigatione animae – Von der Züchtigung der Seele*) besitzen wir noch beträchtliche Fragmente zahlreicher anderer »Hermetischer« Werke; auch hat man Kenntnis von der Existenz weiterer Auswahlsammlungen (»Hermetisches« Gedankengut ist bereits im 1. Jh. n. Chr. belegt).

Der Gott Hermes Trismegistos, um den all diese Schriften kreisen und unter dessen Namen nicht wenige von ihnen überliefert sind, ist die griechische Form des ägyptischen Gottes Thot oder Theut oder Tat, des Gottes der Zahl, der Schrift und der Weisheit. Doch scheint diese Gestalt nur ein mystisch-verklärtes Aushängeschild zu sein, das den vorgetragenen Lehren und Spekulationen hohes Alter und ehrwürdiges Ansehen verleihen soll. In ihrem Inhalt und ihrer Grundtendenz sind die Werke keineswegs spezifisch ägyptischen Ursprungs: sie spiegeln vielmehr eine der Gnosis nahestehende Art heidnischer Erbauungs- und Offenbarungsreligion, deren Wurzeln großenteils in spätplatonischen, neupythagoreisch-orphischen, astrologischen und vermutlich hellenistisch-jüdischen Gedankenkreisen zu suchen sind. Als »pietistisch« gefärbte Erbauungsliteratur stellen sie ein typisches Beispiel des im Hellenismus immer mehr um sich greifenden religiösen Synkretismus dar: freilich nicht jener »Spielart«, die sich in der Verschmelzung disparater Kulte manifestiert – ob hinter der Hermetik kultisch organisierte Gemeinden standen, ist sehr fraglich –, sondern der verinnerlichten Form einer allgemeinen Sehnsucht nach Erlösung und Geisterkenntnis (»Geist« [*nus*] ist ein Zentralbegriff der Hermetischen Traktate und tritt geradezu als Erscheinungsform des Hermes Trismegistos auf).

Im strengen Sinn literarische Bedeutung besitzen diese Schriften nicht; sie bedienen sich zwar gängiger literarischer Medien – des Dialogs, des Briefes, der »Predigt« –, doch ist die Form nur Mittel zum Zweck und ohne Eigenwert in der Geschichte der Gattungen: sie ist lediglich populärer Träger mystisch-popularphilosophischer Gedankenkonglomerate. Ihren individuellen Wert enthüllen die *Hermetischen Schriften* in erster Linie innerhalb der antiken Religionsgeschichte, als Zeugnis für eine der mannigfachen Strömungen, mit denen sich hernach vor allem das Christentum auseinanderzusetzen hatte: bemerkenswert in diesem Rahmen vor allem deshalb, weil die Hermetik auch im Mittelalter keineswegs in Vergessenheit geriet (man begegnet ihr z. B. bei PETRUS ABAELARDUS und ALBERTUS MAGNUS) und zur Zeit der Renaissance fast so etwas wie eine Neuentdeckung erlebte: Marsilio FICINO hat auf Betreiben des Cosimo de' Medici 1463 sogar eine in der Folge vielbeachtete Übersetzung des *Poimandrēs* ins Lateinische angefertigt.   E. Sch.

AUSGABEN: Treviso 1471 (*Mercurii Trismegisti liber de potestate et sapientia Dei*, Hg. Marsilio Ficino; lat. Übers. des *Poimandrēs*). – Paris 1554 (*Hermu tu Trismegistu Poimandrēs*, Hg. A. Bargicius). – Oxford 1924–1936 (*Hermetica*, Hg. W. Scott u.

A. S. Ferguson, 4 Bde.; m. engl. Übers. u. Komm.).
– Paris 1945–1954, Hg. A. D. Nock u. A.-J. Festugière, 4 Bde.; m. frz. Übers.; Nachdr. 1960).

ÜBERSETZUNGEN: *Hermetis Trismegisti Erkäntnüsse der Natur und des darin sich offenbahrenden großen Gottes, begriffen in 17 unterschiedlichen Büchern*, Aletophilus, Hbg. 1706. – *Hermes Trismegists Poemander oder Von der göttlichen Macht u. Weisheit*, D. Tiedemann, Bln./Stettin 1781.

LITERATUR: R. Reitzenstein, »*Poimandres*«, Lpzg. 1904. – J. Kroll, *Die Lehren des Hermes Trismegistos*, Diss. Münster 1913. – M. P. Nilsson, *Gesch. d. griech. Religion*, Bd. 2, Mchn. ²1961, S. 581–612. – A.-J. Festugière, *La révélation d'Hermès Trismégiste*, Bd. 1, Paris ²1950; Bd. 2–4, Paris 1949 bis 1954. – G. van Moorsel, *The Mysteries of Hermes Trismegistus*, Utrecht 1955.

ANONYM

ALEXANDERROMAN. ⌐»*In der gesamten Weltliteratur gibt es keine geschichtliche Persönlichkeit, die die gleiche bedeutsame Rolle spielt und die so oft und so vielgestaltig in Geschichtsbüchern, Epen, Romanen und Legenden, Liedern und dramatischen Dichtungen, in frommen Erbauungsbüchern und in prophetischen Offenbarungen dargestellt wurde wie Alexander der Große. Räumlich umfaßt der Bereich dieser Literatur das ganze Gebiet von Island bis zur Wüste Sahara und bis Äthiopien und von Spanien bis nach China und den Sundainseln, und in rund 35 Sprachen dieses Gebietes wurde von ihm, mündlich und literarisch, erzählt.*« (F. Pfister) – Der weitaus größte Teil dieser verzweigten und vielschichtigen Überlieferung über den Makedonenkönig (reg. 336 bis 323 v. Chr.) geht zurück auf jene spätgriechische romanhafte Ausgestaltung seines Lebens, die man fälschlich dem griechischen Historiker KALLISTHENES (um 370–327 v. Chr.) zuschrieb und die heute kurz *Der Alexanderroman* genannt wird.
Nicht alle Versionen der Alexandertradition, die auf diesem griechischen *Alexanderroman* fußen, haben sich ihrerseits in thematisch geschlossenen Alexanderbüchern niedergeschlagen: vieles ist als Pseudohistorie in umfassendere Geschichtsdarstellungen der späteren Zeit eingegangen, vieles begegnet – in episodenhafter Auswahl und Kürze – in Werken ganz anderer Art und Gattung wieder. Doch auch die Romane und Dichtungen, die in der Nachfolge des griechischen *Alexanderromans* entstanden, sind literarhistorisch keineswegs alle gleich bedeutsam. Eine ganze Reihe der Übersetzungen und Bearbeitungen – vor allem der mittelalterlichen – verdienen allenfalls Interesse als Dokumente für die Verbreitung und Beliebtheit des Alexanderstoffes oder sind nur noch von Wichtigkeit für die Rekonstruktion der griechischen »Urfassung«. Andere wiederum dürfen allein schon deswegen eine ausführlichere Erwähnung beanspruchen, weil ihnen innerhalb ihrer jeweiligen Nationalliteratur ein bedeutender Platz zukommt – ganz zu schweigen von jenen, die aufgrund ihres dichterischen Rangs immer der Weltliteratur zugerechnet wurden. Eine dritte Gruppe bilden schließlich diejenigen Alexanderwerke, die zwar als literarische Leistung unerheblich bleiben, die aber als Vermittler einen wichtigen Knotenpunkt in der Geschichte des Romanstoffs darstellen (wie die Version des Neapolitaners LEO).

Die Geschichte des *Alexanderromans* verläuft deutlich in drei Etappen. Der Fixierung des Romans in der griechisch-römischen Antike folgte zunächst eine ungeheure Ausbreitung im Orient, vor allem nachdem die Alexandergeschichte gewissermaßen ein islamischer Stoff geworden war. Mit der lateinischen Bearbeitung des 10. Jh.s begann im Abendland der Siegeszug des *Alexanderromans* durch die europäischen Literaturen des Mittelalters. Der »europäischen Linie« sind auch die Versionen zuzurechnen, die im Mittelalter direkt aus dem Griechischen geflossen sind. Als Besonderheit wirken in der westlichen Tradition zwei Komplexe: zum einen die hebräischen Versionen, weil sie auf die mittellateinische Version Leos zurückgehen, also nicht auf der dem »orientalischen Zweig« zugehörigen antik-jüdischen Tradition beruhen (aus dieser kennen wir keine *Alexanderromane*); zum andern das lateinische Epos des WALTER VON CHÂTILLON, weil hier die Tradition der romanhaften Geschichtsschreibung (CURTIUS RUFUS) mit dem eigentlichen *Alexanderroman* so verschmolzen ist, daß der Stoff der historiographischen Tradition das Übergewicht erhält. E. Sch.

Antike Fassungen

1. DER GRIECHISCHE ALEXANDERROMAN ist ein ohne festen Titel und Verfassernamen tradiertes spätantikes Werk, das gegen Ende des 3. Jh.s n. Chr. von einem ungebildeten, aus Alexandria stammenden Schreiber kompiliert wurde; mit dem Historiker KALLISTHENES (um 370–327 v. Chr.), unter dessen Namen es lief, hat es nichts zu tun. Hauptbestandteil ist eine sonst nicht überlieferte historische Monographie über Alexander den Großen aus hellenistischer Zeit (2. Jh. v. Chr.), mehr im Stil phantastisch-fabulierender Novellistik als ernsthafter Geschichtsschreibung gehalten, dem Werk des DURIS aus Samos verwandt. Das zweite Grundelement besteht aus einem mehrschichtigen Substrat von Briefsammlungen, darunter einem *Alexanderroman* in Briefform (um 100 v. Chr.) und einem Konvolut von Briefen Alexanders an seine Mutter Olympias und den Philosophen ARISTOTELES über allerlei indische Wunderdinge (hierin ist die älteste Alexandersage aufgesogen). Schließlich lassen sich noch zwei kleinere Schriften herauslösen: die *Letzten Tage Alexanders* (frühes 3. Jh. v. Chr.) und das *Gespräch Alexanders mit den indischen Gymnosophisten*, entstanden im 2. Jh. v. Chr. (nach R. Merkelbachs Analyse). Diese Ingredienzien wirbelte der Kompilator in einem furiosen Arrangement durcheinander, mischte etwas ägyptische Lokalsage und einige Tendenzgeschichten darunter und steuerte schließlich – während er dem Ganzen nach dem Geschmack des Publikums einen grellen Anstrich verlieh – noch einige eigene Histörchen bei, die aber im Gesamtbild nur wieder störend wirken: aus seiner Phantasie stammen unter anderem die Verkleidungssucht und der kleptomane Zug des verrotteten Helden (dieser stiehlt nach einem Inkognito-Besuch bei König Dareios die goldenen Becher), oder das skurrile Requisit der nach Bedarf gefrierenden und auftauenden Flüsse. Ihm ist auch das platterdings komische Durcheinander der historischen und geographischen Tatsachen zuzuschreiben. So zieht Alexander von Makedonien über Thrakien nach Kleinasien, Sizilien, Italien, Karthago, Libyen bis zum ägyptischen Ammon-Orakel; der Kampf gegen

445

den Großkönig beginnt mit der Einnahme von Tyros, es folgt die Schlacht bei Issos, und über Achaia (Peloponnes!), das Taurusgebirge (Südosten Kleinasiens!) und Pierien (Nordgriechenland!) geht es nach Troia (Nordwesten Kleinasiens!); der König unterwirft Theben, Athen und Sparta, ist plötzlich wieder in Kilikien, überschreitet den Euphrat, siegt bei Arbela über Dareios, marschiert ans Ende der Welt und zu den Inseln der Seligen, dann nach Jerusalem, Ägypten, zur Insel der Gymnosophisten und nach Indien, ehe er nach Babylon zurückkehrt, wo er stirbt. Nicht besser steht es mit den geschichtlichen Fakten: Pindar wird zum Lehrer Alexanders; die Römer verweigern dem König den Beistand, weil sie mit Karthago im Krieg liegen, usw.

Daß Inhalt und historische Wahrhaftigkeit in einem geradezu grotesken Mißverhältnis zu der ungeheuren Wirkung des Buchs stehen, ist bezeichnend für das Publikum, das der Autor voraussetzte und auch fand. Vielleicht sollte man in dieser Sphäre, wo das Wunderbare, Exotische, Übermenschliche und Übernatürliche sich mit niederer Fabulistik paarte, wo im Helden sich Gaukler und Heiliger vermengten, nicht mit dem Maßstab des Wissens und der Realität zu messen suchen. Aber eine kritische Betrachtung der literarischen Gestaltung ergibt dasselbe Bild: der Verfasser setzte die disparaten Stücke seiner Vorlagen ohne Rücksicht auf Form und Handlung in phantasievoller Variation unbedenklich nebeneinander, solange sich die Ereignisse in den drei Büchern nur ungefähr an die Reihenfolge Jugend–Taten–Tod hielten; und weder ihn noch seine Leser schien es zu kümmern, wenn etwa plötzlich eine Person wieder agierte, die längst tot gemeldet war.

Kurioserweise war diesem Werk wie keinem zweiten des griechischen Altertums beschieden, in der Weltliteratur weiterzuleben (historiographische Werke über Alexander, wie die *Historiae Alexandri Magni regis Macedonum* des Quintus CURTIUS RUFUS oder die *Anabasis Alexandru* ARRIANS hatten bei weitem nicht diese Resonanz). Das von dem anonymen Alexandriner verfaßte Konglomerat liegt in der Hauptsache in drei griechischen Rezensionen vor, an deren Hauptzweig sich die beiden lateinischen Übersetzungen des IULIUS VALERIUS POLEMIUS (um 320 n. Chr.) und des Archipresbyters LEO VON NEAPEL (um 960) anschließen; aus der gleichen Quelle sind auch die frühen Übersetzungen ins Armenische (5. Jh.), ins Pahlawi und von da ins Syrische und weiter ins Arabische und Äthiopische geflossen. Die zweite Rezension, in mehreren griechischen Handschriften überliefert, war die Grundlage einer bulgarischen Alexandervita aus dem 12. und eines byzantinischen Versepos aus dem 14. Jh.; von der dritten Version schließlich hängt der serbische Alexanderroman (14. Jh.) ab, der bald eine georgische Übersetzung nach sich zog, und ebenso die rumänische Prosafassung. Wo immer das populäre Werk auftauchte, fand es rasche und weite Verbreitung, wurde umgeformt, weitergebildet und wirkte in den Nationalliteraturen als selbständiger Stoff. Dasselbe gilt auch für die westliche, von Valerius und Leo ausgehende Strömung: ihre Derivate überschwemmten während des Mittelalters ganz Europa und fluteten in neuen Übersetzungen wieder zurück ins Arabische, Hebräische usw. Insgesamt waren bis zum 16. Jh. achtzig Versionen in vierundzwanzig Sprachen zu zählen, und Alexander hatte vom christlichen Missionar bis zum Propheten und Gottessohn alle Inkarnationen durchlaufen, die einem mythisch großen König nur angedichtet werden können. E. Sch.

AUSGABEN: Paris 1846 (*Pseudo-Callisthenes*, Hg. C. Müller, in *Arriani Anabasis et Indica*, Hg. F. Dübner). – Bln. 1926; 1958 (*Historia Alexandri Magni*, Hg. W. Kroll, I, Recensio vetusta). – Meisenheim/Glan 1962 (*Der griechische Alexanderroman*, Hg. U. v. Lauenstein; Rezension γ, Buch 1). – Meisenheim/Glan 1963 (Dass., Hg. H. Engelmann; Rezension γ, Buch 2).

ÜBERSETZUNGEN: *Alexander, Gedicht des 12. Jh.s vom Pfaffen Lamprecht*, Hg. H. Weismann, 2 Bde., Ffm. 1850 [Urtext, Übers., Erl.; enth. auch vollst. Übers. des Pseudo-Kallisthenes]. – A. Ausfeld (s. u.).

LITERATUR: J. Zacher, *Pseudocallisthenes. Forschungen zur Kritik und Geschichte der ältesten Aufzeichnung der Alexandersage*, Halle 1867. – A. Ausfeld, *Der griechische Alexanderroman*, Lpzg. 1907. – W. Kroll, Art. *Kallisthenes* (in RE, 10/2, 1919). – F. Pfister, *Studien zum Alexander-Roman* in Würzburger Jb. für die Altertumswiss., 1, 1946, S. 29–66). – R. Merkelbach, *Die Quellen des griechischen Alexanderromans*, Mchn. 1954 (Zetemata, 9; m. Lit.). – R. Helm, *Der antike Roman*, Göttingen ²1956, S. 13–18. – G. Cary, *The Medieval Alexander*, Cambridge 1956, S. 9–12.

2. RES GESTAE ALEXANDRI MAGNI (lat.; *Die Taten Alexanders des Großen*) dürfte der originale Titel der etwa zwischen 310 und 330 n. Chr. von IULIUS VALERIUS POLEMIUS angefertigten lateinischen Übersetzung des griechischen *Alexanderromans* gewesen sein. – Die durch Phantasmen, Mirakel und parahistorische Ungereimtheiten charakterisierte griechische Version hat Iulius Valerius in drei Bücher geteilt, um dem wuchernden Stoff wenigstens äußerlich einen festen, zu einer Klimax gefügten Rahmen zu geben: *Aufstieg – Taten – Tod (Ortus, Actus, Obitus)* lauten die Untertitel. Doch ist das Volksbuch unter seiner Hand keineswegs zu einem literarischen Werk geworden: zu der schlechterdings nicht zu überbietenden geschichtlichen und geographischen Unkenntnis seiner Vorlage gesellt sich beim Übersetzer eine für die Dekadenzzeit des Spätlateins symptomatische Diffusität im Sprachlichen: der vulgäre Ton der römischen Alltagsdiktion liegt in ständigem Widerstreit mit archaisierenden und pseudopoetischen Ambitionen. Wenn Valerius sein griechisches Original als ein Werk AISOPS ansieht, so ist dies angesichts der subliterarischen Sphäre, in der *Alexanderroman* und *Aisopische Fabeln* gleicherweise zu Hause sind, nicht weiter erstaunlich.

Ihr Publikum haben die *Res gestae Alexandri* dennoch gefunden; man hielt es sogar für angebracht, eine Epitome des ohnehin nicht sehr umfangreichen Werks herzustellen. (Dieser Epitome folgt die anglonormannische Version des THOMAS VON KENT, *Roman de toute chevalerie*, ein Versroman aus der zweiten Hälfte des 12. Jh.s, der wiederum im *Kyng Alisaunder* weiterlebte, einer vor 1330 entstandenen mittelenglischen metrischen Fassung.) Da die große Wirkung auf die europäische Literatur des Mittelalters nicht vom dem Opus des Valerius, sondern von der Übersetzung des Archipresbyters LEO ausging, wird Iulius heute nur noch von Spezialisten geschätzt: von Linguisten, denen jede Spur des Vulgärlateins willkommen ist, und von Literaturhistorikern, die sich um die Rekonstruktion der griechischen Urfassung des Romans bemühen.

E. Sch.

AUSGABEN: Mailand 1817 *(Iulii Valerii Res gestae Alexandri Macedonis translatae ex Aesopo Graeco).–* Halle 1867 *(Iulii Valerii Epitome,* Hg. J. Zacher). – Lpzg. 1888 *(Iuli Valeri Res gestae Alexandri Macedonis,* Hg. B. Kuebler).

LITERATUR: Schanz-Hosius, 4/1, S. 47–50. – Stein, Art. *Iulius (520)* (in RE, 10/1, 1917). – R. Merkelbach, *Die Quellen des griechischen Alexanderromans,* Mchn. 1954, S. 179 ff. (Zetemata, 9).

Orientalische Fassungen

3. Armenische Version

PATMUTʻIWN MECIN AĠEKʻSANDRI (arm.; *Geschichte des Großen Alexander).* – Der *Alexanderroman* des PSEUDO-KALLISTHENES ist das einzige hellenistische Geschichtswerk, das Eingang in die armenische Literatur gefunden hat. Da GAZAR PʻARPECʻI den Roman in seiner gegen 504 verfaßten *Geschichte Armeniens (Patmut ʻiwn hayocʻ)* benützt, wird er wohl in der zweiten Hälfte des 5. Jh.s – im sog. »Silbernen Zeitalter« der armenischen Literatur – aus dem Griechischen übersetzt worden sein. Auch Movsēs ḤORENACʻI (9. Jh.) und TʻOVMAS ARCRUNI (10. Jh.) haben den Roman ausgeschrieben, zum Teil auch stilistisch nachgeahmt. Wirklich heimisch wurde die Alexandergeschichte in Armenien aber erst durch die Bearbeitung des ḤAČʻATUR KEČʻAṘECʻI (um 1300). Dieser beschränkte sich nicht auf eine Glättung des Stils, sondern nahm größere Textänderungen vor, fügte dreißig Paraphrasen in Versform ein, versah das Buch mit reichem Bilderschmuck und gab der ganzen Erzählung ein christliches Gepräge, indem er dem Weltherrscher Alexander in Beziehung zu dem Welterlöser Christus setzte. In dieser verchristlichten Form erfreute sich der *Alexanderroman* vom 14. Jh. an in Armenien großer Beliebtheit und fand weite Verbreitung in einer längeren und einer kürzeren Rezension, die beide von Ḥačʻatur stammen, und in einer Rezension mittleren Umfangs, deren Redaktor offenbar westliche Ausbildung genossen hatte (auf diesen drei Rezensionen beruht auch die einzige Ausgabe, Venedig 1842). Die längere Rezension des Ḥačʻatur wurde von Katholikos GRIGORIS VON AĠTʻAMAR (1512–1545), dem Dichter und Miniaturenmaler, erneut überarbeitet und erweitert, der Bildschmuck bereichert. Grigorisʼ Schüler, Bischof ZAKʻARIA VON GNUNIKʻ (16. Jh.), Dichter, Miniaturenmaler und Kopist in einer Person, fügte noch einiges Weitere hinzu. Durch diese jüngeren Rezensionen wurde die ursprüngliche Textgestalt verdrängt und geriet schließlich in Vergessenheit. Doch konnte N. Akinian zwei Handschriften ermitteln, die offenbar noch den alten Text bieten. Eine kritische Ausgabe dieser Rezension, noch von Akinian begonnen, befindet sich in Vorbereitung.

J. As.

AUSGABEN: Venedig 1842. – Die dem Roman später eingefügten Gedichte von ḤAČʻATUR, GRIGORIS und ZAKʻARIA finden sich in: M. Tʻ. Avdalbegyan, *Ḥačʻatur Kečʻaṙecʻi,* Eriwan 1958, S. 184–188 [30 Vierzeiler] und S. 169–183 [100 Vierzeiler]; K. Kostanianc‘, *Gregoris Aġtʻamarcʻ ew iwr taġerĕ,* Tiflis 1898, S. 108–126; N. Akinian, *Zakʻaria episkopos Gnuneac‘ ew iwr taġerĕ,* Wien 1910, S. 63–77 [12 Gedichte].

ÜBERSETZUNGEN: R. Raabe, *Historia Alexandru. Die armenische Übersetzung der sagenhaften Alexander-Biographie (Pseudo-Kallisthenes), auf ihre mutmaßliche Grundlage zurückgeführt,* Lpzg. 1896 [Rückübersetzung des armen. Textes in das Griechische]. – Handschriftliche Übersetzung von H. Vogelreuther [vgl. hierzu N. Akinian in Byzantion, 13, 1938, S. 205].

LITERATUR: J. Zacher, *Pseudocallisthenes. Forschungen zur Kritik und Geschichte der ältesten Aufzeichnung der Alexandersage,* Halle 1867, S. 85–101. – G. Zarbhanalean, *Matenadaran haykakan tʻargmanutʻeancʻ naḫneacʻ,* Venedig 1889, S. 704–714. – Y. Tašean, *Usumnasirutʻiwnkʻ stoyn-Kalistʻeneay varucʻ Aġekʻsandri,* Wien 1892. – N. Akinian, *Die handschriftliche Überlieferung der armenischen Übersetzung des Alexanderromans von Pseudo-Kallisthenes* (in Byzantion, 13, 1938, S. 201–206). – H. S. Anasyan, *Haykakan matenagitutʻyun I,* Eriwan 1959, Sp. 566–574. – Inglisian, S. 163; 196 f.; 215.

4. Koptische Version. – Die koptische (saïdische) Version ist nur teilweise erhalten, und zwar in neun Fragmenten einer Handschrift aus dem Weißen Kloster des Apa Schenute bei Sohâg in Oberägypten. Sie entstammen einem ursprünglichen Buch von etwa 220 handschriftlichen Seiten, das in ungefähr 37 Kapitel eingeteilt war. Vermutlich waren den einzelnen Kapiteln zum Teil Bibelsprüche als Motto vorangestellt. Die koptische Version des *Alexanderromans* dürfte etwa um 6. Jh. entstanden sein. Sie ist eine durchaus selbständige Arbeit, deren griechische Vorlage bei der Übersetzung in das Koptische bearbeitet und ergänzt wurde.

Folgende Episoden sind vorhanden: a) Alexander bei den Elamitern (als Gesandter verkleidet wird er gefangen; er befreit sich aber und bemächtigt sich der Stadt); b) Alexanders Rettung vor einem Abgrund (Chaos), in den ihn der König Agrikolaos schleudern lassen wollte, durch Antilochos (Eurylochos) in Gedrosien; Menander erhält im Traum fälschlicherweise die Nachricht von seinem Tode; c) Selpharios läßt um Alexander trauern; der jedoch in Verkleidung erscheint, die Treue der Makedonier und die Untreue des Perserkönigs Agrikolaos feststellt, den er am folgenden Tag enthaupten läßt; d) das Vermächtnis des Selpharios; e) Alexander bei den vier Paradiesströmen und am Rande des Landes der Finsternis; f) Alexander bei den Brahmanen; g) Alexanders Ende durch Giftmord (dieses Fragment steht dem griechischen Text des Pseudo-KALLISTHENES am nächsten).

Die Version ist ganz im Stil der sonstigen Mönchsliteratur abgefaßt und diente als Erbauungsbuch. Entscheidend für ihre Verbreitung war, daß man Alexander offenbar als Ägypter betrachtete und auch seine Abenteuer ganz in der Art der koptischen Märtyrerakten und Apokalypsen berichtete. Für die überliefernden Mönche dürfte es sich daher kaum um ein »profanes« Werk gehandelt haben, Alexander wurde für sie vielmehr zum »Werkzeug Gottes«.

C. D. G. M.

TEXTÜBERLIEFERUNG UND LITERATUR: Bouriant, *Fragments dʼun »Roman dʼAlexandre« en dialecte thébain* (in JA, 9, 1887, S. 1–38; 10, 1887, S. 340 bis 349; m. Einl., Übers. u. Anm.). – Maspero, *Les contes populaires de lʼÉgypte ancienne,* Paris 1889, S. 321–338 [m. Einl., Übers. u. Anm.]. – R. Pietschmann, *Zu d. Überbleibseln d. kopt. »Alexanderbuches«* (in *Beitr. z. Bücherkunde u.*

Philol., A. Wilmanns z. 25. 3. 1903 gewidmet, S. 301–312). – O. v. Lemm, *D. Alexanderroman b. d. Kopten*, Petersburg 1903 [m. Text, Übers., Anm. u. Bibliogr.].

5. Syrische Versionen

a) TAŠʿĪṮĀ D̲-ALEKSANDROS (syr.; *Alexandergeschichte*). – In das Syrische gelangte der griechische *Alexanderroman* spätestens zu Beginn des 7. Jh.s, und zwar nicht aus dem Arabischen, sondern aus dem Pahlawi (diese mittelpersische Version des *Alexanderromans* ist verlorengegangen, ebenso die mittelpersische Chronik *Chvatâi nâmak – Königsbuch*). Da der Roman nur in nestorianischer Überlieferung vorliegt, wird auch die Übersetzung in nestorianischen Kreisen, d. h. auf ostsyrischpersischem Gebiet, entstanden sein. Ein zeitlicher Anhaltspunkt ist dadurch gegeben, daß der syrische Text schon vor 848 ins Arabische weiterübersetzt worden ist. Aus dem Syrischen stammen wohl auch noch einige unedierte und unerforschte arabische Übersetzungen in verschiedenen jüngeren christlich-arabischen Handschriften. J. As.

AUSGABE: Cambridge 1889 (in E. A. W. Budge, *The History of Alexander the Great*; m. engl. Übers.). –

ÜBERSETZUNG: V. Ryssel, *Die syrische Übersetzung des Pseudo-Callisthenes, ins Deutsche übertragen* (ASSL, 90, 1893, S. 83–134; 269–288; 353–402).

LITERATUR: E. A. W. Budge (s. o.). – T. Nöldeke, *Beiträge zur Geschichte des Alexanderromans*, Wien 1890 (Denkschriften der Kaiserlichen Akademie der Wissenschaften, phil.-hist. Kl., Bd. 38, 5. Abh.). – K. F. Weymann, *Die aethiopische und arabische Übersetzung des Pseudocallisthenes*, Kirchhain/N. L. 1901 [zugl. Diss. Bln.]. – Baumstark, S. 125; 348f. – Graf, 1, S. 545f.

b) BIOS AUKĒṮ DUBBĀRĒ AK DAB-PĀSĪQĀṮĀ D̲-ALEKSANDROS (syr.; *Alexanderleben*). – In einem syrischen Manuskript des Britischen Museums (8./9. Jh.) findet sich ein kurzer, aber sorgfältiger Auszug des *Alexanderromans*, der sich im ersten Teil an den griechischen, im zweiten Teil aber so nahe an den syrischen Text anschließt – sowohl im Inhalt als auch in der Form der Eigennamen –, daß man direkte Benützung des syrischen *Alexanderromans* annehmen muß. Sprachliche Eigenheiten deuten mit großer Wahrscheinlichkeit auf westsyrischen Ursprung. Durch sein hohes Alter ist der kurze Text ein wichtiger Zeuge für den zeitlichen Ansatz des syrischen *Alexanderromans*.
J. As.

AUSGABE: Ldn. 1855 (in P. de Lagarde, *Analecta Syriaca*, S. 205–208).

ÜBERSETZUNG: *A Brief Life of Alexander* (in E. A. W. Budge, *The History of Alexander the Great*, Cambridge 1889, S. 159 f.).

LITERATUR: E. A. W. Budge (s. o.). – T. Nöldeke, *Beiträge zur Geschichte des Alexanderromans*, Wien 1890, S. 24f. – Baumstark, S. 125.

c) NEṢḤĀNĀ D̲-ALEKSANDROS (syr.; *Alexanderlegende*). – Vom syrischen *Alexanderroman* (vgl. 5a) ist zu unterscheiden eine christliche *Alexanderlegende*, eine syrische Originalschöpfung, die in den Handschriften auf den Roman folgt, aber nur allgemeine Beziehungen zur syrischen Version des Romans aufweist.

Alexander gibt im zweiten Regierungsjahr bekannt, daß er, im Glauben an Christus, dessen Wiederkunft er vielleicht noch erleben werde, die Enden der Welt erkunden möchte. Gott habe ihm zwei Hörner auf den Haupt wachsen lassen, damit er die Reiche der Welt zerstoße. (Aufgrund seines Besuchs in der Oase Siwah wurde der historische Makedonenkönig schon zu Lebzeiten als Sohn des Gottes Ammon verehrt, dessen Sinnbild der Widder war; daher ist er seit hellenistischer Zeit immer wieder gehörnt dargestellt.) Mit 320000 Mann zieht er von seiner Hauptstadt Alexandria aus. König Sarnaqus von Ägypten gibt ihm 7000 Erzarbeiter mit. Nach langer Seefahrt über die »*hellen Meere*« kommt Alexander an das »*stinkende Meer*«, zieht zum Berg Masis und durch Armenien nach Norden. Von dreihundert Greisen erfährt er, daß König Tubarlaq das Land beherrscht und daß hinter dem großen Gebirge (Kaukasus) die furchtbaren Hunnen (darunter auch Gog und Magog) hausen. Alexander läßt durch die ägyptischen Handwerker ein ungeheures Tor aus Eisen und Erz gegen diese wilden Völker bauen und daran eine Inschrift anbringen, die besagt, die Hunnen würden nach 826 Jahren einen Einfall machen, nach 940 Jahren aber werde Gott selbst den Hunnen das Tor öffnen. Aus den darauffolgenden blutigen Kämpfen werde das griechische Reich siegreich hervorgehen. König Tubarlaq zieht mit 82 anderen Königen und großem Heer zur Entscheidungsschlacht heran, wird aber von Alexander mit Gottes Hilfe vernichtend geschlagen. Tubarlaqs Wahrsager prophezeien, daß die Römer am Ende der Tage alle Länder unterwerfen und das Römerreich bis zur Wiederkunft Christi dauern werde. Daraufhin läßt Alexander je 6000 Römer und 6000 Perser zur Bewachung des Tores zurück und zieht über Jerusalem heim nach Alexandria, wo er stirbt.

Diese Legende hat auf die orientalischen Literaturen einen größeren Einfluß ausgeübt als der Roman. Sie taucht z. B. auf christlicher Seite in einem fälschlich EPHRÄM DEM SYRER zugeschriebenen Gedicht über den Antichrist auf, das aus dem Anfang der islamischen Herrschaft stammt. Ein Auszug findet sich in der pseudodionysianischen *Chronik* vom Jahr 774/75. Auch in den äthiopischen *Alexanderroman* (s. Nr. 7) ist die Legende eingeschoben. Wichtiger noch ist ihre Einwirkung den *Koran*: auf sie geht nämlich die Erzählung vom »Zweigehörnten« *(d̲ū l-qarnain)* in Sure 18, 82ff. zurück. J. As.

AUSGABE: Cambridge 1889 (in E. A. W. Budge, *The History of Alexander the Great*; m. engl. Übers.).

ÜBERSETZUNG: *A Christian Legend Concerning Alexander*, E. A. W. Budge (ebd., S. 144–158).

LITERATUR: E. A. W. Budge (ebd., S. LXXVII bis LXXIX). – T. Nöldeke, *Beiträge zur Geschichte des Alexanderromans*, Wien 1890, S. 27–33. – C. Hunnius, *Das syrische Alexanderlied*, Diss. Göttingen 1904.

d) MĒMRĀ D̲-ALEKSANDROS (syr.; *Alexanderlied*). – Die *Alexanderlegende* hat auch eine dichterische Bearbeitung erfahren in dem sogenannten *Alexanderlied*, das man lange YAʿQŌB VON SRŪḠ zugeschrieben hat (Th. Nöldeke hält 514/15 als Entstehungsjahr für wahrscheinlich), das aber doch wohl erst zwischen 628 und 637 von einem Unbekannten verfaßt worden ist (C. Hunnius). Die Legende ist ziemlich frei benützt. Neu eingefügt ist der Zug Alexanders durch das Land der Finsternis und die Suche nach dem Lebensquell. Diesen findet Alexanders Koch mit Hilfe eines getrockneten Fisches, der in der Quelle wieder lebendig wird, während Alexander in der Finsternis die Quelle nicht entdeckt und darum sterblich bleibt. Breit ausgeführt ist der apokalyptische Teil, der fast die Hälfte des Gedichts einnimmt, das immerhin rund siebenhundert Zeilen (in zwölfsilbigem Metrum) umfaßt. Das Werk dürfte im Quellgebiet von Euphrat und Tigris entstanden sein, mit dem sich der Verfasser wohlvertraut zeigt, während seine sonstigen geographischen Ansichten sehr verworren sind. J. As.

AUSGABEN: Göttingen 1807 (in G. Knös, *Chrestomathia syriaca maximam partem e codicibus manu scriptis collecta*, S. 66–107; 681 Zeilen). – Lpzg. 1891 (Hg. E. A. W. Budge, *Alexander the Great and Gog and Magog*, in ZA, 6, S. 357–404). – Beirut 1900 (in H. Gismondi, *Chrestomathia syriaca*, 2. Aufl., S. 80–93). –Lpzg. 1906 (Hg. C. Hunnius, *Das syrische Alexanderlied*, in ZDMG, 60, 1906, S. 169–209; 558–589; 802–821; 777 Zeilen; Text u. dt. Übers.).

ÜBERSETZUNGEN: *Des Mar Yakub Gedicht über den gläubigen König Alexandrus*, A. Weber, Bln. 1852. – *A Discourse Composed by Mar Jacob upon Alexander, the Believing King, and upon the Gate Which He Made against Agog and Magog*, E. A. W. Budge (in ders., *The History of Alexander the Great*, Cambridge 1889, S. 163–200). – C. Hunnius (s. o.).

LITERATUR: E. A. W. Budge, ebd., S. LXXIX bis LXXXIII. – T. Nöldeke, *Beiträge zur Geschichte des Alexanderromans*, Wien 1890, S. 30f. – C. Hunnius, *Das syrische Alexanderlied*, Diss. Göttingen 1904. – Baumstark, S. 191. – Urbina, S. 162. – Graf, 1, S. 450. – F. Pfister, *Alexander der Große in den Offenbarungen der Griechen, Juden, Mohammedaner und Christen*, Bln. 1956 (Deutsche Akademie der Wissenschaften zu Berlin. Schriften der Sektion für Altertumswissenschaft, 3).

6. Arabische Version

SĪRAT AL-ISKANDAR (arab.;*Leben Alexanders*).– Den Anfang des Namens »Alexander« setzte man im Vorderen Orient irrtümlich mit dem arabischen Artikel *al* gleich, so daß der makedonische Welteroberer in den meisten orientalischen Literaturen »Iskandar«, »Eskander« oder ähnlich genannt wird. – Die arabische Überlieferung der Berichte über Alexander hat als Hauptquelle einen arabischen Volksroman, wahrscheinlich eine arabische Bearbeitung einer der Rezensionen des Pseudo-KALLISTHENES. Dieser Volksroman ist nicht erhalten. Die Alexandererzählung wurde nach und nach aus zahlreichen Quellen (persischen, syrischen, jüdischen) gespeist, neue Legenden kamen zusätzlich in Umlauf. Daraus erklären sich die verschiedenen Fassungen bestimmter Episoden und sonstige Abweichungen in der arabischen Version: etwa die Geschichte vom Bau Alexandrias, die AL-MASʿŪDĪ († 956) in seinem Werk *Murūǧ aḏ-ḏahab (Die Goldwäschen)* erzählt, oder der auf persischer Tradition beruhende Bericht von der Verbrennung der persischen Religionsbücher des Awesta und der Verwüstung der Feuertempel, den MUBAŠŠIR IBN FĀTIK (11. Jh.) in seinem Buch *Muḫtār al-ḥikam*

wa-maḥāsin al-kalim (Ausgewählte Weisheiten und schöne Sentenzen) wiedergibt.

Was heute vom *Alexanderroman* im Arabischen erhalten ist, stellt eine verwirrende Fülle legendärer, vielfach voneinander abweichender Geschichten dar. Neben der – nicht faßbaren – mündlichen Überlieferung finden sich zahlreiche Handschriften aus dem 18. und 19. Jh. mit Titeln wie *Sīrat al-Iskandar (Das Leben Alexanders), Qiṣṣat al-Iskandar (Die Geschichte Alexanders), Ġazwat al-Iskandar (Der Feldzug Alexanders)*. Sie alle erzählen von den Zügen Alexanders – der meist nur mit seinem Beinamen Ḏū l-qarnain (»der Zweigehörnte«) genannt wird –, seinen Kämpfen und Eroberungen, seiner Suche nach der Quelle des Lebens. Die Araber identifizierten ihn mit dem gleichnamigen im *Koran* erwähnten Propheten (der seinerseits auf die syrische *Alexanderlegende* zurückgeht). Infolgedessen tritt Alexander in der arabischen Überlieferung auch als Vorkämpfer des wahren Glaubens, d. h. des Islam, auf. Das dürfte einer der Gründe für die Verbreitung des Alexanderstoffes über das ganze vom Islam durchdrungene Gebiet sein: bis nach Malaya ist der *Alexanderroman* auf diese Weise gelangt.

Berichte über Alexander sind auch in einigen Büchern über Propheten und weise Männer enthalten, z. B. in dem bereits erwähnten *Muḫtār al-ḥikam wa-maḥāsin al-kalim;* eine kurze, legendäre Alexanderbiographie bringt der Historiker AṬ-ṬABARĪ (9. Jh.) in seinem Werk *Tārīḫ ar-rusul wal-mulūk (Geschichte der Propheten und der Könige)*. S. Gr.

AUSGABEN UND LITERATUR: F. Spiegel, *Die Alexandersage bei den Orientalen*, 1851. – T. Nöldeke, *Beiträge zur Geschichte des Alexanderromans*, Wien 1890 (in Denkschriften der Kaiserlichen Akad. d. Wiss., phil.-hist. Kl., Bd. 38). – M. Lidzbarski, *Zu den arab. Alexandergeschichten* (in ZA, 8, 1893).– K. F. Weymann, *Die aeth. u. arab. Übers. des Pseudocallisthenes*, Kirchhain/N. L. 1901 [zugl. Diss. Bln.]. – J. Friedlaender, *Die Chadhirlegende u. der Alexanderroman*, Lpzg./Bln. 1913. – T. Seif, *Vom Alexanderroman nach orientalischen Beständen der NB* (in *Fs. der NB in Wien*, 1926, S. 761ff.). – P. J. van Leeuwen, *De Maleische Alexanderroman*, Meppel 1937. – Art. *al-Khadir* (in EI).

7. Äthiopische Version

ZĒNĀ ESKENDER (äth.; *Die Geschichte von Alexander*). - In der äthiopischen Literatur tritt uns der *Alexanderroman* in zwei Fassungen entgegen. Die ältere Form ist eine aus einer arabischen Vorlage geflossene Version des griechischen Romans. Da in Äthiopien die Literatur aufs tiefste von der Religion geprägt ist, erhielt auch ursprünglich rein weltliches Unterhaltungsschrifttum eine geistliche Note: so wurde später aus dem Legendenkranz, der sich um die Person Alexanders rankte, ein christlicher Roman kompiliert. Alexander wird darin nicht nur als christlicher König, der schon von Geburt an Prophetengabe besitzt, sondern darüber hinaus als Lehrer und Prediger des christlichen Glaubens dargestellt. Der Heilige Geist leitet ihn, und Christus verkündet ihm seinen Heilsplan. Christliche Gebete werden ihm in den Mund gelegt, und im Land der Lebenden wird er zusammengeführt mit Henoch und Elias. Da er als leuchtendes Beispiel der Keuschheit und sittlichen Reinheit gelten soll, werden die Episode mit der Königin Qendāqā (Kandake) und sein Besuch im

Land der Amazonen übergangen. Am Schluß verteilt er sein Vermögen an die Armen und stirbt wie ein Einsiedler.

Durch diese wohl eigenartigste Umformung, die der *Alexanderroman* erfahren hat, ist er zu einem christlichen Erbauungsbuch geworden, und der Welteroberer konnte sogar Mönchen als Vorbild hingestellt werden. Allerdings wird gelegentlich an bestimmten Ausdrucksweisen erkennbar, daß der legendäre Stoff vor seiner christlichen Bearbeitung islamisches Milieu passiert hat. Es ist anzunehmen, daß die äthiopische Übersetzung der griechischen Version, die für die Entstehung der christlich-äthiopischen Bearbeitung vorausgesetzt werden muß, zur Zeit des Wiederauflebens der literarischen Tätigkeit in den äthiopischen Klöstern – nach der Herrschaftsübernahme durch die salomonische Dynastie im Jahre 1270 – angefertigt worden ist. Das somit ins 14. Jh. zu datierende christliche Alexanderbuch ist in einem klaren und einfachen Stil geschrieben, frei von rhetorischem Schwulst und ermüdenden Dialogen. Bedauerlicherweise sind von der ersten Version nur eine, von der zweiten nur zwei Handschriften erhalten. W. M.

AUSGABE UND ÜBERSETZUNG: E. A. W. Budge, *The Life and Exploits of Alexander the Great*, 2 Bde., Ldn. 1896.

LITERATUR: K. F. Weymann, *Die aethiopische und arabische Übersetzung des Pseudocallisthenes* Kirchhain/N. L. 1901 [zugl. Diss. Bln.].

8. Iranisch-neupersische Version

ESKANDAR-NĀME (iran.-npers.; *Alexanderbuch*). Heroisch-ethisches Epos von Moḥammad Elyās Ebn-e Yusof NEẒĀMI (um 1140/41–1209). – Die in Doppelversen (*maṯnawi*) abgefaßte Dichtung besteht aus zwei Teilen: *Šaraf-nāme (Buch der Ehre)* und *Eqbāl-nāme (Buch des Glücks)*. Als Vorlage hat Neẓāmi wahrscheinlich eine arabische Version des *Alexanderromans* benützt, die auch schon FERDOUSI in seinem *Šāh-nāme (Königsbuch)* bearbeitete. Hierauf verweist der Dichter selbst im Vorwort, wo er betont, er wolle bereits Gesagtes nicht wiederholen, denn »*man dürfe eine Perle nicht zweimal bohren*«; nur sei es manchmal unumgänglich, einiges erneut zu erzählen. – Im *Eskandar-nāme* mengen sich entstellte geschichtliche Tatsachen mit orientalischen Sagenmotiven. Die Taten Alexanders, seine Reisen in die fremden Länder bis zu den Pforten des Paradieses werden romanhaft ausgeschmückt. Schon in der Einleitung berichtet der Autor, einige hielten Alexander für einen Welteroberer, andere hätten aus seinen Anweisungen eine Charta der Weisheit verfaßt, und manche betrachteten ihn seiner Reinheit und Frömmigkeit wegen als einen Propheten. Er, Neẓāmi, möchte aus diesem dreifachen Samen einen kräftigen Baum ziehen.

Das *Šaraf-nāme (Buch der Ehre)* verherrlicht Alexanders Heldentaten: seinen Krieg gegen das Perserreich, seine Feldzüge gegen Indien und China, seine Schlachten in Rußland und schließlich die Suche nach dem Wasser des Lebens. Liebesepisoden und reizende Wundergeschichten lockern den strengen Stoff auf. Das *Eqbāl-nāme (Buch des Glücks)*, in das Neẓāmi eine Fülle von philosophisch-wissenschaftlichem Material eingestreut hat, berührt in den Gesprächen des Philosophen Alexander mit seinem Lehrer Aristoteles und anderen Gelehrten sämtliche Gebiete des damaligen Wissens. Zunächst wird berichtet, daß Alexander nach Rückkehr von seinen Weltreisen den Gelehrten den Befehl erteilte, das Wissen aller Völker zusammenzutragen. Das Ergebnis ihrer Bemühungen war die Abfassung von drei Werken; das erste enthielt alles Wissenswerte über Geographie, das zweite behandelte *Das Geheimnis der Verklärten*, und das dritte war das *Alexanderbuch*, dessen Kenntnis die »Rumi« (die Okzidentalen) befähigte, das Eisen, um es zu formen, so weich wie Wachs zu machen. In den Diskussionen Alexanders mit den Sieben Weisen (darunter Sokrates, Platon und Aristoteles) legen diese ihre Vorstellungen über die Schöpfung dar. Aber alle Weisheiten der Welt können den Durst des ewig Suchenden nicht stillen; er wendet sich unmittelbar an den Schöpfer, und Gott erwählt ihn zu seinem Propheten. Das Werk endet mit dem Tod Alexanders und seiner Lehrer.

Der schlichte und volkstümlich einfache Stoff der Alexandergeschichte gewinnt »*in den Händen des Meisters solche dichterische und philosophische Tiefen, wie sie nur ganz vereinzelten Genies der Weltliteratur vergönnt sind*« (Rypka). Das hohe poetische Niveau der Dichtung hat viele spätere persische Dichter zur Nachahmung angeregt: erwähnt seien das *Ḥerad-nāme-ye Sekandari (Das Buch von Alexanders Weisheit)* von ǦĀMI und das *Ā'ine-ye Sekandari (Der Alexandrinische Spiegel)* von dem Inder Amir ḤOSROU aus Delhi. B. A.

AUSGABEN: Ldn. 1881 (*The Sikandar Nāma, E Barā, or Book of Alexander the Great*, Prosaübersetzung v. H. Wilberforce Clarke). – Baku 1920 (*Šaraf-nāme*, Hg. u. Anm. E. Bertel's). – Lund 1933 (*Sikandar-Nāmah*, Hg. A. E. Hermelin, 15 Bde.). – Moskau/Leningrad 1942 (*Iskender-name*, Prosaversion S. Mstislavskij). – Baku 1947 (*Iqbāl-nāme*, Hg. F. Babajev). – Baku 1947 (*Šaraf-nāme*, Hg. A. A. Ali-zade). – Moskau 1953 (*Iskender-name*; russ. Übers. K. Lipskerov; Nachw. L. Klimovic).

LITERATUR: W. Bacher, *Nizāmīs Leben und Werke und der 2. Theil des Nizāmīschen Alexanderbuches*, Lpzg. 1871. – J. E. Bertel's, *Roman ob Aleksandre i ego glavnyje versii na vostoke*, Moskau 1948. – F. Pfister, *Alexander der Große in den Offenbarungen der Juden, Mohammedaner u. Christen*, Bln. 1956 (Deutsche Akademie der Wissenschaften. Schriften der Sektion für Altertumswissenschaft, Bd. 3). – J. Rypka, *Iranische Literaturgeschichte*, Lpzg. 1959, S. 201 ff.

9. Osmanisch-türkische Version

ISKENDERNĀME (osm.-türk.; *Alexanderbuch*). Bekanntestes Werk des frühosmanischen Dichters Tāǧ ed-Dīn Ibrāhīm AḤMEDĪ (um 1334–1413), verfaßt 1390. – Das ursprünglich dem Germiyan-Fürsten Süleymān Šāh und nach dessen Tod dem Osmanen Süleymān Čelebī gewidmete Epos in rund 10000 Doppelversen (die nach dem Muster des persischen *mesnevi* oder *maṯnawi* aus paarweise reimenden Halbversen bestehen) stellt die erste türkische Bearbeitung des Alexanderstoffes dar. Wie schon bei seinem Vorbild, dem *Alexanderbuch* des Persers NEẒĀMI (s. Nr. 8), gesellt sich in Aḥmedīs Werk zum didaktischen Element das romaneske, verbunden mit einer phantastischen Ausschmückung der Taten des Makedonenkönigs.

Das türkische *Iskendername* hält sich allerdings nicht streng an das persische *Eskandar-nāme*, sondern zieht auch noch andere Quellen und Sagen über Alexander heran. Mit seinen Abschweifungen und Zusätzen ist es ein typisches Produkt des mittelalterlichen Enzyklopädismus; als höfische Dichtung unterscheidet es sich jedoch durch eleganteren Stil von ähnlichen Werken. Auf die Ähnlichkeit von einigen der Alexanderepisoden mit gewissen Attila-Sagen hat schon J. THURY hingewiesen. Neu ist bei Aḥmedī auch der weltgeschichtliche Anhang, der beinahe ein Viertel des Buchs einnimmt und in manchen Redaktionen bis zum Jahr 1410 reicht. Wichtig ist besonders deren letzter Teil, der als älteste erhaltene Osmanengeschichte eine Versifikation einer verlorenen früheren Chronik darstellt, die auch in späteren Werken verarbeitet ist, so z. B. in den *Tevārīḫ-i Āl-i ʿOs̱mān (Geschichten des Hauses Osman)*. Bezeichnenderweise erwähnt der Dichter in dem Kapitel über den Ursprung der Osmanen nicht die nomadischen Oghusen, sondern beginnt mit der feierlichen Erklärung, er wolle die Taten der *ġāzī* (Glaubenskämpfer) besingen; WITTEK sieht darin einen Hinweis auf die ursprüngliche Natur des osmanischen Staatswesens.

Aḥmedīs *Iskendernāme* blieb lange Zeit berühmt und war in Anatolien, Iran und Turkestan verbreitet, wie neben Handschriften aus Herat und Schiraz auch Zeugnisse späterer Dichter (etwa des FUẒŪLĪ) beweisen. U. W.

AUSGABEN (nur die Osmanenchronik): Istanbul 1910, Hg. Necib Âsım. – Istanbul 1939, Hg. Nihad Sami Banarlı (in Türkiyat Mecmuası VI, S. 111 bis 135; m. Essay).

LITERATUR: Bursalı Mehmed Tahir, *Osmanlı Müellifleri* II (Ist. 1333), S. 73 ff. – C. Brockelmann, *Altosman. Studien I. Die Sprache ʿĀšıq Pašas und Aḥmedīs* (in ZDMG, 73, 1919). – F. Babinger, *Die Geschichtsschreiber der Osmanen und ihre Werke*, Lpzg. 1927, S. 11 ff. [vgl. auch die Rez. von P. Wittek in Der Islam, 20, 1932, S. 197–207]. – Sadeddin Nüzhet Ergun, *Türk Şairleri*, o. O., o. J., Bd. 1, S. 384–399. – P. Wittek, *Deux chapîtres de l'histoire des Turcs de Roum* (in Byzantion, 11, S. 303ff.). – F. Köprülü, Art. *Aḥmedî* (in *İslam Ansiklopedisi*, 1, 1950, S. 216–222). – A. Bombaci, *Storia della lett. turca*, Mailand 1956, S. 294 ff.

10. Die mongolische Version der Alexandersage liegt nur in einer einzigen fragmentarischen Handschrift vor, die Anfang unseres Jahrhunderts in der Oase Turfan in Ostturkestan von der Preußischen Turfan-Expedition zusammen mit mehreren anderen mongolischen Handschriften und Blockdruckfragmenten des frühen 14. Jh.s gefunden worden ist. Sie stammt, nach sprachlichem und graphischem Befund, ebenfalls aus dem Anfang des 14. Jh.s. Das Fragment enthält Anfang und Ende der Geschichte von »Sulqarnai« (eine mongolische Verballhornung des arabischen Beinamens Alexanders). Die von Sulqarnai erzählten Abenteuer stimmen vielfach mit den Ausformungen des *Alexanderromans* in anderen Sprachen überein. Sulqarnai, der dreitausend Jahre alt werden will, besteigt mit seinen Gefährten den Berg Sumeru. Als er sich von dessen Gipfel an einem Lederstrick herablassen will, hindert ihn der dort oben nistende Zaubervogel Garuda. Als zweites Abenteuer folgt der Abstieg auf den Meeresgrund, als drittes die Fahrt in das Land der Finsternis auf der Suche nach dem lebenserhaltenden Trank. Sulqarnai gießt, statt selbst zu trinken, die ihm ausgehändigte Schale mit Lebenswasser über einen Baum, der daraufhin ewig grün bleibt. Am Schluß versammelt Sulqarnai alle Gefährten um sich, verkündet ihnen sein Testament und gibt die Regeln für seine Beisetzung bekannt.
W. Hei.

AUSGABEN UND LITERATUR: Faks. des Textes: Hg. E. Haenisch (in *Mongolica der Berliner Turfan-Sammlung*, Bd. 2, Bln. 1959, S. 39–48; Turfanfragment TID 155 a-i). – N. Poppe, *Eine mongolische Fassung der Alexandersage* (in ZDMG, 107, 1957, S. 105–129). – F. W. Cleaves, *An Early Mongolian Version of the Alexander Romance* (in Harvard-Journal of Asiatic Studies, 22, 1959, S. 1–99). – Moderne mong. Bearb.: C. Damdinsürüng (in Corpus Scriptorum Mongolorum, 14, Ulan-Bator 1959, S. 136–146).

Abendländische Fassungen

11. Mittellateinische Versionen

a) NATIVITAS ET VICTORIA ALEXANDRI MAGNI (mlat.; *Geburt und Sieg Alexanders des Großen*), auch: *Vita Alexandri Magni (Das Leben Alexanders des Großen)*, auf Grund der frühen Drucke meist *Historia de preliis (Die Geschichte von den Schlachten)* genannt. – Diese zweite lateinische Übersetzung des griechischen *Alexanderromans* (nach den *Res gestae Alexandri Magni* des IULIUS VALERIUS POLEMIUS, s. Nr. 2), durch LEO VON NEAPEL angefertigt zwischen 951 und 969, beruht auf einer griechischen Handschrift, die der Archipresbyter um 942 von einer Reise nach Konstantinopel mitgebracht hatte, wie der Prolog berichtet. Diese Vorlage war im Textbestand offenbar nahe verwandt mit der Hauptrezension des Romans, jener Version, die mit der armenischen Übersetzung zusammen den besten (gewissermaßen »originalsten«) Text des *Alexanderromans* bietet. Leos Werk seinerseits ist in zwei Rezensionen erhalten: die ältere liegt in einer um 1000 entstandenen Bamberger Handschrift vor (Ba), deren Bedeutung erst im letzten Jahrhundert erkannt wurde, die jüngere in einer Familie von Handschriften (J), deren Text vom 11. Jh. an mehrfach nach anderen Quellen interpoliert und verändert worden ist.

Leos Übertragung hält sich ziemlich eng an die griechische Vorlage, erlaubt sich freilich einschneidende Kürzungen. Auffällig an ihr ist dadurch insbesondere der mehrfache abrupte Perspektivenwechsel von Erzählung des Autors zu autobiographischem Bericht des Helden Alexander und umgekehrt (Manitius). Die Bedeutung der Übertragung liegt nicht in einer literarischen Leistung ihres Autors – mit seinem von allen Reminiszenzen an die klassische Literatur freien frühmittelalterlichen Vulgärlatein schneidet er auch stilistisch ziemlich schlecht ab –, sondern einzig in dem ungeheueren Erfolg, der dem Werk zuteil wurde. Es war (zumal in den J-Rezensionen) die Hauptquelle der Alexanderbücher des mittelalterlichen Europa: die Versionen der französischen (ALBERICH, LAMBERT) und der deutschen (LAMPRECHT, RUDOLF, HARTLIEB) Alexanderromane, der mittelschwedische *Konung Alexander*, mehrere italienische Prosa- und Reimversionen, verschiedene mittelenglische Fassungen sowie tschechische, polnische und ungarische Übersetzungen gehen ebenso darauf zurück wie etwa – über eine neue arabische Übersetzung – die hebräische Version des JEHUDA IBN TIBBON (s. Nr. 14).
E. Sch.

AUSGABEN: Köln ca. 1472 *(Liber Alexandri Magni regis macedonie de prelijs;* Rez. J). – Breslau 1885 (J)

(O. Zingerle, *Die Quellen zum Alexander des Rudolf von Ems*, in Germanistische Abhandlungen, 4, 1885, S. 127–265). – Erlangen 1885 (Ba) (*Die vita Alexandri Magni des Archipresbyters Leo*, Hg. G. Landgraf). – Heidelberg 1913 (Ba) (*Der Alexanderroman des Archipresbyters Leo*, Hg. F. Pfister).

ÜBERSETZUNGEN: Siehe *Alexander* (Rudolf von Ems), *Alexandreis* (Ulrich von Eschenbach), *Das Buch von dem großen Alexander* (J. Hartlieb).

LITERATUR: Manitius, 1, S. 529ff. – F. Pfister, *Untersuchungen zum Alexanderroman des Archipresbyters Leo*, Heidelberg 1912. – Ders., *Die »Historia de preliis« und das Alexanderepos des Quilichinus* (in Münchner Museum, 1, 1912). – G. L. Hamilton, *A New Redaction of the »Historia de preliis« and the Date of Redaction* (in Speculum, 2, 1927, S. 113 bis 146). – F. Pfister, *Zum Prolog des Archipresbyters Leo und zu den alten Drucken der »Historia de preliis«* (in RhMus, 90, 1941, S. 273–281). – R. Merkelbach, *Die Quellen des griechischen Alexanderromans*, Mchn. 1954, S. 163–171. – G. Cary, *The Medieval Alexander*, Cambridge 1956 [m. Bibliogr.]. – D. J. A. Ross, *The I 3 »Historia de preliis« and the »Fuerre de Gadres«* (in Classica et Mediaevalia, 22, 1961, S. 218–221). – Ders., *Alexander historiatus. A Guide to Medieval Illustrated Alexander Literature*, Ldn. 1963 [m. Bibliogr.].

b) ALEXANDREIS (mlat.; *Alexanderlied*). Epische Dichtung von GUALTERUS AB CASTELLIONE (Walter von Châtillon; 1135–1200), verfaßt um 1184. – Die mehr als fünftausend Hexameter, denen ein kurzes Prosavorwort vorausgeht, beginnen in klassischer Manier mit der Anrufung der Muse und einer Ovation an Wilhelm, den Erzbischof von Reims und Schutzherrn Walters; sie schließen mit einer neuen ergebenen Huldigung an den Gönner. – Walter folgt mehr oder weniger treu seinem Vorbild, der *Geschichte Alexanders des Großen (Historiae Alexandri Magni regis Macedonum)* von Quintus CURTIUS RUFUS, übernimmt aber stoffliche Details auch aus anderen Zweigen der antiken Überlieferung, darunter der Romanversion des IULIUS VALERIUS; im übrigen läßt er, vor allem in der Ausschmückung einzelner Episoden, seiner eigenen Phantasie freien Lauf. Walters Originalität (obwohl er Einflüssen des Zeitgeschmacks nicht völlig verschlossen blieb) beruht vornehmlich auf seiner gelehrten Kühnheit, sich künstlerisch wie stofflich auf die Vergangenheit zu berufen, des weiteren – im Widerspruch zur Zeit – auf der Wiederbelebung der epischen Form, der klassisch-poetischen Tradition im Geiste VERGILS. Allgegenwärtiger Held ist Alexander. Er siegt immer: über die Welt, über sich selbst, über die Hybris seines Wollens, über die menschliche Todesfurcht; er weiß, daß er nicht lange mehr leben, sein Ruhm aber unsterblich sein wird; er bleibt, trotz der legendären Aura, die ihn umgibt, immer als Mensch gegenwärtig. Am lebendigsten neben ihm wirkt König Darius, der – in trostloser Verlassenheit, von den Seinen verraten und ausgeliefert, beweint allein von dem hochherzigen Sieger – das Verhängnis eines entsetzlichen Untergangs erleidet.

Walters *Alexandreis* war weit verbreitet; in den Schulen wurde sie stellvertretend für die Epen Vergils gelesen. Ihr Ruhm jedoch blieb auf die Epoche, für die sie geschrieben war, beschränkt. Die Qualität des Epos liegt in der lebendig-anschaulichen Darstellung, die auch der Natur gerecht wird, in der sprachlichen Reinheit und im Gleichmaß des Verses, der zuweilen Vergilscher Harmonie nicht fern ist. Prahlerisch und kalt freilich – obwohl nicht selten überaus elegant – erscheinen uns die allegorischen Anspielungen Walters auf griechische Mythologie; sie wirken wie blutlose Rekonstruktionen einer versunkenen Zeit, ebenso unbeholfen wie die häufigen moralisierenden Sentenzen, die nur als Konzession an den Geschmack des Jahrhunderts zu begreifen sind. G. B.

AUSGABEN: Straßburg 1513. – St. Gallen 1659. – ML, 209. – Lpzg. 1863, Hg. W. Müldener. – Hannover 1869, Hg. ders.

ÜBERSETZUNG: siehe *Alexandreis* (Ulrich von Eschenbach).

LITERATUR: H. Christensen, *Das Alexanderlied W.s von Ch.*, Halle 1905. – Manitius, 3, S. 922–927. – G. Cary, *The Medieval Alexander*, Cambridge 1956 [m. Bibliogr.]. – F. J. E. Raby, *A History of Secular Latin Poetry in the Middle Ages*, Bd. 2, Oxford ²1957.

12. Russische Version

ALEKSANDRIJA (russ.). – Die russische Version des *Alexanderromans*, entstanden wahrscheinlich im 11. Jh., liegt in fünf Versionen vor, welche sich durch Kürzungen und durch Erweiterungen auf Grund literarischer Anleihen entwickelt haben. Im 15. Jh. brachten die vor den Türken fliehenden Südslaven eine weitere Redaktion völlig neuen Charakters nach Rußland, die, mehr unterhaltsam und leicht lyrisch gestimmt, die früheren Fassungen fast gänzlich verdrängte. In ihr erscheint die Gestalt Alexanders bereits im christlichen Sinne umgedeutet: er verkehrt mit dem Propheten Jeremias und bekennt sich zur Lehre des einen allmächtigen Gottes. Die ursprünglichen Übertragungen sind inhaltlich und formal anspruchsloser. Die wohlkomponierten Erzählungen berichten schlicht über das Leben Alexanders, wobei im allgemeinen das biographische Grundschema – Geburt, Jugend, erste Taten, Kriegszüge und Abenteuer, Tod des Helden – gewahrt ist.

Im Unterschied etwa zur tschechischen *Alexandreis* (s. Nr. 17) ist die russische Version eine Prosafassung. Es fehlt ihr der ritterliche Ton, der für die westlichen Bearbeitungen bezeichnend ist. Dagegen überwiegt das phantastische Moment: Zauberei, Sterndeuterei, Himmelszeichen, Träume, Prophezeiungen und Göttererscheinungen – Züge, die das Interesse des zeitgenössischen Lesers ebenso wachriefen wie die spannende, aber nie übertriebene Erzählung der ausgefallensten Begebenheiten. Wenn man die stilisierende und typisierende Tendenz des Romans betont (Stender-Petersen), so darf doch nicht die durchaus individualisierende psychologische Motivierung übersehen werden, wie sie beispielsweise in der bekannten Szene zu finden ist, in der Alexander den Verleumdungen seiner Umgebung zum Trotz die Arznei seines Leibarztes annimmt.

Obwohl die russische Fassung sich eng an das griechische Original anlehnt, ist sie dank zahlreicher Übernahmen aus anderen (originalen oder übersetzten) altrussischen Werken – vor allem *Hamartolos, Pčela, Fiziolog, Skazanie ob indijskom carstve* und *Choždenie Zosima k Rachmanam* – fest in der russischen Literatur verankert. Andererseits haben die Motive des *Alexanderromans* vielfach Eingang in andere Werke der russischen Literatur und Volksdichtung gefunden. Und wie im Westen Alexanders Abenteuer auf seinem Indienzug ein beliebtes Sujet der mittelalterlichen Miniaturmalerei gewesen sind, so wurden sie in Rußland gern in den sogenannten *lubočnye izdanija* (Volksbilderdrucke) illustriert. C. K.

AUSGABE: Moskau 1893, Hg. V. M. Istrin [enth. die Texte v. 4 Fassgn. d. »Alexandreis«].

LITERATUR: V. Istrin, *Aleksandrija russkich chronografov*. Issled. *i tekst*, Moskau 1893. – Ders., *Istorija serbskoj Aleksandrii*, 1910. – A. S. Orlov, *Perevodnye povesti feodal'noj Rusi i Moskovskogo gosudarstva XII–XVII vekov*, Leningrad 1934. – V. P. Adrianova-Perec, *Drevnerussk. povest'*. Lfg. 1, Moskau 1940. – J. E. Bertel's, *Roman ob Aleksandre i ego glavnyje versii na vostoke*, Moskau 1948. – D. Tschiževskij, *Gesch. d. altruss. Lit. im 11., 12. u. 13. Jh.*, Ffm. 1948, S. 88ff.; 313ff. u. ö. – R. Merkelbach, *Die Quellen d. griech. Alexanderromans*, Mchn. 1954. – A. Stender-Petersen, *Geschichte der russischen Literatur*, Bd. 1, Mchn. 1957, S. 86 ff. – *Istorija russk. lit.* (Akad. Nauk.), Moskau 1958, 1, S. 37ff. u. ö. – N. K. Gudzij, *Die Alexandreis* (in N. K. G., *Gesch. d. russ. Lit.*, Halle 1959, S. 180–188).

13. Altfranzösische Versionen

LI ROMANS D'ALIXANDRE (afrz.; *Der Alexanderroman*). – Der Alexanderstoff erfreute sich im 12. und 13. Jh. in Frankreich großer Beliebtheit. Die einzelnen Bearbeiter benutzten als Vorlage selbstverständlich keine authentischen Quellen, sondern stützten sich vornehmlich auf die von LEO VON NEAPEL (s. Nr. 11a) angefertigte lateinische Übersetzung des griechischen *Alexanderromans*. Eine erste altfranzösische Fassung *(Alessandreide)* in Achtsilbern datiert aus der Zeit zwischen 1120 und 1140, als Verfasser wird ALBERICH DE BESANÇON (Pisançon, Briançon) genannt. Um 1150 folgt in der Pikardie eine Zehnsilberfassung. Die bedeutendste Bearbeitung aber entstand um 1180: ALEXANDRE DE BERNAY (de Paris) redigierte die schon vorhandenen Alexanderepen, verfaßte selbst die fehlenden Rahmenstücke und fügte alles zu einem über 20000 Verse umfassenden Roman in Zwölfsilbern zusammen (daher »Alexandriner« als Bezeichnung des Zwölfsilbers). Allerdings ist die Verknüpfung der einzelnen Stücke nur locker, so daß sich die vier Teile mühelos voneinander scheiden lassen: zunächst von Alexandre de Bernay selbst die Erzählung über Geburt und Jugend Alexanders; dann eine Art Zwischenspiel über die Eroberung von Gaza *(Fuerre de Gadres)* von EUSTACHE; als drittes der phantastische Bericht über den Indienfeldzug Alexanders von LAMBERT LI TORS (le Tort de Châteaudun); der abschließende vierte Teil über Alexanders Tod stammt wieder von Alexandre de Bernay.
Der französische *Alexanderroman* steht in der Mitte zwischen *chanson de geste* und höfischem Roman. In den Kampfhandlungen mutet die Schilderung durchaus episch an. Auch andere auffällige Motive gehören in den Bereich der Heldenepen: Alexander – dessen Gestalt ganz den ritterlichen Idealen des Mittelalters angeglichen ist – hat zwölf Paladine (wie Karl der Große); die Kämpfe drehen sich um Streitobjekte, die der feudalen Vorstellungswelt entnommen sind, wie Tributforderungen u. ä.; wie in den *chansons de geste* spielen Träume eine große Rolle – alles Züge, die auch in den Karolingerepen am Platz wären. Daneben aber finden sich, besonders im dritten Teil, phantastische und durchaus romanhafte Begebenheiten:

Alexander begegnet den Sirenen, gelangt in einen Wunderwald mit Zauberquellen, trifft auf seltsame Völker usw. Diese Elemente weisen, ebenso wie die Hervorhebung der großzügigen Freigebigkeit *(»largece«)* als der höchsten Herrschertugend, eindeutig auf den höfischen Roman hin. Im ganzen ist die altfranzösische Fassung als eine dichterisch freie und phantasievolle Umformung des überlieferten Stoffs zu einem neuen, selbständigen Kunstwerk zu bezeichnen, in dem das antike Gut der christlichen Weltanschauung angeglichen und zugleich die christlich-höfischen Ideale einer modern umgestalteten antik-orientalischen Welt eingefügt sind. B. L.

AUSGABEN: Stg. 1846 *(Li romans d'Alixandre*, Hg. H. Michelant). – Princeton 1937–1955 *(The Medieval French »Roman d'Alexandre«*, 7 Bde., Hg. A. Foulet u. a.; krit.).

ÜBERSETZUNG: *Der altfranzösische Prosa-Alexanderroman*, A. Hilka, 1920.

LITERATUR: P. Meyer, *Alexandre le Grand dans la littérature française du moyen âge*, 2 Bde., Paris 1886. – J. Berzunga, *A Tentative Classification of Books, Pamphlets and Pictures Concerning Alexander the Great and the Alexander Romances*, Durham 1939 [Bibliogr.]. – A. Abel, *Le roman d'Alexandre*, Brüssel 1955. – G. Cary, *The Medieval Alexander*, Cambridge 1956.

14. Hebräische Versionen.

– Wie in den übrigen orientalischen Literaturen hat der Alexanderstoff natürlich auch im altjüdischen Schrifttum – im *Talmud* (hebr. und aram.), bei PHILON aus Alexandria und FLAVIUS IOSEPHUS – seine Spuren hinterlassen. Der nachhaltige Eindruck, den Alexanders Persönlichkeit vermittelte, tritt vielleicht am deutlichsten darin zutage, daß sein Name religionsgesetzlich als jüdischer Name akzeptiert wurde. Eigene literarische Bearbeitungen hat die Alexanderlegende innerhalb der jüdischen Literatur aber bezeichnenderweise erst im Westen erfahren. Die lateinische Version des Archipresbyters LEO hinterließ ihre Spuren nicht nur in dem mittelalterlichen hebräischen Volksbuch *Jossipon* des JOSEPH BEN GORION, sondern wurde auch zur Grundlage für weitere hebräische Adaptionen: im 12. Jh. entstand in Spanien *Toldot Alexander (Die Geschichte von Alexander)*, nach einer arabischen Bearbeitung der Leonischen Version verfaßt von SAMUEL IBN TIBBON oder von JEHUDA AL-CHARISI; und im 14. Jh. schrieb in der Provence IMMANUEL BONFILS sein *Korot Alexandros (Alexanders Geschichte)*. Bei einer dritten überlieferten Bearbeitung ist die Quellenfrage noch ungeklärt. P. N.

AUSGABE UND LITERATUR: J. Levi, *Les traductions hébraïques de l'histoire d'Alexandre le Grand* (in Revue des Études Juives, 3, 1881, S. 238–275). – Ders., *La légende d'Alexandre dans le Talmud et le Midrach* (in REJ, 2, 1881, S. 298ff.; 7, 1883, S. 78–93). – Ders. (in *Kowetz al Jad*, Bd. 2, Bln. 1886). – M. Steinschneider, *Die hebr. Übersetzungen d. MA*, Bln. 1893, S. 894–905. – J. Levi, *Hebräische Alexanderversion* (in *Fs. zum 80. Geburtstag M. Steinschneiders*, Lpzg. 1896; dazu engl. Übers. in JRAS, 1897, S. 485–595). – M. Gaster, *The Hebrew Romance of Alex. the Great* (in *Texts and Studies*, Bd. 2, 1928, S. 814–878). – J. Gutmann (in *Encyclopaedia Judaica*, Bd. 2, Sp. 205 f.).

15. Spanische Version
EL LIBRO DE ALEIXANDRE (span.; *Das Alexanderbuch*).
Anonymes Epos von über 10000 Versen in vierzeilig gereimten Alexandrinern französischer Herkunft, verfaßt von einem spanischen Kleriker in der ersten Hälfte des 13. Jh.s. – Der Autor greift zurück auf die *Alexandreis* des WALTER VON CHÂTILLON (s. Nr. 11b) sowie auf die *Alexanderromane* des LAMBERT LI TORS und des ALEXANDRE DE BERNAY (s. Nr. 13). Außerdem müssen dem Verfasser die *Res gestae Alexandri Magni* von IULIUS VALERIUS (s. Nr. 2) und deren Übersetzung von LEO VON NEAPEL (s. Nr. 11a) bekannt gewesen sein. Einzelne Episoden des *Alexanderbuches* sind der *Histoira destructionis Troiae* des GUIDO DELLE COLONNE sowie dem *Roman de Troie* des BENOIT DE SAINTE-MORE (um 1160) entlehnt.

Das *Alexanderbuch* – in seiner moralisierenden Tendenz dem *Libro de Apollonio (Apolloniosroman)* verwandt – steht als ein bedeutsames Denkmal spanischer Kunstepik am Anfang der spanischen Literatur des Mittelalters. Das Epos will (anhand des üblichen Schemas Geburt-Taten-Tod) allegorisch die charakterliche Entwicklung des Helden darstellen und zeigen, wie er im Verlauf eines wechselvollen Lebens endlich zu sich selbst findet. Die Episoden aus dem Leben Alexanders dienen nur dazu, seine Tapferkeit, seinen Großmut, seine Güte und seine geniale, vielseitige Begabung herauszustreichen; aus diesem Grund übernimmt der Verfasser – ein mit den geschichtlichen und wissenschaftlichen Erkenntnissen seiner Zeit umfassend vertrauter Gelehrter – aus seinen Vorlagen auch die mannigfachen ins Phantastische übersteigerten Motive (Meerfahrt in der Taucherglocke; Himmelsflug in den Fängen der Greifen u. ä.), die ihm geradezu Sinnbilder abgeben für das ideale Wirken eines genialisch-vorbildlichen Menschen. M. Cas.

AUSGABEN: Madrid 1782 (*El Libro de Aleixandre*, in *Colección de poesías castellanas anteriores al siglo XV*, Bd. 3). – Dresden 1906, Hg. A. Morel-Fatio (Ms. esp. 488 de la Bibl. Nat. de Paris; Gesellschaft f. roman. Lit., 10). – Paris 1934, Hg. R. S. Willis [Text des Pariser u. Madrider Ms.] – A. Morris, *Philologische Herausgabe des altspanischen Aljamiado-Textes der Alexandreis, Ms. Nr. 524 (G. g. 48°)*, Diss. Bln. 1955.

LITERATUR: R. S. Willis, *The Relationship of the Spanish »Libro de Aleixandre« to the »Alexandreis« of Gautier de Châtillon*, Paris 1934 (Elliot Monographs in the Romanic Languages and Literatures, 31). – Ders., *The Debt of the Spanish »Libro de Aleixandre« to the French »Roman d'Alexandre«*, Paris 1936 (Elliot Monographs in the Romanic Languages and Literatures, 33). – E. Alarcos Llorach, *Investigaciones sobre el »Libro de Aleixandre«*, Madrid 1948 (RFE, Beih. 45). – G. Cary, *The Medieval Alexander*, Cambridge 1956. – M. R. Lida de Malkiel, *Datos para la leyenda de Alejandro en la edad media castellana* (in RPh, 15, 1961/62, S. 412–423; vgl. ebd. S. 311–318).

16. Deutsche Versionen
a) ALEXANDERLIED (mhd.).
Versroman, verfaßt von dem Pfaffen LAMPRECHT um 1120/1130, fortgesetzt von einem Unbekannten. – Überliefert sind drei Bearbeitungen: der *Vorauer Alexander* (1533 Verse), der *Straßburger Alexander* (7302 Verse) und die *Basler Handschrift* (4734 Verse). Lamprechts unmittelbare Quelle ist die altfranzösische *Alessandreide* des ALBERICH DE BESANÇON (auch Briançon oder Pisançon; um 1100), der den spätgriechischen *Alexanderroman* hauptsächlich aus den lateinischen Übersetzungen des IULIUS VALERIUS (s. Nr. 2) und des Archipresbyters LEO VON NEAPEL (s. Nr. 11a) kannte.

Der *Vorauer Alexander* steht Lamprechts Original am nächsten: eine künstlerisch unbedeutende, »handwerksmäßige« (Ehrismann) Übersetzung der französischen *Alessandreide*, literarhistorisch jedoch ein Zeugnis von größtem Wert. Erstmals, und bahnbrechend für Jahrhunderte, wählt ein Dichter – der zudem noch Geistlicher ist! – einen nichtantiken Stoff für ein deutsches Epos; daß er den Stoff aus Alberichs Hand empfängt, zeigt zugleich den Beginn des französischen Einflusses auf die deutsche Kultur des hohen Mittelalters an. Die Wahl eines weltlichen Stoffs und eines Heiden als Held besagt jedoch noch nicht, daß Lamprecht nicht mehr dem Geist der cluniazensischen Zeit verhaftet war. Im Gegenteil: ehe das Leben Alexanders erzählt, seine Tapferkeit, Kriegskunst und Macht, sein Mut, Reichtum und seine Weisheit gewürdigt werden, ertönt in der Einleitung der Ruf *vanitas vanitatum*, mit dem Lamprecht aus christlich-asketischer Weltsicht bereits das Urteil über alles Streben nach irdischen Werten fällt. Entsprechend verweigert Lamprecht dem Helden Alexander – im Gegensatz zu Alberich – das Attribut »magnus« und heißt ihn statt dessen den »*wunderlichen Alexander*« (V. 45; 932), worin sich die Distanz zu seinem Helden ebenso deutlich ausdrückt wie in der Einstufung Alexanders (des Heiden!) »unter« Salomon.

In der zweiten Bearbeitung, dem *Straßburger Alexander*, fällt auf, daß nicht nur Alexander, sondern auch seine Feinde bereits »Ritter« sind, ausgestattet mit allen höfischen Tugenden (V. 3794ff.; 4516ff. u. a.). Alexander ist der ideale Ritter geworden, dessen »*milte*« (Freigebigkeit) und »*erbärmde*« (V. 3575) es zu rühmen gilt. Auch kündigen sich bereits – wenn auch nur vereinzelt – die für die hochhöfische Ritterdichtung wesentlichen Elemente an: Festesfreude und Minne (Prunkhochzeit mit Roxane; das Idyll mit den Blumenmädchen; der minnigliche Aufenthalt bei Candacis). Noch aber reiht die Minne im Sinn der Veredelung und Vervollkommnung des Ritters; noch sind seine Kämpfe und Abenteuer nicht Minnedienst, sondern Selbstzweck (E. Grammel). Der geistliche Schluß dieser Fassung mit der weltverneinenden, demütigen Selbstbescheidung des Helden vor den Pforten des Paradieses (V. 6987ff.) enthüllt, wie weit der Weg noch ist bis zu den höfischen Alexanderepen, die RUDOLF VON EMS in seinem *Alexander* erwähnt, gar nicht zu reden von ULRICH VON ESCHENBACHS *Alexandreis*.

Die dritte Fassung, die *Basler Handschrift*, stammt aus dem Anfang des 15. Jh.s und erweitert Anfang und Schluß durch sagenhafte Zusätze (Nektanebus-Sage; Taucherglocke; Greifenfahrt u. a.). R. E.

AUSGABEN: Wien 1849 (in *Dt. Gedichte d. 11. u. 12. Jh.s*, Hg. E. Diemer). – Ffm. 1850, 2 Bde.; Hg. H. Weismann [Urtext, Übers., Erl., Quelltexte]. – Stg. 1881 (*D. Basler Bearb. v. L.s »Alexander«*; BLV, 154). – Halle 1884 (*L.s »Alexander« nach d. drei Texten m. d. Fragm. d. Alberich v. Besançon u. d. lat. Quellen*; Hg. K. Kinzel, Germanist. Hdbibl.,

6). – Lpzg. 1940, Hg. F. Maurer (DL, R. Geistl. Dichtg. d. MAs, 5; enth. auch *Rolandslied*).

LITERATUR: T. Hampe, *D. Quellen d. Straßburger Fassung v. L.s »Alexanderlied«* u. deren Benutzung, Bremen 1890. – Ehrismann, 2/1, S. 235 ff. – H. de Boor, *Frühmhd. Studien. Zwei Untersuchungen*, Halle 1926. – E. Schröder, *D. dt. Alexanderdichtg. d. 12. Jh.s* (in NGG, 1928). – E. Grammel, *Studien ü. d. Wandel d. Alexanderbildes in d. dt. Dichtg. d. 12. u. 13. Jh.s*, Diss. Ffm. 1931. – C. Minis, *L.s Tobias u. Alexander* (in Neoph, 38, 1954). – De Boor, 1, S. 232–240.

b) ALEXANDER (mhd.). Versepos von RUDOLF VON EMS (um 1200–1254), entstanden zwischen 1230 und 1240, überliefert in zwei Handschriften, die beide nach über 21 000 Versen mitten im sechsten Buch abbrechen. Vermutlich ist das Original selbst unvollendet geblieben: setzt man (mit DE BOOR, aber gegen JUNK und EHRISMANN) den Roman *Wilhelm von Orleans* vor dem *Alexander* an, so läßt sich der fragmentarische Charakter des Epos mit dem Rudolf von Konrad IV. erteilten Auftrag zur *Weltchronik* erklären. – Der Anfang des auf zehn Bücher berechneten Werks greift vor allem auf die lateinische Bearbeitung des spätgriechischen *Alexanderromans* durch den Archipresbyter LEO VON NEAPEL zurück (s. Nr. 11a), Hauptquelle ab Vers 5015 sind die *Historiae Alexandri Magni regis Macedonum* des Q. CURTIUS RUFUS; im Prolog zum vierten Buch (12941–13064) nennt Rudolf selbst eine stattliche Reihe von Gewährsmännern.
Was an Rudolfs Bearbeitung des Stoffs auffällt, ist das Nebeneinander und häufig genug auch das Gegeneinander zweier Tendenzen: in erster Linie will er den – bekanntlich recht trüben – Quellen treu folgen und die geschichtliche Wahrheit berichten; andererseits deutet er streckenweise den Bericht immer wieder ritterlich-höfisch und heilsgeschichtlich um. Das Ergebnis ist eine Uneinheitlichkeit, die sich vor allem in der Zeichnung des Helden Alexander auswirkt. Einmal ist Alexander der gewaltige, unnachsichtige, brutale und rachsüchtige Welteroberer; dann wieder erscheint er als Inbegriff des höfischen Ritters. Schon seine vorbildliche Erziehung nach Aristotelischen Maximen vermittelt ihm alle höfisch-ritterlichen Mannestugenden: Weisheit und gottesfürchtige Demut, Maßhalten und ausdauernde Beständigkeit, Mut und Tapferkeit, Gerechtigkeit, Freigebigkeit und Barmherzigkeit. Alle diese Qualitäten, dazu die vollkommene Beherrschung der adligen Künste (Reiten, Fechten, Falkenjagd, Schachspiel) und seine Schönheit und Kraft erheben ihn zum strahlenden Idealbild des staufischen Ritters. Rudolf geht sogar so weit, typisch höfische Begriffe wie »*vröude*« und »*hoher muot*« einzuführen und manche Grausamkeiten des Helden zu unterschlagen, dessen Heidentum in Vergessenheit gerät, wenn ihn Rudolf zum Streiter Gottes gegen die »*vorworhte heidenschaft*« (12895) avancieren läßt oder in ihm die »*Gotes geisel*« (10055), ein Werkzeug zur Verwirklichung des göttlichen Heilsplans, sieht (E. Grammel). Dagegen spielt die Minne – wie in den älteren Alexanderromanen – nur eine untergeordnete Rolle. Zwar erfährt Alexander ihre Macht und ihre Freuden (durch Roxane, seine spätere Gemahlin, und Talistria, die Amazonenkönigin); seine und seiner Mannen Waffentaten aber sind – im Unterschied zu ULRICH VON ESCHENBACHS *Alexandreis* – nicht Minnedienst im höfischen Sinn (7741 ff.):

»*Sin rittertat, sin arbeit
die er in mangem strite leit,
geschach niht anders wan durch guot,
durch werndez lop, durch hohen muot
und vil selten durch diu wip.*«

Daß Rudolf sich stilistisch völlig in den von den Klassikern, vor allem von GOTTFRIED VON STRASSBURG, vorgezeichneten Bahnen bewegt, ist unübersehbar im ersten Buch und in den Prologen zu den übrigen Büchern; allein, Rudolf vermag zwar »*die Gottfriedschen Stilkünste und Sprachspiele nachzubilden, aber nicht seinen Stil, dieses eigentümliche Ineinander von Eleganz und Inbrunst*« (de Boor). Angemerkt sei noch, daß auch Rudolf (im Prolog zum zweiten Buch) ein »Dichterverzeichnis« vorlegt, in dem er hauptsächlich vier. »*meister*« preist (3105–3170): HEINRICH VON VELDEKE »*der wise man / der rehter rime alrerst began*«; HARTMANN VON AUE »*mit mangem süezen maere*«; WOLFRAM VON ESCHENBACH »*mit wilden aventiuren*« und schließlich GOTTFRIED VON STRASSBURG, das dritte Reis aus Veldekes Stamm: »*Wie suoze ez seit von minnen! / wie süezet es den herzen / der süezen minne smerzen!*«
R. E.

AUSGABE: Stg. 1928/29, 2 Bde., Hg. V. Junk (BLV 272 u. 274).

LITERATUR: V. Junk, *Ber. ü. d. Vorarb. z. ein. krit. Ausg. »Alexander«* (in AWA, 1924). – E. Grammel, *Studien ü.d. Wandel d. Alexanderbildes i. d.dt. Dichtg. d. 12. u. 13. Jh.s*, Diss. Ffm. 1931. – K. Nitzlader, *Reimwörterbuch z. »Alexander« d. R. v. E.*, Diss. Wien 1937. – A. Elsperger, *D. Weltbild R.s v. E. in seiner Alexander-Dichtg.*, Diss. Erlangen 1939. – M. Hühne, *D. Alexanderepen R.s v. E. u. Ulrichs v. Eschenbach*, Würzburg 1939. – C. v. Kraus, *Text u. Entstehung v. R.s »Alexander«* (in SBAW, phil.-hist. Abt., 1940, H. 8). – A. Hübner, *Alexander d. Gr. i. d. dt. Dichtg. d. MA* (in A. H., *Kleine Schr. z. dt. Philol.*, Bln. 1940). – R. Wisbey, *D. Alexanderbild R.s v. E.*, Diss. Ffm. 1956. – E. Trache, *D. Aufbau d. »Alexander« R.s v. E.*, Diss. Freiburg i. B. 1959.

c) ALEXANDREIS (mhd.). Versepos in zehn Büchern (28 000 Verse) und einem Anhang (2100 Verse) von ULRICH VON ESCHENBACH (auch Etzenbach, geb. um 1250), entstanden um 1280; überliefert in vier vollständigen und mehreren fragmentarischen Handschriften des 14. und 15. Jh.s – Ulrichs Hauptquelle für die Bücher 1–9 ist die um 1184 von WALTER VON CHÂTILLON lateinisch verfaßte *Alexandreis* (s. Nr. 11b); unmittelbar auf LEO VON NEAPEL (s. Nr. 11a) fußt das zehnte Buch; hinzu kommen noch zahlreiche Nebenquellen für Einzelepisoden.
Mit Ulrichs *Alexandreis* erreicht die Alexanderverehrung des Mittelalters ihren Höhepunkt: hier ist der griechische Welteroberer vollends zum höfischen Ritter geworden (in welchem der Autor zugleich seinen Gönner, den Böhmenkönig Ottokar II., verherrlicht, wenn er auch das Werk nach dessen Tod 1278 »*dem edelen künege Wenzeslabe*« – Wenzel II., 1278–1305 – widmet). Alexander ist nicht mehr nur der edle und freigebige Idealherrscher des 13. Jh.s, sondern er ist auch – und das ist neu – ein Frauenritter im Sinn der höfischen Minneauffassung: »*frouwe, ich wil din ritter sin*« (17275), schreibt der Held an die indische Königin Candacis, die er schon liebt, bevor er sie gesehen hat. Und ihr zu Ehren vollbringt er – auch nachdem er Roxane geheiratet hat – seine Rittertaten; der

Gedanke an sie verleiht ihm Kraft und »*hohen muot*«. Auch die anderen Helden, ob Heiden oder Christen, kämpfen um Minnelohn, und häufig ist der Name ihrer Dame anfeuernder Kampfruf. Ebenso frei verändert Ulrich auch die Reihenfolge der historischen Ereignisse: er wiederholt oft, ersetzt blutige Massenschlachten durch ritterliche Zweikämpfe, die mit der Niederlage des Gegners, nicht aber mit dessen Tod zu enden pflegen, und Tjoste, Turniere, prachtvolle tagelange höfische Feste zeigen seine Freude an Prunk und Glanz. Humor und novellistische Kunst verrät die reizende Episode *Aristander und Candacis*, der ein altes, aus dem Orient stammenden Wandermotiv zugrunde liegt *(Aristoteles und Phyllis)*: Meister Aristander, der weise Lehrer und Berater Alexanders, drängt zum Aufbruch; Candacis, die ihren Alexander noch nicht ziehen lassen will, rächt sich an dem Alten: in hochgeschürztem, durchscheinendem Hemdchen steigt sie so lange vor Aristanders Fenster durch den taufeuchten Garten, bis sich dem Weisen die Sinne verwirren und er sich zu ihrem Pferde macht; seine Autorität ist nunmehr erschüttert, da Alexander heimlicher Zeuge der Posse ist. Das zehnte Buch beschreibt zahllose Kämpfe Alexanders mit wilden Tieren und Fabelwesen, die Fahrt in der Taucherglocke auf den Meeresgrund, die Greifenfahrt usw. All diese Abenteuer schildert Ulrich ganz im Geschmack seiner Zeit, und der Held muß nach seinem Zug zum Paradies teilweise noch einmal bestehen. Als der unersättliche Alexander auch noch die Hölle besiegen will, läßt ihn Leviathan, der Höllenfürst, vergiften. Die Klage der acht Meister am Grabe Alexanders über die Unbeständigkeit des irdischen Glücks weist auf das Motto des alten LAMPRECHT in seinem *Alexanderlied* zurück: *vanitas vanitatum*.

Trotz der tränenreichen und »*gefühlsweichen Stimmung*«, die in das Werk eingeflossen ist, trotz der unbekümmerten Phantastik kündigt sich bereits – worauf ROSENFELD besonders hinweist – der bürgerlich-realistische Geist der Folgezeit an (z. B. in Ulrichs Preis auf seines Freundes Weinkeller und warmen Braten). Ulrichs nicht erreichtes Vorbild in Stil und Versbau ist WOLFRAM VON ESCHENBACH, doch kennt der gelehrte Dichter selbstverständlich auch HARTMANN VON AUE und GOTTFRIED VON STRASSBURG, denen er manches Wortspiel abgelauscht hat. R. E.

AUSGABE: Stg. 1888, Hg. W. Toischer (BLV, 183).

LITERATUR: W. Toischer, *Über die »Alexandreis« U.s v. E.*, Wien 1881. – H. Paul, *U. v. E. u. seine »Alexandreis«*, Diss. Bln. 1914. – E. Grammel, *Studien ü. d. Wandel d. Alexanderbildes in d. dt. Dichtung d. 12. u. 13. Jh.s*, Diss. Ffm. 1931. – M. Hühne, *Die Alexanderepen Rudolfs v. Ems u. U.s v. E.*, Würzburg 1939. – A. Hübner, *Alexander d. Gr. in d. dt. Dichtg.* (in A. H., *Kleine Schriften z. dt. Philol.*, Bln. 1940, S. 187–197). – H. Rosenfeld (in VL, 4, Sp. 574–577).

d) **DAS BUCH VON DEM GROSSEN ALEXANDER**, von dem Münchner Arzt Johannes HARTLIEB (nach 1400–1468), wohl 1444 verfaßt. – Hartliebs *Alexander*, überliefert in zehn Handschriften und ebenso vielen Drucken (1472–1573), als Dank für eine Schenkung Herzog Albrecht III. von Bayern und seiner Gemahlin Anna von Braunschweig gewidmet, ist die Übertragung einer lateinischen Version des Alexanderstoffes, von der wir in einer Pariser Handschrift noch eine Abschrift erhalten haben. Diese lateinische Version schöpft aus einer bayrischen Rezension der *Historia de preliis* (s. Nr. 11a) des Archipresbyters LEO und anderen lateinischen Quellen. In einer kurzen Widmung stellt sich der Dichter als der »*hochgelehrte Doktor Johannes Hartlieb*« vor. Er erklärt in der Vorrede, sein Werk solle ein Fürstenspiegel sein, »*dar durch ein fürst gross tugendt und manheyt hören sehen und auch erlangen mag*«.

Gegenüber der früheren Bewertung von Hartliebs Leistung – schon GERVINUS nannte ihn einen »*allzeit fertigen und höchst elenden Schreiber*« – hat sich heute eine gerechtere Beurteilung durchgesetzt, die Verdienst und Versagen des Autors behutsamer abzuwägen versteht. Viele der Unklarheiten und Widersprüche des Texts gehen nicht auf Kosten des Übersetzers; manche kompositorischen Ungereimtheiten seiner Vorlage hat Hartlieb sogar zu mildern oder zu beseitigen gesucht, indem er durch erklärende Zusätze Verständnisschwierigkeiten zu beheben bestrebt war. Freilich war er in diesem Vorhaben nicht immer erfolgreich. So bleiben infolge seiner raschen Arbeitsweise viele Latinismen (»*ein rotundt kugel, mit manigen glorien*« usw.) oder unnatürlich geschraubte, wörtlich aus dem Original übersetzte Ausdrücke (»*untötlich*«, »*unbesynt*«, »*zergenclich*« usw.) stehen; so ist der Satzbau oft dem Lateinischen nachgebildet; so übernimmt er zuweilen Flüchtigkeiten und Mißverständnisse des lateinischen Texts.

Aus Hartliebs Bemühen um Verständlichkeit und Verdeutlichung erklären sich neben den erläuternden Zusätzen auch die von ihm eingefügten Motivierungen und das – oft etwas rührselig wirkende – Ausmalen von Empfindungen seiner Personen. Er erzählt in behaglicher Breite, so daß aus den achtzig Folioseiten der Pariser Handschrift bei ihm zweihundert Folioblätter werden, und überträgt den antiken Stoff in seine eigenen, der mittelalterlichen Vorstellungswelt entstammenden Anschauungen: Alexander erscheint als Musterbild eines deutschen Königs, seine Offiziere als treue Ritter, seine Soldaten als mittelalterliche Kriegsknechte. So ist wohl auch der Schluß des Werkes mit seinem Hinweis, das antike Weltreich lebe im Sachsenlande fort, mehr als nur eine Huldigung an die sächsische Gemahlin des bayrischen Herzogs: darin dokumentiert sich das Bewußtsein, mit der antiken Tradition in einer lebendigen Kontinuität zu stehen. – Hartlieb hat mit seiner Umsetzung des Alexanderstoffes den Geschmack seiner Zeit getroffen und ein wahres Volksbuch geschaffen, das über zweihundert Jahre lang seine Wirkung ausübte. H. B.

AUSGABEN: Augsburg 1472 [viele Drucke im 15. u. 16. Jh.]. – Jena 1924 (in *Die dt. Volksbücher*, Bd. 6, Hg. R. Benz). – Weimar/Lpzg. 1936 (DL, R. Volksbücher; unvollst.).

LITERATUR: S. Hirsch, *Das Alexanderbuch J. H.s*, Bln. 1909 (Palaestra, 82). – H. Poppen, *Das Alexanderbuch J. H.s und seine Quelle*, Diss. Heidelberg 1914. – Ehrismann, II, 2/2, S. 659f.

17. Alttschechische Version

ALEXANDREIS. Das bedeutendste Werk der alttschechischen Literatur, entstanden wahrscheinlich um 1300, nach WALTER VON CHÂTILLONS gleichnamigem Werk (s. Nr. 11b); in acht mehr oder weniger fragmentarischen Abschriften aus dem 14. Jh. mit insgesamt 3450 Versen erhalten. – Dem unbekannten Übersetzer stand möglicherweise eine Abschrift eines kommentierten Alexanderexemplars zur Verfügung, das Přemysl Ottokar II. im Jahr 1270 für ULRICH VON ESCHENBACH besorgen ließ; wahrscheinlich kannte er auch – neben anderen Bearbeitungen des Stoffes – dessen um 1280 vollendete *Alexandreis* (s. Nr. 16c). Er hielt sich nicht sklavisch an seine Vorlage, sondern änderte, setzte eigenes und aus anderen Quellen entnommenes Material ein, kürzte den lateinischen Text Walters und erzählte die Handlung knapp und nüchtern. Besonders dort, wo die Vorlage seiner christlichen Überzeugung widersprach oder schwer verständlich wurde, wich er souverän ab. So unterdrückte er mythologische, archaistische und historische Textpartien und flocht dafür eine ganze Reihe Lebensweisheiten und aktuelle politische Andeutungen ein. Schließlich macht sich eine gewisse Voreingenommenheit gegen alles Bürgerliche und Bäuerliche geltend. Durch all das erhielt das Werk ein zeitnahes und selbständiges Gesicht.

Die Erzählung, eingeleitet von einem – bei Walter fehlenden – gereimten Vorwort, reicht in dem längsten zusammenhängenden Bruchstück nur bis zu Alexanders Zug über ein riesiges Gebirge, was dem Anfang des vierten Buchs bei Walter entspricht. Von den weiteren Büchern sind nur einzelne Stellen erhalten. Die Sprache der Bearbeitung trägt durchweg poetische Züge; die Form – achtsilbiger Vers mit Paarreim – beherrscht der Verfasser sehr gewandt. J. H.

AUSGABEN: Prag 1881 (*Zbytky rýmovaných Alexandreid staročeských*, Hg. M. Hattala u. A. Patera). – Heidelberg 1916 (*Die alttschech. Alexandreis*, Hg. R. Trautmann; m. Einl. u. Glossar). – Prag 1947 (*Alexandreida*, Hg. A. Pražák u. V. Vážný). – St. Louis 1952 (*Translation and Edition of the Old Czech Alexandreis*, Hg. V. Jeinek). – P. Király, *Ostřihomský zlomek staročeské Alexandreidy* (in Studia Slavica Academiae Scientiarum Hungaricae, 2, 1956, S. 157–184).

LITERATUR: J. Jakubec, *Dějiny literatury české*, Bd. 1, Prag ²1929, S. 85–100. – A. Pražák, *Staročeská báseň o Alexandru Velikém*, Prag 1945. – H. H. Bielfeldt, *Die Quellen der alttschechischen Alexandreis*, Bln. 1951. – G. Cary, *The Medieval Alexander*, Cambridge 1956. – J. Hrabák, *Studie ze starší české literatury*, Prag 1956. – H. H. Bielfeldt, *Neue Studien zur alttschechischen Alexandreis* (in Zeitschrift für Slavistik, 4, 1959, S. 184–198). – *Dějiny české literatury*, Bd. 1, Prag 1959, S. 104 bis 113.

18. Rumänische Version

ALEXANDRIA. Rumänisches Volksbuch aus dem 17. Jh. – Eine der zahlreichen französischen Varianten des Alexanderstoffes ist von Italien über Kroatien und Serbien bis in die rumänischen Fürstentümer vorgedrungen. Die um 1620 erfolgte Übersetzung ins Rumänische läßt deutlich eine südslavische Vorlage (13. Jh.) erkennen: sowohl die Personennamen als auch einige Redewendungen sind offensichtlich serbisch, ebenso schließt sich die Handlung des Romans weitgehend dieser Fassung an. Sind in den serbischen Vorlagen die Skythen durch die Kumanen ersetzt, so treten in der rumänischen Version die Tataren an deren Stelle.

Die phantastisch-fabulierenden Episoden aus dem Leben der Helden werden dadurch aktualisiert, daß sie von den Verhältnissen in den rumänischen Fürstentümern angepaßt und die Ortsnamen der näheren und ferneren Umgebung in rumänischer Form wiedergegeben sind. Auch die neben den Hauptfiguren auftretenden Gestalten tragen oft rumänische oder rumanisierte Namen, wie z. B. der Tatarenkhan Atlam, der hier als Atlamos (der greise Atlam) erscheint. Es wird auch auf die Daker und Römer Bezug genommen, aus deren Verbindung das rumänische Volk entstand.

Der rumänische *Alexanderroman* enthält neben vielen Archaismen zahlreiche Elemente aus dem Bereich der Folklore, was darauf schließen läßt, daß dieser Stoff auch von den wandernden Spielleuten und Erzählern mündlich vorgetragen worden ist. – Das Volksbuch ist rasch in der rumänischen Literatur heimisch geworden; so haben Alexanders Abenteuer in allen Bevölkerungsschichten weite Verbreitung gefunden. Es entstanden zahlreiche Abschriften, die häufig durch Episoden aus der Geschichte des rumänischen Volks ergänzt wurden. Auch wurden später gelegentlich ganze Abschnitte wörtlich in andere rumänische Werke übernommen. E. T.

AUSGABEN: Bukarest 1922 (in N. Cartojan, *Alexandria în literatura românească. Noui contribuții*). – Bukarest 1956, Hg. D. Simionescu; ²1958 [m. Vorw., Anm. u. Glossar].

LITERATUR: M. Gaster, *Chrestomație românească*, 2, Lpzg./Bukarest 1891, S. 132ff. – Ders. (in Rev. pentru Ist. Arh. și Filol., 7, 1893). – N. Cartojan, *Alexandria în literatura românească*, Bukarest 1910. – Ders., *Alexandria în literatura românească. Noui contribuții*, Bukarest 1922. – I. C. Chițimia u. D. Simionescu, *Cărțile populare în literatura românească*, Bd. 1, Bukarest 1963, S. V-XXXVII; 5–7; 9–84 [enth. auch den Text].

ANONYM

ALEXANDERROMAN. Neugriechische Versionen (vgl. auch das Hauptstichwort *Alexanderroman*).

Die neugriechischen Versionen des *Alexanderromans* stellen die neuesten Bearbeitungen der romanhaften Alexandergeschichte im griechischen Sprachraum dar, die mit dem sogenannten *Pseudo-Kallisthenes-Roman* (3. Jh.) ihre erste schriftliche Form angenommen hatten. Allerdings werden zwischen diesem und jenen eine Reihe byzantinischer (mittelgriechischer) Fassungen eingeschaltet, die als die unmittelbaren Vorläufer der neugriechischen Bearbeitungen anzusehen sind. Die neugriechische Überlieferung kennt zwei Formen des *Alexanderromans*, eine in Prosa und eine in Versen. Von der Prosaversion ist uns eine ältere Handschrift (Codex Meteoron [Kloster Metamorfosis] 400) bekannt; sie stammt aus dem 17. Jh., doch die in ihr enthaltene Fassung muß in der Zeit von 1430 bis 1453 niedergeschrieben worden sein. Ein ihr verwandter Text wurde zum ersten Mal zwischen 1670 und 1682 in einer griechischen Druckerei in Venedig gedruckt; dieser heute verschollenen Erstausgabe folgten von 1699 (Erscheinungsjahr der ersten uns bekannten Ausgabe) bis 1926 um die fünfundvierzig weitere, volkstümliche Ausgaben. Eine zweite Handschrift (Codex des Benaki-Museums Athen 49) der Prosaversion stammt aus der ersten Hälfte des

19. Jh.s, ist aber eine Kopie aus einem zeitgenössischen Druck des Volksbuchs.

Das neugriechische Alexandergedicht ist in nur einer Handschrift des 16. Jh.s überliefert (Codex Meteoron [Kloster Metamorfosis] 445). Auch wenn diese, wie verschiedentlich angenommen, nur eine Kopie aus einem zeitgenössischen Druck darstellen sollte, besitzt sie dennoch wegen ihrer Abweichungen von den uns bekannten Druckausgaben des Alexandergedichts einen eigenen Überlieferungswert. Schon 1529, als sein unbekannter, aus Zakynthos stammender Autor noch am Leben war, erschien das Alexandergedicht ebenfalls in Venedig in Volksbuchform, und bis 1805 sind weitere dreizehn Volksausgaben zu zählen. Das Alexandergedicht ist die Versifikation einer jener volkstümlichen Prosaversionen, die Anfang des 16. Jh.s im griechischen Kulturraum in Umlauf waren.

Sowohl die Prosaversion als auch das Alexandergedicht geben in großen Zügen die Alexandergeschichte wieder, wie sie uns aus dem *Pseudo-Kallisthenes-Roman* und seinen mittelgriechischen Bearbeitungen bekannt ist: Es wird von der wunderbaren Laufbahn des großen Eroberers erzählt, angefangen bei seiner übernatürlichen Geburt bis zu seinem geheimnisvollen Tod. Auch der neugriechische Erzähler bewegt sich eher in der Welt des Märchens als im Bereich der Geschichte: Phantastische Ungeheuer, riesige Bäume mit hypertrophen Früchten, sprechende Vögel und verzauberte Seen werden geschildert, die Natur wird von übernatürlichen Mächten beherrscht und kann vornehmlich durch Zauber bewältigt werden. Dies geschieht zunächst mit Hilfe bestimmter Tiere: Falke, Eule, Schlange; dann werden Himmelskörper und Naturphänomene beschworen, um das Schicksal der handelnden Personen günstig zu beeinflussen. Träume sind Vorzeichen für Glück und Unglück. Zeit und Ort sind im allgemeinen nicht fixiert. Zahlreiche Abenteuer spielen sich außerhalb der Zeit ab, ohne »Vorher« und »Danach«. Daraus vor allem erklärt es sich, daß die Abfolge der geschilderten Ereignisse willkürlich wirkt. Als Ortsbestimmungen dienen wiederum Ortsnamen, die, auch wenn sie nicht fingiert sind, im Bewußtsein des Lesers keine konkrete Gestalt annehmen. Die »Bewegungsfreiheit« der Helden von einem Ort zum andern, ebenfalls ein Merkmal der Märchenwelt, resultiert offenkundig aus dieser Zeit- und Ortlosigkeit des Geschehens.

Die sozialen Verhältnisse im neugriechischen Alexander-Volksbuch spiegeln größtenteils eine viel ältere Gesellschaftsformation – mit König, Vasallen, Sklaven – wider, ihre Erscheinungsformen jedoch werden umfunktioniert und der sozialen Wirklichkeit des neuen Publikums angepaßt. Da z. B. Treue, Tapferkeit und Gerechtigkeit potentielle Tugenden auch dieses Publikums sind, können sie auf die Helden des Romans, vor allem auf Alexander, projiziert werden. Eine noch stärkere Anpassung an die Moderne wird durch Anachronismen erreicht: Daß etwa an die Stelle der »klassischen« Generale Alexanders der Lokalgouverneure zur Zeit der Türkenherrschaft, die »Woiwoden« treten und statt des Vasallentributs die in der Türkenzeit übliche Kopfsteuer entrichtet wird, bewirkt, daß die neuen Leser die alte Alexandergeschichte als ihre eigene Zeit-»Geschichte« nachempfinden. Insbesondere aber die Umformung des Titelhelden verleiht dem neugriechischen Alexander-Volksbuch seinen spezifischen Charakter und hat ihm zugleich zu erstaunlicher Popularität verholfen: Während der Alexander der altgriechischen Versionen lediglich als abenteuersüchtiger und heldenmütiger Eroberer auftrat, der dann in den mittelgriechisch-byzantinischen Fassungen zum frommen Kaiser und Verteidiger des rechten Glaubens gegen die Heiden umgedeutet wurde, erscheint der Volksbuch-Alexander der neugriechischen Leserschaft »nationalisiert«, also umgemünzt in einen weltlichen Befreier vom fremden Joch. Aufgrund einer unbewußten, aber sprachlich-historisch belegbaren Identifizierung der alten Gegner Alexanders, der Perser, mit den neuen Herrschern, den Türken, konnte im Schlußwort der handschriftlich überlieferten Prosaversion die herbeigesehnte Befreiung der griechischen Rajah vom persischen (will sagen türkischen) Joch durch Alexander prophezeit werden. G. V.

AUSGABEN: Prosaversion: Venedig 1699 *(Alexandros o Makedon)*. – Athen 1935; ²1961 *(I fillada tu Megalexandru,* Hg. A. A. Pallis) – Alexandergedicht: Venedig 1529 *(O Alexandros o Makedon)*.

LITERATUR: F. Pfister, *Alexander der Große in der byzantinischen Literatur und in neugriechischen Volksbüchern* (in Probleme der neugriechischen Literatur, Bd. 3, Bln. 1960, S. 112–130). – G. Veloudis, *Der neugriechische Alexander*, Mchn. 1968 (in Miscellanea Byzantina Monacensia, 8). – G. Veloudis, *Alexander der Große: Ein alter Neugrieche*, Mchn. 1969.

ANONYM

DICTA CATONIS (lat.; *Sprüche Catos*), auch *Disticha Catonis (Catos Distichen)*. Anonyme Sammlung von Lebensregeln, entstanden im 3. (oder 4.) Jh. n. Chr. – Mit dem alten CATO, mit dem ihn das Mittelalter identifizierte, hat der Verfasser nichts zu schaffen, es sei denn, daß dessen heute verlorenes *Carmen de moribus (Gedicht über die Sitten)* den Anstoß zu der Spruchkollektion gab. Daß der Autor der *Dicta* gleichfalls Cato geheißen hat, ist ganz unwahrscheinlich, und auch die gelegentlich zitierte Namensform DIONYSIUS CATO hat nur geringen Rückhalt in der Überlieferung.

Die *Sprüche* sind in vier Bücher eingeteilt – 40 im ersten, 31 im zweiten, 24 im dritten, 49 im vierten Buch. Jeder Spruch besteht aus einem Distichon von zwei Hexametern. Außer dem ersten haben alle Bücher kurze hexametrische Einleitungen – zur *captatio benevolentiae* des Lesers und Benützers –, die allerdings mittelalterliche Zutat sein dürften. Der Prosaprolog, der dem ganzen Büchlein vorausgeht, ist wohl gleichfalls nicht original. Auch die Authentizität der 57 daran anschließenden kurzen Prosasentenzen (»*Maiori cede*« – »*Weiche dem Größeren*«; »*Parentes ama*« – »*Liebe die Eltern*«; »*Meretricem fuge*« – »*Fliehe die Hure*« usw.) ist umstritten. Überhaupt hat die Beliebtheit, die den *Disticha Catonis* zuteil wurde, später mancherlei Gut an die Sammlung anwachsen lassen, seien es Zweizeiler wie im Vorbild, seien es kürzere und prägnantere Einzeiler, wie sie in der Sammlung der hexametrischen *Monosticha* erhalten sind.

Literarische Ambitionen hatte der Autor zweifelsohne nicht: die *Sprüche* sind aus dem Leben fürs Leben geschrieben, kluge Erfahrungen des Alltags, die, ohne philosophische Reflexion oder (sei es christliche, sei es heidnische) theologische Spekulation, praktischen Rat für die Meisterung alltäglicher Situationen geben wollen. Die Themen – etwa Glück und Unglück, Armut, Ehe, Arbeit, Todesfurcht, Hoffnung in schlechten Tagen, Freundschaft –, die einfache, recht anspruchslose Sprache, die schlichte und ungekünstelte Metrik: alles liegt auf der Ebene populärer Trivialität. Es mag wohl nicht zuletzt gerade diese banale Schlichtheit gewesen sein, die den *Dicta* hernach einen so ungeheuren Erfolg bescherte, daß sie zu einem der Standardwerke des Mittelalters wurden. Als Schulbuch für den Lateinunterricht, als Vorlage stilistischer Etüden, als Kristallisationskern neuer Spruchpoesie und immer wieder als über alles geschätztes Vademekum der Lebensweisheit waren sie ein unentbehrlicher Begleiter der Jahrhunderte, und wie kaum ein anderes Werk haben sie zu einer Fülle von Übersetzungen in die Nationalsprachen angeregt: ins Altenglische, Althochdeutsche (NOTKER LABEO), Mittelhochdeutsche, Niederdeutsche, Niederländische, ins Altfranzösische, Provenzalische, Katalanische, Italienische, ins Irische und Walisische, ins Böhmische und ins Griechische (PLANUDES) wurden sie übertragen, und diese Folge von Umdichtungen und Umarbeitungen riß bis zum 18. Jh. nicht ab. E. Sch.

AUSGABEN: Utrecht [?] ca. 1470. – Lpzg. 1881 (in *Poetae Latini minores*, Bd. 3, Hg. E. Baehrens). – Amsterdam 1952 (*Disticha Catonis*, Hg. M. Boas). – Ldn./Cambridge (Mass.) ²1935 (in *Minor Latin Poets*, Hg. J. W. u. A. M. Duff; m. engl. Übers.; Loeb; Nachdr. 1954).
ÜBERSETZUNGEN: Speyer um 1483 [anon.; o. Titel]. – Cato, S. Brant, Basel 1498. – *Disticha*, M. Opitz, Breslau 1629. – *Des Dionysius Kato vier Bücher moralischen Doppelverse*, I. M. Fleischner, Nördlingen 1832.
LITERATUR: F. Zarncke, *Der deutsche Cato. Geschichte der deutschen Übersetzungen der im Mittelalter unter dem Namen Cato bekannten Übersetzungen*, Lpzg. 1852 [m. mhd. Übers.]. – E. Bischoff, *Prolegomena zu Dionysius Cato*, Diss. Erlangen 1890. – F. Skutsch, Art. »*Dicta Catonis*« (in RE, 5/1, 1905, Sp. 358–370). – Schanz-Hosius, 3, S. 34–41. – M. Boas, *Die epistola Catonis*, Amsterdam 1934. – Ders., *Alcuin und Cato*, Leiden 1937. – R. Hazelton, *The Christianization of C. The »Disticha Catonis«in the Light of Late Mediaeval Commentaries* (in Mediaeval Studies, 19, 1957, S. 157–173). – Ders., *Chaucer and Cato* (in Speculum, 35, 1960, S. 357 bis 380).

IULIUS FIRMICUS MATERNUS
(1. Hälfte 4. Jh.)

MATHESEOS LIBRI OCTO (lat.; *Acht Bücher der Erkenntnis*). Astrologische Schrift des Iulius FIRMICUS MATERNUS (erste Hälfte des 4. Jh.s), verfaßt zwischen 334 und 337. – Die *Mathesis*, Hauptwerk des später zum Christentum konvertierten Autors und zugleich »*das umfangreichste Handbuch der Astrologie, das wir aus dem Altertum haben*« (Boll), ist nach didaktisch-systematischen Gesichtspunkten aufgebaut. Buch 1 bringt zunächst eine generelle apologetische Einführung in die Astrologie. Buch 2 erklärt die astrologischen Grundbegriffe. In Buch 3 wird die Stellung der sieben Planeten in den zwölf »Örtern« besprochen, in 4 der Zusammenhang zwischen Mond und Planeten, in 5 vor allem die Auf- und Untergänge, Kulminationen, Stellung der Planeten in den Tierkreiszeichen usw. Das von verschiedenen Themen bestimmte sechste Buch bringt die ersten Horoskope – zum Teil für mythologische und historische Persönlichkeiten wie Ödipus oder PLATON –, denen in besonderen dann Buch 7 gewidmet ist. Das achte Buch soll nach den Worten des Autors der Höhepunkt der Abhandlung sein: Es enthält die Darstellung der *Sphaera barbarica* (wörtlich des »Sternhimmels nach Art der Barbaren«) und bespricht die astrologische Bedeutung der Paranatellonten (neben den Tierkreiszeichen auf- und untergehende Sternbilder) und der Tierkreiszeichen im einzelnen.
Firmicus war von Hause aus kein Fachastrologe, sondern hat seinen Stoff – nicht selten fehlerhaft – verschiedenen, nur noch teilweise fixierbaren älteren Darstellungen entnommen (neben ägyptischen Quellen u. a. etwa den *Astronomica* des MANILIUS). Wie das Thema kann heute auch die literarische Aufbereitung kaum mehr Interesse erwecken. Zwar versteht Firmicus gefällig zu schreiben, was aber auf den ersten Blick als beachtliche Leistung erscheint, entpuppt sich bei genauerem Zusehen als routinierte Rhetorensuada – kein Wunder: Der Autor war Advokat von Beruf. Daß man dennoch in seinem Werk nicht nur ein unschätzbares Dokument der spätantiken Kulturgeschichte sieht, sondern auch Firmicus selbst immer wieder warmes Lob zollt, liegt an dem Ethos, mit dem er seinen Stoff verwaltet. Seine Sorge vor der Profanierung der hehren astrologischen »Wissenschaft«, seine mehr als einmal in Gebeten sichtbar werdende Frömmigkeit, nicht zuletzt aber seine hohe Auffassung von Leben und Wirken eines Astrologen, die das Schlußkapitel des zweiten Buchs bekundet, haben ihm viele Bewunderer geschaffen. Freilich ist bei alledem zu bedenken, daß darin typische Verhaltensweisen esoterischer Geheimlehrer durchscheinen, für die selbst die spärlichen Reste der früheren astrologischen Werke noch Parallelen bieten. E. Sch.

AUSGABEN: Augsburg 1488 [Ausz.]. – Venedig 1497 (*Iulius Firmicus de nativitatibus*, Hg. Pescennius Franciscus Niger). – Lpzg. 1897–1913, Hg. W. Kroll und F. Skutsch, 2 Bde.
ÜBERSETZUNG: *Matheseos libri VIII*, H. Thorsonn, 8 Lfg., Königsberg 1927.
LITERATUR: F. Boll, *Sphaera*, Lpzg. 1903, S. 394 bis 411. – Ders. Art. *Firmicus* (in RE, 6/2, 1909, Sp. 2365–2375). – P. Henry, *Plotin et l'occident*. F. M., *Marius Victorinus, Saint Augustin et Macrobe*, Löwen 1934, S. 25–43. – T. Wickström, *In Firmicum Maternum studia critica*, Uppsala 1935. – G. Blaskó, *Grundlinien der astrologischen Weltanschauung nach dem »Mathesis« des F. M.*, Diss. Innsbruck 1956.

ANONYM

MEDICINA PLINII (lat.; *Die Heilkunde des Plinius*). Ein Exzerpt aus den Büchern 20–27 und 28–32 der *Historia naturalis* des PLINIUS (23/24–79), entstanden etwa zwischen 300 und 350. – Irgendein kluger Mann, der viel auf Reisen und offenbar etwas kränklich war, hat in dieser Schrift jene Partien des alten Enzyklopädisten, die sich mit Heilmitteln aus dem Pflanzen- und Tierreich befassen, in drei Büchern kompiliert, zum Nutzen derer, die sich oft auf Rädern befinden. Denn ihm selbst war, wie er sagt, immer wieder die Habsucht vieler Ärzte bitter aufgestoßen, die für simpelste Arzneien horrende Preise kassieren, ja gar, um die Pfründe nicht zu verlieren, Krankheiten bewußt in die Länge ziehen. Damit das Breviarium für die Reisenden bequem zu handhaben sei, wurde der Stil des Plinius etwas parataktisch gemildert und das Ganze handlich-methodisch arrangiert. Die Rezepte beginnen beim Kopfweh und steigen dann abwärts bis zu den Fußleiden (Buch 1 u. 2); Buch 3 ist ein etwas kunterbunter Nachtrag quer durch den ganzen Körper. Eigenes scheint der Autor kaum beigesteuert zu haben; das wenige, was über Plinius hinausgeht, mag ihm aus anderen Quellen zugeflossen sein.

Den Titel verdankt die Kompilation dem um das Jahr 400 wirkenden Arzt MARCELLUS EMPIRICUS, der das Werk in sein Buch *De medicamentis (Über die Heilmittel)* einfügte. Ungefähr weitere 200 Jahre später wurde die *Medicina* von einem Anonymus völlig umgeschrieben und erweitert, und im Jahr 1509 hat T. PIGHINUCCI die verstümmelte Version zusammen mit zwei Exzerpten aus anderen antiken medizinischen Fachliteraten als *Medicina Plinii* in fünf Büchern ediert; für diese von dem ursprünglichen Werk nun doch sehr weit entfernte Ausgabe hält man heute aus praktischen Erwägungen an dem – gleichfalls fiktiven – Autorennamen PLINIUS VALERIANUS fest, mit dem man sie im 16. Jh. verbunden hat. E. Sch.

AUSGABEN: Rom 1509, Hg. T. Pighinucci. – Lpzg. 1875 (*Plinii secundi quae fertur una cum Gargilii Martialis medicina nunc primum edita*, Hg. V. Rose). – Bln. 1964 (*Plinii Secundi iunioris qui feruntur de medicina libri tres*, Hg. A. Önnerfors; Corpus medicorum Latinorum, Bd. 3).

LITERATUR: V. Rose, *Über die »Medicina Plinii«* (in Herm, 8, 1874, S. 18–66). – Schanz-Hosius, 4/1, S. 201–203. – A. Steier, Art. *»Medicina Plinii«* (in RE, 15/1, 1931, Sp. 81–85). – A. Önnerfors, *In »Medicinam Plinii« studia philologica*, Lund 1963 (Lunds Universitets Årsskrift, N. F. 55/5).

Decimus Magnus AUSONIUS
(um 310–393/94)

MOSELLA (lat.; *Die Mosel*). Panegyrisches Poem in 483 Hexametern von Decimus Magnus AUSONIUS (um 310-393/94); entstanden in Trier im Jahr 371. – Das Werk, das zu dem wenigen gehört, was an römischer Literatur auf deutschem Boden entstanden ist, ist ein anmutig-idyllisches Preisgedicht auf die Vorzüge des Moseltals: den Fischreichtum des Flusses, den Reiz der Landschaft und die Pracht der Villen. Daß der eigentlich in Bordeaux beheimatete Dichter gerade diesen Fluß besingt, hängt mit der damaligen Bedeutung der Moselmetropole Trier (Augusta Treverorum) zusammen, die seit 368 – zumindest zeitweise – Kaiserresidenz des Westreichs war. Ausonius selbst hat im Dienst der Kaiser Valentinianus I. (reg. 364–375) und Gratianus (reg. 375–383) als Professor der Rhetorik und hoher Staatsbeamter einen großen Teil seines Lebens in dieser Stadt verbracht.

Der immer wieder gerühmte, beinahe »rousseauistisch« anmutende Natursinn, der in dem Gedicht zum Durchbruch kommt (vgl. V. 50ff.), verleitet leicht zu einer Überschätzung seiner Ausdrucksqualitäten. Diese zweifellos vorhandene Komponente ist hier freilich einer durchaus anderen – nämlich politischen – Aufgabe untergeordnet: Zum einen dient das Werk – wohl mit Einverständnis, wenn nicht gar im Auftrag des Kaisers – der Absicht, die im Grenzland gelegene neue Residenz literarisch aufzuwerten; zum andern ist es als eine Einladung an die erlauchte Gesellschaft Roms gedacht, die seit den Frankenüberfällen verwaisten Landhäuser, Gutshöfe, Parks von neuem zu bevölkern. Der Militär- und Handelsstützpunkt und seine nähere Umgebung sollen jenes Air von *high life* und behaglicher Sicherheit erhalten, mit dem bislang immer noch die alte Hauptstadt die Creme der römischen Gesellschaft festhalten kann. Daraus erklären sich auch der seltsame Aufbau wie das ständige Vergleichen mit den angestammten berühmten römischen Villen- und Badeorten. Nach den Regeln der rhetorischen Handbücher – Schema: Ekphrasis (Bildbeschreibung) – konzipiert und ausgearbeitet, erfüllt die *Mosella* also vor allem einen ganz konkreten Zweck. Ethnologisch und historisch ist sie recht wenig ergiebig (dem ausgedehnten Rückgriff auf die heidnische Mythologie entspricht ein völliges Totschweigen des Christentums). Dafür entschädigt sie durch einen mitunter bezaubernden Einblick in den gehobenen Alltag und die Amüsements jener Zeit und das Naturverhältnis ihrer Menschen. R. M.

AUSGABEN: Parma 1499 (in *Opera Ausonij Nuper Reperta*, Hg. Th. Ugoletus). – Bln. 1883 (in *Opuscula*, Hg. C. Schenkl; MGH, auct. ant., 5/2). – Lpzg. 1886 (in *Opuscula*, Hg. R. Peiper). – Paris 1889, Hg. H. de la Ville de Mirmont [m. Komm. u. frz. Übers.]. – Marburg ³1926 (in *Die Moselgedichte des Decimus Magnus Ausonius u. des Venantius Fortunatus*, Hg. C. Hosius; m. Komm.). – Ldn./ Cambridge (Mass.) ²1951 (in *Ausonius*, Hg. H. G. Evelyn White, Bd. 1; m. engl. Übers.; Loeb). – Turin 1957 (*La Mosella*, Hg. A. Marsili; m. Komm. u. ital. Übers.).

ÜBERSETZUNGEN: *Gedicht von der Mosel*, F. Lassaulx, Koblenz 1802 [lat.-dt.]. – *Mosella*, E. Böcking, Bln. 1828 [lat.-dt.]. – Dass., K. Hessel (in *Die ältesten Mosellieder*, Bonn ²1904). – *Das Mosellied*, M. W. Besser, Marburg 1908. – *Mosella*, W. John, Trier 1932 [m. Komm.].

LITERATUR: A. Biese, *Die Entwicklung des Naturgefühls bei den Römern*, Kiel 1882, S. 183–187. – C. Jullian, *Ausone et son temps* (in Revue Historique, 47, 1891, S. 241–266; 48, 1892, S. 1–38). – H. de la Ville de Mirmont, *De Ausonii »Mosella«*, Diss. Paris 1892. – F. Marx, *A. u. die »Mosella«* (in Jb. des Vereins v. Altertumsfreunden im Rheinlande, 120, 1911, S. 1–18). – M. R. Posani, *Reminiscenze di poeti latini nella »Mosella« di Ausonio* (in SIFC, 34, 1962, S. 31–69). – D. Korzeniewski, *Aufbau u. Struktur der »Mosella« des A.* (in RhMus, 106, 1963, S. 80–95).

LIBANIOS
(314–um 393)

ANTIOCHIKOS (griech.; *Rede auf Antiochia*). Prunkrede des Redners und Sophisten LIBANIOS (314 bis um 393) auf seine Heimatstadt, die er – zumindest in Auszügen – im Jahr 360 gehalten hat. – Der Autor beginnt mit den natürlichen Gegebenheiten und Vorzügen (Lage, Wasserreichtum, Klimaverhältnisse) der Stadt, berichtet dann ausführlich über ihre Geschichte – wobei die Mythologie wie üblich einen weiten Raum einnimmt – und endet mit einem enthusiastischen Panegyrikos auf ihre Schönheit, ihre vorbildliche Verwaltung und ihre Vormachtstellung im Orient.
Weder in der Wahl des Themas noch in seiner Ausarbeitung kann man von Originalität im modernen Sinn sprechen: Gliederung und Aufbau folgen fast sklavisch den detaillierten Schemata der rhetorischen Handbücher; Titel, Form und Stil können und wollen die Anlehnung an die großen Vorbilder der Klassik (DEMOSTHENES, ISOKRATES) keineswegs verleugnen, und die topographischen und historischen Abschnitte schließlich halten sich sehr eng an die (verlorene) Chronik des PAUSANIAS aus Damaskus (sehr zur Freude der Archäologen, bei deren Ausgrabungen in Antiochia diese Kapitel ein geradezu unentbehrliches Vademecum darstellen). Mag heute ein solches Vorgehen als literarische Unselbständigkeit erscheinen: der damaligen Zeit galt es als hohe Kunst. Für jeden Redner dieser wie der nachfolgenden Zeit, für das große Dreigestirn THEMISTIOS, Libanios und HIMERIOS wie für das Gros der Mittelmäßigen, waren die Vorschriften und Vorbilder der Antike unerschütterliches Dogma, dem man sich zu unterwerfen hatte. Lediglich in der sprachlichen Ausschmückung war der Redner frei; hier konnte er seine rhetorische Meisterschaft beweisen. Und Libanios hat sie im *Antiochikos* in der Tat bewiesen: in dem fein abgewogenen Wechselspiel zarter und pathetischer Töne, in Anschaulichkeit und Lebendigkeit der Erzählung übertrifft er seine Vorgänger – etwa ARISTEIDES – bei weitem. Zumindest eine Wurzel dafür dürfte in der liebevollen Verehrung seiner Heimatstadt zu suchen sein. Zweifellos hat gerade diese Liebe – und wohl auch ein wenig Patriotismus – ihn zu seiner Rede veranlaßt, mit der er die Vaterstadt ihren beiden Nebenbuhlerinnen in der östlichen Reichshälfte, Alexandria und Konstantinopel, als gleichwertig, wenn nicht überlegen an die Seite stellen wollte.
Für die große Nachwirkung des *Antiochikos* ist bezeichnend, daß ein byzantinischer Redner des 12. Jh., NIKOLAOS MESARITES, große Partien daraus beinahe wörtlich in seine Beschreibung der Apostelkirche zu Konstantinopel übernommen hat.

E. Fe.

AUSGABEN: Ferrara 1517 (*Libaniu sophistu meletai logoi te ekphraseis*, Hg. S. Capsalis). – Lpzg. 1903 (in *Libanii opera*, Hg. R. Foerster, Bd. 1, Nr. 11).

ÜBERSETZUNGEN: *Der Antiochikos des Libanios*, eingel., übers. u. komm. von L. Hugi, Diss. Fribourg 1919 [§1–131]. – *Antioche paienne et chrétienne*, A. J. Festugière, Paris 1959 [§196 ff.; m. ausf. archäol. Komm.]. – *Libanius' Oration in Praise of Antioch*, G. Downey (in Proceedings of the American Philosophical Society, 103, 1959, S. 652–686).

LITERATUR: L. Hugi, *Der Antiochikos des Libanios*, Diss. Fribourg 1919. – R. Foerster u. K. Münscher, Art. *Libanios* (in RE, 12/2, 1925, Sp. 2500 f.). – A. D. Nock, *The Praises of Antioch* (in Journal of Egyptian Archaeology, 40, 1954, S. 76–82). – P. Petit, *Libanius et la vie municipale à Antioche au IVe siècle après J.-C.*, Paris 1955. – G. Downey, *Nikolaos Mesarites: Description of the Church of the Holy Apostles* (in Transactions of the American Philosophical Society, 47, 1957, S. 855–923).

AELIUS DONATUS
(4. Jh.)

ARS MAIOR/ARS MINOR (lat.; *Größeres/Kleineres Lehrbuch*). Grammatikalisches Doppelwerk von AELIUS DONATUS (Mitte des 4. Jh.s). – Der in Rom wirkende Lehrer des heiligen HIERONYMUS war der berühmteste Grammatiker seiner Epoche und darf als einer der geschicktesten Didaktiker aller Zeiten gelten. Die *Ars minor*, eine Art »Unterstufe der Grammatik«, bietet, in Fragen und Antworten, einen Grundkurs über die acht sogenannten Redeteile *(partes orationes)*: Substantiv, Adjektiv, Pronomen, Verb, Adverb, Präposition, Konjunktion und Interjektion. Der darauf aufbauende zweite Teil, die *Ars maior*, ist systematisch gegliedert: In drei Teilen behandelt diese »Oberstufe« zunächst die Elemente der Sprache wie Laute, Buchstaben, Silben usw. *(phonologia)*, bringt sodann eine Theorie der im ersten Teil *in praxi* vorgeführten acht Redeteile *(morphologia)* und endet mit einer Darstellung der Kunst des Redens, d. h. mit einer Erörterung der möglichen Schönheiten und Fehler einer Rede *(stilistica)*.
Donats lateinische Grammatik wurde für ein Jahrtausend zur Grundlage des grammatischen Unterrichts: Ihre Gedrängtheit und Übersichtlichkeit machten sie zum idealen Elementarbuch, auf den dann PRISCIANS *Institutio de arte grammatica (Unterweisung in der Grammatik)*, die ausführlichste lateinische Darstellung des Gegenstandes, als »höheres Lehrbuch« aufbauen konnte. Der Name »Donat« war zeitweise – im Altenglischen und Altfranzösischen – ein Synonym für »Grammatik«. Erst gegen Ende des 12. Jh.s regte sich das Bedürfnis nach einer Neubehandlung des Stoffes: Es entstanden die versifizierten Grammatiken des ALEXANDER DE VILLA DEI *(Doctrinale)* und des EBRARDUS BETHUNIENSIS *(Grecismus)*. Eigentlich »unmodern« wurden die spätantiken Standardwerke aber erst in der Humanistenzeit.
Obwohl das Lehrbuch im Grund nichts Neues bringt – die *Ars* ist »wissenschaftlich alles andere eher als eine selbständige Leistung« (P. Wessner), und vielfach kann man noch unmittelbar ihre Quellen fassen –, verdient es als pädagogisches Gebäude höchste Anerkennung. Der Erfolg, der ihm zuteil wurde und der sich nicht zuletzt in zahlreichen Kommentaren niederschlug (der erste stammt bereits von dem um 360–420 lebenden Vergil-Erklärer SERVIUS), ist in diesem Fall ein echter Spiegel seines Wertes.

E. Sch.

AUSGABEN: *Ars minor*: Zahlreiche frühe Mainzer und niederländische Wiegendrucke, z. T. m. Holztypen (vgl. *Gesamtkatalog der Wiegendrucke*, Bd. 7, Lpzg. 1938). – *Ars maior*: Venedig o. J. [1471; Teil 3]. – Venedig o. J. [1742; Teil 2 u. 3]. – Venedig. o. J. [1476/77; Teil 1 u. 3]. – Lpzg. 1864 (in *Grammatici*

Latini, Hg. H. Keil, Bd. 4; Nachdr. Hildesheim 1961).

ÜBERSETZUNGEN: in E. Ising, *Die Anfänge der volkssprachlichen Grammatik in Deutschland und Böhmen. Dargestellt am Einfluß der Schrift des Aelius Donatus »De octo partibus orationis ars minor«*, Bd. 1: *Quellen*, Bln. 1966 [enth. die Übers. des Conrad Bücklin von 1473 und des Henricus Glareanus, Nürnberg nach 1532].

LITERATUR: P. Wessner, Art. *Donatus (6)* (in RE, 5, 1905, Sp. 1545-1547). – Schanz-Hosius, Bd. 4/1, bes. S. 161-165. – W. S. Chase, *The »Ars minor« of Donatus*, Madison/Wis. 1926. – J. P. Elder, *The Missing Portions of the »Commentum Einsidlense« on Donatus'»Ars Grammatica«* (in Harvard Studies in Classical Philology, 56/57, 1947, S. 129-160). – R. H. Robins, *Ancient and Mediaeval Grammatical Theory in Europe*, Ldn. 1951 [s. Index]. – E. R. Curtius, *Europäische Literatur und lateinisches Mittelalter*, Bern/Mchn. ⁴1963 [s. Index].

ANONYM

HISTORIA AUGUSTA (lat.; *Kaisergeschichte*). Ein historisches Werk, dessen Teile gegen Mitte (vielleicht auch am Ende) des 4. Jh.s von einem Anonymus gesammelt und kompiliert worden sind. – In ihrer heutigen Form enthält die *Historia Augusta* die Biographien von 30 römischen Herrschern, auch Mit- und Gegenkaisern – von Hadrian (reg. 117-138) bis Carus, Carinus und Numerian (reg. 284) –, aus der Feder sechs verschiedener Autoren, die, wie Widmungen zeigen, alle der Zeit Diokletians (reg. 284-305) und Konstantins (reg. 306-337) angehören: AELIUS SPARTIANUS, VULCACIUS GALLICANUS, TREBELLIUS POLLIO, IULIUS CAPITOLINUS, AELIUS LAMPRIDIUS und FLAVIUS VOPISCUS heißen sie, sei es mit wirklichem Namen, sei es mit Pseudonym. Der Text ist nicht ganz unversehrt auf uns gekommen: In der Mitte sind die Viten des Philippus Arabs, Decius, Gallus, Aemilianus und ein Teil der Biographie des Valerianus ausgefallen (d. h. die Jahre 244-253), und zu Beginn dürften – außer einem Prooemium – die Lebensbeschreibungen Nervas und Traians fehlen, denn man darf annehmen, daß der Redaktor äußerlich an SUETONS *Kaiserbiographien (De vita Caesarum)* anschließen wollte.
Da das Urteil über die *»elenden Skribenten«* der *Historia Augusta* einstimmig vernichtend ist und da *»die Kritiker förmlich in den Ausdrücken tiefster Verachtung wetteifern«* (Schanz), sind Einzelheiten zu ihrer Charakteristik kaum vonnöten: es gibt so gut wie nichts, das an diesem Opus nicht zu tadeln wäre. Die Dürftigkeit des Stils, die Sucht nach anekdotischen Kuriositäten und vertraulichsensationellen Novitäten, der schlechtweg nicht vorhandene Sinn für die Aufgaben des Historikers, ein skrupelloser Hang zu romanesker Willkür, zu Verdrehung, ja Fälschung der Fakten (für die Geschichtswissenschaft sind selbst die eingestreuten Urkunden nur brauchbar bei Parallelüberlieferung), die Halb- und Viertelsbildung, in der sich naive Unkenntnis und arrogante Pseudologie vermengen: das alles läßt keinen Zweifel, auf welche Ebene dieses Opus gehört, das nach Moral und Rang einzig der Skandalpresse unserer Tage vergleichbar ist – hier wie dort der letzte Klatsch aus Europas Fürstenhäusern. Freilich machen gerade diese Eigentümlichkeiten das Werk zu einem überaus eindrucksvollen Beispiel für das literarische Niveau und den allgemeinen Geschmack jener Epoche. Für den Historiker allerdings, der die *Historia Augusta* als Geschichtsquelle benutzen muß, stellt angesichts dieser tristen Bilanz die Erkenntnis, daß einige der Biographien – die früheren bis Caracalla (reg. 212-217) – weniger unglaubwürdig sind als der Rest, nur einen geringen Trost dar. E. Sch.

AUSGABEN: Mailand 1475, Hg. B. Accursius. – Ldn./Cambridge (Mass.) 1921-1932 (*The Scriptores Historiae Augustae*, Hg. D. Magie, 3 Bde.; m. engl. Übers.; Loeb; Nachdr. zul. 1953/54). – Lpzg. 1927 (*Scriptores Historiae Augustae*, Hg. E. Hohl, 2 Bde.; Nachdr. 1965, m. Erg. v. Ch. Samberger u. W. Seyfarth).

ÜBERSETZUNGEN: *Die sechs kleinern Geschichtsschreiber der Historia Augusta*, J. P. Ostertag, 2 Bde., Ffm. 1790-1793. – *Die Kaisergeschichte*, C. A. Cloß, 6 Bde., Stg. 1856/57.

LITERATUR: C. Lessing, *Scriptorum »Historiae Augustae« lexicon*, Lpzg. 1901-1906. – E. Diehl, Art. *»Historia Augusta«* (in RE, 8/2, 1913, Sp. 2051 bis 2110). – Schanz-Hosius, 4/1, S. 51-62. – N. Baynes, *The »Historia Augusta«. Its Date and Purpose*, Oxford 1926. – E. Hohl, *Zur »Historia-Augusta«-Forschung* (in Klio, 27 [N. F. 9], 1934, S. 149-164). – W. Hartke, *Geschichte und Politik im spätantiken Rom*, Lpzg. 1940 (Klio, Beiheft 45). – J. Straub, *Studien zur »Historia Augusta«*, Bern 1952 (Dissertationes Bernenses, 1/4). – E. Hohl, *Über die Glaubwürdigkeit der »Historia Augusta«* (in Sitzungsber. der Dt. Akad. d. Wiss. Bln., Kl. f. Ges. Wiss., 1953/2). – H. Stern, *Date et destinataire de l'»Histoire Auguste«*, Paris 1953. – M. Yourcenar, *»Historia Augusta«* (in Merkur, 14, 1960, S. 312-327). – *Atti del colloquio patavino sulla »Historia Augusta«*, Rom 1963.

ANONYM

TROJAROMAN. – Zu den beliebtesten Erzählstoffen des Mittelalters gehörte neben heimischen Legenden und der sog. *matière de Bretagne* (vgl. *Cycle breton*) der trojanische Sagenkreis. Oft galt er als bedeutendster epischer Gegenstand schlechthin; denn die Herkunft des eigenen Volkes von Aeneas und Troja herzuleiten war der Stolz vieler nationalbewußter Dichter und Historiographen. Die Franken rühmten sich seit dem 7. Jh. ihrer phrygischen Abstammung, andere europäische Völker, Belgier, Normannen, Walliser und Briten, ahmten sie nach. Eines der frühesten Zeugnisse für die nationale Wendung ist die kurze Erwähnung des trojanischen Ursprungs der Franken im 2. Buch des *Chronicon* des FREDEGAR. Dabei geht die mittelalterliche Sagentradition nicht mehr auf HOMER zurück, den man aus einer schlechten Kurzfassung, der →*Ilias Latina* (von einem ITALICUS oder PINDARUS THEBANUS), oft aber nur noch dem Namen nach kannte. Wichtigste Quelle wurde ein literarisch anspruchsloser anonymer Bericht *(De excidio Troiae historia)*, dessen Vorzug darin lag, daß er die Vorgeschichte enthielt und deutlich für die Trojaner Partei nahm. Die Erzählung ist möglicherweise im 2. Jh. n. Chr. entstanden und stammt angeblich von einem Teilnehmer am trojanischen Krieg, dem Phrygier

DARES, der später seine *acta diurna* ausgewertet haben soll. Weitere Quellen sind die anonyme *Ephemeris belli Troiani*, die von dem Kriegsteilnehmer DICTYS stammen soll (und in der lateinischen Fassung des Lucius SEPTIMIUS überliefert ist) und das gleichfalls anonyme *Excidium Troiae*. Daneben finden sich Einflüsse von VERGIL, OVID und STATIUS. Im 12. Jh. entstand die erste erfolgreiche und später weitverbreitete Bearbeitung des Stoffes, der *Roman de Troie* von BENOÎT DE SAINTE-MORE. Noch größere Verbreitung in ganz Europa fand die lateinische Prosabearbeitung seines Versromans durch GUIDO DE COLUMNIS am Ende des 13. Jh.s (vgl. *Historia destructionis Troiae*). Erst mit der Wiederentdeckung Homers in der Renaissance ging das Interesse an den mittelalterlichen Trojaromanen zurück.

Spätantike Quellen

1. EPHEMERIS BELLI TROIANI (lat.; *Tagebuch vom trojanischen Krieg*). Freie Übersetzung einer anonymen Geschichte des trojanischen Krieges aus dem Griechischen von Lucius SEPTIMIUS (vermutlich ein Grammatiker des 4. Jh.s n. Chr.); die früheste Handschrift datiert vom 9./10. Jh. – In einer seinem Werk vorangestellten Epistel bezeichnet Septimius die *Ephemeris* als Übersetzung des neunteiligen Kriegstagebuches des Kreters DICTYS, der angeblich auf griechischer Seite Teilnehmer am trojanischen Krieg war und für die Griechen Partei nimmt. Septimius behauptet, bei der Schilderung der Kriegsereignisse den ersten fünf Büchern genau gefolgt zu sein, die restlichen vier Bücher über die Rückkehr der Griechen habe er in eins zusammengefaßt. In einer fiktiven Fundgeschichte berichtet er ferner, Dictys, ein Kriegsgefährte des Idomeneos, habe sein Werk in griechischer Sprache, jedoch im phoenizischen Alphabet niedergeschrieben. Als nach vielen Jahrhunderten sein Grab eingestürzt sei, hätten Hirten bei der Suche nach Goldschätzen das Buch darin gefunden und es ihrem Herrn Praxis gegeben. Dieser habe es ins griechische Alphabet übertragen lassen und dem Kaiser Nero überbracht, wofür er reich belohnt worden sei. – Ein zweites Mal wird die Fundgeschichte im Prolog zur *Ephemeris* erzählt, doch weicht dieser in Einzelheiten stark von der Darstellung des Septimius ab und ist offensichtlich erst von späterer Hand hinzugefügt worden. Die philologische Streitfrage, ob auch die Angaben des Septimius über eine griechische Vorlage rein fiktiv seien (diskutiert von H. Dunger, G. Körting, A. Joly, E. Patzig, F. Noack u. a.), wurde beantwortet, als man ein Fragment des griechischen Originals in Ägypten entdeckte. Es mag, nach der Fundgeschichte zu schließen, in Neronischer Zeit entstanden sein.
Im Vergleich mit dem nüchternen, glanzlosen, von HOMER weit entfernten griechischen Text besitzt die Übertragung des Septimius, die deutlich von SALLUST und VERGIL beeinflußt ist, den höheren poetischen Rang. Unter Zurückdrängung der mythologischen Zusammenhänge gibt sie eine romanhafte Schilderung von der Zerstörung der Stadt und dem Abzug der Griechen bis zum Tod des Odysseus. – Während das griechische Original in der byzantinischen Kultur fortlebte, wirkte die lateinische Übersetzung auf die Trojadichtungen im westlichen Abendland. J. Ze.

AUSGABEN: Köln 1470 oder 1475. – Basel 1529. – Paris 1618, Hg. J. Mercerius. – Amsterdam 1702. – Bonn 1833, Hg. A. Dederich. – Lpzg. 1872, Hg. F. Meister.

LITERATUR: H. Dunger, *Die Sage vom trojanischen Kriege in den Bearbeitungen des MAs u. ihren antiken Quellen*, Lpzg. 1869. – G. Körting, *Dictys und Dares*, Halle 1874. – H. Dunger, *Dictys-Septimius, über die ursprüngliche Abfassung u. die Quellen der »Ephemeris belli Troiani«*, Dresden 1878. – G. Brünnert, *Sallust u. Dictys Cretensis*, Progr. Erfurt 1883. – F. Noack, *Der griechische Dictys* (in Philologica, 6, 1891/93, Suppl. Bd., S. 403). – E. Patzig, *Dictys Cretensis* (in ByZ, 1, 1892, S. 131). – A. Heinrich, *Die Chronik des Johannes Sikeliota der Wiener Hofbibliothek*, Progr. Graz 1892. – C. E. Gleye, *Beitrag zur Johannesfrage* (in ByZ, 5, 1896, S. 422). – J. Fürst, *Untersuchung zur »Ephemeris« des Dictys von Kreta* (in Philologica, 60, 1901, S. 236). – E. Patzig, *Das griechische Dictysfragment* (in ByZ, 17, 1908, S. 382).

2. DE EXCIDIO TROIAE HISTORIA (lat.; *Geschichte über den Untergang Trojas*). Anonyme Prosaerzählung, in zahlreichen Hss., deren älteste aus dem 9. Jh. stammt, überliefert. Sie ist angeblich von DARES, einem bei HOMER und VERGIL genannten Teilnehmer am trojanischen Krieg verfaßt; von einem anonymen lateinischen Übersetzer wurde sie Anfang des 6. Jh.s ins Lateinische übertragen. Aus Anspielungen in griechischen Romanen läßt sich für die griechische Vorlage der Titel *Ephèmérides* erschließen. – Um den historischen Charakter seines Werks zu unterstreichen, hat ihm der Übersetzer einen fingierten Brief des CORNELIUS NEPOS an SALLUST vorangestellt. Dieser habe die von Dares selbst verfaßte Geschichte in Athen gefunden und ins Lateinische übersetzt. Nun könne man beurteilen, *»was mehr der Wahrheit entspreche, nämlich was der Phrygier Dares überlieferte, der zu der Zeit lebte und kämpfte, zur der die Griechen die Trojaner bekämpften, oder ob Homer zu glauben sei, der erst viele Jahre nach diesem Krieg geboren sei«*. Kritik übt der anonyme Übersetzer ferner am Götterglauben Homers, der geschrieben habe, daß hier Götter mit Menschen gekämpft hätten, weshalb er bei den Athenern auch für wahnsinnig gehalten habe. Im Bericht des Dares gibt es dagegen keine Einmischung der Götter.
Sprachliche Nachlässigkeit und ein teils recht trockener Stil kennzeichnen den kurzgefaßten Roman. Entscheidend für seine Rezeption im Mittelalter war die trojafreundliche Haltung des Dares wie auch seine Qualität als »Augenzeuge«. Seine Parteinahme geht aus vielen Einzelheiten hervor: Die trojanischen Helden werden aufgewertet, Paris ist einer der tapfersten, Hektors Bedeutung tritt stärker als bei Homer hervor, Troilus avanciert zu einem der Hauptkämpfer. Die Griechen werden häufiger als die Trojaner besiegt, siebenmal müssen sie um Waffenstillstand bitten, nur dreimal die Trojaner. Sogar die Statistik über die Gefallenen auf beiden Seiten spricht zu ihren Gunsten. Vor allem durfte der schändliche Raub der Helena durch Paris nicht mehr allein den Trojanern zur Last gelegt werden. Eine lange Vorgeschichte, beginnend mit der Argonautenfahrt, verteilt die Schuld und die Rachemotive auf beiden Seiten neu und läßt den Raub der Helena als Vergeltung für vorangehende Kränkung erscheinen.
Auf dem Zug nach Kolchis werden Jason und seine Gefährten bei einer Landung in Phrygien von dem Trojanerkönig Laomedon abgewiesen. Herkules

unternimmt mit mehreren griechischen Helden einen Rachezug, erobert und zerstört Troja, tötet Laomedon, dessen Sohn Priamus sich gerade bei dem Heer in Phrygien aufhält. Hesione, die Tochter des Laomedon, wird Beute des Griechen Telamon. Priamus baut Troja wieder auf; durch Antenor läßt er seine Schwester von den Griechen zurückfordern. Erst als dieser hochmütig abgewiesen wird, erfolgt nach einem Kriegsrat des Priamus die Fahrt des Paris nach Griechenland. Dieser landet auf Cytherea, wohin auch Helena, die ihm im Traum von Venus zugesprochen worden ist, gekommen ist, und er entführt sie nach Troja. Die erbitterten griechischen Fürsten beschließen den Krieg und ernennen Agamemnon zum Anführer. Mit den Porträts der Helden und Heldinnen und einem Schiffskatalog nach Homer beginnt die Geschichte des Krieges.

Nach der Befragung des Delphischen Orakels durch Achill und den trojanischen Priester Kalchas fahren die Griechen nach Aulis, wo Agamemnon Diana versöhnt; dann segeln sie nach Phrygien weiter. Nach der Landung beginnen die Kämpfe. Hektor tötet Patroklus. Die Brände, die er an die griechischen Schiffe legen ließ, läßt er wieder entfernen, als er in Ajax den Sohn Telamons und Hesiones erkennt. – Auf eine Waffenruhe von zwei Jahren folgen weitere Kämpfe, die summarisch erzählt werden; im Zweikampf treffen Menelaus und Alexander aufeinander. Nach einem weiteren Waffenstillstand von drei Jahren setzen die Schlachten von neuem ein, bis Hektor durch Achill getötet wird, Palamedes stürzt Agamemnon und übernimmt selbst den Oberbefehl. Die Monotonie weiterer Kämpfe wird erst unterbrochen, als Achill Polyxena erblickt und bei den Trojanern um ihre Hand anhält. Die Forderung der Trojaner, vor der Bewilligung dieses Wunsches müßten die Feinde in ihre Heimat zurückkehren, wird von den Griechen nicht angenommen, weshalb sich Achill zürnend von den Kämpfen zurückzieht und die Trojaner wieder die Oberhand gewinnen. Als Palamedes durch Alexander fällt, geht der Oberbefehl an Agamemnon zurück. Am tapfersten kämpft Troilus; er tötet Scharen der Myrmidonen des Achill, bis dieser voll Zorn den Kampf wieder aufnimmt und Troilus hinterlistig tötet. Durch eine List der Hekuba in den Apollotempel gelockt, wird Achill ermordet. Während Penthesilea den Trojanern zu Hilfe kommt, holen die Griechen Neoptolemus, den Sohn Achills. Dieser besiegt Penthesilea und entscheidet die Kämpfe zugunsten der Griechen. Als Priamus dennoch die Stadt nicht übergibt, fällt sie durch den Verrat des Antenor und des Aeneas. Durch das skäische Tor, auf das ein Pferdekopf aufgemalt wurde, dringen die Griechen ein, zerstören die Stadt und töten die Einwohner mit Ausnahme der Verschworenen. – Die heimkehrenden Griechen werden durch Stürme aufgehalten. Aeneas hält Polyxena verborgen, die nach dem Spruch des Kalchas auf dem Grab des Achill geopfert werden soll. Nach ihrer Entdeckung und Opferung wird Aeneas um dieses Frevels willen aus der Stadt vertrieben.

Der Erfolg und der Einfluß dieses Trojaromans auf Geschichtsschreibung und Dichtung waren im Mittelalter ohne Vergleich. Dares wird bei Isidor aus Sevilla »*der erste Geschichtsschreiber nach Moses*« genannt (*Origines* I, 41). Eine Kurzfassung des Dares ist in die merovingische Geschichte des Fredegar (7. Jh., vgl. *Chronicon*) eingeschoben und trägt die Benennung *Historia Daretis Phrygii de origine Francorum*, da sich im Anschluß daran erstmals die Erwähnung eines trojanischen Ursprungs der Franken findet. Die Interpolation ist in der zweiten Hälfte des 7. oder erst zu Beginn des 8. Jh.s entstanden und bildet eine wichtige Zwischenstufe zu den dichterischen Bearbeitungen.

Die erste, bereits erweiterte Übertragung in eine Volkssprache – noch vor Benoît de Sainte-More – scheint in der irischen Prosaübersetzung *Togail Troí* (*Die Zerstörung Trojas*) vorzuliegen, die vermutlich schon im 10. Jh. entstanden ist. – Um 1200 oder später entstand die altnordische *Trójumanna saga*, eine erweiterte Übersetzung des Dares. Die größte Wirkung sollte jedoch von dem *Roman de Troie* Benoîts ausgehen.

J. Ze.

Ausgaben: Venedig 1499 (zus. m. *Dictys*). – Paris 1618, Hg. J. Mercerius. – Amsterdam 1702, Hg. L. Smids. – Bonn 1835, Hg. A. Dederich. – Lpzg. 1873, Hg. F. Meister.

Literatur: H. Dunger, *Die Sage vom trojanischen Kriege in den Bearbeitungen des MAs u. ihren antiken Quellen*, Lpzg. 1869. – A. Joly, *Benoît de Sainte More et le roman de Troie*, Paris 1871. – F. Meister, *Über Dares von Phrygien »De excidio Troiae historia«*, Progr. Breslau 1871. – G. Körting, *Dictys und Dares*, Halle 1874. – W. Grimm, *Über die Sage von der trojanischen Abkunft der Franken* (in W. G., *Kleinere Schriften*, Bd. 1, Bln. 1881). – H. Haupt, *Dares, Malalas u. Sisyphos* (in Philologica, 40, 1881, S. 107). – O. Schissel v. Fleschenberg, *Dares-Studien*, Halle 1908. – R. T. Clark, *Notes on Dares and Dictys* (in Classical Quarterly, 8, 1914, S. 17). – L. Lönnroth (in Acta Philologicae Scandinavica, 27, 1965, S. 100–116). – J. de Vries, *Altnordische Literaturgeschichte*, Bd. 2, Bln. ²1967, S. 510.

3. EXCIDIUM TROIAE

(mlat.; *Der Untergang Trojas*). Anonymer Prosaroman, erhalten in drei Hss., deren älteste vom Ende des 9. Jh.s stammt. Der mittellateinische Roman geht offensichtlich auf eine klassische lateinische Vorlage aus dem 4.–6. Jh. zurück. Von dieser müssen im Mittelalter verschiedene Bearbeitungen verbreitet gewesen sein. – Das erste Viertel des Romans enthält eine klassische Version des trojanischen Krieges, ausgehend von der Hochzeit zwischen Peleus und Thetis, dem Streit der Göttinnen, dem Urteil des Paris und der Entführung der Helena. Darauf folgt der Verlauf des Krieges bis hin zum Tod des Achill. Dieser Teil der Erzählung beruht auf einer genauen Kenntnis des Sagenkreises; eine Quelle läßt sich aber nicht angeben; vermutlich hat wie im Falle von Dictys und Dares – doch unabhängig von diesen – ein griechisches Original vorgelegen. Für die restliche Erzählung, die den Untergang der Stadt und die Wanderungen des Aeneas enthält, bildet Vergil die Quelle. Ein kurzes Resümee über die Abstammung der Römer von Aeneas, die Gründung Roms und ein Hinweis auf Geburt und Tod Christi unter der Regierung von Augustus und Tiberius schließen das *Excidium Troiae* ab.

Charakteristisch für den in sich geschlossenen, einheitlichen Roman ist eine unkomplizierte mittellateinische Sprache und eine lebendige, realistische Darstellung, die sich jeder moralisierenden Wertung, Allegorisierung oder Umwandlung zum Ritterroman enthält. Wichtige Szenen werden dialogisiert, häufig sind die direkte Rede sowie Frage- und Antwortformeln verwendet.

Von Dares, der Hauptquelle für die volkssprachlichen Trojadichtungen des Mittelalters, weicht das *Excidium Troiae* in vielen Einzelheiten ab, besonders in der Vorgeschichte des Krieges. Der Traum der Hekuba vom brennenden Troja, das der noch ungeborene Paris verursachen wird, die Aussetzung und die Jugend des Paris und die Jugend Achills sind bei Dares, wie später bei BENOÎT, nicht überliefert. Diese Handlungszüge erscheinen aber in erstaunlicher Parallelität trotz einzelner Abweichungen bereits in mittellateinischen Trojadichtungen, in der altnordischen *Trójumanna saga*, im Trojanerkrieg KONRADS VON WÜRZBURG, im *Göttweiger Trojanerkrieg*, in dem mittelenglischen Gedicht *The seege or Batayle of Troye* und in der altbulgarischen *Trojanska pritča*. Daraus wird ersichtlich, daß das *Excidium Troiae* insbesondere von der Mitte des 13. bis zur Mitte des 14. Jh.s als wichtige Quelle neben Dares und Benoît galt. Im 14. Jh. wird dieser Einfluß zugunsten der *Historia destructionis Troiae* GUIDOS DE COLUMNIS zurückgedrängt, der die Dares-Dictys-Tradition zur alleingültigen erklärt. J. Ze.

AUSGABE: Cambridge/Mass. 1944, Hg. E. B. Atwood u. V. K. Whitaker.

LITERATUR: H. Dunger, *Die Sage vom trojanischen Kriege in den Bearbeitungen des MAs u. ihren antiken Quellen*, Lpzg. 1869. – E. Th. Granz, *Über die Quellengemeinschaft des mittelenglischen Gedichtes »Seege oder Batayle of Troye« u. des mittelhochdeutschen Gedichtes vom trojanischen Kriege des Konrad von Würzburg*, Diss. Lpzg. 1888.

Mittellateinische Trojadichtung

Als im Zuge der »Renaissance« des 12. Jh.s eine vielseitige Beschäftigung mit der Antike einsetzte, wurde auch der trojanische Sagenstoff für die Dichtung wieder lebendig. Um die Mitte des 12. Jh.s entstand eine Gruppe von kurzen epischen Gedichten, zu deren berühmtesten das anonyme *Pergama flere volo* und das Gedicht *Urbs erat illustris* des HUGO PRIMAS zählen. Die Tendenz zu epigrammatischer Verkürzung charakterisiert diese Werke ebenso wie die Tatsache, daß sie das Geschehen nach klassischen Vorbildern, vor allem nach VERGIL, darstellen; die Version des DARES spielt für sie keine Rolle. Daß man im 12. Jh. die Kürze als ein »Stilideal« (E. R. Curtius) empfand, läßt sich auch an der Behandlung anderer antiker Stoffe beobachten. Man würdigte es sogar als besondere Leistung poetischen Witzes, wenn sowohl die *Aeneis* (siehe Carmina Burana 99a) als auch der ganze trojanische Krieg in jeweils ein Distichon zusammengezogen wurden.

»*Urit amor Paridem; nuptam rapit; armat Atridem Ultio; pugnatur; fit machina; Troia crematur.*«

Paris in seiner Liebesverblendung, der Untergang des stolzen Troja werden exemplarisch für die *vanitas mundi*, Helena wird zum berühmtesten Beispiel eines Verderben bringenden Weibes:

»*Causa rei talis meretrix fuit exitialis Femina fatalis, femina feta malis.*«
(Schluß von *Pergama flere volo*).

Die Gedichte haben den Stoff weitervermittelt und das Interesse am trojanischen Sagenkreis bis zu den volkssprachlichen Bearbeitungen wachgehalten. Nach BENOÎTS *Roman de Troie* wird allerdings Dares die vorbildliche Quelle, auch für die mittellateinische Trojaepik, die am Ende des 12. Jh.s durch das klassizistische Meisterwerk des JOSEPH ISCANUS und noch um die Mitte des 13. Jh.s durch den *Troilus* des ALBERT VON STADE vertreten ist. Als letzte mittellateinische Dichtung über Troja wurde Ende des 13. Jh.s die Umarbeitung von Benoîts *Roman de Troie* in einen lateinischen Prosaroman durch GUIDO DE COLUMNIS berühmt.

4. PERGAMA FLERE VOLO (mlat.; *Ich will Pergamon beweinen*). Gedicht in 45 unisonen Distichen, in den *Carmina Burana* (101) und darüber hinaus in rund 70 Hss. überliefert. – Der anonyme Dichter beklagt den Untergang Trojas, das allein durch List erobert werden konnte. In geraffter Darstellung berührt er die Tat des Paris, den Rachezug der Griechen, die mit 1000 Schiffen ausziehen, und die Anfertigung des hölzernen Pferdes. Verwundert stellt er fest, daß Helena, die doch den Tod verdient hätte, von ihrem Mann wieder geliebt wird, nachdem sie zurückerobert wurde. Darauf schildert der Dichter das Schicksal der Hekuba und läßt sie auf dem Weg in die Gefangenschaft eine ergreifende Klage sprechen. Im Gegensatz zwischen Einst und Jetzt beschwört er abschließend das ganze Ausmaß dieses allein durch eine Frau verschuldeten Untergangs. Die vormals berühmte Stadt wird, nachdem der Würfel gefallen ist, nackter Boden und Weide für die Tiere:

»*Urbs celebris dudum, dum terminat alea ludum Ecce solum nudum, pastus erit pecudum.*«

In den *Carmina Burana* (102) folgt darauf ein zweites Gedicht in 27 unisonen Distichen mit dem Anfang »*Fervet amore Paris...*« Um Helena zu entführen, überquert Paris das Meer. Die Folge ist der Krieg. Durch die List mit dem hölzernen Pferd erobert, geht die Stadt in Flammen auf. Der Schwerpunkt des Gedichtes liegt auf der Flucht und dem weiteren Schicksal des Aeneas bis zu seinem Sieg über Turnus.

In anderen Hss. wird in enger Nachbarschaft zu *Pergama flere volo* und gelegentlich mit diesem kontaminiert, das Gedicht *Viribus arte minis* in 62 leoninischen Distichen von PIERRE DE SAINTES überliefert. Es beginnt mit einer Klage über den Untergang Trojas um einer Frau willen und endet mit dem Sieg des Aeneas über Turnus, seiner Verbindung mit Lavinia und der Abstammung der Römer. – Außerdem sind verschiedene Planctus von Hektor überliefert.

Ein Meisterwerk epigrammatischer Verkürzung und derb-realistischer Anschaulichkeit ist das Gedicht *Urbs erat illustris* von HUGO PRIMAS von Orleans (vor 1095- um 1150), dem größten Vagantendichter Frankreichs. In 29 unisonen Distichen enthält es eine Klage über das zerstörte Troja aus der Sicht eines Griechen. Vergangenheit und Gegenwart werden in immer neuen Antithesen einander gegenübergestellt: Die mächtigste Stadt erhob sich dort, wo jetzt Wald und Dornbüsche wachsen und wilde Tiere hausen. Troja muß für seine sündigen Leidenschaften büßen.

Da noch ein zweites, unvollständiges Gedicht des Primas über *Ulixes bei Tiresias* überliefert ist, vermuten Wilhelm MEYER (1907) und später K. LANGOSCH, es könnte sich um Bruchstücke eines größeren Epos über die Heimkehr des Odysseus handeln, das entweder nur fragmentarisch überliefert ist oder vom Dichter nicht weiter ausgeführt wurde.

Die *Ilias*, ein kurzes Epos in 221 Distichen von SIMON CAPRA AUREA (oder Chèvre d'or), einem Kleriker in Sankt Viktor bei Paris, ist um 1152 entstanden. Der erste Gesang *Divitiis ortu* führt vom Traum der Hekuba bis zur Eroberung Trojas mit Hilfe des hölzernen Pferdes. Der zweite Gesang, mit »*Ignibus Eneas*...« einsetzend, enthält die Schicksale des Aenas bis zum Tod des Turnus. – Breiten Raum nehmen darin die Vorhaltungen des Klerikers gegen Paris ein. Warum mußte er sich für Venus und nicht für die keusche Minerva entscheiden? Warum mußte er sich in eine ihm unbekannte, verheiratete und noch dazu ausländische Frau verlieben? In seinem lehrhaften, trockenen Ton erreicht das Gedicht trotz seiner Vorliebe für Wortspiele, Antithesen und Wiederholungen von Halbversen keinen besonderen künstlerischen Rang. J. Ze.

AUSGABEN: ML, 171, Sp. 1447 (Pierre de Saintes). – ML, 171, Sp. 1441 (Simon Capra Aurea). – Stg. 1847, Hg. J. A. Schmeller (*Pergama flere volo*, in *Carmina Burana*; BLV, 16; Breslau [4]1904).

LITERATUR: H. Dunger, *Die Sage vom trojanischen Kriege in den Bearbeitungen des MAs u. ihren antiken Quellen*, Lpzg. 1869.

5. DARETIS FRIGII YLIAS (mlat.; *Die Ilias nach dem Phrygier Dares erzählt*). Trojaepos von JOSEPH ISCANUS, um 1189 vollendet. – Der nach seinem Heimatort Exeter benannte englische Kleriker lebte in der 2. Hälfte des 12. Jh.s. Sein Hauptwerk, die dem Erzbischof Thomas Balduin von Canterbury gewidmete *Ylias*, ist in vier vollständigen und in einer unvollständigen Hs. aus dem 13. Jh. überliefert. Es wurde seit 1541 oft gedruckt und kommentiert, doch erhielt es seit den ersten Drucken fälschlich den Titel *De bello troiano*.
Der trockene Bericht des DARES (für den Schluß auch DICTYS) bildet die Quelle für eine der glänzendsten mittellateinischen Dichtungen, deren Verskunst und Prosodie, an den klassischen Vorbildern VERGIL, OVID, STATIUS geschult, mustergültig zu nennen sind. Joseph besitzt eine gute Kenntnis des Altertums und der griechischen Mythologie. Anders als seine Zeitgenossen verzichtet er auf die Allegorie und bringt nur sparsam belehrende Einschübe, epische Vergleiche und Wortspiele. Doch weiß er bei ergreifenden Einschnitten dem Vers eine beinahe lyrische Verdichtung zu geben. Die Nacht der Eroberung Trojas schildert er als:

»*Nox fera, nox vere nox noxia, turbida, tristis, Insidiosa, ferox tragicis ululanda conturnis ...*«

Die letzte der poetisch gebundenen mittellateinischen Trojadichtungen ist das Epos *Troilus* in 2660 Distichen von ALBERT VON STADE (ca. 1200–1265). Es wurde nach Angabe des Dichters 1249 vollendet und ist in einer einzigen Hs. aus dem 13. Jh. erhalten. Albert folgt der *Historia de excidio Troiae* mit der Genauigkeit eines Historikers und benutzt andere Quellen (Vergil, die *Ilias Latina*, Dictys) nur, wenn sie Dares nicht widersprechen. Ohne große dichterische Begabung huldigt er seiner Vorliebe für Wortspiele und Sentenzen. J. Ze.

AUSGABEN: Basel 1541, Hg. Albanus Torinus. – Basel 1573, Hg. G. Henisch. – Ldn. 1675, Hg. J. Morus. – Amsterdam 1702. – Ldn. 1825. – Leiden/Köln 1970 (in *Werke und Briefe*, Hg. L. Gompf; Mittellat. Studien u. Texte, 4).
Lpzg. 1875, Hg. Th. Merzdorf (Albert v. Stade).

LITERATUR: H. Dunger, *Die Sage vom trojanischen Kriege in den Bearbeitungen des MAs u. ihren antiken Quellen*, Lpzg. 1869.

Der altfranzösische Trojaroman

6. LE ROMAN DE TROIE (afrz.; *Der Trojaroman*). Versroman in 30 108 paarweise gereimten Achtsilbern von BENOÎT DE SAINTE-MORE, entstanden um 1165. Die eingeschobene Widmung an die »*riche dame de riche rei*«, womit wohl Eleonore von Poitou gemeint ist, die 1152 den späteren König von England, Heinrich II., heiratete, und die zahlreichen Beziehungen zu den anderen antikisierenden Versepen, dem *Roman de Thèbes*, dem *Roman d'Énéas* etc., ermöglichen die Datierung des Werks; über den Autor gibt es keine gesicherten Angaben. – Mit polemischer Wendung gegen HOMER, der ihm zweifelnd nur dem Namen nach bekannt war, beruft sich Benoît im Prolog auf die Chronik des DARES PHRYGIUS, des »Augenzeugen« des Geschehens. Dieser bildet bis Vers 22 425 seine Quelle, danach benutzt er DICTYS, mit gelegentlichen Rückgriffen auf Dares.
Die ständige Berufung auf seine antiken Quellen, denen Benoît bis aufs Buchstaben folgen will, sind als Topoi zu verstehen, in Wirklichkeit läßt sich in der ausschmückenden Erweiterung oder Hinzufügung mancher Episoden einen beträchtlichen Spielraum. An dem überlieferten Handlungsgerüst verändert er fast nichts, verschoben sind lediglich die Schwerpunkte: Der Akzent liegt jetzt auf den zwar politisch bedingten, aber doch vor allem psychologisch bedeutsamen Liebesepisoden, die deutlich das Gepräge höfischer Stilisierung tragen. Jason, der das Goldene Vlies in seinen Besitz bringen will, zieht wie ein Artusritter auf Abenteuer in ferne Länder, er will die Welt kennenlernen und seine Tapferkeit beweisen. Geschickt, aber skrupellos baut er das Liebeserlebnis mit Medea in seine Strategie ein; kaum hat er sein Ziel, das Goldene Vlies, erreicht, sind alle Treueschwüre vergessen, was ihm eine schwere Rüge von seiten des Autors einträgt, da dieses Verhalten höfischer Liebe widerspricht.
Die Brücke zum zweiten Abschnitt, der ersten Zerstörung Trojas und dem anschließenden Wiederaufbau, bildet das Rachemotiv: Bei der Landung der Argonauten vor Troja verstießen die Trojaner gegen alle Gesetze der Gastlichkeit und forderten sie zur Weiterfahrt auf. Eine Verbindung wird auch durch die Gestalt der Medea hergestellt: Wie Helena im späteren trojanischen Krieg hat nun Medea eine Schlüsselrolle im politischen Ränkespiel inne. Bei den verschiedenen Belagerungen Trojas wartet Benoît mit unzähligen Kampfszenen auf, deren stereotype Beschreibungstechnik und detaillierte Grausamkeit noch deutlich an die *chansons de geste* erinnern. Das ermüdende Einerlei von Zweikämpfen und diplomatischen Schachzügen wird mit einer neuen Liebesgeschichte verknüpft, dem Raub der Helena mit der anschließenden achttägigen Hochzeit in Troja. Die Griechen rüsten sich zur Rache: Die Fronten werden gemustert, alle Protagonisten müssen Revue passieren, Charakter und äußere Erscheinung werden kurz beschrieben. Dann laufen sieben der insgesamt zweiundzwanzig geschilderten Schlachten ab, bis die Handlung wieder auf einen wahrscheinlich ganz von Benoît erfundenen Liebeskonflikt zusteuert, die tragische Freundschaft von Troilus und Briseis – tragisch, weil Briseis, die Tochter des trojanischen Sehers Kalchas, im Austausch gegen trojanische Gefangene an die Griechen ausgeliefert wird und sich von Troilus trennen muß. Sie vermag die Liebe des jungen Diomedes, der mit höfischem Anstand um sie wirbt, auf die Dauer

nicht zu widerstehen. Ausgiebig zieht Benoît über die Unbeständigkeit der Frauen her: *Beauté* und *chasteté* finden sich selten in einer Frau vereint. Briseis' anfänglicher, wohlkalkulierter Widerstand gegenüber dem sehnsuchtsvoll-unbedingten Werben des Diomedes wird von Benoît genau analysiert unter dem Aspekt weiblicher Minnestrategie. Briseis ist kein Glück beschieden, sie weiß, daß sie mit ihrer Untreue gegen die höfische Liebe verstoßen hat, und leidet an dieser Schuld: »*Mauvais sen oi e fol espeir / Quant je trichai a mon ami / Qui onc vers mei nel deservi*« *(»Eine schlechte Gesinnung und eine törichte Hoffnung hatte ich, als ich meinen Freund betrog, der dies niemals im Hinblick auf unsere Liebe verdient hätte«).* Ihre Geschichte bleibt eng mit dem Kriegsgeschehen verbunden, denn geschickt versteht es Benoît, auch die militärische Seite des Liebeskonflikts darzustellen und somit beide Motive, *militia* und *amor*, miteinander zu verknüpfen: Als es zu einem Zweikampf zwischen Troilus und Diomedes kommt, bringt die Sorge um den verletzten Diomedes Briseis' Liebe erst wirklich zur Entfaltung.

Ähnlich verfährt Benoît in der Darstellung von Achills Liebe zu Polyxena, der jüngsten Tochter des Priamus, die er während des Waffenstillstands, der nach Hektors Tod vereinbart wurde, erblickt und in die er sich unsterblich verliebt. Amor schlägt ihm eine tödliche Wunde. *Aventure*, der zufällige Lauf der Begebenheiten, hat eine denkbar tragische Situation herbeigeführt: Achill ist verzweifelt, in seiner ganzen Existenz erschüttert. In einem langen Monolog spielt er die Auswegslosigkeit des Konflikts, die hoffnungslose Liebe zur Schwester des von ihm getöteten Hektor, mit dialektischer Schärfe durch. Auf dem Hintergrund der Liebeskonflikte gewinnen die darauffolgenden Zweikämpfe besondere Bedeutung. Achill tötet Troilus, er seinerseits wird von Paris in einen Hinterhalt gelockt und umgebracht, Paris daraufhin von Ajax getötet. Mit der Totenklage der Helena, deren inbrünstige Todessuch an die Klage Énides in CHRÉTIENS *Érec et Énide* gemahnt, ist ein vorläufiges Ende der Konflikte erreicht. Dem rächenden Eingreifen Penthesileas kann daher ein langer geographischer Exkurs über den Orient vorausgeschickt werden. Der weitere Verlauf der Geschichte, Einnahme und Plünderung Trojas, der anschließende Konflikt Pyrrhus – Andromache, Irrfahrten und Tod des Odysseus, werden ziemlich gerafft behandelt. Das Ende ist versöhnlich. Telegonus, Sohn des Odysseus und der Circe, der seinen Vater ermordete, versöhnt sich mit Telemach und hat ihm die Herrschaft über Ithaka inne. Diesem guten Ausgang entspricht die Freundschaft der beiden Söhne Andromaches, Achillides, des Sohnes von Pyrrhus, und Laudemantas, des Kindes aus ihrer Ehe mit Hektor. *Militia* und *amor*, unentwirrbar miteinander verflochten während des ganzen Geschehens, münden ein in die *amicitia*.

Benoîts Originalität liegt sicher in der Darstellung der Liebeskonflikte und ihrer psychologischen Komplikationen. Hier geht er weitgehend unabhängig von seiner Quelle zu Werke, während er bei der Darstellung der Kriegshandlungen ziemlich pauschal und farblos bleibt und wenig verändert; von einer Übertragung auf mittelalterliche Verhältnisse kann keine Rede sein. Auch von der Struktur des Romans her sind die Liebesszenen unerläßlich als Orientierungspunkte in dem unabsehbaren Schlachtengewirr. Der Konflikt wird konzentriert und privatisiert und gewinnt dadurch an Einprägsamkeit; ein zusätzliches strukturierendes Element sind die weitausholenden deskriptiven Exkurse, die Beschreibung der »*chambre de beauté*«, wo Hektor von seiner Verwundung genest, des Grabtempels Hektors, der Exkurs über den Orient, von kleineren deskriptiven Ruhepunkten abgesehen. Die Möglichkeiten einer Aneignung des antiken Stoffes wurden ausgeschöpft, gleichzeitig zeigen sich deren Grenzen, die durch den historisch vorgegebenen Stoff gezogen sind: Der Übergang zur *matière de Bretagne* ist in Sicht.

Benoîts *Trojaroman* wurde ein großer literarischer Erfolg. 39 Handschriften sind erhalten geblieben, daneben zahlreiche Bearbeitungen und Übersetzungen ins Italienische und Spanische. Er beeinflußte vor allem die deutschen Trojadichtungen; die *Historie van Troyen* des Niederländers JACOB VAN MAERLANT geht ebenso auf Benoît zurück wie der *Polemos tis Troados*, eine Übersetzung ins Griechische aus dem 14. Jh.   W. E.

Die *Historia destructionis Troiae* (1287; vgl. dort), eine Bearbeitung des *Roman de Troie* durch GUIDO DE COLUMNIS, hat gegenüber ihrer Vorlage durchaus eigenständigen Wert. In einer kürzeren, geschlosseneren Form, im allgemeinverständlichen Latein zeichnet sich das Werk durch selbständige Ausführung der Reden, der Schlachten- und Naturschilderungen aus. Besondere Sorgfalt gilt den Details, die die Glaubwürdigkeit des Berichts erhöhen. Guido fügt zahlreiche gelehrte Abschweifungen - so über die Wichtigkeit der Sternkunde für die Schifffahrt, über Sonnenfinsternis etc. – oder moralische Betrachtungen über die Falschheit der heidnischen Religion, über die Folgen mangelnder Höflichkeit der Prinzen und die erotische Zügellosigkeit junger Menschen; er verhehlt seine misogyne Haltung nicht, weshalb er auch Briseis treuloser und verschlagener erscheinen läßt als Benoît.

Die Wirkung von Guidos *Historia* sollte die des *Roman de Troie* noch weit übertreffen. In fast alle europäischen Sprachen übersetzt, beeinflußte sie insbesondere das Trojabuch des HANS MAIR aus Nördlingen (s. u.), das *Troy Book* von John LYDGATE (s. u.) und den *Recueil des hystoires troyennes* (1464) von RAOUL LEFEVRE. Auf Guido fußt auch das weltliche Mysterienspiel von Jacques MILET (ca. 1425-1466) *L'istoire de la destruction de Troye la grant* (1450/52 in Orleans entst.), ein seltenes Beispiel profanen Theaters im Frankreich des 15.Jh.s. Die Troilus-Briseis-Episode wurde durch Guidos Roman in der europäischen Literatur weiterverbreitet. Über John Lydgate, BOCCACCIO (*Il Filostrato*, entst. 1337-1339), CHAUCER (*Book of Troilus and Criseyde*, um 1385) und über eine englische Übersetzung des *Recueil* von Raoul Lefevre durch William CAXTON (1471) wurde sie an SHAKESPEARE (*The Historie of Troylus and Cressida*, um 1602) vermittelt.

AUSGABEN: Benoît: Paris 1904–1911, Hg. L. Constans, 6 Bde.; Nachdr. 1968. – Tübingen 1963, Hg. K. Reichenberger (Ausz.). Guido: Köln 1477. – Cambridge/Mass. 1936, Hg. N. E. Griffin.

LITERATUR: H. Dunger, *Die Sage vom trojanischen Kriege in den Bearbeitungen des MAs u. ihren antiken Quellen*, Lpzg. 1869. – W. Greif, *Die mittelalterlichen Bearbeitungen der Trojanersage*, Marburg 1885. – R. Witte, *Der Einfluß von Benoîts »Roman de Troie« auf die altfranzösische Literatur*, Diss. Göttingen 1904. – E. N. Griffin, *Dares and Dictys*.

An Introduction to the Study of Medieval Versions of the Story of Troy, Diss. Baltimore 1907. – M. Klippel, *Die Darstellung der Trojanersage in der Geschichtsschreibung u. Dichtung vom Mittelalter bis zur Renaissance in Frankreich*, Diss. Marburg 1936. – B. Woledge, *La légende de Troie et les débuts de la prose française* (in *Mélanges offerts à M. Roques*, Bd. 2, Paris 1953). – R. M. Lumiansky, *The Story of Troilus and Briseida and Guido* (in Speculum, 29, 1954, S. 727–733). – Ders., *Structural Unity in B.'s »Roman de Troie«* (in Rom, 79, 1958, S. 410–424). – A. Adler, *Militia et Amor in the »Roman de Troie«* (in RF, 72, 1960, S. 14–29).

Mittelhochdeutsche Trojadichtung

Der erste erhaltene deutsche Trojaroman, eine Bearbeitung Benoîts, ist →*Daz liet von Troye* von Herbort von Fritzlar. Als Vorgeschichte zu Veldekes *Eneide* vom Landgrafen Hermann von Thüringen in Auftrag gegeben, ist das Werk vermutlich im letzten Jahrzehnt des 12. Jh.s entstanden (de Boor). Frühere deutsche Trojadichtungen, auf die Hinweise in Lamprechts *Alexanderlied*, in der *Eneide* und in Herborts Roman deuten, sind nicht mehr erhalten.

7. DER TROJANERKRIEG (mhd.). Versroman von Konrad von Würzburg (um 1225–1287), spätestens seit 1280 im Auftrag des Basler Domkantors Dietrich entstanden. – Dieser Roman, eine Bearbeitung Benoîts, war als der umfassendste mittelalterliche Trojazyklus geplant, unendlich wie das Meer, »*ein maere..., daz allen maeren ist ein her*«. Konrad konnte 40 424 Verse seines Werks vollenden, ein anonymer Fortsetzer dichtete in 9436 Versen einen notdürftigen Schluß, bei dem er vor allem Dictys folgte, hinzu.

Konrads *Trojanerkrieg*, dem neben Benoît auch Ovids *Metamorphosen* und *Heroiden*, Statius, *Achilleis*, Dares, eine Version des *Excidium Troiae* u. a. Quellen. zugrunde liegen, beginnt mit der Jugend des Paris und Achills Kindheit, schildert die Argonautenfahrt und das Schicksal der Medea, die erste Zerstörung Trojas durch Herkules und der Raub der Hesione, die Liebesgeschichte zwischen Achill und Deidamia. Die Entführung Helenas, der Paris beim Venusfest auf Cytherea begegnet, ist – entsprechend der Tradition seit Dares – eine Rachehandlung der Trojaner, die die Stadt wiederaufgebaut haben und Hesione vergeblich von den Griechen zurückforderten. Vor Kriegsausbruch gewinnen beide Seiten riesige Hilfsvölker, Europa und Afrika kämpfen gegen Asien. Konrads Schilderung des Krieges – der Kampftage und der dazwischenliegenden Waffenruhen – enthält noch den Tod und das Begräbnis des Patrokles und endet mit dem Beginn des vierten Kampftages. Der Fortsetzer erzählt den Tod Hektors, das Eingreifen Penthesileas,˙ den Tod Achills, das Eingreifen des Sohnes von Achill, Pirrus', den Tod des Paris und Trojas Fall. Er geht ferner auf den Heimzug der Griechen, die Irrfahrten des Ulixes, die Ermordung Klytemnestras und die Thronbesteigung Orests ein, um mit einem Gebet an Maria zu schließen.

Die Transponierung des antiken Stoffes in die höfische Welt des mittelalterlichen Romans hat Konrad von seiner Quelle übernommen und noch verstärkt. Die griechischen Helden sind zu Rittern geworden, die ihr Leben der Minne und der Tjost widmen, und der trojanische Krieg verläuft zum großen Teil in Form von ritterlichen Einzelkämpfen, bei denen die adligen Damen von den Zinnen der Festung herab zuschauen. Die große Stoffülle des Werkes, die epische Breite der Ausführung, die vor allem in den Kampfszenen ermüdend wirken kann, entspricht dem »*Zug der Zeit zur Summe, zum Zyklus*« (Kuhn). *Der Trojanerkrieg* ist zugleich die »*Summe von Konrads künstlerischem Wollen*« (Monecke), in dem er durch mehr oder weniger deutliche Selbstzitate fast sein gesamtes vielseitiges Oeuvre noch einmal evoziert. Im Vergleich mit dem *Tristan* Gottfrieds von Strassburg, dessen Minnetheorie Konrad bei der Darstellung des Liebespaares Paris – Helena in seiner Verfallenheit an die Minne als Vorbild vor Augen hatte, fehlt den Personen des *Trojanerkrieges* Differenzierung und Kraft der Charaktere. Trotzdem wird gerade in der Beschreibung der Helena sowie in den Minnereden zwischen ihr und Paris Konrads Sprach- und Versvirtuosität sichtbar. Eine glänzende Bewältigung des höfischen Verses zeichnet das Werk aus. Daneben liegt wie in Konrads Kleinepen seine besondere Qualität in der Formung von Einzelszenen, in Paris' Waldleben z. B., oder in der Beschreibung des Werbens des als Mädchen verkleideten Achill um Deidamie. – Ein äußerst bewußter, vielschichtiger Formalismus, ein »*souveränes Balancieren mit zum Teil sehr heterogenen Spielsteinen*« (Kuhn) gewähren die künstlerische Einheit des Werks.

Konrads *Trojanerkrieg* hatte das ganze Mittelalter hindurch großen Erfolg. Zwar erlaubt die gegenwärtige Forschungslage keine absolut verbindlichen Angaben zur Überlieferung (vgl. Bartsch, Hempel, Knapp, Ochsenbein), doch läßt sich festhalten, daß bis jetzt sechs Hss. und mehr als fünf Fragmente bekannt sind. In einer ganzen Reihe von gereimten Weltchroniken finden sich mehr oder minder umfangreiche Auszüge. Bis in Einzelheiten sichtbar ist Konrads Einfluß auf die ersten zwei Drittel des *Trojanerkrieges* in Ulrich Füetrers *Buch der Abenteuer* aus dem 15. Jh.

Wie lange Konrads Torso gewirkt hat, zeigen schließlich die spätmittelalterlichen deutschen Trojaromane in Prosa. Sie beruhen sowohl auf dem *Trojanerkrieg* wie auch auf der *Historia destructionis Troiae* des Guido de Columnis. – Die weiteste Verbreitung fand die freie Bearbeitung Guidos von Hans Mair aus Nördlingen aus dem Jahre 1392, die in mehreren Hss. und zahlreichen Drucken verbreitet war und mit dem Titel *Ein konigreych hiesz Thesalia in dem land zu Romani* versehen. Hans Mair beruft sich auf Dares als seine Quelle, er folgt aber Guido getreu, wobei er allerdings die langatmigen Personenbeschreibungen, die naturwissenschaftlichen Exkurse und den Schluß der Erzählung zu kürzen weiß. Erweiterungen nach Konrad über den Traum der Hekuba, die Erziehung des Paris, die Hochzeit von Peleus und Thetis und die Jugend Achills sind spätere Einschübe in die Drucke, die nicht mehr von Hans Mair stammen.

Die mitteldeutsche Prosaversion *Hi begunnet sich die vorrede obir dy historia von der vorstorunge troye* von Heinrich von Braunschweig beruht hauptsächlich auf Konrad, daneben aber auch auf Guido. Sie wurde 1436 beendet. – Die in zwei Münchner Hss. überlieferte Prosabearbeitung des *Trojanerkrieges* von Ulricus Weickmann stimmt vollständig mit Konrad überein. – Auch˙ das in mehreren Hss. aus dem 15. Jh. überlieferte Volksbuch *Daz buoch von Troja* mit dem Anfang *Wie tröye zerstoret wart von helenen wegen* besteht in seinem ersten Teil vorwiegend in einer Prosaauflösung des *Trojanerkrieges*, während dem zweiten Teil Guido und stellenweise auch Dares zugrunde liegen. – 1598 wurde Guidos Werk durch David FÖRTER als die *Historische warhaffte Und Eigentliche Beschreibung von der alten und in aller Welt berümbten Statt Troia...* ins Hochdeutsche übersetzt, der Druck erfolgte 1612 in Basel. KLL

AUSGABEN: Konrad: Stg. 1858, Hg. A. v. Keller. Dazu: K. Bartsch, *Anmerkungen zu K.s »Trojanerkrieg«*, Tübingen 1877; Nachdr. beider Bde.: Amsterdam 1965. Füetrer: Mchn. 1968 (*Der »Trojanerkrieg« aus dem »Buch der Abenteuer«*, Hg. E. G. Fichtner).

LITERATUR: H. Dunger, *Die Sage vom trojanischen Kriege in den Bearbeitungen des MAs u. ihren antiken Quellen*, Lpzg. 1869. – J. Klitscher, *Die Fortsetzung zu Konrad von Würzburgs »Trojanerkrieg« u. ihr Verhältnis zum Original*, Diss. Breslau 1891. – K. Basler, *Konrad von Würzburgs »Trojanischer Krieg« u. Benoit de Sainte Maures »Roman de Troie«*, Diss. Bln. 1910. – W. Kluxen, *Studien über die Nachwirkungen Konrads von Würzburg*, Diss. Köln 1948. – D. H. Green, *Konrads »Trojanerkrieg« und Gottfrieds »Tristan«*, Diss. Basel 1949. – S. Schnell, *Mittelhochdeutsche Trojanerkriege. Studien zur Rezeption der Antike bei Herbort von Fritzlar u. Konrad von Würzburg*, Diss. Freiburg i. B. 1953. – G. Schade, *Christentum u. Antike in den deutschen Trojaepen des Mittelalters (Herbort von Fritzlar, Konrad von Würzburg, »Der Göttweiger Trojanerkrieg«)*, Diss. Bln. 1955. – H. J. Gernentz, *Konrad von Würzburg. Charakter u. Bedeutung seiner Dichtung* (in ZDLG, 7, 1961, S. 27–45). – B. Morgenstern, *Studie zum Menschenbild Konrads von Würzburg*, Diss. Tübingen 1962. – H. Rupp, *Rudolf von Ems u. Konrad von Würzburg. Das Problem des Epigonentums* (in Der Deutschunterricht, 17, 1965, H. 2, S. 5–17). – W. Hempel, *Besprechung des Amsterdamer Nachdrucks* (in Germanistik, 8, 1967, S. 320f.). – H. Kuhn, *Minnesangs Wende*, Tübingen ²1967, S. 143ff. – W. Monecke, *Studien zur epischen Technik Konrads von Würzburg*, Stg. 1968. – K. Schneider, *Der Trojanerkrieg im späten Mittelalter*, Bln. 1968. – P. Ochsenbein, *Neuentdeckte Bruchstücke zum »Trojanerkrieg« Konrads von Würzburg* (in ZfdA, 2, 1970, S. 148–156).

8. DER GÖTTWEIGER TROJANERKRIEG

(mhd.). Nach seinem Fundort benannter Versroman in 25 156 Versen vom Anfang des 14. Jh.s, in einer einzigen Hs. überliefert. Der anonyme Verfasser nennt sich teils WOLFRAM VON ESCHENBACH, teils beruft er sich auf ihn als seinen Gewährsmann. – Trotz ihrer Gewandtheit in der Darstellung und in der Versifikation bleibt diese dritte deutsche Bearbeitung der Trojasagen im künstlerischen Wert hinter dem *Liet von Troye* HERBORTS VON FRITZLAR und dem *Trojanerkrieg* KONRADS VON WÜRZBURG zurück; sie ist deshalb von der Forschung noch wenig beachtet worden. In den zwölf Büchern werden große Teile der Artus- und Dietrichssagen in die Trojasagen verwoben, so daß »*der trojanische Krieg hier als Rahmen für ein buntes Mosaik von Märchen und Abenteuern*« dient (H. Dunger). Paris gelangt nach seinem Urteil über die drei Göttinnen unter heldenhaften Kämpfen nach Athen und wird nach siegreichen Turnieren zum Ritter geschlagen. Durch Hinterlist in eine Gefangenschaft geraten, wird er bis nach Schottland verschleppt; nach Abenteuern in Indien findet endlich die Begegnung mit seinem Bruder Hektor statt. Helena wird gerade noch vor der Vermählung mit Menelaus entführt. Um diese Schmach zu rächen, rüsten sich über fünfeinhalb Millionen Griechen zum Kampf gegen Troja, in dem Riesen und Zwerge eine Hauptrolle spielen. Ähnlich phantastisch ist der Bericht über den trojanischen Krieg und die weiteren Abenteuer der Helden bis zur Gründung Roms gehalten.
Der Verfasser folgt offenbar keiner bestimmten Quelle, allein die Darstellung vom Fall Trojas entspricht genau der bei DARES; ein Zusammenhang mit KONRADS Werk ist nicht erwiesen. J. Ze.

AUSGABEN: Stg. 1858, Hg. A. v. Keller (BLV, 44). – Tübingen 1926, Hg. A. Koppitz (DTM, 29).

LITERATUR: H. Dunger, *Die Sage vom trojanischen Kriege in den Bearbeitungen des MAs und ihren antiken Quellen*, Lpzg. 1869.

Niederländische Trojadichtung

9. HET PRIEEL VAN TROYEN

(mndl.; *Der trojanische Lustgarten*). Höfisches Epos von SEGHER DIEREGOTGAF (oder Diengotgaf, d. h. »Den Gott gab«), entstanden in der ersten Hälfte des 13. Jh.s. – Das schwer datierbare Epos dieses lange verkannten mittelniederländischen Minnesängers – seine Entstehungszeit läßt sich nur relativ zu MAERLANTS *Historie van Troyen* angeben, in die ganze Abschnitte übernommen sind – ist ein eigenwilliges Werk innerhalb der hochmittelalterlichen Trojaromane. Im dritten Jahr des Krieges hält Priamus eines Tages einen Kriegsrat, »*kurz nach der Frühmeßzeit*«, in einem Wandelgarten der Stadt. Der Kriegsrat ist allerdings nur Vorwand für die Darstellung einer höfischen Minne-Idylle in einer idealisierten Umgebung. Die Helden und ihre Angebeteten »*ergehen sich in einem Lustgarten, der über alle Maßen schön war*«. Drei Paare werden vorgestellt: Polidamas gesteht Helena seine Minne und wird von ihr weiblich-geschickt in die Schranken gewiesen, indem sie sein Geständnis als Traumgestammel wertet:

»*Erwacht, sagte sie, Polidamas,
Hört, wie die Vögelein doch singen.
Schlief ich, ich wähnte drum aufzuspringen.
Wacht nun und schlaft bei Nacht genug.*«

Mennoen sitzt bei Hektors Schwester Pollexina und läßt sich von ihr in seiner Minne zu einer Dame, die sie, ohne es zu wissen, selbst ist, beraten. Menfloers eröffnet Andromache seine hoffnungslose Minne und wird freundlich, aber entschieden zurückgewiesen. Zur Vesperzeit schließlich ruft Hektor die Helden wieder in die Wirklichkeit zurück, damit sie sich auf den nächsten Kampf vorbereiten.
Im zweiten Teil *'t paerlement van Troyen (Das Parlament von Troja)*, teilweise eine Übersetzung BENOÎTS, spornen Hektor und Achill die Helden zum Kampf an. Der dritte Teil des Epos, *De sevenste strijt (Der siebte Streit)*, enthält, wiederum nach Benoît, den Zweikampf zwischen Hektor und Achill, den man als siebente Episode des Krieges betrachten.
Seghers Werk ist mit anderen mittelniederländischen Texten in der sogenannten Hulthemer Hs. (ca. 1412) überliefert und scheint unter den Händen der Abschreiber an sprachlicher Eleganz und rhythmischer Feinheit einiges eingebüßt zu haben. Doch auch in dieser Redaktion darf das Epos noch als Kleinod mittelalterlicher Minnedichtung gelten. Segher verstand es, seinen Versen eine epische Dichte zu geben, wie sie in der mittelniederländi-

schen Dichtung erst im *Beatrijs* wiederkehrt. Schon Maerlant nennt in den von ihm übernommenen Passagen den Namen ihres Autors mit Hochachtung. W. Sch.

10. HISTORIE VAN TROYEN (mndl.; *Die Geschichte Trojas*).
Versroman in ca. 40000 Versen von JACOB VAN MAERLANT (um 1235-1291), entstanden um 1260. – Maerlants wichtigste Vorlage ist BENOÎT, er übernimmt aber auch Teile aus SEGHER und benutzt STATIUS, OVID und VERGIL. Er behandelt die Vorgeschichte und die erste Zerstörung Trojas, den eigentlichen trojanischen Krieg, die Irrfahrten der Griechen und die der trojanischen Helden bis hin zur Gründung Roms. Im Gegensatz zu Segher und Benoît will er ein wahrheitsgetreues Geschichtsbild vermitteln. – Da Maerlant die *Historie van Troyen* in seinen späteren Büchern *Rijmbijbel* und *Spieghel historiael* (um 1290) etwas abschätzig erwähnt, ist zu vermuten, daß es sich um ein Jugendwerk handelt.

Den späteren mittelniederländischen Trojadichtungen liegen die *Historia destructionis Troiae* GUIDOS COLUMNIS oder Bearbeitungen Guidos zugrunde. 1479 wurde in Gouda der Prosaroman *Guido van der Columnen historien van Troyen* gedruckt; 1485 erschien in Haarlem die *Vergadering der historien van Troyen (Sammlung der Geschichten von Troja)*, eine Bearbeitung von Raoul LEFEVRES *Recueil des histoires de Troie* durch Roelof SMIT. 1541 erfolgte in Antwerpen der Erstdruck des Volksbuches *Die destructie van der stat van Troyen*, in dem ein größerer Teil der Liebesgeschichte zwischen Troylus und Briseda gewidmet ist. KLL

AUSGABEN: Segher: Gent 1838 (in Ph. Blommaert, *Oudvlaemsche gedichten der XIIe, XIIIe en XIVe eeuwen*, Tl. 1).
Maerlant: Groningen 1873, Hg. J. Verdam *(Episodes uit Maerlants historie van Troyen, naar het te Wissen gevonden handschrift)*.

LITERATUR: H. Dunger, *Die Sage vom trojanischen Kriege in den Bearbeitungen des MAs und ihren antiken Quellen*, Lpzg. 1869. – G. Körting, *Dictys und Dares*, Halle 1874. – J. Verdam, *Over Maerlants »Historie van Troyen«*, Leiden 1904. – J. van Dam, *Zur Vorgeschichte des höfischen Epos*, Bonn 1923. – J. van Mierlo, *J. van Maerlant, zijn leven, zijn werken, zijn beteekenis*, Antwerpen 1946.

Italienische Trojadichtung

11. ISTORIETTA TROIANA (ital.; *Kleine trojanische Geschichte*).
Anonyme Prosaversion des *Roman de Troie* von BENOÎT DE SAINTE-MORE, in einem Florentiner Manuskript vom Anfang des 14. Jh.s nur unvollständig überliefert. Die Handschrift trägt einen halb italienischen, halb französischen Titel *Questo è il libro de la destruction de Troie*. Diese Version, die bedeutendste unter den volkssprachlichen italienischen Bearbeitungen, geht vermutlich auf eine Redaktion Benoîts zurück, denn sie ist an mehreren Stellen gekürzt oder entfernt sich stark von ihrem Vorbild. Minuziös sind die Helden des zweiten trojanischen Krieges beschrieben, so Ulysses, »*der ein reicher König war, und schwarz, bärtig und behaart, dick, kurz und stark, weise und listig und der beste Erzähler, den man kannte*«.
Mit dem Beginn der Beschreibung der griechischen »Könige, Herzöge und Barone« und ihrer Schiffe endet das Manuskript.

Eine weitere italienische Prosaerzählung nach Benoît hat BINDUCCIO DELLO SCELTO verfaßt. – Die erste Übersetzung GUIDOS liegt um 1324 von FILIPPO CEFFI in Florenz vor, 1333 eine weitere, die MAZZEO BELLEBUONI aus Pistoia zugeschrieben wird. Daneben sind mehrere anonyme Prosabearbeitungen aus dem 14. Jh. erhalten. Laff. – KLL

Mittelenglische Trojadichtung

12. THE SEEGE OR BATAYLE OF TROYE (mengl.; *Die Belagerung oder Schlacht von Troja*).
Versromanze eines unbekannten *minstrel* in etwas mehr als 2000 paarweise gereimten, z. T. alliterierenden vierhebigen Zeilen, entstanden im ersten Viertel des 14. Jh.s. im nordwestlichen Mittelland, überliefert in vier Mss. aus dem späten 14. bzw. aus dem 15. Jh. in verschiedenen mittelländischen Dialekten. – Die gemeinsamen Züge der vier differierenden Manuskripte lassen den Grundgehalt der nicht überlieferten Urversion zur Genüge erkennen. Die Darstellung beginnt mit Jasons Suche nach dem Goldenen Vlies und seiner unheilvollen Landung an der trojanischen Küste. Anschließend hören wir von dem folgenden Krieg, der ersten Zerstörung Trojas, dem Wiederaufbau der Stadt, der Jugend und dem Urteil des Paris sowie dem Raub Helenas. Es folgt eine Schilderung der zehn Schlachten vor Troja, verknüpft mit einem Bericht über die Jugend des Achilles und dessen Ankunft im griechischen Lager vor der sechsten Schlacht. Schließlich ist ausführlich die Rede vom prophetischen Traum der Andromache, vom Tod Hektors, der endgültigen Zerstörung der Stadt und dem triumphalen Heimfahrt der siegreichen Griechen.

Das relativ kurze und lebendig erzählte Werk darf als das romanzenhafteste unter den mittelenglischen Trojagedichten gelten (LYDGATES Versroman *Troy Book* gehört bereits einer anderen literarischen Kategorie an). Dies ist insofern bemerkenswert, als der Troja-Stoff in der Regel als Vorspiel zur eigenen Geschichte verstanden und entsprechend »historischer« abgehandelt wurde als die Mehrzahl der *metrical romances*. In der Handschrift Arundel 22 macht sich diese Einstellung noch nachträglich bemerkbar: Die *Seege* wird dort als Historie präsentiert und dient als eine Art Vorspann zu GEOFFREY OF MONMOUTHS *Historia regum Britanniae*. In der ursprünglichen Version indes ist die Erzählung eindeutig als unterhaltsamer Vortrag eines fahrenden Sängers konzipiert, wie der rezitative Grundton, die zahlreichen Publikumsansprachen und Minstrel-Topoi klar bezeugen. Da das *Seege* in etwa die doppelte Länge der üblichen Kurzerzählungen erreicht, rechnet D. Mehl es zu jenem Typ von Vortraggedichten, deren Darbietung sich möglicherweise auf zwei Lesungen verteilte. Das ist besonders deshalb wahrscheinlich, weil sich im Arundel-Manuskript nach knapp 1000 Zeilen ein Hinweis findet, daß hier die Mitte erreicht sei – verbunden mit einem kurzen Gebet und der Aufforderung an das Publikum, die Gläser zu füllen; zumindest wurde hier eine kleine Verschnaufpause für die Zuhörer eingelegt.

Die Quellenlage ist vergleichsweise klar, wenn auch nicht restlos geklärt. Grundsätzlich beschränkt sich der Autor – er deutet dies auch in seiner Einleitung an – auf klassische und französische Quellen. Sicher ist eine weitgehende Abhängigkeit von DARES PHRYGIUS, in Verbindung mit BENOÎT DE SAINTE-MORES *Roman de Troie*. Offenbar hat der Verfasser beide Quellen synchron benutzt und sich je nach

Bedarf der einen oder der anderen zugewandt, wobei er die Vorlagen durchaus souverän handhabt und nach persönlichem Gutdünken modifiziert.
Über die Herkunft jener Gehaltselemente, die durch Dares und Benoît nicht gedeckt sind, ist viel diskutiert worden. Der älteren Ansicht, der Autor der *Seege* griffe hier mit KONRAD VON WÜRZBURG auf eine nicht erhaltene erweiterte Fassung des *Trojaromans* zurück (das würde die teilweisen Gemeinsamkeiten beider Autoren erklären), ist freilich 1927 von M. E. BARNICLE mit guten Gründen widersprochen worden. Wahrscheinlich fußen diese zusätzlichen Elemente einfach auf gängigem mittelalterlichem Material, auf OVID oder STATIUS etwa, möglicherweise auch auf dem *Excidium Troiae*.
Woher dieses Material indes auch stammen mag – man muß unserem Autor zubilligen, daß er es recht geschickt zu einem organischen Ganzen integriert hat. Dramatische Struktur, dichtgewebte Einheit und lebendiger Darbietungsstil kennzeichnen dieses Gedicht – Eigenschaften, die ganz offensichtlich durch die Erfordernisse der Rezitation bedingt sind: Der Sänger konnte es sich nicht leisten, sein Publikum mit weitschweifigen Digressionen zu langweilen. Auf das gleiche Konto dürfte auch das starke menschliche Interesse an dem dargestellten Geschehen zurückgehen, eine Gefühlsstärke, die teilweise ausgesprochen romantische Züge annimmt; etwa anläßlich Hektors Fall, der mittels einer fast lyrisch anmutenden Wiederholung der Idee des heroischen Todes dargestellt wird. Eindruckskraft und wohltuende Geschlossenheit des Werks treten besonders deutlich hervor, wenn man es mit späteren längeren, mehr chronikartig registrierenden mittelenglischen Versionen des Troja-Themas vergleicht, etwa mit dem sog. *Laud Troy-Book* (um 1400) oder den *Gest Hystoriale of the Destruction of Troy* (ca. 1375); letztere sind langatmige Kompilationen, die mit der dichterischen Lebendigkeit dieser Romanze schwerlich konkurrieren können. W. Fü.

AUSGABEN: NY 1899, Hg. C. H. A. Wager. – Ldn. 1927, Hg. M. E. Barnicle.

LITERATUR: A. Zietsch, *Über Quelle u. Sprache des mittelenglischen Gedichts »Seege or Batayle of Troye«*, Diss. Göttingen 1883 (auch in ASSL, 72, 1884, S. 11). – Fick, *Zur mittelenglischen Romanze »Seege of Troye«*, Diss. Breslau o. J. – E. Th. Granz, *Über die Quellengemeinschaft des mittelenglischen Gedichtes »Seege oder Bataye of Troye« u. des mittelhochdeutschen Gedichtes vom Trojanischen Kriege des Konrad von Würzburg*, Lpzg. 1888. – D. Mehl, *Die mittelenglischen Romanzen des 13. u. 14. Jahrhunderts*, Heidelberg 1967.

13. TROY BOOK (mengl.; *Trojabuch*). Versroman in 30117 (mit Ausnahme der letzten 107 Zeilen) paarweise gereimten jambischen Pentametern von John LYDGATE (1370?–1449/50?), begonnen 1412, beendet 1420, erhalten in 19 Manuskripten, erste gedruckte Ausgabe 1513 von Richard Pynson; auch unter dem Titel *The hystorye Sege and dystruccyon of Troye* erschienen. – Um BENOÎTS *Roman de Troie* und GUIDOS DE COLUMNIS *Historia destructionis Troiae*, den Standardwerken des Mittelalters über den trojanischen Krieg, eine ebenbürtige englische Fassung an die Seite stellen zu können, gab Prinz Heinrich, der spätere Heinrich V., im Oktober 1412 Lydgate den Auftrag, eine nationale Version des klassischen Stoffes zu liefern, gleichsam als Vorgeschichte zur trojanischen Besiedlung Englands, wie sie von GEOFFREY OF MONMOUTH (in der *Historia regum Britanniae*, um 1150) und von WACE OF JERSEY (in *Roman de Brut* bzw. *Geste des Bretons*, um 1154) dargestellt worden war. Acht Jahre arbeitete Lydgate in seinem Kloster an den fünf Büchern dieses gewaltigen Unternehmens. Als unmittelbares Vorbild wählte er Guido, da dieser – im Gegensatz zu den fabulierenden Berichten von HOMER, VERGIL und OVID – die Wahrheit zu berichten vorgab und Lydgate diesen Wahrheitsanspruch aus moralischen Gründen für unabdingbar hielt.
Der Handlungsablauf in den ersten vier Büchern – mit dem Argonautenzug, der ersten Zerstörung Trojas und seinem Wiederaufbau durch Priamus, der Entführung der Helena als Vergeltung für den Raub der Hesione und der Geschichte des Krieges – entspricht dem seit DARES tradierten Schema. In ausführlicher Breite werden die Kämpfe der beiden Heere und der einzelnen Helden bis zum Fall der Stadt behandelt; kurze Auflockerung erfahren die monotonen Rededuelle und Schlachtenbeschreibungen lediglich durch die Liebesintermezzi von Troilus und Cressida sowie von Achill und Polyxena. Das letzte Buch berichtet von den Schicksalen der überlebenden Trojaner und Griechen, insbesondere von Aeneas und Odysseus. Nach dem Tode des Odysseus und einer Statistik des trojanischen Krieges schließt das Werk mit einem Epilog auf die Eitelkeit alles Irdischen und der Bitte um Gottes Segen für den königlichen Auftraggeber.
Wie immer bei Lydgate geht es auch in diesem Versroman weniger um unterhaltsamen Zeitvertreib als um moralistische Programmatik und didaktische Auswertung im Sinne politischer und persönlichkeitsbildender Ideale. Daher die zahlreichen lehr- und predigthaften Exkurse, die von geistlicher Erbauung über Kritik am pflichtvergessenen Klerus bis zur Fortuna-Meditation und Frauensatire reichen; von Stellungnahmen zu Dichtkunst und astronomischer Navigationslehre über Ratschläge zur Lebensweisheit bis zur Warnung vor Neid, Rachsucht und übereiltem Verdacht. Durch solche (bei Guido bereits angelegten) Einschübe wird das Werk zugleich zu einem großen Kompendium zeitgenössischen Wissens und moralischen Bewußtseins. Auffällig ist die rhetorische Durchformung des Ganzen, die – was freilich einem Zeitstil entsprach – in offenem Gegensatz zu den ständigen Bescheidenheitstopoi steht, deren sich Lydgate seinem verehrten *»maister Chaucer«* und dem gelehrten Guido gegenüber befleißigt. Immer wieder stößt man auf effektbedachte Stilfiguren, die den Erzählablauf künstlerisch überhöhen sollen: Anaphorik, die sich zu apostrophischem Stil und rhetorischen Tiraden steigern kann; Ausdrucksdoppelungen, Wiederholungen, Parallelismen, Variationen – das sind, neben der Vorliebe für mehrsilbige romanische Wörter im Dienste der *aureate diction* (von den rund 800 Lehnwörtern, die Lydgate ins Englische einführen, finden sich 200 im *Trojabuch*), die hervorstechendsten Stilzüge dieses am hohen Ziel eines moralistischen Staatsepos orientierten gelehrt-didaktischen Werks. Eben dieser Stil aber macht zugleich die künstlerischen Schwächen des Buches offenbar: Häufige Wiederholungen, breit ausgemalte Reden und lehrhafte Abschweifungen, insbesondere im dritten und vierten Buch, hemmen den Fortgang der Handlung und wirken stellenweise ausgesprochen monoton. Dazu kommt eine bei Lydgate nicht seltene Neigung zu syntaktischer Nachlässigkeit, zu Flickwendungen und anakoluthhaften Perioden – eine Tendenz, die sich strukturell in der abgehack-

ten, immer wieder von Exkursen unterbrochenen Erzählweise spiegelt.

Recht gefällig hingegen wirken Lydgates Natureingänge und -zwischenstücke, die trotz aller zeittypischen Topik und Allegorik nicht selten eine natürliche Frische atmen und gelegentlich fast schon realistisch anmuten. Die Betonung der Vergänglichkeitsthematik, die Ablehnung des Krieges und der Einbezug humanistisch-mythologischen Wissens liefern indirekte Aufschlüsse über Person und Ansichten des mönchisch-gelehrten Verfassers. Entsprechend seiner friedfertigen Grundhaltung hat Lydgate den ursprünglichen Werkauftrag umgewandelt und anstelle einer ritterhaften Glorifizierung von Krieg und Heldentum in den trojanischen Kämpfen eine exemplarische Bestätigung der Unbeständigkeit irdischen Glücks und der verderblichen Folgen menschlicher Zwietracht gesehen. Auch im Verhältnis zu seiner Quelle hat Sich Lydgate dichterische Freiheiten erlaubt. Guidos trokkener Bericht wird im Interesse größerer Lebendigkeit nach Bedarf gekürzt, umstrukturiert oder farbig ausgemalt; insbesondere ergänzt der englische Dichter viele waffentechnische und heraldische Details. Überdies schiebt er verschiedene Szenen ein, die ganz seiner eigenen Phantasie entstammen. Sein Bericht gewinnt damit gegenüber der Fassung Guidos an Farbe und Lebendigkeit, wenngleich die erzählerische Gesamtleistung noch immer weit hinter der GOWERS oder CHAUCERS zurückbleibt. Selbst anderen Werken Lydgates, etwa der ungleich kürzeren und geschlosseneren *Siege of Thebes*, bleibt es künstlerisch unterlegen. In seiner Weitschweifigkeit, Heterogenität und didaktischen Zielsetzung kann es den heutigen Leser nur noch als literarhistorisches Dokument interessieren. W. Fü.

AUSGABEN: Ldn. 1513, Hg. R. Pynson *(The hystorye Sege and dystruccyon of Troye...).* – Ldn. 1555, Hg. Th. Marshe *(The Auncient Historie and onely trewe and syncere Cronicle of the warres betwixte the Grecians and the Troyans...).* – Ldn. 1614, Hg. Th. Purfoot *(The Life and Death of Hector).* – Ldn. 1906–1935, Hg. H. Bergen, 4 Bde.

LITERATUR: W. Greif, *Die mittelalterlichen Bearbeitungen der Trojasage*, Marburg 1886. – H. Bergen, *Description and Genealogy of the Manuscripts and Prints of L.'s »Troy Book«*, Diss. Mchn. 1904. – F. Reuß, *Das Naturgefühl bei L.* (in ASSL, 122, 1909, S. 269–300). – G. Reismüller, *Romanische Lehnwörter bei L.*, Lpzg. 1911. – H. Koch, *J. L.s »Troy Book«*, Diss. Bln. 1935. – J. Parr, *Astronomical Dating of Some of L.'s Poems* (in PMLA, 67, 1952, S. 251–258). – W. Schirmer, *J. L. Ein Kulturbild aus dem 15. Jh.*, Tübingen 1952, S. 36 bis 44. – A. Renoir, *The Poetry of J. L.*, Ldn. 1967.

Slavische Trojadichtung

14. PRITČA O KRALECH (aruss.; *Die Geschichte von den Königen*). Übersetzung des mittelalterlichen *Trojaromans*, entstanden im 15. Jh. – Die Geschichte der slavischen Fassungen des *Trojaromans* ist, solange die umfassende wissenschaftliche Sichtung, Beschreibung und Edition des vorhandenen handschriftlichen Materials aussteht, eines der schwierigen Kapitel nicht allein der altrussischen Literaturgeschichte. Die romanhafte Bearbeitung des *Ilias*-Stoffes, die im westlichen Abendland zu einem der beliebtesten Lesestoffe des Mittelalters geworden war, hat sich im griechischen Sprachraum trotz mehrfacher Ansätze (DIKTYS und DARES, SISYPHOS aus Kos, PSEUDO-KALLISTHENES) neben dem Homerischen Original nie recht durchsetzen können.

Aus einer westeuropäischen, vermutlich romanischen Quelle, die ihrerseits auf die lateinischen Diktys- und Dares-Übersetzungen zurückgeht, wurde der Roman um 1300 im nördlichen Dalmatien unter dem Titel *Rumunac trojanski (Trojaroman)* ins Kroatische übersetzt. Die südslavische Fassung beschreibt, weit entfernt von HOMER und dem Geist der Antike, im volkstümlichen, nur hin und wieder mit Kirchenslavismen durchsetzten čakavischen Dialekt die Geburt und Jugend des Paris, sein Urteil über die drei Göttinnen, Kassandras vergebliche Warnung, den Raub der Helena, die Kämpfe um Troja, den Tod des Achill, den Wettkampf zwischen Ajas und Odysseus, die Eroberung Trojas und die Ereignisse bei der Rückkehr der Griechen.

In der Mitte des 14. Jh.s erscheint der Roman unter dem Titel *Trojanska pritča* bereits in einer Handschrift Bulgariens, von wo der Text im 15. Jh. nach Rußland gelangt. Hier findet sich die Erzählung *Pritča o kralech* in zwei Handschriften im Anschluß an die altrussische Übersetzung der *Synopsis historikē* des KONSTANTIN MANASSES (zweite Hälfte des 12. Jh.s).

Unabhängig von dieser Tradition war der Stoff der Trojaerzählung jedoch bereits durch das auf den griechischen Diktys zurückgehende fünfte Buch der altrussischen Übersetzung der *Chronographia* des IOANNES MALALAS (um 491–578) unter dem Titel *O trojanskich vremenach* (Über die trojanischen Zeiten) in Rußland bekannt geworden. Der russische *Chronograph* des PACHOMIJ LOGOFET (1442) zeigt eine gekürzte, überarbeitete Fassung. Noch in der zweiten Hälfte des 15. Jh. s gelangt der Roman auf dem Umweg westlicher Redaktionen ein drittes Mal nach Rußland: in der Übersetzung des lateinischen Textes GUIDOS DE COLUMNIS (um 1210 bis nach 1287), welche in den späteren Chronographen an die Stelle der *Pritča o kralech* tritt und vor allem Einfluß auf den Stil der *Povest' o prežnich let*, 17. Jh. *(Bericht aus vergangenen Jahren)*, nahm, die dem Fürsten Ivan M. KATYRĒV-ROSTOVSKIJ († 1640) zugeschrieben wird. C. K.

LITERATUR: H. Dunger, *Die Sage vom trojanischen Kriege in den Bearbeitungen des Mittelalters u. ihren antiken Quellen*, Lpzg. 1869. – V. Jagić, *Ein Beitrag zur serbischen Annalistik mit literaturgeschichtlicher Einleitung* (in AslPh, 2, 1877, S. 25). – M. de Queux de Saint-Hilaire, *Homère dans le moyen-âge occidental* (in Annuaire de l'Association, 14, 1880, S. 80 bis 98). – W. Greif, *Die mittelalterlichen Bearbeitungen der Trojanersage*, Marburg 1886. – Ders., *Dictysfrage*, Marburg 1886. – P. Syrku, *Zur mittelalterlichen Erzählungsliteratur aus dem Bulgarischen* (in AslPh, 7, 1884, S. 81–87). – A. Wesselofsky, *Die altslavische Erzählung vom trojanischen Krieg* (ebd., 10, 1887, S. 27–42). – W. Močulskij, *Zur mittelalterlichen Erzählungsliteratur bei den Südslaven* (ebd., 15, 1893, S. 371–380). – W. Istrin, *Beiträge zur griechisch-slavischen Chronographie* (ebd., 17, 1895, S. 416–429). – N. K. Gudzij, *Geschichte der russischen Literatur, 11.–17. Jahrhundert*, Halle 1959, S. 188/89.

EUTROPIUS
(4. Jh.)

BREVIARIUM AB URBE CONDITA (lat.; *Abriß der römischen Geschichte*). Geschichtswerk des EUTROPIUS (4. Jh. n. Chr.), das er als *magister memoriae* des Kaisers Valens (reg. 364–378) auf Wunsch seines hohen Herrn kompilierte.
Der umfangreiche Stoff ist, in nicht ungeschickter Verdichtung und Beschränkung auf außenpolitische Aspekte, in zehn kurze Bücher zusammengedrängt; Buch 1 von Romulus bis zu den Gallierkämpfen (ca. 390 v. Chr.); Buch 2 bis zum Ersten, Buch 3 bis zum Zweiten Punischen Krieg (241 bzw. 201 v.Chr.); Buch 4 bis zum Jugurthinischen Krieg (105 v. Chr.); Buch 5 Marius und Sulla (bis ca. 86 v. Chr.); Buch 6 bis zur Ermordung Caesars (44 v.Chr.); Buch 7 Ende der Bürgerkriege, frühe Kaiserzeit bis Domitian (96 n.Chr.); Buch 8 Adoptivkaiser und Soldatenkaiser bis Alexander Severus (235 n. Chr.); Buch 9 die Zeit bis Diokletian (305 n. Chr.); Buch 10 bis zum Tod Iovians (364 n. Chr.). Die unmittelbare Zeitgeschichte wird ausgespart, sie sollte gelegentlich in einer späteren Schrift behandelt werden.
Selbstverständlich – bedenkt man das Jahrhundert – war der Autor, so günstig man das kleine Werk seiner exakten Darstellungsform wegen beurteilen wird, kein Geschichtsforscher. Er stützte sich nicht einmal auf die Originale der klassischen Historiker: als Quelle diente ihm für die älteren Jahrhunderte und die Republik ein damals verbreiteter Auszug aus LIVIUS; SUETON – vielleicht gleichfalls in einer redigierten Version – lieferte das Material der frühen Kaiserzeit; dann zog Eutropius eine (verlorene) Kaiserchronik und eine (uns unbekannte) Geschichte des Konstantinischen Hauses heran; die letzten Jahre dürfte der Autor aus persönlichen Erfahrungen geschöpft haben, war er doch naher Freund und Gesinnungsbruder des »abtrünnigen« Iulian (reg. 361–363) gewesen.
Das *Breviarium* erlangte – trotz des rivalisierenden (aber sehr diffusen) *Breviarium* seines Zeitgenossen FESTUS – schnell große Beliebtheit: die Verbindung von Anschaulichkeit und unverbindlicher Kürze machte es zu einem geradezu idealen Handbüchlein zur Einführung des oberflächlich interessierten Lesers in ein nach wie vor unvermeidliches Kapitel Allgemeinbildung. Daß Eutropius den Auftrag seines kaiserlichen Gönners zur vollen Befriedigung der Mit- und Nachwelt ausgeführt hat, beweisen die (freien) Übertragungen ins Griechische durch PAIANIOS (schon um 380 entstanden; überliefert) und CAPITO (vom Anfang des 6. Jh.s; in Fragmenten erhalten), die zahlreichen mittelalterlichen Bearbeitungen und Übernahmen – Schlüsselfiguren sind PAULUS DIACONUS (*Historia Romana*, um 774) und LANDOLFUS SAGAX (*Historia miscella*, um 1100) – und˙nicht zuletzt die zahlreichen spätantiken Zitierungen. E. Sch.

AUSGABEN: Rom 1471 (*Eutropius historiographus: et post eum Paulus diaconus: de historiis Italice provincie ac Romanorum*). – Bln. 1879, Hg. H. Droysen (MGH, auct. ant., 2). – Lpzg. 1887, Hg. F. Ruehl. – Lanciano 1932, Hg. L. D'Amore [m. Komm.].
ÜBERSETZUNGEN: *Römischer Historien Bekürtzung*, H. v. Eppendorf, Straßburg 1536. – *Abriß d. röm. Geschichte*, A. Forbiger, Stg. 1865 [mehrere Nachdr.].
LITERATUR: R. Helm, *Hieronymus u. E.* (in RhMus, 76, 1927, S. 138–170; 254–306). – D. N. Tribolès, *Eutropius historicus*, Athen 1941. – E. Malcovati, *Le traduzioni greche di E.* (in Rendiconti dell'Istituto Lombardo, 77, 1943/44, S. 273–304). – N. Scivoletto, *La tradizione manoscritta di Eutropio* (in Giornale Italiano di Filologia, 14, 1961, S. 129–162).

ANONYM

QUEROLUS (lat.; *Der Nörgler*). Komödie eines unbekannten, vielleicht gallischen Verfassers, entstanden wohl im 4. Jh.; einem gleichfalls unbekannten Rutilius gewidmet. – Das Werk, eine lockere Bearbeitung der *Aulularia (Topfkomödie)* des PLAUTUS, ist weniger als Bühnenstück interessant – es war ohnehin vermutlich nicht zur Aufführung, sondern nur sehr lediglich zum szenischen Vortrag beim Gelage bestimmt – als vielmehr seiner sprachlichen Form wegen. Denn der *Querolus* ist in einer von iambischen und trochäischen Rhythmen durchsetzten Prosa geschrieben, wie sie auch zeitgenössische Inschriften jener Epoche aufweisen; der Sprachduktus wird nur zu Beginn und in den Klauseln gebändigt. Die Komik des Stücks ist hier nicht so sehr an den Vater, der den Goldtopf versteckt, oder an den Sohn, der ihn erben soll, geknüpft, sondern an den treulosen Schwindler Mandrogerus, der sich den Schatz erschleichen will und schließlich, von seiner eigenen Habsucht geprellt und entlarvt, nur durch die Milde der andern mit heiler Haut davonkommt.
Der *Querolus* hat anscheinend im Mittelalter Gefallen gefunden: VITALIS VON BLOIS (12. Jh.) schöpfte seine in elegischem Versmaß verfaßte *Aulularia* daraus, und wenn MOLIÈRES *L'avare (Der Geizige)* auf Vitalis fußt, so hat der anspruchslose Anonymus der ausgehenden Antike einen literarischen Erfolg errungen, den man eigentlich viel lieber dem genialen Komödianten gönnen möchte, der dem Stück zu Beginn der römischen Literatur seine klassische Form gegeben hat. E. Sch.

AUSGABEN: Paris 1654, Hg. P. Daniel. – Lpzg. 1875 (*Aulularia sive Querolus*, Hg. R. Peiper). – Brüssel 1937 (*Querolus. Le grognon*, Hg. L. Herrmann; m. frz. Übers.). – Göteborg 1951 (*Querolus sive Aulularia*, Hg. G. Ranstrand). – Catania 1964 (*Incerti auctoris Querolus sive Aulularia*, Hg. F. Corsaro; m. ital Übers.). – Berlin 1965 (*Griesgram oder Die Geschichte vom Topf*, Hg. W. Emrich; lat.-dt.).
LITERATUR: G. W. Johnstone, *The »Querolus«. A Syntactical and Stylistic Study*, Diss. Toronto 1900. – W. Heyl, *De »Querolo« comoedia quaestiones selectae*, Diss. Gießen 1921. – D. P. Lockwood, *The Plot of the »Querolus« and the Folk-Tales of Disguised Treasure* (in TPAPA, 44, 1913, S. 215–232). – Schanz-Hosius, 4/1, S. 43–45. – W. Süss, *Über das Drama »Querolus sive Aulularia«* (in RhMus, 91, 1942, S. 59–122). – S. Cavallin, *Bemerkungen zu »Querolus«* (in Eranos, 49, 1951, S. 137–158). – G. Ranstrand, *»Querolus«-Studien*, Stockholm 1951 [zugl. Diss. Göteborg]. – D. Bianchi, *Per il »Querolus« di Anonimo e l'»Aulularia« di Vitale di Blois* (in Rendiconti dell'Istituto Lombardo, Classe di Lettere, Scienze Morali e Storiche, 89/90, 1956, S. 63–78). – M. Schuster, Art. *»Querolus«* (in RE, 24/1, 1963, Sp. 869–872). – L. Alfonsi, *Il »Querolo« e il »Dyskolos«* (in Aegyptus, 44, 1964, S. 200–205). – F. Corsaro, *»Querolus«. Studio introduttivo e commentario*, Bologna 1965.

AMBROSIUS THEODOSIUS MACROBIUS
(um 360–425)

SATURNALIA (lat.; *Saturnalien*). Dialogisches Symposion in sieben Büchern von AMBROSIUS THEODOSIUS MACROBIUS (um 360–425); vor der zwischen 395 und 410 anzusetzenden Publikation der Vergil-Kommentare des SERVIUS entstanden, und zwar nach Macrobius' *Commentum in somnium Scipionis (Kommentar zum Somnium Scipionis [von Cicero])*, das in den *Saturnalien* zitiert wird und mit dem sie die Widmung an den Sohn Eustachius gemein haben. Die Überlieferung des Werks ist leider lückenhaft; vom zweiten, vierten, sechsten und siebten Buch ging jeweils der Schluß, vom dritten und vierten der Anfang verloren.

Was Macrobius mit seinem Werk will, sagt er in der Einleitung: zum Nutzen seines Sohnes aus griechischen und römischen Autoren allerlei wichtiges Bildungsgut ausheben. So sollte ein Hand- und Lehrbuch entstehen, wie es einst CATO, der Begründer der römischen Enzyklopädie, für seinen Sohn geschrieben hatte. Daß dieses vielfältig-bunte Wissen nicht das geistige Eigentum des Macrobius darstellt, sondern in Form zitierender oder paraphrasierender Exzerpte vorgetragen wird, bleibt also nicht im Zweifel. Wohl aber ist zu bedenken, daß Macrobius keinesfalls die originalen Quellen selbst aufgesucht hat, sondern allenthalben aus sekundären und tertiären Werken schöpft, aus Kompilationen und Afterkompilationen wie GELLIUS' *Noctes Atticae (Attische Nächte)*, PLUTARCHS *Symposienproblemen* (vgl. *Moralia*) oder etwelchen Vergil-Kommentaren. Eigene Schöpfung des Autors dagegen ist die Einkleidung des mannigfaltigen Wissensstoffes (Grammatik, Semasiologie, Namenskunde, Zeitrechnung, Kulteinrichtungen ranken sich um das den Büchern 3–6 zentrale Thema »Vergil«) in das Gewand eines Gastmahls. Die äußere Szenerie – ein verhinderter Teilnehmer erzählt einem Bekannten, was er von einem beim Gelage anwesenden Gast gehört hat – lehnt sich an das *Symposion* PLATONS an, die innere Szenerie – der Aufmarsch der Gäste, Einführung und Verteilung der Gespräche auf einzelne Personen und Tage – nimmt die Tradition der Dialoge CICEROS wieder auf.

Es ist kaum zu verkennen, daß dieser Rahmen – und nicht etwa der pädagogische Aspekt – das eigentliche Anliegen des Autors zum Ausdruck bringen soll. Die Hauptpersonen, in deren Haus sich während des Saturnalienfestes an drei aufeinanderfolgenden Tagen die Gespräche abspielen, sind aus der Geschichte als die großen Vertreter des heidnisch-römischen Adels bekannt, die gegen Ende des 4. Jh.s in einer letzten Besinnung und Sammlung noch einmal dem überhandnehmenden Christentum entgegenzutreten suchten. Der Gastgeber des ersten Tages, Vettius Agorius Praetextatus, Philosoph und Verwalter der höchsten Priesterämter, war von 361 an Prokonsul in Achaia, dann Stadtpräfekt von Rom und starb 384 als designierter Konsul; der Gastgeber des zweiten Tages, Virius Nicomachus Flavianus, ein Geschichtsschreiber und als hoher Beamter einer der maßgeblichen Vertreter des alten Glaubens in dem erbitterten Ringen vor der Jahrhundertwende, war 394 Konsul; am dritten Tag ist der berühmte Redner und Politiker Quintus AURELIUS SYMMACHUS Gastgeber, der Stadtpräfekt von 384/85 und sprachgewaltige Streiter für die Rechte des Victoria-Altars in der Curia. Doch kaum weniger als in den Zentralfiguren, deren idealischer Grundhabitus bis hinein in ihre vornehm-gesetzte Diktion Ausdruck gewinnt, schafft Macrobius dieser klassizistisch überhöhenden Tendenz zu einem geradezu programmatisch angepriesenen Romkult in seinem Zentralthema Gehör: In strahlendem Licht erscheinen VERGIL als der »*Inbegriff aller Weisheit und menschlicher Gesittung*« und seine »*Werke als heilige Schrift der Gebildeten und Offenbarungsquelle*, ja als ein »*Mysterium*« (so Friedrich Klinger). Vergil wird für Macrobius zur unübertroffenen Verkörperung der römischen Kultur – ein gebieterisches Beispiel für alle Rechtdenkenden und zugleich Garant der stetigen Erneuerung römischer Art. Daß dieses Ideal in jeder Hinsicht ein anachronistisch-lebloser Kult ist, voll redlichen Strebens, doch ohne zukunftsträchtige schöpferische Vitalität, wird freilich immer wieder spürbar; und so sind denn auch die Helden des Symposions, bei allem Glanz und Ansehen, zuletzt doch an der größeren Kraft des Christentums gescheitert. E. Sch.

AUSGABEN: Venedig 1472 (in *In somnium Scipionis expositionis libri et Saturnaliorum libri VII*). – Lpzg. [2]1893 (in *Macrobius*, Hg. F. Eyssenhardt). – Paris 1936/37 (*Saturnales*, Hg. H. Bornecque u. F. Richard, 2 Bde.; m. frz. Übers.). – Lpzg. 1963, Hg. J. Willis [m. Bibliogr.]. – Turin 1967 (*I Saturnali*, Hg. N. Marinone; m. ital. Übers.).

ÜBERSETZUNG: *The Saturnalia*, P. V. Davies, NY/London 1969 [engl.; m. Komm.].

LITERATUR: T. Whittaker, *M. on Philosophy, or Science and Letters in the Year 400*, Cambridge 1923. – P. Wessner, Art. *M. (7)* (in RE, 14/1, 1928, Sp. 172–174). – E. G. Lögdberg, *In Macrobii »Saturnalia« adnotationes*, Diss. Uppsala 1936. – P. Courcelle, *Les lettres grecques en occident. De Macrobe à Cassiodore*, Paris 1948, S. 3–36. – B. A. Shaw, *A Historical Commentary on the Second Book of M.' »Saturnalia«*, Diss. Univ. of Pennsylvania 1955. – H. L. W. Nelson, »*Saturnalia« van M.*, Leiden 1958. – F. Klingner, *Vom Geistesleben im Rom des ausgehenden Altertums* (in F. K., *Römische Geisteswelt*, Mchn. [4]1961, S. 514–564). – E. Tuerk, *M. u. die Quellen seiner »Saturnalien«. Eine Untersuchung über die Bildungsbestrebungen im Symmachus-Kreis*, Diss. Freiburg i. B. 1962. – H. Silvestre, *Note sur la survie de Macrobe au moyen âge* (in Classica et Mediaevalia, 24, 1963, S. 170–180). – E. Tuerk, *Macrobe et les »Nuits attiques«* (in Latomus, 24, 1965, S. 381–406). – J. Willis, *Macrobius*, (in Das Altertum, 12, 1966, S. 155–161).

SERVIUS
(um 360–420)

COMMENTARIUS IN VERGILII CARMINA (lat.; *Kommentar zu Vergils Gedichten*). Einer der möglichen Gesamttitel für das dreiteilige Hauptwerk des berühmtesten und am meisten gelesenen antiken Vergil-Philologen SERVIUS (um 360–420); der *Kommentar* ist wohl in den Jahren 395–410 als Frucht der intensiven Forschungs- und Vorlesungstätigkeit des Grammatikers in Rom entstanden. Er fußt, wie man noch zu erkennen glaubt, weithin auf DONATS Parallelschrift und ist in der Abfolge verfaßt, die die Ausgaben wiedergeben: auf eine *Bio-*

graphie Vergils folgten *Zur Aeneis, Zu den Bucolica, Zu den Georgica.* Auch heute noch stellt der *Kommentar* eine unschätzbare Quelle grammatischer und sachlicher Erklärungen zu den Vergilschen Dichtungen dar. Daß der Autor trotz seines profunden, im Grunde aber wenig originellen Sammlerfleißes die eigene Perspektive nicht verleugnet hat, mag z. B. die auffällige Tatsache belegen, daß hier zum erstenmal umfangreiche Zitate aus STATIUS, LUKAN und IUVENAL zu finden sind: die Beliebtheit dieser Dichter erlebte in jenen Jahren – und in den Kreisen, denen Servius verbunden war – einen Höhepunkt. Symptomatisch für die Zeit ist auch die spürbare Tendenz zur Glorifizierung Vergils: so weit war der eine Generation jüngere Donat noch nicht gegangen.

Unter der Fülle von Nachwirkungen und Weiterbildungen des *Kommentars* ragen die *Daniel-Scholien* besonders hervor (so benannt nach ihrem Herausgeber), eine Sammlung ursprünglich wohl selbständiger erklärender Notizen, die im Laufe der Überlieferung mit Servius' Werk verschmolzen sind. In gewisser Weise machen sie das Corpus erst eigentlich wertvoll: denn dieselbe extreme Vorliebe, die Servius neben dem Rhetorischen für grammatische Details hegt, wendet ihr Verfasser darauf, mythologische und kultische Materialien zu den einzelnen Stellen beizubringen; man könnte das Resultat als ein geradezu einmaliges Zusammenwirken zweier gelehrter Spezialisten von höchster Autorität bezeichnen. E. Sch.

AUSGABEN: Venedig 1471, Hg. B. Guarinus. – Paris 1532, Hg. R. Stephanus. – Paris 1600, Hg. P. Daniel. – Lpzg. 1881–1902 (*Servii grammatici qui feruntur in Vergilii carmina commentarii*, Hg. G. Thilo u. H. Hagen, 3 Bde.). – Lancaster/Pa. (*Servianorum in Vergilii carmina commentariorum volumen II*, Hg. E. K. Rand u. a.; enth. Komm. zu *Aeneis*, Buch 1 u. 2; mehr nicht ersch.).

LITERATUR: E. Thomas, *Scoliastes de Virgile. Essai sur S. et son commentaire sur Virgile*, Paris 1879. – H. Georgii, *Die antike Aeneiskritik*, Stg. 1891. – Schanz-Hosius, 4/1, S. 172–177. – P. Wessner, Art. *S.* (in RE, 2 A/2, 1923, Sp. 1836–1844). – A. H. Travis, *De Servii carminum Vergilianorum interpretis dicendi rationibus*, Diss. Harvard 1939/40.

RUTILIUS NAMATIANUS
(4./5. Jh.)

DE REDITU SUO (lat.; *Über seine Rückkehr*). Reisebericht in elegischen Distichen von RUTILIUS CLAUDIUS NAMATIANUS (Ende des 4. – Anfang des 5. Jh.s). – In diesem letzten uns überlieferten Zeugnis römischer Poesie schildert der Autor, der als hoher und höchster Beamter viele Jahre in Rom gelebt hatte, seinen Abschied von der geliebten Stadt und seine Reise (417) in die gallische Heimat (Toulouse?), wo die ständigen Barbareneinfälle seine Anwesenheit auf den Familiengütern unvermeidlich gemacht hatten. Zwei Bücher umfaßte die Elegie ursprünglich (1, 1–46 Prooimion; 47–216 Abschied von Stadt und Freunden; 217–644 Seefahrt von Ostia bis zum Hafen von Pisa; 2 Weiterreise von Pisa bis zur Ankunft in der Heimat); doch sind offenbar zu Beginn einige Verse verlorengegangen, und der zweite Teil bricht mit Zeile 68 (in Luna, dem heutigen Luni) ab.

In Stimmung, Sprache und Verskunst läßt das Gedicht die großen Beispiele Augusteischer Dichtung wach werden. »*Es ist der Form nach eine Mischung von Propempticon und Reise-Satura: Horaz' Iter Brundisinum, Ovids Reisebrief (trist. 1,10), Statius Propempticon (Silv. III 2) sind die unmittelbaren Vorbilder; die von Ovid übernommene elegische Form erleichterte dem Rutilius die rhetorische Zufeilung... Anziehend und wertvoll wird für uns das Gedicht durch den reichen Stoff, mit dem Rutilius diesen Rahmen gefüllt hat; höchst bewundernswert ist die Geschicklichkeit, mit der immer wieder neue, andersartige Beobachtungen und Betrachtungen vorgebracht werden. Gerade hier erinnert Stoff und Ton verschiedentlich an Horaz.*« (F. Vollmer).

Diese Bestandsaufnahme durch einen Philologen verrät freilich nicht, daß hinter solchen Parallelen mehr steht als nur Nachahmung durch einen epigonalen Adepten: Es ist ein besonderer Geist, eine innere Haltung, die beide Zeiten verbindet – die Anteilnahme an Schicksal und Größe Roms, ja die persönliche Abhängigkeit von dieser Stadt, die Zentrum der Welt und des eigenen Daseins zugleich bedeutet, eine elegisch gestimmte Zeitdeutung, dort nach Jahrzehnten des Unglücks, hier im untergründigen Bewußtsein der drohenden Katastrophe; hinzu kommt die seelische Verankerung des Dichters in einem Kreis Gleichgesinnter, die das Ideal des Römertums zu propagieren und zu verwirklichen trachten, dort von Maecenas-Zirkel und die Augusteer, hier die Freunde des Quintus AURELIUS SYMMACHUS (denen Rutilius wenigstens innerlich zugehört). Und doch, welch ein Unterschied zwischen beiden Epochen: Der Fanfare des hoffnungsvollen Beginns antwortet ein schmerzlich-wissender Grabgesang, dem endlich gewonnenen Frieden steht die gegenwärtige Zerrüttung und Bedrohung gegenüber – fand sich dort der Dichter geborgen in einem neuen Rom, so wird er hier von einer müden und alt gewordenen Stadt entlassen.

Die Reise in die Provinz ist in der Tat ein Abschied. So aufmerksam die plaudernde Erzählung den Leser von Ort zu Ort weiterführt, so traditionell die poetischen Mittel und Topoi sein mögen, Empfindung und Engagement des Dichters sind – auch hierin den Klassikern verwandt – nirgends zu überhören, sei es der merkwürdige Zorn, der sich in den Haßtiraden auf Juden und Mönchtum (1, 383ff.; 439ff.; 517ff.) äußert, sei es die patriotische Leidenschaft, die hinter der Verfluchung des Vandalen Stilicho steht (2, 41ff.), sei es die Trauer über die Trennung von Rom und den Freunden, die im ersten Teil beinahe aus jeder Zeile hervorbricht. Doch der Zorn ist ein Zorn des Untergangs, die Leidenschaft nur eine Form der Resignation und die persönliche Trauer ein Symbol der Zeit: Rom hat nach der Reise des Rutilius keinen Dichter mehr gefunden, und genau sechzig Jahre später machten die germanischen Eindringlinge Odoaker zum König Italiens. E. Sch.

AUSGABEN: Bologna 1520 (*Claudius Rutilius, poeta priscus, de laudibus Vrbis, Etruriae et Italiae*, Hg. I. B. Pius). – Paris 1904 (*Cl. Rutilius Namatianus*, Hg. J. Vessereau). – Ldn. 1907 (*Rutilii Claudii Namatiani De reditu suo libri duo*, Hg. C. H. Keene u. G. F. Savage-Armstrong; m. engl. Übers.). – Wien/Lpzg. 1912 (*Claudius Rutilius Namatianus*, Hg. G. Heidrich). – Heidelberg 1933 (*Rutilius Claudius Namatianus De reditu suo*, Hg. R. Helm).

– Ldn./Cambridge (Mass.) ²1954 (in *Minor Latin Poets*, Hg. J. W. u. A. M. Duff¡; m. engl. Übers.).

ÜBERSETZUNG: *Des Claudius Rutilius Namatianus Heimkehr*, Itasius Lemniacus (d. i. Alfred von Reumont), Bln. 1872.

LITERATUR: F. Vollmer, Art. *Rutilius (13)* (in RE, 1 A/1, 1914, Sp. 1249–1254). – W. Rettich, *Welt- und Lebensanschauung des spätrömischen Dichters Rutilius Namatianus*, Diss. Zürich 1918. – Schanz-Hosius, 4/2, S. 38–41. – O. Schissel von Fleschenberg, *Claudius Rutilius Namatianus gegen Stilicho*, Wien/Lpzg. 1920. – H. Fuchs, *Zur Verherrlichung Roms und der Römer in dem Gedichte des Rutilius Namatianus* (in Baseler Zeitschrift f. Gesch. u. Altertumskunde, 42, 1943, S. 37–58). – U. Knoche, *Ein Sinnbild römischer Selbstauffassung* (in *Symbola Coloniensia, Fs. Josef Kroll*, Köln 1949, S. 143–162). – L. Alfonsi, *Significato politico e valore poetico nel »De reditu suo« di Rutilio Namaziano* (in Studi Romani, 3, 1955, S. 125–139).

MARTIANUS CAPELLA
(4./5. Jh.)

DE NUPTIIS MERCURII ET PHILOLOGIAE (lat.; *Die Hochzeit Merkurs und der Philologie*). Neunbändiges Werk des Karthagers MARTIANUS CAPELLA, geschrieben in der zweiten Hälfte des 4. oder zu Beginn des 5. Jh.s (vor 439). – Der nicht ganz eindeutig tradierte Titel dieses merkwürdigen, halb allegorisch-mythisierenden, halb enzyklopädisch-didaktischen Werkes aus der Zeit des ausgehenden römischen Altertums rechtfertigt sich vor allem aus den beiden ersten Büchern, in denen der Autor – etwas zähflüssig, ohne Eleganz und weithin ohne Geschmack für Stil und Inszenierung – von der Vermählung des Gottes Merkur mit der sterblichen, aus Anlaß der Hochzeit in den Kreis der Ewigen aufgenommenen Philologia erzählt.
Daran wird, notdürftig motiviert, eine Abhandlung über die sieben *artes liberales* angeschlossen – Buch 3: *De arte grammatica*; 4: *De arte dialectica*; 5: *De arte rhetorica* (dies im Mittelalter das sogenannte Trivium); 6: *De geometria*; 7: *De arithmetica*; 8: *De astronomia*; 9: *De harmonia* (das spätere Quadrivium). Zusammenhalt gibt dem Ganzen, neben der mühsam-künstlichen Weiterführung der allegorischen Erzählung, die äußere Form, die mit ihrer Mischung von Prosa und Poesie die seit VARRO (116–27 v. Chr.) in der römischen Literatur verwurzelte Gattung der Menippeischen Satire weiterführen will. Der republikanische Universalgelehrte ist auch vielfach die Quelle für den Stoff der Bücher 3–9, wenngleich wohl nur durch Vermittlung Dritter.
Das Werk hat sowohl in literarischer wie in wissenschaftlicher Hinsicht die denkbar schlechteste Kritik verdient und erhalten: sieht man von einem gewissen Talent in der Kunst des Versemachens ab, erscheint der Autor nach allgemeinem Urteil in jeder Hinsicht als ein Stümper: steif im Ausdruck, schwerfällig in der Erzählung, steril in seiner Phantasie, inkompetent, ja ignorant in seinem Sachverständnis. Dennoch muß das Werk etwas besitzen – vielleicht die Verbindung von Einfachheit und Einfalt, von anspruchslosem Inhalt und anspruchsvollem Gebaren? –, das es für seine und folgende Zeiten anziehend machte. Es gehört zu denjenigen antiken Büchern, welche die geistige Welt des Mittelalters entscheidend mitgeprägt haben, und übte – es sei nur an die berühmte althochdeutsche Übersetzung des NOTKER LABEO erinnert – bis ins 13. Jh. einen Einfluß aus, der uns, die wir mit Maßstäben klassischer Literatur messen, rätselhaft bleibt.   E. Sch.

AUSGABEN: Vicenza 1499 (*Opus de nuptijs philologie et Mercurii*, Hg. Franciscus Vitalis Bodianus). – Lpzg. 1925 (*Martianus Capella*, Hg. A. Dick).

ÜBERSETZUNG: *De nuptiis Mercurii et Philologiae*, Notker Labeo (der Deutsche), Hg. E. G. Graff, Bln. 1837. – Dass., ders. (in *Die Schriften Notkers u. seiner Schule*, Hg. P. Piper, Bd. 1, Freiburg i. B./Tübingen 1882). – Dass., ders. (in *Notkers des Deutschen Werke*, Hg. E. H. Sehrt u. T. Starck, Bd. 2, Halle 1935).

LITERATUR: Schanz-Hosius, 4/2, S. 166–170. – P. Wessner, Art. *Martianus (2)* (in RE, 14/2, 1930, Sp. 2003–2016). – R. Uhden, *Die Weltkarte des M. C.* (in Mnemosyne, 3/3, 1935/36, S. 97–124). – H. W. Fischer, *Untersuchungen über die Quellen der Rhetorik des M. C.*, Diss. Breslau 1936. – P. Courcelle, *Les lettres grecques en Occident*, Paris 1948, S. 198–204. – C. E. Lutz, *The Commentary of Remigius of Auxerre on M. C.* (in Mediaeval Studies, 19, 1957, S. 137–156). – C. Leonardi, *I codici di M. C.* (in Aevum, 34, 1960, S. 1–99). – H. Liebeschütz, *Zur Geschichte der Erklärung des M. C. bei Eriugena* (in Phil, 104, 1960, S. 127–137). – E. R. Curtius, *Europäische Literatur und lateinisches Mittelalter*, Bern/Mchn. ⁴1963, S. 47ff.

ANONYM

CODEX THEODOSIANUS (lat.; *Gesetzessammlung des Theodosius*). Erste offizielle Sammlung des römischen Rechts, auf Veranlassung des oströmischen Kaisers Theodosius II. (reg. 408–450) zusammengestellt. Die endgültige Fassung, deren Redaktion durch eine kaiserliche Verordnung vom 21. 12. 435 einer Kommission von sechzehn Männern übertragen worden war, wurde binnen zwei Jahren vollendet und am 15. 2. 439 öffentlich bekanntgemacht; eine Abschrift ging zuvor nach Rom an den Westkaiser Valentinian III. (reg. 425–455), dem das Werk seine Zustimmung erteilte und es am 25. 12. 438 dem Senat vorlegte. Gesetzeskraft erlangte der *Codex* im Osten am 1. 1. 439; im Jahre 443 wurde er auch im Westen verbindlich.
Mit der zwiefachen feierlichen Verkündigung fand ein jahrhundertelanges Bemühen um eine Kodifikation der im römischen Imperium gültigen Gesetze sein Ende. Die »klassischen« Juristen – wie GAIUS, PAPINIAN oder ULPIAN – waren ihrem Wesen nach stets nur Rechtsgelehrte, niemals systematische »Rechtssammler« gewesen: doch war ihre gelehrte Arbeit ebenso wie die juristische Praxis durch eine nachgerade ins Uferlose angeschwollene Masse von Erlassen und Verordnungen immer schwieriger zu durchschauen und immer unübersichtlicher geworden. Diesem Mißstand versuchte man mehrfach abzuhelfen. Gegen Ende des 3. Jh.s (um 291–295) entstand eine Kollektion der wichtigsten Erlasse seit Hadrian (reg. 117 bis 138), der sogenannte *Codex Gregorianus*, wenige Jahre später folgte, als ergänzender Nachtrag

mit *constitutiones* des Kaisers Diokletian (reg. 284 bis 305) und seiner Mitherrscher, der sogenannte *Codex Hermogenianus* – beides Werke, die ihre Entstehung privater Initiative verdankten und daher keinen offiziellen Charakter trugen. Erst hundert Jahre später, 429, faßte Theodosius den Plan zu einer auf diesen beiden Kollektionen fußenden Sammlung aller noch greifbaren gesetzlichen Erlasse: aus dieser historisch-kritischen Sammlung, die zunächst lediglich der Forschung dienen sollte, und aus den Werken der Juristen sollte dann ein Codex der noch brauchbaren und gültigen Gesetze herausgezogen werden. Doch die am 26. 3. 429 berufene Kommission von neun Fachleuten konnte den gigantischen Plan nicht bewältigen: so sah sich der Herrscher gezwungen, sechs Jahre danach jene zweite Kommission einzusetzen, die ihr Augenmerk nun nicht mehr so sehr auf kritisch-wissenschaftliche Ziele als vielmehr auf praktische Systematik zu richten hatte und demgemäß nur die Gesetze der Zeit von Konstantin (reg. 306–337) bis auf Theodosius berücksichtigen sollte.

Die Überlieferung der sechzehn Bücher des *Codex Theodosianus* ist ziemlich schlecht. Für Buch 1–5 (hauptsächlich dem Privatrecht gewidmet) sind wir auf Fragmente und spätere Exzerpte angewiesen, die etwa ein Drittel des Originals bieten; die restlichen elf Bücher (6–8 Verwaltung und Verfassung, nochmals Privatrecht; 9 Strafrecht; 10–11 besonders Finanz- und Steuerrecht; 12–15 Gemeinderecht, Vereinsrecht u. ä.; 16 Kirchenrecht) sind bis auf gelegentliche Lücken erhalten geblieben und weisen durchweg denselben – Vollständigkeit mit brauchbarer Übersichtlichkeit verbindenden – Plan auf: die einzelnen Rechtszweige sind in ihre jeweiligen Sachgruppen aufgegliedert (»Digestensystem«), innerhalb derer in chronologischer Reihenfolge die betreffenden Erlasse nacheinander im Wortlaut zitiert werden.

Als Gesetzessammlung erfüllte der *Codex* seinen Zweck vollkommen – das beweist nicht zuletzt die Tatsache, daß die späteren Sammlungen, allen voran der *Codex Iustinianus*, auf ihr basieren. Die praktische Verwertbarkeit des *Codex Theodosianus* blieb freilich beschränkt, solange nicht – wie ursprünglich geplant – unter Heranziehung der »klassischen« Rechtsgelehrten der Bestand zugleich interpretatorisch gesichert war: nur so konnte die Rechtsunsicherheit gebannt werden. Doch dieses Ziel sollte erst, nach einem weiteren Jahrhundert, das enzyklopädische Unternehmen Iustinians, (reg. 527–569), das man unter dem Titel *Corpus iuris civilis* zusammenfaßt, erreichen. E. Sch.

AUSGABEN: Antwerpen 1517, Hg. P. Aegidius. – Bln. 1905 (*Theodosiani libri XVI*, Hg. T. Mommsen u. P. M. Meyer, 2 Bde.; ²1954; Nachdr. 1962). – Bln. 1923–1926, Hg. P. Krueger, 2 Bde. [nur Buch 1–8].

LITERATUR: T. Mommsen, *Das theodosische Gesetzbuch* (in Zs. der Savigny-Stiftung für Rechtsgeschichte, 21, 1900, S. 149–190; 385f.). – P. Jörs, Art. »Codex Theodosianus« (in RE, 4/1, 1900, Sp. 170–173). – Schanz-Hosius, 4/2, S. 172–175. – L. Wenger, *Die Quellen des römischen Rechts*, Wien 1953, S. 536–541 [m. Bibliogr.]. – F. Schulz, *Geschichte der römischen Rechtswissenschaft*, Weimar 1961, S. 398ff. [m. Bibliogr.].

NONNOS aus Panopolis
(geb. um 400)

DIONYSIAKA (griech.; *Die Geschichten von Dionysos*). Epos in 48 Gesängen von NONNOS aus Panopolis in Ägypten (geb. um 400). – Im Mittelpunkt der *Dionysiaka*, der »letzten großen Dichtung, die wir aus der Antike erhalten haben« (Lesky), stehen der Zug des Gottes Dionysos nach Indien (Buch 13–24) und sein siegreicher Kampf gegen König Deriades (Buch 25–40). Doch will der Dichter mit dem Epos mehr geben als nur ein gigantisches, am Alexanderzug und am Troianischen Krieg orientiertes Gemälde von Kriegsfahrt und Heldenschlacht. Seine Schilderung weitet sich zu einer ausgreifenden Lebensbeschreibung des Gottes: zu Beginn die Geburt des Dionysos (Buch 8) und ihre Vorgeschichte (1–7), seine Kindheit und Jugendjahre, die Freundschaft mit dem Satyr Ampelos und die Erfindung des Weines (9–12); am Ende der Heimzug von Indien nach Phrygien, die Fahrt durch Europa und schließlich die Aufnahme in den Kreis der Olympier (Buch 40–48). Diese äußerlich so klare und ausgewogene vierteilige Gliederung ist im einzelnen durchsetzt, ja überwuchert von Nebenhandlungen, Episoden, Exkursen, Abschweifungen, die wie beiläufig ein ganzes Panorama olympischer Geschichten und Dionysischer Taten entwerfen und die Grundzüge des Geschehens und der Komposition weithin vergessen lassen. So drängen der Raub der Europa (Buch 1), die Sagen von Kadmos und Harmonia (1–5), das Schicksal der Dionysos-Mutter Semele (7/8) im ersten Teil den »Titelhelden« völlig in den Hintergrund. In den beiden Mittelstücken finden sich geradezu als Kleinepen zu bezeichnende Einfügungen, wie die bukolisch-elegisch gefärbte Geschichte von dem Hirten Hymnos und der Jägerin Nikaia (15), das Liebesabenteuer des Dionysos mit Nikaia (16) oder die – ihrerseits durch die Liebesgeschichte zwischen dem Inder Morrheus und der Bacchantin Chalkomede fast verdeckte – Erzählung vom Wahnsinn des Dionysos (32–35). Im Schlußteil wiederum reiht sich, ohne innere Verknüpfung, Szene an Szene, um den Ring der Taten des Gottes zu vollenden: die Vernichtung des Pentheus in Theben (44–46), der Besuch bei dem Gärtner Ikarios in Athen und seine Folgen (47), die Ariadne-Episode auf Naxos (47), der Kampf mit Perseus in Argos (47) und mit den Giganten in Thrakien (48), der Ringkampf und die Hochzeit mit der Königstochter Pallene (48) und die Bezwingung der jungfräulich-spröden Jägerin Aure (48).

Achtundvierzig Bücher umfassen die *Dionysiaka*: so viele wie *Ilias* und *Odyssee* zusammen. Dieser Wettstreit mit HOMER kommt nicht von ungefähr. Nonnos stand nicht mehr in einem Strom lebendiger Tradition: er mußte die Tradition erst selbst wieder beleben. Die Rücksicht auf den Vater der griechischen Dichtung, die nachschaffende *imitatio*, äußert sich auf Schritt und Tritt, in dem Musenanruf der Prooimien in Buch 1 und 25 ebenso wie in zahllosen Einzelzügen: vom langjährigen Krieg in Indien soll nur das letzte Jahr dargestellt werden; vor Beginn des Kampfes wird ein langer Heereskatalog gegeben; die Olympischen Götter selbst sind in zwei Parteien ausgespalten und greifen in den Kampf ein, es kommt zu einer regelrechten Götterschlacht; Hera verschafft ihren Favoriten durch eine Täuschung des Zeus zeitweilig große Kampfvorteile; Bittgänge, Leichenspiele, Heldenaristien, Götterversammlungen, Traumerscheinungen, Schildbeschreibung, Zweikampf der Hauptheleden sind zentrale Motive der epischen Darstellung. – Dennoch ist Nonnos kein Homer-Epigone. Daran hindert ihn nicht nur sein Mangel an Sinn für Ökonomie und Gleichmaß – positiv ausgedrückt: seine immense, exaltierte, grandiose, unerschöpfliche Phantasie –, sondern vor allem sein ganz und gar hellenistisches Bildungsbewußtsein. Er will nicht nur Homer übertreffen, sondern zugleich den Kosmos einer tausendjährigen Tradition griechischer Dichtung in sein Werk eingehen lassen: daher das tragische Pathos vieler Episoden, daher die Neigung zu lyrischer Ausgestaltung, zu elegischen und bukolischen Tönen, daher aber auch die Vorliebe für Metamorphosen und Katasterismen (Verwandlung in Gestirne), für Aitiologien und Wunder, der Hang zur Kleinmalerei wie zur apokryphen Verschlüsselung und trockenen Ausbreitung abstrakter Gelehrsamkeit. In diesem Verfügen über die Zeiten, Stile, Gattungen und althergebrachten Motive zeigt sich noch einmal das Erbe Alexandrias – in der souveränen Beherrschung der Tradition findet aber auch noch einmal ein Dichter seinen eigenen Stil.

Dieser Stil, in einer am Homerischen Ideal orientierten Vergangenheit als »ungeheuerlich«, »chaotisch«, »abstoßend« klassifiziert, läßt sich nur schwer in vertraute Normen einordnen: er ist von monströser Großartigkeit, verwirrend, bisweilen bizarr durch die Fülle seiner Möglichkeiten, exzessiv in seiner Bildhaftigkeit, kühn und asianisch-reich in der Sprache – und dabei von kargster Strenge in der Metrik: die über dreißig möglichen Formen des Homerischen Hexameters erscheinen bei Nonnos auf neun Kombinationen des Metrums beschränkt. Ein greller Wechsel von Extremen charakterisiert die Erzählweise: das gigantische Furioso des Beginns, ein das Universum erschütternder Kampf des Zeus mit dem Titanen Typhon, mündet ein in die liebliche Idylle eines Flötenspiels, das den Titanen bezaubert, und dieses wird wiederum abgelöst von dem donnernden Fortissimo des Schlachtgetümmels. In manchen Episoden verschmelzen Wildheit und Anmut, Lust und Askese, Idyllik und realistische Krudität zu einem Bild von geradezu schmerzhafter, explosiver Eindringlichkeit: etwa in der Szene am Anfang des 35. Buches, wo ein Inder von der Liebe zu einer sterbenden nackten Bacchantin gepackt wird, in sehnsüchtiger Begierde ihren im Tode zuckenden Leib betastet – und in einen entsagungsvoll-elegischen Klagehymnos auf ihre Schönheit und die Unwiderruflichkeit des Todes ausbricht.

In vielfältiger Weise erscheint so das Werk zwiespältig, paradox, zerrissen – und doch ist gerade diese Zerrissenheit das durchgehend-einheitliche Charakteristikum des Nonnianischen Stils: es ist, als sei der Dichter selbst gepackt von dem überwältigenden dionysischen Rausch, den er darstellen will. Der Leser freilich wird sich oft genug hin- und hergeworfen fühlen zwischen Auflehnung und Bewunderung gegenüber einer solchen, alle hypertrophen Merkmale manieristischer, barocker und »spät-romantischer« Kunst aufweisenden, ekstatischen Dichtung. Doch wie immer er sich zu dem Epos als Ganzem stellen mag, die Sprachgewalt der Schilderung und Beschreibung des einzelnen wird er vorbehaltlos anerkennen müssen: »*Weinend zerriß ihr steinern Gewand die klagende Erde / tiefgebeugt, und statt mit einem trauernden Messer / schor sie durch die Winde sich ab ihr splitterndes Baumhaar. / Von ihrem Haupte schnitt sie nieder die waldigen Locken / wie im Laub abschüttelnden Mond und zerfleischte durchfurchend / ihre verschluchteten Wangen. Da rannen in wasserdurchtobten / Höhlen wie ein Strom die Tränen der weinenden Erde.*« (2, 637ff.; Ü: Scheffer)

Die Wirkung, die das Werk zu seiner Zeit hatte, könnte man epochal nennen, wäre Nonnos nicht so kurz vor dem endgültigen Zusammenbruch der heidnisch-antiken Kultur hervorgetreten: einen Augenblick lang schien eine Renaissance des griechischen Epos angebrochen, Nonnos wurde zum verpflichtenden Vorbild einer Schule – von TRYPHIODOR, KOLLUTHOS und MUSAIOS *(Ta kath' Hērō kai Leandron – Die Geschichte von Hero und Leander)* ist einiges Wenige erhalten geblieben –, doch die zunehmende Christianisierung und die politischen Umwälzungen ließen die Ansätze bald versanden. Im Mittelalter waren die *Dionysiaka* nur einigen Spezialisten und Eingeweihten bekannt, etwa EUSTATHIOS und PLANUDES. Die Neuzeit, deren epische Heroen abwechselnd Homer und VERGIL hießen, war dem Spätling Nonnos im allgemeinen nicht eben gewogen. Lediglich in Italien fand er zeitweise Wertschätzung: POLIZIANO gehörte zu seinen Bewunderern, und Barockdichtern wie Giambattista MARINO und dessen Schüler Antonio BRUNI waren die *Dionysiaka* artverwandtes Modell. E. Sch.

AUSGABEN: Antwerpen 1569 (*Dionysiaca*, Hg. G. Falkenburg). – Lpzg. 1909–1911 (*Dionysiaca*, Hg. A. Ludwich, 2 Bde.). – Ldn./Cambridge (Mass.) 1940 (*Dionysiaca*, Hg. W. H. D. Rouse, 3 Bde.; m. engl. Übers.; Loeb; Nachdr. 1955/56). – Bln. 1959 (*Dionysiaca*, Hg. R. Keydell, 2 Bde.; m. Bibliogr.).

ÜBERSETZUNGEN: *Die geraubte Europa*, J. J. Bodmer, Zürich 1753 [Ausz. aus Buch 1]. – *Hymnos und Nikaea*, F. Gräfe, Petersburg 1813 [griech. u. dt.; enth. 15, 170ff.]. – *Dionysiaka*, T. v. Scheffer, Wiesbaden o. J. (Slg. Dieterich, 98; Nachdr. d. Ausg. Mchn. 1929–1933, 2 Bde).

LITERATUR: S. S. Ouwaroff, *N. von P., der Dichter*, Petersburg 1817. – Schmid-Stählin, 2/2, S. 965 bis 971. – R. Keydell, *Zur Komposition der Bücher 13 bis 40 der »Dionysiaca« des N.* (in Herm, 62, 1927, S. 393–434). – P. Collart, *N. de P. Études sur la composition et le texte des »Dionysiaques«*, Kairo 1930. – V. Stegemann, *Astrologie und Universalgeschichte. Studien und Interpretationen zu den »Dionysiaka« des N.*, Lpzg. 1930. – R. Keydell, *Eine N.-Analyse* (in L'Antiquité Classique, 1, 1932, S. 173–202). – A. Wifstrand, *Von Kallimachos zu N.*, Lund 1933. – R. Keydell, Art. *N. (15)* (in RE, 17/1, 1936, Sp. 904–917). – Lesky, S. 872f.

MUSAIOS
(Ende 5. Jh.)

TA KATH' HĒRŌ KAI LEANDRON (griech.; *Die Geschichte von Hero und Leander*). Epyllion von MUSAIOS (Ende des 5. Jh.s). – Die Sage von der unglücklichen Liebe des durchs Meer getrennten Paares muß in antiker Zeit, wie wir wissen, zum erstenmal von einem hellenistischen Dichter dargestellt worden sein. In Rom diente die traurige Begebenheit OVID als Hintergrund für zwei leidenschaftliche Briefe der beiden Liebenden (*Heroides*, 18 und 19). Aber erst gegen Ende des 5. Jh.s hat der Stoff unter der Hand des sonst unbekannten christlichen Grammatiker-Poeten Musaios die geschlossene Form erhalten, in der er der Nachwelt überliefert ist. Das Kurzepos, 343 hexametrische Verse umfassend, lehnt sich in Wortschatz und Ausdruck ganz an das Vorbild des NONNOS an (vgl. *Dionysiaka*). Den Ablauf der einzelnen Bilder von der ersten Begegnung Heros und Leanders bis zu ihrem gemeinsamen Tod könnte man als eine »tragische« Variation des Schemas alter Liebesromane bezeichnen, in denen sich zwei von Natur und Schicksal für einander bestimmte Liebende nach langen Fährnissen endlich zu finden pflegen (die recht ungeschickte, weil kompositorisch nicht durchgeführte Einleitung – der Anruf an die Göttin, von der hilfreichen Lampe der Liebenden zu singen – vertritt den episch-traditionellen Musenanruf). Und in der Tat hat sich herausgestellt, daß ACHILLEUS TATIOS als einer der geistigen Ahnen des Musaios gelten darf. Einen poetischen Reiz, der über das romantische Thema hinausginge, kann man dem Gedicht weder als einem epischen Poem noch als einem dramatisch-balladesken Charakterstück abgewinnen: Seiner uns leider verlorenen Vorlage, die dem ursprünglich lokalmythischen Stoff eine überreiche Resonanz im Altertum verschaffte – man erinnere sich nur der Pompeianischen Gemälde oder blättere in der *Anthologia Palatina* – und in der man sogar schon ein Kapitel aus den *Aitia* des KALLIMACHOS vermutete, kommt das Werkchen sicher nicht gleich. E. Sch.

AUSGABEN: Venedig 1494 (*Poiēmation ta kath' Hērō kai Leandron*, Hg. Aldus Manutius). – Florenz 1494 (*Poematium de Heroni et Leandro*, in *Gnomae monostichoi ex diversis poetis*, Hg. I. Laskaris). – Bln. ²1929 (*Hero und Leandros*, Hg. A. Ludwich; Lietzmanns Kleine Texte für Vorlesungen und Übungen, 98). – Mailand 1947 (*Ero e Leandro*, Hg. E. Malcovati; m. ital. Übers.). – Mchn. 1961 (*Hero und Leander*, Hg. H. Färber; griech.-dt.; m. Bibliogr.).

ÜBERSETZUNGEN: *Lieb- und Lob-Gedichte von Hero und Leandern*, Ch. Alectorander [d. i. Hahnemann], Lpzg. 1633. – *Leander und Hero*, Ch. Graf zu Stolberg (in *Gedichte aus dem Griechischen*, Hbg. 1782). – *Musaeos*, F. Passow, Lpzg. 1810 [griech.-dt.]. – *Hero und Leander*, A. Zimmermann, Paderborn 1914.

LITERATUR: M. H. Jellinek, *Die Sage von Hero u. Leander in der Dichtung*, Bln. 1890. – E. Sittig, Art. »*Hero*« (in RE, 8/1, 1912, Sp. 909–916). – Schmid-Stählin, 2/2, S. 972/973. – R. Keydell, Art. *M. (2)* (in RE, 16/1, 1933, Sp. 767–769). – T. Smerdel, *Sur la trace de Héro et Léandre* (in Ziva Antica, 4, 1954, S. 93–119). – G. Schott, *Hero und Leander bei M. u. Ovid*, Diss. Köln 1957. – L. Malten, *Motivgeschichtliche Untersuchungen zur Sagenforschung III: Hero und Leander* (in RhMus, 93, 1950, S. 65–81). – Lesky, S. 873f. – E. Frenzel, *Stoffe der Weltliteratur*, Stg. ²1963, S. 266–268. – D. Bo, *Musaei Lexicon*, Hildesheim 1966.

ANONYM

HISTORIA APOLLONII REGIS TYRI (lat.; *Geschichte des Königs Apollonios von Tyros*). Titel der frühesten erhaltenen Fassung eines im Mittelalter quer durch ganz Europa und seine Nationalliteraturen ungeheuer beliebten, in zahlreichen – französischen, englischen, deutschen, griechischen, lateinischen, spanischen, slavischen, skandinavischen, ungarischen, niederländischen, italienischen – Bearbeitungen und Nachdichtungen, zum Teil ausgesprochenen Volksbüchern, verbreiteten Erzählstoffs. Die *Historia Apollonii regis Tyri* gehört in das fünfte oder das beginnende 6. Jh.; die ursprüngliche Version dürfte aber gut zweihundert Jahre früher entstanden sein.

Der *Apolloniosroman*, wie das Werk allgemein genannt wird, ist durch und durch von der Art der bekannten griechischen Liebesromane, wie sie uns von CHARITON, XENOPHON aus Ephesos, ACHILLEUS TATIOS, HELIODOR, IAMBLICH und anderen vertraut sind: Aus ihrem Bereich stammen Stil und Niveau, die man geradezu der subliterarischen Sphäre zuordnen muß, von hier stammen insbesondere die abgeleiteten Requisiten der Handlung, die unverschuldeten Gefahren und abenteuerlichen Fahrten des Helden, die Liebesgeschichte mit der obligaten jahrelangen Trennung, die zufällige Wiederbegegnung der Liebenden am Schluß bei einem großen Fest, die viel bedrohte, stets bewahrte Keuschheit der Heldin, Mordanschläge, Scheintod, Mädchenraub, bis hin zu Einzelheiten wie Unwettern, nächtlichen Visionen, Sklavenmärkten usw. Besonders auffällig ist die Nähe zu den *Ephesiaka* des Xenophon, und eine gegenseitige Abhängigkeit unseres Anonymus und des Ephesiers ist kaum auszuschließen, ohne daß das Verhältnis zu fixieren wäre. So läßt sich auch nicht mehr ausmachen, ob der originale Autor Grieche oder Römer gewesen ist, ebenso wie die primäre Form der Erzählung kaum mehr rekonstruierbar ist: wo wir den Stoff zum erstenmal begegnen, ist die Szenerie in allen Einzelheiten römisch. Überdies hat in der ältesten überlieferten Fassung bereits eine christliche Schicht die ursprünglich gewiß ganz heidnische Form der Geschichte überdeckt, und sehr wahrscheinlich hat der christliche »Redaktor«, wenn man den beliebigen Überlieferer eines Allerweltsbuchs so nennen kann, nicht anders als seine Vorläufer auch am Gang der Erzählung manches geändert, sei es erweiternd, sei es kürzend. Immerhin, den Charakter des Märchenhaften, den Hang zum völlig unrealistischen, unpsychologischen, oberflächlichen und zuweilen gar flüchtigen Drauflosfabulieren hat ohne Frage schon die erste Fassung besessen – *poetae docti*, Literaten waren die Romanschreiber allesamt nicht: soziologisch gehörten sie der Schicht an, von der ihre Opera verschlungen wurden. E. Sch.

AUSGABEN: Utrecht o. J. [ca. 1475] (*Hystoria apolonij regis*). – Lpzg. ²1893, Hg. A. Riese.

ÜBERSETZUNGEN: *Hijstori des küniges appolonij*, H. Steinhöwel, Augsburg 1471. – *Die Geschichte des Königs Apollonius von Tyrus*, R. Peters, Bln./Lpzg. 1904. – In C. B. Lewis, *Die altfranzösischen Prosa-Versionen des Apollonius-Romans*, Erlangen 1913 (RF, 34). – *The Old English Apollonius of Tyre*, Hg. P. Goolden, Oxford 1958 (engl.; Oxford English Monographs, 6).

LITERATUR: E. Klebs, *Die Erzählung von Apollonius aus Tyrus. Eine geschichtliche Untersuchung über ihre lateinische Urform u. ihre späteren Bearbeitungen*, Bln. 1899. – E. Rohde, *Der griechische Roman u. seine Vorläufer*, Lpzg. ³1914; ern. Darmstadt 1960, S. 435–453. – Schanz-Hosius, 4/2,

S. 87–92. – N. A. Nilsson, *Die Apollonius-Erzählung in den slawischen Literaturen*, Uppsala 1949. – R. Helm, *Der antike Roman*, Göttingen ²1956, S. 47–50. – E. Frenzel, *Stoffe der Weltliteratur*, Stg. ²1963, S. 47–49 (Kröners Taschenausg., 300).

ANONYM

ORACULA SIBYLLINA (griech.; *Sibyllinische Weissagungen*). Sammlung in Hexametern verfaßter, anonymer Prophezeiungen; im 5. oder 6. Jh. von einem Redaktor nach dem Vorbild der sogenannten *Tübinger Theosophie* (entstanden etwa 475–490) zusammengestellt. – Was dieser Redaktor sammelte – die erhaltenen zwölf Bücher tragen die Nummern 1–8 und 11–14 –, war Material, das bereits durch viele Hände gegangen war. In der verwirrenden Geschichte der Sibyllinischen Orakel, die seit dem Hellenismus aufzublühen begannen, gab es zunächst eine griechisch-heidnische Grundschicht. Jüdischer Synkretismus und hellenisiertes Judentum griffen das mächtig verzweigte pagane Substrat auf, dichteten es um und bildeten es im eigenen Sinne weiter – freilich immer auf griechisch, denn man wollte apologetisch und propagandistisch in die hellenistische Welt hineinwirken. Was jüdische Weisheit auf diese Weise geschaffen hatte, wurde dann wiederum von christlichen Eiferern mit Freude und Begierde übernommen und umgeformt. Man darf demnach bei der fast unlösbaren Analyse des Überlieferten mit mindestens drei Elementen rechnen, deren jedes natürlich wieder verschiedene chronologische Schichten aufweisen kann: einem hellenisch-heidnischen, einem jüdischen und einem christlichen, wozu endlich als letztes noch der ordnende Geist des Redaktors käme.

Die Sibylle, ursprünglich eine legendäre Prophetin dieses Namens, kam aus dem Osten nach Griechenland (HERAKLIT ist der erste, der von ihr spricht). Die Gewalt ihrer Seherspruche muß so eindrucksvoll gewesen sein, daß die individuelle Benennung bald zum Gattungsnamen wurde. Später kannte man, nach Alter und Rang abgestuft, fünf besonders bedeutende Sibyllen (gelegentlich werden auch mehr Namen genannt): die Sibylle aus Marpessos, die Sibylle aus Erythrai, die Sibylle aus Delphi, die Sibylle aus Cumae und, als jüngste, die Hebräische Sibylle. Orakelsammlungen werden von jeder dieser Kultstätten ausgegangen sein; am bekanntesten sind die in Notzeiten von besonderen Beamten vorgenommenen staatlich-römischen Befragungen der Bücher der Cumaeischen Sibylle. Doch daß systematisch Weissagungsschriften verfaßt wurden, und zwar nicht nur von religiösen Zentren, sondern von einzelnen Männern oder von Gemeinschaften, die irgendeine Botschaft mit besonderer Weihe und würdevoller Gewißheit zu umkleiden suchten: dieser Usus kam erst in hellenistischer Zeit auf (die obskure *Alexandra* LYKOPHRONS ist ein wichtiger Parallelfall auf literarischem Gebiet).

Den Anspruch, Poesie darzustellen, erheben die *Sibyllinischen Bücher* allerdings nicht. Worum es ihnen geht, das ist stets eine Sendung, eine Art »Evangelium«: Apokalypsen zumeist, Untergangsbilder, Bußpredigten, eschatologische Schreckensgemälde und Sittenfanale, Haßtiraden gegen Rom, Wunder und Vorzeichen, wahrsagerische Extrapolation der historischen Vergangenheit in die Zukunft, dazu der Preis des Monotheismus und das Bewußtsein der Auserwähltheit – dies vor allem in jüdischen (Buch 3–5, zum Teil 1 und 2), aber auch in christlichen Abschnitten (1–2; 6–8; 11–14) –, hier und da mit messianischen Erwartungen vermischt. Daß solche paraliterarischen Produkte, wenn sie sich publik zu machen verstanden, in Epochen einer allgemein depressiven Zeitstimmung auf die Dichtung großen Einfluß ausüben konnten, ist nur zu verständlich: VERGILS vierte Ekloge (vgl. *Bucolica*), sei nun von den *Sibyllinen* direkt beeinflußt oder nicht, ist ein überaus eindrucksvolles Beispiel.

E. Sch.

AUSGABEN: Basel 1545 (*Sibylliakōn chrēsmōn logoi oktō*, Hg. Xystus Betuleius [d. i. Sixtus Birck]; Buch 1–8). – Mailand 1817 (*Sibyllēs logos XIV*, Hg. A. Mai; m. lat. Übers.; Buch 14). – Rom 1828 (*Sibyllae libri XI–XIV*, Hg. A. Mai, in *Scriptorum veterum nova collectio e Vaticanis codicibus*, Bd. 3/3; Buch 11–14). – Paris 1841–1856 (*Chrēsmoi Sibylliakoi*, Hg. Ch. Alexandre, 3 Bde.; m. Komm. u. lat. Übers.; erste GA). – Lpzg. 1852 (*Die Sibyllinischen Weissagungen*, Hg. J. H. Friedlieb; griech.-dt.). – Wien 1891 (*Chrēsmoi Sibylliakoi*, Hg. A. Rzach). – Lpzg. 1902 (*Die Oracula Sibyllina*, Hg. J. Geffcken; Die griechischen christlichen Schriftsteller der ersten Jahrhunderte, 37). – Hbg. 1941 (*Fragmente griechischer Theosophien*, Hg. H. Erbse; »Tübinger Theosophie«). – Mchn. 1951 (*Sibyllinische Weissagungen*, Hg. A. Kurfess; m. Anm. u. Bibliogr.; Ausw.; griech.-dt.).

ÜBERSETZUNGEN: *Zwoelff Sibyllen Weissagungen, viel wunderbarer Zukunfft besagendt*, anon., o. O. u. J. [Frankfurt 1565]. – *Oracula Sibyllina oder Neun Bücher sibyllinischer Weissagungen*, J. Ch. Nehring, Essen 1702. – *Die Sibyllinischen Orakel*, F. Blass (in *Die Apokryphen und Pseudepigraphen des Alten Testaments*, Hg. E. Kautzsch, Bd. 2, Tübingen 1900). – *Sibyllinische Orakel* (in *Altjüdisches Schrifttum außerhalb der Bibel*, P. Rießler, Heidelberg 1928; Nachdr. Darmstadt 1966). – *Oracula Sibyllina* (in *Neutestamentliche Apokryphen*, übers. E. Hennecke u. W. Schneemelcher, Bd. 2, Tübingen ³1964; m. Bibliogr.; Ausz.).

LITERATUR: H. Diels, *Sibyllinische Blätter*, Bln. 1890. – J. Geffcken, *Komposition und Entstehungszeit der »Oracula Sibyllina«*, Lpzg. 1902. – E. Schürer, *Geschichte des jüdischen Volkes im Zeitalter Jesu Christi*, Bd. 3, Lpzg. ¹1909, S. 555–592. – Bardenhewer, 2, S. 708–713. – Schmid-Stählin, 2/1, S. 609–617. – R. Rzach, Art. *Sibyllen/Sibyllinische Orakel* (in RE, 2A/2, 1923, Sp. 2073–2103; 2103 bis 2183). – W. Hoffmann, *Wandel und Herkunft der »Sibyllinischen Bücher« in Rom*, Diss. Lpzg. 1933. – H. Fuchs, *Der geistige Widerstand gegen Rom in der antiken Welt*, Bln. 1938. – K. Kerényi, *Das persische Millenium in »Mahabharata«, bei der Sibylle und Vergil* (in Klio, 29, 1936, S. 1–35). – M. P. Nilsson, *Geschichte der griechischen Religion*, Bd. 2, Mchn. 1950, S. 103f.; 461–465. – Altaner, S. 74f. [m. Bibliogr.].

MAXIMIANUS ETRUSCUS
(um 520)

ELEGIAE (lat.; *Elegien*). Sechs Elegien in Distichen von MAXIMIANUS ETRUSCUS (um 520 n. Chr.). – Die Gedichte bilden einen geschlossenen Block von

einheitlicher Thematik. Zentralmotiv ist die Diskrepanz zwischen Liebe und Alter. Anders als in der klassischen Liebeselegie spricht hier das dichterische Ich aus der Perspektive des Alternden: nicht das drohend bevorstehende Alter, sondern die für immer verlorene Liebe erscheint als Kontrast der eigenen Situation. – Schon die erste Elegie beschwört in priamelartiger Bilderreihung die Leiden des Alters *(»Der Tod ist wenigstens Ruhe, doch das Leben mir Pein«)*, wobei sich ein eigenartiges Mißverhältnis auftut zwischen der dargestellten tiefen Verzweiflung und dem Feuerwerk an rhetorischer Brillanz in der Darstellung. Die nächsten Elegien reflektieren verschiedene Liebesepisoden: sie handeln von der Geliebten Lycoris (2), die den Greis flieht; von der Erinnerung an die Jugendliebe Aquilina (3), die Boethius (der bekannte Philosoph) durch eine Radikalkur heilt; von den Tänzerin Candida (4). In der großen fünften Elegie findet die Durchführung des Themas ihren handfest-frivolen Höhepunkt: die enttäuschte Geliebte richtet sich im Bett auf und hält eine feierliche, philosophische Höhen erklimmende Ansprache an das *corpus delicti.* So grotesk diese Rede *(»nicht ein privates, ein allgemeines Unglück beklage ich«)* zweifellos ist: sie entbehrt nicht der eindrucksvollen Theatralik. In äußerster Zuspitzung formuliert der Epilog (6) die Tragik des Alters: *»Traurig, fürwahr, richt' ich mich auf, / begraben und beweint, und als Toter lebe ich weiter.«*
Es ist erstaunlich, hier bei Maximian die subjektive erotische Elegie, eine längst totgeglaubte Gattung, wiederaufleben zu sehen. Nicht daß die Lebendigkeit und Unmittelbarkeit eines CATULL oder PROPERZ oder auch nur die künstlerische Sicherheit eines OVID erreicht würde – die Topik ist zu verfestigt, der Motivraum zu verengt, als daß neue originale Leistungen zu erwarten wären. Doch es gelingt Maximian dank seines Reichtums an Einfällen und seiner sicheren Beherrschung des poetischen Handwerks, noch einmal den Ton innerer Zerrissenheit zu treffen, der seit MIMNERMOS die erotische Elegie charakterisiert. Noch einmal schlägt er das große Thema der Elegie an: die unerträgliche Spannung zwischen Liebe, das heißt Leben, und Alter, das heißt Tod. Freilich ist diese Spannung nicht, wie ehemals in der klassischen Liebeselegie, die tief beunruhigende und unmittelbare Daseinserfahrung des Individuums, das sich eben darin erst entdeckt, sondern ein abstrakter, sozusagen eindimensionaler Antagonismus.
Das seltsam unausgegorene Nebeneinander von Laszivität und asketischen Tendenzen weist dem Dichter, von dem wir nicht einmal wissen, ob er Christ war, hier eine besondere Rolle in der Übergangsepoche von Antike und Mittelalter zu: das letzte Stadium der römischen Liebeselegie zeigt sich als ein Versuch, diese lebensvolle Gattung mit ihrem Gegenteil, moralistischer Didaktik, zu verschmelzen. Durch das ganze Mittelalter war Maximian wohl eben deswegen ein vielgelesener Schulautor. Erst mit Beginn der Neuzeit geriet er in Vergessenheit – so sehr, daß POMPONIUS GAURICUS seine Gedichte fälschlicherweise als die des CORNELIUS GALLUS herausgeben konnte. R. M.

AUSGABEN: Utrecht 1473 *(Maximiani philosophi atque oratoris ethica,* Hg. N. Ketelaer u. G. de Leempt). – Venedig 1501 *(Corneli Galli fragmenta,* Hg. Pomponius Gauricus). – Lpzg. 1883 (in *Poetae Latini minores,* Hg. E. Baehrens, Bd. 5). – Bln.
1890, Hg. M. Petschenig. – Princeton 1900 *(The Elegies,* Hg. R. Webster; m. Komm.).

ÜBERSETZUNG: *Cornelius Gallus* (in *Catull. Tibull. Properz,* F. X. Mayr, 2 Bde., Lpzg. 1786).

LITERATUR: R. Ellis, *On the »Elegies« of M.* (in AJPh, 5, 1884, S. 1–15; 145–163). – F. Vogel, *M. der Lyriker* (in RhMus, 41, 1886, S. 158/159). – F. Heege, *Der Elegiker M.,* Progr. Blaubeuren, 1893. – O. Crusius, Art. *Elegie* (in RE, 5/2, 1905, Sp. 2306 f.). – Schanz-Hosius, 4/2, S. 76–78. – F. W. Levy, Art. *Maximianus (3)* (in RE, 14/2, 1930, Sp. 2529–2533). – W. Schetter, *Neues zum Appendix der »Elegien« des M.* (in Phil, 104, 1960, S. 116–126).

ANICIUS MANLIUS SEVERINUS BOETHIUS (470–524)

DE CONSOLATIONE PHILOSOPHIAE (lat.-Patr.; *Vom Trost der Philosophie).* Philosophische Schrift in Prosa und Versen (5 Bücher) von ANICIUS MANLIUS SEVERINUS BOETHIUS (470–524), entstanden um 523. – Boethius schrieb dieses Werk im Gefängnisturm zu Pavia, wo er, der in Ungnade gefallene Kanzler Theoderichs, sein Todesurteil erwartete. Dem zwischen Hoffnung und Verzweiflung Schwankenden, der eingangs in einem elegischen Gedicht sein Leid klagt, erscheint eine majestätische Frau, die Philosophie, um ihm in seinem Unglück Mut zuzusprechen und ihm die Augen für das eigentliche Ziel des Menschen, die Erkenntnis der Wahrheit, zu öffnen. Der Mangel an Erkenntnis seiner selbst und seines Zieles sei sein eigentliches Gebrechen. Es bestehe aber Hoffnung auf Heilung, da er ganz richtig annehme, die Welt werde von der göttlichen Vorsehung regiert (Buch 1).
Die Seelenärztin Philosophie beginnt mit ihrer Therapie im zweiten Buch. Zunächst wird Fortuna vorgestellt, deren Charakteristikum die Unbeständigkeit ist. Das wahre Glück des Menschen kann nicht im Besitz ihrer Zufallsgüter liegen, es muß vielmehr in seinem eigenen Innern, im geistigen und sittlichen Wert der unsterblichen Seele beschlossen sein. Reichtum, Würde und Macht sind veränderlich und zufällig, die Ruhmsucht ist töricht. Das Verdienst dieser falschen Fortuna liegt einzig darin, daß sie sich auch vom Menschen abkehrt; in dieser Situation nämlich findet sich der Mensch auf die eigentlichen Güter verwiesen.
Beruhigt und gekräftigt verlangt der Kranke – im dritten Buch – nach stärkerer Medizin, die ihm die Philosophie willig reicht. Sie zeigt ihm den Weg zum wahren Glück, das nur in Gott, dem Endziel aller Dinge, liegen könne. Denn Gott sei gleichzeitig das vollkommene Sein und das höchste Gut. Das wahre Glück des Menschen besteht nicht darin, nur in sich selbst nach Wahrheit und Tugend zu suchen, sondern bezieht Gott als deren Ursprung und Ziel mit ein. Von ihm ist alles ausgegangen, auf ihn ist alles hingeordnet. Er lenkt die Welt nach seinem weisen Plan mit seinem *»Steuerruder der Güte«;* denn er hat alles zum Guten angelegt.
Im vierten Buch antwortet die Philosophie auf die schwierige Frage nach der Vereinbarkeit der Existenz eines guten Gottes mit dem Übel in der Welt. Es scheint nur so, als ob das Böse über das

Gute triumphiere und nicht Gott, sondern der Zufall unsere Geschicke bestimme. Zwar ist die göttliche Vorsehung nicht leicht zu durchschauen und das einzelne Menschenschicksal in den Gesamtplan der Weltregierung eingebettet, das Glück des Bösen jedoch ist auf alle Fälle nur Schein: er wird der gerechten Strafe nicht entgehen! Dem Guten aber schickt Gott das Unglück in therapeutischer Absicht: zur Übung und Läuterung seiner Seele. Weise ist der, der diese Prüfung ohne Klagen annimmt.

Das fünfte Buch handelt von der göttlichen Vorsehung und dem Problem ihres Verhältnisses zur menschlichen Freiheit. Boethius relativiert die Freiheit, indem er ihren Vollbesitz auf Gott und die höheren intellektuellen Substanzen beschränkt und die anderen Wesen ihrer Vernunft entsprechend an ihr teilhaben läßt. Am freiesten ist die menschliche Seele, wenn sie auf Gott gerichtet ist, am unfreiesten, wenn sie sich im Laster verliert. Durch das Vorauswissen Gottes wird die Freiheit des Menschen keineswegs beeinträchtigt: die Freiheit eines Aktes wird nicht dadurch eingeschränkt, daß er vorausgesehen wird, da dies nicht bedeutet, daß er auch vorausbestimmt ist. Der Autor verweist auf die spezifische Erkenntnisweise Gottes, die aus seiner Seinsweise folgt. Gott als vollkommen verwirklichtes Wesen ist ewig und stets gegenwärtig, anders als die Welt, die, wenn auch gleich-ewig mit Gott aufgefaßt, nur ewig dauert. Gott existiert außerhalb der Zeit, vor seinen Augen läuft das Notwendige notwendig ab, das Freie frei. Die unbewegte verharrende göttliche Schau vermag unseren freien Akten die Freiheit nicht zu rauben. Mit dem Aufruf »*Verabscheut die Laster, pflegt die Tugenden, erhebt die Seele zu den rechten Hoffnungen, sendet demütige Gebete zu den Höhen*« verabschiedet sich die Philosophie von Boethius und dem Leser seiner Aufzeichnungen.

Die Trostschrift gehört zum Schönsten, was im Ausgang des Altertums zu Pergament gebracht worden ist. Sie stammt von einem Mann, der gleichermaßen sicher auf dem Boden der klassisch-griechischen wie der klassisch-lateinischen Bildung stand und der wegen seiner reinen, durch Eleganz und Korrektheit bestechenden Sprache als der letzte Klassiker gilt. Seiner umfangreichen Übersetzer- und Kommentatorentätigkeit sowie seiner eigenen philosophischen Schriften, vor allem aber seiner trefflichen Begriffsbestimmungen wegen wird er zugleich auch der erste Scholastiker genannt. Man hat oft bezweifelt, daß der Verfasser der *Consolatio* Christ war; erst der Nachweis der Echtheit seiner *Opuscula sacra* hat es bestätigt. In der Tat ist es erstaunlich, daß nicht die Offenbarung, sondern die als schöne Frau personifizierte Philosophie dem verzweifelten Gefangenen vor seinem gewaltsamen Ende Trost bringt. Vielleicht, daß der unglückliche Verfasser in der Philosophie eine Schicksalsgefährtin sah? Nur wenige Jahre später (529) schloß Kaiser Iustinian die Hochburg der alten Philosophie, die Platonische Akademie zu Athen.

De consolatione philosophiae wurde eines der meistgelesenen und beliebtesten Bücher des Mittelalters, wie die weite Verbreitung der Handschriften bezeugt. König ALFRED (†901) übersetzte sie ins Angelsächsische, der Mönch NOTKER LABEO (†1022) ins Deutsche, MAXIMOS PLANUDES († um 1310) ins Griechische. A. Ku.

AUSGABEN: Savigliano [?] 1470 [?]. – Nürnberg 1473 [m. dt. Übers.]. – Venedig 1492. – Basel 1546. – Jena 1843, Hg. T. Obbarius. – Lpzg. 1871, Hg. R. Peiper. – Ldn. 1925, Hg. A. Fontescue. – Heidelberg 1947, Hg. K. Büchner; ²1960. – Turnholt 1957, Hg. L. Bieler (CCL, 114; m. Bibliogr.). – Arundel 1963, Hg. W. Anderson [m. Einl. u. engl. Übers.].

ÜBERSETZUNGEN: *De consolatione philosophiae* [althochdt.], Notker Labeo, Hg. E. G. Graff, Bln. 1837. – *Das puech von dem trost der weisshait des maiesters Boecy*, anon., Nürnberg 1473. – *Von dem Trost der Weißheit*, anon., Straßburg 1500. – *Trost der Philosophie*, K. Büchner, Lpzg. 1939 [Einl. F. Klingner]. – *Die Gedichte aus der Tröstung der Philosophie*, W. Weiss, Ffm. 1956 [Nachw. J. Pieper]. – *Trost der Philosophie*, E. Neitzke, Stg. 1959 (RUB, 3154/3155).

LITERATUR: R. Murari, *Dante e Boezio. Contributo allo studio delle fonti dantesche*, Bologna 1905. – G. A. Müller, *Die Trostschrift des B. Beitrag zu einer literarhist. Quellenuntersuchung*, Diss. Gießen 1912. – B. Jefferson, *Chaucer and the »Consolation of Philosophy« of B.*, Princeton 1917. – F. Klingner, *De Boethii »Consolatione philosophiae«*, Bln. 1921. – A. Auer, *Johannes von Dambach und die Trostbücher vom 11. bis zum 16. Jh.*, Münster 1928. – H. R. Patch, *The Tradition of B.*, NY 1935. – P. Courcelle, *Étude critique sur les commentaires de Boèce, 9e–15e siècles* (in Archives d'Histoire Doctrinale et Littéraire du Moyen Age, 12, 1939, S. 5–140). – K. Dienelt, *Sprachliche Untersuchungen zur »Consolatio philosophiae«* (in Glotta, 28, 1941, S. 98–128; 29, 1942, S. 129–138). – I. Schröbler, *Notker III. von St. Gallen als Übersetzer und Kommentator von B.' »De consolatione philosophiae«*, Tübingen 1953. – K. Reichenberger, *Untersuchungen zur literarischen Stellung der »Consolatio philosophiae«*, Köln 1954 [Diss. Bonn 1953]. – K. Büchner, *Römische Literaturgeschichte*, Stg. ³1962, S. 546–553. – V. Schmidt-Kohl, *Die neuplatonische Seelenlehre in d. »Consolatio philosophiae« des B.*, Meisenheim/Glan 1965.

PRISCIANUS
(5./6. Jh.)

INSTITUTIO DE ARTE GRAMMATICA (lat.; *Unterweisung in der Grammatik*). Lateinische Grammatik von PRISCIANUS (5./6. Jh.), entstanden in den Jahren vor 526, dem römischen Konsul und Patrizier Iulianus gewidmet, einem Freund des Gelehrten. – Priscian wollte mit diesem »*für sein größtes und vollendetstes Werk auf dem Gebiete der lateinischen Grammatik*« (Schanz-Hosius) nicht nur einen Abriß über die Elementarregeln der lateinischen Sprache geben, sondern zugleich – in einer Zeit des Verfalls – nochmals eine große Synthese der vielfältigen griechischen und römischen Forschungen in dieser Disziplin versuchen. So ist seine *Institutio* zu einer umfassenden Darstellung in achtzehn Büchern angewachsen, deren Aufbau als ein didaktisch-organischer Fortschritt gedacht ist: Buch 1 und 2 beginnen mit den Elementen der Sprache, mit Stimme, Buchstaben, Silben, Rede, Nomina (mit Adjektiven); Buch 3 bis 7 sind der Formenlehre des Nomens gewidmet – zwischen 5 und 6 liegt merkwürdigerweise ein Einschnitt, durch ein zweites Prooemium an den Adressaten Iulianus markiert; Buch 8 bis 10 behandeln das Verb, Buch 11 das Partizip, das

Eigenschaften des Nomens und des Verbs in sich vereint; 12 und 13 gelten dem Pronomen, und in 14 bis 16 schließlich kommen die restlichen Funktionselemente des Satzes, Präposition, Adverb und Konjunktion, zu Wort; als Summe und Abschluß kann nun in zwei Büchern die Satzlehre folgen. Ein Nachtrag bringt eine Liste zur Konstruktion einzelner Wörter – griechische und lateinische Beispiele vergleichend –, doch scheint der Index wegen überstürzter Herausgabe des Werks unvollständig geblieben zu sein. Zwei Aspekte der Grammatik, die man von einem derart voluminös angelegten Werk eigentlich noch erwarten würde – Stilistik und Metrik – hat Priscian in seinen Kursus nicht aufgenommen.

Als Grundlage seiner Darstellung wählte Priscian, wie er im Vorwort zum ersten Buch bekennt, die – griechischen – grammatischen Schriften von HERODIAN (2. Jh. n. Chr.) und vor allem von dessen Vater APOLLONIOS DYSKOLOS. Ihnen verdankt er einerseits seine Grundeinstellung – man könnte ihn als gemäßigten Analogisten bezeichnen, der sich in erster Linie am Sprachgebrauch *(usus)* und den überlieferten literarischen Werken orientiert –, andererseits übernimmt er von ihnen eine Fülle von Beispielen aus der griechischen Literatur; vermutlich ist auch ein gut Teil seiner Zitate aus früheren hellenistischen Grammatikern, wie ARISTARCH, DIONYSIOS THRAX oder DIDYMOS, von diesen beiden kaiserzeitlichen Autoren übermittelt. Die Fülle und den Reichtum seiner Darstellung hat Priscian aber nicht den Griechen, sondern seinen römischen Vorgängern zu danken, von VARRO angefangen über FLAVIUS CAPER bis zu Spätlingen wie NONIUS, CHARISIUS, DONAT, SERVIUS und vielen anderen – selten findet man die Tradition einer antiken Wissenschaft in solcher Breite repräsentiert wie hier. Fast noch wichtiger als durch ihre grammatischen Forschungen sind diese Vorläufer für Priscian durch ihre Zitate aus der lateinischen Literatur geworden; am wertvollsten war ihm hierbei, wie insbesondere die Bücher 3–10 dokumentieren, der im 2. Jh. n. Chr. lebende Caper, dem er eine – auch heute noch unschätzbare – Masse an Beispielen aus der altlateinisch-republikanischen Literatur entnommen hat. Überhaupt war Priscian kein schöpferischer Gelehrter; seine Stärke lag im sammelnden Aufarbeiten und Ordnen (was freilich nicht ohne manche zum Teil sehr störende Mängel, Mißverständnisse und Fehler abging). Dennoch weist er er – darin einem anderen an der Wende von Altertum und Mittelalter stehenden Vermittler antiker Gelehrsamkeit, dem Enzyklopädisten ISIDOR, verwandt – eine für seine Zeit bewundernswerte Belesenheit auf. Von dem, was er aus CICERO, SALLUST, LIVIUS, TERENZ, VERGIL, HORAZ, OVID, PERSIUS, LUKAN, STATIUS, MARTIAL und IUVENAL anführt, darf nicht wenig als Zeugnis eigener Lektüre gelten.

Priscian fand mit seinem Werk schon zu Lebzeiten große Resonanz: »*das Licht der römischen Beredsamkeit*« nennt ihn sein Schüler EUTYCHES. Über CASSIODOR, ALKUIN, HRABANUS MAURUS galt er von da an bis ins hohe Mittelalter hinein als die Autorität in grammatischen Fragen, und die mehrfach kommentierte *Institutio* war, ergänzt von Donats Elementarlehrbüchern *Ars minor (Kleineres Lehrbuch)* und *Ars maior (Größeres Lehrbuch)*, die lateinische Standardgrammatik des Mittelalters, wie nicht zuletzt die Vielzahl von Handschriften beweist. Ihr Ansehen, das im Osten der Byzantiner MAXIMOS PLANUDES bezeugt, überdauerte auch die am Ende des 12. Jh.s einsetzenden Versuche, neue, »zeitgemäße« Grammatiken (so die in Versform gehaltenen Werke des ALEXANDER DE VILLA DEI und des EBRARDUS BETHUNIENSIS) zu schaffen.

E. Sch.

AUSGABEN: Venedig 1470 (*De octo partibus orationis*, in der *GA* des Wendelin von Speyer). – Lpzg. 1855–1859 (*Institutionum grammaticarum libri XVIII*, Hg. M. Hertz, in *Grammatici Latini*, Hg. H. Keil, Bd. 2 u. 3; Nachdr. Hildesheim 1961).

LITERATUR: Schanz-Hosius, 4/2, S. 221–231. – Manitius, 1–3 (s. Indices). – P. Courcelle, *Les lettres grecques en occident. De Macrobe à Cassiodore*, Paris 1948, S. 307–312. – R. Helm, Art. *P. (1)* (in RE, 22/2, 1954, Sp. 2330–2338).

ANONYM

CORPUS IURIS CIVILIS (lat.; *Corpus des Zivilrechts*). Seit dem 12. Jh. Titel der monumentalen Gesetzessammlung des römischen Kaisers Iustinian (reg. 527–569), das 533/534 in drei Teilen – dem *Codex Iustinianus*, den *Digesta* oder *Pandectae* und den *Institutiones* – verkündet und in der Folgezeit (535–565) durch einen vierten, die *Novellen (Novellae)* zum *Codex*, sukzessive erweitert wurde (die vorgesehene Endredaktion der *Novellae* kam nicht zustande).

Den Grundstock des *Corpus* bildet der *Codex*, die Sammlung der von den Kaisern erlassenen Gesetze *(constitutiones)*. Mit ihm nahm auch der Gesamtplan seinen Anfang: am 13. 2. 528, kurz nach dem Amtsantritt, bestimmte Iustinian eine Kommission von zehn Männern, welche die drei älteren *Codices* – *Codex Gregorianus*, *Codex Hermogenianus* und *Codex Theodosianus* – auf der Basis des *Codex Theodosianus* zusammenfassen, durch Redaktion, Korrektur und Ergänzung auf den neuesten Stand bringen und so zu einem einheitlich-komplexen, verbindlichen Gesetzbuch machen sollten. Schon nach einem Jahr war das Werk vollendet und konnte am 16. 4. 529 als Gesetz verkündet werden. Allerdings erwies sich rasch eine Revision als notwendig: dieser neue, etwas erweiterte *Codex repetitiae praelectionis* trat am 29. 12. 534 in Kraft. Erhalten ist nur die zweite Fassung, die in zwölf nach Einzeltiteln aufgegliederte Bücher eingeteilt ist: Buch 1 behandelt zunächst das Kirchenrecht, geht dann zu den Rechtsquellen und der Beamtenordnung über; die Bücher 2–8 sind dem Privatrecht gewidmet, 9 dem Straf- und Strafprozeßrecht; als Abschluß folgt in 10–12 das Verwaltungs- und Steuerrecht u. ä. Die Konstitutionen reichen, entsprechend den Vorlagen, von der Zeit Hadrians (reg. 117–138) bis in die Zeit Iustinians; sie geben, trotz der mehrfachen Redaktion, die sie durchlaufen haben, im wesentlichen noch Originale wieder, ist die Sprache meist lateinisch, erst später dringt das Griechische in größerem Umfang ein, und auch in der Form zeigen sich die ursprünglichen Varianten – vor Konstantin (reg. 306–337) sind die »*präzise stilisiert*«, später »*schwülstig*« geschrieben (Schanz-Hosius-Krüger).

Der zweite große Komplex innerhalb des *Corpus* sind die zwölf Bücher der *Digesten*, in denen (nach einem Erlaß vom 15. 12. 530) eine siebzehnköpfige, auf drei Gruppen verteilte Kommission das in den Schriften der »*klassischen*« Juristen (vor

483

allem ULPIAN, PAULUS und PAPINIAN – insgesamt vierzig Autoren) niedergelegte »alte Recht« *(ius vetus)* zu sammeln und zu sichten hatte: auch diese Arbeit war in knapp drei Jahren beendet und erlangte am 30. 12. 533 Gesetzeskraft. Der immense Stoff ist auf sieben Sachgruppen verteilt, die offenbar dem damaligen Kursus des Rechtsstudiums folgen (1–4; 5–11; 12–19; 20–27; 28–36; 37–44; 45–50 – nur teilweise betitelt). Im Gegensatz zum *Codex* ist in den *Digesten* mit Veränderungen (hauptsächlich Interpolationen) der ursprünglichen Texte zu rechnen, da die Redaktoren bei ihren Exzerpten nicht nur das Originalmaterial – rund 2000 Werke – auf etwa ein Zwanzigstel kürzen, sondern das Verbleibende gleichzeitig den aktuellen Erfordernissen anpassen mußten.

Die dritte Abteilung des *Corpus* schließlich – ebenfalls mit Wirkung vom 30. 12. 533 zum Gesetz erhoben – enthält ein *Lehrbuch des Rechts,* die *Institutiones* in vier Büchern, auf mehreren älteren Werken, insbesondere den *Institutiones* des GAIUS, fußend. Die Ausarbeitung lag in den Händen der drei hervorragendsten Mitarbeiter am ganzen *Corpus*: der beiden Rechtsgelehrten THEOPHILOS und DOROTHEOS sowie – sozusagen als »Herausgeber« und »Chefredakteur« des gewaltigen Unternehmens – des hohen Verwaltungsbeamten TRIBONIANUS. Da die Diktion in den Büchern 1–2 und 3–4 der *Institutiones* stilistisch ziemlich differiert, hat man angenommen, daß der erste Teil aus der Feder des DOROTHEOS, der zweite von THEOPHILOS stammt.

Das *Corpus iuris civilis* ist zweifelsohne das gewaltigste Vermächtnis, das das Römische Reich dem Abendland übergeben hat: in der ihm von Iustinian verliehenen Gestalt wurde es nicht nur – bis ins letzte Jahrhundert hinein – zum grundlegenden Studienobjekt der Rechtsgelehrten (den Höhepunkt der Beschäftigung mit dem Werk markieren die sogenannten Glossatoren des 12. und 13. Jh.s, insbesondere die Schule von Bologna). Vor allem war es mittelbar oder unmittelbar Fundament und Vorbild aller künftigen Rechtskodifikation des Abendlandes, einschließlich des kanonischen Rechts (vgl. Corpus iuris canonici). E. Sch.

AUSGABEN: Mainz 1468 *(Institutionum opus).* – Basel ca. 1470 *(Digestum novum cum glossa).* – Rom 1475 *(Digestum infortiatum cum glossis).* – Perusia 1476 *(Digesti veteris XXIV cum glossis).* – Mainz 1475 *(Justiniani Codex;* Buch 1–9). – Rom 1476 *(Volumen. Novellae, codicis libri tres posteriores et feudorum liber).* – Venedig 1476–1478, 6 Bde. [erste Gesamtausg.]. – Bln. 1870 *(Digesta Iustiniani Augusti,* Hg. T. Mommsen, 2 Bde.). – Bln. [15]1928/29 *(Corpus iuris civilis,* Hg. P. Krueger, T. Mommsen, R. Schoell u. W. Kroll, 3 Bde.). – L. Mitteis, *Index interpolationum quae in Iustiniani digestis inesse dicuntur;* Hg. E. Levy u. E. Rabel, 3 Bde. u. Suppl., Weimar 1929–1935.

ÜBERSETZUNGEN: *Instituten ein warer ursprung vnnd fundament des Keyserlichen rechtens,* Th. Murner, Basel 1519. – *Justinianischer Instituten warhaffte dolmetschung, darin der groszmechtigst Kayser Iustinian. den ersten grond geschribner recht hat fürgebildet,* O. Fuchsper[ger], Augsburg 1536. – *Novellae constitutiones. Des Großmächtigsten, Hochberümpten, Heiligen, Christlichen Fürsten vnd Herrn, Herrn Justiniani Römischen Keysers ec. newen Satzungen,* J. Göbler, Ffm. 1564. – *Codex Iustiniani. Das ist, Grossbuch der Rechtlichen satzungen des ... Kaysers vnd Gesatzgebers Iustiniani,* M. Pegius,

Ingolstadt 1566. – *Sammlung der römischen Gesetze auf Befehl Kaiser Justinians verfertigt,* Bd. 1, L. J. F. Höpfner, Ffm./Lpzg. 1785 *(Digesten).* – *Das Corpus iuris civilis,* übersetzt v. einem Vereine Rechtsgelehrter, Hg. C. E. Otto, B. Schilling u. C. F. F. Sintenis, 7 Bde., Lpzg. 1830–1839. – *Die Institutionen des Kaisers Justinian,* Scherer, Bln. 1910 [lat.-dt.]. – *Corpus iuris. Eine Auswahl der Rechtsgrundsätze der Antike,* R. Düll, Mchn. ²1960 [lat.-dt.]. – *Römisches Privatrecht,* E. Scharr, Zürich 1960 [Ausw. m. Einl. u. Erkl.; lat.-dt.].

LITERATUR: P. Jörs, Art. *»Codex Iustinianus«* (in RE, 4/1, 1900, Sp. 167–170). – Ders., Art. *»Digesta«* (in RE, 5/1, 1905, Sp. 484–543). – v. Kotz-Dobrž, Art. *»Institutiones«* (in RE, 9/2, 1916, Sp. 1572–1587). – A. Steinwenter, Art. *»Novellae«* (in RE, 17/1, 1936, Sp. 1162–1171). – H. Krüger, *Die Herstellung der »Digesten« J.s u. d. Gang d. Exzerption,* Münster 1922. – F. Wieacker, *Das »Corpus iuris« Justinians* (in Zeitschrift für die gesamte Staatsrechtswissenschaft, 102, 1942, S. 444 bis 479; ern. u. d. Titel *»Corpus iuris«* in F. W., *Vom römischen Recht,* Stg. 1961, S. 242–287). – L. Wenger, *Die Quellen d. röm. Rechts,* Wien 1953, S. 564–734. – F. Schulz, *Gesch. d. röm. Rechtswissenschaft,* Weimar 1961, S. 384–386; 401–408 [m. Bibliogr.].

HESYCHIOS ILLUSTRIOS
(1. Hälfte 6. Jh.)

ONOMATOLOGOS Ē PINAX TŌN EN PAIDEIA ONOMASTŌN (griech-byzant.; *Namensnenner oder Verzeichnis der in der Literatur namhaften Männer).* Biographisches Lexikon von HESYCHIOS ILLUSTRIOS aus Milet (erste Hälfte des 6. Jh.s). – Der Autor, ein nach dem Urteil des PHOTIOS beachtenswerter Literat und Historiker der Justinianischen Ära, hat mit diesem Werk ein nach heutigen Maßstäben brauchbares und, wie es scheint, zuverlässiges Nachschlagewerk zur heidnisch-griechischen Literatur geschaffen. Die Notizen über die einzelnen Autoren waren nach Sachgruppen zusammengefaßt (Dichter; Philosophen; Historiker; Rhetoren und Sophisten; Philologen; ferner Fachschriftsteller wie Ärzte, Astronomen usw.); innerhalb dieser Gattungen herrschte das chronologische Prinzip. Die Stichwörter selbst waren nach einem festen Schema aufgebaut: Auf Name und Herkunft folgten Angaben zur literarischen Gattung, über Lehrer und Schüler, über Ort und Zeit ihres Wirkens; den Beschluß machte ein Werkverzeichnis.

Die ursprüngliche Fassung ist ebenso verlorengegangen wie der zwischen 829 und 857 angefertigte anonyme Auszug, der das Exzerpt um die im Original fehlenden christlichen Autoren bereicherte. Überliefert sind fast nur die dem diesem Abriß entnommenen Angaben bei Photios und in der *Suda* (die erhaltene Schrift *Peri tōn en paideia dialampsantōn* stammt nicht von Hesych, sondern stellt ein Humanisten-Elaborat aus der *Suda* und dem Werk des DIOGENES LAERTIOS dar). Der Wert, den man der *Suda* für unsere Kenntnis der griechischen Literatur beimessen muß, beruht weithin auf der Zusammenstellung des Hesychios, von dessen sorgfältig kompilierender Arbeit heute nur noch die sogenannte *Vita Menagiana* des ARISTOTELES unmittelbar Zeugnis gibt.   E. Sch.

AUSGABEN: Paris 1851 (in *Fragmenta historicorum Graecorum*, Bd. 4, Hg. C. Müller). – Lpzg. 1882 (*Hesychii Milesii Onomatologi quae supersunt*, Hg. J. Flach).

LITERATUR: Krumbacher, S. 323–325. – H. Schultz, Art. *Hesychios (10)* (in RE, 8/2, 1913, Sp. 1322 bis 1327). – Schmid-Stählin, 2/2, S. 1039/1040. – O. Regenbogen, Art. *Pinax* (in RE, 20/2, 1950, Sp. 1458).

FLAVIUS CRESCONIUS CORIPPUS (um 510–570)

IN LAUDEM IUSTINI AUGUSTI MINORIS (lat.; *Zum Lob des jüngeren Iustinus Augustus*). Panegyrisches Epos über den Regierungsantritt des oströmischen Kaisers Iustinos II. (reg. 565–578) von FLAVIUS CRESCONIUS CORIPPUS (um 510–570); Buch 1–3 entstanden 565/66, Buch 4 (unvollständig überliefert) wenig später. – Das Werk steht, was Erfindung und Darstellung anbelangt, nach allgemeinem Urteil noch weit unter der *Iohannis* des Autors. Was die *praefatio* ahnen läßt, was der – kompositorisch überflüssige – dedizierende *Panegyrikus zum Lob des Quaestors und Magisters Anastasius* (eines hohen Gönners) vorwegnimmt, das bestätigen die vier Bücher mit ihrer nicht enden wollenden Erzählung vom Tod Kaiser Justinians, der Thronbesteigung und dem Konsulatsantritt Justins auf Schritt und Tritt. Die devote Schmeichelei wird nur noch übertroffen von dem rhetorischen Aufwand und der Langatmigkeit, mit denen sie dargeboten sind. Ob der Autor allerdings den gewünschten Erfolg hatte – das Werk sollte einer akuten finanziellen Misere abhelfen –, wissen wir nicht.
Freilich stehen solchem Verdammungsurteil auch einige positive Aspekte gegenüber. Daß der pedantische Schulmeister, was ihm an Phantasie abging, durch Akkuratesse ersetzte, macht sein Werk zu einem historisch treuen und wertvollen Spiegel der Epoche. Und seine Kenntnis der römischen Klassiker (von LUKREZ und CATULL über HORAZ, VERGIL, OVID, LUKAN, STATIUS bis hin zu CLAUDIAN), die sich in mannigfachen Reminiszenzen in seinen Epen niedergeschlagen hat, ist wahrhaft bewundernswert; ja, sein blindes Epigonentum – er fühlte sich als zweiter Vergil – hat bewirkt, daß sein Werk in Sprache und Metrik eine für seine Zeit ganz erstaunliche Reinheit und Klassizität aufweist.
E. Sch.

AUSGABEN: Antwerpen 1581 (*De laudibus Justini Augusti minoris heroico carmine libri IV*, Hg. M. Ruyz Azagra). – Bln. 1879 (in *Corippi Africani grammatici libri qui supersunt*, Hg. J. Partsch; MGH, auct. ant., 3/2). – Bln. 1886 (in *Flavii Cresconii Corippi Africani grammatici quae supersunt*, Hg. M. Petschenig).

LITERATUR: F. Skutsch, Art. *C.* (in RE, 4/1, 1910, Sp. 1236–1246). – Manitius, I, S. 169/170. – Schanz-Hosius, 4/2, S. 78–82. – A. R. Sodano, *Uno storicopoeta del secolo di Giustiniano, Flavio Cresconio Corippo* (in Antiquitas, 1, 1946, 3/4, S. 27–36).

ANONYM

ANTHOLOGIA LATINA (lat.; *Lateinische Anthologie*). Eine in Anlehnung an die *Anthologia Graeca* (auch: *Anthologia Palatina*) benannte lateinische Gedichtsammlung mit – zum Teil älteren Anthologien entnommenen – Werken verschiedener Autoren, entstanden im 6. Jh.; repräsentiert wird die Sammlung durch den im 7. oder beginnenden 8. Jh. (vielleicht von einem Spanier) in Unzialen geschriebenen *Codex Salmasianus*, heute *Parisinus latinus Nr. 10318*. – Enthalten sind rund 380 Gedichte in mannigfachen Versmaßen, wobei der epische Hexameter überwiegt; in ihrer literarischen Qualität, in Form und Inhalt sind sie so diskrepant, wie ihre Reihenfolge und Auswahl willkürlich ist. Die Skala reicht vom pointierten Distichon bis zum 460zeiligen Poem, von der *Medea*-Retraktion und vom frivolen Beilager des Mars und der Venus bis zum Urteil Salomonis, vom Preis eines guten Arztes über das Lob der Wurst bis zur Reflexion über den Wert der Zeit. Juwel des Bandes ist zweifellos das illustre → *Pervigilium Veneris (Nachtwache der Venus)*.
Die Liste der Autoren führt von der Zeit der Republik bis in die Jahre der Sammlung; doch muß man vorsichtig sein, hört man die stattliche Reihe großer Namen (wie CATO, PROPERZ, VERGIL, OVID, PETRONIUS, SENECA, FLORUS, MARTIAL): die Echtheit ist nicht immer erwiesen. Gegen Ende ist ein geschlossenes Opus eingeschoben (ob vollständig, bleibt fraglich): die *Luxorii epigrammaton libri (Epigrammbuch des Luxorius)* mit 89 Gedichten. LUXORIUS (Luxurius), auch Grammatiker, lebte und wirkte in den Jahren der Vandalenherrschaft in Karthago (unter den Königen Thrasamund, 496–523; Hilderich, 523–530; Gelimer, 530–534), ohne freilich, wie sein Wortschatz gelegentlich nahezulegen scheint, Germane zu sein. Nicht beweisen läßt sich der ansprechende Gedanke, Luxorius selbst sei es gewesen, der die *Anthologia*, dieses bei allen Einschränkungen doch interessante Denkmal der geistigen Situation einer gewaltigen Zeitenwende, zusammengetragen hat; daß sie ein Produkt seiner Tage ist, steht allerdings fest.
(Die von RIESE, BÜCHELER und LOMMATSCH herausgegebene *Anthologia Latina* darf mit der hier besprochenen antiken Sammlung gleichen Namens nicht verwechselt werden: sie ist eine enzyklopädische Leistung allein der modernen Philologen.)
E. Sch.

AUSGABEN: Amsterdam 1759–1773 (*Anthologia veterum latinorum epigrammatum et poematum*, Hg. P. Burmann, 2 Bde.). – Lpzg. ²1894 (in *Anthologia latina*, Bd. 1/1, Hg. A. Riese). – H. Happ, *Luxurius*, 3 Bde., Diss. Tübingen 1961 [Text, Komm., Untersuchungen].

LITERATUR: Schanz-Hosius, 4/2, S. 69–74. – Levy, Art. *Luxorius* (in RE, 13/2, 1927, Sp. 2102 bis 2109). – E. Bickel, *Lehrbuch d. Gesch. d. röm. Lit.*, Heidelberg ²1961, S. 518f.

ANONYM

SUDA (griech.-byzant.; *Großer Befestigungsbau*). Metaphorischer Titel eines umfangreichén Lexikons, um das Jahr 1000 in Byzanz entstanden. – Die *Suda* reicht mit ihren rund 30000 Stichwörtern

zwar zahlenmäßig nicht an das Werk des HESYCHIOS heran, stellt aber dennoch dem Umfang nach das bedeutendste erhaltene Nachschlagewerk über die griechische Antike dar. EUSTATHIOS (12. Jh.), dem der Titel bereits unverständlich war (*hē suda* hatte inzwischen die Bedeutung gewandelt und bezeichnete nur noch den »Graben«), konjizierte einen Verfasser »Sudas« oder »Suidas« – ein Irrtum, der sich bis in unsere Tage hartnäckig gehalten hat. Doch gibt bereits ein Fragment aus der Einleitung den richtigen Hinweis: »*Dieses Werk heißt Suda; die Leute aber, welche es zusammengefügt haben, waren gelehrte Männer*« (Ü.: Dölger).
Das Werk vereinigt in antistoicheischer Ordnung – d. h. nach einem unter phonetischen Aspekten revidierten Alphabet – Wörterbuch und Konversationslexikon: In bunter Folge, mit vielfachen Interpolationen und Erweiterungen durch spätere Hände, finden sich Sachartikel über Literatur und Autoren, über Geschichte, Theologie und Philosophie neben gnomischen Sentenzen und grammatischen oder semasiologischen Worterklärungen (das Homerische Vokabular war zu jener Zeit immerhin schon 17 Jahrhunderte alt). Am Schluß ist ein kurzes *Taktisches Lexikon* angehängt, als dessen Quelle man noch AINEIAS TAKTIKOS erkennen zu können glaubt. Obwohl nach heutigen Begriffen völlig unwissenschaftlich redigiert – mechanische, methodenlose Exzerption verschiedenster literarischer und lexikalischer Vorlagen –, ist die *Suda* für unser Wissen über das Altertum von unschätzbarem Wert, weil sie, gerade in ihrer unkritischen Materialhäufung, dem historischen Verständnis der altgriechischen Literatur durch Scholienverarbeitung usw. viele anderweitig verlorene Details und Bindeglieder bewahrt hat. Ihrer eigenen Zeit freilich waren die Mängel nicht bewußt: Während des ganzen Mittelalters und tief in die Renaissance hinein – die vielen Abschriften, Exzerpte und Benutzerzitate beweisen es – erfreute sich dieses »*großartige Denkmal gelehrten Sammelfleißes*« (Krumbacher) weitester Beliebtheit. E. Sch.

AUSGABEN: Mailand 1499, Hg. Demetrios Chalkondylas. – Lpzg. 1912–1938 (*Suidae Lexikon*, 5 Bde., Hg. A. Adler).

LITERATUR: Krumbacher, S. 562–570. – Schmid-Stählin, 2/2, S. 1091f. – A. Adler, Art. *Suidas (1)* (in RE, 4A/1, 1931, Sp. 675–717). – F. Dölger, *Der Titel des sog. Suidaslexikons*, Mchn. 1936 (SBAW, phil.-hist. Abt., 1936, H. 6). – N. Walter, *Suda. Ein Literaturbericht zum Titel des sogenannten Suidas Lexikons* (in Das Altertum, 8, 1962, S. 179–185). – R. J. H. Jenkins, *The Hellenistic Origins of Byzantine Literature* (in Dumbarton Oaks Papers, 17, 1963, S. 37–52).

MAXIMOS PLANUDES
(um 1260–1310)

ANTHOLOGIA PLANUDEA, eigentlich: *Anthologia diaphorōn epigrammatōn* (griech.-byzant.; *Sammlung verschiedener Epigramme*). Repräsentative Auswahl griechischer Epigramme, veranstaltet von dem Konstantinopler Mönchsgelehrten MAXIMOS PLANUDES (um 1260–1310). Die Sammlung reicht von der altgriechischen Literatur bis zu des Kompilators eigener Zeit. Ein in der Literaturgeschichte fast einmaliger Glücksfall hat das am 12. 9. 1299 (nach MAAS) beendete Autograph des Verfassers erhalten (heute in der Biblioteca Marciana, Venedig). Der erste Druck der *Anthologie* – in der Rezension des aus Byzanz geflüchteten IOANNES LASKARIS – erfolgte 1494 in Florenz. Diese rund 2400 Epigramme umfassende Ausgabe blieb bis zur Entdeckung (um 1595) und zum allmählichen Bekanntwerden der »Pfälzer Sammlung« (*Anthologia Palatina*) maßgebend und übte eine kaum überschaubare Wirkung auf Bildung und Poesie der Folgezeit aus. Erst im hohen 18. Jh. verschob sich das Gewicht auf die damals im Druck verbreitete *Palatina*. Die letzte Ausgabe des Planudes-Textes erschien 1795–1822 (zusammen mit der berühmten, fast 200 Jahre zuvor entstandenen lateinischen Übersetzung von Hugo GROTIUS).
Planudes stützte sich bei seiner Auswahl hauptsächlich auf die letzte große Sammlung vor ihm, die um 900 in Konstantinopel redigierte Anthologie des KEPHALAS; eine zweite Quelle, aus der er schöpfte, ist nicht mehr bekannt (daß er den *Codex Palatinus* benutzt hat, ist zwar nicht ausgeschlossen, aber unwahrscheinlich). Bei Kephalas fand er auch eine thematisch bestimmte Bucheinteilung vor (aus dem *Kyklos* des AGATHIAS übernommen), ein Ordnungsprinzip, dem er sich anschloß. Seine sieben Bücher (von denen das erste bis vierte und das sechste nach Kapiteln unterteilt sind) enthalten: 1. die epideiktischen Gedichte, 2. Trink- und Spottverse, 3. Grabepigramme, 4. Beschreibungen von Bildern, Tieren usw., 5. des CHRISTODOROS aus Koptos Schilderung der Statuen in den Zeuxippos-Thermen zu Konstantinopel, 6. Weihgedichte, 7. Erotisches. Zwei Tendenzen läßt die Auswahl noch deutlich hervortreten: die spezielle Sympathie des Planudes für frühbyzantinische Produktionen und eine behutsame Rücksicht auf seine mönchisch-gewissenhafte Empfindsamkeit. Letzteres betraf natürlich in erster Linie das siebte Buch, in das, nach seinen eigenen Worten, nur aufgenommen wurde »*was keinen Hang ins gar zu Unschickliche und Lasterhafte zeigte*«; hier treten denn auch stärkere Eingriffe in Wortlaut und Gesamtbestand der überlieferten Gedichte zutage (daß er dabei Unverfängliches falch verstand und ausstrich, ziemlich Eindeutiges dagegen nicht begriff und stehenließ, gibt recht amüsante Aufschlüsse). – Nach dem Auftauchen der *Palatina* geriet die *Planudea* allmählich in den Hintergrund und – unverdientermaßen – fast in Vergessenheit, da sie mit dem um etwa die Hälfte größeren Bestand der *Palatina* (fast 3700 Epigramme) nicht konkurrieren konnte. Doch enthält gerade die *Planudea* zahlreiche Gedichte, die ihrer Rivalin fehlen (392 Nummern, die jetzt – als *Appendix Planudea* oder Buch 16 – der *Griechischen Anthologie* angehängt werden). Und nicht die *Palatina*, sondern die *Planudea* war es, die dem Abendland zum erstenmal den vielfältig-unermeßlichen Reichtum von mehr als anderthalb Jahrtausenden hoher und niederer Dichtung des Griechentums nahebrachte und dem Westen Herz und Augen öffnete für Gestalt, Werden und Wandlung der griechischen Sprache und des griechischen Geistes und für das »große« und »kleine« Leben des griechischen Menschen. E. Sch.

AUSGABEN: Florenz 1494, Hg. J. Laskaris. – Utrecht 1795–1822 (*Anthologia Graeca cum versione Hugonis Grotii*, Hg. H. de Bosch, 5 Bde.). – Mchn. 1957/58 (in *Anthologia Graeca*, Hg. H. Beckby, 4 Bde.; m. Bibliogr.).

LITERATUR: Krumbacher, S. 727f. – J. Basson, *De Cephala et Planude syllogisque minoribus*, Diss. Bln. 1917. – C. Wendel, Art. *Planudes* (in RE, 20/2, 1950, Sp. 2236–2239).

ANONYM

ANTHOLOGIA PALATINA, auch: *Anthologia Graeca* (griech.). Sammlung griechischer Epigramme, benannt nach der um 980 in Konstantinopel geschriebenen *Pfälzer Handschrift*, dem *Codex Palatinus* (jetzt P. 23 und Parisinus Suppl. Gr. 384). – In einem repräsentativen Querschnitt nicht nur echter Grab- und Weihinschriften, sondern auch zahlloser Buchepigramme und Gelegenheitsgedichte bietet sie in einer Vielzahl von Themen und Autoren einen Überblick über die gesamte altgriechische und frühbyzantinische poetische Kleinkunst. Rund 4000 Gedichte enthält das Buch, und die Liste der authentischen oder unterschobenen Verfasser reicht von ARCHILOCHOS, SAPPHO, ANAKREON, MIMNERMOS, SIMONIDES und BAKCHYLIDES bis zu MICHAEL CHARTOPHYLAX und KONSTANTINOS SIKELOS; die sicher bezeugten Stücke umfassen alle Perioden des griechischen Geisteslebens vom 6. Jh. v. Chr. bis zum 10. Jh. n. Chr., und es sind die erlauchtesten Namen vertreten: XENOPHANES und EMPEDOKLES, EURIPIDES und PLATON, KALLIMACHOS und ERATOSTHENES, THEOKRIT und ASKLEPIADES, die Kaiser TIBERIUS und HADRIAN, GREGOR VON NAZIANZ und NONNOS, PAULOS SILENTIARIOS und der Patriarch PHOTIOS, von den großen und kleinen Spezialisten des Epigramms, LEONIDAS aus Tarent, MELEAGROS, PHILIPPOS aus Thessalonike, PALLADAS, AGATHIAS, ganz zu schweigen.

Als die *Anthologia Palatina* entstand, hatte die Gattung des Epigramms bereits eine lange, wechselvolle Geschichte hinter sich, und manche Blütenlesen waren ihr schon vorausgegangen: angefangen beim *Stephanos (Kranz)* des Meleagros (um 70 v. Chr.), den der genannte Philippos mit seinem eigenen *Stephanos* ergänzte (um 40 n. Chr.), bis hin zu der großen Kollektion zeitgenössischer Epigramme im *Kyklos* des Agathias (etwa 536–582). Die erste, bisherigen überholende, umfassend-abschließende Sammlung der genannten früheren Produktion schuf um 900 der Protopapa am byzantinischen Kaiserhof, KONSTANTINOS KEPHALAS: sein nach literarischen Sachgruppen gegliedertes Werk bildet den Grundstock der *Anthologia Palatina* (Buch 5–7 und 9, wahrscheinlich auch noch 4 und 10–12), die knapp hundert Jahre später von zwei – im Abstand von 50 Jahren arbeitenden – Schreiberpaaren zusammengestellt wurde. So bunt der Lebenslauf der Gedichte und ihrer vielfachen Aufzeichnung ist, so abenteuerlich ist ihr Geschick innerhalb der *Palatina*. Zunächst scheint diese in Byzanz – wo Kephalas eine enthusiastische Renaissance ausgelöst hatte – einen gewissen Ruf erlangt zu haben: PLANUDES kannte sie, falls seine Anthologie nicht sogar aus ihr schöpfte (die knapp 400 Epigramme, welche die um 1300 verfaßte *Anthologia Planudea* mehr hat, werden heute allgemein in Buch 16 als Appendix der Palatinischen Sammlung angereiht). Dann ist das Manuskript für lange Zeit verschollen, bis es – etwa 1420 war es aus Konstantinopel nach Italien gebracht worden – um 1595 in der Heidelberger Bibliothek entdeckt wird und gewaltiges Aufsehen erregt. 1623 wandert der Codex, nunmehr in zwei Teile getrennt (1–13 und 14/15), als Geschenk Maximilians von Bayern in die Bibliothek Papst Gregors XV.; 1797 läßt sich Napoleon die Handschrift als vertragliche Kriegsbeute ausliefern; 1816, nach den Befreiungskriegen, wird sie wiederum aus Paris nach Deutschland geholt, doch fehlt ihr zweiter Teil, der, zunächst verloren, erst 1839 wieder in der französischen Nationalbibliothek auftaucht: so befindet sich heute ein Stück in Heidelberg, das andere in Paris.

Welche Variationsbreite die Themen der *Anthologie* besitzen, lehrt schon eine summarische Inhaltsangabe der einzelnen Bücher: christliche Epigramme, meist Inschriften, aus dem 4. bis 10. Jh. (1); die von CHRISTODOROS aus Koptos um 500 verfaßte Beschreibung der achtzig in den Zeuxippos-Thermen in Konstantinopel aufgestellten Statuen (2); die angeblichen Inschriften an einem späthellenistischen Tempel in Kyzikos (3); die Prooimien der Anthologien des Meleager, Philippos und Agathias (4); erotische Gedichte (5); Weihepigramme (in 6 überwiegend); Grabgedichte, reale wie fiktive (7); Poesie des Gregor von Nazianz (8); genrehafte Buchepigramme aus allen Zeiten (9); Mahnsprüche, Sentenzen, Sprichwörter verschiedener Epochen (10); Trink- und Spottgedichte (11); Verse auf schöne Knaben, betitelt → *Musa paidikē des Straton aus Sardes*, obgleich vieles nicht von STRATON (um 130 n. Chr.) stammt (12); 31 Gedichte vermischter Metren und Motive (13); arithmetische Aufgaben und Rätsel, dazu alte Orakelsprüche (14); diverse Inschriften aus verschiedenen Jahrhunderten und Figurengedichte (15); die im *Palatinus* fehlenden Gedichte der *Planudea* (16). Eine solche kurze Paraphrase vermag freilich niemals die Vielfalt und Fülle der Details wiederzugeben. Die Anthologie bietet einen repräsentativen Querschnitt durch alle sozialen Schichten, alle historischen Epochen des griechischen Volks; man trifft Fischer und Philosophen, Ärzte und Advokaten, Boxer und Könige, Wöchnerinnen und Professoren, römische Konsuln und thessalische Bacchantinnen, Väter und Söhne, Mütter, Töchter, Bräute, Greise und Kinder; in den Grabgedichten begegnet man Göttern und Sklaven, Mördern und Gemordeten, Achill, Hektor und den andern Heroen der Vorzeit, daneben immer wieder den vorbildhaften Dichtern der Alten, von Orpheus bis Epikur, von Hipponax bis Meleager; selbst die Lieblingstiere beginnen zu sprechen, Hund und Hase, Schwalbe und Grille, Hahn und Zikade, Drossel, Delphin, Ameise und Pferd; kein Genre, keine Handlung, kein großes Ereignis und kein kleiner Gedanke – nichts, das vergessen wäre: Salamis und Issos, Marathon und die Zerstörung Korinths, das Leichentuch des Lazarus und der Speer Alexanders des Großen, Kuppelei und Koitus, Armut, Faulheit, Neid, Adam und Herakles, Sentenzen und Konsolationen, reiche Schlemmer, arme Leute, Vatermörder, Hurensöhne, Parvenus und Scharlatane, die Gottesmutter und die Bundeslade, Phallen und Obelisken, Latrinen und Sonnenuhren, Bethlehem, die Pyramiden, falsche Todesfurcht und vegetarische Einfalt, eine lange Nase, eine Brücke, ein altes Rennpferd, schöne Knaben, Paläste, Parks und Thermen, eine Wurst, das Öllämpchen in einem Liebeszimmer, eine Klistierspritze, Fellatoren und schlechte Versemacher, Onanisten und Geizkragen, Hymnen auf Rom und Apollon, Iulius Caesar und die Augen eines bezaubernden Mädchens, das Lob des Schweigens und der Sparsamkeit, Rahel und Eros, Schiffe, Statuen, Ringkämpfe, Küsse,

Schreie, Geschwätz, Gestank und Gebete, Alter und Jugend, Glück, Krankheit und Tod: eine Revue des menschlichen Lebens durch ein und ein halbes Jahrtausend, wie man sie sich vollständiger und wahrhaftiger nicht denken könnte. E. Sch.

AUSGABEN: Lpzg. 1754, Hg. J. Reiske [Ausw.]. – Straßburg 1772–1776, Hg. P. Brunck, 3 Bde. – Paris 1928 ff. (*Anthologie grecque*, Hg. P. Waltz u. a.). – Mchn. 1957/58 (*Anthologia Graeca*, Hg.H. Beckby, 4 Bde.; griech.-dt.; m. Bibliogr.).

ÜBERSETZUNGEN: W. Hunger (in *Andreae Alciati Emblematum libellus*, Paris 1542). – J. Held (in *Kunstbuch Andree Alciati*, Ffm. 1566).

LITERATUR: Vgl. die Ausg. v. Beckby.

Dritter Teil
Die biblisch-patristische Literatur bis zum Ende des Altertums

ANONYM

BIBEL. Die Gesamtheit der Bücher des *Alten* und des *Neuen Testaments* (*AT* und *NT*), die zusammen den Kanon der christlichen Kirchen, die *Heilige Schrift*, bilden. Das Wort »Bibel« ist griechischen Ursprungs. Nach der syrischen Hafenstadt Byblos nannten die Griechen sowohl den von dieser Küste eingeführten Papyrus-Schreibstoff als auch das beschriebene Blatt, die Buchrolle, *byblos*. Seit dem 5. Jh. n. Chr. bezeichnete man mit der Pluralform des allgemeinen Sachbegriffs *(ta biblia)* die kanonischen Schriften des Christentums und betonte damit ihre unbedingte Autorität als »Buch der Bücher«. *Testamentum* ist die lateinische Entsprechung für das griechische Wort *diathēkē* (Vertrag, Vermächtnis), das wiederum für das hebräische *berit* steht und den »Bund« meint, den Jahwe am Berg Sinai durch Moses mit den Stämmen Israels schloß. *Novum Testamentum* bezieht sich auf den »Neuen Bund«, den Gott auf Golgatha durch Christus mit den Menschen eingegangen ist. Die meisten frühchristlichen Schriftsteller, mit Ausnahme von AUGUSTINUS und HIERONYMUS, wollten *testamentum* allerdings wörtlicher verstanden wissen: als letztwillige, versiegelte Verfügung Christi, die nach seinem Opfertod geöffnet und als gültig erkannt worden sei.

Die Verfasser der biblischen Schriften sind Männer aus der Gemeinde des »Alten« und des »Neuen Bundes«, die, ausgewählt vom Geiste Gottes, zum Werkzeug der göttlichen Selbstmitteilung geworden sind. Als historisches Buch beschreibt die Bibel die Geschichte der Stämme Israels *(AT)*, Leben und Wirken Jesu von Nazareth und die Ausbreitung seiner Lehre in Palästina und im Römischen Reich *(NT)*. Die unantastbare Authentizität, die die Schrift als Offenbarung des Herrn für sich in Anspruch nimmt, kann jedoch nicht gleichermaßen für die chronologische Abfolge des dargestellten Geschehens und die Methode der Geschichtsbetrachtung angenommen werden. Die Christenheit sieht in der Bibel vielmehr den Beweis des göttlichen Heilshandelns mit der Welt und versteht die *Heilige Schrift* in diesem Sinne als Dokumentation.

Der Einfluß der Bibel auf die Zivilisation und Kultur nicht nur des Juden- und Christentums, sondern der ganzen Welt wird an Intensität und Dauer von keinem anderen Schriftwerk übertroffen. Er umspannt alle Bereiche des Lebens, erstreckt sich auf alle Gebiete der geistigen Betätigung, namentlich auf die Philosophie und die Künste, die bis auf den heutigen Tag von ihrem transzendentalen Gehalt, ihrem Reichtum an sakralen wie profanen Stoffen und Gedanken zehren. Der an die Christen ergangene Missionsauftrag führte zur Verbreitung der Bibel unter nahezu allen Völkern. Sie wurde so zum Anlaß der ersten Festlegung vieler bis zum Zeitpunkt ihrer Übersetzung noch nicht schriftlich fixierten Nationalsprachen. Die Bücher der *Heiligen Schrift* repräsentieren nahezu alle traditionellen Literaturgattungen (Gesetzbuch, Chronik, Novelle, Roman, Spruchdichtung, dramatischer Dialog, Lied, Prophetie, Biographie, Traktat, Brief usw.). Auf die Entstehung und Nachwirkung der biblischen Schriften, insbesondere auf ihre Bedeutung als Quelle literarischer Inspiration, wird bei der Behandlung der einzelnen Bücher ausführlich eingegangen.

Gliederung des AT und NT

a) Das *AT*, ursprünglich hebräisch und nur in wenigen Kapiteln bei *Esra* und *Daniel* aramäisch aufgezeichnet, umfaßt 39 (ursprünglich 45) Bücher, die in drei – im jüdischen, katholischen und protestantischen Kanon unterschiedlich zusammengestellte – Abteilungen gegliedert sind:

I. Das *Gesetz* (hebr. *Thora*; griech. *Pentateuch*) enthält die → *Fünf Bücher Mosis: Genesis, Exodus, Leviticus, Numeri, Deuteronomium*.

II. Die *Prophetischen Bücher* (hebr. *Nebi'im*; griech. *Prophētai*) sind nach dem hebräischen Kanon unterteilt in die »vorderen Propheten« (das *Buch* → *Josua*, das *Buch der* → *Richter*, die zwei *Bücher* → *Samuel*, die zwei → *Königsbücher*), die »hinteren« oder »die drei großen Propheten« *(Jesaja, Jeremia, Ezechiel [Hesekiel])* und die »zwölf kleinen Propheten« *(Hosea, Joel, Amos, Obadja, Jona, Micha, Nahum, Habakuk, Zephanja, Haggai, Sacharja, Maleachi)*. – Nach den *Septuaginta-* und *Vulgata*-Übersetzungen gehören die »vorderen Propheten« zur Gruppe der mit dem *Pentateuch* beginnenden *Geschichtsbücher;* zu den → *Prophetenbüchern* zählt hier außer den drei großen und den zwölf kleinen Propheten noch das *Buch Daniel*.

III. Die *Schriften* (hebr. *Ketubim*; griech. *Hagiographa*) enthalten: den → *Psalter*, die → *Sprüche Salomos*, das *Buch* → *Hiob*, das → *Hohelied Salomos*, das *Buch* → *Ruth*, die *Klagelieder Jeremias*, den → *Prediger Salomo*, das *Buch* → *Esther*, das *Buch Daniel (→ Prophetenbücher)*, das *Buch* → *Esra*, das *Buch* → *Nehemia*, die zwei → *Chronikbücher*. – Nach dem christlichen Kanon zählen die letzteren und auch die *Bücher Esra* und *Nehemia* nicht zu den *Geschichtsbüchern*, die übrigen – mit Ausnahme der zu den Propheten gestellten *Klagelieder Jeremias* – zur Gruppe der *Poetischen* oder *Lehrbücher*.

Die katholische Kirche rechnet zum *AT* als vierte Gruppe die → *Deuterokanonischen Bücher*, die im hebräischen Kanon fehlen und im protestantischen als »Apokryphen« (»*das sind Bücher, so der Heiligen Schrift nicht gleich gehalten, und doch gut und nützlich zu lesen sind*«, Luther) im Anhang zum *AT* erscheinen. Sie enthalten in variierender Reihenfolge: das *Buch Judith*, die *Weisheit Salomos*, das *Buch Tobit (Tobias)*, das *Buch Jesus Sirach*, das *Buch Baruch* mit dem *Brief des Jeremia*, das *1.* und *2. Buch der Makkabäer*, Zusätze zu den *Büchern Esther* und *Daniel*, sowie (nur in der *Luther-Bibel*) zum *2. Buch der Chronik*.

b) Das *NT*, mit Ausnahme des wahrscheinlich aramäisch geschriebenen *Matthäus-Evangeliums* ursprünglich griechisch aufgezeichnet, umfaßt 27 Bücher, die in drei Gruppen geordnet sind:

I. Die *Geschichtsbücher*. Sie enthalten die vier → *Evangelien (Matthäus, Markus, Lukas, Johannes)* und die → *Apostelgeschichte*.

II. Die *Briefe* oder *Lehrschriften*. Dazu gehören: Dreizehn bzw. vierzehn → *Paulus-Briefe* (mit *Hebräer-Brief*) und die als → *Katholische Briefe* bezeichneten Sendschreiben des Petrus, Johannes Jakobus und Judas.

III. Das *prophetische Buch*: Die → *Offenbarung des Johannes* (griech. *Apokalypsis*).

Einige weitere Schriften, die auch in frühchristlicher Zeit wohl nie zum Kanon des *AT* und *NT* gerechnet wurden, jedoch zum Teil im Gottesdienst Verwendung fanden, sind bei der Bibel aufgenommen worden; sie gelten als → *Apokryphen* (verborgene, unechte Schriften), im protestantischen Sprachgebrauch als »Pseudepigraphen«.

Textgeschichte und Entstehung des Kanons

Da kein einziges der heiligen Bücher im Autograph, also in eindeutig originaler Textgestalt, auf die Nachwelt überkommen ist und viele Schriften als dem allgemein genannten Autor fälschlich zugeschrieben angesehen werden müssen, liegt die Entstehung der Urform im Dunkeln. Einige Stellen in den *Geschichtsbüchern* sowie bei den Propheten *Jesaja* und *Jeremia* geben davon Kunde, aus welchem Anlaß oder von wem einzelne Teile der Schriften verfaßt oder nach jahrhundertelanger mündlicher Tradierung aufgezeichnet worden sind, und bezeugen ihr hohes Ansehen im jüdischen Volk. Aber erst das deuterokanonische *Buch Jesus Sirach* enthält – in der um 130 v. Chr. hinzugefügten Vorrede des griechischen Übersetzers, Sirachs Enkel – einen ausdrücklichen Hinweis darauf, daß zu dieser Zeit bereits ein Kanon heiliger hebräischer Bücher bestand. Er umfaßte vorerst nur die *Thora* und die *Nebi'im* vollständig, während die Zusammenstellung der *Schriften* gerade im Gange war. Ihre Kanonisierung erfolgte auf der jüdischen Synode zu Jamnia (90 n. Chr.).

Der Legende nach soll die Konzeption schon auf den Schriftgelehrten Esra zurückgehen, der die jüdische Gemeinde 458 v. Chr. aus der Babylonischen Gefangenschaft nach Jerusalem heimführte und ihr dort ein von auserwählten Priestern sorgfältig erarbeitetes neues Gesetz gab. Umstritten ist an dieser Überlieferung vor allem, ob es sich bei diesem Gesetz bereits um die *Thora* gehandelt hat. Immerhin steht fest, daß Esras Priesterkodex bei der von Nehemia erzwungenen Trennung der Samaritaner (um 410) von den Jerusalemer Juden kanonische Geltung hatte. Zur Zeit Christi zählte der jüdische Kanon je nach der noch nicht einheitlichen Aufteilung der Schriften bereits 22 bzw. 24 Bücher. Im *Talmud* und bei Flavius Iosephus (*Contra Apionem*) sind sie namentlich angeführt. Es heißt dort auch, daß anfangs nur Texte aus der Zeit von Moses bis Artaxerxes I. (reg. 465–424 v. Chr.) in die heiligen Bücher aufgenommen worden seien.

Die in großer Zahl überlieferten hebräischen Handschriften aus den folgenden Jahrhunderten galten, der vielfältigen Abweichungen wegen, bis in die Neuzeit hinein als formal wie inhaltlich stark verfälschte Wiedergaben einer angenommenen Urfassung der göttlichen Offenbarungen. Erst die Untersuchung der seit 1947 am Nordwestende des Toten Meeres entdeckten Schriftrollen hat ergeben, daß die bisher ältesten Versionen der heiligen Bücher (3. Jh. v. Chr. bis 1. Jh. n. Chr.) sich nur in verhältnismäßig unerheblichen sachlichen Einzelheiten von den jüngsten unterscheiden, um so mehr jedoch in sprachlicher Hinsicht. Insofern gibt der Vergleich von hebräischen Handschriften verschiedener Epochen und Ursprungsgebiete mehr Aufschluß über die Sprach- und Siedlungsgeschichte der jüdischen Stämme als über eine möglicherweise verlorengegangene authentische Form der *Thora*. Nach ihr suchten auch die sogenannten Masoreten, jüdische Gelehrte, die zwischen 750 und 1000 damit beschäftigt waren, eine verbindliche, unverfälschte *Masora* (Überlieferung) wiederherzustellen. Um der von ihnen erarbeiteten Fassung die gewünschte Autorität zu verleihen, ließen sie alle erreichbaren vormasoretischen Handschriften des hebräischen Kanons vernichten. Vergleiche der wenigen erhaltenen Texte und auch der früher entstandenen griechischen und lateinischen Übersetzungen mit der *Masora* zeigen, daß diese von der Tradition nur an wenigen Stellen abweicht. Das besondere Verdienst der Masoreten besteht vor allem darin, daß sie die Orthographie der hebräischen Schriftsprache durch die Einführung eines praktikablen Vokalisierungssystems vervollkommneten.

Bis 1960 waren ca. 1500 hebräische Handschriften des *AT* registriert. Die Zahl wächst jedoch ständig. Die Auswertung und Klassifizierung des Materials kann daher noch lange nicht als abgeschlossen betrachtet werden. Auf Grund der Forschungen des Semitisten Paul Kahle teilt man die Funde vorläufig nach zwei Masoretenschulen mit unterschiedlichen Vokalisierungsprinzipien in eine östliche (babylonische) und eine westliche (palästinensische bzw. tiberiensische) Gruppe ein. Den ältesten vollständigen Kanon enthält die palästinensische Handschrift des Ahron ben Mosche ben Ascher, die um 930 entstand und heute in der Sefardiersynagoge in Aleppo aufbewahrt wird. Den gedruckten Ausgaben der *Masora* liegt der *Textus receptus* (anerkannter Text) von Jakob ben Chajim (1525/26) zugrunde, der sich auf Handschriften des 13. bis 15. Jh.s stützt. Auch die erste Ausgabe der von dem protestantischen Theologen Rudolf Kittel edierten *Biblia Hebraica* (1905/06) gab diesen Text wieder, während die dritte Auflage (1929 ff.) einen tiberiensischen Masoretentext aus dem 10. Jh. bietet.

Die in der hellenistischen Gemeinsprache (*koinē*) geschriebenen Bücher des *NT* sind ebenfalls nur in Abschriften überliefert, nicht von der Hand der Verfasser. Obwohl sie zum Teil 500 Jahre später entstanden als die Schriften des *AT*, herrscht hinsichtlich der Autorschaft, z. B. bei den *Evangelien* und der *Apostelgeschichte*, große Ungewißheit. Die Textkritiker haben das überkommene Material in drei Hauptgruppen geordnet: der aus Alexandria stammende, äußerst knapp und nüchtern gefaßte *Codex-B-Typus* (2. Jh.) kommt der angenommenen Urform vermutlich am nächsten. Der simplifizierende, betont volkssprachliche *Codex-D-Typus* war vor allem im Römischen Reich und in Syrien verbreitet. Der offiziell-kirchliche *Codex-A-Typus* entstand um 300 wahrscheinlich in Antiochien und gelangte über Byzanz ins Abendland, wo er, von den meisten Kirchenschriftstellern benutzt, die beiden früheren Fassungen bald verdrängte.

Schon in den ersten Kommentaren zu den apostolischen Schriften werden diese als Wort Gottes und als den Büchern des *AT* gleichwertig anerkannt. Das älteste bekannte Verzeichnis des im Entstehen begriffenen neutestamentlichen Kanons enthält das *Muratorische Fragment*, benannt nach dem italienischen Geschichtsforscher Lodovico Antonio Muratori (1672–1750), der das aus der zweiten Hälfte des 2. Jh.s stammende Manuskript in der Mailänder Biblioteca Ambrosiana entdeckte. Es nennt alle bis dahin kanonisierten Apostextexte. Der *Hebräer-* und der *Jakobus-Brief* sowie die beiden *Petrus-Briefe* und der dritte *Johannes-Brief* sind nicht erwähnt; dagegen werden die heute als apokryph geltende *Petrus-Apokalypse* und die *Sprüche Salomos* zum *NT* gerechnet. Die Authentizität und der Verkündigungscharakter der in dieser Liste nicht angeführten Briefe waren ebenso wie die Echtheit des *Judas-Briefs* und der *Offenbarung des Johannes* noch lange Zeit umstritten. Die erste und nahezu endgültige Festlegung des *NT*-Kanons brachten für die Ostkirche der 39. *Osterbrief* (367) des Athanasios, Bischof von Alexandria, für den Westen vor allem die Synoden von Hippo Regius

(393) und Karthago (397). Sie wurde vom Tridentinischen Konzil (1546) erneut bestätigt.
Kein anderes Werk der christlichen Antike ist so oft abgeschrieben worden wie das *NT*. Überliefert sind ca. 4000 Manuskripte: Papyri, Majuskel- oder Unzial- und Minuskelhandschriften auf Pergament oder Papier. Das älteste Papyrusfragment, fünf Verse aus dem *Johannes-Evangelium*, stammt aus dem ersten Jahrzehnt des 2. Jh.s. Größere Bruchstücke bieten die etwas jüngeren *Chester-Beatty-Papyri* (vor allem *Paulus-Briefe*). Das älteste vollständige *NT* ist im *Codex Sinaiticus* (4. Jh.) überliefert, den der evangelische Theologe Constantin von TISCHENDORF in einzelnen Teilen 1844 bzw. 1859 im Katharinenkloster auf dem Berg Sinai entdeckte. Der *Codex Vaticanus* (4. Jh.) und der *Codex Alexandrinus* (5. Jh.) weisen einige Lücken auf. Die Mehrzahl der griechischen Handschriften gehören der Zeit nach 800 an und zeigen den zum *Textus receptus* erhobenen *Codex-A-Typus*, der auch die Vorlage für die ersten Buchausgaben des *NT* war, obwohl der lateinische *Vulgata*-Text, der auf ältere griechische Versionen zurückgeht, weitaus genauer ist. Erst im 19. Jh. sagte sich die Textkritik von der *Receptus*-Fassung los und wandte sich, vor allem unter dem Eindruck von Tischendorfs *Codex-Sinaiticus*-Untersuchungen, der alexandrinischen Form *(B-Typus)* zu. Die wichtigste textkritische Ausgabe des griechischen *NT* ist das erstmals 1898 von dem protestantischen Theologen Eberhard NESTLE erarbeitete *Novum Testamentum Graece*, das in ständig auf den neuesten Stand der Forschung gebrachten Auflagen weiter erscheint.
Zäsuren zur Kennzeichnung zusammengehöriger Abschnitte oder zur Erleichterung des Textvortrags im Gottesdienst finden sich bereits in den ältesten hebräischen Handschriften des *AT*. Die heutige Form der Kapitelgliederung geht auf die *Biblia Rabbinica* des venezianischen Druckers Daniel Bomberg (1525/26) zurück. Die Einteilung der *Evangelien* in sinngemäß zusammengestellte Lesestücke datiert aus dem 3. Jh., doch erst vom 13. Jh. an verfuhr man nahezu einheitlich und schuf damit die Voraussetzung für den Gebrauch der um diese Zeit aufkommenden lateinischen Bibelkonkordanzen. Initiator der Versifizierung des *NT* war vermutlich der alexandrinische Diakon EUTHALIOS (4. Jh.), der in seiner Fassung der *Apostelgeschichte* und einiger *Paulus-Briefe* den Text systematisch in Verszeilen aufteilte, auf die so viele Worte kamen, wie beim Vortrag zusammen gelesen werden sollten. Die Grundlage der heutigen Verseinteilung bildet die lateinische Übersetzung von Santi PAGNINI (1527/28). Die Numerierung der Verse ist das Werk Robert ESTIENNES (Robertus Stephanus), der sie für seinen berühmt gewordenen Genfer *Vulgata*-Druck (1555ff.) einführte. Im hebräischen Text erschien sie vollständig erstmals in der Amsterdamer Athia-Ausgabe von 1661.

Bibelübersetzungen

Die Zerstreuung (Diaspora) der Juden und die Verdrängung der hebräischen Sprache durch das Griechische und Aramäische machten vom 3. Jh. v. Chr. an Übersetzungen der *Thora* in die neuen Muttersprachen der Exilierten notwendig. Die erste vollständige und für fast alle späteren Arbeiten maßgebliche Übertragung des jüdischen Kanons ins Griechische, die sogenannte *Septuaginta* (*Interpretatio* [Editio] *septuaginta virorum* – Die Übersetzung der siebzig Männer; gebräuchliche Abkürzung *LXX*), soll, wie der um 100 v. Chr. verfaßte →

Aristeas-Brief erzählt, von 72 jüdischen Gelehrten in 72 Tagen für die Bibliothek des Ptolemaios II. Philadelphos (reg. 283–247 v. Chr.) in Alexandria angefertigt worden sein. Der Kern der Legende mag auf Wahrheit beruhen, doch muß die Übersetzung aller Bücher des *AT* weitaus mehr Zeit in Anspruch genommen haben. Aus dem um 130 v. Chr. geschriebenen Vorwort zum *Buch Jesus Sirach* geht hervor, daß zu diesem Zeitpunkt der größte Teil der heiligen Schriften des Judentums schon ins Griechische übersetzt war. Offensichtlich war dem Verfasser auch die unterschiedliche Worttreue und sprachliche Qualität der einzelnen Teile der *LXX* bekannt. (»*Denn was in hebräischer Sprache geschrieben ist, das lautet nicht so wohl, wenn man's bringt in eine andere Sprache ... Darum sah ich's für gut und nicht an, daß ich den Fleiß und die Mühe darauf legte und dies Buch verdolmetschte.*«) Die ältesten überlieferten Abschriften der *LXX*, die als einheitliches Originalwerk wahrscheinlich nie existierte, lassen erkennen, daß nur der *Pentateuch* nahezu wörtlich wiedergegeben ist, während die *Prophetenbücher* viele Abweichungen von der hebräischen Vorlage enthalten und stellenweise nur paraphrasieren. Dennoch genoß die *LXX* bei den Juden wie bei den griechischen und lateinischen frühchristlichen Schriftstellern großes Ansehen und hat ihre Bedeutung als die meistbenutzte Vorlage für neuzeitliche *AT*-Übersetzungen bis heute bewahrt. Aus verständlichen Gründen zweifelten die Juden nach der Zerstörung Jerusalems (70 n. Chr.), als sich der Gegensatz zwischen Judentum und Christentum verschärfte, die Authentizität der Übersetzung an. Sie beanstandeten, daß in die *LXX* einige im hebräischen Kanon nicht enthaltene, wenn auch hochgeschätzte religiöse Schriften aufgenommen worden waren (die *Deuterokanonischen Bücher*), und zogen zum gottesdienstlichen Gebrauch die im 2. Jh. n. Chr. in verschiedenen Diasporagemeinden entstandenen Textrezensionen der Gelehrten AQUILA aus Synope (Pontus), SYMMACHUS aus Samaria und THEODOTION, wahrscheinlich aus Ephesus, vor. Sie lieferten mit ihren ambitionierten wissenschaftlichen Arbeiten die Grundlagen für die textkritischen Untersuchungen des ORIGENES (um 185–253/54), der den ursprünglichen Wortlaut des *AT* zu rekonstruieren versuchte, indem er den hebräischen Text, dessen griechische Umschrift, die *LXX* und die drei genannten Rezensionen in sechs Kolumnen *(Hexapla)* nebeneinanderstellte. Dieses fünfzigbändige Werk, das monumentalste der frühchristlichen Theologie, ist wohl nie vollständig abgeschrieben worden und daher nur in kleinen Bruchstücken überliefert. Auch spätere Rezensionen der *LXX* – z. B. die um 300 von LUKIAN, dem Gründer der antiochensischen Katechetenschule, erarbeitete Form und die von Hieronymus erwähnte Übersetzung des HESYCHIOS aus Alexandria – vermochten die weitere Verbreitung der *LXX* nicht aufzuhalten.
Das älteste Fragment unter den ca. 1550 überlieferten *LXX*-Handschriften besteht aus einigen Zeilen, die zum *Deuteronomium* gehören. Den ersten fast kompletten Kanon bietet der *Codex Vaticanus* (4. Jh.), während der *Codex Sinaiticus*, der das *NT* vollständig enthält, im *AT* Lücken aufweist.
Etwa gleichzeitig mit der Übersetzung der *LXX* wurden Teile des *AT* auch ins Aramäische übertragen, das die hebräische Sprache in Palästina ablöste. Diese *Targume* (hebr.; Übersetzungen) geben den Originaltext sehr frei wieder und beschränken sich oft auf die in der Synagoge verlesenen Ab-

schnitte. Eine wortgetreue vollständige Übersetzung der *Thora* lieferte erst der babylonische *Onkelos-Targum* (200 n. Chr.).

Für aramäisch-christliche Kreise bestimmt war die Übersetzung des *AT* ins Syrische, die *Peschitta* (hebr.; »die Gewöhnliche«, entsprechend der lateinischen *Vulgata*, oder »die Einfache«, im Gegensatz zur *Syrohexapla*, Übersetzung des Origenes-Werks). Die Anfänge der *Peschitta* gehen bis ins 2. Jh. zurück, sie basiert auf dem hebräischen Text und einer als *Vetus Syra* bezeichneten älteren syrischen Fassung, wurde aber nach der *LXX* korrigiert.

Die erste syrische Version des *NT* ist vermutlich das → *Diatessaron* (d. h. »eins aus vier«) des ostsyrischen Rhetors TATIAN, der um 170 den Text der vier *Evangelien* (sowie angeblich noch einer fünften – apokryphen – Schrift) zu einer fortlaufenden Erzählung umformte und diese aus dem griechischen Manuskript ins Syrische übersetzte. Diese erste fremdsprachliche Wiedergabe des *NT* war das Modell aller späteren Evangelienharmonien und erfreute sich mehrere Jahrhunderte hindurch bei den Christen des Ostens großer Beliebtheit, wurde dann jedoch durch die bis auf die *Offenbarung* und einige Briefe vollständige Übersetzung des *NT* (um 430) verdrängt, die RABBULAS, Bischof von Edessa, der alttestamentlichen *Peschitta* anfügte. Die drei Urübersetzungen – *LXX, Targum, Peschitta* – wurden in der Folgezeit in weitere Sprachen, die am Rande des jüdischen und christlichen Wohngebiets gesprochenen Idiome (koptisch, äthiopisch, armenisch usw.), übersetzt.

Auch die ersten Übersetzungen einzelner Teile oder sogar des ganzen *AT* und *NT* ins Lateinische entstanden an der Peripherie: in den christlichen Gemeinden der römischen Provinz Africa proconsularis. Zitate bei TERTULLIAN und CYPRIAN beweisen, daß um 200, also zu einer Zeit, da in Rom das Griechische noch Umgangssprache war, bereits mehrere Bücher lateinisch vorlagen. AUGUSTIN und HIERONYMUS beziehen sich dann auf Übersetzungen, die von 250 an auch auf europäischem Boden, ja in Rom selbst, angefertigt worden waren. Nach einer noch ungeklärten Äußerung bei Augustin *(De doctrina christiana)* wurden sie *Itala* genannt. Später faßte man alle Überreste der vor der *Vulgata* entstandenen lateinischen Übersetzungen unter der Bezeichnung *Vetus Latina* zusammen. Vorlage dieser Übersetzungen war für das *AT* fast immer die *LXX*, für das *NT* der volkssprachliche *Codex-D-Typus*. Nur wenige dieser altlateinischen Handschriften sind erhalten: der *Heptateuch Codex Lugdunensis* (5.–6. Jh., die *Fünf Bücher Mosis, Josua* und *Richter*), *Codex Wirceburgensis* (6. Jh., *Pentateuch* und *Prophetenbücher*), *Codex Bobbiensis* und *Palatinus* (5. Jh.) bieten die afrikanische Version der *Evangelien, Codex Vercellensis* (4. Jh.) und *Veronensis* (5. Jh.) die europäische.

Nach einer neuerlichen Festlegung des Kanons der *Heiligen Schrift* auf der römischen Synode von 382 begann Hieronymus, Ratgeber von Papst Damasus I. (366–384), mit der Revision des altlateinischen *Evangelien*-Textes. Er legte seiner Bearbeitung eine *Itala*-Version zugrunde und verbesserte sie nach zuverlässigen *LXX*-Handschriften. Die Erstübersetzungen des *NT* erwiesen sich dabei offenbar als nur wenig korrekturbedürftig; denn Hieronymus' Neufassung weicht nicht erheblich von der älteren ab. Komplizierter gestaltete sich die anschließende Arbeit am *AT*. Er begann sie mit einer nur oberflächlichen Redaktion des *Psalters*, der in dieser Form wohl in die Liturgie der römischen Kirche übernommen wurde, später aber verlorenging. Um die *Hexapla* des Origenes und andere wichtige Handschriften einzusehen, begab sich Hieronymus 386 nach Palästina und setzte als Klostervorsteher in Bethlehem die Übertragung des *AT* anhand hebräischer und aramäischer Texte fort. Mit Ausnahme der trotz mehrmaliger Umarbeitung von Hieronymus nicht bewältigten Revision des *Psalters* stellt seine Bibelübersetzung, die *Vulgata*, eine der bedeutendsten Gelehrtenleistungen der Antike dar. Sie wurde in unzähligen Abschriften verbreitet und diente den meisten Übersetzungen in neue Sprachen als Vorlage. Durch fehlerhafte Kopien und willkürliche Veränderungen verlor sie im Laufe der Jahrhunderte jedoch immer mehr von ihrer ursprünglichen Authentizität und von ihrem einst gerühmten sprachlichen Glanz. Mehrere Textkritiker (CASSIODOR, ALKUIN, die Bischöfe THEODULF VON ORLEANS und LANFRANC VON CANTERBURY u. a.) sowie kirchliche Institutionen strebten mit Rezensionen und rigorosen Säuberungen des Textes eine neue verbindliche Form an, ohne das gewünschte Ziel zu erreichen. Auch die von Papst Paul IV. (1555–1559) eingesetzte Kommission, die den auf dem Tridentinischen Konzil von 1546 für authentisch erklärten Bibeltext der *Vulgata* endgültig revidieren sollte, leistete nach Ansicht Papst Sixtus' V. (1585–1590) keine zufriedenstellende Arbeit. Er verwarf ihre Verbesserungsvorschläge, änderte den *Vulgata*-Text an vielen Stellen mit eigener Hand ab und ließ das Resultat 1589 als *Biblia Sixtina* veröffentlichen. Nach seinem Tod im folgenden Jahr zog das Kardinalkollegium diese Ausgabe sogleich zurück. Unter Papst Clemens VIII. (1592–1605) erschien 1592 nach abermaliger Redaktion ein neuer Druck, die sogenannte *Sixto-Clementinische Vulgata*, die im Vorwort von Kardinal BELLARMIN als für die römisch-katholische Kirche verbindlich erklärt wurde.

Andere lateinische Bibelübersetzungen konnten sich gegen die *Vulgata* nicht durchsetzen. Das Werk des Dominikanertheologen Santi Pagnini (1527/28) fand seiner Exaktheit und klassischen Sprachform wegen Anklang und wurde mehrfach neu herausgegeben. Ende des 19. Jh.s unternahmen zwei anglikanische Theologen, H. J. WHITE und J. WORDSWORTH, erneut den Versuch, eine lateinische Urform der Bibel zu erarbeiten. Papst Pius X. (1903–1914) betraute 1907 die Patres der Benediktinerabtei Beuron (Vetus-Latina-Institut) mit der gleichen Aufgabe. Bisher erschienen in der rekonstruierten Fassung der *Pentateuch* und einige *Geschichtsbücher* des *AT*.

Die erste germanische Bibelübersetzung fertigte der westgotische Bischof ULFILA († 383) an. Größere Teile, vor allem die vier *Evangelien*, sind im → *Codex argenteus* enthalten, der in Uppsala aufbewahrt wird. Der Text lehnt sich eng an das griechische Original des antiochensischen *A-Typus* an. Ulfila schuf ein gräzisiertes Literaturgotisch, das sich durch einen reichen Wortschatz und vielfältige Ausdrucksmöglichkeiten auszeichnete, im Volk jedoch keine Verbreitung fand. Aus dem Jahre 748 stammen die ältesten Teile einer alemannischen Übersetzung des *Matthäus-Evangeliums*, die sogenannten *Mondsee-Wiener-Fragmente*. In den Jahrhunderten bis zur Erfindung des Buchdrucks überwogen volkstümliche, epische und poetische Umgestaltungen des Schöpfungsberichts (→ *Altsächsische* und → *Wiener Genesis*) und der Leben-Jesu-Geschichte (→ *Heliand*, OTFRID VON WEISSENBURG

→ *Evangelienbuch*, Evangelienharmonien in der Art von Tatians *Diatessaron*), ferner Armenbibeln (*biblia pauperum*), in denen das Bild die Schrift ersetzen soll, und – zum Teil gereimte, reich illustrierte – Historienbibeln, die mit einer Nacherzählung der dramatischen Höhepunkte des *AT* beginnen und dann in eine allgemeine → *Weltchronik* (RUDOLF VON EMS, Hartmann SCHEDEL) übergehen. Diese oft sehr umfangreichen Bücher trugen zur Popularisierung des Bibelguts mehr bei als wörtliche (interlineare) Übersetzungen des Kanons und die vielfach prächtig ausgestatteten Perikopenbücher, Evangeliare und Lektionare, die, obwohl zum gottesdienstlichen Gebrauch bestimmt, von den Klöstern wie vom geistlichen und weltlichen Adel als kostbare Meisterwerke der Buchkunst gehütet wurden. Wissenschaftlich-sprachschöpferische Arbeit leistete der St. Galler Mönch NOTKER III. LABEO, genannt Teutonicus († 1022), mit seiner für Unterrichtszwecke bestimmten Übertragung des *Psalters* und des *Hohenliedes* in ein orthographisch weit verbessertes Althochdeutsch auf alemannischer Basis. Keine der ca. 4000 deutschen Bibelhandschriften, die im Mittelalter in Umlauf waren und von denen 817 (darunter 43 Vollbibeln) überliefert sind, vermochte gegenüber den anderen einen Vorrang zu behaupten und sich allgemeine Anerkennung zu sichern. Sie alle aber sind Meilensteine auf dem Weg zu einer endgültig fixierten einheitlichen deutschen Hochsprache.

Den bedeutendsten Fortschritt in dieser Richtung stellt die Bibelübersetzung von Martin LUTHER (1483–1546) dar. Sie leitete eine neue Epoche der deutschen Sprache ein. An seinem Zufluchtsort auf der Wartburg übersetzte Luther vom Dezember 1521 bis März 1522 zunächst das *NT* nach der anerkannt mustergültigen griechischen Buchausgabe des ERASMUS (Basel 1516, 1519) in die Sprachform seines sächsisch-thüringischen Heimatgebiets (sächsische Kanzleisprache), die sich nun – nicht zuletzt dank der dem Volk »vom Maul« abgeschauten, kraftvollen Ausdrucksweise und bildhaften Anschaulichkeit – in den nächsten Jahrzehnten auch im übrigen deutschen Sprachraum durchsetzte. Im September 1522 erschien das vollständige, von MELANCHTHON gewissenhaft redigierte *NT* im Druck (*Septemberbibel*). Als Vorlage für die Übertragung des *AT*, an der er mit Unterbrechungen zehn Jahre arbeitete, benutzte Luther, im Gegensatz zu den Übersetzern des Mittelalters, möglichst den *Masora*-Text (Handschriften des palästinensischen Kanons aus dem 13. und 14. Jh.); als Hilfs- und Vergleichsmittel zog er die *LXX*, die *Vulgata* und spätere lateinische Versionen (u. a. die Bibel des Santi Pagnini) heran. Seine traditorischen Grundsätze legte er im → *Sendbrieff von Dolmetschen* (1530) nieder. Über Luthers Ringen mit dem Problem der getreuen und doch allgemein verständlichen Wiedergabe des Bibelworts in seiner Muttersprache berichtete der bayerische Reformator Thomas ROHRER in seinen Aufzeichnungen. 1534 brachte der Wittenberger Drucker Hans LUFFT Luthers Werk als die erste deutschsprachige Vollbibel heraus. Bis zum Tod des Reformators erschienen 253 immer weiter verbesserte Neuauflagen. Die Ausgabe von 1545 wurde von der evangelischen Kirche zum offiziellen Luther-Text erklärt. Bis 1570 gingen aus der Offizin von Lufft ca. 100000 Bibelexemplare hervor; in ganz Deutschland wurde die Übersetzung nachgedruckt, auch sogleich ins Niederdeutsche und Niederländische übertragen.

Nach der *Luther-Bibel* hat im deutschsprachigen Bereich keine andere eine ähnliche Bedeutung für das geistige Leben und das Volk erlangt, weder die (1931 wesentlich verbesserte) *Zürcher Bibel* des calvinistischen Reformators Ulrich ZWINGLI (1529) noch die für die römisch-katholischen Christen bestimmten Übersetzungen, wenn auch die *Mainzer Ausgabe* (1662) mehr als hundert Jahre hindurch als die Hausbibel der Katholiken galt. Im deutschen Judentum fand die Übersetzung des *AT* von Moses MENDELSSOHN (1780ff.) Verbreitung. Martin BUBER und Franz ROSENZWEIG begannen 1925 mit einer neuen Übertragung des jüdischen Kanons. Sie folgt allerdings weniger dem deutschen Sprachrhythmus und Stilgefühl als dem der hebräischen Sprache und versucht, dessen archaisches Pathos und alttestamentliche Metaphorik wörtlich wiederzugeben. In mehreren katholischen und evangelischen Bibelbewegungen und -gesellschaften wird das Übersetzungswerk in der Gegenwart fortgeführt (neue Ausgaben s. Bibliographie).

In vielen europäischen Ländern, besonders in den nördlichen und östlichen, wurden durch Bibelübersetzungen die Grundlagen für eine offizielle Schriftsprache geschaffen. Die glagolitische Schrift soll zum Zweck der Übertragung liturgischer Bibelabschnitte (Perikopen) ins Altkirchenslavische im 9. Jh. von dem griechischen Mönch Konstantin, der später den Namen KYRILLOS annahm, entwickelt worden sein. Ihre Zeichen gaben zwar in idealer Weise das Lautsystem der Volkssprache wieder, doch waren sie so kompliziert, daß die mit der Übersetzung der gesamten Bibel betrauten Mönche im Laufe der nächsten Jahrzehnte ein neues Alphabet formten, das dem griechischen ähnlich war, aber eine Reihe weiterer Buchstaben enthielt. Diese – verglichen mit der Glagolica – einfachere, zu Ehren des Slavenapostels benannte kyrillische Schrift übernahmen später die meisten slavischen Völker. – Für die tschechische Hochsprache wurde die von den Böhmischen Brüdern herausgegebene → *Bible Kralická* (1579ff.) maßgebend. – Das *NT* des protestantischen Predigers Primož TRUBAR begründete 1555 die slovenische Schriftsprache. – Im Serbischen wurden im 18. Jh. durch die Bibelübersetzung das Nieder- und Oberwendische erstmals schriftlich fixiert. – Für die magyarische Sprache und Kultur erlangte die 1589/90 gedruckte *Vizsoly-Bibel* von Káspár KÁROLYI die gleiche Bedeutung wie die *Luther-Bibel* in Deutschland. – Nahezu alle skandinavischen und baltischen Völker haben durch die Übersetzung und Verbreitung des *NT*, d. h. durch die Arbeit ihrer äußerst rührigen nationalen Reformatoren (Christiern PEDERSEN in Dänemark, Olaus und Laurentius PETRI in Schweden, Michael AGRICOLA in Finnland, Martinas MAŽVYDAS in Litauen), eine Schrift- oder Hochsprache erhalten.

In den romanischen Ländern wie auch in England und den Niederlanden konnten die Bibelübersetzer an eine bereits vorhandene Schriftsprache anknüpfen. Die Reihe der französischen Bibeln beginnt mit einer im 13. Jh. von den Albigensern angefertigten provenzalischen Version. Die wenig später beendete nordfranzösische Übersetzung vermochte die beliebte, anschaulichere *Bible historiaulx* von Guyard DESMOULINS (um 1200) nicht zu verdrängen. 1487 erschien der erste vollständige Bibeldruck, das Werk des Jean de RÉLY. Größere Verbreitung fand die sich eng an die *Vulgata* anlehnende Übersetzung von Jacques LEFÈVRES D'ÉSTAPLES (Faber Stapulensis), in überarbeiteter Form als *Löwener Bibel* (1557) bekannt geworden. Eine reformierte Übersetzung lieferte Calvins

Vetter Pierre Robert OLIVÉTAN; sie wurde 1910 durch die *Révision synodale* ersetzt. – Im Spanischen waren außer der im Auftrag König Alfons' X. nach der *Vulgata* angefertigten *Biblia Alphonsiana* (13. Jh.) mehrere von Juden nach hebräischen Handschriften übersetzte Bibeln im Umlauf. Die erste gedruckte Ausgabe stammt angeblich von Bonifacius FERRER (Valencia 1478). Die Inquisition verbot jede weitere Übersetzungsarbeit; sie wurde erst Ende des 18. Jh.s wiederaufgenommen. Sehr früh entstand eine protestantische Übersetzung, die *Biblia del Oso* von CASSIODORUS DE REINA (Basel 1567 ff.). – In Italien kam man aus naheliegenden Gründen an den vorliegenden lateinischen Versionen am längsten aus. Die ältesten Handschriften in toskanischem Dialekt geben das *NT* in Form eines *Diatessaron* wieder. Die erste vollständige Übersetzung auf der Basis einer bereits vorhandenen Handschrift in volkstümlichem Idiom veröffentlichte 1471 Nicola MALERMI (auch Malerbi). Heute wird vor allem die Übersetzung von Antonio MARTINI (1769 ff.) benutzt. Die sogenannte *Judenbibel* (Ferrara 1553), von zwei portugiesischen Juden, Duarte PINEL und Hieronymus de VARGAS, erstellt, sollte in zwei Ausgaben sowohl den Katholiken als auch den Juden dienen; sie hat sich jedoch nicht durchgesetzt.

Am Anfang der englischen Übersetzungen steht ein angelsächsischer *Psalter* aus der Zeit um 750. Zwischen dem 9. und 11. Jh. entstand eine große Zahl interlinearer Glossen zu verschiedenen Büchern des *AT* und *NT*. Der Mönch AELFRIC († um 1022) übersetzte den *Pentateuch* und andere Teile des alttestamentlichen Kanons. Im 11. Jh. lagen die *Evangelien* in mehreren Dialekten vor. Sie gehen, wie auch der erste vollständig überlieferte Bibeltext (1380) den John WICLIF, ausschließlich auf die *Vulgata* zurück. Die offizielle anglikanische Bibel, *The Authorized Version (King James Version)* und *The Revised Version*, basiert auf einer nach griechischen Handschriften bearbeiteten Fassung des *NT* von William TYNDALE (1525/26); seine *AT*-Übersetzung wurde von COVERDALE und ROGERS vollendet. *The New English Bible* (*NT* 1961) ist der jüngste Versuch, die bei zahlreichen Revisionen in den englischen Bibeltext eingedrungenen Luther-Formeln durch gebräuchlichere moderne Wendungen (»*current speech of our own time*«) zu ersetzen.

Bis zur Erfindung der Buchdruckerkunst sind Übersetzungen der Bibel oder einzelner Teile des Kanons in 33 Sprachen nachgewiesen. 1956 lagen Ausgaben der Vollbibel in ca. 600 Sprachen und einzelner Schriften in 1092 Sprachen vor. Die meisten Übersetzungen der letzten Jahrzehnte sind in den Missionsgesellschaften für die Arbeit in den christlichen Gemeinden Afrikas und Asiens entstanden; zum Teil widmen sich die jungen Kirchen heute auch selbst dieser Aufgabe. G. Wo.

AUSGABEN: 1. AT u. NT (Polyglotte):
Vetus testamentum multiplici lingua, 6 Bde., Hg. Alphonsus Complutensis u. a., Alcalá de Henares 1514–1517 [AT: hebr., griech., aram., lat.; NT: griech., lat.; *Complutenser Polyglotte*]. – *Biblia sacra, Hebraice, Chaldaice, Graece et Latine*, 8 Bde., Hg. Benedictus Arias Montanus, Antwerpen 1569 [recte 1571?] – 1573 [*Biblia Regia*]. – *Biblia*, 1. Hebraica, 2. Samaritana, 3. Chaldaica, 4. Graeca, 5. Syriaca, 6. Latina, 7. Arabica, 9 Bde., Hg. G. M. Le Jay, J. Morin u. a., Paris 1629 bis 1645 [*Pariser Polyglotte*]. – *Biblia sacra polyglotta*, 6 Bde., Hg. Drianus Waltonus u. a., Ldn. 1655–1657 [griech., hebr., aram., Pentateuch samaritanisch; m. lat. Übers. u. orientalischen Übersetzungsfragmenten; *Londoner Polyglotte*; fotomech. Nachdr. Graz 1963/64]. – *Polyglotten-Bibel zum praktischen Handgebrauch*, 4 Bde., Hg. R. Stier u. K. G. W. Theile, Bielefeld 1–4 1846 bis 1857 [Urtexte, LXX, Vulgata, Luther-Übers. u. andere dt. Übersetzungsvarianten; *Bielefelder Polyglotte*]. – *La Sainte Bible polyglotte*, 8 Bde., Hg. F. Vigouroux, Paris 1898–1909 [Urtexte, LXX, Vulgata u. frz. Übers. v. M. l'Abbé Glaire]. – *Biblia polyglotta Matritensia*, Hg. T. Ayuso Marazuela, Madrid 1957 ff.

2. AT (nur der hebr. Text):
Soncino 1488 [?], Hg. Abraham ben Ḥayyīm de' Tintori. – Neapel 1491, Hg. Joshua Solomon Soncino. – Brescia 1494, Hg. Gershom Soncino. – Venedig 1517, Hg. Daniel Bomberg; ern. 1521; 1525–1528; 1528–1533; 1544/45. – *Biblia Hebraica*, Hg. J. Athia u. J. Leusden; Anm. E. van der Hooght, 2 Bde., Amsterdam/Utrecht 1705; ern. 2 Bde., Ldn. 1812–1814, Hg. J. S. Frey; 2 Bde., Ldn. 1822, Hg. J. D'Allemand; Lpzg. 1834, Hg. A. Hahn [Vorw. E. F. C. Rosenmüller]. – *The Sacred Books of the Old Testament*, Hg. P. Haupt, Lpzg. 1893–1904 [unvollst.; *Regenbogenbibel*]. – *Biblia Hebraica*, Hg. R. Kittel u. a., Lpzg. 1905/06; 12 Stg. 1961. – *The Old Testament*, 4 Bde., Hg. C. D. Ginsbury, Ldn. 1926 [berücksichtigt masoret. Text u. ältere Ausg.; m. Lesarten]. – *Soncino Books of the Bible*, 14 Bde., Hg. A. Cohen, Ldn./Bournemouth 1946–1952. – *Tōrā nebī'īm ketūbīm*, 5 Bde., Hg. S. Loeb Gordon, Tel-Aviv 1952–1954.

3. NT (nur der griech. Text):
Novum Instrumentum omne, Hg., Übers. Erasmus v. Rotterdam, Basel 1516 [griech. u. lat.]. – *Novum Testamentum omne*, Hg. ders., Basel 1519 [verbessert; griech. u. lat.]. – *Novum Testamentum Graece*, Hg. Nicolaus Gerbelius, Hagenau 1521 [nach der Ausg. 1519]. – *Novum Testamentum*, Hg. R. Estienne, Paris 1546. – *Novum Testamentum Graecum*, 2 Bde., Hg. J. J. Wettstein, Amsterdam 1751/52 [fotomech. Nachdr. Graz 1962]. – *Novum Testamentum Graece*, Hg. A. F. C. Tischendorf, Lpzg. 1841; 1849; 8. Aufl.: *NT. Ad antiquissimos testes*, 3 Bde., 1869–1894. – *Novum Testamentum Graece*, Hg., Anm. E. Nestle, Stg. 1898; 25 1963. – *Die Schriften des NT in ihrer ältesten erreichbaren Textgestalt*, 2 Bde., Hg. H. Frh. v. Soden, Bln. 1902–1913. – *Cambridge Greek Testament for Schools and Colleges*, 20 Bde., Hg. A. Nairne, Cambridge 1905–1929. – *The Expositor's Greek Testament*, 5 Bde., Hg. W. Robertson Nicoll, Ldn./NY/Toronto 1917–1929. – *Novum Testamentum Graece*, Hg. A. Merck, Rom 1936 (Scripta Pont. Instituti Biblici, 77). – *Cambridge Greek Testament Commentary*, Hg. C. F. D. Moule, Cambridge 1957 ff. – *The Greek New Testament. Being the Text Translated in the New English Bible 1961*, Hg. R. V. G. Tasker, Ldn. 1964.

ÜBERSETZUNGEN:

1. Griechisch:
Panta ta kat'exochēn kaloumena Biblia theias dēladē graphēs palaias te kai neas, Hg. Andreas, Federicus, Franciscus Asulanus, Venedig 1518. – Septuaginta: *Vetus testamentum graece iuxta LXX interpretes*, Hg. C. v. Tischendorf u. E. Nestle, 2 Bde., Lpzg. 1887. – *Septuaginta*, Hg. A. Rahlfs, Göttingen

1931 ff. – Codex Vaticanus: *Hē Palaia kai hē Diathēkē. Vetus et Novum Testamentum ex antiquissimo codice Vaticano*, Hg. Angelus Maius, 5 Bde., Rom 1857. – *Bibliorum Sacrorum Graecus Codex Vaticanus auspice Pio IX*, 6 Bde., Rom 1869–1881. – *The Old Testament in Greek, According to the Text of Codex Vaticanus*, Hg. E. Brooke, N. McLean u. H. St. John Thackeray, Oxford 1906 ff. – Codex Sinaiticus: *Bibliorum Codex Sinaiticus Petropolitanis*, Hg. C. v. Tischendorf, 4 Bde., Petersburg/Lpzg. 1862. – *Codex Sinaiticus Petropolitanis et Friderici-Augustanus Lipsiensis*, Hg. K. Lake, Oxford 1922. – Codex Alexandrinus: *Facsimile of the Codex Alexandrinus*, Hg. E. M. Thompson, 4 Bde., Ldn. 1881–1883. – *The Codex Alexandrinus*, Hg. F. G. Kenyon, Ldn. 1909 ff. – Codex Ephraemi Syri: *Codex Ephraemi Syri rescriptus sive fragmenta utriusque Testamenti*, Hg. C. v. Tischendorf, 2 Tle., Lpzg. 1843–1845.

2. Lateinisch:
Mainz 1455 (*Vulgata*; *Gutenberg-* od. *42-Zeilen-Bibel*; Faks.-Neudr. Hg. P. Schwenke, 3 Bde., Lpzg. 1913–1923). – Bamberg 1460 [?] (*Bamberg-* od. *36-Zeilen-Bibel*). – Mainz 1462, 2 Bde. (*48-Zeilen-Bibel*; [2]1472). – *Biblia. Habes in hoc libro utriusque instumenti novam translatione aeditam à Sancte Pagnino*, Lyon 1527/28. – *Biblia sacra ex Santis Pagnini tralatione*, Hg. Michael Servetus, Lyon 1542. – *Biblia sacra vulgatae editionis*, 3 Bde., Rom 1590 (*Biblia Sixtina*). – *Biblia sacra vulgatae editionis (Sixti quinti Pont. Max. iussu recognita atque edita)*, Rom 1592 (*Sixto-Clementina*). – Dass., Hg. V. Loch, 4 Bde., Regensburg 1849 u. ö. – *Novum Testamentum Latine, secundum editionem Sancti Hieronymi*, Hg. J. Wordsworth u. H. J. White, Oxford 1889 ff. – *Biblia sacra iuxta latinam vulgatam versionem ad codicum fidem*, Hg. A. Gasquet O. S. B., Rom 1926 ff. – *La Sainte Bible*, Hg. L. Pirot u. A. Clamer, 12 Bde., Paris 1946–1961 [lat.-frz.]. – *Vetus Latina. Die Reste der altlateinischen Bibel*, Hg. Erzabtei Beuron, Freiburg i. B. 1949 ff. – *La Vetus Latina Hispana*, Hg. T. Ayusa Maranzuela, Madrid 1953 ff. – *Biblia Sacra. Vulgatae editionis iuxta P. P. Clementis VIII decretum*, Hg. G. Nelli u. A. Vaccari S. J., 4 Bde., Rom 1955.

3. Deutsch:
Vorlutherische Übersetzungen:
Straßburg 1466 *(Erste deutsche Bibel)*. – Augsburg 1475 [?] (*Vierte deutsche Bibel*; Übers. revidiert). – Nürnberg 1483 (die weitestverbreitete Ausg.). – Augsburg 1507. – Augsburg 1518. – Nachdr. mit den Varianten: *Die erste deutsche Bibel*, Hg. W. Kurrelmeyer, 10 Bde., Tübingen 1904–1915 (BLV).

Luthers Übersetzung:
Das Newe Testament Deutzsch, Wittenberg 1522 (*September-Testament*). – Dass., Wittenberg 1522 (*Dezember-Testament*; Übers. rev.). – *Das Newe Testament M. Luthers*, Wittenberg 1530 (Übers. stark überarbeitet). – *Biblia, das ist, die gantze Heilige Schrifft Deudsch*, Wittenberg 1534 (erste Gesamtausg.; Übers. ern. überarbeitet, auch der 1523–1533 einzeln erschienenen Teile des AT). – Dass., Wittenberg 1541 (wiederum durchgreifend überarb.). – Dass., Wittenberg 1545 [1544] (letzte Ausg. zu Lebzeiten L.s). – *Biblia ... Teutsch D. Martin L.s*, Nürnberg 1641 (*Kurfürsten-* od. *Weimar-Bibel*). – *Biblia ... nach der Teutschen Übers. D. Martin L.s*, Hg. C. H. v. Canstein, Halle 1712 u. ö. (die Ausg. der Cansteinischen Bibelanstalt). – Dass., Hg. E. Liebig u. J. F. Burg, Hirschberg 1765. (*Hirschberger Bibel*). – *Die Bibel nach der dt. Übers. D. Martin L.s. Im Auftrage der Deutschen evangelischen Kirchenkonferenz durchgesehene Ausgabe*, Halle 1892 u. ö. (die kirchlich sanktionierte Fassg.). – *Biblia. Das ist: Die Gantze Heilige Schrifft Deudsch*, Hg. C. v. Kraus, 5 Bde., Mchn. 1927/28. – Faks. d. Ausg. 1534: 2 Bde., Lpzg. 1934/35.

Katholische Übersetzungen des 16. Jh.s:
Das new Testament, H. Emser, Dresden 1527; [4]1529. – *Biblia beider Allt unnd Newen Testamenten*, J. Dietenberger, Mainz 1534 (zuletzt: Augsburg 1786). – *Bibel. Alt und new Testament*, J. Eck, Augsburg 1537.

Neuere katholische Übersetzungen:
Die Heilige Schrift des Alten und Neuen Testamentes, J. F. Allioli, 6 Bde., Nürnberg 1830–1832 u. ö.; zuletzt: Freiburg i. B. 1949, Hg. K. Thieme u. E. Walter. – *Die Hl. Schrift des Alten und Neuen Testamentes*, K. u. L. van Eß, 3 Bde., Sulzbach 1840 u. ö. (AT zuerst 1822–1836; NT zuerst 1807 ff.). – *Die hl. Schriften des Alten und Neuen Testamentes*, V. Loch u. W. Reischl, 4 Tle., Regensburg 1851–1866; [5]1915. – *Die Hl. Schrift des Alten und Neuen Testamentes*, E. Henne u. K. Rösch, 3 Bde., Paderborn u. a. 1934–1936 u. ö. (NT, Rosch, zuerst 1921; AT, Henne, zuerst 1934). – *Neues Testament*, O. Karrer, Mchn. 1950; zuletzt 1959. – *Die Hl. Schrift des Alten und Neuen Testamentes*, V. Hamp, M. Stenzel u. J. Kürzinger, Aschaffenburg 1956 u. ö. (AT, Hamp u. Stenzel, zuerst 1955; NT, Kürzinger, zuerst 1953). – *Die Hl. Schrift des Alten und Neuen Bundes*, P. Rießler u. R. Storr, Mainz [12]1961 (AT, Rießler, zuerst 2 Bde., 1924; NT, Storr, zuerst 1926). – *Das Neue Testament*, F. Tillmann, Mchn. 1962 (zuerst 2 Tle., Bonn 1925–1927).

Neuere evangelische Übersetzungen:
Die Hl. Schrift des Alten und Neuen Testaments, W. M. L. de Wette, 3 Tle., Tübingen 1831/32. – *Textbibel des Alten und Neuen Testaments*, E. Kautzsch u. C. Weizsäcker, Freiburg i. B. 1899 (AT, Kautzsch, zuerst 1890; NT, Weizsäcker, zuerst 1875). – *Die Hl. Schrift Alten und Neuen Testaments*, H. Menge, Stg. 1928 u. ö. (NT zuerst Braunschweig 1909). – *Die Bibel*, H. Bruns, Gießen/Basel 1963.

Neuere jüdische Übersetzungen:
Die hl. Bücher des alten Bundes, L. Goldschmidt, 3 Tle., Bln. 1922–1925. – *Die Hl. Schrift*, H. Torczyner, 4 Tle., Ffm. 1935–1937. – *Die Schrift*, M. Buber u. F. Rosenzweig, 5 Bde., Köln 1954 bis 1962 (zuerst teilw. Bln. 1926 ff.).

KOMMENTARE (z. T. mit Übersetzung):
Cursus scripturae sacrae, Hg. R. Cornely u. a., S. J., 3 Abt., Paris 1885 ff. (Neuaufl. 1922 ff.). – *Westminster Commentaries*, Hg. W. Lock u. D. C. Simpson, Ldn. 1907 ff. – *La Bíblia. Versió dels textos originals i comentaris dels monjos de Montserrat*, Hg. B. Ubach, Montserrat 1927 ff. – *Die Hl. Schrift für das Leben erklärt*, Hg. H. Kalt (AT) u. W. Lauck (NT) u. a., Freiburg i. B. 1935 ff. (*Herders Bibelkommentar*). – *Die Hl. Schrift in dt. Übers.*, Würzburg 1947 ff. (*Echter-Bibel*). – *La Sainte Bible, traduite en français sous la direction de l'École biblique de Jérusalem*, Paris 1948 ff. – *The Torch Bible Commentaries*, Ldn. 1949 ff. – *The Interpreter's Bible*, Hg. G. A. Buttrick u. a., 12 Bde., NY 1952–1957. – *Nelson's Bible Commentary. Based on the Standard Version*, Hg. F.C. Grant, NY 1962 ff. – *Nelson's Complete Concord-*

ance of the Revised Standard Version Bible, Hg. J. W. Ellison, NY 1962. – The Cambridge Bible Commentary. New English Bible, Hg. P. R. Ackroyd, A. R. C. Leaney u. J. W. Packer, Cambridge 1963ff.

Zum AT:
Handkommentar zum AT, Hg. W. Nowack u. a., 3 Abt., Göttingen 1892–1903 (Neuaufl. 1913ff.). – Exegetisches Handbuch zum AT, Hg. J. Nikel u. a., Münster 1911ff. – Kommentar zum AT, Hg. E. Sellin u. a., Lpzg. 1913ff. (Neubearb. W. Rudolph, K. Ellinger u. F. Hesse, Gütersloh 1962ff.). – Die Hl. Schrift des AT, Hg. F. Feldmann u. H. Herkenne, Bonn 1924ff. (Bonner Bibelwerk). – Handbuch zum AT, Hg. O. Eißfeldt, Tübingen 1934ff. (Neuaufl. 1952ff.). – Das AT Deutsch. Neues Göttinger Bibelwerk, Hg. V. Herntrich, A. Weiser u. a., Göttingen 1949ff. – Biblischer Kommentar, AT, Hg. M. Noth u. a., Neukirchen 1955ff.

Zum NT:
Kritisch exegetischer Kommentar über das NT, Hg. H. A. W. Meyer u. a., 16 Abt., Göttingen 1834ff. (viele Neuaufl.). – Kommentar zum NT, Hg. T. Zahn, 18 Abt., Lpzg./Erlangen 1–61903–1926. – Handbuch zum NT, Hg. H. Lietzmann u. a., 5 Bde. u. 4 Supplementbde., Tübingen 1906–1926 (Neuaufl. 21 Abt., 1925ff.). – Die Hl. Schrift des NT, Hg. F. Tillmann, 4 Bde., Bln./Bonn 1912–1919; ⁴1932ff. – The Moffat New Testament Commentary. Based on the New Translation by J. Moffat, Ldn. 1928ff. – Kommentar zum NT aus Talmud und Midrasch, Hg. H. L. Strack u. P. Billerbeck, 6 Bde., Mchn. 1922–1961. – Theologischer Handkommentar zum NT, Hg. P. Althaus, Lpzg./Bln. 1928ff. – Das NT Deutsch. Neues Göttinger Bibelwerk, Hg. P. Althaus, J. Behm u. H. W. Beyer, Göttingen 1932ff. – Das NT, übersetzt und kurz erklärt, Hg. A. Wikenhauser u. O. Kuß, 9 Bde., Regensburg 1938–1950 u. ö. (Regensburger NT). – Herders theologischer Kommentar zum NT, Hg. A. Wikenhauser u. A. Vögtle, Freiburg i. B. 1953ff. – The Tyndale New Testament Commentaries, NY 1958ff.

LITERATUR:
1. Enzyklopädien und Bibliographien: Dictionnaire de la Bible, 5 Bde., Hg. F. Vigouroux, Paris ²1912ff.; Suppl. 1–3, Hg. L. Pirot, Paris 1926ff.; Suppl. 4, Hg. A. Robert, Paris 1941–1943 [zuerst Paris 1895–1912]. – The Jewish Encyclopedia, 12 Bde., Hg. I. Singer, NY/Ldn. 1901–1906; Nachdr. 1964. – Jüdisches Lexikon, Hg. G. Herlitz u. B. Kirschner, 4 Bde., Bln. 1927–1930. – Encyclopaedia Judaica, 10 Bde., Hg. J. Kletzkin u. J. Elbogen, Bln. 1927–1934 [nur A-Ly]. – J. Hastings, A Dictionary of the Bible, 5 Bde., Edinburgh 1942–1951 [zuerst Edinburgh 1898 bis 1904]. – Algemeine Entziklopedie. Jidn., Paris/NY 1948ff. [hebr. geschrieben]. – The Universal Jewish Encyclopedia, 10 Bde., Hg. I. Landmann, NY 1948. – Hā-Ensīqlōpedīya ha-ʿIbrit, Jerusalem/Tel Aviv 1949ff. [Encyclopaedia Hebraica]. – Ensīqlōpedjā migrā'it, Jerusalem 1950ff. [Encyclopaedia Biblica]. – Bibel-Lexikon, Hg. H. Haag, Einsiedeln 1951. – Bibeltheologisches Wörterbuch, Hg. J. B. Bauer, Graz/Köln u. a. 1959. – Calwer Bibellexikon, Hg. K. Gutbrod, R. Kücklich u. T. Schlatter, Stg. 1959. – The Interpreter's Dictionary of the Bible, 4 Bde., Hg. G. A. Buttrick u. a., NY 1962. – Biblisch-historisches Handwörterbuch, Hg. B. Reicke u. L. Rost, Göttingen 1962ff. – Vocabulaire de théologie biblique, Hg. X. Léon-Dufour, Paris 1962 (dt.: Wörterbuch zur biblischen Theologie, Freiburg i. B. u. a. 1964). – Enciclopedia de la Biblia, Barcelona 1963ff. – Lexikon zur Bibel, Hg. F. Rienecker, Wiesbaden 1964.

Atlanten, Wörterbücher:
G. E. Wright, F. V. Filson, Westminster Historical Atlas to the Bible, Philadelphia 1956. – P. Lemaire u. D. Baldi, Atlas biblique, Löwen/Paris 1960. – L. H. Grollenberg, Bildatlas zur Bibel, Gütersloh 1962. – D. Baly, Geōgraphical Companion to the Bible, Ldn. 1963. – H. Schumacher, Die Namen der Bibel und ihre Bedeutung im Deutschen, Stg. 1958. – J. Finegan, Handbook of Biblical Chronology, Princeton 1964.

Wichtige Zeitschriften mit regelmäßiger Bibliographie:
Journal of Biblical Literature, NY, später Philadelphia 1881ff, – Zs. für die alttestamentliche Wissenschaft, Gießen, später Bln. 1881ff. – Revue Biblique Internationale, Paris 1895ff. – Zs. für die neutestamentliche Wissenschaft und die Kunde der älteren Kirche, Gießen, später Bln. 1900ff. – Biblica, Rom 1920ff. (m. Beilage Elenchus bibliographicus biblicus, Rom 1923ff.). – Internationale Zeitschriftenschau für Bibelwissenschaft und Grenzgebiete, Düsseldorf 1951ff. – Vetus Testamentum, Leiden 1951ff. – Novum Testamentum, Leiden 1956ff.

2. Allgemeine Einführungen:
J. Mader, Allgemeine Einleitung in das Alte und Neue Testament, Münster 1908. – G. M. Roschini, Introductio biblica, Venedig 1940. – G. Lanczkowski, Heilige Schriften, Stg. 1956. – R. Robert u. A. Feuillet, Introduction à la Bible, 2 Tle., Tournai 1959 (dt.: Einleitung in die Heilige Schrift, Übers. K. Faschian, Wien/Freiburg i. B. 1963/64). – H. Höpfl, Introductionis in sacros utriusque Testamenti libros compendium, Neapel/Rom 1958–1962. – Enchiridion biblicum, Rom ⁴1961 [zuerst 1927]. – A Companion to the Bible, Hg. T. W. Manson, Edinburgh 1963. – Die biblische Welt. Ein Handbuch zur Heiligen Schrift, Hg. P. J. Cools, 2 Bde., Olten/Freiburg i. B. 1965.

Zum AT:
H. B. Swete, An Introduction to the Old Testament in Greek, Cambridge ²1914 [zuerst 1900]. – J. Goettsberger, Einleitung in das AT, Freiburg i. B. 1928. – A. Hudal, J. Ziegler u. F. Sauer, Kurze Einleitung in die Heiligen Bücher des AT, Wien/Graz ⁶1948. – E. Sellin u. L. Rost, Einleitung in das AT, Heidelberg ⁸1950. – K. Kuhl, Die Entstehung des AT, Mchn./Bern ²1960 [zuerst Mchn. 1953]. – J. A. Bewer, The Literature of the Old Testament in Its Historical Development, NY ³1962 [zuerst 1922]. – A. Weiser, Einleitung in das AT, Göttingen ⁵1963 [zuerst Stg. 1939]. – S. Sandmel, The Hebrew Scriptures. An Introduction to Their Literary and Religious Ideas, NY 1963. – O. Eißfeldt, Einleitung in das AT, Tübingen ³1964 [zuerst 1934].

Zum NT:
F. S. Gutjahr, Einleitung zu den Heiligen Schriften des NT, Graz ³1912. – E. Nestle u. E. v. Dobschütz, Einführung in das griechische NT, Göttingen ⁴1923 [zuerst 1897]. – R. Knopf, H. Lietzmann u. H. Weinel, Einführung in das NT, Bln. 1959. – K. H. Schelkle, Das NT, seine literarische und historische Geschichte, Kevelaer 1963. – A. Wikenhauser, Einleitung in das NT, Freiburg i. B. u. a. 1963 [zuerst 1953]. – P. Feine u. J. Behm, Einleitung in das

NT, Heidelberg [13]1964 [zuerst Lpzg. 1913]. – W. Marxen, *Einleitung in das NT*, Gütersloh 1964. Sprachliches: M. Zerwick, *Analysis philologica Novi Testamenti Graeci*, Rom 1955. – W. Bauer u. E. Preuschen, *Griechisch-deutsches Wörterbuch zu den Schriften des NT und der übrigen urchristlichen Literatur*, Bln. 1957/58 [zuerst Gießen 1908–1910]. – F. Rienecker, *Sprachlicher Schlüssel zum griechischen NT nach der Ausgabe von E. Nestle*, Gießen/Basel [11]1963.

3. Historische Fragen:
Zum AT:
H. Schmidt, *Die Geschichtsschreibung im AT*, Tübingen 1911. – C. H. Gordon, *Introduction to Old Testament Times*, NY 1953 (dt.: *Die geschichtlichen Grundlagen des AT*, Übers. H. Marfurt, Einsiedeln/Köln 1956). – *Bibel und Archäologie*, Hg. A. Parrot, Zürich 1954ff. – C. Schedl, *Geschichte des AT*, 5 Bde., Innsbruck 1956–1964. – R. de Vaux, *Les institutions de l'Ancien Testament*, 2 Bde., Paris 1958–1960 (dt.: *Das AT und seine Lebensordnungen*, 2 Bde., Übers. L. Hollerbach, Freiburg i. B. 1960–1962). – A. Neher u. R. Neher-Bernheim, *Histoire biblique du peuple d'Israël*, Paris 1962. – M. Noth, *Einführung in die Grenzgebiete der alttestamentlichen Wissenschaft*, Bln. [4]1962 [zuerst 1940]. – Ders., *Geschichte Israels*, Göttingen [5]1963 [zuerst 1950].
Zum NT:
Dictionnaire d'archéologie chrétienne et de liturgie, 15 Bde., Hg. F. Cabrol u. H. Leclercq, Paris [2]1924ff. [zuerst 1903–1953]. – *Reallexikon für Antike und Christentum*, 5 Bde., Hg. T. Klauser, Stg. 1950ff. – E. Schürer, *Geschichte des jüdischen Volkes im Zeitalter Jesu Christi*, 3 Bde., Lpzg. [4]1901–1911 [zuerst 2 Bde., 1886–1890]. – A. Deissmann, *Licht vom Osten*, Tübingen [4]1923 [zuerst 1908]. – A. Sizoo, *De antieke wereld en het Nieuwe Testament*, Kampen 1950 (dt.: *Die antike Welt und das NT*, Übers. G. Timmer u. F. W. G. Schneider, Konstanz 1955). – K. Prümm, *Religionsgeschichtliches Handbuch für den Raum der altchristlichen Umwelt*, Rom 1954 [zuerst Freiburg i. B. 1943]. – W. Foerster, *Neutestamentliche Zeitgeschichte*, Hbg. [3]1959 [zuerst Bln. 1940]. – F. R. Crownfield, *A Historical Approach to the New Testament*, NY 1960.

4. Überlieferungs- u. Entstehungsgeschichte:
N. Peters, *Der Text des AT in seiner Geschichte*, Münster [3]1921 [zuerst 1912]. – L. Dennefeld, *Histoire des livres de l'Ancien Testament*, Paris 1929. – J. Hempel, *Die althebräische Literatur und ihr hellenistisch-jüdisches Nachleben*, Potsdam 1930 (Handbuch der Literaturwissenschaft). – S. Zeitlin, *Historical Study of the Canonization of the Hebrew Scriptures*, Philadelphia 1933. – S. M. Zarb, *Il canone biblico*, Rom 1937. – H. Rost, *Die Bibel im MA*, Augsburg 1939. – C. Spicq, *Esquisse d'une histoire de l'exégèse latine au moyen âge*, Paris 1944. – L. Prijs, *Beiträge zur Frage der jüdischen Tradition in der LXX*, Diss. Leiden 1948. – G. Oestborn, *Cult and Canon. A Study in the Canonization of the Old Testament*, Uppsala 1950. – E. G. H. Kraeling, *The Old Testament since the Reformation*, NY 1955. – H.-J. Kraus, *Geschichte der historisch-kritischen Erforschung des AT von der Reformation bis zur Gegenwart*, Neukirchen 1956. – H. de Lubac, *Exégèse médiévale*, 2 Bde., 4 Tle., Paris 1959-1964. – W. G. Kümmel, *Das NT. Geschichte der Erforschung seiner Probleme*, Freiburg i. B. 1958. – *La Bibbia nell'alto medioevo*, Spoleto 1963. – F. F. Bruce, *The Books and the Parchments. Some Chapters on the Transmission of the Bible*, Ldn. 1963. – *The Cambridge History of the Bible*, Hg. S. L. Greenslade, Cambridge 1963ff. [m. Bibliogr.]. – O. Paret, *Die Überlieferung der Bibel in Druck und Schrift*, Stg. [3]1963 [zuerst 1949]. – B. Smalley, *The Study of the Bible in the Middle Ages*, Notre Dame/Ind. 1964.

5. Literarische Wirkungsgeschichte:
H. Schmidt, *Die religiöse Lyrik im AT*, Tübingen 1912. – P. Wendland, *Die urchristlichen Literaturformen*, Tübingen 1912. – *Study of the Bible Today and Tomorrow*, Hg. H. R. Willoughby, Chicago 1947. – F. Baldensperger u. W. P. Friedrich, *Bibliography of Comparative Literature*, Chapel Hill 1950. – *Yearbook of Comparative and General Literature*, Chapel Hill 1952ff. – L. Réau, *Iconographie de l'art chrétien*, 3 Bde., Paris 1955–1959. – *Los géneros literarios de la Sagrada Escritura*, Barcelona u. a. 1957. – F. A. Schmitt, *Stoff- und Motivgeschichte der deutschen Literatur*, Bln. 1959. – *Bibliotheca Sanctorum*, Rom 1961ff. – E. Frenzel, *Stoffe der Weltliteratur*, Stg. 1962. – L. A. Schökel, *Estudios de poética hebrea*, Barcelona 1963.

6. Textkritik und Formgeschichte:
P. Kahle, *Masoreten des Ostens*, Lpzg. 1913. – E. Fascher, *Die formgeschichtliche Methode*, Gießen 1924 [zugl. Diss. Göttingen]. – P. Kahle, *Masoreten des Westens*, 2 Bde., Stg. 1927–1930. – M.-J. Lagrange, *Introduction à l'étude du Nouveau Testament*, 4 Bde., Paris 1933–1935. – F. C. Grant, *Form Criticism, a New Method of New Testament Research*, Chicago 1934. – L. Vaganay, *Initiation à la critique textuelle néotestamentaire*, Paris 1934. – A. Loisy, *Les origines du Nouveau Testament*, Paris 1936. – K. Grobel, *Formgeschichte und synoptische Quellenanalyse*, Göttingen 1937. – F. G. Kenyon, *The Text of the Greek Bible*, Ldn. 1937 (dt.: *Der Text der griechischen Bibel*, Hg. A. W. Adams, Göttingen 1952; [2]1961). – E. Schick, *Formgeschichte und Synoptikerexegese*, Münster 1940. – B. J. Roberts, *The Old Testament, Text and Versions*, Cardiff 1951. – P. Kahle, *Die hebräischen Handschriften aus der Höhle*, Stg. 1951. – F. G. Kenyon, *Handbook to the Textual Criticism of the New Testament*, Grand Rapids 1953 [zuerst Ldn. 1901]. – A. Vööbus, *Early Versions of the New Testament*, Stockholm 1954. – H. J. Vogels, *Handbuch der Textkritik des NT*, Bonn [2]1955 [zuerst Münster 1923]. – M. Dibelius, *Die Formgeschichte der Evangelien*, Tübingen 1959. – P. Kahle, *The Cairo Geniza*, NY [2]1960 (zuerst Ldn. 1947; dt.: *Die Kairoer Genisa*, Übers. R. Meyer, Bln. 1962). – C. F. D. Moule, *The Birth of the New Testament*, Ldn. 1962. – E. Würthwein, *Der Text des AT*, Stg. [2]1963 [zuerst 1952]. – B. M. Metzger, *The Text of the New Testament*, Oxford 1964. – K. Koch, *Was ist Formgeschichte*, Neukirchen 1964.

7. Theologie:
Zum AT:
J. Hempel, *Gott und Mensch im AT*, Stg. [2]1926. – L. Koehler, *Theologie des AT*, Tübingen [2]1947 [zuerst 1936]. – D. Procksch, *Theologie des AT*, Gütersloh 1949/50. – P. van Imschoot, *Théologie de l'Ancien Testament*, 2 Bde., Paris u. a. 1954–1956. – E. Jacob, *Théologie de l'Ancien Testament*, Neuchâtel 1955. – J. Klausner, *The Messianic Idea in Israel from Its Beginning to the Completion of Mishnan*, NY 1955. – M. Buber, *Königtum Gottes*, Heidelberg [3]1956 [erw.; zuerst in *Das Kommende*, Bd. 1, Bln. 1932]. – E. Przywara, *Alter und Neuer Bund*,

Wien/Mchn. 1956. – G. von Rad, *Theologie des AT*, Mchn. ⁴1962 [zuerst 1957–1960]. – W. Eichrodt, *Theologie des AT*, Göttingen, Bd. 1: ⁷1962; Bd. 2–3: ⁵1964 [zuerst Lpzg. 1933–1939]. – H. Ringgren, *Israelitische Religion*, Stg. 1963. – J. Hempel, *Das Ethos des AT*, Bln. ²1964 [zuerst 1938].

Zum NT:
Theologisches Wörterbuch zum NT, Hg. G. Kittel u. a., Stg. 1932ff. – O. Kuss, *Die Theologie des NT*, Regensburg 1937. – H. Weinel, *Biblische Theologie des NT*, Tübingen ⁵1938 [zuerst 1911]. – M. Albertz, *Die Botschaft des NT*, Bln./Zürich 1946ff. – E. Stauffer, *Die Theologie des NT*, Stg. ⁴1948 [zuerst Genf 1945]. – P. Feine, *Theologie des NT*, Bln. ²1951 [zuerst Lpzg. 1910]. – S. Sandmel, *A Jewish Understanding of the New Testament*, Cincinnati 1957. – R. Marlé, *Bultmann und die Interpretation des NT*, Paderborn 1959. – R. Bultmann, *Theologie des NT*, Tübingen ⁴1961 [zuerst 1948]. – R. Schnackenburg, *La théologie du Nouveau Testament*, Brügge 1961 (Forschungsbericht; dt.: *Neutestamentliche Theologie*, Mchn. 1963). – Ders., *Die sittliche Botschaft des NT*, Mchn. ²1962 [zuerst 1954]. – N. Appel, *Kanon und Kirche*, Paderborn 1964.

Die Jesus-Forschung:
K. Adam, *Jesus Christus*, Düsseldorf 1949 [zuerst Augsburg 1933]. – A. Schweitzer, *Geschichte der Leben-Jesu-Forschung*, Tübingen ⁶1951 [zuerst 1913]. – J. Klausner, *Jesus von Nazareth*, Jerusalem 1952. – G. Bornkamm, *Jesus von Nazareth*, Stg. 1956. – J. Guitton, *Jésus*, Paris 1956 (dt.: *Jesus*, Übers. K. Neulinger, Graz/Köln 1961). – E. Stauffer, *Jesus, Gestalt und Geschichte*, Bern 1957. – P. R. Bernard, *Le mystère de Jésus*, Paris 1957 (dt.: *Das Mysterium Jesu*, 3 Bde., Übers. H. P. M. Schaal, Basel u.a. 1959–1961). – E. Barnikol, *Das Leben Jesu der Heilsgeschichte*, Halle 1958. – J. MacConkey Robinson, *A New Quest of the Historical Jesus*, Ldn. 1959 (dt.: *Kerygma und historischer Jesus*, Übers. H.-D. Knigge, Zürich/Stg. 1960). – P. Althaus, *Der gegenwärtige Stand der Frage nach dem historischen Jesus* (in SBAW, phil.-hist. Kl., 1960). – K. Adam, *Christus, unser Bruder*, Regensburg ⁹1960 [zuerst 1926]. – R. Aron, *Les années obscures de Jésus*, Paris 1960 (dt.: *Die verborgenen Jahre Jesu*, Übers. K. Mahn, Ffm. 1962). – M. Dibelius, *Jesus*, Bln. 1960 [zuerst 1939]. – *Der historische Jesus und der kerygmatische Christus*, Hg. H. Ristow u. K. Matthiae, Bln. 1960. – E. Fuchs, *Zur Frage nach dem historischen Jesus*, Tübingen 1960. – M. Kähler, *Der sogenannte historische Jesus und der geschichtliche, biblische Christus*, Mchn. 1961 [zuerst Lpzg. 1892]. – *Der historische Jesus und der Christus unseres Glaubens*, Hg. K. Schubert, Wien/Freiburg i. B. 1962. – O. Cullmann, *Die Christologie des NT*, Tübingen 1963 [zuerst 1957]. – R. Bultmann, *Jesus*, Tübingen 1964 [zuerst Bln. 1926]. – R. Guardini, *Der Herr*, Würzburg ¹³1964 [zuerst 1937]. – J. R. Geiselmann, *Jesus der Christus*, Mchn. 1965ff.

8. Bibelübersetzungen:
Allgemeines: E. v. Dobschütz, *Die Bibel im Leben der Völker*, Witten ³1952 [zuerst 1934]. – RGG, 1, Sp. 1193–1224. – LThK, 2, Sp. 375–401 (alte B.-Übers.); 404–411 (neue B.-Übers.). – J. Schmid, *Moderne Bibelübersetzungen. Eine Übersicht* (in Zs. für katholische Theologie, 82, 1960, S. 290–332). – P. H. Vogel, *Europäische Bibeldrucke des 15. und 16. Jahrhunderts in den Volkssprachen*, Baden-Baden 1962.
Arabisch: P. Kahle, *Die arabischen Bibelübersetzungen*, Lpzg. 1904 [Texte m. Glossar u. Bibliogr.]. – J. Henninger, *Arabische Bibelübersetzungen vom Frühmittelalter bis zum 19. Jahrhundert* (in Neue Zs. für Missionswissenschaft, 17, 1961, S. 201–223).
Chinesisch: M. Broomhall, *The Bible in China*, Ldn. 1934.
Deutsch: Vorlutherische Übersetzungen: W. Walther, *Die deutschen Bibelübersetzungen des Mittelalters*, Braunschweig 1889–1892. – H. Vollmer, *Materialien zur Bibelgeschichte des Mittelalters*, Bln. 1912–1921. – E. Brodführer, *Untersuchungen zur vorlutherischen Bibelübersetzung*, Halle 1922. – F. Maurer, *Studien zur mitteldeutschen Bibelübersetzung vor Luther*, Heidelberg 1929. – H. Rost, *Die Bibel im Mittelalter*, Augsburg 1939 [m. Bibliogr.]. – RL, 1, Bln. 1958, S. 145–152 [m.Bibliogr.].–DPhA, 2, Sp. 875–905). – Zur Lutherübersetzung: W. Walther, *Luthers Deutsche Bibel, Fs. zur Jahrhundertfeier der Reformation*, Bln. 1917. – Ders., *Die ersten Konkurrenten des Bibelübersetzers Luther*, Bln. 1917. – A. Risch, *Luthers Bibelverdeutschung*, Lpzg. 1922. – E. Hirsch, *Luthers Deutsche Bibel*, Mchn. 1928. – K. Schottenloher, *Bibliographie zur deutschen Geschichte im Zeitalter der Glaubensspaltung, 1517–1585*, Bd. 1, Lpzg. 1933, S. 501–505; Bd. 7, Stg. 1962–1964. – *Die Lutherbibel. Fs. zum 400jährigen Jubiläum der Lutherbibel*, Stg. 1934. – K. A. Strand, *Reformation Bibles in the Crossfire. The Story of Jerome Emser, His Antilutheran Critique and His Catholic Bible Version*, Ann Arbor 1961. – P. Schmidt, *Die Illustrationen der Lutherbibel 1522–1700*, Basel 1962. – *Biblisch-theologisches Handwörterbuch zur Lutherbibel und zu neueren Übersetzungen*, Hg. E. Osterloh u. H. Engelland, Göttingen 1964 [zuerst 1950–1954]. – Zu weiteren deutschen Übersetzungen: W. Staerk u. A. Leitzmann, *Die jüdisch-deutschen Bibelübersetzungen von den Anfängen bis zum Ausgang des 18. Jahrhunderts*, Ffm. 1923. – J. J. Metzger, *Geschichte der deutschen Bibelübersetzungen in der schweizerisch-reformierten Kirche von der Reformation bis zur Gegenwart*, Basel 1876. – J. C. Gasser, *Vierhundert Jahre Zwingli-Bibel, 1524–1924*, Zürich 1924. – W. Hadorn, *Die deutsche Bibel in der Schweiz*, Lpzg./Frauenfeld 1925. – W. Michaelis, *Übersetzungen, Konkordanzen und konkordante Übersetzungen des NT*, Basel 1947. – *Biblia Pauperum*: H. Engelhardt, *Der theologische Gehalt der Biblia Pauperum*, Straßburg 1927. – G. Schmidt, *Die Armenbibeln des 14. Jahrhunderts*, Graz/Köln 1959. – *Die niederdeutschen Bibelfrühdrucke*, Hg. G. Ising, Bln. 1961ff.

Englisch u. amerikanisch: J. Brown, *The History of the English Bible*, Cambridge 1911. – H. Pope, *English Versions of the Bible*, St. Louis/Ldn. 1952. – *The Bible in Its Ancient and English Versions*, Hg. H. W. Robinson, Oxford ²1954 [zuerst 1940]. – I. M. Price, *The Ancestry of Our English Bible*, NY 1956 [zuerst Philadelphia 1907]. – F. F. Bruce, *The English Bible. A History of Translations*, Ldn. 1961. – E. A. R. Rumball-Petre, *America's First Bibles*, Portland/Maine 1940. – E. Newgass, *An Outline of Anglo-American Bible History*, Ldn. 1958. – *The English Bible in America. A Bibliography of Editions of the Bible and the New Testament Published in America 1777–1957*, Hg. M. T. Hills, NY 1961 [m. Einl.].

Französisch: W. J. van Eys, *Bibliographie des Bibles et des Nouveaux Testaments en langue française des XVe et XVIe siècles*, Nieuwkoop 1963 [zuerst 1900/01]. – S. Berger, *La Bible française au moyen âge*, Paris 1884. – Ders., *Les Bibles provençales et vaudoises* (in Romania, 18, 1889,

S. 353–422; vgl. ders., ebd., 1890, S. 505–561). – D. Lortsch, *Histoire de la Bible en France*, Paris 1915. – H. Kunze, *Die Bibelübersetzungen von Lefèvre d'Etaples u. Petrus Robertus Olivetanus*, Dresden 1935 [zugl. Diss. Lpzg. 1935]. *Griechisch:* A. Rahlfs, *Verzeichnis der griechischen Handschriften des AT für das Septuaginta-Unternehmen aufgestellt*, Bln. 1914. – A. E. Silverstone, *Aquila and Onkelos*, Manchester 1931. *Indisch:* J. S. M. Hooper, *The Bible in India*, Oxford 1938. *Italienisch:* DB, 3, Sp. 1012–1038. – *Enciclopedia Cattolica*, Bd. 2, Sp. 1556–1563. – S. Berger, *La Bible italienne au moyen âge* (in Romania, 23, 1894, S. 358–431). – F. Spadafora, *La Bibbia in Italia e una millanteria di Lutero* (in Rivista Biblica, 1, 1953, S. 216–235). *Japanisch:* J. F. Gressitt, *History of the Japanese Translation of the Bible*, NY 1950. *Lateinisch:* F. Stummer, *Einführung in die lateinische Bibel*, Paderborn 1928. – P. Salmon, *La révision de la Vulgate*, Rom 1937. *Niederländisch:* H. van Druten, *Geschiedenis de Nederlandse bijbelvertaling*, Leiden 1895–1905. – C. C. De Bruin, *De Statenbijbel en zijn voorgangers*, Leiden 1937. *Polnisch:* Z. Glogar (in *Encyklopedia staropolska*, Warschau 1958, s. v. *Biblia*). – F. Kłoniecki, *Teksty polskich przekładów Biblii i ich opracowania* (in *Pismo świete w duszpasterstwie współczesnym*, Lublin 1958, S. 229–273). – L. Stafaniak, *Die polnischen Bibelübersetzungen* (in New Testament Studies, 5, 1959, S. 328–333; m. Bibliogr.). *Portugiesisch:* DB, 5, Sp. 559–569. – G. L. Santos Ferreira, *A Biblia em Portugal*, Lissabon 1906. *Russisch:* DB, 5, Sp. 1800-08. – J. A. Cistovič, *Istorija perevoda biblii na russkij jazyk*, Petersburg 1899. – R. A. Klostermann, *Probleme der Ostkirche. Untersuchungen zum Wesen und zur Geschichte der griechisch-orthodoxen Kirche*, Göteborg 1955, S. 361–416. – A. Osipoff, *Publication of the Russian Bible* (in Bible Translator, 7, 1956, S. 56–65). *Serbokroatisch:* V. Jagić, *Die serbokroatischen Übersetzungen der Bibel im ganzen oder einzelner Teile derselben* (in AslPh, 34, 1913, S. 497–540). *Skandinavische Sprachen:* *Våra fäders bibel 1541 1941*, Hg. R. Gyllenberg, Åbo 1941. – B. Molde, *Källorna till Christian IIIs Bibel 1550*, Lund/Kopenhagen 1949 [zugl. Diss. Stockholm 1949]. – *Bidrag til den danske Bibels Historie*, Kopenhagen 1950. – P. H. Vogel, *Dänische und norwegische Bibelübersetzungen seit der Reformation* (in Internationale kirchliche Zeitschrift, 44, 1954, S. 235–240). – *Kulturhistorisk Leksikon for nordisk Middelalder fra Vikingetid til Reformationstid*, Hg. Praesidium for Danmark, L. Jacobsen u. J. Danstrup, 9 Bde., Kopenhagen 1956ff.; 1, S. 515–520 [m. Bibliogr.]. *Spanisch und iberoamerikanisch:* M. Morreale, *Apuntes bibliográficos para la iniciación al estudio de las traducciones biblicas medievales en Castellano* (in Sefarad, 20, 1956, S. 66–109). – R. Miquel y Planas, *Les Sagrades Escriptures en catalán* (in Bibliofilia, Bd. 1, Barcelona 1911–1914, Sp. 249 bis 258). – M. Morreale, *Apuntes bibliográficos para la iniciación al estudio de las traducciones biblicas medievales en catalán* (in Analecta Sacra Tarraconensia, 31, 1958, S. 271–290). – C. W. Turner, *La Biblia en América latina*, Buenos Aires 1951. – W. L. Wonderly, *Scriptures in Indian Languages of Latin America* (in Bulletin of the United Bible Societies, 4, 1957, S. 152–155). – *Enciclopedia de la Biblia*, Bd. 1, Barcelona 1963.

Syrisch: L. Haefeli, *Die Peschitta des AT mit Rücksicht auf ihre textkritischen Bearbeitungen und Herausgaben*, Münster 1927. – J.B. Chabot, *Littérature syriaque*, Paris 1934. – A. Vööbus, *History of Syrian Literature*, 4 Bde. [in Vorbereitg.; 1965ff.].

ANONYM

FÜNF BÜCHER MOSIS (hebr.). – Grundlegende kanonische Schrift des Volkes Israel, deren Inhalte wie ihre mündliche und schriftliche Tradition bis zum Ende des 2. Jahrtausends v. Chr. zurückreichen (zur Textgeschichte vgl. auch *Bibel*). Sie wurde von den Juden als *Thora* (Lehre, Gesetz) bezeichnet, obgleich sie nur zu einem Teil Gesetz ist und zum größeren Teil eine weitausgreifende Darstellung der Beziehung zwischen Gott und Welt und Gott und Mensch von der Schöpfung bis zum Tode Moses' gibt. Sie bildet den gewaltigen Auftakt und das Kernstück des *Alten Testaments* und wurde als Schrift göttlicher Offenbarung zum Ausgangspunkt der drei großen monotheistischen Religionen: des Judentums, des Christentums und in gewissem Sinne auch des Islam. Die Fünfteilung, die vom nachexilischen Judentum formalistisch gedeutet wurde (jedes Buch enthält ein Fünftel des Gesetzes), diente ursprünglich nur der äußeren Gliederung des Stoffs, der dem Fassungsvermögen der Buchrollen angepaßt werden mußte. Die griechische Bezeichnung *Pentateuchos [biblos]* (»Fünfrollenbuch«) findet sich zum erstenmal bei dem Gnostiker PTOLEMAIOS (um 90–170), die latinisierte, *Pentateuchus*, bei TERTULLIAN. Der Inhalt der *Fünf Bücher Mosis* wird in der griechischen Übersetzung durch die fünf Überschriften gekennzeichnet, die in ihrer latinisierten Form von den modernen Sprachen adaptiert wurden: Das erste Buch, *Genesis*, beschreibt die Entstehung der Welt, der Menschheit und des Volkes Israel. Das zweite Buch, *Exodus*, handelt vom Auszug aus Ägypten. Das dritte Buch, *Leviticus* (Priesterbuch), legt das Ritual fest. Das vierte Buch, *Numeri* (Zahlangaben), hat seinen Namen nach den darin überlieferten Volkszählungen. Der Titel des fünften Buchs, *Deuteronomium*, beruht auf einer Fehlübersetzung: die griechische *Bibel* gab den entsprechenden hebräischen Begriff mit »Gesetzeswiederholung« wieder statt richtig mit »Abschrift des Gesetzes«. Im hebräischen Text werden die Bücher lediglich mit ihren Anfangsworten gekennzeichnet.

Als Verfasser der fünf Bücher galt bis ins 17. Jh. fast unangefochten Moses (um 1250 v. Chr.), die beherrschende Gestalt dieser Schriften, doch findet sich in diesen kein Hinweis darauf, daß er sie selber verfaßt habe, und auch im übrigen AT gilt er nur als Urheber einzelner Teile. Die moderne Bibelkritik begründete den Zweifel an einer jahrhundertealten Tradition, für die im Pentateuch selbst keinerlei Anhaltspunkte gibt. Die *Fünf Bücher Mosis* sind vielmehr das Ergebnis eines über mehr als ein Jahrtausend erstreckenden Prozesses, in dem mündlich überliefertes Sagen- und Legendengut, historische und theologische Tradition zunächst in den einzelnen »Quellen« (man nimmt im allgemeinen deren vier an) gesammelt und aus diesen wiederum sehr viel später mit machtvollem redaktionellem Zugriff zu der Einheit »Pentateuch« (oder, wenn man, wofür manches spricht, das Buch *Josua* hinzurechnet, »Hexateuch«) zusammengeschlossen wurde. Sieht man von der

mit ungeheurem Aufwand an gelehrter Forschung erschlossenen Vielschichtigkeit dieses Gebildes zunächst ab, so stellt sich sein Inhalt in großen Zügen etwa folgendermaßen dar:
Die *Genesis* beginnt mit der – aus Einzelstücken verschiedensten Ursprungs bestehenden – Urgeschichte (Kap. 1–11), die dem zweiten Teil dieses Buches, den Geschichten der drei Erzväter, vorangestellt ist und den gewaltigen Hintergrund für die Berufung Abrahams, des Stammvaters Israels, bildet. Als Schöpfungsgeschichte erkennen läßt und die im Alten Orient durchaus bekannten Typ; man vergleiche etwa das babylonische Weltschöpfungsepos *Enūma eliš*. Doch zeigt dieser Vergleich auch die Einzigartigkeit der biblischen Darstellung, die, wie das verhältnismäßig spät (während des Exils oder kurz nachher) entstandene erste Kapitel, die israelische Vorstellung des einen, herrscherlichen Gottes voll ausgeprägt erkennen läßt und die Erschaffung der Welt durch das sechsfach wiederholte Wort »*Und Gott sprach ...*« höchst eindringlich als seine gewaltige Tat verkündet. Hier wie in dem ruhevoll abschließenden Bericht über den siebten Tag war offensichtlich ein Erzähler am Werk, der in einem sehr bewußt komponierten Prolog einen bedeutungsvollen Anfang setzen wollte. In der sich anschließenden, weit weniger streng gegliederten Erzählung von Paradies und Sündenfall sind die Spuren einer anderen Geschichte von der Erschaffung der Welt und vor allem des Menschen ganz deutlich zu erkennen (u. a. die Gestaltung der – in der ersten Geschichte mit dem Mann zugleich geschaffenen – Frau aus der Rippe des Mannes). Die in dieser Fassung nur kurz behandelte Weltschöpfung ist hier lediglich Vorgeschichte zur Geschichte vom Sündenfall des Menschen, der sein möchte wie Gott, und seiner Vertreibung aus dem Paradies – ein Meisterstück eindringlichen, mit knappsten Mitteln Atmosphäre und Spannung schaffenden, seelische Vorgänge wie das Versucht-, Verführt- und Schuldigwerden mit urbildlicher Einfachheit charakterisierenden Erzählens (3, 1–19).
Über die Geschichte und die Stammtafeln der Nachkommen Adams und Evas, in deren Söhnen Kain und Abel das Böse und Gute ebenso urbildliche Gestalt annimmt, und einen ohne deutlichen Zusammenhang eingefügten, offenbar sehr alten Mythos von den Ehen der »Gottessöhne« mit den »Menschentöchtern« schreitet die Erzählung rasch weiter zu Noah, der Gnade vor dem Herrn gefunden hatte, als die Bosheit der Menschen Gott so erzürnte, daß er beschloß, die Sintflut über sie kommen zu lassen. Auch für die Sintflutgeschichte gibt es Parallelen und auffallende Ähnlichkeiten – im *Gilgameš-Epos* und im *Atramhasis-Mythos* –, doch von ihnen unterscheidet sich die biblische Fassung wiederum durch die unmittelbare Beziehung der Katastrophe auf den Willen des einen Gottes, der die sündige Menschheit straft, danach aber ein Bund mit ihrem am meisten wohlgefälligen Repräsentanten Noah, mit dessen Nachkommenschaft und »*mit allen lebenden Wesen ... mit den Vögeln, den zahmen und allen wilden Tieren*« schließt und verspricht, daß nie wieder eine Sintflut die Erde verwüsten werde.
Dieser Bund ist Ausgangspunkt und Leitbild der Geschichte der Erzväter, zu der das erste Buch nun mit Hilfe langer Stammtafeln – die Geschichte vom Turmbau zu Babel, den Gott zum Anlaß nahm, die Sprache der Menschen zu verwirren, weil diesen sonst hinfort »*nichts mehr un-* *ausführbar sein wird, was sie sich vornehmen*«, nur zufällig eingefügt scheint) der auf Noah folgenden Geschlechter hinführt. Am Beginn der Patriarchenzeit stehen der Befehl Gottes an Abraham, in das Land zu ziehen, das er ihm zeigen werde, und die Verheißung: »*Ich will dich zu einem großen Volk machen und will dich segnen ... und in dir sollen alle Geschlechter der Erde gesegnet werden.*« Die Fülle der Stammes- und Volkssagen der Nomaden, in der Mehrzahl Landnahmegeschichten ätiologischen Charakters, ist unter immer dem gleichen Gesichtspunkt gestellt: ein persönlicher Gott führt, prüft, segnet die Repräsentanten seines auserwählten Volkes – jeder von ihnen vertraut dem »Herrn«, jedem von ihnen bestätigt sich der einmal mit Jahwe geschlossene Bund. Abraham, der Nomade, wandert von Ort zu Ort, er wird reich, der Segen Gottes begleitet ihn, auch wenn er sich moralisch fragwürdig verhält und in Ägypten seine schöne Frau für seine Schwester ausgibt, nicht etwa um sie, sondern um sich selbst vor dem Pharao zu schützen, der sie begehrt – und erhält. Immer wieder erneuert Gott seinen Bund mit ihm, verheißt ihm das Land Kanaan, schenkt ihm wider alle Erwartung endlich auch den Sohn und Erben, der den Segen weitertragen wird, stellt ihn auf die Probe, als er die Opferung Isaaks befiehlt. Geschichte reiht sich an Geschichte, so lebendig, so unmittelbar einleuchtend, so natürlich und kunstvoll zugleich erzählt, daß sie, Urbildern menschlichen Schicksals gleich, die Jahrtausende in unversehrter Frische überdauert haben, wie etwa die mit liebevoller Ausführlichkeit ausgemalte, doch nie breite Erzählung von Eliesers Brautfahrt zu Rebekka, die den Übergang bildet zur Geschichte Isaaks, deren einzelne Phasen wiederum die Wirksamkeit des göttlichen Segens unter Beweis stellen; eines Segens, der so mächtig ist, daß er, auch wenn er einmal irrtümlich, nämlich an den listigen, vor Betrug nicht zurückschreckenden Sohn Jakob statt an Esau, den Erstgeborenen, weitergegeben wird, unwiderruflich an demjenigen haftet, dem er zuteil wurde, ihm, wenn auch nach großer Mühsal, zu zwei Frauen, Nebenfrauen und viel Nachkommenschaft verhilft, ihn reich an irdischen Gütern macht (wobei auch solch materieller Segen gelegentlich auf dem Weg über List und Betrug erlangt werden kann), ein Segen, den Gott sich von Jakob vor dem gefürchteten Wiedersehen mit Esau in einem Ringkampf erneut abzwingen läßt (»*Ich lasse dich nicht, du segnest mich denn*«). Jakob, der Sieger, heißt von nun an Israel, d. h. Streiter Gottes – eine Namensgebung, die sich in einer zweiten Begegnung wiederholt und an die sich die Verheißung knüpft, von der in Zukunft das Volk Israel leben wird: »*Ein Volk, ja eine ganze Menge von Völkern soll aus dir werden, und Könige sollen unter deinen leiblichen Nachkommen sein.*«
Die Wirksamkeit dieses Segens erweist sich zunächst an Jakobs Lieblingssohn Joseph, von dessen aufregenden Schicksalen das letzte Viertel des Buches *Genesis* in einer Fülle von spannenden Anekdoten berichtet, die fast so etwas wie einen kunstvoll und psychologisch meisterhaft gebauten Lebensroman ergeben, der mit Josephs bedeutungsvollen Träumen, in denen sich seine spätere Überlegenheit ankündigt, beginnt und mit dem Erweis seiner wahren Größe endet. Joseph ist die hellste, lauterste Figur der *Genesis*, eben ihrer Lauterkeit wegen sich der Haß der Umwelt zuzieht, zunächst den der eifersüchtigen Brüder, die ihn nach Ägypten verkaufen, dann den von Potiphars Weib,

502

dessentwegen er ins Gefängnis geworfen wird. Aber der Pharao erkennt in ihm, der ihm seine Träume überzeugend deutete, den, »*in dem der Geist Gottes wohnt*«. Er macht ihn zum mächtigsten Mann im Land, das dank seiner klugen Ratschläge von der Hungersnot verschont bleibt; und als seine Brüder kommen, um Getreide zu kaufen, neigen sie sich wirklich vor ihm, wie er es einst geträumt hat. Doch der Erzähler schafft noch manche Verwicklungen, ehe er Joseph sich zu erkennen geben läßt und seine Schicksale theologisch interpretiert. Joseph bittet die Brüder, sich keine Vorwürfe zu machen, »*denn um uns alle am Leben zu erhalten, hat Gott mich euch vorausgesandt*«. Dieser Gott der Josephsgeschichten ist ein eigentümlich milder Gott, großherzig und nicht nachtragend, wie sein Gesegneter selbst, ein Gott, der nicht auf Rache bedacht ist, sondern darauf, Böses zum Guten zu wenden. Es ist eine glückliche Zeit, von der hier berichtet wird: Friedlich leben die Israeliten in Ägypten; der Pharao hindert Joseph und seine Brüder nicht, den Vater in heimatlicher Erde zu bestatten, doch nach der Trauerfeier kehren alle nach Ägypten zurück, und Joseph beschließt dort sein Leben. Die theologische Zielsetzung des Redaktors dieser auf ältestes Material israelischer Folklore zurückgehenden Geschichten fand ihren deutlichsten Ausdruck in der Schilderung vom Tod Jakobs (Kap. 49), der kurz vor seinem Ende seinen elf Söhnen ihre weiteren Schicksale weissagt und damit auch noch mächtig in die Zukunft hineinwirkt. Das Buch endet mit Josephs Hoffnung, daß Gott die Seinen »*aus diesem Lande in das Land zurückführen*« werde, das er »*Abraham, Isaak und Jakob zugeschworen hat*«. Diese Worte nehmen schon eine Wende des zu Josephs Zeit durchaus zufriedenen Lebens der Israeliten in Ägypten vorweg, das Thema des folgenden Buches ist.

Mit dem Buch *Exodus* beginnt die Geschichte des Moses, der in Ägypten zu einer Zeit geboren wird, in der die Zahl der dort lebenden Israeliten so groß geworden ist, daß die Ägypter »*ein Grauen*« vor ihnen empfinden, sie zu Fronarbeiten zwingen, ja sogar auf Befehl des Pharao die erstgeborenen Söhne der lästigen Eindringlinge töten. Moses entgeht diesem Schicksal auf wunderbare Weise: die Königstochter selbst findet das Körbchen, in dem er ausgesetzt wurde, und zieht ihn auf. Aber er scheint sich seiner israelitischen Herkunft trotz des Milieus, in dem er aufwächst, bewußt zu sein, denn als er einmal Zeuge wird, wie ein Ägypter einen Israeliten schlägt, tötet er jenen und muß fliehen. Er lebt jetzt bei den Midianitern, heiratet die Tochter eines Priesters und hütet, »*ein Gast in einem fremden Lande*«, die Viehherden seines Schwiegervaters. Als ihn diese Tätigkeit an den Horeb, den »*Berg Gottes*«, führt, erscheint ihm Jahwe in einem brennenden Dornbusch und gibt sich ihm als der Gott seines Vaters, der Gott Abrahams, Isaaks und Jakobs, als der »*Ich bin, der ich bin*« zu erkennen und befiehlt ihm, das Volk Israel aus Ägypten zu führen. Dem Zögernden verleiht Jahwe die Kraft, Wunder zu tun, die seinen Auftrag beglaubigen sollen, und so willigt er schließlich ein. Das Volk Israel überzeugt er schnell, doch beim Pharao stößt er auf hartnäckigen Widerstand, den erst von Jahwe über das Land geschickte, immer schrecklichere Plagen schließlich zu brechen vermögen. Zehnmal wird ausführlich geschildert, wie Moses dem Pharao die Plage androht, dieser zunächst nachgibt, dann aber hart bleibt bis zur nächsten, und zwar ist es Jahwe selbst, der ihm das »*Herz verhärtet, damit du* [Moses] *deinen Kindern und Kindes Kindern einst erzählen kannst, wie ich gegen die Ägypter vorgegangen bin und welche Zeichen ich unter ihnen vollführt habe: erkennen sollt ihr, daß ich der Herr bin!*« Dieser mächtige Herr zieht den Israeliten nun voran, »*bei Tage in einer Wolkensäule, um ihnen den Weg zu zeigen, und nachts in einer Feuersäule, um ihnen zu leuchten, damit sie bei Tag und bei Nacht wandern könnten*«. Vor dem verfolgenden Pharao rettet er sie, indem er vor Moses' ausgestreckter Hand das Meer zurückfluten und sich teilen läßt, bis alle in Sicherheit, die nachdrängenden Ägypter aber in den Fluten umgekommen sind. In einem umfangreichen Lied (Kap. 15) preisen die Israeliten die Tat Jahwes: »*Singen will ich dem Herrn, denn hocherhaben ist er; Rosse und Reiter hat er ins Meer gestürzt.*« Dann bewegt sich der Zug vom Meer in die Wüste. Wenn das Volk hungert und murrt, schickt der Herr Wachteln und Manna, läßt er Moses Wasser aus den Felsen schlagen, und als Jahwe durch all diese Taten seine Macht genügend unter Beweis gestellt hat, ist die Zeit gekommen, den Israeliten das Gesetz zu geben. Unter Donner, Blitz und Posaunenschall nimmt Moses, der allein dem Herrn nahen darf, es auf dem Sinai entgegen und überbringt es dem zitternden Volk. Mit diesem Höhepunkt, dem erschreckenden Erscheinen Gottes vor den Seinen (die ihn hören, aber nicht sehen, denn wer Gott sieht, muß sterben), endet der erzählende Teil des Buches *Exodus*.

Doch ist das Bemühen deutlich, auch den nun folgenden detaillierten Ausführungen zum Gesetz, die sich über die restlichen Kapitel (21–40) des Buches erstrecken, durch kurze erzählende Partien eine Art Handlung und damit den lebendigen Bezug auf Jahwe, der die Gesetze gibt, und Moses, der sie empfängt, herzustellen: Moses' vierzigtägiger Aufenthalt auf dem Sinai, der Abfall des Volkes, das sich während seiner Abwesenheit eine Gottheit in Stiergestalt bildet, Moses' zorniges Zertrümmern der Gesetzestafeln, die gnädige Erneuerung des Bundes und der Tafeln. Höhepunkt der Gesetzgebung, die Sklaven- und Besitzrecht, Sittlichkeitsvorschriften, Sabbat- und Gottesdienstordnung umfaßt, sind die fünfzehn Kapitel beanspruchenden Anweisungen für Bau und Ausstattung des Heiligtums, des Offenbarungszelts, die alle Einzelheiten, wie die Holzart für Lade und Tisch, den Leuchter, Decken, Teppiche und Vorhänge, die Kleidung der Priester sowie die Maße des Räucheraltars und des Vorhofs genau festlegen. – Das zweite Buch endet mit der Inbesitznahme des Offenbarungszelts durch den Herrn: Das wunderbare Bild von der Wolke, die sich auf seiner Wohnung niederläßt, dient dem Erzähler dazu, den von den Gesetzen unterbrochenen Handlungsfaden wiederaufzunehmen und zugleich zu einem knappen, großartigen Ende zu bringen: »*Sooft sich nun die Wolke von der Wohnung erhob, brachen die Israeliten auf während der ganzen Dauer ihrer Wanderungen; wenn aber die Wolke sich nicht erhob, brachen sie nicht auf bis zu dem Tag, wo sie sich erhob. Denn bei Tag lag die Wolke des Herrn über der Wohnung; bei Nacht aber war sie, mit Feuerschein erfüllt, dem ganzen Hause Israel sichtbar, während der ganzen Dauer ihrer Wanderzüge.*«

Das anschließende Buch *Leviticus* ist eine Sammlung lose zusammengefügter Gesetzeskorpora verschiedenster Herkunft, die kultische »*levitische*«) Bestimmungen für die Priesterschaft enthalten, und verzichtet nahezu vollständig auf Erzählendes oder

Historisches, mit Ausnahme der Geschichte von Nadab und Abihu, den Söhnen Aarons, die sich dadurch versündigen, daß sie Gott »ein ungehöriges Feueropfer« darbringen, »das er ihnen nicht geboten hatte«, und die dafür selber vom Feuer Gottes verzehrt werden. Diese Geschichte veranschaulicht sinnfällig, was das ganze dritte Buch demonstriert: die ungeheure Bedeutung, die der gesetzlichen Festlegung des Umgangs mit Gott beigemessen wird. Sie wird demonstriert am Opfergesetz (Kap. 1–7), in dem die verschiedenen Opferarten und dazugehörigen Rituale gezeigt werden. Die Kapitel 8–10 bringen Begründungen der Priesterhierarchie. In den Reinheitsgesetzen und ihren zahlreichen, uralten Bräuchen fand die Vorstellung der Heiligkeit Gottes ihren Niederschlag. Höhepunkt dieses Kults bildet der große Versöhnungstag (Kap. 16), an dem alljährlich die totale Reinigung des Volkes im Ritus des Sündenbockes, der, mit dem Fluch beladen, in die Wüste gejagt wird, Gestalt findet. – Verwandte Vorstellungen finden sich im sogenannten Heiligkeitsgesetz (Kap. 17 – das archaische Kultgesetz – bis 26); seine Urzelle ist vermutlich der Befehl: »Ihr sollt heilig sein, denn ich bin heilig, der Herr, euer Gott« (19, 2), auf den sich eine Vielzahl sittlicher und religiöser Vorschriften gründet.

Das Buch *Numeri* berichtet über den zweiten Teil der Wüstenwanderung. Die ersten zehn Kapitel machen deutlich, daß es sich um einen neuen Aufbruch handelt, der sorgfältig vorbereitet wird. Moses erhält von Jahwe bis ins einzelne gehende Weisungen – fast jedes dieser Kapitel und viele Unterabschnitte beginnen mit der Wendung: »*Hierauf gebot der Herr dem Mose ...*« Den Anfang machen die befohlenen Zählungen, nach denen das Buch seinen Namen hat. Aber auch die Lager- und Zuordnung der Stämme, die Musterung und die Dienstordnung der Leviten, die Vorschriften über die Feier des Passahmahls gehen ebenso auf direkte Anordnungen Jahwes zurück wie etwa die Beschreibung des goldenen siebenarmigen Leuchters für das Heiligtum (das Offenbarungszelt) oder die Formulierung des Segens, den die Priester über Israel aussprechen sollen. Die Reisevorbereitungen finden ihren Abschluß mit dem auch am Ende des zweiten Buches geschilderten, hier noch konkreter den Rhythmus der Wanderung bestimmenden Zeichen: »*Sobald sich nun die Wolke von dem Zelt erhob, brachen die Israeliten alsbald danach auf; und an dem Orte, wo die Wolke sich wieder niederließ, da lagerten die Israeliten.*« Sie ziehen hinter der Bundeslade her, und wenn die Reise beschwerlich wird, erzürnen sie Gott durch ihr Gemurr. Aber wenn Moses klagt, die Last für dieses ganze Volk sei ihm zu schwer, schickt Gott einen Wind, der Wachteln vom Meer herüberführt – Fleisch für die Hungrigen. Doch nicht immer hat Moses es so leicht, das Klagen des Volks hier und den Zorn des über die Aufrührer ergrimmten Herrn dort zu beschwichtigen. Die Rotte Korah empört sich gegen ihn und wird vernichtet. Schließlich sucht der Herr durch ein Wunder dem Murren der Israeliten ein Ende zu machen: unter den ans Offenbarungszelt gebrachten Stäben der zwölf Stammesfürsten wird der des Leviten Aaron dazu auserwählt, Knospen, Blüten und reife Mandeln auf einmal zu tragen: dieser Vorfall begründet die Wahl Aarons zum für die Verfehlungen des Volkes verantwortlichen Priester und die Bestallung der Leviten zu Helfern beim Kult, deren Rechte und Pflichten in den folgenden Kapiteln genau geregelt werden. Moses und Aaron haben es auch auf der weiteren Wanderung schwer; das Volk hört nicht auf zu murren, und der Herr bestraft seine Verantwortlichen, wenn sie an ihrer Fähigkeit zweifeln, Wasser aus Felsen schlagen zu können. Manchmal aber erhört Jahwe ihre Fürbitte; als er zur Strafe einmal Schlangen geschickt hat, rettet ein auf seinen Befehl gefertigtes kupfernes Schlangenbild die Gebissenen. Wo man den Israeliten nicht gutwillig den Durchzug gestattet, erkämpfen sie ihn sich mit Waffengewalt, und Angst und Schrecken eilen ihnen voran. Balak, der König der Moabiter, sucht vorsorglich Hilfe bei einem zauberkräftigen Mann: Bileam. Die Geschichte dieses Mannes, dem Jahwe sich als der Gott offenbart, der stärker ist als die Götter, die er bisher angerufen hat, bildet einen geschlossenen Komplex innerhalb des Buches *Numeri*. Er besteht aus vier liedartigen Segenssprüchen, die alle Bileams neuen Auftrag umkreisen: »*Siehe, zu segnen ist mir aufgetragen, und hat er gesegnet, so kann ich's nicht ändern.*« Kurze Prosatexte verbinden diese Lieder zu einer Art Handlung – der Zug hat inzwischen das Land Moab erreicht – und erläutern Bileams Haltung. Die Gefahren des Seßhaftwerdens beginnen sich in der Verführung durch die fremden Kulte abzuzeichnen (Kap. 25). Nach dem erfolgreichen Kampf der Priester gegen den Baal von Peor findet eine neue Volkszählung statt (Kap. 26). Im Anschluß an einige Gesetzessammlungen (Kap. 27–30) werden anläßlich des Sieges über die Midianiter die Regeln des heiligen Kriegs erläutert (Kap. 31). Ein Bericht über die Verteilung des Ost- und Westjordanlandes unter die einzelnen Stämme läßt erkennen, daß die vierzigjährige Wüstenwanderung, deren Stationen noch einmal aufgezählt werden, ihren Abschluß gefunden hat.

Das *Deuteronomium* ist im Unterschied zur übrigen alttestamentlichen Gesetzesliteratur als letzte Rede und Vermächtnis Moses' an das Volk Gottes stilisiert. Der Inhalt – Proklamation und Begründung des Gesetzes als Konsequenz des Bundes zwischen dem Volk Israel und Jahwe – und die Form lassen eine die einzelnen Teile mit außerordentlich geistiger Kraft zum Ganzen gestaltende Persönlichkeit erkennen. Der eigentliche Gesetzeskodex ist in eine Rahmenhandlung eingebaut. Ein einleitender Rückblick auf die Ereignisse seit dem Aufbruch vom Berg Horeb dient Moses dazu, seinem Volk klarzumachen, daß die Verpflichtung zum Gehorsam gegenüber Jahwes Gesetz die selbstverständliche Antwort Israels auf die gnädige Führung Gottes und die wunderbare Tatsache der Auserwähltheit zum heiligen, von Gott geliebten Volk ist (Kap. 1–4). Diese Erinnerung mündet in eine zusammenfassende Wiederholung der zehn Gebote als der Ursprungsquelle sowohl dieses Bundes wie des Gesetzes (Kap. 5). Es folgt eine das Verhältnis des Volkes zu seinem gnädigen, aber auch strafenden Gott (»*Seht, ich lege euch heute Segen und Fluch zur Wahl vor*«) in großen Zügen umreißende und beleuchtende Predigt Moses', die mit der berühmten, für das Judentum bis heute verbindlichen Formulierung des Glaubensbekenntnisses Israels, dem sogenannten »Schema« (»*Höre Israel ...*«) einsetzt (6, 5). Immer wird – z. B. wenn es um die Erziehung der Kinder geht – die Verpflichtung zur Treue gegenüber dem Gesetz mit den wunderbaren Taten, kraft deren Gott sein geheiligtes Volk »*in das verheißene Land geführt hat*« (6, 20 ff.), und mit der Dankbarkeit dafür begründet, daß Gott dieses Volk »*aus allen Völkern, die auf dem Erdboden sind, zu seinem Eigentumsvolk erwählt*« hat (Kap. 7), und zwar ohne das Verdienst des »halsstarrigen« Volkes.

Warnend weist Moses, wiederum rückblickend, auf die verhängnisvollen Folgen von Verstößen gegen Gottes Gebote in der Vergangenheit hin (Kap. 9–11).

Den zweiten Hauptteil des *Deuteronomiums* (Kap. 12–26) bildet ein Kodex von Einzelgesetzen. Sie betreffen u. a. Opfer und Opferstätten, Bestrafung des Götzendiensts, die Ablieferung des Zehnten, Schuldenerlaß, Unterstützung armer Volksgenossen, Freilassung von Sklaven (nach sechs Dienstjahren), Einkünfte und Rechte der Priester, Freistätten für Totschläger, Verhalten im Krieg, Ehe- und Erbrecht. Dieser Teil schließt mit Moses' Befehl, alle Worte dieses Gesetzes auf mit Tünchkalk überstrichene große Steine aufzutragen und diese nach Überschreiten des Jordans auf dem Berg Ebal aufzustellen. In den folgenden großen Reden werden die Konsequenzen des Ungehorsams oder Gehorsams gegenüber dem Gesetz eindringlich mahnend vor Augen geführt: Verfluchungen auf der einen, Segen auf der andern Seite. – Die letzten vier Kapitel schließen die Rahmenhandlung ab. Sie enthalten einen Bericht über Moses' letzte Maßnahmen und Anordnungen (u. a. Berufung Josuas zu seinem Nachfolger). Dann erscheint ihm Gott in einer Wolkensäule, um ihm zu verkünden, daß er sterben muß. Einem letzten Befehl Jahwes folgend, faßt er in einem gewaltigen psalmenartigen Lied alles, was er vom Herrn und dessen Volk zu sagen weiß, zusammen – der Erzähler und Kompilator erreicht mit der Einfügung dieser durch die lyrische Form aufs höchste intensivierten Verkündigung des Gottes, »*der tötet und lebendig macht*«, eine Steigerung ohnegleichen. Die letzten Strophen des Gedichts offenbaren diesen Gott als den Gott der Rache, der seine Pfeile »*mit Blut trunken machen*« will, und dieser rächende, zornige Gott ist es auch, der Moses vor seinem Ende in das verheißene Land nur hineinzusehen, nicht aber hineinzukommen gestattet. Doch die sich anschließenden Segenssprüche über die zwölf Stämme Israels (Kap. 33) bezeugen noch einmal die unverbrüchliche Treue und Macht des »Mannes Gottes«, von dem am Schluß gesagt wird: »*Es ist aber hinfort kein Prophet mehr in Israel aufgestanden wie Mose, mit dem der Herr von Angesicht zu Angesicht verkehrt hatte.*«

Wie und von wem der gewaltige Block *Pentateuch* zu der Einheit zusammengeschweißt wurde, die er trotz aller Vielheit und auch Widersprüchlichkeit darstellt, ist eine bis heute nicht gelöste Frage. Stoffe von heterogener Qualität und unterschiedlichem Alter sind verarbeitet: uralte Rache-, Sieges- und Kriegslieder (*1. Mose* 4, 23, Lamechlied; *1. Mose* 15, Schilfmeerlied; *4. Mose* 21, Lieder aus dem Buch der Kriege) stehen neben chronologischen Angaben. Zaubersprüche (*4. Mose* 23, Bileam), Fluch- und Segensformeln über Stämme (*1. Mose* 21, 7; 25, 22) verbinden sich mit Kultlegenden und Ätiologien (*1. Mose* 12, 8; 28, 11–19). Gesetzessammlungen vermischen sich mit erzählenden Texten oder der Beschreibung von Riten und Bräuchen. Predigten, Lieder, erzählende Partien finden sich in buntem Wechsel mit juridischen und kasuistischen Formen oder Fragmenten ältester mündlicher Traditionen. Scheinbar Unvereinbares einigt die offensichtliche Absicht der Redaktoren und der Verfasser der einzelnen »Quellen«, die Geschichte des Volkes Israel als die Geschichte eines von und mit seinem Gott lebenden Volkes und eines von und mit seinem Volk lebenden Gottes darzustellen. In den Schmelztiegel dieser Geschichte konnte alles eingehen, weil außerhalb ihrer nichts geschehen war. Was immer dieses Volk erlebt, von seinen Ursprüngen im Gedächtnis bewahrt, sich gedeutet, für sein Recht erklärt, sich an Gesetzen gegeben, sich wieder und wieder erzählt und vorgesungen hatte – es geriet in den Sog dieses glühenden Glaubens, daß sein Gott, ein »*starker und eifriger Gott*«, es spontan, unberechenbar und ganz persönlich lenkte, segnete, verfluchte. Aus einem derart konkreten, individuellen Verhältnis eines Volkes zu seinem Gott kann kein Mythos hervorgehen. Mythische Götter sind Personifikationen sich immer wiederholender Urerfahrungen, der Gott Israels ist Person, die zu Personen spricht. Es gibt deshalb im Pentateuch kaum mythische Erzählungen, und die wenigen, die vorkommen, sind aus der Umwelt, in der Israel lebte, übernommen und – wie etwa der Schöpfungsmythos – »*aus der polytheistischen Beziehung in die personale Beziehung Gott – Mensch übertragen*« (Sellin-Fohrer). Die »Helden« der altisraelischen Sagen und Legenden sind deshalb nicht Götter, sondern die Patriarchen und Stammesväter, die diese persönliche Beziehung zu Gott herstellen und Bürgen dieser Tradition und ihrer Folgen für den Stammesbesitz und den Kult sind. Die meisten Erzählungen des Pentateuch sind Sagen und Legenden, die von der Landnahme handeln, Besitz und Kult begründen. Viele von ihnen waren ursprünglich nichtisraelisch, bezogen sich etwa auf kanaanäische Götter und wurden dann »personalisiert«, »nationalisiert«, »jahwisiert« und »theologisiert« (Sellin-Fohrer), ohne deshalb an Einfachheit und Ursprünglichkeit zu verlieren. Im Gegenteil: die eigentümlich realistische Beziehung des Volkes Israel zu Jahwe als seinem an jedem seiner Schritte innigsten Anteil nehmenden, aufs engste mit ihm, ja gewissermaßen durch es lebenden Herrn (eine Mentalität, der später die Vorstellung der »Schechina«, der Einwohnung Gottes in die Welt, der Konkretisierung des Reiches Gottes im Jetzt und Hier entsprang) scheint auch in dieser frühen Phase verhindert zu haben, daß die israelische Religiosität abstrakt und esoterisch wurde. Das mit großer Unbefangenheit auf Gott bezogene tägliche Leben ist der Schauplatz der meisten dieser Geschichten, und eben diese Wirklichkeitsfülle ist es, die sie eigentümlich zeitlos, allgemeingültig, menschlich wirken läßt. »*Dem wirklichkeitsnahen und konkreten Zug des israelitischen Wesens entspricht die lebendige, bildhafte und einprägsame Art der Schilderung, die gern mit Vergleichen arbeitet, innermenschliche Vorgänge auch im äußeren Verhalten spiegeln sieht und die einzelnen Szenen eines Geschehens wie in aneinandergereihten Teilbildern malt.*« (Sellin-Fohrer) Aus dem Reichtum solcher Bilder nährte sich nicht nur der Glaube, sondern auch die Phantasie eines großen Teils der Menschheit seit Jahrtausenden, ohne ihn zu erschöpfen.

Der theologischen Exegese boten und bieten die *Fünf Bücher Mosis* bis heute ein weites Feld. Schon früh machten den Auslegern offensichtliche Widersprüche und Ungereimtheiten zu schaffen (z. B. der nach der Tradition von Moses verfaßte Bericht über den Tod Moses', *5. Mose* 34); auffällig sind ferner zahlreiche Wiederholungen und Dubletten (z. B. *1. Mose* 1–2, 4a und 2, 4bff.; 12, 20 und Kap. 26), unausgeglichene und unzusammenhängende Darstellung, aber auch Weiterführung unterbrochener Erzählungen (*1. Mose* 4, 26 und 5, 1). Für das nachexilische Judentum und die judenchristliche Urgemeinde war der Pentateuch als *Thora* noch unreflektierte, ihrem Wortlaut nach geoffenbarte Heilige Schrift. Die durch die Theologie des PAULUS geförderte Ausbreitung des Christenglaubens in der außerjüdischen Welt machte eine neue Interpretation des Mosaischen Gesetzes nötig. Besonders umstritten war naturgemäß die Gültigkeit der Zeremonialgesetze. Während im 2. Jh. n.Chr. FLAVIUS IUSTINUS das AT für die Christen beanspruchte und den Juden falsche, d. h. wörtliche, Auslegung vorwarf, lehnte MARCION den Kanon und das Judentum prinzipiell ab. Die christliche Kirche entschied sich für die Zusammengehörigkeit von Moses und Christus, nannte die Sammlung ihrer kanonischen Schriften nach dem Vorbild des Pentateuch, aber auch zur Unterscheidung von ihm, *Neues Testament* und verstand sich als das wahre Israel, dem die Verheißungen des Gottes Abrahams gelten. In den folgenden Jahrhunderten standen sich die Interpretationsmethoden der alexandrinischen (CLEMENS und ORIGENES) und der antiochenischen (THEODOROS und IOANNES CHRYSOSTOMOS) Theologie gegenüber: auf der einen Seite allegorische, auf der anderen die historische Deutung, die in den geschilderten Vorgängen den allgemein gültigen Sinn zu entdecken suchte. Noch in anderer Hinsicht befruchtete der Pentateuch die altkirchliche Gedankenwelt: seit IRENAEUS und AUGUSTIN *(De civitate Dei)* wurden im Westen umfassende Geschichtsdeutungen entwickelt. In Anlehnung an die biblische Darstellung eines Noah-, Abraham- und Moses-Bundes oder durch mystische Deutung des Sieben-Tage-Schöpfungswerks interpretierte man die Weltgeschichte als eine Aufeinanderfolge großer Perioden. Bis in die endzeitlichen Berechnungen christlicher Sekten des 19. und 20. Jh.s spielen diese Gedanken eine Rolle. Im Pentateuch entworfene politische Modelle finden sich etwa in Augustins und CALVINS Konzeption des »Gottesstaates«. Oder sie wirkten sich in der Begründung (*5. Mose* 17, 8–12) des geistlichen Primats bei Innozenz III. aus (Investiturstreit). LUTHER vereinigte die philologische Forderung der Renaissance nach dem hebräischen Urtext mit der typologischen Auslegungstradition der Kirche in der bahnbrechenden Übersetzung des AT und seinen Kommentaren.

Schon Origenes hatte mit seiner *Hexapla* durch die Einbeziehung des hebräischen Wortlauts wesentlich zur Erhaltung und Rekonstruktion des Pentateuch-Textes beigetragen. Die Förderung und Erforschung der antiken Sprachen im 16. und 17. Jh. schuf die Voraussetzung für die spätere textkritische Arbeit. Wohl waren vereinzelt schon seit dem 12. Jh. Entstehungszeit, Einheitlichkeit und Verfasserschaft des Pentateuch kritisch in Frage gestellt worden, aber erst das 17. Jh. entwickelt Methoden zur genaueren Untersuchung. So entwarfen HOBBES, SPINOZA und Richard SIMON verschiedene Hypothesen zum Pentateuch. Der entscheidende Durchbruch gelingt Johann WITTE (1711) und Jean ASTRUC (1753) mit der Beobachtung, daß in den Moses-Büchern verschiedene Gottesnamen durchgängig verwendet werden. Auf dieser Grundlage entstand die Dokumentenhypothese J. G. EICHHORNS (1781), die parallele Berichte (J und E) rekonstruierte. Es gelingt im 19. Jh., eine Reihe von Quellen nach Eigenart und Entstehungszeit zu definieren. 1901 kann WELLHAUSEN in der *Encyclopaedia Britannica* (»Hexateuch«) bis heute gültige Ergebnisse der Quellenkritik vorlegen. Erweitert, korrigiert und ergänzt durch die Arbeiten des 20. Jh.s, vor allem der mit GUNKEL beginnenden formgeschichtlichen Schule, ist die Entstehungsgeschichte des Pentateuch in groben Umrissen so zu sehen:

Die Einzelüberlieferungen reichen bis in die Mosaische Zeit und die Richterzeit (12./11. Jh. v.Chr.) zurück. Sie knüpfen sich an die verschiedenen Kultorte; verbindendes Element sind die Erinnerungen der einzelnen Stämme. Schriftliche Fixierungen dieser Traditionen, vor allem in Gestalt poetischer Sammlungen, sind in der Zeit Davids (reg. erste Hälfte d. 10. Jh.s) und seines Sohnes Salomo (reg. ab Mitte d. 10. Jh.s) anzunehmen. Die älteste durchgehende Schicht geht – wenn nicht, wie EISSFELDT nahelegt, eine noch ältere Überlieferung (L = Laien-Quelle) nachweisbar ist – auf den sogenannten »Jahwisten« (J) zurück, eine Quelle, die ihren Namen der einheitlichen Verwendung der Gottesbezeichnung »Jahwe« verdankt. Der Verfasser, bzw. die Schule, ist im Salomonischen Zeitalter (Ähnlichkeiten mit der ägyptischen Weisheitsliteratur) in Judäa zu suchen. J erzählt psychologisch feinfühlig, ohne theoretische Reflexionen, mit besonderer Betonung des geschichtlichen Heilshandelns Jahwes, der nationalen Macht Israels, der Ackerbaukultur und des Kults. Eine ausgeprägte Rolle spielt bei ihm auch die Frau. J beginnt mit einer Urgeschichte (*1. Mose* 2,4b–3,26) und erreicht mit der Väterzeit das erste Ziel seiner Darstellung (*1. Mose* 12, 1–3), deren psychologisierendes und anekdotisches Moment sich dann in den Patriarchengeschichten besonders anschaulich entfaltet. Auch Teile aus *Exodus* (Auszug aus Ägypten), *Numeri* und *Deuteronomium* (Tod Moses') gehen auf J zurück. Moses ist ihm der erste Patriarch und zugleich Mittler der Offenbarung. J verbindet verschiedenste Traditionen der Südstämme zu einer Glaubensgeschichte von der Berufung Abrahams bis zur Landnahme unter Josua.

Die zweite Hauptquelle, der »Elohist« (E), wird ebenfalls nach dem verwendeten Gottesnamen hier Elohim – bezeichnet. Der Verfasser, der mehr Interesse an den Traditionen der Nordstämme zeigt, ist wohl im Norden zu suchen. Seine Schrift kann in der zweiten Hälfte des 8. Jh.s, aber auch schon Mitte des 9. Jh.s, entstanden sein. Diese Quelle enthält mehr Gesetzestexte als J, im Unterschied zu J legt er mehr Nachdruck auf den religiösen und sittlichen als auf den nationalen Besitz Israels (Dekalog, *1. Mose* 20, 1–17). Der Gottesbegriff erscheint vergeistigter. Hinter E stehen schon kultfeindliche Tendenzen der älteren Prophetie [Amos] (*2. Mose* 32; *4. Mose* 11, 18). Trotz des archaisierenden Stils und der Verwendung alter Traditionen bringt E keine eigene Urgeschichte. Spätestens im 7. Jh. wurden J und E von einem Redaktor kompiliert.

Die dritte große Quellenschrift wird dem »Deuteronomisten« (D) zugeschrieben. Er bietet die geschlossenste theologische und literarische Konzeption, die hauptsächlich im *Deuteronomium* vorliegt. Entstehungszeit um 700. Der oder die Verfasser entstammten nach heutiger Annahme dem Landlevitentum um Jerusalem (V. RAD) oder Kreisen der prophetischen Opposition um Jesaja. D ist identisch mit dem 622 zur Zeit der großen Reform des Josia aufgefundenen Gesetz (*2. Könige* 22, 8) und wurde zum theologischen Mittelpunkt der Restauration. Es atmet selbst den Geist einer restaurativen Epoche, in der zum Vorbild die Geschichte des Zwölf-Stämme-Bundes vor der Landnahme idealisiert wird. Die eindeutige Tendenz gegen jeden Synkretismus, die Spiritualisierung des Kultes, die Einheitlichkeit von Stil und Inhalt geben D innerhalb des ganzen Komplexes ein so individuelles Gepräge, daß man auch von einem

»Tetrateuch« der übrigen Bücher gesprochen hat. Der Gott Israels ist der Gott der Liebe, der Treue und der Erwählung. Ständig wird das Verhältnis zu den politischen Nachbarn reflektiert; eine städtische Kultur mit Verfallserscheinungen ist vorausgesetzt. Nach den theologischen Normen des *Deuteronomiums* ist auch das deuteronomistische Geschichtswerk verfaßt, das in den *Samuel-* und *Königsbüchern* die Geschichte Israels bis 586 v. Chr. darstellt.
Die letzte große Quellenschrift ist der sogenannte *Priesterkodex* oder die *Priesterschrift* (P). Ihre Eigenart liegt in ihrem Interesse am Priestertum. Sie entwickelt eine eigene Tempeltheologie und enthält ausführliche Gesetzessammlungen, so vor allem das Heiligkeitsgesetz (*3. Mose* 17–26). Die kühle antimythische Darstellung der Schöpfungsgeschichte in *1. Mose* 1–2, 4a gehört ebenso zu P wie die ausführlichen Genealogien der Väterzeit. Sicher haben viele Priestergenerationen an diesem Werk, das ihre Hierarchie begründet, gearbeitet, in vorexilischer Zeit wie im Exil. Um 400 etwa wurde P mit J, E und D zusammengearbeitet. Seit 330 ist der Bestand des Pentateuch dann kanonisch fixiert.
Die innere Gesetzmäßigkeit, nach der sich das Wachstum dieses riesenhaften Literaturgebildes vollzogen hat, deutet v. Rad als die Ausgestaltung eines Urcredos (*5. Mose* 26, 5). Aus dem dankbaren Bekenntnis zum Handeln Jahwes wird im Verlauf der theologischen Reflexion und der geschichtlichen Erfahrung Israels schließlich das Riesencredo des Pentateuch, mit dessen Gestaltung viele verschiedene theologische Richtungen jahrjundertelang beschäftigt waren.
Durch die Entwicklung der Archäologie des Vorderen Orients erfuhr die Erforschung des Pentateuch eine entscheidende Befruchtung. Die Entzifferung der Hieroglyphen (1822) und der Keilschrift (1837) erschloß den Zugang zu außerbiblischen Paralleltexten, die der Interpretation der biblischen Bücher neue Dimensionen eröffneten. So zeigten z. B. *Enūma eliš* und das *Gilgameš-Epos*, daß die biblischen Schöpfungs- und Sintflut-Berichte keineswegs einmalig waren. Zugleich aber wurde im Lauf dieser ernüchternden Feststellungen gerade die spezifische Aussage des Schöpfungsberichtes etwa von P deutlich: Verkündigung des Gottes Israels als des Schöpfers auch des Universums. Ähnlich ermöglichte die Entdeckung der *Amarna-Tafeln* (1887) und des *Codex Hammurabi* (1901) eine genauere Einordnung der altisraelitischen Gesetzesliteratur in die zeitgenössige Umwelt und machte wiederum gerade dadurch das Besondere dieser Texte sichtbar. Für die charakteristische Verbindung von geschichtlichen, erzählenden und gesetzlichen Partien, die sich aus der Eigenart des israelitischen Selbstverständnisses als des Volkes, mit dem Gott einen Bund geschlossen hat, erklärt, gibt es auch in der orientalischen Literatur keine eigentliche Parallele. Eine Flut von Ausgrabungen und Entzifferungen ließ den Pentateuch vom Buch einmaliger göttlicher Offenbarung zum höchst originalen Dokument aus dem Leben einer vorderorientalischen sakralen Gemeinschaft der Stämme (Amphiktyonie) werden.
Seit den Entdeckungen in Ras Schamra (1929) und Qumran (seit 1947) macht die Interpretation des Pentateuch, vor allem die Identifikation von Orten, Daten und Personen weitere Fortschritte. Sogar die Patriarchengestalten treten aus dem mythischen Dunkel und werden in außerbiblischen Texten entdeckt – Ergebnisse, die neue Differenzierungen bisheriger Annahmen notwendig machen.

G. Ue. – K. K.

Ausgaben und Übersetzungen: Vgl. *Bibel*.

Literatur: Vgl. *Bibel*, Literatur zum *AT* (Allgemeine Einführungen, Historische Fragen, Überlieferungs- u. Entstehungsgeschichte, Literarische Wirkungsgeschichte, Textkritik u. Formgeschichte, Theologie).
Weitere allgemeine Literatur zum *Pentateuch*: Eißfeldt, S. 205–320. – LThK, 8, Sp. 259–265. – RGG, 5, Sp. 211–217. – Robert-Feuillet, 1, S. 275–376. – Sellin-Fohrer, S. 112–209. – P. Volz, *Moses u. sein Werk*, Tübingen ²1932. – G. v. Rad, *Die Priesterschrift im Hexateuch literarisch untersucht u. theologisch gewertet*, Stg. 1934 (BWANT, 65). – M. Buber, *Moses*, Heidelberg ²1952. – J. Steinmann, *Les plus anciennes traditions du Pentateuque*, Paris 1954. – I. Lewy, *The Growth of the Pentateuch. A Literary, Sociological and Biographical Approach*, NY 1955. – M. Noth, *Überlieferungsgeschichtliche Studien*, Tübingen ²1957. – F. Dornseiff, *Antikes zum AT* (in F. D., *Kleine Schriften*, Bd. 1, Lpzg. ²1959, S. 203–329). – M. Noth, *Die Gesetze im Pentateuch* (in M. N., *Ges. Studien z. AT*, Mchn. ²1960, S. 9–141) – Ders., *Überlieferungsgeschichte d. Pentateuch*, Stg. ²1957. – U. Cassuto, *The Documentary Hypothesis and the Composition of the Pentateuch*, Jerusalem 1961. – M. H. Segal, *The Composition of the Pentateuch – A Fresh Examination* (in Scripta Hieros, 8, 1961, S. 68 114). – J. Wellhausen, *Die Composition des Hexateuchs u. d. historischen Bücher d. AT*, Bln. ⁴1963. – S. Mowinckel, *Tetrateuch, Pentateuch, Hexateuch*, Bln. 1964. – C. Schedl, *Geschichte d. AT*, Bd. 1, Innsbruck ²1964. – G. v. Rad, *Das formgeschichtliche Problem d. Hexateuchs* (in G. v. R., *Gesamm. Studien z. AT*, Mchn. ³1965, S. 9 86).

Zu *1. Buch Mose (Genesis)*:
Kommentare: H. Gunkel, *Das erste Buch M.*, Göttingen ²1920 (SAT, I/1). – O. Procksch, *Die Genesis*, Lpzg. ²⁻³1924 (KAT, 1). – P. Heinisch, *Das Buch G.*, Bonn 1930 (HISAT, I/1). – G. v. Rad, *Das erste Buch M.*, Göttingen ⁵1958 (ATD, 2–4). – R. de Vaux, *La Genèse*, Paris ²1958 (Bible de Jérusalem). – H. Gunkel, *Genesis*, Göttingen ⁶1964 (HkAT, I/1).
Weitere Literatur: U. Cassuto, *La questione della Genesi*, Florenz 1934. – J. Chaîne, *Le livre de la Genèse*, Paris 1948. – B. Vawter, *A Path through Genesis*, NY 1956. – P. J. Wieseman, *Die Entstehung d. Genesis*, Wuppertal 1957. – T. Schwegler, *Die biblische Urgeschichte im Lichte d. Forschung*, Mchn. 1960. – O. Eißfeldt, *Die Genesis der Genesis*, Tübingen ²1961.

Zu *2. Buch Mose (Exodus)*:
Kommentare: H. Gressmann, *Das zweite Buch M.*, Göttingen ²1922 (SAT, I/2). – P. Heinisch, *Das Buch E.*, Bonn 1934 (HISAT, I/2). – G. Beer u. K. Galling, *Das Buch E.*, Tübingen 1939 (HbAT I/3). – B. Couroyer, *L'Exode*, Paris ²1958 (Bible de Jérusalem). – M. Noth, *Das zweite Buch M.*, Göttingen ²1959 (ATD, 5).
Weitere Literatur: E. Galbiati, *La struttura letteraria dell'Esodo*, Alba 1956. – G. Auzou, *De la servitude au service. Étude du livre de l'Exode*, Paris 1961. – A. W. Pink, *Gleanings in Exodus*, Chicago 1962. – J. J. Stamm, *Der Dekalog im Lichte d. neueren*

Forschung, Bern/Stg. 1962. – G. Fohrer, *Überlieferung u. Geschichte d. Exodus*, Bln. 1964.

Zu 3. *Buch Mose (Leviticus)*:
Kommentare: H. Gressmann, *Das dritte Buch M.*, Göttingen ²1922 (SAT, I/2). – P. Heinisch, *Das Buch L.*, Bonn 1935 (HISAT, I/3). – H. Cazelles, *Le livre Lévitique*, Paris ²1958 (Bible de Jérusalem). – M. Noth, *Das dritte Buch M.*, Göttingen 1962 (ATD, 6).
Weitere Literatur: R. Rendtorff, *Die Gesetze i. d. Priesterschrift*, Göttingen 1954 (FRLANT, N. F., 44). – R. Kilian, *Literarkritische u. formgeschichtliche Untersuchung d. Heiligkeitsgesetzes*, Bonn 1963. – C. Feucht, *Untersuchungen z. Heiligkeitsgesetz*, Bln. 1964.

Zu 4. *Buch Mose (Numeri)*:
Kommentare: H. Gressmann, *Das vierte Buch M.*, Göttingen ²1922 (SAT, I/2). – P. Heinisch, *Das Buch N.*, Bonn 1936 (HISAT, II/1). – H. Cazelles, *Les Nombres*, Paris ²1958 (Bible de Jérusalem). – M. Noth, *Das vierte Buch M.*, Göttingen 1966 (ATD, 7).

Zu 5. *Buch Mose (Deuteronomium)*:
Kommentare: H. Gressmann, *Das fünfte Buch M.*, Göttingen ²1922 (SAT, I/2). – C. Steuernagel, *Deuteronomium*, Göttingen ²1923 (HkAT, I/3). – E. König, *Das D.*, Lpzg. ²⁻³1925 (KAT, 3). – H. Cazelles, *Le Deutéronome*, Paris ²1958 (Bible de Jérusalem). – G. v. Rad, *Das fünfte Buch M.*, Göttingen 1964 (ATD, 8).
Weitere Literatur: G. Hölscher, *Komposition u. Ursprung des D.*, (in ZatW, 40, 1923, S. 161–255). – G. v. Rad, *Deuteronomium-Studien*, Göttingen ²1948 (FRLANT, N. F., 40). – G. T. Manley, *The Book of the Law*, Ldn. 1957. – A. Alt, *Kleine Schriften*, Bd. 2, Mchn. ²1959, S. 250–275; 278–332. – O. Bächli, *Israel u. die Völker*, Zürich/Stg. 1962. – M. G. Kline, *Treaty of the Great King; the Covenant Structure of Deuteronomy*, Grand Rapids 1963. – P. Buis u. J. Leclercq, *Le Deutéronome*, Paris 1963.

ANONYM

JOSUA-BUCH. Geschichtswerk des *Alten Testaments*, entstanden nicht vor 550 v. Chr. – Das *Josua-Buch*, das im hebräischen Kanon zu den »Vorderen Propheten« gehört (vgl. *Prophetenbücher*), soll dem babylonischen *Talmud (baba bathra* 14b) zufolge von JOSUA BIN NUN verfaßt worden sein, was aber nicht zutrifft. Es schildert die Ereignisse der Geschichte der israelitischen Stämme nach dem Tod Moses bis zum Tod Josuas und enthält im ersten Teil (Kap. 1–12) Berichte über die Landnahme im Westjordanland, im zweiten Teil (Kap. 13–21, 42) vorwiegend Listen über die Verteilung des Landes und im dritten (Kap. 21, 43 bis 24, 33) Anordnungen über das Leben im Kulturland.

Nach Moses Tod übernimmt Josua die Führung des Volkes, bereitet den Jordanübergang vor, läßt Jericho auskundschaften und überschreitet dann unter wunderbaren Begleitumständen den Fluß. In Gilgal werden die Israeliten beschnitten und feiern dort Passah. Durch eine Vision ermutigt – der Anführer des Heeres Jahwes erscheint ihm –, nimmt Josua Jericho ein. Weil sich Achan am Beutegut vergriff, kann die Stadt Ai erst im zweiten Anlauf erobert und zerstört werden. Danach errichtet Josua Jahwe einen Altar auf dem Berge Ebal bei Sichem und verliest das Gesetzbuch des Mose. Durch eine List erreichen die Gibeoniter, daß Josua einen Bund mit ihnen schließt, der ihre Existenz in Israel sichert und ihnen Schutz vor Feinden gewährt. Schließlich gelingt es den Israeliten sogar, die mächtige Stadt Hazor einzunehmen. In Kap. 11, 16ff. werden rückblickend noch einmal die Siege Josuas über die vorisraelitischen Bewohner Kanaans aufgezählt. Nach der Eroberung schreitet Josua zu Verteilung des Landes. Ruben, Gad und der halbe Stamm Manasse erhalten ihre Wohnsitze im Ostjordanland, den anderen Stämmen wird das Westjordanland zugeteilt. Anhangweise werden in Kapitel 20 und 21 die Asyl- und Levitenstädte verzeichnet. Im letzten Teil finden sich abschließend Ermahnungen Josuas und die Schilderung des Landtages in Sichem.

Das *Josua-Buch* hat eine komplizierte literarische Geschichte. Nach Ansicht von M. NOTH u. a. bildet es in der vorliegenden Form einen Teil des großen, um 550 v. Chr. entstandenen deuteronomistischen Geschichtswerks, das die Bücher vom *5. Buch Mosis (Deuteronomium)* bis zum *2. Königsbuch* umfaßt. Dem Deuteronomisten lagen für seine Darstellung der Landnahme wahrscheinlich bereits literarisch fixierte Quellen vor, die er unter bestimmten Aspekten verarbeitet und in größere und kleinere Zusätze eingefügt hat. Für seine Kompositionstechnik ist es charakteristisch, daß er an entscheidenden Wendepunkten der Geschichte der handelnden Personen Reden halten läßt, in denen in Rückblick und Vorausschau die Bedeutung der Ereignisse gewürdigt und zur Treue gegen Jahwe ermahnt wird (vgl. Kap. 1, 1–18; 23, 1–16). Eine erzählende Zusammenfassung der vorher ausführlich geschilderten Vorgänge findet sich in Kap. 12, 1–24.

Ob es sich bei den verwendeten Quellen in erster Linie um die aus den *Fünf Büchern Mosis* bekannten Erzählungsfäden handelt, ist umstritten. Während Noth und NÖTSCHER meinen, daß die *Pentateuch*-Quellen J (Jahwist), E (Elohist) und P (Priesterschrift) sich im *Josua-Buch* nicht nachweisen lassen, rechnen andere Forscher damit, daß jene hier ihre Fortsetzung finden, und vermuten dementsprechend, daß dieses Buch, das von der Erfüllung der den Erzvätern gegebenen Verheißung berichtet, ursprünglich mit den Büchern des *Pentateuch* zusammen einen »Hexateuch« bildete (EISSFELDT u. a.).

Bei den in Kap. 2–9 enthaltenen Einzelerzählungen, deren oft uneinheitlicher Charakter auf eine komplizierte vorliterarische Geschichte schließen läßt, handelt es sich um Überlieferungen des Stammes Benjamin; sie bestehen meist aus lokal gebundenen ätiologischen Sagen, die wohl am Heiligtum in Gilgal tradiert wurden und etwas von den Israeliten Vorgefundenes, z. B. zwölf Steine im Jordan (4, 9) und in Gilgal (4, 20), den Vorhauthügel in Gilgal (5, 3), das Verbleiben eines kanaanäischen Geschlechts in Jericho (6, 25), einen Steinhaufen (7, 26), eine Ruinenstätte (8, 28), durch Ereignisse der Vergangenheit erklären wollen. Daß so geartete Überlieferungen historisch zuverlässig sind, ist nicht zu erwarten. So wird z. B. nach *Josua* 8 Ai von den Israeliten zerstört, tatsächlich lag die Stadt aber schon etwa 800 Jahre in Trümmern (*ha-'aj* heißt »die Trümmerstätte«). Ähnlich liegt die Verhältnisse in Jericho. Eine Heldensage liegt in der Überlieferung über die Schlacht bei Gibeon (10, 1ff.) vor, an die in 10, 12f. ein Lied angefügt ist, das aus dem alten, nicht erhaltenen *Buch des*

Redlichen zitiert wird. Diese Sage ist mit einer ätiologischen Erzählung über die Höhle von Makkeda in Juda verknüpft (10, 16ff.). Nach Galiläa führt die Kriegserzählung über die Schlacht an den Wassern von Merom (11, 1ff.). Durch geschickte Aufreihung aller dieser Einzelsagen, die eine gesamtisraelitische Ausweitung erfahren haben, entsteht der Eindruck eines kontinuierlichen Zusammenhangs der verschiedenen Ereignisse. Die Gestalt Josuas, der wahrscheinlich, wie aus Kap. 24, 30 erschlossen werden kann, ein ephraimitischer Stammesführer war, ist, vielleicht von *Josua* 10 abgesehen, nicht primär mit diesen Überlieferungen verbunden gewesen (A. Alt).

In Teil 2 wird unter Benutzung von verschiedenen Listen eine Darstellung der Verteilung des Landes gegeben. Zur Beschreibung der Stammesgrenzen wurde ein Verzeichnis aus vorstaatlicher Zeit benutzt, das den einzelnen Stämmen Landstriche zuschreibt, die sie zum Teil tatsächlich bewohnten, teils aber nur beanspruchten. Die Ortslisten von Juda, Benjamin, Simeon und Dan stammen aus der Zeit Josias (7. Jh. v. Chr.). Sie enthalten wertvolles Material, das allerdings nicht zur Rekonstruktion der Verhältnisse zur Zeit Josuas (13. Jh. v. Chr.) benutzt werden kann.

Das letzte Kapitel des *Josua-Buchs*, der Bericht über den sogenannten Landtag von Sichem, wird von vielen Forschern für elohistisch gehalten. Dabei handelt es sich um eine sakrale Überlieferung, die letztlich wahrscheinlich auf die Gründung des Zwölfstämmebunds durch Josua zurückgeht, dessen Mitglieder zur alleinigen Verehrung Jahwes und der Einhaltung seiner Rechtsforderungen verpflichtet wurden.

Das *Josua-Buch* will die Eroberung Palästinas durch die israelitischen Stämme schildern. Die Landnahme war jedoch kein einheitlicher Vorgang, sondern die Israeliten kamen aus verschiedenen Richtungen und in verschiedenen Schüben seit dem 14. Jh. v. Chr. in ihre späteren Wohnsitze. Nach Ansicht von A. ALT u. a. vollzog sich die Einwanderung in die dünn besiedelten Teile des westjordanischen Gebirges zunächst im wesentlichen friedlich. Erst als sie es unternahmen, ihren Landbesitz zu vergrößern, gerieten die Israeliten mit den Städten in kriegerische Verwicklungen, die stärker im Gedächtnis haften blieben als das friedliche Einsickern, so daß sie schließlich das Bild von der Landnahme bestimmten. Neuerdings neigen manche Forscher (z. B. F. MAASS) dazu, den Traditionen des *Josua-Buchs* von einer kriegerischen Landnahme mehr Glauben zu schenken, da die Ausgrabungen gezeigt haben, daß Hazor und andere Städte zur Zeit der Landnahme der Israeliten im 13. Jh. zerstört worden sind. Es läßt sich jedoch nicht beweisen, daß Israeliten die Eroberer waren. Die kanaanäischen Städte in den fruchtbaren Ebenen wurden erst von David (10. Jh.) dem israelitischen Staatsverband einverleibt.

Theologisch gesehen, ist es das besondere Anliegen des *Josua-Buchs*, den Israeliten Jahwes treue Hilfe bei der Besetzung des Landes aufzuzeigen und ihnen den Gehorsam gegen seine Forderungen einzuschärfen.
E. O.

AUSGABEN UND ÜBERSETZUNGEN: Vgl. *Bibel*. – Paris 1955 (L. Roussel, *Le livre de Josué*; m. frz. Übers. u. Komm.).

LITERATUR: Kommentare: J. Garstang, *Joshua. Judges*, Ldn. 1931. – A. Fernández, *Commentarius in librum Josue*, Paris 1934. – F.-M. Abel, *La sainte Bible*. 6. *Le livre de Josué*, Paris 1950. – M. Noth, *Das Buch Josua*, Tübingen ²1953 (HbAT, I, 7). – H. W. Hertzberg, *Die Bücher Josua, Richter, Ruth*, Göttingen ²1959 (ATD, 9).
Weitere Literatur: Eißfeldt, S. 330–342. – LThK, 5, Sp. 1145/1146. – RGG, 3, Sp. 873/874. – Robert-Feuillet, 1, S. 387–401. – Sellin-Fohrer, S. 212 bis 222. – O. Eißfeldt, *Hexateuch-Synopse. Die Erzählung der fünf Bücher Mose u. des Buches Josua mit dem Anfange des Richterbuches*, Lpzg. 1922; Nachdr. Darmstadt 1962. – H. Greßmann, *Die Anfänge Israels*, Göttingen ²1922. – A. Alt, *Judas Gaue unter Josia* (in Palästinajb., 21, 1925, S. 110 bis 116; auch in A. A., *Kleine Schriften*, Bd. 2, Mchn. ²1959, S. 276–288). – Ders., *Die Landnahme der Israeliten in Palästina* (in Reformationsprogramm der Univ. Lpzg. 1925; auch in A. A., *Kleine Schriften*, Bd. 1, Mchn. ²1959, S. 89–125). – Ders., *Das System der Stammesgrenzen im Buche Josua* (in Sellin-Festschrift, Hg. W. F. Albright, Lpzg. 1927, S. 13–24; auch in A. A., *Kleine Schriften*, Bd. 1, Mchn. ²1959, S. 193–202). – K. Elliger, *Josua in Judäa* (in Palästinajb., 30, 1934, S. 47 bis 71). – A. Alt, *Josua* (in BZAW, 66, 1936, S. 13 bis 29; auch in A. A., *Kleine Schriften*, Bd. 1, Mchn. ²1959, S. 176–192). – K. Möhlenbrink, *Die Landnahmesagen des Buches Josua* (in ZAW, 56, 1938, S. 238–268). – A. Alt, *Erwägungen über die Landnahme der Israeliten in Palästina* (in Palästinajb., 35, 1939, S. 8–63; auch in A. A., *Kleine Schriften*, Bd. 1, Mchn. ²1959, S. 126–175). – Ders., *Utopien* (in ThLz, 81, 1956, Sp. 521–528). – J. Bright, *Early Israel in Recent History Writing. A Study in Method*, Ldn. 1956 (dt.: *Altisrael in der neueren Geschichtsschreibung. Eine methodische Untersuchung*, Zürich/Stg. 1961). – M. Noth, *Überlieferungsgeschichtliche Studien*, Darmstadt ²1957. – Z. Kallai-Kleinmann, *The Town Lists of Judah, Simeon, Benjamin and Dan* (in VT, 8, 1958, S. 134–160). – F. Maß, *Hazor und das Problem der Landnahme* (in *Von Ugarit nach Qumran*. Fs. f. D. Eißfeldt, Bln. 1958, S. 105–117; BZAW, 77). – K. M. Kenyon, *Excavations at Jericho*, 2 Bde., Jerusalem 1960–1965. – K. D. Schunck, *Benjamin*, Gießen 1963 (BZAW, 86). – R. Smend, *Jahwekrieg u. Stämmebund*, Göttingen 1963.

ANONYM

RICHTER-BUCH (hebr.). Geschichtswerk des *Alten Testaments*, im hebräischen Kanon den *Prophetischen Büchern* (als einer der »Vorderen Propheten«) zugeordnet; im christlichen Kanon gehört es zu den *Geschichtsbüchern*. – Nach der Tradition des *Talmud* (baba bathra 14b-15a) gilt SAMUEL als Verfasser des als literarische Einheit betrachteten Buches. Gegen diese Annahme sprechen aber allein schon die zahlreichen Dubletten und inhaltlichen Widersprüche. Heute herrscht in der Forschung weitgehende Übereinstimmung darüber, daß das *Richter-Buch* zu dem im 6.Jh. v.Chr. entstandenen, die Bücher *Josua* bis *2. Könige* umfassenden, deuteronomistischen Geschichtswerk gehört; umstritten ist die Beurteilung der von dessen Verfasser übernommenen Traditionen. Die Vertreter der »Urkundenhypothese« (C. H. CORNILL, K. BUDDE, G. HÖLSCHER, R. SMEND, O. EISSFELDT u. a.) sehen in den Überlieferungen eine Addition paralleler Erzählungen und Erzählfäden, die sie als Fortsetzung der Pentateuchquellen J und

E (bei Eißfeldt auch L) betrachten (vgl. *Fünf Bücher Mosis*). Demgegenüber gehen die Anhänger der »Fragmenthypothese« (R. KITTEL, K. STEUERNAGEL, H. GUNKEL, K. WIESE, M. NOTH, W. RICHTER) davon aus, daß der Grundbestand der vor-deuteronomistischen Überlieferung von *Josua* bis *2. Könige* aus kleineren oder größeren literarischen Komplexen unterschiedlicher Herkunft, wie ätiologischen Sagen, Heldengeschichten, Kultlegenden, Stammessagen u. a., besteht. Bis zu M. Noth sah man im Verfasser des dtn. Geschichtswerkes vorwiegend einen Sammler und Redaktor der verschiedenen Überlieferungen. Noth wies jedoch nach, daß der Deuteronomist die von ihm vorgefundenen heterogenen Traditionen durch die einleitenden und umrahmenden geschichtstheologischen Interpretationen und die von ihm stammende Chronologie bewußt zu einem einheitlichen Geschichtswerk zusammengefaßt hat.

Mit W. Richter wird man annehmen können, daß der Deuteronomist ein »Retterbuch« (3,13–9,57) vorfand, dessen Verfasser die zunächst noch unverbundenen Erzählungen über die Rettergestalten Ehud, Barak und Gideon miteinander verband. Zu diesem »Retterbuch« gehört auch der Erzählungskranz um Abimelek (Kap. 9), in welchem weder Israel noch einer seiner Stämme aktiv werden, und ein Werbelied der Zehn-Stämme Amphiktyonie (Kap. 5). Umrahmt wurden die Erzählungen durch die theologischen Schemata »Berufung« und »Jahwekrieg«. Im Retterbuch steht der von Jahwe berufene Gideon – eine zentrale Gestalt des Buches – in einem auffälligen Kontrast zur Abimelech-Erzählung, die keine Jahwekriege kennt. In die letztere wurde die auf Abimelech bezogene sozialkritische Jothamfabel (9,7–20) aufgenommen. Der Verfasser des Retterbuches vertritt eine für das israelitische Nordreich charakteristische Konzeption, dessen Königtum er kritisiert. Als Abfassungszeit ist die Periode nach dem Tode Jehus (818 v. Chr.) in Erwägung zu ziehen. – Durch die deuteronomische Schule erfuhr dieses Buch zwei Bearbeitungen: Einmal wurden die Rettererzählungen durch ein geschichtstheologisches Schema (Sünde, Strafe, Notruf, erfolgreiche Hilfe und Ruhe) umrahmt, zum anderen kam das Beispielstück 3,7–11 hinzu. Der Verfasser des dtn. Geschichtswerkes nahm schließlich die getrennt entstandenen Traditionen – Richterliste (10,1–5; 12,7–15), die Jephta-Traditionen sowie die Simson-Traditionen – durch die Einleitungen zur Retter- (2,11–19) und Richterzeit (10,6–16) auf und gliederte die ihm vorliegenden Überlieferungen nach einem heilsgeschichtlichen chronologischen Gerüst. Für den Deuteronomisten ist vor allem die geschichtstheologische Darstellung von Heil und Unheil, die Gehorsam und Ungehorsam Israels gegenüber seinem helfenden Bundesgott korrespondieren, wichtig. Das Werk erfährt später eine Erweiterung im deuteronomistischen Stil (6,7–10; 8,21 b. 33–35 und 2,20–3,6 zur Einführung von 1,1–2,5). Als Anhang des *Richter-Buches* und als Trennung von *1. Samuel* dienten die promonarchischen Traditionen von der Entstehung des Heiligtums in Dan, der danitischen Wanderung, der Freveltat von Gibea und ihrer Sühne (17–21).

Die im *Richter-Buch* geschilderten Vorgänge handeln in der Zeit zwischen der Einwanderung der Israeliten in Palästina (um 1200 v. Chr.) und der Entstehung des israelitischen Königtums (um 1000 v.Chr.). Sie lassen sich nur schwer mit außerbiblischen Ereignissen in Verbindung bringen, weisen jedoch eine viel größere Nähe zu den tatsächlichen historischen Ereignissen auf als die Erzählungen des *Hexateuch*. Dies zeigt sich bereits in der Landnahmeversion von Kap. 1. Während im *Josua-Buch* innerhalb kürzester Frist Palästina mit Hilfe Jahwes vom israelitischen Heer erobert und die besiegte kanaanäische Vorbevölkerung ausgerottet wird, geht aus diesem – von der historisch-kritischen Forschung und der Archäologie weit eher bestätigten – Text hervor, daß die Israeliten bei ihrer Einwanderung nur in die dünn besiedelten Gebirgslandschaften eindringen konnten, die Stadtstaaten in den fruchtbaren Ebenen aber in den Händen der militärisch überlegenen Kanaanäer blieben. Diese kanaanäischen Enklaven, besonders in der Jesreel-Ebene, aber auch Gibeon, Jerusalem u. a., verhinderten weitgehend gemeinsame Aktionen der israelitischen Stämme. Erst durch den Sieg am Tabor, (*Richter* 4; 5) über die kanaanäische Stadt Hazor (nach Albright um 1125 v. Chr. zwischen Schicht VII und VI von Megiddo anzusetzen), war die freie Durchgang durch dieses Gebiet gewährleistet. Die Instabilität in Palästina führte zu einem Zustrom von Nomaden ins Kulturland. So berichten die biblischen Quellen von Zusammenstößen mit den Midianitern, wobei Gideon durch einen Nachtangriff, die durch Verwendung des Kamels taktisch überlegenen Midianiter zu bezwingen vermochte (Ende des 12.Jh.s v. Chr.). In Sichem, dem Krönungsort Abimeleks, war eine uralte monarchische Tradition beheimatet, vielleicht basierte das in *Richter* 9 geschilderte politische Regime Sichems auf den Traditionen der Amarnazeit unter Labaju (H. Reviv). Jedenfalls kann die Zerstörung Sichems und des dortigen Tempels des Bundes-Baal (9,46 ff.) gut mit der Zerstörung des Festungstempels (2b; um 1200–1100) verbunden werden (G. E. Wright). An transjordanischen Königtümern werden Moab und Ammon erwähnt, mit denen sich spezifisch die Benjaminiten (Ehud 3,12–30 gegen Moab) und Gilead-Ephraim (Jephta gegen Ammon) auseinanderzusetzen hatten. Die Philister (Pelasger?), eines der Seevölker – vermutlich ägäischer Herkunft –, welche Anfang des 12. Jh.s die palästinische Küste besetzten, wurden für das sich konstituierende Israel zum existenzbedrohenden Feind. Die Keramikfunde beweisen ihre Anwesenheit nicht nur in der Küstenebene, sondern auch an den Gebirgsabhängen (Gezer, Beth Semes) und sogar an Orten im judäisch-benjaminitischen Bergland wie tell bet mirsim, bet sur, tell en-nasbe u. ö., wohin sie allerdings erst nach der Niederlage Israels in Silo vorgedrungen sein dürften. Die Simson-Geschichten berichten von einer ersten Auseinandersetzung mit Israeliten im Gebiet um ṣor'a. In den Kämpfen mit diesen Völkern wurden die Israeliten von »Rettern« geführt, die – von Jahwe berufen – ihr Volk von der bereits bestehenden oder drohenden Fremdherrschaft befreiten. Die Bezeichnung dieser »charismatischen Führer« (M. Weber und A. Alt) als »Richter« geht wohl (Noth, Smend u. a.) darauf zurück, daß es in der Kultgemeinschaft der zwölf Stämme ein abwechselnd von einem Vertreter der einzelnen Stämme ausgeübtes richterliches Amt gab. Ein wahrscheinlich unvollständiges Verzeichnis dieser tatsächlichen »Richter« ist möglicherweise in Kap. 12,7–15 überliefert. Es wird von Jephta angeführt, der in der vorangehenden Erzählung (11,1–12,6) als siegreicher Führer im Kampf gegen die Ammoniter auftritt. Vielleicht wurden erfolgreiche Heerführer nachträglich zu Richtern bestellt. Im Verlauf der

Überlieferung mag dann der Titel des Buches pauschal auf die charismatischen Heerführer übertragen worden sein. Einige Gelehrte (W. Richter, nach ihm H. Seebass, A. Soggin u. a.) schließen dagegen aus den Richterlisten auf einen begrenzten Wirkungsbereich der Richter für eine Stadt und deren Umgebung. Ihre Funktion habe Regierungs- und Rechtspflege umfaßt und sei jener der *šapitu* aus dem Archiv von Mari vergleichbar. Erst durch die königliche Annalistik sei ihre Tätigkeit nachträglich auf ganz Israel bezogen und die Abfolge der Richter in Analogie zur Sukzession der Könige stilisiert worden. Im dtn. Geschichtswerk werden außerdem noch Othniel, Debora, Simson, Eli und Samuel als Richter bezeichnet. Desgleichen entstand (durch Kap. 2,16–19) der Eindruck, als seien auch Ehud, Samgar, Barak, Gideon und Abimelek als Richter verstanden worden, doch sind nach dem dtn. Geschichtswerk nur die ausdrücklich als Richter bezeichneten Gestalten als solche anzusehen. Das dtn. Geschichtswerk bietet also eine weitere Schematisierung des Geschichtsablaufs unter paränetisch-theologischen Gesichtspunkten.

Sieht man von der sekundär hinzukommenden dtn. Geschichtsinterpretation ab, in der die Bedrohung und Unterdrückung durch die Nachbarvölker stereotyp als Strafe Jahwes für den Abfall zu den kanaanäischen Göttern erklärt wird, dann handelt es sich bei den Erzählungen des *Richter-Buches* um mitunter recht deftige Heldensagen, denen man das Vergnügen der Erzähler an drastischen Schilderungen noch anmerkt. So stößt der »Richter« Ehud dem Moabiterkönig Eglon das Schwert bis zum Heft in den feisten Bauch, schließt den Thronsaal und kann vor der Entdeckung seiner Tat entfliehen, weil die Lakaien des Königs es nicht wagen, in das verschlossene Zimmer einzudringen (3,12–24). Als der geschlagene kanaanäische Feldherr Sisera Zuflucht im Zelt Jaels, des Weibes des Keniters Heber, sucht, schlägt diese dem schlafenden Krieger mit dem Hammer einen Zeltpflock so intensiv durch die Schläfen, »daß er in die Erde drang« (4,17–21). Vollends reine Heldenballaden in Prosaform sind die um die Gestalt des listigen, rachsüchtigen und übermenschlich starken Simson kreisenden Geschichten (13–16). Der an seiner Geschwätzigkeit scheiternde Held zerbricht noch unmittelbar vor seinem Tod die Mittelsäulen eines mit Philistern gefüllten Hauses und tötet damit mehr Feinde als »bei seinem Leben starben« (16,30).

Die Kriege der Richterzeit wurden als sogenannte Jahwekriege oder »Heilige Kriege« geführt. Zum Ritual dieser Kriege gehörte die Vollstreckung des »Banns«, d. h. die Niedermetzelung der besiegten Gegner. In der erzählerischen Ausgestaltung der Jahwekrieges läßt sich eine zunehmende Stilisierung beobachten. Während in den ältesten Berichten noch von tatsächlichen Kämpfen die Rede ist, nehmen bei jüngeren Überlieferungen die vom Jahwe bewirkten Mirakel überhand, zum Schluß bleibt es den Israeliten nur noch überlassen, die von Jahwe verstörten Gegner zu liquidieren (v. Rad, Smend). Ohne inhaltlichen Zusammenhang mit den »Richter«-Erzählungen stehen die Kap. 17–21. In ihnen wird vom Raub eines Götterbildes durch den späteren Stamm Dan, von der Eroberung der nordkanaanäischen Stadt Lais (17–18) und der Gründung eines Heiligtums sowie von der Vergewaltigung der Nebenfrau eines Leviten durch die Einwohner der Stadt Gibea, der Rache für dieses Verbrechen und einer Hilfsaktion für den bei diesen Kämpfen dezimierten Stamm Benjamin erzählt (19–21).

Der Jephthastoff fand in der Literatur seine Auswirkung auf ABAELARD, später besonders auf die Lyrik des Barock, den jungen Protestantismus, der gerade den strengen Gott Israels besonders herausstellte, vor allem aber auf das Jesuitendrama (BALDE, GRANELIUS). Bei Balde wird zum erstenmal der Opfertod der Tochter Jephthas mit jenem Christi verglichen und der in der weiteren Geschichte des Stoffes nahezu unentbehrliche Liebhaber der Tochter eingeführt (E. Frenzel). Nach einem Erlahmen des Interesses für diesen Stoff im 18. Jh. schenkte man ihm seit dem 19. Jh. wieder mehr Aufmerksamkeit (PEROUX D'ABANY, BELLOTTI, HELD, LISSAUER, WATSON, FEUCHTWANGER). Eine musikdramatische Behandlung des Stoffes legte besonders das Klagemotiv nahe (Tonsarelli, Morell, Händel, Roberti, Polaroli, Schreiber, Meyerbeer).

Der Simsonstoff bot durch seine Dialektik besonderen Anreiz zur Behandlung. Einerseits galt Simson seit Augustinus als Präfiguration Christi, andererseits konnte diese Gestalt ein lebendiges Beispiel für den in Sünde verstrickten, weiblicher Verführung erlegenen Mann abgeben (E. Frenzel). Besondere Ausgestaltung erfuhr der Stoff im moralisierenden Drama des 16. Jh.s (RIEGLER, SACHS, FABRICIUS, WUNST) und im Lebensgefühl des Barock (MILTON). Seit dem 18. Jh. sind vor allem zu nennen KLINGER, BLUMENHAGEN, EULENBERG, BERNSTEIN, WEDEKIND, EGGERT, BURTE, RÖTTGER. Der Text VOLTAIRES wurde von Rameau und Weckerlin vertont, Händels Oratorium *Samson* ist textlich von MILTONS *Samson Agonistes* abhängig, Saint Saëns schuf nach dem Text von LEMAIR die vielgespielte Oper *Samson et Dalila*. In der christlichen Kunst begegnen Samson-Zyklen in byzantinischen Kodizes seit dem 9. Jh. (Homilien des GREGORIOS aus Nazianz), im Abendland seit dem 12. Jh. (Mosaikboden von St. Ereon in Köln). Besonders beliebt ist ihre Darstellung auf Portaltympana, Türstützen und Kapitellen romanischer Kirchen sowie auf gotischen Chorgestühlen. Für den typologischen Gedankenkreis ist der Klosterneuburger Altar beispielhaft. Ein Schwerpunkt der neueren Samson-Ikonographie liegt in der niederländischen Malerei Rembrandts des 17. Jh.s (A. Legner). H. Ml.

AUSGABEN UND ÜBERSETZUNGEN: Vgl. *Bibel*, AT.

LITERATUR: Kommentare: A. Schulz, *Das Buch der Richter und das Buch Ruth*, Bonn 1926 (SAT, 2, 4/5). – R. Tamisier, *Le livre des juges*, Paris 1949. – K. Gutbrod, *Das Buch vom Lande Gottes. Josua und Richter*, Stg. ²1957. – F. Nötscher, *Das Buch der Richter*, Würzburg ⁴1965. – H. W. Hertzberg, *Die Bücher Josua, Richter, Ruth*, Göttingen ⁴1969 (ATD, 9).

Weitere Literatur: Eißfeldt, S. 342–357. – LThK, 8, Sp. 1300/1301. – RGG, 5, Sp. 1095–1098. – Robert-Feuillet, 1, S. 402–413. – Sellin-Fohrer, S. 223–233. – O. Eißfeldt, *Die Quellen des »Richterbuches«*, Lpzg. 1925. – O. Grether, *Die Bezeichnung ›Richter‹ für die charismatischen Helden der vorstaatlichen Zeit* (in ZatW, 57, 1939, S. 110–121). – M. Noth, *Das Amt des ›Richters Israel‹* (in *Fs. Bertholet*, Tübingen 1950, S. 404–417). – H. W. Hertzberg, *Die kleinen Richter* (in ThLZ, 79, 1954, S. 285–290). – E. Jenni, *Vom Zeugnis des Richterbundes* (in Theol. Zs., 12, 1956, S. 257–274). – M. Noth, *Überlieferungsgeschichtliche Studien*, Bd.

1, Darmstadt 1957. – C. A. Simpson, *Composition of the »Book of Judges«*, Oxford 1957. – L. Alonso-Schökel, *Erzählkunst im »Buch der Richter«* (in Bibl. 42, 1961, S. 143–172). – E. Jenni, *Zwei Jahrzehnte Forschung an den Büchern »Josua« bis »Könige«* (in Theologische Rs., 27, 1961, S. 1–32; 97–146). – J. Dus, *Die ›Sufeten Israels‹* (in Archiv Orientalní, 31, 1963, S. 444–469). – E. Frenzel, *Stoffe der Weltliteratur*, Stg. ²1963. – K.-D. Schunck, *Benjamin*, Bln. 1963. – A. Legner, *Samson* (in LThK, 9, Sp. 302/303). – W. Richter, *Die Bearbeitungen des ›Retterbuches‹ in der deuteronomischen Epoche*, Bonn 1964. – Ders., *Zu den ›Richtern Israels‹* (in ZatW, 77, 1965, S. 40–72). – C. H. Geus, *Richteren 1:1–2:5* (in Vox theologica, 1, 1966, S. 32–53). – W. Richter, *Traditionsgeschichtliche Untersuchungen zum »Richterbuch«*, Bonn ²1966. – Ders., *Die Überlieferungen um Jephtah. Ri 10, 17–12,6* (in Bibl, 47, 1966, S. 485–556). – D. A. McKenzie, *The Judge of Israel* (in VT, 17, 1967, S. 118–121). – J. A. Soggin, *Das Königtum in Israel*, Bln. 1967. – M. Weinfeld, *The Period of the Conquest and of the Judges as Seen by the Earlier and the Later Sources* (ebd., S. 93–113). – M. Weippert, *Die Landnahme der israelitischen Stämme in der neueren wissenschaftlichen Diskussion*, Göttingen 1967. – G. E. Wright, *Shechem* (in *Archaeology and Old Testament Study*, Hg. D. W. Thomas, Oxford 1967, S. 355–368). – W. Richter, Art. *Richter (Buch)*; *Richter Israels* (in BL²).

ANONYM

SAMUELBÜCHER (hebr.). Geschichtswerk des *Alten Testaments*, im hebräischen Kanon den sog. »Vorderen Propheten« zugeordnet; im christlichen Kanon gehört es zu den »Geschichtsbüchern«. Gemeinsam mit dem *Deuteronomium* (vgl. *Fünf Bücher Mosis*), dem *Josua-Buch*, den *Königsbüchern* und den Büchern *Richter* und *Ruth* bilden die *Samuelbücher* (ausgenommen der Anhang *2. Sam.*, 21–24) das »deuteronomistische Geschichtswerk«, dessen Entstehungszeit in die Mitte des 6. Jh.s v. Chr. fällt. Nach der Überlieferung des *Talmud* (baba bathra 15a) sind die *Samuelbücher* von den Propheten SAMUEL, GAD und NATHAN (alle 11./10. Jh. v. Chr.) verfaßt. Doch läßt sich diese Angabe weder aus dem Text noch durch andere geschichtliche Zeugnisse stützen. Auch die Benennung nach Samuel ist nicht zur Deutung dieser Bücher heranzuziehen. Während sie in der *Septuaginta* noch mit den *Königsbüchern* zusammengefaßt sind, sind sie in den hebräischen Handschriften seit 1448 zweigeteilt.

Die *Samuelbücher* behandeln die Geschichte Israels von der Entstehung des Königtums bis zur Festigung des geeinten Reichs unter David, also etwa die Zeit zwischen 1020–960 v. Chr., wobei den L. ROST noch das Ende der Thronfolgegeschichte in *1. Kön.*, 1–2, dazuzuzählen sein wird, da damit erst die Frage der Thronfolge gelöst ist. Das Werk setzt ein mit der Schilderung der Geburt und Kindheit Samuels, der Gottlosigkeit der Söhne Elis und dem Dienst Samuels am Heiligtum in Silo (*1. Sam.*, 1–4, 1a). Auf der Darstellung des geschichtlichen Hintergrunds dieser Epoche in der Erzählung vom Schicksal der Lade (4,1b – 7,1) folgt der eigentliche Abschluß der Richterzeit im Bericht über den großartigen (fingierten?) Sieg Samuels über die Philister. Große Redeabschnitte (Kap. 8; 10, 17–19; 12) kennzeichnen den Anbruch einer völlig neuen Epoche und rahmen die Erzählungen von der Begegnung Samuels mit Saul, dessen Salbung zum König (9, 1–10, 16) und vom Sieg Sauls über die Ammoniter (Kap. 11) ein. Nach Berichten über die Philisterkriege (Kap. 13–14), eine Amalekiterschlacht und Sauls Verwerfung (Kap. 15) beschließt die Erzählung von der Salbung Davids (16, 1–13) die alte Saultradition. Mit ihr wird schon der Blick auf den Aufstieg Davids (reg. 1004/03–965/64 v. Chr.) gelenkt, dessen politische und kriegerische Erfolge gewürdigt werden (*1. Sam.* 16, 14 – *2. Sam.* 8). In *2. Sam.* 5,6 – 16, ist der Bericht von der Einnahme Jerusalems und in 5, 17–25, die Notiz von der Vereinigung der Königtümer Juda und Israel in der Hand Davids eingeschoben. Aber erst die Erzählung von der Überführung der Lade nach Jerusalem (Kap. 6) und die Nathanweissagung bilden den Höhepunkt der Erfolgsserie Davids.

Nach einer kurzen Schilderung der Ammoniterkriege sowie der Verfehlung Davids mit Bathseba (10,1 – 12, 23) führt eine prägnante Notiz Salomo ein (12, 24f): »... und der Herr liebte ihn.« Spannungsgeladen sind die Erzählungen über Absalom und dessen Versuch, die Königswürde zu erringen (13–19). Ein Streit zwischen Judäern und Israeliten führt zu einem Aufstand unter Seba ben Bichri. David ist über all diesen Wirren alt geworden, die Frage nach der Thronfolge jedoch immer noch offen. Da versucht Davids Sohn Adonia, unterstützt von Joab und Abjathar, die Herrschaft an sich zu reißen, scheitert jedoch an Nathan und Bathseba. David bestimmt Salomo zu seinem Nachfolger und läßt ihn zum König salben. Erzählungen, zwei Listen der Helden Davids (*2. Sam.* 21–24) und zwei Lieder Davids bilden den Schluß der *Samuelbücher*.

Kompositorisch ähneln die *Samuelbücher* dem *Josua-* und dem *Richterbuch* sowie den *Königsbüchern*. Dubletten (*1. Sam.* 24 und 26; 21,11–16 und 27; 31 und *2. Sam.* 1 usf.), direkte Widersprüche (*1. Sam.* 17 und *2. Sam.* 21, 19; *1. Sam.* 18, 19 und *2. Sam.* 21, 18 usf.), der dreimal unterschiedlich erzählte Bericht von der Erhebung Sauls zum König von Israel (*1. Sam.* 9, 1 – 10,16; 10,17 – 27; 11, 1–15) u. a. weisen auf die Uneinheitlichkeit des Textes hin. Innerhalb der Quellenforschung verdient jedoch die »Fragmentenhypothese« (H. GRESSMANN, L. ROST, I. HYLANDER, A. WEISER, M. NOTH, H. W. HERTZBERG, K. D. SCHUNCK, A. SOGGIN, H. SEEBASS), die diese Bücher als ein loses Nebeneinander von Einzelerzählungen größeren und kleineren Umfangs versteht, den Vorrang gegenüber der »Urkundenhypothese« (G. CORNILL, K. BUDDE, R. KITTEL, G. HÖLSCHER, R. SMEND, O. EISSFELDT u. a.), nach der in den *Samuelbüchern* zwei oder drei durchgehende Quellen – (L), J und E – festzustellen sind. Die Urkundenhypothese vermag die Spannungen auch innerhalb der von ihr angenommenen Quellen nicht ganz zu klären. Man wird hinsichtlich der deuteronomistischen Redaktion der *Samuelbücher* nach der Analyse Noths nicht zwischen Redaktor und Autor des Geschichtswerks scheiden dürfen. Als die ältesten Erzählkomplexe der *Samuelbücher* sind wahrscheinlich die Ladeerzählung, die Darstellung von Sauls Aufstieg und Ende, der Bericht von Davids Emporkommen und die Überlieferung von der Thronnachfolge Davids anzusehen.

Die Ladegeschichte ist als »*eine selbständige, in sich geschlossene, in ihrem ganzen Umfang unversehrt erhaltene Quelle zu betrachten*« (Rost). Sie erzählt die Geschicke der Lade von der Wegführung aus Silo bis zu ihrer Aufstellung in Jerusalem. Rost rechnet zur Ladeerzählung *1. Sam.* 4, 1b–18a, 19–21; 5,1–11ba, 12; 6,1 – 3ba, 4,10 – 14, 16,19 – 7,1; *2. Sam.* 6, 1–15, 17–19. Charakteristisch für diesen Passus ist ein bewußter Verzicht auf rhetorischen Schmuck; die Reden dienen neben ihrer Aufgabe, die Wende- und Höhepunkte hervorzuheben, dem Zweck, Stimmungen kundzutun. Jahwe erscheint als der übermächtige, meist Unglück, doch auch Heil bringende Gott. An zeitlichen Fixierungen hat der Erzähler kein Interesse, wahrscheinlich ist die Ladeerzählung als »Hieros Logos« des Ladeheiligtums zu Jerusalem zur Zeit Davids und am Anfang der Regierung Salomos entstanden. Die Analyse Rosts zur Thronfolgegeschichte – er rechnet dabei *2. Sam.* 6, 16,20ff; 7,11b, 16; 9,1–10,5 (6–11,1); 11,2–12,7a, 13–25 (26–31); 13,1–14,24, 28–18,17, 19–20,22; *1. Kön.* 1–2,1, 5–10, 12–27a, 28–46 einer Thronfolgequelle zu – wird heute mit der Differenzierung, daß die Thronfolgeerzählung erst mit *2. Sam.* 9,1 beginne, von den meisten Gelehrten angenommen. Allerdings läßt die Nathanweissagung (*2. Sam.* 7), nach der dem Haus David die Herrschaft über Israel zugesichert wird, viele bislang noch ungeklärte Fragen offen. Aber die Zusage Jahwes an David über Bestand und Fortdauer des Hauses David wird man wahrscheinlich als Hintergrund, auf dem sich dann die Thronfolgegeschichte erhebt, festhalten müssen. Innerhalb der Thronfolgegeschichte stellt der Bericht über die Ammoniterkriege (10,6–11,1; 12,26–31) eine selbständige Quelle dar, die sie in vollständiger überliefert ist und nach Rost ein für das Staatsarchiv bestimmter Kriegsbericht sein dürfte. Außer dieser Quelle benutzte der Verfasser der Thronfolgegeschichte wahrscheinlich auch schon die Ladeerzählung. Der Stil der Thronfolgeerzählung, zeigt »*epische Breite und behagliche Kleinmalerei*«, ist voll von Bildern und Gleichnissen und weist zudem eine Fülle von Gattungen auf. Abrundung von Einzelszenen wird angestrebt, und Gespräche stehen an den Wendepunkten der Erzählung. Der Verfasser war sicher Angehöriger des königlichen Hofs. Sein Werk zeigt eine gewisse Zurückhaltung gegenüber den religiösen Anschauungen des Volkes; Gottes Walten sieht er nicht in auffälligen Wundergeschichten verwirklicht, vielmehr scheint für ihn das Wirken Gottes in der Geschichte das eigentliche Wunder darzustellen.

Ein wahrscheinlich zusammenhängender Überlieferungskomplex liegt auch in der Erzählung von Sauls Aufstieg und Ende (*1. Sam.* 9–10,16; 11; 13–14; 31) vor, ursprünglich vermutlich ein Kranz von Einzelerzählungen, die an verschiedene Ortstraditionen gebunden waren. Als späteren vordeuteronomistischen(?) Einschub bestimmt man überwiegend 13,7b–15a. Die Verwerfung Sauls (Kap. 15) und die Salbung Davids (16,1–13) ist wohl ein späterer Anhang, der deutlich prophetische Züge aufweist (Noth).

Die Erzählung vom Aufstieg Davids (*1. Sam.* 16, 14 – *2. Sam.* 5) zeichnet sich durch eine weitgehend realistische und wahrscheinlich den Tatsachen nahe Darstellungsweise aus. Der Verfasser dürfte in Hofkreisen der Davidisch-Salomonischen Ära zu suchen sein.

Diese alten Überlieferungen wurden unter einem ersten Redaktor gesammelt und ergänzt. »*Auf der Grundlage des national-religiösen Glaubens und Geschichtsbewußtseins, das sich nach den Erfolgen der davidischen Zeit gebildet hat, entstand somit in der nachsalomonischen Zeit eine gewisse Darstellung des Weges von der Philisternot zum davidisch-salomonischen Großreich*« (Fohrer).

Nach Noth hat der Deuteronomist zur Einleitung des Ganzen die alte Samuel-Geschichte (*1. Sam.* 1,1 – 4,1a) aufgenommen, die unabhängig von den bisher genannten Traditionen auf eine geschlossene Prophetentradition zurückgeht. Deutlich geformt hat der Redaktor vor allem die Stücke 7,2 – 8,22f; 10,17 – 27a und 12,1 – 25. Dabei werden ihm alte, dem Königtum nicht so gewogene Überlieferungen vorgelegen haben. In Verbindung zum *Richterbuch* ist bedeutsam, daß der Deuteronomist zwei ihm vorliegende Traditionen der vorköniglichen Zeit unterschied: Richter und Retter Israels. Beide bilden wahrscheinlich auch nach seinen vorliegenden Traditionen die Wurzeln des Königtums.

Die Episodenhaftigkeit des Königtums Sauls ist für die Frage nach den Anfängen des Königtums in Israel historisch von größtem Interesse. »*Die Gemeinde, in der das Charismatikertum entsteht, ist eine emotionale Gemeinschaft, in der die außerordentlichen, den charismatischen Gaben das zur völkischen Akklamation führende Element bilden*« (Soggin). Historisch gesehen wird dem Bericht von der Einsetzung des Königtums (*1. Sam.* 11) und der Erzählung vom Kampf mit den Philistern große Ereignisnähe zuzusprechen sein. Innenpolitisch ist Israel während der ersten Königszeit von einer patriarchalischen Regierungsform geprägt. Saul hatte sich hauptsächlich auf den Oberbefehl über das Heer beschränkt und Verwaltung, Rechtspflege wie Kult weitgehend den Stämmen überlassen. Trotzdem prägen sich unter ihm schon sehr deutlich dynastische Interessen aus, die sich vor allem im Verhältnis zu David und im Zerwürfnis mit Samuel als dem Vertreter der religiösen Behörde, vielleicht in einem Versuch, den Heerbann in ein Söldnerheer umzugestalten, widerspiegeln.

David, bislang vor Saul auf der Flucht, übersiedelte bald nach dessen Tod nach Hebron und ließ sich zum König über Juda salben. Im nördlichen Israel war Esbaal seinem Vater Saul auf den Thron gefolgt, doch war es eigentlich dessen Oberbefehlshaber Abner, der die Macht innehatte und selbst nach dem Königtum strebte. Mit der Ermordung Abners durch Joab und Esbaals durch die Beerothiter wurde David Weg zum Königtum über das Gesamtreich frei (*2. Sam.* 5). Die Erwähnung der Einnahme Jerusalems durch David steht in ihrem Zusammenhang sicher chronologisch richtig, ebenso der darauffolgende Philisterkrieg (Eißfeldt). Die Eroberung Jerusalems und seine Erhebung zur Hauptstadt war ein taktisch kluger Zug Davids, da die Stadt dadurch sein eigener Besitz und unabhängig von den Streitigkeiten der Stämme wurde. Über die Einnahme Jerusalems kann man sich seit der Aufdeckung des Jebusitertunnels (*sinnōr*), ein mit Treppenstufen versehener Schachtgang zur Gihonquelle und, des *mill'o*, der nach K. KENYON die Ausbesserung der kanaanäischen Terrassenbauweise am Osthang des Ophel darstellt, ein besseres Bild machen. Durch die Überführung der Lade machte David Jerusalem zum Sitz der altisraelitischen kultisch-nationalen Tradition, doch versuchte er auch den *'el-'eljōn*-Kult der Jebusiter mit dem Jahwekult Israels zu verbinden. Von Davids Kriegen ist nur wenig bekannt, sie wurden gegen die Philister, Aramäer, Ammoniter, Moabiter und Edom geführt. Israel wurde unter seiner Hand in einer geschichtlich günstigen Stunde zum

513

Großreich, Syrien-Palästina zum ersten und einzigen Mal zu einer Einheit.

Die Geschichte Sauls, den RANKE die »*erste tragische Gestalt der Welthistorie*« nannte, ist schon seit dem Ausgang des Mittelalters ein beliebter dramatischer Stoff. Saul wurde verstanden als der für die Sünde des Ungehorsams mit Wahnsinn und Untergang Bestrafte (W. SCHMELTZL, L. DES MASURES, M. VIRDUNG, W. SPANGENBERG), als der typische Tyrann der Barockzeit (V. MALVEZZI, J. van den VONDEL, J. Ch. von GRIMMELSHAUSEN), als tragischer Held (J. DE LA TAILLE, C. BILLARD) als Opfer der Priesterschaft – David hingegen als deren korruptes Werkzeug (VOLTAIRE, K. GUTZKOW), als vergebens um Gott ringender, verworfener König (V. ALFIERI), als Sohnesmörder (A. SOUMET), als Legitimation der Macht (H. J. HAECKER). A. GIDE sieht den Grund des Wahnsinns Sauls im Glaubensverlust. Der Stoff wurde auch von G. F. Händel 1738 in einem Oratorium bearbeitet.

Aus den Daviderzählungen fand vor allem die Bathsebageschichte (H. SACHS, R. BELLEARI, G. PEELE, A. MEISSNER, E. von HARTMANN, W. GARDKE, L. FEUCHTWANGER, A. GEIGER, M. BÖTTCHER) und die Geschichte Abisags von Sunem (A. MIEGEL, F. Th. CSOKOR, M. JELUSICH, Th. H. MAYER) das Gefallen der Nachwelt; David als Liederdichter war Vorbild besonders für das 18. Jh. (F. G. KLOPSTOCK, J. S. PATZKE) und für den Expressionismus (A. ZWEIG, F. SEEBRECHT, V. v. ZAPLETAL, R. SORGE). Musikalisch bedeutsam ist das Oratorium *Le roi David* von A. Honegger.

Die frühesten ikonographischen Darstellungen Davids stammen aus dem 3. Jh. n. Chr., so etwa die in der Synagoge von Dura-Europos und die der Katakombenmalerei. Die ersten großen Zyklen bringen die Holztür von S. Ambrogio (Mailand, 4. Jh.), die Quedlinburger Itala Fragmente (Anf. 5. Jh.), die Fresken von Bawit in Ägypten und Silberschalen aus Zypern. Weit verbreitet sind die David-Darstellungen vom frühen Mittelalter an durch die Titelbilder der Psalterien, im späten Mittelalter durch Breviarien und Armenbibeln (David - Christus) und vor allem auch durch die gotischen Kathedralen des Mittelalters. Renaissance und Barock betonen den jugendlichen Helden (Donatello, Michelangelo, Bernini). Besondere Beachtung fanden die David-Geschichten bei Rembrandt. Im 19. Jh. ist Davids Saitenspiel ein Motiv für D. G. Rossetti und A. Böcklin, im 20. Jh. für M. Chagall.

H. Ml.

AUSGABEN UND ÜBERSETZUNGEN: Vgl. *Bibel, AT*.

LITERATUR: Kommentare: K. Budde, *Die Bücher Samuel*, Tübingen 1902. – H. Greßmann, *Die älteste Geschichtsschreibung und Prophetie Israels*, Göttingen ²1921 (SAT, 2/1). – W. Caspari, *Die Samuelbücher*, Lpzg. 1926 (KAT, 7). – R. Medebielle, *Les livres des rois*, Paris 1955. – M. Rehm, *Die Bücher Samuel. Die Bücher der Könige*, Würzburg ²1956. – W. Hertzberg, *Die Samuelbücher*, Göttingen ²1960 (ATD, 10). – R. de Vaux, *Les livres de Samuel*, Paris 1961. – F. de Humelauer, *Commentarius in Libros Samuelis*, Paris 1968. Weitere Literatur: Eißfeldt, S. 322–333. – LThK, 9, Sp. 303–305. – RGG, 5, Sp. 1358–1361. – Robert-Feuillet, 1, S. 414–434. – Sellin-Fohrer, S. 233–245. – R. Kittel, *Die pentateuchischen Urkunden in den Büchern Richter und Samuel* (in ThStKr, 65, 1892, S. 44–71). – W. Caspari, *Literarische Art und historischer Wert von IISam 15–20* (ebd., 82, 1909, S. 317–348). – S. R. Driver, *Note on the Hebrew Text and the Topography of the Books of Samuel*, Oxford ²1913. – R. Smend, *JE in den geschichtlichen Büchern des AT*, Hg. H. Holzinger (in ZatW. 39, 1921, S. 181–217). – L. Rost, *Die Überlieferung von der Thronnachfolge Davids*, Stg. 1926 (BWANT, 3/6; ern. in L. R., *Das kleine Credo u. andere Studien zum AT*, Heidelberg 1965). – O. Eißfeldt, *Die Komposition der Samuelisbücher*, Lpzg. 1931. – I. Hylander, *Der literarische Samuel-Saul-Komplex* (*1. Sam. 1–15*), Uppsala 1932. – M. Noth, *Überlieferungsgeschichtliche Studien*, Bd. 1, Halle 1943; Nachdr. Darmstadt 1957. – M. Buber, *Die Erzählung von Sauls Königswahl* (in VT, 6, 1956, S. 113 bis 173). – E. Jenni, *Zwei Jahrzehnte Forschung an den Büchern Josua bis Könige* (in Theologische Rundschau, N. F. 27, 1961, S. 1–32; 97–146). – F. Mildenberger, *Die vordeuteronomische Saul-Davidüberlieferung*, Diss. Tübingen 1962. – A. Weiser, *Samuel*, Göttingen 1962. – E. Frenzel, *Stoffe der Weltliteratur*, Stg. ²1963. – K.-D. Schunck, *Benjamin*, Bln. 1963 (BZAW, 86). – H. Seebass, *Traditionsgeschichte vom 1Sam 8, 10, 17ff und 12* (in ZatW, 77, 1965, S. 286–296). – Ders., *ISam 15 als Schlüssel für das Verständnis der sogenannten königsfreundlichen Reihe ISam 9_1–16_{16}, 11_1–15 und 13_2–14_{52}* (ebd., 78, 1966, S. 148–178). – O. Eißfeldt, *Syrien u. Palästina vom Ausgang des 11. bis zum Ausgang des 6. Jh.s v. Chr.* (in *Die Altorientalischen Reiche*, Bd. 3, Ffm. 1967, S. 135–204; Fischers Weltgesch., Bd. 4). – H. Seebass, *Die Vorgeschichte der Königserhebung Sauls* (in ZatW, 79, 1967, S. 155–171). – K. Kenyon, *Jerusalem*, Bergisch Gladbach 1968.

ANONYM

KÖNIGSBÜCHER (hebr.). Geschichtsbücher des *Alten Testaments*, entstanden frühestens nach dem Jahre 555 v. Chr. Die *Königsbücher (melakim)* gehören im jüdischen Kanon zu den »Vorderen Propheten« (vgl. *Prophetenbücher*). Nach der Tradition des babylonischen *Talmud* (baba bathra 14 b) sollen sie vom Propheten Jeremia verfaßt worden sein, was aber nicht zutrifft. Sie gehörten ursprünglich mit den → *Samuelbüchern* zusammen, mit denen sie in der *Septuaginta* zu *Basileion* 1–4 zusammengefaßt sind, und bildeten in der hebräischen Überlieferung bis zum späten Mittelalter ein Buch.

Von einigen Prophetenlegenden und der deuteronomistischen Interpretation abgesehen, basiert die Darstellung der *Königsbücher* im wesentlichen auf den geschichtlichen Vorgängen zwischen ca. 970 und 560 v. Chr. Sie gliedert sich in drei Hauptteile, beginnt mit der glanzvollen Zeit Salomos, des Herrschers über das Davidische Großreich (*1 Kön.* 1–11), schildert im 2. Teil (*1 Kön.* 12; *2 Kön.* 17) den Zerfall der Personalunion nach dem Tod Salomos (926), die Kämpfe zwischen Israel und Juda, die Auseinandersetzung mit den Aramäern von Damaskus und das Ende des nordisraelitischen Staats durch die Expansion der Assyrer (721) und im 3. Teil (*2 Kön.* 18–25) die Geschichte der Könige Judas bis zur Babylonischen Gefangenschaft (587) bzw. bis zur Begnadigung Jojachins (561). Die innenpolitischen Vorgänge werden in diesem Zeitraum vor allem durch den häufigen Wechsel der Herrscherhäuser im Nordreich, die Spannungen zwischen den Anhängern einer exklusiven Jahweverehrung und dem unter Einfluß der kanaanäischen

Religion stehenden Bevölkerungsteil sowie durch die Reform Josias (621) bestimmt.
Über die Entstehung der *Königsbücher*, vor allem über die Art der verarbeiteten Quellen und der Redaktion, herrscht keine Einmütigkeit unter den Forschern. Während einige von ihnen (BENZINGER, HÖLSCHER, EISSFELDT) damit rechnen, daß die Pentateuchquellen in den *Königsbüchern* ihre Fortsetzung haben, wird von anderen (NOTH, JEPSEN) vermutet, daß es sich um ganz andersgeartete, nicht durchgehende Quellen handelt, was sicher zutreffend ist. Manche Forscher nehmen mehrere Redaktionen an (Jepsen). Noth hingegen vertritt die Ansicht, daß nur ein planvoll arbeitender Verfasser, der Deuteronomist, am Werke war, der in der Mitte des 6. Jh.s v. Chr. anzusetzen ist. Demnach bilden die *Königsbücher* den Schluß des deuteronomistischen Geschichtswerks, das mit dem *Deuteronomium* (vgl. *Fünf Bücher Mosis*) beginnt.
Für die Kompositionstechnik ist es charakteristisch, daß das Material in einen Rahmen eingeordnet wird, der stereotype Angaben über jeden König enthält. Teile des Rahmens begegnen bereits bei David, Salomo und Jerobeam I., der vollständige Rahmen findet sich mit geringen sachlich bedingten Varianten von Rehabeam an (vgl. *1 Kön.* 14, 21–24; 29 bis 31). Die Rahmenstücke enthalten Angaben über das Alter des jeweiligen Königs bei seinem Regierungsantritt, die Dauer der Regierung, den Namen der Mutter, eine Beurteilung nach dem deuteronomischen Ideal (»... und tat, was dem Herrn übel [bzw. *wohl*] *gefiel*«), einen Verweis auf weitere Quellen sowie Notizen über Tod und Begräbnis und den Nachfolger. Bei den Königen Israels werden das Alter beim Regierungsantritt und der Name der Mutter nicht verzeichnet, aber es finden sich Synchronismen in Gestalt von Datierungen des Regierungsantritts nach dem regierenden König von Juda. Was die Beurteilung des Verhaltens der Könige gegenüber dem Tempel in Jerusalem betrifft, so erhalten nur Hiskia (*2 Kön.* 18, 3–7) und Josia (*2 Kön.* 22, 2) uneingeschränkte Zustimmung, fünf andere judäische Könige bedingte Anerkennung, während alle israelitischen Könige verurteilt werden, weil sie sich von der Sünde Jerobeams I. nicht abwandten, der durch die Aufstellung von goldenen Stierbildern in Bethel und Dan das Volk Israel zum Abfall von Jerusalem veranlaßt hatte.
Den Stoff zur Ausfüllung des Rahmens hat der Deuteronomist mehreren, stilistisch unterschiedlichen Quellen entnommen, die er nach den für ihn charakteristischen Gesichtspunkten ausgewählt hat, d. h., die politische Geschichte tritt weitlich zurück, um so ausführlicher berichtet er über alles, was den Tempel betrifft und über die Wirksamkeit der Propheten, die oft als Gegenspieler der Könige erscheinen, wobei aber von den »Schriftpropheten« nur Jesaja genannt wird. Inwieweit diese Quellen bereits zu einem vordeuteronomistischen Königsbuch gestaltet waren, muß offen bleiben.
Das *1. Königsbuch* (Kap. 1 und 2) beginnt mit dem Schlußteil der *Überlieferung von der Thronnachfolge Davids*, einer Geschichtsdarstellung hohen Ranges, deren Hauptteil im *2. Samuelbuch* verarbeitet worden ist. Hier wird geschildert, wie Salomo durch eine Hofintrige den Thron Davids besteigen und sich durch Beseitigung aller seiner Gegner behaupten konnte.
Für *1 Kön.* 3–11 hat der Deuteronomist als Quelle das *Buch der Begebenheiten Salomos* benutzt, auf das er in 11, 41 hinweist. Dabei handelt es sich um ein Werk höfischer Geschichtsschreibung, das nicht auf gleicher Höhe steht wie die *Überlieferung von der Thronnachfolge Davids*. Das Hauptinteresse des Verfassers gehört Salomos glänzender Hofhaltung, seiner Bautätigkeit, seinen Handelsbeziehungen, seinem Reichtum und seiner Weisheit, die durch die volkstümliche Erzählung vom Salomonischen Urteil (*1 Kön.* 3, 16ff.), zu der es indische und ostasiatische Parallelen gibt, ins rechte Licht gestellt werden soll. Den Abschnitten über den Salomonischen Tempel (6, 1–38) und den Palast (7, 1–12) liegen nach Noth Planungsentwürfe der königlichen Bauleitung zugrunde, die zu Berichten umgestaltet worden sind (vgl. auch 7, 13–51). Der Tempelweihspruch (8, 12f.) wird nach einem alten, nicht erhaltenen *Buch der Lieder* zitiert.
Da der Deuteronomist zur weiteren Information über die von ihm genannten Könige auf die – nicht erhaltenen – *Tagebücher der Könige von Juda* (*2 Kön.* 24, 5) und *Tagebücher der Könige von Israel* (*2 Kön.* 15, 31) verweist, ist sicher, daß er diese benutzt hat, wenn sich auch nicht sagen läßt, in welchem Umfang er den wohl auf Grund der offiziellen Annalen abgefaßten Werken das Material für seine Darstellung entnommen hat.
Auf die *Tempelannalen* geht der Bericht über die Auffindung des *Deuteronomiums* in *2 Kön.* 22, 3 bis 23, 3, 21–25 zurück. Ferner hat der Deuteronomist in *1 Kön.* 20 und 22 einen Bericht über Ahabs Aramäerkriege verwendet, in dem dieser israelitische König, den er selbst scharf verurteilt (vgl. *1 Kön.* 16, 29ff.), in durchaus günstigem Licht erscheint. Die *Königsbücher* enthalten viele Prophetenerzählungen, so vor allem die Erzählungskränze um Elia und Elisa und die *Jesajalegenden*. Die *Eliageschichten* (*1 Kön.* 17–19, 21; *2 Kön.* 1, 1–17) sind meisterhaft erzählte Stücke, in denen gelegentlich auch Züge der Heldensage begegnen (*1 Kön.* 18; 21). In der sehr verschiedenartigen Überlieferung über Elisa (*2 Kön.* 2–13; 21) finden sich u. a. typisch volkstümliche Legenden mit einer Vorliebe für das Mirakulöse (*2 Kön.* 4; 6, 1–7), das ebenso wie die *Jesajalegenden*, die in *2 Kön.* 18, 13–20, 19 enthalten sind (vgl. *Jes.* 36–39), im Kreise der Prophetenjünger entstanden sein dürften.
Was den literarischen Charakter der *Königsbücher* betrifft, so wird man dem Deuteronomisten zubilligen, daß es ihm gelungen ist, aus den verschiedenartigen Quellen ein einigermaßen geschlossenes Werk zu schaffen. Es handelt sich freilich nicht um eine objektive Geschichtsdarstellung, sondern um eine theologische Deutung des Geschehens. Der Verfasser will zeigen, daß die Könige trotz einiger weniger unter ihnen, die ihr Amt in der rechten Weise, d. h. entsprechend den Forderungen des *Deuteronomiums*, ausgeübt haben, den Untergang Israels (vgl. *2 Kön.* 17, 7ff.) und Judas herbeigeführt haben, weil die meisten das Gesetz Jahwes und die Mahnungen seiner Propheten mißachteten. Die Darstellung des Deuteronomisten endet jedoch nicht mit der Katastrophe Judas, sondern mit der Begnadigung des Davididen Jojachin, so daß trotz allem ein Hoffnungsschimmer bleibt.
Die deuteronomistische Geschichtsbetrachtung ist im Bereich des Alten Orients nicht singulär. Ähnliche Anschauungen sind aus der babylonischen und hethitischen Kultur (z. B. in der sogenannten Weidnerschen Chronik, wo das Verhalten zum Kult des Mardukheiligtums Esagila Maßstab für die Beurteilung der babylonischen Könige ist) und in den Ex-eventu-Prophezeiungen der sogenannten demotischen Chronik überliefert, wo gezeigt wird,

daß die Mißachtung der göttlichen Ordnung zum Sturz des Herrschers führt. E. O.

AUSGABEN UND ÜBERSETZUNGEN: Vgl. *Bibel*.

LITERATUR: Kommentare: I. Benzinger, *Die Bücher der Könige*, Freiburg i. B. 1899. – R. Kittel, *Die Bücher der Könige*, Tübingen 1900. – H. Greßmann, *Die älteste Geschichtsschreibung u. Prophetie Israels*, Göttingen ²1921 (SAT, II, 1). – J. A. Montgomery u. H. S. Gehman, *A Critical and Exegetical Commentary on the Books of Kings*, Edinburgh 1951. – M. Noth, *Könige*. Lfg. 1–3, Neukirchen 1964ff. (Biblischer Kommentar, AT, 9). Weitere Literatur: Eißfeldt, S. 376–404. – LThK, 6, Sp. 447/448. – RGG, 3, Sp. 1703–1706. – Robert-Feuillet, S. 435 bis 462. – Sellin-Fohrer, S. 246–256. – I. Benzinger, *Jahvist u. Elohist in den Königsbüchern*, Stg./Lpzg. 1921. – G. Hölscher, *Das Buch der Könige, seine Quellen u. seine Redaktion* (in *Eucharisterion. H. Gunkel zum 60. Geburtstag*, Hg. H. Schmidt, Göttingen 1923, S. 158–213 (FRLANT, N. F. 19). – O. Plöger, *Die Prophetengeschichte der Samuel- u. Königsbücher*, Diss. Greifswald 1937. – M. Noth, *Überlieferungsgeschichtliche Studien*, Halle 1943; Darmstadt ²1957. – G. v. Rad, *Deuteronomiumstudien*, Göttingen 1947, S. 52ff. (FRLANT, N. F. 40; ²1948). – S. Garafalo, *Il Libro dei Re*, Turin 1951. – K. Rudolph, *Zum Text der Königsbücher* (in ZatW, 63, 1951, S. 201–215). – E. R. Thiele, *The Mysterious Numbers of the Hebrew Kings*, Chicago 1951. – G. Hölscher, *Geschichtsschreibung in Israel*, Lund 1952. – A. Jepsen, *Die Quellen des Königsbuches*, Halle 1953; ²1956. – G. Fohrer, *Elia*, Zürich 1957. – G. v. Rad, *Die deuteronomistische Geschichtstheologie in den Königsbüchern* (in G. v. R., *Gesammelte Studien zum AT*, Mchn. 1958, S. 189ff.; ²1965; erw.).

ANONYM

CHRONIKBÜCHER (hebr.). – Zuerst von HIERONYMUS (347–419) vorgeschlagener Titel *(Chronicon totius divinae historiae)* für ein im Hebräischen *Dibrê hajjamîm (Buch der Tagesbegebenheiten)* genanntes Geschichtswerk des Alten Testaments. Die Einteilung in zwei *Chronikbücher* geht auf die *Septuaginta* zurück, in der die beiden Teile als *Paraleipomena* (»Übergangenes«) bezeichnet werden. Die Schrift wurde um die Mitte oder in der zweiten Hälfte des 4. Jh.s v. Chr. von dem namentlich unbekannten, aber in der eigenartigen Umprägung des großenteils den älteren Geschichtsdarstellungen des *AT*, vor allem den *Samuel-* und *Königsbüchern* entnommenen Stoffs als Persönlichkeit deutlich faßbaren Chronisten verfaßt, der mit hoher Wahrscheinlichkeit auch als der Autor der die Chronik bis nahe an eine Einheit bildenden *Esra-* und *Nehemia-Bücher* anzusehen ist. Daß er die in einem ganz bestimmten Sinn vorgenommenen Kürzungen und Ergänzungen der deuteronomistischen Geschichtswerke bereits einem von ihm häufig zitierten, aber nicht überlieferten *Midrasch* [Studie, Arbeit, Buch] *von den Königen* entnommen habe, wird heute vielfach bezweifelt. (TORREY z. B. spricht von einer »*ghost source*«.)

Ziel der chronistischen Geschichtsdarstellung ist »*der Nachweis, daß im Gegensatz zum gottlosen Nordstaat nur der Südstaat Juda mit seiner Davidischen Dynastie und seinem Jerusalemischen Tempel als das wahre Israel der legitime Träger der im Reiche Davids verwirklichten Gottesherrschaft ist und daß allein die Gemeinschaft der aus dem Exil zurückgekehrten Juden, nicht etwa die zur Zeit des Chronisten in der Entstehung begriffene Religionsgemeinschaft der Samaritaner diese Tradition treulich aufrechterhält und fortsetzt*« (Eißfeldt). Aus diesem Grund führt der Chronist zunächst in Form reiner Namenslisten, die allein neun Kapitel umfassen, den Stammbaum der Könige Judas von Adam bis Saul an. Es folgen idealisierende, alles Ungünstige verschweigende Darstellungen Davids und Salomons, die als makellose, heilige Könige Jahwes auf Judas Thron sitzen, sowie die weitere wechselvolle Geschichte Judas, deren anfänglicher Glanz (unter König Hiskia) und späteres Elend (Zerstörung Jerusalems, assyrisch-babylonische Vasallenschaft) in pragmatisch-rationalistischer Weise als die Geschichte Jahwes mit seinem Volk gedeutet wird. Die *Chronikbücher* enden mit dem Edikt des Perserkönigs Kyros, das den vertriebenen Juden die Rückkehr in ihre Heimat gestattete. Die Geschichte des Nordreichs (Israel) wird kaum erwähnt.

Für die Darstellungsweise des Chronisten besonders charakteristisch ist die Deutung der geschichtlichen Vorgänge auf Grund eines mit Sicherheit nachweisbaren Kausalzusammenhangs zwischen menschlicher Aktion und göttlicher Reaktion. Jeder Untat, jedem Verstoß gegen ein göttliches Gebot folgt unmittelbar die Vergeltung, jeder Reue die Begnadigung; auch große Siege der Könige werden nicht auf den kriegerischen Taten, sondern auf die Kraft ihrer Gebete und Hymnen und der unter Leitung der Leviten zum Preise Jahwes angestimmten Lieder zurückgeführt. Aus dieser hohen Schätzung des Kults, vor allem des Kultgesangs als eines Mittels, direkt auf das Handeln Gottes einzuwirken, erklärt sich das auffallende Interesse des Chronisten für alle Fragen des Ritus und damit auch für dessen Hüter, die Leviten, und unter ihnen wiederum ganz besonders für die Sänger und Musiker. Die besondere Eigenart dieses Interesses tritt um so deutlicher hervor, wenn man, wie es heute üblich ist, gerade die nicht weniger als sieben Kapitel, die Davids Vorbereitungen zum Tempelbau und seine Vorschriften für die mit dem Kult betrauten Leviten, Priester und Sänger zum Inhalt haben, als Zusätze einer späteren, zu formalistischer Frömmigkeit neigenden Zeit zuweist. Denn die auf den Chronisten zurückgehenden Zusätze zu den alten Vorlagen lassen erkennen, daß sich für ihn die Macht der mit den Dienste Gottes Betrauten noch nicht in erster Linie auf die mechanistische Verwaltung des Gesetzes gründet, sondern auf die Gabe der Vision und der Prophetie, über die auffallend viele von ihnen verfügen. Da gerade diese Begabung ihnen stets dazu dient, die Schicksale der Könige auf einen unmittelbar strafenden oder belohnenden Gott zurückzuführen, entsteht die eigentümliche Mischung aus rationalem Vergeltungs- und irrationalem Offenbarungsglauben, der dem Werk des Chronisten das unverwechselbare Gepräge gibt. Daß die Seher und Propheten, nicht aber die Könige die eigentlich Mächtigen sind, wird von vielen seiner Hinzufügungen zu den alten Geschichten nachdrücklich unterstrichen. Wenn ein König etwa persönlich das Rauchopfer darzubringen wagt, folgt diesem Sakrileg sofort die göttliche Strafe: König Usia wird vom Aussatz befallen. Wenn König Asa einen Verbündeten sucht, statt sich auf Gott zu verlassen, wenn er, krank geworden, Ärzte befragt statt den Herrn, wird er ebenso von einem Seher gemaßregelt wie Josaphat, der es wagt, als König von Juda gemeinsam mit dem König von Israel Schiffe zu bauen, die dann selbstverständlich scheitern. Und wenn ein Prophet einem König, der nicht auf ihn hören will, droht: »*Ich weiß, daß Gott nun zu deinem Unheil Ratschläge erteilen wird, denn du hast auf meinen Ratschlag nicht gehört*«, so kann er sicher sein, daß Gott alsbald verfügt, diesen König der Gewalt seiner Feinde auszuliefern. Wenn aber beim Heranrücken einer feindlichen Übermacht König Josaphat sich aufmacht, um das Angesicht des Herrn zu suchen, und ihn in einem inbrünstigen langen Gebet um Hilfe anfleht, dann ist es wiederum einer der beamteten Mittler, ein Levit, über den der Geist Gottes kommt und ihn verkünden läßt: »*Lasset euch nicht erschrecken durch diese gewaltige Menge, denn nicht ihr werdet zu kämpfen haben, sondern Gott!*« Und schließlich ist es eine Gruppe von Sängern, die dem Heer lobsingend vorangeht, das nun tatsächlich gar nicht mehr zu kämpfen braucht, da die Feinde sich inzwischen gegenseitig niedergemacht haben: nach dreitägiger Plünderung kehren die Juden unter dem Spiel von Harfen, Kastenleiern und Trompeten zurück zum Tempel des Herrn.

Nicht nur in der Geschichte dieses Wunders, die zu den Höhepunkten alttestamentlicher Erzählkunst gehört, erweist sich der Chronist als ein künstlerisch hochbegabter Mann. Er mag selber zum Stand der Sänger gehört haben, von dessen Bedeutung für den Gottesdienst er so tief durchdrungen ist. Wenn er von Wundern erzählen kann, ist er in seinem Element, ja die Geschichte seines Volkes ist für ihn die Geschichte der Wunder Gottes. Der alte Vergeltungsglaube lieferte ihm, ins Erbauliche abgewandelt, genügend Stoff. Seine Phantasie entzündet sich nicht an den charakterlichen Besonderheiten seiner Helden – das Bild der beiden bedeutendsten Herrscher, David und Salomon, erscheint der menschlichen wie der allzumenschlichen Züge entkleidet. Was ihn allein interessiert, ist die Ausnahmestellung, die Gott diesen Herrschern, vor allem David, zugewiesen hat, eine Ausnahmestellung, die er gerade David nicht für sich persönlich, sondern für sein Volk in Anspruch nehmen läßt, wie es ein Vergleich des im 2. *Samuel-Buch* aufgezeichneten Dankhymnus mit dem der Chronik sehr deutlich zeigt. Für den Chronisten bestimmt der Gott Davids nicht nur die Geschicke Israels, sondern »*seine Entscheidungen sind für die ganze Welt*«.

In Davids Gebet am Ende seines gesegneten Lebens findet sich der erstaunliche Satz: »*Du hast mich angeschaut mit einem Blick nach Menschenart, Herr, Gott!*« Es ist das dem Menschen zugewandte Gesicht des persönlichen Gottes, das hier erkannt wird, eines Gottes, der nicht mehr, wie in den älteren Geschichtswerken, selbstverständlich der Urheber auch sündhaften Tuns ist: nicht Gott selber ist es, der, wie im *Samuel-Buch*, David dazu aufreizt, eine Volkszählung anzuordnen, sondern der Satan. Der Gott des Chronisten kann auch nicht der Urheber von Ungerechtigkeit sein: daher das Bemühen, jedes Scheitern der Könige aus ihren Sünden zu erklären. Der Chronist ist ein Geschichtsschreiber, der sich das Gottesbild der großen Propheten zu eigen gemacht hat; nicht zufällig sind seine Kommentare zu den Taten der Könige immer wieder Sehern und Propheten in den Mund gelegt.

Auch sein charakteristischer Stil, die in der reichlichen Verwendung von Reden, Liedern, Gebeten zum Ausdruck kommende Rhetorisierung der Geschichtserzählung, ist von der Verkündigungstendenz geprägt. Sein Werk läßt mit seltener Anschaulichkeit erkennen, daß auch in einem frühen Stadium Geschichtsschreibung immer zugleich Selbstzeugnis ist, niemals nur Chronik und Bericht, sondern auch Aufschluß über den Berichtenden und seine Gegenwart.

G. Ue.

AUSGABEN und ÜBERSETZUNGEN: Vgl. *Bibel*.

LITERATUR: Kommentare: J. Goettsberger, *Die Bücher der Chronik oder Paralipomenon*, Bonn 1939 (*Die Hl. Schrift des AT*, Hg. F. Feldmann u. H. Herkenne, IV/1). – K. Galling, *Die Bücher der Chronik*, Göttingen 1954 (ATD, 12). – W. Rudolph, *Chronikbücher*, Tübingen 1955 (HbAT, 1/21). Weitere Literatur: Eißfeldt, S. 718–734. – LThK, 2, Sp. 1184/85. – RGG, 1, Sp. 1803–1806. – Sellin-Rost. – Robert-Feuillet, 1, S. 704–715. – G. von Rad, *Das geschichtsbild des chronistischen Werkes*, Stg. 1930. – A. C. Welch, *The Work of the Chronicler. Its Purpose and Date*, Ldn. 1939. – M. Noth, *Überlieferungsgeschichtliche Studien I*, Halle 1943; ²1957. – H. van den Bussche, *Het probleem van Kronieken*, Löwen 1950. – C. C. Torrey, *The Chronicler's History of Israel*, New Haven 1954. – G. von Rad, *Theologie des AT*, Bd. 1: *Theologie der geschichtlichen Überlieferungen Israels*, Mchn. 1958. – J. Hempel, *Geschichten u. Geschichte im AT bis zur persischen Zeit*, Gütersloh 1964. – J. Schildenberger, *Literarische Arten der Geschichtsschreibung im AT*, Einsiedeln 1964.

ANONYM

ESRA-BUCH (hebr. mit aram.). Geschichtsdarstellung des *Alten Testaments*, die – ebenso wie das *Nehemia-Buch* – etwa um die Mitte des 4. Jh.s v. Chr. entstanden ist. Sprachliche und stilistische Merkmale wie die ganze Anlage der Schrift und die Art der Darstellung deuten darauf hin, daß der Verfasser mit dem der *Chronikbücher* wahrscheinlich identisch ist. – Ursprünglich waren die *Esra*- und die *Nehemia-Buch* mit den beiden *Chronikbüchern* zu einem großen Geschichtswerk vereinigt, dessen Schlußteil sie bildeten; sie sind aber später davon abgetrennt worden. Nach der Abtrennung galten sie zunächst als ein Buch. Doch bald wurde die Zweiteilung üblich; sie ist für die *Septuaginta* seit ORIGENES nachweisbar. HIERONYMUS setzt sie bei Griechen und Lateinern als gebräuchlich voraus; die hebräischen Bibeltexte übernehmen sie seit 1448. Seitdem werden die beiden Teile als *Esra-Buch* und *Nehemia-Buch* bezeichnet; in der *Vulgata* werden sie *Esdras I* und *Esdras II* (oder *Buch Nehemia*) genannt.

Das *Esra-Buch*, dessen Anfang fast wörtlich die Schlußsätze des 2. *Chronikbuchs* wiederholt, ist deutlich in zwei Teile gegliedert. Der sechs Kapitel umfassende erste Teil behandelt die Periode von der Entlassung der Juden aus der Babylonischen Gefangenschaft durch den Perserkönig Kyros (reg. 559–525), der 539 das Königreich Babylon erobert und zusammen mit Palästina dem persischen Großreich einverleibt hatte, bis zur Wiedererrichtung des 587 v. Chr. vom Babylonierkönig Nebukadnezar zerstörten Tempels im sechsten Regierungsjahr des

Perserkönigs Dareios I. (reg. 521–485). – Auf Grund des von Kyros 538 erlassenen Edikts, das den Wiederaufbau des Tempels anordnete und den heimkehrwilligen Juden die Rückwanderung erlaubte, zieht ein Teil der exilierten Judäer und Benjamiten, geführt von Scheschbassar, dem »Fürsten Judas«, dem die von Nebukadnezar geraubten Tempelgeräte übergeben werden, nach Jerusalem (Kap. 1). Die Heimkehrerliste hält die Namen der unter Serubbabel und zehn weiteren Führern in die Heimat zurückgekehrten Laien- und Klerikergeschlechter fest (Kap. 2). Nach der Ankunft in Jerusalem errichten Josua, der spätere Hohepriester, und Serubbabel den Altar, um Gott die vorgeschriebenen Opfer darzubringen. Im Jahr darauf werden die Fundamente des Tempels gelegt (Kap. 3). Da man den »*Feinden Judas und Benjamins*« – damit sind besonders die Samariter gemeint – die Beteiligung am Tempelbau verwehrt, versuchen die Leute aus Samaria, die Wiedererrichtung des Tempels und der Stadtmauern zu verhindern, und wenden sich mit Beschwerden an die persische Regierung. Dadurch kommt die Bautätigkeit vorerst zum Erliegen (Kap. 4). Erst im zweiten Regierungsjahr Dareios' I. (519 v.Chr.) wird auf das Drängen der Propheten Haggai und Sacharja der Tempelbau wiederaufgenommen. Die erneuten Versuche der Gegner, den Bau zu stören, werden abgewehrt (Kap. 5). Unter Verweis auf das Edikt des Kyros erteilt Dareios I. der jüdischen Gemeinde die Baugenehmigung, so daß der Tempel im sechsten Regierungsjahr dieses Königs (515 v.Chr.) vollendet und eingeweiht wird (Kap. 6).

Der zweite Teil (Kap. 7–10) erzählt von der Tätigkeit des aus hohepriesterlichem Geschlecht stammenden Esra, der als »*Schriftgelehrter im Gesetz des Himmelsgotts*« – d. h. als Sachverständiger in jüdischen Religionsangelegenheiten (so SCHAEDER) – vom Großkönig Artaxerxes beauftragt wird, die Verhältnisse in der Provinz Judäa und in Jerusalem zu untersuchen und dem »*Gesetz Gottes, das in deiner Hand ist*« in der nachexilischen Gemeinde Geltung zu verschaffen. Im siebenten Jahr des Artaxerxes (die Frage, ob es sich bei dem genannten Perserkönig um Artaxerxes I. [reg. 465–424] oder um Artaxerxes II. [reg. 404–361] handelt, bleibt offen) reist Esra an der Spitze einer stattlichen Heimkehrergruppe und mit reichen staatlichen und privaten Spenden versehen nach Jerusalem (Kap. 7/8). Kurz nach seiner Ankunft berichten ihm die Oberhäupter der Gemeinde, daß viele Juden mit Frauen aus den heidnischen Nachbarvölkern in verbotener Mischehe leben. Nach einem von Esra gesprochenen Bußgebet (Kap. 9) erklärt sich die auf dem Platz vor dem Tempel versammelte Volksmenge zur Buße bereit und gelobt die Entlassung der heidnischen Weiber. Die Erzählung schließt mit einer Namensliste aller mit heidnischen Frauen verheirateten Männer, deren Ehe geschieden wird (Kap. 10).

Beide Teile des Werks zeigen im Aufbau annähernd das gleiche Schema: die Darstellung beginnt jedesmal mit einem Gnadenakt der persischen Regierung, durch den die Rückkehr einer mehr oder minder großen Anzahl von Juden aus dem babylonischen Exil nach Judäa und Jerusalem veranlaßt wird; dann folgen einige Abschnitte, in denen von negativen Momenten, Hindernissen und Schwierigkeiten, die den Heimkehrern seitens der nichtjüdischen Bevölkerung bereitet werden, die Rede ist, und die Erzählung endet jeweils mit einem für die Gemeinde positiven Ergebnis. – Zeitlich ist der Autor allerdings schon so weit von den Ereignissen entfernt, daß er darüber nicht aus eigener Anschauung berichtet, sondern sich auf Quellen stützt, die er meist im Wortlaut wiedergibt und oft noch durch eigene Zutaten erweitert, wobei sein Hauptinteresse dem Tempel, dem Kult und den Leviten gilt. Durch Textanalyse lassen sich die aus Quellen entnommenen Stücke mit ziemlicher Sicherheit von den vom Autor stammenden Abschnitten und einigen jüngeren Zusätzen unterscheiden.

Die Frage, ob der hebräisch geschriebenen Erzählung im ersten Teil des *Esra-Buchs* (Kap. 1,1–4,5) eine einheitliche Quelle zugrunde liegt, ist zwar umstritten, doch dürften – abgesehen von dem nicht originalen Kyros-Edikt (Kap. 1,2–4) – die Liste der Tempelgeräte (Kap. 1,9–11a) und das Verzeichnis der Heimkehrer (Kap. 2) derselben Quelle entnommen sein. Eigene Darstellung des Chronisten begegnet besonders in dem Bericht über die Errichtung des Altars und den Bau der Tempelfundamente (Kap. 3). – Aus der mit Zitaten aus Urkunden belegten Darstellung der Schwierigkeiten, mit denen die Zurückgekehrten zu kämpfen hatten, als sie unter Dareios I., Ahasveros (d. i. Xerxes, reg. 485–465) und Artaxerxes I. versuchten, den Tempel und die Stadtmauern wiederaufzubauen (Kap. 4,6–18), hebt sich deutlich die vom Verfasser hier benutzte aramäische Quelle heraus. Die in dieser Quelle überlieferten Urkunden (diplomatische Schreiben der Samariter, des Satrapen von Transeuphratien und der persischen Regierung) sind alle im persischen Kanzleistil abgefaßt und daher zweifellos echt. Freilich berichtet der Text des *Esra-Buchs* nicht in der richtigen Reihenfolge über die Ereignisse. Anscheinend hat der Chronist hier in die Quellen eingegriffen; denn die Vorgänge bei der Verhinderung des Mauerbaus unter Xerxes und Artaxerxes I. (Kap. 4,6–23) sind den zeitlich früheren Begebenheiten (Störung des Tempelbaus) während der Regierung Dareios' I. (Kap. 4,24–6,18) vorangestellt. Wahrscheinlich hat der Verfasser die thematische Ordnung des Stoffs für wichtiger gehalten als die chronologische Abfolge der Ereignisse und deshalb an die einer hebräischen Quelle nacherzählte Störung des Tempelbaus unter Kyros und Dareios (Kap. 4,1–5) den aus der aramäischen Quelle stammenden Bericht über die Verhinderung des Mauerbaus unter Xerxes und Artaxerxes angeschlossen, bevor er die erfolgreiche Abwehr der Versuche, den unter Dareios wiederaufgenommenen Tempelbau zu verhindern, und die glückliche Vollendung und Einweihung des Tempels (Kap. 4,24–6,18) mitteilt (so EISSFELDT).

In dem Esra betreffenden Teil des Werks fußt die Darstellung, der der Chronist eine Einleitung (Kap. 7;1–11) vorausschickt, größtenteils einem in der Ichform gehaltenen Eigenbericht Esras, den sogenannten »Esra-Memoiren«. Wahrscheinlich war in dieser Quelle auch das aramäische Entsendungsdekret des Artaxerxes (Kap. 7,12ff.) und die Liste der mit Esra reisenden Heimkehrer (Kap. 8,1–20) enthalten. – In Kapitel 10 ist von Esra nur noch in der dritten Person die Rede. Die Meinungen über den Grund dieses eigenartigen Wechsels in der Person sind geteilt: entweder hat hier der Chronist das autobiographische »Ich« der »Esra-Memoiren« in die »Er«-Form umgesetzt, oder er hat eine andere Quelle benutzt. Für die zweite Auffassung dürfte die Tatsache sprechen, daß auch das *Nehemia-Buch* (Kap. 8) einen in der dritten Person abgefaßten Bericht über Esra enthält, in dem erzählt wird, wie dieser in Erfüllung der ihm aufgetragenen Mission dem versammelten Volk das Gesetzbuch vorliest und erklärt.

So stellt das Werk – trotz seines verhältnismäßig geringen Umfangs – eine Fülle von Problemen, über die die Meinungen zum Teil weit auseinandergehen. Obwohl dem Verfasser wertvolle Quellen zur Verfügung standen, bleibt in der Darstellung doch manches unklar. Dazu kommt, daß er gelegentlich in die Quellen eingreift, Personen und Begebenheiten in einer weder sachlich noch chronologisch gerechtfertigten Weise miteinander verknüpft, so daß das dadurch entstehende Bild in solchen Fällen kaum mehr den historischen Tatsachen und dem wirklichen Verlauf der Ereignisse entspricht. – Umstritten ist deshalb auch die Frage, wann Esra in Jerusalem tätig war. Da der Autor im *Nehemia-Buch* den Priester Esra zusammen mit Nehemia, der seit 445 v.Chr. Statthalter in Jerusalem war, auftreten läßt, und diese Datierung sich mit den Angaben des *Esra-Buchs* nur schwer in Einklang bringen läßt, ist es nicht möglich, Esras Tätigkeit zeitlich eindeutig festzulegen. Die traditionelle Auffassung (FERNÁNDEZ, JEPSEN, NOTH, SCHAEDER u. a.) geht zwar dahin, daß Esra im siebenten Regierungsjahr Artaxerxes' I., also 458 v.Chr., nach Jerusalem entsandt wurde. Durch die auf der Nilinsel Elephantine gefundenen Papyri ist diese Datierung jedoch erschüttert worden. Von manchen Forschern (RUDOLPH u. a.) wird deshalb Esras Auftreten nach 433 v.Chr. angesetzt. Die meisten der neueren Forscher (CAZELLES, GALLING, KRAELING, ROWLEY u. a.) sind der Meinung, daß Artaxerxes II. der König war, in dessen siebtem Regierungsjahr (also 389 v.Chr.) sich Esra nach Jerusalem begab; denn um 400 v.Chr. hatten die Perser die Herrschaft über Ägypten verloren, so daß sie für die Schaffung geordneter Verhältnisse in dem zum Grenzland gewordenen Palästina sorgen mußten.

.Seine theologische Bedeutung erhält das Werk durch das Bestreben des Autors, darzutun, daß die Neukonstituierung der jüdischen Kult- und Volksgemeinschaft, obwohl es dabei menschlich-irdisch zugeht, letztlich dem Willen Jahwes entspringt: Jahwe wendet den Juden die Gunst der Perserkönige zu, er erweckt den Geist der Heimkehrwilligen und gewährt ihnen Schutz. Esras Unternehmen hat Erfolg, weil Gottes gütige Hand über ihm ist. Das Hauptanliegen des Verfassers ist jedoch, deutlich zu machen, daß die Gola, d. h. die aus dem Exil heimgekehrte jüdische Gemeinde, das wahre Israel und daß Jerusalem der einzige legitime Kultort ist. Deswegen erachtet er eine strenge Abgrenzung der Juden gegenüber den Samaritern und Nichtjuden für unbedingt erforderlich.

Außer dem hier besprochenen kanonischen *Esra-Buch* liegen noch zwei nichtkanonische auf Esra bezogene Bücher vor, von denen das eine sowohl in der *Septuaginta* als auch in der *Vulgata* enthalten ist, während das andere, das zwei christliche Zusätze aufweist, sich im Anhang zur *Vulgata* befindet. In neueren Veröffentlichungen werden sie meist als *3. Buch Esra* oder *Esra-Apokryphon* (vgl. *Apokryphen des Alten Testaments – Historische und erzählende Bücher*) und als *4. Buch Esra* oder *Esra-Apokalypse* (vgl. *Apokryphen des Alten Testaments – Prophetische Bücher und Apokalypsen*) bezeichnet; für die christlichen Zusätze ist auch die Bezeichnung *5.* und *6. Buch Esra* gebräuchlich. A. He.

AUSGABEN UND ÜBERSETZUNGEN: Vgl. *Bibel*.

LITERATUR: Kommentare: M. Haller, *Das Judentum. Geschichtsschreibung, Prophetie u. Gesetzgebung*, Göttingen ²1925 (SAT, III/2). – W. Rudolph, *E. u. Nehemia*, Tübingen 1949 (HbAT, I/20). – M. Rehm, *E. u. Nehemia*, Würzburg 1950 (Echter-Bibel). – L. W. Batten, *A Critical and Exegetical Commentary on the Books of E. and Nehemiah*, Edinburgh ²1952. – A. Gelin, *Esdras*, Paris 1953 (Bible de Jérusalem). – K. Galling, *Die Bücher der Chronik, E. u. Nehemia*, Göttingen 1954 (ATD, 12). – H. Schneider, *Die Bücher E. u. Nehemia*, Bonn ⁴1959 (HISAT, IV/2). Weitere Literatur: Eißfeldt, S. 734–756. – LThK, 3, Sp. 1101–1103. – RGG, 2, Sp. 692–697. – Robert-Feuillet, I, S. 693–703. – C. C. Torrey, *The Composition and Historical Value of Ezra-Nehemiah*, Gießen 1896 (BZAW, 2). – Ders., *Ezra Studies*, Chicago 1910. – S. Mowinckel, *Ezra den Skriftlærde*, Kristiania 1916. – J. A. Bewer, *Der Text des Buches E.*, Göttingen 1922 (FRLANT, 31). – M. Munck, *E., der Schriftsteller, nach Talmud u. Midrasch*, Diss. Würzburg 1930. – H. H. Schaeder, *Esra der Schreiber*, Tübingen 1930. – E. Sellin, *Geschichte des israelitisch-jüdischen Volkes*, Bd. 2, Lpzg. 1932, S. 134–163. – K. Galling, *Der Tempelschatz nach Berichten u. Urkunden im Buche E.* (in ZDPV, 60, 1937, S. 177–183). – F. Ahlemann, *Zur Esra-Quelle* (in ZatW, 59, 1942/43, S. 77–98). – A. S. Kapelrud, *The Question of Authorship in the Ezra-Narrative*, Oslo 1944. – E. Johannesen, *Studier over Esras og Nehemjas Historie*, Kopenhagen 1946. – H. H. Rowley, *The Chronological Order of E. and Nehemiah* (in *Fs. f. I. Goldziher*, Bd. 1, Budapest 1948, S. 117–149). – S. Granild, *Ezrabogens literaere genesis*, Kopenhagen 1949. – N. H. Snaith, *The Date of Ezra's Arrival in Jerusalem* (in ZatW, 63, 1952, S. 53–66). – H. Cazelles, *La mission d'Esdras* (in VT, 4, 1954, S. 113–140). – H. S. Nyberg, *Das Reich der Achämeniden* (in *Historia Mundi*, Bd. 3, Mchn. 1954, S. 56–115). – M. Noth, *Überlieferungsgeschichtliche Studien*, Bd. 1, Darmstadt ²1957, S. 110–180. – V. Pavlovský, *Die Chronologie der Tätigkeit Esras* (in Bibl, 38, 1957, S. 275–305; 428–456). – M. Noth, *Gesammelte Schriften zum AT*, Mchn. 1960, S. 81 bis 172 (Theologische Bücherei, 6). – S. Mowinckel, ›Ich‹ *u.* ›Er‹ *in der Ezragschichte* (in *Verbannung u. Heimkehr. Beitr. z. Geschichte u. Theologie Israels im 6. u. 5. Jh. v. Chr., Fs. f. W. Rudolph*, Tübingen 1961, S. 211–233). – Ders., *Studien zu dem Buche Esra-Nehemia*, Oslo 1964. – J. Schildenberger, *Literarische Arten der Geschichtsschreibung im AT*, Einsiedeln 1964.

ANONYM

NEHEMIA-BUCH. Schlußteil des alttestamentlichen chronistischen Geschichtswerks (vgl. *Chronikbücher*), entstanden um die Mitte des 4. Jh.s v. Chr. Ursprünglich bildeten das *Esra-* und das *Nehemia-Buch* eine Einheit. – Als Quelle hat der Chronist in erster Linie eine im Ichstil verfaßte Denkschrift NEHEMIAS benutzt, die er im ersten Teil (Neh. 1–7,5) einfach ausgeschrieben hat. Zu dieser Denkschrift gehören auch 11,1 f. und Teile von Kap. 12; die Ichform wird auch in 12,31 sowie in 13,4 ff. beibehalten. In diesem Teil ist die bearbeitende und ergänzende Hand des Chronisten stärker spürbar als in Kap. 1–7.

Nehemia wirkte von 445 bis 433 und um 430 in

Jerusalem, wenn vielleicht auch nicht von Anfang an als persischer Statthalter. Er hat sein Werk, wie die an Votivformeln erinnernden Wendungen (5, 19; 13, 14. 22. 31) vermuten lassen, seinem Gott gewidmet und es wohl zur Deponierung im Tempel bestimmt. In inhaltlich und stilistisch geschlossener Darstellung berichtet Nehemia lediglich von denjenigen seiner Maßnahmen, die ihm am Herzen lagen und die für das Jerusalemer Gemeinwesen von besonderer Bedeutung waren. Seine Schilderung läßt ihn als klugen, energischen, mutigen und uneigennützigen Mann erscheinen, der der Religion seiner Väter eng verbunden ist. Obwohl die Tendenz unverkennbar ist, die Nachbarn Judas in ungünstiges Licht zu stellen, darf sein Werk als eine ausgezeichnete Geschichtsquelle betrachtet werden. – In *Neh.* 1–7 schildert der Chronist das Wirken Nehemias: Dieser erhält im Winter 446/45 v.Chr. in Susa, wo er Mundschenk Artaxerxes' I. war, Kunde von den traurigen Zuständen in Jerusalem und erwirkte daraufhin vom Perserkönig seine Entsendung in die Stadt seiner Väter sowie – entgegen einer früheren Anordnung (vgl. *Esra* 4,7 ff) – auch die Erlaubnis zum Wiederaufbau der Stadt. Trotz aller Widerstände der Nachbarn Judas (vor allem Sanballats, des Statthalters von Samaria) und aller innenpolitischen Schwierigkeiten, die er durch einen Schuldenerlaß überwand, vollendete er den Mauerbau in 52 Tagen. Nach dem heute vorliegenden Zusammenhang folgte darauf die Verlesung des Gesetzes durch Esra, die Feier des Laubhüttenfestes, die Abhaltung eines Bußtages und die Verpflichtung auf das Gesetz (*Neh.* 8–10). Danach sorgte Nehemia durch einen Synoikismus für die ausreichende Bevölkerung der Stadt und ließ die Mauer feierlich einweihen. Im 32. Jahr Artaxerxes' I. (434/33 v.Chr.) kehrte er vorübergehend an den persischen Hof zurück. Während seines zweiten Aufenthalts in Jerusalem um 430 bemühte er sich, Mißstände abzustellen und sorgte u. a. für die Ablieferung des Zehnten, die Heiligung des Sabbats und für die Vermeidung von Ehen mit Fremden (*Neh.* 11–13).

Die *Nehemia*-Denkschrift ist vom Chronisten durch die Einarbeitung von *Neh.* 8–10 auseinandergerissen worden, da er den Priester Esra gleichzeitig mit dem Laien Nehemia wirken lassen wollte. Durch dieses Vorgehen und durch die ermüdend wirkende Einschaltung von Listen (*Neh.* 3; 7; 11; 12,1–26) fehlt dem *Nehemia*-Buch die literarische Geschlossenheit. Viele bereits in den Quellen enthaltene Gedanken und Forderungen entsprachen ganz dem theologischen Anliegen des Chronisten. Er hat sie gelegentlich noch durch Zusätze unterstrichen. Alles Gelingen menschlichen Vorhabens kommt von Gott (2,18.20; 6,16). Gott gibt den Seinen die rechten Gedanken ins Herz (7,5), vereitelt aber die Pläne der Gegner (4,15). Die Gemeinde Gottes muß sich von den Nichtjuden trennen (2,20; 10,30 f; 13,1–3. 23 ff) und vor allem die kultischen Pflichten treu erfüllen (13,10 ff; 10,33 ff; 12, 44–47). E. O.

AUSGABEN UND ÜBERSETZUNGEN: Vgl. *Bibel, Esra-Buch.*

LITERATUR: RGG, 4, Sp. 1395–1398. – LThK, 7, Sp. 868/869. – Eißfeldt, S. 734 ff. – Robert-Feuillet, 1, S. 708–717. – Weitere Literatur: S. Mowinckel, *Statholderen Nehemia*, Kristiania 1916. – E. Johannesen, *Studier over Esras og Nehemjas Historie*, Kopenhagen 1946. – H. H. Rowley, *The Chronological Order of Esra and Nehemiah* (in *Fs. f. I. Goldziher*, Bd. 1, Budapest 1948, S. 117 bis 149). – J. Coste, *Portrait de Néhémie* (in Bible et Vie Chrétienne, 1953, S. 44–56). – A. Jepsen, »*Nehemia*« 10 (in ZatW, 66, 1954, S. 87–106). – A. Alt, *Judas Nachbarn zur Zeit Nehemias* (in A. A., *Kleine Schriften*, Bd. 2, Mchn. ²1959, S. 338–345). – S. Mowinckel, *Erwägungen zum chronistischen Geschichtswerk* (in ThLz, 85, 1960, Sp. 1–8). – Ders., *Studien zu dem Buche »Esra-Nehemia«*, Oslo 1964.

ANONYM

ESTHER-BUCH (hebr.). – Zu den Geschichtsbüchern zählende Schrift des *Alten Testaments*; eine der fünf »Festrollen« (Megilloth), als Entstehungslegende des Purim- oder Losfestes verfaßt und zur liturgischen Verwendung an diesem jüdischen Freudentag bestimmt. Die Zeit der ersten Niederschrift des hebräischen Textes wie auch der durch Zusätze erweiterten griechischen Fassung ist umstritten. Auf Grund sprachlicher Indizien dürfte das Buch nicht vor 300 v.Chr. in der jüdischen Diaspora des Ostens entstanden sein. Eine weitere Zeiteingrenzung ergibt sich daraus, daß *Esther* um 180 v.Chr. in Palästina offenbar noch nicht bekannt war, denn JESUS SIRACH erwähnt in seinem Lobpreis der Großen des jüdischen Volks (vgl. *Deuterokanonische Bücher*, 4) weder die Titelgestalt noch den eigentlichen Helden des Buches, Mardochai. Im *2. Makkabäerbuch*, das die kriegerischen Ereignisse zwischen 175 und 161 v.Chr. behandelt, wird dann auf ein Mardochai-Fest angespielt (15,37), das wohl mit Purim gleichzusetzen ist. Zu der Zeit müßte die Esther-Geschichte also bereits bekannt gewesen sein. Für die Entstehung des Buches in diesen Jahren, d. h. auf dem Höhepunkt der Makkabäerkriege, sprechen auch die ausgeprägt patriotisch-aggressive Tendenz des Buches, der unverhohlene Rachedurst und die Siegesgewißheit, die in ihm zum Ausdruck kommen.

Zeit und Ort der Esther-Handlung sind dagegen genauer fixiert. Der unbekannte, vermutlich persisch-jüdische Verfasser siedelt sie in Persien an, unter der Regierung des Ahasveros (auch Assueros, gemeint ist Xerxes I., reg. 485–465), »*der König war von Indien bis an Mohrenland*«. – Ahasveros, der seine erste Gattin Vasthi wegen Unbotmäßigkeit wegen verstößt, wählt unter allen schönen Jungfrauen, die ihm in seinem Schloß zu Susa (auch Susan) vorgeführt werden, die Waise »*Hadassa, das ist* [persisch] *Esther*«, von ihrer Anmut und Demut entzückt, zu seiner Gemahlin. Ihr Oheim und Vormund Mardochai, der sich, um das Wohlergehen Esthers besorgt, Tag für Tag in der Nähe des Schlosses aufhält, erfährt von einer geplanten Verschwörung gegen den König und verständigt seine Pflegetochter davon. Die Schuldigen werden bestraft, und Mardochais Name geht in die Reichschronik ein. Kurz darauf macht er sich jedoch den Wesir und Favoriten des Königs, Haman, zum Feind, da er sich weigert, vor ihm das Knie zu beugen. Durch Mardochais Stolz in seiner Eitelkeit verletzt, will Haman sich an der ganzen jüdischen Bevölkerung Persiens rächen, und es gelingt ihm, den leicht zu beeinflussenden Herrscher zu überzeugen, daß die Juden eine Gefahr im Land darstellten und ausgerottet werden müßten. Dies soll an einem durch das Los (akkad. *pūru*) bestimmten Tag geschehen. Verzweifelt über das Schicksal seiner Glaubensgenossen, fordert Mardochai seine Pflegetochter auf, dem König ihre bis dahin geheimgehaltene Zugehörigkeit zum Volk der Juden zu offenbaren und den Widerruf des Ausrottungsbefehls zu erbitten. Bei einem Gastmahl, zu dem Esther ihren Gemahl und Haman geladen hat, enthüllt sie dem König die Grausamkeiten und Machenschaften seines Wesirs. Als Ahasveros voll Zorn den Saal verlassen hat, wirft sich Haman um Gnade flehend der Königin zu Füßen. Dabei wird er vom König überrascht, der, im Glauben, Haman habe nun auch Esther Gewalt antun wollen, den Verräter an dem »Baum« zu erhängen befiehlt, den dieser für Mardochai errichten ließ. Den einmal verkündeten Beschluß der Judenvernichtung kann der König nicht rückgängig machen, doch er erlaubt den Bedrängten, sich zur Wehr zu setzen. An dem für ihre Liquidierung vorgesehenen Tag üben die Juden furchtbare Rache: sie töten fünfundsiebzigtausend ihrer Feinde im ganzen Land. *»Den folgenden Tag aber machten sie zum Tag des Wohllebens und der Freude ... und sandte einer dem andern Geschenke.«* (9,19) Mardochai, als Nachfolger Hamans zum Wesir ernannt, und Esther schreiben, wie es heißt, die wunderbare Geschichte von der Errettung der Juden selbst auf und verbreiten sie, zusammen mit Anweisungen für das alljährlich am 14. Adar (Februar/März) zu feiernde Fest, in Briefen *»unter allen Juden in den hundertsiebenundzwanzig Ländern des Königreichs des Ahasveros mit freundlichen und treuen Worten«* (9,30).

Zwar hat der Verfasser nicht allzuviel Mühe darauf verwandt, seine Erzählung als Bericht über tatsächliches Geschehen erscheinen zu lassen, doch kann man das *Esther-Buch* als »historischen Roman« bezeichnen, zumindest aber als eine Prosadichtung mit historischem Hintergrund. Jedenfalls hat er ihr ein lebhaftes kulturgeschichtliches Kolorit gegeben und möglicherweise sogar an überlieferte Tatsachen (Judenpogrome und Aufstieg der Juden im Perserreich zu Amt und Würden) angeknüpft. Eine Königin Esther ist in den Annalen des Landes jedoch nicht verzeichnet, und Mardochai, einer der mit König Jojachin im Jahre 598 nach Babylonien deportierten Juden, wird zur Zeit des historischen Ahasveros, also mehr als ein Jahrhundert nach der Verschleppung, gewiß nicht mehr am Leben gewesen sein. Unwahrscheinlich ist auch das Verhalten des Königs und ebenso das der Juden. Mochte Ahasveros-Xerxes auch erwiesenermaßen die Klugheit und Größe seines Vaters Dareios I. fehlen, so bleibt doch höchst zweifelhaft, daß er den Juden freigestellt haben sollte, wie ihre Gegner im Lande zu ermorden. Anderseits dürften die Juden als Bevölkerungsminderheit kaum gewagt haben, durch derart maßlose Racheaktionen die Perser noch mehr gegen sich aufzubringen. Da schließlich von derart maßlosen Ausschreitungen der Juden aus anderen Quellen nichts bekannt ist, könnte es sein, daß hier chauvinistischer Überschwang die Phantasie beflügelt hat, zumal die meisten Einzelzüge der Handlung als Märchen- und Sagenmotive nachweisbar sind. – Wegen der auffallenden Ähnlichkeit der Personennamen im *Esther-Buch* mit babylonischen Götternamen hat man als Grundlage der Erzählung einen Mythos angenommen, der entweder die Überwindung der alten elamitischen Götter Human-Haman und Masti-Vasthi durch die babylonischen Marduk-Mardochai und Ischtar-Esther oder den Sieg des Schöpfergottes Marduk über das die Vernichtung der Welt symbolisierende Wesen Haman zum Thema hat. Ebenso kann sich der Verfasser aber auch damit begnügt haben, den Handlungsträgern seiner Geschichte bedeutungsvolle, an die großen heidnischen Götter gemahnende Namen zu geben, sofern deren Herkunft etymologisch nicht überhaupt ganz anders zu bestimmen ist. Sicher ist, daß im *Esther-Buch* ungewöhnlich zahlreiche und verschiedenartige literarische und kultische Motive verarbeitet und miteinander verbunden sind. Es lassen sich Parallelen zur Josephsgeschichte (Josephs und Mardochais Traum), zum *Nehemia-Buch* (Nehemias und Mardochais Aufstieg) und zum *Judith-Buch* (das erotische Moment!), aber auch zum hellenistischen Roman feststellen. Einige Motive sind im persischen Kulturbereich nicht heimisch (z. B. die Jungfrauenschau), kehren aber später in byzantinischen Berichten wieder. Bei HERODOT (*Histories apodeixis*, I, 8–13: Kandaules und Gyges) findet sich eine Parallele zu dem die Esther-Geschichte auslösenden Wunsch des Königs, seine Gemahlin (Vasthi) den Freunden zu präsentieren. – Mit erstaunlicher Versiertheit bedient sich der Autor aller erdenklichen Mittel der Erzählkunst; er arbeitet mit dem Moment der Verzögerung, um die Spannung zu erhöhen, er liebt überraschende Wendungen und die Gegenüberstellung von Kontrastfiguren (Vasthi-Esther, Haman-Mardochai). Dank der verbindlichen Literatursprache wirkt die Handlung nie konstruiert und eklektisch. Man gewinnt den Eindruck, daß der Verfasser seine Aufgabe, das Purimfest historisch zu legitimieren, mit ebensoviel Freude an der künstlerischen Gestaltung wie propagandistischem Eifer in Angriff genommen hat.

Den Ruf, das profanste Buch des jüdischen Kanons zu sein, verdankt *Esther* der Tatsache, daß das weltlich-politische Geschehen nicht in einen direkt ausgesprochenen Zusammenhang mit dem Wirken Jahwes gebracht wird. Gott wird an keiner Stelle genannt, und nur andeutungsweise kommt zum Ausdruck, daß alles, was sich begibt, göttliche Fügung ist (4,14). Dieser »Gottesferne« wegen, die nur mit der des *1. Makkabäerbuches* zu vergleichen ist, war die Kanonizität des Buches lange Zeit umstritten. Vielleicht haben erst die in der griechischen Übersetzung des LYSIMACHOS enthaltenen und in die *Septuaginta* übernommenen sieben Zusätze (vgl. *Deuterokanonische Bücher*, 9), besonders die Gebete Mardochais und Esthers, inbrünstige Anrufungen Gottes (!), dem Buch die religiöse Bedeutung und die Anerkennung der Schriftgelehrten verschafft, die für seine endgültige Aufnahme in den Kanon ausschlaggebend war. Es mag zu denken geben, daß bisher in Qumran keine *Esther*-Texte gefunden wurden. In späterer Zeit jedoch stand die Schrift bei den Juden in hohem Ansehen, was zwei Targume, viele Midrasche und hebräische Kommentare bezeugen; von keinem anderen alttestamentlichen Buch ist eine so große Zahl von Abschriften bekannt.

Die Einstellung der christlichen Theologen zu *Esther* war von jeher distanziert. LUTHER machte kein Hehl daraus, daß es ihm lieber gewesen wäre, das Buch wäre nie geschrieben worden, da es so wenig vom Geist der Liebe habe, voll heidnischer Gedanken sei und andererseits in ihrem »*judenze«* (in einer Tischrede von 1534). Vierhundert Jahre später gibt der Leipziger Alttestamentler Hans BARDTKE dem gleichen Unbehagen Ausdruck mit dem Urteil, daß das *Esther-Buch »von einer ganz diesseitigen, aus Verfolgungen und einem höchst realistischen Vergeltungsdenken genährten Leidenschaftlichkeit erfüllt ist, wodurch der prophetische*

Gedanke des völligen Sieges Jahwes über alle feindlichen Mächte getrübt und verzerrt wird«.

Esther ist neben Judith und Susanna die dritte dramatisch-heldische Frauengestalt des *Alten Testaments*, die in die Literaturen der Welt eingegangen ist. Auch diesen Stoff greift zuerst das volkstümliche Drama und das Jesuitentheater auf (Hans SACHS: *Gantze Histori der Hester*, 1530; *Berner Hester*, 1567; *Münchener Hester*, 1577). Der Schuldramatiker Thomas NAOGEORGUS löst als erster die Haman-Handlung heraus und stellt das höfische Intrigenspiel in den Mittelpunkt seiner neulateinischen *Hamanus*-Tragödie (1543), die dann zum Vorbild für eine große Zahl weiterer Bühnenwerke um die einzige tragische, vielfältig modifizierbare Figur der Esther-Geschichte wird. In der französischen Literatur gehen mehrere Dramen um Aman (z. B. von C. ROUILLET, 1556; A. de RIVAUDEAU, 1561; Antoine de MONTCHRESTIEN, 1578) den eigentlichen Esther-Dramen (Jean MAFRIÈRE, *La belle Hester*, 1620) voraus. Im 17. Jh. spielen Wandertruppen Haupt- und Staatsaktionen *Von der Königin Esther und hoffertigen Haman* (1620). Aus der gleichen Zeit sind jüdische Purimspiele belegt, die den Stoff, ohne literarischen Anspruch, burlesk und sogar parodistisch gestalten. GOETHE hat in *Das Jahrmarksfest zu Plundersweilen* (1774) zwei Szenen eines ähnlich parodistischen Esther-Spiels eingefügt, das aber wohl auf die Bekanntschaft mit entsprechenden Puppenspielen oder Jahrmarktsaufführungen zurückgeht. Lope de VEGA wurde zu *La hermosa Ester* (1610) wahrscheinlich von *autos sacramentales* über den gleichen Stoff angeregt. Das Stück gehört nicht zu seinen Meisterwerken, doch war es RACINE und GRILLPARZER bekannt, deren Esther-Gestaltungen die unbestrittenen Höhepunkte der dramatischen Behandlung der biblischen Erzählung darstellen.

G. Wo.

AUSGABEN UND ÜBERSETZUNGEN: Vgl. *Bibel*.

LITERATUR: Kommentare: A. Scholz, *Commentar über das Buch E. mit seinen Zusätzen u. über Susanna*, Würzburg/Wien 1892. – L. B. Paton, *A Critical and Exegetical Commentary on the Book of E.*, Edinburgh 1908. – E. Dimmler, *Tobias, Judith, E., Makkabäer*, M.-Gladbach 1922. – B. Wolff, *Das Buch E.*, Ffm. 1922. – M. Haller, *Das Judentum. Geschichtsschreibung, Prophetie und Gesetzgebung*, Göttingen ²1925 (SAT, II/3). – Ders., *Esther*, Tübingen 1940 (HbAT, I/18). – J. Schildenberger, *Die Bücher Judith, Tobias u. E.*, Bonn 1941 (HlSAT, IV/3). – F. Stummer, *Das Buch E.*, Würzburg 1950 (Echter-Bibel). – A. Barucq, *Le livre d'Esther*, Paris ²1958 (Bible de Jérusalem). – H. Ringgren, *Das Buch E.*, Göttingen ²1962 (ATD, 16, 2). – H. Bardtke, *Das Buch E.*, Gütersloh ²1963 (KAT, XVII, 4/5). Weitere Literatur: Eißfeldt, S. 684–693. – LThK, 3, Sp. 1115/16. – RGG, 2, Sp. 703–708. – Robert-Feuillet, I, S. 675–681. – E. Jacob, *Das Buch E. bei den LXX* (in ZatW, 10, 1890, S. 241–298). – R. Schwartz, *Esther im deutschen u. neulateinischen Drama des Reformationszeitalters*, Oldenburg 1898. – W. Erbt, *Die Purimsage in der Bibel*, Bln. 1900. – F. Rosenberg, *Der Esther-Stoff in der germanischen u. romanischen Literatur* (in Fs. f. A. Tobler, Braunschweig 1905). – S. Jampel, *Das Buch E. auf seine Geschichtlichkeit kritisch untersucht*, Ffm. 1907. – J. Hoschander, *The Book of E. in the Light of History*, Philadelphia 1923. – N. S. Doniach, *Purim or the Feast of E. An Historical Study*, Philadelphia 1933. – I. Katzenellenbogen, *Das Buch E. in der Aggada*, Diss. Würzburg 1933. – H. Striedl, *Untersuchungen zur Syntax u. Stilistik des hebräischen Buches E.*, Diss. Mchn. 1937 (auch in ZatW, 55, 1937, S. 73–108). – T. Gaster, *Purim and Hanukkah in Custom and Tradition*, NY 1950. – H. Ringgren, *E. and Purim* (in Svensk Exegetisk Årsbok, 20, 1956, S. 5–24). – H. Mayer, *Die Esther-Dramen, ihre dramaturgische Entwicklung u. Bühnengeschichte von der Renaissance bis zur Gegenwart*, Diss. Wien 1958. – F. Altheim u. R. Stiehl, *Die aramäische Sprache unter den Achaimeniden*, Bd. 1, Ffm. 1963, S. 195–213.

ANONYM

HIOB-BUCH (hebr.). Dichtung des *Alten Testaments*. Die Datierungen schwanken zwischen dem 7. und 2. vorchristlichen Jahrhundert. Gewisse Beziehungen zu andern alttestamentlichen Schriften lassen eine Entstehung in der frühen nachexilischen Zeit (5./4. Jh. v. Chr.) am wahrscheinlichsten erscheinen. – Wie viele biblische Bücher ist auch das *Hiob-Buch* in einer Form überliefert, die verschiedene Ursprungsschichten erkennen läßt. Am auffälligsten zeigt sich diese Verschiedenheit in der geistigen und formalen Gegensätzlichkeit der Rahmengeschichte, einer schlichten Volkserzählung, und der in diese Prosageschichte eingefügten, in Versen vorgetragenen wortgewaltigen Reden und Gegenreden, einer dramatischen Auseinandersetzung mit dem Gott Israels, um derentwillen dieses Gedicht in der Weltliteratur ohne Vergleich ist. Ob sein Verfasser es selber in die Prosaerzählung einfügte, ob beide Teile erst später zusammenwuchsen, wird trotz zahlloser Untersuchungen wohl nie mit Sicherheit zu entscheiden sein. Die Rahmenerzählung gehört zum Typus der aus andern Literaturen des Alten Orients bekannten Geschichten vom »leidenden Gerechten«. Aber wenn ihre außerisraelische Herkunft vielleicht auch darin nachklingt, daß ihr Held (Ijjob, d. h. »der Angefeindete«) ein Mann aus Uz, vielleicht ein Edomiter, jedenfalls kein Israelit ist, so ist doch Jahwe sein Gott, und seine Antwort auf die Schicksalsschläge, die dieser Gott über ihn hereinbrechen läßt (Verlust des Reichtums, der Kinder, schließlich der Gesundheit), ist die, die ein Glied des auserwählten Volks seinem Herrn schuldet: »*Der Herr hat's gegeben, der Herr hat's genommen, der Name des Herrn sei gelobt!*« Der gute und fromme Mann der Volkserzählung, der das in den tiefsten, unbegreiflichen Elend sagt, sollte geprüft werden, und er hat die Prüfung bestanden, zu der Satan Gott aufreizte mit der Behauptung, der von seinem Herrn so reich gesegnete Knecht halte ihm ja schließlich nicht »umsonst« die Treue. Dieser »leidende Gerechte« stellt das Umsonst unter Beweis. Mit seinem demütigen Sichbeugen unter den Willen Gottes straft er Satan Lügen, der zu Beginn der Geschichte prophezeit, Hiob werde Gott fluchen, wenn dieser ihm alles nehme. Der in Satans Hände gegebene Mensch hat, ohne es zu wissen, dem Gegenspieler Gottes bewiesen, daß nicht er, sondern Gott der Mächtigere ist, und er wird, wie die Rahmenerzählung am Schluß berichtet, für dieses unbeirrbare Festhalten an seinem Herrn königlich belohnt, indem er alles verdoppelt zurückerhält, was er verlor, und nach einem erfüllten Leben stirbt, »*reich und lebenssatt*«.

Für sich genommen, ist die Rahmenerzählung des Hiob-Buchs also nichts anderes als die typisch israelitische Version der Geschichte von dem guten und gerechten Mann, der in der ungerechtesten Weise gepeinigt wird, eine Version, die der furchtbaren Erfahrung, daß Gutes zu tun dem Menschen durchaus nicht garantiert, daß ihm Gutes widerfährt, und daß Böses zu meiden ihn nicht davor bewahrt, Böses zu erleiden, dadurch den Stachel zu nehmen sucht, daß das Böse als Prüfung gedeutet und das Gute reichlich vergolten wird. Diese das Mißverhältnis zwischen menschlicher Rechtlichkeit und göttlicher Ungerechtigkeit zur Harmonie von Prüfung und schließlicher Vergeltung auflösende Geschichte wird nun wie vom Hieb eines bis zur Raserei Gepeinigten in zwei Teile geschnitten, um Raum zu schaffen für die wildeste Anklage, die je gegen Gottes Ungerechtigkeit erhoben wurde. Ein Mann, der überzeugt ist – und sein darf –, das Gesetz nie gebrochen zu haben, wagt es, Gott des Vertragsbruchs zu bezichtigen und ihn in Gegenwart von drei Freunden, die gekommen sind, ihn in seinem Elend zu trösten, aufzufordern, sich dieser Anschuldigung zu stellen – gleichsam in einer Gerichtsverhandlung, nach deren Muster dieser dramatische Mittelteil aufgebaut scheint.

Das *Hiob-Buch* verrät auf jeder Seite, daß sein Verfasser von selbsterlebter Qual spricht, aber es verrät nicht minder, daß diesem Mann ein Gott gab, zu sagen, was er leidet, das heißt, daß er seinem leidvollen Erlebnis zugleich als dem Stoff gegenübersteht, den es zu gestalten gilt. In mächtiger Steigerung entwickelt er in neun Reden Hiobs Klage, Verteidigung und Anklage. Eingeschaltet in diese beschwörenden Anrufungen sind die Antworten der drei Freunde: schwacher Trost, immer heftigerer Vorwurf, schließlich Hohn. In der ersten Rede verflucht Hiob den Tag, an dem er geboren wurde: »*Warum verstarb im Leib ich nicht, / kam aus dem Schoß ich nicht und schied?*« (Ü: F. Stier) Was wäre ihm alles erspart geblieben, wäre er verscharrt worden »*wie Kinder, die das Licht nicht sahen*«. Der erste Freund, Eliphaz, erinnert ihn, zunächst noch vorsichtig mahnend, daran, wie gerade er früher Strauchelnde mit seinem Wort aufgerichtet habe, »*doch trifft's dich selber, bist entsetzt!*« – »*Heil dem Menschen, den Gott züchtigt!*« – sicher sind das die gleichen Worte, die der starke und glückliche Hiob zu gebrauchen pflegte, und auch jetzt würde er gern noch an ihre Wahrheit glauben. Deshalb fleht er die Freunde an: »*Was ich fehlte, macht mir klar!*« Was sie bisher vorbrachten, betraf ihn ja gar nicht, denn »*noch bin ich hierin im Recht!*«

Im Recht – hier taucht das Wort, das der eigentliche Angelpunkt des Hiob-Gedichts ist, zum erstenmal auf, zunächst scheinbar folgenlos, sofort wieder untergehend im Strom des Klagens, in denen Hiob sich jetzt direkt an Gott wendet: warum dieser Aufwand, mit dem er den wehrlosen Mann verfolgt? »*Bin ich das Meer, das Ungetüm, / daß wider mich du Wache stellst?*« Bildad, der zweite Freund, protestiert, nun schon zorniger, nimmt das Wort »Recht« auf: beugt Gott etwa das Recht? Nicht sein Recht hat der Mensch vom Herrn zu verlangen, um Gnade muß er flehen, so haben die Väter es gelehrt. Hiobs Antwort ist verzweifelter Hohn: »*Fürwahr, ich weiß; So ists! / wie wär ein Mensch bei Gott gerecht?*« Daß Gott der Stärkere ist, kann niemand leugnen: »*Wenn's gilt des Starken Krafter ist's, / – wenn's gilt das Recht – wer lädt mich vor? / Wenn ich im Recht, sein Mund spräch mich schuld, / wenn ohne Schuld, er böge doch mich krumm.*« Der Kläger Hiob, eben noch darauf beharrend, daß »im Recht« sei, hat inzwischen erkannt, daß ihm das nicht das mindeste nützt; hier, am Scheitelpunkt seiner dritten Rede, ist er zum Bewußtsein seines tiefsten Elends gekommen: »*Schuldlos wie schuldig, allbeid er tilgt.*« Dieser entsetzliche Gott, an dem er nicht zweifelt, will – grundlos – sein Verderben. Aber warum schuf er den Menschen, wenn er ihn doch nur vernichten will? »*Behagt's dir, daß Gewalt du übst, / verwirfst das Mühwerk deiner Hände, / doch leuchtest zu der Bösen Plan?*« Das ist eine ungeheuerliche Herausforderung, und sie wird vom dritten Freund mit nun nicht mehr gezügelter Empörung zurückgewiesen: »*Wird dem Großsprech nicht entgegnet? / Soll der Maulheld Recht behalten?*« Doch auch Zophar fällt nichts anderes ein, als den Elenden nochmals auf seine sicherlich vorhandene Schuld und die Unergründlichkeit des göttlichen Willens hinzuweisen. Hiob beginnt seine vierte Rede mit bitterer Ironie: »*Wahrhaftig, ihr seid ohnegleichen, / mit euch die Weisheit stirbt! / Ich habe soviel Verstand wie ihr, / wer wüßte nicht, daß dies die Hand Jahwes getan?*« Aufs äußerste gereizt, führt er Beispiel um Beispiel dafür an, wessen alles dieser Gott fähig ist, grauenhafte Taten der Wil.kür dessen, der »*gießt Verachtung auf die Edlen, / löst den Gurt der Starken*«. Und geradezu drohend beschließt er die Aufzählung: »*Dies alles hat mein Aug gesehn, / mein Ohr gehört und sich's gemerkt!*« Was die Freunde wissen, weiß er auch, doch »*mit Gott zu rechten ich begehr. / Ihr aber seid Quacksalber, Schwindelärzte allesamt.*« Aber er wird jetzt reden, seinen Rechtsbeweis antreten, mag kommen, was mag: »*Ich weiß, ich kriege Recht!*« Wiederum wendet er sich jetzt an Gott direkt: »*Ruf, so will ich Rede stehn, / oder – ich red, du entgegne!*« Und noch einmal bestürmt er ihn mit schier endloser Klage über das Schicksal, das er dem Menschen bereitet, der nichts weiß als dies: »*Sein Fleisch in Weh, / seine Seel in Trauer!*« Auf die Maßlosigkeit dieser Anklage können die Freunde nur noch mit dem Wort »Frevel« antworten. Eliphaz wirft ihm den schlimmsten vor, den es gibt: »*Du gar brichst die Gottesfurcht!*« Und sogleich führt er ihm wortreich das Schicksal der Frevler vor Augen, »*die ihr Lebtag in Angst sind*«. Hiob wehrt in seiner fünften Rede nur noch müde ab, erkennt sogar: »*Auch ich möchte reden wie ihr, / wär meine Seel an eurer Statt.*« Bei den Menschen wird er keine Hilfe finden, zu ihrem Gespött geworden, kann er nur noch auf einen Bürgen hoffen: Gott selbst. Von Bildad noch einmal auf das Schicksal, das dem Frevler droht, hingewiesen, fleht er die Freunde in seiner sechsten Rede an: »*Warum verfolgt ihr mich wie Gott / und werdet meines Fleisches nicht satt?*« Sie selber machen sich eines des Schwertes würdigen Vergehens schuldig, wenn sie in ihm »*die Wurzel der Sache*« suchen. Er aber weiß: »*Mein Löser lebt, / steht auf als Letzter überm Staub. / Und dann mein Richter sich aufrichtet, / meinen Zeugen schau ich: Gott!*« Wiederum darauf hingewiesen, daß sein Unglück »*des Schuldigen Teil von Gott, / das Erbe des von Gott Verfluchten*« sei, setzt Hiob in seiner siebten Rede zu einer machtvollen Widerlegung dieser These an, indem er die Frage zur Debatte stellt: »*Warum bleiben Schuldige leben, / altern sie, erstarken gar an Kraft?*« Und er zieht das Fazit: »*Wie tröstet ihr mit Schwindel mich, / eure Antworten bleiben Betrug!*«

Die nächste Freundesrede läßt zum erstenmal Unsicherheit erkennen. Eliphaz wirft Hiob Sünden vor, die dieser, wie die Freunde wissen müssen, nie begangen hat. Und noch einmal versucht er, Hiobs Nachweis der Ungerechtigkeit des göttlichen Verhaltens gegenüber dem Schuldigen den Beweis der göttlichen Wohltaten an dem Gerechten entgegenzuhalten. In seiner achten Rede verzichtet Hiob darauf, überhaupt auf diese Argumente einzugehen. Er sucht jetzt nur noch nach dem einzigen Ankläger, den er ernst nehmen könnte: Gott. Doch er findet ihn nicht, weder im Osten noch im Westen, weder im Norden noch im Süden. Er ist nach wie vor überzeugt: »*Prüfte er mich, ich ginge wie Gold hervor.*« Doch immer stärker wird er sich seiner Ohnmacht bewußt: »*Gelüstet es ihn* [mich zu vernichten], *so hat er's getan.*« Das Angesicht dieses Gottes nimmt immer mehr Züge an, die ihn erschrecken und ängstigen. Der nächste Teil der Rede verrät, daß es die um Recht und Unrecht sich nicht kümmernde Gewalttätigkeit des Herrn ist, die ihn am meisten beunruhigt. Denn überall entdeckt er, wie furchtbar Unschuldige leiden: »*Doch nicht achtet Gott ihres Flehns.*« Auf einen letzten, kurzen Einwand des dritten Freundes erklärt Hiob mit aller Entschiedenheit noch einmal: »*Fern sei mir, euch recht zu geben, / nicht verzicht ich, bis ich sterb, auf meine Unschuld.*« In einem großen Gedicht über das dreimal wiederholte Motiv »*Die Weisheit – von wo kommt sie her? / Wo ist der Ort des Verstehens?*« schildert Hiob die Unmöglichkeit, zur Weisheit vorzudringen, und bekennt, daß sie allein in der Furcht vor Jahwe bestehen könne. Dann legt er nochmals ausführlich Rechenschaft ab über sein Leben von der Zeit her, »*als Gott mein Gezelte beschirmte*«, bis zu seinem jetzigen Elend, und noch einmal beteuert er seine Unschuld. Er bekräftigt die zahllosen Beweise, die er angeboten hat, mit seinem »Zeichen« – offenbar der in einem Prozeß üblichen eidlichen Aussage. Daß Hiobs Auseinandersetzung mit Gott als ein Rechtsverfahren zu verstehen ist, bestätigt sich in der Reaktion der Verteidiger Gottes auf diesen »Reinigungseid«: die Freunde verzichten auf eine Entgegnung, »*weil er* [Hiob] *gerecht in ihren Augen*«.

So hätte Gott also diesen Prozeß verloren? Eine unerträgliche Schlußfolgerung, die einen vierten Gegner auf den Plan ruft, Elihu, dessen Zorn nicht nur gegen Hiob, sondern auch gegen seine drei Freunde entbrennt, »*darob, daß keine Entgegnung sie fanden und also Gott schuldig sprachen*«. Die drei Reden des Elihu, die nichts wirklich Neues bringen, sondern nur noch einmal bekräftigen, daß Gott das Recht nicht beuge und daß es frevelhaft sei, ihn zum Rechtsstreit herauszufordern, gelten in der neueren Forschung fast allgemein als Einschub von anderer Hand, ja als »*störendes Element*« (Heinz Richter). Ob späterer Einschub oder nicht – Elihus Vorwürfe werden durch die Tatsache, daß Gott sich seinem Herausforderer nun stellt, genauso widerlegt wie die der Freunde, gegen die Jahwes Zorn entbrennt, denn »*ihr spracht gegen mich nichts Gründiges wie mein Knecht Hiob*«. Diesen Worten geht der herrscherliche Anruf voraus, mit dem Jahwe aus dem Wettersturm auf Hiob eindringt, mit einem Sturm auch von Fragen, die das »*Wo warst du, als die Erd ich gegründet?*« immer aufs neue paraphrasieren und durch die Demonstration der Überlegenheit des Allmächtigen den Menschen schließlich zu der demütigen Anerkennung zwingen: »*Ich habe erkannt, daß alles du vermagst / und kein Ersinnen deiner sich wehrt ... Vom Hörensagen ich hörte von dir, / doch jetzt mein Auge dich schaute –.*« Hiob unterwirft sich – nicht dem Richterspruch Jahwes (von Gerechtigkeit ist in dessen ganzer Machtentfaltung nicht ein einziges Mal die Rede), sondern dem Gott, »*ob dem ich schmelze dahin / und stöhn in Staub und Asche*«. Resignation – oder seliges Vergehen in einer Überwältigung, die die Frage nach dem Recht als unangemessen und völlig bedeutungslos erscheinen läßt? Wahrscheinlich wollte der Hiob-Dichter beides bekunden: die Unmöglichkeit, Gott gegenüber je auf ein Recht pochen zu können, und die nur von Überwältigten nachzuvollziehende Erfahrung, daß Unterwerfung unter ein übermenschlich Mächtiges den Menschen von seiner Vorstellung, auf seinem Recht beharren zu müssen, zu befreien vermag. Dieser übermenschlich mächtige Gott verzichtet souverän darauf, unter den Menschen für gerecht zu gelten. Nicht die Freunde hatten recht mit ihrem Geschwätz von der Gerechtigkeit Gottes – Hiob, der wieder und wieder seine Unschuld und damit die Ungerechtigkeit Gottes behauptete, erhält ausdrücklich die Bestätigung, daß er recht von Gott geredet habe.

Der große Dichter, der der Gestalt des »leidenden Gerechten« die endgültige Prägung gab, konnte nicht verhindern, daß sein Geschöpf als der »stille Dulder« zweieinhalb Jahrtausende lang der gleichen Theologie dienen mußte, gegen die dieser Fromme mit der Leidenschaft dessen rebellierte, dem Gott in seiner Wirklichkeit, und das heißt hier: in seiner Ungerechtigkeit, erschienen war. Daß aus einem Volk, das von dem Glauben lebte, mit seinem Herrn einen Vertrag geschlossen zu haben, der beide Partner zu unbedingter Rechtlichkeit verpflichtete, ein Mann aufstehen konnte, der Gott des Vertragsbruchs zieh und damit recht bekam, war eine Ungeheuerlichkeit, der man offenbar nicht anders als durch Verdrängung beizukommen vermochte – ein Phänomen, das noch in unsern Tagen seinen vielleicht erstaunlichsten Niederschlag darin fand, daß ausgerechnet ein großer Psychologe, C. G. Jung, das *Hiob-Buch* als Dokument eines Bewußtseinswandels deutet, der dazu geführt habe, daß der amoralische Gott des AT sich geschlagen geben mußte vor dem Bild des gerechten Gottes, das der zu moralischem Bewußtsein gelangte Mensch ihm vorhielt. Diese Deutung – so bestechend »modern« sie klingt – setzt im Grunde die Argumentation der Freunde Hiobs fort. Denn sie verknüpft Moral- und Gottesvorstellung auf eben jene Weise, die der Hiob-Dichter so hartnäckig bekämpft. Der Gott Hiobs ist die Instanz, vor der die Relativität aller menschlichen Gerechtigkeit evident wird. Der Dichter des *Hiob-Buchs* läuft Sturm gegen die Vergesetzlichung der Beziehung Mensch–Gott und die daraus folgende Vergöttlichung des Gesetzes. Hiobs Gott fordert Anbetung, nicht Rechtfertigung. Er gibt Hiob, nicht den Freunden, recht: von Schuld ist tatsächlich nicht die Rede. Aber auch nicht davon, daß Gott dem Menschen etwas schulde – dies anzunehmen war Hiobs gewaltiger Irrtum. Der Gott, der ihm erscheint, ist der »*Ich bin der ich bin*« des Moses. Aber er ist eine numinose, keine moralische Macht. Er ermächtigt seinen Sohn Satan, seinen treuen Knecht Hiob an den Rand der Vernichtung zu bringen – warum? Um zu demonstrieren, daß die Begegnung mit ihm sich außerhalb der Zone von Gesetz und Recht, von Lohn und Strafe vollzieht. Die Frage, wie denn ein derart amoralischer Gott von seinem Geschöpf moralisches Verhalten verlangen könne, wird nicht gestellt. Gott ist kein Vertragspartner, der den gleichen Bedingungen untersteht, denen der Mensch sich verpflichtet fühlt. Was aber ist er dann? Was veranlaßt Hiob, diesem Gott, der ihn ungerecht schlug, die Treue zu halten? Das Schauen der Göttlichkeit Gottes, das überwältigte Vergehen, die Erfahrung der Wirklichkeit des Überwirklichen, die dem *homo religiosus* und dem ihm Geistesverwandten, dem Dichter, vorbehalten ist. Der Mann, dem die Unmöglichkeit aufging, Gott in das System der menschlichen Moral einzubeziehen, war beides. Diesem Glücksfall verdankt es die Menschheit, daß eine Offenbarung, statt wiederum systematisiert und damit dem Zeitgeist unterworfen zu werden, in einer erdichteten Gestalt den Wandel der Zeiten und ihrer relativen Wahrheiten überdauerte und daß das Bild des gerechtfertigten Rebellen, der die Kühnheit besaß zu behaupten, Gerechtigkeit sei keine göttliche, sondern eine menschliche Qualität, von seiner provozierenden Gewalt bis heute nichts verloren hat. G. Ue.

AUSGABEN UND ÜBERSETZUNGEN: Vgl. *Bibel.* – Mchn. 1954 (*Das Buch Ijjob*, Hg. F. Stier; hebr.-dt.; m. Komm.).

LITERATUR:
Kommentare: E. J. Kissane, *The Book of Job*, Dublin 1939; ern. NY 1946. – H. Junker, *Das Buch Job*, Würzburg 1951 (Echter-Bibel). – G. Hölscher, *Das Buch Hiob*, Tübingen ²1952 (HbAT, 17). – J. Steinmann, *Le livre de Job*, Paris 1955. – N. H. Torczyner, *The Book of Job. A New Commentary*, Jerusalem 1957. – F. Horst, *Hiob*, Neukirchen 1960 (Biblischer Kommentar, AT, 16). – G. Fohrer, *Das Buch Hiob*, Gütersloh 1963 (KAT, 16). Weitere Literatur: Eißfeldt, S. 613–636. – LThK, 5, Sp. 977–979. – RGG, 3, Sp. 355–361. – Robert-Feuillet, 1, S. 632–643. – Sellin-Fohrer, S. 352–365. – F. Baumgärtel, *Der Hiobdialog. Aufriß u. Deutung*, Stg./Lpzg. 1933 (BWANT, 61). – J. Lindblom, *La composition du »Livre de Job«*, Lund 1945. – Ch. L. Feinberg, *The Poetic Structure of the »Book of Job« and the Ugaritic Literature* (in Bibliotheca Sacra, 103, 1946, Nr. 411, S. 283–292). – H. W. Hertzberg, *Der Aufbau des »Buches Hiob«* (in *Fs. f. A. Bertholet*, Hg. W. Baumgartner, O. Eißfeldt u. a., Tübingen 1950, S. 233ff.). – C. G. Jung, *Antwort auf Hiob*, Zürich 1952; ³1961. – J. Nougayrol, *Une version ancienne du ›juste souffrant‹* (in RBi., 59, 1952, S. 239–250). – C. Kuhl, *Neuere Literaturkritik des »Buches Hiob«* (in Theologische Rundschau, N. T., 21, 1953, S. 163–205; 257–317). – Ders., *Vom »Hiobbuch« u. seinen Problemen* (ebd., 22, 1954, S. 261–316). – H. Wildberger, *Das Hiobproblem u. seine neueste Deutung* (in Reformatio, 3, 1954, S. 355–363; 439–448). – H. A. Fine, *The Tradition of a Patient Job* (in JBL, 74, 1955, S. 28 bis 32). – P. Humbert, *Le modernisme de Job* (in *Wisdom in Israel and in the Ancient Near East*, Fs. f. H. H. Rowley, Hg. M. Noth u. D. W. Thomas, Leiden 1955, S. 150–161). – H. Möller, *Sinn u. Aufbau des »Buches Hiob«*, Bln. 1955. – G. Fohrer, *Vorgeschichte u. Komposition des »Buches Hiob«* (in Vetus Testamentum, 6, 1956, S. 249–267). – A. Kuschke, *Altbabylonische Texte zum Thema ›der leidende Gerechte‹* (in Theolog. Literaturzeitung, 81, 1956, S. 69–76). – H. Schmökel, *Hiob in Sumer* (in Forschungen u. Fortschritte, 30, 1956, S. 74–76). – C. Westermann, *Der Aufbau des »Buches Hiob«*, Tübingen 1956 (BHTh, 23). – N. M. Sarna, *Epic Structure in the Prose of Job* (in JBL, 76, 1957, S. 13–25). – S. L. Terrien, *Job. Poet of Existence*, Neuchâtel/Paris 1957. – H. Gese, *Lehre u. Wirklichkeit in der alten Weisheit (Studien zu den Sprüchen u. zu dem »Buch Hiob«)*, Tübingen 1958. – H. H. Rowley, *The »Book of Job« and Its Meaning* (in Bulletin of the John Rylands Library, 41, 1958, S. 167–207). – G. Fohrer, *Form u. Funktion in der Hiobdichtung* (in ZDMG, 109, 1959, S. 31–49). – H. Richter, *Studien zu Hiob*, Bln. 1959. – W. G. Lambert, *Babylonian Wisdom Literature*, Oxford 1960, S. 21–62. – P. W. Skehan, *Strophic Patterns in the »Book of Job«* (in Catholic Biblical Quarterly, 23, 1961, 1, S. 125–142). – G. Fohrer, *Studien zum »Buche Hiob«*, Gütersloh 1965.

ANONYM

PSALMEN (hebr.). Alttestamentliche Liedersammlung; Endredaktion 3. Jh. v. Chr. – Die Bezeichnung »Psalmen«, d. h. Lieder zum Saitenspiel oder zum »Psalter«, unter der die Dichtungen den *Lehrbüchern* des *Alten Testaments* zugeordnet sind, erscheint als bestimmende Übersetzung erst in der *Septuaginta*, der griechischen Übersetzung des *AT* (3.–1. Jh. v. Chr.). Der hebräische Text subsumiert die Gedichte unter der Überschrift *Lobgesänge*. Im allgemeinen Sprachgebrauch wird auch der Ausdruck *Psalter* verwendet. – Der größere Teil der Lieder entstand vermutlich in vorexilischer Zeit, also vor 587; einzelne gehen wahrscheinlich auf die Vorkönigszeit, vor das Jahr 1000, zurück; eine kleinere Gruppe ist, wie auch der stärkere Einfluß der *Thora*-Frömmigkeit und der Weisheitsdichtung zeigt, nachexilischer Herkunft.

Die Sammlung stellt nur einen Ausschnitt aus dem reichen Liedbestand des vorchristlichen vorderasiatischen Kulturbereichs dar, und auch im *AT* finden sich Psalmen außerhalb des *Psalters*, so etwa das *Siegeslied des Israeliten am Schilfmeer* (*2. Mos.* 15), das *Deborahlied* (*Richt.* 5), das *Danklied des Hiskia* (*Jes.* 38, 10–20). Der *Psalter* umfaßt 150 Lieder unterschiedlicher Länge, die ohne zwingende Notwendigkeit, vielleicht in Anlehnung an die *Thora*, in fünf Bücher gegliedert sind. Unter dieser Aufteilung und sie durchbrechend lassen sich ältere Zusammenordnungen erkennen, z. B. eine Gruppe von *Davidspsalmen* (4–41) oder den Namen Jahwe fast durchweg durch »Elohim« ersetzende sog. *Elohistische Psalter* (42–83), ein Faktum, das, wie auch das Doppelvorkommen einzelner *Psalmen* (14: 53; 40,4–18: 70 u. a.), auf einen der endgültigen Abfassung und Kanonisierung vorausgegangenen, im einzelnen kaum noch zu erhellenden Sammlungs- und Redaktionsprozeß hinweist. Ungeklärt sind auch Etymologie und Sinndeutung der einzelnen Liedüberschriften, bei denen es sich wohl um später hinzugefügte, die kultische Verwendung der *Psalmen* und ihren musikalischen Vortrag betreffende Anweisungen, vielleicht auch um Registraturvermerke handelt, wie sie aus der akkadischen Kultliteratur bekannt sind. Die in den Überschriften aufgeführten Verfassernamen besagen nichts über die wirklichen Autoren (was nicht völlig ausschließt, daß einige sog. *Psalmen Davids* tatsächlich auf diesen zurückgehen). Erst im Zuge der Kanonisierung, die ursprünglich anonym tradierte Einzeldichtungen und schon bestehende Teilsammlungen zum Lieder- und Gebetbuch der nachexilischen Gemeinde vereinigte, wurde die Zuordnung der *Psalmen* zu bedeutenden Gestalten der israelitischen Geschichte wichtig. Dabei kam David als dem berühmten Sänger und Dichter, vor allem als dem Begründer des Tempelkultes auf dem Berg Zion besondere Bedeutung zu; ihm sind allein 73 *Psalmen* zugeschrieben. In welchem Maße im Prozeß der Kanonisierung die einzelne Dichtung sprachlich der formelhaften gottesdienstlichen Ausdrucksweise angepaßt und so zum Muster für die Gläubigen fixiert wurde, wieweit die Priesterschaft selbst solche poetischen Gebetsformulare für die Frommen schuf, muß dahingestellt bleiben. Sicher ist, daß auch die ursprünglich nicht unmittelbar kultbezogene Individualdichtung niemals in heutigen Sinn privater Natur war; immer verstand sich der einzelne als Teil und Repräsentant des Volkes Israel, dessen religiöser Auserwähltheitsanspruch ihn stärker in Pflicht nahm, als jedes politisch-nationale Interesse es vermocht hätte, derart, daß sein Leben bis in den persönlichsten Bereich ständig in der Auseinandersetzung mit Jahwe, ja geradezu als solche abspielte und Leiden jeder Art zugleich auch immer religiöse Not bedeutete. Das drückt sich in den *Psalmen* unvermittelter aus als in anderen Schriften des *AT* (ausgenommen die *Prophetenbücher* und das *Hiob-Buch*). Denn epische Schilderungen sind hier auf ein Minimum reduziert; sie dienen allenfalls dazu, die Situation zu verdeutlichen und dem eigentlichen Zweck des Gedichts Nachdruck zu verleihen: der Klage in Notlagen, der Bitte um Erhörung und Beistand, dem Dank, dem Lobpreis Jahwes und dem Bekenntnis zu ihm.

So bringen die *Psalmen* auch die Paradoxie des jüdischen Gottesverhältnisses, für das sich nirgends in der damaligen Welt eine Parallele findet, in seiner ganzen Brisanz unmittelbar zur Anschauung. Es ist einerseits ein in den benachbarten Kulturen unbekanntes schroff antithetisches Verhältnis: Es schreibt dem einen Gott eine absolute Machtfülle zu, die den Menschen ihm gegenüber in die Rolle des wehrlosen »Knechtes« verweist; andererseits aber gewährt es dem Gläubigen die Möglichkeit eines Einverständnisses mit Jahwe, das die aktive Teilhabe an der Verwirklichung des göttlichen Heilsplanes nicht nur erlaubt, sondern als einzig bedeutsamen Lebensinhalt fordert. Das Moment, das beide Positionen zueinander in Beziehung setzt, ist die Über-Natürlichkeit Jahwes, eine zu dieser Zeit und in diesem geschichtlichen Raum einzigartige Konzeption: Jahwe wird nicht als Manifestation der Natur erlebt; er ist den kosmisch-terrestrischen Rhythmen des Auf- und Untergehens, der Geburt und des Sterbens entrückt; seine »Ewigkeit« ist nicht zyklischer Art, sondern absolut. Darin gründet seine Überlegenheit über alle anderen Götter, aber auch seine Unverfügbarkeit: Sein Segen kann nicht mit Hilfe magischer Opfer- und Beschwörungsrituale herbeigezogen werden, er entspringt einem freien Gnadenakt. Glaube tritt damit an die Stelle der Magie. Doch ist Jahwe, wie der Begriff der Gnade zeigt, nicht nur ein unbestimmtes Numen. Er greift handelnd in die Geschichte des Volkes Israel ein, mit dem er eine wechselseitig verpflichtende Partnerschaft eingegangen ist, auf die sich etwa Psalm 6 mit naiver List beruft: ...»*Hilf mir um deiner Gnade willen! Denn im Tode gedenkt man deiner nicht: im Totenreich – wer singt da dein Lied?*« Er wirkt als Richter in den ethisch-sozialen Bereich hinein. Die Öffentlichkeit und Faktizität des Hier und Jetzt, nicht die Sphäre privater Innerlichkeit ist der Ort seiner Theophanie, das Kultheiligtum mit der Bundeslade der Brennpunkt, an dem Jahwe sich im prophetischen Priesterwort und Heilsorakel unmittelbar ausspricht. Die eschatologischen Hoffnungen der *Psalmen* richten sich nicht auf eine jenseitige Ewigkeit, sondern auf die irdische Zukunft der Glaubensgemeinschaft Israel, das erwartete Heil ist mit diesseitig verwirklichter endgültiger »Gerechtigkeit« eins. Aus der Überzeugung, daß vor allen Völkern das israelitische zum Vermittler und Träger dieses Heils bestimmt sei, erklären sich die auf den ersten Blick monströsen Ausfälle der Psalmisten gegen die Feinde Israels, die als solche zugleich Gottes Feinde sind, »Frevler«, deren äußere Triumphe über die »Gerechten«, die Bekenner Jahwes, geeignet sind, dessen Allmacht in Frage zu stellen und die Glaubensgewißheit Israels zu verunsichern.

Die Thematik der *Psalmen* steht so im Zeichen einer zweifachen Spannung: der Polarität von Mensch und Gott einerseits, dem Gegensatz von Gerechten und Frevlern andererseits, wobei die Trennungslinie zwischen den beiden zuletzt genannten sich nicht mit den politischen Grenzen des jüdischen Volkes deckt; denn »Feinde«, »Gottesleugner« und »Spötter« gibt es auch innerhalb des eigenen Volkes. Auch ist »Frevler« nicht einfach mit »Sünder« gleichzusetzen. Das grundsätzliche Ja oder Nein zu Jahwe entscheidet darüber, ob der einzelne ein Gerechter genannt werden darf oder nicht. Nur dieser kann, da sich den Geboten Jahwes unterstellt weiß, durch ihre Übertretung zum Sünder werden. Nur er erlebt – dies ist die andere beherrschende Erfahrung, aus der die *Psalmen* ihr Pathos empfangen – die Unzulänglichkeit des Menschen vor dem ethischen Anspruch des Absoluten in aller Bitterkeit. Nur er kennt die Todesangst der »Anfechtung«, des Zweifels an der Gültigkeit des göttlichen Heilsversprechens angesichts der eklatanten Ungerechtigkeit einer Welt, in der dem Frevler Glück und Erfolg beschieden sind, der Gerechte aber unter Krankheit, Not, Verfolgung leidet. Die Psalmisten versuchen nicht, das Problem der Theodizee, das sich aus solchem Widerspruch ergibt, theologisch-philosophisch zu beantworten. Das Leiden wird als Folge der eigenen Sünden erlebend begriffen oder als Kontrastsituation, in der sich Jahwes Heilsmacht um so glorreicher manifestiert. Eine tiefwurzelnde Einsicht in die Unvermeidbarkeit der Sünde, in die Bedrohtheit und Flüchtigkeit der menschlichen Existenz bildet den Hintergrund der Psalmendichtung, der auch noch in den rühmenden Dankliedern, wie etwa *Psalm 23* durchscheint - »*Müßt ich auch wandern im finstern Tal...*«. Aber die Reaktion auf diese Einsicht ist nicht sich selbst genießender Weltschmerz oder Resignation, sondern das triumphale »*Dennoch*« in *Psalm 73*: »*Dennoch ist Gott voll Güte gegen die Frommen...*«, das allen äußeren Tatsachen zum Trotz die Liebe zum Grundprinzip der Weltordnung erklärt.

Mit dieser doppelten Verzweiflung und Zuversicht, zwischen Gottesfurcht und Gottesfreude extrem gespannten Haltung nimmt der *Psalter* eine einzigartige Stellung innerhalb der zeitgenössischen sumerisch-akkadischen, altkanaanäisch-syrischen und ägyptischen Kultpoesie ein, obwohl er, wie Hermann GUNKEL als erster nachgewiesen hat, vielfach deren Formen übernimmt. Ein großer Teil der Lieder entlehnt den Typ des Hymnus mit seiner preisenden Aufzählung der Attribute und Taten Gottes – häufig in dem für das Genre charakteristischen Partizipialstil (der allerdings in Übersetzungen immer deutlich erkennbar ist). Zugleich mit der Form wurden gelegentlich auch inhaltliche Elemente aus der Dichtung der Nachbarländer übernommen und anverwandelt; *Psalm 29*, der in sieben Prädikationen die Gewalt des Donners rühmt, dürfte ein auf Jahwe umgedeutetes Preislied aus dem Kultbereich des syrischen Gewittergottes sein: Verse wie »*du wirst uns auch wieder beleben und aus den Tiefen der Erde empor uns führen*« (*Psalm 71*, 20) klingen an Mythen der Naturreligionen, etwa das Tamuz-Motiv, an, doch macht der Kontext klar, daß hier nur noch metaphorisch gesprochen wird. – Zu den Hymnen gehören auch die *Königspsalmen*, die mit der Fürbitte für den Herrscher, den Stellvertreter und »Sohn« Gottes, seine Rühmung verbinden, die *Wallfahrtslieder*, die meist im Exil entstandenen *Zionslieder* und die *Geschichtspsalmen*, die an Jahwes Heilstaten erinnern, wobei auch, wie in *Psalm 106*, der Verfehlungen Israels, seiner Verstocktheit und seiner Häresien mit Schonungslosigkeit gedacht wird.

Den größten Raum nehmen die individuellen Klage-, Dank- und Vertrauenslieder ein, »*Ich*«-*Psalmen*, die – wie auch die weniger zahlreichen kollektiven – mit der Gattung des Hymnus den dreiteiligen Aufbau (Introitus, Hauptteil, Abgesang) teilen, zuweilen hymnische Elemente aufnehmen oder sich miteinander zu einem einzigen Psalm verbinden, so daß die Klage unvermittelt in den Dank für erfahrene Rettung bzw. die Zuversicht auf Jahwes Hilfe umschlägt oder auch das Danklied rückschauend die überstandene Not in der Art des Klageliedes vergegenwärtigt.

Allen Gattungen gemeinsam ist das auch in den anderen vorderorientalischen Kulturen verbreitete Stilmittel des *parallelismus membrorum*: zwei oder drei Halbverse verbinden sich zu einer Einheit, indem entweder der zweite Versteil die Aussage des ersten neu formuliert – »*Mich umzingeln mächtige Stiere, | Basans Riesenfarren halten mich umringt*« (*22*, 13) –, sie inhaltlich erweitert – »*Ich rief zum Herrn in meiner Not: | da erhörte er mich*« (*120*, 1) – oder ihr einen Kontrastgedanken gegenüberstellt – »*Mag ein Heer sich gegen mich lagern: | mein Herz ist ohne Furcht*« (*27*, 3). Der Alphabetismus, der außerhalb des *Psalters* z. B. für die *Klagelieder des Jeremias* formbestimmend ist, erscheint als dichterisches Ordnungsprinzip in voller Konsequenz nur im zweiundzwanzigstrophigen *Psalm 119*, bei dem die acht Verse jeder Strophe jeweils mit dem gleichen Buchstaben des hebräischen Alphabets beginnen. Ob und nach welchem System der Vers metrisch gegliedert war, läßt sich mit Sicherheit nicht entscheiden, da die Urform der Texte nicht mehr zu ermitteln ist. Die zeitgenössische akkadische, syrische und ägyptische Poesie besitzen metrische Systeme; so ist anzunehmen, daß auch die jüdische den Vers rhythmisch gliederte, etwa, in Anlehnung an die syrische Dichtung, in alternierende trochäische oder jambische Einheiten oder nach einem anapästisch akzentuierenden Schema. Als unmittelbarer Eindruck drängt sich die, hier und da noch archaisch gefärbte, Bildhaftigkeit der Sprache auf. Zwar handelt es sich bei den Metaphern um tradierte formelhafte Prägungen, die den konkreten Anlaß der Klage oder des Dankes völlig verdecken, aber dank ihres Bezuges auf allgemeine sinnliche Erfahrungstatsachen bieten sie sich immer wieder zum erlebenden Nachvollzug an, und auch dem heutigen Leser leuchtet die Vorstellung etwa des dürren Landes, das nach Wasser lechzt (*143*, 6), als Bild der Sehnsucht unmittelbar ein. Daß Gott vor allem unter der Metapher des Felsens, der Burg, des Schildes, des Kämpfers und Löwentöters, aber auch als Hirte und bergender Schatten begriffen wird, zeigt, wie stark das Gefühl des Ausgesetztseins die Psalmisten beherrscht. Als Inbegriff aller Bedrohung und als Symbol der Todesmacht erscheint – ein Hinweis auf die binnenländische Lebensform des Volkes Israel – das Meer im Gegensatz zum Wasser der Quellen und Flüsse als dem Sinnbild der lebenspendenden Gnade Gottes. Für die Tendenz der *Psalmen*, die Wirklichkeit unter extremen Aspekten – abgründiges Leid neben überschwenglicher Freude – darzustellen, die für ihren Tenor insgesamt bestimmend ist, bietet sich die Hyperbel als gemäßes Ausdrucksmittel an: so haben die Feinde, die den Gerechten bedrängen, nichts Geringeres im Sinn, als ihn zu »*zerfleischen*« (*27*, 2), und »*ein offenes Grab ist ihre Kehle*« (*5*, 10). Gerade ihre dramatisch überhöhte Stimmungslage aber, die sich bis in die sprachlichen Details hinein bekundet (in etwa auch in der zwischen Anrede, Ausruf und Schilderung wechselnden Aussageform), läßt nicht zu, daß die *Psalmen* jemals in frommer Erbaulichkeit versanden.

In welchem Maß die *Psalmen*, der schon in vorchristlicher Zeit zu Nachdichtungen anregte (die sog. *Psalmen Salomos* u. a.), selbstverständlicher Bestandteil des allgemeinen Bewußtseins in Israel war, zeigen die ersten Zeugnisse des Christentums: Die *Evangelien* enthalten zahlreiche Psalmenzitate, einige an hochbedeutsamen Stellen (Kreuzesworte). Die Christen fanden keine Schwierigkeiten, ihn geistig in Besitz zu nehmen; sie empfanden ihn von Anfang an als adäquaten Ausdruck ihrer religiösen Erfahrungen und Hoffnungen. Schon im 4. Jh. versuchte Bischof APOLLINARIOS aus Laodikeia beispielsweise, den *Psalter* dem gebildeten Griechentum nahezubringen, indem er ihn vollständig in Hexameter umdichtete.

Einen dauerhafteren Beitrag zur Wirkensgeschichte der *Psalmen* leistete die Kirche, indem sie bei der Ausgestaltung der Liturgie auf die Dichtungen zurückgriff. *Psalmen* oder Psalmfragmente spielen auch in allen für den kirchlichen Gebrauch bestimmten Büchern – Antiphonaren, Gradualen, Vesperalen, Missalen – die Hauptrolle, vor allem im *Brevier*, das vom 15. Jh. an auch in einer für Laien bestimmten Form als *Livre d'heures (Stundenbuch)* oder *Hortulus animae (Seelengärtlein)* existierte und, wie die eben genannten Bücher, häufig Gegenstand exquisiter Illuminationskunst war. Der Gregorianische Choral entwickelte im frühen Mittelalter spezifische Melismen für den Vortrag der *Psalmen* (die rezitativische »Psalmodie«), wie überhaupt die musikalische Produktion innerhalb der Kirche vom *Psalter* starke Impulse empfing, besonders im Zusammenhang mit dem Aufkommen der Polyphonie. Die individualistisch orientierte Renaissance entdeckte in den affektgeladen, hochpoetischen »*Ich*«-*Psalmen* Textgrundlagen für die mehrstimmige Motette, und so geht von Josquin des Prèz über Orlando di Lasso und Monteverdi, Lully und Rameau auf französischem, Schütz, Schein, Bach u. a. auf deutschem Boden ein ununterbrochener Strom von Psalmenvertonungen. Seit dem 19. Jh. wurden auch unmittelbar für den Konzertsaal bestimmte Kompositionen nach Psalmtexten (z. B. von Brahms, Reger, Mendelssohn, Stravinsky) geschaffen. Im Zusammenhang mit der Musik ist ein, wegen seiner Verbreitung in allen sozialen Schichten und auf fast allen Altersstufen, wichtiger Abkömmling des *Psalters* zu nennen: das von der Reformation – als teilweiser Ersatz für die entfallende lateinische Liturgie – eingeführte landessprachliche Kirchenlied (das später auch vom katholischen Gottesdienst übernommen wurde); es ist die gereimte sangbare Paraphrase eines Psalms oder Psalmverses. LUTHER *(Ein feste Burg ist unser Gott...)* und Paul GERHARDT *(O Haupt voll Blut und Wunden...)* sind die genialsten Dichter dieser Gattung, deren Einfluß auf die Bewußtseinsformung ganzer Generationen kaum überschätzt werden kann.

Auf rein literarischem Gebiet hatte sich schon im frühen Mittelalter in Anlehnung an die *Psalmen* als eigenständiges Genre eine reiche, doch fast ausschließlich liturgieverbundene »Psalter«-Dichtung im Dienste der Christus- und Marienverehrung entwickelt. Seit 1500 etwa griff sie auch auf den außerliturgischen Bereich über. Ihre Sprache war das Mittellatein, aber schon seit dem 13. Jh. gab es auch deutsche *Psalter,* die *Mariengrüße*. Der wichtigste Zweig dieser außerkultischen Literatur war, neben den *Marianischen Rosenkränzen,* der *Rhythmische Psalter,* ein mittellateinisches Reimgebet. Seine Beziehung zum alttestamentlichen *Psalter* bestand darin, daß jede seiner 150 Strophen jeweils inhaltlich und lautlich an den entsprechenden biblischen Psalm anknüpfte, ein Regelzwang, der später aufgegeben wurde.

Neben diesen freien Nachschöpfungen existierten gleichfalls schon seit dem frühen Mittelalter Übersetzungen – die früheste bekannte stammt von NOTKER LABEO von St. Gallen (Anfang 11. Jh.) – die z. T. auch für Laien bestimmt waren. Künstlerisch bedeutende Übertragungen brachte allerdings erst die Reformation mit ihrem starken religiösen und ethischen Impetus hervor; die bis heute noch unübertroffene Übersetzung Luthers, der – wie später HERDER, MENDELSSOHN und BUBER – nicht wie üblich von der lateinischen *Vulgata,* sondern vom hebräischen Text ausging. Aus ihr sind eine Fülle von metaphorischen Wendungen (*»auf Herz und Nieren prüfen«* u. a.) und sprichwörtliche Redensarten *(»Wer andern eine Grube gräbt...«)* in die Umgangssprache eingegangen. Für die Reformierte Kirche leistete die Psalmübertragung von Clément MAROT und Theodore BÈZE, der sog. *Hugenottenpsalter,* in England das *Common Prayer Book* Vergleichbares. Bis ins 20. Jh. hinein folgten so viele, oft sehr freie, Verdeutschungen des *Psalters,* daß sie allein schon ein deutliches Bild von den verschiedenen literarischen Geschmacksrichtungen dieses Zeitraums vermitteln. Die Psalmparaphrasen des 17. Jh.s von OPITZ, WECKHERLIN, FLEMING u. a. – verraten die Vorliebe der Zeit für elegante Diktion, sorgfältig geglättete Verse; der Alexandriner ist das bevorzugte Ausdrucksmittel. Das 18. Jh. verwendet unter KLOPSTOCKS Einfluß die antikisierende Form der Ode, allerdings, wie z. B. S. G. LANGE in seinen *Oden Davids,* mit Endreim. Herders Übertragung von 51 *Psalmen,* in freien Rhythmen (in *Geist der Ebräischen Poesie,* 1782/83) wird als erste wieder, seit Luther, dem Geist der alttestamentlichen Dichtung gerecht. Nachdem im 19. Jh. die Zahl der Nachdichtungen und Umdichtungen (vor allem in Form des Kirchenliedes) nicht abgenommen hatte, ihre künstlerische Qualität aber auf den Nullpunkt gesunken war, ging vom Expressionismus ein neuer Impuls für die Auseinandersetzung mit den *Psalmen* aus; Ferdinand BRUCKNER vermochte noch einmal die von keiner Reflexion gebrochene Erlebnisintensität der biblischen Lieder in den freien Rhythmen und unkonventionellen Wortprägungen seiner Übersetzung (1918) einzuholen. Die letzte große Leistung gelang Martin Buber mit seiner für das deutschsprachige Judentum bestimmten Übertragung *Buch der Weisungen* (1927), die unter Verzicht auf glättende Adaption an die Umgangssprache den Text in archaischer Monumentalität wiedererstehen läßt.

Es nimmt nicht wunder, daß im 20. Jh. im Zug der schwindenden Bibelkenntnis nur noch »dezidierte Christen« – um einen Terminus GOETHES abzuwandeln – bewußt auf die *Psalmen* als literarisches Modell zurückgreifen, wie etwa Gertrud von LE FORT in den *Hymnen an die Kirche* (1924), Jochen KLEPPER in seiner Sammlung geistlicher Lieder *Kyrie* (1938) oder R. A. SCHRÖDER in *Lobgesang* (1939) und *Hundert geistliche Gedichte* (1951). Das bedeutet jedoch nicht, daß die *Psalmen* dem konfessionell neutralen oder »atheistischen« Menschen der Gegenwart nichts zu sagen hätten. Die existentielle Grunderfahrung, die sich in ihnen mit ungeschönter Deutlichkeit ausspricht – daß nämlich der Mensch seiner Aufgabe, menschlich zu sein, kaum je gerecht wird –, ist heute die gleiche wie damals, und auch heute noch wird die Einsamkeit des Menschen unter seinesgleichen – »*Niemand fragt nach mir« (Psalm 142)* – als erschreckender Befund konstatiert.   G. He.

AUSGABEN UND ÜBERSETZUNGEN: vgl. *Bibel AT,*

LITERATUR: Kommentare: R. Kittel, *Die Psalmen,* Lpzg. 5–61929 (KAT, 13). – H. Schmidt, *Die Psalmen,* Tübingen 1934 (HbAT, I/15). – E. Podechard, *Le psautier,* 2 Bde., Lyon 1949–1954. – E. J. Kissane, *The Books of Psalms,* 2 Bde., Dublin 1953/54. – F. Nötscher, *Psalmen,* Würzburg ²1959 (Echter-B.). – H.-J. Kraus, *Psalmen,* Neukirchen ²1962 (BK, 15/1, 2). – A. Weiser, *Die Psalmen,* 2 Bde., Göttingen ⁷1966 (ATD, 14/15).

Weitere Literatur: Eißfeldt, S. 599–613. – LThK, 8, Sp. 851–858. – RGG, 5, Sp. 672–688. – Sellin-Fohrer, S. 276–321. – Robert-Feuillet, 1, S. 586 bis 622. – W. Staerk, *Zur Kritik der Psalmenüberschriften* (in ZAW, 12, 1892, S. 91–151). – E. Balla, *Das Ich der Psalmen,* Göttingen 1912 (FRLANT, 16). – S. Mowinckel, *Psalmen-Studien I–VI,* 6 Bde., Kristiania, 1921–1924; ern. Oslo 1961. – F. Stummer, *Sumerisch-akkadische Parallelen zum Aufbau alttestamentlicher Psalmen,* Paderborn 1922. – R. H. Kennett, *The Historical Background of the Psalms* (in *Old Testament Essays,* Ldn. 1927, S. 119–218). – H. Gunkel u. J. Begrich, *Einleitung in die Psalmen,* Göttingen 1933. – B. D. Eerdmans, *Essays on Masoretic Psalms* (in Oudtestamentische Studiën, 1, 1942, S. 105–300). – C. Barth, *Die Errettung vom Tode in den individuellen Klage- u. Dankliedern des AT,* Zollikon 1947. – E. Baumann, *Struktur-Untersuchungen im Psalter* (in ZAW, 61, 1949, S. 114–176; 62, 1950, S. 115–152). – A. Feuillet, *Les psaumes eschatologiques du règne de Yahweh* (in Nouvelle Revue Théologique, 73, 1951, S. 244 bis 260; 352–363). – S. Mowinckel, *Religion u. Kultur,* Göttingen 1953. – C. Westermann, *Struktur u. Geschichte der Klage im AT* (in ZatW, 66, 1954, S. 44–80). – J. J. Stamm, *Ein Vierteljahrhundert Psalmenforschung* (in Theologische Rundschau, N. F. 23, 1955, S. 1–68). – G. v. Rad, *Theologie des ATs,* Bd. 1, Mchn. 1957, S. 352–405; ⁴1962. – R.-J. Tournay, *Recherches sur la chronologie des psaumes* (in RB, 65, 1958, S. 321–357; 66, 1959, S. 161–190). – G. W. Ahlström, *Psalm 89. Eine Liturgie aus dem Ritual der leidenden Könige,* Lund 1959. – R. Press, *Der zeitgeschichtliche Hintergrund der Wallfahrtspsalmen* (in Theolog. Zs.,

15, 1959, S. 401–415). – K. H. Bernhardt, *Das Problem der altorientalischen Königsideologie im AT*, Leiden 1961. – P. Drijvers, *Über die Psalmen. Eine Einführung in Geist u. Gehalt des Psalters*, Freiburg i. B. 1961. – A. Szörenyi, *Psalmen u. Kult im AT. Zur Formengeschichte der Psalmen*, Budapest 1961. – C. Westermann, *Das Loben Gottes in den Psalmen*, Göttingen ²1961. – A. M. Blackman, *The Psalms in the Light of Egyptian Research* (in D. C. Simpson, *The Psalmists*, Oxford 1962, S. 177–197). – G. R. Driver, *The Psalms in the Light of Babylonian Research* (ebd., S. 109–175). – H. Ringgren, *The Faith of the Psalmists*, Ldn. 1963. – L. Delekat, *Probleme der Psalmenüberschriften* (in ZatW, 76, 1964, S. 280–297). – H. Zirker, *Die kultische Vergegenwärtigung der Vergangenheit in den Psalmen*, Bonn 1964. – J. Gotzen, A. Hübner u. E. Tranz, *Psalmendichtung* (in RL²' 3, S. 283–289).

ANONYM

SPRÜCHE SALOMOS (hebr.). Alttestamentliche Sammlung von Sprüchen (hebr. *mislê*; griech. *[LXX] paroimiai*; lat. *[Vulgata] proverbia*), dem König Salomo zugeschrieben. – Das *Sprüchebuch* trägt seinen Namen nach der Überschrift in Kap. 1, V. 1: *Sprüche Salomos, des Sohnes Davids, des Königs von Israel*. Diese von der Tradition Salomo zugeschriebene Sammlung verschiedener Weisheitslehren enthält israelitische wie außerisraelitische Weisheitssprüche aus mehreren Jahrhunderten. Wie schon die Zwischenüberschriften erkennen lassen, ist das Buch aus verschiedenen, unabhängig voneinander entstandenen Spruchsammlungen zusammengestellt worden. Dieses gesammelte Überlieferungsgut repräsentiert – neben den Büchern *Hiob* und *Prediger* – die israelitische Version der altorientalischen Weisheitslehren. Die gnomischen Sprüche und Einzelverse sind wie andere orientalische Weisheitslehren poetisch gestaltet. Sie sind rhythmisch und parallelistisch gegliedert und zeigen eine Vielzahl von paronomastisch-assonantischen Formen.
Inhaltlich bezieht sich die Proverbiensammlung auf alle Lebensbereiche. Im Vordergrund steht nicht die Glaubensaussage, sondern die zum Spruch verdichtete Erfahrungsweisheit. Sie ist vornehmlich diesseitig und rational orientiert; Mensch und Welt sind hier »*eigenständig aufeinander bezogen*« (C.-H. Ratschow). Die Spruchweisheit besitzt eine eminent poetische und praktische Funktion, sie »*bemüht sich um ein sachgemäßes Verständnis des Lebensraumes, in dem sich der Mensch vorfindet*«, sie zeigt einen »*penetranten Willen zur rationalen Auflichtung und Ordnung der Welt*« und bildet demnach »*eine Form der Lebensbemächtigung*« (v. Rad) oder der praktischen Lebensweisheit. In dieser Spruchdichtung wird Erkenntnis nicht systematisiert, sie »*verharrt am Erfahrenen*« (Ratschow) und bleibt stets für jede neue Erkenntnis offen.
Die Weisheit des *Sprüchebuches* umfaßt den natürlichen und den ethischen Lebensbereich in einer eigentümlichen Verklammerung: Weisheit und Sittlichkeit, Torheit und Frevel werden einander gleichgesetzt. Die gemeinsame Gesetzlichkeit, die den natürlichen und den zwischenmenschlichen Bereich miteinander verbindet, gilt als normative Regel. Obwohl das ältere israelitische Spruchgut sicherlich auch bei der Erziehung der königlichen Beamten eine Rolle spielte, sind seine in dieser doppelten Bezogenheit formulierten Erkenntnisse nicht standesgebunden wie etwa die ägyptische Weisheit *(maat)*. Die israelitische Weisheit ist universal, sie wendet sich nicht an das Volk, sondern an das einzelne Individuum. Hinweise auf Nationalinteressen (z. B. die Messiaserwartung) und geschichtliche Beziehungen fehlen in ihr.
Ihre spezifische Ausprägung erhielt die israelitische Weisheit durch den Einfluß des alttestamentlichen Denkens. Die wiederholt angeführte Beziehung zwischen Gottesfurcht und Weisheit läßt den Einfluß der alttestamentlichen Prophetie erkennen. Ebenso finden sich die in den *Prophetenbüchern* auftauchenden universalreligiösen Tendenzen im *Sprüchebuch* wieder. Die Weisheit wird als eine Form göttlicher Offenbarung verstanden. In diesem Zusammenhang besitzt das *Sprüchebuch* auch eine spezielle religiös-didaktische Zielsetzung: Es will bei aller Weltzugewandtheit zu Gottesfurcht und Gerechtigkeit erziehen.
Im einzelnen können im *Sprüchebuch* acht Hauptabschnitte unterschieden werden, die z. T. wieder in sich gegliedert sind und ursprünglich ihre jeweils eigene Entstehungsgeschichte hatten. – Die erste Sammlung (Kap. 1–9) enthält vor allem Weisheitsgedichte, in denen ein Vater seinen Sohn zur rechten Lebensführung ermahnt und ihn vor Trägheit, Bürgschaftsleistungen, Falschheit und Unzucht warnt. Zugleich wird der Wert von Gottesfurcht und Weisheit hervorgehoben. Diese Sammlung ist allmählich aus verschiedenen Einzelteilen entstanden. Formale und inhaltliche Indizien weisen auf die Zeit nach dem Exil, vor allem auf das ausgehende 4. Jh. v. Chr. Mit dem Alter dieser jüngsten Sammlung ist zugleich der früheste Zeitpunkt für die Redaktion des gesamten *Sprüchebuches* gegeben: Sie kann nicht vor dem Ende des 4. Jh.s abgeschlossen worden sein. – Der zweite Abschnitt (10–22,16), der zugleich die zweite große Hauptsammlung darstellt, besteht aus disparaten Einzelsprüchen, die ohne ein logisch gegliedertes Kompositionsschema entweder nach inhaltlichen Analogien oder auch nur nach mnemotechnischen Gesichtspunkten aneinandergereiht sind. Hier werden in jeweils charakteristischen Variationen Verhalten und Schicksal des Weisen und Toren, des Gerechten und Ungerechten, beleuchtet und eine große Anzahl von Mahnungen ausgesprochen, die sich auf das Verhalten dem König gegenüber beziehen, auf die Rechtspflege und auf das Verhältnis zwischen Eltern und Kindern. Der Abschnitt hat es mit dem Leben eines durch den Gegensatz von Reich und Arm gekennzeichneten ackerbauenden Volkes zu tun, in dem die Frau eine hohe Wertschätzung genießt. Ein Grundstock dieser Sammlung dürfte aus vorexilischer Periode stammen, das Ganze ist aber erst in nachexilischer Zeit abgeschlossen worden. – Der dritte Sammlung (22,17 – 24,22) weist Entlehnungen aus dem außerisraelitischen Bereich auf. Der erste Teil ist dem altägyptischen *Weisheitsbuch des Amenemope* entnommen, das zwischen dem 10. und 6. Jh. entstanden sein dürfte. Der zweite Teil (23,13f.) enthält einen Abschnitt, der aus der *Lehre des Achiqar* (VI, 82) stammt. – Einen Anhang der dritten Sammlung bildet der Abschnitt 24,23–34. Es sind dies zeitlose, nicht datierbare Aussagen gegen Parteilichkeit vor Gericht und gegen die Faulheit. – Der Kern des *Sprüchebuches* ist der fünfte Abschnitt (Kap. 25–29). Diese Sammlung enthält in erster Linie einversige Aussagen, die in der Thematik den Sprüchen der zweiten Hauptsammlung

ähneln. Im ersten Teil, der stark naturbezogen ist, finden sich Regeln allgemeiner Lebenserfahrung. Der zweite Teil spiegelt die politischen Umstände wider und enthält vornehmlich Sprüche mit ethisch-religiöser Färbung. Die Mehrzahl dieser Verse stammt aus der national-restaurativen Regierungsperiode Hiskias, also aus der mittleren Königszeit (um 700 v. Chr.). Einige Sätze dürften allerdings auf die Zeit Salomos zurückgehen. – Der Kernsammlung sind drei Anhänge angegliedert. Der erste davon (Kap. 30) enthält überwiegend Zahlensprüche, die Phänomene an der Grenze des menschlichen Erkenntnisbereiches sichtbar werden lassen. Der Text dürfte aus dem israelitisch-kanaanäischen Grenzgebiet stammen. Er bietet keine Anhaltspunkte für eine nähere Bestimmung der Entstehungszeit. – Der zweite Anhang (31,1–9) spricht Warnungen vor dem Umgang mit Frauen und vor Weingenuß aus und fordert zur Hilfeleistung gegenüber den Bedrückten auf. Der dritte Anhang (31,10–31) schließlich bietet als Gegenstück dazu das »Lob der tüchtigen Hausfrau«. Diese Sammlung kann frühestens aus nachexilischer Zeit stammen. H. J. K.

AUSGABEN UND ÜBERSETZUNGEN: Vgl. *Bibel.*

LITERATUR: Kommentare: P. Volz, *Hiob und Weisheit*, Göttingen ²1921 (SAT, 3/2). – H. Ringgren, *Sprüche, Prediger, Das Hohe Lied...*, Göttingen 1962 (ATD, 16; ²1967). – B. Gemser, *Sprüche Salomos*, Tübingen ²1963 (HbAT, I/16). Weitere Literatur: Eißfeldt, S. 636–645. – LThK, 9, Sp. 989/990. – RGG, 6, S. 285–288. – Sellin-Fohrer, S. 346–352. – Robert-Feuillet, 1, S. 624 bis 641. – H. Ranston, *The Old Testament Wisdom Books and Their Teaching*, Ldn. 1930. – G. Kuhn, *Beiträge zur Erklärung des Salomonischen Spruchbuchs*, Stg. 1931. – G. Boström, *Proverbiastudien*, Lund 1935. – C. I. K. Story, *The »Book of Proverbs« and Northwest Semitic Literature* (In JBL, 64, 1945, S. 319–337). – J. W. Gaspar, *Social Ideas in the Wisdom Literature of the Old Testament*, Washington 1947. – H. Ringgren, *World and Wisdom*, Diss. Lund 1947. – P. W. Skehan, *A Single Editor of the Whole »Book of Proverbs«*, Ldn. 1950. – G. v. Rad, *Theologie des AT*, Bd. 1, Mchn. 1957, S. 415ff.; – H. Gese, *Lehre u. Wirklichkeit in der alten Weisheit*, Tübingen 1958. – U. Skladny, *Die ältesten Spruchsammlungen in Israel*, Göttingen 1962. – M. Dahood, *Proverbs and Northwest Semitic Philology*, Rom 1963. – G. v. Rad, *Weisheit in Israel*, Neukirchen 1970.

ANONYM

DER PREDIGER SALOMO (hebr.). Das Buch trägt die Überschrift *Worte Qohelets, des Sohnes Davids, des Königs in Jerusalem.* »Qohelet« *(Septuaginta: ekklēsiastēs;* danach *Vulgata)* ist die Amtsbezeichnung eines (Gemeinde-)Versammlungsleiters oder -redners und dient als Pseudonym für Salomo, den berühmten weisen (1,12f.16) und reichen (2,7.9) König Israels. Der unbekannte »Rhetor« und Weisheitslehrer stellt sein Werk als »Königstestament« dar, eine aus der ägyptischen Literatur bekannte Form weisheitlicher Spruchsammlungen. Die Bezüge zu Salomo treten ab Kap. 3 ganz in den Hintergrund.

Zu Beginn des Buchs erscheint thetisch eine Nichtigkeitsaussage (1,2), die auch den Abschluß markiert (12,8), so daß man darin eine Themaangabe sehen könnte. Das Werk ist allerdings keine weisheitliche Abhandlung, sondern eine lockere Sentenzensammlung, und die Grundthese gibt nur dem pessimistischen, skeptischen Charakter dieser Weisheit Ausdruck. Ein deutlicher Aufbau läßt sich allein im ersten Teil des Buchs nachweisen, wo nach einem Lehrstück über die ewige Gleichheit der Welt im Kreislauf (1,3–11) die Grundthese der Nichtigkeit systematisch auf Werke und Weisheit angewendet wird (1,12–2,26), während ein zweites Lehrstück über den ewigen Wechsel der Zeitpunkte (3,1–15) den Abschluß bildet. Stichwortanreihung verbindet 3,16ff mit 4,1–16, einer Zusammenstellung von Lehren, die den alten Weisheitsanschauungen widersprechen, auf die in 4,17–5,6 Sentenzen gegen die herkömmlichen Kultusanschauungen folgen. In 5,9–6,9 liegt eine kleine Komposition über Besitz und Besitzgier vor. Verschiedene Themen werden in 6,10–9,16 abgehandelt, woran sich in 9,17–10,20 eine Sammlung herkömmlicher Weisheitsregeln, die eigentlich nicht zum Prediger Salomo passen, anschließt. In 11,1 bis 12,7 kommt das Werk mit der Mahnung zu Tätigkeit und Freude, solange noch Zeit ist, zu seinem Abschluß. – Wie einige Hinzufügungen im Stil der »orthodoxen« Weisheitslehre zeigen, ist das Buch überarbeitet worden. Andererseits hat der Verfasser auch alte weisheitliche Traditionselemente mit eingebaut, so daß eine scharfe Scheidung nicht immer möglich ist. Ein erster Epilog (12,9–11) preist den Autor und seine Weisheit, ein zweiter (12,12–14) warnt hingegen vor übermäßigem Grübeln und faßt den Inhalt des Buchs als Mahnung zur Gottesfurcht und Gesetzeserfüllung unter Hinweis auf das zukünftige Gottesgericht im Sinne der Orthodoxie zusammen.

Die an Aramaismen reiche und gelegentlich persische Lehnwörter benützende hebräische Sprache (sicherlich nicht als Übersetzung aus dem Aramäischen oder Phönikischen zu erklären) läßt frühestens eine Ansetzung im 4. Jh. v. Chr. zu. Handschriftenfragmente aus der 4. Höhle von Qumran zeigen, daß es Mitte des 2. Jh.s v. Chr. schon in kanonischer Geltung gestanden haben muß. Jesus Sirach (190 v. Chr.) hat es gekannt und benützt, so daß es spätestens Ende des 3. Jh.s v. Chr. entstanden sein muß. Aus geistesgeschichtlichen Gründen nimmt man gern eine Entstehung in der zweiten Hälfte des 3. Jh.s an, doch ist eine solche in der ersten Hälfte des 3. Jh.s nicht ausgeschlossen. In 4,13–16; 9,13–16; 10, 16f aufgeführte Exempel aus der Geschichte ergeben für die Datierung nichts, da es sich eher um Schulbeispiele als um zeitgenössische Anspielungen handelt. Beziehungen zur ägyptischen und mesopotamischen Weisheit gehen über das bei der Internationalität der altorientalischen Weisheit übliche Maß nicht hinaus. Die Annahme griechischer Einflüsse (THEOGNIS) ist hypothetisch. Das Buch ist höchstwahrscheinlich in Juda verfaßt, wie klimatische (11,4; 12,2) u. a. Bilder zeigen.

Das Weisheitsdenken im *Prediger Salomo* zeigt gegenüber der älteren Weisheitsliteratur Israels einen Strukturwandel, der in einer neuen Bewußtseinslage begründet ist. Das Ich distanziert sich von dem Geschehen, mit dem es verbunden ist, der Mensch empfindet sich nicht nur als einzelner, sondern auch in der Welt Fremder. Mit seinem Tun und Ergehen, einschließlich seines Todes, steht er nicht in einem Ordnungsgefüge, an dem er inneren Anteil hat, und auch im transzendenten Bereich gibt es keinen Ausgleich. Die Welt mit der ewigen Gleichheit im Kreislauf bleibt ihm wesensfremde Natur, und der ewige Wechsel im *kairos* übersteigt seine Einsicht, weil ihm das Weltganze verschlossen bleibt. Gerade aber diese Fremdheit führt den Menschen zur Gottesfurcht. In dieser Gottesfurcht erfährt er das ihm je und je zuteil gewordene Heil nicht als Auswirkung einer Weltordnung, sondern als direktes Geschenk Gottes, das er mit Freuden ergreifen soll. – Das Buch wurde als Lektion für das Laubhüttenfest unter die Fünf Megillot der hebräischen Bibel aufgenommen, und wenn auch später seine Lehre gelegentlich fragwürdig erschien (vgl. *Mischna Jadajim*, 3,5; *Talmudbab.*, Schabbat 30b; *Pesikta* 68 b u. a.), so wurde doch seine Kanonizität nie ernstlich gefährdet.   H. Gs.

AUSGABEN UND ÜBERSETZUNGEN: vgl. *Bibel*.

LITERATUR: Kommentare: G. A. Barton, *The Book of Ecclesiastes*, Edinburgh 1908 (ICC). – A. Allgeier, *Das Buch des Predigers*, Bonn 1925 (HlSAT, 6/2). – K. Galling, *Prediger Salomo*, Tübingen 1940 (HbAT, I/18). – A. Bea, *Liber Ecclesiastae qui ab Hebraeis appellatur Qohelet*, Rom 1950. – R. Gordis, *The Wisdom of Koheleth*, Ldn. 1950; ²1955. – H. W. Hertzberg, *Der Prediger*, Gütersloh ²1963 (KAT, XVII/4). – R. Kroeber, *Der Prediger*, Bln. 1963. – W. Zimmerli, *Prediger*, Göttingen ²1967 (ATD, 16/1). Weitere Literatur: RGG, 5, Sp. 510–514. – Eißfeldt, S. 664–677. – Robert-Feuillet, 1, S. 667–675. – K. Galling, *Kohelet-Studien* (in ZatW, 50, 1932, S. 276–299). – Ders., *Stand u. Aufgabe der Kohelet-Forschung* (in Theologische Rundschau, N. F. 6, 1934, S. 355–373). – W. Zimmerli, *Die Weisheit des Predigers Salomo*, Bln. 1936. – H.-J. Blieffert, *Weltanschauung u. Gottesglaube im Buch Kohelet*, Diss. Rostock 1938. – R. Gordis, *The Wisdom of Ecclesiastes*, NY 1945. – H. L. Ginsberg, *Studies in Koheleth*, NY 1950. – R. Gordis, *Koheleth. The Man and His World*, NY 1951; ²1955. – G. Bertram, *Hebräischer u. griechischer Qohelet* (in ZatW, 64, 1952, S. 26–49). – M. J. Dahood, *Canaanite-Phoenician Influence in Qohelet* (in Bibl, 33, 1952, S. 30–52; 191–221). – K. Galling, *Die Krise der Aufklärung in Israel*, Mainz 1952. – H. L. Ginsberg, *Supplementary Studies in Koheleth* (in Proceedings of the American Acad. for Jewish Research, 21, 1952, S. 35–62). – J. Muilenburg, *A Qohelet Scroll from Qumran* (in Bull. of the American Schools of Oriental Research, 1954, S. 20–28). – H. L. Ginsberg, *The Structure and Contents of the Book of Koheleth* (in VTSuppl., 3, 1955, S. 138–149). – A. Lauha, *Die Krise des religiösen Glaubens bei Kohelet* (ebd., S. 183–191).. – M. J. Dahood, *Qohelet and Recent Discoveries* (in Bibl, 39, 1958, S. 302–318). – R. Gordis, *Qoheleth and Qumran – a Study of Style* (in Bibl, 41, 1960, S. 395–410). – K. Galling, *Das Rätsel der Zeit im Urteil Kohelets* (in ZThK, 58, 1961, S. 1–15). – M. J. Dahood, *Qohelet and Northwest Semitic Philology* (in Bibl, 43, 1962, S. 349–362). – O. Loretz, *Qohelet u. der Alte Orient*, Freiburg i. B. 1964. – E. Pfeiffer, *Die Gottesfurcht im Buche Kohelet* (in *Fs. H. W. Hertzberg*, Hg. H. Graf Reventlow, Göttingen 1965, S. 133–158). – M. J. Dahood, *The Phoenician Background of Qohelet* (in Bibl, 47, 1966, S. 264–282). – F. Ellermeier, *Untersuchungen zum Buche Qohelet*, Herzberg 1967. – H.-P. Müller, *Wie sprach Qohälät von Gott?* (in VT, 18, 1968, S. 507–521).

ANONYM

DAS HOHELIED SALOMOS (hebr.). Seit LUTHER allgemein gebräuchliche Bezeichnung des *Šir ha širim le Šelomo*, d. h. *Lied der Lieder Salomos*; Übersetzung der *Vulgata*: *Canticum canticorum Salomonis*. – Das *Hohelied* ist eine aus einzelnen Sinnabschnitten ohne logische Aufeinanderfolge locker gefügte lyrische Dichtung, in der zwei Liebende einander preisen und beschwören, sich suchen, finden, fliehen und vereinigen. Die Form der Darstellung ist eine Wechselrede, bei der die beiden Partner nie direkt auf die Anrufe und Fragen des andern antworten und in die sich gelegentlich die Stimmen der »Töchter Jerusalems«, vielleicht auch die der Brüder des Mädchens und der Freunde des Geliebten mischen. Während das Mädchen als Geliebte, als Braut und an einer Stelle als Šulamith (d. h. eine aus Šulem Stammende) apostrophiert wird, fehlt bemerkenswerterweise die Bezeichnung Bräutigam unter den Benennungen des Mannes. Die Szenerie ist arkadisch heiter: Obstgärten und Weinberge am Rande der Stadt, das offene Hügelland, wo die beiden ihre Schafe und Ziegen weiden, wo Zedern und Zypressen ihr »grünes Bett« beschatten. Einen wirksamen Gegensatz zu der Grazie der ländlichen Episoden und der berauschten Hochgestimmtheit der gegenseitigen Preisungen bildet eine nächtliche Stadtszene, in der das Mädchen den Geliebten in den dunklen Gassen vergebens sucht und von den Wächtern geschlagen wird. Einen Kontrasteffekt, der die Ungebundenheit und natürliche Schönheit des Hirtenlebens hervorheben soll, beabsichtigt wahrscheinlich auch die im Textzusammenhang sonst unmotivierte Beschreibung der von Schwerbewaffneten eskortierten Prunksänfte Salomos. Denn wenn auch von einem geschlossenen Aufbau der Dichtung nicht die Rede sein kann, so ist doch spürbar eine ordnende Hand, ein Stilwille am Werk. Die einzelnen Teile sind durch refrainartige Verse miteinander verknüpft – »*Mein Geliebter ist mein, und ich bin sein, der unter den Lilien weidet*« –, und indem die letzten Zeilen – »*Flieh, mein Geliebter, und sei wie die Gazelle oder der Junghirsch auf den Balsambergen*« – eine Aufforderung aus dem zweiten Kapitel wieder aufgreifen, führen sie die Dichtung kranzartig zu ihrem Anfang zurück.

An Bilderreichtum übertrifft das *Hohelied* nicht nur alle andern Schriften des AT, sondern auch die Liebeslyrik der Nachbarkulturen. Die Metaphern, die sich besonders in den Beschreibungsliedern in wahren Sturzbächen ergießen, zeigen häufig eine naive Unbekümmertheit um die Angemessenheit der Vergleichselemente, so etwa, wenn die Nase der Geliebten mit einem Turm des Libanon, der nach Damaskus schaut, verglichen wird. Die faktisch-realen Aussagen sind von den metaphorischen nicht klar geschieden: Garten und Weinberg sind Landschaftskulisse und auch Symbol für die Geliebte, zuweilen beides untrennbar in einem. So bleibt die Sprache der Dichtung immer sinnlich-gegenstandsbezogen, direkt und unbefangen in der Darstellung des Erotischen, ohne in Obszönität zu verfallen; Auge und Ohr, Geschmacks-, Tast- und Geruchssinn werden unaufhörlich angesprochen. Nur ein einziges Mal kristallisiert sie zu einer rein gedanklichen Formulierung, die mit düsterer Eindringlichkeit das Grundthema des *Hohenliedes* ausspricht: »*Denn* stark wie der Tod ist die Liebe, hart wie die Unterwelt die Leidenschaft. Ihre Gluten sind Feuersgluten, eine Flamme Jahs.« Viele Metaphern, auch die stilistischen Kunstgriffe der Dichtung – antithetischer oder paralleler Versbau, affekthafte Inversion, synonymische Verdoppelung der Verben – haben in der arabischen und ägyptischen Lyrik Entsprechungen. Aber ein jugendlicher Impetus – »sein trunkener Flug und wiederum seine Kindeseinfalt«, wie HERDER es nennt – geben dem Hohenlied seinen einzigartigen Charakter. In den Noten und Abhandlungen zum Westöstlichen Divan spricht GOETHE von dem Gedicht als »dem Zartesten und Unnachahmlichsten, was uns von Ausdruck leidenschaftlicher, anmutiger Liebe zugekommen« ist.

Nach fast allgemeinem Konsensus liegt im Hohenlied eine von einem einzigen, zweifellos hochbegabten Dichter überarbeitete Sammlung einzelner Lieder und Liedfragmente, im ganzen etwa 25–38, vor, denen das Thema Liebe gemeinsam ist. Aber schon über Zahl und Identität der handelnden und sprechenden Personen gehen die Meinungen auseinander. Zahlreiche Aramäismen, einzelne persische Lehnwörter (für Park, Nußbaum) und ein griechisches (für Tragsessel) lassen vermuten, daß die endgültige Fassung in nachexilischer, hellenistischer Zeit, sicher nicht vor 300 v. Chr., entstand. Dies schließt nicht aus, daß einzelne Lieder oder ihre Vorbilder älter sind. Der Ort der Entstehung dürfte in Jerusalem, für einige Teile im Gebiet des Nordreiches zu suchen sein. Salomo wurde deshalb als Verfasser angesehen, weil er mit seinen 700 Haupt- und 300 Nebenfrauen in Angelegenheiten der Liebe als besonders zuständig galt. Daß in der Antike anonyme Literaturwerke historischen Persönlichkeiten zugeschrieben wurden, ist ein häufig zu beobachtender Vorgang (vgl. *Sprüche Salomos*, *Prediger*, *Hymnoi Homērikoi* – *Homerische Hymnen*). Die Aufnahme in den Kanon der alttestamentlichen Schriften verdankt das Werk dieser Zuschreibung an den nach David populärsten israelitischen König. Das *Hohelied* gehört zu den fünf Megilloth, d. h. den Text-»Rollen« für die jüdischen Hauptfeste. Seine – noch heute übliche – Verwendung als Passahliturgie ist allerdings erst seit dem 8. Jh. sicher belegt. In der Lutherbibel, die der Einteilung der *Septuaginta* und der *Vulgata* folgt, ist es zusammen mit dem *Hiob-Buch*, den *Psalmen*, den *Sprüchen Salomos* und dem *Prediger Salomo* den *Lehrbüchern* zugeordnet. Über die Zeit der Kanonisierung des Textes lassen sich nur Vermutungen anstellen. Die Tatsache, daß die rabbinische Synode von Jamnia (90–100 n. Chr.) seine Kanonizität bestätigte und daß Rabbi AKIBA († ca. 135) es für »hochheilig« erklärte, beweist, daß das *Hohelied* schon vor dieser Zeit in den Kanon aufgenommen worden war. Der Fluch, den der gleiche Rabbi über die aussprach, ›die es »*im Weinhaus* [oder Hochzeitshaus] trällern«, zeigt allerdings, daß die einzelnen Lieder der Dichtung auch nach der Kanonisierung noch bei profanen Anlässen gesungen wurden. Diesem erst nach der Kanonisierung einsetzenden Widerspruch gegen den weltlichen Charakter des Buchs begegnete man mit einer allegorischen Interpretation. Die Liebe zwischen dem Mädchen und seinem Freund wurde als Gleichnis für die Beziehungen zwischen Jahwe und Israel gedeutet. HIPPOLYTOS aus Rom und ORIGENES modifizierten im 3. Jh. die jüdische Allegorese für christliche Bedürfnisse: In der Dichtung soll nun die geistige Vereinigung von Christus und der Kirche, bzw. des Logos und der Seele des Gläubigen, dargestellt sein. Aber schon innerhalb der frühchristlichen Kirche gab es einen Vertreter der »naturalistischen« Erklärung: THEODOROS aus Mopsuestia, dessen Interpretation vom 5. Konzil von Chalkedon (553) allerdings zensiert wurde; und um die Wende des 13./14. Jh.s verfaßte ein unbekannter alemannischer Dichter nach einzelnen Versen des *Hohenlieds* 43 (von HERDER 1778 veröffentlichte) »*Minnelieder Salomos zu Ehren seiner Geliebten*«.

Offiziell blieb bis ins ausgehende 18. Jh. hinein die allegorische Deutung maßgebend. Auch die Reformation hatte hierin keinen Wandel gebracht. LUTHER legte, um *Theuerdank* Kaiser MAXIMILIANS beeinflußt, den Text politisch aus. Seit Herder das *Hohelied* 1778 als Sammlung weltlicher Liebesgedichte in die *Lieder der Liebe* aufgenommen hatte, hörte die allegorische Interpretation der Dichtung im nichtkatholischen Bereich fast völlig auf, ohne daß jedoch im einzelnen Übereinstimmung über den Ursprung und Sinn des Werks erzielt wurde. Das in der katholischen Theologie nach wie vor gültige allegorische Verständnis versuchten in neuerer Zeit vor allem RICCIOTTI und BEA zu rechtfertigen. An sich bestehe keine Notwendigkeit, dem *Hohenlied* eine höhere Deutung zu geben, aber für den katholischen Forscher seien Tradition und kirchliche Lehrentscheidung maßgebend, bemerkt A. MILLER. WETZSTEINS Arbeit über ländliche syrische Hochzeitsbräuche, regte vor allem BUDDE an, nachzuweisen, daß es sich beim Hohenlied um das Textbuch zu einer palästinensischen Hochzeitsfeier handle – mit Paradetanz der Braut, Beschreibungsliedern (in denen die Partner die körperlichen Vorzüge des andern rühmen) und der Königswoche, während deren Braut und Bräutigam als Königin und König gefeiert werden. Von den formgeschichtlichen Auslegungsversuchen vermag am wenigsten die im 19. Jh. von DELITZSCH entwickelte Dramenhypothese zu überzeugen, dagegen kann sich eine Theorie, die den Text auf mythologische Ursprünge – den *hieros gamos* des Tammuz-Ištar-Kultes – zurückführt, auf große Ähnlichkeiten zwischen Motiven und Metaphern des *Hohenliedes* und sumerisch-akkadischen Dichtungen zum Preis der heiligen Götterhochzeit berufen (W. WITTEKINDT, H. SCHMÖKEL). Stilistische Parallelen lassen sich auch zur bukolischen Dichtung THEOKRITS, zu altägyptischer und arabischer Liebeslyrik aufzeigen. *G. He.*

AUSGABEN UND ÜBERSETZUNGEN: Vgl. *Bibel*.

LITERATUR:
Kommentare: A. Miller, *Das Hohe Lied*, Bonn 1927 (HISAT, VI/3). – G. Ricciotti, *Il cantico dei cantici*, Turin 1928. – M. Haller, *Die fünf Megilloth*, Tübingen 1940 (HbAT, I/18). – A. Bea, *Canticum canticorum*, Rom 1953. – H. Ringgren u. V. Helmer, *Das Hohe Lied*, Göttingen 1958 (ATD, XVI/2). – W. Rudolph, *Das Hohe Lied*, Gütersloh 1962 (KAT, XVII/1-3). – G. Gerlemann, *Das Hohe Lied*, Neukirchen 1965 (Biblischer Kommentar, AT, XVIII/1-3).
Weitere Literatur: Eißfeldt, S. 654–663. – RGG, 3, Sp. 428–431. – Robert-Feuillet, 1, S. 644–655. – Sellin-Fohrer, S. 325–330. – J. G. Wetzstein, *Die syrische Dreschtafel* (in Zs. f. Ethnologie, 5, 1873, S. 270–302). – K. Budde, *Was ist das »Hohelied«?* (in PJb, 78, 1894, S. 92–117). – W. Wittekindt, *Das »Hohe Lied« u. seine Beziehungen zum Istarkult,*

Hannover 1925. – F. Horst, *Die Formen des althebräischen Liebesliedes* (in *Orientalistische Studien, Fs. f. E. Littmann*, Hg. R. Paret, Leiden 1935, S. 43–54). – C. Kuhl, *Das »Hohe Lied« u. seine Deutung* (in Theolog. Rundschau, 9, 1937, S. 137 bis 167). – D. Buzy, *La composition littéraire du »Cantique des cantiques«* (in RBi, 49, 1940, S. 147 bis 162). – W. Rudolph, *Das »Hohe Lied« im Kanon* (in ZatW, 59, 1942/43, S. 189–199). – A. Robert, *Le genre littéraire du »Cantique des cantiques«* (in RBi, 52, 1945, S. 192–213). – R. E. Murphy, *The Structure of the »Canticle of Canticles«* (in Catholic Biblical Quarterly, 11, 1949, S. 381 bis 391). – H. H. Rowley, *The Interpretation of the »Song of Songs«* (in H. H. R., *The Servant of the Lord*, Ldn. 1952, S. 187–234; ern. Oxford 1965). – H. Ringgren, *»Hohes Lied« und ›hieros gamos‹* (in ZatW, 65, 1953, S. 300–302). – R. E. Murphy, *Recent Literature on the »Canticle of Canticles«* (in Catholic Biblical Quarterly, 16, 1954, S. 1–11). – H. Schmökel, *Heilige Hochzeit und »Hoheslied«*, Wiesbaden 1956. – S. Segert, *Die Versform des »Hohenlieds«* (in *Charisteria Orientalia, Fs. f. J. Rypka*, Prag 1956, S. 285–299). – D. Lerch, *Zur Geschichte der Auslegung des »Hohenlieds«* (in ZThK, 54, 1957, S. 257–277). – F. Ohly, *Hohelied-Studien. Grundzüge einer Geschichte der Hohelied-Auslegung bis um 1200*, Wiesbaden 1958.

ANONYM

PROPHETENBÜCHER DES ALTEN TESTAMENTS (hebr.). – Soweit die israelitische »Schriftprophetie« des 8.–2. Jh.s v. Chr. die Vorhersage künftiger Ereignisse zum Inhalt hat, ist sie der Höhepunkt einer langen Entwicklung, für die es auch im außerisraelitischen Bereich zahlreiche Parallelen gibt. In nahezu allen Religionen sind bestimmte Praktiken, wie Omina, Leberschau, Inkubationstraum, Totenbefragung, Sterndeutung, Los oder Orakel, nachweisbar, mit deren Hilfe man die nähere oder fernere Zukunft zu erforschen sucht. Sobald dabei nicht eine mechanische Prozedur nach vorherbestimmten Regeln angewandt wird, sondern ein Medium – entsprechend dem jeweiligen Weltbild – die von den Göttern geoffenbarte Entwicklung mitteilt, muß sich der jeweilige Vermittler der göttlichen Absichten (griech. *prophētēs*: Orakeldeuter, Orakelkünder; hebr. *nābi'*) durch eine Berufung legitimieren. Häufig gilt dabei die Ekstase als Ausdruck der überpersönlichen Ergriffenheit (Reisebericht des Ägypters Wen-Amon, ca. 1100 v. Chr.; israelitische Propheten: *1. Sam.* 10,5–16; 19,18–24). Eine vergleichbare Erscheinung findet sich bereits im 18. Jh. v. Chr. im ostsyrischen Mari, wo Propheten dem König die Botschaft ihres Gottes Dagan – allerdings ohne ekstatische Erregung – verkünden. Die unmittelbaren Vorgänger der israelitischen »Schriftpropheten« sind die oft in größerer Zahl an den Jahwe-Heiligtümern und am Königshof »angestellten«, nicht selten miteinander konkurrierenden Kult- und Hofpropheten, deren Aufgabe es war, vor bevorstehendem Unheil zu warnen, dessen Ursache zu ergründen und dem Herrscher künftige Erfolge zu weissagen (*1. Kön.* 22,6–28). Daß auch solche »beamtete« Propheten Kritik an ihrem Auftraggeber übten, zeigt das Beispiel Nathans (*2. Sam.* 12). Durch die den kanaanäischen Baalskult tolerierende dualistische Religionspolitik der Omriden gerieten die Propheten Elia und Elisa im 9. Jh. v. Chr. vollends in Opposition zum Königshaus. Bis zum Ende des 9. Jh.s v. Chr. war die Existenz der beiden Staaten Israel und Juda trotz zahlreicher militärischer Auseinandersetzungen mit dem syrischen und ostjordanischen Nachbarn nie ernstlich bedroht gewesen. Nach dem Credo des Zwölfstämmebundes hatte der nationale Gott Jahwe sein Volk aus der ägyptischen Knechtschaft befreit, es durch die Wüste geführt und ihm den Sieg über die Vorbewohner Palästinas ermöglicht. Unter König David (1004–965 v. Chr.) wurde Israel zur Großmacht, und auch die Spaltung in die beiden Teilreiche (926 v. Chr.) führte nicht zu einer gravierenden politischen Krise. Seit dem 8. Jh. v. Chr. waren die Israeliten und Judäer jedoch nur noch die Objekte der assyrischen, babylonischen, persischen, makedonischen, seleukidischen, ptolemäischen und römischen Weltpolitik. Die Sprüche der in dieser Zeit auftretenden Propheten wurden nicht nur deshalb überliefert und nachträglich zu »Büchern« vereinigt, weil in Zeiten politischer Umwälzungen Aussagen über bevorstehende Ereignisse besondere Aufmerksamkeit erregen. Ihre Bedeutung für die Zeitgenossen und deren Nachkommen bestand vor allem in der Interpretation des politischen Geschehens. Indem die Propheten die militärische Niederlage und die Deportation (vor allem 587 v. Chr., nach der zweiten Eroberung Jerusalems) als Strafgericht Jahwes deuteten und damit den Nationalgott zum Herrn der Völker und der Geschichte erhoben, vermittelten sie den gedemütigten Israeliten den Eindruck, im Zentrum des Weltgeschehens zu stehen. Sie gaben dadurch dem Geschichtsverlauf einen Sinn und bewahrten ihre Landsleute vor dem Zweifel an der Existenz und Macht Jahwes. Damit schufen sie zugleich auch die Voraussetzung für das Überleben der israelitisch-jüdischen Religion und der von ihr bis in die Gegenwart nicht zu trennenden Existenz des jüdischen Volkes.

Der hebräische Kanon kennt drei »große Propheten« (Jesaja, Jeremia, Ezechiel) und zwölf »kleine Propheten« (Hosea, Joel, Amos, Obadja, Jona, Micha, Nahum, Habakuk, Zephania, Haggai, Sacharja, Maleachi). Letztere werden erstmals bei *Jesus Sirach* (49, 10) als literarische Einheit (*Dodekaprophetou – Zwölfprophetenbuch*) erwähnt und im hebräischen Kanon auch als ein Buch gezählt. In der *Lutherbibel* wird das *Buch Daniel* (nach Ezechiel) noch zu den »großen Propheten« gerechnet; der jüdische Kanon stellt es zu den poetischen »Schriften«. Die alttestamentliche Forschung hat erkannt, daß nicht, wie aus der traditionellen Gliederung hervorzugehen scheint, nur sechzehn »Bücher« existieren, sondern mindestens neunzehn, und daß selbst diese wieder zahlreiche sekundäre Zusätze aufweisen. Keines dieser Bücher dürfte in seiner jetzigen Form vom jeweiligen Autor stammen. Die kleinste literarische Einheit ist der einzelne Prophetenspruch, häufig ein Drohspruch mit einer begründenden Scheltrede. Manche Propheten haben wahrscheinlich selbst thematisch zusammengehörige Sprüche zu größeren Kapiteln vereinigt. In vielen Fällen dürfte dies aber die Arbeit ihrer Schüler und Anhänger gewesen sein. Das Verhältnis zwischen spontaner »Offenbarung« und literarischer Gestaltung läßt sich leicht anhand formgeschichtlicher Kriterien erschließen: Neben den für die Prophetie charakteristischen Schelt- und Drohsprüchen sind die oft sekundär hinzugefügten Heilsweissagungen sind zahlreiche in der damaligen Zeit bekannte literarische Gattungen vom Spott- und

Leichenlied, über den Hymnus und die Parabel bis zu Elementen der Gerichtsrede vertreten. Die Sprache ist auch da, wo sie von elementarer Ausdruckskraft ist, noch auf Stil bedacht, pointiert und reflektiert. Nachfolgend werden die einzelnen Prophetenbücher in chronologischer Reihenfolge behandelt.

Amos. – Nach 1,1; 7,14 war Amos ein Vieh- und Maulbeerfeigenzüchter aus der südlich von Jerusalem gelegenen judäischen Ortschaft Tekoa. Aus den angeführten Versen geht nicht hervor, ob er selbst Land und Herden besaß oder für andere Grundbesitzer arbeitete. Sein Auftreten im Nordreich und der Tenor seiner Sozialkritik lassen vermuten, daß er nicht zu den besitzenden Klassen gehörte. Amos lebte in der Regierungszeit Usias (Azarjas) von Juda (784–746) und Jerobeams II. von Israel (786 bis 746). Die außenpolitische Situation jener Zeit wurde durch die assyrische Expansion bestimmt. Im 9. Jh. waren die Assyrer bis in die unmittelbare Nachbarschaft Israels vorgedrungen. 800 v. Chr. hatte Adadnirari III. den Aramäerstaat von Damaskus unterworfen und damit den gefährlichsten politischen Rivalen der beiden israelitischen Staaten ausgeschaltet. Zugleich fiel dadurch aber auch die letzte Barriere gegen die Assyrer. Vor dem Regierungsantritt Tiglatpilesars III. (745) erfolgten jedoch keine nennenswerten weiteren Eroberungen. Jerobeam II. nutzte diese Atempause, um die Grenzen der Davidisch-Salomonischen Zeit wiederherzustellen, unter ihm erlebte das Nordreich eine letzte Blütezeit, von der auch der judäische Staat profitierte. Gleichwohl »*stand die große assyrische Macht doch unheimlich im Hintergrunde, auch wenn man in Israel und Juda nach der um 800 v. Chr. eingetretenen Wendung der Dinge freute und in einer Zeit erneuten Aufstiegs zu leben glaubte*« (Noth). Innenpolitisch verschärften sich im 8. Jh. die sozialen Gegensätze. Durch Handel zu Vermögen gelangte Stadtbewohner und Großgrundbesitzer kauften verschuldete landwirtschaftliche Betriebe auf, ihre Besitzer gerieten häufig in die Schuldknechtschaft.

Die Prophetie des Amos reflektiert sowohl die außenpolitische Bedrohung als auch die sozialen Spannungen. Beide stehen in Wechselbeziehungen zueinander. Die gesellschaftlichen Mißstände liefern die Begründung für das Gericht Jahwes in Gestalt der Verwüstung des Landes und der Deportation seiner Bewohner: Weil in Israel der Arme wegen eines Paars Schuhe verkauft (2,6), der Elende unterdrückt (2,7) und der Geringe zertreten wird (5,11), Gewalttat und Unrecht sich häufen (3,10), man das Recht in Gift und die Gerechtigkeit in Wermut verwandelt (6,12), das Maß kleiner macht, aber die Preise erhöht (8,5), soll Feuer die Paläste verzehren (1,5), wird man die Häuser plündern (3,11), sollen die Israeliten durch das Schwert umkommen (9,1) oder über Damaskus hinaus in die Verbannung geführt werden (5,27; 7,11) und in einem fremden Land sterben (7,17). Da der Wohlstand der Reichen auf der Ausbeutung der Armen beruht (2,8), ist das erkennbare Ressentiment des in einfachen Verhältnissen lebenden Landbewohners gegen den zunehmenden Luxus der Stadtbevölkerung nicht von der allgemeinen Gesellschaftskritik zu trennen. In prägnanter Sprache und drastischen Bildern wird denen, die »*auf dem Damast des Ruhebettes*« sitzen (3,12), in elfenbeinernen Sommerhäusern und Winterhäusern wohnen (3,15), den Weibern, die zu ihren Männern sagen »*Schafft her, daß wir zechen*« (4,2), und denen, »*die da trinken vom feinsten Wein und sich salben mit dem besten Öl*« (6,6) angekündigt, daß man sie und ihre Brut am Tage des Gerichts mit Fleischerhaken aus ihren Palästen zerren werde (4,2).

Der Inhalt der Prophetensprüche bestimmt auch ihre Form. Es dominiert die Schelt- und Drohrede. Sie wird durch die Sozialkritik begründet. Die Verheißungen am Schluß des Buches (9,11–15) »*Rosen und Lavendel statt Blut und Eisen*« (Wellhausen) – gelten allgemein als nachexilischer Zusatz.

Hosea (Osee). – Der einzige überlieferte »Schriftprophet« des Nordreiches war ein wenig jüngerer Zeitgenosse des Amos. Er erlebte noch den syrischephraimitischen Krieg von 734/33 (5,8–6,6). Das zentrale Thema seiner Sprüche ist der Abfall der Israeliten von der alleinigen Verehrung Jahwes zu den Kulten der kanaanäischen Baalsreligion. Diese eng mit der bäuerlichen Kultur verbundenen Kulte traten in dem Augenblick in Konkurrenz zur Jahwereligion, in dem die Israeliten um 1200 v. Chr. von der halbnomadischen Lebensweise zur Seßhaftigkeit übergingen und selbst zu Bauern und Viehzüchtern wurden. Ihre bis ins 6. Jh. v. Chr. nachweisbare Anziehungskraft führte dazu, daß in Israel während dieser Zeit *de facto* eine polytheistische Religionsform praktiziert wurde. Hoseas Kritik an dieser Praxis wurde weitgehend von seiner eigenen unglücklichen Ehe bestimmt. Nach 1,2 heiratete er auf Geheiß Jahwes eine Dirne. Die Namen seiner drei Kinder »jesreel«, lo-ruhama (»Nichtbegnadet«), lo-ammi (»Nicht-mein-Volk«) sollten den Israeliten das Gericht Jahwes über das abgefallene Volk ankündigen. Die 1,2ff in der Ichform, 1,3ff in der Erform erzählte Ehegeschichte hat zahlreiche voneinander abweichende Interpretationen erfahren. Bis zum 19. Jh. wurde sie vorwiegend als Allegorie gedeutet. Hans SCHMIDT, ROBINSON, FOHRER u. a. nehmen neuerdings an, Hosea habe tatsächlich eine »Tempeldirne« geheiratet, um seinen Landsleuten das treulose Verhalten Israels gegenüber Jahwe zu demonstrieren. Wesentlich plausibler ist jedoch die von BUDDE, WEISER und EISSFELDT vertretene These, nach der Hosea die Untreue seiner Frau erst nachträglich als Gleichnis für den Abfall Israels gedeutet habe. Dieser Abfall wird mit Ehebruch, Unzucht und Hurerei umschrieben, ein Vokabular, zu dem Hosea sicher auch durch den Charakter der kanaanäischen Vegetationsreligion angeregt wurde. Zu ihren legitimen Bestandteilen gehörte der die Fruchtbarkeit des Landes und seiner Bewohner garantierende *hieros gamos* und die davon abgeleitete sog. sakrale Prostitution an den Heiligtümern »Baals« und der weiblichen Gottheiten Aschera, Anat und Astarte. Diese Götter sind die »Buhlen«, denen die Israeliten nachlaufen, ihnen glauben sie Brot und Wasser, Wolle und Flachs, Öl und Getränke zu verdanken (2,5). Der Gegenwart, in der die Israeliten Jahwe die Treue gebrochen haben, stellt Hosea ein idealisiertes Bild der Vergangenheit gegenüber: »*Als Israel jung war*«, gewann Jahwe es lieb (11,1); »*Wie Trauben in der Wüste*« fand er das Volk, aber bei der Einwanderung in das Kulturland weihte es sich »Baal« (9,10). Deshalb will Jahwe Israel noch einmal in die Wüste führen (2,14). Der angekündigte Exodus ist zugleich Gericht und Wiederherstellung des ursprünglichen Heilszustandes. Neben der Rückkehr in die Wüste wird auch eine Zurückführung nach Ägypten angedroht (9,3.6). Konkreter an der historischen Situation orientiert ist der Hinweis auf die bevorstehende

Deportation nach Assur (9,6). Das Schwanken zwischen der Ankündigung eines definitiven Gerichts (13,7-16) und der Aufforderung zur Umkehr sowie die Verheißung erneuten Heils nach erfolgter Buße (6,1-3; 14,1-8) ist weder mit sekundären Erweiterungen des Textes noch allein mit der bei der Tradierung des Textes erfolgten Zerstörung ursprünglicher Zusammenhänge zu erklären. Auch die Annahme einer zeitlichen Entwicklung erscheint nicht stichhaltig. Der Widerspruch liegt offensichtlich in der Mentalität des eher emotionalen und sentimentalen als konsequenten Propheten.

Jesaja (Isaias). – Es gehört zu den gesicherten Erkenntnissen der alttestamentlichen Forschung, daß von den 66 Kapiteln des *Jesajabuches* nur der Grundbestand der Kap. 1-35 dem im 8. Jh. v. Chr. lebenden Jerusalemer Propheten zugeschrieben werden kann. Die an das ursprüngliche *Jesajabuch* angehängte Prophetenlegende (Kap. 36-39) stammt aus *2. Kön.* 18,13-20,19. Die in den Kap. 40-55 gesammelten Sprüche gehen auf einen anonymen Propheten aus dem 6. Jh. v. Chr. zurück, für den sich in der Forschung die Bezeichnung *Deuterojesaja* eingebürgert hat. Verfasserschaft und Entstehungszeit der Kap. 56-66 sind umstritten. Seit DUHM laufen sie unter der Bezeichnung *Tritojesaja*.
Jesaja datiert nach Kap. 6,1 seine Berufung und damit den Beginn seines Auftretens auf das Todesjahr des judäischen Königs Usia (Azarja; 738). Die letzte Stellungnahme zu politischen Ereignissen stammt aus dem Jahr 701. In dem dazwischenliegenden Zeitraum wurde das syrisch-palästinensische Gebiet weitgehend von den Assyrern unterworfen. 740 eroberte Tiglatpilesar III. Nordsyrien, auf dessen Boden er assyrische Reichsprovinzen errichtete. 734/33 unternahmen das Nordreich und der Aramäerstaat von Damaskus den Versuch eines gemeinsamen Widerstandes gegen die Assyrer. Da Ahas von Juda sich weigerte, der Koalition beizutreten, wurde Jerusalem von den Truppen beider Staaten belagert (7,1ff). Ahas unterwarf sich Tiglatpilesar III. und bat um dessen Hilfe, 733 wurde das Nordreich von den Assyrern besiegt und auf den Stadtstaat von Samaria beschränkt. 724 stellte Hosea von Israel die Tributzahlungen erneut ein und nahm Verbindung zu Ägypten auf. Samaria wurde daraufhin von den Assyrern belagert und fiel 722/21. Die Oberschicht wurde deportiert. Nach dem Tode Sargons II. (705) verweigerte Hiskia von Juda den Tribut. An dem Abfall von den Assyrern beteiligte sich diesmal neben den Philisterstädten Askalon und Ekron auch Babylonien. Sanherib unterwarf zunächst Babylonien und belagerte schließlich 701 Jerusalem. Ein ägyptisches Entsatzheer wurde geschlagen, Hiskia mußte sich unterwerfen und hohen Tribut zahlen. Sein Territorium wurde auf das Gebiet von Jerusalem beschränkt.
Wie Amos kritisiert auch Jesaja die gesellschaftlichen Mißstände seiner Zeit (5,8-25). Seine Sprache ist allerdings distanzierter und sublimer. Neben dem sozialen Unrecht provozieren ihn Zivilisationserscheinungen in der judäischen Gesellschaft, die sich in ihren Lebensgewohnheiten zunehmend der altorientalischen Umwelt angepaßt hatte: »*Weil die Töchter Zions hoffärtig sind und im Gehen den Kopf hochtragen und mit den Augen nach der Seite blinzeln, weil sie trippelnd einhergehen und mit ihren Fußspangen klirren, wird Jahwe den Scheitel der Töchter Zions kahl machen, und wird Jahwe ihre Schläfe entblößen. An jenem Tage wird Jahwe die ganze Pracht wegnehmen: die Fußspangen, die Stirnreife und die Möndchen, die Ohrgehänge, die Armketten und die Schleier, die Kopfbunde und die Fußkettchen, die Gürtel, die Riechfläschchen und die Amulette, die Fingerringe und die Nasenringe, die Feierkleider und die Mäntel, die Umschlagtücher und die Taschen, die feinen Zeuge und die Hemden, die Turbane und die Überwürfe. Und statt des Balsamdufts wird Moder sein und statt des Gürtels ein Strick, statt des Haargekräusels eine Glatze, statt des Prunkgewandes der umgegürtete Sack, das Brandmal statt der Schönheit. Deine Männer sollen fallen durch das Schwert, und deine Helden im Kampfe*« (3,16-26).
Im Vordergrund von Jesajas Prophetie steht jedoch die Interpretation der außenpolitischen Ereignisse. Er deutet die Bedrohung der nationalen Existenz Judas durch die Assyrer als Strafe Jahwes und nimmt auch zu den einzelnen Vorgängen Stellung. In seiner Berufungsvision kündigt ihm Jahwe die Verödung der Städte und die Deportation ihrer Bewohner an. Wie bei einer gefällten Eiche oder Terebinthe werde nur ein Stumpf übrigbleiben (6, 11-13). Um dies zu bewirken, wird Jahwe »*dem Volk aus der Ferne ein Panier aufrichten und es herbeilocken vom Ende der Erde und siehe: eilends, schnell kommt es; kein Müder, kein Strauchelnder in ihm, nicht schläft noch schlummert es; keinem geht auf der Gurt seiner Lenden, keinem zerreißt der Riemen seiner Schuhe. Seine Pfeile sind geschärft und alle seine Bogen gespannt; die Hufe seiner Rosse sind wie Kiesel und seine Wagenräder wie der Sturmwind*« (5,26-28). Von dem unaufhaltsamen Vormarsch der damit charakterisierten Assyrer werden nicht nur die Judäer betroffen, Jahwe zürnt allen Völkern. Er hat sie dem Bann geweiht und »*zur Schlachtbank geliefert*« (34,2). Aber die Assyrer sind nur ein Werkzeug in seiner Hand, eine Axt, die sich nicht gegenüber dem rühmen darf, der mit ihr schlägt (10,15). »*Ehe der Morgen kommt, sind sie nicht mehr*« (17,14). Da Jesaja das Gericht Jahwes für unausweichlich hält, rät er bei den jeweiligen Aufstandsversuchen von militärischen Maßnahmen ab. Er warnt – realpolitisch durchaus berechtigt – vor dem Vertrauen auf die Hilfe der Ägypter (30,1-7; 31,1), deren militärische Schwäche er auf eine von Jahwe bewirkte Verwirrung zurückführt. Nach dem Gericht Jahwes wird in Juda nur ein »*Rest*« übrigbleiben (10,16-23). Ob sich aus dieser Vorstellung Schlüsse auf die Echtheit der »messianischen« Weissagungen (9,1-6; 11,1-9) ziehen lassen, muß bezweifelt werden. Sekundär sind sicher die Heilsweissagungen (11,10-16; 14,1-2; 29,16-24; 30, 18-26; 32,1-8), ferner die überwiegende Teil der Fremdvölkersprüche (13-16; 19,16-25; 21; 23) und die Kapitel mit eschatologischem Inhalt (24-27). In diesen sekundären Erweiterungen überwiegt die nationalistische Selbstgefälligkeit. Die politische Katastrophe, von der die Völker des gesamten vorderen Orients betroffen wurden, dient ihren Autoren dazu, alte Ressentiments gegen die Nachbarvölker Israels und Judas abzureagieren: Israel geht aus dem allgemeinen Zusammenbruch als Großmacht hervor (19,24-25). Bei den in diesen Nachträgen auftauchenden Visionen einer heilen utopischen Welt werden paradiesische Urzeitvorstellungen in die Endzeit projiziert.

Micha (Michäas). – Nach 1,1 war der aus dem judäischen Hügelland stammende Prophet ein Zeitgenosse Jesajas. Das nach ihm benannte Buch gliedert sich in Drohsprüche (etwa 1–3), Verheißungen (etwa 4–5; 7,7–20), Droh-, Mahn-, Klage- und Scheltreden (6,1–7,6). Die Echtheit der Verheißungen ist umstritten. Zumindest 2,12–13; 4,1–14; 5,1–8 müssen als nachexilische Zusätze angesehen werden (Eißfeldt). Michas Sozialkritik gilt den Reichen, »*die nach Äckern gieren und sie rauben, nach Häusern und sie wegnehmen*« (2,2), denen, die sich bei der Rechtsprechung bestechen lassen, den Priestern, die gegen Bezahlung Weisungen erteilen und den Propheten, die für Geld wahrsagen (3,11). Ihrethalben hat Jahwe einen Rechtsstreit mit Israel (6,1–5), wird Zion zum Feld umgepflügt, Jerusalem zum Trümmerhaufen und der Tempelberg zur Waldeshöhe (3,12). Falls Kap. 7,7–20 authentisch ist, hat Micha an die Errettung eines Restes geglaubt, dem er eine neue Heilszeit ankündigt.

Zephania (Sophonias). – Der Prophet lebte während der Regierungszeit des judäischen Königs Josia (639–606 v. Chr.). Bei dem von ihm angekündigten Weltgericht (1,2–2,2) werden nicht nur Juda und alle übrigen Völker vernichtet, sondern auch die Tiere: »*Wegraffen will ich alles vom Angesicht der Erde, spricht Jahwe. Wegraffen will ich Menschen und Vieh, wegraffen die Vögel des Himmels und die Fische im Meer. Zu Fall will ich bringen die Gottlosen, ausrotten die Menschen vom Angesicht der Erde, spricht Jahwe*« (1,2–3). Die Drohsprüche über die Philister, Moabiter und Aethiopier (2,4–15), die eschatologischen Erwartungen (3,8–10) und die Heilsweissagungen (3,14–20) sind offensichtlich sekundäre Erweiterungen. Dagegen gilt die eigentlich im Widerspruch zu der in Kap. 1 angekündigten Vernichtung stehende Heilsweissagung für Jerusalem (3,1–13) als authentisch (Eißfeldt). Übrig bleiben wird nach diesen Versen freilich nur »*ein demütiges und geringes Volk*« (3,12). Der zwischen 630 und 625 v. Chr. den nördlichen Vorderen Orient überflutende Skythensturm dürfte den Propheten zu seiner selbst die Sintflutsage übertreffenden Katastrophenvision angeregt haben.

Nahum. – Die Sprüche des Kultpropheten Nahum werden von einem alphabetischen Akrostichon eingeleitet. Der hymnliche Psalm verherrlicht die Macht und Güte Jahwes (1,2–9). Die Verse 2,1.3 (1,12–13) enthalten eine Heilsweissagung für Israel, dessen Erneuerung bevorsteht. In den übrigen Sprüchen der drei Kapitel wird der Fall der assyrischen Hauptstadt Ninive angekündigt. Da die Stadt 612 erobert wurde, dürfte das Buch im gleichen Jahr entstanden sein. Es handelt sich allerdings wohl nicht um *Ex-eventu*-Prophetie, sondern eher um eine dichterische Vorwegnahme der unmittelbar bevorstehenden und sich bereits abzeichnenden Ereignisse.

Habakuk. – Das nach dem Propheten Habakuk benannte Buch beginnt mit einer Klage über das trotz Unrecht, Unheil, Gewalttat, Streit und Hader ausbleibende Eingreifen Jahwes (1,2–4). Darauf folgt als Antwort die Ankündigung Jahwes, »*die Chaldäer, das grausame, ungestüme Volk, das in die Fernen der Erde zieht*« seien »*zum Gericht bestellt und als Boten der Strafe verordnet*« (1,5–11.12) Kap. 1,12–17 enthält eine erneute Klage über die Gott- und Treulosen. Kap. 2,5–20 enthält Weherufe über den »*treulosen Verächter ... der nie genug hat, der seinen gierigen Schlund weit aufsperrt wie die Unterwelt und unersättlich ist wie der Tod, der sich sammelt alle Völker und um sich vereinigt alle Nationen* (2,5). Kap. 3 ist ein Psalm, der in 3–15 eine Epiphanie Jahwes schildert. Die Klage über Unrecht und Gewalttat in 1,2–5; 12–16 erinnert an die großen vorexilischen Propheten, die mit den gleichen Worten Kritik an ihren Landsleuten übten. ROTHSTEIN, HUMBERT und NIELSEN haben den Propheten deshalb auch in der Zeit zwischen 612 und 587 v. Chr. angesetzt und in dem angekündigten Gericht durch die Chaldäer eine Strafaktion Jahwes gegen die Judäer gesehen. Dagegen spricht jedoch, daß es sich bei dem »treulosen Verächter« von 2,5–20, der viele Völker ausgeraubt und vernichtet hat, nicht um eine innerjudäische Gruppe von Gottlosen, sondern nur um die Assyrer handeln kann. Die drei Kapitel des Buches dürften demnach kurz vor 612 v. Chr. entstanden sein. Ihr Verfasser war ein Kult- und Heilsprophet, der seinem Volke die Befreiung von den Assyrern ankündigte.

Jeremia (Jeremias). – Der 626 v. Chr. auftretende Prophet, dessen letzte Sprüche aus dem Jahr 587 v. Chr. stammen, erlebte die völlige Neuordnung der politischen Machtverhältnisse im Vorderen Orient. 612 brach das assyrische Weltreich unter den Angriffen der Chaldäer (Babylonier) und Meder zusammen. Für knapp hundert Jahre ging die Vorherrschaft im Gebiet des »fruchtbaren Halbmondes« an die Babylonier über. In der Schlacht von Karkemisch (605) schlug Nebukadnezar den ägyptischen Pharao Necho und vereitelte dadurch dessen Versuch, Syrien und Palästina seiner Oberhoheit zu unterstellen. Das Königreich Juda wurde ein babylonischer Vasallenstaat. Der judäische König Jojakim fiel jedoch schon nach drei Jahren von Babylonien ab. 598 wurde daraufhin Jerusalem belagert und erobert. Jojakims Nachfolger Jojachin wurde mit seiner Familie und den obersten Beamten nach Babylonien deportiert. An seiner Stelle setzte Nebukadnezar Zedekia als Vasallen ein. Dieser gab 589 entgegen der Warnung Jeremias dem Drängen seiner Ratgeber nach und erhob sich gegen Nebukadnezar. Nach anderthalbjähriger Belagerung fiel Jerusalem (587). Zedekia wurde geblendet und mit seinen Untertanen, bis auf die »*geringen Leute, die nichts hatten*«, in die Gefangenschaft geführt (39,9). Nebukadnezar erlaubte Jeremia, im Lande zu bleiben. Nach der Ermordung des Statthalters Gedalja wurde er jedoch gegen seinen Willen von den die Rache der Babylonier fürchtenden Judäern nach Ägypten verschleppt (42,1–43 7).

Wie Jesaja sieht auch Jeremia in den politischen Ereignissen seiner Zeit ein Strafgericht Jahwes. In der Begründung für den Zorn Jahwes weist er allerdings mehr Berührungspunkte zu Hosea auf. Häufig kritisiert er mit analogen Formulierungen die Verehrung fremder Götter: »*Auf jedem hohen Hügel und unter jedem grünen Baum*« betreiben die Judäer »Ehebruch«, sie hätten mit den kanaanäischen Göttern und haben dabei »*die Stirn einer Dirne*« (2,20; 3,3). »*Wie ein Weib seinem Freund die Treue bricht*«, sind sie Jahwe untreu geworden (3,20). Jeremias Gesellschaftskritik ist weniger an konkreten sozialen Mißständen als an Verstößen gegen allgemeine ethische Normen, wie Ehebruch, Lüge, Meineid, Diebstahl und Mord, orientiert (7,5-6,9). Vor dem Zusammenbruch des judäischen Staates beschwört er seine Landsleute, Recht und Gerechtigkeit zu üben, den Beraubten aus der Hand des Bedrückers zu retten, Fremde, Witwen und Waisen nicht zu unterdrücken (7,5; 18,11; 22,3). Wenn das Volk Buße tut, kann es unter einem König aus dem Hause Davids im Lande wohnen bleiben, andernfalls sollen Jerusalem und die anderen Städte des Landes zur Einöde werden und die Judäer in die Verbannung ziehen (7,6-7; 22,3-6; 25,3-11). Während der Belagerung Jerusalems wurde Jeremia mehrfach inhaftiert und mit dem Tode bedroht, weil er den Fall der Stadt ankündigte und ihre freiwillige Übergabe an Nebukadnezar, den »Knecht« Jahwes forderte (26; 36-38).

Jeremia hat unter seinem Prophetenberuf und der Wirkungslosigkeit seiner Verkündigung nicht nur physisch gelitten. Seine Monologe (11,18-23; 12, 1-6; 15,10-21; 17,12-18; 18,18-23; 20,7-18) zeigen ihn als sensiblen Mann, der mit seinem eigenen Gott hadert und den Tag seiner Geburt verflucht (12,1; 20,14). Für seine Landsleute war er ein Defätist, der die Hände der Krieger lähmte (38,4). Sie widersprachen noch im ägyptischen Exil seiner Deutung der geschichtlichen Ereignisse (44,15-19).

Obadja (Abdias). – Das mit der Überschrift *Gesicht Obadjas* versehene, nur ein Kapitel umfassende Buch enthält Drohungen gegen Edom, den südwestlichen Nachbarstaat Judas. Den Edomitern wird die Ausrottung angekündigt, weil sie schadenfroh zusahen, als Ausländer in Jerusalems Tore eindrangen. Ob es sich bei den Hinweisen auf den »Tag Jahwes«, an dem die verbannten Israeliten zurückkehren und Israel sein Territorium erweitern wird, um sekundäre Zusätze handelt, ist ungewiß. Die Begründung für das Gericht über Edom läßt darauf schließen, daß die Sprüche bald nach 587 v. Chr. entstanden.

Ezechiel. – Die von dem Priester Ezechiel stammenden Prophetensprüche und sonstigen Überlieferungen kennzeichnen den Übergang von der israelitischen Prophetie zur jüdischen Apokalypse. Ezechiel gehörte zu den 598 v. Chr. ins Zweistromland deportierten Judäern. Er lebte während seiner prophetischen Wirksamkeit in der Stadt Tel Abib in der Nähe von Nippur. Seine Sprüche datiert er nach den Jahren seiner Verbannung. Sie stammen demnach aus der Zeit von 593-571 v. Chr. In seiner barocken Berufungsvision (1-3) schildert er die Erscheinung von vier geflügelten Wesen, die je an einer Seite des Kopfes ein Menschengesicht, einen Löwen-, Stier- und Adlerkopf tragen. Über ihnen befand sich ein Thron mit einer Gestalt, »*in der die Herrlichkeit Jahwes erschien*« (1,28). Das Ganze ist mit den Requisiten apokalyptischer Visionen – »*Sturmwind*«, »*Strahlenglanz*« und »*unaufhörliches Feuer*« – umhüllt (1,4). Wie die Berufungsvision sind auch die ihm von Jahwe aufgetragenen symbolischen Handlungen, mit denen er die Aufmerksamkeit seiner Landsleute für seine Botschaft gewinnen soll, etwas absonderlich. Jahwe heißt ihn, sein Brot auf Menschenkot zu backen (4,12-17), sein mit dem Schwert geschorenes Haupt- und Barthaar zu je einem Drittel in den Wind zu streuen, mit dem Schwert zu zerhauen und zu verbrennen (5, 1-4) und durch ein in die Hauswand gebrochenes Loch aus der Stadt auszuwandern (12,1-16).

Vor der zweiten Deportation (587) kündigt er den Fall Jerusalems, die Verödung des Landes, Verbannung und Tod der Bewohner an (1-24). Der Sündenkatalog der Jerusalemer enthält Mord, Unzucht, Bestechung, Zinswucher, Raub, Unterdrückung der Schwachen, Kultvergehen und die Verehrung fremder Götter (22). Neu innerhalb der prophetischen Scheltrede ist der Hinweis auf die kultische Verunreinigung und der Verstoß gegen das Sabbatgebot (20,13,22.26). Der priesterliche Vorliebe für das Heilige steht ein Hosea noch weit übertreffender Sinn für Metaphern aus dem sexuellen Bereich gegenüber. Samaria und Jerusalem sind die Töchter einer Mutter, die schon in Ägypten Unzucht trieben, sich ihre Brüste drücken und ihre Busen betasten ließen (23,2-3). Jerusalem trieb es noch ärger mit ihrer Brunst als Samaria (23,11). »*Sie entbrannte nach ihren Buhler, deren Glieder waren wie Glieder von Eseln und deren Samenerguß wie der Erguß von Hengsten*« (23,20). Neben der kollektiven Verurteilung des gesamten Volkes tauchte bei Ezechiel auch der Gedanke der individuellen Verantwortung auf (18): »*Die Seele, die sündigt, die soll sterben. Ein Sohn soll nicht die Schuld des Vaters, noch ein Vater die Schuld des Sohnes mittragen*« (18,20). Nach der Bestätigung seiner Visionen durch den Fall Jerusalems im Jahr 587 wurde Ezechiel zum Heilspropheten für die Deportierten (34-48). Allerdings wird den Verbannten nicht um ihretwillen die Heimkehr in Aussicht gestellt. Indem man das Volk Jahwes aus seinem Land vertrieb, wurde Jahwes Ansehen unter den Völkern geschädigt. Um seinen großen Namen wieder zu Ansehen zu bringen, wird er die Deportierten »*aus den Völkern herausholen und aus allen Ländern sammeln und heimbringen*« (26,20-24). Die Kap. 40-48 enthalten die Schilderung einer Vision, in der der nach Jerusalem entrückte Prophet den neuen Tempel mit allen baulichen Details schaut und ihm zugleich auch die für den Tempel vorgesehene Kultordnung offenbart wird. Die Drohsprüche gegen die Nachbarstaaten Ammon, Moab, Edom, Tyros, Sidon und Ägypten (25-32; 35) enthalten eine brillante Schilderung der Handels- und Hafenstadt Tyros (27,1-25). Die Tyros und Ägypten angekündigte Niederlage und Verwüstung durch die Babylonier ist nicht eingetroffen.

Deuterojesaja. – Der anonyme Dichter von *Jesaja*, Kap. 40-55 gehörte zu den nach 587 v. Chr. von den Babyloniern in das Zweistromland deportierten Judäern. Die etwa 50 Gedichte seines Werks entstanden in der zweiten Hälfte des 6. Jhs v. Chr. Da Babel und Kyros nur in den Kapiteln 40-48 erwähnt werden, ist anzunehmen, daß diese vor oder unmittelbar nach der Eroberung von Babel im Zweistromland verfaßt wurden, während die Kapitel 49-55 vielleicht erst nach der Heimkehr in Palästina entstanden.

Nachdem der Perserkönig Kyros 550 v. Chr. Medien und 546 Lydien seinem Reich einverleibt hatte, eroberte er 539 Babel. Im folgenden Jahr erließ er ein Edikt, das den deportierten Judäern die Rückkehr in ihre Heimat und die Wiedererrichtung des Jerusalemer Tempels erlaubte (*Esra* 4,6-6,18).

Die hymnische Dichtung Deuterojesajas beginnt dann auch mit der Freudenbotschaft, daß Jerusalems Frondienst beendet ist und ihre Schuld bezahlt sei (40,2), die Gegner Israels zu Spott und Schanden würden (41,11) und Jahwe sich vom Norden einen Mann erweckt habe, der seinen Namen anrufen werde (41,25). Der damit eingeführte Kyros ist der »Hirte« Jahwes, der seinen Willen vollendet, dem Jahwe die Völker unterwirft, der seine Stadt erbauen und die Gefangenen entlassen wird (44, 28–45,13). Neben der Befreiung der Deportierten ist die Macht und Herrlichkeit Jahwes das dominierende Thema der Lieder Deuterojesajas. Ihn preist er als Schöpfer der Natur und Herrn über die Völker, die vor ihm *wie ein Tropfen am Eimer sind* (40,15). Eine besondere Stellung nehmen die vom Leiden des Gottesknechtes handelnden *Ebed-Jahwe-Lieder* ein (40,1–4; 49,1–6; 50,4–9; 52,13–53,12). Die Frage, wer sich hinter der Gestalt des Märtyrers verbirgt, ist auch heute noch nicht entschieden. Ob es sich bei den *Ebed-Jahwe-Liedern* um eine Variante des sumerischen *Tammuz-Mythos* vom leidenden, sterbenden und auferstehenden Gott oder um Aspekte des sakralen Königtums handelt (Engnell, Greßmann), ob Deuterojesaja sein eigenes Schicksal schildert (Mowinckel, Gunkel, Balla, Hans Schmidt, Begrich) oder sein Martyrium von einem seiner Schüler beschrieben wird (Elliger), ein Zeitgenosse Deuterojesajas (Duhm) oder eine Gestalt der israelitischen Geschichte (Sellin) gemeint sei, ist nach wie vor umstritten. Am plausibelsten dürfte aber doch die »kollektivistische« Interpretation sein (North, Rowley, Eißfeldt). Demnach wäre der »*Mann der Schmerzen*« das personifizierte Israel. Von ihm wird 53,4 gesagt: »*Unsere Krankheiten hat er getragen und unsere Schmerzen auf sich geladen, wir aber wähnten, er sei gestraft, von Gott geschlagen und geplagt.*«

Haggai (Aggäus). – Das Auftreten des Kultpropheten Haggai fällt in die Zeit der Thronwirren nach dem Tode des Perserkönigs Kambyses (528–522 v. Chr.), in denen sich sein Nachfolger Darius (521–485 v. Chr.) gegen den Usurpator Gautama behaupten mußte. Haggai interpretiert die Kämpfe um den persischen Thron als Anzeichen für die bevorstehende historische Wende, von der er sich die politische Erneuerung Judas unter einem Herrscher aus dem Geschlecht Davids erhofft. In dem als persischer Statthalter fungierenden Enkel des vorletzten judäischen Königs, Serubabel, sieht er den künftigen König der Juden (2,23). Die gegenwärtige Misere wird mit dem noch nicht begonnenen Wiederaufbau des Jerusalemer Tempels erklärt, zu dessen Errichtung der Prophet seine judäischen Landsleute auffordert (1,2–15). In den im Vergleich zum alten Tempel bescheidenen Neubau werde »*die Kostbarkeiten aller Völker kommen*« (2,7), wenn Jahwe »*den Himmel und die Erde erschüttern und Königsthrone umstürzen*« wird (2,21–22).

Sacharja (Zacharias). – Die von dem auch in *Esra* 5,1; 6,14; *Neh.* 12,16 erwähnten Priestern und Kultpropheten stammenden Überlieferungen *Sach.* 1–8 entstanden wie die Sprüche Haggais im Jahr 520 v. Chr., dem zweiten Regierungsjahr des Darius (*Sach.* 9–14, vgl. *Deuterosacharja*). Sie gliedern sich in eine Aufforderung zur Buße (1,1–6), die in apokalyptischen Bildern beschriebenen acht Nachtgesichte (1,7–6,8), die Anweisung Jahwes, Serubabel zu krönen (6,9–15), eine Abhandlung über das Fasten (7,1–7; 8,18), Sprüche über das rechte Verhalten des Volkes (7,8–14) und Verheißungen einer neuen Heilszeit (8,1–17; 19–23). Wie Haggai sieht auch Sacharja in den persischen Thronwirren die Vorzeichen der nationalen Erneuerung Judas unter dem Davididen Serubabel (nachdem sich die »messianischen« Erwartungen nicht erfüllt hatten, wurde offensichtlich Serubabel in 6,11 durch Josua ersetzt). Die Zeit des 70jährigen Gerichts ist vorüber. Jahwe »*ist voll glühenden Eifers für Jerusalem und den Zion*« und »*voll gewaltigen Zorns wider die trotzigsicheren Völker*«, weil sie, als Jahwe über Juda »*ein wenig erzürnt war*«, zum Unglück seines Volkes beitrugen (1,14–15). Jahwe wird eine feurige Mauer um Jerusalem ziehen (2,5) und auf den Zion zurückkehren, um inmitten Jerusalems zu wohnen (2,10; 8,2–3).

Tritojesaja. – Ob *Jes.* 56–66 von einem einzigen Autor stammt (Duhm, Sellin, Elliger), sich ein sekundär erweiterter Grundbestand nachweisen läßt (Eißfeldt) oder ob es sich bei diesen Kapiteln nur um eine Sammlung disparater anonymer Prophetensprüche handelt (Budde, Volz), die wegen ihrer inhaltlichen oder formalen Analogien an *Jes.* 1–55 angehängt wurden, ist ebenso umstritten wie die zwischen dem 8. und dem 3. Jh. v. Chr. schwankende zeitliche Ansetzung. Daß *Tritojesaja* ein Schüler *Deuterojesajas* war (Sellin, Elliger), ist ebenfalls kaum zu beweisen und auch gegen Eißfeldts These, erhebliche Teile von *Jes.* 56–66 seien von *Deuterojesaja* abhängig, lassen sich gravierende Einwände erheben.
Trotz der fehlenden Zusammenhänge zwischen den einzelnen Partien ist eine Grundkonzeption erkennbar, die dafür spricht, daß die Kapitel im wesentlichen von einem Autor stammen, und obwohl direkte historische Bezüge fehlen, gibt es einige Anhaltspunkte für eine Datierung im letzten Drittel des 6. Jh.s v. Chr. Die Schelt- und Drohreden (56, 9–57,13; 59; 65; 66) enthalten zwar zahlreiche Analogien zur Kritik der vorexilischen Propheten, verweisen aber durch die Erwähnung der kultischen Verstöße (56,2; 65,4) und der Wertschätzung der Proselyten und Eunuchen (56,3) auf die nachexilische Zeit. Vor allem dienen die Scheltreden jetzt nicht mehr zur Begründung des drohenden nationalen Unterganges, sondern zur Erklärung für das Ausbleiben der erwarteten Heilszeit (63,15.19). Die Städte sind verwüstet, das Ansehen der Israeliten ist gering, ihr Geist verzagt (61,1–4). Diesem Tenor entspricht die Situation der aus der Verbannung zurückgekehrten Judäer, deren durch den Fall von Babel und das Kyros-Edikt geweckten Hoffnungen auf eine nationalstaatliche Erneuerung durch die Wirklichkeit sehr rasch ernüchtert wurden. *Tritojesaja* ist also schwerlich ein Schüler *Deuterojesajas*, seine Prophetie ist weit eher eine Reaktion auf die von *Deuterojesaja*, *Haggai* und *Sacharja* angekündigte, aber nicht eingetroffene Heilszeit. Seine eigenen nationalistischen Heilsweissagungen (ca. 60–62; 65–66) sind eine Kompensation der politischen Misere. Da am Ende des 6. Jh.s kein realen Aussichten dafür bestanden, daß Fremde die Mauern der israelitischen Städte aufbauen, die Schätze der

Völker nach Jerusalem gebracht und Könige der unter persischer Oberhoheit stehenden dezimierten jüdischen Kultgemeinde dienen würden (60,10–12), konnte sich der Prophet die ersehnte Großmachtstellung seines Volkes nur durch einen von Jahwe geschaffenen »*neuen Himmel und eine neue Erde*« vorstellen (65,17).

Maleachi (Malachias). – Das hebräische Wort *mal'ākī* (»mein Bote«) ist kein Eigenname, sondern ein mit einem Possessivsuffix versehenes Appellativum. Da man in »*meinem Boten*«, der »*den Weg vor mir bereitet*« von Kap. 3,1 den Propheten vermutete, wurde *mal'ākī* zum Namen des unbekannten Autors der im hebräischen Text in drei, in der *Septuaginta*, *Vulgata* und *Lutherbibel* in vier Kapitel aufgeteilten Prophetensprüche (3,19–24 = 4,1–6). Sie sind in Form von Wechselreden zwischen Jahwe und dem Volk aufgebaut. In ihnen übt der Prophet Kritik an der Mißachtung kultischer Vorschriften (blinde und lahme Opfertiere, verunreinigtes Opferbrot), den Leviten und Mischehen. Das Volk ist skeptisch geworden: »*Es ist umsonst, daß man Gott dient. Was nützt es uns, daß wir seine Ordnung eingehalten haben und daß wir in Trauer einhergegangen sind vor Jahwe der Heerscharen?*« (3,14). Den Gottlosen kündigt der Prophet den Gerichtstag Jahwes an, an dem sie wie Asche unter den Fußsohlen der Frommen sein werden, jene aber »*wie Kälblein aus dem Stalle*« springen werden (3,21–22 des hebräischen Textes).
Da der nachexilische Tempelkult vorausgesetzt wird, die Kultvorschriften der Priesterschrift jedoch noch unbekannt sind, dürfte das Buch in der ersten Hälfte des 5. Jh.s v. Chr. entstanden sein. Ähnlich wie bei den Sprüchen *Tritojesajas* handelt es sich um eine Reflexion über die Gründe für das ausbleibende Heil.

Joel. – Das im hebräischen Kanon in vier, in der *Septuaginta*, *Vulgata* und *Lutherbibel* in drei Kapitel eingeteilte *Buch Joel* enthält keine Angaben über seine Entstehungszeit und die Person des Propheten. Kap. 4,2 setzt die Deportation voraus; die in 4,6 erwähnten Griechen lassen auf das 4.–3. Jh. als Entstehungzeit schließen. Der Kult- und Heilsprophet Joel sieht in einer verheerenden Heuschreckenplage die Vorzeichen des »*Tag Jahwes*«. Er fordert ein »*heiliges Fasten*«. Darauf erbarmt sich Jahwe seines Volkes und vertilgt die von ihm gesandten Heuschrecken (1–2). Die Kap. 3/4 (des hebräischen Textes) beschreiben der bevorstehenden »*Tag Jahwes*«: »*Söhne und Töchter werden weissagen, eure Jünglinge werden Gerichte sehen*« (3,1). Jahwe »*wird Wunderzeichen geben am Himmel und auf Erden, Blut, Feuer und Rauchsäulen*« (3,3). Alle Völker werden im Tal Josaphat versammelt und gerichtet, weil sie Israel unter die Völker verstreuten und die Schätze des Landes plünderten (4,1–6). Jahwe verkauft sie nun den Judäern (4,8). Jerusalem und Juda aber werden ewig bewohnt sein (4,20). Das Buch ist ein Beleg für die im *AT* und auch sonst häufig zu beobachtende Neigung, lokale Katastrophen als Vorzeichen universaler Ereignisse zu deuten. Es besteht deshalb keine Notwendigkeit, die Kapitel 3/4, wie von manchen Forschern angenommen wird, als sekundäre Erweiterungen zu betrachten.

Jona (Jonas). – Das Buch enthält keine Prophetensprüche. Es ist eine Erzählung über einen Propheten Jona ben Amitthai, dem von Jahwe aufgetragen wird, nach der assyrischen Stadt Ninive zu gehen und deren Bewohnern ihrer Bosheit wegen das Gericht anzukündigen. Jona versucht jedoch, sich seinem Auftrag zu entziehen. Er nimmt ein Schiff, um nach Tharsis zu fliehen. Als unterwegs ein Sturm aufkommt, ermitteln die beunruhigten Matrosen Jona durch das Los als den Schuldigen. Er wird ins Meer geworfen und von einem großen Fisch verschlungen. Nach einem Dankgebet des Jonas speit ihn der Fisch ans Land. Nun geht er nach Ninive und kündigt die Zerstörung der Stadt an. Da sich die Bewohner jedoch bekehren, verzichtet Jahwe auf das Strafgericht. Jona ist darüber erbost. Um ihn zu versöhnen, läßt Jahwe eine Rhizinusstaude aufwachsen, die ihm Schatten spendet. Als der Baum bald wieder verdorrt, wünscht sich Jona den Tod, wird aber von Jahwe belehrt, wie ungerecht er sei. Er trauere wegen einer Rhizinusstaude, entrüste sich jedoch darüber, daß Jahwe eine ganze Stadt verschone.
Daß ein Mensch von einem Fisch verschlungen und wieder an Land gespien wird, ist ein weit verbreitetes Märchenmotiv (Perseus). Die Vorstellung, die Bewohner der assyrischen Stadt Ninive hätten sich nach der Predigt eines Jahwepropheten bekehrt, setzt einen naiven Universalismus voraus. Die Legende ist nach 587 entstanden. Sie ist im 2. Jh. v. Chr. bereits bekannt (*Sirach* 49,10; *Tobit* 14,4.8). Obwohl im 8. Jh. v. Chr. ein Prophet Jona ben Amitthai gelebt hat (*2. Könige* 14,25), geht die Legende kaum auf eine Anregung durch ein tatsächliches Geschehen zurück.

Deuterosacharja. – Die Entstehungszeit von *Sach.* 9–14 ist ebenso umstritten, wie die Frage, ob diese Kapitel von einem oder mehreren Verfassern stammen. Die Erwähnung von Assur (10,10–11), des Hauses Joseph bzw. Ephraims und des Hauses Juda (10,6–7) verweist auf die Zeit vor 721 v. Chr. (Berthold für die Kap. 9–11). Andererseits setzt jedoch die 10,6–11 angekündigte Rückkehr der »*unter die Völker*« zerstreuten Israeliten die Deportation voraus. Ob sich das von Tyros errichtete »Bollwerk« (9,3) auf den von Alexander dem Großen 323 v. Chr. bei der Belagerung der Stadt erbauten Damm bezieht (Elliger), ist ebenso wenig beweisen wie die Annahme S<small>ELLINS</small>, bei dem in 12, 10–14 angedeuteten Justizmord handle es sich um die *2. Makk.* 4,32–38 geschilderte Ermordung des Onias im Jahr 170 v. Chr. Sicher ist nur, daß *Sach.* 9–14 – wie fast alle *Prophetenbücher* – in einer Zeit der politisch-militärischen Umwälzung entstand, in der »Israel« bedroht war, der oder die Verfasser jedoch die Errettung ihres Volkes erhofften: »*Alle Völker der Erde werden sich zusammenrotten wider die Stadt*« (12,3). Aber Jahwe wird danach »*trachten, alle Völker, die wider Jerusalem kommen, zu vernichten*« (12,9). »*Der Rest des Volkes wird nicht aus der Stadt ausgerottet*« (14,2). Den Feinden Jerusalems wird Jahwe jedoch »*ihr Fleisch faulen lassen, während sie noch auf den Füßen stehen, faulen werden* *ihre Augen in den Höhlen und faulen wird ihnen die Zunge im Munde«* (14,12).

Eine derartige Wiederaufnahme der schon bei *Ezechiel* (38/39) nachweisbaren Vorstellung von der Vernichtung der Feinde Israels vor den Toren Jerusalems ist am ehesten in den Kämpfen der Makkabäerzeit während des 2. Jh.s v. Chr. denkbar, als die Analogien zur assyrischen Bedrohung zu Anleihen bei den vorexilischen Propheten verleiteten.

Der in 9,9 angekündigte Einzug des messianischen Königs in Jerusalem enthält noch eine philologische Pointe: Die Schilderung wurde von den Evangelisten zur Legitimation des messianischen Charakters auf Jesus von Nazareth übertragen. Dabei verstand allerdings Matthäus den hebräischen *Parallelismus membrorum* nicht mehr. Aus »einem Esel, ... dem Füllen einer Eselin« wurde bei ihm »eine Eselin und ein Füllen«, was Jesus dazu nötigte – wie auch immer – auf zwei Eseln in Jerusalem einzureiten (*Matth.* 21,1–7).

Daniel. – Das teils hebräisch, teils aramäisch geschriebene Buch gehört im hebräischen Kanon nicht zu den prophetischen, sondern zu den poetischen Büchern. Seinem Inhalt nach ist es in der ersten Hälfte eine Legendensammlung (1–6), in der zweiten eine Apokalypse (7–12). Entstehungszeit und Einheit der beiden Teile sind umstritten. Die zeitgeschichtlichen Bezüge in 7–12 lassen vermuten, daß diese Kapitel zwischen 167 und 163 v. Chr. entstanden. Ob dies auch für 1–6 gilt (Rowley) oder die Legenden bereits im 3. oder 4. Jh. v. Chr. verfaßt wurden (Haller, Montgomery, Noth), ist kaum mit ausreichender Sicherheit zu entscheiden.
In den Legenden wird von einem nach Babylonien verschleppten Judäer namens Daniel berichtet, der am Hofe Nebukadnezars durch seine Fähigkeiten als Traumdeuter zu Ansehen gelangt. (1–2). Seine drei Freunde erhalten hohe Verwaltungsämter. Da sie die Verehrung eines Standbildes verweigern, werden sie in einen brennenden Ofen geworfen, aus dem sie jedoch mit Hilfe ihres Gottes unversehrt hervorgehen (3,1–30). In 3,31–4,34 wird erzählt, wie Daniel Nebukadnezar einen später eingetroffenen Traum deutet, der dem König zeitweiligen Wahnsinn ankündigt. Kap. 5 handelt von einem Gastmahl, bei dem der hier als Sohn Nebukadnezars betrachtete Belsazar die Geräte des Jerusalemer Tempels entweiht. Daraufhin schreibt eine Hand *»Mene, Mene, Thekel, Upharsim«* an die Wand. Die geheimnisvolle Schrift wird von Daniel dahingehend gedeutet, daß Gott Belsazars Königtum gezählt und preisgegeben habe. Er selbst sei gewogen und zu leicht befunden worden, sein Reich den Medern und Persern übergeben worden. In derselben Nacht wird Belsazar von Darius ermordet, der Daniel später in eine Löwengrube werfen läßt, als er trotz eines königlichen Verbots sein Gebet verrichtet. Als Daniel am nächsten Morgen noch am Leben ist, erläßt Darius ein Schreiben *»an die Völker aller Nationen und Zungen«*, in dem er ihnen befiehlt, vor dem Gott Daniels zu erzittern und ihn zu fürchten (6).
In den apokalyptischen Weissagungen erscheinen Daniel vier Tiere, die das babylonische, medische, persische und das Alexanderreich bzw. die Diadochenstaaten repräsentieren. Nach ihrem Untergang wird dem *»Menschensohn«* und dem *»Volk*

der Heiligen des Höchsten« die Macht über alle Reiche übertragen (7). In einem zweiten Gesicht erscheint Daniel ein Widder (Persien), der von einem Ziegenbock (Griechenland) besiegt wird. Eines seiner vier Hörner ist das Seleukidenreich, dessen König *»die Heiligen«* bedrücken wird (8). Nach zahlreichen Kämpfen zwischen dem Reich des Nordens und dem Reich des Südens nimmt *die Zeit der Bedrängnis«* ein Ende (11–12).
Die Daniel-Legenden enthalten zahlreiche unzutreffende historische Angaben. So war Belsazar nicht der Sohn und Nachfolger Nebukadnezars, sondern der Sohn Nabonids; Babylonien wurde nicht von Darius, sondern von Kyros erobert etc. Die naiverbaulichen Geschichten dienen dem Ruhm des jüdischen Gottes. Sie wollen zeigen, wie ihn die Großen der Welt fürchten lernten. Obwohl sie in einem bestimmten historischen Rahmen handeln, sind sie keine Schilderungen tatsächlicher Vorgänge. Bei den noch die Sekten der Neuzeit beschäftigenden Weissagungen über die vier Weltreiche handelt es sich weitgehend um *vaticina ex eventu*. Hintergrund und Anlaß für ihre Entstehung ist der Konflikt zwischen Antiochus IV. (175–163 v. Chr.) und der jüdischen Kultgemeinde. Echte Weissagungen sind nur die eschatologischen Erwartungen auf das *»Reich der Heiligen des Höchsten«* – eine Erwartung, die sich nach 2000 Jahren allerdings noch nicht erfüllt hat.

Die israelitischen Propheten sind ebensowenig wie Mose die Schöpfer der monotheistischen Gottesvorstellung. In der allgemeinen Religionsgeschichte ist der Monotheismus erstmalig im 14. Jh. v. Chr. im Aton-Kult des ägyptischen Königs Echenaton nachweisbar. In Israel wird im 10. Jh. v. Chr. erstmals eine monotheistische Konzeption im jahwistischen Geschichtswerk vertreten. Während in dieser *Pentateuch*-Quelle aber die anderen Götter zu Aspekten Jahwes und ihre Kulte vom Jahwekult absorbiert werden, bestreiten *Jeremia* und *Deuterojesaja* – indem sie Kultbild und Gottheit gleichsetzen – die Existenz der Götter.
Die Mehrzahl der prophetischen Heilsweissagungen wurde nachträglich an Drohsprüche gegen das eigene Volk angefügt, um ihre Realisierung oder ihr Fortwirken zu verhindern. Das Motiv für dieses Vorgehen ist offensichtlich der aus der »Primitivreligion« der Magie und dem Märchen bekannte, auf der Gleichsetzung von Wort und Geschehen basierende Glaube an die Automatik des Fluches. (Auf das gleiche Motiv gehen die ebenfalls häufig sekundär hinzugefügten, aber nicht revidierten Drohsprüche gegen die Nachbarvölker zurück.) Trotzdem gibt es von Hosea bis Daniel auch authentische Weissagungen über eine erneute Heilszeit. In ihnen wird die Gestalt des »Messias« (des Gesalbten) zum Heilsbringer. Der »Gesalbte Jahwes« ist ursprünglich nichts weiter als der von Jahwe designierte König von Israel oder Juda. Der Verlust der nationalen Souveränität führte zur Hoffnung auf das Erscheinen eines die frühere Großmachtstellung erneuernden, David vergleichbaren Königs. Bei Anzeichen für eine positive Entwicklung des Geschichtsverlaufs sind die Heilsweissagungen am politischen Geschehen orientiert, je aussichtsloser die Situation ist, desto mehr nehmen sie ihre Zuflucht zu utopischen und eschatologischen Erwartungen. Es ist eine Ironie der Weltgeschichte, daß der letzte bedeutende jüdische Prophet, Jesus von Nazareth, der in seinen authentischen Worten das Kommen des Messias (»Men-

schensohn«) in der dritten Person ankündigte (Mark. 8,38; Matth. 24,27.37.44; Luk. 12,8–9), nach seinem Tod von seinen Anhängern als der erschienene Messias verkündigt wurde. E. Rö.

AUSGABEN UND ÜBERSETZUNGEN: vgl. Bibel, AT.

LITERATUR: Kommentare: E. Greßmann, Die älteste Geschichtsschreibung u. Prophetie Israels, Göttingen ²1921 (SAT, 2/1). – E. Sellin, Das Zwölfprophetenbuch, 2 Bde., Lpzg. ²⁻³1929/30 (KAT, 12). – Th. H. Robinson, Die zwölf Kleinen Propheten. Hosea bis Micha; F. Horst, Die zwölf Kleinen Propheten. Nahum bis Maleachi, Tübingen ²1954 (HbAT, 1/14). – A. Weiser, Das Buch der zwölf kleinen Propheten I. Die Propheten Hosea, Joel, Amos, Obadja, Jona, Micha, Göttingen ⁵1967 (ATD, 24). – K. Elliger, Das Buch der zwölf kleinen Propheten. Die Propheten Nahum, Habakuk, Zephanja, Haggai, Sacharja, Maleachi, Göttingen ⁶1967 (ATD, 25).

Weitere Literatur: Eißfeldt, S. 404–599. – LThK, 8, Sp. 795-798. – RGG, 5, Sp. 613–633. – Robert-Feuillet, 1, S. 465–582. – Sellin-Fohrer, S. 374 bis 527. – H. Gunkel, Schöpfung u. Chaos in Urzeit u. Endzeit, Göttingen 1895. – J. Wellhausen, Prolegomena zur Geschichte Israels, Bln. ⁶1905. – H. Gunkel, Die Propheten, Göttingen 1917. – B. Duhm, Israels Propheten, Tübingen ²1922. – J. Lindblom, Die literarische Gattung der prophetischen Literatur, Uppsala 1924. – N. Micklem, Prophecy and Eschatology, Ldn. 1926. – Th. H. Robinson, Neuere Prophetenforschung (in Theologische Rundschau, 3, 1931, S. 75–103). – A. Jepsen, Nabi, Mchn. 1934. – P. Volz, Die radikale Ablehnung der Kultreligion durch die alttestamentlichen Propheten (in ZsTh, 14, 1937, S. 63–85). – H. Birkeland, Zum hebräischen Traditionswesen, Die Komposition der prophetischen Bücher des AT. Oslo 1938. – A. Guillaume, Prophecy and Divination among the Hebrew and Other Semites, Ldn. 1938. – Th. H. Robinson, Prophecy and the Prophets in Ancient Israel, Ldn. ³1944. – I. P. Seierstad, Die Offenbarungserlebnisse der Propheten Amos, Jesaia, Jeremia, Oslo 1946. – J. Engnell, Profetia och tradition (in Svensk Exegetisk Årsbok, 12, 1947, S. 110–139). – P. Volz, Prophetengestalten des AT, Stg. ²1949. – M. Buber, Der Glaube der Propheten, Zürich 1950 (auch in M. B., Werke, Bd. 2, Mchn./Heidelberg 1964, S. 231ff.). – J. Engnell, Profetismens ursprung och upkomst (in Religion och kultus, 1950, S. 1–18). – A. Scharff u. A. Moortgat, Ägypten u. Vorderasien im Altertum, Mchn. 1950. – G. Fohrer, Neuere Literatur zur alttestamentlichen Prophetie (in Theologische Rundschau, 19, 1951, S. 277–346; 20, 1952, S. 193–271; 295 bis 361). – J. Lindblom, Gibt es eine Eschatologie bei den alttestamentlichen Propheten? (in StTh, 6, 1953, S. 79–114). – A. C. Welch, Prophet and Priest in Old Israel, Oxford ²1953. – M. Noth, Geschichte Israels, Göttingen ²1954. – A. Neher, L'essence du prophétisme, Paris 1955. – H. W. Wolff, Hauptprobleme der alttestamentlichen Prophetie (in Evangelische Theologie, 15, 1955, S. 446–468). – E. Jenni, Die politischen Voraussagen der Propheten, Zürich 1956. – C. Kuhl, Israels Propheten, Mchn. 1956 (Dalp-Tb., 324). – H.-J. Kraus, Die prophetische Verkündigung des Rechts in Israel (in Theol. Studien, Zollikon, 51, 1957). – H. Schmökel,

Geschichte des alten Vorderasien (in HO, Bd. 2/3, Leiden 1957). – E. Balla, Die Botschaft der Propheten, Tübingen 1958. – E. W. Heaton, The Old Testament Prophets, Harmondsworth 1958 (dt.: Die Propheten des AT. Ihre Lehre u. ihre bleibende Bedeutung, Mchn. 1959). – A. H. J. Gunneweg, Mündliche u. schriftliche Tradition der vorexilischen Prophetenbücher als Problem der neueren Prophetenforschung, Göttingen 1959 (FRLANT, 73). – H. W. Wolff, Das Geschichtsverständnis der alttestamentlichen Propheten (in Evangelische Theologie, 20, 1960, S. 218–235). – A. J. Heschel, The Prophets, NY/Evanston 1962. – E. Jenni, Die alttestamentliche Prophetie, Zürich 1962. – J. Lindblom, Prophecy in Ancient Israel, Oxford 1962. – E. Oßwald, Falsche Prophetie im AT, Tübingen 1962. – R. Rendtorf, Erwägungen zur Frühgeschichte des Prophetentums (in ZThK, 59, 1962, S. 145–167). – Tradition u. Situation. Studien zur alttestamentlichen Prophetie. Fs. A. Weiser zum 70. Geb., Hg. E. Würthwein u. O. Kaiser, Göttingen 1963. – S. Herrmann, Die prophetischen Heilserwartungen im AT. Ursprünge u. Gestaltwandel, Stg. 1965. – G. v. Rad, Theologie des AT, Bd. 2, Mchn. ⁴1965. – H. Ringgren, Israels Religion, Stockholm 1965. – J. Scharbert, Die Propheten Israels bis 700 v. Chr., Köln 1965. – G. Fohrer, Studien zur alttestamentlichen Prophetie, Bln. 1967. – J. Scharbert, Die Propheten Israels um 600 v. Chr., Köln 1967. – H. D. Preuss, Jahweglaube u. Zukunftserwartung, Stg. 1968. – W. Zimmerli, Der Mensch u. seine Hoffnung im AT, Göttingen 1968. – G. Fohrer, Geschichte der israelitischen Religion, Bln. 1969.

Zu Amos: Literatur: E. Baumann, Der Aufbau der Amosreden, Gießen 1903 (BZAW, 7). – E. Balla, Die Droh- u. Scheltworte des A., Lpzg. 1926. – A. Weiser, Die Profetie des A., Gießen 1929 (BZAW, 53). – E. Würthwein, A.-Studien (in ZatW, 62, 1950, S. 105–2). – J. D. Watts, Vision and Prophecy in A., Leiden 1958. – H. v. Reventlow, Das Amt des Propheten bei A., Göttingen 1962.

Zu Hosea: Kommentare: H. W. Wolff, Dodekapropheton. Hosea, Neukirchen 1961 (BK, 14). – J. Wellhausen, Die kleinen Propheten, Bln. ⁴1963. Literatur: K. Budde, Der Abschnitt Hosea 1–3 (in ThStKr, 96/97, 1925, S. 1 89). – Ders., Zu Text u. Auslegung des Buches Hosea (in JBL, 45, 1926, S. 280–297; 53, 1934, S. 118–133). – J. Lindblom, Hosea, literarisch untersucht, Abo 1927. – E. Sellin, Die geschichtliche Orientierung der Propheten H. (in NKZ, 36, 1925, S. 607–658; 807). – Th. H. Robinson, Die Ehe des H. (in ThStKr, 106, 1934/35, S. 301–313). – H. Schmidt, Die Ehe des H. (in ZatW, 42, 1942, S. 245–272). – G. Fohrer, Umkehr u. Erlösung beim Propheten H. (in Theolog. Zs., 11, 1955, S. 161–185). – H. W. Wolff, H.s geistige Heimat (in ThLz, 81, 1956, Sp. 83–94). – G. Farr, The Concept of Grace in the Book of Hosea (in ZatW, 70, 1958, S. 98–107).

Zu Jesaja: Kommentare: H. Schmidt, Die großen Propheten, Göttingen ²1923 (SAT, Abt. 2/2). – O. Proksch, Jesaia I, Lpzg. 1930 (KAT, 19/1). – O. Kaiser, Der Prophet Jesaja. Kap. 1–2, Göttingen ²1963 (ATD, 17). – G. Fohrer, Das Buch Jesaja, 1–23, Zürich/Stg. 1960 (Züricher Bibelkommentar).

Literatur: S. Mowinckel, *Profeten J.*, Oslo 1925. – Ders., *Die Komposition des Jesajabuches. Kap. 1–39* (in Acta Orientalia, Leiden, 11, 1933, S. 267–292). – R. B. Y. Scott, *The Literary Structure of Isaiah's Oracles* (in *Studies in Old Testament Prophecy. Presented to Prof. Th. H. Robinson*, Hg. H. H. Rowley, Edinburgh 1950, S. 175–186). – J. Steinmann, *Le prophète Isaïe: sa vie, son œuvre, son temps*, Paris ²1955. – S. H. Blank, *Prophetic Faith in Isaiah*, Ldn. 1958. – H. J. Eaton, *The Origin of the Book of Isaiah* (in VT, 9, 1959, S. 138–157).

Zu *Micha*: Literatur: K. Budde, *Das Rätsel von Micha 1* (in ZatW, 37, 1917/18, S. 77–108). – Ders., *Micha 2 und 3* (ebd., 38, 1919/20, S. 2–22). – Ders., *Verfasser u. Stelle von Micha, 4, 1–4 (Jes. 2, 2–4)* (in ZDMG, 81, 1927, S. 152–158). – J. Lindblom, *Micha, literarisch untersucht*, Helsingfors 1929. – K. Elliger, *Die Heimat des Propheten M.* (in ZDPV, 57, 1934, S. 81–152). – B. A. Copass u. E. L. Carlson, *A Study of the Prophet Micha*, Grand Rapids/Mich. 1950. – W. Beyerlin, *Die Kulttraditionen Israels in der Verkündigung des Propheten M.*, Göttingen 1959 (FRLANT, 72). – B. Renaud, *Structure et attaches littéraires de Michée*, Paris 1964.

Zu *Zephanja*: Literatur: Ch. H. Cornill, *Die Prophetie Z.s* (in ThStKr, 89, 1916, S. 297–332). – G. Gerleman, *Zephanja, textkritisch u. literarisch untersucht*, Lund 1942.

Zu *Nahum*: Kommentar: W. A. Maier, *The Book of Nahum*, St. Louis 1959.
Literatur: H. Gunkel, *Nahum 1* (in ZatW, 13, 1893, S. 223–244). – P. Kleinert, *Nahum u. der Fall Ninives* (in ThStKr, 83, 1910, S. 501–534). – A. Haldar, *Studies in the Book of Nahum*, Uppsala/Lund 1947. – J. Leclerq, *Nahum* (in *Études sur les prophètes d'Israël*, Paris 1954, S. 85–110). – H. Lampart, *Die Botschaft des AT*, Stg. 1960.

Zu *Habakuk*: Literatur: J. W. Rothstein, *Über Habakuk Kap. 1 u. 2* (in ThStKr, 67, 1894, S. 51 bis 85). – K. Budde, *Habakuk* (in ZDMG, 84, 1930, S. 139–147). – J. Lachmann, *Das Buch Habakuk. Eine textkritische Studie*, Aussig 1932. – P. Humbert, *Problèmes du livre d'Habacuc*, Paris 1944. – E. Nielsen, *The Righteous and the Wicked in Habaqquq* (in StTh, 6, 1953, S. 54–78).

Zu *Jeremia*: Kommentare: P. Volz, *Der Prophet Jeremia I*, Lpzg. ²1928 (KAT, 10). – W. Rudolph, *Jeremia*, Tübingen ⁵1958 (HbAT, 12). – A. Weiser, *Das Buch Jeremia I*, Göttingen ²1966 (ATD, 20).
Literatur: S. Mowinckel, *Zur Komposition des Buches Jeremia*, Kristiania 1914. – F. Horst, *Die Anfänge des Propheten J.* (in ZatW, 41, 1923, S. 94–153). – Th. H. Robinson, *Baruch's Roll* (ebd., 42, 1924, S. 209–221). – Ch. C. Torrey, *The Background of Jeremiah 1–10* (in JBL, 56, 1937, S. 193–216). – H. Wildberger, *Jahwewort u. prophetische Rede bei J.*, Diss. Zürich 1942. – J. Steinmann, *Le prophète Jérémie: sa vie, son œuvre, son temps*, Paris 1952. – E. Vogt, *J.-Literatur* (in Bibl, 35, 1954, S. 357–365). – A. Neher, *Jérémie*, Paris 1960 (dt.: *Jeremias*, Köln 1961). – S. H. Blank,

Jeremiah, Man and Prophet, Cincinnati 1961. – H. v. Reventlow, *Liturgie u. prophetisches Ich bei Jeremia*, Gütersloh 1963.

Zu *Obadja*: Literatur: Th. H. Robinson, *The Structure of the Book of Obadiah* (in JThSt, 17, 1916, S. 402–408). – W. Rudolph, *Obadja* (in ZAW, 49, 1931, S. 222–231). – M. Bic, *Zur Problematik des Buches Obadjah* (in VT, Suppl. 1, 1953, S. 11 bis 25).

Zu *Ezechiel*: Kommentare: A. Bertholet u. K. Galling, *Hesekiel*, Tübingen 1936 (HbAT, 13). – G. Fohrer u. K. Galling, *Ezechiel*, Tübingen 1955 (HbAT, 1/13). – W. Zimmerli, *Ezechiel*, Neukirchen 1955ff. (BK, 13,1). – W. Eichrodt, *Der Prophet Hesekiel Kap. 1–18 u. Kap. 19–48*, Göttingen ¹⁻²1965/66 (ATD, 22/1, 2).
Literatur: L. Dürr, *Die Stellung des Propheten Ezechiel in der israelitisch-jüdischen Apokalyptik*, Münster 1923. – V. Herntrich, *E.-Probleme*, Gießen 1932. – C. Kuhl, *Zur Geschichte der Hesekiel-Forschung* (in Theolog. Rs., 5, 1933, S. 92–118). – G. R. Berry, *The Composition of the Book of Ezekiel* (in JBL, 58, 1939, S. 163–175). – W. A. Irwin, *The Problem of Ezekiel*, Chicago 1943. – M. A. Schmidt, *Prophet u. Tempel. Eine Studie zum Problem der Gottesnähe im AT*, Zollikon/Zürich 1948, S. 109–171. – G. Fohrer, *Die Hauptprobleme des Buches Ezechiel*, Bln. 1952. – C. Kuhl, *Neuere Hesekielliteratur* (in Theolog. Rs., 20, 1952, S. 1–26). – J. Steinmann, *Le prophète Ezéchiel et les débuts de l'exil*, Paris 1953.

Zu *Deuterojesaja*: Kommentare: M. Haller, *Das Judentum*, Göttingen ²1925 (SAT, Abt. 2/3). P. Volz, *Jesaia*, Lpzg. 1930 (KAT, 9/2). – G. Fohrer, *Das Buch Jesaja 40–66*, Zürich/Stg. 1964. C. Westermann, *Das Buch Jesaja 40–66*, Göttingen 1966 (ATD, 19).
Literatur: S. Mowinckel, *Der Knecht Jahwäs*, Gießen 1921. – M. Haller, *Die Kyros-Lieder Deuterojesajas* (in *Eucharisterion. Studien zur Religion u. Literatur des Alten u. Neuen Testaments. H. Gunkel zum 60. Geb.*, Hg. H. Schmidt, Göttingen 1923, S. 261–277). – H. Gressmann, *Der Messias*, Göttingen 1929, S. 285–323 (FRLANT, 36). O. Eißfeldt, *Der Gottesknecht Deuterojesaja (Jes. 40–55) im Lichte der israelitischen Anschauung von Gemeinschaft u. Individuum*, Halle 1933. – K. Elliger, *Deuterojesaja in seinem Verhältnis zu Tritojesaja*, Stg. 1933 (BWANT, 63). – L. Glahn u. L. Köhler, *Der Prophet der Heimkehr (Jes. 40 bis 66)*, 2 Bde., Gießen/Kopenhagen 1934. – E. Sellin, *Die Lösung des deuterojesajanischen Gottesknechträtsels* (in ZatW, 55, 1937, S. 117 bis 217). – J. Begrich, *Studien zu Deuterojesaja*, Stg. 1938; ern. Mchn. 1963, Hg. W. Zimmerli. – S. Mowinckel, *Neuere Forschungen zu Deuterojesaja, Tritojesaja u. Abäd-Jahwä-Problem* (in Acta Orientalia, Leiden, 16, 1938). – I. Engnell, *The Ebed Jahwe Songs and the Suffering Messiah in Deutero-Isaiah* (in The Bulletin of the John Rylands Library, 31, 1948, S. 54–93). – H. H. Rowley, *The Servant of the Lord in the Light of Three Decades and the Davidic Messiah* (in Oudtestamentische Studien, 8, 1950, S. 100–136). – Ch. R. North, *The Suffering Servant in Deutero-Isaiah*, Ldn. 1956.

Zu *Haggai*: Literatur: H. W. Wolff, *Haggai*, Neukirchen 1951. – F. S. North, *Critical Analysis of the Book of Haggai* (in ZatW, 68, 1956, S. 25–46). – Siebenbeck, *The Messianism of Aggens and Proto-Zacharias* (in Catholic Biblical Quarterly, 19, 1957, S. 312–328).

Zu *Sacharja*: Kommentare: M. Bič, *Das Buch Sacharja*, Bln. 1962. – M. F. Unger, *Zechariah*, Grand Rapids/Mich. 1963.
Literatur: A. Régnier, *Le réalisme dans les symboles des prophètes* (in RBi, 1932, S. 383–408). – L. G. Rignell, *Die Nachtgesichte des Sacharja. Eine exegetische Studie*, Lund 1950. – K. Galling, *Die Exilswende in der Sicht des Propheten Sacharja* (in VT. 2, 1952, S. 18–36; auch in K. G., *Studien zur Geschichte Israels im persischen Zeitalter*, Tübingen 1964 S. 109–126).

Zu *Tritojesaja*: Kommentare: C. Westermann, *Das Buch Jesaja. Kap. 40–66*, Göttingen 1966 (ATD, 19). – G. Fohrer, *Das Buch Jesaja, 40–66*, Zürich/Stg. 1964.
Literatur: H. Gressmann, *Über die Jes. 56–66 vorausgesetzten zeitgeschichtlichen Verhältnisse*, 1898. – R. Abramowski, *Zum literarischen Problem des Tritojesaja* (in ThStKr, 96/97, 1925, S. 90–143). – K. Elliger, *Die Einheit des Tritojesaja*, Stg. 1928 (BWANT, 45). – Ders., *Der Prophet Tritojesaja* (in ZatW, 49, 1931, S. 112–141). – W. Kessler, *Studien zur religiösen Situation im ersten nachexilischen Jh. u. zur Auslegung von Jesaja 56–66* (in Wissenschaftl. Zs. Halle 1956/57, S. 41–73).

Zu *Maleachi*: Literatur: Ch. C. Torrey, *The Prophecy of Malachi* (in JBL, 17, 1898, S. 1–15). – E. Pfeiffer, *Die Disputationsworte im Buche Maleachi* (in Evangelische Theologie, 19, 1959, S. 546 bis 568).

Zu *Joel*: Literatur: L. Dennefeld, *Les problèmes du livre de Joël*, Paris 1926. – A. S. Kapelrud, *Joel Studies*, Uppsala 1948. – O. Plöger, *Theokratie u. Eschatologie*, Neukirchen ²1962.

Zu *Jona*: Literatur: H. Schmidt, *Jona, eine Untersuchung zur vergleichenden Religionsgeschichte*, Göttingen 1907 (FRLANT, 9). – E. Haller, *Die Erzählung von dem Propheten Jona*, Mchn. 1958. – O. Loretz, *Herkunft u. Sinn der Jona-Erzählung* (in Biblische Zs., N. F. 5, 1961, S. 18–29).

Zu *Deuterosacharja*: Literatur: W. Staerk, *Untersuchungen über die Komposition u. Abfassungszeit von Zach. 9–14*, 1891. – B. Heller, *Die letzten Kapitel des Buches Sacharja im Lichte des späten Judentums* (in ZatW, 45, 1927, S. 151–155). – P. Lamarche, *Zacharie IX–XIV*, Paris 1961.

Zu *Daniel*: Kommentare: W. Baumgartner, *Das Buch Daniel*, Gießen 1926. – A. Bentzen, *Daniel*, Tübingen 1937 (HbAT, 19; ²1952). – O. Plöger, *Das Buch Daniel*, Gütersloh 1965 (KAT, 18). – N. W. Porteous, *Das Danielbuch*, Göttingen ²1968 (ATD, 23).
Literatur: G. Hoelscher, *Die Entstehung des Buches Daniel* (in ThStKr, 92, 1919, S. 113–138). – M. Noth, *Zur Komposition des Buches Daniel* (ebd., 98/99, 1926, S. 143–163). – W. Baumgartner, *Zu den vier Reichen von Daniel 2* (in Theolog. Zs., 1, 1945, S. 17–22). – H. H. Rowley, *The Unity of the Book of Daniel* (in Hebrew Union College Annual, 23, 1950/51, S. 233–273). – M. Noth, *Das Geschichtsverständnis der alttestamentlichen Apokalyptik*, Köln/Oplladen 1954 (auch in M. N., *Gesammelte Studien zum AT*, Mchn. ²1960, S. 248 bis 273). – E. J. Young, *The Messianic Prophecies of Daniel*, Ldn. 1954. – K. Koch, *Die Weltreiche im Danielbuch* (in ThLz, 85, 1960, Sp. 829–832).

ANONYM

KLAGELIEDER DES JEREMIAS (hebr.).

Alttestamentliche Dichtung, entstanden zwischen 598 und 586 v. Chr> – Ähnlich wie bei den Büchern des *Pentateuch* bildet in den hebräischen Handschriften und Drucken das Anfangswort des Textes – in diesem Fall »*Ach, wie* ...« (die typische Einleitungsformel der Totenklage) – den Titel der Dichtung. *Septuaginta* und *Vulgata* greifen mit ihrer Übersetzung – griech: *Thrēnoi [Ieremiu]*; lat.: *Treni, id est Lamentationes Jeremiae Prophetae* – ebenso wie die Lutherbibel auf die ältere Bezeichnung »Klagelieder« zurück, die sich in der rabbinischen Tradition und im *Talmud* findet. Sie nennen – fälschlicherweise – den Propheten Jeremias als Verfasser und plazieren daher die Dichtung unmittelbar hinter dessen Buch. Diese irrtümliche Zuschreibung lebt noch heute fort, beispielsweise im Titel einer Kantate von Ernst Křenek *(Lamentatio Jeremiae Prophetae*, 1941/42*)*. Im jüdischen Kanon gehören die Lieder als Festrolle für den 9. Ab, den Erinnerungstag an die zweimalige Zerstörung des Tempels, zu den fünf »Megilloth« (Schriftrollen), d. h. den im Gottesdienst an bestimmten jüdischen Fest- und Gedenktagen aus Pergamentrollen verlesenen Büchern.

Die *Klagelieder* bestehen aus fünf jeweils in sich geschlossenen Kapiteln, die zwar nicht einem übergreifenden logischen Aufbau eingegliedert sind, sich aber nach Form und Inhalt, Stimmung und Absicht so offenkundig als Einheit darstellen, daß sie fast allgemein einem einzigen Verfasser zugeschrieben werden. Allen gemeinsam ist das sog. *Kina*-Metrum, ein akzentuierendes rhythmisches Schema, das auf der Ungleichhebigkeit der beiden Versglieder beruht (vorwiegend 3+2 oder 4+2 bzw. 4+3 Hebungen) und für Leichenklagelieder charakteristisch, jedoch nicht auf sie beschränkt ist (vgl. *Kinot*). Die auffälligste formale Gemeinsamkeit stellt das den vier ersten Liedern zugrunde liegende alphabetisch-akrostichische System dar: Die Anfangsbuchstaben der jeweils 22 Strophen ergeben, der Reihe nach gelesen, das hebräische Alphabet; im dritten Lied, das mit seiner prononcierten seelsorgerischen Tendenz auch inhaltlich eine wichtige Rolle spielt, beginnt sogar jede der drei Verszeilen mit dem gleichen Buchstaben, während die Strophe des vierten Lieds nur zweizeilig ist, wodurch das ganze Lied um ein Drittel kürzer ist als die übrigen. Das fünfte ist zwar auch nicht nach dem akrostichischen Muster gebaut, gibt aber durch die Anzahl seiner Strophen (22) seine Beziehung zum Alphabet zu erkennen. Die Dichtung integriert mehrere Gattungen aus dem profanen und kultischen Bereich – Totenklage, Volks- und Einzelklage, Sündenbekenntnis, Preislied, Gebet – zu einer dynamischen, »antiphonischen« Aussageform, die zwischen der dritten und der ersten Person singularis oder pluralis unregelmäßig wechselt.

543

Ob die Lieder ausdrücklich für den kultischen Gebrauch verfaßt waren, ist zweifelhaft; sicher aber wurden sie schon früh dieser Bestimmung zugeführt und so vor dem Vergessenwerden bewahrt.
Die *Klagelieder*, die auf palästinensischem Boden, nicht im Exil, entstanden, haben die Zustände nach der ersten Einnahme Jerusalems und Judäas im Jahre 598 (Kap. 1), nach der zweiten, weitaus verheerenderen Eroberung der Stadt im Jahre 587 (Kap. 2–4) und während der nachfolgenden babylonischen Besetzung (Kap. 5) zum Inhalt. Die Intensität der Gefühle und der krasse Realismus, mit dem die Details der Katastrophe – Verschleppung oder Vernichtung eines Teils der Bevölkerung, Entrechtung des anderen, Brandschatzung und Plünderung durch die Soldateska, Hungersnot und Kannibalismus unter den Einwohnern – geschildert werden, lassen auf Augenzeugenschaft des Verfassers schließen. »Ihre Fürsten«, heißt es vom jüdischen Adel, »erglänzten reiner als Schnee ... Jetzt aber ist ihr Aussehen schwärzer als Ruß geworden ... runzelig ist die Haut an ihrem Leibe, ausgedörrt wie ein Stück Holz.« Die gegenwärtige Lage des Volkes wird mit seiner glanzvollen Vergangenheit kontrastiert und so das Ausmaß des Zusammenbruchs unbarmherzig bewußt gemacht, eines Zusammenbruchs, der nicht nur Israel als Nation auslöscht, sondern auch seinen Bestand als Glaubensgemeinschaft in Frage stellt. Denn die Zerstörung des Tempels und der Bundeslade kann, zusammen mit der Vernichtung des Priesterstandes, nur zweierlei bedeuten: entweder die Ohnmacht Jahwes gegenüber den babylonischen Göttern oder seine radikale Abkehr von dem einst auserwählten Volk. In dieser die Lebensfundamente des Judentums erschütternden Krise bewährt sich seine vitale spirituelle Kraft; die Versuchung, sich in Apathie oder unfruchtbare Klagen zu verlieren, wird abgewiesen, die Katastrophe als Herausforderung akzeptiert, sich einem Gott zu stellen, der nicht nur den Feinde Israels gewähren läßt, sondern selbst der erbittertste Feind des Volkes geworden ist, »ein lauernder Bär, ein Löwe im Versteck«. Das ist nicht mehr der verläßliche Gott, zu dem man in einem – wenn auch respektvollen – Verhältnis der Partnerschaft stand, das ist der radikal Andere, der wesensmäßig Unbegreifliche, durch Opfergaben nicht Bestimmbare.
Die neue Gotteserfahrung erzwingt eine Neubestimmung des eigenen Standorts: In einem Akt rückhaltloser Selbsterkenntnis wird die eigene Schuld als der Anlaß zu Gottes Zorn begriffen, das nationale Unglück als sein gerechtes Gericht bejaht. Die Schuld besteht nicht in Verfehlungen gegen das Moralgesetz, sondern einerseits im Mangel an bedingungslosem Gottvertrauen – »Sünde« war es, mehr auf die Hilfe der Ägypter als auf die Jahwes gehofft zu haben –, andererseits im falsch verstandenen Erwähltheitsglauben Israels, das auf die Heilsversprechen Gottes sich sich's träge wohl sein ließ. Die Erwähltheit aber, das macht das theologisch bedeutsame dritte Lied klar, ist nicht als Garantie für weltliche Sicherheit gemeint, sondern als Aufruf zur Gotterkenntnis (*»Gütig ist der Herr ... gegen ein Herz, das ihn sucht«*), zur Selbsterkenntnis als dem notwendigen Gegenpol, zur Leidensbereitschaft und zur unbeirrbaren Hoffnung auf Jahwes frei gewährte Gnade. Denn – dies ist die außerordentliche Leistung des Volkes, als dessen Exponent der Dichter der *Klagelieder* spricht – auch noch in der absoluten Verlassenheit werden Gott als Liebe und die Heilsverheißung als noch bestehend begriffen und so, trotz des nationalen Zusammenbruchs, die Existenz Israels als Glaubensgemeinschaft gesichert.

G. He.

AUSGABEN UND ÜBERSETZUNGEN: Vgl. *Bibel.*

LITERATUR: Kommentare: G. Ricciotti, *Le lamentazione di Geremia*, Turin/Rom 1924. – W. Rudolph, *Die Klagelieder*, Lpzg. 1939; Gütersloh ²1962 (KAT, 16/3). – M. Haller, *Die Klagelieder*, Tübingen 1940 (HbAT, 18). – F. Nötscher, *Die Klagelieder von Jeremias*, Würzburg 1947; ²1958 (Echter-Bibel). – A. Gélin, *Jérémie. Les lamentations*, Paris 1951. – H.-J. Kraus, *Klagelieder*, Neukirchen 1956; ²1960 (Biblischer Kommentar, 20). – A. Weiser, *Klagelieder*, Göttingen 1958; ²1962 (ATD, 16/2). Weitere Literatur: Eißfeldt, S. 677–684. – RGG, 3, Sp. 1627–1629. – Robert-Feuillet, Bd. 1, S. 674 bis 679. – Sellin-Fohrer, S. 321–325. – M. Löhr, *Threni III u. die jeremianische Autorschaft des Buches der Klagelieder* (in ZatW, 24, 1904, S. 1–16). – H. Wiesmann, *Die literarische Art der Klagelieder des Jeremias* (in ThQ, 110, 1929, S. 381–428). – S. Mowinckel, *Zum Problem der hebräischen Metrik* (in *A. Bertholet-Fs.*, Hg. W. Baumgartner, O. Eißfeldt u. a., Tübingen 1950, S. 379–394). – N. K. Gottwald, *Studies in the »Book of Lamentations«*, Ldn. 1954. – H. Wiesmann, *Die Klagelieder*, Ffm. 1954. – B. Albrektson, *Studies in the Text and Theology of the »Book of Lamentations«*, Lund 1963.

ANONYM

DEUTEROKANONISCHE BÜCHER. – Die griechischen Übersetzungen des *Alten Testaments* enthalten über die Bücher des palästinensischen Kanons hinaus einige weitere Schriften, die von den Juden zwar hoch geschätzt, nicht aber als inspiriert anerkannt werden. Nachdem die deuterokanonischen Bücher einmal in die *Septuaginta* aufgenommen waren, wurde ihre Gleichwertigkeit mit den protokanonischen Büchern auf den Konzilien seit Hippo (393) auch gegen den Widerstand der meisten Kirchenväter immer wieder bestätigt. In der Kanonfestlegung des Tridentinischen Konzils (dogmatisches Dekret vom 8. 4. 1546) stehen sie zwischen den protokanonischen Büchern in der Reihenfolge: *Buch Tobias, Buch Judith, Die Weisheit Salomos, Buch Jesus Sirach, Buch Baruch* mit dem *Brief des Jeremia, 1.* und *2. Buch der Makkabäer*; hinzu kommen Zusätze zu den Büchern *Esther* und *Daniel.*
Der Ansicht der Juden, aber auch dem des HIERONYMUS folgend, definierte LUTHER diese Texte als »*Bücher, so der Heiligen Schrift nicht gleich gehalten, und doch gut und nützlich zu lesen sind*« und fügte sie dem *Alten Testament* als »Apokryphen« an. Diese Bezeichnung hat zu beträchtlicher Verwirrung geführt, da »Apokryphen« bis dahin – und in der katholischen Kirche auch heute noch – nur diejenigen Schriften genannt werden, die zwar inhaltlich und formal in engem Zusammenhang mit der *Bibel* stehen, aber niemals zum Kanon gehört haben (über die katholische Definition vgl. *Apokryphen*). Die griechische Kirche erkennt seit der Synode von Jerusalem (1672) vier der umstrittenen Schriften ebenfalls als kanonisch an, und zwar: *Die Weisheit Salomos, Buch Jesus Sirach, Buch Tobias* und *Buch Judith.*
Die deuterokanonischen Bücher sind zum größten Teil semitischen Ursprungs, d. h. in hebräischer oder aramäischer Sprache verfaßt, jedoch bereits

in hellenistischer Zeit, und weisen daher deutliche Anklänge an griechische Diktion und Einflüsse griechischer Kultur und Philosophie auf. Ihre Autoren sind – bis auf JESUS SIRACH, der seinen Namen selbst nennt – unbekannte Schriftgelehrte, schreibgewandte und erzählbegabte Männer aus dem jüdischen Volk. Der literarische Wert und die Nachwirkungen der Texte in den Literaturen der Alten Welt übertreffen in manchen Fällen ihre religiöse Bedeutung. Andererseits stellen sie als Zeugnisse aus den beiden letzten Jahrhunderten vor der Zeitwende religionsgeschichtlich ein wichtiges Bindeglied zwischen den großen alttestamentlichen Büchern des 6. bis 4. Jh.s und denen des *Neuen Testaments* dar.

AUSGABEN: Vgl. *Bibel* (griechische Übersetzungen).

ÜBERSETZUNGEN: Vgl. *Bibel.* – Ferner: E. Kautzsch, *Die Apokryphen u. Pseudepigraphen des AT*, 2 Bde., Tübingen 1900; Neudr. 1921 [m. Komm.]. – R. H. Charles, *The Apocrypha and Pseudepigrapha of the Old Testament in English*, 2 Bde., Oxford 1913 [m. Komm.]. – P. Rießler, *Altjüdisches Schrifttum außerhalb der Bibel*, Augsburg 1928.

LITERATUR: L. Couard, *Die religiösen und ethischen Anschauungen der alttestamentlichen Apokryphen u. Pseudepigraphen*, Gütersloh 1907. – H. M. Hughes, *The Ethics of Jewish Apocryphal Literature*, Ldn. 1909. – W. O. E. Oesterley, *Introduction to the Books of the Apocrypha*, Ldn. 1935. – C. C. Torrey, *The Apocryphal Literature*, New Haven/Ldn. [4]1953. – E. J. Goodspeed, *The Story of the Apocrypha*, Chicago [5]1956. – B. M. Metzger, *An Introduction to the Apocrypha*, NY 1957. – E. Sellin u. L. Rost, *Einleitung in das AT*, Heidelberg [9]1959. – L. H. Brockington, *A Critical Introduction to the Apokrypha*, Ldn. 1961. – *Einleitung in die Hl. Schrift*, Hg. A. Robert u. A. Feuillet, Wien 1963ff. – O. Eißfeldt, *Einleitung in das AT*, Tübingen [3]1964, S. 781–816.

1. Das Buch Tobias (in der *Septuaginta*: *Tobit*). – Eine erbauliche novellistische Erzählung in vierzehn Kapiteln, in deren Mittelpunkt der 721 v. Chr. nach Ninive deportierte fromme Tobit aus dem Stamm Naphtali und sein Sohn Tobias stehen. Der Text ist in drei griechischen Rezensionen überliefert, die deutlich voneinander abweichen, im wesentlichen aber die gleiche Handlung bieten. Hieronymus gibt an, daß er die hebräische Übersetzung eines aramäischen Textes benutzt habe. Bei Qumram gefundene Fragmente des Buches in beiden semitischen Sprachen legen nahe, daß es um 200 v.Chr. entstanden ist.

Erblindet, verarmt und mit seiner Frau im Streit, bittet Tobit Gott, ihn sterben zu lassen. Um das gleiche fleht zur selben Stunde in Ekbatana, der Hauptstadt des Mederreiches, (nach anderer Quelle in der Mederstadt Rages) die Jüdin Sara, eine Verwandte der Familie Tobits. Der Dämon Asmodi hat ihr sieben Männer, jedesmal in der Brautnacht, getötet. Gott erhört die Gebete der beiden Unglücklichen und sendet seinen Erzengel Raphael aus, ihnen zu helfen. Unerkannt begleitet er als Reisegefährte den jungen Tobias, den der Vater in Geschäften nach Rages schickt. Unterwegs fängt Tobias am Tigris einen großen Fisch, »*der herausfuhr, aus dem Wasser, ihn zu verschlingen*«. Sein Weggenosse gibt ihm den Rat, Herz, Leber und Galle des Fisches aufzubewahren, denn Herz und Leber, auf glühende Kohlen gelegt, vertreiben die bösen Geister, die sich zwischen Mann und Frau drängen, und mit einer Augensalbe aus Fischgalle sei der Star zu heilen. Das erste Mittel wendet Tobias an, als er auf des Engels Weisung Sara zum Weib genommen hat, und tatsächlich entgeht er der Nachstellung Asmodis. Das zweite Mittel heilt den Vater, dem dem heimgekehrten Sohn entgegenkommt, von der Blindheit. Als Tobit und Tobias dem wundertätigen Begleiter als Lohn die Hälfte ihrer Habe antragen, gibt sich dieser zu erkennen und entschwindet in den Himmel. – Auf den Rat des sterbenden Vaters zieht Tobias später nach Medien und überlebt dadurch den von Jona verkündeten Untergang Ninives.

Zahlreiche ermahnende Reden des Vaters an den Sohn, Weisheitssprüche (darunter »*Was du nicht willst, daß man dir tu ...*«, ein Grundsatz des »Naturrechts«) sowie Gebete und schließlich Prophezeiungen (Nebukadnezars Eroberung Jerusalems) unterstreichen die didaktische Tendenz dieser ungewöhnlich geschlossenen Erzählung. Ihre historischen und geographischen Angaben sind unzuverlässig (der Verfasser meint z. B. offensichtlich Seleukia, wenn er von Ninive spricht); dafür aber vermittelt sie ein wirklichkeitsnahes Bild von den Lebensverhältnissen in der jüdischen Diaspora und zeugt von einem Familiensinn, wie er nicht nur in der *Genesis* beschrieben wird. – Die Handlung ist von verschiedenen Sagen- und Märchen-Traditionen beeinflußt. Die aus dem 6./5. Jh. v. Chr. stammende Geschichte vom Achikar, dem weisen Kanzler der assyrischen Könige Sanherib und Asarhaddon, wird als bekannt vorausgesetzt (vgl. *Achikar-Roman*). Ferner hat die Forschung mehr oder weniger deutliche und wahrscheinliche Beziehungen zur griechischen Admetos-Sage, Übereinstimmungen mit Einzelzügen der *Odyssee* und anderen mythologischen Stoffen der Antike entdeckt. Auffällig ist die Ähnlichkeit der Tobit-Geschichte mit dem in der Frühzeit vor allem bei den vorderasiatischen Völkern bekannten Märchen »vom dankbaren Toten«, das später auch in der mitteleuropäischen Literatur auftaucht (vgl. *Der gute Gerhard* des RUDOLF VON EMS, ANDERSENS Märchen *Reisekammeraten*): Raphael belohnt Tobit und seinen Sohn dafür, daß sie der gutherzige Alte es stets als seine Pflicht angesehen hat, den Verstorbenen zu dienen *(»Er begrub die Erschlagenen und Toten«)*. Parsistische Engel- und Dämonenvorstellungen werden unbekümmert in die jüdische Glaubenswelt eingegliedert und ebenso wie die anderen übernommenen Motive »*ganz mit dem Geist jüdischer Gesetzesfrömmigkeit erfüllt*« (Eißfeldt).

LITERATUR: Kommentare: E. Dimmler, *Tobias, Judith, Esther, Makkabäer*, M.-Gladbach 1922. – M. M. Schumpp, *Das Buch T.*, Münster 1933 (EH, 11). – A. Miller, *Das Buch T.*, Bonn 1940 (HISAT, IV, 3). – F. Stummer, *Das Buch T.*, Würzburg 1950 (Echter-Bibel). – R. Pautrel, *Le livre T.*, Paris [2]1957 (Bible de Jérusalem).

Weitere Literatur: J. H. Halévy, *Tobias and Achikar* (in Revue Sémitique, 8, 1900, S. 30–72). – G. Huet, *Le conte du ›mort reconnaissant‹ et le Livre de Tobie* (in RHR, 71, 1915, S. 1–29). – S. Liljeblad, *Die Tobiasgeschichte und andere Märchen mit toten Helfern*, Ldn. 1927. – J. O. Carroll, *Tobias and Achikar* (in Dublin Review, 93, 1929, S. 252–263). – J. Prado, *La indole literaria del libro de Tobi* (in Sefarad, 7, 1947, S. 373–394). – T. F. Glasson, *The Main Source of Tobit* (in ZatW 71, 1959, S. 275–277). – F. Altheim u.

R. Stiehl, *Aḥiḳar und Tobit* (in F. A. u. R. S., *Die aramäische Sprache unter den Achaimeniden*, Bd. 1, Ffm. 1963, S. 182–195).

2. Das Buch Judith. – Nur griechisch überlieferte Schrift hebräischen Ursprungs in Form eines lehrhaften Romans, seiner chauvinistischen Tendenz nach zur Zeit der Makkabäerkriege (Mitte des 2. Jh.s v.Chr.) von einem palästinensischen Juden verfaßt. – Er erzählt von der Tat der schönen jungen Witwe Judith aus Bethulia, die ihre Heimatstadt vor der Aushungerung und der Eroberung durch das Heer Nebukadnezars rettete. Ohne den Ältestenrat, vor dem sie eine dialektisch ausgeklügelte Rede hält, in die Einzelheiten ihres listigen Plans eingeweiht zu haben, begibt sie sich, verführerisch gekleidet und geschmückt, in das Lager der assyrischen Truppen. Dort läßt sie sich vor den Feldherrn Holofernes führen, dem sie einzureden versteht, daß er von Gott dazu ausersehen sei, die Juden für ihre Sünden zu strafen, und die Stadt ohne eigene Verluste erobern werde. Von Judiths großer Schönheit ebenso bestrickt wie von ihrer Klugheit, lädt Holofernes sie zu einem Gelage ein, bei dem er sich in verfrühtem Siegestaumel so berauscht, daß er, mit der Jüdin allein in seinem Zelt, in tiefen Schlaf verfällt. Judith, die damit gerechnet hat, schlägt ihm mit zwei Hieben seines Schwertes den Kopf ab, steckt diesen in einen Sack und entfernt sich zusammen mit ihrer Magd, die vor dem Zelt gewacht hat, unbehelligt aus dem Lager: sie hatte zuvor von Holofernes die Erlaubnis erwirkt, »heraus in das Tal vor Bethulia zu gehen und ihre Gebete zu tun«. In die belagerte Stadt zurückgekehrt, fordert sie die Ältesten auf, sich auf dem Platz zu versammeln; sie zeigt ihnen das Haupt des Feindes und rät den Männern, das Entsetzen der Assyrer über den Tod ihres Anführers zu nutzen und einen Ausfallversuch zu machen. Die Bethulianer schlagen daraufhin die Feinde in die Flucht, feiern Judith als ihre Retterin und preisen Gott.

Der Verfasser hat sich kaum bemüht, seiner Geschichte historische Glaubwürdigkeit zu verleihen; er behandelt Raum und Zeit mit der Freiheit des Dichters (der Name der Stadt Bethulia ist erfunden; Nebukadnezar steht symbolisch für den Erzfeind der Juden), aber auch mit der Strategie des Propagandisten, der weiß, was beim Volk »ankommt«. Die Absicht des Buches ist klar: es soll die Juden zum Widerstand aufrufen und zum Aushalten ermuntern, zum Einsatz aller Mittel, auch der List und des Trugs, sofern sie im Bunde mit Gott zur Rettung des bedrängten Israel dienen. Judiths Tat – ein perfekter politischer Mord, mit Hilfe bewußt eingesetzter weiblicher Reize und mit kaltblütiger Umsicht ausgeführt – ist gerechtfertigt, weil sie patriotisch ist, »antiheidnisch«, Ausdruck von Gesetzestreue und höchster Frömmigkeit. (Es wird besonders hervorgehoben, daß Judith über ihrem raffinierten Plan keine ihrer religiösen Pflichten vergißt.) Als Vorbild diente dem Autor möglicherweise die im Debora-Lied (*Richter 5*, 24–27) verherrlichte Jael, Frau des Wanderhirten Heber, die den flüchtenden kanaanitischen Feldhauptmann Sisera in ihre Hütte aufnahm und dann dem Ruhenden einen Nagel durch die Schläfe schlug, »daß er in die Erde drang«.

Die geschickt aufgebaute, psychologisch durchdachte und bemerkenswert knapp formulierte Erzählung ist in der europäischen Literatur vielfach nachgestaltet worden, zuerst wahrscheinlich in einem altenglischen Gedicht vom Anfang des 10. Jh.s, darauf in der mittelhochdeutschen *Älteren* und *Jüngeren Judith* (12. Jh.). Eine Reihe von volkstümlichen Bühnenstücken (u. a. von Hans Sachs, 1531 und 1554; Wolfgang Schmeltzl, 1542) und Schauspielen nach klassischem Muster (Sixt Birck, 1532; Joachim Greff, 1536) bestätigte Luthers Ansicht, daß »*das Buch Judith eine gute, ernste, tapfere Tragödie*« abgeben müsse. Die Handlung und Tendenz des Stoffs wurde gern mit aktuellen Gegebenheiten in Verbindung gebracht (Bedrohung der Christen durch die Türken, der Protestanten durch den Papst). Das 17. Jh. entdeckte die Eignung des Sujets für die Musikbühne (Libretti von Martin Opitz, 1635; Pietro Metastasio, 1734, u. a.). Psychologische Interpretationen – Judiths Mord als Ausweg aus ihrer frevelhaften Liebesbeziehung zu Holofernes – versuchten u. a. Friedrich Hebbel (1841) und Jean Giraudoux (1931).

LITERATUR: Kommentare: A. Scholz, *Commentar über das Buch J. u. über Bel u. Drache*, Würzburg ²1896. – E. Dimmler, *Tobias, J., Esther, Makkabäer*, M.-Gladbach 1922. – A. Miller, *Das Buch J.*, Bonn 1940 (HlSAT, IV/3). – F. Stummer, *Das Buch J.*, Würzburg 1950 (Echter-Bibel). – A. Barucq, *Le livre J.*, Paris ²1959 (Bible de Jérusalem). Weitere Literatur: A. Biolek, *Die Ansicht des christlichen Altertums über den literarischen Charakter des Buches J.*, Wien 1911 (Weidenauer Studien, 4). – O. Baltzer, *Dramatische Bearbeitungen des Judith-Stoffes*, Diss. Greifswald 1922. – C. Meyer, *Zur Entstehungsgeschichte des Buches J.* (in Bibl. 3, 1922, S. 193–203). – H. L. Jansen, *La composition du Chant de J.* (in Acta Orientalia, 15, 1937, S. 63–71). – F. Stummer, *Geographie des Buches J.*, Stg. 1947. – A. L. Colunga, *El género literario de Judit* (in Ciencia Tomista, 74, 1948, S. 98–125). – J. Steinmann, *Lecture de J.*, Paris 1953. – A.-M. Dubarle, *La mention de J. dans la littérature ancienne, juive et chrétienne* (in RBi, 66, 1959, S. 514–549).

3. Die Weisheit Salomos (in der *Vulgata: Buch der Weisheit*). – In Anlehnung an die dem israelitischen König Salomo (9. Jh. v. Chr.) in den Mund gelegten Weisheiten (vgl. *Sprüche Salomos, Prediger Salomo, Das Hohelied Salomos*) verfaßte Schrift eines hellenistischen Juden, der vermutlich im 1. Jh. v. Chr. in Alexandria lebte. – Absicht des Autors ist es, seinen bereits von griechischer Kultur und Philosophie beeinflußten Landsleuten, aber auch den heidnischen Griechen die Überlegenheit der jüdischen Weisheit vor Augen zu führen, einer Weisheit, die von Gott kommt und den Lauf der Geschichte und auch der persönlichen Geschicke segensreich lenkt.

Dem Inhalt nach läßt sich das Buch in drei Teile gliedern: Die Kapitel 1–5 bezeugen die Überlegenheit der Frommen, die an das Ende denken *(*»wenn *auch der Gerechte zu zeitig stirbt, ist er doch in der Ruhe«)*, über die Gottlosen, »*die meinen, daß mit dem Tode alles aus sei*«. In Kap. 6–9 mahnt Salomo die Könige, die Weisheit zu suchen, und legt Zeugnis davon ab, wie sie sein eigenes Leben geleitet hat. Es folgen »*Beweise aus der Geschichte des Alten Testaments, daß der Besitz der Weisheit glücklich, der Mangel an Weisheit unglücklich macht*«; sie ist die Führerin des Volkes Gottes, während die Götzenanbeter – womit er die Ägypter meint – ihrer nicht teilhaftig werden (Kap. 10–19). Formal betrachtet, zeigt sich eine Zäsur im zwölften Kapitel (12, 18). Bis dahin ist das Buch bis auf wenige Einschübe in poetischer Form gehalten, zu

Anfang durchweg in Versen mit den in der ganzen semitischen Dichtung üblichen Parallelismen (z. B. »*Sie führete sie durchs Rote Meer, und leitete sie durch große Wasser*«, 10, 18). Danach folgt Prosa: Bericht, Traktat und Gleichnisse, die von großer dichterischer Kraft und Einprägsamkeit sind (z. B. über die Torheit des Götzendienstes, Kap. 13/14).

Die Gedanken des Verfassers sind ungewöhnlich stark dem Jenseits zugewandt; seine Unsterblichkeitslehre paßt nicht recht zu der älteren jüdischen Glaubenslehre, der die irdischen Güter als Lohn Gottes galten. Hier zeigt sich, daß der fremde Einfluß, den der Autor in seiner Schrift als verwerflich hinstellt und den er eindämmen möchte, bereits auch auf sein eigenes Denken eingewirkt hat. Es ist typisch synkretistisch, d. h., es verquickt Einzelzüge verschiedener Philosophien, Kulte und Religionen – hellenistische, ägyptische, orientalische – mit angestammt jüdischen Vorstellungen. (Man hat darüber hinaus versucht, geistige Verbindungslinien zu PLATON und zu POSEIDONIOS zu ziehen.) Noch deutlicher läßt sich sein Hellenismus aus seinem pathetischen, ja bombastischen Stil erkennen, von dem Hieronymus mit Recht sagt, daß er nach griechischer Beredsamkeit rieche.

Zu den verschiedenen noch ungeklärten Fragen der Entstehungszeit und der Fortwirkung des *Weisheit Salomos* gehört auch die, ob der Apostel PAULUS das Buch gekannt hat. Einige Stellen in seinen Briefen scheinen an das *Weisheitsbuch* anzuklingen, lassen sich aber vielleicht auch aus dem parallelen Bildungsweg der beiden Verfasser erklären.

LITERATUR: Kommentare: P. Heinisch, *Das Buch d. W.*, Münster 1912 (EH, 24). – F. Feldmann, *Das Buch d. W.*, Bonn 1926 (HISAT, VI/4). – J. Fischer, *Das Buch d. W.*, Würzburg 1950 (Echter-Bibel). – C. E. Osty, *Le livre de la Sagesse*, Paris 1957 (Bible de Jérusalem).
Weitere Literatur: W. Weber, *Die Composition der Weisheit Salomo's* (in ZwTh, 47, 1904, S. 145 bis 169). – Ders., *Vier Aufsätze über die Unsterblichkeit, die Seelenlehre, Heimat u. Zeitalter, den Auferstehungsglauben der Weisheit Salomos* (ebd., 48, 1905, S. 409–444; 51, 1909, S. 314–332; 53, 1911, S. 322–345; 54, 1912, S. 205–239). – P. Heinisch, *Die griechische Philosophie im Buch der Weisheit*, Münster 1908. – E. Gärtner, *Komposition u. Wortwahl des Buches der Weisheit*, Bln. 1912 [zugl. Diss. Würzburg]. – F. Focke, *Die Entstehung der Weisheit Salomos*, Göttingen 1913 (FRLANT, 22). – N. Peters, *Die Weisheitsbücher des AT*, Münster 1914, S. 235–294. – J. Schmidt, *Studien zur Stilistik der alttestamentlichen Spruchliteratur*, Münster 1936 (AtA, 13, 1). – S. Lange, *The Wisdom of Solomon and Plato* (in JBL, 55, 1936, S. 293–302). – J. Fichtner, *Die Stellung der Sapientia Salomonis in der Literatur- und Geistesgeschichte ihrer Zeit* (in ZntW, 36, 1937, S. 113–132). – H. Bückers, *Die Unsterblichkeitslehre des Weisheitsbuches*, Münster 1938 (AtA, 13, 4). – P. W. S. Skehan, *The Literary Relationship between the Book of Wisdom and the Protocanonical Wisdom Books of the Old Testament*, Washington 1938. – A.-M. Dubarle, *Une source du Livre de la Sagesse?* (in RSPhTh, 37, 1953, S. 425–443). – T. Finan, *Hellenistic Humanism in the Book of Wisdom* (in Irish Theol. Quarterly, 27, 1960, S. 30–48).

4. Das Buch Jesus Sirach (in der *Septuaginta*: *Weisheit Jesu, des Sohnes Sirachs*). – Die umfangreichste, kanongeschichtlich und didaktisch wichtigste der deuterokanonischen Schriften (wegen seiner Bedeutung als Sittenlehre lateinisch *Liber Ecclesiasticus – Buch der Kirche –* genannt); verfaßt von Jesus, dem Sohn Sirachs, von Jerusalem, wie er sich selbst am Ende des 50. Kapitels nennt. Drei Fünftel des hebräischen Originaltextes wurden 1896 in Kairo gefunden (Geniza-Funde). Da Jesus Sirach sein Loblied auf die großen Männer Israels mit einem Zeitgenossen, dem Hohenpriester Simon, beendet, da er ferner Daniel, Esther und Ruth nicht erwähnt, kann man annehmen, daß das Buch noch vor dem Makkabäeraufstand, also etwa um 180 v. Chr., entstanden ist, da zu dieser Zeit noch nicht alle Schriften der *Ketubim*-Gruppe vorlagen oder zumindest noch nicht zum Kanon gehörten. Aufschlußreich ist das Vorwort seines Enkels, der das Buch um 130 v. Chr. in Ägypten ins Griechische übersetzte. Er spricht als erster von der Gliederung des Kanons in drei Büchergruppen, nämlich das »*Gesetz*« *(Thora)*, die Prophetenbücher *(Nebi'im)* und die Schriften *(Ketubim)*, eine Einteilung, die für das Judentum maßgebend geworden ist.

Die *Septuaginta* stellt das Buch in die Reihe der Weisheitsbücher, neben den *Prediger (Ecclesiastes)*, die *Sprüche* und das *Hohelied Salomos*. Die Kapitel 1–43 enthalten Verhaltensmaßregeln und Erfahrungssätze aus allen Lebensbereichen, Glaubensermahnungen und Verheißungen in bunter Folge und beinahe übergroßer Fülle. Sie zeugen von der Weltklugheit, der didaktischen Ambition und der literarisch-aphoristischen Begabung des Verfassers, der in nichts den Autoren der Salomo-Bücher nachsteht. »*Das Bewußtsein der Verpflichtung gegenüber den ›Vätern‹ ist nie so großartig ausgesprochen worden wie in dem Weisheitsbuch des Jesus Sirach.*« (E. R. Curtius)

Der Enkel war sich der Schwierigkeit einer kongenialen griechischen Wiedergabe des Originals offenbar bewußt. In seinem Vorwort lesen wir die älteste bekannte Äußerung über das später so viel diskutierte Problem der Bibelübersetzung: »*Darum bitte ich, ihr wollet es freundlich annehmen und mit Fleiß lesen und uns zugute halten, so wir etwa in einigen Worten gefehlt haben, obwohl wir allen Fleiß getan haben, recht zu dolmetschen. Denn was in hebräischer Sprache geschrieben ist, das lautet nicht so wohl, wenn man's bringt in eine andere Sprache.*« Dennoch ist die Übertragung bemerkenswert gut gelungen. Dafür sprechen u. a. die zahlreichen Sentenzen, die nur dank ihrer einprägsamen Form schon im Altertum zu geflügelten Worten werden konnten (z. B. »*Wer sich in Gefahr begibt, kommt darin um*«; »*Wer Pech anfaßt, besudelt sich*«). – Das ergreifende Dankgebet der »*ganzen Gemeine der Kinder Israel*« (50, 24–26) faßte Luther in seiner Übersetzung des Sirach-Enkels in die Verse, die beginnen: »*Nun danket alle Gott ...*« Der Eilenburger Archidiakon Martin RINCKART gestaltete den Text anläßlich der Jahrhundertfeier der Augsburger Konfession (1630) zu dem gleichnamigen Lied um.

LITERATUR: Kommentare: R. Smend, *Die Weisheit des J. S. erklärt*, Bln. 1906. – N. Peters, *Das Buch J. S. oder Ecclesiasticus*, Münster 1913 (EH, 25). – A. Eberharter, *Das Buch J. S. oder Ecclesiasticus*, Bonn 1925 (HISAT, VI/5). – V. Hamp, *Das Buch J. S.*, Würzburg 1951 (Echter-Bibel). – H. Duesberg u. P. Auvray, *Le livre J. S.*, Paris ²1958 (Bible de Jérusalem).
Weitere Literatur: W. Baumgartner, *Die literarischen Gattungen in der Weisheit des J. S.* (in ZatW,

34, 1914, S. 161–198). – G. Kuhn, *Beiträge zur Erklärung des Buches J. S.* (in ZatW, 47, 1929, S. 289–296; ebd., 48, 1930, S. 100–121). – S. Mowinckel, *Die Metrik bei J. S.* (in StTh, 9, 1955, S. 137–165). – O. Kaiser, *Die Begründung der Sittlichkeit im Buche J. S.* (in ZThK, 55, 1958, S. 51–63).

5. Das Buch Baruch (in der *Vulgata*: *Die Prophezeiung Baruchs*). – Wie die Überschrift behauptet, fünf Jahre nach der Einnahme Jerusalems durch die Chaldäer (d. h. nach Nebukadnezars zweiter Eroberung der Stadt) von Baruch, dem Schüler, Schreiber und Schicksalsgenossen des Propheten Jeremia, in Babel verfaßt. Diese Zuschreibung liegt nahe, da Baruch neben seinem Lehrmeister der einzige namentlich bekannte schreibgewandte Augenzeuge der Katastrophe von 587 v. Chr. ist, auf die sich der Inhalt der Schrift bezieht (die nicht mit der *Baruch-Apokalypse* und dem *Rest der Worte Baruchs*, zwei Apokryphen, zu verwechseln ist). Vermutlich ist sie aber erst im 2. Jh. v. Chr. oder sogar noch später entstanden und, da sie aus drei deutlich voneinander abgesetzten Teilen besteht, das Werk mehrerer Autoren. – Zu Beginn der überlieferten griechischen Fassung wird dem Buch eine Zweckbestimmung gegeben (1, 3–14), die wohl erst nachträglich hinzugefügt worden ist. Sie steht nämlich im Widerspruch zu der am Anfang genannten Entstehungszeit des Textes. Baruch liest das fertige Buch »*allem Volk vor, klein und groß, das zu Babel am Wasser Sud wohnte*«, und schickt es dann zusammen mit einer Geldspende der Exilierten an die Glaubensgenossen in Jerusalem, die er auffordert, Nebukadnezar Opfer zu bringen und für ihn zu beten. Damit ist aber die Situation nach der ersten Eroberung der Stadt durch das Heer des Babylonierkönigs (598/597) und die Verschleppung König Jojachins von Juda nach Babel beschrieben. Zu dieser Zeit stand der Tempel noch und war der Opferkultus noch im Gang. Nach der zweiten Eroberung nahmen die flüchtenden Judäer Jeremia und Baruch (vgl. *Jeremia* 43, 6) nach Ägypten – und nicht nach Babel! – mit.
Der zweite Teil, ein Bußgebet im Volksklageton, (1,15 – 3,8) weist enge Verwandtschaft mit einem (älteren) Gebet bei *Daniel* (9, 7–19) auf, aber auch Anklänge an die Diktion Jeremias. Den dritten Teil bilden zwei Dichtungen (3,9 – 5,9): ein hymnisch-didaktischer Lobpreis der Weisheit, deren Brunnen das Volk Israel verlassen habe, das dafür »*in der Heiden Land schmachten müsse*«, und ein Zyklus von Klage- und Trostliedern. Während der Lobpreis in Beziehung zu Stellen im *Buch Hiob*, in den *Sprüchen Salomos* und dem *5. Buch Mose* (*Deuteronomium*) u. a. steht, erinnern die anschließenden Gedichte an die *Klagelieder Jeremias* bzw. an die Trostworte des »Deuterojesaja« (*Jesaja* 40–55). Der Schluß deckt sich fast wörtlich mit einer Stelle in den apokryphen *Psalmen Salomos* (11, 2–7) und soll diesen Versen als Vorbild gedient haben.

LITERATUR: Kommentare: E. Kalt, *Das Buch B.*, Bonn 1932 (HISAT, VII/4). – V. Hamp, *Das Buch B.*, Würzburg 1950 (Echter-Bibel). – A. Gelin, *Le livre B.*, Paris ²1959 (Bible de Jérusalem). Weitere Literatur: W. Stöderl, *Zur Echtheitsfrage von Baruch 1–3*, Münster 1922. – H. S. J. Thackeray, *The Septuagint and Jewish Worship*, Ldn. ²1923, S. 80–111. – P. Heinisch, *Zur Entstehungsgeschichte des Buches B.* (in Theologie u. Glaube, 20, 1928, S. 696–710). – E. Haenchen, *Das Buch B.* (in ZThK, 50, 1953, S. 123–158).

6. Der Brief des Jeremia. – In der *Septuaginta* ein selbständiges Buch (72 Verse), auf *Jeremia, Baruch* und die *Klagelieder* folgend; in der *Vulgata*, nach dem tridentinischen Kanon und auch bei Luther als sechstes Kapitel an das *Buch Baruch* angefügt. – Laut Überschrift ein von Jeremia an die von Nebukadnezar nach Babel verschleppten Juden gerichtetes Schreiben, das vor der Verehrung der heidnischen Götzen warnt und den Nachweis erbringen will, daß sie keine Götter seien, sondern von Menschen geformte, leblose Gebilde: »*Darum sieht man, daß sie keine Götter sind*«, wird refrainartig wiederholt. Der an *Jeremia* 29, 1 anschließende Text ist von der Spottdichtung des »Deuterojesaja« (*Jesaja* 44, 9–20) abhängig. Der nur griechisch erhaltene Text geht wahrscheinlich auf eine hebräische Vorlage zurück; der Brief wurde frühestens im 2. Jh. v. Chr. von einem in Babylonien oder Ägypten lebenden Juden verfaßt, der im Sinne des Propheten die Kultformen der Heiden geißeln wollte, ohne allerdings auch nur annähernd die Ausdruckskraft seines Vorbilds zu erreichen. Sein Stil ist überladen und pathetisch, die Darstellung sprunghaft.

LITERATUR: Kommentare: Vgl. *Buch Baruch*. Weitere Literatur: W. Naumann, *Untersuchungen über den apokryphen Jeremiasbrief*, Bln. 1913 (BZAW, 25). – E. S. Artom, *L'origine, la data e gli scopi dell'Epistola di Geremia* (in Annuario di Studi Ebraici, 1, 1935, S. 49–74).

7. Das 1. Buch der Makkabäer. – Nur griechisch überliefertes Werk der semitischen Geschichtsschreibung, nach einer umschriebenen Zeitangabe am Ende der Schrift um 100 v. Chr. verfaßt, wahrscheinlich von einem Jerusalemer Juden. ORIGENES und HIERONYMUS kannten offenbar noch die hebräische und aramäische Vorlage. – Das Buch behandelt, nach einer Zusammenfassung der historischen Ereignisse von der Regierungszeit Alexanders des Großen (336–323) bis zu der des Syrerkönigs Antiochus IV. Epiphanes (176–164), den Verlauf des Makkabäeraufstandes und der nachfolgenden kriegerischen Auseinandersetzungen zwischen den um ihre Glaubensfreiheit kämpfenden Juden und den Seleukidenherrschern bis zu Antiochus VII. Sidetes (reg. 138–129). Anlaß zu der von dem Priester Mattathias aus Morin und seinen fünf Söhnen (Johannes, Simon, Judas Makkabäus, Eleasar, Jonathan) angeführten Volkserhebung war die radikale Hellenisierungspolitik und der Imperialismus des in Rom und Athen aufgewachsenen Antiochus IV. Als er 167, zwei Jahre nach seinem ersten Plünderungszug durch Palästina und der Schändung des Tempels von Jerusalem, mit einem großen Heer wiederkehrt, um die Stadt gänzlich einzunehmen und sie zu einer Festung (Akra) umzubauen, erheben sich die orthodoxaltgläubigen Juden, unter die sich die Makkabäer scharen, gegen die heidnischen Eindringlinge und die hellenistischen Reformjuden, die mit jenen kollaborieren. Der greise Mattathias bestimmt seinen Sohn Simon zum Weisen Rat der Glaubenstreuen und Judas Makkabäus zu ihrem militärischen Anführer.
Der Hauptteil des Buches schildert die wechselvollen Kämpfe der Juden gegen die Übermacht der Syrer, die dank der klugen Strategie des Judas und der Tapferkeit seiner Streitmacht mehrmals besiegt

und aus dem Land getrieben werden. In einer kurzen Friedensperiode wird der Tempel wiederaufgebaut und bei der Weihe des neuen Altars die Einführung des noch heute alljährlich begangenen Chanukka-Festes beschlossen. In den folgenden Jahren unterliegen die Juden den wiedererstarkten, rachedurstigen Gegnern. Nach Eleasar und Judas findet auch Jonathan, sein Nachfolger als Befehlshaber und ein geschickter Diplomat, den Tod. Sein jüngster Bruder Simon übernimmt nun die Führung. Vorübergehend gelingt es ihm, die Macht des Hohenpriesters zu festigen und das Land zu befrieden; doch endet er, zusammen mit seinen Söhnen Judas und Mattathias, durch Verrat. Von seinem dritten und letzten Sohn, Johannes Hyrkanus, heißt es, seine Taten »*sind beschrieben in einem eigenen Buch von der Zeit seiner Regierung, als er nach seinem Vater Hoherpriester war*«. Ein solches Buch ist jedoch nicht bekannt.

Das *1. Makkabäerbuch* beschreibt die geschichtlichen Vorgänge zwischen 175 und 135 mit auffälliger Nüchternheit und Gewissenhaftigkeit. Wenngleich bei weitem nicht alles als authentisch angesehen werden kann, gilt es als das historisch zuverlässigste alttestamentliche Geschichtswerk, auf das sich vor allem die alten jüdischen Historiker und die der frühchristlichen Zeit stützen. Strukturell ist es mit den Büchern des »Deuteronomisten« (ab *Buch der Richter*) verwandt, übertrifft aber dessen planvolle Gliederung noch. Daß »Gott« nie erwähnt wird – der Verfasser schreibt dafür meist »Himmel« – haben manche als ein Zeichen seines rein politischen Interesses und einen Mangel an Religiosität interpretiert, andere als »*eine gewisse Ängstlichkeit, die wir bei den Juden nach dem Exil feststellen, nämlich den hochheiligen und furchterregenden Namen Gottes in den Mund zu nehmen*« (P. J. Cools). Wie ausdrücklich erwähnt wird, basiert die Darstellung der Ereignisse auf verschiedenen Quellen; neben Chroniken und Annalen der Juden und vermutlich auch der Syrer hat der Autor vor allem das Archiv des Hohenpriesteramts in Jerusalem benutzt und Urkunden, Verträge, Briefe etc. zum Teil im Wortlaut in sein Buch eingearbeitet. Auch Augen- und Ohrenzeugenberichte fehlen nicht. Obwohl ein Gegner des griechischen Kultureinflusses, bedient er sich doch der griechischen Methode der Geschichtsschreibung, ist allerdings noch unberührt von jener Manier der pathetischen Übertreibung, die dem *2. Makkabäerbuch* viel von seiner Glaubwürdigkeit nimmt.

LITERATUR: Kommentare: E. Dimmler, *Tobias, Judith, Esther, Makkabäer*, M.-Gladbach 1922. – H. Bévenot, *Die beiden Makkabäerbücher*, Bonn 1931 (HISAT, IV/4). – D. Schötz, *Die Makkabäerbücher*, Würzburg 1948 (Echter-Bibel). – F.-M. Abel u. J. Starcky, *Les livres des Maccabées*, Paris ³1961 (Bible de Jérusalem).
Weitere Literatur: E. Meyer, *Ursprung u. Anfänge des Christentums*, Bd. 2, Lpzg. 1921, S. 121 bis 278; 454-462. – H. W. Ettelson, *The Integrity of I Maccabees*, New Haven 1925 (Transactions of the Connecticut Academy, 27). – W. Kolbe, *Beiträge zur syr. u. jüd. Geschichte. Kritische Untersuchungen zur Seleukidenliste u. zu der beiden ersten Makkabäerbüchern*, Stg. 1926. – E. Bickermann, *Die Makkabäer*, Bln. 1935. – Ders., *Der Gott der Makkabäer*, Bln. 1937. – W. Mölleken, *Geschichtsklitterung im I. Makkabäerbuch* in ZatW, 65, 1953, S. 205-228). – K.-D. Schunck, *Die Quellen des I. u. II. Makkabäerbuches*, Halle 1954. – W. R. Farmer, *Maccabees, Zealots and Josephus*, NY 1956. – B. Renaud, *La loi et les lois dans les Livres des Maccabées* (in RBi, 68, 1961, S. 39–67). – C. Schedl, *Geschichte des AT*, Bd. 5: *Die Fülle der Zeiten*, Innsbruck 1964.

8. Das 2. Buch der Makkabäer. – Das um die Zeitwende und – mit Ausnahme von zwei vorangestellten Briefen der Judenschaft von Jerusalem an ihre Glaubensbrüder in Ägypten – griechisch geschriebene Werk ist der Vorbemerkung nach die Kurzfassung einer verlorengegangenen fünfbändigen Geschichte der Makkabäerkriege, die der nicht näher bekannte IASON aus Kyrene gegen Ende des 2. Jh.s v. Chr. verfaßt haben soll. – Offensichtlich hat dieser oder aber der »Epitomator« (d. h. der Hersteller des Auszugs) die gleichen Quellen benutzt wie der Verfasser des *1. Makkabäerbuches*. Streckenweise läuft der Inhalt beider Bücher parallel (*1. Makkabäer* 1–7 entspricht *2. Makkabäer* 5–15), doch behandelt das zweite nur die Ereignisse zwischen 175 und 161 v. Chr. und führt diese breiter aus, wobei die chronologische Reihenfolge der Vorgänge von der im ersten Buch angegebenen manchmal abweicht. – Der Verfasser hat das historische Material aus seinem Vorlagewerk so ausgewählt und angeordnet, wie es ihm für sein Vorhaben am günstigsten schien: im Unterschied zu der nahezu untendenziösen Faktendarbietung im *1. Makkabäerbuch* will das zweite erbauen und für die ruhmreichen Taten der jüdischen Freiheitskämpfer, mehr aber noch für das wunderbare Eingreifen Gottes in die politisch-schicksalhaften Geschehnisse (z. B. die Bestrafung Heliodors, 3, 24 bis 35), schließlich auch für den kultischen Dienst Begeisterung erwecken. Mit Recht hat man daher die Gleichung aufgestellt, *Makkabäer I* verhält sich zu *Makkabäer II* wie das deuteronomistische Geschichtswerk zum chronistischen. Obwohl man dem ersten Buch größere historische Glaubwürdigkeit zugestehen muß, so besitzt doch auch das zweite Buch durch seine nicht nur schwärmerischen, übertreibenden, sondern auch vertiefenden Detailschilderungen bedeutenden Quellenwert.

Das *3.* und das *4. Buch der Makkabäer* sind nicht kanonisch; sie zählen zu den →*Apokryphen*.

LITERATUR: Kommentare: Vgl. *1. Makkabäer-Buch*. Weitere Literatur: A. Schlatter, *Jason von Kyrene. Ein Beitrag zu seiner Wiederherstellung*, Mchn. 1891. – R. Laqueur, *Kritische Untersuchungen zum zweiten Makkabäerbuch*, Straßburg 1904. – J. Wellhausen, *Über den geschichtlichen Wert des zweiten Makkabäerbuchs im Verhältnis zum ersten* (in NGG, 1905, S. 117–163). – W. Kappler, *De memoria alterius libri Maccabaeorum*, Diss. Göttingen 1929. – C. C. Torrey, *The Letters Prefixed to Second Maccabees* (in JAOS, 60, 1940, S. 119 bis 150). – L. Gil, *Sobre el estilo del Libro Secundo de los Macabeos* (in Emerita. Revista de Linguistica y Filologia Classica, 26, 1958, S. 11–32).

9. Zusätze zu Esther. – In der *Septuaginta* ist der Text des *Esther-Buches* um etwa die Hälfte länger als in der hebräischen Vorlage, und zwar durch neun nachträgliche Einschübe an verschiedenen Stellen der Schrift. In der *Vulgata* sind diese Abschnitte bereits ans Ende des Buches gesetzt. – Man unterscheidet drei Motive für die Hinzufügungen: Verstärkung der religiösen Tendenz dieser so auffällig profanen Schrift (durch Gebete Mardochais und Esthers); Wahrheitsbekräftigung der historisch durchaus nicht zuverlässigen An-

gaben (zwei mit Sicherheit griechisch geschriebene Edikte des Artaxerxes [nicht des Ahasveros, von dem das Buch eigentlich erzählt] über die Vernichtung der Juden und ihre Widerrufung sowie die Schlußbemerkung, daß die von dem Jerusalemer Juden LYSIMACHOS angefertigte Übersetzung des Buches 78/77 v. Chr. nach Ägypten gebracht worden sei); Textausschmückungen fabulierfreudiger hebräischer Redaktoren (Traumerzählung des Mardochai von der wunderbaren Errettung der Juden und die Deutung des Traums: der aus einem kleinen Brunnen, der zu einem großen Wasserstrom wird, ist Mardochais Pflegetochter Esther, die die Gemahlin des Perserkönigs Ahasveros wird). – Da alle diese Zusätze in der Übersetzung des erwähnten Lysimachos schon vorhanden waren, sind sie möglicherweise nicht viel später als das ganze übrige *Esther-Buch* entstanden, etwa um die Mitte des 2. Jh.s v. Chr.

LITERATUR: Vgl. *Esther-Buch*. – Ferner: E. L. Ehrlich, *Der Traum des Mardochai* (in ZRG, 7, 1955, S. 69–74).

10. Zusätze zu Daniel. – In der maßgeblich gewordenen griechischen *Daniel*-Übersetzung des THEODOTION und in der für dieses Buch ungebräuchlichen *Septuaginta*-Fassung des Textes sind an drei Stellen Zusätze enthalten, die in den überlieferten hebräisch-aramäischen Vorlagen fehlen, doch lassen auch diese Einschübe auf semitischen Ursprung schließen.
Bei Theodotion dem Buch vorgeschaltet, in der *Septuaginta* ans Ende gestellt, findet sich die Geschichte von Susanna und Daniel. Sie ist deutlich profaner Herkunft, möglicherweise aus dem Orientalischen entlehnt (sie kommt, abgewandelt, auch in den Märchen aus *Tausendundeiner Nacht* vor) und vereinigt zwei Märchenmotive: das der verfolgten Unschuld und das des weisen Knaben, der, als die Richter versagen, den Rechtsfall gerecht zu lösen vermag. – Gott hat den Geist eines »*jungen Mannes namens Daniel*« erweckt, damit er Susanna, der schönen und frommen Frau des reichen Juden Jojakim, beistehe, die auf das falsche Zeugnis zweier Lustgreise hin des Ehebruchs angeklagt und zum Tode verurteilt worden ist. Daniel erhält die Erlaubnis, die beiden Alten noch einmal getrennt zu verhören. Ihre widersprüchlichen Angaben über den Baum, unter dem der Ehebruch begangen worden sein soll, entlarven die Verleumder, die sich auf diese Weise an der von ihnen vergeblich begehrten »Susanna im Bade« rächen wollten. Den Tod, den sie ihr gewünscht haben, werden sie nun selbst erleiden. »*Daniel aber ward groß vor dem Volk von dem Tag an*«, heißt es am Ende dieser Episode, die wohl als »Jugenderlebnis« und erster Weisheitsbeweis des Propheten Daniel verstanden werden soll. – Wie die Geschichte von Judith wurde auch die von Susanna im 16. Jh. auf das Theater gebracht, u. a. von Sixt BIRCK (1532), Paul REBHUN (1535), Nikodemus FRISCHLIN (1577) und HEINRICH JULIUS VON BRAUNSCHWEIG (1593), wobei die Rollen der lüsternen Alten zu derbkomischen Szenen und die Residenzstadt Babylon zu prächtigem Dekor Gelegenheit boten.
Als zweiter Zusatz ist (nach *Daniel* 3, 23) das *Gebet Asarjas* und – als Antwort auf seine Erhörung – der *Gesang der drei Männer im Feuerofen* eingefügt. Asarja, einer der drei Begleiter Daniels, den man auf Geheiß Nebukadnezars in einen großen Ofen geworfen hat, bittet Gott, ihr Leben zu retten. Es scheint sich um die ungeschickte, eigenmächtige Beifügung eines frühen Redaktors zu handeln, die Parallelen bei *Daniel* 9, 4–19, *Jeremia*, *Esra*, *Nehemia* und im *Psalm* 51 hat, an dieser Stelle aber ganz unangebracht ist: Asarja bekennt dem Herrn Gesetzesübertretungen. Die Gefährten Daniels hatten sich den Zorn des Königs indessen gerade ihrer Gesetzestreue und Frömmigkeit wegen zugezogen. – Der 38 Verse umfassende Gesang der drei Geretteten zum Lob Gottes, in das einzustimmen sie die ganze Schöpfung auffordern, ist von ergreifender, schlichter Eindringlichkeit (»*Eis und Frost, lobet den Herrn, preiset und rühmet ihn ewiglich!*«) und als *Benedicite Domino* schon in frühchristlicher Zeit in die Liturgie eingegangen.
Der dritte Zusatz steht bei Theodotion am Ende des Buches, in der *Septuaginta* unter der Überschrift *Aus der Prophetie des Habakuk, des Sohnes des Jesus, aus dem Stamme Levi* nach der Susanna-Erzählung. Es ist die wiederum orientalische Märchenmotive aufgreifende Doppelerzählung *Vom Bel zu Babel* und *Vom Drachen zu Babel*. In beiden wird der heidnische Kult verspottet und von Daniel der Nachweis erbracht, daß die Götzenbilder nur aus Lehm und Erz bestehen. Durch eine List kann er den König davon überzeugen, daß nicht Bel die Opferspeisen verzehrt, sondern die Priesterschaft; dann bringt er den von den Assyrern ebenfalls für lebendig gehaltenen Drachen durch einen Fladen aus Pech, Fett und Haaren, den er ihm ins Maul wirft, zum Bersten. – Darauf folgt eine Variante der bereits in dem sechsten Kapitel erzählten Geschichte von Daniel in der Löwengrube: hier wird der von Gott durch die Lüfte aus Judäa herbeigeholte Prophet Habakuk zum Retter des Todgeweihten. Als der König nach sieben Tagen Daniel noch immer unversehrt unter den Löwen findet, läßt er, reuevoll und ergriffen von der Macht Gottes, ihn aus dem Graben herausholen. »*Aber die andern, so Daniel zum Tode wollten gebracht haben, ließ er in den Graben werfen und wurden alsbald vor seinen Augen von den Löwen verschlungen.*«
Die Version, die *Daniel* 6, 17–25, bietet, verdient schon deshalb den Vorrang, weil sie logischer ist. Dort heißt es, daß Gott Daniel einen Engel gesandt habe, auf daß er den Löwen den Rachen zuhalte; denn mit den Speisen des Habakuk allein wäre Daniel ja nicht zu retten gewesen. – Auch dieser Zusatz ist – ähnlich wie das Gebet Asarjas – nur irreführend und im Unterschied zu den meisten anderen Hinzufügungen zu den protokanonischen Büchern nicht als Gewinn anzusehen.   G. Wo.

LITERATUR: Vgl. *Prophetenbücher*, 4: *Daniel*. – Ferner: A. Scholz, *Commentar über das Buch Esther mit seinen Zusätzen u. über Susanna*, Würzburg/Wien 1892. – Ders., *Commentar über das Buch Judith u. über Bel und Drache*, Würzburg ²1896. – C. Julius, *Die griechischen Daniel-Zusätze u. ihre kanonische Geltung*, Neukirchen 1901 (BSt, 6, 3/4). – W. Baumgartner, *Susanna. Die Geschichte einer Legende* (in ARW, 24, 1926, S. 259–280). – C. Kuhl, *Die drei Männer im Feuerofen*, Bln. 1930 (BZAW, 55). – I. Lévi, *L'histoire de »Suzanne et les deux vieillards« dans la littérature juive* (in REJ, 95, 1933, S. 157–171). – B. Heller, *Die Susannaerzählung: ein Märchen* (in ZatW, 54, 1936, S. 281–287). – R. A. F. McKenzie, *The Meaning of the Susanna Story* (in Canadian Journal of Theology, 3, 1957, S. 211–218). – F. Zimmermann, *The Story of Susanna and Its Original Language* (in JQR, 48, 1957/58, S. 237–241).

ANONYM

ARISTEAS-BRIEF (griech.). Ein apologetisch-panegyrischer Roman in Briefform, angeblich von dem Griechen ARISTEAS, einem hohen militärischen Beamten am Hof Ptolemaios' II. Philadelphos (reg. 285-247/6 v. Chr.) in Alexandria, an seinen Bruder Philokrates geschrieben. Er stammt in Wirklichkeit von einem jüdisch-alexandrinischen Autor, der die umfangreiche Epistel unter Benutzung einer älteren Legende ums Jahr 100 v. Chr. verfaßt haben dürfte. Der Brief berichtet – mit vielen bunten Einlagen, wie Reiseerlebnissen, Tischgesprächen usw. – von der Entstehung der griechischen Übersetzung der *Thora*. Auf Veranlassung des Vorstands der alexandrinischen Bibliothek, Demetrios aus Phaleron (der tatsächlich niemals Bibliotheksvorstand gewesen ist und bei Regierungsantritt des Königs in Ungnade fiel), habe Ptolemaios eine Gesandtschaft zum Hohenpriester Eleazar nach Jerusalem geschickt, um dort weise Männer und Dolmetscher zu erbitten, die das heilige Buch der Juden ins Griechische übertragen könnten. 72 Gelehrte (daher der Name *Septuaginta*) sendet Eleazar nach Alexandria, die auf der Insel Pharos in 72 Tagen ihr Werk vollenden: vollendet, wie sich zeigt, denn ihr Text stimmt in allen Punkten überein. Ruhm und Lob, die sie für ihre Leistung ernten, ist bei der jüdischen Gemeinde und den gebildeten Griechen nicht geringer als beim König: reich beschenkt kehren sie in die Heimat zurück.
In seiner geschickt verhüllten und doch offenkundigen propagandistischen Absicht, der Verherrlichung des Judentums und der »Reklame« für die neue Bibelübersetzung, ist das Buch nicht nur ein Beweis für die Regsamkeit eines gemeinhin unterschätzten Teils der alexandrinischen Geisteswelt, sondern auch ein Zeugnis des jüdischen Ringens um Anerkennung und Assimilation, eines Prozesses, der sich 2000 Jahre später in unserem Land wiederholen sollte.
Im übrigen ist das Werk lediglich als Zeugnis der *Koinē*-Sprache literarisch erwähnenswert: nur die wohlmeinende Tendenz hebt es über das durchschnittliche Niveau rhetorisch aufgeputzter hellenistischer Romanproduktion hinaus. Der Inhalt freilich sicherte ihm Wertschätzung nicht nur bei jüdischen Schriftstellern wie PHILON und FLAVIUS IOSEPHUS, sondern vor allem (nach dem Sieg des Christentums) bei Kirchenvätern, Bischöfen und Laienfanatikern, denen die Gelegenheit höchst willkommen war, die Verbalinspiration nicht nur für die Verfasser der *Heiligen Schrift*, sondern auch für deren Übersetzer erwiesen zu sehen. E. Sch.

AUSGABEN: Basel 1561. – Lpzg. 1900, Hg. P. Wendland. – Neapel 1931, Hg. R. Tramontana [krit.]. – NY 1951, Hg. M. Hadas [m. engl. Übers.].

ÜBERSETZUNGEN: *Aristeas zu seinem bruder philocratem von den ain und sibenczigen auslegern*, D. Reysach, Augsburg 1502. – *Der Aristeas-Brief*, O. Waldeck (in *Volksausg. d. jüdisch-hellenist. Schrifts.d. 3 vorchristl. Jh.e*, Wien 1885). – Dass., P. Riessler (in P. R., *Altjüd. Schrifttum außerh. d. Bibel*, Augsburg 1928). – Dass., P. Wendland (in *Die Apokryphen u. Pseudoepigraphen d. AT*, Hg. E. Kautzsch, Bd. 2, Tübingen 1921, S. 1–31).

LITERATUR: J. G. Février, *La date, la composition et les sources de la lettre d'Aristée à Philocrate*, Paris 1924. – H. G. Mecham, *The Letter of Aristeas*, Manchester Univ. Press 1935. – B. H. Stricker, *De brief van Aristeas* (in Verhandlungen d. Kon. Nederl. Akad. van Wetenschappen, NR, Afd. letterkunde, 62, 4, 1956). – V. Tcherikover, *The Ideology of the »Letter of A.«* (in Harvard Theological Review, 51, 1958, S. 59–85). – R. Hanhart, *Fragen um d. Entsteh. d. Septuaginta* (in Vetus Testamentum, 12, 1962, S. 139–163).

ANONYM

APOKRYPHEN. – Ursprünglich Bezeichnung für ein nicht öffentlich zu verbreitendes (griech. *apokryphon*: Das Verborgene), weil als ketzerisch verworfenes Schrifttum. Als Apokryphen im allgemeinsten Sinn gelten heute Schriften, die mit der *Bibel* in engem Zusammenhang stehen, und zwar sowohl inhaltlich – indem sie sich mit biblischen Personen befassen – als auch formal – indem sie die in der *Bibel* vertretenen Literaturgattungen der Erzählung, der Prophetie, der Apokalypse, des Lehrbriefes usw. aufnehmen und fortführen. Daneben enthalten sie aber auch der *Bibel* fremde Elemente, etwa Vorstellungen des Volksglaubens und anderer von der Kirche nicht anerkannter Glaubensrichtungen (zum Beispiel der Gnosis), oder Wesenszüge der zeitgenössischen Literatur, wie des antiken Romans. Von den biblischen Büchern unterscheiden sie sich jedoch vor allem durch eines: sie sind trotz aller inhaltlichen Berührungen und stilistischen Ähnlichkeiten und trotz der Tatsache, daß sie »*durch Titel und sonstige Aussagen den Anspruch erheben, den Schriften des Kanons gleichwertig zu sein*« (W. Schneemelcher), nicht in den Kanon, d. h. in die im Lauf der Zeit von Judentum und Kirche offiziell anerkannte Zahl der Bücher der *Heiligen Schrift*, aufgenommen worden. Die *Apokryphen* erfreuen sich in neuerer Zeit bei der Forschung wachsenden Interesses, weil man mehr und mehr ihre Bedeutung für die Kirchen- und Dogmengeschichte, besonders für die religiösen Anschauungen des einfachen Volkes und für die von der Kirche abgelehnten Lehren erkennt. Nach ihrem Inhalt unterscheidet man *Apokryphen des Alten Testaments* und solche des *Neuen Testaments*. J. As.

LITERATUR: J.-B. Frey, *Apocryphes de l'Ancien Testament* (in DB,Suppl. 1, S. 354–460). –É.Amann, *Apocryphes du Nouveau Testament* (ebd., S. 460 bis 533). – R. Meyer u. A. Oepke, *Kanonisch und apokryph* (in G. Kittel, *Theologisches Wörterbuch zum NT*, 3, S. 979–999). – G. Bardy, *Apokryphen* (in RAC, 1, Sp. 516–520). – W. Schneemelcher u. E. Hennecke, *Neutestamentliche Apokryphen*, Bd. 1, Tübingen ³1959, S. 1–38.

APOKRYPHEN DES ALTEN TESTAMENTS

Von evangelischer Seite werden die von der katholischen Kirche als → *Deuterokanonische Bücher des Alten Testaments* bezeichneten Werke (vgl. *Bibel*) nicht zum Kanon des *Alten Testaments* gerechnet und als *Apokryphen des Alten Testaments* bezeichnet, während die hier behandelten, von den Katholiken *Apokryphen des Alten Testaments* genannten Schriften von den evangelischen Kirchen unter dem Titel *Pseudepigraphen des Alten Testaments* zusammengefaßt werden.
Die alttestamentlichen *Apokryphen* befassen sich mit Personen des *Alten Testaments* und schließen sich auch formal an die Literaturgattungen des *Alten Testaments* an. Nach ihrer Form kann man

sie einteilen in: *historische und erzählende Bücher, Lehr- und Erbauungsbücher, prophetische Bücher und Apokalypsen.*

1. Historische und erzählende Bücher. – Mehrere *Apokryphen* befassen sich mit Person und Leben des Stammvaters Adam. Auf ein jüdisches Werk (um 20 v. Chr. bis 70 n. Chr.) gehen drei Adam-Bücher zurück: ein griechisches, als *Apokalypse des Moses* bekannt, das lateinische *Leben Adams und Evas* sowie eine slavische Bearbeitung des gleichen Themas. Christlichen Ursprungs dagegen ist das äthiopische *Adam-Buch (→ Gadla Adām)*, das aus dem Arabischen übersetzt ist, ferner die syrische *Schatzhöhle (→ M'arrat gazzē)* und das syrische *Testament Adams.* Adam-Bücher in armenischer Sprache sind 1896 von den Mechitharisten in Venedig veröffentlicht worden. Trotz der Namensgleichheit hat das *Adam-Buch* der Mandäer *(→ Ginzā)* nichts mit diesen jüdischen und christlichen Adam-Büchern zu tun. Für die Geschichte der griechischen Übersetzung des *Alten Testaments* ist der → *Aristeas-Brief* von erheblichem Interesse. Er ist angeblich von ARISTEAS, einem Beamten des Königs Ptolemaios II. (reg. 285 bis 247/6 v. Chr.), verfaßt, wahrscheinlich aber erst Anfang des 1. Jh.s v. Chr. entstanden und berichtet von der Übersetzung des *Alten Testaments* aus dem Hebräischen ins Griechische durch 72 jüdische Gelehrte. – Das *3. Buch Esra*, wahrscheinlich ursprünglich griechisch verfaßt, schildert Heimkehr, Tempelbau und Mission Esras in Anlehnung an den biblischen Bericht. Das Buch ist wohl in der zweiten Hälfte des 2. Jh.s v. Chr. entstanden; es findet sich auch in den griechischen und lateinischen Ausgaben des *Alten Testaments.* – Jüdischen Ursprungs ist auch die Erzählung von *Joseph und Asenath*, die von der Begegnung des ägyptischen Joseph mit Asenath, der schönen und auf ihre Jungfräulichkeit bedachten Tochter des Priesters Pentephres von Heliopolis, berichtet, von ihrer Heirat, dem erfolglosen Anschlag auf das junge Paar, von Asenaths Großmut und Josephs Herrschaft über Ägypten. – Im *Buch der Jubiläen* (auch *Kleine Genesis* genannt) wird Moses auf dem Berge Sinai die ganze bisherige Weltgeschichte von der Schöpfung bis zum Auszug aus Ägypten (in Anlehnung an den biblischen Bericht von *Genesis* 1 bis *Exodus* 14) gezeigt, wobei die Geschichte in Abschnitte von 49 Jahren (»Jubiläen«) eingeteilt ist. – Das *3. Buch der Makkabäer*, vor 70 v. Chr. in Alexandria entstanden, bringt die Legende eines ursprünglich heidnischen Festes der ägyptischen Judenschaft (Errettung aus Gefahr). Der übersteigerte Wunderglaube, die Legendenform und der rhetorisch aufgebauschte Stil erweisen dieses Buch als historischen Roman. – Im *Rest der Worte Baruchs* (oder *Nachtrag zum Propheten Jeremias*), jüdischen Ursprungs, aber christlich überarbeitet, wird die Geschichte des Propheten Jeremias von der Eroberung Jerusalems bis zu seinem Tode erzählt. – Das *Testament Hiobs*, wohl im 1. Jh. v. Chr. in hebräisch verfaßt, betont im Anschluß an das biblische *Buch Hiob* den hohen Wert der Geduld und des Almosengebens, vertritt eine hochentwickelte Engellehre und zeigt besondere Hochschätzung der Jungfräulichkeit. – Das *Testament Salomons*, vielleicht im 1. Jh. n. Chr. auf jüdischer Grundlage von einem griechischen Christen verfaßt, zeigt Salomon als Herrscher über die Dämonen – etwa über den gefesselten Dämon Ornias, der ihm beim Tempelbau hilft – und läßt den König seinen durch die List seiner fremdstämmigen Weiber verursachten Abfall vom rechten Glauben beklagen.

2. Lehr- und Erbauungsbücher. – Das *Gebet des Manasse*, eine Erweiterung zu *2. Chronik* 33, 12f., enthält das Sündenbekenntnis und Bußgebet des Königs Manasses (reg. 698–643 v. Chr.). Dieses wohl griechisch verfaßte jüdische Werk wird vor dem 3. Jh. n. Chr. entstanden sein. – Das *4. Buch der Makkabäer* ist ein rein philosophischer Traktat, eine Diatribe mit Prolog und zwei Hauptteilen über das stoische Thema »die Vernunft als Herrin über die Affekte«. Es dürfte um die Zeit von 50 v. Chr. bis 50 n. Chr. in Alexandria entstanden sein. – Die *18 Psalmen Salomos*, im 1. Jh. v. Chr. hebräisch verfaßt, geben »*ein treues Bild der religiösen Stimmung innerhalb des palästinischen Judentums der letzten Zeit vor Christi Geburt*« (P. Rießler). – In den griechischen Bibelausgaben findet sich auch ein *Psalm 151*, den DAVID bei seinem Kampf mit Goliath gesprochen haben soll. – In den Zusammenhang der Lehr- und Erbauungsbücher gehört auch die sogenannte *Damaskusschrift.* – Apokryphenähnliche Bücher sind in unserer Zeit in Qumran gefunden worden, wie die sog. *Sektenregel, Kampf der Söhne des Lichts mit den Söhnen der Finsternis* u. a.

J. As.

AUSGABEN: C. v. Tischendorf, *Apocalypses apocryphae*, Lpzg. 1866. – M. R. James *Apocrypha anecdota*, 2 Bde., Cambridge 1893–1897. – E. Trumpp, *Der Kampf Adams*, Mchn. 1881. – A. Dillmann, *Das christliche Adambuch des Morgenlandes*, Göttingen 1853. – C. Bezold, *Die Schatzhöhle*, Lpzg. 1888. – H. G. Meecham, *The Letter of Aristeas*, Manchester 1935. – P. Batiffol, *Studia Patristica*, Bd. 1, Paris 1889, S. 1–87 [*Joseph und Asenath*]. – C. F. A. Dillmann, *Liber Jubilaeorum*, Göttingen 1859. – J. R. Harris, *The Rest of the Words of Baruch*, Ldn. 1889. – C. C. McCown, *The Testament of Solomon*, Ldn. 1922. – H. R. Harris, *The Odes and Psalms of Solomon*, 2 Bde., Manchester 1916–1920.

ÜBERSETZUNGEN: E. Kautzsch, *Die Apokryphen u. Pseudepigraphen des AT*, 2 Bde., Tübingen 1900; [2]1921. – R. H. Charles, *The Apocrypha and Pseudepigrapha of the Old Testament in English*, 2 Bde., Oxford 1913. – P. Rießler, *Altjüdisches Schrifttum außerhalb der Bibel*, Augsburg 1928.

LITERATUR: E. Schürer, *Geschichte des jüdischen Volkes im Zeitalter Jesu Christi*, Bd. 3, Lpzg. [4]1909, S. 188–629. – J.-B. Frey, *Apocryphes de l'Ancien Testament* (in *Dictionnaire de la Bible*, Suppl. 1, S. 354–460). – J. Göttsberger, *Einleitung in das AT*, Freiburg i. B. 1928, S. 388–398. – O. Eißfeldt, *Einleitung in das AT*, Tübingen [2]1956, S. 788–822.

3. Prophetische Bücher und Apokalypsen. – Apokalypsen (griech. *apokalypsis:* Enthüllung, Offenbarung) sind »*Offenbarungsschriften, die jenseitige und vor allem endzeitliche Geheimnisse enthüllen*« (P. Vielhauer). In der jüdischen Literatur entstanden solche Schriften in der Zeit von etwa 200 v. Chr. bis etwa 100 n. Chr., also in einer Zeit der Bedrückung und Fremdherrschaft. Gemeinsames Merkmal fast aller Apokalypsen ist ihre Pseudonymität: die Offenbarung wird einer berühmten Persönlichkeit der Vorzeit in den Mund gelegt, der Prophezeiung höheres Ansehen zu verleihen. Die Enthüllung der Zukunft, in der Hauptsache der Endzeit, wird vorwiegend durch Visionen vermittelt, wobei der Seher zuweilen in den Himmel oder in die Hölle entrückt wird (»Himmelfahrt«).

Manchem Seher wird diese Zukunftsschau erst am Ende seines Lebens zuteil, und er hinterläßt ihre Niederschrift als »Testament«.
Zur Beglaubigung ist der eigentlichen Offenbarung in der Regel in Form einer Weissagung *(vaticinium ex eventu)* ein Überblick über den bisherigen Geschichtsverlauf vorangestellt. Gemeinsam ist den Apokalypsen die Lehre von den zwei Weltzeiten (Äonen): die erste Weltzeit, in der die Mächte des Bösen herrschen, steht unmittelbar vor ihrer Vernichtung durch Gott, der in der kommenden, letzten Weltzeit in Ewigkeit und großer Herrlichkeit herrschen wird. Dabei zeigt sich ein ausgesprochener Pessimismus gegenüber der gegenwärtigen – bösen – Welt und ein starrer Determinismus, der den künftigen Geschichtsablauf bis zum nahen Weltende unabänderlich von Gott festgelegt sein läßt, ganz im Gegensatz zur Verkündigung der alttestamentlichen Prophetie, wo Unheil nur für den Fall angedroht wird, daß sich die Sünder nicht bekehren. Symbole aller Art, häufig auch Zahlensymbolik, spielen in diesen Texten eine große Rolle. Die Sprache ist gewollt dunkel und gesucht, um das angeblich hohe Alter und das Geheimnisvolle der Offenbarung zu unterstreichen. Die jüdischen Apokalypsen entspringen der von den alttestamentlichen Verheißungen genährten Hoffnung des jüdischen Volkes, aus der leidvollen Gegenwart unter der Fremdherrschaft der Diadochen und Römer durch Gottes Eingreifen in eine glückhafte, von politischer Macht und allgemeinem Wohlstand der Gläubigen gekennzeichnete Zukunft zu gelangen.
Von den Apokalypsen des *Alten Testaments* seien nur die wichtigsten genannt: Die erhaltene slavische *Apokalypse des Abraham* (1. Jh. n. Chr.) erzählt, wie sich Abraham zum Monotheismus bekehrt und schließlich vom siebten Himmel aus die ganze Weltgeschichte überblicken darf, die mit dem gerechten Ausgleich endet. – Die *Apokalypse des Baruch* ist in zwei Bearbeitungen erhalten: nach dem syrischen Text (um 100–130 n. Chr.) erhält Baruch Offenbarungen über die zwölf Weltalter vor der Ankunft des Messias, mit der das selige Endzeit beginnt. In der griechischen Rezension, die christliche Überarbeitung verrät, beklagt Baruch den Untergang Jerusalems und darf die göttlichen Geheimnisse schauen, während er durch fünf Himmel geführt wird. – Das *Buch des Elias* ist hebräisch erhalten: in den vierzig Jahren der Herrschaft des Messias gelangt Israel zur Weltherrschaft, und ein neues Zion steigt vom Himmel hernieder. Von diesem Buch abhängig ist die christlich überarbeitete koptische →*Elias-Apokalypse* (1. Jh. n. Chr.), worin Elias das Auftreten des Antichrist und seine Niederwerfung durch den Messias vorhersagt, der ein tausendjähriges Reich errichten wird. – Die ursprünglich jüdische, griechisch erhaltene und christlich überarbeitete *Apokalypse des Esra* berichtet in Form einer »Himmelfahrt« von der Himmel- und Höllenfahrt sowie dem Tod Esras. – Die *Apokalypse des Moses* und die *Vita Adae et Evae* schildern, auf der gleiche Vorlage zurückgehen, stellenweise wörtlich übereinstimmend, das Leben von Adam und Eva: beide tun Buße nach dem Sündenfall, doch läßt sich Eva vom Satan erneut verführen. Adam wird nach seinem Tod mit Abel zusammen im Paradies begraben. – Die koptisch erhaltene, stark christlich überarbeitete →*Sophonias-Apokalypse* lehrt den Unterschied zwischen dem besonderen Gericht des einzelnen Verstorbenen, das unmittelbar nach seinem Tod stattfindet, und dem allgemeinen Gericht am Jüngsten Tage. – Das *4. Buch Esra*, wohl um 100 n. Chr. in einer semitischen Sprache abgefaßt und christlich beeinflußt, zeigt in sieben Visionen den Gegensatz zwischen den vier Weltreichen und dem Reich des Messias und ist offensichtlich ein Trostbuch in schwerer Zeit. – Von der *Himmelfahrt des Moses*, jüdischen Ursprungs und bald nach 4 v. Chr. entstanden, ist nur eine lateinische Übersetzung des ersten Teiles erhalten: Moses offenbart vor seinem Hinscheiden Josua die Geschichte des jüdischen Volkes bis in die Endzeit. Die Schrift erinnert an Gedankengänge in den Schriften von Qumran. – Von der Gattung der sogenannten Testamente gehören verschiedene zu den Apokalypsen. Das *Testament Adams*, nur in Fragmenten erhalten, zeigt in Motiven wie dem Gotteslob, den Propheziehungen über den Messias und der Beschreibung der Aufgabe der neun Engelchöre christliches Gedankengut. Das *Testament Abrahams* (1.–2. Jh. n. Chr.), jüdischen Ursprungs, schildert Abrahams Himmelsreise, Rückkehr und Tod, das *Testament Isaaks* berichtet Entsprechendes von Isaak. – Umfangreicher sind die *Testamente der zwölf Patriarchen*. Das auf ein semitisches Original zurückgehende, aber nur griechisch erhaltene Werk bringt in Form von Mahnreden die Abschiedsworte der zwölf Söhne Jakobs. Ob es sich dabei um ein christliches Werk aus der Zeit von etwa 200 n. Chr. oder um ein älteres jüdisches Werk handelt, das der Gemeinde von Qumran nahesteht, ist noch nicht entschieden. – In Zusammenhang mit den Apokalypsen sind das *Henoch-Buch* (→ *Maṣḥafa Ḥēnōk*) und die *Sibyllinischen Weissagungen* (→ *Oracula sibyllina*) zu erwähnen. J. As.

AUSGABEN: C. v. Tischendorf, *Apocalypses apocryphae*, Lpzg. 1866. – G. H. Box, *The A. of Abraham*, Ldn. 1919. – M. Kmosko, *Liber apocalypseos Baruch filii Neriae* (in *Patrologia Syriaca*, I/2, Paris 1907, Sp. 1056–1207). – G. Steindorff, *Die A. des Elias*, Lpzg. 1899. – M. Buttenwieser, *Die hebräische Elias-A.*, Lpzg. 1897. – M. R. James, *The Testament of Abraham*, Cambridge 1892. – S. Gaselee, *The Testament of Isaac and Jacob*, Lpzg. 1927. – M. de Jonge, *The Testaments of the Twelve Patriarchs*, Assen 1953.

ÜBERSETZUNGEN: E. Kautzsch, *Die Apokryphen und Pseudepigraphen des AT*, Bd. 2, Tübingen 1900, S. 177–528. – P. Rießler, *Altjüdisches Schrifttum außerhalb der Bibel*, Augsburg 1928.

LITERATUR: W. Bousset u. H. Greßmann, *Die Religion des Judentums*, Tübingen ³1926. – S. B. Frost, *Old Testament Apocalyptic*, Ldn. 1952. – H. H. Rowley, *The Relevance of Apocalyptic: A Study of Jewish and Christian Apocalypses from Daniel to the Relevation*, NY 1955. – O. Eißfeldt, *Einleitung in das AT*, Tübingen ²1956, S. 788–822. – J. Sickenberger, Art. *Apokalyptik* (in RAC, 1, Sp. 504–510).

APOKRYPHEN DES NEUEN TESTAMENTS

Die *Apokryphen des Neuen Testaments* befassen sich mit Personen des *Neuen Testaments* – besonders mit dem Leben Jesu, seiner Eltern und seiner Jünger – sowie mit der endzeitlichen Zukunft. Der Form nach kann man sie, wie die kanonischen Bücher und die alttestamentlichen *Apokryphen*, einteilen in *historische und erzählende Bücher (Evangelien und Apostelgeschichten)*, *Lehr- und Erbauungsbücher (Briefe)* und *Prophetische Bücher (Apokalypsen)*.

AUSGABEN: J. A. Fabricius, *Codex apocryphus Novi Testamenti*, 2 Bde., Hbg. 1703–1719. –

A. Hilgenfeld, *Novum Testamentum extra Canonem receptum*, Lpzg. ²1884. – M. R. James, *Apocrypha anecdota*, 2 Bde., Cambridge 1893–1897. – E. Klostermann u. A. Harnack, *Apocrypha I–IV*, Bonn 1903 ff. (Kleine Texte für Vorlesungen und Übungen, 3, 8, 11, 12). – W. Wright, *Contributions to the Apocryphal Literature of the New Testament*, Ldn. 1865 [syr. Texte]. – Vgl. auch: *Apokalypsen, Apostelakten, Briefe, Evangelien* (innerhalb dieses Artikels).

Übersetzungen: M. R. James, *The Apocryphal New Testament*, Oxford 1924; ern. 1955. – W. Michaelis, *Die apokryphen Schriften zum NT*, Bremen 1956; ²1958. – W. Schneemelcher u. E. Hennecke, *Neutestamentliche Apokryphen in deutscher Übersetzung*, 2 Bde., Tübingen ³1959–1964 [mit reichen Literaturangaben].

Literatur: É. Amann, *Apocryphes du Nouveau Testament* (in *Dictionnaire de la Bible*, Suppl. 1, S. 460–533). – B. Altaner, *Patrologie*, Freiburg i. B. ⁶1960, S. 51–73.

1. Historische und erzählende Bücher

a) *Evangelien*. – Apokryphe Evangelien entstanden von den frühesten Zeiten des Christentums bis in das Mittelalter hinein in großer Zahl, doch ist nur ein Bruchteil auf uns gekommen. Ihrem Inhalt und ihrer literarischen Form nach kann man sie (nach W. Schneemelcher) drei Haupttypen zuordnen. Die Texte der ersten Gruppe stehen in engem Zusammenhang mit den kanonischen Evangelien; obwohl sie diese selbst oder deren Quellen benutzen und sich in Inhalt und Form kaum von ihnen unterscheiden, haben sie keine Aufnahme in den Kanon der *Heiligen Schrift* gefunden. Der Entstehungszeit nach gehören diese »außerkanonischen« Evangelien in das 1. und 2. Jh. Die Schriften des zweiten Typs füllen zum einen in stark volkstümlicher, phantasievoller Weise die von den kanonischen Evangelien weniger behandelten Abschnitte des Lebens Jesu mit Legenden auf; bevorzugte Themen sind Geburt, Kindheit und Jugend Jesu, sein Leiden und Sterben und – mit Vorliebe – seine Lehrtätigkeit in der Zeit zwischen Auferstehung und Himmelfahrt. Andere erzählen legendenähnliche Geschichten von Personen, die Jesus nahestehen, wie etwa Maria und Joseph, Johannes der Täufer, Pilatus u. a. Die Werke dieses Typs wollen nicht in erster Linie eine bestimmte Lehrmeinung vertreten, sondern unterhalten und erbauen. Sie sind daher nicht nur interessante Zeugnisse für die Frömmigkeit ihrer Epoche, sondern haben auch als beliebte und weitverbreitete Lektüre das Frömmigkeitsideal der folgenden Jahrhunderte stark beeinflußt. Den Werken des dritten Typs, von denen viele erst seit dem Fund von Nagʿ Hammadi in Oberägypten in ihrem vollen Wortlaut bekannt sind, ist neben gewissen Stileigentümlichkeiten besonders eine ausgeprägt lehrhafte, meist gnostisch gefärbte Tendenz gemeinsam. Sie wollen in der Form eines Evangeliums hauptsächlich Offenbarungsweisheit vermitteln: meist führt der auferstandene Christus vor seiner Himmelfahrt Gespräche mit seinen Jüngern und antwortet auf deren Fragen mit langen Offenbarungsreden. Hierher gehören etwa das *Evangelium des Bartholomäus*, das → *Johannes-Apokryphon*, die → *Sophia Jesu Christi*, der → *Dialog des Erlösers* und das koptische → *Thomas-Evangelium*. Einem etwas anderen Typ sind das *Evangelium der Wahrheit* (→ *Evangelium veritatis*) und das → *Evangelium nach Philippus* zuzurechnen. Diese gnostischen Evangelien »*sind Offenbarungsschriften, die die Worte des Erlösers und damit das* ›*Wissen*‹, *die* ›*Gnosis*‹ *vermitteln wollen*« (W. Schneemelcher).

Die apokryphen Evangelien sind teils innerhalb der Großkirche, teils in sektiererischen, besonders in gnostischen Kreisen entstanden. Zu den gnostischen Werken gehören fast alle Evangelien des dritten Typs; sie sind besonders bemüht, ihre häretischen Ansichten durch die Autorität Jesu zu decken. Für die historische Kenntnis des Lebens Jesu bringen die apokryphen Evangelien keine sicheren neuen Nachrichten. Von Bedeutung sind sie aber als Zeugnisse für die volkstümlichen Vorstellungen von Jesus und wegen der in ihnen vertretenen theologischen Ansichten.

Da von den zahlreichen apokryphen Evangelien im Laufe der Zeit viele wieder verlorengegangen sind, kennen wir von manchen nur noch die Titel, ohne Näheres über ihren Inhalt zu wissen. Hierbei gehören die *Evangelien*, die den Sektenhäuptern Apelles, Bardesanes, Basilides, Kerinth, Mani und Markion zugeschrieben wurden, ferner das *Evangelium der Eva, des Judas Iskariot*, das *Lebendige Evangelium*, das *Evangelium der Vollendung* u. a. Von anderen Evangelien haben sich wenigstens einige Zitate bei anderen Schriftstellern erhalten, so von den drei aus judenchristlichen Kreisen stammenden *Evangelien der Nazaräer, der Ebionäer und der Hebräer*, vom *Ägypterevangelium*, dem *Evangelium des Matthias* u. a. Besser sind wir über jene Evangelien unterrichtet, von denen wir, meist durch Papyrusfunde in Ägypten (etwa *Oxyrhynchos-Papyri* Nr. 1, 654, 655, 840, 1224; *Papyrus Egerton* 2, u. a.), größere Textstücke besitzen. Hier finden sich neben außerkanonischen Evangelien bekannten Typs auch Sammlungen angeblicher Jesusworte (sog. *logia*), die zum Teil auch von dem kürzlich gefundenen koptischen → *Thomas-Evangelium* bezeugt werden. Jesusworte, die nicht in den kanonischen Evangelien enthalten sind, werden aber auch sonst vereinzelt überliefert (sog. *agrapha*, d. h. »ungeschriebene [Worte]«). Zwei solcher Jesusworte finden sich auch im *Neuen Testament* (aber außerhalb der Evangelien: *1. Thessalonicherbrief* 4,16–17a; *Apostelgeschichte* 20,35), anderen begegnet man in Lesarten von Handschriften des *Neuen Testaments* und bei den alten Kirchenvätern sowie in sonstigen christlich-apokryphen, jüdischen und mohammedanischen Quellen. Doch dürfte nur eine recht begrenzte Anzahl von ihnen wirklich als Aussprüche Jesu in Frage kommen.

Von den erhaltenen Evangelien befaßt sich eine erste Gruppe mit Geburt und Kindheit Jesu. Hier ist das wichtigste und bekannteste Werk das *Protoevangelium des Jakobus*, wohl im 2. Jh. griechisch verfaßt und später in das Syrische, Armenische, Koptische und Altslavische übersetzt. Es erzählt in volkstümlicher und phantasievoller Art vom Leben Marias bis zum Kindermord in Bethlehem: es kennt die Eltern Marias mit Namen (Joachim und Anna), berichtet von der Darstellung Marias im Tempel und ihrem Leben als Tempeljungfrau bis zur Verlobung mit dem Witwer Joseph; wiederholt betont es die Jungfräulichkeit Marias. Diese Schrift ist zur Hauptquelle für alle späteren Marienlegenden geworden; zahlreiche Marienbilder stellen Szenen daraus dar, einige Feste (Darstellung Marias im Tempel, Joachim und Anna) gehen darauf zurück. Von größter Bedeutung für das Abendland wurde das *Evange-

lium des Pseudo-Matthäus (Liber de ortu beatae Mariae et infantia salvatoris), eine um die Wende vom 8. zum 9. Jh. entstandene lateinische Kompilation aus dem *Protoevangelium des Jakobus*, dem *Pseudo-Thomas* sowie mehreren anderen apokryphen und kanonischen Berichten. Durch dieses Werk wurden die Legenden der älteren Kindheitsevangelien auch im Abendland Gemeingut des Volkes und übten nachhaltigen Einfluß auf Literatur und Kunst aus; so geht beispielsweise die Darstellung von Ochs und Esel an der Krippe auf dieses Evangelium zurück. – Eine gekürzte und von dogmatisch anstößigen Stellen gereinigte Bearbeitung dieser Schrift stellt das lateinische *Buch von der Geburt Marias (Liber de nativitate Mariae)* dar, das die Lebensgeschichte der Gottesmutter bis zur Geburt Christi berichtet und, in die → *Legenda aurea* des JACOBUS DE VORAGINE aufgenommen, bis heute seine Wirkung ausübt. Eine andere Bearbeitung des gleichen Stoffes ist das lateinische *Buch von der Kindheit des Erlösers (Liber de infantia salvatoris)*, das in zwei Rezensionen erhalten ist. Es bringt einen von der übrigen Überlieferung abweichenden Bericht über die Geburt Christi und erzählt auch den Besuch der Magier. Eine zweite Gruppe behandelt die Jugendzeit des heranwachsenden Jesusknaben. Besonderer Beliebtheit und Verbreitung erfreute sich hier das gegen Ende des 2. Jh.s von einem Heidenchristen wahrscheinlich auf griechisch verfaßte *Evangelium des Pseudo-Thomas (Des israelitischen Philosophen Thomas Bericht über die Kindheit des Herrn)*, eine Sammlung teilweise recht alberner und geschmackloser Legenden über den Jesusknaben. Heute ist es nur noch von Interesse wegen seiner weiten Wirkung auf die folgende Literatur dieses Genres und wegen der Einblicke in Volksleben und Kindererziehung der damaligen Zeit. Lateinische, syrische, armenische und altslavische Übersetzungen zeugen von der Wertschätzung, die das Werk ehemals gefunden hat.

Im arabischen Sprachraum war ein arabisches *Kindheitsevangelium* verbreitet, das aus dem *Protoevangelium des Jakobus*, aus *Pseudo-Thomas* und anderen *Apokryphen* zusammengearbeitet war und wohl auf eine etwa im 6. Jh. entstandene syrische Vorlage zurückgeht. In seinem Mittelteil enthält es eine Sammlung orientalischer Legenden, die sich zum Teil bis nach Indien verfolgen lassen. – Auch die Armenier schufen sich ein *Kindheitsevangelium*, das etwa im 9./10. Jh. aus einer syrischen Vorlage übersetzt und um neue Motive bereichert worden ist. Hier treten zum Beispiel die Namen der Hl. Drei Könige in der Form Melkon, Baltasar und Gaspar auf. – In Ägypten entstand im 3./4. Jh. die → *Geschichte von Joseph dem Zimmermann*, die koptisch, arabisch und lateinisch erhalten ist: Jesus erzählt den Aposteln die Geschichte seines Vaters Joseph. Bei der Schilderung von Tod und Begräbnis werden Mythen und Gebräuche des Osiriskultes christlich umgedeutet.

Passion und Auferstehung Christi sind der Gegenstand einer dritten Gruppe apokrypher Evangelien. Das *Petrus-Evangelium*, wohl um die Mitte des 2. Jh.s in Syrien griechisch verfaßt, erzählt die Passions- und Auferstehungsgeschichte in Anlehnung an die kanonischen Evangelien, aber mit phantasievollen Ausschmückungen. – Mit den gleichen Begebenheiten befaßt sich nun ein Zyklus von Schriften über Pilatus, deren Grundstock die *Pilatus-Akten*, auch *Nikodemus-Evangelium* genannt, bilden. Die ältere der auf uns gekommenen griechischen Fassungen ist als Bearbeitung älterer Texte im Jahr 425 entstanden; sie schildert den Prozeß Jesu nach den angeblich von Nikodemus verfaßten Akten sowie die Kreuzigung, die Grablegung und die anschließenden Verhandlungen über die Auferstehung im jüdischen Synedrion. Diese *Pilatus-Akten* liegen auch in lateinischer, koptischer, syrischer, armenischer und arabischer Übersetzung vor. Später wurde daran ein Bericht über die *Höllenfahrt Christi* und seine Taten in der Unterwelt *(Descensus Christi ad inferos)* angeschlossen. Zum Komplex der *Pilatus-Akten* gehört auch noch eine ganze Reihe meist jüngerer, im Mittelalter entstandener *Apokryphen*, etwa ein angeblicher Briefwechsel zwischen Pilatus und Kaiser Tiberius sowie zwischen Pilatus und König Herodes, eine Berichterstattung des Pilatus an Kaiser Augustus *(Anaphora Pilati)*, woran sich der verhältnismäßig alte Bericht von der Auslieferung des Pilatus *(Paradosis Pilati)* und seiner Verurteilung durch den Kaiser anschließt, ferner die Erzählung vom Tod des Pilatus, die Erklärung des Joseph von Arimathäa u. a.

Zum Typus der Offenbarungsevangelien gehört das *Bartholomäus-Evangelium (Fragen des Bartholomäus;* → *Bartholomäus-Apokalypse)*, das wohl im 4. Jh. in gnostischen Kreisen Ägyptens verfaßt wurde und uns in fünf Rezensionen, zwei griechischen, zwei lateinischen und einer slavischen, vorliegt, wozu noch Fragmente koptischer Bearbeitungen kommen. Bartholomäus befragt den Auferstandenen und erhält die Antwort in langen Offenbarungsreden, besonders über Christi Höllenfahrt. – Zu dieser Gruppe gehören auch die gnostischen Werke → *Sophia Jesu Christi*, → *Pistis Sophia*, die beiden → *Bücher Jeû* und ebenso wohl mehrere der kürzlich in Nagʻ Hammadi in Oberägypten gefundenen, größtenteils noch nicht veröffentlichten gnostischen Schriften, wie etwa das → *Johannes-Apokryphon*, der → *Dialog des Erlösers*, das koptische → *Thomas-Evangelium*, das → *Evangelium veritatis*, das → *Evangelium nach Philippus*, das *Ägypterevangelium (Das heilige Buch des großen unsichtbaren Geistes)*, das → *Buch von Thomas dem Athleten*, unter Umständen auch noch andere, über deren Inhalt vorerst noch zuwenig bekannt ist. J. As.

AUSGABEN (teilw. m. Übers.): C. Thilo, *Codex apocryphus Novi Testamenti*, Bd. 1, Lpzg. 1832. – C. v. Tischendorf, *Apocalypses apocryphae*, Lpzg. 1866. – Ders., *Evangelia apocrypha*, Lpzg. ²1876. – C. Michel u. P. Peeters, *Les évangiles apocryphes*, Bd. 1, Paris 1911; ²1924; Bd. 2, 1914 [m. Übers.]. – G. Bonaccorsi, *Vangeli apocrifi*, Bd. 1, Florenz 1948 [m. Übers.]. – A. de Santos Otero, *Los evangelios apócrifos*, Madrid ²1963 [bequeme Ausg. der griech. u. lat. Texte m. span. Übers., reiche Literaturangaben]. – E. Tayecʻi, *Ankanon girkʻ nor ktakaranacʻ*, 2 Bde., Venedig 1899 [arm.]. – P. de Lagarde, *Aegyptiaca*, Göttingen 1883, S. 1–63 [kopt. u. arab.]. – W. Wright, *Contributions to the Apocryphal Literature of the New Testament*, Ldn. 1865 [syr.; m. Übers.]. – E. A. W. Budge, *The History of the Blessed Virgin Mary*, Ldn. 1899 [m. Übers.]. – M. Testuz, *Papyrus Bodmer V. Nativité de Marie*, Cologny/Genf 1958 [m. Übers.].

ÜBERSETZUNGEN: W. Michaelis, *Die apokryphen Schriften zum NT*, Bremen ²1958, S. 46–214. – W. Schneemelcher u. E. Hennecke, *Neutestamentliche*

Apokryphen in deutscher Übersetzung, Bd. 1: *Evangelien*, Tübingen ³1959 [Standardwerk, reiche Literaturangaben]. – F. Robinson, *Coptic Apocryphal Gospels*, Cambridge 1896. – R. Basset, *Les apocryphes éthiopiens traduits en français*, Paris 1893. – S. Morenz, *Die Geschichte von Joseph dem Zimmermann*, Bln. 1951.

Literatur: F. Haase, *Literarkritische Untersuchungen zur orientalisch-apokryphen Evangelienliteratur*, Lpzg. 1912. – O. Bardenhewer, *Geschichte der altkirchlichen Literatur*, Bd. 1, Freiburg i. B. ²1913, S. 498–547 [Nachdr. Darmstadt 1962]. – K. L. Schmidt, *Kanonische und apokryphe Evangelien und Apostelgeschichten*, Basel 1944. – W. Michaelis, *Die apokryphen Schriften zum NT*, Bremen ²1958, S. 28–45. – J. Michl, *Evangelien, II. Apokryphe E.* (in LThK², 3, Sp. 1217–1233; reiche Literaturangaben). – W. Schneemelcher (s. oben), S. 41–51. – W. C. van Unnik, *Evangelien aus dem Nilsand*, Ffm. 1960. – B. Altaner, *Patrologie*, Freiburg i. B. ⁶1960, S. 54–59 [m. Bibliogr.]. – A. de Santos Otero, *Los evangelios apócrifos*, Madrid ²1963, S. 1–26 [reiche Literaturangaben]. – C. Michel u. P. Peeters, *Les évangiles apocryphes*, 1, Paris ²1924, S. I–XXXII. – Baumstark, S. 69f. – Graf, 1, S. 224–257. – Tarchnišvili, S. 328–355, 500. – Urbina, S. 217f.

b) *Apostelgeschichten* (griech. *praxeis*, lat. *acta*: »Taten«, »Geschichte«; griech. auch *periodoi*: »Wanderungen«). – Die apokryphen Apostelgeschichten sind später als andere neutestamentliche Apokryphen in häretischen – meist gnostischen – Kreisen entstanden und gehören ohne Ausnahme in die vulgärchristliche Volksliteratur der Spätantike. Dort, wo die kanonische → *Apostelgeschichte* schwieg, ergänzten andere – anonyme – Autoren die Geschichte skrupellos nach eigenem Gutdünken und boten ihrem lesehungrigen Publikum Legenden und bis ins Groteske übertriebene Wundererzählungen. Ihre Quellen waren vielfach orientalische Märchen und Volkssagen. In einzelnen Teilen stehen die apokryphen Apostelgeschichten unter dem direkten Einfluß der heidnischen Romanliteratur. Aus ihr stammen auch die gelegentlich auftretenden – für den antiken Roman charakteristischen – erotischen Elemente: so führt z. B. das Auftreten vornehmer Frauen als Verehrerinnen der Apostel im Verlauf des Geschehens – da ja die Lehre der Apostel die Askese überbetont – zu gesellschaftlichen Konflikten und in den meisten Fällen zum Untergang der Glaubenshelden. Bei den äußeren Daten wie Zeit- und Ortsangaben usw. haben sich die Verfasser eng an die kanonische *Apostelgeschichte* gehalten – offensichtlich, um auch in ihren (eigennützigen, häretischen) Zusätzen glaubwürdig zu wirken. Die Vorteile, die es brachte, wenn ein Apostel in der Gemeinde geweilt hatte, sind ein weiterer Grund für die üppige Legendenproduktion, die bis ins 5. Jh. anhielt.

Die → *Paulus-Akten* umfassen (wie der von C. Schmidt edierten koptischen Übersetzung zu entnehmen ist) mehrere getrennt überlieferte Teile, und zwar die *Thekla-Akten* (*Praxeis Paulu kai Theklēs* oder *Martyrion tēs hagias prōtomartyros Theklēs*; in Hieronymus' *De viris illustribus* werden sie *Periodoi Pauli et Theclae* genannt), einen gefälschten Briefwechsel des Paulus mit den Korinthern und das *Martyrium des heiligen Apostels Paulus* (*Martyrion tu hagiu apostolu Paulu*). – In der *Thekla-Legende* wird der Auferstehungsglaube mit der rigorosen Forderung geschlechtlicher Enthaltsamkeit verknüpft. Die Erzählung begleitet Paulus nach Ikonion, wo er durch seine Predigt die Jungfrau Thekla für das sittliche Ideal des Christentums gewinnt; durch Selbsttaufe Christin geworden, wird sie immer wieder auf wunderbare Weise aus den widerwärtigsten Situationen errettet. Ob der Erzählung ein geschichtlicher Kern innewohnt, ist zweifelhaft. Als Verfasser gilt – auf Grund einer Notiz bei Tertullian – ein kleinasiatischer Presbyter, der das Werk um das Jahr 180 niederschrieb.

Die *Petrus-Akten* (*Praxeis Petru*) sind nur bruchstückhaft überliefert. Am umfangreichsten ist das nach seinem Fundort als *Actus Vercellenses* benannte lateinische Fragment, das vom Kampf des Apostels Paulus mit dem Wunderkünstler Simon Magus erzählt (2. Teil). Dieser stiftete, nachdem der Apostel Paulus nach Spanien abgereist war (1. Teil), mit seinen Mirakeln in der römischen Gemeinde große Verwirrung; er wird aber von Petrus besiegt und verunglückt tödlich bei einem Flugversuch. Der letzte (3.) Teil, der auch im griechischen Original enthalten ist, erzählt das Martyrium des Petrus und enthält auch die Episode, in welcher der Apostel die berühmte Frage stellt: »Domine, quo vadis?« – Im 3. Jh. entstand eine weitere Erzählung über die beiden großen Apostel: die *Geschichte der heiligen Apostel Petrus und Paulus* (*Praxeis tōn hagiōn apostolōn Petru kai Paulu*), die kein häretisches Elemente enthält, im Gegenteil, vielleicht sogar verfaßt wurde, um häretischen Erzählungen zu verdrängen.

Die → *Andreas-Akten* sind ebenfalls nur in Bruchstücken erhalten: sie enthalten *Die Geschichte des Andreas und Matthias in der Stadt der Menschenfresser* (*Praxeis Andreu kai Mattheia eis tēn polin tōn anthrōpophagōn*) und ihre Fortsetzung: *Die Geschichte der heiligen Apostel Petrus und Andreas* (*Praxeis tōn hagiōn apostolōn Petru kai Andrea*). Hier wird erzählt, wie Andreas das Opfer seiner Moralpredigten wird. Als nämlich unter seinem Einfluß Maximilla, die Gemahlin des Statthalters von Achaia, sich der das Ideal der Enthaltsamkeit verkündenden Lehre zuwendet, läßt der erboste Ehemann den Apostel kreuzigen. Die Reden des Apostels sind in einer Handschrift der Vatikanischen Bibliothek erhalten, die Geschichte seines Martyriums in mehreren Rezensionen.

Die *Johannes-Akten* sind ganz eindeutig gnostischen Ursprungs. In Form eines Augenzeugenberichts erzählen sie von dem an absonderlichen Wundern reichen Leben des Lieblingsjüngers Jesu. Ihr Verfasser war angeblich ein gewisser Leukios Charinos, der seit dem 5. Jh. in der Literatur immer wieder als Autor häretischer Schriften zitiert wird. (In der *Bibliothēkē* des Photios, cod. 114, wird ihm eine ganze Sammlung häretischer Apostelakten zugeschrieben.) – Die *Thomas-Akten* sind syrischen Ursprungs (erste Hälfte des 3. Jh.s). Sie sind in syrischer, griechischer, äthiopischer und armenischer Bearbeitung sowie in zwei lateinischen Fassungen erhalten. Sie erzählen von der Missionsreise des Thomas nach Indien, seinem Wirken und seinem Martyrium. Die Einflüsse heidnischer Literatur treten in dieser Erzählung besonders offen zutage. Wundersame Begebenheiten bilden die Regel: Tiere reden und werden auf wunderbare Weise getauft, Tote werden erweckt und erzählen vom Jenseits. In den eingeschobenen Hymnen dringt hellenistische Symbolik in die Erzählung ein. Der *Seelenhymnus* ist (wie R. Merkelbach nachgewiesen hat) von den *Aithiopika* des HELIODOR abhängig.

Eine Sonderstellung innerhalb der erzählenden Apokryphen nimmt die zweifach überlieferte *Thaddäus-Legende* ein, da sie zur Gattung der romanhaften Briefliteratur gehört. Die erste Version findet sich in der *Kirchengeschichte* des EUSEBIOS (1, 13), der ein Aktenstück des Archivs von Edessa aus dem Syrischen ins Griechische übersetzte. Es enthält die angebliche Korrespondenz zwischen Christus und dem Fürsten Abgar dem Schwarzen von Edessa. Der Fürst hatte Jesus gebeten, nach Edessa zu kommen und ihn zu heilen, worauf dieser geantwortet haben soll, er werde nach seiner Himmelfahrt einen Jünger schicken. Später soll dann (nach Eusebios) der Apostel Thomas den Jünger Thaddaios geschickt haben, der Abgar heilte und dessen Untertanen zum Evangelium bekehrte. – Das zweite Dokument, die → *Doctrina Addaei*, ist die syrische Version, nach der die Antwort Christi nicht schriftlich, sondern mündlich erfolgt sein soll. Die ursprüngliche Version des Briefwechsels dürfte Anfang des 3. Jh.s entstanden sein.

Die übrigen Apostelakten – *Philippus-, Matthäus-, Bartholomäus-, Markus-, Timotheus-* und *Barnabas-Akten* – sind später entstanden (4./5. Jh.). Die *Barnabas-Akten (Periodoi kai martyrion tu hagiu Barnaba tu apostolu – Reisen und Martyrium des heiligen Apostels Barnabas)* enthalten ausgezeichnete Angaben über die Topographie und Geographie von Kypros. A. Ku.

Zu *Apokryphe Apostelgeschichten* im ganzen:

AUSGABEN: J. A. Fabricius, *Codex apocryphus Novi Testamenti*, 2, Hbg. 1703. – C. v. Tischendorf, *Acta apostolorum apocrypha*, Lpzg. 1851 [dazu Additamenta in den *Apocalypses apocryphae*, Lpzg. 1866]. – R. A. Lipsius u. M. Bonnet [nach C. v. Tischendorf], *Acta apostolorum apocrypha*, 2 Bde. in 3 Tln., Lpzg. 1891–1903; Nachdr. Darmstadt 1959 [Bd. 1: *Acta Petri, Acta Pauli, Acta Petri et Pauli, Acta Pauli et Theclae, Acta Thaddaei;* Bd. 2/1: *Passio Andreae, Martyria Andreae, Acta Andreae et Matthiae, Acta Petri et Andreae, Passio Bartholomaei, Acta Ioannis, Martyrium Matthaei;* Bd. 2/2: *Acta Philippi et Acta Thomae*, accedunt *Acta Barnabae*]. – C. Khurcikidze, *Recensions géoriennes des Actes apocryphes des apôtres, d'après des manuscrits de IXe–XIe siècles*, Tiflis 1959. – W. Wright, *Apocryphal Acts of the Apostles*, 2 Bde., Ldn. 1871 [syr.; m. Übers.]. – E. A. W. Budge, *The Contendings of the Apostles*, 2 Bde., Ldn. 1901 [äth.; m. Übers.]. – A. Smith Lewis, *The Mythological Acts of the Apostles*, Cambridge 1904 (Horae Semiticae, 4; arab.). – P. Vetter (in OC, 1901, S. 217f.; 1903, S. 16f.; 324f.; arm.). – I. Guidi, *Frammenti copti*, Rom 1888 [kopt.].

ÜBERSETZUNGEN: *Neutestamentliche Apokryphen*, Hg., Übers., Einl. E. Hennecke, Tübingen/Lpzg. 1904. – *Die apokryphen Evangelien des NT* (Akten, Briefe, Apokalypsen u. Agrapha), Hg. Daniel-Rops, Übers. O. v. Nostiz, J. Tyciak, Zürich 1956. – *Die apokryphen Schriften zum NT*, Übers., Erl. W. Michaelis, Bremen 1956 (Slg. Dieterich, 129).

LITERATUR: R. A. Lipsius, *Die apokryphen Apostelgeschichten u. Apostellegenden*, 2 Bde., Braunschweig 1883–1890. – J. E. Weis-Liebersdorf, *Christus- und Apostelbilder, Einfluß der Apokryphen auf die ältesten Kunsttypen*. Freiburg i. B. 1902. – F. Piontek, *Die katholische Kirche und die häretischen Apostelgeschichten bis zum Ausgang des sechsten Jh.s*, Breslau 1908 (Kirchengeschichtl. Abhandlungen, Hg. M. Sdralek, 6, S. 1–71). – F. Haase, *Apostel u. Evangelisten in den oriental. Überlieferungen*, Lpzg. 1922. – H. Ljungvik, *Studien zur Sprache d. apokryphen Apostelgeschichten*, Diss. Uppsala 1926. – R. Söder, *Die apokryphen Apostelgeschichten u. d. Literatur der Antike*, Stg. 1932 (Würzburger Studien zur Altertumswissenschaft, 3). – M. Blumenthal, *Formen und Motive in den apokryphen Apostelgeschichten*, Lpzg. 1933 (TU, 48/1). – A. Wikenhauser, *Doppelträume* (in Biblica, 29, 1948, S. 100–111). – U. Fabricius, *Die Legende im Bild des ersten Jahrtausends der Kirche. Der Einfluß der Apokryphen und Pseudepigraphen auf die christl. u. byzantin. Kunst*, Kassel 1956. – E. Goodspeed, *Modern Apocrypha*, Boston 1956. – P. Gusmáo, *La meditación en los Apócrifos* (in EphMariol, 4, 1957, S. 329–338).

Zu *Paulus- und Thekla-Akten:*

AUSGABEN: W. Schubart u. C. Schmidt, *Praxeis Paulu – Acta Pauli* [nach einem Papyrus der Hbg. Staats- u. Universitätsbibl.], Hbg. 1936 [griech. Fragm.]. – O. v. Gebhardt, *Passio S. Theclae virginis*, Lpzg. 1902 (TU, 22/2; lat. Version). – E. J. Goodspeed, *The Book of Thekla* (in The American Journal of Semitic Languages and Literature, 17, 1901; kopt. Vers.). – W. Wright, *Apocryphal Acts of the Apostles*, Ldn. 1871, Bd. 1, S. 128–169; Bd. 2, S. 116–145 [syr. Vers.].

ÜBERSETZUNGEN: M. R. James, *The Apocryphal New Testament*, Oxford 1924, S. 270–299 [Neudr. 1955]. – F. Amiot, *La Bible apocryphe*, Paris 1952, S. 226–251.

LITERATUR: A. Harnack, *Drei wenig beachtete Cyprianische Schriften und die Acta Pauli*, Lpzg. 1899 (TU, 19/3). – C. Holzhey, *Die Thekla-Akten. Ihre Verbreitung und Beurteilung in der kirchengeschichtl. Seminar München*, 2, 7). – F. J. Dölger, *Der heidnische Glaube an die Wirkungskraft des Fürbittgebetes für die vorzeitig Gestorbenen nach den Theklaakten* (in AC, 2, 1930, S. 13–16). – E. Peterson, *Einige Bemerkungen zum Hamburger Papyrusfragment der »Acta Pauli«* (in Frühkirche, Judentum und Gnosis, Rom/Freiburg/Wien 1959, S. 183–208). – R. Kasser, *Acta Pauli 1959* (in RHPhR, 40, 1960, S. 45–57).

Zu *Andreas-Akten:*

AUSGABE: J. Flammion, *Les Actes apocryphes de l'apôtre André. Les Actes d'André et de Matthias, de Pierre et d'André et les textes apparentés*, Löwen 1911.

LITERATUR: F. Blatt, *Die lateinischen Bearbeitungen der Acta Andreae et Matthiae apud anthropophagos*. Gießen 1930 [m. sprachl. Komm.]. – L. Rademacher, *Zu den Acta Andreae et Matthiae* (in WSt, 1930, S. 108). – G. Quispel, *An Unknown Fragment of the Acts of Andrew*, Pap. Copt. Utrecht N. 1 (in VC, 10, 1956, S. 129–148). – F. Dvornik, *L'idée de l'apostolicité à Byzance et la légende de l'apôtre André* (in Actes du Xe Congrès International d'Études Byzantines 1955, Istanbul 1957, S. 322–326).

Zu *Johannes-Akten:*

AUSGABEN: T. Zahn, *Acta Johannis*, Erlangen 1880. – M. R. James, *Apocrypha anecdota*, Ser. 3, Cambridge 1897, S. 1–25.

Übersetzungen: B. Pick, *The Apocryphal Acts of Paul, Peter, John, Andrew and Thomas*, Chicago 1909. – F. Amiot, *La Bible apocryphe*, Paris 1952, S. 157–184.

Literatur: T. Zahn, *Die Wanderungen des Apostels Johannes* (in NKZ, 10, 1899, S. 191–218). – R. H. Connolly, *The Original Language of the Syrian Acts of John* (in JThSt, 8, 1907, S. 249–261). – Ders., *The Diatessaron in the Syrian Acts of John* (in JThSt, 8, 1907, S. 571 ff.). – V. C. MacMum, *The Menelaus Episode in the Syriac Acts of John* (in JThSt, 12, 1911, S. 463–465).

Zu *Thomas-Akten*:

Ausgabe: J. C. Thilo, *Acta S. Thomae*, Lpzg. 1823.

Übersetzungen: B. Pick, *The Apocryphal Acts of Paul, Peter, John, Andrew and Thomas*, Chicago 1909. – F. Amiot, *La Bible apocryphe*, Paris 1952, S. 262–274.

Literatur: K. Macke, *Syrische Lieder gnostischen Ursprungs, eine Studie über die apokryphen syrischen Thomasakten* (in ThQ, 56, 1874, S. 1–70). – Ders., *Hymnen aus dem Zweiströmeland*, Mainz 1882, S. 246–259. – A. A. Bevan, *The Hymn of the Soul, Contained in the Syriac Acts of St. Thomas*, Cambridge 1897 (Texts and Studies, 5,3). – W. Bousset, *Hauptprobleme der Gnosis*, Göttingen 1907, S. 276–319. – F. Haase, *Zur bardesanischen Gnosis*, Lpzg. 1910, S. 50–67. – F. Rostalski, *Sprachliches zu den apokryphen Apostelgeschichten; 1. Teil: Die casus obliqui in den Thomasakten*, Progr. Myslowitz 1911. – J. Dahlmann, *Die Thomaslegende und die ältesten historischen Beziehungen des Christentums zum fernen Osten*, Freiburg i. B. 1912. – A. Väth, *Der hl. Thomas, der Apostel Indiens*, Bd. 2, Aachen 1925. – E. Buonaiuti, *Le origini dell'ascetismo cristiano*, Pinerolo 1928, S. 109 bis 122. – G. Bornkamm, *Mythos und Legende in den apokryphen Thomasakten*, Göttingen 1933. – R. H. Conolly, *A Negative Golden Rule in the Syriac Acts of Thomas* (in JThSt, 36, 1935, S. 553–557). – E. G. Pantelakis (in Theologia, 16, 1938, S. 5–31). – P. Devos, *Actes de Thomas et Actes de Paul* (in AnBoll, 69, 1951, S. 119–130). – A. F. J. Klijn, *The So-called Hymn of the Pearl*, Acts of Thomas ch. 108–113 (in VC, 14, 1960, S. 154–164). – R. Merkelbach, *Roman und Mysterium in der Antike*, Mchn./Bln. 1962, S. 299 ff.

Zu *Thaddäus-Legende*:

Ausgaben (meist m. Übers.): Cureton, *Ancient Syriac Documents*, Ldn. 1864, S. 5–23 [m. engl. Übers.]. – G. Phillips, *The Doctrine of Addai, the Apostle*, Ldn. 1876 [syr. Vers.; m. engl. Übers., Anm.]. – L. Alishan, *Laboubnia. Lettre d'Abgar, ou Histoire de la conversion des Édesséens par Laboubnia, écrivain contemporain des apôtres*, Venedig 1868 [armen. Vers.; m. frz. Übers.].

Literatur: R. A. Lipsius, *Die edessauische Abgarsage kritisch untersucht*, Braunschweig 1880. – K. C. A. Matthes, *Die edessanische Abgarsage auf ihre Fortbildung untersucht*, Diss. Lpzg. 1882. – E. v. Dobschütz, *Christusbilder*, Lpzg. 1889, S. 102–196 (TU, 18). – Ders., *Der Briefwechsel zwischen Abgar und Jesus* (in Zs. f. wissenschaftl. Theologie, 43, 1900, S. 422–486). – E. Schwartz, *Zur Abgar-Legende* (in ZntW, 1903, S. 61–66). – St. Runciman, *Some Remarks on the Image of Edessa* (in Cambridge Historical Journal, 3, 1929–1931, S. 238–252). – W. Bauer, *Rechtgläubigkeit und Ketzerei im ältesten Christentum*, Tübingen 1934, S. 7–10; 15–17; 40–45. – S. Giversen, *Ad Abgarum. The Sahidic Version of the Letter to Abgar on a Wooden Tablet* (in Acta Orientalia, 24, Kopenhagen 1959, S. 71–82).

Zu *Philippus-, Matthäus-, Bartholomäus-, Markus-, Timotheus- u. Barnabas-Akten*:

Ausgaben: MG 115 [Markus-Akten]. – H. Usener, *Acta S. Timothei*, Bonn 1877.

Literatur: J. Flammion, *Les trois recensions grecques du martyre de l'apôtre Philippe* (in *Mélanges d'histoire offerts à Chr. Moeller* 1, Löwen 1914). – E. Peterson, *Die Haeretiker der Philippusakten* (in ZntW, 31, 1932, S. 97 ff). – Ders., *Zum Messalianismus der Philippus-Akten* (in OC, 7, 1932, S. 172 bis 179).

2. Lehr- und Erbauungsbücher (Briefe). – Im Gegensatz zu den apokryphen Evangelien, Apostelgeschichten und Apokalypsen sind die apokryphen Briefe des *Neuen Testaments* an Zahl, Umfang und Bedeutung ziemlich gering. Einige dieser Briefe werden Christus selbst zugeschrieben, andere einzelnen Jüngern oder der Gesamtheit der Apostel. Unter den angeblichen *Briefen Christi* fand neben dem der erzählenden Literatur zuzurechnenden Briefwechsel zwischen König Abgar von Edessa und Christus vor allem ein »*vom Himmel gefallener*« *Brief Jesu* weite Verbreitung, in dem Jesus unter Drohungen und Verheißungen die Heilighaltung des Sonntags verlangt (darum auch *Sonntagsbrief* genannt). Entstehungszeit (6. Jh.?) und Sprache des Originals (lat. oder griech.) sind noch ungeklärt. Der Brief ist in lateinischen, griechischen, syrischen, armenischen, arabischen und äthiopischen Fassungen und einigen weiteren Übersetzungen erhalten. – Als »Brief der Apostel« insgesamt gibt sich die *Epistula Apostolorum*. Sie bringt in der Form eines Rundschreibens der elf Apostel an die Kirchen der ganzen Welt eine kurze Darstellung des Lebens Jesu, berichtet dann aber in den Hauptsache Gespräche Jesu mit seinen Jüngern aus der Zeit zwischen Auferstehung und Himmelfahrt. Jesus sagt die künftigen Geschicke der Kirche, die Auferstehung der Toten, Gericht und Vergeltung voraus. Die Schrift, die gnostische Einflüsse verrät, ist wahrscheinlich um 170 in Ägypten entstanden und liegt in einer überarbeiteten äthiopischen Übersetzung, einer verstümmelten koptischen Fassung und in einem lateinischen Fragment vor.

Dem Apostel Paulus wird ein *3. Brief an die Korinther* und ein *Laodicenerbrief* zugeschrieben, welch letzterer fast ganz aus Zitaten echter *Paulus-Briefe* zusammengestellt ist. Außerdem wird ein angeblicher *Briefwechsel zwischen Paulus und Seneca* überliefert, der acht kurze Briefe Senecas und sechs meist noch kürzere Briefe des Apostels umfaßt. Seneca bewundert die christliche Lehre und beklagt den Brand Roms und die Christenverfolgung. Paulus fordert den Philosophen auf, am Kaiserhof die christliche Lehre zu verkünden. Die Briefe dürften in der zweiten Hälfte des 4. Jh.s in lateinischer Sprache verfaßt worden sein. – Von den apokryphen *Petrusbriefen* ist der *Brief an Jakobus von Jerusalem*, der als Einleitungsschreiben zu den *Pseudo-Klementinen* griechisch erhalten ist, wohl der bekannteste und älteste (2. Jh.). Jakobus wird gebeten, die ihm schriftlich übersandten Predigten des Petrus nur den Judenchristen bekannt zu machen. – Auch den Jüngern Jakobus und Johannes werden apokryphe Briefe zugeschrieben. Von größerem Interesse ist ein *Brief des Apostelschülers Titus*, der in einer Würzburger Handschrift (8. Jh.) erhalten ist und wahrscheinlich »*im Zusammenhang mit der priszillianischen Bewegung in den asketischen Kreisen der spanischen Kirche im Laufe des fünften Jahrhunderts*« (de Santos Otero) entstanden ist. Das Schreiben empfiehlt den Stand der Ehelosigkeit und bekämpft das Syneisaktentum (»geistliche Ehe«). – Großes Ansehen erlangte in der alten Kirche der → *Barnabas-Brief*, ein von einem unbekannten Autor in der ersten Hälfte des 2. Jh.s griechisch abgefaßtes Lehr- und Mahnschreiben, das fälschlich dem BARNABAS, dem Begleiter des Apostels Paulus, zugeschrieben wurde. Der Brief – das einzige radikal judenfeindliche Dokument des Christentums – behandelt lehrhaft das Verhältnis zwischen dem für Teufelswerk erklärten *Alten* und dem *Neuen Testament* und die Wege des Lichtes und der Finsternis, die der Mensch einschlagen kann. Wegen der Beziehungen zu der in Alexandrien geübten Art der Schriftauslegung und Religionsphilosophie wird man an Ägypten als Ursprungsland denken dürfen. Das Schreiben wurde bereits im 3. Jh. ins Lateinische übersetzt.　　　　　　　　　　　　　J. As.

AUSGABEN: A. Vassiliev, *Anecdota Graeco-Byzantina*, Moskau 1893, S. 23–32 [*Sonntagsbrief*]. – M. Bittner, *Der vom Himmel gefallene Brief Christi in seinen morgenländischen Versionen und Rezensionen*, Wien 1905. – C. Schmidt, *Gespräche Jesu mit seinen Jüngern nach der Auferstehung*, Lpzg. 1919. – A. Harnack, *Apocrypha IV: Die apokryphen Briefe des Paulus an die Laodicener und Korinther*, Bln. [2]1931. – M. Testuz, *La correspondance apocryphe de S. Paul et des Corinthiens*, Brügge 1960 (Recherches bibliques, 5). – C. W. Barlow, *Epistolae Senecae ad Paulum et Pauli ad Senecam*, Rom 1938. – B. Rehm u. J. Irmscher, *Die Pseudoklementinen*, 1, Bln. 1953. – D. de Bruyne (in Revue Bénédictine, 37, 1925, S. 47–72; *Ps.-Titusbrief*). – K. Bihlmeyer, *Die apostolischen Väter*, Tl. 1, Tübingen [2]1956, S. 10–34 [*Barnabas-Brief*].

ÜBERSETZUNGEN: W. Michaelis, *Die apokryphen Schriften zum NT*, Bremen [2]1958. – W. Schneemelcher u. E. Hennecke, *Neutestamentliche Apokryphen*, 2, Tübingen [3]1964, S. 80–109.

LITERATUR: É. Amann, *Apocryphes du Nouveau Testament* (in *Dictionnaire de la Bible*, Suppl. 1, S. 518–525). – B. Altaner, *Patrologie*, Freiburg i. B. [6]1960, S. 65–68. – J. Michl (in LThK[2], Sp. 688–693).

3. Prophetische Bücher (Apokalypsen). – Im Anschluß an die jüdische Apokalyptik entstanden vom 2. Jh. n. Chr. an auch zahlreiche christliche Apokalypsen teils durch Überarbeitung jüdischer Werke, teils als Neuschöpfungen großkirchlicher oder häretischer, besonders gnostischer Kreise. Diese Schriften wurden meist neutestamentlichen Personen, wie den Aposteln und der Muttergottes, zugeschrieben. Hier sind die Christen das leidende Gottesvolk, für das Christus als Messias die – in breiten Schilderungen ausgemalte – selige Endzeit heraufführt. In den Werken finden sich manche uralte orientalische Elemente, die über die Apokalypsen bis in das Mittelalter (DANTE), ja bis in die Neuzeit hinein gewirkt haben. Wertvoll sind diese Texte als Zeugnisse des volkstümlichen Engelglaubens, der sich eben entwickelnden Heiligenverehrung, der verschiedenen dogmatischen Anschauungen wie der moralischen Mißstände ihrer Zeit. Die Apokalypsen wurden im Mittelalter viel

mutter und berühmten Männern des *Alten Testaments*. Das Werk verrät Abhängigkeit von anderen Apokryphen, wie den → *Elias*- und → *Sophonias-Apokalypsen*, dem slavischen *Henoch* und dem gelesen, auch oft umgearbeitet und neuen Anschauungen angepaßt. Aus diesem Grunde ist die Überlieferungsgeschichte der Texte ziemlich verworren.

Die ursprünglich wohl griechisch verfaßte, aber nur äthiopisch und in griechischen und lateinischen Fragmenten erhaltene *Himmelfahrt des Isaias* ist aus mehreren Stücken zusammengesetzt: an eine jüdische Legende über das Martyrium des Isaias (1. Jh. v. Chr.) wurde eine Weissagung über Christus und seine Kirche angefügt; abgeschlossen wurde das Ganze durch eine Vision des Isaias (2. Jh. n. Chr.). Später wurde das Buch zu einer christlichen *Isaias-Legende* umgearbeitet. – Die *Petrus-Apokalypse* (um 135 n. Chr.) verschmilzt jüdische, orientalisch-heidnische und pythagoreische Höllenvorstellungen – wie später Dantes *Divina Commedia* – zu einer Schilderung der Straforte für die einzelnen Sünder und der »*Sonnenschönheit des Himmels der heimgegangenen Brüder*«. Das Werk ist in einer äthiopischen Übersetzung und in griechischen Fragmenten erhalten. Das *5.* und *6. Buch Esra* sind je zwei Zusatzkapitel, die am Anfang und Ende des *4. Buches Esra* stehen. Das *5. Buch Esra* ist eine christliche Apokalypse, deren erster Teil sich gegen das jüdische Volk richtet, während der zweite Teil eine trostvolle Verheißung an das Christenvolk bringt. Das *6. Buch Esra* dagegen bietet eine eindrucksvolle Schilderung des unter Kriegen und Naturkatastrophen hereinbrechenden Weltendes und tröstet das Gottesvolk, das zwar verfolgt, aber schließlich gerettet werden wird. – Dem Apostel JOHANNES werden drei jüngere Apokalypsen zugeschrieben. Eine längere, griechisch erhaltene (wohl 5. Jh.) schildert das Wirken des Antichrist, das Schicksal der einzelnen bei der Auferstehung, ihre Höllenstrafen und Paradiesesfreuden. Eine kürzere, ebenfalls griechisch erhaltene *Johannes-Apokalypse* scheint zwischen dem 6. und dem 8. Jh. entstanden zu sein. Eine dritte, koptisch überlieferte läßt Johannes auf einer Himmelsreise die Geheimnisse der Welt schauen.

Unter dem Namen der Gottesmutter MARIA gehen zwei Offenbarungsschriften: in der *Apokalypse der heiligen Gottesgebärerin über die Strafen*, die wahrscheinlich erst im 9. Jh. entstanden ist und in griechischer, armenischer, äthiopischer und altslavischer Gestalt vorliegt, schaut Maria die Strafen der Verdammten und bittet um Gnade für sie. Die äthiopisch erhaltene *Apokalypse* oder *Vision der Jungfrau Maria* (→ *Rā'ya egze'etna Māryām*) ist frühestens im 7. Jh. entstanden. Von Interesse ist auch die umfangreiche *Paulus-Apokalypse* (4./5.Jh.). Da ihr griechischer Urtext nur auszugsweise erhalten ist, ist ihr ältester und vollständigster Textzeuge die lateinische und daneben auch die koptische Übersetzung. Ferner sind syrische, armenische, äthiopische und slavische Bearbeitungen erhalten, die zum Teil stark voneinander abweichen. Paulus wird hier in den dritten Himmel entrückt und belehrt, daß nur die göttliche Geduld das längst fällige Strafgericht noch hinauszögert; er sieht, wie die Engel Gott über die Menschen Bericht erstatten und wie es den Seelen der eben Verstorbenen ergeht. Vom Paradies aus darf er sodann die Erde schauen, und er besichtigt die Stadt Christi, wo die Seligen wohnen, und die Hölle der Verdammten. Nach seiner Rückkehr ins Paradies begegnet er der Gottes-

Testament des Hiob. Die *Thomas-Apokalypse* (spätestens 5. Jh.) liegt in zwei lateinischen Bearbeitungen vor, deren kürzere die ursprünglichere Fassung wiedergibt. Die griechische Vorlage ist verloren. In Anlehnung an die »Sieben Siegel« in der neutestamentlichen → *Offenbarung des Johannes* werden hier die Ereignisse des Jüngsten Tages auf sieben Tage verteilt. Manichäische Einflüsse sind wahrscheinlich. – In weiterem Sinn gehören zu den apokryphen Apokalypsen das *Buch des Elchesai* (entstanden zur Zeit Kaiser Trajans, reg. 98–117), das uns nur aus Zitaten bei HIPPOLYTOS und EPIPHANIOS bekannt ist, manche der in Ägypten gefundenen gnostischen Schriften in koptischer Sprache wie etwa das → *Johannes-Apokryphon* und die christliche Bearbeitung der *Sibyllinen*. J. As.

AUSGABEN (meist mit Übersetzung): C. v. Tischendorf, *Apocalypses apocryphae*, Lpzg. 1866. – M. R. James, *Apocrypha anecdota*, 2 Bde., Cambridge, 1893–1897. – E. A. W. Budge, *Coptic Apocrypha in the Dialect of Upper Egypt*, Ldn. 1913. – R. H. Charles, *The Ascension of Isaiah*, Ldn. 1900. – S. Grébaut, *L'Apocalypse de Pierre* (in Revue de l'Orient Chrétien, 15, 1910, S. 198–214; 307–323; 425–439. – R. L. Bensly, *The Fourth Book of Ezra*, Cambridge 1895. – M. Chaîne, *Apocrypha de B. Maria Virgine* (CSCO, 39 u. 40). – Th. Silverstein, *Visio S. Pauli*, Ldn. 1935. – S. Vanderlinden, *Revelatio S. Stephani* (in Revue des Études Byzantines, 1, 1946, S. 178–217). – P. Bihlmeyer, *Un texte non interpolé de l'Apocalypse de Thomas* (in Revue Bénédictine, 28, 1911, S. 270–282).

ÜBERSETZUNGEN: W. Michaelis, *Die Apokryphen. Schriften um NT*, Bremen ²1958. – W. Schneemelcher u. E. Hennecke, *Neutestamentliche Apokryphen*, Bd. 2, Tübingen ³1964, S. 454–572.

LITERATUR: P. Volz, *Die Eschatologie der jüdischen Gemeinde im neutestamentlichen Zeitalter*, Tübingen ²1934. – H. Bietenhard, *Die himmlische Welt im Urchristentum und Spätjudentum*, Tübingen 1951. – W. Schneemelcher u. E. Hennecke, *Neutestamentliche Apokryphen*, 2, Tübingen ³1964, S. 407–454. – G. Kittel, *Theologisches Wörterbuch zum NT*, S. 565–597 (A. Oepke). – H. H. Rowley, *The Relevance of Apocalyptic: A Study of Jewish and Christian Apocalypses from Daniel to the Relevation*, NY 1955. – B. Altaner, *Patrologie*, Freiburg i. B. ⁶1960, S. 68–73.

ANONYM

EVANGELIEN (griech.). – Seit dem 2. Jh. Sammelbezeichnung für die unter den Namen Matthäus, Markus, Lukas und Johannes in griechischer Sprache überlieferten Schriften über Leben, Lehre, Tod und Auferstehung des Jesus von Nazareth. – Die dem Begriff Evangelium zugrunde liegende Vorstellung der »Heilsbotschaft« war Gemeingut des griechisch-römischen, orientalischen und jüdischen Denkens. Das Wort *euangelion* bedeutet im griechischen Kulturkreis »Lohn für Überbringung guter Botschaft«, aber auch die gute Botschaft selbst. Religiöse Bedeutung gewann der Begriff im antiken Orakelwesen, vor allem im römischen Kaiserkult. Auch im Hebräischen bezeichnet der entsprechende Begriff sowohl die Botschaft wie den Botenlohn, doch wird er im *Alten Testament* selten und nur profan gebraucht. Erst »Deuterojesaja« gab dem Verb *bissar* (Botschaft bringen) die feste Beziehung auf den Gottesboten, der die eschatologische Freudenbotschaft ausruft und damit verwirklicht. Jesus selbst nahm die alttestamentliche prophetische Tradition auf, indem er seine Worte und sein Kommen in dem seinen Zeitgenossen durchaus geläufigen Wort Evangelium zusammenfaßte.

Das *Matthäus-Evangelium* ist anonym überliefert. Die altkirchliche Tradition, es sei von dem Jünger Matthäus verfaßt, kann heute nicht mehr aufrechterhalten werden. Von einigen Kommentatoren wird der Name Matthäus allenfalls noch mit einer aramäischen Quelle des in den achtziger Jahren griechisch aufgezeichneten Evangeliums in Verbindung gebracht. Der Verfasser des unter diesem Namen kanonisierten Evangeliums war sicher kein Augenzeuge der Vorgänge, über die er berichtet. Der Ort der Abfassung ist in Syrien, und zwar in einer judenchristlichen Gemeinde zu suchen.

Das *Markus-Evangelium* dürfte um das Jahr 70 aufgezeichnet worden sein. Auch sein Verfasser, der sich nicht zu erkennen gibt, ist historisch nicht mit Sicherheit nachweisbar. Er ist vermutlich in Jerusalem aufgewachsen und könnte Jesu Auftreten und Sterben dort miterlebt haben. Die erste Notiz über die Entstehung dieses Evangeliums, der von EUSEBIOS aus Kaisareia (geb. um 275) in seiner Kirchengeschichte erwähnte Bericht des Papias aus den ersten Jahrzehnten des 2. Jh.s, weist auf Johannes Markus, den aus der *Apostelgeschichte* bekannten Begleiter des PAULUS, ist aber historisch nicht unbedingt stichhaltig.

Das *Lukas-Evangelium* ist als erster Teil des sogenannten lukanischen Geschichtswerks anzusehen (den zweiten Teil bildet die *Apostelgeschichte*). Obwohl es anonym überliefert ist, gilt nach altkirchlicher Tradition der Reisebegleiter des Paulus, der Arzt Lukas, als sein Verfasser. Gewiß ist nur, daß dieser ein Heidenchrist war und in gutem Griechisch für Heidenchristen geschrieben hat – wie man annimmt, in den Jahren zwischen 70 und 90. Über den Abfassungsort ist mit Sicherheit nur zu sagen, daß er außerhalb Palästinas lag.

Das *Johannes-Evangelium* ist gleichfalls anonym überliefert, doch knüpfte sich an – später eingefügte – Hinweise auf den Jünger Johannes die allerdings aus apologetischen Gründen schon im 2. Jh. bestrittene altkirchliche Tradition, dieser Apostel sei der Verfasser. Wer dieser wirklich war, blieb im dunkeln. Man neigt im allgemeinen zu der Anschauung, daß er aus einer heterodoxen Gruppe jüdischer Gnostiker, wie es sie auch in Qumran gab, kam und im letzten Jahrzehnt des 1. Jh.s sein Evangelium im Osten, vielleicht in Syrien, niedergeschrieben hat.

Den vier Evangelien gemeinsam ist die Darstellung des Wirkens Jesu von der Zeit seiner Begegnung mit Johannes dem Täufer bis zu seinem Tod; den Abschluß bildet bei allen der Bericht über die Auferstehung. Dabei verbindet die drei ersten Evangelien (Matthäus, Markus und Lukas) in Sprache, Aufriß und Quellenmaterial so viel, daß sie zusammenschauend (»synoptisch«) betrachtet werden müssen. Seit J. J. GRIESBACH 1776 die parallelen Texte zum Vergleich nebeneinander drucken ließ, wird für die drei ersten Evangelisten die Bezeichnung »Synoptiker« verwendet.

Versucht man, die Evangelien – zunächst ohne Zuhilfenahme der fast zweitausendjährigen theologischen Interpretation – als nichts anderes denn als eines der wirkungsmächtigsten Literaturwerke aller Zeiten zu lesen und diese Wirkung zu begreifen, so ergibt sich als erster Eindruck, daß jede der vier heiligen Schriften der Christenheit sich von der anderen – teilweise beträchtlich – unterscheidet. Keine ist nur Dokument eines Aufsehen erregenden Vorgangs, Bericht über das Leben und Sterben des Jesus von Nazareth, der von den Armen und den Sündern als Sohn Gottes begrüßt und von den Strenggläubigen als Gotteslästerer gekreuzigt wurde; jede läßt bereits mehr oder weniger deutlich die Hand des Redaktors erkennen, der den überlieferten Stoff – und sei es nur, indem er auswählt und ordnet – gestaltet. »Das« Evangelium gibt es also, da sein Verkünder und Repräsentant, wie fast alle großen Religionsstifter, kein geschriebenes Wort hinterlassen hat und da kein unmittelbar von Hörern und Augenzeugen aufgezeichneter Bericht überliefert wurde, nicht in seiner ursprünglichen, also *einen*, sondern in (vierfach) abgewandelter literarischer Gestalt.

Das theologische Problem – ein Problem des Glaubens und der Wahrheit –, das sich aus diesem Tatbestand ergibt, liegt auf der Hand, und der bis heute nicht abreißende Strom der Evangelienkommentare legt ein beredtes Zeugnis davon ab. Den Evangelien blieb das Schicksal aller heiligen Schriften nicht erspart, von einem Meer gelehrter Auslegungen überflutet zu werden, derart, daß ein voraussetzungsloses Lesen auch der schlichten Texte der Synoptiker kaum noch möglich und statthaft erscheint: ein Sachverhalt, der, sosehr er sich historisch rechtfertigen läßt, angesichts der Tatsache, daß sich der, von dem sie künden, an die geistlich Armen wandte, ebenso paradox wirken muß wie die andere Tatsache, daß zweitausend Jahre christlicher Dogmen- und Kirchengeschichte heute für sehr viele Menschen den Zugang zur Keimzelle des christlichen Glaubens heillos blockieren. Nun sind aber die Evangelien, wiederum wie alle heiligen Schriften, auch ein Stück Literatur, das, wie jedes schriftlich fixierte Werk, unmittelbar, etwa von einem Nichtchristen, als ein in einer bestimmten Form vorliegender Text gelesen werden kann, dessen Inhalt auch dem etwas sagt, der nicht weiß, wie er theologisch und dogmatisch interpretiert wird: vier Variationen über ein Thema, die in ihrer formalen und geistigen Eigenart durch nichts als genaues Lesen erfaßt und miteinander verglichen werden können als Versuche, sehr verschiedener Individualitäten, einen ungeheuren Eindruck festzuhalten und zu deuten. Eine solche ihre formalen und inhaltlichen Besonderheiten vergleichende Lektüre der einzelnen Evangelien wird sich nicht an die Reihenfolge des Kanons halten, sondern mit dem ältesten, als dem vermutlich ursprünglichsten von ihnen, beginnen.

Das *Markus-Evangelium* ist das nach Form und Inhalt knappste der vier Evangelien. Als einziges von ihnen setzt es schon im Prolog die frohe Botschaft und ihren Überbringer nahezu gleich: »*Dies ist der Anfang des Evangeliums von Jesus Christus.*« Es berichtet nichts über Abstammung und Kindheit Jesu, sondern beginnt mit einem Bericht über den Bußprediger Johannes, zu dem Jesus von Nazareth eines Tages kommt, um sich taufen zu lassen und bei dieser Gelegenheit durch eine Offenbarung zu erfahren, daß er Gottes Sohn ist. Nach Johannes' Gefangennahme setzt er gewissermaßen dessen Predigtwerk fort, verkündet, daß das Reich Gottes nahe sei, und fordert zur Buße auf. Er lehrt »*mit Vollmacht und nicht wie die Schriftgelehrten*« – und löst damit bei seinen Hörern Entsetzen aus. »*Und er lehrte sie vieles in Gleichnissen*«, ja: »*Ohne Gleichnisse redet er nicht zu ihnen*« – auch das scheint ungewöhnlich zu sein, da es besonders hervorgehoben wird. In überaus einprägsamen Bildern aus ihrem Erfahrungsbereich »*sagte er ihnen das Wort so, wie sie es zu hören vermochten*«: das Reich Gottes wächst wie die Saat, die aufgeht, ohne daß der Sämann es weiß, oder wie ein Senfkorn, das zunächst der kleinste unter allen Samen auf Erden ist, »*und wird größer als alle Sträucher und treibt große Zweige, so daß die Vögel unter dem Himmel unter seinem Schatten wohnen können*«. Einen im Verhältnis breiteren Raum als die Gleichnisse nehmen bei Markus die Wundertaten Jesu ein. Ausführlich wird über Dämonenaustreibungen bei Besessenen und Heilungen von Krankheiten berichtet, die dem Wundertäter einen Zulauf des Volkes eintragen, dem er sich immer wieder durch die Flucht und durch die Bitte, über die Heilung zu schweigen, zu entziehen sucht. Aber wenn sie nicht ablassen, ihm weit über Land zu folgen, zögert er nicht, auf wunderbare Weise das Brot zu vermehren, damit die Jünger die, die ihn hören wollen, nicht fortschicken müssen. Als diese Jünger, die, ohne sich zu besinnen, ihren Beruf aufgaben, um ihn zu begleiten, ihm auf die Frage, wofür sie ihn halten, antworten: »*Du bist der Christus!*«, untersagt er ihnen drohend, dies öffentlich zu äußern, fährt aber trotzdem fort, in der Öffentlichkeit nicht nur zu heilen, sondern auch Sünden zu vergeben, was den Schriftgelehrten den Vorwurf der Gotteslästerung nahelegt, denn: »*Wer kann Sünden vergeben, denn allein Gott?*«

Der »Menschensohn« nimmt aber nicht nur das für sich in Anspruch, und entsetzt seine Umwelt auch durch eine sehr eigenwillige Auffassung von dem, was Sünde ist, und das ist, neben Gleichnispredigten und Wundern, der dritte nachhaltige Eindruck, der in Markus' Bericht – wie es scheint weniger abgeschwächt, spontaner als in den anderen Evangelien – festgehalten ist; der Erzähler hat noch nicht begonnen, über die Ungeheuerlichkeit zu reflektieren, daß für diesen Wundertäter Sünde etwas völlig anderes ist als ein Verstoß gegen das gesamte religiöse Leben beherrschenden Gebote, wie Fasten, Reinheit, Sabbatheiligung. Sünde, so erklärt er sein und seiner Jünger sorglose Nichtachtung der Reinigungsgebote, kann nichts Äußeres sein, es kann nur etwas sein, »*was aus dem Herzen*« kommt. Wer es zu jener Zeit wagte, den Juden, die ihren Umgang mit Gott mit Hilfe eines lückenlosen Systems von Gesetzen gesichert hatten, zu erklären, daß alle Speisen rein seien und daß der Sabbat um des Menschen willen gemacht sei und der Mensch um des Sabbats willen, wer das alte Gebot, Gott über alle Dinge und den Nächsten wie sich selbst zu lieben, wieder mit allem Nachdruck über alle Brandopfer und Schlachtopfer stellte und den Hütern des Tempels vorwarf, daß sie aus dem Bethaus ein »Schlachthaus« gemacht hätten, und wer von Sündern und Zöllnern offensichtlich mehr hielt als von Pharisäern und Schriftgelehrten, der traf die herrschende Frömmigkeit an ihren Wurzeln und mußte entweder ein Verbrecher sein oder tatsächlich der Sohn, der durch eine Revolution den Willen des göttlichen Vaters vollstreckte. Er ist sich völlig klar darüber, welches Schicksal ihm die so schonungslos Angegriffenen bereiten werden. Ihren Fangfragen entzieht er sich sehr geschickt, so, wenn sie wissen wollen, aus wessen Vollmacht er handle, oder wenn sie ihn fragen, ob es recht sei, dem Kaiser Steuer zu zahlen. Unbeirrt folgt er seinem Weg, als sehe er ihn vorgezeichnet vor sich, so sehr Mensch, daß er nicht nur vor der unausbleiblichen Katastrophe fleht, Gott möge den Kelch von ihm nehmen, sondern daß ihm am Kreuz auch die Verzweiflung darüber, daß Gott ihn verlassen habe, nicht erspart bleibt. (Nur der Erzähler des *Lukas-Evangeliums* begriff, welch furchtbare Möglichkeit des Zweifels sich hier andeutete: er allein läßt Jesus als letztes Wort ein Wort des Glaubens sprechen: »*Vater in Deine Hände befehle ich meinen Geist.*«)

Begnügt sich Markus weitgehend damit, die Erkenntnis »*Du bist der Christus*« auf die Aussage von Augenzeugen zu stützen, so ist in dem mehr als die Hälfte umfangreicheren *Matthäus-Evangelium* das Bemühen deutlich, diese Tatsache auch historisch glaubhaft zu machen: es beginnt mit einem Stammbaum, der bis zu Abraham reicht, und läßt die Geburtsgeschichte (Zeugung durch den Heiligen Geist, Anbetung der Weisen aus dem Morgenland, Flucht nach Ägypten, Kindermord des Herodes) folgen. Erzählerisch ausgestaltet sind außerdem die Judas- und die Pilatusgeschichte (nur Matthäus berichtet über den Selbstmord Judas', den Traum von Pilatus' Frau und Pilatus' Handwaschung). Ein großer Teil der Wundergeschichten und Gleichnisse entspricht den von Markus aufgezeichneten; einige fehlen, andere sind hinzugekommen.

Die entscheidende Neuerung gegenüber dem *Markus-Evangelium* aber bedeuten die Predigten Jesu, eigentlich – wie die Seligpreisungen – eher Sammlungen von Einzelworten, die alle in immer wieder variierter Form der Forderung des Nächstenliebe umschreiben (zu der allerdings das Wort: »*Ich bin nicht gekommen, Frieden zu bringen, sondern das Schwert*«, schlecht zu passen scheint). Jesus wird nicht mehr vorwiegend als der vorgestellt, der das Evangelium ist, sondern als der, der es lehrt. Häufig wird diese Lehre in Gegensatz zu der des *Alten Testaments* gesetzt: »*Ihr habt gehört, daß gesagt ist ... Ich aber sage euch ...*«, und zwar bedeutet Jesu Gebot immer eine Radikalisierung oder gar Umkehrung der alttestamentlichen Forderung, soweit diese das Verhalten gegenüber dem Mitmenschen betrifft. Also nicht: »*Aug' um Auge, Zahn um Zahn*«, sondern: »*Wenn dir jemand einen Streich gibt auf die rechte Backe, dann biete die andere auch dar*«; nicht nur: »*Liebe deinen Nächsten*«, sondern: »*Liebet eure Feinde.*« Die diesen Beispielen vorausgehende Erklärung, er sei nicht gekommen, das Gesetz aufzulösen, sondern zu erfüllen, setzt also wohl die Identität von Gesetz und Liebesgebot voraus – oder aber der im *Alten Testament* offensichtlich sehr bewanderte Erzähler hielt es für nötig, die Gesetzestreue des Gottessohns ausdrücklich zu unterstreichen.

Eine Fülle von Miniaturgleichnissen erläutert im übrigen auch die als solche formulierten Gebote; die Technik ist die gleiche wie in den großen Gleichnissen, dem Splitter im Auge des Bruders *(»Richtet nicht ...«)*, die Vögel unter dem Himmel, die Lilien auf dem Felde *(»Sorget nicht ...«)*. Manchmal wird eine auch bei Markus berichtete Geschichte ihrer schärfsten Pointe beraubt: der Mensch, nur noch der Menschensohn ist Herr über den Sabbat. Und der Geschichte vom nicht tragenden Feigenbaum, den Jesu Fluch trifft, fehlt der Zusatz: »*... denn es war nicht die Zeit für Feigen*«, der das sehr Menschliche dieses Zornesausbruchs eines Hungrigen bei Markus unterstreicht. Matthäus verschweigt (wie Lukas und Johannes) auch das harte Urteil der Familie Jesu über den Sohn und Bruder: »*Er ist von Sinnen*«, obwohl es dessen auch von Matthäus und Lukas berichtete nachdrückliche Distanzierung von den Angehörigen erst verständlich macht. – Spürt man an solchen und anderen Stellen die vorsichtig das Bild des Menschensohns mit der Vorstellung vom Sohne Gottes in Einklang bringende Hand, so läßt auch das Evangelium als Ganzes den Redaktor erkennen, der das Material zum »*Buch von der Geschichte Jesu Christi*« ordnet, wie'es sehr charakteristisch im Prolog heißt. Predigten, Gleichnisse und Wundergeschichten werden zu Gruppen zusammengefaßt, der Lehrbuchcharakter unterstrichen.

Das *Lukas-Evangelium* gibt dieser Absicht im Prolog *expressis verbis* Ausdruck: »*... nachdem ich alles von Anbeginn mit Fleiß erkundet habe, daß ich's dir, mein edler Theophilus, in guter Ordnung schriebe, auf daß du erfahrest den sichern Grund der Lehre, in welcher du unterrichtet bist.*« Lukas hat in der Tat mehr Gleichnisse und Geschichten als alle andern gesammelt, und er war es vor allem, der dem Gemüt des Christenvolks für viele Jahrhunderte Nahrung gab, wie etwa die zahllosen Darstellungen in den bildenden Künsten des Mittelalters beweisen. Aus dem *Lukas-Evangelium* stammt die Weihnachtsgeschichte mit Krippe und Hirten und der Menge der himmlischen Heerscharen, und ihre Idyllik wechselt die Inkommensurabilität des Evangeliums gewissermaßen in gangbare Münze um für die Menschen, die guten Willens sind, aber nicht durch etwas Unfaßbares erschreckt werden wollen. Das *Lukas-Evangelium* bezeugt stärker als die anderen den Assimilationsprozeß, durch den das Außerordentliche in Einklang mit der gewohnten Ordnung gebracht, das Ungeheure geheuer gemacht werden sollte. Nicht nur ist der seine Familie entsetzende Menschensohn (Markus) wenigstens für die Dauer seiner Kindheit seiner Gottesunmittelbarkeit entzogen und in die vertraute Vater- und Mutterwelt versetzt, auch die beklemmend großartige Gestalt Johannes des Täufers wird dem naiven Gemüt nähergerückt durch die – wenn auch wunderbare – Geschichte seiner Geburt; Fäden werden gesponnen zwischen beiden Familien, Prophet und Gottessohn haben Eltern, die einander kennen und besuchen, und daß der eine einen leiblichen und der andere einen geistigen Vater hat, ändert nichts an der Unbefangenheit, in der man miteinander verkehrt. Kein plötzliches Vonsinnenwerden des göttlichen Sohnes erschreckt – wie bei Markus – die Angehörigen; bereits der Zwölfjährige beweist im Tempel seine ungewöhnliche Begabung, die Entwicklung verläuft ohne jähen Einbruch des Göttlichen in das Menschliche, sie läßt sich im Stammbaum zurückverfolgen bis Adam »*und der war Gottes*« –, nicht nur, wie bei Matthäus, bis zu Abraham, und sie endet noch in der Katastrophe tröstlich in Gottes Händen, in die der Gekreuzigte seinen Geist befiehlt.

Lukas hat auch wie kein anderer Sinn für Jesu Begabung, dem Volk seine Lehre in leicht faßlichen, verblüffenden und daher zum Nachdenken zwingenden und im Gedächtnis haftenden Gleichnissen nahezubringen, und sein Sammeleifer bewahrte viele der schönsten, die sich, wie vom barmherzigen Samariter, vom verlorenen Sohn, vom reichen Mann und armen Lazarus, bei keinem anderen Evangelisten finden. Dieser geborene Erzähler muß ein milder, menschenfreundlicher Geist gewesen sein, der sich nicht nur immer wieder bemüht, Vorgänge, über die Markus und Matthäus nur kurz berichten, dem Verständnis nahezubringen, so wenn er etwa den Entschluß der ersten Jünger, Jesus nachzufolgen, an das Erlebnis des wunderbaren Fischzugs knüpft. Er scheut auch nicht davor zurück, gewisse Härten und Schroffheiten der überlieferten Texte zu mildern. Jesu Bild gerät ihm – oft durch winzige Auslassungen und Änderungen – verglichen mit dem des Markus um vieles, mit dem des Matthäus noch immer um ein beträchtliches sanfter. Vergleicht man etwa Matthäus' Gleichnis von der königlichen Hochzeit, zu der, weil die feinen Gäste nicht kommen, die Armen geladen werden, mit dem entsprechenden Gleichnis bei Lukas, so ist dessen Absicht, Züge auszumerzen, die zu unserer Vorstellung vom Gottessohn nicht zu passen scheinen, ganz deutlich.

Auf der anderen Seite vermag diese Vorstellung Überlieferungen aufzunehmen, die Jesu rigorose Forderung zum Umdenken in einer Radikalität bewahren, wie sie sich bei Matthäus nicht findet; die Vorliebe für Zöllnergeschichten, aber auch das Gleichnis von der Sünderin, der um ihrer Liebe willen viel vergeben wird *(»wem aber wenig vergeben wird, der liebt wenig«)*, sind hier aufschlußreich. Von der Korrektur des letzten Wortes am Kreuz war schon die Rede. Auch durch Jesu Wort: *»Vater vergib ihnen, denn sie wissen nicht, was sie tun«*, und durch das Bekenntnis eines der mitgekreuzigten Übeltäter zu Jesus als dem Christus ist der Kreuzigungsszene viel von ihrer Grausamkeit und dem Gekreuzigten viel von seiner schrecklichen Verlassenheit genommen. Noch einmal, in der nur in diesem Evangelium berichteten Emmausgeschichte, erweist Lukas sich als der erzählfreudigste und menschenfreundlichste aller Evangelisten, der immer darauf bedacht ist, das Verständnis seiner Hörer nicht zu überfordern: Aus der knappen Erwähnung bei Markus, daß der Auferstandene sich in anderer Gestalt zwei über Land gehenden Jüngern offenbart habe, entwickelt er, sich den Vorgang mit lebhaftester Anteilnahme vergegenwärtigend, eine spannend und kunstvoll aufgebaute Novelle (das bewegte Reden der beiden über das soeben Erlebte, ihre Verwunderung darüber, daß der sich zu ihnen gesellende Fremde noch nichts davon gehört habe, ihre Klage, daß ihre Hoffnung, der Gekreuzigte sei es, der Israel erlösen werde, zunichte wurde; seine Auslegung der Schrift, der sie so begierig folgen, daß sie ihn bitten: *»Bleibe bei uns, denn es will Abend werden, und der Tag hat sich geneiget«* – und dann das Erkennen an der Geste des Brotbrechens).

Die drei ersten Evangelien erweisen sich, trotz zahlreicher Übereinstimmungen, bei näherem Zusehen als so verschieden, daß nur die Tatsache der noch um vieles größeren Andersartigkeit des *Johannes-Evangeliums* dazu geführt haben kann, die Einheitlichkeit der "Synoptiker" zu betonen. Nichts macht den Wandel, der sich vollzogen hat, so deutlich wie die ersten Sätze: *»Im Anfang war das Wort, und das Wort war bei Gott, und Gott war das Wort.«* Dieser gewaltige Prolog leitet nicht eine Geschichte des Auftretens Jesu ein – über das nur wenig konkret berichtet wird, obgleich der Verfasser sich als Zeitgenossen, ja als Jünger, den Jesus liebhatte, bezeichnet –, sondern ist in eherne Lettern gegossene Lehre, ist Fazit, Summa, Erkenntnis: *»Niemand hat Gott je gesehen; der eingeborene Sohn, der in des Vaters Schoß sitzt, der hat ihn uns verkündet.«* Zu Beginn keine Geburtsgeschichte, Kindheit, zweifelnder Familie, sondern lapidar: *»Das Wort ward Fleisch und wohnte unter uns.«* Diesen Sachverhalt – für Johannes, der an einer anderen Stelle behauptet: *»Der Geist ist's, der da lebendig macht, das Fleisch ist nichts nütze«*, offenbar ein *skandalon* wie für keinen der anderen Evangelisten – sucht er zu beweisen, indem er ihn auf seinen theologischen Kern reduziert: *»Dieser ist Gottes Sohn«*, und fast alles wegläßt, was die anderen von Taten, Wundern, unorthodoxem Verhalten Jesu berichten. Johannes ist empfindlich wie kein anderer der Evangelisten für den Vorwurf der Juden, daß es Gotteslästerung sei, wenn Jesus *»als ein Mensch sich selber zu Gott«* macht. Er nimmt diesen Vorwurf so ernst, daß er seine Schrift völlig in den Dienst der Rechtfertigung des ungeheuren Anspruchs Jesu, Gott sei sein Vater, stellt. *»Was machst du aus dir selbst?«*, *»Du zeugst von dir selbst, dein Zeugnis ist nicht wahr«* – solche und ähnliche Einwände tauchen so häufig auf, daß der Schluß naheliegt, der Evangelist gebe ihnen darum soviel Raum, weil auch für ihn selbst die Menschwerdung Gottes ursprünglich das eigentlich Unerhörte, Unannehmbare war. Unwichtig ist, ob dieser Mann ein Jünger Jesu war oder nicht – wichtig, ja von ausschlaggebender Bedeutung ist, daß die Ungeheuerlichkeit der Behauptung: *»Das Wort ward Fleisch«* von jemand erfaßt wurde, dem der Mensch – *»das Fleisch«* – zutiefst suspekt war und der, seiner Herkunft und Gesinnung nach, Gott zweifellos nur als reinen Geist zu begreifen vermochte. Das Johannes-Evangelium, das von so wenigen Wundern berichtet, und ist selbst ein Wunder deshalb, weil es Zeugnis ablegt für die Macht des menschgewordenen Gottes auch über den, dem eine solche Vorstellung am fernsten lag. Zugleich aber stellt es – neben den *Paulus-Briefen* – den folgenreichsten Versuch dar, diesen Vorgang theologisch dadurch zu bewältigen, daß es die Fleischwerdung des Wortes als die Geistwerdung des Fleisches begreift, wobei gerade im Vergleich mit der dualistischen Theologie des Paulus erkennen läßt, daß es Johannes tatsächlich um die Identität von Geist und Fleisch, nicht um den Antagonismus zwischen beiden geht. Denn nur wenn das Wort, das Fleisch wurde, von Gott, der Geist ist, gezeugt war und nur wenn der Nachweis geführt werden konnte, daß die Behauptung, der Menschensohn Jesus sei in Wahrheit der Gottessohn Christus gewesen, stimmte, ließ sich der Vorwurf der Gotteslästerung widerlegen. Daher die in zahllosen Variationen abgewandelte Erklärung Jesu: *»Ich und der Vater sind eins.«*

Johannes hielt es kaum für nötig, diese Behauptung durch den Bericht über Wunder und Zeichen, durch die Aufzeichnung von Predigten und Gleichnissen zu erhärten. Wenn man sein Evangelium liest, ohne von den anderen etwas zu wissen, erfährt man so gut wie nichts über Leben und Persönlichkeit Jesu und über seine Lehre kaum etwas anderes, als daß, wer an ihn glaubt, an Gott glaubt. Bringt bei Markus ein Mensch seine Umwelt durch die absolute Einzigartigkeit seiner Verkündigung und seiner Auffassung von Sünde, durch seine Predigt und seine Wunder dazu, zu sagen: *»Du bist Gottes Sohn«*, so ist es bei Johannes dieser Sohn selber, der immer wieder verlangt, daß man ihn als solchen anerkenne. *»Ich«* ist das Wort, das im Johannes-Evangelium am häufigsten vorkommt. Auch die wenigen Gleichnisse, die es bringt, dienen der Veranschaulichung seiner Rolle: *»Ich bin der Weinstock und ihr seid die Reben.«* All dies höchst eindrucksvoll vorgetragen, sich der klassischen Stilmittel der Dialektik – der Antithese und des Paralle-

563

lismus – bedienenden Demonstrationen verfolgen ein einziges Ziel: die Identität von Mensch und Gottessohn unwiderleglich zu beweisen. Es ist charakteristisch, daß in dieser Umgebung die einzige Geschichte des *Johannes-Evangeliums*, in der Jesus an einem Einzelfall seinen Hörern ganz konkret vor Augen führt, wie der Mensch sich dem sündigen Mitmenschen gegenüber zu verhalten habe *(»Wer unter euch ohne Sünde ist, der werfe den ersten Stein auf sie«)*, die Geschichte von der Ehebrecherin, wie ein Fremdkörper wirkt, und tatsächlich gehört sie, wie nachgewiesen wurde, nicht ursprünglich zum *Johannes-Evangelium*. In diesem gebietet Jesus seinen Jüngern lediglich, einander – nicht den Nächsten schlechthin oder gar den Sünder – zu lieben. Er greift nicht diejenigen an, die die äußere Erfüllung des Gesetzes über dieses eine, höchste Gebot stellen, er erhebt überhaupt keine Forderung außer der, daß man an ihn, an seine Gottgesandtheit, Gottessohnschaft glauben solle, er tadelt nichts als die Weigerung, dieser immer wieder variierten Behauptung zu glauben: ich allein, der Sohn, kenne den Willen des Vaters. Den Beweis der Gottessohnschaft Jesu zu führen – die bei Markus den Mitmenschen unmittelbar evident war – ist das Johannes völlig beherrschende Anliegen. Der Bericht ist nun vollständig aufgesogen von der Theologie, die die Quintessenz aus dem historischen Vorgang zieht: Gott wurde Mensch.

Dem war nichts mehr hinzuzufügen. Von hier aus gesehen, schließen sich die vier Evangelien zum Ring, der vom Akzente setzenden Sammeln, Auswählen, Ausmalen, Ergänzen, Deuten der Überlieferung bis zu ihrer Transzendierung ins Wort Gottes alle Möglichkeiten umfaßt, ein Erlebnis und Ereignis zu bewältigen; und das Maß, in dem es bewältigt wurde, ist so außerordentlich, daß auch in dieser Aufnahmebereitschaft *»die Zeit erfüllt«*, das heißt, der Wende, die ein außergewöhnlicher Einzelner einleitete, aufgeschlossen erscheint. Das Wort, das Fleisch und dann wieder Wort geworden war, bewegte von nun an als das Literaturwerk *Die Evangelien* unaufhörlich die Welt.

Dieses Literaturwerk stellt, obwohl die Erzähler durchweg auf überlieferte Formen (Gleichnis, Weisheitsspruch, alttestamentliche Zitate) zurückgreifen, auch als literarische Gattung eine Neuschöpfung dar, weil es sich weder darauf beschränkt, nach Art von Chroniken oder Memoiren die Erinnerung an einen historischen Vorgang und eine historische Person festzuhalten, noch – wie die antiken Wundergeschichten – Leben und Taten des Helden ins Legendäre überhöht. Zwar sind bis zu einem gewissen Grade auch die Evangelien Bericht, Erinnerung, Legende. Aber wie Jesus denen, die von ihm berichten – und wohl auch sich selbst –, nicht nur als der Verkünder der Herbeikunft des Reiches Gottes, sondern als dessen eigentlicher Repräsentant, ja als das Verkündete selbst erschien, so sind die Evangelien nicht nur historisches Dokument, sondern vor allem Verkündigung eines Heilsvorgangs. Das heißt, sie wollten nicht nur gelesen werden als die Geschichte eines Mannes, der die ungeheure Vision eines Gottesreichs hatte, das nicht zu den »Reinen«, nicht zu den »Gerechten«, nicht zu den Gesetzestreuen, sondern zu den Armen, den Sündern, den Verachteten kommt, und der Macht über die Welt als teuflische Versuchung ablehnte, weil er wußte, daß der Überbringer einer solchen Botschaft sich nur durch den schmachvollen Tod am Kreuz legitimieren konnte; die Evangelien wollten gleichzeitig gelesen werden als die Verkündigung, daß dieser Mann der erwartete Heilsbringer gewesen ist, der durch die Auferstehung vom Tode seine Göttlichkeit endgültig bewiesen hat. Und sie müssen außerdem gelesen werden als der Versuch der Zeitgenossen und der folgenden Generationen, diesen Heilsvorgang in dem Maße, in dem man jeweils nach Umwelt, historischer Situation und geistiger Herkunft zu begreifen vermochte, begreiflich und zur Grundlage und Lehre einer Kirche zu machen. Der Prozeß, in dem Bericht, Verkündigung und Lehre miteinander verschmolzen, war in dem Augenblick, in dem die mündliche Überlieferung schriftlich fixiert wurde, wahrscheinlich bereits abgeschlossen. Daß die Aufzeichnung erst relativ spät erfolgte, ist weniger erstaunlich als die Tatsache, daß in den urchristlichen Gemeinden überhaupt Literatur entstand. Denn einmal gehörten die Gemeindeglieder zumeist den sozial niedrigen Schichten an, die im allgemeinen aliterarisch sind; zum anderen schien es im Hinblick auf das als nahe bevorstehend erwartete Wiedererscheinen Christi geboten, unmittelbar mündlich zu verkünden. Allerdings unterlag der breite Strom der mündlichen Überlieferung schon bestimmten traditionellen Formgesetzen, die ein »Zersagen« verhinderten. Als die Evangelisten begannen, ihre Schriften aus einer großen Anzahl von Einzelstücken zusammenzustellen, taten sie es ohne literarischen Ehrgeiz; ihre Aufzeichnungen waren für sie nichts anderes als den Bedürfnissen der jeweiligen Gemeinden angepaßte Hilfsmittel für Predigt und Mission ohne normativen Charakter. Erst seit der Mitte des 2. Jh.s gibt es Anzeichen dafür, daß die »Apostel« in den Rang von Autoritäten erhoben sind, deren Texte wie die des *Alten Testaments* als (heilige) »Schrift« zitiert werden. Um die gleiche Zeit war der Ausleseprozeß, in dem die vier kanonisierten Texte bis weit ins 2. Jh. hinein benutzten apokryphen Evangelien geschieden wurden, abgeschlossen. Wer diese vier zu einem Ganzen fügte, wird wohl für immer im dunkeln bleiben. TATIAN, der im Jahre 170 aus den vier Evangelien eine syrische Evangelienharmonie (vgl. *Diatessaron*) zusammenstellte, muß jedenfalls den Gesamtkomplex schon vorgefunden haben. Die Reihenfolge schwankt in den Kanonslisten und Handschriften der alten Kirche. Doch findet sich bereits in dem ältesten erhaltenen Verzeichnis kanonischer Schriften, einem aus der Zeit um 200 stammenden, nach seinem Herausgeber L. A. MURATORI (1672–1750) benannten Fragment, die kanonisierte Anordnung. Sie verrät eine mit bestimmter theologischer Absicht gestaltende Hand: nicht das älteste, das am ehesten als Dokument und Bericht zu lesende *Markus-Evangelium* steht am Anfang, sondern das des Matthäus, der – wohl selber ein Rabbi – nicht nur die Schriften des *Alten Testaments* häufiger zitierte als einer der anderen Evangelisten und, wie es im *Alten Testament* üblich war, der Lebensgeschichte des »Herrn« den königlichen Stammbaum voranstellte; Matthäus war es auch, der Jesu radikale Kritik am Gesetz abschwächte und dieses mit Nachdruck in den Mittelpunkt seiner Lehre rückte. Sein Evangelium nimmt aber wohl vor allem deshalb die erste Stelle im Kanon ein, weil er es unternahm, die Bedeutung Jesu als des Messias Israels einer Kirche zu verkünden, der auch die Völker angehören sollten.

Die textkritische Beurteilung der Evangelien hatte also bereits in den letzten Jahrzehnten des 2. Jh.s begonnen. Sie konzentrierte sich in der Folgezeit auf die Frage der Augenzeugenschaft der Verfasser bzw. auf deren Apostolizität. Wo diese aus der Tradition nicht belegt werden konnte, nahm man ein Schülerverhältnis an (Lukas zu Markus). In Prologen (ähnlich denen, die man Ausgaben von Klassikern wie HOMER, PLATON voranstellte) wurden Angaben über Verfasserschaft, Zeit und Ort der Entstehung gemacht. Schon dem Verfasser des *Muratori-Fragments* waren Unterschiede zwischen den Evangelien aufgefallen, denen er jedoch keine Bedeutung beimaß. AUGUSTIN (353–430) machte sich als erster Gedanken über die schriftstellerischen Beziehungen zwischen den Evangelisten (*De consensu evangelistarum*, I, 2). Er hielt die kanonische Reihenfolge für richtig und nahm an, daß die Verfasser der späteren Evangelien die früher entstandenen kannten. Das *Markus-Evangelium* sei ein Auszug aus dem des Matthäus. Damit greift er bereits der Synoptiker-Kritik des 18. Jh.s vor.

Bis ins späte Mittelalter herrschte im wesentlichen die traditionelle altkirchliche Auffassung, daß die Evangelien das von den Aposteln aufgeschriebene Wort Gottes seien. Erst die Renaissance brachte neue Fragestellungen. So bezweifelte ERASMUS in einigen Fällen, daß die kanonischen Briefe von Aposteln stammen. Humanistische Theologen der Kurie, z. B. Kardinal CAJETAN, schlossen sich an. LUTHER hielt mehrere Schriften des Kanons aus theologischen Gründen für entbehrlich (Vorrede zum *Neuen Testament Deutsch*, 1522). Die apostolische Herkunft der Evangelien wurde jedoch von keinem von ihnen angezweifelt. Während die im 16. und 17. Jh. ausgebildete Lehre von der Verbalinspiration in der protestantischen Theologie den kritischen Ansatz der Reformation nicht zum Zuge kommen ließ, gab der französische Oratorianer Richard SIMON (1638–1712) den Anstoß zu einer literargeschichtlichen Betrachtung des *Neuen Testaments*. Zwar verfolgte er mit der Feststellung der unsicheren Überlieferung der *Bibel* indirekt das Ziel, die Notwendigkeit der katholischen Kirchenlehre zu erweisen. Doch war damit die Forderung der englischen Deisten anerkannt, die *Bibel* nach den in der profanen Literatur üblichen Methoden unter Berücksichtigung der historischen Zusammenhänge zu untersuchen. Theologen und Nichttheologen bemühten sich seit der Mitte des 18. Jh.s mit erhöhtem Eifer um die Lösung des Überlieferungsproblems. J. D. MICHAELIS zog in seiner *Einleitung in die göttlichen Schriften des Neuen Bundes* (1750) aus der historisch richtigen Erkenntnis, daß einige neutestamentliche Schriften nicht von Aposteln verfaßt seien, den theologisch nicht zulässigen Schluß, daß sie deshalb nicht kanonisch sein könnten. J. S. SEMLER wies nach, daß der Kanon auf Grund menschlicher Übereinkunft entstanden und daß deshalb zwischen Gottes Wort und Menschenwort zu unterscheiden sei (*Abhandlung von freier Untersuchung des Canon*, 1771–1775). LESSING erklärte vier Evangelien als voneinander abweichende Bearbeitungen eines Urevangeliums (1776), HERDER regte eine Traditionshypothese an (1797), deren wichtigster Vertreter J. K. L. GIESELER (*Historisch-kritischer Versuch über die Entstehung und die frühesten Schicksale der schriftlichen Evangelien*, 1818) die synoptischen Evangelien auf eine mündliche aramäische Tradition zurückführte, die sich schon früh in Jerusalem gebildet habe und dann je nach heidnischem oder jüdischem Milieu abgewandelt worden sei. SCHLEIERMACHER versuchte eine Fragmenten- oder Diegesenhypothese (1807), derzufolge die einzelnen Evangelisten aus einer großen Menge verstreuter Aufzeichnungen (Wundergeschichten, Worte Jesu, Passions- und Auferstehungsgeschichte) ein jeweils anderes Ganzes geschaffen hätten, und Karl LACHMANN, der große Philologe, machte 1835 die weiterführende Beobachtung, daß das *Matthäus-* und das *Lukas-Evangelium* in der Reihenfolge der Erzählung nur dann übereinstimmen, wenn sich dieselbe Reihenfolge auch bei Markus findet.

Die einmal entdeckte historische Methode bestimmte weiter die Forschung. F. C. BAUR (1792–1860), der Begründer der die Geschichtsphilosophie HEGELS für die Bibelkritik nutzbar machenden Tübinger Schule, erkannte, daß jede einzelne Schrift auf Grund der theologischen Tendenz, die sie vertritt, in einen bestimmten geschichtlichen Zusammenhang einzuordnen sei, aus dem heraus sie auch verstanden werden müsse. Jede Schrift bezeichne eine bestimmte Entwicklungsphase innerhalb der urchristlichen Kirchengeschichte. In den Jahren 1863 und 1886 begründeten H. J. HOLTZMANN und B. WEISS die sogenannte »Zweiquellentheorie«, die heute als sicheres Forschungsergebnis gilt. Danach ist das *Markus-Evangelium* eine Quelle der beiden »Großevangelien« von Matthäus und Lukas. Daneben wurde aber von diesen noch eine zweite, durch Textanalyse zu erschließende Quelle »Q« benutzt, die als eine Sammlung von Reden und Jesusworten zu denken ist. Ihr jeweiliges Sondergut nahmen Matthäus und Lukas direkt aus der mündlichen Tradition; eine gegenseitige Abhängigkeit dieser beiden ist ausgeschlossen.

Während die Forschung im 19. Jh. weitgehend durch die historische und die dogmatische Betrachtungsweise bestimmt wurde, wandte sich im 20. Jh. das Interesse auch den Literaturformen und Stilgattungen des *Neuen Testaments* zu. Dieses Interesse knüpfte an Gedanken Herders und die alttestamentliche Forschung vor allem H. GUNKELS (1862–1932) an, der auf den Zusammenhang der Formen und Gattungen mit ihrem »Sitz im Leben« der Umwelt, die sich ihrer bediente, hinwies. Ausgebaut wurde diese formgeschichtliche Untersuchung des evangelischen Traditionsstoffes von M. DIBELIUS (1883–1947) und von R. BULTMANN, (*1884), der aus der mythologischen Erzählung als der zeitbedingten »Form« der Evangelien den existentiellen »Gehalt« herauszulösen und dem modernen Menschen nahezubringen sucht.

Das wesentliche Ergebnis dieser formgeschichtlichen Forschungen ist die Gliederung des überlieferten Evangelienstoffes in Gleichnisse, Apophthegmata, Novellen, Kult- und Personallegenden, zu dem Kern, der schon sehr früh als zusammenhängende Erzählung ausgestaltete Leidensgeschichte, hinzugefügt wurden. Da der erste Anstoß zu Gestaltung und Weitergabe evangelischer Tradition von der urchristlichen Predigt und ihren dogmatischen, apologetischen und erzieherischen Absichten kam und nicht vom Interesse an einer Biographie Jesu, wurde dieses älteste Traditionsgut – auch durch Aufnahme von fremden Stoffen aus der Umwelt, die eigentlich nichts mit Jesus zu tun hatten, und durch Einfügung von Orts- und Zeitangaben – mannigfach verändert. Das Problem, inwieweit diese Einzelstoffe den Evangelisten in etwaigen vorliterarischen Gruppierungen schon gesammelt vorlagen und nach welchen theologischen Gesichtspunkten sie von ihnen jeweils in die von Markus geschaffene literarische Form des »Evangeliums« eingeordnet wurden, ist um die Mitte des 20. Jh.s Gegenstand der Forschung ge-

565

worden. Die Untersuchungen der »Redaktionsgeschichte« der Evangelien machen aber weder die formgeschichtlichen noch die literarkritischen Arbeitsmethoden und ihre Ergebnisse überflüssig. Trotz einer Vielzahl von mehr oder weniger gut begründeten Hypothesen besteht heute unter den Forschern der verschiedenen methodischen oder konfessionellen Richtungen Einigkeit in den entscheidenden Fragen. G. Ue. – K. K.

AUSGABEN UND ÜBERSETZUNGEN: Vgl. *Bibel*.

SYNOPSEN: A. Huck u. A. Lietzmann, *Synopse der drei ersten Evangelien*, Tübingen 1950. – B. de Solages, *Synopse grecque des Évangiles*, Leiden 1958. – C. H. Peisker, *Luther. Evangelien-Synopse*, Kassel 1963. – J. Schmid, *Synopse d. drei ersten Evangelien, mit Beifügung d. Johannes-Parallelen*, Regensburg ⁴1964. – K. Aland, *Synopsis quattuor Evangeliorum*, Stg. 1965.

LITERATUR: Vgl. *Bibel*, Literatur zum NT (Allgemeine Einführungen, Historische Fragen, Überlieferungs- und Entstehungsgeschichte, Literarische Wirkungsgeschichte, Textkritik u. Formgeschichte, Theologie).

Weitere Literatur (vor allem zu synoptischen u. literarischen Fragen): RGG, 2, Sp. 749–769. – Feine-Behm, S. 13–44. – Robert-Feuillet, 2, S. 233 bis 268. – Wikenhauser, S. 162–227. – S. Beissel, *Geschichte der Evangelienbücher i. d. ersten Hälfte des MA*, Freiburg i. B. 1906. – H. J. Cladder, *Zur Literaturgeschichte d. Evangelien*, Freiburg i. B. 1919 (Unsere Evangelien, 1). – K. L. Schmidt. *Die Stellung der Evangelien i. d. allgemeinen Literaturgeschichte* (in *Eucharisteion. Studien z. Religion u. Literatur d. AT u. NT, Fs. f. H. Gunkel*, Hg. H. Schmidt, Bd. 2, Göttingen 1923, S. 50–134). – J. Schniewind, *Euangelion. Ursprung u. erste Gestalt d. Begriffs Evangelium*, 2 Bde., Gütersloh 1927–1931. – J. Chaine, *Valeur historique des Évangiles*, Paris 1941. – J. Rabeneck, *Einführung i. d. Evangelien durch Darlegung ihrer Gliederung*, Münster 1941. – W. L. Knox, *The Sources of the Synoptic Gospels*, 2 Bde., Cambridge 1953–1957. – J. Huby u. X. Léon-Dufour, *L'évangile et les Évangiles*, Paris 1954. – L. Vaganay, *Le problème synoptique*, Paris 1954. – W. E. Bundy, *Jesus and the First Three Gospels. An Introduction to the Synoptic Tradition*, Cambridge/Mass. 1955. – H. Riesenfeld, *The Gospel Tradition and Its Beginnings*, Oxford 1957. – R. Bultmann, *Die Erforschung d. synoptischen Evangelien*, Bln. ³1960. – Ders., *Geschichte der synoptischen Tradition*, Göttingen ⁴1964.

Zu *Matthäus-Evangelium*:
Kommentare: Zahn, 1, ⁴1922. – P. Dausch (HISNT, 2, ⁴1932). – E. Klostermann (HbNT, 4, ³1938). – J. Schmid (RegNT, 1, ⁴1959). – A. Schlatter (ENT, 1, 1961). – E. Lohmeyer u. W. Schmauch (Meyer, Sonderbd., ³1962). – J. Schniewind (NTD, 2, ¹¹1964).

Weitere Literatur: LThK, 7, Sp. 176–179. – Feine-Behm, S. 52–72. – Robert-Feuillet, 2, S. 143–174. – Wikenhauser, S. 126–144. – G. D. Kilpatrick, *The Origins of the Gospel According to St. Matthew*,

Oxford ²1950. – B. C. Butler, *The Originality of St. Matthew*, Cambridge 1951. – K. Stendahl, *The School of St. Matthew*, Uppsala 1954. – F. Künkel, *Die Schöpfung geht weiter. Eine psychol. Unters. d. Mt.-Evang.*, Konstanz 1957. – P. Nepper-Christensen, *Das Mt.-Evang., ein judenchristliches Evangelium?*, Aarhus 1958. – W. Trilling, *Das wahre Israel. Studien z. Theologie d. Mt.-Evang.*, Lpzg. 1959. – G. Bornkamm, G. Barth u. H. J. Held, *Überlieferung u. Auslegung im Mt.-Evang.*, Neukirchen 1961. – A. Schlatter, *Der Evangelist Mt. Seine Sprache, sein Ziel, seine Selbständigkeit*, Stg. ⁵1961. – G. Strecker, *Der Weg der Gerechtigkeit. Unters. zur Theologie des Mt.*, Göttingen 1962. – P. Gaechter, *Das Mt.-Evang.*, Innsbruck/Mchn. 1964.

Zu *Markus-Evangelium*:
Kommentare: Zahn, 2, ⁴1922. – P. Dausch (HISNT, 2, ⁴1932). – E. Klostermann (HbNT, 3, ⁴1950). – J. Schmid (RegNT, 2, ⁴1958). – A. Schlatter (ENT, 2, 1961). – E. Lohmeyer (Meyer, I/II, ¹⁶1963). – J. Schniewind (NTD, 1, ¹⁰1963).

Weitere Literatur: LThK, 7, Sp. 95–98. – Feine-Behm, S. 44–56. – Robert-Feuillet, 2, S. 175–205. – Wikenhauser, S. 113–126. – B. W. Bacon, *The Gospel of Mark. Its Composition and Date*, New Haven 1925. – A. Meyer, *Zur Entstehung d. Mk.-Evang.* (in *Fs. f. A. Jülicher*, Tübingen 1927, S. 35 bis 60). – A. Schlatter, *Mk. Der Evangelist f. d. Griechen*, Stg. 1935. – G. Hartmann, *Der Aufbau d. Mk.-Evang.* (NtA, XVII, 2/3). – M. Zerwick, *Unters. z. Mk.-Stil*, Rom 1937. – E. Hirsch, *Das Werden des Mk.-Evang.*, Tübingen 1941 (Frühgeschichte d. Evangeliums, 1). – L. Roussel, *Le talent littéraire dans l'Évangile dit de Marc*, Paris 1952. – P. Carrington, *The Primitive Christian Calendar. A Study in the Making of the Marcan Gospel*, Bd. 1, Cambridge 1952. – J. M. Robinson, *Das Geschichtsverhältnis d. Mk.-Evang.*, Zürich 1956. – G. Beach, *The Gospel of Mark, Its Making and Meaning*, NY 1959. – T. A. Burkill, *Mysterious Revelation. An Examination of the Philosophy of St. Mark's Gospel*, NY 1963. – E. Trocmé, *La formation de l'Évangile selon Marc*, Paris 1963.

Zu *Lukas-Evangelium*:
Kommentare: Zahn, 3, ³1920. – E. Klostermann (HbNT, 5, ²1929). – P. Dausch (HISNT, 2, ⁴1932). – J. Schmid (RegNT, 3, ⁴1960). – A. Schlatter (ENT, 2, 1961). – K. H. Rengstorf (NTD, 3, ⁹1962).

Weitere Literatur: LThK, 6, Sp. 1207–1211. – Feine-Behm, S. 72–94. – Robert-Feuillet, 2, S. 206 bis 233. – Wikenhauser, S. 145–162. – B. Weiß, *Die Quellen d. L.-Evang.*, Stg. 1907. – K. L. Schmidt, *Der geschichtl. Wert d. lukanischen Aufrisses d. Geschichte Jesu* (in ThStKr, 91, 1918, S. 177–192). – H. J. Cadbury, *The Style and Literary Method of Luke*, Cambridge/Mass. 1919. – L. Brun, *Die Kompositionstechnik d. L.-Evang.* (in Symbolae Osloenses, 9, 1930, S. 38–50). – K. Bornhäuser, *Studien z. Sondergut d. L.*, Gütersloh 1934. – F. Dornseiff, *L. d. Schriftsteller* (in ZntW, 35, 1936, S. 129–155). – R. Morgenthaler. *Die lukanische Geschichtsschreibung als Zeugnis*, Zürich 1949. – F. Rehkopf, *Die lukanische Sonderquelle*, Tübingen

1959. – J. R. H. Moorman, *The Path to Glory. Studies in the Gospel According to St. Luke*, Ldn. 1960. – H. Conzelmann, *Die Mitte der Zeit. Studien z. Theologie d. L.*, Tübingen [4]1962. – J. A. Bailey, *The Tradition Common to the Gospel of Luke and John*, Leiden 1963.

Zu *Johannes-Evangelium*:
Kommentare: Zahn, 4, [6]1921. – F. Tillmann (HlSNT, 3, [4]1931). – W. Bauer (HbNT, 6, [3]1933). – A. Wikenhauser (RegNT, 4, [2]1957). – A. Schlatter (ENT, 3, 1962). – H. Strathmann (NTD, 4, [10]1963). – R. Bultmann (Meyer, 2, [18]1964).
Weitere Literatur: LThK, 5, Sp. 1101–1105. – RGG, 3, Sp. 840–851. – Feine-Behm, S. 126 bis 173. – Robert-Feuillet, 2, S. 555–616. – Wikenhauser, S. 200–227. – T. Sigge, *Das J.-Evang. u. d. Synoptiker*, Münster 1935 (NtA, XVI, 2/3). – J. Donovan, *The Authorship of St. John's Gospel*, Ldn. 1936. – F. Gardner Smith, *St. John and the Synoptic Gospels*, Cambridge 1938. – R. H. Strachan, *The Fourth Gospel in the Early Church*, Cambridge 1943. – E. Hirsch, *Studien z. vierten Evang.*, Tübingen 1946. – H. Strathmann, *Geist u. Gestalt d. vierten Evang.*, Göttingen 1946. – P.-H. Menoud, *L'Évangile de Jean d'après les recherches récentes*, Neuchâtel [2]1947. – A. C. Headlam, *The Fourth Gospel as History*, Oxford 1948. – H. Sahlin, *Zur Typologie d. J.-Evang.*, Uppsala 1950. – M.-É. Boismard, *Le prologue de s. Jean*, Paris 1953. – B. Noack, *Zur johanneischen Tradition. Beitr. z. literarkritischen Analyse d. vierten Evang.*, Kopenhagen 1954. – W. F. Howard, *The Fourth Gospel in Recent Criticism and Interpretation*, Ldn. 1955. – J. J. Enz, *The Book of Exodus as a Literary Type for the Gospel of John* (in JBL, 76, 1957, H. 3). – *L'Évangile de Jean. Études et problèmes*, Hg. M.-É. Boismard, Brügge 1958. – W. Wilkens, *Die Entstehungsgeschichte d. vierten Evang.*, Zollikon 1958. – F.-M. Braun, *Jean le théologien et son Évangile dans l'église ancienne*, Paris 1959. – A. Schlatter, *Der Evangelist J. Wie er spricht, denkt und glaubt*, Stg. [3]1960. – G. H. C. MacGregor u. A. Q. Morton, *The Structure of the Fourth Gospel*, Edinburgh/Ldn. 1961. – O. Merlier, *Le quatrième Évangile*, Paris 1961. – C. H. Dodd, *The Interpretation of the Fourth Gospel*, Ldn. 1963.

ANONYM

APOSTELGESCHICHTE (griech.), ursprünglicher Titel unbekannt, seit etwa 180 n. Chr. als *Praxeis apostolōn* oder *Acta* bzw. *Actus apostolorum (Taten, Unternehmungen der Apostel)* bezeichnet, verfaßt nach 80 n. Chr. als Fortsetzung des *Lukas-Evangeliums*, auf das die Widmung an Theophilos Bezug nimmt. Die alte Tradition, daß der Urheber des Doppelwerks der in PAULUS' *Kolosserbrief* (4,14) erwähnte »geliebte Arzt« Lukas gewesen sei, wird von der neueren Forschung, insbesondere der protestantischen, im allgemeinen nicht bestätigt.
In gewissem Sinne »das erste und einzige Beispiel frühchristlicher Geschichtsschreibung« (G. Bornkamm), ist die *Apostelgeschichte* doch nicht als historische Berichterstattung zu verstehen. Vielmehr »erzählt der Autor von der Apostelzeit, um die Christen zu erbauen und unter den Heiden zu werben«

(Haenchen). Der gesamte Stoff ist in zwei Teile gegliedert, die trotz gewisser Unterschiede in Erzählweise und Atmosphäre doch die gleiche gestaltende Hand erkennen lassen: im Mittelpunkt des ersten stehen Petrus und seine Gefährten, die im jüdischen Land, vor allem in Jerusalem, predigten; im zweiten werden die Reisen, auf denen Paulus die griechischrömische Welt mit dem Evangelium bekannt machte, und seine Auseinandersetzungen mit den Juden geschildert. Das gewaltige Thema, die Ausbreitung der Heilslehre unter Juden und Heiden, wird nicht nach der auf Vollständigkeit der biographischen Details und Genauigkeit der Chronologie bedachten Methode des Historikers behandelt. Der leidenschaftlich Anteil nehmende Erzähler berichtet vielmehr – besonders im ersten Teil (Kap. 1–12 bzw. 15) – in zahlreichen kurzen und dramatischen Geschichten von Taten und Leiden heldenhafter Apostel und ihrer Helfer (wie Stephanus), und jede dieser spannenden und bewegenden Heldengeschichten mündet – psychologisch äußerst geschickt – in eine dem ergriffenen Hörer oder Leser die Heilsbotschaft verkündende Rede ein. Das Ganze ist, trotz der scheinbar losen Reihung der einzelnen Geschichten, ebenso sorgfältig wie wirkungsvoll komponiert. Die ersten beiden Kapitel dienen der Legitimation des gewaltigen Vorhabens der Apostel. Zu Beginn werden sie von dem Auferstandenen selbst, ehe eine Wolke ihn aufnimmt und endgültig ihren Blicken entzieht, auf den Weg geschickt: »*Ihr werdet Zeugen für mich sein, in Jerusalem und in ganz Judäa und Samaria und bis ans Ende der Welt.*« (1,8) Dem mächtigen Auftakt der Himmelfahrt läßt der Erzähler eine Atempause folgen – die Wahl eines neuen Apostels, der an die Stelle des Verräters Judas Ischariot treten soll –, um dann, einen ersten Höhepunkt erreichend, die Erfüllung der kurz zuvor ausgesprochenen Verheißung »*Ihr werdet mit Heiligem Geist getauft werden*« zu schildern; das Pfingstwunder, die Ausgießung des Heiligen Geistes, ist das im wörtlichen Sinne entflammende Ereignis, mit dem die Verkündigungstätigkeit ihren Anfang nahm und das einen Eroberungszug einleitete, dessen Darstellung die Christen mit Mut und Stolz, die Heiden mit Staunen und Bewunderung erfüllen soll.
Das im zweiten Kapitel entwickelte Erzählschema wiederholt sich im ganzen ersten Teil in mannigfachen Abwandlungen: in sinnfälligen Bildern *(»Ein plötzliches Brausen vom Himmel her, wie wenn ein gewaltiger Wind herfährt«, »Zungen wie von Feuer«,* die sich zerteilten und von denen »*sich eine auf jeden von ihnen niederließ«)* ersteht ein wunderbarer Vorgang vor den Augen des Lesers; dann werden die unterschiedlichen Reaktionen der Augenzeugen knapp und anschaulich geschildert: »*Wir hören sie mit unsern Sprachen die großen Taten Gottes verkünden*«, »*Andere aber spotteten und sagten* › *Sie sind voll süßen Weins*«; und schließlich wendet sich der Apostel an die aufgewühlten Gemüter, denen seine Deutung des Geschehenen »*wie ein Stich durchs Herz*« geht, so daß sie die Frage stellen, auf die die ganzen Vorbereitungen abzielen: »*Was sollen wir tun?*«, und zur Antwort erhalten: »*Laßt euch ein jeder auf den Namen Jesu Christi zur Vergebung eurer Sünden taufen.*« Eine neue Gemeinde findet sich zusammen.
In den wenigsten Fällen aber verläuft die Ausbreitung des Glaubens so glatt: die Geschichte erhält ihre dramatischen Akzente durch die Anfeindung und Verfolgung, denen die Apostel und ihre Genossen gerade wegen der Wunder, die sie tun,

ausgesetzt sind. Manchmal ist diese Verfolgung nur Anlaß zu neuen Wundern: Gefängnistüren tun sich auf, und die Predigt der Geretteten wirkt danach nur um so mächtiger. Stephanus aber, dessen Antlitz den gespannt auf ihn gerichteten Blicken des Hohen Rats wie das »*Angesicht eines Engels*« erscheint und dem die umfangreichste Rede in den Mund gelegt ist, erleidet als erster den Märtyrertod, und zwar vor den Augen des Saulus, der »*mit seiner Hinrichtung durchaus einverstanden war*«. Doch ehe der Erzähler zur Geschichte der wunderbaren Bekehrung dieses wütendsten Verfolgers der Christen in Jerusalem übergeht, läßt er die Erregung wieder abklingen, erzählt von Simon, dem Magier, der glaubte, mit Geld die Gabe der Apostel, Wunder zu tun, kaufen zu können, und von der Taufe eines äthiopischen Hofbeamten. Aber auch das Pathos der berühmten Bekehrungsgeschichte selbst wird ins Anekdotische gewendet: in einem Korb muß der neue Bekenner Christi über die Stadtmauer von Damaskus herabgelassen werden, weil die Juden ihm nach dem Leben trachten.

Dieses unmittelbare Nebeneinander von Außerordentlichem und Alltäglichem, in dem die selbstverständliche Hinnahme des Wunderbaren als eines göttlichen Zeichens zum Ausdruck kommt, der Versuch, die Heilsbotschaft populär zu machen, sie nicht nur den Völkern zu verkünden, sondern dem Volke nahezubringen, macht den besonderen Reiz vor allem des ersten Teils der *Apostelgeschichte* aus. An das Alte Testament erinnern die »Gesichte« und Gleichnisse, in denen der »Herr« zu Gläubigen und Ungläubigen spricht. Der Erzähler der *Apostelgeschichte* bedient sich dieses Mittels z. B., um zu erklären, wie die Apostel dazu kamen, die Bekehrungstätigkeit auch auf die Heiden auszudehnen: Den römischen Hauptmann Cornelius schickt ein Engel zu Petrus, und während er unterwegs ist, hat dieser ein Gesicht, das er zunächst nicht zu deuten weiß. Eine himmlische Stimme verlangt von ihm, daß er allerlei Getier, das er nach der herkömmlichen jüdischen Auffassung für »*unheilig und unrein*« halten muß, schlachten und essen solle; als er sich weigert, heißt es verweisend: »*Was Gott gereinigt hat, das erkläre du nicht für unrein.*« Als der Heide zu ihm kommt, wird Petrus der Sinn der Vision klar, und er sagt: »*Ihr wißt, wie streng es einem Juden verboten ist, Verkehr mit jemand zu haben, der zu einem andern Volk gehört, oder gar bei ihm einzukehren. Doch mir hat Gott gezeigt, daß man keinen Menschen als unheilig oder unrein bezeichnen darf.*« Danach tauft er die Heiden. Die besondere Bedeutung des Ereignisses wird dadurch hervorgehoben, daß Petrus in seiner Verteidigungsrede in Jerusalem nochmals alle Einzelheiten seiner Vision berichtet. Daß Jesus Christus den »*Heiden die gleiche Gnadengabe verliehen hat wie uns*«, war ganz offensichtlich die Überzeugung, auf deren Verbreitung es dem Erzähler vor allem ankam, und Petrus, dem diese Erkenntnis zuteil wurde, ist denn auch die letzte »Heldengeschichte« des ersten Teils gewidmet; künstlerisch ist dies dessen Höhepunkt. Ein hochbegabter Erzähler malt auf kleinstem Raum mit einer Fülle anschaulicher Details in Rede und Gegenrede die Befreiung Petri aus dem Gefängnis (bei der dieser nicht wußte, daß »*das, was durch den Engel geschah, Wirklichkeit war; er meinte vielmehr zu träumen*«) und seine unerwartete Rückkehr zu den Brüdern, die der Magd, die ihn an der Stimme erkannt hat, zunächst nicht glauben, daß er vor der Tür steht: »*Es muß sein Engel sein.*« – Von Petrus' späterem Märtyrertod weiß die *Apostelgeschichte* noch nichts; der diesem Apostel gewidmete Teil endet mit dem Tod seines Verfolgers Herodes – auch hier wird nicht einfach behauptet, sondern an einer die Hybris des Mannes charakterisierenden kleinen Geschichte deutlich gemacht, daß er sterben mußte »*zur Strafe dafür, daß er nicht Gott die Ehre gegeben hatte*«.

Der Erzähler des ersten Teils der *Apostelgeschichte* (1–12 bzw. 1–15) gilt allgemein als zumindest auch der Redaktor der Kapitel 13–28, die den Reisen und Kämpfen des Paulus gewidmet sind. Daß er hier Quellen ganz anderer Art verwendet als im Petrus-Teil (am deutlichsten nachweisbar in einem Itinerar der Reisen), ist allerdings offensichtlich: die naive Erzählfreude, mit der dort wunderbare dramatische Geschehnisse als Zeichen göttlichen Wirkens interpretiert werden, findet sich im Paulus-Teil nicht selten. Zwar führt der Erzähler auch neuen Helden als Wundertäter ein: er nimmt einem Magier, der ihm entgegentreten will, das Augenlicht, und gelegentlich wird von weiteren Wundern des Apostels berichtet. Doch auf weite Strecken herrscht hier ein anderer, rationaler, intellektuell anspruchsvollerer Geist. Die Sphäre der erbaulichen, phantasievollen Volksliteratur ist verlassen, das Bild eines in erster Linie auf die Überzeugungskraft seines Worts vertrauenden, hochgebildeten Predigers entsteht, der mit griechischen Philosophen ebenso ins Gespräch zu kommen sucht wie mit römischen Statthaltern und mit Königen, das Bild eines leidenschaftlichen Mannes, der sich gelegentlich auch mit einem Reisegefährten überwirft, der sich in Auseinandersetzungen mit den Juden, die einen großen Teil der Schilderungen einnehmen, mit außerordentlichem, an der griechischen Rhetorik geschultem dialektischem und psychologischem Geschick verteidigt und der schließlich zornig erklärt: von nun an »*wende ich mich an die Heiden*« – ein weltgewandter römischer Bürger, der sich stolz darauf beruft, »*dies alles*« (nämlich seine Tätigkeit) habe sich »*ja nicht in einem Winkel abgespielt*«.

Die neuere theologische Forschung hat nachzuweisen versucht, daß der Erzähler, der dieses Bild entwirft, schon darum nicht der Reisegefährte (Lukas) des Apostels habe sein können, weil er über gewisse geschichtliche Tatbestände falsch unterrichtet sei und weil sich bei ihm »*kein einziger spezifisch paulinischer Gedanke*« finde. Wenn es so wäre, dann verriete seine erregende und so konsequente Gestaltung einer außerordentlichen Figur mehr vom Wesen des Erzählers als von dem des historischen Vorbilds, und die Züge, die er dessen beilegt, charakterisierten ihn selbst als den Heidenchristen, der noch so stark in griechischen Vorstellungen lebt, daß er beispielsweise in der Areopagrede die griechischen Dichter als Kronzeugen dafür zitiert, daß die Menschen »*göttlichen Geschlechts*« sind (in diesem Ausspruch vor allem wird der Widerspruch zur Paulinischen Theologie gesehen). Ob der Schöpfer dieses Paulus-Bilds, der die Erscheinung, sei es nun, daß sie ihm persönlich oder nur in Berichten begegnet war, mit solcher Imaginationskraft seinen eigenen Vorstellungen entsprechend umzusetzen vermochte, mit dem Erzähler des ersten und dem Redaktor des zweiten Teils der *Apostelgeschichte* identisch sein kann, müßte dann allerdings als offene Frage bezeichnet werden. Ein unbefangener, das heißt von den einander widersprechenden theologischen Interpretationen verwirrter Leser könnte das im ersten Teil spürbare ursprüngliche Fabuliertalent eher in den auch dem zweiten Teil eingefügten Wundergeschichten und in den phantasievollen Ausmalungen der Reisen (Seesturm) wiederentdecken; vielleicht würde eine reine Stilanalyse die Vermutung bestätigen, daß der Schöpfer des Ganzen auf diese Weise den verschiedenen ihm zugetragenen Berichten jenes einheitliche Gepräge gab, das ein exaktes Herauslösen von Quellen so sehr erschwert, dafür aber aufs nachdrücklichste die literarische Begabung dessen bezeugt, der aus zahllosen Geschichten aus der Welt der Apostel diese eine *Apostelgeschichte* schuf. Der Titel *Praxeis*, der ihr von der frühen Christenheit gegeben wurde, bezeichnet eine Gattung,»*die sich dadurch von der Biographie unterschied, daß nicht Charakter und Lebenslauf einer Person, sondern die herrlichen Taten einer bedeutenden Gestalt dargestellt wurden. Indem diese Gattung so kein vollständiges Bild einer ›Person‹, sondern die charakteristischen Taten eines ›Helden‹ darbieten will, neigt sie zur Einseitigkeit und Panegyrik.*« (Haag) Daß die *Apostelgeschichte* dieser Gefahr niemals erliegt, ist der eigentümlichen Sachbezogenheit zu danken, die sie zu einem Werk *sui generis* macht: sie schildert ebenso nüchtern wie innig beteiligt Helden als Dienende, von ihrem göttlichen Auftrag ganz in Besitz Genommene, und da der Erzähler sich völlig mit diesem Ziel identifiziert, entsteht der Eindruck einer Authentizität, die die Frage nach seiner Identität fast bedeutungslos erscheinen läßt. G. Ue.

AUSGABEN und ÜBERSETZUNGEN: Vgl. *Bibel*.

LITERATUR: Kommentare: A. Loisy, *Les Actes des Apôtres*, Paris 1920. – Zahn, 5, 2 Bde., ³⁻⁴1922 bis 1927. – A. Steinmann (in *Die Hl. Schrift des NT*, Hg. F. Tillmann, Bd. 4, Bonn ⁴1934). – H. W. Beyer (in NTD, 5, ⁵1949). – E. Haenchen (in Meyer, 3, ¹³1961). – RNT, 5, ⁴1961. – Feine-Behm, S. 94–126. – Robert-Feuillet, 2, S. 309–341. – H. Conzelmann (in HbNT, 7, 1963). – W. de Boor, *Die Apostelgeschichte*, Wuppertal 1965 (Wuppertaler Studienbibel).

Weitere Literatur: BL, Sp. 87ff. – LThK², 1, Sp. 743–747. – RGG³, 1, Sp. 501–508. – M. Dibelius, *Aufsätze zur Apostelgeschichte*, Bln./Göttingen 1951 (Forschungen zur Religion u. Literatur des Alten u. Neuen Testaments, 60). – J. Dupont, *Les problèmes du livre des Actes d'après les travaux récents*, Löwen 1950 (Analecta Lovanensia Biblica et Orientalia, II/17). – F. F. Bruce, *The Acts of the Apostles*, Ldn. 1954. – H. Conzelmann, *Die Mitte der Zeit. Studien zur Theologie des Lukas*, Tübingen 1954 (Beiträge zur historischen Theologie, 17). – E. Haenchen, *Tradition und Komposition in der Apostelgeschichte* (in ZThK, 52, 1955, S. 205ff.). – E. Trocmé, *Le livre des Actes et l'histoire*, Paris 1957. – H. J. Cadbury, *The Making of the Luke-Acts*, Ldn. 1958. – W. Bieder, *Die Apostelgeschichte in der Historie. Ein Beitrag zur Auslegungsgeschichte des Missionsbuches der Kirche*, Zürich 1960. – J. Dupont, *Les sources du livre des Actes*, Brügge 1960. – U. Wilckens, *Die Missionsreden der Apostelgeschichte. Form- und traditionsgeschichtliche Untersuchungen*, Neukirchen 1961 (Wissenschaftliche Monographien zum Alten u. Neuen Testament, 8). – M. D. Goulder, *Type and History in the Acts*, Ldn. 1964.

PAULUS
(um 10 n. Chr. – um 65)

PAULUS-BRIEFE (griech.). – Dreizehn Schriften des *Neuen Testaments* in Briefform, die nach ihrem eigenen Zeugnis von dem Apostel PAULUS verfaßt sind: *Römer-Brief*, *1. und 2. Korinther-Brief*, *Galater-Brief*, *Epheser-Brief*, *Philipper-Brief*, *Kolosser-Brief*, *1. und 2. Thessalonicher-Brief* sind an christliche Gemeinden gerichtet; *1. und 2. Timotheus-Brief*, *Titus-Brief* und *Philemon-Brief* sind an Einzelpersonen adressiert. Der *Hebräer-Brief* ist als vermeintlicher Paulus-Brief bei der Aufstellung des neutestamentlichen Kanons aufgenommen worden, ist aber seinem Selbstzeugnis wie dem Urteil der heutigen Bibelwissenschaft nach kein *Paulus-Brief*. Von den dreizehn Briefen, die unter dem Namen des Paulus überliefert sind und die man zusammenfassend *Corpus Paulinum* nennt, ist die Paulinische Verfasserschaft bei sieben Briefen unangefochten: *Römer-Brief*, beide *Korinther-Briefe*, *Galater-Brief*, *Philipper-Brief*, *1. Thessalonicher-Brief*, *Philemon-Brief*. Umstritten ist die Paulinische Verfasserschaft für den *2. Thessalonicher-Brief* sowie den *Epheser-* und *Kolosser-Brief*, die man beide früher gern mit dem *Philipper-Brief* sowie dem *Philemon-Brief* unter der Sammelbezeichnung »Gefangenschaftsbriefe« zusammenfaßte, weil sie sich als in einer Gefangenschaft des Paulus geschrieben ausgeben; umstritten ist ferner die Gruppe der sogenannten »Pastoralbriefe«: *1. und 2. Timotheus-* und *Titus-Brief*, die ihre zusammenfassende Bezeichnung dem Tatbestand verdanken, daß sie an Gemeindeleiter (»Hirten«) adressiert sind. Sofern die nachpaulinische Abfassung dieser Schriften angenommen wird, bezeichnet man sie als »Deutero-Paulinen« oder »deutero (griech.; zwei-)-paulinisch«. Man würde den Charakter dieser Deutero-Paulinen aber mißverstehen, wenn man sie als Fälschungen bezeichnen wollte; es ging ihren Autoren vielmehr darum, in ihrem Ort und zu ihrer Zeit nach dem Tode des Paulus dessen Autorität in den geistigen Auseinandersetzungen der christlichen Gemeinden zur Geltung zu bringen bzw. aufrechtzuerhalten.
Die Sprache der *Paulus-Briefe* ist die griechische Gemeinsprache (*koinē*) der hellenistischen Zeit. Während Paulus zwar ein gutes bis gewähltes Vulgärgriechisch schreibt, doch der Volkssprache nähersteht, ist das Griechisch des *Hebräer-Briefes* dagegen der vornehmen Literatursprache ebenbürtig. Der Wortgebrauch des *Römer-Briefes* (bei über 7000 Worten werden über 1000 Wörter benutzt) zeigt etwa das gleiche Verhältnis wie ARISTOTELES' *Poetik*. Darin bezeugt sich zweifellos ein ungewöhnlicher Wortreichtum. Da die Briefe diktiert worden sind, geben sie eher die Art des Redenden als eines Schreibenden wieder und unterscheiden sich durch die reiche sprachliche und stilistische Abwechslung von der sonstigen griechischen Literatur.
Paulus (griech. Namensform des semitischen »Saulus«) war jüdischer Herkunft und stammte aus der Stadt Tarsos in Kilikien, die an der Verbindungsstraße zwischen Syrien und Kleinasien lag. Er schloß sich der Gruppe der Pharisäer an, die eine strenge und konsequente Befolgung des Mosaischen Gesetzes zur Aufgabe gemacht hatte. Eine Konsequenz seines pharisäischen Eifers für »das Gesetz« und die Gesetzesgerechtigkeit war der Verfolgung christlichen Gemeinden. Doch gibt eine Erscheinung des von den Toten auferweckten

Christus seinem Leben die grundlegende Wende. Als Auferstehungszeuge wird er Christ und zugleich Gesandter (griech. Apostel) des Christus unter den Heiden (also den Nichtjuden). Dieses Ereignis ist in die ersten Jahre nach dem Kreuzestod Jesu, der im Jahre 27 oder 30 stattfand, anzusetzen, etwa in die Zeit 31/32. Als Zeugnis für das Leben des Paulus kommen in erster Linie die als echt anerkannten Briefe in Frage, in denen er wiederholt auf seine Vergangenheit als Nichtchrist und als Christ zu sprechen kommt (vor allem im *Galater-*, *Philipper-* und *1. Korinther-Brief*). Die Angaben, die das *Lukas-Evangelium* über das Leben und die Wirksamkeit des Paulus macht, können zur Ergänzung herangezogen werden; sie sind jedoch kritisch zu sehen und nur soweit heranzuziehen, als sie dem Bild, das wir uns aus den brieflichen Selbstzeugnissen machen können, nicht widersprechen. Die im Kanon des *Neuen Testaments* überlieferten echten *Paulus-Briefe* sind alle im Zeitraum zwischen 50 und 60 entstanden. Sicher wird Paulus noch mehr Briefe geschrieben haben, als uns bewahrt sind. Es handelt sich dabei um wirkliche Briefe; die Briefform ist hier nicht eine literarische Einkleidung, sondern der Apostel hat konkrete Empfänger vor Augen. Die Briefe sind als Antworten anzusehen oder auf Antwort hin angelegt, ein »halbiertes Zwiegespräch«.

Paulus folgt formal dem orientalisch-jüdischen Briefformular, dessen Präskript (Briefeingang) aus zwei Sätzen besteht: Absender im Nominativ, Empfänger im Dativ als Grußsatz, gefolgt von einem Wunschsatz (»*Friede sei mit dir*« oder ähnliches). Auffällig ist, daß Paulus dieses Formular variiert und erweitert, ohne daß es dafür Parallelen gibt: Absender und Empfänger werden näher charakterisiert; im Grußwunsch wird das Paulus wichtige Wort »Gnade« beherrschend; dabei wird der Gottesname präzisiert: »*Gott unser Vater und der Herr Jesus Christus*«. Im Postskript (Briefschluß) ist der kurze Abschiedsgruß des Formulars immer durch einen ausführlichen Satz ersetzt, der ein dem Eingang vergleichbarer Gnaden- oder Friedenswunsch ist. Weitere übernommene Elemente des Briefstils sind gegen Schluß der Briefe die Grußbestellungen und der eigenhändige Schlußsatz, wenn der vorangehende Hauptteil vom Schreiber diktiert worden ist. Dem Präskript folgt in der Regel der Hinweis auf das Dankgebet für den guten Zustand der Gemeinde; er fällt im *Galater-Brief* aus gegebenem Anlaß weg und weicht einer Verwunderung, die mit heftiger Kritik durchsetzt ist. Im *2. Korinther-Brief* setzt Paulus die Danksagung wegen der eigene Rettung an diese Stelle.

Die *Briefe* des Paulus sind ein Stück seiner apostolisch-missionarischen Tätigkeit. Die Alternative »privat« oder »amtlich« versagt hier: Sie sind persönlich, aber nicht privat; sie reden in der Vollmacht des Apostels, aber nicht amtlich in behördlichen Sinne. – Ihr Verständnis als echte Briefe schließt nicht aus, daß diese auch Stilelemente der mündlichen Rede aus der missionarischen Predigt enthalten. Verbindliche Ansage und Zusage des Heils wird hier ebenso gemacht, wie lehrhaft argumentiert, imperativisch ermahnt, erklärt, gebetet und mit Berufung auf alttestamentliche Zitate ausgelegt wird. Eine Fülle von vorgeprägtem Material ist aufgenommen. Als Zitate erscheinen nicht nur alttestamentliche Schriftstellen, sondern auch festgestehende Lehrprägungen der urchristlichen Gemeinden (vor allem die grundlegende Bekenntnisformel über Jesu Tod und Auferweckung *1. Kor.* 15, 3 ff., und die Abendmahlsworte, *1. Kor.* 11, 23 ff.) sowie ferner der Verweis auf bestimmte Worte Jesu (*1. Kor.* 7,10; 9,14). Darüber hinaus hat die neutestamentliche Wissenschaft uns noch manche anderen Stücke vorgeprägter Überlieferung wie Christuslieder (*Phil.* 2,5 ff.), Bekenntnissätze (*Röm.* 1,3 f.; 3,24 ff.; 4,25; 10,9), Tugend- und Lasterkataloge u. a., erkennen lassen. In der jüngsten Forschungsgeschichte setzt sich immer mehr die Erkenntnis durch, daß manche der *Paulus-Briefe* aus mehreren Briefen oder Brieffragmenten zusammengesetzt sind. Über die genaue zeitliche Ansetzung und die historische Reihenfolge der einzelnen Schreiben bestehen noch Differenzen zwischen den Forschern, die jedoch geringfügig sind. Im folgenden stehen die Briefe in ihrer vermutlich historischen Abfolge, soweit es sich um die echten Paulinen handelt (wozu auch der *2. Thessalonicher-Brief* gerechnet ist); darauf folgen die sog. Deutero-Paulinen, schließlich der *Hebräer-Brief*.

Der *Galater-Brief* ist möglicherweise der älteste der uns erhaltenen *Paulus-Briefe* (andere halten den *1. Thessalonicher-Brief* dafür). Wo Paulus ihn abgefaßt hat, können wir nur vermuten: Es spricht einiges dafür, die Entstehung des Briefs am Anfang seines längeren Aufenthalts in Ephesus, der vermutlich von 51/52 bis 54/55 dauerte, anzunehmen. Die Briefempfänger sind eine Mehrzahl von christlichen Gemeinden in Galatien, einer Landschaft im Innern Kleinasiens in der Gegend des heutigen Ankara. Es sind von Paulus missionierte Gruppen von Christen, die er kurz vor Abfassung dieses Briefs erst wieder einmal besucht hatte (4,13). Anlaß des heftigen Briefs, der eine regelrechte Kampfschrift ist, sind Irrlehrer, die plötzlich seit dem letzten Besuch des Paulus dort aufgetaucht sind und die sehr schnell einen starken Einfluß auszuüben scheinen. Zweifellos handelt es sich dabei um Christen. Doch Paulus wirft ihnen vor, daß sie das *Evangelium* verdrehen und die Gemeinde verwirren (1,6–9; 5,10–12), daß sie ruhmsüchtig sind und unlautere Motive verfolgen (4,17; 6,13). »*Wenn wir oder ein Engel vom Himmel euch ein anderes Evangelium verkündigen würde neben dem, was wir euch verkündigt haben, er sei verflucht!*« (1,8). Konkret stehen folgende Differenzpunkte zur Diskussion: Paulus wird bestritten, daß er Apostel sei, weil er nicht direkt von Gott berufen, sondern von Menschen abhängig sei (1,10–2,14). Von den galatischen Heidenchristen wird der Ritus der jüdischen Beschneidung als Heilsbedingung verlangt (5,2; 6,12f.). Man hat es schwer, diese Gegner genau zu charakterisieren. Nachdem man in ihnen lange Zeit radikale Judenchristen gesehen hat, die aus der Jerusalemer Urgemeinde gekommen seien, um die Heidenchristen durch die Übernahme des ganzen jüdischen Gesetzes und des jüdischen Initiationsritus der Beschneidung zu Juden zu machen – denn erst als Jude habe man vollen Anteil an der Gemeinschaft mit Gott –, so erkennt man doch immer mehr, daß diese Sicht der Argumentation des Paulus nicht gerecht wird. Vielmehr weist der Einwand der Gegner gegen das Apostelamt des Paulus, der ja gerade nicht dem Paulus Abfall von den Jerusalemer Autoritäten vorwirft, sondern Abhängigkeit, darauf hin, daß die galatischen Gegner Enthusiasten sind, die als Autorität nur ein unmittelbares Gottesverhältnis gelten lassen. Auch das Verständnis der Beschneidungspraxis dieser Leute dürfte nicht das des orthodoxen Judentums gewesen sein, vielmehr den Akt der Beschneidung als Befreiung des Pneumatikers (griech.;

Geistbegabten) von den Fesseln des »Fleisches« verstehen, wie es auch von späteren Gnostikern bezeugt ist (*Evangelium nach Philippus* Spruch 123; *Thomas-Evangelium* Spruch 38). Daß das ganze jüdische Gesetz zu übernehmen ist, scheint indessen nicht eine Forderung der Irrlehrer zu sein, sondern erst eine Konsequenz des Paulus: »*Darum bezeuge ich noch einmal jedem Menschen, der sich beschneiden läßt, daß er das ganze Gesetz halten muß*« (5, 3). Von den Irrlehrern dagegen weiß er: Sie halten das Gesetz nicht (6,13). Die Gefährdung der Gemeinde liegt in der Gefährdung ihrer Christus-Erkenntnis: »*Zur Freiheit hat uns Christus befreit. So steht nun fest und laßt euch nicht wieder unter das Joch der Knechtschaft fangen!*« (5,1). Ganz scheinen die Galater den Irrlehrern noch nicht erlegen zu sein.

Der *Philipper-Brief* richtet sich an die erste christliche Gemeinde, die aufgrund der Wirksamkeit des Paulus im Jahre 49 auf europäischem Boden entstanden ist. Die mazedonische Stadt war römische Militärkolonie. Die kleine christliche Gemeinde dort behielt zu Paulus ein besonders enges Verhältnis: Sie ließen ihm, der sonst seine Ehre darein setzte, sich selbst zu unterhalten, mehrfach Unterstützung zukommen, die er auch annahm (4,10ff.). Gegenwärtig setzt sich immer mehr die Ansicht durch, daß unser *Philipper-Brief* eine Komposition aus drei kleineren Briefen darstellt: Das älteste Stück (*Phil. A*: 4,10-23) ist ein Dankbrief des Apostels für eine Unterstützung, die ihm die Philipper ins Gefängnis gesandt haben. Der Überbringer der Geldgabe, Epaphroditus, bleibt bei Paulus und kommt in Todesgefahr (2,25ff.). Die Philipper sind darüber besorgt. Weiter erfährt Paulus, daß in Philippi »Widersacher« auftreten, die die Einigkeit der Gemeinde gefährden (1,27ff.). Paulus reagiert darauf mit einem zweiten Brief (*Phil. B*: 1,1-3,1; 4, 4-7), in dem er zur Einigkeit mahnt, zuvor aber noch Auskunft über den Stand seines Prozesses gibt (er steht vor dem Abschluß; wahrscheinlich ist ihm ein Freispruch, doch ein Todesurteil ist nicht ganz ausgeschlossen). Epaphroditus, der in dem Brief sehr gelobt wird, dürfte wieder der Überbringer des Briefs gewesen sein. Danach hat die Gefangenschaft des Paulus ein glückliches Ende genommen, und er hat seinen Mitarbeiter Timotheus nach Philippi geschickt. Auf neue beunruhigende Nachrichten hin, die Genaueres über die Irrlehrer erkennen ließen, schreibt Paulus einen dritten Brief (*Phil. C*: 3,2-4,3; 4,8-9), der die Irrlehrer bekämpft und die Gemeinde vor ihnen bewahren will. Auch hierbei scheint es sich wieder um judenchristliche Gnostiker zu handeln, die sich enthusiastisch schon in der Vollendung und Vollkommenheit wähnten. Dagegen setzt Paulus vor allem sein eigenes Beispiel: »*Nicht, daß ich es schon ergriffen hätte oder schon zur Vollendung gelangt sei; ich jage ihm aber nach, damit ich es ergreife, nachdem ich von Christus Jesus ergriffen worden bin*« (3,12). Als Abfassungsort und -zeit dieses Briefwechsels kommt wegen der mehrfachen Hin und Her am ehesten Ephesus in Frage, wo Paulus mehrere Jahre verbrachte und längere Zeit in Gefangenschaft war; zu denken ist an die Zeit zwischen 53 und 55. (Die späteren Gefangenschaftsorte Rom oder Kaisareia müssen wohl wegen der weiten Entfernungen ausgeschlossen werden.)

Der *Philemon-Brief* richtet sich an einen Herrn Philemon, dem ein Sklave Onesimus entlaufen ist. Dieser Sklave ist zu Paulus in die Gefangenschaft gekommen und durch die Begegnung Christ geworden. Paulus schickt mit diesem Brief den Sklaven, den er am liebsten in seinem Dienst behalten hätte, zu seinem christlichen Besitzer zurück und bittet Philemon, ihn ohne die an sich rechtmäßige Bestrafung wiederaufzunehmen. Paulus selbst rechnet mit dem Ende der Gefangenschaft und will den Adressaten besuchen. Vermutliche Abfassungszeit des Briefs ist das Jahr 55 in Ephesus gegen Ende der Gefangenschaft. Der Ort des Onesimus und Philemon ist nicht genau zu lokalisieren, wenn der *Kolosser-Brief* nicht von Paulus stammt. Sonst kommt Kolossai in Frage.

Die beiden *Thessalonicher-Briefe* gehen an eine christliche Gemeinde in Thessalonich (dem späteren Saloniki), der damals größten Hafenstadt Mazedoniens. Auch diese Gemeinde ist eine Frucht der Missionsarbeit des Paulus, der im Jahre 49/50, von dem ca. 150 km entfernten Philippi kommend, mit seinen Mitarbeitern dort erstmalig die Christusbotschaft verkündigt hat. Danach hat sich die junge Christengemeinde, vorbildlich und selbst missionierend, erfreulich entwickelt; Paulus wollte sie schon mehrmals besuchen. Das setzt einen längeren Zeitraum zwischen Gemeindegründung und Briefwechsel voraus. Auch bei den *Thessalonicher-Briefen* scheint es sich um eine Briefkomposition zu handeln. Nach W. SCHMITHALS' einleuchtender Analyse handelt es sich um vier Briefe in folgender Abfolge: Thess. A umfaßt 2. Thess. 1,1-12; 3,6-16a; dann 3,4-5 u. 16b. Paulus hört in Ephesus von Unruhe und Unordnung in Thessalonich. Er weist die Gemeinde an, sich von denen, die nicht mehr ihrer Arbeit nachgehen, statt dessen aber überflüssige Betriebsamkeit entwickeln, zu trennen. Das Eintreffen neuer Nachrichten ist Anlaß eines zweiten Schreibens des Paulus (Thess. B: 1. Thess. 1,1-2,12; 4,2-5,28). Paulus behandelt ganz konkrete Fragen, die wohl brieflich von Thessalonich gestellt worden sind: Verhalten der Unordentlichen und die Wiederkunft Christi. Auch sein Apostelamt muß er gegen Angriffe verteidigen. Offenbar stehen auch hier wieder gnostische Irrlehrer dahinter, die die Totenauferstehung bestreiten und sich ganz im Vollendungszustand glauben. Dies wird ganz eindeutig in einem dritten Brief (*Thess. C: 2. Thess.* 2,13-14.1-12; 2,15-3,3; 3,17-18), in dem sich gegen die Behauptung wehrt, der »Tag des Herrn« sei schon da (2,2). Nach Meinung der Gnostiker habe dies Paulus selbst in einem früheren Brief gesagt, wobei sie sich auf die Formulierungen von *1. Thess.* 5,5-8 beziehen dürften. Die Sorge um die Thessalonicher führt Paulus dazu, bei einem Zwischenbesuch, den er von Ephesus aus in Korinth macht, Timotheus von Athen aus nach dorthin zu senden. Timotheus kommt mit guten Nachrichten zurück. Die Zustände in der Gemeinde sind befriedigend. Das ist der Anlaß des vierten und letzten Briefes, der ein Freudenbrief ist (*Thess. D: 1. Thess.* 2,13-4,1). So dürften auch die *Thessalonicher-Briefe* in den Jahren 54/55 aus Ephesus geschrieben sein.

Auch die beiden *Korinther-Briefe* sind die nachträgliche Zusammenfassung einer umfangreichen Korrespondenz zwischen Paulus und den Christen in dieser Weltstadt, die damals Hauptstadt der römischen Provinz Achaja war. Paulus ist von Mazedonien aus wohl im Herbst 50 erstmalig nach Korinth gekommen und hat dort etwa ein halbes Jahr missioniert und eine christliche Gemeinde hinterlassen. Als er sich später schon eine Zeitlang in Ephesus aufhielt, bekommt er Besuch aus Korinth durch den dort »Erstbekehrten« Stephanas und seine Begleiter, die von tadelnswerten Zuständen in der dortigen Gemeinde berichten (Streit vor heidnischen Gerichten, Unordnung beim Herrenmahl, Leugnung der Totenauferstehung). Paulus schreibt den (nach 1. Kor. 5,9 so genannten) »Vorbrief« (*Kor. A: 1. Kor.* 1,1–9; *2. Kor.* 6,14–7,1; *1. Kor.* 6,1–11; 11,2–34; 15; 16,13–24), der die Autorität des Stephanas betont und mit dem dieser im Herbst 53 (oder Frühjahr 54) nach Korinth zurückgekehrt sein dürfte. Kurz darauf muß Paulus die Reaktion der Korinther auf seinen ersten Brief erfahren haben. Dabei erfährt er von der Bestreitung seines Apostolats, von dem Sakramentalismus und den libertinistischen Parolen (»*Alles ist erlaubt*«). Paulus antwortet auf diese Probleme mit dem zweiten Brief (*Kor. B: 1. Kor.* 9,1–18 u. 24–27; 10,1–22; 6,12–20; 5,1–13), der etwa einen Monat nach dem ersten gefolgt sein dürfte. Wenig später erhält Paulus einen Brief aus Korinth mit verschiedenen Anfragen: betreffs sexueller Enthaltung der Jungfrauen, des Essens von Götzenopferfleisch, der Geistesgaben, der Geldsammlung für Jerusalem, des Kommens des Missionars Apollos. Paulus geht mit einem Antwortbrief auf diese Fragen ein (*Kor. C: 1. Kor.* 7; 8; 9,19–23; 10,23–11,1; 12; 14; 13; 16,1–12). Eine neue Lageschilderung aus Korinth (nach der Sendung des Timotheus) durch die »*Leute der Chloe*« [1,11] veranlaßt das Schreiben *Kor. D: 1. Kor.* 1,10–4,21).

Hat man früher vor allem aufgrund dieser Kapitel gemeint, es habe in Korinth verschiedene »Parteien« gegeben, die sich gegenseitig befehdeten (Paulus-Leute, Petrus-Leute, Apollos-Leute und die sog. Christus-Leute), so erkennt man jetzt immer deutlicher, daß die Aussagen der korinthischen Korrespondenz nur eine einzige Front haben: die gnostische Umdeutung der Christusbotschaft. Die korinthischen Gnostiker fühlten sich als ein Teil des himmlischen Christus und glaubten sich in einem Zustand der vollen Erlöstseins. Sie waren durch die Taufe ganz und gar »Geist« und als solche vom »Fleisch« befreit. Diese Freiheit demonstrierten sie in unbedingter sittlicher Freiheit: Sie nahmen bedenkenlos an heidnischen Kulten teil und stellten ebenso ihre Verachtung des »Fleisches« durch sexuelle Unzucht unter Beweis. Sich selbst als Teile des »Himmels-Christus« betrachtend, verfluchten sie den irdischen Jesus, lehnten eine Auferstehung Toter ab (denn sie waren ja als Lebende schon auferstanden) und bestritten die Verkündigung und das Amt des nach ihren Maßstäben noch viel unvollkommenen Paulus. Gegen diese Verfälschung der Christusbotschaft muß Paulus ankämpfen: »*Wir aber predigen Christus als den Gekreuzigten, den Juden ein Anstoß und den Heiden eine Dummheit*« (1,23). »*Seid ihr schon satt, seid ihr schon reich geworden, seid ihr ohne uns zur Herrschaft gekommen?*« (4,8). »*Ist aber Christus nicht auferweckt worden, so ist euer Glaube nichtig, so seid ihr noch in euren Sünden, so sind auch die in Christus Entschlafenen verloren!*« (15,17f.). Diese Auseinandersetzung setzt sich noch weiter fort, nachdem die gnostischen Kreise der Gemeinde Verstärkung durch vorübergehend anwesende Wanderapostel erhalten haben. Sie haben Empfehlungsbriefe, predigen sich selbst (als Erlöste sind sie ja identisch mit dem Erlöser), weisen sich durch ekstatische Erscheinungen aus und tadeln die Niedrigkeit des Paulus. Paulus antwortet in einer Apologie seines Apostolats mit *Kor. E (2. Kor.* 2,14–6,13; 7,2–4). Da dieser Brief keine große Wirkung hatte, entschließt sich Paulus zu einem kurzen Zwischenbesuch in Korinth (von Ephesus aus). Doch auch dieser bringt die Gemeinde nicht zur Ruhe, im Gegenteil: Ein Gemeindemitglied fügt Paulus schweres Unrecht zu (vermutlich Verdacht auf Betrug in der Sammlung für Jerusalem). Paulus verläßt Korinth und schreibt von Ephesus aus den »Tränenbrief« (*Kor. F: 2. Kor.* 10,1–13,10). Er wiederholt im wesentlichen die Verteidigung des Apostolats wie im vorangehenden Brief. Gegen die Protzerei des »Über-Apostel« mit ihren Visionen und Offenbarungen macht er erneut klar, daß Gottes Kraft in der Schwachheit seiner Diener zur Macht kommt. Nach diesem »Tränenbrief« wird Titus zur Befriedung in die Gemeinde gesandt. Paulus selbst ist auf der Reise nach Korinth über Mazedonien. Dort trifft er auf den mit guten Nachrichten aus Korinth zurückkehrenden Titus: Die Gemeinde steht wieder positiv zu Paulus. Das wird Anlaß zu dem Versöhnungs- und Freudenbrief, der im Frühjahr 55 von Mazedonien aus nach Korinth abgesandt wird (*Kor.G: 2. Kor.* 1,1–2,12; 7,5–16; 13,11–13). Im Sommer wird dann mit einem Empfehlungsschreiben (*Kor. H: 1. Kor.* 8) erneut nach Korinth gesandt, um die Geldsammlung für die verarmten Christen Jerusalems in Korinth abzuschließen. Etwas später folgt ein weiterer Brief in dieser Sache, der wohl als Rundbrief an mehrere Gemeinden Achajas gedacht ist (*Kor. I: 2. Kor.* 9). Nach diesem letzten Schreiben ist er selbst nach Korinth gekommen und hat sich im Winter 55/56 dort aufgehalten.

Der *Römer-Brief* ist hier im Frühjahr 56 abgefaßt worden. Paulus schreibt ihn zur Vorbereitung einer geplanten Reise. Er will Rom zum Ausgangspunkt seiner Mission im westlichen Teil des Mittelmeerraums machen (15,24–28) und wirbt um die Unterstützung der Christen in der Welthauptstadt. Obgleich er schon mehrfach Reisepläne in dieser Richtung gehabt hat, hat er die römische Christengemeinde bisher noch nicht kennengelernt. Darum stellt er sich mit diesem Brief bei ihr vor, indem er das Wesentliche der Christusbotschaft so darstellt, wie er es verkündigt. Umfang und Aufbau des *Römer-Briefs* sind in ihrer Größe und Geschlossenheit immer wieder aufgefallen. Paulus gibt den römischen Heidenchristen einen theologischen Rechenschaftsbericht unter der Überschrift: »*Das Evangelium ist Gottes Kraft zur Rettung für jeden Glaubenden; denn Gottes Gerechtigkeit [die uns anziehende Gottesnähe] ist darin enthüllt worden*« (1,16f.). Unter diesem Thema wird im ersten Teil des Briefs die Gottesferne und fehlende Eignung für die Gottesgemeinschaft bei allen Menschen, Heiden wie Juden, Bösen wie Guten, dargelegt (1,18–3,20). Doch Gott hat das Unmögliche möglich gemacht. Die Gottesgerechtigkeit ist da: Gott nimmt Menschen in seine Gemeinschaft durch den Glaubensweg, der Christus ist. Ermöglicht wurde dies durch Jesu Kreuzestod. »*Er wurde wegen unserer Übertretungen dahingegeben und wegen unserer Gerechtmachung auferweckt*« (4,25). Damit ist weltweit und universal die Freiheit von der »Königin Sünde«, vom versklavenden und verdammenden Zug des Gottesgesetzes statuiert, in der Hoffnung selbst eröffnet sich die Freiheit vom Tode. Niemand ist mehr gezwungen, in der Gottesferne zu beharren (Kap. 5–8). Kap. 9–11 setzt sich dann mit der Frage auseinander, ob nicht die universale Heilspredigt des Paulus durch das Faktum in Frage gestellt wird, daß Israel sich dem *Evangelium* weitgehend verschließt. Die Antwort, die Paulus gibt, ist eine doppelte: Repräsentiert wird Israel gegenwärtig durch die glaubenden Christen, als deren Vertreter Paulus sich selbst nennt, und außerdem sind auch die übrigen nur vorübergehend verstockt; wie ihr »Straucheln« den Heiden zum Heil diente, so wird der Glaube der Heiden schließlich auch die Juden anziehen. In Kap. 12-15 nimmt das *Evangelium* die imperativische Gestalt der Ermahnung an. Das neue Leben muß in der Lebensgestaltung und im Verhalten seinen Ausdruck finden. Darum ruft Paulus zum »*Gottesdienst im Alltag der Welt*« (E. Käsemann) auf: grundlegend zunächst in *Röm*. 12,1-2, dann entfaltet in die Lebensbereiche der Gemeinde, des Verhältnisses zum Nächsten, zu den Regierenden in Kapitel 13,1-7, und schließlich im Hinblick auf konkrete Spannungen unter den römischen Christen (14, 1-15,13: Starke und Schwache).

Röm. 16,1-20 gehört wohl ursprünglich nicht in den Brief nach Rom. Es handelt sich hier um einen kurzen Abschiedsbrief des Paulus von Korinth nach Ephesus, der zur gleichen Zeit wie der *Römer-Brief* verfaßt wurde. Paulus warnt vor ähnlichen Irrlehrern, wie er sie von Korinth her kannte. - *Röm*. 16,25-27 dürfte nicht aus der Feder des Paulus stammen. Dieser Lobpreis wird vielmehr den Abschluß einer ältesten Sammlung von *Paulus-Briefen* sein, die schon im 1. Jh. entstanden sein dürfte. Bei Gelegenheit dieser ersten Sammlung scheinen auch die Briefkompositionen entstanden zu sein. Man verkürzte die Vielzahl der Briefe auf die Siebenzahl *(1. Kor.; 2. Kor.; Gal.; Phil.; 1. Thess.; 2. Thess.; Röm.)*, denn die symbolische Siebenzahl läßt diese an die gesamte Christenheit gerichtet erscheinen.

Geschichtlich wirksam geworden ist der *Römer-Brief* vor allem in Martin LUTHERS *Römer-Brief*-Vorlesung von 1515/16. Das Studium dieses Briefes hat Luther die Erkenntnisse gebracht, die ihn zum Kritiker und Reformator der entarteten Kirche seiner Zeit werden ließen. Luthers Auslegung ist aber nicht an einer geschichtlichen Auslegung des Briefes interessiert, vielmehr entfaltet er eher punktuell die ihm zentralen Aussagen. Dabei achtet er auch nicht allzu eigen auf die Paulinische Gedankenführung im Zusammenhang. In unserem Jahrhundert hat die *Römer-Brief*-Auslegung von Karl BARTH (²1922) eine kirchengeschichtliche Wende herbeigeführt. Auch Barth ging es vor allem um das aktuelle Wirksamwerden des Wortes Gottes. Davon sind vor allem große Wirkungen auf die deutsche Theologie ausgegangen, die ihre Früchte im Widerstand des Kirchenkampfes gegen die nazistischen Zerstörungskräfte getragen haben.

Der Apostel Paulus ist nach der Abfassung des *Römer-Briefes* nach Jerusalem gereist. Dort wurde er von den Juden verhaftet und geriet dann in den Gewahrsam der Römer, die ihn nach Rom brachten. Dort ist er wahrscheinlich im Jahre 60 hingerichtet worden. Damit tauchte natürlich das Problem auf, wie in dieser neuen Situation nach seinem Tode seine Autorität gewahrt werden konnte. Es entstehen nun Briefe unter dem Namen des Paulus, mit denen seine Autorität zur Legitimation von bestimmten Gemeindeleitern in Anspruch genommen wird. Vor allem sollte damit aber die apostolische Autorität überhaupt aufrechterhalten werden, nachdem der Apostel selbst nicht mehr am Leben war. Dies ist die Intention der Deutero-Paulinen, zu denen man wohl *Kolosser-*, *Epheser-*, *1.* und *2. Timotheus-* und *Titus-Brief* rechnen muß (doch sind die Meinungen darüber unter den Forschern noch geteilt). Diese Briefe unterscheiden sich von den anerkannten *Paulus-Briefen* vor allem in Sprachschatz und Stil. Doch wäre noch mit der Abfassung durch einen Sekretär oder Beauftragten (»Sekretärshypothese«) erklärbar. Dagegen lassen sich typische Begriffe der *Paulus-Briefe*, die hier mit einem etwas anderen Sinn benutzt werden, auf diese Weise nur schwerlich erklären. Auffällig ist, daß in den fünf in Frage stehenden Briefen nie die Anrede »Brüder« begegnet, die Paulus sonst in jedem Brief wiederholt benutzt.

Der *Kolosser-Brief* ist an Christen in der Stadt Kolossai gerichtet, die in der kleinasiatischen Landschaft Phrygien liegt. Paulus ist dieser Gemeinde und diese Gemeinde ist Paulus unbekannt. Dagegen erscheint Epaphras als Evangeliumsverkünder dort (1,7) und andererseits als Grüßender in dem Brief (4,12), so daß wohl sein Amt und seine Autorität hier vor allem gestützt werden sollen. Das ist nötig, denn 2,8ff. zeigt den konkreten Anlaß des Briefs: Die Gemeinde ist durch in Kolossai auftretende Irrlehrer bedroht; Engelverehrung, Fest- und Speisevorschriften, asketische Forderungen lassen ein gnostisches Judenchristentum erkennen, wie es in den echten Paulinen, vor allem dem *Gal.*, auch schon zu erkennen war. Weil paulinisch geprägtes Christentum sich hier gegen Irrlehre verteidigt bzw. diese bekämpft, darum ist die Berufung auf Paulus zugunsten des Epaphras verständlich. Nach dieser Abwehr bringt der zweite Teil des Briefs (3,1ff.) Ermahnungen auf der Grundlage des Christusheils: »*Seid ihr mit Christus auferweckt, so sucht, was droben ist, wo Christus ist, sitzend zur Rechten Gottes.*« In dem Zusammenhang taucht erstmalig eine sog. »Haustafel« in der christlichen Ethik auf: Spezielle Ermahnungen an Frauen und Männer, Kinder und Väter, Sklaven und Herren, jeweils der Gefahr, die sich aus ihrer Stellung ergibt, entsprechend. Eine besonders lange Grußliste führt den Brief zu Ende.

Der *Epheser-Brief* ist sicher nicht nach Ephesus gerichtet, denn nicht nur fehlen in wichtigen alten Handschriften (1,1f.) die Worte »in Ephesus«, sondern nach 1,15 und 3,2 sind die angeblichen Leser dem Verfasser unbekannt, was für Paulus und Ephesus aber nicht zutreffen kann. Offensichtlich handelt es sich um einen Rundbrief. Dazu stimmt auch sein Charakter: Anders als die bisher genannten Schreiben geht er nicht auf konkrete Probleme bestimmter Leser ein, ist also kein wirklicher Brief, sondern eine theologische Abhandlung in Briefform. Erstmalig begegnet hier im Urchristentum eine rein formelle und literarische Geltung der Briefform. Weiter fällt auf, daß die Verwandtschaft dieses Briefs mit dem *Kol.* so eng ist wie sonst nie bei zwei *Paulus-Briefen*. Gegen die naheliegende Annahme, daß ein und derselbe Verfasser kurz hintereinander beide Briefe geschrieben habe, sprechen die sachlichen Differenzen. Offensichtlich hat hier ein späterer Autor unter Verwendung des *Kol.* ein neues Thema selbständig gestaltet. Das Thema Irrlehre ist für den *Eph.* nicht direkt akut. Es bleibt im Hintergrund und erscheint nur als potentielle Gefährdung. Zentralthema ist die Kirche. Die Leser dieses Traktats sollen erleuchtet werden über das Geheimnis der Kirche als des weltumspannenden und von der Auferstehungskraft durchwalteten Christusleibes. Der erste Teil (Kap. 2-3) entfaltet die Kennzeichen der Kirche: Sie ist mit Christus auferweckt, umfaßt Juden und Heiden und steht auf dem Grund der heiligen Apostel, wobei Paulus selbst besonders herausgestellt wird. Der zweite, noch etwas längere Teil (4,1-6,20) ent-

573

faltet wieder eine Ethik, die in sehr engem Bezug zum Kirchengedanken durchgeführt wird (Mahnung zur Einheit, Brüderlichkeit, Trennung von heidnischem Wesen und Bewährung im Alltag anhand einer Haustafel 5,21 ff.). In noch stärkerem Maße als der *Kol.* hat der *Eph.* eine Fülle von fest formuliertem Material eingearbeitet, das er aus der Gemeindeüberlieferung entnahm, und das auch seiner eigenen Sprache eine gewisse Breite und schwülstige Prägung gegeben hat. Entstanden sein dürfte dieses Werk zwischen 80 und 100 in Kleinasien.

Die sog. Pastoralbriefe (*1.* und *2. Timotheus-* und *Titus-Brief*) gehören nach Sprachgestalt und Charakter eng zusammen, so daß für sie wohl auch ein gemeinsamer Ursprung angenommen werden muß. Adressiert sind sie an zwei Männer, die wir als Mitarbeiter des Paulus aus den echten Briefen sehr gut kennen. Hier nun empfangen sie Weisung zur Ordnung der Gemeinden, und zwar Timotheus für Ephesus und Titus für Kreta. Dabei haben der *1. Tim.* und der *Titus-Brief* den Charakter von Gemeindeordnungen, während der *2. Tim.* mehr eine Ermahnung des in den Tod gehenden Paulus an seinen Schüler ist und insofern den Charakter eines Testaments hat. Die vorausgesetzten Gemeindeverhältnisse sind nicht so, wie wir sie aus dem *Röm.* oder *1. Kor.* kennen, vielmehr zeigen sie eine fortentwickeltere Gestalt, in der bestimmte Ämter im Mittelpunkt stehen (Älteste und Aufseher), zu denen man durch Handauflegung ordiniert wird; daneben stehen Diakone und Witwen. Dabei wechseln in den Briefen Kirchenordnungsfragen mit Ermahnungen und Anweisungen zur Führung der Ämter. Überträgt man den *1. Tim.* in die dritte Person, so wird der Charakter der hier gegebenen Kirchenverfassung deutlich. Vielleicht setzt der *1. Tim.* eine schon so organisierte Gemeinde voraus, während *Tit.* eine noch zu organisierende vor sich sieht (W. Marxsen). Triebkraft und Ziel aller hier betriebenen Ordnungsbemühungen ist der Kampf gegen gnostische Häretiker. So sind alle drei Briefe mit Polemik gegen jene durchzogen, die auf dem alttestamentlichen Gesetz fußen, sich der »Erkenntnis« (*gnōsis*) rühmen, die Auferstehung als schon geschehen ansehen, unsittlich leben und die natürlichen Ordnungen verwerfen. Dieser Irrlehre wird die rechte, »gesunde« Lehre entgegengesetzt, wie sie von Paulus ausgeht und Lehrtradition geworden ist. Ämter und Gemeinderegeln sollen die Gemeinde vor dem Einfluß der gnostischen Enthusiasten abschirmen. So scheint der Verfasser ein organisationsbegabter und mit Paulinischer Theologie vertrauter Christ gewesen zu sein, der um 100 in Kleinasien oder Griechenland lebte. Möglicherweise enthalten *2. Tim.* 4,9–22 und *Tit.* 3,12–15 Fragmente echter Paulus-Briefe.

Das neutestamentliche Buch, das wir *Hebräer-Brief* nennen und das wegen seiner vermeintlich Paulinischen Herkunft Bestandteil des Kanons wurde, ist weder Paulinisch noch nach seiner zwar alten, aber sekundären Überschrift »an die Hebräer« (Juden) gerichtet gewesen. Daß man das Schreiben als »Hebräer-Brief« verstand, ist eine Folge der in diesem Buche reichlich geübten allegorischen und typologischen Auslegung des *AT* auf Christus hin. Aber umfangreiche Benutzung des *AT* ist im Urchristentum noch kein Grund für die Annahme jüdischer oder judenchristlicher Leser. Wenn schon Paulus seinen heidenchristlichen Lesern mitunter komplizierte Ausdeutungen des *AT* zumutet, dann ist dies auch möglich für den Autor, der das beste Griechisch des *NT* und für Leser einer Gemeinde schreibt, die auf einer gewissen Bildungsstufe stehen. So wissen wir nicht mehr über die Leser, als wir aus dem Schreiben selbst erfahren, daß es nämlich an Christen als Christen gerichtet ist. Leider bezeichnet der erste *Clemens-Brief*, der 96 entstanden ist und der den *Hebr.* benutzt, ihn nicht näher, so daß wir von hier aus nur sein Vorhandensein konstatieren können. Schließlich ist der *Hebr.* auch kein regelrechter Brief. Er setzt direkt mit der Sache ein, die er hinaus will: die Größe Christi. Von 1,1–13,21 fehlt durchweg jeder Briefcharakter. Nur ein kurzer Briefschluß 13,22–25 läßt das Vorangehende als zur Verschickung bestimmt sein. In der Schrift wird es »Mahnrede« bezeichnet. Dem Stil nach erinnert es stark an den hellenistisch-jüdischen Synagogenvortrag in seiner Art der Auslegung des *AT*. Es ist eine für eine bestimmte Gemeinde niedergeschriebene Predigt mit einem brieflichen Schluß. Zielpunkt der ganzen Ausführungen sind die Ermahnungen, die immer wieder die auslegenden Abschnitte unterbrechen: Gehorcht Jesu Wort (2,1–4); meint nicht, schon am Ziel zu sein (3,7–4,11); haltet an Jesus fest (4,14–16); überwindet die Stumpfheit (5,11–6,12); ihr sollt am Bekenntnis festhalten, auch wenn ihr verfolgt werdet (10,19–39); in 12, 1–13,17 stehen abschließende Mahnungen. Aus diesen Stücken ergibt sich, daß die Christen hier nicht durch eine bestimmte Irrlehre bedroht sind, sondern durch ein allgemeines Erlahmen, das sich in Glaubensmüdigkeit, Leidensfurcht und Vernachlässigung des Gottesdienstes ausdrückt. Zu ihnen kommt dieses Schreiben, das ihnen Christus als den Unvergleichlichen zeichnet, für den das Zeugnis des ganzen *AT* nur ein vorausgeworfener Schatten war: Er ist größer als die Engel und als Mose; er ist der himmlische Hohepriester und das Opfer zugleich und als solches unüberbietbar und endgültig; er ist der Anfänger und Vollender des Glaubens. Aber eben die Größe dessen, was bei den Lesern in Gefahr steht, verlorenzugehen, wird ihnen auch dadurch deutlich gemacht, daß ihnen gesagt wird: Es gibt nicht die Möglichkeit einer zweiten Umkehr (nach der ersten Umkehr in der Taufe, beim Christwerden) nach dem Abfall vom Glauben. Dies alles macht deutlich, daß dieser Traktat einer nicht allzu frühen Zeit des Urchristentums angehören dürfte. Er wird von einem Unbekannten zwischen 80 und 95 verfaßt sein, und zwar für eine Gemeinde, die nach dem brieflichen Schluß in irgendeiner Beziehung zu Italien stand.

W. Sche.

AUSGABEN UND ÜBERSETZUNGEN: Vgl. *Bibel*.

LITERATUR: A. Deissmann, *P. Eine kultur- u. religionsgeschichtliche Skizze*, Tübingen ²1925. – A. Schweitzer, *Die Mystik des Apostels P.*, Tübingen 1930; ²1954. – O. Roller, *Das Formular der paulinischen Briefe*, Stg. 1933. – G. Harder, *P. u. das Gebet*, Gütersloh 1936. – M. Dibelius u. W. G. Kümmel, *P.*, Bln. ²1956 (Göschen, 1160; ³1964). – R. Bultmann, *Theologie des NT*, Tübingen ⁴1961. – F. Neugebauer, *In Christus. Eine Untersuchung zum Paulinischen Glaubensverständnis*, Göttingen 1961. – W. Schmithals, *Das kirchliche Apostelamt*, Göttingen 1961. – W. Schrage, *Die konkreten Einzelgebote in der Paulinischen Paränese*, Gütersloh 1961. – E. Jüngel, *P. u. Jesus. Eine Untersuchung zur Präzisierung der Frage nach dem Ursprung der Christologie*, Tübingen 1962. – W. Kramer, *Christos, Kyrios, Gottessohn. Untersuchung zu Gebrauch u. Bedeutung der christologischen Bezeichnungen bei P. u. den vorpaulinischen*

Gemeinden, Zürich/Stg. 1963. – *Das Paulusbild in der neueren deutschen Forschung*, Hg. K. H. Rengstorf u. U. Luck, Darmstadt 1964. – LThK, 8, Sp. 216–228. – RGG, 5, S. 195ff. – D. Georgi, *Die Geschichte der Kollekte des P. für Jerusalem*, Hbg.-Bergstedt 1965. – D. Lührmann, *Das Offenbarungsverständnis bei P. u. in den paulinischen Gemeinden*, Neukirchen-Vluyn 1965. – W. Schmithals, *P. u. die Gnostiker. Untersuchungen zu den kleinen P.briefen*, Hbg.-Bergstedt 1965. – E. Güttgemanns, *Der leidende Apostel u. sein Herr. Studien zur paulinischen Christologie*, Göttingen 1966. – H. Conzelmann, *Grundriß der Theologie des NTs*, Mchn. 1967, S. 175–314.

Zum *Römer-Brief*:
Kommentare: K. Barth, *Der »Römerbrief«*, Bern 1919; ²1922. – Th. Zahn, *Der »Brief an die Römer«*, Lpzg./Erlangen ³1925. – H. Lietzmann, *Die Briefe des Apostels P.*, Tübingen ⁴1933 (HbNT, 3). – A. Schlatter, *Gottes Gerechtigkeit. Ein Kommentar zum »Römerbrief«*, Stg. 1935; ⁴1965. – A. Nygren, *Der »Römerbrief«*, Göttingen 1951; ⁴1965. – E. Gaugler, *Der »Römerbrief«*, 2 Bde., Zürich 1952–1958. – O. Kuss, *Der »Römerbrief«*, 2 Bde., Regensburg 1957–1959; ²1963.

Weitere Literatur: W. Lütgert, *Der »Römerbrief« als historisches Problem*, Gütersloh 1913. – R. Schumacher, *Die beiden letzten Kapitel des »Römerbriefs«*, Mchn. 1929. – H. Preisker, *Das historische Problem des »Römerbriefs«* (in Wiss. Zs. der Friedrich-Schiller-Univ. Jena, 1952/53, S. 25ff.). – G. Schrenk, *Der »Römerbrief« als Missionsdokument* (in G. S., *Studien zu P.*, Zürich 1954, S. 81ff.). – J. Munck, *Das Manifest des Glaubens* (in J. M., *P. u. die Heilsgeschichte*, Kopenhagen 1954, S. 190ff.). – G. Harder, *Der konkrete Anlaß des »Römerbriefs«* (in Theol. Viat., 6, 1959, S. 182ff.). – T. W. Manson, *St. Paul's »Letter to the Romans« and Others* (in T. W. M., *Studies in the Gospels and Epistles*, Philadelphia 1962, S. 225ff.). – W. Grundmann, *Der »Römerbrief« des Apostels P. u. seine Auslegung durch Martin Luther*, Weimar 1964. – J. Kinoshita, *Romans – Two Writings Combined* (in Novum Testamentum, 7, 1965, S. 258–277). – H. W. Bartsch, *Die historische Situation des »Römerbriefs«* (in Stud. Evang., 4, 1968, S. 281ff.).

Zu den *Korinther-Briefen*:
Kommentare: K. Barth, *Die Auferstehung der Toten*, Mchn. 1924. – H. Windisch, *Der »Zweite Korintherbrief«*, Göttingen ⁹1924. – A. Schlatter, *P. der Bote Jesu*, Stg. 1934. – H. Lietzmann u. W. G. Kümmel, *»An die Korinther«*, Tübingen ⁴1949 (HbNT, 9). – H. D. Wendland, *Die »Briefe an die Korinther«*, Göttingen ¹²1968 (NTD, 7).

Weitere Literatur: W. Lütgert, *Freiheitspredigt u. Schwarmgeister in den »Korintherbriefen«*, Gütersloh 1908. – A. Schlatter, *Die korinthische Theologie*, Gütersloh 1914. – J. Schniewind, *Die Leugner der Auferstehung in Korinth* (in J. S., *Nachgelassene Reden und Aufsätze*, Hg. E. Kähler, Bln. 1952, S. 207ff.). – U. Wilckens, *Weisheit u. Torheit*, Tübingen 1959. – G. Bornkamm, *Die Vorgeschichte des sog. »Zweiten Korintherbriefes«*, Heidelberg 1961. – R. Bultmann, *Exegetische Probleme des »Zweiten Korintherbriefes«* (in R. B., *Exegetica*, Darmstadt ²1963, S. 298ff.). – D. Georgi, *Die Gegner des P. im »Zweiten Korintherbrief«*, Neukirchen 1964. – W. Schmithals, *Die Gnosis in Korinth*, Göttingen ²1965.

Zum *Galater-Brief*:
Kommentare: Th. Zahn, *»An die Galater«*, Lpzg./Erlangen ³¹922. – H. Lietzmann, *»An die Galater«*, Tübingen ³1932 (HbNT, 10). – A. Oepke, *Die kleineren Briefe des Apostels P.*, Bln. ²1960 (ThHK, 9). – H. W. Beyer u. P. Althaus, *Brief des P. »An die Galater«*, Göttingen ¹⁰1965 (NTD, 8). – H. Schlier, *Der »Brief an die Galater«*, Göttingen ¹³1965.

Weitere Literatur: W. Lütgert, *Gesetz u. Geist*, Gütersloh 1919.

Zum *Philipper-Brief*:
Kommentare: K. Barth, *Erklärung des »Philipperbriefes«*, Mchn. 1928. – P. Ewald, *Der Brief des P. »An die Philipper«*, Lpzg./Erlangen ⁴1923. – W. Michaelis, *Der Brief des P. »An die Philipper«*, Lpzg. 1935. – M. Dibelius, *»An die Philipper«*, Tübingen ³1937 (HbNT, 11). – G. Friedrich, *Die kleineren Briefe des Apostels P.*, Göttingen ⁹1962 (NTD, 9). – E. Lohmeyer, *Die »Briefe an die Philipper«, »An die Kolosser« u. »An Philemon«*, Göttingen ¹³1964 (KEK, 9).

Weitere Literatur: W. Lütgert, *Die Vollkommenen in Philippi u. die Enthusiasten in Thessalonich*, Gütersloh 1909. – W. Michaelis, *Die Datierung des »Philipperbriefes«*, Gütersloh 1933. – J. Müller-Bardorf, *Zur Frage der literarischen Einheit des »Philipperbriefes«* (in Wiss. Zs. der Friedrich-Schiller-Univ. Jena, 7, 1957/58, S. 591ff.). – H. Köster, *The Purpose of the Polemic of a Pauline Fragment (Phil. III)?* (in Neutestamentliche Studien, 8, 1961/62, S. 317ff.). – G. Bornkamm, *Der »Philipperbrief« als paulinische Briefsammlung* (in Neotestamentica et Patristica Nov. Test., Suppl. 6, 1962, S. 192ff.). – J. Gnilka, *Die antipaulinische Mission in Philippi* (in Biblische Zeitschrift, N. F. 9, 1965, S. 258ff.). – A. F. J. Klijn, *Paul's Opponents in »Phil. III«* (in Novum Testamentum, 7, 1965, S. 278ff.).

Zu den *Thessalonicher-Briefen*:
Kommentare: E. v. Dobschütz, *Die »Thessaloniker Briefe«*, Göttingen ⁷1909. – M. Dibelius, *»An die Thessalonicher I. II.«*, Tübingen ³1936 (HbNT, 11). – A. Oepke, *Die kleineren Briefe des Apostels Paulus*, Göttingen ⁹1962 (NTD, 9; ern. 1968).

Weitere Literatur: W. Wrede, *Die Echtheit des »2. Thessalonicherbriefes«*, Lpzg. 1903. – A. Harnack, *Das Problem des »2. Thessalonicherbriefes«*, Bln. 1910. – J. Wrzol, *Die Echtheit des »2. Thessalonicherbriefes« untersucht*, Freiburg i. B. 1918. – H. Braun, *Zur nichtpaulinischen Herkunft des »2. Thessalonicherbriefes«* (in ZntW, 44, 1952/53, S. 152ff.). – K. G. Eckart, *Der zweite echte Brief des Apostels P. »An die Thessalonicher«* (in ZThK, 58, 1961, S. 30ff.). – W. G. Kümmel, *Das literarische u. geschichtliche Problem des »1. Thessalonicherbriefes«* (in Neotestamentica et Patristica Nov. Test., Suppl. 6, 1962, S. 213ff.). – W. Schmithals, *Die »Thessalonicherbriefe« als Briefkompositionen* (in Zeit u. Geschichte. Dankesgabe an R. Bultmann, Hg. E. Dinkler, Tübingen 1964, S. 295ff.).

Zum *Philemon-Brief*:
Kommentare: P. Ewald, *Der »Brief an Philemon«*, Lpz./Erlangen ²1910. – M. Dibelius u. H. Greeven, *»An die Kolosser«, »An die Epheser«, »An Philemon«*, Tübingen ³1953 (HbNT, 12). – G. Friedrich, *Die kleineren Briefe des Apostels P.*, Göttingen ⁹1962 (NTD, 9; ern. 1968). – E. Lohmeyer, *Die*

»Briefe an die Philipper«, »An die Kolosser« u. »An Philemon«, Göttingen ¹³1964 (KEK).

Weitere Literatur: H. Greeven, *Prüfung der Thesen von J. Knox zum* »*Philemon*« (in ThLZ, 79, 1954, S. 373ff.). – U. Wickert, *Der* »*Philemon*« – *Privatbrief oder Apostolisches Schreiben?* (in ZntW, 52, 1961, S. 230ff.).

Zum Epheser-Brief:
Kommentare: P. Ewald, *Der* »*Brief an die Epheser*«, Lpzg./Erlangen ²1910. – M. Dibelius u. H. Greeven, »*An die Kolosser*«, »*An die Epheser*«, »*An Philemon*«, Tübingen ³1953 (HbNT, 12). – H. Schlier, *Der* »*Brief an die Epheser*«, Düsseldorf 1957; ⁵1965. – E. Lohmeyer, *Der* »*Brief an die Epheser*«, Göttingen ¹³1964. – G. Friedrich, *Die kleineren Briefe des Apostels Paulus*, Göttingen ⁹1962 (NTD, 9; ern. 1968).

Weitere Literatur: J. Schmid, *Der* »*Epheserbrief*« *des Apostels P.*, Freiburg i. B. 1928. – H. Schlier, *Christus u. die Kirche im* »*Epheserbrief*«, Tübingen 1930. – K. G. Kuhn, *Der* »*Epheserbrief*« *im Licht der Qumrantexte* (in Neutestamentliche Studien, 7, 1960/61, S. 334ff.). – P. Pokorny, *Die Bedeutung des Haupt-Glieder-Gedankens in der entstehenden Kirche*, Bln. 1965.

Zum Kolosser-Brief:
Kommentare: P. Ewald, *Der* »*Brief an die Kolosser*«, Lpzg./Erlangen ²1910. – M. Dibelius u. H. Greeven, »*An die Kolosser*«, »*An die Epheser*«, »*An Philemon*«, Tübingen ³1953 (HbNT, 12). – E. Lohmeyer, *Die* »*Briefe an die Philipper*«, »*An die Kolosser*« *und* »*An Philemon*«, Göttingen ¹³1964.

Weitere Literatur: E. Percy, *Die Probleme der* »*Kolosser-*« *u.* »*Epheserbriefe*«, Lund 1946. – G. Bornkamm, *Die Häresie des* »*Kolosserbriefs*« (in ThLz, 73, 1948, S. 11ff.). – Ders., *Die Hoffnung im* »*Kolosserbrief*«, Bln. 1962.

Zu den Pastoralbriefen:
Kommentare: G. Wohlenberg, *Die* »*Pastoralbriefe*«, Lpzg. ³1923. – A. Schlatter, *Die Kirche der Griechen im Urteil des P.*, Calw 1936. – M. Dibelius u. H. Conzelmann, *Die* »*Pastoralbriefe*«, Tübingen ⁴1966 (HbNT, 13).

Weitere Literatur: J. Jeremias, *Zur Datierung der* »*Pastoralbriefe*« (in ZntW, 52, 1961, S. 101ff.). K. Wegenast, *Das Verständnis der Tradition bei P. u. in den Deuteropaulinen*, Neukirchen 1962. H. W. Bartsch, *Die Anfänge urchristlicher Kirchenordnung in den* »*Pastoralbriefen*«, Hbg.-Bergstedt 1965.

Zum Hebräer-Brief:
Kommentare: H. Windisch, *Der* »*Hebräerbrief*«, Tübingen ²1931 (HbNT, 4/3). – O. Michel, *Der* »*Brief an die Hebräer*«, Göttingen ¹²1966.

Weitere Literatur: E. Käsemann, *Das wandernde Gottesvolk*, Göttingen 1938; ⁴1961. – H. Thyen, *Der Stil der Jüdisch-Hellenistischen Homilie*, Göttingen 1951. – W. Nauck, *Zum Aufbau des* »*Hebräerbriefs*« (in BZNW, 26, 1960, S. 199ff.). – E. Grässer, *Der Glaube im* »*Hebräerbrief*«, Marburg 1965.

ANONYM

KATHOLISCHE BRIEFE (griech.). Sammeltitel für die sieben neutestamentlichen Briefe, die außerhalb des *Corpus Paulinum* stehen und in deren Überschriften die Verfasser – nicht wie bei den *Paulusbriefen* die Adressaten – genannt werden. Als angebliche Verfasser zeichnen für einen Brief JAKOBUS, für zwei Briefe PETRUS, für drei JOHANNES und für einen JUDAS (im folgenden zitiert: *Jak.*; *1. und 2. Pt.*; *1., 2. und 3. Joh.*; *Jud.*). Sie sind erst spät zu einem geschlossenen Corpus zusammengewachsen; so gelten im 2. Jh. nur *1. Pt.* und *1. Joh.* als kanonische Schriften. Später werden einzelne dieser Briefe als »katholisch« bezeichnet: *1. Joh.* von dem alexandrinischen Bischof DIONYSIOS (um 260); *1. Joh.*, *1. Pt.* und *Jud.* von ORIGENES († 253/54). Wahrscheinlich ist *1. Joh.* zuerst ein »katholischer Brief« genannt worden. Damit wurde er im Gegensatz zu *2.* und *3. Joh.*, die ganz bestimmte Adressaten haben, als ein Schreiben gekennzeichnet, das »an die Allgemeinheit gerichtet« ist und enzyklischen Charakter hat. Auf das ganze Corpus von Briefen, die in ihrer Mehrzahl an die Gesamtheit der Christen gerichtet sind, überträgt erstmals EUSEBIOS um 325 die Bezeichnung »katholische Briefe«. Im Abendland jedoch wurde »katholisch« oft im Sinne von »kanonisch« (d. i. allgemeinverbindlich) verstanden, so daß hier seit 382 das Corpus auch den Titel *Kanonische Briefe* erhält. Abgesehen von *2.* und *3. Joh.* ist die Briefform in den einzelnen Schriften lediglich ein literarisches Mittel, das wohl unter dem bestimmenden Einfluß der *Paulusbriefe* gewählt worden ist.

Das theologische Gedankengut in diesen Dokumenten ist traditionell; in der Aufforderung zu einem christlichen Lebenswandel, worin ihr Hauptinteresse liegt, repräsentieren die Briefe ein Normalchristentum. So sind von ihnen – im Gegensatz zu den *Paulusbriefen* – innerhalb der Kirchengeschichte keine entscheidenden theologischen Neubesinnungen vermittelt worden. Aus Geringschätzung stellte LUTHER *Jak.* (»*strohene Epistel*«) und *Jud.* zusammen mit dem *Hebräerbrief* und der *Apokalypse* an den Schluß seiner Übersetzung des *Neuen Testaments*. Im Kanon der griechischen Kirche hatten die *Katholischen Briefe* ihren Platz zwischen der *Apostelgeschichte* und den *Paulusbriefen*, während sie in dem der lateinischen Kirche auf die *Paulusbriefe* folgten.

Der *Jakobusbrief* ist für die erste Hälfte des 3. Jh.s sicher bezeugt. Noch EUSEBIOS rechnet ihn zu den Schriften, deren kanonische Geltung widersprochen wird, nennt aber erstmals den Herrenbruder als den von vielen anerkannten Verfasser. Allgemeine Anerkennung in der griechischen Kirche findet *Jak.* seit dem 39. Osterfestbrief des ATHANASIOS (367), in der lateinischen seit den Synoden von 382 und 397.

Aus dem Inhalt des Briefs läßt sich weder eine klare Gliederung gewinnen noch ein einheitliches Thema erkennen; einzelne Ermahnungen sind lose aneinandergereiht, oft durch Stichwortverbindung miteinander verknüpft. Das Schreiben bricht ohne die in Briefen übliche Schlußformel ab. Die Fiktion des Briefs ist also nur durch das Präskript gewahrt, das neben dem der *Apostelgeschichte* 15, 23 als einziges im *Neuen Testament* eine rein griechische Form aufweist. Der Brief ist »*an die zwölf Stämme in der Diaspora*« gerichtet, womit wohl die gesamte Christenheit als das wahre Israel gemeint ist, das auf der Erde in der Fremde weilt und seine Heimat im Himmel hat. Dieser »Brief« ist eine Sammlung überlieferter Mahnungen, die in die paränetische Tradition des Judentums, aber auch des Griechentums und des Hellenismus gehört.

Daß der Name Jesu Christi nur zweimal vorkommt (1,1; 2,1), daß ihm der Tod und die Auferstehung Christi ebensowenig erwähnt werden wie Einzelheiten aus seinem Leben, hat zu der These geführt, *Jak.* sei die mehr oder weniger starke Überarbeitung einer jüdischen Grundschrift. Doch neben Berührungen mit Jesusworten gibt es eine Reihe weiterer Stellen, die nur verständlich sind, wenn der Brief eine ursprünglich christlich konzipierte Schrift ist. Vor allem aber setzt die Erörterung 2,14–26 die Paulinische These von der Rechtfertigung allein aus dem Glauben ohne Werke des Gesetzes und deren formelhafte Erstarrung voraus. Dieser Passus ist zugleich der theologisch bedeutsamste, aber auch problematischste Abschnitt der Schrift. Er gipfelt in der These, daß der Mensch aus den Werken gerechtfertigt wird und nicht aus dem Glauben allein. Diese These richtet sich gegen sittliche Laxheit, die mit Paulinischen Formeln vom allein rechtfertigenden Glauben entschuldigt wurde. Aber mit dem in dieser Weise mißverstandenen PAULUS wird in *Jak.* auch der wirkliche Paulus aufgegeben, da für den Verfasser der Glaube nicht über ein Fürwahrhalten hinausgeht, er also nicht den falschen Glaubensbegriff der Laxen zurechtrückt, sondern statt dessen die Werke zum entscheidenden Konstitutivum der Rechtfertigung macht. Das aber bedeutet zur Paulinischen Rechtfertigungslehre einen Gegensatz, der nur durch gewaltsame Interpretation ausgeglichen werden kann.

Der Verfasser nennt sich schlicht »*Jakobus, Gottes und des Herrn Jesus Christus Sklave*«. Damit erhebt der Brief den Anspruch, von dem »Herrenbruder« JAKOBUS geschrieben zu sein; denn kein anderer Jakobus des Urchristentums war so bekannt, daß eine so einfache Autorangabe hätte genügen können. Der Annahme der Echtheit stehen aber schwere Bedenken entgegen: 1. Das gute Griechisch und die Verwendung der *Septuaginta* erscheinen bei einem galiläischen Zimmermannssohn reichlich unwahrscheinlich. 2. Der auch dem Ritualgesetz gegenüber treue Herrenbruder, dessentwegen Petrus die Tischgemeinschaft mit Heidenchristen abbrach (*Galater* 2, 12), kann nicht identisch sein mit dem Mann, für den der Gottesdienst in sittlichen Handlungen besteht (*Jak.* 1, 27) und der vom vollkommenen Gesetz der Freiheit redet (1, 25; 2, 12). 3. Die Polemik 2, 14–26 gegen einen von den Gegnern mißverstandenen Paulus setzt einen längeren Abstand von Paulus voraus (Jakobus wurde 62 hingerichtet) und wäre außerdem, da der Autor den Apostel ebenfalls mißverstanden hat, dem Herrenbruder, mit dem Paulus selbst verhandelt hat (*Galater* 1, 19; 2, 9), kaum zuzutrauen. 4. Wäre wirklich der Herrenbruder der Verfasser, wären das lange, bis ins 3. Jh. hineinreichende Schweigen über den Brief und der starke Widerspruch gegen seine Kanonisierung mehr als seltsam. – Die Verwendung der *Septuaginta* und jüdischer Tradition lassen eher an einen hellenistischen Judenchristen denken, der seinen Traktat unter die Autorität des Herrenbruders stellte. Die Abfassungszeit läßt sich nur ungenau bestimmen; sie ist am ehesten für das Ende des 1. oder den Anfang des 2. Jh.s anzusetzen; der Brief selbst fordert jedenfalls einen nicht unbeträchtlichen Abstand von Paulus.

Der *Erste Petrusbrief* ist »*an die auserwählten Fremdlinge der Diaspora von Pontus, Galatien, Kappadokien, Asien und Bithynien*« gerichtet. Nach 1, 14 und 18; 2, 9f.; 4, 3f. sind die Adressaten eindeutig Heidenchristen; mit dem Ausdruck »Fremdlinge der Diaspora« sind sie als solche gekennzeichnet, die ihre wahre Heimat im Himmel haben. Da es nur eine Provinz Bithynien-Pontus, nicht aber eine Provinz Bithynien und eine Provinz Pontus gab, liegt es näher, bei den Ortsangaben an Landschafts- als an Provinznamen zu denken. Die seltsam erscheinende Auswahl, die nur Landschaften des westlichen und nördlichen Kleinasien nennt, läßt sich damit erklären, daß es zur Zeit der Abfassung des Briefs im Süden und Osten Kleinasiens kein kirchlich gefärbtes Christentum gab (W. Bauer).

Ausgesprochen brieflichen Charakter zeigen nur das Präskript und der Schluß mit Grüßen und Segenswunsch. Der dazwischenliegende Teil ähnelt eher einer Mahnrede als einem Brief. Im Abschnitt 1, 3–4 und 11 (mit Doxologie und Amen abgeschlossen) finden sich eine ganze Reihe von Anspielungen und Verweisen auf die Taufe, die die Angeredeten deutlich als Neubekehrte erscheinen lassen (1, 3 und 12 und 23; 2, 2f. und 9f. und 25; 3, 21). Weiter wird hier das Leiden nur als Möglichkeit hingestellt (1, 6; 2, 20; 3, 14 und 17), während es in 4, 12ff.; 5, 6 und 8f. als bedrängende Tatsache erscheint. Diese Beobachtungen machen die oft variierte These wahrscheinlich, daß dem Teil 1, 3–4 und 11 eine Taufansprache zugrunde liegt, der der Verfasser in 4, 12–5 und 11 für die Situation seiner Leser aktualisiert und durch 1,1f.; 5, 12–14 brieflich gerahmt hat.

Als Autor des Briefs, der angeblich von »Babylon« (Deckname für Rom) aus geschrieben ist (5, 13), wird der Apostel PETRUS (1, 1) genannt. Gegen die Echtheit des Schriftstücks sprechen jedoch entscheidende Argumente: 1. Das Griechisch des Briefs ist gut hellenistisch; die häufigen alttestamentlichen Zitate sind ausschließlich der *Septuaginta* entnommen. Das spricht gegen einen Galiläer. 2. Der Brief läßt keine persönlichen Erinnerungen des Verfassers an das Leben Jesu erkennen und beruft sich nirgends auf Herrenworte. Dagegen ist er von Paulus beeinflußt, dessen Theologie er voraussetzt. 3. Die Situation der Adressaten weist außerhalb der Lebenszeit des Petrus. 4, 16 setzt voraus, daß die Leser »als Christen« verfolgt werden, und 5, 9 zeigt, daß es sich um eine staatliche Verfolgung großen Ausmaßes handelt. Eine solche Verfolgung fand erstmals gegen Ende der Regierungszeit Domitians statt (90–95). In diesen Jahren dürfte der Brief geschrieben worden sein mit dem Zweck, die Verfolgten zur Standhaftigkeit zu ermuntern und sie zu lehren, die Verfolgung als Beginn des Endgerichts zu verstehen (4, 17). Ein späterer Ansatz ist nicht vorzunehmen; denn *1. Pt.* ist schon von POLYKARP benutzt worden, und nach EUSEBIOS hat ihn auch PAPIAS verwendet. Die Angabe, Rom sei der Abfassungsort (5, 13), kann zutreffen. An der Kanonizität des Briefs besteht bei ORIGENES und Eusebios kein Zweifel.

Der *Judasbrief* ist schon in *2. Pt.* verwendet. Nach dem *Muratori-Fragment*, TERTULLIAN und CLEMENS ALEXANDRINUS gilt er als kanonisch. ORIGENES, EUSEBIOS und HIERONYMUS bezeichnen ihn aber – wohl aufgrund der Zitate aus apokryphen Schriften – als umstritten. Bei ATHANASIOS (367) und im *Codex Claromontanus* (4. Jh.) wird er zum Kanon gezählt.

Die Empfänger sind »*die in Gott, dem Vater,*

Geliebten und für Jesus Christus bewahrten Berufenen«. Eine so allgemein gehaltene Adresse ist nur von daher verständlich, daß das Schreiben als »katholischer Brief« intendiert ist, auch wenn es sich auf eine konkrete Situation bezieht. Den Anschein eines Briefs gibt nur das Präskript; am Schluß stehen nicht Grüße und der Segenswunsch, sondern nur eine Doxologie. Den Hauptteil bildet eine in heftigem Ton gehaltene Mahnrede, die von einer Schmähschrift nicht weit entfernt ist. Zu ihr ist der Verfasser durch christliche Irrlehrer veranlaßt worden, bei denen es sich um libertinistische Gnostiker handelt, die ihr Selbstbewußtsein als Geistträger in ausschweifendem Leben (4. 7. 12a. 16) und in Verachtung der Mächte (8–10a) demonstrieren. Ihnen gegenüber versucht der Verfasser keine um Gründe bemühte Widerlegung; seine »Argumente« bestehen aus polemischen Ausfällen (8a. 10b. 12f.) und der Androhung des göttlichen Gerichts (5–7.15); er versichert den Lesern, daß es über das Auftreten solcher Leute Vorhersagen gebe (4. 14. 17f), und mahnt sie, »für den einmal überlieferten Glauben zu kämpfen« (3), sich aufgrund ihres »allerheiligsten Glaubens« zu erbauen (20). Als Verfasser ist im Präskript ein JUDAS angegeben. Die Näherbestimmung »Bruder des Jakobus« setzt letzteren als bekannt voraus; damit kann nur der Herrenbruder gemeint sein und mit Judas selbst also auch ein Bruder Jesu (vgl. Markus-Evangelium 6, 3). Doch kann Judas als Verfasser nur ein Pseudonym sein: 1. Das gepflegte Griechisch spricht gegen einen Galiläer. 2. Die Zeit der Apostel erscheint als eine bereits vergangene Ära (17). 3. Der frühkatholische Glaubensbegriff (3. 20) und die Parallelisierung spätjüdischer und urchristlicher Weissagungen (14f.; 17f.) weisen auf das Ende des Urchristentums, so daß als Abfassungszeit für Jud. am wahrscheinlichsten das erste Drittel des 2. Jh.s in Frage kommt. Positiv läßt sich über den Verfasser nicht mehr sagen, als daß er ein hellenistischer Judenchrist war.

Der Zweite Petrusbrief hat einen klaren Aufbau. Dem Inhalt nach ein Traktat über die letzten Dinge, ist er an die gerichtet, »die einen dem unsrigen gleichartigen Glauben haben«. Dennoch greift der Verfasser auf einen konkreten Anlaß zurück, der 3, 3f. deutlich ausgesprochen wird: Die Väter sind tot; in der Welt ist alles beim alten geblieben; wo also bleibt die Parusieverheißung? Diese spöttische Kritik an der traditionellen Eschatologie üben die in Kap. 2 beschriebenen Irrlehrer, wohl christliche Gnostiker libertinistischer Prägung (vgl. 2, 18f.). Ihnen begegnet der Verfasser des 2. Pt. zunächst damit, daß er sich auf den Apostel als den Zeugen des Lebens Jesu und auf das Alte Testament als inspirierte Schrift beruft (1, 12–21), sodann die Gegner moralisch abwertet, ihre sichere Bestrafung kräftig ausmalt (Kap. 2) und endlich positive, allerdings einander widersprechende Argumente der Tradition entnimmt und nebeneinanderstellt (3, 5–10). Das zweite dieser Argumente zeigt besonders deutlich die Lage (und Verlegenheit) des Verfassers: Wenn nach ihm vor Gott ein anderer Zeitbegriff gilt und tausend Jahre wie ein Tag zählen, ist die urchristliche Hoffnung auf die unmittelbar bevorstehende Parusie aufgegeben und zu einer Lehre über die letzten Dinge geworden. Deren Inhalt bildet im 2. Pt. vor allem der Vergeltungsgedanke; Christus hat nur insoweit Bedeutung, als er Vollzugsorgan der Vergeltung ist. Das alles weist in eine spätere Zeit und zeigt, daß der Anspruch des Briefs, von »Symeon Petrus, Knecht und Apostel Jesu Christi« geschrieben zu sein, nicht zutrifft. Dieser Anspruch steht auch hinter 1, 14 (vgl. Johannes-Evangelium 21, 18); 1, 16–18; 3, 1 und 15. Auf Pseudonymität deutet neben anderem der schwülstige und manierierte Stil, der sich beträchtlich von dem des 1. Pt. unterscheidet. Ferner ist in Kap. 2 dieses Briefes Jud. fast gänzlich eingearbeitet. Von vielem, was für die Priorität des Jud. spricht, sei hier nur angeführt, daß 2. Pt. 2, 11 erst durch Jud. 9 verständlich wird. Da aber Jud. gegen Ende der urchristlichen Zeit geschrieben wurde, kann 2. Pt. nicht von Petrus stammen. – 2. Pt. setzt bereits einen Schriftenkanon voraus. Neben dem Alten Testament (1, 19 und 21) stehen ein nicht näher abgegrenztes Corpus Paulinum und »die übrigen Schriften« (3, 15f.); auch das Johannes-Evangelium (1, 14), 1. Pt. (3, 1) und die synoptische Tradition (1, 16–18; 3,2 und 10a) sind bekannt. »Private Auslegung« der Schriften wird untersagt (1, 20; vgl. 3, 16f.); die Exegese ist vielmehr Sache des kirchlichen Lehramts. Damit und mit allem anderen Angeführten steht 2. Pt. schon tief im 2. Jh.; er dürfte um 150 geschrieben und damit die jüngste Schrift des Neuen Testaments sein. Diese Annahme legt auch ihre späte Bezeugung nahe: Erst ORIGENES nennt sie und zählt sie – wie auch noch EUSEBIOS – zu den umstrittensten Schriften. Erst in der zweiten Hälfte des 4. Jh.s erlangt der Brief allgemein kanonische Geltung.

Der Erste Johannesbrief wird zuerst von POLIKARP bezeugt, und nach EUSEBIOS hat ihn auch PAPIAS gekannt. Er ist im Muratori-Fragment aufgeführt verbunden Gleichgültigkeit gegenüber dem Nächsten. Der Glaube aber – setzt der Verfasser dagegen – begründet die nicht von ihm abtrennbare Liebe, und es gibt keine Gotteserkenntnis, Gottesgemeinschaft und Gottesliebe ohne die Bruderliebe.

Der Verfasser nennt sich selbst nicht. Das »Wir« der Einleitung meint nicht die Augenzeugen des geschichtlichen Jesus, sondern das »Wir« der Glaubenden. In Stil, Sprache und Gedankenwelt des 1. Joh. zeigt sich eine große Nähe zum Johannes-Evangelium, weshalb man meistens für beide Schriften denselben Verfasser annimmt. Doch liegen vor allem in der sprachlichen »Infrastruktur« beträchtliche Unterschiede vor. Das Evangelium kämpft gegen die durch die Juden repräsentierte ungläubige Welt, der Brief gegen ein falsches Christusbekenntnis; die Eschatologie des Briefs kennt im Unterschied zu der des Evangeliums eine Überbietung des Jetzt in der Zukunft (3, 1ff.); im Evangelium hat Jesus die Welt besiegt, während es im Brief die aus Gott Geborenen sind, weil sie das richtige Glaubensbekenntnis haben (5, 4f.). Nimmt man noch die Betonung der Tradition hinzu (2, 7 und 24; 3, 11), so zeigt sich, daß 1. Joh. einen kräftigen Schritt in Richtung auf den Frühkatholizismus hin markiert. Das alles macht es wahrscheinlicher, daß der Verfasser des 1. Joh. nicht mit dem des Evangeliums identisch ist, sondern eher zu dessen Schülerkreis zu rechnen ist. Demnach käme als Entstehungszeit das erste Viertel des 2. Jh.s in Frage.

Der Zweite Johannesbrief ist ein echter Brief. Der Absender nennt sich »der Alte«. Unter diesem Nasowie in allen alten Kanonverzeichnissen und gilt auch bei den Kirchenvätern als kanonische Schrift.

Die Komposition dieser Schrift ist sehr locker,

jeder briefliche Rahmen fehlt. Anstelle des Präskripts steht eine Einleitung, die eine gewisse Verwandtschaft mit dem Prolog des *Johannes-Evangeliums* zeigt. Die Anreden sind ganz allgemein gehalten und legen nicht die Annahme persönlicher Beziehungen zwischen Autor und Lesern nahe. Man kann diesen »Brief« besser als Enzyklika oder Manifest bezeichnen, das sich an die ganze Christenheit richtet. Zu ihm gehört 5, 14–21 nicht ursprünglich; denn die Einteilung in zwei Klassen von Sünden und die Behauptung der Unvergebbarkeit von Todsünden finden sich sonst nicht und widersprechen 1, 7 und 9; ferner stehen in 5, 20f. singuläre Aussagen innerhalb des Johanneischen Schrifttums. Der stilistische Unterschied zwischen kurzen Sentenzen (vgl. etwa 2, 9–11) und breiten homiletischen Ausführungen (z. B. 2, 18ff.) läßt es nicht unwahrscheinlich erscheinen, daß der Verfasser eine schriftliche Quelle benutzt hat (Bultmann). Die stilistischen Differenzen ließen sich dann auf die Verschiedenheit der Verfasser zurückführen.
Die gewichtigsten Stellen des *1. Joh.* gelten der Bekämpfung einer Irrlehre, die zwischen dem irdischen Menschen Jesus und dem himmlischen Christus oder Gottessohn scharf unterscheidet (2, 22f.) und leugnet, daß Christus im Fleisch gekommen sei (4, 2f.). Demgegenüber betont der Autor des *1. Joh.* die Identität des historischen Jesus mit Christus, dem Gottessohn, indem er ältere Bekenntnisformulierungen anführt (2, 22f.; 4, 15; 5, 1 und 5) und Jesus Christus als den im Fleisch Gekommenen kennzeichnet (4, 2). Neben der häretischen Christologie beanstandet er das stolze Bewußtsein der Irrlehrer, sündlos zu sein (1, 8. 10), und die damit men genoß er wohl eine über die eigene Gemeinde hinausreichende Autorität. Gerichtet ist der Brief *»an die auserwählte Herrin und ihre Kinder«*, womit eine Gemeinde gemeint ist (vgl. vor allem 5 und 13). Diese Gemeinde mahnt *»der Alte«* nach dem Präskript (1–3) zur Liebe untereinander und zu einem Wandel nach den Geboten (4–6). Dann kommt er zu seinem eigentlichen Thema: Verführer sind aufgetreten, die Jesus Christus nicht als den im Fleisch Gekommenen bekennen; wer aber nicht in der Lehre Christi bleibt, hat Gott nicht (7–9). In 10f. gebietet der Autor, den weder aufzunehmen noch auch nur zu grüßen, der die falsche Lehre bringt. Zum Schluß spricht er die Hoffnung auf sein baldiges Kommen aus und bestellt Grüße (12f.). Die sprachliche und inhaltliche Nähe zu *1. Joh.* ist evident. Die Differenzen wiegen so wenig, daß für beide Briefe derselbe Verfasser anzunehmen ist.

Der *Dritte Johannesbrief* hat denselben Verfasser: das zeigen die Selbstbezeichnung des Absenders, der Stil und der Schluß des Schreibens. Wie *2. Joh.* ist er ein echter Brief. Als Adressat ist im Präskript (1) ein Gaius genannt. Ihm wünscht »der Alte« Wohlergehen und lobt ihn aufgrund eines Zeugnisses, das reisende Brüder von ihm gegeben haben (2–4). Er bittet ihn, die Brüder auch weiterhin aufzunehmen und (für ihre Missionstätigkeit) auszustatten (5–8). In 9f. beklagt er sich über einen Gemeindeleiter Diotrephes, der unberechtigte Klagen gegen ihn vorbringe, die Brüder nicht aufnehme und die exkommuniziere, die es täten. In 11f. stellt er nach einer Mahnung an Gaius einem Demetrius ein gutes Zeugnis aus und schließt 13–15 mit der Hoffnung auf sein baldiges Kommen und mit Grüßen.
Das Problem dieses Briefs liegt in der Bestimmung des Verhältnisses zwischen »dem Alten« und Diotrephes. Daß zwischen beiden nur persönliche Differenzen bestanden, ist unwahrscheinlich; denn dann wäre eine Exkommunikation derer, die die Abgesandten »des Alten« aufnehmen, durch Diotrephes wohl kaum möglich gewesen. Das spricht auch gegen eine kirchenrechtliche Interpretation: Diotrephes kämpfe als monarchischer Bischof im Interesse der Geschlossenheit der Einzelgemeinde gegen das institutionell nicht geregelte Wirken von Wanderpredigern (Bultmann). Verständlicher wird das Mittel der Exkommunikation, wenn es sich um einen dogmatischen Konflikt handelte – trotz des Fehlens dogmatischer Aussagen in *3. Joh.*: »Der Alte« ist wie IGNATIOS, Bischof von Antiochien, und POLYKARP Vertreter der Orthodoxie, die sich der Übermacht gnostischer Ketzerei gegenübersieht, und versucht nun, andere Gemeinden zu beeinflussen und den »Rechtgläubigen« dort möglichst zum Sieg zu verhelfen (W. Bauer). Diotrephes ist dann Leiter einer in der Mehrzahl »ketzerischen« Gemeinde, der »dem Alten« in gleicher Münze heimzahlt (vgl. *3. Joh.* 10 mit *2. Joh.* 10 f.). Oder: Diotrephes ist orthodoxer Bischof, der »den Alten« als Irrlehrer (trotz Ablehnung der doketischen Christologie Nähe zur Gnosis) exkommuniziert hat (Käsemann). *1.* und *2. Joh.* aber machen es wohl wahrscheinlicher, daß »der Alte« ein »Orthodoxer« und nicht ein »Ketzer« war.
Die letzten beiden *Johannesbriefe* sind zuerst durch CLEMENS ALEXANDRINUS bezeugt, der nach dem Zeugnis des EUSEBIOS alle *Katholischen Briefe* kommentiert haben soll. EIRENAIOS verrät nur Kenntnis von *2. Joh.*, und das *Muratori-Fragment* nennt nur zwei in der katholischen Kirche für echt gehaltene *Johannesbriefe*. *3. Joh.* ist im Westen erst nach *2. Joh.* zum Kanon gekommen. ORIGENES und Eusebios bezeichnen die beiden Briefe als umstritten, jedoch von den meisten anerkannt. In der zweiten Hälfte des 4. Jh.s gelten sie in der lateinischen und griechischen Kirche mit geringen Ausnahmen als kanonisch.
K. We.

AUSGABEN UND ÜBERSETZUNGEN: Vgl. *Bibel*.

LITERATUR:
H. Windisch u. H. Preisker, *Die katholischen Briefe*, Tübingen ³1951 (HbNT, 4/2). – J. Schneider, *Die Briefe des Jakobus, Petrus, Judas und Johannes*, Göttingen ⁹1961 (NTD, 10). – LThK, 1, Sp. 740/741. – RGG, 3, Sp. 1198/1199. – A. Strobel, *Die Kirchenbriefe in der neueren Auslegung* (in Lutherische Monatshefte, 3, 1964, S. 1ff.; Lit.heft). – Robert-Feuillet, S. 507–554; 617–634. – Feine-Behm, S. 291–329.
Zum *Jakobusbrief*: M. Dibelius, *Der Brief des Jakobus*, Göttingen 1964. – J. B. Souček, *Zu den Problemen des Jakobusbriefes* (in Evangelische Theologie, 18, 1958, S. 460ff.). – RGG, 3, Sp. 526ff. – LThK, 5, Sp. 861ff. – G. Eichholz, *Glaube u. Werke bei Paulus und Jakobus* (in Theologische Existenz heute, N. F. 88, 1961). – F. Mussner, *Der Jakobusbrief*, Freiburg i. B. 1964 (Herders theol. Komm. z. NT, 13/1). – R. Walker, *Allein aus Werken* (in ZThK, 61, 1964, S. 155ff.).
Zum *Ersten Petrusbrief*: W. Bauer, *Rechtgläubigkeit u. Ketzerei im ältesten Christentum*, Tübingen 1934, S. 85/86. – E. G. Selwyn, *The First Epistle of St. Peter*, Ldn. 1957. – E. Lohse, *Paränese u. Kerygma im 1. Petrusbrief* (in ZntW, 45, 1954, S. 68ff.). – W. Nauck, *Freude im Leiden* (ebd., 46, 1955, S. 68ff.). – RGG, 5, Sp. 257ff. – K. H. Schelkle, *Die Petrusbriefe*, Freiburg i. B. 1961 (Herders theol. Komm. z. NT, 13/2). – LThK, 8, Sp. 385/386.

Zum *Judasbrief*: RGG, 3, Sp. 966/967. – LThK, 5, Sp. 1155/1156. – K. H. Schelkle, *Die Petrusbriefe u. Judasbrief*, Freiburg i. B. 1961 (Herders theol. Komm. z. NT, 13/2).
Zum *Zweiten Petrusbrief*: E. Käsemann, *Eine Apologie der urchristlichen Eschatologie* (in ZThK, 49, 1952, S. 272ff.). – RGG, 5, Sp. 259. – K. H. Schelkle, *Die Petrusbriefe und Judasbrief*, Freiburg i. B. 1961 (Herders theol. Komm. z. NT, 13/2). – LThK, 8, Sp. 386/387.
Zu den *Johannesbriefen*: R. Bultmann, *Analyse des ersten Johannesbriefes* (in Festgabe f. A. Jülicher, Hg. W. Schmauch, Tübingen 1927, S. 138ff.). – W. Bauer, *Rechtgläubigkeit u. Ketzerei im ältesten Christentum*, Tübingen 1934, S. 95ff. – R. Bultmann, *Die kirchliche Redaktion des 1. Joh.* (in In memoriam E. Lohmeyer, Stg. 1951, S. 181ff.). – E. Käsemann, *Ketzer und Zeuge* (in ZThK, 48, 1951, S. 292ff.). – R. Schnackenburg, *Die Johannesbriefe*, Freiburg i. B. 1953; ³1965 (Herders theol. Komm. z. NT, 13). – RGG, 3, Sp. 836ff. – LThK, 5, Sp. 1099/1100. – E. Haenchen, *Neuere Literatur zu den Johannesbriefen* (in Theologische Rundschau, N. F. 26, 1960, S. 1ff.; 267ff.). – R. Bultmann, *Die Johannesbriefe*, Göttingen 1967.

ANONYM

DIE OFFENBARUNG DES JOHANNES (griech.; *Johannesapokalypse*) ist ein Buch mit brieflich stilisiertem Anfang (1,4–8) und Abschluß (22,21). Nach seinem eigenen Zeugnis (1,1) will es eine Apokalypse (griech.; Offenbarung) sein und stellt sich damit in die Reihe der apokalyptischen Literatur des Judentums. Unter Aufnahme von visionären Bildern, Symbolen und Motiven soll dargestellt werden, was in naher Zukunft geschehen wird (1,1; 22,6). Die Endphase der Geschichte Gottes mit der Welt soll enthüllt werden. Solche Zukunftsweissagungen apokalyptischen Charakters tauchen schon in den jüngsten Schichten des *Alten Testaments* auf (*Jesaja* 24–27; *Sacharja* 9–14, *Buch Joel* und vor allem das *Buch Daniel*, das 165/164 v. Chr. in der Zeit der Makkabäerkämpfe entstanden ist und das erste Werk dieser Literaturgattung darstellt). Von dieser Zeit bis etwa 100 n. Chr. ist die Blütezeit dieser Geisteshaltung und der Literatur, die sie hervorgebracht hat, zu datieren. Es sind große Entwürfe, die auf die zukünftige Vollendung der Geschichte abzielen. Geistiger Hintergrund und treibendes Motiv bleibt die gegenwärtige böse und von Gott abgewendete Weltzeit, auf deren Ende man ruft und Hoffnung machen will. So wird fingiert vergangene Geschichte als Weissagung geschildert und ebenso weiterhin dann auch die zukünftige Geschichte. Die Autoren der Apokalypsen nehmen ihren Standpunkt in der Vorzeit und verbergen sich hinter dem Namen eines alten Frommen (vgl. *Apokryphen* (3): *Maṣḥafa Ḥēnok*; *Apokalypse des Barnet*; *Himmelfahrt des Moses*; *Testamente der zwölf Patriarchen*).
Auf dem Hintergrund dieser Literaturgattung hebt sich die Besonderheit der *Offenbarung des Johannes*, der ältesten christlichen Apokalypse, charakteristisch ab: Der Verfasser redet unter eigenem Namen und verbirgt sich nicht hinter einem großen Namen der Vorzeit. Auch schreibt er nicht geheime Weisheit, die versiegelt werden soll, sondern unversiegelte und offene Weissagung und Mahnung. Vor allem versucht er nicht eine Begründung aus dem Verlauf der Epochen vergangener Geschichte, sondern nimmt seinen Ausgangspunkt bei dem Handeln Gottes in Jesu Kommen, Tod und Erhöhung. Die Sprache ist durchgängig mit alttestamentlichen Worten und Wendungen durchsetzt, doch ohne daß formelle Zitate sich fänden, so daß man den Eindruck hat, der Verfasser sei »*nach der Schablone verzückt*« (Th. Mann). Daneben begegnet auch kein direktes Zitat aus irgendeiner der jüdischen Apokalypsen, wohl aber ist deren Kenntnis offenkundig.
Hintergrund des ganzen Werks ist die Verfolgungssituation der christlichen Gemeinden durch den römischen Staat (1,9; 6,9–11; 11,1ff.; 13,1ff.). Mit dem Hinweis darauf, daß das Ende der Geschichte nahe bevorsteht (1,1.3; 22,6.10), will Johannes der Kirche seiner Zeit und seiner Umgebung aufrichten und trösten, denn er schreibt für eine Kirche, deren Los es ist, Märtyrerkirche zu werden. Wie die meisten Schriften des *Neuen Testaments* ist dieses Werk eine ausgesprochene Gelegenheitsschrift. Es lag nicht in der Absicht des Verfassers, späteren Generationen etwas zu sagen oder gar Weissagungen künftiger Epochen der Weltgeschichte zu geben. Eine solche Deutung und Verwendung des Buchs kann nur als ein Mißverständnis, ja Mißbrauch, dieses Dokuments urchristlichen Gemeindelebens bezeichnet werden. Zukunftsspekulationen, die Berechnungen anstellen oder Ereignisse der späteren Kirchengeschichte hier vorausgesagt sehen, entbehren jeder Grundlage.
Der Verfasser nennt sich JOHANNES (1,1.4.9; 22,8) und wird ein Christ mit Autorität in seiner Zeit gewesen sein. Zu den »Aposteln« (18,20; 21,14) zählt er sich offensichtlich selbst nicht. Wir erfahren, daß er auf der Insel Patmos (im Ägäischen Meer vor der kleinasiatischen Küste) schreibt, wohin er offensichtlich um des Evangeliums willen verbannt ist (1,9). Als Abfassungszeit kommt am ehesten das Ende der Regierungszeit des Kaisers Domitian in Frage, unter dem die eigentlichen Christenverfolgungen durch den römischen Staat begannen. Die Schrift dürfte als zwischen 90 und 95 verfaßt sein und seine Adressaten vorzugsweise in den christlichen Gemeinden Kleinasiens haben. Kaiser Domitian ließ an vielen Orten des Reichs Statuen zur Huldigung aufstellen. Die zweite »Tier-Vision« scheint auf diese Praxis des Kaiserkultes anzuspielen, nach der jene verfolgt und getötet wurden, die »*das Bild des Tieres nicht anbeteten*« (13,11–18).
Das Buch ist deutlich dreigeteilt. Nach 1,19 erhält der Seher Johannes den Auftrag, aufzuschreiben, was er gesehen hat, was ist und was danach geschehen soll. »*Was er gesehen hat*«, ist die Berufungsvision, die er hatte (1,9–20). »*Was ist*«, bezieht sich auf die Kirche in der Gegenwart des Verfassers: Er erhält sieben mahnende Briefe (die sog. Sendschreiben) für sieben kleinasiatische Christengemeinden (Ephesus, Smyrna, Pergamon, Thyatira, Sardes, Philadelphia und Laodicea), die in Kapitel 2 und 3 wiedergegeben sind. Die Gemeinden werden je nach ihrem Zustand gelobt oder getadelt, doch weist die Siebenzahl darauf hin, daß Johannes auch in Absicht hat, hier die ganze Kirche anzureden. »*Weil du bewahrt hast das Wort von meiner Geduld, will ich auch dich bewahren vor der Stunde der Versuchung, die kommen soll über den ganzen Weltkreis … Siehe, ich komme bald; halte, was du hast, daß niemand deine Krone nehme!*« (3,10–11).

Der dritte Hauptteil des Werks, »*was danach geschehen wird*«, umfaßt dreiviertel des ganzen Buches und ist im strengen Sinne apokalyptische Rede (Kapitel 4–22). Zum Verständnis dieses Stücks ist es unumgänglich, sich die Komposition deutlich zu machen, die hier vorliegt. Zugrunde liegt im wesentlichen ein Dreischritt, der zunächst eine Andeutung bringt (6,1–8,1); darauf folgt eine skizzenhafte Durchführung (8,2–14,20) und schließlich die endgültige und ausführliche Darstellung des zukünftigen Geschehens (15,1–22,6). Im Grunde wird also alles dreimal ausgedrückt und zwar so, daß sich die beiden vorläufigen Darstellungen immer von der eigentlichen Entfaltung her verstehen lassen, die 15,1ff. steht. Ausgangspunkt und Voraussetzung des Ganzen ist die Vision von dem Gottesthron und dem siebenfach versiegelten Buch, das nur das geschlachtete Lamm (Christus) öffnen kann (Kapitel 4–5). Wie die Öffnung der sieben Siegel rein technisch die Ermöglichung des Buchinhalts ist, so sind die sieben Siegelöffnungsvisionen (Kapitel 6–7) in ungeheurer Verkürzung eine erste Darstellung davon: die kommenden Schrecken und die Vollendung der Erlösten. Mit der Öffnung des siebenten Siegels (8,1) ist der Buchinhalt eröffnet. Er wird nun 8,2–22,6 ausgebreitet. Die erste fragmentarische Darstellung beginnt mit der Sieben-Posaunen-Vision (8,2–9,21; 11,15–19), deren Motive von Gerichten später endgültig in der Sieben-Zornesschalen-Vision (15,1–16,21) ausgedrückt werden. Die Schilderung der widergöttlichen Kräfte des römischen Weltreichs (Kapitel 12–13 »der Drachen«) hat seine Fortführung und sein Gegenbild im Gericht über die Dirne Babylon und das Tier (Kapitel 17–18). Daran schließen sich in der ersten Reihe Kapitel 14 und dementsprechend Kapitel 19 die Visionen an, in denen der Messias selbst als Richter sichtbar wird, und zwar in der ersten Darstellung vorgreifend bewußt so rätselhaft, daß die spätere Parallele geradezu als Auflösung des Rätsels erscheint. Das eigentliche Endgeschehen nach der Vernichtung der weltlichen und überweltlichen Satansmächte (19,11–20,10) besteht im letzten Gericht (20,11ff.), der Erscheinung des neuen Himmels und der neuen Erde (21,1ff.) und des neuen Jerusalem (21,9ff.). Diese Endvollendung war in der Siegelvision zwischen der Lösung des sechsten und der siebenten Siegels erstmalig angedeutet in der Schauung der Herrlichkeit der Märtyrer (7,9–17) und ein zweites Mal vorbereitet in den Kapiteln 10/11 im Zusammenhang mit der siebenten Posaunenvision. Dort fällt auf, daß der Seher nach der sechsten Posaune plötzlich abbricht und neue Schauungen empfängt, die bis an die Grenze heranführen, an der »*keine Zeit mehr sein wird*« und »*das Geheimnis Gottes sich vollendet*« (10,6f.). Durch diesen Bruch wird deutlich gemacht, daß von den Weltkatastrophen »*kein direkter Weg zum letzten Gericht führt, sondern nur über die Offenbarung der wahren Kirche und des Messias, die Geschichte ihrer Gläubigen und die Geschichte der im Kampf gegen sie großwerdenden und an diesem Kampf endlich zunichte werdenden Weltmächte*« (G. Bornkamm). Die Christenheit seiner Zeit in der Hoffnung auf Gottes Sieg und die Vollendung seiner Gemeinde zu festigen war die Absicht dieses Buchs, das in das Gebet »*Amen, komm Herr Jesus*« ausmündet.

Im 2. und 3. Jh. schon hat das Buch eine große Rolle gespielt und bei vielen Christen die Erwartung eines tausendjährigen Reiches hervorgerufen. Später hat man sogar Berechnungen über dessen baldigen Anbruch angestellt. Dagegen findet sich als neue Auslegungsart seit dem Mittelalter das Berechnen von weltgeschichtlichen Epochen. Die Reformatoren haben der *Johannesapokalypse* stark distanziert gegenübergestanden. Alle diese Haltungen wirken bis in die Gegenwart nach, wobei sich vor allem Sekten mit dem Hang zum Absonderlichen gern dieses Buches bemächtigen und in subjektiven und unkontrollierbaren Ausdeutungen gefallen. Dagegen hat die wissenschaftliche Bibelauslegung ein Verständnis entschlossen, das jederzeit Rechenschaft abzulegen bereit und fähig ist. W. Sche.

AUSGABEN UND ÜBERSETZUNGEN: Vgl. *Bibel*.

LITERATUR: Kommentare: R. H. Charles, *A Critical and Exegetical Commentary on the Revelation of St. John*, 2 Bde., Edinburgh 1920. – Th. Zahn, *Die Offenbarung Johannis*, 2 Bde., Lpzg./Erlangen 1924–1926. – E. Lohmeyer, *Die Offenbarung des Johannes*, Tübingen [2]1953 (HbNT, 4/4). – C. Brütsch, *La clarté de l'Apocalypse*, Genf [4]1955; Vorw. W. A. Visser't Hooft. – E. Lohse, *Die Offenbarung des Johannes*, Göttingen [8]1960 (NTD, 11). Weitere Literatur: LThK, 1, Sp. 690ff. – RGG, 3, Sp. 822ff. – Robert-Feuillet, 2, S. 711–742. – P. Feine, J. Behm u. W. G. Kümmel, *Einleitung in das NT*, Heidelberg [13]1964, S. 329–348, 411. – E. Lohmeyer, »*Die Offenbarung des Johannes« (Forschungsbericht 1920–1934)* (in Theologische Rundschau, N. F. 6, 1934, S. 269ff.; 7, 1935, S. 28ff.). – G. Bornkamm, *Die Komposition der apokalyptischen Visionen in der »Offenbarung Johannis«* (in ZntW, 36, 1937, S. 132ff.). – H. Strathmann, *Was soll die »Offenbarung des Johannes« im NT?*, Gütersloh [2]1947. – M. Rissi, *Zeit u. Geschichte der »Offenbarung des Johannes«*, Zürich/Stg. 1952 (Abh. zur Theologie des Alten und Neuen Testaments, 22). – S. Giet, *L'apocalypse et l'histoire. Étude historique sur »L'apocalypse johannique*«, Paris 1957. – C. C. Torrey, »*The Apocalypse of John*«, New Haven 1958. – G. Bornkamm, *Zum gottesdienstlichen Stil der Johannes-Apokalypse* (in Novum Testamentum, 3, 1959, S. 107ff.). – S. Läuchli, *Eine Gottesdienststruktur in der Johannesoffenbarung* (in ThZ, 16, 1960, S. 359ff.). – H. P. Müller, *Die Plagen der Apokalypse* (in ZntW, 51, 1960, S. 268ff.). – E. Lohse, *Die alttestamentliche Sprache des Sehers Johannes* (ebd., 52, 1961, S. 122ff.). – T. Holtz, *Die Christologie der »Apokalypse des Johannes«*, Bln. 1962. – J. N. Sanders, *St. John on Patmos* (in New Testament Studies, 9, 1962/63, S. 75ff.). – M. Rissi, *Was ist und was geschehen soll danach*, Zürich/Stg. [2]1965 (Abh. zur Theologie des Alten und Neuen Testaments, 46). – Ders., *Die Zukunft der Welt. Eine exegetische Studie über Johannesoffenbarung 19,11–22,15*, Basel 1966. – A. Satake, *Die Gemeindeordnung in der Johannesapokalypse*, Neukirchen-Vluyn 1966. – A. T. Nikolainen, *Über die theologische Eigenart der »Offenbarung des Johannes«* (in ThLz, 93, 1968, S. 161ff.).

ANONYM

APOSTOLISCHE VÄTER (griech. Patr.). – Mit diesem Namen bezeichnet man im engeren Sinn diejenigen urchristlichen Schriftsteller, deren Schriften zeitlich, aber auch in Inhalt und Form unmittelbar der neutestamentlichen (Brief-)Literatur folgen: CLEMENS von Rom, IGNATIOS von Antiocheia,

POLYKARPOS von Smyrna und QUADRATUS. Ihre Werke vereinigt die neue Ausgabe von J. A. FISCHER (1956), der unter »Apostolischen Vätern« solche Schriftsteller der urchristlichen Zeit versteht, »*die nach dem heutigen Forschungsstand persönlich als Schüler oder Hörer der Apostel einschließlich Pauli glaubhaft auszuweisen und zugleich, oder auch ohne persönliche Bekanntschaft mit diesen Aposteln doch in ihrer gesamten Lehre in hohem Grad als Träger und Verkünder der apostolischen Überlieferung anzusprechen, aber nicht zu den neutestamentlichen Autoren zu rechnen sind*«. Die Bezeichnung »Apostolische Väter« stammt aus dem 17. Jh. J. B. COTELIER edierte 1672 in Paris die Werke von fünf Schriftstellern – BARNABAS, Clemens, Ignatios, Polykarp und HERMAS – unter dem Titel *Patres aevi apostolici (Väter der apostolischen Zeit)*. Als »Patres apostolici« (»Apostolische Väter«) bezeichnet dann L. T. ITTIG in seiner 1699 in Leipzig erschienenen *Bibliotheca Patrum Apostolicorum...* die Bischöfe Clemens, Ignatios und Polykarp. Später rechnete man auch noch die Fragmente der *Logiōn Kyriakōn exēgeseis (Erklärungen zu Herrenworten)* des PAPIAS von Hierapolis und den *Diognetos-Brief* sowie schließlich die *Didachē* zu den Väter-Schriften.

Der *Clemens-Brief*, um 96 n. Chr. entstanden, ist ein Brief der römischen an die korinthische Gemeinde, in welcher es zu heftigen Auseinandersetzungen gekommen war: eine Anzahl älterer Presbyter war von einer jüngeren Mehrheit abgesetzt worden; daraufhin hatte sich die Gemeinde in zwei Parteien gespalten. Die römische Gemeinde erfuhr davon (wahrscheinlich auf mündlichem Weg), worauf ihr Bischof CLEMENS (dritter oder vierter Bischof von Rom, um 92-101, nach der *Historia ekklēsiastikē – Kirchengeschichte –* des EUSEBIOS) das vorliegende Schreiben verfaßt haben soll, um den gestörten Frieden wiederherzustellen. Im ersten Teil finden sich (belegt mit vielen Bibelzitaten) allgemeinere Ausführungen über das christliche Leben, das vor allem friedfertig zu sein habe. Der Verfasser warnt vor Eifersucht, Neid und Streit – dadurch seien schon Städte zerstört und ganze Völker ausgerottet worden –; er ermahnt zur Buße und preist eine demütige, gerechte, gottgefällige Gesinnung. Friede und Harmonie seien von Anbeginn dem Kosmos immanent. Das kosmische Geschehen vollzieht sich nach den göttlichen Gesetzen. Möge doch die kosmische Harmonie den Christen Vorbild sein! Das Fundament für ein friedliches Leben ist der Glaube an Christus und die Hoffnung auf die Auferstehung. – Im zweiten Teil verteidigt der Verfasser (mit Belegen aus dem *Alten Testament*) am konkreten Beispiel Korinths die hierarchische Ordnung in der Kirche als eine gottgewollte Institution und verurteilt das Unrecht, das an den korinthischen Presbytern begangen wurde. Die korinthischen Brüder werden zur Sinnesänderung aufgefordert, die Anführer des Aufruhrs sollen sich den Presbytern unterordnen und sich zur Buße züchtigen lassen; »*denn ein Opfer für Gott ist ein zerknirschter Geist*« (54,4). Der Brief schließt mit einem Gebet – einem Lobpreis Gottes, seiner Vorsorge und Barmherzigkeit.

Über den einmaligen Anlaß hinaus ist der Brief als Lehrschreiben zu noch weiterhin im Gottesdienst verlesen worden (vgl. *Historia ekklēsiastikē* 3, 16). – Die Sprache ist einfach und klar und nicht ganz schmucklos. Einige semitische Wendungen können aus dem reichlichen Gebrauch der *Septuaginta*-Übersetzung des *Alten Testaments* erklärt werden. Ansonsten finden sich mannigfache Wortbildungen und Redensarten, die für die hellenistische Zeit charakteristisch sind. Die stoische Philosophie scheint dem Verfasser nicht unbekannt gewesen zu sein.

Die sieben *Briefe* des IGNATIOS von Antiocheia († um 110) werden heute, nach jahrhundertelangem Streit, in ihrer Siebenzahl als echt anerkannt. Sechs weitere dem Ignatios zugeschriebene Briefe werden als unecht abgelehnt. – Ignatios war Apostelschüler und Eusebios zufolge (*Historia ekklēsiastikē* 3, 22) der dritte Bischof von Antiocheia (den Apostel Petrus mitgerechnet). Unter Kaiser Trajan (reg. 98-117) wurde er zum Tod verurteilt und zur Vollstreckung des Urteils nach Rom gebracht. Auf der Reise dorthin schrieb er die sieben Briefe. Die ersten drei, an die Gemeinden von Ephesos, Magnesia und Tralles gerichtet, verfaßte er in Smyrna zum Dank für die Verehrung, die ihm durch die Abordnungen jener Gemeinden erwiesen worden war; der vierte Brief wurde nach Rom vorausgeschickt, damit die dortige Gemeinde nicht unüberlegte Schritte zu seiner Rettung unternehme und so möglicherweise verhindere, daß er den wilden Tieren vorgeworfen würde: »*Brotkorn Gottes bin ich, und durch die Zähne der Tiere werde ich gemahlen, damit ich als reines Brot Christi erfunden werde.*« (*An die Römer* 4,1) Von Troas aus schrieb Ignatios noch an die Gemeinden von Philadelphia und Smyrna sowie an den Bischof Polykarp von Smyrna. In allen Briefen findet er die herrlichsten Worte des Dankes für die freundliche Aufnahme und die ihm bezeigte Teilnahme und Liebe. Immer wieder drängt er die Gemeinden, auf ihre Bischöfe zu hören, damit sie nicht die unglückliche Beute von Irrlehrern würden. Polykarp ermahnt er zur Standhaftigkeit im Glauben, auf daß er den »*erwarte, der über der Zeit ist, den Zeitlosen, den Unsichtbaren, der unseretwegen sichtbar geworden, den Unantastbaren, den Leidlosen, der unseretwegen gelitten hat*« (*An Polykarp* 3,2). Im Bewußtsein der Gnade, für seinen Herrn zeugen zu dürfen, ist Ignatios erfüllt von Enthusiasmus für Christus und das Martyrium. – Seine Briefe sind immer wieder für die Dogmengeschichte herangezogen worden. Aus der titulaturenreichen Anrede der römischen Gemeinde hat man auf eine von Ignatios anerkannte Vorrangstellung dieser Gemeinde geschlossen, die u. a. als *prokathēmenē tēs agapēs* bezeichnet wird (in protestantischer Übersetzung meist: »*Vorsitzende in der Liebe*«, in katholischer Übersetzungen: »*Vorsitzende des Liebesbundes*«; gegen die zweite Interpretation von *agapē* sprechen – laut ALTANER – die alten lateinischen, syrischen und armenischen Fassungen). Die ausdrückliche Betonung der hierarchischen Stufenordnung von Diakon, Presbyter und Bischof machte den Brief zu einer festen Stütze für die katholische Kirchenverfassung; gerade sie rief aber an ihrer immer wieder jene Stimmen auf den Plan, die an der Echtheit der Briefe zweifelten.

Die beiden *Polykarp-Briefe* (Anfang 2. Jh.) an die Philipper sind uns als *ein* Brief des Bischofs POLYKARPOS von Smyrna (um 70-155/56) – nach dem Bericht des EIRENAIOS ein Apostelschüler (vgl. Eusebios, *Historia ekklēsiastikē* 5,20,6) – überliefert. - P. N. HARRISON hat in dem tradierten Werk erstmals zwei verschiedene Briefe erkannt und damit die Frage nach den beiden gegensätzlichen Nachrichten über Ignatios von Antiocheia beantwortet: in Kapitel 9 wird nämlich der Märtyrertod des antiochenischen Bischofs bereits vorausgesetzt, während Polykarp im – nur lateinisch erhaltenen – Schluß (13,2) die Philipper bittet, ihm Nachricht zukommen zu lassen von Ignatios und denen, »*die mit ihm sind*« *(»qui cum eo sunt«)*. – Den ersten Brief (er umfaßt die bisherigen Schlußkapitel 13 und 14) soll Polykarp als Begleitschreiben zu den nach Philippi abgehenden *Ignatios-Briefen* verfaßt haben, und zwar zu einer Zeit, als Ignatios sich noch auf dem Weg nach Rom befand. Der zweite Brief (Kapitel 1–12) ist nach Harrison viele Jahre nach dem Märtyrertod des Ignatios entstanden; J. A. Fischer zieht Kapitel 14 als Postscriptum zu dem längeren Brief und verringert das Intervall zwischen der Abfassungszeit der beiden Briefe.

Anders als die *Ignatios-Briefe*, die voller Enthusiasmus für das bevorstehende Martyrium ihres Verfassers, reich an Pathos und Überschwenglichkeiten sind, zeichnen sich die *Polykarp-Briefe* durch den schlichten Ton von Pastoralbriefen aus. Sie enthalten Anweisungen zum christlichen Leben und richten sich gleichermaßen an Diakone, Presbyter und Laien: Die Diakone sollen »*untadelig vor dem Angesicht seiner Gerechtigkeit*« sein, »*als Diener Gottes und nicht der Menschen*« (5,2); »*desgleichen müssen auch die Jünglinge in allen Stücken untadelig wandeln, vor allem auf Keuschheit Bedacht nehmen und sich im Zaum halten vor allem Bösen. Denn es ist gut, sich zurückzuhalten von den Begierden in der Welt, weil jede Begierde wider den Geist kämpft, und weder Hurer noch Weichlinge noch Knabenschänder das Reich Gottes erben werden; ... die Jungfrauen sollen in untadeligem und keuschem Gewissen wandeln.*« (5,3) »*Doch auch die Presbyter sollen barmherzig sein, mitleidig gegen alle, stets bedacht sein auf das, was gut ist vor Gott und den Menschen, sich fernhalten von allem Zorn, von Parteilichkeit, von ungerechtem Urteil, fernbleiben von aller Geldgier, nicht rasch eingenommen werden gegen jemand, nicht schroff sein im Urteil, wissen, daß wir alle Schuldner der Sünde sind.*« (6,1)

Da die *Polykarp-Briefe* die *Briefe des Ignatios* erwähnen, galten sie zeitweilig – solange man die *Ignatios-Briefe* für unecht hielt – als Fälschungen, zumindest wurden die umstrittenen Stellen als Interpolationen angesehen, die die Echtheit der *Ignatios-Briefe* bestätigen sollten. Heute ist auch die Echtheit der *Polykarp-Briefe* allgemein anerkannt.

Das *Quadratus-Fragment* ist vielleicht ein Teil der ältesten christlichen Apologie, deren Verfasser QUADRATUS (Kodratos) im Jahr 125/26 an Kaiser Hadrian (reg. 117–138) ein Bittgesuch für die Christen gerichtet haben soll. Bis auf das folgende Zitat, das in der *Historia ekklēsiastikē* des Eusebios (4,3f.) überliefert ist, ist die Apologie verlorengegangen: »*Die Werke unseres Erlösers waren immer vor Augen; denn sie waren wahr: die Geheilten, die von den Toten Auferweckten, sie hatte man nicht nur im Augenblicke ihrer Heilung oder Erweckung gesehen, vielmehr waren sie ständig gegenwärtig, nicht nur solange der Erlöser auf Erden weilte, sondern auch nach seinem Heimgange lebten sie noch geraume Zeit, so daß einige von ihnen sogar bis auf unsere Zeit herabgekommen sind.*« A. Ku.

AUSGABEN: Paris 1672, Hg. J. B. Cotelier. – Lpzg. 1699, Hg. L. T. Ittig. – Madrid 1950, Hg. R. Bueno (*Padres Apostólicos*). – Löwen 1952, Hg. L. Th. Leford (*Les Pères apostoliques en copte;* CSCO, 135, Scriptores Coptici 17/18). – Athen 1953, Hg. B. Mustaki u. P. Trempela. – Mchn. 1956, Hg. J. A. Fischer.

ÜBERSETZUNGEN: *Die Apostolischen Väter,* F. Zeller, Mchn. 1918 (BKV[2], 35). – *Die Apostolischen Väter.* Clemens Romanus: *Der Clemens-Brief;* Ignatius von Antiochien: *Die sieben Ignatius-Briefe;* Polykarp von Smyrna: *Die beiden Polykarp-Briefe;* Quadratus: *Das Quadratus-Fragment,* Einl., Hg., Übers. u. Erl. v. J. A. Fischer, Mchn. 1956 [griech.-dt.] – *The Apostolic Fathers,* E. J. Goodspeed, NY 1950. – *Early Christian Fathers,* C. C. Richardson, Ldn. 1953.

LITERATUR: A. Harnack, *Die Terminologie der Wiedergeburt, und verwandte Erlebnisse in der ältesten Kirche,* Lpzg. 1918 (TU, 42,3). – G. André, *La vertu de simplicité chez les Pères apostoliques* (in RSR, 11, 1921, S. 306–327). – J. Deblavy, *Les idées eschatologiques de saint Paul et des Pères apostoliques,* Alençon 1924. – L. Chopin, *La Trinité chez les Pères apostoliques,* Paris 1925. – H. Korn, *Die Nachwirkungen der Christusmystik des Paulus in den apostolischen Vätern,* Borna/Lpzg. 1928. – W. Roslan, *Les caractères essentiels de la grâce d'après les Pères apostoliques,* Warschau 1934. – H. Schumacher, *Kraft der Urkirche. Das »neue Leben« nach den Dokumenten der ersten zwei Jahrhunderte,* Freiburg i. B. 1934. – A. Casamassa, *I padri apostolici. Studio introduttivo,* Rom 1938. – I. Giordani, *Il messaggio sociale dei primi padri della chiesa,* Turin 1939. – G. Bardy, *La théologie de l'Église de saint Clément de Rome à saint Irénée,* Paris 1945. – J. Klevinghaus, *Die theologische Stellung der Apostolischen Väter zur alttestamentlichen Offenbarung,* Gütersloh 1948. – T. F. Torrance, *The Doctrine of Grace in the Apostolic Fathers,* Edinburgh 1948. – K. Hoemann, *Leben in Christus. Zusammenhänge zwischen Dogma und Sitte bei den Apostolischen Vätern,* Wien 1952. – H. v. Campenhausen, *Kirchliches Amt und geistliche Vollmacht in den ersten drei Jahrhunderten,* Tübingen 1953 (BHTh, 14). – M. Kaiser, *Die Einheit der Kirchengewalt nach dem Zeugnis des Neuen Testamentes und der Apostolischen Väter,* Mchn. 1956 (Münchener theol. Studien II, Kanonist. Abt., 7; zugleich Diss. Mchn. 1956). – H. Köster, *Synoptische Überlieferung bei den apostolischen Vätern,* Berlin 1957 (TU, 65). – Th. Lohmann, *Das Bild vom Menschen bei den apostolischen Vätern* (in Wissenschaftl. Zs. der Friedr.-Schiller-Universität Jena, 8, 1958/59, S. 71–79). – A. O'Hagan, *The Concept of Material Re-Creation in the Apostolic Fathers,* Diss. Mchn. 1960. – A. J. Lawson, *A Theological and Historical Introduction to the Apostolic Fathers,* NY 1961.

ANONYM

BARNABAS-BRIEF (griech. Patr.). Ein in der patristischen Literatur weitbekanntes Werk, fälschlich BARNABAS zugeschrieben, dem Begleiter des Apostels PAULUS, nach 130 entstanden, zur Zeit, als Kaiser Hadrian (reg. 117–138) den Tempel Jerusalems als Kultstätte des Iuppiter Capitolinus wieder errichten ließ; Sendschreiben eines christlichen Lehrers an seine Gemeinde. Es ist ein Werk durchaus dogmatisch-lehrhafter Art: der

Brief, die *epistula*, hat bereits den Charakter der Epistel angenommen (Schmid-Stählin).

In den beiden dem traditionellen Schema »Theorie und Praxis« verpflichteten Teilen wird zunächst eine Deutung des *Alten Testaments* versucht (1–17), sodann folgt eine Ermahnung zum rechten Glaubensleben (18–21). Zusammengehalten werden die in Aussage und Ausmaß recht ungleichen Partien von dem Wunsch des Verfassers, den Glauben *(pistis)* seiner Leser durch eine vollkommene Erkenntnis *(teleia gnōsis)*, die er ihnen vermitteln will, zu unterstützen und zu ergänzen. Diese »Erkenntnis« ist aber nun – vor allem, was das *Alte Testament* angeht – recht merkwürdiger Natur: der Autor ist der Anschauung, die wörtlich treue Befolgung des Mosaischen Gesetzes sei ein ungeheurer, buchstäblich vom Teufel inszenierter Irrtum der Juden (deren Religion also als schlimmster Höllentrug zu verdammen ist); Voraussetzung für das wahre Verständnis der *Bibel* sei es deshalb, daß mit den alten Vorschriften Gemeinte richtig, und das heißt hier: allegorisch zu interpretieren. (»*Vielmehr hat Moses geistlich gesprochen*«; so »meine« er z. B. mit dem Schweinefleischverbot: »*Du sollst dich nicht anschließen an solche Menschen, die den Schweinen gleich sind.*«) Manchmal kommt dieses Prinzip mit einem anderen in Konflikt, das besagt, es sei entscheidend, das präexistente Wirken Jesu im *Alten Testament* zu durchschauen, denn alles Geschehen jener Bücher sei typenhafte Vordeutung auf das Geschehen der Christus-Offenbarung.

Die geistige Herkunft dieser Gedanken liegt auf der Hand: die Sucht zur Allegorese war durch PHILON, den die Stoa hierin beeindruckte, dem Judentum zugetragen worden (der Autor ist demnach wohl Judenchrist). Der Verfasser des *Briefes* war der erste, der das Verfahren – zusammen mit der auch von anderen Aposteln propagierten christo-typologischen Form – konsequent für das Christentum verwertete. Anderes wiederum, etwa Zahlenmystik und seltsame naturkundliche Vorstellungen, verrät altverwurzelten Volks- und Bildungsaberglauben.

Das Urteil über den sprachlichen und literarischen Rang dieser Schrift muß sehr hart ausfallen: ihr fehlt nicht nur jegliche didaktisch-induktive Behutsamkeit, ihrem Verfasser geht nicht allein das Gefühl für abgewogene Proportion und klaren Aufbau ab, noch schlimmer ist sein Versagen in Stil und Ausdruck: immer wieder fällt er, sei es aus Ungeschicklichkeit oder seines geringen Wortschatzes wegen, in Wiederholungen und in einen unpersönlichen, salbungsvollen Predigerton. KLL

AUSGABEN: Paris 1645 (*Hē pheromenē tu hagiu Barnaba apostolu epistolē katholikē*, Hg. H. Menardus u. L. Dachery). – Olten 1945 (in K. Thieme, *Kirche und Synagoge*). – Paris 1957 (in *Naissance des lettres chrétiennes*, Hg. A. Hamman).

ÜBERSETZUNGEN: *Send-Schreiben ... Des hl. Jüngers und Paulinischen Gefehrten Barnabae*, G. Arnold, 1695. – *Der Barnabasbrief*, H. Windisch (in HbNT, Suppl.: *Die apostol. Väter*, Tübingen 1920).

LITERATUR: J. Muilenburg, *The Literary Relations of the »Epistle of B.« and the »Teaching of the Twelve Apostles«*, Diss. Marburg/USA 1929. – P. Meinhold, *Geschichte u. Exegese im »B.«* (in ZKG, 59, 1940, S. 255–303). – P. Prigent, *Les testimonia dans le christianisme primitif. L'»Épître de Barnabe« I–XVI, et ses sources*, Paris 1961. – Altaner, S. 66 f.

HERMAS
(2. Hälfte 1. Jh.)

POIMĒN (griech. Patr.; *Der Hirte*). Paränetisch-apokalyptische Schrift von HERMAS (zweite Hälfte des 1. Jh.s). – Der Autor, ein Freigelassener, der in Rom als Händler oder Kaufmann lebte, hat sein Werk aus verschiedenen mündlichen und schriftlichen Quellen kompiliert, was zu manchen Unstimmigkeiten in der Darstellung führte. Grundtendenz des Buches, das der Autor in fünf *Gesichte (hōraseis)*, zwölf *Gebote (entolai)* und zehn *Gleichnisse (parabolai*; Schluß nur unvollständig überliefert) eingeteilt hat, ist eine eindringliche Mahnung zur Buße, zunächst – fiktiv – an die Familie des Hermas gerichtet, darüber hinaus aber auch an die ganze Gemeinde, die wieder zu verweltlichen drohte.

Kompositorisch zerfällt die Schrift in zwei Teile: die Vision einer die Ekklesia, die Kirche, verkörpernden Greisin (*Gesichte* 1–4) und die Vision eines den strafenden Bußengel verkörpernden Hirten (daher der Titel des Ganzen; *Gesicht* 5 – *Gleichnis* 10). Die beiden Gestalten rufen Hermas, seine Familie und die übrigen Gemeindeglieder in gebieterischen Worten und Bildern – die Kirche erscheint als Turmbau, und die wahren Christen als Bausteinen – zu alsbaldiger Umkehr auf: Noch ist die von Gott gesetzte Frist zur Buße nicht abgelaufen. – In ihren praktischen Anweisungen, vor allem den *Geboten*, gibt die Schrift ein frühes Kompendium der christlichen Ethik. Über die Bedeutung des gattungsgeschichtlich zu den apokryphen Apokalypsen (vgl. *Apokryphen*) zu zählenden *Hirten* urteilt Martin DIBELIUS: »*Das Buch ist bedeutsam als ein Denkmal des Alltagschristentums der kleinen Leute und breiten Schichten, deren innere Nöte in einer Weltreligion niemals über den Erlebnissen der Propheten und den Gedankenkonzeptionen der Lehrer vergessen werden dürfen. Unter diesem Gesichtspunkt werden sogar die literarischen Mängel der Schrift wichtig: wenn der Verfasser den Stoff nicht bewältigt und eine ungeschickte und umständliche Sprache redet, so bezeugt er damit seine Zugehörigkeit zu der breiten Schicht von Christen, deren Leben auch innerlich zu verchristlichen sein Buch beabsichtigt.*«

Seiner biblisch-schlichten und toleranten Frömmigkeit wegen fand Hermas mit seiner Schrift rasch weiten Anklang und genoß bald kanonischen Ruf: EIRENAIOS, TERTULLIAN und ORIGENES rechneten den *Poimēn* sogar zur *Heiligen Schrift*. Von diesem Ansehen zeugen auch die beiden lateinischen und die äthiopische Übersetzung sowie die Reste von Übertragungen ins Koptische und Mittelpersische.

E. Sch.

AUSGABEN: Hbg. 1719 (*Pastor*; lat.; m. Anm.). – Lpzg. 1887, Hg. A. Hilgenfeld [griech.]. – Oxford 1907 (*Facsimiles of the Athos Fragments of the Shepherd of Hermas*; Photogr. u. Umschreibung K. Lake). – Lpzg. 1875 (G. H. Schodde, *Hērmā Nabī. The Ethiopical Version of Pastor Hermae Examined*; Diss.). – Bln. 1956 (*Der Hirt des Hermas*, Hg. M. Whittaker; Die griech. christl. Schriftsteller der ersten Jh.e, 48). – Paris 1958 (*Le pasteur*, Hg., Einl., Anm. u. frz. Übers. R. Joly; SCh, 53).

ÜBERSETZUNGEN: *Des Hermas Pastor, oder drey Büchlein, genannt, Der gute Hirte,* I. O. Glüsing (in I. O. G., *Briefe u. Schriften der Apostolischen Männer,* Hbg. 1718). – *Der Hirt des Hermas in saidischer Übersetzung,* J. Leipoldt, Bln. 1903. – *Der Hirte des Hermas,* F. Zeller (in *Die apostolischen Väter,* Kempten/Mchn. 1918; BKV², 35).

LITERATUR: L. Stahl, *Patristische Untersuchungen. »Der Hirt« des H.,* Lpzg. 1901. – K. D. MacMillan, *The Interpretation of »The Shepherd« of H.,* NY 1912. – M. Dibelius, *»Der Hirt« des H.,* Tübingen 1923 (HbNT, 1/4). – Bardenhewer, 1, S. 465–487. – A. V. Ström, *Allegorie u. Wirklichkeit im »Hirten« des H.,* Lpzg. 1936. – H. Opitz, *Ursprünge frühkatholischer Pneumatologie. Ein Beitrag zur Entstehung der Lehre vom Hl. Geist in der römischen Gemeinde unter Zugrundelegung des »1. Clemensbriefes« u. des »Hirten« des H.,* Bln. 1960. – S. Giet, *H. et les »Pasteurs«. Les trois auteurs du »Pasteur« d'H.,* Paris 1963. – L. Pernveden, *The Concept of the Church in »The Shepherd« of H.,* Lund 1966.

niemand ist mächtiger als er. Er hat nicht Zorn und Grimm...« An diesem Gottesbild werden nun die Religionen – die Barbaren, Griechen, Ägypter, Juden und Christen – gemessen. A. Ku.

AUSGABEN: Paris 1832 (*Ho bios Barlaam kai Iōasaph* in *Anecdota Graeca,* Bd. 4, Hg. Boissonade). – Venedig 1878 (*S. Aristidis philosophi Atheniensis sermones duo;* armen. Bruchst.). – Cambridge ²1893 (*The Apology of A. on Behalf of the Christians from a Syriac Ms. Preserved on Mount Sinai,* Hg. J. R. Harris; m. Einl. u. Übers.; enth. auch den größten Teil des Originaltextes, Hg. J. A. Robinson). – Erlangen 1893 (R. Seeberg, *Die Apologie des A. untersucht und wiederhergestellt*). – Lpzg./Bln. 1893 (E. Hennecke, *Die Apologie des A.;* in TU, 4/3). – Erlangen 1894 (R. Seeberg, *Der Apologet A.*). – Lpzg./Bln. 1907 (J. Geffcken, *Zwei griechische Apologeten*). – Göttingen 1914 (E. J. Goodspeed, *Die ältesten Apologeten*).

LITERATUR: B. Altaner, *A.* (in Rivista di Archeologia Cristiana, 1943, S. 652–654).

MARKIANOS ARISTEIDES
(2. Jh.)

APOLOGIA PROS HADRIANON (griech. Patr.; *Verteidigung gegenüber Hadrian*). Eine bis zum vorigen Jahrhundert verschollene, wahrscheinlich um 140 entstandene apologetische Schrift zugunsten des Christentums von dem »*platonisch gebildeten Popularphilosophen*« (Bardenhewer) MARKIANOS ARISTEIDES (2. Jh.) aus Athen. – Der Empfänger war nicht, wie seit EUSEBIOS fälschlich überliefert, Kaiser Hadrian, sondern dessen Nachfolger Titus Aelius Hadrianus Antoninus Pius – ein Irrtum, der auf das Konto des Schreibers zu buchen ist, der den Kurztitel geliefert und dabei nicht den richtigen Hauptnamen getroffen hat. 1878 wurde von den Mechitaristen (von dem armenischen Mönch Mechitar gegründeter Orden) auf S. Lazzaro ein Fragment der *Apologie* in armenischer Sprache gefunden, 1889 fand J. Rendel HARRIS im Katharinenkloster am Sinai einen syrischen Text. J. Armitage ROBINSON stellte daraufhin fest, daß eine Bearbeitung des Originals bereits in der griechischen Version des im Mittelalter weitverbreiteten Romans *Barlaam und Iōasaph* (der christlichen Bearbeitung einer Buddha-Legende) vorlag. – In dieser griechischen Version des Romans, als deren Verfasser IOANNES DAMASKENOS (†749) gilt, hält der auf wunderbare Weise zum Christentum bekehrte Einsiedler Nachor eine Rede zu dessen Verteidigung – und diese ist (jedenfalls in großen Zügen) mit der *Apologie* des Aristeides identisch. Die syrische Übersetzung scheint dem Original am nächsten zu kommen, die armenische ist etwas freier. Die Rekonstruktion des Originaltextes ist bereits versucht worden.

Die *Apologie* beginnt mit einer *laudatio* Gottes als des ohne Anfang und Ende Seienden, als des Ungeborenen und Unsterblichen, des Vollkommenen und Unfaßbaren. Er ist der Beweger der Welt, der Gott des Alls, der alles um des Menschen willen geschaffen hat. Er hat keinen Namen und keine Gestalt. »*Er ist nicht männlich und auch nicht weiblich. Der Himmel umgrenzt ihn nicht, aber der Himmel und alles, was sichtbar und unsichtbar ist, wird durch ihn umgrenzt. Er hat keinen Gegner, denn*

FLAVIUS IUSTINUS
(gest. um 165)

APOLOGIA I, II (griech. Patr.; *Apologie I, II*). Zwei Schriften zur Verteidigung der Christen gegen die Heiden von FLAVIUS IUSTINUS († um 165), die inhaltlich eng zusammengehören und von denen angenommen wird, daß die kürzere zweite ursprünglich der Schluß der längeren ersten war. Diese ist an Kaiser Antoninus Pius gerichtet und in Rom 150–155 verfaßt. – Justin legt dar, daß die Christen dank ihrer Ethik die besten Staatsbürger sind: sie zahlen ihre Steuern und führen ein arbeitsames, friedfertiges und tugendhaftes Leben. Auch trifft sie nicht im geringsten der Vorwurf der Gottlosigkeit: denn sie verehren jenen einen wahren Gott, der ewig, unerzeugt, unbewegt und unaussprechlich ist, den Vater der Gerechtigkeit, Enthaltsamkeit und aller übrigen Tugenden, dem keinerlei Lasterhaftigkeit »beigemischt« ist; sie verehren seinen Sohn, der in ihm war als Logos, durch den er die Welt schuf und der durch seinen Willen Mensch geworden und dennoch Gott selber ist; ebenso verehren sie den prophetischen Geist *(pneuma prophētikon)* und Heerscharen von Engeln. Wegen dieser Verehrung seien sie zu Unrecht des Wahnsinns geziehen worden. Den Schöpfer des Universums zu verehren ist keineswegs unvernünftig! Daß ihre Lehre die wahre ist, entnimmt Justin dem *Alten Testament;* denn was dort prophezeit wurde, ist durch Christi Menschwerdung vollauf bestätigt worden. Christus, der fleischgewordene Logos, besitzt die volle Wahrheit; mithin ist alles Wahre und Vernünftige christlich. Darum waren Sokrates und Heraklit, Abraham und Elias und alle großen Philosophen und Dichter, die in hohem Maß des Logos teilhaftig waren, letztlich Christen. Denn der *logos spermatikos* mit seiner geistigen und sittlichen Einwirkung auf den Menschen ist dem ganzen Menschengeschlecht zuteil geworden. Je nach Empfänglichkeit wurde er verliehen, dem empfangenen Anteil entsprechend konnten die Menschen zu einer Teilerkenntnis der Wahrheit kommen. Die Griechen haben darüber hinaus noch Kenntnis von der Mosaischen Lehre gehabt (was schon PHILON behauptet), nur haben sie sie teilweise falsch interpretiert.

Wie bei PLATON gilt auch bei Justin die Materie als ewig. Die Welt ist aus einer *amorphos hylē* (ungestaltete Masse) gebildet. Dies ist die eigentliche Schöpfung. – Die Seele des Menschen, die ihrer Natur nach vergänglich ist, wird erst durch die Gnade Gottes unsterblich: Gott hat den Menschen mit Vernunft ausgestattet und ihm die Möglichkeit gegeben, sich für ihn oder wider ihn zu entscheiden. Die Unsterblichkeit ist allein denen gegeben, die sich durch Heiligkeit und Tugend Gott nähern; die aber schlecht leben und sich nicht bekehren, werden durch ewiges Feuer bestraft.

Justin, der in Athen vor seiner Bekehrung die griechische Philosophie studiert hatte, suchte als erster die christliche Lehre philosophisch zu begründen. Es war sein Ziel, Philosophen und Christen miteinander zu versöhnen. Dieser Versuch ist das eigentlich Große in seinen Schriften, die viel Widersprüchliches und Zusammenhangloses enthalten (sie schöpfen zum Teil aus dem Schulgut der altchristlichen Didaskaloi) und keineswegs stilistische Meisterwerke zu nennen sind. Für ihn bestand die Aufgabe der Philosophie in der Erforschung des Göttlichen – eine Haltung, für die er den Märtyrertod auf sich genommen hat. A. Ku.

AUSGABEN: Paris 1551. – Paris 1857 (MG, 6). – Paris 1958 (in A. Hamman, *La philosophie passe au Christ. L'œuvre de Justin: Apologie 1 et 2. Dialogue avec Tryphon*; Einl. v. F. Garnier).

ÜBERSETZUNG: *Apologie*, G. Rauschen, Mchn. 1913 (BKV², 13).

LITERATUR: T. M. Wehhofer, *Die »Apologie« J.s, des Philosophen u. Märtyrers, in literarhistor. Beziehung zum erstenmal untersucht* (in Röm. Quartalschrift f. christl. Altertumskunde, 6. Suppl. – H., 1897). – W. Schmid, *Frühe Apologetik u. Platonismus* (in *Fs. f. O. Regenbogen*, 1952, S. 163–182). – A. Theodori, *I theologia tu Iustinu filosofu ke martiros ke e schisis avtis pros tin ellenikin filosofian*, Athen 1960.

PROS TRYPHŌNA IUDAION DIALOGOS
(griech. Patr.; *Gespräch mit dem Juden Tryphon*). Umfangreicher apologetischer Dialog von FLAVIUS IUSTINUS († um 165), entstanden nach der *Apologie I*, die im *Dialog* (Kap. 120) zitiert wird. – Das einem nicht näher bekannten Marcus Pompeius gewidmete Werk, das ursprünglich in zwei Bücher eingeteilt war, ist nur unvollständig überliefert; vor allem fehlt der Eingang, außerdem einem Stück in Kap. 74. Die mehrfach geäußerten Zweifel an der Echtheit entbehren allerdings der Grundlage.

Das an klassischen Vorbildern wie den Dialogen PLATONS orientierte Werk ist als Rahmengeschichte stilisiert, die angeblich in Ephesos während des Bar-Kochba-Aufstandes (132–135) spielt. Damals will der Autor ein ausführliches Gespräch mit einem Juden namens Tryphon und seinen Begleitern über den jüdischen und christlichen Glauben geführt haben. Man hat verschiedentlich mit guten Gründen angenommen, daß Tryphon eine gräzisierte Namensform des berühmten Rabbi Tarphon darstellt, der zu Justins Zeiten lebte; trifft diese Vermutung zu, so ist immerhin denkbar, daß dem Dialog tatsächlich historische Disputationen der beiden Hauptfiguren zugrunde liegen.

Der Dialog ist, nach einer Einleitung, die von Justins Leben, vor allem seiner Bekehrung, berichtet (Kap. 2–8), in drei Teile gegliedert: Der erste Teil gibt eine Beurteilung der jüdischen Religion vom Standpunkt des Christentums aus und zeigt, daß das Mosaische Gesetz durch das Auftreten Christi seine Gültigkeit verloren hat (9–47), der zweite rechtfertigt die Verehrung Christi als durchaus mit dem Monotheismus vereinbar (48–108), der dritte handelt von der Berufung der Heiden zum Heil. – Das Werk wirkt weithin recht monoton, weil der Autor – wie etwa der späte Platon – statt eines echten Dialogs meist lange Reden vorträgt, auf die sein jüdischer Gesprächspartner kaum mehr als kurze Interjektionen und Fragen vorbringen darf. Unorganisch erscheinen auch die zahlreichen Digressionen, wie etwa der Psalmenkommentar Kapitel 98–107, die den Eindruck eines Streitgesprächs schon im Ansatz ersticken. Diese formalen Mängel können indes der Bedeutung ihres Autors als des größten Apologeten des 2. Jh.s keinen Abbruch tun: Was Justin an stilistischer Kunst fehlt, ersetzt er durch sachliche Argumentation und Wahrhaftigkeit. M. Ze.

AUSGABEN: Paris 1551, Hg. R. Stephanus. – MG, 6. – Lpzg. 1899, Hg. K. Holl. – Paris 1909, Hg. G. Archambault, 2 Bde. [m. frz. Übers.]. – Paris 1958 A. Hamman, *La philosophie passe au Christ. L'œuvre de Justin. Apologie I et II. Dialogue avec Tryphon*; Einl. F. Garnier). – Bln. 1963.

ÜBERSETZUNG: *Des hl. Philosophen u. Martyrers Justinus Dialog mit dem Juden Tryphon*, Ph. Haeuser, Mchn. 1917 (BKV², 33).

LITERATUR: A. Harnack, *Judentum u. Judenchristentum in Justins »Dialog mit Tryphon« nebst einer Collation der Pariser Hs. Nr. 450*, Lpzg. 1913. – N. Hyldahl, *»Tryphon« und Tarphon* (in Studia Theologica, 10, 1956, S. 77–90). – P. Prigent, *Justin et l'Ancien Testament. L'argumentation scripturaire du traité de Justin contre toutes les hérésies et comme source principale du »Dialogue avec Tryphon« et de la »Ière apologie«*, Paris 1964. – W. H. Shotwell, *The Biblical Exegesis of J.*, Ldn. 1965. – E. R. Goodenough, *The Theology of Justin Martyr. An Investigation into the Conceptions of Early Christian Literature and Its Hellenistic and Judaistic Influences*, Amsterdam 1968.

TATIANOS
(2. Jh.)

DIATESSARON (syr.; *Evangelienharmonie*). Aus den vier *Evangelien* zusammengestelltes Werk des TATIANOS (2. Jh.). – Wie EUSEBIOS aus Kaisareia in seiner *Historia ekklēsiastikē* (*Kirchengeschichte* IV, 29, 6) erwähnt, hat der Syrer Tatian um das Jahr 170 aus den vier *Evangelien* einen zusammenhängenden Bericht über das Leben und Leiden Jesu komponiert. Diese Evangelienharmonie wurde *Diatessaron* (griech.: *to dia tessarōn euangelion* – das aus vier Evangelien zusammengestellte *Evangelium*) genannt. Um 450 berichtet Bischof Theodoret aus Cyrus, er habe aus den Kirchen seiner Diözese über 200 Exemplare des *Diatessaron* (wohl in syrischer Sprache) entfernt. Bis jetzt ist keine Handschrift dieses Werks bekanntgeworden; so bleibt seine Rekonstruktion eine sehr schwierige Aufgabe, die von Gelehrten wie Th. ZAHN erst teilweise gelöst worden ist.

Als Hilfsmittel zur Wiederherstellung des *Diatessaron* stehen folgende Texte zur Verfügung: 1. ein Pergamentblatt mit vierzehn Zeilen einer Evangelienharmonie in griechischer Sprache, das 1933 bei Ausgrabungen in der 256/57 zerstörten römischen Grenzfestung Dura-Europos am Euphrat gefunden wurde; 2. ein von EPHRAIM DEM SYRER (†373) verfaßter Kommentar zum *Diatessaron* in Form von Homilien, von dem erst in letzter Zeit Teile in der syrischen Originalsprache aufgefunden worden sind, während bisher nur eine aus dem 5. Jh. stammende armenische Übersetzung bekannt war, ferner Bibelzitate in anderen Schriften Ephraims; 3. Zitate in den von APHRAHAT, dem sogenannten »persischen Weisen«, zwischen 337 und 345 in syrischer Sprache verfaßten Homilien; 4. eine arabische Übersetzung des *Diatessaron*, die im 11. Jh. angeblich von dem nestorianischen Mönch 'Abdallāh IBN AṬ-ṬAIYIB (†1034) angefertigt wurde; doch handelte es sich bei dem dieser Übersetzung zugrunde liegenden syrischen Text wahrscheinlich nicht um den ursprünglichen Wortlaut des *Diatessaron*, sondern um eine im 5./6. Jh. vorgenommene Überarbeitung, die schon stark durch die sogenannte *Peschitta* (»die Einfache«), die heute noch bei den Syrern gebräuchliche Bibelübersetzung, beeinflußt war; 5. die wahrscheinlich auf eine ältere Vorlage zurückgehende lateinische *Evangelienharmonie* im *Codex Fuldensis*, der in den Jahren 541–546 in Capua geschrieben worden ist; 6. *Der althochdeutsche Tatian*. So nennt man die in der ersten Hälfte des 9. Jh.s, wahrscheinlich um 830, auf Veranlassung des Abtes HRABANUS MAURUS von Mönchen des Klosters Fulda angefertigte Übersetzung der lateinischen *Evangelienharmonie* ins Althochdeutsche. Sie ist ein gelehrtes Werk, das für den Gebrauch im Kloster Fulda und in seiner berühmten Klosterschule gedacht war, doch gibt es sichere Anhaltspunkte dafür, daß sie weiter verbreitet war. Überliefert ist sie in einer wohl in Fulda entstandenen Handschrift, die heute in St. Gallen liegt. Für die Geschichte der deutschen Sprache und der deutschen Literatur ist der *Althochdeutsche Tatian* von großer Bedeutung: »*In diesem Werk wird zum erstenmal unternommen, eine umfassende Darstellung des Lebens Christi zu verdeutschen.*« (de Boor) Sie beeinflußte sowohl den Dichter des *Heliand* als auch OTFRIED VON WEISSENBURG *(Evangelienbuch)*. Weitere Texte, die als Hilfsmittel zur Wiederherstellung des syrischen *Diatessaron* dienen können, sind: 7. eine mittelniederländische Beschreibung des Lebens Jesu, die in der Hauptsache durch eine Lütticher Handschrift des 13. Jh.s überliefert ist und ebenfalls auf eine lateinische Vorlage zurückgeht; 8. zwei italienische Evangelienharmonien, eine in toskanischer und eine in venezianischer Mundart, in zwei Handschriften aus dem 13. und 14. Jh. überliefert; 9. eine persische Übersetzung des syrischen *Diatessaron*, die im 13. Jh. entstand und in einer Florentiner Handschrift des 16. Jh.s überliefert ist; 10. die französische Evangelienübersetzung des GUYART DES MOULINS, in der sich Spuren des *Diatessaron* finden und die im Laufe des 13. und 14. Jh.s zur ersten französischen *Bibel* erweitert wurde; 11. eine mittelenglische Evangelienharmonie in *Ms. Pepys 2498* (14. Jh.), die, wie Wortschatz und Phraseologie zeigen, auf eine französische Vorlage zurückgeht.

Von allen genannten Quellen enthält wahrscheinlich nur Ephraims syrischer Kommentar zum *Diatessaron* Teile des Originaltextes. Die Aufeinanderfolge der einzelnen Stücke läßt sich in etwa aus diesem Kommentar und dem arabischen *Diatessaron* sowie aus einzelnen Zitaten bei späteren Schriftstellern ersehen. Als Grundlage seines Werks scheint Tatian das *Johannes-Evangelium* gewählt und in diesen Rahmen die Mitteilungen der Synoptiker (Matthäus, Markus und Lukas), aber auch apokryphes Gut eingefügt und das Ganze zu einer einheitlichen Geschichte des Lebens Jesu verknüpft zu haben. Tatian versucht zwar, möglichst viel vom Wortlaut der vier *Evangelien* zu bewahren, doch nahm er bei der Zusammenarbeitung der Texte manchmal auch Änderungen vor: wo z. B. in den *Evangelien* Parallelberichte vorliegen, bringt Tatian gewöhnlich nur einen – meist um Züge der Parallelstellen angereicherten – Text; widersprechen sich Parallelberichte in Einzelheiten, so entscheidet sich Tatian für einen davon und unterdrückt die anderen. Da Tatian der asketischen Sekte der Enkratiten angehörte, die z. B. die Ehe ablehnten, spiegeln manche seiner Änderungen seine vom Glauben der Großkirche abweichenden Auffassungen wider – so z. B. an einigen Stellen, die von Joseph als dem »Mann Marias« sprechen. An anderen Stellen ist die antijüdische Tendenz Tatians unverkennbar; wieder andere Änderungen beruhen auf exegetischen Erwägungen oder enthalten stilistische Änderungen, die einen treffenderen Ausdruck gegenüber dem Evangelientext erstreben. Auch Elemente außerkanonischer Herkunft hat Tatian in sein Werk aufgenommen, darunter z. B. die Nachricht, daß bei der Taufe Jesu im Jordan ein großes Licht den Ort erhellte.

Das *Diatessaron* erfreute sich bis in das 4. Jh. hinein weiter Verbreitung, besonders im syrischen Sprachgebiet, und stand offenbar am Anfang nicht nur der syrischen, sondern wahrscheinlich auch der lateinischen und der armenischen Evangelienübersetzung. Es hat auch die Übersetzungen der vier »getrennten« *Evangelien* in diese Sprachen merklich beeinflußt. Um so bedauerlicher ist es, daß wir den Urtext des *Diatessaron* nicht mehr besitzen. Ob der ursprüngliche Text des *Diatessaron* griechisch oder syrisch abgefaßt war, bedarf ebenso wie sein Verhältnis zum sogenannten westlichen Text der *Evangelien* noch der Klärung. J. As.

AUSGABEN DER QUELLEN: C. H. Kraeling, *A Greek Fragment of Tatian's Diatessaron from Dura-Europos*, Ldn. 1935 (Studies and Documents, 3). – L. Leloir, *Saint Éphrem. Commentaire de l'Évangile concordant. Texte syriaque (Ms. Chester Beatty 709)*, Dublin 1963 (Chester Beatty Monographs, 8; m. Übers.). – Ders., *Saint Éphrem. Commentaire de l'Évangile concordant. Version arménienne*, Löwen 1953 u. 1954 (CSCO, 137 u. 145). – J. Parisot, *Aphraatis sapientis Persae demonstrationes*, 2 Bde., Paris 1894–1907 (Patrologia Syriaca, 1 und 2). – A. Ciasca, *Tatiani Evangeliorum Harmoniae arabice*, Rom 1888. – A. S. Marmardji, *Diatessaron de Tatien*, Beirut 1935 [m. frz. Übers.]. – E. Ranke, *Codex Fuldensis. Novum Testamentum latine interprete Hieronymo, ex manuscripto Victoris Capuani ed. E. R.*, Marburg/Lpzg. 1868. – D. Plooij, C. A. Phillips u. A. H. A. Bakker, *The Liège Diatessaron Edited with a Textual Apparatus*, 5 Tle., Amsterdam 1929–1939. – V. Todesco, A. Vaccari u. M. Vattasso, *Il Diatessaron in volgare italiano*, Vatikanstadt 1938 (Studie e Testi, 81). – G. Messina, *Il Diatessaron persiano*, Rom 1951. – *Bible historiale*, 2 Bde., Paris 1487. – M. Goates, *The Pepysian Gospel Harmony*, Ldn. 1922.

LITERATUR: H. J. Vogels, *Beiträge zur Geschichte des »Diatessarons« im Abendland*, Münster 1919

(Neutestamentliche Abhandlungen, 8/1). – C. Peters, *Das »Diatessaron« Tatians*, Rom 1939 (m. Bibliogr.; OCA, 123). – S. Lyonnet, *Les origines de la version arménienne et le »Diatessaron«*, Rom 1950 [m. Bibliogr.]. – A. Vööbus, *Early Versions of the New Testament*, Stockholm 1954, S. 1–31 [Bibliogr.]. – H. J. Vogels, *Handbuch der Textkritik des Neuen Testaments*, Bonn ²1955, S. 111 bis 115; 144–152. – A. Wikenhauser, *Einleitung in das Neue Testament*, Freiburg i. B. ²1956, S. 81–84 [Bibliogr.]. – L. Leloir, *Doctrines et méthodes de s. Éphrem d'après son commentaire de l'Évangile concordant*, Löwen 1961 (CSCO, 220). – Ders., *Le témoignage d'Éphrem sur le »Diatessaron«*, Löwen 1962 (CSCO, 227). – Ders., *Divergences entre l'original syriaque et la version arménienne du commentaire d'Éphrem sur le »Diatessaron«* (in *Mélanges Eugène Tisserant*, Bd. 2, Vatikanstadt 1964, S. 303 bis 331). – Altaner, S. 102f. – Graf, 1, S. 152–154; 5, S. 40. – Baumstark, S. 19–21; 345. – Urbina, S. 33–35; 238.

Zu *Althochdeutscher Tatian*:
AUSGABEN: Paderborn 1872, Hg. E. Sievers [lat. u. althochdt.; m. Glossar]. – Paderborn ²1892. – Paderborn 1960 [Nachdr. der Ausg. v. 1892].
LITERATUR: E. Karg-Gasterstädt (in VL, 4, Sp. 370–373). – E. Gutmacher, *Untersuchungen zum Wortschatz des »Althochdt. Tatian«* (in Beitr., 39, 1914, S. 1–83; 229–289; 571–577). – W. Braune, *Althochdt. und Angelsächsisch* (ebd., 43, 1918, S. 361ff.). – E. Schröter, *Walahfrieds dt. Glossierung zu den biblischen Büchern und der »Althochdt. Tatian«*, Halle 1926. – T. Frings, *Germania Romana*, Halle 1932. – G. Baesecke, *Die Überlieferung des »Althochdt. Tatian«*, Halle 1948. – W. Heuß, *Zur Quellenfrage im »Heliand« und »Althochdt. Tatian«* (in NdJb, 77, 1954, S. 1–6). – R. H. Lawson, *Old High German Past Tense as a Translation of Latin Present Tense in Tatian* (in JEGPh, 58, 1959, S. 457–464). – W. Wissmann, *Zum »Althochdt. Tatian«* (in *Indogermanica. Fs. f. W. Krause*, Heidelberg 1960, S. 249–267). – H. Mettke, *Zum Wortschatz von Tatian-y* (in NdJb, 84, 1961, S. 35–42). – F. Köhler, *Lat.-althochdt. Glossar zur Tatianübers.*, Darmstadt 1962. – A. Baumstark, *Die Vorlage des »Althochdt. Tatian«*, Hg. J. Rathofer, Köln/Graz 1964.

LOGOS PROS HELLĒNAS (griech. Patr.; *Rede an die Griechen*). Apologetische Schrift von TATIANOS (2. Jh.), entstanden nach dem Märtyrertod von Tatians Lehrer IUSTINOS (zwischen 163 und 167). – Tatian war heidnisch erzogen worden, hatte sich zum Rhetor ausgebildet und auf ausgedehnten Reisen die religiösen Kulte des Heidentums kennengelernt. Später fühlte er sich in zunehmendem Maße von griechischer Philosophie und Heidentum abgestoßen und wurde in Rom Schüler Iustins. Nach dessen Hinrichtung kehrte er nach Syrien zurück, wo er die gnostische Sekte der Enkratiten begründete, welche die Ehe verwarfen.

Die *Rede an die Griechen*, die einzige erhaltene Schrift Tatians, ist wohl noch vor seinem Bruch mit der Großkirche entstanden; jedenfalls wurde sie von den ältesten Kirchenvätern als christliche Apologie sehr geschätzt. Einzelne Stellen, an denen er abwertend von der Materie spricht, nehmen jedoch bereits spätere gnostische Anschauungen des Autors vorweg. Die Schrift stellt eine erste Einführung in das Christentum und zugleich eine Abrechnung mit der heidnischen Philosophie und Religion dar. Im Unterschied zu Iustin, für den auch die Weisheit eines PYTHAGORAS, HERAKLIT und PLATON Same des göttlichen Logos ist, verurteilt Tatian die griechischen Philosophen in Bausch und Bogen. Er hält sie allein schon dadurch für hinreichend widerlegt, daß sie einander widersprechende Anschauungen vertreten. Für ihn sind sie entweder Liebediener gegenüber den Mächtigen, wie ARISTOTELES, aufgeblasene Autodidakten und Geheimniskrämer, wie Heraklit, Schwätzer, wie Platon, oder ganz einfach unsaubere Gesellen, wie die Kyniker, die die Enthaltsamkeit predigen, »*von dieser Übung jedoch so weit entfernt sind, daß einige von ihnen von den römischen Herrschern jährlich sechshundert Goldstücke erhalten, und zwar aus keinem anderen Grund, als um nicht umsonst ihren langen Bart zu tragen*«. Tatians an sich orthodoxe Logoslehre (Gleichewigkeit und Wesensgleichheit des Logos mit dem Vater) wurde später von seiner Abneigung gegen die Materie so stark beeinflußt, daß er dem Erlöser nur einen Scheinleib zuschrieb. Bemerkenswert ist in diesem Zusammenhang seine Unterscheidung zwischen materieller – und daher sterblicher – *psychē* (Seele) und immateriellem, unsterblichem *pneuma* (Geist), durch das allein die Seele unsterblich werden kann. Nur durch die Erkenntnis des wahren Gottes erlangt die Seele die Unsterblichkeit wieder; bleibt sie dagegen vom göttlichen Geist getrennt, so verfällt sie gänzlich der Materie und geht mit dieser zugrunde. Wer nur die *psychē* besitzt, ist gar nicht im eigentlichen Sinn Mensch, er hat vor dem Tier nur die Sprache voraus. Die Ausschließlichkeit dieser Auffassung, die Tatian zur Leugnung der Erlösung Adams und der nachadamitischen vorchristlichen Menschen führt, erklärt zu einem guten Teil auch die herben Pauschalurteile, die Tatian über die griechische Kultur und Geistesbildung fällt.

Man hat Tatian den »griechischen Tertullian« genannt, nicht nur, weil beide Apologeten verwandte Temperamente waren, sondern auch, weil sich beide vom heidnischen Rhetor zum Christen und schließlich zum Rigoristen entwickelt haben. – Die Sprache Tatians ist hart, ohne jede klassische Anmut. Angesichts der Erhabenheit der christlichen Offenbarungswahrheiten hält er jede Ausschmückung seiner Rede für unpassend. Trotzdem ist die Schrift reich an witzigen und satirischen Formulierungen, und es gelingt Tatian auch nicht immer, sein früheres rhetorisches Metier zu verleugnen: Dem Attizismus der griechischen Rhetoren, der ihm so verdammenswert erscheint, zollt er selber Tribut. Der Aufbau der Rede hat sich – zu Unrecht – manchen Tadel gefallen lassen müssen. Das immer wieder durchscheinende Grundmotiv, an dem sich die Vorwürfe gegen das Heidentum und die Lobsprüche auf das Christentum kristallisieren, ist der Gedanke, daß Wissen, Glauben und Tun der Griechen eitel sind und allein die Christen der Wahrheit, Vernunft und Moral folgen.   H. L. H.

AUSGABEN: Zürich 1546. – Oxford 1700 (*Oratio ad Graecos*, Hg. W. Worth; griech.-lat.). – MG, 5.

ÜBERSETZUNG: *Rede an die Griechen*, V. Gröne, Kempten 1872 (BKV, 28). – *Tatians Rede an die Bekenner des Griechentums*, R. C. Kukula, Mchn./Kempten 1913 (BKV², 12).

LITERATUR: W. Steuer, *Die Gottes- u. Logoslehre des Tatian mit ihren Berührungen in der griechischen Philosophie*, Lpzg. 1893. – A. Puech, *Recherches sur le »Discours aux Grecs« de Tatian*, Paris 1903 [m. frz. Übers. u. Anm.]. – W. Bornstein, *Beiträge*

ATHENAGORAS aus Athen (2. Jh.)

PRESBEIA PERI CHRISTIANŌN (griech. Patr.; *Bittschrift für die Christen*). In Form einer Apologie gehaltene Bittschrift von ATHENAGORAS aus Athen (2. Jh.) »*an die Sieger über Armenien und Sarmatien und – was der höchste Titel ist – die Philosophen Kaiser Marcus Aurelius Antoninus und Kaiser Lucius Aurelius Commodus*«; entstanden wahrscheinlich in Rom im Jahr 177. – Athenagoras appelliert an die beiden Kaiser, gegen die ungesetzliche Verfolgung der Christen einzuschreiten; denn auch sonst werde niemand an der Ausübung seines Kultes gehindert, möge dieser noch so lächerlich sein. In der Einleitung fordert der Autor formelle Rechtsbehandlung für die Christen, d. h. gerichtliche Untersuchung der gegen sie erhobenen Anklagen wegen Atheismus, Blutschande und Menschenopfer. Die bloße Denunziation dürfe nicht genügen, um ein Todesurteil gegen einen Christen zu rechtfertigen. Als nächstes weist Athenagoras die erwähnten Anklagen zurück und belastet seinerseits die, die sich zum Heidentum bekenneh, mit diesen Verbrechen. Was den Vorwurf des Atheismus betreffe, so werde er den Dichtern und Philosophen doch auch nicht gemacht, wenn sie einen vom gewöhnlichen Verständnis abweichenden Gottesbegriff verträten. Der Vorwurf, die Christen verehrten nicht die Staatsgottheiten, treffe schon deshalb ins Leere, weil es solche allgemein anerkannten Staatsgötter gar nicht gebe.
Im weiteren Verlauf der Schrift legt Athenagoras den Lesern die christliche Lehre dar, insbesondere führt er eine Art topologischen Gottesbeweis (*eine Welt, daher auch ein Gott als ihr Schöpfer*). Eine solch spekulative Erkenntnis Gottes reiche aber nicht aus; daneben sei der Glaube an die Propheten als die Werkzeuge des heiligen Geistes notwendig (damit appelliert Athenagoras an die Schriftkenntnis der Kaiser). Der Autor gibt außerdem eine tiefsinnige Erläuterung der Trinität: »*Es existiert der Sohn Gottes als Wort des Vaters in der Idee und Wirklichkeit, denn nach ihm und durch ihn ward alles*«, d. h., der Sohn ist das ideale und reale Prinzip der Welt, Urbild aller Dinge und Prinzip ihrer Wirklichkeit. – Die Anklagen auf Blutschande und Menschenmord werden als Verleumdung von seiten derjenigen zurückgewiesen, denen das sittenstrenge Leben der Christen ein Dorn im Auge ist. Von solchen Schandtaten halte die Christen schon ihr Glaube an das Gericht und die Auferstehung zurück. In diesem Zusammenhang kündigt Athenagoras ein besonderes Werk über die Auferstehung an, *Peri anastaseōs nekrōn (Über die Auferstehung der Toten)*. Den Schluß bildet eine nochmalige Versicherung der loyalen Gesinnung der Christen.
Athenagoras ist Zeitgenosse des TATIAN (* um 130), steht aber als Athener im Unterschied zu diesem der griechischen Kultur aufgeschlossen gegenüber. In der Sprache bemüht er sich, den Forderungen des Attizismus gerecht zu werden. Als Vorlage für seine Bittschrift dienten ihm die *Apologien* des IUSTINUS († um 165); er selbst wiederum wurde zum Vorbild für spätere Apologeten wie MINUCIUS FELIX (2. Jh.) und TERTULLIAN (160? – nach 220).

H. L. H.

AUSGABEN: Paris 1557, Hg. K. Gesner. – Lpzg. 1684, Hg. L. A. Rechenberg. – MG, 6. – Lpzg. 1891, Hg. E. Schwartz. – Lpzg. 1907 (in J. Geffcken, *Zwei griechische Apologeten*; m. Komm.). – Turin 1947, Hg. P. Ubaldi u. M. Pellegrino [m. ital. Übers., Einl. u. Anm.].

ÜBERSETZUNGEN: *Bittschrift für die Christen*, A. Eberhard, Kempten 1913 (BKV², 12). – In *Griechische Apologeten des zweiten Jh.s*, B. Widmer, Einsiedeln 1958 (Einl. H. U. v. Balthasar; Sigillum, 13).

LITERATUR: H. A. Lucks, *The Philosophy of A.*, Diss. Washington 1936. – M. Pellegrino, *Studi sull'antica apologetica*, Rom 1947, S. 65–79.

PERI ANASTASEŌS NEKRŌN (griech. Patr.; *Über die Auferstehung der Toten*). Philosophische Abhandlung des ATHENAGORAS aus Athen (2. Jh.). – Die Schrift ist wahrscheinlich gegen gewisse Epikureer gerichtet, denn in der Einleitung setzt sich der Autor mit dem Subjektivismus, dem Zweifel und Unglauben als dem Feind der objektiven Wahrheit auseinander. Er will zunächst die Rede für die Wahrheit und erst dann eine solche über die Wahrheit halten, da bei vielen die Zweifelsucht so eingewurzelt sei, daß sie gar nicht mehr die Möglichkeit einer objektiven Wahrheit zu sehen vermöchten: »*Diese Seelen- und Geistesverfassung gehört zu den Unbegreiflichkeiten; denn einerseits ergibt sich aus den Gegenständen des Glaubens nicht die geringste Veranlassung zum Unglauben, andererseits können die Menschen für ihre Ungläubigkeit oder ihre Zweifelsucht keinerlei vernünftigen Grund angeben.*«
Die Frage der Auferstehung der Toten, die in Athen seit PAULUS nicht mehr zur Ruhe gekommen ist, sucht Athenagoras mit dem gesamten Arsenal christlich-philosophischer Spekulation zu beantworten, das sich seit einem Jahrhundert angehäuft hat. In einem polemisch-apologetischen Teil weist er zunächst die Ansicht, das Dasein des Menschen beruhe auf einem Zufall, als unsinnig, weil dem Kausalitätsprinzip widersprechend, zurück. Diese These vorausgesetzt – folgert der Autor weiter –, gibt es keinen Beweis für die Behauptung, Gott könne oder wolle die Auferstehung der Toten nicht bewirken. Gottes Können, seine Allwissenheit und Allmacht, ist ja durch die Tatsache der Schöpfung des Menschen bewiesen. Da Gottes Wille auf das Gerechte und seiner Würdige gerichtet ist, will Gott auch die Auferstehung. – Im anschließenden spekulativ-exegetischen Teil wird die Auferstehung aus drei Gründen als vernünftig und wahr erwiesen: 1. aus dem Zweck der Erschaffung des Menschen, der im Leben, und zwar im ewigen Leben, besteht; 2. aus der aus Leib und Seele zusammengesetzten Natur des Menschen; 3. aus der Verantwortlichkeit des ganzen Menschen, der als ganzer bestraft oder belohnt werden müsse, was nur möglich ist, wenn die Seele wieder mit dem Leib vereint wird, denn der Mensch kann seine Endbestimmung nur als ganzer erreichen.

H. L. H.

AUSGABEN: Löwen 1541, Hg. P. Nannius. – Lpzg. 1891, Hg. E. Schwartz.

ÜBERSETZUNG: *Über die Auferstehung der Toten*, A. Eberhard, Kempten 1913 (BKV², 12).

LITERATUR: J. Lehmann, *Die Auferstehungslehre des A.*, Diss. Lpzg. 1890. – J. A. Fischer, *Studien zum Todesgedanken in der alten Kirche*, Bd. 1, Mchn. 1954. – F. Weiss, *Ein Zeuge der Frühkirche über die Auferstehung der Toten* (in Schweizer Kirchenzeitung, 128, 1960, S. 200–202).

THEOPHILOS aus Antiocheia (2. Jh.)

PROS AUTOLYKON (griech. Patr.; *An Autolykos*). Apologie in drei Büchern von THEOPHILOS aus Antiocheia (2. Jh.), entstanden frühestens 281. – Der – wohl fingierte – heidnische Freund Autolykos hatte sich dem Autor gegenüber ablehnend über den unsichtbaren Gott der Christen, über ihre Lehre von der Auferstehung und über den Christennamen geäußert. Theophilos erwidert ihm, um Gott kennenzulernen, müsse Autolykos erst ein reines Herz haben und ein gerechtes Leben führen, sonst sei sein geistiges Auge blind. Gott, der an sich unbegreifbar sei, könne gleichwohl aus seiner Weltregierung und aus seinen Werken erkannt werden. In seiner Vollkommenheit werden wir ihn allerdings erst nach unserer Auferstehung sehen. Um ihn jetzt zu erkennen, bedarf es daher des Glaubens. Für die Auferstehung der Toten führt Theophilos den Mythos von Herakles und Analogien aus der Natur an. – Das zweite Buch stellt die widersprüchlichen Lehren der heidnischen Philosophen, die das Dasein Gottes teils leugnen, teils durch die Annahme einer ewigen Materie wieder aufheben, die Verkündigung der Propheten gegenüber. Ausführlich wird der Bericht der *Genesis* über Schöpfung und Sündenfall (den der Autor allegorisch erklärt) behandelt. Aber über die Verehrung Gottes und den gerechten Lebenswandel haben die Propheten das Richtige gelehrt, und mit ihren Anweisungen stimmen die Belehrungen der Sibylle (vgl. *Oracula Sibyllina*) und der griechischen Dichter überein. – Das dritte Buch verwahrt sich hauptsächlich gegen den Vorwurf der Neuheit des Christentums. Theophilos macht eine chronologische Rechnung auf, aus der das viel höhere Alter der Propheten und damit letzten Endes auch der christlichen Religion gegenüber der griechischen Philosophie hervorgeht. Daß die Griechen die hebräischen Schriften so selten erwähnen, führt er darauf zurück, daß sie erst ziemlich spät die Kenntnis der Buchstaben und damit der Literatur im ganzen erlangt hätten. Die den Christen angedichteten Laster, wie Weibergemeinschaft, Promiskuität und thyesteische Mahlzeiten (Kannibalismus), seien nicht von den Christen, sondern von den griechischen Philosophen propagiert worden, letzteres von ZENON, KLEANTHES und DIOGENES, das erste vornehmlich von PLATON und EPIKUR.

Theophilos nennt sich selbst einen »*idiōtēs tō logō*«, einen »*Laien in der Redekunst*«. Tatsächlich aber ist sein Stil, wenn er auch nicht mehr den Wohlklang der klassischen Diktion besitzt, von edler Schlichtheit und Klarheit. Seine Beweisführung wird durch treffende Gleichnisse unterstützt und ist häufig mit beißendem Spott gewürzt. Auffallend ist die literarische Form der Schrift. Das erste, als »Rede« bezeichnete Buch beginnt erst nach dem Anfang des zweiten, das als Abhandlung figuriert; das dritte Buch führt sich als Sendschreiben ein und wird vom Autor selbst eine »Denkschrift« genannt. H. L. H.

AUSGABEN: Zürich 1546, Hg. J. Frisius u. C. Gesner. – MG, 6. – Paris 1948 (*Trois livres à Autolycus*, Hg., Einl. u. Anm. G. Bardy; m. frz. Übers.; SCh, 20).

ÜBERSETZUNGEN: *Drei Bücher an Autolykus*, J. Leitl, Kempten 1873. – Dass., ders., verb. v. A. di Pauli, Mchn. 1913 (BKV², 14). – In *Griechische Apologeten des 2. Jh.s*, B. Widmer, Einsiedeln 1958 (Einl. H. U. v. Balthasar; Ausz.).

LITERATUR: O. Graß, *Die Weltentstehungslehre des Th.*, Jena 1895. – O. Clausen, *Die Theologie des Th.* (in Zs. f. wissenschaftl. Theologie, 46, 1903, S. 81–141; 195–213). – A. Pommrich, *Die Gottes- u. Logoslehre des Th. von Antiocheia u. Athenagoras von Athen*, Lpzg. 1904. – Bardenhewer, 1, S. 302 bis 315. – A. Harnack, *Geschichte der altchristlichen Literatur bis Eusebius*, Bd. 1/2, Lpzg. ²1958, S. 496–502. – LThK, 10, Sp. 88/89.

ANONYM

ABERKIOS-INSCHRIFT (griech.). Eine 1883 im phrygischen Hierapolis gefundene Grabinschrift mystisch-symbolischen Charakters, in 22 Versen, einem Distichon und 20 Hexametern, geschrieben, und zwar, wie eine vom Jahr 216 stammende epigraphische Nachahmung zeigt, wohl gegen Ende des 2. Jh.s n. Chr. Das Denkmal konnte als Original einer in der legendenhaften Biographie (aus dem 4. Jh. n. Chr.) des Bischofs Aberkios von Hierapolis (sic!) wiedergegebenen Inschrift identifiziert werden: ob dieses Original allerdings den fabulosen Ursprungskern der Legende darstellt oder ob es, als echtes historisches Zeugnis, von dem bei EUSEBIOS aus Kaisareia (5, 16, 3) genannten Antimontanisten Avirkios Markellos spricht und damit jener legendären Erzählung als geschichtliche Legitimation eingefügt wurde, ist nicht entschieden. Ja, es ist nicht einmal bündig erwiesen, ob der in dem Grab Bestattete – »*Mein Name ist Aberkios, Schüler bin ich eines reinen Hirten, der seine Schafherden weidet auf Bergen und Ebenen, der große Augen hat, überallhin hinabschauende*« – wirklich ein Jünger des christlichen Glaubens war (wie die herrschende Meinung sagt) oder nicht vielmehr ein Angehöriger der Mysterienreligion des Attis, ein Kybele-Priester oder ähnliches. Wie dem auch sei: in jedem Fall ist das Grabmal ein markantes und beredtes Zeugnis für die tiefverinnerlichte Religiosität, die sich nach der Zeitenwende im Osten des römischen Imperiums mit Macht durchzusetzen begann. E. Sch.

AUSGABEN: Oxford 1897 (in W. Ramsay, *Cities and Bishoprics*, 2 Bde.). – Stg. 1930 (in LThK, 1, Sp. 24f.; m. dt. Übers. v. J. P. Kirsch). – 1948 (in *Enciclopedia Cattolica*, 1, S. 69–72; Fotografie d. Fragmente u. Rekonstruktion d. Textes). – Stg. 1950 (H. Strathmann u. T. Klauser, *Aberkios*, in RAC, 1; m. Text, Übers., Komm. u. Bibliogr.).

LITERATUR: A. Jülicher, »*Avircius*« (in RE, 2, 1896). – J. P. Kirsch (in LThK², 1, Sp. 41). – H. Strathmann (in RGG³, 1, Sp. 63). – K. Wegenast (in *Der kl. Pauly*, 1, Stg. 1964, Sp. 12f.).

Marcus MINUCIUS FELIX
(um 200)

OCTAVIUS (lat. Patr.; *Octavius*). Philosophischer, als Apologie konzipierter Dialog von Marcus MINUCIUS FELIX (um 200); Abfassungszeit und Lebensdaten des Autors sind unbekannt; die Priorität gegenüber den Werken TERTULLIANS, insbesondere dem *Apologeticum*, ist umstritten. – Der Autor, ein angesehener Rechtsanwalt in Rom, wollte mit diesem Büchlein seinem Jugendfreund Octavius nach dessen Tod ein Denkmal setzen. Die Szenerie spielt in Rom, wo, wie es heißt, Minucius seinen Jugendfreund wiedergetroffen hat. Gemeinsam unternehmen sie mit ihrem Freund Caecilius einen Ausflug nach Ostia, und dabei kommt es zu dem hier von Minucius wiedergegebenen philosophischen Disput. Die von PLATON vorgezeichnete Form des Dialogs, bei der durch das dialektische Gegeneinander von These und Antithese am Ende die Wahrheit aufscheinen soll, wird in dieser Apologie freilich entscheidend variiert: Die offenbarte Wahrheit steht von vornherein fest, und so findet lediglich ein Streitgespräch statt – vor einem Richter, der am Ende kein Urteil zu fällen hat, weil sich der heidnische Gesprächspartner bekehren läßt.

Caecilius hat als erster das Wort. Er führt sämtliche einem gebildeten Heiden jener Zeit verfügbaren Argumente ins Feld, um das Christentum als Barbarei zu entlarven. Wie die Philosophen – gemeint ist die neuakademische Skepsis – ganz richtig erkannt haben, seien in bezug auf Gott und die Welt alle Anschauungen unsicher. Das Schicksal sei blind, das Wesen der Dinge bleibe im dunkeln, und so sei es am besten, sich an die Lehre der Alten zu halten und an das von den Vorfahren Überkommene zu glauben. Die Christen seien nicht nur völlig ungebildet, sondern darüber hinaus verbrecherisch und umstürzlerisch; sie morden Kinder und halten orgiastische Kultfeiern ab. Ihre Religion ist lichtscheu, ihr Gott ein Phantom wie der Gott der Juden. Ihre Anschauung über Weltende, Auferstehung, Totenbestattung und Vergeltung ihrer Taten im Jenseits ist vernunftlos und gehört ins Reich der Fabel. Schließlich ist ihr Los das beste Beispiel für die Ohnmacht und Ungerechtigkeit ihres Gottes. – »*Audiatur et altera pars*« entscheidet der Schiedsrichter – Marcus Minucius selbst –, als Caecilius seine Polemik beendet hat, und erteilt Octavius das Wort. Dieser weist zunächst auf Widersprüche im Vortrag von Caecilius hin und versucht sie mit dessen skeptischer philosophischer Haltung zu erklären. Dann macht er sich daran, Caecilius Punkt für Punkt zu widerlegen. Selbst- und Naturerkenntnis seien zwar unbedingt notwendig für den Menschen, aber nicht möglich ohne Gotteserkenntnis. Die Welt ist ein Gebilde des einen persönlichen, über- und außerweltlichen Gottes. Für das Dasein des einen Gottes werden ein physikalischer und ein teleologischer Beweis erbracht. Die hervorragendsten Dichter und Philosophen haben sich zu diesem einen Gott bekannt: Minucius zitiert VERGIL (»*Ja, Gott wandelt durch alle Zonen des Festlands, Teile des Meeres und die Höhen des Himmels*« – *Georgica* 4, 221; »*Ihm entstammet der Mensch und das Vieh und das Wasser und Feuer*« – *Aeneis*, 1, 743) und zählt nicht weniger als zwanzig monotheistische Philosophen auf, »*damit jedermann glaube, daß entweder jetzt die Christen Philosophen sind oder die Philosophen schon damals Christen gewesen*« (Kap. 19/20). (In diesem ganzen Abschnitt wirkt CICEROS *De natura deorum – Über das Wesen der Götter* nach.)

Auf die *Heilige Schrift* bezieht sich der Autor bezeichnenderweise an keiner Stelle des Werks; die Apologie ist für gebildete Heiden gedacht, die wohl in der Philosophie, nicht aber im kirchlichen Schrifttum bewandert sind, mit welchem sich auseinanderzusetzen sie *a priori* ablehnten. Minucius hat es dabei vortrefflich verstanden, »*auf dem Grunde der Philosophie Ciceros und der Diktion Senecas in einem den verwöhntesten Ansprüchen genügenden hocheleganten Modestil die neue Religion den gebildeten Heiden zu empfehlen; die zierlichsten Figuren des modernen sophistischen Stils, vor allem den Gliederparallelismus mit Gleichklang am Ende, weiß er mit einer Grazie anzubringen, die, obgleich sie keine natürliche, sondern eine durch Studium und gelegentlich durch Raffinement erworbene ist, doch nirgend verletzt*« (E. Norden). A. Ku.

AUSGABEN: Rom 1543, Hg. F. Sabeo (als 8. Buch von *Adversus gentes* des Arnobius). – Heidelberg 1560, Hg. F. Balduin. – ML, 3. – Lpzg. 1836, Hg. J. H. B. Lückert [m. dt. Übers.]. – Wien 1867, Hg. C. Halm. – Lpzg. 1903, Hg. u. Vorw. H. Boenig. – Ldn./Cambridge (Mass.) 1931 [m. engl. Übers.; Loeb, 250]. – Turin 1950, Hg. M. Pellegrino.

ÜBERSETZUNGEN: *Octavius*, A. Bleringer, Kempten 1871 (BKV, 4). – Dass., A. Müller, Kempten/Mchn. 1913 (BKV², 14).

LITERATUR: R. Kühn, *Der »Octavius« des M. F. Eine heidnisch-philosophische Auffassung vom Christentum*, Diss. Lpzg. 1882. – O. Grillnberger, *Zur Philosophie der patristischen Zeit. 1. Der »Octavius« des M. F.* (in Jb. f. Philosophie u. spekulative Kritik, 3, 1889). – E. Norden, *Die antike Kunstprosa*, Bd. 2, Lpzg. 1898, S. 605/606; Darmstadt ⁵1958. – C. B. Bertoldi, *M. Minucio Felice e il suo dialogo »Ottavio«*, Rom 1906. – Ph. Borleffs, *De Tertulliano et Minucio Felice*, Groningen 1925. – B. Axelson, *Das Prioritätsproblem Tertullian – M. F.*, Lund 1941. – Ders., *Textkritisches zu Florus, M. F. u. Arnobius*, Lund 1944. – P. Ferrarino, *Il problema critico e cronologico dell'»Octavio«*, Bologna 1947. – C. Tibiletti, *Una presenta dipendenza di Tertulliano da Minucio Felice* (in Atti dell'Accademia delle Scienze di Torino, 91, 1956/57, S. 60–72).

ANONYM

DIOGNETOS-BRIEF (griech. Patr.). Anonyme Apologie in Briefform, entstanden wahrscheinlich kurz nach 200. – Das nicht sehr umfangreiche Werk, in einer einzigen, 1870 verbrannten Handschrift überliefert, wird in keiner christlichen Schrift der Antike und des Mittelalters erwähnt oder auch nur indirekt zitiert. Als mutmaßliche Verfasser gelten u. a.: IUSTINUS der Märtyrer, der Gnostiker MARKION aus Sinope, der Apologet MARKIANOS ARISTEIDES aus Athen, an dessen *Apologie* sich Anklänge finden. Wie der Verfasser, so ist auch der Adressat, der vornehme Heide Diognetos, unbekannt; mit dem gleichnamigen Lehrer Mark Aurels kann er jedenfalls nicht identisch sein.

Trotz der Anonymität ist diese eigenartige Schrift jedoch keineswegs ein minderwertig-apokryphes Machwerk, ganz im Gegenteil: die Verherrlichung des Christentums, die Schilderung seiner Vorzüge gegenüber der polytheistischen Abgötterei der Hellenen und gegenüber der zwar monotheistischen, aber doch im Gesetzesdienst befangenen Frömmigkeit der Juden geschieht mit einer verblüffenden, im Umkreis der Apologetenschriften höchst ungewohnten sprachlichen Verve, die eine solide rhetorische Schulung – oder Begabung – verrät. Schon das einleitende Kapitel, eine glänzende, anaphorisch rhythmisierte Periode in einem einzigen Satz, zeugt von der Stilkunst des Verfassers, dessen lebendig-elegante und dialektischversierte Diktion dann im Hymnus auf das Christentum (Kapitel 5 f.) ihre höchste Steigerung findet: »*Sie* [die Christen] *bewohnen ein eigenes Vaterland, aber wie Gastbürger; sie haben teil an allem wie Bürger, und alles nehmen sie auf sich wie Fremde; jede Fremde ist ihnen Heimat, und jede Heimat fremd; ... im Fleische sind sie, aber sie leben nicht nach dem Fleische; auf Erden wandeln sie, aber im Himmel sind sie Bürger.*«

Leider ist der Brief nicht vollständig erhalten: das Ende ist verlorengegangen, an seine Stelle sind in der Handschrift die Schlußgedanken einer alten Homilie gerückt (Kap. 11/12); ebenso ist in der Mitte (nach 7, 6) ein längeres Stück ausgefallen. Doch die Eigenart des Briefes wird aus dem Unversehrten schon zur Genüge deutlich: er ist ein Dokument dafür, wie das neue, von der kaiserzeitlichen Sophistik inspirierte Interesse an der Sprache auch – wenngleich vereinzelt – in die Sphäre der christlichen Religiosität Eingang fand. E. Sch.

AUSGABEN: Paris 1592, Hg. H. Stephanus. – Rom 1921, Hg. E. Buonaiuti. – Heidelberg 1928, Hg. J. Geffcken. – Manchester 1949, Hg. H. C. Mecham. – Paris 1951 (*A Diognète*, Hg. H. I. Marrou; m. frz. Übers. u. Komm.; SCh, 33).

ÜBERSETZUNGEN: *Der Brief an Diognet*, J. C. Mayer (in *Schriften der apostolischen Väter*, Kempten 1896; BKV, 2). – Dass., G. Rauschen (in *Frühchristliche Apologeten und Märtyrerakten*, Kempten/Mchn. 1913; BKV², 12).

LITERATUR: H. Kihn, *Der Ursprung des Briefes an Diognet*, Freiburg i. B. 1882 [enth. eine Übers. des Texts]. – Schmid-Stählin, 2/2, S. 1294 f. – P. Andriessen, *L'apologie de Quadratus conservée sous le titre d'»Epître à Diognète«* (in Recherches de Théologie Ancienne et Mediévale, 1946, S. 5–39; 125 bis 149). – C. la Vespa, *La lettera a Diogneto*, Catania 1947. – Altaner, S. 108 f.

EIRENAIOS aus Lyon
(Irenäus, 140/46 – um 202)

ELENCHOS KAI ANATROPĒ TĒS PSEUDŌNYMU GNŌSEŌS (griech. Patr.; *Entlarvung und Widerlegung der falschen Gnosis*). Apologetischdogmatische Schrift in fünf Büchern von EIRENAIOS aus Lyon (Irenäus, 140/45 bis um 202), entstanden zwischen 172 und 192. – Als Bischof von Lyon fühlte sich Eirenaios verpflichtet, der Verbreitung der aus Kleinasien in die Rhonegegend eingedrungenen gnostischen Sekten entgegenzuwirken. Doch wendet sich die Schrift nicht nur gegen die Gnostiker im engeren Sinn, sondern überhaupt gegen alle, die auf irgendeine Weise von der Lehre und Gemeinschaft der Kirche abweichen, indem sie ihre eigene, subjektive Weisheit über die objektive, geoffenbarte und von der Kirche gehütete Wahrheit setzen. Viele Irrlehren sind dabei erst von Eirenaios aufgedeckt und »entlarvt« worden.

Von der in der Kirche gepflegten echten Gnosis, die sich über die gläubige Annahme *(pistis)* der geoffenbarten Wahrheit hinaus um die tiefere Erkenntnis *(gnōsis)* der metaphysischen Gründe bemüht und die auf ein christlich-sittliches Leben abzielt, ist die häretische Gnosis grundverschieden. Sie unterschlägt die Positivität und Geschichtlichkeit des Christentums oder sieht sie doch als nebensächlich an; ihr gilt die – vom Boden des Historischen losgelöste – Gnosis selbst als Religion. So wird für sie die Spekulation zum Selbstzweck und setzt sich dann oft genug auch über die Vernunftgesetze hinweg, sinkt also zu bloßer Fiktion oder gar zu religiösem Schwindel ab.

Buch 1 enthält die vollständige Darstellung der von Eirenaios bekämpften Irrlehren und gibt eine Genealogie des Gnostizismus von SIMON MAGUS bis zu MARKION. Zentrale Bedeutung kommt nach Eirenaios dem Valentinianismus zu, in dem sich alle anderen Sekten gewissermaßen treffen. Buch 2 sucht den Gnostizismus aus der Vernunft, durch den Nachweis der in ihm enthaltenen prinzipiellen Widersprüche, zu widerlegen. Die gnostische Schriftauslegung zur Bekräftigung der Äonen-Emanation wird kritisiert, die Unterscheidung der dreierlei Arten von Menschen (physischer, psychischer und pneumatischer) zurückgewiesen. In Buch 3 bekämpft der Autor die Gnostiker vom Standpunkt der Tradition und der *Schrift* aus. Buch 4 führt das Zeugnis Christi und der Propheten für die Identität des Gottes des Alten und des Neuen Bundes an. Christus sei nicht gekommen, um einen neuen Äon heraufzuführen, also nicht eines Zeitalters, sondern aller Zeiten wegen. Im fünften Buch wird, im Anschluß an die Menschwerdung und Auferstehung Christi, die Lehre von der Auferstehung und von den letzten Dingen behandelt.

Das Werk ist einem ungenannten Freund gewidmet, der wahrscheinlich ebenfalls Bischof war und den Eirenaios mit der Gnosis näher bekannt machen wollte. Die ursprünglich griechisch geschriebene Schrift wurde sehr früh und in engster Anlehnung an das Original – ins Lateinische übersetzt und wird seit HIERONYMUS unter dem Titel *Adversus haereses* (*Gegen die Häretiker*) überliefert. Sie stellt das umfassendste und gründlichste Quellenwerk für die Kenntnis der damaligen Irrlehren dar. Außerdem bietet sie eine knappe Zusammenfassung und Rechtfertigung der ganzen kirchlichen Dogmatik.
H. L. H.

AUSGABEN: Basel 1526, Hg. D. Erasmus [lat.]. – Oxford 1702, Hg. E. Grabe [lat.–griech.]. – Paris 1710, Hg. R. Massuet [lat.–griech.]. – MG, 7 [Abdruck der Ausg. 1710]. – Cambridge 1857, Hg. W. Harvey [griech.–lat.; Nachdr. Cambridge 1949]. – Rom 1907, Hg. U. Manucci. – Fragmente des griech. Textes: Petersburg 1891 (in *Analecta Ierosolymitikēs Stachyologias*, A. Papadopulos-Kerameus, Bd. 1). – Vgl. auch B. Reynders, *Lexique comparé du texte grec et des versions latine, arménienne et syriaque de l'»Adversus haereses« de s. Irénée*, Löwen 1954 (CSCO, 5/6).

ÜBERSETZUNGEN: *Fünf Bücher gegen alle Häresien oder Entlarvung u. Widerlegung der falschen Gnosis*, H. Hayd (in *AW*, Bd. 1, Kempten 1872; BKV, 11). – Dass., E. Klebba, Kempten/Mchn. 1912 (BKV², 3/4). – *Geduld des Reifens*, H. U. v. Balthasar, Einsiedeln 1956 (Sigillum, 6).

LITERATUR: F. R. M. Hitchcock, *Irenaeus of Lugdunum*, Cambridge 1914. – F. Loofs, *Theophilus* von Antiochien, »Adversus Marcionem« u. die anderen theologischen Quellen bei I., Lpzg./Bln. 1930 (TU, 46/2). - F. M. M. Sagnard, La gnose valentinienne et le témoignage de saint Irénée, Paris 1947. - A. Bengsch, Heilsgeschichte u. Heilswissen. Eine Untersuchung zur Struktur u. Entfaltg. d. theolog. Denkens im Werk »Adversus haereses« des hl. I. v. L., Lpzg. 1957 (Erfurter theolog. Studien, 3). - A. Bénoit, S. Irénée. Introduction à l'étude de sa théologie, Paris 1960 (Études d'histoire et de philosophie religieuses).

Titus FLAVIUS CLEMENS (um 150-um 215)

PAIDAGŌGOS (griech. Patr.; Der Erzieher). Ethisch-didaktische Schrift in drei Büchern von Titus FLAVIUS CLEMENS (um 150 - um 215), entstanden 200-202. - Das Werk bildet die Fortsetzung des Protreptikos pros tus Hellēnas (Mahnrede an die Heiden). Es soll denen, die der Mahnrede gefolgt sind und sich zum Christentum bekehrt haben, eine Anweisung zum rechten Leben geben. Im ersten Buch erörtert Clemens die Wirksamkeit des Logos, der uns stufenweise zur Vollendung führen will und uns darum zunächst ermahnt (vgl. Protreptikos), dann durch praktische Übung erzieht (vgl. Paidagōgos), um uns zuletzt durch höheres Wissen (gnōsis) zu belehren (vgl. Strōmateis - Teppiche). Während Gottvater (wie der Erste Gott bei PHILON) unfaßbar und über alle Kategorien - selbst über die Einheit - hinaus unaussprechbar ist, ist der Sohn das intellektuelle Prinzip, sittliches Vorbild und Ziel der Gnosis. Der Mensch ist als Mittelpunkt der Schöpfung der bevorzugte Gegenstand der Vorsehung. Die metaphysische Liebe zum Bild des Menschen hat Gott zur Schöpfung veranlaßt, so daß man geradezu sagen kann, der Mensch sei sein eigener Schöpfer. Der ideale Mensch ist das Ziel der Vorsehung, denn er ist die höchste Verkörperung des Logos, der als Pädagoge den Menschen zu diesem Ziel hinführt. Dabei wirkt er zunächst - in Kindheitszustand des Menschen - durch Furcht, später - im Zeitalter der Propheten - durch Hoffnung, zuletzt - auf der Stufe der vollendeten Gnosis - durch Liebe. Die letzten beiden Bücher geben genaue Anweisungen für das tägliche Leben und für das situationsgerechte Verhalten des Christen. Die Einzelvorschriften sind dabei zumeist der antiken Ethik entlehnt, so den Vorträgen des kynisierenden Stoikers MUSONIUS (1. Jh.). Große Sorgfalt widmet Clemens in seinem Erziehungsprogramm der Körperkultur, denn der menschliche Leib gilt ihm als schön und verehrungswürdig. In der Ehe, in der Clemens die normale Erfüllung des irdischen Lebens sieht, kommt es allein, wie beim Reichtum, auf die innerlich freie Gesinnung an. H. L. H.

AUSGABEN: Florenz 1550, Hg. P. Victorius. - Florenz 1551 (in Opera omnia, Hg. Gentianus Hervetus). - Lpzg. 1905, Hg. O. Stählin; ²1936. - Turin 1937, Hg. A. Boatti [m. Einl. u. ital. Übers.]. - Paris 1960-1965, Hg. H.-I. Marrou, 2 Bde. (S Ch, 70 u. 108).

ÜBERSETZUNG: Der Erzieher, O. Stählin, Mchn. 1934 (BKV², 7/8).

LITERATUR: F. Quatember, Die christliche Lebenshaltung des Klemens von Alexandrien nach seinem »Paedagogus«, Wien 1946. - W. Völker, Der wahre Gnostiker nach Klemens von Alexandrien, Bln./Lpzg. 1952. - H.-I. Marrou, Morale et spiritualité chrétiennes dans le »Pédagogue« de Clément d'Alexandrie (in Studia patristica, Bd. 2, Bln. 1957, S. 538-546). - Ders., Humanisme et christianisme chez Clément d'Alexandrie d'après le »Pédagogue« (in Recherches sur la tradition platonicienne, Genf 1957, S. 181-200). - E. Fascher, Der Logos-Christus als göttlicher Lehrer bei Klemens von Alexandrien, Bln. 1961. - O. Prunet, La morale de Clément d'Alexandrie et le Nouveau Testament, Paris 1966.

PROTREPTIKOS PROS TUS HELLĒNAS (griech. Patr.; Mahnrede an die Heiden). Apologetische Schrift des Titus FLAVIUS CLEMENS (um 150 bis um 215), entstanden um 195, zusammen mit Paidagōgos (Der Erzieher) und Strōmateis (Teppiche) eine Trilogie bildend. - Der Autor war ein Schüler des PANTAINOS, der zu jener Zeit die christliche Katechetenschule in Alexandreia leitete; nach dessen Tod (um 200) übernahm Clemens selbst die Leitung. Alexandreia war zu Beginn des 3. Jh.s der Mittelpunkt der griechischen Kultur und daneben ein Zentrum der jüdischen Theosophie und der Gnosis. Mit Clemens tritt in dieser Weltstadt das Christentum als Mitbewerber im Kampf um das wahre Bildungsideal auf: Nicht Rhetorik und Philosophie, sondern das Evangelium erziehe zum vollendeten Menschen, hält er den Heiden, an die sich die vorliegende Schrift wendet, entgegen. Mit dithyrischem Schwung, rhetorischem Pathos und anmutiger Metaphorik schildert der Autor Christus als den Sänger und Lehrer einer neuen Welt, preist den Logos als den Pädagogen des ganzen Menschengeschlechts wie jedes einzelnen Menschen. Nur im vollkommenen Christen werde das Ideal der harmonischen Persönlichkeit, um die es aller Bildung zu tun ist, verwirklicht. Im ersten Teil werden in apologetischer Manier die Torheit und Sittenlosigkeit der heidnischen Mythologie und Mysterienkulte dargestellt und die Lehren der griechischen Philosophen über die Natur Gottes widerlegt. Im zweiten Teil erläutert Clemens die christliche Heilslehre, die denen Annahme seine Mahnrede auffordert: Die Idee Gottes ist von allen Menschen zu erfassen, weil von Gott allen Seelen eine »Vorwegnahme« (prolēpsis) des Wissens eingepflanzt ist. Dieser göttliche Einfluß ist sich besonders bei den Philosophen bemerkbar gemacht und ihnen die Idee von einem einzigen Gott als dem Urgrund und Ziel der Welt eingegeben. Die Schöpfung ist als Ausfluß des Willens Gottes gut; Gott handelt nicht aus Naturnotwendigkeit, sondern aus Freiheit und Güte (der Ursprung des Bösen bleibt bei Clemens unklar). Insbesondere ist auch der menschliche Körper schön und verehrungswürdig. In der Frage des Ursprungs der Seele soll sich Clemens schon in seinen verlorengegangenen Hypotypōseis (Grundzüge) zur Präexistenzlehre bekannt haben; das klingt hier an, wenn er sagt, daß Christus die zur Erde geschleuderte Seele wieder hinaufrufe. Die ersten Menschen waren noch im Kindheitsstadium befangen, d. h., sie waren zwar fähig, zur vollkommenen Tugend zu gelangen, besaßen sie aber noch nicht; sie sündigten durch voreilige Befriedigung ihrer Lust. Das Ziel der Geschichte ist die Vereinigung aller Menschen in einem einzigen Logos, gleichwie ein Chordirigent die verschiedenen Stimmen zu einer

Harmonie zusammenlenkt, aus der der gemeinsame Ruf zu Gott aufklingt: Abba, Vater. Dieser Logos ist der gemeinsame Führer von Griechen, Juden und Barbaren; seine Führung besteht darin, daß alle Menschen, die sich dem Denken widmen, aufgrund der ihnen gemeinsamen Vernunft der Wahrheit näherkommen. Der wahre Gnostiker als der vollendete göttliche Mensch ist gleichsam selbst ein Gott, ist doch der Logos Mensch geworden, damit der Mensch lerne, Gott zu werden. Von den Voraussetzungen der griechischen Philosophie aus erörtert Clemens das Christentum als die Deutung des Sinns der Geschichte, indem er den Ausspruch des Prologs des *Johannes-Evangeliums*, daß der Logos einen jeden erleuchtet, der in diese Welt kommt, ganz wörtlich nimmt. H. L. H.

AUSGABEN: Florenz 1551, Hg. P. Victorius. – Lpzg. 1905 (in *Werke*, 4 Bde., Hg. O. Stählin, 1905 bis 1936, 1). – Paris ²1949, Hg. C. Mondésert u. A. Plassart [m. frz. Übers., Einl. u. Anm.].

ÜBERSETZUNG: *Mahnrede an die Heiden*, O. Stählin, Kempten 1934 (BKV², 2).

LITERATUR: L. Alfonsi, *In Clementis Alexandrini »Protreptikon pros Hellenas« criticae annotatiunculae quatuor* (in Aevum, 16, 1942, S. 83ff.). – A. Mayer, *Das Gottesbild im Menschen nach C. v. Alexandrien*, Rom 1952. – W. Völker, *Der wahre Gnostiker nach Klemens von Alexandrien*, Bln./Lpzg. 1952. – E. F. Osborn, *The Philosophy of Clement of Alexandria*, Cambridge 1957.

STRÖMATEIS (griech. Patr.; *Teppiche*, auch: *Einbanddecke*). Aus acht Büchern bestehendes philosophisches Hauptwerk des Titus FLAVIUS CLEMENS (um 150 – um 215), entstanden zwischen 208 und 211 in zwei Etappen: Buch 1-4 vor, Buch 5–8 nach dem *Paidagōgos (Der Erzieher)*. – Clemens trägt seine Gedanken nicht nur – wie schon der Titel andeuten soll – in loser, unsystematischer Weise vor, das Werk ist vielmehr auch unvollendet geblieben; wie der Autor im vierten Buch sagt, sollte ursprünglich den ethischen Untersuchungen im sechsten und siebenten Buch – der Darstellung des wahren Gnostikers – eine Erkenntnislehre und Metaphysik folgen. Das jetzige achte Buch enthält dazu nur die Vorstudien, es stellt eine Materialsammlung mit Exzerpten aus einer stoischen Logik, Notizen über die Urprinzipien nach stoischen und Aristotelischen Quellen und Auszügen aus einer Schrift des Stoikers THEODOTOS dar. Aus diesen Gründen macht das Werk auch im ganzen den Eindruck eines ersten Entwurfs.

Den einfachen Christen, die der Meinung waren, die griechische Philosophie sei eine Erfindung des Teufels und der Glaube genüge zum ewigen Heil, antwortet Clemens, auf die Ansicht des IUSTINUS zurückgreifend, die Philosophie komme von Gott und sei für die Heiden – wie das mosaische Gesetz für die Juden – von heilsgeschichtlicher Bedeutung gewesen. Durch die Philosophie habe der göttliche Logos die Heiden auf Christus hin erzogen. Die alten Philosophen waren also gleichsam Christen vor Christus. Das *Alte Testament* wie die griechische Philosophie münden in das *Neue Testament* ein, das als die wahre Philosophie die wahren Einsichten der alten Philosophen krönt. Unter »Philosophie« versteht Clemens eine Auslese der richtigen Erkenntnisse aller Schulen. So ist zu erklären, daß er trotz seiner Verteidigung der Philosophie gelegentlich gegen die Philosophen polemisiert, weil sie nicht die volle Wahrheit erfaßt und einige von den Juden entlehnte Wahrheiten entstellt hätten. Bei allem Schwanken des Urteils überwiegt jedoch die Überzeugung, daß die Philosophen – gleichsam die Propheten unter den Heiden – vom Logos erleuchtet waren und die Philosophie eine Vorstufe der christlichen Gnosis ist. Die vom Apostel Paulus verdammte »*Weisheit dieser Welt*« bezieht Clemens ausschließlich auf die Philosophie des EPIKUR, der die Lust zum höchsten Gut gemacht und die Vorsehung geleugnet habe. Die Aufgabe der Philosophie ist jedoch nicht bloß historisch: Nicht nur, daß sie auch jetzt noch die Wegbereiterin zum Glauben ist – sind doch die höchsten Prinzipien, insofern sie nicht bewiesen werden können, nur dem Glauben erreichbar –, sie spielt darüber hinaus eine entscheidende Rolle in der Vollendung des Christen zum wahren Gnostiker.

Clemens nimmt folgende Rangordnung an: *prolēpsis* (Vorwegnahme), *epistēmē* (Wissenschaft), *pistis* (Glaube als Kriterium der *epistēmē* und Philosophie und als Vorwegnahme der *gnōsis*), *gnōsis* als die höchste Stufe der Erkenntnis und des christlichen Lebens. Die Berufung zum Gnostiker ist für ihn nicht eine Sache des Menschentyps wie für BASILEIDES und VALENTINOS, die häretischen Gnostiker des 1./2. Jhs, sondern er glaubt, daß jeder durch Willenslenkung zur Gnosis geführt werden kann. Der Glaube ist zwar die Grundlage der Gnosis, aber man darf nicht bei ihm stehenbleiben, will man nicht auf der Kindheitsstufe verharren. Der christliche Gnostiker erst ist der vollkommene Gläubige, der in ewiger Betrachtung Gott erschaut und ergreift, selber ein im Fleisch lebender Gott. Der Gnostiker liebt Gott einzig um Gottes willen, ohne jede Selbstsucht; die Schau Gottes und die Liebe Gottes sei sein einziger Lohn. Er ist leidenschaftslos; im Unterschied zur stoischen *apatheia* (Leidenschaftslosigkeit) bedeutet aber die christliche *apatheia* nicht die bloße Amputation der Begierden, nicht die bloße Unterdrückung der Leidenschaften, sondern ihre Überwindung durch die Liebe: »*Es steht geschrieben: ›Dem, der hat, wird noch dazugegeben werden: dem Glauben die Gnosis, der Gnosis die Liebe, der Liebe aber das Erbteil*« (7, 10; 55, 7).

Eine vollständig entwickelte Gotteslehre besitzt Clemens nicht, doch macht er vor allem im fünften Buch einige Ausführungen dazu. Danach bleibt uns die Wesenheit Gottes unbekannt. Es gibt nur eine negative Kenntnis Gottes durch Analyse in einer Reihe aufeinanderfolgender Abstraktionen. Gott ist über alle Kategorien erhaben und steht sogar noch jenseits der Einheit. Insoweit wir den Vater erkennen, erkennen wir ihn durch den Logos, der der Schöpfer, das Urbild und die Vernunft der Welt ist. – Im achten Buch handelt Clemens im Anschluß an ARISTOTELES' *Zweite Analytik* (vgl. *Analytika*) vom Beweis und von den Bedingungen, denen die Elemente des Beweises genügen müssen. In diesen logischen Exzerpten sucht sich Clemens über den Grad der Gewißheit klar zu werden, den die Anwendung der logischen Regeln dem Denken verleiht. Bei der Widerlegung der Pyrrhonischen Lehre von der *epochē*, dem grundsätzlichen Zweifel, zeigt er sich als gewandter Dialektiker.

Das Werk des Clemens ist sehr verschieden interpretiert worden. Adolf von HARNACK, der Clemens den »*einzig christlich frommen und wahrhaft freisinnigen Theologen*« nennt, den die alte Kirche hervorgebracht habe, meint, Clemens habe die christliche Tradition von Grund auf umgestaltet und zu einer freischwebenden Religionsphilosophie hellenistischen Charakters gemacht. Indessen, wenn der wahre Gnostiker auch nach Clemens' Worten über die Gesellschaft – und damit über die christliche Gemeinde der Psychiker – erhaben ist, wenn er auch die hierarchische Ordnung überschreitet, ja ein ganzes Volk aufwiegt, so hat er doch – auch als dieser Übermensch – die Pflicht christlicher Liebe zu seinen Mitmenschen zu erfüllen. Die eigentliche Leistung des Clemens ist die prinzipielle Rezeption der gesamten griechischen Bildung, die sein Gnosis-Begriff möglich machte. Von nun an konnte sich der Hellene im Christentum heimisch fühlen, ja in ihm die Vollendung seiner Philosophie erblicken. Dem Gläubigen aber, der nicht die Gründe seines Glaubens kennt, sondern es mit dessen bloßer Annahme genug sein läßt, wird von Clemens der Weg der Vollendung gewiesen. Auf den Schultern von Clemens steht ORIGENES (185–254), von dem wieder PAMPHILOS aus Kaisareia und dessen Schüler EUSEBIOS aus Kaisareia (um 263–339) abhängig sind. H. L. H.

AUSGABEN: Florenz 1551 (in *Opera omnia*, Hg. Gentianus Hervetus). – ML, 8/9. – Lpzg. 1906 bis 1909 (in *Werke*, Hg. O. Stählin, 4 Bde., 1905 bis 1936, 2/3; Bd. 2, Bln. ³1960, Hg. L. Früchtel). – Paris 1951–1954, Hg. C. Mondésert u. a., 2 Bde. (m. frz. Übers. u. Anm.; Buch I–VI; SCh, 30 u. 38).

ÜBERSETZUNGEN: *Die Teppiche*, F. Overbeck, Hg. C. A. Bernoulli u. L. Früchtel, Basel 1936 [m. Einl.]. – *Teppiche wissenschaftlicher Darlegungen entsprechend der wahren Philosophie*, O. Stählin, 2 Bde., Mchn./Kempten 1936/37 (BKV², 17 u.19).

LITERATUR: E. de Faye, *Clément d'Alexandrie. Étude sur les rapports du christianisme et de la philosophie grecque au 2e siècle*, Paris 1906; Nachdr. Ffm. 1967. – A. Harnack, *Lehrbuch der Dogmengeschichte*, Bd. 1, Tübingen ⁴1909, S. 641ff. – E. F. Osborn, *The Philosophy of Clement of Alexandria*, Cambridge 1957. – A. Méhat, *Étude sur les »Stromates« de Clément d'Alexandrie*, Paris 1966 [m. Bibliogr.]. – O. Prunet, *La morale de Clément d'Alexandrie*, Paris 1966. – J. Bernard, *Die apologetische Methode bei Klemens von Alexandrien. Apologetik als Entfaltung der Theologie*, Lpzg. 1968.

HIPPOLYTOS aus Rom
(nach 150–235/36)

KATA PASŌN HAIRESEŌN ELENCHOS, auch: *Philosophumena* (griech. Patr.; *Widerlegung aller Häresien*). Polemische Schrift in zehn Büchern von HIPPOLYTOS aus Rom (nach 150–235/36), entstanden nach 222/23. – Das erste Buch des Werks ist unter dem Namen des ORIGENES (185–254) überliefert; der Rest wurde erst im Jahr 1842 in einer Athoshandschrift aus dem 14. Jh. entdeckt und zunächst – zusammen mit dem ersten Buch – ebenfalls unter dem Namen des Origenes herausgegeben. Heute ist die Verfasserschaft des Hippolytos so gut wie gesichert.
Hippolytos, Presbyter und während einer Kirchenspaltung zeitweilig Gegenbischof in Rom, gehört zu den fruchtbarsten Schriftstellern des christlichen Altertums. Seine *Widerlegung aller Häresien* ist freilich selbst nicht über jeden Häresieverdacht erhaben. Im Prooimion des ersten Buchs nennt Hippolytos die Absicht der Schrift: die Häresien durch den Nachweis ihrer Abhängigkeit von der heidnischen Philosophie ihres unchristlichen Charakters zu überführen. Diesem Programm gemäß wird zunächst in den ersten Büchern die heidnische Philosophie dargestellt. Das erste Buch bringt einen Abriß der griechischen Philosophiegeschichte, die nicht erhaltenen Bücher 2 und 3 enthielten im wesentlichen eine Schilderung der Mysterienreligionen, das vierte Buch handelt von Astrologie und Astronomie, von magischen Praktiken und Okkultismus. Die Bücher 5–9 widerlegen dann die einzelnen Häresien, während das letzte Buch die wahre Lehre des Christentums zum Gegenstand hat. Hippolytos war Schüler des EIRENAIOS aus Lyon, aus dessen Schrift *Elenchos kai anatropē tēs pseudōnymu gnōseōs (Entlarvung und Widerlegung der falschen Gnosis)* er weitgehend sein Wissen von den gnostischen Systemen bezogen haben dürfte. H. L. H.

AUSGABEN: Oxford 1851 (*Originis Philosophumena sive omnium haeresium refutatio*, Hg. E. Miller). – Lpzg. 1916, Hg. P. Wendland.

ÜBERSETZUNG: *Des hl. Hippolytus von Rom Widerlegung aller Häresien*, K. Preysing, Mchn. 1922 (BKV², 40).

LITERATUR: G. P. Strinopulos, *H.' philosophische Anschauungen*, Diss. Lpzg. 1903. – E. Lengeling, *Das Heilswerk des Logos-Christos beim hl. Hippolyt von Rom*, Rom 1947. – H. J. Schoeps, *Theologie u. Geschichte des Judenchristentums*, Tübingen 1949. – P. Nautin, *La controverse sur l'auteur de l'»Elenchos«* (in Revue d'Histoire Ecclésiastique, 47, 1952, S. 5–43; vgl. dazu M. Richard in RSR, 43, 1955, S. 379–394).

Quintus SEPTIMIUS FLORENS TERTULLIANUS
(160?–nach 220)

AD NATIONES (lat. Patr.; *An die Heiden*). Apologetische Schrift in zwei Büchern von Quintus SEPTIMIUS FLORENS TERTULLIANUS (160? bis nach 220), verfaßt im Jahr 197. Die Schrift, die das Christentum gegen die Anwürfe der Heiden verteidigt, ist ein Vorentwurf für das *Apologeticum* aus demselben Jahr. – Den Heiden tut zunächst einmal not zu wissen, wen sie in den Christen vor sich haben. Es hört nämlich auf zu hassen, wer aufhört, nicht zu wissen. Die Heiden schreien lauthals, daß der Staat belagert sei; überall säßen Christen; mit Schmerz müßten sie zusehen, wie Menschen jedes Geschlechts und Alters von ihnen fort zu den Christen abwanderten, ja schließlich auch die Ehrenstellen an diese verlorengingen. Aber nicht einmal dadurch lassen sie sich zur Anerkennung irgendeines verborgenen Guten im Christentum bewegen. Sie bemühen sich erst gar nicht, genauer nachzuforschen, sondern ziehen vor, das nicht zu kennen, was gefunden zu haben anderen der Grund ihrer Freude ist. Die Heiden wollen es lieber nicht kennen, gleichsam als wenn sie sicher wüßten, daß sie andernfalls nicht hassen würden. Wenn es nämlich keinen Haß mehr geben wird, wird man klarsehen; entdeckt werden sich dann das Christentum als eine äußerst gute Sache herausstellen und die bisherige Ungerechtigkeit wird aufhören, oder aber es wird, wenn dann ein Anklagegrund gegeben ist, dem Haß nichts genommen, der vielmehr durch seine Berechtigung noch wachsen wird.

Den üblichen Einwendungen, daß etwas nicht deshalb schon gut sei, weil es viele zu sich bekehre, begegnet der Verfasser mit dem Hinweis auf das völlig verschiedene Verhalten der Übeltäter und der Christen. Denn über das Böse sei man sich doch soweit einig, daß nicht einmal die Verbrecher unter den Heiden es wagten, das Böse für etwas Gutes auszugeben. Nachdem Tertullian souverän die psychologische Unhaltbarkeit der heidnischen Vorwürfe aufgezeigt hat, legt er deren Wurzel bloß: einen Übertragungsmechanismus, der den (Selbst-)Haß, der aus der Dekadenz der heidnischen Welt folgt, gegen die Christen kehrt. Dieser Haß führt zu einer Vergewaltigung des Rechts, die Tertullian – unabhängig von seinem christlichen Glauben – schon als Juristen empört. Was ist das für ein Verbrechen, so fragt er, dem die Natur des Verbrechens fehlt und das entgegen aller Rechtsform abgeurteilt wird? Sogar die Aufgabe der Folter werde in ihr Gegenteil verkehrt, indem sie statt der Wahrheit die Lüge herauspressen solle. »*Ich meine fast*«, bemerkt er sarkastisch, »*ihr wollt nicht, daß wir schlecht seien, so sehr bemüht ihr euch, uns davon freizusprechen. Den Leugnenden nämlich glaubt ihr nicht, nur uns, wenn wir geleugnet haben, glaubt ihr sofort. Wenn ihr sicher seid, daß wir im höchsten Maße schuldig sind, warum werden wir dann darin von euch anders denn als Schuldige behandelt?*« (1, 2) Die greulichen Verbrechen, deren die Christen bezichtigt würden (wie Kochen von Kindern, thyestäische Mahlzeiten sowie Unzuchtsorgien), entsprängen der perversen Phantasie derer, die dazu fähig wären. Tertullian kommt zu dem Ergebnis, daß die Christen allein ihres Namens wegen angeklagt würden. Wenn nämlich die genannten Anschuldigungen erwiesen seien, dann müßte den Verurteilten auch der Name des Verbrechens angehängt werden. Die Urteile enthielten aber nur die Feststellung, daß der Betreffende sich als Christ bekannt habe. Es sei doch auffallend, daß dann, wenn jemand den Christennamen verleugne, plötzlich Grausamkeit, Unzucht usw. vergessen seien. Wenn aber gesagt werde, daß mit dem Namen des Urhebers bestraft würde, dann müßten auch die Philosophen, Ärzte usw. bestraft werden, wenn sie sich nach dem Gründer ihrer Schule nennten. Die Philosophen ziehen keinen Haß auf sich, auch wenn sie Sitten, Kult und Lebensweise der Heiden öffentlich verhöhnen. Allerdings: Die Philosophen spiegeln die Wahrheit vor, die Christen aber besitzen sie; die aber besitzen, mißfallen mehr. – Die zweite Hälfte des ersten Buches bringt die retorsio criminis: »*Nun aber schicke ich eben dieselben Pfeile, die in unserem Körper nicht haftenbleiben, auf euch zurück.*« (1, 10) – Im zweiten Buch werden die heidnischen und insbesondere römischen Göttervorstellungen kritisiert. Zumal der Kaiserkult sei unehrlich. Augenzwinkernd versicherten die Römer, daß der Kaiser Gott sei. Der Cäsar wolle aber lieber leben als Gott sein. – Diese Kritik wirbt zugleich für den christlichen Monotheismus. H. L. H.

AUSGABEN: Orleans 1625, Hg. J. Gothofredus. – Paris 1844 (ML, 1/2). – Turnhout 1953 (CCL, 1, 1).

ÜBERSETZUNG: *Tertullians 2. Buch Ad nationes und De testimonio animae*, M. Heidenthaller, Paderborn 1942 [m. Komm.].

LITERATUR: E. Evans, *T. »Ad Nationes«* (in VC, 9, 1955, 37–44). – H. v. Campenhausen, *Latein. Kirchenväter*, Stg. 1960 (Urban-Tb., 50). – G. Calloni Cerretti, *T., Vita, opere, pensiero*, Modena 1957.

ADVERSUS HERMOGENEM (lat. Patr.; *Gegen Hermogenes*), Streitschrift von Quintus SEPTIMIUS FLORENS TERTULLIANUS (160? bis nach 220), verfaßt zwischen 200 und 206. – Der Afrikaner Hermogenes, von Beruf Maler, hatte sich zunächst als Christ bekannt, sich aber dann der Stoa zugewandt. Er nahm eine ewige Materie an und lehrte, daß es einen im höchsten Sinne guten Gott gebe, der alles nach bestem Wissen gut und aufs beste zu machen wünsche. Nichts Nicht-Gutes, sondern das Beste wolle und plane er. Es zeige sich aber, daß auch das Böse von ihm gemacht sei, wenn auch gewiß nicht absichtlich und willentlich; dieses müsse daher als etwas Fehlerhaftes und Verunglücktes aus der Materie stammen. – Tertullian stellt dem entgegen, daß Hermogenes zwei Götter voraussetze, wenn er nämlich die Materie als Gott ebenbürtig hinstelle. Gott aber muß *einer* sein, der er jedoch nicht sei, wenn irgend etwas an ihn heranreicht, wie die Materie, wenn sie für ewig gehalten wird (4, 103–196). Hermogenes glaubt aber, »*er habe die Materie Gott nicht an die Seite gestellt, er unterwerfe sie ihm vielmehr, wobei er sie doch sogar Gott voraussetzt und viel eher Gott der Materie unterwirft, wenn er ihn alles aus der Materie geschaffen haben läßt. Wenn Gott sich also zum Schöpfungswerk der Materie bedient hat, dann stellt sich doch die Materie Gott überlegen heraus, da sie ihm die Möglichkeit zu schaffen gab, und Gott erscheint der Materie unterworfen, deren Substanz er bedarf ... Die Materie selbst freilich bedurfte Gottes nicht, aber ein Bedürfen zeigte sich auf seiten Gottes, eines nicht zu reichen und wohlhabenden und großzügigen Gottes, wie ich meine, der dennoch unfähig und kaum geeignet war, das, was er wollte, aus nichts zu schaffen. Und wirklich gewährte sie Gott eine große Gunst ... so gibt es doch heute etwas, wodurch Gott erkannt und allmächtig genannt wird, außer, daß er schon nicht allmächtig ist, wenn er nicht auch das vermag, nämlich aus nichts alles hervorzubringen.*« (8) Die Weise, in der Tertullian im folgenden die unhaltbaren Thesen des Hermogenes zerpflückt, kommt einer Exekution gleich. »*Ich weiß nicht, welchen Ausweg Hermogenes finden könnte, der doch glaubt, daß Gott, auf welche Weise er auch das Böse durch die Materie stiftete ... nicht der Urheber des Bösen ist.*« (16) Wenn nämlich Urheber des Bösen eben der ist, der es gemacht hat, dann scheidet schon die Materie als Ursache aus. Denn auch auf dem Umweg über die Materie erweist sich Gott nichtsdestoweniger als Urheber des Bösen, wenn darum die Materie vorausgesetzt worden ist, damit Gott nicht der Urheber des Bösen scheint.
Der Theodizeeversuch des Hermogenes ist von vornherein zum Scheitern verurteilt, er hält der christlichen Schöpfungslehre nicht stand. Tertullian selbst allerdings übergeht das Problem elegant und begibt sich wieder auf den sicheren Boden der Gottes- und Schöpfungslehre: »*Wir werden sehen, ob auch Übel sind, wenn etwas als solches erscheint, und ob es nicht alledem solche Übel sind, wie du meinst. Würdiger nämlich ist es, wenn er nach seinem Willen hervorgebracht hat, indem er auch dies aus nichts hervorbrachte, als nach fremder Vorentscheidung, wenn er auf Grund der Materie hervorgebracht hätte. Die Freiheit, nicht die Notwendigkeit steht Gott an. Ich wollte lieber, er hätte das Böse von sich aus stiften wollen, als daß er es hätte stiften müssen.*« (16) Übrig bleibt nur die Schöpfung aus nichts: »*Er ist der erste, weil alles nach ihm: alles ist nach ihm, weil alles von ihm: alles von ihm, weil aus nichts ...*« (17)

Die Bestätigung findet Tertullian in der Schrift, die wohl die Person des Bewirkers und die Gestalt des Bewirkten, nicht aber einen Werkstoff erwähnt.

H. L. H.

AUSGABEN: Basel 1521, Hg. B. Rhenanus. – Paris 1844 (ML, 1–2). – Utrecht 1956, Hg. J. H. Waszink.

ÜBERSETZUNG: *The Treatise against Hermogenes*, J. H. Waszink, Westminster/Maryland 1956 (ACW, 24; engl.).

LITERATUR: E. Heintzel, *Hermogenes, d. Hauptvertreter d. philos. Dualismus in d. alten Kirche*, Bln. 1902. – J. H. Waszink, *Observations on T.'s »Treatise against Hermogenes«* (in VC, 9, 1955, S. 129–147). – O. Hiltbrunner, *Der Schluß v.'T.s Schrift gegen Hermogenes* (in VC, 10, 1956, S. 215–228). – A. Orbe, *Elementos de Teología trinitaria en el »Adversus Hermogenem«*, cc. *17–18, 45* (in Greg, 39, 1958, S. 706 bis 746).

ADVERSUS MARCIONEM (lat. Patr.; *Gegen Marcion*). Streitschrift in fünf Büchern von Quintus SEPTIMIUS FLORENS TERTULLIANUS (160 ? bis nach 220), verfaßt um 207/08. – MARCION, 148 in Sinope (Pontus) geboren, von seinem bischöflichen Vater exkommuniziert, schloß sich nach vergeblichen Versuchen, in die römische Gemeinde Eingang zu finden, der Lehre des CERDO an und gründete eine schismatische Gegenkirche. Nach Cerdo ist der Gesetzgeber-Gott ein anderer als der Vater Jesu Christi; dieser ist gut, jener böse. Christus hat nicht einen wirklichen Leib angenommen und ist nicht von der Jungfrau Maria geboren. Marcion baute diese Lehre aus, indem er einen radikalen Gegensatz zwischen dem gerechten und strengen Schöpfergott und Weltherrscher (Kosmokrator) einerseits und dem höchsten und gütigen Gott konstruierte. Christus ist ihm ein höherer Äon (von Gott ausströmende, personifizierte geistige Kraft), der, vom Vater gesandt, in einem Scheinleib auftrat, um die Herrschaft des Kosmokrators zu brechen. Die Ethik des Marcion ist extrem paulinistisch, die Ehe wird abgelehnt, weshalb seiner Gemeinschaft eine größere Fortdauer nicht beschieden sein konnte. Die Evangelien betrachtet er als Fälschungen der wahren Lehre Christi durch die jüdisch gesinnten Apostel, mit Ausnahme des *Lukas-Evangeliums*, das er allerdings neu redigierte. Auch den *Paulus-Briefen* gab er eine »gereinigte« Fassung. In seiner *Antitheseis* suchte er Widersprüche zwischen *Altem* und *Neuem Testament* nachzuweisen. – Auf diese Schrift bezieht sich Tertullian bei seiner Polemik. Gott, so führt er aus, kann als der Höchste nur einer sein. Es kann nicht zwei Höchste geben, auch nicht, wenn jeder streng in seinen Grenzen bleiben soll; denn sonst könnte man ja gleich mehrere zulassen, so, wie VALENTINUS, der bis zu dreißig Äonen ausgeheckt und dadurch das Kriterium für die Gottheit gänzlich verwischt habe. Die Marcionitische Lehre weise sich schon dadurch als Häresie aus, daß sie einen neuen Gott mache, während der wahre Gott ewig sei. Es verfange auch nicht, daß sie ihn nur in bezug auf die Erkenntnis einen neuen Gott nenne; da Gott nicht unbekannt sein konnte; vielmehr haben ihn die Seele und das Bewußtsein der Völker stets gekannt. Wollte man dem Gott Marcions Existenz zubilligen, so müßte man argumentieren, daß er ohne Ursache sei. Dazu gehöre aber, daß er (Schöpfer-)Macht (*res*) besitze, da diese die Ursache dafür sei, daß etwas ist. Da ihm diese aber gerade fehle, könne er, falls sie existiere, nur ein Geschöpf eben jenes Schöpfergottes sein, zu dem Marcion ihn in Gegensatz setze. Überhaupt habe sich der Gott Marcions weder in Werken noch durch die Bekanntmachung einer Lehre geoffenbart. Er könne auch nicht ohne weiteres gut genannt werden, da er ja dem gefallenen Menschen nicht von Anfang an geholfen habe; und er *sei* nicht schon gut, weil er helfen *wollte*. Und das sei kein vollkommenes Heil, das nur die Seele rettet, nicht aber den Leib, der von der Ehe ferngehalten wird, obzwar er paradoxerweise getauft wird. Ohne Ehen gäbe es auch keine Heiligkeit.

Die Marcioniten wollen die Sünde, die doch auf das Konto des freien Willens des Menschen geht, dem Schöpfergott anlasten. Die Güte und Vernunft Gottes haben aber verlangt, daß der Mensch mit freiem Willen geschaffen würde, da er sonst weder böse noch auch gut sein könnte. So sucht Tertullian das Helldunkel des Irrationalismus aufzulichten, in dem die Frage der Rechtfertigung Gottes – auf die sich letztlich der Marcionitismus zurückführen läßt – zu gedeihen pflegt. Gerechtigkeit sei nicht Bosheit, vielmehr leben Gerechtigkeit und Güte in Gott ständig zusammen, und es könne nicht zwischen einem gerechten und einem guten Gott unterschieden werden. Die Gerechtigkeit Gottes dient seiner Güte. Eben deshalb kann auch kein Widerspruch des *Alten Testaments* zum Evangelium der Liebe bestehen. – Im dritten Buch setzt Tertullian auseinander, daß Christus der Gesandte keines anderen als eben des Schöpfergottes ist. Mit beißender Ironie bemerkt er, daß der Christus Marcions – wenn er geoffenbart worden sei, um den Schöpfer zu berichtigen – nicht vor, sondern nach dem Christus des Schöpfers hätte geoffenbart werden müssen, um auch diesen zu korrigieren. Nach den Marcioniten begingen die Juden keinen Irrtum, als sie den Christus des Schöpfers töteten, indem sie ihn ja nur für einen Menschen hielten, wie auch in der Schrift vorausgesagt sei. Die zwei Ankünfte Christi würden aber von den Propheten auf zwei verschiedene Christoi bezogen, da sie die dunklere und unwürdigere des früheren nicht erkennen und glauben konnten. Demgegenüber betont Tertullian, daß Christus wahrhaft und im Fleische gekommen sei; ein Scheinleib könnte nicht für uns sterben. Und wenn Christus den Leib verachtet hat, dann müßte er auch dessen Bild (den Scheinleib) verachten. Auch habe sich die Prophezeiung über die Juden schon erfüllt (im Jahre 70); es wäre unverständlich, wenn sie dies wegen des Christus eines anderen Gottes als des ihren hätten erleiden müssen. – Im vierten Buch verteidigt Tertullian die Autorität aller Evangelien. Marcion habe aus dem *Lukas-Evangelium* alle ihm nicht passenden Stellen, besonders die (vermittels seiner Physis gewirkten) Wunder Christi mit ihren Bezugnahmen auf die Verheißungen des *Alten Testaments*, aus dem Zusammenhang herausgelöst und als Zusätze erklärt; so auch die entscheidenden Berichte von Jesu Kreuzigung und Auferstehung. – Das fünfte Buch kritisiert den sogenannten »apostolischen Brief«, die von Marcion verstümmelte Ausgabe der *Paulus-Briefe*.

H. L. H.

AUSGABEN: Basel 1521, Hg. B. Rhenanus. – Paris 1844 (ML, 1–2). – Wien 1906 (CSEL, Hg. A. Kroymann). – Turnholt 1954 (CCL I, S. 437–726).

ÜBERSETZUNG: *Adversus Marcionem*, P. Holmes, Edinburgh 1867 (Ante-Nicene Christian Library,11).

LITERATUR: A. Harnack, *Marcion* (in TU, 45, ²1924). – G. Fliegersdorfer, *De T. »Adversus Marcionem« libris tertii argumento sententiarumque connexu, Diss. Wien 1939. – R. M. Grant, *Two Notes on T.* (in VC, 5, 1951, S. 114ff.; *Adv. Marc.* I, 13). – A. J. B. Higgins, *The Latin Text of Luke in Marcion and T.* (in VC, 5, 1951, S. 1–42). – M. Stengel, *Zum Wortschatz der neutestam. Vulgata* (in VC, 6, 1952, S. 20–27).

ADVERSUS PRAXEAN (lat. Patr.; *Gegen Praxeas*). Streitschrift von Quintus SEPTIMIUS FLORENS TERTULLIANUS (160? bis nach 220), entstanden vermutlich um 213. – Die Schrift richtet sich gegen die Monarchianer der Schule des NOETUS, vor allem gegen einen gewissen Praxeas, dęssen Identität ungeklärt ist; vermutlich ist der spätere Papst Kalixtus I. (217–222) gemeint. Die Monarchianer verneinten um der Einheit Gottes willen die Unterscheidung der göttlichen Personen und lehrten, daß der Vater durch die Inkarnation sein eigener Sohn geworden sei, der sich nur für die Nichteingeweihten als Sohn ausgegeben, für die Eingeweihten aber als Vater zu erkennen gegeben habe. Der Vater selbst habe gelitten (Patripassianismus). Tertullian tritt zu ihrer Widerlegung einen umfassenden Schriftbeweis an, wobei er eine Konkordanz aller einschlägigen Schriftstellen anstrebt. – Die Dreifaltigkeit (*oikonomia* oder *dispensatio*) widerstreitet der Monarchie Gottes in keiner Weise, wie ja auch die weltliche Monarchie eine Übertragung der Autorität nicht ausschließt, sondern sie erfordert. Vater, Sohn und Geist sind von der gleichen Substanz. Sie sind drei, nicht der Qualität, sondern der Abfolge nach; nicht der Substanz nach, sondern hinsichtlich der *forma*; nicht der Macht nach, sondern hinsichtlich deren Manifestation. Gott ist von der bei ihm wohnenden *ratio* (*logos* und *sophia*) nicht zu trennen; diese wurde, indem Er die Dinge mit seiner *ratio* (be-)dachte: *sermo* (Wort). Die Dinge treten also in die Wirklichkeit durch die Wirksamkeit des inneren Zwiegesprächs als des Wortes *(sermo)*. Mit der Weltschöpfung trat der *logos* aus Gott heraus, wurde als *sermo* erzeugt, er ist aber als *ratio* gleichewig mit ihm. Vater, Sohn und Geist sind unterschieden, nicht aber getrennt. Verdeutlicht wird dies durch das Gleichnis von der Sonne, dem Strahl und dem Lichtpunkt, bei denen ja auch trotz ihrer Unterschiedenheit keine Trennung besteht. Denn nichts wird der Quelle entfremdet, das aus ihr seine Eigenschaften herleitet. So hat der Vater dem Sohn das Königtum überlassen, und dieser wird es ihm am Ende der Tage zurückgeben. – Mit bissiger Ironie belehrt Tertullian seine Gegner über den Satz vom Widerspruch: jemand ist entweder Vater oder Sohn, er kann nicht Sohn sein in Beziehung auf sich selbst als Vater. Auch kann nicht dieselbe Person sichtbar und unsichtbar sein; wenn Gott gesehen wurde, so war es der Sohn (nicht allerdings als Gott!), der Vater bleibt unsichtbar. Vor wessen Mißbilligung hatte Gott wohl Angst, daß Er sagte: »Du *bist mein Sohn, heute habe ich* Dich *gezeugt*« (Ps. 2, 7) anstatt: »Ich *bin mein Sohn, heute habe ich mich gezeugt*«, wenn sich letzteres so verhielte? Fürchtet Er vielleicht, man würde Ihm nicht glauben, wenn Er frei heraus erklärt hätte, Er sei Vater und Sohn zugleich? Tertullian, obwohl selbst den Apologeten wie JUSTIN und TATIAN verpflichtet, hat in dieser Schrift viele Elemente der Terminologie bereitgestellt, ein Kapital, mit dem HIPPOLYTOS, NOVATIAN und die Antiochener im Kampf gegen die Monarchianer ebenso wucherten wie SABELLIUS, der es für seine entgegengesetzte Lehrmeinung aus-

zuschlachten wußte. Sein größtes Verdienst ist wohl, vor allem mit seinen Gleichnissen eine metaphysische Grundlegung der Trinitätslehre angebahnt zu haben. H. L. H.

AUSGABEN: Basel 1521, Hg. B. Rhenanus. – Paris 1844 (ML, 1–2). – Ldn. 1948 u. 1956, Hg. E. Evans (m. engl. Übers.; SPCK). – Turin 1959 (krit. m. ital. Übers.; Bibl. Loescheriana).

ÜBERSETZUNG: *T. Against Praxeas*, A. Souter, Ldn. 1920 (SPCK).

LITERATUR: T. L. Verhoeven, *Studien over T.* »*Adversus Praxean*«, Amsterdam 1948 [zugl. Diss. Utrecht]. – Ders., *Monarchia dans T.* »*Adversus Praxean*« (in VC, 5, 1951, S. 43–48).

APOLOGETICUM (lat. Patr.; *Verteidigung des Christentums*). Verteidigungsschrift von Quintus SEPTIMIUS FLORENS TERTULLIANUS (160? bis nach 220), entstanden 197; auch unter dem Titel *Apologeticus* bekannt. – Die Notwendigkeit, eine Verteidigungsschrift an die Provinzialstatthalter zu richten, ergibt sich für Tertullian daraus, daß die Christen vor Gericht kein Gehör finden, vielmehr ihr bloßer (Christen-)Name sie auf Grund des »Institutum Neronianum« schuldig spricht. Das Christengesetz sei schlecht; überdies hätten die guten Kaiser es nie angewendet – ein Argument, mit dem die Kaiser gegen die Statthalter ausgespielt werden. Anders als in den Bittschriften der griechischen Apologeten wird hier der Standpunkt der Christen selbstbewußt vorgetragen, indem der Jurist Tertullian die unhaltbare einseitige Handhabung des Rechts anprangert. Die grotesken Vorwürfe des Ritualmords, der Unsittlichkeit und des Kannibalismus werden zurückgewiesen, sie fallen vielmehr auf die Heiden und ihren Götterglauben zurück. Dem Sittenverfall der Heiden wird die Reinheit christlichen Lebens gegenübergestellt. Die Christen werden ja auch nicht als gemeine Verbrecher, sondern eben als Christen abgeurteilt. Aber auch die schwerer wiegenden Vorwürfe des Atheismus, der Majestätsbeleidigung und der Illoyalität gegenüber dem Staat sind um nichts glaubwürdiger. Mit der Entkräftung der ersteren werden auch die anderen hinfällig. Die Götter aber gibt es gar nicht. Mit der euhemeristischen Erklärung der Götterentstehung (wonach hervorragende Menschen nach ihrem Tod vergöttert worden seien) appelliert Tertullian an die aufgeklärte Bildung der Statthalter. In der *retorsio criminis* zeigt er auf, daß die Heiden selbst nicht ernstlich an ihre Götter glauben, was in ihrer *irreligiositas* zutage trete. Die ganze heidnische Religion sei auf Lug und Trug aufgebaut. Die Christen aber verehren den *einen* Gott, von dem der Kosmos ebenso Zeugnis gibt wie die menschliche Seele, die sich damit als *anima naturaliter christiana* erweist. Neben dem Vater ist Christus Gott als der Logos. Die Götter selbst, die ja Dämonen sind, würden für die Wahrheit zeugen, ließe man die Christen vor Gericht den Exorzismus anwenden.

Im römischen Pantheon haben die Gottheiten aller Völker Platz, nur die Verehrung des einen wahren Gottes gilt als Ungehorsam gegenüber dem Staat. Wenn es aber keine Götter gibt, dann ist das an sie gerichtete Gebet für das Wohl des Kaisers unwirksam, und die Heiden beschwören nur den Zorn des einzig wahren Gottes herauf. Die Christen hingegen beten zum wahren Gott für die Macht, die das Weltende aufhält – d. h. also für Rom. Sie sind schon auf Grund ihrer Ethik, die als göttliche jeder menschlichen überlegen ist, die denkbar besten Staatsbürger, und Gott verhängt eine ewige Strafe, neben der jeder irdische Gerichtsspruch verblaßt. Nur eines möchte Tertullian für die Christen erreichen, wenn sie schon der irdischen Verurteilung nicht entgehen können: daß die Wahrheit nicht auch noch verkannt wird. Das Martyrium ist der höchste Triumph des Christen, es bringt ihm selbst die Seligkeit und führt dem Glauben neue Bekenner zu. »*Nur zahlreicher werden wir, so oft wir von euch niedergemäht werden; ein Same ist das Blut der Christen.*« (49, 13–14), und: »*... wenn ihr uns verurteilt, werden wir von Gott losgesprochen.*« (50, 16). – Das *Apologeticum* ragt über den Charakter einer bloßen Verteidigungsschrift hinaus sowohl durch die *propagatio fidei* als auch durch die zukunftsträchtige Empfehlung der Christen als der besten Staatsbürger. Der hohe rhetorische und sprachlich meisterhafte Stil stellt die Schrift ebenbürtig neben die Werke Ciceros. H. L. H.

Ausgaben: Venedig 1483, Hg. B. Benalius. – Paris 1844 (ML, 1–2). – Paris 1929 (*Apologétique*, Hg. u. Übers. J. P. Waltzing u. A. Severyns). – Ldn./NY 1931 (*Apology and De Spectaculis*, Hg. u. Übers. T. R. Glover). Mchn. 1952, IIg. C. Becker [lat.-dt.].

Literatur: C. Becker, *T.s »Apologeticum«. Werden u. Leistung*, Mchn. 1954. – O. Schönberger, *Über d. symmetr. Komposition in T.s »Apologeticum«* (in Gymn, 64, 1957, S. 335–340). – G. Calloni Cerretti, *T., Vita, opera, pensiero*, Modena 1957. – H. v. Campenhausen, *Latein. Kirchenväter*, Stg. 1960, S. 12–36 (Urban Tb., 50).

DE ANIMA (lat. Patr.; *Über die Seele*). Dogmatische Schrift von Quintus Septimius Florens Tertullianus (160? bis nach 220), verfaßt wohl um 210–213. – Das Werk, dessen zahlreiche Zitate von Tertullians umfassender literarischer Bildung zeugen, handelt von der »*Beschaffenheit der Seele und damit zusammenhängenden Fragen*«, hat dabei jedoch in erster Linie polemischen (gegen philosophische und gnostische Irrlehren gerichteten) Charakter. Tertullian kämpft nach zwei Seiten: einerseits gegen Philosophen, die die Unsterblichkeit der Seele leugnen, indem sie diese, wie Hermogenes, für etwas Materielles erklären, andererseits gegen solche, die ihr sogar noch mehr als Unsterblichkeit zubilligen möchten, wie Platon.
Bekannte Heraklit, er habe, obwohl er den ganzen Weg zurückgelegt habe, die Grenzen der Seele keineswegs gefunden, so hat der Christ »*zur Wissenschaft über diesen Gegenstand wenig notwendig. Denn sie beruht stets sicher auf wenigen Punkten, und sein Forschen darf nicht weiter gehen als bis dahin, wo man das Finden verstattet ist; denn die endlosen Untersuchungen verbietet der Apostel.*« Die Philosophen haben ebensoviel Unwahres wie Wahres über die Seele gesagt; ihre Methode der Wahrheitserforschung ist keineswegs sicher; deshalb sind bei der Seelenlehre auch die Ergebnisse der Medizin zu berücksichtigen. Hermogenes verwechsele den Hauch (die Seele) mit dem Odem (d. h. der *substantia*) Gottes; das ergab einen Widerspruch zum Wesen Gottes, weshalb er dann die Seele aus der Materie (einem materiell aufgefaßten »Odem«) erzeugt sein ließ. Nach Tertullian besitzt die Seele indessen doch eine gewisse – wenngleich nicht materielle – Körperlichkeit. In dieser Anschauung fühlt er sich durch den Arzt Soranos aus Ephesos bestärkt, der ebenfalls der Seele eine körperliche Substanz zusprach, sie dabei allerdings um die Unsterblichkeit brachte. Die Unsterblichkeit folgt aber daraus, daß die Seele eine einheitliche Substanz ist. Hier setzt Tertullian auch den Hebel seiner Kritik an Platon und anderen an, die die Seele in mehrere Seelenteile aufspalteten. Der *animus* (Geist) gilt Tertullian als ein Akt der Seele, durch den diese Erkenntnis erlangt, nicht als eine Substanz für sich. Der Intellekt hat denselben Träger wie die sinnliche Wahrnehmung: die Seele, nicht etwa eine besondere Geistseele; nur mit Rücksicht auf sein höheres Objekt steht der Intellekt höher als die Sinneswahrnehmung. Die Platonische »Ideenlehre« (Ideen als Realitäten, Dinge nur Abbilder) wird von Tertullian scharf bekämpft, sieht er doch in den Ideen die »Geistkeime« *(semina spiritalia)* der Valentinianer vorgebildet. Auch die Lehren der Gnostiker und Platons über den Ursprung der Seele werden widerlegt, insbesondere die These des Philosophen, das Erkennen sei ein Wiedererinnern. Ist die Seele demnach nicht ewig, so ist sie doch auch nicht einfach sterblich: die Träume zeigen, daß die Seele auch bei ihrer Abgeschiedenheit vom Leibe beschäftigt ist.
Hinsichtlich des Schicksals der Seelen nach dem Tode vertritt Tertullian die rigorose Auffassung, daß nur die Seelen der Märtyrer in den Schoß Abrahams, das Paradies, gelangen, die übrigen dagegen in die Unterwelt, eine Art Hades. Dieser Rigorismus weist Tertullian als Montanisten aus und ist aus der innerkirchlichen Situation nach der Severianischen Verfolgung zu verstehen. H. L. H.

Ausgaben: Paris 1545, Hg. J. Gangneius. – Paris 1844 (ML, 1/2). – Amsterdam 1947, Hg. J. H. Waszink (Neudr. 1954; CCL, 2).

Übersetzungen: *Von der Seele*, F. A. Besnard (in *SS*, Bd. 2, Augsburg 1838). – *Über die Seele*, K. A. H. Kellner (in *SS*, Bd. 1, Köln 1882).

Literatur: G. Esser, *Die Seelenlehre T.s*, Paderborn 1893. – K. Karpp, *Sorans vier Bücher »Peri psyches« und T.s Schrift »De anima«* (in ZntW, 33, 1934, S. 31–47). – J. H. Waszink, *Index verborum et locutionum quae Tertulliani de anima libro continentur*, Bonn 1935. – F. Seyr, *Die Seelen- und Erkenntnislehre T.s und die Stoa* (in Commentationes Vindobonenses, 3, 1937, S. 51–74). – A.-J. Festugière, *La composition el l'esprit du »De anima« de Tertullien* (in Revue des Sciences Philosophiques et Théologiques, 33, 1949, S. 129–161). – J. H. Waszink, *The Technique of the Clausula in T.'s »De anima«* (in VC, 4, 1950, S. 212–245). – H. Karpp, *Probleme altchristlicher Anthropologie*, Gütersloh 1951, S. 40–91. – E. Barbotin, *Deux témoignages patristiques sur le dualisme aristotélicien de l'âme et de l'intellect* (in *Autour d'Aristote*, Löwen 1955, S. 375–385; Bibl. Philos., 16). – H. Finé, *Die Terminologie der Jenseitsvorstellungen bei T.*, Bonn 1958.

DE CARNE CHRISTI (lat. Patr.; *Von der Fleischlichkeit Christi*). Dogmatisch-polemische Schrift von Quintus Septimius Florens Tertullianus (160? bis nach 220), um 210–212 entstanden. – Das Werk richtet sich gegen die Leugner der Auferstehung des Fleisches, die folgerichtig die menschliche Leiblichkeit Christi in Frage stellen müssen.

Ihnen gegenüber vertritt Tertullian die volle Menschlichkeit des Leibes Christi. – Christus, der Sohn Gottes, kam, um den Menschen zu retten, und das Wesen Gottes muß im Lichte dieser Heilsabsicht und Heilstat Christi gesehen werden, nicht von einer vorgefaßten Gottesvorstellung aus. Von diesem Ansatz der Offenbarung her kann Tertullian deshalb, das Gottesbild der Gnostiker ironisierend, paradoxe Aussagen wagen. Eine Abdankung der Vernunft überhaupt im Sinne eines grundsätzlichen *credo quia absurdum*, die man darin hat sehen wollen, ist damit um so weniger gegeben, als Tertullian durchgängig das Widerspruchsprinzip auf die Argumente seiner Gegner anwendet. Er predigt also keineswegs einen theologischen Irrationalismus, wenn er dem MARKION, der Christus einen Scheinleib *(phantasma)* zuschrieb, folgendermaßen antwortet: *»Falsch ist also unser Glaube, und ein Trugbild ist alles, was wir von Christus erhoffen? Verbrecherischster aller Menschen, der du die Mörder Gottes entschuldigst. Denn nicht hat Christus unter ihnen gelitten, wenn er in Wahrheit gar nicht gelitten hat. Verschone die einzige Hoffnung des Erdkreises. Warum zerstörst du die notwendige Unzierde des Glaubens? Was immer Gottes unwürdig ist, ist mir gerade förderlich ... Geboren ist der Sohn Gottes, dessen braucht man sich nicht zu schämen, weil es mit Scham erfüllt; und gestorben ist der Sohn Gottes: das ist glaubhaft, weil es ungereimt ist; und nachdem er begraben war, ist er auferstanden: das ist gewiß, weil unmöglich. Wie konnte aber jenes in ihm sich vollziehen, wenn er selbst gar nicht wirklich war, wenn er in Wahrheit nicht das an sich hatte, was gekreuzigt wurde, starb, begraben wurde und auferstand, einen durchbluteten Leib nämlich, aus Knochen erbaut, von Muskeln durchzogen, mit eingeflochtenen Adern, der geboren werden und sterben konnte?«* (Kap. 5) Christus hat einen wirklichen, d. h. menschlichen Leib gehabt, nicht nur die Gestalt des Leibes – gleichsam ein Bild des Körpers – angenommen. Obwohl der Leib Christi selbst nicht sündig war, war er doch – in der Blutsfolge, nicht freilich in der Sünde – dem Leibe Adams gleich, dessen die Sünde war. Christus hatte also denjenigen Leib, dessen Natur im Menschen sündig ist. Die Alternative von Schein- oder Geistleib *(caro spiritalis* bei VALENTINUS) und sündigem Leib (nach ALEXANDER) ist falsch. Der Leib Christi ist, obgleich nicht aus dem Samen entstanden und daher nicht sündig, doch wahrer Leib. –• Der Schluß der Schrift bildet bereits die Überleitung zu dem nachfolgenden Buch *De carnis resurrectione.* H. L. H.

AUSGABEN UND ÜBERSETZUNG: Basel 1521, Hg. B. Rhenanus. – Paris 1844 (ML, 1/2). – Turnholt 1954 (in *Opera*, Bd. 2, Hg. A. Kroymann; CCL, 2, 2). – Ldn. 1956 (*De carne Christi. Tertullian's Treatise on the Incarnation*, Hg., engl. Übers. u. Komm. E. Evans; SPCK).

LITERATUR: B. Williams, *T.'s Paradox*, Ldn. 1955. – G. Calloni Cerretti, *Tertulliano. Vita, opera, pensiero*, Modena 1957. – H. v. Campenhausen, *Latein. Kirchenväter*, Stg. 1960 (Urban-Tb., 50). – V. Décarie, *Le paradoxe de Tertullien* (in VC, 15, 1961, S. 23–31). – R. Cantalamessa, *La cristologia di Tertulliano*, Fribourg 1962.

DE CARNIS RESURRECTIONE (lat. Patr.; *Von der Auferstehung des Fleisches*). Dogmatischpolemische Schrift von Quintus SEPTIMIUS FLORENS TERTULLIANUS (160? bis nach 220), verfaßt um 208–211. – Das Werk bildet die logische Fortsetzung von *De carne Christi*, wo Tertullian gegen den Doketismus (Lehre vom Scheinleib) für die wahre Leiblichkeit Christi eintrat. Auf dieser Basis trägt Tertullian hier sein eigentliches Anliegen vor: die Begründung der Auferstehung des Fleisches.
Zunächst weist Tertullian die ontologische – keineswegs nur diesseitige! – Zusammengehörigkeit von Körper und Seele auf. Da der Mensch von Anfang an auf Christus hin entworfen wurde (nach dessen Bilde er gemacht ist), ist seine leibliche Auferstehung von vornherein in seiner Leibmaterie angelegt. Die Berufung des Menschen zur leiblichen Auferstehung folgt ferner aus der notwendigen Mitwirkung des Leibes bei der Heiligung des Menschen: wenn nämlich Mitwirkung, dann auch Teilhabe des Leibes am Heil. – Da Gott den Menschen aus eigener Machtvollkommenheit geschaffen hat, kann er ihn auch gewiß in seiner Einheit wiederherstellen, ist doch die Wiederherstellung leichter als ein erstmaliges Machen. – Die Auferstehung ist aber geradezu eine Notwendigkeit, weil sie dem Richtergott am besten gerecht wird. Ein letztes und endgültiges Gericht ist nur möglich, wenn der ganze Mensch vor Gericht erscheint. Der Mensch hat nur als Ganzer gelebt und wird daher als Ganzer gerichtet werden, muß also in der Konkretion beider menschlicher Substanzen, Seele und Leib, wiedererstehen. – Tertullian trägt nur die Paulinische Theologie der Auferstehung vor, wenn er sagt, daß Jesus Christus als der getreueste Vermittler Gott dem Menschen und den Menschen Gott zurückgeben wird, damit aber den Geist dem Leib und den Leib dem Geist.
Alle Argumente haben bei Tertullian die Struktur strenger Beweise: da er seinen Naturbegriff vom Boden der Offenbarung aus konzipiert, geht der Akt der natürlichen Erkenntnis ohne weiteres in den der übernatürlichen Erkenntnis über. H.L.H.

AUSGABEN UND ÜBERSETZUNG: Basel 1521, Hg. B. Rhenanus. – Paris 1844 (ML, 2). – Turnholt 1954 (in *Opera*, Bd. 2, Hg. J. G. P. Borleffs; CCL, 2,2). – Ldn. 1960 (*De resurrectione carnis liber. Tertullian's Treatise on the Resurrection*, Hg., engl. Übers. u. Komm. E. Evans; SPCK).

LITERATUR: M. Pohlenz, *Die griechische Philosophie im Dienste der christlichen Auferstehungslehre* (in Zs. f. wiss. Theologie, 46, 1904, S. 241 ff.). – J. G. Davies, *De resurrectione carnis LXIII. Note sur l'origine du Montanisme* (in JThSt, N. S. 6, 1955, S. 90–94). – G. Calloni Cerretti, *Tertulliano. Vita, opera, pensiero*, Modena 1957. – P. Siniscalco, *Il motivo razionale della resurezione della carne in due passi di Tertulliano* (in Atti dell'Accademia delle Scienze di Torino. Cl. di scienze morali, stor. e filol., 95, 1960/61, S. 195–221).

DE PRAESCRIPTIONE HAERETICORUM (lat. Patr.; *Über die Präskription gegen die Häretiker*). Vormontanistische dogmatisch-polemische Schrift von Quintus SEPTIMIUS FLORENS TERTULLIANUS (160? bis nach 220), verfaßt um 200. – Schon in dem ersten Buch gegen MARCION hatte Tertullian dieses Werk angekündigt. Er will darin in Form von Präskriptionen (summarische Abweisung eines Klägers vor Gericht) – einer Form, die seinem forensischen Temperament in besonderer Weise entgegenkommt – die gnostischen Irrlehren durch die bloße Feststellung überwinden, daß sie häretisch, d. h. nicht apostolischen Ursprungs, sind: ein Eingehen auf den Inhalt dieser Lehren erübrigt sich, da sie sich allein schon durch ihre Neuheit richten. Eine inhaltliche Beschäftigung mit ihnen hält Tertullian aus verschiedenen Gründen für untunlich und geradezu gefährlich, wird doch einerseits in Disputationen mit den Häretikern die Autorität der *Heiligen Schrift* menschlichem Urteil unterworfen und zerredet, andererseits der Gläubige unnötigerweise in die Defensive gedrängt und in seinem Glauben wankend gemacht.

Zunächst statuiert Tertullian, daß der Glaube nicht durch die Personen erwiesen wird, sondern umgekehrt die Personen durch den Glauben erwiesen werden. Auf dieser Grundlage ist die Häresie objektiv zu charakterisieren als eine Auswahl, die aus der wahren Lehre getroffen wird; in diesem ihrem Wesen liegt schon ihre Verurteilung beschlossen. Da die Häresien sich mit Philosophie schmücken, muß man sich auch vor dieser hüten, zumal der Apostel ausdrücklich vor solchem Ohrenkitzel warnt. Denn, die bereits glauben, ist nichts zu suchen übrig. – Eine Diskussion kann es mit den Häretikern überhaupt nur darüber geben, wem der Glaube zukommt, von wem, durch wen und wem die christliche Lehre überliefert worden ist. Die einzige Lehre eben dieses Glaubens aber stammt von Christus, der sie den Aposteln anvertraute, die sie wiederum den Heiden bekanntgaben und bestimmte Gemeinden gründeten, von denen die übrigen Gemeinden die Lehre entlehnen. Nur diejenige Lehre darf daher als wahr angenommen werden, die unbeirrt an dem festhält, was die Kirche – mündlich wie schriftlich – von den Aposteln, die Apostel von Christus, Christus von Gott empfangen haben. Der Irrtum liegt auf seiten der Häresien, da diese später aufgetreten sind als die wahre Lehre. Falls aber Häresien auf die apostolische Zeit zurückgehen, so gilt für sie das Verdammungsurteil, das schon der Apostel über sie gesprochen haben. Der Schrift ist ein (in seiner Authentizität nicht unbestrittener) Katalog von 32 Häresien angehängt, der mit den Sadduzäern und Pharisäern der Zeit Christi beginnt und bis zu CERDO, Marcion und APELLES, ja bis zu den Montanisten reicht, die hier eine scharfe Zurückweisung erfahren.   H. L. H.

AUSGABEN: Basel 1521, Hg. B. Rhenanus. – Paris 1844 (ML, 1/2). – Bonn 1930, Hg. J. Martin (FP, 4). – Wien 1942 (in *Opera*, Bd. 2/2, Hg. A. Kroymann; CSEL, 70). – Den Haag 1946, Hg. J. N. Bakhuizen van den Brink. – Turnhot 1954 (in *Opera*, Bd. 1, Hg. R. F. Refoulé; CCL, 1). – Paris 1957 (*Traité de la Préscription contre les hérétiques*, Hg. u. Anm. R. F. Refoulé; frz. Übers. P. de Labriolle; SCh, 46).

ÜBERSETZUNGEN: *Von der Verjährung wider die Ketzer*, F. A. v. Besnard (in *SS*, Bd. 1, Augsburg 1837). – *Von den Prozeßeinreden gegen die Irrlehrer*, H. Kellner (in *AS*, Bd. 1, Kempten 1871; BKV, 5). – *Die Prozeßeinreden gegen die Haeretiker*, ders. (in *AS*, Bd. 2, Mchn. 1915; BKV, 24).

LITERATUR: P. de Labriolle, *L'argument de préscription* (in Revue d'Histoire et de Litt. Religieuses, 11, 1908, S. 408–428; 497–514). – P. U. Hüntemann, *»De praescriptione haereticorum« libri analysis*, Quaracchi 1924. – L. de Vitte, *L'argument de préscription et Tertullien*, Mecheln 1936. – G. Zimmermann, *Die hermeneutischen Prinzipien T.s*, Diss. Lpzg. 1937. – J. Stirnimann, *Die »Praescriptio« T.s im Lichte des römischen Rechtes und der Theologie*, Fribourg 1949 (Paradosis, 3). – A. Quacquarelli, *Il »Praescriptione« di Tertulliano nella polemica giansenista di Pietro Tamburini*, Bari 1953. – Aemilius Michiels, OFM, *Index verborum omnium quae sunt in Q. Septimii Florentis Tertulliani tractatu »De praescriptione haereticorum« addita lucubratione de praescriptionibus in tractatu »De praescriptione haereticorum« occurentibus*, Steenbrugge 1959. – J. Quasten, *Patrology*, Bd. 2, Utrecht 1962, S. 269–273.

DE PALLIO (lat. Patr.; *Über das Pallium*). Früheste erhaltene Schrift von QUINTUS SEPTIMIUS FLORENS TERTULLIANUS (160? bis nach 220), entstanden 193. – Seit 193 lebte Tertullian, in Rom Christ geworden, als Katechet in Karthago. Dort erregte er Aufsehen, weil er, der zu den Notabeln der Stadt gehörte, nicht wie diese die römische Toga trug, sondern im *pallium*, einem einfachen, viereckigen Überwurf, dem Gewand der Philosophen, auf die Straße ging. Die Schrift ist eine recht spöttische Antwort an die Karthager, die sich darüber aufhielten, wie jemand sich vom Togazum Palliumträger degradieren könne.

Das *pallium* sei von Hause aus ein altkarthagisches Kleidungsstück. Die Verwunderung der Karthager über einen Wandel in der Kleidung sei ebenso naiv wie eine Verwunderung über den Wechsel überhaupt, der doch ein allgemeines Gesetz der Natur darstelle. Auch die Bekleidung des Menschen habe sich immer wieder geändert: anfangs stand er nackt vor seinem Bildner, gab sich dann eine vorläufige Umhüllung von Feigenblättern, wurde mit Fellen bekleidet auf die Erde geschickt, und schließlich verfertigte er sich Gewebe aus Bast, Wolle, Flachs und Seide, erst zur Bedeckung der Blöße, später zu Schmuck und Prunk. Sein Äußeres zu verändern sei jedoch nur dann verwerflich, *»wenn nicht bloß mit der Mode, sondern mit dem Naturell eine Veränderung vorgenommen wird«*. Es habe auch Philosophen gegeben, die in Purpur und Seide philosophierten. Solche Leute (nicht er!) verdienten es, daß man den Kopf über sie schüttle. – Ferner sei das *pallium* das denkbar bequemste Gewand, indem man es einfach überwerfe, während die Toga mit ihrem Faltenwerk den Träger zu einem »Packesel« mache. Im übrigen, gibt Tertullian zu bedenken, habe er keine Obliegenheiten, zu denen man die Toga benötige. Seine Absicht sei es, Heilmittel zur Förderung der Sitten anzugeben, die dem Staate besser dienlich wäre als die Geschäftigkeit der Togaträger (deren üppigen Lebensstil er scharf geißelt). Die höchste Würde des *pallium* liege indessen darin, daß es nunmehr einen Christen bekleide.

Die Schrift ist in einem teils launigen, teils sarkastischen Ton gehalten. Bei aller Freude des Autors an der Rhetorik, ja an reißerischem Effekt, und bei aller gekonnten Persiflage zeigt sie in ihrer ganzen methodischen Anlage den versierten Advokaten und keimhaft auch schon den späteren Apologeten am Werk.   H. L. H.

AUSGABEN: Basel 1521, Hg. B. Rhenanus. – Paris 1844 (ML, 1/2). – Wetteren 1940, Hg. A. Gerlo [m. Komm.]. – Turnholt 1954 (in *Opera*, Bd. 2, Hg. A. Gerlo). – Turin 1954, Hg. J. Marra. – Wien 1957 (in *Opera*, Bd. 4, Hg. V. Bulhart; CSEL, 76).

ÜBERSETZUNGEN: *Vom Philosophen-Mantel*, F. A. v. Besnard (in *SS*, Bd. 2, Augsburg 1838). – *Über das Pallium oder den Philosophenmantel*, H. Kellner (in *AS*, Bd. 1, Mchn. 1912; BKV², 7). – *Il mantello di saggezza. De pallio*, Q. Cantadella, Genua 1947 [lat. Text, Anm. u. ital. Übers.].

LITERATUR: M. Zappalà, *Le fonti del »De pallio«* (in Ricerche Religiose, 1, 1925, S. 327–344). – J. M. Vis, *T.s »De pallio«, tegen de achtergrond van zijn overige werken*, Diss. Nimwegen 1949. – B. Nisters, *T. Seine Persönlichkeit und sein Schicksal. Ein charakterologischer Versuch*, Münster 1950 (Münsterische Beiträge zur Theologie, 25). – G. Säflund, *»De pallio« und die stilistische Entwicklung'T.s*, Lund 1955 [enth. auch den Text]. – G. Calloni Cerretti, *Tertulliano. Vita, opera, pensiero*, Modena 1957. – H. v. Campenhausen, *Latein. Kirchenväter*, Stg. 1960 (Urban-Tb., 50).

DE TESTIMONIO ANIMAE (lat. Patr.; *Vom Zeugnis der Seele*)

Vormontanistische Apologie von Quintus SEPTIMIUS FLORENS TERTULLIANUS (160? bis nach 220), entstanden zwischen 197 und 200. – Im Gegensatz zu dem früheren *Apologeticum (Verteidigung des Christentums)* und den vorausgegangenen zwei Büchern *Ad nationes (An die Heiden)* wendet Tertullian in dieser apologetischen Schrift eine neue Kampfesart an: er versucht, die christliche Sache dadurch zu rechtfertigen, daß er die der Seele von Natur innewohnende Wahrheit hervorhebt, die somit auch von den Heiden im Grunde anerkannt wird und ihnen unmittelbar zugänglich ist. Allerdings haben die Heiden verkehrte Meinungen in sich aufgesogen, die Tertullian in der vorliegenden Apologie aus ihren Herzen herauszureißen bemüht ist. Ein Vorläufer dieser neuen Form der Auseinandersetzung mit den Heiden findet sich in Kapitel 17 des *Apologeticum*, wo Tertullian die Seele zum Zeugen der christlichen Wahrheit anruft: *»O testimonium animae naturaliter christianae!« (»O Zeugnis der von Natur christlichen Seele!«)*
Was dort nur im Vorübergehen gestreift wurde, führt Tertullian hier breiter aus. Wo die Seele sich unverstellt und spontan äußert – der Autor erwähnt vor allem die spontanen Ausrufe der Heiden –, bekennt der Mensch sich zu einem Gott, glaubt er an ein Fortleben der Seele nach dem Tod, an die Existenz eines personalen Bösen. *»So spricht man bei jeder Plage, Verfluchung und Bekundung des Abscheus den Namen Satans aus, den wir den Engel der Bosheit, den Urheber jeden Irrtums, den Verfälscher des ganzen Zeitalters nennen, der den Menschen von Anfang an umgarnte, so daß dieser das Gebot Gottes übertrat und, deswegen dem Tode anheimgegeben, darauf das ganze mit seinem Samen vergiftete Geschlecht zum Fortpflanzer seiner eigenen Verdammnis machte.«* (Kap. 3)
Der Traduzianismus in seiner Seelenlehre hindert Tertullian also nicht, der Seele auch das Wissen um ihren Fall (durch die Verführung des Bösen) und damit die Möglichkeit eines ursprünglichen Wissens der Wahrheit zuzusprechen. Die christliche Wahrheit ist so, recht verstanden, die Wahrheit der Seele selbst, d. h., diese ist von Natur christlich. H. L. H.

AUSGABEN: Paris 1521 (in *Opera*, Hg. B. Rhenanus). – Lpzg. 1853 (in *Quinti Septimii Florentis Tertulliani quae supersunt omnia*, Hg. F. Oehler, 3 Bde., 1). – Wien 1890 (in *Opera*, Hg. A. Reifferscheid u. G. Wissowa, Bd. 1; CSEL, 20). – Leiden 1952, Hg. G. Quispel. – Turnholt 1954 (in *Opera*, 1954 ff., Bd. 1; CCL, 1). – Turin 1959, Hg. C. Tibiletti [m. Einl. u. Komm.].

ÜBERSETZUNGEN: *Vom Zeugnisse der Seele*, F. A. v. Besnard (in *SS*, Bd. 1, Augsburg 1837). – *Über das Zeugnis der Seele*, K. A. H. Kellner (in *AS*, Bd. 1, Kempten 1871; BKV, 5). – *Das Zeugnis der Seele*, ders. (in *AS*, Bd. 1, Kempten/Mchn. 1912; BKV[2], 7). – *T.s zweites Buch »Ad nationes« und »De testimonio animae«*, M. Heidenthaller, Paderborn 1942 [m. Komm.].

LITERATUR: G. Esser, *Die Seelenlehre T.s*, Paderborn 1893, S. 166–176. – G. Quispel, *Anima naturaliter christiana* (in Lat, 1951, S. 163–169). – C. Tibiletti, *T. e la dottrina dell'anima naturaliter christiana* (in Atti della Accademia delle Scienze di Torino, Cl. di Scienze Morali, Storiche e Filologiche, 88, 1953/54, S. 84–117). – A. Bacci, *De philosophandi genere Ciceronis deque testimonio animae naturaliter christianae in eius scriptis* (in Latinitas, 6, 1958, S. 163–176). – C. Tibiletti, *Note critiche al testo di T. »De testimonio animae«* (in Giornale Italiano di Filologia, 12, 1959, S. 258 bis 262). – Ders., *S. Ireneo e l'escatologia nel »De testimonio animae« di T.* (in Atti della Accademia delle Scienze di Torino, Cl. di Scienze Morali, Storiche e Filologiche, 94, 1959/60, S. 290–330).

Sextus IULIUS AFRICANUS
(um 180–245)

CHRONOGRAPHIAI (griech.; *Zeittafeln*). Geschichtswerk in fünf Büchern von Sextus IULIUS AFRICANUS (um 180–245), nur fragmentarisch erhalten. – Iulius ordnet die Geschichte von der Weltschöpfung bis 221 n. Chr. durch Synchronismen zwischen der Geschichte der Juden und der Geschichte Griechenlands und Roms; damit wurde er Begründer der vergleichenden heidnisch-christlichen Chronographie. Da die Geschichte des jüdischen Volkes in einem zyklischen, tausendjährigen Rhythmus abrolle, in dem man, wie es heißt, den Stempel des göttlichen Willens finde, billigt er den Juden einen höheren Rang zu als den anderen Völkern. Diese prosemitischen Ideen haben ihre Wurzeln offenbar in der Herkunft des Autors, der, ungeachtet seines Beinamens Africanus, aus Emmaus in Palästina stammte. Allerdings hatte er seine lokal geprägte biblische Bildung in Alexandria und nicht zuletzt durch den Kontakt mit ORIGENES die allegorische Exegese kennenlernte. Im Sinne dieser doppelten – semitisch-nationalen und biblisch-allegorischen – Tendenz teilt er die Weltgeschichte in sechs Millennien – eine Woche von sechs »tausendjährigen« Tagen –; davon seien fünfeinhalb vor der Geburt Christi abgelaufen, der genau im Jahre 5500 auf die Welt kam.
Die Bedeutung des Werkes liegt in seinem Synkretismus jüdischer und hellenistisch-römischer Elemente. Als Universalgeschichte ist es einerseits eine Art Fortsetzung der griechischen Chronographien – wie z. B. des *Marmors von Paros (Marmor Parium)* und der *Chronik (Chronika)* APOLLODORS –, andererseits, und vor allem, eine Quelle für die spätere *Kirchengeschichte (Historia ekklēsiastikē)* des EUSEBIOS und für dessen Nachfolger. F. D. C.

AUSGABEN: Vgl. M. J. Routh, *Reliquiae sacrae*, Bd. 2, Oxford 1846, S. 238 ff.

LITERATUR: H. Gelzer, *S. I. A. und die byzantinische Chronographie*, 2 Bde., Lpzg. 1880–1898. – W. Kroll u. J. Sickenberger, Art. *I. (47) A.* (in RE, 10/1, 1917, Sp. 116–125).

ORIGENES
(185–254)

KATA KELSU (griech. Patr.; *Gegen Kelsos*). Apologetische Schrift in acht Büchern von ORIGENES (185–254), entstanden zwischen 246 und 248. – Durch einen besonderen Glücksfall ist -als einzige der vielen apologetischen Schriften des Autors gerade die bedeutendste der Nachwelt erhalten geblieben. Das Werk stellt eine Widerlegung des um das Jahr 150 (nach anderen um 178) erschienenen *Logos alēthēs (Die wahre Lehre)* des heidnischen Philosophen KELSOS dar. Diese Schrift des Kelsos, eines eklektischen Platonikers, ist verlorengegangen; doch hat Origenes etwa drei Viertel davon in wörtlichen Zitaten bewahrt. Sie war in zwei Teile gegliedert, deren erster die Unhaltbarkeit des Christentums vom Standpunkt der jüdischen Messiasidee erweisen sollte, während der zweite die Unhaltbarkeit der Messiasidee selbst und somit die völlige Unbegründetheit des Christentums darlegte. In seiner Widerlegung folgt Origenes in ruhigem Ton Satz für Satz den Ausführungen seines Gegners. Zweierlei war für die Argumentation des Kelsos charakteristisch: zum einen seine Neigung, Jesus und den Aposteln absichtliche Täuschung zu unterschieben, zum andern der rationalistische Vorwurf, das Christentum verlange nur Glauben und sei jeder verstandesmäßigen Untersuchung abhold. Demgegenüber betont Origenes, der Glauben sei geradezu eine Notwendigkeit angesichts der Tatsache, daß für eine solche von Kelsos geforderte Untersuchung sowohl die Zeit wie die geistigen Kräfte fehlen würden. Im übrigen aber stimme der Glauben mit den Lehren der Natur selbst überein, wie aus seinen sittlichen Wirkungen zu ersehen sei. Der dem jüdischen Ursprung des Christentums betreffende Vorwurf sei nicht gerechtfertigt, denn das *Alte Testament* sei ein überaus ehrwürdiges Buch und zumal die *Bücher Mosis* seien älter als alle literarischen Zeugnisse der Heiden. Im folgenden wird ein detaillierter Abriß der christlichen Lehren gegeben, angefangen mit der Lehre von der Person und der Göttlichkeit Christi (Buch 3). Das vierte Buch handelt von der Schöpfung und von der Natur des Guten und Bösen, das fünfte von den Engeln, der Auferstehung und dem Weltende sowie vom Zusammenhang des *Alten* und *Neuen Testaments*. Im Mittelpunkt des sechsten Buchs stehen Vergleiche von Aussprüchen PLATONS mit Worten aus den *Evangelien* sowie Ausführungen über den Satan, über den Heiligen Geist und die Inkarnation. Das siebte Buch befaßt sich vor allem mit den Weissagungen, der Auferstehung und der Erkenntnis Gottes. Der Schluß des Werks soll dem Argument des Kelsos begegnen, schon die äußere Ohnmacht der Christen spreche gegen die Macht des Christentums.
Kata Kelsu gilt – nicht zuletzt dank der Gelehrsamkeit und dem Scharfsinn des Autors – als die beste apologetische Schrift des christlichen Altertums. Noch Johann Albert FABRICIUS (1668–1736) nannte sie ein »*opus praeclarum lectuque dignissimum*« – »*ein berühmtes und höchst lesenswertes Werk*«.
H. L. H.

AUSGABEN: Rom 1481 (*Origenis prooemium contra Celsum et in fidei Christianae defensionem liber I*). – Augsburg 1605, Hg. D. Hoeschelius. – MG, 11. – Lpzg. 1899, Hg. P. Koetschau. – Kairo 1956 (in

J. Schérer, *Extraits du livre 1 et 2 du* »*Contre Celse*« *d'Origène, d'après le papyrus nr. 88 747 du Musée du Caire*).

ÜBERSETZUNG: *Acht Bücher gegen Celsus*, P. Koetschau, Mchn. 1926/27 (BKV², 52/53).

LITERATUR: A. Miura-Stange, *Celsus u. O.*, Gießen 1926. – H. Rahner, *Das Menschenbild bei O.* (in Eranos-Jb., 15, 1947, S. 197–248). – H. Karpp, *Probleme altchristlicher Anthropologie*, Gütersloh 1950. – H. U. v. Balthasar, *Parole et mystère chez Origène*, Paris 1957. – F.-H. Kettler, *Der ursprüngliche Sinn der Dogmatik des O.*, Bln. 1966.

PERI ARCHŌN (griech. Patr.; *Über die Urgründe* [oder: *die Grundsätze*]). Philosophisch-theologische Abhandlung in vier Büchern von ORIGENES (185 bis 254), entstanden zwischen 220 und 230. – Origenes war Schüler des Neuplatonikers AMMONIOS SAKKAS († 242) und des CLEMENS aus Alexandreia (150–215), dessen Programm, das Christentum mit Hilfe des spätantiken Idealismus als die vollendete Religion zu erweisen, er mit der Errichtung des ersten christlichen Lehrgebäudes im großen Stil verwirklichte. Allerdings äußert sich Origenes hinsichtlich seiner Methode vorsichtiger als sein Lehrmeister, obwohl seine Sicht viel umfassender ist: denn er will sich nicht auf die vom Logos geleiteten Völker und Kulturen, also auf die Geschichte der Menschheit beschränken, – (vgl. den *Paidagōgos* des Clemens), sondern hat die Abläufe der Äonen vor Augen.
Origenes unterscheidet zwischen den unabdingbaren Glaubenslehren – »Grundsätzen« – und den Fragen, die der Spekulation offenstehen; hierzu gehört der Ursprung der Seele, die Beschaffenheit der Geister und das Wissen von den Äonen vor und nach diesem Weltalter. Diese »offenen« Fragen löst Origenes im Sinne der neuplatonischen Philosophie, weshalb die Heide PORPHYRIOS (233–301/304) nicht zu Unrecht urteilt, Origenes sei zwar in der Praxis Christ, als Denker aber Hellene gewesen. – Das erste Buch handelt von Gott, den Engeln und den Sterngeistern. Hier stellt Origenes zunächst die Einzigkeit Gottes gegenüber dem Polytheismus und gegenüber jenen Gnostikern fest, die von einem gerechten, nicht guten Gott des *Alten* und einem guten, nicht gerechten Gott des *Neuen Testaments* reden. Der persönliche Logosbegriff – im Gegensatz zu dem unpersönlichen heidnischen – erlaubt es, die Gottheit des Erlösers mit dem Monotheismus zu vereinen. Wie Clemens, der darin wieder PHILON (20 v. Chr. – 50 n. Chr.) folgt, lehrt Origenes, daß wir Gott nicht adäquat benennen können; alle unsere Aussagen über ihn haben entweder negativen oder superlativen Charakter. Zur Lösung des Theodizeeproblems entwickelt Origenes eine ganze Pneumatologie (Geisterlehre). Dies wurde notwendig, weil die gnostischen Schulen des MARKION, VALENTINOS und BASILEIDES die Existenz des Bösen auf die gegebene Ungleichheit unter den Vernunftwesen zurückführten, für die sie ein eigenes Prinzip des Übels, nämlich den Schöpfer dieser Welt und Gott des *Alten Testaments*, verantwortlich machten. Nach Origenes hat Gott alle vernünftigen Geschöpfe gleich erschaffen. Die Ungleichheit unter ihnen ist erst die Folge ihres aus freien Stücken vollzogenen Abfalls von Gott, ist durch das Nachlassen ihrer

Liebe zu Gott verursacht. Je nach dem Grad der Entfernung vom immateriellen Ursprung wurden die Geister mit einem Leib von verschiedener Schwere und Dichte behängt: diejenigen Engel, die nur leicht sündigten – gesündigt haben nach Origenes alle –, mit einem Ätherleib, diejenigen, die sich schwer versündigten, die Teufel, mit dem schwersten und dichtesten Leib. Zwischen den Engeln und den Dämonen stehen die Seelen der Menschen, die nun mit dem Erdenleib behaftet sind.

Die Bestrafung der Geister mit der Einkerkerung in einen Leib war für Gott der Grund zur Erschaffung dieser Welt. Unsere augenblicklich existierende Welt ist nicht ewig, die Schöpfung als solche aber ist ewig, d. h., es hat immer eine Welt gegeben, da Gott immer Schöpfer und immer Allherrscher war – was er nicht sein konnte ohne Geschöpfe, die er beherrschte. Da Gottes Vollkommenheit also keinen Anfang der Welt in der Zeit zuläßt, folgt, daß die Gattungen und Arten und in gewissem Sinne auch die Individuen immer existiert haben. Mit dieser Anschauung entgeht Origenes dem Dilemma, entweder eine ewige und dann unbegreifliche und nicht unter Gottes Vorsehung fallende oder eine in der Zeit erschaffende und aufhörende Welt und damit eine Veränderung in Gott annehmen zu müssen.

Das dritte Buch handelt von der Freiheit der Geister und von der göttlichen Gerechtigkeit sowie deren endgültigem Einklang in der *apokatastasis*, der Wiederbringung aller Dinge. Zwar entstand die augenblickliche Ordnung aufgrund der Bestrafung der gefallenen Geister. Die Einkörperung der Geister ist jedoch schon der erste Schritt zu ihrer Umkehr, denn durch sie wird die Bosheit der Geister in Grenzen gehalten. Das zweite Heilmittel, das Gott gegen das dennoch überhandnehmende Böse anwendet, ist die Vernichtung dieser unserer Welt, der dann neue Äonen folgen. Am Ende aber wird »*Gott alles in allem*« (*1. Korinther* 15,27f.) sein; dann wird das Böse verschwunden sein und alles in den ursprünglichen Zustand einer reinen und gleichen Geisterwelt zurückkehren. Diese Gedanken möchte Origenes freilich nur als *problēmata*, nicht als *dogmata* aufgefaßt wissen. Auch der Logos – Inbegriff der Ideen und Weltseele – fungiert als Mittler in der Rückkehr der Wesen zu Gott. Er ist Engel für den Engel, Mensch für die Menschen; er weilt in jeder Seele, die sich von ihm führen läßt. Damit werden der historische Christus und das historische Christentum auf diesen Äon relativiert; umfassend ist allein das pneumatische Christentum als das ewige Evangelium, das in jedem Zeitalter gilt. Während der Somatiker (Buch 4) in Christus bloß einen Menschen zu erkennen vermag und der Psychiker nur den historischen Erlöser seines Weltalters, den leidenden Heros, erschaut der Pneumatiker in Christus den ewigen Geist, den Logos, der im Anfang (d. h. im Urgrund) bei Gott war.

Die origenistischen Streitigkeiten des 6. Jh.s entzündeten sich gerade an den Sonderlehren des Origenes: der Leugnung der ewigen Höllenstrafe, der *apokatastasis*, der totalen Angleichung an den verklärten Christus usw. Die Isochristen und andere, die sich für bereits »vollendet« hielten, beriefen sich für ihre Lehren auf Origenes und brachten es dahin, daß durch ein Edikt des Kaisers Iustinian (reg. 527-569) und durch die Synode von 553 zwanzig Lehrsätze als »origenistisch« verdammt wurden. Trotz ihrer Umstrittenheit aber war die Lehre des Origenes von ungeheurem Einfluß nicht nur auf die gesamte griechische patristische Philosophie, sondern auch auf die Philosophie der Frühscholastik (etwa JOHANNES SCOTUS ERIUGENA, um 810–877). – Das Werk ist vollständig nur in der lateinischen Übersetzung *(De principiis)* des RUFINUS (Ende des 4. Jh.s) erhalten, der allerdings manche ihm allzu kühn erscheinende Behauptung abgeschwächt hat. Die wörtliche Übersetzung des HIERONYMUS (4. Jh.) und der griechische Urtext sind verschollen. Lediglich einige Abschnitte des griechischen Originals vom Anfang des dritten und des vierten Buches sind erhalten geblieben. H. L. H.

AUSGABEN: Paris 1512, Hg. J. Merlinus [lat.]. – MG, 11. – Lpzg. 1913 (in *Werke*, 12 Bde., 1899–1955, 5, Hg. P. Koetschau).

ÜBERSETZUNG: *Origenes über die Grundlehren der Glaubenswissenschaft*, C. F. Schnitzer, Stg. 1835.

LITERATUR: P. Mehlhorn, *Die Lehre von der menschlichen Freiheit nach O.*' »Peri archōn« (in ZKG, 2, 1878, S. 234–253). – Bardenhewer, 2, S. 167–171. – H. Jonas, *O.*' »*Peri archōn*« – *ein System patristischer Gnosis* (in Theolog. Zs., 4, 1948, S. 101–119). – F. Marty, *Le discernement des esprits dans le »Peri archōn« d'Origènes* (in Revue d'Ascétique et de Mystique, 34, 1958, S. 147–165; 253–275). – E. v. Ivánka, *Der geistige Ort von »Peri archōn« zwischen Neoplatonismus, Gnosis u. der christlichen Rechtgläubigkeit* (in Scholastik, 35, 1960, S. 481–502). – G. Gruber, *ZŌĒ – Wesen, Stufen u. Mitteilung des wahren Lebens bei O.*, Mchn. 1962. – F. H. Kettler, *Der ursprüngliche Sinn der Dogmatik des O.*, Bln. 1966.

GREGORIOS THAUMATURGOS
(um 213–270)

EIS ORIGENĒN PROSPHŌNĒTIKOS KAI PANĒGYRIKOS LOGOS (griech. Patr.; *Lobrede auf Origenes*). »Panegyrische Rede« von GREGORIOS THAUMATURGOS (um 213–270), entstanden um 238. – Die Rede auf Gregors berühmten Lehrer ORIGENES hat autobiographischen Quellenwert für die Kindheits- und Jugendgeschichte ihres Verfassers und wird als erste »in noch nach verhüllte« christliche Autobiographie angesehen. Ihr eigentlicher Wert liegt in der ausführlichen Schilderung der Lehrzeit Gregors bei Origenes. Dessen Unterricht umfaßte Logik (7), Naturwissenschaften (8), Moralphilosophie in Verbindung mit praktischen Tugendübungen (9–12) und Lektüre der alten Literatur (mit Ausnahme der atheistischen Schriften) zur Einleitung in die Theologie (13–14). Erst der solchermaßen gerüstete Schüler wurde zum Studium der biblischen Theologie (15) zugelassen, das die feierliche Krönung des ganzen Unterrichts bildete. – Gehalten wurde diese an rhetorischem Glanz reiche Dankrede im palästinensischen Kaisareia beim Aufbruch des erfolgreichen Schülers in die pontische Heimat, wo Gregor bald Bischof seiner Vaterstadt Neokaisareia wurde und dank der zahlreichen Wunder, die er gewirkt haben soll, den Beinamen Thaumaturgos, »der Wundertäter«, erhielt. A. Ku.

AUSGABEN: Mainz 1604, Hg. G. Voß. – Augsburg 1605, Hg. D. Hoeschel. – Stg. 1722, Hg. J. A. Bengel. – MG, 10. – Lpzg. 1894 (*Dankrede an Origenes*, Hg. P. Koetschau).

ÜBERSETZUNG: *Lobrede auf Origenes*, H. Bourrier, Mchn. 1911 (BKV², 2).

LITERATUR: C. Weyman, *Zu G. T.* (in Phil, 55, 1896, S. 462-464). – A. Brinkmann, *Gregors des Thaumaturgen Panegyricus auf Origenes* (in RhMus, 56, 1901, S. 55-76). – Bardenhewer, 2, S. 320-322. – Altaner, S. 187/188.

NOVATIANUS
(3. Jh.)

DE TRINITATE (lat. Patr.; *Über die Dreieinigkeit*). Theologischer Traktat, wahrscheinlich von NOVATIANUS (3. Jh.), fälschlich CAECILIUS CYPRIANUS THASCIUS (um 200-258) zugeschrieben, entstanden um 240. – Obwohl das Wort *trinitas* (Dreieinigkeit) nicht ein einziges Mal darin vorkommt, will der Autor in dieser Schrift »*die wahre Lehre*« (»*regula veritatis*«) der Dreieinigkeit erläutern, nämlich die, daß es *einen* Gott gibt und *drei* göttliche Personen. Er wendet sich gegen verschiedene Irrlehren, vor allem gegen gnostische und monarchianische Vorstellungen, und legt in selbständiger Form die Trinitätslehre dar, wie sie von THEOPHILOS aus Antiocheia, EIRENAIOS, HIPPOLYTOS und TERTULLIAN entwickelt worden ist. HIERONYMUS' Meinung, das Werk sei ein Auszug aus einer Schrift Tertullians, ist keineswegs zutreffend.
Nach einem einleitenden, vom Stoizismus inspirierten Preis Gottes und seiner großartigen Schöpfung spricht der Autor zunächst vom Wesen und der Allmacht Gottes, des Vaters und Schöpfers. Im zweiten Teil verteidigt er die wahre Gottheit und die wahre Menschennatur von Jesus Christus, dem Sohn des einzigen und einen Gottes: er ist im *Alten Testament* verheißen worden und hat sich im *Neuen Testament* offenbart. Der dritte Teil handelt kurz vom Heiligen Geist und seinem Wirken in der Kirche. Ein letzter Abschnitt ist der Einheit Gottes gewidmet; der Autor versucht zu zeigen, daß sich die wahre Gottheit des Sohnes durchaus mit dieser Einheit vereinbaren läßt. Am Schluß wird das Verhältnis von Vater und Sohn in Abgrenzung gegen verschiedene Irrlehren nochmals zusammenfassend dargelegt. Im ganzen erweist sich Novatian als Vertreter der Subordinationslehre, die den Sohn unter den Vater und den Heiligen Geist unter den Sohn stellt.
Das in rhythmischer Prosa geschriebene, streng gegliederte Werk ist nur in Tertullian-Handschriften überliefert. Novatians Verfasserschaft, schon von Hieronymus vermutet, wird heute kaum mehr bestritten. Damit ist *De trinitate* die erste große Abhandlung eines römischen Theologen in lateinischer Sprache.   M. L.

AUSGABEN: Paris 1545 (in Q. S. F. Tertullianus, *Opera*). – ML, 3. – Cambridge 1909, Hg. W. Yorke Fausset. – Düsseldorf 1962, Hg. H. Weyer.

ÜBERSETZUNG: *De trinitate (Über den dreifaltigen Gott)*, H. Weyer, Düsseldorf 1962 [m. Text, Einl. u. Komm.].

LITERATUR: M. Kriebel, *Studien zur Trinitätslehre bei Tertullian und N.*, Marburg 1932. – F. Dölger, *Antike und Christentum*, Bd. 6, Münster 1940, S. 80f. – I. Barbel, *Christos Angelos*, Bonn 1941, S. 80f. – *Dictionnaire de théologie catholique*, Bd. 11/1, Paris 1931, S. 821-828; Bd. 15/2, 1950, S. 1635 ff. – M. Simonetti, *Studi in onore di A. Monteverdi*, Bd. 2, Modena 1959, S. 771-783.

DE BONO PUDICITIAE (lat. Patr.; *Über den Wert der Keuschheit*). Theologisches Werk in Briefform, wahrscheinlich verfaßt von NOVATIANUS (3. Jh.), lange Zeit fälschlich CAECILIUS CYPRIANUS THASCIUS aus Karthago (um 200-258) zugeschrieben; wohl entstanden nach dem von Novatian verursachten Schisma (251).
Wie aus dem Brief hervorgeht, richtete der von seiner Gemeinde getrennt lebende Autor an seine Gläubigen immer wieder Mahnschreiben, damit sie unerschütterlich am christlichen Glauben festhielten. Diesmal will er ihnen besonders das Gebot der Keuschheit ans Herz legen. Nach einem überschwenglichen Preis der Sittsamkeit stellt er dieser ihr häßliches Gegenbild, die Unzüchtigkeit, gegenüber. Er unterscheidet drei Grade der Keuschheit: die stete Jungfräulichkeit, die Enthaltsamkeit in der Ehe und die Bewahrung der ehelichen Treue. Das Gebot der Keuschheit sei so alt wie das Menschengeschlecht. Christus und die Apostel hätten eindringlich dazu ermahnt. Jungfräulichkeit und Enthaltsamkeit jedoch überstiegen jede Vorschrift und erhöben die Menschen zu den Engeln, ja sogar über diese hinaus. Als rühmliche Beispiele führt der Autor die Geschichten von Joseph und von Susanna aus dem *Alten Testament* an; er preist die beiden, weil sie allen Versuchungen widerstanden und dafür ihren Lohn erhielten. Am Schluß unterstreicht er noch einmal den Wert der Keuschheit, durch die der Mensch einen schönen Sieg über sich selbst erringe, erwähnt die großen Gefahren, die ihr durch die fleischlichen Begierden drohen, und erteilt Ratschläge, wie sie zu bewahren sei. – Das in der Gedankenführung nicht sehr konzentrierte, am Anfang verstümmelte Werk ist stark beeinflußt von Schriften TERTULLIANS und Cyprians.   M. L.

AUSGABEN: Paris 1844 (ML, 4). – Wien 1871 (in *Opera omnia*, Hg. W. Hartel, 3 Bde., 1868-1871, 3; CSEL, 3/1-3).

LITERATUR: S. Matzinger, *Des hl. Thascius Cäcilius Cyprians Traktat »De bono pudicitiae«*, Diss. Mchn. 1892. – C. Weyman, *Über die dem Cyprian beigelegten Schriften »De spectaculis« u. »De bono pudicitiae«* (in HJbG, 13, 1892, S. 737-748; vgl. ebd., 14, 1893, S. 330 f.). – A. Demmler, *Über den Verfasser der unter Cyprians Namen überlieferten Traktate »De bono pudicitiae« u. »De spectaculis«*, Tübingen 1894. – A. d'Alès, *Novatien*, Paris 1924. – F. J. Dölger, *Antike u. Christentum. Kultur- u. religionsgeschichtliche Studien*, Bd. 2, Münster 1930, S. 258-267. – B. Melin, *Studia in Corpus Cyprianeum*, Uppsala 1946. – J. Quasten, *Initiation aux Pères de l'Église*, Bd. 2, Paris 1957, S. 253-277 [m.

Bibliogr.]. – D. Monceaux, *Histoire littéraire de l'Afrique chrétienne*, Bd. 2, Brüssel ²1963, S. 106 bis 112.

1956. – Altaner, S. 152ff. – H. v. Campenhausen, *Latein. Kirchenväter*, Stg. 1960 (Urban Tb., 50).

CAECILIUS CYPRIANUS THASCIUS aus Karthago
(um 200-258)

AD DONATUM (lat. Patr.; *An Donatus*). Eine Schrift von CAECILIUS CYPRIANUS THASCIUS aus Karthago (um 200-258), geschrieben um 246. – Cyprianus berichtet seinem Freund Donatus detailliert über Hergang und Gründe seiner Bekehrung zum Christentum. Das heidnische Lasterleben wird angeprangert und ein Lobpreis auf die in der Taufe erfahrene Wiedergeburt und das damit gewonnene neue Leben gesungen: »*Vernimm, was man fühlt, bevor man es lernt, und was man nicht erst im Laufe der Zeit in mühsamer Forschung sich sammelt, sondern mit einem Male aus der Fülle der zeitigenden Gnade schöpft.*« Im nächsten Abschnitt schildert Cyprianus seine Zweifel, die er vor der Taufe hatte: »*Als ich selbst noch in der Finsternis und in dunkler Nacht schmachtete und auf den Wogen der sturmbewegten Welt schwankend und unsicher irrend kreuz und quer umhertrieb, ohne meinen Lebensweg zu kennen, ohne die Wahrheit und das Licht zu ahnen, da hielt ich es bei meinem damaligen Lebenswandel für höchst schwierig und unwahrscheinlich, was mir die göttliche Gnade zum Heile verhieß: daß man von neuem wiedergeboren werden könne und daß man, durch das Bad des heilbringenden Wassers zu neuem Leben beseelt, das ablege, was man früher gewesen, und trotz der Fortdauer der leiblichen Gestalt den Menschen nach Herz und Sinn umändere.*« Am Schluß heißt es: »*Nachdem aber mit Hilfe des lebenspendenden Wassers der Taufe der Schmutz der früheren Jahre abgewaschen war und sich in die entsühnte und reine Brust von oben her das Licht ergossen hatte, nachdem ich den himmlischen Geist eingesogen hatte und durch die zweite Geburt in einen neuen Menschen umgewandelt war, da wurde mir plötzlich auf ganz wunderbare Weise das Zweifelhafte zur Gewißheit, das Verschlossene lag offen, das Dunkel lichtete sich, als leicht stellte sich dar, was früher schwierig erschien, und ausführbar wurde das, was zuvor als unmöglich galt.*« Die Schrift ist ein nicht besonders originelles Beispiel für die in der Spätantike so beliebte Literaturgattung der »Confessio«. Anleihen bei MINUCIUS FELIX u. a. sind kaum zu übersehen. Zweifellos sind die *Confessiones* AUGUSTINS literarisch weitaus bedeutsamer.   A. Ku.

AUSGABEN: Rom 1471, Hg. J. Andreas. – Wien 1868 bis 1871, 3 Bde. (CSEL, 3, 1-3). – Turin 1935 (in *Corona Patrum Salesiana*, Hg. S. Colombo, Ser. lat. 2).

ÜBERSETZUNGEN: *An Donatus*, J. Baer, Kempten 1918 (BKV, 34). – *C. C. Eine Auswahl aus seinen Schriften*, W. Schulz, Bln. 1961 (Quellen. Ausgew. Texte aus d. Gesch. d. christl. Kirche, Hg. H. Ristow u. W. Schulz, 4).

LITERATUR: A. Quacquarelli, *La retorica antica al bivio. L'»Ad Nigrinum« e l'»Ad Donatum«*, Rom

Lucius CAECILIUS FIRMIANUS LACTANTIUS
(gest. 325/330)

DE IRA DEI (lat. Patr.; *Vom Zorn Gottes*). Theologisch-polemische Altersschrift des Lucius CAECILIUS FIRMIANUS LACTANTIUS († zwischen 325 und 330). – Das Werk richtet sich gegen die Philosophie im allgemeinen, welcher der Autor die Fähigkeit zur höheren Wahrheitserkenntnis generell abspricht, und gegen jene ihrer Vertreter im besonderen, die lehrten, daß Gott weder Zorn noch Gnade kenne. Nach Laktanz gibt es drei Stufen der Wahrheitserkenntnis, und zwar die Verwerfung der Götzen, die Erkenntnis des einen Gottes und die Anerkennung Jesu Christi. Die Anbeter der Gestirne gelangen nicht einmal zu der ersten Stufe; die Philosophen mit ihren irrigen Anschauungen von der göttlichen Natur bleiben auf der ersten Stufe stehen; die Häretiker machen vor der letzten Stufe Halt, der Anerkennung Jesu Christi. Die Polemik richtet sich im einzelnen sowohl gegen die Epikureer, die Gott alle Affekte absprechen, als auch gegen die Stoiker, die nur die Gnade gelten lassen. Ihnen entgegnet Laktanz: Gott ist von allen Affekten frei außer von Gnade, Zorn und Mitleid. Lasterhafte Affekte sind ihm fremd. Gegen bittende Menschen zeigt er sich gnädig, gegen verstockte erzürnt. EPIKUR hat Gott jegliche Affekte abgesprochen, weil er Zorn nur als etwas Negatives kannte und weil er glaubte, Gott könne nichts Negatives an sich haben. Mit dem Zorn hat Epikur Gott auch die Gnade abgesprochen, während die Stoiker diese gelten lassen. Um diesen Widerstreit zu klären, bedarf es einer richtigen Begriffsbestimmung des Zornes. Es gibt einen gerechten und einen ungerechten Zorn. ARISTOTELES definierte den (ungerechten) Zorn als die Begierde, den Schmerz zu vergelten; CICERO nennt den (ungerechten) Zorn die Leidenschaft, sich zu rächen. Der gerechte Zorn aber entspringt nach Laktanz nicht einem Rachebedürfnis, sondern dem Eifer, die Zucht zu bewahren, die Sitten zu bessern und die Zügellosigkeit zu unterdrücken: »*Der Zorn ist eine Bewegung der zur Einschränkung der Sünden sich erhebenden Seele.*« Der Zorn Gottes ist – bei der Bestrafung der Sünder – für das menschliche Leben nützlich und notwendig. Aus der Ewigkeit Gottes resultiert auch sein ewig währender Zorn; Gott wird aber, da er der Tugend im höchsten Grade teilhaftig ist, nicht vom Zorn regiert, vielmehr beherrscht er diesen und wendet ihn, wenn ein Sünder Reue zeigt, und Mitleid auch wieder ab.
Zum Schluß führt Laktanz Beispiele göttlichen Zornes aus den *Sibyllinischen Büchern* an und zitiert dazu aus den *Metamorphosen* des OVID. Wie schon die frühen Schriften und sein Hauptwerk, die *Divinae institutiones*, ist auch dieses Buch – in klassischem Latein geschrieben – ein schönes Dokument lateinischer Gelehrsamkeit und Rhetorik.   A. Ku.

AUSGABEN: Salerno 1465. – Paris 1748, Hg. J. B. le Brun u. N. Leuglet du Fresnoy. – Rom 1754 bis 1759, Hg. Eduardus a S. Xaverio. – ML, 6/7. –

Wien 1893, Hg. S. Brandt (CSEL, 27, S. 67–132). – Darmstadt 1957, Hg. H. Kraft u. A. Wlosok [m. Einl., Erl. u. dt. Übers.].

LITERATUR: M. Pohlenz, *Vom Zorne Gottes*, Göttingen 1909. – G. Kutsch, *In Lactantii »De ira Dei« librum quaestiones philologicae*, Lpzg. 1933 (Klassisch-philolog. Studien, 6). – E. F. Micka, *The Problem of Divine Anger in Arnobius and L.*, Washington 1943. – E. Rapisarda, *La polemica di Lattanzio contro l'epicureismo* (in Misc. di Studi di Lett. Crist. Antica, 1, 1947, S. 5–20).

DE MORTIBUS PERSECUTORUM (lat. Patr.; *Von den Todesarten der Verfolger*). Historische Abhandlung über die Christenverfolgungen und die Schicksale der jeweiligen Verfolger von Lucius CAECILIUS FIRMIANUS LACTANTIUS († zwischen 325 und 330), entstanden zwischen 314 und 317. – Das Werk will der Freude des Autors über die in der Geschichte zutage tretende strafende Gerechtigkeit Gottes Ausdruck geben. Die grausamen Verfolger der Christen haben stets ein ihren Greueltaten angemessenes Ende gefunden: Gott hat sich in allen Fällen mit furchtbaren Todesqualen gerächt.
Laktanz schildert den Untergang Neros (Kap. 2) und sieht in der Unauffindbarkeit seines Grabes eine gerechte Strafe für seine Untaten an den Christen, vor allem für die Hinrichtung des Petrus und des Paulus. Ebenso wird mit Genugtuung Domitians gewaltsamer Tod sowie die immerwährende Schmach, die laut Senatsbeschluß dem Namen dieses Kaisers anhaften sollte, vermerkt (3). Nicht anders wertet der Autor den Tod des Decius (4), der in der Schlacht fiel und keine Grabstätte erhielt, und das Ende des Valerianus (5), der in schmachvoller Gefangenschaft starb und seine Haut lassen mußte, die – rot eingefärbt – den Barbaren als Wahrzeichen ihres Triumphes über die Römer galt. Aurelian dagegen kam nicht einmal dazu, seine schändlichen Vorhaben auszuführen – er wurde vorher ermordet (6). Den größten Teil der Ausführungen (7–51) hat der Autor der eigenen Zeit gewidmet. Hier wird der enge Rahmen des Themas zugunsten einer allgemeineren Darstellung der Regierungszeit Diokletians und seiner Nachfolger gesprengt: Laktanz schildert eingehend die Machtkämpfe der Übergangszeit sowie die Kaiserkür Konstantins durch den römischen Senat und das Volk, wodurch das Werk zu einer wertvollen Quelle für die Anfänge der Konstantinischen Ära wird. Kapitel 52 beschließt das Buch mit einer Lobpreisung des nach zehnjähriger Verfolgungszeit erlangten Friedens und mit der Bitte, Gott möge seinen Dienern weiterhin barmherzig sein, die Nachstellungen des Teufels von ihnen abwehren und »*der blühenden Kirche einen immerwährenden Frieden*« schenken.
Das Werk ist in einer Handschrift aus dem 9. Jh. überliefert, die 1678 in der Benediktinerabtei Moissac in Quercy von Graf Foucault entdeckt und ein Jahr später von Étienne BALUZE in seinen *Miscellanea* ediert wurde. Der Wert der Abhandlung war lange Zeit umstritten. Jacob BURCKHARDT *(Die Zeit Konstantins des Großen)* bezeichnete sie noch als Roman und sprach ihr wirklichen Quellenwert ab. Heute weiß man gerade die zeitgeschichtlichen Andeutungen zu schätzen, sieht in der Schrift, die – wie alle Werke des Laktanz – in erstklassigem Latein verfaßt ist, eine willkommene Ergänzung zur *Kirchengeschichte* des EUSEBIOS (der in seiner *Chronik* Laktanz als den gelehrtesten Mann der Zeit bezeichnet) und erkennt sie als ein wertvolles kulturgeschichtliches Dokument an.

A. Ku.

AUSGABEN: Paris 1679 (in E. Baluze, *Miscellaneorum liber secundus*). – Paris 1748, Hg. J. B. le Brun u. N. Leuglet du Fresnoy. – Rom 1754 bis 1759, Hg. Eduardus a S. Xaverio; Nachdr. in ML, 6/7. – Wien 1897 (in *Opera omnia*, Bd. 2/2, Hg. S. Brandt u. G. Laubmann; CSEL, 27). – Turin 1931, Hg. A. de Regebus [m. Komm.]. – Mailand 1933, Hg. U. Morieca. – Turin 1934, Hg. J. B. Pesenti. – Paris 1954 (*De la mort des persécuteurs*, Hg. J. Moreau, Bd. 1: Einl., krit. Text, frz. Übers.; Bd. 2: Komm.; vgl. P. Nautin in Revue d'Histoire Ecclésiastique, 50, 1955, S. 892–899).

ÜBERSETZUNGEN: *Von den Todesarten der Verfolger*, P. H. Jansen (in *AS*, Kempten 1875; BKV, 36; Mchn. ²1919). – *So starben die Tyrannen. Des Laktantius Schrift über die Todesarten der Verfolger*, E. Faessler, Luzern 1946.

LITERATUR: A. Müller, *L.»De mortibus persecutorum« oder die Beurteilung der Christenverfolgung im Lichte des Mailänder Toleranzreskripts vom Jahre 313* (in *Konstantin der Große und seine Zeit. Ges. Studien*, Hg. F. J. Dölger, Freiburg i. B. 1913, S. 66–88; Römische Quartalschrift, Suppl. 19). – S. Anfuso, *Lattanzio autore del »De mortibus persecutorum«* (in Didaskaleion, 3, 1925, S. 31–88). – K. Roller, *Die Kaisergeschichte in L. »De mortibus persecutorum«*, Diss. Gießen 1927. – H. Grégoire, *La vision de Constantin ›liquidée‹* (in ByZ, 1939, S. 329–339). – A. Aföldi, *Hoc signo victor eris. Beiträge zur Geschichte der Bekehrung Konstantins des Großen* (in *Pisciculi. Studien zur Religion und Kultur des Altertums. Fs. f. F. J. Dölger*, Münster 1939, S. 1–18). – J. Moreau, *Sur la vision de Constantin (312)* (in Revue des Études Anciennes, 55, 1953, S. 307–333). – Ders., *A propos de la persécution de Domitien* (in La Nouvelle Clio, 5, 1953, S. 121–129). – S. Rossi, *Il concetto di storia e la prassi storiografica di Lattanzio e del »De mortibus persecutorum«* (in Giornale Italiano di Filologia, 14, 1961, S. 193–213). – J. Quasten, *Patrology*, Bd. 2, Utrecht 1962, S. 400–402.

DE OPIFICIO DEI (lat. Patr.; *Über das Schöpfungswerk Gottes*). Theologisch-anthropologische Abhandlung des Lucius CAECILIUS FIRMIANUS LACTANTIUS († zwischen 325 und 330), verfaßt 303/04. – Die während der Diokletianischen Christenverfolgung in Nikomedien (der Residenz des Ostens, wohin der Verfasser um 290 von Diokletian selbst als Lehrer der lateinischen Rhetorik berufen worden war und wo er Christ geworden war) entstandene Schrift, die sich als Ergänzung zu CICEROS *De re publica* versteht, ist dem Schüler Demetrianos gewidmet, der in dieser schweren Zeit nicht ganz ohne geistige Führung dastehen sollte. Laktanz ermahnt ihn, nicht den irdischen Verführungskünsten zu erliegen. – Ziel der Schrift ist es, die Allmacht Gottes zu erweisen. Die Beschreibung der menschlichen Natur anhand der Schöpfung, vor allem anhand der Erschaffung des Menschen, liegt Laktanz besonders am Herzen: die physische Organisation und die psychischen Eigenschaften des Menschen werden ebenso gründlich untersucht wie das Verhältnis seines sterblichen Leibes zur unsterblichen Seele. Die philosophischen und naturwissenschaftlichen Grundlagen für diese letztlich nicht sehr originelle Arbeit (v. Campenhausen)

eignete sich Laktanz aus den einschlägigen philosophischen und medizinischen Kompendien an, deren es in der Spätantike eine Fülle gab.
Die Schrift ist, wie gesagt, nach des Verfassers Bekehrung zum Christentum geschrieben, und so verteidigt er leidenschaftlich den Schöpfungsglauben. Doch wendet er sich zugleich auch gegen jene Christen, die, ungebildet und der Rhetorik unkundig, Cicero oft zu Unrecht geschmäht haben. Sie eines Besseren zu belehren ist sein zweites Anliegen: Cicero und SENECA gelten ihm als die Repräsentanten lateinischer Bildung und Kultur.

A. Ku.

AUSGABEN: Subiaco 1465. – Paris 1748, Hg. J. B. le Brun u. N. Leuglet du Fresnoy. – Rom 1754–1759, Hg. Eduardus a S. Xaverio; Nachdruck in ML, 6/7. – Wien 1893 (in *Opera omnia*, Bd. 2/1, Hg. S. Brandt; CSEL, 27).

ÜBERSETZUNG: *Gottes Schöpfung*, A. Knappitsch, Graz 1898 [m. Anm.].

LITERATUR: S. Brandt, *Über die Quellen von Laktanz' Schrift* »*De opificio Dei*« (in WSt, 13, 1891, 2, S. 255–292). – A. Harnack, *Medizinisches aus der ältesten Kirchengeschichte*, Lpzg. 1892, S. 88–92 (TU, 8,4). – L. Rosetti, »*De opificio Dei*« *di Lattanzio e le sue fonti* (in Didaskaleion, 6, 1928, S. 115–200). – A. S. Pease, *Caeli enarrant* (in Harvard Theological Review, 1941, S. 163–200). – E. von Ivanka, *Die stoische Anthropologie in der lateinischen Literatur* (in SWAW, 10, 1950, S. 178–190).

DIVINAE INSTITUTIONES (lat. Patr.; *Göttliche Unterweisungen*). Apologetisches »*Handbuch der Religion*« (v. Campenhausen) in sieben Büchern von Lucius CAECILIUS FIRMIANUS LACTANTIUS († zwischen 325 und 330). – Das stattliche Werk besteht aus vielen Einzelstudien. Später stellte der Autor für seinen Bruder Pentadius einen Auszug *(Epitome)* her, wobei er den Text an mehreren Stellen ergänzte und korrigierte.
Die *Institutiones* sind ähnlich konzipiert wie die juristischen Handbücher jener Zeit (vgl. etwa die *Institutiones* des ULPIANUS) und auch für einen ähnlichen Leserkreis bestimmt: den gebildeten Heiden sollen die Augen für die wahre Philosophie und Weisheit – d. i. die christliche Wahrheit – geöffnet werden. Daher beruft sich Laktanz auch zumeist auf die Vernunft und auf die heidnische Tradition und argumentiert selten mit der *Heiligen Schrift*, da dies bei ungläubigen Lesern wenig Aussicht auf Erfolg gehabt hätte. Den heidnischen Philosophen spricht der Autor die Kompetenz ab, Gültiges über die Wahrheit auszusagen, da sie diese mit Füßen träten. So habe er in Bithynien zwei Männer die göttliche Wahrheit schmähen hören: »*Der eine gab sich für einen Lehrer der Philosophie aus, aber der Lehrer der Enthaltsamkeit frönte dem Geize und den sinnlichen Lüsten; der, der vom Katheder herab Armut und Nüchternheit pries, tafelte daheim üppiger als der Kaiser in seinem Palast. Seine sittlichen Gebrechen suchte er durch langes Haar, den Philosophenmantel und durch Reichtum zu verhüllen.*«
Im ersten Buch *(De falsa religione – Über die falsche Religion)* widerlegt Laktanz den heidnischen Polytheismus. Dieser habe seinen greulichen Ursprung in der Vergottung verstorbener Herrscher und dem arglistigen Treiben bösartiger Dämonen. Der Monotheismus sei die einzige vernünftige Glaubensmöglichkeit. Aus der harmonischen Weltordnung schließt Laktanz auf die Einheit Gottes und die göttliche Vorsehung. – Im zweiten Buch *(De origine erroris – Über den Ursprung des Irrtums)* zeigt er, wie die Heiden unter dem Eindruck von durch böse Dämonen bewirkten Scheinwundern dem Götzendienst verfielen, wie sie sich aber bei Unglücksfällen nach wie vor an den wahren Gott wandten. – Das dritte Buch *(De falsa sapientia – Über die falsche Weisheit)* versucht eine Widerlegung der heidnischen Philosophie, die in sich nichtig und durch das Christentum überholt sei. Die drei Zweige der Philosophie, Physik, Dialektik und Ethik, werden analysiert, ebenso die verschiedenen Systeme, die, weil sie sich gegenseitig widersprächen, samt und sonders verworfen werden. PLATON wird gelegentlich sogar des Atheismus bezichtigt; SOKRATES, der unbestritten weiseste dieser Philosophen, starb mit dem Wissen, nichts zu wissen. – Mit dem vierten Buch *(De vera sapientia – Über die wahre Weisheit)* beginnt Laktanz seine Darlegung der christlichen Theologie. Gott hat die Wahrheit durch die Propheten und durch seinen Sohn geoffenbart. Gottes Sohn ist Mensch geworden (eine Anspielung auf die arianischen Streitigkeiten), wie von den Propheten des *Alten Testaments* geweissagt worden ist. Der Vater kann nicht ohne den Sohn verehrt werden; die wahre Verehrung wird ihm nur in der Kirche zuteil. – Das fünfte Buch *(De iustitia – Über die Gerechtigkeit)* will dartun, daß die Gottesverehrung an die Einhaltung der göttlichen Gebote gebunden ist, das sechste *(De vero cultu – Über die wahre Gottesverehrung)*, daß sie sich in der Frömmigkeit gegenüber Gott und in der Liebe zu den Menschen äußert. – Das siebente und letzte Buch *(De beata vita – Über das glückselige Leben)* behandelt die Unsterblichkeit der Seele, die leibliche Auferstehung, das letzte Gericht und die ewig währende Entscheidung über Lohn oder Strafe im Jenseits.
Die *Institutiones* stellen das Hauptwerk des Laktanz dar. Ihr klassisch-schöner Stil hat ihm bei der Nachwelt den Titel eines »christlichen Cicero« eingebracht. Im Mittelalter waren sie – zumindest in Auszügen – weit verbreitet. In Italien waren sie das erste Werk, das im Druck erschien (Subiaco 1465).

A. Ku.

AUSGABEN: Subiaco 1465. – Göttingen 1736 (in *Opera omnia*, Hg. C. A. Heumann). – Lpzg. 1739 (in *Opera omnia*, Hg. J. L. Bünemann). – Paris 1748 (in *Opera omnia*, Hg. J. B. Le Brun u. N. Lenglat Dufresnoy, 2 Bde.; Nachdr. in ML, 6/7. – Rom 1754 bis 1759 (in *Opera omnia*, Hg. F. Eduardus a S. Xaverio, 14 Bde., 1–7).

ÜBERSETZUNG: *The Divine Institutes*, W. Fletcher, Edinburgh 1871 (Ante-Nicene Christian Library, 21; engl.).

LITERATUR: P. G. Frotscher, *Der Apologet L. in seinem Verhältnis zur griechischen Philosophie*, Diss. Lpzg. 1895. – F. Fessler, *Benutzung der philosophischen Schriften Ciceros durch Laktanz*, Bln./Lpzg. 1913. – J. Nicolosi, *L'influsso di Lucrezio su Lattanzio*, Catania 1945. – A. M. Kurfess, *Alte lateinische Sibyllinenverse* (in ThQ, 133, 1953, S. 80–96). – A. Bolhuis, *Die Rede Konstantins des Gr. an die Versammlung der Heiligen und L.' »Divinae Institutiones*« (in VC, 10, 1956, S. 25–32). – LThK, 6, S. 726–728.

EUSTATHIOS aus Antiochoeia
(gest. vor 337)

KATA ŌRIGENUS DIAGNŌSTIKOS EIS TO TĒS ENGASTRIMYTHU THEŌRĒMA (griech. Patr.; *Gegen Origenes: Beurteilung seiner Ansicht über die Wahrsagerin*), meist lateinisch zitiert als *De engastrimytho adversum Origenem (Über die Wahrsagerin gegen Origenes)*. Exegetische Abhandlung des EUSTATHIOS aus Antiocheia († vor 337), wahrscheinlich noch vor dem Konflikt des Autors mit den Arianern (325) verfaßt. – Von den zahlreichen Schriften des bedeutenden Bischofs ist nur dieses kleine Werk vollständig erhalten geblieben. Anlaß dazu war der Wunsch eines uns unbekannten Eutropios nach Auslegung der Erzählung von der »Hexe von Endor«. Diesem Eutropios mißfiel die Deutung des ORIGENES, der behauptet hatte, der Bericht im *1. Buch Samuel* (Kap. 28), Samuel sei durch die Beschwörung der Wahrsagerin aus der Unterwelt heraufgekommen und dem Saul erschienen, müsse ganz wörtlich aufgefaßt werden. Dagegen wendet sich Eustathios mit größter Entschiedenheit: Die Erscheinung Samuels könne nur ein vom Satan hervorgerufenes Trugwerk sein, denn ein vom bösen Dämon besessenes Weib hätte es niemals zuwege bringen können, einen Toten im Jenseits zu stören. Höchst interessant – und eigentlich bedeutsamer als die Kontroverse selbst – ist die daran anschließende heftige Kritik an der Exegese des Alexandriners: Eustathios wirft Origenes vor, an dieser Stelle zwar die wörtliche Auslegung in Anspruch genommen, sonst aber die historische Interpretation ganz außer acht gelassen und nur nach dem höheren Sinn der Schriftstellen geforscht zu haben. Durch diese oft willkürliche Allegorik habe er dem *Alten* und *Neuen Testament* den historischen Charakter genommen. Grundsätzlich verwirft der Autor die Allegorese allerdings nicht; er schlägt vielmehr einen Mittelweg zwischen rein allegorischer und rein buchstäblicher Auslegung vor. – Die gewandt und in klassischer Diktion verfaßte Schrift zeugt von der rhetorischen und philosophischen Ausbildung des Eustathios und von seiner Vertrautheit mit der klassischen Literatur. M. Ze.

AUSGABEN: Lyon 1629, Hg. L. Allatius [griech.-dt.]. – MG, 18. – Bonn 1912 (in E. Klostermann, *Eusthatius u. Gregor v. Nyssa über die Hexe von Endor*).

LITERATUR: A. Grillmeir, *Die theologische u. sprachliche Vorbereitung der christologischen Formel von Chalkedon* (in *Das Konzil von Chalkedon*, Hg. ders. u. H. Bacht, Bd. 1, Würzburg 1951, S. 124–130). – F. Scheidweiler, *Zu der Schrift des Eusthatius v. Antiochien über die Hexe von Endor* (in RhMus, 96, 1953, S. 319–329).

EUSEBIOS aus Kaisareia
(um 263–339)

BASILIKOS (griech. Patr.; *Rede* [bzw. *Traktat*] *an den Kaiser*). Eine in griechischer Sprache verfaßte Schrift des Kirchenhistorikers EUSEBIOS aus Kaisareia (um 263–339), in der sich der Autor mit den prachtvollen Kirchenbauten beschäftigt, die Kaiser Konstantin der Große vom Byzanz in Jerusalem errichten ließ. Eusebios versucht, den verschwenderischen Glanz der Sakralbauten gegen Angriffe der Zeitgenossen mit religiösen Argumenten zu verteidigen; die Argumentation des Verfassers widerholt vielfach nur Gedanken seiner Schrift über die Theophanie. P. W.

AUSGABEN: Paris 1659 (in *Eusebii Pamphili Eccles. Hist. etc.*, Hg. H. Valesius). – Cambridge 1720, Hg. H. Valesius u. W. Reading. – Lpzg. 1830, Hg. F. A. Heinichen. – Paris 1857 (MG, 20). – Lpzg. 1902 (in *Werke*, Hg. I. A. Heikel; Die griech. christl. Schriftsteller der ersten Jahrhunderte, 7).

ÜBERSETZUNGEN: *Eusebii Kirchen-Geschichte. Zweyter Band, welcher auch das Leben Constantini in sich faßt*, F. A. Stroth, Quedlinburg 1777, S. 141 bis 506. – *Vier Bücher über das Leben des Kaisers Konstantin*, J. M. Pfättisch, Kempten 1913 (BKV, 9).

LITERATUR: E. Schwartz, *E. v. C.* (in RE, 6/1, 1907, Sp. 1427ff.). – I. A. Heikel, *Krit. Beiträge zu d. Konstantin-Schriften des E.*, Lpzg. 1911 CTU, 36, H. 4). – K. G. Bonis, *To ergon Efseviu tu Pamfilu »Eis ton bion tu makariu Konstantinu basileos« os istorikì pigí*, Athen 1939. – F. Winkelmann, *Die Textbezeugung der Vita Constantini des E. v. C.*, Bln. 1962 (TU, 84).

EIS TON BION TU MAKARIU KŌNSTANTINU BASILEŌS (griech. Patr.; *Über das Leben des seligen Kaisers Konstantin*). Panegyrisches Enkomion (Loblied) in vier Büchern auf Kaiser Konstantin, nach dessen Tod (337) verfaßt von EUSEBIOS aus Kaisareia (um 263–339). – Diese Erzählung vom Leben des Monarchen erwähnt nur solche Züge, in denen seine Religiosität zutage tritt. Was den Glauben an das »gottgefällige Leben des seligen Kaisers Konstantin« erschüttern könnte, wird grundsätzlich verschwiegen. Eusebios singt ein Loblied auf seinen Kaiser, den er als einen neuen Moses begrüßt, der das Volk Gottes aus der Unterdrückung in die Freiheit führen soll. Besonders betont wird die Funktion des Kaisers als Schutz- und Schirmherr der Kirche. Daraus hat man später – unter Berufung auf Eusebios – kirchenrechtliche Konsequenzen gezogen und dem byzantinischen Kaiser innerhalb der Kirche eine rechtlich fundierte Position zugewiesen.
Als Anhang fügte Eusebios der Schrift drei weitere an: den *Logos hon egrapse tō tōn hagiōn syllogō (Die Rede an der Versammlung der Heiligen)*, eine Predigt des Kaisers; den *Triakontaetērikos*, eine von Eusebios gehaltene *Rede zum dreißigjährigen Regierungsjubiläum* Konstantins; schließlich den → *Basilikos*, die *Kaiserrede*, eine anläßlich der feierlichen Einweihung der Grabeskirche in Jerusalem dem Kaiser überreichte Abhandlung, die – unter Hinweis auf die Göttlichkeit des Logos (Wort, Rede) – den Prunk der kaiserlichen Kirchenbauten in Jerusalem rechtfertigen soll. A. Ku.

AUSGABEN: Paris 1544, Hg. R. Stephanus. – Lpzg. 1902, Hg. J. A. Heikel (Die griechischen christlichen Schriftsteller der ersten Jahrhunderte, 7).

ÜBERSETZUNGEN: *Des E. Pamphili vier Bücher vom Leben des Kaisers Konstantin*, J. Molzberger (in *Ausgewählte Schriften*, Bd. 1, Kempten 1870; BKV, 9). – Dass., J. M. Pfättisch (in AS, Bd. 1, Kempten/Mchn. 1913; BKV[2], 9).

LITERATUR: H. Eger, *Kaiser und Kirche in der Geschichtstheologie Eusebs von Caesarea* (in ZntW, 38, 1939, S. 97ff.). – J. Straub, *Vom Herrscherideal der Spätantike*, Stg. 1939 (Forschungen zur Kirchen-

u. Geistesgeschichte, 18; Nachdr. Stg. 1965). – E. Peterson, *Der Monotheismus als politisches Problem. Ein Beitrag zur Geschichte der politischen Theologie im Imperium Romanum*, Lpzg. 1935. – J. Vogt, *Die Bekehrung Konstantins* (in Relazioni 10. Congresso Internaz. Scienze Stor., 6, 1955, S. 733–779). – J. Daniele, *I Documenti Constantini della »Vita Constantini« di Eusebio*, Rom 1938. – W. Völker, *Von welchen Tendenzen ließ sich E. bei der Abfassung seiner Kaisergeschichte leiten?* (in VC, 4, 1950, S. 157–180; vgl. auch ders. in RhMus, 96, 1953, S. 330–373). – H. Kraft, *Kaiser Konstantins religiöse Entwicklung*, Tübingen 1955. – F. Scheidweiler, *Noch einmal die »Vita Constantini«* (in ByZ, 49, 1956, S. 1–32). – F. Winkelmann, *Die Textbezeugung der »Vita Constantini« des E. von C.*, Bln. 1962. – Zum Streit um die Echtheit: Zeiller (in Byzantion, 14, 1935, S. 329–339). – H. Gregoire (ebd., S. 341–351). – Ders. (ebd., 1938, S. 561–583). – Baynes (in ByZ, 1939, S. 466–469). – F. Winkelmann (in Clio, 40, 1962, S. 187–243).

TĒS EKKLĒSIASTIKĒS THEOLOGIAS BIBLIA Γ'

(griech. Patr.; *Drei Bücher der kirchlichen Theologie*). Dogmatisch-polemische Schrift von EUSEBIOS aus Kaisareia (um 263-339). – In diesem Werk unternimmt Eusebios eine ausführlichere Widerlegung der Lehren des MARKELLOS (vgl. *Kata Markellu – Gegen Markellos*), in Verbindung mit einer Darstellung seiner eigenen, von ihm für orthodox gehaltenen Lehrmeinung.
Ist schon die Schöpfung aus dem Nichts unergründlich, so gilt das nach Eusebios erst recht von dem Hervorgehen des Sohnes oder Logos aus dem Vater. Der Logos schlägt die Brücke von der Erhabenheit des Vaters zur Nichtigkeit der Geschöpfe, die ohne die Mittlerschaft des Logos im Glanz des Vaters vergehen würden. Daher ist der Logos schon bei der Schöpfung *sōtēr* (Erhalter, Erretter, Erlöser), indem er den Bestand der Schöpfung, die an sich unwürdig ist (dies ein Überrest des Platonischen Dualismus), gegenüber der absoluten Erhabenheit der Gottheit oder des Vaters sichert. Eusebios führt also das Erlösungswerk auf das noch ursprünglichere Amt des Logos, schöpferischer Logos zu sein, zurück. Nicht erst die Inkarnation, sondern schon die Erhaltung der Welt durch die Einwohnung des Logos im Kosmos – als eine Art Platonischer Weltseele – stellt eine freiwillige Erniedrigung dar (vgl. *Peri theophaneias – Über die Theophanie*).
Das göttliche Pneuma wiederum ist Geschöpf, durch den Sohn aus dem Vater hervorgegangen, und ebenso wie der persönlich präexistente, d. h. als Person vorher seiende Logos ist es vollkommene Person, wie Eusebios in scharfer Polemik gegen den Sabellianismus des Markellos betont. Auch besteht er diesem gegenüber darauf, daß, da der Logos im Willen mit dem Vater übereinstimmt (also nicht erst einen Eigenwillen aufzugeben braucht), das Reich Christi kein Ende nehmen wird.
Die *Kirchliche Theologie* des Eusebios stellt – bei aller Anfechtbarkeit – die erste monumentale christliche Gotteslehre dar. Allerdings wurde sie von späteren Theologen nicht als in allen Stücken korrekt befunden: so ist Eusebios vor allem vom Vorwurf des Subordinationismus nicht ganz freizusprechen.   H. L. H.

AUSGABEN: Paris 1628, Hg. R. Montacutius [m. lat. Übers.]. – Oxford 1852, Hg. Th. Gaisford. – MG, 24. – Lpzg. 1906, Hg. E. Klostermann (Die griech. christl. Schriftsteller der ersten drei Jahrhunderte, 14).

LITERATUR: E. Schwartz, Art. *E. von C.* (in RE, 6, 1907, Sp. 1370–1440). – M. Weis, *Die Stellung des E. von C. im arianischen Streit*, Trier 1920. – H. Berkhof, *Die Theologie des E. von C.*, Amsterdam 1939. – J. Straub, *Vom Herrscherideal in der Spätantike*, Stg. 1939. – J. M. Fondevila, *Ideas trinitarias y cristológicas de Marcelo*, Madrid 1953. – D. S. Wallace-Hadrill, *E. of C.*, Ldn. 1960. – A. Dempf, *Der Platonismus des E., Victorinus und Pseudodionysius*, Mchn. 1962. – *Dictionnaire d'histoire et de géographie ecclésiastiques*, fasc. 89, Paris 1963, Sp. 1437–1460.

HISTORIA EKKLĒSIASTIKĒ

(griech. Patr.; *Kirchengeschichte*). Geschichte der christlichen Kirche in zehn Büchern von EUSEBIOS aus Kaisareia (geb. um 263), entstanden um 324/25. – Grundlage der *Kirchengeschichte* des Eusebios ist die zuvor von ihm verfaßte *Chronik* – ein synchronistischer Abriß der Weltgeschichte von der Schöpfung bis etwa 324 n. Chr. –, die aus ungezählten Urkunden zusammengetragen war. Diesen Abriß wollte der Autor, wie er selbst sagt, in seiner *Kirchengeschichte* zu einer *»möglichst ausführlichen Darstellung«* erweitern.
Die Abhandlung beginnt mit der Erscheinung Christi und reicht bis zur Zeit der Abfassung des Werks. Eusebios weiß sich bei seinem Unternehmen als Pionier: *»Denn von Menschen wahrlich, die denselben Weg wie ich gegangen, vermag ich auch nicht die geringste Spur zu finden, wenn ich nicht etwa hierher rechnen will einzig und allein unbedeutende Mitteilungen, in welchen der eine oder der andere Stückwerke von Erzählungen aus selbsterlebten Zeiten in dieser oder jener Weise uns hinterlassen hat ... Alles, was mir daher für mein ... Unternehmen tauglich erschien, habe ich aus den zerstreuten Nachrichten derselben gesammelt und die brauchbaren Stellen dieser alten Schriftsteller gepflückt wie auf Fluren des Geistes. Durch historische Darstellung will ich denn versuchen, sie organisch zu verbinden ...«* So ist Eusebios zum »Vater der Kirchengeschichte« geworden und seine *Kirchengeschichte* selbst zu einem der wichtigsten Denkmäler der altchristlichen Literatur. Sie übermittelt nicht nur die Sukzession der Bischöfe in den wichtigsten Städten sowie die Namen der kirchlichen Schriftsteller und den Inhalt ihrer zum großen Teil verlorengegangenen Werke, sondern gibt auch eine Geschichte der Häresien, der inneren Streitigkeiten der Kirchendisziplin und der Christenverfolgungen.
Ermöglicht wurde das umfassende Opus nicht zuletzt durch die besondere Gunst des Kaisers Konstantin, der Eusebios die Reichsarchive öffnete. Das Bild, das der Autor von Konstantin zeichnet, ist denn auch durch seine persönliche wie durch die allgemeine Dankbarkeit der Christen diesem Kaiser gegenüber bestimmt. Im übrigen läßt Eusebios meist die Quellen selbst zu Wort kommen und erweist sich dadurch als echter Historiker.
Seine *Kirchengeschichte* wurde 403 von RUFINUS aus Aquileia († 410) ins Lateinische übersetzt und bis zum Jahr 395 weitergeführt; im Osten wurde sie jeweils von SOKRATES (um 380 – nach 439), SOZOMENOS (5. Jh.) und THEODORETOS von Kyrrhos († um 466) fortgeführt. Früh entstanden auch schon Übersetzungen ins Syrische und ins Armenische.
      H. L. H.

AUSGABEN: Paris 1540. – Paris 1659–1673, Hg. H. Valesius, 3 Bde. – MG, 20 [nach d. Ausg. d. Valesius]. – Lpzg. 1897, Hg. P. Bedjan [syr. Übers.]. – Lpzg. 1903 (in *Werke*, Hg. I. A. Heikel, 8 Bde., 1902–1956, 2, Hg. E. Schwartz; enth. auch lat. Übers. d. Rufinus; [5]1952). – Rom 1964, Hg. G. Del Ton [m. Anm. u. ital. Übers.].

ÜBERSETZUNGEN: *Kirchengeschichte*, F. A. Stroth, Quedlinburg 1777. – *Die Kirchengeschichte*, E. Nestle, Lpzg. 1901 [Übers. d. syr. Texts]. – *Kirchengeschichte*, Ph. Haeuser, Mchn. o. J. [1938] (BKV[2], R. 2, 1). – Dass., ders., Hg. H. Kraft, Mchn. 1967.

LITERATUR: R. Laqueur, *E. als Historiker seiner Zeit*, Bln./Lpzg. 1929. – F. J. Foakes-Jackson, *E., Bishop of Caesarea and First Christian Historian*, Cambridge 1933. – W. Nigg, *Die Kirchengeschichtschreibung. Grundzüge ihrer historischen Entwicklung*, Mchn. 1934, S. 7–27. – L. Allevi, *Eusebio di Caesarea e la storiografia ecclesiastica* (in La Scuola Cattolica. Rivista di Scienze Religiose, 1940, S. 550-564). – D. S. Wallace-Hadrill, *E. of Caesarea*, Ldn. 1960, S. 155–167. – J. Sirinelli, *Les vues historiques d'Eusèbe de Césarée durant la période prénicéenne*, Paris 1961.

KATA MARKELLU (griech. Patr.; *Gegen Markellos*). Dogmatisch-polemische Schrift in zwei Büchern von EUSEBIOS aus Kaisareia (geb. um 263), entstanden nach 336. – Der wegen seines kirchenpolitischen Programms einer Integration der christlichen Glaubensgemeinschaft in das römische Imperium mit dem Arianismus liebäugelnde Eusebios blieb auch nach seiner Unterschrift unter das Nizänische Glaubensbekenntnis halbarianisch (subordinationistisch) eingestellt. Er beteiligte sich auf der Synode von Tyros 335 an der Exkommunikation des ATHANASIOS aus Alexandreia, in dessen Lehre von der Homousie (der Seinseinheit von Vater und Logos) er einen Tritheismus witterte, und an der Absetzung des mit diesem verbündeten MARKELLOS aus Ankyra im Jahre 336.
Die vorliegende Schrift stellt die Entgegnung auf ein (dank Eusebios fragmentarisch erhaltenes) Buch des Markellos dar, das gegen den Halbarianer ASTERIOS aus Amasea (in Kappadokien) gerichtet war und in dem auch die Partei des Eusebios angegriffen wurde. Die Gegenschrift des Eusebios ist durch ausführliche Zitate aus dem Werk des Markellos charakterisiert, die Eusebios jeweils mit kurzen kommentierenden Bemerkungen versieht (eine ausführlichere Widerlegung gab Eusebios später in den dem Bischof Flaccillus aus Antiocheia gewidmeten *Drei Büchern der kirchlichen Theologie – Tēs ekklēsiastikēs theologias biblia III*). – AREIOS († 336), der auf dem Konzil von Nikaia 325 verurteilt worden war, hatte formuliert, der als Person präexistente, aber geschaffene Logos sei der Erlöser. An diesem Satz störte Athanasios das Adjektiv »geschaffen«, Markellos stieß sich außerdem auch an der Behauptung von der persönlichen Präexistenz des Logos. Er griff, um die Homousie des Logos zu verteidigen, auf die problematische Logoslehre des SABELLIOS (um 200) zurück, nach der der Logos nur die unpersönliche *dynamis* (Kraft) der *usia* (Seinsheit) des Vaters und als solche natürlich seinseins mit dem Vater sei. Nach Markellos vollendete sich der Logos erst im Erlösungswerk; erst durch die Inkarnation wird er Person und Sohn Gottes, der als der er freilich mit dem Vater seinseins bleibt. Diese Auffassung hebt sich scharf von der des Areios ab, nach der der Vater den Sohn schuf. Bedenklich wird die Konstruktion des Markellos, wenn er, um die Ebenbürtigkeit des durch die Inkarnation erlangten individuellen Bewußtseins des Logos (in Jesus) mit dem Vater besonders zu betonen, Christus einen eigenen Willen zuschreibt, der von dem des Vaters abweicht (die Worte »*Ich und der Vater sind eins*« bezögen sich nicht, wie Asterios annehme, auf die Übereinstimmung im Willen, sondern darauf, daß der Logos auch nach der Inkarnation noch immer eine Kraft des Vaters und daher mit dem Vater seinseins sei). Markellos selbst scheint sich der Anfechtbarkeit dieser Auffassung bewußt gewesen zu sein, denn er lehrt, daß das Reich Christi ein Ende haben und Christus dann dem Vater untertan sein werde.
Eusebios polemisiert heftig gegen diese Ansichten, die seiner Meinung nach auf eine Leugnung der Persönlichkeit, ja überhaupt der Individualität des Logos hinauslaufen. Ihm erscheinen die Ansichten des Markellos als ein reiner Monarchianismus, zu dessen Begründung sich der Gegner keineswegs auf das *Alte Testament* berufen könne; denn dort werde zwar wegen der zu bekämpfenden Gefahr des Polytheismus nicht ausdrücklich von den Hypostasen des Vaters gesprochen, andererseits fehle es aber auch nicht an Hinweisen auf eine zu erwartende weitere Offenbarung.
Die Schrift gibt – zusammen mit den *Drei Büchern der kirchlichen Theologie* – reichen Aufschluß über die mannigfaltigen Denkbemühungen, Ansätze und Konstruktionen in der Auseinandersetzung um die Homousie, was um so wertvoller ist, als eine Reihe anderer Quellen, darunter eben die Schrift des Markellos, nicht mehr erhalten ist. H. L. M.

AUSGABEN: Paris 1628 (zus. mit *De demonstratione evangelica*, Hg. R. Montagne). – MG, 24. – Oxford 1852, Hg. T. Gaisford. – Lpzg. 1906 (in *Werke*, Bd. 4, Hg. E. Klostermann; Griechische christl. Schriftsteller, 14).

LITERATUR: F. Loofs, *Marcellus von Ancyra*, Gotha 1867. – Ders., *Die Trinitätslehre des Marcellus von Ancyra u. ihr Verhältnis zur älteren Tradition*, Bln. 1902 (SPAW, phil.-hist. Kl.). – H. Berkhof, *Die Theologie des E. von Caesarea*, Amsterdam 1939. – D. S. Wallace-Hadrill, *E. of Caesarea*, Ldn. 1960. – C. Andresen, *Zur Entstehung u. Geschichte des trinitarischen Personbegriffs* (in ZntW, 52, 1961, S. 1–39). – Altaner, S. 217–224. – *Dictionnaire d'histoire et de géographie ecclésiastiques*, Bd. 15, Sp. 1437-1460.

PROPARASKEUĒ EUANGELIKĒ (griech. Patr.; *Evangelische Vorbereitung*). Apologetische Schrift in 15 Büchern von EUSEBIOS aus Kaisareia (um 263 bis 339), entstanden zwischen 312 und 322. – Eusebios, dem Zeitgenossen und Bewunderer des Kaisers Konstantin, geht es um den Ausgleich des evangelischen als positiven – weil offenbarten – göttlichen Gesetzes mit dem positiven römischen Reichsgesetz. Letzteres hat seine Rechtfertigung nur durch das ewige Gesetz des ewigen Gesetzgebers, d. h. durch das vom schöpferischen Logos in die Natur zur Sicherung ihres Bestandes hineingelegte universale Naturgesetz. Die Menschheitsgeschichte stellt sich Eusebios als die Geschichte des Wirkens des Logos von der Schöpfung bis zur Erlösung dar. Diese Geschichte vollzieht sich in zwei Linien: Der – origenistisch aufgefaßten – kosmischen Dekadenz folgt der – paulinisch gesehene – Aufstieg von der Kindheitsstufe zur Geistesstufe. Dabei führt der Weg von den historischen, politisch-mythologischen

Verfallstheologien der Phönikier, Ägypter, Griechen über die natürliche Theologie zur kirchlichen Theologie. Über den antiken Schematismus hinaus dringt Eusebios so zu einer Geschichtstheologie als dem Anfang der christlichen Philosophie vor.
Die drei Stufen des Aufstiegs in Form der nacheinander vom Logos offenbarten Gesetze sind: das Naturgesetz, das Mosaische Gesetz und das evangelische Gesetz als Vollendung der Offenbarung Gottes. Die Mythologie der Heiden, gegen die Eusebios polemisiert, kommt in diesem Schema gar nicht vor, sie steht weit unter der hebräischen Religion. Selbst PLATON, der Wiederentdecker der natürlichen Theologie, ist im Grunde nur ein »*Mōyses attikizōn*« (Numenios aus Apameia), ein »*attisch redender Mose*«. Schon NUMENIOS (2. Hälfte des 2. Jh.s) hatte behauptet, Platon habe eine Übersetzung der *Thora* gelesen. Dennoch ist für Eusebios das Entscheidende, daß Platon aus seinem Gewissen den wahren Gott gekannt hat. Hatten schon Enos (der erste Mensch), Noah, Hiob, Abraham, Isaak und Jakob den wahren Kult Gottes und ist der Polytheismus das Werk der Kainiten und die Folge der babylonischen Zerstreuung, so ist auch die wahre Theologie im wahren, personalistischen Platonismus vorhanden, weil er zur natürlichen Theologie des Naturgesetzes vorgestoßen ist. Die Mythologie der Griechen dagegen ist überhaupt nicht originell, sondern aus dem Raum der Syrer, Ägypter und Hethiter zusammengestohlen.
Heftig kritisiert Eusebios die unzulänglichen Versuche der Hellenisten wie des PORPHYRIOS (233-301/04), einen mythologisch aufgefaßten Platonismus in Physiologie und Astrologie umzuwandeln. Diese Versuche, die heidnischen Götter als zweite und dritte »Götter« neben den Monotheismus zu stellen, sind zum Scheitern verurteilt, sie bleiben, wie Eusebios grob sagt, »Physiologie«. Eusebios selbst folgt der Platon-Auslegung des mittleren Platonismus (PLUTARCH, ATTIKOS, Numenios aus Apameia, ALBINOS), der unter Berufung auf die pythagoreisierende Spätphase Platons ein Platon-Bild entwirft, das Eusebios als mit der wahren Theologie fast ganz übereinstimmend darstellen kann.
Den Irrtümern der Philosophen sind die beiden letzten Bücher gewidmet. Insbesondere teilt Eusebios die Kritik der mittleren Platoniker an ARISTOTELES, da er die *pronoia*, die göttliche Vorsehung, und die Unsterblichkeit der Seele geleugnet habe. Diese Aristoteles-Kritik zog sich von da an durch die ganze altchristliche und byzantinische Geistesgeschichte bis zu Georgios Gemistos PLETHON (†1452).

Ein Gegenstück zur *Proparaskeuē euangelikē* stellt die gegen die Juden polemisierende *Apodeixis euangelikē (Evangelische Beweisführung)* in 20 Büchern dar, von der aber nur Buch 1-10 und ein Stück von Buch 15 erhalten sind. In diesem Werk erörtert Eusebios die Mosaische Theologie. Wegen der Versuchung des Polytheismus habe das *Alte Testament* das Geheimnis der göttlichen Hypostasen verschwiegen, dennoch werde die Trinität gelegentlich verhüllt offenbart (z. B. in *Psalm* 110). Die eigentliche evangelische Beweisführung sei die Prophetie des Messiasreichs, das vom ewigen Logos immer schon verkündet worden sei (so etwa in dem Satz, das Zepter werde von Juda in die Hand genommen werden usw.). – Beide Schriften sind neben ihrer kirchengeschichtlichen Bedeutung, nicht zuletzt wegen der in ihnen enthaltenen Auszüge aus verlorengegangenen Schriften, literarhistorisch von großem Wert. H. L. H.

AUSGABEN: Paris 1545, Hg. R. Stephanus. – Lpzg. 1953-1956, Hg. K. Mras, 2 Bde. (Die griech. christl. Schriftsteller der ersten drei Jahrhunderte, 43, 1/2).
LITERATUR: Bardenhewer, 3, S. 244/245. – P. Henry, *Recherches sur la »Préparation évangélique« d'Eusèbe et l'édition perdue des œuvres de Plotin publiées par Eustochius*, Paris 1935. – K. Mras, *Die Stellung der »Praeparatio evangelica« des E. im antiken Schrifttum* (in AWA, 6, 1956, S. 209-217).

PERI THEOPHANEIAS (griech. Patr.; *Über die Theophanie*). Letzte apologetische Schrift des EUSEBIOS aus Kaisareia (geb. um 263), entstanden nach 323. – Die ersten drei der insgesamt fünf Bücher lehnen sich eng an die *Proparaskeuē euangelikē (Evangelische Vorbereitung)* und die *Apodeixis euangelikē (Evangelische Beweisführung)* an. Buch 4 ist die überarbeitete Fassung einer Abhandlung *Über die in Erfüllung gegangenen Weissagungen des Herrn*. Das fünfte Buch setzt sich mit jüdischen Unterstellungen gegenüber dem Christentum auseinander. – Vom griechischen Text existieren nur Fragmente, doch liegt der vollständige Text in einer syrischen Übersetzung aus dem Jahr 411 vor.
Eine ebenfalls nur in Fragmenten erhaltene *Deutera theophaneia*, auch *Euangelikē theophaneia* genannt *(Zweite* oder *Evangelische Theophanie)*, handelt von der zweiten Erscheinung des Logos am Jüngsten Tag. Die Abhandlung *Basilikos (Königsrede),* in der die kaiserlichen Kirchenbauten in Jerusalem mit der Göttlichkeit des Logos gerechtfertigt werden, besteht im wesentlichen aus popularisierten Auszügen aus *Peri theophaneias.*
Mit der zunehmenden Ausbreitung des Christentums tauchte das Problem der kultischen Einheit des Reichs auf. Sie war grundsätzlich auf zwei Wegen zu erreichen: entweder durch eine Integration der Reichskultur in das Christentum mittels einer politischen Theologie – das versuchte Eusebios mit seiner Betonung des ewigen Gesetzgebers, des Pantokrators, als des Herrn der Geschichte, der gemäß der davidischen Weissagung die Reiche überträgt – oder umgekehrt durch eine Integration des Christentums in die Reichskultur, indem man es zur Staatsreligion erhob. Die zweite Lösung strebte PAULOS aus Samosata († 274), der Kanzler der Kaiserin Zenobia, an. Er wollte das positive göttliche Gesetz beseitigen durch eine Verwandlung des Christentums in einen Adoptianismus (d. h., Christus ist nicht Gott, sondern bloß dessen Adoptivsohn). Sein Schüler LUKIANOS († 312) vertrat die These, daß der Logos ein Geschöpf sei *(»Es gab eine Zeit, da es den Logos nicht gab«),* eine These, die dann vor allem von AREIOS († 336) propagiert wurde. Nach dessen Ansicht hat der geschaffene Sohn Gottes, der zwar weniger vollkommen ist als der Vater, aber vollkommener als alle anderen Geschöpfe, sich mit einem Menschenleib umkleidet, ohne allerdings eine menschliche Seele anzunehmen, ist von Gott besonders begnadet, ist er selbst Gott geworden.
Eusebios, der für die Kirche nach der Zeit der Verfolgungen nichts sehnlicher als die offizielle Anerkennung wünschte und der das Problem der Integration des Christentums aus der kirchenpolitischen Situation heraus stets mit den Arianern oder zumindest den Semiarianern sympathisiert. Der Logos ist nach ihm vom Vater zum Zweck der Schöpfung gezeugt, allerdings mit einer selbständigen Hypostase ausgestattet; der Substanz (*usia,* Seinsheit) nach ist er vom Vater verschieden, also nicht *homousios*, und ist nur im Willen mit dem

Vater geeinigt. Schon bei ORIGENES (185–254) war der Vater der Gott schlechthin, dem Sohn nur Gott durch Teilnahme an der Gottheit; war der Vater, im platonischen Sinne, das Gute an sich, so der Sohn bloß gut. Die Hypostase, Macht, Güte und Weisheit des Sohnes ist also zwar nicht dem Umfang nach, aber hinsichtlich der Herkunft, geringer. Der Sohn ist der Mittler zwischen dem Vater und den Geschöpfen, für die er das Höchste ist, was sie sehen können. Auch für den Origenisten Eusebios ist Gott der unsichtbare Gott-Vater, der im Sohn »*erscheint*«, welcher wiederum, um sich den sterblichen Menschen zeigen zu können, im Fleisch erscheinen mußte. Der Logos ist also bloß Stellvertreter des Vaters, zwar ewig, aber nicht wahrer Gott.
Es ist das Verdienst des Eusebios, dadurch, daß er das ewige Gesetz des Pantokrators, den göttlichen Allherrschers, als des Bestimmers der Reiche über das Reichsgesetz stellte und Kaiser Konstantin den Großen dafür gewann, das Reich in den Dienst der Verkündigung des Christentums zu stellen, das rein adoptianische Bild der Arianer abgeschwächt zu haben, die in Christus nur den Imperator sahen, was auf eine Identifikation mit dem Kaiserkult hinauslief (Ersetzung des positiven göttlichen Gesetzes durch das positive römische Reichsgesetz). Konstantin betrachtete sich nicht als christusgleichen Gesetzgeber, wohl aber als dreizehnten Apostel: Sein Sarkophag stand inmitten der zwölf Porphyrsarkophage der Apostel in der Apostelkirche. Allerdings wurde Eusebios durch das Konzil von Nikaia widerlegt, das durch die Entscheidung für die Homousie die Berechtigung des positiven göttlichen Gesetzes gegenüber dem Reichsgesetz und dem ewigen Gesetz durchsetzte. AUGUSTIN (354–430) entwickelte dann eine eschatologische kirchliche Geschichtstheologie: Das Reich ist noch nicht da, sondern wird, obwohl der Vater dem Sohn die Herrschaft bereits übergeben hat, endgültig erst am Jüngsten Tag errichtet.   H. L. H.

AUSGABEN: Ldn. 1842, Hg. S. Lee [syr. Fassg.]. – Lpzg. 1904, Hg. H. Greßmann (in *Werke*, Bd. 3/2). – MG, 24.

LITERATUR: H. Greßmann, *Studien zu Eusebs »Theophanie«*, Lpzg. 1903. – M. Weis, *Die Stellung des E. v. C. im arianischen Streit*, Trier 1920. – E. Peterson, *Der Monotheismus als politisches Problem*, Lpzg. 1935. – H. Berkhof, *Die Theologie des E. v. C.*, Amsterdam 1939. – J. B. Laurin, *Orientations maîtresses d'apologistes chrétiens de 270 à 361*, Rom 1954, S. 94–145 [m. Bibliogr.]. – J. Quasten, *Patrology*, Bd. 3, Utrecht 1960, S. 309 bis 345. – D. S. Wallace-Hadrill, *E. of C.*, Ldn. 1960. – G. Ruhbach, *Apologetik u. Geschichte. Untersuchungen zur Theologie E.s v. C.*, Diss. Heidelberg 1962. – A. Weber, *Archē. Ein Beitrag zur Christologie des E. v. C.*, Mchn. 1965. – *Reallexikon für Antike u. Christentum*, Bd. 6, 1966, Sp. 1052–1088.

ARNOBIUS aus Sicca
(um 300)

ADVERSUS GENTES (lat. Patr.; *Gegen die Heiden*). Streitschrift in sieben Büchern von ARNOBIUS aus Sicca (Numidien), verfaßt kurz nach 303. – Nach HIERONYMUS kandidierte er mit diesem Opus für die Zulassung zur Taufe. Die Schrift (auch *Adversus nationes* genannt) zeigt, daß Arnobius sich den positiven Inhalt der Offenbarung nur unvollkommen angeeignet und ihn nicht durchdrungen hat. Dies gestattet ihm jedoch ein Entgegenkommen gegenüber dem mythologisch-heidnischen Mentalität, das in der Zeit der Diokletianischen Christenverfolgung taktisch nicht ungeschickt war. Mit aufwendiger Rhetorik lädt Arnobius die Heiden ein, Christen zu werden, indem er auf die Errungenschaften des Christentums verweist. Dabei ist er weitgehend bereit, Steine des Anstoßes für das heidnische Verständnis aus dem Weg zu räumen. »*Ihr verehrt einen Menschen ... Wenn das auch wahr wäre, so müßte er doch wegen der vielen und großzügigen Gaben, die er uns gebracht hat, Gott genannt werden.*« (1, 42) Es folgt der Hinweis auf die Wunder Christi, um derentwillen ihm mehr zu glauben ist als den Philosophen, da man nun einmal auf Glauben überall angewiesen ist. »*Könnt ihr uns irgendwen nennen oder zeigen von all denen, die je gewesen sind in all den Jahrhunderten, der irgend etwas getan hat, was Christus ähnlich, das auch nur ein Tausendstel von dem betrüge?*« (1, 43) »*Und kann euch nicht wenigstens das zum Glauben bewegen ... daß keine Nation von so barbarischer Sitte und so wenig zivilisiert ist, daß sie nicht, durch seine Liebe gewandelt, ihre Rauheit gemildert und sich einem friedlicheren Sinnen zugewandt hat?*« (2, 5)

Bei aller Abhängigkeit in der Apologetik, bei aller möglichen philosophischen Unselbständigkeit ist ein bestimmter philosophischer Habitus nicht zu verkennen. Arnobius vertritt eine »negative Theologie« (in der Gott als unerkennbar und namenlos gilt), die geeignet ist, den Heiden den Christengott als den »unbekannten Gott« des PAULUS in Erinnerung zu bringen (3, 19). Anders als bei TERTULLIAN, der eine *substantia* nur körperlich denken konnte, ist Gott für Arnobius immateriell und körperlos. Als unendlich und ewig umfaßt Gott alles Räumliche und Zeitliche. Wohl aber ist die Seele (2, 14–62) ihrem Wesen nach körperlich, da in ihrer Entwicklung an den Körper gebunden. Die Unsterblichkeit, nach der die Seele nichtsdestoweniger aus ihrem innersten Wesen verlangt, ist daher von einem Gnadenakt Gottes abhängig. Arnobius richtet sich in seiner Polemik gegen die Platonische Präexistenzlehre. Einzig angeboren ist der Glaube an *einen* Gott; es gibt keine *ideae innatae* (eingeborenen Ideen), die eine Autarkie der Seele begründen könnten. Die Erlösungsbedürftigkeit ist deshalb das eigentliche Wesen der Seele. Die Unsterblichkeit erscheint so als ein Postulat, garantiert durch Gottes Güte und Allmacht. Arnobius versteht die Erlösungsbedürftigkeit der Seele nicht wie Tertullian traduzianistisch-historisch (aus der Sünde Adams, der in der Erzeugung der Seele des Kindes aus der des Vaters weitergegeben wird), sondern kreatianistisch-ontologisch (aus der Konstitution der unmittelbar geschaffenen Seele). Ähnlich wie die Gnostiker vertritt er die Ansicht, daß die Seele von einem Mittelwesen geschaffen sei, woraus sich ihre ambivalente Natur, ihr Schweben zwischen Leben und Tod erklärt.

Die »Existenztheologie« des Arnobius geht einher mit einer skeptizistischen Erkenntnislehre und empiristischen Psychologie: Die Seele ist a priori leer, ohne vorgängige Erfahrungen oder geistige Inhalte. Die schwankende Wahrnehmung ist die einzige Erkenntnisquelle. Die Zweifelhaftigkeit jedes positiven Urteils läßt den Glauben an die göttliche Gnade als die einzige Quelle der Gewißheit erscheinen. – Die sensualistische Psychologie des Arnobius hat auf die Anschauungen von LA METTRIE (1709–1751) und CONDILLAC (1715–1780) eingewirkt. – Als nicht ganz vertraut mit der christlichen Gedankenwelt erweist er sich in seiner Lehre von Christus, der ihm zwar Gott, aber nicht von der gleichen Dignität wie der Vater ist, beinahe analog den Heidengöttern, die er als bestimmte Potenzen und Untergötter noch gelten läßt. Sie verdanken ihre Existenz – sofern ihnen eine solche zukommt – allerdings dem *einen* Gott der Christen *(Deus princeps)*. Die Götterverehrung durch Opfer wird aber verworfen. H. L. H.

AUSGABEN: Rom 1543, Hg. Faustus Sabaeus. – Paris 1844 (ML, 5). – Wien 1875 (CSEL, 4). – Turin 1934, Hg. G. Marchesi.

ÜBERSETZUNGEN: *Des Afrikaners Arnobius sieben Bücher wider die Heiden*, F. A. v. Besnard, Landshut 1842 [m. Erl.]. – *Arnobius' sieben Bücher gegen die Heiden*, J. Alleker, Trier 1858. – *Arnobius of Sicca, The Case Against the Pagans*, McCracken, Westminster/Maryland 1949 (ACW, 7–8).

LITERATUR: E. F. Micka, *The Problem of Divine Anger in A. and Lactantius*, Diss. Washington 1943. – E. Rapisarda, *Arnobio*, Catania 1946. – G. E. McCracken, *Critical Notes to Arnobius'» Adversus Nationes«* (in VC, 3, 1949, S. 37–47). – Altaner S. 162f.

ATHANASIOS aus Alexandreia (um 295–373)

HO BIOS KAI HĒ POLITEIA TU HOSIU PATROS HĒMŌN ANTŌNIU (griech. Patr.; *Leben und Wirken unseres heiligen Vaters Antonius*). Schrift in Briefform von ATHANASIOS aus Alexandreia (um 295–373), gerichtet »*an die Mönche im Ausland*«, überliefert in einer lateinischen Übersetzung des Bischofs EUAGRIOS von Antiochien sowie in einer ebenfalls sehr früh zu datierenden syrischen Fassung. Ihre – zeitweilig angezweifelte – Authentizität gilt als gesichert. – Athanasios, der Antonius persönlich kannte, beschreibt das Leben des koptischen Einsiedlers, der sich für lange Jahre in die Wüste zurückgezogen hatte und schon damals als der »Vater des Mönchtums« galt. Neben äußeren Informationen enthält das Werk auch eine Schilderung der Versuchungen, denen der vitale junge Einsiedler ausgesetzt war und in denen ihm die Dämonen in Gestalt wilder Tiere gegenübertraten. Einen breiten Raum nehmen die Wunder ein, die der Heilige an seinen Mitbrüdern wirkte. Besonders ausführlich schildert Athanasios den Weg, auf dem der Einsiedler zu immer größerer Vollkommenheit gelangte. Hierin und in der Ermahnung der Christen zur Askese wird die mehr pädagogische als historische Intention des *Bios* offenkundig, der sich damit organisch in die übrigen, gegen die Häresien gerichteten Schriften des Bischofs einfügt. – Das Werk machte die noch recht neue Erscheinung des eremitischen Mönchtums weithin bekannt und regte zur allgemeinen Nacheiferung an. Viele griechische Heiligenviten wurden nach seinem Vorbild geschrieben.

C. S. – KLL

AUSGABEN: Heidelberg 1600/01 (in *Opera omnia*, Hg. P. Felckmann Coronaeus). – Augsburg 1611, Hg. D. Hoeschel. – Antwerpen 1643 (in *Acta Sanctorum*, 2. Jan., S. 120–141). – Paris 1698 (in *Opera omnia*). – MG, 26.

ÜBERSETZUNGEN: *Kurtz-verfaster wunderbarlicher Lebenslauff dess großen Alt-Vatters und weltberühmbten heiligen Einsiedlers Antonii Abbatis*, P. Rosweid, Köln 1707. – *Leben des heiligen Antonius*, A. Stegmann u. a. (in *AS*, Bd. 2, Kempten/Mchn. 1917). – *Leben und Versuchungen des heiligen Antonius*, Hg. N. Hoverka, Wien/Bln. 1925.

LITERATUR: R. Reitzenstein, *Des A. Werk über das Leben des hl. Antonius* (in SAWH, phil.-hist. Kl., Heidelberg 1914). – J. List, *Das Antoniusleben des hl. A.*, Athen 1930. – *Dictionnaire de spiritualité ascétique et mystique*, Bd. 1, Paris 1937, S. 702 bis 708. – H. Dörries, *Die Vita Antonii als Geschichtsquelle* (in NGG, H. 14, 1949). – L. Bouyer, *La vie de saint Antoine*, Saint-Wandrille 1950. – L. T. A. Lorié, *Spiritual Terminology in the Latin Translation of the Vita Antonii*, Nimwegen 1955. – *Antonius Magnus Eremita, 356–1956*, Hg. B. Steidle, Rom 1956. – G. Giamberardini, *S. Antonio Abate, astro del deserto*, Kairo 1957. – F. Giardini, *Doctrina espiritual en la Vita Antonii de S. Atanasio* (in Teología Espiritual, 4, 1960, S. 377–412). – *Bibliotheca Sanctorum*, Bd. 2, Rom 1962, S. 106–136 [m. Bibliogr.].

LOGOI KATA AREIANŌN (griech. Patr.; *Reden gegen die Arianer*). Polemische Schrift in vier Büchern von ATHANASIOS aus Alexandreia (um 295–373), entstanden während dessen dritter Verbannung (zwischen 356 u. 361); das vierte Buch ist offensichtlich Zutat von späterer Hand. – Für unentschiedene Geister, welche die Arianer nicht als förmliche Häretiker betrachteten, wollte Athanasios in diesem Werk die katholische Lehre vom Verhältnis des Sohns zum Vater gegen die Ansichten verteidigen, die AREIOS in seiner Schrift *Thaleia (Gastmahl)* vorgetragen hatte. Nur die katholische Auffassung des Verhältnisses von Vater und Sohn, sagt Athanasios, ist für Gott geziemend; die arianische Auffassung ist ungereimt, da sie die angebetete Gottheit für ein Geschöpf erklärt. Auf die Behauptung der Arianer, der Sohn sei nur dem Namen, nicht der Substanz nach Sohn, erwidert Athanasios, Sohnschaft bedeute Teilnahme an der Substanz des Vaters. Da der Sohn eine schöpferische Kraft des Vaters sei, könne der Vater niemals ohne den Sohn gewesen sein. Die verfänglichen Fragen, die die Arianer an Kinder und Frauen stellen (beispielsweise: »*Hattest du einen Sohn, bevor du gebarst?*«), weist Athanasios scharf zurück, da sie samt und sonders auf einer anthropomorphen Vorstellung des göttlichen Vater-Sohn-Verhältnisses beruhten. Da die Zeugung des Sohnes nicht in der Zeit geschehe, sei der Vater immer Vater des Sohns und dieser als Abglanz des Vaters gleich ewig mit ihm.

Dem Bestreben der Arianer, aus der *Heiligen Schrift* die Veränderlichkeit des Sohns (der demnach nur Adoptivsohn wäre) zu beweisen, stellt Athanasios an Hand derselben Schriftstellen die Unveränderlichkeit des Sohns gegenüber, indem er alle Ausdrücke und Aussprüche, die eine Veränderung nahelegen, als auf die Menschwerdung des Worts und die menschliche Natur Christi (nicht, wie die Arianer, auf die Zeugung des Sohns durch den Vater) bezüglich interpretiert. Die Einheit von Vater und Sohn, von den Arianern im Sinne einer Identität des Willens gedeutet, muß nach Athanasios im Sinn der Identität der göttlichen Substanz verstanden werden. Alle Sophistereien der Arianer angesichts bestimmter Schriftstellen (wie »*Mir ist alle Gewalt gegeben*«) ließen sich auf die eine Frage zurückführen: »*Wie hat das Wort überhaupt Mensch werden können, da es Gott war?*« Wer aber so spreche, dürfe sich nicht mehr einen Christen nennen, da er an Christus (als Gottmenschen) Ärgernis nehme. – Das vierte Buch stellt in positiverer Form die Lehre über das Verhältnis von Vater und Sohn dar; es fehlt ihm daher der polemische Schwung der ersten drei Bücher. Auch ist es allgemein gegen die häretischen Trinitätslehren (etwa gegen die Sabellianer und die Anhänger des PAULUS aus Samosata), nicht nur gegen die Arianer, gerichtet.

Als Athanasios seine Schrift verfaßte, war er wieder einmal von den Arianern als Bischof von Alexandreia abgesetzt worden und mußte sich in der Wüste vor den Häschern des Kaisers Constantius verborgen halten. Wie seine ganze schriftstellerische Tätigkeit, so ist auch dieses Werk ausschließlich dazu bestimmt, seiner theologischen Überzeugung Ausdruck zu verschaffen. Daraus resultiert eine streng sachbezogene Argumentation; auf rhetorischen Prunk kann der Autor – bei aller dialektischen Gewandtheit – verzichten. Zwar stellen die Schriften des Athanasios nur eine Seite seiner schier unglaublichen Aktivität dar; dennoch dürfte nicht zuletzt gerade ihnen zu einem Gutteil der Sieg der katholischen Lehre über den Arianismus zu danken sein.   H. L. H.

AUSGABEN: Heidelberg 1600/01 (in *Opera omnia*, 2 Bde.). – MG, 26. – Bln. 1934/35 (in *Werke*, 3 Bde., 2/3, Hg. H.-G. Opitz; enth. *Die Apologien* u. *Urkunden zur Geschichte des arianischen Streites*).

ÜBERSETZUNGEN: *Vier Reden geben die Arianer*, anon. (in *SW der Kirchenväter*, Bd. 13–18, Kempten 1835-1837). – *Gegen die Arianer*, J. Fisch (in *AS*, Bd. 1, Kempten 1872; BKV, 15). – *Vier Reden gegen die Arianer*, A. Stegmann (in *AS*, Bd. 1, Mchn. 1913; BKV², 13).

LITERATUR: M. Richard, *Saint Athanase et la psychologie du Christ selon les Ariens* in Mélanges de Science Religieuse, 4, 1947, S. 5-54). – P. C. Dimitropulos, *I anthropologia tu megalu Athanasiu*, Athen 1954. – T. E. Pollard, *Logos and Son in Origen, Arius, and Athanasius*, Bln. 1957, S. 282 bis 287.

LOGOS KATA TŌN HELLĒNŌN (griech. Patr.; *Rede gegen die Heiden*). Apologetische Schrift von ATHANASIOS aus Alexandreia (um 295 bis 373); nach der Annahme des Mauriners MONTFAUCON um 319 entstanden, einer anderen Hypothese zufolge erst nach der Synode zu Tyros (335) während der Verbannung des Autors in Trier. – Die Schrift dient der Bekämpfung des heidnischen Götzendienstes. Das Böse und damit die Unkenntnis des wahren Gottes, sagt Athanasios, ist nicht ursprünglich, und es kommt ihm kein wahres Sein zu; vielmehr haben erst die Menschen das Böse ersonnen: »*Vom Guten sage ich, daß es ist, weil es in Gott, welcher ist, sich nachweisen läßt; vom Bösen dagegen behaupte ich, daß es nicht ist, weil es die Gedanken der Menschen, obgleich es nicht ist, ausgeheckt haben.*« Die Menschen sind dem Götzendienst verfallen, weil sie ihre Freiheit mißbraucht haben. Sie wandten sich von Gott ab und wurden damit Sklaven ihrer leiblichen Begierden, indem sie sich einbildeten, daß sie, was sie tun könnten, auch tun dürften. Da sie nur noch Sinnliches fassen konnten, vergötterten sie das Sinnenfällige. So entspringt die Götzenanbetung letzten Endes der Verkehrtheit des menschlichen Herzens. – Die heidnischen Götter sind nicht nur überhaupt nicht Götter, sondern darüber hinaus auch noch schlecht im menschlichen Sinne. Dem Einwand, daß die den Göttern zugeschriebenen schlechten Handlungen nur Erfindungen der Dichter seien, wäre mit der Frage zu begegnen, ob dann diese vielleicht auch deren Namen erfunden haben sollten. In Wirklichkeit ist es so, daß die Dichter gegen ihren Willen die Wahrheit über die Leidenschaften der Götter sagten, damit offenbar werde, daß sie keine wahren Götter seien. Kein Teil der Welt – und sei er noch so erhaben – kann Gott genannt werden, denn die Teile der Welt sind voneinander abhängig; aber auch die Welt als Ganzes kann nicht Gott sein, weil sich ihre Teile untereinander ständig bekämpfen.

Der Weg der Wahrheit, so führt Athanasios positiv aus, ist nur in uns zu finden *(»Das Reich Gottes ist in euch«)*, er liegt in der Seele und ihrem Geist *(nus)*. Die menschliche Seele ist vernünftig und unsterblich, wie der Autor mit Platonischen Argumenten darzulegen versucht. Daher kann die Seele, sofern sie nur ihre Begierdenhaftigkeit ablegt, wieder zur Erkenntnis Gottes gelangen. Bei diesem Versuch, Gott zu erkennen, kann aus der einen Welt auf den einen Gott geschlossen werden. Dieser eine wahre Gott aber ist der Vater Jesu Christi, der das Wort ist, durch das die Welt geschaffen wurde. Das Wort erkennen wir aus der Schöpfung; es hat sich aber auch selbst offenbart, wie Athanasios in seinem *Logos peri tēs enanthrōpēseōs tu logu (Abhandlung von der Menschwerdung des Wortes)* ausführt, einer Schrift, die mit dem *Logos kata tōn Hellēnōn* inhaltlich eng zusammenhängt.

Mit seiner *Abhandlung gegen die Heiden* hat Athanasios die wissenschaftliche Apologetik des Christentums begründet. Bemerkenswert sind vor allem der Scharfsinn, der Witz und die umfassende Gelehrsamkeit des Autors, die sich etwa in der Vertrautheit mit dem Werk HOMERS und PLATONS dokumentieren.   H. L. H.

AUSGABEN: Vicenza 1482 (in *Contra haereticos et gentiles*; lat.). – Paris 1519 (in *Opera*; lat.). – Heidelberg 1600/01 (in *Opera omnia*, 2 Bde.). – MG, 25; Nachdr. 1964. – Innsbruck 1882 (in *Libri duo contra gentes*, Hg. H. Hurter). – Paris 1947 (Hg. P. Th. Camelot).

ÜBERSETZUNGEN: *Schrift gegen die Griechen*, anon. (in *SW der Kirchenväter*, Bd. 13, Kempten 1835). – *Gegen die Heiden*, J. Fisch (in *AS*, Bd. 1, Kempten 1872; BKV, 15). – *Abhandlung wider die Heyden*, C. F. Roessler (in *Bibliothek der Kirchen-Väter*, Tl. 2, Lpzg. 1776). – *Gegen die Heiden*, A. Stegmann (in *AS*, Bd. 2, Mchn. 1917; BKV², 31).

LITERATUR: F. Cavallera, *S. Athanase*, Paris 1908. – Altaner, S. 271–279 [m. Bibliogr.].

LOGOS PERI TĒS ENANTHRŌPĒSEŌS TU LOGU (griech. Patr.; *Abhandlung von der Menschwerdung des Wortes*). Apologetische Schrift von ATHANASIOS aus Alexandreia (um 295-373), entstanden entweder um 319 oder nach 335 (in der Verbannung zu Trier). – Der Mensch, der zusammen mit der Welt durch das Wort hervorgebracht wurde, hat die Gnade der Vereinigung mit dem Wort und damit das eigentliche Leben verloren. Zum Leben zurückführen konnte ihn wiederum nur das Wort Gottes. Durch den Tod des Leibes Christi, in dem das Wort Wohnung nahm, wurde die Schuld des Sündenfalls getilgt und der Mensch vom Tod errettet. Der Sieg des Kreuzes über den Tod dokumentiert sich nach Athanasios ebenso in der Todesverachtung der Märtyrer wie in der Vertreibung der falschen Götter. – Die Apologie richtet sich gleichermaßen gegen Juden und Heiden. Dem Unglauben der Juden hält der Autor die Prophezeiungen des *Alten Testaments* entgegen, die sich in Christus genau erfüllt hätten; die Prophezeiung bei *Daniel* 9, 24 weise eindeutig auf die Zeit der Erscheinung des Messias, auf die man also nicht länger warten müsse. Dem Spott der Heiden, denen es als Torheit gilt, daß das Wort in einem Leib erschienen sei, begegnet Athanasios mit dem Hinweis darauf, sie nähmen ja selbst an, daß das Wort (der Logos) sich in der Welt und damit in einem Leib befinde. Das Wort Gottes könne sich aber in jedem Teil der Schöpfung, also auch in einem menschlichen Leib, offenbaren. Hier habe es sich niedergelassen, weil es sich mit dem verbinden mußte, was der Erlösung bedurfte. Wen diese Gründe nicht überzeugen, dem verweist Athanasios auf die Taten und die Wirksamkeit des Wortes; durch sie habe es seine Göttlichkeit bewiesen. – Die Abhandlung steht in engem Zusammenhang mit dem *Logos kata tōn Hellēnōn (Rede gegen die Heiden)*, deren Fortsetzung sie bildet. H. L. H.

AUSGABEN: Heidelberg 1600/01 (in *Opera omnia*, 2 Bde.). – MG, 25; Nachdr. 1964. – Ldn. 1939 (*De incarnatione*, Hg. F. L. Cross; ern. 1957). – Paris 1947 (zus. m. *Oratio contra gentes*, Hg. P. Th. Camelot; m. Einf. u. Anm.).

ÜBERSETZUNGEN: *Abhandlung über die Menschwerdung des Wortes, und über die Anwesenheit desselben bei uns in dem Körper*, anon. (in *SW der Kirchenväter*, Bd. 13, Kempten 1835). – *Von der Menschwerdung*, J. Fisch (in *AS*, Bd. 1, Kempten 1872; BKV, 15). – *Über die Menschwerdung*, A. Stegmann (in *AS*, Bd. 2, Mchn./Kempten 1917; BKV², 31).

LITERATUR: E. Mersch, *Le Corps mystique du Christ*, Brüssel/Paris ²1936, S. 374–409. – L. Bouyer, *L'incarnation et l'Église – Corps du Christ dans la théologie de s. Athanase*, Paris 1943. – M. Richard, *Saint Athanase et la psychologie du Christ selon les Ariens* (in Mélanges de Science Religieuse, 4, 1947, S. 5–54). – T. E. Pollard, *Logos and Son in Origen, Arius, and Athanasius*, Bln. 1957, S. 282–287.

APOLLINARIOS aus Laodikeia
(um 310 – um 390)

HĒ KATA MEROS PISTIS (griech. Patr.; *Glaubensbekenntnis nach Einzelstücken*). Dogmatischer Traktat von APOLLINARIOS aus Laodikeia (um 310 – um 390). – Das Werk wurde schon frühzeitig dem GREGORIOS THAUMATURGOS (um 213 bis 270) zugeschrieben. So blieb es erhalten, während zahlreiche andere Schriften des wahren Verfassers infolge seiner Verurteilung auf dem zweiten ökumenischen Konzil in Konstantinopel (381) untergegangen sind.
Der Traktat legt ein beredtes Zeugnis nicht nur für den dogmatischen Scharfsinn, sondern ebenso für die sprachliche Gewandtheit des Verfassers ab. Wie der Titel ankündigt, geht Apollinarios der Reihe nach die Artikel des Symbolums durch und erläutert sie im Sinne seiner Lehre. Der Autor, bis zu seinem Tode Bischof seiner nizänischen (also homousianischen) Heimat, war anfangs mit ATHANASIOS (295–373) befreundet gewesen und bekämpfte wie dieser die trinitarischen Anschauungen der Arianer. In der Christologie trennte er sich allerdings von ihm. Die Lehre des Apollinarios muß aus seiner Gegnerschaft gegen den Ethizismus der Antiochener verstanden werden. Sein Ideal ist die mystische Gemeinschaft mit dem göttlichen Christus. Demgemäß ist der Erlöser für ihn seinem Wesen nach fast ausschließlich Gott und hat vom Menschen nur das Fleisch und allenfalls die Leibseele angenommen, um überhaupt sichtbar zu werden. (Die dem Autor folgenden Apollinaristen vertraten später sogar die Auffassung vom Scheinleib Christi.) Hätte Gott sich mit dem vollständigen Menschenwesen verbunden, so hätte Christus den Kosmos (im Sinne des ORIGENES als die Einheit der Geister verstanden) unmöglich erlösen können, da er dann – begabt mit dem menschlichen *nus* (Verstand) und der *psychē logikē* (Geistseele), d. h. mit freiem Willen – selber der Sünde unterworfen gewesen wäre. Der Logos vertritt nach Apollinarios das Selbstbewußtsein und die Selbstbestimmungsmacht auch noch im »Menschen« Christus. Die Erlösung sei nur dadurch garantiert, daß Gott selbst (der Logos) geboren worden und gestorben sei (im Fleische). In diesem Sinne spricht Apollinarios von der *»einen [göttlichen] Physis des fleischgewordenen Logos«* – eine Formel, die dann, freilich umgemünzt, bei KYRILLOS aus Alexandria († 444) und SEVEROS aus Antiocheia († 538) wiederkehrt. Als Apollinarios die »Geistseele« durch den Logos ersetzte, nahm jene Verwechslung von Natur und Person ihren Anfang, die in der Folge so große Verwirrung stiften sollte. A. Ku.

AUSGABE: MG, 10, Sp. 1103–1124.

LITERATUR: H. Lietzmann, *A. v. L. u. seine Schule*, Bd. 1, Tübingen 1904. – G. Voisin, *L'apollinarisme*, Löwen 1904. – C. E. Raven, *Apollinarism*, Cambridge 1923. – Altaner, S. 313–315. – LThK, 1, Sp. 714. – RAC, 1, Sp. 520–522.

HILARIUS aus Poitiers
(um 315–367)

DE TRINITATE (lat. Patr.; *Über die Dreieinigkeit*). Dogmatisch-polemische Schrift in zwölf Büchern von HILARIUS aus Poitiers (um 315–367), entstanden zwischen 356 und 359. – Der Originaltitel des Werkes, das Hilarius im kleinasiatischen Exil verfaßte, ist nicht sicher überliefert. Die älteren Handschriften bringen keinen Titel, die jüngeren schwanken zwischen: *De fide* (*Über den Glauben*), *De trinitate* (*Über die Trinität*) und *De fide sanctae trinitatis adversus Arianos libri* (*Die Bücher über den Glauben an die heilige Trinität, gegen die Arianer*). Bei RUFINUS und CASSIAN ist *De fide*, bei FORTUNATUS und CASSIODOR *De trinitate* überliefert.
Die gegen die Arianer, die Sabellianer und andere Häretiker gerichtete Schrift erörtert die Trinität als solche kaum, sondern beschränkt sich vornehmlich auf die Behandlung solch umstrittener Fragen wie der der Wesensgleichheit von Sohn und

Vater, der Vollpersönlichkeit und Vollmenschlichkeit des Sohnes und der Einheit Gottes. Im ersten Buch entwirft Hilarius das Programm und die Gliederung seines Werkes. Im zweiten und dritten sucht er das Geheimnis der göttlichen Zeugung und die Wesensgleichheit von Vater und Sohn dem menschlichen Verständnis zu erschließen. Die eigentliche Polemik setzt im vierten Buch ein. Nach einer Darstellung der arianischen Lehre gibt Hilarius wörtlich ein arianisches *Symbolum* aus dem Jahre 320 wieder und entkräftet die arianischen Einwände gegen die Gottheit Christi und seine Gleichewigkeit mit dem Vater. Seine Argumente stützen sich auf das Axiom, daß das Gezeugte von derselben Natur ist wie das zeugende Prinzip. Die Häretiker irrten, wenn sie die Schriftstellen, die von der Einheit von Vater und Sohn sprechen, nur auf den Willen bezögen: es gebe in der Schrift viele Belege für die natürliche Einheit von Vater und Sohn, eine *unio*, die die göttlichen Personen umfaßt, ohne daß diese zu einer Person verschmelzen. – Im zehnten Buch geht es um das Verhältnis von Leib und Seele des Menschen sowie um die Frage nach dem Ursprung der Seele, bei deren Beantwortung der Autor den Creatianismus mit einer Art Generatianismus verbindet: jede Seele ist (mittelbar) ein Werk Gottes, die Zeugung des Fleisches aber geschieht immer aus dem Fleische. Nach der uns von Gott, dem Urheber unseres Ursprungs, anerschaffenen Natur wird der Mensch mit Leib und Seele geboren, d. h., die Seele entsteht unmittelbar durch eine Art von geistiger Generation.

Die Fähigkeit zu spekulativem Denken, die aus seinem Hauptwerk spricht, hat Hilarius während seines orientalischen Exils bei der Lektüre griechischer Kirchenschriftsteller entwickelt. In seinen christologischen Anschauungen steht er Origenes nahe. Die Schrift ist die vielleicht »*vollendetste schriftstellerische Leistung, welche die Geschichte des Kampfes mit dem Arianismus aufzuweisen hat*« (Bardenhewer). Hieronymus nannte Hilarius »*den Rhodanus der lateinischen Eloquenz*«. Erasmus von Rotterdam allerdings stöhnte im Vorwort zu seiner Ausgabe von 1523 über die vielen Wiederholungen in dem dickleibigen Opus. A. Ku.

Ausgaben: Basel 1523; 1526; 1553, Hg. D. Erasmus. – Paris 1544, Hg. L. Miräus. – Basel 1550; 1570, Hg. M. Lipsius. – Paris 1693, Hg. P. Constant [*Mauriner-Ausg.*]. – Verona 1730; Venedig 1749 bis 1750, Hg. S. Maffei [verbess. Aufl. d. *Mauriner Ausg.*]. – ML, 10, Sp. 25–472 [vermehrter, aber fehlerhafter Abdr. d. Ausg. v. Verona]. – Innsbruck 1888, Hg. H. Hurter, (Sanctorum patrum opuscula selecta, Ser. II, 4). – Rom 1922, Hg. A. Amelli. – Turin 1932, Hg. J. L. Perugi.

Übersetzungen: *Des heiligen Hilarius zwölf Bücher von der Dreieinigkeit*, J. Fisch (in *AS*, Kempten 1878; BKV, 56). – Dass., A. Antweiler, 2 Bde., Kempten 1933/34 (BKV², II, 5).

Literatur: A. Beck, *Die Trinitätslehre des hl. H. v. P.*, Mainz 1903. – P. Smulders, *La doctrine trinitaire de saint Hilaire de Poitiers*, Rom 1944. – J. E. Emmenegger, *The Function of Faith and Reason in the Theology of St. Hilary of Poitiers*, Washington 1947. – J. J. McMahon, *De Christo mediatore doctrina s. Hilarii*, Mund 1947. – A. Verrastro, *Il fundamento ultimo della perfetta consubstanzialità del Figlio al Padre nel »De trinitate« di s. H. di P.*, Potenza 1948. – P. Löffler, *Die Trinitätslehre des Bischofs H. v. P. zwischen Ost und West* (in ZKG, 71, 1960, S. 26–36).

IULIUS FIRMICUS MATERNUS
(1. Hälfte 4. Jh.)

DE ERRORE PROFANARUM RELIGIONUM
(lat.; *Über den Irrtum der heidnischen Religionen*). An die Kaiser Constantius und Constans gerichtetes Pamphlet des Iulius Firmicus Maternus (erste Hälfte des 4. Jh.s), eines vornehmen sizilischen Römers aus dem Senatorenstand; entstanden zwischen 346 und 350, nur verstümmelt überliefert. – Firmicus hatte rund ein Jahrzehnt zuvor ein von tiefer heidnischer Frömmigkeit getragenes astrologisches Werk geschrieben, die *Matheseos libri octo (Acht Bücher der Erkenntnis)*; daß er nunmehr, nach seinem Übertritt zum Christentum, in einer von fanatischem Konvertiteneifer geprägten Schrift mit derart haßerfülltem Pathos die Ausrottung der Heiden predigen könne, hat man vielfach für unmöglich gehalten und daher nicht selten die Existenz zweier Autoren postuliert. Sprache und Stil zeigen jedoch, daß es sich in der Tat um ein und denselben Schriftsteller handeln muß. Bezeichnenderweise gilt das Augenmerk des christlichen Zeloten nicht dem griechisch-römischen Pantheon der alten olympischen Götter und ihres Gefolges, sondern vornehmlich den hellenistisch-orientalischen Natur- und Mysterienkulten: der Verehrung der Elemente (Kap. 1–5), der Dionysosreligion (6), den Demeter-Ceres- und Adonismysterien (7ff.), dem Korybanten-, Kabiren- und Serapiskult (10–13); die Reste der »traditionellen« Götter, wie Penaten, Vesta, das Palladium und die Minervagestalten (14–16), kommen demgegenüber sehr kurz zu Wort. Der Grund liegt auf der Hand: das Christentum hatte nicht die Bildungswelt der klassischen Literatur zu fürchten, sondern die Konkurrenz der seit dem Hellenismus im Volk sich immer stärker ausbreitenden Erlösungs- und Geheimreligionen. Daß der zweite Teil der Schrift (Kap. 18–27) sich so ausführlich mit den geheimen Symbolen dieser dem Autor verhaßten Kulte befaßt, hat dieselbe Ursache.

Die Argumente, die Firmicus zur Verfügung stehen, sind weder geistreich noch tiefschürfend: das gewöhnliche Schema ist eine euhemeristische Umdeutung der heidnischen Gottheit, aus der sich anschließend jeweils leicht die Lächerlichkeit und Verächtlichkeit solchen Glaubens ableiten läßt. Auch der Hinweis auf die Unmoral der alten Bräuche ist ein gängiger Topos. Der Stil paßt sich der Sache an: endlose Sequenzen von Bibelzitaten, erregtes demagogisches Pathos – charakteristert vor allem durch ein Übermaß rhetorischer Fragen und Ausrufe (»*O beweinenswerter Wahn der Menschen! O blutiges Sinnen auf unselige Nachahmung! ... O jämmerlicher Zustand harter Knechtschaft!*«) – und immer wieder (besonders Kap. 28–29) der leidenschaftliche Anruf an die »*allerheiligsten Kaiser*«, sich endlich ihrer Verpflichtung bewußt zu werden und das Übel mit Feuer und Schwert auszurotten. E. Sch.

Ausgaben: Straßburg 1572, Hg. Matthias Flacius Illyricus. – Brüssel 1938, Hg. Heuten [m. frz. Übers., Komm. u. Bibliogr.]. – Mchn. 1953, Hg. K. Ziegler. – Florenz 1956, Hg. A. Pastorino.

Übersetzungen: *Des Firmicus Maternus Schrift vom Irrtum der heidnischen Religionen*, A. Müller, Kempten/Mchn. 1913 (BKV, 14). – *Vom Irrtum der heidnischen Religionen*, K. Ziegler, Mchn. 1953.

Literatur: F. Boll, Art. *F.* (in RE, 6/2, 1909,

Sp. 2375-2379). – J. Coman, *Essai sur le »De errore profanarum religionum« de F. M.* (in Revista Classica, 4/5, 1932/33, S. 73-118).

LUCIFER aus Calaris
(gest. 370/71)

DE NON CONVENIENDO CUM HAERETICIS (lat. Patr.; *Daß man mit den Häretikern nicht verkehren darf*). Streitschrift von LUCIFER aus Calaris (Cagliari) auf Sardinien († 370/71), entstanden in den Jahren 356-361 zusammen mit den Parallelwerken *De regibus apostaticis (Über die abgefallenen Könige), Quia absentem nemo debet iudicare (Daß niemand einen Abwesenden verurteilen und verdammen darf)* – auch betitelt *De Athanasio (Über Athanasius)* –, *De non parcendo in Deum delinquentibus (Daß man die, die sich gegen Gott versündigen, nicht schonen darf)* und *Moriendum esse pro Dei filio (Daß man für den Sohn Gottes sterben muß)*.
Wegen seines Widerstandes gegen eine Verurteilung des Bischofs Athanasius und seines Festhaltens an dem nizänischen Glauben wurde der Autor von Kaiser Constantius (reg. 337-361) in die Verbannung geschickt. Erbittert über das erlittene Unrecht richtete er an den Herrscher die vorliegenden Schriften, in denen er ihn überaus scharf angreift. In *De non conveniendo cum haereticis*, das sich wahrscheinlich auf die Vorfälle der Synode zu Mailand (355) bezieht, wendet er sich entschieden gegen jede Gemeinschaft mit den Arianern, die er Knechte des Teufels nennt. Mit der zweiten Schrift will Lucifer den Kaiser warnen, sein gegenwärtiges Glück als einen Beweis für das Wohlwollen Gottes anzusehen; Beispiele aus dem *Alten Testament* zeigen, daß Gott über abtrünnige Könige oft erst sehr spät die verdiente Strafe verhängt. In der nächsten Schrift wird das Vorhaben des Constantius angegriffen, Athanasius zu verurteilen, ohne ihn gehört zu haben; wiederum sind viele Zeugnisse aus dem *Alten Testament* angeführt.
Als der Kaiser darauf über das unverschämte Verhalten Lucifers Klage führte, »bewies« dieser ihm in einer weiteren Broschüre, daß ein Priester Gottes einem Kaiser, der ein Ketzer ist, keine Ehrfurcht erweisen darf. – In einem ganz anderen Ton ist die letzte Schrift verfaßt: in ruhiger, gewählter Sprache versichert der Autor, daß er bereit sei, für seine Auffassung den Märtyrertod zu erleiden.
Lucifer erweist sich in diesen Werken als ein bedeutender Vertreter des vulgärlateinischen Schrifttums. Seine recht zahlreichen Zitate aus der *Bibel* sind für die Rekonstruktion des vorhieronymischen Bibeltextes wertvoll. M. L.

AUSGABEN: Paris 1568, Hg. J. Tilius. – Venedig 1778, Hg. Dominicus u. Jacob Coleti; Nachdr. ML, 13. – Wien 1886, Hg. W. Hartel (CSEL, 14).

LITERATUR: G. Krüger, *L. v. C.*, Lpzg. 1886. – *Dictionnaire de théologie catholique*, Bd. 9/1, Paris 1926, Sp. 1032-1044. – F. Piva, *Lucifero di Cagliari contro l'imperatore Costanzo*, Trient 1928. – G. Thörnell, *Studia Luciferiana*, Uppsala 1934. – C. Zedda, *La dottrina trinitaria di Lucifero di Cagliari* (in Divus Thomas, 52, 1949, S. 276-329).

Gaius MARIUS VICTORINUS
(4. Jh.)

ADVERSUS ARIUM (lat. Patr.; *Gegen Arius*). Philosophische Streitschrift gegen alle Spielarten des Arianismus, von Gaius MARIUS VICTORINUS (4. Jh.), verfaßt zwischen 356 und 361. – Abkehr vom Neuplatonismus seiner Zeit und Verarbeitung des Aristotelischen Gedankengutes als Hinführung zum wahren Verständnis PLATONS kennzeichnen den für die Trinitätslehre so bedeutsamen Traktat. – Für Victorinus, der im Jahr 355 zum Christentum übertrat (vgl. AUGUSTINUS, *Confessiones* 8, 2ff.), ist das nizänische Glaubensbekenntnis von 325 Ausgangspunkt seiner theologischen Spekulation. Der *Sohn* (Christus) ist mit dem *Vater* seinseinig *(homousios)*, er ist aus der Substanz des Vaters hervorgegangen. Vater, Sohn und Geist, die drei Gestalten des absoluten Geistes, sind seinsgleich, und doch ist jeder auch selber Persönlichkeit. In der absoluten Einheit sind die drei Grundtätigkeiten des Geistseins: sein *(esse)*, leben *(vivere)*, denken *(intellegere)* identisch und entsprechen den drei Personen der Trinität. Drei sind sie als Personen, wobei die erste Bewegung vom Vater ausgeht; eins *(unum)* oder seinsgleich (konsubstantial) sind sie mit dem absoluten Sein (der Substanz) geeint. Die absolute Einheit ist also nicht wie das Plotinische *hen* (das Eine) von allen Bestimmungen des Geistes entleert, sondern vereinigt die Fülle *(plerōma)* seiner Prinzipien in sich. Die Dreiheit der Personen wird so verständlich als Entfaltung der einen absoluten Substanz *(usia)*. Deren erste ist der Vater als das Sein *(essendo existentia)*, das, sofern es in Bewegung gerät und lebt *(vivendo vita)*, Sohn ist; dieses Leben aber, sofern es sich erkennt, ist Geist *(intelligendo intelligentia)*.
Augustinus, der von Victorinus beeinflußt wurde, hat dessen metaphysischen Ansatz von der Prinzipienlehre her nicht aufgegriffen, vielmehr ist er, als emotionaler Denker von den Tatsachen der Schöpfung, Erlösung und Beseligung ausgehend, über die Analogie zu dem menschlichen Geistvermögen zu einer bloß »psychologischen Trinitätslehre« gelangt, die dann für das Mittelalter bestimmend wurde. Marius Victorinus' tiefsinnige Spekulation selbst blieb zunächst ohne tiefgreifende Wirkung. Erst NIKOLAUS VON CUES würdigte sein geniales System. H. L. H.

AUSGABE: Basel 1556, Hg. J. Herold. – Paris 1844 (ML, 8). – Paris 1960.

ÜBERSETZUNG: *M. V.: Traités théologiques sur la Trinité*, P. Hadot, Hg. P. Henry, 2 Bde., Paris 1960 [Einl. u. Anm. v. P. Hadot].

LITERATUR: E. Benz, *M. V. u. d. Entwicklung d. abendländ. Willensmetaphysik*, Stg. 1932. – P. Henry, *Plotin et l'occident. Firmicus Maternus, M. V., Saint-Augustin et Macrobe*, Löwen 1934. – J. Vergara, *La Teología del Espíritu Santo en M. V.* (in EcXaver, 6, 1956, S. 35-125). – A. Dempf, *Der Platonismus d. Eusebius, V. u. Pseudo-Dionysius*, Mchn. 1962.

BASILEIOS DER GROSSE
(um 329/31-379)

ASKĒTIKA (griech. Patr.; *Asketische Unterweisungen*). Unter diesem Titel lag noch PHOTIOS (um 815/20-891/98) eine Sammlung asketischer

Schriften in zwei Büchern vor, die BASILEIOS DER GROSSE (um 329/31–379) aus Kaisareia in Kappadokien verfaßt hatte. Später ist diese Sammlung um ein beträchtliches vermehrt worden, so daß heute die Echtheit einiger Schriften umstritten bleiben muß.

Echt sind sicher die *Moralia* (80 *regulae*, MG 31, 700–869) mit ihren Einführungen *De iudicio Dei* und *De fide* (MG 31, 653–699) und die Urform der beiden Mönchsregeln, deren längere, *Regulae fusius tractatae* (MG 31, 889–1052), 55 in Fragen und Antworten ausführlich ausgearbeitete Regeln umfaßt, während die *Regulae brevis tractatae* (MG 31, 1051 bis 1306) 313 Lehrsprüche in kürzerer Form vereinigt. – Basileios schrieb diese Regeln in seinem pontischen *Koinobion* (wörtlich: gemeinsames Leben) bei Neokaisareia, wohin er sich mit einigen Gleichgesinnten zurückgezogen hatte, um dem ihm wahrscheinlich durch EUSTATHIOS von Sebaste vermittelten Mönchsideal zu leben. Denn: die Welt ist schlecht. Ihr zu entfliehen und sich in Liebe mit Gott zu vereinigen ist Aufgabe des Menschen. Unser Verlangen ist von Natur aus (dank dem in alle Menschen eingesenkten *spermatikos tis logos*) nach dem Guten ausgerichtet – das Gute aber ist Gott, also ist all unser Verlangen auf Gott gerichtet. Alles Irdische ist irrelevant, ihm müssen wir um der jenseitigen Vollkommenheit willen entsagen. Erst die von den Fesseln der Materie befreite Seele ist Gott nahe und wandelt gleichsam »*in den Himmeln*«. Die bestmögliche Verwirklichung seiner Aufgabe sah Basileios in der klösterlichen Gemeinschaft, nicht in der individuellen Askese, wie es z. B. Eustathios tat. Das koinobitische Ideal wird später bestimmend für das ganze byzantinische Mönchtum, als dessen Vater Basileios zu Recht bezeichnet wird. Seine *Mönchsregeln* sind auch im Abendland nicht unbekannt geblieben. RUFINUS aus Aquileia übersetzte sie ins Lateinische. Bei BENEDIKT VON Nursia, den sie bei der Aufstellung seiner eigenen Regeln inspirierten, finden wir sie erwähnt als »*Regulae sancti patri nostri Basilii*« (*Regula monasteriorum*, 73).

A. Ku.

AUSGABEN: Venedig 1535, Hg. S. Sabius. – Paris 1857, MG, 29–32.

ÜBERSETZUNGEN: *Drei vorläufige asketische Unterweisungen*, V. Gröne (in *Ausgew. Schriften*, 3 Bde., 2, Kempten 1877). – *Die großen Ordensregeln*, H. U. v. Balthasar, Einsiedeln ²1961 [Ausw.].

LITERATUR: M. Viller u. K. Rahner, *Aszese u. Mystik in d. Väterzeit*, Freiburg i. B. 1939, S. 123 bis 133. – D. Amand, *L'ascèse monastique de S. B. Essai historique*, Paris 1949 [m. vollst. Liste d. authent. asket. Werke]. – J. Gribomont, *Histoire du texte des »Ascétiques« de S. B.*, Löwen 1953. – T. Pichler, *D. Fasten bei B. d. Gr. u. im antik. Heidentum*, Innsbruck 1955.

HEXAËMERON (griech. Patr.; *Sechstagewerk*). Neun Homilien von BASILEIOS DEM GROSSEN (um 329/31–379). – Der Kappadokier soll diese Vorträge, in denen er einen fast vollständigen Kommentar zur *Genesis* gibt, vor ungelehrten Leuten aus dem Stegreif gehalten haben. Er wollte seine Zuhörer belehren und erbauen, ihnen vor allem die Wahrheit von der Schöpfung einprägen und sie gegen die Lehren der Gnostiker und heidnischen Philosophen feien.

Der Mosaische Bericht ist nach Basileios wörtlich zu verstehen; die schon von ORIGENES vertretene allegorische Exegese verwirft er mit harten Worten. Auch von physikalischen Theorien hält er nicht viel. Worüber der Verfasser der *Genesis* sich nicht ausgelassen hat (etwa ob die Erde eine Kugel, ein Zylinder oder was immer sei), darüber könnte man freilich spekulieren, es ist aber letztlich uninteressant, ja unnütz. Der Heilige Geist, der unseren Verstand nicht mit eitlen Dingen beschäftigen wollte, hat dafür gesorgt, daß nur das aufgeschrieben wurde, was zur Erbauung und Aufrichtung unserer Seele dient. Das jedoch, was geschrieben steht, ist in der Physik gar nicht in seinem Gehalt zu erfassen; vielmehr kann umgekehrt die christliche Lehre der Physik wertvolle Erkenntnisse vermitteln. Auch die einander widersprechenden Spekulationen der Philosophen, die, wie die Ionier, eines der Elemente oder, wie DEMOKRIT, die Atome an den Anfang der Welt setzen, nehmen sich gegenüber der biblischen Schöpfungslehre armselig aus. »*Im Anfang schuf Gott Himmel und Erde*« bedeutet nach Basileios, daß die Welt von Gott in einem ewigen, zeitlosen Akt, der zunächst einmal den Zeitanfang setzte, ins Dasein gerufen worden ist; denn da der Anfang der Zeit nicht die Zeit selbst ist, so ist der anfangsetzende Akt auch nicht in der Zeit, er ist zeitlos. Vor unserer Welt ist die übersinnliche Welt der Engel erschaffen worden, die in einem überzeitlichen und ewigen Zustand (im Sinne von beginnender Ewigkeit) existiert. Dieser Zustand wird von Basileios (wie ähnlich von AUGUSTINUS) auch als geistiges Licht beschrieben. Die Schöpfung dieser geistigen Welt sei im *Alten Testament* wegen der Unreife der Menschen nicht erwähnt. Der Aristotelische Begriff einer ersten (oder gar ewigen) Materie wird von Basileios verworfen. Ebenso wie sein Bruder GREGORIOS aus Nyssa lehrt er, daß die Materie nur ein Bündel von Qualitäten sei, nach deren Hinwegnahme kein Substrat übrigbleibe.

Das Firmament, über dessen Substanz Basileios keine Aussage macht, teilt die oberen Wasser von den unteren. Der Heilige Geist nahm an der Weltschöpfung teil, indem er über den Wassern »brütete« (vgl. Basileios' Streitschrift *Kata Eunomion* – *Gegen Eunomios*, in der er die Homochusie des Heiligen Geistes verteidigt). Nach den Elementen wurde zuerst das (unmaterielle) Licht erschaffen, welches in Ermangelung von Lichtträgern als die reine Substanz des Lichtes existierte (auf diese Theorie berief sich die mittelalterliche Oxforder Lichtmetaphysik als auf ihre stärkste Autorität). Nächst der Sonne, die auf die Sonne der Gerechtigkeit hinweist, und dem Mond, dessen Phasenwechsel uns die Hinfälligkeit der irdischen Dinge zeigt, sind die Lebewesen für den Menschen am lehrreichsten. Die Menschen sind ganz allgemein mit dem Gras und den Blumen, die Irrlehrer mit dem Unkraut zu vergleichen. Die Möglichkeit, einen Baum zu veredeln, ist ein Aufruf an den Sünder, an seiner Besserung nicht zu verzweifeln. Die fruchtbaren Feigenbäume gewinnen durch die Nähe von wilden an Kraft: so auch der Gläubige in der Nähe eines ungläubigen, aber sittlich lebenden Menschen. Die Tiere haben bloß eine vergängliche Blutseele, deshalb ist ihre Gestalt zur Erde geneigt. Ihre Vernunftlosigkeit wird aber aufgewogen durch die ihnen von Gott mitgegebene erbliche »Belehrung«, den Instinkt. So ist der Hund fähig, rein instinktiv einen Kettenschluß zu machen (bei der Verfolgung von Wildfährten). Auch das Leben der Tiere bietet dem Menschen eine Fülle von Belehrungen: die Vermählung des Meeraals mit der Natter als Mahnung an die Unauflöslichkeit der Ehe (auch bei einem Mann von rauhen Sitten); die Zukunftsplanung der Fische, der Fleiß der Bienen, die Dankbarkeit des Storches; die ohne Begattung (!) sich fortpflanzenden Vögel (Geier) als Hinweis auf die Empfängnis Jesu; die Seidenraupe als Sinnbild unserer Auferstehung und Verwandlung usw.

Am Schluß der neunten Homilie kündigt Basileios einen Vortrag über die Erschaffung des Menschen an, der aber von ihm nicht mehr aufgezeichnet wurde. Als Ersatz dafür verfaßte sein Bruder Gregorios im Jahre 379 die Schrift *Peri kataskeuēs anthrōpu (Über die Ausstattung des Menschen)*. Basileios gibt aber immerhin am Schluß seines Werkes noch das Programm an: »*Wir können Gott und Himmel und Erde nicht besser kennenlernen als aus unserer eigenen Einrichtung.*« Der Mensch ist als Ebenbild Gottes geschaffen, d. h. nach dem Bild des Sohnes. Sowohl der jüdische monarchische Theismus wie die Anschauung der Anomöer und Eunomianer (die die Unähnlichkeit des Logos mit dem Schöpfer lehren) werden abgewiesen; der Sohn wird ausdrücklich »Mitschöpfer« genannt.

GREGORIOS aus Nazianz, der dritte Kappadokier im Bunde, hat das Werk des Basileios überschwenglich gelobt. EUSTATHIUS übersetzte den Kommentar ins Lateinische. Auch die Neuzeit wußte Basileios richtig einzuschätzen: so sah Alexander von HUMBOLDT in ihm einen Menschen mit echtem Naturgefühl und feiner Beobachtungsgabe.

Das nach 388 entstandene *Hexaëmeron* des AMBROSIUS aus Mailand (339–397) stellt eine selbständige lateinische Bearbeitung von Basileios' Werk dar. Auch Ambrosius behandelt wie der Kappadokier den biblischen Schöpfungsbericht in neun Homilien und betrachtet das Studium der göttlichen Offenbarung nicht nur als Hilfe zur Vervollkommnung in der Tugend, sondern auch als Voraussetzung jeglicher Naturerkenntnis. Beiden Werken ist ferner der erbauliche Charakter und die Verwendung lehrhafter Beispiele aus der Natur gemeinsam, beide Verfasser ziehen bei aller Ablehnung der griechisch-heidnischen Philosophie den *Timaios-Kommentar* des griechischen Stoikers POSEIDONIOS heran, beide halten am Wortsinn der Schrift fest, wobei Ambrosius allerdings – im Unterschied zu seinem Vorgänger und unter Heranziehung der Schriften des ORIGENES – nicht völlig auf die allegorische Deutung verzichtet.

In dem um 629 entstandenen, 1894 Verse umfassenden Gedicht *Hexaēmeron ē Kosmurgia (Sechstagewerk oder Weltschöpfung)* des aus Kleinasien stammenden, griechisch schreibenden GEORGIOS PISIDES tritt die Exegese des Schöpfungsberichts hinter den lyrischen Darstellungen der Schönheit des sichtbaren Kosmos zurück. Während Basileios und Ambrosios noch eine naturphilosophische Auslegung der *Genesis* ablehnen, scheut sich der in Konstantinopel wirkende Pisidier nicht, die Naturphilosophie des ARISTOTELES weitgehend zu berücksichtigen, Lehrbeispiele aus den *Tiergeschichten* des Sophisten CLAUDIUS AELIANUS (um 175–235), ja selbst zahlreiche Anspielungen auf zeitgenössische Ereignisse in das Werk aufzunehmen. Für das hohe Ansehen dieses *Hexaēmeron* sprechen auch eine armenische und eine im Jahre 1385 von Dmtrij ZOGRAF hergestellte Übersetzung in die kirchenslavische Sprache. H. L. H.–KLL

Zu *Hexaēmeron* (Basileios):

AUSGABEN: Basel 1532, Hg. Erasmus von Rotterdam. – Paris 1721–1730 (in *Opera*, Hg. J. Garnier u. P. Maran, 3 Bde.; *Mauriner Ausg.*). – MG, 29. – Paris 1949, Hg. S. Giet (m. frz. Übers.; SCh, 26). – MG, 30 [enth. lat. Version des Eustathius]. – Bln. 1958 (*Ancienne version latine des neuf homélies sur l'Hexaméron de Basile de Césarée*, Hg. E. Armand de Mendieta u. S. Y. Rudberg; TU, 66).

ÜBERSETZUNGEN: In *Predigten und Schriften*, J. v. Wendel, 6 Bde., Wien 1776. – *Die neun Homilien über das Hexaemeron (Sechstagewerk)*, A. Stegmann (in *Des Heiligen Kirchenlehrers B. des Großen ausgewählte Schriften*, Bd. 2, Mchn. ²1925; m. Einl. u. Anm.; BKV², 47).

LITERATUR: P. Plaß, *De Basilii et Ambrosii excerptis ad historiam animalium pertinentibus*, Diss. Marburg 1905. – K. Gronau, *Poseidonius, eine Quelle für B.' »Hexahemeros«*, Braunschweig 1912. – Y. Courtonne, *S. Basile et l'hellénisme. Étude sur la rencontre de la pensée chrétienne avec la sagesse antique dans l'»Hexaméron« de Basile le Grand*, Paris 1934. – E. Ivánka, *Hellenisches u. Christliches im frühbyzantinischen Geistesleben*, Wien 1948, S. 28–67. – J. M. Ronnat, *Basile le Grand*, Paris 1955.

Zu *Hexaëmeron* (Ambrosius):

AUSGABEN: Mailand o. J. [ca. 1475], Hg. M. Venia. – Paris 1686–1690 (in *Opera*, Hg. M. Le Nourry u. J. du Friche, 2 Bde.; ern. Venedig 1748–1751, 4 Bde.; *Mauriner Ausg.*). – MG, 14. – Wien 1896 (in *Opera*, Hg. K. Schenkl, 9 Bde., 1896ff., 1; CSEL, 32/1; ern. Ldn./NY 1962). – Turin 1937, Hg. E. Pasteris [m. ital. Übers.].

ÜBERSETZUNG: *Exameron*, J. E. Niederhuber (in *Des heiligen Kirchenlehrers A. v. Mailand ausgewählte Schriften*, Kempten/Mchn. 1914; BKV, 17).

LITERATUR: J. B. Kellner, *Der heilige A., Bischof von Mailand, als Erklärer des ATs*, Regensburg 1893, S. 77–89. – P. Plaß, *De Basilii et Ambrosii excerptis ad historiam animalium pertinentibus*, Diss. Marburg 1905. – G. Gossel, *Quibus ex fontibus Ambrosius in describendo corpore humano hauserit*, Diss. Lpzg. 1908. – C. Martini, O. F. M., *Ambrosiastes. De autore, operibus, theologia*, Rom 1944. – J. Pépin, *Théologie cosmique et théologie chrétienne*, Paris 1964. – E. Dassmann, *Die Frömmigkeit des Kirchenvaters A. v. Mailand. Quellen u. Entfaltung*, Münster 1965.

Zu *Hexaēmeron ē Kosmurgia* (Georgios Pisides):

AUSGABEN: Rom 1777, Hg. J. M. Querci. – Lpzg. 1866 (in *Claudii Aeliani De natura animalium libri 17, varia historia, epistolae, fragmenta*, Hg. R. Hercher, 2 Bde., 1864–1866, 2). – Petersburg 1882, Hg. J. Šljapkin [russ.-kirchenslav. Übers. v. 1385]. – Venedig 1900, Hg. J. H. Tiröan [m. arm. Übers.]. – MG, 92.

LITERATUR: E. Bouvy, *Poètes et mélodes. Étude sur les origines du rythme tonique dans l'hymnographie de l'église grecque*, Nîmes 1886, S. 164ff. [zugl. Diss. Paris]. – Krumbacher, S. 709–712. – M. Gigante, *Su alcuni versi di Giorgio Pisida. »Hexaemeron«, 380–397* (in Bollettino della Badia Greca di Grottaferrata, N. S. 7, 1943, S. 44–46). – F.

Dölger, *Die byzantinische Dichtung in der Reinsprache*, Bln. 1948. – G. Moravcsik, *Byzantinoturcica*, Bd. 1, Bln. ²1958, S. 288/289. – Beck, S. 448/449.

KATA EUNOMIU (griech. Patr.; *Gegen Eunomios*). Dogmatisch-polemisches Werk in drei Büchern von BASILEIOS DEM GROSSEN (um 329/31–379), entstanden 363/64; die beiden dem Werk angehängten Bücher 4 und 5 stammen vermutlich von DIDYMOS dem Blinden († um 398). – Die Schrift richtet sich gegen die *Apologia* des EUNOMIOS aus Nikomedien, der im Jahr 360 als Bischof von Kyzikos abgesetzt worden war. Eunomios war strenger Arianer und neben AËTIOS († 370) das Haupt der Anomöer, die im Interesse einer präzisen und radikalen Schöpfungslehre die völlige Unähnlichkeit des Logos mit dem Pantokrator, dem Allherrscher, vertraten. Diese Oppositionshaltung hatte Eunomios schon auf dem Konzil von Nikaia (325) eingenommen; die These von der Homousie, der Wesensgleichheit des Sohnes mit dem Vater, erkannte er niemals an. Den Logos erklärte er als eine schöpferische Kraft *(dynamis)*, nämlich als die unpersönliche gesetzgebende Weisheit des Vaters. Nur der eine Gott sei ungeworden *(agenētos)*, alles andere, einschließlich des Logos, sei geschaffen. Leugnete Eunomios schon die Göttlichkeit des Sohnes, so natürlich erst recht die des Heiligen Geistes, den er als allein vom Sohn ausgehend begriff.

Die Gegenschrift des Basileios datiert aus der Zeit des Regierungsantritts von Kaiser Valens (reg. 364 bis 378), der anfangs den Arianismus zur Reichsreligion erheben und den orthodoxen Bischof von Kaisareia absetzen wollte; eine Inkognito-Begegnung mit Basileios brachte ihn jedoch von diesem Vorhaben ab. Gegenüber Eunomios, der in der »Ungewordenheit« das Wesen Gottes fassen zu können glaubte, vertritt Basileios die *docta ignorantia*, das »gelehrte Nichtwissen«, der Kappadokier: Gott ist nur aus seinen Werken zu erkennen, und auch darin wird nur seine Macht, nicht sein Wesen sichtbar; denn der unendliche Gott muß uns ewig unbegreiflich bleiben. Wohl lassen sich aus den Werken bestimmte Eigenschaften Gottes ableiten, von denen aber die »Ungewordenheit« nur eine – und noch dazu eine negative – darstellt. Hinsichtlich des Heiligen Geistes vertritt Basileios die Ansicht, dieser gehe teils »*aus dem Vater durch den Sohn*« hervor, teils wohl auch aus dem Sohn selbst. Hierauf gründete sich der gegen Basileios erhobene Vorwurf, er habe die Gottheit und Homousie des Heiligen Geistes nicht ausdrücklich genug formuliert, eine Beschuldigung, die Basileios 375 in seiner Schrift *Peri tu hagiu pneumatos (Über den Heiligen Geist)* zurückwies.

Eunomios wiederum verfaßte gegen die Polemik des Basileios eine *Apologia hyper apologias (Verteidigung der Verteidigungsschrift)*, die sich zum Teil aus den Erwiderungen des GREGORIOS aus Nyssa rekonstruieren läßt. A. Ku.

AUSGABEN: Venedig 1535 (in *Opera quaedam beati Basilii*, Hg. S. Sabius). – MG, 29; Nachdr. 1964.

LITERATUR: M. Albertz, *Untersuchungen über die Schriften des Eunomius*, Diss. Wittenberg 1908. – H. Dörries, *De spiritu sancto. Der Beitrag des Basilius zum Abschluß des trinitarischen Dogmas*, Göttingen 1956 (AGG, phil.-hist. Kl., 3/39).

GREGORIOS aus Nyssa
(nach 330–nach 394)

LOGOS KATĒCHETIKOS HO MEGAS (griech. Patr.; *Große Katechese*). Dogmatische Schrift von GREGORIOS aus Nyssa (nach 330 – nach 394), Abfassungszeit unbekannt. – In dieser Abhandlung unternimmt es Gregorios, mit Vernunftgründen die Richtigkeit der christlichen Gottesvorstellung gegenüber Juden und Heiden zu erweisen. Zum heidnischen Polytheismus meint er, dieser widerlege sich selbst, sofern man nur Ernst mache mit dem Begriff der Vollkommenheit Gottes. Um den jüdischen Henotheismus zu widerlegen, stützt sich Gregor auf das Argument, das Wort und der Geist seien je selbständige Hypostasen des einen Gottes, wie Psalm 32, 6 beweise: »*Durch das Wort des Herrn wurden die Himmel befestigt und durch den Odem seines Mundes all ihre Kraft.*« Die christliche Erkenntnis der Trinität erweist sich so als eine Vermittlung zwischen der heidnischen Vorstellung von der Vielheit der Götter und dem jüdischen Glauben an die Einheit Gottes; die christliche Anschauung ist die dialektische Einheit beider: »*Hast du die Unterscheidung in ihnen* [den Hypostasen] *erkannt, so gestattet wieder die Einheit der Natur die Zerteilung nicht, so daß weder die Macht der Alleinherrschaft zerspalten wird durch Zerlegung in verschiedene Gottheiten, noch mit der jüdischen Auffassung unsere Lehre zusammentrifft, sondern mitten durch beide Ansichten die Wahrheit hindurchgeht ... Denn gleichsam ein Heilmittel ist für die bezüglich der Einheit Irrenden die Dreizahl, für die in die Vielzahl Zersplitterten aber die Lehre von der Einheit.*« Wie freilich zugleich die Hypostasen untereinander verschieden sein können und dennoch die Wesenseinheit bewahrt sein kann, das bleibt ein undurchdringliches Geheimnis.

Auch die Lehre von der Menschwerdung Gottes, von Heiden wie Juden gleichermaßen abgelehnt, sucht Gregor – wiewohl sie seiner Meinung nach letztlich ebenfalls nur ein Geheimnis umschreiben will – spekulativ zu erläutern. Daß Gott die Erlösung dadurch vollbrachte, daß er selbst Mensch wurde, ist nach Gregor eine natürliche Konsequenz der Attribute Gottes, vornehmlich seiner Gerechtigkeit, die sich hier dem Teufel gegenüber durchsetzt; denn dieser hatte dadurch, daß der Mensch sich freiwillig in seine Gewalt begab, ein gewisses Anrecht auf den Menschen, der also billigerweise um ein Lösegeld losgekauft werden mußte. Als begehrenswertester Preis erschien dem Teufel, der hier einen guten Tausch witterte, aber der Gottmensch selbst. Die Selbsterniedrigung Gottes bedeutete indes keine Schmälerung seiner Macht; vielmehr offenbarte sich darin ein »*gewisser Überfluß der Macht, die ungehindert über die Natur hinausgeht*«. Denn nirgends wird »*die göttliche und überschwengliche Macht so sehr offenbar wie in dem Herabsteigen zur menschlichen Natur*« sowie darin, daß »*die Gottheit durch ihre Verbindung mit der menschlichen Natur dieses wird und doch jenes ist*«. Die Gottheit verbarg sich in der Hülle unserer Natur, »*damit ... mit dem Köder des Fleisches zugleich der Angelhaken der Gottheit hinabgeschluckt und so durch Ansiedlung des Lebens im Tode ... das dem Leben Entgegengesetzte vernichtet würde*« – eine tiefsinnige Weiterentwicklung der Paulinischen Heilslehre. Zwar ist die Heilung der Sünde auch jetzt noch nicht vollendet, jedoch hat die Schlange durch Christus den entscheidenden Todesstreich empfangen: Mit Christus ist die

Krisis der Krankheit eingetreten und die Wiedergeburt, die sich in den Sakramenten vollzieht, möglich geworden.

Gregor aus Nyssa ist der Wissenschaftler unter den drei großen Kappadokiern des 4. Jh.s (außer ihm: sein Bruder BASILEIOS und GREGORIOS aus Nazianz). Seine Stärke liegt insbesondere im spekulativen Denken. Das bekundet auch diese rhetorisch kunstvoll ausgearbeitete Schrift, deren eigentliche Stärke nicht so sehr in der sprachlichen Überzeugungskraft als vielmehr in der dialektischen Beweisführung liegt. H. L. H.

AUSGABEN: Basel 1567. – Cambridge 1903 (*The Catechetical Oration of Gregory of Nyssa*, Hg. J. H. Strawley).

ÜBERSETZUNG: *Große Katechese*, H. Hayd (in *AS*, Bd. 1, Kempten 1874; BKV, 24). – Dass., K. Weiß (in *AS*, Mchn./Kempten 1927; BKV², 56).

LITERATUR: H. U. v. Balthasar, *Présence et pensées. Essai sur la philosophie religieuse de Grégoire de Nysse*, Paris 1942. – R. Leys, *L'image de Dieu chez saint Grégoire de Nysse. Esquisse d'une doctrine*, Brüssel/Paris 1951. – W. Jäger, *Gregor v. Nyssas Lehre vom Heiligen Geist*, Hg. H. Dörries, Leiden 1966. – E. Mühlenberg, *Die Unendlichkeit Gottes bei Gregor v. Nyssa. Gregors Kritik am Gottesbegriff der klassischen Metaphysik*, Göttingen 1966 [Diss. Mainz 1963/64].

PERI KATASKEUĒS ANTHRŌPU (griech. Patr.; *Über die Ausstattung des Menschen*). Exegetische Schrift von GREGORIOS aus Nyssa (nach 330– nach 394), entstanden 379. – Wie Gregor in dem Widmungsbrief an seinen Bruder Petros schreibt, soll das Werk den Kommentar des BASILEIOS (um 329/ 331–379) zum Schöpfungsbericht *(Hexaēmeron Sechstagewerk)* unter dem Aspekt der Erschaffung des Menschen ergänzen.

Der Mensch wurde von allen Wesen zuletzt geschaffen, denn er sollte der Beherrscher und Nutznießer der übrigen Schöpfung sein und aus ihrer Größe und Schönheit die Macht des Schöpfers erkennen lernen. Darum verlieh Gott dem Menschen zweierlei Naturanlagen, damit er fähig sei, Gott zu genießen »*durch die gottverwandte Natur, die irdischen Güter aber durch die gleichartige Sinnesempfindung*«. Wegen dieser Kompliziertheit der Menschennatur geht der Erschaffung des Menschen eine Beratung Gottes mit seinem Wort *(logos)* voraus, während die übrige Schöpfung »*gleichsam improvisiert wird und zugleich mit dem Befehl da ist*«. Der Mensch besitzt königliche Würde, »*als genaue Nachahmung der urbildlichen Schönheit*«. Dies nachzuweisen ist die Absicht von Gregors ausgedehnten anthropologischen und physiologischen Erörterungen: Gott ist Geist und Vernunft und Liebe; sie finden sich auch im Menschen als seinem Abbild. Das Wirkliche wird von uns durch die Sinne auf vielfache Weise wahrgenommen, immer aber ist es der Geist, der es erfaßt, indem er sich der Sinne bedient. In dieser Einheit der Menschennatur besteht ihre Abbildlichkeit. Ausführlich beschäftigt sich Gregor auch mit der Unvollkommenheit unserer körperlichen Natur und legt dar, daß gerade deren Unspezialisiertheit der Anlaß zur Herrschaft über das Unterworfene ist: Unsere Langsamkeit ließ uns das Pferd in Dienst stellen, unsere Nacktheit machte die Schafzucht nötig. Für unsere aufgerichtete Gestalt aber genügt *eine* Basis, daher sind die Vorderglieder beim Menschen zu Händen ausgebaut. Die Hände wiederum hängen mit dem Vermögen der Sprache zusammen: Dank den Händen brauchen wir nicht mehr mit der Schnauze im Boden zu wühlen, und der Mund kann zum »Redemund« werden.

Im Zentrum von Gregors Denken steht die Gottähnlichkeit der menschlichen Seele. Deshalb gilt ihm nur die »geistige Seele« eigentlich als Seele. Als vollkommenes Leben bezeichnet er erst die vernünftige, d. h. menschliche Natur; den Mosaischen Schöpfungsbericht versteht er deshalb als eine »*Philosophie über die Seele*«, indem Moses »*nach einer notwendigen Reihenfolge das Vollkommene in dem, was zuletzt kommt, sieht*«.

Daß die menschliche Natur Gottes Ebenbild ist, ist nach Gregors Meinung nur möglich auf dem Boden der Homousie (Seinsgleichheit der göttlichen Personen). Darin liegt die polemische Spitze gegen die Anomöer, die – wie besonders EUNOMIOS († 394) – die Unähnlichkeit des Schöpfers (d. h. des Vaters) und des Logos (d. h. des Sohnes) lehrten (vgl. *Pros Eunomion logoi antirrhētikoi – Kampfschrift gegen Eunomios*). – Da die Ebenbildlichkeit nach dem sehr weiten Verständnis Gregors besagt, daß Gott »*die menschliche Natur alles Guten teilhaftig*« machte, und da sie sich mit dem Geschlechtsunterschied nicht verträgt (weil es in Gott keine geschlechtliche Differenzierung gibt), muß Gregor die ursprüngliche Erschaffung eines »allgemeinen« Menschen postulieren, der die Menschennatur als solche repräsentiert: »*Der Geschlechtsunterschied aber von Mann und Weib wurde dem Gebilde zuletzt hinzu geschaffen*«; in Voraussicht des Sündenfalls pflanzte Gott »*statt der englischen Edelgeburt die tierische und unvernünftige Art des auseinander Hervorgehens der Menschennatur*« ein. Die Auferstehung aber bedeutet die Rückkehr zum ursprünglichen engelhaften Zustand. Diese Gedanken will Gregor jedoch nur als einen »Versuch« verstanden wissen, wo er überhaupt bei aller Spekulation nie verfehlt, auf das letztlich Unbegreifliche der göttlichen Geheimnisse hinzuweisen: Sein Denken hat seine Wurzel in der *docta ignorantia*, der wissenden Unwissenheit.

In der Darstellung ist bemerkenswert, daß der Autor seine Folgerungen immer wieder durch physiologische Beobachtungen unterbaut, die oft nicht der Drastik entbehren. Der Ruf mangelnder schriftstellerischer Originalität, in dem er bei manchen Kritikern stand, erscheint angesichts der Lebendigkeit und Anschaulichkeit seiner Sprache, wie sie sich gerade in diesem Werk dokumentiert, nicht gerechtfertigt. H. L. H.

AUSGABEN: Basel 1562 [lat.]. – Basel 1567. – MG, 44. – Paris 1943, Hg. J. Laplace (SCh, 6).

ÜBERSETZUNG: *Über die Ausstattung des Menschen*, H. Hayd (in *AS*, Bd. 1, Mchn. 1874; BKV).

LITERATUR: F. Hilt, *Des hl. Gregors von Nyssa Lehre vom Menschen systematisch dargestellt*, Köln 1890. – Bardenhewer, 3, S. 194f. – H. U. v. Balthasar, *Présence et pensée. Essai sur la philosophie religieuse de Grégoire de Nysse*, Paris 1942. – D. L. Balás, *Man's Participation in God's Perfections According to Saint Gregory of Nyssa*, Rom 1966.

PERI PARTHENIAS (griech. Patr.; *Über die Jungfräulichkeit*). Asketische Abhandlung von GREGORIOS aus Nyssa (nach 330 – nach 394). – Der Kirchenvater versteht die Jungfräulichkeit nicht nur als ein leibliches, sondern darüber hinaus vor allem als ein seelisches und geistiges Ideal für den Christen. Was sich einst im Schoß der Jungfrau Maria vollzogen hat, das vollzieht sich im geistigen Sinn in der jungfräulichen Seele der Menschen. Das Wesen der Virginität sieht Gregor vor allem in der Freiheit der Seele von Leidenschaften. Die Leidenschaften kommen nach seiner Auffassung nicht aus der ursprünglichen Natur der Seele, sondern aus dem verkehrten Willen des Menschen. Gregor will keineswegs die Ehe herabsetzen, die ja »*des göttlichen Segens gewürdigt und in der menschlichen Natur gegründet*« sei; er gibt aber zu bedenken, daß der, der in viele zeitliche Sorgen verstrickt ist, in seiner Seele nicht vollkommen werden kann. Die Jungfräulichkeit bricht die aus der natürlichen Zeugung resultierende Macht des Todes und ist die Pforte zum Heil. Es darf jedoch nicht eine Tugend isoliert gesehen werden, denn die Vollkommenheit ist unteilbar. Eben deshalb aber kann auch nicht vollkommen sein, wer den Lüsten des Fleisches dient und den Geist, der doch den Menschen führen soll, den Trieben der Natur unterwirft. Die rechte Lebensweise ist nur von einem Meister zu lernen. Freilich soll man sich nicht übermäßig kasteien, da die Ausmergelung des Körpers der Vollkommenheit der Seele ebenso abträglich ist wie die Wohlbeleibtheit.

Gregors Auffassung von der Jungfräulichkeit hatte vor allem in der mittelalterlichen Mystik eine reiche Nachwirkung, so etwa in Bernhard von Clairvaux' Betrachtung der Seele als einer fruchtbaren Jungfrau, aus der (nicht nur: in der) das ewige Wort geboren werde; auch Meister Eckharts Lehre von der Gottesgeburt in der Seele steht in der Nachfolge des Nysseners. H. L. H.

Ausgaben: Antwerpen 1574 (*De virginitate*; lat. Übers.). – Bln./Leiden 1952 (in *Opera*, Hg. W. Jaeger u. a., 8 Bde., 1921–1959, 8/1). – Paris 1966, Hg. M. Aubineau [m. Einl. u. frz. Übers.].

Literatur: H. O. Knackstedt, *Die Theologie der Jungfräulichkeit beim hl. Gregor von N.*, Diss. Rom 1940.

PERI PSYCHĒS KAI ANASTASEŌS (griech. Patr.; *Über Seele und Auferstehung*).

Religionsphilosophische Abhandlung von Gregorios aus Nyssa (nach 330 – nach 394), entstanden um 379 in Form eines fiktiven Dialogs mit seiner – kurz vorher verstorbenen – Schwester Makrina. – Das Gespräch beginnt mit einer Betrachtung über den Tod, die durch die Trauer über den Tod von Basileios dem Großen (um 329/331–379), dem Bruder des Autors, ausgelöst ist. Makrina figuriert in dem Dialog als Gregors »Lehrerin«, gleichsam als eine zweite Diotima (vgl. das *Symposion* Platons).

Da Gregor die weltliche Syllogistik auf dem Gebiet der Glaubenswahrheiten für ungenügend hält, soll als Richtschnur der Untersuchung die *Heilige Schrift* genommen werden. Das Leitmotiv der Erörterung ist also die Gottebenbildlichkeit der Seele. Damit wird alles, »*was Gott fremd*« ist, aus dem Wesen der Seele ausgeschlossen; denn sonst wäre die Gottähnlichkeit der Seele nicht gewahrt. Platons Lehre von den Seelenteilen (vgl. *Phaidros*) und die Seelenlehre des Aristoteles erweisen sich: daher als gleichermaßen unbrauchbar zur Bestimmung der wahren, geistigen Natur der Seele. Die Überzeugung von der Existenz Gottes wohnt nach Gregor allen Menschen von Natur aus inne; bei den Gottesbeweisen handelt es sich also nur darum, den richtigen Begriff von Gott zu finden. Gott ist durch sich selbst gut und absolut bedürfnislos. Vor allem bedurfte er zur Weltschöpfung keiner neben ihm bestehenden ewigen Materie. Der Grund der Existenz der Welt ist ausschließlich der göttliche Wille. Die Erschaffung der materiellen Körperwelt aus der reinen Geistigkeit Gottes sucht Gregor dadurch zu erklären, daß er alles Körperliche in intelligible, geistige Elemente auflöst. Der Mensch vereinigt beide Naturen, die geistige und die körperliche, in sich. Eigentlich ist der Mensch die Seele selbst (das Ich), die gleichsam als geschaffener Mikrokosmos die Eigenschaften der Gottheit spiegelt. Während der Leib als das Erscheinende, als Objekt der sinnlichen Wahrnehmung, zu bestimmen ist, ist die Seele das nur durch Denken Erfaßbare und zugleich das Wahrnehmende und Denkende selbst. Der Leib hat durch die Seele Bestand, nicht aber umgekehrt. Deshalb ist anzunehmen, daß »*sie an sich selbst in geschiedener und besonderer Natur außer der körperlichen Grobteiligkeit*« existiert. Das *Wie* der Verbindung von Leib und Seele ist aber letztlich unbegreiflich. Unbeschadet der menschlichen Willensfreiheit, die – außer bei Christus – die Möglichkeit der Abkehr von Gott einschließt, übt Gott im ganzen einen unwiderstehlichen Zug der Liebe auf die Menschheit aus: »*Denn jede Natur zieht das Verwandte an sich*« (d. h. die göttliche die menschliche Natur). An der Erhöhung des Hauptes – Christus – sollen alle Glieder teilnehmen, sie sollen durch Christus zur vollendeten Gottähnlichkeit gelangen, »*vergöttlicht*« werden. Das ist der Zweck der Schöpfung, der aber erst in der Ewigkeit nach der allgemeinen Auferstehung erreicht wird. Diese Auferstehung ist deshalb denkbar, weil die abgeschiedene Seele als Grund der Einheit der leiblichen Elemente auch nach deren Auflösung eine Beziehung zu ihnen behält, sie also ein zweites Mal an sich ziehen und zur Einheit, diesmal eines verklärten Leibes, verbinden kann. Die Seelen der Bösen werden nach dem Tod im »Reinigungsfeuer« geläutert, das erst erlischt, wenn alles der Seele anhaftende Böse verzehrt ist. Diese Strafen sind letztlich Wirkungen der Liebe Gottes. Daher muß nach Gregors Ansicht irgendwann einmal alles Böse vertilgt sein; dann wird naturgemäß auch die Strafe aufhören, da Gott sonst nicht »alles in allem« werden könnte.

Diese zuletzt genannte Lehre Gregors von der *apokatastasis*, der allgemeinen Wiederbringung aller Dinge, die auf Origenes (185–254) zurückgeht, ist nicht unbestritten geblieben. Der Autor selbst jedoch glaubte, sich in dieser Hinsicht durchaus im Einklang mit der *Heiligen Schrift* und der Kirchenlehre zu befinden. H. L. H.

Ausgaben: Paris 1615, 2 Bde., Hg. F. Duceus. – Paris 1618 [Appendix v. J. Gretzer]. – Paris 1638, 3 Bde. – Lpzg. 1837, Hg. J. G. Krabinger [m. lat. Übers.]. – MG, 46.

Übersetzung: *Dialog über Seele und Auferstehung*, H. Schmidt, Halle 1864 [m. Anm.]. – *Dialog über die Seele und Auferstehung*, K. Weiß, Mchn. 1927 (BKV[2], 56).

Literatur: F. Diekamp, *Die Gotteslehre des hl. Gregor von Nyssa*, Bd. 1, Münster 1896. – Bardenhewer, 3, S. 194 f. – H. U. v. Balthasar, *Présence et pensée. Essai sur la philosophie religieuse de Grégoire de Nysse*, Paris 1942. – J. Daniélou, *Platonisme et théologie mystique. Essai sur la doctrine spirituelle de saint Grégoire de Nysse*, Paris [2]1954. – Ders., *La résurrection des corps chez Grégoire de Nysse* (in VC, 7, 1953, S. 154ff.).

PROS EUNOMION LOGOI ANTIRRHĒTIKOI (griech. Patr.; *Kampfschrift gegen Eunomios*).

Dogmatische Schrift von Gregorios aus Nyssa (nach

330 – nach 394). – Das Werk, die umfangreichste dogmatische Schrift Gregors, besteht aus vier verschiedenen, zwischen 380 und 383 gegen EUNOMIOS († 394) geschriebenen Büchern. Das erste und zweite Buch schrieb Gregor als Widerlegung des ersten und zweiten Buches der gegen seinen Bruder BASILEIOS DEN GROSSEN gerichteten Schrift *Hyper tēs apologias apologia (Apologie zum Schutz der Apologie)*; das dritte Buch bekämpft eine weitere – verlorene – Schrift des Eunomios, das vierte die *Ekthesis pisteōs (Darlegung des Glaubens)*, die Eunomios 383 der Synode von Konstantinopel vorlegte.

Mit seinen polemischen Schriften übernahm Gregor die Verteidigung seines verstorbenen Bruders gegen die Angriffe des Eunomios. Dieser war Schüler des AËTIOS aus Antiocheia, des Erneuerers des Arianismus, und lehrte die Unähnlichkeit des Sohnes mit dem Vater. Ihm und seinen Anhängern, den Anomöern (griech. *anomoios* »unähnlich«), gegenüber vertritt und begründet Gregor die Homousie (Seinsgleichheit) des Sohnes und des Heiligen Geistes mit dem Vater, indem er die arianischen Einwände gegen die Gottheit des Sohnes und des Geistes durch die Darlegung der darin enthaltenen Widersprüche aufgrund der Vernunft, der *Heiligen Schrift* und der Überlieferung ausführlich widerlegt. – Wegen der Schönheit der Darstellung und ihres größeren Gedankenreichtums gab der Patriarch PHOTIOS (um 820–898) dieser Schrift entschieden den Vorzug vor den parallelen Widerlegungsschriften des THEODOROS aus Mopsuestia († 428) und des SOPHRONIOS aus Bethlehem (4. Jh).

H. L. H.

AUSGABEN: MG, 45. – Bln./Leiden 1921 (in *Opera*, Hg. W. Jaeger u. a., 8 Bde., 1921–1959, 1; ern.1960).

ÜBERSETZUNG: *Wider den Eunomios*, C. F. Rössler, Lpzg. 1776 (Ausz.; Bibl. der Kirchenväter, Tl. 7).

LITERATUR: LThK, 3, Sp. 1182/1183 [m. Bibliogr.]. – F. Diekamp, *Die Gotteslehre des hl. Gregor von N.*, Münster 1896. – Ders., *Literaturgeschichtliches zur Eunomianischen Kontroverse* (in ByZ, 18, 1909, S. 1–13; 190–194).

AMBROSIUS aus Mailand
(339–397)

DE OFFICIIS LIBRI TRES (lat. Patr.; *Drei Bücher von den Pflichten*). Ein Beitrag zur christlichen Ethik in drei Büchern von AMBROSIUS aus Mailand (339–397), entstanden nach 386. – Die Schrift ist an die Kirche von Mailand gerichtet und in den Grundlagen an CICEROS *De officiis* orientiert; teilweise schöpft Ambrosius sogar wörtlich aus dieser Quelle. Die der antiken Geschichte entnommenen Beispiele Ciceros ersetzt Ambrosius durch solche aus dem *Alten Testament*, wobei er der philosophischen Weisheit die (jüdisch-)christliche als die ältere und vorrangige gegenüberstellt. Die Weisheit der Stoiker sei nach seiner Meinung schon im *Alten Testament* bei David und Hiob, Abraham und Joseph vorgezeichnet; deshalb sei die christliche Ethik der philosophischen auch an Alter überlegen. Die eigentliche Überlegenheit verdanke sie aber ihrer Bezogenheit auf die Transzendenz: das Ziel aller Sittlichkeit sei nämlich das ewige Leben.

Einleitend erörtert Ambrosius den Begriff der »Pflicht« und dessen Eignung als Titel für eine Darstellung der christlichen Ethik. Dabei übernimmt er die von den stoischen Philosophen getroffene Unterscheidung von »*mittlerer*« und »*vollkommener*« Pflicht (vgl. Cicero: »*medium ... officium ... et perfectum*«). Schließlich behandelt er eingehend die vier Kardinaltugenden. Von ihnen leiten sich die verschiedenen Arten der Pflichten ab. Die erste Quelle pflichtmäßigen Handelns, die Klugheit, zeigt sich in der Erforschung der Wahrheit: sie erweckt einen Durst nach immer tieferem Wissen. Die zweite Tugend, die Gerechtigkeit, gibt jedem das Seine, verbietet das Begehren nach fremdem Gut und gebietet, ungeachtet des eigenen Nutzens, dem Besten der Allgemeinheit zu dienen. Durch die dritte Tugend, die Tapferkeit, bewährt sich der Mensch im Krieg wie auch zu Hause; mit ihr weiß er durch körperliche Kraft Vorzüge zu erringen. Die vierte Tugend, die Mäßigkeit, sorgt stets für die rechte Weise und Ordnung im Reden und Handeln. Beispiele vollkommener Tugendübung finden sich bei den Weisen des *Alten Testaments* – die Philosophen dagegen haben es, nach LAKTANZ, nie zur vollkommen Tugend gebracht: die Weisheit eines Moses oder Salomo gibt ihnen ab. Wenngleich das Werk als eine allgemeine Ethik verstanden sein will, ist es doch in erster Linie an die Kleriker adressiert. Ambrosius wendet sich immer wieder an diesen Stand, denn die Kleriker müssen ihrer besonderen Berufung wegen der vollkommenen Sittlichkeit am nächsten kommen. – Als erstes Kompendium der christlichen Ethik blieb die Schrift nicht ohne Einfluß auf die mittelalterliche Ethik.

A. Ku.

AUSGABEN: Mailand 1474. – Basel 1492 (in *Opera*, 3 Bde.). – Mainz 1602. – Paris 1686–1690 (in *Opera*, Hg. N. Le Nourry u. J. du Friche, 2 Bde.). – Tübingen 1857, Hg. J. G. Krabinger. – Turin 1938, Hg. A. Cavasin [m. ital. Übers.].

ÜBERSETZUNGEN: *Drei Bücher Officiorum*, anon., 1534. – *Drei Bücher von den Pflichten*, P. Lichter, Koblenz 1830. – *Von den Pflichten der Kirchendiener*, F. X. Schulte (in *AS*, Bd. 2, Kempten 1877; BKV, 49). – *Pflichtenlehre*, J. E. Niederhuber (in *AS*, Bd. 3, Mchn. 1917; BKV², 32).

LITERATUR: P. Ewald, *Der Einfluß der stoisch-ciceronianischen Moral auf die Darstellung der Ethik bei A.*, Lpzg. 1881. – T. Schmidt, *A., sein Werk »De officiis libri III« und die Stoa*, Augsburg 1897. – F. Homes Dudden, *The Life and Times of St. Ambrose*, 2 Bde., Oxford 1935. – D. Löpfe, *Die Tugendlehre des hl. A.*, Sarnen 1951. – E. Cattaneo, *Lo studio delle opere di s. Ambrogio a Milano nei sec. XV–XVI* (in *Studi storici in memoria di Mons. Q. Mercati*, Mailand 1956, S. 145–161). – B. Citterio, *Spiritualità sacerdotale nel »De officiis« di s. Ambrogio* (in Ambrosius, 32, 1956, S. 157–165; 33, 1957, S. 71–80). – H. von Campenhausen, *A.* (in *Lateinische Kirchenväter*, Stg. 1960, S. 77–108). – A. Paredi, *S. Ambrogio e la sua età*, Mailand 1960.

GREGORIUS ELIBERITANUS
(Gregor von Elvira, gest. um 392)

DE FIDE ORTHODOXA CONTRA ARIANOS (lat. Patr.; *Über den rechtmäßigen Glauben, gegen die Arianer*), auch: *De filii divinitate et consub-*

stantialitate (Über die Gottheit und Wesensgleichheit des Sohnes). Kurzer theologischer Traktat von GREGORIUS aus Elvira († um 392), entstanden kurz nach 359. – Mit dieser Schrift widersetzte sich der Autor, ein unbeugsamer Verteidiger des nizäischen Glaubens, den Beschlüssen der Synode zu Rimini (359), wo die Majorität der Anwesenden zur arianischen Lehre abgefallen war.
Eindringlich verteidigt Gregor die Wesensgleichheit des Sohnes mit dem Vater. Diese ist, wie er mit zahlreichen Zeugnissen aus den *Prophetenbüchern* und den *Evangelien* beweist, in der *Heiligen Schrift* deutlich ausgesprochen, wenn auch das Wort *homousios* (wesensgleich) dort nicht zu finden ist. Dabei bekämpft er auch die Sabellianer, die den Personenunterschied in Gott leugneten, und bekennt in der Einheit der Gottheit die Dreiheit der Person.

Die bald nach der Synode anonym veröffentlichte gedankenreiche und wirkungsvolle Abhandlung gab Gregor später in veränderter Form und von einem Prolog vermehrt noch einmal heraus. Sehr früh muß das Werk durch Zufall mit den Reden des GREGOR aus Nazianz verbunden worden sein; bereits vor 413 nennt es AUGUSTINUS als einen Traktat dieses Theologen. Überliefert ist *De fide orthodoxa* teils ohne Verfassernamen, teils unter den Schriften des AMBROSIUS, des VIGILIUS aus Thapsus und des PHOEBADIUS (Foegadius) aus Aginnum. Der letztgenannte wurde früher als Verfasser angesehen, weil er ein *Buch gegen die Arianer* geschrieben haben soll. Das Zeugnis des HIERONYMUS, der Bischof Gregor habe »*ein kunstvolles Buch über den Glauben*« geschrieben, spricht jedoch für die Autorschaft des Elvireners. M. L.

AUSGABEN: Straßburg 1508. – Lpzg. 1522. – ML, 20. – Escorial 1944.

LITERATUR: F. Florio, *De s. Gregorio Illiberitano libelli de fide auctore nec non de s. Hilario et Hieronymo Origenis interpretibus dissertationes*, Bologna 1789. – G. Morin, *L'attribution du »De fide« à Grégoire d'Elvire* (in Revue Bénédictine, 19, 1902, S. 229–235). – A. Durengues, *La question du »De fide«*, Agen 1909. – F. Regina, *Il »De fide« di Gregorio di Elvira*, Pompeji 1942. – S. González, *Las obras completas de s. Gregorio de Elvira* (in Rev. de Espiritualidad, 6, 1947, S. 178–186). – J. Collantes, *S. Gregorio de Elvira. Estudio sobre su eclesiologia*, Granada 1954.

TRACTATUS DE EPITHALAMIO (lat. Patr.; Homilien über das Brautlied).

Homilien zum alttestamentlichen *Hohenlied* von GREGORIUS ELIBERITANUS (Gregor von Elvira, † um 392). – Nach Aussage des HIERONYMUS hat der Bischof von Elvira bei Granada, der für seine Zeitgenossen als ein Mann von strengster Orthodoxie und überaus heiligem Lebenswandel galt, neben seinem Buch *De fide orthodoxa (Über den rechtmäßigen Glauben)* verschiedene mehr volkstümlich gehaltene Predigten veröffentlicht. Lange Zeit glaubte man alle diese Predigten verloren; erst zu Beginn unseres Jahrhunderts entdeckte man, daß eine nicht geringe Anzahl davon erhalten ist, darunter fünf Homilien zum *Hohenlied*. Diese waren zwar schon 1848 herausgegeben worden, aber wieder in Vergessenheit geraten; 1906 gelang A. WILMART der Nachweis, daß sie dem spanischen Bischof Gregor und nicht, wie die Handschriften meistens angeben, dem Papst GREGOR DEM GROSSEN zuzuweisen sind.
Die fünf Traktate handeln über Kapitel 1,1–3,4 des *Hohenliedes* und legen sie rein allegorisch aus:

In dem Bräutigam sieht der Autor Christus, in der Braut die Kirche. Gregor ist bei seiner Auslegung keineswegs originell, sondern fußt auf vor allem griechischen Quellen. Schon HIPPOLYTOS († 235/36) hatte das *Hohelied* als erster allegorisch auf Christus und seine Braut, die Kirche, bezogen, ebenso ORIGENES und andere. Die kurzen Traktate Gregors sind aber deswegen besonders wertvoll, weil sie die älteste erhaltene Interpretation dieser alttestamentlichen Schrift, die wie kein anderes Buch des *Alten Testaments* eine so mannigfaltige Erklärung gefunden hat und noch immer findet, aus der abendländischen Kirche darstellen. M. Ze.

AUSGABEN: Lpzg. 1848 (in *Monumenta regni Gothorum et Arabum in Hispaniis*; Vorw. J. E. Volbeding; Bibliotheca anecdotorum, Bd. 1). – Toulouse 1906, Hg. A. Wilmart (in Bulletin de Littérature Ecclésiastique, 8). – Turnholt 1967 (in *Gregorii Iliberritani episcopi quae supersunt*, Hg. V. Bulhart; CCL, 29).

LITERATUR: H. Koch (in ZKG, 51, 1932, S. 238 bis 272). – S. González, *Las obras completas de S. Gregorio de Elvira* (in Revista de Espiritualidad, 60, 1947, S. 178–186). – F. J. Buckley, *Christ and the Church According to Gregory of Elvira*, Rom 1964.

PETRONIA PROBA
(4. Jh.)

CENTO (lat. Patr.; *Flickgedicht*). Eine versifizierte biblische Geschichte von PETRONIA PROBA (4. Jh.), der Gemahlin des römischen Konsuls Clodius Celsinus Adelphius, entstanden um 360.
Schon vor Proba haben spätantike Vergil-Schwärmer aus Vergil-Versen und -Versteilen Gedichte »zusammengeflickt«, sogenannte Centonen. In dieser Tradition steht die Autorin, wenn sie in 694 Hexametern, die mehr oder weniger wörtlich den Werken VERGILS – hauptsächlich der *Aeneis* – entnommen sind, die *Heilige Schrift* in ein neues, dem Inhalt aber völlig unangemessenes Gewand hüllt. Dabei muß sie aus stilistischen Gründen auf eine kontinuierliche Erzählung verzichten. Vom *Alten Testament* erfahren wir lediglich etwas über die Schöpfung, den Sündenfall, den Tod Abels und die Sintflut, und auch aus dem *Neuen Testament* bringt sie nur einzelne Episoden aus dem Leben Jesu.
Die Zeitgenossen bewunderten dieses eigenartige Werk. Kaiser Arcadius ließ sich sogar eine besonders schöne Abschrift anfertigen. Spätere Geschlechter konnten dem Werk der edlen Proba keinen rechten Geschmack mehr abgewinnen. Der Humanist Konrad CELTIS zog der Autorin mit Recht eine HROTSVITA VON GANDERSHEIM vor, und uns erscheint das *Flickgedicht* eher als ein »*absurdes Produkt*« (M. Schanz). A. Ku.

AUSGABEN: Venedig 1472. – Wien 1888, Hg. C. Schenkl (CSEL, 16).

LITERATUR: J. Aschbach, *Die Anicier und die römische Dichterin P.*, Wien 1870 (SWAW, phil.-hist. Kl., 64, S. 420ff.). – F. Ermini, *Il »Centone« di P. e la poesia centonaria latina*, Rom 1909. – Schanz-Hosius, 4/1, S. 219–221.

EPIPHANIOS aus Salamis
(4. Jh.)

HO ANKYRŌTOS (griech. Patr.; *Der Verankerte*). Dogmatische Streitschrift von EPIPHANIOS von Salamis (4. Jh.). – Wie aus zwei Briefen des Autors hervorgeht, entstand das Werk auf Anregung von Priestern aus Suedra in Pamphilien. Epiphanios, der 367–403 Bischof von Constantia (dem antiken Salamis) auf Zypern war, gibt im *Ankyrōtos* eine streng auf der *Heiligen Schrift* basierende Interpretation der christlichen Glaubenslehre und warnt die Christen eindringlich vor den zeitgenössischen Häresien, vor allem vor den Lehren des ARIUS und des ORIGENES. Der zweite Teil bringt zunächst (Kap. 12) eine Aufzählung der wichtigsten Häresien (insgesamt 80), die später im *Panarion* wiederholt wird. Anschließend untersucht Epiphanios die Texte, auf die sich diese Abweichungen von der christlichen Dogmatik zurückführen lassen. Er wendet sich hauptsächlich gegen »griechische« Auslegungen der Bibel, besonders gegen die der Manichäer und Lukanier, und vertritt leidenschaftlich die Dogmen von der Trinität und von der Menschwerdung Christi.

Obwohl Epiphanios immer wieder versucht, sich an die Regeln der Rhetorik zu halten, ist seine Sprache volkstümlich und enthält häufig der Umgangssprache entlehnte Formulierungen. Die Entwicklung der Gedanken ist bisweilen recht verworren, nicht zuletzt deshalb, weil sie immer wieder durch Vergleiche aus dem Alltagsleben unterbrochen wird. Aber gerade diesem Umstand dürfte es zuzuschreiben sein, daß die Schrift weit verbreitet wurde. C. S. – KLL

AUSGABEN: Basel 1544, Hg. J. Oporinus. – MG, 43, S. 17–236. – Lpzg. 1859–1862 (in *Opera*, Bd. 1, Hg. W. Dindorf). – Lpzg. 1915, Hg. K. Holl (Die griechischen christlichen Schriftsteller der ersten drei Jahrhunderte, 25).

ÜBERSETZUNG: *Der Anker*, C. Wolfsgruber (in *AS*, Kempten 1880; ²1919).

LITERATUR: K. Holl, *Die handschriftliche Überlieferung des Epiphanius*, Lpzg. 1910. – Bardenhewer, 3, S. 293–302. – Altaner, S. 281–284. – J. Quasten, *Patrology*, Bd. 3, Utrecht u. a. 1960 [m. Bibliogr.]. – RAC, 5, Sp. 909–927 [m. Bibliogr.]. – *Dictionnaire d'histoire et de géographie ecclésiastiques*, fasc. 86, Paris 1962, Sp. 617–631 [m. Bibliogr.].

TO PANARION (griech. Patr.; *Der Arzneikasten*). Ketzergeschichte in drei Büchern von EPIPHANIOS aus Salamis (4. Jh.), entstanden zwischen 374 und 377. – Der streitbare Bischof von Salamis war ein erbitterter Feind des Origenismus, den er in der Hauptsache in der Person des IOANNES aus Jerusalem zu treffen suchte. Auf seiner eigenen Seite kämpfte HIERONYMUS, der mit dieser Entscheidung die Freundschaft des RUFINUS aus Aquileia verlor, der mit Ioannes für die Rechtgläubigkeit der Schriften des ORIGENES eintrat.

Der *Arzneikasten*, den Epiphanios seinen Lesern herumreicht, will Heilmittel anbieten gegen das Gift aller Ketzereien, von denen sich achtzig (vielleicht in bezug auf *Hohelied* 6, 7) ausführlich behandelt finden. Der Autor hat alles zusammengetragen, was er aus schriftlichen Quellen und mündlichen Mitteilungen über die Häretiker vom Anfang der Welt bis auf seine Zeit erfahren konnte. Dabei versteht er unter Häresie nicht nur eine einseitige Entstellung der christlichen Wahrheit, sondern erweitert, HIPPOLYTOS folgend, den Begriff unter dem Aspekt der gesamten Religion und führt daher als häretisch auch die griechischen Philosophenschulen und die jüdischen Sekten auf. Häretisch ist für ihn alles, was von der göttlichen Offenbarung abweicht. Von den achtzig recht umständlich widerlegten Häresien gehören zwanzig der Zeit vor Christus an: so der Barbarismus, der Hellenismus, der Samaritismus und der Judaismus, die jeweils dann noch unterteilt sind. Die christlichen Häresien werden mit SIMON MAGUS, dem römischen Erzketzer, eröffnet und bis zu den häretischen Zeitgenossen des Autors, wie den Messalianern, fortgeführt. Unter anderem werden Origenisten, Arianer, Photinianer, Marcellianer, Semiarianer, Pneumatomachen, Antidikomarianiten der Verdammnis anempfohlen, wobei Epiphanios für die frühen Häresien besonders aus den Werken des IUSTINUS, EIRENAIOS und Hippolytos schöpft. Ist der *Ankyrōtos* (*Der Anker*) des Epiphanios wertvoll in dogmatischer Hinsicht, so stellt das *Panarion* das bedeutendste häresiologische Werk des Altertums dar. AUGUSTINUS schöpfte, als er seine Ketzerschrift *De haeresibus* (*Über die Häresien*) verfaßte, freilich nicht aus dem Original, sondern aus der wahrscheinlich nicht von Epiphanios selbst angefertigten *Zusammenfassung* des Werkes – der *Anakephalaiōsis*. Ein gewandter Polemiker ist Epiphanios allerdings nicht gewesen; er hat mit unermüdlichem Fleiß viel wertvolles Material zusammengetragen, ohne es befriedigend verarbeiten zu können: Dazu hätte es eines freieren Geistes und größerer Wissenschaftlichkeit bedurft, die diesem fanatischen Kämpfer für eine fest umgrenzte Orthodoxie nicht gegeben waren. A. Ku.

AUSGABEN: Basel 1543. – Paris 1622, Hg. D. Petavius. – Lpzg. 1859–1862 (in *Opera*, Hg. W. Dindorf, 5 Bde., 1859–1862, 1–3). – MG, 41/42. – Lpzg. 1922–1933, Hg. K. Holl, 3 Bde.

ÜBERSETZUNG: in *AS*, C. Wolfsgruber, Kempten ²1919 (BKV², 38).

LITERATUR: R. A. Lipsius, *Zur Quellenkritik des E.*, Wien 1865. – Ders., *Die Quellen der ältesten Ketzergeschichte neu untersucht*, Lpzg. 1875. – K. Holl, *Die handschriftliche Überlieferung des E.*, Lpzg. 1910. – Altaner, S. 281–284 [m. Bibliogr.].

PRISCILLIANUS
(gest. 385)

DE FIDE (ET) DE APOCRYPHIS (lat. Patr.; *Über den Glauben und über die apokryphen Schriften*). Anonym überlieferter theologischer Traktat, PRISCILLIANUS († 385) zugeschrieben, entstanden um 380. – In der von Priscillian gegründeten Sekte wurden nicht nur die als kanonisch anerkannten Schriften, sondern auch die von der Kirche als außerkanonisch verworfenen apokryphen Werke als Glaubensgrundlage betrachtet. Da die orthodoxe Kirche gegen eine Benützung dieser Schriften war, versuchte der Autor in diesem kleinen Traktat, ihre Lektüre zu rechtfertigen. Er stützt sich vor allem darauf, daß sich schon in der *Heiligen Schrift* mehrfach die Benützung solcher Bücher nachweisen läßt, muß jedoch zugeben, daß manche apokryphen Schriften von Häretikern verändert worden sind – eine Einschränkung, durch die ihre Verteidigung an

Überzeugungskraft verliert. Der Autor erwähnt keine einzige apokryphe Schrift mit Titel, aber es wird deutlich, daß es ihm vor allem um die apokryphen *Apostelgeschichten* geht.

Das am Anfang verstümmelte Werk wurde erst im vorigen Jahrhundert wiederentdeckt, zusammen mit zehn anderen theologischen Traktaten, die alle ohne Verfassernamen überliefert sind, aber sicher aus dem Kreis um Priscillian, wenn nicht von ihm selbst stammen. Der erste Herausgeber hat sie dem Haupt der Sekte selbst zugewiesen, woran im allgemeinen festgehalten wurde. Da das Buch in ziemlich schlechtem Latein geschrieben ist, hielt man auch die Autorschaft des Bischofs INSTANTIUS, eines Anhängers Priscillians, für möglich; diese Ansicht findet, trotz manchem Widerspruch, auch heute noch Anklang. M. L.

AUSGABE: Wien 1889, Hg. G. Schepß (CSEL, 18).

LITERATUR: E. C. Babut, *Priscillien et priscillianisme*, Paris 1909. – J. A. Davids, *De Orosio et s. Augustino Priscillianistarum adversariis commentatio*, Den Haag 1930. – J. M. Aldama, *El símbolo toledano*, Bd. 1, Rom 1934. – A. d'Alès, *Priscillien et l'Espagne chrétienne à la fin du 4e siècle*, Paris 1936. – M. Martin, *Correntes da filosofia religiosa em Braga dos IV a VII*, Porto 1950. – J. M. Ramos y Loscertales, *Prisciliano – Gesta rerum*, Salamanca 1952 (Acta Salamanticensia, 5/5).

MAKARIOS der Ägypter
(gest. um 390)

HOMILIAI PNEUMATIKAI (griech. Patr.; *Geistliche Homilien*). 57 (nach anderen Handschriften 24, 50 oder 64) Predigten wahrscheinlich messalianischer Herkunft, als deren Verfasser die Überlieferung MAKARIOS den Ägypter († um 390) nennt. – PALLADIOS und RUFINUS berichten ausführlich über das Leben dieses Einsiedlers, der sechzig Jahre in der sketischen Wüste gelebt hat; eine literarische Tätigkeit des Heiligen erwähnt keine der beiden Quellen. So ist die Echtheit des »Makarios«-Schriften schon verschiedentlich in Frage gestellt worden. L. VILLECOURTS hielt die Homiliensammlung für den auf dem Konzil zu Ephesos (431) verbotenen *Messalianerkatechismus*, das sogenannte *Askētikon*, und gab als Entstehungsort Mesopotamien an. H. DÖRRIES versuchte, den Verfasser der *Homilien* mit dem von THEODORETOS aus Kyrrhos als Mitbegründer des Messalianismus bezeichneten SYMEON aus Mesopotamien zu identifizieren; vieles spricht für diese Hypothese. Vielleicht sind die Schriften nach der Verurteilung der messalianischen Lehre von orthodoxer Hand redigiert und anonym verbreitet worden, wobei als Autor schlicht ein »Seliger« (griech. *makarios*) angegeben wurde, was später zu der Verwechslung führte.
Die Bedeutung der *Homilien* liegt in ihrem Beitrag zur mystischen Theologie und in ihrem Einfluß auf spätere Mystiker. Die große Versuchung des Messalianismus, auch für den orthodoxen Mystiker, war der Glaube an die Spürbarkeit der Gnade. Dem dualistischen Weltbild der Messalianer zufolge wohnt in allen Menschen ein Dämon, den er nur durch Gebete zu vertreiben das Ziel eines jeden Reinen sein muß. Dem menschlichen Gebet kommt dabei das machtvolle, exorzierend wirkende Gebet des Herrn zuhilfe, au grund dessen der Dämon über den Speichel den menschlichen Körper verläßt, worauf der Heilige Geist in die Seele des Menschen einzieht und ihn gegen alle künftigen Anfechtungen feit. Diese *unio mystica* zwischen Mensch und Heiligem Geist ist nach der Anschauung der Messalianer mit Lichtvisionen verbunden und für den Menschen auch physisch spürbar. – In den einzelnen Homilien treten diese Grundanschauungen unterschiedlich hervor. Überhaupt wirkt das Werk in Thematik und Form sehr uneinheitlich, was auf mehrere Verfasser schließen lassen könnte. Verblüffend einheitlich ist dagegen der Stil. Die bilderreiche Sprache ist einfach und natürlich, mit vielen durchaus originellen Vergleichen. So werden die *Homilien* zu einer Fundgrube für Sprichwörter und Sentenzen, Wortspiele und Redefiguren; sie sind dank ihrer Lebendigkeit auch heute noch eine anregende Lektüre. A. Ku.

AUSGABEN: Paris 1559, Hg. J. Picus. – Lpzg. 1698, Hg. J. G. Pritius. – MG, 34. – Cambridge/Mass. 1918 (*Seven Unpublished Homilies of Macarius*, Hg. G. L. Marriott).

ÜBERSETZUNGEN: *Schriften des hl. Macarius des Großen aus Ägypten*, N. Casseder, Bamberg 1820 [n. d. Ausg. v. J. G. Pritius; m. Vorrede]. – *Sämmtl. Schriften des hl. Makarius des Großen*, M. Jocham, 2 Bde., Sulzbach 1839 [m. Einl.]. – *Des hl. Makarius fünfzig Homilien*, ders. (in SS, Kempten 1878; BKV, 54). – *Des hl. Makarius des Ägypters fünfzig geistliche Homilien*, D. Stiefenhofer, Kempten/Mchn. 1913 (BKV², 10).

LITERATUR: J. Stoffels, *Die mystische Theologie M. des Ägypters u. die ältesten Ansätze christlicher Mystik*, Bonn 1908. – J. Stiglmayr, *Bilder u. Vergleiche aus dem byzantinischen Hofleben in den »Homilien« des M.* (in Stimmen aus Maria-Laach, 80, 1911). – Ders., *Sachliches u. Sprachliches bei M. von Ägypten*, Innsbruck 1912.

IOANNES CHRYSOSTOMOS
(um 344–407)

PERI PARTHENIAS (griech. Patr.; *Über die Jungfräulichkeit*). Traktat von IOANNES CHRYSOSTOMOS (um 344–407), verfaßt in der Zeit seines Diakonats in Antiochien, also zwischen 381 und 386. – Die Ausführungen des Chrysostomos basieren auf den Empfehlungen, die der Apostel Paulus im *1. Korintherbrief* (7) hinsichtlich der Ehe und Jungfräulichkeit gibt. Jungfräulichkeit darf nach Chrysostomos nicht Selbstzweck sein und nicht bloß negativ als geschlechtliche Enthaltsamkeit bestimmt werden: »*Denn der Umstand, daß eine Frau nicht verheiratet sei, reicht noch nicht aus, sie zu einer Jungfrau zu machen; es ist vielmehr die Keuschheit der Seele notwendig. Unter Keuschheit verstehe ich aber, nicht bloß von schmutziger und schändlicher Wollust, von Schmuck und Neugierde frei, sondern auch von den Sorgen des Lebens entbunden und frei sein. Wenn das nicht der Fall ist, wozu die Keuschheit des Leibes?*« Wer jungfräulich lebt, muß also geistig Frucht tragen, sonst gleicht er einer der fünf törichten Jungfrauen, denen ihre Jungfräulichkeit nichts nützte. So ist die Jungfräulichkeit der Häretiker, die die Ehe verdammen (wie MARKION, VALENTINOS und MANES), nicht nur nichts wert, sondern sogar noch schimpflicher als

Ehebruch; ja, die Verachtung der Ehe ist eine teuflische Bosheit.
Andererseits teilt Chrysostomos die Ansicht des Paulus, daß die Ehe nur ein Zugeständnis Gottes an die menschliche Schwachheit sei. Ursprünglich hatte die Ehe den Zweck, Kinder hervorzubringen, doch nun, nachdem die Erde mit Menschen erfüllt ist und die Geschichte an ihr Ziel kommt, ist dies entfallen und der einzige Zweck liegt im *remedium concupiscentiae*: »Denn denjenigen, die sich auch jetzt noch in diesen Lastern wälzen oder ein Leben nach Art der Schweine führen oder in Hurenhäusern umkommen wollen, nützt die Ehe nicht wenig, weil sie die Ehe von jenem Schmutz und jener Not befreit und in der Heiligkeit und Keuschheit erhält.« Wer aber als Jungfrau leben könnte und dennoch heiratet, fügt sich den größten Schaden zu, denn die Jungfrau kann das Himmelreich leichter gewinnen als die Verheiratete, da die Ehe eine große und unvermeidliche Knechtschaft mit sich bringt. Die mit der Ehe verbundenen Beschwerden und Bitternisse – Eifersucht, Mitgift, Furcht vor Unfruchtbarkeit, Sorge um die Kinder – werden von Chrysostomos breit ausgemalt. An dieser Stelle fügt er für den, der sich verehelichen will, einige lebenskluge Ratschläge ein: Man soll keine reiche Frau suchen, denn diese wird übermütig sein; doch auch die Ehe mit einer unterwürfigen reichen Frau ist eine Last, da der Zwang alles Vergnügen verbannt.
Was Chrysostomos in der Ehe verdammt, sind Schwelgerei und Luxus. Den Beischlaf aber dürfen die Partner einander nicht versagen, ja, die Frau, die gegen den Willen des Mannes enthaltsam ist, wird schwerere Strafe erleiden als der Mann, der einen Ehebruch begeht. Die Ehe ist, auch wenn sie von allen Übeln frei ist, letzthin nichts Großes, »ein Schatten und ein Traum«, der in der Ewigkeit nicht zählt. Warum also nicht allen Menschen die Jungfräulichkeit anraten? »*Ich trage Bedenken, dich zum Gipfel der Jungfrauschaft emporzuheben, damit du nicht in den Abgrund der Hurerei herabstürzest ... Mich macht die Erfahrung und die Gefahr dieses Kampfes zu ängstlich, um ihn auch anderen zu raten.*« Denn man müsse über glühende Kohlen schreiten, ohne zu verbrennen, und durch Schwerter einhergehen, ohne von ihnen verwundet zu werden.
Den Einwand, daß die Ehelosigkeit das Menschengeschlecht zum Aussterben verurteile, läßt Chrysostomos nicht gelten, denn dieses werde nicht durch die Ehe, sondern durch den Segen Gottes fortgepflanzt und erhalten. Er nimmt an, daß Adam und Eva vor dem Fall in vollkommener Jungfräulichkeit lebten und den »*Stachel des Fleisches*« nicht kannten. Die Ehe, obzwar an sich nichts Böses, habe ihren Ursprung in der Sünde der Stammeltern. Am reinsten wird die menschliche Bestimmung daher in der Jungfräulichkeit verwirklicht, deren zeitliche Vorteile und künftiger Lohn von dem Autor in kräftigen Farben geschildert werden.
Die Schrift bietet eine erstaunlich reizvolle Lektüre, da es der Verfasser versteht, den Leser durch die Vielseitigkeit und Interessantheit der dargebotenen Gesichtspunkte wie auch durch seinen – bei allem Eifer für den evangelischen Rat der Keuschheit – überraschenden Realismus für sich einzunehmen. So ist das Werk nicht nur in einem gepflegten Griechisch geschrieben, sondern atmet auch griechischen Geist. Deutlich scheint durch das Jungfräulichkeitsideal des Chrysostomos das griechische Ideal der *eudaimoniá*, der Glückseligkeit, hindurch, und auch die von dem Autor vorgebrachten Begründungen für seine Auffassung muten oft genug eudämonistisch an. H. L. H.

AUSGABEN: Venedig 1565. – MG, 48. – Paris 1966, Hg. H. A. Musurillo (Einl., Anm. u. frz. Übers. v. B. Grillet; SCh, 125).

ÜBERSETZUNG: *Des heiligen Kirchenlehrers Johannes Chrysostomos Buch von dem jungfräulichen Stande*, J. Ch. Mitterrutzner, Kempten 1869.

LITERATUR: Ch. Baur, *S. Jean Chrysostome et ses œuvres dans l'histoire littéraire*, Löwen/Paris 1907. – Ders., *Der hl. Johannes Chrysostomos u. seine Zeit*, 2 Bde., Mchn. 1929/30. – A. J. Festugière, *Antioche païenne et chrétienne*, Paris 1959.

PERI STĒLŌN (griech. Patr.; *Über die Bildsäulen*). 21 Homilien von IOANNES CHRYSOSTOMOS (um 344 bis 407), in Antiocheia gehalten im Jahr 387. – Als der Kaiser Theodosios 387 anläßlich der Proklamation seines Sohnes Arkadios zum Augustus Antiochien mit einer ungewöhnlich hohen Steuer, den »Quinquennalien«, belegte, kam es in der Stadt zu einem Aufruhr, in dessen Verlauf die erregte Menge die Bildsäulen des Kaisers zertrümmerte. Anschließend bemächtigte sich der Stadt eine Panik wegen des zu befürchtenden Strafgerichts des Kaisers. In dieser Situation hielt Johannes, damals Prediger an der Hauptkirche zu Antiocheia, seine 21 Reden über die Bildsäulen, um der zwischen Verzweiflung und Hoffnung hin- und hergerissenen Bürgerschaft wieder Halt zu geben.
Chrysostomos fordert die Gemeinde auf, die Leiden jeder Art getrost auf sich zu nehmen und in ihnen Gottes Willen zu sehen, sich aber von den Übeltätern eindeutig zu distanzieren. Er predigt gegen Hochmut und Habsucht und empfiehlt die Demut. Der Demütige führe sich stets die mit dem Reichtum verbundene Unsicherheit und Gefahr vor Augen; statt sich irdischen Besitzes wegen zu überheben, trachte er vielmehr danach, sich einen Schatz im Himmel zu erwerben. In der Trübsal solle man die Geduld der Heiligen nachahmen (Hiob) und nicht den Tod, sondern nur die Sünde fürchten. Auch ein gewaltsamer und unschuldiger Tod sei nicht zu fürchten, nur ein unbußfertiger. Es folgen Ermahnungen zur Zuchtung zur Furcht vor der Obrigkeit. Nicht die der Sünde folgende Strafe, sondern die Sünde selber sei zu fürchten, da Gottes Liebe und Güte sich gerade auch in den Strafen erweise. Die Sorge für die Gesundheit der Seele sei weitaus wichtiger als die für materielle Güter, zudem sei sie völlig kostenlos.
Nachdem Chrysostomos seinen Zuhörern auf diese Weise ins Gewissen geredet hat, wendet er sich (von der neunten Homilie an) einer kosmologischen Betrachtung zu, die von der Herrlichkeit und Hinfälligkeit der Weltdinge und der Weisheit ihres Schöpfers handelt. Unser Leib dürfe nicht verlästert werden: Seine Endlichkeit sei ein Beweis göttlicher Gnade, weil durch sie der Abgötterei von vornherein der Boden entzogen sei. Von der Erschaffung der Welt leitet Johannes sodann auf ihre Einrichtung über. Besonders hat es ihm der Fleiß der Biene und der Ameise angetan, an denen sich der Mensch, dem als natürliches Gesetz das Gewissen eingepflanzt ist, ein Beispiel nehmen könne. – Daneben sich Ioannes gedrängt, die Antiochener immer wieder zu ermahnen, von ihrem Haupt-

laster, dem Schwören, abzulassen. Dieses Nationalübel möchte er mit der Wurzel ausgerottet sehen. Eindringlich stellt er ihnen die biblischen Beispiele des göttlichen Zorns vor Augen. In der 21. Homilie kann Chrysostomos eine erfreuliche Bilanz ziehen: Der Kaiser hat sich durch die Fürsprache des Bischofs Flavian besänftigen lassen, und die Stadt ist zu neuem Gottvertrauen erwacht.
Die Homilien *Über die Bildsäulen* sind die berühmtesten unter den zahlreichen Gelegenheitsreden des Autors. Sie zeugen von seiner glänzenden Beredsamkeit, durch die er – von LIBANIOS (314 – um 393) als Rhetor ausgebildet und an den klassischen Schriften, besonders PLATONS, geschult – den Zuhörer allenthalben für sich einzunehmen weiß. Seine Sprache ist lebendig, sein Ausdruck einfach und kunstvoll zugleich; seine Schriften bieten christlichen Inhalt in einer klassisch-antiken Form. Die daraus entspringende Wertschätzung seiner Reden haben ihm auch den Beinamen Chrysostomos, d. h. »Goldmund«, eingetragen, der vom 8. Jh. an allgemein üblich wurde. H. L. H.

AUSGABEN: Paris 1609–1624 (in *Opera*, Hg. F. du Duc, 12 Bde.). – MG, 49. – Paris 1864–1872 (in *Opera*, 19 Bde., 3; m. frz. Übers. v. J. Bareille).

ÜBERSETZUNG: *Des hl. Kirchenlehrers Johannes Chrysostomos einundzwanzig Homilien über die Bildsäulen*, J. Ch. Mitterrutzner (in *AS*, Bd. 2, Kempten 1874; BKV).

LITERATUR: Ch. Baur, *S. Jean Chrysostome et ses œuvres dans l'histoire littéraire*, Löwen/Paris 1907. – Ders., *Der hl. J. C. und seine Zeit*, 2 Bde., Mchn. 1929/30. – A. Moulard, *Jean Chrysostome, sa vie, son œuvre*, Paris 1949. – A. J. Festugière, *Antioche païenne et chrétienne. Libanius, Chrysostome et les moines de Syrie*, Paris 1959.

TYRANNIUS RUFINUS
(um 345–410)

APOLOGIA [INVECTIVA] IN HIERONYMUM (lat. Patr.; *Apologie [Invektive] gegen Hieronymus*). Streitschrift von TYRANNIUS RUFINUS (um 345–410) aus Concordia, mit der er einen Schlußstrich unter seine vierzigjährige Freundschaft mit HIERONYMUS zog. – Beide hatten in Jerusalem die Werke des ORIGENES studiert und bewundern gelernt. Den ersten Riß erhielt ihre Freundschaft im Jahr 393, als sie von dem fanatischen Origenes-Gegner ATERBIUS des »Origenismus« beschuldigt wurden. Während sich Hieronymus öffentlich von Origenes lossagte, lehnte es Rufin ab, sich zu verteidigen. Als wenig später die Kontroverse zwischen dem Bischof Johannes von Jerusalem, einem Origenes-Anhänger, und EPIPHANIOS von Salamis ausbrach, eilte Rufin Johannes zu Hilfe; Hieronymus dagegen schlug sich auf die Seite des Epiphanios. Danach versöhnten sie sich wieder, und als im Jahre 397 Rufin von Jerusalem nach Italien aufbrach, schieden sie als Freunde.
Doch ließ sich der endgültige Bruch nicht mehr aufhalten. Rufin wollte das Abendland für Origenes gewinnen. Er veröffentlichte seine Übersetzung von Origenes' Hauptwerk *Peri archōn* (*Über die Prinzipien*), wobei er allerdings die heterodoxen Stellen ausmerzte und sie zu später erfolgte Interpolationen deklarierte. Im Vorwort erwähnte er Hieronymus als Origenes-Verehrer, was dessen schärfsten Protest hervorrief. Dieser übersetzte nun seinerseits das umstrittene Werk – ohne die heterogenen Stellen auszulassen. Gegen diese Übersetzung – und um dem intriganten Klatsch seiner römischen Zeitgenossen entgegenzutreten – schrieb Rufin seine *Apologie gegen Hieronymus*, nachdem er sich kurz vorher bei Papst Anastasius mit einer Apologie gerechtfertigt hatte (400). Hieronymus schrieb darauf in der drei Bücher umfassenden *Apologia adversus libros Rufini* (401/02) eine gehässige Erwiderung. Zu einer Versöhnung kam es nun nicht mehr. Hieronymus verfolgte Rufin mit seiner Polemik noch über dessen Tod hinaus. A. Ku.

AUSGABEN: Verona 1745, Hg. D. Vallarsi. – Paris 1878 (ML, 21). – Turnholt 1961. – Alba 1957 [m. ital. Übers. v. M. Simonetti].

LITERATUR: F. X. Murphy, *R. of Aquileia, His Life and Works*, Washington 1945. – Ders., *R. of Aquileia and Paulinus of Nola* (in REA, 2, 1956, S. 79–93).

AURELIUS PRUDENTIUS CLEMENS
(348 – nach 405)

PERISTEPHANON (lat. Patr.; *Über die Siegeskronen*). 14 Hymnen auf Märtyrer von AURELIUS PRUDENTIUS CLEMENS (348 – nach 405), veröffentlicht 405 als Buch 7 der vom Autor selbst herausgegebenen gesammelten Werke. Sieht man von den kurzen und recht trockenen Epigrammen ab, mit denen Papst DAMASUS (reg. 366–384) die Kultstätten und Märtyrergräber in Rom schmückte, so ist der spanische Dichter Prudentius der erste, der in seinen zum Teil sehr ausführlichen Gedichten das Leben und Leiden sowie die Grab- oder Gedächtnisstätten christlicher Märtyrer schildert.
Die vierzehn Gesänge sind vermutlich nach ihrer Entstehungszeit angeordnet und in zwei Gruppen gegliedert. Die ersten sieben Hymnen sind Heiligen gewidmet, die in Spanien als Märtyrer starben oder dort große Verehrung erlangten: so die beiden Brüder Emeterius und Chelidonius von Calagurris, zwei Soldaten; der römische Diakon Laurentius; die Jungfrau Eulalia von Emerita (dieser Hymnus wurde später von HRABANUS MAURUS und dem Verfasser des ältesten nordfranzösischen Epos nachgeahmt); die achtzehn ungenannten Märtyrer von Saragossa; der Bischof Fructuosus von Tarraco mit den Diakonen Augurius und Eulogius; der Diakon Vicentius von Saragossa; schließlich Bischof Quirinus von Sissek. Die übrigen Stücke sind auf der Romreise des Autors im Jahr 402 oder in Rom selbst entstanden. Der achte Hymnus, ein Epigramm auf eine Martyrienstätte in Calagurris, wo sich jetzt ein Baptisterium befindet, fällt etwas aus dem Rahmen; er dürfte ebenfalls in Rom entstanden sein und wegen seines Zusammenhangs mit der ersten Gruppe an der Fuge der beiden Teile stehen. Auf dem Weg nach Rom besuchte der Dichter in Imola das Grab des Cassianus; aufgrund des Berichts, den ihm der dortige Kirchendiener gab, schildert er die Leiden dieses Heiligen, den seine Schüler mit ihren Griffeln zu Tode gestochen haben. In Rom besuchte der Dichter häufig die Katakomben; angeregt von dem Epigramm des Damasus und einer bildlichen Darstellung berichtet er von der Passion des Hippolytus, der nach der von der antiken Hippolytos-Sage beeinflußten münd-

lichen Tradition von den Pferden zerrissen worden sein soll. Der ebenfalls von einem Epigramm des Damasus angeregte vierzehnte Hymnus besingt in der Gestalt der jungen Märtyrerin Agnes den Sieg der Keuschheit. Der Hymnus auf die Apostelfürsten Petrus und Paulus beginnt mit einer Anspielung auf das festliche Treiben in Rom an ihrem Jahrestag und wendet sich dann vor allem der Beschreibung ihrer Gräber am linken und rechten Tiberufer zu. Weitere Lobgesänge gelten den großen Kirchenlehrern CYPRIANUS aus Karthago und ROMANUS aus Antiochia. Der Romanus-Hymnus, mit 1140 Versen das längste Stück der Sammlung, ist, nicht zuletzt seiner apologetischen Digressionen wegen (Romanus wird eine lange Rede gegen das Heidentum in den Mund gelegt), teilweise gesondert überliefert. In ähnlicher Weise hält Laurentius vor seinem Martyrium eine lange, vorausschauende Rede auf die christliche Zukunft Roms.

In klassisch schöner Sprache und mit hohem Sinn für metrische Nuancen – für jeden Hymnus wählte der Dichter ein anderes, passendes Versmaß aus (z. B. trochäische Tetrameter, das Versmaß römischer Triumphlieder, im Hymnus auf die Soldaten) – berichtet der Dichter von seinen Helden. Freilich geht er in dem Bestreben nach dramatischer und anschaulicher Darstellung für heutige Begriffe oft etwas zu weit: Selbst die grausamsten Details der Leiden werden behaglich ausgemalt. Das mag zum Teil daran liegen, daß die von Prudentius neu geschaffene, episch-lyrische Dichtungsgattung nicht für liturgische Zwecke bestimmt war, sondern für das gebildete Publikum. – Obwohl die mündliche Überlieferung, auf die sich der Autor stützte, oft den beglaubigten historischen Tatsachen widerspricht, wurden die Hymnen zur Vorlage für die zahllosen mittelalterlichen Märtyrerlegenden. Groß war auch ihr Einfluß auf die christliche bildende Kunst, besonders im Zeitalter des Barock.

M. Ze.

AUSGABEN: Venedig 1501 (in *Opera*). – Rom 1788/89 (in *Carmina*, Hg. F. Areyalo, 2 Bde.). – ML, 59/60. – Lpzg. 1860 (in *Prudentii Clementis Aurelii quae exstant carmina*, Hg. A. Dressel). – Paris 1951 (in *Prudence*, Hg. M. Lavarenne, 4 Bde., 1943–1951, 4; m. frz. Übers.). – Turnholt 1966 (in *Carmina*, Hg. M. P. Cunningham; CC, Ser. lat., 126).

ÜBERSETZUNGEN: *Feyergesänge, heilige Kämpfe u. Siegeskronen*, J. P. Silbert, Wien 1820. – *Die erste und vierte Hymne aus den Siegeskronen*, J. G. Dölling, Progr. Plauen 1846.

LITERATUR: J. Bergman, *A. P. C., der größte Dichter des christlichen Abendlandes*, Dorpat 1921. – J. Rodríguez-Herrera, *Poeta Christianus. P.' Auffassung vom Wesen u. von der Aufgabe des christlichen Dichters*, Speyer 1936. – Bardenhewer, 3, S. 440 bis 456. – Schanz-Hosius, 4/1, S. 211–235. – A. Kurfess, Art. *P.* (in RE, 23/1, 1957, S. 1039–1072). – P. Künzle (in Rivista di Storia della Chiesa in Italia, 11, 1957, S. 309–370). – K. Thraede, *Studien zu Sprache u. Stil des P.*, Göttingen 1965.

PSYCHOMACHIA (lat. Patr.; *Der Kampf um die Seele*). Epos von AURELIUS PRUDENTIUS CLEMENS (348– nach 405), veröffentlicht 405 als Buch 4 der vom Autor selbst herausgegebenen gesammelten Werke. – Nach einer Einleitung in 68 Trimetern,

die von Abrahams Kampf mit den heidnischen Königen handelt, läßt der Dichter in 915 Hexametern die christlichen Tugenden und die heidnischen Laster in allegorischer Personifikation gegeneinander aufmarschieren und um die Herrschaft über die Seele streiten. Zuerst kämpfen der Glaube als die Haupttugend und der Götzendienst als Quelle aller Laster miteinander: Die Auseinandersetzung zwischen ihnen sieht Prudentius als die Grundentscheidung der menschlichen Seele. In der Folge wechseln Keuschheit und Unzucht, Geduld und Zorn, Demut und Hoffart, Mäßigkeit und Üppigkeit einander auf dem Kampfplatz ab. Der Geiz, der mit einem Gefolge von Spießgesellen – darunter der vorgeblichen Sparsamkeit – erscheint, wird von der Barmherzigkeit bezwungen. Nun könnte Eintracht in der Seele herrschen. Die Tugenden formieren sich schon zum Einzug in den Himmel, als zuletzt noch die Zwietracht auf den Plan tritt und der Eintracht eine Wunde schlägt. Sie wird jedoch ergriffen und verrät ihren eigentlichen Namen: »Häresie«. Nach ihrer Niederringung haben Eintracht und Glaube das Wort: Die Eintracht stimmt ein Preislied auf den Frieden und die Liebe an, der Glaube will einen Tempel für Christus errichten lassen. Damit hat der Seelenstreit ein Ende.

Mit der *Psychomachia* ist der Autor zum Schöpfer des allegorischen Epos geworden, einer Kunstform, die dann von den mittelalterlichen Schriftstellern – für die Prudentius als der christliche Dichter schlechthin galt – in reichem Maße gepflegt wurde. Auch die *Psychomachia* selbst regte wegen ihres allegorisch-mystischen Gehalts immer wieder zur dichterischen Nachahmung an, während die dramatischen Einzelmotive des Werks viele Künstler zur bildlichen Darstellung reizten, wovon unter anderem auch zahlreiche erhaltene Bilderhandschriften des Epos zeugen.

A. Ku.

AUSGABEN: Venedig 1501 (in *Opera*). – Rom 1788/89 (in *Carmina*, Hg. F. Arevalo, 2 Bde.). – ML, 59/60. – Lpzg. 1860 in *Prudentii Clementis Aurelii quae exstant carmina*, Hg. A. Dressel). – Uppsala 1897, Hg. J. Bergman. – Wien/Lpzg. 1926 (in *Carmina*, Hg. ders.; CSEL, 61). – Paris 1948 (in *Prudence*, Hg. M. Lavarenne, 4 Bde., 1943–1951, 3; m. frz. Übers.).

ÜBERSETZUNG: *Die Psychomachie*, U. Engelmann, Freiburg i. B. 1959 [lat.-dt.].

LITERATUR: R. Stettiner, *Die illustrierten P.-Hss.*, Bln. 1895. – Ders., *Die illustrierten P.-Hss., Tafelbd.*, Bln. 1905 [m. Text]. – J. Rodriguez-Herrera, *Poeta Christianus. P.' Auffassung vom Wesen u. von der Aufgabe des christlichen Dichters*, Speyer 1936. – M. W. Bloomfield, *A Source of P.' »Psychomachia«* (in Speculum, 18, 1943, S. 87ff.). – Bardenhewer, 3, S. 440ff. – Schanz-Hosius, 4/1, S. 211 bis 235. – A. Kurfess, Art. *P.* (in RE, 23/1, 1957, Sp. 1039–1072). – R. Argenio, *La »Psychomachia« di Prudenzio* (in Rivista di Studi Classici, 23, 1960, S. 267ff.). – H. R. Jauss, *Form u. Auffassung der Allegorie in der Tradition der »Psychomachia«* (in *Medium Aevum Vivum. Fs. f. W. Bulst*, Heidelberg 1960, S. 179ff.). – Ch. Gnilka, *Studien zur »Psychomachie« des P.*, Wiesbaden 1963. – K. Thraede, *Studien zu Sprache u. Stil des P.*, Göttingen 1965. – R. Herzog, *Die allegorische Dichtkunst des P.*, Mchn. 1966.

HIERONYMUS
(um 348–420)

DE VIRIS ILLUSTRIBUS (lat. Patr.; *Von berühmten Männern*). Literarhistorisches Werk des HIERONYMUS (um 348–420), entstanden im Jahr 392 in Bethlehem. – Mit dieser ersten christlichen Literaturgeschichte wollte der gelehrte Kirchenvater in seinem Wirkungsbereich das nachholen, was die heidnischen Literaturen der Griechen und Römer seit den Peripatetikern HERMIPPOS, ANTIGONOS aus Karystos, SATYROS, ARISTOXENOS, den Römern VARRO, CORNELIUS NEPOS, SUETONIUS TRANQUILLUS und vielen anderen bereits in langer und reicher Tradition besaßen. Sein Ziel dabei ist, wie er in dem Widmungsprolog an den Prätorianerpräfekten Dexter in polemischer Absicht gegen die führenden Christengegner bekennt, weniger kirchengeschichtlicher als vielmehr apologetischer Natur: »*So sollen Celsus, Porphyrios und Julian, diese wilden Kläffer gegen das Christentum, samt ihrem Anhang (die meinen, die Kirche habe keine Philosophen und Redner, keine Gelehrten) lernen, wie viele bedeutende Männer die Kirche gründeten, erbauten und ausschmückten. Sie sollen aufhören, unserem Glauben bäuerische Einfalt vorzuwerfen, und statt dessen lieber ihre eigene Unwissenheit erkennen.*«
Im einzelnen möchte Hieronymus in seinem Büchlein »*alle Autoren von der Passion Christi bis zum vierzehnten Regierungsjahr des Kaisers Theodosius* [392], *soweit sie etwas Erwähnenswertes über die Heiligen Schriften verfaßt haben, in Kürze vorführen*«. Daß dies nicht ohne raffende Verkürzung und Vergröberung abgehen konnte, ist von vornherein klar. Was Hieronymus jedoch in den 135 den einzelnen Autoren – vom Apostel PETRUS bis zu sich selbst (einschließlich der Häretiker sowie der Juden PHILON und IOSEPHUS und des heidnischen Philosophen SENECA) – gewidmeten Kapiteln bringt, ist nach heutigem literarhistorischem Urteil weithin mehr als dürftig: nicht nur, weil er im ersten Teil, ohne den geringsten Hinweis darauf, bedenkenlos die *Kirchengeschichte (Historia ekklēsiastikē)* des EUSEBIOS ausschreibt, sondern vor allem deswegen, weil er in seiner Biographisches und Literarhistorisches vereinenden Darstellung jedes Verständnis für Rang und Bedeutung der einzelnen Autoren vermissen läßt. Um eine Erörterung des Werkes seines großen Zeitgenossen AMBROSIUS drückt er sich sogar ausdrücklich mit vier nichtssagenden Zeilen, während unbekannte Größen einer seitenlangen Abhandlung gewürdigt werden. Wo einem Autor Wert und Würde bescheinigt werden, dort geschieht das mehr oder weniger zufällig und zumal aufgrund des Verdienstes, daß es eben ein christlicher Autor ist.
Dennoch ist das Katalogwerk des Kirchenvaters auch heute noch für den Kirchenhistoriker wertvoll, vor allem deswegen, weil es in der zweiten Hälfte – wo Hieronymus zu einem Teil über die Dinge aus unmittelbarer Kenntnis berichten kann – viele Nachrichten bringt, die uns sonst verloren wären. In der Spätantike und im Mittelalter wurde *De viris illustribus* – sicher nicht zuletzt auch seiner bewußt einfach gehaltenen, an Sueton geschulten Sprache wegen – geradezu enthusiastisch geschätzt: Über Jahrhunderte hinweg fand es immer wieder Fortsetzer – der früheste ist GENNADIUS mit seiner gleichnamigen Schrift (die schon CASSIODOR mit dem vorliegenden Werk zu einer Einheit verband) –; im byzantinischen Raum entstand, wohl zwischen dem 6./7. und dem 9. Jh., eine griechische Übersetzung, und bis ins 18. Jh. blieb es die Grundlage der christlichen Patrologie. Erst die aufkommende kritische Philologie nahm der Kompilation ihren erhabenen Nimbus. E. Sch.

AUSGABEN: Rom 1468 (in *Epistolae et tractatus*, Hg. Andreas v. Aleria). – Basel 1516 (in *Omnium operum Divi Eusebii Hieronymi Stridonensis tomus primus*, Hg. Erasmus v. Rotterdam; griech. Version). – PL, 23, 1883. – Freiburg i. B. 1895 (*Der Schriftsteller-Katalog des H.*, Hg. C. A. Bernoulli). – Lpzg. 1896, Hg. O. v. Gebhardt (Texte u. Untersuchungen, 14/1; griech. Version). – Lpzg. 1896, Hg. E. C. Richardson. – Lpzg. 1924, Hg. G. Herding.
ÜBERSETZUNG: In *AW*, Bd. 1, L. Schade, Kempten/Mchn. 1914 (BKV, 15).
LITERATUR: S. v. Sychowsky, *H. als Litterarhistoriker*, Münster 1894. – G. Grützmacher, *H. Eine biographische Studie zur alten Kirchengeschichte*, Bd. 2, Bln. 1906, S. 128–144. – Schanz-Hosius, S. 447–451. – F. Cavallera, *Saint Jérôme. Sa vie et son œuvre*, Löwen/Paris 1922, Bd. 1, S. 150; Bd. 2, S. 31. – A. Feder, *Studien zum Schriftstellerkatalog des hl. H.*, Freiburg i. B. 1927. – R. Eiswirth, *H.' Stellung zur Literatur u. Kunst*, Wiesbaden 1955 (Klassisch-Phil. Studien, 16). – Altaner, S. 7f.

DIALOGI CONTRA PELAGIANOS LIBRI III (lat. Patr.; *Drei Bücher Dialoge gegen die Pelagianer*). Streitschrift in Dialogform von HIERONYMUS (um 348–420), entstanden um 416. – Das Werk richtet sich gegen die pelagianische Freiheitslehre, die von PELAGIUS selbst und seinem Freund CAELESTIUS im Jahre 412 nach Palästina getragen wurde und dort heftige Kontroversen entfachte. Hieronymus, der Pelagius von Rom her kannte, bezog erst 415 gegen dessen Lehre Stellung, und zwar in einem Brief an Ktesiphon (Nr. 133), in dem er den Pelagianischen Lehrsatz verwarf, welcher besagte, daß der Mensch, wenn er wolle, ohne Sünde leben könne. Dem Brief folgte wenig später der polemische Dialog zwischen dem rechtgläubigen Atticus und seinem pelagianischen Gegner Critobulus.
Den drei Büchern *Dialogi* geht ein Prolog voran, in dem die Pelagianische Lehre in Zusammenhang mit anderen Irrlehren und heidnischen philosophischen Systemen betrachtet wird: so wird etwa das *liberum arbitrium* (der freie Wille) des Pelagius mit der stoischen *apatheia* (Unempfindlichkeit gegen alle Gemütserregung) verglichen. Das erste Buch der *Dialoge* erörtert in der Hauptsache die beiden Sätze des Pelagius, die auch OROSIUS auf der Synode zu Jerusalem seiner Anklage gegen Pelagius zugrunde legte, nämlich: »*Der Mensch kann, wenn er will, sündlos sein*« und »*Die Befolgung der göttlichen Gebote ist leicht*«. Dann werden einige von Pelagius im *Eclogarum liber (Eklogenbuch)* aufgestellte Thesen erörtert, die jedoch mit den strittigen Fragen nichts zu tun haben (Kap. 25–32). Anschließend erbringt Hieronymus einen Schriftbeweis dafür, daß die göttlichen Gebote nicht leicht zu erfüllen seien (Buch 1, Kap. 33ff., und Buch 2). Im dritten Buch beantwortet er einige weitere mit der Pelagianischen Lehre eng zusammenhängende Fragen, wie das Verhältnis von Taufe und nachherigem sündlosem Leben und die Unmöglichkeit, auf Erden wahre Vollkommenheit zu erreichen.
Die Schrift kann es an Systematik und Überzeu-

gungskraft nicht mit den großen antipelagianischen Streitschriften AUGUSTINS aufnehmen. HARNACK bezeichnet die *Dialoge* in seinem *Lehrbuch der Dogmengeschichte* wie den Brief an Ktesiphon als Muster einer unverständlichen Polemik. IULIANUS aus Eclanum allerdings, einer der bedeutendsten Pelagianer und erbitterter Feind Augustins, bewunderte die erhabene Form des Werkes. Die Pelagianer Palästinas jedoch zeigten sich über die *Dialoge* maßlos erbost. Sie drangen mit Gewalt in das Kloster des Hieronymus ein, der sich ihrem Zugriff nur durch die Flucht entziehen konnte.

A. Ku.

AUSGABEN: Basel 1516–1520 (in *Opera omnia*, Hg. D. Erasmus, 9 Bde.). – Paris 1693–1706 (in *Opera*, Hg. J. Martianay u. A. Pouget, 5 Bde.; *Mauriner Ausg*.). – Verona 1734–1742 (in *Opera*, Hg. D. Vallarsi, 11 Bde.). – ML, 23.

ÜBERSETZUNG: *Dialog gegen die Pelagianer*, L. Schade (in *AS*, Bd. 1, Kempten/Mchn. 1914; BKV², 15).

LITERATUR: J. Brochet, *S. Jérôme et ses ennemis*, Paris 1905. – A. v. Harnack, *Lehrbuch der Dogmengeschichte*, Tübingen ⁴1909/10. – F. Cavallera, *S. Jérôme*, 2 Bde., Löwen/Paris 1922. – W. Süß, *Der hl. H. und die Formen seiner Polemik* (in *Volkskundliche Ernte*. H. Hepding dargebracht, Gießen 1938, S. 212–238; Gießener Beiträge zur dt. Philologie, 60). – J. Steinmann, *Saint Jérôme*, Paris 1958. – H. v. Campenhausen, *H.* (in *Lateinische Kirchenväter*, Stg. 1960, S. 109–150). – S. Prete, *Pelagio e il pelagianesimo*, Brescia 1961.

AURELIUS AUGUSTINUS
(354–430)

CONFESSIONES (lat. Patr.; *Bekenntnisse*). Autobiographie in dreizehn Büchern von AURELIUS AUGUSTINUS (354–430), verfaßt um 400. – Das Werk ist ein literarisches Dokument *sui generis* im genauen Sinn des Wortes: es ordnet sich in keine literarische Gattung der Antike ein; es läßt sich weder mit den philosophischen Selbstbetrachtungen etwa eines MARK AUREL vergleichen, noch mit der ihm immerhin thematisch verwandten Schrift *Ad Donatum* des CYPRIANUS aus Karthago. Und obwohl seit Augustin kein Mangel ist an Selbstdarstellungen, die, von PETRARCA über ROUSSEAU bis in die Gegenwart, bewußt oder unbewußt in seiner Nachfolge stehen, hat es nichts Ähnliches mehr gegeben. Sein »Subjektivismus«, dem erst das Christentum mit seiner hohen Bewertung der menschlichen Seele den Boden bereitete, scheidet es vom antiken Denken und Fühlen, sein dialogischer Bezug auf ein transzendentes Gegenüber von den späteren autobiographischen Zeugnissen. Es ist in zweifachem Sinn Bekenntnis: Lebensbeichte vor Gott und preisendes Bekenntnis zu Gott.

Die ungeminderte Aktualität der *Confessiones* beruht darauf, daß hier in der Begegnung einer außerordentlichen Persönlichkeit mit sich selbst ein Grundphänomen der menschlichen Existenz anschaubar wird: die unaufhebbare Spannung zwischen der natürlichen, biologisch-seelischen Beschaffenheit des Menschen und dem Anspruch einer als objektiv erlebten überindividuellen Wirklichkeit. – Aber auch im einzelnen ist die Autobiographie Augustins alles andere als nur historisch interessant. Sie stellt Vorgänge ins Licht, deren Problematik dem allgemeinen Bewußtsein erst in neuerer Zeit durch Tiefenpsychologie und Verhaltensforschung wieder nahegebracht wurden. In knappen Umrissen beschreibt sie die triebbestimmten, dennoch schon spezifisch »humanen« Reaktionen des Säuglings, das Hineinwachsen des Kleinkindes – im Erlernen der Muttersprache – in die »*stürmische Gemeinschaft des menschlichen Lebens*« (»*vitae humanae procellosam societatem*« I, 8), das ziellose Aufbegehren des Jugendlichen, die Nöte der reifenden Geschlechtlichkeit. Dabei gibt es kein genüßliches oder wehmütiges Schwelgen in Kindheitserinnerungen; eher ist ein Unterton von Empörung über die in der Schulzeit erlittenen Demütigungen hörbar. Geltungsbedürfnis als Movens jugendlichen Fehlverhaltens ist hier schon ebenso erkannt wie etwa der literarische Genuß als Fluchtmöglichkeit vor existentiellen Problemen oder die Beziehung zwischen Sinnlichkeit und Müßiggang. Was im Verlauf der Darstellung an pädagogischen Hinweisen implicite vermittelt wird, ist z. T. noch heute nicht allgemeine erzieherische Praxis geworden.

Der Augustinus der *Bekenntnisse* ist nicht der große Dogmatiker der christlichen Kirche, dessen Denken den Geist des Mittelalters für Jahrhunderte bestimmen sollte. Er ist ein Mensch auf der Scheitelhöhe zwischen heidnischer Antike und christlicher Neuzeit, ein Mensch der Sinne und der Sinnlichkeit, zum Jähzorn neigend, selbstbewußt und nicht frei von Eitelkeiten, ein Mensch vielseitiger Begabung: er ist nicht nur als Lehrer der Rhetorik (an den Universitäten von Karthago, Rom und Mailand) hoch geschätzt, er trägt, beispielsweise, mit einem Drama den Preis in einem Wettbewerb davon und schreibt eine (wie jenes verlorengegangene) Studie *De pulchro et apto* (*Über das Schöne und das Angemessene*), die mit ihrer sensualistischen Beweisführung zwar im Bannkreis des dualistischen Materialismus der Manichäer steht, aber, indem sie dem Irdischen seine eigene Schönheit und Würde zubilligt, die spätere Wendung des Autors zum Neuplatonismus im Ansatz vorbereitet.

Der bestimmende Zug im Persönlichkeitsbild Augustins ist Erkenntnisleidenschaft. Die Suche nach einer allumfassenden, alles begründenden Wahrheit führt ihn über die Philosophie – an die ihn CICEROS (nicht erhaltener) Dialog *Hortensius* verweist – und den Manichäismus, dem er mehr als zehn Jahre anhängt, zum Christentum, einem neuplatonisch gestimmten Christentum, wie es ihm durch den Mailänder Bischof AMBROSIUS vermittelt wurde. Die berühmte Bekehrungsszene im Garten seiner Mailänder Wohnung ist – sowenig auch heute noch Zweifel an der biographischen Zuverlässigkeit der *Bekenntnisse* bestehen – offensichtlich auf dramatische Wirkung hin stilisiert. Sie bildet den Höhepunkt der eigentlichen Lebensbeschreibung, die mit Augustins Geburt beginnt und mit einem Nekrolog auf die verstorbene Mutter, Monika, ausklingt. Das zehnte Buch nimmt eine Zwischenstellung ein: es gehört insofern zum biographischen Teil, als es die innere Situation Augustins im Zeitpunkt der Niederschrift der Bekenntnisse, also mehr als zehn Jahre nach der Bekehrung, beleuchtet, eine unerbittliche Analyse seiner noch immer ungesättigten Natur; mit einem Exkurs über das Gedächtnis *(memoria)* leitet es jedoch zu den religionsphilosophischen Spekulationen der letzten drei Bücher über.

Die Einzigartigkeit der *Confessiones* liegt nicht allein in der Subtilität des Erfassens psychischer Vorgänge, in ihrem rücksichtslosen Freimut, ihrer religiösen

Intensität und dem Scharfsinn der philosophischen Reflexionen; ohne Vergleich ist, wie dies alles zu einem Ganzen verschmolzen ist, das jeder Einordnung in ein literarisches Schema widersteht. Das Werk ist Tatsachenbericht, psychologische und philosophische Abhandlung, Hymnus und seelsorgerische Predigt in einem. Der Verdacht, Augustin habe die letzten drei der dreizehn Bücher nachträglich seiner Autobiographie angefügt, scheint ungerechtfertigt (H. WANGNERECK SJ sah sich schon 1631 veranlaßt, sie nicht in seine Textausgabe aufzunehmen, ein Beispiel, dem heute noch Populärausgaben folgen, die dem Verlangen des Lesers nach psychologisch »Interessantem« entgegenkommen). Die einheitliche Gestimmtheit der dreizehn Bücher ist jedoch unverkennbar; auch objektive innere Bezüge zeigen an, daß der Aufbau des Ganzen, so lässig er ist, geplant war. Hinweise auf das in Buch XI breit ausgeführte Zeitproblem z. B., das wiederum mit der in Buch X entwickelten Theorie des Gedächtnisses eng verknüpft ist, finden sich schon im ersten Teil; und auch die biographische Teil schließt philosophische Betrachtungen ein, wie etwa die Frage nach Ursprung und Wesen des Bösen oder die ans Logistisch-Spitzfindige grenzenden Fragenketten innerhalb der Lobpreisung Gottes, die die *Bekenntnisse* eröffnet. Alle drei Teile sind gleichermaßen zu Gott hin gesprochen, als Beichte, Reuebekenntnis und Dank. Augustin erzählt sein Leben nicht nur, er beurteilt es *sub specie aeternitatis* mit der asketischen Strenge des Konvertiten (wobei auch den Vater, selbst die fromme christliche Mutter Tadel trifft), und er deutet es; die jugendlichen Exzesse werden nicht selbstgefällig und nicht selbstquälerisch geschildert, sie lassen die Gnade, die den so tief Verstrickten rettete, nur um so leuchtender hervortreten.
Die letzten drei Bücher sind das Dankopfer für diese Errettung (»*Sacrificem tibi famulatum cogitationis et linguae meae*« – »*Laß mich den Dienst meines Denkens und meiner Zunge dir opfern*« XI, 2); daß es in Form einer philosophischen Betrachtung dargebracht wird, darf bei einem so leidenschaftlichen Denker nicht wundernehmen. Vom Schöpfungsbericht der *Genesis* ausgehend, gelangt Augustin über den Vergleich der zeitlosen Ewigkeit Gottes mit der Vergänglichkeit des irdischen Gestern, Heute und Morgen zu einer sehr »modernen« Definition der Zeit als eines menschlichen Bewußtseinsphänomens; denn, so legt er dar, Vergangenheit, Gegenwart und Zukunft existieren nur als jeweils in der Gegenwart sich vollziehendes inneres Erlebnis, und zwar unter den Formen der Erinnerung (der Vergangenes gegenwärtig wird), der Anschauung (des Gegenwärtigen) und der Erwartung (des Zukünftigen). Damit wird zugleich die These der Stoa, Zeit sei identisch mit Bewegung (des Weltalls, der Körper), zurückgewiesen; wohl aber ist die Zeit, der Augustin eine gewisse Ausdehnung (*distentio*) zuschreibt, das Maß der Bewegungen, die sich in ihr vollziehen.
So weit auch diese Betrachtungen ins Abstrakte vorstoßen, verbindet sie doch nicht nur ihr personaler Bezug auf Gott mit dem Voraufgegangenen, sondern auch ihre Sprache. Es ist die Sprache des geschulten Rhetorikers, die aber immer wieder aufgesprengt wird im Feuer seelischer Ergriffenheit. In ihr finden sich weitgespannte kunstvolle Satzperioden, aber auch Häufungen von affektgeladenen Ausrufen und rhetorischen Fragen, klare Gedanklichkeit und die Glut alttestamentarischer Psalmen. Diese Sprache kann bis zur Grobheit sarkastisch sein, wie etwa in der Polemik gegen die Manichäer (III, 10), und hymnisch bis zu barocker Üppigkeit. Sie versinnlicht auch das Übersinnliche in Bildern von hintergründiger Einfachheit: »*Du aber, Herr, du wandest mich ... zu mir selbst herum, du holtest mich hinter meinem eigenen Rücken hervor*« (»*Tu autem, domine, ... retorquebas me ad me, auferens me a dorso meo*« VIII, 7).
Aus der Frühzeit des christlichen Abendlands dringt keine andere Stimme mit so verwandtem Ton in die Gegenwart wie die Augustins; in Worten wie denen, die er als Formel seines Lebens an den Anfang der *Bekenntnisse* stellt, spricht nicht mehr die Antike, sondern die Neuzeit: »*Fecisti nos ad te, et inquietum est cor nostrum, donec requiescat in te.*« (»*Du hast uns zu dir hin erschaffen, und ruhelos ist unser Herz, bis daß es ruht in dir.*«)   G. He.

AUSGABEN: o. O. u. J. [Straßburg vor 1470]. – Paris 1679 (in *Mauriner Ausg.*, 10 Bde., 1679–1700, 1). – ML, 32 [Abdr. d. *Mauriner Ausg.*]. – Stg. 1856, Hg. K. v. Raumer; ern. Gütersloh 1876. – Wien 1896, Hg. P. Knöll (CSEL, 33; ern. NY/Ldn. 1962). – Paris 1925/26 (*Confessions*, Hg. u. Übers. P. de Labriolle; lat.-frz.; ern. 1950ff.). – Lpzg. 1934, Hg. M. Skutella. – Zwolle 1960ff., Hg. M. Verheijen, K. Woldring u. L. Hoogfeld (Scriptores Graeci et Romani, 45).

ÜBERSETZUNGEN: *Die dreyzehen Bücher der Bekantnussen*, S. J. Vältl, Wien 1672. – *Die Bekenntnisse*, G. Rapp, Stg. 1838; Bremen [8]1889. – *Bekenntnisse*, J. Molzberger, Kempten 1871 (BKV, 10). – *Die Bekenntnisse*, G. Frh. v. Hertling, Freiburg i.B. 1905; [24]1928 (Buch 1–10). – *Bekenntnisse*, A. Hoffmann, Mchn. 1914 (BKV[2], 18). – Dass., H. Hefele, Jena 1921; Düsseldorf [13]1958 (Diederichs Taschenausg., 14). – Dass., H. Schiel, Freiburg i.B. 1950; [7]1964 (lat.-dt.). – Dass., W. Thimme (in *Werke*, Bd. 1, Zürich 1950). – *Die Bekenntnisse*, O. Bachmann, Köln 1956. – *Bekenntnisse*, J. Bernhart, Mchn. [2]1960 (lat.-dt.). – *Die Bekenntnisse*, H. Endrös, Mchn. 1963. – *Dreizehn Bücher Bekenntnisse*, C. J. Perl, Paderborn [2]1964.

LITERATUR: H. A. Naville, *St. Augustin, étude sur le développement de sa pensée jusqu'à l'époque de son ordination*, Genf 1872. – F. Wörter, *Die Geistesentwicklung des hl. A. A. bis zu seiner Taufe*, Paderborn 1892. – A. v. Harnack, *A.s »Confessionen«*, Gießen 1895 (ern. in A. v. H., *Reden und Aufsätze*, Bd. 1, Gießen 1904, S. 49–79). – H. Becker, *A. Studien zu seiner geistigen Entwicklung*, Lpzg. 1908. – A. v. Harnack, *Die Höhepunkte in A.s »Konfissionen«* (in A. v. H., *Reden und Aufsätze*, Bd. 4, Gießen 1916, S. 67–99). – M. Grabmann, *Die Grundgedanken des hl. A. über Seele und Gott in ihrer Gegenwartsbedeutung dargestellt*, Köln 1916. – P. Alferic, *L'évolution intellectuelle de St.-Augustin*, Paris 1918. – R. L. Ottley, *Studies in the »Confessions« of St. Augustin*, Ldn. 1919. – J. Nörregard, *A.s Bekehrung*, Tübingen 1923. – M. Wundt, *A.s »Konfessionen«* (in ZntW, 22, 1923). – M. Zepf, *A.s »Confessiones«*, Tübingen 1926. – K. Adam, *Die geistige Entwicklung des hl. A.*, Augsburg 1931; ern. Darmstadt 1957. – E. Przywara, Einleitung (in *A. Die Gestalt als Gefüge*, Lpzg. 1934, S. 17–112). – E. Hendrikx, *A.s Verhältnis zur Mystik*, Würzburg 1936. – P. Henry, *La vision d'Ostie*, Paris 1938. – P. Courcelle, *Recherches sur les »Confessions« de St. Augustin*, Paris 1950. – G. N. Knauer, *Psalmenzitate in A.s »Konfessionen«*, Diss. Hbg. 1952. –

H. Kusch, *Studien über A.* (in *Fs. für F. Dornseiff*, Lpzg. 1953, S. 124–200). – J. J. O'Meara, *The Young Augustine. The Growth of St. A.'s Mind up to His Conversion*, Ldn. 1954. – R. Guardini, *Anfang. Eine Auslegung der ersten fünf Kapitel von A.s »Bekenntnissen«*, Mchn. [3]1953. – L. Boros, *Das Problem der Zeitlichkeit bei A.*, Diss. Mchn. 1954 (vgl. auch Archives de Philosophie, 21, 1958, S. 323–385). P. Courcelle, *Les »Confessions« de St. Augustin dans la tradition autobiographique* (in Annales du Collège de France, 1956, S. 316ff.). – Daniel-Rops, *Les »Confessions« de saint Augustin*, Paris 1956. – P. Courcelle, *Antécédents autobiographiques des »Confessions« de S. Augustin* (in Revue de Philologie, 31, 1957, S. 23–51). – J.-G. Préaux, *Du »Phédon« aux »Confessions« de Saint Augustin* (in Latomus, 16, 1957, S. 314–325). – J. Ratzinger, *Originalität und Überlieferung in A.s Begriff der confessio* (in REA, 3, 1957, S. 375–392). – F. Weiss, *Die Gartenszene in den »Bekenntnissen« des heiligen A.* (in Schweizerische Kirchenzeitung, 126, 1958, S. 88 bis 90). – R. Guardini, *Die Bekehrung des A. A. Der innere Vorgang in seinen »Bekenntnissen«*, Mchn. [3]1959. – E. Lampey, *Das Zeitproblem nach dem »Bekenntnissen« A.s*, Regensburg 1960. – K. Büchner, *Römische Literaturgeschichte*, Stg. [3]1962, S. 541f. – C. Andresen, *Bibliographia Augustiniana*, Darmstadt 1962, S. 24–27; 52–54. – R. Berlinger, *A.s dialogische Metaphysik*, Ffm. 1962. – P. Courcelle, *Les »Confessions« de St. Augustin dans la tradition littéraire*, Paris 1963. – A. Holl, *Die Welt der Zeichen bei A. Religionsphänomenologische Analyse des 13. Buches der »Confessiones«*, Wien 1963. – M. Testard, *Antécédents et postérité des »Confessions« de St. Augustin* (in Revue des Études Augustiniennes, 10, 1964, S. 21–34).

CONTRA ACADEMICOS (lat. Patr.; *Gegen die Akademiker*). Philosophische Abhandlung in Dialogform von AURELIUS AUGUSTINUS (354–430), entstanden 386. – Wie bei den beiden anderen Frühschriften, *De beata vita* und *De ordine*, handelt es sich bei *Contra academicos* um Aufzeichnungen von Gesprächen, die Augustinus wenige Wochen nach seiner Bekehrung mit seinen Freunden auf dem *rus Cassiciacum*, dem am Comer See gelegenen Landgut seines Freundes Verecundus, geführt hat. Gewidmet ist die Schrift dem Gönner Romanianus aus Thagaste, der einst Augustins Studium in Karthago finanziert hatte und ihm auch weiterhin wohlwollend verbunden blieb.
Das Werk richtet sich gegen den akademischen Skeptizismus, dessen Unvermögen, das menschliche Glückseligkeitsstreben zu befriedigen, der Autor darstellen und begründen will. Das erste Buch handelt vom Begriff der Weisheit; es geht um die Frage, was das Erkenntnisstreben leisten muß, damit das Verlangen des Menschen nach Glückseligkeit gestillt werde. Augustin argumentiert: Wir wollen glücklich sein. Könnten wir dies ohne die Wahrheit verwirklichen, so bedürften wir der Wahrheit nicht. Doch nur der Weise ist glücklich. Da aber nur derjenige weise genannt werden kann, der Wissen besitzt und sich nicht bescheiden mit Nichtwissen begnügt, muß es offensichtlich eine erkennbare Wahrheit geben – andernfalls könnten die Menschen nicht weise und glücklich zugleich sein. Da es sogar sichere Erkenntnis gibt, scheint Augustin die akademische Skepsis gänzlich überflüssig zu sein, insbesondere in der Form, in der sie von CICERO vertreten wurde, der sich selbst nur als *magnus opinator*, als »großer Meiner«, bezeichnet hat. – Im zweiten Buch werden dann die Lehren der Akademiker in ihrer historischen Entwicklung vorgeführt und im dritten Buch im einzelnen widerlegt.
Augustinus selbst hat mit dieser Schrift den Skeptizismus, dem er nach seiner manichäischen Phase kurz gehuldigt hatte, überwunden und sich endgültig dem Christentum zugewandt. Am darauffolgenden Osterfest (Karsamstag 387) empfing er zusammen mit seinem Sohn Adeodatus und seinem Freund Alypius die Taufe. A. Ku.

AUSGABEN: Paris 1515, Hg. J. Amerbach; ern. Basel 1906. – Paris 1679 (in *Mauriner Ausgabe*, 10 Bde., 1679–1700, 1). – ML, 32 [Abdruck d. *Mauriner Ausg.*]. – Wien 1922, Hg. P. Knöll (CSEL, 63; ern. NY/Ldn. 1962). – Utrecht/Antwerpen 1956, Hg. W. M. Green (Stromata patristica et mediaevalia, 2).

ÜBERSETZUNGEN: *Drei Bücher gegen die Akademiker*, R. Emmel, Paderborn 1927. – *Against the Academicians*, M. P. Garvay, Milwaukee 1942 [m. Einl.; engl.]. – Dass., dies., Marguette 1957 (Medieval Philosophical Texts in Translation, 2).

LITERATUR: A. D. Ohlmann, *De S. Augustini dialogis in Cassiciaco scriptis*, Diss. Straßburg 1897. – W. Thimme, *A.s geistige Entwicklung in den ersten Jahren nach seiner »Bekehrung«, 386–391*, Bln. 1908. – P. Drewnick, *De Augustini »Contra Academicos« libris tribus*, Diss. Breslau 1913. – P. Alfaric, *L'évolution intellectuelle de S. Augustin*, Bd. 1: *Du Manichéisme au Néoplatonisme*, Paris 1918. – F. M. Meijer, *De sapientia in de eerste Geschriften van Sint A.*, Kampen 1940. – V. J. Bourke, *Augustine's Quest of Wisdom*, Milwaukee 1945. – B. J. Doggs, s. Augustine *»Against the Academians«* (in Traditio, 7, 1949/51, S. 77–93). – K. Schön, *Skepsis, Wahrheit und Gewißheit bei A.*, Heidelberg 1954. – A. Guzzo, *Agostino dal »Contra Academicos« al »De vera religione«*, Turin [2]1957. – M. Testard, *S. Augustin et Cicéron*, 2 Bde., Paris 1958. – R. Holte, *Béatitude et sagesse. S. Augustin et la fin de l'homme dans la philosophie ancienne*, Paris 1962.

DE BEATA VITA (lat. Patr.; *Über das glückselige Leben*). Philosophischer Dialog von AURELIUS AUGUSTINUS (354–430). – Das Werk gibt ein philosophisches Gespräch wieder, das Augustin im Jahre 386 an seinem Geburtstag (12. November) auf dem *rus Cassiciacum*, dem Landgut seines Freundes Verecundus am Comersee, mit Freunden führte. Aufgezeichnet hat es Augustin während der Ausarbeitung des Dialogs *Contra academicos*, in welchem der Skeptizismus der Akademiker widerlegt werden soll. Der Gedanke der *»vita beata«* spielt in beiden Schriften eine wichtige Rolle: das *»glückliche Leben«* stellt das eigentliche Ziel des menschlichen Strebens dar. Das Glück ist aber an den Besitz von Erkenntnis gebunden; es hieße daher auf das eigentliche Ziel des Menschen verzichten, wenn man die Möglichkeit der Erkenntnis der Wahrheit leugnete.
Auch mit dieser Schrift wendet sich Augustinus von seinem Lehrmeister im akademischen Skeptizismus, dem *»magnus opinator«* CICERO (dem *»großen Meiner«*, wie dieser sich selbst nannte), ab und bekennt sich dazu, daß es eine unerschütterliche Wahrheit gibt, deren Erkenntnis den Menschen glücklich und weise macht: die Wahrheit Gottes.

Nur in der Vereinigung mit Gott kann das wahre Glück gefunden werden. A. Ku.

AUSGABEN: Köln ca. 1470. – Paris 1679 (in *Mauriner Ausgabe*, 10 Bde., 1679–1700, 1). – ML, 32 [Abdr. d. *Mauriner Ausg.*]. – Wien 1922, Hg. P. Knöll (CSEL, 63; Neudr. NY/Ldn. 1962). – Bonn 1931, Hg. M. Schmaus. – Washington 1944, Hg. R. A. Brown [m. engl. Übers., Einl. u. Komm.]. – Antwerpen/Utrecht 1956, Hg. W. M. Green.

ÜBERSETZUNG: *Vom seligen Leben*, J. Hessen, Lpzg. 1923 (m. Einl. u. Erl.; Philos. Bibl., 183).

LITERATUR: H. Leder, *Untersuchungen über A.s Erkenntnistheorie in ihren Beziehungen zur antiken Skepsis, zu Plotin und Descartes*, Diss. Marburg 1901. – R. Dienel, *»Hortensius« u. St. A.s »De beata vita«*, Progr. Wien 1914. – B. Kälin, *Die Erkenntnislehre des hl. A.*, Diss. Fribourg 1920. – E. B. J. Postma, *,' »De beata vita«*, Diss. Amsterdam 1946. – P. J. Couvée, *Vita beata en vita aeterna*, Diss. Utrecht 1947. – N. J. J. Balthasar, *La vie intérieure de S. A. à Cassiciacum* (in Giornale di Metafisica, 9, 1954, S. 407–430). – F. Cayré, *La contemplation augustinienne*, Brügge/Paris [2]1954. – K. Schön, *Skepsis, Wahrheit und Gewißheit bei A.*, Diss. Heidelberg 1954. – A. Guzzo, *Agostino dal »Contra Academicos« al »De vera religione«*, Turin [2]1957. – L. Alfonsi, *S. A.*»*De beata vita«, c. 4* (in Rivista di Filologia e d'Istruzione Classica, 36, 1958, S. 249–254). – M. Testard, *Saint – A. et Cicéron*, Paris 1958. – N. Balca, *La conception du bienheureux. A. sur la vie heureuse (selon le traité »De vita beata«)* (in Mitropolia Olteniei, 14, 1962, S. 185–190). – R. Arnau, *La doctrina augustiniana de la ordenación del hombre a la visión beatífica*, Valencia 1962 [zugl. Diss. Mchn.]. – A. Schöpf, *Wahrheit und Wissen. Die Begründung der Erkenntnis bei A.*, Mchn. 1965.

DE CATECHIZANDIS RUDIBUS (lat. Patr.; *Über den ersten Religionsunterricht für angehende Katechumenen*). Abhandlung von AURELIUS AUGUSTINUS (354–430), entstanden um 400. – Die Schrift gibt eine Anleitung, wie der katechetische Unterricht für Kandidaten, die sich um Aufnahme ins Katechumenat (Glaubensunterricht) bewerben, am zweckmäßigsten abzuhalten sei. Zunächst hat sich der Katechet zu vergewissern, daß der Kandidat bei seiner Bewerbung allein von seinem Heilsinteresse geleitet wird. Letztes Ziel der Katechese ist die Erweckung der Gottesliebe. Der erste Hauptteil der Unterweisung, die *narratio* (Erzählung), soll deshalb vor allem jene Offenbarungstatsachen vor Augen stellen, in denen sich die unendliche Liebe Gottes zu den Menschen dokumentiert. Die Furcht spielt eine untergeordnete Rolle: der Katechizand soll ja zu der beglückenden Gewißheit geführt werden, von dem geliebt zu werden, den er eigentlich fürchten müßte. Seine Liebe zu Gott soll mächtiger sein als seine Furcht vor der Hölle, so daß er, selbst wenn nicht die Hölle drohte, unter keiner Bedingung sündigen würde, *»nicht, um dem nicht zu verfallen, was er fürchtet, sondern um jenen nicht zu beleidigen, den er liebt«*. – Den zweiten Hauptteil der Katechese soll nach Augustin die Aufforderung zu einem christlichen Lebenswandel und zur allgemeinen Menschenliebe bilden. Augustin verlangt vom Katecheten umfassendes theologisches Wissen und rhetorische Fähigkeiten; für entscheidend hält er jedoch, daß dieser mit dem Herzen bei der Sache ist.

Die Schrift galt wegen ihrer Kerngedanken und wegen der beiden angefügten Musterkatechesen lange Zeit als vorbildlich für die Einführung in die katholische Lehre. H. L. H.

AUSGABEN: Basel o. J. (in *Libri divi A. A.*, Hg. A. Dodon, 11 Bde., 1505–1517, 4). – Paris 1685 (in *Mauriner Ausgabe*, 10 Bde., 1679–1700, 6). – ML, 40 [Abdr. d. *Mauriner Ausg.*]. – Washington 1926, Hg. J. P. Christopher (m. engl. Übers. u. Komm.; The Catholic Univers. of America Patristic Studies, 8). – Tübingen [3]1934, Hg. G. Krüger [Einl. P. Drews]. – Paris 1949, Hg. G. Combès u. M. Farges (m. frz. Übers.; Bibliothèque Augustinienne).

ÜBERSETZUNGEN: Ch. G. Glauber (in Gregorius v. Nissa u. A., *Über den ersten christlichen Religionsunterricht*, Lpzg. 1781). – *Buch über die Unterweisung der Unwissenden*, K. Ernesti, Paderborn [2]1902. – *Büchlein vom ersten katechetischen Unterricht* (in *Des Aurelius ausgewählte praktische Schriften homiletischen u. katechetischen Inhalts*, S. Mitterer, Kempten/Mchn. 1925 (BKV[2], 49). – *Der erste Religionsunterricht*, F. Auer, Innsbruck 1927.

LITERATUR: P. L. Huillier, *Le rôle du catéchiste dans la première initiation chrétienne d'après s. A.*, Lyon 1947. – B. Capelle, *Prédication et catéchèse selon s. A.* (in La Maison-Dieu, 30, 1952, S. 19–35). – J. A. Ross, *S. A. on the Teaching of Theology to Laymen*, Diss. Rom 1956/57. – Altaner, S. 395. – J. Lécuyer, *Aspects missionnaires de l'initiation chrétienne selon les Pères de l'Église* (in Neue Zs. f. Missionswissenschaft, 15, 1959, S. 1–13). – Ders., *Théologie de l'initiation chrétienne d'après les Pères* (in La Maison-Dieu, 58, 1959, S. 5–26).

DE CIVITATE DEI (lat. Patr.; *Über den Gottesstaat*). Apologetisches Werk in 22 Büchern von AURELIUS AUGUSTINUS (354–430), entstanden zwischen 413 und 426/27(?) – Augustin schrieb *De civitate Dei*, um den von der heidnischen Partei nach der Einnahme Roms durch die Westgoten (410) erneuerten Vorwurf zu entkräften, das Christentum trage – wegen der Verdrängung der alten Götter – die Schuld am Verfall des römischen Staates. Die ersten zehn Bücher beschäftigen sich ausführlich mit dieser Anklage und setzen sich polemisch mit der heidnischen Theologie überhaupt auseinander. Augustin zeigt, daß sich die gesamte Geschichte Roms als eine Kette von Unglücksfällen darstellen läßt. Dem Ideal eines Staates, wie es CICERO in *De re publica* definiert hat, entspricht das Römische Imperium nicht, weil ihm die Gerechtigkeit fehlt: Rom ist begründet auf dem Brudermord des Romulus – es ist der letzte Repräsentant des Weltstaates, dessen erster menschlicher Vertreter der Brudermörder und Städtegründer Kain war. Die Greuel bei der Einnahme Roms führt Augustin auf den Krieg als charakteristisch für den Weltstaat zurück. Im übrigen hebt er das im Vergleich zu dem Vorgehen der heidnischen Römer eher maßvolle Verhalten der christlichen Germanen hervor und begründet es mit der veredelnden Kraft des Christentums. – Sowenig der Niedergang des Römischen Imperiums die Schuld des Christentums ist, ebensowenig – hier beginnt die zweite Linie von Augustins Argumentation – ist die Größe Roms das Werk der heidnischen Götter oder des Fatums gewesen. Die heidnischen Götter nämlich sind nichts. Das ergibt sich nicht nur aus ihrer geschichtlich erwiesenen

Ohnmacht, sondern schon aus der willkürlichen Verteilung ihrer Kompetenzen, die oft genug auf geradezu groteske Weise in Konflikt miteinander geraten. Bei der Darlegung der Götterlehren folgt Augustin VARROS Unterscheidung einer poetischen *(religio fabulosa)*, einer politischen *(religio civilis)* und einer natürlichen Religion *(religio naturalis)*. Von den alten Philosophen hat PLATON am reinsten den Theismus verkündet; doch halten die (Neu-)Platoniker aus dem Bedürfnis der menschlichen Seele nach einem Vermittler am Dämonenglauben fest. Der einzige wahre Mittler zwischen Gott und den Menschen ist aber der Gottmensch Jesus Christus, dessen höchstes Werk die Stiftung des Gottesreiches auf Erden ist.

Dieses Gottesreich ist Thema der letzten zwölf Bücher. Durch den Abfall der Engel ist in die Gottesbürgerschaft eine Lücke gerissen worden. Dadurch kam es zur Scheidung der zwei Reiche: des Teufels- und des Gottesstaates. Durch Adam und Eva und ihre Nachkommen sollte die Lücke geschlossen und der Vollzahl der Gottesbürger wiederhergestellt werden, indem die Welt der seligen Geister durch den irdisch-himmlischen, den sogenannten »natürlichen Staat« ergänzt worden wäre. Nach dem Sündenfall bildet die Gemeinschaft der durch die Gnade erwählten Heiligen zusammen mit den Engeln den Gottesstaat. Das organisierende Prinzip des Gottesstaates ist die Liebe zu Gott, das des Weltstaates die Eigenliebe. Bis zu ihrer endgültigen und ewigen Scheidung am Ende der Zeit bestehen die beiden unsichtbaren Reiche nebeneinander, und der Riß geht durch die sichtbaren Gemeinschaften von Kirche und Staat hindurch.

Augustin teilt die Weltzeit in sechs Perioden, deren sechste, die Endzeit, von der Geburt Christi bis zum Jüngsten Gericht reicht. Das Erscheinen Christi ist der Höhe- und Wendepunkt der Geschichte; mit Christus ist das »tausendjährige Reich der Apokalypse« bereits angebrochen: in Gestalt der Kirche selbst. Beweis hierfür ist der Niedergang des nach dem *Buch Daniel* letzten großen Weltstaates, den Augustin im römischen Weltreich verkörpert sieht. Obwohl Augustin Rom fast für so etwas wie eine Manifestation des Teufelsstaates hält – es gilt ihm als das Babylon der *Apokalypse* –, hat es als empirischer Weltstaat doch das Verdienst, den Frieden zu sichern, der ebenso dem Gottesstaat zugute kommt. Unter solchen Aspekten erscheint Augustin der irdische Staat als ein nützlicher Zusammenschluß unter Gesetzen.

Die Uneinheitlichkeit seiner Bewertung des irdischen Staates ist nur damit zu erklären, daß Augustin hinter dem Weltstaat immer auch den »*natürlichen Staat*« sieht: der Weltstaat muß, um in Erscheinung treten zu können, das Gerüst jenes Staates annehmen, für den Adams Nachkommen ursprünglich bestimmt waren. Die Kirche ist ihrerseits nur die empirische Erscheinung des Gottesstaates; in ihr ist deshalb auch stets als Tendenz der Weltstaat wirksam, d. h. die Gottesfeindschaft. So ist einerseits der irdische Staat besser als der Weltstaat und andererseits die (empirische) Kirche schlechter als der Gottesstaat. Der Konstantinische, d. h. christlich-römische Staat aber stellt – trotz gewisser Vorbehalte – die empirisch größtmögliche Annäherung an den natürlichen Staat dar.

Mit *De civitate Dei* gelangt die Apologetik des christlichen Altertums zu ihrem Abschluß. Das Werk als rein apologetisch einzustufen verbietet freilich die besonders im zweiten Teil hervortretende umfassende Interpretation der Geschichte als Heils- oder Unheilsgeschichte. Diese Deutung, die das Geschichtsbild des ganzen Mittelalters prägte und bis in die Neuzeit hinein immer wieder die Geschichtsspekulation beeinflußte, hebt De civitate Dei weit über das situationsbedingte, apologetische Motiv der Abfassung hinaus. Die Einheit von natürlichem Staat und Gottesstaat war das Ideal, an dem sich die politischen Vorstellungen des frühen Mittelalters orientierten. Die großen Symbole dieses Werkes haben das Denken und die Phantasie von Jahrhunderten stark beeinflußt. Es enthält die erste konsequent durchgeführte Geschichtsphilosophie: eine Philosophie der Weltgeschichte vom Standpunkt der Offenbarung aus.   H. L. H.

AUSGABEN: Subiaco 1467. – Venedig 1470, Hg. Wendelin von Speyer. – Paris 1685 (in *Mauriner Ausg.*, 10 Bde., 1679–1700, 7). – ML, 41 [Abdr. der *Mauriner Ausg.*]. – Wien 1899/1900, Hg. E. Hoffmann, 2 Bde. (CSEL, 40; Neudr. NY/Ldn. 1962). – Lpzg. 1928/29, Hg. B. Dombart u. A. Kalb, 2 Bde.; ⁵1938/39. – Turnholt 1955, 2 Bde. (CCL, 47/48). – Madrid 1957, Hg. J. Morán [m. span. Übers.]. – Cambridge/Mass. 1957, Hg. G. E. McCracken [m. engl. Übers.].

ÜBERSETZUNGEN: *Von der Stadt Gottes*, H. N. S. v. Schlüsselberg, Regensburg 1666 [Ausw.]. – *Zwey und zwanzig Bücher von der Stadt Gottes*, J. P. Silbert, Wien 1826. – *Zweiundzwanzig Bücher über den Gottesstaat*, U. Uhl, 3 Bde., Kempten 1873 (BKV, 1–3). – Dass., A. Schröder, 3 Bde., Mchn. 1911–1916 (BKV², 1, 16, 28). – *Der Gottesstaat*, C. J. Perl, 3 Bde., Salzburg 1951–1953. – *Vom Gottesstaat*, W. Thimme (in *Werke*, Bd. 3/4, Zürich 1955).

LITERATUR: A. Becker, *A. Studien zu seiner geistigen Entwicklung*, Lpzg. 1908. – O. Schilling, *Die Staats- und Sozialllehre des hl. A.*, Freiburg i. B. 1910. – H. Scholz, *Glaube und Unglaube in der Weltgeschichte. Ein Kommentar zu A.s »De civitate Dei«*, Lpzg. 1911. – E. Troeltsch, *A., die christliche Antike und das Mittelalter. Im Anschluß an die Schrift »De civitate Dei«*, Mchn. 1915; Neudr. Aalen 1963. – E. Salin, »*Civitas Dei*«, Tübingen 1926. – V. Stegemann, *A.s »Gottesstaat«*, Tübingen 1928. – J. Guitton, *Le temps et l'éternité chez Plotin et S. Augustin*, Paris 1933. – J. Spörl, *Grundformen hochmittelalterlicher Geschichtsanschauungen*, Mchn. 1935. – N. H. Baynes, *The Political Ideas of St. Augustine's »De civitate Dei«*, Ldn. 1936. – H. Frh. v. Campenhausen, *Weltgeschichte und Gottesgericht. Zwei Vorträge über A. und Luther*, Stg. 1947. – W. v. Loewenich, *A. und das christliche Geschichtsdenken*, Mchn. 1947. – W. Ziegenfuß, *A. Christliche Transzendenz in Gesellschaft und Geschichte*, Bln. 1948. – R. Schneider, *Welt und Kirche bei A.*, Mchn. 1949. – G. Cataldo, *La filosofia della storia nel »De civitate Dei«*, Bari 1950. – G. Amari, *Il concetto di storia in Sant'Agostino*, Rom 1951. – H. Eibl, *Vom Götterreich zum Gottesstaat*, Freiburg i. B. 1951. – W. Kamlah, *Christentum und Geschichtlichkeit*, Stg. ²1951. – É. Gilson, *Les métamorphoses de la »Cité de Dieu«*, Löwen 1952. – J. Ratzinger, *Herkunft und Sinn der Civitas-Lehre A.s* (in *Augustinus Magister*, Bd. 2, Paris 1954, S. 965–981). – *Estudios sobre la »Ciudad de Dios«*, 2 Bde. (in La Ciudad de Dios, 167, 1954–1956; Sondertn.). – H.-J. Diesner, *Studien zur Gesellschaftslehre und sozialen Haltung A.s*, Halle 1954. – F. G. Maier, *A. und das antike Rom*, Stg. 1955 (Tübinger Beitr.

zur Altertumswissenschaft, 39). – E. Stakemeier, »Civitas Dei«. Die Geschichtstheologie des hl. A. als Apologie der Kirche, Paderborn 1955. – H.-X. Arquillière, L'augustinisme politique. Essai sur la formation des théories politiques au moyen âge, Bd. 2: L'église et l'état au moyen âge, Paris 1956. – H. J. Marrou, Civitas Dei, civitas terrena: num tertium quid? (in Studia Patristica, Bd. 2, Bln. 1957; TU, 64). – E. Meuthen, Der ethische Charakter der ›civitates‹ bei A. und ihre platonische Fehldeutung (in Aus Mittelalter und Neuzeit, Fs. G. Kallen, Bonn 1957, S. 43–62). – M. Versfeld, A Guide to the »City of God«, Ldn. 1958. – A. Wachtel, Beiträge zur Geschichtstheologie des A. A., Bonn 1960 (Bonner hist. Forschungen, 17). – J. C. Guy, Unité et structure logique de la »Cité de Dieu«, Paris 1962.

DE DOCTRINA CHRISTIANA (lat. Patr.; Über die christliche Lehre). Traktat in vier Büchern von AURELIUS AUGUSTINUS (354–430); Buch 1–3 wurde um 397 verfaßt, Buch 4 im Jahr 426. – Die ersten drei Bücher stellen eine biblische Hermeneutik dar: Buch 1 und 2 behandeln die theologische und profanwissenschaftliche Vorbildung unter dem Gesichtspunkt ihres Nutzens für das Bibelstudium; Buch 3 befaßt sich mit der Schreib- und Lehrweise der Bibel und bringt Regeln für die Deutung von Schriftstellen. Buch 4 ist der Versuch einer systematischen Homiletik. Dieser Teil ist durch HRABANUS MAURUS von großer Bedeutung für die Predigtlehre des Mittelalters geworden; er ist nach Erfindung der Buchdruckerkunst unter dem Titel De arte praedicandi (Über die Kunst des Predigens) als erstes Werk Augustins gedruckt worden (1465). Von dem berühmten lutherischen Reformprediger Kaspar HEDIO erstmals ins Deutsche übersetzt, erschien der ganze Traktat 1532 zu Straßburg unter dem Titel Augustini des heyligen Bischofs IV Bücher von Christlicher leer. Das Kernproblem der Abhandlung ist die Frage, welche Rolle der eloquentia (Beredsamkeit) bei der Auslegung der Heiligen Schrift zukomme. Ein guter Stil ist nach Augustins Meinung angebracht bei allen Formen des literarischen Ausdrucks, beim Schreiben, Diktieren und Sprechen. Dieser darf aber nicht – wie bei den spätantiken Rhetoren – um seiner selbst willen geübt werden, vielmehr muß die Übermittlung des Inhalts das Hauptanliegen des christlichen Predigers sein. Sein Ideal sei die Vereinigung von Weisheit und Beredsamkeit! In Anlehnung an das klassische Programm CICEROS entwirft Augustin eine Theorie christlicher Rhetorik. Neben der Aufgabe zu lehren übernimmt der christliche Prediger auch die zu gefallen und zu rühren – und zwar aus Gründen der psychologischen Beeinflussung. Eine Predigt muß z. B. Wohlgefallen erregen, damit das Publikum nicht ermüdet. Noch wichtiger aber ist, daß sie die Zuhörer anrührt; denn das schafft Überzeugung, wo der Intellekt noch zweifelt! Die literarische Schönheit als solche, um die sich der »gebildete Stil« jener Zeit bemüht, verdammt Augustin als Narrheit. Allerdings: er selbst beherrscht diesen Stil meisterhaft und verwendet ihn häufig und nicht ohne Eitelkeit in seinen Briefen. Ein Beispiel solch literarischer »Schaumschlägerei« ist etwa sein Brief an den heidnischen Grammatiker MAXIMUS aus Madaura (ep. 16; ML, 33, 81), wo er viele Zeilen füllt, um den schlichten Sachverhalt auszudrücken: »Ich antworte dir sofort!« (»Avens crebro tuis affatibus laetificari et instinctu tui sermonis, quo me paulo ante iucundissime salva charitate pulsasti, paria redhibere non destiti, ne silentium meum poenitudinem appellares ...« – »Begierig, des öfteren durch deine Anreden und den Stachel deiner Rede, mit der du mir neulich – bei aller Liebe – ganz schön zugesetzt hast, ergötzt zu werden, habe ich es mir nicht verkneifen können, ein Gleiches zurückzugeben, damit du mein Schweigen nicht als Beleidigtsein auslegtest ...«) A. Ku.

AUSGABEN: Straßburg 1465 (De arte praedicandi, Hg. J. Mentelinus; nur Buch 4). – Paris 1680 (in Maurinar Ausg., 10 Bde., 1679–1700, 3/1). – ML, 34 [Abdr. der Maurinar Ausg.]. – Washington 1930, Hg. T. Sullivan [nur Buch 4; m. Komm. u. engl. Übers.]. – Turnholt 1962 (in Opera, Hg. J. Martin, Bd. 4/1; CCL, 32).

ÜBERSETZUNGEN: Vier Bücher von Christlicher leer, K. Hedio, Straßburg 1532. – Christliche Unterweisung, P. Lichter, Koblenz 1829. – Vier Bücher über die christliche Lehre, R. Storf (in AS, Bd. 4, Kempten 1877; BKV, 37). – Dass., S. Mitterer (in AS, Bd. 8, Mchn. 1925; BKV², 49).

LITERATUR: J. Pschmadt, Des hl. A. Gedanken zur Theorie der Predigt im 4. Buch der »Doctrlna« (in Theologie und Glaube, 8, 1916, S. 830–841). – C. Boyer, Essais sur la doctrine de saint Augustin, Paris 1932. – A. Sizoo, A.' werk over de christelijke wetenschap, Delft 1933. – J. Francke, »De doctrina christiana« (in J. Geelhoed, A., Goes 1952). – P. Brunner, Charismatische und methodische Schriftauslegung nach A.s Prolog zu »De doctrina christiana« (in Kerygma und Dogma, 1, 1955, S. 55 bis 85; 85–103). – B. Prete, I principi esegetici di S. Agostino (in Sapienza, 8, 1955, S. 557–594). – H.-J. Marrou, Saint Augustin et la fin de la culture antique, Paris ³1959. – G. Strauß, Schriftgebrauch, Schriftauslegung und Schriftbeweis bei A., Tübingen 1959. – Zum Augustinus-Gespräch der Gegenwart, Hg. C. Andresen, Darmstadt 1962 (Wege der Forschung, 5). – J. Del Ton, De loquendi genere grandi sancti Augustini (in Latinitas, 11, 1963, S. 245–254). – U. Duchrow, Zum Prolog von A.s »De doctrina christiana« (in VC, 17, 1963, S. 165 bis 172).

DE GENESI AD LITTERAM (lat. Patr.; Über die Genesis nach dem Wortsinn). Kommentar in zwölf Büchern zu den ersten drei Kapiteln der Genesis, von AURELIUS AUGUSTINUS (354–430), entstanden zwischen 401 und 415. – Das an sich exegetische Werk ist wegen der in ihm entwickelten Lehre von den »Keimgründen« (»rationes seminales«) in erster Linie philosophisch bedeutsam. Gott hat in einem einzigen Akt Himmel und Erde, d. h. die Ideen oder Formen und die Materie, aus dem Nichts hervorgerufen. Denn ebensowenig wie im Wort der Laut (als Wortmaterie) und die Form zu trennen sind, konnte die Materie ungeformt erschaffen werden. Dadurch, daß Augustin die Platonischen Ideen von Gott verlegt und sie als Urgedanken Gottes betrachtet, überwindet er die logomorphe (PLATON) und technomorphe (ARISTOTELES) Vorstellung von der Erzeugung des Lebens durch eine eigene Entwicklungsaitiologie.

Neben den Geschöpfen, die Gott gleich am Anfang vollendet in ihrer Form erschaffen hat (Engel, Gestirne, Elemente und die menschliche Seele), gibt es andere – den Leib Adams und die Lebewesen –,

die nur im Keim angelegt wurden. Diese Urkeime nennt Augustin »rationes seminales« (»Keimgründe« oder »Samenideen«). Die Samenidee ist ein dem Samenstoff mitgegebener Urgedanke Gottes, der im Samen selbst als Idee des künftigen Samenprodukts präexistiert. Als die treibende Kraft der Entwicklung heißt sie auch »Samenkraft« (»vis seminalis«).
Gemäß dem Schriftwort *(Buch der Weisheit)* hat Gott alles nach Maß, Zahl und Gewicht geordnet. Gottes Urgedanken sind also die Urbilder der Zahlenstruktur aller Dinge, worunter Augustin nicht nur die zahlenmäßige Struktur des räumlichen Seins (die»*numeri spatiales*«), sondern ebenso die des zeitlichen Werdens und Tätigseins *(»numeri temporales«)* versteht. Die Urgedanken enthalten daher die ganze Partitur des Werdens, Seins und Tätigseins der Lebewesen. Damit spricht Augustin das Grundprinzip der Evolutionstheorie aus, wenngleich ihm die wesentliche Identität von Werden, Sein und Tätigsein des Organismus noch unbekannt bleibt, da er neben der Samenidee als dem Prinzip der Entwicklung noch ein eigenes Prinzip für das Tätigsein (die Animation) annimmt: die Seele. Ihre Entstehung kann nicht aus der körperlichen Entwicklung des Leibes erklärt werden. Augustin nimmt statt dessen eine Art Seelensamen an, aus dem bei der Zeugung die Seele des Gezeugten entsteht und sich entsprechend der Entwicklung des körperlichen Samens mitentwickelt.
In der Frage der Geistseele hat sich Augustin niemals endgültig zwischen der hier vorgetragenen Lehre von der Entstehung der Seele aus der Seele des leiblichen Vaters (Traduzianismus) und der Vorstellung einer jeweils unmittelbaren Erschaffung der Seele durch Gott bei der Zeugung (Kreatianismus) entscheiden können: im ersten Fall wird die Persönlichkeit des Menschen, im zweiten die Existenz der Erbsünde in Frage gestellt. Dieser Unstimmigkeiten wegen setzte sich im Mittelalter dann doch der Aristotelismus mit seiner technomorphen Auffassung der Lebenserzeugung durch (bei THOMAS VON AQUIN). Dadurch gingen die hoffnungsvollen Ansätze Augustins zu einer Entwicklungsbiologie wieder verloren.
Augustins Auffassung von der raum-zeitlichen Struktur der Entwicklung der Lebewesen wird durch die heutige Chromosomenlehre auf erstaunliche Weise bestätigt. Der Gedanke einer »Abstammung der Arten« lag dem Kirchenvater jedoch fern, ging es ihm bei seiner Entwicklungslehre doch gerade darum, menschliche und sonstige »Erzeuger« weitgehend auszuschalten und die Allwirksamkeit Gottes hervorzuheben. H. L. H.

AUSGABEN: Basel o. J. (in *Libri divi A. A.*, Hg. A. Dodon, 11 Bde., 1505–1517, 5). – Paris 1680 (in *Mauriner Ausgabe*, 10 Bde., 1679–1700, 3/1). – ML, 34 [Abdr. d. *Mauriner Ausg.*]. – Wien 1894, Hg. J. Zycha (CSEL, 28/2). – Madrid 1957, Hg. B. Martín.

ÜBERSETZUNG: *Psychologie und Mystik*, M. E. Korger u. H. U. v. Baltasar, Einsiedeln 1960 [nur Buch 12; m. Einl.]. – *Über den Wortlaut der Genesis. Der große Genesiskommentar in 12 Büchern*, C. J. Perl, 2 Bde., Paderborn 1961–1964.

LITERATUR: H. Woods, *An Evolution. A Study in the Saint's »De genesi ad litteram« and »De trinitate«*, SantaClara/Calif.1924.–M. J. McKeogh, *The Meaning of the Rationes Seminales in St. A.*, Diss. Univ. of Washington 1926. – L. Pera, *La creazione simultanea e virtuale secondo san Agostino*, 2 Bde., Florenz 1928/29. – B. Jansen, *Zur Lehre des hl. A. von dem Erkennen der rationes aeternae* (in *A. A. Fs.*, Hg. M. Grabmann u. J. Mausbach, Köln 1930, S. 111–136). – K. Staritz, *A.s Schöpfungsglaube, dargestellt nach seinen Genesisauslegungen*, Diss. Breslau 1931. – J. de Blic, *Platonisme et christianisme dans la conception augustinienne du Dieu créateur* (in Recherches de Science Religieuse, 30, 1940, S. 172–190). – Ders., *Le processus creationis d'après s. A.* (in *Mélanges Cavallera*, Toulouse 1948, S. 178–189). – A. Coccia, *La creazione simultanea secondo san Agostino*, Diss. Rom 1948. – A. Mitterer, *Die Entwicklungslehre A.s im Vergleich mit dem Weltbild des hl. Thomas u. dem der Gegenwart*, Wien/Freiburg i. B. 1956. – A. P. F. Müller, *Ars divina. Eine Interpretation der Artifex-Deus-Lehre des hl. A.*, Diss. Mchn. 1956. – M. E. Korger, *Grundprobleme der august. Erkenntnislehre erläutert am Beispiel von »De genesi ad litteram« XII* (in Recherches Augustiniennes, 2, 1962, S. 33–57).

DE GESTIS PELAGII (lat. Patr.; *Über die Taten des Pelagius*). Eine der zahlreichen Schriften, mit denen AURELIUS AUGUSTINUS (354–430) während der letzten zwanzig Jahre seines Lebens gegen die pelagianische Freiheitslehre kämpfte; entstanden 417. – Die Titel der übrigen antipelagianischen Streitschriften Augustins lauten im einzelnen: *De peccatorum meritis et remissione et de baptismo parvulorum*, 412 *(Über die Verdienste der Sünden und die Vergebung und die Taufe der Kinder)*; *De spiritu et littera*, 412 *(Über Geist und Buchstabe)*; *De gratia novi testamenti*, 412 *(Über die Gnade des Neuen Testaments, Epistula* 140); *De natura et gratia*, 413–415 *(Über Natur und Gnade)*; *De perfectione iustitiae hominis*, 415/416 *(Über die Vollendung der Gerechtigkeit des Menschen)*; *De gratia Christi de peccato originali*, 418 *(Über die Gnade Christi und die Ursünde)*; *De nuptiis et concupiscentia*, 419–421 *(Über Ehe und Begierde)*; *De anima et eius origine*, 420/421 *(Über die Seele und ihren Ursprung)*; *Contra duas epistulas Pelagianorum*, 421 *(Gegen zwei Briefe der Pelagianer)*; *Contra Iulianum*, 422 *(Gegen Iulianus)*; *Contra secundam Iuliani responsionem imperfectum opus*, 429/430 *(Unvollendete Schrift gegen die zweite Antwort des Iulianus)*.

Die pelagianische Lehre, von dem irischen (?) Mönch PELAGIUS (4./5. Jh.) in Rom begründet, fand in Afrika und im Orient rasch Verbreitung; ihren wohl bedeutendsten Vertreter hatte sie in Bischof IULIANUS von Aeclanum († um 454). Da die meisten Schriften des Pelagius verlorengegangen sind, stellen die zahlreichen Gegenschriften Augustins die wertvollste Quelle für die Ansichten der Pelagianer dar. Im Gegensatz zu den orientalischen Häresien, denen das Natürliche, das Materielle als das Böse gilt, von dem der Mensch sich befreien muß, steht die Lehre des Pelagianismus auf »naturalistischem« Boden. Sie bestreitet die gnostische und manichäische Verketzerung des Natürlichen und verkündet die Lehre von der Freiheit und Autonomie des Menschen kraft seines freien Willens.
Die Sterblichkeit gehört nach Pelagius zum uranfänglichen Wesen des Menschen. Adam, der erste Mensch, wäre gestorben, auch wenn er nicht gesündigt hätte. Daß er gesündigt hat, hat nur ihm, nicht aber seinen Nachkommen geschadet; denn die Sünde ist eine freie Tat des Willens und kann nicht vererbt werden. Nicht durch Fortpflanzung, sondern durch Nachahmung lebt die Sünde im

Menschengeschlecht fort. Wir treten im selben Zustand in die Welt ein, in dem Adam vor dem Sündenfall war. Die *concupiscentia*, die Begierde, angeblich der Erbsünde entstammend und böse, hat, nach Iulian, etwas an sich Gutes und zu Bejahendes, weil sie zu unserer Natur gehört. Das Gegenteil zu behaupten wäre manichäisch. Der Mensch ist also frei, ohne Sünde geboren, mit dem Vermögen, aus eigener Kraft vollkommen zu werden. Gottes Hilfe besteht dabei in der Gnade, die er der Natur des Menschen und seinem freien Willen erwiesen hat, d. h. darin, daß der Mensch zum Guten angelegt ist und eine natürliche Heiligkeit in sich trägt: er hat von Gott den Willen erhalten, das Böse zu meiden und das Gute zu tun, wobei ihm Gesetz und Lehre den rechten Weg weisen.

Der sterblich geschaffene Mensch ist durch Christus nicht erlöst, sondern geheilt worden. Die strikte Gesetzeserfüllung ließ ihn ja schon vor der Erlösungstat Christi des Himmelreichs teilhaftig werden. Christus ist nicht Erlöser, sondern Arzt und neuer Gesetzgeber. Wie später bei KANT, so wird auch bei Pelagius die Vollkommenheit durch strikte formalistische Gesetzeserfüllung erlangt: der Wille ist nur frei in der Bindung an das Gesetz. Mit seiner Leugnung der übernatürlichen Gnadeneinwirkung Gottes auf den einzelnen Menschen wird Pelagius, der nur die objektive Gnade gelten läßt, zum radikalen Antisupranaturalisten, zum aufgeklärten Häretiker in der Epoche der altchristlichen Philosophie.

Der Kampf gegen den Pelagianismus begann 411 in Karthago, wo Pelagius, der selbst nach Jerusalem weiterreiste, seinen Schüler CAELESTIUS zur Verbreitung seiner Lehren zurückgelassen hatte. Dieser wurde bald als Häretiker gebrandmarkt und exkommuniziert; zur selben Zeit erschienen auch die ersten antipelagianischen Schriften Augustins. Nachdem die Lehre auf mehreren afrikanischen Synoden sowie von Papst Innozenz I. und seinem Nachfolger Zosimus verworfen worden war, versuchte Augustinus auf dem Weg über OROSIUS vergeblich, den Osten ebenfalls von dem häretischen Charakter der Lehre zu überzeugen. Auch HIERONYMUS' Bemühungen scheiterten zunächst. Erst das Ephesinum von 431 bekannte sich zum Urteil des Abendlandes. Damit war die Lehre in Ost und West als Häresie verurteilt. Dennoch lebte sie in Gestalt des Semipelagianismus fort. Diese Richtung vereinte in der Folgezeit die Gegner der Augustinischen Prädestinationslehre, deren Radikalität durchaus als Reaktion auf die pelagianische Freiheitslehre anzusehen ist. A. Ku.

AUSGABEN: Basel 1506, Hg. J. Amerbach. – Paris 1690 (in *Mauriner Ausg.*, 10 Bde., 1679–1700, 10/1).– ML, 44 [Abdr. d. *Mauriner Ausg.*]. – Wien 1902, Hg. J. Zycha (CSEL, 42).

LITERATUR: E. Jauncey, *The Doctrine of Grace of St. A. up to the End of the Pelagian Controversy*, Ldn. 1925. – A. Slomkowski, *L'état primitif de l'homme dans la tradition de l'église avant s. A.*, Paris 1928. – E. Nevent, *Rôle de s. A. dans les controverses pélagiennes* (in Divus Thomas, 33, 1930; 34, 1931; 35, 1932; 36, 1933; 38, 1935). – N. Merlin, *S. A. et les dogmes du péché originel et de la grâce*, Paris 1931. – A. Guzzo, *Agostino contra Pelagio*, Turin 1937; ²1958. – G. de Plinval, *Pélage, ses écrits, sa vie et sa réforme*, Lausanne 1943. – A. Niebergall, *A.s Anschauung von der Gnade, ihre Entstehung und Entwicklung vor dem pelagianischen Streit bis zum Abschluß der »Confessionen«*, Diss. Marburg 1944. – S. de Simone, *Il problema del peccato originale e Giuliano di Eclano*, Neapel 1950.– J. Chéné, *Les origines de la controverse sémipélagienne* (in Année Théologique Augustinienne, 13, 1953, S. 56–109). – C. Boyer, *La concupiscence est-elle impossible dans un état d'innocence?* (in Augustinus Magister, Bd. 2, Paris 1954, S. 737–744; vgl. ebd., Bd. 3, 1955, S. 309–316). – Y. de Montchenil, *La polémique de s. A. contre Julien d'Eclane d'après l'»Opus imperfectum«* (in Recherches de Science Religieuse, 44, 1956, S. 191–218). – J.-C. Didier, *St. Augustin et le baptême des enfants* (in REA, 2, 1956, S. 109–131). – H. Ulbrich, *Augustins Briefe zum pelagianischen Streit*, Diss. Göttingen 1958 [vgl. auch REA, 9, 1963, S. 51–75; 235–258]. – J. Chéné, *S. A. enseigne-t-il dans le »De spiritu et littera« l'universalité de la volonté salvifique de Dieu?* (in Recherches de Science Religieuse, 47, 1959, S. 215–224). – J.-N. Besançon, *Le problème du mal et la genèse de la pensée augustinienne*, Paris 1961.

DE IMMORTALITATE ANIMAE (lat. Patr.; Über die Unsterblichkeit der Seele).

Philosophische Abhandlung von AURELIUS AUGUSTINUS (354–430), entstanden 387 in Cassiciacum; nur fragmentarisch erhalten. – Das Werk war als eine Fortsetzung der *Soliloquia* für Augustins persönlichen Gebrauch gedacht. In den *Soliloquia* hatte der Autor den Beweis der Unsterblichkeit der Seele im platonischen Sinne auf die Wahrheit und diese wiederum auf die unbezweifelbare Existenz des seienden, lebenden und erkennenden Subjektes gegründet. Da die Seele Trägerin der Wahrheit ist, kann sie wie diese nicht zugrunde gehen. Diesen Gedanken führt Augustin hier weiter, indem er dem naheliegenden Einwand begegnet, daß dann die Seele, die den Irrtum denke, sich selbst vernichten müsse. Dieser Einwand ist, nach Augustin, in sich widersprüchlich; denn um sich täuschen zu können, muß die Seele leben. Die Wahrheit (und mit ihr die Seele) ist ihrem Wesen nach so unzerstörbar, daß selbst ihr Gegenteil, der Irrtum, die Seele nicht zerstören kann.

Hinter diesem Beweis steht Augustins Erkenntnislehre, nach der die Seele unmittelbar mit der Wahrheit, d. h. Gott, verbunden ist, indem sie aktiv an der Wahrheit teilnimmt. Die Seele, die vermöge ihrer Teilhabe an der Wahrheit eine unvergängliche Substanz ist, belebt zugleich den Leib, verleiht ihm seine innere und äußere Schönheit und seine ganze Organisation: sie ist in jedem seiner Teile ungeteilt zugegen kraft ihrer Spannung und Aufmerksamkeit *(intentio vitalis)*, die selbst der immateriellen Ordnung angehört. Infolge ihrer Geistigkeit den göttlichen Ideen unmittelbar geöffnet, empfängt die Seele von diesen Gestalt und Ordnung und verleiht sie dann dem Körper. So ist sie ein notwendiges Bindeglied zwischen den Ideen und dem Leibe. – Dadurch, daß Augustin der Seele das Beseelungsvermögen zuschreibt, hat er die traditionelle Zweiseelenlehre überwunden.

H. L. H.

AUSGABEN: Parma 1491, Hg. E. Conradus u. T. Ugoletus. – Paris 1679 (in *Mauriner Ausgabe*, 10 Bde., 1679–1700, 1). – ML, 32 [Abdr. d. *Mauriner Ausg.*]. – Paris 1948, Hg. P. de Labriolle (Bibl. augustinienne, 5). – Zürich 1954, Hg. H. Fuchs.

ÜBERSETZUNG: *Selbstgespräche über Gott und die Unsterblichkeit der Seele*, H. Müller in *Werke*, Bd. 2, Zürich 1954; lat.-dt.).

LITERATUR: F. Wörter, *Die Unsterblichkeitslehre in den philosophischen Schriften des A. A. mit besonderer Rücksicht auf den Platonismus*, Progr. Freiburg i. B. 1880. – W. Götzmann, *Die Unsterblichkeitsbeweise in der Väterzeit und Scholastik*, Karlsruhe 1927. – D. Burgieski, *De doctrina supra immortalitatem animae apud Augustinum* (in *Collectanea theologica*, Lemberg 1939, S. 121–190). – G. Verbeke, *Spiritualité et immortalité de l'âme chez s. A.* (in *Augustinus Magister*, Bd. 1, Paris 1954, S. 329–334). – R. Schneider, *Seele u. Sein. Ontologie bei A. u. Aristoteles*, Stg. 1957. – R. Flórez, *Muerte e inmortalidad en el pensamiento de s. Agustín* (in Ciudad de Dios, 174, 1961, S. 449–482).

DE LIBERO ARBITRIO (lat. Patr.; *Über den freien Willen*).

Philosophisch-theologische Frühschrift in drei Büchern von AURELIUS AUGUSTINUS (354–430). – Nach Angabe der *Retractationes* wurde das Werk während Augustins zweitem Romaufenthalt (387) begonnen; Buch 2 und 3 wurden erst nach seiner Priesterweihe (391) in Thagaste vollendet. Die ersten beiden Bücher sind großenteils in Dialogform gehalten. Das Gespräch – zwischen Augustin und seinem (im Dialog nur wenig profilierten) Freund Euodius – bricht jedoch zu Anfang des dritten Buches ab. Die Schrift erregte ziemliches Aufsehen; Augustin selbst schreibt an HIERONYMUS (*Brief* 166,7), sie sei in viele Hände gelangt. Das nimmt nicht wunder, hatte der Autor doch den Leser seines Dialogs *De ordine* ohne Antwort auf die Frage nach der Herkunft des Bösen entlassen. Zwar hielt er, von PLOTIN belehrt, das Böse für wesenlos und suchte seinen Ursprung in einer freien Willensentscheidung; »*aber klar einsehen konnte ich es nicht*«, bekennt er in den *Confessiones*.
Buch 1 will die Willensfreiheit beweisen. Zunächst postuliert Augustin, daß die Vernunft als das Beste im Menschen auch das Stärkste sein müsse, stärker als die Begierde, so daß der Mensch nur aufgrund seines eigenen Willens sündige. Ein zweiter Beweisgang geht vom Willen aus, der sich selbst in der Gewalt habe und, sofern er auf das Gute ausgerichtet sei, dieses auch zu verwirklichen vermöge. Das erste Buch betont besonders stark die sittliche Freiheit des Menschen zum Guten, zum rechtschaffenen und anständigen Leben; sie läßt sich freilich nur verwirklichen, wenn der Mensch sich von der Liebe zu den irdischen Gütern freihält und sich nicht bloß dem irdischen Gesetz bürgerlicher Rechtlichkeit unterwirft, sondern auch dem ewigen Gesetz gehorcht, welches die irdischen Güter geringzuschätzen befiehlt.
In Buch 2 will Augustin zeigen, daß der freie Wille, obwohl auch Ursache der Sünde, dennoch etwas Gutes ist und sich der Weltordnung harmonisch einfügt. Voraussetzung dafür ist allerdings die Existenz des Schöpfergottes und Gebers aller guten Gaben; daher wird zuerst die Existenz Gottes bewiesen. Der Gottesbeweis resultiert für Augustin aus dem stufenweisen Aufstieg vom toten Stoff bis zur geistigen Wahrheit, welche mit Gott ineins gesetzt wird.
Buch 3 untersucht, wie sich das Problem der Verantwortung Gottes für die Ordnung der Welt (das Theodizeeproblem) unter der Voraussetzung der Willensfreiheit und der Wesenlosigkeit des Bösen lösen läßt. Im großen und ganzen handelt es sich dabei um eine abschließende Ergänzung der in *De ordine* vorgetragenen Gedanken von der Kontrastharmonie der Weltganzen.
In der Uneinheitlichkeit der Thematik und der Gedankenführung spiegelt sich der Entwicklungsprozeß, der Augustin vom Neuplatonismus zum kirchlichen Christentum führte. Viele Abschnitte sind als spätere Einschübe und Überarbeitungen zu erkennen, welche die ursprüngliche Anlage der Schrift oft durchkreuzen. So heißt es etwa einmal: »*Wer sündigt, wenn er sich auf keine Weise hüten kann? Gesündigt wird aber. Also kann man sich auch hüten*« (3,171) – ein mit antimanichäischer, platonischer Begeisterung verkündeter Satz, auf den sich dann PELAGIUS berufen sollte. Nicht erst in den *Retraktationen*, schon im dritten Buch dieser Schrift (3,172) wird dieser Enthusiasmus wieder gedämpft, ja, die Freiheitslehre fast widerrufen durch die Erklärung, daß es in Unwissenheit und mit Notwendigkeit begangene Sünden gebe, die, da sie nicht der »*natürlichen, anerschaffenen Wesensart des Menschen*« entstammen könnten, nur als wegen der Sünde Adams verhängte Strafen zu verstehen seien. Je mehr sich Augustin in das Studium der *Heiligen Schrift*, insbesondere des *Römer*- und *Galaterbriefes*, vertiefte, desto öfter mußte er später, um nicht in Widerspruch zu seiner Gnadenlehre zu geraten, an seiner ursprünglich konzipierten Freiheitslehre Retuschen anbringen. H. L. H.

AUSGABEN: Parma 1491, Hg. E. Conradus u. T. Ugoletus. – Paris 1679 (in *Mauriner Ausgabe*, 10 Bde., 1679–1700, 1). – ML, 32 [Abdr. d. *Mauriner Ausg.*]. – Paris 1954, Hg. J. Thonnard (Bibl. augustinienne, 6). – Wien 1956, Hg. W. M. Green (CSEL, 74). – Rom 1960, Hg. G. Baravelle.

ÜBERSETZUNGEN: *Freyheit des menschlichen Willens u. Göttliche Gnade*, J. Widmer, Luzern 1824/25. – *Der freie Wille*, C. J. Perl, Paderborn [3]1962. – *Vom freien Willen*, W. Thimme (in *Werke*, Bd. 5: *Theol. Frühschriften*, Zürich/Stg. 1962).

LITERATUR: H. Jonas, *A. u. das paulinische Freiheitsproblem. Ein philosophischer Beitrag zur Genesis der christlich-abendländischen Freiheitsidee*, Göttingen 1930. – G. Capone-Braga, *La concezione agostiniana della libertà*, Padua 1931. – H. Barth, *Die Freiheit der Entscheidung im Denken A.s*, Basel 1935. – S. Pedone, *Il problema della volontà in s. Agostino*, Lanciano 1940. – D. Amand, *Fatalisme et liberté dans l'antiquité grecque*, Löwen 1945. – Y. de Montchenil, *L'hypothèse de l'état original d'ignorance et de difficulté d'après le »De libero arbitrio« de s. Augustin* (in Y. de M., *Mélanges théologiques*, Paris 1946, S. 93–111). – M. T. Clark, *Augustine, Philosopher of Freedom*, Paris 1958. – R. Berlinger, *A.s dialogische Metaphysik*, Ffm. 1962.

DE MAGISTRO (lat. Patr.; *Über den Lehrer*).

Dialog von AURELIUS AUGUSTINUS (354–430), entstanden 389. – Das Werk zeichnet ein Gespräch auf, das der Autor mit dem damals sechzehnjährigen Adeodatus führte, seinem wenig später verstorbenen, über alles geliebten Sohn, dessen außerordentliche Begabung ihm, wie er in den *Confessiones* erzählt, bisweilen geradezu Schrecken eingejagt hat.
Der Dialog dreht sich um die Frage der Ursache des menschlichen Denkens und der Gedanken. Augustin kommt dabei zu dem Schluß, daß ähnlich wie der Körper nicht die Ursache der Empfindungen, so die Seele nicht die Ursache ihrer Ideen sei. Zwar scheint es zunächst, als ob die Ideen von außen stammen und durch die Sprache vermittelt werden. Und doch gibt es im Grunde keinen Lehrer. Immer sind es die Sinneserfahrungen

selbst, die uns über die Dinge unterrichten, niemals die Wörter; diese rufen nur Erinnerungen an unsere eigenen Erfahrungen wach. Auch Erkenntnisse, etwa der Sinn eines Satzes, werden nicht eigentlich durch Lehren vermittelt. Um nämlich den Satz zu verstehen, muß der Schüler den Sinn der Worte bereits kennen; nur dann wird ihm der Sinn des Satzes zugänglich. Die Wahrheit ist also in der Seele des Schülers selbst und wird durch den Lehrer nur zum Aufleuchten gebracht. Die Gegenwart der Wahrheit ermöglicht es dem Schüler, auf die ihm gestellte Frage zu antworten. Wir lernen also nie: das Denken kann so wenig wie die Sprache Ideen übertragen. Erkennen ist ein spontaner Akt der Seele; wenn dieser ausbleibt, gibt es kein Erkennen. Aus ihrem Inneren zieht die Seele die Substanz des scheinbar von außen Empfangenen. Obgleich also die Seele nichts von außen empfängt, sondern durch das Äußere nur angeregt wird, ist sie doch nicht in sich eingesperrt. Vielmehr hat sie einen Ausgang nach oben: zu Gott. Das entspricht genau dem in den *Soliloquia* verkündeten Programm: »*Was begehrst du zu wissen? — Gott und die Seele ... Weiter gar nichts.*« Wenn die Seele in dieser Weise einsam ist, so erhebt sich das Problem, wie in den mathematischen und moralischen Ideen die Übereinstimmung mit den anderen einsamen Geistern zustande kommt. Dies kann nur so erklärt werden, daß es unwandelbare, ewige Wahrheiten gibt, die uns belehren; da sie von unserem Verstande unabhängig sind, müssen sie transzendent sein. Alle diese Wahrheiten oder Ideen gründen aber in der einen Wahrheit, die Augustin aufgrund der *Heiligen Schrift* mit Christus identifiziert, der sich selbst als die Wahrheit bezeichnet hat: er ist, als Logos, der innere Lehrer.

Augustin hat mit diesem Werk, bei dem PLATONS Dialog *Menön* Pate gestanden hat, der Platonischen Ideenlehre eine christliche Wendung gegeben.

H. L. H.

AUSGABEN: Parma 1491, Hg. E. Conradus u. T. Ugoletus. – Paris 1679 (in *Mauriner Ausgabe*, 10 Bde., 1679–1700, 1). – ML, 32 [Abdr. d. *Mauriner Ausg.*]. – Florenz 1930, Hg. D. Bassi. – Paris 1954, Hg. J. Thonnard (Bibl. augustienne, 6). – Brescia 1958, Hg. M. Casotti. – Wien 1961, Hg. G. Weigel (CSEL, 77).

ÜBERSETZUNGEN: *Vom Lehrmeister*, H. Hornstein, Düsseldorf 1957. – *Der Lehrer*, C. J. Perl, Paderborn 1959.

LITERATUR: W. Ott, *Des hl. A. Lehre über die Sinnenerkenntnis* (in PhJb, 13, 1900, S. 45–59; 138 bis 148). – M. Haesele, *Beiträge zur augustinischen Psychologie*, Glarus 1929. – H. I. Marrou, *S. A. et la fin de la culture antique*, Paris 1938. – W. L. Wade, »*De magistro*«, NY 1940. – H. Mühle, *Die wesentliche Wahrheit. Versuch einer Erhellung des Weges der Einsichtserkenntnis bei A.*, Diss. Freiburg i. B. 1951. – F. Körner, *Das Prinzip der Innerlichkeit in A.s Erkenntnislehre*, Würzburg 1952. – G. Söhngen, *Die Einheit der Theologie*, Mchn. 1952, S. 63–100. – G. Rovella, *Memoria e ricordo in Platone e S. Agostino* (in Sophia, 21, 1953, S. 107–111). – J. A. M. Gannon, *The Active Theory of Sensation in St. Augustine* (in The New Scholasticism, 30, 1956, S. 154–180). – A. Ricci, *Notas sobre o* »*De magistro*« *de S. A.* (in Veritas, 1, 1956, S. 320–347). – J. Hessen, *A.s Metaphysik der Erkenntnis*, Leiden ²1960. – O. Lechner, *Idee und Zeit in der Metaphysik A.s*, Mchn. 1964. – A. Schöpf, *Wahrheit und Wissen. Die Begründung der Erkenntnis bei A.*, Mchn. 1965.

DE MUSICA (lat. Patr.; *Über die Musik*). Philosophische Abhandlung von AURELIUS AUGUSTINUS (354–430), entstanden vor 391 in Thagaste. – Das Werk war als Teil einer Enzyklopädie der freien Künste *(Disciplinarum libri)* gedacht. Den Auftakt sollte das 387 in Mailand geschriebene Buch *De grammatica* bilden, das aber bereits 426 verschollen war und heute nur noch in einigen Fragmenten greifbar ist. Zu einer weiteren Ausführung des großen Vorhabens fehlte dem späteren Bischof von Hippo die Muße.

Die ersten fünf Bücher von *De musica* behandeln die Technik von Rhythmus und Vers. Das sechste – von Augustinus auch im Alter noch anerkannte – Buch soll aufzeigen, wie Rhythmus und Zahl uns zum Ewigen leiten (Gilson-Böhner). Es ist vor allem für die Augustinische Erkenntnis- und Empfindungslehre bedeutsam. Die Frage, wie ein körperlicher Gegenstand in der Seele eine Empfindung auslösen kann, so daß wir ihn wahrnehmen, wird in vielen Werken Augustins angeschnitten, in keinem aber so elegant gelöst wie hier im sechsten Buch. Der Rhythmus weist etwa die Zeile »*Deus creator omnium*« (»Gott ist Schöpfer aller Dinge«) als Vers aus. Der Vers besteht aus »Zahlen«, genauer: Zahlenbeziehungen zwischen langen und kurzen Silben (vier Jamben oder viermal eine von einer langen Silbe abgelöste kurze Silbe). Die Rhythmen werden, wie in den ersten Büchern dargelegt, unterschieden in solche, die sich in der Luft und in den materiellen Tönen finden (1. Zahlengattung), und solche, die in dem Sinne dessen sind, der sie hört (2. Zahlengattung; d. h., man unterscheidet das materielle Substrat und die geistige Empfindung. Der den Vers Vortragende stützt sich bei seinem Vortrag auf sein Zahlengedächtnis (seine Stimme ist rhythmisiert und gibt ihren Rhythmus an die Luft weiter). Der Zuhörer beurteilt, ob ein Vers richtig oder zu schnell oder zu langsam gesprochen ist, und zwar dank des Zahlenurteils – des Maßstabs, über den unser Gedächtnis verfügt. Es gilt nun, eine Rangordnung unter diesen »Zahlen« aufzustellen. Augustinus entscheidet sich für die urteilenden Zahlen als ranghöchsten. Die im Gedächtnis aufbewahrten Zahlen werden von ihnen erst erzeugt und stehen daher auf niedrigerer Stufe. In der Frage, ob den materiellen Zahlen (den *numeri sonantes* in diesem Fall) oder den empfundenen Zahlen die Priorität zukommt, entscheidet Augustinus zugunsten der letzteren, indem er nachweist, daß die Sinnesempfindung von der Seele erzeugt ist: vollziehen sich im Leib materielle Veränderungen, so nimmt die Seele diese in einer aktiven Form wahr, d. h., sie erzeugt Sinnesempfindungen. Ein Vers wird demnach folgendermaßen wahrgenommen: eine Luftschwingung trifft das Ohr; die Seele wendet sich der Veränderung am Körperteil Ohr zu und erzeugt die Sinnesempfindung, den gehörten Ton. Allerdings hören wir nicht einzelne Töne, sondern Silben, die in unserem Gedächtnis infolge eines Denkaktes als Vers wahrgenommen werden. Die einzelnen Töne werden mit Hilfe der im Gedächtnis aufbewahrten »inneren Rhythmen« gesammelt und durch den Denkakt zu einem musikalischen Satz verknüpft. Das tätige Subjekt unserer Wahrnehmung ist also letztlich immer unser Geist. A. Ku.

AUSGABEN: Venedig 1491 (in *Opuscula plurima*). – Paris 1679 (in *Mauriner Ausgabe*, 10 Bde., 1679 bis 1700, 1). – ML, 32 [Abdr. d. *Mauriner Ausg.*]. – Paris 1947, Hg. Finaert u. J. Thonnard (Bibl. augustienne, 7). – Bologna 1951, Hg. J. Vecchi.

ÜBERSETZUNG: *Musik*, C. J. Perl, Straßburg 1937. – Dass., ders., Paderborn ³1963.

LITERATUR: J. Huré, *S. A. musicien d'après le »De musica« et différentes pages de ses œuvres consacrées à la musique*, Paris 1924. – H. Edelstein, *Die Musikanschauung A.s nach seiner Schrift »De musica«*, Ohlau 1929 [zugl. Diss. Freiburg i. B.]. – M. Haesele, *Ein Beitrag zur augustinischen Psychologie*, Glarus 1929. – W. Hoffmann, *Philosophische Interpretation der A.-Schrift »De arte musica«*, Diss. Freiburg i. B. 1932. – H. Davenson u. H. I. Marrou, *Traité de la musique selon l'esprit de s. A.*, Neuchâtel/Paris 1942. – E. de Bruyne, *Études d'esthétique médiévale*, Bd. 1, Brügge 1946. – MGG, 1, Sp. 848 bis 857. – W. F. J. Knight, *St. A.'s »De musica«*, Ldn. 1950. – E. Gilson u. P. Böhner, *Geschichte der christlichen Philosophie*, Paderborn ²1952, S. 181 ff.

DE ORDINE (lat. Patr.; *Über die Weltordnung*). Philosophischer Dialog in zwei Büchern von AURELIUS AUGUSTINUS (354–430), entstanden im Spätherbst 386 während der Arbeit an *Contra academicos*. – Die Schrift, die von der Herkunft des Übels und von der göttlichen Vorsehung handelt, gibt ein Gespräch mit Freunden wieder, an dem auch Augustins Mutter Monica lebhaft Anteil genommen hat, und das öfteren unterbrechen heitere Szenen aus dem Familienleben die Diskussion.
Alles, was ist, ist gut. Das Böse stellt also einen Zustand der Beraubung dar: da es demnach eine Form des »Nichts« ist, hat es keinen Urheber. Gott ist als der Schöpfer alles Seienden nur der Schöpfer von Gutem. Zwar sind die Dinge ungleich geschaffen, aber eben dadurch verbürgen sie den Einklang der Weltordnung. Das Übel und die Sünde sind nichts Wesenhaftes, sondern ein Mangel an Sein, sind Unordnung. Aber sie können dem Menschen nichts anhaben, sofern seine Seele Gott und sein Leib der Seele gehorcht. Ja, so wie die dunklen Stellen die Farbenpracht eines Gemäldes erhöhen, trägt das Böse sogar zur Harmonie des Universums bei. Die Ordnung ist im Universum immer vorhanden, sie sucht nur die Augen, welche sie sehen. Wer Anstoß nimmt an den dunklen Seiten der Welt, ist, so meint Augustin, wie ein Wurm auf einem Mosaik, der niemals das Ganze, sondern immer nur einzelne Steine in den Blick bekommt.
Zum erstenmal greift Augustinus hier das Theodizeeproblem auf und versucht ihm mit logischen Operationen, vor allem mittels des Widerspruchsprinzips, beizukommen: die Logik erscheint ihm als die »Disziplin der Disziplinen« (2, 13, 38). Der Antwort auf die Frage nach der Ursache des Bösen weicht Augustin jedoch aus, indem er erklärt, seine Gesprächspartner verfügten noch nicht über das nötige philosophische Rüstzeug. Augustin kannte wohl schon die Richtung, in der die Lösung zu suchen sein würde, nämlich im freien Willen (vgl. *De libero arbitrio*), vermochte seine Überzeugung aber noch nicht schlüssig zu beweisen: für die Gesprächspartner und den Leser bleibt so die Schwierigkeit, wie die Existenz des Bösen mit der Allursächlichkeit Gottes, die Augustin hier sogar als (einziges) Axiom der Physik nennt, zu vereinbaren sei. H. L. H.

AUSGABEN: Parma 1491, Hg. E. Conradus u. T. Ugoletus. – Paris 1679 (in *Mauriner Ausgabe*, 10 Bde., 1679–1700, 1). – ML, 32 [Abdr. d. *Mauriner Ausg.*]. – Antwerpen 1956, Hg. H. W. Green. – Wien 1962, Hg. P. Knöll (CSEL, 63).

ÜBERSETZUNG: *Die Ordnung*, C. J. Perl, Paderborn 1940; ²1952.

LITERATUR: M. P. Borgese, *Il problema del male in s. Agostino*, Palermo 1921. – G. Philips, *La raison d'être du mal après s. Augustin*, Löwen 1927. – R. Jolivet, *Le problème du mal d'après s. Augustin*, Paris 1936. – F. Billicsich, *Das Problem der Theodizee im philosophischen Denken des Abendlandes*, Bd. 1, Innsbruck 1936. – J. J. O.'Meara, *The Young A. The Growth of St. A.'s Mind up to His Conversion*, Ldn. 1954. – A. Solignac, *Réminiscences plotiniennes et porphyriennes dans le début du »De ordine« de s. A.* (in Archives de Philosophie, 20, 1957, S. 446–465). – F. Körner, *Das Sein u. der Mensch. Die existenzielle Seinsentdeckung des jungen A. Grundlagen zur Erhellg. seiner Ontologie*, Mchn. 1959. – J. Rief, *Der Ordobegriff des jungen A.*, Paderborn 1962 [Diss. Tübingen 1960]. – S. U. Zuidema, *De ordoidee in A.' dialoog »De ordine«* (in Philosophia Reformata, 28, 1963, S. 1–18).

DE QUANTITATE ANIMAE (lat. Patr.; *Über die Quantität der Seele*). Philosophisch-theologischer Dialog von AURELIUS AUGUSTINUS (354–430), entstanden 387, bald nach der Bekehrung des Autors. – In *De immortalitate animae* hatte Augustin die Unsterblichkeit der vernünftigen Seele in deren Teilhabe an der ewigen Wahrheit verbürgt gesehen. Hier geht er einen Schritt weiter: er versucht, die Immaterialität der Seele aus der Tatsache zu beweisen, daß die Seele imstande ist, Immaterielles, d. h. Geistiges, zu erfassen. Zu diesem Zweck gibt er zunächst eine Übersicht über die Stufen, welche die einzelne Seele auf ihrem Weg zu Gott zu durchlaufen hat: auf der drei Stufen der natürlichen Entwicklung, nämlich das vegetative Leben (Nahrung, Wachstum, Zeugung), das animalische Leben (Sinneswahrnehmung, Phantasie, Traum) und das kulturelle Leben (Künste, Wissenschaften) folgt ein Übergangsstadium, in welchem die Seele zwischen Gewißheit und Bangigkeit schwankt, weil in ihm die Befreiung vom Sinnlichen beginnt und als Ideal der Reinheit erkannt wird. Mit dem Streben nach Reinheit setzt eine innere Umwandlung der Seele ein, die mehr und mehr zur Ruhe kommt (fünfte Stufe). Wurde auf der vierten Stufe das Auge der Seele gereinigt, auf der fünften seine Gesundheit gesichert, so will es auf der sechsten das wahrhaft Seiende selbst erkennen. Auf der siebenten Stufe erreicht die Seele dann ihre Vollendung: in der beseligenden Schau im Jenseits. Die ganze Stufenfolge ist hierarchisch angelegt: »Gott hat den Leib der Seele, die Seele sich und so sich alles unterworfen.« Augustins Entwurf einer Lehre vom mystischen Aufstieg scheint insofern nicht geglückt, als er den drei Aristotelischen Seelenfunktionen einfach vier der neuplatonischen Lehre von den höheren Tugenden nachgebildete Bereiche aufgestockt hat, ohne diese Konstruktion tiefer zu begründen.
H. L. H.

AUSGABEN: Augsburg ca. 1470. – Paris 1679 (in *Mauriner Ausgabe*, 10 Bde., 1679–1700, Bd. 1). – ML, 32 [Abdr. d. *Mauriner Ausg.*]. – Philadelphia

1933, Hg. F. E. Tourscher. – Paris 1948, Hg. P. de Labriolle (Bibl. augustienne, 5).

ÜBERSETZUNG: *Die Größe der Seele,* C. J. Perl, Paderborn 1960.

LITERATUR: W. Thimme, *A.s erster Entwurf einer metaphysischen Seelenlehre,* Bln. 1908. – T. Parry, *A.'s Psychology during the First Period of Literary Activity with Special Reference to His Relation to Platonism,* Diss. Lpzg. 1913. – J. Goldbrunner, *Das Leib-Seele Problem bei A.,* Diss. Mchn. 1934. – P. Künzle, *Das Verhältnis der Seele zu ihren Potenzen,* Fribourg 1956. – R. Schneider, *Seele u. Sein. Ontologie bei A. und Aristoteles,* Stg. 1957.

DE SYMBOLO AD CATECHUMENOS (lat. Patr.; *Über das Symbolum an die Katechumenen*).

Vier Homilien, unter dem Namen des AURELIUS AUGUSTINUS (354–430) überliefert. Wahrscheinlich stammt nur die erste dieser Traktate von dem Kirchenvater; die drei anderen wurden von Schriftstellern verfaßt, die in ihrem Denken Augustin nahestanden und bald nach ihm in der afrikanischen Kirche hervortraten.

Die Homilien wurden bei der feierlichen Übergabe des Symbolums gehalten oder sind zumindest in diesem Sinne stilisiert. Buch 1 ist ganz in dem populären Konversationston abgefaßt, den Augustin dem Homileten immer wieder empfohlen hat. Ausführlich wird darin die ewige Geburt des Sohnes geschildert, während die Auferstehung Christi und die Lehre von der Kirche nur angedeutet sind. Die Bücher 2–4 enthalten heftige Angriffe gegen die Arianer – als solche kommen hier nur die Vandalen in Afrika in Frage –, die sich den Katholiken gegenüber ziemlich intolerant zeigten, indem sie sie noch einmal tauften und (so die Vorwürfe) mit Drohungen und Verlockungen zum Abfall zu bewegen suchten. Der arianischen Lehre gegenüber wird besonders betont, daß Schöpfung, Erlösung und Heiligung das Werk aller drei göttlichen Personen zusammen sind und daß die Verschiedenheit der Theophanien nicht auf einer Wesensverschiedenheit beruht.

Die Chronologie der Bücher eröffnet interessante historische Perspektiven. Deutlich spiegelt sich in den Traktaten die jeweilige Lage der Kirche unter der vandalischen Fremdherrschaft. Kann der Autor von Buch 2 (entstanden 435–439) noch zu offenem Widerstand gegen die Vandalen aufrufen, so ist die Opposition nach der Eroberung der ganzen afrikanischen Provinz (439) zu einem Versteckspiel gezwungen (anschauliche Schilderung der Grausamkeit des Herodes und der für sie selbst verderblichen Wut der Juden bei der Kreuzigung Christi in Buch 3). Der Autor von Buch 4 (entstanden zwischen 520 und 530) wiederum darf schon hoffen, daß die »häretische Magd« hinausgeworfen wird; er prägt auch das Wort, daß niemand Gott zum Vater haben könne, der nicht die Kirche zur Mutter habe. H. L. H.

AUSGABEN: Köln ca. 1467 (in *Sermo super orationem Dominicam*). – Paris 1685 (in *Mauriner Ausgabe,* 10 Bde., 1679–1700, 6). – ML, 40 [Abdr. d. *Mauriner Ausg.*].

ÜBERSETZUNG: *Vier Bücher über das Symbolum an die Katechumenen,* R. Storf (in *AS,* Bd. 4, Kempten 1877; BKV, 37).

LITERATUR: P. Bertocchi, *Il simbolo ecclesiol. della Eucaristia in s. A.,* Bergamo 1937. – G. Spanneda, *Il mistico della chiesa nel pensiero di s. A.,* Sassari 1945. – A. Bannwarth, *Le baptême chez s. A.,* Diss. Straßburg 1950. – E. F. Durkin, *The Theological Distinction of Sins in the Writings of St. A.,* Diss. Mundelein/Ill. 1952. – P. v. Kornyljak, *S. Augustini de efficacitate sacramentorum doctrina contra Donatistas,* Diss. Rom 1953. – C. Eichenseer, *Das Symbolum Apostolicum beim hl. A.,* St. Ottilien 1960.

DE TRINITATE (lat. Patr.; *Über die Dreieinigkeit*).

Dogmatische Lehrschrift in fünfzehn Büchern von AURELIUS AUGUSTINUS (354–430), entstanden zwischen 400 und 416 (417). – Auf den positiven Schriftbeweis (Buch 1–4) und die Formulierung des Dogmas (Buch 5–7) folgt im zweiten Teil (Buch 8–15) die gedankliche Durchdringung des Mysteriums der Trinität. Hier will Augustin die göttliche Trinität veranschaulichen, indem er die trinitarische Struktur aller Stufen des Seins, insbesondere der des menschlichen Geistes, aufzeigt.

In seinen früheren Schriften hat Augustin die von MARIUS VICTORINUS gelehrte Dreiheit von Sein, Leben und Erkennen vertreten, die er auch in *De trinitate* anfangs noch beibehält. Da er die Wahrnehmung, die auf der animalischen Stufe dem gesamten Erkennen entspricht, nicht in dieses Schema einordnen kann, weil sie sich auf außerhalb Liegendes bezieht, ersetzt er sie durch den als Vorstellung anzusprechenden Teil der Empfindung. Die Gesichtswahrnehmung zum Beispiel wird beschrieben als die durch die Anspannung des Willens *(intentio voluntatis)* bewirkte Vereinigung der Form des Dinges mit einer inneren Form. Freilich ist die Trinität auf der animalischen Stufe nicht so vollkommen ausgeprägt wie auf den höheren Stufen. Für das bewußte Leben wiederholt Augustin zunächst die alte Dreiheit *mens* (Geist), *notitia* (Erkenntnis) und *amor* (Liebe), die sich auf die Reflexion des Geistes auf sich selbst bezieht. Zur Liebe zu einem Gegenstand gehören das Ich, der Gegenstand der Liebe und die Liebe selbst. Wenn der Geist sich selbst liebt, so fällt das Subjekt der Liebe mit ihrem Gegenstand zusammen. Die Liebe ist, wenn sie den ganzen Geist umspannt, mit dem Geliebten gleich, beide sind eins, sie sind »zwei« nur in der Beziehung der Liebe. Ebenso sind auch der Geist und seine Selbsterkenntnis »zwei« nur in der Beziehung des Erkennens, aber eins in sich selbst. »*So sind der Geist selbst, seine Selbstliebe und seine Selbsterkenntnis dreierlei, und diese drei sind eins.*« Noch deutlicher prägt sich das Bild der Dreieinigkeit in dem Ternar der Seelenvermögen aus, durch den Augustin sehr bald den Viktorinischen Ansatz verdrängt: *memoria* (Sich-Erinnern als Seins- und Lebensgrund), *intelligentia* (Selbstbewußtsein und Erkennen im allgemeinen) und *voluntas* (Selbstliebe und Wollen und Fühlen im allgemeinen). In dieser Dreiheit kommt nicht nur die Einheit der Natur in drei »Personen«, sondern auch das Ineinander der »Personen« deutlich zum Ausdruck: »*Denn ich erinnere mich, daß ich Erinnerung, Einsicht und Willen habe; und ich sehe ein, daß ich Einsicht und Willen und Erinnerung habe, und ich will, daß ich will und einsehe und erinnere ... Wenn darum jedes alle erfaßt und alle jedes, dann ist jedes einander gleich und jedes allen gleich. Und diese drei sind ein Leben, ein Geist, eine Wesenheit.*« Doch obwohl sie das vollkommenste Bild der göttlichen Trinität darstellt, steht auch diese Dreiheit ihrem Urbild weit nach. Sie ist eine Analogie, die ihr Fundament in der Offenbarungswahrheit hat, daß der Geist des

643

Menschen *imago Dei* (Ebenbild Gottes) ist: in diesem Analogieverhältnis überwiegt aber die Unähnlichkeit die Ähnlichkeit bei weitem.

Das erste Gegebene und Gewisse für den Menschen ist, nach Augustin, nicht die Erkenntnis des göttlichen Seins, sondern die des eigenen Seins und Denkens. Von diesem Fund – der unmittelbaren Gewißheit der inneren Erfahrung – ist die ganze neuere Geistphilosophie seit DESCARTES abhängig. Allem Erkennen aber, bis hin zur Gottesschau, liegt bei Augustin die *voluntas* zugrunde: sie wirkt als das Streben nach Glückseligkeit, welches durch das Erkennen und Schauen befriedigt wird; Gottes Wesen jedoch ist es, ewig selig zu sein. Der Weg der Gnade ist deshalb die notwendige Ergänzung des intellektuellen Weges zu Gott. So schließt die Schrift auch mit einem Gebet zum dreieinigen Gott. – *De trinitate* stellt Augustins dogmatisches Hauptwerk dar. Doch obwohl sein Interesse hier durchaus theologischer Natur ist, enthält die Schrift zugleich die meisten seiner systematischen Lehren über die Seele: sie kann ohne weiteres auch als ein philosophischer Traktat über die Seele gelesen werden. H. L. H.

AUSGABEN: Straßburg ca. 1474. – Paris 1688 (in *Mauriner Ausgabe*, 10 Bde., 1679–1700, 8). – ML, 42 [Abdr. d. *Mauriner Ausg.*]. – Innsbruck 1881 (Sanctorum patrum opuscula selecta, 42/43).

ÜBERSETZUNG: *Fünfzehn Bücher über die Dreieinigkeit*, M. Schmaus, 2 Bde., Mchn. 1935/36 (BKV[2], 11/12). – *Über den dreieinigen Gott*, ders., Mchn. [2]1951.

LITERATUR: M. Schmaus, *Die psychologische Trinitätslehre des hl. A.*, Münster 1927; Mchn. [2]1951. – L. Legrand, *La notion philosophique de la trinité chez s. A.*, Paris 1931. – I. Chevalier, *S. A. et la pensée grecque*, Fribourg 1940. – A. Dahl, *A. u. Plotin. Philosophische Untersuchungen zum Trinitätsproblem und zur Nuslehre*, Lund 1945. – C. Boyer, *L'image de la trinité chez s. A.* (in Greg, 25, 1946, S. 173–179; 333 bis 352). – F. Leotta, *La persona dello Spirito Santo nella dottrina di santo' Agostino*, Diss. Rom 1948. – Th. Camelot, *A l'éternel par le temporel.* »*De trinitate*«, 4, 18, 24 (in REA, 2, 1956, S. 163–173). – E. González, *El concepto y método de la teología en* »*De trinitate*« *de s. A.* (in Augustinus, 1, 1956, S. 378–398). – J. Racette, *Le livre neuvième du* »*De trinitate*« *de s. A.* (in Sciences Ecclésiastiques, 8, 1956, S. 39–57). – M. Schmaus, *Das Fortwirken der augustinischen Trinitätspsychologie bis zur karolingischen Zeit* (in *Vitae et veritati*. Festgabe für K. Adam, Düsseldorf 1956). – P. Hadot, *L'image de la trinité dans l'âme chez Victorinus et chez s. A.* (in Studia Patristica, 6, 1962, S. 409–442). – M. Schmaus, *Die Spannung von Metaphysik und Heilsgeschichte in der Trinitätslehre A.s* (ebd., S. 503 bis 518). – Ders., *Die Denkform A.s in seinem Werk* »*De trinitate*«, Mchn. 1962. – A. Schindler, *Wort und Analogie in A.s Trinitätslehre*, Tübingen 1965.

DE VERA RELIGIONE (lat. Patr.; *Über die wahre Religion*). Philosophisch-theologische Abhandlung von AURELIUS AUGUSTINUS (354–430), entstanden 390. – Augustin unternahm mit diesem Werk, das er vor Antritt seines kirchlichen Amtes in seiner Heimatstadt Thagaste verfaßte, den ersten Versuch, ein Gesamtsystem der christlichen Lehre vorzulegen. Er löste damit ein seinem Gönner Romanian Jahre zuvor gegebenes Versprechen ein. Da Romanian zur Zeit der Niederschrift noch dem Manichäismus anhing, für den ihn Augustin einst selbst gewonnen hatte, hat die Schrift neben dem systematischen auch den polemischen Zweck einer Auseinandersetzung mit den Manichäern.

In der Einleitung führt Augustin aus, daß die wahre Religion nicht bei den heidnischen Philosophen zu suchen sei, die, wie SOKRATES und PLATON, trotz besserer Einsicht dem Götzendienst nicht entgegentraten, sondern allein bei Christus und der von ihm gegründeten Kirche. Als Thema der Schrift wird die Darstellung der christlichen Religion, als ihre polemische Absicht die Widerlegung des manichäischen Dualismus bezeichnet.

Der erste Teil handelt von dem Heilsplan Gottes zur Erlösung des gefallenen Menschen. Um die Notwendigkeit der Menschwerdung des Erlösers aufzuzeigen, spricht Augustin zunächst über den Sündenfall und geht dabei auf die Frage nach dem Bösen ein, das in der freiwilligen Abwendung von Gott bestehe: »*Das Verderben der Seele also ist, was sie tat, und die daraus erwachsende Erschwernis die Strafe, die sie nun erleidet. Tun aber und Leiden ist kein Wesen, und darum gibt es auch kein wesenhaftes Übel.*« Durch diese Behauptung der Wesenlosigkeit des Bösen und die Betonung des freien Willens wird zugleich der Manichäismus zurückgewiesen: Sünde und Strafe, auf die das Böse in christlicher Sicht zurückzuführen ist, tun der Schönheit und Harmonie des Weltganzen keinen Abbruch. Ja, die Strafe erweist sich als ein ausgesprochener Segen für uns: »*Denn dadurch werden wir gemahnt, unsere Liebe von den Lüsten des Leibes abzukehren und sie dem ewigen Sein der Wahrheit zuzuwenden.*« Im folgenden werden Autorität und Vernunft als doppelte Arznei der Seele bezeichnet und – wie später in *De civitate Dei* – die Altersstufen des natürlichen und des geistlichen Menschen einander gegenübergestellt, hier zu dem Zweck, das Verhältnis von Autorität und Vernunft sichtbar zu machen. Nur auf der ersten Stufe, auf der sich der Mensch von den Vorbildern der Geschichte nährt, gilt für ihn die Autorität. Schon auf der zweiten Stufe erhebt er sich »*mit den Schritten der Vernunft … zum höchsten und unwandelbaren Gesetz*«. Die dritte Stufe, die Vermählung der Seele mit dem Geist, und erst recht die weiteren vier Stufen führen noch über die Vernunft hinaus.

An die Darstellung dieser Reifestufen schließt der zweite Teil an, der, ganz im Sinne PLOTINS, den Aufstieg der Vernunft zur ewigen Wahrheit, zum Einen schildert. Dabei entwickelt Augustin, wie ähnlich schon in *De ordine*, seine idealistische Ästhetik. Über der vernünftigen Seele steht das unwandelbare Gesetz der Gleichheit, Einheit und Wahrheit; die Wahrheit wiederum ist, als der Logos, Gott selbst. Die Spuren und Ausprägungen der Schönheit finden sich auf der ganzen Stufenleiter des Seienden. Augustin singt das Lob des Wurms und meint, mit Recht habe CICERO auch das des Mistes gesungen. Sogar die Schwächen und Laster sind noch Schattenbilder des Wahren: der Hochmut ein Zerrbild der wahren Freiheit und Herrschaft, Täuschung und Irrtum ein Zerrbild der Wahrheit, die Neugier ein solches der Erkenntnis, die leibliche Begierde ein solches der ewigen Ruhe. Es gibt also kein letzthin Böses, wohl aber die Möglichkeit, das Ziel, auf das selbst die Laster noch hinweisen, zu verfehlen und sich selbst zu ewiger Finsternis zu verurteilen.

Die Schrift enthält nur erste Ansätze des eigentlichen Augustinismus, d. h. der Kirchen-, Erbsünden-, Gnaden- und Prädestinationslehre, offenbart aber bereits die Einzigartigkeit Augustins, der Christ und Platoniker zugleich ist. Das Werk scheint seinen Eindruck auf Romanian nicht verfehlt zu haben, denn im Jahre 395 begegnen wir diesem als überzeugtem Christen wieder. H.L.H.

AUSGABEN: Basel o. J. (in *Libri divi A. A.*, Hg. A. Dodon, 11 Bde., 1505–1517, 2). – Paris 1680 (in *Mauriner Ausgabe*, 10 Bde., 1679–1700, 3/1). – ML, 34 [Abdr. d. *Mauriner Ausg.*]. – Florenz 1930, Hg. D. Bassi. – Wien 1961, Hg. W. M. Green (CSEL, 77). – Turnholt 1962 (CCL, 32).

ÜBERSETZUNGEN: *Von warem gottsdienst*, C. Hedion (in *Augustini Bücher*, Straßburg 1533). – *Die wahre Religion*, C. J. Perl, Paderborn 1957. – *Von der wahren Religion*, W. Thimme (in *Werke*, Bd. 5: *Theologische Frühschriften*, Zürich/Stg. 1962).

LITERATUR: A. Guzzo, *Agostino. Dal »Contra Academicos« al »De vera religione«*, Florenz 1925. – F. G. Meier, *A. u. das antike Rom*, Stg. 1956. – A. Ehrhardt, *Politische Metaphysik von Solon bis A.*, 2 Bde., Tübingen 1959. – A. Escher di Stefano, *Il manicheismo in s. Agostino*, Padua 1960. – R. Berlinger, *A.s dialogische Metaphysik*, Ffm. 1962. – E. Hoffmann, *Die Anfänge der augustinischen Geschichtstheologie in »De vera religione«*, Diss. Heidelberg 1962.

ENCHIRIDION AD LAURENTIUM SIVE DE FIDE, SPE ET CARITATE (lat. Patr.; *Handbüchlein für Laurentius oder Über Glaube, Hoffnung und Liebe*).

Dogmatische Schrift von AURELIUS AUGUSTINUS (354–430), nach 420 verfaßt. – Augustinus nennt sie ein *»Büchlein, das man mit der Hand umspannen, nicht ein Buch, womit man einen Schrank belasten könnte«*; dennoch ist sie ein Werk, das in straffer Form das Wesentliche der christlichen Lehre bietet. Gewidmet ist die Schrift einem sonst nicht weiter bekannten Laurentius, der, späteren Codices zufolge, in Rom ein höheres weltliches oder geistliches Amt bekleidet haben soll (einmal wird er als Diaconus bezeichnet).

Zu Beginn weist Augustin auf das apostolische Glaubensbekenntnis, das Symbolum, und auf das Gebet des Herrn hin, die beide die drei christlichen Tugenden Glaube, Hoffnung und Liebe voraussetzen: das eine ist die kürzeste und einprägsamste Zusammenfassung dessen, was geglaubt werden muß, das andere stellt eine beispielhafte Art der Anrufung Gottes dar. Sodann werden die Unterschiede und zugleich die innere Verwandtschaft der drei Tugenden erörtert. Der Glaube bezieht sich auf Gutes und auf Böses, auf Vergangenes, Gegenwärtiges und Zukünftiges, auf eigene und auf fremde Dinge. Die Hoffnung gilt nur Gutem, nur Zukünftigem und nur solchen Gütern, die ausschließlich den auf sie Hoffenden angehen. Gemeinsam ist dem Glauben und der Hoffnung, daß man ihr jeweiliges Objekt nicht sieht. Manchmal scheinen die beiden Tugenden identisch: so ist der Glaube an künftige Güter, die uns zuteil werden sollen, nichts anderes als unsere Hoffnung auf sie. Ohne die Liebe aber nützt der Glaube nichts, und die Hoffnung kann ohne sie nicht einmal bestehen. *»Somit besteht weder die Liebe ohne Hoffnung, noch die Hoffnung ohne Liebe, noch beides ohne Glauben.«* Die Liebe ist eine Gabe des Heiligen Geistes und steht über Glaube und Hoffnung. Sie ist der Endzweck aller Gebote, ja, sie ist Gott selbst.

Angesichts der zahlreichen Häresien seiner Zeit nimmt Augustinus in dem Werk deutlich zu den strittigen Fragen Stellung, etwa zum Problem des Ursprungs des Bösen (gegen die Manichäer), der Erbsünde (gegen die Pelagianer) oder der Geburt Christi aus der Jungfrau Maria (gegen die Apollinaristen). Dem theologisch interessierten, dogmatisch aber weniger bewanderten gebildeten Laien sollte dieses handliche Kompendium eine rasche und dennoch zuverlässige Orientierung ermöglichen. A. Ku.

AUSGABEN: Köln ca. 1467. – Paris 1685 (in *Mauriner Ausg.*, 10 Bde., 1679–1700, 6). – ML, 40 [Abdr. d. *Mauriner Ausg.*]. – Tübingen ²1930, Hg. O. Scheel (Slg. ausgew. kirchen- u. dogmengeschichtlicher Quellenschriften, II, 4). – Darmstadt 1960, Hg. J. Barbel [m. Übers., Einl. u. Komm.]. – Madrid 1961, Hg. F. Moriones.

ÜBERSETZUNGEN: *Von ... Dem handbüchlin*, L. Moser (in *Eyn schon, nutzlich büchlin dryen stetten der heiligen Christenheit*, o. O. 1507). – *Enchiridion, d. i. Handbüchlein für den Laurentius oder Buch über Glauben, Hoffnung u. Liebe*, J. Molzberger, (in *AS*, Bd. 4, Kempten 1877; BKV, 37). – *Enchiridion*, S. Mitterer (in *AS*, Bd. 8, Kempten/Mchn. 1925; BKV², 49). – *Das Handbüchlein*, P. Simon (in *Werke in deutscher Sprache*, Abt. 3: *Werke des Bischofs*, Paderborn ²1963).

LITERATUR: J. Rivière, *Comment diviser l'»Enchiridion« de s. A.* (in Bulletin de Littérature Ecclésiastique, 43, 1942, S. 99–115). – M. Löhrer, *Der Glaubensbegriff des hl. A. in seinen ersten Schriften bis zu den »Confessiones«*, Einsiedeln u. a. 1955. – A. Guzzo, *Agostino contra Pelagio*, Turin 1958. – F. Cayré. *La vie théologale. Les montées intérieures d'après s. Augustin*, Tournai 1959. – C. Eichenseer, *Das Symbolum Apostolicum beim hl. A. mit Berücksichtigung des dogmengeschichtlichen Zusammenhangs*, St. Ottilien 1960. – L. Ballay, *Der Hoffnungsbegriff bei A. Untersucht in seinen Werken: »De doctrina christiana«, »Enchiridion sive de fide, spe et caritate ad Laurentium« u. »Enarrationes in psalmos«, 1–91*, Diss. Mchn. 1964.

RETRACTATIONES (lat. Patr.; *Rechenschaftsbericht*).

Kritischer Rückblick auf die eigene schriftstellerische Tätigkeit in zwei Büchern von AURELIUS AUGUSTINUS (354–430), entstanden 427/28. – Gegen Ende seines Lebens konnte Augustin endlich den schon lange gehegten Plan in Angriff nehmen, seine sämtlichen Schriften durchzusehen und kritisch zu ihnen Stellung zu nehmen. Auf Wunsch seiner Mitbrüder veröffentlichte er diese Bemerkungen zu seinen literarischen Werken, noch bevor er, wie er eigentlich vorhatte, auch seine Predigten und Briefe einer Kritik unterzogen hatte; dazu ist er dann nicht mehr gekommen.

Augustinus geht in streng chronologischer Reihenfolge vor und bespricht auch die vor seiner Taufe (387) entstandenen Schriften. Da ihm sein Erstlingswerk *De bono et apto* (*Über das Gute und Angemessene*) verlorengegangen ist, beginnt er mit den in Cassiciacum entstandenen Büchern *Contra academicos* (*Gegen die Akademiker*). Das ganze erste Buch ist den von Augustins Bischofsweihen geschriebenen Werken gewidmet, das zweite den Abhandlungen aus der Bischofszeit bis zum Jahr 427. Insgesamt kann Augustin 93 Schriften in 232 Büchern aufzählen, von denen zehn heute verloren sind. Bei jedem Werk gibt er zunächst Aufschluß über Veranlassung, Entstehungszeit, Inhalt, Komposition usw. und führt zum Schluß die Anfangsworte an. Dann korrigiert er, was sich ihm inzwischen als falsch oder angreifbar erwiesen hat, verteidigt seiner Meinung nach richtige Behauptungen und erklärt unklare Stellen. Besonderen Wert legt er darauf, einige dogmatische Unkorrektheiten auszumerzen. Außerdem will er, wie er in der Vorrede betont, mit dieser Schrift erreichen, daß der Leser seine, Augustins, Entwicklung kennenlernen kann und seine Lehre nicht nach den früheren, sondern den später verfaßten Abhandlungen beurteilt. Die *Retractationes* nehmen in der Geschichte der antiken Literatur als literarhistorisches und autobiographisches Dokument einen einzigartigen Platz ein. Nur durch sie läßt sich das literarische Eigentum des Kirchenvaters genau identifizieren; um so mehr ist zu bedauern, daß Augustin nicht mehr zur Besprechung der Briefe und Predigten gekommen ist. M. Ze.

AUSGABEN: Mailand 1486. – Paris 1679 (in Mauriner Ausg., 10 Bde., 1679-1700, 1). – ML, 32 [Abdr. der Mauriner Ausg.]. – Wien 1902, Hg. P. Knöll (CSEL, 36). – Paris 1950 (in *Œuvres*, Hg. G. Bardy, 24 Bde., 1947ff., 12).

LITERATUR: Schanz-Hosius, 4/2, S. 405/406. – A. Harnack, Die »*Retractationes*« *A.s* (in SPAW, 1905, S. 1096-1131). – M. F. Eller, *The »Retractationes« of Saint Augustine*, Diss. Boston 1946. – G. Misch, *Geschichte der Autobiographie*, Bd. 1/2, Ffm. 1950, S. 693-701. – J. Burnaby, *The »Retractationes« of Saint Augustine. Self-Criticism or Apologia?* (in *Augustinus Magister. Congrès International Augustinien, Paris 21. – 24. 9. 1954*, Bd. 1, Paris 1954, S. 85-92).

SOLILOQUIORUM LIBRI DUO (lat. Patr.; Zwei Bücher Selbstgespräche).

Philosophischer Traktat in Dialogform von AURELIUS AUGUSTINUS (354-430), entstanden um die Jahreswende 386/87. – In der besinnlichen Zeit zwischen seiner Bekehrung und der Taufe setzte sich Augustin mit den Ansichten älterer Denker, vor allem CICEROS und PLOTINS, auseinander, um sich über seinen neuen, schwer errungenen Glauben klarzuwerden. Die Frucht davon sind mehrere philosophische Dialoge, darunter die *Soliloquien*. Während die anderen Traktate – *Contra academicos (Gegen die Akademiker)*, *De beata vita (Vom glücklichen Leben)*, *De ordine (Über die Weltordnung)* – auf philosophische Gespräche mit seinen Freunden in Cassiciacum zurückgehen, sind die *Selbstgespräche* das Ergebnis gedankenreicher Nächte.
Einzigartig und neu ist die literarische Form des Werks: Es ist als ein »innerer« Dialog zwischen Augustins menschlich-sinnlichen Eigenschaften und seiner *ratio*, seiner Vernunft, gestaltet. Ein inniges Gebet an Gott, vorwiegend von neuplatonischen Vorstellungen geprägt, eröffnet die Schrift. Dieses Gebet schlägt bereits die Grundgedanken des folgenden Dialogs an: es sind die Begriffe »Gott« und »Seele«, die er erkennen will (*deum et animam scire cupido*, 1,1,2). Zwar ist Augustin in seinen Anschauungen über Gott, die Wahrheit und vor allem über die Unsterblichkeit der Seele stark von früheren Denkern abhängig, doch läßt seine ciceronianisch-meisterhafte, bilderreiche Sprache die Abhängigkeit vergessen und erweckt den Eindruck eines von der Leidenschaft des Herzens getriebenen originalen Denkprozesses. – Die Beweisführung über die Unsterblichkeit der Wahrheit und damit Gottes und der Seele als Antwort auf die Frage nach der Gottes- und Selbsterkenntnis, in der bereits DESCARTES' *Cogito ergo sum* vorweggenommen wird, bricht unvollendet ab. Die Fortsetzung ist nur in skizzenhafter Form erhalten: ein schmuckloses, dürres Gerüst, das starke Anlehnung an Plotin zeigt und als Grundlage für ein geplantes drittes Buch dienen sollte. Noch vor der Taufe 387 zusammengestellt, ist es gegen den Willen des Verfassers unter dem Titel *De immortalitate animae (Über die Unsterblichkeit der Seele)* an die Öffentlichkeit gelangt.
Neben den echten *Soliloquien* gibt es noch ein Buch *Pseudosoliloquien*, meistens betitelt *Soliloquiorum animae ad Deum liber unus (Ein Buch Selbstgespräche der Seele, gerichtet an Gott)*: Es handelt sich dabei um ein unter dem Namen Augustins verbreitetes Werk eines mittelalterlichen Mönchs, das einfache kontemplative Betrachtungen mit viel augustinischem Gedankengut enthält; auch die Ausdrucksweise ist dem Kirchenvater verpflichtet. Diese *Pseudosoliloquien* fanden sogar größere Verbreitung als die echten *Selbstgespräche*. M. Ze.

AUSGABEN: Basel 1506. – Paris 1515. – Basel 1528/29, Hg. D. Erasmus. – Paris 1679 (in *Mauriner Ausg.*, 10 Bde., 1679-1700, 1). – ML, 32 [Abdr. d. *Mauriner Ausg.*]. – Paris 1954, Hg. P. de Labriolle (Bibl. aug., 5).

ÜBERSETZUNGEN: *Selbstgespräche. Die echten Soliloquien*, L. Schopp, Mchn. 1938. – *Selbstgespräche über Gott und die Unsterblichkeit der Seele*, H. Müller, Zürich 1954.

LITERATUR: M. I. Bogan, *The Vocabulary and Style of the »Soliloquies« and »Dialogues« of St. Augustine*, Washington 1935. – J. Gercken, *Inhalt und Aufgabe der philosophischen Jugendschriften Augustins*, Diss. Münster 1939. – H. Müller, *Augustins »Soliloquien«*, Diss. Basel 1954.

PALLADIOS
(um 364 – vor 431)

LAUSIAKON, auch lateinisch zitiert als *Historia Lausiaca* (griech. Patr.; *Lausiakon*). Lebensbeschreibungen frommer Männer und Frauen von PALLADIOS (um 364 – vor 431), entstanden um 420 in Kleinasien. – Das mönchische Leben hatte der Bischof von Helenopolis (Bithynien) in Ägypten kennengelernt, wo er zwischen 388 und 399 die angesehensten Klöster besuchte und Schüler von EUAGRIOS PONTIKOS war. Das *Lausiakon*, so genannt nach dem kaiserlichen Kämmerherrn Lausos, dem das Werk gewidmet ist, ist eine Frucht dieser Jahre. Den Stoff verdankt der Autor teils mündlichen, teils schriftlichen Erzählungen; einiges wird er wohl selbst erlebt haben. Zu seinen literarischen Vorbildern gehörte sicherlich die *Vita Antonii* des ATHANASIOS, doch war ihm auch die hellenistische Literatur vertraut: Parallelen zur kynischen Philosophen-Aretalogie bieten sich an, die Übernahme von Motiven aus Märchen und Volkserzählung zeugt von einer Kontinuität innerhalb der Volksliteratur. Auch die asketischen Ideale selbst sind ja nicht erst von den christlichen Mönchen erfunden worden, sondern gründen in der heidnisch-antiken Philosophie.
Die ohne ersichtliche Ordnung aneinandergereihten biographischen Skizzen sind von unterschiedlicher Ausführlichkeit. Palladios, der sich auf eine Dar-

stellung charakteristischer Züge und Begebenheiten beschränkt, stellt nicht nur die großen Asketen vor, sondern auch (und das macht die Lektüre auch für den heutigen Leser recht unterhaltsam) weniger nachahmenswerte Personen, z. B. eine geizige Jungfrau. Die überaus bilderreiche Sprache und die bedingungslose Wundergläubigkeit des Autors sind ebenso kennzeichnend für den Orientalen wie der Verzicht auf die wissenschaftlich-trockene Überlieferung von Fakten zugunsten einer farbenprächtigen Erzählung. Dennoch ist das Werk von großer Bedeutung für die Geschichte der Entstehung, Verbreitung und Organisation des frühen Mönchtums und eine ausgezeichnete Quelle für die Biographie einzelner großer Asketen, unter ihnen etwa des hl. Makarios, des Ägypters. Das *Lausiakon* erfreute sich rasch außerordentlicher Beliebtheit, was unter anderem die Übersetzungen ins Lateinische, Syrische, Armenische, Koptische, Äthiopische und Arabische bezeugen. Schon bald nach seiner Entstehung wurde es mit der in Form einer Reisenovelle geschriebenen ägyptischen Mönchsgeschichte *Hē kat' Aigypton tōn monachōn historia (Die Geschichte der Mönche in Ägypten)* verschmolzen. A. Ku.

AUSGABEN: Paris 1555, Hg. G. Hervet. – Leiden 1616, Hg. J. Meursius. – MG, 34. – Cambridge 1898-1904 (*The Lausiac History of Palladius*, Hg. C. Butler, 2 Bde.; m. Einf. u. Anm.). – Paris 1912, Hg. A. Lucot [m. frz. Übers.]. – Ldn. 1921, Hg. W. K. L. Clarke.

ÜBERSETZUNG: *Leben der hl. Väter*, S. Krottenthaler, Mchn. 1912 (BKV², 5).

LITERATUR: R. Reitzenstein, »*Historia monachorum*« u. »*Historia Lausiaca*«, Göttingen 1916. – J. Brémond, *Les pères du désert*, 2 Bde., Paris 1927. – H. Delehaye, *Byzantine Monasticism* (in *Byzantium. An Introduction to East Roman Civilization*, Hg. N. H. Baynes u. H. S. L. B. Moss, Oxford 1949, S. 136-165). – U. Ranke-Heinemann, *Die ersten Mönche u. die Dämonen* (in Geist und Leben, 29, 1956, S. 165-170). – Dies., *Das Verhältnis des früheren Mönchtums zur Kirche* (ebd., 30, 1957, S. 272-280).

SYNESIOS aus Kyrene
(370?-nach 413)

AIGYPTIOI LOGOI Ē PERI PRONOIAS (griech. Patr.; *Ägyptische Erzählungen oder Über die Vorsehung*). Eine philosophisch-mythologisch-historische Erzählung von SYNESIOS aus Kyrene (370? bis nach 413), in Konstantinopel verfaßt, wo er sich von 399-402 als Gesandter seiner Heimatstadt aufhielt. – Der böse Typhos und sein jüngerer Bruder, der tugendhafte Osiris, sind die beiden Söhne eines ägyptischen Königs, der – seinem Ende nahe – zur Wahl seines Nachfolgers Priester und Krieger auf dem heiligen Berg bei Theben versammeln läßt. Diese wählen Osiris, der dann von den Göttern und seinem Vater die heiligen Weihen empfängt. Er erhält aber auch den Rat, den feindlichen Bruder zu beseitigen, damit dieser nicht zu einer Gefahr für ihn und das Land werde. In seinem Edelmut verschont Osiris den Bruder, der nun, wie prophezeit, dafür sorgt, daß die milde Herrschaft des Osiris bald ein Ende nimmt. Assistiert von seiner intriganten Frau, verbündet er sich mit den aufgehetzten skythischen Söldnern, stürzt mit deren Hilfe den jüngeren Bruder und beherrscht als gefürchteter Tyrann das einst so glückliche Land. Doch die Götter bereiten mit Feuer und Wasser dieser Gewaltherrschaft ein Ende. Der tugendhafte Osiris darf aus der Verbannung zurückkehren und Ägypten dem verheißenen Goldenen Zeitalter entgegenführen. Synesios, Schüler der Neuplatonikerin HYPATIA, schrieb das Werk vor seiner Taufe. Er kleidet die Geschehnisse am Kaiserhof des Arkadios in den alten ägyptischen Mythos. Die feindlichen Brüder Kaisarios (Typhos) und Aurelianos (Osiris), die sich in der Stadtpräfektur abwechselnd, werden von ihm recht einseitig beleuchtet. Denn das Werk ist zweifellos ein Panegyrikus auf seinen Freund und Gönner Aurelian, der ihm für seine Vaterstadt Kyrene erhebliche Steuervergünstigungen verschafft hatte und dessen Sturz und Rückkehr er miterlebte. – Darüber hinaus aber ist es eine Verherrlichung der göttlichen Vorsehung, die das Menschengeschlecht vor dem totalen Abfall von der von den Göttern gestifteten Ordnung behütet. Der Mensch hat zwei Seelen: eine vernünftige, gottverwandte Seele und eine der Materie verhaftete, unvernünftige Seele, die einander bekämpfen. In diesem Kampf kann der göttliche Teil nur siegen, wenn alle Tugenden, deren Verwirklichung die Götter in den freien Willen des Menschen gelegt haben, vereint aufgeboten werden. »*Belästige nicht die Götter, da du aus eigener Kraft, wenn du willst, dich retten kannst.*« Die Götter (das heißt hier im neuplatonischen Sinn: innerweltliche Götter, Emanationen des göttlichen Urwesens) greifen erst ein, wenn den Dämonen verpflichtete Menschen die Macht mißbrauchen. Dann stellen sie die eigene göttliche Ordnung wieder her und beauftragen einen Menschen, der eine ihnen verwandte Seele hat, mit der Herrschaft.
Sprache und Stil dieser mit mystischen Spekulationen angefüllten Erzählung sind die des hellenistischen Aristokraten, dem alles Vulgäre und Barbarische fremd ist. Er schreibt ein tadelloses Attisch. Die in jener Zeit so beliebte Verschmelzung von Mythologie, Philosophie und Historie erschwert heute die Lektüre. Dafür entschädigen aber die teilweise sehr detaillierten Schilderungen der Zeitereignisse. Sie machen die Erzählung zu einem wichtigen zeitgeschichtlichen Dokument. A. Ku.

AUSGABEN: Basel 1556 [lat.]. – 1557 [griech.-lat.]. – Paris 1864 (MG, 66, S. 1209-1282). – Padua 1959 (S. Nicolosi: *Il »De providentia« di S. di C. Studio crit. e trad.*; Pubbl. dell' Ist. univ. di magistero di Catania, 15).

ÜBERSETZUNG: *Aegypt. Erzählungen ü. d. Vorsehung*, J. G. Krabinger, Sulzbach 1835 [griech.-dt.].

LITERATUR: E. Gaiser, *Des S. v. K. »Aegypt. Erzählungen oder Über d. Vorsehung«. Darstellg. d. Gedankeninhalts dieser Schrift u. ihrer Bedeutg. f. d. Philos. d. S. unter Berücks. ihres geschichtl. Hintergrundes*, Wolfenbüttel 1886. – H. v. Campenhausen, *Griech. Kirchenväter*, Stg. 1955 (Urban-Tb., 14).

DION Ē PERI TĒS KAT' AUTON DIAGOGĒS
(griech.; *Dion oder Vom Leben nach seinem Vorbild*). Verteidigungsschrift und Zeitsatire von SYNESIOS aus Kyrene (370? bis nach 413), nach 403 auf seinem Landgut in der Kyrenaika geschrieben. – Das Werk soll dem noch ungeborenen Sohn des Autors, den ihm die Götter für das folgende Jahr versprochen haben, Anweisungen zu einem vorbild-

lichen Lebenswandel geben, gleichzeitig aber auch eine Ehrenrettung des neosophistischen Philosophen und Redners DION CHRYSOSTOMOS aus Prusa (um 100) und damit eine Verteidigung von Synesios' eigener Lebensweise sein. Seine Polemik richtet Synesios sowohl gegen die philosophischen wie gegen die christlichen Zeitgenossen, die beide gleichermaßen boshaft mit Spott bedacht werden. Ihnen gegenüber verteidigt er seine literarischen Ambitionen und singt ein Loblied auf die hellenische Bildung.

Ein Philosoph darf nicht ungebildet sein; die gründliche Erforschung aller Wissensgebiete erst befähigt ihn dazu, sich mit deren Königin – der Philosophie – zu befassen. Fachmann ist der, der eine Einzelwissenschaft versteht, Philosoph aber der, der »*aus dem Zusammenklang aller Musen gebildet ist*« (5, 1) und doch über ihnen steht: gleichsam ein Apollon, der bald allein, bald mit den Musen singt, wobei er es ist, der anstimmt und den Takt angibt. Durch die Philosophie gelangt der Philosoph zur Gemeinschaft mit sich selbst und mit Gott, durch die einzelnen Fähigkeiten der Redegabe aber zu der mit den Menschen, mit denen er auch dann umzugehen wissen muß, wenn er den Gipfel erklommen hat: beides ermöglichen ihm die Musen, die zudem die vom geistigen Höhenflug erschöpfte Seele erquicken. Diejenigen nämlich sind aufgeblasene Aufschneider, die behaupten, die Kontemplation könne sie nicht ermüden, und so tun, als seien sie Götter in fleischlichen Hüllen: sie haben weder angeborene noch erworbene Vernunft. Die anderen aber, die christlichen Mönche, vermögen trotz ihrer tugendhaften Lebensweise das Ziel aller menschlichen Bemühungen – die Erkenntnis der Wahrheit – letztlich nicht zu erreichen: sie leben zwar tugendhaft, wissen aber nicht, warum; die Tugend ist ihnen Selbstzweck geworden und dient nicht mehr der Befreiung des Geistes zu tieferer Spekulation. Auch besitzen sie nur drei Tugenden; die Weisheit erkennen sie nicht an. In ihren Mußestunden beschäftigen sie sich mit allerlei Flechtwerk, um nicht den materiellen Leidenschaften zu verfallen. Wieviel ersprießlicher ist es doch, sich statt dessen der Literatur hinzugeben, die einem von uns zu Recht bewunderten Schwane gleicht, wenngleich dieser nicht wie der königliche Adler beim Zepter des Zeus wohnt. Adler und Schwan zugleich zu sein hat Gott den Menschen gewährt, indem er ihnen die Kunst des Wortes wie den Besitz der Philosophie schenkte. Wer beides erstrebt – wie einst Dion –, der hat die rechte Lebensweise. A. Ku.

AUSGABEN: Paris 1612, Hg. D. Petavius. – Bln. 1959.

ÜBERSETZUNG: *Dion oder Vom Leben nach seinem Vorbild*, K. Treu, Bln. 1959 [griech.-dt.].

LITERATUR: H. v. Campenhausen, *Griechische Kirchenväter*, Stg. 1955, S. 125–136 (Urban-Tb., 14). – K. Treu, *S. v. K. Ein Kommentar zu seinem Dion*, Bln. 1958 [zugl. Diss. Jena 1956; TU, 71].

PERI ENHYPNIŌN (griech. Patr.; *Über Träume*). Philosophische Abhandlung von SYNESIOS aus Kyrene (370?–nach 413), nach 402 auf seinem Landgut in der Kyrenaika entstanden. – Wie der Philosoph in einem Brief an seine einstige Lehrerin HYPATIA bekennt, hat er das Werk in einer einzigen Nacht, von einem Traum inspiriert, niedergeschrieben. »*Die Träume sind Propheten, die Traumgesichte lösen den Menschen die Rätsel der Zukunft.*« Denn der Kosmos ist ein aus vielem zusammengesetztes Eines, dessen Teile miteinander verwandt sind. Weise ist der, der ihre Verwandtschaft kennt; er kann vom einen auf anderes schließen, denn alles kündigt sich durch ein anderes an. Die Weissagekunst ist das höchste der Güter, durch sie vermag sich der Mensch Gott zu nähern. Von ihren verschiedenen Formen ist die Traum-Mantik bei weitem die edelste. Dabei bedarf es keiner weiten Reisen – nicht einmal der Zugehörigkeit zu einem bestimmten Stand. Einen Traum kann jeder haben, und nicht einmal der (christliche) Kaiser kann ihn verbieten. Wichtig nur ist ein reines, gottgefälliges Leben, das unsere Seele auf die göttliche Anschauung vorbereitet. Wie der göttliche *nus* die Bilder des Seienden, so beschließt unsere Seele die Bilder des Werdenden in sich und spiegelt sie in der Phantasie, mittels derer wir im Traum Göttern begegnen können, die prophezeien oder warnen, mittels derer wir zur »*seligsten Schau des Seienden*« gelangen, »*über die Welt der Kreatur hinauskommen und mit dem Geistigen uns vereinigen*« können. Das ist freilich ein schwieriges Unterfangen. Denn unser Geist, unser *pneuma*, das in enger Abhängigkeit zur Seele und deren Verfassung steht, ist der Materie verhaftet und stets bereit, uns hinabzuziehen in den »*ringsumdunkelten Raum*«, wie die Chaldäischen Orakel sagen. Darum müssen wir unsere Seele durch vernunftgemäßes und tugendhaftes Handeln pflegen. Dann werden ihr erhabene Träume zuteil werden. Die Träume individuell zu deuten aber müssen wir erst lernen, wobei der Aristotelische Satz gilt, daß Wahrnehmung Erinnerung, Erinnerung Erfahrung, Erfahrung Einsicht bringt. Auch sollten wir die Träume aufzeichnen – sowohl zu stilistischer Übung als auch zur Bereicherung unserer Tagebücher. Denn erst beide zusammen – Tage- und Nachtbücher – geben ein wirkliches Bild unserer Lebensweise.

Eine Fülle neuplatonischer Gedanken sind in dieser kleinen Schrift in souveräner Form in den Dienst der Traumspekulation gestellt – von einem Mann, der Philosoph und Dichter war und es auch später – als Bischof von Ptolemais (seit 410) – geblieben ist. A. Ku.

AUSGABEN: Venedig 1518. – MG, 66.

ÜBERSETZUNG: *Das Traumbuch*, W. Lang, Tübingen 1926.

LITERATUR: A. Ludwig, *Die Schrift »Peri enhypniōn« des S.* (in Theologie und Glaube, 7, 1915, S. 547 bis 558). – W. L. Dulière, *Synésius de Cyrène, analyste du rêve et inventeur du densimètre* (in Le Flambeau, 35, 1952, S. 233–325; 383–405).

PHALARKIAS ENKŌMION (griech.; *Lob der Kahlköpfigkeit*). Epideiktische »Rede« von SYNESIOS aus Kyrene (370? – nach 413), nach 402 auf seinem Landgut in der Kyrenaika verfaßt. – Ein kahlköpfiger Mann, meint der Autor, hat, recht bedacht, keinen Grund, sich zu schämen. Die dichtest behaarten Geschöpfe sind die unvernünftigen Tiere, und unter diesen ist das dümmste das wollige Schaf. Der Mensch, das klügste der irdischen Geschöpfe, ist am kahlsten. Unter den Menschen am kahlsten aber ist der Kahlkopf – also ist er der weiseste. Denn die ins menschliche Haupt gesenkten Samenkörner des göttlichen Verstandes (*nus*) können sich erst im kahlen Haupt zur Vollkommenheit entfalten. Wenn Verstand und Klugheit ins menschliche Haupt einziehen, entschwindet das Haar. Daher waren auch die großen Philosophen wie Diogenes und Sokrates Kahlköpfe. Aus gleichem Grund scheren die ägyptischen Priester ihr Haar und lassen nicht einmal die Augenbrauen stehen. Ist aber schon der künstlich Kahlgeschorene Gott angenehm, so ist der auf natürliche Weise zum Kahlkopf Gewordene Gott sogar verwandt. Denn die vom göttlichen Urwesen abgeleiteten Götter – Sonne, Mond, Fixsterne und Planeten – sind kahle Kugeln. Wie die Weltseele aus dem *nus* geflossen ist und unseren Kosmos beseelt hat, so sind aus der Weltseele die einzelnen Menschenseelen hervorgegangen und haben sich in den Häuptern der Menschen angesiedelt. Törichte Seelen wählten behaarte Häupter; die weise Seele aber wählte einen Stern oder ein kahles Haupt, das in seiner Unbehaartheit die kosmische Gestalt am vollkommensten spiegelt. – Noch viele Argumente findet Synesios für seinen Beweis, daß die Glatze an sich etwas viel Lobenswerteres sei als dichtgelocktes Haar. Als schreckliche Gegenbeispiele werden die Frauen, die Ehebrecher und die Päderasten ins Feld geführt.

Das kleine Werk will nicht mehr sein als ein »doxographischer Scherz«, ein Produkt spielender Sophistik. Mit seiner witzig pointierten Argumentation ist es ein ebenbürtiges Gegenstück zum *Enkōmion komēs (Lob des Haares)* des DION CHRYSOSTOMOS, den Synesios widerlegen will. Wer sich freilich nach der Lektüre dieses Musterbeispiels sophistischer Brillanz wirklich seiner Lockenpracht schämen sollte, hat den subtilen Humor nicht verstanden, mit dem sich der Verfasser über den Verlust der einstigen Zierde seines Hauptes hinwegzutrösten versuchte. A. Ku.

AUSGABEN: Basel 1515, Hg. J. Phrea. – Hannover 1619 (in C. Dornau, *Amphitheatrum sapientiae Socraticae jocoseriae*, Bd. 1). – MG, 66.

ÜBERSETZUNG: *Das Lob der Kahlköpfigkeit*, J. Krabinger, Stg. 1834.

LITERATUR: E. Miller, »*Éloge de la chevelure*«, *discours inédit d'un auteur grec anonyme en réfutation du discours de S. intitulé »Éloge de la calvitie«*, Paris 1840. – J. Geffcken, *Kynika u. Verwandtes*, Heidelberg 1909, S. 149–151. – H. v. Campenhausen, *Griechische Kirchenväter*, Stg. 1955 (Urban-Tb., 14). – L. Kotynsky (in Mɛander, 12, 1957, S. 157–168; 185–197).

PELAGIUS
(4./5. Jh.)

EPISTULA AD DEMETRIADEM (lat. Patr.; *Brief an Demetrias*). Ein »*Lehr- und Mahnschreiben an eine vornehme Klosterfrau*« (Bardenhewer) von PELAGIUS (4./5. Jh.), entstanden wahrscheinlich 413/14. – Der irische (?) Häretiker, gegen dessen Lehre AUGUSTINUS (356–430) so heftig polemisierte, hat den *Brief* im Orient geschrieben, wohin er sich mit seinem Schüler CAELESTIUS begeben hatte, nachdem seine Lehre auf mehreren afrikanischen Synoden verdammt worden war. Adressatin ist die römische Patrizierin Demetrias, die nach der Eroberung Roms durch die Westgoten im Jahr 410 mit ihrer Mutter Iuliana und ihrer Großmutter Anīcia Proba Faltonia in einem afrikanischen Kloster Ruhe suchte. Da auch HIERONYMUS mit ihr korrespondiert hat, wurde der *Brief* des Pelagius lange Zeit ihm zugeschrieben. Augustin bezieht sich auf die *Epistula* in einem an Demetrias' Mutter Iuliana gerichteten Brief vom Jahre 417/18 (Nr. 180).

Der *Brief* des Pelagius, aus dem religiöser Ernst und echte Begeisterung für das asketische Ideal sprechen, ist ein Kompendium pelagianischer Ethik. Die Sünde ist ein Versagen des Willens. Die Gnade wird dem Menschen gemäß der jeweiligen Willensanstrengung von Gott gewährt. Entscheidend für ein erfolgreiches asketisches Leben ist, daß der Mensch stets den Willen zum Guten hat und die Gedankensünden flieht, »*was wir stets beides können*«. Der *Brief*, der einen reichen Wortschatz aufweist und durch seine »*musterhafte Klarheit der Darstellung*« (Schmid-Stählin) besticht, verrät die wohlfundierte Bildung des Verfassers. Originelle Wortprägungen, wie sie etwa für Augustin oder TERTULLIAN charakteristisch sind, wird man allerdings vergeblich suchen. A. Ku.

AUSGABEN: ML, 30, Sp. 15–45; ML, 33, Sp. 1099 bis 1120. – Tübingen 1906, Hg. A. Bruckner.

LITERATUR: G. de Plinval, *Pélage, ses écrits, sa vie et sa réforme*, Lausanne 1943. – Ders., *Essai sur la langue et le style de Pélage*, Fribourg 1947. – E. Florkowski, *Soteriologia Pelagiana*, Krakau 1949. – T. Bohlin, *Die Theologie des Pelagius und ihre Genesis*, Uppsala 1957. – S. Prete, *Pelagio e il pelagianesimo*, Brescia 1961. – R. Pirenne, *La morale de Pélage*, Rom 1961.

OROSIUS
(Paulus Orosius, gest. nach 418)

HISTORIAE ADVERSUS PAGANOS (lat. Patr.; *Geschichte wider die Heiden*). Apologetische Weltgeschichte von OROSIUS († nach 418; der Name Paulus Orosius begegnet erst bei IORDANES), entstanden in den Jahren 417/18. – Die *Historiae* sind AUGUSTIN gewidmet, der Orosius die Anregung und den Auftrag zu dem Werk gab. Wie Augustins zur gleichen Zeit entstandene *Civitas Dei (Der Gottesstaat)* wenden sich die *Historiae* gegen den vor allem nach der Eroberung Roms durch Alarich (410) von heidnischer Seite mit großer Heftigkeit erhobenen Vorwurf, die Abkehr der Menschen von den alten Göttern und die Annahme der christlichen Religion habe das Unheil der letzten Zeiten über die Menschheit, besonders aber über das Römische Reich, gebracht. Als Ergänzung der geschichtsphilosophischen Erkenntnisse Augustins sollte Orosius aus den Geschehnissen der Weltgeschichte den Beweis liefern, daß jene Angriffe aller Grundlagen entbehrten, ja, daß im Gegenteil das Leben in heidnischer Zeit weit schlimmer gewesen sei als in der christlichen Ära. Unter solchem Gesichtspunkt mußte natürlich die Weltgeschichte zwangsläufig als eine ununterbrochene Folge von blutigen Kriegen, Seuchen und Katastrophen erscheinen.

Der Stoff ist in sieben Bücher eingeteilt. Das erste führt von der Erschaffung der Welt bis zur Gründung Roms, das zweite bis zur Eroberung Roms durch die Gallier und zur Schlacht von Kunaxa (401 v. Chr.), das dritte bis zur Auflösung des Alexander-Reichs, das vierte bis zur Zerstörung Karthagos, das fünfte bis zum ersten Bürgerkrieg, das sechste zu Augustus und Christi Geburt, das siebte bis zum Jahr 418. Orosius periodisiert die Weltgeschichte im Anschluß an *Daniel*, Kap. 7, nach den vier Weltreichen; er kennt, abweichend von Hieronymus, die Weltmonarchien der Babylonier, der Makedonier, der Karthager und der Römer.

Die *Historiae* waren der erste Versuch einer lateinisch-christlichen Weltgeschichte. Da sie neben der Belehrung auch Erbauung boten, haben sie sehr bald die entsprechenden heidnisch-antiken Werke im Schulgebrauch abgelöst. Ihre Bedeutung als wichtigstes Handbuch der Weltgeschichte behielten sie bis in die beginnende Neuzeit. Die *Chronik* des Otto von Freising (1111/15–1158) und der *Policraticus*, die große Staatstheorie des Johann von Salisbury (um 1115–1180), legen Zeugnis vom Einfluß des Orosius auf die mittelalterliche Literatur ab. Dem Ansehen, das der spätantike Autor während des Mittelalters genoß, entspricht die ungewöhnlich breite Überlieferung: die *Historiae* sind in nahezu 200 Handschriften erhalten, deren älteste aus dem 6. Jh. stammt. – Die Schriftsteller, auf denen Orosius fußt, sind in erster Linie Eusebios und Hieronymus, Livius, Sallust, Sueton, Tacitus, Iustinus und Florus. Orosius selbst nennt noch manche andere Autoren, aber er ist in seinen Angaben wenig zuverlässig: behauptet er doch auch, Sueton sei der Verfasser von Caesars *Gallischem Krieg*. Obwohl sich in Orosius' Werk durchaus die apologetische Tendenz vordrängt, besitzen die *Historiae* für den Zeitraum von etwa 370 bis 418 auch heute noch nicht unerheblichen Quellenwert. G. Hü.

Ausgaben: Augsburg 1471. – ML, 31. – Wien 1882, Hg. C. Zangenmeister (m. Anm.; CSEL, 5). – Lpzg. 1889, Hg. ders.

Übersetzung: *Chronica und beschreybung*, H. Boner, Kolmar 1539.

Literatur: F. Wotke, Art. *O.* (in RE, 18/1, 1939, Sp. 1185–1195). – G. Fink, *P. Orose et sa conception de l'histoire*, Diss. Aix-en-Provence 1950. – K. A. Schöndorf, *Die Geschichtstheologie des O.*, Diss. Mchn. 1952. – L. Gascoin, *La théologie de l'histoire de P. Orose*, Paris 1954. – L. P. Milburn, *Early Christian Interpretation of History*, Ldn. 1954. – C. Torres Rodriguez, *La obra de Orosio. Su historia*, Santiago de Compostela 1954. – G. Fink-Errera, *San Augustin y Orosio. Esquema para un estudio de las fuentes del »De civitate Dei«* (in Ciudad de Dios, 167, 1954–1956, 2, S. 455 bis 549). – B. Lacroix, *Orose et ses idées*, Montreal/Paris 1965.

CLAUDIUS MARIUS VICTOR
(5. Jh.)

ALETHIA (lat. Patr.; *Alethia*). Gedicht in daktylischen Hexametern von Claudius Marius Victorius (5. Jh.) aus Marseille, vermutlich zwischen 420 und 430 verfaßt. – In drei Büchern werden die biblischen Ereignisse bis zur Zerstörung von Sodom nacherzählt. Als Einleitung ist ein nach den antiken Stilregeln abgefaßtes Gebet (126 Verse) vorangestellt, das in stärkerem Maß als der eigentliche paraphrasierende Text die Theologie des Verfassers erkennen läßt. Zur ambivalenten Situation des menschlichen Geistes gehört es, Gott, den Allerhöchsten, den Heiligen und Allmächtigen, den Ursprung aller Tugend, weder ganz erfassen noch völlig ignorieren zu können. So ist uns zwar die Dreifaltigkeit als solche unfaßbar, jedoch glauben wir, sie als eine Substanz fassen zu können, die drei Personen Existenz verleiht. Gott ist jenseits von Raum und Zeit zu denken. In seiner Unendlichkeit entzieht er sich jeder Wahrnehmung; ebensowenig können wir bei Gott von Bewegung sprechen, weil er als Ganzer immer allgegenwärtig ist. Er ist *mens* und ganz und gar *substantia sacrae mentis*, er ist *ratio* und der Ursprung der *ratio*, die *virtus* und die höchste Zierde der *virtus*, das Leben und das Licht und deren Erzeuger, der Grund der Welt und ihre erhaltende Kraft *(causa vigorque)*. Er hat die Welt aus dem Nichts geschaffen und erhält sie, worin seine All-Macht (d. h. Macht über das All) zur Auswirkung kommt. Bei der Schöpfung ließ sich Gott nur von seiner Güte leiten. Er schenkte seinen Geschöpfen den freien Willen, dessen Existenz durch die Möglichkeit zu sündigen bewiesen wird. Luzifer und dann Adam mißbrauchten ihn und brachten der Menschheit den Tod, wofür wir aber Adam nicht mehr grollen sollen: denn wieviel mehr bedeutet es, den Tod zu besiegen, als ihn überhaupt nicht zu kennen!

Victorius blieb mit seinem Gedicht in den Grenzen der Orthodoxie, doch scheint es, als habe er im semipelagianischen Streit, der damals die Gemüter in seiner Vaterstadt erhitzte, vermitteln wollen. Gennadius schreibt in der zweiten Hälfte des 5. Jh.s in seiner Chronik *De viris illustribus*, daß Victorius zwar christlichen und frommen Sinnes, doch von der heidnischen Literatur aufs höchste eingenommen und in den heiligen Schriften weniger bewandert war und daß deswegen sein Gedicht von geringerem Wert sei. Tatsächlich finden sich Parallelen zu Ovid, Vergil, Lukrez und Lukan. Wahrscheinlich zählen aber auch Prudentius und Ambrosius mit seinen Predigten über das *Hexameron* zu seinen literarischen Vorbildern. A. Ku.

Ausgaben: Lyon 1536, Hg. J. Gagnaeus. – Groningen/Djakarta 1955, Hg. P. F. Hovingh [m. frz. Übers.]. – Turnholt 1960 (CCL, 128).

Literatur: P. F. Hovingh, *La fumée du sacrifice de Caïn et d'Abel et l'»Alethia« de C. M. V.* (in VC, 10, 1956, S. 43–48). – Ders., *C. M. V., »Alethia«, I, 188* (in VC, 13, 1959, S. 187ff). – Ders., *A propos de l'édition de l'»Alethia« de C. M. V., parue dans le Corpus Christianorum* (in SE, 11, 1960, S. 193–211).

IOHANNES CASSIANUS
(gest. um 435)

DE INCARNATIONE CHRISTI (lat. Patr.; *Über die Menschwerdung Christi*). Eine »gegen den Häretiker *Nestorius*« gerichtete Schrift in sieben Büchern von Iohannes Cassianus († um 435), entstanden um 430. – Das im Auftrag des nachmaligen Papstes Leo I. verfaßte Werk gab dem Autor Gelegenheit, sich eindeutig vom Pelagianismus zu distanzieren, für den er, wie ihm Prosper aus Aquitanien mißtrauisch unterstellte, in der dreizehnten seiner *Collationes (Unterredungen)* Sympathie gezeigt hatte. – Buch 1 beginnt mit einer Verdammung der Häresie im allgemeinen; diese wird mit der vielköpfigen Schlange der Dichter verglichen. Im weiteren Verlauf werden die einzelnen Köpfe der Schlange namhaft gemacht, die »*Kletten und Dornen*« des göttlichen Ackers, wie Cassian sie auch nennt: die Ebioniten, Sabellianer, Arianer, Eunomianer und Mazedonier, Fotinianer und Apollinaristen sowie »*die übrigen Dorngesträuche der Kirche, dieses Unkraut, welches die Frucht des guten Glaubens tötet*«. Gegen die Pelagianer zieht Cassian noch gesondert und ausführlicher zu Felde, bevor er in Buch 2 zur Widerlegung der Lehre des Nestorianismus übergeht. Dabei verquickt er Pelagianismus und Nestorianismus, die zwar beide auf demselben anthropologischen Boden stehen, auf eine sachlich kaum zu rechtfertigende Weise. PELAGIUS unterstellt er, die göttliche Natur in Christus geleugnet zu haben. NESTORIUS schleudert er den gleichen Vorwurf entgegen, und indem er so den gleichen Nenner gefunden zu haben glaubt, meint er, mit einer einzigen Schrift gleich zwei Häresien hinreichend widerlegt zu haben. Nestorius hatte sich gegen die Bezeichnung Marias als *theotokos* (Gottesgebärerin) gewandt und den Begriff durch das ihm angemessener erscheinende *christotokos* (Christusgebärerin) ersetzen wollen; denn nicht Gott, sondern Christus als den über eine göttliche und menschliche Natur verfügenden Erlöser, der auch Sohn Gottes genannt werden könne, habe Maria zur Welt gebracht. Dem entgegnet Cassian, daß die Gottheit Christi von Ewigkeit her bestanden habe, weshalb man Maria doch *theotokos* nennen müsse.

Mit vielen Väterstellen beweist Cassian anschließend die – weder von Pelagius noch von Nestorius geleugnete – Gottheit Christi und demonstriert dabei seine Belesenheit in der christlichen – lateinischen wie griechischen – Literatur. Von den abendländischen Vätern werden HILARIUS aus Poitiers, AMBROSIUS, HIERONYMUS, RUFINUS und AUGUSTINUS, von den orientalischen GREGORIOS aus Nazianz, ATHANASIOS aus Alexandrien und IOHANNES CHRYSOSTOMOS, bei dem Cassian in die Schule gegangen ist, als Garanten der Orthodoxie ausführlich zitiert. A. Ku.

AUSGABEN: Basel 1534. – Paris 1858/59 (in *Opera omnia*, 2 Bde.; ML, 49/50). – Wien 1886–1888 (in *Opera*, Hg. M. Petschenig, 2 Bde.; CSEL, 13, 17).

ÜBERSETZUNG: *Des ehrwürdigen Johannes Cassianus sieben Bücher über die Menschwerdung Christi*, K. Kohlhund (in *SS*, Bd. 2, Kempten 1879; BKV, 68).

LITERATUR: C. v. Paucker, *Die Latinität des Johannes Cassianus* (in RF, 2, 1886, S. 391–448). – A. Hoch, *Lehre des Johannes Cassianus von Natur und Gnade. Ein Beitrag zur Geschichte des Gnadenstreits im 5. Jh.*, Freiburg i. B. 1895. – J. Langier, *St. Jean Cassien et sa doctrine sur la grâce*, Diss. Lyon 1908. – L. Wrzol, *Die Psychologie des Johannes Cassianus* (in *Divus Thomas*, 5, 1918, S. 181ff.; 425ff.). – Altaner, S. 416/417 [m. Bibliogr.]. – J.-C. Guy, S. J., *Jean Cassien. Vie et doctrine*, Paris 1961.

INSTITUTA COENOBIORUM

(lat. Patr.: *Die Einrichtungen der Klöster*). Abhandlung über das Ordensleben und praktischer Wegweiser für Ordensleute von IOHANNES CASSIANUS († um 435), dem großen Zeitgenossen AUGUSTINS. – Zusammen mit seinem Freund Germanus hat Cassian das Mönchtum an dessen orientalischer Wiege studiert: in Bethlehem, vor allem aber in Ägypten, wo sie sich mehrere Jahre aufhielten. Während des Origenistenstreits gingen sie nach Konstantinopel zu IOANNES

CHRYSOSTOMOS, der Cassian zum Diakon weihte (um 400) und die beiden Freunde nach seiner Absetzung zu Papst Innozenz I. nach Rom schickte (405), um diesen über die Vorgänge in der oströmischen Metropole und die Lage ihres unglücklichen Patriarchen zu unterrichten. In Rom Presbyter geworden, kehrte Cassian nicht mehr in den Osten zurück, sondern ging nach Gallien, um auch den Okzident für die Ideen des Mönchtums zu gewinnen. Er gründete zahlreiche Klöster, für deren Ordensleute die *Instituta* geschrieben sind.

Die Schrift zerfällt in drei Teile, die von verschiedenen Autoren auch als selbständige Bücher zitiert werden. Der erste Teil handelt von der Kleidung der Mönche (Buch 1), den kanonischen Vorschriften über die nächtlichen Gebete und Psalmengesänge (Buch 2) und von dem vorgeschriebenen Officium des Tages (Buch 3). Im zweiten Teil stehen die Aufnahmebedingungen und die Regeln für die Novizen (Buch 4). Der dritte Teil behandelt die acht Hauptsünden: Gastrimargie oder Gaumenlust (Buch 5), Unkeuschheit (Buch 6), Philargyrie oder Habsucht (Buch 7), Zorn (Buch 8), Trübsinn (Buch 9), Acedie oder innerer Überdruß (Buch 10), Kenodoxie oder eitle Ruhmsucht (Buch 11) und Stolz (Buch 12). Zu Beginn dieses dritten Teils bittet der Autor den Inaugurator des Werks, Bischof Castorius, für das rechte Gelingen zu beten, damit er imstande sei, »*das so verborgene und dunkle Wesen der einzelnen Fehler gebührend zu erörtern, auch ihre Ursachen hinreichend darzulegen und schließlich geeignete Heilmittel gegen dieselben anzuwenden*«. Bei der Durchführung dieses Vorhabens erweist sich Cassian als vortrefflicher Psychologe, der nicht nur die menschlichen Laster zu analysieren weiß, sondern auch um eine Therapie bemüht ist, die die Schwäche der menschlichen Natur berücksichtigt.

Die in den *Instituta* vertretene Anschauung, daß der Mensch auf dem Weg zur Vollkommenheit der göttlichen Gnade bedürfe, die ihn im Verein mit seinem guten Willen zum Ziel führt, machte den Autor zum Vater des Semipelagianismus, einer Richtung, die hundert Jahre lang, bis zur Zweiten Synode von Orange im Jahre 529, viele Anhänger in den gallischen Klöstern fand. – Die Schrift ist in nachklassischem Latein abgefaßt, Sprache und Stil sind dem Inhalt angepaßt, gemessen belehrend und von »*rhetorischer Künstelei ... ebenso frei wie von vulgärer Plattheit*« (Jülicher). In Mönchskreisen blieb sie das ganze Mittelalter hindurch eine beliebte Lektüre, und heute gilt sie als eine der wichtigsten Quellen für das Mönchsleben der ersten Jahrhunderte. A. Ku.

AUSGABEN: Venedig 1481. – Basel 1485, Hg. J. Amerbach. – Douai 1616, Hg. A. Gazeus. – ML, 49. – Wien 1888 (in *Opera*, Hg. M. Petschenig, 2 Bde., 1886–1888, 2; CSEL, 17; Nachdr. NY 1966).

ÜBERSETZUNGEN: *Von den Einrichtungen der Klöster*, A. Abt (in *SS*, Bd. 1, Kempten 1877; BKV, 59). – *Weisheit der Wüste*, A. Kemmer, Einsiedeln 1948 [Ausw.].

LITERATUR: R. Heinrichs, *Die Arbeit und das Mönchtum in Kassians Schrift »Von den Einrichtungen der Klöster«* (in Der Katholik, 2, 1892, S. 395 bis 403). – C. v. Paucker, *Die Latinität des J. C.* (in RF, 2, 1886, S. 391–448). – A. Hoch, *Lehre des J. C. von Natur und Gnade. Ein Beitrag zur Geschichte des Gnadenstreits im 5. Jh.*, Freiburg i. B. 1895. – A. Jülicher, Art. C. (in RE, 3/2, 1899,

Sp. 1668/1669). – O. Abel, *Studien zu dem gallischen Presbyter J. C.*, Diss. Mchn. 1904. – J. Laugier, *S. Jean Cassien et sa doctrine sur la grâce*, Diss. Lyon 1908. – L. Wrzoł, *Die Psychologie des J. C.* (in Divus Thomas, 5, 1918, S. 181–213; 425–456). – J.-C. Guy, *Jean Cassien. Vie et doctrine spirituelle*, Paris 1961.

KYRILLOS aus Alexandreia
(gest. 444)

ANATHEMATISMOI (griech. Patr.; *Bannflüche*). Unter diesem Titel ist eine Schrift aus dem christologischen Streit des 5. Jh.s überliefert, die KYRILLOS († 444), zu jener Zeit Patriarch von Alexandrien, als Fazit des von ihm einberufenen Provinzialkonzils (430) an den Schluß seines berühmten Banndrohungsbriefes an NESTORIOS, den Patriarchen von Konstantinopel, stellte.

Nestorios hatte in der Streitfrage, ob Maria *theotokos* (Gottesgebärerin) oder *anthropotokos* (Menschengebärerin) zu nennen sei, vermitteln wollen und den Terminus *christotokos* (Christusgebärerin) ins Spiel gebracht. In einer Predigt, die bei MARIUS MERCATOR (ML 48, 757 ff.) überliefert ist, argumentiert Nestorios: Als Maria den Gottessohn zur Welt brachte, hat sie einem Menschen das Leben geschenkt, der, wegen seiner Einheit mit dem Sohn Gottes, Sohn Gottes genannt werden kann. Gegen diesen Versuch, der auf einer Trennung der beiden Naturen in Christus beruhte, polemisierte Kyrillos von Alexandrien aufs heftigste, war ihm der starke, unbeugsame Asket auf dem konstantinopolitanischen Patriarchenthron doch längst ein Dorn im Auge. Seine Polemik gegen Nestorios setzte just in dem Augenblick ein, da er von Nestorios wegen seines harten Regiments in Ägypten zur Rechenschaft gezogen werden sollte. Er wandte sich (ebenso wie Nestorios, doch indem er seinem griechischen Schreiben eine lateinische Übersetzung beifügte) »*mit geflissentlicher Demut*« (v. Campenhausen) an Papst Coelestin I., der auf einer Synode in Rom die Nestorianische Lehre verwarf und Kyrillos brieflich ermächtigte, Nestorios zu exkommunizieren, falls dieser nicht seine Häresie von den »*zwei Gottessöhnen*« widerrufe.

Unterdessen war Kyrillos vor keiner Intrige zurückgescheut, um die kaiserliche Familie gegen Nestorios aufzubringen. Kaiser Theodosios II. berief die (dritte ökumenische) Synode zu Ephesos für das Pfingstfest 431 ein. Um diese Synode mit bereits gefällten Entscheidungen zu seinen Gunsten zu beeinflussen, hat Kyrillos in aller Eile jenes anfangs erwähnte Konzil in Alexandrien einberufen, auf dem er seine Formel von der »*einen gottmenschlichen Natur in Christus*«, dem fleischgewordenen Logos, verteidigte und sein zwölfmaliges »*anathema esto*« (Verflucht seist du!) gegen Nestorios aussprach. A. Ku.

AUSGABEN: Paris 1638, Hg. J. Aubertus. – Paris 1859 ff. (MG, 68–77).

ÜBERSETZUNGEN: *Anathematismoi*, K. J. Hefele (in K. J. H., *Conciliengeschichte*, Freiburg i. B. 1855 bis 1899; ²1873–1890). – *Anathèmes de Cyrille et contre-anathèmes de Nestorius*, Hefele-Leclercq (in H.-L., *Histoire des Conciles*, Paris 1907 ff., 2/1, S. 219–377).

LITERATUR: A. Eberle, *Die Mariologie d. hl. C. v. A.*, Freiburg i. B. 1921. – H. M. Diepen, *Les douze anathématismes au Concile d'Ephèse jusqu'en 519* (in RTh, 55, 1955, S. 300–338). – B. Lavand u. H. M. Diepen, *Saint C. d'A. Court traité contre ceux qui ne veulent pas reconnaître Marie Mère de Dieu* (in RTh, 56, 1956, S. 688–712). – G. Jouassard, *Saint C. d'A. et le schéma de l'incarnation verbe-chair* (in RSR, 44, 1956, S. 234–242). – H. M. Diepen, *Aux origines de l'anthropologie de Saint C. d'A.*, Paris 1957.

HYPER TĒS TŌN CHRISTIANŌN EUAGUS THRĒSKEIAS PROS TA TU EN ATHEOIS IULIANU (griech. Patr.; *Über die heilige Religion der Christen, gegen die Behauptungen des zu den Gottlosen gehörenden Iulian*). Apologetisches Werk von KYRILLOS aus Alexandreia (Patriarch ebenda 412–444, † 444), entstanden um 433 als Gegenschrift gegen *Kata Galilaiōn (Gegen die Galiläer*; auch *Kata Christianōn – Gegen die Christen)*, die nicht erhaltene dreibändige christenfeindliche Streitschrift des Kaisers IULIANOS (332–363). – Der Wert der breitangelegten Gegenschrift des Kyrillos liegt hauptsächlich darin, daß sich aus der darin unternommenen Widerlegung der Kritik des Kaisers am Christentum das erste Buch der Iulianischen Streitschrift, aus dem ganze Passagen zitiert werden, weitgehend rekonstruieren läßt. Kyrills Werk, von dessen ursprünglich dreißig Büchern nur die ersten zehn erhalten sind, macht deutlich, daß für den Neuplatoniker Iulian der Gedanke der Fleischwerdung des Logos eine Ungereimtheit war, weshalb eine konkrete geschichtliche Gestalt wie Jesus in seinen Augen keine absolute Bedeutung haben konnte.

Der Kaiser sah in den Christen oder »Galiläern« nichts als eine jüdische Sekte, die grundlos vom alttestamentlichen Judentum abgefallen war. Damit wiederholte er freilich nur eine Polemik des PORPHYRIOS (233–301/04) und des KELSOS (2. Jh.), des Verfassers des *Logos Alēthēs (Wahres Wort)*, eine Polemik, die allerdings nach Konstantin dem Großen überholt wirken mußte. Zudem fällt die Schrift des Kaisers gegenüber den erwähnten Vorbildern, die selber noch gelesen wurden, stark ab. – Über das zweite und dritte Buch der Schrift Iulians, die wahrscheinlich eine Kritik der neutestamentlichen Bücher enthielten, gibt auch das fragmentarische, im üblichen apologetischen Stil der Zeit verfaßte Werk des Kyrillos keine Auskunft. H. L. H.

AUSGABEN: Paris 1638, Hg. J. Aubert. – Lpzg. 1696. – MG, 76. – Oxford 1868–1877 (in *Works*, Hg. Ph. E. Pusey, 7 Bde.). – Lpzg. 1880 (in *Iuliani Imperatoris librorum contra christianos quae supersunt*, Hg. C. J. Neumann; enth. Fragm. der Bücher 11–20, Hg. E. Nestle u. C. J. Neumann; Scriptorum Graecorum qui christiani impugnaverunt religionem quae supersunt, Fasc. 3).

LITERATUR: P. Klimek, *Coniectanea in Iulianum et Cyrilli Alexandrini contra illum libros*, Diss. Breslau 1883. – J. Geffcken, *Kaiser Julianus u. die Streitschriften seiner Gegner* (in NJb, 21, 1908, S. 188 ff.). – H. du Manoir de Juaye, *Dogme et spiritualité chez s. Cyrille d'Alexandrie*, Paris 1944.

PERI TĒS HAGIAS KAI HOMOUSIU TRIADOS (griech. Patr.; *Über die heilige und wesensgleiche Dreieinigkeit*). Dogmatische Schrift in Form von sieben Dialogen, von KYRILLOS aus Alexandreia († 444), Entstehungszeit unbekannt. – Der Patriarch Kyrillos hatte sich wiederholt gegen den Vorwurf

der Nestorianer (die annahmen, Christus habe nach der Menschwerdung zwei Naturen gehabt) zu verteidigen, er sei Arianer, weil der auf Maria angewandte Ausdruck »Gottesgebärerin« *(theotokos)* ihrer Ansicht nach die Ebenbürtigkeit des Sohnes mit dem Vater in Frage stellte. Vielleicht steht die Abfassung der Schrift, die vornehmlich gegen die Lehre der Arianer gerichtet ist, damit in Zusammenhang. Kyrillos weist in seinem Werk nach, daß der Sohn »gleichewig« und wesensgleich mit dem Vater sei, nicht, wie die Arianer annahmen, ein Mittelwesen zwischen Schöpfer und Geschöpf (nach arianischer Lehre soll der Sohn das Erschaffen gelernt haben). Der Sohn sei nicht gemacht oder geschaffen, sondern aus dem Vater erzeugt und somit wahrer Gott. Die aufgrund von Stellen der *Heiligen Schrift* gegen die göttliche Natur des Sohnes erhobenen Einwände werden widerlegt, diese Schriftstellen selbst, die von den menschlichen Eigenschaften Christi sprechen, auf den fleischgewordenen Logos bezogen. Schließlich wird auch die wahre Gottheit des Heiligen Geistes aus der Schrift nachgewiesen. – Kyrills Sprache ist schmucklos und nüchtern, die Diktion eines geborenen Dogmatikers. H. L. H.

AUSGABEN: Paris 1638 (in *Opera*, Hg. J. Aubert). – MG, 75.

LITERATUR: LThK, 5, Sp. 467/468 [m. Bibliogr.]. – RAC, 3, S. 499–516 [m. Bibliogr.]. – P. Galtier, *Le Saint Esprit en nous d'après les Pères grecs*, Rom 1946. – N. Charlier, *Le Thesaurus de trinitate de saint Cyrille d'Alexandrie* (in RHE, 45, 1950, S. 25–81). – J. Liébaert, *La doctrine christologique de saint Cyrille d'Alexandrie*, Lille 1951. – P. Galtier, *L'unio secundum hypostasim chez saint Cyrille* (in Gregorianum 33, 1952, S. 351–398). – R. M. Grant, *Greek Literature in the Treatise »De trinitate« and »Cyril contra Julianum«* (in JThSt, 15, 1964, S. 265–279).

PEREGRINUS
(Vincentius von Lerin, 4./5. Jh.)

COMMONITORIUM (lat. Patr.; *Leitfaden*). Theologische Abhandlung »*für das Altertum und die Allgemeinheit des katholischen Glaubens wider die gottlosen Neuerungen aller Häretiker*« von PEREGRINUS (Vincentius von Lerin, 4./5. Jh.), entstanden 434 (drei Jahre nach dem Konzil von Ephesus). – Über den gallischen Autor ist nur wenig bekannt. Stil und Inhalt des *Commonitorium* verraten eine sorgfältige Erziehung und wissenschaftliche Bildung. Zum Pseudonym hat Vincentius vielleicht wegen der in dem Werk enthaltenen Polemik gegen die Gnadenlehre AUGUSTINS gegriffen. Dem Titel und Vincentius' eigenen Angaben zufolge ist das Büchlein als eine »Gedächtnisstütze« gedacht. Der wahre Grund für seine Abfassung aber war wohl die Absicht, denen, die sich, von den vielen Häresien verwirrt, in der wahren Religion nicht mehr auskennen, einen orthodoxen Leitfaden an die Hand zu geben.

Als sichere Glaubensregel empfiehlt Vincentius, sich an die *Heilige Schrift* und an die Tradition der katholischen Kirche zu halten. Die *Heilige Schrift* allein genüge nicht, da sie allzu unterschiedlich ausgelegt worden sei. Für das richtige Verständnis bürge allein die Autorität der Kirche, nach dem Grundsatz: »*In der kirchlichen Lehre darf keine Neuerung eingeführt werden: katholisch ist nur, was überall, was immer, was von allen geglaubt worden.*« Als Richtschnur dienen die Beschlüsse eines allgemeinen Konzils und die übereinstimmenden Aussagen von orthodoxen Kirchenlehrern. Die Frage, warum Gott es zulasse, daß gerade die besten Männer sich oft häretischen Lehren zuwenden, beantwortet Vincentius mit einem Hinweis auf *5. Mose* 13, 1–3: das geschieht zur Prüfung der Gläubigen, wie etwa der Fall von NESTORIOS, PHOTINUS und APOLLINARIS oder ORIGINES und TERTULLIAN zeige. Wenn auch alle Neuerungen zurückzuweisen sind, so doch nicht der Fortschritt in der Entwicklung des Glaubensinhalts, wie er sich auf Konzilien äußere, wo die alte Lehre immer wieder in neues Licht gesetzt und der Glaubenssinn durch neue Formeln erschlossen werde. Vincentius weist nachdrücklich auf die Gefährlichkeit der Häretiker hin, die sich für ihre Häresie ebenfalls auf die *Heilige Schrift* berufen und sozusagen als reißende Wölfe in Schafskleidern kommen, getreu der alten Praktik des Satans. – Der zweite Teil des *Commonitorium* ist bis auf die zusammenfassenden drei Schlußkapitel verlorengegangen. In einem dieser Kapitel (42) zeichnet Vincentius die Verhandlungen der ökumenischen Synode zu Ephesus auf, deren oberster Grundsatz es war, zugunsten der Tradition von Neuerungen Abstand zu nehmen. – Die Kirche wußte den Wert dieser kleinen Schrift allzeit zu schätzen. A. Ku.

AUSGABEN: Paris 1663; 1669; 1684, Hg. S. Baluze. – ML, 50, 1859. – Wien 1809, Hg. E. Klüpfel. – Bonn 1906, Hg. G. Rauschen. – Cambridge 1915, Hg. R. S. Moxon.

ÜBERSETZUNGEN: *Des heiligen Vinzenz von Lerin »Commonitorium«*, U. Uhl, Kempten 1870. – Dass., G. Rauschen, Kempten 1914 (BKV², 20).

LITERATUR: C. J. Hefele, *V. Lirinensis und sein Commonitorium* (in Beiträge zur Kirchengeschichte, Archäologie und Liturgik, Bd. 1, Tübingen 1864, S. 145–174). – R. M. J. Poirel, *De utroque »Commonitorio« Lirinensi*, Nancy 1895. – F. Brunetière u. P. de Labriolle, *St-Vincent de Lérins*, Paris 1906. – H. Koch, *Vinzenz von Lerin und Gennadius, ein Beitrag zur Literaturgeschichte des Semipelagianismus*, Lpzg. 1907 (TU, 31, 26). – C. Weyman, *Die Edition des »Commonitoriums«* (in HJbG, 29, 1908, S. 582–586). – J. Madoz, *El concepto de la tradición in S. Vicente de Lerins*, Rom 1933. – A. d'Alès, *La fortune du »Commonitorium«* (in Recherches de Science Religieuse, 26, 1936, S. 334 bis 356). – Dictionnaire de théologie catholique, Bd.15/2, Paris 1950, Sp. 3045–3055. – Altaner, S. 417/418.

NESTORIOS
(nach 381–nach 451)

PRAGMATEIA HĒRAKLEIDU DAMASKĒNU (griech. Patr.; *Die Schrift des Herakleides aus Damaskos*). Polemisches Werk des NESTORIOS (nach 381 – nach 451). – Der Autor war ein Schüler des THEODOROS aus Mopsuestia und wurde wegen seiner Beredsamkeit von Kaiser Theodosius II. auf den Patriarchenstuhl von Konstantinopel berufen. Als er dort die antiochenische Christologie mit ihrer Betonung der menschlichen Wesensart Christi und deren entscheidender Bedeutung für die Erlösung

(Christus als ethisches Vorbild) vortrug und in diesem Zusammenhang insbesondere den Titel einer *theotokos*, »Gottesgebärerin«, für Maria scharf ablehnte, wurde er auf Betreiben des KYRILLOS aus Alexandreia († 444) auf dem Konzil von Ephesos 431 verurteilt. Vorangegangen war eine heftige Polemik der beiden Autoren. Zwölf Anathematismen des Kyrillos hatte ein Anhänger des Nestorios in zwölf Gegenanathematismen erwidert. Der Leugnung einer hypostatischen Union des göttlichen und menschlichen Wesens in Christus und der Behauptung einer bloß willentlichen Vereinigung der beiden Naturen zu einer Persönlichkeit *(hen prosopon)* setzte Kyrill der Formel von der *mia physis*, der »einen Natur« entgegen, worunter er die *hypostasis synthetos*, »zusammengesetzte Hypostase« (wie der von Kaiser IUSTINIANOS geprägte Ausdruck lautete), verstand.

Die *Pragmateia Hērakleidu*, von Nestorios gegen Ende seines Lebens wahrscheinlich in der Verbannung verfaßt, ist in einer um 540 entstandenen syrischen Übersetzung auf uns gekommen. In ihr gibt er eine Rechtfertigung seiner Lehre in Form eines Dialogs mit einem Ägypter namens Sophronios. Er kritisiert die Beschlüsse von Ephesos und greift scharf die Lehren des Kyrillos an. Literarisch bemerkenswert erscheint die Schrift, weil Nestorios in ihr zugleich, wie schon früher in einem *Tragōdia* betitelten Werk (von dem nur Fragmente existieren), in oftmals ergreifender Sprache die Geschichte seines Lebens erzählt. A. Ku.

AUSGABEN: Paris 1673, Hg. M. Mercator [griech. Frgm.]. – Halle 1905, Hg. F. Loofs. – Paris 1910, Hg. P. Bedjan [syr. Übers.].

LITERATUR: J. F. Bethune-Baker, *Nestorius and His Teaching*, Cambridge 1908. – W. Lüdtke, *Armenische Nestoriana* (in ZKG, 29, 1908, S. 385ff.; vgl. dazu N. Akiniantz, ebd., 30, 1909, S. 362ff.). – E. Schwartz, *Konzilstudien I. Cassian u. Nestorius*, Straßburg 1914. – L. J. Scipioni, *Ricerche sulla Cristologia del »Libro di Eraclide« di Nestorio*, Fribourg 1956. – Altaner, S. 302/303.

THEODORETOS aus Kyrrhos
(um 393–457/58)

HELLĒNIKŌN THERAPEUTIKĒ PATHĒMATŌN Ē EUANGELIKĒS ALĒTHEIAS EX HELLĒNIKĒS PHILOSOPHIAS EPIGNŌSIS (griech. Patr.; *Heilung der griechischen Irrtümer oder Erkenntnis der evangelischen Wahrheit im Vergleich zur griechischen Philosophie*). Apologetische Schrift in zwölf Büchern von THEODOROS aus Kyrrhos bei Antiocheia (um 393–457/58), entstanden spätestens im Jahre 437. – In zwölf Abhandlungen unterzieht Theodoretos Heidentum und Christentum einer vergleichenden Betrachtung, um die Erhabenheit des letzteren gegenüber der heidnischen Philosophie und Mythologie darzutun. Im ersten Buch weist er den Glauben als die Grundlage aller Erkenntnis nach, um dann in den folgenden fünf Büchern unter stetem Hinblick auf die entsprechenden heidnischen Anschauungen die christliche Lehre von Gott, der Schöpfung, den Geistern, der Materie und der Kosmogonie sowie von der menschlichen Natur und der göttlichen Vorsehung zu entfalten. Im weiteren werden die heidnischen und das christliche Opfer, heidnische Heroen- und christliche Märtyrerverehrung, heidnische und christliche Gesetzgebung, Orakel und biblische Weissagungen, die heidnische und die christliche Auffassung von der menschlichen Bestimmung und dem – belohnenden oder strafenden – Ausgleich im Jenseits und schließlich das Leben von Christen und Heiden miteinander verglichen.

Theodoret beschließt die Reihe der christlichen Apologeten, indem er das von seinen Vorgängern bereitgestellte Material nochmals aufnimmt, es aber besser gliedert und eingehender behandelt. Er stützt sich fast durchweg auf die früheren Apologeten; insbesondere ist er von CLEMENS aus Alexandreia und von der *Proparaskeuē euangelikē (Einführung in das Christentum)* des EUSEBIOS aus Kaisareia abhängig. H. L. H.

AUSGABEN: Heidelberg 1592. – Halle 1769–1774 (in *Opera omnia*, Hg. J. L. Schulte u. J. A. Noesselt, 5 Bde., 4). – MG, 83. – Lpzg. 1904, Hg. J. Raeder. – Paris 1958, Hg. P. Canivet, 2 Bde. (SCh, 57).

LITERATUR: H. Raeder, *De Theodereti »Graecarum affectionum curatione« quaestiones criticae*, Diss. Halle 1900. – G. Bardy, Art. *Theodoret* (in *Dictionnaire de théologie catholique*, Bd. 15, Paris 1946, S. 299–325). – P. Canivet, *Précisions sur la date de la »Curatio« de Théoderet de Cyr* (in RSR, 36, 1949, S. 585–597). – Ders., *Histoire d'une entreprise apologétique au 5e siècle*, Paris o. J. [1958], S. 94ff.

PERI PRONOIAS (griech. Patr.; *Über die Vorsehung*). Zehn apologetische Reden über die Wahrheit der göttlichen Vorsehung von THEODORETOS aus Kyrrhos bei Antiocheia (um 393–457/58), gehalten zwischen 435 und 437 in Antiocheia. – Die ersten fünf Reden gelten dem Nachweis, daß es eine göttliche Vorsehung gibt: Der gestirnte Himmel (1), die Elemente unseres Erdplaneten (2), der Bau des menschlichen Körpers (3), die vom Menschen erfundenen Künste (4) und die Herrschaft des Menschen über die vernunftlosen Tiere (5) sind dem Autor beweiskräftige Zeichen der Existenz einer göttlichen Vorsehung, derzufolge die Welt vernünftig gestaltet ist. Die fünf Reden des zweiten Teils dienen der Widerlegung aller möglichen Einwände, die gegen das Wirken einer göttlichen Vorsehung ins Feld geführt werden. Denen, die die Kluft zwischen Armut und Reichtum als Gegenargument bringen, erwidert Theodoret (6): Nicht Reichtum macht glücklich, sondern Tugend. Einem tugendhaften Leben ist die Armut förderlich, Reichtum hingegen hinderlich. Zwar ist der Reichtum an sich nicht schlecht, wohl aber sein Mißbrauch. Gott hat die irdischen Güter absichtlich ungleich verteilt; denn wenn auch die Reichen im Überfluß leben, so sind die Armen meist mit Gesundheit gesegnet, wenn sie aber krank sind, so ist ihnen von Gott schnellere und natürlichere Heilung beschieden. So will es die göttliche Vorsehung. Ebenso von Gott gewollt ist nach Theodoret das Vorhandensein von Herren und Dienern (7). Wenn man das Los beider untersuche, so könne man feststellen, daß es dem Herrn selten besser gehe als dem Diener. Es komme in erster Linie darauf an, daß wir den Platz, der uns von Gott angewiesen ist, in Rechtschaffenheit ausfüllen. Auch schadet es dem guten Knecht nicht, einen bösen Herrn zu haben, wie sich anhand vieler Beispiele aus dem *Alten Testament* (Eliezer, Joseph, Abdias, Daniel und andere) belegen läßt (8). Denen, die einwenden, daß gerade die Tugendhaften von Armut geplagt werden und deswegen die göttliche Vorsehung leugnen (9), hält Theodoret entgegen, daß die Tugend nur von Gott und im ewigen Leben belohnt werde, nicht aber nach Menschenlob trachte. Er verweist auf das Jüngste Gericht und versucht, die Möglichkeit der Auferstehung analog dem Wachstum der Pflanzen und Bäume aus der Natur und Allmacht Gottes zu beweisen. Den stärksten Beweis für das Walten der göttlichen Vorsehung indessen sieht Theodoret in der schon im *Alten Testament* angekündigten Menschwerdung des Erlösers, der Menschwerdung Gottes (10).

Die Reden geben noch in vielem zu erkennen, daß sie vor einem gebildeten Auditorium gehalten worden sind. Doch ist die Argumentation Theodorets nicht immer schlüssig: Er kennt sich zwar in der *Heiligen Schrift* gut aus, doch mit den Gesetzen der Logik zeigt er sich weniger vertraut. Überaus eindrucksvoll wirken dagegen seine Naturbeschreibungen; sein bilderreicher Stil ist voller Poesie und steht der Sprache seines mutmaßlichen großen Lehrers IOANNES CHRYSOSTOMOS in keiner Weise nach.

A. Ku.

AUSGABEN: Rom 1545, Hg. N. Majoranus. – MG, 83. – Paris 1954, Hg. Y. Azéma [m. Einl., Komm., Index u. frz. Übers.].

LITERATUR: LThK, 10, Sp. 32–35 [m. Bibliogr.]. – T. P. Halton, *Studies in the »De providentia« of Theodoret of Cyrus*, Diss. Washington 1963.

SALVIANUS aus Marseille
(um 400–nach 480)

DE GUBERNATIONE DEI (lat. Patr.; *Über die Regierung Gottes*). Geschichtsphilosophische Abhandlung in acht Büchern über das gegenwärtige Gericht Gottes und die göttliche Weltregierung von SALVIANUS aus Marseille (um 400 bis nach 480), entstanden zwischen 440 und 450. – Mit ähnlich apologetischen Absichten, wie sie AUGUSTINUS in *De civitate Dei* verfolgte, ging Salvian ans Werk: angesichts des Untergangs des weströmischen Reiches wollte er seinen am Christentum zweifelnden Zeitgenossen mit einer Schrift entgegentreten, die ihnen die Augen für die Gerechtigkeit Gottes öffnen sollte. – Daß Gott wirklich gerecht sei, können die Römer am eigenen Leibe erfahren; denn alles Leid, das jetzt auf sie zukommt, haben sie durch ihren ungerechten, hartherzigen und sittenlosen Lebenswandel selbst verschuldet. Man denke nur an die Greuelszenen in Trier und Köln, wo man der Schwelgerei und Ausgelassenheit frönte, während der Stadt Vernichtung drohte, an die Unzucht der Aquitanier, deren ganze Stadt ein einziges Hurenhaus ist, oder gar an das lasterhafte Karthago, von dem es nur Böses zu berichten gibt: die Afrikaner nämlich sind unmenschlich, trunksüchtig, hinterlistig, betrügerisch, lüstern und treulos. *»Ihre Unlauterkeit und Lästerungssucht können all diesen Fehlern nicht beigezählt werden: denn haben sie in jenen Lastern, die wir eben anführten, die Laster aller anderen Völker, so haben sie in diesen sogar ihre eigenen übertroffen.«* Die Römer können sich wirklich nicht beklagen; sie sind zu ihrer verdienten Beschauung von den Vandalen überwältigt worden. Die Barbaren – obzwar Heiden oder Häretiker – führen nämlich ein sittenreines Leben; sie übertreffen die Römer an Tugend und vollziehen nun an diesen das göttliche Gericht.

Salvian geht mit seinen Zeitgenossen hart ins Gericht und scheut sich nicht, auch die übelsten Laster beim Namen zu nennen. Er will in seiner Schrift *»keine Reiz-, sondern Arzneimittel geben, welche allerdings weniger müßigen Ohren gefallen als kranken Geistern helfen sollen«.* – Der Schluß dieses für die Kulturgeschichte so wertvollen Werkes ist leider verstümmelt. Vielleicht hat Salvian in diesem Teil die Laster der Hauptstadt Rom angeprangert, die merkwürdigerweise im Sünderkatalog fehlt.

A. Ku.

AUSGABEN: Basel 1530. – Paris 1580, Hg. Pithoeus. – Paris 1663; 1669; 1688, Hg. St. Baluze [Nachdr. in ML, 53]. – Wien 1883, Hg. F. Pauly (CSEL, 8).

ÜBERSETZUNGEN: *Acht Bücher über die göttliche Regierung*, A. Helf, Kempten 1877 (BKV, 44). – *Von der Weltregierung Gottes*, A. Mayer (in *Des Presbyters S. von Massilia erhaltene Schriften*, Mchn. 1935; BKV², II, 11).

LITERATUR: A. Schäfer, *Römer und Germanen bei S.*, Breslau 1930. – L. Rochus, *La latinité de Salvian* (in Académie Royale de Belgique. Bull. de la Classe des Lettres et des Sciences Morales et Politiques, 30, 1934.) – O. Jansen, *L'expressivité chez Salvian de Marseille*, Nimwegen 1937. – M. Lamelli, *La caduta d'un impero nel capolavoro di Salviano*, Neapel 1948. – A. G. Sterzl, *Romanus, Christianus Barbarus. Die germanische Landnahme im Spiegel der Schriften des S. von Massilia und Victor von Vita*, Diss. Erlangen 1950. – G. Vecchi, *Studi salvianei*, Bologna 1951. – E. Bruck, *Kirchenväter und soziales Erbrecht. Wanderungen religiöser Ideen durch die Rechte der östl. und westl. Welt*, Heidelberg 1956, S. 105–117. – M. de Pellegrino, *Dios juez en la historia según Salviano de Marsella* (in La Ciudad de Dios, 170, 1957, S. 546–560). – P. Lebeau, *Hérésie et providence selon Salvien* (in Nouvelle Revue Théologique, 85, 1963, S. 160 bis 175).

LEO I. DER GROSSE
(gest. 461)

EPISTOLA DOGMATICA AD FLAVIUM (lat. Patr.; *Dogmatischer Brief an Flavius*). *»Brief des Papstes Leo an den Bischof Flavianus von Konstantinopel gegen den Unglauben und die Häresie des Eutyches«*, verfaßt anläßlich der später so genannten »Räubersynode« von Ephesos und – ebenso wie Leos Briefe an Kaiser Theodosios II., an die Synode, an Pulcheria (die Schwester und Mitregentin des Kaisers), an die Archimandriten von Konstantinopel und an den Bischof Iulianos von Kos – datiert vom 13. Juni 449. Mit diesen Briefen griff LEO I. DER GROSSE († 461) in den christologischen Streit jener Zeit ein, nachdem sowohl EUTYCHES als auch FLAVIANUS ihn in Briefen für ihre jeweilige Auffassung von der Natur Christi zu gewinnen getrachtet hatten. In dem Brief an Flavian (Nr. 28) stellt sich Leo entschieden auf dessen Seite und brandmarkt die monophysitische Lehre des Eutyches als *»böse und arglistige«* Häresie.

In aller Kürze faßt Leo die orthodoxe Lehre TERTULLIANS und AUGUSTINS von den beiden Naturen in Christus zusammen. Der Sohn Gottes kam in diese niedere Welt, ohne von der Herrlich-

keit seines Vaters zu lassen; in einer neuen Ordnung, durch eine neue Geburtsart kam er auf die Welt. Maria gab dabei dem Gottessohn den Stoff des Fleisches. So ist Christus gleichzeitig wahrer Gott und wahrer Mensch: »*Gott dadurch, daß ›im Anfang das Wort war und das Wort bei Gott und selbst Gott war‹ (Johannes 1,1); Mensch dadurch, daß das ›Wort Fleisch geworden ist und unter uns gewohnt hat‹ (Johannes 1, 14); Gott dadurch, daß ›alles durch ihn erschaffen ist und ohne ihn nichts erschaffen ist‹ (Johannes 1, 3); Mensch dadurch, daß er ›aus dem Weibe geboren ist und unter dem Gesetz‹ (Galater 4,4). Die Geburt des Fleisches ist die Offenbarung der menschlichen Natur, das Gebären der Jungfrau ist das Zeichen der göttlichen Kraft.*« – Wie die Lehre der Monophysiten, nach der die beiden Naturen in Christus bei der Menschwerdung zu einer einzigen verschmolzen, lehnt Leo – ohne sie namentlich zu nennen – auch die Lehre der extremen Dyophysiten ab, nach der es in Christus nicht nur zwei Naturen, sondern auch zwei Personen gab. Auch der Theopaschitismus, der der Gottheit in Christus eine Leidensfähigkeit zusprach, sowie die Lehren jener, die behaupteten, Christus habe eine Knechtsgestalt von göttlicher Substanz angenommen, werden zurückgewiesen.
Leos Schreiben ist in lateinischer Sprache abgefaßt. Die griechische Übersetzung wurde wahrscheinlich gleich nach Eintreffen des Briefes in Konstantinopel angefertigt. Sie wurde auf dem Konzil von Chalkedon (451) verlesen und beifällig aufgenommen. A. Ku.

AUSGABEN: Rom 1470, Hg. A. Ardicino della Porta. – Paris 1675, Hg. P. Quesnellus. – Lyon 1700 [wegen jansenistischer Irrtümer in Komm. u. Anm. auf den Index gesetzt]. – Venedig 1741; 1748. – Venedig 1753–1757, Hg. P. u. H. Ballerini [enth. auch die Anm. Quenels]. – ML, 54–56. – Rom 1932, Hg. C. Silva-Tarouca.

ÜBERSETZUNGEN: *An Flavius*, S. Wenzlowsky (in *Die Briefe der Päpste*, Bd. 4, Kempten 1878). – *St. Leo the Great. Letters*, E. Hunt, NY 1957 [engl.].

LITERATUR: C. Silva-Tarouca, *Nuovi studi sulle antiche lettere dei papi* (in Gregorianum, 12, 1931, S. 3–56; 349–425; 547–598). – F. di Capua, *Il ritmo prosaico nelle lettere dei papi*, Bd. 1, Rom 1937, S. 3–204. – M. M. Mueller, *The Vocabulary of Pope St. Leo the Great*, Washington 1943. – P. Stockmeier, *Leos I. d. Gr. Beurteilung der kaiserlichen Religionspolitik*, Mchn. 1959. – A. Lauras, *Saint Léon le Grand et la tradition* (in Recherches de Science Religieuse, 48, 1960, S. 166–184). – W. Ullmann, *Leo I and the Theme of Papal Primacy* (in The Journal of Theological Studies, N.F., 11, 1960, S. 25–51). – U. Domíngues del Val, *San León Magno y el tomus »Ad Flavianum«* (in Helmantica, 13, 1962 S. 193–233).

NEMESIOS aus Emesa (5. Jh.)

PERI PHYSEŌS ANTHRŌPU (griech. Patr.; *Über die Natur des Menschen*). Philosophisch-anthropologische Schrift in drei Büchern von NEMESIOS aus Emesa (5. Jh.). – Das Werk ist die einzige Schrift, die uns von dem sonst unbekannten Bischof von Emesa überliefert ist. Der Mensch, so erklärt der gleichermaßen in der heidnisch-antiken wie der christlichen Philosophie beheimatete Neuplatoniker Nemesios, ist der Gipfel der Schöpfung, und die Lehre vom Menschen ist die erste und wichtigste Wissenschaft. Zwar gründet sie sich auf die Erkenntnisse der übrigen Wissenschaften, gibt aber, »genährt an den Brüsten der Philosophie«, das Empfangene reichlich zurück. Das Studium des Menschen birgt in sich das Studium des Kosmos. Dabei ist das erste Anliegen des Autors, das Wesen des Menschen begrifflich zu fassen: »*Der Mensch ist aus einer vernünftigen Seele und einem Leibe zusammengesetzt*«, sagt er im ersten Buch, »*und zwar auf das vollkommenste und so schön, daß er nicht anders gemacht und verbunden werden konnte*« – eine Definition, die sich auf die Lehre der Kirchenväter stützt. Die Seele definiert er in der Gefolgschaft von PLATON und ARISTOTELES als präexistente geistige Substanz, die sich wesentlich selbst bewegt und in der Bewegung ihre Existenz hat. Die Aristotelische Auffassung von der Seele als Vollendung des Leibes wird von Nemesios abgelehnt, weil sie die Seele zu einer Eigenschaft des Körpers mache. Ebensowenig könne die Seele Zahl sein – wie XENOKRATES und die Pythagoreer angenommen haben –, da sie ja im Gegensatz zur Zahl Substanz sei – stetig und sich selbst bewegend. Die Auffassung des APOLLINARIOS aus Laodikeia von der Fortpflanzung der Seelen (Generatianismus) weist der Autor zurück, da nach ihr die Seele etwas Vergängliches wäre. Ausführlich kritisiert er die Aristotelische Bestimmung der Seele als Entelechie, die eine Leugnung der Substantialität der Seele einschließe. Aristoteles habe zu Unrecht behauptet, daß der Körper potentiell das Leben enthalte, denn dies würde bedeuten, daß ein Körper die Möglichkeit zu leben habe, bevor die Seele als seine Form erzeugt sei: Wie kann aber etwas, das in Wirklichkeit noch gar nicht existiert – ein unbeseelter Körper ist nach Nemesios qualitätslose Materie und als Körper noch nicht existent –, die Kraft besitzen, etwas aus sich zu erzeugen? Der Körper existiert doch dann nur der Möglichkeit nach, denn die ihn aktuierende Form ist die Seele.
In diesem Werk sind die wesentlichen Anschauungen der griechisch-antiken und -spätantiken Anthropologie verarbeitet, teils in Adaption, teils in mehr oder weniger scharfer Widerlegung. Zu den heidnischen Quellen des Nemesios gehören die *Symmikta zētēmata (Vermischte Fragen)* des PORPHYRIOS (232-303) sowie die verlorene Schrift *Peri apodeixeōs (Über den Beweis)* von GALEN (129 bis um 200), der auch in physiologischen Fragen folgt. Nicht zu unterschätzen ist der Einfluß des Nemesios auf IOANNES DAMASKENOS und über diesen auf die mittelalterliche Scholastik. ALBERTUS MAGNUS und THOMAS VON AQUIN zitieren den Autor nach einer lateinischen Übersetzung, allerdings als »Nyssenus« (d. h. GREGORIOS aus Nyssa) statt »Nemesius«. Im Osten wurde seine Schrift unter seinem eigenen Namen bekannt; sie fand dort große Verbreitung und wurde sogar ins Armenische und Syrische übersetzt. Die erste lateinische Übersetzung stammt von ALFANUS, Bischof von Salerno, aus dem Jahr 1085. A. Ku.

AUSGABEN: Antwerpen 1565, Hg. N. Ellebodius. – MG, 40. – Lpzg. 1917, Hg. K. I. Burkhard [lat. Übers. des Alfanus von Salerno].

ÜBERSETZUNGEN: *Nemesius. Über die Natur des Menschen*, W. Osterhammer, Salzburg 1819. – In *Anthropologie*, E. Orth, Maria-Martental 1925.

LITERATUR: B. Domański, *Die Lehre des Nemesius über das Wesen der Seele*, Diss. Münster 1897. – Ders., *Die Psychologie des N.*, Münster 1900. – F. Lammert, *Hellenistische Medizin bei Ptolemaios und N. Ein Beitrag zur Geschichte der christlichen Anthropologie* (in Phil, 94, 1940, S. 125–141). – E. Dobler, *Nemesius von E. und die Psychologie des menschlichen Aktes bei Thomas von Aquin*, Fribourg 1950. – F. M. März, *Anthropologische Grundlagen der christlichen Ethik bei N. v. E.*, Diss. Mchn. 1959. – F. Lammert, *Über die Neuausgabe der Schrift »Peri physeōs anthrōpu« des N. v. E.* (in Pepragmena tu 9. Diethnus Vizantinologiku Sinedriu, Athen 3, 1959, S. 169–177).

CLAUDIANUS MAMERTUS
(gest. um 474)

DE STATU ANIMAE (lat. Patr.; *Über das Wesen der Seele*). Theologischer Traktat in drei Büchern von CLAUDIANUS MAMERTUS († um 474), entstanden um 470. – In einem anonym verbreiteten dogmatischen Brief hatte FAUSTUS aus Reji die Leidensfähigkeit Gottes und die Körperlichkeit alles Geschaffenen, d. h. auch der Seele und der Engel, verfochten und damit nicht geringes Aufsehen erregt. Auf Wunsch des SIDONIUS APOLLINARIS widerlegte Mamertus in dieser umfassenden Schrift, seinem Hauptwerk, Faustus' Ansichten. Nach einer Widmung an Sidonius erörtert er im ersten Buch zunächst kurz Gottes Unveränderlichkeit und die Unmöglichkeit, daß Gott etwas erleide. Dann bringt er ausführlich die rationalen Beweise für die Unkörperlichkeit der Seele: sie habe keine räumliche Ausdehnung, die Menschen seien Gottes Ebenbild u. a. m. Dabei lehnt er sich besonders an AUGUSTINUS und an die neuplatonische Lehre an. Im zweiten Buch trägt er die Zeugnisse der alten griechischen und lateinischen Philosophen, der Kirchenväter und des *Heiligen Schrift* vor, die, nach seiner Überzeugung, seine Lehre stützen. Das dritte Buch greift nochmals auf Fragen des ersten zurück und behandelt eingehend die Unräumlichkeit der Seele. – Der Autor ist für seine Zeit ungewöhnlich umfassend gebildet und rhetorisch geschult; er steht zwar in der Tradition des gallischen Rhetorenstils, vermeidet aber mit Geschick dessen Manierismen. Das Werk nimmt in der Entwicklung des altchristlichen Denkens einen wichtigen Platz ein, weil der Autor versucht, zwischen der Augustinischen und der neuplatonischen Seelenlehre zu vermitteln. Daher erlangte die Schrift in der Spätpatristik und im Mittelalter große Beliebtheit.
M. L.

AUSGABEN: Basel 1520, Hg. P. Mosellanus. – Venedig 1774, Hg. A. Gallandi (Bibl. vet. patrum, 10; Nachdruck ML, 53). – Wien 1885, Hg. A. Engelbrecht (CSEL, 11).

LITERATUR: A. Engelbrecht, *Untersuchungen über die Sprache des C. M.*, Wien 1885 (SWAW, phil.-hist. Kl., 110). – F. Zimmermann, *Des C. M. Schrift »De statu animae libri tres«* (in Divus Thomas, 1, 1914, S. 238–256; 332–368; 440–495). – F. Bömer, *Der lateinische Neuplatonismus und Neupythagoreismus und C. M.*, Lpzg. 1936. – E. Härlemann, *De Claudiano Mamerto Galliae latinitatis scriptore quaestiones*, Uppsala 1938. – N. K. Chadwick, *Poetry and Letters in Early Christian Gaul*, Ldn. 1955, S. 207–210. – RAC, 3, S. 169–179. – E. L. Fortin, *Christianisme et culture philosophique au 5e siècle. La querelle de l'âme humaine en Occident*, Paris 1959.

GENNADIUS aus Marseille
(gest. 492/505)

DE VIRIS ILLUSTRIBUS (lat. Patr.; *Von berühmten Männern*). Fortsetzung des von HIERONYMUS verfaßten gleichnamigen Schriftstellerkatalogs von GENNADIUS aus Marseille († zwischen 492 u. 505), entstanden wahrscheinlich in den Jahren 467–480. – In den ersten Kapiteln trägt der Autor zunächst einige patristische Schriftsteller nach, die Hieronymus in seinem Werk ausgelassen hat, und setzt dieses dann von 392 bis in seine Gegenwart fort. In fast durchweg chronologischer Anordnung behandelt der im kirchlichen Schrifttum des Westens wie des Ostens wohlbewanderte Verfasser über neunzig Autoren. Auf einige wenige biographische Angaben folgt jeweils ein ausführlicher Bericht über die literarische Tätigkeit. Gennadius' Arbeit ist zuverlässiger und vollständiger als die des Hieronymus. Doch sind auch ihm Fehler unterlaufen. Von den Häretikern, die er ebenfalls in seinen Katalog aufgenommen hat, würdigt er besonders die Semipelagianer: da er ausgerechnet über AUGUSTINUS nur ganz kurz berichtet, hat er wohl selbst dieser Richtung angehört.
Die kleine Schrift ist ein ausgezeichneter Führer durch die patristische Literatur des ausgehenden 4. und 5. Jh.s und stellt in vielen Fällen sogar unsere einzige Quelle dar. Im Lauf der Zeit ist sie häufig verändert und erweitert worden. Auch das letzte Kapitel, das von Gennadius' eigener literarischer Tätigkeit, darunter von einem Schreiben an Papst Gelasius (492–496), berichtet, wurde wahrscheinlich später beigefügt: die Parallele zu Hieronymus, der im Schlußkapitel gleichfalls über sich selbst spricht, ist deutlich. Bereits CASSIODOR hat den Schriftstellerkatalog des Gennadius mit dem des Hieronymus verbinden lassen, und bis heute pflegt man daher die beiden Werke zusammen zu veröffentlichen.
M. L.

AUSGABEN: Augsburg o. J. [ca. 1470], Hg. G. Zainer. – Hbg. 1718, Hg. J. A. Fabricius (Bibliotheca ecclesiastica, 2). – ML, 58. – Freiburg i. B./Lpzg. 1895, Hg. C. A. Bernoulli (Slg. ausgew. kirchen- u. dogmengeschichtl. Quellenschriften, 11). – Lpzg. 1896, Hg. E. C. Richardson (TU, 14/1).

LITERATUR: B. Czapla, *G. als Litterarhistoriker*, Münster 1898. – A. Feder, *Der Semipelagianismus im Schriftstellerkatalog des G. von Marseille* (in Scholastik, 2, 1927, S. 481–514). – Ders., *Die Zusätze im Augustinuskapitel des gennadianischen Schriftstellerkatalogs* (ebd., 3, 1928, S. 238–243; vgl. auch 8, 1933, S. 380–399). – E. R. Curtius, *Europäische Literatur und lateinisches MA*, Bern/Mchn. [5]1965, S. 443–461.

PSEUDO-DIONYSIOS AREOPAGITES
(2. Hälfte 5. Jh.)

PERI TĒS EKKLĒSIASTIKĒS HIERARCHIAS (griech. Patr.; *Über die kirchliche Hierarchie*). Traktat von PSEUDO-DIONYSIOS AREOPAGITES (2.

Hälfte des 5. Jh.s), entstanden nach 485. – Die kirchliche oder irdische Hierarchie ist nach der Meinung des Autors die Fortsetzung der himmlischen (vgl. *Peri tēs uranias hierarchias* – *Über die himmlische Hierarchie*). Auch sie baut sich in dreimal drei Stufen auf. Die erste Triade umfaßt die Mysterien oder Sakramente, durch die die Gnade vermittelt wird: die Taufe, die Eucharistie und die Konfirmation. Die zweite Triade besteht aus den Vermittlern der Gnade, den Sakramentenspendern: dem Bischof (Hierarchen), dem Priester und dem Diakon. Die dritte Triade umfaßt die in die Mysterien Eingeführten: jene, die sich auf dem Einigungsweg befinden, also die Therapeuten wie die Mönche und Einsiedler, jene, die auf dem Erleuchtungsweg sind, also die Laien, sowie jene, die noch im Stadium der Reinigung stehen, d. h. Katechumenen und Büßer. Wichtig ist der aus der Erleuchtungstheorie abgeleitete Unterschied zwischen den hierarchischen Graden und den Laien: Die Priester sollen zugleich Philosophen und Mystiker sein, die die Erleuchtung weitergeben; der Bischof kann die Konfirmation nicht erteilen, wenn nicht neben ihm als Erleuchter ein Seraphim steht. (Die Tatsache, daß PETROS GNAPHEUS, der bis 488 Patriarch von Konstantinopel war, die ausschließliche Spendung des Konfirmationssakraments durch einen Bischof einführte, ist einer der Hinweise darauf, daß man in ihm den Pseudo-Dionysios zu sehen hat.) Der höchste Hierarch in der irdischen Hierarchie ist jedoch Christus selbst als der erschienene Gott. Die Symbolik, d. h. die Zeichensprache, der Sakramente muß geistig verstanden werden: Deshalb sollen die Kirchen nicht nur Spender, sondern vor allem Erklärer der Sakramente sein. So ist die Taufe das Sakrament der Wiedergeburt als Gottesgeburt, die Konfirmation oder Ölweihe *(myron)* das Heilmittel der Unsterblichkeit. Das Ursymbol aber ist die Eucharistie, die die Einverleibung in Christus verleiht; sie ist die Umkehrung der Magie, der alten, Gott herabbemühenden Opfer, in ihr lädt Gott die würdig Vorbereiteten durch sein eigenes Opfer an seinen Tisch. Die hierbei vorgetragene Schilderung der Eucharistie ist ein einzigartiges authentisches Dokument der frühchristlichen Geheimtraditionen und macht das Werk neben anderem zu einer wertvollen Quelle zur Geschichte der frühkirchlichen Mystik. H. L. H.

AUSGABEN: Florenz 1516. – Antwerpen 1634, Hg. B. Corderius; Nachdr. Paris 1644. – Venedig 1756. – MG, 3/4. – Bonn 1937 (in *Monumenta eucharistica et liturgica vetustissima*, Hg. J. Quasten; Florilegium Patristicum, 7).

ÜBERSETZUNGEN: *Des hl. Vaters Dionysius Areopagita angebliche Schrift über die kirchliche Hierarchie*, R. Storf, Kempten 1877. – Dass., J. Stiglmayr, Kempten 1911 (BKV², 2). – *Die Hierarchien der Engel und der Kirche*, W. Tritsch, Mchn. 1955 [Einf. H. Ball].

LITERATUR: R. Roques, *L'univers dionysien. La structure hiérarchique du monde selon le Pseudo-Denys*, Paris 1954. – U. Riedinger, *Pseudo-D. A., Pseudo-Kaisarios u. die Akoimeten* (in ByZ, 52, 1959, S. 198–213). – P. Scazzoso, *Considerazioni metodologiche sulla ricerca pseudo-dionisiana a proposito della recente identificazione dello Pseudo-Dionigi con Petro il Fullone da parte di U. Riedinger* (in Aevum, 34, 1960, S. 139–147; vgl. dazu U. Riedinger, in Salzburger Jb. f. Philosophie, 5/6, 1961/62, S. 135–156). – D. Rutledge, *Cosmic Theology. The Ecclesiastical Hierarchy of Pseudo-Denys. An Introduction*, Ldn. 1964.

PERI TĒS URANIAS HIERARCHIAS (griech. Patr.; *Über die himmlische Hierarchie*). Theologischer Traktat in fünfzehn Kapiteln von PSEUDO-DIONYSIOS AREOPAGITES (2. Hälfte des 5. Jh.s), entstanden nach 485. – Im Neuplatonismus wird die Schöpfungstätigkeit stufenweise auf die *dynameis* (Mächte, früher: Götter) übertragen – so wie der Großkönig den Satrapen die Machtausübung überträgt; denn das »Eine« ist zu vornehm, um Schöpfer zu sein. Diese Vorstellung überträgt Dionysios ins Christliche (vgl. *Peri tōn theōn onomatōn* – *Über die göttlichen Namen*). Gott allein ist es, der erschafft; die in drei Triaden von Engelsmächten umgedeuteten *dynameis* können bloß erleuchten, und diese stufenweise Erleuchtung ist der Grund ihrer Hierarchie. Aus den Emanationen der Neuplatoniker wird so die gestufte Parusie (Anwesenheit) des Absoluten im Endlichen, in den reinen Geistern und ihrer Hierarchie sowie in deren erleuchtender Einwirkung auf die irdische Hierarchie. Nur die reinen Geister vermögen die unmittelbare Erleuchtung durch die Trinität aufzunehmen, sie wird dann wie auf einer Himmelsleiter weitergegeben an die irdische Hierarchie.
Jeder Hierarch strebt den ihm zustehenden Grad der *homoiōsis*, der Anähnlichung an Gott, an. Dabei werden die einen gereinigt, die anderen reinigen, die einen werden erleuchtet, die anderen erleuchten, die einen werden vollendet, während die anderen vollenden. Der Bewegung von oben nach unten entspricht eine ebensolche von unten nach oben: Durch Selbsterkenntnis, Glaube, Betrachtung und in der Ekstase der Liebe, d. h. infolge der Reinigung, Erleuchtung und Vollendung, gelangt die Seele zur Vergöttlichung, zur höchstmöglichen Angleichung an Gott. Auf dem Gipfel der Vollendung nimmt sie auf ihre Weise teil an den kreisförmigen, spiralförmigen und geradlinigen Bewegungen der reinen Geister.
Das Weltbild des Dionysios ist wesentlich angelomorphistisch, d. h. von den reinen Geistern aus aufgebaut; auch seine Anthropologie erhält von hier aus ihren Akzent. Diese Engellehre des Dionysios war nicht nur überaus folgenreich für die byzantinische, besonders für die justinianeische Kunst (man vergleiche etwa in Ravenna das Mosaik, wo der Pantokrator zwischen den Cherubim, Seraphim usw. thront), sondern die Vorstellung von der Hierarchie wurde zum Ordnungsbild des Mittelalters schlechthin. Dabei ist die Trias nicht nur für Dionysios der Schlüssel zum Verständnis der gesamten Schöpfung geworden, sondern erscheint ebenso auch als der Schlüssel zum Verständnis dieses nicht immer einfachen Werkes, dessen logische Ableitungen jeweils in einer Kette von je dreimal drei einander übergeordneten Abstraktionen oder Konkretionen dargestellt sind, je nachdem, ob der Weg vom Himmel zu den Menschen oder von diesen zum Himmel führen soll. Dieses fortgesetzte diskursive Übereinanderstülpen von Begriffen, Bildern usw. ist der Grund dafür, daß der Stil der Darlegung weithin schleppend und mysteriös wirkt. H. L. H.

AUSGABEN: Florenz 1516. – Basel 1539 [griech.-lat.]. – Antwerpen 1634 (in *Opera*, Hg. B. Corderius). – MG, 3/4. – Paris 1958 (*La hiérarchie céleste*, Hg. u. Studie G. Heil; Einf. R. Roques; m. frz.

Übers. u. Anm.; SCh, 58). – Leiden 1959, Hg. P. Hendrix.

ÜBERSETZUNGEN: in *Die angeblichen Schriften des Areopagiten Dionysius*, J. G. V. Engelhardt, 2 Bde., Sulzbach 1823. – *Des hl. Dionysius Areopagita angebliche Schriften über die beiden Hierarchien*, J. Stiglmayr, Kempten/Mchn. 1911 (BKV², 2). – *Die Hierarchien der Engel u. der Kirche*, W. Tritsch, Mchn.-Planegg 1955 [Einf. H. Ball].

LITERATUR: J. Stiglmayr, *Die Engellehre des sog. Dionysius Areopagita* (in *Compte rendu du IVe Congrès International des Catholiques*, Fribourg 1898, Sect. 1, Sciences Religieuses, S. 403–414). – Ders., *Die Lehre von den Sakramenten u. der Kirche nach P.-D.* (in Zs. f. kath. Theologie, 22, 1898, S. 246–303). – Ders., *Die Eschatologie des P.-D.* (ebd., 23, 1899, S. 1–21). – R. Roques, *L'univers dionysien. La structure hiérarchique du monde selon le Pseudo-Denys*, Paris 1954. – Bardenhewer, 4, S. 382–400. – M. Schiavone, *Neoplatonismo e cristianismo nello Pseudo Dionigi*, Mailand 1963. – D. Rutledge, *Cosmic Theology. The Ecclesiastical Hierarchy of Pseudo-Denys. An Introduction*, Ldn. 1964.

PERI TŌN THEŌN ONOMATŌN (griech. Patr.; *Über die göttlichen Namen*). Philosophischer Traktat von PSEUDO-DIONYSIOS AREOPAGITES (2. Hälfte des 5. Jh.s), entstanden nach 485. – Die Werke des Dionysios galten im Mittelalter nach der *Heiligen Schrift* als die wichtigsten und heiligsten, da sie entsprechend der – seit dem 19. Jh. zwar widerlegten, bis heute aber nicht geklärten – Fiktion des Verfassers dem Paulus-Schüler Dionysios vom Areopag (in Athen) zugeschrieben wurden.
Der Autor ist ein Vertreter der *theologia crucis*: »*Einer aus der Trinität hat gelitten*.« Das ist die den Monophysiten, genauer gesagt: den Severianern entgegenkommende Formel der Neuchalkedonier, die, um dem von den Monophysiten erhobenen Vorwurf des Nestorianismus zu begegnen, den Lehrschatz des KYRILLOS aus Alexandreia († 444) in die chalkedonische Theologie – eine Person, zwei Naturen in Christus – einbauen wollten. Kyrill hatte von der einen *physis* des fleischgewordenen göttlichen Logos gesprochen, damit aber den in der einen Hypostase konkreten Christus gemeint, während die Monophysiten ihr Schlagwort von der einen *physis* wörtlich verstanden als eine – nämlich göttliche – Natur in Christus, also die menschliche Geistnatur in Christus leugneten und damit schon die Inkarnation und nicht erst das Leiden und den Kreuzestod als die entscheidende Erlösungstat ansahen. Die dionysische Formel ist in diesem Zusammenhang als ein zornig-ironischer Einigungsvorschlag (etwa: »Dann hat eben einer aus der Trinität gelitten«) zu verstehen, kann also weder wörtlich (theopaschitisch) noch seinerseits monophysitisch gedeutet werden, wie es SEVEROS aus Antiocheia (Patriarch von 412 bis 419) versuchte, der die pseudodionysischen Schriften bei dem Religionsgespräch von 532 ans Licht zog.
In *Peri tōn theōn onomatōn* legt der »Areopagit« seine theoretische Gotteslehre vor und untersucht, was sich kataphatisch, d. h. bejahend über Gott aussagen läßt (den apophantischen, d. h. den verneinenden Weg beschreitet er in *Peri tēs mystikēs theologias* – *Über die mystische Theologie*).
Vom Neuplatonismus seines philosophischen Lehrers PROKLOS ausgehend, versuchte Dionysios, dessen subordinationistische Emanationslehre (Ausfließen der Prinzipien, des Nus-Weltgeistes, der Psyche = Weltseele und des Stoffes aus dem Einen) durch den Rückgriff auf die Spätdialoge PLATONS (*Parmenides, Sophistes*) zu einer echten Prinzipienlehre umzugestalten. Die Antinomie im *Parmenides*, daß das Eine sowohl seiend als auch nichtseiend ist, wird von Platon im *Sophistes* durch eine Dialektik des Nichts aufgelöst. Ist das Eine bei ihm zwar Nus (Weltgeist), neben dem es aber noch die Weltseele gibt, so ist für Dionysios wie schon vor ihm für MARIUS VICTORINUS (4. Jh.) die Identität von Einheit und Seinsheit das dialektische »Sprungbrett« zum Leben, denn das Sein ist Kraft, Macht, *dynamis*, in sich selber Leben. Gott ist vor allem Können, Seins-Macht, und als solche natürlich seiend; ebenso seiend ist er als Lebens-Macht zu denken: Er ist *hyparxis* (*Können-Sein*), *dynamis* (*Können-Sein*) und *noēsis* ([Alles] *Sein*können). Diese Trias der Urgründe entspricht weitgehend den Hypostasen der Trinität. Das Sein steht vor den anderen Prinzipien, weil diese erst *sind* und dann Prinzipien sind. Statt der Emanation lehrt also der Areopagite eine absolute Kausalität: Die Gottheit ist über aller Macht, ist die Ursache für das Sein der Macht, sie wohnt im unzugänglichen Licht, das unurchdringliche Licht, das auch das Dunkel ist, ist gewissermaßen die »Schwäche«, die stark macht. Sie ist daher mit keinem Namen adäquat zu benennen. Hier gilt die *docta ignorantia*, die »wissende Unwissenheit«, und fast schon die *coincidentia oppositorum*, der »Zusammenfall der Gegensätze« (Termini des NICOLAUS VON CUES).
Der Inhalt der dionysischen Schriften wurde bald als so bedeutsam erkannt, daß anfängliche Zweifel an ihrer Echtheit (HYPATIOS aus Ephesos, 532) verstummen mußten. Nachdem sie von IOANNES aus Skythopolis (Bischof ebenda zwischen 536 und 550) im orthodoxen Sinne kommentiert wurden – MAXIMUS CONFESSOR († 662), dem der Kommentar zugeschrieben wurde, hat ihn nur verbessert – und da selbst Päpste und Konzilien die Autorität des Dionysios voraussetzten, blieb er für die ganze Scholastik unbestrittener Gewährsmann. THOMAS VON AQUIN zitiert ihn mehrfach und legt seiner *Summa theologica* den Aufriß der Systematik des dionysischen Werkes zugrunde. Von Thomas sind wieder MEISTER ECKHART und Nicolaus von Cues sowie die spätmittelalterlichen Mystiker abhängig. – Abt HILDUIN von St. Denis hat, wie nach ihm JOHANNES SCOTUS ERIUGENA, die Schriften des Dionysios ins Lateinische übersetzt und ihn, den vermeintlichen Apostelschüler, mit dem ersten Bischof von Paris, dem Märtyrer Dionysius (3. Jh.), identifiziert und damit den Primat der Kirche Frankreichs begründet. In der Tat wird die Fiktion des Dionysios, ein Zeitgenosse des PAULUS zu sein, in seinem Werk bis in Einzelheiten hinein durchgehalten: So ist die Schrift dem Timotheos gewidmet, und so spricht er nicht ausdrücklich von der Trinität. Erst vom 15. Jh. an erhob sich vor neuem der Streit um die Identität des Verfassers, als ihn die Humanisten (LAURENTIUS VALLA, ERASMUS, LUTHER) aufgrund seines manierierten Griechisch im 4. Jh. datierten, und erst im 19. Jh. gelang es (J. STIGLMAYR, H. KOCH), den Beweis der fiktiven Autorschaft zu erbringen. H. L. H.

AUSGABEN: Florenz 1516. – Antwerpen 1634 (in *Opera*, Hg. B. Corderius, 2 Bde.). – MG, 3. – Bonn 1937 (in *Monumenta eucharistica et liturgica vetustissima*, Hg. J. Quasten; Florilegium Patristicum, 7).

ÜBERSETZUNGEN: *Über göttliche Namen*, J. Stiglmayr, Kempten/Mchn. 1933 (BKV², 2). – *Von den Namen zum Unnennbaren*, E. v. Ivánka, Einsiedeln 1956 [m. Einl.; Ausz.].

LITERATUR: H. Koch (in Theologische Quartalschrift, 77, 1895, S. 353–420). – Ders., *Proklus als Quelle des P.-D. A. in der Lehre vom Bösen* (in Phil, 54, 1895, S. 438–454). – J. Stiglmayr, *Der Neuplatoniker Proclus als Vorlage des sogen. Dionysius Areopagita in der Lehre vom Übel* (in HJbG, 16, 1895, S. 253–273; 721–748). – Ders., *Der sogen. Dionysius Areopagita u. Severus von Antiochien* (in Scholastik, 3, 1928, S. 1–27; 161–189). – Bardenhewer, 4, S. 282–300. – E. v. Ivánka, *Der Aufbau der Schrift »De divinis nominibus« des P.-D.* (in Scholastik, 15, 1940, S. 386–399). – R. Roques, *L'univers dionysien. La structure hiérarchique du monde selon le Pseudo-Denys*, Paris 1954. – P. Scazzoso, *I nomi di Dio nella »Divina Commedia« e il »De divinis nominibus« dello Pseudo Dionigi* (in La Scuola Cattolica, 86, 1958, S. 198–213). – E. Corsini, *Il trattato »De divinis nominibus« dello Pseudo Dionigi e i commenti neoplatonici al Parmenide*, Turin 1962. – A. Dempf, *Der Platonismus des Eusebius, Victorinus u. Pseudo-Dionysius*, Mchn. 1962 (SBAW, 1962, 3). – Altaner[7], S. 501–505.

AINEIAS aus Gaza
(5. Jh.)

THEOPHRASTOS (griech. Patr.; *Theophrast*). Christlich-platonischer Dialog von AINEIAS aus Gaza (5. Jh.), verfaßt um 487. – Als das Ansehen der großen griechischen Philosophenschulen bereits stark geschwunden war, erlebte die syrische Stadt Gaza im 5. Jh. eine kurze Blütezeit. Als Lehrer der Philosophie und Rhetorik wirkte dort Aineias, der, obwohl von Hause aus Christ, bei dem Neuplatoniker HIEROKLES in Alexandria studiert hatte. In seinem Hauptwerk, dem *Theophrastos*, versucht er, neuplatonische Gedanken mit christlichen Lehren zu verschmelzen und die irrigen Meinungen, die manche christliche Denker seiner Zeit aus dem Neuplatonismus übernommen hatten, zu bekämpfen.
An dem Dialog beteiligen sich der Alexandriner Aigyptos, der Syrer Axitheos und der Athener Theophrastos. Während Theophrastos die Platonische Auffassung von der Präexistenz der Seele, der Seelenwanderung und der Ewigkeit der Welt vertritt, verteidigt Axitheos die christliche Lehre von der Weltschöpfung, bringt gewichtige Gründe gegen die Präexistenz der Seele vor und schneidet dabei auch noch verschiedene eschatologische Fragen an. Von den Argumenten der Christen für die Unsterblichkeit der Seele und für die Auferstehung überzeugt, tritt Theophrastos zuletzt aus der Akademie aus.
Der Dialog enthält eine Fülle von Zitaten und Entlehnungen aus der griechischen Literatur, doch dürfte der Autor unmittelbar nur PLATON (vor allem den Dialog *Gorgias*), PLOTIN und GREGOR aus Nyssa gekannt haben; die übrigen Klassikerzitate stammen aus zweiter Hand. – Obwohl Aineias gerade die irrigen neuplatonischen Ansichten mancher Christen widerlegen will, entwickelt er mehrfach Gedanken, die der orthodoxen Lehre des Christentums widersprechen. Die angestrebte Verschmelzung ist ihm also nicht immer gelungen. Doch trotz dieser und anderer Schwächen – der Dialog wirkt recht leblos – fand das Werk vielfach Bewunderung und wurde das Vorbild für die apologetischen Schriften des ZACHARIAS SCHOLASTIKOS und des IOANNES PHILOPONOS. M. Ze.

AUSGABEN: Zürich 1559, Hg. J. Wolf. – MG, 85. – Neapel 1958, Hg. M. E. Colonna. – Paris 1963 (SCh, 92).

LITERATUR: S. Sikorski, *De Aeneo Gazeo*, I. D., Breslau 1909 (Breslauer philolog. Abh., 9, 5). – M. E. Colonna, *Zacaria Scolastico, il suo »Ammonio« e il »Teofrasto« di Enea di Gaza* (in Annali della Facoltà di Lettere e Filosofia, Neapel, 6, 1956, S. 107–118).

FABIUS CLAUDIUS FULGENTIUS aus Ruspe
(um 467–533)

CONTRA ARIANOS LIBER UNUS (lat. Patr.; *Ein Buch gegen die Arianer*). Streit- und Verteidigungsschrift von FABIUS CLAUDIUS FULGENTIUS (Fulgentius aus Ruspe, 467–533). – Der Autor, ein afrikanischer Theologe, seit 507 Bischof von Ruspe, wurde unter dem arianischen König Thrasamund (reg. 496–523) nach Sardinien verbannt (erst um 515 durfte er wieder zurückkehren). Aus diesem Anlaß mußte er sich mit zehn Einwänden des Königs gegen den seit dem Konzil von Nicäa (324) als orthodox geltenden athanasianischen Glauben auseinandersetzen. Er tat dies sachlich und ohne überflüssige Polemik. Freilich gibt er in keiner der strittigen Fragen nach. Immer wieder betont er die Einheit der göttlichen Substanz. Gottvater und Gottsohn sind nicht der Substanz, sondern der Person nach unterschieden (Zentralbegriff: *proprietas personarum* – Wesenseigentümlichkeit der Personen); die Substanz ist ein und dieselbe. *»Aber was der Vater ist, ist auch der Sohn, weil von Gott Gott, vom Vollkommenen der Vollkommene, vom Unermeßlichen der Unermeßliche, vom Allmächtigen der Allmächtige, vom ewigen Vater der mit-ewige Sohn geboren ist.«* Die Bezeichnungen »Vater« und »Sohn« sind nur verschiedene Namen für das spezifische Verhältnis dieser beiden Personen zueinander, Namen, die die Natur des Zeugenden und Gezeugten nicht trennen, sondern vielmehr bekräftigen, daß es sich um eine Einheit handelt. – Die Beweisführung des Fulgentius ist klar und schlüssig. Man spürt, daß er von AUGUSTINUS gelernt hat. A. Ku.

AUSGABEN: Hagenau 1520, Hg. W. Pirkheimer u. J. Cochlaeus. – Paris 1684. – Venedig 1742, Hg. L. Mangeant. – ML, 65 [Nachdruck d. Venediger Ausg.].

LITERATUR: H. Brewer, *Das sogenannte Athanasische Glaubensbekenntnis*, Paderborn 1909. – O. Friebel, *F., der Mythograph und Bischof*, Paderborn 1911 (Studien zur Geschichte und Kultur des Altertums, 5, 1/2). – J. Stiglmayr, *Das Quicumque von F.* (in Zs. für kathol. Theologie, 49, 1925, S. 341 bis 357). – B. Nisters, *Die Christologie des hl. F. von R.*, Diss. Münster 1930. – F. di Sciascio, *Fulgentio di R. Un grande discepolo di Agostino*, Rom 1941. – Altaner, S. 453–455. – LThK, 8, S. 937/38.

DE FIDE AD PETRUM (lat. Patr.; *Über den Glauben, an Petrus*). Kurzer Abriß des katholischen Glaubens von FABIUS CLAUDIUS FULGENTIUS aus Ruspe (um 467-533); im Mittelalter allgemein AUGUSTINUS zugeschrieben, zum Teil auch noch unter dessen Namen gedruckt. – Der nicht näher bekannte Bittsteller Petrus wollte nach Jerusalem reisen und wandte sich an Bischof Fulgentius um eine Darlegung der katholischen Glaubenssätze, damit er keine häretischen Gedanken in sich aufnehme. Gern erfüllte ihm der Bischof, ein unentwegter Kämpfer gegen den Arianismus und den gallischen Semipelagianismus, den Wunsch, die wahre Lehre gegen verschiedene Irrlehren zu verteidigen. In knapper und klarer Form behandelt Fulgentius die wichtigsten Lehrsätze. Ausführlich legt er gegen die arianische Häresie die wahre Lehre der Dreifaltigkeit dar: die Wesensgleichheit Jesu Christi mit seinem Vater und die Einheit der Gottheit trotz der Dreiheit der Personen. Das ganze Werk schließt sich eng an Augustin an, besonders in der Lehre von der Gnade. Sicher bedingte diese große Abhängigkeit die spätere Zuschreibung an jenen. Am Schluß faßt Fulgentius die Dogmatik in vierzig Regeln zusammen.
Von den vielen Schriften, in denen der Autor die Häresien bekämpft, ist dieses nur wenige Seiten umfassende Kompendium die bekannteste und beliebteste geworden, weil es in einer für Laien verständlichen Weise die katholischen Glaubenssätze in Abgrenzung gegen die Irrlehren darlegt. M. L.

AUSGABEN: o. O. 1473 (Aurelius Augustinus, *De fide ad Petrum diaconum liber*). – Paris 1684. – ML,65 [Abdr. der Ausg. Paris 1684]. – Innsbruck 1895, Hg. H. Hurtig.

ÜBERSETZUNG: *Vom Glauben an Petrus oder Regel des wahren Glaubens*, L. Kozelka, Mchn. 1934.

LITERATUR: G. Krüger, *Ferrandus u. F.* (in Harnack-Ehrung. Beiträge zur Kirchengeschichte, Lpzg. 1921, S. 219-231). – G. G. Lapeyre, *Saint Fulgence de Ruspe*, Paris 1929. – M. Schmaus, *Die Trinitätslehre des F. von R.*, Reichenberg 1930. – B. Nisters, *Die Christologie des F. von R.*, Münster 1930. – F. di Sciaschio, *Fulgentio di Ruspe. Un grande discepolo di Agostino*, Rom 1941. – A. Grillmeier, *Patristische Vorbilder frühscholastischer Systematik. Zugleich ein Beitrag zur Geschichte des Augustinismus* (in Studia Patristica, 6, 1962, S. 390 bis 408).

SEVERUS aus Antiochien
(gest. 538)

PHILALĒTHĒS (griech. Patr.; *Der Wahrheitsfreund*). Dogmatisch-polemische Abhandlung von SEVERUS aus Antiochien († 538), entstanden zwischen 509 und 511, in syrischer Übersetzung erhalten. – Die Schrift des Patriarchen von Antiocheia (512-518) richtet sich gegen ein anonymes Werk, in dem die Lehre des Konzils von Chalkedon (451) über die zwei Naturen in Christus verteidigt wurde. Doch bei aller Polemik des Autors gegen das Konzil ist der Unterschied in den Ansichten nicht sehr groß: Die Verständigung scheitert im wesentlichen an terminologischen Schwierigkeiten. So lehnt Severus die hypostatische Union deshalb ab, weil es für ihn keine *usia* (Natur) gibt, die nicht zugleich *hypostasis* ist, weil er also in der chalkedonensischen Formel von den hypostatisch geeinten zwei Naturen eine Art von Nestorianismus (der zwei nur moralisch in Christus verbundene Hypostasen lehrte) wittert. Gegenüber der von ihm für nestorianisch gehaltenen Zwei-Naturen-Lehre des Chalkedonischen Konzils vertritt er – und damit trifft er sich der Intention nach doch mit der Entscheidung des Konzils – die Einheit, d. h. die vollkommene Göttlichkeit und das vollkommene Menschsein Christi: Aus zwei Naturen, der göttlichen und der menschlichen, seien »*ein Emanuel und eine fleischgewordene Natur des Gott-Logos*« hervorgegangen. Obwohl also Gott und Mensch im konkreten Christus, d. h. nach der Inkarnation oder *henōsis* (»Einigung«), nicht als Naturen anzunehmen sind, gehen sie doch keine Vermischung ein, sondern bleiben jede in ihrer Vollkommenheit gewahrt (ein Schüler des Severus, THEMISTIOS, wollte der Seele Christi sogar Unvollkommenheit zuschreiben, nur um die echte Menschheit Christi herauszustellen).
Mit der Anerkennung der *idiotēs* (Eigenheit) der beiden Naturen tritt Severus in scharfen Gegensatz zu der Vermischungstheologie des EUTYCHES, die 450 auf der Synode von Konstantinopel verhandelt wurde, sowie zu dem Aphthartodoketismus (Lehre von der Unverweslichkeit des Leibes Christi) seines langjährigen Freundes und Bundesgenossen IULIANOS aus Halikarnassos, der sich weigerte, die *idiotēs* des Leibes Christi anzuerkennen, indem er die Reihe »eine *hypostasis* und *physis*, eine *energeia* (Wirksamkeit) – nämlich die göttliche des *logos*« fortsetzt: dann auch bloß eine *idiotēs*. Der Gegensatz zwischen dem Autor und seinem ehemaligen Gefährten, gegen den er allein fünf Traktate schrieb, ist mindestens so groß wie der gegen die Neuchalkedonier.
Im Grunde hat Severus wohl nichts anderes vertreten wollen, als was KYRILLOS aus Alexandreia († 444) bei seiner Formel von der *mia physis* (eine Natur, nämlich des fleischgewordenen Logos) vorschwebte, mit der das Konkretum »Christus« bezeichnet werden sollte – allerdings war ja schon Kyrill den Fälschungen des APOLLINARIOS aus Laodikeia (um 310 – um 390) aufgesessen. Dieser Anschluß an Kyrill ist der Grund, weshalb der *Philalēthēs* auch die 244 *kephalaia* (Hauptpunkte) Kyrills untersucht, die der anonyme Verteidiger des Dyophysitismus dem Severus entgegengehalten hat. A. Ku.

AUSGABEN: Beirut 1928, Hg. A. Šanda (m. lat. Übers.; vgl. dazu A. Šanda in ByZ, 30, 1929/30, S. 274-279). – Löwen 1952, Hg. R. Hespel, 2 Bde. (CSCO, Script. syri, 68/69; m. frz. Übers.).

LITERATUR: M. Preisker, *Severus von Antiochien*, Diss. Halle 1903. – J. Lebon, *Le monophysisme sévérien*, Löwen 1909. – R. Draguet, *Julien d'Halicarnasse et sa controverse avec Sévère d'Antioche*, Löwen 1924. – G. Bardy, *Sévère d'Antioche et la critique des textes patristiques*, Paris 1948. – R. Hespel, *Le florilège cyrillien réfuté par Sévère d'Antioche*, Löwen 1955 [m. Text].

EUGIPPIUS
(gest. nach 533)

VITA SANCTI SEVERINI (lat. Patr.; *Das Leben des heiligen Severin*). Biographie des Severinus, des »Apostels von Norikum«, von EUGIPPIUS († nach

533), entstanden um 511. – Eugippius gehörte zu den Gefährten Severins, die die Gebeine des 482 in Norikum verstorbenen Heiligen bei der Aussiedlung der Römer aus diesem Gebiet nach Italien überführen ließen; später war er der Abt der um Severins Grab in Castrum Lucullanum bei Neapel angesiedelten Klostergemeinde. Als die Lebensgeschichte eines bekannten Mönchs namens Bassus bei der Bevölkerung Italiens großen Anklang fand, glaubte Eugippius, daß einem größeren Leserkreis auch die wunderbare Tätigkeit seines Meisters nicht verborgen bleiben dürfe. So verfaßte er diese kurze Biographie, die er selbst als ein *Commemoratorium*, ein *Erinnerungsbuch*, bezeichnete.

Die Darstellung beginnt mit Severins erstem, von Wundern begleitetem Wirken in den norischen Städten Asturis (bei Klosterneuburg), Comagenis (bei Tulln) und Faviavis (Mautern bei Krems). Daran schließt sich ein Bericht an von den Prophezeiungen, Visionen und Wundern während Severins Reise in die Kastelle an der oberen Donau. Beim Rückzug der Römer von Quintanis in Rätien bis ins Tullner Feld an der pannonischen Grenze stand der Heilige der bedrängten Bevölkerung immer wieder mit seinen übernatürlichen Kräften bei. Die letzten Lebensjahre seines ungefähr zwei Jahrzehnte dauernden Wirkens in den Donauländern verbrachte Severin wieder in Faviavis. Auch nach seinem Tod vollbrachte der Heilige noch zahlreiche Wunder, von denen Eugippius allerdings nur wenig erzählt.

Der *Vita* selbst ist ein Brief an den Diakon Paschasius in Rom vorangestellt, in dem der Autor seine Gründe für die Abfassung der Heiligenbiographie darlegt und den Diakon bittet, seinen Erinnerungen die entsprechende literarische Form zu geben. Paschasius lehnte diese Bitte aber mit der Begründung ab, das Werk sei bereits in vollendeter Form niedergeschrieben. Die spätere Kritik hat diesem Urteil oft widersprochen und behauptet, die in schlichter Sprache abgefaßte Biographie sei nichts weiter als eine kaum geordnete Materialsammlung. Eine solche Kritik verfehlt aber die Intention des Autors: Denn die Taten Severins werden zwar meist nüchtern in chronologischer Reihenfolge geschildert; aber Eugippius wollte keineswegs eine detaillierte und exakte Lebensbeschreibung liefern, sondern seinen Meister als einen *electus Dei*, einen »Auserwählten Gottes«, eben als Heiligen herausstellen – deswegen sind auch die Zeitangaben ganz allgemein und nüchtern gehalten. Da Severin mit seinem Wirken auch stark in die politischen und kirchlichen Geschehnisse eingegriffen hat – er war fast so etwas wie das geistliche und weltliche Oberhaupt der Provinz –, gibt Eugippius mit dem Lebensbild zugleich eine Darstellung der Verhältnisse in den Donauländern zu Beginn der Völkerwanderungszeit. Da gerade hierfür anderweitige Nachrichten überaus spärlich sind, ist diese kleine Heiligenbiographie zugleich eine Geschichtsquelle von einzigartigem Wert und höchstem Interesse. M. Ze.

AUSGABEN: Köln 1570 (in L. Surius, *De probatis sanctorum historiis*, Bd. 1). – ML, 62. – Wien 1885, Hg. P. Knoell (CSEL, 9). – Bln. 1898, Hg. Th. Mommsen. – Heidelberg 1948, Hg. W. Bulst. – Klosterneuburg 1958 (*Das Leben des hl. Severin*, Hg. K. Kramert u. E. K. Winter; m. Komm.; lat.-dt.).

ÜBERSETZUNGEN: *Leben u. Wunderthaten des heiligen Nordgauer oder Oesterreicher Apostels Severini*, M. Fuhrmann, Wien 1746. – *Leben des heiligen Severin*, C. Rodenberg, Lpzg. 1912. – Dass., M. Schuster, Wien 1946 [lat.-dt.].

LITERATUR: R. Noll, *Neuere Literatur zur »Vita Severini«* (in MIÖG, 59, 1951). – W. Wattenbach u. W. Levison, *Deutschlands Geschichtsquellen im Mittelalter*, H. 1, Weimar 1952, S. 44–49 [m. Bibliogr.]. – K. Kramert u. E. K. Winter, *St. Severin. Studien zum Severinproblem*, Klosterneuburg 1958. – Altaner, S. 443.

IOANNES PHILOPONOS
(470–nach 565)

TŌN EIS TĒN MŌYSEŌS KOSMOGONIAN EXĒGĒTIKŌN LOGOI (griech. Patr.; *Kommentar zum Schöpfungsbericht des Moses*, häufig auch lateinisch zitiert als *De opificio mundi* oder *De creatione mundi* (*Von der Schöpfung der Welt*). Exegetische Schrift in sieben Büchern von IOANNES PHILOPONOS (470 bis bald nach 565), verfaßt vor 543. – Die gewöhnlich unter dem Kurztitel *Peri kosmopoiias* (*Von der Weltschöpfung*) zitierte Schrift ist identisch mit dem seines Stils wegen von PHOTIOS (9. Jh.) gelobten *Hexaēmeron* (*Sechstagewerk*) und soll, ebenfalls nach Photios, gegen die *Hermēneia tēs ktiseōs* (*Genesis-Erklärung*) des THEODOROS aus Mopsuestia († 428), des Exegeten der antiochenischen Schule, gerichtet gewesen sein. Gewidmet ist sie Sergios, dem späteren Patriarchen von Antiochia.

Mit seinem *Genesis-Kommentar* holt Ioannes Philoponos ein Versäumnis nach. Wie er im Vorwort berichtet, war von den Gläubigen Kritik daran geübt worden, daß er in seinen bisherigen Schriften bei seinen Beweisen für die göttliche Weltschöpfung die *Heilige Schrift* nicht berücksichtigt hatte. Im vorliegenden Werk nun geht er mit einem großen Aufgebot an Bibelzitaten daran, den Mosaischen Schöpfungsbericht Wort für Wort zu erklären. Dabei dient ihm das *Hexaēmeron* seines – mutmaßlichen – Landsmannes BASILEIOS der Große (um 330–379), der von ihm überschwenglich gelobt wird, als Vorbild. Auf Basileios geht wohl auch zum guten Teil das vom Autor ausgebreitete physikalische, biologische, astronomische, geographische und mathematische Wissen zurück, das für den Stand der wissenschaftlichen Kenntnisse am Ausgang des Altertums repräsentativ ist. Ioannes Philoponos will die Übereinstimmung des Mosaischen Berichts mit den wirklichen Naturvorgängen demonstrieren; freilich müssen sich diese dabei manche Zurechtbiegung gefallen lassen. Heidnische Autoren werden nur zitiert, um entweder die Dürftigkeit ihrer Aussagen, verglichen mit dem Bericht des Moses, zu illustrieren oder um ihre Abhängigkeit von diesem (so bei PLATON) zu veranschaulichen.

A. Ku.

AUSGABEN: Wien 1630 [griech. u. lat.]. – MG, 94. – Lpzg. 1897, Hg. G. Reichardt.

LITERATUR: W. Kroll, Art. *J. Ph.* (in RE, 9/2, 1916, Sp. 1764–1795). – G. Furlani, *Unità e dualità di natura secondo Giovanni il Filopono* (in Bessarione, 27, 1923, S. 45–65). – E. Evrard, *Les convictions religieuses de J. Ph. et la date de son »Commentaire aux météorologiques«* (in Bulletin de la Classe de Lettres de l'Academie Royale de Belgique, 39, 1953, S. 299–357). – H. D. Saffrey, *Le chrétien J. Ph. et la survivance de l'école d'Alexandrie au*

6e siècle (in REG, 67, 1954, S. 396–410). – P. Joannou, *Le premier essai chrétien d'une philosophie systématique*. J. Ph. (in *Papers Presented to the Third International Conference on Patristic Studies Held at Christ Church, Oxford 1959*, Hg. F. L. Cross, Bd. 3, Bln. 1962, S. 508 ff.; Studia patristica, 5). – H. Martin, J. Ph. *et la controverse trithéite du 6e siècle* (ebd., S. 519–525).

MAGNUS FELIX ENNODIUS
(473/74–521)

CARMINA (lat. Patr.; *Gedichte*). Dichtungen von MAGNUS FELIX ENNODIUS (473/74–521). – Der Autor, der aus nicht geklärten Gründen um das Jahr 494 seine Verlobte verließ und sich zum Diakon weihen ließ, wurde um 515 Bischof von Pavia. In seinen Schriften verleugnet er keineswegs seine antik-heidnische Bildung, die ihm wahrscheinlich in einer der damals noch zahlreichen Rhetorenschulen Italiens vermittelt worden ist. Dort hat er TERENZ, HORAZ und VERGIL, OVID, LUKAN, SEDULIUS, SIDONIUS APOLLINARIS gelesen, denen er für seine eigenen Werke so vieles verdankt.
SIRMOND teilte die *Carmina* in seiner Ausgabe von 1611 in zwei Bücher ein. Buch 1 enthält zum Teil Gelegenheitsgedichte: ein Epithalamium (Hochzeitsgedicht), mehrere panegyrische Gedichte und 12 Hymnen (in iambischen Dimetern) auf Märtyrer und Heilige: auf Cyprian, Stephanus, Ambrosius, Nazarius, Martinus, Dionysius, die hl. Euphemia und die Jungfrau Maria. Doch wurde keine dieser Hymnen in die kirchliche Liturgie aufgenommen. – Buch 2 enthält neben 151 Epigrammen für Gräber, Kirchen und Baptisterien eine Fülle von Lob- und Spottversen sowie Satiren auf weniger sittsame Zeitgenossen. Hier schwelgt Ennodius in für einen Bischof erstaunlich üppigen Phantasien; mit seinen »Obszönitäten« (Altaner) brachte er jahrhundertelang viele fromme Leser zum Erröten. Aber auch in seinen weniger anstößigen Gedichten zeigt er sich recht frei. In antiker Unbefangenheit treten die Götter des Olymp auf: so erscheint in dem Hochzeitsgedicht die schöne Venus splitternackt, und Amor darf seine gerechte Klage gegen die immer weiter um sich greifende Herrschaft der Jungfräulichkeit erheben. Die polemische Spitze dürfte dabei wohl gegen das Mönchtum, das sich in jener Zeit auch im Abendland immer mehr ausbreitete, sowie gegen Augustinische Moralvorstellungen gerichtet sein. – Als literarische Meisterwerke dürfen die *Gedichte* des lebensfrohen Bischofs nicht gelten. Dennoch sind sie aufschlußreich als Dokumente der spätantiken Kultur, in der Heidnisches und Christliches noch eng beieinander wohnten. A. Ku.

AUSGABEN: Basel 1565. – Paris 1611, Hg. J. Sirmond (abgedruckt bei Gallandi, Bibl. Vet. Patrum, 11, Venedig 1776 und daraus in ML, 63). – Wien 1882, Hg. W. Hartel (CSEL, 6). – Bln. 1885, Hg. F. Vogel (MGH, auct. ant., 7).

LITERATUR: F. Vogel, *Chronologische Untersuchungen zu E.* (in NA, 23, 1898, S. 51–74). – A. Dubois, *La latinité d'E.*, Diss. Paris 1903. – P. Rasi, *Dell'arte metrica di Magno Felice Ennodio, vescovo di Pavia* (in Bollet. della Società Pavese di Storia Patrica, 2, 1902, S. 87–140; 4, 1904, S. 153 bis 197).

PANEGYRICUS DICTUS CLEMENTISSIMO REGI THEODERICO (lat. Patr.; *Lobrede auf den mildreichsten König Theoderich*). Rede des MAGNUS FELIX ENNODIUS (473/74–521), entstanden 506/07. – Als der Ostgotenkönig Theoderich der Große 506/07 das 498 ausgebrochene Schisma, das durch den Streit zwischen dem orthodox gesinnten Symmachus und dem byzanzfreundlichen Laurentius um den päpstlichen Stuhl entstanden war, endgültig beigelegt hatte, feierte der katholische Kleriker Ennodius den arianisch gesinnten König in diesem *Panegyricus*. Nach einer recht pompösen Einleitung schildert Ennodius in chronologischer Reihenfolge die Taten des Gefeierten, angefangen mit der Zeit, in der der junge Theoderich als Geisel in Konstantinopel festgehalten wurde. Er beschreibt das Konsulat Theoderichs und seinen Kampf mit den Bulgaren, schildert ausführlich und voll Begeisterung den Italienzug, besonders den Sieg über die Gepiden und die denkwürdigen Ereignisse bei der Schlacht von Verona gegen Odoaker (489). Mit der Aufnahme der Alamannen in das ostgotische Reich beendet er die Darstellung der kriegerischen Taten des Königs. Es folgt eine Würdigung von Theoderichs Tätigkeit im Innern des Reiches, seiner Aufbauarbeit in Italien. Besonders hervorgehoben werden die Förderung der wissenschaftlichen Betätigung (durch die Theoderich in der Tat den drohenden Verfall der antiken Kultur für einige Zeit aufgeschoben hat) und der unter Theoderichs Herrschaft blühende Wohlstand und Friede. Mit einer Schilderung der äußeren Erscheinung des Helden endet das Werk.
Die Lobrede gibt sich den Anschein, als sei sie gehalten worden. Doch enthält sie keinerlei Hinweis auf ihren Anlaß oder den Ort des Vortrags. Daher läßt sich nicht mehr entscheiden, ob sie tatsächlich bei einer politischen Feier vom Autor dem Kaiser persönlich vorgetragen wurde – etwa bei einer Triumphfeier in Mailand oder Ravenna aus Anlaß der Eingliederung der Alamannen in das ostgotische Reich – oder ob sie dem Herrscher schriftlich überreicht wurde. – Dem Zweck und der literarischen Tradition entsprechend ist der *Panegyricus* voll von Übertreibungen und Schmeicheleien. Der schwülstige und gesuchte Stil verrät allenthalben die Ausbildung des Autors in der Rhetorenschule; besonders störend wirkt, daß die meisten Angaben absichtlich sehr dunkel gehalten sind. Indessen stellt das Werk für die Geschichte der Zeit Theoderichs eine überaus wichtige historische Quelle dar, vor allem durch die Nachrichten über den Zug der Goten nach Italien und über die Ereignisse an der Donau im Jahr 504/05. M. Ze.

AUSGABEN: Basel 1569 (in *Monumenta sanctorum patrum orthodoxographa*, Hg. J. J. Grynaeus). – ML, 63. – Wien 1882, Hg. W. Hartel (CSEL, Bd. 6). – Bln. 1885, Hg. F. Vogel (MGH, Auct. ant., Bd. 7; m. Einl.).

ÜBERSETZUNG: *Lobrede auf Theoderich den Großen, König der Ostgothen*, M. Fertig, Progr. Landshut 1858.

LITERATUR: H. Laufenberg, *Der historische Wert des »Panegyricus« des Bischofs E.*, Diss. Rostock 1902. – M. Dumoulin, *Le gouvernement de Théodoric et la domination des Ostrogoths en Italie, d'après les œuvres d'E.* (in Revue Historique, 78, 1902, S. 1-7; 241–265; 79, 1903, S. 1–22). – Bardenhewer, 5, S. 240. – Schanz-Hosius, 4/2, S. 137–139. – Wattenbach-Levison, S. 73/74. – J. Fontaine (in RAC, 5,

Sp. 398-421; m. Bibliogr.; vgl. ebd., Sp. 337/338). - Altaner, S. 478/79.

LEONTIOS aus Byzanz
(475-543)

LOGOI III KATA NESTORIANŌN KAI EUTYCHIANISTŌN (griech. Patr.; *Drei Bücher gegen Nestorianer und Eutychianer*). Polemischer Traktat in drei Büchern von LEONTIOS aus Byzanz (475 bis 543), entstanden kurz vor dem Tod des Autors im Jahr 543. - Neuere Forschungen zur Person des Verfassers haben ergeben, daß dieser weder mit dem gleichnamigen skythischen Mönch noch mit dem Neuchalkedonier LEONTIOS aus Jerusalem identisch ist. Im Gegensatz zu diesem ist er vielmehr ein Anhänger der Chalkedonier alten Stils, die sich auf rein metaphysischer Grundlage um eine Vermittlung im Streit zwischen den Nestorianern und den Monophysiten bemühten. Deren Meinungsverschiedenheiten erklärt der Byzantiner als weltanschauliche Übersteigerungen: Irren die Monophysiten und Eutychianer gleichsam durch »*zu große Verehrung*«, indem sie das göttliche Sein in Christus überbetonen und schon in der Inkarnation, nicht erst im Kreuzestod die Erlösungstat sehen, so machen die Nestorianer Christus fast völlig zu einem Menschen.

Im ersten Buch versucht Leontios - als konsequenter Aristoteliker -, die Irrtümer der beiden Richtungen aufgrund der Tatsache zu erklären, daß beide von derselben falschen Voraussetzung ausgegangen seien. Die beiden Naturen in Christus, die göttliche und die menschliche, seien nicht als zwei Personen, sondern als *pragmata*, als zwei durch die göttliche Hypostase geeinte Teilbestände, aufzufassen. Da es keine subjektlose Natur gibt, die menschliche Natur Christi aber niemals für sich allein existent gewesen ist, muß sie in die göttliche Hypostase übernommen werden. So kommt Leontios zu der Versöhnungsformel: »*Einer aus der Trinität hat gelitten.*« Die Unterscheidung von Existenz und Essenz hat Leontios mit größter Wahrscheinlichkeit während seines Romaufenthalts (519) an BOETHIUS vermittelt. Über ihn und seinen ersten Kommentator IOANNES DAMASKENOS (um 675-749?) hat Leontios maßgeblichen Einfluß auf die scholastische Philosophie erlangt. Ioannes, der philosophisch weitgehend von Leontios abhängig ist, wird von THOMAS VON AQUIN rund 150mal als Väterautorität zitiert.

Während das zweite Buch die Disputation mit einem Aphthartodoketen (einem Anhänger der Lehre des IULIANOS aus Halikarnaß, der die uranfängliche Unverweslichkeit des Leibes Christi lehrte) wiedergibt, widerlegt das dritte Buch speziell die schon von DIODOROS aus Tarsos († von 394) und THEODOROS aus Mopsuestia († 428) erwähnten 204 Thesen des NESTORIOS (nach 381 - nach 451), die Leontios genau referiert. Nicht zuletzt deswegen macht dieses dritte Buch den Eindruck eines Protokolls, und man geht wohl nicht fehl, wenn man in ihm den Niederschlag des von Leontios im Jahr 527 in Konstantinopel mit Nestorianern geführten Religionsgesprächs sieht.

Daß das Werk gerade zur Zeit des Origenistendekrets (543) verfaßt wurde, ist kein Zufall; auch Leontios hatte man den Vorwurf des »Origenismus« gemacht, ein Vorwurf, der sich wohl nur auf die Übertragung des christologischen Ansatzes von den zwei Naturen auf die Anthropologie (Befreiung jeder Natur vom Fleisch und von der Sterblichkeit) beziehen kann. - Mit seiner Schrift gab Leontios seinem Freund THEODOROS ASKIDAS die Waffen in die Hand für dessen Kampf gegen den Nestorianismus und gegen den möglicherweise bei Hof in Gunst stehenden Aphthartodoketismus (mit dem sich sein »Origenismus« nicht vertragen konnte). Zwar kann man den Autor nach allem, was neuere Forschungen ans Licht gebracht haben, nicht mehr als die zentrale orthodoxe Gestalt des 6. Jh.s ansehen; dennoch gilt er immer noch als der wirksamste geistige Kämpfer gegen den Nestorianismus und den Monophysitismus. Seine Bedeutung für das Denken der Hoch- und Spätscholastiker aber ist kaum zu überschätzen.   A. Ku.

AUSGABEN: Basel 1578, Hg. J. Leunclavius. - MG, 86/1; Nachdr. 1965.

LITERATUR: J. P. Junglas, *L. von B. Studien zu seinen Schriften, Quellen u. Anschauungen*, Paderborn 1908. - M. Richard, *Léonce de Jérusalem et Léonce de Byzance* (in Mélanges de Science Religieuse, 1, 1944, S. 35-88). - B. Altaner, *Der griechische Theologe Leontius u. Leontius der skythische Mönch* (in ThQ, 127, 1947, S. 147-165). - M. Richard, *Léonce de Byzance était-il origéniste?* (in Revue de Études Byzantines, 5, 1947, S. 31 bis 66). - H. Reindl, *Der Aristotelismus bei L. von Byzanz*, Diss. Mchn. 1953. - E. Hammerschmidt, *Einige philosophisch-theologische Grundbegriffe bei L. von Byzanz, Johannes von Damaskus u. Theodor Abu Qurra* (in Ostkirchliche Studien, 4, 1955, S. 147-154).

BENEDICTUS aus Nursia
(um 480 - um 550)

REGULA MONASTERIORUM, auch: *Benedicti regula* (lat. Patr.; *Klosterregel*, auch: *Die Regel Benedikts*). Seit Anfang des 9. Jh.s üblicher Titel der Mönchsregel des BENEDICTUS aus Nursia (um 480 bis um 550), entstanden im vierten oder fünften Jahrzehnt des 6. Jh.s auf Monte Cassino. - Die im lebendigen, von den mittleren und oberen Bevölkerungsschichten Italiens gesprochenen Latein des 6. Jh.s geschriebene Benediktinische Mönchsregel ist teils aus älteren Quellen (vor allem der *Regula magistri*) redigiert, teils von Benedikt selbst ausgearbeitet. Sie gibt in fünf organisch ineinander übergehenden Teilen einen systematischen Überblick über das klösterliche und seine Formen: Der erste Teil legt die Grundstruktur des Klosters dar - Abt und brüderliche Gemeinschaft (Kap. 2-3); Lehre des geistlichen Lebens (Kap. 4-7); Ordnung des Gottesdienstes (Kap. 8-20); Gehilfen des Abtes, Strafkodex (Kap. 21-30); Verwaltung des Klosters (Kap. 31-57) -, der zweite enthält die Aufnahmeordnung (Kap. 58-63), der dritte regelt die Bestellung des Abtes und des Priors als seines Vertreters (Kap. 64 u. 65), der vierte handelt von der Klosterpforte (Kap. 66); die restlichen Kapitel (67-72) bringen ergänzende Nachträge. Das ganze »Gesetzbüchlein« ist umgeben von einem nach Art einer antiken Mahnrede gehaltenen Prolog und einem Nachwort des Schöpfers der *Regel*.

Kirchengeschichtlich liegt die Bedeutung des *Regelbuches* in der für die folgenden sieben Jahrhunderte gültigen Anpassung der vor allem im christlichen Osten entfalteten Idee des Mönchtums an das im 6. Jh. aus der zerfallenden Einheit der antiken Kultur sich bildende christliche Abendland, dessen mittelalterliche Gestalt die *Regel* mitbegründet und wesentlich beeinflußt hat. Kulturgeschichtlich hat die *Regula* vor allem zur Erhaltung und Überlieferung der klassischen Literatur der Antike und der kirchlichen Schriftsteller unschätzbare Dienste geleistet. Ihre Anordnungen zur Lesung der *Bibel* und Kirchenväter in der Liturgie und im Tageslauf des mönchischen Lebens setzen einen gewissen Bildungsstand der Mönche, das Vorhandensein einer Bibliothek im Kloster und eine rege Abschreibetätigkeit von seiten der Mönche voraus. Diese Umstände führten nach der Ausbreitung der *Regel* in den nichtlateinischen europäischen Kernländern zu einer intensiven Beschäftigung mit den lateinischen Klassikern, besonders den Grammatikern. Durch diese Pflege der Wissenschaft konnten sich insbesondere auf den Britischen Inseln und in der sogenannten ersten und zweiten Karolingischen Renaissance unter Karl dem Großen und Karl dem Kahlen auch auf dem Festland wesentliche Teile der antiken Literatur erhalten und dem Mittelalter überliefert werden.

Durch die Abschreibetätigkeit der Mönche wurde die *Regel* Benedikts, der bald auch Übersetzungen der *Regel* selbst (erste althochdeutsche Interlinearübersetzung in St. Gallen) sowie anderer Werke zur Seite traten (in Fulda, St. Gallen, Prüm, Reichenau), zu einer der belebenden Kräfte der mittelalterlichen Literaturgeschichte. Von nicht geringer Bedeutung für die mittelalterliche Literatur ist die Aufnahme des Hymnengesangs in das klösterliche Stundengebet geworden, wodurch die *Regula* zum ungeahnt fruchtbaren Ausgangspunkt der mittelalterlichen lateinischen Hymnendichtung wurde. Aufs engste mit der Literaturgeschichte verknüpft ist auch die in der *Regel* (Kap. 32, 2) getroffene Anordnung, daß der Abt ein Verzeichnis über den gesamten Besitz des Klosters an beweglichen und unbeweglichen Gütern anzulegen habe: Dieser Verfügung verdanken wir die frühesten und seit dem 9. Jh. nicht mehr abreißenden Bibliothekskataloge des Mittelalters. – Die *Regel* Benedikts ist in etwa 300 Handschriften erhalten, die R. HANSLIK in der neuesten textkritischen Ausgabe gesichtet, geordnet und aufgearbeitet hat. Seit dem 9. Jh. wurde die *Regel* in alle Kultursprachen übersetzt, so ins Französische, Italienische, Deutsche, Spanische, Englische, Portugiesische und Polnische; bis 1932 wuchs die Zahl der Übersetzungen auf rund 500, und seither sind noch Übertragungen in die Sprachen der asiatischen Hochkulturen sowie einzelner afrikanischer Dialekte hinzugekommen. Heute leben in der Welt rund 150 Klöster für Männer und eine noch weit größere Zahl weiblicher Ordensgenossenschaften des Benediktinerordens nach der *Regel* Benedikts; dazu kommen noch die mittelalterlichen Reformzweige des Ordens wie die Zisterzienser allgemeiner und strenger Observanz, die Olivetaner, Camaldulenser, Silvestriner und andere. E. v. S.

AUSGABEN: Augsburg 1759, Hg. L. Holstenius u. M. Brockie. – Bonn 1928, Hg. B. Linderbauer (Florilegium patristicum, 17). – Ldn. 1952 (*The Rule of Saint Benedict*, Hg. J. McCann; m. engl. Übers.). – Florenz 1958, Hg. G. Penco [m. Einl., ital. Übers. u. Komm.]. – Wien 1960, Hg. R. Hanslik (CSEL, 75). – Beuron 1963, Hg. B. Steidle (lat.-dt.).

ÜBERSETZUNGEN: *Des hl. Benediktus Mönchsregel*, P. Bihlmeyer, Kempten/Mchn. 1914 (BKV^2, 20). – *Die Regel St. Benedikts*, B. Steidle, Beuron 1968.

LITERATUR: A. M. Albareda, *Bibliografia de la regla benedictina*, Montserrat 1933. – I. Herwegen, *Sinn und Geist der Benediktinerregel*, Köln/Einsiedeln 1944. – Ph. Schmitz, *Geschichte des Benediktinerordens*, 4 Bde., Einsiedeln 1948–1960 (bes. Bd. 1, S. 23–27; Bd. 2, S. 333–345). – LThK, 2, Sp. 194/ 195. – E. v. Hippel, *Der Krieger Gottes. Die Regel des Benedikt als Ausdruck frühchristlicher Gemeinschaftsbildung*, Paderborn ^{2}1953. – E. Franceschini, *La questione della regola di s. Benedetto* (in Aevum, 30, 1956, S. 213–238). – I. M. Gómez, *El problema de la regla de san Benito* (in Hispania Sacra, 9, 1956, S. 5–61). – H. Neuhold, *Die ahd. Interlinearversion der Benediktinerregel u. ihre lateinischen Vorlagen*, Diss. Wien 1956. – *Commentationes in regulam s. Benedicti*, Hg. B. Steidle, Rom 1957 (Studia Anselmiana, 42). – *Regula Magistri – Regula Benedicti*, Hg. ders., Rom 1959 (Studia Anselmiana, 44). – W. Hafner, *Der Basiliuskommentar zur Regula s. Benedicti. Ein Beitrag zur Autorenfrage karolingischer Regelkommentare*, Münster 1959. – H. van Zeller, *The Holy Rule. Notes on St. Benedict's Legislation for Monks*, Ldn. 1959. – A. de Vogüé, *La communauté et l'abbé dans la règle de saint Benoît*, Paris 1961 [Vorw. L. Bouyer]. – B. Egli, *Der 14. Psalm im Prolog der Regel des hl. Benedikt. Eine patrologisch-monastische Studie*, Sarnen 1962. – E. M. Heufelder, *Der Weg zu Gott nach der Regel des hl. Benediktus*, Würzburg 1964.

ARATOR
(um 490 – um 550)

HISTORIA APOSTOLICA (mlat.; *Apostelgeschichte*), heute meist als *De actibus apostolorum (Von den Taten der Apostel)* zitiert. Umdichtung der *Apostelgeschichte* in episches Versmaß von ARATOR (um 490 – um 550), vollendet 544. – Der Autor, ein Aristokrat aus der Provinz Ligurien, hatte sich schon als Rechtsanwalt in Ravenna und als Offizial am Hofe des Ostgotenkönigs Athalarich (reg. 526–534) poetisch versucht; damals plante er, die *Psalmen* oder die Schöpfungsgeschichte zu versifizieren. Der Wechsel auf der politischen Bühne – 534 Zerstörung des Vandalenreiches durch Ostroms Feldherrn Belisar, 535 Verlust Siziliens und Fall Neapels, 536 Einfall Belisars in Rom, 537 Gotensturm auf die Engelsburg – veranlaßte ihn, den Staatsdienst mit einem römischen Subdiakonat zu vertauschen; fortan wandte er sich mehr und mehr der Religion und ihrer poetischen Verherrlichung zu.

Wohl während der Belagerung Roms dichtete er, wahrscheinlich angeregt durch das Werk des SEDULIUS, die zwei Bücher seiner *Apostelgeschichte*, »*eine Art von didaktischem Epos ... dessen Hauptpersonen Petrus und Paulus sind*« (C. L. Leimbach). Sie beginnt mit der Auferstehung Christi und schildert sodann teils umschreibend, teils erbaulich kommentierend, was das *Neue Testament* über Pfingsten, die Geschichte von Ananias und Sapphira, das Martyrium des Stephanus, die Bekehrung des Paulus und die Gefangenschaft des Petrus erzählt. Allerdings begnügt sich Arator nicht mit der vordergründigen Historie, sondern sucht zugleich die in ihr vorkommenden Namen und Zahlen allegorischmystisch zu vertiefen: die Zwölfzahl der Apostel zum Beispiel soll sich aus der Multiplikation der Drei - als dem Symbol der Trinität - mit der Vier - als der Repräsentation der vier Weltecken - ergeben. So gesucht heute Arators Zahlenspekulationen erscheinen: die Zeitgenossen schätzten ihn gerade wegen seiner Vorliebe für Allegorisches sehr hoch; die Eintönigkeit der hexametrischen Technik mochten sie über dem rhetorischen Pathos vergessen. Das gebildete Publikum Roms forderte von Papst Vigilius (537-555), dem das Epos gewidmet ist, sogar eine öffentliche Vorlesung. Von ständigen Dakapo-Rufen unterbrochen, las Arator im April 544 vier Tage lang in S. Pietro in Vincoli ein literarisches Spectaculum mitten im Gotenkrieg. - Dem Epos sind zwei Distichen an Abt Florianus und an den Jugendfreund Parthenius beigefügt und ein Widmungsgedicht an Papst Vigilius, dem Arator sein Werk am 4. April 544 überreicht hat. J. Sch.

AUSGABEN: Deventer o. J. [ca. 1500]. - Wien 1951, Hg. A. P. McKinlay (CSEL, 72).

LITERATUR: J. Schrödinger, *Das Epos des A. »De actibus apostolorum« in seinem Verhältnis zu Vergil*, Progr. Weiden 1911. - A. Ansorge, *De Aratore veterum poetarum Latinorum imitatore*, Diss. Breslau 1914. - A. P. McKinlay, *A. The Codices*, Cambridge/Mass. 1942. - Ders., *Studies in A., II* (in Harvard Studies in Classical Philology, 54, 1943, S. 93-115). - N. R. Ker, E. A. Lowe u. A. P. McKinlay, *A New Fragment of A. in the Bodleian* (in Speculum, 19, 1944, S. 351 bis 359). - A. P. McKinlay, *Bibliography of the Latin Commentaries on A.* (in Scriptorium, 6, 1952, S. 151-156). - A. Hudson-Williams, *Notes on the Text and Interpretation of A.* (in VC, 7, 1953, S. 89-97). - K. Thraede, *A.* (in Jb. für Antike und Christentum, 4, 1961, S. 187-196).

ZACHARIAS aus Mytilene
(Z. Scholastikos, gest. vor 553)

DIALEXIS (griech. Patr.; *Unterredung*), nach dem Hauptgesprächpartner auch *Ammonios* genannt. Philosophischer Dialog von ZACHARIAS aus Mytilene (Z. Scholastikos, † vor 553). - Die Schrift ist einem Dialog des AINEIAS aus Gaza (*De immortalitate animae - Über die Unsterblichkeit der Seele*) verwandt, der wie Zacharias' Lehrer PROKOP Schüler des Neuplatonikers HIEROKLES und damit Enkelschüler des PROKLOS (410-485) war. Zacharias wendet sich in dem Dialog gegen die Vorstellung von der Ewigkeit der Welt, indem er den neuplatonischen Verzerrungen der Platonischen Lehre den alten (und wahren) Platonismus gegenüberstellt. Die Argumentationsweise kann kaum als spezifisch christlich bezeichnet werden, und auch in der Dialogform zeigt sich Zacharias an PLATON geschult. - Das ganze Werk setzt sich aus vier Gesprächen zusammen. In dreien diskutiert ein Christ (der die Auffassung des Verfassers vertritt) mit dem Proklos-Schüler Ammonios und dem Arzt Gessios, einem Schüler des Ammonios; sie erörtern allgemeine Probleme der Philosophie, ohne auf christlich-theologische Argumente einzugehen. In der vierten Unterredung spricht der Autor Zacharias mit einem Glaubensbruder; sie beziehen auch den Gedanken der göttlichen Offenbarung in ihre Diskussion ein.

Behaupten die Neuplatoniker AMMONIOS und GESSIOS, die Welt selbst sei ewig, so betont Zacharias, der Christ, die Entstehung der Welt in der Ewigkeit: denn Weltall und Zeit seien nicht in der Zeit (wie Ammonios und Gessios der christlichen Lehre unterstellen), sondern in der (hier als einhüllende Größe begriffenen) Ewigkeit entstanden. Eine ewige Schöpfung anzunehmen hieße einen inneren Widerspruch übersehen: Wesen, die zugleich sind, können nicht durch die Relation von Ursache und Wirkung verbunden sein. Ist Gott Urheber der Welt, so ist sie nicht ewig; ist sie ewig, ist Gott nicht Urheber ihrer Substanz. In der vierten Unterredung handelt Zacharias davon, daß Gott eine ihren zukünftigen Bewohnern angemessene Welt geschaffen habe. Gott hat die Welt vergänglich geschaffen, da er die Sünde voraussah. Doch hinderte ihn das nicht, dem Menschen die volle Freiheit zu geben, wie es der menschlichen Würde entspricht. Das Ende der Welt ist angekündigt, die Auferstehung der Leiber durchaus denkbar: da diese nämlich aus den vier Elementen bestehen, können sie ohne weiteres auch nach dem Tod ein zweites Mal zusammengefügt werden.

Der Dialog ist geistreich geschrieben und in Gedankenführung und Komposition (die sich am *Phaidros* orientiert) dem Parallelwerk des Aineias überlegen. Wenngleich beide Schriften in erster Linie bestrebt sind, mit Hilfe Platons den heidnischen Neuplatonismus zu widerlegen, so verfolgen sie doch auch den apologetischen Zweck, das Christentum als Vernunftreligion auszuweisen. A. Ku.

AUSGABEN: Paris 1619, Hg. J. Tarinus. - Lpzg. 1654, Hg. C. Barth. - Paris 1836, Hg. J. F. Boissonade. - MG, 85 [Nachdr. d. Ausg. 1654].

LITERATUR: S. Sikorski, *Z. Scholasticos* (in Jahresber. der Schles. Gesellsch. f. vaterländ. Kultur, 92, Breslau 1916). - Th. Nissen, *Eine christliche Polemik gegen Julians Rede auf den König Helios* (in ByZ, 40, 1940, S. 15-22). - E. Honigmann, *Patristic Studies*, Vatikanstadt 1953, S. 194-205. - M. E. Colonna, *Zacaria scolastico, il suo »Ammonio« e il »Teofrasto« di Enea di Gaza* (in Annali della Facoltà di Lettere e Filosofia, 6, Neapel 1956, S. 107-118).

FLAVIUS MAGNUS AURELIUS CASSIODORUS SENATOR
(um 490-583)

CHRONICA (lat.; *Chronik*). Das früheste Werk des FLAVIUS MAGNUS AURELIUS CASSIODORUS SENATOR (um 490-583). - Wie bei den meisten seiner Werke aus jenen Jahren, ehe sich der vornehme Römer und eifrige Minister der Gotenkönige in sein Kloster Vivarium zurückzog (um 540), handelt es sich bei den *Chronica* um eine Auftragsarbeit im Dienste seiner hohen Gönner. Der christliche Schlußpunkt, den der Autor für sein Buch wählte, ist zugleich eine Reverenz vor dem Inaugurator des Buches: Eutharich, der im Jahre 519 das Konsulat bekleidete, war der Schwiegersohn Theoderichs. So hochfahrend sich der Plan dieses umfassenden Geschichtswerks auf den ersten Blick ausnimmt, so dürftig ist die Darstellung bei näherem Zusehen. Parteiisch, nicht immer korrekt, frei von Ambitionen historischer Kritik oder politischer Akzentuierung handelt Cassiodor die sechs Epochen (5271 Jahre) von Adam und Eva bis zu den Tagen der Niederschrift ab, in Anlehnung an bewährte Kompendien: an EUSEBIOS (und HIERONYMUS) für die Zeit bis zur Errichtung des Konsulats; an LIVIUS und AUFIDIUS BASSUS bis zur frühen Kaiserzeit; dann wieder an Hieronymus, die sogenannte *Ravenna-Chronik* u. a.; ab 495 verläßt sich der Autor in der Auswahl der Fakten auf eigene Erinnerung und (freilich höfisch-einseitige) Autopsie. Nach ihrem historischen und informatorischen Wert steht die *Chronik*, dem allgemeinen Urteil zufolge, hinter der leider nur in Auszügen erhaltenen *Historia Gothica* Cassiodors weit zurück: auf lange Strecken stellt sie eine reine Königs- und Konsulatsliste dar. Kein Wunder, daß unter diesen Umständen, soweit wir wissen, vor dem 11. Jh. niemand ernstlich von dem Werk Kenntnis genommen hat. E. Sch.

AUSGABEN: Mainz 1529, Hg. J. Cochleus (in J. Sichardus, *Chronicon ... ab ipso Mundi initio ad annum usque salutis 1512*). – ML, 69. – Bln. 1894 (in *Chronica minora saeculi IV, V, VI, VII*, Hg. T. Mommsen, Bd. 2; MGH, auct. ant., 11).

LITERATUR: Manitius, Bd. 1, S. 39. – Teuffel-Kroll-Skutsch, *Geschichte der röm. Literatur*, Bd. 3, Lpzg./Bln. [6]1913, S. 494 ff. – Schanz-Hosius, 4/2, S. 95 f. – J. J. van den Besselaar, *Cassiodorus Senator. Leven en werken van een staatsman en monnik uit de zesde eeuw*, Haarlem/Antwerpen 1949.

DE ANIMA (lat.; *Über die Seele*). Kurze Prosaschrift von FLAVIUS MAGNUS AURELIUS CASSIODORUS SENATOR (um 490–583), ca. 540 auf Drängen seiner Freunde verfaßt und vom Autor als dreizehntes Buch seinen 537 publizierten *Variae (Verschiedenes)* angehängt. – In Form und Tenor sticht De anima allerdings stark von dieser lockerbunten Sammlung der Amtsschreiben und Briefe ab: es ist ein wohldisponierter Traktat, streng zentriert um das eingangs genannte Thema »*Vom Wesen und Wert der Seele*«. Der Aufbau des zwölfteiligen Büchleins folgt dem bereits in der *Praefatio (Vorwort)* im einzelnen angekündigten Plan: Kapitel 1 spricht von Benennung und Etymologie der *anima*; Kapitel 2 behandelt ihre Definition – sie ist »*eine von Gott geschaffene ›spiritalis substantia‹ (geistige Substanz), die dem Körper das Leben verleiht, vernünftig zwar und unsterblich, doch fähig, sich sowohl dem Guten wie dem Bösen zuzuwenden*«; in Kapitel 3 geht es um ihre substanzielle Qualität – als Abbild Gottes ist sie »Licht« *(lumen)*; Kapitel 4 erörtert das Problem der *forma*, der räumlichen Ausdehnung, die für die Seele verneint wird; in Kapitel 5 stehen ihre moralischen, in 6 ihre natürlichen »Tugenden« zur Debatte; Kapitel 7 wendet sich dem Ursprung der Seele zu, ihrer Erschaffung durch Gott; Kapitel 8 handelt über den Sitz der Seele (im Kopf, nicht im Herzen), 9 über die harmonische Struktur des von der Seele durchwalteten Körpers; 10 und 11 wollen darlegen, wie man böse und gute Menschen erkennen könne, und tragen dabei eine bemerkenswerte Physiognomik vor; das Schlußkapitel, dem Leben der Seele nach dem Tod und der Hoffnung auf das ewige Leben gewidmet, ist als krönender Höhepunkt gedacht: es hat nicht nur den größten Umfang von allen Kapiteln, sondern erhebt sich gegen Ende (nach einer Rekapitulation des abgehandelten Stoffes und einem Preis der Zwölfzahl) zum hymnisch-feierlichen Ton eines langen Gebets an den dreieinigen Gott.

Die Besonderheit an diesem kleinen Opus, die es von allen bisherigen Werken des Autors – den *Chronica*, der *Historia Gothica* und selbst den *Variae* – abhebt, ist der tiefe Blick, den die Worte, indem sie von der Seele im allgemeinen reden, in die Seele des Autors freigeben. Ließen die früheren Schriften durchweg einen »offiziellen« Cassiodor erkennen, den Gelehrten und Staatsmann, so wird hier mit einem Male der »private« Cassiodor sichtbar, der Mensch, für den, bei aller Bildung und Belesenheit in der profanen und christlichen Literatur (TERTULLIAN, AUGUSTIN, CLAUDIANUS MAMERTUS), das letztlich Charakteristische sein Glaube an die christliche Lehre und seine tiefe Frömmigkeit sind. Bedenkt man, daß Cassiodor wenig später sich für den Rest seines Lebens in das Kloster Vivarium zurückzog, so gewinnt die Schrift einen Wert ganz eigener Art: sie stellt das sichtbare Zeugnis für den Umbruch in der äußeren und inneren Biographie des Verfassers dar. E. Sch.

AUSGABEN: Augsburg 1533 (*Magni Aurelii Cassiodori variarum libri XII. Item de anima liber unus*, Hg. M. Accursius). – Paris 1865 (ML, 70, Hg. J. Garetius). – 1960 (in Traditio, 16, S. 39–109, Hg. J. W. Halporn; m. Einl.).

LITERATUR: Manitius, 1, S. 41 f. – Schanz-Hosius, 4/2, S. 100 f.

DE ORIGINE ACTIBUSQUE GETARUM (lat.; *Von Ursprung und Taten der Goten*). Einbändiger Abriß der um 530 entstandenen, heute verlorenen zwölf Bücher *Gotengeschichte (Historia Gothica [?])* des FLAVIUS MAGNUS AURELIUS CASSIODORUS SENATOR (um 490–583), im Jahre 551 in Konstantinopel von IORDANES zusammengeschrieben. – Die Zusätze des Iordanes schlägt man, von der Erweiterung des Schlusses abgesehen, für gering an, so daß die Kurzversion, was den Stoff angeht, als Spiegel des Originalwerks gelten darf. Den Beginn (Kap. 1–9) macht die mythisch-legendäre Urgeschichte der Goten mit der Einwanderung in das Skythenland usw. (skythische Geten: Goten; die Amazonen als Gotenfrauen), dann berichtet ein knapper Überblick von den ersten Berührungen der Perser, Griechen und Römer mit den Skythen (Kap. 10–14). Erst von Kapitel 15 an, das den Stammbaum der Amaler referiert, kann man von einer eigentlichen »Geschichte« der Goten sprechen: ihre Kriege mit Gepiden und Vandalen und schließlich – unter Ermanarich – der unglückliche Kampf gegen die Hunnen füllen die Kapitel 16 bis 24; von 25 bis 47 bildet die Geschichte der Westgoten bis Alarich II. (reg. 485–507) einen geschlossenen Komplex; in 48 wird die Geschichte der Ostgoten bei der Hunnenkatastrophe wiederaufgenommen und bis zu Theoderich (reg. 474–526) – bei Iordanes bis Witigis (reg. 536–540) – weitergeführt.

Als Schriftsteller erreicht Iordanes nicht die Höhe des Kritikwürdigen. Dennoch hat er als Erbe und Bewahrer des Cassiodorschen Werks seine Bedeutung: sein Abriß stellt auch heute noch die wichtigste Geschichtsquelle der gotischen Völker und Reiche dar. Daß der Epitomator den ursprünglichen Tenor der Vorlage (Cassiodor war überzeugter Anhänger der Goten) mit seiner eigenen Anschauung überlagert (er ist im gleichen Maße überzeugter Anhänger Ostroms), muß man zwar als bedauerlich vermerken, doch dürfte diese Verlagerung der Perspektive im Bericht der Fakten keine spürbaren Konsequenzen gezeitigt haben.

E. Sch.

AUSGABEN: Augsburg 1515 (*Geticorum cum Pauli historia Langobardorum*, Hg. C. Peutinger). – ML, 69 (*De Getarum sive Gothorum rebus gestis*, Hg. J. Garetius). – Bln. 1882 (*Iordanis Romana et Getica*, Hg. Th. Mommsen; m. Einl. u. Glossar; MGH, auct. ant., 5/1).

ÜBERSETZUNGEN: *Gottische Kriege aus Procopio, Agathia und Jornande*, anon., Ffm. 1567. – *Gothengeschichte*, W. Martens, Lpzg. 1884; ³1913.

LITERATUR: F. Werner, *Die Latinität der »Getica« des J.*, Diss. Halle 1908. – A. Kappelmacher, Art. *Iordanis* (in RE, 9/2, 1916, Sp. 1908–1929). – Schanz-Hosius, 4/2, S. 115–120. – F. Giunta, *J. e la cultura dell'alto medio evo*, Palermo 1952.– Wattenbach-Levison, 1, S. 57–81. – T. Nagy, *Les campagnes d'Attila aux Balkans et la valeur du témoignage de J. concernant les Germains* (in Acta Antiqua Academiae Scientiarum Hungaricae, 4, 1956, S. 251–260).

INSTITUTIONES (lat.; *Unterweisungen*). Kurztitel der pädagogisch-literaturkritischen Hauptschrift des FLAVIUS MAGNUS AURELIUS CASSIODORUS SENATOR (um 490–583); der Autor selbst nennt die beiden Teile gelegentlich *Institutio divinarum lectionum (Unterweisung in den göttlichen Texten)* und *Institutio saecularium lectionum (Unterweisung in den weltlichen Texten)*; in den Handschriften variieren die Titelversionen. Als Abfassungszeit lassen sich ungefähr die fünfziger Jahre des 6. Jh.s angeben.

Cassiodor hatte in jenen Jahren, als er noch in der politischen Öffentlichkeit wirkte, versucht, in Zusammenarbeit mit Papst Agapitus (535/36) eine Hochschule für christliche Gelehrsamkeit zu gründen; doch die Wirren der Zeit ließen das geplante Unternehmen scheitern. Nachdem er sich in sein Kloster Vivarium zurückgezogen hatte, setzte er alles daran, seine Vorstellungen wenigstens im kleinen – im Kreis der Mönche und mit Hilfe seiner umfangreichen Bibliothek – zu verwirklichen. Als Kondensat und Frucht dieser Bemühungen schrieb er die *Institutiones*, einführende Anleitungen zum Studium der christlichen und der heidnischen Literatur, seinen Mönchen als Handbuch zugedacht. Das erste Buch behandelt in 33 Kapiteln das Studium der Schriften des *Alten* und *Neuen Testaments*, nennt Ausgaben, Übersetzungen, Kommentare, bespricht Einzelfragen der Interpretation (wie Bucheinteilung, Textrezension u. ä.), behandelt die Kirchenhistoriker, charakterisiert ausführlich und mit kritischem Einfühlungsvermögen die Kirchenväter HILARIUS, CYPRIAN, AMBROSIUS, HIERONYMUS und AUGUSTIN und mündet schließlich, nach einigen speziellen Bemerkungen zur Bibelforschung, in allgemeine Vorschläge zur Aufgabenteilung innerhalb der Mönchsgemeinschaft. Buch 2, wie Buch 1 durch eine *praefatio* eingeleitet, gibt, der seit MARTIANUS CAPELLA kanonischen Ordnung der sieben *artes liberales* folgend, in sieben Kapiteln eine Einführung in die weltlichen Wissenschaften: Grammatik, Rhetorik, Dialektik (diese drei Disziplinen werden seit dem 9. Jh. als *trivium*, »Dreiweg«, bezeichnet), Arithmetik, Musik, Geometrie und Astronomie (schon von BOETHIUS als *quadrivium*, »Vierweg«, zusammengefaßt).

Der Stil des Werks ist für ein wissenschaftliches Handbuch ungewöhnlich gepflegt. Die wesentlichen Charakteristika, die bereits in der Schrift *Über die Seele (De anima)* die rhetorisch-kultivierte Diktion der *Variae (Verschiedenes)* überhöhten, finden sich hier wieder: der Tenor überzeugter Frömmigkeit, der stellenweise zur Hymnik gesteigerte Ausdruck, das feierliche Gebet als Abschluß. Auch die Vorliebe für zahlenspekulative Rechtfertigung der Bucheinteilung verbindet die beiden Werke. Im Stoff bringen die *Institutiones* – von der Tatsache abgesehen, daß sie das erste Kompendium der christlich-antiken Gelehrsamkeit darstellen – wenig Neues: die Leistung liegt vor allem in der Kompilation. Glanzpunkte sind zweifelsohne die Würdigungen der Kirchenväter, nicht zuletzt deshalb, weil neben dem Historisch-Biographischen auch die literarische Ästhetik zu Wort kommt. – Die Wirkung des Werks steht im umgekehrten Verhältnis zu dem von Cassiodor geplanten Zweck: Die für den kleinen Kreis der Klostergenossen gedachte Schrift »*wurde ein Grundbuch der mittelalterlichen Bildung*« (Curtius) – schönstes Zeugnis dafür, daß der Autor in seinem Kloster doch noch erreicht hat, was ihm zuvor im großen Rahmen mißglückt war: die Schaffung einer *universitas* christlicher Bildung.

E. Sch.

AUSGABEN: Paris 1579 (in *Variarum libri XII etc.*, Hg. F. Pithoeus). – Oxford ²1961, Hg. R. A. B. Mynors.

ÜBERSETZUNG: *An Introduction to Divine and Human Readings*, L. W. Jones, NY 1946 [m. Einf. u. Komm.; engl.].

LITERATUR: M. G. Ennis, *The Vocabulary of the »Institutiones« of C.*, Washington 1939. – P. Courcelle, *Histoire d'un brouillon cassiodorien* (in Revue des Études Anciennes, 44, 1942, S. 65–86). – L. W. Jones, *Notes on the Style and Vocabulary of C.'»Institutiones«* (in Classical Philology, 1945, S. 24–31). – Ders., *The Influence of C. on Medieval Culture* (in Speculum, 1945, S. 433–442; 1947, S. 254–256). – G. I. Pachali, *Untersuchungen zu C.s »Institutiones«*, Diss. Marburg 1947. – P. Courcelle, *Les lettres grecques en occident. De Macrobe à Cassiodore*, Paris 1948, S. 317–341. – E. R. Curtius, *Europäische Literatur u. lateinisches MA*, Bern Mchn. ⁴1963, S. 444–446.

EUAGRIOS SCHOLASTIKOS
aus Epiphaneia
(um 536–Ende 6. Jh.)

HISTORIA EKKLĒSIASTIKĒ (griech.-byzant.; *Kirchengeschichte*). Hauptwerk des EUAGRIOS SCHOLASTIKOS aus Epiphaneia in Syrien (um 536 bis Ende des 6. Jh.s), vollendet nach 593. – Das Werk berichtet in sechs Büchern vor allem über die kirchlichen Verhältnisse und Ereignisse zwischen 431 und 593, bringt aber auch wertvolle Nachrichten für die profane Geschichte dieser Jahre, so z. B. über den Tod des Hunnenkönigs Attila. Der Autor knüpft zeitlich an die gleichnamigen Schriften der Kirchenhistoriker SOKRATES SCHOLASTIKOS, SOZOMENOS und THEODORETOS von Kyrrhos an, indem er mit der Darstellung des Konzils von

Ephesos beginnt. Er benutzt dabei als Quellen hauptsächlich die Chronik eines gewissen EUSTATHIOS, die *Historiai (Geschichtswerk)* des IOANNES von Epiphaneia, die Schrift *Peri tēs Iustinianu basileias (Über die Regierung Kaiser Justinians)* von AGATHIAS aus Myrina in Kleinasien, die Historien des PROKOPIOS aus Kaisareia, Werke des ZACHARIAS aus Mytilene und die *Chronographie* des IOANNES MALALAS. Besonderen Wert erhalten seine Ausführungen dadurch, daß er vielfach auf Schriftsteller zurückgreift, deren Werke uns heute verloren sind, darunter namentlich die oben erwähnten Eustathios und Ioannes von Epiphaneia. Die *Kirchengeschichte* des Euagrios zeichnet sich durch Gewissenhaftigkeit in der Wiedergabe der exzerpierten Quellen und durch Sorgfalt in der sprachlichen Gestaltung aus; nicht von ungefähr bedenkt sie der berühmte Patriarch PHOTIOS von Konstantinopel (um 820-898) in seiner *Bibliothēkē* mit einem besonderen Lob. P. W.

AUSGABEN: Paris 1544, Hg. R. Stephanus. - MG, 86/2 [m. lat Übers.]. - Ldn. 1898 (*The Ecclesiastical History of Evagrius with the Scholia*, Hg. J. Bidez u. L. Parmentier; m. Einl., Anm. u. Indices).

LITERATUR: A. Güldenpenning, *Die Kirchengeschichte des Theodoret von Kyrrhos. Eine Untersuchung ihrer Quellen*, Halle 1889. - L. Thurmayr, *Sprachliche Studien zu dem Kirchenhistoriker E.*, Eichstätt 1910. - K. Aland u. G. Gentz, *Die Quellen der Kirchengeschichte des Nicephorus u. ihre Bedeutung für die Konstituierung des Textes der älteren Kirchenhistoriker* (in ZntW, 42, 1949, S. 104-141).

Papst GREGORIUS I., der Große (um 540-604)

DIALOGI DE VITA ET MIRACULIS PATRUM ITALICORUM (lat.Patr.; *Dialoge über Leben und Wunder der italischen Väter*). Wundererzählungen in vier Büchern, von Papst GREGORIUS I., dem Großen (um 540-604), verf. um 594. - In der an den *Tusculanae disputationes (Tuskulaner Gespräche)* CICEROS orientierten Einleitung beklagt sich der Autor gegenüber seinem Freund, dem Diakon Petrus, darüber, daß ihm die Muße fehle, zur geistlichen Vollkommenheit zu gelangen. Petrus richtet an Gregor die Frage, ob denn wohl auch die italischen Väter Wunder gewirkt hätten. Anhand vieler Beispiele weiß Gregor die Frage zu beantworten. Er berichtet - immer aus absolut sicherer Quelle - von den wunderbarsten Begebenheiten, wobei es wie im Märchen zugeht: der Gute siegt, der Böse wird, für die Irdischen sichtbar, noch übers Grab hinaus aufs furchtbarste bestraft. Jemand, der ohne den Empfang der Sakramente gestorben ist, wird wieder lebendig; Felsen vergessen zu fallen, wenn ein heiliger Mann es von Gott erbittet; Unwürdige, die unverdient in einer Kirche bestattet wurden, gehen vor den Augen der Gemeinde in höllischen Flammen auf; heiligmäßig lebende Menschen bewirken viele wunderbare Heilungen. - Das zweite Buch ist dem Leben und den Wundertaten des hl. BENEDIKT aus Nursia (um 480-550) gewidmet; es stellt die vielleicht ausführlichste Quelle über den Begründer des abendländischen Mönchstums dar. Daß sein asketischer Alltag nicht ohne Dornen war, zeigt eine kleine Episode: Eines Tages nahte sich ihm der Versucher in Gestalt einer kleinen Amsel, die um seinen Kopf schwirrte und, als Benedikt sich bekreuzigte, zwar fortflog, ihn aber in einer heftigen fleischlichen Erregung zurückließ. Dieser Zustand machte ihm so zu schaffen, daß er beinahe die karge Wüstenei verlassen hätte. Da erblickte er plötzlich ein Nessel- und Dornenfeld, stürzte sich voller Verzweiflung hinein und verwandelte dadurch die Lust in Schmerz, vertrieb das Feuer durch Feuer. Damit hatte er die böse Versuchung für immer verscheucht und war fortan Lehrmeister der Tugend. - Buch 3 nimmt die Wundererzählungen von Buch 1 wieder auf. In Buch 4 berichtet Gregor auf Wunsch seines Gesprächspartners von Erscheinungen, die auf eine Fortdauer der Seele nach dem Tode schließen lassen.

An der Echtheit dieser Gregorianischen *Dialoge* ist oft gezweifelt worden, da sie in ihrer Naivität merklich gegenüber Gregors anderen Schriften abfallen. Dennoch ist seine Verfasserschaft nicht ausgeschlossen. Ein solches Werk, das als ein lateinisches Gegenstück zu der damals schon reichen orientalischen hagiographischen Literatur konzipiert sein könnte, paßt jedenfalls gut zu Gregors antibyzantinischer Politik und seinen römischen Autonomiebestrebungen. Er hätte dann, zur frommen Erbauung seiner Mit- und Nachwelt, gezeigt, daß auch Italien ein wunderträchtiges Land ist und daß man sich deshalb von den Heiligen des Orients emanzipieren könne. - Im Mittelalter fand die Schrift weite Verbreitung. Papst ZACHARIAS übersetzte sie im 8. Jh. ins Griechische, König ALFRED der Große ins Angelsächsische. A. Ku.

AUSGABEN: Mainz 1470 *(Dialogorum libri IV)*. - ML, 66 [Buch 2]. - ML, 77. - Hannover 1878, Hg. G. Waitz (MGH, 524-540). - Rom 1924, Hg. U. Morica (Fonti per la storia d'Italia, 57).

ÜBERSETZUNGEN: *Hie facht an das Buch das der heylig vatt und bapst sanctus Gregorius selbs gemacht hat vo den heyligen die bey seynen zeyten und dar vor gewesen sind in welschen landen und von iren wunderzaichen und sind gar vil schöner exempel und haisset das buch in latein liber dyalogorum das ist zu teutsch so vil als das buch der zweyer red mit einander*, anon., o. O. [Augsburg] 1473. - *Vier Bücher Dialoge*, T. Kranzfelder, Kempten 1873. - *Vier Bücher Dialoge*, J. Funk. Mchn. 1933 (BKV², II, 3).

LITERATUR: P. de Santi, *San Gregorio Magno*, Rom 1904. - F. H. Dudden, *Gregory the Great. His Place in History and Thought*, 2 Bde., Ldn. 1905. - H. Schrörs, *Das Charakterbild des hl. Benedikt v. Nursia und seine Quellen* (in Zs. f. kath. Theol., 45, 1921, S. 184-207). - P. R. C. Norton, *The Use of Dialogue in the »Vita sanctorum«* (in The Journal of Theological Studies, 27, 1926, S. 388-395). - W. v. d. Steinen, *Heilige als Hagiographen* (in HZ, 143, 1931, S. 229-256). - A. J. Kinnirey, *The Late Latin Vocabulary of the »Dialogues« of St. Gregory the Great*, Washington 1935. - K. Hallinger, *Papst G. der Große u. der hl. Benedikt* (in Studia Anselmiana, 42, 1957, S. 231-319). - A. Dumas, *La règle des moines et vie de s. Bénoît le Grand*, Namur 1958.

MORALIA IN IOB (lat. Patr.; *Moralische Auslegung des Hiob-Buchs*). Kommentar zum *Hiob-Buch* in 35, zu sechs Bänden zusammengefaßten Büchern von Papst GREGORIUS I., dem Großen (um 540-604), vollendet um 595. - Während seines Aufenthalts als päpstlicher Gesandter (579-585) in Konstantinopel begann Gregor auf Wunsch der

ihn begleitenden Ordensbrüder und des späteren Erzbischofs von Sevilla, Leander, sein erstes und umfangreichstes Werk. Über die ersten Kapitel des Textes hielt er zunächst freie Vorträge, das Weitere diktierte er. Nach seiner Rückkehr überarbeitete er in Rom Nachschrift und Diktat gründlich und gliederte dann das so entstandene Werk in 35 Bücher.
In dem Widmungsschreiben an Leander betont er, daß er, der Bitte der Brüder entsprechend, die geheimnisvollen Tiefen des alttestamentlichen Werks durch eine dreifache Auslegung – die historische, die allegorische und die moralische – öffnen wolle; freilich sei er zunächst vor der Größe dieser Arbeit zurückgeschreckt, zumal noch niemand vor ihm sich an diesen schwierigen Stoff gewagt habe (was, sieht man von ORIGENES ab, den Tatsachen entspricht). Als Text benutzte Gregor die Übersetzung des HIERONYMUS (die sogenannte *Vulgata*), zog jedoch gelegentlich auch die altlateinische Version (die *Itala*) heran. Die Darlegung der historischen Umstände des *Hiob-Buchs* bildet nur einen sehr kleinen Teil des ausführlichen Kommentars und ist äußerst unzulänglich; für ein solches Unterfangen fehlte es dem Autor einfach an Kenntnissen. Dafür wird der mystisch-allegorische Sinn überaus breit ausgesponnen, und auch die anschließenden moraltheologischen Erörterungen sind sehr lang geworden. Nach heutigem Urteil erscheint die ganze Auslegung überaus gesucht und wirkt recht ermüdend. Gregor spricht selbst davon, daß sein zur Erbauung geschriebenes Werk nicht leicht zu verstehen sei, und war keineswegs erfreut, als er hörte, daß in Ravenna daraus dem Volke vorgelesen wurde.
Da Gregor besonders die moralische Nutzanwendung ausführlich darlegt und seine Unterweisungen über das christliche Leben große Menschenkenntnis bezeugen, wurden die *Moralia*, die halb gelehrte Exegese, halb ein Handbuch der Moraltheologie bilden, trotz ihres Umfangs bald sehr beliebt, zumal in Zeiten, in denen die Allegorese ihre Triumphe feierte. So wurde das Werk vom 7. Jh. an eifriger gelesen als andere Schriften der Kirchenväter. M. Ze.

AUSGABEN: Basel 1468. – ML, 75. – Paris 1952 (*Morales sur Job*; Einl. u. Anm. R. Gillet; Übers. A. de Gaudemaris; lat.-frz.; SCh, 32).

ÜBERSETZUNGEN: Vgl. DPhA, 2, S. 913.

LITERATUR: F. Lieblang, *Grundfragen der mystischen Theologie nach Gregors des Großen »Moralia« u. Ezechielhomilien*, Freiburg i. B. 1934. – R. M. Hauber, *The Late Latin Vocabulary of the »Moralia« of St. Gregory the Great*, Washington 1938. – L. M. Weber, *Hauptfragen der Moraltheologie Gregors des Großen*, Fribourg 1947. – R. Gillet-A. de Gaudemaris, *Grégoire le Grand »Morales sur Job«* (in SCh, 32, 1952). – R. Wasselynck, *L'influence des »Moralia in Job« de s. Grégoire sur la théologie morale entre le VIIe et le XIIe siècle*, Lille 1956. – G. Dufner, *Die »Moralia« Gregors des Großen in ihren italienischen Volgarizzamenti*, Padua 1958. – J. Leclercq, *La doctrine de saint Grégoire*, 2 Bde., Paris 1961. – *Bibliotheca sanctorum*, Bd. 7, Rom 1966, Sp. 275–278 [Bibliogr.].

REGISTRUM EPISTULARUM (lat. Patr.; *Briefregister*). Briefsammlung von Papst GREGORIUS I., dem Großen (um 540–604). – Der berühmte Papst hat, wie sein Biograph JOHANNES DIACONUS (Ende des 9. Jh.s) und der Erzbischof ILDEFONS von Toledo (7. Jh.) zuverlässig bezeugen, die von ihm während seines Pontifikats (590–604) verfaßten Briefe selbst gesammelt und in 14 Papyrusbänden chronologisch geordnet.
Allerdings ist dieses Originalregister nicht erhalten geblieben. Überliefert sind insgesamt 854 Briefe, zu denen noch einige Briefe von Papst Pelagius II. kommen, die in Wirklichkeit wahrscheinlich Gregor als Diakon verfaßt hat. Der weitaus größte Teil der 854 Briefe (848) findet sich in drei Sammlungen, die Auszüge aus dem lateranensischen Urregister darstellen. Die erste und komplettste Sammlung wurde von Papst Hadrian (reg. 772–795) für Karl den Großen angefertigt und umfaßt 686 Briefe, von denen drei zweimal aufgenommen sind; sie stammen aus allen Regierungsjahren. Der zweite Auszug enthält 200 Briefe, davon 144 anderwärts nicht überlieferte; sie bieten keine chronologischen Angaben, stammen aber vermutlich alle aus einem engbegrenzten Zeitraum. Das gleiche gilt für die dritte Sammlung, bei der die Überlieferung zwischen 51 und 53 Stücken variiert. Die beiden kürzeren Auszüge dürften älter sein als der Hadrianische.
Manche der Schreiben Gregors sind von rein amtlichem Charakter; die meisten jedoch sind persönlicher Art, in einem klaren Stil von schlichter Schönheit abgefaßt. Ihre Bedeutung liegt zum einen in ihrem Rang als authentische historische Dokumente, die den Papst als umsichtigen Oberhirten der Kirche und erfolgreichen Politiker in den Auseinandersetzungen um die Gestaltung des frühmittelalterlichen Europa zeigen. Zum andern haben sie eine eminent literarhistorische Bedeutung erlangt, weil das Gregorianische *Registrum* zum Vorbild für alle späteren päpstlichen Register wurde und so als eine Art »Formularbuch« zum unbestrittenen Stilmuster künftiger Zeiten avancieren konnte. M. Ze.

AUSGABEN: Augsburg o. J. [1472] (*In nomine domini nostri Jhesu christi. Incipiunt capitula libri sequentis ... liber Epistularum*). – Venedig 1504 (*Epistolae ex Registro*). – Paris 1705 (in *Opera omnia*, 4 Bde.; ern. Venedig 1744). – ML, 75–79. – Bln. 1887–1891, Hg. P. Ewald u. L. M. Hartmann, 2 Bde. (MGH, Epist. 1/2).

ÜBERSETZUNGEN: *Sämtliche Briefe*, M. Feyerabend, 6 Bde., Kempten 1807–1809. – In *AS*, Th. Kranzfelder, 2 Bde., Kempten 1873/74 (BKV, 18 u. 27).

LITERATUR: P. Ewald, *Studien zur Ausgabe des Registers G.s I.* (in NA, 3, 1878, S. 431–625; vgl. 7, 1882, S. 587–604). – L. M. Hartmann, *Zur Chronologie der Briefe G.s I.* (ebd., 15, 1890, S. 411 bis 417; vgl. S. 527–549). – F. Ermini, *Sull'Epistolario di Gregorio Magno, note critiche*, Rom 1904. – W. M. Peitz, *Das Register G.s I. Beiträge zur Kenntnis des päpstlichen Kanzlei- u. Registerwesens bis auf Gregor VII.*, Freiburg i. B. 1917. – M. Tangl, *G.-Register u. »Liber diurnus«* (in NA, 41, 1917 bis 1919, S. 741–752). – E. Posner, *Das Register G.s I.* (ebd., 43, 1922, S. 245–315). – M. B. Dunn, *The Style of the Letters of St. Gregory*, Washington 1931. – J. F. O'Donnell, *The Vocabulary of the Letters of St. Gregory*, Washington 1934. – D. Norberg, *In Registrum Gregorii Magni studia critica*, 2 Bde., Uppsala 1937–1939. – Bardenhewer, 5, S. 284 ff.; 288–290.

COLUMBANUS der Jüngere
(um 545 – um 615)

REGULA COENOBIALIS (mlat.; *Regel für das gemeinsame Leben*). Klosterregel von COLUMBANUS dem Jüngeren (um 545 – um 615), etwa 590–600 entstanden und zusammen mit der *Regula monachorum (Mönchsregel)* und dem *Bußbuch (Poenitentiale)* in Kraft gesetzt. – Diese Klosterregeln des aus Irland stammenden Gründers der französischen Klöster Anegray, Luxeuil und Fontaines sowie des italienischen Klosters Bobbio fanden anfänglich weite Verbreitung: Spuren ihrer Wirkung zeigen sich außer etwa in Köln und Trier überall in Frankreich, von dem provenzalischen Kloster Dusera im Süden bis nach Amiens im Norden, von Remiramont an der Mosel im Osten bis nach Nantes und Rouen im Westen. Schon im Lauf des 7. Jh.s freilich wurde die Columbanische Regel allmählich durch die Regel des heiligen BENEDIKT aus Nursia (vgl. dessen *Regula monasteriorum – Klosterregel*) abgelöst. Dies liegt zum Teil daran, daß die Columbanischen Regeln im Gegensatz zu den Benediktinischen eine verhältnismäßig allgemein gehaltene Sammlung von Gesetzen darstellen, nach denen das Mönchsleben ablaufen soll: In Gehorsam (Kap. 1 der *Regula monachorum* Columbans) und Schweigsamkeit (Kap. 2), in Mäßigkeit im Essen und Trinken (Kap. 3), unter Ausschaltung von Begierden und Eitelkeit (Kap. 4 und 5), in Züchtigkeit (Kap. 6), Besonnenheit (Kap. 8) und Selbstverleugnung (Kap. 9) soll sich das Leben des vollkommenen Mönchs erfüllen (Kap. 10). Nur über den nach Jahreszeiten verschiedenen Umfang des Chorgesangs werden etwas genauere Festlegungen getroffen (Kap. 7) – bezeichnenderweise in Absetzung gegen andere Regeln, denen hier Schematismus vorgeworfen wird: »*Das Maß des Chorgesanges darf nämlich nicht unveränderlich starr sein – in Anbetracht der wechselnden Jahreszeiten.*«
Die *Regula coenobialis* enthält – was gleichfalls auf die Dauer nicht zu ihrer Beliebtheit beigetragen haben dürfte – hauptsächlich Angaben über Strafen bei Verfehlungen der Mönche. Diese Strafen lassen in der Art ihrer Veranlassung – vom Lügen (Kap. 8) bis zum Ungehorsam gegen den Abt (Kap. 10), vom Sprechen beim Essen (Kap. 1) bis zum Husten beim Anstimmen der Psalmen (Kap. 6), zur Unhöflichkeit, Ungeschicklichkeit, Achtlosigkeit, Vergeßlichkeit und Unpünktlichkeit – die gleiche rigorose Unerbittlichkeit erkennen wie in ihrem Ausmaß. Bestraft werden: lautes Sprechen mit sechs Schlägen, Zuspätkommen beim Gebet oder Betreten des Hauses mit bedecktem Haupt mit fünfzig Schlägen, Nichtsprechen des »Amen« mit dreißig Schlägen, Gespräche mit einer Frau unter vier Augen mit zweihundert Schlägen usw. Neben den Schlägen, für die immerhin drei verschiedene Bezeichnungen vorliegen *(plagae, percussiones, verbera)*, gibt es als Bußmittel Fasten, Einschließungen, Redeverbot, Psalmsingen. Gelegentlich wird auch die Fürbitte der Brüder als Sühnemittel erwähnt. Nur selten jedoch gibt der Autor eine theologisch tiefergehende Begründung für die Strafe (Kap. 5). Befremdlich erscheinen neben der Härte und der mechanischen Art der Strafzumessung auch die Alternativmöglichkeiten der Strafen: Ein Vergehen kann entweder durch 30 Hiebe oder durch das Singen von fünfzehn Psalmen gebüßt werden, und an anderer Stelle werden 200 Schläge einem Strafmaß von zwei Fastentagen gleichgesetzt.

Die Härte der verhängten Strafen läßt ebenso wie manche der in der *Regula coenobialis* und im *Poenitentiale* erwähnten Vergehen (Mord, Sodomie, Diebstahl, Trunkenheit) erkennen, welche Schwierigkeiten der Durchsetzung eines asketischen Mönchsideals nach Art der Columbanischen *Regula monachorum* in der Anfangszeit im Weg standen. Allerdings hat man – sicher zu Unrecht – auch daran gedacht, von den Anhängern der Benediktinerregel seien möglicherweise besonders harte Strafen in die Columban-Regel hineingefälscht worden, um durch Kompromittierung dieser Regel die Aufnahme der Benediktinerregel zu erleichtern.
Die Art der Strafzumessung, die recht ungeregelt erscheinende Anordnung der Strafanlässe und schließlich einzelne Widersprüche zwischen der *Regula coenobialis* und dem *Poenitentiale* haben zu der Frage geführt, ob die Klosterregel in der vorliegenden Form überhaupt das Werk des Columban sein könne. HAUCK und vor allem SEEBASS machten wahrscheinlich, daß ein original Columbanischer Kern später von den Nachfolgern des Klostergründers erweitert wurde, sei es im Zusammenhang mit der weiteren Entwicklung der Klöster, sei es in bewußtem Rückgriff auf den alten Bestand an irischen Klosterregeln, die auch schon Columban als Quelle bei der Abfassung der *Coenobialregel* und des *Poenitentials* gedient hatten. K. J.

AUSGABEN: Stg. 1897, Hg. O. Seebass (in ZKG, 17). – Dublin 1957 (in *Opera*, Hg. G. S. M. Walker; m. Einl., engl. Übers. u. Bibliogr.).

LITERATUR: J. H. A. Ebrard, *Die iroschottische Missionskirche*, Gütersloh 1873. – O. Seebass, *Über Columba v. Luxeuils Klosterregel u. Bußbuch*, Dresden 1883. – Ders., *Über die sogenannte »Regula coenobialis« C.s u. die mit dem »Poenitential« Columbans verbundenen kleineren Zusätze* (in ZKG, 18, 1898, S. 58–76). – A. Hauck, *Kirchengeschichte Deutschlands*, Bd. 1, Lpzg. 1904, S. 261–313. – B. Krusch (in NA, 46, 1926, S. 148–157). – *Dictionnaire de droit canonique*, Bd. 3, Paris 1942, S. 1005 bis 1024 [m. Bibliogr.]. – F. MacManus, *Saint Columban*, Dublin/Ldn. 1963. – B. Lehane, *The Quest of Three Abbots. Pioneers of Ireland's Golden Age*, Ldn. 1968.

ISIDORUS aus Sevilla
(um 570–636)

DE NATURA RERUM (lat.; *Über die Natur der Dinge*). Naturwissenschaftliches Handbuch in 48 Kapiteln von ISIDORUS aus Sevilla (um 570 bis 636). – Die Schrift, gewidmet dem Westgotenkönig Sisebut (reg. 612–620), mit dem Isidor korrespondierte und der die Zusammenstellung des Werkes gewünscht hatte, »*handelt von den Tagen der Woche, den Monaten, Jahren, Jahreszeiten, also von der Zeiteinteilung überhaupt, wendet sich dann zum Himmelsgewölbe, Sonne, Mond und Sternen, und spricht schließlich über Witterungserscheinungen, über Meer und Gewässer, über Festland und Erdbeben. Alles dies wollte Isidor, wie er in dem Widmungsschreiben an den König sagt, darstellen, secundum quod a veteribus viris ac maxime sicut in litteris catholicorum scripta sunt.*« (Bardenhewer; »*... so wie es von den Alten und besonders in den Schriften der katholischen Väter aufgezeichnet ist.*«)
Das Werk ist abhängig vom *Hexaemeron* des

AMBROSIUS und den *Recognitiones* des Pseudo-CLEMENS (die in der Übersetzung des RUFINUS benutzt sind). Außerdem schöpfte der Verfasser aus den einschlägigen Schriften des AUGUSTINUS und ließ natürlich auch entsprechende Werke heidnischer Autoren wie HYGINUS, SERVIUS und SOLINUS nicht außer acht. Von den klassischen Dichtern kommen u. a. LUKREZ und VERGIL zu Wort. A. Ku.

AUSGABEN: Augsburg 1472. – ML, 83. – Paris 1960, Hg. J. Fontaine [m. frz. Übers.].

LITERATUR: A. Schenk, *De Isidori Hispalensis »De natura rerum« libelli fontibus*, Diss. Jena 1909. – P. Weßner, *I. u. Sueton* (in Herm, 52, 1917, S. 201 bis 292). – J. Fontaine, *Isidore de Séville et la culture classique de l'Espagne wisigothique*, Paris 1958. – J. Madoz, *San Isidoro de S. Semblanza de su personalidad literaria*, León 1960 [m. Bibliogr.]. – *Isidoriana*, Hg. M. C. Díaz y Díaz, León 1961 [m. Bibliogr.].

ETYMOLOGIAE, auch: *Origines* (lat.; *Ursprünge*). Grammatisch-enzyklopädisches Werk von ISIDORUS aus Sevilla (um 570–636). – Der Bischof von Sevilla hinterließ die *Etymologien* unvollendet; sein Freund BRAULIO, Bischof von Saragossa, der Initiator und Adressat des Werkes, hat den immensen Stoff nach dem Tode des Autors in zwanzig Bücher eingeteilt und in dieser Form herausgegeben.

Das Werk ist keineswegs, wie der Titel nahelegt, ein linguistisches Kompendium. Die Sprachgeschichte und Spracherklärung ist für Isidor vielmehr nur der »Aufhänger« für eine lexikalisch-summarische Zusammenstellung des antiken Wissens aller möglichen Gebiete: so handeln Buch 1–3 von den sieben freien Künsten, Buch 4 von der Medizin, Buch 5 über das Recht und die Zeitrechnung, Buch 6–8 über Religion und Kirche, 9 und 10 über Sprachliches, 11 und 12 über den Menschen und die Tiere, 13 über die Elemente, 14 über die Erde, 15–17 von Gebäuden, Ländereien, Steinen und Metallen sowie vom Landbau, 18 vom Kriegswesen und von den Spielen, Buch 19 von Schiffen, Baukunst, Kleidung, Buch 20 von Speise und Trank und allerlei Haus- und Gartengeräten. Die trockene Aufreihung des Materials wird durch mannigfache Dichter- und Schriftstellerzitate belebt, die uns nicht selten wertvolle Reste, insbesondere der altrömischen Literatur, erhalten haben. Die Quellen des Isidorschen Wissens scheinen ungewöhnlich vielseitig (*Bibel*, SERVIUS, CASSIODOR, SUETON, BOETHIUS, HIERONYMUS, AUGUSTIN, LAKTANZ, PLINIUS, VERGIL, COLUMELLA, PETRON und viele andere), aber man muß annehmen, daß ein Gutteil seiner Kenntnisse seinerseits wieder mehrschichtigen Sammelwerken entnommen ist. Doch kann dies der Bewunderung für eine, gemessen am Niveau der Zeit, außergewöhnliche Belesenheit in der antiken Literatur keinen Abbruch tun.

Als Sprach-, Bildungs- und Reallexikon ist Isidors Werk das letzte in der erlauchten Reihe römischer Enzyklopädien (CATO, VARRO, CELSUS, PLINIUS, MARTIANUS CAPELLA, CASSIODOR). Die *Etymologiae* wurden neben *De nuptiis Mercurii et Philologiae* von Martianus Capella und den Cassiodorschen *Institutionen* zum bedeutendsten Vermittler antiker Gelehrsamkeit an das Mittelalter, zu einem Grundwerk der lateinischen Kultur der folgenden Jahrhunderte. E. Sch.

AUSGABEN: Straßburg 1470 *(Liber ethimologiarum)*. – Augsburg 1472 *(Ethimologiarum libri XX)*. – PL, 82. – Leiden 1909, Hg. R: Beer [Faks. des *Codex Toletanus*]. – Oxford 1911, Hg. W. M. Lindsay, 2 Bde. (Nachdr. zuletzt 1962).

LITERATUR: B. Altaner, *Der Stand der I.-Forschung* (in *Miscellanea Isidoriana*, Rom 1936, S. 1–32; m. Bibliogr.). – W. Porzig, *Die Rezensionen der »Etymologiae« des I. von S.* (in Herm, 72, 1937, S. 129–170). – K. Vossler, *Isidorus von Sevilla* (in Hochland, 39, 1946/47, S. 420–428). – H. L. W. Nelson, *»Etymologiae« van I. v. S.*, Leiden 1954. – J. Fontaine, *Isidore de Séville et la culture classique dans l'Espagne wisigothique*, 2 Bde., Paris 1959. – *Isidoriana. Estudios sobre San I. de S. en el XIV centenario de su nacimiento*, León 1961 [Bibliogr.]. – E. R. Curtius, *Europäische Literatur und lateinisches Mittelalter*, Bern/Mchn. [5]1965, S. 486–490.

MAXIMOS HOMOLOGETES
(M. Confessor, um 580–662)

KEPHALAIA, meist lat. *Capita* (griech. Patr.; *Sentenzen*). Verschiedene Spruchsammlungen mystischen, asketischen und dogmatischen Inhalts von MAXIMOS HOMOLOGETES (Maximus Confessor, um 580–662). – Unter den Werken der letzten großen griechischen Kirchenvaters Maximos sind eine ganze Reihe von Schriften in der von EUAGRIOS PONTIKOS geprägten Hundert-Sprüche-Form überliefert; zwei davon, die 500 *Kephalaia diaphora (Diversa capita – Verschiedene Sentenzen)* und die 243 *Kephalaia hetera (Capita alia – Andere Sentenzen)* sind allerdings sicher erst von späteren Exzerpisten zusammengestellt. Unklar ist auch die Echtheit der größten dieser Sammlung, der 500 *Kephalaia peri theologias (Capita theologica*, auch *Sermones per electa, Loci communes – Theologische Sentenzen*, auch *Ausgewählte Predigten, Grundsätze)*, einer sogenannten sakroprofanen Blütenlese aus christlichen und weltlichen Schriften; sie wird zum Teil bis ins 11. Jh. heraufdatiert und häufig einfach als *Maximus-Florilegium* zitiert. Die Sammlung der 400 *Kephalaia peri agapēs (Capita de caritate – Sprüche über die Liebe)*, die um 626 entstanden ist, hat Maximos seinem *Liber asceticus* angefügt. Er stellt darin Exzerpte aus den Schriften der Väter, besonders aus Euagrios, über die Gottes- und Nächstenliebe zusammen und teilt sie, einigermaßen systematisch geordnet und der Zahl der *Evangelien* folgend, in vier Zenturien ein. Bemerkenswert an dieser ausschließlich für Mönche bestimmten Blütenlese ist – vor allem im Kontrast zu Euagrios – die rigorose Forderung vollkommener christlicher Liebe und selbstlosen Wohlwollens gegenüber allen Menschen. Das kleine Werk fand überaus reiche Verbreitung und wurde in verschiedene Sprachen übersetzt; die lateinische Übertragung aus dem 12. Jh. stammt wahrscheinlich von dem Mönch CERBANUS.

Ebenso schwer verständlich und problematisch zu bestimmen ist die 200 *Kephalaia peri theologias kai tēs ensarku oikonomias tu hyiu theu (Sentenzen zur Theologie und Menschwerdung des Gottessohnes)*, auch *Kephalaia gnōstika (Erkenntnis-Sentenzen)* genannt. In diesem vor 634 entstandenen Werk hat der Autor in kunstvollem Aufbau Zitate vor allem aus ORIGENES, EUAGRIOS, GREGOR aus Nazianz und (PSEUDO-) DIONYSIOS AREOPAGITES zusammengestellt. Die ersten zehn Sentenzen tragen fast apologetischen

Charakter: Sie präzisieren die orthodoxe philosophisch-theologische Position des Theologen Maximos gegenüber den Irrlehren des Origenes und Euagrios. – Inhaltlich und im Aufbau stimmen mit dieser Sammlung die erst vor einigen Jahrzehnten entdeckten 100 *Kephalaia gnōstika*, die sogenannte »Moskauer gnostische Zenturie«, überein, deren Echtheit allerdings ebenfalls noch sehr umstritten ist. M. Ze.

AUSGABEN: Zürich 1546, Hg. Conradus Gesnerus. – MG, 90. – Kiew 1917, Hg. S. L. Epifanovic.

ÜBERSETZUNGEN: In H. U. v. Balthasar, *Kosmische Liturgie. Das Weltbild Maximus' des Bekenners*, Einsiedeln ²1961 [Ausw.]. – In E. v. Ivánka, *Maximos der Bekenner. All-Eins in Christus*, Einsiedeln 1961 [Ausw.].

LITERATUR: H. U. v. Balthasar, *Die »Gnostischen Centurien« des Maximus Confessor*, Freiburg i. B. 1941. – A. Ceresa-Gastaldo, *Die Überlieferung der »Kephalaia peri agapēs« von Maximus Confessor auf Grund einiger alter Athoshandschriften* (in OCP, 23, 1957, S. 145–158). – P. Sherwood, *Maximus and Origenism*, Mchn. 1958. – Beck, S. 436–442. – L. Thunberg, *Microcosm and Mediator. The Theological Anthropology of Maximus the Confessor*, Lund/ Kopenhagen 1965.

MYSTAGŌGIA PERI TU TINŌN SYMBOLA TA KATA TĒN HAGIAN EKKLĒSIAN EPI TĒS SYNAXEŌS TELUMENA KATHESTĒKE (griech. Patr.; *Einweihung in das Geheimnis, darstellend, welcher Dinge Gleichnis die in der heiligen Kirche zur Zeit des Gottesdienstes vollzogenen Geheimnisse sind*). Symbolisch-mystische Auslegung der Liturgie von MAXIMOS HOMOLOGETES (Maximus Confessor; um 580–662), entstanden um 630/34. – Der theologisch wie philosophisch überaus gebildete Mönch Maximos gibt in diesem Traktat in angeblich unvollkommener und unvollständiger Weise die geheimnisvollen Betrachtungen eines wahrhaft gottgelehrten Greises über die heilige Kirche und den in ihr gefeierten Gottesdienst wieder. Der Autor betont, er wolle damit gleichzeitig eine Ergänzung von *Peri tēs ekklēsiastikēs hierarchias* (*Über die kirchliche Hierarchie)* des DIONYSIOS (PSEUDO-)AREOPAGITES geben.

Das Werk zerfällt in zwei Teile. Der erste bringt eine symbolisch-mystische Deutung der Kirche im ganzen, der zweite eine solche der verschiedenen kirchlichen Kulthandlungen. Ausgehend vom Kirchenbau und dessen Zweigliedrigkeit (Chor und Schiff), deutet Maximos die christliche Kirche einerseits als Ausdruck und Abbild Gottes, andererseits als Gleichnis der Welt, der geistigen und der sinnlichen, als Abbild des Menschen und der Seele. Von der Meßliturgie behandelt er nur zwölf Teile: alles, was dem heutigen Kanon entspricht, hat er ausgelassen, ebenso die Brotbrechung sowie die Kommunion des Klerus und des Volkes, also alles, was von Christus selbst gestiftet worden ist. Wahrscheinlich scheute er sich, diese Dinge auf derselben Ebene wie das von der Kirche Angeordnete auszulegen. Den ersten Teil der Meßliturgie, bis zum Evangelium, erklärt Maximos als Bild und Gleichnis der ersten Ankunft des Gottessohnes und der Kirche auf Erden; den zweiten Teil deutet er als Symbol der Wiederkunft Christi und der Kirche der Auferstehung.

Der nicht in allen Einzelheiten leicht verständliche Traktat gibt einen charakteristischen Einblick in das stark mystisch gefärbte Denken dieses letzten großen griechischen Kirchenvaters. Das Werk erlangte großes Ansehen in der byzantinischen Welt und wurde in verschiedene Sprachen übersetzt; auch Auszüge zeugen von der hohen Wertschätzung, die diese Auslegung der Liturgie genoß. M. Ze.

AUSGABEN: Wien 1599, Hg. D. Hoeschel [griech.-lat.]. – MG, 91. – Florenz 1931, Hg. R. Cantarella [m. ital. Übers.].

ÜBERSETZUNG: *Mystagogie*, H. U. v. Balthasar (in H. U. v. B., *Kosmische Liturgie. Das Weltbild Maximus' des Bekenners*, Einsiedeln ²1961).

LITERATUR: H. U. v. Balthasar, *Kosmische Liturgie. Das Weltbild Maximus' des Bekenners*, Einsiedeln ²1961. – L. Thunberg, *Microcosm and Mediator. The Theological Anthropology of Maximus the Confessor*, Lund/Kopenhagen 1965 [zugl. Diss. Uppsala; m. Bibliogr.]. – W. Völker, *Maximus C. als Meister des geistlichen Lebens*, Wiesbaden 1965 [m. Bibliogr.].

Die Verfasser der Beiträge

A. He.	Dr. Alfred Heil	J. H.	Dr. Josef Hahn
A. Ku.	Annemarie Kubina	J. Kop.	Dr. Josef Kopperschmidt
B. A.	Prof. Bozorg Alavi	J. Sch.	Joachim Schickel
B. L.	Brigitte Lang	J. Ze.	Johanna Zeitler
B. M.	Dr. Brigitte Mannsperger	K. A.	Klaus Aichele
C. D. G. M.	Dr. C. Detlef G. Müller	K. J.	Dr. Klaus Joerden
C. K.	Christoph Koch	K. K.	Konrad Koller
C. S.	Prof. Carla Schick	KLL	Redaktion Kindlers Literatur Lexikon
D. Ma.	Dr. Dietrich Mannsperger	K. We.	Klaus Wengst
E. Fe.	Erwin Fenster	Laff.	Red. Laffont, Dictionnaire des œuvres
E. O.	Dr. Eva Oßwald	M. Cas.	Prof. Mario Casella
E. Sch.	Prof. Dr. Egidius Schmalzriedt	M. L.	Dr. Michaela Langer
E. T.	Dr. Emanuel Turczynski	M. Ze.	Dr. Michaela Zelzer
E. v. S.	P. Dr. Emmanuel von Severus OSB	O. P.	Dr. Oswald Panagl
G. B.	Prof. Guido Billanovich	O. Se.	Prof. Dr. Otto Seel
G. He.	Gisela Hesse	P. N.	Dr. Pnina Navè
G. Hü.	Gerbert Hübner	P. W.	Dr. Peter Wirth
G. Ue.	Dr. Gisela Uellenberg	R. E.	Dr. Rolf Eckart
G. V.	Dr. Georg Veloudis	R. F.	Renate Frohne
G. Wo.	Gert Woerner	R. M.	Richard Mellein M. A.
H. B.	Prof. Dr. Helmut Brackert	R. Ri.	Rudolf Rieks
H. Gs.	Prof. Dr. Hartmut Gese	S. Gr.	Dr. Sophia Grotzfeld
H. J. K.	Dr. Hans Joachim Klimkeit	U. W.	Dr. Ulrich Wolfart
H. L. H.	Hans L. Heuss	W. E.	Wolfgang Eitel
H. Ml.	Helmut Madl	W. Fü.	Dr. Wilhelm Füger
H. Schi.	Prof. Dr. Dr. Heinrich Schipperges	W. Hei.	Prof. Dr. Walter Heissig
H. W. S.	Dr. Hans W. Schmidt	W. M.	Prof. Dr. Walter Müller
J. As.	Prof. Dr. Julius Aßfalg	W. Sch.	Wilfried Schäfer
J. E. H.	Prof. Dr. Joseph Ehrenfried Hofmann	W. Sche.	Dr. Wolfgang Schenk

Abkürzungsverzeichnis
1. Allgemeine Abkürzungen

Abb.	Abbildung	Frgm.	Fragment
Abdr.	Abdruck	Fs.	Festschrift
abgedr.	abgedruckt		
Abh.	Abhandlung(en)	GA	Gesamtausgabe
Abt.	Abteilung	geb.	geboren
Acad.	Académie	gem.	gemeinsam
Akad.	Akademie	Ges.	Gesellschaft
AlH	Ausgabe letzter Hand	Gesch.	Geschichte
allg.	allgemein	GG	Gesammelte Gedichte
Anh.	Anhang	GS	Gesammelte Schriften
Anm.	Anmerkung	GW	Gesammelte Werke
Art.	Artikel		
AS	Ausgewählte Schriften	H.	Heft
AT	Altes Testament	Hab.Schr.	Habilitationsschrift
Aufl.	Auflage	Hbg.	Hamburg
Ausg.	Ausgabe	Hg.	Herausgeber
ausgew.	ausgewählt	hist.-krit.	historisch-kritisch
Ausw.	Auswahl	Hs. (Hss.)	Handschrift(en)
Ausz.	Auszug		
autor.	autorisiert	Ill.	Illustration(en)
AW	Ausgewählte Werke	Ind.	Index
		Inh.	Inhalt
		Inst.	Institut
Bd.	Band	in Vorb.	in Vorbereitung
Bde.	Bände		
Bearb.	Bearbeitung	Jb.	Jahrbuch
bearb.	bearbeitet	Jg.	Jahrgang
Beih.	Beiheft	Jh.	Jahrhundert
Beil.	Beilage		
Ber.	Bericht	kaiserl.	kaiserlich
Bibl.	Bibliothek	Kap.	Kapitel
Bibliogr.	Bibliographie	kgl.	königlich
Biogr.	Biographie	Kl.	Klasse
Bln.	Berlin	Komm.	Kommentar; Kommission
Bull.	Bulletin	korr.	korrigiert
bzw.	beziehungsweise	krit.	kritisch
ca.	circa	Ldn.	London
Cod.	Codex, Codices	Lex.	Lexikon
		Lfg.	Lieferung
dass.	dasselbe	Lit.	Literatur
def.	definitiv	Lithogr.	Lithographie
ders.	derselbe	Lpzg.	Leipzig
desgl.	desgleichen		
d. i.	das ist	MA	Mittelalter
dies.	dieselbe, dieselben	ma	mittelalterlich
Diss.	Dissertation	Mchn.	München
durchges.	durchgesehen	Mitt.	Mitteilung(en)
		monatl.	monatlich
ebd.	ebenda	Ms.	Manuskript
Ed.	editio, Edition, édition	musikal.	musikalisch
eig.	eigentlich		
Einf.	Einführung	Nachdr.	Nachdruck
Einl.	Einleitung	Nachw.	Nachwort
enth.	enthält	NB	Nationalbibliothek
erg.	ergänzt	Neudr.	Neudruck
Erg.-H.	Ergänzungsheft	N. F.	Neue Folge
Erl.	Erläuterungen	N. R.	Neue Reihe
ern.	erneut	Nr.	Nummer
ersch.	erschienen	N. S.	Neue Serie
erw.	erweitert	NT	Neues Testament
Erz(n).	Erzählung(en)	NY	New York

f.; ff.	folgende	o. J.	ohne Jahr
Faks.	Faksimile	o. O.	ohne Ort
fasc.	fasciculus	Orig.	Original
Ffm.	Frankfurt/Main		
Forts.	Fortsetzung	phil.	philosophisch, philologisch
Frft./Oder	Frankfurt/Oder	Progr.	Programm
Pseud.	Pseudonym		
publ.	publiziert	UB	Universitätsbibliothek
		u. d. T.	unter dem Titel
R.	Reihe	Ü./Übers.	Übersetzung
reg.	regierte	umgearb.	umgearbeitet
rev.	revidiert	Univ.	Universität
Rez.	Rezension	u. ö.	und öfter
		unveränd.	unverändert
S.	Seite	unvollst.	unvollständig
s.	siehe	Urauff.	Uraufführung
sämtl.	sämtliche		
selbst.	selbständig	V.	Vers
Ser.	Serie	veränd.	verändert
Sitzungsber.	Sitzungsberichte	verb.	verbessert
s. o.	siehe oben	Verf.	Verfasser
sog.	sogenannt	verf.	verfaßt
Sp.	Spalte	Vergl.	Vergleich
Stg.	Stuttgart	verm.	vermehrt
Str.	Strophe	veröff.	veröffentlicht
SS	Sämtliche Schriften	Verz.	Verzeichnis
s. u.	siehe unten	vgl.	vergleiche
SU	Sowjet-Union	vollst.	vollständig
Suppl.	Supplement	Vorw.	Vorwort
s. v.	sub verbo		
SW	Sämtliche Werke	Wb.	Wörterbuch
		Wiss.	Wissenschaft(en)
Tb.	Taschenbuch	wiss.	wissenschaftlich
theol.	theologisch		
Tl.	Teil	zeitgen.	zeitgenössisch
Tle.	Teile	Zs.	Zeitschrift
T. N. P.	Théâtre National Populaire	z. T.	zum Teil
Tsd.	Tausend	Ztg.	Zeitung
		zugl.	zugleich
u. a.	und andere	zul.	zuletzt

2. Bücher, Zeitschriften und Reihen

ACW	Ancient Christian Writers
AfKg	Archiv für Kulturgeschichte
AGG	Abhandlungen der Gesellschaft der Wissenschaften in Göttingen
AGPh	Archiv für Geschichte der Philosophie
AJPh	The American Journal of Philology
Altaner	B. Altaner, *Patrologie. Leben, Schriften und Lehre der Kirchenväter*, Freiburg i. B./Basel/Wien [6]1958
AnBoll	Analecta Bollandiana
APAW	Abhandlungen der Preußischen Akademie der Wissenschaften
ARW	Archiv für Religionswissenschaft
ASAW	Abhandlungen der Sächsischen Akademie der Wissenschaften zu Leipzig
AslPh	Archiv für slavische Philologie
ASSL	Archiv für das Studium der neueren Sprachen (und Literaturen)
AT	Altes Testament
AtA	Alttestamentliche Abhandlungen
ATD	*Das Alte Testament Deutsch*, Hg., V. Herntrich, A. Weiser u. a., Göttingen 1949 ff. (Neues Göttinger Bibelwerk)
AWA	Anzeiger der philologisch-historischen Klasse der Akademie der Wissenschaften in Wien
BAC	Bibliotecа de Autores Cristianos
Bardenhewer	O. Bardenhewer, *Geschichte der altkirchlichen Literatur*, 5 Bde., Freiburg i. Br. 1913–1932
Baumstark	A. Baumstark, *Geschichte der syrischen Literatur mit Ausschluß der christlich-palästinensischen Texte*, Bonn 1922
Beck	H. G. Beck, *Kirche und theologische Literatur im byzantinischen Reich*, München 1959 (Handbuch der Altertumswissenschaft, 12, 2, 1)
BHTh	Beiträge zur historischen Theologie
Bibl	Biblica. Commentarii ad rem biblicam scientifice investigandam
BK	Biblischer Kommentar, Altes Testament, Hg. M. Noth u. a., Neukirchen 1955 ff.
BKV (BKV²)	Bibliothek der Kirchenväter (1. bzw. 2. Auflage)
BL	*Bibel-Lexikon*, Hg. H. Haag, Zürich/Köln 1951
BLV	Bibliothek des literarischen Vereins in Stuttgart
BSt	Biblische Studien
BWANT	Beiträge zur Wissenschaft vom Alten und Neuen Testament
ByZ	Byzantinische Zeitschrift
BZAW	Beihefte zur Zeitschrift für die alttestamentliche Wissenschaft
CC	Colección Crisol
CCL	Corpus Christianorum, Series Latina
CL	Comparative Literature
CSCO	Corpus Scriptorum Christianorum Orientalium
CSEL	Corpus Scriptorum Ecclesiasticorum Latinorum
DB	*Dictionnaire de la Bible*, Hg. F. Vigouroux u. a., 9 Bde., Paris ²1912 ff.
DL	Deutsche Literatur. Sammlung literarischer Kunst- und Kulturdenkmäler in Entwicklungsreihen
DPhA	*Deutsche Philologie im Aufriß*, Hg. W. Stammler, 3 Bde., Berlin ²1957–1962
DTM	Deutsche Texte des Mittelalters
EC	Exempla Classica
EcXaver	Ecclesiastica Xaveriana
EH	*Exegetisches Handbuch zum Alten Testament*, Hg. J. Nikel u. a., Münster 1911 ff.
Ehrismann	G. Ehrismann, *Geschichte der deutschen Literatur bis zum Ausgang des Mittelalters*, 4 Bde., München 1918–1935
EI	*Encyclopaedie des Islām*, Hg. M. T. Houtsma u. a., 5 Bde., Leiden/Leipzig 1913–1938
Eißfeldt	O. Eißfeldt, *Einleitung in das Alte Testament*, Tübingen ³1964
ENT	A. Schlatter, *Erläuterungen zum Neuen Testament*, 10 Bde., Stuttgart 1947–1950
Eos	Eos. Commentarii societatis philologae Polonorum
Feine-Behm	P. Feine u. J. Behm, *Einleitung in das Neue Testament*, Neubearb. W. G. Kümmel, Heidelberg ¹²1963
FiBü	Fischer Bücherei
FRLANT	Forschungen zur Religion und Literatur des Alten und Neuen Testaments
GGA	Göttingische Gelehrte Anzeigen
GGT	Goldmanns Gelbe Taschenbücher

Graf	G. Graf, *Geschichte der christlichen arabischen Literatur*, 5 Bde., Rom 1944–1953
Greg	Gregorianum. Commentarii de re theologica et philosophica
Gymn	Gymnasium. Vierteljahresschrift für humanistische Bildung
HbAT	*Handbuch zum Alten Testament*, Hg. O. Eißfeldt, Tübingen 1934 ff.; Neuauflage 1952 ff.
HbNT	*Handbuch zum Neuen Testament*, Hg. H. Lietzmann u. a., 9 Bde., Tübingen 1906–1926; Neuauflage: 21 Abt., Tübingen 1925 ff.
Herm	Hermes. Zeitschrift für classische Philologie
HermE	Hermes Einzelschriften
HISAT	*Die Heilige Schrift des Alten Testaments*, Hg. F. Feldmann u. H. Herkenne, Bonn 1923 ff. (Bonner Bibelwerk)
HKAT	(Göttinger) Handkommentar zum Alten Testament
HJbG	Historisches Jahrbuch der Görres-Gesellschaft
HlSNT	*Die Heilige Schrift des Neuen Testaments*, Hg. F. Tillmann, 10 Bde., Bonn ^{4}1931–1935 (Bonner Bibelwerk)
HZ	Historische Zeitschrift
IB	Insel-Bücherei
ICC	The International Critical Commentary on the Holy Scriptures of the Old and New Testaments, Edinburgh 1895 ff.
JA	Journal Asiatique. Recueil trimestriel de mémoires et de notices relatifs aux études orientales
JAOS	Journal of the American Oriental Society
JBL	Journal of Biblical Literature
JQR	Jewish Quarterly Review
JRAS	Journal of the Royal Asiatic Society of Great Britain and Ireland
JThSt	The Journal of Theological Studies
KAT	*Kommentar zum Alten Testament*, begr. v. E. Sellin, Hg. W. Rudolph, K. Elliger u. F. Hesse, Gütersloh 1962 ff.
Krumbacher	K. Krumbacher, *Geschichte der byzantinischen Litteratur von Justinian bis zum Ende des oströmischen Reiches*, München ^{2}1897 (Handbuch der klassischen Altertumswissenschaft, 12)
Lat	Latomus. Revue d'Études Latines
Lesky	A. Lesky, *Geschichte der griechischen Literatur*, Bern/München ^{2}1963
LThK	*Lexikon für Theologie und Kirche*, Hg. J. Höfer u. K. Rahner, 10 Bde., Freiburg i .Br. ^{2}1957–1965
MA	Le Moyen-Âge. Revue d'Histoire et de Philologie
Manitius	M. Manitius, *Geschichte der lateinischen Literatur des Mittelalters*, 3 Bde., München 1911–1931 (Handbuch der Altertumswissenschaft, 9, 2)
MG	Migne, Patrologiae cursus completus…, series graeca
MGH	Monumenta Germaniae Historica
MH	Museum Helveticum. Schweizerische Zeitschrift für klassische Altertumswissenschaft
MIÖG	Mitteilungen des Instituts für Österreichische Geschichtsforschung
ML	Migne, Patrologiae cursus completus…, series latina
Mnem	Mnemosyne
NA	Neues Archiv der Gesellschaft für ältere deutsche Geschichtskunde
NAG	Nachrichten von der Akademie der Wissenschaften zu Göttingen
NdJb	Niederdeutsches Jahrbuch
Neoph	Neophilologus. Driemanndeliks tijdschrift voor de wetenschappelike beoefening van levende vreemde talen en van haar letterkunde
NGG	Nachrichten von der Gesellschaft der Wissenschaften in Göttingen
NHJb	Neue Heidelberger Jahrbücher
NJb	Neue Jahrbücher für Philologie und Pädagogik
NKZ	Neue Kirchliche Zeitschrift
NRs	Die Neue Rundschau
NT	Neues Testament
NtA	Neutestamentliche Abhandlungen
NTD	*Das Neue Testament Deutsch*, Hg. P. Althaus u. a., Göttingen $^{8-11}$1960 ff. (Neues Göttinger Bibelwerk)
OC	Oriens Christianus
OCA	Orientalia Christiana (Analecta)
OCP	Orientalia Christiana Periodica
Phil	Philologus. Zeitschrift für das klassische Altertum
PhJb	Philosophisches Jahrbuch. Auf Veranlassung und mit Unterstützung der Görresgesellschaft
PJb	Preußische Jahrbücher
PMLA	Publications of the Modern Language Association of America
PQ	The Philological Quarterly. A Journal Devoted to Scholarly Investigation in the Classical and Modern Languages and Literatures
RAC	*Reallexikon für Antike und Christentum*, Stuttgart 1950 ff.
RBi	Revue Biblique
rde	Rowohlts Deutsche Enzyklopädie

RE	*Pauly's Real-Encyclopädie der classischen Altertumswissenschaft*, neue Bearbeitung, Hg. G. Wissowa u. a., Stuttgart 1893 ff.
REA	Revue des Études Augustiniennes
REG	Revue des Études Grecques
RegNT	*Das Neue Testament, übersetzt und kurz erklärt*, Hg. A. Wikenhauser u. O. Kuß, 10 Bde., Regensburg ³1954 ff. (Regensburger Neues Testament)
REJ	Revue des Études Juives
RF	Romanische Forschungen. Vierteljahrschrift für romanische Sprachen und Literaturen
RFE	Revista de Filologia Española
RGG	*Die Religion in Geschichte und Gegenwart. Handwörterbuch für Theologie und Religionswissenschaft*, Hg. K. Galling u. H. Frh. v. Campenhausen, 6 Bde., Tübingen ³1957–1962
RHM	Revista Hispanica Moderna
RhMus	Rheinisches Museum für Philologie
RHR	Revue de l'Histoire des Religions
RKl	Rowohlts Klassiker
RL	P. Merker u. W. Stammler, *Reallexikon der deutschen Literaturgeschichte*, 4 Bde., Berlin 1925–1931; ²1958 ff., Hg. W. Kohlschmidt u. W. Mohr
RNT	*Das Neue Testament übersetzt und kurz erklärt*, Hg. A. Wikenhauser u. O. Kuß, 10 Bde., Regensburg ¹⁻⁵1938–1963 (Regensburger Neues Testament)
Robert-Feuillet	*Einleitung in die Heilige Schrift*, Hg. A. Robert u. A. Feuillet, Wien 1963 ff.
RPh	Romance Philology
RRAL	Atti della Reale Accademia dei Lincei. Rendiconti. Classe di scienze morali, storiche e filologiche
RSPhTh	Revue des Sciences Philosophiques et Théologiques
RSR	Recherches de Science Religieuse
RTh	Revue Thomiste. Questions du temps présent
RUB	Reclams Universal-Bibliothek
SAT	*Die Schriften des Alten Testaments in Auswahl neu übersetzt und für die Gegenwart erklärt* v. H. Gunkel u. a., Göttingen ²1920 ff.
SAWH	Sitzungsberichte der Heidelberger Akademie der Wissenschaften
SBAW	Sitzungsberichte der (Kgl.) Bayerischen Akademie der Wissenschaften zu München
SCh	Sources Chrétiennes
Schanz-Hosius	M. Schanz, *Geschichte der römischen Litteratur bis zum Gesetzgebungswerk des Kaisers Justinian*, bearb. v. C. Hosius, 4 Tle., München ¹⁻⁴1920–1935 (Handbuch der Altertumswissenschaft, 8)
Schmid-Stählin	W. Schmid u. O. Stählin, *Geschichte der griechischen Literatur*, Tl. 1: 5 Bde., München. 1929–1948, Tl. 2: 2 Bde., München ⁶1920–1924 (Handbuch der Altertumswissenschaft, 7)
SE	Sacris Erudiri
Sellin-Rost	E. Sellin u. L. Rost, *Einleitung in das Alte Testament*, Heidelberg ⁹1959
SIFC	Studi Italiani di Filologia Classica
SPAW	Sitzungsberichte der (Kgl.) Preußischen Akademie der Wissenschaften
SPCK	Society for Promoting Christian Knowledge
StTh	Studia Theologica. Internordisk Tidsskrift for teologi og religionsvidenskab
SWAW	Sitzungsberichte der Wiener Akademie der Wissenschaften
ThLz	Theologische Literaturzeitung
ThQ	Theologische Quartalschrift
ThStKr	Theologische Studien und Kritiken. Eine Zeitschrift für das gesamte Gebiet der Theologie
TPAPA	Transactions and Proceedings of the American Philological Association
TU	Texte und Untersuchungen zur Geschichte der altchristlichen Literatur
Ueberweg	F. Ueberweg u. M. Heinze, *Grundriß der Geschichte der Philosophie*, 5 Bde., Berlin/Tübingen ¹²1923–1928
Urbina	J. Ortiz de Urbina, *Patrologia Syriaca*, Rom 1958
VC	Vigiliae Christianae
VL	*Die deutsche Literatur des Mittelalters. Verfasserlexikon*, Hg. W. Stammler u. K. Langosch, 5 Bde., Berlin/Leipzig 1933–1955
VT	Vetus Testamentum
Wattenbach-Levisohn	W. Wattenbach u. W. Levisohn, *Deutschlands Geschichtsquellen im Mittelalter, Frühzeit und Karolinger*, Weimar 1952 ff.
Wikenhauser	A. Wikenhauser, *Einleitung in das Neue Testament*, Freiburg i. Br. ⁵1963
WSt	Wiener Studien. Zeitschrift für klassische Philologie (und Patristik)
ZA	Zeitschrift für Assyriologie und verwandte Gebiete
ZatW	Zeitschrift für die alttestamentliche Wissenschaft
ZDLG	Zeitschrift für deutsche Literaturgeschichte
ZDMG	Zeitschrift der Deutschen Morgenländischen Gesellschaft
ZDPV	Zeitschrift des deutschen Palästina-Vereins
ZfdA	Zeitschrift für deutsches Altertum (und Literatur)
ZKG	Zeitschrift für Kirchengeschichte

ZntW	Zeitschrift für die neutestamentliche Wissenschaft und die Kunde der älteren Kirche
ZRG	Zeitschrift für Religions- und Geistesgeschichte
ZThK	Zeitschrift für Theologie und Kirche
ZvLg	Zeitschrift für vergleichende Literaturgeschichte
ZwTh	Zeitschrift für wissenschaftliche Theologie

Register
1. Autoren und Werke

ACHILLEUS TATIOS aus Alexandreia (2. Jh.)
  Ta kata Leukippēn kai Kleitophōnta *(Die Erzählung von Leukippe und Kleitophon)* 428
AELIANUS, Claudius → AILIANOS aus Praeneste, Klaudios
AELIUS DONATUS (4. Jh. n. Chr.)
  Ars maior/Ars minor *(Größeres/Kleineres Lehrbuch)* 461
ÄSOP → AISOPOS
AILIANOS aus Praeneste, Klaudios (um 170–235)
  Peri zōōn idiotētos *(Über die Eigenart von Tieren)* 435
AINEIAS aus Gaza (5. Jh.)
  Theophrastos *(Theophrast)* 660
AISCHINES (390/89–314 v. Chr.)
  Kata Ktēsiphōntos *(Gegen Ktesiphon)* 193
  Kata Timarchu *(Gegen Timarchos)* 195
  Peri tēs parapresbeias *(Über die Truggesandtschaft)* 195
AISCHYLOS (525/24–456/55 v. Chr.)
  Agamemnōn → Oresteia
  Choēphoroi → Oresteia
  Eumenides → Oresteia
  Hepta epi Thēbas *(Sieben gegen Theben)* 37
  Hiketides *(Die Schutzflehenden)* 39
  Oresteia *(Orestie)* 40
  Persai *(Die Perser)* 43
  Promētheus desmōtēs *(Der gefesselte Prometheus)* 45
AISOPOS (6. Jh. v. Chr.)
  Mythōn synagōgē *(Fabelsammlung)* 28
ALBIUS TIBULLUS (um 55–19 v. Chr.)
  Elegiarum libri IV *(Vier Bücher Elegien)* 330
AMBROSIUS aus Mailand (339–397)
  De officiis libri tres *(Drei Bücher von den Pflichten)* 624
AMBROSIUS THEODOSIUS MACROBIUS (um 360–425)
  Saturnalia *(Saturnalien)* 474
ANAXAGORAS aus Klazomenai (500–428/27 v. Chr.)
  Peri physeōs *(Über die Natur)* 33
ANAXIMANDROS aus Milet (um 610–546 v. Chr.)
  Peri physeōs *(Über die Natur)* 26
ANAXIMENES aus Milet (um 585–525 v. Chr.)
  Peri physeōs *(Über die Natur)* 27
ANICIUS MANLIUS SEVERINUS BOETHIUS (470–524)
  De consolatione philosophiae *(Vom Trost der Philosophie)* 481
ANNAEUS FLORUS, Lucius (Mitte des 2. Jh.s)
  Epitome *(Abriß)* 426
ANNAEUS LUCANUS, Marcus (39–65)
  Bellum civile → Pharsalia
  Pharsalia *(Das Pharsalus-Epos)* 373
ANNAEUS SENECA, Lucius (4 v. Chr.–65 n. Chr.)
  Ad Helviam matrem de consolatione *(Trostschrift an die Mutter Helvia)* 349
  Ad Marciam de consolatione *(An Marcia zu ihrer Tröstung)* 350
  Ad Polybium de consolatione *(Trostschrift für Polybius)* 351
  Agamemno *(Agamemnon)* 351
  Apocolocyntosis *(Verkürbissung)* 352
  De beneficiis *(Von den Wohltaten)* 353
  De brevitate vitae *(Von der Kürze des Lebens)* 353
  De clementia *(Über die Milde)* 354
  De constantia sapientis *(Von der Unerschütterlichkeit der Weisen)* 355
  De ira *(Über den Zorn)* 355
  De otio *(Von der Muße)* 356
  De providentia *(Von der Vorsehung)* 356
  De tranquillitate animi *(Vom inneren Gleichgewicht)* 357
  De vita beata *(Vom glückseligen Leben)* 357
  Epistulae morales ad Lucilium *(Moralische Briefe an Lucilius)* 358
  Hercules furens *(Der rasende Herkules)* 359
  Hercules Oetaeus *(Herkules auf dem Oeta)* 360
  Hippolytus → Phaedra
  Medea *(Medea)* 361
  Octavia *(Octavia)* 361
  Oedipus *(Ödipus)* 363
  Phaedra *(Phädra)* 363
  Phoenissae *(Die Phönissen)* 364
  Quaestiones naturales *(Naturwissenschaftliche Untersuchungen)* 364
  Thyestes *(Thyestes)* 365
  Troades *(Die Troerinnen)* 366
ANTIMACHOS aus Kolophon (5. Jh. v. Chr.)
  Lydē *(Lyde)* 109
  Thēbaïs *(Thebais)* 110
APOLLINARIOS aus Laodikeia (um 310–um 390)
  Hē kata meros pistis *(Glaubensbekenntnis nach Einzelstücken)* 616
APOLLONIOS RHODIOS (um 295–215 v. Chr.)
  Argonautika *(Argonautenepos)* 240
APULEIUS, Lucius (2. Jh.)
  Metamorphoses, auch: Asinus aureus *(Verwandlungen, auch: Der goldene Esel)* 429
ARATOR (um 490–um 550)
  De actibus apostolorum → Historia apostolica
  Historia apostolica *(Apostelgeschichte)* 665
ARATOS aus Soloi (um 310–245 v. Chr.)
  Phainomena *([Himmels]-Erscheinungen)* 235
ARISTEIDES aus Milet (um 100 v. Chr.)
  Milēsiaka *(Milesische Geschichten)* 278
ARISTIDES MARCIANUS → MARKIANOS ARISTEIDES
ARISTOPHANES (um 445–385 v. Chr.)
  Acharnēs *(Die Acharner)* 93
  Batrachoi *(Die Frösche)* 95
  Eirēnē *(Der Frieden)* 96
  Ekklēsiazusai *(Die Weibervolksversammlung)* 98
  Hippēs *(Die Ritter)* 99
  Lysistratē *(Lysistrate)* 100
  Nephelai *(Die Wolken)* 102
  Ornithes *(Die Vögel)* 103
  Plutos *(Der Reichtum)* 104
  Sphēkes *(Die Wespen)* 106
  Thesmophoriazusai *(Die Frauen am Thesmophorienfest)* 107
ARISTOTELES (384–322 v. Chr.)
  Analytika *(Die Analytik)* 176
  Athēnaiōn politeia *(Staatsverfassung der Athener)* 176

Ethika Eudēmeia *(Eudemische Ethik)* 177
Ethika megala *(Große Ethik)* 178
Ethika Nikomacheia *(Nikomachische Ethik)* 178
Meteōrologika, auch: Peri meteōrōn *(Meteorologie)* 180
Ta meta ta physika *(Die Metaphysik)* 181
Organon *(Werkzeug)* 182
Peri geneseōs kai phthoras *(Über das Werden und Vergehen)* 184
Peri psychēs *(Über die Seele)* 184
Peri poiētikēs *(Von der Dichtkunst)* 185
Peri uranu *(Über den Himmel)* 188
Physikē akroasis *(Vorlesung über die Natur, kurz: Physik)* 188
Politika *(Politik)* 190
Technē rhētorikē *(Rhetorik)* 191
Topika *(Topik)* 193
ARNOBIUS aus Sicca (um 300)
   Adversus gentes *(Gegen die Heiden)* 613
   Adversus nationes → Adversus gentes
ARRIANOS → FLAVIUS ARRIANUS
ATHANASIOS aus Alexandreia (um 295–373)
   Ho bios kai hē politeia ... *(Leben und Wirken ...)* 614
   Logoi kata Areianōn *(Reden gegen die Arianer)* 614
   Logos kata tōn Hellēnōn *(Rede gegen die Heiden)* 615
   Logos peri tēs enanthrōpēseōs tu logu *(Abhandlung von der Menschwerdung des Wortes)* 615
ATHENAGORAS aus Athen (2. Jh.)
   Peri anastaseōs nekrōn *(Über die Auferstehung der Toten)* 589
   Presbeia peri christianōn *(Bittschrift für die Christen)* 589
ATHENAIOS aus Naukratis (2. Jh.)
   Deipnosophistai *(Sophistenmahl)* 432
AUGUSTUS, Kaiser (Gaius Iulius Imperator Caesar Augustus, 63 v. Chr.–14 n. Chr.)
   Monumentum Ancyranum *(Denkmal aus Ankara)* 327
AURELIUS ANTONINUS AUGUSTUS, Marcus (121–180)
   Tōn eis heauton biblia *(Die Bücher der Gedanken über sich selbst)* 424
AURELIUS AUGUSTINUS (354–430)
   Civitas Dei → De civitate Dei
   Confessiones *(Bekenntnisse)* 632
   Contra academicos *(Gegen die Akademiker)* 634
   De arte praedicandi → De doctrina christiana
   De beata vita *(Über das glückselige Leben)* 634
   De catechizandis rudibus *(Über den ersten Religionsunterricht für angehende Katechumenen)* 635
   De civitate Dei *(Über den Gottesstaat)* 635
   De doctrina christiana *(Über die christliche Lehre)* 637
   De genesi ad litteram *(Über die Genesis nach dem Wortsinn)* 637
   De gestis Pelagii *(Über die Taten des Pelagius)* 638
   De immortalitate animae *(Über die Unsterblichkeit der Seele)* 639
   De libero arbitrio *(Über den freien Willen)* 640
   De magistro *(Über den Lehrer)* 640
   De musica *(Über die Musik)* 641
   De ordine *(Über die Weltordnung)* 642
   De quantitate animae *(Über die Quantität der Seele)* 642
   De symbolo ad catechumenos *(Über das Symbolum an die Katechumenen)* 643
   De trinitate *(Über die Dreieinigkeit)* 643
   De vera religione *(Über die wahre Religion)* 643

   Enchiridion ad Laurentium ... *(Handbüchlein für Laurentius ...)* 645
   Retractationes *(Rechenschaftsbericht)* 645
   Soliloquiorum libri duo *(Zwei Bücher Selbstgespräche)* 646
AURELIUS PRUDENTIUS CLEMENS (348–nach 405)
   Peristephanon *(Über die Siegeskronen)* 629
   Psychomachia *(Der Kampf um die Seele)* 630
AUSONIUS, Decimus Magnus (um 310–393/94)
   Mosella *(Die Mosel)* 460
BAEBIUS ITALICUS (1. Jh.)
   Ilias Latina (lat.; *Lateinische Ilias)* 374
BASILEIOS DER GROSSE (um 329/31–379)
   Askētika *(Asketische Unterweisungen)* 618
   Hexaēmeron *(Sechstagewerk)* 619
   Kata Eunomiu *(Gegen Eunomios)* 621
BENEDICTUS aus Nursia (um 480–um 550)
   Regula monasteriorum, auch: Benedicti regula *(Klosterregel*, auch: *Die Regel Benedikts)* 664
BOETHIUS → ANICIUS MANLIUS SEVERINUS BOETHIUS
CAECILIUS CYPRIANUS THASCIUS aus Karthago (um 200–258)
   Ad Donatum *(An Donatus)* 606
   → De bono pudicitiae (NOVATIANUS)
CAECILIUS FIRMIANUS LACTANTIUS, Lucius (gest. zwischen 325 und 330)
   De ira Dei *(Vom Zorn Gottes)* 606
   De mortibus persecutorum *(Von den Todesarten der Verfolger)* 607
   De opificio Dei *(Über das Schöpfungswerk Gottes)* 607
   Divinae institutiones *(Göttliche Unterweisungen)* 608
CAELIUS (3. Jh. ?)
   Apicius. De re coquinaria *(Apicius. Von der Kochkunst)* 442
CAESAR → IULIUS CAESAR
CASSIANUS → IOHANNES CASSIANUS
CASSIODORUS → FLAVIUS MAGNUS AURELIUS CASSIODORUS SENATOR
CASSIUS DIO COCCEIANUS (um 155–235)
   Rhōmaïkē historia, auch: Rhōmaïka *(Römische Geschichte)* 432
CASSIUS LONGINUS (um 213–273)
   → Peri hypsus (anon.)
CATIUS ASCONIUS SILIUS ITALICUS, Tiberius (um 25–101)
   Punica *(Der Punische Krieg)* 370
CATO → PORCIUS CATO, Marcus
CATULLUS → VALERIUS CATULLUS
CHARITON aus Aphrodisias (1. oder 2. Jh.)
   Chaireas kai Kallirrhoē *(Chaireas und Kallirrhoe)* 396
CICERO → TULLIUS CICERO, Marcus
CLAUDIANUS MAMERTUS (gest. um 474)
   De statu animae *(Über das Wesen der Seele)* 657
CLAUDIUS GALENUS → KLAUDIOS GALENOS
CLAUDIUS MARIUS VICTOR (5. Jh.)
   Alethia *(Alethia)* 650
CLAUDIUS PTOLEMAEUS → KLAUDIOS PTOLEMAIOS
CLEMENS aus Alexandreia → FLAVIUS CLEMENS, Titus
CLEMENS ROMANUS (um 100)
   Brief des Clemens → Apostolische Väter (Sammelart.)
COLUMBANUS der Jüngere (um 545–um 615)
   Regula coenobialis *(Regel für das gemeinsame Leben)* 671
COLUMELLA → IUNIUS MODERATUS COLUMELLA, Lucius
CORIPPUS → FLAVIUS CRESCONIUS CORIPPUS

CORNELIUS NEPOS (um 100–25 v. Chr.)
  De viris illustribus *(Von berühmten Männern)* 307
CORNELIUS TACITUS, Publius (um 55–125)
  Ab excessu divi Augusti → Annales
  Agricola → De vita Iulii Agricolae liber
  Annales *(Jahrbücher)* 390
  De origine et situ Germanorum *(Über Ursprung und Wohnsitz der Germanen)* 392
  De vita Iulii Agricolae liber *(Das Buch über das Leben des Iulius Agricola)* 393
  Dialogus de oratoribus *(Dialog über die Redner)* 394
  Germania → De origine et situ Germanorum
  Historiae *(Geschichtsbücher)* 394
  Iulius Agricola → De vita Iulii Agricolae liber
CURTIUS RUFUS, Quintus (1. Jh.)
  Historia Alexandri Magni . . . *(Geschichte Alexander des Großen . . .)* 348
CYPRIANUS aus Karthago → CAECILIUS CYPRIANUS THASCIUS aus K.
DEMOSTHENES (384–322 v. Chr.)
  Hyper Ktēsiphōntos peri tu stephanu → Peri tu stephanu
  Hyper Megalopolitōn *(Für die Megalopoliten)* 196
  Kata Meidiu *(Gegen Meidias)* 198
  Kat' Androtiōnos *(Gegen Androtion)* 197
  Kata Philippu → Philippikoi logoi
  Kat' Aristokratus *(Gegen Aristokrates)* 200
  Kata Timokratus *(Gegen Timokrates)* 199
  Olynthiakoi (logoi) *(Olynthische Reden)* 201
  Peri tēs eirēnēs *(Über den Frieden)* 203
  Peri tēs parapresbeias *(Über die Truggesandtschaft)* 202
  Peri tēs Rhodiōn eleutherias *(Über die Freiheit der Rhodier)* 204
  Peri tōn en Cherronēsō *(Über die Angelegenheiten in der Chersones)* 205
  Peri tōn symmoriōn *(Über die Symmorien)* 206
  Peri tu stephanu *(Über den Kranz)* 207
  Philippikoi (logoi) *(Philippische Reden)* 208
  Pros Leptinēn *(Gegen Leptines)* 211
DIDYMOS der Blinde (gest. um 398)
  Kata Eunomiu *(Gegen Eunomios)* 612
DIDYMOS JUDAS THOMAS
  → Thomas-Evangelium (anon.)
DIO CASSIUS → CASSIUS DIO COCCEIANUS
DIODORUS aus Agyrion (1. Jh. v. Chr.)
  Bibliothēkē historikē *(Historische Bibliothek)* 333
DIOGENES LAERTIOS (2./3. Jh.)
  Bioi kai gnōmai . . . *(Leben und Meinungen . . .)* 438
DIONYSIOS AREOPAGITES → PSEUDO-DIONYSIOS AREOPAGITES
DIONYSIOS aus Halikarnassos (1. Jh. v. Chr.)
  Rhōmaïkē archaiologia *(Römische Altertumskunde)* 343
EIRENAIOS aus Lyon (Irenäus, 140/46–um 202)
  Elenchos kai anatropē tēs pseudōnymu gnōseōs *(Entlarvung und Widerlegung der falschen Gnosis)* 592
EMPEDOKLES aus Akragas (um 490–430 v. Chr.)
  Katharmoi *(Reinigungen)* 60
  Peri physeōs *(Über die Natur)* 61
ENNIUS, Quintus (239–169 v. Chr.)
  Annales *(Jahrbücher)* 264
ENNODIUS, Magnus Felix → MAGNUS FELIX ENNODIUS
EPIKTETOS (um 50–130)
  Diatribai *(Unterhaltungen)* 389
  Encheiridion *(Handbüchlein)* 390
EPIPHANIOS aus Salamis (4. Jh.)
  Ho ankyrōtos *(Der Verankerte)* 626

To panarion *(Der Arzneikasten)* 626
ERATOSTHENES aus Kyrene (um 295–215 v. Chr.)
  Geōgraphika *(Geographiebücher)* 242
EUAGRIOS SCHOLASTIKOS aus Epiphaneia in Syrien (um 536–Ende des 6. Jh.s)
  Historia ekklēsiastikē *(Kirchengeschichte)* 668
EUGIPPIUS (gest. nach 533)
  Vita sancti Severini *(Das Leben des heiligen Severin)* 661
EUKLEIDES aus Alexandreia (4./3. Jh. v. Chr.)
  Ta stoicheia *(Die Elemente)* 232
EUPHORION aus Chalkis (geb. um 275 v. Chr.)
  Chiliades *(Chiliaden)* 244
EUPOLIS (um 446–411 v. Chr.)
  Dēmoi *(Die Demen)* 92
EURIPIDES (um 485–406 v. Chr.)
  Alkēstis *(Alkestis)* 62
  Andromachē *(Andromache)* 63
  Bakchai *(Die Bakchen)* 65
  Elektra *(Elektra)* 66
  Hekabē *(Hekabe)* 67
  Helenē *(Helena)* 68
  Hērakleidai *(Die Herakliden)* 69
  Hēraklēs *(Herakles)* 71
  Hiketides *(Die Schutzflehenden)* 72
  Hippolytos stephanēphoros *(Der bekränzte Hippolytos)* 73
  Iōn *(Ion)* 74
  Iphigeneia hē en Aulidi *(Iphigenie in Aulis)* 76
  Iphigeneia hē en Taurois *(Iphigenie bei den Taurern)* 77
  Kyklōps *(Kyklops)* 79
  Mēdeia *(Medea)* 80
  Orestēs *(Orest)* 81
  Phoinissai *(Die Phönikierinnen)* 82
  Trōades *(Die Troerinnen)* 83
EUSEBIOS aus Kaisareia (um 263–339)
  Apodeixis euangelikē → Proparaskeuē euangelikē
  Basilikos *(Rede an den Kaiser)* 609
  Eis ton bion tu makariu Kōnstantinu basileōs *(Über das Leben des seligen Kaisers Konstantin)* 609
  Historia ekklēsiastikē *(Kirchengeschichte)* 610
  Kata Markellu *(Gegen Markellus)* 611
  Peri theophaneias *(Über die Theophanie)* 612
  Proparaskeuē euangelikē *(Evangelische Vorbereitung)* 611
  Tēs ekklēsiastikēs theologias biblia *(Drei Bücher der kirchlichen Theologie)* 610
EUSTATHIOS aus Antiocheia (gest. vor 337)
  Kata Origenus diagnōstikos eis to tēs engastrimythu theōrēma *(Gegen Origines: Beurteilung seiner Ansicht über die Wahrsagerin)* 609
  Eis to tēs engastrimythu theōrēma → Kata Origenus . . .
EUTROPIUS (4. Jh.)
  Breviarium ab urbe condita *(Abriß der römischen Geschichte)* 473
FABIUS CLAUDIUS FULGENTIUS aus Ruspe (um 467–533)
  Contra Arianos liber unus *(Ein Buch gegen die Arianer)* 660
  De fide ad Petrum *(Über den Glauben, an Petrus)* 661
FABIUS QUINTILIANUS, Marcus (gest. 96)
  Institutiones oratoriae *(Schule der Beredsamkeit)* 376
FIRMICUS MATERNUS, Iulius → IULIUS FIRMICUS MATERNUS
FLACCUS → VALERIUS FLACCUS SETINUS BALBUS
FLAVIUS ARRIANUS (um 95–175)

Anabasis Alexandru *(Alexanderzug)* 402
Diatribai *(Unterhaltungen)* 403
Encheiridion *(Handbüchlein)* 403
Indikē *(Indienbuch)* 404
FLAVIUS CLEMENS, Titus (um 150–um 215)
Paidagōgos *(Der Erzieher)* 593
Protreptikos pros tus Hellēnas *(Mahnrede an die Heiden)* 593
Strōmateis *(Teppiche,* auch: *Einbanddecke)* 594
FLAVIUS CRESCONIUS CORIPPUS (um 510–570)
In laudem Iustini Augusti minoris *(Zum Lob des jüngeren Iustinus Augustus)* 485
FLAVIUS IOSEPHUS (d. i. Joseph ben Mathitjahu, 37–um 100)
Historia peri halōseōs → Peri tu Iudaïku polemu
Iudaïkē archaiologia *(Jüdische Altertumskunde)* 371
Peri tu Iudaïku polemu *(Über den jüdischen Krieg)* 372
FLAVIUS IUSTINUS (gest. um 165)
Apologia I, II *(Apologie I, II)* 585
Pros Tryphōna Iudaion dialogos *(Gespräch mit dem Juden Tryphon)* 586
FLAVIUS MAGNUS AURELIUS CASSIODORUS SENATOR (um 490–583)
Chronica *(Chronik)* 666
De anima *(Über die Seele)* 667
De origine actibusque Getarum *(Von Ursprung und Taten der Goten)* 667
Institutiones *(Unterweisungen)* 668
FLORUS → ANNAEUS FLORUS, Lucius
FULGENTIUS aus Ruspe → FABIUS CLAUDIUS FULGENTIUS
GAIUS (um 120–180)
Institutiones *(Unterweisungen)* 406
GALENUS → KLAUDIOS GALENOS
GELLIUS, Aulus (um 125–170)
Noctes Atticae *(Attische Nächte)* 427
GENNADIUS aus Marseille (gest. zwischen 492 u. 505)
De viris illustribus *(Von berühmten Männern)* 657
GREGORIUS I., der Große, Papst (um 540–604)
Dialogi de vita et miraculis patrum Italicorum *(Dialoge über Leben und Wunder der italischen Väter)* 669
Moralia in Iob *(Moralische Auslegung des Hiob-Buchs)* 669
Registrum epistularum *(Briefregister)* 670
GREGORIOS aus Nyssa (nach 330–nach 394)
Logos katēchētikos ho megas *(Große Katechese)* 621
Peri kataskeuēs anthrōpu *(Über die Ausstattung des Menschen)* 622
Peri parthenias *(Über die Jungfräulichkeit)* 622
Peri psychēs kai anastaseōs *(Über Seele und Auferstehung)* 623
Pros Eunomion logoi antirrhētikoi *(Kampfschrift gegen Eunomios)* 623
GREGORIOS THAUMATURGOS (um 213–270)
Eis Origenēn prosphōnētikos kai panēgyrikos logos *(Lobrede auf Origines)* 604
GREGORIUS ELIBERITANUS (Gregor von Elvira, gest. um 392)
De fide orthodoxa... *(Über den rechtmäßigen Glauben)* 624
Tractatus de epithalamio *(Homilien über das Brautkleid)* 625
HELIODOROS aus Emesa (3. Jh.)
Syntagma tōn peri Theagenēn kai Charikleian Aithiopikōn, kurz: Aithiopika *(Darstellung der äthiopischen Geschichten von Theagenes und Charikleia,* kurz: *Äthiopische Geschichten)* 440

HERAKLEITOS aus Ephesos (um 500 v. Chr.)
Peri physeōs *(Über die Natur)* 30
HERMAS (zweite Hälfte des 1. Jh.s)
Poimēn *(Der Hirte)* 584
HERMESIANAX aus Kolophon (erste Hälfte des 3. Jh.s v. Chr.)
Leontion *(Leontion)* 242
HERMOGENES aus Tarsos (um 160–220)
Technē rhētorikē *(Rhetorik)* 433
HERODOTOS aus Halikarnassos (um 484–nach 430 v. Chr.)
Historiēs apodexis *(Forschungsbericht)* 85
HERO(N)DAS (zweite Hälfte des 3. Jh.s v. Chr.)
Mimiamboi *(Mimiamben)* 245
HESIODOS aus Askra (8./7. Jh. v. Chr.)
Erga kai hēmerai *(Werke und Tage)* 21
Theogonia *(Göttergeburt)* 23
HESYCHIOS ILLUSTRIOS (erste Hälfte des 6. Jh.s)
Onomatologos ē pinax tōn en paideia onomastōn *(Namensnenner, oder Verzeichnis der namhaften Schriftsteller)* 484
HIERONYMUS (um 348–420)
De viris illustribus *(Berühmte Männer)* 631
Dialogi contra Pelagianos libri III *(Drei Bücher Dialoge gegen die Pelagianer)* 631
HILARIUS aus Poitiers (um 315–367)
De fide → De trinitate
De trinitate *(Über die Dreieinigkeit)* 616
HIPPOLYTOS aus Rom (nach 150–235/36)
Kata pasōn haireseōn elenchos *(Widerlegung alles Häresien)* 595
Philosophumena → Kata pasōn haireseōn elenchos
HOMEROS (8. Jh. v. Chr. ?)
Ilias *(Ilias)* 3
Odysseia *(Odyssee)* 7
HORATIUS FLACCUS, Quintus (65–8 v. Chr.)
Carmen saeculare *(Lied der Jahrhundertfeier)* 321
Carmina *(Lieder)* 321
De arte poetica *(Von der Dichtkunst)* 323
Epistulae *(Briefe)* 324
Epodon liber *(Epodenbuch)* 325
Satirae *(Satiren)* 326
Sermones → Satirae
IAMBLICHOS (2. Jh.)
Babylōniaka *(Babylonische Geschichten)* 427
IGNATIOS aus Antiocheia (gest. um 110)
Briefe des Ignatios → Apostolische Väter (Sammelartikel)
IOANNES CHRYSOSTOMOS (um 344–407)
Peri parthenias *(Über die Jungfräulichkeit)* 627
Peri stēlōn *(Über die Bildsäulen)* 628
IOANNES PHILOPONOS 470–nach 565)
Tōn eis tēn Mōyseōs kosmogonian... *(Kommentar zum Schöpfungsbericht des Moses)* 662
IOHANNES CASSIANUS (gest. um 435)
De incarnatione Christi *(Über die Menschwerdung Christi)* 650
Instituta coenobiorum *(Die Einrichtungen der Klöster)* 651
ION aus Chios (5. Jh. v. Chr.)
Epidēmiai *(Reisebilder)* 87
IOSEPHUS → FLAVIUS IOSEPHUS
ISIDORUS aus Sevilla (um 570–636)
De natura rerum *(Über die Natur der Dinge)* 671
Etymologiae *(Ursprünge)* 672
ISOKRATES (436–338 v. Chr.)
Areopagitikos *(Areopagrede)* 113
Euagoras *(Euagoras)* 114
Panathēnaïkos *(Panathenäische Festrede)* 115
Panēgyrikos *(Panegyrische Rede)* 116
Peri antidoseōs *(Über den Vermögenstausch)* 117

Peri (tēs) eirēnēs (*Über den Frieden*) 118
Philippos (*Philipp*) 119
Symmachikos → Peri (tēs) eirēnēs
IULIUS AFRICANUS, Sextus (um 180–245)
  Chronographiai (*Zeittafeln*) 602
IULIUS CAESAR, Gaius (100–44 v. Chr.)
  Commentarii de bello civili (*Aufzeichnungen über den Bürgerkrieg*) 304
  Commentarii de bello Gallico (*Aufzeichnungen über den Gallischen Krieg*) 306
IULIUS FIRMICUS MATERNUS (erste Hälfte des 4. Jh.s)
  De errore profanarum religionum (*Über den Irrtum der heidnischen Religionen*) 617
  Matheseos libri octo (*Acht Bücher der Erkenntnis*) 459
IULIUS VALERIUS POLEMIUS (3./4. Jh.)
  Res gestae Alexandri Magni → Alexanderroman (2)
IUNIUS IUVENALIS, Decimus (gest. um 140)
  Saturarum libri V (*Fünf Bücher Satiren*) 398
IUNIUS MODERATUS COLUMELLA, Lucius (erste Hälfte des 1. Jh.s)
  De re rustica (*Über den Landbau*) 345
IUSTINUS MARTYR → FLAVIUS IUSTINUS
JAMBLICHOS → IAMBLICHOS
JOHANNES ... → auch: IOANNES, IOHANNES ...
JOSEPHUS → FLAVIUS IOSEPHUS
JULIUS ... → IULIUS ...
JUSTINUS → FLAVIUS IUSTINUS
JUVENAL → IUNIUS IUVENALIS
KALLIMACHOS (um 305–240 v. Chr.)
  Aitia (*Ursprungssagen*) 236
  Berenikēs plokamos (*Die Locke der Berenike*) 238
  Hekalē (*Hekale*) 238
  Hymnoi (*Hymnen*) 239
KINAITHON (7. Jh. v. Chr.)
  → Oidipodeia (anon.)
KLAUDIOS GALENOS (Galen, 129–199)
  Hoti ho aristos iatros kai philosophos (*Daß der vorzügliche Arzt Philosoph sein muß*) 430
  Hoti tais tou sōmatos krasesin hai tēs psychēs dynameis hepontai (*Daß die Vermögen der Seele eine Folge der Mischungen des Körpers sind*) 431
KLAUDIOS PAOLEMAIOS (um 90–um 168)
  Geōgraphikē hyphēgēsis (*Einführung in die Geographie*) 400
KLEMENS aus Alexandrien → FLAVIUS CLEMENS, Titus
KRATINOS (um 500–420 v. Chr.)
  Odyssēs (*Odysseuse*) 47
  Pytinē (*Die Flasche*) 48
KYRILLOS aus Alexandreia (gest. 444)
  Anathematismoi (*Bannflüche*) 652
  Hyper tēs tōn Christianōn euagus thrēskeias pros ta tu en atheios Iulianu (*Über die heilige Religion der Christen, gegen die Behauptungen des zu den Gottlosen gehörenden Iulian*) 652
  Peri tēs hagias kai homousio triados (*Über die heilige und wesensgleiche Dreieinigkeit*) 652
  Pros ta tu en atheios Iulianu ... → Hyper tēs tōn Christianōn euagus thrēskeias ...
LACTANTIUS → CAECILIUS FIRMIANUS LACTANTIUS, Lucius
LEO I. DER GROSSE (gest. 461)
  Epistola dogmatica ad Flavium (*Dogmatischer Brief an Flavius*) 655
LEONTIOS aus Byzanz (475–543)
  Logoi III kata Nestorianōn kai Eutychianistōn (*Drei Bücher gegen Nestorianer und Eutychianer*) 664
LIBANIOS (314–um 393)
  Antiochikos (*Rede auf Antiochia*) 461

LIVIUS, Titus (59 v. Chr.–17 n. Chr.)
  Ab urbe conditia libri (*Vom Ursprung der Stadt an*) 329
LONGINUS Cassius (um 213–273)
  → Peri hypsus (anon.)
LONGOS aus Lesbos (2./3. Jh.)
  Poimenika kata Daphnin kai Chloēn (*Hirtengeschichten von Daphnis und Chloe*) 439
LUCANUS → ANNAEUS LUCANUS, Marcus
LUCIFER aus Calaris (gest. 370/71)
  De non conveniendo cum haereticis (*Daß man mit den Häretikern nicht verkehren darf*) 618
LUCRETIUS CARUS, Titus (um 95–55 v. Chr.)
  De rerum natura (*Von der Natur der Dinge*) 308
LUKIANOS aus Samosata (um 120–185)
  Alēthē dihēgēmata (*Wahre Geschichten*) 407
  Alexandros ē pseudomantis (*Alexander oder Der falsche Prophet*) 406
  Biōn prasis (*Der Verkauf der Lebensweisen*) 408
  Dis katēgorumenos (*Der zweimal Verklagte*) 409
  Enhalioi dialogoi (*Meergöttergespräche*) 409
  Epistolai kronikai → Saturnalia
  Halieus ē anabiuntes (*Der Fischer oder Die Wiederauferstandenen*) 410
  Hermotimos (*Hermotimos*) 411
  Hetairikoi dialogoi (*Hetärengespräche*) 412
  Ikaromenippos ē hypernephelos (*Ikaromenippos oder Die Luftreise*) 412
  Lukios ē onos (*Lukios oder Der Esel*) 413
  Menippos ē nekyomanteia → Ikaromenippos ē hypernephelos
  Nekrikoi dialogoi (*Totengespräche*) 414
  Oneiros ē alektryōn (*Der Traum oder Der Hahn*) 415
  Peri tēs Peregrinu teleutēs (*Über das Lebensende des Peregrinos*) 415
  Peri tu enhypniu ētoi bios Lukianu (*Über den Traum oder Das Leben Lukians*) 417
  Philopseudēs ē apistōn (*Der Lügenfreund oder Der Ungläubige*) 417
  Pōs dei historian syngraphein (*Wie man Geschichte schreiben muß*) 418
  Promētheus ē Kaukasos (*Prometheus oder Der Kaukasus*) 419
  Rhētorōn didaskalos (*Der Professor der Rhetorik*) 420
  Saturnalia (*Saturnalien*) 421
  Symposion ē Lapithai (*Das Gelage oder Die Lapithen*) 421
  Ta pros Kronon → Saturnalia
  Theōn dialogoi (*Göttergespräche*) 423
  Timōn ē misanthrōpos (*Timon oder Der Menschenfeind*) 424
LUKREZ → LUCRETIUS CARUS, Titus
LUXORIUS (Luxurius, 5./6. Jh.)
  Epigrammatum libri → Anthologia Latina (anon.)
LYKOPHRON aus Chalkis (2. Jh. v. Chr.)
  Alexandra (*Alexandra*) 268
LYSIAS (um 445–380 v. Chr.)
  Hyper tu adynatu (*Für den Krüppel*) 111
  Hyper tu Eratosthenus phonu apologia (*Verteidigungsrede für den Mord an Eratosthenes*) 110
  Kat' Eratosthenus (*Gegen Eratosthenes*) 112
MACCIUS PLAUTUS, Titus (um 250–184 v. Chr.)
  Amphitruo (*Amphytrion*) 245
  Asinaria (*Eselskomödie*) 246
  Aulularia (*Topfkomödie*) 247
  Bacchides (*Die Bacchiden*) 248
  Captivi (*Die Gefangenen*) 249
  Casina (*Casina*) 250

Cistellaria *(Die Kästchenkomödie)* 251
Curculio *(Curculio)* 252
Epidicus *(Epidicus)* 252
Menaechmi *(Menaechmi)* 253
Mercator *(Der Kaufmann)* 254
Miles gloriosus *(Der prahlerische Offizier)* 255
Mostellaria *(Die Gespensterkomödie)* 256
Persa *(Der Perser)* 257
Poenulus *(Der junge Punier)* 258
Pseudolus *(Pseudolus)* 259
Rudens *(Das Tau)* 260
Stichus *(Stichus)* 261
Trinummus *(Der's für einen Dreier tut)* 262
Truculentus *(Truculentus)* 262
Vidularia *(Das Kofferstück)* 264
MACROBIUS → AMBROSIUS THEODOSIUS MACROBIUS
MAGNUS FELIX ENNODIUS (473/74–521)
   Carmina *(Gedichte)* 663
   Panegyricus dictus clementissimo regi Theoderico *(Lobrede auf den mildreichsten König Theoderich)* 663
MAKARIOS der Ägypter (gest. um 390)
   Homiliai pneumatikai *(Geistliche Homilien)* 627
MAMERTUS → CLAUDIANUS MAMERTUS
MANILIUS, Marcus (1. Jh.)
   Astronomica *(Astronomie)* 346
MARCIANUS ARISTIDES → MARKIANOS ARISTEIDES
MARCUS AURELIUS → AURELIUS ANTONIUS AUGUSTUS, Marcus
MARIUS VICTORINUS, Gaius (4. Jh.)
   Adversus Arium *(Gegen Arius)* 618
MARKIANOS ARISTEIDES (2. Jh.)
   Apologia pros Hadrianon *(Verteidigung gegenüber Hadrian)* 585
MATERNUS, Julius Firmicus → IULIUS FIRMICUS MATERNUS
MARTIALIS → VALERIUS MARTIALIS, Marcus
MARTIANUS CAPELLA (4./5. Jh.)
   De nuptiis Mercurii et Philologiae *(Die Hochzeit Merkurs und der Philologie)* 476
MAXIMIANUS ETRUSCUS (um 520)
   Elegiae *(Elegien)* 480
MAXIMOS aus Tyros (um 125–195)
   Dialexeis *(Gespräche)* 425
MAXIMOS HOMOLOGETES (Maximus Confessor, um 580–662)
   Capita → Kephalaia
   Kephalaia *(Sentenzen)* 672
   Liber asceticus → Kephalaia
   Loci communes → Kephalaia
   Maximus-Florilegium → Kephalaia
   Mystagōgia peri tu tinōn symbola ... *(Einweihung in das Geheimnis, darstellend, welcher Dinge Gleichnis ...)* 673
   Sermones per electa → Kephalaia
MAXIMOS PLANUDES (um 1260–1310)
   Anthologia Planudea 486
MELA → POMPONIUS MELA
MENANDROS (um 342–292 v. Chr.)
   Aspis *(Der Schild)* 223
   Dyskolos *(Der Griesgram)* 224
   Epitrepontes *(Das Schiedsgericht)* 226
   Geōrgos *(Der Landmann)* 227
   Hērōs *(Der Heros)* 227
   Kolax *(Der Schmeichler)* 228
   Perikeiromenē *(Die Geschorene)* 228
   Phasma *(Das Gespenst)* 229
   Samia *(Die Samierin)* 230
   Sikyōnios *(Der Sikyonier)* 231
MIMNERMOS aus Kolophon (um 600 v. Chr.)
   Nannō *(Nanno)* 25

   Smyrnēis *(Smyrna-Gedicht)* 26
MINUCIUS FELIX, Marcus (um 200)
   Octavius *(Octavius)* 591
MOSCHOS aus Syrakus (2. Jh. v. Chr.)
   Eurōpē *(Europa)* 276
MUSAIOS (Ende des 5. Jh.s)
   Ta kath' Hērō kai Leandron *(Die Geschichte von Hero und Leander)* 478
NEMESIOS aus Emesa (5. Jh.)
   Peri physeōs anthrōpu *(Über die Natur des Menschen)* 656
NESTORIOS (nach 381–nach 451)
   Pragmateia Hērakleidu Damaskēnu *(Die Schrift des Herakleides aus Damaskos)* 653
NIKANDROS aus Kolophon (2. Jh. v. Chr.)
   Alexipharmaka *(Gegengifte)* 276
   Heteroiumena *(Verwandlungen)* 277
   Thēriaka *(Tiergedicht)* 277
NONNOS aus Panopolis (geb. um 400)
   Dionysiaka *(Die Geschichte von Dionysos)* 477
NOVATIANUS (3. Jh.)
   De bono pudicitiae *(Über den Wert der Keuschheit)* 605
   De trinitate *(Über die Dreieinigkeit)* 605
ORIGINES (185–254)
   Kata Kelsu *(Gegen Kelsos)* 603
   Peri archōn *(Über die Urgründe [oder: die Grundsätze])* 603
OROSIUS (Paulus Orosius, gest. nach 418)
   Historiae adversus paganos *(Geschichte wider die Heiden)* 649
OVIDIUS NASO, Publius (43 v. Chr.–18 n. Chr.)
   Amores *(Liebesgedichte)* 334
   Ars amatoria *(Liebeskunst)* 335
   Epistulae ex Ponto *(Briefe vom Schwarzen Meer)* 336
   Fasti *(Festkalender)* 337
   Heroides *(Heroinen)* 337
   Ibis *(Ibis)* 338
   Metamorphosen libri *(Verwandlungen)* 339
   Remedia amoris *(Heilmittel gegen die Liebe)* 340
   Tristium libri V *(Fünf Bücher Gedichte der Trübsal)* 341
PALLADIOS (um 364–vor 431)
   Lausiakon *(Lausiakon)* 646
PAPINIUS STATIUS, Publius (um 45–96)
   Achilleis *(Achilleis)* 379
   Silvae *(Wälder)* 380
   Thebais *(Thebais)* 381
PARMENIDES aus Elea (um 500 v. Chr.)
   Peri physeōs *(Über die Natur)* 32
PARTHENIOS aus Nikaia (um 90–10 v. Chr.)
   Erōtika pathēmata *(Liebesleiden)* 309
PAULUS (um 10 n. Chr.–um 65)
   → Paulus-Briefe (Sammelartikel)
PAULUS OROSIUS → OROSIUS
PAUSANIAS (geb. um 115)
   Perihēgēsis tēs Hellados *(Beschreibung Griechenlands)* 405
PELAGIUS (4./5. Jh.)
   Epistula ad Demetriadem *(Brief an Demetrias)* 649
PENDANIOS DIOSKURIDES (1. Jh.)
   Peri hylēs iatrikēs *(Über Arzneimittel)* 375
PEREGRINUS (Vincentius von Lerin, 4./5. Jh.)
   Commonitorium *(Leitfaden)* 653
PERSIUS FLACCUS, Aulus (34–62)
   Saturae *(Satiren)* 371
PETRONIA PROBA (4. Jh.)
   Cento *(Flickgedicht)* 625
PETRONIUS ARBITER, Gaius (gest. 66)

Cena Trimalchionis *(Das Gastmahl des Trimalchio)* 367
Satyricon *(Satyrikon)* 368
PHAEDRUS (um 15 v. Chr.–55 n. Chr.)
  Fabulae Aesopiae *(Äsopische Fabeln)* 344
PHANOKLES (3. Jh. v. Chr.)
  Erōtes ē kaloi *(Eroten oder Die Schönen)* 244
PHILEMON (um 360–260 v. Chr.)
  Emporos *(Der Kaufmann)* 221
  Phasma *(Das Gespenst)* 222
  Thēsauros *(Der Schatz)* 222
PHILOSTRATOS II. (um 165–245)
  Ta es ton Tyanea Apollōnion *(Das Leben des Apollonios von Tyana)* 434
  Hērōikos *(Heroikos)* 434
PHRYNICHOS (um 540–470 v. Chr.)
  Milētu halōsis *(Die Einnahme von Milet)* 34
  Phoinissai *(Die Phönikierinnen)* 34
PHRYCHINOS (zweite Hälfte des 5. Jh.s v. Chr.)
  Monotropos *(Der Einsame)* 93
PINDAROS aus Kynoskephalai (um 522/518 bis nach 446 v. Chr.)
  Epinikia (melē) *(Siegeslieder)* 34
PLANUDES → MAXIMOS PLANUDES
PLATON (427–347 v. Chr.)
  Apologia Sōkratus *(Die Verteidigung des Sokrates)* 133
  Briefe Platons 134
  Charmidēs *(Charmides)* 135
  Euthydēmos *(Euthydemos)* 136
  Euthyphrōn *(Euthyphron)* 137
  Gorgias *(Gorgias)* 138
  Hippias I *(Hippias I)* 140
  Hippias II *(Hippias II)* 142
  Iōn *(Ion)* 143
  Kratylos *(Kratylos)* 146
  Kritias *(Kritias)* 145
  Kritōn *(Kriton)* 144
  Lachēs *(Laches)* 147
  Lysis *(Lysis)* 149
  Menexenos *(Menexenos)* 152
  Menōn *(Menon)* 150
  Nomoi *(Die Gesetze)* 153
  Parmenidēs *(Parmenides)* 154
  Phaidōn *(Phaidon)* 158
  Phaidros *(Phaidros)* 156
  Philēbos *(Philebos)* 160
  Politeia *(Das Staatswesen)* 163
  Politikos *(Der Politiker)* 162
  Prōtagoras *(Protagoras)* 166
  Sophistēs *(Der Sophist)* 168
  Symposion *(Das Gelage)* 169
  Theaitetos *(Theaitet)* 172
  Thrasymachos → Politeia
  Timaios *(Timaios)* 174
PLAUTUS → MACCIUS PLAUTUS, Titus
PLINIUS SECUNDUS der Ältere, Gaius (23/24–79)
  Historia naturalis *(Naturgeschichte)* 369
PLINIUS VALERIANUS
  → Medicina Plinii (anon.)
PLOTINOS (203/04–269/70)
  Enneades *(Neunheiten)* 442
PLUTARCHOS aus Chaironeia (um 46–nach 120)
  Bioi parallēloi *(Parallelbiographien)* 381
  Ethika → Moralia
  Moralia *(Ethische Schriften)* 383
  Peri deisidaimonias *(Über den Aberglauben)* 385
  Peri monarchias kai dēmokratias kai oligarchias *(Über die Monarchie, Demokratie und Oligarchie)* 385
  Peri paidōn agōgēs *(Über Kindererziehung)* 386
  Peri tōn hypo tu theiu bradeōs timōrumenōn *(Über die späte Bestrafung durch die Gottheit)* 387
  Symposion tōn hepta sophōn *(Das Gelage der Sieben Weisen)* 388
  Tōn hepta sophōn symposion → Symposion tōn hepta sophōn
POLEMIUS → IULIUS VALERIUS POLEMIUS
POLYBIOS aus Megalopolis (um 200–120 v. Chr.)
  Historiai *(Geschichte)* 267
POLYKARPOS aus Smyrna (gest. 156)
  Briefe des Polykarp → Apostolische Väter (Sammelartikel)
POMPONIUS MELA (1. Jh.)
  De chorographia *(Über die Erdkunde)* 347
PORCIUS CATO, Marcus (234–149 v. Chr.)
  De agricultura *(Vom Landbau)* 265
  De re rustica → De agricultura
  Origines *(Ursprünge)* 266
PRISCIANUS (5./6. Jh.)
  Institutio de arte grammatica *(Unterweisung in der Grammatik)* 482
PRISCILLIANUS (gest. 385)
  De fide (et) de apocryphis *(Über den Glauben und über die apokryphen Schriften)* 626
PROBA → PETRONIA PROBA
PRODIKOS aus Keos (um 465–395 v. Chr.)
  Hōrai *(Horen)* 87
PROPERTIUS, Sextus (um 50–15 v. Chr.)
  Elegiarum libri IV *(Vier Bücher Elegien)* 331
PRUDENTIUS → AURELIUS PRUDENTIUS CLEMENS
PSEUDO-... → auch unter dem Autorennamen
PSEUDO-ARISTOTELES (1./2. Jh.)
  Peri kosmu *(Von der Welt)* 397
PSEUDO-DIONYSIOS AREOPAGITES (zweite Hälfte des 5. Jh.s)
  Peri tēs ekklēsiastikēs hierarchias *(Über die kirchliche Hierarchie)* 657
  Peri tēs uranias hierarchias *(Über die himmlische Hierarchie)* 658
  Peri tōn theōn onomatōn *(Über die göttlichen Namen)* 659
PTOLEMAEUS → KLAUDIOS PTOLEMAIOS
QUINTILIANUS → FABIUS QUINTILIANUS, Marcus
RUFINUS → TYRANNIUS RUFINUS
RUFUS → CURTIUS RUFUS, Quintus
RUTILIUS NAMATIANUS (Ende 4.–Anfang 5. Jh.)
  De redito suo *(Über seine Rückkehr)* 475
SALLUSTIUS CRISPUS, Gaius (86–35 v. Chr.)
  Bellum Iugurthinum *(Der Jugurthinische Krieg)* 310
  De coniuratione Catilinae *(Über die Verschwörung des Catilina)* 311
  Historiae *(Geschichtsbücher)* 312
SALVIANUS aus Marseille (um 400–nach 480)
  De gubernatione Dei *(Über die Regierung Gottes)* 655
SEMONIDES aus Amorgos (S. aus Samos, zweite Hälfte des 7. Jh.s v. Chr.)
  Iambos gegen die Frauen *(Weiberspiegel)* → Psogos gynaikōn
  Psogos gynaikōn *(Weibertadel)* 24
SENECA → ANNAEUS SENECA, Lucius
SEPTIMIUS, Lucius (4. Jh.?)
  Ephemeris belli Troiani → Trojaroman (Sammelartikel)
SEPTIMIUS FLORENS TERTULLIANUS, Quintus (160?–nach 220)
  Ad nationes *(An die Heiden)* 595
  Adversus Hermogenem *(Gegen Hermogenes)* 596
  Adversus Marcionem *(Gegen Marcion)* 597
  Adversus Praxean *(Gegen Praxeas)* 598

Apologeticum *(Verteidigung des Christentums)* 598
De anima *(Über die Seele)* 599
De carne Christi *(Von der Fleischlichkeit Christi)* 599
De carnis resurrectione *(Von der Auferstehung des Fleisches)* 600
De pallio *(Über das Pallium)* 601
De praescriptione haereticorum *(Über die Präskripten gegen die Häretiker)* 600
De testimonio animae *(Vom Zeugnis der Seele)* 602
SERVIUS (um 360–420)
  Commentarius in Vergilii carmina *(Kommentar zu Vergils Gedichten)* 474
SEVERUS aus Antiochien (gest. 538)
  Philalēthēs *(Der Wahrheitsfreund)* 661
SILIUS ITALICUS, Tiberius Catius Asconius → CATIUS ASCONIUS SILIUS ITALICUS, Tiberius
SOPHOKLES (497/96–406 v. Chr.)
  Aias *(Aias)* 49
  Antigonē *(Antigone)* 50
  Elektra *(Elektra)* 51
  Ichneutai *(Spürhunde)* 52
  Oidipus epi Kolōnō *(Oidipus auf Kolonos)* 55
  Oidipus tyrannos *(König Oidipus)* 53
  Philoktētēs *(Philoktet)* 57
  Trachiniai *(Die Trachinierinnen)* 58
STATIUS → PAPINIUS STATIUS, Publius
STRABON aus Amaseia (um 64/63 v. Chr.–19 oder 23/24 n. Chr.)
  Geōgraphika *(Geographiebücher)* 328
STRATON aus Sardes (2. Jh.)
  Musa paidikē *(Knabenmuse)* 401
SUETONIUS TRANQUILLUS, Gaius (um 70–140)
  De viris illustribus *(Von berühmten Männern)* 399
  De vita Caesarum *(Über das Leben der Caesaren)* 400
SYNESIOS aus Kyrene (370?–nach 413)
  Aigyptioi logoi ē Peri pronoias *(Ägyptische Erzählungen oder Über die Vorsehung)* 647
  Dion ē peri tēs kat' auton diagōgēs *(Dion oder Vom Leben nach seinem Vorbild)* 647
  Peri enhypniōn *(Über Träume)* 648
  Phalarkias enkōmion *(Lob der Kahlköpfigkeit)* 648
TACITUS → CORNELIUS TACITUS, Publius
TATIANOS (2. Jh.)
  Diatessaron *(Evangelienharmonie)* 586
  Logos pros Hellēnas *(Rede an die Griechen)* 588
TERENTIUS AFER, Publius (um 190–159 v. Chr.)
  Adelphoe *(Die Brüder)* 270
  Andria *(Das Mädchen von Andros)* 271
  Eunuchus *(Der Eunuch)* 272
  Heauton timorumenos *(Der Selbstquäler)* 273
  Hecyra *(Die Schwiegermutter)* 274
  Phormio *(Phormio)* 275
TERENTIUS VARRO, Marcus (116–27 v. Chr.)
  De lingua Latina *(Über die lateinische Sprache)* 279
  Rerum rusticarum libri tres *(Drei Bücher von der Landwirtschaft)* 279
  Saturae Menippeae *(Menippeische Satiren)* 280
TERTULLIANUS → SEPTIMUS FLORENS TERTULLIANUS, Quintus
THEODORETOS aus Kyrrhos (um 393–457/58)
  Hellēnikōn therapeutikē pathēmatōn ... *(Heilung der griechischen Irrtümer ...)* 654
  Peri pronoias *(Über die Vorsehung)* 654
THEOKRITOS (um 310–250 v. Chr.)
  Eidyllia → Pharmakeutria
  Pharmakeutria *(Die Zauberin)* 233

Syrakosiai ē Adōniazusai *(Die Syrakusanerinnen am Adonisfest)* 234
THEOPHILOS aus Antiocheia (2. Jh.)
  Pros Autolykon *(An Autolykos)* 590
THEOPHRASTOS (um 372–287 v. Chr.)
  Charaktēres *(Charaktertypen)* 214
  Ethikoi charaktēres → Charaktēres
THEOPOMPOS aus Chios (um 378–320 v. Chr.)
  Philippika *(Geschichte Philipps [II. von Makedonien])* 213
THUKYDIDES (um 460–400 v. Chr.)
  Historiai → Ho polemos ...
  Ho polemos ton Peloponnēsiōn kai Athēnaiōn *(Der Krieg zwischen den Peloponnesiern und den Athenern)* 90
TIBULLUS → ALBIUS TIBULLUS
TULLIUS CICERO, Marcus (106–43 v. Chr.)
  Academica *(Akademische Bücher)* 281
  Actio prima in C. Verrem *(Erste Verhandlung gegen Verres)* 282
  Actio secunda in C. Verrem *(Zweite Verhandlung gegen Verres)* 283
  Briefe Ciceros 283
  Brutus *(Brutus)* 285
  Catilinariae orationes *(Catilinarische Reden)* 287
  Cato maior de senectute *(Cato der Ältere, über das Greisenalter)* 286
  De amicitia → Laelius de amicitia
  De divinatione *(Über die Weissagung)* 288
  De finibus bonorum et malorum *(Über das höchste Gut und das höchste Übel)* 288
  De imperio Gnaei Pompei *(Über den Oberbefehl des Gnaeus Pompeius)* 290
  De inventione *(Über die Erfindung)* 289
  De legibus *(Über die Gesetze)* 290
  De natura deorum *(Über das Wesen der Götter)* 291
  De officiis *(Über die Pflichten)* 292
  De oratore *(Über den Redner)* 293
  De re publica *(Vom Gemeinwesen)* 294
  De senectute → Cato maior de senectute
  Divinatio in Quintum Caecilium → Actio prima in C. Verrem
  Laelius de amicitia *(Laelius, über die Freundschaft)* 295
  Orator *(Der Redner)* 296
  Philippicae orationes *(Philippische Reden)* 297
  Pro Archia poeta *(Rede für den Dichter Archias)* 298
  Pro lege Manilia → De imperio Gnaei Pompei
  Pro Lucio Murena *(Rede für Lucius Murena)* 299
  Pro Milone *(Rede für Milo)* 300
  Pro Publio Sestio *(Rede für Publius Sestius)* 300
  Pro rege Deiotaro *(Rede für König Deiotaros)* 301
  Pro Sexto Roscio Amerino *(Rede für Sextus Roscius aus Ameria)* 302
  Tusculanae disputationes *(Gespräche in Tusculum)* 303
TYRANNIUS RUFINUS (um 345–410)
  Apologia (Invectiva) in Hieronymum *(Apologie [Invektive] gegen Hieronymus)* 629
VALERIUS CATULLUS, Gaius (um 84–54 v. Chr.)
  Carmina *(Gedichte)* 313
VALERIUS FLACCUS SETINUS BALBUS, Gaius (gest. um 90)
  Argonautica *(Argonautenepos)* 375
VALERIUS MARTIALIS, Marcus (um 40–104)
  Epigrammata *(Epigramme)* 377
VALERIUS MAXIMUS (erste Hälfte des 1. Jh.s)
  Factorum et dictorum memorabilium libri novem

(Denkwürdige Taten und Aussprüche in neun Büchern) 347
VALERIUS POLEMIUS → IULIUS VALERIUS POLEMIUS
VARRO → TERENTIUS VARRO, Marcus
VELLEIUS PATERCULUS, Gaius (erste Hälfte des 1. Jh.s)
Historiae Romanae (Römische Geschichte) 345
VERGILIUS MARO, Publius (70–19 v. Chr.)
Aeneis (Das Epos von Aeneas) 315
Appendix Vergiliana (Anhang zu Vergil) 317
Bucolica (Hirtengedichte) 319
Eklogen → Bucolica
Georgica (Landleben) 319
VICTORINUS, Gaius Marius → MARIUS VICTORINUS, Gaius
VITRUVIUS MAMURRA, Lucius (auch Marcus Vitruvius Pollio, 1. Jh. v. Chr.)
De architectura (Über die Architektur) 342
XENOPHANES aus Kolophon (um 565–470 v. Chr.)
Peri physeōs (Über die Natur) 28
XENOPHON aus Athen (um 430–350 v. Chr.)
Agēsilaos (Lobschrift auf Agesilaos) 120
Anabasis Kyru → Kyru anabasis
Apologia Sōkratus (Die Verteidigung des Sokrates) 120
Apomnēmoneumata Sōkratus (Erinnerungen an Sokrates) 121
Hellēnika (Griechische Geschichte) 122
Hierōn (Hieron) 124
Hipparchikos (Der Reitergeneral) 124
Kynēgetikos (Jagdbuch) 125
Kyru anabasis (Der Hinaufmarsch des Kyros) 127
Kyru paideia (Die Erziehung des Kyros) 126
Lakedaimoniōn politeia (Die Staatsverfassung der Lakedaimonier) 128
Oikonomikos (Von der Hauswirtschaft) 129
Peri hippikēs (Über die Reitkunst) 130
Poroi (Die Mittel) 131
Symposion (Das Gelage) 132
XENOPHON aus Ephesos (etwa 2./3. Jh.)
Ephesiaka → Ta kat' Antheian ...
Ta kat' Antheian kai Habrokomēn Ephesiaka (Die Ephesischen Geschichten von Anthia und Habrokomes) 438
ZACHARIAS aus Mytilene (Z. Scholastikos, gest. vor 553)
Ammonios → Dialexis
Dialexis (Unterredung) 666

2. Anonyme Werke und Sammelartikel

Aberkios-Inschrift (griech.) 590
Acta Andreae et Matthiae apud anthropophagos (lat.) → Andreas-Akten → auch: Apokryphen
Acta apostolorum (lat.) → Apostelgeschichte
Acta diurna (lat.; *Tagesakten*) 307
Acta fratrum arvalium (lat.) → Carmina arvalium
Acta Pauli (kopt.) → Paulus Akten
Acta principis (lat.; *Akten des Kaisers*) 328
Acta senatus (lat.; *Senatsakten*) 220
Actus Vercellenses (lat.) → Apokryphen
Aithiopis (griech.; *Aithiopis*) 12
Alexanderroman (Sammelartikel) 445
   Antike Fassungen 445
   Orientalische Fassungen 447
   Abendländische Fassungen 451
   Neugriechische Versionen 457
Alexandra (griech.) → Lykophron aus Chalkis
Alkmaiōnis (griech.; *Alkmaionis*) 12
Altes Testament (hebr./aram.) → Bibel
Amos (hebr.) → Prophetenbücher ...
Anaphora Pilati (lat.) → Apokryphen
Annales maximi (lat.; *Große Jahrbücher*) 221
Anthologia diaphorōn epigrammatōn (griech.-byzant.) → Maximos Planudes
Anthologia Graeca (griech.) → Anthologia Palatina
Anthologia Latina (lat.; *Lateinische Anthologie*) 485
Anthologia Palatina (griech.) 487
Apokalypse der heiligen Gottesgebärerin über die Strafen → Apokryphen
Apokalypse des Abraham (slav.) → Apokryphen
Apokalypse des Baruch (syr./griech.) → Apokryphen
Apokalypse des Esra (hebr./griech.) → Apokryphen
Apokalypse des Moses (griech.) → Apokryphen
Apokalypsis Johannis (griech.) → Die Offenbarung des Johannes
Apokryphen (Sammelartikel) 551
   Apokryphen des Alten Testaments 551
   Apokryphen des Neuen Testaments 553
Apollonius-Roman (lat.) → Historia Apollonii regis Tyri
Apostelgeschichte (griech.) → auch: Apokryphen 567
Apostolische Väter (griech. Patr.) 581
   Clemens-Brief 582
   Briefe des Ignatios 582
   Polykarp-Briefe 582
   Quadratus-Fragment 583
Aristeas-Brief (griech.) 551
Athēnaiōn politeia (griech. *Staatsverfassung der Athener*) 89
Auctor ad Herennium (lat.) → Rhetorica ad herennicum
Barnabas-Akten → Apokryphen
Barnabas-Brief (griech. Patr.) 583
Bartholomäus-Akten → Apokryphen → auch: Apostelgeschichte
Baruch-Buch (hebr.) → Deuterokanonische Bücher (5)
Batrachomyomachia (griech.; *Froschmäusekampf*) 20

Bibel 491
Brief des Apostelschülers Titus → Apokryphen
Brief des Clemens (griech. Patr.) → Apostolische Väter
Brief des Jeremia (griech.) → Deuterokanonische Bücher (6)
Briefe Christi (lat./griech.) → Apokryphen
Briefe des Ignatios (griech. Patr.) → Apostolische Väter
Briefe des Johannes (griech.) → Katholische Briefe
Briefe des Paulus (griech.) → Paulus-Briefe
Briefe des Petrus (griech.) → Katholische Briefe
Briefe des Polykarp (griech. Patr.) → Apostolische Väter
Briefwechsel zwischen Paulus und Seneca (lat.) → Apokryphen
Das Buch Baruch (hebr.) → Deuterokanonische Bücher (5)
Buch der Jubiläen (hebr.) → Apokryphen
Buch der Könige (hebr.) → Königsbücher
Buch der Makkabäer, I. und II. (hebr.) → Deuterokanonische Bücher (7. u. 8)
Buch der Richter (hebr.) → Richter-Buch
Buch des Elchesai (hebr.) → Apokryphen
Buch des Elias (hebr.) → Apokryphen
Das Buch Esra (hebr. mit aram.) → Esra-Buch
Das Buch Esther (hebr.) → Esther-Buch
Das Buch Hiob (hebr.) → Hiob-Buch
Das Buch Jesus Sirach (hebr.) → Deuterokanonische Bücher (4)
Das Buch Josua (hebr.) → Josua-Buch
Das Buch Judith (hebr.) → Deuterokanonische Bücher (2)
Das Buch Nehemia (hebr.) → Nehemia-Buch
Das Buch Ruth (hebr.) → Ruth-Buch
Das Buch Tobias (hebr.) → Deuterokanonische Bücher (1)
Buch von der Geburt Marias (lat.) → Apokryphen
Buch von der Kindheit des Erlösers (lat.) → Apokryphen
Die Bücher der Chronik (hebr.) → Chronikbücher
Die Bücher der Könige (hebr.) → Königsbücher
Die Bücher der Makkabäer (hebr.) → Deuterokanonische Bücher (7 u. 8)
Die Bücher Mosis (hebr.) → Fünf Bücher Mosis
Die Bücher Samuel (hebr.) → Samuelbücher
Carmina Arvalium (lat.; *Lieder der Flurbrüder*) 220
Carmina Saliorum (lat.; *Salierlieder*) 220
Chronikbücher (hebr.) 516
Chrysa epē (griech.; *Goldene Verse*) 397
Clemens-Brief (griech. Patr.) → Apostolische Väter
Codex Gregorianus (lat.) → Codex Theodosianus
Codex Hermogenianus (lat.) → Codex Theodosianus
Codex Iustinianus (lat.) → Corpus iuris civilis
Codex Theodosianus (lat.; *Gesetzessammlung des Theodosius*) 476
Corpus Hermeticum (griech.; *Hermetische Schriften*) 444
Corpus Hippocraticum (griech.; *Hippokratische Schriften*) 88

Corpus iuris civilis (lat.; *Corpus des Zivilrechts*) 483
Corpus Paulinum (griech.) → Paulus-Briefe
Damaskusschrift (hebr.) → Apokryphen
Danais (griech.; *Danaiden-Epos*) 12
Daniel (hebr./aram.) → Prophetenbücher → Deuterokanonische Bücher (10)
De excidio Troiae historia (lat.) → Trojaroman (2)
De fide (et) de apocryphis (lat. Patr.) → PRISCILLIANUS
Descensus Christi ad inferos (lat.) → Apokryphen
Deuterokanonische Bücher (Sammelartikel) 544
  1. Das Buch Tobias 545
  2. Das Buch Judith 546
  3. Die Weisheit Salomos 546
  4. Das Buch Jesus Sirach 547
  5. Das Buch Baruch 548
  6. Der Brief des Jeremia 548
  7. Das 1. Buch der Makkabäer 548
  8. Das 2. Buch der Makkabäer 549
  9. Zusätze zu Esther 549
 10. Zusätze zu Daniel 550
Deuteronomium (hebr.) → Fünf Bücher Mosis
Dicta Catonis (lat.; *Sprüche Catos*) 458
Digesta (lat.) → Corpus iuris civilis
Diognetos-Brief (griech. Patr.) 591
Dissoi logoi (griech.; *Zweierlei Reden*) 109
Disticha Catonis (lat.) → Dicta Catonis
Dritter Johannesbrief (griech.) → Katholische Briefe
Duodecim tabulae (lat.; *Zwölftafelgesetz*) 219
Ecclesiastes (hebr.) → Der Prediger Salomo
(Liber) Ecclesiasticus → Deuterokanonische Bücher (4)
Elfapostelbrief (lat.) → Apokryphen
Epheser-Brief (griech.) → Paulus-Briefe
Epigonoi (griech.; *Die Nachkommen*) 13
Epikos kyklos (griech.; *Epischer Zyklus*) 10
Epischer Zyklus (griech.) → Epikos kyklos
Epistula Apostolorum (lat.) → Apokryphen
Esdras I (hebr. mit aram.) → Esra-Buch
Esdras II (hebr. mit aram.) → Nehemia-Buch
Esra-Apokalypse (griech./lat.) → Apokryphen
Esra-Apokryphon (griech.) → Apokryphen
Esra-Buch (hebr. mit aram.) 517
Esther-Buch (hebr.) → auch: Deuterokanonische Bücher 520
Evangelien (griech.) 560
Evangelium der Ebionäer (griech.) → Apokryphen
Evangelium der Eva (griech.) → Apokryphen
Evangelium der Hebräer (hebr./aram.) → Apokryphen
Evangelium der Nazaräer (hebr./aram.) → Apokryphen
Evangelium der Vollendung (griech.) → Apokryphen
Evangelium des Judas Iskariot (griech.) → Apokryphen
Evangelium des Matthias (griech.) → Apokryphen
Evangelium des Pseudo-Matthäus (lat.) → Apokryphen
Evangelium des Pseudo-Thomas (griech.) → Apokryphen
Evangelium des Thomas (kopt.) → Thomas-Evangelium
Excidium Troiae (mlat.) → Trojaroman (3)
Exodus (hebr.) → Fünf Bücher Mosis
Ezechiel (hebr.) → Prophetenbücher
Fasti Capitolini (lat.) → Annales maximi
Fünf Bücher Mosis (hebr.) 501

Galater-Brief (griech.) → Paulus-Briefe
Gebet des Manasse (griech.) → Apokryphen
Genesis (hebr.) → Fünf Bücher Mosis
Gesang der drei Männer im Feuerofen → Deuterokanonische Bücher
Geschichte der heiligen Apostel Petrus und Paulus → Apokryphen
Habakuk → Prophetenbücher ...
Haggai → Prophetenbücher ...
Hebräer-Brief (griech.) → Paulus-Briefe
Die Heilige Schrift → Bibel
Hellenica Oxyrhynchia (griech.; *Die Hellēnika aus Oxyrhynchos*) 212
Hēraklēis (griech.; *Herakles-Epos*) 13
Herennius (lat.) → Rhetorica ad Herennium
Hermetische Schriften (griech.) → Corpus Hermeticum
Hesekiel → Prophetenbücher ...
Himmelfahrt des Moses (hebr.) → Apokryphen
Hiob-Buch (hebr.) 522
Hippokratische Schriften (griech.) → Corpus Hippocraticum
Hirte des Hermas (griech. Patr.) → Poimēn
Historia Apollonii regis Tyri (lat.; *Geschichte des Königs Apollonios von Tyros*) 479
Historia Augusta (lat.; *Kaisergeschichte*) 462
Höllenfahrt Christi (griech.) → Apokryphen
Das Hohelied Salomos (hebr.) 531
Homērikoi hymnoi (griech.) → Hymnoi Homērikoi
Homerus Latinus (lat.) → Ilias Latina
Homiliai pneumatikai (griech. Patr.) → MAKARIOS der Ägypter
Hosea → Prophetenbücher ...
Hymnoi Homērikoi (griech.; *Homerische Hymnen*) 18
Ilias Mikra (griech.) → Mikra Ilias
Iliupersis (griech.; *Zerstörung Ilions*) 13
Jakobusbrief (griech.) → Katholische Briefe
Jeremia → Deuterokanonische Bücher → auch: Prophetenbücher ...
Jeremias → Klagelieder des Jeremias
Jesaja → Prophetenbücher ...
Jesus Sirach → Deuterokanonische Bücher (4)
Joel (hebr.) → Prophetenbücher ...
Johannes-Akten (griech.) → Apokryphen
Johannesapokalypse (griech.) → Die Offenbarung des Johannes
Johannesbriefe (griech.) → Katholische Briefe
Johannes-Evangelium (griech.) → Evangelien
Jona (hebr.) → Prophetenbücher ...
Josua-Buch (hebr.) 508
Judasbrief (griech.) → Katholische Briefe
Judith-Buch (griech.) → Deuterokanonische Bücher (2)
Kanonische Briefe (griech.) → Katholische Briefe
Katholische Briefe (griech.) (Sammelartikel) 576
  Jakobusbrief 567
  Erster Petrusbrief 577
  Judasbrief 577
  Zweiter Petrusbrief 578
  Erster Johannesbrief 578
  Zweiter Johannesbrief 578
  Dritter Johannesbrief 579
Kindheitsevangelium (arab./arm.) → Apokryphen
Klagelieder des Jeremias (hebr.) 543
Kleine Genesis (hebr.) → Apokryphen
Königsbücher (hebr.) 514
Kolosser-Brief (griech.) → Paulus-Briefe
Korinther-Briefe (griech.) → Paulus-Briefe
Kypria (griech.; *Kyprien*) 14

Das Lebendige Evangelium → Apokryphen
Leviticus-Buch (hebr.) → Fünf Bücher Mosis
Liber de infantia salvatoris (lat.) → Apokryphen
Liber de nativitate Mariae (lat.) → Apokryphen
Liber de ortu beatae Maria et infantia salvatoris (lat.) → Apokryphen
Libri pontificales, auch: Pontifici libri u. ä. (lat.; *Priesterbücher*) 219
Lukas-Evangelium (griech.) → Evangelien
Des Mädchens Klage (griech.) 269
Makkabäer-Apokryphen → Apokryphen
Makkabäer-Bücher (griech.) → Deuterokanonische Bücher (7 und 8)
Maleachi (hebr.) → Prophetenbücher...
Margitēs (griech.; *Margites*) 20
Markus-Akten → Apokryphen → auch: Apostelgeschichte
Markus-Evangelium (griech.) → Evangelien
Marmor Parium (griech.; *Marmor von Paros*) 243
Martyrion tēs hagias prōtomartyros Theklēs (griech.) → Apokryphen → auch: Paulus-Akten
Martyrion tu hagia apostolu Paulu (griech.) → Apokryphen → auch: Paulus-Akten
Martyrium des heiligen Apostels Paulus → Apokryphen → auch: Paulus-Akten
Matthäus-Akten → Apokryphen → auch: Apostelgeschichte
Matthäus-Evangelium (griech.) → Evangelien
Medicina Plinii (lat.; *Die Heilkunde des Plinius*) 459
Micha (hebr.) → Prophetenbücher
Mikra Ilias (griech.; *Kleine Ilias*) 14
Nachtrag zum Propheten Jeremias (hebr.) → Apokryphen
Nahum (hebr.) → Prophetenbücher...
Nehemia-Buch (hebr.) 519
Neues Testament → Bibel
Nikodemus-Evangelium → Apokryphen
Ninos-Roman (griech.) 277
Nostoi (griech.; *Heimkehrgeschichten*) 15
Numeri → Fünf Bücher Mosis
Obadja (hebr.) → Prophetenbücher...
Die Offenbarung des Johannes (griech.; *Johannesapokalypse*) 580
Oidipodeia (griech.; *Oidipus-Epos*) 16
Oracula Sibyllina (griech.; *Sibyllinische Weissagungen*) 480
Paradosis Pilati (lat.) → Apokryphen
Paulus-Apokalypse (griech., u. a.) – Apokryphen
Paulus-Briefe (griech.; Sammelart.) 569
Pentateuch(os) → Fünf Bücher Mosis
Peplos (griech.; *Peplos*) → Suppl. 267
Peri hypsus (griech.; *Über das Erhabene*) 348
Periodoi kai martyrion tu hagiu Barnaba tu apostolu (griech.) → Apokryphen
Periodoi Pauli et Theclae (lat.) → Apokryphen → auch: Paulus-Akten
Pervigilium Veneris (lat.; *Nachtfeier der Venus*) 443
Petrus-Akten → Apokryphen
Petrus-Apokalypse (äth.) → auch: Apokryphen
Petrusbriefe → Katholische Briefe
Petrus-Evangelium (griech.) → Apokryphen
Philemon-Brief (griech.) → Paulus-Briefe
Philipper-Brief (griech.) → Paulus-Briefe

Philippus-Akten → Apokryphen
Phōkaïs (griech.; *Phoker-Epos*) 16
Physiologos (griech.; *Der Physiologus*) 436
Pilatus-Akten (griech.) → Apokryphen
Poimēn (griech. Patr.) → HERMAS
Praxeis Andreu kai Mattheia... (griech.) → Apokryphen
Praxeis apostolōn (griech.) → Apostelgeschichte
Praxeis Paulu kai Theklēs (griech.) → Apostelgeschichte → auch: Paulus-Akten
Praxeis Petru (griech.) → Apokryphen
Praxeis tōn hagiōn apostolōn Petru kai Paulu (griech.) → Apokryphen
Der Prediger Salomo (hebr.) 530
Priesterkodex (hebr.) → Fünf Bücher Mosis
Priesterschrift (hebr.) → Fünf Bücher Mosis
Prophetenbücher des Alten Testaments (hebr.) 533
Protoevangelium des Jakobus (griech.) → Apokryphen
Psalmen (hebr.) 525
Psalmen Salomons (hebr.) → Apokryphen
Querolus (lat.; *Der Nörgler*) 473
Reisen und Martyrium des heiligen Apostels Barnabas → Apokryphen
Rest der Worte Baruchs (hebr.) → Apokryphen
Rhetorica ad Herennium (lat.; *Rhetorik für Herennius*) 304
Richter-Buch (hebr.) 509
Römer-Brief (griech.) → Paulus-Briefe
Sacharja – Prophetenbücher...
Salomo → Deuterokanonische Bücher (3; Die Weisheit Salomos) → auch: Der Prediger Salomo → auch: Sprüche Salomos
Samuelbücher (hebr.) 512
Schilfmeerlied (hebr.) → Fünf Bücher Mosis
Sibyllinische Weissagungen (griech.) → Oracula Sibyllina
Skolia (melē) (griech.; *Trinklieder*) 29
Sprüche Salomos (hebr.) 529
Suda (griech.-byzant.; *Großer Befestigungsbau*) 485
Tēlegonia (griech.; *Telegonos-Epos*) 16
Das Testament Abrahams (hebr.) → Apokryphen
Das Testament Adams (syr.) → Apokryphen
Das Testament Salomos (hebr./griech.) → Apokryphen
Thaddäus-Legende → Apokryphen → auch: Doctrina Addaei
Thēbais (griech.; *Thebais*) 17
Thekla-Akten → Apokryphen → auch: Paulus-Akten
Thēsēis (griech.; *Theseus-Epos*) 17
Thessalonicher-Briefe (griech.) → Paulus-Briefe
Thomas-Akten → Apokryphen
Thomas-Apokalypse → Apokryphen
Thora → Fünf Bücher Mosis
Timotheus-Akten → Apokryphen
Timotheus-Briefe (griech.) → Paulus-Briefe
Titanomachia (griech.; *Titanenkampf*) 18
Titus-Brief (griech.) → Paulus-Brief
Tobias → Deuterokanonische Bücher (1)
Trojaroman (Sammelartikel) 462
Die Weisheit Salomos → Deuterokanonische Bücher (3.)
Zephania → Prophetenbücher (Sammelartikel)

Berichtigungen und Ergänzungen

S. XXXI, Z. 12/13 v. u.:	anhebende ... durchbebte ... getragene, statt: anhebenden ... durchbebten ... getragenen.
S. 7 re, Z. 27 v. o.:	1961, statt: 1960.
S. 20 re, Z. 38 v. o.:	ÜBERSETZUNG: In *Die Lyra*, F. Lindemann, Meißen 1821.
S. 22 re, Z. 10 v. u.:	Bremen ²1965, statt: Bremen o. J. [1965].
S. 24 li, Z. 8 v. u.:	Hardt, statt: Harte.
S. 27 li, Z. 14 v. u.:	Kahn, statt: Cahn.
S. 38 re, Z. 16 v. u. ; S. 40 re, Z. 14 v. o.;	
S. 47 li, Z. 15 v. u.:	Franciscus Asulanus, statt: F. bzw. A. Asulanus.
S. 40 re, Z. 25 v. u.:	20/1, statt 10/1.
S. 45 li, Z. 22 v. u.:	Paris, statt: Montpellier.
S. 51 li, Z. 29 v. o.:	Göttingen ²1961, statt: Bln. o. J.
S. 57 li, Z. 31 v. u.:	431, statt: um 430.
S. 57 li, Z. 14 v. u.:	Neoptolemos eine, statt Neoptole moseine.
S. 74 re, Z. 25 v. u.:	1963, statt: 1964.
S. 80 li, Z. 25 v. u.:	431, statt: um 430.
S. 81 li, Z. 27 v. u.:	Way, Bd. 4.
S. 100 re, Z. 1 v. u.:	1900, statt: 1890.
S. 105 re, Z. 2 v. u.:	Droysen (in: *Komödien*, Hg. . . .).
S. 117 re, Z. 13 v. u.:	²1879, statt: ²1889.
S. 119 re, Z. 24 v. o.:	*Technē*, statt: *Techne*.
S. 150 li, Z. 24 v. o.:	Philosophem, statt: Philosophen.
S. 176 re, Z. 20 v. u.:	²1963, statt: 1959.
S. 193 re, Z. 25 v. u.:	Thomistes, statt: Thomistiques.
S. 222 li, Z. 31 v. o.:	1953, statt: 1935.
S. 229 re, Z. 28 v. o.; S. 230 li, Z. 22 v. u.:	Mailand o. J. [1966].
S. 230 re, Z. 15 v. o.:	weite, statt: weitere.
S. 245 re, Z. 16 v. o.:	²1966, statt: 1922.
S. 289—290:	*De imperio Gnaei Pompei* . . . *De inventione*, statt: *De inventione* . . . *De imperio Gnaei Pompei*.
S. 290 li, Z. 27 v. o.:	RE 7A/1, statt: RE 7/1.
S. 302 li, Z. 2 v. u.:	³1968, statt: ³1967.
S. 309 re, Z. 34 v. o.:	1966, statt: 1965.
S. 320 re, Z. 14 v. u.:	Landbau, statt: Landleben.
S. 330 re, Z. 23 v. u.:	*Erzählungskunst* . . . Bln./Zürich ²1964, statt: *Erzählkunst* . . . Bln. 1934.
S. 335 li, Z. 3 v. o.:	*Die erotischen Elegien* . . . (in *Die erotischen Dichtungen* . . .), statt: *Die erotischen Dichtungen* . . .
S. 350 li, Z. 13 v. u.:	*Consolation à Helvia: Index verborum. Relevés statistiques.*
S. 352 li, Z. 17 v. u.:	²1947 (in *Medea* . . ., Hg. H. Moricca), statt: ²1947, Hg. H. Moricca.
S. 364 li, Z. 29/30 v. u.:	Turin ²1947, statt: Turin ²1917.
S. 392 re, Z. 14 v. u.:	⁵1959, statt: 1959.
S. 399 li, Z. 17 v. u.:	Berkeley/Los Angeles 1964, statt: (ebd., S. 704—720).
S. 399 re, Z. 2 v. u.:	ÜBERSETZUNG: *Über berühmte Männer* (in *Kaiserbiographien*, A. Stahr u. W. Krenkel, Bln. 1965).
S. 400 re, Z. 20 v. o.:	Lpzg. 1907 u. 1908, Hg. M. Ihm (Neudr. d. Aufl. v. 1908: Stg. 1958).
S. 409 li, Z. 30 v. o.:	Timōn, statt: Timon.
S. 410 li, Z. 12 v. u.; S. 412 re, Z. 17/18 v. o.; S. 415 li, Z. 18 v. o.:	⁴1961 (RUB, 8701—8703), statt: 1959 bzw. o. J. [1960].
S. 415 li, Z. 20/21 v. o.:	J. Rentsch . . ., statt: G. Rentsch . . .
S. 416 re, Z. 16 v. u.; S. 418 li, Z. 16 v. u.:	²1963, statt: 1951.
S. 418 re, Z. 31 v. o.:	Vologeses, statt: Vologesus.
S. 463 re, Z. 3 v. o.:	ÜBERSETZUNG: *The Trojan war. The chronicles of Dictys of Crete and Dares the Phrygian*, R. M. Frazer, Indiana 1966 [engl.].
S. 485 re, Z. 9 v. u.:	ÜBERSETZUNG: *Luxorius, a Latin poet among the Vandals*, M. Rosenblum, NY 1961 [lat.-engl.].
S. 590 li, Z. 11 v. o.:	181, statt: 281.
S. 590 re, Z. 4 v. u.:	ÜBERSETZUNG: *The Abercius inscription*, M. Musurillo (in Classical Folia, 18, 1964, S. 43—45 [engl.]).
S. 650 li, Z. 10/11 v. u.:	VICTOR, statt: VICTORIUS.
S. 663 re, Z. 1 v. u.:	5, 1960, statt: 5.